山西能源产业集团有限责任公司

ShanXi Energy Industries Group Ltd.

团结奋进的领导班子

张亮董事长

公司简介 Company Introduction

山西能源产业集团有限责任公司始建于1993年3月，是山西省人民政府为加快山西能源重化工基地建设，加速山西阳城电厂以及有关大型能源工程项目的实施，贯彻山西省“变输煤为输煤输电并举”的战略方针而组建的大型国有独资企业。主要经营范围是组织能源、煤化工等项目的建设开发和生产；向国内外筹措电力、煤化工等项目所需建设资金；能源、煤化工及相关产品、技术、装备和物资等贸易及进出口业务；高新技术等产业的开发。集团公司目前拥有独资企业10家、控股公司12家、参股公司6家,分布在全省各市县，截止2008年末，总资产16.6亿元，员工1063人。

优秀党员赴革命圣地武乡学习

集团主要领导赴潞宝集团调研

亚银贷款山西沁水煤田煤气层气利用工程奠基仪式

中国石油与山西能源产业集团煤层气合作开发签字仪式

山西能源产业集团与建行山西分行银企合作签字仪式

集团公司组建16年来，在省委、省政府的直接领导下，圆满完成了国家重点建设项目阳城电厂的立项、招商、引资和开工建设等前期工作，牵头组建了阳城国际发电有限公司。先后建设了20个煤炭经营实体和发煤站。与国内十几个省市的30多家客户建立了相对稳定的供销合作联系，形成了一个辐射全国的煤炭营销网络。

山西能源产业投资基金（筹备）座谈会

山西能源产业集团在第二届煤炭博览会上的项目签字仪式

“十一五”期间，集团公司紧紧围绕山西省建设新型能源和工业基地的发展战略，坚持以科学发展观为指导，围绕发挥集团公司在新型能源和工业基地建设中的市场化作用，以构建国际化、市场化融资平台为支撑。一方面从整合资源入手，通过资本运营的手段，控股和建设一批煤、焦生产企业。另一方面加快集团公司煤源基地建设和煤层气的开发、利用，走实体化、市场化、集团化的道路，发挥规模优势，提高产业集中度和市场竞争力，努力实现集团公司跨越式发展的目标。具体目标是：以国家和省委省政府能源产业政策为依据，继续发挥集团公司实施新型能源和工业基地建设中的市场化作用，以打造新型“山西能源”战略品牌为目标；以构建“山西能源产业投资基金”为融资平台；以亚行贷款建设沁水煤田煤层气集气长输管网项目、煤层气集输管道项目、世行贷款煤层气产业化项目、中联煤层气加气站项目、煤层气勘探开发利用项目等重点项目为载体，大力发展煤层气以及由此延伸的煤化工和能源服务业，真正把集团公司建设成为具有核心竞争力的大型能源产业控股集团。

综合办公室：0351-7882915　　产业管理部：0351-7882782

壳 牌

分享领先能源科技，帮助应对能源挑战

作为一家拥有百年历史的全球性能源和化工集团，壳牌在110多个国家和地区开展业务，员工人数超过104,000人，壳牌也是全球最知名的品牌之一。

壳牌坚持可持续发展的理念，在世界各地都致力于以经济可行且对环境和社会负责的方式，帮助满足不断增长的能源需求。壳牌的主要业务主要分为上游业务（包括勘探与生产、天然气及发电）和下游业务（油品、化工和油砂），其中原油和天然气产量分别占世界总产量的3%和3.5%，同时也是全球最大的汽车燃油和润滑油零售商之一。

在中国，壳牌想要成为领先的国际能源公司，以可持续的方式为中国经济繁荣和客户的利益做贡献。壳牌在中国的业务目标，就是帮助中国解决能源领域里需要优先解决的重大问题，包括能源安全与供给、环境保护和能源效率，并在国内外与中国企业和客户建立良好的、互惠互利的合作伙伴关系。

壳牌在中国大陆的累计投资额已达到约40亿美元，是在中国投资最大的国际能源公司之一，并与中国三大石油天然气公司——中国石油天然气股份有限公司（和中国石油天然气集团公司，CNPC）、中国石油化工股份有限公司（中石化）和中国海洋石油总公司（中海油）均建立了合作关系。

目前，壳牌在中国成立了30多家独资或合资公司，这些企业的员工总人数约8000人，其中约98%是中国籍员工。

壳牌作为优秀的企业公民，在开展业务的所有国家里，都会在社区和国家层面对社会做出贡献，在所需的领域提供帮助。

在中国，从国家层面上而言，我们集中关注中国的需求与我们的业务有明确联系的领域，例如环境保护、安全、教育、能力建设、减贫以及可持续发展。

壳牌通过积极参与各种论坛在中国宣传可持续发展，例如我们是中国可持续发展工商理事会（CBCSD）的发起成员，我们资助中国环境与发展国际合作委员会（CCICED）成立专门研究小组。

壳牌天然气制油在上海路试

壳牌彩色沥青

上海加氢站

壳牌统一润滑油公司　　壳牌长北天然气项目　　壳牌杭州天然气合资公司

2007年以来，壳牌获得了以下外部奖项：

1. 2006年中国最具影响力的跨国公司：由《上海证券报》颁发，壳牌是获奖企业中唯一一家国际能源公司。
2. 2007年最佳雇主-北京地区：由公司研究基金会颁发，这是一家国际性机构，自2006年始开始推出最佳雇主的排名。
3. 2006年度商业标杆奖：由中国最大的经济类报纸《经济观察报》颁发，壳牌因为对北京统一石化的成功购并及购并后成功的管理而获奖。
4. 50佳第一工作场所奖：由《职场》杂志颁发，壳牌是大学毕业生最想进入的第一工作场所。
5. 循环经济科技进步奖：壳牌在北京第十届科博会上获此特殊，是获此奖项的两家跨国公司之一，另外一家是尼桑汽车公司。
6. 中国优秀企业公民奖：由中国企业公民委员会于2007年11月颁发，壳牌是获此奖项的唯一一家能源公司。
7. 2007年第四届中国最佳企业公民奖：由《21世纪商业评论》杂志和《21世纪经济报道》颁发，这是中国最具影响力的媒体集团之一。
8. 2008年 中国最佳人力资源典范企业：由国内知名人力资源服务商前程无忧颁发，100家获奖企业代表了当下中国企业人力资源管理的最高水平。

壳牌目前在中国的主要项目/业务包括:

- 总投资为43亿美元的广东南海石化项目
- 长北天然气开发项目和在石楼北的煤层气项目
- 包括约500座加油站的江苏省油品零售合资企业
- 2006年收购统一润滑油公司
- 2006年收购科氏材料中国（香港）有限公司
- 杭州天然气合资公司
- 在中国南海进行石油勘探和生产
- 煤气化项目
- 天然气制油

壳牌大学生能源调查

中国石油集团东方
中油油气勘探软件

中国石油集团东方地球物理公司物探技术研究中心
中油油气勘探软件国家工程研究中心有限公司

刘超颖

（主任　总经理）

物探技术研究中心（中油软件公司）隶属于中国石油集团东方地球物理勘探有限责任公司，是集地震勘探资料采集处理解释方法研究和油气勘探软件开发于一体的物探技术综合研究机构，同时是国家发改委批准建设的“油气勘探计算机软件国家工程研究中心”。

作为东方地球物理公司“一个整体、三个层次”科研体系中的研发层，物探技术研究中心紧密围绕东方地球物理公司“一体化、集约化、国际化、数字化”的发展战略和业务发展方向，以满足油田勘探生产需求为目标，跟踪、研究国内外物探行业前沿技术，不断增强东方地球物理公司的技术创新能力，提升公司的核心竞争力。

物探方法方面，形成了以“层析法近地表模型反演方法”、“叠前偏移技术方法”、“矢量地震及山地地震勘探技术方法”、“三维转换波静校正方法研究和转换波解释方法”为主的特色优势技术；软件方面，推出了具有自主知识产权的软件产品“GeoEast 地震数据处理解释一体化系统”、“KLSeis 地震采集工程软件系统”、“GRISYS 地震数据处理系统”、“GRIStation 地震地质综合解释系统”、“KLInversion 油气检测与综合反演系统”、GeoModel-2D 二维建模与数值模拟系统等技术水平处于国内领先地位的软件系统，并广泛应用于国内各油田及探区，为我国物探技术进步、找油找气发挥了重要作用。

物探技术研究中心（中油软件公司）科技人员占全体员工的 80%以上，拥有河北省省管优秀专家 1 名，集团公司高级专家 2 名，集团公司首席专家 2 名，东方地球物理公司专家、科技带头人 32 人。物探技术研究中心现有办公面积 8000 余平方米，拥有大量先进的并行机、服务器、PC-Cluster、工作站及配套设备，为研发一流的产品提供了良好的工作环境。

一流的人才队伍、良好的研发环境，为物探技术研发打下了坚实的基础。今后，物探技术研究中心（中油软件公司）将继续秉承“矢志找油，当好主力军；持续创新，再做新贡献”的先锋理念，研发特色方法，形成配套技术，优化软件产品，提供优质服务，切实履行“开发一流软件、服务油气勘探”的光荣职责。

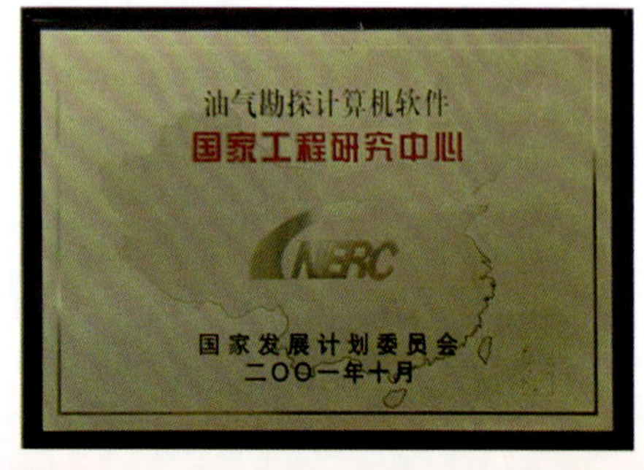

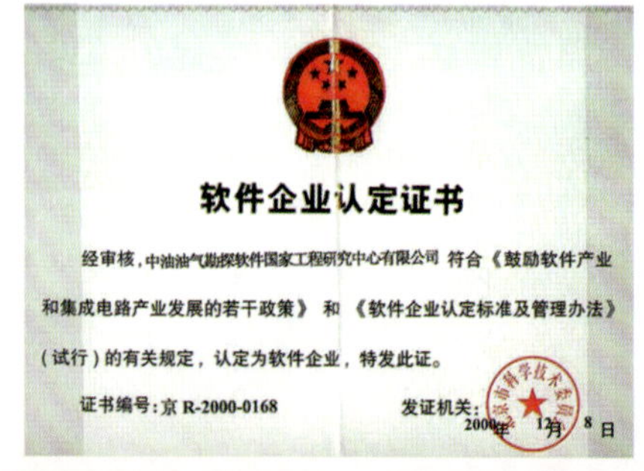

软件企业认定证书

经审核，中油油气勘探软件国家工程研究中心有限公司 符合《鼓励软件产业和集成电路产业发展的若干政策》和《软件企业认定标准及管理办法》（试行）的有关规定，认定为软件企业，特发此证。

证书编号：京 R-2000-0168

发证机关：

2000年 12月 8日

地球物理公司物探技术研究中心
国家工程研究中心有限公司

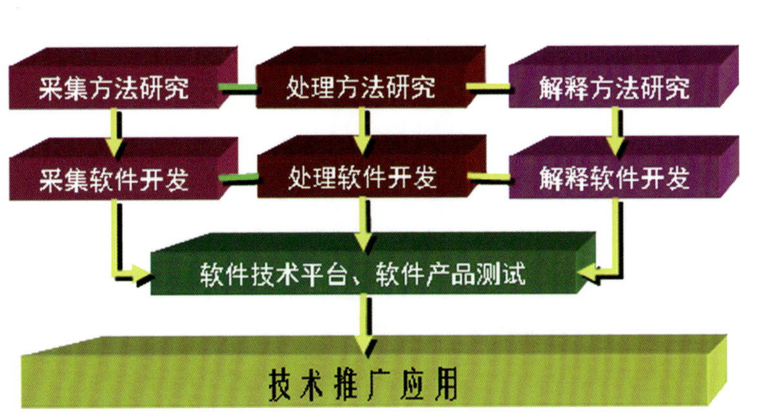

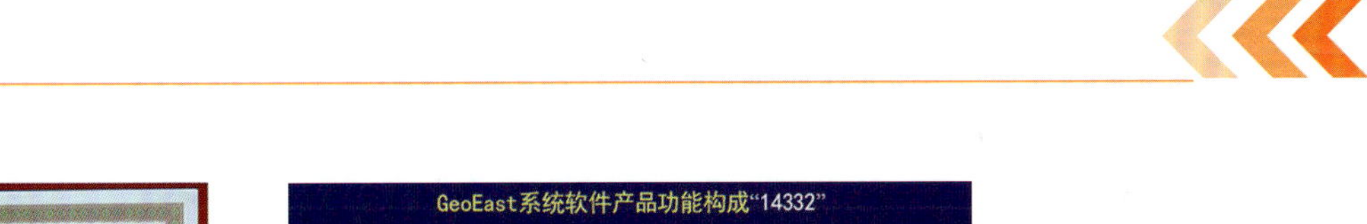

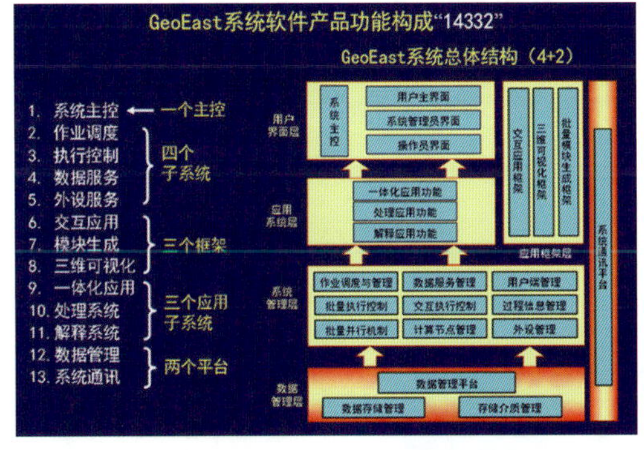

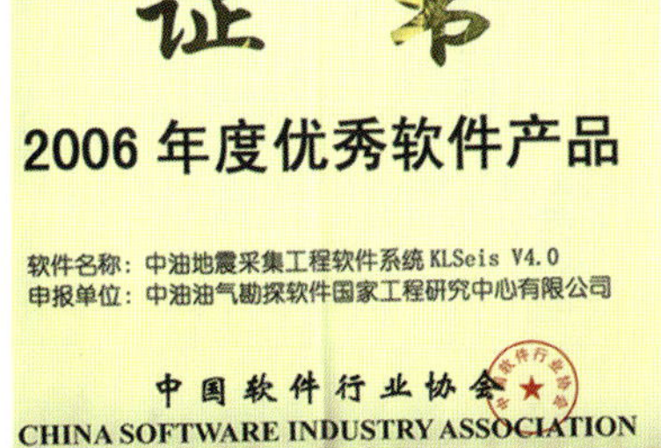

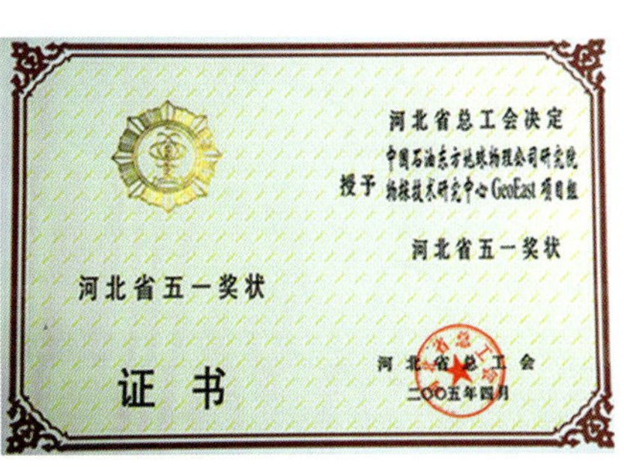

河北涿州基地：河北省涿州市 11－5 信箱 邮编：072750
北京基地：北京市海淀区海淀大街甲 36 号华奥大厦 邮编：100080
联系电话、传真：010－81202902 0312－3825902

中国工商银行

多年来，中国石油与工商银行在资产业务、负债业务、国际业务、中间业务等多个领域进行了深入而广泛的合作。

2007年12月29日，中国石油天然气集团公司与中国工商银行及7家年金基金投资管理机构签约仪式在京举行。中石油集团企业年金业务是迄今为止国内最大一单年金业务。工商银行作为中石油集团公司的战略合作伙伴，为中石油提供账户管理和资金托管等服务。

2008年11月6日，中石油集团举行首期中期票据成功发行庆祝会。中石油集团800亿元中期票据是

人民银行恢复中票发行工作后首只成功注册的中期票据，也是迄今市场上单笔注册金额最大的业务之一。工商银行为此次发行主承销商。

2008年11月20日，中石油王国梁总会计师一行拜访工行租赁公司，会谈中，王国梁总会计师表示中石油与工商银行长期以来建立了良好的互信关系，希望工行租赁公司能与中石油旗下财务公司等金融机构在业务、资金等领域加强合作，进一步深化中石油和工商银行在金融领域全方位的合作关系。

展望美好的未来，中国工商银行将以科学的发展观为指导，加快提升竞争能力，加快推进经营转型，不断推出适应市场需求的金融产品。（产品附图）

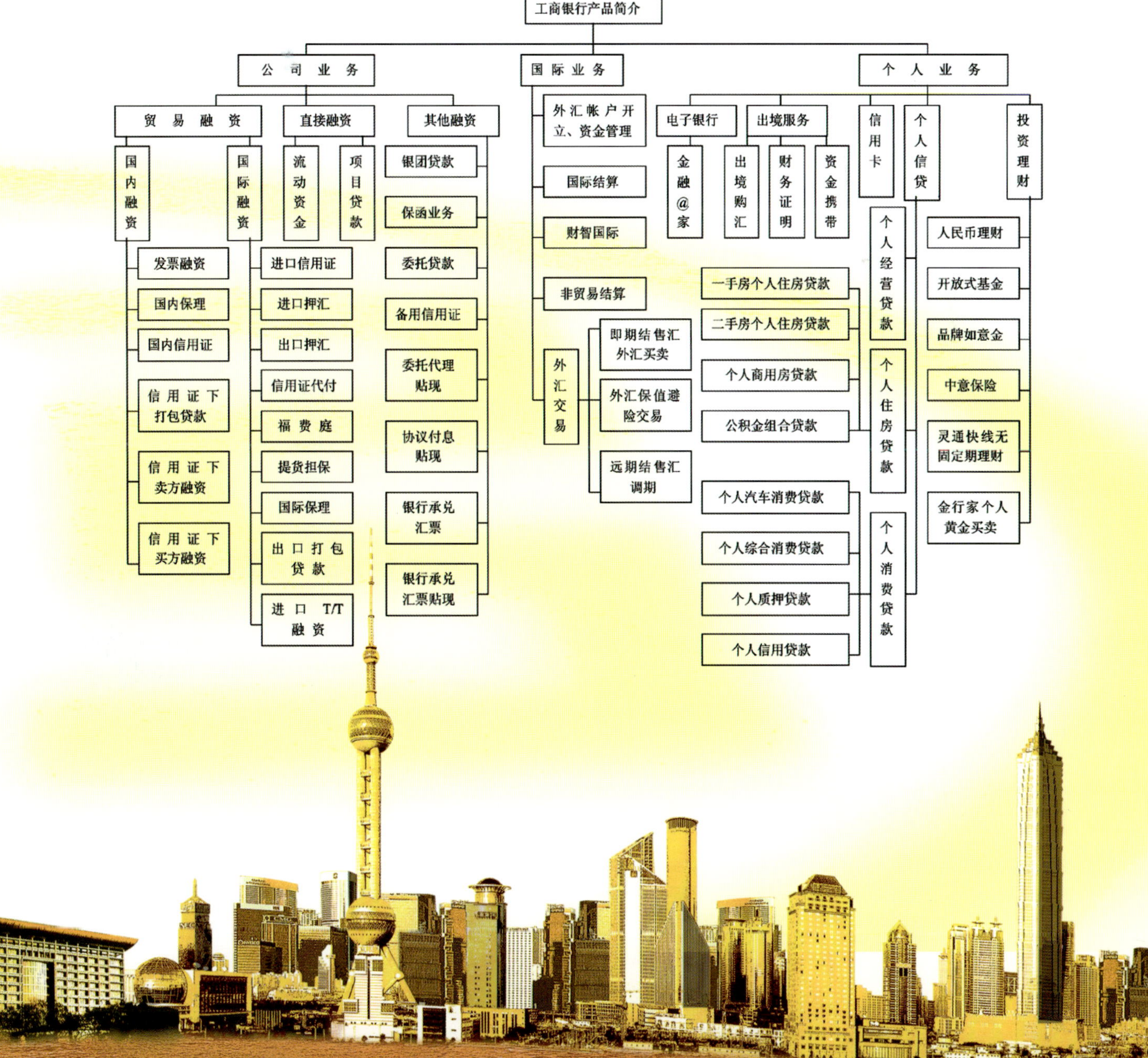

肯德基
汽车穿梭餐厅 DriveThru
—— 穿梭6步骤
KFC
KFC
肯德基 汽车穿
穿梭第 1 步
到啦！指示牌引导您
穿梭专用购餐车道。
穿梭第 2 步
在等候点餐时，
您可浏览特别推荐餐牌。
穿梭第 3 步
在点餐窗口，您可通过点餐牌，
选择您所喜欢的产品。
穿梭第 4 步
请穿梭前往取餐窗口，领取您
点购的产品吧！

快捷美味　驾车新体验！

强强联手　快捷新体验

肯德基和中国石化强强联合优势互惠，让你给爱车加油的同时，更有便捷用餐体验！肯德基汽车穿梭餐厅与中国石化，积极发挥各自优势，紧密协作，为有车一族提供加油、用餐等越来越好的一体化服务新体验。

肯德基汽车穿梭餐厅与中国石化合作实例

2008年12月28日，肯德基与中国石化合作的全国第一家加油站汽车穿梭餐厅，在山东威海第38加油站内落成开业，该店单日最高净营业额十分理想，并有效带动加油站客流量，实现合作双方的互惠双赢，开创综合商业服务合作新模式。

威海海兴汽车穿梭餐厅
地址：山东省威海市海滨路西浮发玻璃厂东（地号 108-6）中石化威海分公司第 38 加油站北端
营业时间：6:30-23:00　电话：0631-5992515

公司简介 Profile of the Company

中国太平洋财产保险股份有限公司是中国太平洋保险（集团）股份有限公司（以下简称太平洋保险）旗下的一家专业子公司，为客户提供全面的财产保险产品和服务。公司总部设在上海，注册资本为26.88亿元。

公司承保人民币和外币的各种财产保险、短期健康保险和意外伤害保险业务。公司承保业务涉及电力、汽车、机械、化工、电子、水利、建筑、桥梁、公路、航天航空、船舶、以及高科技产业等各行各业、各个领域。公司在100多个国家和地区的170多个主要港口城市聘请了保险检验、理赔和追偿代理人，并与国内外多家保险公司、再保险公司及有关机构建立了代理关系和业务往来关系。截至2007年6月底，公司在全国拥有37家分公司，2000余家中心支公司、支公司和营销服务部,以及包括约10000名销售代表在内的直销团队。此外，公司还通过4600名保险营销员、1400家专业代理、28000家兼业代理和287家经纪公司为客户提供全面的风险管理服务。

公司按照"集团化管理、专业化经营、市场化运作"的基本要求，在"稳健经营、以效益为中心"的经营思想指导下，开拓进取，锐意创新，积极为客户提供风险保障服务。2006年度和2007年上半年，分别实现保费收入181.44亿元和131.14亿元（不含中国太平洋保险<香港>有限公司），市场份额位居全国第二位，主要经营指标在国内产险市场上继续保持领先地位。

太平洋保险已于2007年12月在A股成功上市，是一家国内领先的综合性保险服务集团。目前,公司已形成寿险、产险和保险资产管理三足鼎立的主要业务支柱，在集团化管理构架下，资源共享、业务互动，实现了核心业务规模和价值的均衡快速增长。太平洋保险将进一步发挥集团协同优势，致力于建设以保险业为主，具有国际竞争力的一流金融服务集团。

公司地址: 中国上海市银城中路190号

公司网址: **www.cpic.com.cn**

全国客户服务电话: 95500

中国太平洋财产保险股份有限公司

China Pacific Property Insurance Co.,Ltd.

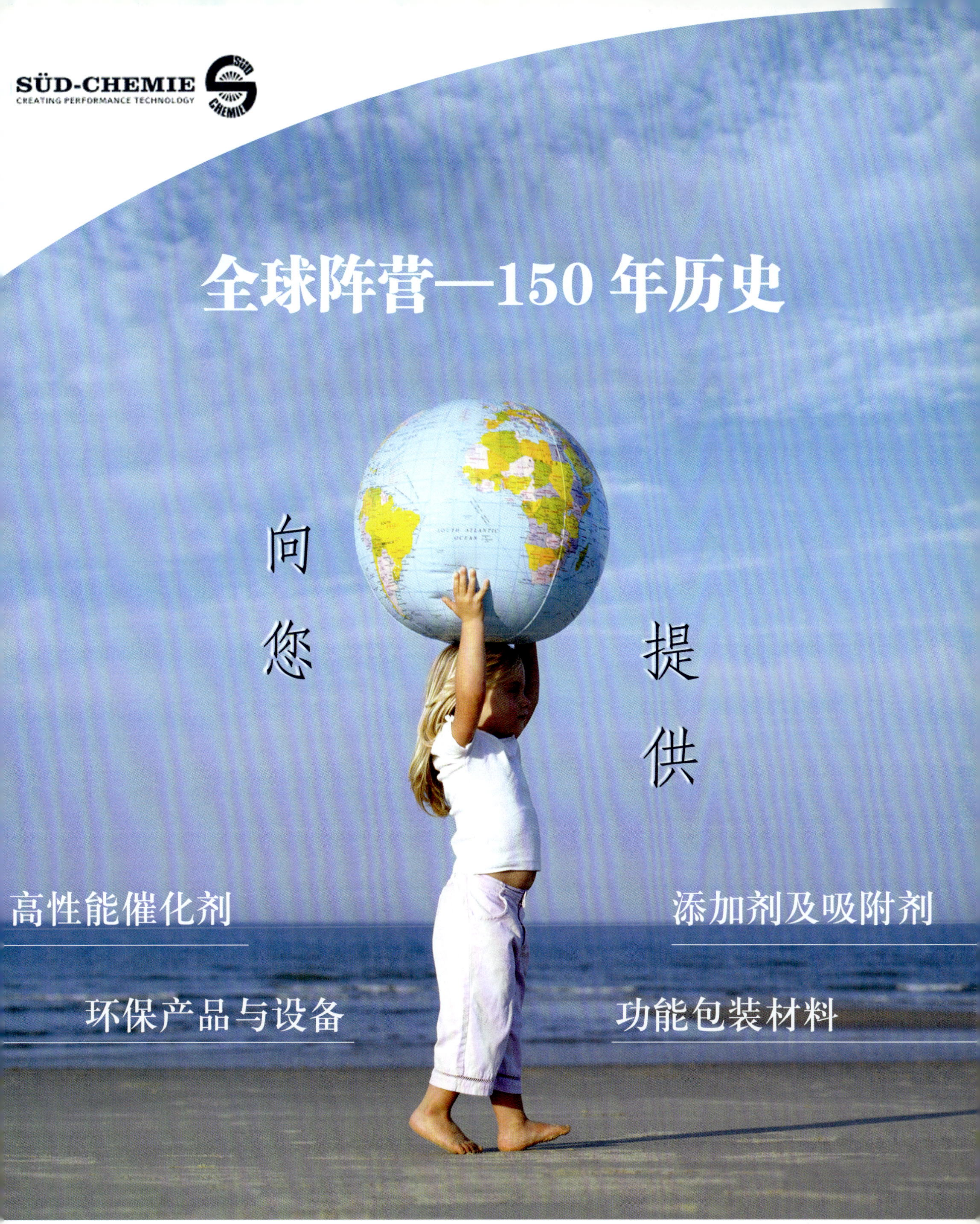
SÜD-CHEMIE
CREATING PERFORMANCE TECHNOLOGY
全球阵营—150 年历史
向您
提供
高性能催化剂
添加剂及吸附剂
环保产品与设备
功能包装材料

中国人民解放军总后勤部油料研究所

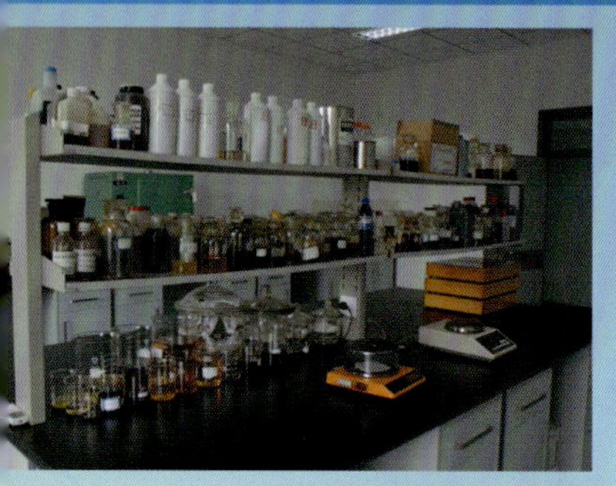

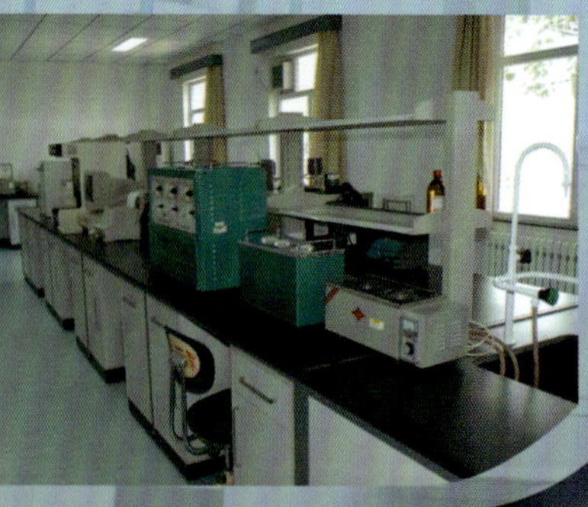

中国人民解放军总后勤部油料研究所隶属于总后勤部军需物资油料部，是全军唯一的通用油料和油料装备综合性科研机构。主要担负全军油料科技发展的总体规划与论证；地面装备用油研究；通用油料装备研究；油库与油料储运自动化研究；油料技术标准制订；油品、油料装备的试验与检测；油料科技情报资料收集与分析研究；油品、油料装备成果的转化和推广应用等工作。

建所50年来，共获得国家发明二等奖，国家科技进步一等奖、二等奖，军队科技进步一等奖、二等奖、三等奖和省部级发明奖等科研成果203项。形成了燃料技术、特种液技术、润滑剂技术、油料测试技术、油料分发技术、管线输送技术、油料储存技术、软质油料装备、油库自动化技术、油库安全管理技术、油品调和技术与工艺等15个特色专业。建立了与科研工作配套的13个实验室，拥有大型仪器设备280多台套，价值5000多万元。所属的中国人民解放军油料及油料装备检测试验中心，始建于1993年，通过了国家技术监督局计量认证。主要承担燃料油、润滑油（脂）、制动液、冷却液等军用油品和油泵、管线、计量设备、净化设备等通用油料装备的试验检测任务。同时，在国家认证认可监督管理委员会的指导下，面向社会开放，开展委托检测试验服务。该中心严格遵守国家和军队有关产品检测的政策、法规和各项规章制度，以国家、行业产品标准、试验方法为依据，全面执行质量保证体系，确保检测工作科学性、公正性和权威性，圆满完成了各项指令性和委托检测任务，取得了显著的军事和社会效益，赢得了军内外同行和委托方的赞誉与信任。

山西天然气股份有限公司

山西天然气股份有限公司是2002年经省人民政府批准，以多元投资为主体，由山西省国新能源发展集团（原乡镇煤运集团有限公司）绝对控股，以现代企业法人治理结构组建的具有独立法人资格的股份有限公司。其经营范围是根据省政府授权，依托中石油陕京线、陕京二线、西气东输等气源，从事省内天然气管网的规划、设计和建设，天然气开发利用项目的生产、经营和管理。

公司成立以来，认真贯彻省政府“关于加强全省天然气行业管理有关问题的通知”〔晋政函（2002）123号〕精神，对全省的天然气综合利用工作实行统一规划、统一建设、统一管理，本着“气源为基础，市场为导向，经济效益、社会效益和环境效益相统一”的原则，秉承“引进优质能源，立足循环经济，围绕节能减排，建设和谐社会”的经营宗旨，2003年与中石油签定了21亿立方米的照付不议合同。同时，开始了大规模的管网建设，截至2008年底，完成了全省天然气管网一期规划建设任务，累计总投资16.8亿元，建成省级天然气9条，共近800千米的长输管线，具备34亿／立方米的输气能力。

目前，山西省长输管网已经铺设到全省的9市及29个县区，全省主输送管线基本成型，重点服务供给太钢、山西铝厂、华泽铝电、晋北铝产、阳泉耐火材料、祁县玻璃、太谷玛钢、侯马旺旺食品及高科技钻杆等重点企业和太原、大同、阳泉、忻州、运城等市以及管道沿线各县市的居民用气。

同时，公司投资6800万元，建成了华北地区设施最先进、功能最完善的指挥调控中心，为加快全省天然气的综合开发利用步伐提供了有力的保障。面临新一轮的发展机遇期，公司将突出实施资源、市场战略、以发展循环经济，实施蓝天碧水工程为主要途径，为建设资源节约型、环境友好型社会做出新的贡献。

面临新一轮的发展机遇期，公司将突出实施资源、市场战略，以发展循环经济，实施蓝天碧水工程为主要途径，为建设资源节约型、环境友好型社会做出新的贡献。

三亚阳光大酒店位于海南省三亚市三亚湾旅游度假区，是由中国石油天然气集团公司直属中国华油集团公司投资兴建，由阳光酒店集团管理的五星级度假酒店。

酒店面向碧波万顷的南中国海，背倚即将建设的高尔夫球场，地理位置得天独厚，休闲氛围极为浓郁，拥有各式海景房、园景房、套房共312间（套）。

酒店于2008年9月开业以来，先后接待中央政治局常委李长春等党和国家领导人，承办北京奥运会体操冠军杨威盛大婚礼，成为第26届ELITE世界精英模特大赛全球总决赛官方酒店，通过五星级酒店评定，荣膺“第六届中国酒店金枕头奖”之“2009年度中国最佳十大新开业酒店”、中国酒店“金樽奖”之“2009年度中国酒店业十大精品酒店”奖项。

体操奥运冠军云集酒店

接待李长春同志

荣膺“金枕头”奖

三亚阳光大酒店

中国海南省三亚市三亚湾路196号
邮政编码：572000
电话：+86-898-8859 9999
传真：+86-898-8833 8668
http:www.soluxesanya.com
邮箱：soluxe@soluxesanya.com

在建办公大楼效果图

公司董事长

袁小宁

公司副董事长、总经理

郝晓晨

陕西省天然气股份有限公司是陕西省投资集团（有限）公司控股的中外合资股份公司。

公司是陕西省目前唯一的天然气管道运营商，负责全省天然气长输管道的规划、建设和经营管理。经过十余年的发展，公司现已建成靖边至西安一线和二线、咸阳至宝鸡、西安至渭南等4条长输管线，总里程达1200余公里，形成了从陕北靖边到西安纵贯南北、延伸关中东西两翼、覆盖陕北和关中大部分地区的输气干线网络，2008年输气能力达到40亿立方米/年。经过多年的培育，陕西省天然气管网建设及市场开发已度过起步阶段，进入快速发展期。截至2008年底，公司总资产达29亿余元，供气范围已覆盖省内9市（区）60个县区，直接气化人口约500万人。已成为全国同类省属公司中规模最大、管网覆盖最广的专业化公司。

十多年来，公司依托陕西丰富的天然气资源，抓住机遇，加快发展步伐，一手抓建设，一手抓生产经营，实现了安全平稳送气，截止2008年底，共输气83亿立方米，受到了广大用户和各级政府的肯定和信任，树立起了良好的社会公众形象。

2008年8月13日，公司首次公开发行A股股票在深圳证券交易所正式挂牌上市。作为一家上市企业，公司法人治理结构健全、管理制度科学完善、技术先进、运营规范、业绩良好。已建成的管线均采用国际先进的SCADA控制系统和卫星通讯方式进行生产管理和数据传输。2005年，公司通过了ISO9001质量管理体系、ISO14001环境管理体系、OHSMS18001职业健康安全管理体系认证。目前已形成较为完善的管理体系，有较强的投资运营能力。近三年公司的主营业务收入及净利润复合增长率分别超过了20%和27%，业绩持续稳定增长。

根据公司发展战略和规划，通过上市募投资金的项目建设，最终将建成覆盖全省的"四纵、两横、一枢纽、以七个市场组团为轴心辐射周边的管网输配系统"，在2012年末实现"气化陕西"的目标。同时，通过收购兼并，拓展下游天然气分销业务领域，把公司打造成以天然气长输管网建设运营为核心、集下游分销业务于一体的大型综合天然气供应商。

2008年8月13日，公司首次公开发行A股股票在深圳证券交易所正式挂牌上市。图为陕西省委常委、常务副省长赵正永和公司董事长袁小宁共同敲响开市宝钟。

公司富县压气站全景

在建中的宝汉天然气管线焊口检测

中策橡胶
zc rubber
Hangzhou Zhongce Rubber Co.,Ltd.

世界漂移系列赛中国赛区杭州站

杭州中策橡胶有限公司是始建于1958年的大型国有企业，主要生产各种汽车轮胎和自行车胎、橡胶履带等橡胶制品，是国内最早的轮胎生产企业之一。

轿车胎工厂俯瞰图

公司拥有16000多名员工和上千名工程技术人员。

公司采用国际先进的生产技术及国际顶尖轮胎制造、检测设备。目前已形成年产2870万套一千多个品种规格汽车轮胎的生产能力，其中包括年产720万套全钢子午线轮胎，1650万套轿车子午线轮胎，500万套斜交轮胎。此外还可生产8000万套自行车胎，340万套摩托车胎，20万条橡胶履带。轮胎技术和生产能力在国内处于领先地位。

公司产品畅销国内外，企业规模不断扩大，在中国橡胶制品企业中名列第一位，在中国企业500强名单中，公司荣列第351位，中国制造业名列第198位。

公司通过了ISO9001：2000质量管理体系认证、ISO14001：2004环境体系管理认证；中国轮胎行业第一家通过了ISO/TS16949汽车工业质量管理体系认证的企业；第一批获得“中国轮胎产业强制性认证（CCC）”；获得轮胎出口欧共体ECE认证；获得轮胎出口美国的DOT确认；是中国为数不多的同时获得“中国驰名商标”和“中国名牌产品”的企业。

公司将不断开发新技术含量高，附加值高、市场需求量大的新产品，公司适时地提出了：“以科学发展观引领未来，稳健经营、健康发展”的战略，努力使公司成为国内生产技术最先进、产品最适合中国交通事业的轮胎制造基地，同时也将公司造就成为中国民族产业的一面旗帜！

杭州中策橡胶有限公司 朝阳

兵团石油有限公司

1992 年 1 月，国家计委根据国务院关于调整新疆生产建设兵团计划管理体制和有关问题的通知精神，批准兵团成品油计划单列，并经自治区人民政府同意，成立兵团石油公司（1998 年，兵团石油公司改制后更名为兵团石油有限公司）。

1995 年，国家计委根据国家改革原油、成品油流通体制的文件精神，下发《关于新疆生产建设兵团成品油供应问题的通知》（计市场〔1995〕381 号），明确规定：自 1995 年 7 月 1 日起对兵团成品油资源配置指标由石化总公司大区公司组织直达供应，按出厂价结算，兵团石油公司自行负责兵团成品油的供应。

1998 年，兵团根据国家石油管理体制改革的要求，下发《关于改革兵团成品油流通体制的通知》及《补充通知》，将 11 个师（局）的石油（燃料）公司划转到兵团石油公司，形成兵、师合一的成品油供应管理体系。

1999 年，在国家再次改革成品油管理体制，组建“中国石油”、“中国石化”两大集团的情况下，国家计委、国家经贸委报经国务院批准，再次下发《关于新疆生产建设兵团成品油供应问题的通知》（计经贸〔1999〕1799 号），明确规定保留兵团独立的供油系统，根据兵团的特殊性质决定对兵团成品油供应办法和供应价格按照军队成品油供应办法和供应价格执行。

2001 年 10 月，根据兵团国有工交建商企业改革文件精神，兵团石油有限公司整体划归兵团国有资产经营公司管理。

2002 年 12 月，兵团国有资产经营公司与中国石油销售有限责任公司合作组建了新的兵团石油有限公司。公司注册资本 21923.8 万元，其中兵团国资经营公司以兵团石油有限公司净资产作价 11968.2 万元出资，股份比例为 54.59%，中国石油销售有限责任公司以现金 9956 万元出资，股份比例为 45.41%。

第八次股东会

右起：董事长 李兵　　总经理 朱圣珍

向中油四川分公司捐款

兵团石油有限公司企业标识已设计选定，它是企业的标志，是一种无形资产，现介绍设计说明：“ꞁS”表示兵团石油的简称，是“兵”和“石”的汉语拼音大写字头“B”和“S”的组合。“S”形似军垦第一犁，象征着屯垦戍边的兵团精神。

此形状组合象征着冉冉升起的太阳，寓意着兵团石油在激烈的市场竞争中不懈努力，由量的积累产生质的变化，如一轮红日照亮了广阔的前景。

此标识以黄色为主，象征着光明，富有朝气，充满希望。

兵团石油加油站

便利店

自 2003 年至 2007 年底，公司资产总额已从 54450 万元增加到 69412 万元；销售总量从 33.06 万吨增至 49.85 万吨；零售比例从 37% 提升到 81%；销售收入从 90989 万元增加到 234116 万元；利润总额从 2670 万元增加到 6039 万元；员工人数从 1109 人增加到 1791 人；员工人均工资收入从 1.52 万元增加到 3.2 万元。固定资产投资 2.35 亿元，其中销售网络建设投资 15442 万元；技术改造投资 2818 万元；信息化项目投资 1868 万元。

公司自成立以来，扩大了销售网络覆盖面，在兵团系统内市场占有率达 90%。几年来，公司还通过建章立制，狠抓企业管理，加强员工培训，大幅度的提升了管理水平，目前已经实现油品配置由第三方配送，确保了油品运输的快捷、安全；同时开发应用了零售管理、液位仪监控和小站自动数据采集、办公 OA 等系统，财务会计核算也实现了电算化。

截至 2008 年底，公司机关设立 10 个职能部室，下属 11 个分公司，4 个驻炼厂供应站。运营油库 6 座，库容 15000 立方，运营加油站 179 座。预计全年销售总量 51.73 万吨，零售量预计完成 47.48 万吨，销售收入 281250 万元，预计应纳税所得额 13120 万元。

兵团石油有限公司是在新疆生产建设兵团系统中占主导地位的成品油销售商，自股份公司成立以来，以完善的公司治理、较强的盈利能力赢得了股东和市场的广泛认可。公司今后将继续以科学发展观为指导，加快实施资源和市场化战略，着力加快转变增长方式，努力提高自主创新能力，建立安全环保节能长效机制，建设和谐企业，致力于发展成为具有较强竞争力的地区性能源销售企业。

携手中国石油
同心合力 共创辉煌

长期以来，中国农业银行与中国石油天然气集团公司保持了良好的互利合作关系。

2005年起，双方在现金管理业务上开展合作，陆续有数百个中国石油下属公司账户上线农业银行现金管理平台。农业银行依托覆盖全国城乡的分支机构、完备的网点构架，为中国石油加油站结算等业务提供了便利条件。目前，农业银行已成为中国石油重要的资金管理业务合作银行。

2009年初，双方签署了整体授信额度协议，农业银行向中国石油及其下属分子公司提供用于各项本外币业务的整体授信额度。1月22日，双方签订了外汇借款协议，农业银行将为中国石油实施“走出去”战略、发展海外油气业务提供有力支持。

2009年2月25日，中国石油与农业银行战略合作框架协议签字仪式在北京钓鱼台国宾馆隆重举行，标志着双方合作关系步入崭新的阶段，双方在综合授信、外币融资、资金结算等领域开展全方位和多层次合作，全面建立银企合作战略伙伴关系。农业银行将采取总对总沟通，系统协调的服务模式，依托遍布各地的分支机构和服务网络，由新成立的大客户部，统一协调中国石油在全国各地的业务。

展望美好未来，农业银行经过股份制改造，将不断提升服务管理水平，更好地为中国石油提供全方位、专业化、高效率、深层次的金融服务，掀开双方“互惠双赢，共同发展”的新篇章。

客服热线：95599 www.abchina.com

能源以人为本

雪佛龙

川东北项目签字仪式

雪佛龙向四川地震灾区捐款

雪佛龙参与液化天然气进口

雪佛龙是全球最大的石油公司之一，在2008年全球“财富500强”公司中排名第6位。作为一家拥有130年历史的公司，雪佛龙旗下业务已经拓展到包括中国在内的100多个国家，并在全球拥有59000多名雇员。在石油天然气勘探、生产和贸易、石油化工以及电力等行业，雪佛龙都处于全球领先地位。同时，雪佛龙也积极投资于可再生能源及相关技术。公司旗下雪佛龙、德士古和加德士等都是世界知名品牌。

2007年，雪佛龙公司日平均产量达到262万桶油当量。其中70%以上产量来自于美国之外、遍布全球20多个国家的不同项目。到2007年底，雪佛龙全球炼油能力超过每日两百万桶。我们的市场网络支撑着遍布六大洲的25000座加油站。

在中国，雪佛龙勇于创新的精神同样引领着公司前进的步伐。雪佛龙与中国所建立的长久且富有成效的业务关系可追溯到1913年，早期的业务包括煤油销售、加油站以及石油产品经营。今天，我们的业务范围横跨从勘探生产到油品销售的各个领域。我们致力于与中国的合作伙伴建立全球范围内互利共赢的伙伴关系，并通过这种合作，在能源安全与供应、环境保护及新能源技术共享等方面，为中国提供帮助。

2007年，雪佛龙与中石油签订了为期30年的产品分成合同，合作开发四川东北部的天然气资源。雪佛龙将负责项目的运营，包括新建一座日处理能力达到7.4亿立方英尺的天然气净化厂。

作为CACT作业团队的成员之一，20多年来，雪佛龙与中国海洋石油总公司在南中国海合作进行油气资源的开发，以满足来自于中国境内外的消费需求。此外，雪佛龙还参加了位于渤海湾的11/19区块的合作开发。

雪佛龙还是澳大利亚西北大陆架液化天然气项目的6个合作公司之一，该项目赢得了中国的首个液化天然气供应合同。2006年，雪佛龙运营的Northern Swan号液化天然气运输船向位于广东省的中国首座液化天然气接收站运送了第一批来自西北大陆架的天然气。

雪佛龙在加德士品牌旗下的润滑油业务涵盖了销售、制造以及分销，其业务遍及全中国，包括了北京、上海、广州、成都、天津和香港等主要城市。2000年，加德士与合作伙伴一起在广东省汕头市建设了一个世界级的液化石油气接收站。该设施包括两个容量分别为10万立方米的大型液化石油气地下储库和3个不同吨位的装卸码头。

雪佛龙旗下的合资企业雪佛龙菲利普斯化工公司在上海与上海石化公司合资生产和销售高密度聚乙烯管，并拥有合资公司40%的权益。雪佛龙菲利普斯为拓展其在华业务，于2000年建成了一座聚苯乙烯工厂。

雪佛龙

南海CACT项目

在全面拓展业务之外，雪佛龙一直致力于成为一名负责任的企业社会公民，通过参与各种公益及慈善活动，为创造和谐社会贡献自己的一份力量。2008年四川汶川大地震发生之后，雪佛龙已经为灾区捐款超过1000万元人民币，并正在规划支持下一阶段的灾后重建工作。

公司也十分注重教育方面的投入。通过春蕾计划和中国儿童少年基金会，雪佛龙提供援助帮助贫困地区的失学女童重返学校。环境与资源保护是另外一个关注的领域。在中国，雪佛龙是珍·古道尔研究会的主要赞助公司。我们资助了根与芽计划，组织在校学生进行各种保护环境和动物的课外活动。同时，在中国干旱的西部，雪佛龙参与到为农民挖掘水窖以提供饮用水的公益项目中，以帮助严重缺乏水资源的人们。

自1997年以来，雪佛龙一直支持中国微笑行动，为改善中国落后地区的医疗条件而努力。我们还支持中国红十字会发起的艾滋病公众教育计划。该计划旨在减少人们对艾滋病患者的歧视，防止艾滋病的进一步传播并为患者提供帮助。

奥伦耐添加剂工厂

川东北项目现场

根与芽环境教育项目

雪佛龙公司在华主要业务

- 2007年12月，与中石油签订为期三十年的产品分成合同，合作开发川东北天然气项目；
- 作为CACT作业集团的成员之一，参与南海珠江河口盆地惠州油田的勘探开发；
- 与中海油合作，参与渤海湾QHD 32-6及BZ 25-1两个油田的开发；
- 作为澳大利亚西北大陆架液化天然气项目的参与者之一，为中国的首个液化天然气接收站供应气源，并在该项目中参与液化天然气运输船的运营；
- 在天津设立雪佛龙奥伦耐（天津）国际贸易有限公司进口并销售奥伦耐润滑油产品；
- 在广东省汕头市建设并经营中国第二大的液化石油气接收站；
- 在江苏省张家港市投资经营一座聚苯乙烯工厂，于2000年投产；
- 在国内生产并销售润滑油等下游产品；
- 在国内经营近百座加油站。

我们的价值观：

以人为本，自强不息；信誉至上，服务至诚

我们的经营理念：

以质量求信誉，以信誉求发展

我们的愿景：

立足本土，走向国际，创一流品牌

2007 年 1 月 1 日，北京中洲光华会计师事务所、华证会计师事务所和厦门天健华天会计师事务所合并为天健华证中洲会计师事务所。2008 年 7 月，事务所更名为天健光华会计师事务所。同年 11 月，重庆天健会计师事务所正式加入合并的行列。

厦门天健华天会计师事务所

华证会计师事务所

北京中洲光华会计师事务所

↓

重庆天健会计师事务所

天健华证中洲会计师事务所

↓

天健光华会计师事务所

北　京(总部)

地址：北京市东城区北三环东路 36 号环球贸易中心 A 座 12 层

邮编：100013　总机：010-58256699　传真：010-58256633

厦　门

地址：福建省厦门市湖滨南路 57 号金源大厦 17～18 层

邮编：361004　总机：0592－2218833　传真：0592－2217555

重　庆

地址：重庆渝中区人和街 74 号 11-12 楼

邮编：400015　总机：023-86218000　传真：023-86218621

上　海

地址：上海市徐汇区淮海西路 55 号申通信息广场 9 层 C1 座

邮编：200030　总机：021-61264626/4625　传真：021-61264624

深　圳

地址：广东省深圳市蛇口招商大厦 103 室

邮编：518067　总机：0755-26691597　传真：0755-26692365

成　都

地址：成都市上东大街 53 号新良大酒店 2403

邮编：61001　总机：028-86739993　传真：028-86739996

郑　州

地址：河南省郑州市航海东路港湾路 1 号启航大厦 B-16

邮编：450007　总机：0371-60228157/67

福　州

地址：福建省福州市五四路 89 号置地广场 8 层

邮编：350003　总机：0591-87270669　传真：0591-87270678

合　肥

地址：安徽省合肥市阜南路 166 号润安大厦 14 层

邮编：230001　总机：0551-2836500　传真：0551-2836400

大　连

地址：辽宁省大连市沙河口区连山街 123 号星海电子商场 A 座

邮编：116023　总机：0411-84691006　传真：0411-84681728

南　京

江苏省南京市江东中路 303 号东都奥体名座 C 座 16 层

邮编：210002　总机：025-87768610　传真：025-87768616

香　港

地址：香港湾仔告士打道 128 号祥丰大厦 13F 座

总机：852-21161666　传真：852-21170661

常州港华燃气有限公司

常州港华燃气有限公司是由常州市燃气热力总公司与香港中华煤气有限公司共同出资组建的中外合资企业。公司现有员工500余名，为常州市民和工商业客户供应天然气、天然气器具，并提供售后服务，为市区及周边城郊地区的广大工商业、民用户提供瓶装液化气。同时，销售港华自有品牌“港华紫荆”，内容涵盖燃气灶具、燃气热水器、油烟机，提供燃气及燃气设备的技术咨询和维修服务，为客户提供“一条龙”服务模式。

随着国家“西气东输”工程在常州的顺利实施，常州市民迎来了天然气时代，置换工作有序完成，常州市天然气利用工程项目还获得了中国投资协会2008年优质投资项目的荣誉。为迎接川气接入常州，常州港华积极应对，完善管线及燃气设施，为川气的顺利进常做好充分的前期准备工作。运用SCADA对全市燃气主要设施的运行状态实行24小时专人监控，保障设备、管网能稳定、可靠运行，客户正常、安全用气。

秉承“服务只有起点，满意没有终点”的优质服务理念，常州港华本着诚信经营，安全供气的原则，先后在市区主要网点开设了客服中心和维修点，开通便民客服热线，实现“销售、安装、维修、安检”一站式贴心服务。尤其2004年广泛推行“优质服务计划”以来，成立了客户服务关注小组，经常不间断深入到社区及客户家中，充分和客户沟通，了解客户需求，提高服务质量，获得了广大客户的一致好评，2007年度，常州港华获得了常州市政府颁发的常州市五一劳动奖状。

在过去的几年中，常州港华在努力提升经营业绩的同时，在公司内部积极推行SQS活动。通过各种形式的活动和培训，在公司内部形成了“持续革新，不断求新”的良好企业文化氛围，并取得了较好的成绩。

常州港华心系市民，不遗余力地参加社会公益和慈善事业，关注民生，注重环保。义工服务和志愿者活动为有需要的社会认识提供无偿服务，贡献社会。

展望未来，常州港华燃气有限公司将一如既往的本着“以客为尊”的服务理念，保证业务持续增长，积极履行社会责任，让常州港华成为“优质服务，家添安心”的代名词。

办公电话：0519–86608857
移动电话：13961255708

无锡中石油润滑脂有限责任公司

公司简介

无锡中石油润滑脂有限责任公司系由中国石油天然气股份有限公司提供资源保障、品牌支持和资金投入，无锡市高润杰化学有限公司提供生产装置、产品技术、土地使用权以及市场资源，专业从事润滑脂、制动液产品的生产、经营的合资企业。

无锡中石油润滑脂有限责任公司注册地位于锡北经济开发区，现正在规划建设中。无锡中石油润滑脂有限责任公司北塘分公司位于无锡市高润杰化学有限公司原厂区内，南临京杭大运河，北依312国道，交通便捷。现占地面积23999平方米，建筑面积7500平方米。公司拥有国内先进的自动化润滑脂、汽车制动液产品生产线，拥有一支专业的技术和管理人员队伍。

无锡中石油润滑脂有限责任公司是生产各型润滑脂、汽车制动液及其它石油化工产品的专业生产公司。1946年建厂以来，产品品种不断更新，质量不断提高，目前产品已发展到六十多个品种，一百多个规格型号满足市场需要，产品在国内外享有声誉。公司润滑脂生产量名列全国第二，1986年与日本协同油脂株式会社合作引进美国公司制造的接触器和日本公司的压力皂化釜，分别生产锂基和钙基润滑脂，产品，质量均已达国际先进水平。汽车制动液中“719”型合成制动液有37年历史，曾获全国科学大会奖。“7104-1”汽车合成制动液，曾获国家级新产品奖，产品质量达国际先进的DOT4标准。本公司生产的各型润滑脂、汽车制动液及其它石油化工产品，生产技术精湛，产品质量可靠，具有低噪音、长寿命、高可靠性的特点，能满足汽车系统、钢铁冶金、机械制造、电力、纺织、交通、化工、军工等行业的需要，在国内外市场具有良好的信誉。公司一贯重视质量管理工作，1997年通过上海质量体系审核中心（SAC）对公司的ISO9002：1994认证，1998年扩证为ISO9001：1994，2003年顺利通过上海质量体系审核中心的ISO9001：2000版换版复评。

为适应汽车市场发展需求和进一步规范公司质量管理，2006年公司按《GB/T18305-2003/ISO/TS16949:2002质量管理体系-汽车生产件及相关维修零件组织应用GB/T19001-2000的特别要求》，建立、实施质量管理体系。持续改进产品质量和服务，满足新老顾客不断需求和适用的法律法规要求，为顾客提供优质的产品和卓越的整体服务。2007年11月获DQS《GB/T18305-2003/ISO/TS16949:2002质量管理体系-汽车生产件及相关维修零件组织应用GB/T19001-2000的特别要求》认证证书。

无锡中石油润滑脂公司润滑脂车间外貌

制动液生产装置

无锡中石油润滑脂公司总经理李仁祥(右一)陪同中国石油润滑油公司领导财务副总经理于文魁(左一)、总经理廖国勤(女)参加开业典礼

中国石油润滑油公司党委书记许元科(中)来公司视察工作

运行模式：实施董事会领导下的总经理负责制，坚持立足自我，依靠中石油润滑油公司平台的模式；

营销方式："以扩量为主、调整结构、兼顾效益"的策略；

管理方式：实施"以人为本、科学管理、合理合法"的原则。

公司理念：优良资源+优势技术+优质服务=高品质昆仑产品

公司发展目标：国内一流、国际有位

无锡中石油润滑脂有限责任公司将着力拓展润滑脂、制动液市场。围绕3年后将实现年产能5万吨战略目标，充分发挥合资公司优质的原料资源，先进的技术平台，成熟的市场网络，熟练的技术工人等优势，成为润滑油公司的一个润滑脂生产、科研转化、人才培养基地，同时将不断引进先进的技术，逐步完善工艺设备，提高工艺水平。把合资企业建成现代企业规范化、集约化、现代化、国际化经营的成功典范。

无锡中石油润滑脂有限责任公司对外广交朋友，以诚信为本；对内坚持以人为本，引进人才，提高员工素质，激励员工创造性地工作，坚持科学管理，努力开发新品，提高产品档次，改进产品质量和服务质量，为海内外顾客提供优质的产品和满意的服务。

公司介绍

新奥燃气控股有限公司是一家在香港联交所（2688.HK）上市的清洁能源和节能减排整体解决方案提供商。新奥燃气于1992年进入城市管道燃气领域。是国内最早进入管道燃气经营的民营企业，同时是目前国内规模最大的管道燃气运营商之一。

新奥燃气秉承为客户创造满意的价值理念，不断创新商业模式，依托基于多产业协同和多企业联盟的庞大的清洁能源分销网络和基于现代IT技术的统一的销售服务平台，为客户提供安全稳定的清洁能源和节能减排服务，努力成为国内一流、国际水平的区域清洁能源整体解决方案提供商。

截至2008年底，新奥燃气在全国15个省、市、自治区、拥有71个城市管道燃气项目，为超过300万居民用户及8000余家工商业用户提供清洁能源，敷设管道近10000公里，日最大供气能力达1500万方，市场覆盖城区人口超过4300万。

新奥燃气管道燃气业务的持续发展，离不开中国石油天然气集团公司等各界知名企业的大力支持。多年来新奥燃气与中石油一直保持着良好的合作关系，2005年10月28日，中石油集团下属中国华油集团公司与新奥燃气（中国）投资有限公司合资成立洛阳新奥华油燃气有限公司，公司成立以来保持着良好的发展态势。新奥燃气将秉承开放、互利、共赢的原则，与业内广大优秀企业精诚合作，为推动中国清洁能源企业的发展做出更大的贡献。

衡水高科石油设备有限公司

公司从事凝稠油井电加热采油设备的研发制造已有二十年历史(原名阜城石油热采设备厂),89年发明了电加热抽油杆,属国内外首创,被列为国家级重点新产品,获国家专利,在国内外油田大量推广应用,目前又发明了具有国际领先技术的油井变频高效电磁加热炉,并获国家专利(专利号ZL2005 2 0024639x),它实现从套管油层、油管柱到地面泵站全面系统的加热,可充分增加凝稠油的渗透率,提高泵效,而且保证从管柱到泵站不结腊、不堵塞,使各种凝稠油井正常运行稳产、高产。目前已在国内油田凝稠油井上进行了大批量应用,都取得了显著的效果,也充分验证了油井变频高效电磁加热炉的各项优越性能,2008年4月份产品已打入美国,投入现场应用。

公司坚持靠科技求发展,以质量求生存,诚实守信为本的宗旨,愿与新老朋友精诚合作,共谋凝稠油开发,实现互惠双赢。

辽河油田电磁炉应用现场

电磁炉在胜利油田安装

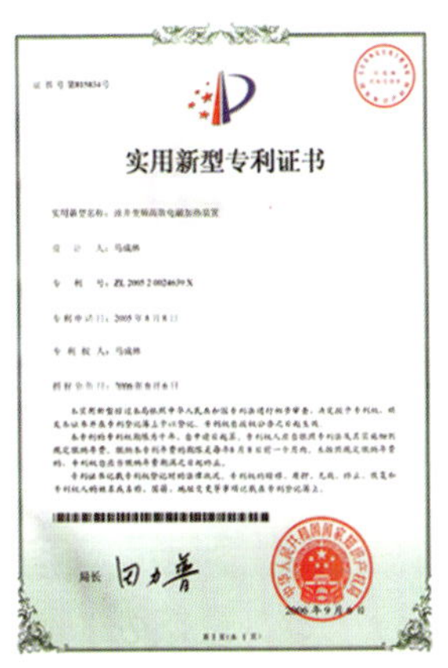

专利证书

电磁炉主要构件

电话:0318-2138568 7808398　传真:0318-2133568
手机:13363323666 13315813568　网址:www.hsgksy.com　邮箱:gksy001@163.com

德国劳氏

在能源行业里的一家具有国际水准的技术保障和咨询公司

德劳劳氏 6400 名员工在全球 80 多个国家协助我们的客户在其设施资产的全寿命期间实现对其安全性、可靠性、运营绩效和完整性的提高。从规划到退役，我们协助我们的客户最大化运营绩效、把握风险和保证满足各个标准的要求。

我们独特的大规模试验场、业内领先的软件解决方案、国际水准的检验和认证服务和专家能帮助您提高您的主要设施资产的运营绩效和延长其服役寿命。

我们提供；

- 安全和风险解决方案
- 技术保障、检验和认证服务
- 项目管理
- 针对石油天然气、可再生能源、能源和城市供水诸行业的专用软件
- 资产完整性咨询和服务
- 对浮动离岸设施的服务

德国劳氏 在亚太地区的各业务中心

GL Industrial Services Australia Pty. Ltd.
Unit 1, 46 Signato Drive, 6 Latrobe Avenue
Helensvale Queensland
Australia 4212
Tel: +617 5561 8455
Fax: +617 5561 8422
Email: stephen.heighway@gl-group.com

Germanischer Lloyd Offshore & Industrial Services (B) Sdn. Bhd.
Lot No 4345, X 10 Simpang 350,
Jalan Maulana
Kuala Belait KA 2931,
Brunei Darussalam
Tel : +673 3 340 845
Fax: +673 3 340 843
Email: gl-kuala.belait@gl-group.com

Germanischer Lloyd Industrial Services (Shanghai) Co., Ltd.
Room 1818-1839 Shanghai Central Plaza
381 Huaihai Middle Road
Shanghai 200020, P.R. China
Tel : +86 21 2308 3888
Fax: +86 21 2308 3999
Email: glis-china@gl--group.com

Beijing branch office:
Tel: +86 10 8441 7795
Fax: +86 10 8441 7791
Email: glis-china@gl-group.com

Germanischer Lloyd Industrial Services GmbH
1st Floor, Dakshna Building,
Sector 11, Plot 2
C.B.D. Belapur,
Navi Mumbai-400614, India
Tel : +91 22 4078 1000
Fax: +91 22 4012 3809
Email: glis-india@gl-group.com

PT. GL Nusantara
Wisma Barito Pacific Tower B, 3rd Floor
Jl. Letjend S. Parman Kav. 62-63
Jakarta 11410, Indonesia
Tel : +62 21 5367 9201
Fax: +62 21 5367 9202
Email: gl-nusantara@gl-group.com

Germanischer Lloyd Industrial Services Korea Ltd., Co.
5th Floor, Dae-A Building, 707-7,
Yeoksam-dong Gangnam-gu
Seoul 135-918, Republic of Korea
Tel: +82 2 863 1421
Fax: +82 2 863 1423
Email: glis-korea@gl-group.com

Germanischer Lloyd Industrial Services Asia Sdn. Bhd.
Germanischer Lloyd GLM Sdn. Bhd.
Level 39, Menara Ambank, No. 8,
Jalan Yap Kwan Seng
50450 Kuala Lumpur,
Malaysia
Tel: +603 2160 1088 / 2161 0088
Fax: +603 2160 1099 / 2161 0099
Email: gl-glm@gl-group.com

Johor branch office:
Tel: +607 252 0851
Fax: +607 252 0850

GL Industrial Services Singapore Pte. Ltd.
26 Ayer Rajah Crescent
#05-10 Singapore 139944
Tel: +65-6778 4637
Fax: +65-6778 4972
Email: shukor.yatim@gl-group.com

Germanischer Lloyd Industrial Services (Thailand) Ltd.
555 Rasa Tower II, 11th Floor Unit 1102
Phaholyothin Road,
Chatuchak
Bangkok 10900, Thailand
Tel: +66 2 937 1168
Fax: +66 2 937 1169
Email: somthai.s.tavechoke@gl-group.com

Germanischer Lloyd Industrial Services Vietnam Co., Ltd.
Unit 1001 10th Floor,
Beautiful Saigon Building
77 Hoang Van Thai St.,
Tan Phu Ward, Dist. 7
Ho Chi Minh City,
Socialist Republic of Vietnam
Tel: +84 8 5416 0252
Fax:+84 8 5416 0254
e-mail: glis.hcmc@gl-group.com

Hanoi branch office:
Tel: +84 4 755 7553
Fax :+84 4 755 7553
e-mail : glis.hanoi@gl-group.com

Vung Tau City branch office:
Tel: +84 643 511 189
Fax: +84 643 511 187
Email: glis.vt@gl-group.com

Danang City representative office:
Tel: +84 511 3888 661/662
Fax: +84 511 3888 660
e-mail: glis.danang@gl-group.com

胜利油田渤海管具有限责任公司
胜利油田渤海管具有限责任公司始建于1993年，2006年12月改制后成立有限责任公司，是一家集机械加工、制造、修理、销售为一体的综合性公司。
公司主要为石油行业提供各类钻井工具制造、维修与检测；石油专用井控配套装置的制造、维修与安装服务。产品包括：钻杆、加重钻杆、钻铤、对焊接头、钻柱转换接头；节流、压井管汇、泥浆管汇；井口装置套管头；液压防喷器及其控制装置；尾管悬挂器；予应力地锚；钻井、固井、测井配件等各种石油钻井工具及专用井控配套装置。
公司质量保证体系完备，通过国家质量监督检验检疫总局A级特种设备制造许可，获取ISO9001：2000质量管理体系认证证书，中国船级社船舶航修单位认可证书，拥有美国石油协会API 7 、API7－1、API 5D、API 16C 会标使用权，具备中石化、中石油一级入网证书。
胜利油田渤海管具有限责任公司始终把服务质量视为企业的生命，把满足顾客的要求作为“求生存、谋发展”的战略目标，以先进的设备、完善的技术、一流的服务、崇高的信誉，承接各种施工与技术服务项目，热诚欢迎相关单位或个人与我公司合作往来。
地址：中国·山东·东营市河口区钻井街22号
邮编：257200
电话/传真：0546-8570966 8672774
联系人：魏先生
电子信箱：sybhgj@163.com

□ 关于大成

大成律师事务所成立于1992年，是中国成立最早、规模最大的合伙制律师事务所之一。大成总部设在北京，并在上海、成都、武汉、济南、重庆、哈尔滨、天津、郑州、深圳、海口、西安、厦门、西宁、银川、南通、广州、长春等城市设有分所，并在兰州、南京、沈阳、呼和浩特、福州、青岛、大连等城市建立了战略合作伙伴，已构成覆盖全国的法律服务网络；大成不仅受聘于国内大型企业集团和新兴行业为其提供细致和全面的法律服务，而且是大型跨国公司在华的首选律师事务所之一，受聘为其在华投资和经营提供法律服务，成功地帮助他们完成复杂、大额的交易。多年来，大成取得的杰出成绩在国内外商业界和同行中赢得了较高的声誉和评价。大成连续多年获得中国司法部授予的“部级文明律师事务所”和中华全国律师协会授予的“全国优秀律师事务所”这两个中国法律执业机构最高荣誉称号。

大成的成就归功于高素质的执业律师团队。大成律师均经过正规、严格的法律教育，在法律和商业领域均具有丰富的实践经验。其中绝大多数律师获得国内及国外著名学府的硕士和博士学位，很多律师在加盟大成之前，曾执业于国内外知名律师事务所或担任政府及司法部门职务；部分律师还拥有两个或多个学科及专业背景。高素质的人才资源使得大成能突破传统模式，满足国内外客户不同的需要，提供多层次、全方位的一流法律服务。

大成与包括国务院国有资产监督管理委员会、国家发展和改革委员会、中国证券监督管理委员会、财政部、商务部、信息产业部、国家版权局和国家广电总局等在内的各个政府部门保持着良好的工作关系；与各级司法部门、仲裁机构有着良好的业务关系和交流渠道，经常直接参与各层次的立法活动。立足于中国本土资源，大成总能为解决客户所面临的各种棘手问题寻找到更好的解决办法。同时，大成与国际律师界有着广泛的接触与合作，已与美国、英国、法国、韩国、俄罗斯、日本、德国、加拿大、澳大利亚、新西兰、新加坡、香港等国家和地区知名的律师事务所建立了业务合作关系，籍此保障大成的客户可以在世界范围内迅速获得优质的法律服务。

无论是在传统法律服务领域，如国企改制重组上市、法律风险防控体系建设、商事争议的诉讼仲裁、刑事业务、公司业务、房地产业务、银行金融业务、保险业务、外商投资、企业改制、税务、劳动争议中，还是在新兴的业务领域，如投资并购业务、私人股权投资、破产重组、不良资产处置、IPO、金融衍生产品、资产证券化、知识产权、矿业能源、直销业务、农村合作社，大成一直是处于各个领域的最前沿和领先地位的律师事务所之一。

大成崇尚团队合作的理念和文化。大成通过团队工作方式为客户提供涵盖各个业务领域在内的综合性法律服务，又通过业务部门划分、团队内分工方式发挥各个律师在各个领域的专长，满足客户的个性化需求。

大成的全球化法律服务网络综合信息管理系统，凭借现代网络与通讯科技实现了对全所资源的有效整合与科学管理。信息管理系统使得各个部门和各分所团队成员之间可以共享各类信息资源，也保证了大成律师接案、办案、结案等程序的规范进行，从而进一步保障了客户需求与案件进展得到及时的跟踪与反馈。先进的硬件设备和管理措施将大成建成为操作规范、紧密合作、团结统一的卓越律师事务所。

首钢集团
SHOUGANG GROUP

首钢迁钢公司

首钢迁钢公司于 2003 年 3 月 25 日工程奠基，2004 年 10 月 15 日一步工程投产；热扎及二步工程项目于 2005 年 4 月开工，2006 年底投产。2006 年 12 月 23 日扎制出首钢发展史上第一卷热扎卷板，实现了首钢由低端产品向中高端产品的历史性跨越。

首钢迁钢公司作为首钢京唐铁大厂的实验场和练兵场，建厂理念充分体现了依托矿山，流程简洁化，设备大型化。产品高端化。环境清洁化，信息数字化的特点和高水平，高起点，高标准的建厂原则，采用国际先进的紧凑型，短流程设计，集中了国内外钢铁工业的先进技术工艺装备，主要有：2 座 2650 立方米转炉，LF，RH，CAS 精炼炉各一座，2 台双流坯连铸机，2 台 8 流弧形坯连铸机，1 套 2160MM 半连续式热扎带钢扎机，以及配套动力，发电，制氧等公辅设施。年设计能力为 450 吨铁，450 万吨钢，400 万吨热扎板带钢。

投资 8.4 亿元建设循环经济产业园区，安排“钢渣综合利用”、“钢渣磨细粉”、“干混砂浆”等 12 个项目，实现固废零排放，打造首钢环保品牌，提升首钢良好社会形象，为我国钢铁工业发展循环经济树立行业典范。

首钢迁钢公司坚持落实安全标准化质量管理，保证安全生产有效资金投入，改善职工生产环境，不断提高事故预防、隐患处理和安全生产的科技水平，实现了投产以来无因工死亡、重伤事故。同时，通过加强一体化生产组织，一贯制质量控制，产品质量客户满意率达到 99.3%。2008 年，我公司多次成功中标中国石油管道建设项目经理部开标项目。

具体如下：

标段名称	材质	规格	交货量	备注
西气东输二线主线	X80	18.4*1550*C	15.5 万	
中亚管线	X70	15.9*1550*C	5 万	
靖边支线	X70	14.6*1550*C	2.6 万	
涩-宁-兰线	X65	7.9*1400*C	3 万	
涩-宁-兰线	X60	7.1*1350*C	2.2 万	
兰-郑-长线	X65	7.9*1350*C	3 万	

秦皇岛首秦金属材料有限公司

秦皇岛首秦金属材料有限公司（简称首秦公司）是首钢总公司与香港首长国际企业有限公司、韩国现代重工业株式会社合资建设经营的钢铁联合企业。公司于 2003 年 5 月 3 日形式建设，2006 年 10 月 20 日实现铁、钢、坯、材全流程生产贯通。

首秦公司拥有现代化工艺装备和领先技术，生产的产品为高等级的优质宽厚钢板。产品规格为宽度 1400–4100mm，厚度为 5–100mm，年生产能力 180 万吨。产品广泛应用于造船业、建筑业、石油化工业、交通运输业、装备制造业、水利电力业等。新产品开发集科研、试制、生产为一体，以个性化服务满足用户需求。

质量方针：精心策划、精细安排、精密组织、精心管理、精准控制

中国石油石化电话号簿

（2009—2010）

中国石油石化电话号簿　编委会

石油工业出版社

图书在版编目（CIP）数据

中国石油石化电话号簿．2009～2010/《中国石油石化电话号簿》编委会编．—北京：石油工业出版社，2009.8

ISBN 978-7-5021-7334-0

Ⅰ．中…

Ⅱ．中…

Ⅲ．①石油工业-工业企业-电话编号-中国-2009～2010
②石油化学工业-工业企业-电话编号-中国-2009～2010

Ⅳ．F626.12

中国版本图书馆 CIP 数据核字（2009）第 141546 号

出版发行：石油工业出版社
（北京安定门外安华里 2 区 1 号　100011）
网　址：www.petropub.cn
总　机：(010) 64523777　发行部：(010) 64210392
经　销：全国新华书店
印　刷：石油工业出版社印刷厂

2009 年 8 月第 1 版　2009 年 8 月第 1 次印刷
889×1194 毫米　开本：1/16　印张：67.75　插页：73
字数：3500 千字　印数：1—6000 册

定价：298.00 元
（如出现印装质量问题，我社发行部负责调换）

中国石油石化电话号簿编委会

编印说明

一、本号簿每两年编印出版一卷，目的是为了方便中外各企事业单位与中国石油、石化企业的合作交流。

二、本号簿收集编排的电话号码核对截止日期为2009年5月31日，凡在此之后新装、过户、移机的用户，均未录入。各石油石化单位的电话号码如有变更，请及时与我们联系，以便下次修订时引用。

三、由于一些单位仍在调整和重组之中，电话变动较多，本号簿出现错漏之处难免，欢迎批评指正，并恳请提出宝贵意见和建议，以便下次出版时加以改进。

在此谨向所有提供支持和帮助的中国石油、中国石化各单位和个人致以诚挚的谢意。

中国石油天然气集团公司 石油工业出版社

通信公司

二〇〇九年五月三十一日

目　录

中国石油天然气集团公司

中国石油化工集团公司
中国石油化工股份有限公司

中国海洋石油总公司
中海油田（中国）有限公司

企业形象广告宣传单位名录

封面　南京巨澜科技有限公司

封二　西门子（中国）有限公司上海分公司

封三　中国建设银行

封底　中国银行股份有限公司

书脊　中国农业银行

左书眉　北京油气调控中心

右书眉　新疆生产建设兵团石油有限责任公司

文前插页

1. 首扉　海城市石油机械制造有限公司
2. 理事单位　山西能源煤层气投资控股有限公司
3. 理事单位　壳牌（中国）有限公司
4. 理事单位　东方地球物理勘探公司物探技术研究中心
5. 理事单位　中国工商银行股份有限公司
6. 理事单位　百胜（中国肯德基）投资有限公司
7. 中国太平洋财产保险股份有限公司
8. 世德南化投资管理（上海）有限公司
9. 北京金阳普泰石油技术股份有限公司
10. 山东胜利钢管有限公司
11. 浙江金湖管道工业有限公司
12. 北京航天发射技术研究所
13. 总后勤部研究所
14. 富而德律师事务所
15. 福斯流体技术（上海）有限公司
16. 中国外运股份有限公司设备运输分公司
17. 山西天然气股份有限公司
18. 东京银行
19. 中国对外贸易运输（集团）总公司
20. 三亚市月光大酒店
21. 陕西省天然气股份有限公司
22. 宝亚集团（香港）有限公司
23. 南京巨澜科技有限公司
24. 中国银行股份有限公司
25. 新疆生产建设兵团石油有限责任公司

26. 中国农业银行
27. 雪佛龙德士古中国能源公司
28. 天健光华（成都）会计师事务所
29. 常州金坛港华燃气有限公司
30. 无锡中石油润滑脂有限责任公司
31. 新奥（中国）燃气投资有限公司廊坊分公司
32. 杭州中策橡胶有限公司
33. 衡水高科石油设备有限公司
34. 英国埃德文特有限公司北京代表处
35. 天津海湾安防科技有限公司
36. 胜利油田渤海管具有限责任公司
37. 营口港务股份有限公司第四分公司
38. 北京大成律师事务所（四川分所）
39. 巴州畅想应用化学技术有限公司
40. 首钢总公司销售公司
41. 霍尼维尔（中国）有限公司
42. 港华投资有限公司
43. 濮阳市绿洲清细化工有限公司
44. 上海新冠伴热工程有限公司
45. 后扉　天津柏盛宏工贸有限公司

文中插页

1. 首扉　大庆石化公司
2. 首扉　OMD 浩腾媒体（麦当劳）
3. 北京油气调控中心
4. 东方地球物理勘探公司
5. 中国石油长庆油田分公司第三采油厂
6. 中国石油长城钻探工程有限公司
7. 胜利油田富邦实业有限公司
8. 川庆钻探工程公司地质勘探开发研究
9. 交通银行大庆分行
10. 中国石油克拉玛依石化公司
11. 中国石油华南销售公司
12. 中油阳光物业管理有限公司
13. 中国石油东北化工销售分公司
14. 振华石油控股有限公司
15. 中油燃料油股份有限公司
16. 吐哈油田分公司
17. 大庆中油庆瑞石油科技有限公司
18. 济南柴油机股份有限公司
19. 大连液化气项目经理部

20. 中国石油测井有限公司
21. 北京石油化工设计院
22. 廊坊分院天然气地质研究所
23. 阳光酒店
24. 西南石油大学
25. 中国石油大学北京远程学院
26. 辽河石油职业技术学院
27. 承德石油高等专科学校
28. 北京赛兰德科技评估中心
29. 中国石油和石油化工设备工业协会信息部
30. 北京中油创意广告有限公司
31. 后扉　中国石油哈萨克斯坦公司

文后插页

1. 首扉　上海（杭州）立信安泰税务事务所有限公司
2. 美国船级社上海代表处
3. 常州市中油华东石油有限责任公司
4. 汉胜工业设备（上海）有限公司
5. 四川天一科技股份有限公司
6. 力福汀钢绳（上海）有限公司
7. 碧海舟（北京）石油化工设备有限公司
8. 西北大学
9. 中国地质大学（武汉）
10. 廊坊北检无损检测公司
11. 信永中和会计事务所有限责任公司
12. 德勤华永会计师事务所有限公司北京分所
13. 德国劳氏工业服务公司上海代表处
14. 北京润发投资集团有限公司
15. 浙江中达特钢股份有限公司
16. 上海科科阀门有限公司
17. 天津立林机械集团有限公司
18. 香港中华煤气有限公司
19. 上海宝雅安全装备公司
20. 中海发展股份有限公司油轮公司
21. 成都蜀冶新材料有限责任公司
22. 重庆科技学院
23. 道法法律事务所
24. 楠江集团浙江罗托克执行器有限公司
25. 中兴恒和投资管理集团
26. 商船三井
27. 上海鼓风机厂有限公司

28. 无锡市长江通用机械厂
29. 桓台县聚鑫福利化工厂
30. 四川自贡大业高压容器有限责任公司
31. 陕西宝深集团石油机械制造有限公司
32. 江苏兆胜空调有限公司
33. 泸州川油钻采工具有限公司
34. 成都华益热缩材料公司
35. 德国鲁尔录公司北京代表处
36. 无锡太湖石化装备厂特种锅炉制造公司
37. 中国加油站网
38. 后扉　江苏液化天然气项目

北京油气调控中心

2008年3月25日上午，集团公司党组书记、总经理蒋洁敏到北京油气调控中心调研考察。

北京油气调控中心是中国石油为优化管道运营管理体制、适应管道业务的快速发展，于2006年5月8日正式成立的长输油气管道调度控制中心，是中国石油天然气集团公司直属单位。中心集中石油长输油气管道的远程监控、操作运行、调度管理、抢维修协调等多种功能为一体，组建运营后，即成为中石油管道生产运行的调控中枢。

截止到2008年9月,中石油所属的34条在役长输油气管道已全部纳入调空中心集中调控运行。管道总里程约2.2万公里，有299座站场。其中,天然气管道16条，总里程12000多公里，它们贯通塔里木、青海、长庆、西南四大气区和25个省市、1000多家大型用户；原油管道有15条，总里程6000多公里，承担着10几个油田的原油外输和30多个炼厂的原料供应任务，联接着42个油库,3个港口码头和7个铁路装车点：成品油管道3条，总里程近4000公里,分别向甘肃、四川、重庆、山东等省份和地区供应各种型号的汽油、柴油。

2008年8月14日上午，集团公司党组成员、副总经理，股份公司总裁周吉平率集团公司有关部门负责同志一行6人，到北京油气调控中心调研检查指导工作。

北京油气调控中心根据中石油总部下达的生产和销售计划，编制管道运行方案，通过季协调、月计划、周指令、日指定等方式，对油气管网资源进行统一调配，优化运行。管道运行的监视控制，依靠天然气、原油和成品油三套SCADA系统完成。为了保证生产信息的安全、可靠、畅通、高效传输，中心对中石油原有管道通信系统进行规划调整，已初步建成了“以光缆通信为主信道、卫星通信为备用信道、租用公网为补充信道”的管道通信系统骨干网络架构。

随着中石油油气管道业务的跨越式发展，北京油气调控中心将成为世界上调度运行的管线最多、管道运送介质最全、运行环境最复杂的长输油气管道控制中枢。

2008年5月14日，集团公司总经理、党组成员、股份公司副总裁廖永远在北京油气调控中心进行调研。图为廖总与中心领导进行座谈，听取汇报并做重要指示。

廖总在主控制室仔细询问管线运行情况，并慰问一线调度人员。

地址：北京市朝阳区慧忠里甲118号
邮政编码：100101
电话：010-84880888
传真：010-84880990

中国石油东方地球

公司党委书记：王小牧

公司总经理：王铁军

中国石油东方地球物理勘探有限责任公司（简称东方地球物理公司，英文名称BGP）是中国石油天然气集团公司独资的地球物理专业化技术服务公司。

公司肩负“找油找气”的历史使命，积极承担经济责任、政治责任和社会责任，牢固树立政治意识和大局意识，始终以党和国家的利益为重，以保障国家石油安全为己任，坚持围绕油气勘探主战场，唱响勘探攻关主旋律，大打油气勘探攻坚战，以良好的技术服务寻找更多的油气资源，为加快国内油气田的发现进程作出了积极贡献。

公司大力实施“国际化”战略，国际业务拓展到全球4大洲31个国家。先后通过CHEVRON、SHELL、BP、TOTAL、ENI等全球大油公司的资审。服从和服务于中国石油“蓝色国土开发战略”，“BGP先锋号”等4支深海勘探船舶先后下水并投入生产，为集团公司进军海上作出了积极贡献。在全球物探行业中，东方地球物理公司综合实力位居前列，陆地地震勘探市场份额保持全球第一，全球同行业中的品牌影响力日益增强，受到国际知名油公司的广泛关注。

公司拥有雄厚的人才优势，形成了以1名中国工程院院士、8名集团公司专家、59名公司专家、165名科技带头人为骨干的科技人才队伍；拥有全面的技术优势，集野外采集、数据处理、资料解释、装备制造、软件开发等业务于一体，具有全面、系统、强大的服务功能。拥有PAI技术，能够针对油气勘探开发所面临的各种复杂问题，提供采集、处理、解释一体化的地球物理勘探解决方案。包括复杂山地、沙漠、过渡带、黄土塬、陆上油气富集区的地震勘探一体化解决方案以及陆上地震储层描述一体化、三维重磁电一体化等7项解决方案，拥有一批自主知识产权、符合国际工业标准的软件系列，包括处理解释一体化软件系统GeoEast、地震采集设计系统KLSeis、综合导航定位系统HydroPlus、地震勘探测量数据处理与质量监控系统SSOffice，具备陆上石油物探需要的常规和特种勘探装备的制造能力，形成了大吨位可控震源、地震钻机、电缆、检波器、仪器、特种运载设备等系列产品，共100多个品种。

中国石油长庆油田分公司第三采油厂

公司简介

第三采油厂是中国石油天然气股份有限公司长庆油田分公司下属的一个以油田开发为主的专业化采油厂，组建于1971年，厂部设在宁夏回族自治区首府银川市，生产区域横跨宁夏、陕西两省（区）的盐池、灵武、吴忠、青铜峡、中宁、中卫、同心、西吉、固原、泾源、彭阳、隆德、定边、靖边、志丹、吴起等16个县、市，油区总面积29562平方公里。厂下设机关科室、科研单位、辅助生产单位30个，采油作业区11个，基层井区（队）78个。承担着靖安、吴旗、油房庄、红井子、摆宴井、胡尖山等12个油田52个生产区块的开发管理工作。管理4000余口油水井，380多座计量、接转、注水站和近600公里的原油集输干线，是中国石油十大采油厂之一，也是宁夏回族自治区境内特大型国有企业之一。

中国石油长庆油田分公司第三采油厂

2007年，第三采油厂生产原油301.958万吨，迎来了自1998年原油产量突破100万吨、2003年原油产量突破200万吨大关之后的第三个增长高峰；全年实现工业产值116亿元，连续第二年蝉联宁夏自治区过百亿元企业前列；大力推进科技、管理创新，获得长庆油田公司级科研奖励13项，石油企业现代化管理创新成果二等奖、三等奖各1项；扎实推进HSE体系建设，荣获“全国质量管理小组活动优秀企业”、“2007年度石油工业质量管理（QC）小组活动优秀企业”和“宁夏质量管理活动优秀企业”称号，连续四年被宁夏回族自治区授予“安全生产先进单位”的荣誉称号；全面加强精神文明建设，荣获“中国文化管理示范单位”、“全国企业文化建设优秀单位”等称号，靖一联合站荣获共青团中央“全国青年安全生产示范岗”称号。

2008年，第三采油厂将以科学发展观为指导，按照“挺进400万，瞄准500万，支撑5000万”的新目标，稳步推进精细化运营、标准化建设、社会化服务，强化文化、科技和人才支撑，积极转变管理方式，着力建设一流采油厂，努力实现科学发展、和谐发展。

地址：宁夏银川燕鸽湖石油基地
长庆油田分公司第三采油厂
邮编：750001
电话：0951-6935111、0951-6935016
传真：0951-6935123

中国石油集团长城钻探工程有限公司

总经理：张凤山

党委书记：王忠仁

公司简介

中国石油集团长城钻探工程有限公司(简称长城钻探工程公司，英文缩写 GWDC)为中国石油天然气集团公司的直属专业化石油工程技术服务公司。现有用工总量 38302 人，资产总额 264.8 亿元。业务范围涉及钻井、测井、录井、井下作业等石油工程技术服务的各个环节，具备综合一体化服务能力，国内业务分布在 23 个省市自治区，国际业务遍及 27 个国家。经过多年的生产实践和技术攻关，公司形成了多分支钻完井、水平井／侧钻水平井钻完井、钻井取心、气体钻井、稠油热采井侧钻井、成像测井、剩余油饱和度监测、录井信息综合应用，以及低渗气田和稠油油藏开发等一系列优势特色技术。公司具有钻探工程总承包一级施工资质，通过了中国质量协会 GB/T 和 ISO9000 质量体系认证，获得国家(AAA)级信誉等级证书。主要专业工程技术队伍均通过了 ISO9000 质量体系认证，还获得了国家质量网证书(IONET)和德国专业质量体系证书（DQS)，以及英国 PSRSON 公司颁发的优质施工证书。拥有外经贸权和对外经济技术经营权，是国际钻井承包商协会会员，具有国际、国内工程技术服务和石油、天然气(煤层气)开发总承包能力。

综合录井队工作场景

以 GW63 队为代表的长城公司委内瑞拉作业队多次被当地评为“绿色钻井队”

外籍员工在长城公司北京总部学习井控

长北壳牌项目部为钻井一公司颁发 HSE 奖牌

长城钻探工程公司以建设国际化石油工程技术总承包商为目标，突出发展钻修井、测录试、以及固井、定向随钻、钻井液、完井等油井建设各专业，为油田建设提供建井总承包服务；特色发展稠油开发、天然气开发、煤层气开发及技术服务，为油田开发提供总承包服务；配套发展大修、侧钻、压裂酸化、油层改造技术服务，为油田开发提供增产措施服务。

多年来，公司秉承“爱国、创业、求实、奉献”的企业精神，恪守“诚信、创新、业绩、和谐、安全”的企业价值观，曾被授予“全国五一劳动奖状”、“全国优秀企业奖”暨“金马奖”、“中国企业管理杰出贡献奖”、“全国思想政治工作先进单位”、“全国精神文明建设工作先进单位”、“全国守合同重信用企业”、“中国石油先进集体”等荣誉。连续五年被中国石油天然气集团公司评为“安全生产环境保护先进企业”。被阿曼（壳牌）国家石油公司誉为“真正有能力的国际钻井承包商”。不断成长的长城钻探公司将以一流的技术、一流的作业服务国内外油气勘探开发，实现多方共赢。

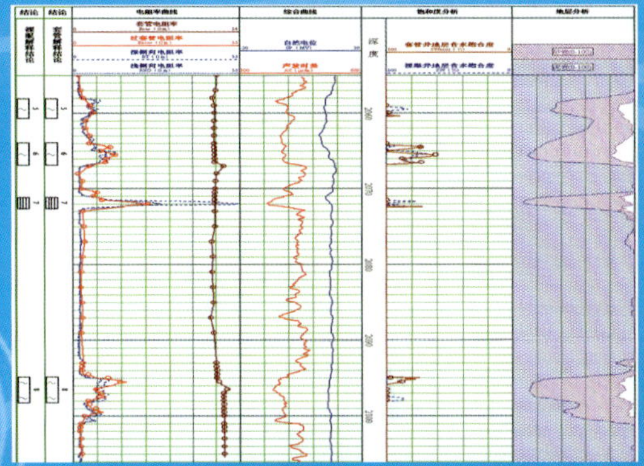

过套管电阻率测井技术打破了不能在钢套管井中测量地层电阻率的禁区，拓展了电阻率时间推移测井技术的应用空间，为油藏动态监测、剩余油分布研究以及剩余油饱和度评价提供了有效的技术手段。

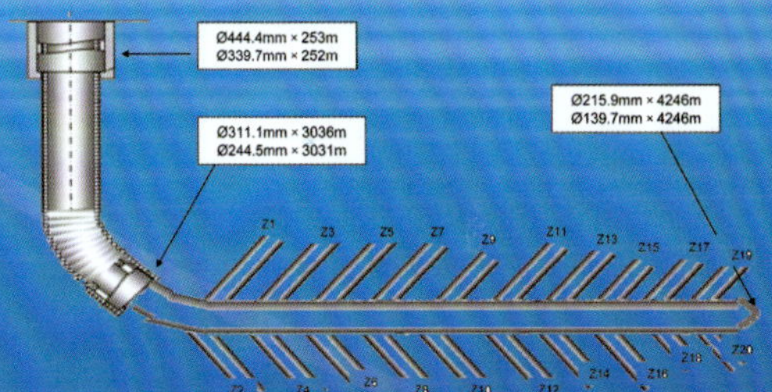

钻井二公司 20 鱼骨分支水平井静 52-H1Z 井，总进尺 7578 米，累计水平段长 4334 米，是国内目前分支数量最多、储层内总进尺最长的一口潜山鱼骨分支水平井。

地址：北京市朝阳区安立路 101 号名人大厦

邮编：100101　　电话：010-59285125

传真：010-59285034

在境外施工的新型液压钻机

境外测井工作现场

长城钻探公司运用盐下油藏钻完井配套技术在哈萨克斯坦的肯基亚克油田打出了千吨井

胜利油田富邦实业有限责任公司

胜利油田富邦实业有限责任公司是一个集工业、商业、运输业、服务业、制造修理业、生产销售为一体的综合性公司。

公司是在原胜利油田钻井五公司劳动服务公司的基础上于2006年12月26日注册，2007年1月7日挂牌改制而成立的。随着油田不断深化改革，公司在各个方面都有了跨越式的发展。目前，职工达到637人，所从事的产业跨多领域，经济实体的实力不断增强。

公司主要从事钻井工程项目承包、钻井泥浆循环罐及相关配套设施的加工制造，铆焊件加工制作，钻井机械设备、工具、电器安装维修，野营房设计、制造、维修，钻井液用助剂、氧气、氮气的生产销售，气瓶检验，车辆运输，后勤保障服务等多种业务。

公司通过近20年来的不懈努力，伴随着油田的快速发展而不断壮大。先进的科学设计、过硬的产品质量、优质的综合服务，受到了广大客户的赞誉，连续5年被山东省企业信用协会授予“省级守合同重信用企业”；连续5年被东营市消费者协会授予“市级消费者满意单位”。公司将本着用户至上、质量第一的经营理念，以胜利人的创业精神，愿与各界朋友携手一道伴随世纪同行，不断创新，共创美好辉煌的明天。

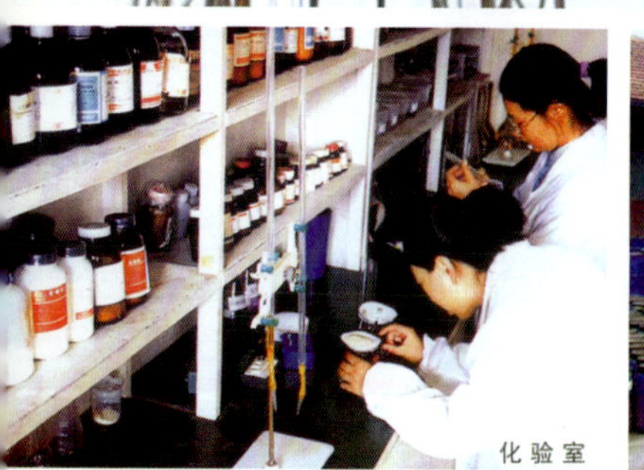
化验室

厂房一角

地址：山东省东营市东二路9号　邮编：257513
电话：0546-8728024　传真：0546-8728018　8728024　8728204
联系人：刘聚金　夏建国　E-mail:fubang.gongsi@163.com

成套组合野营房

川庆钻探工程有限公司地质勘探开发研究院

院长　戴勇

党委书记　张森林

川庆钻探工程有限公司地质勘探开发研究院始建于1953年，位于素有“天府之国”美称的成都市，是一个主要从事石油天然气地质勘探开发综合研究和录井施工作业的科研单位。下设有六个研究所、四个研究中心、两个录井工作站和三个录井项目部；有施工作业队伍150支，在册职工840人，外聘专家36人；有大型综合计算机处理系统、录井数据远程传输系统、分析化验和综合录井仪等国内外先进设备500余台（套）。多年来，潜心开展了油气地质综合评价研究、岩心分析化验、测井资料处理解释、地震资料处理解释、地质及综合录井、油田化学工艺及油气井增产作业、油气储层保护、油气田经济评价、开发方案设计、试井研究、水文与环境研究等业务，在诸多研究领域开发了特色技术，多项新技术、新工艺获得国家专利。先后在川渝、塔里木、克拉玛依、长庆、俄罗斯、哈萨克斯坦、泰国、伊朗、叙利亚、印度尼西亚、阿联酋、突尼斯、土库曼斯坦等十多个国家和地区开展了区带评价、油气田评估、油气开发方案设计、录井、油气井测试等数十项业务，为客户在海外并购油气田提供了强有力的技术支撑和可靠的决策依据，赢得了客户的高度评价，与国内外数十家石油公司、油气田建立了良好的合作伙伴关系。

开创，是一种责任
行銀通交

中国石油克拉玛依石化分公司

克拉玛依石化分公司是伴随着新中国第一个大油田——克拉玛依油田的开发于1959年创建的。经过近50年的发展，其加工规模由最初的十几万吨，发展到500万吨/年，其中稠油加工能力300万吨/年，高档润滑油生产能力60万吨/年，重交通道路沥青生产能力100万吨/年，成为集炼油化工为一体、产品特色突出、具有较强市场竞争力的综合型炼化企业。公司现有主体装置37套，固定资产48.96亿元。

公司目前可生产各类石油化工产品160多种，主导产品40余种，28种产品获省、部优产品称号。L-DRA/A46冷冻机油等5种产品荣获国家银质奖。环烷基橡胶油产品被中国质量协会评为2003年“全国用户满意产品”，重交通道路沥青被自治区评为2003年“新疆名牌产品”，环烷基油系列产品获得集团公司“中国石油优质产品”称号。

公司连续14年保持了新疆维吾尔自治区“文明单位”荣誉称号。2003年荣获了国家工商总局授予的全国“守合同、重信用企业”荣誉称号，获得新疆维吾尔自治区颁发的“开发建设新疆”奖状，并被评为自治区30强工业企业（集团），被自治区环保局列为首批“循环经济试点单位”之一，并通过了“环境友好企业”验收，成为第一批“自治区级环境友好企业”之一。被国家授予“五一劳动奖状”，被集团公司授予“2003至2004年度质量管理卓越企业”称号，被中国市场学会信用工作委员会评为“2005年中国企业诚信经营示范单位”，被自治区评为“2006年度安全生产先进单位”。

电话：0990-6833414
传真：0990-6991149

中国石油华南销售公司

建设国际水准的销售企业

中国石油华南销售公司位于广东省广州市，主要负责中国石油在广东、海南两省的成品油市场开发与销售业务，以及中油碧辟石油有限公司、中油海南石油有限公司的股权管理。

公司现有员工12590人，股权企业80家。下设15个职能处室，3个附属机构，22个运作销售区域。

在中国石油集团公司党组、股份公司管理层的领导下，公司奉行“奉献能源，创造和谐”的企业宗旨和“诚信、创新、业绩、和谐、安全”的经营管理理念，积极履行三大责任，在市场价格波动较大、油品资源持续紧张、保供承受巨大压力的形势下，与其他油品销售公司一起确保了广东、海南两省的油品供应。公司连续三年被中国石油集团公司评为安全生产先进单位，以规范高效为目标的股权管理获得第二十届石油企业管理现代化创新成果一等奖。

目前，华南销售公司正按照集团公司党组的要求，厉兵秣马，统筹规划，克难求进，努力创建国际水准的销售企业。

地址：广东省广州市珠江新城花城大道66号检验检疫大厦C塔16楼

邮编：510623

电话：020-38290798　　　传真：020-38291363

阳光物业

中国石油大厦

州中国石油大厦

长沙中国石油大厦

武汉中国石油大厦

大连中国石油大厦

中油阳光物业管理有限公司

中油阳光物业管理有限公司是中国石油旗下企业－中国华油集团的全资子公司，是依照中国石油“集约化经营、专业化管理、一体化协调发展”的战略部署组建的。公司的任务是负责中国石油在中心城市办公楼宇的建设和管理，根据各建设和管理项目的需要，公司还在各项目所在地设置分公司或子公司。目前，北京、广州、武汉、长沙、大连、新疆等城市都有服务管理及在建项目。

公司瞄准国际一流的物业管理水准，构建环保、节能、健康、安全的绿色物业理念，通过专业化、标准化、规范化的服务管理，打造“阳光物业”品牌，体现中国石油作为综合性国际能源公司的国有大企业形象。

中国石油东北化工销售公司

company introduction

中国石油天然气股份有限公司东北化工销售分公司（简称“东北化工销售公司”）是按照中国石油的战略部署于2006年6月2日成立的中国石油所属地区公司，东北化工销售公司行政上由中国石油直接管理，业务上由炼油与化工分公司归口管理，赋有调运、销售、管理三方面职能。公司主要负责中国石油吉林石化公司、大庆石化公司、大庆炼化公司、抚顺石化公司、辽阳石化公司、大连石化公司、锦西石化公司、锦州石化公司五大类百余种化工产品的销售和东北、华东、华南、华北等区域化工产品物流调运组织工作。产品销往全国30余个省、市、自治区，广泛应用于塑料、纺织、橡胶、化工、化妆品、医药、农业等行业，年商品销量350万吨，营业收入260亿元。目前，公司设有9个综合管理处室、7个业务处室和大庆、吉林、抚顺、辽阳、大连、营口6个分公司。现有员工514人，高级职称60人，本科以上学历215人，中共党员265人。公司拥有总资产21.72亿元，固定资产1.21亿元。

总经理、党委书记
李殿敏

东北化工销售公司以科学发展观为指导，按照中国石油“大市场、大营销、大贸易”的发展构想，坚持“诚信、创新、业绩、和谐、安全”的经营理念，遵循“做大做好做强销售”的方针，以服务市场、服务生产、服务用户为根本原则，大力实施联手、联合、联盟战略，积极建立“专业化、扁平化、垂直化、集约化”的一体化销售机制，战胜了自然灾害、金融冲击、市场波动对公司营销工作带来的影响，坚持履行三项责任，优化营销布局，健全营销网络，完善销售渠道，提高运营效率，着力推进现代营销体系建设，为建成国内一流的化工销售企业而不懈努力。

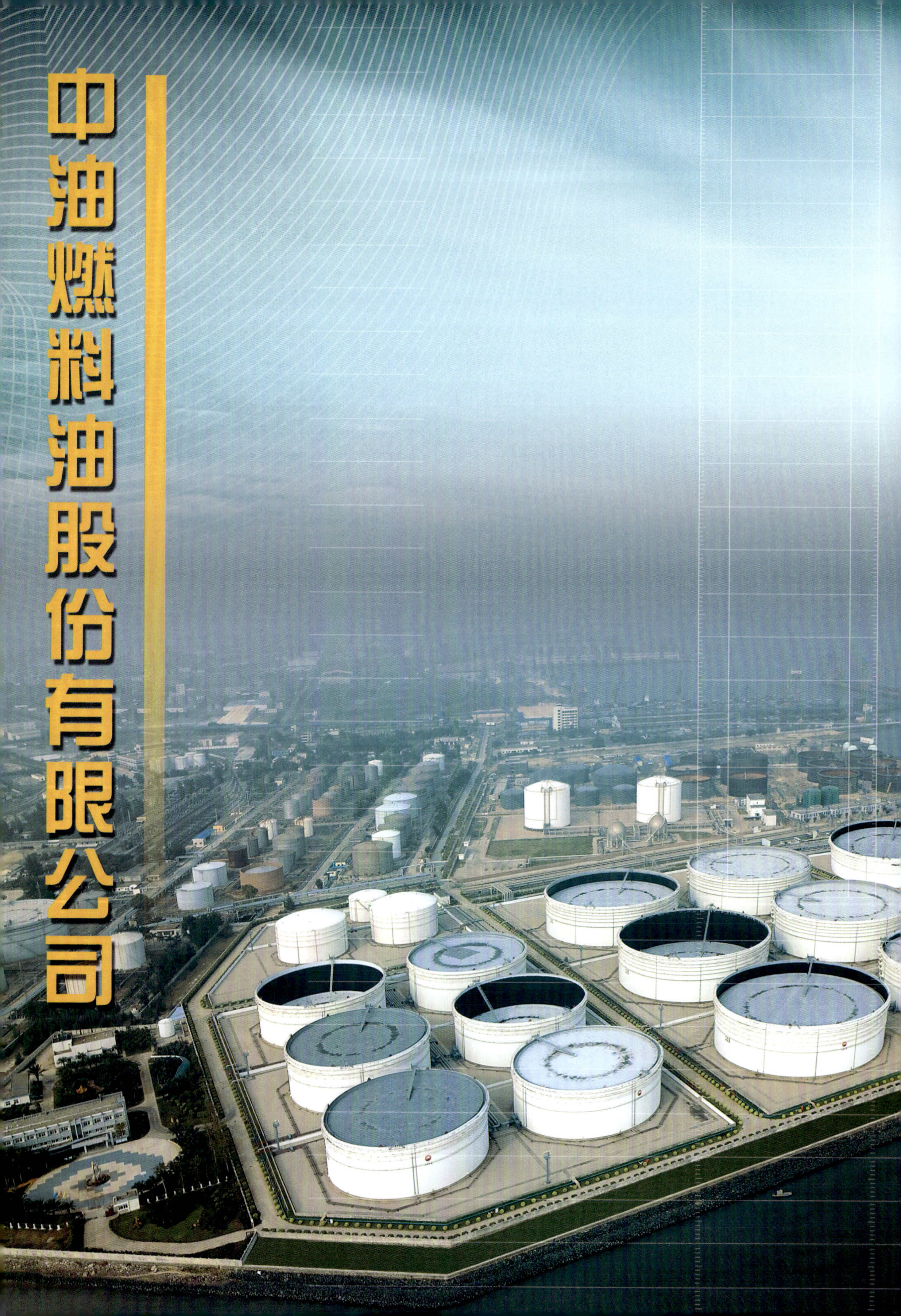
中油燃料油股份有限公司

中油燃料油股份有限公司湛江油库，2004年5月建成投产，总库容192.5万立方米，总投资11.2亿元，属于国家一级燃料油中转库，设计年周转能力1000万吨，凭借湛江港30万吨级码头的优势，能够实现燃料油和其它重质油品的接卸、转运、储存及调和功能，是公司规模最大、自动化程度最高的油品中转储运基地，同时也是上海期货交易所180#燃料油期货和约首批交割库（30万立方米）。

戈壁明珠

——吐哈油田公司

吐哈油田公司隶属于中国石油天然气股份有限公司，是在二十世纪八十年代末国家提出“稳定东部，发展西部”石油开发战略的大背景下开发建设起来的现代化油田。公司总部位于中国新疆东部的哈密市，横跨丝绸古道重镇吐鲁番、哈密两地，东临宗教艺术圣地敦煌，西接新疆首府乌鲁木齐，北望天山雪峰，南界罗布瀚海，地域特色鲜明，人文内涵深厚。

经过近二十年的艰苦努力，吐哈油田已经发展成为集油气田勘探开发、炼化销售、石油工程技术服务、矿区后勤等多种产业于一体，跨国、跨地区经营的大型国有企业，员工总数达到2.1万多人，拥有固定资产总值186亿元，净值117亿元。涉及油气勘探、开发生产、采油工程、井下作业、油田建设、水电供应、技术监测、机械加工制造等。石油工程技术作业队伍遍及西北各油田，并进入哈萨克斯坦、乌兹别克斯坦、委内瑞拉、苏丹等海外市场，“吐哈气举采油”、“吐哈压裂”等工程技术品牌享誉海内外。

团结奋进的领导班子

巾帼风采

杨拯陆铜像落成揭幕仪式

职工运动会红旗方队

公司机关大楼夜景

党和国家领导人胡锦涛、江泽民、朱镕基、李瑞环、吴邦国、宋平、邹家华先后来油田视察并题词。油田先后荣获全国"五一"劳动奖状、全国思想政治工作优秀企业、全国文明单位、全国厂务公开工作先进单位、全国企业文化建设先进单位、全国模范劳动关系和谐企业、中国优秀诚信企业等18项全国性荣誉，涌现出"全国劳动模范"等省部级以上先进个人200余名。

花园式工厂

吐哈油田在勘探开发和发展实践中，认真秉承中国石油"奉献能源、创作和谐"的企业宗旨，积极履行经济责任、政治责任和社会责任。截至2007年底，共探明油气田21个，累计探明石油地质储量3.7亿吨、可采储量9087万吨，探明天然气及溶解气地质储量917亿方；累计生产原油3607万吨、天然气156亿方、液化气175万吨，实现销售收入703.6亿元、利润251.5亿元、上缴各项税费107.7亿元，人均产值和人均创效水平位居中国石油集团前列。

哈密石油基地

新的历史时期，吐哈油田将认真贯彻落实科学发展观，全面实施"油气增长、持续创新、效益提升"三大战略，努力建设"发展型、创新型、安全型、文化型、和谐型" 五型油田，进一步开创"大发展、大安全、大稳定、大和谐"和"小而强，小而精，小而富，小而美"四大四小两个新局，努力把油田建设成为产量稳定增长、经济效益良好、科技优势突出、安全环保先进、人才充分利用、内部和谐稳定、员工共同富裕、持续有效发展的现代化油田，为新疆经济的繁荣、社会的稳定和中国石油的发展做出新的更大的贡献。

"吐哈红"女子鼓乐队激情表演

工程技术服务队伍为油而战

心系奥运

吐哈油建承担的西气东输施工现场

大庆中油庆瑞石油科技有限公司

孙利尧
总经理

公司简介

大庆中油庆瑞石油科技有限公司成立于 2001 年，位于老工业基地、哈大齐工业走廊的大庆市红岗区铁人生态工业园区。是以石油与天然气技术服务为主营业务，兼顾油田装备、电子、木业、物流、塑料等项目。有下属子公司庆科井筒装备技术有限公司、瑞达科技有限公司、鑫石机械制造有限公司、非凡塑料有限公司、木业公司、物流公司、采油机械有限公司、特种车辆改装有限公司、服装厂、酒店餐饮管理公司、电子产品公司。

公司目前有技术工人 280 人，科技人员 50 人，其中高级工程师 20 人，工程师 30 人，具有一定的科研生产能力。

公司是石油石化专业机械制造厂家之一，形成了多条石油机械设备、石油钻井钻杆、油管、套管、抽油杆、钢丝绳、护丝和钢管加工的自动化生产线。具有多年抽油机生产经验，相继开发了异向式、双驴头式、前置式、悬挂变距平衡式、斜井式、弯游梁式、低冲刺下偏杠铃节能式、直线电机抽油机、油田和煤层气压裂设备等。

公司还拥有井下压裂酸化作业施工各种设备 160 台，40 吨修井机 5 台，30 吨修井机 5 台，主要承揽油田勘探试油、油田及煤层气压裂，大修作业、压裂酸化、地层测试、稠油试采等施工和技术服务，同时兼营解决疑难区块开发等技术服务业务。2001— 2008 年公司先后在大庆油田的头台、榆树林、兴源、兴茂、庆新等区块，吉林油田，辽河油田实施压裂 3000 多井次，累计增产原油 45 万吨，取得了较好的增产效果。

在施工方面，公司严格按甲方规定要求进行施工，严格执行有关操作规程和质量标准，能及时解决施工出现的难题，在近四年的施工项目中均优质高效的按甲方要求完成，施工一次成功率达到 98%，受到甲方单位的好评。

公司建立了完善的质量管理体系，质量保证体系和 HSE 保证体系，并通过 ISO9001 质量体系认证、ISO14001 环境体系认证和 OHSAS18000 职业健康安全认证，连续四年产值保持亿元以上。

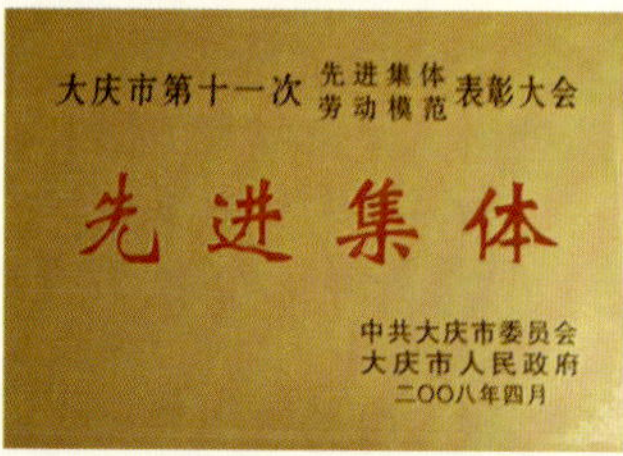

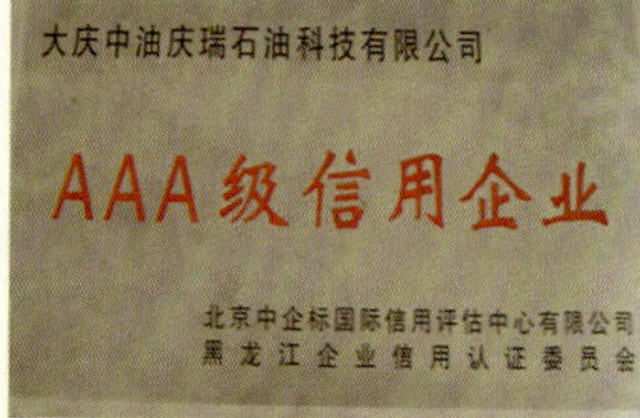

在企业文化建设方面，公司大力弘扬和传承大庆铁人精神，用铁人精神鼓舞人、塑造人、激励人，努力营造科学发展、和谐发展的企业文化氛围，培养和锻造出一支技术精，纪律严，作风正、敢打硬仗的职工团队。企业发展了，他们也在为创建和谐社会做出贡献。公司招录工人时，坚持实行“五先”的原则，即：优先录用下岗职工，优先录用共产党员，优先录用贫困、残疾家庭，优先录用农村富余劳动力，优先录用退伍军人，公司每年都有大约 50 多万元资金用于助学、助困、助残等爱心事业。

总经理孙利尧同志当选为大庆市红岗区人大代表，大庆市工商联执委。企业连续三年被评为黑龙江省“AAA 级诚信企业”，先后荣获“中国公信企业重点推广单位”、“石油石化企业优秀供应商”、“全国质量信得过企业”、“中国最具发展潜力企业”、“大庆市百强民营企业”、“大庆市百家重点企业”、“大庆市第十一次先进集体”、“大庆市先进党组织”、“中华爱国先进示范单位”、“黑龙江省十佳和谐企业”、“黑龙江省振兴老工业基地研究会科技创新先进单位”、“名优企业放心承诺单位”、“全国抗震救灾英雄集体”、“黑龙江省五一劳动奖状”，为促进大庆市经济和社会发展做出了突出的贡献。

压裂车组

油管

压裂车

科学发展　和谐发展

大庆中油庆瑞石油科技有限公司

公司名称：大庆中油庆瑞石油科技有限公司
总部地址：大庆市红岗区铁人生态工业园区
联系电话：0459-5295388，5291606
传　　真：0459-5295388
Email：Qrgs2004@126.com

节能型抽油机

北京石油化工设计院

BEIJING PETROCHEMICAL DESIGN INSTITUTE

尊重个人　成就客户　追求卓越　诚信负责

北京石油化工设计院，成立于 1979 年，北京市高新技术企业。2004 年成功改制，是目前国内规模最大的股份制石油化工工程公司。

我院拥有化工、石化、医药行业工程设计、工程咨询甲级资质，拥有齐全的各项压力容器设计资质、压力容器分析设计资质和压力管道设计资质，通过了 HSE 体系认证。并拥有配套齐全的从事工程咨询、工程设计、工程承包、项目管理的各类专业人员。从事石化、化工、橡胶、建筑、建材、轻工、纺织、医药、环保等行业的工程咨询、工程造价、工程设计、工程承包、项目管理、项目监理等技术服务。

我院拥有商务部颁发的从事境外石油、化工、医药项目工程总承包、项目管理及劳务合作资格证书。

我院目前在册员工近 900 余人，其中专业人员 850 余人，目前人员规模正随着生产发展而快速增长，在国内已成为拥有一支相当规模工程技术队伍的大型工程公司之一。

我院致力于企业的发展、壮大与创新，在改制后的三年时间内，充分吸收国内外著名工程公司的管理经验，投入巨资建立了与国际型工程公司接轨的各项基础设施，同时充分发挥体制和地域上的优势，组建了一支由来自国内著名工程公司中曾参与组织过大型炼油、化工、医药、市政、环境等工程建设的具有丰富管理经验的管理团队和工程技术队伍，建立了完善的企业管理和全面的信息技术服务体系，逐步实行与国际工程公司接轨的先进的项目管理模式，不断追求健康、安全与环境保护的最高行动准则和标准，并贯彻到组织的各个层面。同时，我院致力于人力资源的开发和管理，制定了长期的人才激励机制，正逐步发展优秀的企业文化，为加速建成与国际接轨的工程公司打下了坚实基础。

我院专家参加了建设部、中国石油和化工勘察设计协会、中国勘察设计协会建设项目总承包委员会分别组织的《建设工程项目经理培训教材》、《关于培育发展工程总承包和工程项目管理企业的指导意见》、《建设项目工程总承包管理规范》等重要文件的编制。并致力于项目管理理论与项目管理实际相结合，致力于项目管理的基础工作，所提供的《项目管理体系文件》、《工作手册》等，极具指导性和可操作性，为推进我国工程总承包和项目管理作出了卓越的贡献。

我院专家已经为多家设计院提供由单一功能设计院向 EPC 全功能工程公司转变的咨询服务，并向国内几十家设计院、工程公司、工程建设指挥部转让工程总承包《项目管理体系文件》，同时接受业主的委托，承担项目管理服务（PM）或项目管理承包（PMC），并指导业主进行项目管理（IPMT）。

我院以“致力于创造中国工程公司新价值”为使命，秉承“尊重个人、成就客户、追求卓越、诚信负责”的价值观，为客户提供优质服务。

蓬勃发展的中国石油勘探开发研究院

廊坊分院天然气地质研究所

中国石油勘探开发研究院廊坊分院天然气地质研究所是全国性天然气地质勘探综合研究机构，成立于 1985 年。全所现有科技人员 71 人，其中教授 2 名，博士、硕士 49 名，高级工程师 27 名，工程师 20 名。经过全所广大科技人员的不懈努力，取得了一系列重大研究成果，逐步形成了自身的专业技术特色，已成为中国石油天然气股份有限公司天然气勘探决策支持、气区勘探生产服务、天然气地质勘探理论研究、天然气地质实验及研究的主要生力军，是中国从事天然气研究的专门机构之一，为中国天然气地质研究和勘探事业的发展做出了突出的贡献。截至目前，廊坊分院天然气地质研究所共荣获国家级、省部级、局级奖励 90 余项。

八大勘探技术系列

- 天然气资源评价技术
- 天然气地质综合评价技术
- 复杂构造地质建模技术
- 岩性地层气藏预测及评价技术
- 天然气勘探目标评价优选技术
- 储量评估及储量参数管理技术
- 天然气地质实验分析技术

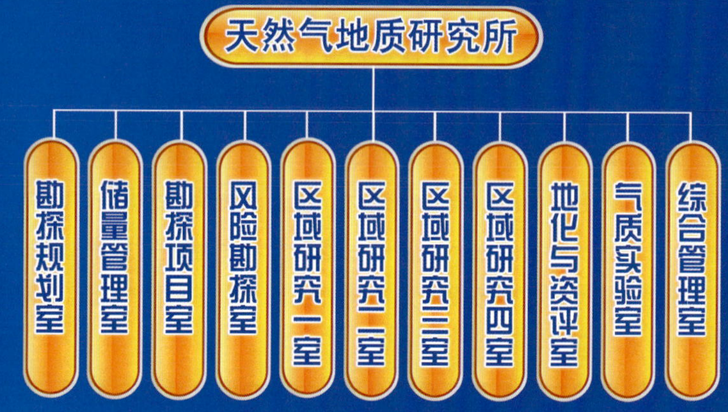

一、天然气勘探决策支持

天然气地质研究所已经形成了从长远规划—年度计划—预探部署—评价部署—储量管理一体化的决策支撑体系，建立了全面的数据库和图形库系统，是中国石油天然气股份有限公司上游油气勘探与评价最为系统的支撑单位之一，为中国石油领导层科学决策提供了重要的参谋意见，为中国天然气的发展制定宏伟战略规划。

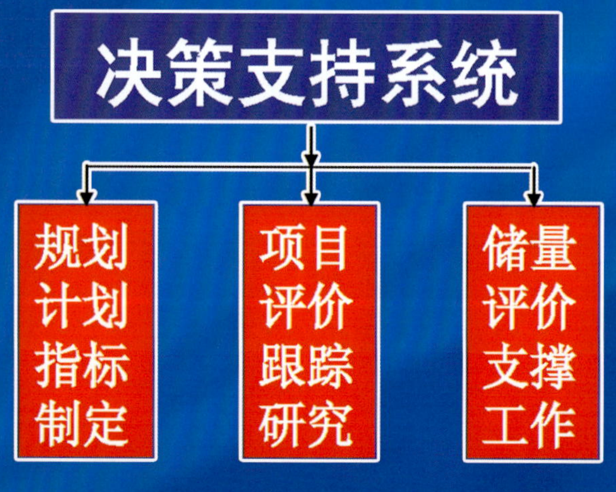

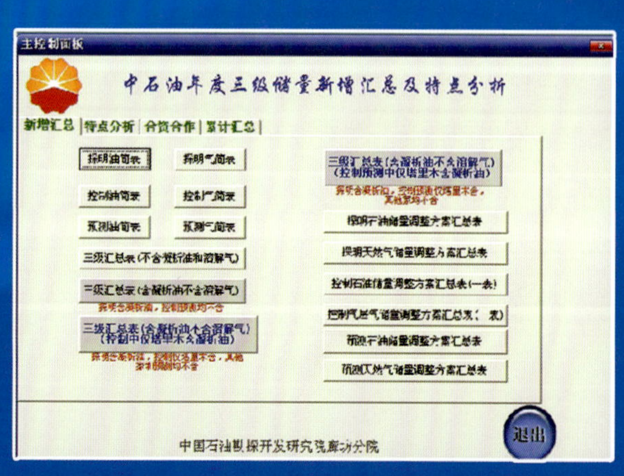

锐意进取　开拓创新

努力创建国际一流天然气地质研究所

二、天然气地质综合研究

天然气地质研究所立足重点气区进行攻关研究，深入塔里木、四川、鄂尔多斯、柴达木、松辽、准噶尔和渤海湾等主要气区现场，狠抓基础工作和实物工作量，科研紧密结合生产、服务生产，提出了一批风险探井和有利目标及天然气勘探的潜在领域，为中国天然气的大发展提供了有利保障。

天然气地质所现场服务示意图

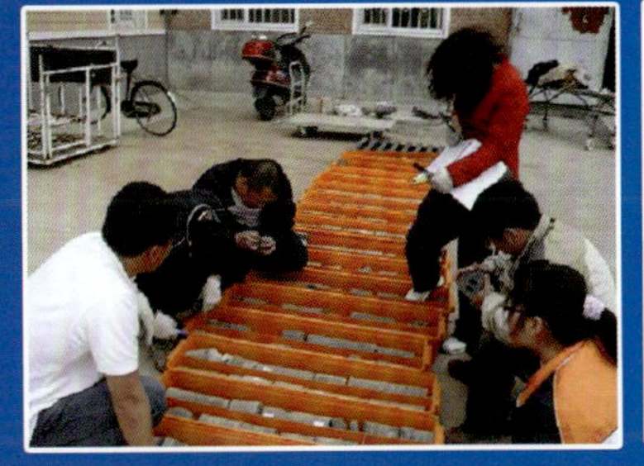

三、天然气地质基础研究

天然气地质研究所拥有国内领先、国际一流的天然气成藏实验室，是集天然气地球化学、天然气储层、天然气盖层、成藏模拟于一体的综合性实验室，也是中国石油天然气集团公司的重点实验室，具有天然气碳、氢、氮、硫同位素、天然气轻烃和生物标志化合物、生气模拟、天然气成藏动力学及示踪、天然气保存条件和天然气资源评价等一系列国际领先的特色技术。近年来建立和完善了天然气成因鉴别体系，对我国主要大气田进行了天然气成因判识；建立了干酪根裂解气和原油裂解气的生成模式及高过成熟碳酸盐岩的评价下限；建立了生物气源岩的评价方法和标准；在低渗气藏、碳酸盐岩气藏、深盆气、生物气、超压气藏、高含 H_2S 气藏富集规律和成藏方面取得了丰硕的成果，为中国天然气的大发展提供了理论和技术支持。

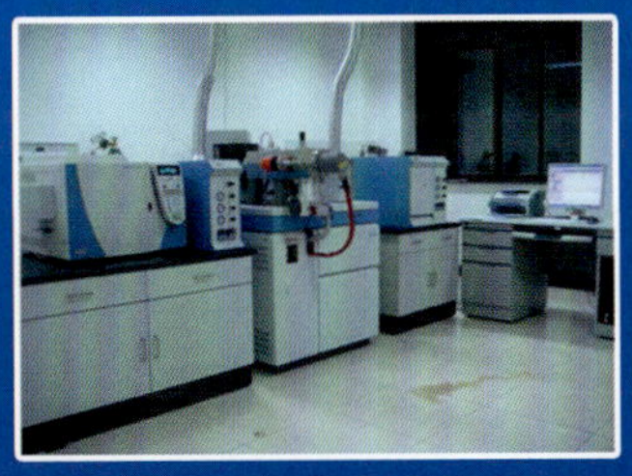

联系地址：河北省廊坊市44信箱　联系电话：(010)69213417/3300　传真：(0316)6012109

邮　编：065007　电子信箱：trq69@petrochina.com.cn

西南石油大學

学校简介

西南石油大学是新中国创建的第二所石油高校，是一所中央与地方共建、以四川省管理为主的高校。经过50多年的建设，已发展成为一所以工为主、多学科协调发展、石油天然气优势突出和特色鲜明的教学研究型大学。

学校现有18个教学院（系、部），46个本科专业，5个国家特色专业建设点，10个省级特色专业，17个博士点，53个硕士点，11个工程硕士专业学位授权领域。有3 个博士后科研流动站，1个一级学科国家重点学科，3个二级学科国家重点学科，12个省部级重点学科。有全日制在校生23000余人，其中本科生18000余人，硕士生2200人，博士生500人。

现有专任教师1340人，其中中国工程院院士 1 人，“新世纪百千万人才工程”国家级人选4人，享受国务院政府特殊津贴专家47人，省部级有突出贡献专家29人，博士生导师78人。

拥有1个国家重点实验室，26个省部重点实验室和研究中心。“十五”以来，承担国家“973”、“863”、自然科学基金等项目近4000项，获省部级以上科技奖励62项，获国家专利220项，其中发明专利40项。

在近三届教学成果评奖中，获国家级奖6项，省部级奖47项。

建有成都、南充两个校区，校园总面积2889亩，建筑面积89万平方米。

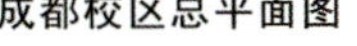

成都校区总平面图

研究生毕业典礼

中国石油大学（北京）

远程教育学院　成人教育学院

中国石油大学（北京）是教育部直属的全国重点大学，是一所石油特色鲜明，以工为主、工理管文协调发展的多科性大学，是“211 工程”重点建设和国家 985 工程“优势学科创新平台”建设并设有研究生院的高等院校。

中国石油大学（北京）远程教育学院成立于 2001 年 10 月，中国石油大学（北京）成人教育学院成立于 2002 年 3 月，两个学院实行合署办公机制。学院现有管理和技术人员 50 名；在籍远程教育学生一万余名，在籍成人教育学生四千余名。

我校远程教育是以计算机互联网和现代通讯技术为传播手段，以学分制为教学管理模式，以“教师指导下的学生自学＋师生之间、同学之间互动学习＋部分面授＋课程作业＋集中考试”为教学模式，面向社会自主招生，开展高起专、专升本两个层次的学历教育。目前开设的专业有：石油工程、化学工程与工艺、土木工程、安全工程、机械设计制造及其自动化、英语、工商管理、计算机科学与技术、会计学九个专业。学院在北京、河北、河南、安徽、上海、江苏省各地（包括南京、无锡等、常州、苏州等）、陕西、宁夏、新疆、黑龙江、内蒙古等全国各地建立了学习中心；并与国家远程教育公共服务体系（奥鹏远程教育中心、知金教育咨询有限公司）合作，在全国各地开展远程教育活动。

我校成人教育是学生通过全国成人高等教育入学考试，录取后进行业余（函授）学习的学历教育，分为高起专、高起本和专升本三个层次。目前所设的专业包括远程教育已开设专业，同时还开设了自动化、信息管理与信息系统、油气储运工程、过程装备与控制工程、应用化学、电子信息工程、应用化学、应用化工技术（专）、建筑工程管理（专）、项目管理（专）等。学院在北京市和内蒙古自治区、江苏省、安徽省、甘肃省、宁夏回族自治区、新疆维吾尔族自治区、黑龙江省、河北省等地设有多个函授站或教学点。

对于达到毕业要求的本、专科毕业生，颁发国家承认学历的注明相应学习方式的中国石油大学（北京）毕业证书。对符合学位授予条件的本科毕业生，授予相应的学士学位。

辽河石油职业技术学院

(中国石油辽河技师学院)简介

辽河石油职业技术学院(中国石油辽河技师学院)是一所以石油工程专业为主，理工、文管兼备,面向全国统一招生的普通高等职业技术学院，是中国石油天然气集团公司重点扶持的培训基地 “中国石油辽河技师学院”。

学院占地面积66万平方米，其中校本部占地58.11万平方米，渤海校区占地7.89万平方米。固定资产原值11487万元，净值6913万元，建筑面积11.42万平方米。

学院师资力量雄厚,现有各专业教师268名,专业和专业基础课“双师型”教师56名、辽宁省高等学校优秀青年骨干教师3名。高级职称55名、中级职称190名，博士、硕士27名，在读研究生15名。

学院实验、实训设施设备齐全，性能先进。有各类实验室60个，建有钻井、井下作业、石油化工、数控技术、汽车维修等教学培训模拟仿真系统和石油工程实训中心、机械加工制造实训中心、汽车驾驶与维修实训基地、拓展训练基地。石油工程实训中心以井控和HSE培训为主，集钻井、作业、采油、采气为一体,占地13500平方米。机械加工制造实训中心集机械加工、焊接技术、数控技术、汽车运用技术于一体，建筑面积6754平方米。

学院主要办学任务是，围绕辽河油田产业结构调整以及油田生产、科研工作对三支人才队伍建设的整体规划，开展职业技能培训和技能鉴定工作；作为集团公司重点培训基地，开展集团公司级别的勘探开发、油田地面建设等专业一线关键岗位高级技师、技师，以及特种作业人员、相关专业技术人员培训任务；同时突出石油主干专业和专业特色，开展高等职业技术教育，并面向辽河油田在职员工开展成人继续教育。

学校领导班子

承德石油高等专科学校

道艺兼修　敬业乐群

承德石油高等专科学校是中央与地方共建，以河北省人民政府管理为主的普通高等学校，始于1903年在天津创办的“北洋工艺学堂”，是我国兴办最早的高等工业职业院校，是“工学结合”办学理念的发源地。1905年学校创建的实习工场是我国创办时间最早的高等学校校办实习工厂之一。1958年迁至河北省承德市，现为国家示范性高等职业院校重点建设院校。

学校占地面积1200亩，校舍建筑面积26万平方米；教学科研仪器设备7064万元；图书馆藏书80余万册，收订期刊1500余种；体育场地面积116000平方米。学校现设12系2部2中心，开设高职专科专业41个；面向29个省份招生，现有普通高职专科在校生9726人，成人教育学历教育学生4500人，年各类培训9000人次。近年承担市厅级以上教科研课题220多项，服务企业技术课题100余项，取得国家专利16项；学校有“河北省仪器仪表工程研究中心”等13个研究所；高等教育研究所是全国首批优秀高等教育研究机构；公开出版的《学报》是全国高职高专优秀学报，并获全国优秀科技期刊奖。学校建有专业覆盖面齐全、软硬件配套的校内实验实训基地群，建有中央职业教育数控技术实训基地，河北省职业教育石油化工生产技术实训基地、PLC应用技术实训基地，有校外实训和产学合作基地208个。学校是全国产学研合作教育试点单位、全国创业培训试点院校，教育部技能型紧缺人才培养培训基地、教育部高职高专石油工程专业教学指导委员会主任单位、化工技术教学指导委员会主任单位。学校强化学生职业能力和素质的培养，取得显著成效，学生曾获全国数学建模大赛一等奖、“一汽—大众奥迪专业双杯竞赛总决赛”全国总冠军等多种奖项，毕业生就业一次签约率连续数年列河北省同类院校第一名。

学校在百余年的办学历程中，秉承“道艺兼修，敬业乐群”的校训和“工艺非学不兴、学非工艺不显”的优良办学传统，致力于民族振兴和服务地方经济以及石油工业发展。近年先后获得教育部人才培养水平评估优秀、全省高等学校党的建设工作先进单位、全国师德建设先进单位、全国精神文明建设工作先进单位、全国文明单位等荣誉称号。

第二届产学研合作教育委员会会议

学生在校内轿车维修检测中心实习

学生进行化学分析试验

学生在戈壁滩上实践

朝气蓬勃的承德石油高专学子

中国石油天然气管道局

管道施工

试压干燥施工

盾构施工

中国石油天然气管道局第四工程分公司组建于1983年，隶属于拥有国家化工石油工程总承包特级资质的特大型综合性企业集团——中国石油天然气管道局。公司主营业务为各类介质的管道施工、隧道盾构、长距离顶管、管线试压干燥等。

截至2009年初，公司拥有员工1958人，其中大专以上学历927人，硕士研究生33人，具有专业技术职称资格556人，其中中级以上职称资格173人，国家注册一级建造师41人。

公司资产原值7.4亿，施工设备1907台(套)。拥有国际先进技术装备的标准化施工机组21个，全面掌握CRC、PAW2000、PWT等国内外先进的全自动和半自动焊接工艺，具备在山区、沙漠、沼泽、水网等各种复杂地形地质条件下敷设管道的能力，年管道施工能力1800公里(Φ1016mm)以上。近10年来参建了涩宁兰、兰成渝、西气东输、忠武线、西部管道、兰郑长等国内外有影响的重点工程，并走出国门，先后在苏丹、利比亚、哈萨克斯坦、印度、俄罗斯等国参与管道施工及配套设施建设，目前已累计完成管道施工近3000公里和 80余座站场阀室建设任务。

公司是石油、石化行业唯一掌握盾构施工技术的企业。拥有国际先进水平的盾构机4台套、泥水平衡顶管机1台套、硬岩顶管机2台套，资产总值2.11亿元，每年可完成盾构、顶管施工8公里。目前已累计完成盾构掘进14000多米、机械顶管4000多米，实现了六穿长江、两穿珠江，先后打造了“中国石油第一盾”、“中国石化第一盾”和“中国海油第一盾”，成长为

和谐 创新 超越

西二线长江隧道实景

第四工程分公司

国内小断面盾构施工领域实力最强的企业。

公司是国内唯一全面掌握管道清管、测径、干空气干燥、真空干燥、氮气填充和各种介质(空气、淡水、海水)管道试压技术的施工企业，拥有国际先进的预投产施工设备157台(套)，总资产近2亿元。拥有年清管测径(Φ1016mm)5000公里、试压2000公里、干燥5000公里、注氮3000公里的施工能力，施工总量占中国管道预投产施工总量的60%左右，成为国内行业“龙头”。

公司以科学发展观为指导，坚持“经营人才、经营科技、经营特色、经营品牌”的经营理念，使各项工作取得了显著成绩。掌握并熟练应用了盾构、真空干燥、CRC全自动焊接等24项新技术，成功填补了管道施工领域盾构施工、大口径顶管施工等11项空白，拥有7项国家专利技术，编写了23项工法，创造了48项中国企业新记录。荣获全国五一劳动奖状、全国青年文明号、中国工程建设科技创新示范单位、西气东输国家先进集体、河北省用户满意企业等一百多项荣誉，公司“盾构工程展览馆”被中石油集团公司命名为企业精神教育基地。

管道四公司拥有高素质的员工队伍、良好的管理基础，强大的技术实力和优秀的企业文化。围绕“建设具有强大竞争力的管道特种专业化公司”的奋斗目标，公司将继续弘扬“和谐、创新、超越”的企业精神、秉承“诚信、优质、高效”的企业宗旨，与社会各界真诚携手，共创美好未来！

打造一流队伍

建设绿色工程

站场工艺施工

联系地址：河北省廊坊市爱民东道158号
联系电话：0316–2075478
传真：0316–2172971
邮箱：gdsgsbgs@cppfc.com
网址：http://www.cppfc.com

中国石油哈萨克斯坦公司

中国石油哈萨克斯坦公司是中国石油天然气集团公司驻哈萨克斯坦的管理机构。

从1997年开始，驻哈萨克斯坦各项目和全体员工秉承“精诚合作、锐意进取、互利共赢、和谐发展”的理念，充分发挥中国石油在技术、管理及人才等方面的整体优势，努力拼搏，奋发进取，历经十年艰苦创业，建成了海外又一个上中下游一体化油气合作区，初步实现了油气勘探、开发、管输、炼油、销售、工程技术服务和物资装备出口等业务的规模、有效、可持续发展。

中国石油哈萨克斯坦公司目前正运行9个投资项目，各项业务发展都具备一定规模，其中原油年产量占哈国原油年总产量的1/4强、天然气产量占12%、炼油能力占1/3，勘探区块2.43万平方公里，管道长度1411公里，油品零售排哈国第三。在哈萨克斯坦投资的外国油公司中，按照年权益原油产量计算，中国石油哈萨克斯坦公司名列榜首。

10多年来，哈萨克斯坦公司所属各项目始终坚持与哈萨克斯坦国家互利共赢、和谐发展的理念，积极支持当地经济发展及社会公益事业，被两国领导人誉为“中哈合作的典范”。致力于构建和谐企业，采取多种方式加强哈中员工和其他国际员工之间的沟通和交流，促进多元文化融合，在哈萨克斯坦树立了良好的外国投资者形象。

随着发展，哈萨克斯坦项目战略意义越来越大，战略地位越来越重要，必将为保障国家能源安全、巩固中哈两国睦邻友好关系、促进两国经济发展做出新的更大的贡献。

中国石油天然气集团公司

一、中国石油天然气集团公司

地址：北京市东城区东直门北大街9号中国石油大厦　邮政编码：100007　公网区号：010

办公厅（总裁办）

总值班室
办公室 …… 59984538
…… 62094205

综合处
办公室 …… 59984089
传真 …… 62099275

文电处
办公室 …… 59985302
…… 59984055
…… 59985686
…… 59983280
…… 59985740
…… 59985799
…… 59983267
传真 …… 62094576

公共关系处
办公室 …… 59984096
…… 59984395
传真 …… 62095200

网站管理处
办公室 …… 59984057
传真 …… 62096271

档案处（史志办公室）
办公室 …… 59984006
…… 4488
…… 6045
…… 4598

行政事务处
办公室 …… 59982330
…… 59982326
…… 59982327
…… 59982322
…… 59986046
传真 …… 62099279

定点扶贫与援藏工作领导小组办公室
办公室 …… 59984116
传真 …… 62094935

政策研究室

综合处
办公室 …… 62094942
传真 …… 62094512

政策信息处
办公室 …… 62094121
…… 62094123

发展战略处
办公室 …… 62094376
传真 …… 62094857

经济管理处
办公室 …… 59985650
…… 59984125
传真 …… 62095893

调研一处
办公室 …… 59984650
…… 59982367
传真 …… 62094961

调研二处
办公室 …… 59984438
…… 59985140
传真 …… 62094617

规划计划部

综合处（土地管理办公室）
办公室 …… 59984815
…… 59985042
…… 59984812
传真 …… 62095911

战略规划处
办公室 …… 59984543
…… 59984327
…… 59983162
传真 …… 62094412

勘探开发项目处
办公室 …… 59983218
…… 59983197
…… 59984615
传真 …… 62096184

炼油化工项目处
办公室 …… 59983179
…… 59983160
…… 59983156
…… 59983152

油气储运项目处（天然气管理办公室）
办公室 …… 59983159
…… 59983171
…… 59983172
…… 59983175
…… 59983145
…… 59983176
传真 …… 62096167

销售项目处
办公室 …… 59983153
传真 …… 62096147

工程技术项目处
办公室 …… 59984168
…… 59984520
传真 …… 62094168

投资处
办公室 …… 59984571
…… 59984207
…… 59984601
…… 59984572
传真 …… 62094504

生产处（资源配置协调领导小组办公室）
办公室 …… 59983154
…… 59983141
…… 59983155
…… 59983146
…… 59984127
…… 59983186
…… 59982393
传真 …… 62096150

基建管理处（石油工程建设协会秘书处）
办公室 …… 59984462
…… 59985187
…… 59984119
…… 59984051
传真 …… 62094392

概算处
办公室 …… 59983217
…… 59983182
…… 59983213
…… 59983208
传真 …… 62096211

后评价处
办公室 …… 59983212
…… 59983207
…… 59985103
传真 …… 62096194

综合统计与分析处
办公室 …… 59984083
…… 59984429
…… 59984929
…… 59985184
传真 …… 62095184

装备制造项目处
办公室 …… 59985602
…… 59984570
传真 …… 62094614
会议室 …… 59982309
…… 59982310

财务资产部

综合处
办公室 …… 59984335
…… 59984081
…… 59984480
传真 …… 62094381

资金处
办公室 …… 59984097
…… 59984599
…… 59985125
…… 59984343
…… 59985857
…… 59984004
…… 59984621
…… 59984146
传真 …… 62094620

境外资金管理处
办公室 …… 59984699
…… 59984052
…… 59984700
…… 59984782
…… 59984733
…… 59984564
传真 …… 62094709

企业年金资金管理处
办公室 …… 59985450
…… 59984674
…… 59984472
…… 59984304
…… 59984907
传真 …… 62094843

会计处
办公室 …… 59984279
…… 59984622
…… 59984147
…… 59984623
…… 59984457
…… 59984890
…… 59984745
…… 59985124
…… 59984893
传真 …… 62094093

清欠办公室
办公室 …… 59986854
…… 59986496
…… 59986876
…… 59984632
传真 …… 62094360

财务稽查处
办公室 …… 59984372
…… 59985925
举报 …… 62094391
传真 …… 62094360
资产处
办公室 …… 59984625
…… 59984685
…… 59984084
…… 59984337
传真 …… 62094173
财政税收处
办公室 …… 59984652
…… 59985215
…… 59984092
…… 59984363
…… 59984334
…… 59982321
传真 …… 62095126
储备办
办公室 …… 59985795
…… 59984600
…… 59984032
…… 59984094
传真 …… 62094632
机关财务处
办公室 …… 59986648
…… 59986972
…… 59986105
…… 59986971
…… 59984204
…… 59982532
…… 59984494
…… 59984609
…… 59984768
…… 59984810
…… 59984280
…… 59985908
…… 59984467
传真 …… 62099419
综合授信处
办公室 …… 59985933
…… 59985401
…… 59985978
…… 59985402
传真 …… 62095014
融资工作组
办公室 …… 59982504
…… 59982502
…… 59982501

财务部

综合处
办公室 …… 59986392
…… 59986161
…… 59982865
传真 …… 62099402
资金出纳处
办公室 …… 59986883
…… 59986941
…… 59986857
…… 59986928
…… 59982551
…… 59986877
…… 59986708
传真 …… 62099403
资金结算处
办公室 …… 59986970
…… 59986730
…… 59986717
…… 59986884
…… 59982857
…… 59986203
传真 …… 62099406
资金运行与控制处
办公室 …… 59986984
…… 59986942
…… 59986180
…… 59986205
…… 59986142
…… 59982793
…… 59986927
传真 …… 62099408
债务管理处
办公室 …… 59986154
…… 59982170
…… 59982174
…… 59982171
传真 …… 62099410
祥云项目组
办公室 …… 59986745
…… 59986652
资产处
办公室 …… 59986495
…… 59982175
…… 59986204
…… 59986985
…… 59982619
…… 59986889
传真 …… 62099411
合并报表处
办公室 …… 59986134
…… 59986932
…… 59986751
…… 59986896
…… 59986914
…… 59982172
…… 59982164
传真 …… 62099412
会计核算处
办公室 …… 59986897
…… 59986129
…… 59982176
…… 59986170
…… 59986739
传真 …… 62099415
财务报告处
办公室 …… 59986810
…… 59986855
…… 59986097
…… 59986089
…… 59986149
传真 …… 62099413
会计准则政策处
办公室 …… 59986145
…… 59986817
…… 59986007
…… 59986153
传真 …… 62099416
信息管理处
办公室 …… 59986143
…… 59982156
…… 59982173
…… 59982178
…… 59986112
传真 …… 62099417
税收价格处
办公室 …… 59986130
…… 59986488
…… 59986435
…… 59986715
…… 59982111
…… 59986160
传真 …… 62099418
稽查处
办公室 …… 59986929
…… 59986691
…… 59986006
…… 59982112
传真 …… 62099420
风险业务处
办公室 …… 59986689
…… 59986207
…… 59982573
传真 …… 62099421
财会研究所
办公室 …… 62093103
…… 62093290
总监秘书
办公室 …… 59986357

人事部

综合处
办公室 …… 59984721
…… 59984580
…… 59984340
传真 …… 62095679
企业领导人员管理一处
办公室 …… 59983305
…… 59983306
…… 59983307
传真 …… 62096304
企业领导人员管理二处
办公室 …… 59985181
…… 59985175
…… 59983369
传真 …… 62094362
企业领导人员管理三处
办公室 …… 59983310
…… 59984559
…… 59985677
传真 …… 62095663
机关人事处
办公室 …… 59983308
…… 59985918
…… 59983345
…… 59984565
…… 59983328
传真 …… 62096300
专业技术人员管理处
办公室 …… 59984574
…… 59983311
…… 59984562
传真 …… 62094752
员工培训处（留学服务中心）
办公室 …… 59984822
…… 59984753
…… 59983315
…… 59983316
传真 …… 62094710
组织机构处
办公室 …… 59983317
…… 59984102
…… 59984630
…… 59984703
传真 …… 62094107
员工管理处
办公室 …… 59983321
…… 59983322
传真 …… 62096323
薪酬制度处
办公室 …… 59984269
…… 59984170
…… 59984603
传真 …… 62094179
分配调控处
办公室 …… 59983326

……………… 59983327
传真 ……………… 62096329

业绩考核处
办公室 ……………… 59983331
……………… 59983332
……………… 59983333
传真 ……………… 62096330

人事档案信息处
办公室 ……………… 59984943
……………… 59983336
……………… 59985715
……………… 59984780
……………… 59984835
传真 ……………… 62094940

人事监督处
办公室 ……………… 59983341
传真 ……………… 62096343

人才交流处（人才交流中心）
办公室 ……………… 59984344
……………… 59984413
……………… 59984870
传真 ……………… 62095344

保险处（社会保险中心）
办公室 ……………… 59984719
……………… 59984088
……………… 59985900
……………… 59984421
传真 ……………… 62095334

技能开发处
（职业技能鉴定中心）
办公室 ……………… 59984076
……………… 59984314
……………… 59984132
传真 ……………… 62094705

预算管理办公室

综合管理处
办公室 ……………… 59986025
……………… 59986940
……………… 59986063
……………… 59986695
……………… 59986085
传真 ……………… 62099426

预算一处
办公室 ……………… 59986127
……………… 59986125
……………… 59986109
……………… 59986302
……………… 59982530
……………… 59982529
……………… 59984272
传真 ……………… 62099427

预算二处
办公室 ……………… 59986065
……………… 59986141
传真 ……………… 62099427

预算三处
办公室 ……………… 59986934
……………… 59986083
……………… 59986084
传真 ……………… 62099427

工程技术财务处
办公室 ……………… 59984031
……………… 59984035
……………… 59984931
传真 ……………… 62099428

工程建设财务处
办公室 ……………… 59983417
……………… 59983418
……………… 59983419
……………… 59983420
传真 ……………… 62099428

数据与信息项目组
办公室 ……………… 59982535
……………… 59982293
传真 ……………… 62099429

费用标准处
办公室 ……………… 59986107
……………… 59986030
……………… 59986588
传真 ……………… 62099429

资金计划处
办公室 ……………… 59986930
……………… 59986678
……………… 59986095
……………… 59986993

关联交易处
办公室 ……………… 59986135

资本运营部

专职董监事办
办公室 ……………… 59984808
……………… 59983128
……………… 59983139
……………… 59984712
……………… 59983108
……………… 59983129
……………… 59984558
传真 ……………… 62096124

资本企划处
办公室 ……………… 59983121
……………… 59983122
传真 ……………… 62096114

资本市场处
办公室 ……………… 59984749
……………… 59984969
……………… 59985306
……………… 59985096
……………… 59983115
……………… 59983100
传真 ……………… 62096104
……………… 62096137

收购兼并处
办公室 ……………… 59983102
……………… 59983112
……………… 59983135
……………… 59985373
……………… 59983101
传真 ……………… 62096113

股权投资处
办公室 ……………… 59983132
……………… 59984551
……………… 59983131
传真 ……………… 62094567

股权管理处
办公室 ……………… 59983133
……………… 59984588
……………… 59984746
……………… 59983105
……………… 59984575
传真 ……………… 62094518

股权处置处
办公室 ……………… 59984113
……………… 59984546
……………… 59984573
……………… 59983132
……………… 59983131
传真 ……………… 62094143

法律事务部

综合处
办公室 ……………… 59986217
……………… 59982191
传真 ……………… 62099435

法律业务一处
办公室 ……………… 59984639
……………… 59984640
……………… 59984759
……………… 59984009
传真 ……………… 62094009

法律业务二处
办公室 ……………… 59986221
……………… 59986060
……………… 59986756
……………… 59982271
传真 ……………… 62099436

法律业务三处
办公室 ……………… 59986220
……………… 59986755
……………… 59986759
……………… 59982657
传真 ……………… 62099437

企业法律工作处
办公室 ……………… 59982361
……………… 59982803
……………… 59982362
传真 ……………… 62099438

行政法律事务处
办公室 ……………… 59982363
……………… 59982364
……………… 59982272
传真 ……………… 62099439

规章制度管理处
办公室 ……………… 59986761
……………… 59982365
……………… 59986979
传真 ……………… 62099450

安全环保部

综合处
办公室 ……………… 59986237
……………… 59982643
……………… 59986239
……………… 59982163
传真 ……………… 62099455

安全监督处
办公室 ……………… 59986952
……………… 59986758
……………… 59982549
……………… 59982781
传真 ……………… 62099456

环境保护处
办公室 ……………… 59986053
……………… 59986241
……………… 59986242
……………… 59982328
传真 ……………… 62099460

消防与交通安全处
办公室 ……………… 59986951
……………… 59982783
传真 ……………… 62099461

HSE 体系处
办公室 ……………… 59982571
……………… 59982569
……………… 59982562
传真 ……………… 62099462

海洋作业安全监督处
办公室 ……………… 59986945
……………… 59982259
传真 ……………… 62099463

应急管理处
办公室 ……………… 59986234
应急 ……………… 62099465
传真 ……………… 62099467

质量管理与节能部

综合处

办公室 ………… 59984161
………………… 59984902
传真 ………… 62094482

质量处
办公室 ………… 59984783
………………… 59984262
………………… 59984785
传真 ………… 62095414

标准计量处
办公室 ………… 59984483
………………… 59984329
………………… 59985961
………………… 59984593
传真 ………… 62094521

节能节水处
办公室 ………… 59984900
………………… 59984695
………………… 59984803
传真 ………… 62094802

石油质协秘书处
办公室 ………… 62095986
………………… 62095006

科技管理部

综合处
办公室 ………… 59986659
………………… 59986261
………………… 59986231
传真 ………… 62099469

规划计划处
办公室 ………… 59986087
………………… 59982790
………………… 59986090
………………… 59986230
传真 ………… 62099470

项目管理一处
办公室 ………… 59986062
………………… 59982116
………………… 59986067
………………… 59986074
………………… 59986244
传真 ………… 62099471

项目管理二处
办公室 ………… 59986981
………………… 59982792
………………… 59982182
传真 ………… 62099472

科技平台管理处
办公室 ………… 59986076
传真 ………… 62099473

科技交流与合作处
办公室 ………… 59986252
………………… 59982115
传真 ………… 62099475

成果与知识产权处
办公室 ………… 59986253
………………… 59982578
传真 ………… 62099476

国家专项管理处
办公室 ………… 59982215
传真 ………… 62099477

信息管理部

信息综合处
办公室 ………… 59986995
………………… 59982808
………………… 59982359
………………… 59982616
传真 ………… 62090505

项目一处
办公室 ………… 59982337
………………… 59982533
………………… 59982592
传真 ………… 62090504

项目二处
办公室 ………… 59986991
………………… 59986996
………………… 59982117
………………… 59982151
传真 ………… 62090503

项目三处
办公室 ………… 59982536
………………… 59982317
………………… 59984098
传真 ………… 62090506

网络安全处
办公室 ………… 59986249
………………… 59982568
传真 ………… 62090507

物资采购管理部

综合管理处
办公室 ………… 59982153
………………… 59986843
………………… 59982655
………………… 59986707
………………… 59986701
传真 ………… 62099509

物资装备采购管理处
办公室 ………… 59986847
………………… 59986737
………………… 59982069
………………… 59986851
………………… 59986498
传真 ………… 62099510

商务管理处
办公室 ………… 59986846
………………… 59986850
………………… 59986833
………………… 59986651
传真 ………… 62099511

进出口管理处
办公室 ………… 59986842
………………… 59986844
………………… 59986852
………………… 59986061
传真 ………… 62099512

工程项目采购管理处
办公室 ………… 59982252
………………… 59986848
………………… 59982160
传真 ………… 62099513

国际事业部
（外事局、外事办公室）

综合处
办公室 ………… 59984221
………………… 59984103
………………… 59984938
………………… 59984420
传真 ………… 62095148

联络处
办公室 ………… 59986762
………………… 59986763
………………… 59986764
………………… 59983285
………………… 59986965
………………… 59986964
传真 ………… 62099515

对外合作与交流处
办公室 ………… 59984100
………………… 59984751
………………… 59984717
………………… 59986297
………………… 59985997
传真 ………… 62095367

中亚俄罗斯处
办公室 ………… 59984983
………………… 59984679
………………… 59984823
………………… 59984947
………………… 59984386
传真 ………… 62094828

西亚非洲处
办公室 ………… 59983293
………………… 59985869
………………… 59983292
………………… 59984248
传真 ………… 62095865

美洲亚太处
办公室 ………… 59984798
………………… 59984397
传真 ………… 62094806

出国管理和财务处
办公室 ………… 59984469
………………… 59986350
………………… 59986354
………………… 59984451
………………… 59984470
………………… 59986351
………………… 59985576
………………… 59984204
………………… 59984490
………………… 59984275
传真 ………… 62094136

海外防恐安全和 HSE 办公室
办公室 ………… 59984545
………………… 59984128
………………… 59983291
传真 ………… 62094167

中加中心
办公室 ………… 59988526
………………… 59988530
………………… 59988550
………………… 59988524
………………… 59988522
传真 ………… 8522

国外市场开发室
办公室 ………… 5971453
………………… 5995592

出国外联室
办公室 ………… 5996523
………………… 5593861
………………… 5594598
………………… 5594312

国际工程公司出口部
办公室 ………… 5594312

国际工程公司进口部
办公室 ………… 5594598
………………… 5594312

国际工程公司办公室
办公室 ………… 5592584

党组纪检组　监察部

办公室
办公室 ………… 59984499
………………… 59984690
………………… 59984234
………………… 59985301
传真 ………… 62095013

案件检查室
办公室 ………… 59984903
………………… 59985370
………………… 59984775
传真 ………… 62095841

效能监察室

办公室……59985394
……59984605
……59984611
……59984805
传真……62094249

党风建设室

办公室……59984491
……59984595
传真……62094592

信访与审理室

办公室……59985393
……59984492
……59984824
传真……62094824
举报……62094741

管道建设项目联合监督办公室

办公室……59986519
……84889523
……59986522
……84889509
传真……62099518

审计部

综合处

办公室……59984174
……59984064
……59984143
传真……62095635

财务收支审计处

办公室……59983231
……59984068
……59983243
传真……62099519

投资与基建工程审计处

办公室……59983257
……59983235
……59983249
传真……62099520

经济责任审计处

办公室……59983237
……59984613
……59984437
传真……62099521

内控与风险管理审计处

办公室……59983240
……59983232
……59983253
传真……62099522

管理效益与专项审计处

办公室……59984687
……59984612
传真……62099523

境外与对外合作项目审计处

办公室……59984062
……59984807
……59984471
传真……62099524

信息管理审计处

办公室……59984185
……59985702
……59984837
传真……62099525

内控与风险管理部

综合处

办公室……59986957
……59986958
……59986960
传真……62099527

体系规划处

办公室……59986938
……59986961
……59982829
传真……62099528

风险管理处

办公室……59986126
……59986813
……59986177
传真……62099529

流程管理处

办公室……59986308
……59986158
……59982863
……59986176
传真……62099530

矿区服务工作部

综合管理处、绿化办公室

办公室……59984577
……59984245
……59984091
……59984839
……59984672
传真……62094122

规划处

办公室……59984199
……59984501
……59984967
传真……62094979

运行管理处

办公室……59984453
……59984079
传真……62094475

住房管理处

办公室……59984463
……59985425
传真……62094239

安全环保与质量节能处

办公室……59982312
传真……62094030

思想政治工作部（企业文化部）

综合处

办公室……59984636
……59984382
传真……62095156

党建工作处

办公室……59985629
……59985889
……59985892
传真……62095432

新闻宣传工作处（集团公司新闻工作组办公室）

办公室……59984172
……59985438
……59984039
传真……62099531

思想教育工作处（企业文化处）

办公室……59984069
……59984602
传真……62099532

基层建设工作处

办公室……59985136
传真……62094423

职工与青年工作处

办公室……59985299
……59985948
……62095891
传真……62095093
……62094740

党建、思想政治工作研究会秘书处

办公室……59985932

石油文联秘书处

办公室……62356117
……62053001
……62059145
……62059194
……62388723
……82011429
传真……62059194

石油体协秘书处

办公室……82026732
……62033431
……62033489
……62033481
……62033419
……62033481
传真……62033431

影视中心

办公室……82013691
……82013677
……82013678
传真……82013690

维护稳定（综合治理）办公室

综合督办处

办公室……59984139
……59984563
传真……62099550

信访接待处

办公室……59984435
……59986052
……59984016
……59984048
……59985931
……59986990
传真……62094312

政策调研室

办公室……59984056
……59984302
……59984645
传真……62094303

治安保卫处

办公室……59984365
……59984523
……59984706
……59984597
传真……62094698

直属党委

办公室

办公室……59984665
……59984669
传真……62094671

组织、宣传（统战）部

办公室……59984861
……59984539
……59984659
传真……62094659

群工部

办公室……59984660
……59984663
……59984975
……59984851
……59984682
传真……62094663

直属机关纪委办公室

办公室……59984869
……59984506
传真……62094071

机关文体中心

办公室……62095578

…………………… 62095036
文化宫 ……………… 62095520
…………………… 62094165
…………………… 62095501
…………………… 62094691
…………………… 62094319
…………………… 62095547
俱乐部 ……………… 62094466
…………………… 62094251
…………………… 62095782
电视站 ……………… 62094778
…………………… 62094287
…………………… 62094514

董事会秘书局

董事会事务处
办公室 ……………… 59986982
传真 ………………… 62099555
信息披露处
办公室 ……………… 59986266
传真 ………………… 62099556
投资者关系处
办公室 ……………… 59986907
传真 ………………… 62099557
综合管理处
办公室 ……………… 59986688
…………………… 59986875
传真 ………………… 62099558
证券事务代表办公室
办公室 ……………… 59982395
传真 ………………… 62099559
香港代表处
办公室 ……………… 59986265
传真 ………………… 62099560

监事会办公室

办公室 ……………… 59986263
…………………… 59986623
…………………… 59986624
传真 ………………… 62099562

离退休职工管理局（老干部局）

综合处
办公室 ……………… 59985037
…………………… 59984058
…………………… 59984935
…………………… 59984934
…………………… 59984513
…………………… 59984364
传真 ………………… 62094934
企业处
办公室 ……………… 59984844
…………………… 59985109
…………………… 59984236
…………………… 59984074
传真 ………………… 62094914
党总支办公室
办公室 ……………… 62095109
…………………… 62094191
…………………… 62094049
…………………… 62094243
机关处
办公室 ……………… 62094235
…………………… 62095399
…………………… 62094723
…………………… 62094196
…………………… 62094182
…………………… 62094976
…………………… 62095709
…………………… 62094190
…………………… 62095079
…………………… 62094195
…………………… 62094192
库房 ………………… 62095713
传真 ………………… 62095886
保健处
办公室 ……………… 62095452
…………………… 62095527
…………………… 62095489
…………………… 62095464
传真 ………………… 62094924
老干部活动中心
办公室 ……………… 62095251
…………………… 62095860
…………………… 62095712
…………………… 62095019
…………………… 62095193
…………………… 62095009
…………………… 62095250
…………………… 62095249
传真 ………………… 62095011
石油书协
办公室 ……………… 62095826
传真 ………………… 62095826

机关行政事务中心

办公室
…………………… 62094037
传真 ………………… 62094970
文印收稿 …………… 59984347
电话受理 …………… 59982112
车队调度 …………… 59986666
文印处
办公室 ……………… 59984865
…………………… 59985701
…………………… 59984323
…………………… 59984865
…………………… 59985085
…………………… 59985088
…………………… 59982386
传真 ………………… 62094473
通信处
办公室 ……………… 59984255
…………………… 59984278
…………………… 59984232
…………………… 59984283
…………………… 59984285
…………………… 59985068
传真 ………………… 62099292
机关车队
办公室 ……………… 59985499
…………………… 59985596
…………………… 59984800
…………………… 59985649
…………………… 59985647
…………………… 59984408
…………………… 59985065
…………………… 59982383
…………………… 59982381
…………………… 59982382
服务监督 …………… 59984800
传真 ………………… 62094858

二、专业公司

1. 中国石油勘探与生产分公司

地址：北京市东城区东直门北大街9号中国石油大厦　邮政编码：100007　公网区号：010

总经理办

办公室 ……………… 59986381
…………………… 59986274
…………………… 59986380
…………………… 59982198
传真 ………………… 62099564

生产运行处

办公室 ……………… 59986279
…………………… 59986294
…………………… 59986278
…………………… 59986280
值班室 ……………… 59986442
…………………… 59986443
传真 ………………… 62090565
数据传输 …………… 62096283

综合计划处

办公室 ……………… 59982580
…………………… 59986290
…………………… 59986944
…………………… 59986298
…………………… 59982603
…………………… 59986722
传真 ………………… 62099556

财务处

办公室 ……………… 59986301
…………………… 59986307
…………………… 59986305
…………………… 59986303
…………………… 59986925
…………………… 59986300
…………………… 59986099
传真 ………………… 62099288

矿权管理处

办公室 ……………… 59986314
…………………… 59986784
传真 ………………… 62099568

储量管理处

办公室 ……………… 59986312
…………………… 59986315
…………………… 59986032
…………………… 59986232
传真 ………………… 62099569

质量安全环保处

办公室 …… 59986318
…… 59986319
…… 59986766
…… 59986955
…… 59986747
传真 …… 62099570

科技与信息管理处

办公室 …… 59986324
…… 59986288
…… 59986323
传真 …… 62099571

物探技术管理处

办公室 …… 59986770
…… 59986329
…… 59986331
…… 59982576
…… 59982577
传真 …… 62099572

勘探项目处

办公室 …… 59986011
…… 59986338
…… 59986340
…… 59986284
…… 59986333
…… 59982203
…… 59982204
传真 …… 62099573

油藏评价处

办公室 …… 59986943
…… 59986339
…… 59986353
…… 59986271
…… 59982557
…… 59986729
值班 …… 62099574

天然气处

办公室 …… 59986347
…… 59986348
…… 59986346
…… 59986894
…… 59986947
…… 59982583
…… 59982586
传真 …… 62099575

油藏管理处

办公室 …… 59986352
…… 59986349
…… 59982205
…… 59986375
传真 …… 62099576

采油采气工艺处

办公室 …… 59986361
…… 59986360
…… 59986277
…… 59982579
传真 …… 62099577

地面建设管理处

办公室 …… 59986363
…… 59986362
…… 59986365
…… 59982809
…… 59982819
…… 59982267
传真 …… 62099578

装备处

办公室 …… 59986878
…… 59986368
…… 59986369
传真 …… 62099579

工程技术与监督处

办公室 …… 59986327
…… 59986374
…… 59986334
…… 59986505
…… 59986723
传真 …… 62099580

市场管理处

办公室 …… 59986379
…… 59986383
…… 59986371
传真 …… 62099581

新能源处

办公室 …… 59982263
…… 59982256
传真 …… 62090584

合作开发管理处

办公室 …… 59986377
传真 …… 62099582

油气储量评审办公室综合处

办公室 …… 59986213
传真 …… 62098651

海洋工程管理处

办公室 …… 59986437
…… 59986440
…… 59986438
…… 59986439
传真 …… 62099583

2. 中国石油炼油与化工分公司

地址：北京市东城区东直门北大街9号中国石油大厦　　邮政编码：100007　　公网区号：010

总经理办公室

办公室 …… 59986570
…… 59986560
…… 59986573
传真 …… 62099585

总调度室

办公室 …… 59986544
…… 59986540
…… 59986541
…… 59986164
…… 59986425
…… 59986419
…… 59986431
…… 59986430
…… 59986417
…… 59986259
值班 …… 59986424
…… 59986712

规划计划处

办公室 …… 59986529
…… 59986713
…… 59982278
…… 59986038
…… 59986151
传真 …… 62099588

财务处

办公室 …… 59986537
…… 59986532
…… 59986538
…… 59986865
…… 59986534
传真 …… 62099589

科技信息处

办公室 …… 59986577
…… 59986481
…… 59986567
…… 59986576
传真 …… 62099591

装备处

办公室 …… 59986591
…… 59986714
…… 59986173
传真 …… 62099592

质量安全环保处

办公室 …… 59986564
…… 59986562
…… 59986478
传真 …… 62099593

建设项目处

办公室 …… 59986584
传真 …… 62099594

化工产品营销处

办公室 …… 59986887
…… 59986553
…… 59986864
…… 59986526
…… 59986559
传真 …… 62099595

价格商情处

办公室 …… 59986587
…… 59986863
传真 …… 62099596

专业技术培训处

办公室 …… 59986733
…… 59986592
传真 …… 62099597

3. 中国石油销售公司

地址：北京市东城区东直门北大街9号中国石油大厦　　邮政编码：100007　　公网区号：010

总经理办公室

办公室 …… 59986413
…… 59986400
…… 59986517
…… 59986920
传真 …… 62099304

总调度室

办公室
…… 59986420
…… 59986422
…… 59986418
…… 59986421
…… 59982138
值班 …… 59986515
…… 59986516
传真 …… 62099305

规划计划处

办公室 …… 59986412
…… 59986409
…… 59986411
…… 59986079
…… 59986408
传真 …… 62099306

财务处

办公室 …… 59986489
…… 59986483
…… 59986493
…… 59986492
…… 59986501
…… 59986491
传真 …… 62099307
…… 62099308

油品一处

办公室 …… 59986452
…… 59986453
…… 59986455
…… 59986467
…… 59986504
…… 59982139
传真 …… 62099309

油品二处

办公室 …… 59986454
…… 59986645
…… 59986466
…… 59986399
…… 59986710
传真 …… 562099310

非油品业务处

办公室 …… 59986482
…… 59986482
…… 59986456
…… 59986922
传真 …… 62099311

加油站管理处

办公室 …… 59986508
…… 59986512
…… 59986462
…… 59986974
…… 59986500
…… 59986507
传真 …… 62099312

卡中心

办公室 …… 59986191
…… 59986480
…… 59986473
…… 59986397
…… 59986556
…… 59986510
…… 59986494
传真 …… 62099313

工程建设处

办公室 …… 59986395
…… 59986385
…… 59986385
…… 59986476
…… 59986465
传真 …… 62099315

油库管理处

办公室 …… 59986393
…… 59982355
…… 59986523
传真 …… 62099316

质量安全环保处

办公室 …… 59986416
…… 59986703
…… 59986468
…… 59986406
…… 59986472
…… 59986474
传真 …… 62099317
…… 62099314

价格商情处

办公室 …… 59986457
…… 59986460
传真 …… 62099318

信息化管理处

办公室 …… 59982120
…… 59986479
…… 59986487
传真 …… 62099319

股权管理与法律事务处

办公室 …… 59986401
…… 59986539
…… 59986734
传真 …… 62099320

专业技术培训处
（中石油销售职业鉴定中心

办公室 …… 59986509
…… 59986407
…… 59982121
传真 …… 62099321

4. 中国石油天然气与管道分公司

地址：北京市东城区东直门北大街9号中国石油大厦　　邮政编码：100007　　公网区号：010

总经理办公室

办公室 …… 59986602
…… 59986603
…… 59986597
…… 59982223
传真 …… 62099323

计划处

办公室 …… 59986621
…… 59986742
…… 59986093
…… 59986632
…… 59983470
…… 59986628
传真 …… 62099325

财务处

办公室 …… 59986642
…… 59986646
…… 59982432
…… 59986202
传真 …… 62099326

油气调运处

办公室 …… 59986612
…… 59986607
…… 59986608
…… 59986610
…… 59986611
…… 59986743
调度值班 …… 59986593
…… 59986594
传真 …… 62099327

天然气销售处

办公室 …… 59986740
…… 59986643
…… 59986595
…… 59982250
传真 …… 62099328

建设项目管理处

办公室 …… 59982150

…………………… 59986636
…………………… 59986638
…………………… 59982380
…………………… 59982265
…………………… 59986256
传真 ……………… 62099329

质量安全环保处

办公室 ………… 59986917
…………………… 59982103

…………………… 59986609
…………………… 59986640
传真 ……………… 62099330

科技信息处

办公室 ………… 59986639
…………………… 59986613
…………………… 59986711
传真 ……………… 62099331

液化天然气管理处

办公室 ………… 59982161
传真 ……………… 62099332

管道与储气管理处

办公室 ………… 59986634
…………………… 59986625
…………………… 59982165
…………………… 59982307

传真 ……………… 62099334

天然气利用管理处

办公室 ………… 59986616
…………………… 59986617
…………………… 59986055
…………………… 59983471
…………………… 59983472
…………………… 59982209
传真 ……………… 62099335

5. 中国石油海外勘探开发公司

地址：北京市西城区阜成门北大街6号-1　　邮政编码：100034　　公网区号：010

总经理办公室

办公室 ………… 58551831
…………………… 58551795
…………………… 58551866
…………………… 58551850
…………………… 58551796
…………………… 58551834
…………………… 58551101
…………………… 58551886
…………………… 58551858

战略发展中心

办公室 ………… 58551558
…………………… 58551758
…………………… 58551865
…………………… 58551887
…………………… 58551950
…………………… 58551949
…………………… 58551551
…………………… 58551553

经营计划部

办公室 ………… 58551526
…………………… 58551752
…………………… 58551791
…………………… 58551787
…………………… 58551790
…………………… 58551557
…………………… 58551546
…………………… 58551723
…………………… 58551843
…………………… 58551125
…………………… 58551740

财务与资本运营部

资金一部 ……… 58551517
…………………… 58551709
…………………… 58551575
资金二部 ……… 58551579
…………………… 58551934
…………………… 58551705
…………………… 58551727
会计一部 ……… 58551716
…………………… 58551715
…………………… 58551784
…………………… 58551718
…………………… 58551592
会计二部 ……… 58551559
…………………… 58551581
…………………… 58551712
…………………… 58551870
…………………… 58551564
…………………… 58551533
预算管理分部 …… 58551903
…………………… 58551905
…………………… 58551743
…………………… 58551513
…………………… 58551533
…………………… 58551584
…………………… 58551582
资本运营分部 …… 58551776
…………………… 58551707
…………………… 58551713
…………………… 58551719
…………………… 58551895
税收保险分部 …… 58551802
…………………… 58551711
…………………… 58551722
关联交易分部 …… 58551847
…………………… 58551535
…………………… 58551883
机关财务分部 1708
…………………… 58551726
…………………… 58551523
…………………… 58551782
…………………… 58551783
…………………… 58551760
…………………… 58551262

党群工作部

办公室 ………… 58551811
…………………… 58551859
…………………… 58551520
…………………… 58551777
…………………… 58551844
…………………… 58551793

人力资源部

办公室 ………… 58551724
…………………… 58551857
…………………… 58551798
…………………… 58551864
…………………… 58551853
…………………… 58551797
…………………… 58551852
…………………… 58551511
…………………… 58551704
…………………… 58551714
…………………… 58551701
…………………… 58551703
…………………… 58551702
…………………… 58551552

销售采办部

办公室 ………… 58551871
…………………… 58551873
…………………… 58551765
…………………… 58551720
…………………… 58551868
…………………… 58551754
…………………… 58551920
…………………… 58551525
…………………… 58551845
…………………… 58551869
…………………… 58551127

法律事务部

办公室 ………… 58551539
…………………… 58551768
…………………… 58551794
…………………… 58551770
…………………… 58551220
…………………… 58551766
…………………… 58551771
…………………… 58551706
…………………… 58551543
…………………… 58551772
…………………… 58551769
…………………… 58551773
…………………… 58551561
…………………… 58551589

审计部

办公室 ………… 58551731
…………………… 58551732
…………………… 58551548
…………………… 58551735
…………………… 58551119

内控部

办公室 ………… 58551556

健康安全环保部

办公室 ………… 58551877
…………………… 58551736
…………………… 58551109
…………………… 58551786
…………………… 58551881
…………………… 58551308
…………………… 58551512

总工程师办公室
科技信息部

办公室 ………… 58551102

………………… 58551103
………………… 58551737
………………… 58551108
………………… 58551807
………………… 58661882

业务发展部

办公室 ………… 58551904
………………… 58551907
………………… 58551759
………………… 58551749
………………… 58551763
………………… 58551733
………………… 58551848
………………… 58551534
………………… 58551555
………………… 58551806
………………… 58551241
………………… 58551872
………………… 58551860
………………… 58551854

中亚一俄罗斯部

办公室 ………… 58551563
………………… 58551928
………………… 58551562
………………… 58551510
………………… 58551522
………………… 58551710
………………… 58551565
………………… 58551789

勘探部

办公室 ………… 58551117
………………… 58551842
………………… 58551545
………………… 58551884
………………… 58551740

油气开发部

办公室 ………… 58551778
………………… 58551728
………………… 58551940
………………… 58551912
………………… 58551738
………………… 58551894
………………… 58551106
………………… 58551927
………………… 58851896
………………… 58551540
………………… 58551541

生产作业部

办公室 ………… 58551856
………………… 58551751
………………… 58551863
………………… 58551756
………………… 58551851
………………… 58551739
………………… 58551785

管道部

办公室 ………… 58551537
………………… 58551135
………………… 58551137

炼化化工部

办公室 ………… 58551808
………………… 58551775
………………… 58551901
………………… 58551554
………………… 58551537
………………… 58551924
………………… 58551549
………………… 58551861

6. 中国石油工程技术分公司

地址：北京市东城区东直门北大街9号中国石油大厦　　邮政编码：100007　　公网区号：010

总经理办公室

办公室 ………… 59984217
………………… 59985190
传真 …………… 62095207

计划处

办公室 ………… 59984155
………………… 59984585
传真 …………… 62094272

生产运行处（资质管理处）

办公室 ………… 59984241
………………… 59984157
………………… 59985282
………………… 59985375
………………… 59985372
传真 …………… 62094031

钻井工程处

办公室 ………… 59984419
………………… 59984419
………………… 59985167
………………… 59985183
………………… 59985087
传真 …………… 62095844

地球物理处

办公室 ………… 59985201
………………… 59985418
………………… 59984151
………………… 59984385
传真 …………… 62094339

试油压裂处

办公室 ………… 59984997
传真 …………… 62094124

装备处

办公室 ………… 59984996
………………… 59984332
………………… 59985789
传真 …………… 62094035

质量安全环保处（井控管理处）

办公室 ………… 59984999
………………… 59985127
………………… 59984673
………………… 59984419
………………… 59985282
传真 …………… 62094498

科技信息处

办公室 ………… 59985075
………………… 59984923
………………… 59985146
传真 …………… 62095365

7. 中国石油工程建设分公司

地址：北京市东城区东直门北大街9号中国石油大厦　　邮政编码：100007　　公网区号：010

总经理办公室

办公室 ………… 59983407
………………… 59983408
………………… 59983409
………………… 59983410
传真 …………… 62099351

规划计划处

办公室 ………… 59983412
………………… 59983413
………………… 59983415
传真 …………… 62099352

油田地面与管道工程处

办公室 ………… 59983421
………………… 59983422
………………… 59983442
………………… 59983424
传真 …………… 62099354

炼化工程与构件管理处

办公室 ………… 59983441
………………… 59983445
………………… 59983447
………………… 59983446
传真 …………… 62099356

装备管理处

办公室 ………… 59983426
………………… 5998 3427
传真 …………… 62099357

质量安全环保处

办公室 …………… 59983430
………………………… 59983428
………………………… 59983429
传真 ………………… 62099358

科技信息处

办公室 …………… 59983450
………………………… 59983452
………………………… 59983454
传真 ………………… 62099359

专业技术培训处

办公室 …………… 59983433
………………………… 59983434
………………………… 59983431
………………………… 62099360
传真 ………………… 62099360

8. 中国石油装备制造分公司

地址：北京市东城区东直门北大街9号中国石油大厦　邮政编码：100007　公网区号：010

总经理办公室（党委办公室）

办公室 …………… 59983508
………………………… 59983509
………………………… 59983510
………………………… 59983511
………………………… 59983512
传真 ………………… 62096700

规划计划处

办公室 …………… 59984392
………………………… 59983514
………………………… 59983515
………………………… 59983516
………………………… 59983517
………………………… 59983518
传真 ………………… 62096855

财务处

办公室 …………… 59983520
………………………… 59983521
………………………… 59983522
………………………… 59983523
传真 ………………… 62096600

质量安全环保处

办公室 …………… 59983524
………………………… 59983544
………………………… 59983525
………………………… 59983526
传真 ………………… 62096847

科技信息处

办公室 …………… 59983528
………………………… 59983529
………………………… 59983530
传真 ………………… 62096919

发展研究处

办公室 …………… 59983532
………………………… 59983533
………………………… 59983534
传真 ………………… 62096618

钻采装备管理处

办公室 …………… 59983536
………………………… 59983538
………………………… 59983539
传真 ………………… 62096715

制管及炼化装备管理处

办公室 …………… 59983545
………………………… 59983541
………………………… 59983542
………………………… 59983543
传真 ………………… 62096957

三、科研及事业单位

1. 石油勘探开发研究院

地址：北京市海淀区学院路20号　邮政编码：100083　公网区号：010+8359+后4位数　查号台：83597114

职能管理部门

院办

………………………… 7599
………………………… 7521
………………………… 7470
政研室 ……………… 7090
秘书科 ……………… 7210
………………………… 7205
………………………… 7268
值班室 ……………… 7229
接待科 ……………… 7998
房产科 ……………… 8086
………………………… 7281
房改办 ……………… 8182
保密办 ……………… 7119
交安办 ……………… 7959
计生办 ……………… 7784

科研管理处

………………………… 7709
………………………… 7405
………………………… 7309
………………………… 7591
………………………… 8511
………………………… 2249
项目管理室 ………… 3541
………………………… 7758
………………………… 7320
信息管理室 ………… 8505
………………………… 7402
………………………… 2341
科研条件室 ………… 8013
………………………… 7660
综合管理室 ………… 8250
………………………… 8249

人事劳资处

………………………… 8681
………………………… 8502
………………………… 8066
干部管理 …………… 7520
办公室 ……………… 7705
………………………… 7309
………………………… 7520
………………………… 8023

计划财务处

………………………… 7339
………………………… 2158
………………………… 7331
计划科 ……………… 8010
财务一科 …………… 8059
………………………… 7122
财务二科 …………… 8091
会计科 ……………… 7361
资产科 ……………… 8096
………………………… 7999
综合科 ……………… 8679
公司财务科 ………… 7404
………………………… 8616
………………………… 7330
矿区服务事业部计划财务科
………………………… 7451
………………………… 7605
梦溪宾馆财务部 …… 8475

企管法规处

………………………… 7336
………………………… 7024
………………………… 7202
………………………… 7121

国际合作处

………………………… 7451
………………………… 8176
办公室 ……………… 7978

项目协调 …… 7522
…… 62311127

安全环保处

…… 8264
…… 7757
办公室 …… 3032
经警分队 …… 7348
社会治安 …… 7916
总值班电话 …… 7236
消防值班室 …… 8424
经警分队 …… 7919

党委办公室

…… 7458
…… 7233
…… 2315

党委组织部

…… 8196
…… 7345

党委宣传部

…… 7238
…… 8657

纪监审办公室

…… 7217
…… 7365
…… 7429
…… 7764
…… 7872

院工会

…… 7216
…… 7346
…… 7304

党委青年工作部（团委）

…… 7540

研究部门

石油地质研究所

所办 …… 7543
…… 7477
…… 7700
…… 7960
…… 8453
…… 7252
…… 8197
东部室 …… 7972
…… 8454
…… 7583
…… 8455
机房 …… 7321
西部室 …… 7043
…… 7509
…… 7965
…… 7135
中部室 …… 7701
…… 7970
…… 7997
新区室 …… 7581
…… 7582
…… 7961
…… 8460
塔里木室 …… 7382
…… 7964
…… 8456
…… 8199
…… 7262－1
机房 …… 7262－2
国外室 …… 8042
新区借聘 …… 8457
…… 7961
塔里木借聘 …… 8456
…… 7602
借聘 …… 8457
…… 8040
工作站 …… 8480
…… 8452
复印室 …… 7963

油气资源规划研究所

所长 …… 7987
书记 …… 3520
副所长 …… 8476
总地质师 …… 7289
副主任 …… 8459
…… 8105

储量评价与管理室

主任 …… 7426
办公室 …… 3648
…… 7737

资源评价室

主任 …… 8178
副主任 …… 8666
办公室 …… 3061
…… 7190

中长远规划室

副主任 …… 7440
…… 8590
办公室 …… 3464
…… 8590
…… 7042
…… 8479

经济评价室

主任 …… 8591
办公室 …… 8088

年度计划室

主任 …… 8610
副主任 …… 8611
办公室 …… 8111
专家室 …… 7516

测井与遥感所

所长 …… 8112
副所长 …… 8470
主任 …… 7563
…… 7591
…… 7388
…… 8467
学术委员会副主任 …… 8482
测井信息室主任 …… 7436
测井支撑 …… 8854

测井应用室

主任 …… 7203
办公室 …… 7556
…… 7203
…… 7931

遥感应用室

主任 …… 7391
办公室 …… 7270
…… 8617
…… 7391
…… 8466
…… 8465
…… 8482

图形图像室

主任 …… 7444

石油物探技术研究所

所长 …… 8414
书记 …… 7576
副所长 …… 8076
所办主任 …… 8139
办公室 …… 7769

储层地震室

主任 …… 7991
副主任 …… 7697
办公室 …… 8149

地震方法室

主任 …… 7526

物化探室

主任 …… 7967

物探规划室

主任 …… 7695
办公室 …… 3646

逆散射

主任 …… 8148

地震处理室

主任 …… 7690
…… 7307
副主任 …… 7974
办公室 …… 8146
…… 8147

石油地质实验研究中心

主任 …… 8360
书记 …… 7380
副主任 …… 3571
…… 8113
总工 …… 3126
主任地质师 …… 8348

办公室

主任 …… 7266
副主任 …… 7706
办公室 …… 8355
…… 7480
…… 3056

油气地球化学研究室

主任 …… 8619
副主任 …… 8349
办公室 …… 8481
…… 2318
…… 3157
…… 3053
…… 8622
…… 3053
…… 8351
…… 8353
…… 8359
…… 8443
…… 3106
…… 7566
…… 8622
…… 8356
…… 8357
…… 3157
…… 7414
…… 2209

沉积储层研究室

主任 …… 8216
副主任 …… 8409
办公室 …… 7483
…… 8623
…… 8104
…… 8305
…… 8306
…… 8624

油气成藏研究室

主任 …… 8113
副主任 …… 7197
办公室 …… 8620
…… 8352

油区构造研究室

主任 …………………… 8458
副主任 …………………… 7973
办公室 …………………… 7962
…………………… 7973
…………………… 7914
碳酸盐岩与海相研究室
主任 …………………… 8652
办公室 …………………… 8348
标准化与技术支持室
主任 …………………… 8109
地层古生物研究室
主任 …………………… 7306
分析测试实验室
主任 …………………… 7301
副主任 …………………… 7479
…………………… 8354
办公室 …………………… 8351
…………………… 8352
…………………… 8356
…………………… 8357
博士后 …………………… 8104
…………………… 2209
…………………… 7197
奥尔 …………………… 8304

油气田开发研究所

所长 …………………… 7220
副所长 …………………… 8445
…………………… 7906
所办主任 …………………… 7298
办公室 …………………… 7754
…………………… 7165
…………………… 7371
油藏一室
主任 …………………… 8033
副主任 …………………… 7728
…………………… 7231
油藏二室
主任 …………………… 7994
办公室 …………………… 8033
…………………… 7751
…………………… 8034
…………………… 7231
天然气室
主任 …………………… 8034
副主任 …………………… 8032
办公室 …………………… 8034
…………………… 7751
…………………… 8444
…………………… 7501
地质室
主任 …………………… 8031
副主任 …………………… 7791
办公室 …………………… 8029

…………………… 3625
…………………… 8621
测井室
主任 …………………… 8030
办公室 …………………… 7204
…………………… 7501
经济评价室
副主任 …………………… 7420
办公室 …………………… 7791
…………………… 7231
…………………… 7751
…………………… 7420

油气田开发战略规划研究所

所长 …………………… 8070
书记 …………………… 8028
总工办 …………………… 7649
所办公室
主任 …………………… 7735
办公室 …………………… 7734
…………………… 3574
中长期规划室
主任 …………………… 8039
办公室 …………………… 3604
…………………… 8675
年度计划室
主任 …………………… 7723
办公室 …………………… 3664
…………………… 3674
经济评价室
主任 …………………… 7724
办公室 …………………… 8450
…………………… 3594
综合评价室
主任 …………………… 8433
办公室 …………………… 3377
…………………… 8433
…………………… 7731

石油采收率研究所

所长 …………………… 8378
副所长 …………………… 3019
总工 …………………… 7396
所办公室
主任 …………………… 7299
办公室 …………………… 8079
…………………… 8383
油层物理室
主任 …………………… 8373
办公室 …………………… 7995
…………………… 8990
…………………… 7742
…………………… 8079

…………………… 3345
…………………… 7054
…………………… 3600
化学驱室
主任 …………………… 3013
办公室 …………………… 8376
…………………… 3353
…………………… 8377
…………………… 8381
…………………… 3343
…………………… 8493
…………………… 8494
…………………… 8380
…………………… 8379
…………………… 3347
…………………… 7848
…………………… 3015
…………………… 8374
流体相态室
主任 …………………… 7595
办公室 …………………… 8370
…………………… 3023
…………………… 7942
…………………… 3021
油藏工程室
主任 …………………… 3024
办公室 …………………… 8375
…………………… 3015
…………………… 8494
…………………… 3310
…………………… 7492
博士后 …………………… 3020
…………………… 7247

油气开发计算机软件工程中心

主任 …………………… 8050
副主任 …………………… 7048
软件应用室
主任 …………………… 8448
副主任 …………………… 8056
办公室 …………………… 8448
…………………… 8048
…………………… 8051
软件开发室
主任 …………………… 8162
副主任 …………………… 7250
办公室 …………………… 3465
…………………… 8162
信息一室（网络）
主任 …………………… 7707
副主任 …………………… 2726
办公室 …………………… 2723
机房 …………………… 8126

信息二室（数据库）
主任 …………………… 3625
副主任 …………………… 8449
办公室 …………………… 8161
…………………… 3633
…………………… 2742
…………………… 2743
信息三室
主任 …………………… 8161
副主任 …………………… 8449
办公室 …………………… 7752
…………………… 51583527
…………………… 51583525
运行维护室
主任 …………………… 3242
副主任 …………………… 7166
…………………… 8115
办公室 …………………… 3242
…………………… 2732
所办公室
主任 …………………… 8299
…………………… 8049
副主任 …………………… 8449
东西软件 …………………… 7163
博士后 …………………… 2242
…………………… 2241
…………………… 3563

计算机应用技术研究所

所长书记 …………………… 7175
副所长 …………………… 7410
副书记 …………………… 7041
运行室
主任 …………………… 7515
副主任 …………………… 7471
…………………… 8212
办公室
…………………… 7449
…………………… 8211
…………………… 7455
…………………… 7449
…………………… 8210
…………………… 8207
…………………… 7471
…………………… 7173
数据总库
地震室主任 …………………… 7099
副主任 …………………… 7318
办公室 …………………… 8231
…………………… 8439
测井室主任 …………………… 7317
办公室 …………………… 7098
数据应用室
主任 …………………… 7319

…… 8179
办公室 …… 7292
…… 3130
…… 3476
…… 3120
…… 3476
标准化室
主任 …… 7176
办公室 …… 3394
…… 7040
…… 3129
所办公室
主任 …… 7174
办公室 …… 7446
其他 …… 7439
…… 8842
会议室 …… 7425
门卫 …… 7447
…… 2194
机房 …… 7172
…… 8231

热力采油研究所

所长 …… 8258
党支部书记 …… 8071
总工 …… 7857
油藏工程室主任 …… 8155
综合研究室主任 …… 8498
热采实验室主任 …… 8486
新技术应用研究室主任 7762
办公室主任 …… 8820

采油工程研究所

所长 …… 8254
书记 …… 8278
副所长 …… 7171
所办主任 …… 8252
办公室 …… 7561
…… 7431
油田化学室
主任 …… 8007
副主任 …… 3029
办公室 …… 7979
…… 8253
堵水调剖室
主任 …… 7703
副主任 …… 8256
…… 7297
办公室 …… 3034
…… 3035
综合室
主任 …… 8653
副主任 …… 7487
办公室 …… 8255
机械采油室
主任 …… 8257
副主任 …… 7237
办公室 …… 7385
油层改造室
主任 …… 8257
副主任 …… 7608
办公室 …… 8251
…… 3025
油藏物理室
副主任 …… 8081
地应力室
主任 …… 7438
办公室 …… 3250
压裂室
主任 …… 8263
办公室 …… 8694
…… 8512

石油工业标准化研究所

所长 …… 7571
…… 7633
副所长 …… 7184
…… 7689
所办
主任 …… 8519
办公室 …… 7141
行标室
主任 …… 7140
办公室 …… 7422
…… 3272
企标室
主任 …… 8421
办公室 …… 7403
质量室 …… 3534
…… 8495
计量室 …… 8656
…… 8495
…… 3444
国际标准化与信息研究室
主任 …… 8412
办公室 …… 7142
…… 8708
…… 7403
…… 8412
…… 8940
质检中心
主任 …… 7673
办公室 …… 7869
…… 8824
…… 8184
…… 7673
…… 8440

采油采气装备研究所

所长 …… 8276
副所长 …… 8271
…… 7253
办公室
主任 …… 7500
副主任 …… 7659
井筒室
主任 …… 8277
办公室 …… 7240
…… 8504
…… 7207
膨胀管室
主任 …… 7421
办公室 …… 7573
…… 8994
…… 7421
…… 7569
…… 7230
综合室
主任 …… 8484
办公室 …… 3145
…… 8504
…… 8277
…… 8272
…… 7240
实验室
主任 …… 7517
办公室 …… 7500

鄂尔多斯分院

院长 …… 7972
副院长 …… 7710
总地质师 …… 7712
综合办公室
…… 8663
…… 8372
…… 3214
…… 2113
项目管理室
…… 7022
…… 2122
油气勘探室
…… 3561
…… 3220
…… 3210
…… 3211
油气田开发室
…… 3561
…… 3210
…… 3220
…… 3211
油气藏评价室
…… 7663
…… 3559
…… 2112
油气田地质室
…… 3560
…… 7663
…… 8372
…… 3217

油田化学研究所

所长 …… 8605
党支部书记 …… 8606
总工 …… 7568
所办公室
主任 …… 8392
…… 7565
聚合物室
主任 …… 8393
副主任 …… 8390
办公室 …… 8394
…… 7562
表面活性剂室
主任 …… 3487
办公室 …… 7835
油气集输室
主任 …… 7835
办公室 …… 7056
堵水调剖室
副主任 …… 8389
办公室 …… 7567
水处理室
主任 …… 3234
办公室 …… 7457
陆海油田化学实验厂
厂长 …… 8068

工程监督中心

领导 …… 7466
…… 7219
…… 8665
支持部 …… 8672
…… 8673
…… 8677
…… 8326
…… 7570
监督部 …… 8674
…… 8687
…… 8674
培训部 …… 8864
…… 8671
…… 8326
技术部 …… 8664
…… 8673
…… 7570

………………………… 8326
办公室 ………………… 8670
其他 …………………… 8326
………………………… 7219
………………………… 8659

工程技术研究所

所长 …………………… 3555
党支部书记 …………… 7219
副所长 ………………… 3238
总工 …………………… 3330
所办
主任 …………………… 3556
办公室 ………………… 3232
东部室
………………………… 3088
西部室
主任 …………………… 3088
试油室
主任 …………………… 3232
综合室
主任 …………………… 3032
办公室 ………………… 3288

公益服务部门
文献中心

领导 …………………… 7258
………………………… 7347
………………………… 7087
期刊编辑部 …………… 3349
………………………… 7424
………………………… 8884
………………………… 7424
………………………… 8167
………………………… 7267
图书馆 ……………… 62311485
………………………… 8192
………………………… 7992
………………………… 7544
………………………… 7788
………………………… 8193
网络室 ………………… 8693
………………………… 8193
信息室 ………………… 7267
办公室 ………………… 7594

档案处（勘探开发资料中心）

处长 …………………… 7744
副处长 ………………… 8195
………………………… 7780
档案室 ………………… 7508
资料室
主任 …………………… 7271
办公室 ………………… 8441
编研室 ………………… 7327
网络室 ………………… 7315
办公室 ………………… 8194

培训中心

主任 …………………… 7477
书记 …………………… 8717
综合办公室
主任 …………………… 7063
副主任 ………………… 7513
办公室 ………………… 7370
………………………… 3235
研究生招生办公室
主任 …………………… 7512
………………………… 7064
研究生管理办公室
主任 …………………… 3202
办公室 ………………… 7435
………………………… 7379
博士后管理办公室 …… 7224
职工培训室 …………… 8102
教学研究室
主任 …………………… 7413
办公室 ………………… 7322
………………………… 8102
………………………… 7413

离退休职工管理处

办公室 ………………… 8321
………………………… 7359
………………………… 8189
………………………… 7475
………………………… 8436
………………………… 7351
………………………… 8229
………………………… 8128
………………………… 7251
………………………… 7386
………………………… 8075
………………………… 3597
………………………… 8229
………………………… 7072
………………………… 7241
………………………… 2006
………………………… 8259
机厂办公室 …………… 7681
综合办公室 …………… 8261
总服务台 ……………… 8084
阅览室 ………………… 7467
健身房、台球室 ……… 7284
乒乓球室 ……………… 8054
按摩室 ………………… 7448
影视厅 ………………… 7448
门卫 …………………… 7274

物业管理中心

总经理 ………………… 8200
党总支书记 …………… 8201
副经理 ………………… 7911
………………………… 8343
………………………… 7288
………………………… 8269
………………………… 7276
………………………… 8308
………………………… 7189
办公室主任 …………… 2800
………………………… 7235
副主任 ………………… 7472
………………………… 8011
办公室传真 …………… 8325
矿区办公室主任 ……… 2235
财务科长 ……………… 7541
………………………… 7362
科兴财务 ……………… 7605
供暖科科长 …………… 8302
动力科科长 …………… 7286
工程科科长 …………… 7337
工作区物业科长 ……… 7286
物业一科科长 ………… 7552
物业二科科长 ………… 8369
车场科科长 …………… 8418
车队队长 ……………… 7123
………………………… 7278
供应科 ………………… 7352
通信站 ………………… 7886
卫生所 ………………… 7276
幼儿园 ………………… 7343
经营科 ………………… 7148
梦溪宾馆 ……………… 7911
……………………… 59933111
副总经理办 …………… 7288
……………………… 59933288
科技餐厅 ……………… 7273
活动中心 ……………… 3064

京外部分单位
石油勘探研究院
廊坊分院

地址：河北廊坊市44号信箱
邮编：065007
公网区号：010
内线电话：6921＋分机号码
天然气地质所
领导 …………………… 3397
………………………… 3616
………………………… 3045
………………………… 3606
………………………… 3165
勘探规划 ……………… 3455
………………………… 3576
勘探项目 ……………… 3187
………………………… 3142
………………………… 3141
………………………… 3140
储量 …………………… 3109
………………………… 3337
………………………… 3260
………………………… 3046
综合管理 ……………… 3417
………………………… 3401
………………………… 3234
区域一 ………………… 3043
区域二 ………………… 3322
………………………… 3057
………………………… 3409
区域三 ………………… 3041
区域四 ………………… 3300
………………………… 3551
………………………… 3181
………………………… 3405
地化与资评 …………… 3146
………………………… 3529
………………………… 3289
………………………… 3554
………………………… 3052
………………………… 3145
………………………… 3197
………………………… 3412
气质室 ………………… 3425
松辽项目组 …………… 3400
渗流流体力学研究所
………………………… 3363
天然气开发所
………………………… 3295
完井工艺研究所
………………………… 3303
………………………… 3176
………………………… 3177
工艺室 ………………… 3232
………………………… 3379
固井室 ………………… 3305
综合室 ………………… 3177
………………………… 3301
………………………… 3306
工具室 ………………… 3176
………………………… 3304
煤气层项目管理部 …… 3108
………………………… 3595
………………………… 3510
………………………… 3223
………………………… 3521
经理部 ………………… 3521

部署研究室……3106
……3521
……3105
……3542
工程管理……3107
……3040
……3514
综合研究室……3733
……3353
……3236
……3644
……3733

环境监测总站（环保研究所）

……3038
……3033
……3351
综合管理室……3035
……3292
分析检测室……3036
……3291
……3515
研究开发室……3039
……3294
信息标准室……3032
……3512
……3515
职业卫生办公室……3037

石油工程造价管理中心

……3020
……3021
综合科……3022
工程造价科……3302
……3224

储库中心

……3376
……3415
……3381
……3070
……3601
……3792
……3091
……3799
……3135
传真……3734

海外工程中心

……3263
……3308
……3159
……3157

新能源综合研究室

……3414
……3277
……3621
……3780
……3026
……3620
……3425
……3404
……3520
……3197
……3644
……3579

地球物理与信息研究所

……3268
……3350
……3309
……3340
综合室……3331
储层评价室……3516
……3297
……3423
方法室……3297
测井室……3403
……3604
……3073
信息室……3162
……3332
……3163
……3333
情报室……3334
……3342
资料室……3336
……3335

石油勘探开发研究院西北分院

地址：甘肃省兰州市城关区雁儿湾路 277 号
邮编：730020
公网区号：0931

办公室

主任……8686622
秘书……8686016
文书……8686015
传真……8686017

党群工作处

……8686014
……8686029
……8686028

计划财务处

处长……8686041
副处长……8686042
财务一科……8686043
财务二科……8686202
企管资产科……8686045
……8686044
人事劳资处……8686032
……8686034
……8686035
科技发展处……8686680
……8686039
……8686040
生产市场处……8686037
……8686036
……8686213
……8686057
传真……8686057
……8686017
纪监审办公室……8686048
……8686049

油气地质研究处

所长……8686175
书记……8686090
副所长……8686115
总地质师……8686118
……8686127
……8686122
……8686124
主任……8686120
副主任……8686131
……8686123
……8686113
……8686117
……8686125
……8686132
主任……8686110
……8686054
……8686128
……8686111
……8686132
主任……8686121
……8686116
……8686119
主任……8686139
……8686182
主任……8686115
……8686126
……8686162
……8686161

油藏描述研究所

……8686099
……8686134
……8686136
……8686137
……8686138
……8686139
……8686140
……8686141
……8686143
……8686144
……8686145
……8686146
……8686147
……8686148
……8686149
……8686150
……8686151
……8686152
……8686153

西部勘探研究所

所长……8686612
副所长……8686089
主任地质师……8686129
……8686094
主任……8686347
副主任……8686183
主任……8686084
……8686085
……8686379
……8686630
……8686092
……8686091
……8686059
……8686100
……8686101
……8686621
……8686623

数据处理研究所

所长……8686070
书记……8686067
副所长……8686062
……8686064
……8686066
……8686068
……8686069
……8686270
……8686071
……8686075
……8686076
……8686077
……8686078
……8686079
……8686080
……8686081

计算机技术研究所

机关……8686171
……8686029
……8686107
……8686188
……8686104
……8686177
计算机室……8686095
……8686088
……8686107
网络室……8686173
……8686174
场地室……8686086

…………………… 8686105
…………………… 8686105

西地科技公司

集成部………………… 8686172
…………………… 8261750
海昆工程部………… 8862739
财务经营部………… 8686178
…………………… 8686179

综合服务处

处长…………………… 8686198
书记…………………… 8686197
副处长……………… 8686208

动力站

站长…………………… 8686208
副站长……………… 8686219
控制室……………… 8686206
值班室……………… 8686207
班长…………………… 8686209
办公室……………… 8686210
化验室……………… 8686205
配电室……………… 8686211
值班室……………… 8686217
技师…………………… 8686218
电梯…………………… 8686215

通信…………………… 8686216
传真…………………… 8686000
基建工作组………… 8686203
物业管理科………… 8686603
…………………… 8686021
维修班……………… 8686225
办公室……………… 8686224
托儿所……………… 8686227
卫生所……………… 8686226
注射室……………… 8686214

安全保卫科

科长…………………… 8686021
治安…………………… 8686022
经警…………………… 8686023
前门门卫…………… 8686024
后门门卫…………… 8686025
机房门卫…………… 8686026

雁儿湾宾馆

经理…………………… 8686190
副经理……………… 8686192
餐厅…………………… 8686191
客房部……………… 8686194
财务室……………… 8686193

退休职工管理处

…………………… 8686176
…………………… 8686033
…………………… 8686031

杭州地质研究所

地址：浙江省杭州市西溪路 920 号
邮编：310023
公网区号：0571
传真：85229509

领导 …………………… 85224906
…………………… 85224902
…………………… 85224903
…………………… 85224904
…………………… 85224905
…………………… 85224907
…………………… 85824909
…………………… 85224858
…………………… 85224908
…………………… 85224962
…………………… 85224983
办公室 ……………… 85224917
党委办公室 ………… 85224943
科技办公室 ………… 85224958
人力资源部 ………… 85224913
计划财务部 ………… 85224989
设备管理办公室 … 85224907
安全保卫部 ………… 85224968
沉积储层研究中心 85224909
…………………… 85224940
海相油气研究中心 85224912
…………………… 85224919
矿权储量研究中心 85224962
海洋油气研究中心 85224985
油藏评价研究室 … 85224933
综合研究室 ……… 85224932

科研技术支撑部门

计算中心 ………… 85224956
实验中心 ………… 85224947
文献档案室 ……… 85227659
生活服务中心 …… 85224926
…………………… 85224974
…………………… 85224976

法人实体

杭州中油宾馆 …… 85020700
…………………… 85020701

杭州太极石油科技股份有限公司 ………… 85222467

2. 规划总院

地址：北京市海淀区志新西路 3 号　邮政编码：100083　公网区号：010

值班室 ……………… 82383300

综合办

主任 ………………… 82383223
副主任 ……………… 82383011
办公室 ……………… 82383012
…………………… 82383092

总工办

主任 ………………… 82383116
副主任 ……………… 82383026
…………………… 82383029

人教处

处长 ………………… 82383009
副处长 ……………… 82383038

计财处

处长 ………………… 82383040
副处长 ……………… 82383034

战略所

所长 ………………… 82383269
副所长 ……………… 82383270
办公室 ……………… 82383257

油气田所

所长 ………………… 82383184
副所长 ……………… 82383198
…………………… 82383191

海外管道所

所长 ………………… 82383299
副所长 ……………… 82383302
办公室 ……………… 82383298
…………………… 82383297
…………………… 82383348

管道所

所长 ………………… 82383288
副所长 ……………… 82383410
办公室 ……………… 82383408

炼化所

所长 ………………… 82383156
副所长 ……………… 82383157
办公室 ……………… 82383159
…………………… 82383158

公用所

所长 ………………… 82383283
办公室 ……………… 82383085
…………………… 82383263
…………………… 82383271

经济所

所长 ………………… 82383207
副所长 ……………… 82383222
办公室 ……………… 82383209
…………………… 82383239

市场营销所

所长 ………………… 82383140
副所长 ……………… 82383240

咨询部

主任 ………………… 82383118
副主任 ……………… 82383192

造价中心

主任 ………………… 82383090
办公室 ……………… 82383137
…………………… 82383141
…………………… 82383154
…………………… 82383549
…………………… 82383133
…………………… 82383126

节能中心

主任 ………………… 82383070
副主任 ……………… 82383241
办公室 ……………… 82383572

计算机信息中心

主任 ………………… 82838596
办公室 ……………… 82838253
…………………… 82838633
…………………… 82838839
…………………… 82838137

3. 石油化工研究院

地址：北京市海淀区学院路20号59号楼一层东段 邮政编码：100083 公网区号：010

项目管理一处

办公室 …… 62097842
…… 62098987
…… 62097894
…… 62098984
…… 62097894
…… 62097884

项目管理二处

办公室 …… 62097843
…… 62098985
…… 62098901
…… 62097714
…… 62097674
…… 62097584

发展战略研究处

办公室 …… 62097845
…… 62097851
…… 62097554
…… 62097704
…… 62098847
…… 62097514
…… 62098847
传真 …… 62344812

综合办公室

办公室 …… 62097847
…… 62097846
…… 62097847
…… 62097005
…… 62097006
…… 62098814
…… 62098794
传真 …… 62344809

4. 经济技术研究院

地址：北京市西城区六铺炕 邮政编码：100724 公网区号：010

综合办公室

副主任 …… 62065180
…… 62095928
工会副主席 …… 62065193
纪检员 …… 64259321
主管 …… 62065127
高级主管 …… 62065270
…… 62065355
…… 62065355

档案科

副科长 …… 62065271
办公室 …… 62065265
传真 …… 62065272

车队

队长 …… 62065389
办公室 …… 62065388

科研管理部

主任 …… 62065173
…… 62095930
主管 …… 62065195
…… 62065198
…… 62065382
…… 62065224
…… 62065383
…… 62065181

人事劳资部

主任 …… 62065099
…… 62095935
副主任 …… 62065148
高级主管 …… 62065146
…… 62065212
…… 62065156

离退休管理办公室

主任 …… 62065119
高级主管 …… 62065121

财务资产部

主任 …… 62065130
…… 62094736
副主任 …… 62065120
主管 …… 62065112
…… 62065118
…… 62025115
主办 …… 62065113
…… 62065116
…… 62065117

房产科

副科长 …… 62065129
主办 …… 62065341

发展战略研究所

副所长 …… 62065188
主任工程师 …… 62065190
办公室 …… 62065192
…… 62065171
…… 62065177
…… 62065151
…… 62065191
…… 62065170
…… 62065179
…… 62065175
…… 62065158
…… 62065150
…… 62065149
…… 62065322
…… 62065323

市场研究所

所长 …… 62065162
主任工程师 …… 62065279
办公室 …… 62065169
…… 62065167
…… 62065163
…… 62065166
…… 62065124
…… 62065168
…… 62065189
…… 62065277
…… 62065125

海外投资环境研究所

书记 …… 62065126
副所长 …… 62065220
主任工程师 …… 62065186
办公室 …… 62065370
…… 62065216
…… 62065368
…… 62065202
…… 62065134
…… 62065155
…… 62065274
…… 62065131
…… 62065132
…… 62065353
…… 62065152
…… 62065218
…… 62065157
…… 62065364
…… 62065176
…… 62065160
…… 62065215
…… 62065187
…… 62065360
…… 62065185

石油科技研究所

所长 …… 62065211
主任工程师 …… 62065252
办公室 …… 62065046
…… 62065048
…… 62065219
…… 62065340
…… 62065213
…… 62065330
…… 62065052
…… 62065269
…… 62065209
…… 62065283
…… 62065344
…… 62065267
…… 62065051
…… 62065210
…… 62065217
…… 62066372
…… 62065207

信息资源开发中心

主任 …… 62065235
副主任 …… 62065260
…… 62065259
…… 62065261
…… 62065243
办公室 …… 62065234

……………… 62065231
……………… 62065232
……………… 62065178
……………… 62065237
……………… 62065221
……………… 62065229
……………… 62065182
……………… 62065203
……………… 62065197
……………… 62065296
……………… 62065200
……………… 62065201
……………… 62065205
……………… 62065196
……………… 62065255
……………… 62065228
……………… 62065258
……………… 62065369
……………… 62065250
……………… 62065249
……………… 62065345
……………… 62065263
……………… 62065256
……………… 62065275
……………… 62065264
……………… 62065251
……………… 62065367
……………… 62065273
……………… 62065285
……………… 62065268
……………… 62065227

知识产权和科技成果研究中心

主任 ……………… 62065031

副主任 ……………… 62065032
……………… 62065033
办公室 ……………… 62065037
……………… 62065043
……………… 62065036
……………… 62065035
……………… 62065038
……………… 62065046
……………… 62065039
……………… 62065040
……………… 62065041
……………… 62065042

企业传媒设计部

主任 ……………… 62065223
副主任 ……………… 62065225
办公室 ……………… 62065246
……………… 62065248
……………… 62065375
……………… 62065376
……………… 62065405
……………… 62065406
……………… 62065247
……………… 62065244
……………… 62065407
……………… 62065287
……………… 62065412
……………… 62065295
……………… 62065350
……………… 62065413
……………… 62065380
……………… 62065379

……………… 62065378
……………… 62065281
……………… 62065373
……………… 62065409
……………… 62065410
……………… 62065374
……………… 62065411
……………… 62065324

《石油商报》社

总编 ……………… 62071838
副社长 ……………… 62070556
办公室 ……………… 62013183
……………… 62072768
……………… 62071048

《国际石油经济》编辑部

主编 ……………… 62065318
办公室 ……………… 62065317
……………… 62065310
……………… 62065308
……………… 62065306
……………… 62065307
……………… 62065311
……………… 62065312
……………… 62065313
……………… 62065315
……………… 62065316

实业总公司

总经理 ……………… 62065128
办公室 ……………… 62065111

北京中油实信物业管理有限公司

经理 ……………… 64225870
副经理 ……………… 64210635
办公室 ……………… 64265101
……………… 84254967
……………… 64523284
……………… 64210637
……………… 62076658
……………… 64523351
……………… 64251435
……………… 64210637
……………… 84254967
……………… 64523342

北京太科石油信息咨询服务公司

经理 ……………… 62065299
副经理 ……………… 62065110
办公室 ……………… 62065276
……………… 62065135
……………… 62065298
……………… 62065349

赛兰德科技评估中心

主任 ……………… 64252087
办公室 ……………… 64523161
……………… 64523194
……………… 64523165
……………… 64523253

北京中油联合信息技术有限公司

总经理 ……………… 62065058
副总经理 ……………… 62065063

5. 钻井工程技术研究院

地址：北京市海淀区四季青镇北坞村路甲25号静芯园M座　　邮政编码：100195　　公网区号：010

综合管理处

办公室 ……………… 52781898
……………… 52784821
办公室 ……………… 52781718
……………… 52781739
……………… 52784825
……………… 52781762
……………… 52784822
……………… 52781869
……………… 52781837
……………… 52781708
……………… 62098338

党群工作处

办公室 ……………… 52781835
……………… 52784823
……………… 52781772

科研管理处

办公室 ……………… 52781888
……………… 52781829
……………… 52781819
……………… 52784817
……………… 52784818
……………… 52781809

财务资产处

办公室 ……………… 52781858
……………… 52781788
……………… 52784816
……………… 52781839
……………… 52781768
……………… 52781821
……………… 52781758
……………… 52781839

6. 安全环保技术研究院

地址：北京市海淀区志新西路8号　邮政编码：100083　公网区号：010

办公室 …………… 82379611　传真 ……………… 82379999

7. 管材研究所

地址：陕西省西安市电子二路32号　邮政编码：710065　公网区号：010

所办公室

主任 ……………… 88726190
办公室 …………… 88726100
……………………… 88726170
……………………… 88726111

人事劳资处

处长 ……………… 88726113
办公室 …………… 88726118
……………………… 88726090

经营管理处

处长 ……………… 88726121
办公室 …………… 88726103
……………………… 88726102
……………………… 88726125

科技管理处

处长 ……………… 88726151
办公室 …………… 88726126
……………………… 88726120
……………………… 88726388

财务资产处

处长 ……………… 88726130
办公室 …………… 88726134
……………………… 88726132
……………………… 88726131
……………………… 88726135

质量安全处

处长 ……………… 88726070
办公室 …………… 88726122
……………………… 88726129

综合服务部

主任 ……………… 88726106
办公室 …………… 88726191
……………………… 88726193
……………………… 88726192
……………………… 88726391

输送管与管线研究中心

主任 ……………… 88726153
办公室 …………… 88726272
……………………… 88726155

安全评价与完整性研究中心

主任 ……………… 88726152
办公室 …………… 88726205
……………………… 88726204

油井管与管柱研究中心

主任 ……………… 88726157
办公室 …………… 88726209
……………………… 88726105

腐蚀与防护研究中心

主任 ……………… 88726202
办公室 …………… 88726010
……………………… 88726399

非金属与复合材料研究中心

主任 ……………… 88726080
办公室 …………… 88726389

技术监督中心

主任 ……………… 88726156
办公室 …………… 88726274
……………………… 88726167
……………………… 88726073

隆盛公司

总经理 …………… 88726171
办公室 …………… 88726173
……………………… 88726172

标准化与信息中心

主任 ……………… 88726169
办公室 …………… 88726075
……………………… 88726076
……………………… 88726020

北京中心

主任………… 010－84871721
办公室……… 010－84871722
……………… 010－84871597

秦皇岛实验室

主任………… 0335－5936101
办公室……… 0335－5936100

西部分所

所长 ……………… 88726151
副所长 …………… 88726088
办公室 …………… 88726188
……………… 0996－2117659

8. 石油工业出版社

地址：北京市朝阳区安外安华里二区一号　邮政编码：100011　公网区号：010＋6452＋后4位数

办公室（党办）

主任 ……………… 64210387
……………………… 3511
副主任 …………… 3605
办公室 …………… 64218729
……………………… 3506
……………………… 3502
机要 ……………… 3705
……………………… 3503
工会 ……………… 3712
团总支 …………… 3688
计生办 …………… 64427548
传真 ……………… 64218726
多功能厅 ………… 3517
样本馆 …………… 64427548

总编室

主任 ……………… 64219111
……………………… 3524
副主任 …………… 3533
办公室 …………… 3577
……………………… 3522
……………………… 3571
……………………… 3572
……………………… 3573

人事处

处长 ……………… 64218731
……………………… 3699
离退休办公室 …… 3521
办公室 …………… 64266860
……………………… 3688
……………………… 3531
档案室 …………… 3504
离退休职工活动室 …… 3556
……………………… 3557

计划计财处

主任 ……………… 64262876
……………………… 3528
副主任 …………… 64210385
……………………… 64210389
……………………… 3530

资金预算科 …… 3655
…… 3656
…… 3657
成本科 …… 3526
…… 3658
…… 64438690
结算科 …… 3630
…… 3657
经营财务科 …… 3668
…… 3665
综合科 …… 3659

石油科技出版中心

主任 …… 64251610
…… 3542
副主任 …… 64222296
…… 3525
…… 64222278
…… 3538
编辑室 …… 3539
…… 3536
…… 3537
…… 3541
…… 3543
…… 3544
…… 3560
…… 3561
…… 3562
…… 3563
…… 3735
…… 3736
…… 3738
…… 3739
…… 3583
传真 …… 64222261

石油教材出版中心

主任 …… 64219118
…… 3575
副主任 …… 64240656
…… 3580
编辑室 …… 3612
…… 3546
…… 3585
…… 3582
…… 3574
…… 3579
…… 3690
…… 3691
…… 3692
…… 3693
…… 3694
…… 3695
…… 3696
传真 …… 64240656
…… 64243803

社会图书出版中心

主任 …… 64222448
…… 3601
副主任 …… 64240756
…… 3613
…… 3628
选题策划部 …… 3602
…… 3610
…… 3558
市场部 …… 3616
…… 3643
…… 3644
…… 3645
综合部 …… 3559
…… 3534
…… 3607
…… 3608
…… 3609
…… 3611
…… 3615
…… 3642
…… 3643
…… 3646
…… 3714
图书营销部 …… 3623
…… 3603
…… 3622
…… 3624
…… 3631
…… 3634
…… 3637
…… 3638
…… 3639
…… 3640
…… 3641
传真 …… 64222241

石油标准编辑部

主任 …… 64222430
…… 3551
编辑室 …… 3547
…… 3548
…… 3550
…… 3581
…… 3607
…… 3614
传真 …… 64222430

年鉴编辑部

副主任 …… 3593
编辑室 …… 3594
…… 3552
…… 3586
…… 3590
…… 3591
传真 …… 64244178

期刊编辑部

副主任 …… 3540
《中国石油勘探》杂志 3584
…… 3587
…… 3589
…… 3720
…… 2722
《石油科技论坛》杂志 3597
《中国油气》杂志…… 3599
…… 3596
…… 3598
…… 3595
传真 …… 64222411
…… 64219640

电子音像出版部（信息管理部）

副主任 …… 3600
…… 3686
办公室 …… 3680
…… 3681
…… 3682
…… 3683
…… 3685
…… 3689
…… 3750
传真 …… 3684
机房 …… 3523

印务部

主任 …… 3576
印制管理科
副科长 …… 3661
业务 …… 3660
…… 3662
技术编辑室
主任 …… 3569
副主任 …… 3566
业务 …… 3568
…… 3567
…… 3564
…… 3565
…… 3570
…… 3716
…… 3717
传真…… 642240026

发行部

主任 …… 3627
副主任 …… 64247704
…… 3625
综合科
科长 …… 3578
业务 …… 3650
…… 3649
…… 3633
…… 3648
传真 …… 64210392
发行科
科长 …… 3626
办公室 …… 3621
…… 3652
…… 3647
…… 64523647
直销邮购部
经理 …… 3624
业务 …… 3620
…… 3632
…… 64523620
标准发行科
科长 …… 64290217
业务 …… 3846
…… 3549
…… 3845
…… 3846
…… 64290217
门市部（北京中油知源图书有限责任公司）
经理 …… 3733
副经理 …… 3732
业务 …… 3651
…… 3629
…… 3635
…… 3619
…… 64202634
…… 64523619
储运科
科长 …… 83603306

石油彩色图文中心

主任 …… 64438700
副主任 …… 64435179
内线 …… 16
主任助理 …… 64438702
内线 …… 29
综合部
副主任 …… 64438703
内线 …… 12
业务 …… 64438704
…… 64448120
内线 …… 11
…… 12
生产部

主任 …… 64438705
内线 …… 15
副主任 …… 64411867
内线 …… 33

经营部

主任 …… 64438705
内线 …… 15
业务 …… 64431867
内线 …… 26
…… 64438702
内线 …… 14
…… 64448120
内线 …… 13

照排车间

副主任 …… 64438709
内线 …… 32

制作部

主任内线 …… 21
副主任 …… 64435201
内线 …… 20

印刷车间

主任 …… 64448713
内线 …… 19
业务 …… 64448712
内线 …… 24
拼版 …… 64448707

数码印刷部

主任 …… 64410217
内线 …… 28
机房 …… 64410306
总机 …… 64411865
…… 64411866
…… 64411871
…… 64411872
传真 …… 64438701

展览工作室（展示中心、对外服务公司、广告公司）

主任 …… 64219110
…… 3801
副主任 …… 3810
支部书记 …… 3811
副主任 …… 3807

综合业务部

经理 …… 3812
业务 …… 3822
…… 3802
…… 3803
传真 …… 64523800
设计部 …… 3805
…… 3806
…… 3825
…… 3809
…… 3841
…… 3842
…… 3836

工程部

经理 …… 64291153
业务 …… 64213601

国际交流合作部

经理 …… 64227682
副经理 …… 3813
…… 3816
业务 …… 64227569
…… 3815
…… 3808
…… 3820
…… 3817
…… 3819
…… 3837
传真 …… 64523821

北京中油创意广告有限公司

副经理 …… 64219116
…… 3826
…… 3831
业务部 …… 3829
…… 3830
…… 3832
传真 …… 3828
电子商务业务 …… 3834
…… 3835

后勤服务中心

主任 …… 3509
副主任 …… 3518

行政科

科长 …… 3672
业务 …… 3728
…… 3673
…… 3520

综合科

科长 …… 3730
业务 …… 3519
…… 3670
…… 3671

维修科

科长 …… 3555
业务 …… 3515
…… 3666
…… 64266856

车队

队长 …… 3729
内线查号台 …… 3777
外线查号台 …… 64523777
办公楼传达室 …… 3679
…… 3779
综合楼传达室 …… 3677
实验楼传达室 …… 64449753
车库 …… 3678
食堂 …… 3514
保洁 …… 3724
维修 …… 3516
办公楼电梯机房 …… 3727
办公楼电梯 …… 353
综合楼电梯房 …… 3676
综合楼配电室 …… 3674
…… 3675
实验楼配电室 …… 64439777

《中国石油勘探开发全书》编辑部

…… 3710
…… 3606
…… 3708
勘探 …… 3709
开发 …… 3711
专家 …… 3712
…… 3713

《中国石油管理丛书》编辑部

…… 3508
…… 3618

9. 中国石油报社

地址：北京市东城区六铺炕街1号　　邮政编码：100011　　公网区号：010＋6209＋四位数

副总编

…… 5798
…… 5390
…… 0312－3829799

工会

主席 …… 5796

党政办公室（人事劳资部）

…… 5074
…… 5833
…… 5851
…… 5101

计划财务部

…… 5089
…… 5830

经营管理部

…… 5273
…… 5095

采访值班电话

…… 5714

时政报道组

…… 4326

新闻部

…… 5383
…… 5385

经济部

…… 5786
…… 5389

综合部

…… 5736
…… 5415

副刊部

…… 5436
…… 5456

企业部

…… 5768
…… 5739

市场部

…… 5618
…… 5687

国际部

…… 5963
…… 5472

采访部

…… 5137

专题新闻采访部

…… 5831
…… 5832

摄影部

…… 5775
…… 5276

通联部

…… 5756
…… 5279

总编室

…… 5538
…… 5850

研究室

…… 5277
…… 5909

《中国石油画报》编辑部
………………………… 82088670
………………………… 82086360
《石油政工研究》编辑部
……………………………… 4361
《新闻之友》编辑部
（石油记协秘书处）
………………………… 62054951
……………… 0312－3829644
《地火》编辑部
………………………… 62385121
………………………… 62385123
石油商报社
………………………… 62074756
………………………… 62071033
现代司机报社
………………………… 64266893
………………………… 64266783
中油网公司
……………………………… 5078
……………………………… 5778
广告部
……………………………… 5836
……………………………… 5271
……………………………… 5837
发行部
……………………………… 5066
……………………………… 5092
印刷厂
………………………… 63735392
……………… 0312－3829716
……………… 0312－3829718
物业管理中心
……………………………… 5835
……………… 0312－3829768
……………… 0312－3829769
离退休管理中心
……………… 0312－3829627
……………… 0312－3829837
涿洲值班电话
……………… 0312－3829814

10. 审计服务中心

地址：北京市西城区六铺炕街1号南楼　邮政编码：100120　公网区号：100120

审计一处

办公室 ……………… 62095220
……………………… 62095217

审计二处

办公室 ……………… 62095231
……………………… 62095243

审计三处

办公室 ……………… 62095257
……………………… 62095267

审计四处

办公室 ……………… 62095233
……………………… 62095242

审计五处

办公室 ……………… 62095247
……………………… 62095245
……………………… 62095804

审计六处

办公室 ……………… 62095269
……………………… 62095525

审计七处

办公室 ……………… 62095224
……………………… 62095253

审计八处

办公室 ……………… 62095849

审计业务管理处

办公室 ……………… 62095221
……………………… 62095479
……………………… 62095239
……………………… 62095255
……………………… 62095641
……………………… 62095239
……………………… 62095227
……………………… 62095270
……………………… 62096241
……………………… 67885792
……………………… 62096243
……………………… 84889512
……………………… 67885680
……………………… 62094143

中心办公室

办公室 ……………… 62095216
……………………… 62095264
……………………… 62095234
……………………… 62095235
……………………… 62095219
……………………… 62095518
……………………… 62095254
……………………… 62095766
……………………… 62095298

党群处

办公室 ……………… 62095225
……………………… 62095601
……………………… 62095558

人劳处

办公室 ……………… 62095676
……………………… 82025483
……………………… 62095651

计财处

办公室 ……………… 62095658
……………………… 62095718
……………………… 62095305

后勤管理中心

办公室 ……………… 69216834
……………………… 69216824
……………………… 69216833
……………………… 2113890
……………………… 2079103
……………………… 2121444
……………………… 2079075
……………………… 2079469
……………………… 2079011

车队

办公室 ……………… 69216832
……………………… 2079123
……………………… 2111370

机房

办公室 ……………… 62095696
司机值班室
值班司机 …………… 62095244

11. 石油管理干部学院

地址：北京市西三旗东　邮政编码：100096　公网区号：010

学院办公室

主任 ………………… 69216002
副主任 ……………… 69216006
秘书科
科长 ………………… 69216009
行政事务科
科长 ………………… 69216008
办公室 ……………… 69216007
文印收发室
办公室 ……………… 69216005
档案室
办公室 ……………… 69216003
贵宾接待室 ………… 69216004
值班室
白天 ………………… 69216001
夜间 ………………… 69216119

组织人事部

主任 ………………… 69216032
综合科
科长 ………………… 69216035
办公室 ……………… 69216036

党群工作部

主任 ………………… 69216021
宣传办公室 ………… 69216027

纪检监察处

主任 ………………… 69216025
综合办公室

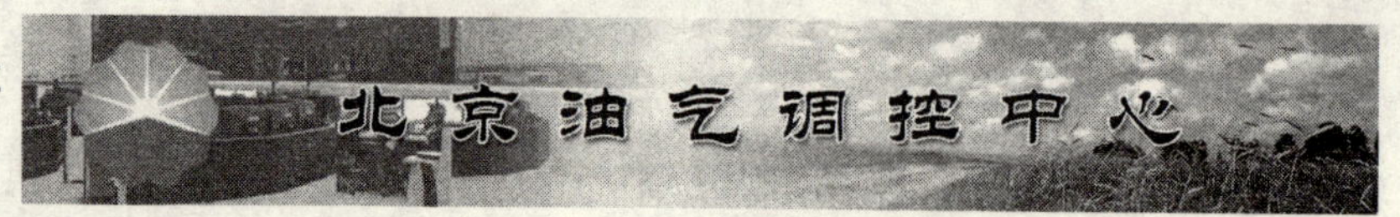

主任 ……………… 69216022
工会办公室
主任 ……………… 69216023
安全保卫科
科长 ……………… 69216110
办公室 …………… 69216134
………………… 69216024
保安队 …………… 69216113
消防值班室 ……… 69216119
传达室 …………… 69216111

离退休职工管理办公室

主任 ……………… 69216028

计划财务部

主任 ……………… 69216051
副主任 …………… 69216055
资金预算科
科长 ……………… 69216052
传真 ……………… 82916096
会计科
副科长 …………… 69216056
传真 ……………… 82916096
办公室 …………… 69216052
………………… 69216056
资产设备管理科
科长 ……………… 59216055
传真 ……………… 82916096
办公室 …………… 69216059

培训部

主任 ……………… 69216061
副主任 …………… 69216063
项目开发办公室
主任 ……………… 69216063
传真 ……………… 69216060
办公室 …………… 69216060
教学管理办公室
主任 ……………… 69216067
传真 ……………… 69216060
办公室 …………… 69216065

教学部

主任 ……………… 69216166
副主任 …………… 69216160
教学部办公室
主任 ……………… 69216198
办公室 …………… 69216162

学员管理办公室

主任 ……………… 69216187
办公室 …………… 69216066
………………… 69216199
………………… 69216163
………………… 69216180
石油企业管理教研室
主任 ……………… 69216169
办公室 …………… 69216168
………………… 69216170
………………… 69216179
………………… 69216184
………………… 69216167
………………… 69216181
政治理论与法律教研室
主任 ……………… 69216178
办公室 …………… 69216177
企业领导力教研室
主任 ……………… 69216188
办公室 …………… 69216186
………………… 69216183
………………… 69216190
………………… 69216185
………………… 69216182
国际化经营教研室
主任 ……………… 69216176
办公室 …………… 69216191
………………… 69216195
………………… 69216193
………………… 69216172
石油企业生产运营教研室
主任 ……………… 69216189
办公室 …………… 69216196
………………… 69216192
工程技术教研室
主任 ……………… 69216165

科研处

处长 ……………… 69216101
科技政策研究室
主任 ……………… 69216103
期刊编辑部
主任 ……………… 69216106
办公室 …………… 69216107

信息部

主任 ……………… 69216081
副主任 …………… 69216062
电教办公室
主任 ……………… 69216085
办公室 …………… 69216086
信息智能技术管理办公室
主任 ……………… 69216082
办公室 …………… 69216100
………………… 69216083
………………… 69216095
………………… 69216096
………………… 69216097
图书馆
办公室 …………… 69216091
………………… 69216092
网控室 …………… 69216089
电教编辑室 ……… 69216086
东教楼 101 报告厅控制室
………………… 69216087
东教楼 201 报告厅控制室
………………… 69216088
西报告厅控制室 … 69216084

后勤处

处长 ……………… 69216121
副处长 …………… 69211919
………………… 69216125
文体活动中心
办公室 …………… 69216126
………………… 69216127
公寓服务中心
主任 ……………… 69216125
办公室 …………… 69216137
汽车队
队长 ……………… 69216130
洗涤中心
办公室 …………… 69216141
………………… 69216130
餐饮服务中心
主任 ……………… 69211919
副科长 …………… 69216135
订餐 ……………… 69216132
………………… 69216123

物业处

处长 ……………… 69216151
副处长 …………… 69216152
………………… 69216155
教学楼管理科
科长 ……………… 69216152
办公室 …………… 69216147
………………… 69216139
校园维修中心
主任 ……………… 69216155
办公室 …………… 69216146
………………… 69216154
………………… 69216159
基建科
科长 ……………… 69216156
办公室 …………… 69216147
………………… 69216153
动力运行科
科长 ……………… 61216157
办公室 …………… 69216154
………………… 69216153
锅炉房 …………… 69216158
配电室 …………… 69216159

党校办公室

主任 ……………… 69216016
副主任 …………… 69216019
综合科 …………… 69216019
办公室 …………… 69216018

党校函授部

主任 ……………… 69216012
综合科 …………… 69216018

集团公司考试中心

处长 ……………… 62098283

石油教育与人才研究所

所长 ……………… 64856196
副所长 …………… 62094543
………………… 64837599

12. 广州培训中心

地址：广东省广州市沙太南路169号　邮政编码：510510　公网区号：020

党群工作处

处长 ………………… 87231553
纪检监察 …………… 87231033
工会办公室 ………… 87231015

党委、行政办公室

主任 ………………… 87231685
办公室 ……………… 87231022
传真 ………………… 87231529
密码通信 …………… 87231375

人事劳资处

处长 ………………… 87231039
办公室 ……………… 87231101

培训管理处

处长 ………………… 87231039
副处长 ……………… 87231455
综合科 ……………… 87231019
研究开发科 ………… 87231452

财务资产处

处长 ………………… 87231456
财务科 ……………… 87231030
会计科 ……………… 87231526

教学管理处

处长 ………………… 87231040
副处长 ……………… 87231021
教务 ………………… 87231029
综合科 ……………… 87231401
电化教育中心 ……… 87231378
图书馆 ……………… 87231380
继续教育办公室 …… 87231047

学生工作处

学生教育管理科 …… 87231031
招生就业办公室 …… 87231032

后勤处

处长 ………………… 87231041
综合科 ……………… 87231043
总务科 ……………… 87231396
保卫科 ……………… 87231034
基建办公室 ………… 87231042
医务室 ……………… 87231349
饮食管理服务中心 … 87231359
车辆管理服务中心 … 87231049
公寓管理服务中心 … 87231313
公寓总台 …………… 87231889

外语培训部（系）

主任 ………………… 87231332
办公室 ……………… 87231439
第一、二英语教研室 87231409
大学英语教研室 …… 87231374

经济管理培训部（系）

主任 ………………… 87231335
办公室 ……………… 87231333
管理工程教研室 …… 87231026
财务会计教研室 …… 87231001

信息管理培训部（系）

主任 ………………… 87231302
办公室 ……………… 87231350
实验室 ……………… 87231334
网络管理中心 ……… 87231423

行政管理培训部（系）

主任 ………………… 87231318
办公室 ……………… 87231357
文秘、基础教研室　87231004

13. 大连培训中心

地址：辽宁省大连市高新技术产业园区七贤岭亿阳街8号　邮政编码：116025　公网区号：0411

总机 ………………… 84796789
传真 ………………… 84798066
综合办公室 ………… 84799860
后勤办公室 ………… 84799826
人力资源部 ………… 84799827
教育培训部 ………… 84799829
财务资产部 ………… 84797989

四、油气田企业

1. 大庆油田

地址：黑龙江省大庆市让胡路区龙南　邮政编码：163453　公网区号：0459

总经理办公室（党委办公室）

主任、党办副主任 … 5967707
副主任、党办主任 … 5967977
副主任 ……………… 5936699
………………………… 5998613
………………………… 5965855
………………………… 5980501
主任经济师 ………… 5972501
………………………… 5936393
………………………… 5962996

秘书科

科长 ………………… 5955200
副科长 ……………… 5999605
………………………… 5995501
………………………… 5996449
秘书 ………………… 5983808
………………………… 5983500
办公室 ……………… 5995481
………………………… 5996216

文书科

科长 ………………… 5997215
副科长 ……………… 5994649
办公室 ……………… 5950711

文印科

科长 ………………… 5980115
副科长 ……………… 5998218

督办科

科长 ………………… 5999115
办公室 ……………… 5962755

保密科

科长 ………………… 5994148
办公室 ……………… 5977592

接待科

科长 ………………… 5950712
副科长 ……………… 5999686
办公室 ……………… 5951126

公共关系科

科长 ………………… 5997553
副科长 ……………… 5996492

综合科

科长 ………………… 5967533
副科长 ……………… 5936660

行政管理科

科长 ………………… 5936633
办公室 ……………… 5950710

机关事务科

科长 ………………… 5995515
副科长 ……………… 5965600
………………………… 5979179

人事部（党委组织部）

部长、主任 ………… 5967598
副部长 ……………… 5936113
………………………… 5973772
副主任 ……………… 5983730
………………………… 5977535
………………………… 5951702
………………………… 5973769

……………………… 5996231
……………………… 5936677
技能鉴定中心主任 … 5985575
副主任经济师……… 5936363

党建科

科长……………… 5936678
副科长…………… 5956051

组织员办公室

主任……………… 5994493
公司党委组织员…… 5965615
办公室…………… 5995467

干部管理科

科长……………… 5978306
副科长、公司党委组织员
……………………… 5936795
副科长…………… 5998990
办公室…………… 5965612
……………………… 5995562

干部监督科

科长……………… 5955550
副科长…………… 5983776
办公室…………… 5962097

业绩考核科

科长……………… 5996024
副科长、人事部巡视员
……………………… 5999133

技术人员管理科

科长……………… 5999942
副科长…………… 5965377

职称改革领导小组办公室

副主任…………… 5936676
……………………… 5998327
办公室…………… 5936792

人才引进科

科长……………… 5973767
副科长…………… 5988570
……………………… 5988550
办公室…………… 5936797
……………………… 5990602

劳动组织科

科长……………… 5936688
副科长…………… 5990704
办公室…………… 5995183
……………………… 5997019
……………………… 5990704

劳动关系监察科

科长……………… 5979539
副科长…………… 5995693

工资科

科长……………… 5994454
副科长…………… 5973776
……………………… 5999775
办公室…………… 5936679
……………………… 5999775

编制委员会

副主任…………… 5998843
……………………… 5994229

劳动保障管理科

科长……………… 5936685
办公室…………… 5978980

企业年金管理科

科长……………… 5996173
办公室…………… 5979212

教育培训科

科长……………… 5936791
副科长…………… 5962119
……………………… 5936793
办公室…………… 5973774
……………………… 5994560

人事信息档案管理科

科长……………… 5973775
副科长…………… 5936689
办公室…………… 5994230
……………………… 5951701
……………………… 5983775

机关人事科

科长……………… 5963321
副科长…………… 5996569
办公室…………… 5982887
……………………… 5936790

综合科

科长……………… 5995991
副科长…………… 5936757
办公室…………… 5936575

技能鉴定中心

副主任…………… 5966205

鉴定组织科

科长……………… 5966272

题库建设科

科长……………… 5978667
副科长…………… 5966203

技术协调科

科长……………… 5966202
办公室…………… 5962125

党委宣传部（企业文化部）

部长……………… 5973981
主任……………… 5936566
副部长、副主任…… 5936356
……………………… 5936358
……………………… 5988377
政研会副会长……… 5994552
主任政工师……… 5998523

宣传教育科

科长……………… 5995227
副科长…………… 5996161
办公室…………… 5936915

企业文化建设科

科长……………… 5994551
副科长…………… 5993618
办公室…………… 5991404

政研会办公室

主任……………… 5983319

舆情监管科

副科长…………… 5994379
……………………… 5996661

新闻管理科

科长……………… 5999400
办公室…………… 5991401

统一战线工作室

主任……………… 5979122

精神文明建设指导科

科长……………… 5984294

综合科

科长……………… 5996411
副科长…………… 5991402
办公室…………… 5950131

政策研究室

主任……………… 5936818
副主任…………… 5986471
……………………… 5963930
……………………… 5936996

秘书一科

科长……………… 5936776
副科长…………… 5936662

秘书二科

科长……………… 5977785
办公室…………… 5962449

调研一科

科长……………… 5967151
副科长…………… 5936987
……………………… 5975795

战略研究科

副科长…………… 5970717

政策研究科

副科长…………… 5962450

信息科

科长……………… 5960301
办公室…………… 5986473

综合科

科长……………… 5936990
副科长…………… 5962455

勘探部

主任……………… 5985325
副主任…………… 5972536
主任工程师……… 5994052
……………………… 5994811
副主任工程师、矿权科科长
……………………… 5989310

计划科

科长……………… 5989292
副科长…………… 5983531
办公室…………… 5936160

管理科

科长……………… 5992260
副科长…………… 5992251

储量科

科长……………… 5989583
副科长…………… 5936168

探矿权科

副科长…………… 5993710

信息科

科长……………… 5999305
副科长…………… 5989293

综合科

科长……………… 5936166
副科长…………… 5996336

开发部

主任……………… 5983167
副主任…………… 5983213
……………………… 5983159
……………………… 5978738
……………………… 5995471
主任工程师……… 5996574
……………………… 5995473
……………………… 5995155
……………………… 5982178
副主任工程师……… 5999929

开发动态科

科长……………… 5984051
副科长…………… 5996151
办公室…………… 5996529

三次采油管理科

科长……………… 5996723
办公室…………… 5936157

地质管理科

科长……………… 5999330
副科长…………… 5950073

钻井管理科

科长……………… 5995158
副科长…………… 5936135

生产管理科

科长……………… 5936158
副科长…………… 5998160
……………………… 5996541

采油工程科

科长……………… 5983229
副科长…………… 5983252
……………………… 5980231
办公室…………… 5936150

井下作业科

科长……………… 5983363
副科长…………… 5982433

办公室…………… 5936139

综合信息科

科长…………… 5982585
副科长…………… 5994176
办公室…………… 5994720
…………… 5996097
…………… 5994092
…………… 5962790

油田测试科

科长…………… 5999474
副科长…………… 5997422
办公室…………… 5936138

气田管理科

科长…………… 5996535
副科长…………… 5936136
办公室…………… 5936137

地面工程科

科长…………… 5956038
副科长…………… 5994928
…………… 5995526

综合科

科长…………… 5983290
副科长…………… 5983317
办公室…………… 5983280

油藏评价部

主任…………… 5936038
副主任…………… 5936039
…………… 5936505
副主任工程师…………… 5936509

生产与监督科

副科长…………… 5936506
…………… 5936507
…………… 5936517
办公室…………… 5936507
…………… 5936508

储量科

副科长…………… 5936510

方案科

副科长…………… 5936515

综合信息科

科长…………… 5936075
副科长…………… 5936517

规划计划一部

主任…………… 5990100
副主任…………… 5990190
…………… 5999276
副主任工程师…………… 5936099
…………… 5998322
…………… 5979909
…………… 5960091

规划科

科长…………… 5990172
副科长…………… 5978358

项目管理科

副科长…………… 5968517

设计管理科

科长…………… 5994008
副科长…………… 5997407
办公室…………… 5936175

投资控制科

科长…………… 5996676
副科长…………… 5936105

投资计划科

科长…………… 5994586
副科长…………… 5936108
办公室…………… 5994586

房产物业管理科

科长…………… 5996877
副科长…………… 5998132
办公室…………… 5936762
…………… 5936761
…………… 5936933

矿区建设管理科

科长…………… 5936101
副科长…………… 5995143

基建计划科

科长…………… 5990132

生产计划科

科长…………… 5999131
办公室…………… 5990170

统计科

科长…………… 5995685
副科长…………… 5995126

综合科

科长…………… 5995685
副科长…………… 5978358
办公室…………… 5990170

规划计划二部

主任…………… 5967882
副主任…………… 5962305
…………… 5999156
综合秘书…………… 5995164

规划科

科长…………… 5995165

项目管理科

科长…………… 5996591
副科长…………… 5975013

城建管理科

科长…………… 5996178
副科长…………… 5996537

设计管理科

科长…………… 5997166
副科长…………… 5983867

投资控制科

科长…………… 5996587
副科长…………… 5997663

计划一科

科长…………… 5997458
副科长…………… 5990139

计划二科

副科长…………… 5995379

统计科

科长…………… 5936891
副科长…………… 5996155

装备制造项目管理办公室

主任…………… 5990182
办公室…………… 5999841

财务资产一部

主任…………… 5967508
副主任…………… 5965699
…………… 5967778
资金科办公室…………… 5936767
…………… 5994014

成本科

科长…………… 5989322
副科长…………… 5936968

会计科

科长…………… 5936606
副科长…………… 5984858

预算科

科长…………… 5966519
办公室…………… 5966509

稽查科

副科长…………… 5965095

投资核算科

科长…………… 5936607
副科长…………… 5995987

机关经费科

科长…………… 5936899
副科长…………… 5952001
办公室…………… 5986022

物资结算科

科长…………… 5971353
副科长…………… 5971356
办公室…………… 5971321
…………… 5971323

综合科

副科长…………… 5995569
办公室…………… 5936766
…………… 5936368

财务资产二部

主任…………… 5977119
副主任…………… 5965536
…………… 5999580

会计管理科

科长…………… 5965759
副科长…………… 5966707
办公室…………… 5996054
…………… 5936961

会计核算科

副科长…………… 5999022
…………… 5990872

预算成本科

副科长…………… 5965773
办公室…………… 5994773
…………… 5936965

资金科

科长…………… 5990950
副科长…………… 5985950
办公室…………… 5936963

税收管理科

科长…………… 5996068
办公室…………… 5950538

多种经营财务管理科

科长…………… 5978085
办公室…………… 5936967

稽核科

科长…………… 5951881

境外财务管理科

科长…………… 5936962
办公室…………… 5973983

会计信息管理科

科长…………… 5966550

机关财务科

科长…………… 5997088
副科长…………… 5996830

生产运行部

主任…………… 5990666
副主任…………… 5967117
…………… 5965133
…………… 5967587
…………… 5965518
…………… 5965300
主任工程师…………… 5994181

总值班科

科长…………… 5998929
副科长…………… 5987571
办公室…………… 5992129

应急管理科

科长…………… 5979137
副科长…………… 5936700

水务管理科

科长…………… 5996255
副科长…………… 5976198
办公室…………… 5996991

供用电管理科

副科长…………… 5995666
办公室…………… 5977068

通信管理科

科长…………… 5995118

副科长……………… 5968700
道路维修科
科长……………… 5980955
副科长……………… 5936900
办公室……………… 5975022
交通路政科
科长……………… 5999020
副科长……………… 5999093
……………… 5999978
办公室……………… 5996264
油品管理科
副科长……………… 5936345
……………… 5995180
综合科
科长……………… 5995116
副科长……………… 5950051
办公室……………… 5936617

土地资源管理部

主任……………… 5950577
副主任……………… 5967808
……………… 5963577
……………… 5990251
主任工程师……………… 5967597
综合科
科长……………… 5996136
副科长……………… 5994826
办公室……………… 5966226
产能用地科
科长……………… 5952291
副科长……………… 5998157
办公室……………… 5994107
……………… 5994779
矿建用地科
科长……………… 5950072
副科长……………… 5996987
地籍管理科
科长……………… 5953396
副科长……………… 5983283
地矿资源科
科长……………… 5972900
副科长……………… 5991707
土地经营科
科长……………… 5995784
副科长……………… 5983227
政策法规科
科长……………… 5995683
办公室……………… 5990735

安全环保部

主任……………… 5965166
副主任……………… 5990271
……………… 5995549
主任工程师……………… 5972137
……………… 5936109
副主任工程师……………… 5950563
……………… 5936115
安全监察一科
科长……………… 5997333
办公室……………… 5936918
……………… 5971570
……………… 5950569
安全监察二科
科长……………… 5992570
副科长……………… 5976125
办公室……………… 5976221
消防应急管理科
科长……………… 5995803
副科长……………… 5996404
……………… 5950031
交通安全管理科
科长……………… 5967881
办公室……………… 5976105
……………… 5994085
特种设备安全管理科
科长……………… 5994279
副科长……………… 5999199
办公室……………… 5936117
工业卫生科
科长……………… 5996996
副科长……………… 5971585
办公室……………… 5970233
HSE监察科
科长……………… 5994955
副科长……………… 5996543
办公室……………… 5976331
环保科……………… 5390229
……………… 5390227
综合科
科长……………… 5994271
副科长……………… 5936336
办公室……………… 5994700
……………… 5950029
放射性与危废管理科
科长……………… 5998431
副科长……………… 5976985

资产设备管理部

主任……………… 5965022
副主任……………… 5965733
副主任工程师……………… 5967199
装备计划科
科长……………… 5997226
副科长……………… 5998302
资产管理科
科长……………… 5996984
副科长……………… 5997244
办公室……………… 5996424
……………… 5994805
设备管理科
科长……………… 5999911
副科长……………… 5996281
办公室……………… 5986027
技术管理科
科长……………… 5977212
副科长……………… 5972210
办公室……………… 5994121
机修管理科
科长……………… 5996445
副科长……………… 5990870
办公室……………… 5936911
资产清理管理科
科长……………… 5967619
副科长……………… 5997046
综合科
科长……………… 5999955
副科长……………… 5997021
办公室……………… 5965675

技术发展部

油田公司副总工程师、部主任
……………… 5999145
副主任……………… 5994232
……………… 5996442
……………… 5936103
主任工程师……………… 5997863
……………… 5995940
……………… 5995616
……………… 5983673
规划计划科
科长……………… 5996412
办公室……………… 5995615
……………… 5983710
勘探项目管理科
副科长……………… 5996368
……………… 5995384
办公室……………… 5996862
油气田开发项目管理科
科长……………… 5998815
办公室……………… 5936078
三次采油项目管理科
科长……………… 5988180
办公室……………… 5936079
……………… 5998530
地面与采油工程项目管理科
科长……………… 5936080
副科长……………… 5936085
钻井与测井项目管理科
科长……………… 5996453
副科长……………… 5994617
工程技术服务项目管理科
科长……………… 5996372
办公室……………… 5963738
……………… 5963791
管理及信息化项目管理科
科长……………… 5995947
副科长……………… 5976208
办公室……………… 5962007
知识产权管理科
科长……………… 5936086
副科长……………… 5995986
办公室……………… 5990612
科协学会管理科
科长……………… 5961208
副科长……………… 5994079
办公室……………… 5936077
科技平台管理科
科长……………… 5963793
办公室……………… 5963794
……………… 5936087
……………… 5963805
技术合作管理科
科长……………… 5963792
办公室……………… 5963807
综合科
科长……………… 5936088
秘书……………… 5998120
副科长……………… 5999962
办公室……………… 5994611

质量节能部

油田公司副总经理、部主任
……………… 5998800
副主任……………… 5996154
……………… 5990605
……………… 5990270
副主任工程师……………… 5936118
技术监督科
科长……………… 5950561
副科长……………… 5962560
……………… 5994664
办公室……………… 5976965
体系认证管理科
科长……………… 5994548
副科长……………… 5983118
办公室……………… 5990736
节能管理科
办公室……………… 5390225
……………… 5390228
节能减排管理科
科长……………… 5963810
办公室……………… 5936935
节能减排技术管理科
科长……………… 5994108
办公室……………… 5936931
信息科

科长…………………… 5997550
副科长………………… 5970046
办公室………………… 5390221
综合管理科
副科长………………… 5936936
…………………………… 5936937
办公室………………… 5997142

审计部

主任…………………… 5997941
副主任………………… 5936187
…………………………… 5936186
…………………………… 5998335
监事会办公室副主任
…………………………… 5936205
项目管理科
科长…………………… 5999623
副科长………………… 5995052
审理科
科长…………………… 5971730
副科长………………… 5971733
…………………………… 5971739
信息管理与审计科
科长…………………… 5971726
副科长………………… 5971375
…………………………… 5971729
综合管理科
科长…………………… 5936239
副科长………………… 5936250

纪委监察部

纪委副书记、监察部主任
…………………………… 5959929
纪委副书记、监察部副主任
…………………………… 5997157
副主任………………… 5996162
…………………………… 5999302
…………………………… 5936779
派驻建设集团监察室主任
…………………………… 5959127
派驻创业集团监察室主任
…………………………… 5199957
综合办公室
主任…………………… 5997182
副主任………………… 5996271
纪检监察员…………… 5997934
案件检查室
主任…………………… 5970837
副主任………………… 5995242
监督监察室
主任…………………… 5978037
副主任………………… 5936128
纪检监察员…………… 5994627
…………………………… 5980340
党风建设室
主任…………………… 5996471
副主任………………… 5996273
纪检监察员…………… 5995950
宣传教育室
主任…………………… 5995445
信访室
主任…………………… 5999083
副主任………………… 5950122
纪检监察员…………… 5995816
案件审理室
主任…………………… 5997316
纪检监察员…………… 5994904

市场开发部

主任…………………… 5967890
副主任………………… 5951150
…………………………… 5972908
…………………………… 5951152
…………………………… 5953959
主任工程师…………… 5998773
…………………………… 5997607
综合管理科
科长…………………… 5967566
副科长………………… 5951156
办公室………………… 6354954
国际市场开发一科
科长…………………… 5951157
办公室………………… 5936089
国际市场开发二科
副科长………………… 5995592
…………………………… 5971453
国内市场开发一科
副科长………………… 5951160
…………………………… 5991531
国内市场开发二科
科长…………………… 5950105
副科长………………… 5966533
办公室………………… 5936089
涉外法规合同管理科
科长…………………… 5951153
副科长………………… 5936095
海外 HSE 管理科
科长…………………… 5995591
副科长………………… 5936096
办公室………………… 5951977
考评管理科
科长…………………… 5961143
办公室………………… 5966531
…………………………… 5995591

外事管理部

主任…………………… 5988732
副主任………………… 5995110
主任工程师…………… 5988725
综合管理科
科长…………………… 5950115
办公室………………… 5936076
…………………………… 5953134
进出口一科
科长…………………… 5951159
副科长………………… 5936525
…………………………… 5953134
办公室………………… 5936076
进出口二科
科长…………………… 5988729
副科长………………… 5996549
出国管理科
科长…………………… 5977927
副科长………………… 5936090
办公室………………… 5996523
外联接待科
科长…………………… 5988727
副科长………………… 5972239

企管法规部

主任…………………… 5995721
副主任………………… 5966041
…………………………… 5966290
…………………………… 5995594
…………………………… 5990615
…………………………… 5970752
…………………………… 5995865
主任经济师…………… 5966043
副主任经济师………… 5966169
经营考核科
副科长………………… 5970771
…………………………… 5994875
规章制度管理科
科长…………………… 5936026
办公室………………… 5936719
企业管理科
负责人………………… 5997341
石油企协大庆油田分会秘书
…………………………… 5990617
办公室………………… 5936019
信息调研科
科长…………………… 5972268
办公室………………… 5996718
内部控制管理科
科长…………………… 5962575
办公室………………… 5936025
…………………………… 5936020
…………………………… 5936718
合资合作科
科长…………………… 5966042
法律管理科
科长…………………… 5950449
副科长、董事会秘书、
办公室秘书…………… 5994408
副科长………………… 5994408
合同管理科
科长…………………… 5998596
副科长………………… 5994770
…………………………… 5994597
行政法律事务科
科长…………………… 5990797
副科长………………… 5990801
综合科
科长…………………… 5950109
副科长………………… 5999620

综合经济管理部

主任…………………… 5965336
副主任………………… 5965005
…………………………… 5967003
规划考核科
科长…………………… 5999713
副科长………………… 5977186
…………………………… 5970787
办公室………………… 5971531
市场监管科
科长…………………… 5998998
副科长………………… 5998175
资本企划科
科长…………………… 5971522
副科长………………… 5997078
…………………………… 5971521
办公室………………… 5971519
股权管理科
科长…………………… 5971510
副科长………………… 5971516
…………………………… 5971511
办公室………………… 5971512
综合科
负责人………………… 5996421
副科长………………… 5971529
…………………………… 5971523

工会

副主席………………… 5973378
…………………………… 5951328
…………………………… 5975378
…………………………… 5979328
…………………………… 5938008
计生委办公室主任 … 5971603
主任经济师…………… 5936129
综合秘书、宣教文体部部长
…………………………… 5982971
组织民管部
部长…………………… 5950307
经济部

部长…………………… 5982310
办公室………………… 5974406
宣教文体部
副部长………………… 5983121
科员…………………… 5973977
生活法律部
部长…………………… 5982507
女工部
部长…………………… 5983084
副部长………………… 5973471
财务部
部长…………………… 5973491
出纳…………………… 5982627
计划生育管理科
科长…………………… 5971589
办公室………………… 5971591
计划生育生殖保健科
科长…………………… 5971590
副科长………………… 5971591
办公室………………… 5971602

团委

书记…………………… 5983713
副书记………………… 5983722
组织科
科长…………………… 5983653
综合秘书……………… 5982282
宣传科
科长…………………… 5973470
办公室………………… 5983719
青工科
科长…………………… 5983701
综合科
科长…………………… 5983692

机关党委

油田公司党委常务副书记、
机关党委书记……… 5998800
党委副书记…………… 5963193
党委副书记、工会主席
……………………… 5996973
纪委书记……………… 5966307
办公室
主任…………………… 5995161
副主任………………… 5999919
……………………… 5980307
办公室………………… 5996971

勘探分公司

地址：昆仑大街
邮编：163453
经理…………………… 5993772
书记、副经理……… 5989295
副经理………………… 5999825
副书记、工会主席 … 5997125
总地质师……………… 5993559
总工程师……………… 5976616
……………………… 5993763
总会计师……………… 5965169
副总地质师…………… 5993705
副总工程师、井筒技术与
监督部主任………… 5993649
副总地质师、中浅层勘探
项目部经理………… 5993115
经理助理……………… 5997135
中浅层勘探项目部
办公室………………… 5989117
深层勘探项目部
副经理………………… 5950509
办公室………………… 5992261
外围勘探项目部
经理…………………… 5972863
办公室………………… 5994899
井筒技术与监督部
副主任………………… 5992296
……………………… 5991373
……………………… 5992259
钻井监督……………… 5998603
录井监督……………… 5992291
测井监督……………… 5998760
试油监督……………… 5981509
物探技术与监督部
副主任………………… 5992263
处理监督……………… 5995405
生产运行与信息部
主任…………………… 5993735
副主任………………… 5990973
办公室………………… 5992110
……………………… 5989825
……………………… 5993733
……………………… 5993782
财务经营部
副主任………………… 5989582
办公室………………… 5990962
……………………… 5992169
办公室
主任…………………… 5989309
副主任………………… 5989303

信息中心

主任…………………… 5996042
书记…………………… 5967160
副主任………………… 5935677
……………………… 5995043
主任工程师…………… 5999666
……………………… 5867163
……………………… 5997216
副主任工程师………… 5997217
信息门户科
科长…………………… 5997219
副科长………………… 5950161
……………………… 5950162
办公室………………… 5975513
……………………… 5962259
项目管理科
科长…………………… 5997035
办公室………………… 5974177
……………………… 5986841
……………………… 5986842
网络系统科
副科长………………… 5994072
……………………… 5994039
办公室………………… 5975529
……………………… 5962259
应用系统科
科长…………………… 5950163
副科长………………… 5997044
办公室………………… 5962257
软件开发科
副科长………………… 5994073
办公室………………… 5997220
……………………… 5950160
数据管理科
副科长………………… 5994071
办公室………………… 5972414
……………………… 5986843
……………………… 5974016
技术服务科
副科长………………… 5967161
……………………… 5999818
办公室………………… 5995056
……………………… 5962258
……………………… 5994152
……………………… 5997033
信息行政科
科长…………………… 5997210
副科长………………… 5962256
办公室………………… 5994220
……………………… 5997033
综合管理科
科长…………………… 5995037
副科长………………… 5994217

价格定额中心

主任…………………… 5936866
副主任………………… 5936855
……………………… 5990235
主任工程师…………… 5936266
副主任工程师………… 5936879
综合监督管理科
科长…………………… 5936857
副科长………………… 5936865
……………………… 5936858
办公室………………… 5936860
物资价格管理一科
科长…………………… 5936890
副科长………………… 5936265
物资价格管理二科
科长…………………… 5936886
副科长………………… 5936260
……………………… 5936885
物资价格管理三科
科长…………………… 5993275
副科长………………… 5976309
……………………… 5993479
……………………… 5995486
钻探工程价格定额科
科长…………………… 5936868
副科长………………… 5936876
办公室………………… 5936870
油田开发价格定额科
科长…………………… 5936859
副科长………………… 5936867
……………………… 5936258
生产保障价格定额科
科长…………………… 5995391
副科长………………… 5994710
地面工程价格定额科
科长…………………… 5936875
副科长………………… 5936877
……………………… 5936889
办公室………………… 5936878
信息管理科
科长…………………… 5936869
副科长………………… 5936856

工程造价管理中心

主任…………………… 5967063
副主任………………… 5961092
……………………… 5961091
主任工程师…………… 5985177
副主任工程师………… 5961093
……………………… 5961201
管理科
科长…………………… 5936379
副科长………………… 5936388
……………………… 5936608
办公室………………… 5980043
……………………… 5950802
……………………… 5961082
审查一科
科长…………………… 5936887
副科长………………… 5961210
……………………… 5936380
办公室………………… 5961205
审查二科

科长…………………… 5961083
副科长………………… 5936385
…………………………… 5961195
办公室………………… 5961209

审查三科

科长…………………… 5961203
副科长………………… 5936386
…………………………… 5962015
办公室………………… 5961192

审查四科

科长…………………… 5961193
副科长………………… 5936387
办公室………………… 5961231

概算科

科长…………………… 5960310
副科长………………… 5992373
…………………………… 5978782

结算一科

科长…………………… 5990450
副科长………………… 5992879
…………………………… 5978761

结算二科

科长…………………… 5978762
副科长………………… 5995401
…………………………… 5984908
办公室………………… 5994311

综合科

科长…………………… 5950801
办公室………………… 5961232
…………………………… 5936609
…………………………… 5900177

基建管理中心（石油天然气工程质量监督站）

主任…………………… 5936222
副主任………………… 5965736
副主任（站长）…… 5990866
副主任（书记）…… 5998887
副主任………………… 5996667
…………………………… 5972023
…………………………… 5995926
主任工程师………… 5992142
副站长………………… 5978202
…………………………… 5997898
…………………………… 5994887
副主任工程师……… 5992145

综合科

科长…………………… 5994526
副科长………………… 5994824

工程管理科

科长…………………… 5950071
副科长………………… 5936270
办公室………………… 5936276
…………………………… 5994036

招投标合同管理科

科长…………………… 5936668
副科长………………… 5936268
办公室………………… 5936277

建筑市场管理科

科长…………………… 5984297
副科长………………… 5994676
办公室………………… 5950702

技术质量管理科

科长…………………… 5972238
副科长………………… 5936286
办公室………………… 5984192

重点项目管理科

科长…………………… 5972030
副科长………………… 5994901
办公室………………… 5936988

工程安全管理科

科长…………………… 5994914
副科长………………… 5936513
办公室………………… 5984292

信息管理科

科长…………………… 5936285
副科长………………… 5995548

监督管理科

科长…………………… 5973520
办公室………………… 5995872

工艺安装工程质量监督科

科长…………………… 5978915
副科长………………… 5972029

电气及自动化仪表工程质量监督科

科长…………………… 5972025
办公室………………… 5978925
…………………………… 5972185

土建工程质量监督科

科长…………………… 5900016
副科长………………… 5972027
办公室………………… 5997175

路桥工程质量监督科

科长…………………… 5995873
副科长………………… 5972028

天然气及化工工程质量监督科

科长…………………… 5936360
办公室………………… 5936359

安全监督科

科长…………………… 5996672
副科长………………… 5996512

物资管理中心

主任…………………… 5965877
书记…………………… 5965988
副主任………………… 5965366

计划科

科长…………………… 5971083
副科长………………… 5971067
…………………………… 5971098
办公室………………… 5971029
…………………………… 5971035
…………………………… 5971033
…………………………… 5971102

采购科

科长…………………… 5971002
副科长………………… 5971012
…………………………… 5971037
…………………………… 5971023
办公室………………… 5971028
…………………………… 5971030
…………………………… 5971032
…………………………… 5971038

供应科

科长…………………… 5971151
副科长………………… 5971221
办公室………………… 5971195
…………………………… 5971261
…………………………… 5971265
…………………………… 5971271

合同科

科长…………………… 5971303
办公室………………… 5971292
…………………………… 5971305
…………………………… 5971307
…………………………… 5971302
…………………………… 5971053

质量科

副科长………………… 5971276
办公室………………… 5971280
…………………………… 5971278

物流监管室

科长…………………… 5965799
办公室………………… 5971051
…………………………… 5971052

综合管理科

科长…………………… 5971097
副科长………………… 5971281
办公室………………… 5971127
…………………………… 5971156
…………………………… 5971172
…………………………… 5971131
…………………………… 5971231

油田保卫指挥中心

值班室………………… 5190110
…………………………… 5192110

综合治理办公室

主任…………………… 5965788
副主任………………… 5962390
…………………………… 5973166

综合治理一科

科长…………………… 5977551
副科长………………… 5962365

综合治理二科

科长…………………… 5992978

综合治理三科

科长…………………… 5962393
副科长………………… 5962395
办公室………………… 5990603

防范和处理邪教问题督导科

科长…………………… 5993351
副科长………………… 5982575
…………………………… 5973791
办公室………………… 5981051

武装管理科

科长…………………… 5990620
副科长………………… 5962360
办公室………………… 5988407

信息科

科长…………………… 5990276
副科长………………… 5990261
…………………………… 5962362
办公室………………… 5962361

稳定工作协调服务中心

油田公司总经理助理、中心主任………… 5997066
信访办主任、中心副主任
…………………………… 5998460
副主任………………… 5988571

信访接待科

科长…………………… 5998938
副科长………………… 5992402
办公室………………… 5975401

信访督办科

科长…………………… 5956001
副科长………………… 5984150
办公室………………… 5982902

有偿解除劳动合同人员接待科

科长…………………… 5988553

有偿解除劳动合同人员管理科

副科长………………… 5979162
办公室………………… 5988552

有偿解除劳动合同人员就业服务科

科长…………………… 5988560
副科长………………… 5966157

机关有偿解除劳动合同人员管理科

科长…………………… 5999128

退养家属管理科

科长…………………… 5988569
副科长………………… 5998332
办公室………………… 5936998

稳定督导科
科长…… 5936288
副科长…… 5982270
档案管理科（财务科）
科长…… 5967335
副科长…… 5988279
综合科
科长…… 5988556
副科长…… 5988551

天然气事业部（中庆燃气控股公司）

主任…… 5958881
总会计师…… 5958188
总经理助理…… 5958886
…… 5958887
…… 5958885
投资发展部负责人…… 5958889
股权管理部办公室…… 5958890
市场开发部
负责人…… 5958318
办公室…… 5958312
财务资产部
负责人…… 5958882
办公室…… 5958891

新能源办公室（新能源项目经理部）

副主任…… 5936035
煤层气项目科
负责人…… 5936029
办公室…… 5936727
…… 5972079
…… 5972081
地热项目科
负责人…… 5936027
办公室…… 5972076
…… 5972081
综合管理科
办公室…… 5936028
…… 5972090
…… 5936030
…… 5972096
油页岩项目科
办公室…… 5936758
…… 5972038
…… 5936759
…… 5972037
…… 5972060
…… 5972031
地热项目科
办公室…… 5972076
…… 5972081
项目经理部
办公室…… 5936760
…… 5972086

安全监督总站

站长…… 5965166

大庆油田档案馆

馆长…… 5985360
副馆长…… 5968507
…… 5984167
…… 5985365
综合科
科长…… 5953720
副科长…… 5984162
办公室…… 5985362
…… 5985363
…… 5984162
文书档案管理科
科长…… 5978150
副科长…… 5968505
办公室…… 5978150
会计档案管理科
科长…… 5978191
办公室…… 5978182
勘探开发档案管理科
科长…… 5978773
办公室…… 5952360
基建档案科
副科长…… 5997100
史志办
主任…… 5985361
副主任…… 5978171
办公室…… 5997100
档案编研科
科长…… 5968506
办公室…… 5968192
档案信息科
科长…… 5978170
副科长…… 5984164
办公室…… 5952361
档案数字化科
科长…… 5985367
办公室…… 5978772
档案保护科
副科长…… 5984161
办公室…… 5996205

机关事务服务中心

党总支书记…… 5967707
主任…… 5936699
副主任…… 5998613
…… 5965855
…… 5972501
综合科
副科长…… 5936600
办公室…… 5936901
…… 5936599
…… 5936597
…… 5936316
…… 5936595
…… 5936322
…… 5996370
运行管理科
副科长…… 5936622
办公室…… 5971376
…… 5936315
…… 5936313
…… 5936314
…… 5936966
餐饮管理科
副科长…… 5936588
办公室…… 5936586
…… 5936589
餐饮服务中心
主任…… 5997615
书记…… 5995080
副主任…… 5992920
…… 5996354
…… 5999554
办公室…… 5983380
…… 5991855
绿化管理科
副科长…… 5936577
办公室…… 5936881
…… 5398891
…… 5198828
…… 5936922
…… 5936912
…… 5760291
石油广场办公室…… 5760270
…… 5760257
会务管理科
负责人…… 5936587
HSE 管理科
负责人…… 5936822
办公室…… 5936579
…… 5936906

机关汽车服务公司

书记…… 5161567
经理…… 5166969
副经理…… 5166482
…… 5166475
工会主席…… 5163651
生产办…… 5163750
党办…… 5165692
财务…… 5163676
汽车一队…… 5166429
汽车二队…… 5166436
龙南车库…… 5160965
修理厂…… 5166970
…… 5163729
调度室…… 5166483
…… 5166484
…… 5164911

大庆地区石油石化企业工作协调小组

办公室主任…… 5967977
综合科科长…… 5967533

中国石油大庆职业技能鉴定中心

主任…… 5985575
副主任…… 5966205
技术协调科
科长…… 5966202
办公室…… 5962125
鉴定组织科
科长…… 5966272
题库建设科
科长…… 5978667
副科长…… 5966203

新闻文化中心

主任…… 5936566
副主任…… 5936356
文案室
副主任…… 5950792
…… 5950790
…… 5936917
办公室…… 5950793
新闻采编室
主任…… 5950797
副主任…… 5997303
办公室…… 5936917
…… 5950132
专题室
主任…… 5936916
副主任…… 5936917
办公室…… 5950792
音像制休室
主任…… 5950791
办公室…… 5936913
…… 5950796

中国石油报大庆记者站

站长…… 5936986
副站长…… 5936985
…… 5936980
采访一科
副科长…… 5936981

采访二科
副科长……………… 5936983

资金结算中心

主任……………… 5970358
……………… 5965316
书记……………… 5967197
副主任……………… 5996017
……………… 5965715
……………… 5936337
副主任会计师……… 5936526
……………… 5936365
综合管理科
科长……………… 5970711
副科长……………… 5970735
办公室……………… 5970725
……………… 5936367
会计一科
科长……………… 5970316
办公室……………… 5970731
会计二科
科长……………… 5965701
办公室……………… 5966212
结算一科
科长……………… 5994403
副科长……………… 5977863
办公室……………… 5970710
结算二科
科长……………… 5967580
办公室……………… 5967590
物资结算一科
科长……………… 5971358
副科长……………… 5696609
办公室……………… 5971360
……………… 5971361
……………… 5971362
物资结算二科
副科长……………… 5952117
……………… 5967550
办公室……………… 5953550
一厂分理处
主任……………… 5828988
二厂分理处
主任……………… 5296800
办公室……………… 5295205
三厂分理处
主任……………… 5857514
四厂分理处
主任……………… 4192754
副主任……………… 4192755
六厂分理处
主任……………… 5838820
七厂分理处
主任……………… 4492978
办公室……………… 4494578
八厂分理处
主任……………… 4596158
副主任……………… 4513532
办公室……………… 4513772
九厂分理处
主任……………… 4690441
副主任……………… 4695668
十厂分理处
主任……………… 4391867
试采分理处
主任……………… 5696609
副主任……………… 5687896
办公室……………… 5673129
销售分理处
副主任……………… 5392173
办公室……………… 5397499
……………… 5395760
研究院分理处
主任……………… 5591713
副主任……………… 5966563
办公室……………… 5508713
钻探分理处
主任……………… 5935323
电力分理处
主任……………… 5180029
副主任……………… 5180027
建设分理处
主任……………… 5959340
副主任……………… 5959117
会计师……………… 5391299

大庆油田综合执法支队

支队长……………… 5967808
副支队长……………… 5953458
……………… 5956110
主任工程师………… 5990662
综合科
科长……………… 5978110
办公室……………… 5983304
……………… 5981417
……………… 5953110
动迁管理科
科长……………… 5960377
副科长……………… 5936279
……………… 5983619
一大队
大队长……………… 5952302
副大队长……………… 5953138
办公室……………… 5988214
一中队
中队长……………… 5963221
监察员……………… 5991305
……………… 5953138
二中队
中队长……………… 5963221
监察员……………… 5991305
二大队
大队长……………… 5993245
副大队长……………… 5953468
办公室……………… 5997284
一中队
中队长……………… 5988271
监察员……………… 5953468
二中队
中队长……………… 5993247
三大队
大队长……………… 5990841
办公室……………… 5950369
中队长……………… 5966105
监察员……………… 5956458

环境监测评价中心

主任……………… 5990271
副主任工程师、建设项目环境管理科科长……………… 5936115
建设项目环境管理科
……………… 5936115
环境监测与评价科
科长……………… 5936721
污染减排与环境统计科
科长……………… 5936722
办公室……………… 5956032
环境综合管理科
科长……………… 5976985
副科长……………… 5936396

审计中心

主任……………… 5997941
副主任……………… 5936187
……………… 5936186
……………… 5971795
……………… 5971796
……………… 5951100
……………… 5936188
……………… 5936189
……………… 5971805
……………… 5971807
调研员……………… 5936179
……………… 5936180
审计一科
科长……………… 5936220
副科长……………… 5936225
……………… 5936216
办公室……………… 5936228
审计二科
科长……………… 5936217
副科长……………… 5936218
办公室……………… 5936219
审计三科
科长……………… 5936215
副科长……………… 5936210
办公室……………… 5936226
……………… 5971721
审计四科
科长……………… 5936237
副科长……………… 5936236
办公室……………… 5936238
审计五科
科长……………… 5971652
副科长……………… 5936256
……………… 5971669
办公室……………… 5972256
审计六科
科长……………… 5971670
副科长……………… 5971803
……………… 5971693
办公室……………… 5971690
审计七科
科长……………… 5971697
副科长……………… 5972172
……………… 5971701
办公室……………… 5971703
审计八科
科长……………… 5971621
副科长……………… 5972160
……………… 5971627
办公室……………… 5971625
审计九科
科长……………… 5971638
副科长……………… 5972167
办公室……………… 5972153
……………… 5971651
审计十科
科长……………… 5971607
副科长……………… 5972151
办公室……………… 5972150
审计十一科
科长……………… 5971612
副科长……………… 5971613
办公室……………… 5971615
审计十二科
科长……………… 5936195
副科长……………… 5936190
办公室……………… 5936196
审计十三科
科长……………… 5936197
副科长……………… 5936198
……………… 5936207
审计十四科
科长……………… 5936199
副科长……………… 5936206

办公室………………… 5936806
………………………… 5936200

审计十五科

科长………………… 5971751
副科长……………… 5972179
………………………… 5971753
办公室……………… 5972178
………………………… 5972179

审计十六科

科长………………… 5971708
副科长……………… 5971713
………………………… 5971712
办公室……………… 5972175

办公室

主任………………… 5971760
副主任……………… 5971782
办公室……………… 5971780

效能监察中心

主任………………… 5997157
副主任……………… 5996162
………………………… 5999302
………………………… 5936779

监察一科

科长………………… 5997529
副科长……………… 5994272

监察二科

科长………………… 5995530
副科长……………… 5936127

监察三科

科长………………… 5995243
副科长……………… 5995304
监察员……………… 5991801

监察四科

科长………………… 5977612
副科长……………… 5977602

监察五科

科长………………… 5978623
副科长……………… 5978673

DPS 印尼有限责任公司

经理………………… 5997607
副经理……………… 5936097
………………………… 5971665

DPS 哈萨克斯坦有限责任公司

经理………………… 5998773
副经理……………… 5997106
办公室……………… 5996521
………………………… 5936098

法律咨询服务中心

副主任……………… 5966290

诉讼管理科

科长………………… 5936018
办公室……………… 5988720

纠纷调解科

科长………………… 5983650
办公室……………… 5983773
………………………… 5970761

法律咨询科

科长………………… 5988721
副科长……………… 5997850

下属单位

大庆钻探工程公司

地址：大庆市爱国路
邮编：163453
公网区号：0459

总经理办公室（党委办公室）

机关党委办公室…… 5935208

秘书科

………………………… 5935523
………………………… 5935352

文书科

………………………… 5935351
………………………… 5935200

公共关系科

………………………… 5935511

人事处（党委组织部）

劳动组织与薪酬管理科

………………………… 5935336
………………………… 5935423

组织建设科

………………………… 5935213
………………………… 5935393

培训与技术人员管理科

………………………… 5935313
………………………… 5935508

人事档案

………………………… 5935268

企业文化处（党委宣传部）

企业文化科

………………………… 5935390

宣传教育科

………………………… 5935376

规划计划处

规划科

………………………… 5935389
………………………… 5935386

计划科

………………………… 5935718
………………………… 5935337

项目科

………………………… 5935357
………………………… 5935307

财产资产处

办公室……………… 5935375
………………………… 5935387
………………………… 5935310
………………………… 5935391
………………………… 5935360
………………………… 5935255

企管法规处

法律事务与合同管理科

………………………… 5935257
………………………… 5935537

经营管理科

………………………… 5935379

发展研究与综合管理科

………………………… 5935216

工程技术管理处

科研管理科

………………………… 5935329

技术管理科

………………………… 5935327
………………………… 5935456

井控管理科

………………………… 5935317

质量监督科

………………………… 5935309

生产运行处

生产运行科

………………………… 5935369
………………………… 5935367

土地管理科

………………………… 5935215

生产协调保障科

………………………… 5935215

安全环保质量节能处

安全监察一科

………………………… 5935362
………………………… 5935334

安全监察二科

………………………… 5935361

环保节能体系科

………………………… 5935238
………………………… 5935312

设备管理处

设备管理科

………………………… 5935306
………………………… 5935378

装备计划科

………………………… 5935960

固定资产科

………………………… 5935256

市场开发处

市场开发管理科

………………………… 5935383
………………………… 5935428

综合管理科

………………………… 5935331
………………………… 5935383

审计处（审计中心）

审理科

………………………… 5935370

审计一科

………………………… 5935319
………………………… 5935326
………………………… 5935320

审计二科

………………………… 5935341
………………………… 5935342

审计三科

………………………… 5935343
………………………… 5935316

纪检监察处

案件检查科

………………………… 5935359

综合科

………………………… 5935219
………………………… 5935385

工会

综合管理科

………………………… 5935356

组织宣教科

………………………… 5935237

团委

………………………… 5935365

机关事务综合服务中心

副主任……………… 5935379

综合一科

………………………… 5935364

综合二科

………………………… 5935353
………………………… 5935354

档案科

………………………… 5960271

会计核算中心

副主任……………… 5935396

……………………… 5935392
……………………… 5935217
……………………… 5935218
……………………… 5935202

调度指挥中心

综合调度科
……………………… 5935301
……………………… 5935302
……………………… 5935303

内部市场监管科

……………………… 5935367
……………………… 5935215

市场开发中心

副主任……………… 5935402
副主任工程师……… 5935230
作业科……………… 5935400
海外 HSE 科
……………………… 5935426
投标合同条法科
……………………… 5935428

信息中心

副主任……………… 5935558
……………………… 5935382
……………………… 5935699
……………………… 5935209
……………………… 5935259

定额造价中心

办公室……………… 5935240
……………………… 5935246
……………………… 5935401

综合治理与稳定服务中心（离退休管理中心）

副主任……………… 5935339
……………………… 5935226
……………………… 5935678
……………………… 5935223

物资管理中心

副主任……………… 5935372
……………………… 5935373
……………………… 5935371
……………………… 5935286

HSE 监督站

副站长……………… 5935232
现场监督科
……………………… 5935247
综合监督科
……………………… 5935243
公务员……………… 5935344
主楼监控室………… 5935304
主楼门卫…………… 5935349
西楼门卫…………… 5991174
建行门卫…………… 5935228

钻井一公司

地址：大庆市乘风南路 10 号
邮编：163411
公司办公室
副主任……………… 5602442
……………………… 5602465
综合秘书…………… 5602211
……………………… 5602224
房产管理…………… 5602845
绿化、生活、矿容整治
……………………… 5602462
机要秘书…………… 5602484
矿建维修…………… 5602252
通信员……………… 5602235
收发室……………… 5603864
二楼会议室………… 5602162
三楼会议室………… 5602213
空调值班室………… 5602843
理发室……………… 5602480
规划计划与投资管理部
主任………………… 5602909
矿建预算…………… 5602302
综合统计…………… 5602216
办公室……………… 5602387
人力资源部
副主任……………… 5602351
……………………… 5602234
薪酬管理和保险…… 5602205
技术干部培训、管理 5602351
员工统计、住房公积金 5603613
党建、基层建设…… 5602193
档案、人事………… 5602244
财务部
主任………………… 5602240
副主任……………… 5602745
交井结算、收入核算 5603171
预算、成本………… 5602397
成本、核算………… 5602971
……………………… 5602972
总账管理…………… 5602038
办公室……………… 5602025
生产运行部
主任………………… 5602950
副主任……………… 5602906
……………………… 5602992
……………………… 5603612
井位运行…………… 5602125
水电管理…………… 5602334
值班调度…………… 5602225
……………………… 5602912
……………………… 5602922
……………………… 5693881
……………………… 5693563
油料、能源………… 5603642
机关党委
副书记……………… 5602280
安全质量环保部
主任………………… 5602271
副主任……………… 5603329
井队资质、消防、压力容器
……………………… 5603853
一体化体系、工业卫生
……………………… 5602206
交通管理…………… 5602750
综合………………… 5602208
环保部……………… 5602230
企业文化部
主任………………… 5603758
副主任……………… 5602309
干事………………… 5602665
……………………… 5602375
纪委监察部
主任………………… 5602970
纪检员……………… 5603717
干事………………… 5602363
土地管理部
副主任……………… 5602348
外部协调…………… 5602364
……………………… 5602432
土地结算…………… 5602921
经营管理与法律事务部
主任………………… 5603545
副主任……………… 5602721
综合………………… 5602236
绩效考核及经营监控 5603034
合同管理及综合…… 5603735
装备资产管理部
主任………………… 5603593
副主任……………… 5603572
……………………… 5602263
资料室……………… 5603640
资产管理…………… 5602264
现场管理…………… 5603834
……………………… 5602091
综合管理…………… 5603641
资产库房、现场、合同
……………………… 5602122
市场开发中心
副主任……………… 5602617
……………………… 5602144
综合办公室………… 5602374
市场信息部………… 5603144
经营管理部………… 5603972
生产作业部………… 5602359
……………………… 5603971
蒙古项目组………… 5602014
外事专办…………… 5602024
国际线……………… 5672206
传真………………… 5603145
HSE 监督站
站长………………… 5602323
副站长……………… 5602942
监察员办…………… 5602903
……………………… 5602904
……………………… 5603104
……………………… 5603024
……………………… 5602940
值班室……………… 5602943
钻前分公司
经理………………… 5602613
书记………………… 5603600
副经理……………… 5603431
……………………… 5602725
工会主席…………… 5603328
经理助理…………… 5603420
……………………… 5602716
调度………………… 5686069
……………………… 5602671
……………………… 5602643
现场调度…………… 5603337
生产办主任………… 5603427
生产副主任………… 5602645
党办主任…………… 5603445
经营办主任………… 5603426
财务………………… 5602709
财务成本…………… 5602576
人事………………… 5603381
安全、保卫………… 5603428
机动资产、房产…… 5603434
共青团……………… 5603446
工会………………… 5603441
宣传………………… 5603444
材料………………… 5603425
档案室……………… 5602424
打字室……………… 5603605
HSE 鉴定站 ……… 5603452
有偿服务站书记…… 5603464
有偿服务站………… 5603424
拖一队
书记………………… 5602781
队长………………… 5603603
副队长……………… 5603473
工房………………… 5603474
拖二队
书记………………… 5603724

队长…………………… 5602780
副队长………………… 5603725
……………………… 5603721
工房…………………… 5603472
拖三队
书记…………………… 5602631
队长…………………… 5603448
副队长………………… 5602641
工房…………………… 5603447
修造队
书记…………………… 5602043
队长…………………… 5602034
副队长………………… 5602057
办公室………………… 5602075
电讯队
书记…………………… 5603417
队长…………………… 5603419
锅炉队
队长…………………… 5603440
书记…………………… 5603469
值班室………………… 5603462
工房…………………… 5603463
准备队
队长…………………… 5603475
书记…………………… 5603479
技术员………………… 5603457
库房…………………… 5603476
综合队
队长…………………… 5603451
书记…………………… 5603455
副队长………………… 5603571
门卫…………………… 5603467
经管员………………… 5603456
后勤班………………… 5602576
管材队
队长…………………… 5603411
副队长………………… 5603412
钻具组………………… 5603429
门卫…………………… 5603236

物资供应分公司

经理…………………… 5602558
书记…………………… 5603096
副经理………………… 5603141
办公室主任…………… 5602743
生产协调办主任…… 5603748
值班室………………… 5603753
……………………… 5603783
物资管理办主任…… 5602611
综合管理……………… 5694672
质量管理办公室…… 5603043
现场管理办公室…… 5603410
仓储管理……………… 5602804
财务报账员…………… 5603249
会计…………………… 5603830
工会、女工、老龄 … 5603643
退管办………………… 5602132
宣传、计生…………… 5602304
档案室………………… 5602159
HSE装备能源 …… 5602579
职工之家……………… 5602571
物资供应队
书记…………………… 5602194
队长…………………… 5694318
副队长………………… 5602649
化工计划……………… 5602137
柴配计划……………… 5603495
电料计划……………… 5602499
建材计划……………… 5602574
经管员………………… 5603422
劳保计划……………… 5602559
杂品计划……………… 5602697
汽配计划……………… 5603271
定额…………………… 5603179
拨料厅………………… 5602704
库房管理队
党支部书记…………… 5602047
队长…………………… 5602748
副队长………………… 5602730
技术员………………… 5602143
稽核…………………… 5602054
杂品劳保库…………… 5603270
电料库………………… 5603449
化工库………………… 5603194
项目组………………… 5603164
钻采库………………… 5603284
代销库………………… 5603072
柴配汽配库…………… 5602175
收旧库………………… 5603072
……………………… 5603243
经警室………………… 5603074
男值班室……………… 5603423
女值班室……………… 5602479
服务队
党支部书记…………… 5602731
队长…………………… 5603130
副队长………………… 5603723
技术员………………… 5602051
车队
书记…………………… 5602573
队长…………………… 5602176
办公室………………… 5602805

钻井工程技术服务分公司

经理…………………… 5602927
书记…………………… 5602928
副经理………………… 5602181
……………………… 5602012
……………………… 5602583
组织、劳资…………… 5602947
钻井液室主任………… 5602602
档案室………………… 5602941
固井室主任…………… 5602931
仪表室主任…………… 5602957
工艺室主任…………… 5602624
地质室主任…………… 5602824
质量室………………… 5602724
化验室………………… 5602963
宣传…………………… 5602493
工会…………………… 5602935
财务…………………… 5602975
综合资料……………… 5602981
仪表装备室…………… 5602957
钻井液室……………… 5602951
现场地质室…………… 5602916
基础设计……………… 5602296
服务队队长…………… 5603025
服务队书记…………… 5603005
保管员………………… 5602089
机关门卫……………… 5602914
司机班………………… 5602683
门卫…………………… 5602953
工程设计……………… 5603691
保卫、安全…………… 5602173
修理厂………………… 5602326

综合服务公司

经理…………………… 5602806
书记…………………… 5602012
副经理………………… 5603039
工会主席……………… 5602451
调度室………………… 5603014
……………………… 5602547
生产办主任…………… 5603061
党办主任……………… 5603054
财务…………………… 5602436
女工计划生育………… 5602446
人事…………………… 5602403
安全机动……………… 5602435
资产、监督…………… 5603664
工会、宣传…………… 5602401
团委、家属…………… 5602410
有偿服务站…………… 5602214
材料…………………… 5602655
生活组………………… 5603563
服务一队
队长…………………… 5602095
书记…………………… 5603015
副队长………………… 5603471
服务二队
队长…………………… 5603361
书记…………………… 5603053
副队长………………… 5603397
服务三队
队长…………………… 5602411
书记…………………… 5603674
副队长………………… 5603253
大食堂………………… 5602394
财务…………………… 5603294
小食堂………………… 5602376
服务四队
队长…………………… 5603324
书记…………………… 5603410
副队长………………… 5603644
服务六队
队长…………………… 5603544
书记…………………… 5603052
服务七队
队长…………………… 5602046
书记…………………… 5602072
门卫…………………… 5935349
服务八队
队长…………………… 5602448
书记…………………… 5602204
行管库………………… 5672512
公寓门卫……………… 5602048
公寓服务台…………… 5603648
绿化队
队长…………………… 5602713
书记…………………… 5603011
门卫…………………… 5602662
商业街门卫…………… 5603614
车场门卫……………… 5602594
育苗基地值班室…… 5603742
车队
队长…………………… 5602689
书记…………………… 5602737
畜牧队
队长…………………… 5602762
值班室………………… 4990302
农业队
队长、书记…………… 4990253

信息文化中心

主任…………………… 5603710
书记…………………… 5602305
副主任………………… 5602420
……………………… 5603755
……………………… 5603341
值班室………………… 5603173
政工…………………… 5603350
人事安全……………… 5603677
有偿服务站…………… 5603317
财务…………………… 5602007
机关…………………… 5603709
微机室主任…………… 5603715
微机室………………… 5602603
……………………… 5602985
……………………… 5602915
机房…………………… 5603711

档案室主任………… 5603741
档案室……………… 5602832
史志办……………… 5602708
印刷室主任………… 5602006
印刷室……………… 5602209
打字室……………… 5602210
通信队队长………… 5602016
业务………………… 5602008
外线班……………… 5602017
…………………… 5602018
测量………………… 5602002
…………………… 5602112
机务………………… 5602001
电台修理…………… 5602020
闭路台台长………… 5602325
卫星电视…………… 5602463
编辑室……………… 5602464
办公室……………… 5602490
值班室……………… 5602967
综合队长…………… 5603789
司机班……………… 5603157
值班室……………… 5603713
保管员……………… 5603750
文化站
主任………………… 5602243
副主任……………… 5603316
体育馆……………… 5603784
值班室……………… 5603372
电影队……………… 5602833
办公室……………… 5603690

经保大队

大队长……………… 5602256
书记………………… 5603128
综合办……………… 5602026
值班室……………… 5603110
经管内勤…………… 5602283
行政内勤…………… 5602883
政工内勤…………… 5602444
公司办公楼门卫…… 5602233
资产库……………… 5602082
门卫………………… 5602082
一中队……………… 5602262
二中队……………… 5602421
三中队……………… 5602441
四中队……………… 5602294

职工教育培训中心

主任………………… 5602891
书记………………… 5602308
副主任……………… 5602653
…………………… 5602881
党办主任…………… 5602616
鉴定站……………… 5602445
宣传、稳定、鉴定、申报
…………………… 5602692
工会、女工、计生、房产
…………………… 5602315
共青团、经营……… 5602691
经保组长…………… 5602084
教学办井控教研室 … 5602686
教学办 HSE 教研室 5603254
井控教师…………… 5602614
HSE 教师 ………… 5602447
教务主任…………… 5602694
教务管理组长……… 5602851
鉴定站
综合组长…………… 5602476
设备组长…………… 5602751
现场办主任………… 5602821
电工组……………… 5602084
培训楼值班室……… 5602841
培训二部值班室…… 5602874
培训公寓值班室…… 5603304

稳定工作协调服务中心

主任………………… 5603017
书记………………… 5603307
副主任……………… 5603167
…………………… 5603142
接待室……………… 5603154
办公室……………… 5603153
信访办……………… 5602344
组织宣传…………… 5603147
办公室……………… 5603204
协调服务办………… 5603957
…………………… 5603237

综合服务队

队长………………… 5603891
书记………………… 5602826
副队长……………… 5603315
…………………… 5602866
调度长……………… 5603242
劳资员……………… 5603387
安全员……………… 5602661
材料员……………… 5603367
资产员……………… 5603152
经管员……………… 5602504
工会、女工………… 5603137
能源、稳定………… 5602094
组织、宣传………… 5602037
财务………………… 5602784
一队
队长………………… 5602073
书记………………… 5603119
副队长……………… 5602070
安全员……………… 5602022
经管员……………… 5603207
保管员……………… 5603265
二队
队长………………… 5602056
书记………………… 5603549
副队长……………… 5603432
安全员……………… 5602027
经管员……………… 5603453
保管员……………… 5603504
三队
队长………………… 5603726
书记………………… 5603120
经管员、保管员…… 5603814
土石粉运送………… 5602032
综合队调度………… 5602844
二车队调度………… 5603313
门卫、收发………… 5602021

乘风多种经营实业公司

经理………………… 5602077
书记………………… 5603596
副经理……………… 5602505
…………………… 5603067
工会主席…………… 5602253
财务部
主任………………… 5602483
办公室……………… 5602265
经营办主任………… 5603744
安全资产部主任…… 5602966
稳定服务站书记…… 5603004
经营、统计………… 5602506
人力资源…………… 5602590
出纳………………… 5602251
合同………………… 5603604
稳定干事…………… 5603436
宣传、团委………… 5603314
综合干事…………… 5602487
工会干事…………… 5603624
预算管理…………… 5603764
会计………………… 5602443
…………………… 5603561
…………………… 5603514
…………………… 5603554
…………………… 5603984
收发室……………… 5603921
门卫………………… 5603923
综合队……………… 5603352
办公室……………… 5603841
后勤服务队
队长………………… 5603920
书记………………… 5603843
综合厂
厂长………………… 5602379
书记………………… 5603804
副厂长……………… 5602379
路迪公司
经理………………… 5602825
书记………………… 5602831
财务………………… 5602019
富利来制鞋厂
书记………………… 5602327
副厂长……………… 5602139
统计员……………… 5603437
办公室……………… 5603646
腾达化工厂
副厂长……………… 5602630
…………………… 5696702
办公室主任………… 5602575
技术部主任………… 5602622
生产办主任………… 5602157
采购部……………… 5603181
销售部……………… 5693175
值班室……………… 5602650
退管中心
红四村活动室……… 4998519
…………………… 4990342

钻井二公司

地址：大庆市八百垧中路
邮编：163413
经理………………… 4898001
党委书记…………… 4980877
党委书记、纪委书记、
工会主席…………… 4895866
副经理、安全总监 … 4983733
副经理……………… 4891007
…………………… 4897858
…………………… 4891799
总会计师…………… 4984799
经理助理…………… 4893428
…………………… 4896677
副总工程师………… 4896277
…………………… 4893307
安全副总监………… 4893488

办公室

主任、机关党委副书记
…………………… 4893495
副主任……………… 4893464
…………………… 4892303
…………………… 5608055
综合秘书…………… 5608031
…………………… 5608062
卫生、计划生育…… 5608060
劳资、机要………… 4893494
组织、工会………… 5608064

行政办

值班秘书…………… 5608000
…………………… 4892311
…………………… 4893481

人力资源部

主任、党委组织部长 4893578
副主任……………… 5608093
组织员……………… 5608033

职工培训综合……… 4893577
干部管理…………… 5608094
党建管理…………… 5608040
干部档案…………… 4893313
统计调配…………… 4893539
职工管理…………… 5608035
劳资、保险、离退休 5608097
统计………………… 5608135
企业文化部
主任………………… 4893713
副主任……………… 5608043
理论中心干事……… 5608032
………………………… 5608053
宣传报道干事、摄影网络
维护………………… 5609048
文化通信编辑……… 5609210
播音员……………… 4892550
记者………………… 4983765
采编室机房………… 5608912
值班室……………… 5608910
纪检监察部
主任………………… 4893253
副主任……………… 4893510
办公室……………… 4893687
………………………… 5608048
群众组织工作部
主任、工会副主席 … 4983339
工会副主席、团委书记
………………………… 4893716
副主任、工会副主席 4892584
会计、出纳………… 5608050
团委办公室………… 5608054
工会库房…………… 5608052
生产运行部
主任………………… 4892575
副主任……………… 4892213
………………………… 4893562
………………………… 4894727
………………………… 5608177
车辆调配…………… 4894726
综合办……………… 5608077
现场调度…………… 5608078
………………………… 5609094
值班调度…………… 4894700
………………………… 5609000
………………………… 4894701
计划………………… 5608031
交井………………… 5609434
………………………… 5609425
能源………………… 5608091
规划经营部
主任………………… 4893643
副主任……………… 4897001
机制、体制建设…… 5609031

综合办……………… 4893642
矿建、维修………… 5609041
房产、公积金、综合统计
………………………… 4893219
住房补贴…………… 5609066
钻井物资用料管理 … 5609029
生产准备部
主任………………… 4895007
综合管理…………… 4894776
土地管理…………… 5608075
………………………… 5608081
………………………… 4894781
供水管理…………… 5608089
安全质量环保部
主任………………… 4893488
副主任……………… 5608072
………………………… 5609081
综合………………… 4892203
交通、HSE ………… 5608086
消防、环保………… 5609219
办公室……………… 5609082
………………………… 4989551
………………………… 5609218
装备资产部
主任………………… 5608037
副主任……………… 4892102
………………………… 5609339
钻机修理…………… 5608392
活动设备…………… 4988372
电器设备…………… 4893675
钻机现场…………… 5609036
资产会计、资产管理 5609037
后勤电力…………… 5608090
设备维护班………… 5608437
………………………… 5608555
柴油机、压风机润滑油 5608337
资料管理…………… 5608392
活动设备…………… 5608710
电控现场维修班…… 5608714
………………………… 5608723
西门子……………… 5675312
ABB ……………… 5915332
钻井电力运行班…… 5608092
财务部
主任………………… 4893569
副主任……………… 5609751
收入及税金核算…… 4893427
稽核、总账、成本会计 5609024
预算会计…………… 5609023
成本组……………… 5608764
井队成本核算……… 5609025
境外项目会计……… 5609026
档案………………… 5609180
银行出纳…………… 5608039

报销、结算证、现金出纳
………………………… 5609167
会计核算中心……… 5609780
………………………… 5609781
会议室……………… 5608765
多种经营管理组会计 5609750
………………………… 5609752
………………………… 5609753
………………………… 5609755
资产统计…………… 5609754
技术发展部
主任………………… 4893358
办公室……………… 5609047
机关服务中心
书记………………… 5609053
主任………………… 4893679
副主任……………… 5609450
收发室……………… 5609049
通信员……………… 4893558
复印室……………… 5609353
打字室……………… 5609450
油印室……………… 5609054
电话会议室………… 5609057
………………………… 4892201
小食堂……………… 5609059
值班室……………… 5609060
材料员……………… 4893487
机关离退休支部…… 5608059
综合服务分公司
书记………………… 5608921
经理………………… 4985476
副经理……………… 5608923
………………………… 5608924
党办主任…………… 5608931
工会………………… 5608926
保卫、离退休……… 4980846
宣传………………… 5608941
劳资………………… 5608935
财务………………… 5608939
资产………………… 5608953
女工、计生、房产 … 5608934
生产组长…………… 5608930
机动安全…………… 5608961
器材………………… 5608942
技教、计量………… 5608927
调度………………… 5608900
………………………… 4894697
业务主任…………… 5608937
业务室……………… 5608943
食堂………………… 5898107
车队
书记………………… 5609459
队长………………… 5609509
队部………………… 5608946

门卫………………… 5608950
仓库队
书记、队长………… 5608945
服务班……………… 5608947
恒温库……………… 5609613
冷冻班……………… 5608951
门卫………………… 5608950
综合维修队
队部………………… 5608959
办公室……………… 5609457
双化服务队
队长………………… 5609460
队部………………… 5608956
食品加工厂
书记………………… 4986863
厂长………………… 5609659
副厂长……………… 5608952
门卫………………… 5609461
冰棍厂车间………… 5608949
公寓服务队
书记………………… 5609169
队长………………… 5609166
副队长……………… 5609553
………………………… 5609185
………………………… 5609563
门卫………………… 5609196
洗衣房……………… 5609186
生活服务一队
队长………………… 5609511
值班室……………… 5609163
生活服务二队
书记………………… 5608223
副队长……………… 5608251
………………………… 5608250
门卫………………… 5609206
生活服务三队……… 5608967
生活服务四队
书记………………… 5609170
队长………………… 5608445
副队长……………… 5609170
值班室……………… 5608451
食堂管理员………… 5608450
物资供应分公司
书记、工会主席…… 4193708
经理………………… 4193898
经济师……………… 4994593
党政办主任………… 4994396
工会、宣传………… 4994581
生产办主任………… 4994300
安全………………… 4994601
调度………………… 4194096
………………………… 4198675
财务………………… 4994585
管理办主任………… 4994582

劳资、计量………… 4994617
合同、物价………… 4195351
网管……………………… 4193747
技术队
书记……………………… 4193228
队长……………………… 4193316
传真……………………… 4994596
汽配……………………… 4994620
钻采、电料………… 4991484
化工、退税………… 4994611
综合办………………… 4193477
供应队
书记……………………… 4994767
队长……………………… 4994381
送料班………………… 5609363
车队
队长……………………… 4193238
调度……………………… 4193615
一库
书记、队部………… 4994599
主任……………………… 4994609
微机室………………… 4198934
保管……………………… 4994382
………………………… 4994586
………………………… 4195952
门卫……………………… 4994605
二库
书记……………………… 5609045
主任……………………… 5609042
办公室………………… 4985294
综合班………………… 4897027
保管……………………… 5609364
………………………… 4985324
质量、配套………… 5609043
门卫……………………… 4989513
三库
书记、主任………… 4989526
准备队
书记……………………… 4197440
队长……………………… 4994383
办公室………………… 4994600
食堂……………………… 4994612
技术管理中心
书记……………………… 4892375
主任……………………… 4893307
副主任………………… 5608030
党办主任……………… 5609069
………………………… 4893554
人事……………………… 5609070
技术室
主任……………………… 4894753
副主任………………… 5608353
现场组………………… 5609077
设计组………………… 5609451
钻具组………………… 5609452
资料室………………… 4989452
办公室………………… 5609076
值班室………………… 5608761
质量室
主任……………………… 4894639
副主任………………… 5609072
主任工程师………… 5608418
办公室………………… 5609073
………………………… 5608419
………………………… 5608461
………………………… 5608463
地质室
主任……………………… 4892375
主任地质师………… 5608849
………………………… 5609083
调度……………………… 5609084
………………………… 4892764
现场……………………… 5609547
设计、资料………… 5609549
办公室………………… 5609572
综合……………………… 4893715
钻井液室
主任……………………… 5609673
工艺组………………… 5609463
………………………… 5609465
现场管理……………… 5609074
………………………… 5608491
化验室………………… 5609604
………………………… 5609624
设计……………………… 5609032
值班室………………… 5608490
会议室………………… 5608492
定向工艺室
副主任………………… 5609580
工程师………………… 5609584
………………………… 5608475
………………………… 5608572
………………………… 5608476
………………………… 5608471
………………………… 5608470
综合……………………… 5608481
仪器管理……………… 5608479
轨道控制、值班室 … 5609564
井位测量队
书记……………………… 5609086
队长……………………… 4893416
技术员………………… 5609431
………………………… 5609432
计算室………………… 5609430
仪器室………………… 5609433
仪器管理……………… 5609441
信息管理中心
计算机室
主任……………………… 4893503
副主任………………… 4893692
软件组
组长……………………… 5609342
办公室………………… 5609343
系统组
组长……………………… 5609340
办公室………………… 5609052
………………………… 5609344
信息组
组长……………………… 5609350
办公室………………… 5609346
………………………… 5609347
网络主机房………… 5609341
信息综合组………… 5609345
值班室………………… 5609301
档案室
主任……………………… 5609087
编辑与综合………… 5609473
地质档案……………… 5609089
职工档案……………… 5609472
文书档案……………… 4892331
井史……………………… 5609107
史志……………………… 5609537
………………………… 5609360
门卫……………………… 5609090
通信队
队长……………………… 4985073
书记……………………… 4892276
副队长………………… 4985072
技术员………………… 4985038
材料员………………… 5609019
保管员………………… 5609008
经管员………………… 5609005
程控班
查号台………………… 5608114
外线班
班长……………………… 5609016
外线班………………… 5609015
办公楼外线班……… 5609010
电工班
班长……………………… 5609006
电工班………………… 5609020
泥浆站
书记……………………… 5819741
站长……………………… 5819679
调度……………………… 5819774
财务……………………… 5819640
材料……………………… 5819787
锅炉房………………… 5819585
市场开发中心
主任……………………… 5609471
书记……………………… 5608593
副主任………………… 5609505
………………………… 5608253
设备物资管理……… 5609435
市场信息部………… 5608275
人力资源与经营管理部 5608056
党群工作部………… 5608677
综合办公室………… 5609333
项目管理……………… 5608262
值班室、传真……… 4893189
HSE 监督站
站长……………………… 4892588
书记……………………… 5608616
副站长………………… 5608611
培训……………………… 4892597
劳资、后勤、巡回监督 5609224
综合管理……………… 5608612
巡回监督……………… 5609225
………………………… 5608603
综合队
书记、工会主席…… 4985513
队长……………………… 5608322
副队长………………… 5608325
技术员………………… 5608327
党办主任……………… 5608331
宣传、团委………… 5608340
工会、女工………… 5608341
保卫……………………… 4980829
财务……………………… 5608339
支宣离稳……………… 5608343
经营主任……………… 5608335
劳资、技教………… 5608384
资产、机动、能源 … 5608228
………………………… 5608362
生产组长……………… 5608330
信息员………………… 5608337
材料员………………… 5608332
房产、安全………… 5608359
房产……………………… 5608342
保管员………………… 5608336
………………………… 5608332
………………………… 5608361
管理员………………… 5608323
后线值班调度……… 5608300
………………………… 4893730
………………………… 4893761
收发、门卫………… 5608303
准备队
书记、队长………… 5608326
副队长、技术员…… 5608344
经管员………………… 5608365
门卫……………………… 5608346
保障队
书记……………………… 5608347
队长、副队长……… 5608345
门卫……………………… 5608346

公务用车队
队长…………………… 5609062
书记…………………… 5609061
副队长………………… 5609063
…………………………… 5609099
成本员………………… 5608298
保管员………………… 5608357
材料员………………… 5608383
安全员………………… 5609065
司机班………………… 5609064
修理班………………… 5609067
调度…………………… 5608099
…………………………… 4893191
生活队
书记、队长…………… 5608302
副队长………………… 5609736
经济保卫大队
大队长………………… 4893559
书记…………………… 5609092
副大队长……………… 5609093
主任…………………… 4893576
内勤…………………… 5608034
综合治理……………… 5608834
武装干事……………… 5609078
治安组长……………… 4987077
治安干事……………… 4985283
…………………………… 4983055
大队值班室…………… 5608110
…………………………… 4893575
办公楼执勤室………… 5608038
办公楼监控机房……… 5609056
…………………………… 5608110
巡逻队
队长…………………… 5609267
副队长………………… 5608120
办公室………………… 5609095
值班室………………… 5609096
钻前分公司
书记…………………… 5608521
经理…………………… 4984300
副经理………………… 5608524
…………………………… 5608525
…………………………… 5608533
…………………………… 5608502
工会主席……………… 5608529
工程师………………… 5608523
党政办………………… 5608531
生产办
主任…………………… 5608530
副主任………………… 5609409
经营办
主任…………………… 5608527
副主任………………… 4896370
调度…………………… 5608500
…………………………… 4894212
…………………………… 4894213
保卫…………………… 4989470
工会…………………… 5608541
组织、计生…………… 5608540
计量、科技…………… 5608552
宣传…………………… 5608531
…………………………… 5608532
安全…………………… 5608536
HSE 监督员、三标 … 5608563
机动…………………… 5608537
井位组、现场调度 … 5608503
经营组………………… 5608535
财务…………………… 4896370
质量管理员…………… 5608520
HSE 现场监督 …… 5608594
服务队
队长…………………… 5609524
财务室………………… 5608547
食堂…………………… 5608551
公寓门卫……………… 5608573
办公楼门卫…………… 5609574
安装一队
队长…………………… 5608553
门卫…………………… 5609504
安装二队
队部…………………… 5608554
门卫…………………… 5609514
拖拉机一队
书记…………………… 5608560
队长…………………… 5608596
值班室………………… 5609634
拖拉机二队
队长…………………… 5608561
门卫…………………… 5608597
拖拉机三队
队长…………………… 5608562
前线…………………… 5310462
供水队
队长…………………… 5608569
门卫…………………… 5609614
土方队
队长…………………… 5609562
队部…………………… 5608559
门卫…………………… 5609394
锅炉队
队部…………………… 5608564
值班室………………… 5609674
特车队
队长…………………… 5609332
队部…………………… 5608546
资产库………………… 4894954
调度…………………… 4980866
维修队
队长…………………… 5608578
队部…………………… 5608570
门卫…………………… 5609304
水罐队
队部…………………… 4894924
调度…………………… 4894914
保养站
办公室………………… 5608565
门卫…………………… 5609354
一车队
书记…………………… 4897226
队长…………………… 4897811
值班室………………… 4895355
二车队
书记、队长…………… 4894934
办公室………………… 5608542
调度…………………… 4894914
统计员………………… 4895908
准备队
书记…………………… 5609417
队长…………………… 5609137
副队长………………… 5609261
调度…………………… 5609165
打字室………………… 5608543
资产库………………… 5608542
保管员………………… 5608575
器材组………………… 4989535
供应队
队部…………………… 5608654
调度…………………… 4894157
门卫…………………… 5608576
电讯队
队部…………………… 5608548
队长…………………… 5608556
培训与文化中心
书记…………………… 5608101
主任…………………… 4893570
副主任………………… 5608104
机关支部书记………… 5608103
工会、劳资…………… 5609771
组织、纪检…………… 5608158
女工、离退休办……… 5608109
安全、资产…………… 5608113
文体、房产…………… 5609115
团委、保卫…………… 5608904
宣传…………………… 5608176
财务…………………… 5608107
培训部
书记…………………… 5609531
主任…………………… 4893664
教务…………………… 5608162
钻井教研室…………… 5609532
综合教研室…………… 5609517
门卫…………………… 5608116
体育馆
馆长…………………… 4989314
电力…………………… 5608916
俱乐部
主任…………………… 4892586
值班室………………… 5608913
灯光设计……………… 5608914
美工设计……………… 5608954
办公楼大会议室监控室 5609105
技能鉴定办
主任…………………… 5608106
办公室………………… 4893571
现场组………………… 5608156
训练井场……………… 5608115
司机班………………… 5609183
餐厅…………………… 5609191
门卫…………………… 5608193
稳定工作协调服务中心
书记、工会主席……… 4985175
主任…………………… 4985176
副主任………………… 5609652
组织、纪检…………… 5609644
退养家属管理………… 5609645
再就业管理…………… 5609646
宣传、女工…………… 5609647
办公室………………… 5609643
接待室………………… 5609649
门卫…………………… 5609654
离退休职工管理中心
书记、工会主席……… 5608202
主任…………………… 5608701
办公室主任…………… 4983266
行政管理……………… 5608373
离退休管理、工会干事 5608204
第一活动室
主任…………………… 5608203
第二活动室
主任…………………… 5608905
乒乓球室……………… 5608301
台球室………………… 5608917
综合服务室
主任…………………… 5608906
办公室………………… 5608297
图书借阅部…………… 4893165
综合经济管理中心
书记、工会主席……… 4984721
主任…………………… 4896718
副主任………………… 4984705
…………………………… 4984290
…………………………… 5609102
办公室
主任…………………… 5609140
传真…………………… 4984716
保卫、稳定…………… 4984717

工会、女工、计生 … 5609715
宣传、团委、档案 … 5609716
生产办
主任………………… 4986688
机动、安全、能源 … 5609706
调度………………… 5609100
………………… 4984720
经营办
主任………………… 4984468
财务………………… 5609139
………………… 5609702
清欠、关停企业管理
………………… 4894650
投资、股权、招投标
………………… 5609712
工业统计、资产、房产
………………… 5609711
劳资、家属………… 5609136
机关服务队
书记………………… 5608964
队长………………… 4893696
副队长……………… 5609130
………………… 5609131
会计………………… 5609124
资产………………… 5609139
档案………………… 5609403
材料员……………… 5609141
统计、资产………… 5608964
清欠………………… 5609714
HSE管理 ………… 5609710
食堂………………… 5609151
基建队
书记………………… 5609427
队长………………… 4983920
副队长……………… 5609476
………………… 5609253
………………… 4983892
生产、安全………… 5609262
财务………………… 4988579
预算………………… 5608984
保管员……………… 5609475
值班室……………… 4985139
风华汽车修理厂
书记………………… 4897881
厂长………………… 4897111
副厂长……………… 5609132
技术员……………… 4895088
财务………………… 5609145
库房………………… 5609146
二保办公室………… 5609173
材料员……………… 5609126
风华福利印刷厂
书记、厂长………… 4893990
副厂长……………… 5609256

风华酒业
书记………………… 4896319
经理………………… 4988777
副经理……………… 4892999
销售………………… 4896179
财务………………… 4896209
庆志万通公司
经理………………… 4894037
业务………………… 4983742
财务………………… 4893071
门卫………………… 5609252
保管员……………… 4893252
天泉房地产开发公司
售楼处……………… 5763123
………………… 5763785

生产服务分公司

书记………………… 4985818
经理………………… 4988688
副经理……………… 4986018
………………… 4985218
工会主席…………… 4985998
办公室主任………… 5608420
机关支部书记……… 5608431
工会、女工………… 5609428
组织、纪检………… 5609440
团委、档案………… 5608442
宣传、保卫………… 5608443
经营办
主任………………… 5608425
材料员……………… 5608441
人事、劳资………… 5608606
科技、质量………… 5608440
生产办
主任………………… 5608599
负责人……………… 5608440
安全员……………… 5608607
机动、能源………… 5608423
资产………………… 5608610
财务
主任………………… 5608427
会计、出纳………… 5608610
调度………………… 4893928
………………… 5608400
服务队
书记………………… 5608430
队长………………… 5608429
副队长……………… 5608434
经管员……………… 5608609
保管员……………… 5608436
门卫………………… 5609426
泥浆站
书记………………… 5819741
站长………………… 5819679
劳资员……………… 5819640

锅炉………………… 5819585
调度………………… 5819774
石粉厂
书记、厂长………… 4983988
副厂长……………… 4892641
………………… 4983988
化工厂
书记………………… 4986191
厂长………………… 4986774
副厂长……………… 4986147
………………… 4986924
华福门卫…………… 4980391
综合厂
书记………………… 4192486
厂长………………… 4195101
副厂长……………… 4192486
………………… 4196601
机油车间…………… 4195249
野营房制造厂
书记………………… 5609249
厂长………………… 4895715
副厂长……………… 5609230
………………… 5609231
………………… 5609247
………………… 5608972
………………… 5609232
经管员……………… 5608264
传真………………… 4895733
值班室……………… 4895716
修井队
队长………………… 5608435
野营房修理厂
书记………………… 4896079
厂长………………… 4984088
副厂长……………… 4895655
………………… 4891058
值班室……………… 4891052
功能材料厂
书记………………… 4894756
厂长………………… 4984426
副厂长……………… 4894756
………………… 4983790
服装厂
书记………………… 4895237
厂长………………… 4895238
技术员……………… 4895235
车间………………… 4985030
石粉队
书记………………… 4980392
队长………………… 4980393
调度………………… 4896420
车队
书记、队长………… 5608495
调度………………… 5608496

碧绿湖管理中心
书记………………… 4892295
主任………………… 4895930
工会主席…………… 5609221
副主任……………… 4893677
………………… 5609125
………………… 5609129
农艺师……………… 5608845
党政办
主任………………… 5608458
组织………………… 5609134
工会………………… 5609453
稳定………………… 5609178
保卫………………… 5609315
宣传………………… 5609104
生产办
主任………………… 5608841
安全………………… 5609713
生产………………… 5609174
调度………………… 5609135
………………… 4897286
经营办
主任………………… 5609303
会计、出纳………… 5608940
人事………………… 5609467
合同………………… 5609420
机关服务队
书记………………… 5609664
队长………………… 5609142
副队长……………… 4895916
副队长、统计……… 5608584
公务员……………… 5609178
食堂………………… 4895913
门卫………………… 5609474
农牧队
书记………………… 4894309
队长………………… 4986516
风华宾馆
书记………………… 5609831
经理………………… 5608891
副经理……………… 5609171
………………… 5608892
财务………………… 5609818
总台………………… 5609201
………………… 5609801
一楼值班室………… 5609822
二楼值班室………… 4895914
三楼值班室………… 5609203
四楼值班室………… 5609204
八百垧蔬菜队
书记………………… 4894582
队长………………… 4894192
畜牧场
书记………………… 4697357

场长………………… 4695953
副场长……………… 4695698
财务………………… 4696496
五队
书记、队长………… 5605021
副队长……………… 5223753
解放村管理站
书记、队长………… 5202493
铁人公园
书记、园长………… 5609397
正门………………… 5608716
锅炉房……………… 5608709
绿化队
队长………………… 5608140
副队长……………… 5608141
创业庄管理站
综合、统计………… 4697774
值班室……………… 4697044
家属一队
书记、队长………… 4697247
蔬菜队
书记、队长………… 4697274
老年办
书记、主任………… 4697543

钻井四公司

地址：大庆市八百垧中路
邮编：163413

办公室
主任………………… 4989218
…………………… 5609688
副主任……………… 5609662
…………………… 5609598
秘书………………… 5609676
…………………… 5609932
干事………………… 5609665
…………………… 5609678
公务员……………… 5609667
打字室、复印室…… 5609162

人力资源部
主任………………… 5609288
副主任……………… 5609330
…………………… 5609337
干事………………… 5609661
…………………… 5609669
人员调配…………… 5609351
工资管理…………… 5609671

企业文化部
主任………………… 5609855
副主任……………… 5609455
…………………… 4895928
办公室……………… 5609401
团委………………… 5609402
女工………………… 5609405
宣传报道…………… 5609407

纪检监察部
主任………………… 4898218
…………………… 5609899
副主任……………… 5609648
办公室……………… 5609631

安全质量环保部
主任………………… 4895900
…………………… 5609600
副主任……………… 5609615
…………………… 5609179
…………………… 5609612
综合………………… 5609611
环保特殊工种培训 … 5609931
交通、消防………… 5609616
…………………… 5609930

HSE 监督站
副站长……………… 4898298
…………………… 5609882
办公室……………… 5609883
…………………… 5609881
…………………… 5609880
综合………………… 5609885
标准计量、现场监督 5609526
资质认证、质量管理 5609623
标准计量…………… 5609627

生产运行部
副主任……………… 4985017
…………………… 4985003
…………………… 4985008
车辆调度…………… 5609277
油料管理…………… 4985011
用水管理…………… 4985016
电力管理…………… 4985013
现场组……………… 4985015
综合………………… 4985010
调度………………… 4891033
…………………… 5609111
…………………… 4891022
…………………… 5609112

规划经营部
主任………………… 5609118
房产………………… 5609305
合同管理…………… 5609240
…………………… 5609259
分析管理…………… 5609348
生产运行…………… 5609306
生产运行、房产…… 5609326
工业统计…………… 5609307
交井………………… 5609349
房补统计临时办公室 5609470

生产准备部
副主任……………… 5609566
…………………… 5609286
物资管理…………… 5609284
综合………………… 5609362
土地现场…………… 5609243
…………………… 5609300

财务部
主任………………… 4893569
…………………… 5609488
成本………………… 5609593
报销………………… 5609458

会计核算中心
税金收入…………… 5609568
报销会计…………… 5609358
成本会计…………… 5609398
出纳………………… 5609378
会计档案…………… 5609193
综合服务中心成本 … 5609205
一食堂财务………… 5608145
二食堂财务………… 5609143

装备资产部
主任………………… 4986879
副主任……………… 5609770
…………………… 5609586
综合、电力………… 5609439
汽修………………… 5609447
办公室……………… 5609446
…………………… 5609510
…………………… 5609515
资产部
门卫………………… 4985080

技术发展部
主任………………… 5609211
办公室……………… 5609314

技术管理中心
主任………………… 4987009
书记………………… 4987008
机关干事…………… 4987011
…………………… 5609577
技术室
副主任……………… 4987207
钻井工艺…………… 4987203
…………………… 4987210
工程资料…………… 4987213
现场管理…………… 4987212
工具及钻头管理…… 4987206
责任工程师………… 4987209
值班室……………… 5609533
质量室
责任工程师………… 4987107
固井监督…………… 4987108
…………………… 5609633
质量分析…………… 4987109
地质室
副主任……………… 4987117
责任地质师………… 4987121
技术管理…………… 4987116
…………………… 4987119
预告编制…………… 4987112
资料管理…………… 4987113
综合管理…………… 5609477
地质设计…………… 4977101
钻井液室
副主任……………… 4987127
现场管理…………… 4987128
钻井液检测………… 4987129
综合管理…………… 5609113
定向工艺室
副主任……………… 4987157
定向控制…………… 4987160
…………………… 5609522
定向设计…………… 4987161
综合管理…………… 4987159
井位测量队
队长………………… 5609589
副队长……………… 5609575
办公室……………… 5609578
…………………… 5609595
…………………… 5609596
计算机室
计算机管理………… 4987016

市场开发中心
主任………………… 4987005
市场部……………… 4987031
…………………… 4987030
传真………………… 4985166

综合服务中心
主任………………… 4898009
…………………… 4985079
副主任……………… 4891979
…………………… 5609200
…………………… 5609799
生产经营组
组长………………… 5609581
副组长……………… 5609625
安全、HSE ……… 5609605
机动、资产………… 5609629
技教、稳定、房产、绿化
…………………… 5609489
器材库材料员……… 5609535
…………………… 5608252
工具库……………… 5609237
调度………………… 4894428
…………………… 5608200
一车队
队长………………… 5608246
副队长……………… 5608249
保管、经管、电焊班、资产库
…………………… 5609237
值班室……………… 5608247

二车队
队长…………………… 5609216
副队长………………… 5609215
………………………… 5609157
………………………… 5609182
………………………… 5608147
修理班………………… 5609323
经管员………………… 5608146
保管员、司机休息室
………………………… 5609159
调度…………………… 5608149
………………………… 5609322
经保队
队长…………………… 5609591
副队长………………… 5609234
………………………… 5609192
副队长、治安外勤 … 5609603
1 号楼门卫、监控室 5609199
2 号楼门卫 ………… 4985029
综合楼门卫、监控室 5609194
巡逻队………………… 5609591
………………………… 4898110
服务队
书记…………………… 5609263
队长…………………… 5609364
副队长………………… 5609529
副队长、报账员…… 5609675
工会、女工、团委、宣传
………………………… 5609630
一食堂
副队长………………… 5909502
保管员………………… 5609172
大厅…………………… 5609177
二食堂
副队长………………… 5609150
机关小食堂
办公室………………… 5609245
值班室………………… 4983130
二公寓
门卫…………………… 5609206
10506 队 …………… 5608206
15142 队 …………… 5609530
15143 队 …………… 5609571
15148 队 …………… 5608210
15504 队 …………… 5608214
15506 队 …………… 5608217
15507 队 …………… 5608219
15539 队 …………… 5608209
15545 队 …………… 5608215
15546 队 …………… 5608216
15547 队 …………… 5609573
15548 队 …………… 5609567
15549 队 …………… 5609538
15550 队 …………… 5608207
新一队………………… 5608212
石粉队………………… 5609195

钻井五公司

地址：大庆市八百垧北路
邮编：163412
经理…………………… 4985777
书记…………………… 4984888
副经理………………… 4987718
………………………… 4897718
………………………… 4891977
………………………… 4980333
党委副书记…………… 4989818
总工程师……………… 4983678
经理助理……………… 4986456
………………………… 4983599

办公室
主任…………………… 4983058
副主任………………… 4983128
行政秘书……………… 4983227
党委秘书……………… 4983023

人力资源部
主任…………………… 4983019
干事…………………… 4963016

企业文化部
主任…………………… 4983237

安全质量环保部
主任…………………… 4983027
副主任………………… 4895338
综合、工业…………… 4983630
培训…………………… 4983602
交通安全……………… 4983601

生产运行部
主任…………………… 4891988
副主任………………… 4983289
………………………… 4983288
………………………… 4983228
………………………… 4983218
综合调度室…………… 4980895
………………………… 4980897
………………………… 4894476
………………………… 4894506

规划经营部
主任…………………… 4983028
副主任………………… 4983133
………………………… 4983805
交井…………………… 4983109

财务部
主任…………………… 4983192
稽核会计岗…………… 4983155

会计核算中心
外部市场组…………… 4983116

装备资产部
主任…………………… 4983127
副主任………………… 4983677

技术管理中心
主任…………………… 4983100
书记…………………… 4983566
副主任………………… 4983187
………………………… 4983660
主任工程师…………… 4983020
………………………… 4983021
主任地质师…………… 4983672
………………………… 4983663
综合办公室
主任…………………… 4983673
工会女工……………… 4983188
科技管理……………… 4983625
组织纪检……………… 4983015
生产办
主任…………………… 4983060
资产管理……………… 4983637
调度…………………… 4983033
门卫值班室…………… 4983193
钻井地质室
主任…………………… 4983675
副主任………………… 4983135
………………………… 4983132
地质设计……………… 4983106
………………………… 4983083
………………………… 4983635
地质资料……………… 4983072
钻井技术室
主任…………………… 4983683
副主任………………… 4983685
井控管理……………… 4983107
庆阳项目……………… 4983070
工具管理……………… 4983108
统计…………………… 4983057
钻井工艺室
主任…………………… 4983181
副主任………………… 4983695
………………………… 4983067
工程设计……………… 4983118
………………………… 4983103
轨迹控制……………… 4983080
钻井液室
主任…………………… 4983691
现场管理……………… 4983085
检定…………………… 4983617
设计编写……………… 4983101
质量室
主任…………………… 4983048
副主任………………… 4983687
………………………… 4983044
固井监督……………… 4983043
………………………… 4983102
固井设计……………… 4983627
资料验收……………… 4983093
信息档案室
主任…………………… 4983068
网站维护……………… 4983178
软件开发……………… 4983186
软硬件维护…………… 4983069
档案管理……………… 4983051
仪表检定室
主任…………………… 4983197
器具检定……………… 4983621

HSE 监查中心
主任…………………… 4983126
书记…………………… 4983046

物资管理中心
主任…………………… 4983018
………………………… 4983368
副主任………………… 4983370
干事…………………… 4983371
………………………… 4983169
计划组………………… 4983035
………………………… 4980500
………………………… 4983056
结算组………………… 4983613
………………………… 4983078
………………………… 4984377
调拨员………………… 4983610
现场管理……………… 4983615
库房组………………… 4983036
………………………… 4983039
………………………… 4983022
………………………… 4983191

综合服务中心
主任…………………… 4987726
书记…………………… 4987727
副主任………………… 4980118
………………………… 4983231
………………………… 4983698
生产办
主任…………………… 4983705
资产机动……………… 4983656
能源…………………… 4983679
调度…………………… 4983230
门卫值班室…………… 4983703
稳定办
主任…………………… 4983219
服务一队
队长…………………… 4983655
管理员………………… 4983137
服务二队
队长…………………… 4983706
服务三队
队长…………………… 4983659
保卫队报警电话…… 4984110

工程开发分公司

经理…………………… 4983888
党委书记…………… 4897333
常务副经理………… 4988918
主任…………………… 4892369
副经理……………… 4980606
印尼项目经理……… 4892674
副经理……………… 4897605
………………………… 4989449
蒙古项目副经理…… 4897410
………………………… 4980499
生产办
主任…………………… 4895202
调度室……………… 4980551
………………………… 4985419
商务办
主任…………………… 4989790
综合服务队
器材…………………… 4984377
钻前分公司
经理…………………… 4892399
党委书记…………… 4989933
供应队
场地值班…………… 4985601
门卫…………………… 4985602
调度室……………… 4893691
………………………… 4893296
运输分公司
经理…………………… 4897779
党委书记…………… 4894503
润滑间……………… 4980807
调度室……………… 4894164

物探公司

地址：大庆市杏五井西街
邮编：163357
党委书记…………… 4101777
经理…………………… 4103777
副书记、纪委书记 … 4102777
副经理……………… 4965738
副经理、安全总监 … 4102879
总工程师…………… 4100036
工会主席…………… 4893467
总会计师…………… 4965666
副总工程师………… 4965518
安全副总监………… 4102537
经理助理…………… 4102348
………………………… 4966606
副总工程师………… 4103933
办公室
主任…………………… 4102915
副主任……………… 4102935
干事…………………… 4966788
………………………… 4102670
文书…………………… 4102716
写志办……………… 4102448
人力资源部
主任…………………… 4102566
副主任、外务工管理中心主任
………………………… 4892240
副主任、组织部副部长
………………………… 4103234
副主任、职业技能鉴定站站长
………………………… 4102188
外务工管理中心副主任
………………………… 4102180
………………………… 4102701
劳动薪酬管理……… 4102852
………………………… 4102570
教育培训管理……… 4102460
技术干部管理……… 4102585
档案统计管理……… 4102912
劳务纠纷、劳务费管理
………………………… 4102176
培训综合管理……… 4102150
技能鉴定站
题库管理…………… 4102256
值班室……………… 4103585
培训管理…………… 4102077
设备管理…………… 4103333
鉴定资料管理……… 4103377
企业文化部
主任…………………… 4966999
宣传统战…………… 4102685
企业文化建设……… 4966426
思想政治研究……… 4103263
宣传教育…………… 4102567
有线电视台
台长…………………… 4891880
编辑…………………… 4103596
记者…………………… 4102955
机房…………………… 4102936
纪委监察部
主任…………………… 4102649
纪检监察员………… 4103360
………………………… 4966690
………………………… 4102619
………………………… 4102639
群工部
副主任……………… 4102578
副主任、团委书记 … 4102565
副主任、调研室主任 4103833
群众经济…………… 4102226
文体活动…………… 4103518
财务…………………… 4892259
计生办干事………… 4102247
团委组织、综合…… 4102469
女工、出纳………… 4102480
宣教、法律………… 4102719
团委青工…………… 4102491
生活保障…………… 4102579
………………………… 4102470
图书馆……………… 4102920
保管员……………… 4102386
中心会议室………… 4102228
体育馆……………… 4102504
值班室……………… 4102243
银浪活动室………… 5793410
机关党委
副书记……………… 4966800
劳资…………………… 4965129
干事…………………… 4102962
生产协调部
主任…………………… 4102177
副主任……………… 4102007
………………………… 4966753
生产信息管理……… 4102563
车辆运输管理……… 4102126
………………………… 4102466
物资管理…………… 4102572
微型钻探管理……… 4102556
水、电、讯管理…… 4102712
生产信息管理……… 4102561
调度长……………… 4102780
调度室……………… 4102426
传真…………………… 4102827
采集工程技术部
主任…………………… 4102367
副主任……………… 4103042
………………………… 4102325
物探管理…………… 4102337
质量管理…………… 4102377
综合管理…………… 4103229
公共关系部
主任…………………… 4102788
副主任……………… 4102718
………………………… 4102487
关系协调…………… 4102456
………………………… 4102731
………………………… 4102407
土地监督…………… 4102847
稽核…………………… 4102456
装备管理部
主任…………………… 4103895
副主任……………… 4102598
资产管理…………… 4102429
设备维修…………… 4103955
信息管理…………… 4102747
综合管理…………… 4102347
安全质量环保部
主任…………………… 4102537
副主任……………… 4102597
………………………… 4102586
HSE 体系管理 …… 4102200
综合管理…………… 4102299
隐患管理…………… 4103527
交通管理…………… 4102550
质量体系管理……… 4103315
市场开发中心
主任…………………… 4102958
副主任……………… 4966752
………………………… 4102901
………………………… 4103923
………………………… 4103383
国际部副主任……… 4102877
国内部副主任……… 4102120
………………………… 4966783
综合室副主任……… 4102878
………………………… 4966340
外事翻译…………… 4103441
资产机动设备……… 4102160
劳资人事…………… 4103572
成本核算、女工…… 4103037
资产档案、防水电 … 4102696
总务、收发………… 4102795
统计、信息………… 4103512
会计核算…………… 4966729
调度室……………… 4102199
委内瑞拉项目部经理 4103551
印尼项目部经理…… 4103834
财务资产部
主任…………………… 4102518
副主任……………… 4102905
………………………… 4102517
………………………… 4102520
经营计划部
主任…………………… 4103766
副主任……………… 4102488
………………………… 4966613
综合管理…………… 4102497
改革与经营管理…… 4102715
概预算定额与价格管理 4103761
经济合同管理室…… 4102858
统计管理室………… 4102538
处理解释技术部
主任…………………… 4102960
处理管理…………… 4103962
解释管理…………… 4103964
科技信息部
书记…………………… 4102699
主任…………………… 4102327
副主任……………… 4102546
………………………… 4966795
值班室……………… 4102271
HSE 监督站
站长…………………… 4102850
副站长……………… 4103978

………………………… 4103706

稳定工作协调服务中心

主任……………………… 4965781
副主任…………………… 4102531
………………………… 4102513
信访接待员……………… 4102996
退休管理………………… 4965762
综合干事………………… 4102410
有偿解除劳动人员管理
………………………… 4965793
困难群体管理…………… 4966825
家属管理………………… 4965690
数据库维护……………… 4966817
综合组组长……………… 4103853
服务一站站长…………… 4103851
服务一站综合员………… 4102174
服务二站站长…………… 4103861
服务二站综合员………… 4103852
值班室…………………… 4965732
司机班…………………… 4966819

机关小车队

队长……………………… 4966778
副队长…………………… 4102668
………………………… 4102830
调度室…………………… 4966680
………………………… 4102628
银浪值班室……………… 4961915

研究所

书记……………………… 4103481
所长……………………… 4102702
副所长…………………… 4102391
………………………… 4103463
………………………… 4103429
工会主席………………… 4103479
所责任工程师…………… 4102009
党办主任………………… 4102499
机关书记………………… 4103135
生产办主任……………… 4103454
宣传……………………… 4103476
人事……………………… 4102012
后勤……………………… 4103431
质量、工会……………… 4102008
经营技教………………… 4103452
财务……………………… 4103480
安全……………………… 4103513
女工……………………… 4102985
处理室
书记……………………… 4102121
主任……………………… 4103736
副主任…………………… 4103524
………………………… 4103807
计算机室
书记……………………… 4103473
主任……………………… 4103208
副主任…………………… 4103474
………………………… 4103475
解释一室
书记……………………… 4103015
主任……………………… 4103063
副主任…………………… 4103509
解释二室
书记……………………… 4103831
主任……………………… 4103347
副主任…………………… 4103814
研究室
书记……………………… 4103839
主任……………………… 4102201
资料室
书记……………………… 4102655
主任……………………… 4103477
服务队
书记……………………… 4102231
队长……………………… 4103188

采集技术中心

书记……………………… 4962818
主任……………………… 4961847
副主任…………………… 4962738
………………………… 4961707
主任工程师……………… 4961942
副总、处理室主任 …… 4961834
副总、测绘室主任 …… 4962708
副总、方法室副主任 4962279
………………………… 4962036
………………………… 4961541
副总……………………… 4961834
财务、成本核算………… 4961476
劳资、统计……………… 4962731
质量、技教……………… 4961745
工会、女工……………… 4961723
资产、房产……………… 4961709
调度长…………………… 4962735
调度室…………………… 4962737
方法室
书记……………………… 4961541
………………………… 4962036
工程师…………………… 4962105
………………………… 4962732
项目室
书记……………………… 4962689
副主任…………………… 4962716
………………………… 4962722
处理室
书记……………………… 4962733
副主任…………………… 4961132
………………………… 4962736
测绘室
书记……………………… 4962699
主任……………………… 4962713
副主任…………………… 4962710
综合室
主任……………………… 4962828
副主任…………………… 4961743

特种装备分公司

书记……………………… 4962111
经理……………………… 4962777
副经理…………………… 4962216
………………………… 4962503
………………………… 4961333
………………………… 4962712
工会主席………………… 4962690
办公室主任……………… 4961120
生产办副主任…………… 4961469
调度室…………………… 4961416
钻研室主任……………… 4961457
钻研室副主任…………… 4961493
高工……………………… 4962214
人事……………………… 4961420
安全……………………… 4962711
经营……………………… 4962215
财务……………………… 4962049
总务……………………… 4962709
团委、宣传……………… 4961430
保卫……………………… 4961313
器材组长………………… 4961212
计划员…………………… 4961337
车场值班室……………… 5793821
一队书记………………… 5793598
一队队长………………… 5792382
二队书记………………… 5791078
二队队长………………… 5792236
三队书记………………… 5792998
三队队长………………… 5792239
四队书记………………… 5792238
四队队长………………… 5791618
服务队书记……………… 4103340
服务队队长……………… 4966493
一车间书记……………… 4994769
一车间主任……………… 4994039
二车间书记……………… 4193859
二车间主任……………… 4193762
三车间书记……………… 4961323
四车间主任……………… 4962567
四车间副主任…………… 4961306
工程师…………………… 4961320
银浪接待厅……………… 4961198
杏五井接待厅…………… 4102574
库房……………………… 4102636

仪修厂

书记……………………… 4102888
厂长……………………… 4103041
副厂长…………………… 4102375
………………………… 4989567
………………………… 4965296
党办主任………………… 4102425
机关书记………………… 4102614
女工组…………………… 4102866
生产办主任……………… 4102315
劳资……………………… 4102867
财务……………………… 4102883
器材……………………… 4102886
后勤……………………… 4102884
质量……………………… 4102862
安全……………………… 4102885
生产办…………………… 4103027
租赁车间主任…………… 4103051
租赁车间………………… 4103223
仪修车间主任…………… 4102869
高工……………………… 4102633
检波器车间主任………… 4102870
检波器车间……………… 4102972
电缆车间………………… 4102882
车队书记………………… 4102737
值班室…………………… 4102887

器材供应站

书记……………………… 4102182
站长……………………… 4102142
副站长…………………… 4103966
党办主任………………… 4966705
工会、人事、女工 …… 4102938
宣传、青工、稳定 …… 4102906
财务核算办主任………… 4102047
物资管理办主任………… 4102048
物资管理办……………… 4102851
野外协调办……………… 4103887
物资调拨室……………… 4102122
后勤管理办主任………… 4102637
生产综合队书记………… 4102727
生产综合队队长………… 4102436
生产综合队副队长 …… 4102459
………………………… 4103600
火工、汽配……………… 4102910
电料、专用材料、油料 4102459
汽配、劳保……………… 4102479
调度室…………………… 4103605
库房书记………………… 4103971
库房主任………………… 4102547
保管员…………………… 4103972

综合服务分公司

书记……………………… 4100025
经理……………………… 4102729
副经理…………………… 4102686
………………………… 4102346
………………………… 4102669
工会主席………………… 4102839
党办主任………………… 4102775
生产组长………………… 4103938

机关支部书记……… 4102782
会计……………………… 4102368
计划生育……………… 4102766
劳资……………………… 4102782
宣传干事……………… 4965775
工会干事……………… 4103873
内勤……………………… 4103099
武保……………………… 4965775
基建维修……………… 4103693
房产……………………… 4102509
房改办………………… 4103811
公积金（房产）…… 4103848
水电（房产）……… 4102165
劳务管理……………… 4966802
后勤办………………… 4103166
………………………… 4103849
………………………… 5118314
打字室………………… 4102771
加油员………………… 4102477
园林绿化……………… 4103840
劳保厂书记………… 4966188
劳保厂厂长………… 4102988
劳保厂值班室……… 4102172
服务队队长………… 4102626
服务队书记………… 4102717
服务队副队长……… 4103926
打字室………………… 4102976
资产库保管员……… 4966954
饮食队书记………… 4102215
饮食队队长………… 4103378
一食堂大厅………… 4102275
二食堂………………… 4961424
三食堂………………… 4102898
四食堂………………… 4103866
招待所书记………… 4102364
招待所所长………… 4103689
招待所前台………… 4103424
银浪招待所………… 4961416
库房值班室………… 4102940
一中队………………… 4102734
二中队………………… 4102145
三中队………………… 4102735
公司门卫……………… 4102824
东楼值班室………… 4102587
民爆中队队长……… 4103957

离退休职工管理中心

书记……………………… 4103370
主任……………………… 4103270
副主任………………… 4103404
办公室………………… 4892365
机动、安全………… 4102248
文体、核算………… 4102986
信访、稳定、统计 … 4103217
杏五井活动室……… 4102975
杏五井活动中心…… 4102709
银浪活动室………… 5791144

三联实业开发公司

经理……………………… 4966228
副经理………………… 4966482
党办主任……………… 4966480
机关书记……………… 4966496
财务科长……………… 4965632
经营办主任………… 4966528
职教、档案………… 4966487
工会、后勤………… 4965128
机动资产……………… 4894340
计划生育……………… 4965403
合同管理……………… 4965528
调度室………………… 4966223
车队……………………… 4194705
印刷厂………………… 4102762
测量队………………… 4961443
工程队………………… 4102836
福利厂………………… 4965157
塑料厂………………… 4102340
渔场……………………… 5295828
东站……………………… 4103150
西站……………………… 4102098
猪场……………………… 4194704
银浪商服楼………… 6836111

钻井生产技术服务公司

地址：大庆市张铁匠六街 6 号
邮编：163358

党委书记……………… 4193236
经理……………………… 4180757
党委副书记、纪委书记
………………………… 4193741
副经理………………… 4993020
………………………… 4193881
………………………… 4193632
总会计师……………… 4991252
经理助理……………… 4193900
副总工程师………… 4193495
………………………… 4194022
经理助理……………… 4193713
二线办………………… 4992197

人力资源部（组织部）

主任（部长）……… 4193319
副主任………………… 4196720
………………………… 4993191
党委组织员………… 4193796
培训调培管理……… 4193320
人事档案管理……… 4199589
劳资薪酬管理……… 4994155

企业文化部（宣传部）

主任（部长）……… 4192081
副主任………………… 4994153
………………………… 4193895
办公室………………… 4193866

公司（党委）

主任……………………… 4192716
副主任………………… 4193271
………………………… 4193756
信访办………………… 4993849
秘书组………………… 4193340
收发复印……………… 4199660
公务员………………… 4993926
史志办………………… 4199014
机关综合楼………… 4994100

纪检监察部

主任……………………… 4993190
副主任………………… 4199559
办公室………………… 4194809
二线办………………… 4191930

群团工作部（工会共青团）

主任……………………… 4191189
团委书记……………… 4193343
副主任………………… 4993934
女工委………………… 4193742
办公室………………… 4199556

机关党委

书记……………………… 4994218
办公室………………… 4198775

行政管理部

主任……………………… 4195065
副主任………………… 4191061
房屋维修管理……… 4193332
合同计划管理……… 4199569
房产……………………… 4193610
计生……………………… 4994200

财务资产部

主任……………………… 4197866
副主任………………… 4197588
机关经费……………… 4993916
会计核算中心……… 4992358
………………………… 4199576
成本核算……………… 4193612
收费核算……………… 4199568
固井核算……………… 4993935
市场开发核算……… 4191190

计划经营法规部

主任……………………… 4191193
副主任………………… 4193475
办公室………………… 4199663

生产运行部

主任……………………… 4193491
副主任………………… 4991157
………………………… 4197608
………………………… 4193805
综合大班……………… 4194321
调度室………………… 4194554
………………………… 4994027
调度传真……………… 4994235
生产统计……………… 4994150
油料水泥……………… 4994137
体系档案网络……… 4198895
现场调度……………… 4993599
………………………… 4994394
现场司机班………… 4994212
电话会议室………… 4193539

质量安全环保部

主任……………………… 4992136
副主任………………… 4197836
………………………… 4193503
安全综合管理……… 4193422
节能 HSE 管理 …… 4199669
交通安全管理……… 4199696
质量一室……………… 4994047
质量二室……………… 4193719
二线办………………… 4197492

市场开发中心

书记……………………… 4994175
副主任………………… 4197916
………………………… 4993870
………………………… 4191446
………………………… 4193118
商务办………………… 4197175
………………………… 4992372
外事办………………… 4198602
综合、管理………… 4992411
机动、材料………… 4992350
后勤、群团………… 4194056
司机班值班室……… 4193505
二线办………………… 4992155
………………………… 4993013
………………………… 4193745
………………………… 4993342
………………………… 4191944

设备管理部

主任……………………… 4193423
副主任………………… 4194987
………………………… 4199578
修理资产管理……… 4193500
设备综合管理……… 4993345
二线办………………… 4993012

HSE 监督站

站长……………………… 4193502
一室……………………… 4994154
二室……………………… 4994149

稳定工作协调服务中心

书记……………………… 4985356
主任……………………… 4985315
办公室………………… 4897094
………………………… 4985990
退养家属支部……… 4985317

治安巡逻队………… 4987801

离退休管理中心

书记………………… 4983719
主任………………… 4983797
副主任……………… 4983735
办公室主任………… 4897093
劳资………………… 4983721
二线办……………… 4987893
统计、宣传………… 4987872
保健室……………… 4985996
一支部活动室……… 4983701
五区活动室………… 4892376
乒乓球室…………… 4985991
值班室……………… 4892512

固井一队

队长………………… 4993221
书记………………… 4199627
调度………………… 4994048
生产副队长………… 4199629
设备副队长………… 4199126
技术组……………… 4199127
综合管理员………… 4199135
经管员……………… 4199141

固井二队

队长………………… 4192353
书记………………… 4192363
调度………………… 4994023
生产副队长………… 4199360
设备副队长………… 4199145
技术组……………… 4199362
综合管理员………… 4199154
经管员……………… 4199161

固井三队

队长………………… 4992707
书记………………… 4197027
调度………………… 4197120
生产副队长………… 4199164
设备副队长………… 4199170
技术组……………… 4199607
综合管理员………… 4199173
经管员……………… 4199174

固井四队

队长………………… 4191664
书记………………… 4191232
调度………………… 4994026
生产副队长………… 4199179
设备副队长………… 4199609
技术组……………… 4199182
综合管理员………… 4191708
经管员……………… 4199621

固井五队

队长………………… 4993298
书记………………… 4199192
调度………………… 4994070
生产副队长………… 4199197
设备副队长………… 4199195
技术组……………… 4199194
综合管理员………… 4199193
经管员……………… 4199202

固井六队

队长………………… 4192503
书记………………… 4192593
调度………………… 4197137
生产副队长………… 4199204
设备副队长………… 4199205
技术组……………… 4199206
综合管理员………… 4199207
经管员……………… 4199216

固井七队

队长………………… 4191371
书记………………… 4199230
调度………………… 4994055
生产副队长………… 4993332
设备副队长………… 4199235
技术组……………… 4199239
综合管理员………… 4991486
经管员……………… 4199240

固井八队

队长………………… 4199247
书记………………… 4199245
调度………………… 4193298
生产副队长………… 4199243
设备副队长………… 4199242
技术组……………… 4199244
综合管理员………… 4991572
经管员……………… 4994143

固井九队

队长………………… 4199251
书记………………… 4191399
调度………………… 4194299
生产副队长………… 4991573
设备副队长………… 4199256
技术组……………… 4199261
综合管理员………… 4199661
经管员……………… 4199281

固井十队

队长………………… 4994177
书记………………… 4199283
调度………………… 4197263
生产副队长………… 4199287
设备副队长………… 4199290
技术组……………… 4199667
综合管理员………… 4199291
经管员……………… 4199303

固井后勤服务队

队长………………… 4196056
书记………………… 4198651
调度………………… 4191946
生产副队长………… 4199316
设备副队长………… 4199305
综合管理员………… 4199312
经管员……………… 4199304

固井修保厂

书记………………… 4191177
厂长………………… 4194408
副厂长……………… 4993993
工程师……………… 4194386
二线………………… 4197204
…………………… 4993994
生产办主任………… 5374450
生产办办公室……… 4191097
技术开发…………… 4199515
调度………………… 4994724
财务………………… 4191945
党办………………… 4994661
劳资、女工………… 4197237
生活………………… 4197209
计生………………… 4197225
材料库……………… 4197270
汽修班……………… 4193128
一车间……………… 4191191
二车间……………… 4191345
三车间队部………… 4193469
三车间办公室……… 4993974
四车间……………… 4993937
检查站……………… 4993944

技术研究开发中心

书记………………… 4195066
主任………………… 4196298
副主任……………… 4994351
…………………… 4994160
…………………… 4194268
工程师……………… 4193923
党办………………… 4994068
宣传稳定…………… 4199278
科技办……………… 4193496
房产计生…………… 4193794
生产工会…………… 4191975
财务………………… 4993147
材料办……………… 4994392
质量………………… 4191706
值班室……………… 4994164
司机班……………… 4191707

质量室

书记………………… 4199171
主任………………… 4194755
副主任……………… 4994163
质量一、二室……… 4199267
质量三室…………… 4994393

技术室

书记………………… 4994297
主任………………… 4191941
副主任……………… 4991658
技术一室…………… 4198656
技术二室…………… 4994136

资料室

书记………………… 4199276
主任………………… 4199272
副主任……………… 4193300
资料室……………… 4994179
传真机……………… 4994463
信息………………… 4195080

化验室

书记………………… 4199767
主任………………… 4994135
副主任……………… 4191032
化验室……………… 4994133
技术开发…………… 4195070
混配………………… 4994338

工具分公司

书记………………… 5295527
经理………………… 5296588
副经理……………… 5296646
…………………… 5295543
…………………… 5202695
工程师……………… 5298523
经理助理…………… 5202130
二线办……………… 5296383
…………………… 5298531

生产办

主任………………… 5202283
调度………………… 5295371
调度传真…………… 5295362
机动、资产………… 5200130

党办

主任………………… 5298531
办公室……………… 5291415
人事………………… 5297731
计算机房、工会…… 5290692

财务办

主任………………… 5201740
办公室……………… 5291417

开发办

主任………………… 5201741
产品开发办………… 5298515

技术办

主任………………… 5299623
办公室……………… 5297732
…………………… 5297391

质检办

主任………………… 5200129
办公室……………… 5202970

材料办

主任………………… 5296651
办公室……………… 5295452
库房………………… 5201862

销售办
主任……………………5202038
办公室…………………5297733
钻具销售库……………5201276
井控销售库房…………5298517
工具供销库房…………5297713
工具厂
书记……………………5201742
厂长……………………5297381
井控厂
厂部……………………5201553
办公室…………………5299844
钻具厂
厂部……………………5297382
技术组…………………5296489
管修探伤组……………5296648
热处理厂
书记……………………5299627
厂长……………………5299639
钻杆厂
厂长……………………5202138
综合队
书记……………………5291413
队长……………………5296650
车队书记………………5299947
车队队长………………5297711
食堂……………………5295472
公寓……………………5299870
经警……………………5201217
完井工作厂
书记……………………5202372
厂长……………………5296668
厂部……………………5296887
技术组…………………5200991
经管员…………………5203405
工具库房………………5202365

钻头厂

书记……………………5203568
厂长……………………5297384
副厂长…………………5788726
…………………………5202078
安全……………………5005022
生产办…………………5788727
质管办…………………5788723
财务……………………5028958
劳资……………………5788728
党办……………………5788729
人保……………………5269518
工会、女工……………5788722
机动、资产……………5788720
材料办…………………5788721
库房……………………5788724
保管员（成品）………5788725
设计室技术组…………5202069
钻头厂…………………5201853
加工车间………………5309218
复合片车间……………5309216
焊接车间………………5309215
综合班…………………5309217
值班室、司机班………5299784
食堂……………………5202527
经警……………………5297229

物资供应销售分公司

书记……………………4989228
经理……………………4892348
副经理…………………4894696
…………………………4989226
二线办…………………4892338
生产办
主任……………………4895944
调度……………………4892368
供应办
主任……………………4894319
一室……………………4892307
二室……………………4892317
三室……………………4896043
招标办…………………4896044
调拨……………………4893619
收款……………………4893616
财务
主任……………………4897345
办公室…………………4894791
党办
主任……………………4892358
办公室…………………4892327
管理办
主任……………………4894270
办公室…………………4896042
微机室…………………4893064
绿化、生活……………4892416
仓库
主任……………………4896041
保管员…………………4989590
门卫……………………4980860
固井材料组……………4994144
固井保管组……………4198393
库房值班室……………4199269

信息培训中心

书记……………………4194179
主任……………………4199002
副主任…………………4994795
…………………………4198603
二线办…………………4197239
党办主任………………4994552
综合组…………………4191926
财务……………………4191713
档案室…………………4994315
教培……………………4193519
计算机房………………4191072
…………………………4994398
网络硬件………………4193941
编辑室…………………4994822
值班室…………………4193751
固井文化站……………4197207

经保服务大队

书记……………………4991968
大队长…………………4191948
副大队长………………4195627
…………………………4195628
办公室主任……………4195629
办公室…………………4192729
二线办…………………4993125
…………………………4195410
综合宣传………………4198386
工会女工………………4991910
经营办主任、财务……4193984
安全、机动……………4196940
劳资、房产……………4991593
采购办…………………4191866
经保中队
书记……………………4993260
队长（武装部）………4991173
副队长…………………4992921
…………………………4195455
内勤……………………4992957
公司资产库……………4993145
经警主楼值班…………4193613
经警中楼值班…………4994835
经警东楼值班…………4992574
经警（东门卫）………4191447
经警（南门卫）………5329760
固井一车场……………4191157
固井二车场……………4994556
小车队
书记……………………4191309
队长……………………4994207
副队长…………………4191105
…………………………4195218
材料办…………………4196809
加油员办………………4196101
调度……………………4193344
修理厂…………………4994209
服务一中队
书记……………………4991815
队长……………………4193869
副队长、财务…………4993057
机关大食堂……………4197493
机关小食堂……………4994096
清扫、电工……………4992459
服务二中队
书记……………………4191548
队长……………………4197507
固井食堂………………4195034
固井一公寓……………4994028
固井二公寓……………4193175
服务三中队
书记……………………4191087
队长……………………4198226
调度……………………4994584
固井值班室……………4992076
开发值班室……………4198556

金利公司

书记……………………4195718
经理……………………4992403
副经理…………………4994535
…………………………4198991
…………………………5296533
党办主任………………4196516
人事……………………4991028
工会、女工……………4192573
生产办…………………4195944
财务办…………………4994793
综合办…………………4192738
调度……………………4992837
修井队
书记……………………4196608
调度……………………4192223
技术……………………4191096
钻采综合厂……………5201614
养殖厂
厂长……………………4191307
书记……………………4193988
板厂……………………4194640
解放村基地……………5201585
扶正器厂
厂长……………………5296533
书记……………………5295599
副厂长…………………5291322
…………………………5297532
技术组…………………5298980
办公室…………………5203800
金城钻具铸造配件厂
厂长……………………4994288
书记……………………4195233
副厂长…………………4192632
…………………………4195340
厂办……………………4198371
财务……………………4191386
材料员…………………4994188

离退休管理中心

书记……………………4983719
主任……………………4983797
副主任…………………4983735
劳资……………………4983721
二线办…………………4987893
工会、财务……………4897093

统计、宣传………… 4987872
卫生保健室………… 4985996
一支部活动室……… 4983701
五区活动室………… 4892376
乒乓球室…………… 4985991
司机班……………… 4892512
中心活动室………… 4987893
张铁匠活动室……… 4994142
解放村活动室……… 5291419
东湖五支部………… 5770940

钻井工程技术研究院

地址：大庆市八百垧中路
邮编：163413

党委书记…………… 4891098
院长………………… 4983764
副院长……………… 4983745
…………………… 4891359
总工程师…………… 4897808
副总会计师………… 4893628
副总工程师………… 4893454
…………………… 4894951
…………………… 4986219
…………………… 4985309
二线领导…………… 4893589

办公室（党委办公室）

主任………………… 4893585
办公室……………… 4985680
…………………… 4985682

党群工作部

主任………………… 4892731
团委书记…………… 4893458
办公室……………… 4891939

人力资源部

主任、组织部长…… 4891963
副主任……………… 4898233
办公室……………… 4893246
…………………… 4893437

技术发展部

主任………………… 4985588
办公室……………… 4893474
…………………… 4893536

安全质量环保部

办公室……………… 4893424
…………………… 4893515

规划经营部

主任………………… 4893497
办公室……………… 4893334
…………………… 4892485

财务资产部

主任………………… 4892405
办公室……………… 4893624
…………………… 4989794
工会财务…………… 4893789

市场运营部

主任………………… 4892402
副主任……………… 4893737
…………………… 4897632
办公室……………… 4894345

钻井工艺研究所

所长………………… 4984630
书记………………… 4983525
副所长……………… 4893525
…………………… 4892607
…………………… 4893530
办公室……………… 4893531
…………………… 4893532
仪器维修中心……… 4983530

钻井技术研究所

所长………………… 4893155
书记………………… 4983975
副所长……………… 4983531
主任工程师………… 4983552
…………………… 4980150
办公室……………… 4984404
…………………… 4891350
维修车间…………… 4893520
…………………… 4893521

钻井机械研究所

所长………………… 4897252
书记………………… 4897251
副所长……………… 4891351
…………………… 4988289
办公室……………… 4988287
…………………… 4893674

钻井液技术研究所

所长………………… 4892309
书记………………… 4891357
副所长……………… 4984673
…………………… 4893526
办公室……………… 4892441

完井技术研究所

所长………………… 4892341
书记………………… 4891372
副所长……………… 4985582
…………………… 4983532
主任工程师………… 4893527
办公室……………… 4984675

设计中心

主任………………… 4893665
书记………………… 4891360
副主任……………… 4893410
设计室……………… 4893529
钻井监督…………… 4986651
…………………… 4897929

信息中心

主任………………… 4896004
书记………………… 4898400
办公室……………… 4893717
钻井网站…………… 4898401

科研中试中心

经理………………… 4892178
书记………………… 4896424
副经理……………… 4985592
主任工程师………… 4894220
办公室……………… 4893336
综合管理组………… 4893586
助剂中试车间……… 4989875
井下工具维修测试 … 4895703

科技规划研究所

所长………………… 4893556
书记………………… 4983545
副所长……………… 4983539
办公室……………… 4897694
…………………… 4893557

科研保障中心

经理………………… 4892403
书记………………… 4983553
副经理……………… 4893743
…………………… 4897092
…………………… 4983551
办公室……………… 4897270
…………………… 4983530
…………………… 4893622
武装保卫…………… 4897633
器材保管…………… 4896695
器材综合…………… 4893565
配电所……………… 4986220
公寓………………… 4989459
食堂………………… 4983912
收发室……………… 4980874
档案室……………… 4985591
机关卫门…………… 4980649
车队
队长………………… 4895855
书记………………… 4892566
综合管理…………… 4989404
办公室……………… 4897636
调度室……………… 4893446
传真………………… 4893533

HSE 监督站

站长………………… 4893528
监督员……………… 4893560

离退办（稳定中心）

主任………………… 4892845
书记………………… 4896556
综合………………… 4894288

运输公司

地址：大庆市八百垧
邮编：163412

运输一分公司

二车队
书记………………… 4999151
队长………………… 4998035
调度………………… 4998036
五车队
书记………………… 4998034
队长………………… 4998033
保养厂
办公室……………… 4998022
检查站……………… 4998029
门卫………………… 4990948
食堂………………… 4998233

运输二分公司

经理………………… 4985032
材料组……………… 4988618
调度室……………… 4894195
…………………… 4894081
外勤调度…………… 4896653
搬运队调度………… 4896637
三车队……………… 4894190
食堂………………… 4896635

地下资源开发公司（方兴公司）

地址：大庆市西景路
邮编：163453

经理………………… 5198001
书记………………… 5183899
副经理……………… 5183005
…………………… 5183122
副总会计师………… 5184789
油田管理部经理…… 5184456
工程技术部主任…… 5183218
工程技术部副主任 … 5183522
财务科长…………… 5183055
办公室副主任……… 5184858
人力资源部长……… 5183137
经营管理部经理…… 5183580
技术保障中心副主任 5183711
生产协调部经理…… 5397966
生产协调部副经理 … 5183299
…………………… 5184699

杜尔伯特分公司

经理………………… 4691600
生产办……………… 4691604
综合办……………… 4691602
技术岗……………… 4691603
调度………………… 4691601
联合站
值班室……………… 5309965
…………………… 5309967

测井公司

地址：大庆市测井路
邮编：163412

经理…………………… 5689378
副书记………………… 5798758
副经理………………… 5684901
…………………………… 5798778
总工程师……………… 5682713
总会计师……………… 5672708
经理助理……………… 5680332
…………………………… 5671531
副总工程师…………… 5680499
…………………………… 5681870
安全副总监…………… 5795388
印尼地区项目经理 … 5680108
…………………………… 5681065
…………………………… 5680335

综合办公室

主任…………………… 5686548
副主任………………… 5685960
秘书室………………… 5693926
公务员………………… 5698804
档案室………………… 5693128

人力资源部

主任…………………… 5686658
副主任………………… 5680559
…………………………… 5680698
办公室………………… 5693148
…………………………… 5692467

计划经营部

主任…………………… 5689087
副主任………………… 5685118
办公室………………… 5692453

财务资产部

主任…………………… 5798570
副主任………………… 5680559
…………………………… 5689557
核算中心……………… 5797665
办公室………………… 5687572
…………………………… 5693930
…………………………… 5693369
…………………………… 5693720

装备管理部

主任…………………… 5798862
办公室………………… 5693342
车辆检查站…………… 5692420

生产作业部

主任…………………… 5672569
副主任………………… 5685750
办公室………………… 5680815
通信班………………… 5692451
调度…………………… 5693716
…………………………… 5680500
传真…………………… 5694535

安全质量环保部

副主任………………… 5695088
办公室………………… 5691309

技术质量

主任…………………… 5798677
副主任………………… 5672053
办公室………………… 5692452

总务部

主任…………………… 5683191
办公室………………… 5692450

审计（纪检）检查部

主任…………………… 5672731
办公室………………… 5671569

群团工作部

主任…………………… 5683277
副主任………………… 5680707
女工主任……………… 5671519
办公室………………… 5798833
舞台…………………… 5681141

科技信息部

副主任………………… 5686327
办公室………………… 5692093
网络组………………… 5798184
项目组………………… 5680346

市场管理中心

书记…………………… 5686658
副主任………………… 5796919
…………………………… 5688379
油田项目部…………… 5692454
…………………………… 5687041
生产、商务…………… 5698798

外事、人事

…………………………… 5686609
经营…………………… 5688469
政工…………………… 5686174
财务…………………… 5681795
值班室………………… 5690119

监督站

书记…………………… 5680276
站长…………………… 5685950
副站长………………… 5797718
办公室………………… 5682703

稳定办

书记…………………… 5683498
主任…………………… 5798879
副主任………………… 5693770

企业文化部

主任…………………… 5687596
副主任………………… 5680798
办公室………………… 5798896
摄像组………………… 5795206

测井一分公司

书记…………………… 5797832
经理…………………… 5683911
副经理………………… 5797826
…………………………… 5683993
生产干事……………… 5698155
技术干事……………… 5693778
调度室………………… 5694537
…………………………… 5694538
机械师………………… 5693313
质量组………………… 5797801
技术管理干事………… 5797797
行政经营干事………… 5797490
机动安全干事………… 5686737
党群干事……………… 5693736
财务、审核…………… 5693735
工艺组………………… 5692471

测井二分公司

书记…………………… 5685311
副经理………………… 5685991
…………………………… 5797936
…………………………… 5797782
…………………………… 5797772
生产技术干事………… 5681873
安全…………………… 5693703
行政干事……………… 5693546
政工干事……………… 5686704
财务…………………… 5797763
调度室………………… 5694536
…………………………… 5699547
机械师经营干事……… 5693570
质量组………………… 5686705

测井三分公司

书记…………………… 5686090
经理…………………… 5680668
副经理………………… 5686311
…………………………… 5686303
生产干事……………… 5691084
调度室………………… 5693748
技术干事……………… 5671621
机械师………………… 5694707
党群干事……………… 5691083
经营干事……………… 5692474
保养班………………… 5686142
材料组………………… 5691089
HSE 干事 ………… 5798612
行政干事……………… 5692084

数据处理与解释中心

书记…………………… 5568668
主任…………………… 5687078
副主任………………… 5687787
…………………………… 5688039
…………………………… 5688091
…………………………… 5681600
生产干事……………… 5680606
二道岗………………… 5693843
探井解释室…………… 5693129
开发解释室…………… 5693840
油藏评价室…………… 5693847
实验室………………… 5797887
数字处理室…………… 5692400
资料室………………… 5691055
资料交付……………… 5694044
打字室………………… 5683134
经营、安全…………… 5693842
财务组………………… 5686984
综合管理……………… 5692401
计算机室……………… 5692475
器材组………………… 5692477
门卫…………………… 5692476
电源值班……………… 5692406
机房…………………… 5686739

测井仪修中心

主任…………………… 5685277
副主任………………… 5797956
…………………………… 5683606
…………………………… 5689068
…………………………… 5688082
生产干事……………… 5693377
技术干事……………… 5696781
党群干事……………… 5693780
财务…………………… 5797965
国产仪器调度室……… 5693783
引进仪器调度室……… 5686143
引进仪器维修室……… 5671625
电缆工艺室…………… 5692064
标准记号井…………… 5685013
杏深一井……………… 4198744
放射性源室…………… 5692417

研发中心

书记…………………… 5688229
主任…………………… 5680996
副主任………………… 5689616
…………………………… 5688383
…………………………… 5689096
…………………………… 5680328
科研、经营干事……… 5693445
科研技术干事………… 5682357
生产、安全干事……… 5693311
行政、设备管理干事 5681872
核算员、政工干事 … 5693436
器材组………………… 5682356
数控测井研究室……… 5684084
生产技术开发室大厅 5681886
生产技术开发室办公室 5688163
核测井室中子管车间 5693424
核测井研究室………… 5693446
电法测井研究室……… 5681875
博士办………………… 5693141
声波测井研究室……… 5693130
质量检测组…………… 5691556

物资采购供应中心

书记…………………… 5798518
主任…………………… 5684989

副主任………………… 5688813
………………………… 5689080
生产组………………… 5693270
党群、行政………… 5685786
计划………………… 5693294
………………………… 5680835
微机室……………… 5680009
财务………………… 5693762
机关门卫…………… 5684956
库房………………… 5693758
库房值班…………… 5693763
资产库……………… 5692421

培训中心

书记………………… 5683118
主任………………… 5683155
副主任……………… 5672177
技教鉴定干事……… 5693143
党群教务干事……… 5692462

经保大队

书记………………… 5683599
大队长……………… 5683655
副大队长…………… 5683887
………………………… 5699374
综合管理…………… 5693717
值班室……………… 5798241
机关楼门卫………… 5683443
公司大门卫………… 5692626
磁带库门卫………… 5692404

退管中心

书记………………… 5697833
主任………………… 5689885
副主任……………… 5693931
………………………… 5684670
武保干事…………… 5696290
党群干事…………… 5693927
行政干事…………… 5692630
二线人员办………… 5691961
测井活动室………… 5693190
乘风庄活动室……… 5680768
让胡路活动站……… 5596242

综合服务分公司

书记………………… 5689189
经理………………… 5686800
副经理……………… 5689191
………………………… 5689546
………………………… 5693935
………………………… 5686875
生产干事…………… 5693242
经营、党群干事…… 5691634
行政干事…………… 5691973
安全干事…………… 5681826
核算员……………… 5692600
后勤组……………… 5693741
车队队长…………… 5693768
车队调度…………… 5693314
………………………… 5694029
大食堂……………… 5683962
………………………… 5692422
小食堂……………… 5693142
一号公寓…………… 5672452
二号公寓…………… 5798796
环卫队……………… 5693708
维修队
调度………………… 5692510
办公室……………… 5693447
维修队……………… 5693447
项目组……………… 5684137
服务班……………… 5695064

机械厂

厂长………………… 5689977
………………………… 5796607
书记………………… 5683688
副书记……………… 5681977
副厂长……………… 5687187
………………………… 5687779
………………………… 5672808
………………………… 5687319
办公室
主任………………… 5689592
副主任……………… 5688103
干事………………… 5688192
………………………… 5688205
党群工作部
主任………………… 5687093
副主任……………… 5687610
干事………………… 5689957
………………………… 5687613
………………………… 5687630
………………………… 5687619
人力资源部
主任………………… 5687367
副主任……………… 5687029
干事………………… 5687053
………………………… 5689771
生产运行部
主任………………… 5689901
副主任……………… 5672799
干事………………… 5689931
办公室……………… 5689932
………………………… 5689952
计划经营装备部
主任………………… 5687199
干事………………… 5689730
………………………… 5689731
………………………… 5689735
………………………… 5689732
技术质量管理部
主任………………… 5688372
干事………………… 5688923
………………………… 5688375
………………………… 5688901
市场开发部
主任………………… 5687075
办公室……………… 5687076
………………………… 5687069
财务部
主任………………… 5689701
干事………………… 5689821
………………………… 5688937
………………………… 5689820
研发中心
副主任……………… 5688615
办公室……………… 5681773
………………………… 5688636
………………………… 5688913
调度室……………… 5689610
………………………… 5689620
经警室……………… 5688591
信访接待室………… 5687129
收发复印室………… 5687107
公务员……………… 5689629
稳定中心
主任………………… 5687181
办公室……………… 5689779
一区材料室………… 5685779
………………………… 5689761
食堂………………… 5689762
门卫………………… 5687770
野营房分厂………… 5689575
………………………… 5689651
机修一分厂………… 5687051
钻修一分厂………… 5687079
综合服务队
队长………………… 5686771
办公室……………… 5687309
值班室……………… 5688675
司机班……………… 5689753
二作业区
原办公楼…………… 5608700
………………………… 5608725
………………………… 5608720
钻修门卫…………… 5608759
钻修二分厂………… 5608751
………………………… 5608756
机修二分厂………… 5608757
加工分厂…………… 5608754
………………………… 5608755
修复分厂…………… 5608733
………………………… 5608734
并电项目部………… 5608747
钻修二分厂………… 5608746
加工分厂…………… 5608750
………………………… 5608742
三作业区
钻修一分厂………… 5602279
………………………… 5603492

冀东钻井公司

地址：大庆市银湖街
邮编：163411
规划经营部………… 5693866
调度………………… 5698077
供应………………… 5693577

第一采油厂

地址：大庆市中七大路 34 号
邮编：163000

领导

副书记……………… 5815025
副厂长……………… 5815008
………………………… 5815005
………………………… 5815066
………………………… 5815077
………………………… 5815038
工会主席…………… 5815158
总地质师…………… 5815036
………………………… 5815056
总设计师…………… 5815106
………………………… 5886053
总会计师…………… 5815166
总工程师…………… 5815100
………………………… 5823712
调研员……………… 5815073
副总工程师………… 5815660
副总经济师………… 5815180
厂长助理…………… 5815027

综合办

主任………………… 5827916
副主任……………… 5813919
………………………… 5814241
………………………… 5823704
党群综合秘书……… 5823832
生产信息秘书……… 5823715
机要文书…………… 5882375
党委宣传…………… 5882370
机关党委…………… 5886230
信访民政…………… 5823052
行政接待…………… 5886207
信访接待…………… 5812344
计划生育…………… 5886216
公务员……………… 5812318
打字室……………… 5886217
复印室……………… 5882756
收发室……………… 5886220
值班室……………… 5814455
门卫………………… 5886236

油田管理部

主任………………… 5812038

副主任……5812165
……5823710
……5886420
产量综合管理……5812136
电泵注水井……5812998
注水……5812468
三采管理……5827249
注水站管理……5813297
作业综合……5886049
作业工程师……5886507
作业现场……5811530
输油管理……5813707
联合管理站……5813297
办公室……5886279

生产运行部

主任……5815033
副主任……5812800
……5886221
……5813562
……5813133
调度值班……5886200
……5812082
……5828600
传真机……5882367
综合……5823709
运输……5882373
道路排水……5883998
清水……5886257
用电管理……5886203
三电管理……5886201
变电管理……5813077
电话值班员……5814971
办公室……5815099
……5812040
……5813318

安全环保部

主任……5812056
副主任……5813775
……5886246
……5883681
交通环保……5886225
工业防火……5812043
综合……5885252
计量标准……5886241
质量……5814109
认证……5885819

技术发展部

主任……5882376
副主任……5886256
能源……5812074
科技……5812092
办公室……5882056

财务资产部

主任……5883662
副主任……5814216
……5812049
办公室……5882365
成本……5882372
……5883729
经费……5886249
资产……5813022
机动……5886245
……5886244
……5827283

企管法规部

主任……5825178
法律顾问……5882369
副主任……5812327
合同……5825228
企管……5885165

计划规划部

主任……5824107
副主任……5826312
生产计划……5881087
生产统计……5813616
办公室……5812180

人事部

主任……5815189
副主任……5883400
……5881909
……5814165
组织员……5823719
……5883775
……5813470
办公室……5823722
综合统计……5882366
员工培训……5812093
管理人员档案……5886253
操作人员档案……5823711
工资管理……5886242
员工调配……5886243
定额副站长……5882065

物资管理部

主任……5181992
副主任……5399699
基建物资……5394530
维修计划……5191624
基建……5192925
……5192923
……5181602
质量定额……5394235
值班室……5181601
……5184965

审计监察部

主任……5886232
副主任……5814033
……5826311
监察员……5823701
纪检监察……5813915
审计监察……5812103
……5823706
办公室……5886234
……5883776
……5823705
……5810318
……5813176

工会

副主席……5882500
……5883683
生活……5883093
文体……5885642
财务……5885343
民管……5885641
女工……5885640
办公室……5881766

团委

书记……5823703
办公室……5886240

稳定办

主任……5813919
副主任……5883503
综合……5885405

第一油矿

地址：奋勇街
邮编：163162

书记……5570398
矿长……5570066
副矿长……5570098
……5570068
……5570288
……5570028
……5570198
……5570399
工会主席……5570358
……5570058
……5570108
生产办主任……5570268
经营办主任……5570131
综合办主任……5570155
调度长……5570118
调度……5570111
……5570222
安全组长……5570318
安全……5570130
油井管理……5570133
油水站……5570134
电力……5570139
作业……5570119
计量……5570150
设备……5570137
人事……5570128
财务……5570129
……5570018
计划……5570350
技教……5570469
组织……5570238
工会……5570132
房产……5570122
团委……5570146
档案室……5570213

工艺队

队部……5570121
……5570258
地下调度……5570141
计算机……5570148
数据传输……5570143
监测岗……5570007
地面工程……5570101
机采组……5570152
……5570142
综合组……5570153
动态组……5570263
管理组……5570135
化验室……5570161

北一队

队部……5570495
地质组……5570432
104 站……5050063
西二注……5050383
西二提……5092443
西二变……5058995

北二队

队部……5570144
……5570439
106 站……5570441
作业跟踪班……5570336
北一注……5853590
北一变……5853536

北三队

队部……5861823
地质组……5861824
中十三油岗……5853314

北四队

队部……5593709
地质组……5096442
109 站……5099374
注入站 3 号……5570451

101 队

队部……5570464
地质组……5570424
101 站……5050314
注入站……5050362
101 新注入站……5055682

102 队

队部……5570421
地质组……5570416

102 站 ……………… 5050486
103 队
队部……………… 5855740
地质组……………… 5855741
洗井班……………… 5858689
中十三联
值班室……………… 5853748
变电……………… 5853324
注水……………… 5853713
注入……………… 5853316
污水……………… 5853715
锅炉……………… 5853487
新注……………… 5853701
105 队
队部……………… 5570450
地质组……………… 5570027
105 站 ……………… 5570209
注入站 1 号………… 5055045
聚北Ⅰ－Ⅰ变电…… 5570474
聚北Ⅰ－Ⅰ注水…… 5570462
聚北Ⅰ－Ⅰ污水…… 5570465
聚北Ⅰ－Ⅰ锅炉…… 5570484
聚北Ⅰ－Ⅰ大班…… 5570423
聚北Ⅰ－Ⅰ化油点 5050323
108 队
队部……………… 5593716
地质组……………… 5096443
108 站 ……………… 5099107
西二污……………… 5099116
西一注变电………… 5099320
西一注污水………… 5099336
西一注注水………… 5099352
锅炉……………… 5099321
干部班……………… 5099969
112 队
队部……………… 5570492
地质组……………… 5570417
112 站油岗 ………… 5570467
掺水……………… 5570440
污水……………… 5570426
锅炉……………… 5570479
113 队
队部……………… 5570307
地质组……………… 5570308
113 站 ……………… 5099271
中十注……………… 5811485
中十变……………… 5811470
204 队
队部……………… 5570447
地质组……………… 5570431
新北一放水………… 5853211
新北一污水………… 5853108
新北一增压………… 5853578
新北一 5853410

注入站 2 号………… 5857045
北Ⅰ－Ⅰ联合站
队部……………… 5570448
……………… 5570059
外输油岗………… 5570354
脱水……………… 5570402
沉降、污水……… 5570445
老增压……………… 5570437
锅炉……………… 5570485
供水……………… 5570419
注水……………… 5570403
化验室……………… 5570408
变电……………… 5570364
增压站……………… 5570274
污水……………… 5570296
外输油管线防盗…… 5570334
……………… 5190870
食堂……………… 5570494
维修队
队长……………… 5570459
锅炉房……………… 5570325
试井队
队长……………… 5570171
副队长、技术员…… 5570481
仪表……………… 5570415
车队
书记……………… 5570276
车库……………… 5570326
小车班……………… 5570149
服务队
队部……………… 5570166
……………… 5570490
食堂……………… 5570187
材料组……………… 5570154
……………… 5570392
纯净水队………… 5570436
体育馆……………… 5570410
收发室……………… 5570056
经警队
队长……………… 5570328
队部……………… 5570147

第二油矿

地址：大庆市友谊大街
邮编：163163

书记……………… 5851799
矿长……………… 5861115
副矿长……………… 5863186
……………… 5863173
……………… 5863183
……………… 5863182
……………… 5862206
工会主席………… 5863698
……………… 5863878
机关书记………… 5857835

生产办主任………… 5863196
调度长……………… 5851511
安全组长……………… 5853080
安全组……………… 5857843
水井管理……………… 5853429
油井管理……………… 5853379
电泵管理……………… 5858617
作业管理……………… 5857075
联合站管理………… 5858614
中转站管理………… 5857836
注水站管理………… 5857814
电力管理……………… 5853460
设备管理……………… 5858615
计量仪表……………… 5858650
综合办
主任……………… 5858204
综合秘书……………… 5857844
工会干事……………… 5858619
团委书记……………… 5858624
组织纪检……………… 5858620
稳定办……………… 5857832
经营办
主任……………… 5863180
财务组长……………… 5857842
财务室……………… 5857846
人事管理……………… 5858618
经营、计划生育…… 5857841
基建管理……………… 5853786
房产矿建……………… 5862959
计算机室……………… 5853525
调度室……………… 5863171
……………… 5863172
……………… 5858616
工艺队
地调……………… 5853346
信息组……………… 5853525
化验组……………… 5857840
管理组……………… 5858526
……………… 5857461
动态组……………… 5853528
……………… 5858607
北五队
队部……………… 5853729
地质组……………… 5855400
中 215 油站………… 5853424
聚中四注入………… 5853143
211－4 注入 ……… 5858690
北六队
队部……………… 5855355
地质组……………… 5855401
中 207 中转站……… 5811236
北七队
队部……………… 5853451
地质组……………… 5855402

中 216 中转站……… 5855471
中 216 注入站……… 5863216
污油点……………… 5852428
北八队
队部……………… 5853508
地质组……………… 5853467
中 209 注入站……… 5863209
新 209 中转站……… 5853517
北二注水站………… 5853221
北水源
队部……………… 4687801
地质组……………… 4687787
203 队
队部……………… 5855408
地质组……………… 5857009
中 203 中转站……… 5853215
中 203 注入站……… 5853463
205 队
队部……………… 5853505
地质组……………… 5855405
中 202 中转站……… 5853403
中 202 注入站……… 5853540
206 队
队部……………… 5853766
地质组……………… 5855406
中新 201 中转站…… 5853276
中 201 注入站……… 5858524
207 队
队部……………… 5857726
地质组……………… 5855419
中 204 中转站……… 5857052
中 204 注入站……… 5853281
208 队
队部……………… 5853731
地质组……………… 5855409
中 212 中转站……… 5811167
中 212 注入站……… 5811600
209 队
队部……………… 5855504
地质组……………… 5855410
中新 205 中转站…… 5853407
210 队
队部……………… 4601813
地质组……………… 4601812
中 210 中转站……… 4687724
211 队
队部……………… 5850211
地质组……………… 5850212
中 201 注入站……… 5858524
新聚 209 中转站…… 5857072
217 队
队部……………… 5851217
地质组……………… 5852217
聚中 217 中转站…… 5813172

中 213 注入站……… 5811501
聚北二队
队部………………… 5857019
地质组……………… 5855403
聚北二中转站……… 5857049
北一二联合站
队部………………… 5811091
…………………… 5811107
外输………………… 5886791
脱水………………… 5811054
增压………………… 5811052
锅炉………………… 5811057
污水………………… 5811528
北一三污水………… 5811109
门卫………………… 5823740
北二联合站
队部………………… 5853720
外输岗……………… 5853171
供水………………… 5853269
新增压……………… 5853856
老增压……………… 5853391
锅炉………………… 5853235
化验………………… 5853116
北二深度污水……… 5857079
北二深锅炉………… 5857086
新聚北二锅炉……… 5851870
新聚北二污………… 5851853
变电一队
队部………………… 5862511
…………………… 5862411
聚中四注水站……… 5853142
聚中四曝氧站……… 5853130
中四注水站………… 5851851
中九变……………… 5853511
中十二注水站……… 5853311
中十二污水站……… 5853263
中十二变…………… 5853384
矿锅炉房…………… 5851856
变电二队
队部………………… 5861712
…………………… 5861612
中五注水站………… 5811028
中五变……………… 5811499
聚中五注水站……… 5811522
聚中五曝氧站……… 5811526
聚中五锅炉………… 5811525
新生聚中五注水站 … 5813170
聚北二污水站……… 5855473
聚北二锅炉房……… 5857054
实验队
队部………………… 5882735
…………………… 5811082
中十一变电所……… 4687703
中十一注水………… 4687739

聚中十一变电所…… 4687795
聚中十一注水……… 4687785
聚中十一污水……… 4687790
聚中十一锅炉……… 4687780
断东变……………… 5811408
北二变……………… 5853217
试井队
队部………………… 5858623
…………………… 5853734
…………………… 5853741
保卫队
队部………………… 5858540
…………………… 5861444
维修队
队部………………… 5857845
…………………… 5857135
水厂………………… 5858905
车队
队部………………… 5858608
综合队
矿食堂……………… 5858622
材料库……………… 5857725
…………………… 5853751

第三油矿

地址：大庆市铁人路铁人三村
邮编：163452

党委书记…………… 5196116
矿长………………… 5390600
党委副书记………… 5197015
副矿长……………… 5192465
…………………… 5192467
…………………… 5192469
…………………… 5190360
…………………… 5192470
…………………… 5198868
综合办
主任………………… 5395660
秘书………………… 5181896
组织纪检…………… 5190368
工会………………… 5190377
宣传………………… 5390568
生产办
主任………………… 5182922
调度长……………… 5196066
生产秘书…………… 5196735
调度室……………… 5192148
…………………… 5394424
安全组……………… 5190372
输油管理…………… 5190374
油井管理…………… 5391121
安全组长…………… 5190362
水井站管理………… 5391691
电力能源…………… 5190379
计量全质…………… 5190378

机关经管…………… 5190373
计划经管…………… 5192586
基建………………… 5192136
房建………………… 5397962
小车班……………… 5390599
经营办
主任………………… 5192480
财务组长…………… 5196793
财务组……………… 5395092
设备资产…………… 5391211
人事………………… 5190363
房产绿化…………… 5190376
计划生育…………… 5181895
工艺队
队长………………… 5391886
副队长……………… 5181965
经管………………… 5182791
地下调度…………… 5190195
动态组
组长………………… 5182795
动态 1 ……………… 5190375
动态 2 ……………… 5192461
动态 3 ……………… 5191021
测试组……………… 5182797
机采组长…………… 5192462
方案组……………… 5391434
电泵热洗…………… 5182796
工程组……………… 5391223
化验室……………… 5181321
水井组……………… 5390352
计算机室…………… 5192463
中一队
队部………………… 5811100
地质组……………… 5813778
304 站 ……………… 5811115
中三队
队部………………… 5391025
地质组……………… 5190426
302 站 ……………… 5391070
中四变……………… 5391039
中四队
书记………………… 5394186
队长………………… 5192466
副队长……………… 5181962
队部………………… 5391064
地质组……………… 5183761
305 站 ……………… 5190482
西五变……………… 5182492
西五注……………… 5182493
中五队
地质组……………… 5190371
307 站 ……………… 5391074
306 站 ……………… 5181306
压气站……………… 5190030

锅炉………………… 5193136
南五队
队部………………… 5391029
队长………………… 5190497
地质组……………… 5183050
西四注……………… 5190151
西四变……………… 5391040
西四锅炉…………… 5398771
309 站 ……………… 5182461
南六队
队部………………… 5398372
地质组……………… 5190095
新中 311 站………… 5190144
聚西一变电队……… 5195226
聚西一注水站……… 5195139
303 队
队部………………… 5891675
地质组……………… 5891507
303 站 ……………… 5891622
中六注……………… 5891584
中六变……………… 5891508
中六污……………… 5891580
中六锅炉…………… 5891606
308 队
队部………………… 5190046
地质组……………… 5182760
308 站 ……………… 5190100
310 队
队部………………… 5196310
310 转油站 ………… 5195310
311 队
队部………………… 5198311
地质组……………… 5198302
西三注……………… 5391034
西三变……………… 5391036
西三炉……………… 5398469
西三深……………… 5190207
312 队
书记………………… 5398426
队长………………… 5390516
地质组……………… 5398424
312 外输 …………… 5192073
312 污水 …………… 5192075
312 锅炉 …………… 5192074
304－2 号聚注站 … 5811090
308－4 号聚注站 … 5397553
313 队
队长………………… 5391313
地质组……………… 5182231
313 站 ……………… 5396313
西西一注入站值班 … 5191352
西西一注入站采暖 … 5891353
西西二注入站值班 … 5191356
西西二注入站采暖 … 5191357

西西二注入站值班 … 5191360
西西二注入站采暖 … 5191361
中二联
书记…… 5190223
队长…… 5182491
队部…… 5391065
中二注…… 5190162
中二变…… 5190045
中三污…… 5190140
中三污锅炉…… 5181325
新中三污锅炉…… 5193823
306 污 …… 5182306
提升站…… 5190131
污油回收点…… 5196301
中十六深…… 5198321
炮库…… 5398762
中十六联
队长…… 5190014
书记…… 5182470
副队长…… 5190173
队部…… 5182469
脱水…… 5182474
配电所…… 5182471
增压站…… 5182473
锅炉房…… 5182475
污水…… 5182472
化验…… 5182556
调水泵房…… 5184540
供输油
书记…… 5391067
队长…… 5190489
队部…… 5190104
外输、配电…… 5190474
计量…… 5391032
化验…… 5190273
锅炉…… 5395496
北Ⅱ集气阀组…… 5095922
消防…… 5104953
聚中十六联
队长…… 5190274
队部…… 5190264
聚中十六站…… 5190550
16－1 号注聚站 …… 5096341
16－2 号注聚站 …… 5193594
16－4 号注聚站 …… 5193524
16－6 号注聚站 …… 5195126
锅炉…… 5198726
电力队
队长…… 5936707
经管…… 5936705
技术员…… 5936706
动力…… 5936702
…… 5936703
锅炉…… 5936701
主楼…… 5936052
…… 5936051
…… 5936603
环保…… 5936715
…… 5936725
制冷…… 5936704
1 号生态园 …… 5936951
2 号生态园 …… 5936952
车队
队长…… 5190361
队部…… 5190364
测试队
队长…… 5393041
队部…… 5182790
维修队
队长…… 5397862
队部…… 5190365
经警队
队长…… 5183410
队部…… 5391186
综合队
队部…… 5196971
食堂…… 5190367
小灶食堂…… 5191885
材料组 1 …… 5182755
材料组 2 …… 5182792
材料库房…… 5181322
奔腾库房…… 5194440
体育馆…… 5190229
门卫…… 5192468
培训基地
主任…… 5392337
副主任…… 5392339
办公室 1 …… 5392306
办公室 2 …… 5392309
办公室 3 …… 5392332
门卫…… 5392310

第四油矿

地址：大庆市中强北街 35 号
邮编：163000

书记…… 5827269
矿长…… 5883337
副矿长…… 5824132
…… 5825101
…… 5825852
…… 5824607
…… 5825926
工会主席…… 5884787
综合办主任…… 5825726
经营办主任…… 5883347
生产办主任…… 5826946
调度长…… 5825766
综合秘书室…… 5883351
设备…… 5825761
作业…… 5883342
输油…… 5825269
水站计量…… 5825754
油水井…… 5825775
电力…… 5825795
安全组长…… 5828143
安全…… 5825832
…… 5825102
计划…… 5825764
组织…… 5811285
计划生育…… 5884837
机关支部…… 5883387
房产…… 5823101
拆迁…… 5883354
工会…… 5825937
团委…… 5811206
宣传…… 5827104
党办秘书…… 5883334
财务组长…… 5812279
财务…… 5827379
技教…… 5825776
值班室…… 5825763
多种经营…… 4688763
调度室…… 5811180
…… 5811250
…… 5883327
工艺队
书记…… 5824615
队长…… 5811348
副队长…… 5812140
地下调度…… 5881072
管理组水井岗…… 5811325
动态综合…… 5825837
动态水驱…… 5883374
动态组长…… 5825873
化验室…… 5811175
地面工程组…… 5816085
动态聚驱…… 5812152
机采组…… 5882632
测试管理…… 5827741
管理组油井岗…… 5812149
档案室…… 5885964
机采管理…… 5811205
热洗管理…… 5812075
信息组…… 5811352
中六队
队部…… 5811532
地质组…… 5811106
新 404 站 …… 5823404
中七队
队部…… 4661712
地质组…… 4687782
中 406 站 …… 5811649
提升站…… 4687709
中八队
队部…… 4687486
地质组…… 4687760
403 站 …… 4687721
东一变…… 4687417
东四注…… 4603473
东四变…… 4603497
新 403 站 …… 4683403
中九队
队部…… 5811130
地质组…… 5811471
中 408 站 …… 5881199
新 408 站 …… 5828408
中十队
队部…… 4667026
地质组…… 4687464
新 410 站 …… 4689410
东三注…… 4687726
东三变…… 4687728
原中 412 站 …… 4661027
北十一队
队部…… 4660537
地质组…… 4687775
401 站 …… 5811602
中十二队
队部…… 4661921
地质组…… 4668799
402 站 …… 4661029
中十四队
队部…… 5825441
地质组…… 5825442
407 站 …… 5811464
锅炉房…… 5886069
中十五队
队部…… 5813074
地质组…… 5811546
409 站 …… 5811473
中三变…… 5811059
中三注…… 5811610
东四污…… 4687734
中十六队
队部…… 4605346
地质组…… 4663053
411 站 …… 4687496
中十七队
队部…… 5881950
地质组…… 5881632
会战变…… 5811345
中七注…… 5811101
聚中七注…… 5811104
中七变…… 5811192
聚中七变…… 5817194
中七一污水…… 5811097
405 处理站 …… 5886405

中十八队
队部…………………… 4686018
值班室………………… 4686318
聚 402 站……………… 4687730
中七联
队部…………………… 5811010
……………………… 5811394
……………………… 5811245
油岗…………………… 5811085
污水…………………… 5815857
供水…………………… 5811264
气浮选………………… 5811146
锅炉…………………… 5815472
深化…………………… 5811089
脱水…………………… 5811547
增压…………………… 5811060
沉降…………………… 5811121
门卫岗………………… 5815742
新增压站……………… 5811396
聚中七队
队部…………………… 4662761
地质组………………… 4667531
聚岗…………………… 5811672
污水…………………… 5811253
锅炉…………………… 5811671
1 号注入站 ………… 5811601
2 号注入站 ………… 5811320
2－2＃注入站……… 4686254
聚 410 队
队部…………………… 4605826
地质组………………… 4605827
聚 410 站……………… 4604910
东区 2 号注入站…… 4605342
东区 4 号注入站…… 5816135
南区 1 号注入站…… 5823601
南区 2 号注入站…… 4687621
东区 3 号注入站…… 4605946
聚 413 队
队部…………………… 5881781
地质组………………… 5881921
聚 413 站……………… 5812527
东区 1 号注入站…… 5881913
中区 2 号注入站…… 5811105
中区 3 号注入站…… 5812321
维修队
队部…………………… 4687776
维修工………………… 4604960
化油点………………… 4661726
试井队
队部…………………… 4687477
高压班………………… 5811603
绘解室………………… 4687425
值班室………………… 4687429
车队
队部…………………… 5811490
值班室………………… 4681490
综合队
队部…………………… 5881750
食堂…………………… 5827742
材料库………………… 4601701
车库值班室…………… 4687794
经警队
队部…………………… 4604980
调度室………………… 4602151
调度室………………… 4604981

第五油矿

地址：大庆市胜利村 13 号
邮编：163001
书记…………………… 5819022
矿长…………………… 5819779
副矿长………………… 5819655
……………………… 5819432
……………………… 5819069
……………………… 5819756
……………………… 5819769
工会主席……………… 5819220
调研员………………… 5819825
……………………… 5819752
生产办
主任…………………… 5819350
调度室………………… 5819590
……………………… 5819457
安全组………………… 5819605
采油管理……………… 5818129
计量…………………… 5819435
作业…………………… 5819409
输油…………………… 5819412
电力…………………… 5819703
注水…………………… 5819612
计划统计……………… 5819270
产能…………………… 5819742
工程基建……………… 5819646
设备管理……………… 5819407
综合办
主任…………………… 5819587
组织…………………… 5819400
团委…………………… 5819405
工会…………………… 5819404
综合秘书……………… 5819471
宣传统战……………… 5819425
经营办
主任…………………… 5819415
财务…………………… 5819232
账务…………………… 5819708
资产…………………… 5819708
劳资经营……………… 5819402
员工培训……………… 5819410
打字室………………… 5818401
工艺队
队长…………………… 5818420
书记…………………… 5819417
地调…………………… 5819272
机采组………………… 5819419
管理组………………… 5819422
地面工程组…………… 5819424
动态组………………… 5819164
网络电话……………… 5819498
化验室………………… 5819414
南二队
队部…………………… 5819697
……………………… 5819423
地质组………………… 5819841
中 511 站……………… 5819146
南三队
队部…………………… 5391096
……………………… 5190224
中 502 站……………… 5190112
南七队
队部…………………… 5191926
……………………… 5191896
地质组………………… 5191936
中 509 站……………… 5190415
中 501 队
队部…………………… 5391022
……………………… 5190123
中 501 站……………… 5190250
中 510 队
队部…………………… 5190237
……………………… 5190042
中 510 站……………… 5391026
聚中 501 队
队部…………………… 5191929
……………………… 5196865
聚中 501 转油放水站 5196806
西西 4 号注入站…… 5191363
聚中 510 队
队部…………………… 5391041
……………………… 5190142
聚中 510 站………… 5198883
南 1－1 联
队部…………………… 5391035
……………………… 5190097
……………………… 5190405
注水…………………… 5190236
污水…………………… 5196862
增压…………………… 5190206
化验…………………… 5190044
锅炉…………………… 5182540
一段脱水……………… 5190096
二段脱水……………… 5190176
变电…………………… 5190004
调水站………………… 5191367
注水变电队
队部…………………… 5198801
……………………… 5198802
聚南 1－1 注水 …… 5198803
聚南 1－1 锅炉 …… 5198851
聚南 1－1 变电岗 … 5198856
水驱污水……………… 5198869
聚驱污水……………… 5198859
南一变………………… 5819604
南一注………………… 5819469
聚南一变……………… 5819731
聚南一注……………… 5819732
南二污………………… 5190007
南二污锅炉…………… 5182541
生化处理站
队部…………………… 5191370
配电所………………… 5191373
中控…………………… 5191380
污水…………………… 5191375
锅炉…………………… 5191379
南 1－1 联
岗位防盗电话………… 5818795
……………………… 5190560
测试队
队部…………………… 5819431
绘解…………………… 5819397
车队
队部…………………… 5819593
综合队
材料库………………… 5819727
材料库联网…………… 5819676
队部…………………… 5819667
小车班………………… 5819754
……………………… 5819689
食堂…………………… 5819443
经警队
队部…………………… 5819657
……………………… 5819116
门卫…………………… 5819824
维修队
队部…………………… 5819426
土油池………………… 5819671
相关单位
清水泵房……………… 5819082
离退办………………… 5819430

第六油矿

书记…………………… 5810155
矿长…………………… 5811699
副矿长………………… 5816943
……………………… 5824568
……………………… 5885077
……………………… 5815795
……………………… 5828198
……………………… 5812250

…………………… 5810150
…………………… 5824307
生产办
主任…………………… 5811496
调度长…………………… 5885004
调度室…………………… 5881474
…………………… 5811620
安全组…………………… 5811334
热洗…………………… 5881753
计量…………………… 5811589
作业…………………… 5811024
输油…………………… 5811373
电力…………………… 5814052
注水…………………… 5811500
水（电泵）井……… 5810377
设备…………………… 5826134
机采…………………… 5811402
综合办
主任…………………… 5881307
组织…………………… 5811599
团委…………………… 5811425
工会…………………… 5811189
女工…………………… 5885862
打字室…………………… 5811022
经营办
主任…………………… 5816743
副主任…………………… 5811004
计划…………………… 5815590
财务…………………… 5824154
资产…………………… 5810057
人事…………………… 5886033
房产…………………… 5811424
拆迁办…………………… 5811043
机关支部书记……… 5811599
综合办秘书………… 5823634
安全巡视组………… 5811319
工艺队
队部…………………… 5811066
…………………… 5811055
地调…………………… 5811044
机房…………………… 5886446
管理组…………………… 5811234
地面工程组………… 5811218
动态组…………………… 5811616
综合组…………………… 5811381
化验室…………………… 5885893
开发工程师………… 5885913
中二队
队长…………………… 5811219
队部…………………… 5811102
地质组…………………… 5813683
六零九油站………… 5811071
六零九水岗………… 5811072
中十一队
队长…………………… 5827392
地质组…………………… 5827043
中十六油站………… 5811590
中十三队
队长…………………… 5881563
地质组…………………… 5826191
中六零八站………… 5811182
北九队
队长…………………… 5816410
地质组…………………… 5811152
中六零四站………… 5811065
北十队
队长…………………… 5811463
队部…………………… 5811153
地质组…………………… 5812749
中十四油站………… 5811120
六一零队
队长…………………… 5882871
地质组…………………… 5882921
六一零站…………………… 5811227
东一号注入站……… 5812242
中十七变…………………… 5811093
中十七变…………………… 5811092
电工班…………………… 5811056
六零二队
队长…………………… 5816435
地质组…………………… 5811549
中六零二站………… 5811637
提升站…………………… 5811353
中一注…………………… 5811161
中一变…………………… 5811657
六零三队
队长…………………… 5811432
地质组…………………… 5811431
聚六零三注入站…… 5811037
聚六零三油站……… 5811036
污油点…………………… 5814929
锅炉岗…………………… 5813981
六零五队
队长…………………… 5812142
地质组…………………… 5811609
中六零五油站……… 5811359
六零九队
队长…………………… 5881502
地质组…………………… 5881472
中八注…………………… 5811387
中八变…………………… 5811223
聚中八注…………………… 5811370
聚中八变…………………… 5816740
…………………… 5811372
六零九注入站……… 5811070
十五联
队长…………………… 5811552
地质组…………………… 5811551
中十五联油岗……… 5811423
注入站…………………… 5824771
二号注入站………… 5813921
中十五变…………………… 5824710
中十五变（载波） … 5905315
中一联
书记…………………… 5885552
队部…………………… 5811367
门卫…………………… 5885943
化验…………………… 5811094
外输…………………… 5811379
脱水…………………… 5811355
沉降…………………… 5811615
供水…………………… 5811049
新增压…………………… 5811404
变电库…………………… 5811139
老增压…………………… 5811354
锅炉…………………… 5811430
聚中一
队长…………………… 5812687
队部…………………… 5812473
中一污水…………………… 5881492
中一深…………………… 5824765
聚中一深…………………… 5816514
聚中一污…………………… 5811692
放水站…………………… 5824742
锅炉岗…………………… 5811271
污水达标站………… 5827261
测试队
队长…………………… 5813158
书记…………………… 5813189
汇解班…………………… 5813156
车队
队长…………………… 5812466
综合队
材料库…………………… 5811133
体育馆…………………… 5823515
食堂…………………… 5816741
经警队
队长…………………… 5881751
值班室…………………… 5816742
维修队
队长…………………… 5811023
仪表班…………………… 5882571

第七油矿

书记…………………… 5819777
矿长…………………… 5819122
副矿长…………………… 5819061
…………………… 5819493
…………………… 5819278
…………………… 5819483
…………………… 5819436
工会主席…………………… 5818988
…………………… 5819981
…………………… 5819074
生产办主任………… 5819790
经营办主任………… 5819459
综合办主任………… 5819491
调度…………………… 5819445
…………………… 5819099
油井管理…………………… 5819811
输油管理…………………… 5819482
水井、水站………… 5819048
电力…………………… 5819279
作业…………………… 5819492
计量…………………… 5819064
设备…………………… 5819479
安全…………………… 5819280
安全综合…………………… 5819476
人事…………………… 5819434
财务…………………… 5819638
…………………… 5819289
计划…………………… 5819290
技教…………………… 5819481
组织…………………… 5819282
工会…………………… 5819416
服务中心…………………… 5819067
综合办秘书………… 5819084
打字室…………………… 5819462
全质…………………… 5819161
综合秘书…………………… 5819476
工程维修…………………… 5818600
经管综合…………………… 5819905
房产…………………… 5819486
团委…………………… 5819275
档案室…………………… 5819044
工艺队
队部…………………… 5819465
地下调度…………………… 5819188
计算机室…………………… 5819506
数据传输…………………… 5819255
管理组…………………… 5818065
地面工程…………………… 5818480
机采组…………………… 5819287
综合组…………………… 5818289
地质组…………………… 5818285
化验室…………………… 5819273
南一队
队部…………………… 5818349
地质组…………………… 5818733
505 站 …………………… 5815894
东三注入站………… 5823805
南四队
队部…………………… 5811382
地质组…………………… 5811534
504 站 …………………… 5815854
南八队
队部…………………… 4687772

………………………… 4687773
地质组…………………… 4687769
514 站 ………………… 4687757
东二注…………………… 4687756
东二变…………………… 4687771
503 队
队部……………………… 5818530
地质组…………………… 5818708
503 站 ………………… 5818599
506 队
队部……………………… 5819507
地质组…………………… 5819940
506 站 ………………… 5819664
508 队
队部……………………… 4687719
地质组…………………… 4687766
508 站 ………………… 4687458
512 队
队部……………………… 5819559
地质组…………………… 5819210
值班室…………………… 5819930
512 站 ………………… 5819118
东四注入站…………… 5818629
513 队
队部……………………… 5819446
地质组…………………… 5819245
513 站 ………………… 5819032
东油库
支部书记……………… 5818877
队长……………………… 5818252
副队长…………………… 5818326
技术员…………………… 5818224
安全员…………………… 5818497
值班室…………………… 5818320
经管员…………………… 5818182
变电所…………………… 5819226
配电所…………………… 5819191
锅炉……………………… 5818235
化验……………………… 5819172
外输……………………… 5819183
外输站长……………… 5818625
消防泵房……………… 5819361
门卫……………………… 5818832
南 1－2 队
支部书记……………… 5818592
队长……………………… 5818766
值班室…………………… 5818455
经管员…………………… 5811455
锅炉房…………………… 5818586
变电所…………………… 5818440
注水站…………………… 5818238
一级泵房……………… 5818254
二级泵房……………… 5818232
中十四联
支部书记……………… 5819477
队长……………………… 5819704
副队长…………………… 5819745
值班室…………………… 5819712
污水岗…………………… 5819780
一段……………………… 5819706
二段……………………… 5819783
注水……………………… 5819701
变电所…………………… 5819730
化验室…………………… 5819051
增压站…………………… 5819642
污水泵房……………… 5819743
聚中十四联
队长、书记…………… 5819441
值班室…………………… 5819442
副队长、经管员…… 5819674
技术员、值班室…… 5819942
锅炉……………………… 5818544
注水……………………… 5818644
污水……………………… 5818474
放水转油……………… 5818549
东五注入站…………… 5823592
矿化油点……………… 5819307
经警队
调度室…………………… 5818536
………………………… 5819080
维修队
队部……………………… 5818027
值班室…………………… 5818640
试井队
书记……………………… 5818651
队长……………………… 5818099
值班室…………………… 5818529
车队
队部……………………… 5818037
值班室…………………… 5819461
服务队
队长……………………… 5819372
食堂……………………… 5819960
材料组…………………… 5818889
………………………… 5818880
公寓……………………… 5819543

实验大队

党委书记……………… 5816118
副大队长……………… 5882141
………………………… 5881655
………………………… 5882306
………………………… 5884945
………………………… 5882158
工会主席……………… 5810190
生产办
主任……………………… 5881666
调度长、标准……… 5881116
设备、输油………… 5882210
安全、环保………… 5813875
作业、油水井……… 5811033
三元、配注站……… 5811426
调度……………………… 5886770
………………………… 5811041
………………………… 5886200
经营办
主任……………………… 5882212
培训、绿化………… 5881627
财务……………………… 5882318
人事……………………… 5881596
综合办
主任……………………… 5882324
工会、团委………… 5883321
组织、纪检………… 5885418
计生、计划………… 5882209
调研员…………………… 5881118
………………………… 5882204
工艺队
队长……………………… 5882277
书记……………………… 5810208
地调……………………… 5827239
功能聚、萨零组…… 5882907
副队长、信息组…… 5810207
管理、新两三项目、二加三项目组
………………………… 5811176
三元项目组………… 5810193
综合组…………………… 5810192
化验中心
主任……………………… 5813914
书记……………………… 5825131
副主任…………………… 5813273
岩心驱替组………… 5810219
现场试验组………… 5882213
经管、材料、管理班长、资料室……………… 5814774
常规组、驱油化学剂、质检组
………………………… 5813239
地面化学剂质检、值班室
………………………… 5881464
测试队
队部……………………… 5825271
绘解……………………… 5825272
综合队
队部……………………… 5811550
材料库…………………… 5811165
食堂……………………… 5811896
污油回收点………… 5570471
试验一队
书记……………………… 5828905
队长、经管员……… 5825108
地质组、副队长…… 5828912
断东三元注入站…… 5810120
断东三元化验室…… 5810640
三元 217 站外输油 … 5811383
三元 217 站污水…… 5827206
三元 217 站化验…… 5811217
试验二队
队长、书记、经管员 5862977
地质组、值班室、副队长、技术员……………… 5853568
1023 站采出 ……… 5811030
1023 站配制 ……… 5811466
新两三试验站……… 5885851
16－3＃二元注入站 5193523
锅炉房…………………… 5811433
试验三队
书记、队长、经管员 5099210
地质组、副队长、技术员
………………………… 5094434
化学药剂库………… 5097753
队部锅炉房………… 5096703
110 站 ………………… 5570401
站锅炉房……………… 5570405
水站……………………… 5570406
配制站…………………… 5570407
变电所…………………… 5570207
萨零注入站………… 5570486
试验四队
书记、副队长、经管员 5828903
队长……………………… 5825107
地质组、技术员…… 5828906
216 站 ………………… 5853312
新 208 站 …………… 5815208
聚北Ⅰ配制站
书记、队长………… 5853700
副职、经管员、资料员 5853174
化验室…………………… 5853494
主控……………………… 5853145
三元注入站………… 5570463
聚北Ⅰ联合站……… 5570410
萨中Ⅱ配制站
队长……………………… 5811201
书记……………………… 5885940
值班室、资料室、化验室
………………………… 5811209
主控……………………… 5881495
副队长、技术员、经管员
………………………… 5811200
锅炉房…………………… 5811216
聚南Ⅰ配制站
队长、副队长……… 5819617
书记、经管员……… 5819619
技术员…………………… 5819204
主控……………………… 5819829
加药……………………… 5819030
聚西Ⅰ配制站

主控岗、队部……… 5393507
加药…………………… 5393508
化验…………………… 5393509
锅炉房………………… 5190522
生产准备队
热水站………………… 5811050
经警队
队部…………………… 5853562
值班室………………… 5853447
门卫、收发室、打字室
…………………………… 5823173
维修队
队部…………………… 5883532
车队
队部…………………… 5885427

作业大队

地址：大庆市中兴北街20号
邮编：163311

党委书记…………… 4671199
大队长……………… 4686528
副大队长…………… 4605917
…………………………… 4685705
…………………………… 4683158
…………………………… 4685703
…………………………… 4662523
…………………………… 4682266
…………………………… 4688987
工会主席…………… 4608688
调研员……………… 4688776
…………………………… 4662502
…………………………… 4661117
…………………………… 4662413
机关支部书记、人保武装
…………………………… 4689119
综合办
主任…………………… 4661118
工会…………………… 4688782
房产、土地、机关经营
…………………………… 4688785
团委、女工………… 4688935
宣传综合秘书……… 4688737
组织纪检、干部管理 4688739
计划生育、信访…… 4688753
稳定办公室………… 4687411
调度室……………… 4685907
…………………………… 4685927
…………………………… 4685397
生产办
主任、调度长……… 4688648
安全组长…………… 4603456
生产办安全岗……… 4687800
运行、现场安全…… 4688745
设备管理…………… 4664678
综合信息…………… 4685702
安全员……………… 4661116
设备资料管理……… 4688744
油料机加、固定设备 4681319
经营办
主任…………………… 4688848
财务…………………… 4661065
…………………………… 4688979
…………………………… 4688948
…………………………… 4661064
…………………………… 4661066
计划合同…………… 4688789
后勤…………………… 4661880
行政…………………… 4688787
工艺队
支部书记…………… 4686665
队长…………………… 4685387
大修…………………… 4661350
资料管理…………… 4661062
…………………………… 4688748
质量监督…………… 4686487
…………………………… 4685712
全质、机教、标准化 4688947
科技、计量、节能 … 4688957
计算机管理室……… 4661038
作业一联队
书记…………………… 4688725
队长…………………… 4688347
101队 ……………… 4682476
102队 ……………… 4689742
103队 ……………… 4688153
作业二联队
书记…………………… 4661902
队长…………………… 4687410
201队 ……………… 4685753
202队 ……………… 4688924
203队 ……………… 4688775
作业三联队
书记…………………… 4685427
队长…………………… 4688972
301队 ……………… 4688925
302队 ……………… 4688922
303队 ……………… 4688783
作业四联队
书记…………………… 4688912
队长…………………… 4688427
401队 ……………… 4688728
402队 ……………… 4688781
403队 ……………… 4685341
作业五联队
书记…………………… 4662131
队长…………………… 4685407
501队 ……………… 4685903
502队 ……………… 4688906
503队 ……………… 4689470
作业六联队
书记…………………… 4688974
队长…………………… 4688977
601队 ……………… 4688901
602队 ……………… 4688804
603队 ……………… 4688870
作业七联队
书记…………………… 4688915
队长…………………… 4687717
701队 ……………… 4688104
702队 ……………… 4686654
703队 ……………… 4689475
作业八联队
书记…………………… 4688773
队长…………………… 4688774
801队 ……………… 4688872
802队 ……………… 4688876
803队 ……………… 4688934
作业九联队
书记…………………… 4688726
队长…………………… 4688724
901队 ……………… 4688923
902队 ……………… 4688874
903队 ……………… 4689240
作业十联队
书记…………………… 4661063
队长…………………… 4688723
管杆场地发料……… 4688770
电泵队……………… 4685942
电工班……………… 4686492
修一联队
书记…………………… 4688971
队长…………………… 4688929
大修101队………… 4688926
大修102队………… 4688973
修二联队
书记…………………… 4688766
队长…………………… 4688907
大修201队………… 4688905
大修202队………… 4688902
修三联队
书记…………………… 4688873
队长…………………… 4688762
大修301队………… 4688909
大修302队………… 4688910
特车队
书记…………………… 4688720
队长…………………… 4681478
副队长……………… 4688931
罐车…………………… 4688731
水泥车……………… 4688732
架子队
书记…………………… 4688721
队长…………………… 4686948
架子班……………… 4688733
搬家队
书记…………………… 4688722
队长…………………… 4688933
搬家一……………… 4688734
搬家二……………… 4681495
综合车队
书记…………………… 4681348
队长…………………… 4688784
运输…………………… 4681917
生产准备队
书记…………………… 4688952
队长…………………… 4681248
材料库……………… 4688764
材料员保管员……… 4688894
大锅炉房…………… 4668184
提升站……………… 4688730
热水站……………… 5811050
收油队……………… 5881841
机油房……………… 4688765
小锅炉房…………… 4685554
保养站
书记…………………… 4668183
…………………………… 4661951
队长…………………… 4688967
作业机……………… 4688953
修理厂……………… 4688736
保养厂……………… 4685723
队长…………………… 4685752
资料…………………… 4686497
兵器库……………… 4688769
服务队
书记…………………… 4688951
队长…………………… 4688741
武装保卫…………… 4661119
保管采购…………… 4688767
公寓楼……………… 4687392
食堂…………………… 4688950
餐厅…………………… 4669381
文化站……………… 4688932
打字室……………… 4661881
展览室……………… 4661884
大门卫……………… 4661115
大队楼门卫………… 4688742
老龄办……………… 4661153
更衣室……………… 4685551
大餐厅……………… 4683335
体育馆……………… 4683331

仪表安装维修大队

地址：大庆市西宾路奔三村
邮编：163453

党委书记…………… 5196574
大队长……………… 5183189
副大队长…………… 5196741

……………………… 5196074
……………………… 5196374
生产办主任……………… 5390344
综合办主任……………… 5392252
工会团委……………… 5392789
安全武保稳定信访 … 5392780
技教房产……………… 5196174
计量科技……………… 5392437
财务资产……………… 5192184
人事计划……………… 5392040
预算组……………… 5196714
材料库……………… 5394035
……………………… 5392399
大队食堂……………… 5196514
离退休活动室……… 5396663
调度……………… 5392791
……………………… 5199454
仪表维修队………… 5398660
……………………… 5392291
……………………… 5192174
计量检定室………… 5392261
……………………… 5393496
……………………… 5393490
技术管理室………… 5192644
……………………… 5392781
管理组……………… 5390203
仪表维修中心……… 5192645
生产准备队………… 5393451
……………………… 5196144

地质大队

地址：大庆市中七大路 30 号
邮编：163000

党总支书记………… 5823955
大队长……………… 5886289
副大队长……………… 5817013
……………………… 5814012
……………………… 5815547
……………………… 5886328
……………………… 5812989
综合办主任………… 5886294
大队办主任………… 5886290
机关支书……………… 5816242
团总支、宣传……… 5884437
安全员……………… 5886293
后勤管理员………… 5824439
财务……………… 5886295
工会……………… 5826570
人事、干部………… 5817092
地质室
支书、副主任……… 5813437
主任……………… 5814021
副主任……………… 5886297
储量、新井………… 5886291
测井研究组………… 5811411
多学科
支书、副主任……… 5828101
副主任……………… 5885237
……………………… 5828102
地质研究……………… 5885237
地质建模……………… 5823103
数值模拟……………… 5881996
动态室
支书、主任………… 5882977
主任……………… 5811400
副主任……………… 5886316
方案组……………… 5886321
井况组……………… 5886292
动态一组……………… 5811701
动态二组……………… 5811702
动态三组……………… 5811703
动态四组……………… 5811704
动态五组……………… 5811705
动态六组……………… 5811716
动态七组……………… 5811717
三采室
支书、副主任……… 5812979
主任……………… 5811742
副主任……………… 5812795
综合组……………… 5811742
聚驱二组……………… 5886815
聚驱三组……………… 5826524
聚驱四组……………… 5828104
聚驱五组……………… 5826514
聚驱六组……………… 5824294
开发室
支书、副主任……… 5811008
主任……………… 5886315
副主任……………… 5812362
射孔组……………… 5811445
钻井组……………… 5886296
规划组……………… 5815343
计算机室
支书、副主任……… 5886322
主任……………… 5886312
开发数据……………… 5814214
静态数据……………… 5886263
资料组……………… 5886323
管理室
支书、副主任……… 5881676
主任……………… 5886317
副主任……………… 5886311
综合组……………… 5885897
水驱管理组………… 5813819
聚驱管理组………… 5814050
作业管理……………… 5886313
监测组……………… 5811341
……………………… 5815417
调度长……………… 5811202
作业组……………… 5886314
生产准备队
支书副队长………… 5824357
队长……………… 5811338
材料库……………… 5824195
食堂……………… 5826520
调度……………… 5811202
……………………… 5811204

工程技术大队

地址：大庆市会战大街 114 号
邮编：163001

书记……………… 5886126
大队长……………… 5881231
副大队长……………… 5826804
……………………… 5881159
……………………… 5886034
……………………… 5812551
总工程师……………… 5823712
支部书记……………… 5886334
综合办主任………… 5886114
生产办主任………… 5813150
安全……………… 5886336
质量标准……………… 5813802
资产房产……………… 5827942
工会女工……………… 5812325
人事技教……………… 5886254
财务……………… 5886264
科技、企管………… 5827627
团支部……………… 5826947
机采室
支部书记……………… 5886484
主任……………… 5826471
副主任……………… 5886436
责任工程师………… 5882657
动态组……………… 5885267
……………………… 5811251
方案组……………… 5827284
管理组……………… 5886344
……………………… 5812175
……………………… 5881473
三采室
支部书记……………… 5881651
主任……………… 5885621
副主任……………… 5881523
电泵组……………… 5811479
螺杆泵组……………… 5885253
作业组……………… 5885713
工艺室
支部书记……………… 5886346
主任……………… 5826470
副主任……………… 5886134
责任工程师………… 5812293
……………………… 5881534
堵水组……………… 5811371
化学组……………… 5886490
工具室
支部书记……………… 5886491
主任……………… 5886124
副主任……………… 5886486
责任工程师………… 5815412
大修组……………… 5886492
压裂组……………… 5826803
水井组……………… 5886493
信息室
支部书记……………… 5824141
主任……………… 5812072
副主任……………… 5812210
责任工程师………… 5886343
……………………… 5811477
方案组……………… 5826157
调度室……………… 5886485
……………………… 5811569
计算机组……………… 5886487
准备队
支部书记……………… 5811132
队长……………… 5884277
副队长……………… 5823746
技术员……………… 5886482
资料组……………… 5815843
食堂……………… 5886483
门卫……………… 5886194

电力维修大队

地址：大庆市中七大路 85 号
邮编：163000

党总支书记………… 5881058
大队长……………… 5824999
副大队长……………… 5886572
……………………… 5881061
……………………… 5881626
……………………… 5813369
……………………… 5823399
综合办
主任……………… 5882443
机关书记……………… 5886495
纪检监察……………… 5882421
团委书记……………… 5885843
工会……………… 5881024
生产办主任………… 5882390
调度长……………… 5886052
财务……………… 5882394
经管全质……………… 5885842
科技技教……………… 5882393
人事后勤……………… 5826481
计划保卫……………… 5883602
安全资产……………… 5885845
调度……………… 5826920
……………………… 5826921
线检一队

队部………………… 5823286
班组………………… 5882748
线检二队
队部………………… 5882749
班组………………… 5823275
变检队
队部………………… 5882827
工程师……………… 5816516
班组………………… 5882824
电修队
队部………………… 5886498
班组………………… 5823256
车队
队部………………… 5823995
班组………………… 5882920
生产准备队
队部………………… 5811011
小队食堂…………… 5824762
材料组……………… 5886494
小队门卫…………… 5886779
机关食堂、机关门卫 5882431

规划设计研究所

地址：大庆市友谊大街 22 号
邮编：163000

书记………………… 5886266
所长………………… 5812102
副所长……………… 5813495
………………… 5828808
………………… 5813975
………………… 5813492
………………… 5813887
二线领导…………… 5828813
综合办主任………… 5813871
机关支部、纪检…… 5886173
财务、出纳………… 5886275
人事………………… 5886021
工会………………… 5813904
资产、技教、团支部 5825673
合同、计划………… 5828805
调度（值班室）…… 5886273
材料………………… 5828802
建筑室
党支部书记………… 5825723
副主任……………… 5813965
总图………………… 5886132
测量………………… 5813894
土建………………… 5886267
资料………………… 5813970
工艺室
党支部书记………… 5812071
主任………………… 5886276
副主任……………… 5825683
油组………………… 5886278
水组………………… 5886093
油组、水组………… 5813879
概算组……………… 5813907
公用室
主任、书记………… 5828812
电气自控…………… 5813876
暖通、给排水……… 5813884
计算机……………… 5813499
总设计师…………… 5886053

基建工程管理中心

地址：大庆市友谊大街 22 号
邮编：163000

书记………………… 5886816
主任………………… 5883462
副主任……………… 5812231
………………… 5827880
………………… 5883451
………………… 5883458
………………… 5810266
综合办主任………… 5883453
组织、纪检………… 5883455
工会、人事………… 5885696
安全………………… 5882834
计划统计、材料…… 5885230
合同………………… 5883450
施工管理部
主任………………… 5885231
党支部书记………… 5883464
副主任……………… 5823129
施工………………… 5812290
………………… 5812294
………………… 5812513
………………… 5823731
………………… 5814955
………………… 5815890
………………… 5824251
发图室……………… 5812239
质量监督站
站长………………… 5886072
党支部书记………… 5812291
土建………………… 5881847
工艺………………… 5812143
资料室……………… 5885772
土地管理部
主任………………… 5883460
土地拆迁…………… 5823303
动迁………………… 5825495
土地监察…………… 5825492
地籍管理…………… 5885972
投资管理部
主任………………… 5883457
党支部书记、工艺 … 5813916
副主任、电气……… 5886461
土建………………… 5812272
………………… 5814493
工艺………………… 5824253
房产管理部
主任………………… 5823729
财务………………… 5823733
公积金……………… 5810239
司机班……………… 5825494
车库………………… 5811295
厂长………………… 5815077
体育馆……………… 5827252

抽油泵厂

地址：大庆市友谊大街
邮编：163000

书记………………… 5886560
厂长………………… 5883795
传真机……………… 5810291
副厂长……………… 5886362
………………… 5886363
………………… 5886361
综合办
主任………………… 5886781
人事员……………… 5823470
共青团……………… 5811357
计划生育…………… 5810217
档案………………… 5810440
生产办
主任………………… 5886364
调度………………… 5810609
………………… 5886367
………………… 5810362
工艺………………… 5886576
技术组长…………… 5886573
安全组长…………… 5886563
质量………………… 5810387
财务组长…………… 5886575
销售………………… 5811243
现场施工…………… 5810443
门卫………………… 5810441
………………… 5883793
………………… 5881914
装配车间…………… 5886577
装配车间热处理…… 5823107
热处理车间………… 5886579
加工车间…………… 5886366
内修车间…………… 5811460
内修车间值班室…… 5823384
泵修车间…………… 5811478
铆焊车间…………… 5886971
铆焊车间注聚泵…… 5886365
油管清洗车间……… 5823106
阀门修复车间……… 5810442
油管修复车间……… 5823207
抽油杆修复车间…… 5823208
材料库
主任………………… 5810215
保管员……………… 5823915
食堂………………… 5813989
车队………………… 5812753
工程队……………… 5885111
管杆收发队………… 5823209
回收队调度………… 5823206
收发队审核………… 5826872
现场回收…………… 5826907
稽核………………… 5826873
锅炉房……………… 5811149

机采大队

地址：大庆市友谊大街 154 号
邮编：163000

书记………………… 5814460
大队长……………… 5825453
副大队长…………… 5812701
………………… 5812222
………………… 5825308
………………… 5882558
生产办主任………… 5825231
党办主任…………… 5884791
后勤主任…………… 5886351
调度长……………… 5825538
安全………………… 5882371
技教………………… 5881028
调度员……………… 5886780
………………… 5811392
打字员……………… 5882371
支部书记…………… 5812430
财务组长…………… 5825234
出纳………………… 5825234
人事………………… 5825234
房产………………… 5885093
结算………………… 5884792
材料组长…………… 5812683
车队………………… 5883794
维修队……………… 5825233
机采一队…………… 5812703
机采二队…………… 5884792
修复再利用………… 5825235
门卫………………… 5825232
………………… 5810393

生产准备大队

地址：大庆市友谊大街 19 号
邮编：163111

党委书记…………… 5811186
大队长……………… 5813399
副大队长…………… 5824944
………………… 5883742
………………… 5824194
………………… 5886172
综合办主任………… 5811190
生产办主任………… 5823717
工会、纪检监察…… 5828157
财务组长、财务室 … 5811151

宣传信访………… 5882517
安全、人事………… 5881227
卫生计生、档案女工 5812117
科技节能、信息管理 5811131
生活管理………… 5824617
大队调度………… 5884644
………… 5884159
一车队
调度………… 5814048
………… 5824841
书记………… 5881424
队长………… 5814950
副队长………… 5824237
………… 5826839
多层车库消防监控室 5826906
多层车库入口值班室 5826936
多层车库出口值班室 5826935
多层车库办公室…… 5826951
二车队
队部………… 5883734
车库………… 5814135
大客车库………… 5394541
维修队
队部………… 5811307
材料库………… 5825164
维修班………… 5884046
厂资产库………… 5811179
厂资产库（北）…… 5814905
消防泵房………… 5817719
友谊体育馆
值班室………… 5827252
办公室………… 5886223
经管员………… 5883839
安全员………… 5882066
食堂队
队部………… 5886204
会议室………… 5883348
大食堂………… 5813554
接待食堂………… 5823407
食堂中灶………… 5823406
友谊食堂………… 5811312
一楼值班室………… 5817736
二楼服务台………… 5817718
消防控制室………… 5817735
财务室………… 5817737
一号餐厅………… 5817738
贵宾一厅………… 5817739
贵宾二厅………… 5817740
综合楼
接待室………… 5817720
201 室………… 5817741
202 室………… 5817742
203 室………… 5817743
204 室………… 5817744
205 室………… 5817745
206 室………… 5817746
207 室………… 5817747
208 室………… 5817748
209 室………… 5817749
210 室………… 5817750
211 室………… 5817751
212 室………… 5817752
213 室………… 5817753
214 室………… 5817754
301 室………… 5817721
302 室………… 5817722
303 室………… 5817723
304 室………… 5817724
305 室………… 5817725
306 室………… 5817726
307 室………… 5817727
308 室………… 5817728
309 室………… 5817729
310 室………… 5817730
311 室………… 5817731
312 室………… 5817732
313 室………… 5817733
314 室………… 5817734
综合队
书记………… 5828153
队长………… 5828161
水站机房………… 5828162
冷库技术员………… 5393215
冷库保管………… 5393216
冷库机房………… 5393217
机关服务队
书记………… 5812284
队长………… 5814339
副队长………… 5811314
办事员………… 5811318
值班室………… 5881301
会战公寓高间………… 5886143
………… 5884994
猪场………… 5813221
地宫………… 5828227
中心会议室………… 5881766
压缩机房值班室…… 5812632

经保大队

地址：大庆市友谊大街
邮编：163001

总支书记………… 5814816
大队长………… 5883799
副大队长………… 5883727
………… 5886733
………… 5883576
综合办主任………… 5812031
计生干事………… 5812412
人事员………… 5886206
纪检干事………… 5883416
组织干事………… 5884166
房产干事………… 5812177
武装干事………… 5824833
综合干事………… 5886702
警队干事………… 5886703
企管干事………… 5886705
装备干事………… 5886706
工会干事………… 5886707
财务………… 5886708
团支部书记………… 5886710
材料员………… 5886711
安全干事………… 5886715
调度………… 5823254
………… 5812591
司机班………… 5812556
食堂………… 5882414
停车场………… 5812337
收发………… 5824346
车库………… 5883494
炮库………… 5398762
门卫………… 5883484
一队………… 5881447
………… 5886662
二队………… 5814327
………… 5824351
三队………… 5824352
………… 5824353
案件队………… 5823720
………… 5886231
………… 5827527

油田资源管理大队

地址：大庆市中井街 11 号
邮编：163000

党总支书记………… 5886535
大队长………… 5883677
副大队长………… 5814640
………… 5814796
………… 5814672
………… 5828598
综合办主任………… 5814607
综合办………… 5814793
机关支部书记………… 5884790
人事………… 5814734
工会、共青团………… 5814737
财务………… 5814872
计划统计………… 5814292
档案打字………… 5810196
后勤………… 5810296
信息科技………… 5810299
资产安全………… 5814631
仪表队………… 5814764
………… 5814746
抄表队………… 5814747
监控室………… 5810181
收费队………… 5813249
收费厅………… 5814779
保卫队………… 5814745
保卫队书记………… 5810319
生产准备队………… 5814721
调度………… 5814679

信息中心

地址：大庆市中七大路 30 号
邮编：163000

书记………… 5823950
主任………… 5814195
副主任………… 5828931
………… 5814903
………… 5814209
调研………… 5886261
综合办
主任………… 5828933
综合办………… 5828932
软件室
主任………… 5814170
情报组………… 5823903
办公室………… 5886262
系统网络室
主任………… 5882905
书记………… 5823734
硬件维修………… 5886265
档案管理室
主任………… 5886277
书记………… 5823895
档案编研………… 5814352
油田开发档案………… 5883756
城建档案………… 5823891
值班室………… 5823893
中心机房………… 5823913
………… 5823964
………… 5823912
………… 5823965
打字室………… 5886217

文化活动中心

地址：大庆市会战大街 114 号
邮编：163001

书记………… 5813489
主任………… 5814325
副主任………… 5814428
综合办………… 5884047
生活广场………… 5883136
美工………… 5881302
安全、房产………… 5812095
专题组………… 5814326
机房………… 5813411
有线电视台
维修………… 5812158
编辑室………… 5886250
播音室………… 5886251

专题组…………… 5814326
机房…………… 5886252
图书馆馆长…………… 5823147
电视收费站…………… 5885921
…………… 5395876

大庆油田历史陈列馆

副馆长…………… 5806130
办公室…………… 5823737
接待处…………… 5813777
…………… 5806138
游客服务中心…………… 5823975
门卫…………… 5806131

第二采油厂

地址：图强西街
邮编：163414

领导

厂长…………… 5295555
书记…………… 5281007
副厂长…………… 5298180
…………… 5291234
…………… 5281333
…………… 5299555
工会主席…………… 5296333
纪委书记…………… 5299678
总会计师…………… 5290999
总地质师…………… 5290555
总设计师…………… 5296127
厂长助理…………… 5296111
…………… 5295777
副总地质师…………… 5298567
副总工程师…………… 5296567
安全副总监…………… 5281606
厂办…………… 5281096
…………… 5281076

综合办

主任…………… 5295123
副主任…………… 5281610
办公室…………… 5296939
秘书…………… 5296640
新闻组…………… 5295585
…………… 5296960
文书…………… 5295531
信访…………… 5295546
复印机室…………… 5296160
1 号楼打字室…………… 5296680
3 号楼打字室…………… 5296359
公务员…………… 5296368
收发室…………… 5295539
1 号楼门卫…………… 5298999
2 号楼门卫…………… 5291777
3 号楼门卫…………… 5295583
1 号楼司机班…………… 5298390

协调办

副主任…………… 5297820
办公室…………… 5297824

机关党委

书记…………… 5281006
办公室…………… 5296629
…………… 5296639
…………… 5296551
…………… 5295553
计生委…………… 5295685

工会

副主席…………… 5281609
…………… 5296297
女工副主任…………… 5299667
财务…………… 5296674
文体…………… 5295507
办公室…………… 5281608
…………… 5297133
保管…………… 5296826

团委

书记…………… 5281619
办公室…………… 5295953

有线电视台

台长…………… 5297812
办公室…………… 5295924
…………… 5295954
…………… 5291794

人事部

副主任…………… 5281618
…………… 5290484
…………… 5295567
…………… 5296140
…………… 5298207
办公室…………… 5295582
调配…………… 5296964
工资…………… 5299204
档案…………… 5297304
…………… 5295775
档案办…………… 5296124
房产调研…………… 5299793
办公室…………… 5295961
…………… 5291626
…………… 5295586
…………… 5295595
…………… 5298175
…………… 5295322

生产运行部

主任…………… 5295777
副主任…………… 5297125
…………… 5295080
…………… 5296500
工程维修…………… 5299566
车辆统计…………… 5299435
电力管理…………… 5299436
调度…………… 5295554
…………… 5295981
…………… 5281554
…………… 5296879
通信供排水组…………… 5281008
…………… 5297008
综合道路组…………… 5295702
通勤车站…………… 5297665
电话会议室…………… 5295593
司机班…………… 5298776

油田管理部

主任…………… 5281511
副主任…………… 5298479
…………… 5295606
…………… 5296577
…………… 5297392
责任工程师…………… 5299506
油气管理…………… 5290240
…………… 5291592
油井管理…………… 5298754
…………… 5291597
…………… 5291613
…………… 5291617
污水管理…………… 5296585
电泵井管理…………… 5296586
作业管理…………… 5295971
计量…………… 5296552
综合…………… 5295570
计算机室…………… 5298480
值班室…………… 5298474

质量安全环保部

主任…………… 5281606
副主任…………… 5296361
…………… 5281516
…………… 5296608
办公室…………… 5290885
交通组…………… 5290123
环保组…………… 5290636
质量组…………… 5296332
锅炉检测…………… 5296295
综合组…………… 5296293
…………… 5291026
…………… 5296331
保管…………… 5297004

技术发展部

主任…………… 5281612
副主任…………… 5296609
办公室…………… 5297736
油料组…………… 5296872
科协…………… 5295982
节能办…………… 5290099
…………… 5297872

计划规划部

主任…………… 5281627
副主任…………… 5281613
办公室…………… 5281001
…………… 5296951
…………… 5296951
…………… 5291562
…………… 5290500

企业法规部

主任…………… 5281615
副主任…………… 5296255
办公室…………… 5296294
合同组…………… 5295937
内控办…………… 5299881
办公室…………… 5290118
…………… 5290128

财务资产部

主任…………… 5281538
副主任…………… 5281525
…………… 5297788
…………… 5295575
成本组…………… 5296937
…………… 5296626
办公室…………… 5295381
…………… 5298303
…………… 5295942
…………… 5296694
…………… 5291629
机动、资产…………… 5298957
…………… 5291630
计算机室…………… 5295579
…………… 5299966
…………… 5291464
资产库…………… 5297566
…………… 5295914

审计监察部

主任…………… 5281528
副主任…………… 5295988
…………… 5295968
…………… 5295134
监察员…………… 5299168
办公室…………… 5296131
…………… 5296115
…………… 5295545
…………… 5295696
效能监察办…………… 5296114
…………… 5299607
会议室…………… 5299589

物资管理部

主任…………… 5281533
副主任…………… 5298927
…………… 5298036
计划组…………… 5297589
…………… 5295943
…………… 5291652
…………… 5297126

第一作业区

地址：大庆市解放路
邮编：163461
书记………………… 5209007
经理………………… 5209167
生产副经理………… 5203777
地质副经理………… 5203511
综合副经理………… 5201886
工程副经理………… 5201958
工艺副经理………… 5202622
工会主席…………… 5200333
生产办
主任………………… 5202799
副主任……………… 5202632
管理办
主任………………… 5202514
副主任……………… 5202734
人事、劳资………… 5202797
出纳、房产………… 5202810
技术、教育………… 5202478
财务………………… 5202354
打字室……………… 5200786
计划………………… 5202794
油站管理…………… 5202711
水站管理…………… 5203714
资产、机动………… 5202629
计量、安全（工业） 5202477
电力、通信………… 5202499
质量标准化………… 5202633
生产调度…………… 5202127
…………………… 5202753
…………………… 5202773
综合办
主任………………… 5202448
工会、团委………… 5202635
宣传、报导………… 5202712
计划生育（稳定） … 5202709
生活、保干………… 5202514
保卫队
队长………………… 5298167
书记………………… 5296772
队部………………… 5295273
维修电工值班……… 5297782
库房………………… 5295661
测试队
队长………………… 5202091
书记………………… 5202092
队部………………… 5202093
42 队
队部………………… 5202851
资料室……………… 5202603
南 2－8 站 ………… 5202685
南 3－东 2 号注入站 5296402
47 队
队部………………… 5202184
资料室……………… 5202374
南 2－9 站 ………… 5202457
南 2－东 2#注入站 5202084
技术员……………… 5203906
2－7 队
队部………………… 4682967
资料室……………… 4687748
南七站……………… 4687758
新南七站…………… 4687768
2－8 队
队部………………… 4315231
…………………… 4316880
资料室……………… 4315230
南八站……………… 4315239
南 3－东 3 号注入站 5296735
2－10 队
队部………………… 5201047
资料室……………… 5202273
南 2－6 站 ………… 5202030
南 2－东 1 号注入站 5200554
2－11 队
队部………………… 5202361
资料室……………… 5202147
南 2－12 站………… 5202445
2－15 队
队部………………… 5201229
资料室……………… 5201189
南 2－14 站………… 5201132
南 2－东 3 号注入站 5201634
2－16 队
队部………………… 5201642
资料室……………… 5201645
南 2－15 站………… 5201251
聚南 2－17 站……… 5203920
南 2－东 4 号注入站 5202924
2－17 队
队长………………… 5296915
队部………………… 5296049
资料室……………… 5296713
聚 2－12 站………… 5200094
南 3－东 1 号注入站 5296401
南七联
队部………………… 4687754
…………………… 4600055
油岗………………… 4687743
变电………………… 4687735
注水………………… 4687738
污水………………… 4687742
南八联
队部………………… 5202182
…………………… 5202507
副队长……………… 5202076
值班室……………… 5202067
资料室……………… 5202071
油岗………………… 5202784
变电所……………… 5202601
…………………… 5200237
注水………………… 5202408
污水………………… 5202437
放水资料室………… 5201984
聚脱岗……………… 5201204
深度污水…………… 5200137
聚驱脱水…………… 5296480
增压站……………… 5202449
化验………………… 5299604
锅炉………………… 5201205
水泵房……………… 5201206
新南八深污………… 5203573
新南八锅炉………… 5203572
新南八变电所……… 5203720
新南八注水………… 5203721
聚南八联
队部………………… 5201974
…………………… 5201975
油岗………………… 5201972
污水………………… 5201836
锅炉………………… 5201829
沉降………………… 5201407
注水变电队
队部………………… 5201647
…………………… 5202931
聚南 21 变电所 …… 5203902
聚南 21 注水 ……… 5203903
聚南 21 锅炉 ……… 5203905
南 21 注变电所 …… 5201754
…………………… 5201574
南 21 注水站 ……… 5201649
萨南变电所………… 5201297
…………………… 5201664
队长………………… 5200614
综合队
队长………………… 5202729
书记………………… 5202384
食堂………………… 5202343
会计………………… 5200535
司机班……………… 5200624
公寓………………… 5202134
安全员……………… 5203746
小队会计…………… 5203758
化验室……………… 5203752
机房数据…………… 5203749
机房软件…………… 5203754
工会库房保管……… 5202124
纯净水……………… 5202488
地工队
队长………………… 5202772
书记………………… 5200105
地质主任…………… 5203725
工程主任…………… 5203068
地面工艺主任……… 5202748
地质调度…………… 5203743
…………………… 5203764
抽油机、电泵、螺杆泵 5203747
地面工艺…………… 5203740
地面工艺资料……… 5202616
地面工艺现场……… 5203700
工程资料…………… 5203914
动态监测…………… 5202525
现场管理…………… 5203740
聚驱管理…………… 5203745
水井作业…………… 5203742
油井作业（油水井现场）
…………………… 5200584
工程综合…………… 5203741
地质综合…………… 5203783
作业监督…………… 5202793
工程方案…………… 5203734
水井资料…………… 5202994
地质动态…………… 5203745
抽油机管理………… 5201935
工程动态…………… 5201936
小队会计…………… 5201937
安全员……………… 5203732
材料统计…………… 5203841

第二作业区

地址：大庆市图强东街
邮编：163414
书记………………… 5281068
经理………………… 5299599
副经理……………… 5297970
…………………… 5291688
…………………… 5297757
…………………… 5290421
工会主席…………… 5297762
生产办
主任………………… 5290427
副主任……………… 5297527
调度………………… 5295132
…………………… 5296493
…………………… 5281061
工程维修…………… 5295170
安全………………… 5290412
工业卫生环保……… 5295465
计划………………… 5295265
资产、计量………… 5297254
电力管理…………… 5296544
水站管理…………… 5299443
物资管理…………… 5295232
食堂管理员………… 5296017
综合办
主任………………… 5297289
工会、团委………… 5296040

宣传…………………… 5296057
管理办
主任…………………… 5295677
技教、质量………… 5295201
企业法规…………… 5297841
公务员……………… 5297026
多功能会议室……… 5299734
房产生育档案……… 5296323
财务主管…………… 5297116
财务………………… 5296050
人事………………… 5297274
综合队
书记………………… 5296557
队长………………… 5295248
安全员……………… 5297297
保管员……………… 5296426
经管员……………… 5297763
…………………… 5299841
多功能会议室……… 5299734
后勤库房…………… 5296167
公寓………………… 5291475
食堂………………… 5297780
公务员……………… 5296017
水房………………… 5298684
值班室……………… 5291414
材料库……………… 5296064
门卫………………… 5296063
地工队
书记………………… 5296010
主任………………… 5296039
动态………………… 5296748
…………………… 5295534
…………………… 5296173
油井管理…………… 5297324
水井管理…………… 5295041
地质调度…………… 5295088
…………………… 5296082
动态监测…………… 5296801
微机室……………… 5296759
…………………… 5295410
化验室……………… 5295422
工程作业…………… 5296610
工程综合…………… 5295036
电泵管理…………… 5296611
机房………………… 5295370
油井管理…………… 5296343
螺杆泵管理………… 5295490
司机班……………… 5295231
地面工艺
副主任……………… 5291407
动态………………… 5296085
工艺………………… 5295813
四区一队
队部………………… 5295824

资料室……………… 5295270
南4－5站 ………… 5297791
四区二队
队部………………… 5297784
资料室……………… 5295047
4－3号中转站 …… 5295282
四区四队
队部………………… 5296553
资料室……………… 5295424
南4－6站 ………… 5296081
四区五队
队部………………… 5298305
资料室……………… 5297208
南4－4站 ………… 5295489
四区六队
队部………………… 5297795
资料室……………… 5297707
4－2号中转站 …… 5295486
四区七队
队部………………… 5295485
资料室……………… 5299874
聚南4－7站 ……… 5299742
四区八队
队部………………… 5299314
资料室……………… 5299463
聚4－2号中转站 … 5296408
五区一队
队部………………… 5298130
资料室……………… 5296072
南5－2站 ………… 5295295
五区二队
队部………………… 5295293
资料室……………… 5296756
4－1号中转站 …… 5295465
萨西5号中转站…… 5295456
五区四队
队部………………… 5297217
资料室……………… 5297767
南5－3站 ………… 5295276
五区五队
队部………………… 5299594
资料室……………… 5296774
5－1号中转站 …… 5296423
五区六队
队部………………… 5298745
资料室……………… 5298820
聚南5－1站 ……… 5299984
五区七队
队部………………… 5299741
资料室……………… 5299724
聚南5－2站 ……… 5299904
注水变电队
队部………………… 5297789
资料室……………… 5297248

值班室……………… 5299632
南十八注…………… 5297752
南十八变…………… 5297753
聚南二十三变……… 5299364
…………………… 5299374
聚南二十三注……… 5299334
聚南二十四变……… 5291994
…………………… 5291984
聚南二十四注……… 5298645
南十二变…………… 5295271
南十二注…………… 5295262
南十二燃汽发电…… 5299649
南十七变…………… 5297737
南十七注…………… 5297299
南十七锅炉………… 5297281
萨西变……………… 5687712
萨西注……………… 5687448
萨西锅炉…………… 5694357
南三一联合站
书记………………… 5290433
队长………………… 5295053
副队长……………… 5295092
值班室……………… 5295097
油站………………… 5295096
油站锅炉…………… 5297284
深污………………… 5290547
污水………………… 5297355
污水锅炉…………… 5297793
聚污………………… 5290917
注聚一队
书记………………… 5298860
队部………………… 5298873
资料室……………… 5298843
南5东1号………… 5298854
南5东2号………… 5298814
南5西1号………… 5290924
南5西2号………… 5291821
注聚五队
队部………………… 5298873
资料室……………… 5296723
南4东1号………… 5299274
南4东2号………… 5298974
南4西3号………… 5290914
南4西4号………… 5299534
南4西5号………… 5299554
注聚六队
书记………………… 5299732
队部………………… 5299986
资料室……………… 5299612
南4西1号………… 5693801
南4西2号………… 5290951
南4西3号………… 5796044
南4西4号………… 5299241
测试队

队部………………… 5295266
资料室……………… 5295237
值班室……………… 5295268
维修队
值班室……………… 5291474
校表室……………… 5296484
经警队
队长………………… 5290415
书记………………… 5291476
值班室……………… 5291414

第三作业区

地址：大庆市图强路
邮编：163355

书记………………… 5281081
经理………………… 5281086
副经理……………… 5291380
…………………… 5296142
…………………… 5296927
…………………… 5299620
…………………… 5296213
…………………… 5295962
工会主席…………… 5296478
综合办
主任………………… 5297262
副主任……………… 5295764
…………………… 5296460
宣传干事…………… 5295064
工会干事…………… 5295406
团委书记…………… 5295079
打字室……………… 5296921
收发室……………… 5296090
生产办
主任………………… 5297393
副主任……………… 5296201
…………………… 5295686
油水管理…………… 5298250
站库管理…………… 5297233
电力管理…………… 5296410
计划统计…………… 5297219
安全管理…………… 5295607
质量管理…………… 5295095
机动管理…………… 5297207
调度………………… 5295143
…………………… 5296409
…………………… 5298280
管理办
主任………………… 5295407
副主任……………… 5298508
财务管理…………… 5297218
人事管理…………… 5297702
综合治理…………… 5295206
安全监督组………… 5295247
培训基地…………… 5297292
地工队

书记…………………… 5297723
队长…………………… 5296738
副队长………………… 5297703
……………………… 5295913
会计…………………… 5295666
开发调度……………… 5295142
……………………… 5296083
低压管理……………… 5295058
高压管理……………… 5297260
动态分析……………… 5295256
作业管理……………… 5295046
抽油机管理…………… 5295065
工程综合岗…………… 5297263
电泵井管理…………… 5295068
信息管理……………… 5295257
化验室………………… 5296433
值班室………………… 5297287
地面工艺
副队长………………… 5297255
地面工艺……………… 5297797
……………………… 5295051
维修队
书记…………………… 5296450
队部…………………… 5295357
维修班………………… 5296033
车队
队部…………………… 5299182
测试队
书记…………………… 5296411
队长…………………… 5295499
办公室………………… 5297404
综合队
队部…………………… 5296086
值班室………………… 5297211
老年办………………… 5298272
食堂…………………… 5299515
食堂财务……………… 5295089
矿区门卫……………… 5295455
经警队
书记…………………… 5298275
队长…………………… 5298874
办公室………………… 5297429
六区二队
队部…………………… 5295403
资料室………………… 5297252
6－3号中转站 …… 5296473
六区五队
队部…………………… 5295431
资料室………………… 5297259
6－2号中转站 …… 5296734
三元南6－2站 …… 5291552
七区二队
队部…………………… 5295004
资料室………………… 5297231
6－1号中转站 …… 5295098
七区三队
值班室………………… 4985219
资料室………………… 4980883
计算机室……………… 4989434
萨西8号中转站…… 4989549
七区五队
队部…………………… 5296717
资料室………………… 5296429
7－1号中转站 …… 5296437
七区六队
队部…………………… 5295086
值班室………………… 5295060
资料室………………… 5295042
6号中转站 ………… 5296420
八区一队
队长…………………… 4102070
值班室………………… 4965708
资料室………………… 4966494
南8－3号中转站 … 4965036
八区二队
队长…………………… 4989425
值班室………………… 4989414
资料室………………… 4966479
南8－1号中转站 … 4989582
八区三队
节能组计算机室…… 4966479
八区五队
队长…………………… 4966448
值班室………………… 4966724
资料室………………… 4966514
八区六队
队部…………………… 4896741
资料室………………… 4897781
微机室………………… 4989465
八区七队
队长…………………… 4102071
队部…………………… 4965724
资料室………………… 4965564
南8－4号中转站 … 4965534
八区八队
队长…………………… 4102072
队部…………………… 4966741
资料室………………… 4965571
值班室………………… 5297287
南8－2号中转站 … 4989574
南十六注
注水…………………… 4989447
变电…………………… 4989474
锅炉…………………… 4989302
银浪变电站…………… 4989303
南五联合站
队部…………………… 5297785
值班室………………… 5295417
输油…………………… 5296406
沉降…………………… 5295211
污水…………………… 5296005
变电…………………… 5296006
注水…………………… 5296447
压气…………………… 5295263
锅炉…………………… 5296405
聚南二十五变电…… 5299846
聚南二十五注水…… 5299945
聚南二十五污水…… 5299713
南六联合站
书记…………………… 4980804
队长…………………… 4980876
副队长………………… 4989476
队部…………………… 4893286
注水…………………… 4989461
污水…………………… 4989494
变电…………………… 4980890
供油…………………… 4980805
锅炉…………………… 4980844
银浪变电所…………… 4989525

第四作业区

地址：大庆市刘高守
邮编：163414
书记…………………… 5291933
经理…………………… 5298777
副经理………………… 5297983
……………………… 5295905
……………………… 5295916
……………………… 5295508
……………………… 5295510
工会主席……………… 5298909
管理办
主任…………………… 5295433
人事…………………… 5297738
财务主管……………… 5298420
财务…………………… 5295437
科技房产……………… 5295245
综合办
主任…………………… 5291878
副主任………………… 5291203
巡视员………………… 5296266
团委…………………… 5291124
组织干事……………… 5298408
工会…………………… 5290800
生产办
主任…………………… 5296750
调度长………………… 5295259
调度…………………… 5281040
……………………… 5295462
……………………… 5299457
电力…………………… 5296011
泵站管理……………… 5299536
安全监督……………… 5298662
安全…………………… 5296077
计划…………………… 5295401
水站管理……………… 5296757
技术教育……………… 5297228
物资…………………… 5296065
地面工程主任………… 5295241
地面工程……………… 5297712
……………………… 5295772
地工队
书记…………………… 5296089
工程主任……………… 5296491
地质副主任…………… 5291134
调度…………………… 5296487
网络管理……………… 5295023
综合资料……………… 5295428
低压测试……………… 5295038
机采管理……………… 5295451
水井管理……………… 5296494
动态分析……………… 5295035
油井、电泵、作业 … 5297710
化验室………………… 5295607
机房…………………… 5296407
巡视员………………… 5298742
维修队
书记…………………… 5295213
队部…………………… 5296776
副队长………………… 5291147
经警队
书记…………………… 5298604
队部…………………… 5296769
锅炉房………………… 5295254
综合队
书记…………………… 5295394
队部…………………… 5290947
稳定办………………… 5291237
后勤…………………… 5291142
污油回收……………… 5296715
料库值班……………… 5299543
门卫值班……………… 5295246
宿舍水房……………… 5298362
锅炉房………………… 5297783
小车班………………… 5291740
食堂…………………… 5295617
四区三队
队部…………………… 5297768
资料室………………… 5297772
萨南1号中转站…… 5295495
六区一队
队部…………………… 5295402
资料室………………… 5297249
6－5号中转站 …… 5296725
六区三队
队部…………………… 5296726
资料室………………… 5297283

萨南 4 号中转站…… 5295091
六区四队
队部………………… 5299940
资料室……………… 5297771
6－6 号中转站 …… 5296265
含油污泥站………… 5295253
七区一队
队部………………… 5297295
资料室……………… 5297230
6－4 号中转站 …… 5295227
七区四队
队部………………… 5296773
资料室……………… 5296463
7－2 号中转站 …… 5296121
八区三队
队部………………… 5295026
资料室……………… 5295078
萨南 3 号中转站…… 5296482
八区四队
队部………………… 4965447
资料室……………… 4966447
萨南 2 号中转站…… 4966550
南四联合站
队部………………… 5295220
资料室……………… 5296412
油岗………………… 5295017
压气站……………… 5295272
化验………………… 5295423
深水………………… 5296414
新污水……………… 5297213
变电所……………… 5296415
注水站……………… 5295224
沉降………………… 5296020
锅炉………………… 5296427
聚南污……………… 5290935
聚南四污锅炉房…… 5290875
南十联合站
队部………………… 5297271
油站………………… 5295283
压气站……………… 5295400
脱水站……………… 5295419
污水站……………… 5295290
锅炉房……………… 5291205
深度………………… 5297227
南十三联合站
队长………………… 5295269
队部………………… 5297244
十三注……………… 5295281
十三变……………… 5296227
十五注……………… 4966253
十五变……………… 4966283
十五污水…………… 4965267
二十六注水………… 5290973
二十六变电………… 5290953

二十六锅炉………… 5291823
注水变电队
队部………………… 5295261
经管室……………… 5295464
注水站……………… 5295294
新注水站…………… 5297236
南十变……………… 5296702
南十九变…………… 5297224
锅炉房……………… 5295413

第五作业区

地址：大庆市解放四街
邮编：164559

经理………………… 5202455
书记………………… 5200678
工会主席…………… 5203409
生产副经理………… 5203798
生活副经理………… 5203408
工程副经理………… 5202517
工艺副经理………… 5203768
地质副经理………… 5202338
综合办
主任………………… 5203609
团委、宣传………… 5202426
组织、干部………… 5203420
工会、女工………… 5203958
档案、计划生育…… 5203849
女工………………… 5201828
管理办
主任………………… 5202341
财务主管…………… 5200590
会计………………… 5201824
出纳………………… 5202339
薪酬结算组………… 5201832
技教………………… 5203411
生产办
主任………………… 5203735
调度长……………… 5203806
综合管理…………… 5202393
电力、通信………… 5203416
QHSE 管理………… 5201530
资产机动…………… 5203421
计量………………… 5201826
水站管理…………… 5203406
计划………………… 5201532
安全、环保………… 5203791
材料员……………… 5202081
调度室……………… 5202714
……………………… 5203340
……………………… 5203341
安全监督…………… 5200132
办公室……………… 5203888
……………………… 5201166
培训基地…………… 5202095
计划管理…………… 5202096

地工队
队长………………… 5202336
书记………………… 5202619
工程副队长………… 5203871
工艺副队长………… 5203805
地质副队长………… 5202522
地质调度…………… 5202446
……………………… 5202447
工程资料…………… 5200597
动态综合…………… 5202334
……………………… 5202433
水井现场…………… 5203419
动态监测…………… 5202353
地面工艺…………… 5203410
作业管理…………… 5201562
电泵管理…………… 5201561
工程资料…………… 5202082
抽油机管理………… 5201571
现场管理…………… 5201576
机房………………… 5200495
化验室……………… 5202325
准备队
队长………………… 5202223
副队长……………… 5202431
经管员……………… 5203412
食堂………………… 5202428
食堂会计…………… 5203300
会议室……………… 5202423
泵房、浴池………… 5202453
纯净水……………… 5202326
司机值班室………… 5202482
门卫………………… 5202332
收发室……………… 5202253
复印室……………… 5203580
维修队
队长………………… 5202201
技术员……………… 5202202
泵修、火电焊……… 5202381
电工………………… 5202376
测试队
队长………………… 5200176
资料室……………… 5201079
43 队
书记、队长………… 5296170
值班室……………… 5296428
资料室……………… 5297277
南 2－7 号中转站 … 5296024
43 队提升站 ……… 5291563
44 队
书记、队长………… 5202177
资料室……………… 5201547
南 2－11 号中转站 … 5201545
45 队
队长………………… 5201504

书记………………… 5202923
资料室……………… 5202655
南 2－3 号中转站 … 5201564
46 队
书记、队长………… 5201063
资料室……………… 5200241
值班室……………… 5202246
南 2－5 号中转站 … 5202474
2－9 队
书记、队长………… 5201915
资料室……………… 5202241
萨西 1 号中转站…… 5201743
2－12 队
书记、队长………… 5202324
资料室……………… 5202741
南 2－4 号中转站 … 5202703
2－13 队
书记、队长………… 5202103
资料室……………… 5201673
南 2－10 号中转站
……………………… 5202347
2－14 队
书记、队长………… 5202871
资料室……………… 5201654
南 2－13 号中转站
……………………… 5201764
2－18 队
队长………………… 5203513
书记………………… 5203512
资料室……………… 5200342
聚南 2－3 号中转站
……………………… 5200493
2－19 队
队长………………… 5202564
书记………………… 5200742
资料室……………… 5202284
聚南 2－10 号中转站 5203250
2－20 队
队长………………… 5203414
书记………………… 5203244
资料室……………… 5203415
南 2－6 号中转站 … 5203245
南二联合站
书记、队长………… 5202264
值班室……………… 5202254
油岗………………… 5200930
变电所……………… 5202425
变电所所长………… 5201049
污水岗……………… 5202034
注水岗……………… 5202439
南 2－2 联合站
队长………………… 5201643
书记………………… 5202511
污水站……………… 5202452

锅炉…… 5201794
增压…… 5201793
深度污水…… 5201694
变电队
队长…… 5203200
技术员…… 5202442
南2-3注水 …… 5201544
南2-3变电所 …… 5201514
南2-3锅炉房 …… 5203251
南十一注水…… 5202174
南十一变电所…… 5202795
…… 5203547
南十一锅炉房…… 5202674
萨西二注水站…… 5201648
萨西二变电所…… 5201749
…… 5201704
萨西二锅炉房…… 5201548
经警队
队长…… 5202207
副队长…… 5202205
值班室…… 5202116
注聚队
队长…… 5203892
书记…… 5202140
技术员…… 5203814
值班室…… 5202199
南二西1号站…… 5201231
南二西2号站…… 5202244
南二西3号站…… 5202175
南二西4号站…… 5203521
南二西5号站…… 5203144
南二西6号站…… 5200744
南三西1号站…… 5299794
收油点…… 5203328

第六作业区

地址：大庆市乘风东街
邮编：163414

经理…… 5299855
书记…… 5295366
副经理…… 5290898
…… 5298717
…… 5290922
…… 5291866
…… 5298722
工会主席…… 5298177
生产办
主任…… 5297816
副主任…… 5291326
资产管理…… 5291961
地面工艺资料…… 5291500
地面工艺管理…… 5290944
调度…… 5291964
…… 5291965
电力管理…… 5291962
水站管理…… 5298706
油站管理…… 5291967
安全管理…… 5291975
计划管理…… 5291973
计量管理…… 5298123
计量间管理…… 5297737
工程资料…… 5290869
生产会议室…… 5299650
综合办
主任…… 5290880
工会…… 5290945
团委…… 5291960
档案室…… 5291742
打字室…… 5291320
管理办
主任…… 5291997
副主任…… 5291116
财务…… 5290937
劳资…… 5291970
地工队
队长…… 5295324
副队长…… 5297306
…… 5290861
地质调度…… 5290891
作业监督…… 5290907
微机室…… 5297331
…… 5296630
机采井管理…… 5290873
动态分析…… 5290857
…… 5291741
高压测试…… 5296780
化验室…… 5290673
测试队
队部…… 5295491
资料室…… 5295493
值班室…… 5290244
生产保障队
队长…… 5295421
副队长…… 5297307
值班室…… 5296041
校表室…… 5290884
综合队
书记…… 5297845
队长…… 5299610
副队长…… 5297256
会计、保管员…… 5299652
保干、稳定…… 5291974
多功能会议室…… 5295160
食堂管理员…… 5299062
司机班…… 5299631
…… 5291088
…… 5291824
食堂…… 5295825
纯净水厂…… 5295203
豆腐房…… 5295236
锅炉房…… 5298165
收发室…… 5298970
门卫…… 5298774
经警队
书记…… 5297963
队长…… 5296768
48队
书记…… 5296031
队部…… 5296037
资料室…… 5296035
南3-4中转站 …… 5290748
食堂…… 5295461
49队
队部…… 5296825
资料室…… 5296459
南3-2号中转站 … 5297403
50队
队部…… 5295022
资料室…… 5295021
南3-6中转站 …… 5296093
三区四队
队部…… 5797756
资料室…… 5694356
萨西3号中转站…… 5686083
周瞎泡提升站…… 5696859
三区五队
书记…… 5297861
队部…… 5297203
资料室…… 5295457
南九站…… 5296015
南20站 …… 5297709
三区六队
书记…… 5298014
队部…… 5298934
资料室…… 5295024
南3-7站水驱站 … 5296012
南3-7站聚驱站 … 5290624
三区七队
队部…… 5691116
资料室…… 5671437
南3-3号转油站 … 5687756
三区八队
队部…… 5297722
资料室…… 5296667
3-5号中转站 …… 5297706
南2-1联合站
队部…… 5298134
资料室…… 5296403
油岗…… 5296091
脱水…… 5296475
常规污水…… 5291747
深度污水…… 5295228
二、一变电…… 5295439
二、一注水…… 5297212
南二一地面锅炉…… 5296431
南二一油站锅炉…… 5296052
南三锅炉…… 5297371
调水站…… 5291541
聚二一联合站
书记…… 5296691
队长…… 5296462
值班室…… 5296241
油站…… 5297413
污水站…… 5295479
锅炉…… 5296071
大架泡提升站…… 5296062
污水沉降…… 5291549
二十二注瀑氧站…… 5210442
二十二注…… 5201482
南九联合站
书记…… 5297443
队长…… 5297814
副队长…… 5296014
注水…… 5296701
变电…… 5296016
锅炉…… 5296023
污水…… 5296638
沉降…… 5296002
龙凤泡提升站…… 4315478
值班室…… 5297701
注水变电队
队长…… 5296828
资料室…… 5298230
南二十变…… 5296455
南三一变…… 5296722
南十四变…… 5296080
聚南二十二变…… 5201843
南二十注…… 5296454
南三一注…… 5296052
食堂…… 5295461
注聚四队
书记…… 5299622
队长…… 5299602
副队长…… 5297170
资料室…… 5299847
南三西3号注入站 … 5297579
南三西4号注入站 … 5299754
南三东4号注入站 … 5295286
南三东5号注入站 … 5291430
污水厂
书记…… 5297270
厂长…… 5296718
副厂长…… 5298182
…… 5298583
厂长助理…… 5298693
污泥泵房…… 5296028
彭风机房…… 5297278

化工污水…………… 5291434
污水泵房…………… 5296059
生污处理…………… 5296001
生活外输…………… 5295093
微机室……………… 5298973
资料室……………… 5298231
材料室……………… 5298619
值班室……………… 5297734
化验室……………… 5297282
材料………………… 5298619
锅炉房……………… 5297775
维修班……………… 5296069
隔棚间……………… 5295440
1号积水站………… 5686092
2号积水站………… 5696164
经警队
书记………………… 5297963
队长………………… 5296768

第七作业区

地址：大庆市图强东街
邮编：163414

书记………………… 5290707
经理………………… 5290777
副经理……………… 5291266
…………………… 5298762
…………………… 5298126
…………………… 5298156
…………………… 5296310
…………………… 5298919
…………………… 5290868
工会主席…………… 5298876
管理办
主任………………… 5298253
人事………………… 5296711
财务………………… 5290920
出纳………………… 5296830
档案………………… 5297285
综合办
主任………………… 5297721
纪检、保卫………… 5295893
宣传………………… 5296449
综合………………… 5298616
生产办
主任………………… 5297117
副主任……………… 5296928
交通安全管理……… 5296700
计划统计…………… 5297730
工业安全…………… 5296755
调度………………… 5296300
…………………… 5297300
机动设备…………… 5296113
资产计量…………… 5297886
质量监督…………… 5298170
水电气管理………… 5296706

油水井作业………… 5296522
调度专线…………… 5296909
地工队
书记………………… 5296117
队长………………… 5296099
副队长……………… 5290938
…………………… 5290879
…………………… 5290879
…………………… 5290889
工程师……………… 5296703
资料组……………… 5298572
动态组……………… 5296416
工艺组……………… 5295497
…………………… 5296910
地调组……………… 5296370
信息………………… 5296993
机房………………… 5295480
值班室……………… 5291710
中心化验室
书记………………… 5298327
主任………………… 5298271
副主任……………… 5295487
…………………… 5296520
…………………… 5296521
总工程师…………… 5298136
管理岗……………… 5299725
研究组……………… 5299571
综合………………… 5299972
仪修………………… 5299735
质检1组…………… 5295498
质检2组…………… 5299737
油气水1组………… 5299759
油气水2组………… 5297786
门卫………………… 5297330
锅炉房……………… 5297050
地震台
值班室……………… 5296100
生产准备队
书记、队长………… 5297178
副队长……………… 5297567
…………………… 5296451
材料组……………… 5298357
房产………………… 5296483
保管员……………… 5290711
管理员……………… 5295467
经管员……………… 5295524
公寓………………… 5297202
食堂………………… 5297747
维修队
书记………………… 5290370
队长………………… 5297268
资料室……………… 5295223
综合班……………… 5296707
供电………………… 5296448

值班室……………… 5298321
试验一队
书记………………… 5297225
队长………………… 5291543
副队长……………… 5296053
经管员……………… 5296987
南三油水…………… 5295221
南四油水…………… 5295219
配注………………… 5296079
锅炉………………… 5297243
试验二队
书记………………… 5298551
队长………………… 5298550
技术员……………… 5298569
资料室……………… 5298573
三元试验站………… 5290940
化验室……………… 5296721
1号配置站
书记………………… 5291844
队长………………… 5291877
副队长……………… 5200234
配置………………… 5202435
…………………… 5296736
锅炉………………… 5201452
资料………………… 5200484
经警………………… 5201313
2号配置站
队长………………… 5203402
副队长……………… 5203403
资料室……………… 5203404
配置………………… 5203347
…………………… 5203357
3号配置站
书记………………… 5299821
队长………………… 5299820
技术员……………… 5299827
配置………………… 5299745
…………………… 5299746
锅炉………………… 5299756
4号配置站
书记………………… 5298952
队长………………… 5298950
资料室……………… 5298953
配置………………… 5298961
…………………… 5298964
锅炉………………… 5298984
注聚二队
书记………………… 5290717
队长………………… 5296003
化验………………… 5298443
油站………………… 5291604
水站………………… 5291605
注聚七队
书记………………… 5291544

队长………………… 5291570
资料室……………… 5291542
值班室……………… 5291544
注聚八队
书记………………… 5291591
队长………………… 5291066
资料室……………… 5291547
值班室……………… 5291554

作业大队

地址：大庆市解放四街
邮编：163459

书记………………… 5281085
大队长……………… 5297555
副大队长…………… 5202377
…………………… 5201757
…………………… 5201858
…………………… 5201968
…………………… 5201786
工会主席…………… 5291167
生产办
主任………………… 5200543
副主任……………… 5200693
大班调度…………… 5200542
…………………… 5202945
调度室……………… 5209012
…………………… 5201604
…………………… 5202484
安全………………… 5297620
…………………… 5297521
…………………… 5202031
全质………………… 5297401
机动………………… 5297409
技教………………… 5296766
资产员……………… 5202943
计划………………… 5202706
保卫………………… 5297407
电信………………… 5202272
综合管理…………… 5202977
科技………………… 5295260
能源………………… 5202196
技术办
主任………………… 5200294
副主任……………… 5295550
…………………… 5200297
现场………………… 5201847
科技………………… 5295260
现场管理…………… 5200324
资料管理…………… 5296782
设计………………… 5200247
机房………………… 5200284
…………………… 5202046
综合办
主任………………… 5296740
团委………………… 5296771

组织…………………… 5201994
工会…………………… 5297606
女工、计育………… 5200724
管理办
主任…………………… 5295071
秘书…………………… 5296353
房产、人事………… 5296743
会计…………………… 5298396
成本…………………… 5296762
………………………… 5290198
物资…………………… 5201644
………………………… 5202605
综合队
队长…………………… 5296084
书记…………………… 5296746
检查站………………… 5203928
锅炉房………………… 5201841
北门卫………………… 5201734
更衣室………………… 5296284
加油站………………… 5296554
机关值班室………… 5297206
食堂财务…………… 5200962
食堂…………………… 5202749
体育馆………………… 5202644
HSE 监督室 ……… 5201347
………………………… 5200452
………………………… 5201556
作业 1 队…………… 5200732
作业 2 队…………… 5202611
作业 3 队…………… 5200723
作业 4 队…………… 5201941
作业 5 队…………… 5202634
作业 6 队…………… 5202064
作业 7 队…………… 5200254
作业 8 队…………… 5202141
作业 9 队…………… 5202524
作业 10 队 ………… 5202594
作业 11 队 ………… 5201946
作业 12 队 ………… 5200374
作业 14 队 ………… 5202654
作业 15 队 ………… 5202547
作业 16 队 ………… 5200781
作业 17 队 ………… 5200404
作业 18 队 ………… 5200179
作业 19 队 ………… 5202149
作业 20 队 ………… 5201341
作业 22 队 ………… 5200479
大修一队…………… 5202514
大修二队…………… 5200594
电泵队………………… 5200124
搬家队………………… 5202571
搬家队油管班……… 5201202
特车队………………… 5201653
准备队………………… 5201773

维修队………………… 5201719
工具车间…………… 5200424
………………………… 5201954
………………………… 5200964
保养站………………… 5201524
现场管理…………… 5200334
小车队………………… 5290137
打字室………………… 5295072
公寓楼………………… 5290189

地质大队

地址：大庆市图强西一街
邮编：163414

书记…………………… 5281635
大队长………………… 5281515
副大队长…………… 5290227
………………………… 5296376
………………………… 5295901
………………………… 5295517
………………………… 5298666
综合办
书记…………………… 5295284
主任…………………… 5299835
副主任………………… 5291341
………………………… 5296854
财务…………………… 5298635
工会…………………… 5290245
行政…………………… 5296032
科技…………………… 5295612
司机班………………… 5291753
2 号楼门卫 ………… 5295330
计算机室
主任…………………… 5297563
副主任………………… 5297617
硬件组………………… 5297889
数据组………………… 5295242
软件组………………… 5295243
开发室
书记…………………… 5298611
主任…………………… 5295267
副主任………………… 5298756
工程师………………… 5295429
射孔组………………… 5295207
规划组………………… 5295138
机房…………………… 5295874
地质室
主任…………………… 5296472
副主任………………… 5295791
责任工程师………… 5295791
矢量化………………… 5290160
构造组………………… 5295234
参数组………………… 5299839
精细组………………… 5295793
三采室
书记…………………… 5291342

主任…………………… 5296126
副主任………………… 5298752
一组、二组………… 5297195
综合组………………… 5298753
动态室
书记…………………… 5296578
主任…………………… 5298060
副主任………………… 5295453
工程师………………… 5295280
综合组………………… 5295264
一组…………………… 5296705
二组…………………… 5296075
三组…………………… 5291140
四组…………………… 5295291
五组…………………… 5297776
六组…………………… 5299975
管理室
主任…………………… 5295140
副主任………………… 5290929
油井组………………… 5295230
监测组………………… 5291572
措施组………………… 5295135
钻井组………………… 5298949
资料组………………… 5295475
调度…………………… 5295502
………………………… 5295438
………………………… 5295540

工程技术大队

地址：大庆市图强西二街
邮编：163414

书记…………………… 5281629
大队长………………… 5281630
副大队长…………… 5295684
………………………… 5296669
………………………… 5291035
………………………… 5298990
………………………… 5290100
工会主席…………… 5299893
综合办
主任…………………… 5295049
副主任………………… 5295317
………………………… 5295050
财务…………………… 5297529
人事…………………… 5290394
科技…………………… 5295251
综合…………………… 5296430
宣传…………………… 5299795
司机班………………… 5298051
值班室………………… 5291037
管理室
书记…………………… 5296150
主任…………………… 5295075
副主任………………… 5290404
………………………… 5295195

………………………… 5291040
………………………… 5296485
电泵组………………… 5295216
技术管理组………… 5295214
………………………… 5291074
调度…………………… 5296496
………………………… 5290923
低压测试组………… 5295252
档案…………………… 5298562
机房…………………… 5297530
工艺室
书记…………………… 5296950
主任…………………… 5297644
副主任………………… 5291084
科研组………………… 5298065
技术管理组………… 5297200
螺杆泵组…………… 5297239
技术监督室
书记…………………… 5295182
主任…………………… 5291094
副主任………………… 5298057
钻井组………………… 5291841
完井组………………… 5295212
压裂组………………… 5295600
作业管理…………… 5291054
………………………… 5295077
仪表室
书记…………………… 5295398
主任…………………… 5291339
副主任………………… 5299514
………………………… 5296466
………………………… 5297790
………………………… 5296729
信息组………………… 5297472
现场一组…………… 5296476
现场二组…………… 5296728
现场三组…………… 5291036
现场四组…………… 5297787
现场五组…………… 5296443
现场六组…………… 5297815
计量一组…………… 5291204
计量二组…………… 5290514
计量三组…………… 5297796
计量四组…………… 5297332
气表检定定………… 5291610
水表检定室………… 5291612
值班室………………… 5290514

电工维修大队

地址：大庆市图强路
邮编：163354

书记…………………… 5297123
大队长………………… 5291789
副大队长…………… 5299136
………………………… 5299950

………………………… 5296940
综合办
主任………………………… 5295436
电网综合技术管理 … 5295346
组织干事………………… 5295917
工会干事………………… 5295275
财务出纳………………… 5295167
技术监督………………… 5296942
职工培训………………… 5299114
信息管理………………… 5297340
生产办
主任………………………… 5296051
调度长…………………… 5295158
副主任…………………… 5295314
安全管理………………… 5295412
调度……………………… 5295081
………………………… 5290647
………………………… 5295185
………………………… 5295144
通信管理………………… 5281094
纪检……………………… 5298302
顾问……………………… 5291990
技术办
主任………………………… 5298064
线路管理………………… 5295003
变电管理………………… 5297322
变电管理………………… 5299963
线路一队
书记……………………… 5295416
队长……………………… 5298315
线路二队
书记……………………… 5298316
队长……………………… 5295025
变检队
队长……………………… 5295210
厂房……………………… 5298342
综合队
办公室…………………… 5296207
大门门卫………………… 5295917
食堂……………………… 5290443
办公楼门卫……………… 5298302
库房……………………… 5296791
车队……………………… 5295180
工业安全员……………… 5291623

特车大队

地址：大庆市图强路
邮编：163414

书记……………………… 5281039
大队长…………………… 5281066
副大队长………………… 5295590
………………………… 5290628
综合办
主任………………………… 5296457
工会、宣传……………… 5296214
人保、武装……………… 5295482
财务……………………… 5295642
动机、资产……………… 5297714
生产办
主任………………………… 5296770
副主任…………………… 5296391
调度……………………… 5296471
………………………… 5295481
科技、教育……………… 5295944
档案……………………… 5297640
一队……………………… 5295277
………………………… 5297735
二队……………………… 5298158
保养站…………………… 5297517
………………………… 5297044
润滑油站………………… 5298674
………………………… 5299717
………………………… 5295037
材料库…………………… 5297751
门卫……………………… 5290447

机械维修大队

地址：大庆市五星村东巷
邮编：163355

大队长…………………… 5296966
书记……………………… 5295974
副大队长………………… 5295783
………………………… 5295973
………………………… 5296256
………………………… 5295399
综合办
主任………………………… 5295435
副主任…………………… 5295016
生产办
主任………………………… 5296257
副主任…………………… 5299707
安全……………………… 5299086
调度……………………… 5299024
财务……………………… 5296356
材料……………………… 5298025
人事……………………… 5297686
资产、机动……………… 5291700
工会……………………… 5295397
计划……………………… 5295217
保干……………………… 5296631
销售……………………… 5290871
计算机维修……………… 5299164
档案……………………… 5298246
老龄办…………………… 5299743
质量监督………………… 5296637
HSE …………………… 5299891
门卫……………………… 5297024
电工班…………………… 5291143
卫生所…………………… 5295313
一车间…………………… 5296479
二车间…………………… 5295202
三车间
书记……………………… 5298574
主任………………………… 5297362
接箍……………………… 5296914
分检……………………… 5297437
门卫……………………… 5296941
四车间…………………… 5295233
安装队…………………… 5295496
技术队…………………… 5297943
锻造车间
主任………………………… 5298047
保管员…………………… 5298024
办公室…………………… 5298794
材料……………………… 5290153
修旧队
队长……………………… 5299696
办公室…………………… 5296247
修复班…………………… 5297927
锅炉班…………………… 5297470
食堂……………………… 5291529
门卫……………………… 5290064
散热器车间……………… 5297280
车队……………………… 5295784
食堂……………………… 5296730

规划设计所

地址：大庆市图强西二街
邮编：163414

书记……………………… 5297089
所长……………………… 5281633
副所长…………………… 5297691
………………………… 5297354
………………………… 5298747
责任工程师……………… 5290764
综合办
主任………………………… 5297792
副主任…………………… 5297361
安全、机动……………… 5295791
党办……………………… 5295384
人事、组织……………… 5298715
会计、企管……………… 5295698
工会、后勤……………… 5295547
企管、资产……………… 5295698
值班室…………………… 5296461
设计室
书记……………………… 5296360
主任………………………… 5296947
副主任…………………… 5295552
………………………… 5299527
工艺组…………………… 5299437
电气组…………………… 5298419
土建组…………………… 5297693
………………………… 5296785
………………………… 5296026
水暖组…………………… 5291418
………………………… 5295342
规划室
书记……………………… 5296030
主任………………………… 5291653
副主任…………………… 5291607
工艺组…………………… 5296661
土建组…………………… 5297353
电气组…………………… 5291516
注水组…………………… 5297107
概算组…………………… 5297353
………………………… 5297356
技术管理室
书记……………………… 5298738
主任………………………… 5297468
副主任…………………… 5298737
监测信息管理组……… 5291749
档案信息管理组……… 5297235
出版信息管理组……… 5290417
总图信息管理组……… 5297692

生产准备大队

地址：大庆市图强西一街
邮编：163414

书记……………………… 5295880
大队长…………………… 5296878
副大队长………………… 5296934
………………………… 5291256
………………………… 5296838
综合办
主任………………………… 5296963
副主任…………………… 5296835
宣传……………………… 5296635
组织……………………… 5291251
稳定……………………… 5298729
企管员…………………… 5296634
安全员…………………… 5296867
值班室…………………… 5295544
管理办
主任………………………… 5291372
副主任…………………… 5291996
会计……………………… 5295184
房产办…………………… 5299890
………………………… 5295879
………………………… 5297148
房产会计………………… 5295879
房产积金………………… 5291194
生活管理………………… 5296531
………………………… 5290588
房产……………………… 5296593
招待所
书记……………………… 5296852
所长……………………… 5295618
副所长…………………… 5290475
食堂办公………………… 5296397

食堂大厅…………… 5295864
食堂后灶…………… 5296654
机关食堂…………… 5295616
三号楼食堂………… 5291355
小食堂……………… 5295581
食堂财务…………… 5296116
公寓………………… 5296382
核算室……………… 5297088
维修班……………… 5296832
一楼值班…………… 5295532
二楼值班室………… 5291122
三楼值班室………… 5296574
四楼值班室………… 5297134
综合队
书记………………… 5298587
队长………………… 5299571
副队长……………… 5290445
…………………… 5290987
换热站……………… 5291619
小车队
书记………………… 5298371
队长………………… 5298161
副队长……………… 5299154
油料………………… 5295967
经管员……………… 5298154
调度………………… 5295587
修理班……………… 5296354
中心车库西………… 5298651
中心车库东………… 5298652
文化站
书记………………… 5297363
站长………………… 5298707
副站长……………… 5298725
经管员……………… 5295584
美工师……………… 5296374
俱乐部……………… 5295957
…………………… 5291104
美工………………… 5296272
体育馆……………… 5296979
图书馆……………… 5296390
消防泵房…………… 5290119
值班室……………… 5296364
物资库
书记………………… 5298687
主任………………… 5298353
副主任……………… 5296404
调拨室……………… 5296477
计划室……………… 5295763
保管员……………… 5296251
…………………… 5297234
录入室……………… 5296753
门卫………………… 5295454
乘三村生活网点…… 5692338
净水厂
书记………………… 5298142
厂长………………… 5297990
副厂长……………… 5297940
技术员……………… 5298727
值班室……………… 5297940
冷库………………… 5297564
图强供水电话……… 5295597
萨南公寓
组长………………… 5297345
副组长……………… 5297379
核算………………… 5297380
门卫………………… 5297385

基建管理中心

地址：大庆市图强西二街
邮编：163414

主任………………… 5281100
副主任……………… 5281109
…………………… 5299398
…………………… 5291900
…………………… 5299008
土地科长…………… 5298867
计划管理…………… 5296576
合同管理…………… 5295592
技术管理…………… 5298041
人事劳资…………… 5298749
园林绿化…………… 5290440
土地管理…………… 5295870
土籍管理…………… 5298870
项目经理…………… 5296547
…………………… 5296923
…………………… 5295823
…………………… 5296337
…………………… 5295610
…………………… 5295955
…………………… 5299674
…………………… 5296513
…………………… 5296388
…………………… 5295870
质量监督…………… 5299324
…………………… 5296325
…………………… 5290254
值班室……………… 5295591
…………………… 5295591
…………………… 5291501
…………………… 5291503

工程造价管理中心

地址：大庆市图强西二街
邮编：163414

主任………………… 5281616
副主任……………… 5299077
一组………………… 5295640
二组………………… 5298088
三组………………… 5295506
四组………………… 5296606
五组………………… 5295843
六组………………… 5296316
七组………………… 5290103
八组………………… 5297046
九组………………… 5290236

信息中心

地址：大庆市图强西二街
邮编：163414

主任………………… 5299199
书记………………… 5296345
副主任……………… 5297613
…………………… 5291366
工程师……………… 5295718
综合办
主任………………… 5299866
工会………………… 5297562
科技………………… 5297923
组织………………… 5297610
应用管理室
主任………………… 5297880
系统网络室
主任………………… 5295832
办公室……………… 5297551
…………………… 5295834
机房………………… 5297921
…………………… 5299289
…………………… 5297922
软件开发室
主任………………… 5297881
档案室
主任………………… 5296745
人事档案…………… 5297304
基建档案…………… 5291429
文书音像档案……… 5296470
科研档案…………… 5291427
油田开发档案……… 5295906
门卫………………… 5297074

经保大队

地址：大庆市图强西二街
邮编：163414

书记………………… 5281601
大队长……………… 5281600
副大队长…………… 5297040
…………………… 5295923
…………………… 5290134
顾问………………… 5296321
综合办
主任………………… 5295572
办公室……………… 5296548
管理办
主任………………… 5297435
副主任……………… 5298107
办公室……………… 5297406
…………………… 5297423
综合办……………… 5295163
指挥中心…………… 5297110
…………………… 5281110
值班室……………… 5297439
后勤………………… 5290157
巡逻一队
书记………………… 5296145
队长………………… 5291050
巡逻二队
书记………………… 5295157
队长………………… 5295574
值班室……………… 5295946
巡逻三队
书记………………… 5296662
队长………………… 5296788
监查组……………… 5290124
收费组……………… 5298625
巡逻四队
书记………………… 5290936
队长………………… 5290916
副队长……………… 5290956
污油回收队
书记………………… 5297741
副队长……………… 5203328
第一回收站………… 5297794
第二回收站………… 5295274
扣押库房…………… 5298714
弹药库……………… 5296191
武装部……………… 5297945
…………………… 5297946
光明检查站………… 5298688
…………………… 5298943

培训中心

地址：大庆市图强西街
邮编：163414

副主任……………… 5298160
办公室……………… 5290274
…………………… 5295115
…………………… 5295537
…………………… 5295841
…………………… 5295907
…………………… 5296254
…………………… 5296564
…………………… 5296566
…………………… 5296906
…………………… 5297313

铁人纪念馆

地址：大庆市南二路
邮编：163461

馆长………………… 5200653
书记………………… 5201750
副馆长……………… 5200393
综合办
主任………………… 5200041
副主任……………… 5200041
宣传………………… 5202243
综合办……………… 5202614

财务室……5202884
工会……5202884
门卫……5202894
宣教办
主任……5201701
展厅……5202364
锅炉房……5201554

第三采油厂

地址：拥军西路
邮编：163113

领导
厂长……5860036
书记……5860009
副厂长……5860007
……5860068
……5860033
……5860262
党委副书记、纪委书记
……5860069
工会主席……5860228
总工程师……5860056
总会计师……5860058
总地质师……5860062
厂长助理……5860050
……5863600
总地质师……5856009
副总工程师……5863271
副总设计师……5863000
安全副总监……5863789
调研员……5860055
……5860002

油田管理部
主任……5863600
副主任……5863160
……5863161
……5863162
机采井……5857425
联合站岗……5857615

物资管理部
主任……5860020
副主任……5863069
……5857176
物资计划……5861528
油料……5858475
物资结算……5863971
基建计划……5863701
……5857682
物资价格……5858178
基建现场……5858844

生产运行部
主任……5861001
副主任……5862057
……5861002
……5862312
综合管理……5857333
路政运输……5858175
供排水……5858503
线路管理……5853587
电所管理……5863972
作业管理……5858064
生产值班……5863011
……5863012
……5863013
……5860013
电力值班……5863037
……5863047
……5863957

质量安全环保部
主任……5863789
副主任……5858128
……5863115
环保管理……5862219
综合管理……5851115

综合办公室
主任……5860238
机关党委副书记……5860233
副主任……5862313
……5856609
……5863976
文书……5857819
计划生育……5858575
秘书……5858528
信访……5856180
闭路台
台长……5857917
编辑……5855328
制作、播音……5857645
机房……5857065

人事部
主任……5859933
副部长……5852789
副主任……5863120
……5863121
……5863122
培训站站长……5863557
绩效考核……5857382
档案管理……5852548
技能鉴定……5857704
培训管理……5853150

财务资产部
主任……5860239
副主任……5862765
……5856339
总账、成本基建……5857573
报销、出纳、税务……5858066
资产管理……5857411

计划规划部
主任……5861077
副主任……5863973
……5857117

企管法规部
主任……5863081
副主任……5861606
……5863082
法律顾问……5863083

技术发展部
主任……5862001
副主任……5861170
……5861190

审计监察部
主任……5861018
副主任……5862871
……5863703
……5862015
财务审计……5857371
纪委举报电话……5862018

工会、共青团
副主席……5862152
……5862297
团委副书记……5857199
财务……5857489

稳定工作协调服务中心
主任……5860047
办公室……5857351
……5856380
夜间值班室……5858861
消防值班室……5863478
门卫值班室……5858478
六楼会议室……5861903
公务员……5857616
卫生室……5857613
打字室……5858550
结算中心……5857514

第一油矿
地址：大庆市北二东路风云北村
邮编：163256
书记……5862058
矿长……5860038
副矿长……5863260
……5863265
……5863291
……5863261
……5863262
工会主席……5863958
综合办
主任……5861577
副主任……5863325
……5862027
工会……5853340
女工……5853152
稳定……5857767
宣传、打字……5862027
生产办
主任……5861893
副主任……5859419
……5863282
……5853241
抽油机……5853243
注水井……5857904
电力、通信……5855215
输油……5853567
资产、机动……5863280
聚合物、计量间……5861941
电泵……5853579
调度……5863956
……5863565
……5861544
……5862029
安全办主任……5863192
安全综合、现场……5853192
生产会议室……5863281
行政办
主任……5862005
副主任……5861677
……5863975
财务……5857548
……5862741
……5853580
人事……5861165
计划……5858067
材料组
组长……5862703
材料库房……5858034
材料库房值班……5857580
生产库房值班……5853287
旧楼门卫值班……5863285
新楼门卫……5853389
测试队
测试队（高压）……5854220
测试队（高压）值班 5853220
测试队（低压）……5853789
地质队
书记……5863329
队长……5858734
副队长……5853320
……5861873
工技组长……5853242
作业管理……5862742
地面工程、质量……5853758
水井测试组长……5853564
油井组长……5853206
水井、注入井管理 …5853712
科技……5857400
机房值班……5861974
计算机室……5853351

……………………… 5853222
地下调度………… 5857035
地面工程、质量动态组…… 5853758
动态（聚区）……… 5853504
动态（水区）……… 5853431
绘解岗……………… 5861101
化验队……………… 5853161
……………………… 5853370
……………………… 5863812
化验组长…………… 5853763
生产保障队
队部………………… 5853228
……………………… 5862387
车辆………………… 5853195
维修………………… 5853733
职工食堂…………… 5853543
机关食堂…………… 5853589
公寓………………… 5853757
邮局代办所………… 5859403
1 号污油站 ………… 5863862
员工技能培训基地
培训基地…………… 5863287
……………………… 5861874
206 队
队部………………… 5853746
……………………… 5853352
15 号站 …………… 5853226
聚 15 号站 ………… 5853381
2 号注入站 ………… 5853053
207 队
12 号站油岗 ……… 5876790
地面污水处理站…… 5876743
注入站
值班一室…………… 5876780
值班二室…………… 5871992
208 队
队部………………… 5853238
……………………… 5853136
14 号中转站 ……… 5853549
1 号注入站 ………… 5853040
209 队
队部………………… 5853747
……………………… 5853151
萨北 13 号中转站 … 5857093
3 号注入站 ………… 5853360
12 号注入站 ……… 5863346
301 队
队部………………… 5853166
……………………… 5853155
302 队
队部………………… 5853214
……………………… 5853156
305 队
队部………………… 5853293
……………………… 5853165
51 号中转站 ……… 5853279
北十变电所………… 5853777
北十抄表系统……… 5862373
北十注水…………… 5853546
306 队
队部………………… 5853363
……………………… 5853170
307 队
队部………………… 5853236
……………………… 5853738
309 队
队部………………… 5853294
……………………… 5853783
北十一联合站
队部………………… 5854602
值班………………… 5853573
注水站……………… 5853799
污水站……………… 5853798
变电所……………… 5853383
锅炉房……………… 5856035
北十九号联合站
队部………………… 5854616
值班………………… 5853449
北二二联合站
队部………………… 5854601
值班………………… 5853315
供水………………… 5853213
供油………………… 5853571
脱水………………… 5853159
污水………………… 5853704
沉降………………… 5853572
外输………………… 5853149
变电………………… 5853365
注水………………… 5853475
锅炉房……………… 5853252
……………………… 5862341
热水站……………… 5853129
北二四联合站
干部值班室………… 5857036
注水站……………… 5857033
变电所……………… 5857034
锅炉………………… 5856031
北三一联合站
锅炉………………… 5853196
老污水……………… 5853385
北三二联合站
队部………………… 5854615
值班………………… 5853275
油站………………… 5853271
污水站……………… 5853273
变电所……………… 5853274
锅炉房……………… 5856021
注水站……………… 5853272
25 号转油站
干部值班室………… 5853539
污水………………… 5853515
油站………………… 5854502
北三三联合站
值班室……………… 5853548
脱水………………… 5853563
采暖………………… 5853702
聚北十六联合站
小队办公室………… 5857021
小队值班室………… 5857022
注水………………… 5857044
污水处理站………… 5857025
变电所……………… 5857031
聚北十七联合站
小队办公室………… 5853427
小队值班室………… 5853440
污水站……………… 5853455
变电所……………… 5863380
注水站……………… 5853476
锅炉房……………… 5853421
聚北十八配制站
队部………………… 5853024
值班室……………… 5853789
主控室……………… 5857059
……………………… 5857051
小队二楼办………… 5853024
小队值班室………… 5857062
锅炉房……………… 5857061
18－1 号注入站 …… 5853712
18－6 号注入站 …… 5853706
18－7 号注入站 …… 5853749
聚北十八联合站
18－8 号注入站 …… 5853760
18－9 号注入站 …… 5854573
18－10 号注入站 … 5854507
18－11 号注入站 … 5854503
聚北十九联合站
队部………………… 5854616
值班室……………… 5853449
油站………………… 5853772
锅炉房……………… 5853790
供热岗……………… 5853131
北八注变电所……… 5853793
北八注水站………… 5853569

第二油矿

地址：大庆市北二西路八一村
邮编：163152

书记………………… 5856117
矿长………………… 5858999
运行副矿长………… 5863460
安全副矿长………… 5863461
科技副矿长………… 5863467
地质副矿长………… 5863462
工程副矿长………… 5863463
综合办
主任………………… 5858698
工会、共青团……… 5853204
组织、纪检………… 5862976
宣传岗……………… 5858191
女工………………… 5858027
综合文秘…………… 5857973
工会主席…………… 5863795
人保武装…………… 5853513
经警队……………… 5862220
生产办
主任………………… 5853229
副主任……………… 5858749
调度通信副主任…… 5857755
油气集输副主任…… 5858924
基建施工…………… 5858105
集输岗……………… 5853266
抽油机岗…………… 5853297
……………………… 5857593
电力、电泵………… 5857771
水井………………… 5853380
聚合物……………… 5853326
注水井、注入站…… 5863395
调度………………… 5863560
……………………… 5863562
……………………… 5862197
HSE 监察办主任 … 5850668
HSE 监察办副主任 5852041
HSE 工业监查 …… 5857950
物资………………… 5858089
物资计划…………… 5858006
库房………………… 5858449
安全监督…………… 5857809
安全小组…………… 5853355
安全监查小组……… 5858083
矿门卫……………… 5853265
老年办……………… 5857099
化油点……………… 5851463
安全、综合………… 5858798
安全、交通监查 …… 5857951
档案、科技………… 5857965
绿化………………… 5857952
打印室……………… 5853047
安全环保…………… 5852041
调研员……………… 5858093
经营办
主任………………… 5857168
副主任……………… 5853737
培训基地主任……… 5853122
培训基地副主任…… 5857982
房产………………… 5853594
财务成本…………… 5857278

财务、出纳………… 5853160
财务、会计………… 5857967
………………………… 5857971
劳动、工资………… 5861373
培训基地…………… 5858767
统计、质量………… 5853266
地质队
队长………………… 5853506
地下调度…………… 5853761
机采组……………… 5857047
机房………………… 5853444
………………………… 5853768
聚合物组…………… 5853257
管理组……………… 5853557
动态组……………… 5853123
化验室……………… 5853705
仪表………………… 5857096
网络机房…………… 5863371
水井管理组………… 5863379
地质书记…………… 5863372
油井作业…………… 5861273
化验班长…………… 5861605
测试队
队部………………… 5853334
资料室……………… 5853232
生产保障队
队部………………… 5853267
食堂………………… 5853329
公寓………………… 5853121
邮局………………… 5857481
后勤库房…………… 5853401
车库值班室………… 5857617
二矿体育馆………… 5857630
一队
队部………………… 5853707
资料室……………… 5862471
1801 号中转站 …… 5853483
1801 号回收站 …… 5853264
1801 号供热站 …… 5858617
1801－1 注入站 …… 5858672
1801－2 注入站 …… 5858673
二队
队部………………… 5853392
资料室……………… 5862472
17 号站聚驱值班室 5857931
17－1 号注入站 …… 5853446
三队
队部………………… 5853542
资料室……………… 5862473
23 号中转站 ……… 5853764
23 号站聚驱值班室 5857916
17－5 号注入站 …… 5857915
四队
队部………………… 5853779
资料室……………… 5862474
16 号中转站 ……… 5853179
16 号回收站 ……… 5863397
16 号注入站 ……… 5850064
北二四污水站……… 5853140
北二四锅炉房……… 5863361
十一队
队部………………… 5858281
资料室……………… 5858282
1801 注入站 ……… 5853474
十二队
队部………………… 5858762
资料室……………… 5858763
17－3 注入站 ……… 5857911
十三队
队部………………… 5858713
资料室……………… 5858712
17－2 注入站 ……… 5853194
17－4 注入站 ……… 5857912
北二一联合站
队部………………… 5853193
脱水………………… 5853302
外输………………… 5853377
注水………………… 5853398
污水………………… 5853437
锅炉房……………… 5853750
变电所……………… 5853313
化验室……………… 5857192
北十三联合站
队部………………… 5853541
脱水………………… 5853714
游离水……………… 5853445
注水站……………… 5853249
污水站……………… 5862812
聚污水站…………… 5853740
化验室……………… 5858944
锅炉房……………… 5853527
变电所……………… 5857055
卫生所……………… 5858896
夜巡队……………… 5862220

第三油矿

地址：大庆市北二路
邮编：163256

书记………………… 5878001
矿长………………… 5870000
副矿长……………… 5874401
………………………… 5874403
………………………… 5874404
………………………… 5876406
………………………… 5877799
工会主席…………… 5874405
矿办主任…………… 5874407
人事………………… 5874417
财务主管…………… 5874414
财务………………… 5872177
………………………… 5873738
工会、机教………… 5876742
机动资产…………… 5876425
宣传………………… 5876723
团委………………… 5876752
女工、房产………… 5876408
档案………………… 5874447
生产办
主任………………… 5876762
基建、规划………… 5876737
电力………………… 5876426
泵站………………… 5876731
安全………………… 5874427
………………………… 5876633
抽油机……………… 5876413
调度………………… 5874411
………………………… 5876782
材料库……………… 5876460
………………………… 5874415
培训楼……………… 5876736
活动室……………… 5872395
老年办活动室……… 5876473
地质队
书记………………… 5876419
队长………………… 5876446
工技………………… 5876030
工技资料…………… 5876445
动态………………… 5876412
机房………………… 5874436
………………………… 5876719
地下调度…………… 5876491
水井化验…………… 5877916
测试队
队部………………… 5876476
资料室……………… 5876766
生产保障队
队部………………… 5874475
………………………… 5874471
生产保障夜巡班…… 5876764
车库值班室………… 5876447
食堂………………… 5876740
公寓………………… 5874742
一队
队部………………… 5871797
资料室……………… 5876461
1 号中转站 ………… 5876744
二队
队部………………… 5876436
资料室……………… 5876462
2 号中转站 ………… 5876497
三队
队部………………… 5878490
资料室……………… 5878491
11 号中转站 ……… 5878492
11 号注入站 ……… 5878493
四队
队长………………… 5877078
队部………………… 5876464
资料室……………… 5877013
3 号中转站 ………… 5876450
五队
队部………………… 5877200
资料室……………… 5879340
201 号中转站 ……… 5879457
201 号注入站 ……… 5879328
北四联合站
队部………………… 5878033
资料室……………… 5878902
值班室……………… 5876463
锅炉房……………… 5876757
变电所……………… 5876754
沉降………………… 5876423
脱水………………… 5876725
排涝站……………… 5876417
北二十联合站
队部………………… 5871307
资料室……………… 5871835
值班室……………… 5876456
变电所……………… 5876457
注水站……………… 5876458
污水站……………… 5876452
深度污水站………… 5876459
北 7 注水站………… 5857084
北 7V 变电所 ……… 5858791
注水岗……………… 5857084

第四油矿

地址：大庆市北二东路
邮编：163256

书记………………… 5857700
矿长………………… 5850077
副矿长……………… 5857677
………………………… 5857886
………………………… 5851288
………………………… 5857718
………………………… 5851388
综合办
主任………………… 5858826
副主任……………… 5853495
工会主席…………… 5857858
工会、宣传………… 5853797
共青团、女工……… 5850043
生产办
主任………………… 5859578
副主任……………… 5857173
安全监督…………… 5859338
………………………… 5859339
抽油机……………… 5858727

水井………………… 5853717
电力、电泵………… 5858818
泵站………………… 5853489
计量间……………… 5853592
材料………………… 5858221
保管员……………… 5853754
调度………………… 5850368
………………………… 5850369
经营办
主任、考核、机动 … 5857028
副主任……………… 5853795
成本会计…………… 5850366
会计………………… 5852916
………………………… 5853739
出纳………………… 5853104
房产………………… 5853767
后勤、资产………… 5859339
培训楼……………… 5853828
安全办
主任………………… 5853283
基建施工…………… 5853577
统计………………… 5853394
安全组……………… 5852926
地质队
队长………………… 5858151
书记………………… 5857224
副队长……………… 5853349
………………………… 5857070
机采………………… 5853284
计算机……………… 5853349
机房………………… 5853371
油水井……………… 5853105
测试队
队部………………… 5853514
生产保障队
队部………………… 5853285
夜巡………………… 5859689
公寓………………… 5853708
维修………………… 5853454
食堂………………… 5853708
401 队
队部………………… 5822401
资料室……………… 5821430
萨北七号站………… 5821451
402 队
队部………………… 5822402
资料组……………… 5821435
阀组间……………… 5821433
403 队
队部………………… 5850403
资料室……………… 5853247
电所………………… 5853157
注水………………… 5853529
5 号站……………… 5853472
404 队
队部………………… 5852404
资料室……………… 5853464
萨北十号站………… 5853153
405 队
资料室……………… 5853554
萨北 9 号站………… 5853450
9-3 注水站 ……… 5857958
406 队
资料室……………… 5858974
萨北四号站………… 5853120
排涝站……………… 5869730
407 队
资料室……………… 5821450
萨北八号站………… 5821455
北五联合站
队部………………… 5857738
资料室……………… 5853559
脱水………………… 5853412
污水………………… 5853776
锅炉………………… 5853426
注水………………… 5853419
电所………………… 5853484
输油………………… 5853534
送水………………… 5853416
北六联合站
队部………………… 5822403
值班室……………… 5821434
深度污水站………… 5821458
污水………………… 5821474
注水………………… 5821452
电所………………… 5821442
锅房………………… 5821774
输油………………… 5821417
转油………………… 5821200

第五油矿

地址：大庆市北二西路
邮编：163152

书记………………… 5855321
矿长………………… 5856158
副矿长……………… 5850299
………………………… 5850588
………………………… 5850599
………………………… 5850288
………………………… 5850877
综合办
副主任……………… 5856266
工会………………… 5856166
计划生育…………… 5856155
副主任（财务）…… 5856667
副主任（材料）…… 5856338
出纳………………… 5856665
人事………………… 5856300
计划………………… 5856298
生活后勤…………… 5856299
生产办
主任………………… 5856635
调度运行副主任…… 5856755
基建施工副主任…… 5856637
安全环保副主任…… 5856638
安全综合…………… 5856199
注水、污水………… 5856633
抽油机……………… 5856533
电力、电泵………… 5856669
注聚………………… 5856598
计量间……………… 5856883
机动资产…………… 5856889
调度室……………… 5856835
………………………… 5856836
………………………… 5856837
………………………… 5856839
门卫………………… 5856161
打字室……………… 5856786
HSE 监察 ………… 5856787
司机值班室………… 5856767
人保武装…………… 5856122
技教………………… 5856933
资产………………… 5856911
五队
队部………………… 5853586
资料室……………… 5862475
2801 中转站 ……… 5857946
14-7 注入站 ……… 5858926
2801 注入站 ……… 5853531
六队
队部………………… 5853791
资料室……………… 5862476
50 号中转站 ……… 5853725
14-2 注入站 ……… 5857041
七队
队部………………… 5853396
资料室……………… 5862477
21 号中转站 ……… 5853723
北 14 注入站 ……… 5857041
14-8 注入站 ……… 5858229
八队
队部………………… 5853113
资料室……………… 5862478
22 号中转站 ……… 5853219
22 号回收站 ……… 5853499
22 号注入站 ……… 5853498
14-1 注入站 ……… 5853535
14-6 注入站 ……… 5858265
九队
队部………………… 5853327
资料室……………… 5862479
20 号中转站 ……… 5853167
14-5 注入站 ……… 5857053
十队
队部………………… 5853787
资料室……………… 5862470
北三联
队部………………… 5853550
污水站……………… 5853256
锅炉房……………… 5857078
注水站……………… 5857030
变电所……………… 5853794
北十二联
注水站……………… 5853240
新注水站…………… 5857063
变电所……………… 5853261
锅炉房……………… 5863375
北十五联
队长………………… 5861318
队部………………… 5853328
值班室……………… 5853348
油站………………… 5853144
化验………………… 5853722
污水站……………… 5853210
21 号放水站 ……… 5857092
锅炉房……………… 5853430
北二三联合站
注水变电队………… 5857766
变电所……………… 5853246
注水站……………… 5853395
北九变电所………… 5853237
北九注水站………… 5853473
2801 污水站 ……… 5853250
十七队
队部………………… 5857775
北三四转油放水站 … 5857955
14-10 配制注入站 … 5857744
水井测试队
队部………………… 5856757
资料室……………… 5856768
夜巡队……………… 5856636
保障队……………… 5856733
地质书记…………… 5863372
机采动态…………… 5861273
机采组……………… 5857047
地质副队长………… 5853123

试验大队

地址：大庆市拥军大街
邮编：163113

书记………………… 5862678
大队长……………… 5862268
副大队长…………… 5858562
………………………… 5857497
………………………… 5858541
………………………… 5858917
综合办
主任………………… 5858530

组织、人事、纪检 … 5853286
宣传…………………… 5853566
安全顾问……………… 5853785
财务组………………… 5853310
机关食堂……………… 5853141
企业管理……………… 5854036
后勤总务……………… 5862893
生产办
主任…………………… 5858510
副主任………………… 5853154
调度…………………… 5858493
…………………………… 5853453
油水井………………… 5853413
基建岗………………… 5853147
计划统计……………… 5853724
材料组
组长…………………… 5857241
材料库房……………… 5853597
采收率室
书记…………………… 5853711
主任…………………… 5858851
副主任………………… 5853103
…………………………… 5854056
动态组………………… 5853137
…………………………… 5853321
科技综合……………… 5853420
计算机房……………… 5853323
中心化验室
主任…………………… 5854031
副主任………………… 5854032
…………………………… 5853138
三采科研组长………… 5853239
质检组长……………… 5854033
油气水组长…………… 5853184
车队…………………… 5853292
仪表队………………… 5853448
维修队
队部…………………… 5853386
锅炉房………………… 5853339
经警队………………… 5857237
205 队
队部…………………… 5853703
胶束站………………… 5853343
CDG 注入站 ……… 5857527
北三西队
队部…………………… 5853780
油站…………………… 5857023
注入站………………… 5857027
配制站………………… 5857038
锅炉房………………… 5857026
污水站………………… 5863370
碱泵房………………… 5862965
食堂…………………… 5857085
值班室………………… 5853532

北二东注气队
队部…………………… 5876451
食堂…………………… 5876759
锅炉房………………… 5876449
注入站………………… 5876717
厚层队
队部…………………… 5854026
资料室………………… 5853470
油站…………………… 5853471
注入站………………… 5853260
北过队
队部…………………… 5821459
注入站………………… 5821477
资料室………………… 5821936

作业大队

地址：大庆市北二西路
邮编：163152

书记…………………… 5854865
大队长………………… 5860060
设备大队长…………… 5863891
安全大队长…………… 5863892
技术大队长…………… 5863893
生产大队长…………… 5863896
生活大队长…………… 5863895
工会主席……………… 5863815
综合办
主任…………………… 5854865
副主任………………… 5858630
房产…………………… 5853782
统计…………………… 5853400
工会…………………… 5857644
宣传…………………… 5858817
女工…………………… 5853596
人保…………………… 5853233
经警办公室…………… 5853404
体育馆………………… 5853493
预备役………………… 5862416
财务…………………… 5853139
财务组长……………… 5858927
机关门卫……………… 5853402
食堂…………………… 5853406
食堂管理员…………… 5853462
生产办
主任…………………… 5857996
副主任………………… 5863612
调度…………………… 5862663
…………………………… 5863663
调度长………………… 5861508
现场管理……………… 5858132
节能…………………… 5853593
机动…………………… 5853743
HSE 办
主任…………………… 5862813
办公室………………… 5858827

经营办
主任…………………… 5862465
培训办公室…………… 5858629
人事…………………… 5853205
物资组
主任…………………… 5858639
副主任………………… 5853745
…………………………… 5858903
…………………………… 5858605
材料员………………… 5857571
…………………………… 5858625
保管员………………… 5853414
档案室………………… 5857849
新管杆料场…………… 5862420
旧管杆料场…………… 5862420
…………………………… 5863838
润滑油站……………… 5857829
井控车间……………… 5861687
地质组
组长…………………… 5858809
大修…………………… 5858812
设计…………………… 5853439
质量…………………… 5853376
计算机室……………… 5853574
维修队
队部…………………… 5853709
锅炉房………………… 5853234
泥浆站………………… 5853736
浴池…………………… 5857094
准备队………………… 5853207
电泵队………………… 5851598
作业一联队…………… 5853330
作业二联队…………… 5853361
作业三联队…………… 5853560
作业四联队…………… 5853335
作业五联队…………… 5853756
作业六联队…………… 5853296
作业七联队…………… 5853375
作业八联队…………… 5853485
特车一队
队部…………………… 5853202
车场…………………… 5853317
特车二队……………… 5853306
工具车间
队部…………………… 5853251
保养站
队部…………………… 5853233
工房…………………… 5862410

地质大队

地址：大庆市拥军西路
邮编：163113

书记…………………… 5856010
大队长………………… 5856009
副大队长……………… 5857304

…………………………… 5858501
…………………………… 5857730
…………………………… 5858502
…………………………… 5858188
…………………………… 5850201
综合办
主任…………………… 5853781
办公室………………… 5858296
生产组………………… 5853570
安全…………………… 5853753
财务…………………… 5853372
保密…………………… 5858856
管理室
主任…………………… 5853126
副主任………………… 5859474
…………………………… 5853336
…………………………… 5853520
书记…………………… 5853374
地下调度……………… 5853438
…………………………… 5853135
水井组………………… 5853307
调剖现场组…………… 5853581
资料…………………… 5862378
监测组………………… 5861339
计算机室
主任…………………… 5853521
书记…………………… 5853522
机房…………………… 5853393
系统维护……………… 5853778
地质室
书记…………………… 5858173
主任…………………… 5854154
副主任………………… 5856478
…………………………… 5854648
对比组………………… 5862396
参数组………………… 5853332
三采室
主任…………………… 5857282
副主任………………… 5853519
北二西聚驱分析组 … 5857870
北三东聚驱分析组 … 5857292
纯油区东部…………… 5857292
动态室
书记…………………… 5857291
主任…………………… 5853342
副主任………………… 5857291
…………………………… 5858729
…………………………… 5855438
套损组………………… 5853773
北二东………………… 5853433
北三东………………… 5853538
北二西………………… 5853164
北三西………………… 5853295
东过…………………… 5853775

北过………………… 5853774
开发室
书记………………… 5862067
主任………………… 5855480
副主任……………… 5857628
射孔方案…………… 5853282
规划组……………… 5853752
综合室
办公室……………… 5859301
材料组……………… 5858289
门卫………………… 5853530

工程技术大队

地址：大庆市拥军西路
邮编：163113

书记………………… 5861005
大队长……………… 5861006
副大队长…………… 5863350
………………………… 5863351
………………………… 5863352
………………………… 5863353
………………………… 5863356
生产办
主任………………… 5863357
财务………………… 5853357
行政办
组织、纪检………… 5862772
质量、保管………… 5859384
科技、管理………… 5856775
房产、机动………… 5859817
安全、图书馆……… 5852307
管理室
主任………………… 5858462
副主任……………… 5853582
节能组……………… 5856177
机采一组…………… 5853486
机采二组…………… 5853710
机采三组…………… 5857088
作业监督…………… 5853185
三采室
主任………………… 5855479
副主任……………… 5858104
书记、作业监督…… 5855477
采出组……………… 5857089
综合室
主任………………… 5853183
副主任……………… 5855478
工会………………… 5858561
机房………………… 5853182
调度………………… 5863389
综合组……………… 5853186
钻井监督…………… 5861661
工艺室
主任、书记………… 5858965
注水组……………… 5857090
大修组……………… 5858645
堵水组、工艺组…… 5853362
聚驱注入…………… 5858063
计量室
主任………………… 5858649
副主任、能平衡测试 5857087
热力学检定、电学组 5853755
仪表室
主任………………… 5856992
副主任……………… 5858753
水表组……………… 5853434
门卫………………… 5857067

特车大队

地址：拥军西路
邮编：163113

书记………………… 5863538
大队长……………… 5856818
副大队长…………… 5863118
………………………… 5863218
………………………… 5858018
综合办
主任………………… 5858480
工会………………… 5858536
房产………………… 5858293
财务………………… 5858379
………………………… 5859960
人事………………… 5858215
生产办
主任………………… 5862395
调度………………… 5863922
………………………… 5863923
机动………………… 5857115
油料库……………… 5858400
库房………………… 5857204
司机班……………… 5857321
HSE 办公室 ……… 5859968
一中队……………… 5858393
二中队……………… 5858285
三中队……………… 5858108
四中队……………… 5863393
保养厂……………… 5857491
食堂………………… 5858295

电力大队

地址：大庆市拥军村
邮编：163113

书记………………… 5861015
大队长……………… 5856388
副大队长…………… 5861078
………………………… 5861079
………………………… 5863533
调研员……………… 5863359
综合办
主任………………… 5857387
财务………………… 5857385
出纳………………… 5853176
组织、纪检………… 5855492
人事、档案………… 5853466
共青、房产………… 5857043
宣传………………… 5857638
生产办
主任………………… 5856870
调度………………… 5861352
………………………… 5861353
计教、统计………… 5853356
机动、资产………… 5854076
电力收费…………… 5856065
材料库……………… 5857360
值班室……………… 5857976
HSE 办公室
安全主任…………… 5857386
安全办……………… 5857906
电工一队
队部………………… 5853422
倒闸班……………… 5853585
电工二队…………… 5853350
综合队
队部………………… 5853452
锅炉房……………… 5853344
食堂………………… 5853390
抽油机队
队部………………… 5853583
车队队部…………… 5853146
车队值班室………… 5857618
机加车间…………… 5857611
检修车间…………… 5853125

基建工程管理中心

地址：大庆市拥军东路
邮编：163113

书记………………… 5862655
主任………………… 5862622
副主任……………… 5856106
………………………… 5860213
………………………… 5860230
………………………… 5861880
………………………… 5851340
质量监督分站
质监工程师………… 5858248
工艺施工管理……… 5859932
土建施工管理……… 5858951
自控施工管理……… 5860261
工艺施工管理……… 5850342
………………………… 5858247
电气施工管理……… 5858201
电气土建质监……… 5859128
工艺土建施工管理 … 5859126
无损检测管理……… 5858430
土建预算管理……… 5857439
工艺预算管理……… 5857449
………………………… 5858686
电气自控预算管理 … 5858133
房维工艺施工……… 5851340
土地管理…………… 5857405
计划、合同管理…… 5857585

规划设计研究所

地址：大庆市拥军西路
邮编：163113

书记………………… 5863305
所长………………… 5863000
副所长……………… 5862350
………………………… 5863306
………………………… 5863307
………………………… 5858232
调研员……………… 5862000
油气集输室
主任………………… 5861603
副主任……………… 5861503
一组………………… 5857076
二组………………… 5857151
给排水室
书记………………… 5858235
主任………………… 5859425
副主任……………… 5858235
一组………………… 5858756
二组………………… 5858174
总图管理组………… 5859423
电讯防腐室
书记………………… 5861739
主任………………… 5862528
副主任……………… 5861083
一组………………… 5858564
二组………………… 5857757
材料员……………… 5861753
土建道排室
书记………………… 5861607
主任………………… 5857074
副主任……………… 5850037
一组………………… 5857339
二组………………… 5857394
档案资料…………… 5861507
门卫………………… 5863309
管理室
计算机组…………… 5858147
综合室
主任………………… 5863071
财务组……………… 5858224
司机班……………… 5863061

信息开发服务中心

地址：大庆市拥军西路
邮编：163113

书记………………… 5863501
主任………………… 5863503
副主任……………… 5861401
二线领导…………… 5861404
安全、机动………… 5857298

财务………………… 5861466
综合办
主任………………… 5861406
系统室
主任………………… 5859154
生产运行、资产管理 5859065
系统、网络管理员 … 5861408
计算机维修………… 5861093
档案室
主任………………… 5861402
基建档案…………… 5861405
财务、科研档案…… 5861403
勘探、开发档案…… 5851634
文书、现代化管理 … 5861403
软件室
主任………………… 5863505
软件室……………… 5857316
…………………… 5861125
…………………… 5858444
…………………… 5861095
…………………… 5861132
…………………… 5861465
门卫值班室………… 5859174

经保大队

地址：大庆市拥军东路
邮编：163113

书记………………… 5859358
大队长……………… 5857666
副大队长…………… 5856202
…………………… 5856203
…………………… 5859378
安全办
主任………………… 5856201
资料员……………… 5858051
综合办
主任………………… 5859364
会计………………… 5859118
出纳………………… 5857935
人事………………… 5857509
材料组长…………… 5857437
管理员……………… 5858056
保管员……………… 5850798
司机………………… 5857234
保卫办
主任………………… 5858813
内勤………………… 5858409
防范………………… 5858411
刑侦………………… 5859500
政经保……………… 5858290
武装………………… 5857196
武装内勤…………… 5853624
食堂………………… 5863790
指挥中心
办公室……………… 5856210

…………………… 5861505
巡逻一中队
书记………………… 5856205
队长………………… 5863927
内勤………………… 5857332
巡逻三中队
书记………………… 5857503
队长………………… 5857506
内勤………………… 5857502
巡逻四中队
书记………………… 5857510
队长………………… 5857507
副队长……………… 5857510
值班室……………… 5857356
巡逻五中队
书记………………… 5857510
队长………………… 5850158
副队长……………… 5850159
守卫中队
书记………………… 5859231
队长………………… 5858390
弹药库
值班室……………… 5858484
…………………… 5858486

生产准备大队

地址：大庆市拥军西路
邮编：163113

书记………………… 5862271
大队长……………… 5861518
副大队长…………… 5863930
…………………… 5862085
…………………… 5862636
生活管理…………… 5858677
人事劳资…………… 5857475
绿化………………… 5863931
房产管理…………… 5858496
大队财务…………… 5859164
房产财务…………… 5853647
工会………………… 5858212
宣传………………… 5859664
…………………… 5859664
维修档案…………… 5861699
材料………………… 5857285
安全………………… 5861276
…………………… 5857854
资产………………… 5858084
准备一队
书记………………… 5858855
队长………………… 5857129
值班室……………… 5858611
配电室……………… 5858869
图书馆……………… 5858964
维修班……………… 5856237
后勤库……………… 5858194

资产库……………… 5858582
…………………… 5851674
冷库………………… 5850745
准备二队
公寓
所长………………… 5858057
值班室……………… 5858852
食堂
管理员……………… 5857853
值班室……………… 5858635
三厂招待所
所长………………… 5861588
财务………………… 5858422
保管室……………… 5861538
管理室……………… 5861492
后灶………………… 5861493
值班室……………… 5858154
总服务台…………… 5861491
201 客房 …………… 5861421
301 客房 …………… 5861471
401 客房 …………… 5861481
小车队
书记………………… 5858516
队长………………… 5862799
副队长……………… 5858456
调度………………… 5857515
…………………… 5857820

第四采油厂

地址：大庆市红岗西街 4 号
邮编：163511

领导

书记………………… 4180111
厂长………………… 4180055
副厂长……………… 4180868
…………………… 4180789
…………………… 4180777
党委副书记、纪委书记 4180222
工会主席…………… 4180567
总会计师…………… 4180077
总工程师…………… 4180968
副总地质师………… 4192996
副总工程师………… 4180018
副总设计师………… 4180362
安全副总监………… 4180033
调研员……………… 4180999
…………………… 4180988

综合办公室（宣传部）

主任、宣传部长 …… 4197133
副主任、机关党委副书记
…………………… 4191642
副主任……………… 4192257
…………………… 4192704
常务秘书…………… 4191389

调研秘书…………… 4197193
机要秘书…………… 4191443
企业文化…………… 4192421
计划生育…………… 4192718
机关党委…………… 4192973
机关工会…………… 4192765
宣传教育…………… 4192778
厂长热线…………… 4180123
复印室……………… 4191551

油田管理部

主任………………… 4192099
副主任……………… 4196001
…………………… 4192677
…………………… 4191504
注水管理…………… 4191819
油井管理…………… 4192384
天然气管理………… 4192764
综合管理…………… 4192784
计量管理…………… 4191407
作业压裂酸化……… 4191817
作业质量管理……… 4192912
作业综合运行……… 4192585

生产运行部

主任………………… 4180019
副主任……………… 4192673
…………………… 4191200
…………………… 4193818
…………………… 4192199
生产调度…………… 4191557
…………………… 4193559
…………………… 4191554
…………………… 4192715
值班调度…………… 4192246
综合调度…………… 4191201
大班调度…………… 4199906
电话会议室………… 4191452
电力调度…………… 4194050
…………………… 4194075
…………………… 4191349
变电所管理………… 4191339
电力线路管理……… 4193996
用电管理…………… 4193569
用电监察…………… 4192650
调研员……………… 4191966
…………………… 4191818

计划规划部

主任………………… 4192208
副主任……………… 4199608
…………………… 4191401
生产计划…………… 4192509
规划管理…………… 4192442
基建计划…………… 4198727
产权确认…………… 4196370

技术发展部

主任…………………4191783
副主任………………4195783
科研管理……………4192783
能源管理……………4191990
科协专利……………4198783
基建工程管理部
主任…………………4193686
合同管理……………4193497
综合协调……………4193430
财务资产部
主任…………………4191163
副主任………………4192452
……………………4199998
……………………4192163
生产成本……………4194214
出纳审核……………4191043
财务审核……………4198043
总帐会计……………4191792
基建成本……………4191534
财务机房……………4192283
安装设备管理………4192225
资产管理……………4191710
装备管理……………4199765
资产库………………4194033
调研员………………4197201
新资产库……………4989944
门卫…………………4895760
结算中心
主任…………………4192754
业务…………………4192755
人事部（组织部）
主任、组织部长 ……4180008
副主任………………4192865
……………………4191980
组织员………………4191408
党建、干部管理……4192431
干部调配、统计……4192269
技术干部管理………4192567
工资管理……………4192682
职工培训……………4191463
调配、统计…………4199353
调研员………………4192429
职工培训中心
办公室………………4191656
干部培训办…………4192770
工人培训办…………4192559
教学楼管理办………4192600
门卫…………………4191626
企管法规部
主任…………………4192446
副主任………………4197009
……………………4198956
经营管理……………4199635
法律管理……………4992177

合同内控……………4192562
审计监察部（纪检）
主任…………………4192051
副主任………………4191789
……………………4191321
纪检员………………4197132
监察员………………4192853
审计监察办…………4192831
效能监察办…………4198094
预算审核办…………4192544
审计综合办…………4192772
质量安全环保部
主任…………………4191943
副主任………………4192675
……………………4192536
锅容管特办…………4192857
质量管理办…………4191453
交通安全办…………4191070
生产安全办…………4197205
环保办………………4191158
标准化………………4991357
物资管理部
主任…………………4180017
副主任………………4191196
……………………4192543
基建物资……………4196680
价格管理……………4198820
综合业务……………4198810
工会
副主席………………4191064
女工部
主任…………………4197003
女工…………………4191440
财务…………………4192181
文体…………………4192029
团委
书记…………………4191155
办公室………………4192227
稳定工作协调服务中心
主任…………………4198010
副主任………………4192583
信息综合……………4198020
闭路电视台
书记…………………4192185
台长…………………4199595
副台长………………4994543
新闻组………………4191449
编辑制作……………4193904
有线电视管理………4191460
有线电视技术………4991137
有线值班收费………4192217
生产准备大队
地址：大庆市红岗西街4号
邮编：163511

书记…………………4192569
大队长………………4198016
副大队长……………4191348
……………………4180099
……………………4195009
……………………4199707
主任工程师…………4191324
……………………4199366
综合办
主任…………………4191643
办公室………………4197306
人事管理……………4192762
生产办
主任…………………4191981
……………………4197206
调度…………………4193910
节能…………………4180672
安全…………………4991751
科技管理……………4192836
材料…………………4193902
物资管理……………4197106
经营办
主任…………………4192055
办公室………………4192740
财务…………………4197301
核销…………………4191743
机动资产……………4191985
准备一队
书记…………………4191993
值班室………………4191599
经营组………………4191827
技术组………………4191746
安全组………………4994310
加工组………………4191246
材料组………………4192494
司机班………………4191304
一加车间……………4191247
二加车间……………4191790
泵修车间……………4191255
大修车间……………4191793
铆焊车间……………4994252
抽油机班……………4992054
准备二队
书记…………………4195554
队长…………………4192438
副队长………………4192847
经管组………………4192829
安全…………………4194643
调度…………………4191419
车库监控……………4191418
车库门卫……………4199167
……………………4199651
准备三队
队长…………………4191775

业务…………………4191134
配件库………………4193516
准备四队
书记…………………4197406
队长…………………4193362
值班室………………4992814
准备五队
书记…………………4992198
队长…………………4193617
副队长………………4191584
综合组………………4194042
治安组………………4193892
公寓
一楼值班室…………4192714
二楼值班室…………4194708
三楼值班室…………4194706
四楼值班室…………4194707
五楼值班室…………4193905
中心会议室…………4191546
机关收发室…………4191968
二楼公务员…………4192201
三楼公务员…………4192972
机关门卫……………4191644
准备六队
书记…………………4192224
队长…………………4191741
综合组………………4192775
文化中心
体育馆………………4994215
图书馆………………4192184
值班室………………4191742
俱乐部
办公室………………4191828
放映室………………4198021
准备七队
办公室………………4194535
花窖值班室…………4994216
准备八队
办公室………………4191849
准备九队
办公室………………4991648
准备十队
书记…………………4198058
队长…………………4191323
冷库…………………4193586
恒温库………………4194106
冷冻班………………4195413
净菜车间……………4196913
配送中心……………4991168
第二服务点…………4191320
第三服务点…………4191347
第四服务点…………4993377
第五服务点…………4998814
招待食堂

办公室……………… 4192291
一楼……………… 4199681
二楼……………… 4192920
基建食堂……………… 4192528
职工食堂
办公室……………… 4191632
值班室……………… 4197570
库房……………… 4197571

基建工程管理中心

地址：大庆市红岗东街
邮编：163511

书记……………… 4192080
主任……………… 4193686
副主任……………… 4193655
……………… 4193217
……………… 4191696
综合办
主任……………… 4191164
机动安全……………… 4193068
财务……………… 4194653
合同管理……………… 4192398
基建管理室
主任……………… 4198078
工艺办……………… 4193450
办公室……………… 4191367
……………… 4194590
质检站
站长……………… 4199766
办公室……………… 4193904
……………… 4192709
投资控制室
主任……………… 4196107
投资控制办……………… 4191364
预算工艺组……………… 4193547
预算土建组……………… 4194790
土地管理室
主任……………… 4193430
办公室……………… 4192553
……………… 4192988
调研员……………… 4193620

第一油矿

地址：大庆市张铁匠路 64 号
邮编：163511

书记……………… 4180006
矿长……………… 4180707
副矿长……………… 4191888
……………… 4180606
……………… 4180456
……………… 4193736
……………… 4180234
工会主席……………… 4197787
总地质师……………… 4193631
总工程师……………… 4193814
调研员……………… 4192669
生产办
主任……………… 4193739
副主任……………… 4192649
调度……………… 4191906
……………… 4194915
机动资产……………… 4193700
联合站管理……………… 4195748
中转站管理……………… 4199579
计量间管理……………… 4191933
三采管理……………… 4191777
水井管理……………… 4195474
计量管理……………… 4193143
安全管理……………… 4193145
计划管理……………… 4994917
电力管理……………… 4191907
基建管理……………… 4194122
材料组
办公室……………… 4992045
……………… 4991024
露天库……………… 4196142
材料库……………… 4994563
综合办
主任……………… 4196643
政工……………… 4193919
女工……………… 4994464
工会……………… 4193640
财务……………… 4191020
房产……………… 4192545
宣传……………… 4193141
后勤……………… 4193116
经管……………… 4192701
稳定办……………… 4193146
服务班……………… 4199938
收发室……………… 4193148
食堂……………… 4199881
离退办……………… 4193364
经营办
主任……………… 4195473
财务主管……………… 4994095
财务组……………… 4193714
技教管理……………… 4193142
合同保险……………… 4195745
工艺队
队长……………… 4193914
书记……………… 4194741
办公室……………… 4195472
值班室……………… 4195604
档案管理……………… 4195504
计算机管理……………… 4195144
计算机室……………… 4192337
地下调度……………… 4193717
测试管理……………… 4195143
科技管理……………… 4194743
网络管理……………… 4192693
设备管理……………… 4192692
油水井管理……………… 4993951
热洗管理……………… 4993952
聚驱管理……………… 4994950
三采室……………… 4196926
工程组……………… 4193465
地质组……………… 4193634
作业组……………… 4195614
档案组……………… 4195504
资料室……………… 4191900
动态一组……………… 4195977
动态二组……………… 4194742
化验室……………… 4991693
车队
办公室……………… 4193924
值班室……………… 4196148
小车班……………… 4994094
汽车保养站……………… 4199214
维修队
办公室……………… 4196320
值班室……………… 4195743
抽保队
办公室……………… 4195471
值班室……………… 4194747
工房……………… 4194748
水表清洗班……………… 4195747
测试队
办公室……………… 4193740
资料室……………… 4195742
浴池……………… 4195414
食堂……………… 4994730
保卫队
书记……………… 4198023
队长……………… 4199129
技防……………… 4191564
值班室……………… 4994901
巡防监控……………… 4199826
……………… 4199827
值班室
一号楼……………… 4193471
二号楼……………… 4193472
三号楼……………… 4193743
四号楼……………… 4193744
北一队
队部……………… 4193928
101 号中转站……………… 4994117
值班室……………… 4994474
维修班……………… 4994475
北二队
队部……………… 4193926
201 号中转站……………… 4994607
值班室……………… 4199617
维修班……………… 4994947
北三队
队部……………… 4193920
301 号中转站……………… 4994318
值班室……………… 4199619
维修班……………… 4994476
北四队
队部……………… 4193390
401 号中转站……………… 4994366
值班室……………… 4199632
维修班……………… 4994690
污油回收点……………… 4193626
北五队
书记……………… 4989529
队部……………… 4193748
501 号中转站……………… 4989592
值班室……………… 4989609
北六队
队部……………… 4193927
601 号中转站……………… 4994004
值班室……………… 4199599
维修班……………… 4994740
北七队
队部……………… 4193925
701 号中转站……………… 4994656
值班室……………… 4199500
污油回收点……………… 4199250
……………… 4193629
北八队
队部……………… 4193749
801 号中转站……………… 4994623
值班室……………… 4199546
北九队
1901 号中转站……………… 4980864
值班室……………… 4983431
维修班……………… 4989607
门卫……………… 4983430
北十队
队部……………… 4196084
502 号中转站……………… 4994512
值班室……………… 4199596
北十一队
队部……………… 4194920
6001 号中转站……………… 4994145
值班室……………… 4193052
维修班……………… 4191824
北十二队
队部……………… 4196574
702 号中转站……………… 4994294
值班室……………… 4199523
维修班……………… 4197579
加水站……………… 4194614
北十三队
队部……………… 4199543
402 号中转站……………… 4994369
值班室……………… 4994357
北十九队

队部……………… 4193986
西一队
队部……………… 4194482
值班室…………… 4989614
西 1 号中转站……… 4892030
维修班…………… 4985887
杏北排涝站……… 4989467
西四队
队部……………… 4193868
聚北五队
队部……………… 4195245
值班室…………… 4195244
资料室…………… 4994314
5 号配置站 ……… 4199834
3-2 号聚注站 …… 4199842
聚北六队
队部……………… 4195491
3-5 号注入站 …… 4199847
3-6 号注入站 …… 4199846
3-7 号注入站 …… 4199851
3-9 号注入站 …… 4199814
三元一队
队部……………… 4194151
资料室…………… 4994679
1 号站值班室 ……… 4192057
2 号站锅炉 ……… 4193891
2 号站锅炉 ……… 4198593
2 号站注聚 ……… 4198573
3 号站值班室 …… 4994696
3 号站锅炉 ……… 4194161
杏一联合站
队部……………… 4994132
干部值班室……… 4994069
值班室…………… 4193935
污水……………… 4991806
脱水……………… 4994597
注水……………… 4994302
变电……………… 4994451
输油……………… 4994198
锅炉……………… 4991809
污水处理站……… 4994067
外输监控………… 4195494
杏六联合站
队部……………… 4193635
值班室…………… 4994221
变电……………… 4994672
油岗……………… 4994686
注水……………… 4994708
水源……………… 4195594
转油站…………… 4994720
污水处理站……… 4994455
锅炉岗…………… 4994236
三元污水………… 4195102
三元污水试验站…… 4191167

纯净水站………… 4191854
杏十二联合站
队部……………… 4980812
资料室…………… 4980821
油岗……………… 4980899
实验……………… 4989415
游离水…………… 4989517
化验室…………… 4989542
锅炉……………… 4989543
脱水……………… 4989544
污水……………… 4892436
杏七注水站
队部……………… 4980835
值班室…………… 4980836
技术员…………… 4980842
变电……………… 4892154
注水……………… 4989480
碧湖变电所……… 4980820
杏十八注水站
队部……………… 4994131
值班室…………… 4196094
电岗……………… 4994560
注水……………… 4994422
污水……………… 4994442
锅炉……………… 4197742
变电……………… 4195854
新注水…………… 4194486
新污水…………… 4194485
杏十九注水站
队部……………… 4191094
值班室…………… 4994202
干部值班室……… 4193636
污水……………… 4994204
变电……………… 4994203
注水……………… 4994205
锅炉……………… 4994226
杏一二变电所…… 4994948

第二油矿

地址：大庆市红二村
邮编：163511

书记……………… 4192696
矿长……………… 4991000
副矿长…………… 4192846
………………… 4194143
………………… 4193290
工会主席………… 4198951
总地质师………… 4194551
总工程师………… 4191035
生产办
主任……………… 4195943
调度长…………… 4193948
调度……………… 4194938
………………… 4191549
………………… 4192845

计量间…………… 4194539
安全组…………… 4992693
计量组…………… 4994781
机采组…………… 4192174
电力组…………… 4994551
站库组…………… 4199357
注入组…………… 4994042
资产组…………… 4994400
材料组…………… 4194445
材料库…………… 4994041
经营办
主任……………… 4192842
人事组…………… 4193950
财务组…………… 4192841
财务组长………… 4994046
综合办
主任……………… 4194940
副主任…………… 4191939
工会……………… 4194644
文秘、宣传……… 4198952
女工管理………… 4198591
后勤……………… 4193152
食堂……………… 4994774
工艺队
办公室…………… 4193401
工程组…………… 4199310
地质调度………… 4194370
技术培训………… 4196902
动态一组………… 4191531
动态二组………… 4199347
计算机室………… 4192340
化验室…………… 4994902
三采室…………… 4992065
地面组…………… 4994045
管理组…………… 4199342
测试组…………… 4199341
维修队
队部……………… 4193542
工房……………… 4193614
锅炉房…………… 4994395
测试队
队部……………… 4194612
资料室…………… 4195537
抽保队
队部……………… 4195475
仪表班…………… 4991034
夜巡队
队部……………… 4994201
值班室…………… 4194941
巡防监控………… 4191972
………………… 4192781
车队
队部……………… 4194534
维修班…………… 4195501

四区一队
队部……………… 4194946
资料室…………… 4994964
21 号中转站 ……… 4994731
值班室…………… 4199147
四区二队
队部……………… 4194947
1001 号中转站 …… 4994766
值班室…………… 4199104
四区四队
队部……………… 4194350
22 号中转站 ……… 4994735
值班室…………… 4994697
四区五队
队部……………… 4194571
33 号中转站 ……… 4994389
值班室…………… 4199157
四区六队
队部……………… 4994441
资料室…………… 4199156
1002 号中转站 …… 4994606
值班室…………… 4994650
四区七队
队部……………… 4994546
2301 号中转站 …… 4998863
值班室…………… 4997152
四区八队
队部……………… 4199116
聚 1 号站………… 4191927
聚 1 号干部值班室 … 4191965
2 号注入站 ……… 4994311
3 号注入站 ……… 4994313
四区九队
队部……………… 4199118
聚 3 号站………… 4191952
聚 3 号站值班室…… 4191967
1 号注入站 ……… 4197048
4 号注入站 ……… 4994329
5 号注入站 ……… 4999507
四区十队
队部……………… 4192042
聚 4 号站………… 4994834
聚 4 号站办公室…… 4994864
1 号注入站 ……… 4994943
2 号注入站 ……… 4994954
3 号注入站 ……… 4994942
五区二队
队部……………… 4194505
2001 号中转站 …… 4994660
维修班…………… 4990965
五区三队
队部……………… 4194513
1201 号中转站 …… 4994385
值班室…………… 4199143

五区五队
队部…………………… 4191026
资料室……………… 4191785
杏 17 号转油站 …… 4994524
值班室……………… 4199146
五区六队
队部…………………… 4994549
2002 号中转站 …… 4990573
值班室……………… 4999950
五区七队
队部…………………… 4199132
聚 2 号站…………… 4999725
聚 2 号站办公室…… 4998149
值班室……………… 4999791
6 号注入站 ………… 4998712
7 号注入站 ………… 4998513
8 号注入站 ………… 4999290
东一队
队部…………………… 4194533
东一站……………… 4994750
值班室……………… 4199151
杏八注水站
队部…………………… 4193949
值班室……………… 4994090
注水…………………… 4994680
变电…………………… 4994610
锅炉…………………… 4195847
杏十二注水站
队部…………………… 4194308
值班室……………… 4994091
注水…………………… 4994473
变电…………………… 4994472
锅炉…………………… 4196847
杏二联合站
队部…………………… 4194232
办公室……………… 4191510
值班室……………… 4994312
注水…………………… 4994377
变电…………………… 4994159
输油…………………… 4994287
污水…………………… 4994104
锅炉…………………… 4994639
电脱水……………… 4994373
游离水……………… 4994363
化验…………………… 4994406
外输油监控………… 4994496
经警…………………… 4994328
杏十七联合站
队部…………………… 4191753
值班室……………… 4199355
注水…………………… 4994762
污水…………………… 4994374
变电…………………… 4994734
锅炉…………………… 4196675

杏二十联合站
队部…………………… 4199130
值班室……………… 4196537
变电…………………… 4994953
污水…………………… 4994955
注水…………………… 4994956
锅炉…………………… 4994959
杏Ⅱ－1 站
队部…………………… 4994436
办公室……………… 4199672
值班室……………… 4199694
锅炉…………………… 4199646
污水…………………… 4199674
放水…………………… 4199671
杏Ⅱ－2 站
队部…………………… 4194846
办公室……………… 4195715
值班室……………… 4195675
污水…………………… 4193517
锅炉…………………… 4193527
杏二十四注水站
队部…………………… 4199103
值班室……………… 4994337
注水…………………… 4994335
变电…………………… 4994336

第三油矿

地址：大庆市红三村
邮编：163511

书记…………………… 4997111
矿长…………………… 4998555
副矿长……………… 4997899
……………………… 4998307
……………………… 4990558
工会主席…………… 4999618
总地质师…………… 4999109
总工程师…………… 4990505
调研员……………… 4997718
生产办
主任…………………… 4990800
副主任……………… 4999157
调度…………………… 4990735
……………………… 4990310
……………………… 4999711
联合站管理………… 4990050
抽油机管理………… 4990298
集输管理…………… 4990953
计量管理…………… 4999909
三采管理…………… 4999890
基建管理…………… 4999960
安全监督…………… 4998805
计划统计…………… 4990729
机动安全…………… 4999612
综合办
主任…………………… 4990634

办公室……………… 4990301
工会…………………… 4990388
组织、纪检………… 4999550
团委、宣传………… 4999733
女工、文秘………… 4999981
经营办
主任…………………… 4999476
人事…………………… 4999471
财务…………………… 4999840
财务核算…………… 4997231
材料核算…………… 4997232
后勤…………………… 4999341
房产…………………… 4990432
材料组……………… 4990798
材料库……………… 4997353
值班室……………… 4997363
工艺队
队部…………………… 4999297
地质调度…………… 4990070
地面组……………… 4999173
作业组……………… 4990251
动态组……………… 4990334
管理组……………… 4999437
水井组……………… 4990551
测试组……………… 4990200
油井组……………… 4990550
计算机室…………… 4990086
综合化验室………… 4990143
车队…………………… 4990457
抽保队
队部…………………… 4990751
工房…………………… 4999873
维修队……………… 4990354
测试队
队部…………………… 4990521
值班室……………… 4998904
锅炉房……………… 4990873
食堂…………………… 4990507
公寓值班室………… 4990043
小队楼门卫………… 4999221
夜巡队
队部…………………… 4990373
值班室……………… 4997501
巡防监控…………… 4998909
……………………… 4998910
五区一队
队部…………………… 4999506
32 号中转站 ……… 4998889
值班室……………… 4990687
六区一队
队部…………………… 4990570
1502 号中转站 …… 4990962
值班室……………… 4990960
六区二队

队部…………………… 4990841
1401 号中转站 …… 4998769
值班室……………… 4998627
七区一队
队部…………………… 4990534
1801 号中转站 …… 4999698
值班室……………… 4990736
维修班……………… 4997199
七区二队
队部…………………… 4990433
3001 号中转站 …… 4990252
值班室……………… 4990856
七区四队
队部…………………… 4999533
1701 号中转站 …… 4998131
值班室……………… 4998130
维修班……………… 4990106
七区五队
队部…………………… 4990131
1802 号中转站 …… 4998297
值班室……………… 4998295
东二队
队部…………………… 4990449
东 3 号中转站……… 4990934
值班室……………… 4990590
杏三联合站
队部…………………… 4990322
脱水…………………… 4990379
污水…………………… 4999750
游离水……………… 4999447
输油…………………… 4999795
变电…………………… 4990157
注水…………………… 4999283
锅炉房……………… 4999504
杏十联合站
队部…………………… 4999437
干部值班室………… 4990942
化验…………………… 4990972
脱水…………………… 4990957
输油…………………… 4998434
变电…………………… 4990979
污水…………………… 4998405
注水…………………… 4990945
锅炉…………………… 4990970
杏二十二注水站
队部…………………… 4990133
值班室……………… 4998076
注水…………………… 4998093
变电…………………… 4998070
污水…………………… 4998079
锅炉…………………… 4998071
杏二十三注水站
值班室……………… 4998573
注水…………………… 4998571

变电…………………… 4998572
污水…………………… 4998574
锅炉…………………… 4998532
三元一中转站
队部…………………… 4997263
值班室………………… 4997262
三元二转油站
队部…………………… 4998101

第四油矿

地址：大庆市八百垧南路
邮编：163511

书记…………………… 4980567
矿长…………………… 4898777
副矿长………………… 4895817
……………………… 4895819
……………………… 4895717
工会主席……………… 4983789
总地质师……………… 4895565
总工程师……………… 4988547
生产办
主任…………………… 4984778
副主任、机采……… 4989455
调度…………………… 4895761
……………………… 4895762
机动安全……………… 4987034
安全监督……………… 4983809
计量、计划统计…… 4987042
电力、注水井……… 4989433
基建、土地………… 4987464
资产质量标准化…… 4983851
站库管理……………… 4986712
安全监督、环保…… 4983809
综合办
主任…………………… 4983951
纪检、房产………… 4893524
工会、女工………… 4987954
组织、宣传………… 4894714
档案、收发………… 4980849
后勤办
办公室………………… 4891514
财务…………………… 4897204
经营办
办公室………………… 4988064
人事…………………… 4988274
技教科技……………… 4989550
财务组组长………… 4989483
财务组………………… 4988147
材料组………………… 4894174
食堂…………………… 4892474
工艺队
队长…………………… 4986709
书记…………………… 4986706
副队长………………… 4986711
管理组………………… 4986713
动态组………………… 4986704
地面工程组………… 4983640
计算机室……………… 4986705
中心化验室………… 4986264
测试队
办公室………………… 4986723
干部值班室………… 4895839
维修队
办公室………………… 4986724
工房…………………… 4895741
抽保队………………… 4897741
车队…………………… 4894724
保卫队
值班室………………… 4984414
办公室………………… 4983806
收油班………………… 4895872
西二队
队部…………………… 4989516
干部值班室………… 4695415
值班室………………… 4699425
维修班………………… 4698299
西三队
队部…………………… 4989519
小队长………………… 4699489
干部值班室………… 4699435
值班室………………… 4695435
西四队
队部…………………… 4699481
西四中转站………… 4697425
四区三队
队部…………………… 4980884
901 号中转站 ……… 4994219
值班室………………… 4199806
五区四队
书记…………………… 4994403
队部…………………… 4989502
值班室………………… 4199809
1101 号中转站 …… 4994498
污油回收站值班室 … 4994692
污油回收站………… 4994693
六区三队
队部…………………… 4980850
1301 号中转站 …… 4998577
值班室………………… 4998626
七区三队
队部…………………… 4980817
1601 号中转站 …… 4998132
值班室………………… 4998137
902 队
队部…………………… 4980861
902 号中转站 ……… 4994952
值班室………………… 4994651
903 队
队部…………………… 4897903
聚 2－5 号注入站 … 4194905
聚 2－6 号注入站 … 4194906
903 站
干部值班室………… 4983960
办公室………………… 4985851
聚 2－4 注入站 …… 4897307
杏九联合站
办公室………………… 4980163
值班室………………… 4980162
聚驱游离水………… 4980164
水驱游离水………… 4989454
锅炉…………………… 4989457
化验…………………… 4989451
输油…………………… 4989481
脱水…………………… 4989445
经警…………………… 4989441
体积管间……………… 4983690
新九联注水站
办公室………………… 4980852
干部值班室………… 4983467
注水…………………… 4980854
污水…………………… 4980843
污水实验站………… 4983689
锅炉…………………… 4989541
变电…………………… 4980851
杏十一联合站
队部…………………… 4896194
办公室………………… 4998952
值班室………………… 4998539
脱水…………………… 4998565
化验…………………… 4998220
输油…………………… 4998501
游离水………………… 4998410
锅炉…………………… 4997213
污水…………………… 4999650
经警…………………… 4998557
杏十六联合站
站长…………………… 4690483
书记…………………… 4690486
队部…………………… 4989552
值班室………………… 4699451
变电…………………… 4697411
变电…………………… 4695446
锅炉房………………… 4690462
污水…………………… 4697434
注水…………………… 4697419
杏二十一注水站
队部…………………… 4896304
值班室………………… 4998254
注水…………………… 4998255
污水…………………… 4998249
变电…………………… 4998253
锅炉…………………… 4998252

试验大队

地址：大庆市红岗北街
邮编：163511

书记…………………… 4198008
大队长………………… 4180366
副大队长……………… 4193880
……………………… 4180577
……………………… 4199911
总地质师……………… 4195394
总工程师……………… 4180010
综合办
主任…………………… 4994077
工会…………………… 4994084
后勤…………………… 4194508
食堂…………………… 4994074
生产办
主任…………………… 4994539
调度…………………… 4193515
……………………… 4194372
机动安全……………… 4193518
材料组………………… 4994079
经营办
主任…………………… 4191445
财务…………………… 4994085
技术室
主任…………………… 4994080
办公室………………… 4994083
资料室………………… 4994081
计算机室……………… 4994082
工程组………………… 4994232
标计组………………… 4994071
化验室
主任…………………… 4994536
项目管理组………… 4994230
环保监测组………… 4994362
油品分析组………… 4994507
调剖分析组………… 4994360
三采助剂组………… 4994367
水驱助剂组………… 4994365
门卫…………………… 4994361
试验一队
队部…………………… 4994450
值班室………………… 4994187
功能试验站………… 4196209
杏五聚合物站……… 4994454
三元站
锅炉…………………… 4994667
自控室………………… 4994602
试验二队
队部…………………… 4193373
杏二中
资料室………………… 4994256
锅炉…………………… 4196067
自控室………………… 4195937
输油…………………… 4994258

污水…………………… 4994257
化验室………………… 4196057
杏北 1 号配制站
书记…………………… 4998649
队部…………………… 4998715
资料室………………… 4998357
自控室………………… 4999742
杏北 2 号配制站
队部…………………… 4994741
值班室………………… 4994134
自控室………………… 4994742
杏北聚 3 号配制站
办公室………………… 4196973
自控室………………… 4198461
值班室………………… 4196673
调剖队
队部…………………… 4994537
资料室………………… 4196346
值班室………………… 4994531
夜巡队
队部…………………… 4192570
值班室………………… 4192571

作业大队

地址：大庆市红岗四村东巷
邮编：163511
书记…………………… 4998735
大队长………………… 4998777
副大队长……………… 4998728
……………………… 4998688
……………………… 4999893
……………………… 4999996
工会主席……………… 4998018
总工程师……………… 4998142
生产办
主任…………………… 4999143
调度长………………… 4999434
大班调度……………… 4998635
调度…………………… 4990740
……………………… 4990057
机动组………………… 4998148
安全组………………… 4999439
……………………… 4999936
节能组………………… 4999446
综合办
主任…………………… 4999039
副主任………………… 4998418
办公室………………… 4998535
……………………… 4999895
文秘…………………… 4999403
工会…………………… 4997983
技教…………………… 4998594
经营办
主任…………………… 4998593
办公室………………… 4998275
财务主管……………… 4999071
财务…………………… 4999154
后勤…………………… 4999522
门卫…………………… 4998069
食堂…………………… 4990654
职工活动室…………… 4998210
闭路站………………… 4998244
工艺队
队长…………………… 4998335
办公室………………… 4998492
工程组………………… 4998564
水井组………………… 4999624
地质组………………… 4990374
计算机房……………… 4998713
材料
主管…………………… 4998567
材料组………………… 4990453
库房…………………… 4998165
储备库房……………… 4997730
油管场地……………… 4999224
维修队………………… 4998250
加油站………………… 4998644
综合队………………… 4990364
公寓办………………… 4990104
更衣室………………… 4998331
小车班………………… 4999402
巡保队
队部…………………… 4990232
值班室………………… 4999423
更夫室………………… 4999446
车队…………………… 4990994
1 队 ………………… 4990037
2 队 ………………… 4990905
3 队 ………………… 4990904
4 队 ………………… 4998796
5 队 ………………… 4998043
6 队 ………………… 4990094
9 队 ………………… 4999028
10 队 ………………… 4990444
12 队 ………………… 4990854
13 队 ………………… 4990853
14 队 ………………… 4990146
16 队 ………………… 4990649
17 队 ………………… 4990412
18 队 ………………… 4998833
电泵队………………… 4990964
准备队………………… 4998414
特车队………………… 4990844
卡车队………………… 4999414
保养站………………… 4998413
工具车间
办公室………………… 4990044
库房…………………… 4998747

电力维修大队

地址：大庆市红岗北五街 1 号
邮编：163511
书记…………………… 4198908
大队长………………… 4194085
副大队长……………… 4198868
……………………… 4192777
调研员………………… 4180020
综合办
主任…………………… 4195063
办公室………………… 4194697
后勤…………………… 4193573
食堂…………………… 4191874
经营办
主任…………………… 4191877
财务…………………… 4193799
质量管理……………… 4194488
生产办
主任…………………… 4193570
调度…………………… 4191911
……………………… 4194501
安全监察员…………… 4196820
安全…………………… 4191934
机动…………………… 4197216
科技…………………… 4191244
材料组………………… 4193574
料场值班室…………… 4191840
电工一队
队长…………………… 4193699
办公室………………… 4194060
检修班………………… 4993865
模拟变电所…………… 4994248
中心配电所…………… 4994196
市场配电所…………… 4994479
电工二队
队长…………………… 4994243
办公室………………… 4193544
检修班………………… 4993867
电工三队
队长…………………… 4193576
办公室………………… 4199100
检修班………………… 4993869
电工四队
书记…………………… 4197305
队长…………………… 4199800
办公室………………… 4198302
值班室………………… 4194420
电力收费办…………… 4196073
……………………… 4191012
电力收费会计办…… 4193277
车队
书记…………………… 4199887
队长…………………… 4193543
值班室………………… 4991143

地质大队

地址：大庆市红岗北八街
邮编：163511
书记…………………… 4191338
大队长………………… 4191439
副大队长……………… 4191361
……………………… 4191104
……………………… 4992945
总地质师……………… 4191351
地质师………………… 4192995
综合办
主任…………………… 4191864
调度…………………… 4191435
……………………… 4191441
质量标计……………… 4191122
安全…………………… 4191807
人事…………………… 4193720
科技…………………… 4196701
财务…………………… 4191406
司机班………………… 4994368
食堂…………………… 4196461
管理室
主任…………………… 4196038
副主任………………… 4198713
……………………… 4194939
管理组………………… 4191275
资料室………………… 4994773
外协组………………… 4191103
钻井组………………… 4191689
监测组………………… 4195703
开发室
主任…………………… 4992046
副主任………………… 4196637
……………………… 4197275
……………………… 4197271
动态一组……………… 4191328
动态二组……………… 4191499
动态三组……………… 4197279
动态四组……………… 4198411
套损组………………… 4195753
攻关一组……………… 4196483
三采一组……………… 4197793
地质室
主任…………………… 4191961
副主任………………… 4191403
计算机房……………… 4191360
综合室
主任…………………… 4197265
射孔方案组…………… 4191181
计算机室
主任…………………… 4191654
副主任………………… 4191402
机房…………………… 4191496
多学科油藏研究室
主任…………………… 4191669
副主任………………… 4191628

建模组……………… 4191607
攻关队
主任……………… 4198017
副主任……………… 4994411
三采室
主任……………… 4196036
副主任……………… 4199935
……………… 4196475
动态一组……………… 4191601
规划组……………… 4191603
综合组……………… 4191605

工程技术大队

地址：大庆市红岗西街
邮编：163511

书记……………… 4191311
大队长……………… 4191625
副大队长……………… 4197017
……………… 4192771
……………… 4191649
总工程师……………… 4191337
工程师……………… 4199612
开发研究室……………… 4199602
调度……………… 4192443
……………… 4191329
调研员……………… 4192128
综合办
主任……………… 4191325
财务……………… 4191254
组织……………… 4191274
材料组……………… 4191341
机采室
主任……………… 4191909
方案组……………… 4992041
钻井监督……………… 4197040
动态组……………… 4191326
作业组……………… 4994415
堵水组……………… 4994701
工艺室
主任……………… 4191276
副主任……………… 4191416
攻关组……………… 4994494
注水组……………… 4994653
大修组……………… 4994579
综合室
主任……………… 4192403
副主任……………… 4191670
计算机房……………… 4191409
仪表室
主任……………… 4191960
值班室……………… 4994305
标定组……………… 4994440
计量组……………… 4994358
自动化……………… 4994359
三采室
主任……………… 4191303
办公室……………… 4992040

规划设计研究所

地址：大庆市红岗西街 8－1 号
邮编：163511

书记……………… 4191277
所长……………… 4191362
副所长……………… 4198164
……………… 4191580
责任工程师……………… 4198630
综合办
主任……………… 4191049
办公室……………… 4199306
值班室……………… 4191787
规划室
主任……………… 4994636
油气集输规划……………… 4191046
污水注水规划……………… 4992958
工艺室
防腐设计……………… 4192574
集输设计……………… 4199308
注水设计……………… 4199336
矿区室
主任……………… 4191060
办公室……………… 4993860
财务概算……………… 4192489
安全环保……………… 4198631
技术管理……………… 4191047
电气室……………… 4199037
土建……………… 4191363

信息中心

地址：大庆市红岗西街
邮编：163511

书记……………… 4198002
主任……………… 4191600
副主任……………… 4992267
……………… 4197445
总工程师……………… 4198048
综合办
主任……………… 4197604
办公室……………… 4191752
硬件管理室
硬件维修……………… 4193729
设备管理……………… 4994397
网络管理……………… 4195621
……………… 4197774
软件开发室
主任……………… 4195620
生产值班……………… 4191634
计算机室……………… 4192404
档案室
办公室……………… 4192215
工人档案……………… 4991645
科研档案……………… 4198280
城建档案……………… 4195590
值班室……………… 4199683
门卫……………… 4191637

保卫大队

地址：大庆市红岗西街
邮编：163511

书记……………… 4199228
大队长……………… 4191983
副大队长……………… 4992383
……………… 4191067
……………… 4198308
综合办主任……………… 4993708
综治办主任……………… 4993626
人武办主任……………… 4191156
指挥中心……………… 4191040
……………… 4191978
……………… 4197011
值班室……………… 4197010
无线室……………… 4191841
综合办……………… 4199368
保卫办……………… 4192109
综治办……………… 4192454
人武办……………… 4194549
人防办……………… 4192071
能监办……………… 4198231
人事……………… 4994265
财务……………… 4992909
经管……………… 4199883
机动安全……………… 4194942
一分队……………… 4196871
二分队……………… 4196872
三分队……………… 4196873
食堂……………… 4197368

第五采油厂

地址：大庆市杏南村东街 6 第号
邮编：163513

领导

书记……………… 4593111
厂长……………… 4599007
副书记……………… 4596006
副厂长……………… 4596541
……………… 4592003
……………… 4595288
……………… 4598226
工会主席……………… 4596902
总工程师……………… 4598226
总会计师……………… 4593001
总地质师……………… 4595651
副总工程师……………… 4597341
……………… 4596266
副总地质师……………… 4596762
安全副总监……………… 4596100
调研员……………… 4597058
厂长助理……………… 4596094
……………… 4596389
……………… 4597556
……………… 4595551

综合办公室

主任……………… 4599606
副主任……………… 4596026
……………… 4596242
……………… 4596610
闭路台台长……………… 4596676
秘书……………… 4596358
……………… 4590005
……………… 4599967
宣传……………… 4596737
保密信访……………… 4596631
计划生育……………… 4596779
机关党委副书记……………… 4596169
机关党委……………… 4596625
通信员……………… 4596602
收发室……………… 4596707
东楼传达室……………… 4596706
南楼传达室……………… 4597443

生产运行部

主任……………… 4591700
副主任……………… 4597256
……………… 4596372
值班调度……………… 4596031
……………… 4596288
……………… 4596910
……………… 4596669
生产运行管理……………… 4596248
通信排水管理……………… 4596961
综合油料管理……………… 4597820
电力生产管理……………… 4599113
供用电管理……………… 4599112

油田管理部

主任……………… 4596066
副主任……………… 4596645
……………… 4596278
……………… 4597917
……………… 4596370
注水管理……………… 4596426
集气管理……………… 4596529
站间管理……………… 4597565
输油管理……………… 4596601
综合管理……………… 4596531
作业管理……………… 4596641
油井管理……………… 4596640
污水管理……………… 4596719
计量管理……………… 4597332
化验管理……………… 4596225

计划规划部

主任……………… 4594001
副主任……………… 4596559
统计管理……………… 4596465
计划管理……………… 4596617

规划设计……………… 4597526

质量安全环保部

主任……………………… 4596616

副主任…………………… 4599900

……………………………… 4596663

……………………………… 4596485

综合管理………………… 4597501

交通管理………………… 4596515

环保工业卫生………… 4597775

生产安全………………… 4596405

QHSE 体系管理…… 4596962

质量标准化…………… 4598826

锅炉压力容器………… 4596561

技术发展部

主任……………………… 4596395

副主任…………………… 4596218

节能管理………………… 4597167

节能综合………………… 4595979

科研管理………………… 4597441

财务资产部

主任……………………… 4591366

副主任…………………… 4596463

……………………………… 4596893

……………………………… 4596185

成本组…………………… 4596685

基建组…………………… 4596028

资金组…………………… 4597228

财务分理处…………… 4596158

财务……………………… 4596817

设备管理………………… 4596153

资产管理………………… 4596403

装备管理………………… 4591669

资产库…………………… 4597053

人事部

主任、组织部长 …… 4597777

副主任…………………… 4596434

……………………………… 4596662

劳动组织………………… 4599956

档案……………………… 4596212

技术干部………………… 4598231

工资管理………………… 4596524

组织员…………………… 4599044

办公室…………………… 4596678

党建管理………………… 4599042

综合管理………………… 4596029

培训管理………………… 4599508

企管法规部

主任……………………… 4596283

副主任…………………… 4597736

办公室…………………… 4596708

合同管理………………… 4596539

内控管理………………… 4595156

……………………………… 4595256

物价管理………………… 4596196

工会

副主席…………………… 4597773

……………………………… 4596175

团委书记………………… 4595990

综合……………………… 4596281

民管……………………… 4597709

生活保险………………… 4596141

团委办公室…………… 4595991

审计监察部

纪委副书记…………… 4596397

纪委办公室主任…… 4596815

副主任…………………… 4597372

检查监察员…………… 4596043

审计办公室…………… 4596256

……………………………… 4598238

……………………………… 4597756

郊能监察………………… 4596471

……………………………… 4596315

物资管理部

主任……………………… 4597667

副主任…………………… 4596820

基建物资………………… 4597524

……………………………… 4596733

……………………………… 4596825

三类……………………… 4596220

化工……………………… 4597728

工矿……………………… 4597523

汽配……………………… 4596268

基建物资………………… 4596219

生产维修………………… 4597799

基建工程管理部

主任……………………… 4596818

副主任…………………… 4597035

合同管理………………… 4596930

土地综合………………… 4596161

基建综合………………… 4596951

土地监察………………… 4597948

……………………………… 4596088

土地管理………………… 4596352

施工监察………………… 4597771

稳定工作服务中心

主任……………………… 4596659

副主任…………………… 4596362

办公室…………………… 4596718

……………………………… 4596214

闭路台

编辑室…………………… 4596592

记者室…………………… 4597250

播音室…………………… 4596314

故障维修………………… 4596247

收费室…………………… 4597249

少年宫…………………… 4597337

老年活动中心

办公室…………………… 4597866

培训中心

主任……………………… 4596442

书记……………………… 4596131

教务办…………………… 4598077

考务办…………………… 4596901

第一油矿

地址：大庆市杏南一村 1 号

邮编：163513

书记……………………… 4596692

矿长……………………… 4597328

副矿长…………………… 4596701

……………………………… 4596995

……………………………… 4596768

责任工程师…………… 4596449

责任地质师…………… 4597663

工会主席………………… 4599377

党风巡视员…………… 4501518

生产办

主任……………………… 4599743

调度长…………………… 4595770

调度……………………… 4596419

……………………………… 4590764

安全……………………… 4597687

资产……………………… 4590565

科技、计量…………… 4596997

电力……………………… 4597278

抽油机管理…………… 4501518

矿化验室………………… 4501156

泵站……………………… 4595771

油井、产能…………… 4595772

计划、技教…………… 4596751

综合办

主任……………………… 4590539

机关书记………………… 4597824

工会……………………… 4590832

团委……………………… 4501313

后勤……………………… 4590763

门卫……………………… 4597355

经营办

经管劳资………………… 4590763

财务……………………… 4590547

……………………………… 4501112

技术队

地质组…………………… 4597419

注水组…………………… 4590756

机采组…………………… 4590772

计算机室………………… 4590687

……………………………… 4501550

作业监督………………… 4590697

地面工程………………… 4590689

仪表班…………………… 4590690

综合队…………………… 4590557

……………………………… 4590532

打字室…………………… 4501330

食堂……………………… 4590887

锅炉房…………………… 4590779

材料组…………………… 4596109

……………………………… 4590886

测试队…………………… 4590582

保警队…………………… 4597279

八区一队

队部……………………… 4590716

杏南 3 号中转站…… 4590973

八区二队

队部……………………… 4590581

杏南 2 号中转站…… 4590975

杏南 2 号注水……… 4590817

杏南 2 号变电……… 4590634

八区三队

队部……………………… 4590602

杏南 15 号中转站 … 4590603

八区四队

队部……………………… 4590559

杏南 12 号中转站 … 4590696

八区五队

队部……………………… 4597433

杏南 20 号中转站 … 4590511

九区一队

队部……………………… 4590717

杏南 5 号中转站…… 4590750

杏南 5 号变电……… 4590691

杏南 5 号注水……… 4590517

九区二队

队部……………………… 4590512

杏南 4 号中转站…… 4590553

九区三队

队部……………………… 4590605

杏南 13 号中转站 … 4590974

九区四队

队部……………………… 4590652

杏南 1 号中转站…… 4590769

杏四联合站

队部……………………… 4590505

……………………………… 4590989

资料室…………………… 4597420

输油……………………… 4590914

变电……………………… 4590540

一段……………………… 4590776

脱水……………………… 4590914

污水……………………… 4590556

锅炉……………………… 4590752

深处理…………………… 4590121

注水……………………… 4590817

变电所…………………… 4590634

新输油…………………… 4590576

站门卫…………………… 4590635

杏 15－1 联合站

队部……………………… 4590515

资料室……………… 4590647
值班室……………… 4590614
输油………………… 4590884
注水………………… 4590972
变电………………… 4590579
脱水………………… 4590572
深处理……………… 4590535
污水………………… 4590661
锅炉………………… 4590646
沉降………………… 4590782
技术队地质组……… 4501035
注水管理…………… 4590966

第二油矿

地址：大庆市杏南北路1号
邮编：163513

书记………………… 4597450
矿长………………… 4596101
副矿长……………… 4597089
………………………… 4597084
………………………… 4597260
工会主席…………… 4595978
责任地质师………… 4599744
责任工程师………… 4597463
综合办
主任………………… 4597160
团委………………… 4597085
工会、计生………… 4597789
后勤、人保………… 4597085
房管员……………… 4597527
生产办
主任………………… 4597845
调度长……………… 4597828
调度………………… 4596259
………………………… 4596724
抽油机管理………… 4597097
计量间管理………… 4597626
泵站管理…………… 4597421
电力管理…………… 4590611
安全员……………… 4597465
资产………………… 4590536
机动………………… 4597462
技教………………… 4599742
经营办
人事………………… 4597071
会计………………… 4597427
材料………………… 4597350
材料库……………… 4597800
技术队
机采组……………… 4599741
………………………… 4597072
仪表组……………… 4597177
地面工程组………… 4597041
地质组……………… 4597470
………………………… 4590731
注水组……………… 4597086
计算机……………… 4594005
………………………… 4597073
产能前线…………… 4597083
综合队……………… 4591869
………………………… 4597576
………………………… 4597159
档案………………… 4590607
公寓………………… 4597530
食堂………………… 4597243
测试队……………… 4590774
保警………………… 4591614
十区一队
队部………………… 4597436
杏南8号中转站…… 4590654
十区二队
队部………………… 4597464
杏南7号中转站…… 4590766
十区三队
队部………………… 4597628
杏南6号中转站…… 4590725
杏南6号变电岗…… 4590727
杏南6号注水站…… 4596144
十区四队
队部………………… 4596872
杏南22号中转站 … 4590959
十一区一队
队部………………… 4597780
杏南14号中转站 … 4590816
十一区二队
队部………………… 4597713
杏南9号中转站…… 4590551
十一区三队
队部………………… 4597448
杏南16号中转站 … 4590892
十一区四队
队部………………… 4597437
杏南21号中转站 … 4590616
杏五一联合站
站长………………… 4597546
书记………………… 4590522
新站值班室………… 4590560
二段………………… 4590913
注水………………… 4590903
变电………………… 4590907
污水………………… 4590761
技术员……………… 4590909
浅处理……………… 4590823
深处理……………… 4590803
污水………………… 4590977
锅炉………………… 4590917
保卫………………… 4590911
杏五二联合站
队部………………… 4597627
值班室……………… 4590632
一段………………… 4590992
二段………………… 4590781
注水………………… 4590552
变电………………… 4590994
深处理……………… 4590695
污水………………… 4590976
锅炉………………… 4590868
杏五注水站
书记………………… 4590881
站长………………… 4590882
技术员……………… 4590883
超滤………………… 4590880
资料室……………… 4590811
值班室……………… 4590813
变电………………… 4590544
注水………………… 4590566
深加工……………… 4590610
锅炉………………… 4590612

第三油矿

地址：大庆市杏南三村2号
邮编：163513

书记………………… 4597134
矿长………………… 4596391
副矿长……………… 4596705
………………………… 4596956
………………………… 4596755
工会主席…………… 4595966
责任工程师………… 4596624
责任地质师………… 4590673
廉政巡视员………… 4595008
安全监督员………… 4596251
生产办
主任………………… 4596215
调度………………… 4590583
………………………… 4596921
计量、电力………… 4590894
科技技教…………… 4590926
中转站管理………… 4596466
安全………………… 4596106
经营办
人事资产…………… 4597432
财务室……………… 4597147
节能计划…………… 4595199
综合办……………… 4590718
机动组……………… 4596714
技术队
队长………………… 4595909
副队长……………… 4595711
注水组……………… 4590791
机采组……………… 4597832
仪表组……………… 4597146
地质组……………… 4590739
地面工程组………… 4590558
微机室……………… 4590627
水井大修组………… 4594007
三采组……………… 4590078
综合队
队长………………… 4590740
材料组……………… 4596415
锅炉房……………… 4590953
食堂………………… 4590648
测试队……………… 4597375
经警队
人保………………… 4590957
试验一队
队部………………… 4597376
值班室……………… 4590584
资料室……………… 4596461
注水………………… 4590805
12区配注站 ……… 4590504
锅炉岗……………… 4590624
试验二队
队部………………… 4590789
值班室……………… 4590700
资料室……………… 4590758
2号注入站 ……… 4596889
十二区一队
队部………………… 4590586
南11号中转站 …… 4590537
十二区二队
队部………………… 4590562
南10号中转站 …… 4590993
十三区一队
队部………………… 4590568
南17号中转站 …… 4590793
十三区二队
队部………………… 4590768
南18号中转站 …… 4590924
十三区三队
队部………………… 4590736
南十九号中转站…… 4590650
十三区四队
队部………………… 4590908
餐点………………… 4590755
杏13－1联合站
队部………………… 4590653
值班室……………… 4590676
输油………………… 4590748
聚水………………… 4590550
化验………………… 4592697
注水………………… 4590604
变电所……………… 4590601
仪表………………… 4595706
污水………………… 4590751
沉降………………… 4590655
深处理……………… 4590649
聚输………………… 4590569

聚污…………………… 4590920
曝氧站………………… 4590686
杏五三变电所……… 4590617
太北作业区
地址：大庆市高宋路
邮编：163514
经理…………………… 4512162
书记…………………… 4512966
副经理………………… 4512257
……………………… 4512523
责任工程师………… 4512664
责任地质师………… 4512572
工会主席…………… 4513747
综合办
主任…………………… 4514435
工会干事…………… 4511083
宣传、后勤………… 4514401
机关书记…………… 4512147
纪检监察办………… 4515793
生产办
主任…………………… 4514448
调度…………………… 4514482
……………………… 4512387
安全、环保土地…… 4514172
电力管理…………… 4514457
泵站设备…………… 4514095
抽油机管理………… 4512368
综合、计划、统计、节能
……………………… 4514484
节能组……………… 4514145
注水岗……………… 4514474
经营办
财务主管…………… 4512921
财务、资产………… 4514752
人事…………………… 4514790
材料组……………… 4514713
……………………… 4512655
资产库……………… 4514412
技术队
队长…………………… 4514725
机采室……………… 4514050
地质室主任………… 4514161
地面工艺室主任…… 4511049
资料室……………… 4512382
计算机室
机房…………………… 4514037
办公室……………… 4515024
仪表室……………… 4514797
化验室……………… 4514035
综合队
财务…………………… 4514742
办公室……………… 4514140
食堂…………………… 4514773
锅炉房……………… 4514045

公寓…………………… 4514062
测试队……………… 4511077
经警队……………… 4514159
采油一工区
办公室……………… 4514473
1 号中转站 ………… 4514171
3 号中转站 ………… 4514079
资料室……………… 4511045
采油二工区
办公室……………… 4514162
4 号中转站 ………… 4514471
5 号中转站 ………… 4514167
卸油点……………… 4514759
资料室……………… 4514179
采油三工区
区长…………………… 4411082
书记…………………… 4411137
办公室……………… 4514731
值班室……………… 4411145
7 号站 ……………… 4411173
油岗…………………… 4411112
电工…………………… 4411137
注水变电…………… 4411004
……………………… 4411024
资料室……………… 4514183
采油四工区
办公室……………… 4513715
……………………… 4513060
……………………… 4513069
太一联合站
站长…………………… 4513113
值班室……………… 4514191
深处理……………… 4514763
资料…………………… 4514760
除铁站……………… 4514198
污水处理…………… 4514107
输油…………………… 4514705
注水…………………… 4511092
软化水站…………… 4511071
锅炉…………………… 4514064
太一变电所………… 4511791
……………………… 4511093
太三变电所………… 4514174
……………………… 4514719
第五油矿
地址：大庆市高 5 路
邮编：163514
矿长…………………… 4512268
书记…………………… 4512977
副矿长……………… 4512993
……………………… 4512955
……………………… 4514178
……………………… 4512971
……………………… 4512920

调研员……………… 4514063
综合办
主任…………………… 4514132
宣传…………………… 4514497
房产…………………… 4514747
材料组……………… 4511090
……………………… 4514734
工会…………………… 4514170
生产办
调度…………………… 4514068
……………………… 4512246
主任…………………… 4512156
安全环保…………… 4514447
机动设备…………… 4514056
化验室……………… 4511094
抽油机电力………… 4514053
泵站…………………… 4514744
资产…………………… 4514091
质量…………………… 4514092
经营办
主任…………………… 4514451
财务…………………… 4514129
经管…………………… 4511074
技术队
地质组……………… 4514764
地面工程…………… 4514729
机采组……………… 4514127
计算机室…………… 4514165
仪表室……………… 4514126
注水组……………… 4514152
测试队……………… 4514085
综合队
队长…………………… 4514711
食堂…………………… 4514417
门卫…………………… 4514075
经警队
队长…………………… 4514639
队部…………………… 4511053
高一队
队部…………………… 4514071
高 1 号站…………… 4514067
高二队
队部…………………… 4514072
高 2 号站…………… 4514443
高三队
队部…………………… 4514073
高 3 号站…………… 4514047
高四队
队部…………………… 4514074
高 4 号站…………… 4514043
高一联合站
站长…………………… 4514441
书记…………………… 4514197
队部…………………… 4512145

资料室……………… 4514157
变电所……………… 4514131
电岗…………………… 4511613
锅炉…………………… 4514149
脱水…………………… 4514142
污水…………………… 4514163
输油…………………… 4514144
注水…………………… 4514137
化验…………………… 4514134
制冷…………………… 4514155
作业大队
地址：大庆市杏南村西街 8 号
邮编：163513
书记…………………… 4597006
大队长……………… 4590011
副大队长…………… 4596839
……………………… 4596107
……………………… 4597476
工会主席…………… 4595505
责任工程师………… 4596216
主任工程师………… 4596216
效能监查…………… 4596871
综合办
主任…………………… 4596102
工会团委…………… 4591402
计生房产…………… 4590591
通信员……………… 4590542
生产办
主任…………………… 4596390
调度…………………… 4596571
……………………… 4590940
综合调度…………… 4596400
现场调度…………… 4590593
安全环保…………… 4596886
机动资产…………… 4597414
科技…………………… 4590543
经营办
主管会计…………… 4590741
企管出纳…………… 4590759
财务…………………… 4597216
人事…………………… 4590694
技术队
技术队……………… 4591090
地质组……………… 4590587
计算机室…………… 4590891
质量组……………… 4590981
一队…………………… 4590709
二队…………………… 4590987
三队…………………… 4590667
四队…………………… 4590592
五队…………………… 4590983
六队…………………… 4590585
七队…………………… 4590985
八队…………………… 4597715

九队………………… 4590636
十队………………… 4590637
十一队……………… 4590638
十二队……………… 4590622
十三队……………… 4590518
十四队……………… 4590580
电泵队……………… 4590657
油管修复队………… 4590797
综合队
综合队……………… 4597474
加油站……………… 4590519
浴池………………… 4590775
热水站……………… 4590675
锅炉房……………… 4590501
食堂………………… 4590684
材料库……………… 4597714
保养站……………… 4590656
工具车间
队部………………… 4590678
厂房………………… 4590818
特车一队…………… 4590597
特车二队…………… 4590594
经保队
经警队……………… 4596347
人保武装…………… 4597135
门卫………………… 4590520
准备队
办公室……………… 4590596

地质大队

地址：大庆市杏南东街 8 号
邮编：163513

书记………………… 4596177
大队长……………… 4599737
副大队长…………… 4599124
…………………… 4599430
…………………… 4597351
…………………… 4596900
主任地质师………… 4596105
方案审核…………… 4598628
动态综合…………… 4596069
综合办
主任………………… 4596067
综合办……………… 4596318
财务组……………… 4591305
材料组……………… 4596850
机动安全…………… 4597353
管理室
主任………………… 4590677
主楼值班室………… 4590679
塔楼值班室………… 4590615
地调………………… 4596937
水井组……………… 4597352
作业组……………… 4596303
档案组……………… 4597617
动态室
主任………………… 4597015
动态综合…………… 4596069
动一组……………… 4596371
动二组……………… 4596060
动五组……………… 4596061
开发室
主任………………… 4597130
规划组……………… 4596482
三采组……………… 4597062
地质室
主任………………… 4596132
地质组……………… 4596306
公关队
书记………………… 4596068
办公室……………… 4591277
计算机室
主任………………… 4597382
办公室……………… 4590564
化验室
主任………………… 4596626
书记………………… 4596628
副主任……………… 4596627
质检组……………… 4597610
化验………………… 4597923

技术大队

地址：大庆市杏南村东街 4 号
邮编：163513

书记………………… 4596143
大队长……………… 4599738
副大队长…………… 4597495
…………………… 4596218
主任工程师………… 4597707
综合办
主任………………… 4590918
工会干事…………… 4596797
财务组……………… 4597412
规划室
主任………………… 4596748
规划方案…………… 4597821
材料组……………… 4596156
调度………………… 4596304
机采室
主任………………… 4597259
管理组……………… 4596434
作业组……………… 4597318
计算机……………… 4597319
节能测试…………… 4598495
工艺室
主任………………… 4597413
大修射孔…………… 4590916
水井组……………… 4590747
技术监督室
主任………………… 4597320
办公室……………… 4597397

电力维修大队

地址：大庆市杏南村北路 8 号
邮编：163513

书记………………… 4596381
大队长……………… 4592878
副大队长…………… 4596383
…………………… 4596756
…………………… 4597238
巡视员……………… 4593969
综合办主任………… 4597237
档案………………… 4598058
生产办
主任………………… 4596534
综合………………… 4590897
调度………………… 4596382
…………………… 4596032
…………………… 4596632
机动节能…………… 4598078
经营办
主任………………… 4597234
安全预算员………… 4597235
人事组……………… 4598058
后勤………………… 4598068
工会………………… 4597232
用电办
用电监察办………… 4596484
用电监察…………… 4596854
收费班……………… 4590896
技术组
办公室……………… 4597409
技术室……………… 4590570
材料组……………… 4590567
…………………… 4596657
电工一队…………… 4590898
电工二队…………… 4597239
…………………… 4596606
电工三队…………… 4591407
电工四队
办公室……………… 4590792
电修班……………… 4597236
值班室……………… 4590885
综合队
车队………………… 4590812
门卫………………… 4590590

生产维修大队

地址：大庆市杏南村西街 1 号
邮编：163513

书记………………… 4596743
大队长……………… 4599208
副大队长…………… 4596136
…………………… 4591570
…………………… 4596075
廉政巡视员………… 4596467
综合办
主任………………… 4596665
人保、工会………… 4590723
食堂………………… 4590786
生产办
主任………………… 4599978
调度………………… 4596487
安全………………… 4590671
材料组……………… 4590712
门卫………………… 4590502
经营办
主任………………… 4597442
劳资、档案………… 4597347
加工车间…………… 4590722
泵修车间…………… 4590683
铆焊车间…………… 4590595
抽修车间…………… 4597487
锅炉房……………… 4590692
提捞队
队部………………… 4597297
化油点……………… 4514041
修保队
队部………………… 4599285
修理车间…………… 4597781
车队………………… 4590970
道路养护队………… 4595699
污油站……………… 4590858
杏五二化油点……… 4590851

基建工程管理中心

地址：大庆市杏南路
邮编：163513

书记………………… 4596191
主任………………… 4597000
副主任……………… 4596971
…………………… 4599355
主任工程师………… 4596619
综合办主任………… 4596262
资料统计…………… 4596368
房屋维修…………… 4597156
老区改造…………… 4595979
质监分站
站长………………… 4597195
办公室……………… 4599740
产能工程…………… 4596607
绿化管理…………… 4596170
施工管理…………… 4596125
房产管理…………… 4597543
预算电气…………… 4596183
预算工艺…………… 4596189
劳资经营…………… 4599804
人保车辆…………… 4597823
安全质量监督员…… 4595557
…………………… 4595558

信息开发服务中心

地址：大庆市杏南东街 6 号
邮编：163513

书记……………… 4596963
主任……………… 4596999
副主任…………… 4596135
……………………… 4596880
……………………… 4599512
工程师…………… 4599300
综合办
办公室…………… 4596369
……………………… 4597795
传真机…………… 4597777
打字室…………… 4596819
值班室…………… 4596295
信息室
主任……………… 4597044
办公室…………… 4597792
传真室…………… 4597776
值班调度………… 4597222
网络室
主任……………… 4597333
办公室…………… 4597793
机房……………… 4596500
软件室
主任……………… 4596777
办公室…………… 4597794
机房……………… 4597111
档案室
主任……………… 4597783
办公室…………… 4597782
维修间…………… 4596055

规划设计研究所

地址：大庆市杏南村东街4号
邮编：163513

书记……………… 4597051
所长……………… 4596100
副所长…………… 4596298
……………………… 4597812
……………………… 4596275
……………………… 4598791
综合办
主任……………… 4597681
办公室…………… 4590641
调度室…………… 4597251
规划室
主任……………… 4597962
副主任…………… 4596331
……………………… 4596150
油水规划………… 4597703
设计室
主任……………… 4597549
副主任…………… 4597654
电气……………… 4590639
油气集输设计…… 4590660
防腐检测室
主任……………… 4595264
副主任…………… 4597387
地面工程
主任……………… 4590889
办公室…………… 4596833
仪表室
主任……………… 4598790
副主任…………… 4597108
微机控制………… 4590771
巡检维护………… 4597107
水表班…………… 4590708
电表油气班……… 4590575

生产准备大队

地址：大庆市杏南村三街3号
邮编：163513

书记……………… 4598089
大队长…………… 4598088
副大队长………… 4596722
……………………… 4597388
……………………… 4596810
安全监督员……… 4595835
质量监督员……… 4595805
机关支部书记…… 4596340
房产……………… 4596469
绿化办…………… 4596503
综合办
主任……………… 4597578
办公室…………… 4597385
档案……………… 4596770
生产办
主任……………… 4596558
调度……………… 4597121
……………………… 4590621
节能……………… 4595314
安全……………… 4596538
绿化……………… 4597543
经营办
主任……………… 4597542
办公室…………… 4596271
主管会计………… 4596385
财务……………… 4596305
综合队
队长……………… 4597316
副队长…………… 4597310
值班室…………… 4597643
材料组…………… 4596464
后勤库…………… 4596126
制冷班…………… 4597803
1号综合车库…… 4597591
八区车库………… 4596386
2号综合车库…… 4590521
机关小车库……… 4596393
资产库…………… 4597053
1号服务点……… 4597662
2号服务点……… 4597266
3号服务点……… 4597727
4号服务点……… 4597405
公寓楼门卫……… 4597612
服务队
队部……………… 4595818
综合部…………… 4599810
值班室…………… 4598585
总服务台………… 4597888
分机外线………… 4599333
财务室…………… 4596618
餐饮部…………… 4597606
客房部…………… 4599222
泵房……………… 4599661
消防控制………… 4595842
食堂管理部……… 4596660
食堂餐厅………… 4597263
食堂值班室……… 4597264
小灶食堂………… 4596387
洗衣店…………… 4597720
纯净水厂………… 4590900
健身中心………… 4596929
小车队
队部……………… 4596682
调度……………… 4596475
……………………… 4590935
夜间……………… 4597102
文化中心
书记……………… 4596553
主任……………… 4596300
值班室…………… 4597964
HSE培训中心 …… 4597461
图书馆…………… 4596186

经济保卫大队

地址：大庆市杏南村南路9号
邮编：163513

书记……………… 4590033
大队长…………… 4596600
……………………… 4590020
副大队长………… 4597095
……………………… 4597739
……………………… 4599622
综合办
主任……………… 4597548
内勤……………… 4597942
保卫办
主任……………… 4597547
保卫办…………… 4593110
行政办
主任……………… 4597545
档案室…………… 4595982
调度……………… 4597152
……………………… 4597454
武装部…………… 4596425
……………………… 4596458
值班室…………… 4596443
巡逻一队………… 4590961
巡逻二队………… 4590962
巡逻三队………… 4590963
巡逻四队………… 4590964
巡逻五队………… 4590965
守卫队…………… 4590960
……………………… 4593429

第六采油厂

地址：大庆市北三东路
邮编：163114

领导

书记……………… 5837700
厂长……………… 5838801
副厂长…………… 5838278
……………………… 5838816
……………………… 5838825
工会主席………… 5837037
总会计师………… 5838815
总地质师………… 5833588
总工程师………… 5838828
副总工程师……… 5838819
副总机械师……… 5838823
纪检书记………… 5831988

工会、团委

副主席…………… 5838808
……………………… 5835729
团委副书记……… 5834474
财务……………… 5836351
团委干事………… 5836448
工会干事………… 5835242
……………………… 5835697
物资科…………… 5836598

综合办公室

主任……………… 5836079
副主任…………… 5836037
……………………… 5835931
机关党委副书记… 5835962
办公室…………… 5831473
秘书……………… 5835633
……………………… 5836353
……………………… 5836491
文书……………… 5835807
宣传……………… 5836318
公务员…………… 5838912
机关干事………… 5836017
打字室…………… 5835398
计划生育………… 5831463
二楼会议室……… 5838826
三楼会议室……… 5835530
北楼值班室……… 5838856
办公楼值班室…… 5830077
差转台

台长…………………… 5836303
编辑室………………… 5838785
摄影组………………… 5836239
播音收费室…………… 5836259
线路摄影组…………… 5836299
食堂…………………… 5836366
稳定工作协调服务中心
主任…………………… 5838886
副主任………………… 5835843
……………………… 5836876
办公室………………… 5838803
企业法规部
主任…………………… 5836183
副主任………………… 5836095
办公室………………… 5835964
……………………… 5838882
……………………… 5838558
法律顾问……………… 5839199
物资管理部
主任…………………… 5831464
副主任………………… 5831465
基建…………………… 5839570
结算…………………… 5835944
价格…………………… 5835874
生产维修……………… 5835896
办公室………………… 5836460
计划规划部
主任…………………… 5835562
副主任………………… 5839158
生产统计……………… 5836060
生产计划……………… 5836486
基建统计……………… 5838793
办公室………………… 5835801
技术发展部
主任…………………… 5836007
副主任………………… 5835356
主任工程师…………… 5835743
节能副总监…………… 5839108
办公室………………… 5835996
……………………… 5836056
财务资产部
主任…………………… 5835758
副主任………………… 5835745
……………………… 5835979
……………………… 5835241
总账…………………… 5836072
成本…………………… 5836071
办公室………………… 5836985
设备管理……………… 5836163
……………………… 5839782
……………………… 5836164
……………………… 5836076
结算中心……………… 5838820
出纳…………………… 5835881

基建…………………… 5836209
生产运行部
主任…………………… 5835666
副主任………………… 5831423
……………………… 5838809
……………………… 5836338
……………………… 5836328
调度…………………… 5835607
……………………… 5835890
……………………… 5838812
办公室………………… 5835258
综合…………………… 5835903
通信…………………… 5838806
供电…………………… 5836159
微机联网专线………… 5831082
油田管理部
主任…………………… 5836165
副主任………………… 5835297
……………………… 5836081
……………………… 5839661
综合…………………… 5838853
办公室………………… 5836066
生产维修……………… 5836157
输油…………………… 5835334
油水井………………… 5835203
井下作业……………… 5835978
……………………… 5836506
注水污水……………… 5839592
基建工程管理部
主任…………………… 5836452
副主任………………… 5838705
土地…………………… 5838903
计划统计……………… 5833652
预算员………………… 5836263
质量安全环保部
主任…………………… 5835337
副主任………………… 5835695
……………………… 5836352
……………………… 5839676
综合…………………… 5836823
交通安全……………… 5836161
全面质量……………… 5836171
标准化………………… 5836167
安全总监办…………… 5838581
工业安全、防火……… 5836895
环保…………………… 5835244
计量…………………… 5835606
自控…………………… 5836978
质量体系……………… 5835856
人事部
主任…………………… 5838703
副主任………………… 5836481
……………………… 5836411
……………………… 5836096

……………………… 5835902
干部科………………… 5838811
办公室………………… 5836039
……………………… 5836097
……………………… 5836456
……………………… 5836316
组织员………………… 5835747
……………………… 5836395
审计监察部
主任…………………… 5836490
副主任………………… 5835590
……………………… 5835296
……………………… 5835998
……………………… 5835608
干事…………………… 5836031
……………………… 5836032
……………………… 5833018
……………………… 5835617
效能监察……………… 5835904
内控举报电话………… 5835292
第一油矿
地址：大庆市庆安路
邮编：163156
矿长…………………… 5836210
书记…………………… 5836042
副矿长………………… 5835507
……………………… 5837860
……………………… 5836141
……………………… 5835967
……………………… 5840078
工程师………………… 5833165
工会主席……………… 5836568
……………………… 5840023
……………………… 5838735
……………………… 5838959
……………………… 5836041
……………………… 5836199
运行调度……………… 5836055
……………………… 5836597
生产办主任…………… 5834706
经营办主任…………… 5835542
综合办主任…………… 5836787
团委…………………… 5835884
宣传…………………… 5836907
组织…………………… 5836591
工会…………………… 5835132
打字室………………… 5836015
人事…………………… 5835024
财务…………………… 5835863
技教…………………… 5833404
质量…………………… 5836921
矿建…………………… 5836848
机动设备……………… 5835069
固定设备……………… 5836340

交通安全……………… 5835133
工业安全……………… 5835923
注水…………………… 5835138
电气岗………………… 5835166
保卫…………………… 5835419
电泵…………………… 5841195
联合站………………… 5835479
中转站………………… 5836873
会议室………………… 5835746
司机班………………… 5836708
材料库………………… 5835136
……………………… 5834108
维修队
队部…………………… 5835037
……………………… 5836067
……………………… 5835190
工房…………………… 5835933
试井队
队部…………………… 5835068
资料室………………… 5835581
同步班………………… 5838755
地质队
队长…………………… 5841021
书记…………………… 5841022
地调…………………… 5835644
机采主任……………… 5841192
工程组………………… 5835576
动态组………………… 5835126
管理组………………… 5836713
综合组………………… 5835171
计算机室……………… 5836857
仪表班………………… 5835185
机采组………………… 5836701
化验室………………… 5838964
三采室………………… 5836966
喇一联合站
队部…………………… 5835066
……………………… 5836898
变电…………………… 5836477
深污水………………… 5836593
维修班………………… 5835113
新污水………………… 5836140
锅炉…………………… 5836903
油岗…………………… 5835120
老污水………………… 5836737
注水…………………… 5835125
气岗…………………… 5836802
门卫…………………… 5833322
喇一一联合站
队部…………………… 5835073
……………………… 5835802
总外输………………… 5836599
油岗…………………… 5836827
污水…………………… 5836805

化验室…… 5836534
锅炉…… 5836706
门卫…… 5833384
喇一二联合站
队部…… 5836586
…… 5835809
脱水…… 5835010
锅炉…… 5836651
油岗…… 5836674
污水…… 5836726
化验室…… 5831427
门卫…… 5833374
水队
队部…… 5836581
…… 5835849
喇六注水站
电岗…… 5836561
水岗…… 5836596
喇十注水站
变电岗…… 5836853
喇十一注水站
电岗…… 5836949
水岗…… 5836636
锅炉…… 5836722
喇十五注水站
电岗…… 5836842
水岗…… 5836667
锅炉…… 5836553
喇十八注水站
电岗…… 5836524
…… 5831426
水岗…… 5835446
曝氧…… 5836852
聚喇 140 联合站
注水泵房…… 5836721
变电所…… 5836791
101 队
队部…… 5836556
…… 5835723
102 号中转站…… 5834954
102 队
队部…… 5835302
…… 5835174
405 号中转站…… 5835115
103 队
队部…… 5835030
…… 5835575
807 号中转站…… 5834965
807 号中转站五号计量间
…… 5836699
104 队
队部…… 5835075
…… 5835730
609 号中转站…… 5835053
…… 5834970
9 号配水间…… 5836595
10 号配水间…… 5834961
105 队
队部…… 5835303
…… 5835104
111 号中转站…… 5836732
…… 5836707
12 号配水间…… 5834959
106 队
队部…… 5835065
…… 5835732
103 号中转站…… 5836725
13 号配水间…… 5835091
14 号配水间…… 5835134
107 队
队部…… 5835105
…… 5835733
150 号中转站…… 5835060
15 号配水间…… 5835410
16 号配水间…… 5836614
108 队
队部…… 5835064
…… 5835760
201 号中转站…… 5835440
20 号配水间…… 5835123
21 号配水间…… 5835124
109 队
队部…… 5836509
…… 5835772
211 号中转站…… 5836565
中心岗…… 5835050
22 号配水间…… 5835072
110 队
队部…… 5836510
…… 5835775
131 号中转站…… 5836862
17 号配水间…… 5835416
18 号配水间…… 5835417
111 队
队部…… 5834028
…… 5835786
181 号中转站…… 5835026
19 号配水间…… 5835122
112 队
队部…… 5836744
…… 5835791
140 号油泵房…… 5831254
值班室…… 5831274
脱氧泵房…… 5836714
污水岗…… 5836740
掺水泵房…… 5836811
锅炉岗…… 5836816
综合队
队部…… 5836851
…… 5834208
安全监督…… 5833168
电机修理厂…… 5836677
化油点…… 5834078
矿门卫…… 5835854
服务队
队部…… 5836653
办公室…… 5833678
食堂…… 5835466
小客厅…… 5833318
换水房…… 5835135
公寓…… 5836594
浴池…… 5835876
活动室…… 5836179
车队门卫…… 5835905
材料库门卫…… 5835919

第二油矿

地址：大庆市庆新北街
邮编：163158
书记…… 5835587
矿长…… 5835308
生产矿长…… 5833898
安全矿长…… 5835751
生活矿长…… 5835960
地质矿长…… 5833398
责任工程师…… 5836427
工会主席…… 5835815
机关书记…… 5836735
综合办主任…… 5835408
工会…… 5831467
打字室…… 5835432
团委书记…… 5835642
保卫…… 5835007
矿门卫…… 5831470
经营办主任…… 5836965
出纳…… 5836539
工业会计…… 5837628
人事劳资…… 5836875
计划统计…… 5836608
生产办主任…… 5836372
调度室…… 5836820
…… 5836628
交通安全…… 5837728
电泵电器…… 5836712
大站管理…… 5835411
机泵水井…… 5835492
工程维修…… 5835726
中转站气站…… 5836189
工业安全…… 5837638
环保节能…… 5837568
计量间油井…… 5836313
技教科技…… 5836894
材料组长…… 5836339
保管员…… 5835718
汽配汽修…… 5835508
地质队
书记…… 5836639
队长…… 5831471
副队长…… 5833349
全质…… 5837498
动态组…… 5835427
管理组…… 5836795
地调…… 5835111
机房…… 5835102
机采…… 5836902
气队
书记…… 5833204
队长…… 5836127
副队长…… 5836144
技术员…… 5833204
办事员…… 5835198
主控室…… 5835040
采气岗…… 5835098
气队门卫…… 5836870
气队直通…… 5834964
综合队
队长…… 5835425
副队长…… 5836312
队部…… 5835139
后勤祖…… 5835035
车库门卫…… 5833350
公寓…… 5835540
食堂管理员…… 5835913
食堂前台…… 5835184
试井队
队长…… 5836861
资料室…… 5836770
维修队
书记…… 5836967
队部…… 5835538
办事员…… 5836709
喇二联
队部…… 5836771
副队长…… 5836273
脱水…… 5833241
输油…… 5833244
化验…… 5836859
注水…… 5835412
变电…… 5833044
锅炉…… 5833141
沉降…… 5835173
新污水…… 5836813
老污水…… 5835433
巡线班…… 5835603
注水队
队部…… 5836517
技术员…… 5836887

老地污……………… 5836858
新地污……………… 5836959
排涝站……………… 5834992
轴流泵……………… 5834967
喇五
注水……………… 5835155
变电……………… 5834963
锅炉……………… 5835142
喇七
注水……………… 5835157
变电……………… 5836484
喇十
注水……………… 5836885
锅炉……………… 5836631
喇十一
变电……………… 5836531
喇十七
注水……………… 5834994
变电……………… 5836745
污水……………… 5836580
201 队
队部……………… 5836793
271 号中转站 ……… 5836724
27 号配水间 ……… 5835956
28 号配水间 ……… 5835199
202 队
队部……………… 5836800
341 号中转站 ……… 5835009
35 号配水间 ……… 5835180
203 队
队部……………… 5836727
401 号中转站 ……… 5836538
40 号配水间 ……… 5835165
204 队
队部……………… 5835071
451 号中转站 ……… 5834971
新 45 号配水间 …… 5836950
205 队
队部……………… 5836609
331 号中转站 ……… 5836605
206 队
队部……………… 5835400
460 号中转站 ……… 5836824
41 号配水间 ……… 5835028
46 号配水间 ……… 5836759
207 队
队部……………… 5835402
441 号中转站 ……… 5836563
45 号配水间 ……… 5835177
资料班……………… 5836314
208 队
队部……………… 5836814
461 号中转站 ……… 5835027
47 号配水间 ……… 5835029
209 队
队部……………… 5835404
油岗……………… 5836834
污水……………… 5836755
化验……………… 5836775
锅炉……………… 5835488
26 号配水间 ……… 5835170
210 队
队部……………… 5835150
390 号中转站 ……… 5835067
211 队
队部……………… 5835632
中心岗……………… 5836463
400 号中转站
变电……………… 5835424
注水……………… 5835192
污水……………… 5835147
油岗……………… 5835499
锅炉……………… 5835493

第三油矿

地址：大庆市庆新北街
邮编：163158

书记……………… 5834708
矿长……………… 5834718
顾问……………… 5836955
……………… 5836958
……………… 5835602
……………… 5838921
生产矿长……………… 5838956
安全矿长……………… 5833518
地质矿长……………… 5833908
后勤矿长……………… 5838975
工程师……………… 5838960
工会主席……………… 5835945
综合办
主任……………… 5836927
工会女工……………… 5836963
宣传……………… 5836801
后勤……………… 5838772
工会干事……………… 5838914
办事员……………… 5835129
生产办
主任……………… 5835324
调度长……………… 5836930
调度……………… 5836818
……………… 5835763
中转站管理……………… 5836513
电泵管理……………… 5836931
基建维修……………… 5835313
设备管理……………… 5835167
保干……………… 5835348
工业安全……………… 5836747
大站管理……………… 5836573
电器管理……………… 5836550
计量管理……………… 5835231
环保管理……………… 5836503
地面工程……………… 5830730
技教管理……………… 5836973
档案管理……………… 5835704
螺杆泵管理……………… 5836099
机关门卫……………… 5836914
经营办
主任……………… 5838742
财务……………… 5836716
……………… 5838926
统计……………… 5836990
人事……………… 5836992
材料组长……………… 5835316
材料组……………… 5830731
……………… 5831496
地质队
队长……………… 5836882
副队长……………… 5835172
机采组……………… 5834113
三采组……………… 5836250
综合组……………… 5838796
机房……………… 5835462
管理组……………… 5835223
地质队调度……………… 5836976
化验室……………… 5836956
动态组……………… 5831495
试井队……………… 5834457
……………… 5836684
维修队
队部……………… 5835076
工房……………… 5834472
综合队
队部……………… 5836697
服务队
食堂……………… 5836962
加油站……………… 5835162
公寓……………… 5834496
0－1 号楼值班室 … 5831491
0－6 号楼值班室 … 5836928
闲置库……………… 5836819
污油回收站……………… 5841703
水队
队部……………… 5836901
……………… 5835914
喇三变电所
注水……………… 5836676
污水……………… 5836832
锅炉……………… 5836922
变电……………… 5836860
曝氧……………… 5835987
喇十四变电所
变电……………… 5836893
注水……………… 5835428
锅炉……………… 5835958
喇十六变电所
注水……………… 5836734
污水……………… 5835448
变电……………… 5835450
锅炉……………… 5835959
301 队
队部……………… 5836923
501 号中转站 ……… 5836831
49 号配水间 ……… 5835092
老 50 号配水间 …… 5835153
302 队
队部……………… 5836908
550 号中转站 ……… 5835058
54 号配水间 ……… 5836668
新 50 号配水间 …… 5835081
303 队
队部……………… 5836951
511 号中转站 ……… 5836601
52 号配水间 ……… 5836610
53 号配水间 ……… 5835407
304 队
队部……………… 5836953
551 号中转站 ……… 5836786
新 55 号配水间 …… 5835637
老 55 号配水间 …… 5836620
305 队
队部……………… 5836943
591 号中转站 ……… 5836700
59 号配水间 ……… 5836694
60 号配水间 ……… 5836692
306 队
队部……………… 5836944
570 号中转站 ……… 5835085
51 号配水间 ……… 5835121
58 号配水间 ……… 5836695
570 号中转站食堂 … 5835193
307 队
队部……………… 5836912
700 号中转站 ……… 5831700
56 号配水间 ……… 5836617
57 号配水间 ……… 5836638
喇十二注水……………… 5835083
喇十二锅炉……………… 5835992
喇十二变电……………… 5835156
308 队
队部……………… 5836947
601 号中转站 ……… 5836731
61 号配水间 ……… 5835436
62 号配水间 ……… 5835471
560 一号计量间 …… 5836758
309 队
队部……………… 5836945
641 号中转站 ……… 5835464

64 号配水间 ……… 5836535
65 号配水间 ……… 5835989
310 队
队部………………… 5836942
631 号中转站 ……… 5836703
63 号配水间 ……… 5835467
66 号配水间 ……… 5835469
661 号中转站……… 5836761
67 号配水间 ……… 5836997
311 队
队部………………… 5831490
600 联合站
输油………………… 5835421
集油………………… 5835438
化验………………… 5836537
污水………………… 5836905
锅炉………………… 5835415
中心………………… 5836975
560 联合站
队部………………… 5836929
油岗………………… 5836641
化验………………… 5836906
沉降………………… 5835444
锅炉………………… 5836909
污水………………… 5836753
经警………………… 5836757
喇三一联合站
队部………………… 5835169
油岗………………… 5836877
沉降………………… 5836767
锅炉………………… 5836742
化验………………… 5836835
注水………………… 5836567
污水………………… 5836646
变电………………… 5836662
经警………………… 5836642

第四油矿

地址：大庆市庆新北街
邮编：163158

书记………………… 5836778
矿长………………… 5843058
生产副矿长………… 5838701
…………………… 5836134
经营副矿长………… 5836518
地质副矿长………… 5835505
工会主席…………… 5836779
工程师……………… 5836443
工程维修…………… 5835883
园林………………… 5843148
公寓………………… 5835459
食堂………………… 5835051
综合办
主任………………… 5834470
机关支部…………… 5836562

工会………………… 5836807
…………………… 5835234
团委………………… 5835025
档案………………… 5835063
生产办
主任………………… 5833149
安全………………… 5836671
调度………………… 5835667
…………………… 5835762
抽修………………… 5836839
科技………………… 5835161
电器………………… 5835594
站间管理…………… 5835390
大站仪器仪表管理 … 5834127
设备………………… 5834704
基建………………… 5833347
工业安全岗………… 5833047
办公楼工程维修…… 5835883
经营办
主任………………… 5835345
财务………………… 5838441
…………………… 5843901
计划………………… 5834094
人事组……………… 5835033
后勤………………… 5836235
…………………… 5838446
地质队
书记………………… 5835300
队长………………… 5834040
调度………………… 5836615
管理组……………… 5834494
综合组……………… 5836762
机采组……………… 5836826
动态组……………… 5835070
计算机室…………… 5843902
地面工程组………… 5835485
维修队
队部………………… 5835152
抽修班……………… 5836916
材料组
组长………………… 5836689
材料库……………… 5839412
综合队
队长………………… 5835074
队部………………… 5836952
化验室……………… 5831492
试井队……………… 5836528
…………………… 5835449
公寓………………… 5835459
食堂………………… 5835051
门卫………………… 5835036
水队
队部………………… 5835079
喇四注水站

电岗………………… 5835158
水岗………………… 5835181
喇八注水站
变电………………… 5836630
注水………………… 5836660
喇九注水站
变电………………… 5836604
喇十三注水站
变电………………… 5836730
注水………………… 5834906
360 号注水站
变电………………… 5833644
注水………………… 5833587
401 队
队部………………… 5835403
230 号中转站 ……… 5834424
231 号中转站 ……… 5835022
402 队
队部………………… 5836508
291 号中转站 ……… 5836960
29 号配水间 ……… 5835414
30 号配水间 ……… 5836658
291 污水 ………… 5836964
资料班……………… 5836968
403 队
队部………………… 5836519
380 号中转站 ……… 5836841
36 号配水间 ……… 5836552
37 号配水间 ……… 5835187
404 队
队部………………… 5835401
470 号中转站 ……… 5834737
405 队
队部………………… 5835314
411 号中转站 ……… 5836981
431 号中转站 ……… 5834957
406 队
队部………………… 5835406
381 号中转站 ……… 5834980
381 四号计量间 …… 5836723
407 队
队部………………… 5835970
油岗………………… 5836685
资料班……………… 5836686
290 维修班 ……… 5836698
24 号配水间 ……… 5835183
25 号配水间 ……… 5835179
408 队
队部………………… 5836150
巡井班……………… 5835106
360 号联合站
锅炉………………… 5834397
水岗………………… 5834414
污水………………… 5838748

油岗………………… 5834417
中心岗……………… 5835052
喇二一联合站
队部………………… 5836772
联合站队部………… 5841464
油岗………………… 5836602
注水………………… 5836871
化验………………… 5841384
锅炉………………… 5841684
沉降………………… 5841584
变电岗……………… 5836603
老污水……………… 5836659
新污水……………… 5834114
新注水……………… 5833114
电脱水……………… 5834942
门卫………………… 5841484

试验大队

地址：大庆市宏远街
邮编：163157

书记………………… 5838678
大队长……………… 5835712
副大队长…………… 5837068
…………………… 5831750
…………………… 5838907
…………………… 5836738
主任工程师………… 5833428
工会主席…………… 5835698
调研员……………… 5836088
…………………… 5835552
…………………… 5835670
机关
党办主任…………… 5835475
机关书记…………… 5831640
团委………………… 5833684
财务组长…………… 5835439
财务组……………… 5833997
人事组……………… 5835568
房产员……………… 5836121
科技………………… 5836180
保卫………………… 5836181
生产办
主任………………… 5835689
计量………………… 5833400
生产维修…………… 5835130
安全组……………… 5833584
设备………………… 5831420
全质………………… 5836292
油水井作业………… 5836683
电气………………… 5835665
材料组长…………… 5835686
材料员……………… 5836086
保管员……………… 5838976
调度专用…………… 5836227
…………………… 5836223

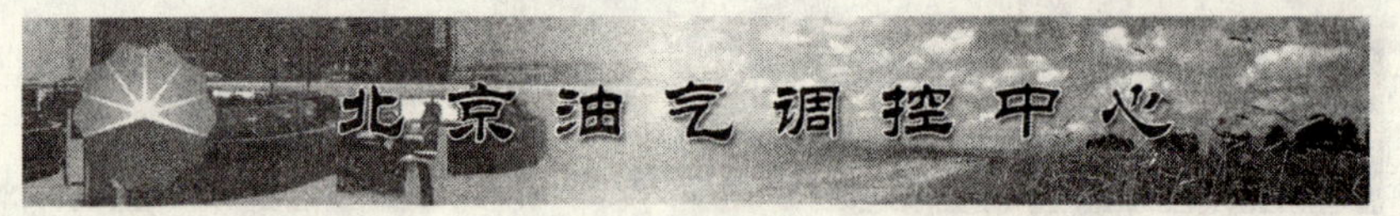

技术室
主任…………5833403
书记…………5836670
副主任…………5837701
责工…………5835358
科技…………5834740
水井组…………5837702
开发组…………5834743
机房…………5836579
…………5833407
推广组…………5835014
地面工程组…………5835580
三元组…………5836200
化验室
主任…………5831494
书记…………5835262
副主任…………5836979
责任调剂…………5834741
办事员…………5836799
干粉检测…………5837903
化学助剂组…………5836982
油分析组…………5836983
调剂组…………5836987
水分析组…………5836991
综合队
队长…………5833107
队部…………5831406
食堂…………5835118
公寓…………5833074
门卫…………5837248
活动中心…………5838980
采油队
队部…………5833401
中转站…………5836911
试验队
队部…………5833402
前线…………5836624
配注岗…………5836977
注水岗…………5836773
5－6号站…………5836218
5－7号站…………5836219
维修队
队部…………5831421
工房…………5836373
配制一队
队部…………5836665
…………5836611
配注岗…………5836627
维修班…………5835151
配制二队
队部…………5831479
配注岗…………5836672
锅炉岗…………5836936
配制三队
队部…………5831476
3号配制站值班室…………5838730
高台子值班室…………5835661
高台子前线…………5835663
注入一队
队部…………5836879
…………5837328
1－1号站…………5836577
1－2号站…………5836568
1－3号站…………5836788
230号站…………5836702
1－4号站…………5835495
1－5号站…………5836720
1－6号站…………5836843
1－7号站…………5836236
三元配注站…………5835255
三元站化验…………5835256
注入二队
队部…………5836897
…………5837318
注气站…………5839481
470号站…………5836656
泡沫试验站…………5836246
4－1号站…………5836810
4－2号站…………5836547
4－3号站…………5836582
4－4号站…………5835481
4－5号站…………5836804
4－6号站…………5836806
4－7号站…………5836505
4－8号站…………5841784
注入三队
队部…………5831422
2－1号站…………5831411
2－2号站…………5831402
2－3号站…………5831403
140号站…………5831400
2－5号站…………5834940
5－1号站…………5836711
5－2号站…………5836760
5－3号站…………5836717
5－4号站…………5836780
5－5号站…………5836728
注入四队
队部…………5831475
3－1号站…………5836769
3－2号站…………5836784
3－3号站…………5836872
3－4号站…………5836926
3－5号站…………5835669
3－6号站…………5831576
试井队
队部…………5835317

作业大队

地址：大庆市庆新北街
邮编：163158
大队长…………5840003
…………5835627
党委书记…………5840010
…………5836289
副大队长…………5838891
…………5841750
…………5835740
…………5833808
主任工程师…………5835631
工会主席…………5835656
调研员…………5833373
…………5835326
生产主任…………5836310
调度…………5836052
…………5836275
工程组…………5836521
…………5836815
交通安全…………5836256
工业安全…………5835143
机动资产…………5838721
油料…………5836937
地质组长…………5833481
地质组…………5835042
资料分析…………5836650
计算机…………5840092
经营主任…………5836280
工业安全…………5835822
财务组长…………5836625
财务组…………5838218
综合主任…………5835109
后勤…………5838906
团委…………5836021
工会…………5836265
人保…………5835643
人事…………5835483
技教…………5836104
房产…………5835355
矿建…………5835487
核算员…………5836649
矿建库房…………5838892
管理站长…………5833538
管理财务…………5835610
花砖厂…………5838848
作业队
作业一队…………5835043
作业二队…………5835038
作业三队…………5835039
作业四队…………5836590
作业五队…………5835056
作业六队…………5835096
作业七队…………5835097
作业八队…………5836678
作业九队…………5836679
作业十队…………5836680
作业十一队…………5835093
作业十二队…………5835041
作业十三队…………5835137
作业二十四队…………5835094
预备役连…………5834412
交井班…………5836704
电泵队
队部…………5833468
测管班…………5836796
搬家队…………5834558
井架队…………5836821
特车队…………5835214
卡车队…………5833963
工具车间
队部…………5831415
库房…………5836558
维修队
队部…………5836560
提升站…………5836776
锅炉房…………5835047
泥浆站…………5836559
保养站
队部…………5836623
检车站…………5835907
服务队
队部…………5835375
食堂…………5835239
器材…………5834138
礼堂…………5836957
公寓…………5835095
浴池…………5831547
油管厂…………5836600
游艺室…………5836514
电泵库门卫…………5835034
大队门卫…………5835389
…………5836817

地质大队

地址：大庆市北三西路
邮编：163114
书记…………5831439
大队长…………5836113
副大队长…………5831432
…………5835518
…………5835458
主任工程师…………5831436
综合室
书记、组织…………5836048
主任…………5831431
工会…………5836370
财务…………5831472
人事劳资…………5834892
安全、机动…………5835984

科技、技教………… 5835524
材料组……………… 5833799
复印室……………… 5835089
管理室
支部书记…………… 5833798
主任………………… 5835482
副主任……………… 5835145
调度………………… 5835442
…………………… 5836825
油水井组长………… 5836540
油水井组…………… 5836277
钻井监督…………… 5835456
作业组……………… 5833454
地质室
书记………………… 5835178
主任………………… 5836533
副主任……………… 5835176
动态室
书记………………… 5841301
主任………………… 5836669
副主任……………… 5835080
责任工程师………… 5836320
综合组……………… 5836974
一组………………… 5836664
计算机室
书记………………… 5841342
主任………………… 5835993
副主任……………… 5841335
机房………………… 5836682
开发室
书记………………… 5835954
主任………………… 5835981
副主任……………… 5841319
开发规划组………… 5837556
数模组……………… 5833868
攻关队
队长………………… 5834891
三采室
书记………………… 5831469
主任………………… 5836640
副主任……………… 5837560
责任工程师………… 5836687
北中块……………… 5835182

基建工程管理中心

地址：大庆市庆新北街
邮编：163158

主任………………… 5834544
…………………… 5836452
书记………………… 5837882
副主任……………… 5838705
…………………… 5838813
综合办公室………… 5838810
…………………… 5839563
…………………… 5835825
合同………………… 5833652
安全人事…………… 5843882
后勤………………… 5835620
预算………………… 5839275
…………………… 5835293
…………………… 5839279
…………………… 5836070
…………………… 5843881
…………………… 5843879
…………………… 5835685
…………………… 5835826
质量监督…………… 5843873
…………………… 5838827
…………………… 5843874
…………………… 5836377
…………………… 5843871
土地管理…………… 5843899
…………………… 5838903
项目经理…………… 5843875
…………………… 5833529
…………………… 5843878
…………………… 5843876
…………………… 5835748
…………………… 5836464
…………………… 5843877
司机………………… 5838625
值班室……………… 5843872

信息中心

地址：大庆市北三东路
邮编：163114

主任………………… 5835330
书记………………… 5839978
副主任……………… 5836494
…………………… 5835195
…………………… 5839758
…………………… 5834304
财务………………… 5834527
工会………………… 5835202
信息室……………… 5831542
软件室……………… 5835197
网络室……………… 5831541
机房………………… 5831540
司机班……………… 5835977
治安………………… 5833072
门卫值班…………… 5831543
档案室
主任………………… 5836585
文书档案库………… 5833248
设备档案库………… 5835384
油田开发档案库…… 5835364
工人档案库………… 5835969
管理室
主任………………… 5836288
维修站
站长………………… 5838403
办公室……………… 5833226

规划设计研究所

地址：大庆市北三东路
邮编：163114

书记………………… 5836418
所长………………… 5836969
副所长……………… 5833722
…………………… 5839188
…………………… 5838992
综合办……………… 5835525
财务………………… 5831257
调度………………… 5836867
设计室
主任………………… 5841207
书记………………… 5838991
给排水组…………… 5833797
油气集输组、暖通组
…………………… 5836645
电力仪表组………… 5835940
土建组……………… 5833727
规划室
书记………………… 5835515
主任………………… 5835915
副主任……………… 5837969
责工………………… 5836881
油气规划组………… 5835942
油田水处理组……… 5836782
重大项目组………… 5835941
矿区规划组………… 5835942
经济评价室
书记………………… 5835215
副主任……………… 5835236
经济评价组………… 5835315
地面工程管理室
书记………………… 5835506
主任………………… 5836090
资料组……………… 5836267
管理组……………… 5835846
腐蚀防护组………… 5836371
图书室……………… 5835055
节能测试评价室
书记………………… 5836196
主任………………… 5835233
责工………………… 5838268
节能测试评价一组 … 5833117
节能测试评价二组 … 5836883

工程技术大队

地址：大庆市北三东路
邮编：163114

书记………………… 5839598
大队长……………… 5837369
副大队长…………… 5836420
…………………… 5836333
…………………… 5838379
主任工程师………… 5836300
综合办……………… 5835141
财务………………… 5835953
工会………………… 5836374
纪检………………… 5836705
安全………………… 5835922
材料………………… 5837524
调度………………… 5836691
司机班……………… 5835226
机采室
主任………………… 5836301
副主任……………… 5836889
动态一组…………… 5836162
动态二组…………… 5836918
技术组……………… 5830318
工艺室
书记………………… 5837935
主任………………… 5834404
大修………………… 5836864
…………………… 5836237
压裂………………… 5836549
信息室
主任………………… 5835836
副主任……………… 5835435
管理………………… 5836527
绘解………………… 5835227
综合室
主任………………… 5834030
副主任……………… 5835541
完井组……………… 5837134
钻井组……………… 5838759
仪表室
主任………………… 5836643
副主任……………… 5838586
维护组……………… 5836797
技术组……………… 5836691
标定2组…………… 5838830
标定3组…………… 5831493
综合组……………… 5836798

电力维修大队

地址：大庆市庆新北街
邮编：163158

大队书记…………… 5835650
大队长……………… 5835651
副大队长…………… 5836230
…………………… 5837678
工程师……………… 5835340
技术组……………… 5831770
人事、机关书记…… 5831771
政工组……………… 5836739
人保………………… 5833247
财务组……………… 5835443
安全………………… 5835990
生产办主任………… 5835160

生产综合、团委…… 5835652
后勤干事………… 5835906
打字室………… 5837289
调度组长………… 5836566
运行综合调度…… 5835253
………… 5836564
材料库………… 5833140
计量收费………… 5836173
大队后勤………… 5835906
食堂………… 5835966
线路检修一队…… 5835057
线路检修二队…… 5835460
变检队………… 5835461

机修大队

地址：大庆市庆华街
邮编：163157

大队长………… 5840005
书记………… 5836018
生产副大队长…… 5835209
后勤副大队长…… 5835320
责任工程师…… 5835886
后勤………… 5838267
生产办主任…… 5838367
安全………… 5834739
调度………… 5835699
………… 5835830
技术室主任…… 5838894
技术室………… 5835768
财务………… 5838889
经营办………… 5836103
复印室………… 5836365
综合办………… 5835149
材料组………… 5836455
铆焊车间………… 5835711
泵修车间………… 5835888
加工车间………… 5836075
铸造车间………… 5833148
内燃车间………… 5836291
电修车间………… 5835221
综合车间………… 5836034
抽修车间………… 5835077
机械工程队…… 5834145
食堂………… 5836592
燃烧器检测基地…… 5835721
门卫………… 5836398
值班室………… 5836357

生产准备大队

地址：大庆市庆新北街
邮编：163158

书记………… 5835291
大队长………… 5838791
生产副大队长…… 5836492
文化副大队长…… 5835325
后勤副大队长…… 5836125
设备、保卫…… 5836433
生产办………… 5835140
后勤办………… 5836900
经营办………… 5835046
宣传………… 5835200
财务………… 5836442
………… 5838877
工会………… 5836445
房产………… 5836915
机关值班室…… 5836044
水厂
厂长………… 5835520
综合室………… 5836215
财务………… 5836434
招待所
所长………… 5836019
副所长………… 5831466
保管………… 5831462
财务………… 5836234
小灶食堂………… 5836366
总台………… 5836363
总台总机………… 5831460
………… 5831499
餐厅吧台………… 5835333
………… 5838178
音乐厅………… 5836110
贵宾厅………… 5838880
中式厅………… 5838876
餐厅二楼………… 5835770
二楼客房部…… 5831477
机关食堂
管理员………… 5836051
吧台………… 5835684
园林队
队长………… 5835359
副队长………… 5835963
劳务市场………… 5835618
服务队
队长………… 5836749
报刊发行………… 5835678
公寓………… 5838729
办公室………… 5836466
档案室………… 5835814
文化站
站长………… 5835660
音响室………… 5838518
俱乐部………… 5835813
俱乐部值班室…… 5836184
图书馆馆长…… 5838883
阅览室、采编…… 5836475
体育馆书记…… 5834218
体育馆消防泵房…… 5836376
值班室………… 5838717
小车队
队长………… 5836027
书记………… 5836248
副队长………… 5836362
安全………… 5833008
调度………… 5835099
………… 5835472
游艺室………… 5838972
车库进出口…… 5835645
客车队
队部………… 5836878
维修队
队长………… 5836752
材料库………… 5836690
资产库………… 5834986
………… 5835833
垃圾场………… 5836838
音乐广场………… 5839101

经济保卫大队

地址：大庆市北三西路
邮编：163114

大队长………… 5835282
大队书记………… 5835819
副大队长………… 5835560
………… 5835938
………… 5834555
………… 5836315
机关书记、后勤主任 5835783
武装营部………… 5836572
保卫一队………… 5836718
保卫二队………… 5835873
………… 5835497
保卫三队………… 5836789
保卫四队………… 5835891
………… 5835468
大队值班室、报警电话
………… 5835818
………… 5835759

第七采油厂

地址：大庆市庆葡大街
邮编：163517

领导

厂长………… 4497677
书记………… 4496877
副书记………… 4491005
副厂长………… 4495777
………… 4491097
………… 4492977
纪检委书记…… 4491011
计检………… 4496266
总地质师………… 4491020
副总地质师…… 4491019
总工程师………… 4491013
………… 4491015
总会计师………… 4491018
………… 4499877
总经济师………… 4491068
巡视员………… 4491003
调研员………… 4491002
厂长助理………… 4491009
………… 4491108
………… 4491010
………… 4498588
………… 4495866

综合办

主任………… 4499943
副主任………… 4495768
值班室………… 4498585
………… 4495858
秘书………… 4498509
信访………… 4495885
机要室………… 4495467
打字室………… 4498372
通信员………… 4494632
收发室………… 4498587
机关党委………… 4497424
机关党委、后勤…… 4498595
计量科………… 4494950
计划生育办…… 4499139
供排水………… 4490878
办公室………… 4491500

宣传部

电视转播台
台长………… 4495366
总编室………… 4494160
编辑室………… 4499952
收费处………… 4492129
………… 4492131
机房………… 4498818
外线班………… 4499954

油田管理部

主任………… 4497113
副主任………… 4497112
………… 4498565
………… 4498623
………… 4494950
工程师………… 4498908
注水岗………… 4498600
采油岗………… 4499221
作业………… 4498995
抽油机库………… 4498166

生产运行部

主任………… 4498612
副主任………… 4498682
………… 4499821
………… 4498517
综合科员………… 4499682
综合调度………… 4498416
………… 4499616
………… 4498415

综合……4499055
干部值班室……4499261
电网……4498175
抄表室……4494183
三电组……4498327
门卫室……4498098
质量安全环保部
主任……4498775
副主任……4498536
……4498551
……4499771
……4497300
交通……4498667
环保……4494385
环保站……4495350
……4495370
QHSE 办公室……4498680
监测站……4494309
计划规划部
主任……4498567
副主任……4492466
责任工程师……4499098
基建计划……4499128
统计……4499276
房产……4498309
……4490467
办公室……4498316
财务资产部
主任……4490666
副主任……4498765
……4490788
……4498583
资产管理……4498554
设备装备……4499341
总账……4498301
成本……4498566
审核……4498173
资产库……4499941
税务……4495258
企管法规部
主任……4499306
副主任……4498504
……4496768
综合……4490630
内控……4495538
合同法规……4497401
价格……4495673
技术发展部
主任……4498604
副主任……4495665
科技节能……4498622
人事部
主任……4492700
副主任……4494381
……4499845
……4496446
综合……4498590
工资……4498606
专业技术干部……4498779
……4498980
干部档案室……4498529
培训站……4494968
……4494969
……4498349
值班室……4498796
审计监察部
副主任……4498076
……4494631
……4497501
信访举报……4498357
……4498556
审计……4498547
物资管理部
站长……4492037
主任……4495461
……4490176
书记……4490172
副主任……4490177
副站长……4498568
……4499567
机关……4495462
财务……4499498
基建室……4499215
……4498404
微机指教……4495468
生产维修业务室……4499038
修旧利废……4497126
仓库……4492950
大宗料厂……4499724
大库门卫……4498055
工会、团委
副主席……4495708
……4495151
书记……4499178
财务……4497954
生活……4498592
团委干事……4490247
综合……4498856
机关食堂……4490041
基建工程管理中心
主任……4492405
……4497355
书记……4492988
副主任……4492406
……4495799
……4497337
……4495628
……4496481
……4495889
机关……4490631
……4499832
调度……4495672
工程师……4497208
责任工程师……4498869
责任经济师……4498505
预算科……4498676
……4499102
预算室……4490613
综合办……4499831
基建办……4496354
……4495281
基建科……4495670
……4496286
基建岗……4499126
矿建办……4490717
……4498638
……4498851
……4498050
土地管理办……4498857
……4490623
质检……4490621
……4498354
……4499376
信息中心
地址：太葡路
邮编：163517
主任……4497101
书记……4498342
副主任……4498500
……4498186
综合办……4498861
门卫……4498626
财务……4496711
档案室
主任……4498573
……4497503
安全办……4498863
应用室……4495172
……4498235
软件室
主任……4498862
副主任……4495171
系统室……4495170
……4498903
主机楼办公室……4492146
办公室……4498157
……4492145
第一油矿
地址：大庆市庆葡南街
邮编：163517
矿长……4499526
书记……4499890
副矿长……4499438
……4499272
……4499885
工会主席……4499961
工程师……4498411
矿长助理……4492412
地质师……4499619
材料组……4495493
综合办
主任……4499274
工会……4490257
经营……4498031
财务……4499653
后勤……4498260
生产办
主任……4498253
调度长……4498187
调度……4498120
……4498261
办公室……4498230
地质队
队部……4498412
化验室……4492559
计算机室……4498295
测试管理……4492411
综合维修队
队部……4498059
服务班……4498452
测试队……4498479
保卫队……4499963
车队……4498211
职工食堂……4499856
701 队
队部……4498271
1 号中转站……4498097
702 队
队部……4498027
2 号中转站……4498228
706 队
队部……4498255
6 号中转站……4498252
排涝站……4498094
707 队
队部……4498471
7 号中转站……4498202
708 队
队部……4498474
8 号中转站……4498210
葡一联合站
队部……4498441
……4498065
污水……4498285
新污水……4495544
供水……4498061
化验……4498212

注水…………………… 4498200
电岗…………………… 4498311
锅炉…………………… 4498060
一段脱水……………… 4498095
二段脱水……………… 4498077
外输计量……………… 4494454
分队计量……………… 4497323
综合班………………… 4499501
收油点………………… 4497461
门卫…………………… 4498203
葡1－1注水站 …… 4495442
葡1－1值班室 …… 4495447

第二油矿

地址：大庆市庆葡北街

邮编：163517

矿长…………………… 4495111
……………………… 4491021
书记…………………… 4491022
副矿长………………… 4498937
……………………… 4499048
……………………… 4499081
工会主席……………… 4497399
工程师………………… 4498927
地质师………………… 4498756
机关书记……………… 4498755
矿长助理……………… 4498644
综合办
主任…………………… 4492418
副主任………………… 4498037
资产档案……………… 4499226
人事员………………… 4499162
房产员………………… 4499326
财务…………………… 4494838
材料组………………… 4498293
后勤…………………… 4498046
生产办
主任…………………… 4499956
副主任………………… 4498049
……………………… 4498079
调度长………………… 4499229
调度…………………… 4498795
……………………… 4498457
地质队
队部…………………… 4498217
机房…………………… 4497896
……………………… 4498442
测试队………………… 4498472
综合维修队
队部…………………… 4498083
工房…………………… 4498227
电修工房……………… 4497122
汽修工房……………… 4494141
经警队………………… 4490324
车队…………………… 4498003
709队
队部…………………… 4498439
9号中转站 ………… 4498082
710队
队部…………………… 4498496
10号中转站 ……… 4419061
711队
队部…………………… 4498266
11号中转站 ……… 4419094
712队
队部…………………… 4498437
12号中转站 ……… 4419020
713队
队部…………………… 4498499
13号中转站 ……… 4419038
干部值班室…………… 4419073
计量…………………… 4419034
配电值班室…………… 4419084
714队
队部…………………… 4498204
14号中转站 ……… 4419079
葡北聚合物驱试验站
……………………… 4419069
CD站 ……………… 5329650
715队
队部…………………… 4498436
太南5号中转站…… 4411037
716队
队部…………………… 4498272
太南4号
中转站………………… 5329608
1号计量间 ………… 5329632
2号计量间 ………… 5329633
4号计量间 ………… 5329617
5号计量间 ………… 5329627
7号计量间 ………… 5329629
717队
队部…………………… 4498225
太南2号
中转站………………… 4411071
注水站………………… 4411044
测量岗………………… 4413472
1号计量间 ………… 4411034
2号计量间 ………… 4411036
3、5号计量间 …… 4411059
4号计量间 ………… 4411035
6号计量间 ………… 4411096
7号计量间 ………… 4411058
8号计量间 ………… 4411057
9号计量间 ………… 4411054
10号计量间 ……… 4411064
葡二联合站
队部…………………… 4498087
葡1－1电岗 ……… 4498390
装油点………………… 4494120
前线队部……………… 4419093
门卫…………………… 4419049
变电…………………… 4419056
水岗…………………… 4419047
油岗…………………… 4419070
增压…………………… 4419072
化验…………………… 4419077
净水厂………………… 4419083
脱水…………………… 4419078
污水…………………… 4419090
污水处理站…………… 4419030
2号处理站 ………… 4419048

第三油矿

地址：大庆市庆葡南街

邮编：163517

矿长…………………… 4499698
书记…………………… 4499358
副矿长………………… 4499652
……………………… 4499677
……………………… 4499889
……………………… 4492415
地质师………………… 4499478
工程师………………… 4499164
党办…………………… 4498414
矿长助理……………… 4497927
综合办
人事…………………… 4499439
财务…………………… 4497688
团委…………………… 4490326
材料组………………… 4498221
生产办
主任…………………… 4498440
副主任………………… 4495656
……………………… 4498276
调度长………………… 4499794
调度…………………… 4498461
……………………… 4499672
地质队………………… 4498243
……………………… 4498867
测试队………………… 4498428
综合维修队…………… 4490194
经警队………………… 4490344
……………………… 4499202
车队…………………… 4498222
值班室………………… 4496317
552采油队 ………… 4498161
敖21采油队 ……… 4498269
720队 ……………… 4498068
722队 ……………… 4498298
723队 ……………… 4498032
725队 ……………… 4498240
727队 ……………… 4498205
729队 ……………… 4498218
730队 ……………… 4498028
731队 ……………… 4497741
732队 ……………… 4497742
733队 ……………… 4498241
南六号中转站……… 4495056
四号供热站………… 4498088
葡三联合站
队部…………………… 4498224
……………………… 4495469
清水…………………… 4498078
油岗…………………… 4498421
电岗…………………… 4498312
注水…………………… 4498424
脱水…………………… 4498245
化验…………………… 4498425
加热…………………… 4498206
污水…………………… 4498051
热力…………………… 4496577
压气站………………… 4498258
门卫…………………… 4490768
葡四联合站
队部…………………… 4498074
油岗…………………… 4498096
注水…………………… 4495445
电岗…………………… 4494174
清水…………………… 4497076
污水…………………… 4490235
氢烃回收站…………… 4498256
前线…………………… 4499096
葡五联合站
电岗…………………… 4491579
注水站………………… 4491748
卸油点化验…………… 4491569
卸油点锅炉…………… 4491639
值班室………………… 4491567
转油站………………… 5329416

第四油矿

地址：大庆市肇源头台镇

邮编：163515

矿长…………………… 4413833
……………………… 4495876
书记…………………… 4413863
……………………… 4495896
副矿长………………… 4412155
……………………… 4412165
……………………… 4412708
……………………… 4413345
地质师………………… 4412716
综合办
办公室………………… 4414502
人事…………………… 4413871
财务室………………… 4498880
材料…………………… 4414451
计划生育办…………… 4412720

生产办
主任…………………… 4413322
副主任………………… 4413325
调度…………………… 4412152
………………………… 4412153
机动安全……………… 4412151
节能、安全办………… 4413310
地质队
微机室………………… 4412140
工艺测试队…………… 4413367
综合队
队部…………………… 4413877
加油站………………… 4411495
105 队………………… 4412767
212 队………………… 4413279
经警队………………… 4413374
茂 801 提捞采油小队
………………………… 5329946
361 区块
队长…………………… 5329401
书记…………………… 5329402
水岗…………………… 5329433
油岗…………………… 5329432
台肇联合站
队部…………………… 4413844
变电…………………… 4414483
水岗…………………… 4412740
化验…………………… 4413864
锅炉…………………… 4414504
卸油…………………… 4413376
输油…………………… 4413362
污水处理……………… 4411467
食堂…………………… 4413364

第五油矿

助理…………………… 4499188
生产办………………… 4490920
………………………… 4490922
………………………… 4490923
宣传工会……………… 4490937
后勤…………………… 4490928
技教办………………… 4497676
经警队………………… 4498838
736 队………………… 4490736

敖包塔作业区筹建组

地址：大庆市敖包塔作业区
邮编：163517
组长…………………… 4492799
书记…………………… 4498636
副组长………………… 4498383
………………………… 4498376
………………………… 4498353
主任…………………… 4495670
工会…………………… 4498776
人事部………………… 4496552
综合办………………… 4498370
生产办………………… 4498362
材料组………………… 4496551
调度…………………… 4498576
………………………… 4498571
财务…………………… 4498331
综合维修队…………… 4498365
地质工艺队…………… 4496557
………………………… 4496559
734 队………………… 4496867
敖包塔联合站
值班室………………… 4494505
………………………… 4494510
………………………… 4494706
………………………… 4494709
………………………… 4494712
………………………… 4494713
油岗…………………… 4494501
清水…………………… 4494715
脱水…………………… 4499583
污水…………………… 4494716
化验…………………… 4499597
经警队………………… 4494705
门卫…………………… 4499602
敖南作业区
调度…………………… 4490670
………………………… 4490671
地质队………………… 4490673
指挥间………………… 4499861
转油站………………… 4499872
变电所………………… 4499863
………………………… 4499864
敖二转油……………… 4490632
联合站
油岗…………………… 4498865
………………………… 4499862
发电…………………… 4490618
脱水…………………… 4498735
公寓值班室…………… 4490628
敖南四号中转站
油岗…………………… 4490585
水岗…………………… 4490589

作业大队

地址：大庆市庆葡南街
邮编：163517
大队长………………… 4499560
书记…………………… 4499282
副大队长……………… 4499727
………………………… 4499427
………………………… 4498213
………………………… 4496518
工会主席……………… 4495988
综合办
党办…………………… 4495482
经营…………………… 4498483
财务…………………… 4498470
材料…………………… 4495305
计划生育……………… 4495587
保卫干事……………… 4498754
生产办
主任…………………… 4496974
调度长………………… 4498279
调度…………………… 4498216
………………………… 4499720
机动…………………… 4498433
安全…………………… 4498248
技术办
主任…………………… 4498229
计算机室……………… 4498066
服务队
队部…………………… 4498458
现场…………………… 4492417
经警队………………… 4498250
游艺室………………… 4498196
食堂…………………… 4498403
公寓楼………………… 4498484
油管厂………………… 4492818
一联队………………… 4498270
二联队
队部…………………… 4498468
前线队部……………… 4412425
三联队………………… 4498042
四联队………………… 4498482
五联队………………… 4498408
六联队………………… 4498006
八联队………………… 4498249
九联队………………… 4498073
大修队………………… 4499363
准备一队……………… 4498480
准备二队……………… 4497237
作业机队……………… 4498264
特车队
队部…………………… 4498485
盐水站………………… 4498251
保养站………………… 4498366
工具车间
队部…………………… 4498233
泵厂…………………… 4498591

地质大队

地址：大庆市庆葡南街
邮编：163517
大队长………………… 4498835
书记…………………… 4499643
副大队长……………… 4495301
………………………… 4492719
………………………… 4498208
………………………… 4498207
………………………… 4498801
工会主席……………… 4498542
总地质师……………… 4495989
机关书记……………… 4492609
责任工程师…………… 4492705
综合办
党办…………………… 4495302
组织…………………… 4492728
经营…………………… 4492721
财务…………………… 4492735
后勤…………………… 4498236
材料…………………… 4498613
安全…………………… 4492723
管理室
主任…………………… 4492710
副主任………………… 4492715
调度…………………… 4498093
………………………… 4498119
油品室………………… 4494806
监测组………………… 4498413
钻井监督组…………… 4498199
公关队………………… 4498657
静态室
主任…………………… 4498047
副主任………………… 4498053
………………………… 4499217
动态室………………… 4498038
开发室
主任…………………… 4492730
副主任………………… 4492703
计算机室
主任…………………… 4498220
副主任………………… 4498075
化验室………………… 4498434
司机班………………… 4498494

工程技术大队

地址：大庆市庆葡南一路
邮编：163517
大队长………………… 4499577
书记…………………… 4499090
副大队长……………… 4495582
………………………… 4492409
………………………… 4490679
………………………… 4499933
………………………… 4498108
机关支部书记………… 4498448
调度…………………… 4498085
安全…………………… 4494353
材料…………………… 4498052
财务…………………… 4496394
共青团………………… 4490170
资料室………………… 4497847
工艺室
主任…………………… 4498294
工艺优化组…………… 4492410

机采室
主任…………………… 4498420
机采组………………… 4498912
作业…………………… 4498034
综合室
主任…………………… 4497462
监督室………………… 4492740
公关组………………… 4495103
安装办………………… 4497843
计算机室……………… 4495776
钻井完井组…………… 4498033
计量仪表室
主任…………………… 4498491
书记…………………… 4498277
仪表维修……………… 4490175
水流标定站…………… 4498435
油表检定站…………… 4496536
现场质量监督室…… 4494686

电力维修大队
地址：大庆市庆葡南街
邮编：163517
大队长………………… 4499367
书记…………………… 4499631
副大队长……………… 4498619
…………………… 4498629
…………………… 4495556
工会主席……………… 4494507
综合办
主任…………………… 4496260
党办…………………… 4498497
财务…………………… 4497633
…………………… 4498275
工会…………………… 4495586
生产办
主任…………………… 4496785
调度…………………… 4497443
…………………… 4497527
…………………… 4498089
…………………… 4498057
…………………… 4498268
门卫…………………… 4490752
站库计量……………… 4496270
线路管理……………… 4496474
…………………… 4499719
…………………… 4496427
综合队
队部…………………… 4498429
运营部………………… 4498321
食堂…………………… 4498464
电工一队……………… 4498460
电工二队……………… 4498296
电修队………………… 4495110
电网技术队…………… 4496927
运行队
队部…………………… 4498438
葡一联变电所……… 4498481
葡三联变电所……… 4498423
葡四联变电所……… 4498071
葡五联变电所……… 4491570
葡1－1变电所注水前线
变电…………………… 4495492
敖一联变电所……… 4498201
太南2号中转站变电 4411097
太南5号中转站变电 4411021

规划设计研究所
地址：大庆市太葡路
邮编：163517
所长…………………… 4499940
书记…………………… 4498135
副所长………………… 4498783
…………………… 4498620
…………………… 4496800
主任…………………… 4495559
副主任………………… 4490505
责任工程师…………… 4499886
…………………… 4498188
综合办
主任…………………… 4498303
调度…………………… 4499731
财务…………………… 4499395
人事…………………… 4496828
工会…………………… 4496778
设计室
主任…………………… 4498107
责任工程室…………… 4498194
经济室………………… 4498432
规划室
主任…………………… 4494946
副主任………………… 4494947
管理室………………… 4498564
勘测室………………… 4498112
地面工程管理室…… 4498172

经济保卫大队
地址：大庆市太葡路
邮编：163517
大队长………………… 4499001
书记…………………… 4497137
副大队长……………… 4498954
…………………… 4499601
…………………… 4498512
调度室………………… 4498930
…………………… 4490464
机动、安全…………… 4497109
稳定办………………… 4497105
综合科………………… 4490354
治安中队……………… 4499764
案件队………………… 4495455
武装部………………… 4498941
…………………… 4490382
食堂…………………… 4496005

生产准备大队
地址：大庆市庆葡大街
邮编：163517
大队长………………… 4498136
书记…………………… 4498535
副大队长……………… 4495448
…………………… 4499520
…………………… 4497818
…………………… 4499929
…………………… 4499987
主任…………………… 4498546
工会主席……………… 4498929
综合办
主任…………………… 4499211
值班室………………… 4498064
档案…………………… 4499966
工会…………………… 4498133
顾问…………………… 4498958
生产办
调度长………………… 4499181
调度…………………… 4498223
…………………… 4498392
安全…………………… 4497111
后勤办
主任…………………… 4497941
组织干事……………… 4499635
计划统计……………… 4497755
人事…………………… 4497277
财务…………………… 4497453
…………………… 4497711
材料组………………… 4497733
机动、资产…………… 4497722
经管员………………… 4497166
…………………… 4494651
服务队
队长…………………… 4497377
公寓…………………… 4498455
机关公寓……………… 4498506
机关食堂……………… 4498641
餐厅…………………… 4498757
恒温菜库……………… 4498646
保养站接待室……… 4494155
食品加工基地……… 4494796
职工洗浴中心……… 4497999
综合队
队长…………………… 4497598
副队长………………… 4498278
二车库………………… 4498770
门卫…………………… 4499362
供水队
队部…………………… 4498454
…………………… 4498080
太阳升水源井……… 4498417
维修队
队部…………………… 4497188
…………………… 4494640
管厂…………………… 4498690
养护队………………… 4499186
…………………… 4499852
小车队
一车队
值班室………………… 4499213
二车队
队长…………………… 4497511
书记…………………… 4496007
纯净水厂
副厂长………………… 4494741
中控室………………… 4494743
深水处理站…………… 4494770
文化站
俱乐部………………… 4498748
少年宫………………… 4498596
体育馆………………… 4498310
羽毛球馆……………… 4492912
…………………… 4499887
游泳馆………………… 4498572
…………………… 4498553
游泳馆水处理泵房 … 4499011
招待所
经理…………………… 4498911
…………………… 4497799
客房部经理…………… 4497966
总台…………………… 4497222
…………………… 4499999
四季厅吧台…………… 4497788
机房总机……………… 4497716
…………………… 4497717
…………………… 4497719
泵房…………………… 4497133
厨房…………………… 4497707

第八采油厂

地址：高十一路
邮编：163514
领导
厂长…………………… 4515001
书记…………………… 4515077
副厂长………………… 4514777
…………………… 4515098
…………………… 4515222
纪检书记……………… 4513333
工会主席……………… 4515666
总设计师……………… 4515018
总地质师……………… 4515026
总工程师……………… 4515020
总会计师……………… 4511868
调研员………………… 4511658

……………………… 4511699
……………………… 4511796
……………………… 4512366

综合办

主任……………… 4511292
副主任…………… 4513355
……………………… 4511376
……………………… 4511334
办公室…………… 4511872
文书……………… 4511099
公务员…………… 4511393
打字室…………… 4511626
收发室…………… 4513759
电话会议室……… 4514480

机关党委

书记……………… 4512858
办公室…………… 4511938
门厅……………… 4514180

稳定服务中心

主任……………… 4511459
办公室…………… 4511508

团委

书记……………… 4515277
办公室…………… 4511535

工会

副主席…………… 4511336
……………………… 4512875
办公室…………… 4511176
……………………… 4511290

审计监察部

主任……………… 4511928
副主任…………… 4511948
……………………… 4511256
检查监督员……… 4511262
效能监察巡视员… 4511947
效能监察办公室… 4511472
……………………… 4511547

人事部

主任……………… 4511216
副主任…………… 4511239
……………………… 4511414
……………………… 4512439
组织员…………… 4511454
办公室…………… 4511745
……………………… 4511639
……………………… 4511087

计划规划部

主任……………… 4511462
副主任…………… 4511501
……………………… 4515285
办公室…………… 4511356
……………………… 4511598

财务资产部

主任……………… 4512656
副主任…………… 4513254
……………………… 4512865
……………………… 4511338
办公室…………… 4512425
……………………… 4511457
……………………… 4513542
……………………… 4511590

基建工程管理部

主任……………… 4511997
副主任…………… 4511526
……………………… 4515368
办公室…………… 4511763
……………………… 4512471
……………………… 4512635
……………………… 4511398

企管法规部

主任……………… 4512779
副主任…………… 4511391
……………………… 4511730
……………………… 4511918
物价……………… 4515217
合同管理………… 4511710
办公室…………… 4514135

技术发展部

主任……………… 4511187
副主任…………… 4511633
办公室…………… 4512529

质量安全环保部

主任……………… 4515066
副主任…………… 4511339
……………………… 4511543
……………………… 4513690
办公室…………… 4512727
……………………… 4511255
……………………… 4511193

生产运行部

主任……………… 4511177
副主任…………… 4513738
……………………… 4511278
……………………… 4512583
调度……………… 4514761
……………………… 4514060
办公室…………… 4512011
……………………… 4514509
……………………… 4511509

油田管理部

主任……………… 4511389
副主任…………… 4511343
……………………… 4514380
……………………… 4511530
……………………… 4515698
注水……………… 4511772
综合……………… 4511411
作业……………… 4511956
输油……………… 4513754

规划设计研究所

地址：大庆市高十一路
邮编：163514

所长……………… 4515811
书记……………… 4513320
副所长…………… 4512343
……………………… 4512621
……………………… 4513099
……………………… 4513395
……………………… 4512621
工会干事………… 4513734

总体规划室

主任……………… 4515720
副主任…………… 4514027
……………………… 4512723
……………………… 4514027
……………………… 4514446

工艺设计室

主任……………… 4514283
副主任…………… 4512442
……………………… 4514182
……………………… 4511196

地面工程管理室

主任……………… 4515238
水质、注水管理… 4512665
数据库管理……… 4513734
建筑设计室……… 4514193
概算室…………… 4514470

综合办

主任……………… 4514483
工会干事………… 4513734
会计、出纳……… 4512192
档案、机动安全… 4512973
司机班…………… 4514279

信息中心

地址：大庆市高十一路
邮编：163514

主任……………… 4512009
书记……………… 4515597
副主任…………… 4513709
……………………… 4513409
……………………… 4511497
综合办主任……… 4512543
办公室…………… 4511162

软件室

主任……………… 4514409
办公室…………… 4512541

硬件室

主任……………… 4512540
网络管理………… 4514472
硬件维修………… 4514438

档案室

主任……………… 4514015
办公室…………… 4512457
调度室…………… 4511644

经保大队

地址：大庆市萨大路
邮编：163514

大队长…………… 4515010
书记……………… 4512631
副大队长………… 4511619
……………………… 4513392
……………………… 4512659

综合办

主任……………… 4512482
干事……………… 4511514
内勤……………… 4513465
武装部…………… 4512643

案件队

队长……………… 4512535
副队长…………… 4511227
干事……………… 4513751

防范队

队长……………… 4512047
干事……………… 4512932
机动安全………… 4511319
值班室…………… 4512342
门卫……………… 4513870

基建工程管理中心

地址：大庆市高十一路
邮编：163514

主任……………… 4512528
书记……………… 4513329
副主任…………… 4513491
……………………… 4511160
……………………… 4513261
……………………… 4511313
调度室…………… 4511625

工程室

主任……………… 4515326
项目经理………… 4515322
……………………… 4511305

质量监督室

主任……………… 4513322
监督员…………… 4511642
土地室主任……… 4511483
投资室主任……… 4511460
预算员…………… 4515325
综合室主任……… 4515328
人事、经营……… 4511322
机动安全………… 4515321
门卫……………… 4515327

生产准备大队

地址：大庆市高十一路
邮编：163514

大队长…………… 4512521
书记……………… 4513223
副大队长………… 4512199
……………………… 4511669

…………4512286
综合办
主任…………4512276
人事…………4513744
财务…………4513703
工会…………4511302
保管员…………4512424
女工干事…………4512385
生产办
主任…………4515041
机动安全…………4511525
经营办主任…………4512295
培训部
主任…………4515259
办公室…………4512704
准备一队（小车队）
队长…………4513331
书记…………4511641
副队长…………4512524
调度…………4512326
…………4512371
办事员…………4514477
工程车库…………4511101
一区多层车库…………4514510
…………4514530
六区多层车库…………4511947
准备二队（公园）
队长…………4512761
副队长…………4515702
门卫…………4515701
准备三队（活动中心）
队长…………4513258
副队长…………4512166
…………4513671
舞台灯光…………4513841
英语沙龙…………4513917
四季厅服务台…………4513344
音响室…………4512098
舞厅…………4512708
美工…………4513283
公园
队长…………4512761
书记…………4515702
值班室…………4515701

地质大队

地址：大庆市高十一路
邮编：163514
大队长…………4512756
书记…………4512518
副大队长…………4512336
…………4512453
…………4511422
…………4511902
…………4514175
开发地质主任师…………4512099
信息工程主任师…………4514753
机关
主任…………4514096
办公室…………4514084
财务…………4514783
开发室
主任…………4511402
副主任…………4513474
办公室…………4514702
动态室
主任…………4512325
副主任…………4514408
动一组…………4514029
动二组…………4511079
动三组…………4514065
动四组…………4514104
地质室
主任…………4514769
副主任…………4514427
钻井组…………4512560
绘解组…………4514779
管理室
主任…………4514117
副主任…………4514148
地下调度…………4513547
计算机室
主任…………4515037
副主任…………4513851
气田室主任…………4514702
动态室主任…………4514175
化验室
副主任…………4515410
…………4513410
…………4511060
司机班…………4514185

工程技术大队

地址：大庆市高十一路
邮编：163514
大队长…………4512311
书记…………4513789
副大队长…………4512493
…………4511033
…………4514476
…………4514210
主任师…………4515355
机关办
调度…………4514419
财务…………4514113
人事…………4513750
工会、宣传…………4511054
机动安全…………4513091
政工…………4514022
工艺室
主任…………4514081
副主任…………4514721
科研办…………4514169
现场试验办…………4511051
油水井措施…………4511037
机采室
主任…………4514066
副主任…………4514746
压裂组…………4511404
管理1组…………4514402
管理2组…………4513145
综合组…………4514055
大修…………4514791
作业管理…………4511031
措施管理…………4511039
仪表室
主任…………4514416
副主任…………4511032
办公室…………4511081
…………4511035
综合室
主任…………4514070
方案设计…………4514404
计算机室…………4514765
综合、档案…………4511275
钻井完井室
主任…………4511279
钻井综合组…………4511283
射孔监督…………4511259
钻井监督…………4511036
司机班…………4514712
油管场地…………4511401
油管场地门卫…………4514780

电力大队

地址：大庆市萨大路
邮编：163514
大队长…………4511390
书记…………4512915
副大队长…………4512413
…………4514932
…………4512578
…………4513575
巡视员…………4513710
综合办
主任…………4514030
办公室…………4514456
生产组长…………4514489
电力调度…………4512452
…………4514454
机动安全…………4512361
工业安全…………4512416
经营办
财务…………4514061
人事…………4514414
技术组
组长…………4514487
办公室…………4514187
保管员…………4514756
综合队
后勤…………4513574
车队…………4514411
经保…………4514240
变检队…………4511073
线路一队…………4514440
线路二队…………4511749
运行队
队部…………4514151
升平变电所…………4514741
…………4514090
永三联变电所…………4514793
…………4514059
宋一联变电所…………4514771
…………4511097
宋二联变电所…………4514784

作业大队

地址：大庆市萨大路西
邮编：163514
大队长…………4512173
书记…………4512182
副大队长…………4512205
…………4512213
…………4512589
…………4512954
…………4515502
综合办
主任…………4514475
工会…………4511044
组织员…………4514429
保卫…………4514154
生产办
主任…………4512510
副主任…………4515594
调度…………4514093
…………4512225
安全…………4512660
机动组…………4514153
经营办
主任…………4514121
经营组…………4511069
…………4514423
人事…………4514025
工会…………4511044
地质…………4514115
保卫…………4514154
保障队
队长…………4514133
书记…………4514755
材料组…………4511787

检查站…… 4511055
门卫…… 4514494
食堂…… 4512496
浴池…… 4513107
维修队
队长…… 4514455
书记…… 4514424
修保队
队长…… 4514105
车间…… 4514021
井下工艺队
队长…… 4514463
副队长…… 4514418
检泵车间…… 4514173
派克间…… 4514753
计算机室…… 4514407
作业一队…… 4511050
作业二队…… 4514710
作业三队…… 4514762
试井一队…… 4514437
试井二队…… 4514415

器材供应站
地址：大庆市八一街
邮编：163514
站长…… 4515000
副站长…… 4511209
基建计划
一矿…… 4512056
二矿…… 4511419
三矿…… 4513079
四矿…… 4511831
综合办
主任…… 4511792
副主任…… 4512965
调度…… 4511793
财务组…… 4511309
人事…… 4512584
生产维修计划…… 4512970
机动安全…… 4511769
调拨室…… 4514492
电料库…… 4512044
化工库…… 4511703
汽配库…… 4512256
门卫…… 4511059

第一油矿
地址：大庆市大青山乡宋芳屯
邮编：163514
矿长…… 4512622
书记…… 4512639
副矿长…… 4512532
…… 4512694
…… 4514458
工会主席…… 4515479
工程师…… 4512833
地质师…… 4512884
综合办
主任…… 4514413
工会…… 4514450
生产办
主任…… 4514467
调度…… 4512863
…… 4514743
机动…… 4514843
输油管理…… 4514703
安全员…… 4514700
经营办
主任…… 4514841
技教…… 4512401
财务…… 4514704
人事员…… 4515712
生产保障队
队部…… 4511091
材料组…… 4514984
生产维修…… 4514491
锅炉房…… 4514750
加油站…… 4514150
食堂…… 4514718
地质队
队长…… 4514834
计量…… 4514464
机房…… 4512896
经警队…… 4514934
101 队…… 4514730
105 队
队部…… 4514498
油岗…… 4514495
109 队
队长…… 4514603
书记…… 4514493
队部…… 4514479
油岗…… 4514481
宋一联合站
公寓…… 4514798
值班室…… 4514098
油岗…… 4514108
脱水…… 4514028
污水…… 4514038
锅炉…… 4514158
注水…… 4514799
化验室…… 4514188
卸油点…… 4514058

第二油矿
地址：大庆市安达市升平镇
邮编：163514
矿长…… 4512130
书记…… 4512768
副矿长…… 4512066
…… 4511544
…… 4511840
矿长助理…… 4514355
工程师…… 4514237
地质师…… 4514243
工会主席…… 4514102
综合办
主任…… 4514242
团委、工会…… 4514732
生产办
主任…… 4514203
土地、电力…… 4514751
安全监察室…… 4514770
调度…… 4511447
…… 4514194
机采、注水…… 4514706
安全、综合…… 4514205
材料组…… 4514247
经营办
主任…… 4514496
财务…… 4514350
人事…… 4514781
生产保障队
队部…… 4514604
食堂…… 4514230
锅炉点…… 4514715
地质队
工程…… 4514103
动态…… 4511062
201 队
队长…… 4515341
书记…… 4515275
资料室…… 4515292
油岗…… 4515265
水岗…… 4515276
203 队…… 4514146
206 队
书记…… 4515350
副队长…… 4515331
资料室…… 4515391
油岗…… 4515362
升一联合站
队部…… 4514080
油岗…… 4514720
水岗…… 4514082
卸油点…… 4512710

大庆模范屯油田有限公司
地址：大庆市双龙山乡模范屯
邮编：163514
矿长…… 4513680
党委书记…… 4511098
生产矿长…… 4514469
安全矿长…… 4513717
生活矿长…… 4513810
工会主席…… 4513836
工程师…… 4513280
地质师…… 4513948
党办
主任…… 4514499
生产办
主任…… 4514428
调度…… 4513323
材料组…… 4511034
经营办
主任…… 4514106
财务…… 4514717
保障队
财务…… 4514708
维修班…… 4514726
车队…… 4514782
食堂…… 4514462
地质队
动态…… 4514199
档案员…… 4514775
计算机…… 4514461
306 队
队部…… 4514478
宋二联合站
队部…… 4514701
油岗…… 4514785
污水岗…… 4514139
化验…… 4514130
宋二联一段…… 4514122

第四油矿
地址：大庆市肇州县永乐镇
邮编：163514
矿长…… 4514308
书记…… 4514328
副矿长…… 4514376
…… 4514348
…… 4514849
工程师…… 4514320
地质师…… 4514326
工会主席…… 4514789
党办主任…… 4514421
综合办主任…… 4514421
生产办
主任…… 4514330
调度…… 4514141
…… 4514390
安全员…… 4514317
综合调度、机采…… 4514356
注水管理…… 4514794
工业安全…… 4514778
经营办
主任…… 4514136
会计…… 4514316
材料组
办公室…… 4514707
库房…… 4514459

生产保障队
队部…………………… 4514354
维修班…………………… 4514795
食堂…………………… 4514123
地质队
队部…………………… 4514748
机房…………………… 4514453
作业…………………… 4515401
经警队…………………… 4514544
403 队
队部…………………… 4514374
永三中转站油岗…… 4514716
永一联合站
队部…………………… 4514394
资料室…………………… 4514738
油岗…………………… 4514754
水岗…………………… 4511043

第九采油厂

地址：大庆市元丰路
邮编：163853
领导
厂长…………………… 4699009
书记…………………… 4690966
副厂长…………………… 4695001
纪委书记…………………… 4696008
工会主席…………………… 4695677
副厂长…………………… 4699003
…………………… 4695996
…………………… 4697997
总地质师…………………… 4695889
总工程师…………………… 4695800
总会计师…………………… 4690077
厂长助理…………………… 4695200
…………………… 4695997
…………………… 4699329
…………………… 4690000
巡视员…………………… 4698066
综合办公室
主任…………………… 4698381
…………………… 4698443
副主任…………………… 4698603
宣传…………………… 4697704
…………………… 4697537
机要秘书…………………… 4698776
企业文化…………………… 4698631
秘书…………………… 4698306
公务员…………………… 4698602
…………………… 4697692
打字室…………………… 4698224
稳定协调服务中心 … 4698972
收发室…………………… 4698305
门卫…………………… 4696363
有线电视台
台长…………………… 4698991
记者…………………… 4696419
编辑播音…………………… 4697295
维修…………………… 4697828
生产运行部
主任…………………… 4695333
副主任…………………… 4698657
…………………… 4699260
综合办…………………… 4698993
生产办…………………… 4697079
值班室…………………… 4698292
通信…………………… 4698288
抽油设备…………………… 4698634
活动设备…………………… 4697496
车辆调派…………………… 4698126
泵类设备…………………… 4697140
综合调度…………………… 4697476
…………………… 4698913
…………………… 4698912
…………………… 4697475
电力调度…………………… 4696273
…………………… 4697400
油田管理部
主任…………………… 4698149
副主任…………………… 4695509
…………………… 4698139
…………………… 4698620
…………………… 4698362
办公室…………………… 4696175
综合…………………… 4690074
作业…………………… 4698882
注水…………………… 4698621
计量…………………… 4698526
天然气…………………… 4697575
油水井站…………………… 4698301
技术发展部
主任…………………… 4698429
节能…………………… 4698093
科技…………………… 4698095
基建工程管理部
主任…………………… 4697151
施工招标…………………… 4695508
工程招标…………………… 4690274
稳定办
综合…………………… 4698972
办事员…………………… 4698466
质量安全环保部
副主任…………………… 4698728
…………………… 4698800
综合…………………… 4698364
新肇交流…………………… 4696201
工业安全…………………… 4690420
环保…………………… 4698318
交通安全…………………… 4698092
特种设备…………………… 4698937
人事部
主任…………………… 4699329
副主任…………………… 4699033
…………………… 4698904
技术人员…………………… 4698300
管理…………………… 4698252
工资…………………… 4698643
劳动组织…………………… 4698605
人才交流…………………… 4698321
工人档案…………………… 4697157
干部档案…………………… 4698145
员工培训…………………… 4699207
定员定额…………………… 4695966
审计监察部
主任…………………… 4698494
监察部副主任………… 4699753
纪检监察部主任…… 4698703
信访副主任…………………… 4698702
审计副主任…………………… 4698076
审计…………………… 4698652
效能监察…………………… 4699591
综合…………………… 4698147
计划规划部
主任…………………… 4698964
副主任…………………… 4697146
基建计划…………………… 4690143
生产计划…………………… 4698146
规划室…………………… 4698213
账务部…………………… 4695215
财务资产部
主任…………………… 4696117
副主任…………………… 4695308
…………………… 4697248
…………………… 4698284
成本核算…………………… 4698420
资产管理…………………… 4690539
资产会计…………………… 4698059
出纳…………………… 4698651
档案室…………………… 4698550
机房…………………… 4699443
企管法规部
主任…………………… 4690199
副主任…………………… 4698094
…………………… 4697603
价格审核…………………… 4695263
内控管理…………………… 4690066
经营管理…………………… 4699494
合资合作…………………… 4698742
合同管理…………………… 4699718
工会团委
副主席…………………… 4698752
…………………… 4695799
综合…………………… 4698705
工会文体…………………… 4698775
工会会计…………………… 4695193
大庆杜尔伯特龙虎泡油田有限责任公司
地址：大庆市元丰路
邮编：163853
经营部
主任…………………… 4698466
书记…………………… 4690452
监事…………………… 4695853
财务部
主任…………………… 4695166
财务主管…………………… 4697257
财务部…………………… 4697453
龙虎泡采油作业区
地址：大庆市红岗区龙虎泡
邮编：163853
队长…………………… 4690018
调度…………………… 4695453
…………………… 4695452
科技标准…………………… 4695455
采油一队
队长…………………… 4696495
书记…………………… 4696497
资料室…………………… 4695464
采油二队
书记…………………… 4695454
资料室…………………… 4695457
采油三队
队长…………………… 4699425
书记…………………… 4695485
资料室…………………… 4695411
…………………… 4699426
技术员…………………… 4695412
输油…………………… 4695483
水岗…………………… 4695481
采油四队
队长…………………… 4699452
书记…………………… 4697484
资料室…………………… 4698925
技术队
动态…………………… 4695540
地调…………………… 4697405
龙一联合站
书记…………………… 4695620
…………………… 4697459
办事处…………………… 4691722
变电…………………… 4697488
电站…………………… 4690476
输油…………………… 4697478
消防…………………… 4695433
油岗…………………… 4695432
污水站…………………… 4699462
卸油点…………………… 4690415
注水…………………… 4697451

资料室…………………… 4697458
值班室…………………… 4697431
保障队
队长……………………… 4695484
书记……………………… 4695429
材料组…………………… 4695545
小食堂…………………… 4690464
龙四中转站……………… 4695427

敖古拉采油作业区
地址：大庆市红岗区敖古拉
邮编：163853
书记……………………… 4697360
大队长…………………… 4697284
副大队长………………… 4697278
…………………………… 4698077
工程师…………………… 4690477
地质师…………………… 4690499
综合办
主任……………………… 4690453
人事……………………… 4696472
工会女工………………… 4696469
生产运行………………… 4695627
油田管理………………… 4690457
科技安全………………… 4696471
调度……………………… 4697490
…………………………… 4697455
油田管理………………… 4690457
财务……………………… 4697481
…………………………… 4697452
敖古拉综合采油队
队部……………………… 4690485
资料室…………………… 4695459
…………………………… 4690417
电岗……………………… 4690425
…………………………… 4696474
收油……………………… 4698141
输油……………………… 4696467
注水……………………… 4696470
技术队
队长……………………… 4697031
副队长…………………… 4696475
地调……………………… 4696476
综合……………………… 4696477
生产保障队
队部……………………… 4697485
…………………………… 4690489
食堂……………………… 4690478
食堂办公室……………… 4696479
加油站…………………… 4695467
材料组…………………… 4697052

葡西作业区
地址：大庆市红岗区龙虎泡
邮编：163853
书记……………………… 4695111
大队长…………………… 4695965
副大队长………………… 4697936
…………………………… 4690426
…………………………… 4697708
会计……………………… 4695407
出纳……………………… 4695409
安全员…………………… 4697468
地质师…………………… 4699173
…………………………… 4699176
工程师…………………… 4697815
调度……………………… 4697428
…………………………… 4697427
…………………………… 4691699
人事……………………… 4696929
综合办…………………… 4697448
工会……………………… 4696672
房产……………………… 4695462
材料……………………… 4695463
加油站…………………… 4697036
食堂……………………… 4697492
地质调度………………… 4697465
地面管理………………… 4696406
动态管理………………… 4699507
地质综合………………… 4690172
动态……………………… 4697482
油水井…………………… 4699507
锅炉房…………………… 4695936
保障队
队长……………………… 4697444
…………………………… 4690458
谷二转油站……………… 5329376
…………………………… 5329232
采油三队
干线炉…………………… 5329379
值班室…………………… 5329069
采油五队
队长……………………… 4696018
书记……………………… 4695007
办事处…………………… 4696847
队部……………………… 4696465
…………………………… 4696034
杏西联
资料室…………………… 4695456
收油点…………………… 4697436
水岗……………………… 4690481
油岗……………………… 4697495
新站作业区
大队长…………………… 4492300
书记……………………… 4495800
副队长…………………… 4494900
…………………………… 4495500
党办主任………………… 4498649
主任工程师……………… 4492118
主任地质师……………… 4495311
综合办干事……………… 4498701
财务……………………… 4690443
人事……………………… 4695983
生产办
主任……………………… 4492500
副主任…………………… 4495800
调度……………………… 4494900
…………………………… 4495200
安全办…………………… 4498730
技术队…………………… 4498634
材料员…………………… 4498322
工艺队
队长……………………… 4498736
副队长…………………… 4498734
综合队
办公室…………………… 4498185
…………………………… 4498614
食堂……………………… 4498736
新一队
队长……………………… 4498864
资料室…………………… 4498246
新二队
队长……………………… 4498824
资料室…………………… 4498846
中转站…………………… 4498847
新三队
队长……………………… 4498940
资料室…………………… 4498904
中转站
站长……………………… 4498719
书记……………………… 4498729
资料室…………………… 4498510
电岗……………………… 4497363
…………………………… 4498323
…………………………… 4497363
油岗……………………… 4498215
发电……………………… 4498725
污水……………………… 4498072
注水……………………… 4498259
压气站…………………… 4498176
收油点…………………… 4498671
…………………………… 4498681

泰来作业区
地址：大庆市元丰路
邮编：163853
队长……………………… 4698398
副大队长………………… 4698107
综合办…………………… 4697516
财务……………………… 4696156
…………………………… 4698587
工程师…………………… 4698868
生产办…………………… 4697519
技术队…………………… 4696195

敖南作业区
地址：大庆市元丰路
邮编：163853
人事……………………… 4696191
会计主管………………… 4699809
会计……………………… 4699797

基建工程管理中心
地址：大庆市元丰路
邮编：163853
主任……………………… 4697151
书记……………………… 4698604
副主任…………………… 4698615
…………………………… 4695005
…………………………… 4695278
…………………………… 4697194
综合办主任……………… 4697191
调度……………………… 4699214
人事劳资………………… 4699438
计划……………………… 4690160
合同……………………… 4690492
基建调度………………… 4699448
统计……………………… 4697186
宣传……………………… 4695006
房产会计………………… 4697369
施工管理………………… 4695508
设备管理………………… 4697169
工艺项目经理…………… 4697227
合同管理………………… 4690274
预算……………………… 4699471
…………………………… 4697987
…………………………… 4695934
…………………………… 4698242
…………………………… 4697935
仪表室…………………… 4698630

信息中心
地址：大庆市元丰路
邮编：163853
主任……………………… 4697622
书记……………………… 4698134
副主任…………………… 4697336
办公室主任……………… 4690784
主任工程师……………… 4697553
综合管理………………… 4698460
工资管理………………… 4698459
声像档案信息…………… 4690419
管理……………………… 4690814
软件开发室……………… 4691043
系统室…………………… 4691038
档案室
主任……………………… 4698320
干部档案………………… 4698145

作业大队
地址：大庆市创业东路
邮编：163853
队长……………………… 4696660
书记……………………… 4698706
副队长…………………… 4698563
…………………………… 4696886

……………… 4695476
葡西交流……………… 4697469
生产办公主任……… 4698073
综合办主任………… 4697460
安全………………… 4697463
财务………………… 4690480
调度………………… 4697358
……………………… 4697491
生产运行…………… 4695775
材料员……………… 4690402
节能………………… 4695078
宣传………………… 4697430
资产………………… 4690490
资料室……………… 4696005
浴池………………… 4699328
化验室……………… 4697457
保养站……………… 4690406
机动设备…………… 4690423
监测站……………… 4695048
保障队
队长………………… 4690469
书记………………… 4697464
副队长……………… 4690470
……………………… 4690427
井下技术服务队
队长………………… 4698858
书记………………… 4690440
副大队长…………… 4697401
综合………………… 4696917
技术员……………… 4697433
资料室……………… 4695477
作业一队…………… 4690466
作业二队…………… 4690465
作业三队…………… 4697456
作业四队…………… 4690479
作业五队…………… 4697337
作业六队…………… 4690435

规划设计所

地址：大庆市元丰路
邮编：163853

所长………………… 4697345
书记………………… 4697911
副所长……………… 4690547
……………………… 4690754
工会主席…………… 4698506
主任工程师………… 4690524
资料室……………… 4695499
地面管理室
主任………………… 4697912
副主任……………… 4695820
地面工程管理……… 4698694
……………………… 4697895
……………………… 4690374
综合组……………… 4695430
电气自动化室
主任………………… 4690472
自动化组…………… 4698319
……………………… 4695819
……………………… 4695897
电力组……………… 4697421
土建室
主任………………… 4697897
土建组……………… 4697910
道路组……………… 4697240
油气集输室
主任………………… 4695431
书记………………… 4696171
副主任……………… 4695820
概算组……………… 4690437
油气集输组………… 4695204
注水组……………… 4697896
总图………………… 4690471

工程技术大队

地址：大庆市元丰路
邮编：163853

队长………………… 4697914
书记………………… 4697359
副队长……………… 4698360
……………………… 4697121
……………………… 4697402
主任工程师………… 4699711
……………………… 4695557
财务………………… 4697424
人事………………… 4698377
综合办
主任………………… 4690407
副主任……………… 4697361
调度………………… 4690494
……………………… 4696418
计算机室…………… 4690468
工艺室
主任………………… 4690463
副主任……………… 4697416
井下工具组………… 4690418
工艺组……………… 4690496
管理室
主任………………… 4695635
副主任……………… 4697409
综合组……………… 4690454
机采室
副主任……………… 4695652
……………………… 4697081
机动组……………… 4697403
机采一组…………… 4690055
机采二组…………… 4695632
仪表室
主任………………… 4697420
仪表维修组………… 4695670
化学组……………… 4697477
方案规划
主任………………… 4697101
副主任……………… 4695657
综合规划…………… 4697443

地质大队

地址：大庆市元丰路
邮编：163853

队长………………… 4697352
书记………………… 4696298
地质副大队长……… 4697412
静态副大队长……… 4697786
管理副大队长……… 4698066
开发副大队长……… 4697534
安全………………… 4698499
材料………………… 4697442
财务………………… 4696537
……………………… 4697446
调度………………… 4697426
……………………… 4697265
综合办……………… 4690416
责任地质师………… 4690467
地质室
主任………………… 4695051
副主任……………… 4697447
评价组……………… 4695963
静态组……………… 4697449
攻关组……………… 4690434
监督组……………… 4697131
管理室
主任………………… 4697760
书记………………… 4690451
管理………………… 4697413
化验室
主任………………… 4690473
药剂质检…………… 4697441
水质检测…………… 4690497
计算机室
主任………………… 4697441
数据打字…………… 4697474

电力维修大队

地址：大庆市元丰路
邮编：163853

队长………………… 4696333
书记………………… 4690935
副大队长…………… 4697467
……………………… 4698075
党办主任…………… 4690439
副主任……………… 4698819
工程师……………… 4697418
统计………………… 4690422
财务………………… 4690401
人事………………… 4690431
材料………………… 4696335
食堂………………… 4690409
物资协调员………… 4697599
车辆管理…………… 4697130
微机室……………… 4699947
保障队
队长………………… 4697479
书记………………… 4697432
内线队……………… 4690408
……………………… 4695761
外线队……………… 4697406
……………………… 4696524
……………………… 4690447

生产准备大队

地址：大庆市创业东路
邮编：163853

大队长……………… 4697890
书记………………… 4697647
房产副大队长……… 4697275
经营副大队长……… 4695089
生产副大队长……… 4697557
生活副大队长……… 4698369
……………………… 4690448
办公室主任………… 4697310
宣传干事…………… 4698009
人事工会…………… 4697765
计划生育…………… 4699604
后勤………………… 4699604
经管员……………… 4695116
财务………………… 4697736
会计主管…………… 4698007
统计节能…………… 4698277
合同档案…………… 4697407
房产管理…………… 4697243
住房公积金………… 4697269
调度………………… 4695475
……………………… 4695473
工具库……………… 4697470
机关服务队
队长………………… 4697580
书记………………… 4697449
大队长……………… 4698180
技术员……………… 4695984
经管员……………… 4697185
九华楼招待所
食堂保管…………… 4696048
食堂管理员………… 4696284
餐厅………………… 4697645
食堂………………… 4698647
客房………………… 4697632
二号公寓值班室…… 4698434
浴池………………… 4699916
纯净水站…………… 4697581
公寓………………… 4697298
绿化办公室………… 4697398
值班室……………… 4697517

小灶食堂…………4699414

油管维修队

队长…………4690482

书记…………4696775

副队长…………4696031

经管员…………4690072

值班室…………4697291

维修车间…………4690056

物资供应中心

主任…………4697377

书记…………4697638

副主任…………4698276

合同员…………4690492

计划员…………4690160

采购员…………4690493

稽核员…………4697763

调度…………4699448

计算机室…………4698687

库房门卫…………4690491

资产库…………4695135

葡西库房…………4697720

小车队

队长…………4698324

书记…………4690487

副队长…………4696125

…………4698684

经管员…………4697406

综合组…………4697070

调度…………4698125

文化培训中心

主任…………4697626

副主任…………4699293

…………4698180

图书馆…………4697266

员工教育…………4698621

…………4690740

…………4699904

…………4698791

经济保卫大队

地址：大庆市元丰路

邮编：163853

队长…………4697095

书记…………4697740

副队长…………4697100

工会主席…………4697705

安全员…………4695580

财务…………4699978

人事…………4698194

综合办主任…………4690063

指挥中心…………4697592

内勤…………4697741

食堂…………4697315

一中队…………4697466

二中队

队长…………4698317

书记…………4697770

四中队

队长…………4698591

副队长…………4697089

九中队

值班室…………5309146

…………5309149

巡逻队…………5329236

新肇油田有限责任公司

地址：大庆市肇源县

邮编：163817

总经理…………4492022

书记…………4495218

副总经理…………4495917

…………4495927

总地质师…………4498599

队部…………4498871

资料室

1 室…………4498997

2 室…………4490219

资料室…………4498990

综合办

主任…………4490365

副主任…………4699348

会议室…………4499190

食堂…………4499335

生产办

主任…………4497407

副主任…………4490729

调度室…………4492178

…………4494179

化验室…………4498987

机动安全科…………4490269

电岗…………4496182

…………4499379

输油…………4490438

…………4494232

脱水…………4498985

污水…………4490126

注水…………4490127

…………4498872

锅炉…………4490161

采油队…………4499336

加油点…………4496293

变电所…………4490361

2 号干线炉…………5329467

生产技术部

主任…………4499308

副主任…………4490218

…………4498726

保障队

队长…………4490362

书记…………4499378

联合站

队部…………4492633

值班室…………4490135

加热…………4499385

收油…………4499396

公安分局

局长…………4496279

主任…………4496275

案件队队长…………4492802

第十采油厂

地址：朝阳沟镇

邮编：164405

领导

厂长、党委副书记…4390001

党委书记、副厂长…4390010

纪委书记…………4390003

副厂长…………4390002

…………4390005

…………4390019

…………4395005

总地质师…………4390008

总工程师…………4390012

总会计师…………4390009

厂长助理…………4390018

…………4390013

…………4390017

…………4390022

综合办公室

主任…………4390016

副主任…………4390519

…………4390520

…………4390516

…………4392366

办公室…………4391711

传真…………4393459

秘书…………4391797

…………4391565

…………4395513

文书…………4390057

公务员…………4391730

打字室…………4395657

计划生育…………4391247

…………4392797

信访民政助理员…………4390068

机关门卫…………4391721

有线台

台长…………4391527

技术管理…………4393287

报社编辑室…………4391219

记者室…………4391611

…………4393924

维修室…………4392615

输出机房…………4391606

制作室…………4394740

播音室…………4393700

录音棚…………4395222

值班室…………4391733

油田管理部

主任…………4390026

副主任…………4390032

…………4391557

…………4391544

…………4391537

…………4391556

作业岗…………4391317

注采岗…………4391902

综合岗…………4394856

输油…………4391671

生产运行部

主任…………4390028

副主任…………4391934

…………4391782

…………4391306

调度室…………4390100

…………4391100

…………4391114

通信节能…………4391389

综合岗…………4391342

道路管理…………4391935

办公室…………4391936

…………4391679

…………4391857

…………4391859

…………4391681

门卫…………4391675

计划规划部

主任…………4390509

副主任…………4393515

办公室…………4391574

…………4392654

…………4393714

财务资产部

主任…………4390061

副主任…………4392208

…………4390508

…………4395316

审计监察…………4391769

经费报销…………4392275

…………4395531

成本核算…………4391866

成本管理…………4393858

资产管理…………4391347

设备管理…………4391252

资产库房…………4392583

车辆检查站…………4394164

办公室…………4392261

…………4392661

……………………… 4392393
……………………… 4393068
人力资源部
主任……………… 4390532
副主任…………… 4391880
组织员…………… 4391864
组织技术干部管理 … 4391894
干部培训岗……… 4391910
薪酬离退休管理…… 4391328
……………………… 4391686
统计合同管理……… 4391575
干部档案调配……… 4391303
档案室…………… 4391327
培训基地………… 4391942
质量安全环保部
副总监…………… 4390110
副主任…………… 4391817
……………………… 4394818
特种设备………… 4391550
环保工业卫生……… 4392098
工伤事故认证……… 4391253
质量监督标准化…… 4395192
纠察队…………… 4391852
交通管理………… 4391672
清洁生产审核……… 4391803
办公室…………… 4394860
企管法规部
主任……………… 4390052
副主任…………… 4391647
……………………… 4393018
法律顾问………… 4392254
经营管理………… 4391693
价格管理………… 4392580
内控管理………… 4392521
……………………… 4392517
办公室…………… 4391170
技术发展部
主任……………… 4390093
副主任…………… 4391696
办公室…………… 4391504
……………………… 4391700
审计监察部
主任……………… 4390090
副主任…………… 4391296
……………………… 4391244
综合岗…………… 4391898
效能监察………… 4394064
……………………… 4391975
基建审计………… 4391616
财务审计………… 4392373
纪检员…………… 4392118
工会、团委
主席……………… 4390011
……………………… 4392339

……………………… 4391313
工会副主席……… 4390511
团委副书记……… 4390510
民管宣教………… 4391319
组织女工………… 4392267
综合岗…………… 4391336
第一油矿
地址：大庆市朝阳沟镇
邮编：164405
矿长……………… 4390501
书记……………… 4390521
副矿长…………… 4393021
……………………… 4393401
……………………… 4394417
……………………… 4391806
……………………… 4394702
综合办
主任……………… 4391470
组织纪检………… 4391447
团委宣传………… 4391450
保干……………… 4394869
人事、技教……… 4391467
机关后勤………… 4391468
工会……………… 4391714
生产办
主任……………… 4392438
调度……………… 4391854
……………………… 4392105
油水井…………… 4391457
机动、资产……… 4391439
计划、输油……… 4391456
通信运行………… 4392166
安全……………… 4392430
材料协调员……… 4391194
经营办
主任……………… 4391198
财务……………… 4391449
材料组…………… 4391441
地质测试队……… 4391444
车队……………… 4391446
生产准备队……… 4392470
……………………… 4391196
地质队…………… 4392195
机采组…………… 4391025
计算机室………… 4392429
第一工区
队部……………… 4392192
前线队部………… 4391409
前线指挥间……… 4392434
朝一联前线……… 4391023
朝一联合站
队部……………… 4391022
资料室…………… 4392120
掺水……………… 4391753

经警室…………… 4391445
电脱水…………… 4391024
锅炉……………… 4391131
水处理…………… 4392447
脱氧站…………… 4392133
加水点…………… 4392123
污水处理………… 4392391
污水回注………… 4391904
油岗……………… 4392106
油离水…………… 4391127
注水站…………… 4391055
收油点…………… 4391175
第二工区
队部……………… 4391192
前线队部………… 4391489
第三工区
队部……………… 4391091
第四工区
队部……………… 4391199
前线队部………… 4391469
朝 8 号中转站……… 4392182
第五工区
队部……………… 4391195
前线队部………… 4392138
12 号中转站 ……… 4392137
第二油矿
地址：大庆市朝阳沟镇
邮编：164405
矿长……………… 4390502
书记……………… 4390522
副矿长…………… 4391275
……………………… 4391263
……………………… 4392136
……………………… 4391281
工会主席………… 4391964
综合办
主任……………… 4391060
团委组织纪检……… 4392158
人事计划统筹……… 4391458
生产办
主任……………… 4391071
调度……………… 4391078
……………………… 4391277
油水井管理……… 4392164
安全输油………… 4391426
计量管理………… 4392463
地面工程保干……… 4392465
程序员…………… 4391490
生产组集输……… 4394649
电力……………… 4392184
前线值班室……… 5329133
经营办
主任……………… 4391070
财务组…………… 4391072

材料组…………… 4394834
安全……………… 4392238
档案计生………… 4391075
生产准备队……… 4391073
地质队
队长……………… 4393473
书记……………… 4392462
机采一室………… 4392129
计算机室………… 4392464
第一工区
后线队部………… 4391049
前线队部………… 4399497
朝四号中转站……… 4399436
第二工区
后线队部………… 4391050
前线队部………… 4391442
朝九中转站……… 4391452
第三工区
后线队部………… 4391052
前线队部………… 4391455
朝十号中转站……… 4392131
第四工区
后线队部………… 4391057
前线队长………… 4391873
长一转水站……… 4392975
长一水质站注水…… 4391536
长一转油站
油岗……………… 4393908
装车场…………… 4393161
朝四计量………… 4392198
朝五注
前线队部………… 4392110
水处理…………… 4391138
注水……………… 4391498
第三油矿
地址：大庆市朝阳沟镇
邮编：164405
矿长……………… 4390503
书记……………… 4390523
副矿长…………… 4391228
……………………… 4395311
……………………… 4393549
……………………… 4391982
工会主席………… 4392042
综合办
主任……………… 4391287
财务组…………… 4391099
团委工会宣传……… 4391419
计划生育………… 4391098
计算机室………… 4392426
劳资组织纪检……… 4391041
生产办
主任……………… 4391404
调度……………… 4392456

………………………… 4391554
机动资产…………… 4391104
安全员……………… 4391835
输油岗……………… 4391402
油水井管理………… 4391197
经营办
主任………………… 4391901
材料组……………… 4395669
………………………… 4391577
地质队
队长………………… 4391430
副队长……………… 4391066
机采组……………… 4391128
动态组……………… 4391148
计算机室…………… 4392426
资料室……………… 4392492
前线队部…………… 4398799
生产准备队
书记………………… 4392446
队长………………… 4391102
电力通信…………… 4391087
材料库……………… 4392599
门卫………………… 4391814
第一工区
队部………………… 4399047
后线队部…………… 4391410
副区长……………… 4399043
朝十八号站………… 4398102
朝四联油…………… 4399040
朝四联注水………… 4399044
第二工区
前线队部…………… 4398118
后线队部…………… 4391090
朝十七号中转站…… 4398496
第三工区
前线队部…………… 4398437
后线队部…………… 4391403
朝二十号中转站…… 4398425
朝二联合站
书记………………… 4398433
前线队部…………… 4398440
后线队部…………… 4391094
副队长……………… 4398472
供水………………… 4398413
锅炉………………… 4398432
化验室……………… 4398431
一段………………… 4398423
油岗………………… 4398416
注水………………… 4398485
收油站……………… 4398809

第四油矿

地址：大庆市朝阳沟镇
邮编：164405

矿长………………… 4390504
书记………………… 4390524
副矿长……………… 4392704
………………………… 4391836
………………………… 4391572
………………………… 4394600
工会主席…………… 4391268
综合办
主任………………… 4392191
电岗………………… 4391067
宣传………………… 4391476
工会………………… 4392193
后勤………………… 4391473
生产办
主任………………… 4395064
调度………………… 4391460
………………………… 4391264
机动资产…………… 4391427
人事………………… 4392114
输油………………… 4392126
油井管理…………… 4391491
水岗………………… 4392826
安全………………… 4392141
经营办
主任………………… 4391061
财务组……………… 4391474
材料组……………… 4391082
地质队
队长………………… 4391009
书记………………… 4391063
前线………………… 4391121
计算机室…………… 4392427
测试队
后线队部…………… 4392428
化验室……………… 4391115
生产准备队
书记………………… 4391466
会议室……………… 4392375
第一工区
前线………………… 4392759
后线………………… 4391463
第二工区
前线………………… 4391488
后线………………… 4391461
朝二十三号站……… 4392116
第三工区
前线指挥间………… 4392152
后线队部…………… 4391462
朝二十四号站……… 4392112
朝六联合站
后线队部…………… 4391464
前线指挥间………… 4391119
电脱水……………… 4392477
锅炉………………… 4391448
水处理……………… 4392439
污水………………… 4392115
油岗………………… 4392113
化验………………… 4392478
注水………………… 4391108
资料室……………… 4391979
门卫………………… 4391787

第五油矿

地址：大庆市朝阳沟镇
邮编：164405

矿长………………… 4390505
书记………………… 4390525
副矿长……………… 4394867
………………………… 4394865
………………………… 4394852
………………………… 4392135
工会主席…………… 4394859
综合办
主任………………… 4394836
工会宣传…………… 4394854
后勤………………… 4392486
档案室……………… 4391034
计算机室…………… 4394837
门卫………………… 4393154
生产办
主任………………… 4394853
前线调度…………… 4393174
………………………… 4393449
机动资产…………… 4393024
安全………………… 4393584
油水井管理集输…… 4392160
提捞电管…………… 4392348
前线机关值班室…… 4395704
经营办
主任………………… 4394835
财务组……………… 4392431
材料组……………… 4392000
地质队
队长、书记………… 4392409
提捞资料室………… 4392134
机采组……………… 4394832
综合………………… 4392421
生产准备队
书记………………… 4391237
队长………………… 4394863
车队前线值班室…… 4392914
前线………………… 4392485
第一工区
油岗………………… 4392475
锅炉………………… 4392480
水处理……………… 4392482
后线队部…………… 4392490
资料室……………… 4392496
前线………………… 4393874
电脱水……………… 4398069
第二工区
后线队部…………… 4392488

采气矿

地址：大庆市朝阳沟镇
邮编：164405

矿长………………… 4390043
书记………………… 4390098
副矿长……………… 4393146
………………………… 4392684
………………………… 4391781
………………………… 4394412
工会主席…………… 4391021
综合办
主任………………… 4391794
财务………………… 4392467
经营、工会………… 4393774
生产办
主任………………… 4394647
材料………………… 4392473
调度………………… 4392757
………………………… 4392472
安全、资产………… 4392455
采气矿二号车库…… 4394415
采气一队…………… 4392424
采气二队…………… 4392471
计算机室…………… 4393764
生产准备队………… 4392458
G399 配气计量间 … 4394654

供水大队

地址：大庆市朝阳沟镇
邮编：164405

大队长……………… 4390089
书记………………… 4390105
副大队长…………… 4395369
………………………… 4393011
………………………… 4392321
………………………… 4392281
………………………… 4394861
综合办
主任………………… 4394703
工会宣传…………… 4392469
信访工会团委……… 4392176
门卫………………… 4392178
生产办
主任………………… 4392283
经营办
主任………………… 4394009
财务室……………… 4392165
材料组……………… 4392167
生产准备队………… 4391093
技术组……………… 4392108
前线值班室………… 4392495
净水厂
队长………………… 4392784
调度………………… 4392554

…………………… 4392433
后线队部…………… 4392403
综合泵房…………… 4392196
锅炉房……………… 4392854
加药间……………… 4392402
门卫………………… 4392479
净化间……………… 4392435
维修队……………… 4395430
转水站……………… 4391202
后线队部…………… 4392407
前线队部…………… 4391132
前线值班室………… 4392466

作业大队

地址：大庆市朝阳沟镇
邮编：164405

大队长……………… 4390047
书记………………… 4390112
副大队长…………… 4391168
…………………… 4393407
…………………… 4393170
…………………… 4393595
工程计量…………… 4391766
施工设计…………… 4394743
工会主席…………… 4393121
综合办
主任………………… 4391160
办公室……………… 4392416
工会、宣传………… 4392119
人事、保干………… 4391177
档案室……………… 4391020
资料审核…………… 4391048
生产办
主任………………… 4391054
调度………………… 4391552
…………………… 4391156
安全………………… 4392440
现场调度…………… 4391164
经营办
主任………………… 4391135
财务主管…………… 4392762
财务组……………… 4392124
技术办
主任………………… 4391166
机动资产…………… 4391169
综合队
材料组……………… 4395044
材料组库房………… 4391163
油料组……………… 4392907
工具车间…………… 4395103
作业一队…………… 4391181
作业二队…………… 4391182
作业三队…………… 4391183
作业四队…………… 4391184
作业五队…………… 4391185
作业六队…………… 4391186
作业七队…………… 4391187

地质大队

地址：大庆市朝阳沟镇
邮编：164405

大队长……………… 4390097
书记………………… 4390515
副大队长…………… 4391634
…………………… 4391663
…………………… 4394862
…………………… 4391553
…………………… 4394370
大队办
主任………………… 4394741
人事、技教………… 4392197
机动安全材料保干 … 4391878
组织、纪检………… 4391383
财务组……………… 4392122
工会团委宣传……… 4394875
开发室
主任、书记………… 4392132
计算机房…………… 4394851
管理室
调度………………… 4391153
…………………… 4391984
管理岗……………… 4391141
地质室
书记………………… 4392592
主任………………… 4392573
钻井验收组………… 4392423
动态室
书记………………… 4392109
主任………………… 4392418
动态一组…………… 4391418
动态四组…………… 4391429
动态监测…………… 4392422
中心化验室
书记………………… 4391698
主任………………… 4393228
油藏评价室
主任………………… 4392269
对比岗……………… 4392162
…………………… 4392157
攻关队……………… 4391361
气田队……………… 4391381
司机班……………… 4391036
综合组……………… 4391124

工程技术大队

地址：大庆市朝阳沟镇
邮编：164405

大队长……………… 4390506
书记………………… 4390518
副大队长…………… 4391083
…………………… 4391109
…………………… 4391246
…………………… 4391612
…………………… 4394959
大队办
机动房产…………… 4391106
财务组……………… 4391107
综合办
主任………………… 4391112
人事计生…………… 4391905
材料安全…………… 4394371
组织档案…………… 4392722
综合规划室
书记………………… 4393834
主任………………… 4391290
计算机组…………… 4392417
值班室……………… 4391822
工艺室
书记………………… 4391601
主任………………… 4391123
措施………………… 4391044
现场跟踪…………… 4391916
办公室……………… 4391032
机采室
书记………………… 4393344
主任………………… 4391602
作业压裂组………… 4392107
管理组……………… 4391105
作业组……………… 4395721
办公室……………… 4391059
采气工艺室
主任………………… 4391029
科技………………… 4391051
办公室……………… 4391062
仪表室
书记………………… 4391047
主任………………… 4391088
化验………………… 4392448
检定………………… 4393427
分矿计量…………… 4392159
办公室……………… 4391084

电力维修大队

地址：大庆市朝阳沟镇
邮编：164405

大队长……………… 4390036
书记………………… 4390531
副大队长…………… 4395179
…………………… 4393442
…………………… 4392146
综合办
主任………………… 4392173
工会、团委………… 4392189
后勤、档案………… 4391525
工程运行…………… 4392400
微机室……………… 4392609
节能安全…………… 4392156
生产办
主任………………… 4391583
调度………………… 4392170
…………………… 4394170
计划、统计………… 4394704
线路管理…………… 4394657
生产会议室………… 4392308
经营办
主任………………… 4395176
财务组……………… 4392147
材料组……………… 4394669
电工一队…………… 4391133
电工二队…………… 4391152
生产准备队………… 4392155
变检运行队………… 4392179
…………………… 4393148
水源变电所………… 4391705
…………………… 4395153
朝一变电所
办公室……………… 4395107
电表系统…………… 4391437
朝二变电所
办公室……………… 4398497
电表系统…………… 4398495
…………………… 4398406
朝三变电所
办公室……………… 4392481
电表系统…………… 4395484
朝四变电所
办公室……………… 4399049
电表系统…………… 4399045
朝五注变电所
办公室……………… 4391507
电表系统…………… 4391478
…………………… 4391837
朝六变电所
电表系统…………… 4391095
…………………… 4395124

维修大队

地址：大庆市朝阳沟镇
邮编：164405

大队长……………… 4390082
书记………………… 4390533
副大队长…………… 4391116
…………………… 4394373
…………………… 4391589
综合办
主任………………… 4391140
财务主管…………… 4391636
会计出纳…………… 4391120
工会团委计生宣传 … 4391043
经营后勤人保……… 4392188
生产办
主任………………… 4391204

调度…………4391820
人事…………4391042
机动安全…………4391040
材料组…………4391625
机加车间…………4391129
抽油机维修队…………4391125
准备队…………4392190
养路队…………4392050
养路队后线队部…………4391810
前线队长…………4395170
前线书记…………4395160

规划设计所

地址：大庆市朝阳沟镇
邮编：164405

所长…………4390024
书记…………4390537
副所长…………4392277
…………4391648
…………4394413

综合办

主任…………4391624
工会…………4391656
团委…………4395173
宣传…………4391778
人事技教…………4395175
概算岗…………4391651
机动安全…………4395210

规划室

主任…………4391657
设计室机房…………4395171
测量室…………4395161
资料室…………4394809
设计室主任…………4394680
地面工程室主任…………4394715
地面室机房…………4394750
规划机房…………4391323

生产准备大队

地址：大庆市朝阳沟镇
邮编：164405

大队长…………4390081
书记…………4390039
副大队长…………4391621
…………4393137
…………4391755
…………4391530
…………4390108

综合办

主任…………4392364
财务…………4392365
工会女工文书…………4391307
人事…………4393094
公积金…………4392240
…………4392270
…………4391301
机动资产…………4394585
办公室…………4391678

生产办

主任…………4391607
调度…………4392332
材料组…………4392385
后勤保干信访…………4392371

经营办

主任…………4393204
公积金、财务…………4392240
生产准备一队…………4391162

生产准备二队

书记…………4392145
机关食堂…………4391231
小灶食堂…………4391217
一食堂…………4391209
八食堂…………4392315
办公室…………4391157

生产准备三队

书记…………4391158
体育馆…………4391230
乒羽馆…………4391701
办公室…………4391751

生产准备四队

办公室…………4391643
东区浴池…………4395568
二矿浴池…………4395816
五区超市…………4391610

生产准备五队

电影院…………4392081
冷库…………4391302
生活库…………4391334
圆厅会议室…………4393824
计划统计科技…………4394400
生产准备八队…………4391401

小车队

书记…………4391335
副队长…………4391897
…………4392303
调度室…………4391597
办公室…………4394999
车场值班室…………4392358
…………4392359
后勤队…………4394948
图书室…………4394123

南江分公司

地址：大庆市朝阳沟镇
邮编：164405

经理…………4390051
经理室…………4396651
副经理…………4396652
…………4396653
…………4396655
…………4396660
财务…………4395238
人事…………4391499

生产办

主任…………4396656
办公室…………4396643
经营办主任…………4396657
技术部…………4396641
…………4393119
资料室…………4396642
调度室…………4396658
区主任…………4396648
二工区区长…………4394970
二工区副区长…………4394972
双二联油…………4394973
双二联电…………4395782
双二联值班室…………4395861
技术部主任…………4395163
注水…………4394962
锅炉…………4396645

肇源油田分公司

地址：大庆市朝阳沟镇
邮编：164405

经理…………4390030
书记…………4390086
副经理…………4392711
人事…………4392768
财务…………4392968
办公室…………4394508

肇东分公司

地址：大庆市朝阳沟镇
邮编：164405

经理…………4390050
书记…………4390037
副经理…………4391058
…………4392659
…………4392733
…………4391827
财务室…………4391517
人事…………4391053
综合经营…………4392436
机动安全…………4391451
管理室…………4392142
资料室…………4392148
资料管理…………4391842
油水井管理…………4391324
生产准备队…………4392212
一工区调度…………4391343
…………4391493
一联合站水…………4395850
一联合站油…………4391547
二工区前线…………4392183
二十五号站…………4392185
值班室…………4391823

肇州分公司

地址：大庆市朝阳沟镇
邮编：164405

经理…………4390528
书记…………4390065
副经理…………4392669
…………4391369
…………4392665
经营办…………4395077
生产办…………4395552
技术办…………4392557
技术部主任…………4392558
机动资产…………4391373
调度…………4395011
…………4395033
资料室…………4391433
…………4391424
材料后勤…………4391282
一工区队部…………4399103
十六号站…………4399124

基建工程管理中心

地址：大庆市朝阳沟镇
邮编：164405

书记…………4390042
主任…………4390507
副主任…………4391321
…………4391649
…………4391638
…………4395116

综合办

主任…………4391286
人事…………4391569
机动安全…………4394729

土地

主任…………4391917
办公室…………4393784
…………4394792

工艺室

主任…………4391653
副主任…………4391633
施工员…………4391325

预算办

主任…………4391283
预算员…………4391832
…………4392679

质检办

主任…………4392720
质检办…………4393358
…………4391674
司机班…………4395602
施工员…………4391260
…………4391560
值班室…………4395602

信息中心

地址：大庆市朝阳沟镇
邮编：164405

主任…………4390023
书记…………4390536

副主任……4391068
……4394705
……4392999
开发室
主任……4393311
副主任……4395330
机房……4391117
信息室情报组……4391582
办公室……4393446
管理室
主任……4391608
副主任……4393133
办公室……4392311
……4391435
档案室
主任……4392401
办公室……4395525
……4391113
综合办
主任……4391220
档案阅档室……4392994
办公室……4394243
……4394706
……4393131
门卫……4392327

器材供应站

地址：大庆市朝阳沟镇
邮编：164405

书记……4390538
站长……4390035
副站长……4391726
……4395715
……4392209
组织纪检……4391839
物资集团……4391613
综合办
主任……4392316
统计管理……4391594
机动安全……4392307
管理办
主任……4391724
调度……4391729
物价合同……4393140
质检员……4393159
人事统计……4391137
财务组
组长……4391762
办公室……4391240
计划办
主任……4391232
办公室……4391330
库房队
队长……4391568
书记……4395776
保管员……4391438
……4392139
……4391689
门卫……4391142
生产准备队
书记……4394810
队长……4394808
付油员……4391756
程序内控……4391815
后勤办公室……4391876
基建计划员……4392278
油管场地……4391167

经济保卫大队

地址：大庆市朝阳沟镇
邮编：164405

书记……4390106
大队长……4390107
副大队长……4392378
……4392297
……4391561
财务……4393413
组织人事……4393412
调度室……4396119
档案信息……4393414
综合办
主任……4392263
机动安全……4391529
案件组……4392395
武装部
队长……4391271
书记……4393964
……5329113
综治办……4392764
经警一队……4391993
经警二队……4398276
经警三队……5329112
经警四队……4391862
……4395556
……4395010
总值班室……4393411
办公室……4392754

榆树林油田开发有限责任公司

地址：大庆市榆树林
邮编：151100

机关

党总支副书记……4651296
党支部书记……4651232
第三党支部书记……4651296

总经理办

主任……4651263
副主任……4651105
秘书……4651380
房产……4651048
计划生育……4651423
打字室……4651212
公务员……4651061
服务员……4651117
收发室……4651299

生产运行部

经理……4651155
副经理……4651108
……4651129
……4651493
综合调度……4651277
调度……4651064
……4651501
……4651511
传真……4651231
作业……4651387
……4651766
计量……4651056
提捞……4651251
……4651867
天然气……4651193
节能……4651498
注水……4651405
生产综合……4651210
供水用电……4651868
机采……4651081
集输……4651230

人力资源部

经理……4651271
副经理……4651058
……4651201
薪酬管理……4651204
党建管理……4651109
培训管理……4651065
信息管理……4651857
劳动组织……4651865

企业文化部

经理……4651401
副经理……4651301
……4651156
工会……4651288
女工……4651381
闭路台……4651151
活动中心
办公室……4651439
值班室……4651063
羽毛球馆……4651531

基建工程部

经理……4651408
基建电力……4651306
基建工艺……4651988
……4651986
基建土建……4651409
……4651899
……4651189
基建综合……4651258

计划经营部

经理……4651456
预算……4651957
计划……4651127
……4651617

财务资产部

经理……4651295
副经理……4651128
……4651248
基建……4651905
公积金……4651183
报销……4651323
成本……4651121
总账会计……4651264
出纳……4651908
资产……4651906
设备管理……4651209
……4651911
……4651909
材料会计……4651907
肇州会计……4651101
出纳……4651910
……4651163
审计办公室
经理……4651232
审计……4651689
……4651389

纪检监查部

经理……4651383
办公室……4651308
……4651309

质量安全环保部

经理……4651466
副经理……4651112
道路安全……4651116
环保……4651755
质量……4651198

工农事务部

经理……4651403
办公室……4651069
……4651407
……4651243
……4651060
……4651257
资料室……4651261

信息开发部

经理……4651402
副经理……4651188
数据库……4651820
数据库软件……4651153
网络……4651159
……4651717

情报……4651359
科技……4651321
硬件……4651373
中心机房……4651517
档案……4651449
……4651327
软件……4651719

公务车辆管理分公司

地址：大庆市榆树林
邮编：151100
书记……4651169
经理……4651272
调度……4651282
……4651287
维修班……4651220
安全……4651233
经管……4651416
门卫……4651143

工程技术研究所

地址：大庆市榆树林
邮编：151100
工程技术室……4651055

综合服务分公司

地址：大庆市肇东市昌五镇
邮编：151100
书记……4651080
经理……4651421
副经理……4651218
……4651477
电修班……4651049
调度……4651097
泵修班……4651434
经管室……4651094
溶剂厂……4651326
汽修厂……4651122
车队……4651465
汽修班……4651465
锅炉房……4651339
食堂……4651324
木器劳保厂……4651471
电修班……4651049
门卫……4651245

作业分公司

地址：大庆市肇东市昌五镇
邮编：151100
书记……4651175
副经理……4651208
……4651443
……4651559
工会主席……4651158
作业一队……4651591
作业二队……4651592
作业三队……4651593
作业四队……4651595
调度……4651455
经管员……4651142
车队队长……4651551
安全组……4651549
工具车间……4651548
后勤……4651552
材料员……4651553

维修分公司

地址：大庆市榆树林
邮编：151100
书记……4651285
经理……4651462
副经理……4651453
……4651217
……4651495
调度值班室……4651074
生产调度……4651053
经管员……4651302
运输班……4651417
安装班……4651311
管焊组……4651369
材料员……4651369
门卫……4651082
纯净水厂……4651433

测试分公司

地址：大庆市榆树林
邮编：151100
书记……4651180
经理……4651152
副经理……4651266
工会主席……4651179
绘解班长……4651345
资料员……4651244
微机室……4651171
经管室……4651294
材料组……4651304
化验室……4651343
仪表班长……4651343
标定间……4651164
试井一队长……4651291
试井二队长……4651370
试井三队长……4651171
试井值班室……4651250

后勤服务分公司

地址：大庆市榆树林
邮编：151100
书记……4651223
经理……4651406
副经理……4651207
工会主席……4651088
安全……4651292
经管……4651331
保管……4651270
采购……4651125
食堂
财务……4651315
办公室……4651115
食堂小灶……4651322
宴会厅……4651260
机关小灶
办公室……4651395
……4651376
值班室……4651344
招待所……4651570
……4651571
……4651572
……4651573
保健室……4651436
……4651227
保健室门诊……4651213
住院处……4651463
一号病房……4651096
锅炉队队长……4651426
锅炉房……4651303
锅炉外网……4651399
清水岗……4651329
浴池……4651363
……4651448

油田保卫分公司

地址：大庆市榆树林
邮编：151100
书记……4651452
经理……4651440
副经理……4651219
……4651237
工会主席……4651215
内勤……4651200
值班室……4651177
……4651110
安全材料……4651239
机动队……4651334
守卫队……4651161
巡线队……4651437
车厂车库……4651428
三中队……4651547
六中队……4651544
七中队……4651316
八中队……4651394
十中队……4651541

电力管理分公司

地址：大庆市榆树林
邮编：151100
书记……4651102
经理……4651133
副经理……4651052
……4651278
……4651312
工会主席……4651298
责任工程师……4651493
调度……4651305
……4651360
综合办……4651135
线路班……4651099
榆一变电所……4651352
东16变电所……4651342
127变电所……4651487
升20变电所……4651384

物资供应分公司

地址：大庆市榆树林
邮编：151100
经理……4651066
书记……4651182
副经理……4651392
管理组组长……4651216
库房组组长……4651318
内控综合……4651253
经管员……4651124
合同……4651336
物价稽核……4651378
树2加油站……4651123
油管场地……4651320
库房门卫……4651113
质量调拨……4651104
保管员……4651473
油管场地组组长……4651240
加油站站长……4651103

肇州分公司

二工区
书记……4410398
经理……4413588
副经理……4411856
……4413422
……4413986
技术员……4412226
……4414527
经管室……4411696
资料室……4413433
水岗……4413505
电岗……4412992
油岗……4413339
公用电话……4413950

第一采油工区

地址：大庆市肇东市昌五镇
邮编：151100
书记……4651413
经理……4651206
副经理……4651397
技术员……4651347
资料室……4651075
油岗……4651077
外输岗……4651366
水岗……4651355
锅炉岗……4651362
经管……4651242

第二采油工区

地址：大庆市肇东市昌五镇南

邮编：151100
书记…………………… 4651087
经理…………………… 4651120
副经理………………… 4651503
…………………… 4651431
技术员………………… 4651588
…………………… 4651510
资料室………………… 4651410
油岗…………………… 4651335
水岗…………………… 4651527
经管…………………… 4651526
公用…………………… 4651529

第三采油工区
地址：大庆市肇东市昌五镇
邮编：151100
书记…………………… 4651488
经理…………………… 4651246
副经理………………… 4651608
…………………… 4651234
…………………… 4651394
技术员………………… 4651607
…………………… 4651557
资料室………………… 4651062
油岗…………………… 4651043
加热…………………… 4651604

第四采油工区
地址：大庆市肇东市昌五镇
邮编：151100
书记…………………… 4651346
经理…………………… 4651418
副经理………………… 4651356
…………………… 4651357
工程技术员…………… 4651533
地质技术员…………… 4651532
资料室………………… 4651391
经管室………………… 4651534
材料员………………… 4651537
东 14 油岗 ………… 4651337
升 382 油岗………… 4651281

第五采油工区
地址：大庆市肇东市昌五镇
邮编：151100
经理…………………… 4651307
副经理………………… 4651489
…………………… 4651525
技术员………………… 4651146
…………………… 4651484
树 127 油岗………… 4651481
树 127 水岗………… 4651091
树 103 油岗………… 4651447
资料室………………… 4651429
公用电话……………… 4651274

第六采油工区
地址：大庆市肇东市昌五镇明久乡
邮编：151100
书记…………………… 4651459
经理…………………… 4651507
副经理………………… 4651404
…………………… 4651512
技术员………………… 4651506
…………………… 4651467
水岗…………………… 4651520
资料室………………… 4651490
油岗…………………… 4651483
经管室………………… 4651523

第七采油工区
地址：大庆市肇东市昌五镇南
邮编：151100
书记…………………… 4651267
经理…………………… 4651140
副经理………………… 4651479
…………………… 4651036
技术员………………… 4651046
…………………… 4651037
油岗…………………… 4651419
水岗…………………… 4651042
加热…………………… 4651079
卸油点………………… 4651047
资料室………………… 4651041
公用…………………… 4651054

第八采油工区
地址：大庆市肇东市昌五镇
邮编：151100
书记…………………… 4651238
经理…………………… 4651262
副经理………………… 4651377
…………………… 4651560
技术员………………… 4651561
…………………… 4651562
油岗…………………… 4651050
经管室………………… 4651224
水岗…………………… 4651147
资料室………………… 4651073
公用…………………… 4651538

第九采油工区
地址：大庆市肇东市昌五镇
邮编：151100
书记…………………… 4651138
经理…………………… 4651256
副经理………………… 4651297
…………………… 4651386
…………………… 4651450
技术员………………… 4651190
资料室………………… 4651435
材料员………………… 4651430
油岗…………………… 4651132

第十采油工区
地址：大庆市肇东市昌五镇
邮编：151100
书记…………………… 4651577
经理…………………… 4651427
副经理………………… 4651566
…………………… 4651502
技术员………………… 4651530
…………………… 4651545
油岗…………………… 4651504
水岗…………………… 4651283
资料室………………… 4651542

第十一采油工区
地址：大庆市肇洲县兴城镇
邮编：151200
经理…………………… 4651977
副经理………………… 4651801
…………………… 4651802
技术员………………… 4651803
油岗…………………… 4651808
水岗…………………… 4651809
经管室………………… 4651803
综合办公室…………… 4651806
资料室………………… 4651805
公用…………………… 4651807

集输工区
地址：大庆市肇东市昌五镇
邮编：151100
经理…………………… 4651024
书记…………………… 4651330
副经理………………… 4651045
…………………… 4651226
…………………… 4651441
食堂管理员…………… 4651597
司机…………………… 4651076
经管员………………… 4651076
消防…………………… 4651184
输油…………………… 4651314
天然气………………… 4651563
锅炉…………………… 4651235
脱水…………………… 4651276
资料室………………… 4651254
油岗…………………… 4651314

驻矿单位
地址：大庆市榆树林
邮编：151100
物业公司……………… 4651040
第一公寓值班室……… 4651310
第二公寓值班室……… 4651172
第三公寓值班室……… 4651173
榆一次变值班室……… 4651057
油田分局
局长…………………… 4651457
教导员………………… 4651470
副局长………………… 4651458
侦察探长……………… 4651475
案件探长……………… 4651480
治安探长……………… 4651110
消防监控室…………… 4651762

地质研究所
地址：大庆市西柳街
邮编：163712
书记…………………… 5576270
所长…………………… 5576271
副所长………………… 5576272
…………………… 5576273
…………………… 5576275
…………………… 5576276
开发动态室
主任…………………… 5576280
办公室………………… 5576290
…………………… 5576291
…………………… 5576292

综合研究所
主任…………………… 5576281
办公室………………… 5576290
…………………… 5576291
…………………… 5576292
管理室
主任…………………… 5576280
办公室………………… 5576295
…………………… 5576267
新区开发室
主任…………………… 5576279
办公室………………… 5576282
…………………… 5576283
…………………… 5576286
…………………… 5576287
油藏描述室
主任…………………… 5576278
办公室………………… 5576282
…………………… 5576283
…………………… 5576286
…………………… 5576287
对比室………………… 5576289
工作站………………… 5576288

头台油田开发有限责任公司

地址：大庆市头台
邮编：163517
领导
董事长………………… 4464198
总经理………………… 4464192
副书记………………… 4464217
副总经理……………… 4464255
…………………… 4464212
总会计师……………… 4464108
总地质师……………… 4464093
总经理助理…………… 4464106
…………………… 4464258
副总工程师…………… 4464239
经理办
主任…………………… 4464188

副主任……………… 4464231
工会副主席………… 4464121
团委………………… 4464101
闭路台……………… 4464181
机要室……………… 4464201
打字室……………… 4464036
复印室……………… 4464127
公务员……………… 4464180
人事监察部
主任………………… 4464234
副主任……………… 4464100
干部管理…………… 4464132
劳资管理…………… 4464102
档案管理…………… 4464125
经营管理部
主任………………… 4464229
副主任……………… 4464146
合同价格…………… 4464251
统计考核…………… 4464063
成本会计…………… 4464160
税务会计、出纳…… 4464190
会计………………… 4464301
资产会计…………… 4464333
生产部
主任………………… 4464158
副主任……………… 4464195
…………………… 4464210
调度长……………… 4464139
机动科长…………… 4464114
电力科长…………… 4464262
输油科长…………… 4464257
预算科长…………… 4464091
土地科长…………… 4464225
作业科长…………… 4464096
预算设计…………… 4464330
安全员……………… 4464273
基建………………… 4464232
现场施工…………… 4464289
生产综合…………… 4464328
综合调度…………… 4464060
…………………… 4464061
…………………… 4464205
司机班……………… 4464046
开发技术中心
主任………………… 4464051
副主任……………… 4464238
…………………… 4464019
…………………… 4464167
老区动态…………… 4464206
…………………… 4464309
机采工艺…………… 4464202
采油工艺…………… 4464182
作业综合…………… 4464373
对外合作…………… 4464332
新区动态…………… 4464323
…………………… 4464353
钻井地质…………… 4464029
地质综合…………… 4464193
信息中心
主任………………… 4464331
办公室……………… 4464107
…………………… 4464134
…………………… 4464163
档案室……………… 4464170
…………………… 4464378
经管室……………… 4464237
司机班……………… 4464131
…………………… 4464077
…………………… 4464049
…………………… 4464207
器材供应站
站长………………… 4464184
副站长……………… 4464126
综合办……………… 4464187
加油站……………… 4464009
材料员……………… 4464375
…………………… 4464147
调拨员……………… 4464377
保管组……………… 4464007
核算岗……………… 4464339
生产组……………… 4464299
门卫………………… 4464008
采油一区
书记………………… 4464209
经理………………… 4464256
副经理……………… 4464151
地质师……………… 4464073
综合办主任………… 4464308
生产办主任………… 4464259
技术办主任………… 4464264
一段段长…………… 4464005
捞油段段长………… 4464084
三段段长…………… 4464027
综合办……………… 4464157
…………………… 4464382
资料室……………… 4464349
微机室……………… 4464003
调度………………… 4464010
试验站
阀组间……………… 4464024
水岗………………… 4464023
油岗………………… 4464021
值班室……………… 4464072
101 阀组间………… 4464022
102 阀组间………… 5329484
103 阀组间………… 5329485
104 阀组间………… 5329486
105 阀组间………… 5329487
2 号 1 阀组间……… 5329476
2 号 2 阀组间……… 5329477
2 号 5 阀组间……… 5329478
2 号 7 阀组间……… 5329480
2 号 8 阀组间……… 5329488
2 号 9 阀组间……… 5329479
采油二区
书记………………… 4491786
经理………………… 4491888
副经理……………… 4491777
地质师……………… 4491868
生产办主任………… 4491778
综合办主任………… 4491808
技术办主任………… 4491800
采油段长…………… 4491789
后勤办……………… 4491866
联合站
站长………………… 4491858
副站长……………… 4491823
资料室……………… 4491780
水岗………………… 4491772
油岗………………… 4491822
地秤………………… 4491820
化验室……………… 4491825
锅炉………………… 4491824
锅炉岗值班室……… 4491821
变电所
所长………………… 4491779
值班室……………… 4491773
…………………… 4491774
资料室……………… 4491816
…………………… 4491817
微机室……………… 4491787
调度………………… 4491775
…………………… 4491776
司机宿舍…………… 4491807
食堂宿舍…………… 4491806
门卫………………… 4491844
食堂值班室………… 4491856
小食堂……………… 4491850
大食堂……………… 4491851
一段………………… 4491801
二段………………… 4491802
三段………………… 4491803
副段长……………… 4491804
测试班……………… 4491805
通信机房…………… 4491840
1 号注配间………… 4491781
2 号注配间………… 4491782
3 号注配间………… 4491783
4 号注配间………… 4491784
5 号注配间………… 4491785
6 号注配间………… 4491786
头台分局
办公室……………… 4491811
值班室……………… 4491810
肇州分局
办公室……………… 4491799
值班室……………… 4491812
驻公司办公室……… 4464087
驻公司司机班……… 4464136
采油三区
书记………………… 4464150
经理………………… 4464266
副经理……………… 4464183
地质师……………… 4464152
生产办主任、综合办主任
…………………… 4464199
技术办主任………… 4464279
一段段长…………… 4464065
二段段长…………… 4464064
综合办……………… 4464204
技术办……………… 4464033
调度………………… 4464057
3 号站站长………… 4464203
3 号转油站………… 5329920
3 号 1 阀组间……… 5329921
3 号 2 阀组间……… 5329922
3 号 3 阀组间……… 5329923
3 号 4 阀组间……… 5329924
3 号 5 阀组间……… 5329925
3 号 6 阀组间……… 5329926
3 号 8 阀组间……… 5329928
3 号 9 阀组间……… 5329929
采油四区
经理………………… 4464235
副经理……………… 4464315
地质师……………… 4464161
生产办主任………… 4464211
综合办主任………… 4464156
技术办主任………… 4464062
技术办、调度……… 4464374
综合办……………… 4464354
输油工区
经理………………… 4464116
副经理……………… 4464006
工程师……………… 4464194
生产办……………… 4464363
经营办……………… 4464364
资料室……………… 4464346
输油段……………… 4464362
化验段……………… 4464363
调度………………… 4464348
联合站
值班室……………… 4464050
资料室……………… 4464052
输油………………… 4464042
注水………………… 4464043

化验……4464044
污水……4464124
脱水……4464047
锅炉……4464056
门卫……4464371
1 号加压站……5329482
2 号加压站……4491568
卸油段
值班室、地秤……4464325
化验岗……4464025

维修工区

经理……4464218
副经理……4464200
管理师……4464055
机动安全管理师……4464223
生产办主任……4464081
维修段段长……4464080
综合办……4464070
资料室……4464381
材料保管……4464228
调度……4464227
维修段值班室……4464383
司机班……4464359
大车段……4464379
电工段……4464074
电修……4464083
泵修……4464341
电工值班室……4464030
配电间……4464069
污水泵房……4464214
给水泵房……4464068
锅炉房……4464066
采暖维修……4464053
门卫……4464226

生活区

经理……4464196
副经理……4464327
综合办……4464038
财务……4464208
段长……4464365
小灶食堂……4464216
一食堂……4464215
二食堂……4464230
招待食堂……4464320
活动中心……4464334
机关楼门卫……4464035
1 号楼门卫……4464221
2 号楼门卫……4464322

公安分局

局长……4464185
教导员……4464140
副局长……4464260
办公室……4464145
微机室……4464149
食堂……4464144
值班室……4464110
一中队……4464143
二中队……5329378
四中队……4492611
五中队……4491811
古恰派出所……4464265

消防队

队长……4464318
指导员……4464247
副队长……4464088
……4464117
……4464270
微机室……4464122
值班室……4464119

变电所

所长……4464153
副所长……4464078
主控室……4464099
……4464244
公寓……4464037

采气分公司

地址：大庆市爱国路玉门街
邮编：163453

领导

书记……5959366
经理……5959277
工会主席……5959322
基建副经理……5959355
生产副经理……5959877
副经理……5959266
总工程师……5959255
总会计师……5959511
副总地质师……5959311
总设计师……5959766
安全总监……5959557

综合办公室

主任、宣传部部长……5959320
宣传部副部长……5959303
经营管理副主任……5959302
合同法规副主任……5959656
稳定办副主任……5959312
行政秘书……5959310
党群秘书……5959307
播音室……5959516
机关干事……5959517
公务员……5959508

党群工作部

主任……5959306
团委副书记……5959308
女工副主任……5959506

审计监察部

主任……5959305
副主任……5959535

人事部

主任……5959317
全员信息办……5959316
副主任……5959313
干部调配……5959507

计划规划部

主任……5959301
物价副主任……5959109
办公室……5959510
……5959519

技术发展部

主任……5959509
办公室……5959309

财务资产部

主任……5960177
副主任……5959315
……5959319
资产会计……5959528
出纳……5959325
成本会计……5959318

质量安全环保部

主任……5958566
副主任……5970588
……5105300
办公室……5958577
质量监督……5105033
工业安全……5105011
环保综合……5105722

生产运行部

主任……5959522
副主任……5959526
节能副主任……5959525
生产副主任……5959527
办公室……5959529
……5959520
调度室……5966500
……5986500

生产准备大队

书记……5959568
……5105538
副大队长……5105286
保卫队队长……5105996
物管副大队长……5959537
经保副大队长……5959565
……5959538
安全副大队长……5959556
物管中心主任……5959558
物管中心副主任……5959552
财务……5959551
机动、安全……5959536
宣传、团委……5959533
食堂采购员……5959561
小车队队长……5959550
综合服务队队长……5959538
宣传房产……5959550
物管中心保管员……5959553
合同人事……5959539
机动安全工会……5959536
分公司板房门卫……5959326
分公司机关门卫……5959323
车队门卫……5959560
食堂
办公室……5959562
管理员……5959561
采购员……5959562
小车班……5959550
维修队……5959551
板房门卫……5959326
司机、门卫……5959560

基建工程管理中心

主任……4515151
书记……4515152
副主任……4515172
……4515153
……4515176
……4515162
办公楼项目经理部……5959503
办公楼投资控制室……5959502
……5959501
投资控制……5959515
……5959505
土地室……4515178
……4515108
质量监督室
……4515105
……4515161
……4515127
……4515188
施工室
……4515126
……4515106
……4515155
……4515177
……4515168
综合办公室
……4515103
……4515102
……4515128
……4515109
车库……4515189

第一作业区

地址：大庆市萨大路西
邮编：163514
书记……4418011
经理……4418000
副经理……4418009
……4418006

工程师…………… 4418007
地质师…………… 4418010
工区主任………… 4418008
调度……………… 4418001
………………… 4418002
综合办公室……… 4418030
………………… 4418031
生产保障队……… 4418037
门卫……………… 4418003
食堂……………… 4418019
徐深1井
值班室…………… 4418004
………………… 4418005
徐深1-1井
值班室…………… 4418032
………………… 4418033
徐深1-101井
值班室…………… 4418047
………………… 4418048
生活区…………… 4418049
徐深5集气站
值班室…………… 4418012
………………… 4418013
生活区…………… 4418015
徐深6井
值班室…………… 4418020
………………… 4418021
生活区…………… 4418022
………………… 4418023
徐深601井
值班室…………… 4418050
………………… 4418051
生活区…………… 4418052
徐深603井
值班室…………… 4418053
………………… 4418054
生活区…………… 4418055
徐深9集气站
值班室…………… 4418056
………………… 4418057
生活区…………… 4418058
宋一联调压间
值班室…………… 4418071
………………… 4418072
双合集气站
办公室…………… 4418059
值班室…………… 4418060
………………… 4418061
锅炉……………… 4418062
门卫……………… 4418063
餐厅……………… 4418064
生产办书记……… 4515836
财务……………… 4515802
保管员…………… 4515865

人事……………… 4515860
高平调压间站长…… 4514195

第二作业区

地址：大庆市安达市升平镇
邮编：163514

书记……………… 4511165
经理……………… 4511350
安全副经理……… 4511734
生产副经理……… 4514109
生活副经理……… 4511721
地质师…………… 4511852
工程师…………… 4512748
地质队
队长……………… 4514772
书记……………… 4514052
副队长…………… 4514624
地质队…………… 4515286
经营办
主任……………… 4511953
财务……………… 4514504
人事……………… 4514089
生产办
主任……………… 4512780
机动安全………… 4514120
副主任…………… 4515557
办公室…………… 4515336
综合办…………… 4515686
材料库房………… 4514138
调度室…………… 4514087
………………… 4512987
综合办
主任……………… 4514804
工会……………… 4514046
宣传干事………… 4515332
生产保障队
队长……………… 4514101
副队长…………… 4514253
锅炉房…………… 4514176
技术员…………… 4514304
加油站…………… 4514160
门卫……………… 4514524
食堂……………… 4514042
维修班…………… 4514674
采气一队
队长……………… 4418038
书记……………… 4418039
技术员…………… 4418040
汪深1井
值班室…………… 4418016
………………… 4418017
生活区…………… 4418018
红岗调压间
值班室…………… 4418024
………………… 4418025

生活区…………… 4418026
深1集气站
值班室…………… 4418041
………………… 4418042
生活区…………… 4418043
升深1集气站
值班室…………… 4418045
………………… 4418046
生活区…………… 4418044
升深2集气站
值班室…………… 4418027
………………… 4418029
生活区…………… 4418028
升平调压间
值班室…………… 4418069
………………… 4418070

第三作业区

地址：大庆市萨大路西
邮编：163514

党委书记………… 4515167
经理……………… 4514888
经理助理………… 4515129
安全副经理……… 4515156
地质工程师……… 4515157
党办主任………… 4515133
财务……………… 4515130
工会宣传………… 4515132
生产办主任……… 4515867
工业安全………… 4515191
注入队…………… 4515135
液化站
站长……………… 4416666
副站长…………… 4416567
………………… 4416569
技术员…………… 4416566
门卫……………… 4416568
化验室…………… 4416565
探资队…………… 4515181
技术组组长……… 4515158
技术组…………… 4515192
控资队…………… 4515180
材料组
组长……………… 4515131
材料组…………… 4515120
综合办人事……… 4515193
调度室…………… 4511109
………………… 4511100
食堂……………… 4512689
芳701井………… 4416457

天然气分公司

地址：大庆市天湖路
邮编：163411

领导

书记……………… 5683128
经理……………… 5681318
副经理…………… 5687290
………………… 5689789
………………… 5697966
纪委书记………… 5672758
工会主席………… 5696618
总工程师………… 5798066
总会计师………… 5697688
总机械师………… 5696568
经理助理………… 5689666
副总工程师……… 5689007
巡视员…………… 5684006
………………… 5689036

HSE监督站

主任……………… 5671050
副主任…………… 5689576
………………… 5797596
办公室…………… 5683740
………………… 5796930
监察……………… 5692127

财务资产部

主任……………… 5686089
副主任…………… 5689587
………………… 5797396
………………… 5797626
总会计师助理…… 5689359
出纳……………… 5796692
成本……………… 5673125
………………… 5680075
会计……………… 5797607
报销……………… 5673126
资产管理………… 5673109
………………… 5672058
………………… 5673103
………………… 5692693

工会、团委

副主席…………… 5688906
………………… 5797586
副书记…………… 5796797
组织宣传………… 5689259
………………… 5673121
劳动福利………… 5686414

计划规划部

主任……………… 5689316
副主任…………… 5797726
………………… 5685905
计划……………… 5796720
计划管理………… 5673105

技术发展部

主任……………… 5689836
副主任…………… 5689637
科协管理………… 5796755
外事引进………… 5680689

企管法规部

主任…………………… 5686529
副主任………………… 5689292
………………………… 5673106
考核…………………… 5796533
法律事务……………… 5796760
法律顾问……………… 5687132
内控…………………… 5673185

人事部

主任…………………… 5683618
副主任………………… 5689627
………………………… 5683217
人事…………………… 5673120
劳资…………………… 5798875
组织员………………… 5689329
党建管理……………… 5796702
保险管理……………… 5796976
员工管理……………… 5681559

审计监察部

主任…………………… 5681986
副主任………………… 5672196
财务成本……………… 5692910
行政监察……………… 5685903
基建审计……………… 5681960
纪律监察……………… 5688330
办公室………………… 5672186
………………………… 5680932

生产运行部

主任…………………… 5672916
副主任………………… 5797336
………………………… 5684177
检修…………………… 5689289
………………………… 5671590
综合…………………… 5689706
运行调度……………… 5689111
电力调度……………… 5689333
供排水管理…………… 5689279
电力管理……………… 5673096
三电管理……………… 5683385
车辆、通信管理……… 5673196
计量、仪表管理……… 5673197
传真…………………… 5672290

稳定工作协调服务中心

主任…………………… 5686340
办公室………………… 5687693
………………………… 5680552

物资管理部

主任…………………… 5671893
基建…………………… 5672036
机房…………………… 5685161
质量价格……………… 5688227
计划结算……………… 5672322

油气生产部

主任…………………… 5689636
副主任………………… 5685636
………………………… 5689356
设备…………………… 5798575
工艺…………………… 5796719
仪表管理……………… 5689796
活动设备……………… 5689398
办公室………………… 5692135
结算中………………… 5673129
………………………… 5687896

质量安全环保部

主任…………………… 5689196
副主任………………… 5797786
………………………… 5671895
交通安全……………… 5798825
压力容器……………… 5798903
………………………… 5692958
标准质量……………… 5796992
………………………… 5673122
环境体系办…………… 5673095

综合办公室

主任…………………… 5796898
副主任………………… 5798890
………………………… 5688155
秘书…………………… 5673107
………………………… 5798995
文书…………………… 5798557
企业文化……………… 5672060
宣传文化……………… 5798786
机关党委……………… 5798993
值班室………………… 5796731
打字室………………… 5796712
创卫办………………… 5685150

闭路台

台长…………………… 5689657
维修…………………… 5798565
编辑…………………… 5796950
机房…………………… 5684944
记者…………………… 5796732
………………………… 5798795
摄影部………………… 5796821
解放村前端播出……… 5202231
新三村前端播出……… 5717742

油气加工一大队

地址：大庆市红岗北十街 3 号
邮编：163511

书记…………………… 4192581
经理…………………… 4192161
副经理………………… 4192661
………………………… 4192213
………………………… 4199993
责任工程师…………… 4198071

生产办

主任…………………… 4192547
副主任………………… 4994286
………………………… 4994519
调度…………………… 4994322
………………………… 4994745
………………………… 4994783
………………………… 4994006
车辆安全……………… 4994788
传真机………………… 4994729
会议机………………… 4191795
直通…………………… 4194111
工艺…………………… 4994676
电器…………………… 4994645
仪表…………………… 4994316
工业安全……………… 4994525
HSE 管理 …………… 4994405
信息管理……………… 4994118
轻烃调度……………… 4994307

经营办

主任…………………… 4994626
办公室………………… 4994721
主管会计……………… 4994520
出纳…………………… 4994583
计划统计……………… 4994634

综合办

主任…………………… 4994526
副主任………………… 4192747
团委书记……………… 4994490
组织、团委…………… 4994527
宣传…………………… 4994592
打字室………………… 4994271
三楼接待室…………… 4191769
计划生育……………… 4994604
后勤、房产…………… 4994529
后勤库………………… 4994323
后勤门卫……………… 4994320
化验室………………… 4994327
机关门卫……………… 4994289
机关食堂……………… 4994151
机关食堂接待室……… 4994376

活动中心

舞台…………………… 4994291
值班室………………… 4994292

材料组

组长…………………… 4994304
办公室………………… 4994501
材料员………………… 4994182
保管员………………… 4192364

汽车队

书记…………………… 4199679
队长…………………… 4194403
值班室………………… 4994425
维修班………………… 4994290
服务队………………… 4994303

经保队

办公室………………… 4994540
………………………… 4994192
值班室………………… 4994755

维修队

书记…………………… 4994331
队长…………………… 4194440
值班室………………… 4994128
仪表班………………… 4993214
电工班………………… 4994326

准备队

副队长………………… 4994293
办公室………………… 4194267
值班室………………… 4994330
收发室………………… 4994775
门卫…………………… 4992417
食堂…………………… 4994295
301 房间 …………… 4994301
302 房间 …………… 4994299

杏三集气站

站长…………………… 4990792
书记…………………… 4998343
生产副站长…………… 4990073
安全副站长…………… 4998274
500 号电岗 ………… 4990193
500 号操作 ………… 4990556
锅炉岗………………… 4990692
原稳操作……………… 4990179
原稳电岗……………… 4990215
经警岗………………… 4990941
宿舍楼………………… 4990153

杏九集气站

书记…………………… 4897140
站长…………………… 4989432
副站长………………… 4983796
………………………… 4987901
值班室………………… 4897084
保管组………………… 4989446
储运岗………………… 4989462
锅炉房………………… 4989406
维修班………………… 4989409
500 号操作 ………… 4989411
500 号电岗 ………… 4989436
原稳操作……………… 4989402
原稳电岗……………… 4989443
院内锅炉……………… 4980834
经警值班室…………… 4989435
宿舍楼值班室………… 4986715

杏五一油气处理站

书记…………………… 4590510
站长…………………… 4590721
副站长………………… 4590530
工艺技术员…………… 4590701
服务班………………… 4590526
500 号控制室 ……… 4590915
500 号电岗 ………… 4590524
原油稳定电岗………… 4590843

原油稳定控制……4590726
锅炉房……4590842
维修班……4590546
保管员……4590744
经警室……4591140

油气加工二大队

地址：大庆市图强路
邮编：163414

书记……5297958
大队长……5298478
副大队长……5298918
……5298325
……5298907
主任工程师……5295712
综合办
主任……5298328
副主任……5297852
……5297419
文秘……5297882
纪检、宣传……5297296
工会、女工……5297716
生产办
主任……5295297
副主任……5297859
安全员……5298351
……5296763
……5297811
设备工程师……5297857
电气工程师……5297858
工艺工程师……5295816
计划……5290540
统计……5299407
抄量员……5296765
计算室……5297756
调度……5297153
……5297154
……5295006
……5281003
……5295816
……5295285
经营办
主任……5297291
主管会计……5297908
财务……5295070
人事……5290915
档案……5295031
基建……5295285
服务队
书记……5299823
队长……5290487
副队长……5298428
材料组长……5298352
材料员……5297312
房产、绿化……5298309
打字室……5295881
后勤财务……5297842
公寓……5299864
食堂……5297290
收发室……5290504
维修队
书记……5299973
队长……5299961
办公室……5299974
……5299492
……5296775
活动中心……5290140
车队
书记……5296732
队长……5298370
办公室……5296709
车库……5297863
经警队
书记……5299823
队长……5296731
前岗……5297226
中转库……5290962
后岗……5298637
深冷站
站长……5297761
副站长……5290308
办公室……5298942
技术员……5290307
主控室……5296792
余热锅炉……5299671
电岗……5297826
浅冷站
书记……5290378
副站长……5290379
办公室……5297750
……5298924
主控室……5297759
电岗……5296467
压缩……5296287
钳工……5290901
仪表……5296287
原稳站
书记……5290568
副站长……5290569
办公室……5298176
……5299614
主控岗……5296492
电岗……5290902
中转库……5295040
动力站
副站长……5290685
办公室……5296793
……5290910
技术员……5290686
锅炉房……5296495
水场消防岗……5297267
萨南变电所……5297755
……5297602

油气加工三大队

地址：大庆市西宾路
邮编：163453

书记……5989677
大队长……5995216
副大队长……5999599
……5995167
……5665128
主任、工程师……5999763
综合办
主任……5990086
机关支部书记……5997752
干部……5984456
宣传……5990045
团委……5990041
行管房产绿化……5990077
经营办
主任……5962250
合同统计……5985470
财务主管……5985473
财务……5995497
预算……5974063
生产办
主任……5999215
副主任……5973480
副主任、工程师……5999883
工程师……5962650
……5985471
……5960927
安全员……5999665
技教工程师……5985472
质量环保超标准化…5999743
调度室……5999129
……5990085
……5977006
……5773896
……5983345
微机室……5966219
……5965274
北 11 动力站
书记……5891685
站长……5891695
技术室……5891569
值班室……5891516
北油气变电所……5891689
……5891659
循环水场……5891597
锅炉房……5891582
北 11 原稳站
书记……5891660
站长……5891559
技术室……5891560
值班室……5891646
主控室……5891539
……5891563
轻烃罐区……5891553
北 11 深冷站
书记……5891609
技术室……5891690
主控室……5891679
……5891573
准备队北 11
书记……5891626
队长……5891509
公寓……5891687
食堂……5891647
北 11 经警……5891643
莎中食堂……5972173
招待所……5190262
维修队
书记……5997660
队长……5990044
副队长……5962649
化验室……5985474
莎中变电所……5990065
……5966160
锅炉房……5975039
浅冷主控室……5973684
水泵房……5975062
技术员……5962210
……5999744
维修班……5990041
球馆……5973584
资料室……5396670
材料组……5999741
……5999742
……5999747
后勤财务……5997664
经警队
书记……5973481
队长……5977582
一号岗……5977583
值班室……5975063
……5773886
车队
书记……5975038
队长……5984439
副队长……5990081
值班室……5999726
技术员……5966291
经管员……5984402

油气加工四大队

地址：大庆市萨北北二路
邮编：163256

书记…………………… 5870199
大队长………………… 5870198
生产副大队长……… 5871448
安全副大队长……… 5870197
生活副大队长……… 5874817
主任工程师………… 5874286
生产办主任………… 5871713
生产办副主任……… 5873945
安全副主任………… 5873053
经营办主任………… 5874498
综合办主任………… 5874484
工艺………………… 5874681
电器、水…………… 5873175
锅炉、设备、配件 … 5873943
安全………………… 5874304
计算机室…………… 5874364
调度………………… 5874794
…………………… 5874848
…………………… 5878006
体改、培训………… 5878767
财务主管…………… 5873744
财务………………… 5871185
出纳………………… 5878791
统计、计划………… 5877512
稽核员……………… 5878773
房产、园林………… 5874389
后勤、人保武装…… 5874430
团委宣传…………… 5875579
劳资、人事、女工 … 5874207
工会………………… 5876750
离体办……………… 5874687
办事员……………… 5874936
仪表………………… 5874849
大队机关宣传……… 5870220
大队机关女工……… 5870221
材料组长…………… 5873748
材料员……………… 5876779
车队
书记………………… 5874450
队长………………… 5877477
技术室……………… 5874345
值班室……………… 5874345
经警队
书记、队长………… 5874496
副队长……………… 5878240
大队一楼经警……… 5878613
大队门卫…………… 5874440
北压经警…………… 5876730
准备队
书记………………… 5876749
副队长……………… 5877677
技术室……………… 5874847
…………………… 5876792
…………………… 5876767

大队锅炉…………… 5876785
维修队……………… 5876453
勤杂班……………… 5876455
材料库……………… 5874748
食堂………………… 5875316
北浅冷站
书记、站长………… 5871937
副站长……………… 5871907
液化气（技术室） … 5871938
水岗………………… 5871892
萨北浅冷液化气罐区 5871913
萨北浅冷液化气…… 5876771
萨北浅冷操作室…… 5871494
北压浅冷消防水泵房 5870223
萨北浅冷电………… 5873154
北二浅冷站
书记、站长………… 5874474
副站长……………… 5876769
技术室……………… 5876789
操作室……………… 5876741
电岗………………… 5876784
轻烃………………… 5876469
锅炉………………… 5876727
干部值班室………… 5876440
食堂………………… 5876439
北二一
书记、站长………… 5855481
站长………………… 5861816
副站长……………… 5858288
技术室……………… 5857655
经管员……………… 5857748
操作………………… 5857501
锅炉………………… 5857991
氢烃………………… 5857990
电岗………………… 5857989
增压站电岗………… 5857746
北二1技术室……… 5857655
北二1操作………… 5857501
北二1轻烃………… 5857990
北二1电岗………… 5857989
北二1锅炉………… 5857991
北二二
站长、书记………… 5861272
副站长……………… 5857066
北二2技术室……… 5855483
北二2操作………… 5857866
北二2电岗………… 5858406
北二2轻烃………… 5858407
北二2锅炉………… 5858408

油气加工五大队

地址：大庆市庆新北街
邮编：163114

书记………………… 5838753
大队长……………… 5835708

生产大队长………… 5835251
安全大队长………… 5833740
后勤大队长………… 5836135
主任工程师………… 5835754
综合办主任………… 5836260
生产办主任………… 5836989
经营办主任………… 5835947
生产办副主任……… 5836785
…………………… 5835434
工艺………………… 5835426
设备………………… 5836511
仪表………………… 5836790
安全………………… 5836840
网络管理…………… 5836546
质量………………… 5836626
计划统计人事……… 5835728
主管会计…………… 5835100
财务………………… 5835250
组织宣传…………… 5836551
工会………………… 5836525
纪检团委…………… 5835496
矿建绿化…………… 5836809
稳定………………… 5836765
…………………… 5838898
…………………… 5835847
调度室……………… 5839006
…………………… 5836764
传真………………… 5839414
直通………………… 5835144
喇二浅冷站
书记………………… 5836663
站长………………… 5835895
生产副站长………… 5835061
安全副站长………… 5836733
技术室……………… 5835062
操作主控室………… 5835934
电岗主控室………… 5836507
液化气操作室……… 5836606
液化气装瓶间……… 5839748
锅炉岗……………… 5836829
库房………………… 5836850
值班室……………… 5836733
喇一原稳站
书记………………… 5836501
站长………………… 5836306
生产副站长………… 5836855
安全副站长………… 5836855
技术室……………… 5838649
原稳操作…………… 5836500
150号电岗 ………… 5833742
150号操作 ………… 5836661
电岗………………… 5835512
水厂………………… 5836719
锅炉岗……………… 5835420

喇二原稳站
书记………………… 5838737
站长………………… 5836062
生产副站长………… 5838737
安全副站长………… 5834905
技术室……………… 5834905
操作………………… 5836884
进料………………… 5836736
水场………………… 5835422
车队
书记………………… 5836644
队长………………… 5835429
经警队
书记………………… 5836869
队长………………… 5839140
生产副队长………… 5835501
巡逻队……………… 5839749
喇压值班室………… 5836836
喇一值班室………… 5835418
大队值班室………… 5836047
材料值班室………… 5836255
原三值班室………… 5836396
生产准备队
书记………………… 5835848
队长………………… 5835311
生产副队长………… 5835431
后勤副队长………… 5836868
材料组……………… 5833144
…………………… 5836255
技术组……………… 5836863
管焊班……………… 5836763
计生综合组………… 5836896
医疗保险…………… 5835480
化验室……………… 5836545
打字室……………… 5833195
公寓………………… 5835437
食堂………………… 5836544

油气加工六大队

地址：大庆市萨大路
邮编：163000

书记………………… 5818887
大队长……………… 5818870
副大队……………… 5818987
…………………… 5818866
…………………… 5818779
…………………… 5818569
工程师……………… 5818090
综合办
主任………………… 5818472
团委女工…………… 5818347
组织宣传…………… 5818794
纪检稳定…………… 5818251
房产………………… 5818876
生产办

主任………………… 5818886
副主任………………… 5818581
………………………… 5818951
电气、节能………… 5818871
设备、资产………… 5818874
仪表、计量………… 5818594
质量、科技………… 5818844
信息、技教………… 5818537
调度室……………… 5818110
………………………… 5818341
经营办
主任………………… 5818872
财务………………… 5819873
劳资………………… 5818560
计划………………… 5818409
原稳站
站长、书记………… 5818101
副站长……………… 5818935
………………………… 5819136
技术室……………… 5818842
泵房………………… 5818638
维修班……………… 5818505
电岗………………… 5818410
压缩………………… 5818502
主控室……………… 5818491
锅炉………………… 5818503
轻烃………………… 5818490
装车场……………… 5818170
中七站
书记………………… 5814034
站长………………… 5828939
副站长……………… 5811095
资料室……………… 5811158
主控室……………… 5811157
锅炉………………… 5811053
轻烃………………… 5811393
电岗………………… 5811395
技术室……………… 5811390
后勤………………… 5886797
公寓………………… 5886793
南压站
书记………………… 5819070
站长………………… 5819596
副站长……………… 5819892
主控室……………… 5819124
轻烃………………… 5819159
锅炉………………… 5819871
电岗………………… 5819252
水岗………………… 5819863
后勤………………… 5819554
南压深冷站
书记………………… 5818219
站长………………… 5819628
副站长……………… 5819326

………………………… 5818072
技术室……………… 5819626
主控室……………… 5818172
………………………… 5818265
水岗………………… 5818293
车队
书记………………… 5819242
队长………………… 5819342
副队长……………… 5818301
经警队
书记………………… 5818257
队长………………… 5818837
门卫………………… 5819019
原稳经警…………… 5819241
中七经警…………… 5811629
深冷经警…………… 5818201
南压经警…………… 5819152
准备队
书记………………… 5818150
队长………………… 5819062
材料组长…………… 5818775
材料员……………… 5818824
稽核员……………… 5818776
保管员……………… 5818834
维修班……………… 5818504
化验室……………… 5818915
公寓………………… 5818772
档案………………… 5819015
食堂………………… 5818302

油气加工八大队

地址：大庆市张铁匠二区东端
邮编：163511

书记………………… 4992115
大队长……………… 4993115
项目副经理………… 4993155
后勤负责人………… 4992442
工艺工程师………… 4992481
生产办主任………… 4992443
综合办主任………… 4992486
办公室……………… 4192040
技术………………… 4992441
工会、女工………… 4196626
安全………………… 4992445
财务………………… 4992990
设备………………… 4192039
材料组长…………… 4992137
保管员……………… 4992139
电气………………… 4992489
化验………………… 4195910
门卫………………… 4199984
食堂………………… 4993449
公寓值班室………… 4992980
厂房经警值班室…… 4992603
歧化站

站长………………… 4992062
副站长……………… 4194561
主控室……………… 4992840
………………………… 4992839
装车计量…………… 4992454
动力站
站长………………… 4992063
副站长……………… 4994561
电岗………………… 4992432
锅炉房……………… 4994794
综合队……………… 4992064

油气加工九大队

地址：大庆市红岗区金山堡村
邮编：163511

书记………………… 4997391
大队长……………… 4997395
副大队长…………… 4997858
………………………… 4999633
责任工程师………… 4997859
综合办主任………… 4997680
生产办主任………… 4997578
调度………………… 4997681
………………………… 4997683
………………………… 4997685
宣传………………… 4997393
劳资、人事………… 4997539
主管会计…………… 4997390
出纳………………… 4997579
保管员……………… 4997679
HSE 管理…………… 4997691
仪表………………… 4997692
安全………………… 4997693
材料组……………… 4997377
信息网络…………… 4997381
合同、房产………… 4997397
后勤………………… 4997732
后勤经管员………… 4999631
经警………………… 4997574
准备队
书记………………… 4997361
副队长……………… 4990718
维修队
书记………………… 4997861
队长………………… 4997522
副队长……………… 4997536
监察员……………… 4990733
技术组……………… 4997537
仪表………………… 4997535
维修班……………… 4997327
深冷站
站长………………… 4997860
副站长……………… 4990714
技术员……………… 4997531
经管员……………… 4997523

操作………………… 4997572
………………………… 4997573
浅冷站
书记、站长………… 4997392
副站长……………… 4990716
技术员……………… 4990717
操作………………… 4997726
………………………… 4997695
动力站
书记………………… 4997532
站长………………… 4997383
副站长……………… 4990713
技术员、经管员…… 4990715
技术………………… 4997533
变电所……………… 4997387
………………………… 4997577
锅炉………………… 4999780
水岗………………… 4999786
红岗压气站
后勤值班室………… 4997348
食堂………………… 4998578
500 号操作 ………… 4997382
低压室……………… 4999045
消防配电室………… 4999783

油气储运一大队

地址：大庆市解放六街
邮编：163461

书记………………… 5201728
大队长……………… 5200960
副大队长…………… 5202911
………………………… 5201727
………………………… 5201877
主任工程师………… 5201356
综合办
主任………………… 5201904
人事………………… 5201774
工会………………… 5200912
稳定办……………… 5209009
经营办
主任………………… 5201744
财务………………… 5203071
出纳………………… 5201071
生产办
主任………………… 5201517
副主任……………… 5200916
工艺设备…………… 5201747
电气管理…………… 5201925
计量仪表…………… 5201724
安全管理…………… 5201755
资产技教…………… 5200921
输气管理…………… 5201931
调度………………… 5202902
………………………… 5202901
维修队

队长…………………… 5201543
书记…………………… 5201641
车队
队长…………………… 5201671
经保队
队长…………………… 5201973
书记…………………… 5201563
准备队
队长、书记………… 5201907
材料组……………… 5201912
食堂………………… 5201726
储运一队
书记…………………… 4662980
队长…………………… 5309201
副队长……………… 5309202
…………………… 5309203
技术室……………… 4197732
杏一计量间………… 4994779
红压计量间………… 4999590
杏三计量间………… 4696161
杏三丁字口………… 4990416
杏九计量间………… 4989810
储运二队
队长…………………… 5202397
书记…………………… 5202387
南二七……………… 5201579
南五………………… 5297223
一号站……………… 5297265
二号站……………… 5686740
三号站……………… 5686046
南四………………… 5297279
南二一……………… 5295087
杏一计量间………… 4197732
杏九计量间………… 4989810
乙烯总外输计量站
站长…………………… 6261101
书记…………………… 6265768
副站长……………… 6254166
光明轻烃储库
站长…………………… 5295443
书记…………………… 5297758
副站长……………… 5291641
南一储库
站长…………………… 5686033
书记…………………… 5692794
副队长……………… 5692793
经警………………… 5689834
锅炉………………… 5687416
操作………………… 5692796
技术室……………… 5692795

油气储运二大队
地址：大庆市解放路
邮编：163459
书记…………………… 5291125
大队长……………… 5299000
副大队长…………… 5299009
…………………… 5298736
…………………… 5299284
…………………… 5281030
综合办
主任…………………… 5291241
宣传………………… 5290537
工会………………… 5290512
打字室……………… 5299564
生产办
主任…………………… 5298959
副主任……………… 5290738
…………………… 5291224
调度………………… 5290954
…………………… 5299003
…………………… 5299001
…………………… 5290964
…………………… 5299002
安全管理…………… 5291240
体系管理…………… 5297717
仪表管理…………… 5290535
工艺管理…………… 5299120
科技管理…………… 5296603
经营办
主任…………………… 5291969
主管会计…………… 5298734
劳资管理…………… 5297675
计划管理…………… 5295020
会计………………… 5290849
输气一队
书记…………………… 5396158
队长…………………… 5183675
副队长……………… 5396157
技术员……………… 5396156
安全员……………… 5396986
输气班……………… 5395121
值班室……………… 5395120
计量间甲醇厂……… 5619721
输气二队
书记…………………… 5870171
队长…………………… 5870172
副队长……………… 5874429
技术员……………… 5874974
安全员……………… 5871216
值班室……………… 5876432
经管员……………… 5871220
计量间……………… 5876726
…………………… 5309756
北二站……………… 5858930
输气三队
书记…………………… 5836849
队长…………………… 5834144
副队长……………… 5835845
…………………… 5835850
队部………………… 5835948
…………………… 5835857
技术组……………… 5835852
输气四队
书记…………………… 5203584
队长…………………… 5203554
副队长……………… 5203534
…………………… 5203604
技术员……………… 5203704
经管员……………… 5203194
小化………………… 4659472
东风站……………… 4661536
维修队
书记…………………… 5298672
队长…………………… 5290991
技术员……………… 5299774
车队
书记…………………… 5299170
队长…………………… 5298213
经管员……………… 5298214
综合队
队长…………………… 5298074
副队长……………… 5298374
材料组……………… 5297678
管理员……………… 5295082
经管员……………… 5299252
锅炉房……………… 5299003
门卫………………… 5291953

工程技术大队
地址：大庆市天湖路
邮编：163411
书记…………………… 5673071
大队长……………… 5685322
副大队长…………… 5673112
…………………… 5673110
主任工程师………… 5689464
综合室
主任…………………… 5672695
副主任……………… 5798679
…………………… 5673132
财务………………… 5673136
资产………………… 5673131
保管员……………… 5673134
设备………………… 5673089
材料员……………… 5796259
办公室……………… 5798695
…………………… 5673163
…………………… 5688651
司机班……………… 5673091
门卫………………… 5673902
接待室……………… 5798705
方案室
主任…………………… 5673160
…………………… 5673114
副主任……………… 5673137
…………………… 5681820
办公室……………… 5673138
…………………… 5673139
…………………… 5673161
…………………… 5673162
…………………… 5798706
技术室
书记…………………… 5673115
主任…………………… 5798656
副主任……………… 5688912
…………………… 5680005
办公室……………… 5673130
…………………… 5673135
…………………… 5673113
动态室
书记…………………… 5796085
主任…………………… 5798667
副主任……………… 5673116
…………………… 5796292
技术员……………… 5673119
办公室……………… 5673117
…………………… 5673093
信息管理室
书记…………………… 5797127
主任…………………… 5673165
副主任……………… 5688972
…………………… 5692043
软件组……………… 5684907
硬件组……………… 5688970
…………………… 5688759
档案室……………… 5692044
…………………… 5798094
…………………… 5798129
…………………… 5673006
办公室……………… 5688259
…………………… 5692860
机房………………… 5798209
经济评价室
书记…………………… 5673066
主任…………………… 5672650
副主任……………… 5672630
办公室……………… 5796817
安全评价室
书记…………………… 5673090
主任…………………… 5673102
副主任……………… 5796132
…………………… 5796152
办公室……………… 5673101

规划设计研究所
地址：大庆市解放八街
邮编：163459
书记…………………… 5297162

所长……5296658
副所长……5296575
……5298212
主任工程师……5297160
生产经营办
主任……5298285
副主任……5298219
综合办
主任……5297668
经营计划……5291913
财务……5297683
人事……5297684
稳定……5297975
设计室
书记……5299937
主任……5297672
副主任……5297869
计算机 1 室……5297132
计算机 2 室……5298257
办公室……5297674
规划室
书记……5297164
主任……5298276
副主任……5297161
办公室……5298507
网络管理
主任……5297051
规划组……5297105
经济室
书记……5297931
主任……5297930
副主任……5297932
预算组……5298256
资料室……5290637
准备队
书记……5297909
队长……5297996
副队长……5297969
锅炉班……5297104
材料保管……5297976
食堂……5297641
办公室……5297669

销售中心
地址：大庆市天湖路
邮编：163411
书记……5672976
主任……5683910
副主任……5673198
……5672967
……5672969
助理……5673058
销售部
部长……5691874
办公室……5673079
……5673069
……5692947
综合办公室
主任……5691710
办公室……5673064
……5673075
生产办公室
主任……5795858
办公室……5672977
……5673082
……5673063
……5680988
调度室……5683514
……5673086
……5695200
调度传真……5673087
经营办公室
主任……5692866
办公室……5673060
……5673067
……5673080
机房……5692683
工程开发所
队长……5692865
办公室……5673085
……5691702
……5673084
……5673081
长输管道
办公室……5717563
……5717565
……5717568
……5717570
……5717582
……5717583
……5717590
……5717592
……5717843
……5714839
……5717560
……5717561
乘风营业所
队部……5710987
……5710955
十区调压间……5759477
十一区调压间……5739377
……5739477
抢修队
队长……5723770
办公室……5719915
龙南天然气管理所
书记……5183099
所长……5183966
经管员……5182277
技术员……5182966
值班室……5182099
锅炉班……5198244
龙南供气站……5182911
……5199194
世纪家园民用气班……5105540
……5105539
利民苑民用气值班室 5881223
……5881224
广厦民用气营业收费室 5512174
……5510374
生产准备队
书记……5691726
队长……5673070
副队长……5671086
办公室……5692683
……5691727
档案室……5692245
材料组……5692797
食堂……5723202
车班……5796111
门卫……5683250
计算机房
收费系统……5680160
……5680162
东风天然气管理所
所长……4616768
副所长……4616767
技术员……4616758
供气站……4617377
大学值班室……4675978

基建工程管理中心
地址：大庆市解放七街
邮编：163414
书记……5298728
主任……5281108
副主任……5298318
……5298247
……5298319
综合办
主任……5299807
办公室……5299712
合同员……5299142
会计、出纳……5298265
组织……5298216
人事、工会……5296048
资产员……5299712
材料员……5299796
食堂管理员……5291946
综合调度……5299785
预算部
主任……5298143
办公室……5299147
预算员……5296850
……5299147
……5291947
物资部
主任……5296849
土地管理部
主任……5290224
基建工程部
主任……5299781
项目经理……5296796
……5291637
……5290291
办公室……5298146
维修工程部
主任……5291582
副主任……5299825
项目经理……5296045
……5290728
办公室……5291632
……5296047
质量室
主任……5291945
质量室……5290293
……5299785
……5299776
……5299982

生产维修大队
地址：大庆市解放路
邮编：163459
书记……5297583
大队长……5297571
副大队长……5297210
……5298779
……5298018
综合办
主任……5297739
工会、女工……5297720
稳定、房产、档案 …5297573
生产办
主任……5297261
副主任……5297275
……5291243
调度……5297743
……5297744
设备、计量、技术管理 5297575
预算、统计、企管 …5296456
出纳……5297773
环境保护……5297729
人事、劳资……5295027
机械维修队
书记……5297745
队长……5290384
副队长……5297745
电力维修队
书记、队长……5299740

副队长…………… 5299464
仪表维修队
书记…………… 5296779
队长…………… 5298954
工艺队
书记…………… 5296758
队长…………… 5295302
副队长…………… 5291864
…………… 5297748
生产准备队
书记…………… 5297742
队长…………… 5298171
副队长…………… 5297760
…………… 5297742
材料组…………… 5297740
食堂…………… 5297769

生产准备大队

地址：大庆市乘风大街
邮编：163416

书记…………… 5717977
大队长…………… 5711007
副大队长…………… 5722636
…………… 5713261
…………… 5713499
综合办主任…………… 5717971
生产办主任…………… 5711768
生产办副主任…………… 5717920
经营办主任…………… 5711389
主管会计…………… 5712975
房产会计…………… 5712701
纪检干事…………… 5717864
工会干事…………… 5712428
设备干事…………… 5717972
人事干事…………… 5719416
房产、绿化…………… 5714647
计划、合同…………… 5712861
大车队
书记…………… 5712649
队长…………… 5723235
副队长…………… 5710834
经管员…………… 5711054
维修队
书记…………… 5714837
队长…………… 5710051
经管员…………… 5712054
技术员…………… 5712460
电工班…………… 5713498
运行班…………… 5717973
外线班…………… 5716828
…………… 5710093
综合队
书记…………… 5717860
副队长…………… 5713431
调度室…………… 5719000

…………… 5711464
收发室…………… 5713792
材料组…………… 5710052
检测站…………… 5712860
门卫…………… 5717285
食堂…………… 5711676
电力队
书记…………… 5731372
队长…………… 5731371
副队长…………… 5713790
经管员…………… 5731373
电力收费组…………… 5731255
…………… 5731233
乘风变电所…………… 5731084
…………… 5731094
…………… 5723122
小车队
书记…………… 5692769
队长…………… 5692770
技术员…………… 5692771
经管员…………… 5695624
调度室…………… 5692772
…………… 5681772
电力队
乘东变电所…………… 5696144
…………… 5693414
维修队
锅炉房…………… 5673181
环卫队
书记…………… 5692235
队长…………… 5683860
技术员…………… 5691410
机关打字室…………… 5692691
机关收发室…………… 5682454
保洁班（1号楼）… 5695094
保洁班（2号楼）… 5683804
服务队
书记…………… 5798406
队长…………… 5671977
经管员…………… 5692318
保管员…………… 5685981
餐饮…………… 5798407
一楼大厅…………… 5673182
会展中心
办公室…………… 5685916
门卫…………… 5685915
采购…………… 5673180
客房值班室…………… 5685971
活动中心
馆长…………… 5683070
大厅…………… 5683150
门卫…………… 5683085
保管员…………… 5683065
机关食堂

管理员…………… 5673191
值班室…………… 5673192
会计…………… 5691274
机关小食堂
办公室…………… 5691150
领导餐厅…………… 5673193
值班室…………… 5673195

经保大队

地址：大庆市解放路
邮编：163414

书记…………… 5281602
大队长…………… 5281070
副大队长…………… 5299091
…………… 5290603
综合办
主任…………… 5299226
人事组织…………… 5299854
工会宣传…………… 5297875
安全环保…………… 5290156
财务…………… 5291329
材料员…………… 5299616
HSE 监督员 …… 5299616
人武警办
主任…………… 5296863
内勤…………… 5290701
治安…………… 5297903
防范组…………… 5298510
武装组…………… 5299470
综合治理…………… 5299782
巡逻一队
书记…………… 5203281
队长…………… 5203283
副队长…………… 5203259
…………… 5203285
办事员…………… 5203571
机动班…………… 5203489
巡逻二队
书记…………… 5291507
队长…………… 5290643
副队长…………… 5296812
经管员…………… 5297070
巡逻班…………… 5295671
巡逻三队
书记…………… 5691756
队长…………… 5696302
副队长…………… 5685327
办事员…………… 5672172
一号岗…………… 5672181
二号岗…………… 5692973
外门岗…………… 5721772
油保十中队
队长…………… 5299446
副队长…………… 5299448
值班室…………… 5299440

…………… 5299441
防范队
书记…………… 5291357
队长…………… 5297901
副队长…………… 5290326
经管员…………… 5299727
办事员…………… 5299507
活动中心…………… 5299518
…………… 5290842
资产库…………… 5297650
弹药库…………… 5296334
锅炉房…………… 5297935
车班…………… 5297070
调度…………… 5291252
…………… 5291553
…………… 5297937
食堂…………… 5297937

检测中心

地址：大庆市西宾路
邮编：163453

书记…………… 5184954
主任…………… 5183924
副主任…………… 5399343
…………… 5102881
主任工程师…………… 5184634
生产经营办
主任…………… 5102492
副主任…………… 5102493
财务组…………… 5184824
综合管理办主任…… 5184542
设备检测站
站长…………… 5183066
副站长…………… 5299341
检测组…………… 5399585
政工组…………… 5102491
生产准备队
书记、队长…………… 5393541
库房…………… 5102495
食堂…………… 5102496
检定组…………… 5393546
办公室…………… 5399342
调度…………… 5102114
门卫…………… 5102494
安全阀校验站
站长…………… 5290450
办公室…………… 5297351
计量鉴定站
站长…………… 5297851
操作间…………… 5296760
质量检验站
站长…………… 5297165
书记…………… 5297399
操作间…………… 5297680

离退休职工管理中心

地址：大庆市北二路

邮编：163411
新三村活动站
主任………………… 5716855
办事员……………… 5713071
值班室……………… 5713081
……………………… 5716242
培训中心
地址：大庆市八百垧北路
邮编：163412
书记………………… 4984278
主任………………… 4984288
副主任……………… 4980862
财务组……………… 4984286
人事、工会………… 4984272
房产、基建………… 4980875
安全管理办………… 4984285
培训管理办………… 4984283
生产运行办
主任………………… 4984271
技能鉴定办
主任………………… 4984270
办公室……………… 4984275
……………………… 4984282
……………………… 4989440
员工培训办………… 4984273
综合办主任………… 4984287
材料组……………… 4984281
主控室……………… 4989545
电岗………………… 4989400
水岗………………… 4983153
锅炉岗……………… 4980834
经警岗……………… 4989595
公寓值班室………… 4980863
食堂………………… 4989509
庆哈管道
项目部……………… 5798737
……………………… 5686528
双合首站…………… 4418067
……………………… 4418068
东官站……………… 4418065
……………………… 4418066
昂昂溪站…………… 5575310
……………………… 5575311
……………………… 5575312
平房站……………… 5575300
……………………… 5575301
……………………… 5575302
……………………… 5575303
红岗站……………… 5309209
……………………… 5309208

储运销售分公司

地址：大庆市西宾路
邮编：163453
领导
经理………………… 5183133
党委书记…………… 5181588
常务副经理………… 5197366
纪委书记…………… 5195988
副经理……………… 5183766
……………………… 5183438
……………………… 5183955
总会计师…………… 5183998
党委副书记、工会主席 5195528
经理助理…………… 5183382
……………………… 5183985
……………………… 5183680
……………………… 5183298
副总工程师………… 5183368
安全副总监………… 5199926
经理办
主任………………… 5181986
宣传部长、副主任 … 5183398
副主任……………… 5191909
综合秘书…………… 5183144
宣传干事…………… 5182703
机要文书…………… 5182702
公务员……………… 5192315
收发室……………… 5183643
会议管理…………… 5392867
机关党委
机关党委副书记…… 5395098
秘书………………… 5184019
生产运行部
主任………………… 5198288
副主任……………… 5197579
……………………… 5192299
……………………… 5392265
运行管理…………… 5392279
电力管理…………… 5392279
生产保障…………… 5392653
生产管理…………… 5390412
自动化仪表………… 5199920
生产调度…………… 5183441
……………………… 5391693
……………………… 5190492
电力调度…………… 5190494
……………………… 5183591
……………………… 5183442
人力资源部
主任………………… 5196633
副主任……………… 5392708
……………………… 5182700
……………………… 5393374
党委组织员………… 5395506
培训发展…………… 5196231
劳动组织…………… 5391892
薪酬管理…………… 5391470
技术干部管理……… 5191336
组织干事…………… 5395166
技能鉴定…………… 5393709
培训基地管理……… 5393709
生产操作人员管理 … 5199836
工会、团委
工会副主席………… 5192316
团委书记…………… 5391475
团委干事…………… 5398556
工会财务…………… 5183642
工会女工…………… 5182705
工会干事…………… 5183597
财务部
主任………………… 5182706
副主任……………… 5392375
……………………… 5199899
报销管理…………… 5193107
出纳………………… 5193107
税务管理…………… 5392176
成本管理…………… 5182716
俄油核算…………… 5199799
现金稽查…………… 5199799
工资管理…………… 5396499
基建管理…………… 5392362
结算中心
主任………………… 5392173
业务………………… 5395760
……………………… 5397499
质量安全环保部
主任………………… 5199926
副主任……………… 5183860
……………………… 5391042
……………………… 5182719
锅炉压力容器管理 … 5393089
质量工业卫生管理 … 5183992
交通管理…………… 5184325
工业防火…………… 5399735
环境保护…………… 5182701
HSE 监察 ………… 5393182
规划计划部
主任………………… 5199597
副主任……………… 5397271
……………………… 5399902
能源管理…………… 5183105
综合统计…………… 5395253
规划计划…………… 5183446
机房………………… 5183504
投资控制监察……… 5397271
技术发展部
主任………………… 5183901
副主任……………… 5397290
节能技术…………… 5199939
科技管理…………… 5394074
市场开发…………… 5183991
审计监察部
主任………………… 5183538
副主任……………… 5183280
纪检监察员………… 5181923
……………………… 5183928
审计员……………… 5182704
……………………… 5183995
设备物资管理部
主任………………… 5183138
副主任……………… 5395267
……………………… 5183910
物资结算…………… 5183592
物资采购…………… 5391043
物资计划…………… 5182712
物资采购…………… 5391688
资产管理…………… 5183439
设备管理…………… 5393026
资产会计…………… 5399724
油品管理部
主任………………… 5183435
副主任……………… 5182713
……………………… 5196546
封闭结算…………… 5391477
成品油管理………… 5392384
原油统计…………… 5184957
原油计量…………… 5199890
企管法规部
主任………………… 5183903
法律顾问…………… 5183075
副主任……………… 5391491
助理法律顾问……… 5394255
内控管理…………… 5397516
物价员……………… 5392621
……………………… 5199896
企业管理…………… 5395351
稳定工作协调服务中心
主任………………… 5192005
副主任……………… 5182838
……………………… 5183331
综合管理…………… 5182714
机关门卫
前楼门卫…………… 5182707
公司大门…………… 5183334
后楼门卫…………… 5183610
基建管理中心
主任………………… 5198768
书记………………… 5399858
副主任……………… 5392841
……………………… 5183377
质量管理…………… 5182717
……………………… 5393627
……………………… 5393730
……………………… 5392409
项目管理…………… 5399838
……………………… 5399828

………………………… 5399818
………………………… 5392825
………………………… 5392409
………………………… 5399848
………………………… 5394363
土地管理………………… 5394317
合同管理………………… 5394332
质量管理………………… 5391496
人事管理………………… 5399848
机动资产………………… 5392044
财务管理………………… 5395201
预算管理………………… 5195227
………………………… 5393517
………………………… 5395713
………………………… 5190616
………………………… 5191566
………………………… 5192886
………………………… 5193866

南一油库

地址：大庆市庆化路
邮编：163411

书记……………………… 5688503
主任……………………… 5680567
副主任…………………… 5796408
………………………… 5685599
………………………… 5796748
主任工程师……………… 5672676
生产办
主任……………………… 5795485
安全员…………………… 5798748
节能计量………………… 5795495
培训……………………… 5795403
综合办
主任……………………… 5795401
人事员…………………… 5671504
财务
主管……………………… 5694866
办公室…………………… 5795402
女工工会………………… 5699420
计算机室………………… 5684749
宣传团委………………… 5691200
房产档案………………… 5694300
调度……………………… 5798467
………………………… 5798468
集输队
队长……………………… 5795448
书记……………………… 5795449
输油班…………………… 5686424
计量班…………………… 5687411
消防班…………………… 5686421
化验班…………………… 5686287
仪表班…………………… 5694800
动力队
书记……………………… 5795659
队长……………………… 5795660
锅炉班…………………… 5687424
变电班…………………… 5693071
综合队
书记、队长……………… 5795660
材料库…………………… 5795948
维修班…………………… 5699488
电工班…………………… 5795348
司机班…………………… 5798478
食堂……………………… 5698409
经警队
队部……………………… 5798213
守护班…………………… 5687734
巡线班…………………… 5699822

南三油库

地址：大庆市大同区林源一村
邮编：163852

主任……………………… 5309139
书记……………………… 5076919
副主任…………………… 5016278
………………………… 5076658
………………………… 5076933
………………………… 5076936
………………………… 5076900
生产办主任……………… 5027448
调度长…………………… 5076902
安全员…………………… 5076903
………………………… 5076956
技教、统计……………… 5076906
节能、科技……………… 5076908
自动化、计量…………… 5076955
基建……………………… 5076932
财务主管………………… 5076907
财务……………………… 5076931
出纳……………………… 4695265
综合办干事……………… 5076901
人事、劳资……………… 5076905
女工、文秘……………… 5076910
宣传……………………… 5076909
后勤、绿化……………… 5076920
材料员…………………… 5076922
保管员…………………… 5076930
材料库…………………… 4695548
调度……………………… 4690091
………………………… 4690092
集输队
队长……………………… 4696277
书记……………………… 4695417
副队长…………………… 4696277
………………………… 4695417
………………………… 4695480
技术员…………………… 4695480
化验……………………… 4690678
计量……………………… 4695469
输油一班………………… 4696426
输油二班………………… 4695460
输油三班………………… 4698385
输油四班………………… 5329293
消防班…………………… 4697749
集油一班………………… 5309131
集油二班………………… 4695460
动力队
队长……………………… 4695560
书记……………………… 4695472
副队长…………………… 4695472
技术员…………………… 4695472
10 吨司炉 ……………… 4696425
10 吨软化 ……………… 4699843
35 吨司炉 ……………… 4699486
35 吨软化 ……………… 4699488
4 吨锅炉 ……………… 4695461
变电所…………………… 4699154
换热站…………………… 4696173
总外输
站长……………………… 4698431
书记……………………… 4697414
副站长…………………… 4697414
技术员…………………… 4697414
计量……………………… 4697417
化验……………………… 4690185
庆油检定………………… 4696056
俄油检定………………… 4696167
转输队
队长、书记……………… 4699031
副队长…………………… 4699038
技术员…………………… 4699038
调度……………………… 4699623
………………………… 4699621
………………………… 4698955
运行班…………………… 4699953
1 号地下泵房 …………… 4699716
2 号地下泵房 …………… 4699792
站控班…………………… 4699752
质检班…………………… 4698724
卸油一队
队长、书记……………… 4699037
副队长…………………… 4699035
值班室…………………… 4699055
卸油二队
队长、书记……………… 4699021
副队长…………………… 4699022
技术员…………………… 4699022
值班室…………………… 4699052
保卫队
队长、书记……………… 4695471
报警电话………………… 4695172
巡线班…………………… 4690293
库区守卫………………… 4690803
栈桥守卫………………… 5329063
道口值班室……………… 5329752
综合队
队长……………………… 5076937
书记……………………… 4699460
副队长…………………… 4695169
技术员…………………… 4699460
管焊班…………………… 4695419
电工班…………………… 4695419
司机班…………………… 4695426
一食堂…………………… 4695423
二食堂…………………… 4699372

西油库

地址：大庆市西宾路奔三村
邮编：163453

主任……………………… 5183629
书记……………………… 5392797
副主任…………………… 5392824
………………………… 5396271
………………………… 5395417
主任工程师……………… 5181845
生产办主任……………… 5395367
安全员…………………… 5181841
科技能源………………… 5395312
计量员…………………… 5181844
技教资产………………… 5394219
综合办主任……………… 5196257
财务组长………………… 5395371
财务……………………… 5183375
人事员…………………… 5395264
房产员…………………… 5396753
宣传……………………… 5181842
调度……………………… 5190191
………………………… 5196092
集输队
队长……………………… 5395740
书记……………………… 5396754
副队长…………………… 5190214
………………………… 5396820
技术员…………………… 5190214
化验……………………… 5196221
计量……………………… 5190183
装车泵房………………… 5190447
消防泵房………………… 5190249
汽车装车………………… 5397255
动力队
队长……………………… 5397259
书记……………………… 5396724
副队长…………………… 5196079
技术员…………………… 5196079
经保锅炉房……………… 5199894
库区锅炉房……………… 5196171
机关锅炉房……………… 5182720
………………………… 5199885

金三角锅炉房……4616153
库区软化……5396724
新东方锅炉房……5092589
装油队
队长……5395341
书记……5395341
副队长……5198644
技术员……5198644
栈桥……5391417
守护队
队长……5396264
副队长……5196069
东门……5195213
西门……5183640
维修队
队长……5396734
书记……5196341
副队长……5396734
技术员……5396734
电工班……5396822
维修班……5396821
材料库……5181843
司机班……5392876
东部计量站
队长……4659407
书记……4659047
技术员……4659140
管道保护室……4659874
值班室……6756540
计量化验……4659574
资料室……4659354
服务队
队长……5395517
食堂……5397260

北油库
地址：大庆市北二路
邮编：163158
书记……5830666
主任……5838666
副主任……5838661
……5838648
……5838927
主任工程师……5838746
生产办主任……5835194
安全员……5833704
HSE 监督员……5833704
综合办主任……5834297
财务主管……5838955
会计……5838765
绩效考核……5833427
工会……5838910
培训、计量……5835985
统计员……5836954
团委……5833264
调度……5831430
……5834231
集输队
书记……5835930
队长……5835930
副队长……5836919
技术员……5836919
输油……5836933
集油……5836993
五万……5836613
化验……5836935
计量……5835349
阴极保护……5835932
标定岗……5834930
动力队
书记……5836920
队长……5836910
副队长……5836910
技术员……5836920
锅炉……5836984
变电……5836924
……5836904
消防……5836932
加热炉……5835683
综合队
队长……5836994
书记……5838915
副队长……5836994
技术员……5838915
维修班……5835983
材料员……5837041
食堂保管员……5833934
食堂采买员……5836970
保卫队
队长……5837334
副队长……5835929
经警门卫……5835090
危废场……5838095

葡北油库
地址：大庆市庆葡村
邮编：163517
主任……4495152
书记……4495153
副主任……4494430
……4494431
……4494435
人事……4495475
主任工程师……4495473
党务办……4494439
出纳……4498063
财务……4495474
综合办……4494437
保管员……4494237
材料室……4494436
调度……4498402
……4495439
生产办……4497776
综合队……4492400
培训资产……4490378
计划统计……4495476
动力队……4492401
锅炉……4498219
化验……4498401
集输队
书记……4494118
值班室……4498418
计量……4498231
维修……4494442
消防……4498239
油岗……4498232
阴极防腐……4490376
南垣计量……4498009
头台计量……4498226
传输泵房……4498647
司机班……4492402
食堂……4494434
门卫……4498431
西门卫……4494733
公寓值班室……4492403

庆哈输油大队
地址：大庆市太葡路
邮编：163517
大队长……4494731
书记……4494773
副大队长……4494730
……4494761
……4494762
后勤办
主任……4494757
副主任……4494540
综合办
主任……4494542
综合队
队长……4494424
副队长……4494415
加热锅炉……4494413
人事员……4494711
会计……4494427
出纳……4494407
材料组……4494443
调度长……4494772
调度室……4494771
资产员……4494967
保卫队……4494350
……4494360
总门卫……4498029
首站
站长……4494972
书记……4494971
副站长……4494973
技术员……4494973
站控室……4494072
计量……4494740
泵房……4494445
加热炉……4494413
变电所……4494520
……4494523
……4494552
首站门卫……4494755
庆哈葡北总门卫……4498029
首站驻军排长……4494776
中一站
站长……4651589
书记……4651558
材料员……4651508
站控室……4651550
加热……4651606
巡线班……4651236
宿舍……4651341
中二站
站长……5575911
书记……5575900
副站长……5575908
技术员……5575908
站控室……5575906
变电所……5575905
末站
站长……5575918
书记……5575918
副站长……5575917
技术员……5575917
站控室……5575916

庆哈收油大队
书记……4494971
工程师……4497180
机关……4492513
经保……4497128
首站
站长……4494972
副站长……4494973

成品油供销总站
地址：大庆市鸿运西路
邮编：163411
经理……5696195
书记……5671036
副经理……5690555
……5691273
……5696192
……5691777
工会主席……5696593
咨询办……5695639
……5695693

党办主任…………… 5689934
人事………………… 5671530
共青团……………… 5797615
女工计生…………… 5695634
财务
油品核算…………… 5797591
…………………… 5689947
…………………… 5691237
会计………………… 5687792
生产办
主任………………… 5671529
安全管理…………… 5696193
车辆管理…………… 5690101
生产管理…………… 5795440
服务管理…………… 5691252
调度………………… 5689712
…………………… 5689713
开发办
主任………………… 5691280
计量………………… 5683299
办公室……………… 5690869
管理办
主任………………… 5691217
物价分析…………… 5795435
全质标准化………… 5695165
经营办
主任………………… 5690070
油品销售统计……… 5690077
调拨………………… 5672650
润滑油计划………… 5672665
润滑油调拨………… 5691250
车队
罐车队长…………… 5695625
机关司机班………… 5690026
信息中心
办公室……………… 5690072
主任………………… 5690067
维修员……………… 5690063
维修队
材料库主任………… 5686074
保管员……………… 5686064
成品油一库
主任………………… 5695697
书记………………… 5690108
副主任……………… 5683408
…………………… 5693204
技术员……………… 5690043
料账………………… 5686733
安全员……………… 5690079
办事员……………… 5693209
付油班1班………… 5695603
…………………… 5686734
1号泵房 …………… 5687767
2号泵房 …………… 5690030

前消防班…………… 5687793
后消防班…………… 5686770
计量班……………… 5695595
维修班……………… 5689647
化验室……………… 5686731
仪表班……………… 5693205
开票………………… 5672651
门卫………………… 5686732
2号门卫 …………… 5686734
阴极保护…………… 5798083
纯净水……………… 5690010
食堂………………… 5695694
驻军………………… 5630035
驻军排长…………… 5690019
成品油二库
主任………………… 5599841
书记………………… 5596796
副主任……………… 5099844
技术员……………… 5595557
安全员……………… 5099844
人事、资产………… 5595557
泵房班……………… 5596083
化验班……………… 5596084
装卸队……………… 5596082
中区中心站
主任………………… 5395170
书记………………… 5182759
副主任……………… 5395279
…………………… 5193702
技术员……………… 5192744
安全员……………… 5182756
电工………………… 5181270
锅炉房……………… 5395649
输卡室……………… 5190903
财务室……………… 5182757
保管、统计、人事 … 5190480
工会………………… 5181270
调度、司机班……… 5182756
龙十（中一）站
站长………………… 5395272
加油间……………… 5181407
加气间……………… 5193939
井下（中二）站
站长………………… 5800716
加油间……………… 5801018
供电（中三）站
站长………………… 5190039
建材（中四）站
站长………………… 5951272
加油站……………… 5979272
通信（中五）站
站长………………… 5396075
加油间……………… 5392763
供水（中六）站

站长………………… 5190448
加油间……………… 5195794
设计院（中七）站
站长………………… 5097323
加油间……………… 5595602
输油处（中八）站
加油站……………… 5190034
西站（中九）站
站长………………… 5963763
付油亭……………… 5973509
输卡室……………… 5963763
景园（中十）站
站长………………… 5987024
加油间……………… 5997024
龙南（中十一）站
站长………………… 5392571
加油间……………… 5392573
加气间……………… 5396983
统计、保管………… 5392572
东区中心站
主任………………… 4680666
书记………………… 4609688
副主任……………… 4685899
…………………… 4600199
技术员……………… 4601233
财务………………… 4603966
安全………………… 4601977
资产………………… 4685677
人事………………… 4607366
统计、保管………… 4685966
输卡室……………… 4686377
值班室……………… 4607966
新村站
站长………………… 4662693
加油间……………… 4682399
萨环（东一）站
加油站站长………… 5819027
加气站站长………… 5813931
加气间……………… 5824223
自备（东二）站
站长………………… 4636537
加油间……………… 4662105
运三（东三）站
站长………………… 4662693
加油站……………… 4687646
客运（东四）站
站长………………… 4683056
加油间……………… 4681794
永顺（东五）站
站长………………… 4686141
加油间……………… 4669113
友谊（东六）站
站长………………… 5813024
加油间……………… 5813023

加气站
站长………………… 5813931
加气间……………… 5824223
猪场（东七）站
站长………………… 5812769
加油间……………… 5886227
南区中心站
主任………………… 4197658
书记………………… 4197699
副主任……………… 4197621
…………………… 4199969
技术员……………… 4994787
安全员……………… 4994787
资产员……………… 4494878
财务………………… 4197659
人事………………… 4197611
业务室……………… 4993135
值班室……………… 4992872
天然气（南一）站
站长………………… 5297952
加油间……………… 5297052
二厂（南二）站
站长………………… 5295390
加油间……………… 5296043
物探（南三）站
加油间……………… 4989515
…………………… 4102620
四厂（南四）站
站长………………… 4199219
加油间……………… 4191552
加气间……………… 4199221
保管员……………… 4199229
五厂（南五）站
站长………………… 4590788
加油间……………… 4599788
钻技（南六）站
站长………………… 4994418
红岗（南七）站
加油站……………… 4998251
八厂站
营业室……………… 4513015
业务室……………… 4513017
保管员……………… 4513019
西区中心站
主任………………… 5693000
书记………………… 5682834
副主任……………… 5672834
…………………… 5672814
技术员……………… 5797026
安全员……………… 5795413
调度………………… 5797042
劳资………………… 5685436
工会………………… 5797140
财务………………… 5685435

出纳………………… 5693620
输卡室……………… 5696107
钻一（西一）站
站长………………… 5797042
钻二（西二）站
站长………………… 4989564
钻三（西三）站
站长………………… 4891274
试采（西四）站
站长………………… 5797645
测井（西五）站
站长………………… 5693726
安装（西六）站
站长………………… 5712757
公路十处（西七）站
站长………………… 5683036
加油间……………… 5687036
运一（西八）站
站长………………… 5690839
加油间……………… 5691046
九厂（西九）站
站长………………… 4699325
加油间……………… 4697437
北区中心站
书记………………… 5837259
主任………………… 5833775
副主任……………… 5833098
…………………… 5837607
技术员……………… 5837426
安全员……………… 5835853
财务会计…………… 5842828
统计………………… 5835838
党群………………… 5835717
人事………………… 5835811
司机班……………… 5835583
油料员……………… 5838225
业务室……………… 5835405
技校（北二）站
站长………………… 5871547
加油间……………… 5875808
三厂（北三）站
站长………………… 5858666
加油间……………… 5857103
火炬（北四）站
站长………………… 5879028
加油站……………… 5879030
测研（北五）站
站长………………… 5820787
加油间……………… 5820130
六厂（北六）站
站长………………… 5836781
加油间……………… 5837594
电泵（北七）站
站长………………… 4684865
加油间……………… 4686422
油建（北十）站
站长………………… 5059788
加油间……………… 5059459
加气间……………… 5059787

经保大队

地址：大庆市西槐路后龙岗
邮编：163453

大队长……………… 5199788
书记………………… 5197768
副大队长…………… 5391127
…………………… 5195191
…………………… 5393939
…………………… 5394565
综合办主任………… 5397912
武装保障组组长…… 5182723
案件组组长………… 5182735
防范组……………… 5182735
财务………………… 5183641
出纳………………… 5183641
人事员……………… 5397913
技教文秘…………… 5398714
综合治理…………… 5182722
材料员……………… 5392875
保管员……………… 5392875
机动队
队长………………… 5195192
书记………………… 5390095
副队长……………… 5195192
…………………… 5511224
巡查队
队长………………… 5195946
书记………………… 5182721
副队长……………… 5195946
…………………… 5979566
守护队
书记、队长………… 5399983
副队长……………… 5399983
接警中心…………… 5197110
…………………… 5196110
食堂………………… 5392273
司机班……………… 5391419
机关大楼…………… 5182707
经理办公楼………… 5183610
公司大门岗………… 5183334
经保大队门卫……… 5399402
油田分局六大队…… 5390110

研究所

地址：大庆市西宾路奔二村
邮编：163453

所长………………… 5391488
书记………………… 5193108
副所长……………… 5392877
…………………… 5397428
…………………… 5399347
主任工程师………… 5182138
综合室
书记………………… 5196048
副主任……………… 5182726
技术员……………… 5182726
财务主管…………… 5182729
出纳………………… 5182131
会计………………… 5193107
人事、计划………… 5182130
司机班……………… 5182732
门卫………………… 5394974
防腐室
主任………………… 5182728
书记………………… 5395520
腐蚀检测技术……… 5182132
…………………… 5395520
防腐管理设计……… 5182725
样品测试分析……… 5182132
…………………… 5397742
…………………… 5394170
规划概算室
书记………………… 5394645
主任………………… 5393181
土地概算…………… 5395762
…………………… 5391895
安装概算…………… 5182378
…………………… 5182373
总图管理…………… 5182373
规划………………… 5182378
设计室
书记………………… 5182139
主任………………… 5182727
土建设计…………… 5182139
…………………… 5393036
机械设计…………… 5182139
给排水设计………… 5182139
暖通设计…………… 5182139
工艺设计…………… 5182139
电力设计…………… 5182139
仪表室
书记………………… 5397948
主任………………… 5181915
副主任……………… 5397743
市场开发室
主任………………… 5182730
副主任……………… 5392289
工程调研…………… 5395520
…………………… 5182733
审核管理…………… 5398354
…………………… 5398356

信息中心

地址：大庆市西宾路
邮编：163453

主任………………… 5181183
书记………………… 5199940
副主任……………… 5392175
…………………… 5199941
…………………… 5396980
主任工程师………… 5199945
综合室主任………… 5392396
财务主管…………… 5392315
出纳………………… 5392251
绩效、材料………… 5199942
安全、资产………… 5392250
科技、组织………… 5391482
网络室
主任………………… 5394257
网络维护…………… 5391075
系统维护…………… 5199948
线路维护…………… 5393295
信息开发…………… 5391072
综合信息开发……… 5199943
市场分析…………… 5199946
软件室
主任………………… 5183458
软件应用…………… 5199947
多媒体应用………… 5199948
软件开发…………… 5199947
网站开发…………… 5199948
软件办公室………… 5392329
有线台
台长………………… 5182711
编辑、策划………… 5181296
节目制作…………… 5181296
摄像………………… 5396207
档案室
主任………………… 5391071
公文档案…………… 5392340
财务档案…………… 5392340
声像档案…………… 5392305
人事档案…………… 5392312
设备档案…………… 5392312
司机班……………… 5391448
信息中心值班室…… 5391076
有线台值班室……… 5393295

储运保障大队

地址：大庆市西宾路奔二村
邮编：163453

大队长……………… 5181988
书记………………… 5392467
副大队长…………… 5182746
…………………… 5191181
…………………… 5198410
…………………… 5181058
…………………… 5198379
…………………… 5182748
主任工程师………… 5182738
生产办主任………… 5392425

综合办主任………… 5182741
技术组组长………… 5182740
财务组长………… 5191226
会计………… 5183644
出纳………… 5183644
自动化仪表………… 5182968
清罐技术管理……… 5181604
………… 5182568
机动资产安全……… 5191539
综合技术管理……… 5191531
科技计量管理……… 5181614
宣传………… 5197699
打字员………… 5182743
房管员………… 5191103
档案资料………… 5191103
调度………… 5190278
………… 5191278
清罐队
队长、书记………… 5191602
副队长………… 5191612
技术员………… 5191612
储罐大修队
队长、书记………… 5182747
电工队
队长………… 5199937
副队长………… 5182745
仪表队
队长………… 5199278
副队长………… 5391931
泵修队
队长………… 5199180
书记………… 5197585
技术员………… 5197585
车队
队长………… 5191328
副队长………… 5182749
服务队
队长………… 5199258
副队长………… 5391932
材料员………… 5182724
保卫队
队长………… 5191110
书记………… 5191110
门卫………… 5198411
材料库门卫………… 5182932

生产准备大队

地址：大庆市西宾路奔二村
邮编：163453

大队长………… 5184349
书记………… 5182708
副大队长………… 5392350
………… 5392910
………… 5395229
………… 5196437
助理………… 5182718
………… 5393772
生产办
主任………… 5392936
科技、信息………… 5390607
机动、资产………… 5393069
水电油能源………… 5395682
综合办
主任………… 5182734
财务主管………… 5183020
出纳、公积金………… 5183021
会计………… 5182752
………… 5183905
人事、劳资………… 5182742
工会、宣传………… 5394330
计划生育………… 5390623
房产、绿化………… 5182751
共青团………… 5393562
调度室………… 5392395
维修服务队
书记………… 5392190
队长………… 5396144
副队长………… 5392319
………… 5393356
大队材料员………… 5183171
大队保管员………… 5183171
大队打字室………… 5393825
档案室………… 5393825
大队公务员………… 5395232
通信维修………… 5184961
浴池岗………… 5395706
综合维修………… 5392195
变电所电工岗………… 5182520
分公司打字室………… 5183634
分公司公务员………… 5192315
分公司收发室………… 5183643
电力收费………… 5392590
污水站值班室………… 5391832
效能监察………… 5396107
………… 5395727
车辆服务队
书记………… 5394232
队长………… 5392432
副队长………… 5182710
………… 5183440
检车站………… 5182709
车库东门卫………… 5394223
车库西门卫………… 5398146
大车库值班室………… 5398499
生活服务队
书记………… 5184784
队长………… 5184794
副队长………… 5398297
………… 5390230
微机室………… 5182754
大灶值班室………… 5392335
小灶值班室………… 5398335
生产服务中心
经理………… 4619999
书记………… 4616025
副经理………… 4616135
………… 4616736
………… 4616006
………… 4616007
综合办
主任………… 4616245
人力资源………… 4616047
安全员………… 4616039
经营办
主任………… 4616243
出纳………… 4616243
综合维修队
队长………… 4302877
书记………… 4616121
主管………… 5951710
食堂管理………… 4616505
综合管理………… 4616157
档案………… 4301986
司机………… 4616700
新东方
经理………… 5951711
书记………… 5951709
餐厅负责人………… 5008016
会计………… 5091174
出纳………… 5091174
干事………… 5951711
………… 5951707
销售………… 4616008
酒店总台、客房…… 5599848
酒店餐厅、订餐…… 5598888
商务中心………… 5906611
酒店总机………… 5599728
………… 5598940
金三角
队长………… 4616906
书记………… 4617100
副队长………… 4302422
办公室………… 4616303
会计………… 4616111
出纳………… 4616111
锅炉房………… 4616153
………… 4616014

建设集团

地址：大庆市昆仑大街
邮编：163453

领导

党委书记………… 5959888
党委副书记………… 5959003
………… 5959919
经理………… 5965899
………… 5959999
副经理………… 5959006
………… 5959992
………… 5959036
………… 5959007
工会主席………… 5959088
………… 5959778
经理助理………… 5959196
………… 5959111
………… 5959200
经理助理、财务资产部主任
………… 5959039
总工程师………… 5959101
………… 5959076
………… 5959889
总会计师………… 5959909
调研员………… 5959137
经警室………… 5959020
消防监控………… 5959119
信访办公室………… 5959611

办公室

董事会办公室主任 … 5959009
董事会副主任………… 5959021
………… 5959025
………… 5959005
集团办公室主任…… 5959105
集团办公室副主任 … 5959017
………… 5959018
董事会办公室………… 5959918
………… 5959180
办公室………… 5959015
………… 5959103
………… 5959012
………… 5959016

机关党委

副书记………… 5959019
………… 5959091
办公室………… 5959816

局派驻集团监察室

主任………… 5959127

规划计划部

主任………… 5959199
………… 5959177
副主任………… 5959187
办公室………… 5959226
房产管理………… 5959122
计划管理、统计管理 5959027
项目管理………… 5959102

财务结算中心

主任………… 5959340

财务资产部

副主任……5959336
……5959135
……5959136
……5959139
副主任、价税……5959032
副主任、经费、出纳 5959037
会计……5959038
出纳……5959117
资产……5959035
资金……5959132

经营法规部

主任……5965191
……5959058
副主任……5959056
副主任、合同管理 …5959073
经营监控、法律事务 5959053
办公室……5959335
……5959090
……5959208

人力资源部

主任……5959155
……5965196
副主任……5959188
……5959166
党委组织员……5959168
薪酬机关人事……5959169
调配临时用工……5959181
培训技能鉴定合同保险
……5959167
办公室……5959211
……5959010
……5959067
……5959186

生产协调部

主任……5959079
副主任……5959075
……5959093
……5959078
……5959890
……5959070
办公室……5959170
科技管理……5959029
现场质量……5959071
综合、能源、通信 …5959081
值班调度……5959001
……5959002
传真……5959179

市场开发部

副经理……5959087
主任……5959089
外联室……5959085
……5959189
项目管理……5959083
综合室……5959086

安全环保部

副主任……5959033
办公室……5959197

纪检监察部

主任……5959118
纪检监察员……5959112

审计中心

主任……5959129
副主任……5959124
……5959125
办公室……5959202
财务审计……5959120
……5959107
工程结算审计……5959128
合同审计、综合……5959126

企业文化部

主任……5959059
综合干事……5959061
……5959062
办公室……5959063
……5959409

群团工作部

副主席……5959156
团委副书记……5959158
主任……5959153
音响师、文体干事 …5959157
办公室……5959151
……5959150
组织民主管理、保险计划生育
……5959138

资产设备管理中心

副主任……5183220
……5183393
财务……5181080
合同……5183072
计划……5183302
……5183039
物价……5183053
调拨……5183752
管理组……5183531
外部项目……5183295
门卫……5183231
办公室……5959822
……5959055
……5959022
……5959050

技术质量管理部

办公室……5959881
……5959880

工青工作部

办公室……5959605

HSE 监督站

站长……5959097
……5959887
办公室……5959616
……5959416
交通安全……5959098
环保健康综合……5959096

信息中心

主任……5959077
副主任……5959011
办公室……5959212
数据库管理、软件开发 5959080
信息与网络管理、网络维护
……5959072
电梯管理
值班室……5959205
……5959206

机关服务中心

主任……5959159
……5965159
副主任……5959178
维修工……5959028
会议……5959161
打字室……5959013

小车队

队长……5959116
副队长、安全员……5959108
保管员……5959160
调度……5959066

稳定服务中心

书记……5959095
主任……5959190
副主任……5959026
610 办公室……5959185
武装保卫、稳定……5959106

综合队

队长、组织、劳资 …5959133
服务班……5959069
服务保障、安全质量 5959163
炊事班……5959060
机关食堂大厅……5959115
一号餐厅……5959023
经警班 1 号楼、清扫班 1 号楼
……5959110
……5959164

油建公司

地址：大庆市西静路 2 号
邮编：163712
经理……5098383
书记……5596728
副书记……5088168
工会主席……5599699
副经理……5596536
……5090100
……5099700
……5088905
总会计师……5098166
安全副总监……5097668
经理助理……5098763
……5099608
……5596573
……5595755
……5098115

办公室

主任……5098928
副主任……5098183
文书……5096910
秘书……5098655

财务管理部

主任……5088907
副主任……5098159
办公室……5595143
……5592540
……5099976
……5099697
……5099857
资产管理中心……5599559

经营法规部

主任……5092007
副主任……5091802

人力资源部

主任……5595543
副主任……5595644
……5599947
党建……5592149
合同、劳资……5097581
保险……5596563
档案室……5593285

生产协调部

主任……5088901
副主任……5096690
……5098117
计划、统计……5091997
综合调度……5595125
……5595161

市场开发部

主任……5095687
项目主管……5095725

安全环保部

副主任……5592519
干事……5097959
办公室……5095951

纪委监察部

主任……5096278
效能监察……5096153

企业文化部

主任……5097210
综合、报道……5095962

工会

副主席……5088667

女工、计生………… 5088600
团委书记………… 5593435

工程造价部

主任………… 5595668
副主任………… 5097259
合同管理………… 5592006
办公室………… 5090856

技术质量部

主任………… 5099975
副主任………… 5096237
办公室………… 5096061
信息中心主任………… 5596537
干事………… 5596479
技术质量管理………… 5592007

HSE 监督站

站长………… 5598839
办公室………… 5096365
综合管理………… 5098157

经保大队

大队长………… 5595131
干事………… 5595152
内勤………… 5595239
武装部………… 5596562
兰州项目部………… 5096065
哈萨克斯坦项目部 … 5095218
电话班………… 5595081
打字室………… 5598515
门卫………… 5594205

物管中心

主任………… 5596889
办公室………… 5596029
财务组………… 5592973
管理办………… 5592926
站长助理………… 5594308
供应办主任………… 5595172
调度值班室………… 5596065

稳定中心

主任………… 5088963
书记………… 5593357
副主任………… 5593909

退养家属

主任………… 5099956
书记………… 5590773
管理………… 5099957
………… 5092086
保险培训、统计………… 5593359

综合服务公司

书记………… 5593229
………… 5095969
经理………… 5096776
副经理………… 5592820
………… 5591649
劳资………… 5592098
财务………… 5094712
活动中心………… 5094713
办公室………… 5094715
………… 5099973
试压中心………… 5593607
………… 5596473
招待所
所长………… 5592493
副所长………… 5592492
五楼服务台………… 5593350
餐厅………… 5594552
办公室………… 5959722
………… 5959733
………… 5959633
………… 5959755
………… 5959655
………… 5959622
客房部………… 5976303
………… 5994304
………… 5991204
………… 5990203
………… 5995205
………… 5998305
前厅………… 5959068
食堂………… 5997133

设备机具公司

经理………… 5596391
书记………… 5599116
工会主席………… 5591776
副经理………… 5591778
………… 5092933
………… 5591775
………… 5595244
总工程师………… 5594150
经理助理………… 5595124
办公室
主任………… 5598669
办公室………… 5591780
安全………… 5596903
经营办………… 5591779
设备办………… 5591781
保养厂………… 5593006
财务………… 5596047
劳资………… 5099285
调度………… 5596392
………… 5596452
检查站………… 5099227
门卫………… 5092919
小型车辆管理处………… 5592086
………… 5593833
加油站………… 5059649
设备机具租赁处
经理………… 5056095
主任………… 5059391
核算………… 5055196
业务室………… 5059916
机具车间主任………… 5059841
仪修车间主任………… 5058884
经警室………… 5059466

电力公司

经理………… 5059728
书记………… 5053019
副经理………… 5059796
总工程师………… 5050897
工会主席………… 5059738
经营管理部………… 5050245
人力资源部………… 5059687
财务………… 5059242
人保………… 5059798
调度室………… 5050182
总机办………… 5055797
………… 5050196
电力一处
处长………… 5056958
书记………… 5055880
预算………… 5059799
电力二处
处长………… 5050968
预算………… 5055050
电力三处
处长………… 5058558
书记………… 5056887
预算………… 5059877

自动化仪表公司

经理………… 5059409
书记………… 5050248
预算………… 5050217
金具厂………… 5050037

作业处

处长………… 5058869
书记………… 5050799
处长助理………… 5059962
工会主席………… 5059205
党办………… 5059700
稳定办………… 5055540
………… 5055597
劳资………… 5059953
综合办………… 5059553
女工………… 5059771
调度………… 5059556
培训中心………… 5059239
大学生宿舍值班室 … 5059638

工程处

工程一处
处长………… 5059295
办公室………… 5055010
工程二处
处长………… 5059512
书记………… 5050977
预算………… 5055168
财务………… 5059236
政工………… 5058908
工程三处
处长………… 5057775
书记………… 5057778
预算………… 5056519
材料………… 5059250
工程四处
处长………… 5059235
办公室………… 5059756
工程五处
处长………… 5058585
办公室………… 5058586
工程六处
处长………… 5050722
办公室………… 5059565
工程七处
处长………… 5059232
办公室………… 5057369
材料………… 5055885
工程八处
处长………… 5050689
财务………… 5057349
预算………… 5056352
稳定………… 5056302
预制厂………… 5059237
工程十处
处长………… 5050420
预算………… 5050889
劳资………… 5059231
工程十五处
处长………… 5059230
办公室………… 5059791
工程十六处
处长………… 5055588
办公室………… 5059093
工程十七处
处长………… 5059202
办公室………… 5059770
工程十八处
处长………… 5059220
办公室………… 5050945

穿越吊装公司

经理………… 5059570
书记………… 5059201
劳资………… 5050758
财务………… 5059499

管道工程公司

地址：大庆市西静路 2 号
邮编：163712
经理………… 5093459
书记………… 5098289

副书记…………5088188
副经理…………5088318
…………5592318
…………5595318
总会计师…………5099891
经理助理…………5590318
副总工程师…………5095668
安全副总监…………5092298

办公室

主任…………5089786
副主任…………5088559
办公室…………5095910
…………5593921

财务管理部

主任…………5593919
办公室…………5094787

资产管理部

办公室…………5090283

经营法规部

主任…………5593931
办公室…………5593932

人力资源部

主任…………5593912
办公室…………5089785
…………5595960

生产协调部

主任…………5595666
办公室…………5590969
调度…………5598859

市场开发部

主任…………5089790

安全环保部

办公室…………5096911

监察审计部

主任…………5098815

党群工作部

副主任…………5593901
办公室…………5094737

工程造价中心

主任…………5595181

技术发展部

主任…………5088301

HSE 监督站

办公室…………5089962
门卫…………5093039

物管中心

主任…………5096920
办公室…………5590900

造价中心

办公室…………5097059

作业处

综合…………5590905
材料库…………5596124

机械设备租赁中心

经理…………5096845
书记…………5097817
副经理…………5591767
办公室…………5590989
劳资…………5596117
调度…………5595215
车队队长…………5590906
门卫…………5596211

稳定协调服务中心

办公室…………5960181
…………5960330

第五工程处

办公室…………5093931

第六工程处

书记…………5097851
处长…………5097850
副处长…………5097856

第七工程处

书记…………5097851
处长…………5598213
办公室…………5598212

作业处

书记…………5713829
经理…………5713859
财务…………5711823
调度…………5711813
办公室…………5715126
…………5723821

安装工程公司

地址：大庆市乘风大街
邮编：163411

书记…………5712118
经理…………5713218
副书记…………5711099
副经理…………5710553
…………5712646
…………5712906
…………5722998
总工程师…………5710249
总会计师…………5722308
经理助理…………5715308
副总监…………5712811
经理助理…………5714838

办公室

主任…………5713208
副主任…………5712869
办公室…………5712905
档案办…………5712421
门卫…………5712422

人力资源部

主任…………5712400
副主任…………5712432
…………5723386
干部办…………5712439
劳资办…………5712431
培训办…………5710173

企业文化部

主任…………5710135
巡视员…………5711691

群团工作部

副主席…………5710217
团委办…………5712413
工会办…………5710409
…………5710410

经委监察部

主任…………5712406
办公室…………5712433

生产计划部

主任…………5712917
副主任…………5712580
…………5712107
调度室…………5712915
…………5712423
…………5976428

技术质量部

主任…………5710837
副主任…………5710515
质量办…………5712427
技术办…………5712426

安全环保部

主任…………5712811
安全办…………5710907

HSE 监督站

站长…………5721956
副站长…………5718528
办公室…………5713576

财务管理中心

主任…………5722968
副主任…………5710378
办公室…………5712672
…………5710501

资产设备管理中心

主任…………5710303
办公室…………5712429

经营法律事务部

主任…………5722230
办公室…………5710223

工程等价管理中心

主任…………5712425
办公室…………5711432

信息管理中心

主任…………5712424
办公室…………5713771

市场开发部

主任…………5722834
办公室…………5710318

稳定武保工作中心

书记…………5710416
副主任…………5712420
…………5712419
武保办…………5710415
炮库…………5710417

离退休管理中心

书记…………5722207
主任…………5722209
办公室…………5722203

第一工程处

书记…………5710184
处长…………5715836
综合办…………5710187
预算组…………5710868
财务组…………5710993
调度室…………5710740

第二工程处

书记…………5710201
处长…………5710204
综合办…………5712105
材料组…………5710206
财务组…………5710282
调度室…………5712147

第三工程处

书记…………5710189
处长…………5710186
副处长…………5710182
…………5710183
财务组…………5710197
调度室…………5710190

第四工程处

书记…………5721778
处长…………5712634
综合办…………5710434
经营办…………5716371
材料组…………5716351
调度室…………5710334

第五工程处

书记…………5710368
处长…………5710875
综合办…………5710230
预算组…………5710392
财务组…………5723849
调度室…………5712222

第六工程处

书记…………5716449
处长…………5723705
副处长…………5713170
材料组…………5713174
财务组…………5713175
调度室…………5710447

第七工程处

书记…………5712959
处长…………5712324

副处长……………… 5712146
综合办……………… 5712180
财务组……………… 5718557
调度室……………… 5712924

第八工程处

书记……………… 5723844
处长……………… 5723944
副处长……………… 5723644
工程师……………… 5723544
财务组……………… 5723422
调度室……………… 5723986

第九工程处

书记……………… 5712755
处长……………… 5722200
副处长……………… 5710141
……………… 5713143
预算组……………… 5710762
调度室……………… 5719826

第十工程处

书记……………… 5712883
处长……………… 5712852
综合办……………… 5712829
预算组……………… 5712832
财务组……………… 5710986
调度室……………… 5710832

第十一工程处

书记……………… 5710087
处长……………… 5710082
副处长……………… 5710069
工程师……………… 5710081
财务组……………… 5710073
调度室……………… 5710067

第十二工程处

书记……………… 5712879
处长……………… 5712819
副处长……………… 5712857
预算组……………… 5710194
财务组……………… 5712853
调度室……………… 5712856

第十三工程处

书记……………… 5712891
处长……………… 5712907
副处长……………… 5712912
综合办……………… 5710794
财务组……………… 5716372
调度室……………… 5711237

第十四工程处

书记……………… 5712962
处长……………… 5712921
副处长……………… 5712923
……………… 5712926
工程师……………… 5712957
调度室……………… 5712976

第十五工程处

书记……………… 5712209
处长……………… 5712230
副处长……………… 5719519
调度室……………… 5712237

第十六工程处

书记……………… 5712269
处长……………… 5712256
副处长……………… 5712267
工程师……………… 5712262
财务组……………… 5717045
调度室……………… 5712273

第十七工程处

书记……………… 5723746
处长……………… 5723939

作业处

书记……………… 5712280
处长……………… 5712647
副书记……………… 5712276
副处长……………… 5712275
……………… 5713171
财务组……………… 5721294
调度室……………… 5712547
教培办……………… 5710172
车间……………… 5710219
一组……………… 5723932
二组……………… 5721293
三组……………… 5721291
四组……………… 5721287
基地……………… 5723095

综合服务处

书记……………… 5710288
处长……………… 5717333
副处长……………… 5718902
……………… 5710562
办公室……………… 5718907
安全办……………… 5713133
财务组……………… 5718905
计划组……………… 5718901
铆焊车间……………… 5710305
计生办……………… 5713772
房产办……………… 5710562
公积金……………… 5713210
食堂……………… 5715761
公寓……………… 5713989

建新管理站

站长……………… 5512047
办公室……………… 5515530

设备租赁分公司

书记……………… 5713219
处长……………… 5718168
副处长……………… 5713901
……………… 5713963
……………… 5713803
办公室……………… 5712308
财务组……………… 5722699
技术组……………… 5713861
材料组……………… 5710767
吊装队……………… 5713752
修理厂……………… 5710468
劳资组……………… 5710647
调度室……………… 5710203
……………… 5711752
服务中队……………… 5713801
……………… 5713802
焊机中队……………… 5711621

物资管理中心

书记……………… 5712986
处长……………… 5710142
副主任……………… 5716218
办公室……………… 5713541
财务组……………… 5711741
调度室……………… 5710257

电力仪表分公司

现场……………… 4994044

工程建设有限责任公司

地址：大庆市西柳街 2 号
邮编：163712

经理……………… 5599108
书记……………… 5599068
副书记、纪委书记、工会主席
……………… 5097988
副经理……………… 5599028
……………… 5599887
……………… 5095683
……………… 5595359
总会计师……………… 5596798
总工程师……………… 5099698
副总工程师……………… 5598628
经理助理……………… 5089328
……………… 5095981
安全副总监……………… 5095388
调研员……………… 5095198
……………… 5591798

办公室

主任……………… 5594418
办公室……………… 5599685
……………… 5596046

人力资源部

主任……………… 5598478
组织……………… 5593478
人事……………… 5594927

技术管理部

主任……………… 5596071

生产协调部

主任……………… 5595452
办公室……………… 5593477

财务管理部

主任……………… 5581196
副主任……………… 5592928
办公室……………… 5594436

经营管理与法律事务部

主任……………… 5595254

安全质量环保部

副主任……………… 5592813

企业文化部

主任……………… 5592178
办公室……………… 5595243

纪委监察部

主任……………… 5095958
办公室……………… 5596043

群团工作部

主任……………… 5090612
办公室……………… 5591734

市场开发部

主任……………… 5090419

工程造价管理中心

副主任……………… 5596207
办公室……………… 5595255

物资管理中心

主任……………… 5592948
办公室……………… 5096886

资产设备管理中心

主任……………… 5593920
房产……………… 5092436
分包管理中心……………… 5099863

HSE 监督站

站长……………… 5097366
副站长……………… 5096855

后勤

财务……………… 5596398
办公室……………… 5595658

保卫中心

主任……………… 5592194
办公室……………… 5591741

稳定服务中心

主任……………… 5591508
副主任……………… 5596238

离退休管理中心

副主任……………… 5095335
安全制度监督办……………… 5595647
计划、统计……………… 5595452
档案室……………… 5592563
信息中心……………… 5596217
打字室……………… 5593916
调度室……………… 5592738
……………… 5592195
小车队……………… 5594866
……………… 5099355

第二工程处

处长……………… 5682801
书记……………… 5689115

经营副处长…………5686943
生产副处长…………5798367

第三工程处

处长……………………5862009
书记……………………5862859
副处长…………………5859643
……………………………5859764
综合办…………………5859643
生产办…………………5859054
经营办…………………5857577
技术办…………………5859097
材料库…………………5857127

第四工程处

处长……………………4191295
副处长…………………4192011
……………………………4191213
……………………………4191385
工程师…………………4191663
生产组…………………4191959
组织干事………………4191436
材料组…………………4191661
后勤……………………4191843
门卫……………………4994427
土建队…………………4191638
综合队…………………4191263

第五工程处

书记……………………4596193
处长……………………4596190
生产副处长……………4596203
经营副处长……………4597287
技术副处长……………4597295
党委办…………………4597634
预算股…………………4597285
生产技术办……………4596204
生产办…………………4597935
财务股…………………4596205
材料股…………………4597292
后勤办…………………4597296

第七工程处

大队长…………………4499125
副大队长………………4495566
主任……………………4498274
材料组…………………4498045
稳定办…………………4497274
项目部…………………4498475
预算……………………4499901
综合办…………………4497600
车队……………………4498478
管焊三队………………4495125
作业区作业五队……4499663

第八工程处

处长……………………5095195
书记……………………5095193
材料……………………5598876
预算……………………5595460

第九工程处

书记……………………5886727
处长……………………5886798
副处长…………………5886681
综合办…………………5886671
材料组…………………5886621
预算组…………………5886612
门卫……………………5881030

第十工程处

处长……………………5098099
书记……………………5098066
副处长…………………5089881
……………………………5089882
预算……………………5089883

第十一工程处

处长……………………5093178
书记……………………5099918
技术办…………………5595365
预算……………………5595426
材料……………………5099977

第十二工程处

书记……………………5886658
处长……………………5886695
综合办…………………5886675
生产办…………………5886625
材料组…………………5886615
预算组…………………5886635

作业处

处长……………………5796109
书记……………………5796309
经营副处长……………5796019
生产副处长……………5796029
培训副处长……………5795519

二队

主任……………………5798168
支部书记………………5682858

第四作业区

主任……………………4191077
行政办…………………4191055
稳定……………………4191830

建材公司

地址：大庆市西宾路
邮编：163453

书记……………………5193168
经理……………………5183016
党委副书记、纪检书记、工会主席……………………5194639
副经理…………………5199458
……………………………5181616
……………………………5393576
总工程师………………5395077
总会计师………………5196259
经理助理………………5393650
……………………………5193567
……………………………5197028
副总工程师……………5393878
安全副总监……………5193366

公司办公室

主任……………………5197028
副主任…………………5394231
……………………………5399985
办公室…………………5393882
……………………………5196011
……………………………5394027
打字室…………………5196720

财务资产部

主任……………………5191699
副主任…………………5193889
办公室…………………5393205
……………………………5393207
……………………………5196480

经营管理与法律事务部

主任……………………5394676
副主任…………………5394675

人力资源部

主任……………………5393585
副主任…………………5196269
……………………………5393858
办公室…………………5393787
……………………………5394296

科技发展部

主任……………………5399963
副主任…………………5393651
……………………………5392959
办公室…………………5393569
……………………………5395075
……………………………5199468

预算价格部

主任……………………5391145
副主任…………………5390631
办公室…………………5390632
……………………………5391144

生产协调部

主任……………………5393879
副主任…………………5391173
调度室…………………5393713
……………………………5190186
……………………………5393212

安全质量环保部

主任……………………5193366
副主任…………………5195975
办公室…………………5393748
……………………………5182661

纪委监察部

主任……………………5196122
副主任…………………5393949

企业文化部

主任……………………5393612
办公室…………………5393714

群团工作部

工会副主席……………5393704
团委书记………………5392511
办公室…………………5393704
……………………………5393715

市场开发中心

主任……………………5393208
副主任…………………5391315
……………………………5393723

HSE 监督站

站长……………………5394297
副站长…………………5394860
办公室…………………5394295

物资管理中心

主任……………………5199911
办公室…………………5393206
……………………………5399860
……………………………5391146

经济保卫中心

主任……………………5395729
副主任…………………5180109
办公室…………………5393154
……………………………5393528
门卫……………………5390639

稳定工作协调中心

主任……………………5183196
副主任…………………5399353
……………………………5198146
……………………………5199599

技术研发中心

主任……………………5393957
副主任…………………5399655

资产设备管理中心

主任……………………5393961
副主任…………………5393892
办公室…………………5183018

生活服务中心

主任……………………5397773
副主任…………………5393790
……………………………5393795
办公室…………………5393779
……………………………5393209
……………………………5393577

清欠办

主任……………………5399613
办公室…………………5394298
……………………………5393106

石油石化设备厂

地址：大庆市西宾路 15 号
邮编：163712

书记……………………5093276

厂长…………………… 5097062
副厂长……………… 5093277
…………………………5595347
…………………………5594922
主任工程师………… 5598178
调度………………… 5595639

石油石化设备二厂
地址：大庆市中央大街43号
邮编：163712
书记………………… 5595053
厂长………………… 5596610
副厂长……………… 5591959
…………………………5596204
…………………………5595212
厂长助理…………… 5594789
副主任工程师……… 5595420
调度室……………… 5596159

石油石化设备三厂
地址：大庆市建华西路
邮编：163411
书记………………… 5712098
厂长………………… 5710188
主任工程师………… 5710648
副厂长……………… 5712250
…………………………5711868
材料组……………… 5710838
车间………………… 5711808
调度室……………… 5710352

石油石化设备四厂
地址：大庆市红卫星街
邮编：163159
书记………………… 5059385
厂长………………… 5059903
副厂长……………… 5059948
…………………………5059114
主任工程师………… 5059040
调度………………… 5059247

机械加工厂
地址：大庆市西宾路
邮编：163712
书记………………… 5098089
厂长………………… 5098087
副厂长……………… 5098093
调度室……………… 5098093

防腐管道厂
地址：大庆市中央大街45号
邮编：163712
书记………………… 5095458
厂长………………… 5091661
副厂长……………… 5596740
…………………………5595811
…………………………5595912
主任工程师………… 5595983
厂长助理…………… 5595640
调度………………… 5596737
…………………………5596049

防腐管道二厂
地址：大庆市西宾路
邮编：163712
书记………………… 5595230
厂长………………… 5594788
副厂长……………… 5095705
…………………………5596388
…………………………5097961
主任工程师………… 5097961
调度………………… 5595213
车间………………… 5835514
…………………………5841991
…………………………5841990

建材预制厂
地址：大庆市八百垧北路
邮编：163412
书记………………… 4894630
厂长………………… 5894480
副厂长……………… 4989472
…………………………4893509
财务组……………… 4983603
材料组……………… 4892136
销售组……………… 4989580
计划协调组………… 4989579
调度室……………… 4894632
涂料车间…………… 4896216
院外门卫…………… 4892881

混凝土构件厂
地址：大庆市中央大街35号
邮编：163712
书记………………… 5595742
厂长………………… 5097062
副厂长……………… 5596198
…………………………5595928
…………………………5595586
…………………………5596161
厂长助理…………… 5591341
调度………………… 5596104

混凝土构件二厂
地址：大庆市萨环东路东道口
邮编：163000
书记………………… 5882399
厂长………………… 5883288
副厂长……………… 5814234
…………………………5882900
…………………………5883278
厂办传真…………… 5883268
调度………………… 5886647
财务………………… 5886645
劳资………………… 5885403
销售………………… 5886646
车队………………… 5825142
材料库……………… 5885404
试验站……………… 5882961
锅炉房……………… 5885402

氧气厂
书记………………… 5812751
厂长………………… 5827199
副厂长……………… 5883192
…………………………5886713
生产办……………… 5811302
财务………………… 5883857
销售………………… 5885412
…………………………5885414
材料库……………… 5827499

车辆租赁公司
地址：大庆市西槐路
邮编：163712
书记………………… 5088003
经理………………… 5088002
副经理……………… 5088005
…………………………5088013
经理助理…………… 5392213
调度………………… 5088015

路桥工程有限责任公司
地址：大庆市西景路
邮编：163453

领导
党委书记…………… 5195168
经理………………… 5192677
党委副书记、工会主席、纪检书记………………… 5394795
副经理……………… 5394259
…………………………5196197
…………………………5197567
…………………………5190399
…………………………5397377
经理助理…………… 5394926
…………………………5394241
副总工程师………… 5394184
副总会计师………… 5198907
安全副总监………… 5394873
二线领导…………… 5394858
…………………………5394247
…………………………5183548
…………………………5394921

办公室
主任………………… 5190817
副主任……………… 5394197
…………………………5394947
机关党委…………… 5394768
秘书………………… 5394947
文书、档案………… 5394892
打字室、信息部…… 5395677
办公室、传真……… 5394947

财务管理部
主任………………… 5193818
副主任……………… 5182246
办公室……………… 5394245
…………………………5398088

清欠办公室
主任………………… 5393307
副主任……………… 5390858
…………………………5395957

经营法规部
主任………………… 5394049
办公室……………… 5394819

人力资源部（党委组织部）
主任………………… 5394847
副主任……………… 5394894
党委组织员………… 5183931
劳资………………… 5394894
干部、档案………… 5183931
组织、培训………… 5394427
民工管理…………… 5395089

技术质量部
主任………………… 5394527
办公室……………… 5394851

市场开发部
主任………………… 5394729
副主任……………… 5394789
…………………………5395115
办公室……………… 5182618

生产协调部
主任………………… 5394246
副主任……………… 5394890
计划………………… 5394246
能源、综合………… 5394890
调度值班室………… 5193002
…………………………5193003

安全环保部
主任………………… 5394873
办公室……………… 5394867

HSE监督站
站长………………… 5394697
办公室……………… 5394854

纪委监察办
主任………………… 5394926
副主任……………… 5184917
办公室……………… 5184917

企业文化部（党委宣传部）
主任………………… 5394191
办公室……………… 5394820

群团工作部（工会、团委）
主任………………… 5394544
团委副书记………… 5394835
办公室……………… 5394544

物资管理中心
主任………………… 5392918
计划………………… 5394677
管理………………… 5199707
外部管理…………… 5199707

资产设备管理中心

主任…………………… 5394804
办公室………………… 5395097

工程造价管理中心

主任…………………… 5394845
副主任………………… 5394863
……………………… 5394945
办公室………………… 5394945
……………………… 5394845

经保稳定中心

书记…………………… 5396537
主任…………………… 5394907
办公室………………… 5392831
值班室………………… 5394891
主楼门卫……………… 5394940

综合服务中心

书记…………………… 5390677
主任…………………… 5394814
副主任………………… 5395127
财务…………………… 5394932
办公室………………… 5395270
食堂…………………… 5394483
招待餐厅……………… 5394016
计划生育办…………… 5395270
房产…………………… 5394915
维修…………………… 5394483
管理站………………… 5395127
服务队………………… 5877208

工程项目协调管理中心

书记…………………… 5394887
主任…………………… 5394942
副主任………………… 5394887
党办、工会、宣传 … 5394807
经营办………………… 5183890
劳资办………………… 5394796
传真室………………… 5392039
调度室………………… 5394944

设备维修中心

书记…………………… 5879993
处长…………………… 5879708
经营办………………… 5879490
调度室………………… 5879392

第一工程处

书记…………………… 5696238
处长…………………… 5694221
副处长………………… 5694471
党办…………………… 5685489
后勤组………………… 5694471
调度室………………… 5694454

第二工程处

书记…………………… 5682377
处长…………………… 5684677
副处长………………… 5692581
党办…………………… 5695313
经营办………………… 5695311
生产办………………… 5694373
材料…………………… 5695311
后勤…………………… 5695313
机运队………………… 5695319
调度室………………… 5693089
……………………… 5683677

第三工程处

书记…………………… 5680358
处长…………………… 5688038
副处长………………… 5672931
管理组、安全……… 5672931
财务…………………… 5698106
调度…………………… 5696021

第四工程处

书记…………………… 5699080
处长…………………… 5671599
副处长………………… 5691143
……………………… 5691141
……………………… 5691142
党政办………………… 5693499
后勤、劳资、生产办 5690896
经营办………………… 5795042
二中队………………… 5671976
材料库………………… 5691143
调度室………………… 5693435
……………………… 5694081

第五工程处

书记…………………… 5879191
处长…………………… 5879146
副处长………………… 5879194
生产、技术………… 5879347
调度室………………… 5879350

第六工程处

书记…………………… 5879178
处长…………………… 5879858
副处长………………… 5879165
……………………… 5879346
……………………… 5879173
财务…………………… 5879154
生产办………………… 5879159
党政办、劳资……… 5879153
经营办………………… 5879155
材料库………………… 5879180
调度室………………… 5879182

第七工程处

书记…………………… 5672978
处长…………………… 5672932
副处长………………… 5672963
经营、生产、预算 … 5672950
调度室………………… 5672941

第八工程处

书记…………………… 5879092
处长…………………… 5879035
副处长………………… 5879394
预算…………………… 5879399
调度室………………… 5879465

第九工程处

书记…………………… 5684577
处长…………………… 5699577
党办…………………… 5684577
经营办………………… 5699577
水源桥………………… 5093577

第八项目部

书记…………………… 5395898
经理…………………… 5395868
副经理………………… 5395956
材料、预算………… 5390223

运输处

书记…………………… 5796440
处长…………………… 5796575
副处长………………… 5688599
……………………… 5797143
助理…………………… 5796422
……………………… 5687021
办公室………………… 5796422
安全、资产………… 5671272
经营、劳资、财务 … 5797412
材料、油料………… 5694461
保卫…………………… 5696023
食堂…………………… 5797143
六中队………………… 5394864
七中队………………… 5696023
一、二、三、四、五、八中队
……………………… 5687221
火炬门卫……………… 5877817
调度室………………… 5694502
……………………… 5685020
火炬停车厂…………… 5879342
卫生所（北）……… 5872790

工程机械处

书记…………………… 5879063
处长…………………… 5879938
副处长………………… 5879166
生产办………………… 5879367
经营办………………… 5879213
机械修理车间……… 5879151
机械加工车间……… 5879150
调度室………………… 5879404
……………………… 5879775

桥涵构件厂

书记…………………… 4601929
厂长…………………… 4661520
副厂长………………… 5355021
办公室………………… 4683766
销售办………………… 4662193
财务…………………… 4661520
调度室………………… 4667605
综合车间主任……… 5269044
桥队队长……………… 5626744

油田道路管理公司

地址：大庆市新安路
邮编：163416

书记…………………… 5723768
经理…………………… 5716028
副书记………………… 5710278
副经理………………… 5713529
……………………… 5725068
……………………… 5715368
调研员………………… 5723200
……………………… 5722168
……………………… 5715089
经理助理……………… 5723225
……………………… 5715468
……………………… 5715418
副总工程师…………… 5715464
副总会计师…………… 5715455
安全副总监…………… 5715465
调度…………………… 5710088
……………………… 5712507

办公室

主任…………………… 5718957
党办…………………… 5715451
经理办………………… 5715457
计算机中心…………… 5721985

企业文化部

主任…………………… 5710803
办公室………………… 5718275

纪委监察部

主任…………………… 5718118
办公室………………… 5718265

工会（团委）

主席…………………… 5710344
干事…………………… 5718953
团委书记……………… 5713921

人力资源部

主任…………………… 5715452
副主任………………… 5719619
办公室………………… 5712298
档案室………………… 5710604

经营管理部

主任…………………… 5715461
办公室………………… 5710771

财务管理部

主任…………………… 5718295
财务一室……………… 5710398
财务二室……………… 5717240

资产设备管理部

主任…………………… 5718418
办公室………………… 5715460

生产安全环保部

主任…………………… 5718111

办公室……………… 5712601
……………………… 5712602

HSE 监督站

站长……………… 5717965

技术质量部

主任……………… 5713922
办公室……………… 5710804

物资管理部

主任……………… 5715462
副主任……………… 5718209
办公室……………… 5712296
乘风料场……………… 5723441

市场开发部

主任……………… 5710996

综合服务中心

房产基建……………… 5715453
后勤财务……………… 5712664
试验室……………… 5717175
办公室……………… 5712627
食堂……………… 5713932
服务队……………… 5716306

稳定工作服务中心

书记……………… 5710603
主任……………… 5710506
老年办……………… 5721509
信访办……………… 5710967
公司门卫……………… 5715206
路政门卫……………… 5719971
巡逻队……………… 5719972

路政稽查大队

书记……………… 5712576
队长……………… 5710272
副队长……………… 5712697
小队长……………… 5721222
办公室……………… 5713931

解放养护工程处

书记……………… 5712578
站长……………… 5712579
办公室……………… 5713941

道路维修第一工程处

书记……………… 5712541
队长……………… 5719837
副队长……………… 5719823
调度室……………… 5712752

道路维修第四工程处

书记……………… 5712231
站长……………… 5716411
副站长……………… 5712097
办公室……………… 5712214

设备机具租赁处

书记……………… 5711507
经理……………… 5721733
办公室……………… 5715459
财务室……………… 5715463
调度室……………… 5713509

大同养护工程处

书记……………… 4412790
站长……………… 4412791
调度……………… 4412325

化建公司

地址：大庆市红卫星街
邮编：163159

经理……………… 5050166
书记……………… 5050166
副经理……………… 5055808
……………………… 5056118
工会主席……………… 5057989
经理助理……………… 5055377
……………………… 5056779
副总工程师……………… 5057800
调度室……………… 5056132
值班室……………… 5059214

办公室

主任……………… 5050166
副主任……………… 5056799
秘书……………… 5059797
档案室……………… 5059456

财务资产部

主任……………… 5058488
副主任……………… 5057388
办公室……………… 5050588

经营法规部

主任……………… 5050298
办公室……………… 5056797

人力资源部

主任……………… 5058232
副主任……………… 5059611
办公室……………… 5050232

技术质量部

主任……………… 5050161
办公室……………… 5050211
……………………… 5050020

信息中心

办公室……………… 5050917

市场开发部

主任……………… 5050278
办公室……………… 5055711

生产协调部

主任……………… 5050811
副主任……………… 5050156
办公室……………… 5059829

安全环保部

主任……………… 5057356
办公室……………… 5057355

党群工作部

主任……………… 5057990
办公室……………… 5059500

物资管理中心

主任……………… 5059633
办公室……………… 5059308
……………………… 5059058

工程造价中心

主任……………… 5057993
办公室……………… 5050129

HSE 监督站

主任……………… 5059303
办公室……………… 5059300

经保稳定服务中心

主任……………… 5056234
经保办……………… 5059433
稳定办……………… 5050608

综合服务中心

主任……………… 5059077
副主任……………… 5059383

作业处

处长……………… 5057403
书记……………… 5050766
财务……………… 5059978
劳资……………… 5050988
工会……………… 5059070
支部……………… 5056952
后勤……………… 5059366
材料库……………… 5059533
大学生宿舍门卫…… 5059010
工程处门卫……………… 5059011

工程处

工程一处
处长……………… 5057296
办公室……………… 5059123
工程二处
处长……………… 5056626
办公室……………… 5055702
工程三处
处长……………… 5050797
办公室……………… 5050890
工程四处
处长……………… 5050737
办公室……………… 5059819
工程五处
办公室……………… 5050218
工程十二处
处长……………… 5056090
办公室……………… 5058839
……………………… 5058628
工程十三处
处长……………… 5058876
办公室……………… 5050933
工程十四处
处长……………… 5059188
办公室……………… 5050556
特种设备安装工程处
处长……………… 5056001
办公室……………… 5055432
精细化工项目部
办公室……………… 5057328

钢结构公司

地址：大庆市西宾路 2 号
邮编：163712

经理……………… 5592838
书记……………… 5593520
副经理……………… 5596509
办公室……………… 5092972
车间办公室……………… 5057313

设备机具公司

地址：大庆市红卫星街
邮编：163161

经理……………… 5057533
书记……………… 5056315
生产办主任……………… 5056318
综合办……………… 5056306
统计……………… 5056308
维修队……………… 5056309
机具队……………… 5056307
机械队……………… 5056311
车队……………… 5050003
调度室……………… 5056142

房屋建设开发有限责任公司

地址：大庆市步行街
邮编：163453

书记……………… 5989332
经理……………… 5980299
副经理……………… 5991211
……………………… 5962502
……………………… 5968005
经理助理……………… 5976022
……………………… 5959286
调研员……………… 5961558
小车队……………… 5971106

办公室

主任……………… 5992106
副主任……………… 5971066
公务员……………… 5992444
文书、房产……………… 5919555
……………………… 5970611
打字室……………… 5991040
档案室……………… 5990720
信息中心……………… 5972016

综合组

主任……………… 5919222
综合管理（组长） … 5997870
办公室……………… 5950020
贷款办理……………… 5977035
营销策划（组长） … 5995603
营销策划（策划） … 5994979

………………………… 5994978
经营法规部
主任………………… 5996322
办公室……………… 5963968
合同、法律、统计 … 5963196
财务资产部
主任………………… 5983113
副主任……………… 5953375
办公室……………… 5960183
资产、出纳………… 5959210
资金成本…………… 5991210
党群工作部
主任………………… 5991739
宣传、工会、共青团 5963139
纪检监察…………… 5991152
稳定、离退休……… 5991151
武装保卫、610办 … 5971599
生产管理中心
主任………………… 5974966
副主任……………… 5962601
………………………… 5973445
办公室……………… 5960237
………………………… 5960235
………………………… 5960238
………………………… 5960289
安全………………… 5974977
材料稽核…………… 5978114
工程管理…………… 5977031
………………………… 5976915
环保………………… 5976083
综合调度…………… 5977079
调度室……………… 5991041
………………………… 5992093
彩虹家园售楼处
房屋租赁（安全） … 5997537
房屋租赁（合同） … 5951763
………………………… 5956602
房屋租赁（组长） … 5997536
租赁公司
副经理……………… 5960165
工程造价管理中心
主任………………… 5989363
………………………… 5991164
………………………… 5959377
副主任……………… 5959612
………………………… 5959613
………………………… 5959057
办公室……………… 5960195
………………………… 5960203
………………………… 5960205
………………………… 5960192
报价管理、工程合同管理、工程预结算、结算…… 5959031
价格管理、分保管理、投标管理………………… 5959113
安装………………… 5991065
土建………………… 5997716
分包工程…………… 5959030
综合………………… 5959130
………………………… 5959131
技术管理中心
主任………………… 5979233
办公室……………… 5960219
………………………… 5960225
………………………… 5976537
………………………… 5977983
………………………… 5960221
………………………… 5960215
市场开发中心
主任………………… 5990150
副主任……………… 5980073
………………………… 5962351
建设报件、动迁…… 5996232
设计管理…………… 5996679
综合管理…………… 5972871
经营法规部主任…… 5977603
售后服务部办公室 … 5977761
销售中心
办公室……………… 5960206
………………………… 5960282
………………………… 5960211
综合服务中心
主任………………… 5963383
副主任……………… 5995365
办公室……………… 5960290
综合管理…………… 5950726
交通安全…………… 5989145
经警………………… 5951593
门卫………………… 5985060
食堂………………… 5976635
司机………………… 5985665
生产管理中心
售后服务部………… 5510502
程宇物业管理公司
地址：大庆市西宾西路广厦小区
邮编：163712
书记………………… 5516118
经理………………… 5519900
副经理……………… 5519958
………………………… 5519908
生产副经理………… 5519969
生产调度…………… 5519910
………………………… 5519911
党办………………… 5519901
财务………………… 5519902
生产办……………… 5519907
经营办
主任………………… 5519956
办公室……………… 5519903
监督办……………… 5510779
业主委员会………… 5519905
车队………………… 5519906
锅炉房……………… 5510600
广厦物业管理处
主任………………… 5519002
监控………………… 5518110
收费室……………… 5519915
报修………………… 5514666
保安………………… 5519913
西门门卫…………… 5517110
东湖物业管理处
办公室……………… 5731285
………………………… 5731311
………………………… 5731283
龙翔物业管理处
………………………… 5102648

大庆油田建筑公司

地址：大庆市南二路
邮编：163416
经理………………… 5753888
书记………………… 5767111
副经理……………… 5763001
………………………… 5763818
………………………… 5763003
主任工程师………… 5763768
经理助理…………… 5763178
办公室
主任………………… 5763008
文书………………… 5763010
通信………………… 5763012
信息………………… 5763009
综合服务中心
副主任……………… 5713005
房产………………… 5719731
档案………………… 5719017
小车队……………… 5716131
后勤………………… 5719732
机关食堂…………… 5722703
工程处食堂………… 5719019
财务资产部
主任………………… 5763736
副主任……………… 5763758
核算室……………… 5763738
成本控制办
副主任……………… 5763703
清欠办
副主任……………… 5713090
经营管理与法律事务部
主任………………… 5763058
副主任……………… 5763238
核算室……………… 5722737
工程造价管理中心
副主任……………… 5763007
人力资源部
主任………………… 5763016
安全环保部
主任………………… 5763005
办公室……………… 5763170
党群工作部
主任………………… 5719979
副主任……………… 5763711
团委副书记………… 5763788
纪检、宣传………… 5763733
稳定退休…………… 5717523
机关经警…………… 5763155
工程处经警………… 5721330
市场开发管理中心
主任………………… 5763128
副主任……………… 5763122
项目执行管理中心
生产办主任………… 5717528
物资办主任………… 5716195
物资综合办………… 5716133
物资材料办………… 5716196
QHSE监督站主任 … 5717527
技术办主任………… 5717526
公司调度室………… 5763033
国际工程部
经理………………… 5719488
副经理……………… 5763278
办公室……………… 5710388
第一工程处
处长………………… 5719389
书记………………… 5713957
副处长……………… 5717032
综合办……………… 5713953
材料办……………… 5712892
第二工程处
处长………………… 5716099
书记………………… 5716052
副处长……………… 5719070
技术负责人………… 5719950
综合办……………… 5716262
第三工程处
处长………………… 5718207
副处长……………… 5718157
综合办……………… 5718193
第四工程处
处长………………… 5710017
书记………………… 5717062
副处长……………… 5715667
………………………… 5715636
综合办……………… 5717521
装潢工程处
处长………………… 5718191

书记…………………… 5717529
副处长……………… 5718289
…………………………… 5718082
…………………………… 5718290
综合办……………… 5718202
生产办……………… 5718507
绿化工程处
处长………………… 5717737
书记………………… 5717072
副处长……………… 5717057
综合办……………… 5717939
外部分公司
处长………………… 5713087
核算………………… 5713085
综合办……………… 5713086
作业处
处长………………… 5716603
综合办……………… 5716601
调度室……………… 5717152
俄罗斯 21 号站项目部
主任………………… 5719488
副主任……………… 5763127
办公室……………… 5719561
岩土工程处
处长………………… 5199329
办公室……………… 5199331
…………………………… 5199310
值班室……………… 5199316
工程设计研究院
地址：大庆市中央大街
邮编：163712
院长………………… 5093555
书记………………… 5099677
副院长……………… 5088977
…………………………… 5088967
院办主任…………… 5088980
财务主任…………… 5599777
财务………………… 5096511
党群工作部（人力资源部）
主任………………… 5095101
副主任……………… 5088096
办公室……………… 5591906
设计管理部
主任………………… 5088981
副主任……………… 5096895
综合管理服务中心
主任………………… 5088968
副主任……………… 5591890
…………………………… 5092895
办公室……………… 5596760
建筑规划设计所
办公室……………… 5099182
…………………………… 5099186
…………………………… 5088978
土建工程设计所
所长………………… 5088982
办公室……………… 5088960
…………………………… 5088970
公用工程设计所
办公室……………… 5088983
…………………………… 5092917
路桥工程设计所
办公室……………… 5099207
…………………………… 5088985
工程造价询问所
办公室……………… 5091113
…………………………… 5090167
审图出版所
办公室……………… 5097322
…………………………… 5096896
油气工程设计所
办公室……………… 5092921
…………………………… 5090160
工程技术研究
所长………………… 5591907
办公室……………… 5591570
…………………………… 5596760
值班室……………… 5595173
…………………………… 5596564
大庆油田三维工程检测有限责任公司
地址：大庆市银湖街
邮编：163411
书记………………… 5681088
经理………………… 5680541
副经理……………… 5683545
…………………………… 5680546
调度室……………… 5684700
综合办……………… 5680549
理化检测站
站长………………… 5711881
副站长……………… 5711560
经理办……………… 5721893
办公室……………… 5710098
业务室……………… 5710086

大庆油田庆升实业公司

书记………………… 5979068
…………………………… 5963062
经理………………… 5976132
…………………………… 5963061
工会主席…………… 5757678
副经理……………… 5963067
…………………………… 5978501
…………………………… 5978662
…………………………… 5963068
…………………………… 5757234
…………………………… 5757345
…………………………… 5757456
主任工程师………… 5963069
总工程师…………… 5757567
工程师……………… 5976439
办公室……………… 5999269
…………………………… 5998630
财务………………… 5976435
三车间……………… 5976262
总工程师…………… 5757567
工会主席…………… 5757678
办公室
主任………………… 5757789
副主任……………… 5757201
办公室……………… 5757202
档案室……………… 5739075
打印室……………… 5757203
材料库
办公室……………… 5978506
调度………………… 5978529
调度二车间………… 5978648
销售办……………… 5976486
…………………………… 5976648
建材制品厂
厂长………………… 5891511
书记………………… 5891577
生产副厂长………… 5891578
销售副厂长………… 5891618
经营管理办
主任………………… 5891638
劳资………………… 5891513
党政办……………… 5891616
生产办……………… 5891599
安全………………… 5891633
材料………………… 5891655
销售………………… 5891518
技术质量…………… 5891579
车间………………… 5891533
门卫………………… 5891535
劳动保护与印刷制品厂
书记………………… 5190822
厂长………………… 5190811
副厂长……………… 5190812
…………………………… 5190815
办公室……………… 5190813
销售办
主任………………… 5391601
办公室……………… 5184601
稳定办……………… 5190303
调度室……………… 5182002
印刷………………… 5190819
服装车间…………… 5394477
庆升化工厂
地址：建安街
邮编：163416
厂长………………… 5739001
副书记……………… 5739002
副厂长……………… 5739004
主任工程师………… 5739008
党政办……………… 5739011
调度室……………… 5739666
防腐保温材料厂
地址：方晓东路
邮编：163161
厂长………………… 5050999
书记………………… 5055777
副厂长……………… 5059444
…………………………… 5055444
党政办……………… 5056111
生产协调办………… 5057333
调度室……………… 5059333

井下作业分公司

地址：大庆市爱国路
邮编：163453
领导
书记………………… 5992366
党委书记…………… 5990655
纪委书记…………… 5992871
…………………………… 5992080
团委副书记………… 5977519
经理………………… 5969369
…………………………… 5965959
…………………………… 5991199
副经理……………… 5992163
…………………………… 5956186
…………………………… 5956018
…………………………… 5992083
…………………………… 5992675
…………………………… 5992092
…………………………… 5992172
…………………………… 5951399
…………………………… 5956686
…………………………… 5995525
工会副主席………… 5991133
总地质师…………… 5992051
总工程师…………… 5992781
…………………………… 5991157
总会计师…………… 5992833
副总工程师………… 5956616
…………………………… 5956128
副总机械师………… 5992060
经理助理…………… 5956189
…………………………… 5956019
…………………………… 5956508
…………………………… 5979396
…………………………… 5979207
…………………………… 5956300
…………………………… 5972396
…………………………… 5960779

……………… 5971387
……………… 5971385
……………… 5971386

综合办公室

主任……………… 5992165
副主任……………… 5992851
……………… 5994558
秘书……………… 5992162
……………… 5992066
……………… 5992310
机要秘书……………… 5992852
综合秘书……………… 5992352
通信员……………… 5992961
……………… 5993215
信访干事……………… 5992160
……………… 5992831
计划生育……………… 5951821
信访举报电话……………… 5992521
五楼 4 号会议室……………… 5978908
办公室……………… 5992380
……………… 5992390

机关

房产……………… 5991701
工会人事……………… 5951705
办公室……………… 5966191
……………… 5966190
……………… 5970501
……………… 5977993
……………… 5993265
……………… 5963236
……………… 5966180
……………… 5966079
……………… 5992195
主楼门卫……………… 5993103
传真……………… 5992523

市场开发部

主任……………… 5992059
副主任……………… 5992050
……………… 5992763
办公室……………… 5991702
……………… 5970681

工程技术质量监督部

办公室……………… 5991563
……………… 5970651

技术发展部

主任……………… 5992772
副主任……………… 5971165
……………… 5997173
……………… 5984412
科研……………… 5971926
推广、科协……………… 5992782

生产运行部

主任……………… 5993897
副主任……………… 5992765
……………… 5992766
……………… 5966365
……………… 5971821
……………… 5991262
办公室……………… 5981265
……………… 5966363
水电讯管理……………… 5984915
车辆调度……………… 5999196
车辆管理……………… 5991710
涉外土地管理员……………… 5966362
土地现场……………… 5992090
市场开发……………… 5992762
综合调度……………… 5992700
……………… 5992731
……………… 5984461
综合岗……………… 5971820

计划规划部

主任……………… 5990633
副主任……………… 5991713
……………… 5992586
统计……………… 5992073
办公室……………… 5971136
……………… 5989182

财务资产部

主任……………… 5992086
副主任……………… 5966370
……………… 5972207
……………… 5992071
会计……………… 5971392
成本会计……………… 5991315
出纳……………… 5970722
报销……………… 5992072
资产税收……………… 5966371
办公室……………… 5971552
……………… 5991315
机房……………… 5971525
网络……………… 5992965
财务室……………… 5970913
……………… 5972913

人事部（组织部）

主任……………… 5993079
副主任……………… 5992173
……………… 5992796
组织员……………… 5991711
干部管理……………… 5992175
技术干部管理……………… 5992171
办公室……………… 5971831
劳资管理……………… 5980928
……………… 5979572
劳资……………… 5971223
档案室主任……………… 5953510
档案室……………… 5953513
……………… 5953507
……………… 5953503
……………… 5953502
……………… 5953501

安全环保部

主任……………… 5992803
副主任……………… 5997909
……………… 5992962
办公室……………… 5971296
……………… 5971259
工业交通……………… 5992801

审计监察部

主任……………… 5951113
副主任……………… 5966375
纪检监察……………… 5992809
审计部……………… 5992531
办公室……………… 5992521
……………… 5993295
……………… 5971372
效能监察办
办公室……………… 5953372

工会（团委）

主席……………… 5956299
副主席……………… 5992872
办公室……………… 5997873
女工、主任……………… 5992870
财务、女工……………… 5992055
团委办公室……………… 5992875

设备管理部

主任……………… 5992063
副主任……………… 5978658
……………… 5992062
办公室……………… 5977570
……………… 5993286
装备管理……………… 5995316
机械加工……………… 5992061
定额价格办
主任……………… 5984823
副主任……………… 5966353
……………… 5986977
价格……………… 5966357
办公室……………… 5993049
……………… 5966356
……………… 5966395

HSE 检查室

办公室……………… 5991561
……………… 5978028
……………… 5993876
……………… 5984912
……………… 5984913

结算协调办

主任……………… 5978850
副主任……………… 5978092
办公室……………… 5978869

物资中心

主任……………… 5956377
副主任……………… 5966391
……………… 5966129
主任助理……………… 5992155
计划组……………… 5966397
结算……………… 5966712
办公室……………… 5984459

稳定协调服务中心

主任……………… 5966629
副主任……………… 5972669
办公室……………… 5973819
……………… 5992161

财务结算中心

办公室……………… 5998601

房产维修办公室

主任……………… 5960977
副主任……………… 5996269
……………… 5978851
……………… 5966351
办公室……………… 5982198
……………… 5991562
财务……………… 5966352
资料、材料……………… 5971871
房产、绿化……………… 5966361
施工管理……………… 5950532
公积金管理……………… 5950531

质量监督部

主任……………… 5992089
副主任……………… 5992783
……………… 5991721
……………… 5992771
办公室……………… 5993291
……………… 5993811
……………… 5971559
……………… 5993290

企管法规部

主任……………… 5992533
副主任……………… 5979359
……………… 5992802
办公室……………… 5977913
……………… 5992832

能源科

科长……………… 5979130

信息中心

书记……………… 5983661
主任……………… 5977791
副主任……………… 5984557
……………… 5984545
……………… 5970217
……………… 5970076

总务室

主任……………… 5970576
办公室……………… 5984546

综合室

主任……………… 5970539

办公室……………… 5977972
……………………… 5989472
信息室……………… 5977973

多媒体室

主任………………… 5977952
办公室……………… 5984645

软件室

主任………………… 5977953
办公室……………… 5970753
数据库室…………… 5984511
复印室……………… 5989471
会议室……………… 5970561

网络室

主任………………… 5970023
……………………… 5983671
办公室……………… 5989473
……………………… 5989470
……………………… 5970121
网络报修…………… 5977010
网络机房…………… 5975010
……………………… 5992361
……………………… 5970529
培训、机房………… 5977792

其他

打字室……………… 5989923
机关食堂值班室…… 5989183
机关收发室………… 5984463

经济保卫大队

守卫队长…………… 5977817
公司门卫…………… 5991837
……………………… 5970921
……………………… 5984499
经警宿舍…………… 5991324
值班室……………… 5991304

压裂大队

调度………………… 5671299
……………………… 5671062

作业一大队

地址：大庆市丰收街
邮编：163153

书记………………… 5820666
大队长……………… 5820888
副大队长…………… 5822266
……………………… 5820316
……………………… 5820150
……………………… 5820988
……………………… 5820898
……………………… 5822566
主任地质师………… 5820519
主任工程师………… 5820555
大队长助理………… 5820771
……………………… 5820377
……………………… 5820161

综合办

主任………………… 5820373
副主任……………… 5820692
女工房产…………… 5820602

生产办

主任………………… 5820576
副主任……………… 5820053
……………………… 5820160
……………………… 5820167
调度长……………… 5822678
调度………………… 5820517
……………………… 5821432
安全环保…………… 5821388
机动资产…………… 5820340
能源计量全质……… 5820073
现场调度…………… 5820121
现场员……………… 5820190
……………………… 5820128
档案室……………… 5820163
微机室……………… 5820151

技术办

主任………………… 5820159
副主任……………… 5820578
……………………… 5820309
科技科协…………… 5820134
网络维护…………… 5820382
地质资料…………… 5820035
主管会计…………… 5820577
会计………………… 5820169
出纳………………… 5820045
计划统计…………… 5820331
人事劳资…………… 5820688
人保武装…………… 5820170
小车班……………… 5820097
……………………… 5822766
材料组组长………… 5820240
材料库……………… 5820135
……………………… 5820137
……………………… 5820093
打字室……………… 5820381
油管场地…………… 5821411
保洁室……………… 5820918
机关楼门卫………… 5820136
动力队……………… 5821410

后勤队

队部………………… 5820691
食堂………………… 5820312
公寓………………… 5821463
门卫………………… 5820323

保养站

支部书记…………… 5820174
站长………………… 5820107
电工班……………… 5820297

车队

书记………………… 5820370
队长………………… 5820109
值班室……………… 5821412
101 队 ……………… 5821401
102 队 ……………… 5821402
103 队 ……………… 5821403
104 队 ……………… 5821404
105 队 ……………… 5821405
106 队 ……………… 5821406
107 队 ……………… 5821407
108 队 ……………… 5821408
109 队 ……………… 5821409
110 队 ……………… 5821446

作业二大队

地址：大庆市五星村东巷
邮编：163355

书记………………… 5296236
大队长……………… 5295899
副大队……………… 5297063
……………………… 5297059
……………………… 5298704
……………………… 5297377
主任地质师………… 5295477
助理………………… 5298164
……………………… 5298647
值班室……………… 5295056

政工组

主任………………… 5295484
宣传团委…………… 5295473
工会女工…………… 5295483
人保武装…………… 5295411

经营组

主任………………… 5295386
结算………………… 5295059
劳资员……………… 5298614
计划统计…………… 5295061
财务主管…………… 5295039
财务会计…………… 5298594

生产组

主任………………… 5296283
机动资产…………… 5295377
安全环保…………… 5298490
能源计量…………… 5298512
标准全质…………… 5295408
调度………………… 5295174
……………………… 5295418

技术组

主任………………… 5296783
地质方案员………… 5290171
中小修技术员……… 5299141
计算机管理………… 5295076
地质资料员………… 5295030
档案打字…………… 5299342
现场质检…………… 5295449
工程技术员………… 5296783
技术顾问…………… 5291480

生产服务队

书记………………… 5295463
队长………………… 5297501
副队长……………… 5299654
队部………………… 5295463
材料组长…………… 5295959
材料员……………… 5295084
油管场地…………… 5295349
201 队 ……………… 5297724
202 队 ……………… 5297725
203 队 ……………… 5297726
204 队 ……………… 5297727
205 队 ……………… 5297272
206 队 ……………… 5297273
207 队 ……………… 5295435
208 队 ……………… 5296744
209 队 ……………… 5296004
210 队 ……………… 5297209
食堂………………… 5298513
锅炉房……………… 5295476
公寓………………… 5295102
经警班……………… 5295463
大门卫……………… 5295104
职工活动中心……… 5298513
设备队……………… 5295106
保养站……………… 5295063

车队

队部………………… 5295069
值班室……………… 5299645

作业三大队

地址：大庆市高 17 路
邮编：163514

大队长……………… 4511988
书记………………… 4512468
工会主席…………… 4513975
副大队长…………… 4513459
……………………… 4513451
……………………… 4513500
……………………… 4515738
……………………… 4513371
主任工程师………… 4512629

生产办

主任………………… 4513453
调度长……………… 4513457
前线调度长………… 4511653
能源标准化计量…… 4511652
设备检验…………… 4514285
机动资产…………… 4513259
综合调度…………… 4514586
调度………………… 4512729
……………………… 4511075
房产、经营………… 4512835

安全办

主任……………… 4513239
安全环保…………… 4511607
安全员……………… 4514275
党办
主任……………… 4514466
宣传、工会团委…… 4513493
人保武装…………… 4511713
女工计生档案……… 4514669
经营办
主任……………… 4512809
主管会计…………… 4513425
成本会计…………… 4511679
会计……………… 4511430
人事劳资…………… 4513489
计划统计职教……… 4514426
方案结算…………… 4511901
技术办
主任……………… 4512350
质检员……………… 4513075
工程……………… 4511485
网络维护…………… 4512619
计算机……………… 4514727
地质资料…………… 4514860
…………………… 4514636
材料组
组长……………… 4511151
提料员……………… 4513427
保管员……………… 4512472
动力队……………… 4512179
车队
队长……………… 4511250
副队长……………… 4512140
作业 301 队………… 4513461
作业 302 队………… 4513462
作业 303 队………… 4513479
作业 304 队………… 4513414
作业 305 队………… 4513413
作业 306 队………… 4513472
作业 307 队………… 4513471
作业 308 队………… 4513443
作业 309 队………… 4513463
作业 310 队………… 4513439
保养站
站长……………… 4511397
副站长……………… 4511329
修保工房…………… 4514502
后勤队
队长……………… 4513420
副队长……………… 4514774
锅炉房值班室……… 4511396
食堂值班室………… 4514774
更衣房值班室……… 4513450
公寓值班室………… 4514953
活动中心值班室…… 4513470
机关门卫值班室…… 4514298
大队门卫值班室…… 4512741
油管场……………… 4513371
微机房……………… 4514727
驻朝阳沟油田前线调度
…………………… 4391045
驻朝阳沟油田前线领导办
…………………… 4391434

修井一大队

地址：大庆市丰收街
邮编：163153

书记……………… 5820999
大队长……………… 5822777
副大队长…………… 5821555
…………………… 5821991
…………………… 5820677
…………………… 5820488
…………………… 5821666
地质师……………… 5821944
机械师……………… 5821935
调度长……………… 5821577
副调度长…………… 5821303
…………………… 5821311
调度室……………… 5821493
…………………… 5821932
党办……………… 5820831
经营办……………… 5820430
…………………… 5822229
工会……………… 5821492
女工……………… 5820631
宣传……………… 5820395
人事……………… 5821445
技教……………… 5821622
房产……………… 5820735
资产……………… 5820636
计划统计…………… 5821444
市场开发…………… 5820435
财务……………… 5821471
…………………… 5820811
…………………… 5821995
综合文秘…………… 5820955
能源……………… 5820877
安全……………… 5821639
…………………… 5821427
计量……………… 5820920
机动……………… 5821425
保卫……………… 5821431
经营办……………… 5821931
材料员……………… 5821866
保管员……………… 5820270
小车班……………… 5820662
物资队……………… 5821755
修保队……………… 5821696
…………………… 5820604
工程队
队长……………… 5821228
设计……………… 5821656
现场……………… 5821363
井控科技…………… 5821456
井史……………… 5820630
地质组……………… 5821470
计算机室…………… 5820624
价格……………… 5821486
车队
队长……………… 5821377
副队长……………… 5820141
…………………… 5820607
…………………… 5820606
保养站……………… 5821495
统计……………… 5821272
后勤队……………… 5821568
…………………… 5821855
书记……………… 5820352
生活……………… 5820203
食堂……………… 5820993
公寓……………… 5820402
101 队……………… 5821056
102 队……………… 5821110
103 队……………… 5821011
104 队……………… 5821942
105 队……………… 5821124
106 队……………… 5821222
107 队……………… 5821114
108 队……………… 5821119
109 队……………… 5821008
110 队……………… 5821943
111 队……………… 5820654
112 队……………… 5820842
113 队……………… 5820379
114 队……………… 5820437
115 队……………… 5820609
116 队……………… 5820447
117 队……………… 5820452
118 队……………… 5821945
119 队……………… 5821947
120 队……………… 5821940

工程地质技术大队

书记……………… 5984396
大队长……………… 5984388
副大队长…………… 5996402
…………………… 5984383
…………………… 5984395
…………………… 5984360
…………………… 5966247
…………………… 5966360
主任……………… 5984381
调度长……………… 5984070
调度……………… 5984571
…………………… 5984572
财务资产…………… 5984373
人事统计…………… 5984379
安全机动…………… 5996374
党办……………… 5984372
经营办……………… 5984385
生产科技办………… 5996247
企业管理…………… 5996237
服务队……………… 5963881
工会准计量………… 5984391
探井组……………… 5984575
组织纪检…………… 5984561
压裂一室
书记、副主任……… 5984579
主任……………… 5984577
办公室……………… 5996081
…………………… 5977209
压裂二室
主任……………… 5977219
…………………… 5984573
副主任……………… 5996571
方案……………… 5996343
压裂限流组………… 5984025
设计一组…………… 5962573
设计二组、设计三组 5996341
修井室
办公室 5996713
现场……………… 5996149
修井一室
主任……………… 5984093
地质……………… 5996225
现场……………… 5996648
工程……………… 5996531
修井二室
主任……………… 5984087
工程机械室
主任……………… 5984565
设计一组…………… 5984569
设计二组…………… 5984052
微机档案室
主任……………… 5984502
副主任……………… 5984506
计算机房…………… 5984516
井史组……………… 5984507
办公室……………… 5984513
综合规划室
主任……………… 5984563
副主任……………… 5996395
统计验收…………… 5984022
综合服务队
服务办……………… 5984517
材料组长…………… 5996394
材料保管员………… 5996294
办公室……………… 5977189

……………………… 5984038
……………………… 5996712
质量监督站
书记、副站长……… 5992385
站长…………………… 5996032
资料统计验收……… 5996153
研究所
综合…………………… 5996316
机关培训部
办公室……………… 5963880

特种工艺作业二大队
地址：大庆市中三路
邮编：163001
大队长……………… 5806888
书记………………… 5806333
副队长……………… 5806200
……………………… 5806202
……………………… 5806201
主任工程师………… 5806230
主任机械师………… 5806203
生产办
主任………………… 5806228
安全、环保、能源、机动、设备
……………………… 5806234
调度………………… 5806210
……………………… 5806211
经营办
主任………………… 5806212
统计、档案、技教、房产
……………………… 5806209
财务主管、成本会计、出纳
……………………… 5806208
综合办
主任………………… 5806206
工会、共青团……… 5806207
人事员、油料、统计 5806234
组织、纪检、文秘、宣传、党务
……………………… 5806207
科技办
质量、标准化、计量、科技管理
……………………… 5806236
工艺、设计………… 5806236
加工车间
主任………………… 5806205
书记………………… 5806218
副主任……………… 5806221
副主任、技术员、经管员
……………………… 5806219
修复车间
主任、书记、技术员 5806220
副主任、经管员…… 5806221
供应队
队长、书记、经管员 5806238
器材组长…………… 5806216
材料员……………… 5806229
保管员、稽核员…… 5806217
服务队
队长、副队长、经管员 5806215
食堂管理员………… 5806213
收发员、图书管理员、清洁员
……………………… 5806226
门卫………………… 5806225
司机班……………… 5806235

生产服务大队
服务大队
会计………………… 5962962
成本………………… 5993283
电工班……………… 5992101
服务一队
队长………………… 5984422
出纳………………… 5989759
办公室……………… 5984420
服务四队
队长………………… 5962972
办公室……………… 5962120
……………………… 5962130
……………………… 5966713
维修队……………… 5985713
……………………… 5985712
食堂………………… 5971532
助理、机关食堂…… 5991720
第九队
办公室……………… 5983977
小车队
书记………………… 5985103
队长………………… 5993875
副队长……………… 5984972
……………………… 5963433
经管………………… 5984971
核算………………… 5950632
夜间值班室………… 5997836
门卫………………… 5984973
油料………………… 5963432
登峰小车队
调度………………… 5992099
……………………… 5978699
会议室……………… 5992966
14层会议室 ……… 5977520
机关打字室………… 5966393
服务大队…………… 4391262
朝阳沟油田前线…… 4395580

砂酸选配厂
地址：大庆市铁人路铁人一村
邮编：163451
厂长………………… 5198997
书记………………… 5194581
副厂长……………… 5199767
……………………… 5193358
厂长助理…………… 5398391
党办主任…………… 5194582
调度………………… 5190147
……………………… 5391568
技术办
主任………………… 5182442
办公室……………… 5190246
……………………… 5194032
人事………………… 5392135
工会………………… 5192601
安全………………… 5190078
财务组……………… 5193071
材料组……………… 5193092
……………………… 5391732
计划………………… 5192602
质量………………… 5182443
监控室……………… 5190434
一车间……………… 5199871
二车间……………… 5193895
前线一队…………… 5391945
锅炉值班室………… 5190143
办公室……………… 4391702

综合配液厂
地址：大庆市西槐路
邮编：163712
厂长………………… 5093099
书记………………… 5088206
副厂长……………… 5089259
……………………… 5089255
……………………… 5089258
……………………… 5088207
……………………… 5090371
厂长助理…………… 5088228
党办
主任………………… 5595924
工会………………… 5596874
宣传………………… 5097693
生产办
主任………………… 5088226
调度………………… 5099136
……………………… 5596964
能源………………… 5088203
质量………………… 5088213
安全………………… 5089257
经营办
人事………………… 5088210
统计………………… 5595484
档案室……………… 5089256
财务
主管………………… 5088215
办公室……………… 5594412
技术办
办公室……………… 5595144
化验室……………… 5592349
材料组……………… 5595643
……………………… 5088205
前线一队…………… 5595057
前线二队…………… 5592004
前线六队…………… 5090373
泥浆车间…………… 5595405
配液车间…………… 5594171
生产保障队
队部………………… 5594256
值班室……………… 5088227
门卫………………… 5594775
食堂………………… 5099135
综合配液站驻朝阳沟油田前线
……………………… 4391481

试油试采分公司

地址：大庆市试采路
邮编：163412
领导
书记………………… 5790000
经理………………… 5696509
副经理……………… 5681777
……………………… 5699666
……………………… 5796100
……………………… 5078011
纪检书记…………… 5078155
工会主席…………… 5686908
总会计师…………… 5797366
总工程师…………… 5680016
总地质师…………… 5673099
经理助理…………… 5796003
……………………… 5680918
……………………… 5686660
副总工程师………… 5686011
……………………… 5696100
副总地质师………… 5684838
……………………… 5685986
……………………… 5681066
……………………… 5696602
经理办
主任………………… 5796667
副主任……………… 5687990
……………………… 5683098
行政秘书…………… 5688569
党委秘书…………… 5795080
综合秘书…………… 5688236
电视台
台长………………… 5672968
新闻组……………… 5691712
技术组……………… 5691505
机房………………… 5688903
公务员……………… 5691230
市场开发部
主任………………… 5696592

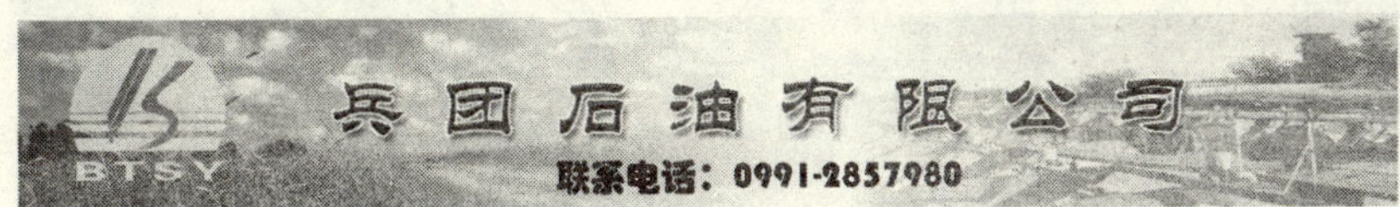

副主任…………………… 5796511
…………………………… 5796296
主任工程师………… 5692789
国际部………………… 5797036

技术发展部

主任……………………… 5687081
副主任…………………… 5691343
…………………………… 5691399
主任经济师………… 5693687
科技办………………… 5693687
技术办………………… 5691380
质量办………………… 5693829

生产运行部

主任……………………… 5683077
副主任…………………… 5681911
…………………………… 5671653
…………………………… 5687765
…………………………… 5681791
…………………………… 5681158
调研员………………… 5685504
生产统计……………… 5693864
综合信息……………… 5692028
工作量认证………… 5798691
水电……………………… 5693298
调度……………………… 5685037
…………………………… 5685036
调度室外屋………… 5671464
传真机………………… 5691609

计划规划部

主任……………………… 5671383
副主任…………………… 5671352
主任经济师………… 5795977
计划……………………… 5672655
统计……………………… 5693874

企管法规部

主任……………………… 5680303
法律顾问……………… 5681519
办公室………………… 5693938

财务资产部

主任……………………… 5682098
副主任…………………… 5693048
…………………………… 5683030
…………………………… 5680805
资金管理组………… 5795759
核算组………………… 5693739
…………………………… 5795624
计算机室……………… 5685069
…………………………… 5685918
机动资产……………… 5693027
结算中心……………… 5696609

人事部

主任……………………… 5686948
副主任…………………… 5795674
…………………………… 5796147
…………………………… 5686274
组织员………………… 5796494
培训……………………… 5796968
工资统计……………… 5683242
技术干部……………… 5687968
劳动组织……………… 5687828
档案……………………… 5680522

审计监察部

主任……………………… 5686986
副主任…………………… 5680620
纪检监察员………… 5672663
…………………………… 5798500
举报电话……………… 5671262
审计……………………… 5682913

质量安全环保部

主任……………………… 5686368
副主任…………………… 5686555
…………………………… 5687272
安全办公室………… 5687272
HSE 监察室副主任 5795007
…………………………… 5795077
安全办………………… 5691573

工会、团委

工会副主席………… 5692987
女工主任……………… 5689565
工会办………………… 5681331
工会财务……………… 5691398
机关党委书记……… 5684455
机关党委副书记…… 5688530
团委副书记………… 5685987
团委办公室………… 5688219
机关党委办公室…… 5688019

物资管理部

主任……………………… 5671651
副主任…………………… 5682323
主任经济师………… 5693127
办公室………………… 5796337

稳定服务中心

主任……………………… 5696448
副主任…………………… 5686930

信息中心

地址：大庆市试采北路
邮编：163412

书记……………………… 5681717
主任……………………… 5795989
主任工程师………… 5798800
…………………………… 5691091
…………………………… 5682868
…………………………… 5682198
…………………………… 5696691
…………………………… 5689407
财务……………………… 5686071
计算机房……………… 5691786
…………………………… 5692383
档案
机房……………………… 5693043
…………………………… 5671642
办公室………………… 5691195

经济保卫大队

地址：大庆市试采北路
邮编：163412

书记……………………… 5798275
大队长………………… 5672097
副大队长……………… 5685364
…………………………… 5798501
办公室………………… 5672697
…………………………… 5689941
财务……………………… 5680703
人事……………………… 5798325
工会……………………… 5689941
机动……………………… 5798287
综治办………………… 5798295
防范队
指导员………………… 5798150
队长……………………… 5798172
办公室………………… 5689967
值班室………………… 5798239
办公楼值班室……… 5680434
分公司值班室……… 5795578
大队值班室………… 5329662
资产库………………… 5680537
车库……………………… 5798273
保安……………………… 5689427

试油大队

地址：大庆市试采北路
邮编：163412

书记……………………… 5672751
大队长………………… 5796017
副大队长……………… 5680717
…………………………… 5671922
…………………………… 5671830
…………………………… 5671839
…………………………… 5671823
工会主席……………… 5681311
主任工程师………… 5680719
…………………………… 5798759
…………………………… 5795995
生产组长……………… 5691561
压裂调度……………… 5691680
现场调度……………… 5691693
资产库………………… 5691675
生产调度……………… 5680822
…………………………… 5680821
资产档案……………… 5691607
安全环保……………… 5691638
器材组………………… 5691547
生活组………………… 5691644
财务组
组长……………………… 5687417
办公室………………… 5691604
核算……………………… 5692717
大队办
主任……………………… 5689473
办公室………………… 5672052
…………………………… 5672042
微机室………………… 5691640
房产复印……………… 5692707
食堂……………………… 5691660
测试队
队部……………………… 5691667
资料组………………… 5685361
电子压力计………… 5672043
特车队………………… 5691637
小车队………………… 5691643
服务队………………… 5691645
经警队
队部……………………… 5691613
巡逻……………………… 5691619
1 号门卫……………… 5691617
2 号门卫……………… 5691550
采集队
队部……………………… 5694855
技术组………………… 5691648
管理组………………… 5682240
井温组………………… 5691657
收油组………………… 5795964
井控技术队………… 5699331
检查站………………… 5696759
机动组组长………… 5798532
器材组组长………… 5688132
管理组………………… 5688371

射孔作业大队

地址：大庆市试采北路
邮编：163412

书记……………………… 5689408
大队长………………… 5682199
副大队长……………… 5692068
…………………………… 5685483
…………………………… 5691738
…………………………… 5692024
工会主席……………… 5680753
主任工程师………… 5685542
…………………………… 5692403
大队办
主任……………………… 5682708
党办……………………… 5686952
人事……………………… 5695076
工会、团委………… 5795062
宣传、计生………… 5692984
档案室………………… 5795047
收发值班……………… 5671457
生产运行办
主任……………………… 5692493

调度…………………… 5692460
…………………… 5685529
…………………… 5685590
营销…………………… 5691947
财务办
主任…………………… 5692455
办公室…………………… 5692559
微机室…………………… 5692549
机动安全办
主任…………………… 5692492
工程技术办………… 5696393
器材…………………… 5692443
档案室…………………… 5795047
经警队
队部…………………… 5686953
主楼门卫…………… 5695074
射孔一中队………… 5685611
射孔二中队………… 5685626
射孔三中队
队部…………………… 5692459
取心班…………………… 5690155
射孔四中队
队部…………………… 5688741
…………………… 5686091
资料室…………………… 5797643
门卫…………………… 5696540
作业一队…………… 5685640
作业二队…………… 5685653
作业三队…………… 5685758
作业四队
队部…………………… 5797641
门卫…………………… 5695742
管材组…………………… 5685765
作业五队…………… 5692663
作业六队
队部…………………… 5685551
调度…………………… 5685831
特车队…………………… 5685769
工程技术队
队部…………………… 5795037
质量组…………………… 5685536
作业地质…………… 5795041
射孔地质…………… 5684024
仪修站
检查站…………………… 5699656
准备库…………………… 5795035
队部…………………… 5692545
地面井下仪修……… 5696389
综合服务队
队部…………………… 5695054
餐车班…………………… 5671374
加工厂…………………… 5693412
值班…………………… 5692481
食堂…………………… 5685926

房产绿化…………… 5692023
汽修车部…………… 5685943

试采大队

地址：大庆市试采北路
邮编：163412

书记…………………… 5798694
大队长…………………… 5796794
副大队长…………… 5691834
…………………… 5689022
…………………… 5690508
主任工程师………… 5698991
大队办
主任…………………… 5691878
组织、人事………… 5690237
工会…………………… 5690233
生产组长…………… 5690848
调度…………………… 5681604
…………………… 5681614
现场调度…………… 5692565
安全组长…………… 5691783
工程组
组长…………………… 5683422
办公室…………………… 5691779
器材组
组长…………………… 5691845
办公室…………………… 5680884
…………………… 5684575
经营…………………… 5691771
财务…………………… 5691773
经警队长…………… 5690180
特车队…………………… 5692752
服务队…………………… 5686606
小车班…………………… 5698966
水站…………………… 5680947
调度室外屋………… 5690508
宣传…………………… 5690606
机动组长…………… 5690568
核算组…………………… 5690655
西楼值班室………… 5690522

试验大队

地址：大庆市试采北路
邮编：163412

书记…………………… 5680853
大队长…………………… 5680857
副大队长…………… 5680807
…………………… 5680803
…………………… 5680824
主任工程师………… 5680704
大队办
主任…………………… 5680871
副主任…………………… 5680812
工会、共青团……… 5680734
技术培训…………… 5680794
网络管理…………… 5680954
生产组
组长…………………… 5680873
调度…………………… 5680744
…………………… 5680743
大班调度…………… 5680614
资料档案…………… 5680814
土地员…………………… 5680323
安全机动组
组长…………………… 5680764
资产…………………… 5680854
工程组
组长…………………… 5680802
工程师…………………… 5680714
…………………… 5680724
财务组
组长…………………… 5680819
会计、出纳………… 5680813
一队队长…………… 5687674
二队队长…………… 5680841
三队队长…………… 5680840
四队队长…………… 5680864
机动资产…………… 5680854
热采队
书记…………………… 5680894
队长…………………… 5680874
生产准备队
书记…………………… 5680849
队长…………………… 5680843
材料组长…………… 5687754
小车班…………………… 5680845
库房…………………… 5680842
材料组…………………… 5680846
热采一班…………… 5329903
热采二班…………… 5329901
一、二、三班核算员 5680834
门卫…………………… 5680943
大队后料厂………… 5329902

机械修理厂

地址：大庆市试采北路
邮编：163412

书记…………………… 5797647
厂长…………………… 5696956
副厂长…………………… 5686138
…………………… 5691849
…………………… 5691900
调度…………………… 5691673
厂办…………………… 5691876
财务…………………… 5691854
生产准备队长……… 5796064
劳资、工会………… 5691923
质量经营…………… 5691941
机动安全组长……… 5796084
准备队书记………… 5680351
门卫…………………… 5691865
复印室…………………… 5691893
器材…………………… 5691914
加工车间…………… 5695149
加工配件…………… 5690239
配修车间…………… 5691934
修理一车间………… 5691924
修理二车间………… 5685940

地质大队

地址：大庆市试采北路
邮编：163412

书记…………………… 5680627
大队长…………………… 5693996
副大队长…………… 5696656
…………………… 5684899
…………………… 5699386
大队办
主任…………………… 5691972
办公室…………………… 5691942
财务…………………… 5691943
综合项目部
主任…………………… 5684291
动态管理…………… 5693951
档案资料管理……… 5691944
数据传输…………… 5691574
探井深层主任……… 5691949
探井中浅层………… 5684292
探井深层…………… 5691945
探井外围…………… 5691386
开发东部
主任…………………… 5691994
开发东部…………… 5696630
开发西部…………… 5691954
试采项目部
主任…………………… 5691971
化验室
主任…………………… 5691976
办公室…………………… 5690665
生产辅助室主任…… 5691997
机动安全…………… 5795147

技术开发大队

地址：大庆市试采北路
邮编：163412

书记…………………… 5686608
大队长…………………… 5681819
副大队长…………… 5687536
大队办
主任…………………… 5687713
办公室…………………… 5683953
生产办
主任…………………… 5687637
办公室…………………… 5687115
技术办主任………… 5692918
海外办…………………… 5692809
劳资科…………………… 5683953
安全、物资………… 5692589
财务…………………… 5683843

调度长……………… 5692869
值班室……………… 5681114
司机班……………… 5692899

研究所

地址：大庆市试采北路
邮编：163412

书记……………… 5680936
所长……………… 5682833
副所长……………… 5672911
……………… 5684922
主任工程师………… 5683160

所办

主任……………… 5672900
办公室……………… 5684772
财务……………… 5684968

试油工艺室

主任……………… 5687757
办公室……………… 5684987
……………… 5691552

射孔工艺室

主任……………… 5685094
办公室……………… 5685226
……………… 5686295

油藏室

主任……………… 5684756
办公室……………… 5684812

信息室

主任……………… 5682913
办公室……………… 5680367
……………… 5684872
档案室……………… 5682096

增产技术室

主任……………… 5697574
办公室……………… 5687759
生产准备室主任…… 5684757
收发室……………… 5684657

运输大队

地址：大庆市试采北路
邮编：163412

书记……………… 5681899
大队长……………… 5696821
副大队长……………… 5795663
……………… 5689390
……………… 5795670
大队办主任………… 5691468
调度……………… 5685509
……………… 5683207
调度长……………… 5685455
搬家队队长………… 5685260
经营……………… 5685381
安全……………… 5689412
……………… 5680879
人事……………… 5689644
统计……………… 5691198
机动……………… 5685456
财务……………… 5685268
档案……………… 5684272
器材……………… 5685325
检查站……………… 5685415
一中队……………… 5685260
二中队……………… 5685237
三中队……………… 5685391
四中队……………… 5685357
生产准备队………… 5685366

生产准备大队

地址：大庆市试采北路
邮编：163412

书记……………… 5798480
大队长……………… 5696607
副大队长……………… 5683222
……………… 5689868
……………… 5672398
主任工程师………… 5671652

大队办

主任……………… 5683566
劳资、工会………… 5683811
经营、女工………… 5671713
信息档案……………… 5698961
财务……………… 5796258
财务一室……………… 5691615
财务二室……………… 5691734
机动安全组长……… 5684111
物资……………… 5688955

房产绿化组

办公室……………… 5795628
房产……………… 5696910
施工合同……………… 5672986
能源物资……………… 5693111

准备一队

队长……………… 5691722
副队长……………… 5686377
收发室……………… 5686251
收印室……………… 5681995
电台维修……………… 5684530

准备二队

队长……………… 5683064
副队长……………… 5671638
体育馆……………… 5696109
图书馆……………… 5692110
三区活动站………… 5693882

准备三队

队长……………… 5691751
公寓……………… 5691713
小食堂……………… 5671210
大食堂……………… 5691701
库房……………… 5691768
洗衣房……………… 5691752

准备车队

队长……………… 5686778
副队长……………… 5687338
调度……………… 5691500
……………… 5693873
值班室……………… 5684271

测试技术服务分公司

地址：大庆市八百垧北路
邮编：163412

机关稳定工作协调服务中心

副书记……………… 4961579
副主任……………… 4962373
干事……………… 4961608

综合办公室

主任……………… 4961828
副主任……………… 4961128
……………… 4961738
文书……………… 4962422
秘书……………… 4961298

人事部

主任……………… 4962658
副主任……………… 4961538
……………… 4962315
……………… 4962282
组织员……………… 4961798
绩效考核……………… 4962488
档案管理……………… 4962312
保险统计……………… 4962375
工人技能鉴定……… 4962497
薪酬管理……………… 4984988

生产运行部

主任……………… 4961268
副主任……………… 4962321
……………… 4962058
……………… 4962456
……………… 4961248
综合管理……………… 4962266
……………… 4962008
……………… 4961171
……………… 4962324
……………… 4962317
综合调度……………… 4962303
……………… 4962393
……………… 4962772
……………… 4962771

质量安全环保部

主任……………… 4962458
副主任……………… 4961708
……………… 4962424
工程技术……………… 4962478
试井技术……………… 4962630
测井技术、标准化 … 4962631
计量……………… 4962281
QHSE、质量 ……… 4962259
综合、环保……………… 4962148

企管法规部

主任……………… 4962768
副主任……………… 4962439
专职法律顾问……… 4962253
经营考核……………… 4962280
合同管理……………… 4962296
内控建设……………… 4961635
价格……………… 4962120
……………… 4962115

计划规划部

主任……………… 4961288
副主任……………… 4962402
计划……………… 4962290
房产……………… 4962402

技术发展部

主任……………… 4962498
副主任……………… 4961968
……………… 4962271
测井项目、成果…… 4962305
信息、知识产权…… 4961928
试井项目、推广…… 4962328

财务资产部

主任……………… 4962308
副主任……………… 4962238
……………… 4961215
……………… 4962257
会计……………… 4962401
出纳、会计………… 4962364
档案管理……………… 4961180
资产……………… 4962126
……………… 4962515

审计监察部

主任……………… 4962468
副主任……………… 4961278
纪检监察员………… 4961006
审计……………… 4962038
……………… 4962350
效能监察……………… 4962108
……………… 4961398

市场开发部

主任……………… 4962388
副主任……………… 4961358
……………… 4962423
外事……………… 4961539
市场开发……………… 4962340

工会共青团

副主席……………… 4962398
……………… 4962294
团委副书记………… 4961728
干事……………… 4962294
……………… 4962346
……………… 4962293

机关直属

闭路台

台长…………………… 4962487
记者…………………… 4962343
播音…………………… 4961623
培训基地
值班室………………… 5821627
负责人………………… 5820075
办公室………………… 5820353
……………………… 5820350
……………………… 5820372
离退中心
书记…………………… 4962532
主任…………………… 4962048
主管…………………… 4962103
第一大队
书记…………………… 4686399
大队长………………… 4683877
副大队长……………… 4686686
副大队长、主任工程师 4605199
副大队长……………… 4603599
……………………… 4682105
调度…………………… 4689066
第二大队
书记…………………… 5295151
大队长………………… 5299898
副大队长……………… 5295960
副大队长、主任工程师 5299413
副大队长……………… 5295902
……………………… 5295933
……………………… 5295992
调度…………………… 5295150
第三大队
书记…………………… 5861816
大队长………………… 5861926
副大队长……………… 5859177
……………………… 5861833
……………………… 5861832
……………………… 5861839
……………………… 5861922
二线领导……………… 5861833
生产办
生产调度……………… 5857323
……………………… 5861107
主任…………………… 5857736
副主任………………… 5861137
计划、技教…………… 5861173
市场开发……………… 5861562
综合办主任…………… 5861257
会计…………………… 5857881
综合队
书记…………………… 5861301
副队长………………… 5861309
司机班………………… 5861326
食堂管理员…………… 5861532
试井一队
书记…………………… 5861330
队长…………………… 5861356
试井二队
书记…………………… 5861357
副队长………………… 5861371
测井一队
书记…………………… 5861376
副队长………………… 5861375
测井二队
书记…………………… 5861381
副队长………………… 5861387
仪表室
书记…………………… 5861396
主任…………………… 5853553
流量计岗……………… 5861529
综合测试仪岗………… 5861513
电子压力计岗………… 5861531
环空仪修室…………… 5861539
同位素仪修岗………… 5861592
同位素源库…………… 5861602
绘解室
书记…………………… 5861561
主任…………………… 5861536
机房…………………… 5861573
计算机室……………… 5861253
大院门卫……………… 5861327
第四大队
书记…………………… 4191749
大队长………………… 4199008
副大队长……………… 4193483
……………………… 4994542
……………………… 4193567
主任工程师…………… 4191851
调度…………………… 4194996
……………………… 4191799
第五大队
书记…………………… 4597936
大队长………………… 4597168
副大队长、主任工程师 4597647
副大队长……………… 4597686
……………………… 4599299
……………………… 4597649
调度…………………… 4590932
第六大队
书记…………………… 5836459
大队长………………… 5836458
副大队长、主任工程师 5831545
副大队长……………… 5838308
……………………… 5831546
……………………… 5838638
调度…………………… 5836178
第七大队
大队长………………… 4499793
书记…………………… 4499356
副大队长……………… 4498030
……………………… 4490217
……………………… 4490224
……………………… 4498427
……………………… 4492599
调度…………………… 4498740
……………………… 4498449
财务…………………… 4498492
材料组………………… 4498422
党办…………………… 4498486
土地…………………… 4498430
后勤办………………… 4495189
工程师………………… 4498026
工程办………………… 4499659
工程组………………… 4499741
生产办………………… 4498409
经营办………………… 4498493
机动人员……………… 4492641
绘解室………………… 4498467
微机室………………… 4492642
仪表室………………… 4498282
仪修队………………… 4492640
综合队………………… 4492643
同位素库房…………… 4498244
试井一队……………… 4498284
测井一队……………… 4498498
测井二队……………… 4499960
测井三队……………… 4498430
第八大队
书记…………………… 4512670
大队长………………… 4515283
副大队长、主任工程师 4511690
副大队长……………… 4512440
……………………… 4511498
……………………… 4515670
调度…………………… 4514723
……………………… 4513194
第九大队
书记…………………… 4697136
大队长………………… 4698168
副大队长……………… 4697224
……………………… 4698137
……………………… 4697226
主任工程师…………… 4690038
调度…………………… 4697429
第十大队
书记…………………… 4394097
大队长………………… 4391337
副大队长……………… 4392177
……………………… 4393297
……………………… 4391630
调度室………………… 4392284
……………………… 4392128
生产办………………… 4391599
主任工程师…………… 4393307
绘解室………………… 4393668
人事经营……………… 4392151
财务组………………… 4392175
大队办主任…………… 4391154
测试一队……………… 4391110
测试二队……………… 4391150
绘解室………………… 4391149
同位素源室…………… 4392441
材料组………………… 4391178
测井队………………… 4391085
综合队………………… 4391151
安全岗………………… 4391687
统计岗………………… 4391805
食堂…………………… 4391629
第十一大队
书记…………………… 5821712
大队长………………… 5820030
副大队长……………… 5821933
……………………… 5821706
……………………… 5820037
……………………… 5820117
主任工程师…………… 5820681
苏丹项目部副经理 … 5820409
……………………… 5821709
……………………… 5821709
驻塔项目副经理…… 5820947
……………………… 5820034
西部项目副经理…… 5821286
生产办主任…………… 5821711
调度…………………… 5820032
……………………… 5820689
财务…………………… 5820480
人事…………………… 5821137
计算机管理…………… 5820719
市场开发……………… 5820729
资产管理……………… 5821725
合同及商务…………… 5821366
统计…………………… 5820731
机动…………………… 5820490
安全…………………… 5820906
能源、班组写实…… 5821035
材料组………………… 5820673
综合办主任…………… 5821975
政工宣传……………… 5821113
培训技能鉴定……… 5820712
QHSE、房产 ……… 5821399
工会…………………… 5820561
测井一队……………… 5821710
测井二队……………… 5821702
测井三队……………… 5821707
测井四队……………… 5821106
试井队………………… 5821299
仪修队………………… 5821701

……………………… 5821013
……………………… 5821020
综合队……………… 5821724
……………………… 5820339
司机班……………… 5821727
解释计算站
工程师……………… 5820131
档案组……………… 5820690
晒图组……………… 5820024
审核组……………… 5820049
验收组……………… 5820127
……………………… 5820140
资料组……………… 5820560
监测技术研发中心
书记………………… 5592710
主任………………… 5592708
副主任……………… 5289372
……………………… 5592138
……………………… 5088768
主任工程师………… 5592476
……………………… 5593761
……………………… 5592302
调度………………… 5592474
监测信息解释评价中心
书记………………… 5576161
主任………………… 5576168
副主任……………… 5576138
……………………… 5576158
主任工程师………… 5576133
……………………… 5576166
调度………………… 5576148
仪器制造厂
书记………………… 4688569
厂长………………… 4685077
副厂长……………… 4664636
……………………… 4664732
主任工程师………… 4664648
……………………… 4664649
调度………………… 4664641
测井试井技术检测实验中心
书记………………… 5822238
副主任……………… 5822078
……………………… 5820571
……………………… 5821165
……………………… 5822138
主任工程师………… 5821672
生产办主任………… 5821289
调度………………… 5821729
财务………………… 5821694
会计………………… 5821309
人事………………… 5821723
机动………………… 5821253
综合办主任………… 5821671
业务组……………… 5820909
检测一室…………… 5821857
检测二室…………… 5821856
器材供应站
书记………………… 4962349
站长………………… 4962168
副站长……………… 4961048
……………………… 4962218
综合办……………… 4989377
生产准备大队
书记………………… 5821708
大队长……………… 5820193
副大队长…………… 4962386
……………………… 4961438
……………………… 5821717
……………………… 5592234
……………………… 5820124
调度………………… 5820562
经保大队
地址：大庆市丰收村
邮编：163153
书记………………… 5821628
大队长……………… 5821626
副大队长…………… 5821616
……………………… 5821660
综合办主任………… 5821633
财务………………… 5821605
治保办主任………… 5821601
干事………………… 5821612
二中队……………… 5821188

油田工程有限公司（原设计院）

地址：大庆市西苑街
邮编：163712
领导
院长………………… 5581016
党委书记…………… 5581022
副院长……………… 5581023
……………………… 5595917
……………………… 5595058
……………………… 5088588
副院长、总工程师 … 5088708
工会主席…………… 5592899
总工程师…………… 5590357
总设计师…………… 5595309
总会计师…………… 5599866
调研员……………… 5581038
……………………… 5581027
……………………… 5581028
……………………… 5596761
公司办公室
主任………………… 5595914
机关总支书记……… 5099636
安全………………… 5595257
房产科科长………… 5581068
打字、传真………… 5594060
消防值班室………… 5595226
……………………… 5595998
战略规划部
主任………………… 5596526
财务部
副主任……………… 5595657
人事监察部
主任………………… 5099633
监察科……………… 5088585
信访举报科………… 5592655
技术质量部
主任………………… 5596584
工程设计事业部
常务副经理………… 5595648
副经理……………… 5594486
副主任……………… 5594465
科学研究事业部
常务副经理………… 5595265
副经理……………… 5594485
……………………… 5595696
勘探工程部
副主任……………… 5596306
……………………… 5595114
自动化工程部
值班室……………… 5592029
综合经营事业部
副经理……………… 5595996
办公室……………… 5595715
前楼前厅部
总台………………… 5595034
传真………………… 5593913
油气集输室
计划、统计………… 5596321
给排水室
副主任……………… 5593361
机械室
四组………………… 5593420
工业建筑室
主任工程师………… 5593424
电力室
主任………………… 5595294
仪表电信室
主任………………… 5592018
天然气工程与化工室
主任………………… 5595807
总图道桥室
统计………………… 5596643
技术经济室
值班室……………… 5595402
编辑出版室
主任………………… 5595321
土建防腐研究室
办公室……………… 5595469
计量仪表室
副主任……………… 5596621
消防控制室
……………………… 5092575
水处理与油田化学研究室
书记………………… 5595427
情报期刊室
情报组……………… 5595458
计量测试研究所
所长………………… 5595058
档案室……………… 5595095
民用建筑设计所
副主任……………… 5593279
安全环保所
环评组……………… 5592983
科汇科技公司
副主任……………… 5592595
产品制造厂
书记………………… 5598793
值班室……………… 5594690
化学中试厂………… 5592082
防腐中试厂………… 5592758
装配、仪表………… 5594497
油设监理公司
书记………………… 5590071
龙兴岩土工程公司
经理………………… 5595088
副经理……………… 5596974
运输大队
队长………………… 5595195
物业管理大队
队长………………… 5593450
一宿舍……………… 5596661
经保大队
视频监控…………… 5099750
信息中心
主任………………… 5595991
技术交流中心
主任………………… 5595871
档案资料室
主任………………… 5595997
服务中心
主任………………… 5596943

采油工程研究院

地址：大庆市西宾路
邮编：163453
院领导
副院长……………… 5979028
……………………… 5959969
纪委书记…………… 5966882
工会主席…………… 5987711
总地质师…………… 5968067
总工程师…………… 5960134

总会计师…………5979301
副总工程师………5960653
…………5962230
…………5974904
…………5981066
…………5976100
…………5960076
…………5960602

综合办公室

主任…………5960431
副主任…………5960307
文秘岗…………5979671
综合岗…………5960055

人事部

主任…………5960328
副主任…………5979305
党委组织员…………5960727
档案管理…………5960657
劳动组织管理…………5979302
技术人员管理…………5979727

战略发展研究部

副主任…………5953752
办公室…………5953761

科技发展部

主任…………5960810
副主任…………5953751
科协…………5962236
项目管理…………5960101
综合…………5960654

财务资产部

主任…………5960071
副主任…………5960674
…………5960321
会计岗…………5960910
…………5960728
出纳岗…………5973308
资产会计…………5960656

经营管理部

主任…………5979729
副主任…………5960318
合同…………5960054
计划…………5974823
价格管理…………5960673

审计监察部

主任…………5979315
纪委副书记…………5960051
副主任…………5960729
审计…………5976421

生产协调部

主任…………5979819
副主任…………5979312
…………5960077
通信交通安全…………5960659
能源…………5960309
物资岗…………5979036
HSE…………5960300

质检办

主任…………5963528
副主任…………5952770
标准化、计量…………5966167

群团部

工会副主席…………5960697
团委书记…………5960671
女工…………5960670

文化站

站长…………5960074
美工…………5979662
摄影…………5960016

分层开采工艺测试研究室

主任…………5979706
书记…………5976712
副主任…………5976072
…………5976951
…………5960032
室技术专家…………5960036
调度室…………5960156
办公室…………5976650
综合…………5961565
…………5952776
统计…………5976651
管理组…………5963997
科研一组…………5960033
…………5952782
科研二组…………5960320
…………5952781
科研三组…………5976652
…………5952780
科研四组…………5973319
…………5952779
科研五组…………5952784
井下工具装配组…………5975934
车间主任…………5960952
车间统计…………5975727

油田化学研究室

主任…………5975900
书记…………5979321
副主任…………5960057
…………5960322
…………5968531
生产…………5979531
调度室…………5960478
勘探压裂组…………5979139
…………5961139
海塔压裂组…………5961014
…………5960326
酸化解堵…………5960603
…………5988659
堵水调剖组…………5979601
实验组…………5960612
管理组…………5975604
核算…………5960325
材料…………5979418

举升工艺研究室

主任…………5976923
书记…………5978607
副主任…………5960605
…………5960061
…………5976716
调度室、材料…………5960610
统计、核算…………5960324
资产、政工…………5963133
科研一组…………5980157
…………5974647
…………5960836
科研二组…………5960323
…………5961949
…………5979863
科研三组…………5976713
…………5976919
推广组…………5960919
…………5963660
…………5970905

采气工艺研究室

主任…………5979711
书记…………5975902
副主任…………5960730
…………5979313
…………5961012
管理组…………5960052
测调组…………5976710
采气组…………5960575
…………5979762

技术服务中心

主任…………5950586
书记…………5982189
副主任…………5950585
…………5963411
国际协调…………5950507
国内部…………5960317
国际部…………5974871
哈萨项目部…………5960663
调度价格…………5950587
劳资统计…………5977398
展览厅…………5973731

钻井设计研究室

主任…………5976672
书记…………5973664
副主任…………5960775
…………5961015
统计…………5976530
工程组…………5960767
…………5960975
地质组…………5979717
…………5988272
…………5976869

工程设计研究室

主任…………5979701
书记…………5960976
副主任…………5960770
…………5960149
…………5960619
管理组…………5960314
…………5960760
规划组…………5960874
方案一组…………5976230
…………5961013
方案二组…………5960763
…………5960672
现场跟踪…………5971105

信息中心

主任…………5979316
书记…………5960827
副主任…………5977673
…………5960823
数据维护…………5976306
网络组…………5976148
软件组…………5973304
计算机维修…………5952775
调度、安全…………5979719
情报组…………5960822
检索…………5960773
档案组…………5960821
…………5973657
图书馆…………5960820
编辑部…………5974645
管理组…………5975825

质量监督检验中心

副主任…………5963882
书记…………5977370
副主任…………5952771
…………5952772
调度…………5953905
中心办公室…………5960303
人事、统计…………5952773
抽样…………5960832
质检一室…………5960035
质检二室…………5960030
质检三室…………5960830
…………5952774
油浸实验室…………5979653
电泵实验室…………5975903

生产保障大队

大队长…………5977715
总支书记…………5960073
副大队长…………5973975
…………5960733

……………… 5976703
大队机关管理组
大队调度……………… 5975430
安全材料……………… 5960755
劳资统计……………… 5960753
资产……………… 5978681
车队
队长……………… 5979310
书记……………… 5960737
统计……………… 5989772
核算……………… 5973648
修理班……………… 5960953
安全……………… 5960067
车库值班……………… 5975930
车队调度……………… 5960623
物业维修队
队长……………… 5979138
书记……………… 5973750
维修班……………… 5975752
电工……………… 5960620
经警队
队长……………… 5960806
书记……………… 5960053
武装……………… 5975274
巡逻队……………… 5960753
院门卫……………… 5979169
机关门卫……………… 5960660
器材站
站长……………… 5960732
保管组、调拨……………… 5960772
财务组……………… 5960726
材料组……………… 5974705
……………… 5962065
计划组……………… 5975504
服务队
书记……………… 5953762
队长……………… 5962411
职工食堂……………… 5960751
中灶办公室……………… 5962232
中灶值班室……………… 5962231
中灶餐厅……………… 5962229
打字室
打字班……………… 5960676
收发室、公务员……………… 5960677
游艺室管理……………… 5952783
施工组
组长……………… 5976950
工程师……………… 5975400
办公室……………… 5960959

射孔器材检验中心

地址：大庆市元丰路
邮编：163853

书记……………… 4696166
副主任……………… 4697667
……………… 4697041
……………… 4695599
办公室副主任……………… 4695597
中心办主任……………… 4698397
财务……………… 4698668
节能……………… 4698481
人事培训……………… 4698341
器材组长……………… 4697340
招待所……………… 4690607
食堂……………… 4690461
门卫……………… 4699114
后勤……………… 4698481
车队队长……………… 4699627
第一检测室……………… 4698337
第二检测室……………… 4698475
第三检测室……………… 4696044
第四检测室……………… 4697695
模拟井检测室……………… 4697694

电力集团

地址：大庆市西宾路
邮编：163453

领导

党委副书记……………… 5192966
副总经理……………… 5183290
……………… 5183530
……………… 5183526
……………… 5183733
……………… 5181577
工会主席……………… 5199891
总会计师……………… 5180008
总经理助理……………… 5192887
……………… 5181991
……………… 5192399
安全副总监……………… 5191867
副总工程师……………… 5190106
……………… 5196227
……………… 5381309

办公室

主任……………… 5182022
副主任……………… 5182799
综合科科长……………… 5399749
文秘科副科长……………… 5182023
武保科科长……………… 5182027
公务员……………… 5182033
打字室……………… 5398033

档案馆

馆长……………… 5193155
办公室……………… 5908581

机关党委

副书记……………… 5191196

人力资源部

主任（部长）……………… 5193758
副主任、干部科科长 5398127
副部长、组织科科长 5191810
干部管理……………… 5182041
党委组织员……………… 5399528
档案管理……………… 5399528
劳动工资管理科
科长……………… 5193873
办公室……………… 5184762
培训管理科科长……………… 5182062
技术干部管理……………… 5182062

计划经营部

主任……………… 5190107
副主任、企管科长 … 5191901
副主任……………… 5199340

规划计划科

科长……………… 5190869
副科长……………… 5198748
大项目办计划组组长 5397001
规划计划……………… 5397001
计划统计……………… 5198748
法律事务……………… 5191973

财务资产部

主任……………… 5199513
副主任、成本科科长 5196573
副主任、资产科科长 5199053
成本科副科长……………… 5398285
成本科会计……………… 5190551
……………… 5182042
……………… 5398285
……………… 5190551
会计科科长……………… 5197011
会计科会计……………… 5199170
……………… 5182052
资产管理……………… 5196557
设备管理……………… 5196557
资产会计……………… 5182053
资产管理……………… 5182053
资金结算中心主任 … 5193430
资金结算中心会计 … 5392234
外部结算出纳……………… 5180029
内部结算出纳……………… 5392234

生产部

主任……………… 5199591
副主任、协调科科长 5192727
生产技术管理科
科长……………… 5192667
副科长……………… 5182057
电厂检修管理……………… 5182057
电网检修及可靠性管理 5396076
线路管理……………… 5396076
科技科副科长……………… 5182021
生产协调科
副科长……………… 5197191
调度室……………… 5397191
……………… 5197291

安全质量环保部

副主任、安全环保科科长
……………… 5192605
安全环保科
副科长……………… 5182032
干事……………… 5397239
标准计量科
科长……………… 5182036
干事……………… 5182036
体系管理办公室
主任……………… 5399981
干事……………… 5399981

用电管理部

主任……………… 5193762
副主任、用电管理科科长
……………… 5182033
副主任、用电营业科科长
……………… 5196676
副主任、电力协会专职秘书
……………… 5190801
主任工程师……………… 5193756
用电管理科副科长 … 5182045
用电检查……………… 5182045
营业管理……………… 5196676
用电管理中心副主任 5190807
干事……………… 5190805
……………… 5190806

电力协会专职秘书

干事……………… 5190809

市场开发部

主任……………… 5196077
副主任、开发科科长 5184949
开发科副科长……………… 5184831
……………… 5184613
市场管理科科长……………… 5196299

审计部

主任……………… 5182031
副主任……………… 5198243
审计中心副主任……………… 5182040
……………… 5908538

纪委监察部

主任……………… 5190700
主任、综合教育科科长 5193411
案件检查科科长……………… 5191927
纪检监察员……………… 5182054

企业文化部

主任……………… 5199048
副部长……………… 5190566
文化中心副主任……………… 5196713
干事……………… 5182051

工会

副主席……………… 5197816
女工主任……………… 5191967
办公室……………… 5182055

团委
书记…………………… 5182048
干事…………………… 5199408
稳定工作协调服务中心
主任…………………… 5190067
副主任………………… 5197438
干事…………………… 5197438
计划生育办公室
主任…………………… 5398092
干事…………………… 5908481
基建管理中心
主任…………………… 5191823
副主任………………… 5191831
工程造价管理中心
主任…………………… 5191883
副主任………………… 5191813
干事…………………… 5182060
工程造价……………… 5182060
文化中心
主任…………………… 5190600
副主任………………… 5196713
……………………… 5190500
干事…………………… 5190800
收费核算中心
主任…………………… 5190861
副主任………………… 5190867
……………………… 5908409
会计…………………… 5190862
……………………… 5399689
物资核算中心
主任…………………… 5398155
副主任………………… 5193779
……………………… 5908595
会计…………………… 5908595
……………………… 5198773
出纳…………………… 5908595
物资管理中心
书记…………………… 4609855
主任…………………… 4609845
副书记、仓储部主任 4609825
副主任、采购部主任 4609088
副主任、煤炭部主任 4609822
副主任、办公室主任 4609098
仓储管理部主任…… 4609825
物资采购部主任…… 4609088
物资采购部副主任 … 4609850
机电设备室主任…… 4659600
配件室主任………… 4609815
三类物资室主任…… 4609805
煤炭调运室主任…… 4609822
核算室主任………… 4609891
电力调度中心
书记…………………… 5908896
主任…………………… 5908898
副主任………………… 5908210
……………………… 5908107
……………………… 5908227
……………………… 5908108
综合管理党支部书记 5908186
综合办公室主任…… 5908220
运行方式室主任…… 5908106
运行方式室主任工程师 5908211
继电保护室主任…… 5908228
继电保护室主任工程师 5908229
运行调度党支部书记 5908418
运行调度室主任…… 5908218
运行调度室主任工程师 5908261
通信自动化党支部书记 5908158
通信自动化室主任 … 5908159
通信自动化室主任工程师
……………………… 5908139
离退休管理中心
主任…………………… 5184635
电力稽查大队
书记…………………… 5732226
大队长………………… 5732227
副大队长……………… 5732225
办公室………………… 5732229
综合办………………… 5732210
内业管理……………… 5732221
举报电话……………… 5732220
综合服务公司
经理…………………… 5192339
书记…………………… 5395159
副经理………………… 5181932
车队
队长…………………… 5181933
副队长………………… 5181455
服务队
队长…………………… 5181387
副队长………………… 5195997
政工、工会…………… 5182034
机关门卫……………… 5195921
大庆油田电力宾馆
经理…………………… 5190599
书记…………………… 5194320
副经理………………… 5182437
办公室主任…………… 5198711
总台…………………… 5182431
餐厅…………………… 5908657
实业公司
地址：大庆市西宾路
邮编：163453
党委书记……………… 5183096
经理…………………… 5390977
党委副书记…………… 5182118
副经理………………… 5198173
……………………… 5182025
……………………… 5391918
经理助理……………… 5396256
……………………… 4681439
副总工程师…………… 5191755
副总会计师…………… 5192343
安全副总监…………… 5191231
副总工程师…………… 5181330
办公室主任…………… 5182026
党群工作部主任…… 5181560
纪委副书记…………… 5199672
经营管理部主任…… 5190573
财务资产部主任…… 5194004
生产技术主任……… 5182024
HSE 监督站副站长 5908869
稳定中心副主任…… 5908290
电器设备有限公司
书记…………………… 5974910
经理…………………… 5973749
东光科技开发公司
经理…………………… 4636703
书记…………………… 4636709
送变电分公司
书记…………………… 5398821
经理…………………… 5194064
建筑装饰分公司
经理…………………… 5193129
副经理………………… 5394178
综合服务分公司
经理…………………… 5394588
书记…………………… 5397496
绿化工程处
经理…………………… 5908862
副经理………………… 5908973
电力营销公司
地址：大庆市西宾路
邮编：163453
书记…………………… 5396337
经理…………………… 5182039
副书记………………… 5192731
副经理………………… 5182005
……………………… 5182043
主任工程师…………… 5192962
办公室主任…………… 5192682
党群工作部主任…… 5908465
纪委副书记…………… 5908426
稳定协调服务中心主任 5192905
生产安全部主任…… 5182672
HSE 监督站站长 … 5908402
经营管理部主任…… 5183058
中心营业所
所长…………………… 5908452
书记…………………… 5908451
龙南营业所
所长…………………… 5089072
书记…………………… 5089601
西苑售电室…………… 5517730
广厦售电室…………… 5510337
方晓售电室…………… 5055803
东风营业所
所长…………………… 4603855
书记…………………… 4604022
解放售电室…………… 5200394
东湖营业所
书记…………………… 5736408
所长…………………… 5736405
副所长………………… 5736409
……………………… 5736413
党办…………………… 5736415
生产办………………… 5736419
经营办………………… 5736416
财务…………………… 5736410
监察…………………… 5736135
调度室………………… 5736411
……………………… 5736418
车班…………………… 5736125
外线…………………… 5736145
内线…………………… 5736412
抄表班………………… 5736407
收费班………………… 5736414
1 号售电室 ………… 5732207
2 号售电室 ………… 5756379
商业售电……………… 5736406
客服…………………… 5736401
乘新售电室…………… 5723341
乘风售电室…………… 5681321
乘南售电室…………… 5681376
测井售电室…………… 5681403
萨尔图营业所
所长…………………… 5190927
书记…………………… 5197517
丰收售电室…………… 5820361
友谊售电室…………… 5812702
红岗营业所
书记…………………… 4898288
所长…………………… 4894788
副所长………………… 4898799
……………………… 4989388
生产主任……………… 4892344
经营主任……………… 4891806
党办…………………… 4988832
调度…………………… 4985345
劳资…………………… 4892359
财务…………………… 4988835
核算…………………… 4988852
内线…………………… 4984766
收费…………………… 4988853
服务窗口……………… 4986466
松林小区销电室…… 4985122

红卫收费站………… 4962761
外线室三班………… 4989583
图强售电室………… 5296367
银浪2号售电室
银浪物业维修队…… 5791136
配网检修所
所长………………… 5181213
书记………………… 5182003
电力工程设计院
地址：大庆市西宾路
邮编：163453
书记………………… 5191389
院长………………… 5394183
副院长……………… 5391651
…………………… 5183882
…………………… 5399035
办公室主任………… 5394189
经营管理部主任…… 5394106
电网部主任………… 5399287
发电部主任………… 5191096
土建部主任………… 5398693
技术管理部主任…… 5190194
信息管理部主任…… 5908588
综合管理部副主任 … 5908585
东光科技开发公司
书记………………… 4650039
副经理……………… 4650071
办公室……………… 4659414
财务………………… 4659599
…………………… 4650027
锅炉维修工程处…… 4659587
粉煤灰厂物资销售中心 4650497

供电公司

地址：大庆市西宾路
邮编：163453
党委书记…………… 5195558
经理………………… 5199377
党委副书记（工会主席）
…………………… 5181958
副经理……………… 5197775
…………………… 5184391
…………………… 5184347
…………………… 5183473
经理助理…………… 5396329
副总工程师………… 5184323
…………………… 5197998
副总会计师………… 5398423
安全副总监………… 5198077
机关党委
副书记……………… 5197767
党政办公室
副主任……………… 5181799
…………………… 5399044
秘书………………… 5391545
文书………………… 5391624
档案馆
馆长………………… 5391553
有偿解除劳动合同人员服务中心
主任………………… 5184327
副主任……………… 5196343
干事………………… 5396563
人力资源部
主任………………… 5199551
劳资………………… 5391614
职教………………… 5397283
企业文化部
主任………………… 5391673
纪委监察部
主任………………… 5391632
办公室……………… 5391586
工会
副主席……………… 5391573
女工主任…………… 5391546
宣教………………… 5391551
女工………………… 5391921
生活………………… 5191993
计划生育…………… 5391591
团委
书记………………… 5199688
计划经营部
主任………………… 5391768
副主任……………… 5392501
统计………………… 5391694
预算………………… 5391561
计量………………… 5391454
计划规划…………… 5195958
财务资产部
副主任……………… 5198352
…………………… 5193008
工会………………… 5198351
会计………………… 5398351
结算………………… 5390868
能源………………… 5391513
核肖………………… 5398437
税收………………… 5391527
成本………………… 5391522
多种经营…………… 5391464
生产技术部
主任………………… 5391552
副主任……………… 5391705
安全质量环保部
副主任……………… 5193219
交通管理…………… 5394700
HSE 监督站
站长………………… 5391665
生产协调部
主任………………… 5183385
副主任……………… 5393952
…………………… 5391793
…………………… 5393954
调度值班室………… 5190240
…………………… 5398354
杏南工区
地址：大庆市杏南西街10号
邮编：163513
书记………………… 4596045
主任………………… 4596965
副主任……………… 4596945
…………………… 4596103
…………………… 4597965
工会主席…………… 4596121
党群工作组
组长………………… 4598751
工会………………… 4590620
综合管理组
组长………………… 4597825
劳资人事…………… 4590548
生产技术管理组
组长………………… 4596946
运行专工…………… 4590849
质量………………… 4597968
职教………………… 4590571
材料组……………… 4598032
调度班
调度室……………… 4596192
…………………… 4590944
线路队
书记………………… 4597967
队长………………… 4597969
副队长……………… 4598999
技术员……………… 4598031
调度………………… 4592046
变检队
书记………………… 4590533
队长………………… 4595388
副队长……………… 4596302
…………………… 4590531
…………………… 4598072
技术员……………… 4590571
保护组……………… 4598071
开关组……………… 4590757
调度………………… 4596142
…………………… 5254199
车队
书记………………… 4590978
班长………………… 4590857
调度………………… 4595857
综合队
书记、队长………… 4593710
张铁匠巡视操作队
队长………………… 4994587
值班室……………… 4994401
…………………… 4994402
杏北一次变电所
主控室……………… 4990910
杏南一次变电所
主控室……………… 4590928
龙河一次变电所
主控室……………… 4590534
南五一次变电所
主控室……………… 5295249
…………………… 5295420
朝阳沟一次变电所
所长………………… 4391295
副所长……………… 4391035
主控室……………… 4391038
…………………… 4391039
办公室……………… 4391947
宋方屯一次变电所
主控室……………… 5329612
榆树林一次变电所
主控室……………… 4651057
传输………………… 4651390
头台一次变电所
所长………………… 4464153
副所长……………… 4464078
主控室……………… 4464099
…………………… 4464037
哈炼首站变电所
所长………………… 4494520
主控室……………… 4494520
州十三变电所
所长………………… 5352952
主控室……………… 4396630
星火工区
地址：大庆市铁人路铁人二村
邮编：163452
书记………………… 5182151
主任………………… 5182155
副主任……………… 5182152
…………………… 5182153
主任工程师………… 5182159
工会主席…………… 5182156
党群工作组
组长………………… 5181125
生产技术管理组
组长………………… 5181126
综合管理组
组长………………… 5181127
调度班
调度室……………… 5181016
…………………… 5193891
车队
调度………………… 5181268
登峰巡视操作队

书记…………………… 5882412
队长…………………… 5826421
大班…………………… 5886471
主控室………………… 5886472
……………………… 5886473
食堂…………………… 5886470
方晓一次变电所
主控室………………… 5055123
经警室………………… 5059298
友谊一次变电所
主控室………………… 5811031
经警室………………… 5881916
登峰一次变电所
主控室………………… 5886472
经警室………………… 5886470
东湖一次变电所
主控室………………… 5329092
……………………… 5329090
经警室………………… 5329091
家园变电所
主控室………………… 5392552
经警室………………… 5395330
奔腾一次变电所
所长…………………… 5391066
主控室………………… 5190164
向阳一次变电所
所长…………………… 4687714
主控室………………… 4687701
赵家泡一次变电所
所长…………………… 5201004
主控室………………… 5202424
周泡一次变电所
所长…………………… 5298232
副所长………………… 5296056
主控室………………… 5296421
星火一次变电所
所长…………………… 5882463
副所长………………… 5882719
主控室………………… 5882462
南二一次变电所
所长…………………… 5296179
副所长………………… 5296169
主控室………………… 5296189
建新一次变电所
所长…………………… 5717903
副所长………………… 5717474
主控室………………… 5717473
……………………… 5717472
卧龙一次变电所
所长…………………… 4695128
副所长………………… 4695150
主控室………………… 4695403
……………………… 4695125
……………………… 4695405

风云一次变电所
所长…………………… 5857091
副所长………………… 5857095
主控室………………… 5857190
喇一次变电所
所长…………………… 5831728
副所长………………… 5836084
主控室………………… 5836633
马鞍山一次变电所
所长…………………… 5692301
副所长………………… 5683670
主控室………………… 5687774
……………………… 5687464
……………………… 5687762
兴胜一次变电所
所长…………………… 5796781
副所长………………… 5796782
主控室………………… 5686493
……………………… 5686495
庆新一次变电所
所长…………………… 5838623
副所长………………… 5836756
主控室………………… 5836523
龙虎泡一次变电所
所长…………………… 5099466
副所长………………… 5099339
主控室………………… 5099328
……………………… 5099237
高家一次变电所
所长…………………… 5836151
主控室………………… 5836939
丰收一次变电所
所长…………………… 5863527
副所长………………… 5853599
主控室………………… 5862370
……………………… 5863627
东风二次变电所
所长…………………… 4689371
副所长………………… 4689471
主控室………………… 4687716
……………………… 4687406
哈炼中二站
主控室………………… 5575905
让电站二次变电所
所长…………………… 5592193
副所长………………… 5095419
主控室………………… 5099419
……………………… 5592692
油建变电所
主控室………………… 5099300
……………………… 5099301
长龙变电所
主控室………………… 5099260
……………………… 5099370

龙南变电所
主控室………………… 5984477
……………………… 5984476
乐园变电所
主控室………………… 5996774
……………………… 5996784
西苑变电所
主控岗………………… 5514337
……………………… 5514355
抄表系统……………… 5514369
王家围子变电所
主控室………………… 5876705
……………………… 5877515
广厦变电所
所长…………………… 5519252
主控…………………… 5519186
抄表系统……………… 5519176
南六一Ⅲ二次变电所
主控室………………… 5077701
……………………… 5077703

铁人工区

地址：大庆市铁人路铁人二村
邮编：163452

书记…………………… 5396556
主任…………………… 5391721
副主任………………… 5396566
……………………… 5396548
……………………… 5396516
经营管理组
组长…………………… 5199058
生产技术管理组
组长…………………… 5190105
材料组………………… 5907278
调度班
班长…………………… 5190060
调度…………………… 5190090
……………………… 5190020
车队
队长…………………… 5396327
调度…………………… 5190477
综合队
书记…………………… 5192240
副队长………………… 5192240
收发室………………… 5392639
打字室………………… 5190416
变电检修一队
书记…………………… 5190019
队长…………………… 5190153
调度…………………… 5190475
变电检修二队
调度…………………… 5190425
通信班
通信三组……………… 5190416
移动变运行班

书记…………………… 5393328
南二一次变电所
书记…………………… 5296169
所长…………………… 5296179
主控室………………… 5296189
南五一次变电所
书记…………………… 5295420
所长…………………… 5295430
主控室………………… 5299042
……………………… 5295249
办公室………………… 5299041
赵家泡一次变电所
所长…………………… 5201004
主控室………………… 5202424
周泡一次变电所
所长…………………… 5298232
主控室………………… 5296421
宿舍…………………… 5296056

龙南工区

地址：大庆市求实路
邮编：163453

经理…………………… 5991838
书记…………………… 5995231
副经理………………… 5994982
……………………… 5995972
……………………… 5996721
工会主席……………… 5994727
劳资…………………… 5990027
财务…………………… 5994980
调度…………………… 5990061
……………………… 5994716
总机…………………… 5995342
变检队
队长…………………… 5994984
调度…………………… 5996186
抢修室（夜间）……… 5998983
线路队
队长…………………… 5994037
副队长………………… 5983967
技术组………………… 5987415
调度…………………… 5984429
办公室………………… 5984483
车队
队长…………………… 5962102
调度…………………… 5994986
运行队
办公室………………… 5995079
维修队
队长…………………… 5984485
线路检修二队
书记…………………… 5961102
副队长………………… 5983795

中心试验所

地址：大庆市西宾路
邮编：163453

书记…………………… 5963091
所长…………………… 5963099
副所长………………… 5963192
…………………………… 5983606
主任工程师…………… 5963191
经营组组长…………… 5963096
…………………………… 5963121
生技室
主任…………………… 5963095
继电保护室
主任…………………… 5963108
保护实验室…………… 5962193
自动化室
主任…………………… 5963206
副主任………………… 5963207
绝缘监督室
主任…………………… 5963120
高压实验室…………… 5963109
电表校验室
主任…………………… 5963105
标准表室
主任…………………… 5963106
仪表收发……………… 5963107
综合室
主任…………………… 5963080
门卫…………………… 5963131

特种作业工区
地址：大庆市铁人二村
邮编：163452
书记…………………… 5399833
主任…………………… 5399861
副主任………………… 5399862
…………………………… 5399863
…………………………… 5399867
综合管理组
配网专工……………… 5397866
调度…………………… 5399865
主网带电作业队
队长…………………… 5399960
配网带电作业队
队长…………………… 5399961
电缆作业队
队长…………………… 5399967
综合队
队长…………………… 5399760

维修工区
地址：大庆市铁人二村
邮编：163452
书记…………………… 5184428
主任…………………… 5399525
副主任………………… 5390267
…………………………… 5390897
党群工作组
组长…………………… 5399579
生产经营组
安全…………………… 5184469
劳资…………………… 5390537
财务…………………… 5393757
调度…………………… 5399732
给排水运行队
队长…………………… 5190080
低压电工队
书记…………………… 5199041
队长…………………… 5391554

运输工区
地址：大庆市铁人二村
邮编：163452
书记…………………… 5391674
主任…………………… 5391972
副主任………………… 5391671
…………………………… 5195255
党群工作组…………… 5394076
生产经营组
组长…………………… 5190072
经营、会计…………… 5190117
劳资…………………… 5190431
安全…………………… 5190461
综合调度……………… 5194119
材料组………………… 5390937
值班室………………… 5190120
门卫…………………… 5190175
特车一队
书记…………………… 5190121
调度…………………… 5190032
门卫…………………… 5397127
特车二队
书记…………………… 5194966
队长…………………… 5198170
副队长………………… 5195022
安全员………………… 5190894
资产员………………… 5190895
经管员………………… 5190129
材料组………………… 5391741
调度…………………… 5395536
门卫…………………… 5392581
小车队
队长…………………… 5391302
调度…………………… 5391746
门卫…………………… 5392343
修理厂
书记…………………… 5391178
厂长…………………… 5198424
副厂长………………… 5392344
…………………………… 5194115
经管员………………… 5392344
后勤…………………… 5395754
调度…………………… 5191400

经保大队
地址：大庆市西宾路
邮编：163453
书记…………………… 5391661
大队长………………… 5398143
经保大队值班室……… 5391579
电力集团机关守卫岗 5195921
弹药库值班室………… 5391424

生活服务中心
地址：大庆市铁人二村
邮编：163452
书记…………………… 5394085
主任…………………… 5390909
副主任………………… 5391393
…………………………… 5197975
党群工作组组长……… 5394087
工会、女工…………… 5392874
生产经营组组长……… 5191124
机动安全……………… 5391837
劳资…………………… 5391292
材料保管……………… 5197739
多种经营办…………… 5395654
职工教育……………… 5194110
房产管理组组长……… 5192415
房产员………………… 5396842
公积金管理…………… 5192415
后勤…………………… 5193490

供电宾馆
书记…………………… 5194330
经理…………………… 5182438
副经理………………… 5194310
经管员………………… 5182392
财务…………………… 5194320
总台…………………… 5182431
餐厅吧台……………… 5190846
洗浴中心……………… 5182391
客房服务台…………… 5182434
新餐厅………………… 5198711
四楼会议室…………… 5182437

渔场
书记…………………… 5329970
场长…………………… 5836166

畜牧场
书记…………………… 5391714
经管员………………… 5182613

管理站
书记…………………… 5998414
站长…………………… 5984423
副站长………………… 5950860
资产库………………… 5059379

服务队
队长…………………… 5393051
小灶食堂……………… 5391771
机关食堂……………… 5908684

油田热电厂
地址：大庆市东光村
邮编：163314

办公室
…………………………… 4662132

总机
…………………………… 4635114
…………………………… 4636114

龙凤热电厂
地址：大庆市凤阳路
邮编：163711
党委书记……………… 4689698
副厂长………………… 4603633
…………………………… 4663417
厂长助理……………… 4662257
副总工程师…………… 4687052
…………………………… 4685689

办公室
主任…………………… 4663411
文书…………………… 4661210

人力资源部
主任…………………… 4663410

财务资产部
主任…………………… 4663423

生产技术部
主任…………………… 4663428

燃机电厂
地址：大庆市庆新北街
邮编：163158
书记…………………… 5836261
厂长…………………… 5836439
副书记………………… 5835927
副厂长………………… 5837913
…………………………… 5836172
厂长助理……………… 5833992
…………………………… 5836892
副总工程师…………… 5836287
…………………………… 5835869
安全副总监…………… 5843728

办公室
主任…………………… 5843788
劳资…………………… 5843730
职教…………………… 5843739
文秘…………………… 5835211
…………………………… 5835971
档案员………………… 5835595
稳定办………………… 5843757
武保干事……………… 5835976
资料员………………… 5843891
公务员………………… 5835550

党群工作部
主任…………………… 5835164
纪委副书记…………… 5843713
工会干事……………… 5835593
宣传干事……………… 5835921
网络管理……………… 5835551

经营管理部
主任…………………… 5836304
副主任………………… 5843766

………………………… 5835912
质量管理………………… 5843716
会计……………………… 5835380
出纳……………………… 5843717
预算员…………………… 5843716
市场开发………………… 5835630
材料员…………………… 5835550
保管员…………………… 5843790
生产技术部
主任……………………… 5836185
副主任…………………… 5838508
项目经理部……………… 5835976
值长……………………… 5836891
………………………… 5835579
技术专工………………… 5843719
………………………… 5843727
………………………… 5835971
安全质量环保部
副主任…………………… 5836269
安全员…………………… 5843747
发电分厂
书记……………………… 5836766
主任……………………… 5836874
副主任…………………… 5835573
………………………… 5843729
技术员…………………… 5836378
维护班…………………… 5836375
一号机组控制室…… 5835423
二号机组控制室…… 5836532
一号附机控制室…… 5835864
检修分厂
书记……………………… 5835441
主任……………………… 5843780
副主任…………………… 5835576
党群干事………………… 5843781
技术员…………………… 5843782
项目经理………………… 5843782
安全员…………………… 5843782
经管员…………………… 5843781
调控班班长……………… 5837939
电检班班长……………… 5836520
机检班班长……………… 5843783
维修班班长……………… 5843785
化学分厂
主任……………………… 5836743
副主任…………………… 5843767
党群干事………………… 5835908
技术员…………………… 5843768
安全员…………………… 5835908
经管员…………………… 5835908
维护班…………………… 5836629
水处理值班室……… 5836612
水厂值班室……………… 5836629
电气分厂
主任……………………… 5843748
副主任…………………… 5843715
党群干事………………… 5836380
安全员…………………… 5836380
经管员…………………… 5843750
维护班…………………… 5836382
控制室…………………… 5835498
综合服务公司
主任……………………… 5836192
副主任…………………… 5843771
党群干事………………… 5843773
安全员…………………… 5843779
经管员…………………… 5843773
维护班班长……………… 5843779
司机班班长……………… 5843798
司机班副班长…………… 5833131
经警班班长……………… 5835430
公寓班班长……………… 5843718
食堂管理员……………… 5843775
职工食堂………………… 5835591
培训中心
主任……………………… 5843738
副主任…………………… 5835582
教务……………………… 5843758
总务……………………… 5843737
经管员…………………… 5843778
HSE 监督站
主任……………………… 5843799
监督员…………………… 5843747
交通安全………………… 5843747
经管员…………………… 5843769
化验室…………………… 5843769
检定室…………………… 5843769
宏伟热电厂
地址：大庆市庆化路
邮编：163416
厂长……………………… 5619866
书记……………………… 5619877
副书记…………………… 5619970
副厂长…………………… 5619817
………………………… 5619336
………………………… 5619983
………………………… 5619736
厂长助理………………… 5619905
安全副总监……………… 5619411
副总工程师……………… 5619893
………………………… 5619192
副总会计师……………… 5619980
主任……………………… 5619199
传真……………………… 5619843
生产技术部主任……… 5619405
值长组…………………… 5619733
电气分厂通信班……… 5619300
燃管中心主任………… 5619408
增容扩建筹备小组 … 5619458
龙凤热电厂
地址：大庆市凤阳路
邮编：163711
厂长……………………… 4656111
副厂长…………………… 4656226
生产厂长………………… 4659977
咨询室…………………… 4659532
计划经营部主任……… 4659838
油改煤项目经理部 … 4659997
值长组…………………… 4659424

供水公司

地址：大庆市爱国路
邮编：163453
领导
书记……………………… 5901887
经理……………………… 5965099
………………………… 5979308
………………………… 5906533
副经理…………………… 5980350
………………………… 5985319
………………………… 5985503
总工程师………………… 5980295
总经济师………………… 5967570
总地质师………………… 5985311
工会主席………………… 5980738
………………………… 5983904
副总工程师……………… 5983791
安全副总监……………… 5960311
办公室
主任……………………… 5980246
副主任、机关党委副书记
………………………… 5975065
副主任、信访办副主任 5906398
机关党委副书记…… 5975065
办公室…………………… 5906365
………………………… 5906147
………………………… 5906401
值班室…………………… 5985174
秘书室…………………… 5983400
机关事务管理……… 5985153
信访办…………………… 5906202
计划生育………………… 5906344
档案室…………………… 5906376
………………………… 5906373
打字室…………………… 5906350
公务员…………………… 5906391
………………………… 5906418
传真……………………… 5977597
计划部
主任……………………… 5985502
副主任…………………… 5906189
办公室…………………… 5906203
财务部
主任……………………… 5906173
副主任…………………… 5906366
………………………… 5906387
总会计…………………… 5950200
办公室…………………… 5906184
………………………… 5906186
………………………… 5906878
………………………… 5906182
………………………… 5906181
计算机…………………… 5985501
结算中心………………… 5906238
………………………… 5906239
………………………… 5906367
经营管理部
主任……………………… 5981052
办公室…………………… 5991709
………………………… 5906187
人力资源部
主任……………………… 5963166
副主任…………………… 5906115
办公室…………………… 5906159
………………………… 5906282
技术部
主任……………………… 5986226
副主任…………………… 5965737
办公室…………………… 5906347
………………………… 5906264
生产协调部
副主任…………………… 5985368
………………………… 5996595
………………………… 5992151
………………………… 5999360
办公室…………………… 5953389
………………………… 5985828
运行调度………………… 5980254
………………………… 5985109
市场开发办
主任……………………… 5989122
副主任…………………… 5906262
………………………… 5906260
办公室…………………… 5906255
安全质量环保部
副主任…………………… 5953122
………………………… 5906192
办公室…………………… 5906195
………………………… 5996519
纪委监察部
书记……………………… 5959628
………………………… 5959686
主任……………………… 5962793
监察员…………………… 5962783
办公室…………………… 5906220
审计部
主任……………………… 5906248

办公室……………… 5906170
……………………… 5906877
销售管理部
主任………………… 5906233
……………………… 5965503
副主任……………… 5989258
办公室……………… 5906234
……………………… 5906200
服务热线…………… 5999101
企业文化部
主任………………… 5980518
副主任……………… 5906156
办公室……………… 5906146
……………………… 5906149
工会
副主席……………… 5906130
……………………… 5906131
办公室……………… 5906139
文化站……………… 5906086
信息室……………… 5906279
团委
书记………………… 5906258
办公室……………… 5906136
资产装备部
主任………………… 5906214
副主任……………… 5906377
办公室……………… 5952258
价格定额管理中心
办公室……………… 5906162
……………………… 5906247
HSE 监督站
站长………………… 5982901
办公室……………… 5906211
……………………… 5996507
……………………… 5996501
节水办
副主任……………… 5906261
……………………… 5906885
……………………… 5906228
……………………… 5906881
……………………… 5906882
……………………… 5906883
小车队
书记………………… 5980220
队长………………… 5906412
副队长……………… 5906414
值班室……………… 5906413
供水一分公司
地址：大庆市西潭路
邮编：163453
书记………………… 5973551
经理………………… 5974989
生产副经理………… 5974655
后勤副经理………… 5995979
责任工程师………… 5992378
工会主席…………… 5973558
政工组……………… 5986264
管理组……………… 5974366
质量………………… 5973530
财务………………… 5985265
技术组……………… 5974367
资产设备…………… 5974352
生产组……………… 5991378
材料组……………… 5997288
运行调度…………… 5973459
……………………… 5974439
机械队
队长………………… 5973260
调度………………… 5973331
食堂………………… 5984358
修井队
队长………………… 5973135
副队长……………… 5973567
……………………… 5962975
电工队
办公室……………… 5973169
……………………… 5975060
……………………… 5986045
前进水源
书记………………… 5985087
队部………………… 5995307
运行班……………… 5973192
南二水源
书记………………… 4989534
站长………………… 4896415
变电所……………… 4989536
泵房………………… 4897033
……………………… 4896416
杏二水源
队部………………… 4590514
……………………… 4595951
泵站………………… 4590500
红卫水源
地址：大庆市庆农路
邮编：163114
站长、书记………… 5842167
副站长……………… 5835393
运行班……………… 5835559
泵房………………… 5836530
喇水源
二泵房……………… 5835116
南水源
书记………………… 5795516
队部………………… 5691570
运行班……………… 5686715
……………………… 5680112
红岗水源
地址：大庆市红岗区红岗水源
邮编：163853
队部………………… 4697598
……………………… 4696483
泵房………………… 4691042
锅炉班……………… 4696482
变电所……………… 4697483
供水二分公司
地址：大庆市龙十路
邮编：163453
书记………………… 5394949
经理………………… 5394935
副经理……………… 5394496
……………………… 5394910
工会主席…………… 5190150
责任工程师………… 5190053
机关书记…………… 5190051
经营组……………… 5190437
财务组……………… 5190436
技术组……………… 5381214
……………………… 5190284
生产主任…………… 5190200
生产组……………… 5381213
运行调度…………… 5190079
……………………… 5394778
车队………………… 5190245
维修队
队长………………… 5761711
副队长……………… 5761617
维修队……………… 5761607
销售公司
地址：大庆市铁人二村
邮编：163452
书记………………… 5393402
经理………………… 5391528
副经理……………… 5395350
……………………… 5394712
工会主席…………… 5391739
党群部主任………… 5391778
生产主任…………… 5195077
技术部主任………… 5391518
财务部主任………… 5391725
销售管理部主任…… 5381109
销售管理部副主任 … 5395790
运行调度…………… 5394254
……………………… 5190400
……………………… 5191990
综合调度…………… 5391607
生产技术部………… 5391540
监察管理部………… 5391902
人事部……………… 5191821
宣传………………… 5196619
安全………………… 5394881
大厅………………… 5392615
培训基地…………… 5191872
车队
队长………………… 5391337
经管………………… 5391243
值班室……………… 5190192
北区收费所
所长………………… 5391361
营业班……………… 5391226
……………………… 5193876
技术、经营………… 5391172
中区收费所
地址：大庆市友谊大街
邮编：163163
所长………………… 5193460
技术、经营………… 5198350
营业班……………… 5195520
4 号水站 ………… 5811675
5 号水站 ………… 5891684
6 号车装水站……… 5855382
学府收费所
书记………………… 5871556
所长………………… 5877100
热线………………… 5871954
经管………………… 5871335
收费班……………… 5876847
颖园清水泵站……… 5872073
十二号水站………… 5874688
复合班……………… 5871955
团结收费所
书记………………… 5827106
所长………………… 5828107
技术员……………… 5812058
大费班……………… 5813801
维修班……………… 5812694
值班室……………… 5812198
团结清水泵站……… 5812841
友谊清水泵站……… 5812684
富强清水泵站……… 5812364
销售二公司
地址：大庆市西宾路
邮编：163453
书记………………… 5198991
经理………………… 5198990
工会主席…………… 5399851
副经理……………… 5195996
……………………… 5193909
……………………… 5195515
党办主任…………… 5398921
生产运行部………… 5199700
……………………… 5399877
调度室……………… 5199300
……………………… 5199506
机关办公室………… 5184806
技术部……………… 5396627
财务………………… 5398870
经营部……………… 5398912
稳定办……………… 5398909
电费组……………… 5399376

收费营业厅………… 5101483
……………………… 5101322
明园收费大厅……… 5166051
门卫………………… 5398922
龙庆收费所
书记………………… 5101556
所长………………… 5101642
办公室……………… 5101643
……………………… 5167419
……………………… 5167421
生产………………… 5160018
热线………………… 5162422
清水泵房…………… 5160071
奔二村清水泵房…… 5390673
龙新小区清水泵房 … 5101041
龙庆清水泵站……… 5990024
乐园净水…………… 5989737
怡园净水…………… 5989739
怡园泵站…………… 5977970
景园收费所
办公室……………… 5168204
……………………… 5168202
……………………… 5168203
报修电话…………… 5101641
景园清水泵房……… 5992362
景园商服泵房……… 5973517
龙东清水泵房……… 5901523
龙南高层泵房……… 5990082
长青泵房…………… 5518672
远望清水泵房……… 5984326
长青净水…………… 5989736
景园净水…………… 5987410
……………………… 5972895
西区收费所
所长………………… 5391246
经管、技术………… 5391225
营业班……………… 5391244
龙岗收费所
所长………………… 5982289
技术员……………… 5976784
报修电话…………… 5979409
清水泵房…………… 5975593
西宾泵房…………… 5979371
营业厅……………… 5972893
办公室……………… 5990731
让胡路收费所
西苑泵房…………… 5518676
科技园泵房………… 5518675

销售三公司

地址：大庆市运输路
邮编：163411

书记………………… 5686786
经理………………… 5686080
生产经理…………… 5686781
经营经理…………… 5686783
……………………… 5686084
工会主席…………… 5686780
生产调度…………… 5684015
热线………………… 5684016
投诉………………… 5798016
生产组组长………… 5797714
安全………………… 5797644
经营管理组组长…… 5797914
经营………………… 5686882
财务组组长………… 5692912
技术组组长………… 5797674
党群组组长………… 5797932
公用电话…………… 5692907
稳定………………… 5797804
生活服务队
队长………………… 5688063
稽查………………… 5688673
女工热线…………… 5688014
东湖收费管理所
办公室……………… 5710035
收费大厅…………… 5714252
热线………………… 5721334
收费一班…………… 5761097
乘风收费管理所
所长………………… 5714246
内审………………… 5716776
热线………………… 5710030
收费一班…………… 5723420
乘二村收费所
公用电话…………… 5684957
所长………………… 5672706
热线………………… 5684673
2 号车装水站……… 5686494
乘二村四区收费点 … 5684925
乘二村十区收费班 … 5683245
乘风庄一区收费班 … 5683347
测井楼区收费班…… 5684726
银浪收费所
勘探路 ……………… 163412
所长………………… 5671720
副所长……………… 5671310
办公室……………… 5793250
公用电话…………… 5684957
热线………………… 5680953
值班室……………… 4962872
6 号清水站………… 4962309
13 号车装水站 …… 4983277
八百垧收费所
所长………………… 4984501
副所长……………… 4983947
经营办……………… 4980813
……………………… 4983945
服务热线…………… 4983942
3 号收费点 ………… 4984733
松林小区清水站…… 4984535
碧园小区清水站…… 4984536
湖畔小区清水站…… 4984532
松林小区清水站…… 4984325
图强收费所
图强路西街 ………… 163414
所长………………… 5295788
收费班……………… 5297189
ISD. ………………… 5281087
热线………………… 5295758
7 号车装水站 ……… 5290522
杏五井收费班……… 4965236
解放村收费班……… 5203349
五星村收费班……… 5299624
公用电话…………… 5299872
红岗收费所
书记………………… 4194899
所长………………… 4194977
副所长……………… 4198875
……………………… 4195987
经管………………… 4199613
收费………………… 4994227
维修队……………… 4994615
值班室……………… 4994616
内审员……………… 4992939
收费班……………… 4999874
8 号清水站 ………… 4994146
9 号清水站 ………… 4994210
抢修队
四厂一矿楼区泵站 … 4198243
晨曦清水站………… 4191519
张铁匠楼区泵站…… 4191763
中心村清水站……… 4191744
红四村东巷泵站…… 4998172
解放村楼区泵站…… 5203394
图强楼区泵站……… 5299445
五星村泵站………… 5290164
杏五井楼区泵站…… 4965797

大庆油田水文地质工程有限公司

地址：大庆市西潭路
邮编：163453

书记………………… 5974840
经理………………… 5974122
副经理……………… 5998538
……………………… 5973966
……………………… 5974076
主任工程师………… 5977291
经营………………… 5972341
财务………………… 5974775
劳资………………… 5972773
质检………………… 5977231
机动安全…………… 5974257
材料………………… 5974275
党政办……………… 5974189
保障组……………… 5974442
生产协调部
主任………………… 5974815
调度………………… 5974233
……………………… 5974052
值班室……………… 5974443
钻井管理室………… 5972775
油库………………… 5974477
地质所
所长………………… 5984844
副所长……………… 5973646
办公室……………… 5974258
工程测量室………… 5970632
……………………… 5970763
计算机室…………… 5970762
101 队书记 ………… 5974440
105 队书记 ………… 5974441
食堂………………… 5973997
完井队
书记………………… 5974959
修理部……………… 5970706

方舟水利工程公司

地址：大庆市铁人一村
邮编：163451

书记………………… 5190035
经理………………… 5395268
副书记……………… 5196281
副经理……………… 5396135
……………………… 5391757
……………………… 5391826
生产办主任………… 5183723
经营办主任………… 5183724
党办………………… 5395466
调度………………… 5190048
……………………… 5392410
技术组……………… 5390827
安全………………… 5183648
财务………………… 5396583
预算………………… 5391820
材料………………… 5190413
建筑工程队………… 5391644
水利工程队………… 5190421
安装一队…………… 5392760
安装二队…………… 5394305
管道队……………… 5183725
修理厂……………… 5183140

防洪排涝分公司

地址：大庆市西潭路
邮编：163453

书记………………… 5952985
经理………………… 5965634
副经理……………… 5972395
……………………… 5986404

责任工程师………… 5974323
调度………………… 5973611
……………………… 5989397
管理组1、2 ……… 5974322
劳资、技术………… 5995372
财务组、后勤……… 5973118
生产办、安全、综合 5973721
党群办、工会、稳定 5977032
材料库房…………… 5974260
排涝大队
泵站………………… 5511997
渔场………………… 5515390
污水处理厂
书记………………… 5510312
厂长………………… 5510311
生产副厂长………… 5510313
中控室……………… 5510315
变电所……………… 5510317
粗隔栅……………… 5510316
经警………………… 5510314
泵站管理队
陈家大院泡泵站…… 5819365
渠道管理队………… 5973617
泵站管理队………… 5984637
机械队……………… 5974371
服务队……………… 5992348
食堂………………… 5974271

管网分公司
地址：大庆市龙十路
邮编：163453

书记………………… 5391566
经理………………… 5391599
副经理……………… 5183469
……………………… 5193377
责任工程师………… 5183849
财务………………… 5391619
技术组……………… 5391519
组织、安全………… 5392609
调度………………… 5195617
……………………… 5195616
司机班……………… 5391669
抢修一队…………… 5190265
抢修二队…………… 5191833
抢修三队…………… 5392575
机械队……………… 5391509
食堂………………… 5190234

净化水分公司
地址：大庆市龙化路
邮编：163453

书记………………… 5992177
经理………………… 5973198
生产副经理………… 5988045
销售副经理………… 5990643
销售热线…………… 5983047
……………………… 5986044
……………………… 5986047
客户服务部………… 5991272
策划部……………… 5993307
生产运行部………… 5983045
……………………… 5998376
……………………… 5998331
运行调度…………… 5980461
运行班……………… 5983024
市场开发部………… 5998391
销售部……………… 5998067
开发部……………… 5998057
财务………………… 5983023
安全………………… 5915624
一分厂龙三净水站 … 5980470
龙南服务站………… 5952609
泉韵水厂
投诉热线…………… 5997047
饮料库房…………… 5915335
乘风净水站………… 5712814
东湖净水站………… 5731045
轮化水厂…………… 5712596

设计所
地址：大庆市西潭路
邮编：163453

书记………………… 5977160
所长………………… 5983068
副所长……………… 5992091
办公室……………… 5966133
……………………… 5977140
……………………… 5977270
……………………… 5977260
……………………… 5977150
……………………… 5977380
财务………………… 5977120
安全………………… 5977129
质量管理…………… 5977190
设计室……………… 5981672
规划室……………… 5981059
信息室……………… 5952653
……………………… 5906055
概算室……………… 5977989

水源开发研究所
地址：大庆市西潭路
邮编：163453

书记………………… 5977312
所长………………… 5977327
副所长……………… 5977302
工会主席…………… 5996865
主任工程师………… 5977641
办公室……………… 5977646
财务………………… 5977476
综合室
主任………………… 5996817
办公室……………… 5977507
环境室主任………… 5977493
二楼化验室………… 5977472
三楼化验室………… 5977473
门卫………………… 5977460

稽查经保大队
地址：大庆市铁人二村
邮编：163452

书记………………… 5199915
大队长……………… 5190925
副大队长…………… 5190912
……………………… 5197707
……………………… 5194528
组织………………… 5399379
安全、资产………… 5394756
财务、劳资………… 5381206
内勤………………… 5397802
材料………………… 5394323
稽查综合…………… 5399396
稳定………………… 5399398
保卫巡逻…………… 5399367
值班室……………… 5190920
战备库……………… 5391558
公司门卫…………… 5906383

培训中心
地址：大庆市西潭路
邮编：163453

书记………………… 5972944
主任………………… 5973722
副主任……………… 5973311
……………………… 5974403
……………………… 5974694
教务主任…………… 5973849
党政办……………… 5973892
财务………………… 5973743
技能鉴定办………… 5973337
教务证卡室………… 5991374
客户部……………… 5961937
办公楼值班室……… 5974679
教学楼值班室……… 5974347
……………………… 5973347
公寓值班室………… 5994275
宿舍楼值班室……… 5973215
综合楼值班室……… 5974740
七号楼门卫………… 5985692
食堂………………… 5961936
水处理站…………… 5973821

金威玻璃钢有限公司
地址：大庆市龙十路
邮编：163453

书记………………… 5398887
经理………………… 5396673
副经理……………… 5396674
……………………… 5396675
综合办公室………… 5193543
工会、组织………… 5396679
经营组……………… 5391795
生产组……………… 5394731
技术组……………… 5192770
销售组……………… 5184258
材料组……………… 5193544
车间………………… 5396672
门卫………………… 5396671
树脂分厂…………… 5391487
……………………… 5191540

轻型汽车修理销售中心
地址：大庆市龙十路
邮编：163453

经理………………… 5381057
书记………………… 5190558
副经理……………… 5396478
……………………… 5391129
财务………………… 5395857
结算………………… 5391177
配件………………… 5393131
安全员……………… 5392369
调度室……………… 5396640
……………………… 5393130
博士维修站………… 5398444
……………………… 5184555

生活服务公司
地址：大庆市铁人二村
邮编：163452

书记………………… 5391874
经理………………… 5391266
副经理……………… 5195917
……………………… 5191108
办公室……………… 5391152
财务………………… 5193117
管理组……………… 5199768
生产组……………… 5192620
市场开发组………… 5192621
材料组……………… 5399188
房产………………… 5181622
库房………………… 5391349
绿化队……………… 5395332
铁人二村食堂……… 5393349
黑鱼湖酒店………… 5190222
……………………… 5196222
维修队
队长………………… 5906300
队部………………… 5985112
配电室……………… 5906406
消防控制中心……… 5983234
电工班……………… 5906375
多功能厅…………… 5906411
抢修班……………… 5906252
服务队
队部………………… 5906337
食堂大厅…………… 5906336
招待所……………… 5906301
苗木管理队………… 5981231

综合队绿色基地…… 5986773
电梯室……………… 5906276

器材供应站

地址：大庆市铁人二村
邮编：163452

书记……………… 5391748
站长……………… 5183737
副站长…………… 5391775
……………………… 5391776
供应组…………… 5394375
综合组…………… 5193037
库房组…………… 5194179
管理组…………… 5393488
……………………… 5399386
调度室…………… 5391770
门卫……………… 5190098

水表厂

地址：大庆市铁人三村
邮编：163452

书记……………… 5191197
厂长……………… 5191592
副厂长…………… 5395791
办公室主任……… 5192967
检定车间………… 5190177
技术部…………… 5381207
政工……………… 5391217
调度室…………… 5191593
电器分厂………… 5392576
……………………… 5395570

基建办

地址：大庆市铁人二村
邮编：163452

书记……………… 5191371
主任……………… 5391402
副主任…………… 5391951
……………………… 5192871
财务……………… 5183274
工程技术组……… 5190420
工程组…………… 5190402
合同……………… 5190202
土地……………… 5183275
值班室…………… 5190172

稳定工作协调服务中心

书记……………… 5391866
主任……………… 5197951
干事……………… 5391305
……………………… 5197953

供水公司离退休职工管理中心

地址：大庆市铁人路铁人二村
邮编：163452

书记……………… 5184950
主任……………… 5183197
副主任…………… 5183571
……………………… 5183810
……………………… 5395301
办公室…………… 5391636
一支部…………… 5391261
三支部…………… 5395190

通信公司

地址：大庆市西宾路66号
邮编：163453

领导

经理……………… 5181600
书记……………… 5381188
副经理、安全总监 … 5381069
副书记、纪委书记 … 5180118
副经理…………… 5182006
……………………… 5381179
总工程师………… 5381216
总会计师………… 5381308
经理助理………… 5398558
经理助理、安全副总监 5381183
副处级调研员…… 5381180

办公室（党委办公室）

主任……………… 5381183
副主任…………… 5392771
……………………… 5183208
……………………… 5393333
……………………… 5393733
信访……………… 5193424
文书……………… 5395086
档案……………… 5392602
值班室…………… 5393811
打字员…………… 5194601
收发室…………… 5193707
服务台…………… 5390004
……………………… 5390003
招待所
所长……………… 5393886
办公室…………… 5394335
生活办…………… 5393143
冷库……………… 5393539
食堂……………… 5392815

规划计划与投资控制部（技术科）

主任……………… 5393013
副主任…………… 5391730
计划……………… 5183056
统计……………… 5391620

财务资产部

副主任…………… 5393768
……………………… 5182810
副主任会计师…… 5392996
……………………… 5183742
预算成本………… 5393688
收入核算………… 5392014
综合岗…………… 5392014
机关报销………… 5394266
机关出纳………… 5196015
税收核算………… 5395906
矿区核算………… 5395906
装备、设备管理…… 5393084

会计核算中心

主任……………… 5393768
核算一室………… 5398699
……………………… 5183397
核算二室………… 5395907
多种经营核算室…… 5394188
……………………… 5397088

经营管理与法律事务部

主任……………… 5393489
办公室…………… 5393006
法律事务………… 5180127

人力资源部（组织部）

主任、部长……… 5196399
党委组织员……… 5391489
副主任…………… 5193056
技术干部………… 5183483
工资管理………… 5392017
劳动统计………… 5392526
技能鉴定………… 5393099
员工培训………… 5393960
……………………… 5393077

市场营销部

主任……………… 5381266
副主任…………… 5391267
办公室…………… 5381267
……………………… 5191267

生产协调与服务质量监察部

主任……………… 5381312
副主任…………… 5197000
能源管理………… 5395020
服务质量监督…… 5398340
调度……………… 5390200
……………………… 5191119
客户服务中心
主任……………… 5817189
回访处理………… 5828033
投诉处理………… 5884189
认证……………… 5816189
设备维修………… 5828022
服务热线………… 96100
……………………… 5811000

安全质量环保部

主任……………… 5381183
副主任…………… 5393083
办公室…………… 5392521

HSE 监督站

站长……………… 5393083
办公室…………… 5192013
……………………… 5183628

纪检监察部（机关党委）

主任、机关党委副书记
……………………… 5391628
副主任…………… 5391520
办公室…………… 5398635
机关党委………… 5392813
办公室…………… 5393823

企业文化部（党委宣传部）

主任、部长……… 5183318
副主任…………… 5398017
办公室…………… 5193089
……………………… 5393080

工会（团委）

工会副主席、团委书记
……………………… 5183568
女工副主任……… 5398189
工会办公室……… 5195119
……………………… 5392415
团委办公室……… 5393082
大会议室………… 5397014

综合维修管理部（计生办）

主任……………… 5398115
副主任…………… 5398900
办公室…………… 5392067
房产管理………… 5393835
……………………… 5394081
房产维修………… 5396835
……………………… 5391909
园林绿化………… 5393075

基建工程部

主任……………… 5391460
副主任…………… 5183566
办公室…………… 5391995
……………………… 5398100
……………………… 5392678
……………………… 5392606

稳定工作协调服务中心

主任……………… 5395002
书记……………… 5392771
副主任…………… 5392017
……………………… 5193424
办公室…………… 5197232
……………………… 5184232
……………………… 5197231

审计部

主任……………… 5392008
副主任审计师…… 5393701
办公室…………… 5393631

工程造价管理中心

主任……………… 5392008
副主任…………… 5199070

大客户中心

主任……………… 5195500
副主任…………… 5381268

办公室…………… 5196109
……………… 5199109
……………… 5395686

运行管理调度中心

地址：昆仑大街
邮编：163453

主任…………… 5999000
书记…………… 5999389
传输副主任…… 5998911
……………… 5995333
工会主席、电源副主任 5999888
交换副主任…… 5990000
测量、ISD. …… 5996333
装拆机、300 …… 5999111
会计…………… 5996308
出纳、人事…… 5996308
政工…………… 5963911
库房…………… 5990071
值班室、门卫…… 5991005

龙南分公司

地址：昆仑大街
邮编：163453

领导
经理…………… 5991012
书记、副经理…… 5990019
副经理………… 5990018
……………… 5998028
……………… 5995101
工会主席……… 5981638
经理助理……… 5921012

管理组
安全…………… 5999790
统计…………… 5990006
劳资…………… 5999799
政工…………… 5999609
会计…………… 5991008
出纳…………… 5991008

机关服务队
队长…………… 5999790
副队长………… 5999804
司机办公室…… 5984700

维修
维修…………… 5999804
泵房…………… 5990022
经警…………… 5990005
消防…………… 5996000
食堂…………… 5989003
督察办………… 5979003
……………… 5979004

营销中心
主任、书记…… 5998028
副主任………… 5990066
……………… 5990004
营销办公室…… 5991018
增值业务发展部…… 5999690
……………… 5990010

营业
咨询…………… 5900001
传真…………… 5994447

机务
书记…………… 5921011
主任…………… 5993011
副主任………… 5999689
程控…………… 5991001
测量…………… 5991002
……………… 5990002
传输…………… 5998015
……………… 5991015
局传输………… 5983015
……………… 5984015
电力…………… 5991013
……………… 5990013

电话会议班
办公室………… 5991000
油公司………… 5936100
可视…………… 5999007

话务
书记…………… 5981638
主任…………… 5981638
副主任………… 5999103
……………… 5995400
经警…………… 5952005
查询台………… 5995400
质检班………… 5962012
机修班………… 5985003
保密台………… 5995000

线务
队长、书记…… 5965410
副书记………… 5962010

局外线
管理局办公室…… 5965016
油公司办公室…… 5936016
线务一班……… 5990016
线务二班……… 5990017
数据班………… 5991004
线务热线……… 5900400

分站
装饰城
营业…………… 5911007
机房…………… 5911001
……………… 5911002
线务…………… 5911016
……………… 5919019

明湖苑
营业…………… 5915007
机房…………… 5915001

银亿
营业…………… 5921007
机房…………… 5921001
测量…………… 5921002
……………… 5921003
线务…………… 5921016
值班室………… 5921005

龙岗分公司

地址：大庆市西宾路
邮编：163453

经理…………… 5391012
书记…………… 5391011
副经理………… 5396018
……………… 5391018
经理助理……… 5181000
财务…………… 5391007
人事…………… 5395006
政工…………… 5395023
统计、材料…… 5395006
服务质量监督…… 5183755
市场营销……… 5395009
……………… 5397009
营业室………… 5396333
食堂…………… 5191004
门卫…………… 5391005
程控机房……… 5391001
测量岗………… 5391002
……………… 5191002
线务班………… 5391016
水电外线班…… 5393016
明园分站……… 5160001
奥林分站……… 5151002

西区分公司

地址：大庆市科苑路 4 号
邮编：163712

经理…………… 5595012
书记…………… 5595011
副经理………… 5088126
……………… 5099018
……………… 5099007
财务…………… 5092003
人事、政工…… 5092333
统计、出纳…… 5092013
材料、安全…… 5091022
服务质量监督…… 5091007
市场营销……… 5091001
营业室………… 5599000
……………… 5091444
测量…………… 5596002
线务班………… 5595016
……………… 5092017
司机班………… 5092021
门卫…………… 5595005
喇嘛甸分站…… 5571112

西苑分公司

地址：大庆市西苑街
邮编：163712

经理…………… 5511012
书记、运行副经理 … 5511011
生产副经理…… 5511019
营销副经理、工会主席 5511018
财务、会计…… 5511007
组织政工……… 5511006
业务室………… 5511333
综合…………… 5511001
线务…………… 5511017
经警…………… 5511005

方晓分公司

地址：大庆市方晓东路
邮编：163161

经理…………… 5050505
书记、副经理…… 5050011
副经理………… 5056012
……………… 5059009
财务…………… 5050007
人事…………… 5050018
安全、材料…… 5056789
营业室………… 5050333
综合班………… 5055001
线务班………… 5050017
营销…………… 5059013
门卫…………… 5050005

喇区分公司

地址：大庆市北三东路
邮编：163114

经理、书记…… 5838011
副经理………… 5838019
……………… 5835019
……………… 5837018
人事…………… 5835008
财务…………… 5841114
政工…………… 5835020
安全、统计…… 5836512
营销…………… 5835018
营业室………… 5833000
……………… 5841000
电力…………… 5835003
测量…………… 5835002
程控…………… 5835001
传输…………… 5835015
线务队………… 5835016
线务队资料室…… 5835803
司机班………… 5833021
门卫值班室…… 5835005

北区分公司

地址：大庆市拥军大街
邮编：163113

经理…………… 5860012
书记…………… 5857011
生产副经理…… 5858020
生活副经理…… 5853022
财务…………… 5857993
人事…………… 5857024

统计………………… 5858024
材料………………… 5857006
安全………………… 5858015
营业厅主任………… 5850168
营业厅……………… 5859818
………………………… 5851000
食堂………………… 5851017
公寓………………… 5857008
经济保卫…………… 5857005
测量………………… 5858003
线务队……………… 5857016
数据班……………… 5853000
丰收分站
营业室……………… 5820000
测量………………… 5820002

万宝分公司

地址：大庆市万寿路
邮编：163311

经理………………… 4621012
………………………… 4622012
书记………………… 4626011
副经理……………… 4621019
………………………… 4621018
财务………………… 4621007
………………………… 4620012
财务室传真………… 4622007
测量………………… 4621002
测量传真…………… 4621008
程控………………… 4621001
电力………………… 4621013
会议室……………… 4621004
经管办……………… 4621006
经警………………… 4621005
开发区分站应急电话 4622002
数据班……………… 4622008
司机班……………… 4621020
统计………………… 4621009
外线班……………… 4621016
线务班长…………… 4621017
业务室……………… 4621000
………………………… 4621023
营销………………… 4621011
东光分站
班长室……………… 4650008
程控………………… 4650001
测量………………… 4650002
………………………… 4650003
营业厅……………… 4650000

东风分公司

地址：大庆市中兴南街2号
邮编：163312

经理………………… 4661012
书记………………… 4661011
副经理……………… 4680019
………………………… 4680018
………………………… 4686001
财务………………… 4682007
人事………………… 4661009
统计………………… 4661030
材料、安全………… 4680030
服务质量监督……… 4668035
市场营销…………… 4680190
营业室
主任………………… 4668020
查询………………… 4681000
装拆移……………… 4660914
测量………………… 4661002
线务班……………… 4661016
………………………… 4661023
电缆班……………… 4661017
数据班……………… 4680163
300班 ……………… 4660300
门卫………………… 4661005
黎明分站…………… 4611002
东兴营业室………… 4631000
………………………… 4631009
北辰营业室………… 4326008
………………………… 4326001
义耕营业室………… 4689008
………………………… 4689007
行政服务中心
营业窗口…………… 4671952
………………………… 4671953

中区分公司

地址：大庆市中心街
邮编：163001

经理………………… 5815012
书记………………… 5815011
副经理……………… 5812019
………………………… 5882288
经理助理…………… 5886100
人事………………… 5812022
财务………………… 5812007
政工………………… 5812411
安全综合…………… 5883002
服务质量…………… 5813311
房产………………… 5882001
线务队
队长………………… 5812555
办公室……………… 5811777
中区外线班………… 5883016
北区外线班………… 5812205
铁西外线班………… 5812017
数据班……………… 5885002
中区营业厅………… 5824000
铁西营业厅………… 5819555
会战营业厅………… 5827191
营销班……………… 5886000
传输班……………… 5881014
程控班……………… 5811001
………………………… 5823001
电力班……………… 5812013
测量班……………… 5812714
司机班……………… 5812700
维修班……………… 5825825
经警班……………… 5812005

萨北分公司

地址：大庆市火炬北二路
邮编：163256

书记、经理………… 5871012
副经理、工会主席 … 5871019
副经理……………… 5872006
经理助理…………… 5871018
财务………………… 5871007
人事、统计………… 5871024
技术管理组………… 5871020
市场营销主任……… 5876006
市场营销…………… 5875018
营业室主任………… 5876018
营业室……………… 5871006
申告电话…………… 5873000
司机班……………… 5871004
测量………………… 5871002
线务班……………… 5871016
………………………… 5875016
食堂………………… 5871021
门卫………………… 5871005
湖滨分站
负责人……………… 4321012
营业室……………… 4321000
机房………………… 4321001

乘北分公司

地址：大庆市新安路
邮编：163416

书记………………… 5718011
经理………………… 5718012
生产副经理………… 5719018
运行副经理………… 5718019
营销副经理………… 5723000
财务………………… 5715007
出纳………………… 5718007
人事统计…………… 5718009
政工………………… 5718010
服务质量督检办…… 5725100
客户服务热线……… 5700315
营销市场部………… 5721300
测量班……………… 5711002
程控班……………… 5711001
传输班……………… 5712001
电力班……………… 5711013
外线班……………… 5711016
………………………… 5732016
营业室……………… 5718000
东湖营业室………… 5732000
经警………………… 5711005

乘风庄分公司

地址：大庆市乘风西路2号
邮编：163411

经理………………… 5691012
书记………………… 5673011
副经理……………… 5691019
………………………… 5688018
………………………… 5691066
财务………………… 5673007
人事、政工………… 5680917
材料、库房………… 5693006
服务质量监督……… 5688010
大客户经理部……… 5680800
市场营销…………… 5680044
小灵通售后维修站 … 5682860
营业室……………… 5688000
测量………………… 5681002
………………………… 5798002
线务班……………… 5693016
新技术……………… 5799044
300班 ……………… 5692300
司机班……………… 5693017
食堂………………… 5693004
门卫………………… 5693005
………………………… 5671062
银浪分站
负责人……………… 5791019
业务室……………… 5791018
………………………… 5793000
综合班……………… 5791003

八百垧分公司

地址：大庆市八百垧中路
邮编：163413

书记………………… 4892011
经理………………… 4892012
生产副经理………… 4892019
运行副经理………… 4989018
杏五井分站经理…… 4892018
会计………………… 4894888
出纳………………… 4892008
统计………………… 4891888
政工办……………… 4892024
监督员……………… 4892025
市场营销部………… 4986666
营业室……………… 4987000
司机班……………… 4891669
公寓………………… 4985243
食堂………………… 4894444
门卫………………… 4892005
测量………………… 4892002
程控………………… 4891001
………………………… 4892001
传输………………… 4892015
电力………………… 4892013

外线班…………………… 4892016
……………………………… 4892020
电缆班…………………… 4892017
红卫村机房……………… 4961000
杏五井分站
机房……………………… 4102001
……………………………… 4965001
外线班…………………… 4102970
营业室…………………… 4965000
……………………………… 4965333

创业分公司

地址：大庆市元丰路
邮编：163853

书记……………………… 4698011
经理……………………… 4698012
副经理…………………… 4698019
……………………………… 4695018
经理助理………………… 4698003
财务、人事……………… 4698008
安全、政工……………… 4698018
统计……………………… 4699009
市场营销………………… 4696010
营业厅…………………… 4698000
林源收费点……………… 4699444
食堂……………………… 4699007
门卫……………………… 4698005
测量……………………… 4698002
传真……………………… 4698004
外线……………………… 4668016
外线资料室……………… 4698006

葡萄花分公司

地址：大庆市太葡路
邮编：163517

经理……………………… 4499012
书记……………………… 4498011
副经理…………………… 4499018
……………………………… 4498019
工程师…………………… 4498008
人事、统计……………… 4498159
财务……………………… 4494026
……………………………… 4498007
材料、安全……………… 4490213
业务室…………………… 4498081
……………………………… 4496000
测量班…………………… 4497002
……………………………… 4498002
程控班…………………… 4498001
……………………………… 4496001
传输班…………………… 4498015
电力班…………………… 4498013
……………………………… 4494013
外线班…………………… 4498016
……………………………… 4496016
线务资料室……………… 4497019
司机班…………………… 4497009
新技术班………………… 4497001
……………………………… 4497020
营销班…………………… 4492001
门卫……………………… 4498005
食堂……………………… 4497369

南区分公司

地址：大庆市图强西街
邮编：163414

经理……………………… 5295012
书记……………………… 5290018
副经理…………………… 5295019
……………………………… 5290013
……………………………… 5295011
财务……………………… 5295007
管理……………………… 5295028
政工……………………… 5296013
材料……………………… 5295008
营销……………………… 5290000
……………………………… 5297000
营业……………………… 5298333
……………………………… 5299090
司机班…………………… 5290006
门卫……………………… 5295005
测量岗…………………… 5295002
线务队…………………… 5290015
解放分站
营业室…………………… 5202333
……………………………… 5202000
测量……………………… 5200002
向阳分站
营业室…………………… 4315333
测量……………………… 4315002

红区分公司

地址：大庆市红岗西街
邮编：163511

经理……………………… 4192012
书记……………………… 4191011
副经理…………………… 4197018
……………………………… 4191019
……………………………… 4192019
工会主席………………… 4197020
经理助理………………… 4195019
财务……………………… 4191007
人事……………………… 4991650
政工……………………… 4193005
统计……………………… 4196007
服务质量监督…………… 4195000
市场营销………………… 4194001
营业室…………………… 4191333
司机班…………………… 4191018
食堂……………………… 4991390
公寓……………………… 4991399
门卫……………………… 4191005
测量……………………… 4191002
线务班…………………… 4191016
……………………………… 4191017
SCDMA 维修部 ………… 4994005
红四村分站
班长……………………… 4999001
营业室…………………… 4998333
测量……………………… 4998112
门卫……………………… 4999007
朝阳沟分公司
肇州微波站……………… 4194841
……………………………… 4194842

杏区分公司

地址：大庆市杏南路 9 号
邮编：163513

经理……………………… 4598012
书记、副经理…………… 4598011
副经理…………………… 4598019
经理助理………………… 4595018
财务……………………… 4596007
人事……………………… 4595006
统计……………………… 4598040
后勤……………………… 4598022
市场营销………………… 4598021
营业室…………………… 4595000
……………………………… 4595800
食堂……………………… 4595009
楼外门卫………………… 4596005
楼内门卫………………… 4595010
测量……………………… 4596002
线务班…………………… 4596016
……………………………… 4596017
……………………………… 4597014
数据……………………… 4596014

高平分公司

地址：大庆市高十三路
邮编：163514

经理……………………… 4511012
书记、副经理…………… 4511011
副经理…………………… 4511019
……………………………… 4511018
财务……………………… 4512008
人事……………………… 4512007
政工、材料……………… 4511007
后勤……………………… 4511006
市场营销………………… 4511021
营业室…………………… 4511009
……………………………… 4511000
司机班…………………… 4512010
门卫……………………… 4511005
程控……………………… 4511002
测量……………………… 4511112
线务班…………………… 4511016
数据……………………… 4511004
服务质量………………… 4511008

大同分公司

地址：大庆市同辉街
邮编：163515

经理书记………………… 4411012
生产副经理……………… 4413008
运行副经理……………… 4413688
营销副经理……………… 4411009
申告电话………………… 4411000
业务室…………………… 4411068
业务室传真……………… 4411158
程控……………………… 4411001
测量业务电话…………… 4411019
门卫……………………… 4411005
财务组…………………… 4411006
电力……………………… 4411013
传输……………………… 4411014
……………………………… 4411015
线务班…………………… 4411016

朝阳沟分公司

地址：大庆市朝阳沟镇
邮编：166405

经理……………………… 4391012
书记……………………… 4391011
副经理…………………… 4391018
……………………………… 4391019
财务出纳………………… 4391007
人事统计………………… 4395007
政工……………………… 4393007
安全材料………………… 4395006
市场营销………………… 4395003
测量班…………………… 4395001
程控……………………… 4391001
传输……………………… 4391015
数据……………………… 4391014
电力……………………… 4391013
线务班…………………… 4391016
营业室…………………… 4391111
门卫……………………… 4391005

中基公司

地址：大庆市西宾路
邮编：163453

经理……………………… 5381288
书记……………………… 5392259
副经理、工会主席 …… 5392975
副经理…………………… 5392929
……………………………… 5392917
经理助理、市场部主任 5392515
副主任工程师、办公室主任
……………………………… 5396836
财务部主任……………… 5392352
经营部主任……………… 5395975
工程部主任……………… 5392930
安装一队
队长……………………… 5394620
经理助理、书记………… 5392276
安装二队
队长……………………… 5199388

书记……………………5392540
线路一队
队长……………………5395318
书记……………………5392541
副队长…………………5395318
线路二队
队长……………………5392389
书记……………………5395046
副队长…………………5395046
管道队
队长……………………5196061
副队长…………………5392542
车队
队长……………………5395047
副队长…………………5392640

规划设计所

地址：大庆市西宾路
邮编：163453
书记……………………5393117
所长……………………5397928
副所长…………………5395160
……………………………5395315
副主任工程师…………5395870
……………………………5395108
……………………………5395109
线路设计室……………5393492
传输设计室……………5391429
交换设计室……………5395106
无线设计室……………5395102
计算机室………………5395316
办公室…………………5392582

新技术开发中心

地址：大庆市昆仑大街
邮编：163453
主任……………………5980171
副主任…………………5965039
……………………………5963410
副主任工程师…………5980245
……………………………5950470
163 制作班长 …………5980249
软件开发班长…………5963181
163 维护班长 …………5978911
163 业务班长 …………5965044
168 班长 ………………5997171
营销班长………………5977977
会计……………………5978007
出纳……………………5978007
人事、政工……………5950472

营业所

地址：大庆市昆仑大街
邮编：163453
所长……………………5999858
书记、副所长…………5976332
副所长、工会主席 ……5976007
副所长…………………5990008
副主任工程师…………5990028
……………………………5961660
会计……………………5976898
出纳、政工……………5976898
人事……………………5998635
值班室、门卫、调度 5990200
……………………………5990680

器材供应站

地址：大庆市铁人路铁人二村
邮编：163452
站长……………………5393513
书记……………………5391165
副站长…………………5199981
站长助理………………5182880
值班调度………………5392629
管理组…………………5182905
计划组…………………5190946
通信组…………………5190945
五交化…………………5393414
拨料组…………………5381073
库房组…………………5196629
财务组…………………5198033
政工、节能组…………5391227

寻呼公司

地址：大庆市昆仑大街
邮编：163453
营业主任………………5977191

无线通信分公司

地址：大庆市西宾路
邮编：163453
经理……………………5183082
书记……………………5183026
副经理…………………5183036
经理助理………………5183001
财务……………………5183004
人事……………………5184028
司机……………………5183070
基站组…………………5183029
网络组…………………5184017
烧录组…………………5183032
营销合同组……………5183014
龙南小灵通售后服务 5956566

经保大队

地址：大庆市西宾路
邮编：163453
大队长、武装部长 ……5392178
书记……………………5381171
副大队长………………5391920
……………………………5392079
治安组…………………5395179
……………………………5392080
综治办、内勤…………5395176
武装部…………………5395039
值班室…………………5392820
公司门卫………………5393005
经警中队
值班室…………………5392232
综合干事………………5191849
门卫……………………5392912

华信实业公司

地址：大庆市西宾路
邮编：163453
经理、书记……………5180056
副经理…………………5181115
……………………………5199718
……………………………5184288
……………………………5182810
综合办
主任……………………5181699
党办主任………………5397331
人事……………………5397699
财务办
会计……………………5394188
出纳……………………5394101
后勤
材料组…………………5191543
华信调度………………5196200
复印室…………………5198118
食堂……………………5182248
工程管理中心
主任……………………5392011
书记……………………5181335
副主任…………………5394928
线路分公司
经理……………………5394878
书记……………………5399078
管道分公司……………5392800
安装分公司……………5399241
运维分公司……………5398240
综合分公司……………5181056
车队
队长……………………5184078
书记……………………5392490
修理班…………………5392496
调度……………………5399648

物资集团

地址：大庆市昆仑大街
邮编：163453

领导

总经理…………………5961258
党委书记………………5965688
党委副书记、纪委书记、工会主席……………………5998980
副总经理………………5965355
……………………………5971377
……………………………5967218
……………………………5962265
总会计师………………5965515
总工程师………………5991728
总经理助理……………5975199
……………………………5975188
调研员…………………5961068
……………………………5967190

集团办公室（党委办公室）

主任……………………5991650
办公室…………………5991627
值班秘书………………5991497
机要室…………………5991745
会务员…………………5953149
打字室…………………5991633
收发室…………………5990064
集团志编纂……………5991393
档案……………………5392386
……………………………5392387
……………………………5392388
……………………………5392368
……………………………5392366
……………………………5392367

人力资源部（党委组织部）

主任（部长）…………5991608
副主任（副部长） ……5991897
党委组织员……………5991127
劳资、人事……………5991891
干部管理………………5963430
技术干部管理…………5991687
组织干事………………5963229
机关党委办公室………5991422

企业文化部

主任（部长）…………5991730
办公室…………………5991335
……………………………5991421

纪检监察部

纪委书记、主任………5991456
副主任…………………5991545
办公室…………………5991407
……………………………5980792

工会（团委）

副主席…………………5991653
……………………………5991660
团委书记………………5991930
计划生育办主任………5950168
办公室…………………5991849
工会财务………………5991675

安全质量环保部

安全副主监、主任 ……5961966
副主任…………………5984812
……………………………5991416
安全环保………………5984807
技术质量………………5984813

综合协调部

主任……………………5991957
副主任…………………5991727
……………………………5998011

………………………… 5994968
生产办…………………… 5991384
调度值班室……………… 5991923
………………………… 5991956
预结算…………………… 5998673
铁路运输………………… 5994968
装卸管理………………… 5984776
基建管理中心
主任……………………… 5975151
责任工程师……………… 5984921
基建……………………… 5984921
………………………… 5981330

经营管理部

主任……………………… 5984001
副主任…………………… 5984768
经营监控与考核………… 5984819
企业管理调研…………… 5981925
法律事务中心诉讼管理 5984003
法律事务中心合同管理 5984005

财务资产部

主任……………………… 5991879
副主任…………………… 5984810
………………………… 5991830
责任会计师……………… 5981886
资产……………………… 5984811
设备……………………… 5991663
价税管理………………… 5983526
经费核算………………… 5984871
成本会计核算…………… 5953570
资金管理中心…………… 5984872
成本核算中心…………… 5953590

物资管理部

主任……………………… 5995838
副主任…………………… 5983780
………………………… 5984009
………………………… 5985615
………………………… 5984010
计划管理………………… 5984932
项目管理………………… 5984937
综合管理………………… 5984002
物价管理………………… 5987943
………………………… 5998663
物资管理………………… 5983781
基建项目管理…………… 5984919
供应商管理……………… 5980257

规划计划部

主任……………………… 5984920
副主任…………………… 5984935
主任计划………………… 5961968
规划、统计……………… 5953591
计划管理………………… 5984930
项目管理………………… 5961968

审计部

主任……………………… 5991869
副主任…………………… 5997336
办公室…………………… 5991968
………………………… 5991345

稳定办公室

主任……………………… 5984809
副主任…………………… 5991612
………………………… 5994612
办公室…………………… 5962713

HSE 监督站

副站长…………………… 5952566
办公室…………………… 5991856
………………………… 5981309

器材供应站

西景路…………………… 5163453
站长、书记……………… 5181789
副站长…………………… 5183345
综合办…………………… 5190158
财务……………………… 5199389
计划组…………………… 5190178
………………………… 5181890
保管一组………………… 5199337
保管二组………………… 5199078
业务一室………………… 5199386
业务二室………………… 5199387
业务三室………………… 5391977
调拨收款………………… 5197234
………………………… 5196234
安全保卫………………… 5199817

农工商分公司

地址：大庆市试采北路五牧场
邮编：163412
盐粉厂…………………… 5792124
调运队轨道衡…………… 5792712

机电设备公司

地址：大庆市西宾路
邮编：163453

公司领导

经理、书记……………… 5973117
副经理…………………… 5984762
………………………… 5991367
工会主席………………… 5984771
调研员…………………… 5960190

综合办公室

主任……………………… 5984771
组织、宣传……………… 5960068
人事、工会……………… 5960089
司机班…………………… 5976099
………………………… 5960099

机电设备部

主任……………………… 5991525
设备组…………………… 5991525
责任经济师……………… 5978034
电器组…………………… 5991692
仪表组…………………… 5978034
………………………… 5996474

资产装备部

主任……………………… 5984765
资产装备一组…………… 5984765
资产装备二组…………… 5984766

综合管理部

主任……………………… 5960066
综合组…………………… 5980101
合同组…………………… 5984763
调拨组…………………… 5980190

材料核算中心

主任……………………… 5991915
经费……………………… 5991434
核算……………………… 5991292
………………………… 5988759
收款……………………… 5984773
传真……………………… 5984760

金属材料公司

地址：大庆市西宾路
邮编：163453

公司领导

经理……………………… 5991860
书记……………………… 5962087
副经理…………………… 5991681
………………………… 5991537
调研员…………………… 5991503

综合办公室

主任……………………… 5977510
组织宣传、房产保卫 5960743
安全、工会、人事 … 5987842
小车班…………………… 5999320

管理部

负责人、物价、质检 5992583
合同管理………………… 5994431
统计、综合……………… 5960702

材料核算中心

主任……………………… 5997811
材料核算、经费………… 5922371
出纳……………………… 5978035

计划资源部

主任……………………… 5992582
副主任…………………… 5991108
计划……………………… 5911128
………………………… 5989786

供应销售部

主任……………………… 5991502
调拨……………………… 5992270

建筑材料公司

地址：大庆市西宾路
邮编：163453

公司领导

经理、书记……………… 5962277
………………………… 5997935
副书记…………………… 5996776
副经理…………………… 5976992
………………………… 5962776
调研员…………………… 5991580

综合办公室

主任……………………… 5991360
综合、宣传……………… 5991360
组织、工会……………… 5991356

综合协调部

主任……………………… 5998124
副主任…………………… 5998124
能源经营管理…………… 5966739
质检安全房建…………… 5991484
资产统计………………… 5992105
合同管理………………… 5994440

材料核算中心

主任……………………… 5991365
经费报销………………… 5995134
材料核算………………… 5991257
材料收款………………… 5984825

计划资源部

主任……………………… 5991083
业务……………………… 5991280
………………………… 5984826

供应销售部

主任……………………… 5991693
供应组…………………… 5991581
调拨组…………………… 5999149
………………………… 5997362
………………………… 5991589
市场开发组……………… 5987944
………………………… 5995640

机械队

队长……………………… 5183129
副队长…………………… 5183127
统计……………………… 5183935
综合……………………… 5183401
小车班…………………… 5994430

化工材料公司

地址：大庆市西宾路
邮编：163453
经理、书记……………… 5996582
副经理…………………… 5996241
办公室…………………… 5994853
业务一室………………… 5994840
业务二室………………… 5996777
调拨……………………… 5996140
人事……………………… 5981025
合同……………………… 5997593
财务……………………… 5994427
司机班…………………… 5991131

燃料公司

地址：大庆市萨环西路
邮编：163000
经理……………………… 5819138

副经理……5819538
……5819951
办公室主任……5819268
财务……5819348
经营部管理部……5819438
物资供应部
主任……5819295
供应部……5819909
调拨……5819919
调运……5819929
市场开发部……5819648
生产办主任……5819958
萨尔图燃料站
党支部书记……5819948
主任……5819728
调拨……5819300
保管……5819957
计量……5819956
型煤厂……5819200
门卫……5819189

汽车配件供应中心
地址：大庆市西景路
邮编：163453
经理、书记……5197588
副经理……5182798
经理办公室……5182528
……5390280
……5182961
经营管理部……5181108
……5182259
财务部……5182658
……5182615
……5182859
……5182929
……5199328
配件经营部……5182509
……5182808
整车经营部……5197928
……5199358
汽车配件超市……5181208
……5181956
……5182515
……5182363
……5393593
……5195195
……5196196
……5197197
……5397038
……5199380
司机班……5182276
门卫值班室……5194720
汽车服务中心……5199298
……5190932

农机配件供应中心
地址：大庆市中宝路10号
邮编：163312
主任、书记……4681728
副主任……4683200
……4681138
协助员……4681834
调度室……4608171
管理组……4681883
财务部……4608185
……4681034
……4608156
钻采部……4608155
工矿部……4608158
农机部……4608157
炜烨农机公司
销售部……4660744
……4681824
大同部……4412130
汽车贸易中心
经理……4608180
业务……4681113
修理厂……4608181
门卫……4681534

第一采油物资供应站
地址：大庆市西景路
邮编：163453
站长……5183226
党委书记……5183556
副站长……5183022
……5183051
办公室主任、协助员 5394831
调度室……5394201
财务办……5394667
生产办……5394205
会计、出纳……5394217
劳资、计生……5394258
工会、团委……5394583
房产、基建……5394601
安全、技教、统计 …5393355
经营管理……5394271
合同……5394715
档案、打字……5393389
供应办主任……5394552
经管、编码……5394291
包服组……5183172
管阀……5393320
柴配、设备……5394669
钢材……5393335
劳保、小五金……5393339
钻采……5393358
杂品……5394292
汽配、工矿……5393359
杂品、金属……5393360
电料、钢材……5394293
微机管理、电工……5393361
调拨室……5394240
收款……5393362
化工、燃料……5393368
对外采购……5393369
计划……5393395
建材、杂品……5393396
物价……5394260
库房办公室……5394802
库房门卫……5394755
库房稽核……5393319
综合服务队车队……5394751
车队门卫……5394852
驻一厂物资部……5394559
活动室……5393993

第二采油厂物资供应站
地址：大庆市五星西街
邮编：163414
书记、站长……5290077
副站长……5291656
……5295557
站办、工会……5290101
组织、劳资……5297633
财务办……5296144
生产办……5290106
安全、节能……5295549
调度室……5295564
库房门卫……5290994
供应办
主任……5295563
一组……5297637
二组……5290102
三组……5296981
管理办……5297643
调拨、收款……5281050
保管、资产……5298162
驻二厂物资部……5291652

第四采油物资供应站
地址：大庆市红岗北三街2号
邮编：163511
站长、书记……4993690
副站长……4191995
协调员……4199279
综合办……4193600
人事、工会……4992237
共青团、女工……4992742
财务主任……4191997
财务……4191964
资产……4992741
管理办……4194575
计算机、合同……4992756
档案、统计、质量 …4992509
调度……4192964
安全、节能……4992747
保卫、房产……4193601
供应办公室……4193604
……4992615
供应一组
组长……4194229
办公室……4194965
供应二组
组长……4992615
办公室……4191984
调拨室……4994637
仓储队……4191996
汽配南区分站……4198531
保管组……4193267
门卫……4994263

第六采油物资供应站
地址：大庆市庆新北街
邮编：163158
站长、书记……5833328
协助员……5836251
副站长……5835266
……5836077
后勤主管……5835842
安全员……5839599
调度……5835127
综合服务队
队长……5836247
副队长……5835511
供应队
书记……5835269
队长……5835800
副队长……5836207
物资采购……5835399
……5835677
物价审核……5835533
物资调拨……5836654
物资稽核……5835736
物资保管……5839608
物资结算……5833338
计划合同……5835681
财务资产……5836307
财务办主任……5837718
离退管理……5836283
后勤……5836336
站办公室主任……5835569
管理办主任……5835268
维修班……5836557
司机班……5836837
门卫……5836578
接待室……5836116

井下物资供应站
地址：大庆市八百垧北路
邮编：163412
书记……4893651
站长……4985150
副站长……4983157
……4985130
离退休办……4894772
生产办主任……4989437

调度室…………… 4891613
党办
主任…………… 4989884
办公室…………… 4983623
人事、房产………… 4983670
安全、机动………… 4980881
财务办
主任…………… 4989427
办公室…………… 4989423
管理办
主任…………… 4893620
办公室…………… 4989422
拨料组
组长…………… 4983827
办公室…………… 4989419
…………… 4893270
供应办
主任…………… 4989417
副主任…………… 4893547
办公室…………… 4989416
…………… 4983527
统计…………… 4893549
物价…………… 4989413
生活、管理………… 4989886
生活食堂………… 4893653
供应队…………… 4896711
维修队…………… 4896077
仓库队
办公室…………… 4892099
稽核组…………… 4892097
保管组…………… 4989410
门卫…………… 4894550

试采物资供应站

地址：大庆市乘南十八街 20 号
邮编：163412

站长、书记………… 5683278
副站长…………… 5683293
…………… 5683178
站办…………… 5696730
人事…………… 5683411
安全…………… 5683383
财务…………… 5683290
管理办…………… 5683325
计划办…………… 5683292
调度…………… 5683196
仓库办…………… 5683176
门卫…………… 5691732

天然气物资供应站

地址：大庆市解放路
邮编：163461

书记、站长………… 5298658
副站长…………… 5297149
…………… 5298561
办公室…………… 5296595
经营组…………… 5298657
财务组…………… 5298052
资产…………… 5290925
调度…………… 5297954
微机室…………… 5281057
管理组…………… 5298659
供应组…………… 5298453
…………… 5296291
…………… 5290926
…………… 5290895
经警…………… 5298454
保管组长………… 5298864
司机班长………… 5298560
食堂…………… 5299052

输油物资供应站

地址：大庆市西宾路
邮编：163453

站长、书记………… 5381217
副站长…………… 5399780
协助员…………… 5381219
业务…………… 5392818
能源、安全………… 5399506
调拨、保管………… 5392456
统计、规划、计划、经营管理
…………… 5391499
合同…………… 5392613
计划…………… 5399807
财务…………… 5393616
人事…………… 5182316
组织、宣传………… 5394094
调度员…………… 5392314
库房、门卫………… 5183937

物流公司

地址：大庆市勤奋路
邮编：163001

经理…………… 5884578
党委书记………… 5881379
副经理…………… 5812379
…………… 5881983
工会主席………… 5884398
调研员…………… 5953790
…………… 5953791
协助员…………… 5953792

党政办

主任…………… 5812697
人事…………… 5813307
女工、计划生育…… 5813013
工会…………… 5882894

综合协调部

主任…………… 5811012
基建维修………… 5813011
安全环保………… 5881380
能源资产………… 5882497
生产办…………… 5826377
调度室…………… 5886714
…………… 5812680
物流热线………… 5885656
…………… 5815656
小车班…………… 5882737

经营管理部

主任…………… 5814936
计量、微机管理…… 5813036
质量、统计管理…… 5813146

材料核算中心

主任…………… 5882998
财务办…………… 5813007

离退办

主任…………… 5812935
离退办…………… 5812807
离退办 18 库 ………… 5826301
小库…………… 5812456

机电库

主任…………… 5812705
综合组…………… 5813308
金属组…………… 5813349
机电组…………… 5813328
汽车衡…………… 5812275

建材库

主任…………… 5881858
副主任…………… 5813394
散装组…………… 5814751
砂石一组………… 5812708
砂石二组………… 5813413
油库汽衡………… 5819214
建工组…………… 5813883

机械一队

队长…………… 5813362
调度…………… 5884762

机械二队

队长…………… 5813149
调度…………… 5812386
卸砂机班………… 5819221

调运队

队长…………… 5886935
货调…………… 5886724
统计组…………… 5812578
档案室…………… 5813306
轨道衡…………… 5881986
检尺组…………… 5881941
铁路…………… 5814635

维修队

队长…………… 5813327
维修队…………… 5813865
电工班…………… 5825995
纯净水…………… 5826747
食堂…………… 5882849

经保中队

队长…………… 5814624
保卫…………… 5813350
库门卫…………… 5881985
砂一岗…………… 5824423
回收岗…………… 5882720
监控室…………… 5814217
总机厂岗………… 5882649
三公司岗………… 5882723
供应站岗………… 5813031

物流园区筹备组

负责人…………… 5813862
办公室…………… 5814892
信息办…………… 5825617
物流中心
主任…………… 5816621
副主任…………… 5816627
市场部…………… 5816623
信息部…………… 5816629
客服部…………… 5816630
配送队
队长…………… 5885815
副队长…………… 5816625
办公室…………… 5885825

客服中心

主任…………… 5812368
副主任…………… 5816620
…………… 5816926
办公室…………… 5812706
货代部…………… 5823113
外到货管理………… 5881681

木材集散中心

主任…………… 5881927

公路货运站

经理…………… 5802177
副经理…………… 5802218
办公室…………… 5802189
值班室…………… 5802122
财务…………… 5802133
客房部…………… 5802144
客房部总台………… 5802155
餐饮部…………… 5802227
餐饮部总台………… 5802228
超市部…………… 5802187
物流公司消防泵房 … 5813119
公路货运站消防控制室 5802119

银浪仓库

地址：大庆市开源路
邮编：163412

书记…………… 5688346
主任…………… 5688344
副主任…………… 5696380
…………… 5688121
工会主席………… 5683080
协作员…………… 5692431
办公室
主任…………… 5682993

副主任……………… 5696425
人事………………… 5693383
培训………………… 5681664
档案室……………… 5798249
统计………………… 5694714
党办
主任………………… 5693392
宣传………………… 5683096
工会………………… 5693662
计生办……………… 5682760
图书室……………… 5694717
生产办
主任………………… 5696417
人、机力调度……… 5682400
调度室……………… 5693225
设备能源…………… 5694996
统计………………… 5681400
安全环保办公室…… 5694994
管理办
主任………………… 5696342
办公室……………… 5693395
微机室……………… 5696827
………………………… 5681202
财务办……………… 5694713
大队值班室………… 5682344
调运队
队部………………… 5797344
统计………………… 5683881
派车调度…………… 5693226
卸车班……………… 5682763
铁路联络…………… 5683151
检测站
队部………………… 5682453
轨道衡……………… 5772712
检验组……………… 5683821
库内汽衡…………… 5682972
库外汽衡…………… 5683124
维修队
队部………………… 5692364
纯净水厂…………… 5693384
宿舍楼……………… 5682422
油库………………… 5682940
材料组……………… 5694960
基建组……………… 5693396
电工班……………… 5681710
管工班……………… 5682497
食堂………………… 5684753
食堂财务…………… 5694716
材料库
队部………………… 5692352
建工组……………… 5692362
化工橡胶…………… 5694689
汽配组……………… 5693385
钻采组……………… 5687976

保管组……………… 5693183
金属库
队部………………… 5694965
管材组……………… 5692353
钻具组……………… 5687940
计量组……………… 5693987
………………………… 5691440
油管组……………… 5694970
机械一队
队部………………… 5694997
推土机班…………… 5683255
机械二队
队部………………… 5682654
………………………… 5691989
统计………………… 5681931
龙门吊班…………… 5693814
卸沙机班…………… 5691436
计量组……………… 5687017
试压车间
队部………………… 5692449
一车间……………… 5688470
二车间……………… 5692354
电工班……………… 5692363
警卫队
队部………………… 5694718
值班室……………… 5683848
………………………… 5683423
大门卫……………… 5683439
北门卫……………… 5682407
石粉………………… 5329070
北岗………………… 5329071
化工岗……………… 5683449
服务队
队部………………… 5793073
值班室……………… 5793074
饲料厂……………… 5793874
退休办
服务中心…………… 5692527
再就业装卸队……… 5699168
二区游艺室………… 5683384
四区游艺室………… 5687475
石粉厂
车间………………… 5685053
塑料厂……………… 5696491
装卸队
红升队……………… 5672825
铁路队……………… 5798603
星宇队……………… 5672827
红伟队……………… 5681851

让胡路仓储服务公司

地址：大庆市西槐路 2 号
邮编：163453

经理………………… 5089518
党委书记、工会主席 5595973

副经理……………… 5596072
党办………………… 5592044
协助员……………… 5596068
………………………… 5595651
人事………………… 5595651
稳定办……………… 5596642
管理办……………… 5596068
工会………………… 5593174
生产办……………… 5595105
微机室……………… 5597907
财务………………… 5595972
调度………………… 5595289
………………………… 5595826
退休办……………… 5595120
活动中心…………… 5090773
监控室……………… 5596764
服务队……………… 5592961
小库………………… 5596027
小油库……………… 5092624
食堂………………… 5091412
机械一队
支部………………… 5595797
书记………………… 5593154
修理班……………… 5596474
机械二队
队部………………… 5596465
吊车班……………… 5595395
抓车班……………… 5596453
推土机班…………… 5091756
维修队
支部………………… 5596495
副队长……………… 5094273
锅炉班……………… 5096226
洗衣房……………… 5591927
经保中队
支部………………… 5596470
副队长……………… 5596512
5 号岗……………… 5096201
南门卫……………… 5596075
西门卫……………… 5096267
调运队
支部………………… 5595288
日勤组……………… 5596654
货调班……………… 5596461
调运组……………… 5596164
下灰班……………… 5329100
计量站
支部………………… 5090259
吊钩称计量………… 5089672
60T 计量…………… 5095763
砂石计量…………… 5591926
散装水泥计量……… 5095473
轨道衡……………… 5596962
燃料计量…………… 5097760

材料库
支部………………… 5089635
副主任……………… 5596212
钢材一组…………… 5595592
钢材二组…………… 5596492
管材一组…………… 5596092
管材二组…………… 5596491
建工库
支部………………… 5095472
砂石组……………… 5596055
建工组……………… 5591953
燃料组……………… 5097760
散装组……………… 5095471

实业公司

地址：大庆市乘二村
邮编：163411

经理………………… 5683377
书记………………… 5689299
副经理……………… 5685721
………………………… 5798399

综合办

主任………………… 5795886
组织………………… 5798383
宣传、共青团……… 5672851
工会………………… 5672852
人事………………… 5796589
档案………………… 5672857
后勤、保卫………… 5796590
司机班……………… 5683181
门卫………………… 5687226

经营办

主任………………… 5795768
统计………………… 5672897
安全………………… 5672891
园林绿化…………… 5672207

财务办

主任………………… 5795688
办公室……………… 5672062

稳定办

主任………………… 5795638
办公室……………… 5681202

木材厂

地址：大庆市北坛路
邮编：163412

书记、厂长………… 5693415
副厂长……………… 5693324
………………………… 5695588
办公室
工会………………… 5693321
人事………………… 5693867
技术办……………… 5693328
经营管理办
仓储管理…………… 5693870
资产、质量………… 5691364

生产办
主任………………… 5696737
调度室……………… 5693053
财务办
主任………………… 5680255
办公室……………… 5693329
销售公司
经理………………… 5693349
副经理……………… 5693521
综合部……………… 5693597
展厅………………… 5693326
材料库
主任………………… 5696273
采购组……………… 5693057
油库………………… 5686055
家具车间
主任………………… 5693058
家具一厂…………… 5691366
人造板车间………… 5693086
门窗车间
主任………………… 5693069
办公室……………… 5693359
综合服务队
队长………………… 5693345
办公室……………… 5693052
食堂………………… 5693524
经保中队
队长………………… 5693347
1号岗、2号岗 … 5693612
离退休办
厂区退休办………… 5693078
楼区退休办………… 5693050
管理站站长………… 5693346

机械修理厂
地址：大庆市勤奋路21号
邮编：163211
厂长………………… 5882491
副厂长……………… 5882881
…………………… 5823505
调度………………… 5886984
管理办……………… 5815290
经营办……………… 5885176
财务………………… 5813296
保卫、食堂………… 5885177
材料库……………… 5823284
一车间……………… 5812713
接箍车间…………… 5885960
门卫………………… 5884033

益朗司特石油专用管有限公司
地址：大庆市开源踉
邮编：163412
值班室……………… 5672477
工会………………… 5672355
车间办公区………… 5796727

大庆鸿运钢管制造有限公司
地址：大庆市乘风四村
邮编：163411
经理………………… 5680995
副经理……………… 5692668
…………………… 5692828
后勤办……………… 5697868
技术办……………… 5682512
安全………………… 5796162
出纳………………… 5796183
保管………………… 5699026
门卫………………… 5671603

宏启抽油杆有限公司
地址：大庆市勤奋路21号
邮编：163211
书记………………… 5815535
经理………………… 5813755
销售副经理………… 5813131
责任工程师………… 5828275
综合办
主任………………… 5814037
人事、劳资、宣传 … 5827323
生产技术办………… 5882519
经营办
主任………………… 5814230
经营办……………… 5816787
销售办……………… 5881653
服务队……………… 5816769
一车间……………… 5886396
二车间……………… 5886389
库房………………… 5825641
门卫………………… 5824068

大庆宏大建筑安装工程有限公司
地址：大庆市勤奋北路
邮编：163001
经理………………… 5886079
副经理……………… 5886918
工程师……………… 5885930
调度………………… 5825309
经营部……………… 5823427
生产经营…………… 5812916
综合管理部………… 5885838
水泥制品厂
办公室……………… 5882018
门卫………………… 5816894

大庆市大宏远纸业印刷有限公司
厂长………………… 5881641
办公室……………… 5884520

兴益龙水泥制品制造有限公司
办公室……………… 5818785
兴益油田专用管材厂
厂长………………… 5825629
办公室……………… 5814416

职业服装公司
地址：大庆市新村经一街
邮编：163311
厂长………………… 4664298
书记………………… 4682423
副场长……………… 4666577
…………………… 4683721
生产办……………… 4661878
销售办……………… 4666435
办公室……………… 4666204
财务办……………… 4666433
质量技术…………… 4689590
安全保卫…………… 4689790
能源………………… 4689790
劳资稳定…………… 4689570
档案合同…………… 4689570
劳保车间…………… 4666576
值班室……………… 4661878
动力车间…………… 4661879

再生资源公司

地址：大庆市方晓街
邮编：163161
经理………………… 5056888
书记………………… 5059228
副经理……………… 5059008
…………………… 5050768
…………………… 5057618
集团领导办公室…… 5050661

办公室
主任………………… 5056868
文秘………………… 5050128

人力资源部
主任………………… 5050138
副主任……………… 5050578
劳资………………… 5050528
档案室……………… 5050871

稳定中心
副主任……………… 5050872
办公室……………… 5055838

经营管理部
主任………………… 5055128
副主任……………… 5059068
合同………………… 5059098

财务资产部
主任………………… 5059088
副主任……………… 5059038
办公室……………… 5059018
核算组……………… 5055798
出纳………………… 5050038
中行………………… 5050670

计划管理部
主任………………… 5050398
办公室……………… 5050228
网络………………… 5050118
计算机室…………… 5057568

综合协调部
主任………………… 5050508
办公室……………… 5050498
综合办公室………… 5059288
调度室……………… 5050710
总值班室…………… 5050388
地衡室……………… 5050178
食堂………………… 5059000
安全………………… 5055738
综合服务队队长…… 5055758
综合服务队维修班 … 5056169

经保大队
队长………………… 5050357
协助员……………… 5058058
保干………………… 5057345
办公室……………… 5050738
监控室……………… 5055867
西门值班室………… 5050711
北门值班室………… 5050712
中门值班室………… 5050713
南门值班室………… 5050707
警务室……………… 5056938

冠宇报废汽车回收中心
地址：大庆市方晓街
邮编：163161
经理………………… 5056999
资料………………… 5050842
设备管理…………… 5057299
办公室……………… 5050873
销售………………… 5050875
回收………………… 5050840
…………………… 5050841
保管………………… 5050351
5057518
驻矿交警…………… 5050963
协助员……………… 5050332
现场………………… 5050292
压块车间…………… 5055636

冠宇旧车交易有限公司
办公室……………… 5911632
交易厅……………… 5911633

闲置设备调剂利用中心
地址：大庆市方晓街
邮编：163161
经理………………… 5058618
书记………………… 5057708
副经理……………… 5059078
销售………………… 5059698
办公室……………… 5058960
营业厅……………… 5055857
保管………………… 5050352
…………………… 5057311
…………………… 5058961
容器库……………… 5050969
现场………………… 5058962

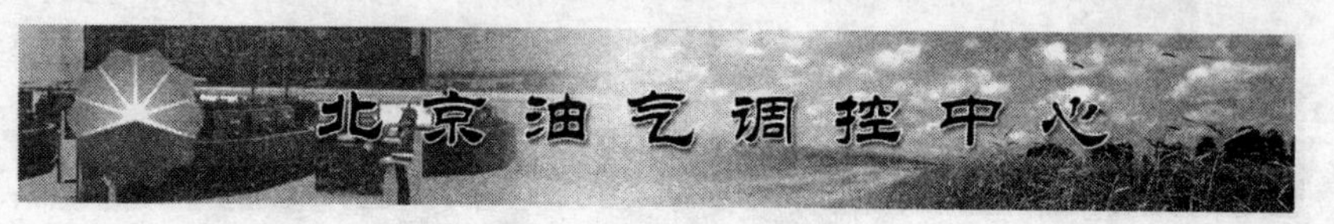

再生资源商品交易市场
地址：大庆市中原路
邮编：163001
经理………………… 5818370
副经理……………… 5818372
办公室……………… 5818375
业务办……………… 5818376
矿建………………… 5818373
保卫………………… 5818371
食堂………………… 5819016
门卫………………… 5818377

再生资源加工园区
地址：大庆市勤奋路
邮编：163001
经理………………… 5884555
书记………………… 5814653
副经理……………… 5826051
……………………… 5812575
……………………… 5886416
工程师……………… 5828387
生产办……………… 5828331
经营办……………… 5886013
综合办……………… 5826055
财务………………… 5885008
车队………………… 5886601
食堂………………… 5826052
门卫………………… 5886601

废旧物资回收分公司
地址：大庆市中原路
邮编：163001
经理………………… 5818350
副经理……………… 5818353
……………………… 5818297
办公室……………… 5818352
安全………………… 5818351
门卫………………… 5818355
铁人回收队
队长………………… 5818292
拆解组……………… 5818365
文件消毁中心……… 5818362
回收一站…………… 5886015
回收三站…………… 5886850
回收五站…………… 4659423
回收六站…………… 5819100
回收八站…………… 5883875
回收九站…………… 5863753
回收十一站………… 5059445
回收十三站………… 5693678
回收十四站………… 5835880
回收十五站………… 4597675
回收十六站………… 5296605
回收十七站………… 5095049
热线联系电话……… 5050555

租赁公司

地址：大庆市龙南西景路
邮编：163458

公司领导
经理、书记………… 5979978
副经理……………… 5952022
……………………… 5952558

办公室
主任………………… 5982928
人事、劳资、综合 … 5952052

租赁经营部
主任………………… 5952568
委托租赁…………… 5952021
设备租赁…………… 5952021
房屋租赁…………… 5952013
设备库、安全管理 … 5971222

财务资产部
主任………………… 5952018
副主任……………… 5952061
会计、出纳………… 5952017

综合协调部
主任………………… 5998206
安全、经营管理…… 5952019
网络信息…………… 5992729
合同管理…………… 5998032
办公楼门卫值班室 … 5952020

信息中心
地址：大庆市昆仑大街
邮编：163453
主任、书记………… 5991583
副主任……………… 5962471
……………………… 5987942
责任工程师………… 5991584
……………………… 5987940
……………………… 5991248
办公室……………… 5991587
……………………… 5987941
财务………………… 5991541
一本账项目组……… 5991540
……………………… 5962571
通用进销存项目组 … 5962473
……………………… 5991585
定额造价项目组…… 5991593
油公司项目组……… 5991594
系统室……………… 5991328
……………………… 5962570
网络室、系统室…… 5991116
网络室……………… 5991959
硬件维修…………… 5962572
应用室……………… 5984806
……………………… 5991597
……………………… 5962470
编码室……………… 5991595
……………………… 5991598

文化中心
地址：大庆市昆仑大街
邮编：163453
主任………………… 5994246
书记………………… 5996257
副主任……………… 5976815
企业文化督导员…… 5982515
主编………………… 5985760
责任编辑…………… 5991510
……………………… 5973633
办公室……………… 5994249
综合………………… 5996635
物资家园报………… 5991591
视频新闻…………… 5996742
视频新闻制作室…… 5973633
石油物资学会、杂志 5985760
艺术创作…………… 5983078
网页管理…………… 5960396
美工组……………… 5991510
文艺组……………… 5991892
图书馆……………… 5981021

公共事务服务中心
地址：大庆市昆仑大街
邮编：163453
主任………………… 5990566
书记………………… 5961507
副主任……………… 5997479
……………………… 5991815
材料库……………… 5991027
房产办……………… 5962727
高层车库…………… 5998416
生产办……………… 5991743
计划生育…………… 5991935
财务………………… 5997480
党群、人事………… 5991362
综合楼保洁队……… 5991690
综合楼维修班……… 5991906
电话班……………… 5991680
招待食堂管理员…… 5983433
机关食堂管理员…… 5991420
大厦食堂管理员…… 5991880
大厦食堂…………… 5999340
大厦收发室………… 5997363
综合楼收发室……… 5991284
机关食堂二楼……… 5992094
综合楼消防监控室 … 5994594
小灶食堂…………… 5962868
大厦维修班………… 5995094
泵房………………… 5995364
机关食堂二楼办公室 5991586

经济保卫大队
地址：大庆市昆仑大街
邮编：163453
大队长……………… 5991704
书记………………… 5966790
副大队长…………… 5984779
……………………… 5994338
内勤办公室………… 5991936
综合办公室………… 5984790
治安办公室………… 5991688
……………………… 5984775
机关办公楼值班室 … 5990087
综合楼值班室……… 5984416
物资大厦前值班室 … 5996566
物资大厦后三楼值班室 5962752
物资大厦消防室…… 5991251

车队
地址：昆仑大街
邮编：163453
队长………………… 5991895
书记………………… 5991951
副队长……………… 5952673
调度、稳定、安全 … 5952287
劳资、核算、宣传 … 5995637
门卫、司机值班休息室 5981137

离退休职工管理中心
地址：大庆市昆仑大街
邮编：163453
主任、书记………… 5991273
副主任……………… 5989542
……………………… 5981279
办公室……………… 5991803
……………………… 5991806
……………………… 5991287
龙南活动室………… 5952761
……………………… 5952753
团结活动室………… 5813389

程远工贸公司
地址：大庆市西宾路
邮编：163453
经理………………… 5995731
副经理……………… 5991391
经理助理…………… 5997023
人事、工会………… 5995702
组织、资产………… 5995627
会计、出纳………… 5995725
会计、出纳（怡海） 5996425
天钢业务…………… 5998819
报废业务…………… 5996553
业务室……………… 5997108
……………………… 5997501

装备制造集团

地址：大庆市乘风大街
邮编：163411

总经理（党委）办公室
主任………………… 5795675
副主任……………… 5687175
秘书………………… 5696764
文书………………… 5694976
公务员……………… 5694711

人力资源部（党委组织部）
经理、部长………… 5797753

副经理、副部长…… 5680226
………………… 5693450
组织员……………… 5694963
干事………………… 5699923
………………… 5685838

经营法规部

经理………………… 5699399
副经理……………… 5693468
干事………………… 5686009
………………… 5699907
………………… 5686037
………………… 5686032

生产协调部

经理………………… 5686566
副经理……………… 5683939
干事………………… 5693454
………………… 5684566
………………… 5689553

财务资产部

经理………………… 5688669
副经理、成本核算主任 5672077
副经理……………… 5680772
干事………………… 5696981
………………… 5693452

成本核算中心

干事………………… 5693340
………………… 5695194
………………… 5697781
………………… 5685959
………………… 5671430
………………… 5695194
………………… 5687040

审计部

经理………………… 5671657
副经理……………… 5696823
………………… 5686005
干事………………… 5684692
………………… 5798433
………………… 5671433
………………… 5684693
………………… 5684705
………………… 5684702
………………… 5684716

安全环保部

安全副总监、经理 … 5795199
副经理……………… 5699905
干事………………… 5683504
………………… 5694817
………………… 5699903

市场管理部

经理………………… 5685766
副经理……………… 5795786
………………… 5693003
干事………………… 5680593
国际贸易部主任…… 5686157
国际市场开发部副主任 5684661
国际市场开发部…… 5693470
清欠办主任………… 5688631
干事………………… 5672431

纪委监察部

纪委副书记、经理 … 5681966
副经理、纪委主任 … 5671392
副经理……………… 5682921
纪检监察员………… 5672013
………………… 5693336

企业文化部（党委宣传部）

经理、部长………… 5798358
副经理、副部长…… 5693835
干事………………… 5693072

工青工作部

工会副主席………… 5672135
………………… 5691563
干事………………… 5693337
团委书记…………… 5693338

机关党委

党委副书记………… 5680226
干事………………… 5694813

HSE 监督站

站长………………… 5688366
干事………………… 5871501
………………… 5686003

技术监督中心

地址：大庆市中八路
邮编：163001

书记………………… 5881977
副书记、工会主席 … 5881977
………………… 5828987
副主任……………… 5827212
………………… 5885058

办公室

………………… 5816535

综合办公室

主任………………… 5826367
办公室……………… 5816572

质量管理部

………………… 5814030

标准化管理部

主任………………… 5882069
干事………………… 5828976

外检部

主任………………… 5882069
王家围子园区……… 5878213
乘风园区…………… 5685561

计划管理部

主任………………… 5816572

产品检测部

主任………………… 5885058
几何量室主任……… 5825631
理化室主任………… 5882245
阀门室主任………… 5825780
机电室主任………… 5827233
抽样室主任………… 5827233
探伤室主任………… 5827211
值班室……………… 5881595

综合服务管理中心

地址：大庆市火炬北二路
邮编：163255

党总支书记………… 5875387
主任………………… 5875837
副主任……………… 5878942
………………… 5878423
………………… 5875880
………………… 5878943

综合办公室

综合干事…………… 5878716
办公室……………… 5871366
计划生育办………… 5875357

生产科

副科长……………… 5877390
车辆管理…………… 5878089
招待食堂…………… 5878941

财务科

………………… 5878850

基建科

副主任……………… 5878943

房产科

办公室……………… 5671867
房管员……………… 5878423

动力分厂

书记………………… 5872490
厂长………………… 5872480
副厂长……………… 5871234
………………… 5671443
………………… 5813688
调度………………… 5876479
………………… 5694819
人事员……………… 5876479
综合班……………… 5811210
压风站……………… 5813203
变电所……………… 5811231
………………… 5814228

职工技能培训中心

书记………………… 5696866
主任………………… 5872403
鉴定管理…………… 4684306
焊培管理…………… 5872404

信息管理中心

书记………………… 5696866
主任………………… 5683126
网络维护室主任…… 5797594
………………… 5876239
软件应用室主任…… 5694924
档案管理室主任…… 5871195
王家围子工业园区印务室
………………… 5875918
乘风工业园区印务室 5695800

宏升实业总公司

工业公司…………… 5828688
劳保厂……………… 5882179

稳定工作协调服务中心

书记………………… 5686052
主任………………… 5691962
副主任……………… 5696911
………………… 4601903
………………… 5694789
综合干事…………… 5696912
再就业安置………… 5696911
信访办公室………… 5694789

经保大队

大队长……………… 5671837
书记………………… 5680569
副大队长…………… 5671314
综合干事…………… 5693404
保干………………… 5686679
………………… 5693404
巡逻经警值班室…… 5686679
大门卫……………… 5693013

物资管理中心

地址：大庆市乘风大街
邮编：163411

党总支书记、副主任 5796768
主任………………… 5671096
副书记、纪委书记、工会主席
………………… 5671326
副主任……………… 5671309
………………… 5684799

综合办公室

主任………………… 5671393
干事………………… 5671326

管理部

科长………………… 5671203
干事………………… 5671276

财务部

科长………………… 5671265
干事………………… 5871070

计划部

部长………………… 5671096
干事………………… 5671276
………………… 5872142

钢材科

科长………………… 5671325
干事………………… 5671252

炉料化工科

科长………………… 5671963

外委加工科
科长……………………5872142
干事……………………5871720
汽车配件科
科长……………………5671963
特车材料科
科长……………………5671970
仓储部
主任……………………5871229
提料员…………………5693350
……………………………5813252
办公室…………………5871070
保管员…………………5825089
油管制造厂
书记……………………4686228
厂长……………………4686228
技术组长………………4604060
安全……………………4681614
办公室…………………4681623
工具员…………………4685308
北门卫…………………4604070

抽油机制造公司

地址：大庆市火炬北二路
邮编：163255
党委书记、副经理 …5877538
经理……………………5876682
副经理…………………5877778
副书记、纪委书记、工会主席
……………………………5871350
副经理、总工程师、抽油机研究所所长…5871393
副经理、副总工程师 5871127
综合办公室
主任……………………5871791
副主任…………………5878738
干事……………………5671610
财务经营科
副科长…………………5876680
成本……………………5877953
……………………………5693474
生产科
科长……………………5871354
副科长…………………5671401
计划……………………5872808
材料……………………5671411
资产……………………5686974
安全环保科
副科长…………………5871473
办公室…………………5871315
……………………………5878220
……………………………5871315
技术监督科
科长……………………5871743
副科长…………………5871465
人事员…………………5871903
经保科
科长……………………5786628
副科长…………………5871473
守卫队长………………5871315
正门……………………5876474
货运门…………………5873576
办公楼门卫……………5872465
市场开发服务部
书记……………………4102091
经理……………………4102090
副经理…………………4102990
人事……………………4102093
门卫……………………4102004
调度……………………4102728
对外市场开发科
经理……………………5871392
副经理…………………5874588
办公室…………………5871392
……………………………5878803
减速器制造厂
地址：大庆市火炬北二路
邮编：163255
书记……………………5872417
厂长……………………5872278
副厂长…………………5871904
统计员…………………5872279
办公室…………………5871904
国际抽油机总装厂
地址：大庆市火炬北二路
邮编：163255
书记……………………5871722
厂长……………………5872277
调度……………………5872407
技术组长………………5871644
中间库组长……………5876475
国内抽油机总装厂
地址：大庆市火炬北二路
邮编：163255
书记……………………5878377
厂长……………………5876377
副厂长…………………5871709
人事员…………………5878388
配件厂
地址：大庆市火炬北二路
邮编：163255
书记……………………5878605
厂长……………………5877039
副厂长…………………5872276
办公室…………………5875499
热处理车间主任………5871645
乘风总装厂
书记……………………5693036
厂长……………………5688757
副厂长…………………5699877
……………………………5693479
生产办主任……………5671405
工程师…………………5693012
现场调度………………5671405
乘风铆焊厂
地址：大庆市乘风大街
邮编：163411
书记……………………5687158
厂长……………………5693373
副厂长…………………5694575
办公室…………………5687158
保管员…………………5693484
乘风配件厂
地址：大庆市乘风大街
邮编：163411
书记……………………5699877
厂长……………………5688438
副厂长…………………5692305
生产办主任……………5686974
人事员…………………5694583
团支部书记……………5692305
办公室…………………5686974
车间主任………………5797019
……………………………5693474
保管员…………………5694683

采油装备制造公司

地址：大庆市乘风大街
邮编：163255
党委书记、副经理 …5685106
经理、党委副书记 …5671088
党委副书记、纪委书记、工会主席……………………5686103
副经理、总工程师 …5681699
副经理…………………5681196
……………………………5681313
办公室
主任……………………5686103
干事……………………5681185
财务部
……………………………5681197
生产技术部
……………………………5681196
经营管理部
……………………………5681237
营销部
……………………………5681313
抽油泵制造厂
地址：大庆市火炬北二路
邮编：163255
书记、厂长……………5871741
副厂长…………………5877840
办公室…………………5872275
采油井口制造厂
地址：大庆市乘风大街
邮编：163411
书记……………………5691234
厂长……………………5795788
副厂长…………………5691167
人事员…………………5691234
办公室…………………5691903
……………………………5693482

钻井装备制造公司

地址：八百垧中路
邮编：163413
书记……………………4894175
……………………………4980177
顾问……………………4893485
财务科
科长……………………4986626
办公室…………………4989027
生产办
主任……………………4892190
办公室…………………4989430
市场开发科
科长……………………4980748
综合办
主任……………………4988738
办公室…………………4989984
材料办
……………………………4983140
研究所
……………………………4983087
离退休管理中心
……………………………4896952
调度室
……………………………4894560
电工班
……………………………4989575
门卫
……………………………4989570
加工分厂
……………………………4989576
铆焊分厂
……………………………4892696
钻具分厂
……………………………4894187
钻修分厂
……………………………4892471
钻制分厂
……………………………4896676

铸造公司

地址：大庆市火炬北二路
邮编：163255
书记……………………5881365
经理……………………5813250
副书记…………………5813270

生产办………………… 5812782
人事、财务………… 5814978
安全、设备………… 5814722
技术组……………… 5813228
铸造分厂
厂长………………… 5813235
办公室……………… 5813260
机加分厂
………………………… 5828742
门卫………………… 5828741

特种汽车制造公司

地址：大庆市乘风大街
邮编：163411
党委书记、副经理 … 5689707
经理………………… 5686557
副书记……………… 5688760
副经理……………… 5671583
………………………… 5691566
综合办公室
主任………………… 5688760
办公室……………… 5798474
财务经营科
………………………… 5686385
生产协调部
………………………… 5691566
技术质量部
主任………………… 5671583
办公室……………… 5694624
市场开发部
主任………………… 5697768
办公室……………… 5690041
工程车改装厂
书记、厂长………… 5694578
副厂长……………… 5693408
综合办……………… 5686762
生产办……………… 5695087
物资办……………… 5671905
测井测试车改装厂
地址：测井路
邮编：163412
书记………………… 5796561
厂长………………… 5696751
副厂长……………… 5688734
质检部……………… 5688795
综合办……………… 5697494
生产调度…………… 5693754
器材………………… 5693750

设备修理公司

地址：大庆市乘风大街
邮编：163411
党委书记…………… 5688738
经理………………… 5797333
党委副书记、纪委书记、工会
主席………………… 5693008
副经理……………… 5696797
………………………… 5683198
综合办公室
主任………………… 5684516
干事………………… 5696760
市场开发科
科长………………… 5696760
物资组干事………… 5693898
………………………… 5795787
财务科
科长………………… 5798802
修理一分公司
书记………………… 5680243
常务副经理………… 5797680
副经理……………… 5693331
………………………… 5694821
………………………… 5684820
办公室……………… 5684580
………………………… 5975192
………………………… 5684580
二车间……………… 5693343
三车间……………… 5694045
四车间……………… 5671197
江铃………………… 5686107
综合………………… 5694816
机加………………… 5682114
修理二分公司
书记………………… 5696360
副经理……………… 5694428
………………………… 5693483
王家围子维修站…… 5877389
修理三分公司
书记、经理………… 4102300
副经理……………… 4102344
………………………… 4102399
………………………… 4102311
办公室……………… 4102331
………………………… 4102303
检测站
书记………………… 5693409
站长………………… 5688566
副站长……………… 5693035
办公室……………… 5699932
后勤服务公司
生活办……………… 5881170
离退休职工管理中心
地址：警民路
邮编：163411
书记………………… 5682971
主任………………… 5682849
副主任……………… 5694684
………………………… 5682971
………………………… 5695406
办公室……………… 5682962
六区活动室主任、书记 4664509
中林二活动室主任、书记
………………………… 4684567
团结活动室主任、书记 5871747
新村活动室主任、书记 4660091
三公司活动室主任、书记
………………………… 5812090
乘风一活动室主任 … 5695406
八百垧工作站主任 … 4896952
中林一室活动室主任、书记
………………………… 4663604
龙南办公室主任…… 5510306
定额造价中心
主任………………… 5680772
干事………………… 5693018
………………………… 5672039
规划投资管理中心
主任………………… 5795200
干事………………… 5696866
容器制造公司
地址：中宝路
邮编：163001
党委书记…………… 5828838
经理………………… 5826633
副经理……………… 5813208
………………………… 5825900
………………………… 5826188
纪委书记…………… 5813347
综合办公室
主任………………… 5813264
副主任……………… 5813206
工会、共青团……… 5812400
财务经营科
科长………………… 5825088
办公室……………… 5817030
技术质量科
科长………………… 5815862
副科长……………… 5813566
办公室……………… 5885635
干事………………… 5871147
生产安全科
科长………………… 5814105
副科长……………… 5884606
办公室……………… 5813060
………………………… 5814492
市场开发科………… 5816899
售后服务中心
书记、调度………… 5826358
人事………………… 5881391
业务………………… 5827101
研究所……………… 5885099
司机班……………… 5885415
值班室……………… 5813217
经保科
办公室……………… 5813271
门卫………………… 5811435
容器配件厂
书记………………… 5881265
厂长………………… 5828089
副厂长……………… 5881861
………………………… 5815397
人事、会计、安全 … 5815853
材料组……………… 5814361
容器一分厂
书记………………… 4681228
厂长………………… 5884581
办公室……………… 4687263
………………………… 4682702
容器二分厂
厂长………………… 5884581
安全、调度………… 5814065
人事………………… 5813283
成本、预算………… 5881371
二车间……………… 5823910
物管中心
炉料库……………… 5813252
………………………… 5825089
真空加热炉制造厂
书记………………… 5877259
厂长………………… 5877663
副厂长……………… 5877639
办公室……………… 5873277
塑料制品厂
书记………………… 4607890
厂长………………… 4689789
副厂长……………… 4607890
办公室……………… 4600167

油田专用产品制造公司

地址：大庆市火炬北二路
邮编：163255
党委书记…………… 5875177
经理………………… 5875066
副书记、纪检书记、工会主席
………………………… 5876107
副经理……………… 5871215
………………………… 5877661
………………………… 5877658
综合办公室
主任………………… 5877089
………………………… 5871271
副主任……………… 5877235
团委书记、综合干事 5871366
人事员……………… 5077235
干事………………… 5871104
项目开发部………… 5878991
工艺管理部………… 5878991

财务科
科长…………………… 5871377
主任…………………… 5876108
会计…………………… 5871104
办公室………………… 5877628
安全环保科
科长…………………… 5877632
干事…………………… 5876556
生产协调科
科长…………………… 5877532
干事…………………… 5877692
科技管理部
干事…………………… 5871117
…………………………… 5871104
联兴气体厂
书记…………………… 5871338
厂长…………………… 5871608
副厂长………………… 5872594
成本会计……………… 5811280
人事员………………… 5870039
资产库………………… 5872400
乙炔站站长…………… 5063030
锻造分公司
书记…………………… 5814849
经理…………………… 5812518
办公室………………… 5813280
会计…………………… 5671265
橡胶制品厂
地址：乘风大街
邮编：163411
书记、厂长…………… 5698366
副厂长………………… 5688150
统计员………………… 5694433
材料员………………… 5688195
销售部主任…………… 5694949
杂品车间
主任…………………… 5687011
办公室………………… 5687012
运输公司
书记…………………… 5813088
经理…………………… 5828177
副经理………………… 5813205
调度…………………… 5812775
研究院
书记…………………… 5813088
院长、副书记………… 5871364
工会主席……………… 5871279
副院长………………… 5871262
…………………………… 5871197
副院长、主任………… 5871260
老领导………………… 5871271
…………………………… 5878845

国际工程公司

地址：大庆市西柳街 2 号
邮编：163712
领导
书记…………………… 5594259
经理…………………… 5089606
副经理………………… 5089701
…………………………… 5089702
…………………………… 5089703
总会计师……………… 5594476
经理助理……………… 5594892
办公室
…………………………… 5592584
人力资源部
…………………………… 5594533
经营法规部
…………………………… 5593632
纪检办公室
…………………………… 5093803
财务资产部
主任…………………… 5592177
副主任………………… 5098311
办公室………………… 5594475
传真…………………… 5594313
生产协调部
…………………………… 5593550
钻探项目部
…………………………… 5093167
基建项目部
…………………………… 5095176
出口部
主任…………………… 5594598
副主任………………… 5594312
进口部
…………………………… 5593861
钢材部
…………………………… 5593756
商务室
主任…………………… 5581777
办公室………………… 5593752
信息室………………… 5594321
大连国际货运代理公司
经理…………………… 5089709
办公室………………… 5592984
北京盛赛石油设备有限公司
办公室………………… 5594597
大庆印尼公司
办公室………………… 5594307
油田开发部
…………………………… 5098775
海外党支部
…………………………… 5089708
车队
…………………………… 5595461
…………………………… 5089706
食堂
…………………………… 5592471
门卫
…………………………… 5593809

石油工程监理有限公司

地址：大庆市西宾路
邮编：163453
人力资源部
…………………………… 5109105
综合办公室
…………………………… 5109109
经营开发部
…………………………… 5109057
财务资产部
…………………………… 5109083
投资控制部
…………………………… 5109059
质量技术安全环保部
…………………………… 5109085
工程管理一处
…………………………… 5109064
工程管理二处
…………………………… 5109063
工程管理三处
…………………………… 5109064
门卫
…………………………… 5109081

力神泵业有限公司

地址：大庆市中兴北街 28 号
邮编：163311
领导
党委书记……………… 4602288
总经理………………… 4602777
党委副书记…………… 4602266
副总经理……………… 4602337
…………………………… 4602369
…………………………… 4602599
总会计师……………… 4602388
调研员………………… 4602268
经理助理……………… 4602318
…………………………… 4602253
副总工程师…………… 4602292
…………………………… 4602293
…………………………… 4602396
安全副总监…………… 4608666
调研员………………… 4602960
…………………………… 4602338
公司办
主任…………………… 4602228
副主任………………… 4602273
办公室………………… 4602226
档案室………………… 4602404
经营管理部
主任…………………… 4602225
副主任………………… 4602223
…………………………… 4602231
办公室………………… 4602745
…………………………… 4602459
财务资产部
主任…………………… 4602600
副主任………………… 4602299
主任会计……………… 4602069
财务报销……………… 4602530
财务总帐……………… 4602651
成本结算……………… 4602520
财务审核……………… 4602081
国外财务办…………… 4602903
资产管理……………… 4602229
人力资源部
主任…………………… 4602061
副主任………………… 4602218
…………………………… 4602227
组织员………………… 4602274
劳资…………………… 4602217
干部科………………… 4602661
技能鉴定……………… 4602251
科技发展部
主任…………………… 4602293
办公室………………… 4602239
生产管理部
主任…………………… 4602278
办公室………………… 4602298
…………………………… 4602772
能源…………………… 4602983
大班调度……………… 4602500
调度室………………… 4602511
…………………………… 4602512
安全环保部
主任…………………… 4608666
副主任………………… 4602080
调研员………………… 4602518
办公室………………… 4602362
HSE 监督站
站长…………………… 4602518
工艺管理部
主任…………………… 4602235
质量技术监督部
主任…………………… 4602250
副主任………………… 4602237
…………………………… 4602558
调研员………………… 4602813
纪检监察部
主任…………………… 4602377
办公室………………… 4602200
审计部
主任…………………… 4601555
副主任………………… 4602206
企业文化部

主任……4602328
办公室……4602203
闭路台……4602559
收发室……4602212
团委
副书记……4602605
工会、机关党委
副主席……4602303
调研员……4602702
机关党委……4602208
新村活动室……4689787
市场开发部
主任……4623609
副主任……4623604
办公室……4623608
海外管理中心……4627602
苏丹、沙特……4623607
印尼、俄罗斯……4623606
哈萨克、阿曼……4621601
采购办
主任……4668256
副主任……4602418
办公室……4602425
……4602931
……4602763
销售公司
书记……4602701
经理……4602254
副经理……4602252
……4602836
技术室……4680409
传真……4602256
办公室……4602255
作业大队
书记……4602339
大队长……4602336
副大队长……4602399
工会主席……4602257
调度室……4602259
内销部……4602263
动态队……4602261
准备队……4602447
作业队……4602260
电泵制造厂
书记……4602340
厂长……4602341
副厂长……4602350
值班室……4602342
调度……4602280
螺旋泵制造厂
书记……4602275
厂长……4602276
副厂长……4602830
调度……4603107

研究所
书记……4602291
主任……4602293
副主任……4602294
……4602397
……4602311
主任工程师……4602239
调度……4602823
……4602295
信息技术室……4602277
机加厂
书记……4602312
厂长……4602313
副厂长……4602314
调研员……4602441
……4602897
调度……4602316
综合服务公司
书记……4602368
经理……4602358
副经理……4602395
……4602305
……4600010
调度……4602326
生产组……4602378
生活财务……4602359
大餐厅……4602612
房产……4602398
环卫队……4602807
值班室……4602327
车队
队长……4662339
小车队……4602238
办公室……4602306
正门卫……4602233
机关门卫……4602213
服务队
书记……4602380
维修队
队长……4602367
锅炉房……4602370
食堂……4602390
公寓值班……4602385
培训楼
总台……4602402
……4687101
办公室……4682104
……4689102
高间餐厅……4683208
……4689209
离退休管理中心
书记……4602437
主任……4602363
调研员……4602438

办公室……4602439
器材站
站长……4602419
书记……4602258
副站长……4602051
调研员……4602861
调度……4602417
财务……4602421
生产主任……4602423
办公室……4602427
监测中心
书记……4602405
主任……4602406
副主任……4602408
……4602279
调度……4602407
配件检验……4602411

射孔弹厂

地址：大庆市元丰路
邮编：163853
领导
书记……4698456
厂长……4698043
党委副书记……4695123
工会副主席……4698143
副厂长……4697341
4698609
总会计师……4698069
厂长助理……4698057
安全总监……4698097
副总工程师……4695028
调研员……4698433
党政办
主任……4698418
副主任……4699424
……4690707
传真室……4698169
档案室……4690775
闭路台……4699514
团委……4698392
工会……4697047
组织人事部
部长……4698048
组织……4698189
人事档案……4698045
人事劳资……4697610
纪检监察科
科长……4698553
副科长……4699423
经营管理科
办公室……4697367
财务科
科长……4697953
副科长……4699058
资金室……4695420
成本室……4698711
资产结算室……4698058
生产协调科
科长……4697354
副科长……4695400
办公室……4698554
调度……4697440
……4695496
门卫……4695489
科技质量科
科长……4697613
办公室……4699417
微机室……4696530
安全环保科
副总监……4698097
办公室……4697097
HSE 监督站主任……4699976
消防泵房……4690742
卫生所所长……4697512
稳定工作协调服务中心
主任……4698725
办公室……4698729
离退休管中心
主任……4699619
书记……4699487
办公室……4698495
安全……4690689
射孔弹分厂
书记……4690147
厂长……4697668
副厂长……4698453
……4698623
……4695433
综合办……4697322
技术质量……4696443
材料组……4699823
统计……4695992
服务队……4695976
一车间……4696433
……4695979
二车间……4696434
三车间……4696435
四车间……4697068
生产安全模具……4697547
门卫……4697782
机加分厂
书记……4697323
厂长……4697608
副厂长……4697714
生产组……4696422
生产服务队……4697037
技术负责人……4697791

射孔枪车间………… 4696437
弹壳车间………… 4696436
镀锌工房………… 4696440
铜粉车间………… 4699908
下料工房………… 4696439
机加车间………… 4698710
器材供应站
书记………… 4699497
站长………… 4697252
财务人事………… 4697207
技术负责人………… 4699613
管理组………… 4697754
计划组………… 4697256
材料组………… 4695495
保管组………… 4695487
研究所
书记………… 4698601
所长………… 4699787
副所长………… 4697718
………… 4696498
办公室………… 4697665
材料室………… 4699391
技术总负责人………… 4696446
开发一室………… 4699387
开发二室………… 4698557
计算站………… 4695486
试验工房………… 4695491
质检站………… 4696441
运输大队
书记………… 4696448
大队长………… 4696447
副大队长………… 4696468
财务………… 4697268
调度………… 4697722
综合服务大队
书记………… 4697255
大队长………… 4697602
副队长………… 4697235
………… 4697512
副书记………… 4696450
人事安全………… 4697071
财务………… 4698393
材料………… 4695478
公寓………… 4695478
维修队………… 4699292
食堂………… 4697569
活动中心………… 4698805
消防泵房………… 4690742
经保大队
书记………… 4698567
队长………… 4698046
办公室………… 4697745
人事………… 4699257
炸药库房门卫………… 4697781
销售公司
书记………… 4698044
经理………… 4697067
副经理………… 4698479
财务………… 4695408
国际部………… 4698594
项目部………… 4696445
销售一部………… 4696055
销售二部………… 4696097
销售三部………… 4697498
销售四部………… 4699166
综合办………… 4699090
传真………… 4697067

消防支队

地址：大庆市西景路
邮编：163453
领导
书记………… 5905588
支队长………… 5199618
常务副支队长………… 5905058
副政委………… 5905168
副支队长………… 5905268
………… 5199658
总会计师………… 5905666
副总会计师………… 5905566
支队长助理………… 5905388
组织人事部
部长………… 5905385
机关党委副书记………… 5905315
副部长………… 5905267
………… 5905111
党委组织员………… 5905263
办公室………… 5905312
………… 5905280
………… 5905274
宣传部
部长………… 5905778
副部长………… 5905335
办公室………… 5905270
办公室
主任………… 5905555
………… 6124819
副主任………… 5905528
秘书………… 5905602
………… 5905603
文书………… 5905600
档案室主任………… 5905225
档案室………… 5905226
………… 5182971
打字室………… 5905227
公务员………… 5905601
会议室管理员………… 5905635
纪检监察
副书记………… 5905296
主任………… 5905999
举报电话………… 5190833
办公室………… 5905298
………… 5905295
工会
副主席………… 5905265
………… 5905329
财务………… 5905275
办公室………… 5905638
………… 6121109
………… 5905538
稳定办主任………… 5182972
稳定办………… 5905317
离退休管理中心
主任………… 5905489
办公室………… 5905276
团委
副书记………… 5905291
办公室………… 5905293
战训科
科长………… 5905218
作战副科长………… 5905222
训练副科长………… 5905326
综合副科长………… 5905221
队管（综合）组………… 5905328
作战组………… 5905219
………… 5905215
………… 5905220
训练组………… 5181119
………… 5905612
机动资产科
科长………… 5905313
办公室………… 5905311
………… 5198968
………… 5905314
财务科
科长………… 5905300
副科长………… 5905297
………… 5905777
………… 5905533
办公室………… 5905333
………… 5905444
………… 5394628
………… 5905368
综合管理科
科长………… 5905271
副科长………… 5905233
内勤………… 5905239
办公室………… 5905303
………… 6121101
门卫………… 5905344
………… 5905496
收发室………… 5905316
安全科
科长………… 5905558
副科长………… 6121219
办公室………… 5905309
………… 5905306
房产管理科
科长………… 5905261
副科长………… 5905000
财务室………… 5905264
办公室………… 5905277
………… 5905246
………… 5905336
………… 5905281
计划价格
办公室………… 5905599
防火一科
科长………… 5905216
副科长………… 5905211
办公室………… 5905210
………… 5905289
………… 5905202
………… 5905615
防火二科
科长………… 5905639
副科长………… 5905205
………… 5905206
办公室………… 5905204
………… 5905207
………… 5905212
………… 6124611
………… 6121102
………… 6121108
防火三科
科长………… 5905269
办公室………… 5905262
东区大队
教导员………… 5885978
大队长………… 5882116
副大队长………… 5885685
………… 5885268
………… 5886288
工会主席………… 5816368
财务………… 5826119
劳资………… 5885977
战训参谋………… 5828980
电话室………… 5827119
总机………… 5823119
………… 5825119
南区大队
教导员………… 4513163
大队长………… 4512796
………… 4514596
副大队长………… 4513561
………… 4515431

……………………4513958
工会主席……………4513272
财务…………………4514596
电话室………………4512620
……………………4512119

西区大队

教导员………………5984735
大队长………………5990556
副大队长……………5994119
……………………5980260
……………………5985436
工会主席……………6345406
通信参谋……………5963220
总机…………………5985436
……………………5994119
……………………5997565
……………………5980260
……………………5964119
……………………5997119
电话室………………5990536

特勤大队

地址：大庆市龙化街
邮编：163416
教导员………………5712769
大队长………………5712796
副大队长……………5712793
……………………5712766
……………………5710237
工会主席……………5722901
工程师………………5719534
财务…………………5719524
特车中队……………5716830
……………………5712791
供水中队……………5712430
……………………5712124
防毒中队……………5712792
保障中队……………5714896
参谋…………………5716525
劳资员………………5712956
值班室………………5710207

中七路消防队

指导员………………5814140
队长…………………5814766
副队长………………5813653
值班室………………5828119

萨南消防队

指导员………………5297447
队长…………………5297030
副队长………………5291921
值班室………………5297119

银浪消防队

指导员………………4895119
队长…………………4892119
副队长………………4896588
……………………4895119
……………………4896578
值班室………………4989222

萨北消防队

指导员………………5858119
队长…………………5858592
副队长………………5852119
……………………5850119
……………………5862119
值班室………………5858581
……………………5859119

庆新消防队

地址：大庆市庆新北街
邮编：163114
指导员………………5836186
队长…………………5832119
值班室………………5835119
……………………5842941
……………………5830119

杏南消防队

指导员………………4596991
队长…………………4592819
副队长………………4591119
值班室………………4593119
……………………4595474

宏伟消防队

地址：大庆市龙化街
邮编：163416
指导员………………5619332
队长…………………5619391
值班室………………5619185

葡萄花消防队

地址：大庆市庆葡北街
邮编：163517
指导员………………4498921
队长…………………4496388
副队长………………4496662
……………………4498193
值班室………………4490119
119 火警……………4499444

龙虎泡消防队

地址：大庆市红岗区龙虎泡
邮编：163852
指导员………………4698236
队长…………………4698236
副队长………………5076828
值班室………………5223298
……………………4698130

东光消防队

指导员………………4689432
队长…………………4689433
……………………4636987
副队长………………4636918
……………………4650009
……………………4656911
值班室………………4663111
……………………4636119

朝阳沟消防队

地址：大庆市朝阳沟镇
邮编：166405
指导员………………4391579
队长…………………4391558
副队长………………4395299
……………………4394989
防火科长……………4390526
外勤…………………4393322
值班室………………4395119
……………………4391994

升平消防队

地址：高宋路
邮编：163514
指导员………………4514607
队长…………………4514605
副队长………………4514083
值班室………………4512699

炼化消防队

指导员………………5692684
队长…………………5692735
副队长………………5612633
……………………5612007
……………………5612632
文书…………………5613119
值班室………………5698119
……………………5612021

榆树林消防队

指导员………………4651202
队长…………………4651279
副队长………………4651106
值班室………………4651119

头台消防队

指导员………………4464247
队长…………………4464318
副队长………………4464270
……………………4464117
……………………4464088
值班室………………4464119
……………………4464122

宋芳屯消防队

地址：大青山乡宋芳屯
邮编：163514
指导员………………4515692
队长…………………4515691
值班室………………4515693
……………………4515694

林源消防队

地址：大庆市大同区林源
邮编：163852
队长…………………4698101
……………………6719222
指导员………………4698236
……………………6719793
副队长………………6719444
……………………6719004
战训队副队长………4698130
车辆副队长…………4698130
值班室………………4698105
……………………6719611
报警电话……………4690119

龙北消防队

队长…………………6212781
值班室………………6212119
总机…………………6211444

南江消防队

队长…………………4396647
值班室………………4393119

敖南消防队

办公室………………4492309
……………………4492313
……………………4492330
……………………4494119

通信大队

地址：西景路
邮编：163453
教导员………………5905800
大队长………………5905321
副大队长……………5905678
工程师………………5905561
数据维护……………5905631
……………………5905646
……………………5905381
信息…………………5905509
……………………5905505
资料室………………5905200
设备维护……………5905169
无线报警……………5905363
综合…………………5905360
财务室………………5905362
移动…………………5905361
司机…………………5905310
器材…………………5905369
火警调度……………5905119
……………………5905623
……………………6123119

器材供应站

地址：大庆市龙化街
邮编：163416
教导员………………5723708
站长…………………5722177
副站长………………5722903
材料组………………5720017
五金电料……………5722932
综合…………………5721915
计划管理……………5720032
财务…………………5721923
物价…………………5722951

业务大厅…………… 5722915
夜间值班室………… 5716715
更夫值班房………… 5721103

消防医院

地址：大庆市西景路
邮编：163453

教导员……………… 5905568
院长………………… 5905988
副院长……………… 5905618
…………………… 5905377
医生值班室………… 5905526
护士值班室………… 5905521
药局………………… 5905525
收款………………… 5905527
放射科……………… 5905531
妇科………………… 5905530
口腔科……………… 5905552
化验室……………… 5905598
多普勒室…………… 5905522
干部病房…………… 5905567
司机值班室………… 5905580
财务室……………… 5905523
计生办……………… 5905553
爱卫办……………… 5905559
内勤………………… 5905616

后勤服务大队

地址：大庆市西景路
邮编：163453

教导员……………… 5905260
大队长……………… 5905258
副大队长…………… 5905278
…………………… 5905230
工会主席…………… 5905338
财务………………… 5905208
食堂管理组………… 5905430
文书………………… 5905279
核算员……………… 5905259
综合………………… 5905431
采购员……………… 5905367
库房………………… 5905266

食堂

队长………………… 5905332
副队长……………… 5905334
库房………………… 5905235
小灶………………… 5905242
值班室……………… 5905240
…………………… 5905241

公寓

管理员……………… 5905331
总台………………… 5905343
高间………………… 5905371
…………………… 5905372
…………………… 5905373

机关车队

指导员……………… 5905238
副队长……………… 5905236
安全员……………… 5905513
调度………………… 5905510
…………………… 5190972
值班室……………… 5905231
…………………… 5905511
车库………………… 5905512

维修大队

教导员……………… 5723298
大队长……………… 5723328
副大队长…………… 5716571
…………………… 5717923
工会主席…………… 5717913
财务室……………… 5713973
综合………………… 5712335
材料组……………… 5713981
指导员……………… 5716702
设备修理厂………… 5712129
司机班……………… 5716510
设备管理…………… 5716503
大队值班室………… 5716532

环卫队

指导员……………… 5905302
队长………………… 5905250
副队长……………… 5905249
维修指导员………… 5905585
维修队长…………… 5905342
维修调度…………… 5905301
水泵房……………… 5905425
电工班……………… 5905257

设备修理厂

指导员……………… 5716510
厂长………………… 5716702
综合组……………… 5712129

培训学校

教导员……………… 5828900
校长………………… 5828977
副校长……………… 5828922
财务室……………… 5828909
教研室……………… 5828907
校办………………… 5815058
后勤………………… 5828908

科研所

地址：大庆市西景路
邮编：163453

书记………………… 5905501
所长………………… 5905500
副所长……………… 5905506
…………………… 5905508
办公室……………… 5905319
…………………… 5905502
…………………… 5905503
…………………… 5905504
…………………… 5905507
…………………… 5905400
…………………… 5196209

虹安公司

地址：大庆市西景路
邮编：163453

党委书记…………… 5905586
总经理……………… 5905590
工会主席…………… 5905589
财务一室…………… 5905587

消防监督处消防七大队

地址：高宋路
邮编：163514

大队长……………… 4513119
电话室……………… 4512109

大庆市草原监理站

防火办……………… 4600119

化工集团

地址：大庆市西宾路
邮编：163453

领导

总经理……………… 5196567
党委书记…………… 5390005
党委副书记、纪委书记、工会主席……………… 5199008
常务副总经理……… 5199201
副总经理…………… 5199006
…………………… 5199010
副总经理、安全总监 5199009
总会计师…………… 5199126

办公室

主任………………… 5199113
秘书………………… 5199150
文秘综合事务……… 5199150

计划经营部

主任………………… 5199107
副主任……………… 5199268
…………………… 5199913

财务资产部

主任………………… 5199198
副主任……………… 5199115
…………………… 5199108

人力资源部

主任………………… 5199106
副主任……………… 5392981
…………………… 5199127

安全质量环保部

安全副总监………… 5199102
副主任……………… 5199200

生产协调部

主任………………… 5199518
副主任……………… 5199200
调度………………… 5195300
…………………… 5197300

纪检监察部

主任………………… 5199266
副主任……………… 5199158

审计部

主任………………… 5199189
审计员……………… 5199923

党群工作部

主任………………… 5199105
副主任……………… 5199125
…………………… 5199892

HSE 监督站

主任………………… 5199186

甲醇分公司

地址：大庆市庆化路
邮编：163416

书记………………… 5619108
经理………………… 5619109
副书记……………… 5619177
副经理……………… 5619011
…………………… 5619018
副总工程师………… 5619168
…………………… 5619187
副总会计师………… 5619198
安全副总监………… 5619118
调研员……………… 5619777
…………………… 5619106

综合办公室

主任………………… 5619100
副主任……………… 5619088
…………………… 5619165
房产………………… 5619038
微机管理…………… 5619163
劳资、鉴定………… 5619193
统计、预算………… 5619161
培训………………… 5619034

安全质量环保部

副主任……………… 5619121
环保员……………… 5619120
安全质量…………… 5619119

生产技术部

主任………………… 5619023
副主任……………… 5619101
…………………… 5619107
综合调度…………… 5619115
档案室……………… 5619160
办公室……………… 5619116
调度室……………… 5619123
…………………… 5619456
传真………………… 5619190

设备管理部

主任………………… 5619103
办公室……………… 5619186

党群工作部

主任………………… 5619181

副主任………………… 5619164
纪委副书记………… 5619180
工会副主席………… 5619098
团委、纪检………… 5619153
组织、宣传………… 5619146
工会………………… 5619035
女工、计生………… 5619117

稳定协调服务中心

主任………………… 5619977
办公室……………… 5619170

工程部

主任………………… 5619096
副主任……………… 5619158
办公室……………… 5619157

一甲醇车间

主任………………… 5619678
副主任……………… 5619051
办公室……………… 5619010

二甲醇车间

主任………………… 5619026
副主任……………… 5619015

合成氨车间

主任………………… 5619042
副主任……………… 5619043
中控室……………… 5619025

给排水车间

主任………………… 5619058
技术员……………… 5619091
办公室……………… 5619092

质量计量监督中心

主任………………… 5619037
办公室……………… 5619036

动力车间

主任………………… 5619059
书记………………… 5619093
副主任……………… 5619077
大空分 5619090

生产准备车间

主任………………… 5619033
书记………………… 5619068
副主任……………… 5619032

车队

队长………………… 5619028
书记………………… 5619031
办公室……………… 5619072
活动室……………… 5619071

轻烃分馏分公司

地址：大庆市庆化路
邮编：163416

书记………………… 5619688
经理………………… 5619666
副书记……………… 5619699
副经理……………… 5619000
经理助理…………… 5619558
…………………… 5619618
安全副总监………… 5619655
副总工程师………… 5619599

综合办公室

主任………………… 5619601
副主任……………… 5619622
…………………… 5619623
…………………… 5619603
劳资管理…………… 5619630
干部、经营………… 5619621
信息员……………… 5619143
…………………… 5619608
信访、档案………… 5619604
文书………………… 5619602

党群工作部

主任………………… 5619611
副主任……………… 5619612
女工主任、团委副书记
…………………… 5619615
党委组织员………… 5619676
工会干事…………… 5619616
宣传、综合………… 5619620

财务资产部

主任………………… 5619658
会计………………… 5619625
…………………… 5619144
…………………… 5619626
公积金、出纳……… 5619219

生产运行部

主任………………… 5619566
副主任……………… 5619661
综合………………… 5619619
仪表工程师………… 5619633
工艺标准…………… 5619636
能源管理…………… 5619633

设备管理部

主任………………… 5619966
设备管理…………… 5619635

安全质量环保部

副主任……………… 5619657
…………………… 5619078
消防管理、质量管理 5619662
体系管理、综合管理 5619065

稳定中心

主任………………… 5619638
副主任……………… 5619664

项目管理中心

主任………………… 5619559
基建维修组组长…… 5619685
物资供应组组长…… 5619682
土建、设备、液化气 5619681
仪表、工艺………… 5619665
经管、资料………… 5619680
计划、统计………… 5619883

轻烃分馏车间

主任………………… 5619533
书记………………… 5619535
副主任……………… 5619536
工艺、设备、安全 … 5619537

戊烷精分车间

主任………………… 5619575
书记………………… 5619531
副主任……………… 5619140
…………………… 5619141
…………………… 5619142

储运车间

主任………………… 5619528
书记………………… 5619565
副主任……………… 5619540
…………………… 5619511

动力维修车间

主任………………… 5619577
书记………………… 5619512
副主任……………… 5619541

化验中心

主任………………… 5619545
书记………………… 5619585
副主任……………… 5619562
…………………… 5619563

物资联络组

材料员……………… 5619595
信息员……………… 5619513
保管员……………… 5619613
材料员……………… 5619595

车队

队长………………… 5619606
书记………………… 5619605
副队长……………… 5619656
…………………… 5619607
油料员……………… 5619605

后勤

负责人……………… 5619515
房产、计划生育…… 5619519
综合………………… 5619509

大庆东昊投资有限公司

油气处理分公司

地址：大庆市中三路
邮编：163001

厂长………………… 5813518
书记………………… 5813532
副厂长……………… 5813522
…………………… 5813510
…………………… 5813530
责任工程师………… 5881480
工会主席…………… 5813539

生产办

主任………………… 5813512
副主任……………… 5813537
工艺、电气、安…… 5813538
设备、技教、培训 … 5813516
仪表、监督质量…… 5813552
机关办事员、原油计量 5813511
机关书记…………… 5813557
党办………………… 5828096
调度………………… 5881489

材料组

组长………………… 5828189
材料员、保管员…… 5813598

经营办

主任………………… 5813799
财务主管…………… 5828166
出纳、会计………… 5813186
后勤财务…………… 5813551
人事………………… 5828169
核算………………… 5886917
销售………………… 5886551

质检中心

主任………………… 5813581
技术员、安全员…… 5813589
原油、轻烃化验…… 5813561

原稳车间

主任………………… 5881915
书记、副主任……… 5881481
副主任、技术员、安全员、办事员……… 5881486

动力车间

主任………………… 5813570
副主任、工艺技术员 5813578
设备技术员、安全员、大班
…………………… 5828086

装置区岗位

变电室……………… 5881953
消防水配电间……… 5881961
锅炉值班室………… 5881971
原稳主控…………… 5881954
轻烃值班室………… 5881761
化验岗……………… 5881039

电仪车间

主任………………… 5813638
副主任、技术员…… 5813639
安全员……………… 5813598
电工班……………… 5881479
钳工班……………… 5813639
仪表班……………… 5881479
核算员……………… 5813639

车队

队长、安全员……… 5996497
值班室……………… 5813529

综合经保队

队长………………… 5990095

装置区门卫………… 5881739
装车场门卫………… 5881749
老厂门卫………… 5990054
生活区门卫………… 5881427
服务队
队长………………… 5984496
副队长、安全员…… 5828199
房产员………………… 5828096
食堂管理员………… 5881421
公寓………………… 5813521
搬迁项目经理部
经理………………… 5998046
副经理……………… 5998047
管理………………… 5998140
技术………………… 5998240
安全………………… 5962963
经警门卫…………… 5990054
经保………………… 5990095
车队………………… 5996497
材料办……………… 5999598
工程造价中心
主任………………… 5958636
办公室……………… 5958635
……………………… 5958637
……………………… 5958638
……………………… 5958639
物资管理中心
书记………………… 5958596
主任………………… 5958595
……………………… 5994070
副主任……………… 5958597
……………………… 5958598
……………………… 5990400
财务资产部
部长………………… 5958519
办公室……………… 5958557
……………………… 5958576
计划采购部
部长………………… 5958517
办公室……………… 5958516
……………………… 5958518
信息情报部
部长………………… 5958586
办公室……………… 5958589
综合管理部
部长………………… 5958558
合同………………… 5958565
价格………………… 5958575
技术质量安全部
办公室……………… 5992550
施工管理部
办公室……………… 5994577
……………………… 5991357
……………………… 5991533

综合部
办公室……………… 5994369
……………………… 5990202
……………………… 5990023

表活剂分公司
地址：大庆市庆化路
邮编：163416
经理………………… 5619325
书记………………… 5619312
副经理……………… 5619309
……………………… 5619318
……………………… 5619319
责任工程师………… 5619311
……………………… 5619330
综合办
主任………………… 5619310
办公室……………… 5619313
经营办
人事劳资…………… 5619313
办公室……………… 5619397
生产办
主任………………… 5619393
副主任……………… 5619350
设备管理…………… 5619351
电器仪表…………… 5619352
安全、体系………… 5619353
调度室……………… 5619436
……………………… 5619326
材料组……………… 5619385
磺化一车间
主任………………… 5619532
主控室……………… 5619327
磺化二车间
主任………………… 5619360
副主任……………… 5619307
主控室……………… 5619359
中和车间
主任………………… 5619363
副主任……………… 5619243
生产运行…………… 5619316
2万吨主控室……… 5619556
6万吨主控室……… 5619362
动力车间
主任………………… 5619539
副主任……………… 5619095
水岗………………… 5619203
电岗………………… 5619549
质检车间
主任………………… 5619324
技术员……………… 5619322
2万吨化验室……… 5619387
6万吨化验室……… 5619362
维修车间
主任………………… 5619329

车队
队长………………… 5619320
车队………………… 5619553
综合服务
食堂………………… 5619386
公寓、清扫队长…… 5619124
经保队长…………… 5619451
门卫1号岗………… 5619214
门卫2号岗………… 5619204

销售分公司
地址：大庆市西宾路
邮编：163453
经理………………… 5184828
书记………………… 5183277
副经理……………… 5184538
……………………… 5184238
……………………… 5184438
……………………… 5190988
安全副总监………… 5190906
办公室主任………… 5197488
管理部主任………… 5190918
财务部主任………… 5184278
支部书记…………… 5190878
业务一部主任……… 5192778
业务二部主任……… 5183117
情报部主任………… 5184208
运输部
主任………………… 5619444
轻烃装车班………… 5881917
销售服务部
主任………………… 5619501
书记………………… 5619503
门卫
……………………… 5184110
成品计量检验中心
副主任……………… 5619200
办公室……………… 5619021
甲醇组……………… 5619201

综合服务分公司
地址：大庆市庆化路
邮编：163416
党委书记…………… 5958685
经理………………… 5958686
副经理……………… 5958655
……………………… 5958656
……………………… 5958633
主任………………… 5958680
副主任……………… 5958681
调度室
……………………… 5958610
……………………… 5958600
办公室
……………………… 5958683

……………………… 5958689
……………………… 5958682
……………………… 5958687
……………………… 5619089
收发室
……………………… 5958604
安全生产质量环保部
主任………………… 5958601
副主任……………… 5958602
办公室……………… 5958605
……………………… 5958603
……………………… 5958658
……………………… 5619061
财务资产部
主任………………… 5958644
办公室……………… 5958646
……………………… 5958647
……………………… 5958645
……………………… 5619136
……………………… 5619162
餐饮服务部
主任………………… 5958606
副主任……………… 5958626
……………………… 5958616
办公室……………… 5958618
……………………… 5958619
表活剂厂餐厅……… 5619386
甲醇厂餐厅………… 5619039
轻烃分馏餐厅……… 5619521
服务管理部
主任………………… 5958661
办公室……………… 5958663
……………………… 5958662
服务管理部稳定协调中心
主任………………… 5958698
办公室……………… 5958696
电力服务部
办公室……………… 5619235
……………………… 5619179
……………………… 5619060
……………………… 5619166
调度………………… 5619234
……………………… 5619345
35KV所工段长…… 5619074
醋酸工段长………… 5619263
大空分工段长……… 5619730
一甲醇工段长……… 5619014
二甲醇工段长……… 5619020
合成氨工段长……… 5619075
绿化环卫服务部
书记………………… 5619617
主任………………… 5619208
办公室……………… 5619159
……………………… 5619012

……………………… 5619053
……………………… 5619128
表活剂厂公寓服务队
……………………… 5619124
甲醇公寓服务队…… 5619113
甲醇环卫服务队…… 5619520
轻烃环卫服务队…… 5619523
维修服务部
办公室……………… 5619063
……………………… 5619097
经保大队
书记………………… 5619529
大队长……………… 5619522
副大队长…………… 5619030
……………………… 5619080
内勤………………… 5619112
……………………… 5619526
调度………………… 5619110
中队长……………… 5958628
值班室……………… 5958629
……………………… 5958630
前线………………… 5995299
二中队
队长………………… 5619527
轻烃门岗…………… 5619510
巡逻………………… 5619530
甲醇中队一号岗…… 5619150
甲醇办公楼门岗…… 5619057
轻烃办公楼门岗…… 5619062
表活剂
办公室……………… 5619451
一号门岗…………… 5619214
二号门岗…………… 5619204
车队
书记………………… 5619173
队长………………… 5619171
副队长……………… 5619067
设备………………… 5619169
调度………………… 5619172
活动室……………… 5619056
办公室……………… 5958665
……………………… 5958667

醋酸分公司

地址：大庆市庆化路
邮编：163416
书记………………… 5619788
经理………………… 5619288
副书记、工会主席 … 5619717
副经理……………… 5619719
……………………… 5619716
副总工程师………… 5619253
……………………… 5619250
安全副总监………… 5619720
党群工作部
主任………………… 5619713
副主任……………… 5619723
团委副书记………… 5619710
工会………………… 5619282
生产运行部
主任………………… 5619206
副主任……………… 5619202
计量、运行………… 5619229
综合办公室
主任………………… 5619715
副主任……………… 5619705
干部、劳资、文书 … 5619709
物资管理…………… 5619789
库房管理员………… 5619291
档案管理…………… 5619731
安全质量环保部
主任………………… 5619238
副主任……………… 5619278
……………………… 5619735
现场管理…………… 5619739
质量、综合………… 5619706
设备管理部
副主任……………… 5619712
设备管理…………… 5619707
外委维修…………… 5619739
财务资产部
主任………………… 5619236
副主任……………… 5619237
成本会计、资产…… 5619270
出纳………………… 5619227

矿区事业服务部

物业一公司
地址：西宾路
邮编：163453
领导
集团副总经理、公司经理
……………………… 5194808
公司党委书记……… 5198966
副经理（生产）…… 5193055
副经理、安全总监 … 5196698
公司总会计师……… 5198969
副经理（经营）…… 5192977
经理助理…………… 5184688
……………………… 5199055
安全副总监………… 5381159
公司客服中心……… 5555111
办公室
主任………………… 5199155
副主任……………… 5198778
文书………………… 5393925
信访………………… 5183215
秘书………………… 5198511
复印室……………… 5190490
收发室……………… 5395374
公务员（党群）…… 5181899
公务员（行政）…… 5183950
计划规划部
主任………………… 5183776
副主任……………… 5191969
干事………………… 5182335
……………………… 5192728
财务资产部
主任………………… 5183608
副主任……………… 5381115
……………………… 5182009
干事………………… 5198032
成本………………… 5198032
……………………… 5393815
报销………………… 5181045
资产………………… 5193771
经营管理部
主任………………… 5193403
副主任……………… 5183108
干事………………… 5196324
……………………… 5183721
……………………… 5195390
生产技术管理部
主任………………… 5193077
副主任……………… 5183756
……………………… 5181032
科技、综合………… 5191080
节能、能源、供热 … 5183850
产权、房改………… 5183850
通信、车辆、水、电 5393722
绿化………………… 5392833
干事………………… 5194576
信息………………… 5190843
……………………… 5183767
自控………………… 5182590
自控中心…………… 5183672
供热指挥中心……… 5192100
安全环保部
主任………………… 5381159
副主任……………… 5181029
工伤、计量………… 5396052
消防、交通………… 5199870
质量、综合………… 5199873
人力资源部
主任………………… 5181021
副主任……………… 5199872
组织员……………… 5199876
干事、职工管理…… 5398387
干事………………… 5199897
干事、工资………… 5397588
企业文化部
主任………………… 5182425
副主任……………… 5192166
干事………………… 5199907
……………………… 5182597
纪委监察部
主任、纪委副书记 … 5183454
副主任……………… 5183451
……………………… 5199229
监察员……………… 5199879
工青工作部
主任………………… 5197569
副主任……………… 5183718
办公室……………… 5181033
长青物业处
书记………………… 5969922
主任………………… 5992877
副主任……………… 5952856
……………………… 5952862
客服中心…………… 5986142
……………………… 5951595
长青供热处
书记………………… 5985911
主任………………… 5976811
副主任……………… 5989311
客服中心…………… 5986142
……………………… 5951595
……………………… 5518247
维修班……………… 5518144
22 号热力站 ……… 5518391
景园物业处
书记………………… 5993535
主任………………… 5981488
退二线……………… 5998297
副主任……………… 5998364
……………………… 5980759
客服中心…………… 5988942
……………………… 5988924
景园供热处
书记………………… 5982615
主任………………… 5982619
副主任……………… 5982613
客服中心…………… 5990088
乐园物业处
书记………………… 5989175
主任………………… 5965607
副主任……………… 5983499
……………………… 5985141
客服中心…………… 5984415
……………………… 5985146
乐园供热处
书记………………… 5989051
主任………………… 5998616
副主任……………… 5963760
……………………… 5953711
客服中心…………… 5984415

………………………… 5985146

龙岗物业处

书记………………… 5981755
主任………………… 5972377
副主任……………… 5952355
………………………… 5950155
客服中心…………… 5973107
………………………… 5993107

龙岗供热处

书记………………… 5594865
主任………………… 5088101
副主任……………… 5095516
客服中心…………… 5591760
………………………… 5099411

龙北物业处

书记………………… 5099505
主任………………… 5093733
副主任……………… 5093873
客服中心…………… 5093822
………………………… 5093872

龙北供热处

书记………………… 5097708
主任………………… 5097768
副主任……………… 5097728
………………………… 5097748
退二线……………… 5098758
客服中心…………… 5907711
………………………… 5593501

龙庆物业处

书记………………… 5971908
主任………………… 5955111
副主任……………… 5976599
………………………… 5971099
客服中心…………… 5970288

龙庆供热处

书记………………… 5960711
主任………………… 5960722
副主任……………… 5951001
客服中心…………… 5960018
………………………… 5960038

明悦物业处

书记………………… 5168528
主任………………… 5162915
副主任……………… 5162875
………………………… 5164082
客服中心…………… 5160468
………………………… 5162476

明悦供热处

书记………………… 5168277
主任………………… 5162867
副主任……………… 5162933
客服中心…………… 5160468
………………………… 5162476

让十物业处

书记………………… 5092398
主任………………… 5092133
副主任……………… 5095873
………………………… 5092893
客服中心…………… 5095942
………………………… 5095943

让十供热处

书记………………… 5092128
主任………………… 5092700
副主任……………… 5092782
客服中心…………… 5099707
………………………… 5092670

西苑物业处

书记………………… 5098956
主任………………… 5090039
副主任……………… 5097963
………………………… 5097962
客服中心…………… 5095402
………………………… 5092476
西苑环卫班………… 5512731
科技园环卫班……… 5512751

西苑供热处

书记………………… 5093093
主任………………… 5090030
副主任……………… 5596227
客服中心…………… 5092476
………………………… 5095402
1 号热力站 ………… 5513283
………………………… 5519535
5 号热力站 ………… 5519536
维修班……………… 5512771
………………………… 5513753

西静物业处

书记………………… 5092816
主任………………… 5092660
副主任……………… 5092819
………………………… 5092851
客服中心…………… 5095941
………………………… 5093116

西静供热处

书记………………… 5089458
主任………………… 5088298
副主任……………… 5598691
客服中心…………… 5093010
………………………… 5093020

龙新物业处

书记………………… 5996908
主任………………… 5976880
副主任……………… 5953889
………………………… 5995806
客服中心…………… 5994118
………………………… 5950119

龙新供热处

书记………………… 5998209
主任………………… 5976268
副主任……………… 5977039
客服中心…………… 5994118
………………………… 5950119

远望物业处

书记………………… 5961098
主任………………… 5951098
副主任……………… 5962032
………………………… 5984408
客服中心…………… 5983905
………………………… 5985680

远望供热处

书记………………… 5985203
主任………………… 5989703
副主任……………… 5984636
客服中心…………… 5983905
………………………… 5985680
32 号热力站 ……… 5510302

热水管理处

书记………………… 5973778
主任………………… 5984338
副主任……………… 5973779
客服中心…………… 5961322
………………………… 5978823

特种车辆管理处

书记………………… 5181907
主任………………… 5197199
副主任……………… 5182419
………………………… 5191786
客服中心…………… 5182251
………………………… 5182252

局机关物业管理处

书记………………… 5985281
主任………………… 5952352
副主任……………… 5962667
客服中心…………… 5995265
………………………… 5997904

综合服务中心

书记………………… 5195177
主任………………… 5395188
副主任……………… 5195755
………………………… 5392075
客服中心…………… 5184119

稳定服务中心

书记………………… 5092998
主任………………… 5099718
副主任……………… 5092950
………………………… 5092970
办公室……………… 5092679
………………………… 5092631
………………………… 5092961
………………………… 5092610
………………………… 5092935

服务质量监督稽查中心

书记………………… 5183313
主任………………… 5195911
副主任……………… 5183328
………………………… 5183677
协理员……………… 5183550
办公室……………… 5183879

工程管理结算中心

书记………………… 5097585
主任………………… 5097078
副主任……………… 5097133
………………………… 5097951
客服中心…………… 5097611

铁人展览馆管理处

书记………………… 5935135
主任………………… 5935135
办公室……………… 5935096
客服中心…………… 5935086

物业二公司

代证：大庆市乘风大街
邮编：163416

经理………………… 5720018
党委书记…………… 5720066
党委副书记………… 5720056
副经理……………… 5720067
………………………… 5720065
总会计师…………… 5720055
安全副总监………… 5720079
经理助理…………… 5720081
………………………… 5720085
副总工程师………… 5720086
企业文化部主任…… 5720117

办公室

主任………………… 5720054
副主任……………… 5723589
文书………………… 5723529
秘书………………… 5723566
………………………… 5723551
档案管理…………… 5723536

规划计划部

主任………………… 5723526
副主任……………… 5720057
………………………… 5723565
干事………………… 5723503

财务资产部

主任………………… 5723678
副主任……………… 5723519
干事………………… 5723435
………………………… 5723557
………………………… 5723558
………………………… 5723521
………………………… 5723559
………………………… 5720073
………………………… 5720133

资产库……4897175
门卫……4989547

经营管理部

主任……5723560
副主任……5723586
干事……5723782
……5723585

人力资源部

主任……5723011
副主任……5723518
……5723575
干事……5723579

安全质量环保部

副主任……5723595
干事……5716959
……5723596

生产技术部

主任……5723778
副主任……5723866
……5723899
工会……5723909
干事……5723767
……5723023
……5723033
……5723797
……5723667
客服中心客服专线……5723717
客服中心质量调度……5723026
客服中心热网调度……5723906
客服中心车辆调度……5723100
客服中心网格调度……5723096
客服中心经理热线……5723008

纪委监察部

主任……5720107
副主任……5723537
干事……5723538

企业文化部

副主任……5723577
干事……5723556
……5723513

工青工作部

主任……5723550
副主任……5723535
干事……5723628
……5723561

HSE 监督站

主任……5723500
副主任……5723590
干事……5723598
……5723508
……5723596

车辆管理处

客户服务中心……5683311
东湖车库……5763104
……5763358
……5763218

服务质量监督中心

……5798751
……5798820

东湖物业一处

党群负责人……5723042
主任……5723132
副主任……5711773
生产管理……5711993
办公室……5766207
……5711975
……5711267
……5711239
……5711270
客服中心……5555001

东湖物业二处

书记……5700010
主任……5700011
副主任……5711306
客服中心……5555002

东湖物业三处

书记……5767018
主任……5767008
副主任……5767009
客服中心……5555003

东湖物业四处

书记……5767855
主任……5767566
副主任……5767877
客服中心……5555004

乘风物业一处

书记……5712693
主任……5723677
生产主任……5712870
客服中心……5555005

乘风物业二处

书记、副主任……5797418
主任……5684268
客服中心……5555006

乘风物业三处

书记……5683680
主任……5686388
副主任……5691101
客服中心……5555008

乘风物业四处

书记……5682505
主任……5672905
副主任……5681538
客服中心……5555009

乘风物业五处

书记……5798562
主任……5798203
副主任……5686310

八百垧物业一处

书记……4988803
主任……4983560
组织干事……4984643
宣传工会……4985121
生产管理……4898571
……4983563
……4984338
计划房产……4893157
成本核算……4983562
设备保卫……4980978
安全生产……4984406
安全……4984533
企管……4897290
劳资……4984339
保管……4984531
稳定办……4989562
离退休……4893209
综合班……4984412
门卫值班室……4983162
维修一班……4983643
环卫班……4984388
食堂……4989359
3 号热力站……4980827
6 号热力站……4983524
12 号污水站……4896703
19 号污水站……4893449
七区活动室……4897773
七区门卫……4897782
四区门卫……4897772
客服中心……4893148
……5555014

八百垧物业二处

书记……4895718
主任……4895871
副主任……4895728
党群、组织、信息……4895720
劳资……4987519
财务……4895721
能源……4987516
企管……4987517
计划……4895722
生产安全……4895727
调度室……4897606
……4897603
稳定退休办……4895719
环卫、绿化……4895723
维修一班……4980831
维修二班……4983534
维修三班……4983407
客服中心……4895870
1 号热力站……4980833
7 号热力站……4980826
16 号热力站……5608709
1 号自行车棚……4895771
2 号自行车棚……4895772
3 号自行车棚……4895773

八百垧物业三处

书记……4984490
主任……4892128
组织干事……4892132
宣传、工会、劳资……4892103
生产管理……4892133
设备、保卫、安全、绿化、环卫、保管……4892131
企管……4892126
计划房产……4892127
成本核算……4892129
离退休……4983615
电工班……4983144
环卫班……4892130
2 号热力站……4980832
5 号热力站……4896351
12 号热力站……4980822
13 号热力站……4197134
16 号污水站……4983305
17 号污水站……4896163
18 号污水站……4984453
1 号自行车棚……4985085
2 号自行车棚……4985086
活动室值班室……4983214
客服中心……5555016
……4984496
……4987607

八百垧供热处

书记、副主任……4984427
主任……4984431
组织……4983724
财务……4988206
设备资产……4983624
能源物资……4980722
生产运行……4895558
计划、统计、工会……4988207
有偿解除劳动……4984435
保管员……4894442
司泵班……4984434
维修班……4984439
锅炉班……4989203
门卫……4984410
客服中心……5555024
……4897617

明军物业处

书记……5681918
主任……5685878
副主任……5672631

测井物业处

书记……5682058
主任……5797352

生产主任………… 5682518
客服中心………… 5555011

红卫物业处

书记………… 4962311
主任………… 4962318
劳资………… 4962327
财务………… 4962326
组织、工会………… 4962320
物资计划………… 4984365
生产办………… 4984366
生产综合办………… 4962582
稳定退休办………… 4962307
客服中心………… 5555029
………… 4962763
维修班………… 4962316
8 号热力站………… 4962753
31 号热力站………… 4962410
1 号车棚………… 4962301
2 号车棚………… 4962310

银浪物业处

书记………… 5685733
主任………… 5680876

银浪供热处

书记………… 4989908
主任………… 4989989
主任工程师………… 4989997
会计………… 4989980
成本核算………… 4989980
劳资………… 4989981
组织、纪检………… 4989983
宣传、女工………… 4989917
工会………… 4989920
生产组长………… 4989901
生产安全………… 4989995
计划统计、资产………… 4989976
材料管理、能源………… 4989916
后勤保卫………… 4989960
保管员………… 4989903
………… 4989938
………… 4989937
化验班………… 4989938
除渣班………… 4989929
输煤班………… 4989922
电工班………… 4989907
热力站、维修班………… 4989910
门卫、地称………… 4989956
客服中心………… 5555030
………… 4989951

碧园物业处

主任………… 4983727
组织………… 4983752
工会………… 4898223
劳资………… 4983729
财务………… 4983736
企管………… 4983720
生产………… 4983731
计划………… 4988027
安全………… 4988025
稳定………… 4897774
质量………… 4983726
宣传………… 4988022
收费………… 4983753
保管………… 4989522
环卫………… 4988023
大中修………… 4988029
泵房班………… 4989522
维修班………… 4989424
热力站………… 4989571
1 号污水站………… 4984362
2 号污水站………… 4984644
客服中心………… 5555017
………… 4989585

景山物业处

书记………… 4983808
主任………… 4983908
政工………… 4980806
企管………… 4984260
劳资………… 4983262
财务………… 4983266
安全………… 4983062
质量………… 4983256
能源物资………… 4984972
房产………… 4984265
女工………… 4983265
保管………… 4984261
生产组
组长………… 4983259
办公室………… 4984101
工程组………… 4983500
环卫绿化………… 4980873
离退休………… 4897805
综合班………… 5605424
维修班………… 4984259
食堂………… 5605427
8 号热力站………… 4983161
9 号热力站………… 4985831
10 号热力站………… 4986305
11 号热力站………… 4980823
9 号污水站………… 4984450
客服中心………… 5555018
………… 4984100

杏五井物业处

书记………… 4965186
主任………… 4102099
生产主任………… 4965209
房产生产………… 4965936
生产组………… 4965929
组识干事………… 4965215
生产成本………… 4965926
劳资培训………… 4965915
安全保卫………… 4102485
活动室………… 4102427
客服热线………… 4965313
客服中心………… 5555019
热力维修站………… 4102522
环卫班………… 4102664
三联锅炉房………… 4102753
14 号热力站………… 4103330
15 号热力站………… 4102308
1 号污水站………… 4102515
4 号污水站………… 4103577
5 号污水站………… 4965429

技术服务处

书记………… 5717660
主任………… 5717667
计划经营………… 5719962
组织劳资………… 5719792

车辆管理处

书记、主任………… 5798197
副主任………… 5798196
安全保卫………… 5685550
客服中心………… 5555027

经济保卫处

书记………… 5798370
主任………… 5672830
副主任………… 5690393
客服中心………… 5555028

综合服务中心

书记………… 5723567
主任………… 5720149
副主任………… 5723632
………… 5723479

质量监督中心

主任………… 5796577
副主任………… 5683752

稳定中心

书记………… 5796942
主任………… 5796941
副主任………… 5699789

经保大队

值班室………… 5723110
………… 5723115
………… 5723832

物业三公司

地址：大庆市登峰村
邮编：163001

供热运行指挥中心筹备组

书记………… 5412199
主任………… 5412188
副主任………… 5412166
………… 5412155
………… 5582657
成员………… 5412133
………… 5412122
组织………… 5412109
劳资………… 5412101
职教………… 5412107
工会………… 5412102
材料………… 5412108
安全………… 5582651
自动化室………… 5412105
………… 5412106
信息室………… 5582654
热工室………… 5412103
监控室………… 5412185
………… 5412110

综合服务中心

书记………… 5412100
主任………… 5412177
副主任………… 5826067
………… 5412111
………… 5997656
主管会计………… 5412121
会计………… 5412151
生产………… 5412150
组织………… 5412129
劳资………… 5412130
安全………… 5412130
房产………… 5412180
工会………… 5412129
经保………… 5412132
车班………… 5412123

综合执法队

副队长………… 5826066
干事………… 5826068
监察员………… 5826079
………… 5826080

综合队

队长………… 5412156
公寓值班室………… 5412157
保管员………… 5412136
环卫班………… 5412153
球馆值班室………… 5412131
食堂………… 5412120

巡逻队

干事………… 5412112
门卫………… 5412126

离退休职工管理中心

书记………… 5885245
主任………… 5826977
副主任………… 5823289
组织………… 5881276
劳资………… 5825168

稳定工作协调服务中心

书记………… 5814864

主任…………………… 5883995
副主任………………… 5582610
干事…………………… 5816549
……………………… 5882593

服务质量监督中心

书记…………………… 5812397
主任…………………… 5812137
副主任………………… 5813159
协理员………………… 5813817
干事…………………… 5814474
……………………… 5814703
……………………… 5812396
……………………… 5886429
……………………… 5814871

工程造价管理中心

书记…………………… 5886749
主任…………………… 5280777
副主任………………… 5885467
……………………… 5885594
……………………… 5816223
……………………… 5303312
干事…………………… 5812895
……………………… 5885242
人事档案……………… 5198211

铁人物业处

主任…………………… 5398626
书记…………………… 5190321
劳资…………………… 5197238
客服中心……………… 5393857
奔二维修班…………… 5181822

铁人供热处

主任…………………… 5196979
书记…………………… 5196978
组织…………………… 5393708
劳资…………………… 5393707
收费组………………… 5393706
维修一班……………… 5393705
维修二班……………… 5395934
门卫…………………… 5197237

方晓物业处

主任…………………… 5050308
书记…………………… 5055889
办公室………………… 5050350
劳资…………………… 5055886
综合班………………… 5050335
环卫班………………… 5050356
客服中心……………… 5057353
……………………… 5050353

方晓供热处

主任…………………… 5055755
书记…………………… 5055770
党群办公室…………… 5055771
生产办………………… 5055765
财务…………………… 5055773
劳资…………………… 5059102
维修班………………… 5055313
楼区锅炉房…………… 5057037
工业园区锅炉房……… 5059301

王家围子物业处

书记…………………… 5871106
主任…………………… 5871653
客服…………………… 5876846
……………………… 5872650
……………………… 5871133
组织…………………… 5876849
计划…………………… 5878709
劳资…………………… 5878729
生产…………………… 5875968
材料…………………… 5872988
安全…………………… 5879753

王家围子供热处

书记…………………… 5879610
主任…………………… 5879616
组织干事……………… 5879964
劳资、工会…………… 5879017
成本核算……………… 5879494
生产干事……………… 5877687
……………………… 5876787
调度…………………… 5879856
……………………… 5879845
收费…………………… 5879050
综合班………………… 5879615
维修一班……………… 5871443
维修二班……………… 5879862
食堂…………………… 5879838
1 号热力站 ………… 5874148
2 号热力站 ………… 5871456
3 号热力站 ………… 5871145
4 号热力站 ………… 5876065
5 号热力站 ………… 5874844
6 号热力站 ………… 5879706
7 号热力站 ………… 5876734

东风物业处

值班室………………… 4686552
富强维修班…………… 5826050

东风供热处

报修室………………… 4688271
3 号热力站 ………… 5813681
4 号热力站 ………… 5886342
12 号热力站 ……… 5827362
13 号热力站 ……… 5827021
14 号热力站 ……… 5827160
维修班长……………… 5814513
维修三班……………… 5817146

团结物业处

书记…………………… 5886799
主任…………………… 5884211
生产…………………… 5883545
党群…………………… 5813139
能源…………………… 5885610
会计…………………… 5883545
收费…………………… 5811301
……………………… 5826971
环卫…………………… 5812139
会战维修班…………… 5882295
友谊维修班…………… 5881959
2 号污水站 ………… 5811329
3 号污水站 ………… 5885107
客服中心……………… 5813339
……………………… 5825501
……………………… 4681485

团结供热处

书记…………………… 5812218
主任…………………… 5881090
组织…………………… 5881092
宣传…………………… 5814466
劳资…………………… 5881091
财务…………………… 5825550
资产…………………… 5886152
生产…………………… 5886061
经营…………………… 5813081
后勤…………………… 5812907
水电…………………… 5813078
房管…………………… 5814466
信息…………………… 5884761
收费…………………… 5827251
维修一班……………… 5886153
维修二班……………… 5827336
6 号热力站 ………… 5824904
7 号热力站 ………… 5814795
8 号热力站 ………… 5814655
9 号热力站 ………… 5825731
10 号热力站 ……… 5883743
11 号热力站 ……… 5826267

解放物业处

书记…………………… 5200249
主任…………………… 5200458
客服中心……………… 5200357
……………………… 5203976
生产、安全…………… 5202113
企管、考核…………… 5203987
计划、统计、房管 … 5200266
宣传、共青团………… 5203978
武保、后勤…………… 5200476
组织、工会、劳资 … 5200793
财务室………………… 5200224
稳定、环卫、绿化 … 5200741
解放小区维修班……… 5200195
解放小区负责人……… 5202247
解放小区环卫班……… 5203600
解放 1 号污水站…… 5201942
解放 2 号污水站…… 5202047
解放 3 号污水站…… 5202105
解放 4 号污水站…… 5291635
解放 5 号污水站…… 5819082
图强小区维修班……… 5295986
图强小区负责人……… 5296505
图强小区环卫班……… 5298406
图强 1 号污水站…… 5290040
图强 2 号污水站…… 5290043
图强 3 号污水站…… 5295846
图强 5 号污水站…… 5297973
图强小区办事员……… 5296814
五星村小区维修班 … 5299843
五星村小区污水站 … 5297895

解放供热处

解放综合班…………… 5202187
10 号热力站 ……… 5202454

图强供热处

书记…………………… 5296235
主任办公室…………… 5296545
人事…………………… 5295523
会计…………………… 5298270
经营…………………… 5296103
生产…………………… 5297821
客服中心……………… 5295374

风云物业处

书记…………………… 5879899
主任…………………… 5879778
组织…………………… 5879902
劳资…………………… 5879066
财务…………………… 5879913
计划…………………… 5879057
安全…………………… 5879753
收费…………………… 5878631
生产干事……………… 5878100
……………………… 5873907
火炬维修班报修室 … 5879220
风云维修班…………… 5875374
1 号泵站 …………… 5879908
2 号泵站 …………… 5879238
3 号泵站 …………… 5876739
4 号泵站 …………… 5873909
5 号泵站 …………… 5857590
浴池…………………… 5878661

火炬供热处

书记…………………… 5879558
主任…………………… 5879958
财务核算……………… 5879467
生产办公室…………… 5879903
经营房管……………… 5879667
劳资、组织…………… 5879058
收费室………………… 5879924
宣传、工会…………… 5879626
锅炉房
资产设备……………… 5879065

安全、计划………… 5879687
主控…………………… 5879780
…………………………… 5879104
电工班………………… 5879105
燃料室………………… 5879127
化验班………………… 5879163
维修班………………… 5879364
地称门卫……………… 5879171
除尘室………………… 5879728
监控中心……………… 5879330
班长室………………… 5879839
材料室………………… 5879146
食堂…………………… 5879298

东光物业处

污水站………………… 5828725

运输服务处

主任…………………… 5398616
调度…………………… 5390116
生产…………………… 5392717
安全…………………… 5397288
材料…………………… 5396558
组织…………………… 5390119
工会…………………… 5390118
财务…………………… 5390117
人保…………………… 5391120
彩板维修队…………… 5395668
修理厂………………… 5398168

燃煤队

指挥中心……………… 5290941
除尘 5290762
化验…………………… 5290763
主控室………………… 5290761
1 号型锅炉房 ……… 5297783
2 号热力站 ………… 5296497
3 号热力站 ………… 5297245
5 号热力站 ………… 5296710
6 号热力站 ………… 5296435
东光维修队…………… 4656115

外围物业管理公司

地址：大庆市铁人路铁人二村
邮编：163452

经理…………………… 5396667
书记…………………… 5396669
副书记………………… 5397775
副经理………………… 5395900
…………………………… 5393868
…………………………… 5393900
经理助理……………… 5393800
副总会计师…………… 5393700
客服中心……………… 5555554

办公室

负责人………………… 5390866
办公室………………… 5393820
公务员………………… 5393821

规划计划部

负责人………………… 5393980
协助负责人…………… 5393980
办公室………………… 5393980

财务资产部

负责人………………… 5396700
办公室………………… 5396067
…………………………… 5396069

核算中心

办公室………………… 5393978
…………………………… 5393979
…………………………… 5393977

经营管理与法律事务部

负责人………………… 5393981
办公室………………… 5393981

人力资源部

负责人………………… 5393817
办公室………………… 5396993
…………………………… 5396992

生产技术部

负责人………………… 5393200
办公室………………… 5395590

安全质量环保部

负责人………………… 5395200
办公室………………… 5395591

纪委监察部

负责人………………… 5393819
办公室………………… 5393819

创业物业处

经理…………………… 4698666
书记…………………… 4699555
材料…………………… 4696899
收费室………………… 4696372
调度…………………… 4690621
…………………………… 4697772
财务…………………… 4690280
会议室………………… 4697577
环卫队………………… 4697712
热源队
副队长………………… 4695418
燃煤主房……………… 4695428
…………………………… 4696208
地衡…………………… 4695440
1 号热力站 ………… 4690424
…………………………… 4699405
2 号热力站 ………… 4699406
…………………………… 4690433
3 号热力站 ………… 4690411
…………………………… 4699454
4 号热力站 ………… 4699455
…………………………… 4690412
5 号热力站 ………… 4695442
…………………………… 4699467
维修一队
办公室………………… 4695890
增压间………………… 4690474
维修二队
队长…………………… 4696540
维修班………………… 4697397
1 号污水提升站 …… 4697450
2 号污水提升站 …… 4697422
3 号污水提升站 …… 4697090
综合服务队
队长…………………… 4698846
液化气站……………… 4690498
综合园
园长…………………… 4697164
综合一园……………… 4699484
综合二园……………… 4699478
综合执法队…………… 4696227

朝阳物业处

书记…………………… 4390094
经理…………………… 4390095
副经理………………… 4391370
…………………………… 4394235
…………………………… 4394236
财务…………………… 4392334
…………………………… 4392330
经营办………………… 4393270
主任…………………… 4391793
安全办………………… 4391618
生产办主任…………… 4391626
综合办主任…………… 4392605
生产协调员…………… 4391798
人事经营办…………… 4391399
综合办公室…………… 4391906
后勤办公室…………… 4391920
材料…………………… 4391314
调度室………………… 4391623
…………………………… 4394065
公共事业所队部……… 4391617
1 号自行车棚 ……… 4391171
3 号自行车棚 ……… 4391173
4 号自行车棚 ……… 4391174
收费厅………………… 4394394
液化汽站……………… 4391650
执法队队部…………… 4391673
保洁中心队部………… 4391896
保洁一队
1 号公寓 …………… 4392413
2 号公寓 …………… 4391754
保洁二队
3 号公寓 …………… 4391573
4 号公寓 …………… 4395251
供水队
办公室………………… 4391773
1 号清水提升站 …… 4391205
2 号清水提升站 …… 4391883
1 号污水站 ………… 4391065
2 号污水站 ………… 4391081
3 号污水站 ………… 4391414
4 号污水站 ………… 4391477
锅炉队
队长…………………… 4393169
办公室………………… 4391191
水处理值班室………… 4393913
外网维修值班室……… 4391382
自控室………………… 4391031
配电室………………… 4391033
热力队
1 号热力站 ………… 4391236
2 号热力站 ………… 4391235
3 号热力站 ………… 4391226
净水厂………………… 4390071
…………………………… 4391891
环卫队
垃圾焚烧场…………… 4392326
煦园值班室…………… 4391627
综合队………………… 4391978
托幼总园……………… 4393741

高平物业处

主任…………………… 4512927
书记…………………… 4512263
副主任………………… 4512373
…………………………… 4511861
…………………………… 4511410
工会主席……………… 4511085
综合办………………… 4511061
主任接待室…………… 4512086
生产办………………… 4514048
…………………………… 4513316
客户服务中心………… 4512576
…………………………… 4512675
材料…………………… 4515267
计量节能……………… 4512115
经营办………………… 4511851
财务…………………… 4514431
人事…………………… 4514177
收费…………………… 4513644
维修队………………… 4512854
…………………………… 4514550
经警队………………… 4512593
老年活动室…………… 4511246
一区污水站…………… 4514737
三区污水站…………… 4514420
四区污水站…………… 4514069
作业污水站…………… 4514465
环卫一队……………… 4514490
环卫二队……………… 4512094
1 号水厂 …………… 4514739
2 号水厂 …………… 4514749

锅炉队…………………… 4513650
1 号锅炉房 ………… 4514796
2 号锅炉房 ………… 4514767
3 号锅炉房 ………… 4514425
4 号锅炉房 ………… 4514452
渣油拉运……………… 4512428
食堂…………………… 4513131
综合队………………… 4512930
浴池…………………… 4514776
气罐站………………… 4512067
第一幼儿园…………… 4513179
……………………………… 4512721
……………………………… 4512408
第二幼儿园…………… 4512051
……………………………… 4511072
……………………………… 4511395

庆新物业处

主任…………………… 5843638
书记…………………… 5835188
经营副主任…………… 5838566
生产副主任…………… 5833809
小区、安全副经理 … 5836139
调研员………………… 5835773
生产办主任…………… 5835887
经营办主任…………… 5836229
综合办主任…………… 5835288
成本会计……………… 5835189
劳资…………………… 5833446
安全、供水…………… 5836652
生产综合、经警……… 5836480
核算会计……………… 5836350
园林、绿化…………… 5839498
客服中心……………… 5835186
……………………………… 5838971
材料库………………… 5833714
执法队、供电………… 5835503
物业队
一队…………………… 5835049
……………………………… 5833944
二队…………………… 5836729
三队…………………… 5838847
四队…………………… 5059222
……………………………… 5056955
五队…………………… 5837514
液化气站
八区…………………… 5835023
老区…………………… 5836587
红卫星………………… 5050075
锅炉队
队部…………………… 5836741
一矿锅炉房…………… 5836792
二矿锅炉房…………… 5835082
三矿锅炉房…………… 5836913
红卫星锅炉房………… 5059336

维修队………………… 5836389
收费队………………… 5839439
中心村售电室………… 5839490
红卫星售电室………… 5050667
车队…………………… 5837554
收费祖………………… 5836899
……………………………… 5836221
一区门卫……………… 5836309
五区门卫……………… 5836386
八区车库……………… 5835539
八区门卫……………… 5836392
九区门卫……………… 5836397
……………………………… 5836961
十区门卫……………… 5836751

庆新供热处

书记…………………… 5838966
经理…………………… 5835306
副经理………………… 5838911
……………………………… 5835968
……………………………… 5836980
生产办………………… 5843355
综合办………………… 5836583
综合干事、人事……… 5839413
材料库………………… 5838720
房产…………………… 5836332
会计…………………… 5838931
调度…………………… 5833550

银河物业管理处

书记…………………… 4815288
主任…………………… 4815299
副主任………………… 4815277
客户服务中心………… 4815100
……………………………… 4815200

园林绿化公司

地址：大庆市运输路
邮编：163411

办公室

主任…………………… 5694807
副主任………………… 5683800
档案员………………… 5686699
公务员………………… 5694875
打字员………………… 5692570

经营计划部

主任、副主任………… 5692192
定额造价中心主任 … 5671543

市场开发部

主任…………………… 5689456

财务资产部

主任、副主任………… 5694876
会计核算中心………… 5681234

人力资源部

主任、副主任、党委组织部
……………………………… 5694705

生产协调部

主任、副主任………… 5694803
科技发展中心主任 … 5797737

安全质量环保部

主任、副主任………… 5694804

企业文化部与工青工作部

主任、副主任………… 5693440
团委书记……………… 5692570

纪委监察部

主任…………………… 5689663

经保大队

大队长………………… 5692273

服务质量监督中心

主任、副主任………… 5687798

稳定工作服务中心

书记、主任…………… 5795163

生产服务中心

书记…………………… 5694802
主任、副主任………… 5691369
食堂…………………… 5694525
小车队………………… 5694703

培训中心

书记、主任…………… 5671226
办公室………………… 5671278

工程造价中心

主任…………………… 5671543
副主任………………… 5690739
办公室………………… 5694834

苗木公司

书记…………………… 5619105
……………………………… 5723970
经理…………………… 5714543
副经理………………… 5717537
……………………………… 5723980
主任工程师…………… 5714541
财务…………………… 5619445
调度…………………… 5714970

油田乐园

书记…………………… 5975085
经理…………………… 5983502
副主任………………… 5983520
……………………………… 5973708
……………………………… 5983545
办公室………………… 5997518
财务…………………… 5983522
生产安全……………… 5983537
值班室………………… 5983529
游客服务中心………… 5983664
大门…………………… 5985195

工程公司

书记…………………… 5398751
经理…………………… 5184488
副经理………………… 5395021
副主任工程师………… 5392209

综合办………………… 5398753

公共事业公司

经理…………………… 5965900
副经理………………… 5995995
……………………………… 5995996
主任、工程师………… 5683307
环卫班………………… 5962436
绿化班………………… 5999952
值班室………………… 5390252

公共设施公司

书记…………………… 5798133
经理…………………… 5798137
副经理………………… 5683186
……………………………… 5683301
维修班………………… 5694702
生产…………………… 5683187

花卉公司

书记…………………… 5684948
经理…………………… 5681768
副经理………………… 5680311
花卉班长……………… 5698055
办公室………………… 5694805

广场管理中心

乘风广场管理处
主任、副主任………… 5696905
乘风湖管理处
主任…………………… 5796608
副主任………………… 5796609
团委书记……………… 5796608
公司小车队队长……… 5694703
创业广场管理处
主任…………………… 4983272
清扫班………………… 4983212
南七路垃圾场………… 4984750
油公司环境管理中心
书记…………………… 5197568
主任…………………… 5195078
生产办………………… 5197578
综合办………………… 5197598
客服…………………… 5398855

万方经济开发公司（万方建筑安装工程有限公司）

地址：大庆市建华西路
邮编：163411

书记…………………… 5700102
经理…………………… 5700101
副书记………………… 5700107
副经理………………… 5700108
……………………………… 5700109
……………………………… 5700103
……………………………… 5700110
党群工作部
主任…………………… 5700118
后勤组长……………… 5700115

财务资产部
主任…………………… 5700105
经营管理部
主任…………………… 5700112
资质证照……………… 5700106
生产安全质检部
主任…………………… 5700117
工程技术部
主任…………………… 5700113
物资组………………… 5700116
锅炉工程处
主任…………………… 5700119
工程一处
主任…………………… 5700120
工程二处
主任…………………… 5700121
工程三处
主任…………………… 5700122
工程四处
主任…………………… 5700124
工程五处
主任…………………… 5700125
客服中心
办公室………………… 5700100
电修工程处
主任…………………… 5700126
建材制品厂
厂长…………………… 5700127
电气设备厂
厂长…………………… 5715003

万方工程设计院

地址：鸿运西路
邮编：163411

书记…………………… 5795560
院长…………………… 5795156
副书记………………… 5680880
副院长………………… 5797900
…………………………… 5680931
主任工程师…………… 5798440
…………………………… 5795633
党政工作部
主任…………………… 5280189
干事…………………… 5795930
…………………………… 5671133
财务资产部
主任…………………… 5280190
成本会计……………… 5795961
出纳…………………… 5795961
服务中心主任………… 5280188
副主任………………… 5795033

万方物业管理有限公司

地址：大庆市银湾街
邮编：163411

经理…………………… 5680099
副经理………………… 5671511
…………………………… 5671559
…………………………… 5671570
…………………………… 5161029
综合部
人力资源管理员…… 5672175
行政事务主管……… 5672175
信息管理员………… 5672156
房管员、保管员…… 5671791
后勤管理员………… 5671757
品质部
环境管理员………… 5672151
品质管理员………… 5672151
工程主管…………… 5671926
保安主管…………… 5671926
安全主管…………… 5672156
市场拓展部
社区服务主管……… 5671793
…………………………… 5671793
财务资产部
会计…………………… 5672178
出纳…………………… 5672178
收费员………………… 5671791
公司客服……………… 5671987
阳光家园客服……… 5739370
…………………………… 5739371
乘四客服……………… 5671389
…………………………… 5693389
彩虹家园客服……… 5675400
油田公司机关物业管理处
主任…………………… 5161701
书记…………………… 5161703
副主任………………… 5161702
综合办………………… 5161027
…………………………… 5161029
工程办………………… 5161037

托幼管理中心

地址：大庆市西苑街
邮编：163712

主任…………………… 5518336
书记…………………… 5517719
副书记………………… 5517520
副主任………………… 5517521
…………………………… 5517737
…………………………… 5519082
组织部………………… 5517511
宣传…………………… 5517987
文密办公室…………… 5517510
工会…………………… 5517895
共青团、稳定办公室 5519079
劳资部………………… 5517505
卫生保健……………… 5517530
HSE 质量环保部 … 5517696
安全…………………… 5517506
教研部………………… 5517686
教学部………………… 5519078
财务…………………… 5517508
…………………………… 5517558
…………………………… 5517887
计划统计部…………… 5519077
企管部………………… 5517507
保管…………………… 5517927
信息部………………… 5517501
调度…………………… 5517513
萨尔图总园
东风第二幼儿园…… 5881277
团结第一幼儿园…… 5813535
团结第二幼儿园…… 5813343
团结第三幼儿园…… 5824175
萨北总园
火炬幼儿园………… 5879557
学府幼儿园………… 5872574
八百垧总园
第一幼儿园………… 4980701
第二幼儿园………… 4980702
第四幼儿园………… 4980704
第五幼儿园………… 4893657
第七幼儿园………… 4961258

液化石油气公司

地址：大庆市龙化街
邮编：163416

经理…………………… 5713098
副经理………………… 5722420
…………………………… 5716098
…………………………… 5723458
…………………………… 5714559
副书记………………… 5722371
经理办………………… 5723068
生产办主任…………… 5710951
经营办
主任…………………… 5710935
房管网络……………… 5723102
企管…………………… 5718850
统计…………………… 5711707
消防站………………… 5717578
客服中心……………… 5711675
…………………………… 5710400
经警队………………… 5710339
…………………………… 5710337
销售服务二处
乘风三号站…………… 5721275
…………………………… 5718963
东湖一号站…………… 5731491
运输处
主任…………………… 5722421
调度…………………… 5711721
办公室………………… 5712971
充装处
主任…………………… 5710408
办公室………………… 5711659
罐装泵房……………… 5711709
锅炉房………………… 5711723
配电室………………… 5711704
中控室………………… 5711705
铁西液化气站……… 5818991
友谊液化气站……… 5811310
医院液化气站……… 5814928
八百垧液化气站…… 4984420
…………………………… 4984422
红卫液化气站……… 4961303
王家围子气站……… 5872150
风云气站……………… 5872840
长青液化气站……… 5517433

创业集团

地址：大庆市铁人路铁人三村
邮编：163452

领导

总经理………………… 5391037
党委书记……………… 5381200
副书记、纪委书记 … 5391295
副总经理……………… 5381088
…………………………… 5396299
…………………………… 5198095
总会计师……………… 5381349
工会主席……………… 5182817
总经理助理…………… 5193215
…………………………… 5956020
…………………………… 5956010
…………………………… 5956036
…………………………… 5191917
安全副总监…………… 5199160
局派驻监察室主任 … 5199957
办公楼保安…………… 5196775

总经理办公室

主任…………………… 5197037
副主任………………… 5197020
文书、保密…………… 5198448
秘书、房产、档案 … 5381283
公务员………………… 5197072
后勤财务……………… 5195976
机关食堂……………… 5191572

人力资源部

经理…………………… 5192633
副经理………………… 5192027
党委组织员…………… 5381251
档案室………………… 5197763

规划计划部

经理…………………… 5192577
副经理………………… 5196958
…………………………… 5381240
办公室………………… 5192297

经管法规部

经理………………… 5198153
副经理……………… 5198132
办公室……………… 5381293
财务资产部
经理………………… 5198235
副经理……………… 5192215
……………………… 5956011
办公室……………… 5192210
……………………… 5196825
……………………… 5192153
市场开发部
经理………………… 5198317
副经理……………… 5381247
生产安全质量环保部
经理………………… 5199160
副经理……………… 5181615
办公室……………… 5192076
……………………… 5192293
……………………… 5191891
……………………… 5197087
值班室……………… 5193880
司机班……………… 5197083
纪委监察部
经理………………… 5197025
副经理……………… 5192501
办公室……………… 5181775
效能监察…………… 5191957
审计部
经理………………… 5192206
副经理……………… 5197601
……………………… 5192156
企业文化部
经理………………… 5198210
副经理……………… 5196968
网络管理室………… 5192503
工青工作部
部长………………… 5192172
副部长……………… 5192109
女工主任…………… 5192961
资金管理中心
主任………………… 5198235
副主任……………… 5196776
办公室……………… 5381351
审计中心
主任………………… 5192206
副主任……………… 5978991
办公室……………… 5992517
稳定工作协调服务中心
主任………………… 5181620
副主任……………… 5381098
科技研究发展中心
主任………………… 5977836
副主任……………… 5977835
……………………… 5977837

HSE监督总站
站长………………… 5181619
副站长……………… 5381245
HSE监督一分站
站长………………… 4511876
办公室……………… 4511229
HSE监督二分站
站长………………… 5712352
房地产事业部
经理………………… 5976963
副经理……………… 5979005
……………………… 5971097
……………………… 5971098
腾飞建筑安装工程有限公司
经理………………… 5982006
副经理……………… 5956211
……………………… 5956212
办公室……………… 5956215
……………………… 5956213
第一工程处
书记………………… 5812371
经理………………… 5814691
副经理……………… 5814433
……………………… 5814690
……………………… 5814693
……………………… 5824621
工程师……………… 5886544
调度长……………… 5810277
调度………………… 5885771
综合办
主任………………… 5826978
人事………………… 5816849
财务………………… 5814682
工程项目部
主任………………… 5886075
副主任……………… 5886074
……………………… 5814630
资料室……………… 5823467
预算组……………… 5814689
材料组……………… 5812670
质检组……………… 5812742
工程三队…………… 5886071
清污队……………… 5810352
土方队……………… 5886403
服务队……………… 5825493
车队
队长………………… 5881910
修理厂……………… 5825461
门卫………………… 5884176
第二工程处
经理………………… 5299799
书记………………… 5290264
副经理……………… 5296070
……………………… 5290071

……………………… 5296425
主任工程师………… 5296530
综合办
主任………………… 5296329
劳资工会…………… 5295683
经营办
主任………………… 5297518
合同、核算………… 5295154
预算员……………… 5299072
……………………… 5291150
生产办
主任………………… 5296972
副主任……………… 5295308
安全员……………… 5296046
技术办
主任………………… 5295118
资料员……………… 5296704
……………………… 5299923
综合服务队
副队长……………… 5297918
材料员……………… 5296853
安装一队…………… 5290454
安全二队…………… 5296156
电工队……………… 5295664
防腐队……………… 5295603
土方队……………… 5296211
筑路队……………… 5296968
庆友项目部………… 4601023
第七工程处
经理………………… 4498883
书记………………… 4490211
副经理……………… 4498890
机动安全…………… 4499605
工程师……………… 4499187
财务………………… 4499608
预算………………… 4499196
生产办……………… 4499667
综合办……………… 4498815
技术办……………… 4494345
养护队……………… 4494586
机械队……………… 4494585
车队………………… 4498972
管焊一队…………… 4499191
管焊二队…………… 4499511
创业经贸有限公司
经理………………… 5950752
书记………………… 5991858
副经理……………… 5977217
办公室……………… 5976843
……………………… 5996110
井下作业分公司
经理………………… 5190568
书记………………… 5190197
副经理……………… 5190189

办公室……………… 5190187

华谊实业公司

地址：大庆市西景路
邮编：163453
党委书记…………… 5195338
经理………………… 5196338
党委副书记、纪委书记、工会主席……… 5196368
副经理……………… 5194998
……………………… 5195118
副经理、安全总监 … 5195778
副总会计师………… 5197758
经理助理…………… 5196068
……………………… 5196018
……………………… 5196608
安全副总监………… 5181760
经理（党委）办公室
主任………………… 5196608
机要文书…………… 5195818
纪检监察部
主任………………… 5196608
副主任……………… 5196458
企业文化部（党委组织部）
主任………………… 5197978
宣传、企业文化…… 5195838
人力资源部
主任………………… 5195828
劳资、培训………… 5195838
经营法规管理部
主任………………… 5196448
副主任……………… 5193918
合同、法规………… 5196458
计划、统计………… 5196458
安全生产管理部
副主任……………… 5181761
……………………… 5195978
安全………………… 5195968
质量、计量………… 5195698
设备、科技、节能 … 5197335
土地、出租房屋…… 5197335
房产、绿化………… 5195938
财务资产部（核算中心）
主任………………… 5181718
副主任……………… 5195598
基建工程部
主任………………… 5814693
物资管理部
主任………………… 5195448
物资管理…………… 5181761
稳定中心
书记………………… 5826317
主任………………… 5826319
办公室……………… 5826315

后勤服务
门卫…………………… 5197018
建筑安装工程公司
经理…………………… 5814691
书记、副经理………… 5812371
华谊井下作业公司
地址：群英村
邮编：163001
经理…………………… 5810588
书记…………………… 5810586
副经理………………… 5810557
………………………… 5810580
………………………… 5810558
………………………… 5810561
安全总监……………… 5810585
综合办
主任…………………… 5810591
会计…………………… 5810587
综合办………………… 5810592
生产办
调度长………………… 5810572
调度…………………… 5810570
………………………… 5810571
生产办………………… 5810560
机动、设备…………… 5810538
安全组………………… 5810550
工艺队
队长…………………… 5810552
副队长………………… 5810595
计算机维护…………… 5810537
材料库………………… 5828913
车队…………………… 5810565
架子队………………… 5810685
作业一队……………… 5810650
作业二队……………… 5810652
作业三队……………… 5810662
作业四队……………… 5810670
作业五队……………… 5810673
作业六队……………… 5810667
作业七队……………… 5810680
作业八队……………… 5810681
作业九队……………… 5810551
作业十队……………… 5810661
服务队
书记、队长、副队长
………………………… 5810579
洗衣房………………… 5810659
公寓…………………… 5810657
保养站………………… 5825185
油点…………………… 5826764
酸化队………………… 5816775
………………………… 5816776
调剖队………………… 5813401
锅炉房值班室………… 5883073
机关办公楼值班室 … 5810593
作业小队办公楼值班室 5810656
南门卫值班室………… 5810581
西门卫值班室………… 5814568
创业集团 HSE 监督站 5810596
山东办事处…………… 5810665
龙兴石油机械有限公司
地址：大庆市迎峰村
邮编：163001
书记、工会主席…… 5810567
经理…………………… 5810566
副经理………………… 5810577
………………………… 5810669
………………………… 5810678
综合办主任…………… 5810598
会计…………………… 5810599
人事、党群…………… 5810675
核算员………………… 5810671
安全、质量…………… 5810573
抽油杆车间…………… 5886516
接箍车间……………… 5826721
阀门车间……………… 5810651
生产保障队副队长 … 5810578
收发室………………… 5886505
华谊农牧业开发有限公司
地址：大庆市友谊大街
邮编：163001
书记…………………… 5810066
经理…………………… 5810077
副经理………………… 5810097
………………………… 5810087
………………………… 5810136
………………………… 5823156
工程师………………… 5810137
财务…………………… 5810051
人事、档案、工会 … 5810052
经营办………………… 5823136
合算员………………… 5823576
经理办………………… 5810038
资产…………………… 5823109
电管…………………… 5815393
安全…………………… 5810072
板金车间……………… 5813855
门卫…………………… 5810091
锅炉房………………… 5881880
友谊电子电器厂
厂长…………………… 5194998
华谊广利达汽车维修有限公司
地址：大庆市中五路
邮编：163001
董事长、经理……… 5196338
书记、副经理、工会主席
………………………… 5882590
厂长…………………… 5828996
传真…………………… 5886967
财务…………………… 5882857
安全…………………… 5882592
前台接待……………… 5823918
………………………… 5882955
………………………… 5882927
………………………… 5882928
库房…………………… 5823916
………………………… 5882968
大车间………………… 5882986
食堂…………………… 5882858
客户俱乐部…………… 5826175
建材防腐公司
经理…………………… 5195778
思创公司
书记、副经理、工会主席
………………………… 4685503
经理…………………… 4685501
思创公司管理站
站长…………………… 5820243
办公室………………… 5821663
………………………… 5821664
车队…………………… 5820984
桂圆米酒厂…………… 5820994
仪器中试厂…………… 5820351
华谊化工有限公司
经理…………………… 5877111
书记…………………… 5870266
副经理………………… 5877700
………………………… 5877770
工程师………………… 5876266
财务…………………… 5875966
销售…………………… 5872766
思达微生物有限公司
书记…………………… 5875199
经理…………………… 5875099
副经理………………… 5875200
生产办………………… 5871630
综合办………………… 5871203
金鹰科技公司
书记、副经理……… 5203238
经理…………………… 5203299
大庆市萨尔图区实业混凝土构件厂
书记…………………… 5826628
副经理………………… 5824627
副厂长………………… 5824527
综合办………………… 5883165
门卫…………………… 5886597
运输服务公司
地址：大庆市登峰村
邮编：163001
书记…………………… 5891209
经理…………………… 5891288
副经理………………… 5891206
………………………… 5891208
调度长………………… 5891210
调度…………………… 5891200
办公室主任…………… 5891202
财务…………………… 5891205
安全…………………… 5891201
维修队………………… 5891203

井田实业公司

地址：大庆市八百垧北路
邮编：163413
井田综合服务处
………………………… 4893419
大庆市新合技术服务中心
地址：大庆市西宾路
邮编：163453
经理…………………… 5194600
书记…………………… 5190666
副经理………………… 5195493
………………………… 5191793
………………………… 5398777
综合办
主任…………………… 5392240
办公室………………… 5190432
人事…………………… 5392313
经营…………………… 5190345
………………………… 5396399
财务…………………… 5195131
………………………… 5195266
工程项目管理部…… 5195267
门卫…………………… 5399616
三兴板厂……………… 5394735
橡胶厂………………… 5197401
运输公司……………… 5398917
综合修理厂…………… 5391832
绿化队………………… 5394223
华营建材厂
地址：大庆市华丰路
邮编：163412
经理…………………… 5689369
书记…………………… 5694222
副经理………………… 5680444
主任工程师…………… 5684877
技术办主任…………… 5671377
调度…………………… 5681515
综合…………………… 5797773
生产办………………… 5687772
财务…………………… 5795099
技术服务公司
地址：大庆市试采北路
邮编：163412
经理…………………… 5688541
书记…………………… 5796565
副经理………………… 5671223
………………………… 5686965

工会主席………… 5685300
调度………… 5688542
工会………… 5692146
人事………… 5685775
财务………… 5692145
安全………… 5692147
质量………… 5699375
办公室………… 5798707
器材………… 5688543
作业队………… 5685355

卡蒙雷服装总公司

地址：大庆市张铁匠路互助村
邮编：163511

书记………… 4191989
经理………… 4197101
副经理………… 4197212
工会主席………… 4197138
人事………… 4197229
财务资产部………… 4197161
市场开发部………… 4197151
三友针织服装公司 … 4193190
办公室………… 5791992

金川化工技术股份合作公司

地址：大庆市杏五井南巷 21 号
邮编：163358

书记………… 4994208
经理………… 4994078
副经理………… 4992186
………… 4199075
………… 4993543
………… 4195499
生产办………… 4193106
经理办主任………… 4192531
财务………… 4193239
技术部………… 4191760
助剂车间………… 4993308
综合车间………… 4992444
完井液车间………… 4193753
锅炉车间………… 4194108
暂堵剂车间………… 4192022

特种物资公司陶粒厂

地址：大庆市北三东路
邮编：163114

厂长………… 5842133
财务………… 5842686
车间………… 5842606
调度………… 5842626

丰收管理站

地址：丰收街
邮编：163153

书记………… 5822299
站长………… 5821888
副站长………… 5820629
………… 5820626
办公室………… 5821925
财务………… 5820628
调度………… 5820391
车队………… 5820177
印刷厂………… 5820921
化工厂………… 5820632
食品厂………… 5821288
防盗门厂………… 5820173

特种材料公司

经理………… 5821999
办公室………… 5820661
财务………… 5820660
植物胶厂………… 5820686

蓝天机械厂

地址：大庆市友谊路乘南十二街
邮编：163412

书记………… 5793577
厂长………… 5791712
副厂长………… 5792996
财务………… 5791713
生产办………… 5791118
技术办………… 5793744
………… 5791641
材料………… 5792762
………… 5791731
一分厂值班室………… 4891633

试采作业公司

地址：大庆市试采路试采公司院内
邮编：163412

书记………… 5791256
人力资源部………… 5792628
财务………… 5792358
器材………… 5792788
副经理………… 5791555
试采作业队………… 5792517

飞旭工程公司

副经理………… 4984357
财务………… 4983275
信息管理………… 4897716

景山建安公司

书记………… 4984333
经理………… 4984687
副经理………… 4984682
………… 4984683
经营部………… 4988957
生产办………… 4893055
综合办………… 4988967
财务………… 4984555
工会………… 4984698
安全………… 4896055
项目部………… 4985933
值班室………… 4984111
车队………… 4898687
………… 4898688
印刷厂业务………… 4894466

修井工程公司

书记………… 4893767
经理………… 4893797
副经理………… 4893801
………… 4892301
经理助理………… 4893795
调度室………… 4892202
财务组………… 4892229
劳资组………… 4983301
经营组………… 4893786
综合组………… 4893765
飞旭修理厂………… 4899136

南垣股份公司

地址：大庆市庆葡北街
邮编：163517

总经理………… 4496669
书记………… 4498518
副总经理………… 4499518
经理………… 4498336
副经理………… 4496558
经理助理………… 4499959
总工程师………… 4494766
副总工程师………… 4495186
机关支部书记………… 4499299
工会主席………… 4495977
安全副总监………… 4499637

财务资产部

主任………… 4497455
办公室………… 4498822
………… 4492455

生产协调部

主任………… 4492299
调度………… 4490399
………… 4499678
办公室………… 4499037
………… 4498586

企业文化部

主任………… 4498692
办公室………… 4498820

经营法规部

主任………… 4499758
办公室………… 4490201

安全环保部

主任………… 4499620
副主任………… 4499160
办公室………… 4492246

综合服务公司

书记………… 4499633
办公室………… 4498855
值班室………… 4498973
服务中心………… 4498167
车队………… 4499636
食堂………… 4498713

研发中心

主任………… 4498806
副主任………… 4497200
化验岗………… 4498621
质检室………… 4492533
办公室………… 4498549
………… 4498830

销售分公司

经理………… 4499944
书记………… 4497299
综合办………… 4498618
计划统计………… 4498827
经警队………… 4490110
………… 4498020
机关门卫………… 4498639
新建锅炉房………… 4498360

南天化工厂

地址：大庆市庆葡北街
邮编：163517

厂长………… 4495162
书记………… 4495358
副厂长………… 4497967
………… 4499559
机关综合办………… 4490207
工程师………… 4497971
生产办………… 4498931
综合办………… 4490207
调度………… 4499708
化验室研发中心………… 4498630
消防泵房………… 4499769
轻烃车间………… 4498837
溶剂油车间………… 4498979
锅炉岗………… 4499609
泵房室………… 4498915
装车厂………… 4494962
精流车间
队部………… 4498962
值班室………… 4498915
食堂………… 4495633

黑地庙稠油开发公司

地址：大庆市庆葡南街
邮编：163517

经理………… 4498156
书记………… 4497778
副经理………… 4497242
………… 4499711
经理助理………… 4495565
责任工程师………… 4499736
生产协调………… 4490930
………… 4490200
………… 4498528
综合办
主任………… 4490272
财务室
主任………… 4498959
值班室………… 4492373

档案室……………… 4498802
经营部……………… 4495786
技术部……………… 4495798
调度室……………… 4495196
机动安全…………… 4492095
保卫干事…………… 4498238
HSE 监督员 ……… 4495169
综合队队长………… 4498533
作业队……………… 4498663
锅炉队长…………… 4492093
锅炉岗……………… 4498793
2 号锅炉房 ………… 4497961
二号计量…………… 4495213
头台油站…………… 4491568
输油………………… 4498000
值班室……………… 4492395
职工食堂…………… 4498707
采油队
队长………………… 4495233
综合队……………… 4495733
3 号锅炉房 ………… 4495133
食堂………………… 4497433

油气处理厂

地址：大庆市太葡路
邮编：163517

经理………………… 4494298
书记………………… 4497131
副经理……………… 4498453
…………………… 4495121
…………………… 4498637
调度长……………… 4498920
调度室……………… 4498214
…………………… 4498445
综合办
主任………………… 4499962
办公室……………… 4498589
车间………………… 4495122
生产办
主任………………… 4498443
副主任……………… 4498297
办公室……………… 4499942
材料组……………… 4498447
核算员……………… 4495117
计量………………… 4498466
销售办……………… 4498451
锅炉………………… 4498446
司机班……………… 4498290
装车厂……………… 4498291
动力值班室………… 4498092
循环水值班室……… 4498287
浅冷车间
主控室……………… 4495297
值班室……………… 4498615
深冷车间主控室…… 4498067
一套原稳
主控室……………… 4498283
值班室……………… 4498292
二套原稳
主控室……………… 4498010
值班室……………… 4498469
储备车间
办公室……………… 4498058
主操岗……………… 4498289
泵房………………… 4495120
值班室……………… 4498905
计量车间一联岗…… 4498286
经警队南门………… 4498487
食堂………………… 4498062

新世纪实业公司

地址：大庆市西宾路
邮编：163453

经理、党委副书记 … 5108800
党委书记…………… 5108600
副经理……………… 5107928
党委副书记、纪委书记、工会主席………… 5107938
副经理……………… 5107968
经理助理…………… 5107380
…………………… 5105400
…………………… 5107960
…………………… 5107955
副总会计师………… 5107447
安全副总监………… 5107757

党政办公室

主任………………… 5107601
机要秘书、文书…… 5107537
门卫………………… 5107190

党群工作部

主任………………… 5107848
女工、工会………… 5107773

人力资源部

主任………………… 5107110
党委组织员………… 5107266
劳资管理…………… 5107266

财务资产部

主任………………… 5107879
副主任……………… 5107221
出纳………………… 5107220
资金会计…………… 5107221
资产管理…………… 5107220

经管法规部

主任………………… 5107550
统计………………… 5107444
房产………………… 5106897
合同、法律事务…… 5106897

纪律监察部

负责人……………… 5107811
清欠 5107910
审计………………… 5107910

技术开发部

主任………………… 5107617
市场营销…………… 5107468

安全生产质量环保部

主任………………… 5107906
安全管理…………… 5107993

物资管理部

主任………………… 5107987
物资管理…………… 5107505

稳定工作协调服务中心

负责人……………… 5106720
副主任……………… 5107908
家属管理…………… 5107636

财务核算中心

主任………………… 5107216
出纳………………… 5107219

大庆新世纪精细化工有限公司

经理………………… 4999634
书记………………… 4999640
副经理……………… 4999047
…………………… 4999260
…………………… 4999530
综合办公室
主任………………… 4997789
办公室……………… 4999313

大庆自动化仪表有限公司

地址：大庆市西宾路
邮编：163453

经理………………… 5105405
书记………………… 5105401
副经理……………… 5105409
…………………… 5105413
…………………… 5105402
综合办公室
主任………………… 5105410
办公室……………… 5105403

大庆新世纪建筑安装有限公司（腾飞十一处）

地址：大庆市乘风大街
邮编：163411

经理………………… 5700789
书记………………… 5700678
副经理……………… 5712557
…………………… 5712560
…………………… 5321365
主管会计…………… 5712522
经理助理…………… 5712510
办公室……………… 5712559
财务部……………… 5712523
合同组……………… 5715050
安全生产部、经营管理部
…………………… 5712552
市场开发部………… 5712529
工程技术部………… 5712519
材料组长…………… 5712553
工艺一队…………… 5712506
工艺二队…………… 5712591
调度………………… 5712353
后门卫……………… 5712067

然气工程公司

地址：大庆市解放五街
邮编：163461

经理………………… 5200218
书记………………… 5200504
副经理……………… 5201699
办公室
主任………………… 5232524
办公室……………… 5200995
生产副经理………… 5200514
经营副经理………… 5200417
综合办主任………… 5232524
生产办主任………… 5200995
财务………………… 5200546
调度………………… 5200549
正阳汽车修理厂…… 5201916

大庆华隆建筑装饰公司

地址：大庆市解放五街
邮编：163461

经理………………… 5209000
…………………… 5203366
书记………………… 5203190
副经理……………… 5203192
…………………… 5290478
工会主席…………… 5203193
综合办公室………… 5200460
农场负责人………… 5700707
财务资产部
主任………………… 5203519
干事………………… 5200461
…………………… 5201526
综合管理部
主任………………… 5200460
干事………………… 5200496
…………………… 5203191
…………………… 5202443
生产安全质量环保部
办公室……………… 5203517
…………………… 5201526
经营开发部
主任………………… 5201527
干事………………… 5200463
…………………… 5201525
工程管理一部主任 … 5202394
工程管理三部主任 … 5314622
工程管理三部干事 … 5202696
…………………… 5270442
工程管理四部干事 … 5536771
调度………………… 5200494

大庆油田新世纪畅通管阀配件厂
厂长…………4999177
书记…………4990577
工会主席…………4998277
副厂长…………4993177
…………4998177
…………4998277
综合办公室…………4913468

大庆市灭火剂厂
厂长…………5296777
书记…………5291870
副厂长…………5298976
厂长助理…………5298976
综合办公室…………5296119

大庆新世纪电力自动化有限公司
地址：建华西路
邮编：163411
经理…………5714380
书记…………5714480
副经理…………5714350
…………5710038
财务…………5714020
技术开发部…………5714360
销售部…………5710014
综合办…………5710814
办公室…………5714320
…………5714490
车间主任…………5714382
收费所…………5723851

大庆油田新世纪采油工程技术服务公司
负责人…………5671555
书记…………5795777
副经理…………5684911
综合办公室…………5691268

大庆新世纪电气设备修理厂
地址：大庆市解放五街
邮编：163461
书记…………5296199
副厂长…………5219304
综合办公室…………5296199
…………5296990
财务…………5298283
经营办…………5291595
调度室…………5298290
预算室…………5298282

大庆新世纪客运服务公司
经理…………5687700
书记…………5309869
经理助理…………5309211
综合办公室…………5671878

大庆市红岗区新世纪工业制品有限公司
地址：大庆市解放五街
邮编：163461
经理…………5281051
…………5299111
书记…………5298850
副经理…………5298848
财务…………5297184
综合办公室…………5298849
灭火剂厂
书记…………5291870
厂长…………5296777
副厂长…………5298976
办公室…………5296398
业务办…………5296119
…………5295119
生产厂区…………5296504
国际贸易…………5296392
天育修造车间…………5200574
…………5200576
天衡阀门校验厂…………5202464

大庆油田残疾职工服务中心
地址：大庆市西宾路
邮编：163453
书记…………5396208
主任…………5390018
副主任…………5390016
…………5390019
综合科科长…………5390017
管理科…………5390015
…………5390080
公务员…………5396206
司机班…………5396211
食堂…………5396212
值班室…………5396209

防腐管道厂
地址：中五支路
邮编：163001
生产办…………5816686
打字室…………5816006
材料…………5815556
销售…………5812226

南垣实业公司

地址：大庆市葡垣路
邮编：163517
经理…………4498868
书记…………4490001
副经理…………4491090
…………4498382
经理助理…………4499199
…………4498688
调度…………4498599
…………4499340
纪检书记…………4499388
机关物资管理处…………4499377

党政办
主任…………4494185
副主任…………4492046
办公室…………4498559

稳定办
主任…………4492276
书记…………4492365
副主任…………4497231
办公室…………4498899
党群工作部…………4498330
…………4492713

财务资产部
主任…………4492066
值班室…………4496258
…………4492712
总会计师…………4498966
出纳…………4499778
财务…………4494356
…………4495326
…………4492306
…………4496726
资产…………4499808

生产运行部
主任…………4497766
副主任…………4497622
办公室…………4498531
…………4499227
…………4494100

物资管理部
…………4497737
…………4492235

法规审计部
…………4498854

安全环保部
主任…………4498122
副总监…………4494626
值班室…………4498562

企业文化部
…………4492235
…………4494485

人力资源部
…………4498627

计委监察部
…………4498519

经营管理部
主任…………4492879
办公室…………4497998
小车队…………4498359
经保科…………4492236
加油站…………4497484

公寓
办公室…………4495377
值班室…………4492222
…………4494600
食堂…………4497218

巨峰铁塔厂
地址：大庆市太葡路
邮编：163517
书记…………4497747
保管员…………4497659
锅炉维修队…………4495555

农工商联合分公司
地址：庆葡南街
邮编：163517
调度室…………4496366
党办主任…………4496299
管理站站长…………4498502
养殖厂…………4498928

物业分公司
地址：大庆市庆葡中街
邮编：163517
经理…………4492168
书记…………4499101
副经理…………4492668
…………4499833
…………4492177
…………4492855
工会…………4495711
党办…………4496545
财务…………4499258
调度…………4495254
…………4498397
总园办公室…………4498664
主任接待办…………4490178
经营办…………4498320
劳资员…………4495228
后勤办…………4492377
房产办…………4492389
稳定办…………4498669
综合执法队…………4499110
生产办
主任…………4498833
副主任…………4498337
资料管理员…………4498155
综合队…………4495231
环卫二队…………4495433
清洁队…………4499800
电修队…………4498300
电卡室…………4495230
房产维修队…………4498787
…………4499665
希望广场值班房…………4499121
休闲广场值班房…………4499120
六楼区门卫…………4492601
四号污水提升站…………4499662
门卫…………4490155
经理办…………5792731
华能树脂有限公司…………5792776
…………5792767

热力分公司
地址：太葡路

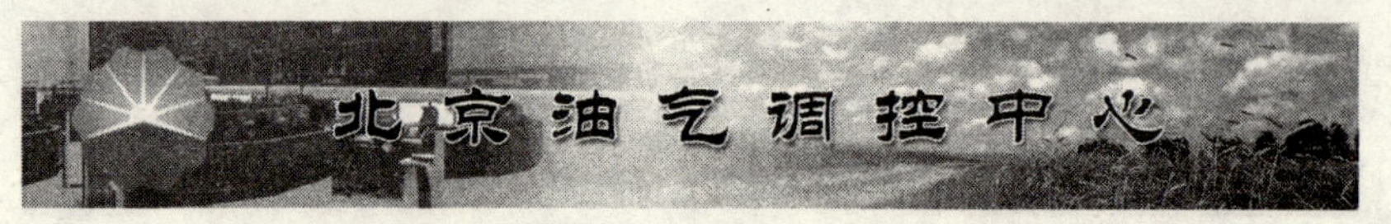

邮编：163517
经理………………… 4499399
书记………………… 4499322
副经理……………… 4495518
………………………… 4492322
………………………… 4499703
………………………… 4499938
………………………… 4492322
主任………………… 4490142
党办………………… 4498933
安全员……………… 4494340
保管员……………… 4499978
调度………………… 4499398
工会干事…………… 4499725
核算员……………… 4499829
会计………………… 4498603
节能办……………… 4494323
经营办……………… 4499549
统计员……………… 4496603
综合队……………… 4499982
园林队……………… 4494710
维修队……………… 4492619
收费岗……………… 4497538
电工锅炉房………… 4498750
液化气站…………… 4499842
采暖一队…………… 4499871
采暖二队…………… 4499445
一号锅炉房………… 4499456
二号锅炉房………… 4497154
三号锅炉房………… 4499517
四号锅炉房………… 4499525
五号锅炉房………… 4499925
一号提升站………… 4499715
二号提升站………… 4499087
五号提升站………… 4499686
四号自行车棚……… 4499791

作业分公司

地址：大庆市太葡路
邮编：163517
经理………………… 4492566
书记………………… 4492866
副经理……………… 4499287
生产办主任………… 4499289
技术办主任………… 4499286
调度………………… 4490706
准备队……………… 4496302
作业一队…………… 4499285

橡胶制品有限公司

地址：大庆市庆葡南街
邮编：163517
厂长………………… 4495338
副厂长……………… 4499204
经营办……………… 4490770
门卫………………… 4490157

运输公司

地址：大庆市庆葡北街
邮编：163517
经理………………… 4499338
书记………………… 4490858
副经理……………… 4498721
后勤主任…………… 4490277
人事………………… 4498784
调度………………… 4498558
财务………………… 4497858
综合队……………… 4499361
客车队……………… 4498355
食堂………………… 4492608

建安机械工程公司

地址：大庆市庆葡南街
邮编：163517
书记………………… 4490181
经营副经理………… 4499175
………………………… 4497571
………………………… 4499373
综合办……………… 4498410
生产办……………… 4499185
经营办……………… 4498237
质管办……………… 4490321
调度………………… 4499359
财务………………… 4495250
………………………… 4499918
材料………………… 4499537
车队………………… 4498569
安装车间…………… 4498262
泵修车间…………… 4498465
电修车间…………… 4498263
机修车间…………… 4498426
加工车间…………… 4498490
管焊一队…………… 4499191
管焊二队…………… 4499511

南天提捞采油大队

经理………………… 4499288
书记………………… 4492130
副经理……………… 4495253
………………………… 4498749
工程师……………… 4498936
人事员……………… 4498709
资料室……………… 4499291
财务………………… 4499318
………………………… 4498860
安全………………… 4498191
调度………………… 4498552
二队队部…………… 4496444
提捞一队…………… 4498738
提捞二队…………… 4498189
三车间队部………… 4494868
食堂………………… 4498651

天然气处理厂

地址：大庆市葡垣路
邮编：163517
厂长………………… 4499500
书记………………… 4496199
副厂长……………… 4495996
综合办……………… 4492551
………………………… 4499169
综合队……………… 4492557
经营办……………… 4492553
办公室……………… 4499220

电子厂

地址：大庆市西宾路
邮编：163453
经理助理…………… 5184490
综合办……………… 5197800

飞马实业公司

地址：大庆市庆化路
邮编：163411
总经理、党委书记 … 5689012
副经理……………… 5681888
总会计师…………… 5686700
总工程师…………… 5689075
总经理助理、办公室主任
………………………… 5688600
财务部主任………… 5691213
人事、劳资………… 5691937
销售………………… 5692378

志飞生物化工有限公司

地址：大庆市庆化路
邮编：163416
经理………………… 5619718
副经理……………… 5619708
………………………… 5619728
经理办……………… 5619738
财务资产部………… 5619306
营销中心…………… 5619317
国际贸易部………… 5619760
生产管理部………… 5619339
产品开发部………… 5619758
供应部……………… 5619304
调度………………… 5619424
总机………………… 5619341
………………………… 5619342
………………………… 5619343
………………………… 5619344

服务分公司

地址：大庆市马鞍山街
邮编：163416
办公室……………… 5723853
调度………………… 5713486

庆海塑料制品有限公司

地址：大庆市马鞍山街
邮编：163416
总经理……………… 5717459
副经理……………… 5717430
………………………… 5717470
财务………………… 5717460
综合办……………… 5717466
销售部……………… 5717467
生产、质检部……… 5718476
门卫………………… 5717471

橡塑制品有限公司

地址：大庆市马鞍山街
邮编：163416
办公室……………… 5723477
传真………………… 5717997

工程分公司

地址：大庆市马鞍山街
邮编：163416
办公室……………… 5711199

萨南实业公司

地址：大庆市图强西二街
邮编：163414
经理………………… 5291799
书记………………… 5296599
副经理……………… 5298346
………………………… 5298556
………………………… 5299906
………………………… 5299600
………………………… 5299968
………………………… 5296999
………………………… 5299906
协管员……………… 5298778
总会计师…………… 5291717
………………………… 5298345

经理办

主任………………… 5295566
业务………………… 5291611
文书………………… 5290207

党群办

主任………………… 5295670
工会副主席………… 5298347
团委书记…………… 5290116
干事………………… 5299985

纪检监察部

主任………………… 5290616
监察员……………… 5298832
干事………………… 5290221

经营法规部

主任………………… 5299834
副主任……………… 5290437
工商登记…………… 5298475
法规事务…………… 5295921

人力资源部

主任………………… 5296803
副主任……………… 5298810
员工管理…………… 5297873

财务资产部

主任………………… 5299822
副主任……………… 5290127

资产…………………… 5291153
会计…………………… 5295991

生产安全部

主任…………………… 5296999
副主任………………… 5290747
安全环保……………… 5290900
HSE、品质…………… 5291149

项目市场开发部

主任…………………… 5297222
副主任………………… 5298797
市场管理……………… 5295940

物资管理部

主任…………………… 5290626
副主任………………… 5290958
办公室………………… 5295830

土地房产管理

主任…………………… 5295922
副主任………………… 5295660
土地办………………… 5295997
房产办………………… 5297531

稳定协调服务中心

主任…………………… 5291876
书记…………………… 5291879
办公室………………… 5291862
……………………… 5291861

财务核算中心

副主任………………… 5297910
……………………… 5290117
出纳…………………… 5291146
商务、基建会计…… 5290243
污水、劳服会计…… 5296805
庆普、园林会计…… 5299559
锅炉厂、庆友会计 … 5299579
综合会计……………… 5299763
晶标会计……………… 5297910
庆友、基建会计…… 5297833
吊车厂会计………… 5299762

服务队

后勤管理……………… 5298878
综合…………………… 5295931
劳资…………………… 5290125
司机班………………… 5290931
门卫…………………… 5296804

综合工程公司

书记…………………… 5686286
经理…………………… 5671190
副经理………………… 5798190
……………………… 5688070

综合办

主任…………………… 5687003
调研员………………… 5687006
……………………… 5687007
会计…………………… 5696581
计划生育……………… 5696533
干事…………………… 5696581
调度…………………… 5693243

生产办

主任…………………… 5692174
副主任………………… 5688060
稳定办………………… 5696571
团干事………………… 5695581
资料员………………… 5696571
一队…………………… 5696537
二队…………………… 5692635
三队…………………… 5692635
四队…………………… 5696537
准备队………………… 5696512

技术队

队长…………………… 5692631
副队长………………… 5692170
服务队………………… 5691107

庆友建筑安装有限公司

地址：大庆市银河街
邮编：163411

书记…………………… 4605890
经理…………………… 4664998
副经理………………… 4667086
……………………… 4683299
生产办主任…………… 4683143
经营办主任…………… 4681602
安全员………………… 4681602
项目一部……………… 4663954
项目二部……………… 5297676
项目三部……………… 5296996
项目四部……………… 4601923
项目五部……………… 4681613
项目六部……………… 4667079
……………………… 5690202
……………………… 5690203
草原兴发……………… 5694999

园林绿化公司

地址：大庆市图强街
邮编：163414

书记…………………… 5295542
经理…………………… 5295307
副经理………………… 5296375
综合办主任…………… 5290927
工程项目经理………… 5296355
苗木养护部项目经理 5296633
苗木部经理…………… 5687783

商务有限公司

地址：大庆市银河街
邮编：163411

书记、经理…………… 5672222
副书记、工会主席 … 5689166
副经理………………… 5693308
……………………… 5671897
综合办公室…………… 5696248
保洁公司经理………… 5696066
宾馆…………………… 5680333
……………………… 5694206
……………………… 5690202
……………………… 5690203

多田野进口吊车大修厂

地址：大庆市五星村
邮编：16341

厂长…………………… 5295373
书记…………………… 5295998
副厂长………………… 5296998
……………………… 5297031
人事、经营…………… 5299467
综合办………………… 5295969
保管员………………… 5296108
汽修车间……………… 5298997
业务员………………… 5295580
车队…………………… 5296898
起重机车间…………… 5297113
业务员………………… 5296098
修井机………………… 5295363
技术员………………… 5296363
门卫…………………… 5295114

锐星化工有限公司（CPE）

地址：大庆市乘风东路
邮编：163411

经理…………………… 5795555
副经理………………… 5697555

锐星化工有限公司（海昕）

地址：大庆市乘风东路
邮编：163411

经理…………………… 5692777
副经理………………… 5691788
办公室………………… 5690799
门卫…………………… 5795710

锐星化工有限公司（多邦）

地址：大庆市图强东街
邮编：163414

书记…………………… 5299044
经理…………………… 5291745
副经理………………… 5296369
客户经理……………… 5299922
综合办………………… 5291744
统计员………………… 5298644

技术服务公司

燃气发电

书记…………………… 5290087
经理…………………… 5290088
安全员………………… 5299315

十二注

经理…………………… 5290097
副经理………………… 5290082
技术员………………… 5290085

科技研发

经理…………………… 5299705
副经理………………… 5299680
技术员………………… 5299744

劳动服务队

书记…………………… 5299911
经理…………………… 5298377
副经理………………… 5299405
……………………… 5297700
综合办………………… 5297912
核算…………………… 5297980
通勤车队……………… 5296898

庆普公司

经理…………………… 5295935
办公室………………… 5298080

晶标材料公司

经理…………………… 5152111
副经理………………… 5398833

通源公司

经理…………………… 5796519
办公室………………… 5299405

图强电器修造厂

厂长…………………… 5298800
核算员………………… 5298022

锐星化工有限公司

地址：大庆市乘风东路
邮编：163411

副经理………………… 5697555
书记、工会主席…… 5689988

商务有限公司

地址：银河街
邮编：163411

经理…………………… 5672222
书记…………………… 5689166
副经理………………… 5671598
……………………… 5671897
综合办公室…………… 5696248
宾馆…………………… 5680333
……………………… 5694206
总机…………………… 5690202
……………………… 5690203

大庆锅炉厂

地址：乘风东路
邮编：163411

厂长…………………… 5696775
书记…………………… 5686098
副厂长………………… 5696484
材料库………………… 5689723
办公室………………… 5695584
技术部………………… 5692853

九龙实业公司

地址：大庆市元丰路
邮编：163853

党委书记……………… 4698111
经理…………………… 4690999
副书记………………… 4695968
副经理………………… 4697123

…………………… 4698678
副总会计师……… 4697333
经理助理………… 4697776
…………………… 4690277
…………………… 4699152
党办主任、党委宣传部主任
…………………… 4697302
人力资源部主任、党委组织部
部长……………… 4699868
纪检监察部
主任……………… 4696067
经管法规部
主任……………… 4698551
财务资产部
主任……………… 4699006
综合协调部物资管理中心主任
…………………… 4695789
质量安全环保部
主任……………… 4697137
办公室…………… 4698600
化工管理部主任…… 4695950
稳定协调服务中心离退管中心
主任……………… 4695377
工会干事………… 4698138
财务结算中心
…………………… 4698087
房产……………… 4697877
调度……………… 4698039
井下作业分公司
地址：大庆市创业街
邮编：163853
经理……………… 4690333
书记……………… 4695088
安全员…………… 4690188
工程安装分公司
地址：大庆市创业街
邮编：163853
经理……………… 4699168
书记……………… 4695222
安全员…………… 4690188
科联防腐厂
地址：大庆市红岗区龙虎泡
邮编：163852
经理……………… 4697795
书记……………… 4697795
九龙化工厂
地址：大庆市元丰路
邮编：163853
厂长……………… 4698561
轻烃分公司
地址：大庆市元丰路
邮编：163853
经理……………… 4696219
书记……………… 4696216
综合服务分公司
地址：大庆市元丰路
邮编：163853
经理……………… 4690555
书记……………… 4697222
副经理…………… 4698889
调度……………… 4696090
运输分公司
地址：创业东路
邮编：163853
经理……………… 4695777
书记 ……………… 467686
安全……………… 4699278
精化树脂厂
经理……………… 4986333
财务部…………… 4998108
管理部…………… 4989978
化工分公司
地址：大庆市北三西路
邮编：163114
书记……………… 5835982
经理……………… 5841789
副经理…………… 5833877
…………………… 5834338
工程师…………… 5835277
综合……………… 5837508
安全……………… 5835986
财务……………… 5837519
人事……………… 5837515
统计……………… 5837516
结算……………… 5837517
合同员…………… 5835491
调度……………… 5835220
开普化工厂
厂长……………… 5833567
书记……………… 5839848
安全总监………… 5838922
生产分厂………… 5834328
生产车间主任…… 5837818
动力分厂………… 5834308
销售公司………… 5839871
服务队…………… 5836204
材料组…………… 5836326
财务……………… 5836014
调度室…………… 5842517
食堂……………… 5836584

龙丰实业公司

地址：大庆市红岗西街4号
邮编：163511
党委书记………… 4199987
总经理…………… 4196377
副总经理………… 4199332
…………………… 4197016
纪委书记、工会主席 4198388
副总会计师……… 4198328
经理助理………… 4194166
…………………… 4196127
…………………… 4199388
调研员…………… 4198377
工会……………… 4196787
机关经理………… 4191377
党政办公室
主任……………… 4199227
副主任…………… 4197007
…………………… 4199297
宣传……………… 4196002
办公室…………… 4197015
后勤……………… 4198902
组织人事部
主任……………… 4198067
副主任…………… 4192439
组织员…………… 4198943
安全生产运行部
主任……………… 4197177
副主任…………… 4198997
…………………… 4193033
…………………… 4193597
调度……………… 4196977
…………………… 4196717
工程师…………… 4196015
机动、安全、质量 … 4191677
房产、电力、HSE … 4198903
土地办
主任……………… 4197187
工程管理部
主任……………… 4197877
人力文化资源部
主任……………… 4192997
组织办…………… 4197557
职工教育办……… 4195995
财务资产部
主任……………… 4198077
副主任…………… 4192117
…………………… 4992127
综合财务………… 4197318
修理财务………… 4192197
安装、化工财务…… 4191412
资产、农牧、作业财务 4197417
汇总报表………… 4192367
结算中心………… 4196317
…………………… 4198317
…………………… 4197037
经营法规部
主任……………… 4197257
副主任…………… 4197199
合同、法律事务、计划、统计
…………………… 4194583
稳定中心
书记……………… 4198177
物资管理中心
书记……………… 4197035
办公室…………… 4196697
宏润机电设备厂
经理……………… 4992911
二分厂…………… 4193185
电修厂…………… 4196878
塔机厂
厂长……………… 4192108
热线……………… 4192101
作业分公司
书记……………… 4199877
经理……………… 4191919
副经理…………… 4191535
…………………… 4193203
工会主席………… 4192932
经理办主任……… 4191680
党政办主任……… 4193140
调度……………… 4192480
…………………… 4192508
核算办…………… 4191850
人事、劳资……… 4192149
值班室…………… 4192145
准备队
书记……………… 4191380
队长……………… 4194329
综合队…………… 4192362
工艺队…………… 4191791
打桩队…………… 4192082
安装分公司
地址：大庆市红岗北七街
邮编：163511
书记……………… 4191027
经理……………… 4191143
副经理…………… 4192850
…………………… 4195687
…………………… 4196157
…………………… 4192957
工会主席………… 4194157
调度……………… 4191979
…………………… 4192471
经理办…………… 4191127
生产组…………… 4194652
政工……………… 4194916
工会……………… 4194648
团委……………… 4191442
人事……………… 4991226
财务组…………… 4194903
安全、资产……… 4194717
预算组
组长……………… 4196162
办公室…………… 4193507
后勤组…………… 4193669
资料……………… 4194917

材料组………………… 4192918
材料库………………… 4994663
车队…………………… 4193506
……………………… 4192279
抽安队………………… 4191716
电工队………………… 4193598
管道一队……………… 4193578
管道二队……………… 4193872
管道三队……………… 4191694
土方队………………… 4992968
筑路队………………… 4194739
食堂…………………… 4199615

农牧分公司

书记…………………… 4191142
经理…………………… 4196222
副经理………………… 4197397
……………………… 4192389
……………………… 4194027
经营办………………… 4193209
值班室………………… 4196716
畜牧公司
书记…………………… 4193259
经理…………………… 4192098
财务…………………… 4195430
门卫…………………… 4194464
锅炉房………………… 4193649
一矿管理站
站长…………………… 4994189
办公室………………… 4193318
……………………… 4193028
二矿管理站…………… 4193246
三矿管理站
站长…………………… 4997038
值班室………………… 4990358
食品厂………………… 4192645
纯净水厂……………… 4193089

综合服务分公司

书记…………………… 4194155
经理…………………… 4194153
副经理………………… 4197718
……………………… 4199577
工会主席……………… 4192297
经理办主任…………… 4994770
生产办主任…………… 4194517
通勤车队……………… 4197378

工业分公司

书记…………………… 4192619
经理…………………… 4193370
副经理………………… 4191214
党政办主任…………… 4191203
经营办主任…………… 4198718
联创环保有限公司 … 4191281
环保科技有限公司 … 4191631
建材经理……………… 4193045
防水卷材厂…………… 4192411
印刷厂………………… 4193027

劳动服务分公司

汽修厂
厂长…………………… 4994500
办公室………………… 4191868
财务…………………… 4191240
库房…………………… 4192175
防腐厂………………… 4195209
油脂厂………………… 4194967
创业机电修理厂
经理…………………… 4195049
财务…………………… 4191478
厂房…………………… 4191393
龙兴钢管镀镍厂
厂长…………………… 4998645
……………………… 4999994
副厂长………………… 4990398
办公室………………… 4998772
……………………… 4998201
庆丰化工厂…………… 4990997

昌明分公司

建安分公司
龙一锅炉房…………… 4193550

弘阔实业公司

联兴气体厂

书记…………………… 5871338
经理…………………… 5871608
副经理………………… 5872594
人事…………………… 5870039
值班室………………… 5872400

庆新实业公司

地址：大庆市北三西路
邮编：163114

经理…………………… 5831899
党委书记……………… 5838099
纪委书记、工会主席 5838952
副经理………………… 5838618
……………………… 5835738
……………………… 5837566
调研员………………… 5834568
副总会计师…………… 5837966
经理助理……………… 5836618
……………………… 5831409
安全质量环保部负责人 5833382
调度…………………… 5836217

综合办

主任…………………… 5838771
工会副主席、团委书记 5834194
秘书…………………… 5836424
房产、印信、文秘、文书
……………………… 5836424

人力资源部

主任…………………… 5838029
组织、干部、劳资、培训
……………………… 5839915
档案管理……………… 5841885

经管法规部

主任…………………… 5836356
副主任………………… 5836305
规划、统计、科技 … 5839250
水电气管理、市场营销、局内入网………………… 5836995

财务资产部

主任…………………… 5835616
会计…………………… 5833393
资产会计、机关会计、矿区服务会计……………… 5836026

生产安全质量环保部

副主任………………… 5838418
安全质量、环保…… 5841887
交通、油料…………… 5838229
HSE、设备、土地 … 5836995
调度、信息网络、节能节水
……………………… 5836995

纪委监察部

副主任………………… 5838936
纪检、监察干事…… 5836057

管理中心

副主任、物资管理 … 5834178
副主任、工程……… 5838885
合同、招标…………… 5836231
物资干事……………… 5838885

稳定工作协调服务中心

主任…………………… 5842101
副主任………………… 5836226
家属管理、信访…… 5836226
干事…………………… 5836226

核算中心

负责人………………… 5833393
会计…………………… 5836258
……………………… 5836117
资金会计、出纳…… 5836138

司机班

……………………… 5836972

食堂管理员………… 5833099

经警

……………………… 5836030

工程安装公司

地址：大庆市庆新北街
邮编：163114

书记、常务副经理 … 5833688
副经理、工会主席 … 5835453
副经理………………… 5841261
……………………… 5838719
……………………… 5841233
综合主管……………… 5836637
综合干事、劳资、人事 5836637
机关支部书记………… 5835453
团总支书记…………… 5835409
生产办主管…………… 5836607
安全环保部
主管…………………… 5836462
安全环保……………… 5836607
统计、培训…………… 5836607
节能、调度…………… 5836276
经营办
主管…………………… 5835865
资产会计……………… 5835865
技术质量部
主管…………………… 5836865
电器…………………… 5831410
工艺…………………… 5837158
房产、土建…………… 5831419
资料、探伤…………… 5831410
预算部
主管…………………… 5838930
预算员………………… 5835409
调度…………………… 5836276

工程材料公司

地址：大庆市庆新北街
邮编：163155

经理…………………… 5841999
书记…………………… 5843909
副经理………………… 5843368
……………………… 5836886
综合部
主管…………………… 5843370
计划、房产、稳定 … 5843370
生产部
主管…………………… 5842599
宣传…………………… 5842599
经营部
主管…………………… 5842332
质量、合同…………… 5842156
资产会计……………… 5842332
调度…………………… 5836822

井下作业公司

地址：大庆市北三东路
邮编：163114

经理…………………… 5840018
书记…………………… 5835577
副经理………………… 5837088
……………………… 5835310
机关支部书记………… 5831412
经营办主管…………… 5831971
生产办主管…………… 5839082
综合办主管…………… 5839251
劳资、人事…………… 5831412
生产安全、HSE … 5831412
技能培训、房产…… 5831973
材料、保管员………… 5831573

调度………………… 5839726

科达公司

地址：大庆市科苑路
邮编：163712

经理………………… 5096957
书记………………… 5089352
副经理……………… 5599987
经营………………… 5091711
核算会计…………… 5596827
综合 ……… 5592136 转 1021
生产安全 … 5592136 转 1015
稳定 ……… 5592136 转 1024
调度………… 5592136 转 0

农工商公司

地址：大庆市北三西路
邮编：163114

经理………………… 5835600
书记………………… 5838981
副经理……………… 5838989
……………………… 5843136
综合办主管………… 5836228
经营主管…………… 5836228
财务主管…………… 5836024
财务………………… 5835638
核算会计…………… 5835024
安全、HSE ……… 5835312
劳资、人事………… 5835638
宣传、稳定、房产 … 5835312
后勤………………… 5836206
调度………………… 5838939

蓝星环保工程有限公司

地址：大庆市北三西路
邮编：163114

经理………………… 5839882
书记………………… 5838040
经营主管…………… 5839968
生产主管…………… 5839560
工程师……………… 5839858
会计………………… 5839884
安全、设备、油料 … 5839883
人事、劳资、宣传、稳定
……………………… 5839566
经营………………… 5839982
调度………………… 5839883

鑫石石油机械制造有限公司

地址：大庆市北二路
邮编：163114

经理………………… 5836302
副经理……………… 5843208
调度………………… 5836119
庆新牧业有限公司
庆龙路 …………… 163158
常务负责人………… 5835707
副经理……………… 5835939
……………………… 5837731
财务、综合………… 5837732
调度………………… 5835765

庆新机械设备维修有限公司

地址：大庆市北三西路
邮编：163114

经理………………… 5832888
副厂长……………… 5842888
调度………………… 5842756

喇九注水站

地址：北三东路
邮编：163114

队长………………… 5836100
副队长……………… 5836100
主管………………… 5836064

康泰实业公司

地址：大庆市高十一路
邮编：163514

党委书记…………… 4514100
经理………………… 4515699
经委书记…………… 4511510
副经理……………… 4513436
安全总监…………… 4515345
安全副总监………… 4512411
纪委办公室………… 4511976
经理助理…………… 4515878
……………………… 4514190
副总会计师………… 4514990

人力资源部

主任………………… 4513151
副主任……………… 4513370
劳资员……………… 4513742

经理办

主任………………… 4512215
副主任……………… 4515202
干事………………… 4514227
……………………… 4513716
……………………… 4514357
……………………… 4511330

生产协调部

主任………………… 4514190
物资主任…………… 4514353
物资副主任………… 4512196
干事………………… 4512802
房管员……………… 4514436
计划员……………… 4512132
材料员……………… 4512050
……………………… 4515165

安全质量环保部

主任………………… 4511560
干事………………… 4512553

经管法规部

主任………………… 4511753
干事………………… 4511253
……………………… 4512072

稳定中心

地址：大庆市八一街
邮编：163514

主任………………… 4511878
副主任……………… 4511896
信息员……………… 4515832

财务资产部

主任………………… 4514610
副主任……………… 4514757
……………………… 4513530
资产会计…………… 4514248
……………………… 4515221
出纳办公室………… 4511923
会计办公室………… 4514606
……………………… 4513267

提涝采油大队

地址：大同区二百亩地
邮编：163514

书记………………… 4512352
大队长……………… 4512588
副大队长…………… 4512840
生产办主任………… 4512233
安全………………… 4512696
人事劳资…………… 4512696
会计………………… 4512429
材料………………… 4512608
综合办……………… 4512344
生产保障队队长…… 4513991
调度室……………… 4512942

工程维修大队

地址：大庆市萨大路
邮编：163514

大队长……………… 4511717
书记………………… 4512604
副大队长…………… 4512187
……………………… 4514181
生产办主任………… 4512121
安全………………… 4512612
人事政工组………… 4512676
预算………………… 4512907
财务………………… 4514432
经营部……………… 4512905
材料组……………… 4514406
技术组……………… 4514449
调度室……………… 4512944
综合队……………… 4514722
管焊队一队………… 4512765
管焊队二队………… 4512581
管焊队三队………… 4511067
机加车间…………… 4511052
机修车间…………… 4514189

知青作业公司

地址：大庆市萨大路西
邮编：163514

书记………………… 4511204
经理………………… 4512022
副经理……………… 4511650
安全员……………… 4512437
测试队队长………… 4515656
车队队长…………… 4515795
女工干事…………… 4515242
财务………………… 4514186
调度室……………… 4511331
……………………… 4515241

油管修复厂

地址：大庆市升平村
邮编：163514

厂长………………… 4512207
书记………………… 4512215
机加车间主任……… 4511052
机加车间…………… 4514023
热处理车间主任…… 4512218
技术质量是主任…… 4514023

运输大队

地址：大庆市大同区二百亩
邮编：163514

书记………………… 4513234
大队长……………… 4512411
财务………………… 4511284
人事员……………… 4515211
调度………………… 4512902

联通汽车修理厂

厂长………………… 4511088
书记、财务………… 4514306
门卫………………… 4512673
业务室……………… 4514830

建筑工程公司

地址：大庆市萨大路西
邮编：163514

书记………………… 4515883
经理………………… 4515629
副经理……………… 4512033
工会主席…………… 4511920
经营办主任………… 4511667
土建项目部经理…… 4515396
大、小修项目部经理 4512952
安全员……………… 4513389
财务………………… 4512360
资料室……………… 4513389
调度安全…………… 4515396

综合服务中心

地址：大庆市高十一路
邮编：163514

主任………………… 4515770
书记………………… 4515247
财务………………… 4512682
综合办……………… 4512682
安全员……………… 4512570

高平商场

经理………………… 4512388

业务室……………… 4512531
车库门卫…………… 4514241
纯净水厂厂长……… 4511064
小饭桌……………… 4511621

龙阳实业公司

地址：大庆市朝阳沟镇
邮编：166405

书记………………… 4390066
总经理……………… 4390099
总会计师…………… 4390007
副总经理…………… 4390029
…………………… 4394628
…………………… 4393778
经理助理…………… 4390080
…………………… 4392909

纪检监察部

书记………………… 4390096
副主任……………… 4392215

审计办

副主任……………… 4392788
办公室……………… 4393088

财务资产部

主任………………… 4391309
…………………… 4392773

经营法规部

主任………………… 4392673
统计综合…………… 4392073

生产运行部

主任………………… 4393292
安全消防…………… 4391189

人力资源部

副主任……………… 4392544

市场开发部

…………………… 4393607
安全副总监………… 4391669
HSE 监督员 ……… 4391519

机关综合办

主任………………… 4392220
文书………………… 4392533
办公室……………… 4392010
工会………………… 4392210
材料组书记………… 4393261

材料工程部

副主任……………… 4391229

网络室

…………………… 4391398

稳定工作协调服务中心

…………………… 4392206
门卫………………… 4393609

安装公司

经理………………… 4392219
…………………… 4395934
…………………… 4392617
…………………… 4392204
…………………… 4393302
调度室……………… 4391775
生产办……………… 4391645
综合办……………… 4391367
综合队……………… 4391514
管焊队……………… 4393679
技术组……………… 4391571
小车队门卫………… 4395197
彩板安装队………… 4392614

化学溶剂厂

书记………………… 4393841
厂长………………… 4392397
办公室……………… 4392224
锅炉房……………… 4394405
净水剂车间………… 4394401

劳动服务公司

书记………………… 4391760
经理………………… 4392071
副经理……………… 4392901
经营办……………… 4391578
综合办……………… 4391840
公路管理站………… 4392325
保养站财务………… 4393457

农工商分公司

书记………………… 4391856
经理………………… 4390087
副经理……………… 4391272
经营办……………… 4391758
核算室……………… 4392650
电修厂……………… 4391224
鱼场………………… 4395886
作业食堂…………… 4392075

器材站

站长………………… 4396688
计划办主任………… 4393825
调拨………………… 4392634
管理………………… 4391510

运输公司

书记………………… 4394958
经理………………… 4390055
副经理……………… 4393029
财务组……………… 4391521
综合办……………… 4393467
调度室……………… 4391761

房屋维修公司

书记………………… 4392223
经理室……………… 4390058
综合办……………… 4393148

作业公司

书记………………… 4393397
经理室……………… 4390088
副经理……………… 4391580
经营办……………… 4394136
综合办……………… 4392794
安全………………… 4391241
动力队……………… 4391928
机动室……………… 4391346
车队………………… 4391523
捞油队……………… 4395340
调度室……………… 4391819

大庆油田龙阳金属防腐有限公司

总工程师…………… 4986005
调度………………… 4894483
销售办公室………… 4980530
研究所办公室……… 4986016

利达实业公司

地址：大庆市拥军大街
邮编：163113

经理………………… 5857177
书记………………… 5863277
纪委书记…………… 5858077
副总经理…………… 5860077
…………………… 5859977
经理助理…………… 5858220
安全副总监………… 5854731
调研员……………… 5854777

综合办

主任………………… 5862913
办公室……………… 5858126
…………………… 5855633

经营办

主任………………… 5863056
办公室……………… 5857821

财务部

主任………………… 5863919
副主任……………… 5862818
…………………… 5861666
办公室……………… 5863919
…………………… 5859433

核算中心

…………………… 5858883

安全生产运行部

主任………………… 5854789
副主任……………… 5861287
办公室……………… 5862777

生产办公室

…………………… 5862666

物资办公室

…………………… 5863570

人力资源部

主任………………… 5862568
办公室……………… 5862833

纪检监察部主任

…………………… 5858160

稳定协调中心

主任………………… 5855944
办公室……………… 5858695

调度

…………………… 5857305

兴利农业开发有限公司

地址：大庆市拥军大街
邮编：163113

经理………………… 5862633
书记………………… 5862776
副经理……………… 5862166
生产办主任………… 5858913
综合办副主任……… 5862066
劳资员……………… 5857289
机动安全员………… 5858021
项目副经理………… 5862665
综合队……………… 5858952
园林队……………… 5859678
农林队……………… 5858168
净化水厂…………… 5858223
值班室……………… 5858205
农运队……………… 5859042
农牧队……………… 5857325

井下作业分公司三大队

地址：大庆市拥军大街
邮编：163113

经理………………… 5853456
书记………………… 5862450
经营副经理………… 5861956
生产副经理………… 5857469
综合办……………… 5858195
经营办……………… 5856902
材料办……………… 5858658
人事………………… 5859371
作业一队…………… 5855067
作业二队…………… 5855027
作业三队…………… 5855241
准备队……………… 5855021
拉管队……………… 5857816
调度………………… 5858342

茂源纸箱厂

地址：大庆市北二西路
邮编：163113

厂长………………… 5859413
书记………………… 5859269
副厂长……………… 5859736
资产、统计………… 5861650
综合办……………… 5861919
安全………………… 5863928
销受………………… 5857338
财务………………… 5859716
检斤………………… 5859546
锅炉队……………… 5861982
保管………………… 5859667

综合服务大队

地址：大庆市北二东路
邮编：163113

大队长……………… 5861042

书记……………………5862822
副大队长…………5861692
助理……………………5860022
人事……………………5861902
综合办主任…………5857762
锅炉房………………5857566
资产……………………5858946
调度……………………5857910

大庆起重运输机械厂

地址：大庆市北二东路
邮编：163113

书记……………………5861100
厂长……………………5861733
副厂长………………5859497
助理……………………5857238
……………………5858061
财务……………………5858632
党办……………………5850945
人事……………………5857457
质检……………………5850946
技术……………………5861848
……………………5850945
生产……………………5856111
……………………5861848
库房……………………5858170
主任……………………5857238
销受……………………5850946
结构一车间…………5858434
结构二车间…………5863758
电器车间……………5861313
调度……………………5861111

拥军化工厂

地址：大庆市北二东路
邮编：163113

书记……………………5854333
厂长……………………5854000
副厂长………………5858958
厂长助理……………5858633
综合办………………5858960
财务……………………5851898
调度室………………5858508
锅炉房………………5857869

天安玻璃钢厂

地址：大庆市北二东路
邮编：163113

办公室………………5861991
……………………5862909
财务……………………5862573

兴利重晶石粉厂

地址：大庆市友谊大街
邮编：163113

厂长……………………5858838
综合室………………5858328
调度……………………5856308

昆仑集团

地址：大庆市爱国路
邮编：163458

领导

总经理………………5955001
党委书记……………5955002
常务副总经理、局农场场长
……………………5955187
党委副书记、纪委书记、工会主席……………5955004
副总经理……………5955006
……………………5955007
……………………5955186
……………………5955005
副总经理、安全总监 5955008
总会计师……………5955009
总经理助理…………5955028
安全副总监…………5955066
法律顾问……………5955076
经济顾问……………5955101

办公室（党委办公室）

主任……………………5955011
副主任………………5955013
……………………5955012
机要秘书……………5955010
办公室………………5955016
档案员………………5955017
房产……………………5955098
公务员………………5955015

规划计划与经营法规部

经理……………………5955018
副经理………………5955019
……………………5955021
……………………5955026
规划计划与经营法规 5955022
……………………5955023

人力资源部（党委组织部）

经理……………………5955028
副经理………………5955029
……………………5955030
人事档案调配………5955032
劳动合同保险………5955031

财务资产部

经理……………………5955038
副经理………………5955035
……………………5955051
……………………5955050
固定资产管理………5955039
资金结算中心………5955033
成本管理……………5955036
……………………5955061
经费报销……………5955037
房产、工会、投资公司会计
……………………5955020

市场开发部

经理……………………5955055
副经理………………5955056
……………………5955053
市场开发部…………5955058
计算机网络管理……5955059
……………………5955090

安全质量环保部

经理……………………5955066
副经理………………5955105
……………………5955068
质量、综合…………5955063
保卫……………………5955065
安全管理……………5955070
……………………5955069
总值班室……………5955099
……………………5955100

纪委监察部

部长……………………5955077
副部长………………5955072
纪检监察……………5955075
清欠办干事…………5955073

审计部

经理……………………5955078
副经理………………5955079
审计员………………5955080
……………………5955082
审计中心审计员……5955081
……………………5955087

企业文化部（党委宣传部）

部长……………………5955083
副部长………………5955085
干事……………………5955086
《昆仑信息》编辑部 5955102

工青工作部

部长……………………5955088
副部长………………5955089
干事……………………5955091

研究所

所长……………………5955109
副所长………………5955027
……………………5955062
研究所………………5955025

HSE 监督站

站长……………………5955135
监督员………………5955071

稳定工作协调服务中心

书记……………………5828735
主任……………………5828736
办公室………………5828734

其他

一楼警卫……………5955096
维修班………………5955095
食堂……………………5955093
司机休息室…………5955092
变电所………………5952048

农工商离退休职工管理中心

地址：大庆市中七大路
邮编：163001

书记……………………5885010
主任……………………5882819
副主任………………5812636
……………………5812746
党办主任……………5881468
行政办主任…………5881213
财务……………………5828642
劳资……………………5828641
房产……………………5826774
家属管理……………5881754
有偿解除劳动合同人员管理
……………………5885114
司机班………………5881339

中区

书记、站长…………5828475
工作人员……………5826579

西区

站长……………………5993820
工作人员……………5992725

东区

站长……………………4683017
工作人员……………4683017
中七路活动室………5823338

西区服务站

站长……………………5992725
办公室………………5993820
……………………5992725

计算机办

科员……………………5951604

大庆商厦

地址：大庆市西宾路
邮编：163453

经理……………………5990178
书记……………………5999299
副经理………………5994233
……………………5999871
……………………5995103
党政办副主任………5994371
……………………5999817
人事员………………5994490
稳定干事……………5999817
工会干事……………5994371
业务办主任…………5995630
商管办主任…………5982672
微机室主任…………5996334
收款台主任…………5984650

储运经理………… 5994464
运行队队长………… 5985608
财务办
主任………… 5994620
税务会计………… 5997348
行管办
主任………… 5995410
副主任………… 5994208
保卫部
主任………… 5994894
副主任………… 5977690
广告部
主任………… 5999879
广告员………… 5998044
信息员………… 5999879
团购
经理………… 5977272
副经理………… 5996897
后勤
经理………… 5981391
副经理………… 5996280
………… 5996107
超市商场
经理………… 5972241
副经理………… 5995849
办公商场
经理………… 5994028
场副经理………… 5994632
鞋帽商场
………… 5988227
儿童商场
经理………… 5977695
珠宝商场
经理………… 5999232
服装商场
经理………… 5996470
日化商场
经理………… 5977691
体育商场
经理………… 5994671
文专商场
副经理………… 5977933
针纺商场
副经理………… 5994130
油田商贸中心
地址：大庆市昆仑大街
邮编：163453
经理………… 5996816
书记………… 5996197
副经理………… 5995799
………… 5995296
办公室
主任………… 5994207
副主任………… 5987949
干事………… 5987949
组织………… 5994205
商业运营部主任………… 5996203
专营区
经理………… 5995767
投诉调节员………… 5996384
监评办主任………… 5994316
财务部
主任………… 5995433
会计………… 5997678
广告部
主任………… 5994206
广告设计………… 5994278
安全部主任………… 5987348
监控室班长………… 5996013
保卫部主任………… 5997179
经保队长
………… 5998187
后勤保障部
主任………… 5994308
公寓管理员………… 5996184
司机班班长………… 5995714
物业保障部
主任………… 5994203
电工负责人………… 5985403

成基大厦

地址：大庆市西宾路
邮编：163453
经理………… 5900707
书记………… 5900713
副经理………… 5900711
………… 5900710
办公室
主任………… 5900406
副主任………… 5900405
经营部
主任………… 5900409
副主任………… 5900408
客房部
经理………… 5900913
副经理………… 5900123
餐饮部
经理………… 5900132
副经理………… 5900102
工程部
经理………… 5900128
财务部
经理………… 5900712
保卫部
经理………… 5900110
公关部
经理………… 5900413
大堂经理
………… 5900607
旅行社经理
………… 5900607

昆仑购物中心

地址：大庆市胜利路
邮编：163453
经理………… 5956515
书记………… 5951613
副经理………… 5972770
………… 5998686
………… 5972780
办公室
主任………… 5980492
副主任………… 5951893
商品部
主任………… 5980141
副主任………… 5999947
人力资源部
主任………… 5977127
财务部
主任………… 5964772
经营部
主任………… 5964315
市场开发部
主任………… 5973143
安全部
主任………… 5953919
商管办
主任………… 5987300
计算机办
主任………… 5951604
防损部
主任………… 5988110
配送中心
主任………… 5977593
后勤保障部
主任………… 5979633
维修队
主任………… 5977192
二楼商场
经理………… 5973140
副经理………… 5977225
三楼商场
经理………… 5973143
副经理………… 5981492
龙南店
店长………… 5972332
副店长………… 5977273
乘风店
店长………… 5691666
副店长………… 5687707
微机室………… 5698808
服务台………… 5699009
财务………… 5687707
让胡路店
店长………… 5097158
副店长………… 5099316
………… 5099420

昆仑家电

地址：大庆市西宾路
邮编：163453
经理………… 5995495
书记………… 5976718
副经理………… 5995742
………… 5996893
经理助理………… 5995740
主任………… 5995775
人事员………… 5962753
宣传员………… 5996831
经营管理部
经理………… 5991026
………… 5995782
副经理………… 5963962
合同员………… 5991126
营销策划………… 5992633
财务资产部
经理………… 5966218
报销会计………… 5963925
储运管理部
经理………… 5966213
保管员………… 5966580
安全保卫部
经理………… 5992853
经警队长………… 5962754
后勤保障部
经理………… 5966703
副经理………… 5992631
电工班长………… 5966795
锅炉班长………… 5966763
售后服务中心
副经理………… 5991706
………… 5991716
法律事务部
经理………… 5996632
市场开发部
经理………… 5966225
信息服务部
副经理………… 5995930
电视商场
经理………… 5950580
冰洗商场
经理………… 5966762
副经理………… 5991763
业务员………… 5992807
小家电商场
经理………… 5966217

副经理…………………… 5966231
…………………………… 5966220

3C 商场

经理…………………… 5992629
副经理…………………… 5950800
业务员…………………… 5997832

昆仑宾馆

地址：大庆市西宾路
邮编：163453

经理…………………… 5998708
书记…………………… 5998135
副经理…………………… 5966710
主任…………………… 5966721

财务部

主任…………………… 5966721

经营部

主任…………………… 5966722

安保部

主任…………………… 5951878

工程部

主任…………………… 5966725

客房部

主任…………………… 5966726

餐饮部

主任…………………… 5966854

昆仑城

地址：大庆市昆仑大街
邮编：163453

经理…………………… 5991119
书记…………………… 5989620

财务部

主任…………………… 5985553

办公室

主任…………………… 5985551

安全质量保卫部

…………………………… 5985551

总务部

主任…………………… 5988447

新潮网络

经理…………………… 5935222

一口猪

经理…………………… 5987444

大庆人火锅

副经理…………………… 5950222

品艺

经理…………………… 5960933

昆仑副食

地址：大庆市胜利路
邮编：163453

经理…………………… 5980268
书记…………………… 5996488
副经理…………………… 5961992
主任…………………… 5961990
人事员…………………… 5960136

商管办

主任…………………… 5961993

保卫部

主任…………………… 5991566

财务主管

…………………………… 5961990

后勤部

主任…………………… 5985106
安全员…………………… 5991566

油田书店

地址：大庆市昆仑大街
邮编：163453

经理…………………… 5982880
财务主管…………………… 5984282

业务部

主任…………………… 5984249
部经理…………………… 5984280

电缆分公司

仓储中心

地址：大庆市测井路
邮编：163412

书记…………………… 5671488
主任…………………… 5687034
生产…………………… 5693425
门卫…………………… 5696410
销售公司…………………… 5684959

建筑工程有限公司

地址：大庆市乘风东路
邮编：163411

办公室…………………… 5795522
销售公司…………………… 5688100
物管中心…………………… 5291333
涂料厂…………………… 5795496
研发中心…………………… 5680150
轻钢加工厂…………………… 5199311
建筑工程施工队…………… 5952542
防水防腐施工队…………… 5199554
装饰装修施工队…………… 5394951
轻钢工程施工队…………… 5381055

庆港包装材料有限公司

地址：大庆市爱国路
邮编：163453

经理…………………… 5955288
党委书记…………………… 5955299
副经理…………………… 5955277
…………………………… 5955255
总会计师…………………… 5955279

办公室

主任…………………… 5955269
办公室…………………… 5955289

市场开发科

科长…………………… 5955287
副科长…………………… 5955297

生产管理科

科长…………………… 5995265
副科长…………………… 5955275

财务资产科

副科长…………………… 5955268
财务资产…………………… 5955238
…………………………… 5955298
出纳…………………… 5955278

人力资源与审计监察科

副科长…………………… 5955296

应收款监督管理办公室

主任…………………… 5955296
办公室…………………… 5955276
办公楼门卫…………………… 5955267
集团侧门门卫…………………… 5955228

庆港塑料薄膜分公司

地址：大庆市昆仑大街
邮编：163453

书记…………………… 5995997
副经理…………………… 5998830
财务室、发票员…………… 5993174
设备部、制膜二车间 5997194
质检部…………………… 5998616
销售（传真）…………… 5998584
…………………………… 5999723
动力车间…………………… 5984445
调度室（门卫）…………… 5999477

亚美纸箱分公司

地址：大庆市昆仑大街
邮编：163453

书记…………………… 5994499
副经理…………………… 5992964
…………………………… 5978876

财务部

财务…………………… 5995960
企业部…………………… 5994124

业务部

办公室…………………… 5994124
传真…………………… 5994736
物流部…………………… 5953693
车间主任（纸板、成型、彩印）
…………………………… 5999700
门卫值班室…………………… 5994033

亚美包装制品公司

留守处…………………… 5886655

美尔达塑编分公司

地址：大庆市西宾西路
邮编：163712

经理…………………… 5519030
副经理…………………… 5519031
…………………………… 5519032
办公室…………………… 5519013
销售部…………………… 5519020
门卫…………………… 5519015

奥维涂料有限公司

地址：大庆市红岗北十二街 4 号
邮编：163511

油漆分公司

经理…………………… 4192572
办公室…………………… 4194256

建筑工程有限公司

地址：大庆市爱国路
邮编：163453

建筑工程施工队

队长…………………… 5952542
副队长、书记…………… 5952543

达源新型建材分公司

地址：大庆市北方汽配城 32 号
邮编：163458

经理…………………… 5919349
书记…………………… 5919303
副经理…………………… 5919305
…………………………… 5919307
…………………………… 5919316
总会计师…………………… 5919308

办公室

主任…………………… 5919317
办公室…………………… 5919304

项目管理科

科长…………………… 5919312

财务资产科

科长…………………… 5919310
办公室…………………… 5912408
…………………………… 5912404

生产经营科

科长…………………… 5912402
代理副科长…………………… 5912401

人力资源与监察科

科员…………………… 5912406
石油广场配电值班室 5760257

物业公司

世纪家园管理处…………… 5105072
东湖上城管理处…………… 5733626
奥林国际公寓管理处 5152202

大庆恒新房地产开发有限公司

经理…………………… 5919305
副经理…………………… 5911019
…………………………… 5919306
…………………………… 5911713
…………………………… 5911891
办公室主任…………………… 5917600
经营部主任…………………… 5919313

大庆油田水泥有限公司

地址：大庆市试采北路
邮编：163412

总经理……5792588
总会计师……5792738
副总经理……5792706
……5793133
生产副总经理……5792309
销售副总经理……5791521
采购副总经理……5792378

经理办
……5792701
……5790011

安全环保部
……5792713

财务经营部
……5792306
……5792703
……5792766

技术质量部
……5792702

经管法规办
……5792707

销售公司

销售公司
经理……5792556
副经理……5793732
办公室……5792709
……5792000

化验室
……5793740
……5791375

第一水泥厂
厂长……5698864
副厂长……5791543
……5698884
厂长助理……5791372
生产办……5791374
财务……5791373
供销……5791371
车队……5791541
值班室……5691437

第二水泥厂
书记……5814418
厂长……5886133
副厂长……5886130
办公室……5882418
……5885400
化验办……5882022
供销办……5812376
销售办……5813880

第三水泥厂
厂长……5792705
副厂长……5791542
……5792450
……5792589
综合办……5792523
经营办……5791522
储运办……5792550
生产车间……5792976
业务室轨道衡……5791547

农牧分公司

地址：大庆市中七大路
邮编：163001

总经理……5806101
党委书记……5806102
副总经理……5806104
……5806107
总会计师……5806108
项目经理……5806105

办公室
主任……5806106
办公室……5806109
……5806117

人力资源与监察科
科长……5806128
人力资源与监察科……5806115

财务资产科
科长……5806121

财务资产科
……5806120
……5806122
……5806116

经营管理科
科长……5806111

经营管理科
……5806112

生产安全科
科长……5806103

生产安全科
……5806113

生活服务中心
经理……5184998
书记……5184919
副经理……5184918
办公室……5184922
调度……5393862
财务……5393282
仓储公司……5393397
生产服务公司……5198418
……5393284
营运公司……5395044
……5184920
屠宰线……5397609
铁路值班室……5393286

疫病防治站
站长……5806125
疫病防治站……5806125

普圆销售中心
主任……5806127
普圆销售中心……5806118
……5806119

租赁管理中心
主任……5806123
书记……5806129
租凭管理中心……5806110
……5806124
调度……5806100

种猪厂
厂长……5836129
……5835307
财务……5831288
值班室……5835901
饲料厂……5516311

农业新技术推广站
站长……4688119
书记……4668236
副站长……4661326
办公室……4661336
科技科……4669948

大庆石油管理局农场

地址：大庆市爱国路
邮编：163453

集团常务副总经理、场长
……5935000
书记……5900033
副书记、纪委书记、工会主席
……5987933
副场长……5960422
……5963519
场长助理……5962548

办公室（党委办公室）
副主任、信息中心主任 5992267
办公室……5992267

党群工作部
部长……5962626
办公室……5981136

经营计划部
副部长……5975155

财务资产部
副部长、结算中心主任 5976593
办公室……5976593

人力资源部
副部长……5980239
办公室……5980239

生产技术部
部长……5988593
副部长、科研站站长 5963590
办公室……5963590

安全设备部
部长……5961066
副部长、HSE 监督站站长
……5971087
办公室……5971087

稳定中心（离退休管理中心）
书记……5973712
主任……5973712

矿泉水厂
办公室、销售……5962111
……5960379
……5980035

销售公司
副经理……5960319

旅游公司
副经理……5937555
旅行社……5937333

云都经济技术开发公司
副经理……5997470
办公室……5994472
……5991753

昆仑汽车修理厂
书记……5988469
厂长……5973292
副厂长……5973307
办公室……5974337
值班室……5973307
材料室……5974306

发展集团

地址：大庆市龙十路
邮编：163453

领导
局长助理、集团总经理 5194999
党委书记、副总经理 5191933
副总经理……5396377
……5977633
党委副书记、纪委书记、工会主席……5193533
……5999971

办公室
主任……5184576
办公室……5396526
……5397015
……5392113

经营管理部
部长……5390378
办公室……5397477
……5196660

财务资产部
部长……5184738
办公室……5399042
……5397156

人力资源部

部长……………………5184621
办公室…………………5183857
……………………………5395861

市场营销部

部长……………………5399611
办公室…………………5399711
……………………………5555333

审计监察部

负责人…………………5399218
办公室…………………5394277

企业文化部

部长……………………5184723
办公室…………………5399211

信息中心

主任……………………5184645
办公室…………………5394646
传真……………………5397010
值班室…………………5392119
驻油公司票务室……5936001
……………………………5936002

大庆油田国际旅行社

经理……………………5999971
市场部…………………5992203
……………………………5972729
国内一部………………5992201
国内二部………………5992207
航空票务中心………5979780
……………………………5979799
营业中心………………5966002
……………………………5966003
疗养中心………………5951580
……………………………5951570
疗养中心会议室……5982670
大庆石油宾馆分社 …5953247
办公室…………………5951560
……………………………5972728
计调部…………………5977165
热线……………………5555566

大庆石油宾馆

地址：大庆市昆仑大街
邮编：163453

总经理…………………5950533
副总经理………………5953227
……………………………5953533
……………………………5953277
工会主席………………5953079
局发展旅游事业部副经理
……………………………5983003
总机……………………5900999
办公室…………………5953202
营销部…………………5953246
财务部…………………5953213
前厅部…………………5991472
……………………………5953242
餐饮部…………………5975092
……………………………5953226
客房部…………………5953221
经营部…………………5953268
公关部…………………5953204
工程部…………………5953234
采购部…………………5953215
保卫部…………………5953233

文化集团

地址：大庆市西宾路
邮编：163453

集团领导

总经理…………………5966568
党委书记………………5973981
党委副书记……………5968690
纪委书记………………5968690
工会书记………………5968690
副总经理………………5997232
……………………………5109188
……………………………5109789
总会计师………………5109256

办公室（党委办公室）

主任……………………5109258
办公室…………………5976032
……………………………5109000

人力资源部（党委组织部）

部长……………………5109006
办公室…………………5109007

纪委监察与党群工作部

部长……………………5976670
办公室…………………5109009

新闻文化部

部长……………………5109018
办公室…………………5976723

规划计划部

部长……………………5981701
办公室…………………5981703

经营管理部

部长……………………5109008
办公室…………………5109080

财务资产部

部长……………………5977362
办公室…………………5109118
资金结算中心…………5109120

安全环保部

部长……………………5976685
办公室…………………5109223

综合协调部

部长……………………5109019
办公室…………………5109111

大庆油田文化艺术工作者联合会

副主席…………………5990972
综合办主任……………5998591
文学美术部……………5994018
音乐舞蹈部……………5984015

铁人王进喜纪念馆

书记……………………5935001
馆长……………………5935002
副馆长…………………5935008
……………………………5935007
……………………………5935006
办公室…………………5935159
宣教部…………………5935077
陈列部…………………5935068
研究部…………………5935099
技术部…………………5953273
总务部…………………5935188
财务部…………………5935199

大庆油田报社

社长……………………5984595
书记……………………5984265
总编辑…………………5984086
副总编…………………5984599
……………………………5984262

综合办

主任……………………5975228
办公室…………………5984583

总编办

主任……………………5984585
办公室…………………5999382
要闻采访部……………5984627
经济采访部……………5976200
综合采访部……………5984266
新闻摄影部……………5984261
要闻编辑部……………5984592
经济编辑部……………5977382
专刊编辑部……………5984261
油化周刊………………5973162
都市生活部……………5984210

大庆油田有限电视中心

主任……………………5109199
书记……………………5991186
总编……………………5999550
副总编…………………5109198
……………………………5109093

综合办

主任……………………5109026
办公室…………………5109180
总编室…………………5983011
新闻部…………………5983013
编辑部…………………5109189
专题部…………………5109187
文艺部…………………5109013
技术部…………………5109106
录制部…………………5109186

大庆油田文化艺术中心

主任……………………5985533
书记……………………5990493
副主任…………………5962323
……………………………5991181
综合办…………………5992573
技术开发部……………5993853
培训部…………………5977516
影剧院…………………5998676
游泳馆…………………5998283
体育馆…………………5984767
服务队…………………5998284

大庆油田报捷公司

书记……………………5980328
经理……………………5994969
副经理…………………5950038
……………………………5986991

综合办

主任……………………5981707
办公室…………………5984202
电视广告部……………5977056
报纸广告部……………5965003
发行中心………………5962811
印务中心………………5981733
捷报广告………………5970488

大庆油田有线电视网络公司

经理……………………5109999
书记……………………5993846
副经理…………………5109128
……………………………5994021

综合办

主任……………………5991188
办公室…………………5994109
用户服务部……………5109122
网络技术部……………5987915
数据网络部……………5109123
工程开发部……………5109068
东光分站………………4650800
东湖维修队……………5769740

大庆油田图书馆

馆长……………………5998610
副馆长…………………5982086
……………………………5982513

综合办

主任……………………5982389
办公室…………………5951330
辅导部…………………5982580
现代化部………………5977286
期刊部…………………5982680
信息开发部……………5982438
借阅部…………………5977560

银浪文化站

地址：大庆市勘探路
邮编：163412

杏五井维修队…………5793913

闭路播放站
值班室二楼………… 5791956

大庆师范学院

地址：大庆市西宾西路
邮编：163712

领导
书记…………………… 5510001
院长…………………… 5510966
副书记………………… 5510008
副院长………………… 5510018
…………………………… 5510009
…………………………… 5510173
…………………………… 5510010
工会主席……………… 5510858
调研员………………… 5510005
督学…………………… 5510055
人力资源部（党委组织部）
部长…………………… 5510022
副部长………………… 5510048
…………………………… 5510020
…………………………… 5510037
党委组织部
党委组织员…………… 5510023
组织建设科…………… 5510021
干部管理科…………… 5510013
劳动组织管理科……… 5510033
师资队伍建设办公室
…………………………… 5510029
离退休职工管理中心（稳定办）
主任…………………… 5095769
书记…………………… 5098768
副主任………………… 5095759
调研员………………… 5599993
…………………………… 5510236
办公室………………… 5091850
宣传部
部长…………………… 5510026
副部长………………… 5510178
…………………………… 5510024
办公室………………… 5510025
工会
副主席………………… 5510999
办公室………………… 5510027
监察审计处
主任…………………… 5510031
办公室………………… 5510032
学工部（处）、团委
主任、书记…………… 5510300
副主任………………… 5510299
副书记………………… 5510034
办公室………………… 5510035
…………………………… 5510295
…………………………… 5510297
大学生资助中心…… 5510298
大学生活动中心…… 5594443
学生会………………… 5510183
党政办
主任…………………… 5510123
副主任………………… 5510197
…………………………… 5510030
文秘科………………… 5510028
…………………………… 5510038
…………………………… 5510097
综合科………………… 5510039
外事科………………… 5510002
…………………………… 5510198
档案室………………… 5510040
文印室………………… 5510036
收发室………………… 5510041
招生就业处
处长…………………… 5510088
副处长………………… 5510188
综合办公室…………… 5510210
招生管理室…………… 5510288
就业市场开发室…… 5510219
…………………………… 5510281
…………………………… 5510282
…………………………… 5510283
财务资产处
主任…………………… 5510051
副总会计师…………… 5510003
财务…………………… 5510187
资产…………………… 5510138
报销大厅……………… 5510052
收费专线……………… 5510053
食堂收款……………… 5510152
一卡通挂失专线…… 5510301
安全保卫处
主任…………………… 5510262
副主任………………… 5510119
办公室………………… 5510054
户籍室………………… 5510182
报警电话……………… 5510110
教务处
处长…………………… 5510011
副处长………………… 5510056
…………………………… 5510058
教务科………………… 5510057
实践教学科…………… 5510208
教学研究科…………… 5510268
教材科………………… 5510059
考试中心……………… 5510060
…………………………… 5510293
评建办公室…………… 5510321
科研处
主任…………………… 5510061
办公室………………… 5510062
学科建设办
主任…………………… 5510050
教学评价中心
主任…………………… 5510068
副主任、办公室…… 5510069
教学督导团…………… 5510269
发展规划处
主任…………………… 5510046
办公室………………… 5510063
外国语学院
院长…………………… 5510077
书记…………………… 5510070
副主任………………… 5510078
办公室………………… 5510076
公外教研室…………… 5510096
外教办公室…………… 5510079
辅导员………………… 5510141
中文系
主任…………………… 5510080
书记…………………… 5510081
副主任………………… 5510192
办公室………………… 5510082
辅导员………………… 5510286
计算机科学与信息技术系
主任…………………… 5510086
书记…………………… 5510085
副主任………………… 5510083
办公室………………… 5510307
实验室………………… 5510292
教研室………………… 5510049
计算机室……………… 5510084
辅导员………………… 5510289
工商管理与法律系
主任…………………… 5510012
书记…………………… 5593214
副主任………………… 5594972
办公室………………… 5594022
辅导员………………… 5092925
艺术学院
院长…………………… 5510091
书记…………………… 5510092
副主任………………… 5510213
学生党支部书记…… 5510093
音乐教研室…………… 5510089
美术教育教研室…… 5510095
公共课教研室……… 5510094
展室…………………… 5510132
辅导员………………… 5510176
教育科学学院
院长…………………… 5510098
书记…………………… 5510099
副院长………………… 5510101
院长助理……………… 5510102
…………………………… 5510190
调研员………………… 5510100
心理咨询研究所…… 5510121
辅导员………………… 5510234
数学系
主任…………………… 5510103
书记…………………… 5510105
副主任………………… 5510193
办公室………………… 5510104
辅导员………………… 5510291
物理与电气信息工程系
主任…………………… 5510108
书记…………………… 5510106
副主任………………… 5516833
办公室………………… 5510107
辅导员………………… 5510120
化学化工系
主任…………………… 5510111
书记…………………… 5510112
副主任………………… 5510169
办公室………………… 5510109
辅导员………………… 5510189
结垢与腐蚀研究所 … 5510113
体育系
主任…………………… 5510114
书记…………………… 5510115
副主任………………… 5510287
辅导员………………… 5510195
西院体育馆…………… 5510117
东院体育馆…………… 5510116
社会科学系
主任…………………… 5096679
书记…………………… 5597118
副主任………………… 5096697
办公室………………… 5096737
辅导员………………… 5096848
生命科学系
主任…………………… 5510228
书记…………………… 5510227
副主任………………… 5510177
调研员………………… 5510087
办公室………………… 5510226
辅导员………………… 5510142
信息中心
主任…………………… 5510222
书记…………………… 5510196
网络部………………… 5510126
电教部………………… 5510128
维修部………………… 5510125
闭路…………………… 5510127
多媒体教室…………… 5510044
群控管理中心………… 5510229
成人教育学院
院长…………………… 5058976
书记…………………… 5059666

副院长……………… 5510064
……………………… 5510065
……………………… 5057669
办公室……………… 5056967
……………………… 5510067
招生办……………… 5059132
自考办……………… 5510066
值班室……………… 5059834
实训楼……………… 5059339
公寓楼……………… 5059960
餐厅………………… 5056226
门卫………………… 5055779

图书馆

主任………………… 5510777
书记………………… 5510977
副主任……………… 5510130
办公室……………… 5510131
参考咨询部………… 5510167
监控室……………… 5510129

学报编辑部

主任………………… 5510137
书记………………… 5510136
主编………………… 5510135
办公室……………… 5510139

总务处、总公司

处长………………… 5510201
书记………………… 5510207
总经理……………… 5510205
基建办公室………… 5510203
……………………… 5510202
办公室……………… 5510212
……………………… 5510211
总务科……………… 5510209
房产………………… 5510204
器材………………… 5096145

综合服务中心

主任………………… 5510216
办公室……………… 5510168
服务热线…………… 5510261
浴池………………… 5510238
纯净水服务部……… 5516727
印刷厂……………… 5593982
医院………………… 5088120
水泵房……………… 5510230
锅炉房……………… 5510171

车辆服务中心

经理………………… 5593983
调度………………… 5599731

物业服务中心

经理………………… 5592173
书记………………… 5592174
办公室……………… 5594369

餐饮服务中心

经理………………… 5510156
副经理……………… 5510151
职工餐饮部………… 5510221
学生一餐厅
餐饮部……………… 5510220
值班室……………… 5510153
学生二餐厅
餐饮部……………… 5510157
值班室……………… 5510154

公寓管理中心

主任………………… 5510019
管理员……………… 5510158
维修组……………… 5510159
第一公寓
值班室……………… 5510160
办公室……………… 5510340
第二公寓
值班室……………… 5510161
办公室……………… 5510341
第三公寓
值班室……………… 5510162
办公室……………… 5510342
第四公寓
值班室……………… 5510163
办公室……………… 5510343
第五公寓
值班室……………… 5510164
办公室……………… 5510344
第六公寓
值班室……………… 5510165
办公室……………… 5510350
第七公寓
值班室……………… 5510184
办公室……………… 5510351
第八公寓
值班室……………… 5510185
办公室……………… 5510352
第九公寓
值班室……………… 5510090
办公室……………… 5510353
……………………… 5510356
第十公寓
值班室……………… 5510217
办公室……………… 5510358
……………………… 5510359
外籍教师公寓……… 5510170
职工公寓…………… 5510186

各值班室

综合教学楼………… 5510181
一号办公楼………… 5510180
二号办公楼………… 5510183
外国语学院………… 5510174
中文系……………… 5510175
工商管理与法律系 … 5090834
艺术学院…………… 5510094
教育科学学院……… 5510190
物理与电气信息工程系 5510107
化学化工系………… 5510109
社会科学系………… 5510191
生命科学系………… 5510177
计算机科学与信息技术系
……………………… 5510179
图书馆……………… 5510133
北门………………… 5591680

大庆职业学院

地址：大庆市火炬东路
邮编：163255

领导

党委书记…………… 5879777
院长………………… 5873098
党委副书记、纪委书记 5870008
党委副书记、工会主席 5870003
副院长……………… 5870006
……………………… 5870010
……………………… 5878118
总会计师范………… 5871888
院长助理…………… 5871878

党政办公室

主任………………… 5871233
副主任……………… 5878363
……………………… 5871776

秘书办公室

……………………… 5872098

综合管理

……………………… 5871139

文书办公室

……………………… 5874099

公务员

……………………… 5871391

档案室

……………………… 5876350

打字复印室

……………………… 5871921

人力资源部

部长………………… 5871889
副部长……………… 5875370
……………………… 5872509
党委组织员………… 5878342
办公室……………… 5872305
……………………… 5878981

党委宣传部

部长………………… 5876668
副部长……………… 5872299
办公室……………… 5872370
……………………… 5872274

纪检监察审计部

部长………………… 5878112
副部长……………… 5874442
办公室……………… 5872541
……………………… 5872176

工会

副主席……………… 5878878
办公室主任………… 5878160
女工委员会主任…… 5871994
北区礼堂…………… 5874142

学生工作部

部长………………… 5876318
副部长……………… 5878501
团委书记…………… 5872814
南区学工部办公室 … 5872573
北区学工部办公室 … 5871319
舍务管理中心主任 … 5872542

教务处

处长………………… 5872712
副处长……………… 5874024
……………………… 5872909
教学调度（北区） … 5871175
教学调度（南区） … 5873119
教学管理室………… 5871329
教材………………… 5874454
实践教学…………… 5873118

招生就业指导处

处长………………… 5871601
副处长……………… 5876043
招生就业服务中心副主任
……………………… 5875333
……………………… 5874446
办公室……………… 5876066
……………………… 5873139

科研产业处

处长………………… 5878885
副处长……………… 5871996
办公室……………… 5871143
规划计划室………… 5329278
石油机械厂厂长…… 5873381
农工商分公司经理 … 5871806
农工商公司办公室 5871559
大石公司…………… 5878633

财务资产部

处长………………… 5873698
副处长……………… 5871695
……………………… 5875204
办公室……………… 5871751
……………………… 5871635

后勤处

处长………………… 5874898
副处长……………… 5877708
……………………… 5874110
办公室、爱卫办…… 5871969
基建办公室主任…… 5871979
办公室……………… 5873819
安全办……………… 5871827

经保大队队长……… 5873110
经保大队…………… 5876110
值班管理办公室…… 5877691
南区门卫值班室…… 5874941
北区门卫值班室…… 5871604

质量监控中心
主任………………… 5871218
办公室……………… 5871976
…………………… 5871632
离退中心、稳定中心
党支部书记………… 5871998

离退休职工管理中心
主任………………… 5872818
办公室……………… 5871995
稳定协调服务中心
主任………………… 5871065
副主任……………… 5877998
办公室……………… 5875647

图书馆、职教所
党支部书记………… 5871977
图书馆
主任………………… 5871997
副主任……………… 5875244
南区图书分编室…… 5874424
南区图书馆值班室 … 5871158
职业教育研究所
主任………………… 5877635
副主任……………… 5875558

现代教育技术中心
支部书记…………… 5876825
主任………………… 5876826
副主任……………… 5872503
…………………… 5871515
办公室……………… 5875334
网络维护室………… 5874014
北区电教闭路站…… 5874146
南区电教闭路站…… 5875216
南区教学楼值班室 … 5872143
北区一号教学楼值班室 5878903
北区二号教学楼值班室 5878906
北区三号教学楼值班室 5877713
培训楼值班室……… 5878920

石油工程系
党支部书记………… 5874413
主任………………… 5871231
副主任……………… 5877295
…………………… 5877310
…………………… 5877291
办公室……………… 5872732

学生管理办公室
（南区） ………… 5877553
（北区） ………… 5874745
一号实验楼值班室 … 5874175

化学工程系
党支部书记………… 5874465
主任………………… 5877529
副书记……………… 5877758
副主任……………… 5871164
…………………… 5877573
办公室……………… 5872734
学生管理办公室…… 5877535
二号实验楼值班室 … 5874494

机电工程系
党支部书记………… 5872733
主任………………… 5876044
副书记……………… 5874461
副主任……………… 5871144
学管………………… 5876904

工商管系
党支部书记………… 5872188
主任………………… 5877593
副书记……………… 5873075
副主任……………… 5872735
…………………… 5871174
办公室……………… 5874463
学管………………… 5878107

计算机应用工程系
党支部书记………… 5870104
主任………………… 5870102
副书记……………… 5871154
副主任……………… 5874467
…………………… 5873663
办公室……………… 5874145
学管………………… 5877935
计算机室…………… 5877146

人文科学系
党支部书记………… 5874462
主任………………… 5874423
副书记……………… 5877526
副主任……………… 5872703
办公室……………… 5870950
学管………………… 5877523

公共课教学部
党支部书记………… 5874476
主任………………… 5878499
副主任……………… 5874464
办公室……………… 5872736
心理热线（南区） … 5877035
心理热线（北区） … 5877583

体育教研室
体育馆（南区）…… 5872514
体育馆（北区）…… 5874147

续教育培训部
党支部书记………… 5870888
主任………………… 5871666
副书记……………… 5872975
常委副主任………… 5874466
副主任……………… 5873920

综合办公室
主任………………… 5874666
办公室……………… 5872543

HSE 办公室
副主任……………… 5872976
办公室……………… 5871649

学历教育部
主任、副主任……… 5872232
成人办公室………… 5872141
招生办公室………… 5870048

培训一部
主任………………… 5877516
副主任……………… 5872980
技培招待所负责人 … 5872977
市场开发办………… 5872979
驾培教研室………… 5872978

培训二部
主任………………… 5871201
副主任……………… 5878411
办公室……………… 5875731
北区招待所负责人 … 5874144

生活服务公司
党支部书记………… 5870020
经理………………… 5870666
党委副主任、工会主席
…………………… 5873883
副经理……………… 5870958
…………………… 5877613

综合办公室
主任………………… 5872088
办公室……………… 5871672

经营管理办公室
主任………………… 5875858
办公室……………… 5872853
安全员……………… 5875111

餐饮分公司
书记………………… 5874478
经理………………… 5874412
副经理……………… 5877623
办公室……………… 5871513
南区一食堂………… 5873798
南区二食堂………… 5874473
南区三食堂………… 5871208
南区培训食堂……… 5871512
南区职工食堂……… 5878103
北区一食堂………… 5878481
北区三食堂………… 5878482
北区小食堂………… 5871334
北区职工食堂……… 5878137

物业分公司
书记………………… 5872789
经理………………… 5871116
副经理……………… 5876111
备品管理办公室…… 5878091
南区电工班………… 5874854
北区电工班………… 5874149
南区维修班………… 5874479
北区维修班………… 5873639
南区卫生所………… 5875570
北区卫生所………… 5874143
南区污水处理站…… 5878410

运输分公司
书记………………… 5874472
经理………………… 5874249
副经理……………… 5871447
调度室……………… 5875887

物资供应分公司
经理………………… 5871868
办公室……………… 5871267
石油燃煤气实验值班室 5873538

大庆燃气公司

乘风燃气分公司
调度室……………… 5688003
客户服务中心……… 5682767
乘风分公司项目部
红卫营业厅………… 4961488
…………………… 4961499

东风燃气分公司
经理………………… 4686005
…………………… 4681005
客服………………… 4685002
…………………… 4666001
…………………… 4686002
…………………… 4687002
客服投诉…………… 4687003
工商服……………… 4604003
收费大厅…………… 4687012
门卫………………… 4688331
生产………………… 4606739
维修………………… 4606735
巡线………………… 4606732

东风液化气分公司
办公室……………… 4666744
…………………… 4666745
…………………… 4601246

八百垧燃气分公司
八百垧供气站
站长………………… 4895315
值班室……………… 4895312
…………………… 4895313
八百垧项目部
经理………………… 4961133
…………………… 4962599
办公室……………… 4962500

惠丰顺压缩天然气加气站
值班室……………… 4603511
…………………… 4603512

红岗燃气分公司

加气母站

站长………………… 4999688
副站长……………… 4997881
安全员……………… 4999231
技术组……………… 4997883
控制室……………… 4999362
………………………… 4999392
司机班……………… 4999202
电仪班……………… 4999256
值班室……………… 4999197
门卫………………… 4999263

工程维修分公司

地址：大庆市东湖三街
邮编：163416

书记………………… 5756155
经理………………… 5756516
副经理……………… 5756033
………………………… 5756055
经营统计…………… 5756159
生产运行…………… 5756059
安全技术…………… 5756106
综合办……………… 5756181
调度………………… 5756133
………………………… 5756233
食堂………………… 5756105
抢修一班…………… 5756273
抢修二班…………… 5756274
抢修三班…………… 5756275
门卫………………… 5756157

压缩天然气分公司

地址：大庆市东湖三街
邮编：163416

调度室……………… 5756125
CNG5 号站 ………… 4961218
………………………… 4961219
惠百顺三号加气站 … 5818726

大庆油田高级人才培训中心

地址：大庆市爱国路
邮编：163453

领导

书记………………… 5968099
党总支书记、副主任、工会主席
………………………… 5981539
党总支副书记、副主任 5959299
主任………………… 5939777
副主任……………… 5987069
主任助理…………… 5992194

财务科

………………………… 5992097

监控室

………………………… 5992035

档案室

………………………… 5976831

司机班

………………………… 5960630

主楼

………………………… 5992239
………………………… 5992253
………………………… 5992272
………………………… 5992273
………………………… 5992275
………………………… 5992282

咖啡厅

………………………… 5992032

材料组

………………………… 5992370

总服务台

………………………… 5992395
………………………… 5992574

办公室

主任………………… 5998959
工会、劳资………… 5988224
行政办……………… 5992334
财务核算办………… 5975087
………………………… 5976379
拓展办……………… 5976825
专家办……………… 5992340
咨询热线…………… 5906600

学历教育办公室

招生部……………… 5992214

博士后管理办公室

主任………………… 5983932
办公室……………… 5993494

总务办公室

餐饮部……………… 5992144

涉外人才培训部

主任………………… 5971571
副主任……………… 5950540
办公室……………… 5988204
………………………… 5995671

企业培训部

主任………………… 5992902
办公室……………… 5990141
………………………… 5992244

信息技术培训部

主任………………… 5971637
办公室……………… 5963657
………………………… 5970925

培训管理部

主任………………… 5992242
办公室……………… 5988203
………………………… 5972907
………………………… 5992131
………………………… 5990674

培训保障部

主任………………… 5992241
副主任……………… 5985592
………………………… 5992154
………………………… 5992917
办公室……………… 5992170
维修班……………… 5992258

拓展培训部

主任………………… 5992104

市场开发部

主任………………… 5992070
副主任……………… 5992015
办公室……………… 5950147
………………………… 5992209
………………………… 5950901

经营管理与法律事务部

办公室……………… 5992360
………………………… 5992760

保险中心

主任………………… 5989377
党总支书记………… 5971686
副书记、副主任、工会主席
………………………… 5962099
副主任……………… 5997293
………………………… 5972889
总会计师…………… 5988576
主任助理…………… 5972791
………………………… 5935566

养老保险科

科长………………… 5988040

医疗保险科

科长………………… 5972792

失业保险科

科长………………… 5972793

生育保险科

科长………………… 5951522

征费稽查科

科长………………… 5972722

信息科

科长………………… 5962382

工伤保险科

科长………………… 5998447

财务科

科长………………… 5988041

人力资源科

科长………………… 5993576

审计监察科

科长………………… 5998507

医疗稽查科

科长………………… 5953933

政策研究室

主任………………… 5988579

党群工作部

主任………………… 5970908

稳定协调服务中心

主任………………… 5966168

办公室

主任………………… 5961180
副主任……………… 5995152
安全保卫干事……… 5962335
综合信访干事……… 5998793
值班电话…………… 5988559

档案室

………………………… 5825569
………………………… 5828836

萨尔图保险所

书记………………… 5812182
所长………………… 5825482
副所长……………… 5886338
办公室……………… 5816519
财务………………… 5886120
信息室……………… 5826697
直辖分理处………… 5884004
客运分理处………… 5884942

让胡路保险所

书记………………… 5097498
所长………………… 5095572
副所长……………… 5091790
办公室……………… 5099550
征费………………… 5596100
财务………………… 5095900
直辖分理处………… 5595332
………………………… 5595224
油建分理处………… 5099711
长青分一理处……… 5099617

红岗保险所

所长………………… 4992960
办公室……………… 4196149
………………………… 4992869
业务室……………… 4196476
财务………………… 4992918

龙岗保险所

所长………………… 5182038
财务负责人………… 5183990
办公室……………… 5181556
业务室……………… 5181981
直辖分理处………… 5397186
登峰分理处………… 5891212

东风保险所

所长………………… 4689536
财务主管…………… 4683028
财务室……………… 4605278
东光分理处………… 4650955

庆新保险所

所长………………… 5835680
主管会计…………… 5835961
征费稽查…………… 5838918
业务室……………… 5836998
大厅………………… 5835910

拥军保险所

丰收分理处………… 5822056
………………………… 5820930

图强保险所

所长………………… 5298719
财务………………… 5298631
信息员……………… 5298716
征费………………… 5299491
直辖分理处………… 5291351
解放分理处………… 5201179

乘风庄保险所

书记………………… 5672951
所长………………… 5680572
副所长……………… 5672937
财务室……………… 5672957
征费室……………… 5689740
直辖分理处………… 5680371
安装分理处………… 5694745
东湖分理处………… 5732850

八百垧保险所

所长………………… 4896623
副所长……………… 4984726
主管会计…………… 4897341
信息员……………… 4984732
综合办……………… 4984725
业务室……………… 4893505
报销室……………… 4984727
………………………… 4984729
报销大厅…………… 4896501
银浪分理处………… 5697647

杏五井保险所

所长………………… 4965419
营业厅……………… 4966476
财务………………… 4965737
计算机……………… 4965462

高平保险事务所

所长………………… 4513645
会计………………… 4513945
办公室……………… 4511361
业务室……………… 4514945

葡萄花保险所

所长………………… 4494123
会计室……………… 4495331
业务室……………… 4498335
办公室……………… 4499896

朝阳沟保险所

所长………………… 4390535
财务室……………… 4392101
业务室……………… 4391615

王家围子保险所

所长………………… 5876883
财务………………… 5876882
………………………… 5877883

创业庄保险所

所长………………… 4698501
财务室……………… 4698269
办公室……………… 4699167

技术监督中心

地址：大庆市西宾路
邮编：163453

领导

党委书记…………… 5381234
中心主任…………… 5180077
副书记（纪委书记、工会主席）
………………………… 5390800
副主任……………… 5391100
总工程师…………… 5399977
调研员……………… 5184309

中心机关

办公室（党委办公室） 5181667
………………………… 5392901
………………………… 5397080
………………………… 5392433

科技发展部

办公室……………… 5392699
………………………… 5183508

综合管理部

办公室……………… 5181197
综合治理…………… 5392952
………………………… 5196332
………………………… 5397068
调度室（值班室） … 5392130

财务资产部

办公室……………… 5393736
………………………… 5194478
………………………… 5397736
………………………… 5198236
………………………… 5183736

人力资源部（党委组织部）

办公室……………… 5392535
………………………… 5392746

企业文化部
（党委宣传部、工会）

办公室……………… 5398658
………………………… 5392530
………………………… 5397398

纪委监察审计部

办公室……………… 5392355
………………………… 5392837

安全质量部

办公室……………… 5392887
………………………… 5396780
………………………… 5392537

油气计量及分析方法专标委秘书处

办公室……………… 5392536

稳定工作协调服务中心

办公室……………… 5392834

离退休管理中心

办公室……………… 5392257
………………………… 5392840

大庆油田计量检定测试所

地址：西宾路
邮编：5163453

书记………………… 5397291
所长………………… 5392739
副所长……………… 5392766
………………………… 5399933
办公室……………… 5392528
财务室……………… 5392059
接收室……………… 5392063
发放室……………… 5395248
长度室……………… 5395249
温度室……………… 5392531
力学室……………… 5395478
电学室……………… 5395497
无线电室…………… 5395247
化学室……………… 5395477
衡器室……………… 5393732
管理室……………… 5392140
………………………… 5195315
值班室……………… 5194315
………………………… 5196315
防雷站……………… 5396959

大庆油田节能监测中心
（中国石油天然气集团公司油田节能监测中心）

地址：大庆市西宾路
邮编：163453

书记………………… 5392087
主任………………… 5191537
副主任……………… 5392328
副主任（节能技术评价室）
………………………… 5399928
财务室……………… 5395887
热工室……………… 5395730
机电室……………… 5399315
节水室……………… 5393315

大庆油田产品质量监督检验所

地址：大庆市西宾路
邮编：163453

书记………………… 5197095
所长………………… 5392838
副所长……………… 5184135
业务室……………… 5392199
抽样队……………… 5397315
财务室……………… 5396315

大庆油田油气水计量检定站

地址：大庆市西宾路
邮编：163453

书记………………… 5399966
站长………………… 5396660
主任工程师………… 5183833
流量一室…………… 5392060
流量二室…………… 5183922
流量三室…………… 5183933
流量四室…………… 5398080
仪修室……………… 5394971
水流量室…………… 5392280
………………………… 5392270
管理室……………… 5184315
技术研发室………… 5394315
财务室……………… 5392868
顾问………………… 5391409
司机班、统计……… 5381005

大庆油田标准化所

地址：大庆市西宾路
邮编：163453

书记………………… 5392478
所长………………… 5181096
副所长……………… 5391188
综合办公室………… 5397166
采购核算室………… 5393807
标准发行室………… 5392885
标准文献室………… 5397114

大庆石油建设工程项目招投标代理有限责任公司

地址：大庆市西宾路
邮编：163453

书记………………… 5394467
经理………………… 5394465
副经理……………… 5394468
技术负责人………… 5394472
办公室……………… 5394471
………………………… 5394470
………………………… 5196466
经营部……………… 5184948
………………………… 5394475
………………………… 5394473
招标部……………… 5394476
………………………… 5184942
………………………… 5184941
财务部……………… 5394478
综合办公室………… 5392477
………………………… 5392945

大庆油田鼎泰安全评价公司

地址：大庆市西宾路
邮编：163453

书记………………… 5196778
经理………………… 5391830
副经理……………… 5183077
主任工程师………… 5181772
财务室……………… 5398077
评价一室…………… 5392538
评价二室…………… 5181771
检测一室…………… 5196119
检测二室…………… 5392539

大庆标计多种经营实业总公司

仪表阀门厂
地址：大庆市西宾路
邮编：163453
书记……5392775
厂长……5397335
副厂长……5397561
办公室……5393735
销售部……5392960
生产服务部……5182585
财务部……5392109
值班门卫……5182585

水电大队
地址：大庆市西宾路
邮编：163453
书记……5392588
队长……5197097
副队长……5393734
锅炉房……5392680
变电所……5392902

综合服务公司
地址：大庆市西宾路
邮编：163453
书记……5394469
经理……5394466
副经理……5392954
调度室（值班室）……5392886
修理班……5392755
中心食堂……5393840
……5393841
职工公寓……5392532
中心门卫……5393530

《石油石化节能》编辑部
办公室……5392435

离退休职工管理中心

地址：大庆市爱国路
邮编：163453

领导
党委书记……5998043
主任……5968377
党委副主任……5982210
副主任……5992658
……5998147

办公室
主任……5982656
办公室……5998149

党群工作部
部长……5981226
办公室……5953105

人力资源部
部长……5982336
办公室……5953109

财务资产部
部长……5962161
办公室……5999164

离退休管理部
部长……5984131
办公室……5998701
关工办公室……5968316

文体部
部长……5983746
文体部……5998702

老年事业部
部长……5982227
办公室……5988967

机动安全部
部长……5953106
办公室……5968217

总务部
……5953307

机关服务队
办公室……5998042
值班室……5998041

第一采油厂离退休职工管理中心
地址：大庆市友谊大街
邮编：163001
书记……5826743
主任……5886639
副主任……5828959
……5826741
文体干事……5886637
工会干事……5825965
房产……5828859
经营……5826745
服务队……5886679
值班室……5816325
司机班……5886685
活动室……5825104
活动室值班室……5881229
第九支部……5886027
……5826742

第二采油厂离退休职工管理中心
地址：大庆市图强西二街
邮编：163414
主任……5291137
副主任……5291451
……5291923
支部……5298348
党办……5291423
安全……5291452
财务……5297897
劳资……5295996
统计……5291925
门球馆……5299149
门卫……5291916
老年科协
主席……5296612
名誉主席……5298986
综合办……5290146
会计室……5297131
办公室……5295941
……5298914

第四采油厂离退休职工管理中心
书记……4196839
主任……4196934
副主任……4994268
……4994269
工会主席……4994278
综合办……4192589
干部活动室……4193182
工人活动室……4193183
活动值班室……4192737

第六采油厂离退休职工管理中心
地址：大庆市安民街
邮编：163114
书记……5838881
主任……5836101
副主任……5842148
管理办……5836453
安全……5836529
宣传组织……5835219
文体干事……5836262
计生办……5838899
房产员……5839205
一队……5833043
二队……5835889
三队……5835261
四队……5832418
五队……5836238
六队……5836414
八队……5835131
十队……5838957

设计院退管中心
书记……5902903
主任……5902902

采研退管中心
书记……5975946
主任……5997773

消防支队退管中心
主任……5905489

油田机关退管中心
书记……5994751
主任……5982254

钻探工程公司钻技一公司离退休管理中心
地址：大庆市八百垧南路
邮编：163413
书记……4983719
主任……4983797
副主任……4983735
办公室主任……4897093
二线办……4987893
劳资……4983721
统计、宣传、团委……4987872
保健室……4985996
值班室……4892512
乒乓球室……4985991
一支部活动室……4983701
新兴小区活动室……4892376

钻井一公司退管中心
红四村活动室……4998519
……4990342

物探一公司离退休职工管理中心
书记……4103370
主任……4103270
副主任……4103404
办公室……4892365
机动、安全……4102248
文体、核算……4102986
信访、稳定、统计……4103217
杏五井活动室……4102975
杏五井活动中心……4102709
银浪活动室……5791144

钻井生产技术服务公司离退休管理中心
书记……4983719
主任……4983797
副主任……4983735
劳资……4983721
二线办……4987893
工会、财务……4897093
统计、宣传……4987872
卫生保健室……4985996
一支部活动室……4983701
五区活动室……4892376
乒乓球室……4985991
司机班……4892512
中心活动室……4987893
张铁匠活动室……4994142
解放村活动室……5291419
东湖五支部……5770940

测井公司退管中心
书记……5697833
主任……5689885
副主任……5693931
……5684670
武保干事……5696290
党群干事……5693927
行政干事……5692630
二线人员办……5691961
测井活动室……5693190
乘风庄活动室……5680768
让胡路活动站……5596242

油建公司离退休管理中心
书记……5597181
主任……5581190
副主任……5594975
……5595381
组织……5091315

财务…………………… 5597177
宣传办………………… 5597050
值班室………………… 5592667
让区活动室…………… 5597650
文体办公室…………… 5591191
龙岗活动室…………… 5096922
方晓一活动室………… 5055019
方晓二活动室………… 5059435
红卫星活动室………… 5059436

安装公司离退休管理中心

解放村活动室………… 5200832

工程建设有限责任公司离退休管理中心

副主任………………… 5095335

物业一分公司离退休职工管理中心

书记…………………… 5088938
主任…………………… 5088937
副主任………………… 5088636
工会主席……………… 5088636
安全…………………… 5088635
房管…………………… 5088639
组织…………………… 5088630
财务…………………… 5088930
资产…………………… 5088925
宣传…………………… 5088936
稳定办………………… 5088633
文体…………………… 5088638
司机班………………… 5088631
龙北活动室…………… 5097273
绿地活动室…………… 5088637
让十活动室…………… 5592772
长青活动室…………… 5090210
西苑活动室…………… 5511539
……………………… 5517539
科技园活动室………… 5518601

物业二公司离退休职工管理中心

张铁匠处老年活动室 4196380

物业三分公司离退休职工管理中心

解放村活动室………… 5202120

供电公司离退休职工管理中心

地址：大庆市铁人二村
邮编：163451

书记…………………… 5396722
主任…………………… 5390046
副主任………………… 5391310
……………………… 5395481
综合管理组
组长…………………… 5194895
党政办………………… 5194895
财务…………………… 5196725
出纳…………………… 5184091
安全…………………… 5391901
离退休管理办………… 5391745
材料…………………… 5183497
保管…………………… 5183493
生活管理……………… 5184026
司机班………………… 5395482
铁二活动室…………… 5181745
奔二活动室…………… 5190721
奔三活动室…………… 5396657
西寨活动室…………… 5987140
景园活动室…………… 5992545
门卫…………………… 5393140
文化站
站长…………………… 5197247
副站长………………… 5197249
网络维护……………… 5184539
编辑…………………… 5184531

供水公司离退休职工管理中心

地址：大庆市铁人路铁人二村
邮编：163452

书记…………………… 5184950
主任…………………… 5183197
副主任………………… 5183571
……………………… 5183810
……………………… 5395301
办公室………………… 5391636
一支部………………… 5391261
三支部………………… 5395190

局物资离退休职工管理中心

地址：大庆市昆仑大街
邮编：163453

书记、主任…………… 5991273
副主任………………… 5989542
……………………… 5981279
办公室………………… 5991803
……………………… 5991806
……………………… 5991287
龙南活动室…………… 5952761
……………………… 5952753
团结活动室…………… 5813389

昆仑集团离退休职工管理中心

地址：大庆市中七大路
邮编：163001

书记…………………… 5828729
主任…………………… 5828716
办公室………………… 5828715

昆仑集团农工商离退休职工管理中心

地址：大庆市中七大路
邮编：163001

书记…………………… 5885010
主任…………………… 5882819
副主任………………… 5812636
……………………… 5812746
党办主任……………… 5881468
行政办主任…………… 5881213
财务…………………… 5828642
劳资…………………… 5828641
房产…………………… 5826774
家属管理……………… 5881754
有偿解除劳动合同人员管理
……………………… 5885114
司机班………………… 5881339
中区
书记、站长…………… 5828475
工作人员……………… 5826579
西区
站长…………………… 5993820
工作人员……………… 5992725
东区
站长…………………… 4683017
工作人员……………… 4683017
中七路活动室………… 5823338

十厂离退休办

地址：大庆市朝阳沟镇
邮编：166405

书记…………………… 5812798
主任…………………… 4392621
办公室………………… 5812761
……………………… 5812762
经营办………………… 4391501
……………………… 4392091
行政办………………… 4394711
人事…………………… 4394712
财务…………………… 4393794

大庆油田井下第一离退休职工管理中心

地址：大庆市登峰村
邮编：163001

书记…………………… 5826908
主任…………………… 5826808

天然气分公司离退休管理中心

地址：大庆市解放五街
邮编：163461

书记…………………… 5200482
主任…………………… 5200483
副主任………………… 5200649
文体、房产、劳资、离退休管理
……………………… 5200840
机动、安全、组织、纪检
……………………… 5202029
工会、女工、财务 … 5201949
解放村活动室………… 5200485
车库值班房…………… 5200842
第一分公司老干部活动室
……………………… 4994130

研究院退管中心

书记…………………… 5590506
主任…………………… 5090120
综合办………………… 5508837
办公室………………… 5508835
人事…………………… 5508836
安全…………………… 5508844
文体…………………… 5508849
值班室………………… 5508832

机关离退休职工管理中心

主任…………………… 5825162
门卫…………………… 5885477

装备制造集团离退休职工管理中心

龙南活动室…………… 5510306

建材公司离退休职工管理中心

书记…………………… 5196906
主任…………………… 5181129
副主任………………… 5197878
办公室………………… 5393629
……………………… 5399987
值班室………………… 5196946

局创业康泰实业公司离退休管理中心

地址：大庆市八一街
邮编：163514

书记…………………… 4511233
主任…………………… 4514076
副主任………………… 4515797
……………………… 4511587
安全员………………… 4511862
人事员………………… 4512580
值班室………………… 4512450

路桥工程有限责任公司离退休职工管理中心

书记…………………… 5395722
主任…………………… 5395721
副主任………………… 5395721
办公室………………… 5395720
公路村活动室………… 4665127
火炬活动室…………… 5872928
乘二村活动室………… 5695940
乘风活动室…………… 5699435
龙南活动室…………… 5394373

通信公司离退休职工管理中心

主任…………………… 5393031
副主任………………… 5393921
办公室………………… 5195116
图书室………………… 5395004
活动室………………… 5390918

2. 辽河油田公司

地址：辽宁盘锦市兴隆台区石油大街98号　　邮政编码：124010　　公网区号：0427

机关处室

总经理办公室

主任…………………… 7298877
副主任………………… 7298019
……………………… 7298003
……………………… 7298010
副主任、油地办副主任 2807566
油地办副主任……… 2807110
……………………… 2805825
总值班室…………… 7298001
……………………… 7298002

综合接待科

科长………………… 7299001
副科长……………… 7299002
……………………… 7298007
办公室……………… 7299003
……………………… 7299004
……………………… 7299005
……………………… 7298013

秘书科

科长………………… 7298012
总经理秘书………… 7298006
副科长……………… 7298031

调研督办科

科长………………… 7298017
调研督办…………… 7298032

信息网络科

副科长……………… 7299020
信息网络…………… 7298020

文书科

科长………………… 7298015
文书………………… 7299011
……………………… 7298022
校对………………… 7298025
……………………… 7298029
打字………………… 7298028
……………………… 7298027
复印………………… 7298026
收发………………… 7299021
……………………… 7299022

民政科

科长………………… 7299686
民政………………… 7299018
……………………… 7299911

档案馆

馆长………………… 7822166
副馆长……………… 7830810
……………………… 7820276
……………………… 7830667

综合科

科长………………… 7823621
副科长……………… 7830270
办公室……………… 7807791
资料交换…………… 7820553
……………………… 7805781

业务指导科

科长………………… 7823494
副科长……………… 7823812
办公室……………… 7805672
……………………… 7802721

地质档案科

科长………………… 7802537
地质档案…………… 7820168
……………………… 7805381
……………………… 7803507
……………………… 7805261
……………………… 7821219

科技档案科

科长………………… 7820649
科技档案…………… 7805362
……………………… 7830397
……………………… 7830231

机关档案科

科长………………… 7298582
机关档案…………… 7298591
……………………… 7805607
……………………… 7299781
……………………… 7299738

史志科

科长………………… 7820751
副科长……………… 7830805
办公室……………… 7822537
……………………… 7805709
……………………… 7802527
……………………… 7830221
值班室……………… 7820876

机关车辆管理中心

主任………………… 7285701
书记………………… 7285702
副主任……………… 7285703
……………………… 7285705
……………………… 7285718
……………………… 7285712
安全………………… 7285716
综合科……………… 7285712
调度………………… 7833363
……………………… 7822120
安全………………… 7285756
办公室……………… 7285711
……………………… 7285709
账务………………… 7285708
资产………………… 7285719
……………………… 7285736
材料………………… 7285720
修保………………… 7285723
一队长……………… 7285721
二队长……………… 7285722
三队长……………… 7285751
四队长……………… 7285752
队办………………… 7285758

党委办公室

主任………………… 7299055
副主任……………… 7298676
……………………… 7299917
……………………… 7299550
保密办主任………… 7299051
书记秘书…………… 7298009
秘书科科长………… 7299045
副科长……………… 7298670
信息调研科长……… 7299053
文书科科长………… 7298663
机要保密科长……… 7299049

勘探处

处长………………… 7298096
物探总监…………… 7299936
副处长……………… 7298502
……………………… 7298511
综合科科长………… 7298506
副科长……………… 7298508
工程科科长………… 7298512
测井总监…………… 7298510
物探科副科长……… 7298505
信息科科长………… 7298554
生产调度科科长…… 7298507
生产调度…………… 7298513
传真………………… 7298500
动态数据…………… 7298503

开发处
（二次开发项目部）

处长………………… 7298048
副处长……………… 7298658
……………………… 7298640
……………………… 7298630
……………………… 7298798
……………………… 7298611
副处级调研员……… 7298646
综合科……………… 7298601
……………………… 7298652
油藏管理科………… 7298641
……………………… 7298632
天然气科…………… 7298620
开发信息科………… 7298618
……………………… 7298651
二次开发方案管理科 7298631
……………………… 7298642
二次开发项目管理科 7298621
边际产量开发科…… 7298795
……………………… 7298909
……………………… 7298863

采油工艺处

处长………………… 7298885
副处长……………… 7298377
……………………… 7298070
……………………… 7298379
综合科……………… 7298398
……………………… 7298396
……………………… 7298317
油气工程科………… 7298380
……………………… 7298382
……………………… 7298395
稠油工程科………… 7298381
……………………… 7298319
作业工程科………… 7298391
……………………… 7299955
井下作业资质管理科 7299359
……………………… 7299061
作业井控管理科…… 7299080
……………………… 7299081
……………………… 7299180
……………………… 7299191
技术与培训科……… 7298392
油气集输科………… 7298388
……………………… 7298390
污水处理科………… 7298389

科技处

处长………………… 7298376
副处长……………… 7299800
……………………… 7299068
……………………… 7298386
综合科
传真………………… 7298399
……………………… 7299968
……………………… 7299808
规划计划科………… 7299606

……………………… 7299868
科研管理科………… 7298320
……………………… 7299987
技术推广科………… 7299668
……………………… 7299889
技术市场管理科…… 7298385
……………………… 7299339
知识产权管理科…… 7299111
……………………… 7299989
试验基地管理办公室 7298387
科协（学会）办公室 7298375
……………………… 7299789
科技信息中心……… 7298373
……………………… 7298393
博士后项目管理办公室 7299398
……………………… 7298397
科技馆……………… 7298383
……………………… 7298321

生产运行处（应急管理中心）

总经理助理、处长 … 7298899
副总师 …… 0411－84796677
副处长（正处级） … 7298188
……………………… 7299751
副处长……………… 7298168
……………………… 7299077
……………………… 7298190
……………………… 7298285
副处级 7298189
值班室……………… 7298169
……………………… 7298733
……………………… 7299064
24 小时值班 ……… 7298024
……………………… 7298271
……………………… 7298327
……………………… 7298286
值班室（报表）…… 7298172
……………………… 7298282
管理科……………… 7298181
……………………… 7298730
……………………… 7299070
……………………… 7299090
管理传真…………… 7298176
管理数据…………… 7822157
油气科……………… 7299333
……………………… 7298868
……………………… 7299072
……………………… 7299933
油气科……………… 7822742
油气传真…………… 7820079
应急科……………… 7298178
……………………… 7298177
……………………… 7298725
……………………… 7298723
综合科……………… 7298175
……………………… 7298165
……………………… 7298171
……………………… 7299089
综合传真…………… 7298173
冬防保温科………… 7298179
……………………… 7299838
油田无委会办公室主任 7299086
水电信管理中心主任 7298168
供水通信科………… 7298185
……………………… 7299870
……………………… 7299036
用电管理科………… 7298186
……………………… 7298187
……………………… 7298183
供电管理科………… 7299086
……………………… 7299085
……………………… 7299087
传真………………… 7298183

安全环保处

处长………………… 7829121
副处长……………… 7822678
……………………… 7831136
……………………… 7829908
……………………… 7822733
……………………… 7821398
……………………… 7828088
正处级调研员……… 7803187
办公室主任………… 7834782
党总支专职副书记 … 7823879
办公室……………… 7801896
……………………… 7820998
……………………… 7822452

安全管理一科

科长………………… 7828216
副科长……………… 7828720

安全管理二科

科长………………… 7828983
安全管理…………… 7827328
……………………… 7802021

环保管理科

科长………………… 7828903
环保管理…………… 7822468
……………………… 7801857

环保技术科

科长………………… 7828985
环保技术…………… 7801857

体系管理科

科长………………… 7828820
体系管理…………… 7804068

特种设备科

科长………………… 7805538
特种设备…………… 7823993

健康与职业防护管理科

科长………………… 7806551
健康与职业防护…… 7828902

安全教育科

科长………………… 7822210
安全教育…………… 7828878
……………………… 7800236

安标委秘书处

科长………………… 7827152
安标委秘书………… 7800236

环保监测站

站长………………… 7807374
副站长……………… 7820488
车队………………… 7820029

海监处

综合科

科长………………… 7833371
综合………………… 7809471
……………………… 7828901

交通管理中心

科长………………… 7828582
副科长……………… 7828265

交通监督科

科长………………… 7821638
副科长……………… 7828548
办公室……………… 7828368
……………………… 7828638
……………………… 7828548

安全监督总站

安全监督一科
科长………………… 7831967
安全监督…………… 7831759

安全监督二科

科长………………… 7831975
安全监督…………… 7831875
……………………… 7825161

安全监督三科

科长………………… 7800728
安全监督…………… 7831759
……………………… 7831297

安全监督四科

科长………………… 7820550
安全监督…………… 7800938
……………………… 7801728

特种设备检验中心

综合科科长………… 7822203
综合科……………… 7806845
锅炉检验科副科长 … 7822147
容器检验科副科长 … 7801109
压力管道检验科科长 7822235
防雷检验科科长…… 7828982
起重检验科副科长 … 7823873

规划计划处

处长………………… 7298926
副处长……………… 7299098
……………………… 7298355
……………………… 7298298
……………………… 7299709

综合规划科

科长………………… 7298358
综合规划…………… 7299105
……………………… 7299521
……………………… 7299699
……………………… 7298301

油气计划科

科长………………… 7298335
副科长……………… 7298356

矿建科

科长………………… 7299102
矿建………………… 7299103
……………………… 7299523

统计科

科长………………… 7298306
统计………………… 7298308
……………………… 7298318
……………………… 7299331

前期一科

科长………………… 7298353
副科长……………… 7298352
前期………………… 7299591
……………………… 7299592
……………………… 7298350

前期二科

科长………………… 7298200
前期………………… 7299092
……………………… 7299096

投资科

科长………………… 7298357
投资………………… 7299596
……………………… 7299093
……………………… 7298351

后评价科

科长………………… 7299330
后评价……………… 7298718
传真………………… 7298600

财务处（预算管理办公室）

处长………………… 7298277
副处长……………… 7298266
……………………… 7298486
……………………… 7298233
……………………… 7298680
综合科……………… 7298255
……………………… 7298258

……………………… 7299131
预算一科………… 7298232
……………………… 7298272
……………………… 7298264
……………………… 7298060
预算二科………… 7298240
……………………… 7299120
……………………… 7299121
……………………… 7298230
成本一科………… 7298228
……………………… 7298229
……………………… 7298275
……………………… 7298265
成本二科………… 7299143
……………………… 7299986
……………………… 7299887
……………………… 7298252
会计一科………… 7298270
……………………… 7298235
……………………… 7298959
……………………… 7298253
会计二科………… 7299130
……………………… 7299141
……………………… 7298127
信息科…………… 7299116
……………………… 7298267
……………………… 7299980
……………………… 7298276
资金科…………… 7298269
……………………… 7299123
……………………… 7298251
……………………… 7298239
……………………… 7299920
……………………… 7298278
……………………… 7298238
……………………… 7299126
资产科…………… 7298259
……………………… 7299138
……………………… 7298061
……………………… 7298234
投资管理科……… 7298231
……………………… 7299153
税价科…………… 7298260
……………………… 7298279
……………………… 7299147
……………………… 7298290
稽核科…………… 7298261
……………………… 7298263
……………………… 7298062
……………………… 7298237
关联交易科……… 7299128
……………………… 7298167

党委组织部

部长……………… 7299289
副部长…………… 7299156
……………………… 7299278
副部长…………… 7299277
……………………… 7298561
副处级主管、干部管理科科长
……………………… 7298596
综合科科长……… 7299279
高级业务主管…… 7299290
组织科科长……… 7298583
党建研究会副秘书长 7299876
党建管理主管…… 7298931
组织员办副主任…… 7299287
干部管理科副科长 … 7299281
……………………… 7298932
高级业务主管…… 7299280
档案室…………… 7299978
干部管理科……… 7298820
……………………… 7299285
技术人员科科长…… 7299181
高级业务主管…… 7299165
技术人员科……… 7299185
……………………… 7299286
人才配置科科长…… 7299951
……………………… 7832152
高级业务主管…… 7299952
……………………… 7807142
干部监督科科长…… 7298598
业绩考核科科长…… 7298587
高级业务主管…… 7298595

人事处

副总师、处长…… 7298585
副处长…………… 7299178
……………………… 7800178
……………………… 7298568
……………………… 7802518
……………………… 7299159
……………………… 7298575
……………………… 7298567
……………………… 7298586
……………………… 7299158

综合管理科

科长……………… 7299160
综合管理………… 7299161
……………………… 7299182

劳动组织科

科长……………… 7298576
劳动组织………… 7298562
……………………… 7299169

工资管理科

科长……………… 7299172
工资管理………… 7298592
……………………… 7299173

员工管理一科

科长……………… 7299163
员工管理………… 7299183
……………………… 7299166

员工管理二科

科长……………… 7298566
员工管理………… 7298812
……………………… 7820363

劳务管理科

科长……………… 7299179
劳务管理………… 7299177
……………………… 7299176

培训管理一科

科长……………… 7299187
培训管理………… 7299167
……………………… 7298563

培训管理二科

科长……………… 7299168
培训管理………… 7299948

人力资源信息科

科长……………… 7298589
人力资源信息…… 7299170
……………………… 7299162

企业年金科

科长……………… 7299950
企业年金………… 7299175

技能鉴定中心

鉴定组织科

科长……………… 7828779
鉴定组织………… 7828338

考务科

科长……………… 7829177
考务……………… 7821832

题库科

科长……………… 7822067
题库……………… 7828792
……………………… 7828717

质量督导科

科长……………… 7822018
质量督导………… 7831055
……………………… 7800609
……………………… 7821958

企管法规处（内控处）

处长……………… 7298967
正处级调研员…… 7298656
副处长…………… 7299188
……………………… 7298291
……………………… 7298299
……………………… 7298570

法律事务科

科长……………… 7298293
副科长…………… 7299239
办公室…………… 7299195
……………………… 7299194
……………………… 7298245

合同管理科

科长……………… 7298572
副科长…………… 7299196
合同管理………… 7299192
……………………… 7298578

规章制度管理科

科长……………… 7298246
副科长…………… 7298573

综合科（普法办公室）

副科长…………… 7299197
……………………… 7298247

流程管理科

副科长…………… 7298294
流程管理………… 7298292

风险防控科

科长……………… 7298284
风险防控………… 7298297

企业管理科

科长……………… 7298571
副科长…………… 7298295
企协办…………… 7298296

多种经营处（多种经营事业部）

处长……………… 7299216
党委书记、副处长 … 7299218
副主任…………… 7299445
……………………… 7299450
……………………… 7299455
副处长、副主任…… 7299866
……………………… 7299408
……………………… 7299230

综合办公室

科长……………… 7299219
办公室…………… 7299220
……………………… 7299221
政策研究科科长…… 7299233
政策研究………… 7299832

经济协作科

科长……………… 7299228
副科长…………… 7299227
办公室…………… 7299226

融资担保科

科长……………… 7299222
融资担保………… 7299826

财务统计科

科长……………… 7299225
副科长…………… 7299232
办公室…………… 7299224
……………………… 7299106
……………………… 7299223
……………………… 7299830
……………………… 7299831

项目投资科

科长…………………… 7299407
副科长………………… 7299829
办公室………………… 7299231

人力资源部

科长…………………… 7299833
副科长………………… 7299402
办公室………………… 7299912
……………………………… 7299915
……………………………… 7299935
……………………………… 7299913

党群工作部

科长…………………… 7299926
副科长………………… 7299916
办公室………………… 7299910
……………………………… 7299925
……………………………… 7299107
安全管理中心……… 7299395
……………………………… 7299396
多种经营审计中心
科长…………………… 7299403
副科长………………… 7299633
办公室………………… 7299945
……………………………… 7299119
……………………………… 7299923
……………………………… 7299114

党委宣传部

副总师、部长……… 7298039
副部长、统战部长 … 7299296
副部长、企业文化处处长
……………………………… 7298668
副部长………………… 7299300
研究会办公室主任 … 7299689
宣教科科长………… 7298664
宣教科………………… 7299309
……………………………… 7299308
……………………………… 7298673

企业文化科

科长…………………… 7299305
副科长………………… 7299962
办公室………………… 7298671
……………………………… 7298669

外宣办

主任…………………… 7299961
外宣…………………… 7298674
……………………………… 7298679

理论科

科长…………………… 7299306
办公室………………… 7298645

文明办

主任…………………… 7299302
业务…………………… 7299303

办公室

主任…………………… 7299299
办公室………………… 7299298

网络信息科

科长…………………… 7298648
网络信息科………… 7298665
统战对台办公室主任 7298662
研究会专职副秘书长 7299488

纪委监察处

副总师、纪委常务副书记、监察处处长………………… 7298808
纪委副书记………… 7299052
副处长………………… 7299590
……………………………… 7298687
副处长、信访审理室主任
……………………………… 7299578
效能监察室主任…… 7298698
办公室主任………… 7298689
党风建设室主任…… 7299593
案件检查室主任…… 7298695
正处级调研员……… 7298890
副处级调研员……… 7299586
办公室副主任……… 7298654
办公传真…………… 7298615
案件检查室副主任 … 7298691
案件检查…………… 7299581
……………………………… 7298697
……………………………… 7299582
……………………………… 7298692
效能监察室副主任 … 7299585
……………………………… 7298781
效能监察…………… 7299580
……………………………… 7298782
党风建设室副主任 … 7299583
党风建设…………… 7299589
信访审理室副主任 … 7299579
信访审理…………… 7298685
……………………………… 7298681
……………………………… 7299595

审计处

处长…………………… 7298106
副处长………………… 7299929
……………………………… 7298108
……………………………… 7299272
……………………………… 7298122
……………………………… 7813801

审计室

主任…………………… 7298109
副主任………………… 7298118
副处级业务主管…… 7299275
正处级调研员……… 7299265
……………………………… 7299249
……………………………… 7299259

综合科

科长…………………… 7298116
综合…………………… 7299260
……………………………… 7298761

审理科

科长…………………… 7299268
审理…………………… 7299258

财务收支审计科

科长…………………… 7299248
财务收支审计……… 7299264
……………………………… 7299257

合同审计科

科长…………………… 7298113
合同审计…………… 7298111
……………………………… 7298112
……………………………… 7298760
……………………………… 7298121

钻探工程审计科

科长…………………… 7298101
副科长………………… 7298763
办公室………………… 7298762
……………………………… 7298102

矿区建设审计科

科长…………………… 7299255
办公室………………… 7299252
……………………………… 7299253
……………………………… 7299261

专项管理效益审计科

科长…………………… 7298123
办公室………………… 7299245
……………………………… 7299256

招投标管理审计科

科长…………………… 7298107
副科长………………… 7298105
办公室………………… 7298103

经济责任审计科

科长…………………… 7299246
办公室………………… 7299247

内部控制审计科

科长…………………… 7298120
办公室………………… 7298125
……………………………… 7298115

信息技术及管理审计科

科长…………………… 7299244
办公室………………… 7299270

物资管理审计科

科长…………………… 7812710
办公室………………… 7819629
……………………………… 7813804
……………………………… 7813261
传真…………………… 7298126

工会

办公室

主任…………………… 7822361
副主任………………… 7823928
行管…………………… 7820868
……………………………… 7822557
文书…………………… 7822724

民管组织部

部长…………………… 7825339
副部长………………… 7802178
办公室………………… 7832333
……………………………… 7802330

生产技术保护部

部长…………………… 7285966
副部长………………… 7805026
办公室………………… 7822324

保障工作部

部长…………………… 7825077
办公室………………… 7826778
……………………………… 7822342
帮扶中心…………… 7822935
……………………………… 7822932

女工部

部长…………………… 7822323
副部长………………… 7821734
办公室………………… 7822353

财务部

副部长………………… 7285636
财务…………………… 7821745
EAP 项目组 ……… 7805028
物业前台…………… 7285383

文化体育管理中心

处长…………………… 7803799
副处长………………… 7820161
……………………………… 7822414
主任…………………… 7832055
副主任………………… 7830648
办公室………………… 7808816
……………………………… 7821729
文联办主任………… 7832606
音舞曲艺协会秘书长 7826662
集邮电视协会秘书长 7826662
美术书法协会秘书长 7830548
文学协会秘书长…… 7830548
体协办主任………… 7822868
副主任………………… 7822823
办公室………………… 7822823
艺术团团长………… 7823048
副团长………………… 7821648
排练厅………………… 7801031

团委

书记…………………… 7829393

办公室主任………… 7822180
组织部部长………… 7822821
组织…………………… 7801004
宣传部部长………… 7822725
宣传…………………… 7820441

直属部门

钻井工程部

主任…………………… 7298199
副主任………………… 7298701
……………………… 7298715
……………………… 7298716
……………………… 7298702
技术监督科………… 7298706
……………………… 7298707
井控科………………… 7298709

基建工程部（基建工程招标中心）

主任…………………… 7298828
副主任………………… 7299320
……………………… 7298597
……………………… 7299319
……………………… 7298569
综合管理科
科长…………………… 7299311
办公室………………… 7298593
……………………… 7298577
油田工程管理科
科长…………………… 7298599
副科长………………… 7298996
高级主管…………… 7299324
矿建工程管理科
科长…………………… 7299323
高级主管…………… 7299988
主管…………………… 7299317
……………………… 7299316
设计管理科
科长…………………… 7298545
副科长………………… 7298579
高级主管…………… 7298543
市场管理科
副科长………………… 7298590
主管…………………… 7299321
招标管理科
科长…………………… 7299325
主管…………………… 7299315
办公室………………… 7299318

质量节能管理部（技术监督部）

主任…………………… 7825086
副主任………………… 7828602
……………………… 7807211
……………………… 7821628
……………………… 7800080
综合管理科
科长…………………… 7823868
专职总支副书记…… 7821838
副科长………………… 7823397
办公室………………… 7831167
……………………… 7831198
传真…………………… 7832694
质量监督科
科长…………………… 7823880
办公室………………… 7828708
……………………… 7829227
……………………… 7828393
质量举报…………… 7812315
质量管理科
科长…………………… 7828805
办公室………………… 7828601
计量管理科
科长…………………… 7830929
办公室………………… 7828759
标准化科
科长…………………… 7820349
生产技术认证科
科长…………………… 7828055
副科长………………… 7828237
办公室………………… 7828695
情报信息室
主任…………………… 7828805
节能管理科
科长…………………… 7822486
办公室………………… 7821121
……………………… 7828923
……………………… 7823692
能源监察科
科长…………………… 7823887
办公室………………… 7828708
能源监察举报……… 7824315
计量检测站
科长…………………… 7823882
副科长………………… 7828672
办公室………………… 7820952
流量容器检测站
科长…………………… 7823091
副科长………………… 7828975
办公室………………… 7829240
产品质量检验站
科长…………………… 7820224
副科长………………… 7828932
办公室………………… 7833013
石油天然气辽河工程质量监督站
科长…………………… 7821644
副科长………………… 7821348
办公室………………… 7807347
……………………… 7829140
……………………… 7807270
辽河建设工程质量监督站
质量安全监督科
科长…………………… 7823182
副科长………………… 7810192
办公室………………… 7828609
……………………… 7822089
……………………… 7805153
质量安全管理科
科长…………………… 7828509
办公室………………… 7829002
节能监测中心
副主任………………… 7828957
……………………… 7828603
副科长………………… 7829250

土地公路管理处

处长…………………… 7298787
副处长………………… 7298198
……………………… 7298968
综合科………………… 7298197
征地协调科………… 7298193
……………………… 7298195
用海协调科………… 7298191
土地管理科………… 7299778
公路管理科………… 7298192
土地公路监察科…… 7298981
土地监察大队……… 7299700

储气库项目管理部

主任…………………… 7298750
副主任、总工程师 … 7805861
副主任、总地质师 … 7824133
总会计师…………… 7824129
办公室………………… 7298855
……………………… 7824103
经营计划科………… 7824126
……………………… 7824105
财务资产科………… 7824102
生产运行科………… 7824117
火驱项目部………… 7824101
……………………… 7824116
综合管理科………… 7824108
综合管理传真……… 7824109
……………………… 7824108

工程技术部

主任…………………… 7299727
副主任………………… 7299669
……………………… 7299636
……………………… 7299208
……………………… 7299209
市场开发科
科长…………………… 7299458
办公室………………… 7299456
生产协调科
科长…………………… 7299079
办公室………………… 7299204
安全环保监督科
科长…………………… 7299075
办公室………………… 7299082
作业及井控管理科
科长…………………… 7299203
办公室………………… 7299214
工程业务稽核科
科长…………………… 7299729
办公室………………… 7299083
综合管理科
科长…………………… 7299728
办公室………………… 7299236

冀东油田项目管理部

经理…………………… 7299727
副经理………………… 7299209
生产协调科
科长…………………… 7299397
办公室………………… 7299877
安全环保监督科
科长…………………… 7299215
办公室………………… 7299797
技术科
科长…………………… 7299201
办公室………………… 7299976
办公室
主任…………………… 7299958

国际合作部

主任…………………… 7298869
……………………… 7822617
副主任………………… 7852929
……………………… 7298176
……………………… 7298117
……………………… 7298364
……………………… 7298366
……………………… 7298649
……………………… 7852928
总会计师…………… 7299766
综合科
科长…………………… 7298368
办公室………………… 7298729
……………………… 7298661
外事科
科长…………………… 7298367
副科长………………… 7298361
财务科科长………… 7298369

进口管理科
科长………………… 7298365
办公室……………… 7298360
经贸管理科
科长………………… 7298491
办公室……………… 7298494
技术管理科
科长………………… 7298378
办公室……………… 7298468
工程管理科
科长………………… 7298758
副科长……………… 7298757
办公室……………… 7298236
海南-月东采办专业代表
…………………… 7852953
海南-月东海工专业代表
…………………… 7852939
海南月东油藏专业代表 7852932
海南-月东钻井专业代表
…………………… 7852937
海南-月东财务专业代表
…………………… 7852958
海南-月东采油专业代表
…………………… 7816677
海南-月东 HSE 专业代表
…………………… 7852956
海南-月东联管会秘书 7298363
高二三区项目组项目管理
…………………… 7298362

资产装备部

处长………………… 7299508
副处长……………… 7298555
…………………… 7298717
…………………… 7298731
…………………… 7299509
办公室
…………………… 7298995
油气资产管理科
副科长……………… 7298280
油气资产管理科…… 7298744
工程资产管理科
副科长……………… 7298985
工程资产管理科…… 7299505
…………………… 7298289
油气设备管理科
科长………………… 7298801
办公室……………… 7298722
工程设备管理科
科长………………… 7299957
办公室……………… 7299503
油气资产产权科
科长………………… 7298456
办公室……………… 7298488
工程资产产权科
副科长……………… 7299137
办公室……………… 7299510
油气资产修理科
科长………………… 7298283
办公室……………… 7298727
工程资产修理科
科长………………… 7298735
办公室……………… 7299507
装备制造科
科长………………… 7299528
办公室……………… 7298288
机械加工科
科长………………… 7299512
办公室……………… 7299513
信息管理科
副科长……………… 7299501
办公室……………… 7298927
机关资产科
科长………………… 7299516
办公室……………… 7299139
综合管理…………… 7298281

经济政策研究室

主任………………… 7299186
副主任……………… 7299199
改革管理研究室…… 7299189
基层基础管理科…… 7299198
…………………… 7899190
经济信息管理科…… 7299200

资本运营部

主任………………… 7298693
副主任……………… 7299966
…………………… 7299109
…………………… 7299382
资本市场科………… 7299390
…………………… 7299520
资本市场传真……… 7299389
股权管理科………… 7299108
…………………… 7299376
…………………… 7299539
…………………… 7299401
资本重组科………… 7299378
…………………… 7299522
…………………… 7299381
董监事办公室……… 7299383
…………………… 7299381
…………………… 7299379
…………………… 7299908
…………………… 7299529
…………………… 7299377

概预算管理中心

主任………………… 7298696
副主任……………… 7299569
…………………… 7298226
…………………… 7298218
…………………… 7299560
…………………… 7298216
…………………… 7298209
…………………… 7298206
钻井工程概预算科
科长………………… 7298205
副科长……………… 7298203
办公室……………… 7298204
勘探工程概预算科
科长………………… 7298201
副科长……………… 7298202
办公室……………… 7299558
油田地面概预算科
科长………………… 7298219
副科长……………… 7298217
办公室……………… 7298215
综合系统工程概预算科
科长………………… 7298207
副科长……………… 7298956
矿区建设概预算科
科长………………… 7299564
办公室……………… 7299562
海工与专项概预算科
科长………………… 7299567
办公室……………… 7299568
…………………… 7299563
定额管理科
科长………………… 7299561
办公室……………… 7299559
定额编制科
科长………………… 7298213
副科长……………… 7298212
办公室……………… 7298208
价格管理科
科长………………… 7298220
副科长……………… 7298223
办公室……………… 7298222
价格信息科
科长………………… 7298221
副科长……………… 7298227
办公室……………… 7298210
价格监督与资质管理科
科长………………… 7299565
副科长……………… 7298211
办公室……………… 7299566

市场管理部

主任………………… 7299619
副主任……………… 7299628
…………………… 7299343
…………………… 7298102
…………………… 7299626
…………………… 7298419
综合科……………… 7299620
…………………… 7299630
…………………… 7299621
市场信息科………… 7299622
…………………… 7299340
关联交易科………… 7299624
…………………… 7299342
资质审查科………… 7298404
…………………… 7298406
内部市场科………… 7299623
…………………… 7298408
…………………… 7299632
招标管理科………… 7298403
…………………… 7298409
…………………… 7298405
…………………… 7298410
督查科……………… 7299625
…………………… 7298407
…………………… 7299629

物资管理部

主任………………… 7826600
副主任……………… 7298180
…………………… 7298767
综合科
科长………………… 7299760
副科长……………… 7299370
办公室……………… 7299770
计划科
科长………………… 7298738
办公室……………… 7298778
金属材料科
科长………………… 7298759
办公室……………… 7299811
通用设备科
科长………………… 7299328
办公室……………… 7298726
化工产品科
科长………………… 7298766
副科长……………… 7298769
机电产品科
科长………………… 7298826
办公室……………… 7298736
仪器仪表科
科长………………… 7298728
办公室……………… 7298796
物资价格科
科长………………… 7298806
办公室……………… 7298809
…………………… 7298829
…………………… 7298836
物资信息科

科长…… 7298756
副科长…… 7298839
办公室…… 7298739
…… 7298755

招标管理科
科长…… 7298786
办公室…… 7299327

质量仓储科
科长…… 7299360
副科长…… 7299326

统计科
科长…… 7298862
副科长…… 7298861
办公室…… 7299355
传真…… 7298780

信息管理部

主任…… 7298818
副主任…… 7298303
…… 7298304
…… 7298313

综合科
科长…… 7298305
副科长…… 7298316
办公室…… 7298329

信息科
科长…… 7298309
副科长…… 7298311
…… 7298460
办公室…… 7298312

网络科
科长…… 7298302
副科长…… 7298457
办公室…… 7298359

计算机科
副科长…… 7298326
办公室…… 7298451

软件科
副科长…… 7298310

区域中心管理科
科长…… 7298336
办公室…… 7298337

项目管理科
科长…… 7298323
副科长…… 7298459
办公室…… 7298324

数据管理科
副科长…… 7298461
办公室…… 7298466
…… 7298455

数据库科
科长…… 7298322
副科长…… 7298467
办公室…… 7298325

数据应用科
副科长…… 7298465
办公室…… 7298452
…… 7298453

系统管理科
副科长…… 7298328
办公室…… 7298330
技术服务热线…… 7298430
…… 7298341

结算部

主任…… 7298699
副主任…… 7298161
…… 7298793

综合管理科
…… 7298158

资金会计科
科长…… 7298131
副科长…… 7298133
出纳…… 7298110

结算审核科
科长…… 7298135
办公室…… 7298137
…… 7298157

兴隆台结算科
科长…… 7298138
副科长…… 7298139
工程结算…… 7298150
出纳…… 7298160

结算管理科
科长…… 7298153
副科长…… 7298136

关联交易结算科
科长…… 7298958
副科长…… 7298149
综合管理…… 7298940

业务受理处
主任…… 7298262
副主任…… 7298268
综合管理…… 7298152

经费管理科
科长…… 7298151
副科长…… 7298155
…… 7298132
经费报销…… 7298159
保险税收…… 7298148

机关财务科
科长…… 7299125
副科长…… 7299133
经费报销…… 7299134
…… 7299118
锦采结算科科长…… 7555368
欢采结算科科长…… 7541453
曙采结算科科长…… 7530218
兴采结算科科长…… 7812283
高采结算科科长…… 7500186
茨采结算科科长…… 7573098
沈采结算科科长…… 7569145

勘探开发经济评价中心

主任…… 7298653
副主任…… 7298638
…… 7298616
办公室…… 7298660
勘探评价科…… 7298602
开发评价科…… 7298609
采油评价科…… 7298650
效益评价科…… 7298617
传真…… 7298607

勘探项目管理部

主任…… 7298816
副主任…… 7298515
…… 7298509
总工程师…… 7298523
总会计师…… 7298528

综合科
副科长…… 7298535
办公室…… 7298533

安全监察科
…… 7298531

财务科
…… 7298530
…… 7298529

经营科
科长…… 7298532

结算审核科
副科长…… 7298580

西部项目科
科长…… 7298527
办公室…… 7298517
…… 7298522
…… 7298560

东部项目科
科长…… 7298520
办公室…… 7298519
…… 7298525

生产技术科
科长…… 7298526
副科长…… 7298521
传真…… 7298516

新区勘探项目管理部

主任…… 7298501
副主任…… 7298925
…… 7298982

勘探项目科
科长…… 7298928
办公室…… 7299076

综合管理科
科长…… 7298950
办公室…… 7298973
…… 7298559

财务（经营）科
科长…… 7298971
办公室…… 7298972
传真…… 7298987

海洋勘探项目管理部

主任…… 7298536
副主任…… 7298538
勘探工程科…… 7298548
…… 7298539
勘探项目科…… 7298549
…… 7298550
财务科…… 7298537
…… 7298556
…… 7298557
综合科…… 7298552
…… 7298553

开发项目管理部

主任…… 7298655
副主任…… 7298633
产能建设科…… 7298606
…… 7298636
…… 7298629
油藏评价科…… 7298622
…… 7298623
…… 7298625
滚动勘探科…… 7298612
现场实施科…… 7298626
水平井管理科…… 7298627
…… 7298635

齐40块蒸汽驱开发项目管理部

主任…… 7827499
…… 7542090
副主任…… 7827177
…… 7542757
…… 7805377
…… 7542317
财务总监…… 7827466
…… 7545161

综合科
科长…… 7828680
…… 7545170
副科长…… 7828680
…… 7545170

油藏科
科长…… 7828687

………………………… 7542153
副科长………………… 7828690
………………………… 7542153
办公室………………… 7828690
………………………… 7542153

工艺科

科长…………………… 7828685
………………………… 7548305
副科长………………… 7828683
………………………… 7548194
办公室………………… 7828683
………………………… 7548194

生产科

科长…………………… 7828681
………………………… 7545242
副科长………………… 7828682
………………………… 7548475
办公室………………… 7828611
………………………… 7545175
………………………… 7828682

SAGD 开发项目管理部

主任…………………… 7834777
副主任………………… 7805277
副主任、财务总监 … 7806870
副主任………………… 7806747
总工程师……………… 7805378
总地质师……………… 7806957

综合科

科长…………………… 7806650
办公室………………… 7806837

油藏科

科长…………………… 7805395
办公室………………… 7806654

工艺科

科长…………………… 7803767
副科长………………… 7807570
办公室………………… 7802797

生产运行科

科长…………………… 7807297
办公室………………… 7807297

基建科

科长…………………… 7807570
副科长………………… 7802797

燃气事业部

主任…………………… 7821799
副主任………………… 7821966
………………………… 7829656
安全副总监、安全科长
………………………… 7804500
安全管理……………… 7829286
办公室主任…………… 7829398
副主任………………… 7829339
生产运行科科长…… 7829280
生产运行…………… 7828066
市场开发科科长…… 7829268
经营管理科科长…… 7800667
经营管理…………… 7829658
财务资产科科长…… 7803090
财务资产…………… 7804499

燃料结构调整管理部

主任…………………… 7822866
副主任………………… 7831618
副总工程师…………… 7822758
安全副总监…………… 7823718

经营计划科

………………………… 7823980
经营计划……………… 7830152

生产技术科

科长…………………… 7807785
办公室………………… 7830653
………………………… 7830217
………………………… 7803533

财务结算科

科长…………………… 7801267
办公室………………… 7801257

质量安全环保科

科长…………………… 7826765
办公室………………… 7830357
………………………… 7809039

项目协调科

科长…………………… 7801935
办公室………………… 7801931

综合管理科

科长…………………… 7807736
传真…………………… 7806159
办公室………………… 7809787

机关党委

办公室………………… 7299880
………………………… 7299990
………………………… 7299527
………………………… 7299899
………………………… 7299898
综合办公室…………… 7299882
………………………… 7299992
综合楼服务协调办 … 7298440
综合办公室…………… 7299998
人事科………………… 7299890
………………………… 7299555
………………………… 7299891
人事科档案室………… 7299466
党委工作部…………… 7299608
………………………… 7299660
………………………… 7299883
纪检监察科…………… 7299885
………………………… 7299819
工会…………………… 7299881
………………………… 7299886
团委…………………… 7299292
行管科………………… 7299900
………………………… 7299909
物业科………………… 7299779
………………………… 7299927
安全保卫科…………… 7299557
………………………… 7299896
综合楼治安执勤…… 7299895
机关关工委…………… 7808348
机关民盟……………… 7822152

武装部

部长…………………… 7285029
人防办副主任……… 7822297
办公室………………… 7802672
军事科………………… 7822026
作战室………………… 7822195

政法委办公室（综治办、610 办公室）

常务副书记…………… 7807580
副书记、综治办主任 7821618
政法办主任…………… 7809418
610 办主任 ………… 7804819
综治办副主任……… 7802618
副调研员……………… 7803208
政法工作科科长…… 7803234
综治协调科科长…… 7803555
综治督查科科长…… 7803669
综治督查科副科长 … 7800929
610 工作科科长 …… 7830610
综合高级业务主管 … 7821780
综合主管……………… 7823598
综合主办……………… 7802610
助理主办……………… 7822618

社会保险管理中心

主任…………………… 7807381
副主任………………… 7833077
………………………… 7823275
综合保险科…………… 7828884
………………………… 7822765
养老保险科…………… 7822496
医疗保险科…………… 7823987
财务科………………… 7801248
机关保险科…………… 7823754
………………………… 7801602

信访稳定工作办公室

主任…………………… 7801098
副主任………………… 7299600
………………………… 7299677
………………………… 7299979
………………………… 7299598
信访办理科…………… 7299029
………………………… 7299777
………………………… 7299609
综合调研科…………… 7299038
………………………… 7299601
政策信息科…………… 7299028
督察督办科…………… 7299030

计划生育办公室

主任…………………… 7298678
正处级调研员……… 7299373
副主任………………… 7299365

宣传教育科

科长…………………… 7299363
办公室………………… 7298677

管理统计科

科长…………………… 7299368
办公室………………… 7299366

综合科

科长…………………… 7299799
办公室………………… 7299019

机关科

科长…………………… 7299367

外围能源勘探开发项目部

主任…………………… 7893555
副主任………………… 7893588
副主任、总工程师 … 7893565
副主任、总会计师 … 7893533
副主任………………… 7893599
………………………… 7893553
总地质师……………… 7893511
副总工程师、生产协调科科长
………………………… 7893537
副总工程师…………… 7893575
………………………… 7893558

综合办公室

科长…………………… 7893519
办公室………………… 7893546

生产协调科

………………………… 7893556
………………………… 7893557

安全环保科

科长…………………… 7893505
办公室………………… 7893506

油藏工程科

科长…………………… 7893527
办公室………………… 7893500

工艺技术科

科长…………………… 7893573

办公室…………………… 7893598
物资管理站
科长…………………… 7893599
办公室…………………… 7893550
经营计划科
科长…………………… 7893589
办公室…………………… 7893569
审计科
科长…………………… 7893585
办公室…………………… 7893528
预算合同科
科长…………………… 7893532
办公室…………………… 7893536
财务资产科
科长…………………… 7893516
办公室…………………… 7893520
基建办
科长…………………… 7893535
办公室…………………… 7893535
油页岩开发科
科长…………………… 7893556
铀矿管理科
科长…………………… 7893577
办公室…………………… 7893579
铀矿技术科
科长…………………… 7893578
办公室…………………… 7893576
车队…………………… 7893591
档案馆…………………… 7893551

辽河油田有线广播电视台

台长…………………… 7823609
处长…………………… 7808353
副台长…………………… 7828696
…………………… 7820492
办公室主任…………………… 7820494
调度室…………………… 7823341
采访部主任…………………… 7820255
编辑部主任…………………… 7820255
专题部副主任…………………… 7820255
通联办…………………… 7822509
记者办…………………… 7823842
社教部主任…………………… 7821022
文艺部主任…………………… 7828733
总编室主任…………………… 7826899
总编室…………………… 7821305
报纸编辑部主任…………………… 7823832
报纸编辑…………………… 7823393
财务科科长…………………… 7823732
财务…………………… 7825532
广告部主任…………………… 7820778
广告…………………… 7804737
网络工程部主任…………………… 7821866
网络工程…………………… 7800940
技术部主任…………………… 7820257
播放部主任…………………… 7808535
值班室…………………… 7823787
维修部主任…………………… 7806090
闭路收费办…………………… 7826364
维修部维修…………………… 7805445
…………………… 7807445
…………………… 7872445
图文部主任…………………… 7823803

直属公司

销售公司

经理…………………… 7298777
副经理…………………… 7298979
…………………… 7833506
…………………… 7803936
综合办公室
主任…………………… 7823906
办公室…………………… 7827137
…………………… 7802309
…………………… 7825708
…………………… 7823907
…………………… 7802109
原油部
主任…………………… 7823933
副主任…………………… 7820515
办公室…………………… 7820524
…………………… 7823056
轻烃部
主任…………………… 7820917
办公室…………………… 7807258
…………………… 7808813
财务部
主任…………………… 7823905
副主任…………………… 7809928
办公室…………………… 7823951
…………………… 7820755
…………………… 7821634
油品管理部
主任…………………… 7801638
副主任…………………… 7807039
…………………… 7820454
办公室…………………… 7821667
统计部
主任…………………… 7823912
办公室…………………… 7827136
…………………… 7822890

天然气公司

经理…………………… 7298401
…………………… 7298005
副经理…………………… 7298345
…………………… 7298000
总会计师…………………… 7298960
管理部主任…………………… 7298099
管理部副主任…………………… 7298057
财务部主任…………………… 7298130
财务部副主任…………………… 7298581
财务部…………………… 7808719
经营部主任…………………… 7298081
计量部主任…………………… 7298011
综合部主任…………………… 7298338
副主任…………………… 7298339
综合部传真…………………… 7298033
车队…………………… 7823212
…………………… 7823021

油田化学公司

经理…………………… 7298080
副经理…………………… 7298067
总会计师…………………… 7298077
副经理…………………… 7298088
综合管理科
科长…………………… 7298078
副科长…………………… 7298079
办公室…………………… 7298058
…………………… 7298518
市场技术科
科长…………………… 7298089
办公室…………………… 7298418
采购管理科
科长…………………… 7298072
副科长…………………… 7298071
财务科
科长…………………… 7298076
副科长…………………… 7298075
审计科
科长…………………… 7298416

海南油气勘探分公司

总经理…………………… 7298919
常务副总经理…………………… 7298333
副总经理…………………… 7298588
…………………… 7298921
…………………… 7298896
…………………… 7298991
…………………… 7298558
总地质师…………………… 7298965
物探工程项目部
经理…………………… 7298911
副经理…………………… 7298961
办公室…………………… 7298912
勘探综合项目部
经理…………………… 7298963
副经理…………………… 7298938
…………………… 7298939
办公室…………………… 7298951
…………………… 7298923
…………………… 7298920
钻井工程项目部
经理…………………… 7298970
副经理…………………… 7298917
…………………… 7298980
…………………… 7298933
办公室…………………… 7298962
…………………… 7298916
…………………… 7298913
海洋工程项目部
经理…………………… 7298910
办公室…………………… 7298912
…………………… 7298937
质量安全环保项目部
经理…………………… 7298907
办公室…………………… 7298901
财务资产科
科长…………………… 7298929
副科长…………………… 7298906
办公室…………………… 7298949
经营管理科
科长…………………… 7298737
副科长…………………… 7298918
办公室…………………… 7298952
综合办公室
主任…………………… 7298908
副主任…………………… 7298902
…………………… 7298903
人事劳资…………………… 7298922
秘书…………………… 7298904

进出口公司

总经理…………………… 7802700
副总经理…………………… 7803013
…………………… 7801585
…………………… 7831115
…………………… 7801121
副处级巡视员…………………… 7802211
副处级主管…………………… 7285266
经理办
主任…………………… 7285345
副主任…………………… 7285362
秘书…………………… 7285398
档案…………………… 7285553
传真…………………… 7821023
出口一部
经理…………………… 7285332
办公室…………………… 7285365
…………………… 7285520
…………………… 7285582
出口二部
副经理…………………… 7285373

办公室………… 7285181
………… 7285334
………… 7285330
………… 7285591
………… 7285592
进口部
经理………… 7285331
办公室………… 7285336
………… 7285337
………… 7285338
………… 7285361
………… 7285070
储运部
………… 7801167
财务部
经理………… 7285392
办公室………… 7285391
………… 7285390
………… 7285556
经营计划部
经理………… 7285079
劳动人事………… 7285055
信息部
经理………… 7285080
办公室………… 7285046
质量安全环保部
经理………… 7285161
办公室………… 7285360
………… 7285358
………… 7285353
实业部
经理………… 7285355
办公室………… 7285350
………… 7830370
法律合同部………… 7285357
审计部………… 7285367
工程技术部………… 7866828
丹东办事处 … 0415－3156124
大连办事处 … 0411－82634426
加拿大乐迪公司 … 6042418699

技术经济咨询有限公司

董事长………… 7820160
副董事长、总工程师 7823454
经理办………… 7820165
………… 7823342
………… 7823427
传真………… 7804633
油气勘探开发项目部 7828304
工程项目部………… 7823398
………… 7823264
………… 7802809
………… 7807824
经济评价部………… 7807749

………… 7803532
………… 7826102
综合管理部………… 7823716
………… 7823436
………… 7801450
………… 7802455

辽河石油工程建设监理有限公司

董事长………… 7833100
总经理………… 7803703
副总经理………… 7803831
………… 7803831
………… 7801372
………… 7801523
副总经济师………… 7821747
副总会计师………… 7801190
副总工程师………… 7801973
综合办公室………… 7820338
………… 7823693
财务资产部………… 7823713
经营计划部………… 7803585
………… 7803896
技质部………… 7801319
道桥监理科………… 7801174
油建监理科………… 7803963
………… 7832081
工民建监理科………… 7803264
项目管理科………… 7801120
党群办………… 7805231

辽河石油房地产开发有限公司

总经理………… 7296666
副总经理………… 7296000
总工程师………… 7296777
副总经理………… 7296688
………… 7286375
………… 7296888
副总工程师………… 7296668
经理办………… 7296111
………… 7296881
技术部………… 7296668
………… 7296773
财务部………… 7296661
………… 7296663
市场开发部………… 7296771
工程部………… 7296001
经营部………… 7296772
材料部………… 7296667
监督中心………… 7296002
………… 7296882
物业公司………… 7286601

大连保税区辽河经贸有限公司

董事长 …… 0411－87543373
总经理 …… 0411－87543371
副总经理………… 7826715
………… 7829059
财务总监………… 7821906
办公室主任 … 0411－87543370
………… 7804707

矿区服务事业部

领导
油田公司副总经理、事业部主任
………… 7299526
………… 7825626
油田公司副总工程师、事业部常务副主任………… 7830345
事业部副主任、社会公益事业处处长………… 7285680
事业部副主任、人力资源处处长
………… 7807877
事业部副主任、经营计划处处长
………… 7285877
事业部副主任、财务资产处处长
………… 7285833
事业部副主任………… 7803799
………… 7828001
………… 7800178
………… 7299178
物业管理处
处长………… 7800990
供暖管理中心
主任………… 7830518
房产交易中心
主任………… 7822623
城建监察支队
支队长………… 7800288
副支队长
………… 7832685
住房公积金管理中心
主任………… 7829157
保安中心
主任………… 7285670
审计中心
主任………… 7808001
社会公益事业处
副处长………… 7820881
综合办公室
主任………… 7832755
正处级调研员………… 7830068
副处级调研员………… 7803678
综合办公室
文秘接待科
科长………… 7803383
文书………… 7823120
办公室………… 7808819
小车队队长………… 7806263
小车队………… 7809274
信访管理科
副科长………… 7801203
办公室………… 7802233
矿建档案管理科
科长………… 7832085
办公室………… 7830729
质量安全环保科
科长………… 7826408
办公室………… 7805993
………… 7823903
机关总支
副书记………… 7806936
办公室………… 7806085
人力资源处
人事管理科
科长………… 7808369
办公室………… 7821093
薪酬管理科
科长………… 7830191
办公室………… 7827085
经营计划处
规划计划科
科长………… 7801942
办公室………… 7830817
………… 7827030
经营管理科
科长………… 7801975
法律合同………… 7802154
统计………… 7809320
概预算管理科
副科长………… 7830390
办公室………… 7821759
信息管理科
科长………… 7801016
办公室………… 7832967
财务资产处
预算成本管理科
科长………… 7833638
办公室………… 7801353
资金管理科
科长………… 7809350
办公室………… 7827178
资产管理科
科长………… 7803985
办公室………… 7803231
会计核算科
科长………… 7833560
办公室………… 7832568
………… 7807190

物业管理处
物业管理科
副科长……………… 7800997
办公室……………… 7801547
物业监察科
科长………………… 7820148
值班室……………… 7809440
房产管理科
科长………………… 7804013
办公室……………… 7807390
矿建工程市场管理科
科长………………… 7805546
办公室……………… 7830484
绿化委员会办公室
主任………………… 7829220
办公室……………… 7806100
社会公益事业管理处
市政管理科
科长………………… 7832185
办公室……………… 7801466
社会公益事业管理科
科长………………… 7806780
办公室……………… 7803663
托幼管理科
副科长……………… 7833001
办公室……………… 7806414
医政科
科长………………… 7821925
办公室……………… 7829718
药械管理科
科长………………… 7820326
副科长……………… 7820625
办公室……………… 7804974
公共卫生管理科
副科长
…………………… 7828799
办公室……………… 7829488
爱卫会主任………… 7820997
疾控中心
主任………………… 7866083
书记………………… 7861591
副主任……………… 7865421
…………………… 7860051
民用供暖管理中心
副主任……………… 7809534
办公室……………… 7800633
房产交易中心
房产交易管理科
科长………………… 7801819
办公室……………… 7803135
…………………… 7821267
…………………… 7831143
咨询………………… 7831244
稽核………………… 7833803

房屋产权登记科
科长………………… 7821786
房产档案…………… 7830730
审核………………… 7821099
…………………… 7804064
监察………………… 7821781
城建监察支队
规划监察科科长…… 7809359
房产监察科科长…… 7800407
综合监察科科长…… 7800917
办公室……………… 7834979
住房公积金管理中心
副主任……………… 7831241
财务………………… 7822771
信息………………… 7827595
贷款………………… 7806576
维修基金…………… 7801744
出纳………………… 7820748
保安中心
综合管理科长……… 7827456
经营管理科长……… 7801733
服务监督科长……… 7805257
办公室……………… 7821728
审计中心
工程审计科
科长………………… 7833261
办公室……………… 7823181
…………………… 7801402
财务审计科
科长………………… 7802737
办公室……………… 7823712

离退休管理中心

主任、书记………… 7828001
副书记……………… 7288356
…………………… 7288355
综合办公室………… 7288345
…………………… 7288333
…………………… 7288369
党群工作部………… 7288378
…………………… 7288379
…………………… 7288380
老干部科…………… 7288368
退休管理部………… 7288366
…………………… 7288367
财务科……………… 7288396
老年公寓…………… 7288300
老干部管理服务站 … 7291655
…………………… 7291524
…………………… 7291167
门卫………………… 7291086
机关活动站………… 7822289
…………………… 7820670
…………………… 7820296

门卫………………… 7822004
幸福小区活动站…… 7801249
…………………… 7809136
…………………… 7809190
世纪小区活动站…… 7835723
消防支队活动站…… 7813713
辽河油田老年大学 … 7832701
…………………… 7830786

再就业协调管理办公室

主任………………… 7800178
副主任……………… 7800778
…………………… 7800616
综合科……………… 7800360
…………………… 7800310
…………………… 7800378
财务资产科………… 7800717
…………………… 7800510
协调管理一科……… 7800505
…………………… 7800317
协调管理二科……… 7800367
…………………… 7800038

二级单位

曙光采油厂

领导
厂长………………… 7536228
书记………………… 7539368
副厂长……………… 7530813
…………………… 7538678
…………………… 7530672
总会计师…………… 7530801
总地质师…………… 7530318
总工程师…………… 7531098
副书记……………… 7530100
调研员……………… 7531442
厂办
主任………………… 7530595
副主任……………… 7530024
…………………… 7530559
招待所所长………… 7530407
档案室主任………… 7530901
文书………………… 7536120
物业………………… 7530627
计生………………… 7539582
信访………………… 7530000
打字………………… 7539570
保安………………… 7531639
会服………………… 7536006
食堂………………… 7530167
档案室……………… 7530504
…………………… 7530945
服务总台…………… 7531133

…………………… 7530613
餐厅………………… 7530708
财务室……………… 7536089
后厨………………… 7539792
党委工作部
部长………………… 7534895
副部长……………… 7530628
电视台长…………… 7536106
文书………………… 7530560
团委………………… 7539571
编辑室……………… 7530875
电视台维修………… 7530791
纪检监察
纪委副书记………… 7539560
办公室……………… 7530156
工会
工会副主席………… 7530064
…………………… 7530555
办公室……………… 7530390
文体活动中心……… 7530243
体育场……………… 7525007
俱乐部……………… 7530696
体育馆……………… 7539630
保卫科
科长………………… 7535110
综治办主任………… 7534594
综治办副主任……… 7535321
油气监察站站长…… 7536666
综合治理办公室…… 7534610
油气监察站值班室 … 7530021
生产运行科
科长………………… 7539850
副科长……………… 7531792
…………………… 7530585
…………………… 7531970
综合………………… 7530268
调派………………… 7530008
资料………………… 7530547
值班室……………… 7530291
…………………… 7530292
基建管理中心
主任………………… 7531984
副主任……………… 7530006
…………………… 7539908
钻前………………… 7533214
工程施工…………… 7530240
…………………… 7530972
工程设计…………… 7530095
…………………… 7530041
安全科
科长………………… 7530136
副科长……………… 7531544
…………………… 7539869
…………………… 7539778

……7539775
综合……7530652
交通安全……7530017
特种设备……7539576
现场监督……7530937
消防管理……7539773

生产科

科长……7531146
副科长……7530620
稀油管理……7530496
稠油热注……7531042
现场管理……7539662

科技科

科长……7539820
副科长……7539688
科技管理……7531592
SAGD 管理……7539830

土地、环保、公路科

科长……7531315
土地……7531541
公路……7539575

作业科

科长……7535777
副科长……7539561
作业管理……7536095
……7539562
资料管理……7530142

水电讯管理中心

主任……7530227
副主任……7531538
用水管理……7539401
用电管理……7539402
通信办……7531568
收费队队长……7539403
收费队……7530447
……7539501

钻修井管理中心

主任……7530902
副主任……7531579
……7530005
钻前……7530717
综合……7539577

技术监督站

站长……7539520
书记……7539982
节能管理……7530173
计量与标准管理……7530102
质量管理……7530188
计量室……7530327

资产科

科长……7530688
副科长……7530290
设备管理……7531512
资产管理……7530094

人事组织科

科长……7530191
副科长……7539859
劳务、劳动组织……7530552
工资、干部管理……7533472
党建、合同……7530951
档案……7531400

财务科

科长……7539960
副科长……7530218
……7531263
经费、基建……7530561
成本……7530647
基建、税务……7531381
综合、工资……7539573
材料……7531501

计划科

科长……7530814
副科长……7530241
投资管理……7531443
市场管理……7530199
前期准备……7531517
计划、统计……7533224

企管法规科

科长……7538699
副科长……7531548
……7530827
验收……7539865
体系管理……7539563
合同管理……7539572

经济评价中心

主任……7538666
副主任……7539077
效益评价……7533626
……7539613

概预算定额中心

主任……7530482
副主任……7530096
油建预算……7530214
矿建预算……7530171
综合……7539851

审计科

科长……7531288
副科长……7539165
工程审计……7530249
财务合同审计……7530294

信息中心

主任……7536117
副主任……7539675
信息数据……7532144
安全……7530964
数据……7532414

教育培训中心

主任……7531497
书记……7539766
技能鉴定……7530116
员工培训……7530012

工艺研究所

所长……7531390
书记……7534896
副所长……7530503
……7530063
……7530151
调度室……7530677
……7531480
安全、财务……7530921
人事、工会……7531380
方案设计室……7530874
经营、科技……7530053
采油室……7530918
机械采油室……7534074
油田化学室……7531413
……7539963
防砂室……7530858
稠油室……7530144
中心化验室……7530953

地质研究所

所长……7530815
副书记……7531675
副所长……7531676
……7531679
……7532420
……7530347
所办……7531055
财务安全……7531641
稀油室……7530143
注水办……7532421
稠油室……7530856
超稠油室……7535559
综合室……7531137
数模室……7539901
水平井室……7539902
油田室……7531597
生产室……7531677
……7530346
……7530538
调度室……7530284
传真机……7530363
试井队……7530013

物资供应站

站长……7530023
书记……7535205
副站长……7530032
财务组长……7530802
财务……7530594
人事、工会……7531606
管理组长……7530542
统计稽核……7531410
调度室……7530465
质检……7531431
地中衡……7530824
润滑油……7531430
资产库……7531286

电力工程大队

大队长……7536150
书记……7536152
副大队长……7531601
……7530001
调度室……7530588
……7530262
生产管理组……7531694
……7530189
经营管理组……7531693
……7531696
……7531422
党群工作组……7530493
……7530035

油管厂

厂长……7530155
副书记……7539390
副厂长……7530389
……7530426
调度长……7530694
政工组……7530101
安全……7532754
人事……7530989
财务. 工会……7534437
调度室……7535661
……7530755

运输大队

大队长……7530048
副书记……7539987
副大队长……7534014
……7531483
调度长……7532800
调度……7531702
安全……7534542
宣传干事……7530148
政工、工会……7534731
人事……7531414
财务……7534247

综合车队

大队长……7538199
书记……7531148
副大队长……7533092
……7536123
调度长……7536159
人事员……7533458
安全员……7533285
政工组……7539856
财务组……7530015
调度室……7530638

…………………… 7531452
采油作业一区
主任…………………… 7539078
书记…………………… 7539319
副主任………………… 7539011
…………………… 7539006
…………………… 7539004
调度室………………… 7539002
…………………… 7539012
地质队………………… 7539010
…………………… 7530431
…………………… 7539204
人事…………………… 7539003
保卫…………………… 7536193
安全…………………… 7536191
资产…………………… 7539631
政工…………………… 7539104
计生、宣传…………… 7539304
生产协调组…………… 7539007
生产管理组…………… 7539013
财务办………………… 7539088
维修队………………… 7539014
采油作业二区
主任…………………… 7532859
书记…………………… 7539980
副主任………………… 7533232
…………………… 7539663
…………………… 7532693
生产组长……………… 7533050
生产…………………… 7539829
安全…………………… 7532528
机动…………………… 7539332
经营…………………… 7532819
工会…………………… 7536031
政工…………………… 7539758
人事…………………… 7530020
财务…………………… 7530450
保卫…………………… 7536346
地质队长……………… 7536351
地质队………………… 7536341
综合队………………… 7520052
采油作业三区
主任…………………… 7530260
书记…………………… 7539005
副主任………………… 7530772
…………………… 7532752
…………………… 7539635
经营…………………… 7531175
政工…………………… 7530623
管理…………………… 7532577
安全…………………… 7539070
人事…………………… 7532328
保卫…………………… 7530876
调度长………………… 7530817
调度室………………… 7531715
…………………… 7530471
地质队………………… 7530544
…………………… 7532306
采油作业四区
主任…………………… 7530338
书记…………………… 7530748
副主任………………… 7531595
…………………… 7530919
…………………… 7539693
资产…………………… 7530430
政工、保卫…………… 7530741
人事、财务…………… 7531947
管理安全教育………… 7531074
调度长………………… 7530877
调度室………………… 7530459
…………………… 7530049
工程水电……………… 7525004
地质队队长…………… 7531144
地质队………………… 7530692
采油作业五区
主任…………………… 7530602
书记…………………… 7535421
副主任………………… 7531040
…………………… 7531214
…………………… 7539615
生产协调组组长……… 7531574
管理组………………… 7531187
安全组、质检组……… 7530360
经营组………………… 7530330
财务…………………… 7531729
资产…………………… 7531734
政工组………………… 7530082
计生、工会…………… 7531173
地质队………………… 7531733
维修队………………… 7520759
材料员………………… 7530749
保卫…………………… 7532389
调度室………………… 7539580
…………………… 7539855
前线值班室…………… 7520239
…………………… 7520270
采油作业六区
主任…………………… 7536999
书记…………………… 7532229
副主任………………… 7532669
…………………… 7530069
…………………… 7539638
调度室………………… 7530822
…………………… 7530922
安全组………………… 7531919
管理组………………… 7530565
…………………… 7530833
政工组………………… 7530959
经营组………………… 7532255
财务…………………… 7534678
地质队长……………… 7535925
地质…………………… 7535259
采油作业七区
主任…………………… 7530105
书记…………………… 7531039
副主任………………… 7531716
…………………… 7539710
…………………… 7530065
…………………… 7539500
管理组………………… 7530169
资产…………………… 7530761
经营组………………… 7530771
人事…………………… 7530912
调度长………………… 7530697
调度室………………… 7532216
…………………… 7533113
政工组………………… 7530523
保卫组………………… 7539400
地质队………………… 7530424
…………………… 7531154
机动采油公司
经理…………………… 7530113
书记…………………… 7539258
副经理………………… 7530339
…………………… 7532379
…………………… 7530086
政工…………………… 7530713
安全…………………… 7530215
地质…………………… 7532371
机动资产……………… 7530209
质量…………………… 7530609
财务人事……………… 7539072
调度长………………… 7539073
调度室………………… 7530217
热注作业一区
主任…………………… 7539033
书记…………………… 7539021
副主任………………… 7539036
…………………… 7539039
…………………… 7539038
生产管理组…………… 7539043
调度室………………… 7539047
…………………… 7539048
综合调度……………… 7539041
安全组………………… 7539045
财务…………………… 7539035
经营组………………… 7530752
政工组………………… 7539031
人事…………………… 7530770
热注作业二区
主任…………………… 7531166
书记…………………… 7530033
副主任………………… 7539369
…………………… 7531766
…………………… 7539661
生产管理组…………… 7539670
生产协调组…………… 7530036
经营组………………… 7531177
政工组………………… 7533315
保卫…………………… 7531539
安全…………………… 7531563
资产…………………… 7531536
调度室………………… 7530026
…………………… 7531027
集输大队
大队长………………… 7531720
书记…………………… 7539699
副大队长……………… 7531721
…………………… 7531577
…………………… 7531719
调度室………………… 7531337
…………………… 7531730
调度长………………… 7531125
水电…………………… 7531731
政工…………………… 7531723
财务…………………… 7531724
安全…………………… 7531725
机动…………………… 7531726
保卫…………………… 7539992
经营…………………… 7531625
工程…………………… 7531722
人事…………………… 7538500
曙一联………………… 7520351
曙二联………………… 7531045
曙四联………………… 7520429
曙五联………………… 7520408
综合计量队…………… 7531897

曙光工程技术处

领导
处长…………………… 7536066
党委书记……………… 7536038
总会计师……………… 7536049
副处长………………… 7532168
…………………… 7536048
…………………… 7538555
…………………… 7538066
党委副书记…………… 7538333
党群部部长…………… 7536037
副总工程师…………… 7539660
安全副总监…………… 7531628
副总工程师…………… 7536068
工艺所所长…………… 7536107
采购办主任…………… 7538567
生产协调科科长……… 7536034
处办公室

主任……7533700
副主任……7536046
计生办主任……7536030
秘书……7536030
传真……7533855
复印……7536033
收发室……7539243
档案室主任……7539691
档案室……7539247

生产协调科

副科长……7536325
综合……7539242
调度室……7536039
……7536040

安全环保监察科

环保科长……7539240
交通科长……7536041
副科长……7539617

财务科

科长……7536310
副科长……7539244
办公室……7539245
……7539891

人事教育科

科长……7536044
副科长……7539970
办公室……7536045

经营管理科

科长……7532289
副科长……7531817
办公室……7536309
……7539246

审计科

科长……7536307
办公室……7538008

资产管理科

科长……7536047
办公室……7538007
资产库……7533003

党群工作部

副部长……7539250
……7539277
……7536091
团委副书记……7536042

科技发展部

主任……7530395
办公室……7539241

教育培训中心

主任……7539860
办公室……7539251

工会

副主席……7538828
……7536103
帮扶站……7539858

生产技术科

科长……7538006
办公室……7536323

概预算科

科长……7539681
办公室……7539682

基建工程科

科长……7539619
办公室……7539620

企管法规科

科长……7539971
办公室……7539972

井控管理办公室

主任……7539671
办公室……7539672

信访稳定办公室

主任……7539899
副主任……7530621
……7531200
办公室……7535566

武装保卫科

科长……7531181

小车队

队长……7530165
调度……7536032

安全监督站

站长……7536035
副站长……7530566

市场开发项目部

主任……7530207
办公室……7539790

燃料结构调整办公室

主任……7531728
副主任……7539692

物资采购办公室

副主任……7530067
财务……7531293
材料组……7539621
……7536077
车间……7531350

工艺技术研究所

副所长……7535383
……7539358
综合办公室……7539896
工会……7530206
财务……7536053
政工……7531687
调度……7530016
防砂中心……7533378
……7539081
新技术开发中心……7533372

社会保险办公室

主任……7531376
保险……7533547
公积金……7531645
财务……7532054

离退休管理办公室

主任……7533039
书记……7530051
办公室……7531471
关工委……7533856

生活服务公司

经理……7530785
副经理……7531370
财务、政工……7533560
人事、质量……7536014

油管厂

厂长……7520484
副厂长……2814150
综合组……2814151
财务……2814916
调度室……7520119
……2814044

福利公司

经理……7530037
副经理……7530428
调度……7530703
财务……7530337
预算……7532251
材料……7530131
印刷厂……7530418

作业一公司

经理……7536166
副书记……7539106
副经理……7531136
……7531131
调度室……7531141
……7531245
调度长……7531160
综合调度……7534012
工程……7531419
地质……7531265
机动……7531179
安全……7535974
宣传……7539618
财务……7531210
统计……7530807
人事教育……7531172
工会……7531189
保卫……7531202

作业二公司

经理……7520324
书记……7522126
副经理……7520361
……7521882
工会……7520165
宣传……7520577
资产……7520312
经营……7520325
人事……7520352
财务……7520433
统计……7520385
工程、质检……7520084
地质……7520241
安全……7520032
……7520959
调度长……7520159
综合调度……7520114
调度室……7520038
……7520487

作业三公司

经理……7530449
书记……7530299
副经理……7535400
……7530635
……7539689
安全……7530637
统计、质量……7536051
机动、资产……7530419
人事、教育……7535317
财务……7532335
政工……7530864
地质……7536050
保卫……7539603
调度长……7539605
调度室……7534424
……7534724
综合车队……7530719

作业四公司

经理……7520155
书记……7520062
副经理……7521100
……7520203
总工程师……7520015
经营……7520144
人事……7521072
计生、工会……7521073
地质……7520293
财务……7520256
政工……7520421
资产……7521142
安全……7520153
地质……7520347
调度长……7521172
调度室……7522230
……7521696
动力队……7520488

国际项目部

副经理……7535078
办公室……7531686

冀东项目部

经理……0315－8750838

办公室……………… 7539826
油气合作开发公司
经理…………………… 7539799
书记…………………… 7531192
项目经理……………… 7539768
副经理………………… 7533559
……………………… 7536052
……………………… 7539756
经营…………………… 7531572
调度长………………… 7535017
调度室………………… 7536354
……………………… 7535603
地质、统计………… 7536054
安全…………………… 7531195
保卫…………………… 7531561
财务、资产………… 7536357
人事、政工………… 7535171
注汽供热公司
经理…………………… 7539929
书记…………………… 7539108
副书记………………… 7531309
副经理………………… 7539683
……………………… 7539711
资产…………………… 7539886
人事、政工………… 7539986
财务…………………… 7531465
经营…………………… 7532637
质量…………………… 7531816
材料…………………… 7539657
调度…………………… 7539828
运输公司
经理…………………… 7530246
副书记………………… 7531587
副经理………………… 7531582
……………………… 7531458
财务…………………… 7530019
市场开发……………… 7531310
调度室………………… 7530439
……………………… 7530190
人事教育……………… 7530509
政工…………………… 7530598
机动…………………… 7530237
安全…………………… 7530977
机械厂
经理…………………… 7531690
书记…………………… 7539627
副经理………………… 7531682
……………………… 7530831
工会、人事………… 7530917
政工、经营………… 7539503
财务…………………… 7531922
科技、安全………… 7531713
机动、质量………… 7530018
材料…………………… 7531685

调度长………………… 7539510
调度室………………… 7539513
……………………… 7539517
市场开发……………… 7539650
……………………… 7539651
技术…………………… 7530103
……………………… 7539502
盘锦辽河油田金宇集团有限公司
董事长………………… 7532410
党委书记……………… 7531411
副总经理……………… 7530574
……………………… 7536200
……………………… 7531401
总经理助理………… 7532744
……………………… 7531999
……………………… 7530162
总经理办公室……… 7534099
人力资源部………… 7531529
党群工作部………… 7530898
财务资源部………… 7532288
经营管理部………… 7531709
生产安全部………… 7530797
审计部………………… 7535780
物资采购办………… 7530387
调度室………………… 7530903
金宇石油设备制安修造公司经理室………………… 7531999
调度室………………… 7531408
金宇石油装备有限公司经理室
……………………… 7535236
调度室………………… 7530200
金宇热力保公司经理室 7530162
调度室………………… 7530670
金宇安装公司经理室 7530141
调度室………………… 7531362
金宇建筑公司经理室 7531394
调度室………………… 7533636
金宇技术服务分公司经理室
……………………… 7538288
调度室………………… 7532142
金宇清洗分公司经理室 7539168
调度室………………… 7535411
金宇运输分公司经理室 7530118
调度室………………… 7530179
金宇空缩材料公司经理室
……………………… 7531291
调度室………………… 7531281
金宇建筑材料有限公司经理室
……………………… 7538999
销售接待……………… 7538888
调度室………………… 7531482
金宇混凝土构件有限公司经理室…………………… 7530288
调度室………………… 7531570

金宇加油站经理室 … 7520187
金宇化工厂经理室 … 7533300
调度室………………… 7533602
金宇热能工程有限公司经理室
……………………… 7539456
调度室………………… 7539876
金宇科技发展有限公司经理室
……………………… 7833008
调度室………………… 7809715

欢喜岭采油厂

领导
厂长…………………… 7547999
党委书记……………… 7548466
副厂长………………… 7548931
……………………… 7548915
……………………… 7250008
党委副书记………… 7250016
总地质师……………… 7548895
总工程师……………… 7549983
总会计师……………… 7548935
厂长办公室
主任…………………… 7548920
副主任………………… 7548921
……………………… 7540400
秘书…………………… 7540419
通信员………………… 7540054
安全活动中心……… 7541353
打字室………………… 7540864
视频会议室………… 7542260
主楼值班室………… 7540326
后楼值班室………… 7541501
西楼值班室………… 7541874
所长…………………… 7540738
公寓总服务台……… 7540478
公寓总服务台……… 7541032
公寓总服务台……… 7540021
二楼服务台………… 7545346
三楼服务台………… 7547297
301 房间 …………… 7541361
302 房间 …………… 7542624
303 房间 …………… 7542634
304 房间 …………… 7542632
三楼会客室………… 7541624
餐厅…………………… 7540443
党群工作部
部长…………………… 7540229
副部长………………… 7541012
……………………… 7540517
计生办主任………… 7540787
团委书记……………… 7540399
办公室………………… 7540575
纪检监察科
科长…………………… 7540616

副科长………………… 7547366
……………………… 7541972
党委组织部
部长…………………… 7541506
副部长………………… 7540322
办公室………………… 7541113
……………………… 7540182
人事科
科长…………………… 7541010
办公室………………… 7541459
……………………… 7545439
机关党总支
书记办………………… 7545656
办公室………………… 7541507
内养办………………… 7540247
综合治理信访稳定办公室
主任…………………… 7541591
副主任………………… 7547619
信访办………………… 7547655
生产运行科
科长…………………… 7540768
副科长………………… 7540851
值班室………………… 7540200
……………………… 7540121
……………………… 7540788
值班长………………… 7545369
自动语音通知系统 … 7549606
……………………… 7549607
……………………… 7549608
综合…………………… 7540020
……………………… 7540666
通信…………………… 7541278
应急管理中心
主任…………………… 7540394
应急管理……………… 7250120
安全监察科
科长…………………… 7548788
副科长………………… 7540665
……………………… 7540651
安全监督站………… 7541503
……………………… 7546721
生产技术科
科长…………………… 7542515
副科长………………… 7548653
生产管理科
科长…………………… 7541237
副科长………………… 7540078
……………………… 7540676
生产管理科………… 7542643
……………………… 7542390
热注管理科
科长…………………… 7541325
热注管理科………… 7540252
作业管理科

科长……7540486
副科长……7549605
……7548013
办公室……7541335
……7540224
……7540454
……7541423

科技科

科长……7548360
科技科……7540687

企管法规（内控管理）科

企管法规科长……7540471
企管法规……7547290
……7541227
内控管理科长……7546523
内控管理……7542610

计划经营科

科长……7540726
副科长……7541070
计划经营科……7540991
经济评价中心……7541608

财务科

科长……7540009
副科长……7541453
经费……7541504
成本……7540335
材料……7540343
基建……7540603
资产……7548429
核算……7540476

资产科

科长……7540008
副科长……7540754
资产科……7541416
……7547519
资产科仓库……7541390

道路运输管理科

科长……7540185
道路运输……7541295

审计科

科长……7541847
副科长……7540577
审计……7540513
……7542316

工会

副主席……7541056
……7541296
……7540949
办公室……7543206

概预算管理中心

主任……7541843
副主任……7541052
……7540537

概预算定额管理中心

……7546024
……7547536

钻前管理中心

主任……7545379
钻前管理……7541911
……7541254

土地环保管理中心

主任……7540931
副主任……7547898
土地环保管理……7540249
……7540161

工程管理中心

主任……7541117
副主任……7540253
……7541061
……7545135
工程管理……7546014
……7540428
……7541170

技术监督中心

主任……7540839
副主任……7540306
……7541962
技术监督……7540527
……7541444
……7542161
技术检测室……7541105
化验室……7547579

员工培训中心

主任……7540318
副主任……7542899
教育培训中心……7540362
……7543411

信息中心

主任……7540567
副主任……7548832
软件……7540832
硬件……7541270
数据库……7540724

合作开发办公室

主任……7250019
办公室……7541610

油气销售管理中心

主任……7542627
办公室……7540863

油气监察站

站长……7540539
书记……7547977
副站长……7542579
油气监查站值班室……7540439

交通管理中心

主任……7540720
交通管理……7541340
……7545024
……7542265

水电气综合管理办公室

主任……7547759
副主任……7540659
办公室……7547205
……7545406

档案室

主任……7541380
档案室……7540790
厂志办……7540797

电视台

台长……7541251
新闻部……7540467
播放部……7540960
工程部……7541455

运输一大队

大队长……7541845
党总支书记……7547940
副大队长……7547471
……7541549
调度室……7540210
……7541226
安全组……7543419
政工组……7540145
人事、财务组……7547763
教育、资产组……7541362

运输二大队

大队长……7541429
党总支书记……7545734
副大队长……7545969
……7541214
调度室……7545497
……7542694
生产运行组……7545919
安全组……7541057
政工组……7542294
经营组……7542546

采油作业一区

区长……7548907
党总支书记……7548905
副区长……7542236
……7540740
……7541512
调度室……7540765
……7540337
生产协调组……7541513
……7540427
技术工程组……7540656
……7540731
安全组长……7540776
安全组……7541164
生产组……7541031
经营管理组……7540356
……7547024
党群工作组……7540293
……7547144
地质工艺技术队……7540463
……7540526
综合队……7540272

采油作业二区

区长……7548900
党总支书记……7540542
副区长……7541229
……7540077
调度室……7540766
……7540323
……7541516
调度长……7541269
生产组……7541519
……7540127
……7541208
经营组……7540375
安全组……7540953
工会……7540444
政工组……7541517
财务组……7540626
质料室……7540668
……7540498
地质工艺技术队……7542044
……7540281
化验室……7540061
综合队……7540278

采油作业三区

区长……7540599
党总支书记……7540129
副区长……7540069
……7540067
……7541480
……7540543
调度室……7542234
……7542235
综合调度……7540319
生产协调组……7540773
安全组……7540548
……7255109
技术工程组……7545704
经营管理组……7541483
……7541492
党群工作组……7541454
……7541482
地质综合组……7540435
地质工艺技术队……7540479
……7540417
化验室……7540927
综合队……7540497
……7540266

采油作业四区

区长……7540531

党总支书记…………7540728
副区长……………7540579
……………………7540587
……………………7541078
生产协调组…………7540609
……………………7541116
调度室……………7540338
……………………7540533
安全组……………7547678
技术工程组…………7540674
……………………7541484
人事组……………7540177
工会………………7541714
政工组……………7540370
财务组……………7540437
地质工艺技术队……7540632
……………………7540384
……………………7545279
综合队……………7540622

采油作业五区

区长………………7546150
党总支书记…………7546152
副区长……………7546153
……………………7546167
……………………7546197
生产协调组…………7548471
……………………7548472
调度室……………7548726
……………………7548736
专家组……………7546054
安全组……………7548370
……………………7548410
技术工程组…………7548419
……………………7548421
经营管理组…………7548431
……………………7548434
党群工作组…………7546032
……………………7546042
保卫组……………7548744
地质工艺技术队……7548573
……………………7548593
……………………7548745
资料室……………7548357
化验室……………7548275
综合队……………7548243
材料库……………7548214

采油作业六区

区长………………7540376
党总支书记…………7548894
副区长……………7541157
……………………7541336
……………………7541341
调度室……………7540707
……………………7540136
调度长……………7255125
生产组……………7547270
……………………7255055
安全组……………7541457
地质组……………7542654
经营组……………7541752
财务组……………7543304
政工组……………7541752
资产组……………7255182
综合组……………7543304

捞油公司

经理………………7542989
党总支书记…………7541485
副经理……………7549578
……………………7543408
调度长……………7542427
安全组……………7547652
资产组……………7547652
财务组……………7541230
保卫组……………7542427

热注作业一区

区长………………7540201
党总支书记…………7543699
副区长……………7540653
……………………7543450
……………………7541415
调度室……………7540515
……………………7540661
调度长……………7540829
安全组……………7541212
政工组长……………7543470
政工………………7540218
经营组长……………7541526
经营………………7541527
生产组长……………7541311
生产………………7543416
……………………7543415
教育组……………7540366
材料组……………7540287
……………………7541647
管线拆装队…………7541215
综合队……………7541185

热注作业二区

区长………………7540778
党总支书记…………7548350
副区长……………7541020
……………………7541525
……………………7540360
调度室……………7545811
……………………7545822
安全组……………7546246
……………………7545125
生产协调组…………7546236
技术工程租…………7546212
……………………7540131
……………………7545363
经营管理组…………7546840
……………………7545020
党群工作组…………7541076
……………………7541017
……………………7540141
资料室……………7546395
油品管理组…………7541319

集输大队

大队长……………7540846
党总支书记…………7542700
副大队长……………7543083
……………………7543275
生产运行组…………7543171
……………………7542003
调度室……………7540545
……………………7545545
生产组……………7542064
经营组……………7543637
政工组……………7542347
材料组……………7540199
欢一联队部…………7541106
欢二联队部…………7541520
欢四联队部…………7542321

水电大队

大队长……………7541086
党总支书记…………7542156
副大队长……………7547104
技术负责人…………7540813
电力调度室…………7540302
……………………7543724
生产运行组…………7540981
……………………7541176
生产管理组…………7540504
综合管理组…………7541746
……………………7540462
……………………7541511
财务组……………7540551
水电收费组…………7546114
材料组……………7541046
电力队……………7540704
综合队……………7540073

工艺研究所

所长………………7540348
党总支书记…………7540295
副所长……………7541272
……………………7541529
调度室……………7541111
机关办公室…………7540258
劳资财务……………7540254
材料库……………7540119
综合室……………7540276
科研室……………7540351
……………………7540363
……………………7540729
方案室……………7540325
……………………7547093
机采室……………7540560
油化室……………7542444
……………………7540297

地质研究所

所长………………7542868
党总支书记…………7541181
副总地质师…………7548911
副所长……………7541313
……………………7545879
……………………7540862
……………………7546766
……………………7543566
调度室……………7540571
……………………7540292
生产监测室…………7541204
生产管理室…………7540215
数据室……………7540566
综合室……………7540405
机关办公室…………7541160
稀油动态室…………7540156
稠油动态室…………7541312
静态室……………7540956
机关办公室…………7541597
水平井室……………7540732
增储室……………7540568
汽驱室……………7545186
化验室……………7540118
测试队……………7540442
低压测试……………7541309
财务………………7548805
后勤………………7546341

工程维修大队

大队长……………7540164
党总支书记…………7540997
副大队长……………7540261
……………………7250033
调度室……………7540381
……………………7541472
调度长……………7541045
生产组长……………7541315
档案组……………7547421
资产、安全组………7548272
政工组……………7540407
……………………7540271
人事组……………7540737
教育………………7548271
财务组……………7540843
材料组……………7541531
预算组……………7541814
公益事务管理组……7540413

生产准备大队
大队长……7540850
党总支书记……7540871
副大队长……7540273
……7541546
工程技术组……7542474
质量监督……7540085
资产后勤……7541524
党群组……7542472
宣传青工……7542473
经营组……7543427
教育工会……7540520

物资供应公司
经理……7540290
党总支书记……7541310
副经理……7540328
……7548799
供应组……7541365
……7541040
……7541184
……7540037
……7541323
管理组……7540346
保管组……7540033
质检组……7541794
财务组……7540334
人事组……7541241
政工组……7542594

欢喜岭工程技术处

领导
处长……7549388
党委书记……7543229
副处长……7549668
……7548899
……7540681
……7549989
总工程师……7549936
党委副书记……7548937
处级调研员……7548891

处（党）办公室
主任……7543152
副主任……7548577
文书……7547114
文秘……7540039
打字室……7541471
通信员……7540115
门卫……7543247
小车队……7541320

档案室
主任……7543062
办公室……7542087

生产协调科
科长……7541163
副科长……7541502
井控办主任……7540256
协调科……7543840
调度室……7543077
……7543257

质量安全环保科
科长……7541675
副科长……7549896
……7543803
……7543391
办公室……7541119
安全监督站站长……7541964
办公室（监督站）……7541264

经营管理科
科长……7549926
办公室……7541424

财务科
科长……7540733
办公室……7540749
……7542705

资产管理科
科长……7549551
副科长……7546569
办公室……7546569
资产库……7666960

人事科
科长……7549401
副科长……7540168
办公室……7548874

审计科
科长……7549986
办公室……7255070

概预算科
科长……7548417
副科长……7549568
……7545350

组织部
部长……7549933
办公室……7545468

宣传部
部长……7549054
业务主管……7541173

纪检办（综治办）
主任……7549405
副主任……7542890
办公室……7543495

工会
副主席……7541238
办公室……7540664

团委
书记……7543071

信访稳定办公室
主任……7549758
副主任……7541244
……7542129
嘉和再就业办……7545074
祥和再就业办……7543814

计划生育办公室
副主任……7545180
计划生育办……7548129

工艺地质研究所
主任……7542797
副主任……7549339
信息中心……7543280

物资管理中心
主任……7540457
副主任……7541318
……7546045
材料……7541156
……7541148
材料库房……7548536

社会保险管理中心
主任……7541505
财务……7542504
医疗保险……7542534

社会保险管理站（钻二）
主任……7540408
副主任……7645245
……7645626
医疗、工伤……7541243
养老保险……7644486

离退休职工管理中心
主任……7541509
书记……7541509
副主任……7545217
办公室……7540725
活动中心……7540635
关工委……7540269

离退休职工管理站（钻二）
站长……7643074
书记……7644640
副站长……7645174
……7643369
综合办……7644194
财务……7644365
服务队……7644087
办公室……7644097
……7643135

再就业服务中心（钻二）
主任……7645159
副主任……7644747
……7644790
……7645221
……7645665
设计院社区站长……7823734
世纪社区站长……7835845
平安街道办……7645277
迎宾社区办……7290127

工程项目开发部
经理……7549987
副经理……7541022
工会主席……7540645
办公室……7541566

煤层气开发项目组
经理……7543360

招待所
经理……7548902
总服务台……7548955
……7548977
办公室……7541023
总机……7548991
……7548992

闭路电视维修站（钻二）
站长……7540977
工程维修……7643747

工会文体中心（钻二）
文体中心……7645743
俱乐部……7645759

作业一公司
经理……7540710
书记……7541547
副经理……7541224
……7540987
工会主席……7541271
调度长……7540614
调度室……7540196
……7540818
安全环保……7541199
地质工程……7540499
会计……7540429
资产……7540528
经营……7541183
人事……7541297
组织……7541172
宣传……7540107
保卫……7541523

作业二公司
经理……7541047
书记……7540694
副经理……7541276
……7541193
工会主席……7540274
调度长……7540711
调度室……7540654
……7540701
安全环保……7542637
地质工程……7540683
资产……7546224
经营……7543014
人事……7540992
宣传……7542647
保卫……7540923

陕北项目组
经理………… 0477－7219340
书记………… 0477－7219340
副经理……… 0477－7219340
生产准备公司
经理………………… 7540999
书记………………… 7548539
副经理……………… 7543793
………………………… 7545596
………………………… 7545065
工会主席…………… 7543702
调度长……………… 7543295
调度室……………… 7548340
………………………… 7548491
安全环保…………… 7540983
会计………………… 7541065
资产………………… 7543076
经营………………… 7540721
人事………………… 7540414
组织………………… 7540305
宣传………………… 7542434
保卫………………… 7540134
运输公司
经理………………… 7540403
书记………………… 7547722
副经理……………… 7541316
………………………… 7541306
工会主席…………… 7548633
调度室……………… 7540246
………………………… 7540361
综合调度室………… 7540763
安全环保…………… 7540791
资产………………… 7541533
材料保管…………… 7545004
组织………………… 7541084
会计………………… 7545014
人事………………… 7540941
机械修造公司
经理………………… 7540456
副经理……………… 7541126
………………………… 7540709
财务组……………… 7540692
资产组……………… 7540098
组织组……………… 7540423
人事组……………… 7540652
作业公寓
经理………………… 7546901
副经理……………… 7547713
资产………………… 7543650
人事、财务………… 7547103
安全、宣传………… 7547097
政工、材料………… 7548672
维修服务部………… 7547105
客房值班室………… 7547015
客房办公室………… 7545269
餐饮部办公室……… 7547310
餐饮部……………… 7543683
辽南集团有限公司
董事长……………… 7540898
总经理……………… 7549701
书记………………… 7547966
副总经理…………… 7549703
………………………… 7543137
………………………… 7541321
………………………… 7543333
………………………… 7549609
………………………… 7547803
工会主席…………… 7547238
经理办公室………… 7547701
人事………………… 7547303
政工部部长………… 7542441
宣传………………… 7547469
财务部部长………… 7541321
会计………………… 7541171
出纳………………… 7548565
生产部部长………… 7540979
质量安全环保部长 … 7546321
物管部长…………… 7548001
家属中心…………… 7547907
井下工具公司经理 … 7540946
副经理……………… 7540671
建安工程有限公司
经理………………… 7546597
副经理……………… 7541356
………………………… 7543131
………………………… 7540804
建安汽修厂厂长…… 7540744
建安预制公司经理 … 7548449
建安安全阀厂长…… 7540718
建安防水厂厂长…… 7541582
建安劳务站经理…… 7540915
大吉公司经理……… 7549703
大吉公司书记、副经理 7504872
大吉公司财务……… 7548661
工艺管厂厂长、书记 7540774
工艺管厂车间……… 7540030
华友公司经理……… 7548111
华友公司宾馆经理 … 7541357
储运分公司经理…… 7540886
久久工贸厂长……… 7542207
轻烃厂厂长………… 7540245
玻璃微珠厂厂长…… 7547928
传真………………… 7541541
服装厂厂长………… 7543098
市场办主任………… 7542656
井下技术经理……… 7542088
供应车队…………… 7543201

锦州采油厂

领导
厂长………………… 7550666
书记………………… 7555866
副厂长……………… 7550020
总地质师…………… 7550542
总会计师…………… 7550502
副厂长……………… 7550400
总工程师…………… 7550346
副厂长……………… 7550688
副书记……………… 7550117
厂长办公室
主任………………… 7551788
信访办主任………… 7550517
副主任……………… 7556113
文书办……………… 7550004
传真机……………… 7550348
通信员……………… 7550104
打字室……………… 7550304
档案室主任………… 7551180
副主任……………… 7551911
值班室……………… 7550305
职工档案…………… 7551414
公文档案…………… 7550559
招待所
所长………………… 7550405
副所长……………… 7551900
总台………………… 7550505
总台小号…… 7550006－8168
餐厅………………… 7552788
厂大会议室………… 7551422
厂办公大楼6楼会议室 7550541
厂办公大楼门卫…… 7552411
党委工作部
部长………………… 7551039
副部长、电视台长 … 7550493
电视台副台长……… 7555519
副部长……………… 7551342
团委书记…………… 7550420
副书记……………… 7552516
办公室……………… 7555604
………………………… 7555601
………………………… 7550149
………………………… 7555672
电视台……………… 7550593
………………………… 7550373
组织部
部长………………… 7550129
副部长……………… 7550313
办公室……………… 7550002
纪检监察科
科长………………… 7553110
副科长……………… 7550629
办公室……………… 7553656
………………………… 7555560
………………………… 7550412
综治办主任………… 7556016
厂调度室
调度长……………… 7550007
副调度长…………… 7550107
………………………… 7550095
………………………… 7553599
………………………… 7553308
值班室……………… 7550100
………………………… 7550200
值班室小号 … 7550006－8600
综合………………… 7550335
调度办公室………… 7550001
………………………… 7556001
传真机……………… 7550307
采油技术管理科
科长………………… 7550409
副科长……………… 7553217
………………………… 7550814
………………………… 7551989
办公室……………… 7550584
………………………… 7550509
热注管理中心
主任………………… 7553318
副主任……………… 7555616
水电管理中心
主任………………… 7553181
副主任……………… 7555533
办公室……………… 7556135
钻井管理中心
主任………………… 7551486
副主任……………… 7550362
办公室……………… 7550998
作业科
科长………………… 7550804
副科长……………… 7550161
………………………… 7556108
办公室……………… 7555306
………………………… 7550019
………………………… 7556086
安全监察科
科长………………… 7550310
副科长……………… 7550011
………………………… 7555191
………………………… 7556139
办公室……………… 7551441
………………………… 7551492
………………………… 7550915
交通管理中心
主任………………… 7550787
副主任……………… 7550021
办公室……………… 7552002

……………… 7550966
土地公路环保科
科长……………… 7550757
副科长……………… 7550203
办公室……………… 7555216
……………… 7550207
……………… 7555638
……………… 7555928
经营计划科
科长……………… 7550326
市场办……………… 7550094
办公室……………… 7550023
……………… 7550729
经济评价中心
主任……………… 7551256
办公室……………… 7555087
企管法规科
科长……………… 7550404
副科长……………… 7555726
办公室……………… 7556102
财务科
科长……………… 7550512
副科长……………… 7555839
……………… 7555961
结算部主任……………… 7555368
结算部……………… 7555309
办公室……………… 7550013
……………… 7550794
国有资产管理科
科长……………… 7552778
副科长……………… 7550133
办公室……………… 7555133
……………… 7553218
……………… 7550835
西八千资产库……………… 7554009
审计科
科长……………… 7555700
……………… 7553381
办公室……………… 7550543
……………… 7550318
……………… 7550047
预结算中心
主任……………… 7550358
副主任……………… 7555398
……………… 7550016
办公室……………… 7550415
……………… 7550268
……………… 7550563
……………… 7553476
……………… 7555271
技术监督站
站长……………… 7550433
副站长……………… 7550548
……………… 7551366
办公室……………… 7553133
……………… 7550297
……………… 7550314
校表室……………… 7550214
办公室……………… 7556070
……………… 7556031
……………… 7556090
工会
副主席……………… 7551555
……………… 7550300
女工主任……………… 7550519
办公室……………… 7551024
……………… 7550195
……………… 7555673
……………… 7550221
……………… 7550321
财务……………… 7550043
俱乐部办公室……………… 7550421
俱乐部值班室……………… 7550022
体育馆……………… 7551421
保卫科
科长……………… 7553789
指导员……………… 7555821
副科长……………… 7555612
值班室……………… 7550222
值班室小号 … 7550106－8628
办公室……………… 7550319
办公室……………… 7550419
油气监察值班室……………… 7551835
油气监察科长……………… 7555833
武装部……………… 7550261
信息管理中心
主任……………… 7550003
办公室……………… 7550262
……………… 7550183
……………… 7556022
油气销售科
科长……………… 7554898
办公室……………… 7554011
人事科
办公室……………… 7553305
……………… 7550213
……………… 7553213
……………… 7555780
……………… 7555243
工程科
科长……………… 7551417
副科长……………… 7553079
办公室……………… 7550416
……………… 7550121
……………… 7550516
公用事业办
主任……………… 7550535
副主任……………… 7555539
办公室……………… 7550065
公寓队长……………… 7550267
公寓综合办……………… 7553491
技术创新中心
主任……………… 7555959
副主任……………… 7550513
办公室……………… 7550672
45 块蒸汽驱项目部
办公室……………… 7550413
……………… 7555356
……………… 7553190
16 块化学驱项目部
办公室……………… 7555985
……………… 7552098
……………… 7555079
教育培训中心
副主任……………… 7550408
……………… 7553068
办公室……………… 7550316
……………… 7550515
……………… 7555316
计划生育办公室
主任……………… 7550320
办公室……………… 7550847
机关总支
书记……………… 7550799
办公室……………… 7550044
……………… 7550411
收发室……………… 7550204
再就业办公室
主任……………… 7556106
办公室……………… 7550317
采油作业一区
区长……………… 7550330
教导员……………… 7550430
副区长……………… 7550342
……………… 7550945
……………… 7550530
调度值班室……………… 7550101
调度小号…… 7550102－8601
调度办公室……………… 7553013
……………… 7550032
安全组……………… 7555297
生产组……………… 7550031
……………… 7551047
……………… 7550531
地质队……………… 7550131
……………… 7550591
……………… 7555291
……………… 7555541
经营组……………… 7551027
人事组……………… 7550547
财务组……………… 7550431
材料组……………… 7550549
政工组……………… 7550231
……………… 7550246
……………… 7550242
采油作业二区
区长……………… 7553200
教导员……………… 7550333
副区长……………… 7550874
……………… 7555488
……………… 7556105
调度值班室……………… 7550201
调度小号…… 7550202－8602
调度长……………… 7550749
综合调度……………… 7550534
生产组……………… 7550034
人事组……………… 7553286
经营组……………… 7550334
财务组……………… 7550434
政工组……………… 7550234
材料组……………… 7552742
保卫组……………… 7550417
安全员……………… 7550187
资产员……………… 7550418
地质队……………… 7550134
……………… 7551452
采油作业三区
区长……………… 7551899
教导员……………… 7550206
副区长……………… 7550247
……………… 7555895
……………… 7550435
调度室……………… 7550301
调度小号…… 7550302－8127
调度长……………… 7550331
调度办……………… 7550392
经营组……………… 7552302
人事组……………… 7550345
财务组……………… 7550350
管理组……………… 7550245
政工组……………… 7550344
安全组……………… 7556019
经营组……………… 7550435
材料组……………… 7550349
地质队……………… 7550072
地质队方案组……………… 7550235
地质队微机室……………… 7550347
采油作业四区
区长……………… 7550126
教导员……………… 7555838
副区长……………… 7550332
……………… 7550146
……………… 7556163
调度室……………… 7550033
调度室小号 … 7550675－8603
调度长……………… 7555584

综合调度…………7550353
生产组长…………7550492
生产组…………7550132
政工组长…………7552724
政工组…………7550432
经营组长…………7550232
人事组…………7550394
材料组…………7550244
安全组长…………7550050
地质队长…………7555574
地质队…………7550397

采油作业五区

区长…………7550533
教导员…………7550698
副区长…………7553289
技术负责人…………7550506
调度长…………7552730
值班室…………7550501
安全组长…………7551405
资料…………7551216
经营组…………7553282
政工组…………7553281
地质队长…………7551044
地质队……7550106－8120
生产组长…………7551153

提捞采油项目部

经理…………7555536
教导员…………7556157
副经理…………7556004
…………7555115
调度长…………7556107
地质组长…………7555812
地质组…………7550900
政工组长…………7555415
经营组长…………7551054
资产组…………7555013
人事…………7556103
财务…………7555538

热注作业一区

区长…………7555958
教导员…………7552602
副区长…………7550243
…………7550455
调度室长…………7555331
调度室…………7550236
调度小号……7550006－8122
生产组长…………7550539
安全组长…………7550339
政工组长…………7555854
人事…………7550237
资料经营教育…………7550137
材料组…………7550039
工会女工…………7555031

热注作业二区

区长…………7550536
教导员…………7550037
副区长…………7550436
…………7550377
调度室长…………7555613
调度室…………7550437
调度小号……7550006－8125
生产组…………7550193
政工组…………7550139
人事…………7550337
经营组…………7553032
材料组…………7550439
安全组…………7553041
女工计生…………7550210
资料室…………7550239
档案室…………7555051
综合队…………7550343

生产准备大队

大队长…………7554300
教导员…………7555375
副大队长…………7554123
…………7554107
调度长…………7554100
调度室…………7554190
…………7554244
政工组…………7551085
人事财务…………7551219
质检组…………7554123
安全组…………7554139
经营组…………7554045
资产…………7550611
材料…………7554171
管厂…………7554172

热注项目经理部

调度…………7674015
人事…………7550753
后勤…………7550677
财务…………7550767

供电维修大队

大队长…………7555789
教导员…………7550451
副大队长…………7556170
…………7550208
调度室…………7550252
…………7550148
调度小号……7550106－8213
党群组…………7550351
生产组…………7550109
财务计生组…………7553279
安全环保组…………7555798
营业室…………7550551
资产档案组…………7550052
材料保管组…………7552414
电力队…………7550352

油气集输大队

大队长…………7550496
教导员…………7550442
副大队长…………7550494
…………7555950
调度室…………7550402
…………7550202－8126
调度长…………7550497
生产组…………7550446
政工组…………7550450
经营组…………7551415
财务组…………7550445
安全组…………7551411
工会…………7550443
计生…………7553230
老三联队部…………7554220
综合队队部…………7554209
新三联站队部…………7554046
锦一联队部…………7554243
污水队队部…………7554028

工程维修大队

大队长…………7550074
教导员…………7555033
副大队长…………7550374
…………7555668
…………7551006
办公室…………7550473
调度室…………7550273
传真…………7550687
调度小号……7550102－8513
政工组…………7550573
资产人事…………7550174
安全工会组…………7550274
财务…………7550474
宣传组…………7550166

采油工艺研究所

所长…………7555433
教导员…………7552955
副所长…………7555622
…………7550459
…………7550399
经营组…………7550160
政工组…………7550260
…………7556052
综合室…………7550303
…………7550359
采油室…………7553205
…………7550302－8214
工具室…………755163
…………7550360
油化室…………7550460
…………7550293
螺杆泵室…………7550560
…………7550588
方案室…………7550115
…………7555027

油藏工程研究所

所长…………7550292
教导员…………7555298
副所长…………7550361
…………7553209
…………7553206
技术负责人…………7556083
…………7550162
…………7550197
调度室…………7550061
调度小号……7550202－8215
生产室…………7551413
开发一室…………7550093
开发二室…………7550561
开发三室…………7551412
勘探室…………7555158
天然气室…………7550410
大队机关…………7550462
试井队…………7556041
化验室…………7550476
材料后勤…………7553054
资料室…………7550528
综合室…………7550461

物资管理中心

主任…………7553699
教导员…………7550263
副主任…………7555860
值班室…………7550562
政工组…………7550164
生产组…………7550063
…………7550363
…………7555411
…………7556116
管理组…………7550463
…………7552711
…………7550064
保管组…………7550364
质检组…………7552536
润滑油组…………7550545

车辆一大队

大队长…………7555518
教导员…………7550009
副大队长…………7550125
调度室…………7550504
调度小号……7550675－8114
综合办公室…………7555829
党群…………7555653

车辆二大队

大队长…………7555100
教导员…………7550219
副大队长…………7555699
…………7550507

调度室……………… 7555300
调度小号…… 7550006－8113
财务……………… 7550422
人事计生………… 7555207
调度长…………… 7555933
政工安全………… 7555923

锦州工程技术处

领导
处长……………… 7550230
书记……………… 7553777
副处长、总工程师 … 7555400
副处长…………… 7550546
……………… 7550510
总会计师………… 7553888
副处长…………… 7550130
副书记…………… 7553788
调研员…………… 7550500
处长办公室
主任……………… 7550209
副主任…………… 7556159
值班室…………… 7553197
秘书……………… 7550877
办公室…………… 7553161
档案室…………… 7555552
打字室…………… 7553017
门卫值班室……… 7553179
生产协调科
副总、科长……… 7550911
副科长…………… 7553301
……………… 7556133
办公室…………… 7550286
……………… 7556133
调度值班室……… 7553201
……………… 7551200
井控管理中心
主任……………… 7555822
办公室…………… 7556133
土地管理科
科长……………… 7553301
办公室…………… 7550286
安全环保科
科长……………… 7555393
副科长…………… 7556146
……………… 7552132
办公室…………… 7550069
……………… 7550466
消防室…………… 7555910
QHSE 监督站
副总、站长……… 7555900
副站长…………… 7553172
办公室…………… 7553172
技术监督站
站长……………… 7550700

办公室…………… 7555869
科技发展中心
主任……………… 7550309
副主任…………… 7555913
经营计划科
副总、科长……… 7551442
副科长…………… 7553174
……………… 7553480
办公室…………… 7553173
法律合同科
副科长…………… 7550165
办公室…………… 7553173
财务科
科长……………… 7555919
副科长…………… 7550401
办公室…………… 7553171
……………… 7550046
资产科
科长……………… 7550010
办公室…………… 7553170
……………… 7550017
纪检监察审计科
科长……………… 7550322
副科长…………… 7553203
办公室…………… 7553899
信访办副主任…… 7555721
办公室…………… 7555902
人事劳资科
科长……………… 7550217
副科长…………… 7553037
办公室…………… 7555912
党委组织部
部长……………… 7553855
副部长…………… 7550045
办公室…………… 7550045
党委宣传部
部长……………… 7553132
副科级…………… 7555905
办公室…………… 7555905
工会
副主席…………… 7550741
女工主任………… 7555907
计生主任………… 7553142
办公室…………… 7553142
团委
团委副书记……… 7556045
多种经营科
科长……………… 7553299
办公室…………… 7556017
教育培训中心
主任……………… 7553027
办公室…………… 7553037
工程技术科
科长……………… 7550015

办公室…………… 7550514
矿区管理科
科长……………… 7551198
办公室…………… 7550514
综合治理办公室
科长……………… 7550403
信息中心
主任……………… 7555583
办公室…………… 7555573
市场开发科
科长……………… 7553966
副科长…………… 7553866
物资管理中心
主任……………… 7555701
办公室…………… 7553400
……………… 7555809
保管员办公室…… 7555807
社会保险办
主任……………… 7550216
办公室…………… 7550085
……………… 7550270
……………… 7550426
离退休办
主任……………… 7550526
副科级…………… 7552069
办公室…………… 7550220
值班室…………… 7551419
再就业办
主任……………… 7550142
副主任…………… 7550323
……………… 7550199
办公室…………… 7556167
修井作业项目一部
经理……………… 7551057
书记……………… 7553276
副经理…………… 7555803
主任工程师……… 7552468
生产组…………… 7550495
QHSE 管理、井控资产 7551457
地质科技………… 7550024
经营人事………… 7550324
组织工会………… 7550425
修井作业项目二部
经理……………… 7550027
书记……………… 7550294
主任工程师……… 7552469
生产组长………… 7550030
经营工程地质…… 7550511
安全监督………… 7553223
政工教育………… 7550227
人事工会………… 7550327
资产统计………… 7550529
修井作业项目三部
经理……………… 7550223

副经理…………… 7551947
……………… 7555801
经营组…………… 7553193
资产……………… 7550525
工会人事………… 7550311
生产组…………… 7553031
QHSE 办公室…… 7550523
地质工程………… 7552466
特种修井项目部
经理……………… 7551142
平台经理………… 7552681
副经理…………… 7550196
主任工程师……… 7555802
生产组长………… 7552499
办公室…………… 7550040
……………… 7555692
大修作业项目部
经理……………… 7553677
副经理…………… 7553023
技术负责人……… 7550522
211 队…………… 7555476
特车公司
经理……………… 7550056
书记……………… 7553113
副经理…………… 7550057
生产组长………… 7550556
调度室…………… 7550355
安全、机动……… 7550156
人事……………… 7551487
出纳……………… 7550356
政工、经营……… 7550256
运输公司
经理……………… 7553666
书记……………… 7551885
副经理…………… 7553232
技术负责人……… 7550357
调度长…………… 7550277
调度室…………… 7550157
安全监督………… 7550457
组织经营………… 7550557
奈曼项目部
副总、经理……… 7555911
书记……… 0475－4220670
奈曼作业经理…… 7555805
副经理……… 0475－4220670
奈曼地质…… 0475－2269789
奈 2 站…… 0475－4300188
奈曼水站…… 0475－4300288
奈曼调度…… 0475－4220660
……………… 0475－4220670
赤峰项目部
经理……………… 7555811
副经理……… 0476－8958077
赤峰调度…… 0476－8958077

赤峰气站…… 0476－8958081

机修公司

经理…………………… 7550553
副经理……………… 7553009
…………………… 7550453
生产组……………… 7555710
科技、质量………… 7555549
资产、合同、安全、工会
…………………… 7550554
宣传、人事………… 7555454

动力设备修理公司

副经理……………… 7550354
生产、安全………… 7550176
经营、劳资………… 7553105
汽修车间…………… 7550276

燃煤注汽项目部

经理…………………… 7555696
书记…………………… 7556132
副经理……………… 7552150
安全监督…………… 7552063
生产组……………… 7556047
人事组……………… 7550315
办公室……………… 7551019
政工、材料、安全 … 7550170

公用事业一公司

经理…………………… 7555796
书记…………………… 7555736
副经理……………… 7550707
…………………… 7551420
生产、资产………… 7550278
生产…………………… 7550521
政工组……………… 7550567
工会…………………… 7550179
人事…………………… 7550369
经营…………………… 7550269
教育…………………… 7551434
环绿队……………… 7550467
城管中队…………… 7550366
保安中队…………… 7551416
物业项目部………… 7550734
托幼园长…………… 7550370
托幼园……………… 7550592

公用事业二公司

经理…………………… 7555711
书记…………………… 7550579
副经理……………… 7555656
…………………… 7553440
440 调度室 ………… 7552440
调度长……………… 7553440
资产、安全………… 7552146
人事、劳资………… 7550365
工会、政工………… 7550465
经营…………………… 7550265
维修队……………… 7550569
收费班……………… 7550440
供热队部…………… 7550469
供热微机室………… 7550167
液化气站…………… 7550070
排涝站……………… 7550576
服务队……………… 7550254

医院

院长…………………… 7550371
书记…………………… 7550570
副院长……………… 7552898
人事…………………… 7550571
病房应急办………… 7550471
财务…………………… 7550171
防疫妇科门诊……… 7550172
静园社区…………… 7555420
绿园社区…………… 7555820

盘锦辽河油田华联实业集团有限公司

董事长……………… 7555557
总经理……………… 7550668
副总经理…………… 7550728
…………………… 7550736
…………………… 7555555
…………………… 7552821
财务总监…………… 7551777
副总经理…………… 7550367
监事会主席………… 7551338
工会主席…………… 7551470
顾问…………………… 7551938

盘锦辽河油田华联实业集团有限公司

经理助理…………… 7551669
审计部……………… 7555793
经理办……………… 7550590
财务部……………… 7550774
人事资源部………… 7555790
科技管理部………… 7551401
预算部……………… 7552443
安全、环保、资产 … 7553126
…………………… 7550147
经营管理部………… 7555791
工会…………………… 7555960
党群工作部………… 7551404
物资采购部………… 7550145
车队…………………… 7551427
…………………… 7550947
大修厂……………… 7550076
综合厂……………… 7555641
机电安装公司……… 7556014
油井技术服务公司 … 7555788
建安一公司………… 7551130
建安二公司………… 7559014
建安三公司………… 7555305
服装厂……………… 7551410
涂料厂……………… 7551897
保温管厂…………… 7554206
热注工程队………… 7552241
管材运输队………… 7554271
石油机械厂………… 7554375
石油助剂厂………… 7554254
管材阀门厂………… 7554208
蓄电池厂…………… 7554888
高压变频器厂……… 7551403
生活服务公司一部 … 7550565
生活服务公司二部 … 7550518

兴隆台采油厂

总机…………………… 7811015
…………………… 7811034
…………………… 7811044
…………………… 7811074
…………………… 7811104
…………………… 7811124
…………………… 7811129
…………………… 7811324
…………………… 7811364
…………………… 7811441
…………………… 7811914
…………………… 7813044

领导

厂长…………………… 7850368
书记…………………… 7819486
副厂长……………… 7850688
副书记……………… 7812199
副厂长……………… 7813603
…………………… 7852299
总工程师…………… 7852138
总会计师…………… 7811506
总地质师…………… 7853006

厂长办公室

主任…………………… 7812294
…………………… 8287940
副主任（信访）…… 7815366
副主任（计划生育） 7812450
秘书…………………… 7816314
文书…………………… 7812531
生产会议室………… 7813390
门卫…………………… 7812728

党委工作部

部长…………………… 7852827
副部长……………… 7852706
机关总支书记……… 7852866
宣传…………………… 7815549

党委办公室

主任…………………… 7812430
文书…………………… 7813704

生产运行科

科长…………………… 7851875
副科长……………… 7812586
…………………… 7811666
…………………… 7811600
值班室……………… 7811019
…………………… 7812171
…………………… 8287442
综合组……………… 7812647
…………………… 7811770
冬防、防汛………… 7812811
通信…………………… 7851340

生产技术科

科长…………………… 7851331
副科长……………… 7813686
综合组……………… 7812230
采油组……………… 7819922

作业管理中心

主任…………………… 7812257
副主任……………… 7813933
综合室……………… 7812014
大修压裂室………… 7813292

科技科

科长…………………… 7812250
副科长……………… 7813721
科技科……………… 7813721

组织部

部长…………………… 7813963
副部长……………… 7812392
组织、党建………… 7810029
调配组……………… 7851464

保卫科

科长…………………… 7811776
副科长（油气监察站） 7812528
副科长（武装部） … 7813118
现场…………………… 7812019
现场…………………… 7815056
内勤…………………… 7810110
资料…………………… 7812504

纪检监察科

纪委副书记………… 7812713
副科长……………… 7852665
党风教育室………… 7812577
校能监察室………… 7813604
举报电话…………… 7813614

工会

副主席……………… 7812510
…………………… 7851364
…………………… 7812161
文体干事…………… 7812372

团委

书记…………………… 7812301
办公室……………… 7819632

电视台

台长…………………… 7810889
副台长……………… 7817868

记者……7817868
闭路维修……7813501
计划经营科
科长……7812062
副科长……7815040
……7812707
市场……7812160
统计计划……7812480
企管法规科
科长……7851652
副科长……7812192
……7813226
合同……7852910
勘探开发经济评价中心
主任……7817386
评价室……7817385
……7817370
……7817356
钻井管理中心
主任……7811808
副主任……7813260
钻井监督……7812951
综合……7817316
财务科
科长……7812233
结算科长……7812283
副科长……7815291
经费报销组……7851348
成本核算组……7816241
出纳审核组……7819436
成本管理组……7811892
基建核算组……7850757
财务传真……7811905
人事科
科长……7811814
副科长……7810328
办公室……7810328
综合业务室……7811425
概预算管理中心
主任……7810769
副主任……7818664
概预算办公室……7812152
审计科
科长……7812367
副科长……7813617
业务组……7813617
安全环保监察科
安全总监……7812237
副科长……7813573
……7810827
……7818270
健康……7812972
交管……7810516
交通管理……7810295
消防……7812515
监督……7816295
资产管理中心
主任……7851497
副主任……7813461
资产财务……7813132
现场组……7812413
资产管理……7851457
车管……7810318
土地公路管理中心
主任……8287350
副主任……7850200
土地统计组……7813832
公路办……7850200
基建管理中心
主任……7811323
副主任……7813371
……7815641
合同……7812063
工艺组……7812405
员工培训中心
主任……7819293
副主任……7812270
……7812095
员工培训……7813290
技能鉴定……7813871
学历教育……7816332
综合项目培训……7816682
档案信息中心
档案室主任……7813979
信息主任……7811926
档案室……7810117
史志办……7811772
打字室……7811484
信息办公室……7817582
网络室……7817583
……7817581
采油作业一区
总机……7590240
……7590241
……7590242
……7590243
……7590326
……7590327
……7590710
……7590711
区长……7590002
书记……7590229
副区长……7590011
……7590320
……7590031
……7590760
调度值班室……7590824
……7590133
电管……7590322
安全……7590657
生产组长……7590912
统计……7590012
油气……7590319
资产……7590702
经营组长……7590914
劳资……7590134
财务……7590825
政工组长……7590003
工会……7590034
宣传……7590450
油气监察……7590231
作业监督……7590451
供应站……7590131
电视……7590511
中心一站……7590004
中心二站……7590913
中心三站……7590422
地质队……7590513
微机室……7591209
维修队……7590160
试井队……7590220
采油作业二区
总机……7265041
……7265141
……7265071
……7265341
……7265434
区长……7265288
书记……7265128
副区长……7265158
……7265388
……7265428
……7265003
调度室……7265112
……7265113
党群工作组……7265027
工会……7265335
安全环保组……7265415
经营管理组……7265460
财务……7265130
人事……7265290
技术工程组……7265043
教育……7265200
计量组……7265096
再就业……7265191
治保队……7265110
维修队部……7265220
试井队部……7265234
地质队部……7265314
中心一站……7265175
中心二站……7265411
中心三站……7265072
中心四站……7265499
中心五站……7265315
采油作业三区
区长……7812677
书记……7812670
副区长……7813360
……7812744
……7812747
……7813862
安全组组长……7812764
生产协调组组长……7812610
调度……7812760
……7813975
……7810744
技术工程组……7812723
……7813184
……7813471
安全环保组……7815499
经营管理组……7813475
……7813541
……7813940
党群工作组……7812786
维修队……7813289
试井队……7816945
地质队……7850772
中心一站……7860815
中心二站……7812051
中心三站……7812831
采油作业四区
区长……7811995
书记……7812565
副区长……7815377
……7815332
……7810348
生产协调组……7816217
综合调度……7815129
调度室……7815519
安全环保组……7852531
安全、环保员……7852532
技术工程组……7812477
机动……7818362
党群工作组……7810721
经营管理组……7850524
地质队……7852530
维修队……7850534
采油作业五区
区长……7810378
书记……7819708
副区长……7810379
……7815810
……7815812
安全组组长……7819701
生产协调组……7819701
调度……7854198

技术工程组………… 7819772
安全环保组………… 7819701
经营管理组………… 7819769
党群工作组………… 7819710
地质队……………… 7810226
中心一站…………… 7810156
中心二站…………… 7810179

集输大队

大队长……………… 7819856
书记………………… 7851080
副大队长…………… 7819756
……………………… 7819726
……………………… 7812516
调度室……………… 7851070
……………………… 7818758
生产组……………… 7817292
……………………… 7819206
政工组……………… 7851187
财务、人事………… 7851185
财务、团委………… 7812483
安全环保…………… 7850526
教育………………… 7817536
材料保管…………… 7817513
保洁………………… 7811824
兴一联……………… 7860856
兴二联……………… 7860909
于楼联合站………… 7580016
兴五转……………… 7265015

电力维修大队

大队长……………… 7813706
书记………………… 7819613
副大队长…………… 7819603
工会………………… 7812632
政工组……………… 7813913
经营组……………… 7812132
财务………………… 7810631
生产………………… 7819612
调度………………… 7851181
……………………… 7851180
一队………………… 7812651
二队………………… 7584641

油管厂

厂长………………… 7860371
书记………………… 7868056
副厂长……………… 7862096
财务………………… 7863257
人事………………… 7865311
安全………………… 7860764
资产………………… 7863252
工会………………… 7863254

运输大队

大队长……………… 7810553
书记………………… 7813316
副大队长…………… 7817020
……………………… 7817057
……………………… 7810002
安全环保组………… 7810637
生产协调组………… 7819216
资产………………… 7813611
经营组……………… 7811712
财务、核算………… 7812971
政工组……………… 7813595

特车大队

大队长……………… 7261416
书记………………… 7862855
副大队长…………… 7861955
……………………… 7862856
安全组长…………… 7862815
安全组……………… 7862633
政工组……………… 7862816
经营组……………… 7862817
生产协调组………… 7861072

捞油公司

经理………………… 7861507
书记………………… 7860439
副经理……………… 7869641
……………………… 7860465
生产协调组………… 7868735
地质工艺组………… 7867229
安全环保组………… 7865969
经营管理组………… 7860996
党群工作组………… 7860399
值班室……………… 7867559

地质开发研究所

所长………………… 7812841
书记………………… 7813620
副所长……………… 7811741
……………………… 7812602
……………………… 7815034
……………………… 7819595
党群工作组………… 7813073
工会、人事………… 7818812
经营管理组………… 7815492
开发一室…………… 7851106
开发二室…………… 7813684
开发三室…………… 7813730
油田室……………… 7815575
勘探室……………… 7813280
天然气室…………… 7853004
生产室……………… 7812590
调度………………… 7812741
……………………… 7812801
综合室……………… 7811724

采油工艺研究所

所长………………… 7811913
书记………………… 7813897
副所长……………… 7813817
……………………… 7811134
……………………… 7812213
财务………………… 7812750
人事………………… 7812965
政工………………… 7812272
综合室……………… 7812523
……………………… 7812792
生产运行室………… 7812715
调度………………… 7812025
工艺一室…………… 7813827
工艺二室…………… 7811861
工艺三室…………… 7813705

供应站

站长………………… 7816938
书记………………… 7813293
副站长……………… 7813509
财务组……………… 7813695
……………………… 7813381
质量组……………… 7813762
……………………… 7813401
管理组……………… 7812217
……………………… 7813162
协调组……………… 7813872
……………………… 7813215
计划组……………… 7813270
保管组……………… 7813151
综合组……………… 7812079
业务组……………… 7813173
……………………… 7819429
……………………… 7812596
……………………… 7819008
……………………… 7813476
……………………… 7812596
润滑站……………… 7816447
资产库……………… 7812284
总值班室…………… 7813414

技术监督中心

主任………………… 7813937
书记………………… 7817416
副主任……………… 7813037
调度………………… 7813370
政工组（财务）…… 8287599
综合组（工会、计划生育等）
……………………… 7812869
节能测试…………… 7813271
质量监督…………… 7816219
计量管理…………… 7812187
标准化管理………… 7816613
化学品检测站……… 7812179
计量检定站………… 8287722

能源管理站

站长………………… 7812310
书记………………… 7815521
副站长……………… 7851390
电管组……………… 7813527
气管组……………… 7813965
油水组……………… 7815327
综合组……………… 7810731
……………………… 7813201

综合管理站

站长………………… 7811704
书记………………… 7811575
副站长……………… 7811624
副站长、中心主任 … 7812601
高级主管（爱卫办） 7852880
党群工作组组长…… 7815501
政工、工会、宣传 … 7816290
经营物业组组长…… 7811247
人事、劳资、教育 … 7812433
职工物业、合同…… 7852709
安全消防组组长…… 7811603
宾馆
总服务台…………… 7853266
……………………… 7853288
经理………………… 7853426
副经理……………… 7853425
财务室……………… 7853427
客房组餐饮组……… 7853423
兴采职工活动中心 … 7812570
兴采职工活动中心 … 7812601
综合隆馨宾馆……… 7853345
……………………… 7853047
……………………… 7853048
……………………… 7853049
……………………… 7853041
……………………… 7853051
……………………… 7853052
……………………… 7853064
……………………… 7853067
……………………… 7853060
……………………… 7853057
……………………… 7853043

兴隆台工程技术处

总机……………… 7860600
……………………… 7860406
……………………… 7860401
……………………… 7861700
……………………… 7860250
……………………… 7860933

领导

处长………………… 7260696
党委书记…………… 7860990
副处长……………… 7860050
总工程师、安全总监 7868090
副处长……………… 7867979
党委副书记………… 7860429
副处长……………… 7861735
……………………… 7860353

总会计师…………… 7860800
处长办公室
主任…………………… 7861235
副主任、档案室主任 7863917
文秘 ……………………… 9103
计划生育……………… 7261418
综合档案室
主任…………………… 7863917
科员 ……………………… 9106
………………………… 9876
党群工作部
部长…………………… 7860443
副部长………………… 7860134
团委副书记 ……………… 9153
组织干事 ………………… 9156
宣传干事 ………………… 9158
调度室
调度长………………… 7860056
副调度长 ………………… 9119
现场调度 ………………… 9114
生产综合 ………………… 9115
应急综合 ………………… 9119
调度室………………… 7861813
……………………… 7860390
生产技术科
科长…………………… 7860464
副科长 …………………… 9115
资质管理 ………………… 9113
井控管理 ………………… 9113
质量管理 ………………… 9115
工程技术管理 …………… 9812
科技科
科长…………………… 7261528
副科长 …………………… 9618
信息管理 ………………… 9777
科技管理 ………………… 9618
安全环保科
安全副总监、科长 … 7860563
副科长………………… 7860379
综合 ……………………… 9125
交通…………………… 7860379
特种设备 ………………… 9124
消防、培训 ……………… 9707
人力资源部
部长…………………… 7860770
副部长、劳务中心主任
……………………… 7860173
综合管理 ………………… 9163
薪酬管理 ………………… 9163
统计管理 ………………… 9163
审计科
科长…………………… 7860660
副科长 …………………… 9193
科员 ……………………… 9193

纪检监察科
科长…………………… 7860802
纪检监察……………… 7869743
财务科
科长…………………… 7860875
副科长………………… 7860775
会计 ……………………… 9136
………………………… 9135
………………………… 9133
………………………… 9703
………………………… 9702
出纳 ……………………… 9130
企管法规科
副科长………………… 7860445
………………………… 9640
计划经营科
副总经济师、科长 … 7861071
副科长 …………………… 9602
市场统计管理 …………… 9603
投资计划管理 …………… 9603
市场办
主任…………………… 7261415
副主任 …………………… 9442
工会
工会副主席………… 7863966
女工主任 ………………… 9154
工会干事 ………………… 9155
资产管理科
科长…………………… 7261409
副科长 …………………… 9183
现场管理 ………………… 9184
综合管理 ………………… 9185
公用事业科
科长…………………… 7868417
副科长 …………………… 9145
保卫科
科长…………………… 7260110
信访办公室主任…… 7869903
科员…………………… 7260110
安全环保监督站
站长…………………… 7860563
副站长………………… 7261720
科员 ……………………… 9813
社会保险中心（一）
主任…………………… 7813462
副主任………………… 7812922
社会保险中心（二）
主任…………………… 7820683
副主任………………… 7808532
……………………… 7821364
养老保险……………… 7821274
医疗保险……………… 2898488
会计…………………… 2899478
失业、生育、住院登记 7808570

离退休管理办公室（一）
主任…………………… 7811077
副主任………………… 7812420
科员…………………… 7811273
……………………… 7261875
离退休管理办公室（二）
主任…………………… 7826359
书记…………………… 2899374
副主任………………… 2899674
组织…………………… 2899216
工会干事……………… 2899216
会计…………………… 2899643
出纳…………………… 2899643
机关站………………… 2899026
钻前站………………… 7860622
运一站………………… 7803589
运二站………………… 7812386
大市场站……………… 2899914
固井站………………… 2899508
三工地站……………… 2899001
管子站站……………… 7286236
再就业管理办公室（一）
主任…………………… 7819196
副主任………………… 7260769
科员…………………… 7813930
再就业管理办公室（二）
主任…………………… 7808581
文员、繁荣站……… 7808582
和平站………………… 7820319
双兴站………………… 7820370
文化站………………… 7283329
锦祥站………………… 7861962
新工站………………… 7820869
钻工村站……………… 7820121
长湖站………………… 7817433
海园站………………… 7819411
乐园站………………… 7820170
信访稳定工作办公室（二）
主任…………………… 7823660
科员…………………… 7823690
机关车辆管理中心
主任…………………… 7860080
调度…………………… 7869640
职工培训中心
主任…………………… 7860173
培训基地……………… 7590830
劳务管理中心
主任…………………… 7860173
劳务管理……………… 7260091
结算中心
副总经济师…………… 7860200
副主任 …………………… 9604
科员 ……………………… 9613
兴隆台作业区
经理…………………… 7869904
书记…………………… 7860160
副经理 …………………… 9236
安全组 …………………… 9235
生产调度……………… 7868743
经营组 …………………… 9234
设备组 …………………… 9235
预算员 …………………… 9240
成本员 …………………… 9239
保险员 …………………… 9240
金马作业区
经理…………………… 7869902
书记…………………… 7868740
副经理………………… 7261995
安全组 …………………… 9225
生产调度 ………………… 9222
经营组 …………………… 9224
设备组 …………………… 9228
钻修公司
经理…………………… 7860796
书记…………………… 7261213
副经理………………… 7861255
副经理………………… 7860341
安全组 …………………… 9245
生产组 …………………… 9243
经营组 …………………… 9244
设备组 …………………… 9246
冀东项目组
调度室……… 0315－8840123
吉林项目组
调度室……… 0438－6156066
大庆项目组
调度室……… 0459－5988353
江苏项目组
调度室 …… 0514－86271989
长庆项目组
调度室……… 0912－4635613
辽河项目组
调度室………………… 7261095
国外技术服务公司
经理、书记…………… 7868491
副经理 …………………… 9512
调度 ……………………… 9514
出国专办员 ……………… 9513
收气项目部
经理…………………… 7861099
副经理………………… 7861058
……………………… 7861107
安全组 …………………… 9522
生产调度……………… 7861218
经营组 …………………… 9525
设备组 …………………… 9527
政工组 …………………… 8088
油气试采项目部

经理…………………… 7868471
书记…………………… 7868474
副经理………………… 7868472
主任工程师………… 7869956
安全组 …………………… 9803
生产调度…………… 7868470
经营组 …………………… 9802
地质组……………… 7261420

工程技术服务公司

经理…………………… 7261750
主任工程师………… 7261760
连续油管队………… 7662217
安全组……………… 7863886
工具组……………… 7781661
固井车队…………… 7781651

特车大队

大队长……………… 7813109
书记…………………… 7852556
安全组……………… 7813792
安全…………………… 7813792
调度…………………… 7812925
……………………… 7813820

设备成套修保中心

主任 …………………… 9266
副主任 ………………… 9616
综合组……………… 7664266
经营组……………… 7781566
成本会计…………… 7662318
修保队……………… 7664166
配套队……………… 7857506

物资管理中心

主任…………………… 7869193
书记…………………… 7260096
材料组……………… 7863794
综合组 ………………… 9727
保管 …………………… 9725
油库主任…………… 7860795
油库书记…………… 7820096

生活综合服务公司

经理…………………… 7860881
副经理 ………………… 9271
会计 …………………… 9423
经营 …………………… 9425
……………………… 9423

福利标牌厂

厂长…………………… 7820118
书记…………………… 7820113
副厂长……………… 7820995
财务部……………… 7820631
生产部……………… 7820331

恒泰利公司

董事长、总经理…… 7819999
书记…………………… 7816666
副总经理…………… 7853555
……………………… 7853577
……………………… 7853566
……………………… 7853599
……………………… 7853567
……………………… 7853533
总经理助理………… 7853535
财务总监…………… 7853588
总经理助理………… 7810333
办公室主任………… 7853503
调度室……………… 7853501
财务经营部………… 7853506
党群工作部………… 7853515
生产技术部………… 7853517
人力资源部………… 7853520
预算部……………… 7853523
合同部……………… 7853528
市场营销部………… 7853530
安全部……………… 7853532
资产部……………… 7853537
成本控制中心……… 7853539

沈阳采油厂

领导

厂长…………………… 7569889
书记…………………… 7569002
副厂长……………… 7563151
总会计师…………… 7560730
总地质师…………… 7560015
副厂长……………… 7568496
总工程师…………… 7569789
副书记……………… 7569968
副厂长……………… 7566553

厂长办公室

主任…………………… 7569551
值班室……………… 7560111
……………………… 7560492
打字室……………… 7560394
秘书…………………… 7560353
通信员……………… 7560113
大电话会议室……… 7560372
厂机关4楼东侧会议室 7560763
计生主任…………… 7560655
计生办公室………… 7561103

党群工作部

部长…………………… 7560360
副部长……………… 7565270
……………………… 7560810
团委书记…………… 7560657
办公室……………… 7560590
……………………… 7560469
……………………… 7562927
……………………… 7561064

机关总支

书记…………………… 7560086
副书记……………… 7568026
办公室……………… 7560039

工会

副主席……………… 7560541
……………………… 7569927
办公室……………… 7560645
……………………… 7568256
……………………… 7563324

纪检监察科

科长…………………… 7560518
副科长……………… 7560014
科员…………………… 7560063
录音举报电话……… 7562098

生产运行科

调度长……………… 7569343
副调度长…………… 7560306
……………………… 7560472
现场办……………… 7560500
综合办……………… 7560801
……………………… 7560114
值班室……………… 7560596
……………………… 7560651
……………………… 7560053
油气监察…………… 7563887

生产管理科

科长…………………… 7565562
副科长办…………… 7560391
……………………… 7561104
集输组……………… 7560390
管理组……………… 7560716
综合组……………… 7568037

安全科

安全总监…………… 7560201
副科长……………… 7560678
……………………… 7561131
资料室……………… 7560994
安全科……………… 7560233
……………………… 7560115

环保科

科长…………………… 7566557
副科长……………… 7563220
办公室……………… 7560104
……………………… 7560636
……………………… 7566565
……………………… 7566565

计划科

科长…………………… 7560416
副科长……………… 7560207
办公室……………… 7560603
……………………… 7560485
……………………… 7560380
……………………… 7560513
……………………… 7885233
……………………… 7885061

经营科

科长…………………… 7560384
副科长、评价中心主任 7560843
市场…………………… 7560755
评价中心…………… 7560307

人事组织科

科长…………………… 7560259
副科长……………… 7560119
工资…………………… 7560011
劳动组织…………… 7562511
……………………… 7560117

财务科

科长…………………… 7560308
副科长……………… 7562259
……………………… 7569145
成本组……………… 7561704
资金组……………… 7560206
……………………… 7560116
综合组……………… 7563605

资产科

科长…………………… 7560484
副科长……………… 7560192
资产…………………… 7560687
……………………… 7568522
……………………… 7563256
一区资产库………… 7571578
二区资产库………… 7571579

审计科

科长…………………… 7560560
副科长……………… 7560533
……………………… 7560632
……………………… 7565772
审计…………………… 7560118

企管法规科

科长…………………… 7568038
副科长……………… 7560097
……………………… 7560483
办公室……………… 7560482
……………………… 7695966
……………………… 7885062

科技科

科长…………………… 7560342
副科长……………… 7560418
办公室……………… 7560294

作业管理中心

科长…………………… 7569013
副科长……………… 7560415
办公室……………… 7565344
……………………… 7561380

交通管理站

科长…………………… 7561465
副科长……………… 7560420
……………………… 7560507
办公室……………… 7560540

土地公路管理中心
主任…………………… 7569172
副主任………………… 7560422
办公室………………… 7562905
……………………… 7560375
……………………… 7560108
……………………… 7561216
信访稳定办公室
科长…………………… 7565959
办公室………………… 7568578
应急管理中心
主任…………………… 7560773
副主任………………… 7560378
……………………… 7563005
电视中心
主任…………………… 7560532
新闻…………………… 7560224
维修…………………… 7568224
机房…………………… 7563224
基建工程科
科长…………………… 7560495
副科长………………… 7560182
现场组………………… 7560186
……………………… 7560317
办公室………………… 7560010
设计室
主任…………………… 7561651
业务主管……………… 7561164
储运组………………… 7565094
土建组………………… 7560006
概预算中心
主任…………………… 7560566
副主任………………… 7560594
……………………… 7560313
办公室………………… 7561600
……………………… 7560794
信息中心
主任…………………… 7560202
副主任………………… 7562616
网络…………………… 7566394
软件…………………… 7561394
门户和数据用………… 7562714
维修…………………… 7563413
拨号服务器专用…… 7565514
……………………… 7565714
水电讯管理办公室
主任…………………… 7560624
副主任………………… 7569012
……………………… 7565541
办公室………………… 7560593
合作开发作业区
区长…………………… 7569662
书记…………………… 7569708
副区长………………… 7565138
……………………… 7561190
……………………… 7569663
地质、财务、劳资 … 7562050
调度、油气监察…… 7565142
油气管理中心
主任…………………… 7560277
副主任………………… 7560559
办公室………………… 7560653
……………………… 7560464
……………………… 7569326
……………………… 7560978
……………………… 7560728
档案室
主任…………………… 7561473
副主任………………… 7561758
值班室………………… 7560305
设备、会计档案…… 7560168
基建、文书档案…… 7563207
地质、科研………… 7565463
史志办公室………… 7568045
技术监督中心
主任…………………… 7560555
书记…………………… 7560355
副主任………………… 7561320
质量室………………… 7560514
……………………… 7561174
……………………… 7560245
计量室………………… 7560692
标准化室……………… 7560455
节能室………………… 7560155
……………………… 7560049
仪表室………………… 7561213
……………………… 7560068
检定室………………… 7560265
职工培训中心
主任…………………… 7560592
副主任………………… 7565217
……………………… 7560920
业务主管……………… 7560893
培训组………………… 7561634
……………………… 7562187
……………………… 7568245
综合组………………… 7560033
……………………… 7562157
门卫…………………… 7560430
招待所
所长…………………… 7560227
副所长………………… 7565182
客房…………………… 7560203
财务…………………… 7560919
餐厅…………………… 7560032
总台…………………… 7560136
总机…………………… 7560052
……………………… 7560070
……………………… 7560073
……………………… 7560087
公益事务管理科
主任…………………… 7571095
副主任………………… 7571680
……………………… 7885639
办公室………………… 7571589
公园…………………… 7561054
候车室………………… 7563072
水厂…………………… 7563110
服务队………………… 7566758
公园夜班……………… 7566885
公寓门卫……………… 7566889
钻井管理中心
主任…………………… 7561133
副主任………………… 7560628
办公室………………… 7563057
……………………… 7695929
安全监督站
站长…………………… 7569505
副站长………………… 7563027
办公室………………… 7563037
CNG 项目管理部
主任…………………… 7568114
支部书记……………… 7560009
副主任………………… 7560174
统计…………………… 7560296
安全、资产…………… 7561009
采气队………………… 7561197
生产…………………… 7885438
队长…………………… 7885216
指导员………………… 7571836
生产现场……………… 7885690
……………………… 7885609
采油作业一区
区长…………………… 7560229
总支书记……………… 7560230
副区长………………… 7560331
……………………… 7560441
……………………… 7560289
……………………… 7560779
调度长………………… 7560912
调度室………………… 7560677
……………………… 7560713
生产组长……………… 7560288
生产…………………… 7560140
……………………… 7560602
政工组长……………… 7560034
政工…………………… 7560827
财务组长……………… 7569403
财务…………………… 7560712
前线指挥部…………… 7566720
采油作业二区
区长…………………… 7560568
总支书记……………… 7560064
副区长………………… 7560170
……………………… 7560688
……………………… 7568113
生产主管办公室…… 7560535
……………………… 7560082
生产协调组组长…… 7568482
办公室………………… 7560471
……………………… 7560271
生产组组长…………… 7560740
办公室………………… 7560359
资产…………………… 7568483
作业管理……………… 7560617
安全组………………… 7568476
财务…………………… 7560297
……………………… 7568469
人事…………………… 7568362
党群工作组组长…… 7560270
工会…………………… 7560539
党群工作组…………… 7560561
打印室………………… 7561914
地质组组长…………… 7560362
地质资料室…………… 7568479
保卫组………………… 7560639
采油作业三区
区长…………………… 7560261
书记…………………… 7560364
地质…………………… 7560945
教育…………………… 7569667
生产…………………… 7560538
安全…………………… 7560059
生产协调组组长…… 7560777
工程技术组组长…… 7560263
经营组组长…………… 7560057
政工组组长…………… 7560172
地质队………………… 7560739
教育、计量、质量标准化
……………………… 7560262
生产…………………… 7563473
工会、计生、治安综合治理、
共青团………………… 7563582
人事…………………… 7561130
调度室………………… 7560066
……………………… 7560283
材料组………………… 7561146
前进指挥部…………… 7565102
……………………… 7565671
……………………… 7565673
采油作业四区
区长…………………… 7569336
书记…………………… 7569245
副区长………………… 7560083
……………………… 7560096
……………………… 7560269

…………………… 7562533
财务…………………… 7560478
…………………… 7566014
人事…………………… 7561056
政工…………………… 7563474
调度长…………………… 7561740
调度室…………………… 7566700
…………………… 7569463
…………………… 7563897
前线值班室…………………… 7566716
生产组…………………… 7569701
…………………… 7561004
地质队…………………… 7565014
安全组…………………… 7560904
…………………… 7560199
…………………… 7566862

采油作业五区

区长…………………… 7568175
书记…………………… 7568177
副区长…………………… 7568179
…………………… 7568267
…………………… 7568373
安全组…………………… 7562868
生产组…………………… 7562685
安全组…………………… 7562826
人事…………………… 7562811
政工组…………………… 7562803
资产统计…………………… 7562862
财务…………………… 7562687
地质组…………………… 7562859
调度…………………… 7566705
…………………… 7566715
队部…………………… 7568020
…………………… 7568023

捞油管理大队

大队长…………………… 7569670
教导员…………………… 7561031
副大队长…………………… 7561051
…………………… 7562769
…………………… 7560398
政工组…………………… 7560971
调度室…………………… 7560714
生产组…………………… 7561437
安全组…………………… 7561620
资产组…………………… 7562087
劳资、财务…………………… 7560937
地质组…………………… 7561001

集输大队

大队长…………………… 7560820
教导员…………………… 7561045
副大队长…………………… 7561014
…………………… 7560382
…………………… 7560569
…………………… 7561053
安全组长…………………… 7560387
工会…………………… 7560142
政工组…………………… 7560144
生产组…………………… 7560232
教育干事…………………… 7560293
财务…………………… 7560531
…………………… 7560194
集输调度…………………… 7560534
…………………… 7560817
资料室…………………… 7562742
人事…………………… 7569233

工艺技术研究所

所长…………………… 7560361
总支书记…………………… 7560470
副所长…………………… 7560272
…………………… 7561359
…………………… 7560402
…………………… 7561205
业务主管…………………… 7568292
离职领导…………………… 7560638
安全…………………… 7565164
财务、人事…………………… 7560126
政工、工会…………………… 7560529
调度室…………………… 7560587
调度长…………………… 7560275
生产经营室…………………… 7565144
油田化学室…………………… 7560212
井下作业工程设计室 7563294
采油工艺室…………………… 7562977
措施工艺室…………………… 7560717
工艺研究室…………………… 7560358
现场试验室…………………… 7560676
办公室…………………… 7571070
主管生产副所长…………………… 7571050
办公室…………………… 7571882

地质开发研究所

所长…………………… 7565107
教导员…………………… 7562510
副所长…………………… 7563299
…………………… 7560605
…………………… 7560659
…………………… 7561309
…………………… 7560429
机关…………………… 7561015
…………………… 7560526
开发志…………………… 7560521
政工…………………… 7560121
人事…………………… 7565293
财务…………………… 7561329
生产注水测试…………………… 7560742
综合室…………………… 7560184
静态室…………………… 7560936
…………………… 7562311
堪探室…………………… 7560634
动态室…………………… 7560631
动态室机房…………………… 7560426
调度室…………………… 7560400
化验室…………………… 7562156
…………………… 7560016
生产室…………………… 7565025

电泵维修大队

大队长…………………… 7560550
书记…………………… 7562080
副大队长…………………… 7562004
…………………… 7561855
…………………… 7560924
政工组、生产组…………………… 7569581
安全组…………………… 7561204
资产组…………………… 7568029
调度…………………… 7560726
人事、工会…………………… 7560862
财务组…………………… 7560046
电泵队…………………… 7560442
电修车间…………………… 7560141
泵修车间…………………… 7560953

准备大队

大队长…………………… 7560026
总支书记…………………… 7561737
副大队长…………………… 7568019
材料员…………………… 7560164
管杆收发…………………… 7560292
生产组长…………………… 7560527
安全员…………………… 7560622
教育干事…………………… 7560644
井下工具收发…………………… 7560669
安全组长…………………… 7560791
财务组…………………… 7560917
政工组…………………… 7560926
人事员…………………… 7561194
保管员…………………… 7566044

测试大队

教导员…………………… 7560093
大队长…………………… 7560102
副大队长…………………… 7560290
财务…………………… 7560954
经理办…………………… 7560964
政工…………………… 7560043
安全…………………… 7560045
调度…………………… 7561032
资料…………………… 7562095
劳资…………………… 7562993
资产…………………… 7568139

供电大队

大队长…………………… 7560344
书记…………………… 7568392
副大队长…………………… 7568391
…………………… 7560562
办公室…………………… 7560347
财务…………………… 7560247
财务，劳资…………………… 7566326
工会，资产…………………… 7568394
安全…………………… 7560690
…………………… 7560450
调度室…………………… 7560557
…………………… 7562787

物资供应站

站长…………………… 7560431
副站长…………………… 7560221
站书记…………………… 7560030
政工组…………………… 7560578
财务组…………………… 7560668
政工组…………………… 7563159
业务主管…………………… 7563518
调度室…………………… 7560392
劳资组…………………… 7560432
计划组…………………… 7560025
合同组…………………… 7560151

车辆管理大队

大队长…………………… 7560616
总书记…………………… 7563886
副大队长…………………… 7562506
…………………… 7563369
…………………… 7566117
调度…………………… 7560183
…………………… 7560388
安全…………………… 7560051
财务…………………… 7560072
材料…………………… 7562309
人事…………………… 7560990
教育…………………… 7562383
政工…………………… 7562293

工程维修大队

大队长…………………… 7566598
教导员…………………… 7566568
副大队长…………………… 7563677
财务…………………… 7563169
生产、材料…………………… 7565162
安全…………………… 7565362
人事…………………… 7563957
抽修…………………… 7563851
调度室…………………… 7561071
抽修车间…………………… 7565715

沈阳工程技术处

领导

处长…………………… 7568168
书记…………………… 7560598
副处长…………………… 7568560
…………………… 7569678
…………………… 7566017
副书记…………………… 7568017
总会计师…………………… 7560413

副总工程师………… 7560152
………………………… 7560000

处办

主任………………… 7560005
副主任……………… 7560058
办公室……………… 7568348
打字室……………… 7561089
大会议室…………… 7560499
门卫………………… 7568403

档案室

主任………………… 7565233
办公室……………… 7565232

生产协调科

科长………………… 7560088
副科长……………… 7560208
………………………… 7563156
调度室……………… 7560008
………………………… 7560503
综合………………… 7560600
井控、应急………… 7565590
地质组……………… 7560897

安全科

科长………………… 7560377
副科长……………… 7569482
………………………… 7561769
………………………… 7569369
办公室……………… 7565145
………………………… 7562509
………………………… 7560612

安全监督站

站长………………… 7568315
办公室……………… 7561409
………………………… 7560437

资产科

科长………………… 7560152
副科长……………… 7560370
办公室……………… 7560370

经营科

科长………………… 7560000
副科长……………… 7568355
办公室……………… 7560479
………………………… 7560662

组织人事科

科长………………… 7560706
副科长……………… 7560839
………………………… 7566243
办公室……………… 7568049
………………………… 7566243

财务科

科长………………… 7568197
副科长……………… 7566996
办公室……………… 7560260
………………………… 7560276
………………………… 7563263

审计科

科长………………… 7560189
办公室……………… 7569378

党群部

部长………………… 7560648
主任………………… 7566245
宣传部长…………… 7560876
保卫科长…………… 7565313
团委副书记………… 7563312
办公室……………… 7568306
………………………… 7560454

再就业中心

主任………………… 7560522
副主任……………… 7562560
………………………… 7560371
办公室……………… 7569360
………………………… 7561496
………………………… 7562304

内控办

主任………………… 7569538
办公室……………… 7560249

矿管办

主任………………… 7561887
副主任……………… 7565073
办公室……………… 7565073

市场开发项目部

办公室……………… 7565120

冀东项目部

经理………………… 7562203
办公室……………… 7569665

地质工艺研究所

所长………………… 7560652
副所长……………… 7568042
值班室……………… 7569542
………………………… 7569492
………………………… 7561232

物资采购管理中心

主任………………… 7561082
副主任……………… 7568080
计划、统计………… 7565649
结算、质检………… 7562465
办公室……………… 7560295
………………………… 7561176
………………………… 7562570

保险中心

主任………………… 7562537
副主任……………… 7885316
值班室……………… 7563314
………………………… 7563074
………………………… 7566295

概预算中心

主任………………… 7568164
办公室……………… 7560613
………………………… 7569433

基建办

主任………………… 7565143
办公室……………… 7565263
………………………… 7560517

培训中心

主任………………… 7560890
办公室……………… 7566254
………………………… 7568360

信访办

主任………………… 7561867
办公室……………… 7561367

小车队

队长………………… 7563016
指导员……………… 7569516

作业一公司

经理………………… 7560600
书记………………… 7565898
副经理……………… 7568117
………………………… 7562502
调度室……………… 7560300
办公室……………… 7561185
安全组……………… 7560661
材料组……………… 7560304
后勤组……………… 7568487
人事………………… 7560210
财务组……………… 7569270

作业二公司

经理………………… 7566301
书记………………… 7568119
副经理……………… 7569096
………………………… 7562009
调度室……………… 7560215
办公室……………… 7560017
材料组……………… 7560641
工会………………… 7560586
后勤………………… 7561187
安全组……………… 7561189
人事………………… 7562359
财务组……………… 7560065

作业三公司

经理………………… 7565399
书记………………… 7562008
副经理……………… 7566567
调度室……………… 7560807
办公室……………… 7563811
安全组……………… 7566181
人事………………… 7563755
财务组……………… 7565386

生产准备公司

经理………………… 7561404
书记………………… 7569461
副经理……………… 7565030
………………………… 7569493
生产协调组………… 7562077

公司办……………… 7561417
材料组……………… 7560067
劳资………………… 7562092
资产组……………… 7568372
财务组……………… 7560640

特种装备公司

经理………………… 7560127
书记………………… 7560947
副经理……………… 7569487
………………………… 7561163
………………………… 7568111
调度长……………… 7560094
调度室……………… 7560200
办公室……………… 7560428
保卫组……………… 7565072
安全组……………… 7560193
财务组……………… 7560582
………………………… 7560319
经营组……………… 7568050
人事组……………… 7568490

公用事业公司

经理………………… 7568303
书记………………… 7569594
副经理……………… 7560522
………………………… 7561686
………………………… 7561602
调度室……………… 7560440
调度长……………… 7560133
计划生育…………… 7560646
经营组……………… 7560054
办公室……………… 7560410
财务组……………… 7560577
………………………… 7560266
人事组……………… 7561060
安全保卫组………… 7560204
房产组……………… 7560433
收费站……………… 7560223
污水站……………… 7561373
440 纯净水厂 ……… 7563440
液化气站…………… 7560670
托儿所……………… 7560027
综合队……………… 7560395
供暖中心…………… 7561092
广源锅炉房………… 7561093
维修队……………… 7560018
绿化环卫队………… 7560732
城管队……………… 7561657

医院

院长………………… 7560327
书记………………… 7560029
副院长……………… 7566120
………………………… 7569695
值班门诊、急诊…… 7560135
办公室……………… 7560225

财务…………7560488
防疫…………7560436
基础…………7560749
婚检…………7560673
病房…………7560574

退休办

主任…………7560343
书记…………7560085
副主任…………7561083
办公室…………7560943
财务…………7561670
关工委…………7561594

高升采油厂

领导…………7505789
…………7506688
…………7506666
…………7506668
…………7506655
…………7500273
…………7506678
…………7506888
…………7506988

办公室

主任…………7500090
计生副主任…………7500017
副主任…………7500354
文书…………7500196
秘书…………7500760
打字室…………7500001
通信员…………7500041

党委工作部

部长…………7506543
团委副书记…………7500015
副部长…………7506170
党办…………7502460
理论宣传…………7501700
…………7500365

人事科

科长…………7500101
劳动工资…………7500277
双定档案…………7500034

组织部

部长…………7502990
干部管理…………7502682
党建管理…………7500141
党务管理…………7502115

工会办公室

副主席…………7500551
…………7500560
办公室…………7502465
工会财务…………7500236

生产运行科

科长…………7502916
副科长…………7506300
…………7500116
…………7500360
值班室…………7500200
…………7500400
通信…………7500649
综合…………7500190

生产管理科

科长…………7505240
副科长…………7502693
…………7500217
生产管理…………7505641
注汽管理…………7506103
综合室…………7500714

安全监察科

科长…………7500526
副科长…………7506308
…………7502667
…………7501106
安全…………7500359
交通管理…………7501276

土地环保科

科长…………7506777
副科长…………7505800
环保…………7500462
土地…………7500356

公路管理中心

科长…………7506101
办公室…………7506102

科技科

科长…………7502891
科技综…………7502891

财务科

科长…………7501998
资金…………7500096
…………7501796
基建…………7500629
微机室…………7500282
成本组…………7500081

结算科

科长…………7500186
办公室…………7502701

资产科

科长…………7500542
副科长…………7502991
机动组…………7500013
资产…………7500327
…………7506510
资产库…………7500441

经营计划科

科长…………7502409
副科长…………7500527
…………7502873
统计组…………7500361
经营计划…………7500395

企管法规科

科长…………7506518
办公室…………7500237
合同管理…………7500363
市场管理…………7500272
内控管理…………7500696

纪检监察科

科长…………7500296
副科长…………7502687
纪检监察…………7500409
办公室…………7502796

审计科

科长…………7506118
工程审计…………7500385
财务审计…………7500524
合同审计…………7501054

保卫科

科长…………7500900
副科长…………7506516
值班室…………7506110
保卫一组…………7506078
保卫二组…………7502501
资料室…………7506370

综合治理办

主任…………7501086

综合档案室

主任…………7500005
档案室…………7501544
…………7505774
…………7501661

餐饮服务中心

主任…………7500246
书记…………7500935
所长办…………7500185
总台…………7500195
客房二楼总台…………7500245
客房三楼总台…………7500047
一楼餐厅…………7500192
三楼餐厅…………7500405
食堂办…………7502542
大食堂…………7500182
值班室…………7501926
财务办…………7500463

技术监督中心

主任…………7500543
副主任…………7506430
计量…………7501611
节能…………7505874
质量…………7500544
标准化…………7500309
计量队…………7500051
质量监督…………7501811
水电监…………7501813

作业监督中心

主任…………7500003
副主任…………7500665
作业组…………7500011
…………7500931

钻井监督中心

主任…………7502691
副主任…………7506283
钻井组…………7500711

风险采油管理办公室

主任…………7502360
办公室…………7506310
经营组…………7506508

高3区对外合作开发办公室

主任…………7500280
副主任…………7501638
综合班…………7506618
办公室…………7506506
…………7506503

信息中心

主任…………7500057
信息室…………7500108
数据库…………7500567
网络室…………7500254
硬件室…………7501165
机房…………7502897

概预算中心

副主任…………7501886
土建组…………7500075
工艺组…………7500552

劳务中心

主任…………7500459
副主任…………7505544
…………7505242
办公室…………7505412

教育培训中心

主任…………7500525
副主任…………7500238
培训组…………7500208
…………7500351

电视中心

主任…………7500347
工程维修…………7501047
编辑部…………7505524
新闻部…………7501379
播放机房…………7505504

文化娱乐中心

主任…………7500582
书记…………7500362
副主任…………7506076
财务…………7506105
中控室…………7505781
俱乐部…………7500442
服务队…………7500053

公园…… 7504026

基建办公室

主任…… 7500012
副主任…… 7502540
…… 7500613
土建设计…… 7502738
土建室…… 7500188
油建设计…… 7502877
电器设计…… 7502780
财务组…… 7500536
资料室…… 7505898

合作开发作业区

区长…… 7500329
书记…… 7506098
副区长…… 7500569
…… 7500384
…… 7502778
调度…… 7500429
…… 7500432
…… 7505547
教育…… 7505654
生产…… 7500393
安全…… 7501250
政工组…… 7500426
财务组…… 7500394
合作油…… 7500910
地质队部…… 7500642
地质动态…… 7500037
计算机室…… 7500408

采油作业一区

区长…… 7506238
书记…… 7506228
副区长…… 7500346
…… 7506229
…… 7506606
调度长…… 7506226
调度…… 7506230
…… 7506231
生产…… 7506235
…… 7506239
安全…… 7506237
政工…… 7506227
经营…… 7502028
财务…… 7506236
材料组…… 7506232
地质队部…… 7506220
地质动态…… 7506221
地质…… 7506223
…… 7506032

采油作业二区

区长…… 7500561
书记…… 7500293
副区长…… 7500279
…… 7500102
…… 7500559
调度长…… 7500281
调度…… 7500322
…… 7500320
生产办主任…… 7502241
生产…… 7500735
安全组…… 7500301
政工组…… 7502884
保卫股…… 7505210
经营…… 7500627
财务…… 7500306
地质队…… 7502417

热注作业区

区长…… 7500475
书记…… 7500215
副区长…… 7505624
…… 7500456
…… 7506608
工程师…… 7506081
调度长…… 7500539
调度…… 7500457
政工组…… 7500460
财务组…… 7500480
经营组…… 7502837
资料组…… 7500481
技术组…… 7500477
生产办…… 7500343

集输大队

大队长…… 7501318
书记…… 7500555
调度长…… 7501447
调度室…… 7500305
经营…… 7500674
资产…… 7500056
安全…… 7501652
党群…… 7500729
生产管理…… 7500285
集输一队…… 7500048
集输二队…… 7500278

电力工程大队

大队长…… 7500264
书记…… 7500445
副大队长…… 7500239
调度长…… 7502918
调度…… 7500416
…… 7500149
资产…… 7502035
安全…… 7502631
财务…… 7502980
材料…… 7502885
政工…… 7500677
生产管理…… 7500010

生产准备大队

大队长…… 7506509
书记…… 7502198
副大队长…… 7500472
…… 7501142
调度长…… 7500252
调度…… 7500054
资产…… 7500133
经营…… 7500154
政工组长…… 7502169
政工…… 7501064
安全组…… 7501094

地质研究所

所长…… 7501091
书记…… 7500324
副所长…… 7502870
…… 7502876
…… 7502860
工程师…… 7505404
地质…… 7500489
综合组…… 7500027
政工组…… 7500811
静态组…… 7500088
动态组…… 7500173
化验室…… 7500224
生产室…… 7500087
勘探增储室…… 7500971

工艺研究所

所长…… 7500137
书记…… 7502364
副所长…… 7500150
…… 7506350
…… 7500932
所办…… 7500136
政工组…… 7500977
设计室…… 7500172
材料组…… 7500474
综合室…… 7500924
计算机室…… 7500043
油田化学室…… 7500189
采油工艺…… 7500377

车辆管理大队

大队长…… 7500243
书记…… 7506008
副大队长…… 7506006
…… 7500014
…… 7506567
调度长…… 7506002
调度…… 7500358
…… 7506004
安全组…… 7506019
技术组…… 7506007
经营组…… 7506011
政工组…… 7506012

供应站

站长…… 7500379
书记…… 7500454
副站长…… 7500171
管理组…… 7500378
质检…… 7500300
资产…… 7500170
库房…… 7500222
计划组…… 7501117
采购组长…… 7500030
采购组…… 7500657
…… 7500658
财务组…… 7500619
安全组…… 7501288

捞油公司

经理…… 7506290
书记…… 7505377
副经理…… 7508560
…… 7500232
办公室…… 7501795

轻烃厂

厂长…… 7506338
书记…… 7506080
副厂长…… 7500158
党群…… 7506335
经营…… 7506339
生产…… 7506016
安全…… 7500158
轻烃车间…… 7506202
技保车间…… 7500066
警卫室…… 7500198

天然气回收

经理…… 7501656
办公室…… 7502005
油库
主任…… 7505550
营业室…… 7501921

高升工程技术处

领导

处长…… 7506789
书记…… 7506788
副处长…… 7500240
…… 7506699
总会计师…… 7501850
总工程师…… 7500168
副书记…… 7505567
副总工程师…… 7500998

处长办公室

主任…… 7500684
副主任…… 7506331
计生主任…… 7505541
档案室主任…… 7502761
信访办主任…… 7506337
通信员…… 7505710
档案室…… 7501881

打字复印室………… 7506323
门卫………………… 7500638

生产协调科

科长………………… 7500687
副科长……………… 7500127
………………………… 7500201
井控办主任………… 7505788
综合………………… 7506005
节能………………… 7500326
调度值班室………… 7500006
………………………… 7502009

安全环保科

科长………………… 7500449
副科长……………… 7501599
安全………………… 7502821
环保………………… 7501313

安全监督站

站长………………… 7505992

科技创新中心

主任………………… 7502525
副主任……………… 7501434
………………………… 7505177
办公室……………… 7500060

交通保卫科

科长………………… 7506061
副科长……………… 7501668
综治办主任………… 7506201
交通办……………… 7500251

监察审计科

科长………………… 7505434
副科长……………… 7501699
………………………… 7500342

经营管理科

科长………………… 7501297
副科长……………… 7500033
信息办主任………… 7505088
统计办主任………… 7502521
信息办……………… 7500718
综合组……………… 7501994

财务科

科长………………… 7502391
副科长……………… 7501885
基建组……………… 7506183
资金组……………… 7500316
成本组……………… 7505283

资产科

科长………………… 7502638
资产办……………… 7502775
资产库……………… 7501582

劳动人事科

科长………………… 7500438
劳动组织…………… 7401414
劳资………………… 7502613
劳务中心…………… 7501583

档案室……………… 7501126

职工培训科

科长………………… 7502779
副科长……………… 7502776

党委工作部

部长………………… 7500410
副部长……………… 7505374
团委书记…………… 7505637
党群组织…………… 7500810

工会办公室

工会副主席………… 7502299
女工委主任………… 7506073
工会………………… 7501708

市场管理部

主任………………… 7500298
副主任……………… 7500187
办公室……………… 7500622

再就业协调管理中心

主任………………… 7505758
服务站站长………… 7506409
办公室……………… 7506410

社会保险办

主任………………… 7500501
副主任……………… 7500904
………………………… 7505558
办公室……………… 7501467
财务室……………… 7502061

基建办公室

主任………………… 7506383
基建………………… 7500380
设计………………… 7505141

物资管理中心

主任………………… 7502582
书记………………… 7500348
材料组……………… 7505376
保管组……………… 7505370

试采油公司

经理………………… 7501333
书记………………… 7500868
副经理……………… 7501666
………………………… 7500668
办公室……………… 7505306
核算组……………… 7505538
安全组……………… 7505985
生产组……………… 7505275
………………………… 7502005

综合车队

大队长……………… 7500608
书记………………… 7500157
副大队长…………… 7506273
调度………………… 7500369
综合组……………… 7500155
安全组……………… 7500381
政工组……………… 7502690

作业一公司

经理………………… 7500287
书记………………… 7500099
副经理……………… 7505746
………………………… 7500941
生产安全…………… 7500241
人事教育…………… 7500318
财务组……………… 7500318
生产经营…………… 7500828
党群办……………… 7500297
地质组……………… 7500946
工程质量…………… 7500934
资产设备…………… 7500315
调度长……………… 7500218
调度室……………… 7500289

作业二公司

经理………………… 7500292
书记………………… 7501662
副经理……………… 7500944
………………………… 7500942
政工组长…………… 7500981
工会主席…………… 7502255
生产办……………… 7500983
质量办……………… 7500220
财务组……………… 7501863
劳资办……………… 7500943
资产后勤…………… 7500206
调度长……………… 7500986
调度室……………… 7501663

大修公司

经理………………… 7500988
书记………………… 7500024
副经理……………… 7500990
………………………… 7505920
………………………… 7500989
安全资产…………… 7500996
质量经营…………… 7500997
财务劳资…………… 7505290
政工后勤…………… 7500991
工程组……………… 7501910
材料组……………… 7502393
调度室……………… 7500992

外围项目部

经理………………… 7501065
书记………………… 7501069
副经理……………… 7501069
安全生产…………… 7501658

生产准备公司

经理………………… 7502699
书记………………… 7502709
副经理……………… 7502277
………………………… 7502266
调度………………… 7502374
财务组……………… 7500174

运输公司

经理………………… 7500374
书记………………… 7500025
副经理……………… 7500193
………………………… 7500644
工会主席…………… 7500176
调度长……………… 7500938
调度………………… 7500077
安全组长…………… 7505810
财务组……………… 7500227
政工组……………… 7505365
安全组……………… 7500118
技术组……………… 7500177
人事组……………… 7500978

公用事业公司

经理………………… 7500679
书记………………… 7501364
副经理……………… 7500050
………………………… 7502633
………………………… 7501852
………………………… 7500266
440 调度 …………… 7500440
党群………………… 7500270
财务………………… 7500367
经营………………… 7500284
矿管………………… 7500073
车队………………… 7500071
锅炉队……………… 7500349

石油机械厂

经理………………… 7500166
书记………………… 7505123
副经理……………… 7500791
………………………… 7505111
………………………… 7502848
工程师……………… 7502907
经营………………… 7501437
调度………………… 7500371
财务组……………… 7500022
工会………………… 7500178

职工医院

院长………………… 7500052
书记………………… 7500702
副院长……………… 7500563
门诊室……………… 7500120
药局………………… 7500784
住院部……………… 7500253
财务………………… 7500242
防疫站……………… 7500268

离退休管理科

科长………………… 7500115
书记………………… 7501009
统计………………… 7500319
办公室……………… 7502630
工会………………… 7500564

关工委…………7500353
财务…………7500625

多种经营管理中心

主任…………7500483
财务办…………7500723
综合管理…………7500724
安全组…………7506291

茨榆坨采油厂

领导

厂长…………7578671
书记…………7575456
副厂长…………7575131
总工程师…………7578643
副书记…………7575397
副厂长、总地质师…7575208
总会计师…………7578480
副厂长…………7575336

厂长办公室

主任…………7573103
副主任…………7573235
…………7574678
信访主任…………7573253
信访接待室…………7573564
文书室…………7573349
秘书…………7573565
打字室…………7573104
收发室…………7573442
主三楼会议室…………7573731
侧三楼会议室…………7573832
视频会议室…………7574491

招待所

所长…………7574616
后勤组…………7574342
财务组…………7573202
服务台…………7573305

党群部

主任…………7573338
副主任…………7573263
办公室…………7573406

人事科

科长…………7573101
副科长…………7573434
…………7573330
党建、调配…………7573760
劳动组织…………7573180
公积金、补贴…………7573341

工会

副主席…………7574607
…………7573416
办公室…………7573433
俱乐部…………7573115
俱乐部舞台…………7573381
活动中心…………7573614
…………7574457
健身房…………7573348

纪检监察科

科长…………7575238
副科长…………7573768
举报电话…………7573571

生产运行科

科长…………7575588
副科长…………7578839
…………7574949
通信…………7573207
调度…………7575400
…………7575500
…………7575600
综合…………7575309
冬防…………7573708

生产管理科

科长…………7578763
副科长…………7573252
…………7574134
…………7573909
办公室…………7573167
…………7573093
…………7574530

水电管理中心

主任…………7575230
办公室…………7578209
…………7578219

财务科

科长…………7575089
副科长…………7578650
基建组…………7578101
成本组…………7573502
预算组…………7575113
资金组…………7573113

结算科

科长…………7573098
办公室…………7573261

计划科

科长…………7573556
副科长…………7573340
副主任…………7575356
经济核算…………7578545
办公室…………7578541
…………7575340

法律合同科

科长…………7573134
副科长…………7573553
办公室…………7574316
…………7578672

审计科

科长…………7574900
副科长…………7575337
办公室…………7575355
…………7575319

安全科

科长…………7573437
交管中心主任…………7578312
副科长…………7573569
综合室…………7578453
交通管理…………7578159

科技科

科长…………7573090
办公室…………7578511

作业科

科长…………7575130
副科长…………7573591
…………7578669
办公室…………7573256
…………7574931

钻井管理中心

主任…………7573345
办公室…………7573255
…………7578629

油气管理站

主任…………7573022
副主任…………7573231
天然气…………7573317
综合室…………7573584
油品…………7574626

资产中心

主任…………7573007
副主任…………7573756
办公室…………7573260

概预算中心

主任…………7573203
副主任…………7573343
办公室…………7573554
…………7574249

土地管理中心

主任…………7573072
副主任…………7575321
…………7573296
公路办…………7573163

环保中心

主任…………7578018
办公室…………7573327
…………7573525

信息中心

主任…………7575019
办公室…………7578534
…………7573376

培训中心

主任…………7575757
副主任…………7573869
综合…………7573651
培训…………7573053
培训基地…………7573823

技监中心

主任…………7573548
副主任…………7573957
…………7578287
质量…………7578131
节能…………7574306
标准计量…………7573844
政工…………7574352
节能测试…………7573236
仪表维修…………7573151

基建中心

主任…………7574475
副主任…………7573109
…………7575257
工艺土建…………7573258
工艺室…………7573637
电气室…………7573346
综合室…………7573560

公益办

主任…………7575096
副主任…………7578883
…………7573590
办公室…………7573964
…………7578832

再就业办公室

办公室…………7578743

电视台

台长…………7573193
新闻办…………7573262
维修办…………7578819
机房…………7575262

档案室

主任…………7573408
档案室…………7573096
…………7574307

保卫科

科长…………7573085
副科长…………7573399
…………7578695
…………7578004
…………7575316
…………7573465
值班室…………7573116
油气监察…………7573337
内勤…………7573246
刑警队…………7573353
治安队…………7578374
油气监察室…………7574014

采油一井区

区长…………7575279
书记…………7575289
副区长…………7573562
安全办…………7574956
生产组…………7573582

政工组……………… 7573520
财务组……………… 7575296
调度室……………… 7573052
………………………… 7573515

采油二井区

区长………………… 7574000
书记………………… 7573523
副区长……………… 7573532
………………………… 7573012
政工组……………… 7573529
经营组……………… 7573527
生产组……………… 7573530
………………………… 7573325
地质组……………… 7573759
………………………… 7573531
大班………………… 7573377
调度室……………… 7573533
………………………… 7573531

采油三井区

区长………………… 7578118
书记………………… 7578168
副区长……………… 7573278
………………………… 7573018
………………………… 7573398
生产设备室………… 7573971
综合室……………… 7573130
安全室……………… 7573947
政工室……………… 7575103
计生培训…………… 7573942
财务室……………… 7573943
人事员……………… 7575233
地质室……………… 7573326
………………………… 7573067
调度室……………… 7574119
………………………… 7575119

轻烃厂

厂长………………… 7575381
书记………………… 7575380
副厂长……………… 7575382
………………………… 7575383
财务组……………… 7573536
综合组……………… 7575291
安全组……………… 7575290
技术组……………… 7575391
中控室……………… 7575385
………………………… 7576032
计量………………… 7575387
锅炉………………… 7576029

科尔沁公司

经理………………… 7573538
书记………………… 7578663
副经理……………… 7328188
………………………… 7328167
………………………… 7328158
………………………… 7328159
………………………… 7328181
财务组……………… 7574568
综合组……………… 7574971
经营组……………… 7575236
经营组……………… 7575223

交力格作业区

区长………………… 7575088
书记………………… 7573059
副区长……………… 7575136
财务组……………… 7575310
综合组……………… 7575315

地质所

所长………………… 7573728
书记………………… 7574196
副所长……………… 7573563
………………………… 7573577
………………………… 7574693
………………………… 7573379
政工办……………… 7574310
经营室……………… 7573293
天然气室…………… 7573639
综合室……………… 7573539
生产室……………… 7573311
牛居室……………… 7573572
青龙台室…………… 7573576
茨榆坨室…………… 7573576
科尔沁室…………… 7573042
勘探室……………… 7573290
油描室……………… 7573142
经济评价室………… 7573938
资料室……………… 7573810
化验室（厂区化验） 7573232
化验室……………… 7573405
试井队……………… 7573299
试井队调度………… 7574807

工艺所

所长………………… 7573439
书记………………… 7573129
副所长……………… 7574239
………………………… 7578148
………………………… 7573019
综合办……………… 7574354
财会室……………… 7573205
安全室……………… 7573032
油化室……………… 7573581
措施室……………… 7573021
机采室……………… 7573050
攻关室……………… 7575251

集输大队

大队长……………… 7574207
书记………………… 7574127
副大队长…………… 7573413
调度………………… 7573192
政工组……………… 7573178
经营组……………… 7574107
………………………… 7574146
生产组……………… 7573282
………………………… 7574047

准备大队

大队长……………… 7573905
书记………………… 7573570
副大队长…………… 7574563
………………………… 7574477
政工组……………… 7578571
调度、安全………… 7574124
财务组……………… 7573659
资产组……………… 7573159
综合队……………… 7578572
检泵车间…………… 7573746
油管厂……………… 7573510
油管厂调度………… 7573171

水电大队

大队长……………… 7573481
书记………………… 7578428
副大队长…………… 7575115
安全生产…………… 7578902
资产教育…………… 7573475
财务政工办………… 7578550
用电监察…………… 7578556
维修工区…………… 7573302
电修工区…………… 7573722
调度室……………… 7573761

车管大队

大队长……………… 7575209
书记………………… 7575377
副大队长…………… 7573040
资产经营组………… 7574681
政工组……………… 7573573
………………………… 7578503
安全生产组………… 7573254
调度………………… 7573105
………………………… 7578240
财务室……………… 7575245

物资供应站

站长………………… 7573241
书记………………… 7573145
副站长……………… 7575278
………………………… 7574088
综合组……………… 7573469
………………………… 7574245
………………………… 7573210
业务组……………… 7573110
………………………… 7573547
………………………… 7573402
计划组……………… 7573670
管理组……………… 7573690
………………………… 7573710
………………………… 7573308
器材库主任………… 7573294
器材保管…………… 7573016
………………………… 7578386

茨榆坨工程技术处

领导

处长………………… 7575001
党委书记…………… 7573567
总会计师…………… 7573088
党委副书记、工会主席、纪委书记………………… 7573257
副处长……………… 7575100
………………………… 7573082
安全副总监………… 7578760
副总师……………… 7867050
………………………… 7574309
………………………… 7575229

处办（党办）

主任………………… 7573173
副主任、计生副主任 7574103
文书办……………… 7573188
秘书办……………… 7574460
通信员……………… 7573181
档案室……………… 7573015

生产协调部

主任………………… 7573081
井控办……………… 7573725
办公室……………… 7573428
调度室……………… 7573300
………………………… 7573200
报警电话…………… 7578119

质量安全环保科

副科长……………… 7578761
安全办……………… 7574609
质量办……………… 7574930
交通办……………… 7573141

安全监督站

科长………………… 7575201
办公室……………… 7575365
………………………… 7573259

经营计划科

副科长……………… 7573127
计划办……………… 7573206
内控办……………… 7573526
统计办……………… 7575267
法律合同办………… 7573245
机房………………… 7573407

财务科

科长………………… 7573176
副科长……………… 7573117
成本核算…………… 7573435
………………………… 7573429
资金组……………… 7578142

资产科
科长…………………… 7573336
资产组………………… 7574325
人事教育科
科长…………………… 7573108
教育…………………… 7574967
统计…………………… 7573344
党群工作部
主任…………………… 7574932
副主任、团委书记 … 7573350
办公室………………… 7578044
工会
副主席………………… 7573002
纪检监察科
科长…………………… 7573438
审计科
科长…………………… 7573183
办公室………………… 7578402
……………………… 7573711
基建科
主任…………………… 7573313
信访稳定办（综治）
副主任（综治）…… 7573058
副主任（信访）…… 7573295
办公室………………… 7574406
再就业协调管理办公室
副主任………………… 7573265
办公室………………… 7578743
社会保险办公室
主任…………………… 7574610
业务办………………… 7574573
……………………… 7573392
……………………… 7573089
离退休管理科
主任…………………… 7575253
书记…………………… 7574496
副科长………………… 7573443
关工委………………… 7573484
办公室………………… 7574304
人事核算……………… 7573625
作业一公司
经理…………………… 7867919
副经理………………… 7689380
生产组………………… 7867935
调度室………………… 7810426
作业二公司
经理…………………… 7574490
书记…………………… 7574061
副经理………………… 7574062
……………………… 7575360
经营组………………… 7573334
生产组………………… 7574063
政工组………………… 7573335
财务组………………… 7573549

调度室………………… 7575370
……………………… 7575372
作业三公司
经理…………………… 7868082
副经理………………… 7868082
经营组………………… 7867167
成本组………………… 7868959
调度室………………… 7689410
……………………… 7689260
科尔沁项目公司
经理………… 0476－7328136
书记………… 0476－7328137
副经理……… 0476－7328192
调度室……… 0476－7328193
综合…………………… 7573861
青海项目公司
经理………… 0977－8251639
副经理……… 0977－8251639
华庆项目部
前线………… 0934－5221007
综合办………………… 7575116
综合技术服务公司
经理…………………… 7861950
书记…………………… 7868816
成本组………………… 7868817
政工办………………… 7868819
特车服务公司
经理…………………… 7573091
副经理………………… 7573779
安全…………………… 7574201
安全监督……………… 7574479
核算…………………… 7574263
特车一队……………… 7573400
特车二队……………… 7573389
物业服务分公司
经理…………………… 7578878
书记…………………… 7578207
副经理………………… 7573830
……………………… 7573150
……………………… 7578928
……………………… 7573249
综合…………………… 7573197
人事…………………… 7573404
政工…………………… 7573436
房产…………………… 7573291
统计核算……………… 7573057
综合维修队…………… 7573150
……………………… 7573270
440 值班室 ………… 7573440
锅炉一班……………… 7573298
供水一班……………… 7573303
供水二班……………… 7573504
城管绿化队…………… 7578928
……………………… 7574340

公园门卫……………… 7573153
污水站………………… 7573449
幼儿园………………… 7573249
幼儿园值班室……… 7573301
保安大队……………… 7574240
处机关楼正门……… 7574213
液化气站……………… 7573248
生产准备中心
主任…………………… 7573061
材料组………………… 7574376
职工医院
院长办………………… 7573594
书记办………………… 7574006
统计核算……………… 7573147
计划免疫……………… 7573480
化验室………………… 7573054
X 光室………………… 7573483
医生办………………… 7573453
急诊护士……………… 7573066
药局…………………… 7573451
盘锦辽河油田兴胜实业有限公司
总经理………………… 7574234
书记…………………… 7573106
副总经理……………… 7575688
……………………… 7574067
综合…………………… 7575231
人事…………………… 7574728
财务…………………… 7573309
……………………… 7574728
……………………… 7573144
装备制造厂
主任…………………… 7573695
财务…………………… 7573251
日伸工贸有限公司
经理…………………… 7578956
调度室………………… 7578423
恒远玻璃制品有限公司
经理…………………… 7574578
副经理 ……… 7573366－611
创奇建筑安装有限公司
经理…………………… 7578798
办公室………………… 7574452
印刷厂
经理…………………… 7573516
副经理………………… 7570516

油气集输公司

领导
经理…………………… 7651009
党委书记……………… 7651088
副经理………………… 7651206
……………………… 7652108
总会计师……………… 7651207

总工程师……………… 7651136
党委副书记…………… 7651205
经理办公室
主任…………………… 7651221
副主任………………… 7651093
秘书…………………… 7651478
文书…………………… 7651472
打字室………………… 7652207
计生办主任…………… 7651319
副主任………………… 7652207
机关车队队长……… 7652286
车队办公室…………… 7651623
收发室………………… 7651316
值班室………………… 7652004
门卫…………………… 7651413
安全环保科
科长…………………… 7653766
副科长………………… 7651700
综合…………………… 7651937
交通…………………… 7651441
土地…………………… 7651476
安全环保……………… 7651546
生产调度室
调度长………………… 7651260
副调度长……………… 7651262
……………………… 7651361
办公室………………… 7651259
……………………… 7651261
……………………… 7651362
值班…………………… 7651360
……………………… 7651460
……………………… 7861771
……………………… 7861847
经营计划科
科长…………………… 7651323
副科长………………… 7651469
统计…………………… 7651533
企管法规科
科长…………………… 7653235
副科长………………… 7651531
办公室………………… 7653245
概预算中心
主任…………………… 7653500
办公室………………… 7651238
生产技术科
科长…………………… 7651324
副科长………………… 7651484
机械…………………… 7651314
科技…………………… 7651224
资产…………………… 7651519
教育培训中心
主任…………………… 7651406
技能鉴定……………… 7652744
培训…………………… 7651481

…… 7651345
财务科
科长…… 7651437
副科长…… 7651306
成本、基建、资产 … 7651436
出纳…… 7651483
人事科
科长…… 7651317
办公室…… 7651174
组织部
部长…… 7651305
办公室…… 7651321
党委工作部
部长…… 7651213
副部长…… 7653312
团委副书记…… 7651225
办公室…… 7651312
工会
副主席…… 7651466
办公室…… 7651256
…… 7651226
活动中心…… 7653321
…… 7651535
基建工程中心
科长…… 7652624
副科长…… 7651451
…… 7653292
办公室…… 7651450
工程组…… 7651452
基建组…… 7651540
信息中心
主任…… 7651318
办公室…… 7651264
…… 7651190
纪检监察科
科长…… 7651214
办公室…… 7651295
审计科
科长…… 7652517
副科长…… 7651820
办公室…… 7651320
电视台
台长…… 7652594
办公室…… 7651290
轻烃厂
厂长…… 7651423
书记…… 7651229
副厂长…… 7651684
…… 7651298
轻烃主任…… 7651409
污水主任…… 7651677
压缩主任…… 7651814
装瓶主任…… 7651325
技术组…… 7651235
…… 7651329
…… 7651419
…… 7651424
HSE 组长 …… 7651667
压缩中控室…… 7652237
财务组…… 7651228
轻烃中控室…… 7651327
办公室…… 7652718
保管组…… 7652759
液化气开票室…… 7651391
渤海输油分公司
经理…… 7801789
书记…… 7802473
副经理…… 7809050
…… 7806977
安全组…… 7802387
技术组…… 7802317
计量组…… 7802447
办公室…… 7807900
财务…… 7807775
干部值班室…… 7802387
末站值班…… 7822653
末站装车班…… 7802494
太平庄…… 7652194
…… 7652134
沈首站…… 7652154
…… 7652174
周徐村…… 7652854
大帮牛…… 7652754
白头沟…… 7652874
小龙湾…… 7652834
…… 7652614
变电所…… 7651284
沙岭…… 7652814
坨子里输油泵站
站长…… 7265289
书记…… 7265139
副站长…… 7265497
运行…… 7265397
变电…… 7265097
检斤…… 7864255
财务…… 7864256
安全质量管线…… 7265393
统计设备电器…… 7265353
曙光输油泵站
站长…… 7520168
书记…… 7520019
技术组…… 7520874
值班室…… 7520405
欢喜岭综合计量站
站长…… 7652414
书记…… 7652459
副站长…… 7652424
统计…… 7652417
欢净化…… 7540677
加热炉…… 7540235
装车班…… 7542724
干部值班…… 7542714
锦采值班…… 7554304
欢采值班…… 7540048
凌海输油泵站
站长…… 7653958
书记…… 7653833
副站长…… 7653543
核算员…… 7653346
技术员…… 7653199
变电所…… 7651120－8004
锅炉…… 7651120－8003
松山输油分公司
经理…… 7651125
书记…… 7652604
副经理…… 7651164
…… 7651654
技术室…… 7652514
交通安全…… 7653130
核算员…… 7651394
松山…… 7651154
锦西…… 7651854
锦西高工…… 7651178
松山值班室…… 7651163
松山变电所…… 7652014
锦西班长室…… 7651542
锦西值班室…… 7651167
高桥值班室…… 7651294
物资管理中心
主任…… 7651520
书记…… 7651521
副主任…… 7653038
管理组…… 7651523
财务组…… 7651524
业务组…… 7651773
…… 7651528
保管组…… 7652125
…… 7651532
办公室…… 7651763
…… 7651522
输气分公司
经理…… 7652947
书记…… 7653517
副经理…… 7651119
…… 7652148
计量站…… 7652574
统计…… 7652584
王坨子…… 7871556
龙一联…… 0419－7284179
热一站…… 7580321
盘化站…… 7658879
辽化站…… 5855258
双六站…… 7871557
双一联…… 7871558
兴五转…… 7860291
辽化值班（1） …… 3951514
辽化值班（2） …… 5855258
三厂值班…… 7658879
加气站…… 7651079
水电分公司
经理…… 7651209
书记…… 7652678
副经理…… 7652290
传真…… 7653449
办公室…… 7651340
营业室…… 7651430
水电组…… 7651407
电试班…… 7651408
…… 7651336
压气站变电所…… 7651335
…… 7861917
高力房变电所…… 7652774
…… 7651349
试采油公司
经理…… 7652318
书记…… 7651670
副经理…… 7651293
…… 7651499
财务…… 7651245
办公室…… 7651670
调度室…… 7651147
计算机…… 7651752
技术监督中心
主任…… 7653266
书记…… 7652954
副主任…… 7653393
管理组…… 7651443
核算…… 7651477
化验室…… 7651495
标定站…… 7651496
计算机…… 7651538
综合车队
队长…… 7652166
书记…… 7653219
副队长…… 7653606
调度…… 7651232
办公室…… 7651620
…… 7653533
…… 7651218
…… 7653196
修理班…… 7653290
沈抚输油分公司
经理…… 7651833
书记…… 7651833
副经理…… 7651833
技术室…… 7651833

财务…………………… 7651833
首站…………………… 7566001
中间站值班室 024－89705175
中间站办公室 024－89701131
末站…………………… 8881087

保安大队

队长…………………… 7651289
书记…………………… 7651544
副队长………………… 7652449
办公室

招待所

所长…………………… 7653300
副所长………………… 7653301
招待所前台…………… 7651107

油气工程技术处

领导

处长…………………… 7653777
书记…………………… 7652018
处级调研员…………… 7651888
副处长………………… 7651848
…………………………… 7652868
…………………………… 7653993
…………………………… 7653711

办公室

主任…………………… 7652042
文书、秘书…………… 7652103
信访、通信…………… 7652043
打字室………………… 7651562
档案室………………… 7651562
收发室………………… 7652101
机关车队队长………… 7653770
副队长………………… 7652143

财务资产科

科长…………………… 7652038
副科长………………… 7653700
成本…………………… 7652109
资金、资产…………… 7652900

生产协调科

副总工程师…………… 7652739
副科长………………… 7652072
油煤浆………………… 7653163
基建、土地…………… 7652210
生产、计量…………… 7652210
质量、标准…………… 7652192
物资、销售、采购 … 7653443
物资、统计、保管 … 7651157
调度室………………… 7652197

安全环保科

安全副总监…………… 7652091
监督站站长…………… 7653422
副科长………………… 7652071
安全监督……………… 7653076
安全环保……………… 7653076

经营管理科

科长…………………… 7652093
信息中心主任………… 7653031
统计、经营…………… 7651210
计划、信息…………… 7651233
概预算………………… 7653880

多种经营科

科长…………………… 7653446
统计…………………… 7653239

审计科

科长…………………… 7652011
审计…………………… 7651393

法律合同科

科长…………………… 7652053
合同…………………… 7651393

纪检监察科

科长…………………… 7652084
副科长………………… 7652550

组织人事部

部长…………………… 7651200
副部长………………… 7652095
劳资…………………… 7652068

党群工作部

部长…………………… 7652087
团委副书记…………… 7653800

工会

工会副主席…………… 7652100
计生办主任…………… 7652115
干事…………………… 7652552

化工技术开发中心

主任…………………… 7652333
副主任………………… 7651429
办公室………………… 7651429

保险中心

主任…………………… 7652096
医疗保险……………… 7652097
养老保险……………… 7653200

离退休职工管理中心

主任…………………… 7653057
书记…………………… 7651468
副主任………………… 7651468
办公室………………… 7651376

居委会

主任…………………… 7651252
社会劳动保障工作站 7653005

金河再就业管理服务站

站长…………………… 7653004
办公室………………… 7653007
巡逻队………………… 7653021

创新街道再就业协调管理办公室

主任…………………… 7266518
站长…………………… 7266517

物探社保中心

主任…………………… 7266799
副主任………………… 7266737
医疗保险……………… 7266581
养老保险……………… 7266582

物探退休办

主任…………………… 7266503
书记…………………… 7266504
办公室………………… 7266504

化工一公司

经理…………………… 7651234
书记…………………… 7652102
副经理………………… 7652135
…………………………… 7651748
…………………………… 7653090
…………………………… 7651420
末站…………………… 7659574
中控室………………… 7651020
二氧化碳……………… 7651714

动力一公司

经理、书记…………… 7651617
副经理………………… 7652173
办公室………………… 7651231
技术办………………… 7651704
…………………………… 7653203
…………………………… 7651498
锅炉…………………… 7653251
水处理………………… 7653252
循环水………………… 7653253
空压岗………………… 7653254
水质检验……………… 7653255

动力二公司

经理、书记…………… 7651094
副经理………………… 7651422
…………………………… 7521338
…………………………… 7653367
曙光站锅炉…………… 7521228
曙光站值班…………… 7521338

盘锦辽河油田金东油气工程有限公司

总经理………………… 7653898
副总经理……………… 7653377
…………………………… 7651082
…………………………… 7651543
…………………………… 7651000
…………………………… 7651534
…………………………… 6688100
…………………………… 7651280
财务资产部部长……… 7652615
综合管理部部长……… 7653566
计划经营部部长……… 7653317
调度室………………… 7653016

盘锦辽河油田鼎盛车辆燃气有限公司

经理…………………… 7653999
书记…………………… 7653678
副经理………………… 7651414
办公室………………… 7653998
财务…………………… 7651414
加气站………………… 7652366
加油站………………… 7651074
装瓶…………………… 7595024

盘锦油隆房屋开发有限公司

经理…………………… 7652452
办公室………………… 7652452

金马油田开发公司

领导

总经理………………… 7288881
党委书记……………… 7828388
副总经理……………… 7288699
…………………………… 7288633
…………………………… 7288577
总工程师……………… 7288677
总会计师……………… 7288588
党委副书记…………… 7288666
总地质师……………… 7288655

副总师

副总工程师…………… 7288500
安全副总监…………… 7288511
副总工程师…………… 7288533
党委委员……………… 7288566
副总工程师…………… 7802761
副总会计师…………… 7288555
副总工程师…………… 7288688
纪委副书记…………… 7288586
副总工程师…………… 7285655

总经理办公室

主任…………………… 7288506
副主任………………… 7288509
计生办主任、信访办副主任
…………………………… 7288507
文秘室………………… 7288502

党委工作部

部长…………………… 7288566
团委副书记…………… 7288567
副部长………………… 7288576
…………………………… 7288575

生产运行科

科长…………………… 7288533
副科长………………… 7288516
…………………………… 7288515
副科长、电信管理中心主任
…………………………… 7288517
现场…………………… 7288518
综合…………………… 7288519
值班室………………… 7288611
…………………………… 7288622

生产技术科

科长…………………… 7288526
副科长………………… 7288527
生产技术…………… 7288523

科技科

科长…………………… 7288525
副科长………………… 7288635
办公室………………… 7288635

作业工程科

科长…………………… 7288529
副科长………………… 7288530
办公室………………… 7288532

安全监察科

科长…………………… 7288535
副科长………………… 7288536
办公室………………… 7288537

计划经营科

科长…………………… 7288555
副科长………………… 7288550
合作开发办副主任 … 7288551
市场管理办副主任 … 7288556
办公室………………… 7288552

财务科

科长…………………… 7288558
副科长、结算中心主任 7288559
副科长………………… 7288561
……………………… 7288560
财务…………………… 7288562

企管法规科

科长…………………… 7288568
办公室………………… 7288570

审计科

科长…………………… 7288599
副科长………………… 7288658
办公室………………… 7288657

党委组织部

部长…………………… 7288578
副部长………………… 7288580
办公室………………… 7288581

人事科

科长…………………… 7288585
人事科………………… 7288583

纪检监察科

科长…………………… 7288586
副科长………………… 7288589
纪检监察……………… 7288697

工会办公室

工会副主席…………… 7288590
女工主任……………… 7288591
工会干事……………… 7288592

机关总支

总支书记……………… 7288593
机关总支……………… 7288595

土地环保公路管理中心

主任…………………… 7288597
副主任………………… 7288598
土地环保公路管理中心 7288602

技术监督中心

主任…………………… 7288603
副主任、工程质量监督站长
……………………… 7288607
办公室………………… 7288606

基建管理中心

主任…………………… 7288600
副主任………………… 7288608
设计室主任…………… 7288609
办公室………………… 7288610

资产管理中心

主任…………………… 7288500
副主任………………… 7288615
办公室………………… 7288613

概预算管理中心

主任…………………… 7288618
副主任………………… 7288619
……………………… 7288620
办公室………………… 7288621

教育培训中心

主任…………………… 7288625
副主任………………… 7288626
办公室………………… 7288627

信息中心

主任…………………… 7288628
副主任………………… 7288629
办公室………………… 7288630

档案室

主任…………………… 7288636
办公室………………… 7288637

油气监察站

综治办主任、油气监察站长
……………………… 7288639
办公室………………… 7288650

金冷派所（保卫科）

所长…………………… 7288651
副所长………………… 7288656
责任区………………… 7288572
侦管队………………… 7288686
国保…………………… 7288686
内勤…………………… 7288659

地质研究所

所长…………………… 7288662
党总支书记…………… 7288660
副所长………………… 7288661
……………………… 7288663
主任地质师…………… 7288665
主任地质师…………… 7288665
钻井运行室…………… 7288675
动态一室……………… 7288671
动态二室……………… 7288672
动态三室……………… 7288673
综合室………………… 7288669
油田室………………… 7288676
生产管理室…………… 7288670

工艺研究所

所长…………………… 7288688
党总支书记…………… 7288678
副所长………………… 7288681
……………………… 7288680
主任工程师…………… 7288679
油化室………………… 7288691
工艺室………………… 7288685
防砂室………………… 7288687
化验室………………… 7288685
综合室………………… 7288690
设计室………………… 7288682

物资供应站

站长…………………… 7265566
党支部书记…………… 7265303
副站长………………… 7265588
计划经营组…………… 7265531
业务组………………… 7265012
政工组………………… 7265536
保管组………………… 7265539
质量安全组…………… 7265538

采油作业一区

区长…………………… 7285655
党总支书记…………… 7834091
副区长………………… 7834092
……………………… 7834085
……………………… 7285658
生产运行组…………… 7285605
值班室………………… 7834000
……………………… 7834068
生产技术组…………… 7834052
安全环保组…………… 7834097
党群工作部…………… 7834093
经营管理组…………… 7834066
采油一站……………… 7834061
采油二站……………… 7834062
采油三站……………… 7834063
采油四站……………… 7834064
地质队………………… 7285608
综合服务队…………… 7834051

采油作业二区

区长…………………… 7802761
党总支书记…………… 7822843
副区长………………… 7802786
……………………… 7802923
……………………… 7285611
生产运行组…………… 7820711
值班室………………… 7802980
……………………… 7820613
HSE 管理组 ………… 7802913
生产技术组…………… 7820623
经营管理组…………… 7802557
党群工作组…………… 7802567
地质工艺技术队……… 7802914
采油五站……………… 7802411
采油六站……………… 7802390
采油八站……………… 7800314
综合服务队…………… 7854521

采油作业三区

区长…………………… 7854558
党总支书记…………… 7854556
副区长………………… 7854553
……………………… 7854536
生产技术组…………… 7854538
值班室………………… 7854546
……………………… 7854547
HSE 管理组 ………… 7854535
经营管理组…………… 7854549
党群工作组…………… 7854575
采油七站……………… 7854534
小一集中处理站……… 7854541
综合服务队…………… 7854542

油气集输作业区

区长…………………… 7265599
副区长………………… 7265533
……………………… 7265522
党总支副书记………… 7265577
生产技术组…………… 7265502
HSE 管理组 ………… 7265406
经营管理组…………… 7265504
……………………… 7265561
党群工作组…………… 7265503
洼一联合站…………… 7802969
海一联合站…………… 7834059

热注作业区

区长…………………… 7801940
党总支书记…………… 7807969
副区长………………… 7832518
……………………… 7806575
生产技术组…………… 7830962
……………………… 7806731
……………………… 7800325
……………………… 7802629
值班室………………… 7807574
……………………… 7801840
HSE 管理组 ………… 7802813
经营管理组…………… 7802639
党群工作组…………… 7802813
热注一站……………… 7822070
热注二站……………… 7820837
热注三站……………… 7820927
热注四站……………… 7822065
准备队………………… 7807139

运输大队

大队长………………… 7292211

总支书记…………7292200
副大队长…………7292288
值班室…………7292655
…………7290708
生产技术组…………7292311
HSE 管理组…………7292309
经营管理组…………7292306
党群工作组…………7292307

生产服务大队

大队长…………7265598
党总支副书记…………7265100
副大队长…………7265585
…………7265511
技术负责人…………7265560
安全环保生产组…………7265506
调度…………7265507
经营管理组…………7265510
党群工作组…………7265508

机关办公楼物业

物业经理…………7288683
物业值班室…………7288540
办公楼门卫…………7288513
大院门卫…………7288693
会议服务…………7288505
配电间值班室…………7288692
消防控制间…………7288521

冷家油田开发公司

领导

总经理…………7899008
党委书记…………7802020
常务副总经理、总地质师
…………7299805
副总经理…………7805791
党委副书记…………7829565
副总经理…………7833150
…………7832609
副总经理、联管会秘书 7808195
总会计师…………7809578
副总地质师…………7826335
副总工程师…………7806208
安全总监…………7808639
纪委副书记…………7823472
副总经济师…………7830009

经理办公室

主任…………7832078
副主任…………7823442
办公室…………7805780
…………7831532
档案室…………7806725
物业办公室…………7832393
总台…………7800877
机关车队队长…………7825307
调度…………7808632

纪检监察科

办公室…………7826507

党群工作部

主任…………7801038
副主任…………7800516
办公室…………7806657
机关总支…………7802238
办公室…………7805373

保卫科

科长…………7833232
办公室…………7832113

生产协调科

科长…………7801863
副科长…………7802101
…………7806796
…………7809757
调度室…………7833970
…………7823441
特车队队长…………7813886
书记…………7810505
调度…………7812585

油田开发科

副科长…………7825635
…………7801982
…………7800709
动态组…………7832335
…………7823139
综合组…………7826309

技术工艺科

副科长…………7827582
办公室…………7827195
…………7801983

作业工程科

科长…………7830701
副科长…………7808167
办公室…………7832451

基建工程科

科长…………7801662
副科长…………7827929
工程…………7802866
土地…………7808125

安全环保科

副科长…………7827313
交通组…………7825272
办公室…………7808290
…………7805098

经营计划科

科长…………7809581
副科长…………7831409
统计组…………7820365
办公室…………7809571

财务科

科长…………7801950
副科长…………7832281
综合组…………7833716
资金组…………7805905
结算组…………7807171

审计科

科长…………7801603
副科长…………7833790
办公室…………7808536

企管法规科

科长…………7805111
副科长…………7825234
办公室…………7825234
…………7832051

劳动人事科

科长…………7805512
办公室…………7805837
…………7823445

资产管理中心

主任…………7832526
办公室…………7831408

概预算中心

办公室…………7827520

物资管理中心

主任…………7831593
财务室…………7831031
材料室…………7813515
办公室…………7812595

采油作业一区

生产协调组…………7854029
技术工程组…………7854021

采油作业二区

生产协调组…………7854087
技术工程组…………7854092
…………7854093
经营管理组…………7854091
党群工作组…………7854097
安全环保组…………7854098

采油作业三区

生产协调组…………7854016
…………7854018
…………7854002

采油作业四区

生产协调组…………7854041
…………7854072

采油作业五区

生产协调组…………7854031
…………7854036

集输作业区

生产协调组…………5871002
…………5870903
技术工程组…………5870910
经营管理组…………5871007
党群工作组…………5871009
安全环保组…………5871004

综合服务公司

生产协调组…………7853882
经营管理组…………7827005
修复车间…………7853883

特种油开发公司

领导

经理…………7802800
党委书记…………7829807
SAGD 项目部主任 …7823699
副经理…………7803537
…………7804253
…………7805900
总工程师…………7822773
总会计师…………7803180
总地质师…………7802587
党委副书记…………7801687
正处级调研员…………7828009

经理办公室

主任…………7828768
秘书…………7805982
文书…………7803006
传真…………7821625

档案室

主任…………7822803

党群部

部长…………7822247
副部长…………7820804
团委书记…………7820804

计划生育办公室

主任…………7804795

工会

副主席、女工部主任 7825892

纪检

纪委副书记…………7829768
纪检科副科长…………7826867

机关总支

书记…………7807113

人事组织部

部长…………7821598
副部长…………7804070
保险…………7827090
党建…………7821309
考核办…………7820804
人事科阅档室…………7826785
基层建设办公室…………7806770

财务科

副总会计师…………7821018
副科长…………7805265
基建成本…………7803050
经费出纳…………7803960
成本税保…………7821332
总财会室…………7804171

资产科

科长…………7825507

副科长…… 7805506
资产管理…… 7806055
…… 7804228
资产库…… 7531740

计划经营科

副总经济师…… 7832218
副科长…… 7831568
经济评价…… 7831906
市场统计…… 7827060

审计科

科长…… 7809180
副科长…… 7806760
财务审计…… 7805216

信息中心

主任…… 7828913
数据库室…… 7829101
软件库…… 7826717
硬件室…… 7805169
机房…… 7805601
维修室…… 7805219
前线办公室…… 7521123

概预算管理中心

科长…… 7809054
副科长…… 7806905
预算管理…… 7830441
…… 7827814
…… 7806951

企管法规科（内控管理科）

科长…… 7827020
副科长…… 7806269

交通管理站

站长…… 7831558

车辆管理大队

大队长…… 7825809
副大队长…… 7803807
…… 7825076
…… 7806985
工程组…… 7801889
…… 7806181
政工组…… 7801889
经营组…… 7806509
安全组…… 7806882
…… 7800698
…… 7808906
车辆调派…… 7826154

地质研究所

所长…… 7825193
书记…… 7825267
副所长…… 7825329
…… 7825970
管理室…… 7825962
…… 7825935
生产室…… 7825922
综合室…… 7825792
…… 7825503
动态室…… 7825583
…… 7825633
SAGD 室…… 7825783
静态室…… 7825721
…… 7825722
水平井室…… 7825821

工艺研究所

所长…… 7521756
书记…… 7520558
副所长…… 7520923
…… 7522125
采油室…… 7520016
…… 7520937

生产技术科

科长…… 7522107
副科长…… 7520011
集输管理…… 7522163
SAGD 管理…… 7521308
合作油管理…… 7521311
综合…… 7522198

生产运行科

科长…… 7522033
副科长…… 7522151
车辆、应急、供用水管理
…… 7522161
综合管理…… 7520579
供用电管理…… 7520579
调度…… 7522058
…… 7522160

基建管理中心

主任…… 7522285
副主任…… 7520572
质量监督…… 7522115
资料室…… 7522296

教育培训中心

主任…… 7520917
副主任…… 7520768
管理…… 7520503
…… 7520507
教育…… 7520818

技术监督中心

主任…… 7521956
副主任…… 7520906
综合、节能、标准化 7522102
检定室主任…… 7521950
工程质量监督…… 7520938
计量监督…… 7520903
质量监督…… 7520902

安全环保科

安全总监…… 7522178
副科长…… 7522281
工业消防事故…… 7522180
特种设备…… 7522131
综合管理…… 7522132
健康管理…… 7520570
安全管理…… 7522280

保卫科

科长…… 7522186
副科长…… 7522075
外勤…… 7520110
综合管理…… 7521034
指挥中心…… 7522046
基地门卫…… 7522000
特一联外销门卫…… 7522005

公益事物管理中心

主任…… 7521440
副主任…… 7520571
办公室…… 7521298
…… 7521263
…… 6811260
员工服务社…… 7521087
水站…… 7520811

钻井监督管理中心

主任…… 7522071
副主任…… 7520872
现场、井控…… 7520872
综合资料…… 7522073

作业工程科

科长…… 7522100
资料…… 7522162
大修…… 7522088
小修…… 7522208

物资管理站

站长…… 7522042
书记…… 7520100
管理组…… 7520606
计划组…… 7522041
质检组…… 7521368
保管组…… 7520815

土地公路管理中心

主任…… 7522166
办公室…… 7522137

注汽管理科

副总工程师…… 7522229
注汽管理岗…… 7520890
…… 7520387

原油化验计量队

队长…… 7520802
副队长…… 7520935
技术、安全…… 7520619
人事…… 7520659

维修大队

队长…… 7520318
书记…… 7520638
副队长…… 7521988
…… 7520580
经营、技术、核算 … 7521515
材料组…… 7521925
安全环保…… 7520580
技术、教育、食堂 … 7521927
管焊班…… 7521924
机修班…… 7520877
拆装队…… 7522056
…… 7520058
生产调度…… 7522226
…… 7521923

污水深度处理站

站长…… 7522255
副站长…… 7522257
…… 7522533
技术组…… 7522521
综合组…… 7522444
中控室…… 7522400
化验室…… 7522500
值班室…… 7522533
…… 7522433

采油作业一区

经理…… 7522288
书记…… 7522098
副经理…… 7521078
…… 7520027
调度长…… 7520037
调度室…… 7521594
…… 7520017
地质资料…… 7520356
地质动态…… 7520021
…… 7522028
综合经营组长…… 7520762
综合经营组…… 7520941
政工组长…… 7520053
政工组…… 7521639
工艺组长…… 7521154
工艺组…… 7520023
…… 7520039
安全环保…… 7521747
作业监督…… 7520065

采油作业二区

经理…… 7522228
书记…… 7520999
副经理…… 7521666
…… 7521899
综合组组长…… 7520600
人事…… 7521024
材料、宣传…… 7520199
调度长…… 7521828
注汽、作业监督…… 7520947
资料员…… 7521033
调度员…… 7521247
地质组
组长…… 7520666
技术…… 7521919

……………………… 7520288
资料……………………… 7521394
工程组组长………… 7520108
现场监督、资料、资产
……………………… 7522277
安全组组长（教育） 7521055
环保员……………… 7521033

采油作业三区

经理……………………… 7520006
书记……………………… 7520508
副经理………………… 7520928
地质组………………… 7521510
……………………… 7523006
……………………… 7521754
调度室………………… 7521511
……………………… 7521094
……………………… 7520260
……………………… 7522123
工艺组………………… 7521688
……………………… 7521512
安全组………………… 7520313
综合组………………… 7521780
……………………… 7520978
……………………… 7520007

热注作业一区

经理……………………… 7521191
书记……………………… 7521077
副经理………………… 7521383
……………………… 7521575
调度长………………… 7521029
调度……………………… 7521027
……………………… 7521028
……………………… 7521061
安全组………………… 7521621
技术组………………… 7520972
……………………… 7520991
经营组………………… 7520956
……………………… 7520961
生产组………………… 7520973
政工组………………… 7520976

热注作业二区

经理……………………… 7522227
书记……………………… 7522220
副经理………………… 7520875
调度长………………… 7522199
调度室………………… 7521507
……………………… 7522219
……………………… 7522116
安全组………………… 7520118
技术组………………… 7522225
……………………… 7522189
经营组………………… 7522055
……………………… 7522298
政工组………………… 7522216

集输作业区

经理……………………… 7522181
副经理………………… 7522104
……………………… 7522113
副书记………………… 7521116
生产调度调度长…… 7520024
综合经营组组长…… 7520020
经营……………………… 7521065
政工……………………… 7522106
治安……………………… 7520346
工程技术组组长、信息 7520323
质量、资产………… 7522087
仪表、教育………… 7522109
生产组（安全）…… 7521216
综控室………………… 7522072
……………………… 7521026
统计室………………… 7522040

浅海石油开发公司

领导

经理……………………… 7298819
党委书记……………… 7298915
副经理………………… 7298851
……………………… 7298878
总工程师……………… 7298852
总地质师……………… 7298837
总会计师……………… 7298817
党委副书记………… 7298875
总经济师……………… 7298876

经理办公室

主任……………………… 7298827
秘书……………………… 7298880
文书……………………… 7298893
档案室………………… 7298892
收发室………………… 7298804

党群工作部

工会副主席………… 7298848
副部长………………… 7298948
办公室………………… 7298870
……………………… 7299658

纪检监察科

科长……………………… 7298843
纪检监察科………… 7298871

机关党总支

书记……………………… 7298803

人事科（组织部）

科长……………………… 7298891
副科长………………… 7298813
办公室………………… 7298813
……………………… 7298832

计划经营科

科长……………………… 7298883
副科长………………… 7298830
办公室………………… 7298872

企管法规科

科长……………………… 7298831
副科长………………… 7298732
办公室………………… 7298732

概预算管理中心

主任……………………… 7298882
办公室………………… 7299855

经济评价中心

主任……………………… 7298872
办公室………………… 7298845

审计科

科长……………………… 7298997
审计科………………… 7298850

财务科

科长……………………… 7298847
副科长………………… 7298835
……………………… 7808042
财务……………………… 7298815
……………………… 7298834

资产管理中心

主任……………………… 7298170
资产管理……………… 7298873

安全环保科

科长……………………… 7298887
副科长………………… 7299657
办公室科……………… 7298857
……………………… 7298856
……………………… 7298853
……………………… 7298881

生产运行科

科长……………………… 7298838
副科长………………… 7298865
办公室………………… 7298867
……………………… 7298840
……………………… 7298802
调度室………………… 7298895
……………………… 7854800
……………………… 7820779
传真……………………… 7803787

船舶管理中心

主任……………………… 7298947
办公室………………… 7298823

生产技术科

科长……………………… 7298050
副科长………………… 7298051
办公室………………… 7298864
……………………… 7298874
……………………… 7298884

海洋工程科

科长……………………… 7298990
副科长………………… 7298953
办公室………………… 7298993
……………………… 7298992

质量节能管理中心

主任……………………… 7298052
副主任………………… 7298894
办公室………………… 7298934
……………………… 7298055

物管中心

主任……………………… 7298810
办公室………………… 7298807
……………………… 7298053

地质开发研究所

所长……………………… 7298770
书记……………………… 7298797
副所长………………… 7298821
……………………… 7298879
……………………… 7298771
办公室………………… 7298775
……………………… 7298773
……………………… 7298790
……………………… 7298703
……………………… 7298772
……………………… 7298752
……………………… 7298753
……………………… 7298791
传真……………………… 7298792

综合车队

队长……………………… 7298941
副队长………………… 7298943
调度室………………… 7808072
综合组………………… 7298945

海南作业区

区长……………………… 7854866
书记……………………… 7854855
副区长………………… 7854805
……………………… 7854806
……………………… 7854807
调度室………………… 7854811
……………………… 7854818
生产组………………… 7854807
地质组………………… 7854808
工程组………………… 7854809
经营组………………… 7854810
安全组………………… 7854812
综合组………………… 7854813

笔架岭作业区

区长……………………… 7854833
书记……………………… 7854888
副区长………………… 7854830
……………………… 7854831
……………………… 7854832
调度室………………… 7854877
地质组………………… 7854834
安全组………………… 7854835
工艺组………………… 7854836
经营组………………… 7854837

葵海作业区

区长……………… 7854899
书记……………… 7854898
副区长……………… 7854897
……………… 7854895
综合组……………… 7854891
安全组……………… 7854893

海南联合站

站长……………… 7854868
副站长……………… 7854868
……………… 7854867

综合维修队

队长……………… 7854878
副队长……………… 7854873
……………… 7854876

油气试采公司

领导

经理……………… 7828028
党委书记……………… 7801166
副经理……………… 7802433
……………… 7826003
总会计师……………… 7285660
党委副书记……………… 7807578
副经理……………… 7830268
总地质师……………… 7808054
办公室……………… 7820708
……………… 7800993
……………… 7806261
副总工程师……………… 7803534
副总审计师……………… 7831007

经理办公室

主任……………… 7829592
副主任……………… 7804647
传真……………… 7803642
档案室……………… 7800072

党群工作部

部长……………… 7805061
副部长……………… 7822396
女工、计生、宣传 … 7822132
图书室……………… 7831032

生产协调科

科长……………… 7807359
副科长……………… 7825904
……………… 7831570
生产协调科……………… 7821201

经营管理科

科长……………… 7805319
副科长……………… 7804307
办公室……………… 7808347
……………… 7800423

概预算管理办公室

主任……………… 7803157
副主任……………… 7825030

财务科

科长……………… 7825534
办公室……………… 7825504
……………… 7825627

安全环保科

科长……………… 7829138
副科长……………… 7805226
办公室……………… 7829208
……………… 7800832

基建科

科长……………… 7829430
办公室……………… 7802794

油气管理科

科长……………… 7800943
集输节能……………… 7807755
监控室……………… 7804349
保卫科……………… 7801490

审计科

审计……………… 7800539

采油工艺科

科长……………… 7802341
副科长……………… 7803153
办公室……………… 7831065

生产管理科

科长……………… 7802159
副科长……………… 7804508
办公室……………… 7801552

地质研究所

所长……………… 7803549
副所长……………… 7831767
办公室……………… 7804547
……………… 7801929
……………… 7831905
……………… 7809753

合作开发办公室

主任……………… 7826332
办公室……………… 7800254

资产管理中心

主任……………… 7826193
副主任……………… 7800971

物资管理站

站长……………… 7831155
物管站……………… 7825603

综合车队

队长……………… 7805766
指导员……………… 7821556
调度……………… 7805355
门卫……………… 7828261

钻采工艺研究院

领导

院长……………… 7801022
党委书记……………… 7823877
副院长……………… 7827677
……………… 7801021
……………… 7823986
……………… 7802332
总会计师……………… 7822196
总工程师……………… 7822253
……………… 7828599
党委副书记、工会主席、纪委书记……………… 7829677
稠油钻采工艺试验研究中心副主任……………… 7826557

副总师

副总工程师……………… 7808514
……………… 7820517
……………… 7827118
安全总监……………… 7820219
副总工程师……………… 7823429
……………… 7822333

院长办公室

副主任……………… 7803303
……………… 7823307
传真……………… 7822450

生产办公室

主任……………… 7803951
副主任……………… 7829669
办公室……………… 7821990
……………… 7801244

技术服务对外协调部

主任……………… 7822829
副主任……………… 7822679

科研管理科

副科长……………… 7821858
办公室……………… 7823415

安全环保科

副科长……………… 7802182
办公室……………… 7807157
……………… 7822710

质量节能管理中心

主任……………… 7808677
办公室……………… 7805635

财务科

科长……………… 7820292
副科长……………… 7831455
办公室……………… 7822518

计划科

科长……………… 7823301
副科长……………… 7822249
……………… 7831218
办公室……………… 7821977

审计科

科长……………… 7803937
办公室……………… 7809312

企管法规科

科长……………… 7802778
办公室……………… 7832542

内控科

科长……………… 7808133

人事科（组织部）

科长……………… 7828977
副科长……………… 7822077
办公室……………… 7823188
办公室……………… 7823195

党委工作部

副部长……………… 7820251
……………… 7807847
经警队长……………… 7802607

纪检监察科

科长……………… 7820259
副科长……………… 7829209

工会、团委

副主席、团委书记 … 7807767
女工主任……………… 7828846
团委副书记……………… 7820344

钻采工程设计中心办公室

主任……………… 7823389
副主任……………… 7807850
办公室……………… 7802697

员工培训中心

主任……………… 7827465
办公室……………… 7822670

公益事务管理中心

主任……………… 7821020
副主任……………… 7820510
……………… 7823967

资产管理中心

科长……………… 7823319
办公室……………… 7829800
……………… 7822939

档案室

主任……………… 7823499
书记……………… 7823499
办公室……………… 7823210

综合车队

队长……………… 7823208
书记……………… 7821700
副队长……………… 7826004
调度室……………… 7822965

小车队

队长……………… 7822082
办公室……………… 7820920

采油工艺研究所

所长……………… 7826173
书记……………… 7829599
副所长……………… 7826171
……………… 7823219
……………… 7823219
办公室……………… 7821549

井下工具研究所

所长……………… 7822802
书记……………… 7822251

副所长…………7822078
…………7805107
办公室…………7827072

矿场机械研究所

书记…………7823511
副所长…………7805209
办公室…………7821227

油田化学技术研究所

所长…………7829300
书记…………7827012
副所长…………7822312
…………7803884
办公室…………7807420

仪器仪表研究所

所长…………7833321
书记…………7828767
副所长…………7807860
办公室…………7805516

油井防砂中心

书记…………7827412
副主任…………7801011
办公室…………7820393

海洋工程研究所

所长…………7832485
书记…………7803343
副所长…………7834634
办公室…………7820347

钻井设计中心

钻完井技术研究中心

主任…………7808307
书记…………7806719
副主任…………7809610
…………7809627
…………7809629
办公室…………7821900

压裂酸化技术研究中心

主任…………7831193
书记…………7807702
副主任…………7827950
办公室…………7809490

钻井工程监督中心

主任…………7820389
书记…………7823613
副所长…………7829357
书记…………7823613
副主任…………7829357
办公室…………7833953

安全环保技术研究所

所长…………7828608
书记…………7809771
副所长…………7809685
办公室…………7828207

科技信息研究所

所长…………7820299
书记…………7823444
副所长…………7801511
办公室…………7823131
翻译室…………7808267
计算机室…………7832484
图书室…………7822020

中心试验所

所长…………7823233
书记…………7823222
副所长…………7822268
办公室…………7822999

物资供应站

站长…………7822398
书记…………7808685
副站长…………7828361
办公室…………7832130
…………7822929

勘探开发研究院

领导

院长…………7825531
党委书记…………7285004
副院长…………7800361
…………7829086
总会计师…………7821507
总地质师…………7826670
…………7822657
…………7826271
…………7829151
总工程师…………7826709
…………7829501
党委副书记、纪委书记、工会主席…………7821533
正处级调研员…………7829035

副总师

副总工程师…………7821509
安全副总监…………7822970
副总地质师…………7823816
纪委副书记…………7821522
副总地质师…………7806818
…………7806885
…………7828981
…………7821828

机关科室

院长办公室

主任…………7820519
副主任…………7829061
秘书…………7821885
文书…………7820238
事务秘书…………7826185
传真…………7823497
收发室…………7821516

党委工作部

部长…………7827776
团委副书记…………7821524
保密办副主任…………7809391
党委工作部…………7820521

科技管理科

科长…………7807345
副科长…………7820798
勘探…………7821640
开发…………7826289
试验…………7825017
成果…………7826237

计划经营科

科长…………7821530
副科长…………7822354

市场办公室

主任…………7806560
副主任…………7801165

财务科

科长…………7825474
副科长…………7823093
…………7803500
报销…………7820527
成本…………7800664
…………7802385

组织部

部长…………7802397
副部长…………7806256
组织部…………7809929

人事科

科长…………7830008
副科长…………7821501
人事科…………7821520

纪检监察科

科长…………7821522
副科长…………7831189

审计科

科长…………7833709
副科长…………7821553
审计科…………7832840

企管法规科

科长…………7822106
副科长…………7806711
办公室…………7832602
…………7809259

安全监察科

科长…………7822970
副科长…………7820332
…………7820311
办公室…………7822583
…………7822865

工会

副主席…………7820523
…………7820532
女工主任…………7807589
工会…………7832995
稳定办…………7801701
内养办…………7808682

技术监督中心

主任…………7820975
副主任…………7803195
办公室…………7821727

职工培训中心

主任…………7806296
副主任…………7800258
办公室…………7807174
…………7820529
技能鉴定中心…………7800596

预算价格中心

主任…………7833915
副主任…………7827985
办公室…………7829079

保卫中心

主任…………7803609
副主任…………7825230
…………7825955

生产运行中心

主任…………7801177
副主任…………7823036
…………7827850
基建…………7820598
…………7820914
维修…………7804061
食堂公寓管理…………7820829

资产管理中心

主任…………7820525
副主任…………7821731

技术咨询中心

主任…………7805526
副主任…………7827799
办公室…………7803381

特种油气藏编辑部

主任…………7823579
副主任…………7827551
编辑部…………7820262

信息中心

主任…………7801669
副主任…………7809267
办公室…………7801072

电视中心

主任…………7820597
办公室…………7821528

盆地勘探所

所长…………7805578
总支书记…………7803743
副所长…………7803315
…………7826721
…………7826235
…………7821179
所办…………7821503

东区室主任………… 7821535
东区室………………… 7807095
……………………… 7826530
西南室主任………… 7821179
西南室………………… 7807105
西北室主任………… 7801851
西北室………………… 7804430
北区室主任………… 7801052
北区室………………… 7831051
……………………… 7807036

勘探综合所

所长………………… 7833839
总支书记…………… 7826069
副所长……………… 7820057
……………………… 7822542
主任工程师………… 7803306
所办………………… 7822643
勘探规划室主任…… 7806583
勘探规划…………… 7809386
区域室主任………… 7801861
区域………………… 7801727
勘探数据中心主任 … 7805870
办公室……………… 7801105
探井设计中心……… 7805192
系统研究室主任…… 7802526
勘探决策中心……… 7822181
机房（工房）……… 7833711
机房（解释楼）…… 7805014

海洋勘探所

所长………………… 7805365
总支书记…………… 7803935
副所长……………… 7828543
……………………… 7801057
……………………… 7826593
所办………………… 7802089
外围勘探室
主任………………… 7821543
办公室……………… 7820076
南海勘探室
主任………………… 7807320
办公室……………… 7806247
滩海勘探室
主任………………… 7820790
副主任……………… 7825412
办公室……………… 7831404

计算所

所长………………… 7290386
总支书记…………… 7290323
副所长……………… 7290356
……………………… 7291109
……………………… 7290362
所办………………… 7290347
分析处理一室
主任………………… 7290240
副主任……………… 7292531
分析处理二室
主任………………… 7292517
办公室……………… 7290279
计算机室
主任………………… 7290379
副主任……………… 7290350
办公室……………… 7292530
……………………… 7292429
物探技术中心
主任………………… 7292516
副主任……………… 7290341
生产运行室
主任………………… 7290293
副主任……………… 7292519
四楼终端…………… 7290274
五楼终端…………… 7290054
机房二楼…………… 7290442
机房三楼…………… 7290478

油田开发所

所长………………… 7291953
总支书记…………… 7292877
副所长……………… 7290550
……………………… 7290551
……………………… 7292191
所办………………… 7291537
油田开发室
主任………………… 7291274
副主任……………… 7292538
办公室……………… 7291447
油田地质室
主任………………… 7291867
办公室……………… 7291534
……………………… 7292539
天然气室主任……… 7290267
开发技术支持室主任 7291940
开发数据库………… 7292157
机房………………… 7291193

稠油开发所

所长………………… 7290394
总支书记…………… 7291350
副所长……………… 7292532
所办………………… 7290423
稠油开发室
主任………………… 7292533
副主任……………… 7292535
……………………… 7290254
稠油地质室
主任………………… 7290427
办公室……………… 7290475
水平井研究中心
副主任……………… 7292230
办公室……………… 7292537
测量队
队长………………… 7820691
副队长……………… 7820693

开发综合所

所长………………… 7827615
总支书记…………… 7809319
副所长……………… 7828895
所办………………… 7826014
滚动评价室
主任………………… 7834035
办公室……………… 7822547
……………………… 7807336
油藏评价室
主任………………… 7823350
副主任……………… 7826529
办公室……………… 7807225
储量室主任………… 7825553
测井评价中心主任 … 7827611
储量室……………… 7820536
开发规划室
主任………………… 7820399
办公室……………… 7801074

试验所

所长………………… 7832709
总支书记…………… 7826525
副所长……………… 7834621
……………………… 7820512
所办………………… 7822044
生产调度…………… 7834617
开发试验室
主任………………… 7807576
办公室……………… 7821539
高压物性组………… 7821540
地质试验室
主任………………… 7820538
办公室……………… 7807355
地层岩矿室
主任………………… 7807757
办公室……………… 7821551
采收率室
主任………………… 7823480
办公室……………… 7807709
生产准备室
主任………………… 7805724
洗油间……………… 7830561
档案室
主任………………… 7821542
书记………………… 7290401
副主任……………… 7820380
……………………… 7809836
档案室……………… 7820249

科技信息所

所长………………… 7820835
书记………………… 7801517
副所长……………… 7821337

制图印刷厂

厂长………………… 7820541
书记………………… 7821986
副厂长……………… 7821385
生产工艺…………… 7802495
微机绘图…………… 7806980
制图厂……………… 7804546

运输公司

经理………………… 7821544
副经理……………… 7820129
机关车队
队长………………… 7290357
副队长……………… 7290317

物资管理中心

主任………………… 7804593
书记………………… 7803582
副主任……………… 7820863
采购组……………… 7809576
保管组……………… 7820147

活动中心

主任………………… 7803606
副主任……………… 7832990
地震台
台长………………… 7822184
地震台……………… 7820548

其他

科技演示厅………… 7809795
员工食堂…………… 7830717
人才公寓…………… 7801015
员工公寓…………… 7830061

消防支队

领导

支队长……………… 7819119
党委书记…………… 7813287
副支队长…………… 7850117
……………………… 7852366
总会计师…………… 7850966
工会主席…………… 7810089
副总师
党委委员…………… 7813582
……………………… 7853909
安全总监…………… 7812076
指挥长……………… 7813587
协理员……………… 7811709

支队办

主任………………… 7811709
副主任……………… 7852177
办公室……………… 7813276
招待所总台………… 7816992

战训科

科长………………… 7813587
指挥中心主任……… 7812987
副科长……………… 7812124

指挥中心副主任…… 7850766

防火科

科长…………………… 7853909
副科长………………… 7852577

质安环科

科长…………………… 7812076
副科长………………… 7812075
办公室………………… 7817965

资产科

科长…………………… 7812856

劳资科

科长…………………… 7813394
办公室………………… 7813242

财务科

科长…………………… 7815517
办公室………………… 7813847
计算机………………… 7852766

经营计划科

科长…………………… 7811014
副科长………………… 7813783
办公室………………… 7811341

后勤管理科

科长…………………… 7811031
副科长………………… 7810599
办公室………………… 7812359

企管法规科

科长…………………… 7818880

审计科

科长…………………… 7818927

党群工作部

部长…………………… 7813582
副部长、团委书记 … 7813194
办公室………………… 7813174

纪检办

主任…………………… 7813193
监察举报……………… 7812110

工会

副主席………………… 7812893

保卫科

科长…………………… 7813192
办公室………………… 7811021

专用电话

调度总机……………… 7811000
119 指挥中心 ……… 7823038
备用火警……………… 7800344

特勤大队

大队长………………… 7819336
队部…………………… 7813746
值班室………………… 7813185

石化大队

大队长………………… 7659559
队部…………………… 7658491
值班室………………… 7659059

气防大队

大队长………………… 7819557
队部…………………… 7819519
值班室………………… 7819617

科尔沁直属中队

队长………… 0476－7328134
值班室……… 0476－7328038

一大队

大队长………………… 7506477
高升中队……………… 7500068
队部…………………… 7500417
高二联中队…………… 7501411
队部…………………… 7501412

二大队

大队长………………… 7521778
七分场中队…………… 7520202
队部…………………… 7520082
曙光中队……………… 7530377
队部…………………… 7530955
首站中队……………… 7265454
队部…………………… 7265404

三大队

大队长………………… 7590998
黄金带中队…………… 7590861
队部…………………… 7590171
海外河中队…………… 7834079
队部…………………… 7834078
洼一联中队…………… 7803284
队部…………………… 7804404

四大队

大队长………………… 7568155
沈采中队……………… 7560004
队部…………………… 7560743
沈北中队……………… 7568015
队部…………………… 7565411
沈二联中队…………… 7560643
队部…………………… 7560542

五大队

大队长………………… 7553555
欢喜岭中队…………… 7540583
队部…………………… 7540755
锦采中队……………… 7556119
队部…………………… 7556095

六大队

大队长………………… 7573608
龙一联中队…………… 7573038
队部…………………… 7573086
茨榆坨中队…………… 7573174
队部…………………… 7573027

供应站

站长…………………… 7812314
副站长………………… 7850699
办公室………………… 7813156

服务大队

大队长………………… 7812785
教导员………………… 7852377
副大队长……………… 7852767

培训中心

主任…………………… 7812307
书记…………………… 7852877
副主任………………… 7851266

机关车队

大队长………………… 7811041
调度…………………… 7812214
……………………………… 7681119

修保大队

大队长………………… 7813584
教导员………………… 7812534

华宇消防公司

经理…………………… 7811094
书记…………………… 7811494
副经理………………… 7810498
办公室………………… 7813474
财务…………………… 7813488
罐区维修站…………… 7851412

消防器材制造厂

厂长…………………… 7819538
副厂长………………… 7850625
财务科………………… 7813022
销售科………………… 7850625

建筑安装公司

经理…………………… 7811137
车队…………………… 7811357

相关单位

辽河消防器材维修厂

……………………………… 7816444
厂长…………………… 7815198
职工活动中心………… 7813713
消防社区……………… 7812904

石油化工总厂

领导

厂长…………………… 7659199
书记…………………… 7658299
副厂长………………… 7658589
……………………………… 7658515
……………………………… 7658939
副书记………………… 7658128
副总工程师…………… 7659916
办公室………………… 7658258

厂办

主任…………………… 7658661
副主任………………… 7658556
文书…………………… 7658115
档案室………………… 7658757
收发室………………… 7658524
传真…………………… 7658115
总厂值班……………… 7658524

党群工作部

部长…………………… 7659327
干事…………………… 7658833

工会

工会副主席…………… 7659822
干事…………………… 7658475

纪检监察部

部长…………………… 7659504

生产运行部

主任…………………… 7658361
副主任………………… 7658818
生产管理……………… 7658234
工艺管理……………… 7658016
调度室………………… 7658440
……………………………… 7658600
质检中心主任………… 7659407
技术员………………… 7658782
办事组质检组………… 7659883
化验室（白班）…… 7659277
化验室（夜班）…… 7659404

机动设备部

主任…………………… 7658246
副主任………………… 7658974
设备管理……………… 7658747
工程管理……………… 7658838

安全环保部

主任…………………… 7658182
安全监督站站长……… 7659116
安全消防、交通……… 7659795
职业健康……………… 7659303
安全监督站…………… 7659320
体系环保……………… 7658430

经营计划部

主任…………………… 7658308
副主任………………… 7658527
……………………………… 7658081
统计…………………… 7659772

总厂财务部

主任…………………… 7658228
副主任………………… 7658252
出纳…………………… 7659713
会计…………………… 7659661

大力财务部

主任…………………… 7659776
副主任………………… 7658752
会计…………………… 7658591
……………………………… 7658341
……………………………… 7659775

人事教育部

主任…………………… 7659761
副主任………………… 7659421
劳资…………………… 7659557
公积金………………… 7658845

技术开发部

主任…………………… 7659185

副主任…………… 7659922
项目开发…………… 7658842
网络服务…………… 7659771

企管法规部

主任…………… 7659766
副主任…………… 7658379
科员…………… 7658217

审计部

主任…………… 7658057
副主任…………… 7659098
审计…………… 7659946

基建管理中心

主任…………… 7658807
副主任…………… 7658843
工程管理…………… 7659527
施工工地…………… 7658574

物资供应站

主任…………… 7658667
副主任…………… 7659890
计划、采购…………… 7658085
采购…………… 7659848
…………… 7658288
保管…………… 7659797

市场营销部

主任…………… 7658058
副主任…………… 7658239
计划…………… 7658958
…………… 7659137
…………… 7658904
统计…………… 7658958
财务…………… 7659865

治安保卫中心

主任…………… 7659110
副主任…………… 7659133
内、外勤…………… 7658660
总厂门卫…………… 7658504
东区门卫…………… 7658626

石化公司

经理…………… 7658877
书记…………… 7658918
副经理…………… 7659259
…………… 7658265
…………… 7659378
综合部主任…………… 7658435
综合…………… 7658417
财务部主任…………… 7658606
财务…………… 7658450
生产部主任…………… 7658562
技术…………… 7658616
安全…………… 7659236
供应组…………… 7659541
销售部主任…………… 7658040
销售部…………… 7658498
…………… 7659043
石蜡车间…………… 7658692
石蜡操作间…………… 7658054
环烷酸…………… 7658949
操作间…………… 7658774
调和车间…………… 7659085
…………… 7659109
北调和车间…………… 7658697
化工助剂厂…………… 7658370
捡油队…………… 7658254
维修班…………… 7658609
被服厂…………… 7658536
白土厂…………… 7659541
电脑部…………… 7658096
公司值班室…………… 7659236

化工分公司

主任…………… 7659907
书记…………… 7659408
副主任…………… 7659688
…………… 7658521
工艺技术员…………… 7658870
设备技术员…………… 7658870
安全员…………… 7658870
综合…………… 7658820
操作室…………… 7658803

运输公司

经理…………… 7658100
书记…………… 7658210
副经理…………… 7658739
…………… 7658244
综合部主任…………… 7658259
劳资…………… 7658259
财务部主任…………… 7658683
安全部主任…………… 7659821
生产部主任…………… 7659925
经营部主任…………… 7658892
经营…………… 7658892
油运中队队长…………… 7658121
调度…………… 7658725
配送…………… 7658324
装洗工段段长…………… 7658643
生产…………… 7658041
滑油…………… 7658594
修配厂…………… 7658495

炼化工程公司

经理…………… 7659445
书记…………… 7658905
副经理…………… 7659789
综合部主任…………… 7658261
综合管理…………… 7658795
财务办公室…………… 7658072
工程组…………… 7658276
工程组组长…………… 7659715
预算组组长…………… 7658262
预算组…………… 7659070
安装队队长…………… 7658067
队部…………… 7658293
土建队队长…………… 7658946
队部…………… 7658316
土建队瓦工班…………… 7659879
机修厂厂长…………… 7659554
电仪队…………… 7659003
电仪队维修班…………… 7659644
垫片厂…………… 7658428
绿化队队长…………… 7658359
花窖…………… 7659710

防腐保温公司

经理…………… 7658402
书记…………… 7658207
副经理…………… 7659987
综合办…………… 7658101
财务部…………… 7659937
工程部主任…………… 7658965
技术安全…………… 7658657
预算…………… 7658625
材料保管…………… 7659920
保温队…………… 7659891
防腐队…………… 7659452
综合队…………… 7659958
门卫…………… 7658019

工业水公司

经理…………… 7658669
书记…………… 7658778
副经理…………… 7658997
生产部主任…………… 7659950
技术组…………… 7659174
综合部主任…………… 7658636
生产部…………… 7658882
一车间主任…………… 7659169
一车间操作室…………… 7658457
二车间主任…………… 7658622
二车间操作室…………… 7659933
污水车间主任…………… 7659164
污水操作室…………… 7659251

石油贸易公司

经理…………… 7659978
…………… 3219228
滑油部…………… 7659517
…………… 3219227
综合部…………… 3219226
油品部…………… 7658577
…………… 7659959
…………… 3219225

环保分公司

经理…………… 7659110

煅烧焦车间

主任…………… 7659773
书记…………… 7659050
副主任…………… 7659226
技术组…………… 7659384
办事组…………… 7659234
操作室…………… 7659341
外运班…………… 7658476
值班室…………… 7659662

氧化沥青车间

主任…………… 7659447
副主任…………… 7658787
安全员…………… 7658767
技术组…………… 7658717
办事组…………… 7659414
操作室…………… 7659120

综合车队

队长…………… 7658881
书记…………… 7659200
车调…………… 7658922
办事核算…………… 7659369
设备…………… 7659632

社会保险中心

主任…………… 7658163
副主任…………… 7659310
养老保险…………… 7658256
医疗保险…………… 7659279

离退休管理中心

主任…………… 7659561
书记…………… 7659239
副主任…………… 7658634
管理组…………… 7658372
…………… 7659749
再就业中心…………… 7659586

井下作业公司

领导…………… 7515678
…………… 7515977
…………… 7511333
…………… 7510597
…………… 7515900
…………… 7515877
…………… 7513988
…………… 7510421
…………… 7512222
…………… 7510757
…………… 7510607
…………… 7510668
…………… 7510776
…………… 7510680
…………… 7511357
…………… 7510453
…………… 7510974
…………… 7512943

生产调度室

调度长…………… 7510901
副调度长…………… 7510907
…………… 7511337

…………………… 7515718
调度室…………… 7510275
…………………… 7510334
经理办
主任……………… 7510549
副主任…………… 7515868
打字室…………… 7510542
经营计划科
科长……………… 7510668
副科长…………… 7510481
…………………… 7511637
计划……………… 7510104
通信信息中心
副主任…………… 7515819
网络……………… 7515987
信息……………… 7510823
通信……………… 7510871
科技科
科长……………… 7510025
副科长…………… 7512858
科技……………… 7510517
土地环保科
科长……………… 7510453
副科长…………… 7511689
环保……………… 7510064
劳务输出中心
劳务办…………… 7513298
…………………… 7862243
党委办公室
副主任…………… 7515432
多种经营办
主任……………… 7515200
经营……………… 7511356
组织部
部长……………… 7510607
组织办…………… 7510534
矿区物业管理科
科长……………… 7511072
水电……………… 7510336
住房……………… 7511204
积金……………… 7510379
宣传部
副部长…………… 7512360
宣传……………… 7510445
电视台
电视台…………… 7510732
新闻部…………… 7510695
工程部…………… 7510873
工程技术科
科长……………… 7511040
副科长…………… 7511045
…………………… 7510716
…………………… 7515160
工程……………… 7510737

…………………… 7511625
合同科
科长……………… 7515686
副科长…………… 7510173
合同……………… 7511663
预算科
科长……………… 7515918
预算……………… 7515557
审计科
科长……………… 7510059
副科长…………… 7510307
社会保险办
主任……………… 7511474
副主任…………… 7511343
保险……………… 7511343
档案室
主任……………… 7512009
档案室 ………… 17510202
档案室 ………… 27510504
QHSE 办
主任……………… 7511084
财务科
科长……………… 7510539
副科长…………… 7510372
…………………… 7510988
成本组…………… 7510751
材料组…………… 7510461
工资组…………… 7510912
综合组…………… 7511744
劳动人事科
科长……………… 7515919
副科长…………… 7510744
劳资办…………… 7510744
市场管理科
科长……………… 7515505
副科长…………… 7510510
市场……………… 7510232
…………………… 7510927
再就业管理中心
副主任…………… 7510044
景宏……………… 7512607
景安……………… 7512759
保卫科
科长……………… 7515777
副科长…………… 7512018
…………………… 7511493
值班室…………… 7510032
工会
副主席…………… 7510266
…………………… 7511416
办公室 ………… 17510384
…………………… 27510766
质量节能科
科长……………… 7515199

副科长…………… 7510355
安全监督站
站长……………… 7511084
副站长…………… 7513901
…………………… 7513906
监督站…………… 7511350
交通科
科长……………… 7512888
副科长…………… 7511388
交通……………… 7513188
…………………… 7511631
安全监察科
科长……………… 7510757
副科长…………… 7512964
…………………… 7511366
…………………… 7511351
安全 …………… 17510279
…………………… 27511307
巡视……………… 7511090
纪检监察科
科长……………… 7510989
副科长…………… 7511071
举报电话………… 7510535
资产科
科长……………… 7510974
副科长…………… 7511358
…………………… 7510265
装备……………… 7510656
设备库…………… 7510083
离退休管理中心
主任……………… 7510349
副主任…………… 7513949
退休办…………… 7515696
值班室…………… 7510452
财务……………… 7513949
关工委…………… 7510995
试油地质科
科长……………… 7515589
副科长…………… 7512217
地质……………… 7510075
物资管理科
科长……………… 7511357
副科长…………… 7511352
物管……………… 7515010
教育培训科
科长……………… 7510679
副科长…………… 7510034
计划生育办公室
副主任…………… 7510799
团委
副书记…………… 7515565
机关总支副书记…… 7511995
总支办…………… 7510403
信访办公室

副主任…………… 7510164
压裂分公司
经理……………… 7861285
书记……………… 7860669
副经理…………… 7865371
…………………… 7861909
…………………… 7861681
…………………… 7860900
…………………… 7861457
…………………… 7866914
…………………… 7861117
调度长…………… 7861448
调度室…………… 7860694
…………………… 7860472
财务……………… 7860270
经营……………… 7865372
政工……………… 7861795
人事……………… 7861871
工会……………… 7860157
教育……………… 7861274
科技组…………… 7861419
安全……………… 7861198
保卫……………… 7860806
地质……………… 7861709
检验……………… 7861719
关工委…………… 7510995
门卫……………… 7261273
居委会…………… 7861531
闭路……………… 7861615
材料库…………… 7861722
准备队…………… 7861373
维修队…………… 7860083
千一队…………… 7860628
千二队…………… 7862147
千三队…………… 7861788
塔木察格项目部
经理……………… 7510454
书记……………… 7513342
副经理…………… 7515090
…………………… 7515655
…………………… 7510042
…………………… 7512298
财务……………… 7510378
商务……………… 7510816
小队……………… 7515595
运输分公司
经理……………… 7513688
书记……………… 7510672
副经理…………… 7510400
…………………… 7511113
…………………… 7515176
调度长…………… 7515175
调度室…………… 7510436
政工……………… 7510395

劳资…………7510501
财务…………7510621
安全…………7510297
综合队…………7511143
客车队…………7510562
维修队…………7510608
搬家队…………7511042
特车队…………7510820
材料组…………7511142

物资供应分公司

经理…………7510094
书记…………7510005
副经理…………7511758
…………7511898
调度长…………7510450
调度室…………7510352
门卫…………7860347
计划…………7515030
财务…………7515060
供销…………17510073
…………27510045
…………37510011
保管员…………7510714
统计…………7510511
加油队…………7510632
加油站…………7510484

钻修工艺研究所

所长…………7511194
书记…………7510295
副所长…………7511419
…………7511054

工艺地质研究所

所长…………7510680
书记…………7510354
副经理…………7510401
…………7513699
…………7515698
调度室…………7510594
工艺室…………7510340
工具室…………7510745
实验室…………7510254
化验室…………7510063
安全…………7510373
经营…………7510773
措施室…………7510155
解释室…………7510095

钻修一分公司

经理…………7511372
书记…………7510818
副经理…………7510931
…………7515909
…………7510573
调度长…………7515161
调度室…………7515303
劳资…………7510905
财务…………7510321
材料组…………7510503
经营…………7510151
工会…………7515120
能源…………7515300
工程…………7510532
政工…………7510326
资产…………7510573
安全…………7510846
教育…………7512218
综合队…………7510351

小车队

队长…………7510137
指导员…………7510253
副队长…………7513182
调度室…………7510810
值班室…………7513568
安全…………7510016
财务…………7510052

生产准备分公司

经理…………7510152
书记…………7512579
副经理…………7510393
…………7513697
调度长…………7510774
调度室…………7510743
安全…………7510220
财务…………7510135
钻前…………7510752
井控…………7510705
管材厂…………7510257
工具队…………7515201
服务队…………7515203
政工…………7515680
质检…………7515681
经营…………7510578

试油测试分公司

经理…………7511065
书记…………7510519
副经理…………7510222
…………7510050
…………7515202
…………7510529
工会主席…………7510530
调度长…………7510977
调度室…………7510314
…………7511124
生产组…………7510622
安全组…………7510264
政工组…………7512550
资产组…………7511107
劳资组…………7510357
经营组…………7510626
财务组…………7510414
教育组…………7511500
材料组…………7511214
综合队…………7510935
计量检定…………7510940
门卫…………7510107
食堂…………7511171

长庆项目部

经理…………7510776
书记…………7512943
副经理…………7515007
压裂经理…………7861457
试气经理…………7511660
试气书记…………7511661

井下实业有限公司

领导
办公室…………7515779
…………7510712
…………7510888
…………7513989
…………7510882
…………7515801
…………7511185
…………7513559
…………7515881
机关科室
综合部长…………7510979
综合部…………7515802
财务部长…………7515881
财务部…………7510103
审计部…………7510330
劳资部…………7510416
经营部…………7510178
安保部长…………7515776
安保部…………7513919
市场部…………7510081

化一分公司

公司副总…………5800356
经理…………5802785
副经理…………5802783
…………5802782

化二分公司

经理…………7510808
书记…………7513855
副经理…………7510934
…………7513877

工程技术分公司

经理…………7515000
书记…………7515766
副经理…………7515585
…………7515755
…………7511662
…………7511669
财务…………7511632
劳资…………7515558
资产…………7515567

钻采制造分公司

经理…………7510096
书记…………7510196
副经理…………7510993
…………7510228
…………7510298

设备修理分公司

经理…………5801718
书记…………7515700
副经理…………7511550

建安分公司

经理…………7510055
书记…………7510396
副经理…………7515959

环利专用车子公司

经理…………3211788
书记…………3211789
副经理…………3211700
…………3211703
…………3211702
…………7511919
…………7511919
…………3219177

天华橡胶子公司

经理…………7515818
书记…………7513382
副经理…………7513383
招待所
所长…………7510363
服务台…………7510079
食堂…………7510239
财务…………7515798

中油辽河工程有限公司

领导

总经理…………7820315
党委书记…………7828660
副总经理…………7821567
…………7801625
…………7823376
…………7821779
副书记、纪委书记、工会主席
…………7829108
副总经理…………7820322
…………7820686
总会计师…………7822388
办公室…………7821770

公司办公室

主任…………7826923
秘书…………7821565
文书…………7823462
传真…………7823060

办公室……………… 7820642
收发室……………… 7807353
市场开发部
主任………………… 7824120
副主任……………… 7808595
……………………… 7806628
办公室……………… 7821575
……………………… 7823044
……………………… 7801598
生产协调部
主任………………… 7823172
副主任……………… 7822752
办公室……………… 7823274
经营管理部
主任………………… 7808594
副主任……………… 7806065
办公室……………… 7800044
技术质量部
主任………………… 7809876
副主任……………… 7826620
办公室……………… 7800194
财务资产部
主任………………… 7824121
副主任……………… 7821964
办公室……………… 7820574
……………………… 7808176
……………………… 7805859
组织人事部
部长………………… 7823273
副部长……………… 7820566
办公室……………… 7821573
安全环保部
主任………………… 7820578
副主任……………… 7821471
办公室……………… 7820570
……………………… 7832605
监察审计部
主任………………… 7823365
纪检监察办公室…… 7808451
宣传部
部长………………… 7821569
办公室……………… 7823434
工会
副主席、纪委副书记 7821571
副主席……………… 7820572
团委
书记………………… 7807976
油气储运所
主任………………… 7803556
副主任……………… 7820591
……………………… 7809273
……………………… 7809173
一室………………… 7820583
……………………… 7824135
二室………………… 7821584
……………………… 7823435
……………………… 7809231
三室………………… 7806362
……………………… 7809276
……………………… 7801434
油气加工所
主任………………… 7820981
副主任……………… 7809552
一室………………… 7820120
二室………………… 7820477
三室………………… 7821476
四室………………… 7809303
五室………………… 7823862
六室………………… 7824124
电气工程所
主任………………… 7830050
副主任……………… 7820842
……………………… 7807721
一室………………… 7823363
二室………………… 7820585
三室………………… 7808504
四室………………… 7824142
机械工程所
主任………………… 7822183
副主任……………… 7825654
一室………………… 7821586
二室………………… 7821588
三室………………… 7809670
规划建筑所
主任………………… 7820533
副主任……………… 7821478
一室………………… 7820581
二室………………… 7821590
四室………………… 7823072
五室………………… 7806169
结构工程所
主任………………… 7820263
副主任……………… 7808729
……………………… 7807829
一室………………… 7820758
二室………………… 7820573
三室………………… 7808101
海洋工程所
主任………………… 7808212
副主任……………… 7823435
一室………………… 7801073
总图工程所
主任………………… 7807936
副主任……………… 7805214
一室………………… 7824132
二室………………… 7831281
三室………………… 7824114
环境工程所
主任………………… 7823231
副主任……………… 7831829
一室………………… 7820594
二室………………… 7823243
三室………………… 7808972
热力工程所
主任………………… 7824131
副主任……………… 7821483
一室………………… 7820593
二室………………… 7821313
三室………………… 7821592
技术经济所
主任………………… 7821582
副主任……………… 7820540
概算（一组）……… 7820941
概算（二组）……… 7820988
概算（三组）……… 7831983
概算（四组）……… 7824143
井站工程所
主任………………… 7807971
副主任……………… 7807957
一室………………… 7807937
岩土工程所
主任………………… 7822154
副主任……………… 7827013
技术室……………… 7808640
外业………………… 7802740
办公室……………… 7803073
档案组……………… 7803253
工程测量所
主任………………… 7821472
副主任……………… 7821468
测量一队…………… 7820362
测量二队…………… 7823541
测量三队…………… 7802044
测量四队…………… 7827064
测量五队…………… 7827149
自控仪表所
主任………………… 7820595
副主任……………… 7808537
……………………… 7824125
一室………………… 7808954
二室………………… 7821033
三室………………… 7823314
四室………………… 7801392
科技发展部、工程研究所
主任………………… 7823369
副主任……………… 7820084
……………………… 7833245
化工组……………… 7809513
工艺组……………… 7820035
化验组……………… 7820469
……………………… 7809545
防腐组……………… 7807252
项目管理部
主任………………… 7833246
副主任……………… 7821011
办公室……………… 7820297
项目控制部
主任………………… 7826916
副主任……………… 7826256
采购管理部
主任………………… 7821770
副主任……………… 7802270
办公室……………… 7803214
施工管理部
主任………………… 7800094
副主任……………… 7808730
办公室……………… 7821589
安全评价咨询中心
主任………………… 7823737
副主任……………… 7824130
办公室……………… 7821103
……………………… 7824140
档案出版中心
主任………………… 7821470
副主任……………… 7805263
篮图组……………… 7823453
电子档案…………… 7827254
图书组……………… 7820916
绘图………………… 7820964
晒图………………… 7806759
发图、装订………… 7820475
复印………………… 7827774
复印、胶印………… 7826523
信息管理中心
主任………………… 7821473
维护………………… 7823256
……………………… 7833175
……………………… 7826336
车队
队长………………… 7804540
副队长……………… 7822753
统计员……………… 7823272
行政离退中心
主任………………… 7821480
离退办主任………… 7820325
副主任……………… 7823734
离退办公室………… 7820187
供应组……………… 7820576
服务组……………… 7823170
物业公司办公室…… 7820577
主楼门卫…………… 7807196
西楼门卫…………… 7807262
东大门门卫………… 7807353
会展中心门卫……… 7807276
地质楼门卫………… 7807287
科研楼门卫………… 7807319

油田建设工程一公司

领导

经理……7580921
书记……7580018
副书记、纪检书记、工会主席
……7581008
副经理……7584360
……7583260
总工程师……7583439
总会计师……7585009
副经理……7580163
……7581889
办公室……7580083
副总工程师……7581599
……7582899
……7580830
安全副总监……7582268

经理办公室

主任……7580464
副主任……7583567
……7584810
文书……7580707
传真……7580831
档案室……7580075
打字室……7580118
招待所所长……7580559
财务……7581834
值班室……7580834
机关车队队长……7580284
车队书记、调度……7580520

党委办公室

主任……7580387
副主任、秘书……7581010

生产管理部

主任……7580958
副主任……7580458
……7580544
综合调度……7580458
……7580544
综合办……7581286
调度室……7581224
……7580919

项目管理部

主任……7581862
副主任……7580823
办公室……7581298

经营计划部

主任……7583118
副主任……7582974
办公室……7580832

企业法规部

主任……7581918
办公室……7580763
信息中心……7580522

劳资教育部

主任……7581225
副主任……7581806
办公室……7580238
……7580971
……7580750

财务部

主任……7580810
副主任……7580330
综合……7580833
成本……7580293
出纳……7580521
于楼结算中心……7580510
……7580729
兴隆台结算中心……7282901
……7282902
……7282903

审计部

主任……7582016
副主任……7580161
办公室……7580222
……7580164

机动资产部

主任……7580920
办公室……7580751
库房……7580581

安全环保部

主任……7582268
副主任……7581271
安全环保管理……7580068
办公室……7580649
……7580634
安全监督站站长……7580104
安全监督……7582793

质量节能部

主任……7580802
办公室……7580459

科技技术部

主任……7581013
副主任……7580821
办公室……7580973

多种经营办

副主任……7580020
办公室……7580384

机关总支

主任……7584877

党委组织部

部长……7582899
副部长……7581808
办公室……7580665
组织干事……7580327

党委宣传部

部长……7580877
办公室……7583800
宣传干事……7580664

纪检办公室

主任……7580078
办公室……7581009

团委

团委副书记……7580480

工会

副主席……7580168
办公室……7580021
体协……7580371

海外项目开发部

主任……7580198
副主任……7581696

局外市场开发部

主任……7892104
副主任……7892102
技术……7892105
商务……7892106
综合……7892107

局内市场开发部

主任……7892103
办公室……7892150

保卫部

主任……7580235
副主任……7580708
办公室……7580277
值班室……7584694

物业办

主任……7580710
办公室……7582606
公务班……7580140

保险办

主任……7581766
保险……7581614
公积金……7580595

电视台

台长……7580716
采编部……7580711
维修部……7580592

再就业办公室

办公室……7582518
晨曦社区……7584891
光明社区……7269929
泰山社区……7867500

计量室

主任……7580019

离退休办公室

主任……7580461
书记……7580116
劳资……7581192
财务……7580801
油北活动室……7581127
光明活动室……7269032
泰山活动室……7861214

居委会

油南……7580372
油北……7580357

一分公司

经理……7282516
副书记……7282577
副经理……7282516
……7282576
主任工程师……7282819
生产组……7282632
安全组……7282650
财务组……7282681
预算组……7282538
劳资组……7282557
技术组……7282539
政工组……7282916
调度室……7282551
材料组……7282961
第一施工队……7282615
第二施工队……7282625
第三施工队……7282976
第四施工队……7282950

二分公司

经理……7860618
书记……7860108
副经理……7860617
……7860107
主任工程师……7860058
安全组……7861295
财务组……7860607
劳资组……7860606
经营组……7861297
技术组……7861296
政工组……7860608
调度室……7580438
材料组……7861298
第一施工队……7866036
第二施工队……7866037
第三施工队……7866038
第四施工队……7866039

三分公司

经理……7892198
书记……7892138
副经理……7892137
……7892139
主任工程师……7292136
生产组……7892190
劳资、统计……7892191
经营组……7892116
财务组……7892170
技术组……7892186
材料组……7892185
政工办……7892180

第一施工队……7892181
第二施工队……7892182
第三施工队……7892183
第四施工队……7892187
建筑公司
经理……7260891
书记……7260991
副经理……7260975
……7866501
主任工程师……7260975
财务组……7260935
计划、劳资……7260925
安全、机动……7260920
技术组……7260924
预算、政工……7260921
材料组……7260850
调度室……7260923
土木厂……5887359
土建一队……7866231
土建二队……7866291
电气公司
经理……7860828
书记……7261656
副经理……7866127
……7860938
主任工程师……7866127
核算、劳资……7861687
安全、政工……7869339
预算组……7865786
技术组……7861811
调度室……7860626
材料组……7580640
油北实验室……7580608
金属公司
经理……7582265
书记……7580838
副经理……7580588
……7580689
主任工程师……7580689
生产组……7580768
经营组……7582194
财务组……7580778
技质、探伤……7581792
政工组……7580689
调度组……7580463
材料组……7580296
容器车间……7580329
加工车间……7580453
工艺安装队……7581257
金属储罐公司
经理……7580551
书记……7580553
副经理……7580553
……7580552
……7581133
主任工程师……7580552
安全、劳资……7580746
政工、材料……7581115
调度室……7580787
施工一队……7581116
施工二队……7581117
穿越公司
经理……7282926
书记……7282891
副经理……7282915
副经理、主任工程师 7282739
预算组……7282446
财务、劳资……7282642
技术、材料……7282759
安全、机动……7282730
政工组……7282861
调度室……7282751
施工一队……7282691
施工二队……7282710
库房……7581508
物资公司
经理……7580601
书记……7581079
财务、劳资……7580604
政工组……7580669
计划组……7580837
……7580569
……7580977
……7580317
调度组……7581146
北库……7580526
机械土石方公司
经理……7580611
书记……7580212
副经理……7580609
……7580148
劳资、计划、女工、调度长
……7580206
安全、材料、机动、质量
……7580525
政工、财务……7580217
调度……7581229
一队……7580219
二队……7580925
三队……7583780
租赁公司
经理……7580509
书记……7580209
副经理……7580303
……7580053
机动……7580976
政工组……7580209
特种设备施工队……7580359
材料组……7580410
修配厂……7582177
修配厂……7582178
润滑站……7580383
焊培中心
主任……7582877
技术组……7580314
办公室……7580718
成套电器设备厂
厂长……7580910
书记……7580276
办公室……7580196
新科无损检测公司
经理……7581447
财务部……7581367
办公室……7580239

油田建设工程二公司

领导
经理……7811186
党委书记……7815600
副经理……7852490
……7812134
……2880598
……7812324
总会计师……7812274
总工程师……7813967
党委副书记……7813059
副总经济师……7816491
……7816493
副总工程师……7811596
安全副总监……7812390
副总工程师……7810998
办公室……7812734
公司办公室
主任……7811957
副主任……7811714
文秘……7813244
值班室……7812588
收发室……7811771
档案室……7812176
打印室……7815164
市场开发部
部长……7810782
副部长……2880258
……2880021
办公室……2880301
计划经营部
部长……7812346
副部长……7812144
计划……2880650
能源……7813196
信息管理中心
主任……7812069
维修……2880395
财务资产部
部长……7812950
副部长……2880386
成本……7812162
……2880056
……2880377
稽核出纳……7812336
总账报销……2880532
资产……2880355
生产协调部
部长……7812544
副部长……7816496
……2880802
综合……7811773
土地……2880261
……7811081
值班室……7813172
……7816997
人力资源部
部长……2880429
工资信息……7816492
教育办……7812427
公积金……2880293
保险……2880391
……7811423
工程技术部
部长……7816495
办公室……7812337
预结算部
部长……7811183
副部长……2880823
办公室……7813840
……2880931
安全环保部
副部长……7813126
交通……7812197
办公室……2880286
安全监督站……2880556
审计部
部长……7818526
副部长……7812353
审计室……7812564
法律合同部
部长……2880257
办公室……2880267
武装保卫部
部长……2880158
办公室……2880605
永祥派出所警务室……2880859
南门卫……2880923
值班室……2880368
党群工作部
副部长……7812767

团委………………………… 7812805
组织………………………… 7811097
机关党总支
书记………………………… 2880198
总支办……………………… 7812840
纪检监察部
部长………………………… 7812794
工会
副主席……………………… 7812229
办公室……………………… 7812769
…………………………… 2880288
装备部
部长………………………… 2880563
副部长……………………… 7812251
办公室……………………… 2880661
项目管理中心
副主任……………………… 2880360
办公室……………………… 2880109
…………………………… 2880108
国际工程项目部
办公室……………………… 2880936
工程技术开发中心
主任………………………… 7812954
副主任……………………… 2880776
职工培训中心
办公室……………………… 7812054
离退休管理中心
主任………………………… 7813149
副主任……………………… 2880209
电视台
电视台……………………… 7813331
技术监督中心
主任………………………… 7812302
副主任……………………… 2880561
管理质检…………………… 7812547
综合服务队
队长………………………… 7812106
安全综合治理……………… 7890043
公寓管理…………………… 7890044
通信维修…………………… 7890042
物管房补…………………… 7890045
门卫值班室………………… 7890041
总台（一楼服务台） 7890040
二楼服务台………………… 7890046
三楼服务台………………… 7890047
四楼服务台………………… 7890048
小车队
队长………………………… 2880423
书记………………………… 7810607
调度室……………………… 2880266
招待所
所长………………………… 7810604
财务………………………… 7811043
客房总台…………………… 7812210

餐厅吧台…………………… 7813479
值班室……………………… 2880653
…………………………… 2880010
安装一分公司
经理………………………… 7811154
书记………………………… 2880096
副经理……………………… 2880916
…………………………… 7815072
生产………………………… 7811767
技术………………………… 2880913
安全………………………… 2880912
预算………………………… 7811745
材料………………………… 2880097
劳资………………………… 2880919
综合机动…………………… 2880851
施工一队…………………… 7592391
施工二队…………………… 7592186
施工三队…………………… 7592209
施工四队…………………… 7590572
安装二分公司
经理………………………… 2880095
书记………………………… 7811017
副经理……………………… 2880893
综合管理…………………… 2880976
质量………………………… 7851347
计划………………………… 7813657
劳资成本…………………… 7811049
技术………………………… 7812387
预算………………………… 2880330
生产调度…………………… 2880577
材料………………………… 2880298
施工五队…………………… 7592446
施工六队…………………… 7591331
施工七队…………………… 7590776
施工八队…………………… 7590607
预制场……………………… 7590717
防腐保温工程公司
经理………………………… 7813324
书记………………………… 2880820
副经理……………………… 7819669
生产技术…………………… 2880691
劳资………………………… 2880673
综合………………………… 7812814
预算………………………… 7810144
防腐厂……………………… 7590837
穿越工程公司
经理………………………… 7812375
书记………………………… 2880641
副经理……………………… 7811277
技术材料…………………… 2880642
预算安全…………………… 2880643
施工九队…………………… 7590137
穿越队……………………… 7590820
电气仪表安装公司

经理书记…………………… 7813944
副经理……………………… 7812381
…………………………… 2880128
生产………………………… 7810640
预算………………………… 2880933
值班室……………………… 2880129
电工队……………………… 2880148
仪表队……………………… 2880149
金属结构制造安装工程公司
经理………………………… 7811405
书记………………………… 7810041
副经理……………………… 7813177
…………………………… 2880466
…………………………… 7812194
计划预算…………………… 7813202
技术组……………………… 2880535
综合组……………………… 7813170
劳资组……………………… 7813327
生产协调组………………… 7813143
安全组……………………… 2880494
材料组……………………… 2880038
质检站……………………… 7813416
管焊车间…………………… 2880582
铆焊车间…………………… 2880836
下料车间…………………… 2880952
钢构车间…………………… 2880169
建筑公司
经理………………………… 2880791
书记………………………… 2880118
副经理……………………… 7812541
综合………………………… 7851680
预算………………………… 7811543
技术安全…………………… 7811554
中队………………………… 2880126
机运公司
经理………………………… 7811125
书记………………………… 2880213
副经理……………………… 7813557
…………………………… 7812057
…………………………… 7851334
调度室……………………… 7812042
安全………………………… 7851014
综合………………………… 2880862
润滑站……………………… 2880272
运输一队…………………… 7851164
运输二队…………………… 7590761
运输三队…………………… 2880830
运输四队…………………… 7851524
机械队……………………… 7851142
修保厂……………………… 2880611
生产………………………… 7811694
特种设备…………………… 7813036
供应站
站长………………………… 7812573

书记………………………… 7815771
副站长……………………… 7811561
…………………………… 7813175
综合………………………… 7812067
计划………………………… 7813806
…………………………… 2880119
管理办储运队……………… 7850530
调度室……………………… 7813457
库房………………………… 2880464
油库………………………… 7813469
东风库……………………… 7890027
渤海再就业管理站
办公室……………………… 7664863
东风再就业管理站
办公室……………………… 7590900
黄金带再就业管理站
办公室……………………… 7590880
无损检测公司
经理………………………… 2880616
综合办……………………… 2880586

筑路工程公司

领导
经理………………………… 7585006
书记………………………… 7585005
副经理……………………… 7585007
…………………………… 7580247
…………………………… 7581899
…………………………… 7581268
总会计师…………………… 7580848
副书记……………………… 7580158
办公室……………………… 7260738
…………………………… 7260618
综合办
主任………………………… 7581152
文书、传真………………… 7580530
接待室……………………… 7580557
企管法规部
主任………………………… 7580369
副主任……………………… 7582182
…………………………… 7580641
办公室……………………… 7580368
…………………………… 7581277
经营部
主任………………………… 7580306
副主任……………………… 7580015
…………………………… 7580195
…………………………… 7580106
概预决算…………………… 7580917
生产运行部
主任………………………… 7580013
副主任……………………… 7580363
办公室……………………… 7581151
值班室……………………… 7580079

传真………………… 7580059
科技工程部
主任………………… 7580113
副主任……………… 7580082
………………………… 7580096
办公室……………… 7582738
财务部
主任………………… 7580979
副主任……………… 7580180
………………………… 7580851
经费组……………… 7580842
税务工资组………… 7580379
综合组（传真）…… 7580661
资产管理部
主任………………… 7580130
办公室……………… 7581235
………………………… 7580644
审计部
主任………………… 7580248
办公室……………… 7580185
………………………… 7581866
安全环保监察部
主任………………… 7580930
副主任……………… 7581024
办公室……………… 7580177
………………………… 7580267
教育劳资部
主任………………… 7580720
副主任……………… 7580537
办公室……………… 7580531
………………………… 7580077
组织部
部长………………… 7580843
办公室……………… 7580190
宣传部
部长………………… 7581159
副部长……………… 7580866
办公室……………… 7580532
电视台……………… 7580310
纪检监察部
副主任……………… 7580683
工会
副主席……………… 7580470
女工主任…………… 7580031
办公室……………… 7581295
职工活动中心……… 7581890
团委
副书记……………… 7581022
市场开发部
主任………………… 7580766
副主任……………… 7580175
财务………………… 7580166
资审………………… 7580719
报价………………… 7580259

综合办……………… 7580028
地区市场开发部
主任………………… 7580928
办公室……………… 7580056
物资管理中心
主任………………… 7580529
副主任……………… 7580091
财务………………… 7580578
业务室……………… 7580868
………………………… 7581025
………………………… 7580629
中心实验室
主任………………… 7866829
办公室……………… 7866677
………………………… 7866824
信息中心
主任………………… 7580010
办公室……………… 7580264
打印复印室………… 7580036
综合档案室
主任………………… 7580252
办公室……………… 7580502
………………………… 7581234
培训中心
主任………………… 7580537
办公室……………… 7580189
劳务输出管理中心
主任………………… 7866358
办公室……………… 7260398
………………………… 7879935
武装部
部长………………… 7580732
信访稳定工作办公室
主任………………… 7580732
办公室……………… 7580728
计划生育办公室
副主任……………… 7580031
保险管理中心
主任………………… 7581660
办公室……………… 7580721
………………………… 7581220
离退休职工管理中心
主任………………… 7580138
办公室……………… 7580071
家属服务站………… 7581611
兴隆台活动站……… 7879982
友谊活动站………… 7510361
欢喜岭活动站……… 7542744
再就业管理中心
主任………………… 7580626
办公室……………… 7580286
友谊服务站………… 7510586
………………………… 7879893
………………………… 7879750

欢喜岭服务站……… 7548109
保卫科
科长………………… 7580159
支部书记…………… 7580004
值班室……………… 7585110
路面工程处
处长………………… 7510569
总支书记…………… 7510068
财务………………… 7511819
调度室……………… 7510305
物资、材料………… 7510665
施工二队…………… 7513973
………………………… 7513975
施工三队…………… 7513952
………………………… 7513957
路基工程处
处长………………… 7580223
总支书记…………… 7580003
副处长……………… 7580969
………………………… 7580786
………………………… 7580535
………………………… 7580396
调度………………… 7580174
财务………………… 7580953
组织………………… 7580846
劳资、计划统计…… 7580605
安全、机动………… 7580332
………………………… 7581307
材料………………… 7580913
施工一队…………… 7582347
施工二队…………… 7580475
施工三队…………… 7580292
施工四队…………… 7581912
施工五队…………… 7580178
桥梁工程处
处长………………… 7260003
总支书记…………… 7260015
副处长……………… 7260026
………………………… 7260032
………………………… 7260020
预算、质量………… 7260056
组织、劳资………… 7260065
财务、工会………… 7260528
材料、安全………… 7260530
施工一队…………… 7260727
施工二队…………… 7260728
施工三队…………… 7260731
施工四队…………… 7260529
兴隆台办公楼门卫 … 7260709
市政工程处
处长………………… 7510722
总支书记…………… 7515118
副处长……………… 7515158
………………………… 7515188

………………………… 7510812
………………………… 7515011
………………………… 7510132
财务………………… 7510498
预算………………… 7510206
合同………………… 7515013
政工………………… 7515012
安全………………… 7510812
调度室……………… 7510478
材料组……………… 7510015
一中队……………… 7515015
二中队……………… 7510664
三中队……………… 7510704
四中队……………… 7510553
地衡………………… 7513044
机械设备管理处
处长………………… 7583611
总支书记…………… 7580315
副处长……………… 7580586
………………………… 7581902
财务、劳资………… 7584676
政工、安全………… 7580874
材料组……………… 7581913
调度室……………… 7581155
安全………………… 7580005
特车队……………… 7580341
………………………… 7580047
小车队队长………… 7580336
书记………………… 7581662
调度………………… 7580929
修保车间…………… 7580005
润滑站……………… 7580909
综合服务管理处
处长………………… 7580179
总支书记…………… 7580265
副处长……………… 7581122
劳资、教育………… 7581232
组织、工会………… 7581108
计生、团委、安全 … 7581086
材料组……………… 7580256
财务………………… 7581501
服务队……………… 7580117
招待所所长………… 7580089
食堂………………… 7580092
客房………………… 7580025
保安队……………… 7580211
大门门卫…………… 7580081
A楼门卫…………… 7580472
E楼门卫…………… 7581082
H楼门卫…………… 7581265
原机关楼门卫……… 7580002
广泽实业有限公司
经理………………… 7269531
副经理……………… 7591502

……………………7867632
财务……………………7269532

联信实业有限公司

经理……………………7580725

物资公司

领导

……………………7853388
……………………7819555
……………………7811855
……………………7811908
……………………7819208
……………………7853999
……………………7852189
……………………7819699
……………………7817886
……………………7811537
……………………7850155
……………………7816066
……………………7813972

经理办

主任……………………7811481
副主任…………………7852510
文书……………………7813454
打字复印………………7817994
收发室…………………7817742
办公室…………………7811692
秘书办…………………7819968

计划生育办公室

副主任…………………7852906
办公室…………………7818024

档案室

档案室主任……………7813534
职工档案………………7817757
文书……………………7819860

招待所

所长……………………7852510
副所长…………………7811900
指导员…………………7815557
招待所定餐……………7850666
招待所定房……………7851389
职工餐厅………………7810592
健身中心………………7817734
公寓主任………………7811647
公寓值班室……………7850047

党委办公室

主任……………………7817749
秘书……………………7812357

机关总支

总支书记………………7810218
办公室…………………7812070

组织部

部长……………………7811368
干部管理………………7813834
党建管理………………7811673
档案室…………………7815805

宣传部

部长……………………7813302
办公室…………………7813926
记者站…………………7818174
电视台办公室…………7817914
电视台机房……………7812326

纪检监察科

科长……………………7812365
办公室…………………7813529
……………………7810003

工会

副主席…………………7813577
副主席、女工委主任 7813373
工会办公室主任………7812352
办公室…………………7812352
……………………7815681

文体中心
主任……………………7817704
副主任…………………7853105
图书馆…………………7811173

团委

副书记…………………7813924
办公室…………………7818124

信访办

主任……………………7811747
副主任…………………7851672
……………………7812589
办公室…………………7850162
……………………7813372

保卫科

科长……………………7818154
机关中队长……………7810952
办公楼门卫……………7818164
综治办…………………7818104
招标楼门卫……………7818302
消防泵房………………7810582

武装部

部长……………………7811369
办公室…………………7811059

生产协调部

主任……………………7812535
传真……………………7810366
水电……………………7819608
综合……………………7811249
通信……………………7812525
物业报修………………7811029

基建科

科长……………………7811467
施工……………………7817964
基建办…………………7815775

供应站

站长……………………7852889
副站长…………………7817507
材料组…………………7812645
计划组…………………7813239
保管组…………………7852863
配拨质检组……………7815806
管理组…………………7815608

经营计划科

科长……………………7811536
副科长…………………7812576
计划组…………………7818014
矿区规划………………7816607

国有资产科

科长……………………7812816
资产组…………………7817834
综合组…………………7812356
办公室…………………7817814

财务科

科长……………………7811016
副科长…………………7811344
经费组…………………7812397
会计组…………………7811344
……………………7817864

结算管理科

科长……………………7813434
副科长…………………7817854
结算组…………………7817844
……………………7812131
……………………7819965
……………………7812403
……………………7817854

常规审计科

科长……………………7810839
办公室…………………7817846

劳动人事科

科长……………………7817647
副科长…………………7810856
劳资组…………………7817740
……………………7850740
技能鉴定站……………7812532
职工培训组……………7810903

质量监督科

科长……………………7817947
副科长…………………7816982
办公室…………………7817924

安全环保监察科

科长……………………7813972
副科长…………………7816511
办公室…………………7813025

安全监督站

副站长…………………7813960
办公室…………………7813659

多种经营科

科长……………………7812740
办公室…………………7815980

修志办公室

主任……………………7813563

经营管理办

主任……………………7811197
办公室…………………7812508
……………………7816138

物资招标中心

科长……………………7818084
副科长…………………7819539
装备招标科科长………7816673
综合管理科科长………7816693
招标办公室……………7817724
办公室…………………7819168
……………………851337

价格合同科

科长……………………7817941
价格合同管理…………7818114
……………………7817741
……………………7816740
……………………7811792

信息中心

主任、副主任…………7811620
信息中心办公室………7817874
硬件室…………………7810633
主机房…………………7815511
软件组…………………7812165

石油专用管材公司

经理、副经理…………7811594
业务办…………………7812317
……………………7811439

机械设备公司

经理、副经理…………7812542
办公室…………………7812571
……………………7811436

机电仪表公司

经理、副经理…………7812371
业务……………………7813204
……………………7813724
……………………7817904

钻采配件公司

经理、副经理…………7811463
钻采……………………7817894
……………………7817884
办公室…………………7817849

石油公司

经理、副经理…………7817748
业务……………………7813729
……………………7817743

煤炭公司

经理……………………7817843
副经理…………………7813562
业务……………………7852509

金属材料公司

经理、副经理…………7812434

计划组……………… 7810244
业务组……………… 7817940

化工公司

经理、副经理……… 7817079
业务………………… 7811454
…………………… 7811790

汽车配件公司

经理………………… 7809488
副经理……………… 7828077
业务………………… 7829466
…………………… 7829611

建材公司

经理、副经理……… 7811472
油井水泥…………… 7811794
办公室……………… 7810214

五金轻纺公司

经理………………… 7818094
副经理……………… 7811427
业务办……………… 7817475

物流公司

经理………………… 7817359
办公室……………… 7815888
…………………… 7813213
小华商汽配城……… 7828803

外部市场开发部

经理………………… 7851506
副经理……… 0477－7211555
办公室……………… 7817845
…………………… 7819560

关联交易办公室

科长、副科长……… 7811072
办公室……………… 7817841
…………………… 7852717
…………………… 7813506

渤海储运公司

经理………………… 7816031
教导员……………… 7811687
副经理……………… 7810657
…………………… 7810401
工会主席…………… 7816036
经理办主任………… 7817512
劳资………………… 7816037
保险打字…………… 7817484
通信………………… 7811556
收发室……………… 7817494
政工主任…………… 7813904
干事………………… 7817332
职工之家…………… 7816030
管理办主任………… 7815884
管理办……………… 7813304
微机室……………… 7816040
财务主任…………… 7810697
会计………………… 7816421
在途………………… 7817453
销售………………… 7817439
稽核………………… 7816957
安全办主任………… 7812394
现场………………… 7812854
安全………………… 7817419
材料办……………… 7817451
调度室调度长……… 7811256
指导员……………… 7817039
安全员……………… 7817650
值班调度…………… 7812347
轨道衡……………… 7812784
统计员……………… 7817149
综合班……………… 7817344
…………………… 7819610
…………………… 7816033
成品油库主任……… 7816032
指导员……………… 7817441
副主任……………… 7817420
安全员……………… 7817029
发油班……………… 7812604
综合班……………… 7817517
管材厂厂长………… 7816034
指导员……………… 7817452
副厂长……………… 7817744
安全员……………… 7817671
调度………………… 7812964
保管班……………… 7855605
…………………… 7817454
商检班……………… 7817465
检验班……………… 7817736
化验室主任………… 7815314
指导员……………… 7817429
化验室副主任……… 7817578
安全员……………… 7817649
阀门检测…………… 7855809
水泥库主任………… 7810771
指导员……………… 7817042
水泥库副主任……… 7816414
安全员……………… 7817694
综合班……………… 7817056
散灰班……………… 7817204
保管班……………… 7817144
电子磅……………… 7813914
地磅………………… 7817407
煤场………………… 7817449
器材库主任………… 7817159
指导员……………… 7812425
副主任……………… 7817412
安全员……………… 7817687
调度………………… 7817431
库一班……………… 7817264
库二班……………… 7817294
库三班……………… 7817354
值班室……………… 7878045
保安中队队长……… 7812694
保安中队副队长…… 7815704
指导员……………… 7815184
安全员……………… 7815714
东门卫……………… 7817443
西门卫（夜）……… 7817446
综合服务队队长…… 7817509
指导员……………… 7817455
安全员……………… 7817691
电工班……………… 7817247
小修班……………… 7817469
锅炉班……………… 7817314
调度………………… 7870399
小油库……………… 7817341
富华公司经理……… 7816042
民工队队长………… 7817001

盘山友谊物流中心

经理………………… 7510165
教导员……………… 7510383
副经理……………… 7510348
党政办主任………… 7510920
工会副主席………… 7510640
经营办主任………… 7510689
管理办主任………… 7511686
计量班……………… 7682209
安全生产办主任…… 7510524
调度班……………… 7510347
市场服务部主任…… 7512751
市场服务部副主任 … 7512753
器材库主任………… 7510078
办公室……………… 7513825
油库………………… 7510531
轨道衡……………… 5802377
保安中队队长……… 7510817
保安中队副队长…… 7510783

于楼储运公司

经理………………… 7580900
书记………………… 7580943
副经理……………… 7580260
工会主席…………… 7580688
政工办……………… 7580688
财务办……………… 7581165
管理办……………… 7580044
经理办……………… 7580734
人事………………… 7688639
安全………………… 7580351
调度室……………… 7580733
销售班……………… 7580203
轨道衡……………… 7688781
退休办……………… 7580261
油库………………… 5888711
管材班……………… 7581215
器材库主任………… 7580889
器材库书记………… 7580352
新鼎木器厂厂长…… 7580146
新鼎木器厂书记…… 7580144
衡器检定站站长…… 7580072
综合队队长………… 7580280
保安中队队长……… 7581119

机械运输公司

经理………………… 7853068
书记………………… 7852841
副经理……………… 7853159
…………………… 7853069
党政办公室主任…… 7853139
经营管理办主任…… 7852417
办公室……………… 7817954
劳资………………… 7853126
设备管理办主任…… 7817944
安全生产…………… 7811457
小车队长…………… 7813159
指导员……………… 7852805
调度………………… 7817784
综合班……………… 7850060
…………………… 7812154
渤海机械队队长…… 7817442
指导员……………… 7817514
副队长……………… 7852904
调度室……………… 7812716
友谊机械队队长…… 7510274
副队长……………… 7512001
于楼机械队队长…… 7580857
副队长……………… 7581248
调度室……………… 7580045

铁路运输公司

经理………………… 7813816
书记………………… 7811046
副经理……………… 7817564
…………………… 7853129
工会副主席………… 7812484
党政办主任………… 7817547
党政劳资计生……… 7810255
安全生产办副主任 … 7817554
安全生产办………… 7852554
财务办主任………… 7813532
财务………………… 7817572
管理办副主任……… 7852437
资产质量管理……… 7852479
干部值班室………… 7852415
综合服务队队长…… 7817375
书记………………… 7812454
维修工务班………… 7817544
材料班……………… 7852740
渤海机务队队长…… 7817541
书记………………… 7817542
副队长……………… 7819864
调度室……………… 7812674
友谊机务队队长…… 7510996

书记…… 7510983
副队长…… 7515550
调度室…… 7510973
值班室…… 7515551
于楼机务队队长…… 7879861
书记…… 7886139
调度室…… 7688079

盘锦市辽河公共保税仓库

书记…… 7819951
经理…… 7811071
副经理…… 7817793

保险办

主任…… 7813602
医疗保险…… 7811994
养老保险…… 7817644
财务…… 7817654

居委会

居委会…… 7817684

离退休办

主任…… 7812584
书记…… 7811488
管理…… 7817657
福利…… 7812895
渤海站…… 7817664
关工委…… 7817674

测井离退休中心

主任…… 7811184
书记…… 7811922
副主任…… 7810464
俱乐部…… 7817515
离退休中心副主任…… 7810584
离退休办公室…… 7811113
文体中心主任…… 7810143
老年大学…… 7810465
关工委…… 7811243

测井居委会

测井居委会…… 7811227
测井再就业办主任…… 7852502
办公室…… 7810092

测井保险办

主任…… 7851326
副主任…… 7813359
医保…… 7810397
养老保险…… 7815293

测井福利厂

厂长…… 7811271

晨宇集团

董事长…… 7811855
总经理…… 7815088
党委书记…… 7815567
副总经理…… 7810173
…… 7851109
…… 7818774
离职领导…… 7816224
…… 7815994
监事会主席…… 7810634
副总经理…… 7850555
…… 7852233
…… 7812320
…… 7815712
…… 7851837
…… 7817504
…… 7818330
总经理助理…… 7811907
…… 7811548
…… 7813852
…… 7817348
经理办副主任…… 7811065
车班…… 7813214
财务资产部部长…… 7819665
副部长、出纳…… 7811319
财务部办公室…… 7810967
审计部部长…… 7819330
办公室…… 7818253
计划部办公室…… 7818044
劳动人事部部长…… 7817348
办公室…… 7817447
管理部部长…… 7817594
技术部副部长…… 7818054
办公室…… 7811555
安全保卫部副部长…… 7817974
党群工作部副部长…… 7815117
女工主任…… 7810419
东宇石油制管经理…… 7851424
副经理…… 7815919
…… 7815882
办公室…… 7850989
财务办…… 7819213
申宇石油制管经理…… 7817534
销售经理
…… 7815919
副经理…… 7815830
办公室传真…… 7851656
…… 7815005
财务…… 7851663
博宇激光加工厂经理 7819444
副经理
…… 7817733
洁宇煤业经理…… 7819035
办公室…… 7819435
运输队…… 7810439
指导员…… 7813134
副队长…… 7817036
…… 7853115
调度长…… 7819676
汽车修配厂经理…… 7852456
副经理…… 7664799
光达石油机械厂经理 7813046
电泵厂经理…… 7811372
电缆厂经理…… 2881408
…… 2886769
盛业服装分公司经理 7816798
晨通钢结构厂…… 5886369
…… 7580878
中兴润滑材料厂经理 7811890
副经理…… 7817643
富彭机械厂经理…… 7852699
副经理…… 7580546
晨宇机电有限公司副经理
…… 7813250
…… 7891299
…… 6627877
办公室…… 6627896
塑料厂经理…… 7853339
副经理…… 7850337
印刷厂经理…… 7812046
阀门厂…… 7817230
百货商场…… 7812039
晨宇建安公司董事长 7851837
经理…… 7852860
支部书记…… 7813985
副经理…… 8287452
辽宁藤井环保公司经理
…… 7582711
综合办…… 7582255
盘储分公司经理…… 7852442
副经理…… 7852442
经销公司副经理…… 7811174
晨宇北京分公司
副经理…… 010－64984660
…… 010－64977048
北京分公司办公室（传真）
…… 010－64978456
北京分公司办公室（盘锦）
…… 0427－7810054
外贸公司经理…… 7818686
包尔呼舒煤矿项目部经理
…… 0475－7927599
新疆晨通设备制造有限公司
…… 0991－4296666
物业经理…… 7815023
副经理…… 7815523
…… 7810008
鸿宇水泥有限公司
经理…… 7590538
支部书记…… 7590518
办公室…… 7590080
金海盘管制造有限责任公司
经理…… 7811482
副经理…… 7590140
晨宇钻采设备分公司 6803988
金海技星科技有限公司
经理…… 2211999
财务…… 3219103
盘锦美仑诺涂料有限责任公司
经理…… 7805717
大业实业有限公司
经理…… 7813852
支部书记…… 7812184
办公室…… 7872157
车队…… 7870374
汽车检测中心
经理…… 7813256
副经理…… 7812164
盘锦辽油晨宇集团丞泰物资装备有限公司
书记…… 7850155
副董事长…… 7811805
总经理…… 7851988
副经理…… 7850003
…… 7816111
总经理助理…… 7817078
综合部…… 7817764
财务部…… 7851966
市场开发部…… 7850309
广告公司企划部…… 7812193
业务部…… 7852808
汽配商行…… 7287006
…… 8692077
汽配（华联）…… 7266876
文化办公用品…… 7286000
…… 8692081
…… 7286001
恒润公司…… 7852326
超市…… 7286003
商务中心…… 7850023
橡塑公司
领导…… 3229567
…… 3229566
财务部…… 2881975
综合部…… 3229569
生产部…… 3229568
亚飞汽车
领导…… 2897666
财务部…… 2897999
销售部…… 7818883
…… 8550751
华联汽配城
领导…… 7266966
…… 7266808
财务部…… 7266866
华联经营管理部…… 7266800
…… 7266900
综合部…… 7266911
服务台…… 7266801
物业管理部…… 7266809

总机械厂

领导

厂长…… 7648996
书记…… 7649368
副厂长…… 7649465
总会计师…… 7649096
总工程师…… 7649633
副书记、纪委书记、工会主席
…… 7648975
副厂长…… 7648989
党委委员…… 7649352
…… 7649400
安全副总监…… 7649418

厂长办公室

主任…… 7649400
秘书…… 7649605
信访…… 7649241
文书室…… 7649511
档案室…… 7649242
打字室…… 7649320
传真…… 7648984

党委组织部、党委办公室

部长…… 7649352
办公室…… 7649033

调度室

调度长…… 7649129
调度…… 7648900
统计…… 7649081

经营计划科

科长…… 7649177
综合统计…… 7649416
规划计划…… 7649161
定额…… 7648977

劳资人事科

科长…… 7649257
劳资管理…… 7649305
人事管理…… 7649273
技能鉴定站…… 7649162
保险办…… 7649090

财务科

科长…… 7649208
成本会计…… 7649353
…… 7649337
往来会计…… 7648307

资产科

科长…… 7649385
设备管理…… 7649609
资产统计…… 7649432

审计科、企管法规科

科长…… 7649879
工程审计…… 7649716
财务审计…… 7649319
合同管理…… 7649447
法律事务…… 7649436

安全环保科

科长…… 7649757
环保、交通…… 7649501
特种设备…… 7649622
工伤、统计…… 7648952

安全监督站

站长…… 7649619
办公室…… 7649519

科技科

科长…… 7649948
办公室…… 7649226

外事办

主任…… 7649098
业务室…… 7649082

预算科

科长…… 7648555
价格审核…… 7649388
工程预算…… 7649997

技术监督科

科长…… 7649025
能源管理…… 7649899
标准化管理…… 7649034
计量管理、统计…… 7649599
质量员…… 7649890

党委宣传部、企业文化部

部长…… 7649176
企业文化部…… 7649548
团委办公室…… 7648905
电视台编辑室…… 7649350
电视台演播厅…… 7649815

工会

副主席…… 7649464
计生办主任…… 7649390
财务…… 7649448
办公室…… 7649908

纪检监察科

科长…… 7649240
纪检办…… 7649459

自动控制研究所

所长…… 7649046
网络信息部…… 7649540
研发部…… 7649163

信息情报所

所长…… 7649535

再就业协调管理办公室

主任…… 7649404
办公室…… 7648064
统计…… 7649243

外部市场开发部

主任…… 7649065
成本、统计…… 7648999

国际市场开发部

主任…… 7649066
委内瑞拉办事处主任 7648956
哈萨克斯坦项目组 …7649145
叙利亚项目组…… 7648955
报价组…… 7648979
成本、统计…… 7648888

稠油装备研究所

所长…… 7649569
微机室…… 7649420
三抽室…… 7649417
井口室…… 7648963

锅炉研究所

所长…… 7649449
机械室…… 7648941
热能室…… 7648608
工艺室…… 7649002

成品管理中心

主任…… 7648658
成本统计…… 7648659
保管员…… 7648078

离退休管理中心

主任…… 7649442
书记…… 7649323
管理组…… 7649458
服务组…… 7649010
文化娱乐中心…… 7649079

基建科

科长…… 7649982
基建业务室…… 7649178
基建现场…… 7649356

机关工委

书记…… 7649464
办公室…… 7649881

机关车队

队长…… 7649355
书记…… 7649322
成本统计…… 7649371
修理班…… 7649583

招待所

所长…… 7649258
财务…… 7649048
客房值班室…… 7649290
餐厅值班室…… 7649274

保卫科

科长…… 7649084
书记…… 7649020
保安队队长…… 7649052
武装部…… 7649036
统计员…… 7649036
监控室…… 7649052
厂东门卫…… 7649292
厂南门卫…… 7649214
办公楼值班室…… 7649160

隔热管厂

厂长…… 7649387
书记…… 7649317
成本统计…… 7649403
技术组…… 7649314
镦粗车间…… 7649037

抽油机厂

厂长…… 7649556
书记…… 7649389
调度室…… 7649375
财务室…… 7649624
技术室…… 7649617

井口制造厂

厂长…… 7649137
书记…… 7649153
技术组…… 7649217
成本统计…… 7649185
精加工车间…… 7648214

螺杆钻具厂

厂长…… 7649536
书记…… 7649392
成本统计…… 7649247
技术组…… 7649300

抽油杆厂

厂长…… 7649070
书记…… 7649295
成本、统计…… 7649281
技术组…… 7649281

抽油泵制造厂

厂长…… 2889788
书记…… 2883515
传真…… 2882493
成本统计…… 2886963
销售部…… 2882473
技质部…… 2889100

锅炉一厂

厂长…… 7649204
书记…… 7649301
技术部…… 7649462
调度室…… 7649907

锅炉二厂

厂长…… 7649361
书记…… 7648937
调度…… 7877824
材料部…… 7877804

热注调试大队

大队长…… 7648972
书记…… 7649212
调度室…… 7649216
生产技术组…… 7648945
统计成本…… 7648940

钢瓶制造厂

厂长…… 7649986
书记…… 7648797
调度室…… 7649975
技术组…… 7649195

成本、统计………… 7648869
铸锻厂
厂长………………… 7649067
书记………………… 7649031
热处理厂
厂长………………… 7649297
书记………………… 7649451
成本、统计………… 7649175
柴油机修理厂
厂长………………… 7648106
书记………………… 7649441
成本、统计………… 7649393
技术组……………… 7649377
供应站
站长………………… 7649106
书记………………… 7649138
成本、统计………… 7649134
稽核计划…………… 7649218
润滑油站…………… 7649571
加油站……………… 7649445
大车队
队长………………… 7649429
书记………………… 7649263
成本、统计………… 7649193
供电中心
主任………………… 7649249
书记………………… 7649456
成本、统计………… 7649265
调度室……………… 7648399
技术室……………… 7649035
高压变电所………… 7649307
………………………… 7649271
钻采设备及材料检验室
主任………………… 7649089
书记………………… 7649900
财务统计室………… 7649041
理化检验室………… 7649105
探伤检验室………… 7649051
生产准备车间
主任………………… 7649455
综合管理组………… 7649512
统计室……………… 7649560
公用事业公司
经理………………… 7649248
书记………………… 7649223
副经理……………… 7649032
………………………… 7649156
主任………………… 7649282
办公室……………… 7649614
财务资产…………… 7649467
业主服务中心……… 7649440
房产………………… 7649504
幼儿园……………… 7649461
液化气站…………… 7649413
供热中心…………… 7649220
职工医院
院长………………… 7649007
书记………………… 7649071
药局………………… 7649563
预防班……………… 7649563
财务………………… 7649071
住院部……………… 7649023
恺拓建设有限公司
总经理……………… 7649969
书记………………… 7649204
副书记……………… 7649437
副总经理…………… 7649698
………………………… 7649014
………………………… 7649898
………………………… 7648452
办公室……………… 7648442
财务部……………… 7648452
生产技术部………… 7648054
预算部……………… 7648924
物管中心…………… 7648417
市场部……………… 7649078
安保部……………… 7648571
工业办……………… 7649788
劳保安全用品厂…… 7649359
起重设备厂………… 7649798
吸气剂厂…………… 7649280
塑钢厂……………… 2871123
玻璃丝布厂………… 7649676
豪特技术开发有限公司
经理、书记………… 7649468
副书记……………… 7649424
副经理……………… 7649424
………………………… 7649541
财务………………… 7649431
技术组……………… 7649120
筛管………………… 7649201
传真………………… 7649520

辽河石油装备制造总公司

领导
总经理、副书记…… 7822811
书记、副经理……… 7821725
副经理……………… 7825779
………………………… 7829888
………………………… 7288700
总工程师…………… 7827196
总会计师…………… 7828890
副书记、纪委书记、工会主席
………………………… 7288707
副经理……………… 7647005
………………………… 7288706
………………………… 7647006
………………………… 7288727
………………………… 7288717
………………………… 7288721
经理助理…………… 7825701
党委委员、组织部长 7821971
安全副总监………… 7825710
副总工程师………… 7823752
………………………… 7851178
经理办
主任………………… 7828980
办公室……………… 7288788
党办、工会、团委主任、副主席、书记………… 7828520
宣传部
部长………………… 7828521
基层基础办公室…… 7826301
计划生育
办公室……………… 7288728
经营部
部长………………… 7823752
书记、副部长……… 7821746
常务副部长………… 7823774
副部长……………… 7823774
海装部……………… 7828752
………………………… 7828723
陆装部……………… 7825152
………………………… 7828722
现场服务部………… 7828725
………………………… 7821984
综合办……………… 7288701
计划装备部
部长………………… 7828861
副部长……………… 7828862
海工办公室………… 7647096
………………………… 7647016
财务部
部长………………… 7288718
副部长……………… 7828337
陆装会计…………… 7825101
海装会计…………… 7288711
出纳………………… 7288718
人力资源部
部长………………… 7821997
社会保险、职工培训办主任
………………………… 7821997
纪检监察科
科长………………… 7288704
审计科
科长………………… 7821993
法律合同科
科长………………… 7288705
科技科
科长………………… 7828224
综合办公室
主任………………… 7288731
副主任……………… 7288731
治安………………… 7828860
海工办公室………… 7647023
传真………………… 7647047
陆装生产科
科长………………… 7821976
副科长……………… 7828976
调度室……………… 7825379
海装生产科
副科长……………… 7647028
………………………… 7647029
………………………… 7647010
调度………………… 7647050
项目一部…………… 7647011
………………………… 7647013
项目二部…………… 7647044
………………………… 7647043
陆装安全环保科
科长………………… 7825710
安全监督站站长…… 7828825
环保科副科长……… 7828825
海装安全环保科
科长………………… 7647099
安全监督站站长…… 7647099
环保科副科长……… 7647079
办公室……………… 7647089
陆装质量科
科长………………… 7821995
办公室……………… 7825206
海装质量科
科长………………… 7647041
办公室……………… 7647032
陆装工艺科
副科长……………… 7825036
办公室……………… 7825035
陆装计价科
副科长……………… 7288729
办公室……………… 7828721
结构件一厂
厂长………………… 7817472
书记………………… 7853402
副厂长……………… 7852801
生产运行部………… 7817982
综合办公室………… 7817604
结构件二厂
厂长………………… 3211858
副厂长……………… 3211868
………………………… 3211878
生产运行部………… 3211896
综合管理部………… 3211900
………………………… 3211898
加工分厂
厂长………………… 7823705
副书记……………… 7821164

副厂长……………… 7823761
厂办、党群部……… 7821998
生产部……………… 7821784
………………………… 7821963
………………………… 7821967

装配分厂

厂长………………… 7821937
书记………………… 7821247
副厂长……………… 7823709
生产部……………… 7821397
厂办………………… 7823889

综合配套厂

厂长………………… 7540968
书记………………… 7540621
安全生产副厂长…… 7644832
经营副厂长………… 7547812
生产部……………… 7541069
政工部……………… 7540128
………………………… 7540639

钻机成套中心

经理………………… 3221888
书记………………… 3211818
副经理……………… 3211800
………………………… 3211801
生产运营部………… 3211802
综合办公室………… 3211803

特车分厂

厂长………………… 7852128
书记………………… 7852129
副厂长……………… 7852345
………………………… 7813136
………………………… 7811816
办公室……………… 7815885
………………………… 7813146

海装分段制造部

部长………………… 7647026
书记、副部长……… 7647046
副部长……………… 7647027
政工组……………… 7647021

海装船台部

部长、书记………… 7647031
副部长……………… 7647031
办公室……………… 7647031

海装吊机制造部

部长、书记………… 7647069
副部长……………… 7647069
办公室……………… 7647036

石油装备研究所

所长、书记………… 7828414
副所长……………… 7288722
办公室……………… 7828418

海装技术部

部长………………… 7647025
常务副部长………… 7826165
办公室……………… 7647039
………………………… 7826637

电气公司

书记、副经理……… 7288735
经理………………… 7828930
副经理、副书记…… 7807376
副经理……………… 7828935
主任工程师………… 7807376
生产运行部………… 7288726
综合办……………… 7828910

物资供应站

站长、书记………… 7828451
副站长……………… 7828455
………………………… 7807372
综合办……………… 7288709
陆装中心库………… 7807372
海装中心库………… 3400111

综合车队

队长………………… 7820660
书记………………… 7288716
调度………………… 7821238
办公室……………… 7831238

检测中心

主任………………… 7828221
书记………………… 7828210
生产技术…………… 7828949
办公室……………… 7828949

凯特公司

经理………………… 7851178
书记………………… 7851018
副经理……………… 7851161
办公室……………… 7852833

丰华应用技术综合厂

厂长………………… 7803203
副厂长……………… 7830670
………………………… 7820418
生产办……………… 7293081
办公室……………… 7803103

通信公司

领导

经理………………… 7827991
党委书记…………… 7808298
副经理……………… 7821222
………………………… 7820567
工会主席…………… 7801998
副经理……………… 7285733
总会计师…………… 7805177

办公室

主任………………… 7803766
副主任……………… 7820930
总支………………… 7826199
信息中心副主任…… 7823602
物业管理主任……… 7800988
文书………………… 7823632
物业办公室………… 7802280
………………………… 7805667
打字室……………… 7821583
收发室……………… 7823686

党委组织部

部长………………… 7823679
副部长……………… 7833737
办公室……………… 7829211

党委宣传部

部长………………… 7806321
计生、团委………… 7823630
工会
副主席……………… 7802579
办公室……………… 7823688
………………………… 7826877

纪检检察办公室

副主任……………… 7827077

审计科

科长………………… 7823664
副科长……………… 7821450
办公室……………… 7809856

生产协调部

主任………………… 7800788
副主任……………… 7806620
………………………… 7829885
调度室……………… 7822001
………………………… 7823399
综合办……………… 7823655

武装保卫科

科长………………… 7826599
武装部内勤………… 7825994

安全质量环保科

科长………………… 7822991
副科长……………… 7823075
………………………… 7820610
办公室……………… 7826191
………………………… 7808995

安全监督站

站长………………… 7800553
副站长……………… 7833115
办公室……………… 7823659
………………………… 7802890

技术装备部

科长………………… 7285060
副科长……………… 7823771
………………………… 7801189
办公室……………… 7823050
………………………… 7831766

服务质量监督部

主任………………… 7800185
办公室……………… 7828011
用户接待室………… 7802787
信访办
主任………………… 7825808

财务资产科

科长………………… 7802155
副科长……………… 7808269
成本资产…………… 7802333
报销出纳…………… 7823178
矿区公积金………… 7829577
收入税收…………… 7800636
传真………………… 7808637

人事劳资科

科长………………… 7822182
办公室……………… 7831012
………………………… 7822115
………………………… 7800515

经营计划科

科长………………… 7827996
副科长……………… 7803205
办公室……………… 7822005
………………………… 7829303

基建科

科长………………… 7827686
副科长……………… 7828738
办公室……………… 7821220
………………………… 7806610

市场开发部

主任………………… 7807567
副主任……………… 7807765
………………………… 7820002
办公室……………… 7802611

综合档案室

副主任……………… 7800127
办公室……………… 7827924
………………………… 7823232

稳定协调办

主任………………… 7821960
副主任……………… 7823011
办公室……………… 7822536
………………………… 7831266

概预算中心

副主任……………… 7823387
办公室……………… 7823387

营业管理中心

主任………………… 7802125
办公室……………… 7804121
………………………… 7803773
号码簿……………… 7823548

职工教育培训中心

主任………………… 7820289
副主任……………… 7825009
………………………… 7804678
办公室……………… 7823789
………………………… 7823628

保险中心

主任………………… 7829115

副主任……………… 7802286
稽核……………… 7805213
财务……………… 7800756

自动化技术项目部

经理……………… 7833344
副经理……………… 7820765
施工技术部……………… 7820768

小灵通手机维修部

主任……………… 7806163
办公室……………… 7805050
前台接待受理班…… 7823545
……………… 7828133
维修班……………… 7807868

呼叫中心

主任……………… 7802600
副主任……………… 7800039
96963 受理班 ……… 7829189
……………… 7806070
……………… 7801674
114 查号班 ………… 7802114
……………… 7822774
……………… 7822188
质检办……………… 7828704

物资采购管理中心

主任……………… 7290585
副主任……………… 7291666
计划……………… 7290383
财务……………… 7290311
保管……………… 7290360
……………… 7290530

数据视讯业务部

经理……………… 7826821
书记……………… 7825622
副经理……………… 7828309
主任工程师………… 7828257
技术部……………… 7820858
……………… 7828256
……………… 7828239
综合部……………… 7828421
……………… 7828236
……………… 7800866

GPS 项目部

经理……………… 7833007
主任工程师………… 7833633
办公室……………… 7833198
核算……………… 7833110
技术班……………… 7833060
安装班……………… 7833026
……………… 7833161

综合车队

队长、书记………… 7822226
副队长……………… 7820011
……………… 7821777
调度室……………… 7802710

财务……………… 7821661
门卫……………… 7805738

辽河华宇信息公司

经理……………… 7807455
副经理……………… 7285168
主任工程师………… 7285165
综合业务部………… 7826283
传真……………… 7825833
网站业务部………… 7825207
……………… 7801247
……………… 7822311
……………… 7802561

计费帐务中心

主任……………… 7807011
办公室……………… 7829697
……………… 7804337
传真……………… 7801535

市场管理中心

主任……………… 7800022
副主任……………… 7828559
办公室……………… 7823197
……………… 7821077

无线电监测站

站长……………… 7827999

离退休管理中心

主任……………… 7828665
书记……………… 7825113
综合办……………… 7803535
文体办……………… 7802977
关工委……………… 7822447
一楼活动室………… 7809078
门卫……………… 7827813

录井离退休管理中心

主任……………… 7803976
综合组……………… 7822193

录井保险管理中心

主任……………… 7807365
综合组……………… 7802377
再就业主任办公室 … 7806907

劳动服务公司

经理……………… 7290661
书记……………… 7290651
副经理……………… 7290680
……………… 7290687
……………… 7290609
……………… 7290650
办公室……………… 7292603
……………… 7292609
中心站机房………… 7833925
综合楼门卫………… 7829740
单身楼门卫………… 7823500
劳服公司门卫……… 7290146

网络管理维护中心

主任……………… 7826551

书记……………… 7801187
副主任……………… 7826810
……………… 7285863
……………… 7833960
主任工程师………… 7821311
……………… 7285607
……………… 7800054
安全员……………… 7807121
维护一班…………… 7804104
维护二班…………… 7800054
网络故障集中受理班 7801107
综合班……………… 7802530

网络游戏项目部

经理……………… 7285006
办公室……………… 7808618
核算……………… 7828510

咨询中心

主任……………… 7830366
办公室……………… 7832399

兴隆台通信站

站长……………… 7822122
教导员……………… 7822123
副站长……………… 7823008
……………… 7834998
站部……………… 7822034
调度长……………… 7823279
调度……………… 7822055
……………… 7801200
营业室……………… 7806999
……………… 7802588
营业室（公费）…… 7821008
营业室（传真）…… 7800053
钻一营业室………… 2897003
……………… 2899114

渤海通信站

站长……………… 7811122
教导员……………… 7811123
副站长……………… 7812980
技术组……………… 7818868
值班调度…………… 7812055
生产调度室………… 7813788
核算……………… 7811356
线务班……………… 7811220
新工线务班………… 7859060
材料部……………… 7816388
兴油营业室………… 7810518
兴油营业室………… 7816800
供应营业室………… 7815518
新工营业室………… 7859518

曙光通信站

站长……………… 7530122
书记……………… 7530123
副站长……………… 7530423
……………… 7534999

调度室……………… 7530055
技术组……………… 7539001
核算……………… 7535979
站部……………… 7531081
曙光线务…………… 7530087
一区线务…………… 7520448
井下线务…………… 7510087
营业室……………… 7539958
……………… 7530296
一区营业室………… 7520616
井下营业室………… 7513993

欢喜岭通信站

站长……………… 7540122
书记……………… 7540123
副站长……………… 7549369
……………… 7549977
站部……………… 7540716
调度……………… 7540055
……………… 7644528
欢采营业…………… 7540538
钻二营业…………… 7250060

锦州通信站

站长……………… 7550122
书记……………… 7550123
副站长……………… 7550341
综合……………… 7553246
核算……………… 7550441
调度室……………… 7550055
外线班……………… 7550060
营业室……………… 7553000

高升通信站

站长……………… 7500122
书记……………… 7500123
站部……………… 7500418
……………… 7506112
核算……………… 7500681
调度长……………… 7500000
调度室……………… 7500055
外线班长…………… 7505050
外线班……………… 7500267
营业室……………… 7500125
……………… 7500142
……………… 7500275

茨榆坨通信站

站长……………… 7573122
教导员……………… 7573123
副站长……………… 7574999
调度室……………… 7573055
综合组……………… 7573084
外线班……………… 7573062
营业室……………… 7574668
……………… 7573370

沈阳通信站

站长……………… 7560122

书记……7560123
副站长……7560760
调度……7560055
维护班……7560167
营业室……7561203

于楼通信站

站长……7580122
副站长……7581163
核算……7581385
管理组……7580026
调度室……7580055
营业室……7580300
……7582866

西区通信站

站长……7861122
书记……7861123
副站长……7863666
维护班……7860060
调度室……7867189
营业室……7869004
光明营业室……7268006
油气营业室……7653844

红村电话站

站长……7649116
副站长……7649122
调度室……7649523
核算……7649095
营业室……7649121
传真……7649127

南区通信站

站长……7290353
书记……7292123
副站长……7291007
综合……7290211
营业……7290040
调度……7290310
线务……7292696

通信实业有限公司

总经理……7822538
书记……7808999
副总经理……7800319
……7823332
财务总监……7807130
办公室副主任……7808098
办公室……7808000
经营部……7808098
工会……7802760
财务……7823639
采购部……7822101
设计中心经理……7823822
副经理……7832215
……7829809
……7829839
办公室……7831311
……7833204
……7829859
建安公司经理……7823332
副经理……7806360
……7820018
办公室……7820022
结算员……7807650
工程一队……7807163
工程二队……7807163
工程三队……7807163
工程四队……7800708
工程五队……7803159
预算员……7832250
……7831950
物业公司经理……7804550
办公室……7804333
健身馆……7830044
商贸公司经理……7801428
办公室……7800129
翠南项目部经理……7290116
长城钻探项目部经理 7806101
副经理……7800696
对外市场开发项目部经理
……7801551
办公室……7801518
电子产品项目部经理 7800319
副经理……7800455
华信宾馆经理……7800704
书记……7827300
副经理……7827318
……7824202
行政部……7827101
财务部……7827109
客房部……7832823
RA组……7827102
总台……7827200
总台……7285201
服务中心……7285100
……7827202
……7821331
商店……7827201
工程部……7827111
餐饮部……7803391
餐厅巴台……7827207
餐厅办公室……7827216
食堂办公室……7824988
食堂大厅……7820769

电力集团公司

领导

总经理……7539777
党委书记……7538111
常务副总经理……7858555
党委副书记、纪委书记、工会
主席……7530312
副总经理、安全总监 7538001
副总经理……7859548
总工程师……7530321
总会计师……7538566
办公室……7858318
……7531159
……7831269
……7531649
副总工程师……7531184
……7858123
……7833567
……7859528
安全副总监……7535460
副总师……7530736

公司办公室、党委办公室

主任……7530765
副主任……7531261
……7859522
计划生育……7859521
秘书……7530385
……7530539
……7530414
文书……7530676
打字室（曙光）……7530120
打字室（电厂）……7859534
勤务……7859531
收发室（曙光）……7530457
收发室（电厂）……7859543

招待所

所长……7531261
书记……7531260
核算员……7530607
总服务台……7535499

综合档案室

主任、机关党总支书记
……7530491
办公室……7539702
……7531268
……7859606

党群工作部

部长……7530335
副部长……7539801
团委书记……7530629
新闻宣传中心副主任 7858155
办公室……7530376
……7539703
……7535156
新闻宣传、闭路维护 7859532
新闻宣传……7530452
闭路维护……7530930

生产协调部

主任……7530374
副主任……7539223
值班长……7530456
综合办……7530455
调度……7530470
……7530479

生产协调部发电办

主任……7859528
副主任……7858101
……7858126
值长室……7858131
……7859502
……2858280
办公室……7859517
……7858120

生产技术部

主任……7531184
副主任……7859547
技术管理……7530893
机电专责……7859550
锅炉燃料专责……7858006
热工、自动保护、化学专责
……7859551
热力试验组……7859622

设计室

主任……7530520
副主任……7531521
……7858136
办公室……7859593
……7859594
……7539530

信息中心

主任……7530571
副主任……7859552
办公室……7530558
……7859511

经营计划部

主任……7538776
副主任……7530180
办公室……7530178

概预算中心

主任……7536555
副主任……7536100
办公室……7530524

财务部

主任……7530406
副主任……7533088
成本、税务……7530254
资金、基建……7530860
报销、出纳……7530500
发电财务核算中心
主任……7859500
办公室……7859560
供电财务核算中心 ……7801328

资产管理部

主任……7531530

副主任…………… 7539607
办公室…………… 7530252
人力资源部
主任…………… 7532374
副主任…………… 7530528
办公室…………… 7530486
…………… 7539531
…………… 7531515
工会
副主席…………… 7530728
副主席、女工主任 … 7532801
副主席…………… 7530510
办公室…………… 7530320
活动中心…………… 7530505
纪检监察部
主任…………… 7538789
副主任…………… 7530840
纪检干事…………… 7536989
质量安全环保部
主任…………… 7535460
副主任…………… 7532817
…………… 7859811
…………… 7531145
…………… 7531084
交通管理…………… 7530511
健康环保管理…………… 7533781
质量管理…………… 7530663
HSE 体系管理 …… 7859554
综合办…………… 7530463
HSE 监督站
站长…………… 7531395
副站长…………… 7859503
HSE 监督 …………… 7539656
…………… 7859554
审计部
主任…………… 7535898
办公室…………… 7530707
…………… 7539706
营销中心
主任…………… 7833567
副主任…………… 7834751
办公室…………… 7832114
供热部主任…………… 7859695
办公室…………… 7859756
供电部主任…………… 7833146
办公室…………… 7831637
…………… 7832114
…………… 7833471
电力调度中心
主任…………… 7820672
副主任…………… 7822051
主任工程师、质量缺陷管理
…………… 7828460
60kv 调度所长 …… 7808025

6kv 调度所长 …… 7833083
电网管理…………… 7822716
综合办…………… 7832490
调度室（60kv） …… 7808082
…………… 7807917
调度室（6kv） …… 7823215
…………… 7828425
计量管理所
主任…………… 7806693
核算员…………… 7830740
综合办…………… 7860691
现场办…………… 7806480
燃料管理中心
主任…………… 7859563
办公室…………… 7859638
质检站、化验班…… 7858108
汽运检斤…………… 7859977
火运检斤、火车专线调度
…………… 7859761
厂内铁路值班室…… 7859746
基建工程管理中心
主任…………… 7530705
副主任…………… 7858167
…………… 7533203
…………… 7535155
…………… 7539009
土地征用…………… 7531208
工程现场…………… 7858106
…………… 7531208
…………… 7859774
合同…………… 7530965
…………… 7859561
多种经营管理中心
主任…………… 7859583
副主任…………… 7859549
…………… 7859499
办公室…………… 7859751
保卫部
主任…………… 7531460
副主任…………… 7539590
监察大队主任…………… 7859569
监察大队副主任…… 7859570
…………… 7859829
保安队…………… 7859573
…………… 7535975
监察大队…………… 7859656
…………… 7859768
值班室（曙光） …… 7530721
值班室（电厂） …… 7859577
信访稳定办公室
主任…………… 7802135
副主任…………… 7858139
办公室…………… 7833328
…………… 7825476

世纪社区…………… 7835845
曙光社区…………… 7539207
热电社区…………… 7859423
欢喜岭社区…………… 7541447
基层建设办公室
主任…………… 7535788
办公室…………… 7532336
社会保险管理中心
主任…………… 7859559
副主任…………… 7533910
…………… 7858102
办公室…………… 7531213
…………… 7859571
职工教育培训中心
主任…………… 7530599
书记…………… 7534777
教育长…………… 7532813
教育、培训…………… 7531320
…………… 7858146
技能鉴定…………… 7530170
…………… 7858146
总务…………… 7531321
核算员…………… 7531626
离退休管理中心
主任…………… 7260041
书记…………… 7260497
副主任…………… 7260417
财务、文体、宣传 … 7260034
人事、统计…………… 7866079
曙光活动室…………… 7530849
电厂活动站…………… 7859672
兴隆台活动站…………… 7862733
物资管理中心
主任…………… 7531170
书记…………… 7531900
副主任…………… 7858116
…………… 7859652
管理…………… 7531249
核算员…………… 7530747
计划…………… 7531205
采购…………… 7858132
…………… 7859667
…………… 7858133
…………… 7858295
采购员…………… 7530495
…………… 7859752
配拨、稽核、质量 … 7859649
质检、保管…………… 7530999
质检员…………… 7858090
生活服务中心
主任…………… 7859601
综合事务…………… 7530530
房产管理…………… 7858148
公积金管理…………… 7859602

项目管理部
主任…………… 7858171
副主任…………… 7859591
…………… 7858009
…………… 7859527
办公室…………… 7859644
…………… 7859724
办事员…………… 7859590
开发区项目管理部
主任…………… 7807169
副主任…………… 7807069
办公室…………… 7807035
核算收费…………… 7807581
汽暖核查…………… 7807162
检修班…………… 7807013
运行值班室…………… 7858174
科尔沁项目部
主任…………… 7260615
…………… 0476－7328196
生产组长…………… 7263158
队长………… 0476－7328139
科尔沁调度 … 0476－7328153
绍根变…… 0476－7324158
沙日乃变…… 0476－7328023
交力格变…… 0475－6884453
奈曼项目部
前线值班…… 0475－2308110
基地办公室…………… 7531913
曙光供电工区
主任…………… 7530253
书记…………… 7530373
副主任…………… 7536195
主任工程师…………… 7536353
核算员…………… 7530441
安全员…………… 7530581
政工员…………… 7530522
生产值班室…………… 7530276
兴隆台供电工区
主任…………… 7863118
书记…………… 7869611
副主任…………… 7861319
主任工程师…………… 7860097
生产值班室…………… 7861181
生产组长…………… 7861584
副组长…………… 7860513
安全员…………… 7869931
党群工会…………… 7861490
核算、劳资…………… 7860640
城市供电工区
主任…………… 7806486
书记…………… 7808553
副主任…………… 7825011
主任工程师…………… 7832483
安全员…………… 7832463

财务、材料………… 7832143
计生、统计、政工 … 7832423
调度室……………… 7832427
……………………… 7832437

欢喜岭供电工区

主任………………… 7543593
书记………………… 7543521
副主任……………… 7250166
技术负责人………… 7546522
财务………………… 7540691
生产组长…………… 7540672
安全员……………… 7540436
政工员……………… 7540802
值班室……………… 7540570

茨榆坨供电工区

主任………………… 7578269
书记………………… 7574324
副主任……………… 7573283
工区办……………… 7573479
安全员……………… 7573430
经管员……………… 7578473
核算员……………… 7573362
材料员……………… 7574601
电力调度…………… 7573118
……………………… 7573083
电检队……………… 7573503
供电队……………… 7573450

锦州供电工区

主任………………… 7550251
副主任……………… 7552874
……………………… 7553486
政工………………… 7550152
安全………………… 7553322
人事………………… 7550974
教育、宣传、通信 … 7550154
调度所长…………… 7552240
调度所……………… 7550662
……………………… 7550151

沈阳供电工区

主任………………… 7560731
书记………………… 7560335
副主任……………… 7560169
……………………… 7560154
调度………………… 7560506
……………… 024－87460014
……………………… 7560654
生技组长…………… 7568011
计生、纪检、工区办主任
……………………… 7560512
企管组长…………… 7560243
营业、资产、核算 … 7560153
劳资教育人事……… 7568043
安全保卫…………… 7560044
计划、统计、质量 … 7560175
工会、宣传、共青团 7568044

高升供电工区

主任………………… 7500207
书记………………… 7500063
技术负责人………… 7506058
安全员、生产组长 … 7500737
财务………………… 7502467
营业所、政工……… 7500549

送电工区

主任、书记………… 7533613
副书记……………… 7533612
副主任……………… 7533611
核算员……………… 7533871
政工员、保管员…… 7533118
生产组长、安全员 … 7533872
材料员……………… 7531489
电力调度室………… 7530245
……………………… 7672105
值班室……………… 7531485

配电工区

主任………………… 7861168
书记………………… 7862588
副主任……………… 7867388
生产组长、调度长 … 7868376
财务………………… 7868316
统计………………… 7860816
安全员……………… 7863618
经营组长…………… 7261662
综合组……………… 7867790
调度室……………… 7860005
……………………… 7261552

检修试验工区

主任………………… 7863000
书记………………… 7867393
副主任……………… 7860377
主任工程师………… 7867803
调度长、安全员…… 7260687
副调度长…………… 7260663
技术员、质量、材料 7260630
政工员……………… 7260557
财务、计生、青工 … 7867520
材料、人事………… 7860975
经营………………… 7260610
生产调度室………… 7861025

汽机分场

主任………………… 7858111
书记………………… 7859786
检修副主任………… 7859671
运行副主任………… 7859515
综合办……………… 7858149
检修、运行队……… 7859007
运行控制室………… 7859076

锅炉分场

主任………………… 7859615
书记………………… 7859605
副主任……………… 7859794
……………………… 7859797
运行队……………… 7859690
检修队……………… 7859685
链条炉队…………… 7859006
安全、培训、政工 … 7859613
劳资、核算………… 7859619

电气分场

主任………………… 7859486
书记………………… 7859616
副主任……………… 7859535
主任工程师………… 7859609
安全、培训………… 7858151
综合办……………… 7859600

供水分场

主任………………… 7859625
书记………………… 7859626
副主任……………… 7858161
主任工程师、安全、统计
……………………… 7858162
劳资、核算、政工 … 7858248
检修队……………… 7859735
运行队……………… 7859694

燃料分场

主任………………… 7859996
书记………………… 7859641
副主任……………… 7859611
安全员……………… 7859081
核算、统计、政工 … 7858109
劳资………………… 7858147
运行队……………… 7859010
检修队……………… 7859737

供暖公司

经理………………… 7859632
书记………………… 7859631
副经理……………… 7858124
……………………… 7859862
办公室……………… 7859634
……………………… 7859635
调检队……………… 7859415
调度班……………… 7859633
……………………… 7858125
……………………… 7859538

电网自动化所

主任………………… 7807719
书记………………… 7809815
副主任……………… 7821462
主任工程师………… 7832492
办公室主任………… 7820132
政工员……………… 7821952
安全员……………… 7803179
核算员……………… 7828536

运输公司

经理………………… 7538889
书记………………… 7538998
副经理……………… 7261017
……………………… 7260979
资产、材料………… 7538887
财务、核算………… 7530198
安全………………… 7535965
政工………………… 7530229
修配厂……………… 7530895

兴隆台分公司

经理………………… 7261017
书记………………… 7260979
副经理、安全员…… 7260031
材料员……………… 7260473
调度………………… 7861844
车班一班…………… 7862036
车班二班…………… 7661577

曙光分公司

经理、书记………… 7530475
副经理、安全员…… 7531017
调度室……………… 7530355
资产、核算………… 7531267

渤海分公司

经理………………… 7859544
书记………………… 7859655
副经理、保管员…… 7858103
统计、核算………… 7859824
调度………………… 7858114
机关车队
队长………………… 7802380
书记、副队长、核算 7809378
值班室……………… 7828613

宏泰电力有限公司

董事长、总经理…… 7533688
党委书记…………… 7538886
监事会主席………… 7538881
副总经理…………… 7538885
财务总监…………… 7538882
综合办主任………… 7530862
财务部主任………… 7538880
物资部主任………… 7538009
文书、概预算……… 7538005
人事、工资………… 7538003
财务、报销………… 7538010
财务、出纳………… 7538002
农林服务大队……… 7532134

宏泰基建工程大队

大队长……………… 7531331
党支部书记………… 7531207
副大队长…………… 7532796
安全、现场………… 7665376
政工、计生………… 7535493
生产值班…………… 7531226
财务、核算………… 7535493

宏泰鑫源公司
经理…………………… 7859686
党支部书记………… 7859675
副经理……………… 7857106
…………………………… 7859681
…………………………… 7859508
财会、出纳、政工 … 7858038
安全、劳资、统计 … 7859682
合同、预算………… 7857103
工程班班长………… 7655433
土建班班长………… 7857104
车班班长…………… 7858117
机电班班长………… 7858135
宏泰机电设备修造厂
厂长………………… 7530473
党支部书记………… 7531191
主任工程师………… 7530432
副厂长……………… 7538539
生产调度…………… 7530678
财务、核算………… 7531231
政工、计生………… 7531254
安全、人事………… 7539787
物资供销…………… 7530381
合同、预算………… 7530381
修理车间主任……… 7531025
制造车间主任……… 7531222
宏泰高低压成套电器设备厂
厂长………………… 7539555
生产现场…………… 7517601
安全、核算、人事 … 7530725
宏泰电力器材厂
厂长………………… 7531883
电力器材车间……… 7533678
机加车间…………… 7530484
宏泰新工建材厂
厂长………………… 2856179

经济贸易置业总公司

领导
总经理……………… 7288450
党委书记…………… 7288478
副总经理…………… 7288400
…………………………… 7288166
总会计师…………… 7288429
党委副书记………… 7288455
副总经理…………… 7288003
调研员……………… 7288488
…………………………… 7288445
调研员……………… 7288456
总公司机关
经理办公室主任…… 7288498
办公室……………… 7288499
…………………………… 7288448
…………………………… 7288466
规划计划部主任…… 7288299
副主任……………… 7288418
办公室……………… 7288417
经营管理部主任…… 7288406
办公室……………… 7288407
…………………………… 7288495
生产技术部主任…… 7288489
副主任……………… 7288408
办公室……………… 7288460
安全环保部主任…… 7288458
副主任……………… 7288457
安全监督站站长…… 7288459
办公室……………… 7288460
…………………………… 7288411
财务部主任………… 7288416
财务部副主任……… 7288416
…………………………… 7288403
办公室……………… 7288403
…………………………… 7288405
…………………………… 7288402
劳动工资部主任…… 7288480
办公室……………… 7288470
…………………………… 7288401
审计部主任………… 7288420
办公室……………… 7288421
宾馆管理部主任…… 7288468
党委工作部主任…… 7288431
副主任……………… 7288479
工会副主席………… 7288422
…………………………… 7288476
机关事务管理中心主任 7288486
副主任……………… 7288437
车队………………… 7288490
直属部门
社会保险管理中心主任 7821526
副主任……………… 7821526
办公室……………… 7803137
…………………………… 7822474
离退休管理中心主任 7822544
书记………………… 7823122
副主任……………… 7822837
东区值班室………… 7823201
西区值班室………… 7820445
黄金带炼油厂
厂长………………… 7592788
书记………………… 7590143
副厂长……………… 7590910
…………………………… 7590211
…………………………… 7592583
…………………………… 7590818
厂办………………… 7590873
党群办……………… 7590874
财务科……………… 7590307
劳资………………… 7592201
安全环保科………… 7590196
技术科……………… 7590287
微机室……………… 7591599
调度长……………… 7590300
调度室……………… 7590690
调度统计…………… 7590568
综合科……………… 7590870
销售科科长………… 7590675
办公室……………… 7590189
保卫科……………… 7590067
供应站……………… 7590213
生产准备车间……… 7590315
蒸馏车间…………… 7592198
油品车间…………… 7590397
减粘车间…………… 7592199
动力车间…………… 7592200
车队………………… 7590412
万隆公司…………… 7590616
石化轻烃厂
厂长………………… 7288428
办公室……………… 7288412
财务………………… 7288410
…………………………… 6849449
加气站……………… 6641506
…………………………… 2884066
特石集输站
经理………………… 2922349
书记………………… 2922348
副经理……………… 2922036
调度室……………… 2922296
…………………………… 2922071
…………………………… 2922072
…………………………… 7854101
财务………………… 2922056
…………………………… 7288497
办公室……………… 2922176
…………………………… 7288496
工程师……………… 2922076
…………………………… 2922026
…………………………… 2922163
机动采油分公司
经理………………… 7816588
书记………………… 7813038
副经理……………… 7813008
办公室……………… 7810758
…………………………… 7819158
…………………………… 7813048
财务………………… 7816778
钻井项目组………… 7817238
捞油车队…………… 7850758
…………………………… 7819058
试采油分公司
经理………………… 7852392
副经理……………… 7853028
综合部……………… 7853079
财务部……………… 7853075
工程部……………… 7853025
曙光供热站
经理………………… 7288427
财务………………… 7288423
曙光热注站
经理………………… 7520661
书记………………… 7520636
副经理……………… 7520635
…………………………… 7520663
财务部……………… 7288481
石油化工研究所
所长………………… 7816783
副所长……………… 7816795
综合部……………… 7816753
财务部……………… 7816793
塑料厂
经理………………… 7815945
书记………………… 7813727
副经理……………… 7813227
…………………………… 7812687
…………………………… 7813254
生产综合部………… 7816155
传真………………… 7815354
安环质保部………… 7816340
财务部……………… 7813209
…………………………… 7817174
供销部……………… 7815908
…………………………… 7815934
船舶燃料油项目部 … 7813161
闲置设备器材调剂公司
经理………………… 7852295
副经理……………… 7817123
…………………………… 7850700
办公室……………… 7850628
财务科长…………… 7852820
财务………………… 7852296
经销一部…………… 7852293
经销二部…………… 7852298
库房………………… 7852975
辽河药材经销处
经理………………… 7820801
书记………………… 7805732
副经理……………… 7801455
…………………………… 7803656
…………………………… 7803575
办公室……………… 7802271
财务部……………… 7801677
商管部……………… 7826063
采购部……………… 7808601
质检部……………… 2283859
器械部……………… 7828700
销售一部…………… 7803151

销售二部………… 7803181
总经销部………… 7826063
储运部………… 2283835
卫材部………… 7831383
工会………… 7828700
零售部………… 7830171
采购部………… 7825303
保健品部………… 7809317
储运部………… 2283866
快递部………… 7800120
中心店………… 2688986
欢喜岭店………… 7643154
曙光分店………… 7532555
兴油分店………… 7819834
锦祥分店………… 7261120
幸福分店………… 7820450
迎宾分店………… 7822240
振兴分店………… 7826167
先锋分店………… 7860301
渤海分店………… 2200258
胜利分店………… 7801377
泰山分店………… 7860305
世纪分店………… 7835643
紫园分店………… 7280120
科研分店………… 7831458
俪园分店………… 7831443
河畔分店………… 7287457
钻井分店………… 2899113
高采分店………… 7502899
惠丰分店………… 7823666
井下分店………… 7510748
太平分店………… 7512748
生态园分店………… 2951207
光明分店………… 7269328
天丽分店………… 7890969
鹤乡分店………… 2900355
油气分店………… 7653120
欢采分店………… 7546745
新玛特分店………… 7826581
茨采分店………… 7573962
世纪诊所………… 8694335
梁多才诊所………… 7871657

辽河宾馆

总经理………… 7808737
书记………… 7808739
副总经理…… 7804797－8003
………… 7804797－8004
………… 7804797－8005
总机………… 7804797
………… 7800093
………… 7801567
总服务台………… 7822856
订餐电话………… 7834555
商务中心传真………… 7822374
辽河康乐宫 … 7804797－6699

芳华宾馆

总经理………… 7800545
书记………… 7827970
副总经理………… 7820702
………… 7830349
………… 7809572
办公室…… 7800472－8006
销售部………… 7806380
总机………… 7800472
………… 7800473
总服务台（A座）
………… 7800472－8000
总服务台（B座） … 7830669
………… 7800472－9000
订餐电话………… 7821615
………… 7800472－9200

上海联络处

主任……… 021－52551526
副主任……… 021－52551799
………… 7288483
办公室主任 … 021－32120569
传真……… 021－62133690
财务部……… 021－32120563
物业部主任 … 021－62518598
物业部办公室 021－32120554
石化公司…… 021－62123363

深圳市辽河油田南方投资有限公司

经理 ……… 0755－82297918
副经理 …… 0755－82294339
……… 0755－82297918
传真 ……… 0755－82185551
财务部 …… 0755－82294355
办公室 …… 0755－82184303

海南办事处传真

……… 0898－66779960
海南办事处 0898－66779961

三油实业公司

经理………… 7288439
副经理………… 7288469
综合部………… 7288419
财务部………… 7288449

志通石油化工经销有限公司

经理………… 7803000
副经理………… 7801205
财务………… 7801132

辽幽公司

经理………… 7825498
驻盘办………… 7804873
北镇办……… 0416－6231204

古潜山矿泉水有限公司

经理………… 7861088
副经理………… 7861088

新型建材管委会

主任………… 7500888
副主任………… 7500670
科长………… 7502777
财务科………… 7501679
办公室………… 7500500
清欠办………… 7501678
………… 7501458

申鹏石化建筑安装有限公司

经理………… 7288209
书记………… 7288203
副经理………… 7288205
………… 7288202
经理助理………… 7288220
综合办公室………… 7288221
财务部………… 7288230
审计部………… 7288236
物资采购部………… 7815220

红海管桩公司

董事长………… 3566398
经理………… 3566399
办公室………… 3566396
财务室………… 3566397
生产部………… 3566395
销售部………… 3566777
………… 3565777

万隆运销公司

经理………… 7590121
副经理………… 7590616
办公室………… 7590122
财务科………… 7590555

建安分公司

经理………… 7817098
副经理………… 7815078
办公室………… 7815708
财务部………… 7850960
市场开发部………… 7800034
物资采购部………… 7850160
设计室………… 7851255

汽车修配厂

厂长………… 7817755
办公室………… 7817755

久和型材厂

经理………… 2881809
副经理………… 2882096
………… 2888706
办公室………… 2887690
财务部………… 2887690
销售部………… 2884999

赛布特墙体保温厂

厂长………… 7296083
厂办………… 7502239
财务部………… 7296083
销售部………… 7296083

斯班特建材厂

经理………… 7500720
副经理………… 7500620
办公室………… 7500620

恒久建材厂

经理………… 7500518
办公室………… 7500556

黑马胶业有限公司

经理………… 7584997
书记………… 7582888
办公室传真………… 7584997
办公室………… 6891988

辽河啤酒有限公司

副总经理…… 0411－8652556
总经济师………… 2838695

华油实业公司

领导

经理………… 7801888
书记………… 7830908
副经理………… 7823238
………… 7803601
………… 7822947
总会计师………… 7802718
副经理………… 7809889
副书记………… 7808927
副总………… 7820085
………… 7820105
………… 7827368

经理办公室

主任………… 7820848
副主任………… 7803336
文秘………… 7820253
后勤………… 7803427
打字室………… 7822629
档案室………… 7822814
车队队长………… 7821873
调度………… 7821736
迎宾社区………… 7290127

党委工作部

副主任………… 7825718
副主任、团委副书记 7820776
党办宣传………… 7823845

生产协调科

科长………… 7820799
副科长………… 7833336
办公室………… 7822338

经营计划科

科长………… 7820105
副科长………… 7805726
计划、统计………… 7822385
综合办………… 7822113

市场管理部

主任………… 7809848

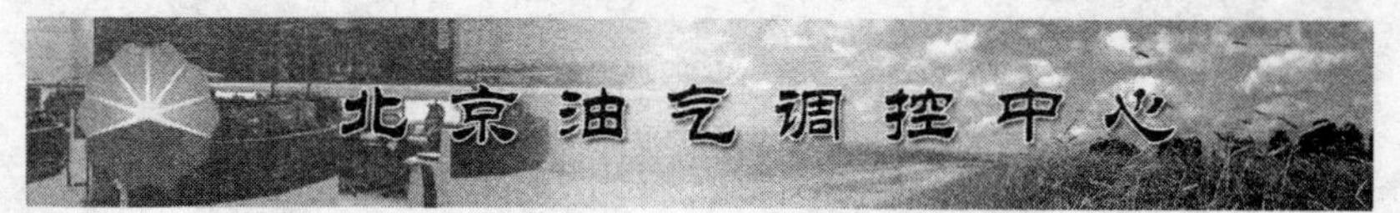

办公室……………… 7822626
安全环保科
科长……………… 7820085
副科长……………… 7822302
安全、交通……………… 7822546
办公室……………… 7809175
质量节能管理科
科长……………… 7807883
副科长……………… 7820036
办公室
安全监督站
站长……………… 7823971
副站长……………… 7823433
安全巡视组……………… 7825472
劳动人事科
科长……………… 7807508
工资调配……………… 7820750
教育保险……………… 7820286
资产装备科
科长……………… 7820732
副科长……………… 7801431
办公室……………… 7801431
科技科
科长……………… 7823565
责任工程师……………… 7820468
办公室……………… 7822963
企管法规科
科长……………… 7820621
副科长……………… 7820025
综合办……………… 7823040
审计科
科长……………… 7803664
办公室……………… 7820903
……………… 7803605
财务科
科长……………… 7802075
副科长……………… 7822148
出纳……………… 7820736
财务结算……………… 7832540
……………… 7804794
概预算管理中心
主任……………… 7802757
办公室……………… 7801371
纪检监察科
科长……………… 7820955
办公室……………… 7820954
工会
副主席……………… 7820834
办公室……………… 7823140
人口计生办
主任……………… 7828390
办公室……………… 7823063
离退休管理科
主任……………… 7821751

综合办……………… 7821753
保卫科
科长……………… 7826738
办公室……………… 7802641
机关门卫……………… 7864171
监控室……………… 7864172
物资采购管理中心
主任……………… 7823838
副主任……………… 7802755
……………… 7832858
管理组……………… 7821663
核算组……………… 7820119
业务组……………… 7803301
国际项目部
主任……………… 7815095
办公室……………… 7820456
调度室……………… 7815970
热注一公司
经理……………… 7821113
书记……………… 7821119
副经理、责任工程师 7821677
副经理……………… 7829293
财务……………… 7828313
办公室……………… 7808339
热注二公司
经理……………… 7808515
书记……………… 7827848
副经理……………… 7829292
财务劳资……………… 7690316
生产办……………… 7690319
经营办……………… 7870480
办公室……………… 7690318
热能公司
经理……………… 7515788
书记……………… 7515799
副经理……………… 7515599
……………… 7521300
……………… 7521567
办公室……………… 7512351
焦油燃化公司
经理……………… 7520588
书记……………… 7520688
副经理……………… 7521588
责任工程师……………… 7521588
技术负责人……………… 7521669
技术部……………… 7521980
财务……………… 7830633
调度室……………… 7520611
办公室……………… 7521986
燃料二公司
经理……………… 7530729
书记……………… 7533850
副经理……………… 7531464
生产协调……………… 7531549

办公室……………… 7530773
曙光型煤厂……………… 7531273
冷东锅炉……………… 5878328
热力工程处
经理……………… 7590093
书记……………… 7590739
副经理……………… 7590104
……………… 7590433
……………… 7590997
……………… 7590535
责任工程师……………… 7590701
生产……………… 7262095
经营……………… 7591418
财务……………… 7262106
质量安全环保……………… 7590333
供应站……………… 7262097
综合办……………… 7590255
办公室……………… 7590425
环保工程一公司
经理……………… 7536078
书记……………… 7530257
副经理……………… 7536079
副经理、责任工程师 7533208
财务……………… 7671664
……………… 7679402
质量安全……………… 7536060
技术办……………… 7536158
生产协调……………… 7536060
合同……………… 7534854
工会计生……………… 7534854
办公室……………… 7530099
锅炉房……………… 7530329
化验室……………… 7531565
科研机械厂
厂长……………… 7868503
书记……………… 7861537
副厂长……………… 7861384
财务……………… 7861104
销售……………… 7261562
工艺……………… 7860968
办公室……………… 7861225
锦采污水处理厂
总机……………… 7554018
厂长……………… 808
书记……………… 806
副厂长……………… 801
技术办……………… 802
欢采污水处理厂
厂长……………… 7545655
书记……………… 7545655
副厂长……………… 7545655
生产办……………… 7689220
财务……………… 7667370
办公室……………… 7689225

机电修造公司
经理……………… 7539566
书记……………… 7539166
副经理……………… 7539677
……………… 7539677
生产协调……………… 7534721
预算组……………… 7539191
办公室……………… 7539191
运输公司
经理……………… 7823077
书记……………… 7826238
副经理……………… 7826228
财务……………… 7854595
调度……………… 7826239
调度室……………… 7854593
办公室……………… 7854596
客运公司
经理……………… 7816427
书记……………… 7810978
副经理……………… 7813934
安全办……………… 7813535
调度……………… 7852155
……………… 7852166
财务……………… 7813846
办公室……………… 7812146
修配厂……………… 7256829
……………… 7875900
测试技术服务公司
经理……………… 7290578
书记……………… 7290580
副经理……………… 7290548
测试队……………… 7293835
解释组……………… 7290538
技术组……………… 7290718
办公室……………… 7290528
……………… 7290538
新产品制造厂
厂长……………… 7809412
书记……………… 2889816
财务……………… 7808612
办公室……………… 7809228
钻修技术服务公司
经理……………… 7808367
书记……………… 7808397
生产部……………… 7808365
经营部……………… 7808363
安全质量技术……………… 7808360
综合办……………… 7808360
燃气公司
经理……………… 7806485
书记……………… 7806485
盘锦综研化学有限公司
经理……………… 2885882
书记……………… 7804564

副经理……………… 2885777
财务……………… 7804564
办公室……………… 7804564

新华书店

经理……………… 7801830
书记……………… 7801850
办公室……………… 7802975
财务资产……………… 7802215
销售计划……………… 7822133
多种经营……………… 7823482
兴隆门市……………… 7802997
振兴门市……………… 7803223
教材发行公司……… 7821875
市场部……………… 7802094

盘锦辽河油田科技实业有限公司

经理……………… 7820545
书记……………… 7825557
副书记……………… 7826543
副经理……………… 7826531
财务部主任……………… 7827433
综合部主任……………… 7829710

海世通化工有限公司

经理……………… 7804577
书记……………… 7833044
副经理……………… 2886671

钻采技术服务公司

经理……………… 7820364
书记……………… 7829282
副经理……………… 7803035

化学技术服务中心

经理……………… 7290583
书记……………… 7290583

社会服务公司

经理……………… 7290337
书记……………… 7291170
副经理……………… 7290554
车队……………… 7292039

辽河数码科技发展有限公司

董事长、总经理…… 7804168
书记、副总经理…… 7832088
副总经理…… 7800525－9922
……………… 7800525－9933
财务资产部 … 7800525－9936
经营管理部 … 7800525－9919
人力资源部 … 7800525－9929
软件分公司 … 7800525－9955
辽河分公司 … 7800525－9966
北京分公司 … 010－82608551
售后服务热线……… 7806632
软件支持热线……… 7807078
总机……………… 7800525
传真……………… 2821296
北京分公司传真010－82608559

泰利达电脑公司

总经理……………… 7801965
科技公司……………… 7291829
软件公司……………… 7292830
销售部……………… 7828357
项目管理部……………… 7802413
经营财务部……………… 7828575
人力资源部……………… 7802413

辽河石油职业技术学院

领导

院长……………… 7638077
……………… 7853108
书记……………… 7638066
……………… 7811859
副院长……………… 7638188
……………… 7850389
……………… 7638186
……………… 7850216
副书记……………… 7638189
……………… 7850296
副教育长……………… 7638187
……………… 7810015
副教育长……………… 7638181
……………… 7810602
安全副总监……………… 7638487

院长办公室

主任……………… 7638164
副主任……………… 7638377
……………… 7810659
秘书……………… 7638258
办公室……………… 7638210
复印……………… 7638034
信息中心、档案室 … 7638364
闭路……………… 7638450
电话站……………… 7638001
接待室……………… 7638062
渤海校区计生、复印室 7810495

党群工作部

部长……………… 7638165
副部长……………… 7638213
……………… 7638177
组织……………… 7638162
宣传……………… 7638090
工会……………… 7638146

劳动人事处

处长……………… 7638211
劳资……………… 7638171
保险……………… 7638232
渤海校区办……………… 7810930

财务资产处

处长……………… 7638033
财务……………… 7638274
资产……………… 7638273
一卡通办……………… 7638091
渤海校区办……………… 7810934
一卡通查询号……………… 7638151
……………… 7638152
……………… 7638153
……………… 7638154

经营计划处

处长……………… 7638419
副处长……………… 7638339
综合办公室……………… 7638338
……………… 7638386
概预算……………… 7638340

纪检监察处

处长……………… 7638163
办公室……………… 7638064

保卫处

处长……………… 7638394
书记……………… 7638238
副处长……………… 7812917
办公室……………… 7638300
综治……………… 7638160
保卫……………… 7638110
……………… 7638138
居委会办……………… 7638276
值班室……………… 7638180
门卫……………… 7638030
渤海办公室……………… 7810345
渤海校区门卫……………… 7851141

质量安全环保处

处长……………… 7638487
副处长……………… 7638081
站长……………… 7638303
安全办公室……………… 7638128
综合办公室……………… 7638161

教务处

处长……………… 7638096
副处长……………… 7638231
办公室……………… 7638124
图书馆馆长……………… 7638333
教材印刷……………… 7638260
借阅室……………… 7638175
阅览室……………… 7638479
等级考试办……………… 7638191
教务组……………… 7638222
教学督导室……………… 7638317
督导办公室……………… 7638441
东教值班室……………… 7638102
渤海校区等级考试办 7810546

专家办公室

处长……………… 7638318
办公室……………… 7810573
……………… 7638316

招生办公室

处长……………… 7638006
办公室……………… 7638150
渤海校区办……………… 7853876

学生处

处长……………… 7638358
书记……………… 7638369
团委负责人……………… 7638009
办公室……………… 7638367
德育教育……………… 7638359
学籍管理……………… 7638357
学生管理……………… 7638356
团委办公室……………… 7638371
学生会……………… 7638259
A公寓值班室……………… 7638476
B公寓值班室……………… 7638381
C公寓值班室……………… 7638382
D公寓值班室……………… 7638082
D公寓保安室……………… 7638472

经济信息系

主任……………… 7638132
书记……………… 7638131
副主任……………… 7638306
……………… 7851467
办公室……………… 7638130
经济管理教研室……………… 7638133
基础教研室……………… 7638134
英语教研室……………… 7638135
政治教研室……………… 7638136
现代教育……………… 7638308
计算机教研室……………… 7638307

石油工程系

主任……………… 7638328
副主任……………… 7638251
……………… 7638017
办公室……………… 7638329
油化教研室……………… 7638007
钻井教研室……………… 7638012
资源勘查教研室……………… 7638020
采油教研室……………… 7638325
油气储运教研室……………… 7638254
石油化工教研室……………… 7638239

机电工程系

主任……………… 7638209
副主任……………… 7638257
办公室……………… 7638289
机加工数控教研室 … 7638275
电工电子教研室……………… 7638270
汽车运用教研室……………… 7638263

体育拓展培训中心

主任……………… 7638266
书记……………… 7638008
副主任……………… 7638219
综合办……………… 7638220
……………… 7638321
教研室主任……………… 7638218
休育教研室……………… 7638365

拓展教研室………… 7638290
体育库房…………… 7638221
拓展库房…………… 7638223
夜间值班室………… 7638070
井控培训中心
主任………………… 7638011
副主任……………… 7638019
安全教研室………… 7638327
管理组办公室……… 7638021
综合办公室………… 7638022
井控教研室………… 7638023
作业井控办公室…… 7638024
实践教学管理处
主任………………… 7638155
书记………………… 7638448
副主任……………… 7638018
……………………… 7638433
……………………… 7811931
……………………… 7638156
办公室……………… 7638492
实验管理组………… 7638495
化学实验室………… 7638227
钻井实训队………… 7638157
修井采油实训队…… 7638197
计算机室…………… 7638228
实习厂……………… 7638236
渤海校区办………… 7811935
渤海校区计算机室 … 7853871
职业技能培训中心
主任………………… 7638217
……………………… 7851246
书记………………… 7810702
副主任……………… 7638288
……………………… 7811086
综合办……………… 7638452
培训管理…………… 7638466
渤海校区综合办…… 7852061
教学管理…………… 7817516
培训管理…………… 7851102
注气锅炉办………… 7818473
科研处
处长………………… 7283772
书记………………… 7810950
综合办……………… 7283641
科研管理组………… 7283771
继续教育中心
主任………………… 7819234
书记………………… 7810845
副主任……………… 7810650
综合办……………… 7810514
成招办……………… 7810874
教学组长…………… 7810785
远程教育…………… 7810647
辽工大函授………… 7810734
电大工作组………… 7810824
工程硕士组………… 7810823
奥鹏学习中心……… 7851332
石油工程研发中心
主任………………… 7283234
书记………………… 7283167
副主任……………… 7638302
办公室……………… 7283120
职业技能鉴定所
主任………………… 7851169
书记………………… 7815114
副主任……………… 7819746
工程站……………… 7819490
运输站……………… 7811313
招生办……………… 7819074
干事办……………… 7819174
工程质量检测中心
主任………………… 7815848
书记………………… 7850885
副主任……………… 7812396
综合办……………… 7810154
实验室……………… 7815706
……………………… 7815710
接待办……………… 7813766
后勤服务集团
常务副总经理……… 7638278
书记………………… 7638483
渤海校区生服主任 … 7850383
院本部生服主任…… 7638428
物业管理部主任…… 7638256
渤海校区副主任…… 7853870
经营管理部主任…… 7810502
基建维修部主任…… 7638305
医院院长…………… 7638031
张希光办…………… 7810636
综合办……………… 7638440
综合维修队………… 7638352
招待所所长………… 7638047
良居公寓…………… 7638212
隆丰公寓…………… 7638457
舒新公寓…………… 7638040
A公寓管理………… 7638041
B公寓管理………… 7638042
C公寓管理………… 7638043
医生办公室………… 7638010
医院挂号…………… 7638429
检验………………… 7638109
药房………………… 7638267
护士………………… 7638032
一食堂……………… 7638416
二食堂……………… 7638417
三食堂……………… 7638255
食堂管理…………… 7638423
食堂采购…………… 7638422
车队………………… 7638401
液化气站…………… 7638115
污水泵房…………… 7638287
供应站站长………… 7638368
供应站……………… 7638237
施工员……………… 7638304
基建能源办………… 7638283
电工班……………… 7638282
锅炉环保绿化队…… 7638097
环保绿化…………… 7638281
木工班……………… 7638285
东、西锅炉房……… 7638201
保洁员……………… 7638467
渤海校区
综合办……………… 7853973
教学服务管理组…… 7810073
车队………………… 7853877
汽修厂……………… 7825602
物业办……………… 7853875
绿化维修…………… 7810501
公寓A座 ………… 7851205
公寓B座 ………… 7812130
综合楼公寓………… 7810457
招待所所长………… 7810334
食堂………………… 7810335
离退休管理处
处长………………… 7810065
书记………………… 7580489
副主任……………… 7638473
……………………… 7810094
……………………… 7580906
……………………… 7819183
院本部再就业办…… 7638137
院本部活动室……… 7638121
渤海校区办………… 7810094
职大活动室………… 7823298
于楼居委会………… 7580949
于楼再就业办……… 7856710

辽河油田党校

领导
党委书记…………… 7861622
常务副校长………… 7866450
党委副书记………… 7269855
副校长……………… 7861409
……………………… 7861335
副教育长…………… 7861172
……………………… 7861662
办公室
主任………………… 7861175
副主任、纪检信访 … 7861062
副主任……………… 7861458
组织、宣传………… 7861647
车队………………… 7861675
安全保卫科
科长………………… 7861050
综治办……………… 7860110
财务科
科长………………… 7861547
财务………………… 7861456
劳资科
科长………………… 7861001
劳资………………… 7861996
保险………………… 7860277
工会
副主席……………… 7260406
离退休管理科
科长………………… 7863553
培训部
主任………………… 7861172
副主任……………… 7861827
教务、组织………… 7861783
班主任……………… 7861779
成人教育部
主任………………… 7861139
教务………………… 7861318
学籍………………… 7861446
班主任……………… 7866033
图书馆
馆长………………… 7861772
借阅室……………… 7862477
基础理论教研室
主任………………… 7861643
经济管理教研室
主任………………… 7861944
行政管理教研室
副主任……………… 7861972
科技文化教研室
主任………………… 7863672
信息中心
副主任……………… 7861035
科研部
主任………………… 7261305
总务科
科长………………… 7861364
副科长……………… 7861277
绿化………………… 7861999
食堂………………… 7861437
二号楼……………… 7861756
三号楼……………… 7861152
四号楼……………… 7868423
公用事业
经理………………… 7865440

兴城疗养院

领导
院长………………… 7639498
书记………………… 7639420

院长助理…………… 7639699

办公室

主任…………………… 7639699

副主任………………… 7639422

……………………… 7639919

办事处主任………… 7865301

办公室………………… 7639410

……………………… 7639416

信访办………………… 7639553

车队办公室………… 7639489

电话站站长………… 7639486

机务值班室………… 7639474

话务值班室………… 7639479

综合科

科长…………………… 7639408

办公室………………… 7639412

财务资产科

科长…………………… 7639413

副科长………………… 7639414

办公室………………… 7639429

……………………… 7639411

工会

副主席………………… 7639418

娱乐中心主任办…… 7639558

娱乐中心大厅……… 7639550

安全环保科

科长…………………… 7639418

办公室………………… 7639643

医务科

科长…………………… 7639576

保卫科

科长…………………… 7639564

办公室………………… 7639547

社区…………………… 7639437

门卫…………………… 7639402

纪检监察审计科

科长…………………… 7639577

副科长………………… 7639400

办公室………………… 7639643

离退科

科长…………………… 7639384

办公室………………… 7639560

办公室………………… 7639641

住院部

主任总护士长……… 7639510

副主任………………… 7639304

……………………… 7639445

住院处………………… 7639556

……………………… 7639477

……………………… 7639578

洗衣房………………… 7639684

治疗中心

主任…………………… 7639548

副主任………………… 7639683

光疗室………………… 7639403

磁疗室………………… 7639385

中医诊室……………… 7639651

护士办………………… 7639565

水疗室………………… 7639566

……………………… 7639569

水疗泵房……………… 7639428

兴隆台门诊

主任…………………… 7660554

办公室………………… 7861344

门诊

主任…………………… 7639571

护士办………………… 7639574

口腔室………………… 7639404

药局…………………… 7639570

电诊室………………… 7639503

化验室………………… 7639572

X 光室………………… 7639562

膳食科

科长…………………… 7639458

书记…………………… 7639362

一餐厅管理员……… 7639590

一餐厅前厅………… 7639484

采购办………………… 7639364

三餐厅前厅………… 7639517

公用事业公司

经理…………………… 7639312

书记…………………… 7639500

副经理………………… 7639439

房产综合办………… 7639405

440 办公室 ………… 7639440

变电所………………… 7639507

锅炉班………………… 7639502

维修班………………… 7639501

液化气站……………… 7639375

院内加压站………… 7639509

商店…………………… 7639438

酒楼…………………… 7639505

一疗区

主任…………………… 7639717

医生办………………… 7639592

护士办………………… 7639409

值班室………………… 7639460

二疗区

主任…………………… 7639568

办公室………………… 7639426

值班室………………… 7639340

三疗区

主任…………………… 7639453

值班室………………… 7639453

四疗区

主任…………………… 7639515

西楼值班室………… 7639516

南楼值班室………… 7639374

北楼值班室………… 7639363

五疗区

值班室………………… 7639497

北京办事处

公网区号：010

主任 ………………… 83158588

副主任 ……………… 63132383

……………………… 83158618

办公室主任 ………… 83157511

人事科副科长 …… 83153388

财务科副科长 …… 83157521

市场开发科副科长 63132393

接待科副科长 …… 63158356

工会主席 ………… 83157511

沈阳办事处

公网区号：024

主任 ………………… 86865430

办公室 ……………… 86251747

总机 ………………… 86865250

总台 ……… 86865250－2111

…………… 86865250－2999

大连分公司

公网区号：0411

经理 ………………… 84671845

常务副经理 ……… 84699728

副经理、安全总监 … 84698028

总会计师、副经理 … 84699378

综合办公室 ……… 84671812

党群工作部 ……… 84696838

生产经营部 ……… 84689833

财务资产部 ……… 84671736

财务资产部 ……… 84670799

盘锦日兴燃料油厂经理

……………… 0427－7828369

财务………… 0427－7828380

盘锦日隆物业管理有限公司经理

……………… 0427－7298480

财务………… 0427－7298489

山东潍坊中鲁燃料油供应有限公司经理…… 0536－8180382

财务………… 0536－8180381

大连石油交易所有限公司经理

……………………… 87317158

办公室 …… 0411－87303310

财务 ……… 0411－87317258

大连绿力环保科技产业有限公司经理 …… 86671901

副经理 ……… 86676773－82

财务 ………… 86676773－80

大连海蓝宾馆经理 84660039

副经理 …… 84671730－8702

财务 ……… 84671730－8606

总台 ……… 84671730－8118

…………… 84751397－8118

餐厅 ……… 84671730－8101

烟台开发区辽河工贸公司经理

……………… 0535－6371169

办公室……… 0427－7806887

财务………… 0535－6388322

青岛招待所 0532－85733075

烟台招待所 0535－6370071

供水公司

领导

经理…………………… 7868158

书记…………………… 7869668

副书记………………… 7261366

副经理………………… 7867568

……………………… 7866068

总会计师……………… 7866000

副总工程师………… 7861120

安全副总监………… 7868618

纪委副书记………… 7860034

党工部部长………… 7863351

副总经济师………… 7260538

副总工程师………… 7866277

……………………… 7861886

……………………… 7861109

办公室………………… 7861669

党委工作部

副部长………………… 7861391

团委书记……………… 7860441

党办…………………… 7861601

宣办…………………… 7260058

电视中心……………… 7866707

工会

副主席………………… 7860214

女工主任……………… 7860420

基层建设办主任…… 7862120

办公室………………… 7261298

经理办

主任传真……………… 7863150

计生办、档案室主任 7261006

文秘…………………… 7860825

档案…………………… 7871717

打字室………………… 7860783

史志办………………… 7860811

生产协调科

科长…………………… 7866566

副科长………………… 7863398

综合办………………… 7861394

值班室………………… 7861424

科学技术科

副科长………………… 7860502

办公室………………… 7860327

……………………… 7867522

经营计划科
副科长……………… 7861621
……………………… 7860542
办公室……………… 7261136
多种经营科
副科长……………… 7865779
办公室……………… 7860524
财务科
科长………………… 7861203
副科长……………… 7860663
财务………………… 7868292
……………………… 7866160
资产科
科长………………… 7861411
办公室……………… 7860584
人事科
副科长……………… 7861224
办公室……………… 7260896
职工教育培训中心
办公室……………… 7863361
安全生产监督管理科
副科长……………… 7861290
……………………… 7875456
办公室……………… 7860025
监督站……………… 7676513
土地公路环保科
科长………………… 7867855
副科长……………… 7866400
办公室……………… 7861065
纪检监察审计科
科长………………… 7869571
副科长……………… 7861266
……………………… 7861156
办公室……………… 7863331
市场合同科
科长………………… 7260756
办公室……………… 7261068
……………………… 7865788
基建科
科长………………… 7261288
副科长……………… 7862970
技术………………… 7868878
现场………………… 7862971
……………………… 7873123
保卫科
科长………………… 7868958
副科长（武装）…… 7867858
副科长（信访）…… 7862890
办公室……………… 7860212
警务室……………… 7861890
概预算管理中心
主任………………… 7261018
副主任……………… 7868589
办公室……………… 7260311

客户服务中心
办公室……………… 7868908
技术监督中心
主任………………… 7865318
副主任……………… 7860093
办公室……………… 7865465
社会保险管理中心
主任………………… 7861510
副主任……………… 7261550
办公室……………… 7869840
信息中心
主任………………… 7261465
办公室……………… 7867556
离退休职工管理中心
主任………………… 7863337
办公室……………… 7865331
再就业协调管理办
主任………………… 7860820
办公室……………… 7869918
居委会
居委会……………… 7860021
生活服务中心
主任………………… 7860808
招待所所长………… 7886919
招待所……………… 7260168
收发室……………… 7871724
公寓………………… 7260499
办公楼门卫………… 7871714
兴隆台水务工区
主任………………… 7861133
书记………………… 7868239
副主任……………… 7861485
……………………… 15804278095
技术………………… 7862911
政工………………… 7866060
调度室……………… 7662139
营业班……………… 7871736
维修班……………… 7676229
于楼水务工区
主任………………… 7580901
书记………………… 7580902
主任工程师………… 7582958
技术………………… 7580111
营业班……………… 7662208
维修班……………… 7586717
欢喜岭水务工区
主任………………… 7540772
书记………………… 7545058
主任工程师………… 7547182
技术………………… 7547581
调度室……………… 7546850
营业班……………… 15804279915
维修班……………… 15804279916
曙光水务工区

主任………………… 7539389
书记………………… 7538028
副主任……………… 7538029
技术………………… 7538031
综合………………… 7538030
调度室……………… 7675366
营业班……………… 7796168
维修班……………… 7796169
高升水务工区
主任………………… 7501102
书记………………… 7500121
副主任……………… 7502027
……………………… 7506040
办公室……………… 7506171
外输班……………… 7502193
过滤班……………… 7500144
维修班……………… 15804279952
沈阳水务工区
主任………………… 7560575
书记………………… 7695189
副主任……………… 7885572
技术………………… 7695259
综合………………… 7560528
营业班……………… 7885573
维修班……………… 7885571
锦州水务工区
技术组……………… 7550336
调度室……………… 7550578
茨榆坨水务工区
主任………………… 7570606
书记………………… 7698599
主任工程师………… 7698559
技术组……………… 7578981
综合办……………… 7862880
办公室……………… 7578601
维修班……………… 7698133
金马水务工区
主任………………… 7671999
书记………………… 7895600
副主任……………… 7895665
经营组……………… 7895677
营业班……………… 7895668
维修班……………… 7895618
调度室……………… 7862301
供水管理中心
主任………………… 7861739
书记………………… 7860086
主任工程师………… 7866989
综合办……………… 7862706
维修队……………… 7871706
营业中心
主任………………… 7860613
书记………………… 7261551
副主任……………… 7867557

财务………………… 7869882
办公室……………… 7871738
水文地质研究所
所长………………… 7261155
书记………………… 7865558
副所长……………… 7863193
……………………… 7861930
……………………… 7868768
水质检验中心
主任………………… 7865538
副主任……………… 7865334
主任工程师………… 7260985
水表检测中心
主任………………… 7868118
书记………………… 7860266
副主任……………… 7861521
技术………………… 7862851
水井工程大队
大队长……………… 7261958
书记………………… 7867166
副大队长…………… 7871728
经营………………… 7668822
调度室……………… 7868767
运输大队
大队长……………… 7860255
书记………………… 7860119
副大队长…………… 15804278197
调度………………… 7861163
物资供应站
站长………………… 7861000
书记………………… 7860208
金辉公司
董事长……………… 2933185
书记………………… 2930198
副经理……………… 2931706
……………………… 2931733
财务总监…………… 2931505
总造价师…………… 2930169
财务部……………… 2930887
……………………… 2932138
综合办……………… 2932885
经营管理部………… 2930779
物资管理部………… 2932515
质量安全环保部…… 2930275
调度室……………… 2931173
生活服务中心……… 2930211
车队………………… 2930722
建安公司经理……… 2931775
建安一处…………… 2931708
建安二处…………… 2930375
建安三处…………… 2931079
电气分公司………… 7803759
机加分公司………… 7860461
运输分公司………… 3210898

饮品分公司………… 7851776
化工分公司………… 7261919
加油站……………… 7860851
地产分公司………… 2930875
燃气分公司（0564） 8674455
电动修井机项目部 … 7803759
地热公司…………… 7268988

辽河石油报社

领导
总编辑、党委副书记 7285656
党委书记、副总编辑 7829631
副总编辑、记者站站长 7807668
副总编辑…………… 7808364
………………………… 7827117
………………………… 7822151
………………………… 7822838
………………………… 7822025
副总经济师………… 7800355
副总会计师………… 7832671
党政办公室
主任………………… 7822189
办公室……………… 7822064
工会………………… 7800947
车队队长…………… 7285700
车队………………… 7822873
经营管理科
副科长……………… 7800907
财务资产科
财务科……………… 7823128
………………………… 7822045
行管科
科长………………… 7827133
办公室……………… 7801661
安保科
科长………………… 7808218
副科长……………… 7822826
门卫………………… 7803335
消防监控室………… 7829119
审计科
办公室……………… 7800922
要闻采编中心
主任………………… 7806212
副主任……………… 7827125
办公室……………… 7823150
经济新闻部
主任………………… 7802480
副主任……………… 7806508
办公室……………… 7820658
专题部
主任………………… 7804917
副主任……………… 7802419
办公室……………… 7821655
社会新闻部
主任………………… 7822975
………………………… 7806440
………………………… 7822968
办公室……………… 7827126
摄影美术部
主任………………… 7802575
办公室……………… 7804434
群工部
主任………………… 7809431
………………………… 7809400
办公室……………… 7822927
………………………… 7800572
时事部
主任………………… 7802507
副主任……………… 7820511
新闻出版部
主任………………… 7822933
副主任……………… 7827528
校对………………… 7822635
资料室……………… 7802730
扫描发排室………… 7802730
中心机房
要闻采编中心……… 7823150
经济新闻部………… 7820658
专题部……………… 7821655
社会新闻部………… 7827126
群工部……………… 7800572
时事部……………… 7820511
中国石油报驻辽河记者站
站长………………… 7807668
副站长……………… 7822834
办公室……………… 7800575
广告部
主任………………… 7801528
业务室……………… 7801574
设计室……………… 7808083
路牌广告…………… 7832928
发行公司
经理………………… 7822035
办公室……………… 7808028
图片社
经理………………… 7805921
书记………………… 7802668
财务室……………… 7822037
营业室……………… 7822015
印刷厂
厂长………………… 7822881
书记（传真） …… 7802626
副厂长……………… 7833975
………………………… 7830975
办公室……………… 7801810
业务室……………… 7822892
激光照排…………… 7827211
………………………… 7830937
夜班………………… 7802429
装订车间…………… 7801578

矿区服务事业部所属单位

振兴公用事业公司

机关
副经理……………… 7823526
………………………… 7822853
………………………… 7801008
安全副总监………… 7802662
副总会计师………… 7802127
党委委员…………… 7821234
圣泰总公司书记…… 7803665
经理办主任………… 7822098
计生………………… 7822831
信访………………… 7825646
档案室……………… 7821084
打字室……………… 7802833
纪检办主任………… 7832494
党委工作部副主任 … 7823317
………………………… 7823830
团委副书记………… 7822903
党委工作部………… 7803400
财务资产部主任…… 7823439
副主任……………… 7803134
………………………… 7832219
办公室……………… 7823736
劳动人事部主任…… 7831742
副主任……………… 7804454
办公室……………… 7823407
………………………… 7821299
职工培训中心……… 7822764
经营计划部主任…… 7823330
副主任……………… 7803245
………………………… 7820773
办公室……………… 7801224
………………………… 7820655
………………………… 7822875
信息中心…………… 7809036
安全质量环保部副主任 7821304
………………………… 7832403
办公室……………… 7820906
………………………… 7822734
物业管理部主任…… 7802086
副主任……………… 7822344
调度………………… 7821440
办公室……………… 7822817
审计部主任………… 7821854
办公室……………… 7822864
工会副主席………… 7821894
女工部主任/工会 … 7801251
城管监察保卫大队队长 7820038
书记………………… 7831942
办公室……………… 7823288
保卫………………… 7820103
再就业协调办公室主任 7830074
副主任……………… 7830074
离退休中心主任…… 7803015
书记………………… 7831043
离退休中心………… 7820713
物业服务一公司
经理………………… 7803407
书记………………… 7826887
副经理……………… 7823137
办公室……………… 7822574
业主服务中心……… 7801440
治保队……………… 7831042
物业服务二公司
经理………………… 7801148
书记………………… 7802633
办公室……………… 7831741
业主服务中心……… 7802440
治保队……………… 7820215
振北队……………… 7830052
物业服务三公司
经理………………… 7808313
书记………………… 7823216
业主服务中心……… 7803440
治保队……………… 7832495
………………………… 7800021
物业服务四公司
经理………………… 7828859
书记………………… 7828790
办公室……………… 7832216
治保队……………… 7832497
业主服务中心……… 7804440
物业服务五公司
经理………………… 7808864
书记………………… 7832663
办公室……………… 7820817
治保队……………… 7803641
业主服务中心……… 7805440
物业服务六公司
经理………………… 7835698
书记………………… 7835790
副经理……………… 7835605
办公室……………… 7835791
………………………… 7835737
业主服务中心……… 7835440
治保、环卫………… 7835792
物业………………… 7838124
门岗………………… 7837749
物业服务七公司
经理………………… 7821176
副经理……………… 7821095
办公室……………… 7821547
文化小区…………… 7836954

润禾园……………… 7800024
园中园……………… 7822440
文化小区老年中心 … 7801404

物业服务八公司

经理………………… 2950633
书记………………… 2950635
办公室……………… 2950630
客服中心…………… 2950440
财务………………… 2950550
综合办公室………… 2950551

物业服务九公司

经理………………… 7270678
书记………………… 7854515
副经理……………… 2950090
办公室……………… 2950071
工程客服部………… 7270440
财务………………… 2950072

公建物业服务公司

经理………………… 7832667
书记………………… 7832110
综合事务部………… 7832552
工程管理部………… 7832774
办公楼项目部……… 7299993
保安队部…………… 7299905
维修班……………… 7299904
办公楼主楼西岗…… 7299903
工会项目部………… 7888577
检察院项目部……… 7688787
花卉项目部………… 7663052

物业有限公司

经理………………… 7832943
书记………………… 7805811
办公室……………… 7800954
财务………………… 7803744
紫园服务中心……… 7280440
440 服务中心 ……… 7800440
教培项目部………… 7828383
冷家项目部………… 7832393
祥和家园…………… 7281602
干洗店……………… 7586786
综合项目部………… 7690787

供热公司

经理………………… 7823185
书记………………… 7822061
副经理……………… 7802523
办公室……………… 7800398
生产调度…………… 7821052
财务………………… 7806790
材料………………… 7821074
维修一队…………… 7820222
………………………… 7822701
维修二队…………… 7820308
………………………… 7835825
维修三队…………… 7800014
维修四队…………… 7822343
锅炉房……………… 7833445
………………………… 7833447
职工浴池…………… 7826480

燃料公司

经理………………… 7823467
书记………………… 7822057
副经理……………… 7822057
办公室……………… 7820500
经营部……………… 7822668
北区液化气站……… 7823164
………………………… 7803514
南区液化气站……… 7821490
………………………… 7831745
………………………… 7823204
充装站……………… 7852971

市政公司

经理………………… 7822192
书记………………… 7802543
副经理……………… 7822736
办公室……………… 7820153
财务………………… 7802180
综合队……………… 7822008
………………………… 7822024
排水队……………… 7822187
供电队……………… 7823483
电管站……………… 7800774
………………………… 7822923
监察队……………… 7822627
收费一队…………… 7802107
收费二队…………… 7803882
东区 1 号、2 号泵站 7879585
双兴排涝站………… 7800147
南区泵站…………… 7291011
俱乐部办公室……… 7822818

绿化公司

经理………………… 7821904
书记………………… 7809286
办公室……………… 7809622
财务………………… 7830155
环卫队……………… 7820101
养护队……………… 7821968
科研所……………… 7823404

运输公司

经理………………… 7820947
书记………………… 7821912
办公室……………… 7806401
调度………………… 7820948
财务………………… 7822656
一队………………… 7822628
二队………………… 7807624

物资公司

经理………………… 7291427
书记………………… 7291247
财务………………… 7291640
一般材料…………… 7291837

房产管理中心

主任………………… 7821031
书记………………… 7828955
办公室……………… 7808662
………………………… 7825176
财务………………… 7804484
房产管理部………… 7823161
房产管理部………… 7804424
商网收费部………… 7802131
综合监察部………… 7802110
物业收费部………… 7800757
………………………… 7804674

托幼中心

主任………………… 7821000
书记………………… 7823835
办公室……………… 7801664
机关幼儿园………… 7822429
幸福幼儿园………… 7820318
蓓蕾幼儿园………… 7821957

文体中心

主任………………… 7826568
书记………………… 7809502
副馆长……………… 7802623
体育馆……………… 7800220
体育馆值班室……… 7820440
游泳馆办公室……… 7809501
贵宾室……………… 7854677

青少年宫

主任………………… 7800042
教学管理部………… 7800274
教学服务部财务…… 7800017
安全保卫组………… 7822667
教学楼值班室……… 7800004
文艺楼值班室……… 7800271

圣泰集团

总经理……………… 7831008
副总经理…………… 7821166
总工程师…………… 7291095
副书记……………… 7807660
多种经营部主任…… 7832320
清欠办主任………… 7827205
财务部主任………… 7822907
安全副总监………… 7820810
安全质量环保部…… 7832505
办公室……………… 7826406
………………………… 7807533
圣泰一处书记……… 7829511
副经理……………… 7833156
圣泰二处经理……… 7831233
书记………………… 7827145
办公室……………… 7803442
圣泰三处经理……… 7290950
书记………………… 7290951
办公室……………… 7290955
圣泰四处书记……… 7290617
副经理……………… 7292187
经营部……………… 7292187
塑钢窗厂…………… 7590786
圣泰五处经理……… 7291395
书记………………… 7292295
办公室……………… 7291296
圣泰六处经理……… 7829868
书记………………… 7808229
副经理……………… 7831389
办公室……………… 7832933
圣泰七处经理……… 7833829
书记………………… 7805029
副经理……………… 7829522
圣泰九处经理……… 7292275
书记………………… 7292215

监理公司

经理………………… 7820926
书记………………… 7833796
副经理……………… 7802514
办公室……………… 7808924

兴隆台公用事业处

领导

处长………………… 7866333
书记………………… 7861199
党委副书记、纪委书记、工会主席………………… 7862866
副处长、安全总监 … 7869567
副处长……………… 7865885
………………………… 7260099
办公室……………… 7261600
………………………… 7260088
………………………… 7863078

副总师

安全副总监………… 7261067
副总工程师………… 7869018
………………………… 7866901

处办公室

主任、信访办主任 … 7866907
副主任、档案室主任 7863310
文印………………… 7869712
档案室……………… 7865323
机关车队…………… 7868332
机关食堂…………… 7863060
处办公楼门卫……… 7861395

经营计划科

科长………………… 7869018
概预算中心主任…… 7865813
副科长……………… 7869229
………………………… 7866910
节能、质量、统计、信息

……………………… 7866910
物业管理（监察）科
科长、收费中心主任 7866901
科长、440 指挥中心主任
……………………… 7860027
收费中心副主任…… 7860848
综合办……………… 7860848
440 指挥中心（一） 7861440
440 指挥中心（二） 7862440
440 指挥中心（三） 7863440
财务资产科
科长………………… 7867562
副科长……………… 7869626
副科长、资产装备 … 7868373
综合办……………… 7869373
人事教育科
科长………………… 7867788
副科长……………… 7869603
保险、教培………… 7869155
劳资、人事………… 7867955
安全环保科
科长………………… 7261067
安全监督站站长…… 7862709
综合办……………… 7869703
多种经营科
科长………………… 7867366
党群工作部
部长………………… 7866902
副部长……………… 7866575
团委副书记………… 7869608
综合办……………… 7869735
工会（计划生育办公室）
副主席……………… 7869223
计划生育办副主任 … 7862176
综合办……………… 7862176
财务………………… 7862109
纪检监察科
科长………………… 7869104
案件主办…………… 7869712
物资管理办公室（供应站）
主任、站长………… 7260379
综合办……………… 7869702
离退休管理中心
主任………………… 7868833
综合办……………… 7868599
门卫………………… 7868299
土地和绿化管理办公室
主任………………… 7866911
副主任……………… 7861711
综合办……………… 7861711
祥云基地
经理………………… 7590066
值班室……………… 7590099
物业一公司
副总师、经理……… 7820866
书记………………… 2897348
副经理……………… 7828479
……………………… 2899677
刘佩学办…………… 7820387
财务………………… 2899037
财务………………… 7821629
物业管理…………… 2898657
政工………………… 2899094
调度室……………… 2899034
材料………………… 7821284
安全………………… 7823260
综合治理…………… 7821972
劳资保险教育……… 2897301
质量管理…………… 2898446
乐园小区…………… 7803281
和平小区…………… 2899024
新工小区…………… 2899044
新村小区…………… 2899100
双兴小区…………… 2898101
管子站小区………… 2897233
收费所……………… 2899054
收费所……………… 2899051
锅炉队……………… 7821735
车队………………… 7822926
水电队……………… 7821790
维修队……………… 7820484
稽查队……………… 2897452
水厂………………… 7803265
物业二公司
经理………………… 2833431
书记………………… 7861430
副经理……………… 7861434
综合办……………… 7862641
财务………………… 7868739
收费中心…………… 7862262
水电队……………… 7869499
车队………………… 7868387
先丰物业队………… 7868041
物业三公司
经理………………… 7651416
书记………………… 7652178
办公室……………… 7651359
……………………… 7651342
综合办……………… 7651283
……………………… 7652133
财务………………… 7651257
资产综治…………… 7653282
劳资教育政工……… 7651216
车队………………… 7651743
维修队……………… 7652782
……………………… 7651674
物业队……………… 7651341
……………………… 7653256
收费中心…………… 7651134
……………………… 7651343
物业四公司
经理………………… 7261959
书记………………… 7863394
副经理……………… 7866199
……………………… 7869328
再就业管理………… 7861376
综合办……………… 7860225
财务………………… 7860191
房产………………… 7860478
清泉收费…………… 7866440
泰山收费…………… 7860103
水电稽查…………… 7862244
作业物业队………… 7860321
清泉物业队………… 7860841
泰山物业队………… 7869308
光明物业队长……… 7269279
光明物业队………… 7269942
维修队长…………… 7861797
维修队……………… 7861969
泰山绿化…………… 7862643
泰山泵站…………… 7676206
物业五公司
经理………………… 7869633
书记………………… 7863556
副经理……………… 7869634
智学彦办…………… 7869634
收费………………… 7869942
资产………………… 7861162
财务劳资…………… 7869941
政工计划生育……… 7869940
安全（车队）……… 7861308
前进物业队………… 7265285
……………………… 7265440
锦祥物业队………… 7861634
综合服务队………… 7860079
供暖公司
经理………………… 7260111
书记………………… 7868279
副经理……………… 7868275
……………………… 7861279
调度………………… 7869856
综合办……………… 7261631
财务………………… 7868274
材料………………… 7868277
收费站站长………… 7260113
收费站……………… 7261676
党校锅炉队………… 7868273
锦祥锅炉队队长…… 7261786
锦祥锅炉队………… 7861626
前进锅炉队………… 7265170
集中供暖队队长…… 7862042
集中供暖队………… 7868303
作业换热站………… 7868475
泰山换热站………… 7860085
供水换热站………… 7868706
中心换热站………… 7862241
压裂换热站………… 7861928
燃气公司
经理………………… 7869377
书记………………… 7869577
办公室……………… 7261577
财务………………… 7868377
党群、劳资………… 7861633
泰山液化气站……… 7860245
锦祥液化气站……… 7863743
作业液化气站……… 7860317
金河液化气站……… 7651276
新工液化气站……… 7821712
新村液化气站……… 7823729
管子站液化气站…… 7821186
托幼中心
主任………………… 7862393
书记………………… 7261311
综合办……………… 8680240
政工………………… 7260937
财务安全…………… 7261167
泰山艺术幼儿园…… 7868222
红太阳艺术幼儿园 … 7862566
金苹果艺术幼儿园 … 7651332
星光多艺幼儿园…… 7821927
昕萌艺术幼儿园…… 7860187
保安（城管、稽查）大队
大队长……………… 7869311
书记………………… 7860037
副大队长…………… 7260967
……………………… 7860036
劳资财务…………… 7260957
综治政工…………… 7260717
质量安全综合……… 7866904
辽河油田体育馆
馆长………………… 7821645
副馆长……………… 7822360
财务劳资…………… 7820228
政工干事…………… 2897049
保安………………… 7289221
总机………………… 2898301
鼎实实业集团有限公司
总经理……………… 7260099
书记、副总经理…… 7866366
副总经理…………… 7867366
……………………… 7260659
……………………… 7869568
……………………… 7260213
综合办……………… 7260601
党群工作部………… 7260027
财务部……………… 7260066

工程部…………… 7862466
经营部…………… 7866730
概预算中心……… 7261191
安全部…………… 7261319
材料部…………… 7261157
维修一队………… 2899049
维修二队………… 7863383

摩天房地产开发公司

经理……………… 7260659
副经理…………… 7260503
…………………… 7260323
办公室…………… 7260601
财务……………… 7260375
开发……………… 7260917
工程……………… 7260809
销售……………… 7260845
预算……………… 7260775

辽河油田嘉诚建筑安装有限公司

经理……………… 7869009
办公室…………… 7261558

辽河油田嘉星太阳能科技有限公司

…………………… 7281989
网络工程部……… 7868008
地砖厂…………… 7261815
彩板厂…………… 7868611
纸厂……………… 7283978
修配厂…………… 7865715

渤海公用事业处

领导

处长……………… 7819267
书记……………… 7819967
副处长…………… 7819929
…………………… 7812099
…………………… 7811518
副总会计师……… 7818941
副总工程师……… 7818219
安全副总监……… 7815009
党委委员、党群部部长 7818344
渤海物业董事长… 7816915

处长办公室

主任……………… 7812663
副主任…………… 7815696
文书……………… 7818943
档案室…………… 7816545

党群工作部

副部长、工会副主席 7851994
计生副主任……… 7851994
宣传副部长……… 7852056
纪检监察科副科长 … 7851658
党群……………… 7813307
纪检……………… 7816454

物业管理科

科长……………… 7818942
副科长…………… 7852323
办公室…………… 7852125
440 值班 ………… 7810440

人事教育科

科长……………… 7811190
办公室…………… 7812672

财务资产科

副科长…………… 7852280
…………………… 7851466
办公室…………… 7815221
…………………… 7813351

经营计划科

科长……………… 7818932
副科长…………… 7815660
办公室…………… 7815832
信息中心………… 7852340

安全环保监察部

部长……………… 7813400
副部长…………… 7813717

保卫科

科长……………… 7818090
办公室…………… 7816571

能源管理科

科长……………… 7852281
副科长…………… 7815211

企管法规科

副科长…………… 7818916
办公室…………… 7813916

物业一公司（永祥）

经理……………… 7811801
书记……………… 7810864
经理办…………… 7810576
党群办…………… 7810632
财务办…………… 7810403
物业办…………… 7813104
车队……………… 7811977
服务队…………… 7813470
维修队…………… 7813368
环卫绿化队……… 7812071
幼儿园…………… 7812554
保安队…………… 7811347
440 值班室 ……… 7811440
液化气站………… 7811354
收费班…………… 7811582
电工班…………… 7812094
检修班…………… 7810382
保安门岗………… 7810140

物业二公司（海园）

经理……………… 7813341
书记……………… 7810955
副经理…………… 7813851
经理办…………… 7813681
材料办…………… 7812574
安全办…………… 7812440
财务办…………… 7815864
物业办…………… 7815903
房产办…………… 7812875
水电维修队……… 7813734
…………………… 7812216
海园绿化队……… 7813103
…………………… 7813481
液化气站………… 7813692
海园小区门卫…… 7811489
海园新区物管…… 7812428
海园新区门卫…… 7813648

物业三公司（油二、长湖）

经理……………… 7815858
书记……………… 7813865
副经理…………… 7816782
…………………… 7812634
经理办…………… 7813057
经营办…………… 7813346
物业办…………… 7818921
服务队…………… 7818453
液化气站………… 7813593
维修队…………… 7813440
配电室…………… 7811260
保安队…………… 7811830
北门卫…………… 7817803
托儿所…………… 7850677
长湖绿化队……… 7811696
长湖小区门卫…… 7815872

物业四公司（兴油）

经理……………… 7811751
书记……………… 7811740
副经理…………… 7812743
经理办…………… 7812545
党群办…………… 7812491
财务资产………… 7812363
经营管理………… 7851400
综合收费班……… 7812296
调度室…………… 7853440
门卫……………… 7812316
家政中心………… 7850228
维修队…………… 7812591
环卫一队………… 7851315
环卫二队………… 7813665
服务队…………… 7812490
液化气站………… 7812321
幼儿园…………… 7812657
保安队…………… 7812530

物业五公司（新华、消防）

经理……………… 7810661
书记……………… 7811734
副经理…………… 7813503
…………………… 7812235
经理办…………… 7811645
党群……………… 7813312
物业……………… 7812970
…………………… 7811627
劳资……………… 7811743
财务……………… 7811495
安全……………… 7811392
材料……………… 7811924
440 值班室 ……… 7816440
幼儿园…………… 7811936
综合队…………… 7811304
液化气站………… 7811224
保安队…………… 7815676
消防小区………… 7818440

物业六公司（天丽）

经理……………… 7890808
副经理…………… 7891230
…………………… 7891198
…………………… 7890709
综合办…………… 7856441
收费组…………… 7664406
保安队…………… 7661772
服务中心………… 7890440

石化物业公司

经理……………… 7658389
书记……………… 7658569
副经理…………… 7658523
…………………… 7658563
综合办…………… 7659760
…………………… 7658754
…………………… 7659871
车班安全………… 7658837
经营办…………… 7658924
物业办…………… 7658883
收费中心………… 7658357
440 值班室 ……… 7659440
绿化……………… 7658850
液化气站………… 7658896
…………………… 7658865
幼儿园…………… 7658706
西区门卫………… 7659947
东区门卫………… 7658944
浴池……………… 7658930

热电物业公司

经理……………… 7859704
书记……………… 7859504
综合办…………… 7859670
物业办…………… 7858013
440 值班室 ……… 7859440
财务办…………… 7859661
矿区管理班……… 7858104
液化气班………… 7858141
绿化班…………… 7859643
公园……………… 7859523
维修班…………… 7859679

幼儿园…… 7859659
小区西区门卫…… 7858265
监控室…… 7859019
热电公建…… 7859657
供暖公司
经理…… 7811505
书记…… 7812985
副经理…… 7812096
经理办…… 7817614
管理…… 7813463
财务…… 7810386
锅炉队…… 7816035
维修队…… 7812753
材料组…… 7812269
锅炉房…… 7851211
锅炉房门卫…… 7815662
海园泵房…… 7812864
长湖泵房…… 7817340
油二泵房…… 7813216
值班室…… 7812933
城管监察大队
大队长…… 7816563
书记…… 7852719
办公室…… 7852121
…… 7851477
物资供应站
站长…… 7815370
书记…… 7815373
计划…… 7815375
材料…… 7815118
车辆管理大队
大队长…… 7815077
书记…… 7815768
副大队长…… 7810877
综合办…… 7819371
调度室…… 7813597
车队…… 7813683
渤海物业管理有限公司
总经理…… 7852117
书记…… 7852067
副总经理…… 7851567
…… 7851978
综合办…… 7851695
财务资产部…… 7851667
经营管理部…… 7852115
建安…… 7818200
绿化…… 7850495
海丰工贸分公司
厂长…… 7819871
办公室…… 7816110
…… 7851690
海阳建材分公司
经理…… 2886096
副经理…… 7878812
业务部…… 2886226
经理办…… 2886326
海天力公司
经理…… 7890999
综合部…… 7890066
经营部…… 7890088
工程部…… 7890077
物业部…… 7890321
财务部…… 7890009
办公室…… 7890011

于楼公用事业处

领导
处长…… 7584779
党委书记…… 7581886
副处长…… 7581668
…… 7581790
副总会计师…… 7581410
副总工程师…… 7581143
办公室
主任…… 7580338
副主任…… 7582431
办公室…… 7582431
党群工作部
部长…… 7580756
办公室…… 7580249
工会…… 7581068
副主席…… 7581068
财务科
副科长…… 7581101
财务科…… 7580855
…… 7581438
收费中心…… 7580561
…… 7581617
物业科
科长…… 7580326
物业科…… 7582427
物业一公司
经理…… 7580599
书记…… 7580061
副经理…… 7581338
…… 7580793
财务…… 7580818
劳资、物业…… 7580704
政工、房产、资产 … 7581011
计划…… 7582686
安全…… 7580624
水电站…… 7580402
液化气…… 7580739
物业二公司
经理…… 7580199
副书记…… 7580271
副经理…… 7580094
财务、劳资…… 7580008
办公室、安全…… 7581197
能源统计、房产…… 7580099
工会…… 7580628
物业三公司
经理…… 7580798
副书记…… 7580505
副经理…… 7582806
…… 7582607
政工…… 7581879
安全、物业…… 7580883
统计…… 7580236
劳资、财务…… 7580809
物业一队…… 7580386
物业二队…… 7582556
物业三队…… 7590111
物业四队…… 7590661
物业五队…… 7590026
供暖公司
经理…… 7581143
副书记…… 7580791
副经理…… 7580606
调度室…… 7580022
劳资…… 7582223
技术…… 7580240
安全…… 7580240
材料…… 7580240
财务…… 7580331
政工…… 7580796
能源稽查组…… 7580187
车辆管理大队
大队长…… 7583166
副大队长…… 7583199
办公室…… 7583866
调度室…… 7582361
一车班…… 7580051
二车班…… 7580807
三车班…… 7582193

曙光公用事业处

领导
处长…… 7530666
书记…… 7538399
副处长…… 7533918
…… 7539988
…… 7538300
副总经济师…… 7539888
安全副总监…… 7539303
处（党委）办公室
主任…… 7539393
副主任…… 7539977
…… 7539707
再就业办主任…… 7530975
离退办…… 7530003
史志办…… 7538408
综合办…… 7534877
档案室…… 7539367
市政物业科
副科长…… 7535609
…… 7538018
工程…… 7530589
物业…… 7538388
应急管理…… 7539233
房产交易办公室…… 7534873
质量安全环保科
科长…… 7538848
HSE 监督站站长 … 7539271
HSE 体系、环保 … 7539126
交通…… 7539802
HSE 监督、综合 … 7539360
经营计划科
科长…… 7530399
副科长…… 7539388
计划…… 7533606
信息中心…… 7539533
劳动人事科
科长…… 7532333
副科长…… 7539302
劳动组织…… 7532123
劳务管理中心…… 7517682
财务科
副科长…… 7538966
…… 7534876
会计…… 7539396
党委组织部
部长…… 7532333
干事…… 7538918
工会
工会副主席…… 7534888
女工…… 7538078
党委宣传部
部长…… 7533322
纪检监察部
主任…… 7539308
纪检…… 7530958
团委
团委副书记…… 7532393
资产装备科
科长…… 7533608
资产员…… 7534754
市场部
主任…… 7539708
物资供应站
站长…… 7539866
材料员…… 7530453
计划、配拨…… 7531000
统计、保管…… 7531819
监察保安大队
大队长…… 7531110

保卫科副科长……… 7532110
财务…………………… 7531494
水电监察…………… 7531495
城管…………………… 7534875
物业一公司
经理…………………… 7530158
书记…………………… 7539539
副经理………………… 7532756
…………………………… 7532002
财务…………………… 7530889
生产组………………… 7530541
调度…………………… 7531440
保安队………………… 7531024
办公楼服务队……… 7539633
…………………………… 7520440
托幼站………………… 7531631
综合维修队………… 7530526
…………………………… 7530941
二区服务队………… 5630191
小区管理站………… 7530865
物业二公司
经理…………………… 7531118
书记…………………… 7539900
副经理………………… 7535855
…………………………… 7539781
调度…………………… 7532440
财务…………………… 7567053
综合维修队………… 7530567
小区管理站………… 7663981
兴隆台服务队……… 7830170
…………………………… 7817224
物业三公司
经理…………………… 7515440
书记…………………… 7510301
副经理………………… 7510533
…………………………… 7511321
生产组长…………… 7510345
房产…………………… 7510402
调度…………………… 7510440
劳资、质量………… 7510082
政工…………………… 7510203
托幼站………………… 7510443
友谊服务队………… 7513440
…………………………… 7512268
综合服务队………… 7510915
…………………………… 7510009
小区管理站………… 7512440
…………………………… 7511440
保安队………………… 7511014
供暖公司
经理…………………… 7539889
书记…………………… 7534900
副经理………………… 7538668
…………………………… 7539717
调度…………………… 7533440
生产组………………… 7530722
政工组………………… 7530825
人事…………………… 7531493
财务…………………… 7532214
资产、能源………… 7532471
材料组………………… 7530340
供暖一队…………… 7530358
…………………………… 7539125
供暖二队…………… 7510986
…………………………… 7510863
供暖三队…………… 7510337
…………………………… 7510248
供暖四队…………… 7520788
…………………………… 7520137
项目组………………… 7531383
燃气公司
经理…………………… 7538118
书记…………………… 7538119
副经理………………… 7534181
财务…………………… 7534827
经营…………………… 7539237
调度…………………… 7534440
液化气充装站……… 7539217
液化气供气一站…… 7530548
液化气供气二站…… 5631273
液化气供气三站…… 7510568
车辆管理大队
大队长………………… 7532723
书记…………………… 7539557
副大队长…………… 7539122
安全…………………… 7530923
经营…………………… 7531923
车辆管理一队……… 7539377
车辆管理二队……… 7539803
修配厂………………… 7531532
锐锋工程实业有限公司
董事长………………… 7530928
书记…………………… 7532688
总经理………………… 7532696
副总经理…………… 7538080
…………………………… 7856222
…………………………… 7539448
会计…………………… 7531998
安全…………………… 7530654
合同…………………… 7533189
劳资…………………… 7531918
预算…………………… 7530926
材料…………………… 7530098
锐锋队………………… 7530540
…………………………… 7534871
花窖…………………… 7532443
砌块厂………………… 7539966

欢喜岭公用事业处

领导
处长…………………… 7549509
书记…………………… 7549589
副处长………………… 7549528
…………………………… 7549408
安全副总监………… 7548933
副总会计师………… 7548855
处长办公室
主任…………………… 7549310
档案室副主任……… 7548301
秘书…………………… 7546376
文书…………………… 7545710
档案室………………… 7540618
党群工作部
部长…………………… 7546576
团委副书记………… 7543376
组织、宣传………… 7546323
工会计生办
办公室………………… 7548203
纪检监察科
科长…………………… 7546287
副科长………………… 7549209
财务资产科
科长…………………… 7548855
出纳…………………… 7541211
会计、稽核………… 7549636
经营计划科
科长…………………… 7545588
副科长………………… 7545428
办公室………………… 7547890
安全环保科
科长…………………… 7548933
监督站站长………… 7548069
环保副科长………… 7255801
办公室………………… 7549119
质量技术监督科
科长…………………… 7549760
办公室………………… 7548192
市政物业管理科
科长…………………… 7542026
副科长………………… 7256267
440 调度长 ………… 7546440
440 调度室 ………… 7540440
办公室………………… 7541580
劳动人事科
科长…………………… 7541308
办公室………………… 7548125
社会保险管理中心
科长…………………… 7546080
办公室………………… 7546551
房产交易所
科长…………………… 7541693
办公室………………… 7547880
信息管理中心
主任…………………… 7549443
物资供应科
科长…………………… 7545428
办公室………………… 7548435
城管大队
大队长………………… 7546967
副大队长…………… 7258569
综治…………………… 7548023
城管…………………… 7540175
值班门卫…………… 7540159
收发室………………… 7546739
物业一公司
经理…………………… 7540565
书记…………………… 7540970
副经理………………… 7255819
…………………………… 7256528
财务…………………… 7259533
人事…………………… 7257101
政工…………………… 7541094
物业、安全………… 7259531
综合组………………… 7666982
市场办………………… 7873131
调度…………………… 7542440
物业一队…………… 7259528
物业二队…………… 7259538
物业三队…………… 7259515
物业四队…………… 7259539
计量队………………… 7259532
保安中队…………… 7259534
服务队………………… 7259537
园林队………………… 7541093
市政维修队………… 7540815
物业二公司
经理…………………… 7540501
副经理………………… 7547438
…………………………… 7540183
…………………………… 7541667
…………………………… 7540734
安全…………………… 7541594
物业…………………… 7541123
节能…………………… 7542554
会计、出纳………… 7541329
工会、组织………… 7540390
宣传…………………… 7540482
人事…………………… 7540005
值班室………………… 7540896
物业一队…………… 7541120
物业二队…………… 7540770
物业三队…………… 7541540
水电队队长………… 7543941
指导员………………… 7541064
维修队队长………… 7540315

材料员……7540425
保安中队队长……7540793
西门岗……7542023
五号门岗……7542842
南门岗……7255132
服务一队……7548072
服务二队……7546553

供暖公司

经理……7259600
副经理……7644705
……7541196
……7644705
财务、统计……7644890
劳资……7540153
质量……7540157
节能设备……7644898
安全……7541109
组织、工会……7644898
宣传……7645104
调度……7644533
换热一队……7540699
换热二队……7540170
锅炉队……7645624
综合队……7645094
收费组……7644763
服务队……7645104

物业三公司

经理……7647045
政工……7666199
安全、物业……7888570
会计……7557007
劳资……7257623
海工项目部经理……7647065

托幼管理中心

主任……7546997
书记……7540663
工会、人事、安全……7541007
一园……7540227
二园……7541067
三园……7540873
四园……7544661

燃气公司

经理……7259617
书记……7543457
副经理……7259444
会计……7644966
工会……7541350
政工……7546978
统计……7541462
安全员……7542035
供应队……7644623
充装站站长……7540910
副站长……7542035
钻二液化气站……7540255
欢采液化气站……7540449
充装站门卫……7541192

运输公司

经理……7541655
书记……7548409
安全、劳资、统计……7542961
调度……7548006
运输一中队……7542256
运输二中队……7259516

市政工程公司

总经理……7546899
副总经理……7542813
……7542826
书记……7546803
工程师……7546821
宣传、组织……7547406
经营部计划主任……7543139
统计、预算……7543268
计划、合同……7546148
工程管理部主任……7541628
技术、安全……7541389
物资、工会……7542386
成本员……7546540
财务资产部主任……7545728
会计……7547886
劳资……7548639
调度……7541068
凯运一分公司经理……7540058
队长……7542392
凯运二分公司经理……7557081
队长……7545195
万顺经理……7546140
副经理……7540058
队长……7541287
万福经理……7542810
万兴经理……7542677
副经理……7540890

辽河油田中心医院

领导

院长……7650999
……7823558
党委书记……7650985
……7820989
副院长……7650996
……7650888
总会计师……7650829
副院长……7650555
党委副书记、纪委书记、工会主席……7650998
……7650633
……7650575
……7650685

院长办公室

主任……7650589
传真……7650568
信访办副主任……7650866
文书办……7650510
打字复印室……7650512
收发室……7650515
车队队长……7650987
车队调度室……7650800
救护车付班值班室……7650925
车队修配厂……7650990
综合档案室主任……7650783
档案室……7650940
病案室……7650536
病案微机室……7650564
统计室……7650514
总值班室……7650729
林丰再就业服务站……7650552
林丰社区……7650820

安全保卫科

科长……7650939
副科长……7650532
综合治理……7650684
保安队队长……7650684
安全管理……7650914
住院部保安值班室……7650531
机关楼门卫……7650515
门诊楼门卫……7650638
医院正门公安……7650694
独身宿舍门卫……7650834

经营计划科

科长……7650516
办公室……7650517
合同……7650986
预算……7650521

劳动人事科

科长……7650556
工资组……7650529
养老医疗保险组……7650992
职称考评组……7650993

财务资产科

科长……7650688
报销……7650781
……7650680
……7650537
……7650823
出纳组……7650528

预防保健科

科长……7650945
副科长……7650817
办公室……7650530
计划免疫接种门诊……7650924

计划生育办公室

主任……7650542
关爱中心
男性门诊……7650856
女性门诊……7650857

科研教育科

科长……7650822
副科长……7650839
教育组……7650582
科研组……7650518
图书馆……7650540
电子阅览室……7650809

信息管理中心

主任……7650501
微机室……7650513
医务科
科长……7650816
副科长……7650658
医疗保险管理办主任……7650505
办公室……7650520
……7650626

护理部

主任……7650669
办公室……7650519

体检中心

主任……7650569
办公室……7650567
主检室……7650720
小灵通……7670106

党委工作部

部长……7650676
办公室……7650522
……7650523
……7650918
电视台……7650527

纪检监察审计科

副书记……7650578
办公室……7650524
审计……7650511

工会

副主席……7650696
女职工委员会主任……7650526

团委

书记……7650533

离退休管理科

科长……7650803
副科长……7650981
党总支书记……7650815
办公室……7650698
……7650550
活动中心……7650541

循环内科

主任……7650961
护士站……7650701

呼吸内科

主任……7650962
护士站……7650702

消化内科
主任…………………… 7650963
护士站………………… 7650703
神经内科
主任…………………… 7650964
护士站………………… 7650704
肾内科
主任…………………… 7650965
护士站………………… 7650960
血液内科
主任…………………… 7650966
护士站………………… 7650705
内分泌科
主任…………………… 7650648
护士站………………… 7650840
儿科
主任…………………… 7650971
护士站………………… 7650723
干诊科
主任…………………… 7650708
护士站………………… 7650707
肿瘤科
主任…………………… 7650972
护士站………………… 7650706
康复科
主任…………………… 7650894
一楼护士站…………… 7650727
二楼护士站…………… 7650709
骨外科
主任…………………… 7650967
护士站………………… 7650711
心胸外科
主任…………………… 7650968
护士站………………… 7650712
神经外科
主任…………………… 7650969
护士站………………… 7650713
外科党总支
书记…………………… 7650710
泌尿外科
主任…………………… 7650747
护士站………………… 7650949
普外一科
主任…………………… 7650988
副主任………………… 7650988
护士站………………… 7650714
普外二科
主任…………………… 7650598
副主任………………… 7650598
护士站………………… 7650919
手足外伤烧伤科
主任…………………… 7650970
护士站………………… 7650715
妇产科
主任…………………… 7650948
妇科护士站…………… 7650778
产科分娩室…………… 7650774
产科护士站…………… 7650721
口眼病房
护士站………………… 7650725
耳鼻喉科
主任…………………… 7650974
护士站………………… 7650950
办公室主任…………… 7650718
医生办………………… 7650717
手麻科 5、7 术间 … 7650794
护士长………………… 7650726
护士站………………… 7650716
服务台………………… 7650798
住院部
主任…………………… 7650763
结算…………………… 7650762
营养师室……………… 7650879
供应室………………… 7650765
门诊部
主任…………………… 7650655
医技党总支书记……… 7650728
护士长………………… 7650722
办公室………………… 7650730
1 楼收款 …………… 7650764
2、3 楼收款 ………… 7650745
挂号室………………… 7650984
注射室………………… 7650975
急诊收款室…………… 7650749
一楼服务台…………… 7650638
内科门诊
大内科主任…………… 7650776
内科党总支书记……… 7650842
内科诊室……………… 7650732
糖尿病诊室…………… 7650731
胃镜室………………… 7650842
外科门诊
大外科主任…………… 7650677
外科诊室……………… 7650733
手术室………………… 7650644
肛肠门诊……………… 7650650
碎石室………………… 7650754
皮肤科
主任…………………… 7650737
诊室…………………… 7650739
眼科
主任…………………… 7650557
门诊诊室……………… 7650742
准分子室……………… 7650900
门诊手术室…………… 7650615
口腔科
主任…………………… 7650973
副主任………………… 7650983
门诊诊室……………… 7650741
镶复科
主任…………………… 7650886
诊室…………………… 7650770
中医科
主任…………………… 7650738
诊室…………………… 7650947
耳鼻喉科
门诊诊室……………… 7650743
感染性疾病科
诊室…………………… 7650804
妇产科
门诊诊室……………… 7650740
儿科
门诊诊室……………… 7650735
门诊儿保诊室………… 7650503
干诊科
门诊诊室……………… 7650736
麻醉科
疼痛门诊……………… 7650606
社区卫生服务站
胜利社区主任………… 7785602
胜利社区诊室………… 7650602
迎宾社区主任………… 7785603
迎宾社区诊室………… 7650603
幸福社区主任………… 7785601
幸福社区诊室………… 7650604
振兴社区主任………… 7785618
振兴社区诊室………… 7650605
生态社区主任………… 7785619
生态社区诊室………… 7674221
河畔社区诊室………… 7286011
科研社区诊室………… 7803469
急诊科
主任…………………… 7650613
副主任………………… 7650978
值班室………………… 7650719
120 急救站 ………… 7650653
放射线科
主任…………………… 7650876
诊断室………………… 7650771
64 排 CT 室 ……… 7650995
CT 室 ……………… 7650772
CR、DR 室 ………… 7650558
核磁…………………… 7650551
一楼登记室…………… 7650997
导管室主任…………… 7650818
导管室………………… 7650773
检验科
主任…………………… 7650756
门诊常规室…………… 7650757
生化、微生物室……… 7650796
病房检验室…………… 7650977
微量元素……………… 7650629
化学发光室…………… 7650907
酶免室………………… 7650750
急诊检验室…………… 7650581
功能科
主任…………………… 7650690
B 超室 ……………… 7650752
B 超夜间值班 ……… 7650937
心电图………………… 7650753
心脏彩超……………… 7650751
病理科
主任…………………… 7650561
病理诊断室…………… 7650758
医疗美容科
主任…………………… 7650607
诊疗室………………… 7650734
高压氧科
主任…………………… 7650861
诊疗室………………… 7650755
理疗科
主任…………………… 7650724
诊疗室………………… 7650769
血液净化科
主任…………………… 7650675
诊疗室………………… 7650746
输血科
主任…………………… 7650599
值班室………………… 7650759
药剂科
主任…………………… 7650882
副主任………………… 7650806
药库…………………… 7650760
病房药局……………… 7650548
门诊药局……………… 7650580
急诊药局……………… 7650642
微机室………………… 7650761
药研室………………… 7650535
临床药学室…………… 7650508
制剂室
主任…………………… 7650566
财务…………………… 7650534
一楼…………………… 7650546
四楼…………………… 7650545
门卫…………………… 7650979
器械科
科长…………………… 7650663
库房主任……………… 7650767
采购员………………… 7650768
保管组………………… 7650921
财务组………………… 7650588
维修站站长…………… 7650845
仪修组………………… 7650775
电话维修站…………… 7650506
供应站
站长…………………… 7650911

采购员……7650583
……7650681
保管组……7650788
……7650787
财务……7650890

物业管理中心

主任……7650791
物业党总支书记……7650559
副主任……7650661
……7650596
……7650991
行政部经理……7650664
房产办……7650780
工程部经理……7650792
预算组……7650786
净化自控……7650952
消防中心……7650954
电梯维修……7650785
电梯班……7650777
冷冻站……7650957
锅炉房……7650833
电讯部……7650576
电工班……7650782
物业管理部……7650910
维修班……7650790
物料清洁班……7650784
保洁部值班室……7650620
污水处理……7650797
夜间维修值班……7650544
清扫队……7650695

第二职工医院

领导

院长……7810051
书记……7810600
副院长……7817566
……7810616
总会计师……7850149
副书记、工会主席……7810969
……7819916
……7810068
……7810078

办公室

主任……7810776
副主任……7810261
……7810656
车队……7810550
文书、打字室……7810265
总值班室……7817022
机关门卫……7817222

医务科

科长……7817482
医务科……7817735
统计室……7851722
病案室……7851370

健康管理中心

主任……7810256
机关办公室……7812286
体检现场……7813122

护理部

主任……7818730
护理部……7818350
导诊……7677506

预防保健科

科长……7817331
预防保健科……7817160
预保渤海……7811052
儿保门诊……7811697

人事教育科

科长……7817737
劳资、信息……7813567
保险、教育……7813761
档案、图书室……7817952

财务资产科

科长……7817870
成本……7817972
资产……7817907
结算……7813072
资金……7817180
出纳……7811812

经营计划管理科

科长……7810146
计划……7810376

安全保卫科

科长……7810105
办公室……7810105
门诊楼监控室……7852142

党群工作部

部长……7811159
副部长……7811252
团委书记……7811030
办公室……7811030

纪检监察审计部

部长……7819599
纪检监察……7819573

工会

工会副主席……7811389
女工主任……7819369

离退办

主任……7819368
书记……7819358
离退……7819716

总务科

科长……7813751
副科长……7819017
总务科办……7813750
物资供应组……7819672
污水站……7819703
污水站（社区）……7819273
污水站（于楼）……7580229
电工班……7852237
维修班……7816560
锅炉班……7816560
洗衣班……7816356
消防自控室……7816307
氧气负压室……7813691
食堂……7810139

肿瘤诊治中心

主任……7819644
书记……7819600
二楼护士……7851361
三楼护士……7851962
放疗室……7851706

感染疾病防治中心

主任……7817636
书记……7851685
二楼护士……7851804
三楼护士……7817570
门诊……7817706

精神心理卫生中心

主任……7852106
二楼护士……7852126
三楼护士……7852136
心理咨询……7852440

内科

主任……7817307
书记……7813145
护士……7812120
门诊……7852241

外科

主任……7815841
护士……7815120
门诊……7815338

妇科

主任……7851173
护士……7851273
门诊……7813779

儿科

主任……7811409
护士……7817286
儿科门诊……7852765

急诊科

主任……7852120
护士……7851120

中医科

主任……7816336
护士……7817023
门诊……7816335

五官科

耳鼻喉科……7819643
眼科……7818074
口腔科……7817207
护士办……7817881

肛肠科

主任……7877136
护士办……7815120
门诊……7815335

疼痛科

主任……7816619
门诊……7816559

麻醉科

主任……7810530
手术室……7811632

检验科

主任……7810704
检验科……7811301
病理……7812224
血库……7853330
免疫室……7811932

功能科

主任……7818254
B超……7818254
脑彩、骨密、夜诊……7818049
心电图室……7818152
内窥镜室……7818675

放射科

主任……7817361
放射科……7818274
CT室……7818910
ECT室……7813561

药剂科

主任……7811576
药剂科办……7811642
中药局……7811502
西药局……7815895
药局（传染）……7817725
药局（精神）……7852130
药局（肿瘤）……7813786

器械科

主任……7815091
器械科办……7818831

门诊部

主任……7817076
门诊挂号……7813297
住院收款……7810302
住院收款（传染）……7817790
供应室……7810963
护士……7810319
注射室……7810920
皮肤门诊……7852765

社区中心

主任……7811612
书记……7852086
门诊……7810381
药局……7810221
放射、收款……7810253

烧伤病房……7811361
烧伤病房……7812247
测井保健站……7811546
供应保健站……7817293
二矿保健站……7265472
兴油保健站……7810779
消防保健站……7811274
钻工村保健站……7823124

于楼门诊部

主任……7580275
书记……7580712
内科……7581120
外科……7580097
检验室……7582060
放射室……7582108
口腔室……7580244
B超……7580173
药局……7580340
住院收款……7580500
预防保健……7580042
油北保健站……7580378
东风保健站……7590610
兴一矿保健站……7590517

社区卫生服务中心

领导

主任……7820462
书记……7821228
副主任……7820787
……7828628
……7809992
总会计师……7827818

综合办公室

主任……7820051
副主任、车队队长…7820095
办公室……7820017
……7820650
……7829289

劳动人事科

科长……7823995
副科长……7820062
人事……7805439
……7820032

财务资产科

科长……7820518
副科长……7827902
财务……7829060
……7829058
……7829068

计划装备科

科长……7820171
办公室……7829129
……7805824

安全环保科

科长……7807187
办公室……7829233
……7829232

党委工作部

部长……7803254
办公室……7805416
……7820485

工会

副主席……7823347
女工主任……7820217

纪检审计科

副科长……7802932

科技教育科

科长……7822596
科教……7821200

医务科

科长……7830468

社区卫生科

科长……7820175

预防保健科

科长……7820175

车队

办公室……7820095

妇婴医院

院长……7820787
书记……7820734
副院长……7821049
……7820701
……7804311
综合办……7820478
综合办主任……7831890
劳资……7820458
组织宣传……7825850
医务办……7821697
护理、科教……7826044
病案室……7825882
财务办……7821681
住院部……7821067
总值班……7820956
后勤……7821089
内科门诊……7821863
内、外科病房……7821072
手术室……7821834
妇产科门诊……7826433
妇科病房……7821061
产科病房……7821654
产房……7821041
儿科门诊……7821088
儿科病房……7821870
器械科……7832160
药剂科……7821616
综合诊疗科……7821603
预防保健科……7821637
检验科……7821024
放射科……7821665
中医……7802435
先锋社区……7861927
作业社区……7860197
金河社区……7651433
文化社区……7283070
锦祥社区……7260742

欢喜岭医院

院长……7543192
书记……7540354
副院长……7543092
……7541129
综合办、医政……7541098
财务……7545448
总值班……7541213
后勤……7541286
防疫……7540124
药基……7541954
内科……7685245
外科……7685241
钻二分院主任……7643162
钻二护理部……7643763
钻二防疫……7645372

石化医院

院长……7658656
副院长……7658691
……7658344
办公室……2859112
文秘、医政……7659657
财务……7659917
病房……7658705
药局……7658675
防疫……7658615
石化西区保健站……7658382
石化东区保健站……7659457
热电社区保健站……7859170

曙光医院

院长……7532569
书记……7530293
副院长……7530468
综合……7530610
经营……7531745
临床综合科……7539120
药剂科……7536061
检验科……7530269
社区卫生服务管理科 7530730
世纪社区卫生服务站 7835555
稻香园社区卫生服务站 7530388
鹤翔社区卫生服务站 7520156

友谊医院

院长……7510118
副院长……7510270
……7510520
医务科……7512434
门诊……7510057
内外综合病房……7512434
药局……7510101
防疫科……7512120

辽河油田多种经营企业

辽宁天意实业股份有限公司

董事长……7821359
总经理……7825480
书记……7808560
副总经理……2899487
……2897571
……7834771
财务总监……7821071
总工程师……2899128
副书记……0477－7211376
总经理助理……7812706
……2897179
……2898226
副总工程师……3211567
办公室副主任……2897079
办公室传真……2897079
经营管理部主任……2897971
党群工作部主任……2897549
财务部主任……7821373
财务部传真……7821373
生产协调部主任……7823552
技术发展部主任……2897080
人力资源部主任……7823837
法律合同部副主任…2897557

石油装备分公司

董事长……3228999
经理……3219797
书记……3211588
总工程师……3211567
副经理……3211555
……3211566
……3219728
……3219729
……3219567
主管会计……3211518
……3211598
……3219234

北京科贸分公司

经理……010－51238177
副经理……010－51238159
……010－51238179

西北分公司

经理……0477－7211376
书记……0477－7211376
……0477－7211067

精密制管分公司

经理……………………2898226
书记……………………2897243
常务副经理…………7283166
副经理………………7283277
主管会计……………7283720
……………………2897241

化学分公司

经理……………………2897179
书记……………………2897487
副经理………………2897219
……………………2897839
主管会计……………2897515
……………………2897313

机械分公司

经理……………………7812706
书记……………………7812323
副经理………………7812335
主管会计……………7821145

机电仪表分公司

经理……………………7821808
副经理………………7802798
……………………2899542
主管会计……………2899610
……………………2899542

建安公司

经理……………………2897552
主管会计……………2899433

锦江宾馆

经理……………………7821772
副经理………………2898842
主管会计……………7821312
……………………2899558

公寓

经理……………………2899765
副经理………………2897593
主管会计……………2899524

车队

经理……………………2897401
副经理………………2897405
……………………2933390
主管会计……………2897405
……………………2897403

绿化

经理……………………2897553
主管会计……………2897553

盘锦辽河油田辽海集团有限公司

董事长…………………7541159
总经理…………………7644021
书记……………………7644711
副总经理………………7645896
……………………7643406
……………………7644058
……………………7644636
……………………7643454
……………………7645423
工会主席………………7643773
总会计师………………7644088
经理办主任……………7645414
副主任…………………7645707
财务部主任……………7643583
……………………7644660
物资部…………………7645707
审计中心………………7644460
人力资源部……………7645494
安全监察部……………7644030
党群工作部……………7644907
综合治理办……………7644769
生产技术部……………7643965
经营计划部……………7644474

派普

经理……………………3219599
书记……………………3219090

锦华

副经理…………………7643691
书记……………………7645487

综合服务

经理……………………7645109
书记……………………7644530

机械

经理……………………7645153
书记……………………7643049

化工

经理……………………7643406
书记……………………7520915

建安

经理……………………7644376
书记……………………7643952

泰兴

经理……………………7520705
书记……………………7520725

泥浆

经理……………………7644844
书记……………………7643242

油井

经理……………………7645006

汇彩

经理……………………7645619
书记……………………7645557

盘锦辽河油田裕隆实业有限公司

董事长…………………7811870
总经理…………………7812157
党委书记………………7511115
副总经理………………7811640
……………………7816450
……………………7811720
……………………7811954
副书记…………………7266456
……………………7811284
副总经理………………7811902
……………………7811083
……………………7813496
……………………7810740
……………………7811407
总经理助理……………7852636
……………………7811681
经理办主任……………7811147
董事长秘书室…………7817950
财务部部长……………7811672
审计部部长……………7811417
人事部部长……………7813002
党群部部长……………7813205
经营部部长……………7811676
供应部部长……………7811681
生产部部长……………7811679
技术部部长……………7810741
质量部部长……………7817072
工艺室主任……………7811535
政策研究室……………7817270
车队队长………………7813107
石油机械一厂厂长 …7813757
石油机械二厂厂长 …7813795
石油机械三厂厂长 …7852636
电子仪器厂厂长………7811640
石油机械五厂厂长 …7813096
石油机械六厂厂长 …7813425
石油机械七厂厂长 …7811872
服装厂厂长……………7811442
测试公司项目经理 …7811083
通发公司经理…………7812735
农场……………………7287158
石油配件公司…………7810678

双龙公司

总经理………0417－3290158
书记…………0417－4837988
副总经理……0417－3290155
………………0417－3290198
汽修厂厂长……………7811954
书记……………………7811284
副厂长…………………7811796
……………………7811211

盘锦辽河油田广业实业有限公司

总经理…………………7266486
书记……………………7266456
副经理…………………7266463
经营部…………………7268585
安全生产技术部………7266464
党群工作部……………7266455
财务资产部……………7266461
服务队…………………7266422
钻井队…………………7266465
服装厂…………………7266466
彩板厂…………………7539122

辽河油田电线电缆厂

厂长……………………2887858
书记……………………2881827
副厂长…………………2883836
销售……………………2886943
财务……………………7831128

辽河油田中野实业总公司

经理……………………7266430
书记……………………7266431
副经理…………………7266433
……………………7266435
办公室…………………7266437
财务……………………7266439

辽河油田奥切汽车服务公司

副经理…………………7266449
……………………7266450
结算……………………7266452
财务……………………7266447

辽河油田吉奥开发地震技术有限公司

经理……………………7868479
书记……………………7869586
解释中心………………7868746
2503 队 ………………7868476
财务……………………7868443

辽宁辽河油田泰华建设集团有限公司

总经理…………………3211600
副总经理………………3219611
……………………3211601
财务总监………………3211602
技术总监………………3219926
安全总监………………3211605
总经理助理……………3211606
综合办公室主任………3211604
网络信息部部长………3219595
安全部办公室…………3211603
工程部部长……………3211615
预算部部长……………3211616
办公室…………………3211617
……………………3211618
合同部部长……………3211619
招投标办公室…………3219869
财务部部长……………3211622
办公室…………………3211622
……………………3211622
资产部部长……………3211621
劳资部部长……………3219590
物管部部长……………3211620

机动处处长………… 3219992

辽宁辽河油田开阳建设集团有限公司

总经理……………… 7831212
书记……………… 7808486
副经理……………… 7825515
…………………… 7823451
…………………… 7809531
…………………… 7821531
办公室主任………… 7823109

盘锦辽河油田康达实业有限公司

董事长……………… 7820966
书记……………… 7821635
总经理……………… 7821282
副总经理…………… 7800776
…………………… 7850701
…………………… 2883349
…………………… 2813050
经理助理…………… 7821293
财务……………… 7820976
综合、劳资………… 7823229
安全……………… 7821295
金龙酒店…………… 7821279
圣誉建安公司
经理……………… 7850701
副经理……………… 7850702
工程师……………… 7850879
综合办……………… 7850709
财务……………… 7850839
预算……………… 7850829
维修……………… 2897059
盛达房地产
副经理……………… 7803839
…………………… 7803869
工程师……………… 7803608
财务……………… 7803068
售楼处……………… 7297888
精密铸造公司
经理……………… 2883349
副经理……………… 7801344
…………………… 7801311
财务……………… 7801311
石粉厂
厂长……………… 7821106
副厂长……………… 7820110
调度……………… 7823809
财务……………… 7820429
市场管理中心
经理……………… 2813050
副经理……………… 7821326
财务……………… 7821326
大通车队队长……… 7801426
陕北项目部 … 0934－3220215
双城畜牧养殖经理
……………… 0451－53174699

盘锦辽河油田天都实业有限公司

董事长、书记……… 7821662
总经理……………… 7821945
副总经理…………… 7820209
…………………… 7820210
…………………… 7821258
…………………… 7800449
…………………… 7820731
…………………… 7820731
主任工程师………… 7803912
综合部主任………… 7821682
财务部主任………… 7821042
经营部主任………… 7800206
生产技术安全部主任 7800206
物资管理部主任…… 7800206
市场开发部主任…… 7800206
金鑫分公司经理…… 2898774
井下工具厂厂长…… 7283645
腾达分公司经理…… 2897168
天都加油站站长…… 7820042
锦华分公司经理…… 7800365
汽车修理厂厂长…… 7812846
汽车钢板弹簧厂厂长 7813237
金属预制厂厂长…… 7852566
天都酒楼经理……… 2897938

辽宁华商能源有限公司

董事长……………… 7852626
总支书记…………… 7851010
总经理……………… 7850788
副总经理…………… 7851733
…………………… 7850028
…………………… 7852788
…………………… 7817321
…………………… 7815543
政工部……………… 7851023
人事部……………… 7850543
采购部……………… 7811963
…………………… 7851444
生产部……………… 7851011
…………………… 7851991
经营部……………… 7852543
…………………… 7819879
财务部……………… 7852828
机关车队…………… 2898026
物业分公司
经理……………… 7829463
副经理……………… 7830538
…………………… 7829465
调度室……………… 2898380
党政工团计生……… 2898320
工贸分公司
经理……………… 7829457
书记……………… 7829459
副经理……………… 7829460
业务……………… 7829458
管理部……………… 7829456
商业分公司
经理……………… 7823635
服务总台…………… 7829462
修理分公司
经理……………… 7829276
润滑油厂
经理……………… 6560005
经销处
经理……………… 7829455
办公室……………… 7823636
…………………… 7826767
华联汽配城
经理……………… 7830855
办公室……………… 7828633
誉达配液站………… 7851991
誉达化工厂………… 2814934
誉达项目组………… 7810921
誉达车队…………… 7855125

盘锦辽河油田双兴实业有限公司

董事长……………… 2899388
书记、监事会主席 … 2897494
总经理……………… 2897203
副经理、办公室主任 2899500
副经理、双兴宾馆经理 2898728
财务部……………… 2897034
综合办……………… 2899744
调度室……………… 2897024
双兴宾馆经理……… 2898728
物资采购部………… 2899714
物资财务…………… 2897508
总台……………… 2899708
…………………… 2899718
订餐电话…………… 2899748
洗浴部……………… 2899788
商务中心…………… 2897012
双兴海鲜舫办……… 2822998
双兴海鲜舫订餐电话 7826388
新技术开发工程公司经理
…………………… 2899974
财务……………… 2899941
电脑商店…………… 2899404
维修班……………… 2899774
网络班……………… 2997703

盘锦辽河油田泰成公司

董事长、总经理、书记 7803162
监事会主席………… 7803339
副总经理…………… 7801757
…………………… 7821218
…………………… 7801747
…………………… 7821225
综合办公室………… 7822139
财务部……………… 7822985
生产协调部………… 7821956
经营管理部………… 7822676
人力资源部………… 7821173
橡胶厂厂长………… 7856768
化工厂厂长………… 2814121
润滑油中心主任…… 7810787
双庆分公司经理…… 7853966
加油站主任………… 7812821
印刷厂厂长………… 7813906
片碱厂厂长………… 7822139
石油技术分公司经理 7821225

盘锦辽河油田欧泰隆实业有限公司

总经理……………… 7802366
副经理……………… 7823930
…………………… 7823650
…………………… 7823997
综合办公室主任…… 7820158
办公室……………… 7832068
财务资产部………… 7820368
市场开发部………… 7832751
野营房修造厂厂长 … 7852985
仪修站……………… 7852991
办公室……………… 7852983
饮品项目部主任…… 7807247
办公室……………… 7821151
勘探项目部………… 7832070
开发项目部………… 7852988
综合车队队长……… 7807827
汽修厂……………… 7820194
调度室……………… 7832069

东方地球物理公司辽河物探分公司

总机……………… 7266400
…………………… 7266401
…………………… 7266402
…………………… 7266403
…………………… 7266404
领导
经理……………… 7266555
书记……………… 7266777
副经理……………… 7266720

……………… 7266655
总工程师……………… 7266657
副经理、总会计师 … 7266656
副经理……………… 7266749
副书记、纪委书记、工会主席
……………… 7266748
安全巡视员……………… 7266627
……………… 7266633

综合办公室

主任……………… 7266630
秘书……………… 7266632
文书……………… 7266631
通信员……………… 7266634
……………… 7266739
复印、打字、收发室 7266618
信访……………… 7266526
史志办……………… 7266576

生产协调部

部长……………… 7266610
副部长……………… 7266611
综合……………… 7266612
生产运行……………… 7266613
值班室……………… 7266614

工程技术部

部长……………… 7266730
副部长……………… 7266731
科研管理……………… 7266732
质量管理……………… 7266733

信息中心

主任……………… 7266615
综合……………… 7266616
……………… 7266617

市场工作部

部长……………… 7266636
副部长……………… 7266637
……………… 7266560
办公室……………… 7266638
……………… 7266639

质量安全环保部

部长……………… 7266620
副部长……………… 7266621
……………… 7266628
监察办……………… 7266592
交通办……………… 7266625

安全监督站

站长……………… 7266721
办公室……………… 7266722
……………… 7266723

工农关系办

主任……………… 7266528
副主任……………… 7266515
办公室……………… 7266524

经营部

部长……………… 7266650
计划……………… 7266651

财务部

部长……………… 7266760
资金……………… 7266761
成本……………… 7266765
综合……………… 7266763
税管……………… 7266764

劳动人事部

部长……………… 7266750
副部长……………… 7266751
调配工资……………… 7266752
公积金……………… 7266755

装备管理部

部长……………… 7266729
副部长……………… 7266520
设备管理……………… 7266727
电子设备管理……………… 7266728

法律合同部

部长……………… 7266658
副部长……………… 7266659
综合……………… 7266654

定额价格管理中心

主任……………… 7266756
基建定额……………… 7266757
物探定额……………… 7266758
……………… 7266754

党委组织部

部长……………… 7266640
组织管理……………… 7266641
干部管理……………… 7266642

党委宣传部

部长……………… 7266643
理论干事……………… 7266644
宣传干事……………… 7266532

电视台

台长……………… 7266608
新闻……………… 7266609

群工部

副主席……………… 7266645
副部长……………… 7266646
女工……………… 7266648
计生……………… 7266647
团委……………… 7266649

纪检监察审计部

部长……………… 7266740
副部长……………… 7266741
监察……………… 7266742
审计……………… 7266743
……………… 7266744

武装保卫部

部长……………… 7266510
书记……………… 7266511
副部长……………… 7266512
值班室……………… 7266513

2120 项目部

经理……………… 7266670
书记……………… 7266671
副经理……………… 7266672
……………… 7266673
安全……………… 7266674

2121 项目部

经理……………… 7266675
书记……………… 7266676
副经理……………… 7266677
……………… 7266678
办公室……………… 7266679

2147 项目部

经理……………… 7266778
书记……………… 7266779
副经理……………… 7266780
……………… 7266776
……………… 7266775

2154 项目部

经理……………… 7266680
书记……………… 7266681
副经理……………… 7266682
……………… 7266683
……………… 7266684

2269 项目部

经理……………… 7266690
书记……………… 7266691
副经理……………… 7266692
……………… 7266693
办公室……………… 7266694

2274 项目部

经理……………… 7266771
书记……………… 7266772
副经理……………… 7266773
……………… 7266774
办公室……………… 7266770

2304 项目部

经理……………… 7266695
书记……………… 7266696
副经理……………… 7266697
……………… 7266698
财务……………… 7266699

2257 项目部

经理……………… 7266600
书记……………… 7266601
副经理……………… 7266602
……………… 7266603

2271 项目部

经理……………… 7266660
书记……………… 7266661
副经理……………… 7266662
……………… 7266663

2273 项目部

经理……………… 7266605
书记……………… 7266606
副经理……………… 7266604
……………… 7266607

职工培训中心

主任……………… 7266505
书记……………… 7266506
副主任……………… 7266508
……………… 7266509
培训鉴定办……………… 7266507

物业管理中心

主任……………… 7266669
书记……………… 7266668
矿建……………… 7266665
水电……………… 7266711

劳动服务管理中心

主任……………… 7266516
副主任……………… 7266561
办公室……………… 7266562

机关车辆管理中心

主任……………… 7266500
书记……………… 7266501
副主任……………… 7266525
调度……………… 7266502

物探技术研究所

所长……………… 7266700
书记……………… 7266701
副所长……………… 7266702
分析处理室……………… 7266704
办公室……………… 7266705
责任工程师……………… 7266703
值班室……………… 7266537
档案室主任……………… 7266706

电子技术服务公司

经理……………… 7266707
书记……………… 7266708
副经理……………… 7266709
……………… 7266543
主任工程师……………… 7266527
采集通信队……………… 7266710

物资供销公司

经理……………… 7266790
书记……………… 7266791
副经理……………… 7266792
综合办……………… 7266793
管理、配拨……………… 7266545
计划采购组……………… 7266794
财务组……………… 7266795

测量公司

经理……………… 7266796
书记……………… 7266797
副经理……………… 7266798

特种工程公司

经理……………… 7266688
书记……………… 7266686

副经理………………7266687
………………………7266689
技术负责人…………7266685

机动设备公司

经理…………………7266789
书记…………………7266788
副经理………………7266783
运输车队……………7266782
综合车队……………7266785
特种车队……………7266784
综合办………………7266781
财务…………………7266787
劳资、安全、调度 …7266786

保安大队

大队长………………7266719
副大队长……………7266718
办公楼门卫…………7166717
一线办公楼门卫……7266514

物探招待所

总台…………………7266588

辽河油田司法单位

辽宁省人民检察院辽河分院

检察长………………7820820
副检察长……………7809001
………………………7823278
………………………7826783
反贪局长……………7820417
政治部主任…………7805902
侦查监督处…………7820053
公诉处………………7821415
渎职侵权检察处……7820614
监所检察处…………7821412
监所检察处（看守所）7809220
反贪污贿赂局………7820413
控告申诉检察处……7805560
举报中心……………7802000
检察技术处…………7821187
民事行政检察处……7820775
政治部………………7820654
计划财务装备处……7820764
财务室………………7820208
法律政策研究室……7820024
办公室………………7821078
车队…………………7823305
传真室………………7821156
值班室………………7820742

辽河人民检察院

检察长………………7823351
副检察长……………7823121
………………………7820646
侦查监督科…………7802769
………………………7820403
公诉科………………7821404
………………………7825112
………………………7820270
渎职侵权检察科……7820603
反贪污贿赂局………7820408
………………………7821406
………………………7820405
民事行政检察科……7820401
控告申诉科…………7820665
举报中心……………7832000
计划财务装备科……7820407
………………………7825650
财务室………………7821402
办公室………………7821409
………………………7821026
传真室………………7829145
值班室………………7820767

辽河中级人民法院

院长…………………7820785
副院长………………7820166
………………………7821612
………………………7806327
政治部主任…………7807981
办公室………………7802022
………………………7820809
政治部………………7820256
立案庭………………7820426
立案大厅……………7802311
刑一庭………………7805311
………………………7820421
刑二庭………………7825188
民一庭………………7805011
………………………7821422
民二庭………………7821424
民三庭………………7823612
执行局………………7820425
审监庭………………7808418
纪检监察室…………7802025
司法行政处…………7821281
财务室………………7821427
法警队………………7808473
车队…………………7823151
值班室………………7802023
门卫…………………7823724

辽河人民法院

院长…………………7821073
副院长………………7820584
………………………7899006
………………………7823270
政治处主任…………7829480
执行局长……………7820433
………………………7829496
办公室………………7823280
财务室………………7821436
调研室………………7829481
立案庭………………7829477
立案大厅……………7829489
刑一庭………………7820428
民一庭………………7822869
民二庭………………7820432
审监庭………………7821431
执行局………………7822316
法警队………………7830220
车队…………………7803307
值班室………………7820435
兴隆台法庭…………2831852
兴隆台法庭…………2821632
于楼法庭……………5885695
欢喜岭法庭…………7541775
沈北法庭……………7568144
………………………7560722

辽宁省辽河公安局

值班室

指挥中心值班室……7823818
刑警支队值班室……7820333
技术大队值班室……7821443
巡警支队值班室……7822944
………………………7820885
交警支队值班室……7820374
消防处值班室………7853119
渤海分局值班室……7804110
曙光分局值班室……7522110
高莲分局值班室……7500110

局领导

局长…………………7808111
政委…………………7820789
副局长………………7285696
………………………7808510
………………………7832098
政治部主任…………7823420
纪委书记……………7820627

局办公室

主任…………………7802922
文书…………………7821844
秘书…………………7821437

指挥中心

主任…………………7825317
指挥中心……………7823818

政治部

副主任………………7823575
………………………7822395
组干科………………7801137
宣教科………………7833730
考核办………………7802446

纪检督察控申室

副主任………………7831170
纪检督察室…………7833955

装备财务科

科长…………………7821447
财务…………………7820664

警卫科

科长…………………7809336

经保分局

局长…………………7808189
政委…………………7828515
综合科………………7827160
防控大队……………7831881
油气监察大队………7828511
保安服务中心………7802596

法制科

科长…………………7802881
控申室………………7808110

消防处

处长…………………7853010
综合科………………7853012
建审科………………7853013
监督科………………7853089

治安支队

支队长………………7825563
治安支队……………7821441

监管支队

支队长………………2900700
政委…………………7820287
监管支队……………7820885
武警中队……………6658189

巡警支队

支队长………………7825370
政委…………………7821946
巡警支队……………7822944

刑警支队

支队长………………7802921
政委…………………7820531
综合科………………7820409
案审大队……………7823840
专案一大队…………7821884
专案二大队…………7830287
追逃大队……………7823981
技术大队……………7828788

经侦支队

支队长………………7828883
经侦支队……………7803252

交警支队

支队长………………7820078
政委…………………7821766
综合科………………7820929
事故科………………7821652
管理科………………7833539

法制宣传科………… 7827834
直属大队大队长…… 7822151
一大队值班室……… 7522122
大队长……………… 5630881
二大队值班室……… 7580424
大队长……………… 7581888
道路交通设施中心 … 7851445
网络警察支队
支队长……………… 7803019
网络警察支队……… 7802609
反恐支队
支队长……………… 7821550
反恐支队…………… 7821369
渤海分局
值班室……………… 7804110
局长………………… 7803201
政委………………… 7802398
副局长……………… 7802010
………………………… 7809725
办公室……………… 7809137
刑警大队…………… 7804336
治安大队…………… 7803610
消防科……………… 7804119
反恐大队…………… 7801610
迎宾派出所
值班室……………… 7829110
所长………………… 7830177
双兴派出所
值班室……………… 2899147
所长………………… 7820659
泰山派出所
值班室……………… 7266513
所长………………… 7266510
银河派出所
值班室……………… 7651110
所长………………… 7651004
兴海派出所
值班室……………… 7812620
所长………………… 7812374
新华派出所
值班室……………… 7813306
所长………………… 7811142
金冷派出所
值班室……………… 7288510
所长………………… 7288651
永祥派出所
值班室……………… 7813021
所长………………… 7812937
友联派出所
值班室……………… 7649110
所长………………… 7649100
曙光分局
值班室……………… 7522110
局长………………… 7522888
政委………………… 7522789
副局长……………… 7522678
………………………… 7522567
办公室……………… 7522456
刑警大队…………… 7521555
治安大队…………… 7522234
消防科……………… 7520158
反恐大队…………… 7522878
创业派出所
值班室……………… 7250110
所长………………… 7540388
泰和派出所
值班室……………… 7541004
所长………………… 7540758
锦绣派出所
值班室……………… 7550222
所长………………… 7553789
曙南派出所
值班室……………… 7531147
所长………………… 7535110
曙北派出所
值班室……………… 7511110
所长………………… 7515777
高莲分局
值班室……………… 7500110
局长………………… 7506380
政委………………… 7506444
副局长……………… 7506633
办公室……………… 7506390
刑警大队…………… 7506756
治安大队…………… 7500535
消防科……………… 7502119
反恐大队…………… 7506555
沈兴派出所
值班室……………… 7560110
所长………………… 7563450
长胜派出所
值班室……………… 7573116
所长………………… 7573465
石华派出所
值班室……………… 7658110
所长………………… 7658535
于东派出所
值班室……………… 7585110
所长………………… 7580159
高莲派出所
值班室……………… 7500110
所长………………… 7500641

其他

盘锦市兴隆台区直属机关及各街道办事处

中共盘锦市兴隆台区委员会

区委办……………… 2823615
………………………… 2824744
组织部……………… 7801196
老干部局…………… 2824214
机关工委…………… 2824334
宣传部……………… 2688493
政法委……………… 2831216
维稳办……………… 2832584
纪检………………… 2825775
监察局……………… 2832415
统战部……………… 2827459
党校………………… 2823610

盘锦市兴隆台区人民代表大会常务委员会

人大办……………… 2825665
………………………… 2823151
法制………………… 2824191
科教………………… 2813933
经济………………… 2824291

盘锦市兴隆台区人民政府

政府办……………… 2812410
………………………… 2824434
投诉中心…………… 2815840
法制………………… 2823857
民宗侨办…………… 2811821
政府值班室………… 2832740
车队………………… 2816396
发展和改革局……… 7831000
物价局……………… 2827104
经贸局……………… 2815065
运管所……………… 6652366
煤审………………… 2815021
文教局……………… 2824491
督学室……………… 2812845
文化市场办………… 8220258
文化馆……………… 2815973
图书馆……………… 2812463
兴隆中学…………… 2809019
渤海中学…………… 6609500
第一小学…………… 2815046
第二小学…………… 2910869
第三小学…………… 2889849
第四小学…………… 2900585
第五小学…………… 2931182
第六小学…………… 8287695
第七小学…………… 2920828
第八小学…………… 6638601
第九小学…………… 2919811
区实验幼儿园……… 2832261
科技局……………… 2824504
科协………………… 2834719
生产力促进中心…… 8586307
民政局……………… 2823084
婚姻登记处………… 2911273
司法局……………… 2825174
“148”法律服务中心 2827148
公证处……………… 2828672
光华律师所………… 2903630
盛达律师所………… 7820337
财政局……………… 2833726
………………………… 2813261
人事局……………… 2818703
人才交流中心……… 2288516
劳动和社会保障局 … 2811443
劳动就业局………… 2910797
劳动监察大队……… 2910495
社会保险事业管理局 2818720
广济中心…………… 2911533
城市建设环境保护局 2822717
………………………… 2822741
环境监察…………… 2823106
市容监察…………… 2826523
环卫处……………… 2900693
农村经济局………… 2824644
水资源……………… 3201666
农机总站…………… 2822748
河务所……………… 2881335
外经贸局…………… 2832528
卫生局……………… 2818976
爱卫会……………… 2924295
疾控中心…………… 2823605
卫生监督所………… 2816096
人口和计划生育局 … 2688932
审计局……………… 2812425
统计局……………… 2832922
信访局……………… 2823150
档案局……………… 2824684
安监局……………… 2815867
动监办……………… 2927104
公安分局…………… 2683311
政治处……………… 2683327
法控办……………… 2683322
治安管理大队……… 2683325
国内安全保卫大队 … 2683351
刑警大队…………… 2683434
广场治安大队……… 2683444
消防大队…………… 2684580
兴隆派出所………… 2682945
振兴派出所………… 2683488
创新派出所………… 2683376
新工派出所………… 2684656
渤海派出所………… 8287536
轻工派出所………… 2684608
于楼派出所………… 5885845
黄金带派出所……… 5885855
高升派出所………… 7502222
红村派出所………… 7649382
曙光派出所………… 7532014

友谊派出所………… 7510770
欢东派出所………… 7540844
欢西派出所………… 7544110
检察院……………… 2681710
侦查监督科………… 2681711
公诉科……………… 2681716
法院………………… 2907722
立案庭……………… 2907708
刑事庭……………… 2907799
民一庭……………… 2907756
民二庭……………… 2907715
行政庭……………… 2907720
审监庭……………… 2907718
执行庭……………… 2907755
新工庭……………… 2885009
新生庭……………… 5637339
国税分局…………… 2938806
综合业务科………… 2938816
征收管理科………… 2938817
税源管理一科……… 2938819
税源管理二科……… 2938826
重点企业驻厂组…… 2938828
办税服务厅………… 2938828
地税分局…………… 2805260
综合科……………… 2805300
执行科……………… 2805912
检查一科…………… 2805567
检查二科…………… 2806322
检查三科…………… 2806280
中心所……………… 2806252
新工所……………… 7890392
兴隆所……………… 2822869
兴油所……………… 2805622
曙光所……………… 7530896
鹤翔所……………… 2811100
胜利所……………… 7890430
工商分局…………… 2912006
区个体劳动者协会 … 2912024
区消费者协会……… 2912026
油城工商所………… 8287774
兴隆工商所………… 2930346
鹤翔工商所………… 2810705
批发工商所………… 2813056
振兴工商所………… 7281527
新工工商所………… 2855985
于楼工商所………… 5885678
欢喜岭工商所……… 7644022
曙光工商所………… 7532332
友谊工商所………… 7510830
新生工商所………… 5637577
高采工商所………… 7500065
国土资源局………… 2818103
农电局……………… 2895440
物业管理服务中心 … 2828245

文印中心…………… 2288661
液化气站…………… 6628803
信息中心…………… 2824047
收付中心…………… 2827662
采购中心…………… 2825640
检验中心…………… 2818755
矿管办……………… 2824781
文化产业园………… 2833997
辽河画院…………… 7286661
文化广场治安……… 7286203
兴隆宾馆（总服务台） 6680777
订餐电话…………… 6680888
兴隆农场…………… 2805702

中国人民政治协商会议盘锦市兴隆台区委员会

政协办……………… 2825042
提案办……………… 2825784

兴隆台区人民武装部

军事科……………… 2815546
值班室……………… 2823101

社会团体

总工会……………… 2812413
团区委……………… 2824314
妇联………………… 2824614
工商联……………… 2824941
残联………………… 2824517

各街道办事处

兴海街道办事处…… 2884577
书记、主任………… 2884568
副书记……………… 2884798
副主任……………… 2886220
………………………… 2882957
………………………… 2883354
………………………… 2886221
赵家村……………… 2875123
粮家村……………… 2858899
牛官村……………… 2855494
陈屯村……………… 2883659
东跃村……………… 2932686
西跃村……………… 2920900
李家村……………… 2922300
裴家村……………… 2920798
瀚新社区…………… 2881569
兴盛街道办事处…… 2804477
书记………………… 2801653
主任………………… 2801078
副书记……………… 2801075
副主任……………… 2801076
兴隆台社区………… 2826552
杨家社区…………… 2911131
于家社区…………… 7609011
八里社区…………… 2926613
兴隆社区…………… 2805204
兴旺社区…………… 2809374

团结社区…………… 2808042
西水湾社区………… 2933065
振兴街道办事处…… 6410211
书记………………… 6410200
主任………………… 6410201
副主任……………… 6410218
幸福社区…………… 7828962
世纪社区…………… 7835534
财贸社区…………… 7802564
胜利社区…………… 7820992
迎宾社区…………… 7830797
振兴社区…………… 7826445
林丰社区…………… 7650820
设计院社区………… 7825559
研究院社区………… 7830792
兴疗社区…………… 7639437
紫园社区…………… 7280251
河畔社区…………… 7286049
生态园社区………… 2952336
兴隆街道办事处…… 7848106
书记………………… 7848100
主任………………… 7848101
副主任……………… 7848102
文化社区…………… 7283593
金河社区…………… 7651252
兴顺社区…………… 2872877
兴工社区…………… 2878348
双兴社区…………… 2898042
乐园社区…………… 7826418
和平社区…………… 2897426
先锋社区…………… 7266523
泰山社区…………… 7868115
清泉社区…………… 7860021
作业社区…………… 7868114
景兴社区…………… 7860823
锦祥社区…………… 7868117
繁荣社区…………… 6676986
前进社区…………… 7260458
城中花园社区……… 2876319
创新街道办事处…… 2811556
书记………………… 2815861
主任………………… 2815860
副书记、副主任…… 2818668
鹤鸣社区…………… 2834513
商西社区…………… 2820751
坤隆社区…………… 2820271
科技社区…………… 2901682
军民社区…………… 2837194
鹤乡社区…………… 2900475
商东社区…………… 2821268
铁塔社区…………… 2821594
园丁社区…………… 2926615
丰裕社区…………… 2820213
渤海街道办事处…… 7871193

书记………………… 7813619
主任………………… 7816505
副书记、副主任…… 7818997
永祥社区…………… 7817684
海园社区…………… 7810796
景园社区…………… 7812682
长湖社区…………… 7850698
兴油社区…………… 7811952
测井社区…………… 7811227
消防社区…………… 7812904
钻工村社区………… 2897047
天丽家园社区……… 7890811
于楼街道办事处…… 5886680
书记、主任………… 5886368
副书记、副主任…… 5886680
筑路社区…………… 7581237
花园社区…………… 7580372
技校社区…………… 7580949
永盛社区…………… 5888609
宏运社区…………… 5888603
兴一社区…………… 7590018
建二社区…………… 5888604
红村街道办事处…… 7649250
书记、主任………… 7649378
副书记、副主任…… 7649378
红村社区…………… 7649587
新工街道办事处…… 2854081
书记………………… 2859345
主任………………… 2855602
副书记……………… 2854247
副主任……………… 2859164
………………………… 7659801
石化社区…………… 7659090
化校社区…………… 6644733
化建社区…………… 2854364
热电社区…………… 7859727
盘化社区…………… 2852477
东合社区…………… 2851873
新生街道办事处…… 5639936
书记、主任………… 5638297
副书记、副主任…… 5637385
新风社区…………… 5637487
新华社区…………… 5638336
鼎翔社区…………… 2817021
苇海社区…………… 5631079
新谊社区…………… 5639383
曙光街道办事处…… 7531904
书记、主任………… 7530883
副书记……………… 7539676
怡园社区…………… 7530899
希望社区…………… 7535724
稻香园社区………… 7530110
鹤翔社区…………… 5630623
友谊街道办事处…… 7510576

书记、主任………… 7510480
景宏社区…………… 7513565
景安社区…………… 7513432
友谊社区…………… 7513395
沟校社区…………… 7638276
欢喜岭街道办事处 … 7542747
书记、主任………… 7540468
副书记、副主任…… 7541774
祥和社区…………… 7543814
中兴社区…………… 7543824
嘉和社区…………… 7545074
联合社区…………… 7548142
平安街道办事处…… 7644699
书记、主任………… 7645869
副书记、副主任…… 7640296
泰安社区 …………… 764550
泰顺社区…………… 7645523
泰祥社区…………… 7643590
泰和社区…………… 7645502
锦采街道办事处…… 7550042
书记、主任………… 7553021
静园社区…………… 7552814
绿园社区…………… 7552714
高升街道办事处…… 7509226
书记、主任………… 7500082
高升社区…………… 7501033
茨采街道办事处…… 7573747
书记、主任………… 7573492
茨采社区…………… 7573471
沈采街道办事处…… 7561498
书记、主任………… 7565640
光明社区…………… 7565254
彩虹社区…………… 7565274
宏伟社区…………… 7560156

盘锦经济开发区

办公室……………… 2875670
…………………… 2875687
经济发展局………… 2875651
招商二局…………… 2875667
招商三局…………… 2875600
招商四局…………… 2875606
规划建设局………… 2875629
财政分局…………… 2875658
土地分局…………… 2875618
中兴商贸园………… 2870819
兴隆工业园………… 2882136
综合执法局………… 6688331
建设工程服务中心 … 2872041

市政工程维修维护公司

…………………… 2872025
绿化环卫公司……… 2882897
国税分局…………… 6608005
地税分局…………… 2871008
工商分局…………… 6688026
技术监督局………… 2875692
消防科……………… 2875693
区政府一楼大厅总值班电话
…………………… 2815504

辽河油田基础教育管理中心

管理中心机关

主任、党委书记…… 7829009
党委副书记………… 7821627
副主任……………… 7821425
副主任、总会计师 … 7807066
副主任……………… 7807924
…………………… 7823994
办公室主任………… 7822127
信访办主任………… 7807004
办公室……………… 7823839
党委工作部副部长 … 7833673
纪检监察科科长…… 7833863
党委工作部………… 7823714

财务资产科

科长………………… 7832014
副科长……………… 7833628
财务………………… 7807754
出纳………………… 7833395

劳动人事科

科长………………… 7806974
副科长……………… 7807784

基础教育科

科长………………… 7807764
副科长……………… 7823033

师资科

科长………………… 7833683
办公室……………… 7833131

信息档案科

科长………………… 7805951
副科长……………… 7833351
人事档案…………… 7833103
综合档案…………… 7833687

综合管理科

科长………………… 7808453
综合管理…………… 7807774
计划生育办主任…… 7821874

安全保卫科

副科长……………… 7807314
安全保卫…………… 7833087

离退休管理科

科长………………… 7833028
副科长……………… 7833805
离退休管理………… 7833906
工会副主席………… 7807947
女工主任…………… 7833867
团委书记…………… 7823714

督导室

副主任……………… 7822498
…………………… 7833596
督导………………… 7822524

教育研究所

所长………………… 7833137
副所长……………… 7833603
办公室……………… 7822229
中教文……………… 7821353
中教理……………… 7833235
小教办……………… 7821545
车队………………… 7807049

兴隆台学区

主任………………… 7821315
副主任……………… 7808845
办公室……………… 7825687
兴隆台一中
校长………………… 7820335
书记………………… 7821317
副校长……………… 7823624
…………………… 7823615
教导处主任………… 7823726
德育处主任………… 7830037
总务处主任………… 7820716
兴隆台二中
校长………………… 7861625
书记………………… 7862551
副校长……………… 7865831
教导处、德育处…… 7861436
总务处……………… 7865377
机厂学校
校长………………… 7649516
书记………………… 7649880
副校长……………… 7649479
总务处主任………… 7649480
兴隆台一小
校长………………… 7821908
书记………………… 7826545
副校长……………… 7826280
…………………… 7803271
教导处……………… 2898344
德育处……………… 8566118
总务处……………… 2897544
兴隆台二小
校长………………… 7651358
副校长……………… 7651012
教导处……………… 7651552
兴隆台三小
校长………………… 7861195
书记………………… 7865693
副校长……………… 7865193
教务主任…………… 7869145
德育主任…………… 7869045
后勤主任…………… 7862621
兴隆台四小
校长………………… 7861899
书记………………… 7865010
副校长……………… 7865344
教导处……………… 7865321

渤海学区

学区主任…………… 7816738
办公室……………… 7816474
渤海一中
校长………………… 7812354
书记………………… 7812085
副校长……………… 7812097
教导处……………… 7813843
渤海一小
校长………………… 7811245
教导处……………… 7811961
渤海二小
校长………………… 7813760
书记………………… 7810135
副校长……………… 7817492
…………………… 7850760
总务处……………… 7813507
政教处……………… 7813610
渤海三小
校长………………… 7813627
书记………………… 7810321
副校长……………… 7818689
教导处……………… 7819552
渤海四小
校长………………… 7850158
书记………………… 7819022
教导处……………… 7813317
渤海五小
校长………………… 7859955
书记………………… 7858216
副校长……………… 7859118
于楼学校
校长………………… 7580936
书记………………… 7580680
副校长……………… 5885429
教导处……………… 5887411

曙光学区

学区主任…………… 7533501
办公室……………… 7532960
财务………………… 7539357
曙光一中
校长………………… 7510074
副校长……………… 7510012
教导主任…………… 7510963
总务主任…………… 7510885
曙光二中
校长………………… 7531158
副校长……………… 7531167
…………………… 7530660
政教主任…………… 7530847

综合部主任………… 7531176
总务主任…………… 7531176
团委书记…………… 7530709
曙光一小
校长………………… 7512797
副校长……………… 7510001
教导主任…………… 7510061
总务主任…………… 7510851
曙光二小
校长………………… 7530792
书记………………… 7531059
副校长……………… 7532357
教导主任…………… 7530031
总务主任…………… 7536148
曙光四小
校长………………… 7531800
副校长……………… 7532774
总务主任…………… 7530664

欢喜岭学区

学区主任…………… 7259280
办公室……………… 7259130
欢喜岭一中
校长………………… 7643179
副校长……………… 7644249
教导处……………… 7644171
德育处……………… 7644127
总务处……………… 7643504
校办………………… 7644703
欢喜岭二中
校长………………… 7540365
副校长……………… 7548074
总务处……………… 7543844
欢喜岭一小
校长………………… 7540743
副校长……………… 7541545
教导处……………… 7540075
德育处……………… 7540547
总务处……………… 7877553
欢喜岭二小
校长………………… 7540714
副校长……………… 7540216
教导处……………… 7541050
德育处……………… 7540535
总务处……………… 7540018
校办………………… 7540105
锦采中学
校长………………… 7550272
副校长……………… 7555633
德育处……………… 7550472
锦采小学
校长………………… 7550572
教导处……………… 7550073
德育处……………… 7559573
总务处……………… 7559234

茨榆坨学区

学区主任…………… 7578391
办公室……………… 7578141
茨采学校
校长………………… 7573306
书记………………… 7573446
副校长……………… 7573575
后勤………………… 7573592
高采学校
校长………………… 7500050
书记………………… 7500334
副校长……………… 7501541
教导处……………… 7500244
少先队……………… 7500151
沈采中学
校长………………… 7560138
副校长……………… 7560228
…………………… 7560439
后勤主任…………… 7560393
沈采小学
校长………………… 7560571
书记………………… 7561346
副校长……………… 7568583
总务处……………… 7560618
第一高中
校长………………… 2889037
书记………………… 2889011
副校长……………… 2889012
…………………… 2889068
校办主任…………… 2889017
教务主任…………… 2889014
后勤主任…………… 2889016
德育主任…………… 2889020
科研主任…………… 2882873
年部主任…………… 2889015
…………………… 2889013
…………………… 2885094
…………………… 2881725
校办………………… 2882030
财务………………… 2889019
第二高中
校长………………… 7851469
书记………………… 2201988
副校长……………… 7851381
…………………… 7851403
校办主任…………… 7813765
年部主任…………… 7851425
…………………… 7813814
…………………… 7851499
总务主任…………… 7851479
教务处……………… 7813765
德育处……………… 8287449
财务………………… 7851492
劳资………………… 8287301

第三高中
校长………………… 7826311
书记………………… 7823550
副校长……………… 7823633
…………………… 7823784
校办主任…………… 7821137
教务主任…………… 7823970
后勤主任
…………………… 7892443
年部主任…………… 7832442
…………………… 7834689
教务处……………… 7820913
财务………………… 7821115
实验中学
校长………………… 7820280
副校长……………… 7806441
…………………… 7821576
…………………… 7823748
校办主任…………… 7826499
总务处主任………… 7833088
团委书记…………… 7821138
校长助理…………… 7820503
初中党支部书记…… 7820340
初中部主任………… 7820499
…………………… 7820901
…………………… 7820019
…………………… 7802652
高中教导主任……… 7804247
高中德育主任……… 7828499
高中部主任………… 7806768
…………………… 7823798
…………………… 7826385
初中教导处………… 7828400
高中教导处………… 7822728
实验中学分校
校长………………… 7851517
书记………………… 7816417
副校长……………… 7815070
教导处……………… 7813823
幸福小学
校长………………… 7826319
书记………………… 7808429
副校长……………… 7807920
政教处……………… 7806847
胜利小学
校长………………… 7822565
书记………………… 7826917
副校长……………… 7822846
…………………… 7822103
迎宾小学
校长………………… 7291027
副校长……………… 7291389
…………………… 7290689
…………………… 7291463

教导处……………… 7231175
聋哑学校
校长………………… 7820082
教导处……………… 7820628
财务………………… 7823899

辽河润滑油厂

领导

厂长………………… 7658448
副厂长……………… 7658377
…………………… 7658920

厂长办公室（党委办公室）

主任………………… 7659824
副主任……………… 7659831
人事………………… 7659748
党群………………… 7659601
综合管理…………… 7659837
网络管理（视频会议室）
…………………… 7854506
职工之家…………… 2857907
会议室……………… 7854509
传真………………… 2855744
门卫………………… 7659884

计划科

科长………………… 7658510
副科长……………… 7854506
统计………………… 7659762
采购组业务员……… 7658388
保管员……………… 7658193

财务科

科长………………… 7659849
副科长……………… 7854507
销售结算…………… 7659742
成本费用结算……… 7659842
出纳………………… 7659712

生产技术科

科长………………… 7659952
副科长……………… 7659145
生产设备资产管理 … 7659732
计量管理…………… 7659605

质量安全环保科

科长………………… 7659770
副科长……………… 7659847
安全环保管理……… 7659785
QHSE 体系管理…… 7659787

销售部

主任………………… 7659572
销售计划…………… 7658202
结算………………… 7854508

驻锦西石化业务部

公网区号：0429
主任………………… 2179916
统计………………… 2179262

计划………………… 2179144
自备车管理………… 2179125
计量………………… 2179125
调合车间
主任、书记………… 7659720
设备主任…………… 7659722
工艺主任…………… 7659716
技术组……………… 7659717
综合管理组………… 7659017
操作室……………… 7658175
装桶班……………… 7658061
汽车栈台…………… 7658603
火车栈台…………… 7658171
营运部
主任、书记………… 7659874
综合管理组………… 7658942
公路协调组………… 7659904
铁路协调组………… 7659854
计量班……………… 7659053
地衡………………… 7658573
特油车间
主任、书记………… 7659894
副主任……………… 7659368
综合管理组………… 7658947
西区减四班………… 7659984
东区操作室………… 7659737
维修车间
主任、书记………… 7659480
综合管理组………… 7658943
钳工仪表班………… 7659067
电工班……………… 7659197
分析检测中心
主任、书记………… 7659049
综合管理组………… 7659791
检查（调度）组…… 7658302

3. 长庆油田公司

地址：陕西省西安市长庆兴隆园小区　　邮政编码：710021　　公网区号：029

总经理（党委）办公室

领导
主任 ………………… 86592368
副主任 ……………… 86592308
……………………… 86592501
……………………… 86590935
……………………… 86592926
……………………… 86594936
秘书一科
科长 ………………… 86591501
科员 ………………… 86595923
……………………… 86592984
……………………… 86597879
……………………… 86591421
秘书二科
科长 ………………… 86593168
正科级 ……………… 86593523
科员 ………………… 86597920
党务科
科长 ………………… 86593934
科员 ………………… 86591401
……………………… 86594851
……………………… 86592241
……………………… 86591655
督察督办科
科长 ………………… 86595045
副科长 ……………… 86591039
科员 ………………… 86591203
……………………… 86591765
机要文书科
科长 ………………… 86596782
副科长 ……………… 86592362
科员 ………………… 86596465
……………………… 86597545
……………………… 86592623
接待科
科长 ………………… 86592380
副科长 ……………… 86591532
科员 ………………… 86593477
……………………… 86594799
值班科
科长 ………………… 86593503
科员 ………………… 86591256
……………………… 86596804
……………………… 86591379
保密办公室
主任 ………………… 86592405
专职密码员（副科级）
……………………… 86592910
打字员 ……………… 86592711
……………………… 86593667
……………………… 86592623
收发员 ……………… 86595402
……………………… 86597966

油田开发处

领导
处长 ………………… 86596676
副处长 ……………… 86591933
……………………… 86592021
……………………… 86599156
……………………… 86599566
……………………… 86597470
矿权管理科
科长 ………………… 86594949
高级主管 …………… 86594949
主管 ………………… 86594949
产能建设科
科长 ………………… 86593535
副科长 ……………… 86594937
高级主管 …………… 86594937
主管 ………………… 86593535
……………………… 86597703
油藏管理科
副科长 ……………… 86592078
高级主管 …………… 86594938
主管 ………………… 86594938
……………………… 86595344
井下技术科
科长 ………………… 86593271
高级主管 …………… 86594942
……………………… 86593271
主管 ………………… 86594942
……………………… 86599152
采油工作科
科长 ………………… 86592572
副科长 ……………… 86591394
主管 ………………… 86592572
……………………… 86591394
综合办公室
传真 ………………… 86592411

油藏评价处

领导
处长 ………………… 86593387
副处长 ……………… 86596671
……………………… 86596746
地质科
科长 ………………… 86594941
储量科
科长 ………………… 86592423
工程科
办公室 ……………… 86596794
信息技术科
办公室 ……………… 86597094
综合办公室
办公室（传真） … 86598974

气田开发处

领导
处长 ………………… 86593443
副处长 ……………… 86591503
……………………… 86599158
……………………… 86592173
气田开发科
负责人 ……………… 86594377
高级主管 …………… 86594945
主管 ………………… 86595341
主办 ………………… 86594363
……………………… 86593479
气藏管理科
科长 ………………… 86592918
主管 ………………… 86595149
……………………… 86594370
主管、综合 ………… 86597398
采气工艺技术科
副科长 ……………… 86591624
主管 ………………… 86594910
集输净化工艺技术科
副科长 ……………… 86599153
高级主管 …………… 86592346
综合办公室
办公室 ……………… 86597398
传真 ………………… 86592253

生产运行处

领导
处长 ………………… 86595010
副处长 ……………… 86595789
……………………… 86595199
值班科
科长 ………………… 86594481
副科长 ……………… 86594483
科员（副科级） … 86594772
科员 ………………… 86594552
……………………… 86594490
炼化技术科
科长 ………………… 86593427
科员（正科级） … 86592109
路汛管理科
科长 ………………… 86591426
科员 ………………… 86599151
综合科
科长 ………………… 86592351
副科长 ……………… 86592352
科员（正科级） … 86594519
科员 ………………… 86593393
应急管理办公室
主任 ………………… 86591322

市场管理办公室
副主任 …………… 86592357
科员（正科级） … 86592354
油气集输科
副科长 …………… 86594884
科员（正科级） … 86594489
科员（副科级） … 86594480
水电讯管理科
科长 ……………… 86592409
科员 ……………… 86595609

技术发展处

领导
处长 ……………… 86592382
副处长 …………… 86597329
科技计划管理科
科长 ……………… 86594278
高级主管 ………… 86594279
………………… 86594900
主管 ……………… 86596064
科技成果管理科
科长、综合 ……… 86594262
主管、综合 ……… 86592522
传真 ……………… 86594283

人事处（党委宣传部）

领导
处长（部长） …… 86592275
副处长（副部长）
………………… 86593428
………………… 86592292
………………… 86597693
组织科
科长 ……………… 86592291
正科级组织员 …… 86596789
干部管理科
科长 ……………… 86595032
正科级组织员 …… 86591562
科员 ……………… 86592135
………………… 86594795
人才配置科
科长 ……………… 86594078
副科长 …………… 86595994
科员 ……………… 86595079
………………… 86594079
技术干部管理科
科长 ……………… 86596024
科员 ……………… 86595524
………………… 86595496
机关干部管理科
科长 ……………… 86591053
科员 ……………… 86597738
………………… 86597712
信息综合科
副科长 …………… 86593381
科员 ……………… 86593053
………………… 86595624
传真 ……………… 86594356

劳动工资处

领导
处长 ……………… 86593410
副处长 …………… 86594992
………………… 86592961
劳动组织科
科长 ……………… 86593318
主办 ……………… 86594550
………………… 86592467
双定工作站
副站长 …………… 86592297
劳动合同科
科长 ……………… 86593430
副科长 …………… 86592284
主管 ……………… 86594576
主办 ……………… 86594576
薪酬与保险科
科长 ……………… 86592276
副科长 …………… 86594378
主管 ……………… 86595021
主办 ……………… 86594216
业绩考核科
科长 ……………… 86592415
主管 ……………… 86596274
培训管理科
科长 ……………… 86592339
副科长 …………… 86592303
统计与信息科
科长、综合 ……… 86591535
副科长 …………… 86593383
主管 ……………… 86594643
传真 ……………… 86593316
员工招聘与配置科
科长 ……………… 86594640
副科级 …………… 86594646
再就业管理科
科长 ……………… 86594645
副科级 …………… 86594641
………………… 86593700
主办 ……………… 86593700
助理主办 ………… 86594641

规划计划处

领导
处长 ……………… 86593384
副处长 …………… 86590902
………………… 86596191
………………… 86593482
………………… 86591653
规划科
科长 ……………… 86596078
副科长 …………… 86593340
主管 ……………… 86595264
生产计划科
科长、综合 ……… 86593843
副科长 …………… 86593623
主管、综合 ……… 86594263
办公室（传真） … 86592160
投资科
科长 ……………… 86593445
副科长 …………… 86594021
主管 ……………… 86594706
主管 ……………… 86594272
传真 ……………… 86594275
统计分析科
科长 ……………… 86591565
高级主管 ………… 86594783
主管 ……………… 86594264
………………… 86594335
办公室 …………… 86592705
经济评价科
副科长 …………… 86594361
主管 ……………… 86593446
主管 ……………… 86594362

财务资产处

领导
处长 ……………… 86595020
副处长 …………… 86591576
………………… 86594265
………………… 86593162
………………… 86592919
………………… 86596169
………………… 86591023
核算一科
副科长 …………… 86592458
科员 ……………… 86596042
………………… 86592459
………………… 86592458
核算二科
科长 ……………… 86591873
科员 ……………… 86597297
………………… 86592740
成本科
副科长 …………… 86596045
科员 ……………… 86591715
………………… 86592594
预算科
科长 ……………… 86594671
科员 ……………… 86593078
资产一科
副科长 …………… 86593215
科员 ……………… 86593215
………………… 86596046
资产二科
科长 ……………… 86596974
副科长 …………… 86595946
科员 ……………… 86595946
………………… 86596974
资金科
科长 ……………… 86595120
科员 ……………… 86594533
………………… 86595731
………………… 86592543
………………… 86593237
税价科
科长 ……………… 86596044
副科长（正科级） 86592183
副科长 …………… 86596043
科员 ……………… 86591714
………………… 86591030
………………… 86596043
………………… 86592741
关联交易科
科长 ……………… 86595125
副科长（正科级） 86593800
科员 ……………… 86594540
信息科
副科长 …………… 86594532
科员 ……………… 86594531
综合科
科长 ……………… 86593587
副科长 …………… 86596041
副科级 …………… 86597208
科员 ……………… 86596046
传真 ……………… 86593587

审计处

领导
处长 ……………… 86592263
副处长 …………… 86595155
………………… 86593276
………………… 86596501
专业管理与指导科
科长 ……………… 865196871
副科级 …………… 86592264
科员 ……………… 86596873
审计审理科
科长 ……………… 86596870
副科级 …………… 86593902
科员 ……………… 86595103
督察与后续审计科
副科长 …………… 86597291
………………… 86597211
科员 ……………… 86597232
………………… 86597217
综合办公室

办公室 …………… 86592264
传真 …………… 86595113

法律事务处

领导
处长 …………… 86594002
副处长 …………… 86593960
…………… 86592300
…………… 86591527
合同管理科
办公室 …………… 86592421
…………… 86594141
法律事务科
办公室、综合
…………… 86594520
…………… 86593182
纠纷案件管理科
办公室 …………… 86597012
…………… 86591523
招投标办公室
办公室 …………… 86592378
…………… 86591466
行政法律科
办公室 …………… 86597577
…………… 86595955

安全环保处

领导
处长 …………… 86592396
副处长 …………… 86594305
…………… 86597707
…………… 86597709
安全一科
科长 …………… 86592111
副科长 …………… 86595760
安全二科
科长 …………… 86594913
副科长 …………… 86594905
科员 …………… 86594905
安全三科
科长 …………… 86593354
科员 …………… 86592520
体系科
科长 …………… 86592864
综合科
科长 …………… 86593654
科员 …………… 86593654
传真 …………… 86592864
环境保护科
科长 …………… 86591726
科员 …………… 86591640
环境工程科
科长 …………… 86592105
科员 …………… 86591640

质量管理与节能处

领导
处长 …………… 86595606
副处长 …………… 86592302
…………… 86592903
质量管理、(综合）科
科长 …………… 86592129
主管 …………… 86592386
…………… 86592916
节能管理科
科长 …………… 86593436
高级主管 …………… 86591438
主管 …………… 86592103
…………… 86593775
…………… 86596460
标准计量科
副科长 …………… 86593664
…………… 86592315

内部控制处

领导
处长 …………… 86599588
副处长 …………… 86598003
…………… 86597739
…………… 86597740
体系规划科
办公室 …………… 86598006
…………… 86594700
流程控制科
办公室 …………… 86597020
…………… 86594700
风险管理科
办公室 …………… 86597007
…………… 86597569
基础建设科
办公室 …………… 86596001
…………… 86593651
企业管理科
办公室 …………… 86598004
政策调研科
办公室 …………… 86592301
…………… 86596894
综合管理科
综合、传真 …………… 86591446
内部控制体系建设项目组
办公室 …………… 86593894

设备管理处

领导
副处长 …………… 86592418
设备配置科
科长、综合 …………… 86592987
科员 …………… 86597643

…………… 86598847
…………… 86597277
…………… 86597724
传真 …………… 86594484

纪检监察处
（巡视员办公室）

领导
公司纪委副书记 … 86592287
处长 …………… 86592259
副处长 …………… 86592917
…………… 86595601
副处级纪检监察员 86592261
…………… 86593402
综合办公室
主任 …………… 86592270
副主任 …………… 86592831
主管 …………… 86593520
主办 …………… 86593520
案件检查室
主任 …………… 86593461
主管 …………… 86592904
效能监察室
主任 …………… 86593470
正科级纪检监察员、副主任
…………… 86595603
正科级纪检监察员 86595861
正科级纪检监察员 86592709
主管 …………… 86592709
…………… 86594339
…………… 86591094
党风教育室
主任 …………… 86596514
副科级纪检监察员 86597036
主管 …………… 86597036
信访审理室
副主任 …………… 86595548
主管 …………… 86592994
…………… 86597117
巡视组
正处级巡视员 …… 86978922
巡视组组长、正处级巡视员
…………… 86978923
…………… 86978925
…………… 86978926
副处级巡视员 …… 86978928
巡视组组长、副处级
巡视员 …………… 86978929
副处级巡视员 …… 86978930
…………… 86978931
…………… 86978932
…………… 86978933
…………… 86978935
综合科
科长 …………… 86978936
传真 …………… 86593520
办公室 …………… 86592831

党委宣传部
（企业文化部）

领导
处长 …………… 86592525
副处长 …………… 86596995
…………… 86591536
…………… 86593331
…………… 86592209
…………… 86596751
企业文化科
科长 …………… 86592370
副科长 …………… 86593113
科员 …………… 86593296
宣传科
副科长 …………… 86594633
…………… 86593646
科员 …………… 86594611
理论教育科
科长 …………… 86593532
科员 …………… 86597498
综合信息科
科长 …………… 86593625
副科长 …………… 86593439
科员 …………… 86593626
传真 …………… 86593439
文联办公室
主任 …………… 86594723
副主任 …………… 86591607
科员 …………… 86597637
…………… 86594410

公共关系处
（土地管理处）

领导
处长 …………… 86592038
副处长 …………… 86593972
…………… 86594395
外协一科
科长、综合 …………… 86593983
科员 …………… 86594061
外协二科
科长 …………… 86596487
科员 …………… 86592231
外协三科
科长 …………… 86595577
科员 …………… 86593614
土地管理科
科长 …………… 86595904
副科长 …………… 86594383
科员 …………… 86593713

………………………… 86594896
………………………… 86594385

水土保持科

科长 ………………… 86592607
科员 ………………… 86597822

教育处

领导

处长 ………………… 86592013
………………………… 86597705

综合办公室

主任 ………………… 86593105
主管 ………………… 86592425

教育管理协调科

科长 ………………… 86597530
主管 ………………… 86595727

招生（会考）办公室

主任 ………………… 86593473
主管 ………………… 86593105
办公室 ……………… 86593348

工会

领导

常务副主席 ………… 86593089
副主席 ……………… 86593100
………………………… 86595780

宣教部（体协）

办公室 ……………… 86591755
………………………… 86592124
………………………… 86593107

女工与生活保障部

办公室 ……………… 86592377
………………………… 86592120
………………………… 86595204

经济工作部

办公室 ……………… 86595430
………………………… 86592006

组织部

办公室 ……………… 86596194

综合办公室

主任 ………………… 86592887
副主任 ……………… 86594736
传真 ………………… 86594736

团委

领导

副书记 ……………… 86591420
………………………… 86597801

综合办公室

主任 ………………… 86595544
组织干事 …………… 86595545
青工干事 …………… 86593148
宣传干事 …………… 86592427

信访办公室（维护稳定工作办公室）

领导

主任 ………………… 86597190
副主任 ……………… 86597270
………………………… 86597271

综合信息科

科长 ………………… 86594113
主办 ………………… 86597043

协调督办科

科长 ………………… 86594907

信访接待科

科长 ………………… 86596730
副科长 ……………… 86593130
助理主办 …………… 86594856

行政事务中心（机关党委）

领导

主任、机关党委副书记
………………………… 86598638
副主任、机关党委
副书记 ……………… 86592915
副主任 ……………… 86593435
………………………… 86592266
………………………… 86593060
………………………… 86596239
………………………… 86595363
………………………… 86592866
………………………… 86590925
副总会计师 ………… 86592613

行政事务科

副科长 ……………… 86595301
科级 ………………… 86597187
科员 ………………… 86592017

党群科

科长 ………………… 86595232
科员 ………………… 86596935

员工健康科

科长 ………………… 86591752
副科长 ……………… 86591649
科员 ………………… 86592049
………………………… 86596003

财务代理科

科长 ………………… 86592620
副科长 ……………… 86598937
科员 ………………… 86596298
………………………… 86593431
………………………… 86593496
………………………… 86597699
………………………… 86591145

人事代理科

科长 ………………… 86593235
副科长 ……………… 86591734
………………………… 86592244
科员 ………………… 86591904
………………………… 86591410
科员 ………………… 86598371

计划生育办公室

负责人 ……………… 86592249
科员 ………………… 86597730

综合科

副科长 ……………… 86592448
科员 ………………… 86592840
库房保管 …………… 86595336

小招待所

所长 ………………… 86591100
科员 ………………… 86591002

办公区管理科

副科长 ……………… 86596830
………………………… 86596521
科员 ………………… 86596912
………………………… 86592331

公务班

公务员 ……………… 86592040
………………………… 86595315

办公区工程部

办公室 ……………… 86596912
………………………… 86596510

办公区监控值班室

办公室 ……………… 86596915
值班室 ……………… 86596230
………………………… 86596231

长庆大厦办公区

科长 ………………… 86598553
副科长 ……………… 86592151
科员 ………………… 86598552
综合岗 ……………… 86590959
科员 ………………… 86592272
科员 ………………… 86592076
监控值班室 ………… 86592861

明光路办公区综合部

负责人 ……………… 86590601
工程部 ……………… 86590602
值班监控室 ………… 86590612

苏里格大厦办公区管理科

科长 ………………… 86978011
科员 ………………… 86978008
综合岗 ……………… 86978006
科员 ………………… 86978019
保安部 ……………… 86978016
变电所 ……………… 86978018
楼宇消防 …………… 86978009
………………………… 86978015
维修部 ……………… 86978012
直燃机房 …………… 86978013
综合部 ……………… 86978010
………………………… 86978017

资金结算中心

领导

主任 ………………… 86978516
副主任 ……………… 86978518
………………………… 86978519
………………………… 86978515

信息管理科

科长、综合 ………… 86978510
副科长 ……………… 86978468
科员 ………………… 86978468
传真 ………………… 86978444

封闭结算科

科长 ………………… 86978500

稽查科

科长 ………………… 86978506
副科长 ……………… 86978508
办公室 ……………… 86978509
………………………… 86978507

资金运行一科

科长 ………………… 86978068
副科长 ……………… 86978062
办公室 ……………… 86978067
传真 ………………… 86978063

资金运行二科

科长 ………………… 86978065
副科长 ……………… 86978069
办公室 ……………… 86978070
………………………… 86978073

西安结算一室

主任 ………………… 86978059
办公室 ……………… 86978058
………………………… 86978056
………………………… 86978055
传真 ………………… 86598058

西安结算二室

副主任 ……………… 86978051
办公室 ……………… 86978050
………………………… 86978053
………………………… 86978056
传真 ………………… 86978052

庆阳结算室

主任 ………………… 8596215
副主任 ……………… 8592700
办公室 ……………… 8593105
………………………… 8591567

银川结算室

主任 ………………… 6935399
副主任（正科级） 6934398
办公室 ……………… 6934556
………………………… 6935398
传真 ………………… 6934536

靖边结算室

主任 ………………… 86503812
副主任 ……………… 86503812
办公室 ……………… 86503815
延安结算室
副主任 ……………… 86506379

信息中心

领导
主任 ………………… 86978021
副主任 ……………… 86978003
………………………… 86978000
信息技术管理科
科长、综合 ……… 86978031
办公室 ……………… 86978026
数据科
科长 ………………… 86978020
办公室 ……………… 86978025
………………………… 86978024
网络科
科长 ………………… 86978028
副科长 ……………… 86978029
办公室 ……………… 86978030
………………………… 86978032
………………………… 86978027

油气田规划所

领导
所长 ………………… 86592069
副所长 ……………… 86594306
气田规划科
科长、综合 ……… 86593245
副科长 ……………… 86591141
科员 ………………… 86592656
………………………… 86595794
………………………… 86591793
油田规划科
副科长 ……………… 86591149
………………………… 86594269
科员 ………………… 86594308
矿建科
科长 ………………… 86595919
副科长 ……………… 86595107
科员 ………………… 86596211
气田开发科
办公室 ……………… 86593479
………………………… 86595341
采气工艺技术科
办公室 ……………… 86594910
井下作业监督科
办公室 ……………… 86592001
油气业务部
主任 ………………… 86595179

咨询中心

油气业务部
主任 ………………… 86978116
综合科
科长 ………………… 86978118
主管 ………………… 86978119
传真 ………………… 86978122

审计中心

领导
主任 ………………… 86978816
副主任 ……………… 86978800
………………………… 86978806
………………………… 86978817
综合科
科长 ………………… 86978801
副科长 ……………… 86978802
办公室 ……………… 86978803
传真 ………………… 86978811
审计一科
科长 ………………… 86978805
副科长 ……………… 86978804
科员 ………………… 86978813
审计二科
科长 ………………… 86978809
副科长 ……………… 86978808
科员 ………………… 86978807
审计三科
科长 ………………… 86978833
副科长（正科） … 86978812
办公室 ……………… 86978810
审计四科
科长 ………………… 86978815
科员 ………………… 86978837
审计五科
科长 ………………… 86978819
副科长 ……………… 86978818
科员 ………………… 86978820
审计六科
科长 ………………… 86978821
副科长 ……………… 86978822
科员 ………………… 86978823
审计七科
科长 ………………… 86978825
科员 ………………… 86978826
………………………… 86978827
审计八科
科长 ………………… 86978828
科员 ………………… 86978829
审计九科
科长 ………………… 86978830
科员 ………………… 86978831

职业技能鉴定中心

领导
主任 ………………… 86978196
副主任 ……………… 86978188
………………………… 86978198
考务管理科
科长 ………………… 86978189
办公室 ……………… 86978186
题库管理科
科长 ………………… 86978181
办公室 ……………… 86978185
综合科
办公室 ……………… 86978180

苏里格气田开发指挥部

领导
副经理 ……………… 86978861
………………………… 86575898
………………………… 86978862
………………………… 86575976
副经理、地面建设部主任
………………………… 86978863
………………………… 86575971
对外协调部（内蒙古联络处）
主任 ………………… 86978866
………………………… 86575970
副科长 ……………… 86978847
……………… 0477－8373182
工程部
主任 ………………… 86978865
………………………… 86575921
助理工程师 ……… 86978871
………………………… 86575972
开发部
副主任 ……………… 86978868
………………………… 86575975
工程师 ……………… 86978878
………………………… 86575857
助理工程师 ……… 86978877
………………………… 86575857
综合部（联管会办公室）
副主任 ……………… 86978867
………………………… 86575920
助理工程师 ……… 86978879
………………………… 86575972
生产部
副主任 ……………… 86978869
………………………… 86575923
工程师 ……………… 86978872
………………………… 86575925
值班电话
办公室值班电话（西安）
………………………… 86978879
生产值班电话（西安）
………………………… 86978872
办公室值班电话（乌审旗）
………………………… 86575972
生产值班电话（乌审旗）
………………………… 86575925

北线指挥部

常务副指挥、临时党委副书记
………………………… 86503942
副指挥 ……………… 86503945
工程师 ……………… 86503947
工程师、综合 　　86503951

陇东指挥部

常务副指挥………… 8598222
副指挥……………… 8595328
………………………… 8592713
………………………… 8592686
综合办公室
主任………………… 8593336
副主任……………… 8595333
办公室……………… 8597666
传真………………… 8597222

勘探部

领导
经理 ………………… 86978668
党委书记、副经理 86978658
副经理 ……………… 86978656
………………………… 86978655
………………………… 86978660
北线副指挥 ……… 86978650
副总工程师 ……… 86978651
副总地质师 ……… 86978652
综合生产办
主任 ………………… 86978661
副主任 ……………… 86978676
办公室 ……………… 86978670
地质科
科长 ………………… 86978672
副科长 ……………… 86978663
………………………… 86978671
办公室 ……………… 86978657
………………………… 86978663
………………………… 86978672
地球物理科
科长 ………………… 86978677
副科长 ……………… 86978679
………………………… 86978653
办公室 ……………… 86978678
………………………… 86978605
办公室 ……………… 86978610
钻试工艺科
科长 ………………… 86978628
办公室 ……………… 86978629
对外协调科
科长 ………………… 86978608

办公室 …………… 86978609
勘探数据管理科
科长 …………… 86978600
副科长 …………… 86978600
办公室 …………… 86978601
计划财务科
科长 …………… 86978616
办公室 …………… 86978618

对外合作部

领导
主任 …………… 86592121
副主任 …………… 86596725
…………… 86591528
综合科
科长 …………… 86595127
科员 …………… 86591413
…………… 86592191
合作项目管理科
副科长 …………… 86591004
…………… 86596725
科员 …………… 86592387
外事科
科长 …………… 86592398
科员 …………… 86596723

基建工程部

领导
主任 …………… 86978236
党委书记 …………… 86978266
副主任 …………… 86978233
…………… 86978232
…………… 86978268
副总师 …………… 86978267
综合办公室
科长 …………… 86978208
副科长 …………… 86978206
…………… 86978209
科员 …………… 86978207
…………… 86978210
工程设计管理科
科长 …………… 86978237
科员 …………… 86978238
…………… 86978239
油田建设管理科
科长 …………… 86978261
副科长 …………… 86978260
科员 …………… 86978259
…………… 86978258
气田建设管理科
科长 …………… 86978218
副科长 …………… 86978216
科员 …………… 86978200
…………… 86978215
油田维护管理科
科长 …………… 86978262
副科长 …………… 86978265
科员 …………… 86978263
…………… 86978264
矿区建设管理科
科长 …………… 86978219
科员 …………… 86978220
…………… 86978221
合同结算管理科
科长 …………… 86978166
副科长 …………… 86978168
科员 …………… 86978169
…………… 86978165

工程技术管理部

领导
主任 …………… 86978303
党委书记、副主任 86978285
副主任 …………… 86978306
…………… 86978311
…………… 86978283
…………… 86978288
副总工程师 …………… 86978256
综合办公室
科长 …………… 86978297
副科长 …………… 86978280
机要文书 …………… 86978295
传真 …………… 86978296
油田工程管理科
科长 …………… 86978312
副科长 …………… 86978318
科员 …………… 86978319
…………… 86978315
…………… 86598310
传真 …………… 86598318
井控管理科
科长 …………… 86978307
副科长 …………… 86978308
办公室 …………… 86978310
气田工程管理科
科长 …………… 86978251
副科长 …………… 86978255
办公室 …………… 86978254
传真 …………… 86598255
油田工艺技术科
科长 …………… 86978287
副科长 …………… 86978281
办公室 …………… 86598315
传真 …………… 86978290
气田工艺技术科
科长 …………… 86978271
副科长 …………… 86978250
办公室 …………… 86978250
工程监督科
科长 …………… 86978301
副科长 …………… 86978301
办公室 …………… 86978300
固井管理科
科长 …………… 86978276
副科长 …………… 86978276
办公室 …………… 86978278
市场队伍管理科
科长 …………… 86978282
办公室 …………… 86978286

超低渗透油藏开发部

领导
主任 …………… 86978699
副主任 …………… 86978686
…………… 86978697
…………… 86978689
开发管理科
开发管理科 …………… 86978683
…………… 86978685
生产技术科
生产技术科 …………… 86978687
…………… 86978698
计划财务科
计划财务科 …………… 86978712
…………… 86978705
综合管理科
综合管理 …………… 86978700
…………… 86978703
…………… 86978713

数字化管理项目部

领导
副经理 …………… 86591255
…………… 86599187
…………… 86597709
…………… 86593805
工程师、综合 86597950
工程师 …………… 86593962
…………… 86593821
…………… 86597671
…………… 86593962

物资装备部

领导
经理 …………… 86596236
党委书记、纪委书记、工会主席
…………… 86596535
副经理 …………… 86591835
…………… 86596026
…………… 86596378
总会计师 …………… 86597931
副总工程师 …………… 86591831
综合办公室
主任 …………… 86596339
工会副主席 …………… 86596295
科级纪检监察员 … 86596395
机要秘书 …………… 86592949
材料科
科长 …………… 86592779
副科长 …………… 86595795
科员 …………… 86594329
…………… 86596301
物价合同科
科长 …………… 86592353
科员 …………… 86591833
机电科
科长 …………… 86591619
副科长 …………… 86592778
科员 …………… 86593951
…………… 86596379
设备科
科长 …………… 86595706
副科长 …………… 86595706
科员 …………… 86595705
石油专用管理科
科长 …………… 86594328
科员 …………… 86594328
…………… 86597337
计划科
科长 …………… 86594318
副科长（正科级） 86594391
科员 …………… 86591830
物资调剂科
科长 …………… 86597312
副科长 …………… 86597571
科员 …………… 86597571
财务科
科长 …………… 86597363
科员 …………… 86596375
…………… 86596319
质量科
科长 …………… 86597932
副科长 …………… 86597327
科员 …………… 86591832
电子商务办
科长 …………… 86597360
科员 …………… 86597731
北京物资采办站
站长 ………… 010－8432710

工程造价管理部（工程定额概预算管理站）

领导
主任 …………… 86978386
副主任 …………… 86978389
…………… 86978390

………………………… 86978380

综合信息科

科长 ……………… 86978387

副科长 …………… 86978387

综合岗 …………… 86978381

钻井工程概预算科

科长 ……………… 86978360

副科长 …………… 86978363

………………………… 86978362

科员 ……………… 86978363

………………………… 86978360

试油（气）工程概预算科

科长 ……………… 86978369

副科长 …………… 86978369

科员 ……………… 86598370

油田地面工程概预算科

科长 ……………… 86978371

副科长 …………… 86978375

科员 ……………… 86978375

………………………… 86978373

气田地面工程概预算科

科长 ……………… 86978379

副科长 …………… 86978379

科员 ……………… 86978376

………………………… 86978378

系统工程概预算科

科长 ……………… 86978391

副科长 …………… 86978397

科员 ……………… 86978392

………………………… 86978397

综合概预算管理站

科长 ……………… 86978400

副科长 …………… 86978406

科员 ……………… 86978406

价格管理科

科长 ……………… 86978396

副科长 …………… 86978398

科员 ……………… 86978398

………………………… 86978395

保卫部（人民武装部）

领导

主任（部长） …… 86592118

副主任 …………… 86596017

………………………… 86596027

………………………… 86592313

副部长 …………… 86593228

综合科

科长 ……………… 86593102

副科长 …………… 86591402

科员 ……………… 86591402

………………………… 86595732

治安科

科长 ……………… 86595132

科员 ……………… 86595132

生产保卫科

科长 ……………… 86593797

副科长 …………… 86596057

………………………… 86593797

科员 ……………… 86596057

政保科

科长 ……………… 86592571

科员 ……………… 86592571

消防监督科

科长 ……………… 86595129

………………………… 86592267

副科长 …………… 86972267

科员 ……………… 86592267

………………………… 86595129

作训动员科

科长 ……………… 86595732

副科长 …………… 86594026

资本运营部（多种经营管理处、集体资产投资管理中心）

领导

主任（处长、经理） 86978788

总会计师 ………… 86978789

副处级专职监事 … 86978791

………………………… 86978792

综合办公室

主任 ……………… 86978798

副主任 …………… 86978795

主管 ……………… 86978799

主办 ……………… 86978799

传真 ……………… 86978777

股权管理科

科长 ……………… 86978768

主管 ……………… 86978769

主办 ……………… 86978769

投资管理科

科长 ……………… 86978770

高级主管 ………… 86978771

主管 ……………… 86978771

财务与经营业绩科

科长 ……………… 86978781

副科长 …………… 86978782

主管 ……………… 86978782

产权制度改革办公室

副主任 …………… 86978796

高级主管 ………… 86978797

主办 ……………… 86978797

多种经营管理科

科长 ……………… 86978778

科级干部 ………… 86978779

主办 ……………… 86978779

内部产品市场管理科

科长 ……………… 86978780

主办 ……………… 86978780

陕西省石油石化企业协调组办公室

领导

主任 ……………… 86592308

综合科

科长 ……………… 86592119

科员 ……………… 86596771

档案馆

领导

馆长 ……………… 86590627

副馆长 …………… 86590626

………………………… 86590616

编研综合科

科长 ……………… 86590620

办公室 …………… 86590618

………………………… 86590619

………………………… 86590620

传真 ……………… 86590704

文书档案管理科

科长 ……………… 86590621

人事档案办公室 … 86590631

………………………… 86593257

基建档案办公室 … 86590632

文书档案办公室 … 86590633

办公室 …………… 86590621

………………………… 86590703

电子档案管理科

科长 ……………… 86590617

办公室 …………… 86590623

………………………… 86590617

科技档案管理一科

科长 ……………… 86590624

办公室 …………… 86590625

………………………… 86590629

科技档案管理二科

科长 ……………… 86590628

办公室 …………… 86590636

………………………… 86590705

档案年鉴科

办公室 …………… 86597993

………………………… 86598422

地质档案整理室

办公室 …………… 86590634

第一采油厂

厂办

主任 ……………… 86506136

副主任 …………… 86506173

………………………… 86500355

文书 ……………… 86506137

秘书 ……………… 86506141

………………………… 86500239

传真 ……………… 86504347

值班室 …………… 86506582

信访室 …………… 86500273

档案室 …………… 86506634

………………………… 86506109

生产运行科

科长 ……………… 86506158

副科长 …………… 86506156

………………………… 86506155

………………………… 86500111

………………………… 86506157

综合调度 ………… 86500361

集输管理 ………… 86500362

值班调度 ………… 86506151

………………………… 86506152

内勤 ……………… 86500363

车辆管理 ………… 86506154

大班调度 ………… 86504690

通信管理 ………… 86506153

水电管理 ………… 86501901

道路管理 ………… 86500365

应急管理 ………… 86500366

设备管理 ………… 86506522

………………………… 86506321

设备库 …………… 86501104

传真 ……………… 86506192

会议室 …………… 86500364

………………………… 86501538

计划科

科长 ……………… 86500260

副科长 …………… 86504483

办公室 …………… 86506162

………………………… 86500252

………………………… 86506457

财务科

科长 ……………… 86506160

副科长 …………… 86504845

资金组 …………… 86504570

………………………… 86500145

成本组 …………… 86504654

………………………… 86506161

资产组 …………… 86500343

………………………… 86500344

值班室 …………… 86504570

人事组织科

科长 ……………… 86501599

副科长 …………… 86506470

………………………… 86504223

………………………… 86504739

组织、干部、合同 86506194

社保、医疗 ……… 86506377

工资、统计 ……… 86506165

员工培训站
站长 …… 86506163
副站长 …… 86506962
…… 86506193
办公室 …… 86506199
…… 86501335
纪检监察科
科长 …… 86506195
副科长 …… 86501504
办公室 …… 86506104
传真 …… 86504022
公共关系科
科长 …… 86506189
副科长 …… 86506239
…… 86504285
办公室 …… 86508895
矿权管理办
主任 …… 86501525
副主任 …… 86501521
办公室 …… 86501524
安全科
科长 …… 86504566
副科长 …… 86506659
…… 86506035
…… 86500269
办公室 …… 86506171
…… 86506172
技术监督中心
科长 …… 86500142
副科长 …… 86500340
…… 86500341
…… 86500342
…… 86504373
办公室 …… 86500143
…… 86500147
工程项目管理室
主任 …… 86506186
副主任 …… 86506185
…… 86500317
…… 86500307
项目室 …… 86506176
…… 86506185
法律事务室
主任 …… 86500358
副主任 …… 86501095
办公室 …… 86506804
内控管理科
科长 …… 86504658
副科长 …… 86500153
办公室 …… 86506184
企业文化科
科长 …… 86506291
副科长 …… 86500130
…… 86500232
办公室 …… 86506144
…… 86500134
科技与信息中心
主任 …… 86500079
副主任、科技室 … 86500073
中心网络室 …… 86500074
…… 86501106
概预算管理站
站长 …… 86500290
副站长 …… 86506595
办公室 …… 86500050
物资采办站
站长 …… 86506556
副站长 …… 86501984
…… 86500283
计划验收、综合管理组
…… 86501894
统计结算 …… 86501452
库房 …… 86501985
机关总支、事务管理站
站长 …… 86506129
副站长 …… 86506145
…… 86501534
办公室 …… 86501324
…… 86500230
前楼服务室 …… 86500131
前楼门岗 …… 86504014
后楼门岗 …… 86500219
计生办 …… 86501831
健康办 …… 86501193
职工轮休点值班室 86500046
内退办
主任 …… 86504328
副主任 …… 86504376
…… 86500301
办公室 …… 86506364
井下作业科
科长 …… 86500018
副科长 …… 86500019
办公室 …… 86500095
…… 86500123
…… 86500125
…… 86500127
井下作业监督站
科长 …… 86501168
副科长 …… 86504069
办公室 …… 86504056
…… 86500177
…… 86501579
厂史馆
办公室 …… 86506753
小车队
队长 …… 86506338
副队长 …… 86501451
调度室 …… 86506240
财务 …… 86500303
人事 …… 86500305
地面抢险大队
大队长 …… 86506168
副大队长 …… 86506272
…… 86506271
…… 86506968
…… 86506590
生产组 …… 86501404
…… 86504267
办公室 …… 86506275
…… 86506447
经营组 …… 86506177
…… 86500126
机安组 …… 86506475
材料组 …… 86506491
电力队值班 …… 86506242
电力队开关站 …… 86506293
门岗 …… 86506797
水上应急中心队长 86508145
水上应急中心副队长86508148
水上应急中心指挥部86508150
…… 86508149
地质研究所
所长 …… 86506211
书记 …… 86506509
副所长 …… 86506205
…… 86504252
…… 86504801
…… 86506207
…… 86506632
办公室 …… 86506212
人事组 …… 86504547
财务组 …… 86504742
油藏研究室 …… 86506214
开发室 …… 86506213
…… 86504254
…… 86501527
动态监测室 …… 86504255
…… 86506657
油藏描述室 …… 86506607
地质室 …… 86504256
…… 86504253
…… 86506202
管理室 …… 86506203
计算机室 …… 86506201
管理室 …… 86506664
工艺研究所
所长 …… 86506167
副所长 …… 86506390
…… 86500329
…… 86504150
…… 86506215
…… 86500137
综合办公室 …… 86506236
…… 86506191
采油工艺室 …… 86506389
注水工艺室 …… 86504057
井下作业室 …… 86506370
…… 86504251
规划设计室 …… 86504261
油田化验室 …… 86504262
技术管理室 …… 86506744
安全环保节能室 … 86501187
工具室 …… 86501345
自动化控制室 …… 86501734
公安延河分局
局长 …… 86506322
政委 …… 86506323
常务副局长 …… 86506378
副局长 …… 86506412
…… 86506324
值班室 …… 86506110
户籍办 …… 86506330
户口办 …… 86500149
匪警 …… 86506110
公安局后勤股 …… 86501454
警车队 …… 86506614
政秘科科长 …… 86506325
副科长 …… 86506283
人事 …… 86501274
机要室 …… 86506329
办公室 …… 86504734
法制科科长 …… 86504405
办公室 …… 86501944
消防科科长 …… 86504442
办公室 …… 86506331
治安大队大队长 … 86501844
教导员 …… 86506327
办公室 …… 86506471
内勤 …… 86501714
交警大队教导员 … 86506244
副大队长 …… 86501214
办公室 …… 86504264
内勤 …… 86506332
刑警大队教导员 … 86501294
副大队长 …… 86501442
一中队 …… 86504487
二中队 …… 86506347
三中队 …… 86501447
内勤 …… 86506326
高沟口派出所 …… 86508902
侯市派出所 …… 86508110
杏河警务区 …… 86508763
坪谭派出所 …… 86508219
谭家营警务室 …… 86508318
王南派出所 …… 86508036

张泉派出所 ········ 86572621
吴堡警务室··········· 8595786
白豹警务室··········· 8395602

石油保卫大队

大队长 ·············· 86506683
教导员 ·············· 86506558
副大队长 ············ 86501484
······················ 86501462
······················ 86500359
······················ 86500331
办事组 ·············· 86506559
财务室 ·············· 86501747
小车队 ·············· 86504402
后勤股 ·············· 86504883
作训股 ·············· 86500330
内保股 ·············· 86504403
王窑中队 ············ 86508856
王南中队 ············ 86508440
侯市中队 ············ 86508140
杏河中队 ············ 86508735
张渠中队 ············ 86572620
杏北中队 ············ 86500629
谭家营中队 ·········· 86508316
坪桥中队 ············ 86508233
高桥中队 ············ 86508379

消防大队

大队长 ·············· 86506336
党总支书记 ·········· 86501838
副大队长 ············ 86506334
······················ 86501143
综合办事组组长 ··· 86504234
综合办事组 ·········· 86506340
人事财务组 ·········· 86501550
警务战训股 ·········· 86500336
防火股 ·············· 86501553
机动安全股 ·········· 86501552
小车班 ·············· 86501552
后勤股 ·············· 86501551
大队值班室 ·········· 86506711
河庄坪中队值班 ··· 86506337
······················ 86501110
河庄坪中队火警 ··· 86506119
······················ 86501119
王窑中队值班 ······ 86508851
······················ 86508890
王窑中队火警 ······ 86508852
······················ 86508801
坪桥中队值班 ······ 86508217
······················ 86508245
坪桥中队火警 ······ 86508241
······················ 86508247
侯杏中队值班 ······ 86508192
······················ 86508199
侯杏中队火警 ······ 86508191
······················ 86508193
张渠中队值班 ······ 86572679
······················ 86572663
张渠中队火警 ······ 86572674
······················ 86572633
王南中队值班 ······ 86508039
······················ 86508059
王南中队火警 ······ 86508011
······················ 86508030

长东项目部

经理 ················ 86500302
书记 ················ 86501352
副经理 ·············· 86500321
综合办公室 ·········· 86501437
······················ 86504176
······················ 86500387
······················ 86500390

超低渗项目组

经理 ················ 86506597
副经理 ·············· 86506975
······················ 86506297
工会主席 ············ 86501726
副经理 ·············· 86501960
······················ 86501610
······················ 86501565
综合办事组 ·········· 86504788
······················ 86501223
······················ 86501263
······················ 86504095
生产运行组组长 ··· 86500251
生产运行组 ·········· 86500246
······················ 86504907
计划财务组 ·········· 86504766
······················ 86501681
工程地质室 ·········· 86501679
······················ 86501938
······················ 86501519
······················ 86501433

延沣公司

总经理 ·············· 86506103
················· 029－62679289
书记 ············ 029－62679295
监事会主席
················· 029－62679292
副经理 ·············· 86506124
······················ 86500180
副经理 ·········· 029－62679296
办公室 ·············· 86504274
财务部 ·············· 86500179
················· 029－62679293
生产部 ·············· 86504344
经营部 ·········· 029－62679297
劳务分公司 ·········· 86504341
志丹分公司 ·········· 86504344
小车分公司 ·········· 86501185
······················ 86501776
······················ 86500402
小车分公司
综合办公室 ·········· 86506626
经营组 ·············· 86500348
运行组 ·············· 86500403
机动安全组 ·········· 86501776
生产运行组值班 ··· 86500401
······················ 86500402
一中队 ·············· 86500163
二中队 ·············· 86504083
小车分公司杏河中队 86508740
坪桥中队 ············ 86508269
王南中队 ············ 86972140

西安办事处

主任 ················ 86599708
前台 ················ 86599700
传真： ·············· 86599720

招安作业区

经理 ················ 86506319
书记 ················ 86500157
副经理 ·············· 86501561
······················ 86501455
······················ 86504137
······················ 86501432
生产运行组 ·········· 86504914
生产运行组 ·········· 86500415
计划组 ·············· 86501069
机安组 ·············· 86504758
工程地质室 ·········· 86506204
······················ 86500416
综合办事组 ·········· 86501394
综合服务队 ·········· 86501349

王窑集输大队

大队长 ·············· 86504192
书记 ················ 86504159
副大队长 ············ 86506059
······················ 86504173
······················ 86504240
······················ 86508060
调度长 ·············· 86506405
调度室 ·············· 86500071
······················ 86506241
生产组 ·············· 86504148
机安组 ·············· 86504149
办事组 ·············· 86504179
······················ 86506524
财务组 ·············· 86504217
人事组 ·············· 86504248
材料组 ·············· 86506527
王窑集输队 ·········· 86508840
坪桥集输队 ·········· 86508225
······················ 86508226
王十六转 ········ 0911－6279086
采气队 ·········· 0911－6411430
谭家营集输队 ······ 86508308
王窑气处理队 ······ 86508945
······················ 86508965
王南气处理 ·········· 86508058
······················ 86508050

测试大队

大队长 ·············· 86501856
副大队长 ············ 86501806
······················ 86500309
······················ 86500310
······················ 86500372
综合办公室 ·········· 86500371
······················ 86501745
······················ 86500373
生产运行组 ·········· 86500379
······················ 86504934
环境监测站 ·········· 86500375
技术组 ·············· 86500351
中心化验室 ·········· 86504011
······················ 86500377
仪表管理室 ·········· 86500376
······················ 86504404
试井队 ·············· 86506206
······················ 86506117
······················ 86506410

产能建设项目组

经理 ················ 86508888
副经理 ·············· 86508918
······················ 86508891
······················ 86508924
······················ 86508889
······················ 86508921
调度室值班 ·········· 86508909
调度室传真 ·········· 86508828
后勤 ················ 86500878
钻井 ················ 86500887
······················ 86508949
试油 ················ 86500809
地质 ················ 86508927
······················ 86508922
······················ 86508813
地面建设 ············ 86508802
······················ 86508949
······················ 86508834
对外关系 ············ 86508895
······················ 86508922
······················ 86508994
计划 ················ 86500809
预算 ················ 86508905

王窑作业区

经理 ················ 86508803
副经理 ·············· 86508908

……86500827
……86508805
……86508981
……86508968
生产运行组……86508806
调度室……86508816
……86508817
综合办事组……86508808
人事组……86508814
计划财务组……86508991
……86508818
机安组……86508821
……86508812
工程地质室……86508893
……86508819
……86508894
……86508823
……86508898
综合维修队……86508879

王南作业区

经理……86508001
书记……86508002
副经理……86508023
……86508003
……86508006
……86508007
……86508004
综合办公室……86508014
调度室……86508009
……86508010
机安组……86508008
计划组……86508016
人事组……86508015
财务组……86508018
培训组……86508019
工程室……86508020
地质室……86508022
资料室……86508021
材料组……86508027
服务队……86508029
综合维修队……86508025

侯市作业区

经理……86972100
……86972101
书记……86972102
……86972108
副经理……86502104
……86972103
……86972105
……86972106
财务……86972109
地质室……86972112
工程室……86972113
资料室……86972114
调度室……86972115
……86972116
办公室……86972117
……86972118
人事组……86972120
计划组……86972121
机安组……86972122
综合维修队……86972125

杏河作业区

经理……86508700
书记……86508701
副经理……86508708
……86508703
……86508702
……86508707
……86508758
生产运行组……86508788
……86508789
办公室……86508710
综合维修队……86508720
机安组……86508719
材料组……86508718
财务组……86508711
人事组……86508712
工程地质室……86508715
……86508716
计划组……86508713

杏南作业区

经理……86508188
书记……86508158
副经理……86508198
……86508168
……86508186
……86508178
……86508181
生产运行组……86508152
计划组……86508187
综合办事组……86508175
人事组……86508176
财务组……86508180
材料组……86508182
工程组……86508155
地质组……86508156
服务队……86508183
机安组……86508153
门岗……86508185

杏北作业区

经理……86500600
经理……86500601
书记……86500602
副经理……86500603
……86500606
……86500605
……86500608
生产运行组……86500610
……86500611
综合办公室……86500607
材料组……86500617
服务室……86500619
技术组……86500612
……86500613
机安组……86500616
经营组……86500609
人事组……86500615
化验室……86500623

坪桥作业区

经理……86508201
书记……86508202
副经理……86508206
……86508205
……86508200
生产运行组……86508208
……86508209
办事组……86508218
……86508210
计划组……86508212
财务组……86508215
机安组……86508213
工程地质室……86508211
……86508234

张渠作业区

经理……86572658
书记……86572638
副经理……86572668
……86572618
……86572628
……86572603
生产运行组……86572606
……86572605
综合办事组……86572622
……86572601
……86572602
机安组……86572617
工程地质室……86572607
计划组……86572604
财务组……86572608
综合队……86572610

高桥作业区

经理……86508368
书记……86508369
副经理……86508370
……86508376
……86508371
生产运行组……86508365
调度室……86508366
机安组……86508378
综合办事组……86508363
……86508364
……86509367
计划组……86508361
财务组……86508362
工程地质室……86508373
……86508375

吴堡作业区

经理……8595751
书记……8595752
副经理……8595753
……8595755
……8595756
……8592568
生产运行组……8595760
机安组……8595785
综合办事组……8595767
计划经营组……8595779
……8595782
工程地质室……8595771
……8595772
综合维修队……8595775
……8595776

杏河集输大队

大队长……86508456
书记……86508459
副大队长……86508425
……86508460
……86508444
……86508458
调度室……86508401
……86508402
……86508429
生产组……86508403
……86508404
机安组……86508405
材料组……86508406
财务组……86508407
办公室……86508408
……86508409
人事组……86508410
杏河队……86508411
轻烃站……86508421
张渠站……86572664
综合队……86508143
侯市新站……86508824

井下特种作业大队

大队长……86508911
书记……86508861
副大队长……86508858
……86508862
……86500829
……86508883
生产组组长……86508865
机安组组长……86508859
办公室主任……86508864

人事组组长 ……… 86508860
财务组组长 ……… 86508926
调度室调度长 …… 86508863
…………………… 85938912
坪桥主任 ………… 86508207

第二采油厂

厂领导

厂长…………………… 8592588
党委书记……………… 8598228
常务副厂长…………… 8593698
副厂长………………… 8597588
副厂长、总工程师 …… 8595800
副厂长………………… 8590208
总会计师……………… 8597868
西峰分厂党总支书记 8598681
副总机械师…………… 8597375

陇东指挥部

指挥…………………… 8596258
副指挥………………… 8598222
…………………………… 8595528
…………………………… 8592713
…………………………… 8592686
综合办主任…………… 8593336
综合办副主任………… 8595333
生产办主任…………… 8591990
稳定主任……………… 8592010
外协办公室主任……… 8596465
稳定办公室…………… 8590668
矿区办公室主任……… 8593611
副主任………………… 8596600
公务员………………… 8593777
值班室………………… 8597666

厂（党）办

主任…………………… 8591688
信访办主任…………… 8592199
副主任………………… 8598755
…………………………… 8591182
办公室………………… 8591555
…………………………… 8590099
…………………………… 8592280
…………………………… 8590100
…………………………… 8595655
传真…………………… 8599999

生产运行科

科长…………………… 8592372
副科长………………… 8597192
…………………………… 8598269
…………………………… 8595152
…………………………… 8595156
综合管理……………… 8595321
道路管理……………… 8595151
电力管理……………… 8595050
运力管理……………… 8595252
设备管理……………… 8592809
…………………………… 8597767
修井管理……………… 8596558
调度值班……………… 8598888
…………………………… 8595555
传真…………………… 8592222

计划科

科长…………………… 8597781
副科长………………… 8597773
…………………………… 8596058
…………………………… 8590601
基建计划……………… 8597484
…………………………… 8598306
生产计划……………… 8596411
…………………………… 8596432

人事科组织科

科长…………………… 8598851
副科长………………… 8596388
…………………………… 8597771
…………………………… 8592917
组干管理……………… 8597481
综合管理……………… 8590114
劳动组织……………… 8597354
业绩薪酬……………… 8597479
医疗保险……………… 8598114

企业管理科

科长…………………… 8598356
副科长………………… 8593746
…………………………… 8596036
…………………………… 8592656
企业管理……………… 8597394
基础管理……………… 8592338
内控管理……………… 8592906

法律事务科

科长…………………… 8592115
副科长………………… 8592613
律师…………………… 8597455
法律事务……………… 8597413
…………………………… 8592891
合同管理……………… 8597419
…………………………… 8597050

财务资产科

科长…………………… 8597768
副科长………………… 8590889
…………………………… 8596473
…………………………… 8597785
综合管理……………… 8590011
材料核算……………… 8597346
成本核算……………… 8594470
…………………………… 8597843
…………………………… 8597344
资产基建……………… 8597755
报销…………………… 8592710

质量安全环保科

科长…………………… 8593301
副科长………………… 8597745
…………………………… 8592534
…………………………… 8592937
…………………………… 8594017
交通管理……………… 8597046
环保管理……………… 8597478
劳动保护……………… 8597049
工业安全……………… 8593685

井下作业科

科长…………………… 8590595
副科长………………… 8590592
…………………………… 8590590
…………………………… 8590583
办公室………………… 8590605
…………………………… 8590604
…………………………… 8590581
…………………………… 8590603
…………………………… 8590581
…………………………… 8590603

对外协调科

科长…………………… 8597728
副科长………………… 8596431
…………………………… 8597461
…………………………… 8596634
综合管理……………… 8590461
内勤事务……………… 8597756
油区治理……………… 8597264
土地外协……………… 8596684
…………………………… 8596747

纪检监察科

科长…………………… 8595364
副科长………………… 8597002
…………………………… 8593239
纪检专干……………… 8598413
内审…………………… 8596404

企业文化科

科长…………………… 8598411
工会副主席…………… 8598281
副科长………………… 8591041
团委副书记…………… 8593048
副科长………………… 8590864
女工主任……………… 8595106
宣传…………………… 8591373
…………………………… 8592192
工会…………………… 8598412
企业文化……………… 8598036

油区综合治理办公室

主任…………………… 8593966
副主任………………… 8593377
…………………………… 8593970
综合治理……………… 8597264
综合管理……………… 8593012

工程项目室

主任…………………… 8597449
副主任………………… 8597434
…………………………… 8593975
…………………………… 8593442
合同管理……………… 8597450
综合管理……………… 8597716
施工管理……………… 8591745
工程设计……………… 8591744
工程核销……………… 8597451

概预算管理站

站长…………………… 8592336
副站长………………… 8590501
办公室………………… 8590124
…………………………… 8590457
…………………………… 8591741

采办站

站长…………………… 8598410
副站长………………… 8598900
…………………………… 8598056
合同管理……………… 8596484
计划业务……………… 8598409
…………………………… 8590462
统计稽核……………… 8591794
验收…………………… 8596484

事务管理站

站长…………………… 8591330
副站长………………… 8598082
房产管理……………… 8593701
计划生育……………… 8597543
事务管理……………… 8566974
绿化管理……………… 8596974
社会化管理…………… 8595806
员工健康……………… 8591775

机关党总支

党总支书记…………… 8593907

稳定办

主任…………………… 8596241
副主任………………… 8595996
…………………………… 8597766
…………………………… 8593779
办公室………………… 8598007

技术监督中心

主任…………………… 8599599
书记…………………… 8599579
副主任………………… 8599721
…………………………… 8599720
综合室………………… 8398640
质量管理室…………… 8398644
质量标准……………… 8398645
计量…………………… 8398645
标准化………………… 8398645
节能…………………… 8398645
仪表室………………… 8398653
试井队………………… 8398657

员工培训中心
主任…… 8596396
书记…… 8597552
副主任…… 8598979
…… 8598984
综合管理…… 8597723
培训运行…… 8598980
…… 8598979
后勤保障…… 8598981
值班室…… 8598983
门岗…… 8598977

科技与信息中心
主任…… 8593257
副主任…… 8593203
…… 8597587
科技管理…… 8596344
信息管理…… 8593214
信息应用…… 8597542
值班室…… 8590333
视频会议室…… 8598714

退休管理站
站长…… 8595901
书记…… 8593755
政工…… 8593572
人事综合…… 8590645
高陵分站 …… 86020961
泾渭苑分站 …… 68601623
庆阳分站…… 8599878

井下作业监督站
站长…… 8590680
书记…… 8590656
副站长…… 8590660
综合办…… 8590682
办公室…… 8590683
…… 8590684
…… 8590612
…… 8590613
…… 8590614
…… 8590664

工艺所
所长…… 8597428
副所长…… 8597425
…… 8595313
技术主管…… 8595344
…… 8593803
综合室…… 8597431
…… 8597719
注采工艺室…… 8592146
…… 8593720
生产运行…… 8596240
地面设计室…… 8597430
油田化学室…… 8597144

地质所
所长…… 8597779
书记…… 8590827
副所长…… 8593715
…… 8590977
…… 8593797
技术主管…… 8597837
…… 8597437
综合室…… 8592166
生产管理室…… 8591028
开发室…… 8597837
…… 8590671
方案室…… 8597437
油藏室…… 8597435
值班室…… 8597701

岭中作业区
经理…… 8386608
书记…… 8387928
生产副经理…… 8387955
经营副经理…… 8387679
技术主管…… 8387986
安全监管…… 8386763
生产运行组…… 8387720
调度值班室…… 8387591
…… 8387437
车辆调派…… 8387595
电信…… 8386143
机安…… 8387046
HSE …… 8387452
经营组计划…… 8387526
经营组土地…… 8387457
经营组财务…… 8386044
管理组…… 8387598
管理组企管…… 8386800
管理组人事…… 8386614
技术组…… 8386705
修井监督…… 8386144
后勤材料…… 8387414
车辆班…… 8386145
维修队…… 8387871

岭北作业区
经理…… 8599818
书记…… 8599828
生产副经理…… 8599816
经营副经理…… 8599956
生产副经理…… 8599798
安全监督…… 8599836
生产运行组…… 8599795
调度值班室…… 8599963
…… 8599814
管理组…… 8599830
工团…… 8599822
企管…… 8599821
HSE办公室 …… 8599792
技术组…… 8599843
资料室…… 8599847
财务室…… 8599831
计划组…… 8599815
车队…… 8599836
民警队…… 8387140
民警队值班…… 8387143
交油班…… 8383907
设备…… 8599791
综治办…… 8599812

岭南作业区
经理…… 8599968
书记…… 8398763
生产副经理…… 8398892
…… 8398803
经营副经理…… 8398855
技术主管…… 8398746
生产运行组…… 8398902
调度值班室…… 8398777
生产组 HSE …… 8398745
设备…… 8398743
外协…… 8398905
电信…… 8398733
管理组企管…… 8398793
政工…… 8398714
人事…… 8398705
工会…… 8398784
地质组地质…… 8398824
工艺…… 8398904
仪表班…… 8398804
资料室…… 8398774
经营组计划…… 8398783
财务…… 8398753
督察办公室…… 8398903
后勤管理…… 8398874
综合材料…… 8398806
治安保卫…… 8398875
小车班…… 8398807

城壕作业区
经理…… 8394888
书记…… 8394886
生产副经理…… 8394869
…… 8394889
经营副经理…… 8394818
生产运行组…… 8394846
调度值班室…… 8394801
…… 8394802
调度调派…… 8394803
调度大班…… 8394835
HSE办 …… 8394848
管理组…… 8394805
人事…… 8394810
宣传…… 8394827
三基办…… 8394812
工地室主任…… 8394815
技术…… 8394804
资料…… 8394813
…… 8394822
经营组…… 8394811
财务…… 8394807
材料…… 8394817
外协…… 8394831

华池作业区
经理…… 8395215
书记…… 8395010
生产副经理…… 8395000
…… 8395012
经营副经理…… 8395016
技术主管…… 8395102
安全监管…… 8395070
生产运行组…… 8395019
调度值班室…… 8395020
调度调派…… 8395021
电力管理…… 8395153
设备管理…… 8395051
QHSE管理…… 8395037
综合治理…… 8395052
工程地质室…… 8395239
…… 8395036
技术组地质…… 8395213
井筒…… 8395030
修井监督…… 8395026
管理组…… 8395065
企管管理…… 8395027
工会宣传…… 8395061
人事管理…… 8395039
信息管理…… 8395091
经营组…… 8395034
统计…… 8395011
财务出纳…… 8395240
会计…… 8395035
材料组…… 8395135
交油班…… 8395033
巡护队…… 8395060
抢险队…… 8395072

元城作业区
经理…… 8395788
书记…… 8395766
生产副经理…… 8395733
…… 8395799
经营副经理…… 8395755
生产副经理…… 8395777
生产运行组…… 8395708
调度值班室…… 8395700
…… 8395701
设备管理…… 8395702
电力通信…… 8395778
计划外协…… 8395704
经营财务…… 8395768
管理组…… 8395706

人事管理…………8395707
宣传工会…………8395708
技术组……………8395709
企管综治…………8395705
信息管理…………8395712

樊家川作业区

经理………………8394101
书记………………8394102
生产副经理………8394103
……………………8394105
经营副经理………8394106
生产运行组………8394127
调度值班室………8394140
……………………8394141
电力通信…………8394109
QHSE办公室………8394194
机动设备…………8394145
管理组……………8394134
企管宣传…………8394157
人事管理…………8394137
培训管理…………8394249
经营组……………8394164
财务统计…………8394245
工程地质室………8394174
地质………………8394275
井筒注水…………8394204
资料室……………8394242
资料室………0934－4427646
巡护队……………8394124
小车班……………8394267

温台作业区

经理………………8591828
书记………………8591628
生产经理…………8591358
……………………8591398
经营经理…………8591836
安全监管…………8591728
生产运行组………8591711
调度值班室………8592919
……………………8592929
设备电力…………8591712
HSE办公室………8591713
地质组……………8591714
井筒工艺…………8591715
注水计量…………8591737
土地外协…………8591717
企管组……………8591719
人事培训…………8591721
工团宣传…………8591723
计划统计…………8591727
财务………………8591728
后勤………………8591751
材料………………8591729
资料室……………8591723
……………………8591733

南梁作业区

经理………………8395999
书记………………8395998
生产副经理………8395995
……………………8395988
责任工程师………8395910
技术主管…………8395997
生产运行组………8395900
调度值班室………8395901
……………………8395902
设备………………8395960
车辆调派…………8395980
电信………………8395991
管理组……………8395908
技术组……………8395905
修井监督…………8395987
统计计量…………8395904
资料室……………8395906
……………………8395961
经营组……………8395910
会计出纳…………8395909
材料………………8395969

西峰采油一区

经理………………8392328
书记………………8392326
生产副经理………8392321
……………………8392322
……………………8392323
经营副经理………8392325
中控室……………8392316
……………………8392317
……………………8392318
生产技术室副主任　8392335
电力通信…………8392336
设备………………8392337
QHSE……………8392338
地质………………8392339
工艺井筒…………8392340
注水………………8392341
资料室……………8392342
企业管理…………8392343
工团宣传…………8392344
人事培训…………8392345
统计社化…………8392346
交油班……………8392961
小车班……………8392954

西峰采油二区

经理………………8392358
书记………………8392356
生产副经理………8392351
……………………8392352
经营副经理………8392353
安全主管……0934－3402178
技术主管……0934－3463085
中控室……………8392366
……………………8392367
……………………8392368
生产技术室副主任　8392360
电力通信…………8392361
设备………………8392362
QHSE……………8392363
地质………………8392364
工艺井筒…………8392365
注水………………8392370
资料………………8392371
企业管理…………8392372
工团宣传…………8392373
人事培训…………8392374
统计社化…………8392375

西峰采油三区

经理………………8392388
书记………………8392386
生产副经理………8392381
……………………8392382
经营副经理………8392383
技术主管……0934－8491728
中控室……………8392506
……………………8392507
……………………8392508
生产技术室副主任　8392384
电力通信…………8392385
设备………………8392390
QHSE……………8392391
地质………………8392392
工艺井筒…………8392393
注水………………8392394
资料………………8392395
企业管理…………8392396
工团宣传…………8392397
人事培训…………8392398
统计社化…………8392399

西峰采油四区

经理………………8392516
书记………………8392515
生产副经理………8392512
经营副经理………8392513
技术主管……0934－8532161
安全监管…………8392511
生产运行组………8392522
中控室……………8392526
……………………8392527
……………………8392528
生产技术室副主任　8392520
电力通信…………8392521
设备………………8392522
QHSE……………8392523
地质………………8392524
工艺井筒…………8392525
注水………………8392530
资料室……………8392531
企业管理…………8392532
工团宣传…………8392533
人事培训…………8392534
统计社化…………8392535

西峰采油五区

经理………………8398958
生产副经理………8398968
经营副经理………8398928
技术主管…………8398926
生产运行组………8398936
调度值班室………8398966
……………………8398922
HSE………………8398933
综合………………8398930
管理组……………8398955
……………………8398921
经营财务…………8398925
经营材料…………8398938
技术组……………8398932
资料室……………8398920
……………………8398952

庆西一区

经理………………8392558
书记………………8392556
生产副经理　0934－3462060
经营副经理………8392553
责任工程师　0934－3462268
生产副经理　0934－3462269
生产运行组………8392576
中控室……………8392577
……………………8392578
生产技术室副主任　8392560
电力通信…………8392561
设备………………8392562
QHSE……………8392563
地质………………8302564
工艺井筒…………8392565
注水………………8392570
资料室……………8392571
企业管理…………8392572
工团宣传…………8392573
人事培训…………8392574
统计社化…………8392575
材料组………0934－3462277

庆西二区

经理…………0934－7199588
书记…………0934－7199586
经营副经理　0934－7199218
生产副经理　0934－7199219
生产运行组　0934－7199589
调度值班室　0934－7199581

………………… 0934－7199582
技术组……… 0934－7198098
………………… 0934－7198099
管理组……… 0934－3415707

试采作业区

经理………………… 8599969
书记………………… 8599929
责任工程师………… 8398879
生产副经理………… 8599930
安全监督…………… 8599933
生产运行组………… 8599980
调度值班室………… 8398789
………………………… 8599934
运力车辆…………… 8599984
外协………………… 8599994
电力………………… 8599987
经营组……………… 8599932
出纳………………… 8599967
QHSE ……………… 8599925
管理组……………… 8599946
综合………………… 8599942

华庆采油区

经理………………… 8395798
经营副经理………… 8395796
生产副经理………… 8395790
技术主管…………… 8395785
生产运行组………… 8395783
管理组……………… 8395780
技术组……………… 8395786
值班室……………… 8395793

修井一大队

大队长……………… 8596918
书记………………… 8592555
生产副大队长……… 8590338
………………………… 8596121
经营副大队长……… 8590360
监督办……………… 8590532
生产办……………… 8590393
调度值班室………… 8596234
综合组……………… 8596401
………………………… 8590329
经营组……………… 8596155
人事………………… 8590365
材料………………… 8590513
技能专家…………… 8590386
技术组……………… 8593150
………………………… 8590539
QHSE ……………… 8593113
机动安全…………… 8592257

修井二大队

大队长……………… 8598606
书记………………… 8591378
生产副大队长……… 8596101
经营副大队长……… 8595150
生产副大队长……… 8594890
调度长……………… 8598162
调度值班室………… 8595731
管理组……………… 8594527
人事………………… 8594772
经营组……………… 8596397
生产组……………… 8593327
………………………… 8593297
机安办……………… 8594546
体系办……………… 8593372

马岭集输大队

大队长……………… 8599810
书记………………… 8599819
生产副大队长……… 8599806
………………………… 8599918
经营副大队长……… 8599869
生产运行组………… 8599790
调度值班室………… 8599951
………………………… 8599787
电讯………………… 8599926
HSE 设备 ………… 8599862
综合组……………… 8599841
财务………………… 8599804
企管计划…………… 8599783
材料车辆…………… 8599857
仪表质量…………… 8599784
车辆仪表…………… 8599857
综合外协…………… 8599921

华池集输大队

大队长……………… 8599966
书记………………… 8599880
生产副大队长……… 8599808
经营副大队长……… 8599958
安全监管…………… 8398961
生产运行组………… 8599801
调度值班室………… 8599950
………………………… 8599833
仪表………………… 8599845
综合组……………… 8599793
材料后勤…………… 8599827
宣传工团…………… 8599844
财务………………… 8599804

西峰集输大队

大队长……………… 8392586
书记………………… 8392585
生产副大队长……… 8392582
经营副大队长……… 8392583
生产副大队长……… 8392581
生产组……………… 8392598
中控室……………… 8392596
………………………… 8392597
生产技术室副主任 … 8392589
电力通信…………… 8392590
工艺设备…………… 8392591
计划外协…………… 8392592
人事培训…………… 8392593
工团宣传…………… 8392594
后勤管理…………… 8392595
统计岗……………… 8392599

长庆公安分局

局长………………… 8591289
副局长……………… 8591826
………………………… 8593880
………………………… 8595702
政治处主任………… 8597014
指挥中心主任……… 8595619
政治处副主任……… 8593106
指挥中心副主住…… 8594722
文秘………………… 8592225
材料………………… 8592117
政工………………… 8596347
人事………………… 8596313
秘书………………… 8594754
110 应急组 ……… 8594566
指挥中心值班室…… 8596354
………………………… 8593218
法制科科长………… 8593288
法制科副科长……… 8590707
法制科办公室……… 8593371
治安大队大队长…… 8596145
治安大队办公室…… 8592017
禁毒中队长………… 8590931
禁毒中队办公室…… 8590932
消防科科长………… 8596317
消防科副科长……… 8597745
消防科办公室……… 8593685
………………………… 8593554
小车队办公室……… 8593101

保安一大队

大队长……………… 8593668
副书记……………… 8593168
副大队长…………… 8593068
生产指挥中心……… 8593342
调度值班室………… 8594110
管理股政工………… 8593381
人事财务…………… 8593356
后勤管理…………… 8593358
干部值班室………… 8593394

保安二大队

大队长……………… 8424481
大队书记…………… 8424482
副大队长…………… 8424484
生产指挥中心……… 8424486
调度值班室………… 8424480
政工综合…………… 8424487
人事………………… 8424488
后勤………………… 8424489
督察办……………… 8424490
治安队……………… 8424491

消防大队

大队长……………… 8591333
书记………………… 8592541
工会主席…………… 8592663
副大队长…………… 8593969
………………………… 8591823
火警值班调度……… 8592538
………………………… 8591444
战训安全办公室…… 8598794
防火通信办公室…… 8592563
综合办公室………… 8598778
………………………… 8594886
综治办……………… 8592901
设备办公室………… 8598784
财务办公室………… 8595406
后勤办公室………… 8597084
督察办公室………… 8593613
运输部……………… 8592664

维修抢险大队

大队长……………… 8591098
书记………………… 8595885
工会主席…………… 8598988
生产副大队长……… 8591805
经营副大队长……… 8598885
生产运行组………… 8591655
调度值班室………… 8594008
QHSE ……………… 8591658
管理组……………… 8591596
财务室……………… 8591882
工程施工…………… 8591656
工程预算…………… 8591825
后勤保障…………… 8594003

超低渗透攻关项目组

项目经理…………… 8395088
项目副经理………… 8395098
………………………… 8395066
经营主管…………… 8395018
安全主管…………… 8395068
综合主管…………… 8395189
地质主管…………… 8395069
试投主管…………… 8395082
外协主管…………… 8395181
工程主管…………… 8395081
钻井办公室………… 8395090
………………………… 8395525
试投办公室………… 8395117
………………………… 8395118
试投办公室………… 8395530
工程办公室………… 8395186
地质办公室………… 8395182
………………………… 8395183
外协办公室………… 8395083
综合办公室………… 8395187

……………………… 8395528
……………………… 8395185
油气支撑组……………… 8395529
西峰油田生产指挥办公室
主任…………………… 8392608
副主任………………… 8392600
办公室………………… 8392601
……………………… 8392602
大楼门岗……………… 8392555
五楼服务员…………… 8392305
六楼服务员…………… 8392306
七楼服务员…………… 8392307
八楼服务员…………… 8392308
九楼服务员…………… 8392309
十楼服务员…………… 8392310
十一楼服务员………… 8392311
小车队
队长…………………… 8597735
书记…………………… 8596551
调派…………………… 8597754
综合…………………… 8597041
长庆二招
所长…………………… 8597158
副所长………………… 8591123
接待室………………… 8592733
前楼总台……………… 8592553
前楼总台…… 0934－3229567
后楼服务台 … 0934－3228677
西安双昌办事处 … 86522873
天昱公司
总经理………………… 8590568
党总支书记…………… 8595882
副经理………………… 8591980
安全总监……………… 8590602
经营副经理…………… 8590565
副经理………………… 8597006
经理办公室…………… 8591181
值班室………………… 8597553
电机修造分公司经理 8386224
生产技术部…………… 8594203
调度室………………… 8590247
综合…………………… 8594002
财务部………………… 8592169
计划部………………… 8597704
后勤保障部…………… 8596809
欣达公司
总经理………………… 8392402
副经理………………… 8392408
第二轻烃厂厂长…… 8392400
经营副经理…………… 8392410
第二轻烃厂副厂长
……………………… 8392406
综合组………………… 8392401
生产组………………… 8392404
材料后勤组………… 8392403
财务组……………… 8392407
轻烃厂资料室……… 8392409
轻烃厂中控室……… 8392411
发电厂厂长………… 8392965
发电厂副厂长……… 8392928
发电厂中控室……… 8392933
精华公司
经理………… 029－86562968
党支部书记、副经理
……………… 029－86562978
副经理 ………… 86598236
工会主席…… 029－86562995

第三采油厂

厂领导
厂长………………… 6935168
书记………………… 6935188
常务副厂长………… 6935088
副厂长……………… 6935199
总会计师…………… 6935058
副厂长……………… 6935128
副书记、工会主席、
纪委书记…………… 6935015
副厂长……………… 6935068
……………………… 6935078
……………………… 6935098
厂长（前指） …… 86572178
书记（前指） …… 86572108
常务副厂长（前指）86572188
副厂长（前指） … 86572182
副厂长（项目） … 86571000
副厂长（前指） … 86572189
……………………… 86572177
副总机械师………… 6935028
副总机械帅（前指）86572131
厂长（党委）办公室
主任………………… 6935198
副主任……………… 6935591
……………………… 6935099
秘书………………… 6935111
文书………………… 6935016
传真………………… 6935123
打字室……………… 6935019
收发室……………… 6935008
信访办……………… 6935351
治安监控室………… 6935002
办公室……………… 6935365
……………………… 6935107
……………………… 6935118
门岗（前指） …… 86572126
传真（前指） …… 86572160
办公室（前指） … 86572360
主任（前指） …… 86572361
办公室（前指） … 86572374
服务室（前指） … 86572375
打字室（前指） … 86572378
机关总支
书记………………… 6935390
质量安全环保科
科长………………… 6935055
副科长……………… 6935060
科长（前指） …… 86572362
副科长（前指） … 86572356
技术监督…………… 6935057
综合办……………… 6935056
办公室（银川） … 6935059
……………………… 6935081
办公室（前指） … 86572289
……………………… 86572370
……………………… 86572240
财务科资产科
科长………………… 6935061
副科长……………… 6935063
预算资金室主任…… 6935951
资金结算室………… 6935062
传真………………… 6935022
办公室……………… 6935014
……………………… 6935017
……………………… 6935065
……………………… 6935066
……………………… 6935069
……………………… 6935070
……………………… 6935071
……………………… 6935072
……………………… 6935472
生产运行科
科长 ……………… 86572246
副科长 …………… 86572164
……………………… 86572150
……………………… 86572254
……………………… 6935032
……………………… 86572236
设备（银川） …… 6935034
综合办（银川） … 6935035
办公室（前指） … 86572346
机电管理（前指） 86572237
综合办（前指） … 86572241
投产组 …………… 86572243
设备（前指） …… 86572355
调度室 …………… 86572111
……………………… 86572333
……………………… 86572222
传真（前指） …… 86572170
传真（银川） …… 6935029
企管法规科
科长………………… 6935425
副科长……………… 6930217
基层建设办公室主任86572371
合同管理组………… 6935075
……………………… 6930965
高级主管…………… 6935073
企业管理…………… 6935074
综合办……………… 6935105
基层建设…………… 6935009
企业文化科
科长………………… 6935805
工会副主席………… 6935139
副科长……………… 6935148
……………………… 6935093
……………………… 6935092
……………………… 6935001
办公室……………… 6935245
……………………… 6935257
……………………… 6935194
人事组织科
科长………………… 6935052
副科长……………… 6935054
劳动合同…………… 6935049
薪酬管理…………… 6935051
养老保险…………… 6935053
办公室……………… 6935050
档案室……………… 6935750
事务管理部
书记………………… 6935364
主任………………… 6935369
办公室……………… 6935362
……………………… 6935363
……………………… 6935038
门岗………………… 6935174
餐厅………………… 6935201
科技信息中心
科长………………… 6935100
副科长……………… 6935043
主任………………… 6935020
……………………… 6935164
办公室……………… 6935044
……………………… 6935145
……………………… 6935169
……………………… 6935176
……………………… 6935197
……………………… 86572251
……………………… 6935497
地质研究所
所长………………… 6935162
书记………………… 6935619
副所长……………… 6935160
……………………… 6935161
……………………… 6935163
……………………… 6935275
综合办公室………… 6935116
油田开发室主任…… 6935033

油田开发室………… 6935282
…………………… 6935166
…………………… 6935167
…………………… 6930453
…………………… 6935407
技术管理室主任…… 6932936
技术管理室………… 6935142
数值模拟室主任…… 6935620
油藏研究室主任…… 6935621
油藏研究室………… 6935165
…………………… 6935141
测试队队长………… 6935630
测试队资料室……… 6935631
试井队 …………… 86575414
…………………… 86572112
副所长（前指） … 86572363
办公室（前指） … 86572369
门卫保安室………… 6935637

工艺研究所

副总工程师………… 6935130
所长（前指） …… 86572358
书记………………… 6935728
副所长……………… 6935278
…………………… 6935132
…………………… 6935131
副所长（前指） … 86572359
…………………… 86572366
油化室主任………… 6933237
油化室副主任……… 6935807
油化室……………… 6930455
…………………… 6935048
技术室主任………… 6930970
井下室副主任……… 6930459
仪表室主任………… 6935047
仪表室（银川） …… 6935617
仪表室（顺宁） … 86572372
井下室主任………… 6935134
方案室主任………… 6935135
综合室主任………… 6935136
采油室主任………… 6935133
…………………… 6935137
注水室……………… 6930458
传真………………… 6935697
办公室（前指） … 86572185
…………………… 86572270
化验室操作间……… 6935025

对外协调科

科长………………… 6935084
高级顾问…………… 6935224
副科长……………… 6935089
主任………………… 6935086
矿权办……………… 6935003
…………………… 6935004
…………………… 6935005

传真………………… 6935085
办公室（前指） … 86572183
办公室……………… 6935090
…………………… 6935087

工程项目管理室

主任………………… 6935190
副主任……………… 6935191
综合………………… 6935192
土建组……………… 6935244
办公室（前指） … 86572357
…………………… 86572365

概预算管理站

站长………………… 6935095
副站长……………… 6935010
办公室……………… 6935237
…………………… 6935007
…………………… 6935006

计划科

科长………………… 6935738
副科长……………… 6935021
副科长（前指） … 86572367
办公室……………… 6935064
办公室（前指） … 86572373

纪检监察科

科长………………… 6935152
副科长……………… 6935151
办公室……………… 6935526
…………………… 6935459
信访举报电话……… 6935460

环保监测站

科长………………… 6935045
副科长（前指） … 86572287
办公室（前指） … 86572253
…………………… 86572105
办公室（银川） …… 6932956

内控办公室

科长………………… 6935221
办公室……………… 6935220

离退休管理站

书记………………… 6935386
站长………………… 6935372
…………………… 6935076
副站长……………… 6935077
…………………… 6935082
办公室……………… 6935079

员工培训站

站长………………… 6935368
副站长……………… 6935024
办公室 …………… 69353713
…………………… 6935213

井下作业监督站

站长 ……………… 86572269
副站长 …………… 86572148
办公室 …………… 86572143

井下作业科

科长 ……………… 86572455
办公室 …………… 86572175
…………………… 86572338

公安分局

局长………………… 6939199
副局长……………… 6930801
…………………… 6930802
政委………………… 6930990
收发室……………… 6935700
门岗………………… 6935701
刑侦大队大队长…… 6935703
治安大队教导员…… 6935706
治安大队大队长…… 6935708
政工监督室主任…… 6935714
办公室主任………… 6930958
财务………………… 6935702
办公室……………… 6935704
…………………… 6935705
…………………… 6935707
…………………… 6935709
…………………… 6935710
…………………… 6935711
…………………… 6935712
…………………… 6935715
办公室（前指） … 86572161
…………………… 86572342
视频会议室………… 6935713
大水坑治安办……… 6950776
…………………… 6950779
吴起油区派出所 … 86571825
…………………… 86571826
综治办 …………… 86572110
郝坨梁治安办 …… 86572986

生产保障大队

大队长……………… 6932715
书记………………… 6932815
副大队长…………… 6935203
综合组……………… 6935204
经营组……………… 6932713
生产组……………… 6935646
财务………………… 6935205
…………………… 6932714
汽修厂厂长………… 6953609
汽修厂副厂长 …… 86572117
印刷厂厂长………… 6953610
油管厂厂长 ……… 86572399
油管厂副厂长 …… 86572332
…………………… 86572331
加工修理厂厂长 … 86575499
道路养护队队长 … 86572293
车队队长…………… 6933961
料库………………… 6953611

后勤服务大队

经理………………… 6935358
副经理……………… 6935359
计划采供办………… 6935373
财务组……………… 6935355
办公室……………… 6935360
…………………… 6952479
…………………… 6952480
…………………… 6952527
…………………… 6933714
…………………… 6933774
…………………… 6935345
…………………… 6935348
…………………… 6935349
燕缘宾馆办公室…… 6935366
…………………… 6935400
燕缘宾馆前台……… 6935300
…………………… 6935350

交通服务部

经理、书记………… 6935149
副经理……………… 6935437
小车一队队长……… 6935441
小车一队书记……… 6935442
安全组……………… 6935140
办公室……………… 6935371
…………………… 6935376
政工、机动………… 6935440
检验站 …………… 86572154

经济民警大队

大队长 …………… 86572158
书记 ……………… 86572320
副大队长 ………… 86572322
…………………… 86572321
…………………… 86572325
主任 ……………… 86572323
应急中队 ………… 86572317
值班室 …………… 86572314
综合办公室 ……… 86572132
办公室 …………… 86572128
银川办事处………… 6935639

维修抢险大队

大队长……………… 6932701
书记………………… 6935290
副大队长…………… 6935291
…………………… 86572008
…………………… 86572029
一队队长…………… 6950680
一队书记…………… 6950681
二队队长 ………… 86572018
二队书记 ………… 86572033
料库主任…………… 6950684
料库………………… 6950677
大水坑调度………… 6950679
顺宁调度室 ……… 86572004
大水坑值班室……… 6950683

综合队（银川）…… 6950685
综合队（顺宁）… 86572000
经营组…… 6935292
政工组…… 6935293
人事组…… 6935295
施工办公室…… 6935401
预算办公室…… 6935403

消防大队

大队长…… 6950088
书记…… 6950089
副队长…… 6950058
…… 6950059
…… 6950090
…… 6950065
综合办公室…… 6950050
警务战训组…… 6950051
防火检查组…… 6950052
机动安全组…… 6950060
材料组…… 6950713
…… 6950138
计划财务组…… 6950056
后勤组…… 6950062
通信指挥室接警…… 6950057
…… 6950087
通信指挥室处警…… 6950053
…… 6950063
大水坑消防中队…… 6950111
…… 6950712
大水坑中队火警…… 6950113
…… 6950119
大水坑修保中队…… 6950710
油房庄消防中队…… 6950099
…… 6950229
油房庄中队火警…… 6950995
…… 6950209
盘古梁消防中队 … 86575319
…… 86575318
盘古梁中队火警 … 86575315
…… 86575306
顺宁消防中队 …… 86572415
…… 86572258
顺宁中队火警 …… 86572119
…… 86572419
吴起消防中队 0911－7862119
…… 0911－7862218
吴起中队火警 0911－7862219
郝坨梁消防中队 … 86572933
郝坨梁中队火警 … 86572911
…… 86572919
凤凰山消防中队 … 86502303
凤凰山中队火警 … 86502320
…… 86502219

王台作业经理部

办公室…… 6935242
…… 6935243

产能建设项目组

经理…… 86571000
安全总监…… 86571013
副经理…… 86571028
…… 86571084
…… 86571088
…… 86571090
…… 86571092
…… 86571095
钻井组…… 86571097
…… 86571643
地质…… 86571610
…… 86571618
…… 86571622
…… 86571627
…… 86571637
…… 86571639
外协…… 86571624
…… 86571677
试油组…… 86571628
…… 86571664
经营组…… 86571640
…… 86571648
…… 86571653
…… 86571658
…… 86571661
地面组…… 86571657
…… 86571667
…… 86571669
…… 86571671
…… 86571680
调度…… 86571665
…… 86571672
库房…… 86571684

井下作业一大队

大队长…… 86572197
书记…… 86572165
副大队长…… 86572134
…… 86572136
…… 86572181
…… 86572197
…… 86572335
办公室…… 6934605
…… 6934606
X03485 队…… 86572326
X03472 队…… 86572146
政工组…… 86572184
财务组…… 86572192
调度长…… 86572195
调度室…… 86572194
工程组…… 86572196
料库…… 86572232
维修队…… 86572304
机动安全组…… 86572353

井下作业二大队

大队长…… 86571558
书记…… 86571848
副大队长…… 86571602
…… 86571604
…… 86571612
副书记…… 86571879
办公室…… 6934607
…… 6934609
…… 6934608
…… 86571625
工程组…… 86571603
机动组…… 86571605
调度长…… 86571606
财务组…… 86571607
安全组…… 86571623
维修队…… 86571876

靖安集输大队

大队长…… 86572341
书记…… 86572266
副大队长…… 86572343
…… 86572350
…… 86572440
…… 86572334
…… 86575352
二联轻烃厂仪控室 86572044
靖二联门岗…… 86572100
靖二联消防岗…… 86572101
靖二联锅炉岗…… 86572102
靖二联计量岗…… 86572043
靖二联副队长…… 86572104
靖二联化验室…… 86572123
靖二联资料室…… 86572124
人事组…… 86572348
调度室…… 86572349
靖二联队长…… 86572416
综合办公室…… 86572443
政工组…… 86572445
三联轻烃厂仪控室 86575349
三联轻烃厂队部 … 86575348
二联轻烃厂队长值班室
…… 86575347
靖三联轻氢厂资料室 86575346
靖三联轻氢厂销售室 86575345
靖三联轻氢厂队长 86575353
靖三联轻氢厂副队长 86575359

顺宁前指招待所

招待所办公室…… 86572437
…… 86572439
二招前台…… 86572300

五里湾第一采油作业区

经理…… 86572201
书记…… 86572204
副经理…… 86572260
…… 86572203
…… 86572206
…… 86572223
…… 86572205
修井班…… 86572262
通信班…… 86572263
资料室…… 86572264
培训组…… 86572265
经营组…… 86572272
调度长…… 86572398
安全组…… 86572207
安全监督…… 86572208
测井班…… 86572210
综合服务队书记 … 86572211
后勤组…… 86572212
政工组…… 86572200
…… 86572213
地质组…… 86572221
…… 86572215
外事组…… 86572216
人事组…… 86572217
财务组…… 86572218
计划组…… 86572219
机动组…… 86572220
工程组…… 86572214
经警中队…… 86572226
综合服务队…… 86572229
料库…… 86572099

五里湾第二采油作业区

经理…… 86572456
书记…… 86572466
副经理…… 86572476
…… 86572480
…… 86572490
…… 86572486
技术室主任…… 86572457
后勤主任…… 86572458
运行组主任…… 86572460
调度室…… 86572488
料库…… 86572459
政工组…… 86572461
…… 86572462
地质组…… 86572463
资料室…… 86572464
工程、修井…… 86572465
人事组…… 86572467
维修队…… 86572468
计划组…… 86572469
安全组…… 86572470
机动组…… 86572471
财务组…… 86572472
外事组…… 86572473
培训组…… 86572474

服务员值班室 …… 86572475
燕炼科工贸 ……… 86572477
测井班 …………… 86572478
医务室 …………… 86572481
招待所 …………… 86572482
安全监督 ………… 86572483
保安公司 ………… 86572484
信息 ……………… 86572485
门岗 ……………… 86572487

虎狼峁采油作业区

经理 ……………… 86572001
书记 ……………… 86572002
副经理 …………… 86572005
……………………… 86572006
……………………… 86572007
……………………… 86572009
安全监督 ………… 86572003
政工组 …………… 86572010
……………………… 86572028
培训组 …………… 86572011
人事组 …………… 86572012
计划组 …………… 86572013
财务组 …………… 86572014
……………………… 86572015
测井班 …………… 86572016
资料室 …………… 86572019
调度室 …………… 86572020
工程组 …………… 86572021
安全组 …………… 86572022
机动、外事组 …… 86572023
地质组 …………… 86572025
小车班 …………… 86572026
服务员值班室 …… 86572027
料库、后勤 ……… 86572017
办公室 …………… 86572036
……………………… 86572037
……………………… 86572039
……………………… 86572040
……………………… 86572041
……………………… 86572042

盘古梁采油作业区

经理 ……………… 86575400
书记 ……………… 86575401
副经理 …………… 86575402
……………………… 86575403
……………………… 86575404
……………………… 86575405
后勤组组长 ……… 86575496
后勤组 …………… 86575410
计划组 …………… 86575415
人事组 …………… 86575416
政工组 …………… 86575418
……………………… 86575438
财务组 …………… 86575421
地质组 …………… 86575422
维修队 …………… 86575424
资料室 …………… 86575426
外协组 …………… 86575427
工程组 …………… 86575428
网管 ……………… 86575429
技术室主任 ……… 86575431
机动组 …………… 86575432
安全组 …………… 86575435
人事培训组 ……… 86575436
招待所 …………… 86575444
锅炉房 …………… 86575468
新城基地门岗 …… 86575474
医务室 …………… 86575480
公安办 …………… 86575498
靖三联消防岗 …… 86575303
靖三联前门岗 …… 86575305
靖三联资料室 …… 86575322
靖三联队长 ……… 86575333
靖三联值班室 …… 86575355

郝坨梁采油作业区

经理 ……………… 86572968
书记 ……………… 86572928
副经理 …………… 86572958
……………………… 86572998
副书记 …………… 86572966
……………………… 86572962
……………………… 86572960
……………………… 86572979
安全监督 ………… 86572929
……………………… 86572938
调度长 …………… 86572905
调度室 …………… 86572902
……………………… 86572903
维修队队长 ……… 86572906
维修队资料室 …… 86572909
生产组组长 ……… 86572918
计划组组长 ……… 86572921
技术室主任 ……… 86572922
地质组 …………… 86572990
工程组 …………… 86572923
机动组 …………… 86572925
财务组组长 ……… 86572926
财务组 …………… 86572950
人事组 …………… 86572980
安全组 …………… 86572930
政工组组长 ……… 86572996
政工组 …………… 86572993
培训组组长 ……… 86572992
后勤组 …………… 86572951
资料室 …………… 86572935
郝坨梁机房值班 … 86572939
靖一联队长 ……… 86572965
靖一联门岗 ……… 86572942
靖一联锅炉房 …… 86572953
靖一联消防 ……… 86572967
……………………… 86572972
靖一联计量 ……… 86572970
靖一联办公室 …… 86572997
靖一联注水 ……… 86572818
材料库 …………… 86572955
……………………… 86572956
经警中队 ………… 86572959
03464 队 ………… 86572964
03467 队 ………… 86572937
医务室 …………… 86572976
食堂 ……………… 86572969
郝坨梁服务队 …… 86572995
电管班 …………… 86572839
基层建设办公室 … 86572999
郝坨梁变电所 …… 86572917

吴起采油作业区

经理 ……………… 86571801
书记 ……………… 86571802
副经理 …………… 86571805
……………………… 86571806
……………………… 86571807
党总支副书记 …… 86571988
副经理 …………… 86571803
团总支 …………… 86571809
政工组组长 ……… 86571913
政工组 …………… 86571911
财务组 …………… 86571810
……………………… 86571811
人事组 …………… 86571812
计划组 …………… 86571813
培训组 …………… 86571830
调度长 …………… 86571838
调度室 …………… 86571815
……………………… 86571816
维修队 …………… 86571910
地质组 …………… 86571914
……………………… 86571818
工程组 …………… 86571817
机动组 …………… 86571819
安全组 …………… 86571820
安全监督 ………… 86571821
……………………… 86571868
材料库 …………… 86571827
……………………… 86571878
化验室 …………… 86571896
综合队电管班 …… 86571903
后勤组 …………… 86571455
活动中心 ………… 86571828
二招所长 ………… 86571260
二招值班室 ……… 86571883
二招食堂 ………… 86571887
二招 101 房间 …… 86571829
二招 102 房间 …… 86571262
二招 103 房间 …… 86571263
二招 104 房间 …… 86571264
二招 105 房间 …… 86571265
二招 106 房间 …… 86571266
二招 107 房间 …… 86571847
二招 109 房间 …… 86571849
二招 128 房间 …… 86571884
二招 200 房间 …… 86571833
二招 202 房间 …… 86571282
二招 203 房间 …… 86571283
二招 204 房间 …… 86571284
二招 205 房间 …… 86571285
二招 206 房间 …… 86571286
二招 208 房间 …… 86571898
二招 210 房间 …… 86571860
二招 212 房间 …… 86571889
二招 214 房间 …… 86571834
二招 216 房间 …… 86571836
二招 228 房间 …… 86571885
作业区前指 ……… 86571832
综合队队长 ……… 86571881
综合队副队长 …… 86571863
综合队食堂 ……… 86571869
……………………… 86571870
机关门岗 ………… 86571954

新寨采油作业区

经理 ……………… 86571201
书记 ……………… 86571202
副经理 …………… 86571203
……………………… 86571205
……………………… 86571206
副书记 …………… 86571208
副经理 …………… 86571851
……………………… 86571852
……………………… 86571853
安全组 …………… 86571211
政工组 …………… 86571212
团总支 …………… 86571213
调度长 …………… 86571238
调度室 …………… 86571215
……………………… 86571216
财务组 …………… 86571217
……………………… 86571218
人事组 …………… 86571219
培训组 …………… 86571220
计划组 …………… 86571221
工程组 …………… 86571223
……………………… 86571224
资料室 …………… 86571225
……………………… 86571226
地质组 …………… 86571227
地面监督 ………… 86571228
机动组 …………… 86571230

经警中队……86571235
外事组……86571239
维修队……86571258
测井班……86571268
综合组长……86571288
综合组……86571411
后勤组……86571855
燕炼服务……86571289

油房庄采油作业区

经理……6950475
书记……6950477
副经理……6950478
……6950439
……6950412
安全监督……6950495
外协组……6950476
……6950372
维修队……6950363
经警中队……6950376
后勤综合办……6950377
外围井区部……6950375
料库……6950281
警务室……6950329
联合站门岗……6950443
联合站消防泵房……6950410
联合站注水班……6950481
集输大队油房庄首站 6950483
联合站计量……6950484
联合站消防泵房……6950487
政工组……6950411
……6950430
财务组……6950413
……6950432
技术管理室……6950425
工程组……6950415
地质组……6950371
机动组……6950373
生产组组长……6950470
调度长……6950417
调度室……6950479
……6950419
医务室……6950422
办公室……6950424
人事组……6950426
经警中队……6950427
技术管理室……6950431
机动安全组……6950433
资料室……6950365
料库……6950440
化验室……6950444
员工培训点……6950465
计划组……6950474
仪表班……6950494
车队……6950445
油库……6950449
作业区门岗……6950364

胡尖山采油作业区

经理……86502400
书记……86502458
副经理……86502438
……86502463
调度长……86502406
调度室……86502407
……86502408
政工组……86502409
财务组……86502410
计划组……86502411
人事组……86502412
机动组……86502413
料库……86502414
外事组……86502415
后勤组……86502416
经警中队……86502417
安全组……86502418
培训组……86502419
工程组……86502420
料库……86502421
车队……86502428
门岗……86502439
招待所值班室……86502405
招待所……86502401
……86502402
办公室……86502403
……86502404

红井子采油作业区

经理……6950615
书记……6950616
副经理……6950658
……6950659
……6950670
……6950698
调度长……6950663
调度室……6950661
……6950662
机动组……6950538
料库……6950609
外协组……6950612
经警中队……6950614
测井班……6950617
大东井区……6950619
办公室……6950620
后勤组……6950627
地质组……6950628
……6950629
工程组……6950630
修井组……6950631
培训组……6950632
维修队……6950633
料场……6950646
集输队……6950652
资料室……6950657
安全组……6950660
综合办……6950667
政工组……6950671
人事组……6950672
财务组……6950673
计划组……6950674

试采作业区

银川办公室……6935272

第四采油厂

厂领导

厂长……86505518
书记……86505388
副书记……86505659
副厂长……86502998
……86505958
……86505976
……86502999
……86505559
副总会计师……86505658
安全总监……86505856
副总地质师……86505858

厂（党委）办公室

主任……86505685
副主任……86505859
……86505665
档案室主任……86502851
秘书……86505516
……86505837
打字室……86502868
档案室……86505857

生产运行科

科长……86505828
副科长……86503668
……86502813
……86502969
调度值班……86505510
……86505520
传真……86502700
综合……86502821
水、电、讯……86502808
设备管理……86505829

人事组织科

科长……86505851
副科长……86505852
劳动组织……86505853
薪酬管理……86505969

计划科

科长……86505511
副科长……86505834
……86502357
基建计划……86503618
统计岗……86505547

财务科

科长……86505838
副科长……86505819
出纳……86505515
成本核算……86503969

对外协调科

科长……86505512
副科长……86505953
土地管理……86505815
对外协调……86505954

质量安全环保科

科长……86505833
副科长……86505548
……86502766
……86505897
综合……86505556
压力容器管理……86505549

企业文化科

科长……86505084
团委书记……86505864
企业文化管理……86502755
工会……86505854

企管法规科

科长……86502825
副科长……86574280
法律合同岗……86505836
企管岗……86502711

纪检监察科

科长……86503656
副科长……86503837
举报电话……86502717

内部控制管理科

科长……86505838
综合……86502704

工程项目管理室

主任……86505878
副主任……86502702
地面施工……86505877
工程设计……86502703
合同……86505825

事务管理站

站长……86505835
副站长……86503932
事务管理……86503965

员工培训站

站长……86502989
综合管理……86503822

采办站

站长……86505831
副站长……86505830
采购……86505923
物资计划……86503843

库房保管 ………… 86502576
库房（凤凰山） … 86502335

采油工艺研究所

所长 ……………… 86502856
书记 ……………… 86502855
副所长 …………… 86502852
……………………… 86502861
综合室主任 ……… 86505517
综合室人事员 …… 86502850
综合室综合 ……… 86503679
工艺室副主任 …… 86505943
注水室主任 ……… 86502965
井下室主任 ……… 86502708
化验室主任 ……… 86505871
仪表室主任 ……… 86502923

地质研究所

所长 ……………… 86505875
书记 ……………… 86505557
副所长 …………… 86503718
……………………… 86502858
……………………… 86502706
经营员 …………… 86505949
油田管理室主任 … 86505519
油田管理室 ……… 86502859
……………………… 86502857
……………………… 86505917
油藏研究室主任 … 86505443
信息室主任 ……… 86505964
信息室 …………… 86502860
信息值班室 ……… 86505993
试井队队长 ……… 86502854
试井解释 ………… 86505824

产建项目组

项目经理 ………… 86502288
地质副总 ………… 86502222
前指指挥 ………… 86502359
地面副经理 ……… 86502352
外协副经理 ……… 86502512
计财副经理 ……… 86502357
地质副经理 ……… 86502322
钻井副经理 ……… 86502351
试油副经理 ……… 86502266
安全副经理 ……… 86502331
综合办公室主任 … 86502220
综合管理员 ……… 86574655
廉政监督员 ……… 86574626
前指工作员 ……… 86502332
调度室主任 ……… 86502350
调度室 …………… 86502353
安全员 …………… 86502248
油气院代表 ……… 86502204
钻井办公室 ……… 86502354
地面办公室 ……… 86502205
计财办公室 ……… 86502201
……………………… 86502207
地质办公室 ……… 86502208

艾家湾作业区

经理 ……………… 86574630
书记 ……………… 86574631
副经理 …………… 86574633
……………………… 86574634
安全副经理 ……… 86574654
责任工程师 ……… 86574644
安全监督 ………… 86574635
生产组组长 ……… 86574636
生产组调度室 …… 86574637
生产组机动安全 … 86574638
计划组组长 ……… 86574641
计划组计划 ……… 86574643
管理组组长 ……… 86574642
技术组地质 ……… 86574639
技术组工程 ……… 86574649
后勤组 …………… 86574645
小车班 …………… 86574648
艾家湾集输站计量 86574646

杨米涧作业区

新 14 井区资料…… 86502330
新一转 …………… 86502382
新一计 …………… 86502346
杨米涧集油站计量 86502347
杨米涧集油站注水 86502230
杨米涧集油站门岗 86502348
综合队队部 ……… 86502364
新十四材料 ……… 86502391
经警中队 ………… 86502334

白于山作业区

经理 ……………… 86502366
书记 ……………… 86502218
副经理 …………… 86502277
……………………… 86502276
……………………… 86502293
责任工程师 ……… 86502297
安全总监 ………… 86502279
生产组组长 ……… 86502278
调度室 …………… 86502287
机动安全 ………… 86502289
技术组工程 ……… 86502267
地质 ……………… 86502356
资料 ……………… 86502250
计划组计划 ……… 86502269
财务 ……………… 86502285
综合组人事 ……… 86502255
政工 ……………… 86502284
维修队队长 ……… 86502251
XP18 井区………… 86502358

化子坪作业区

经理 ……………… 86575088
书记 ……………… 86575086
副经理 …………… 86575085
……………………… 86575087
……………………… 86575082
……………………… 86575089
安全监督 ………… 86575098
生产组组长 ……… 86575097
调度室 …………… 86575099
机动 ……………… 86575091
外协 ……………… 86575093
计划组组长 ……… 86575095
人事 ……………… 86575096
交油 ……………… 86575081
综合组 …………… 86575093
技术组修井 ……… 86575077
资料 ……………… 86575094
注水 ……………… 86575078
综合队 …………… 86575079
综合队料库 ……… 86575083
化子坪联合站站长 86575076
计量岗 …………… 86575072
卸油岗 …………… 86575075
门岗 ……………… 86575071

云盘山作业区

经理 ……………… 86502399
书记 ……………… 86502396
副经理 …………… 86502329
……………………… 86574618
……………………… 86502308
安全监督 ………… 86502306
安全副经理 ……… 86502290
责任工程师 ……… 86502341
生产组组长 ……… 86502321
调度 ……………… 86502311
机动 ……………… 86502310
综合组组长 ……… 86502307
计划组组长 ……… 86502304
财务 ……………… 86502376
计划 ……………… 86574624
培训技师 ………… 86502310
外协 ……………… 86574620
技术组组长 ……… 86574622
地质 ……………… 86574625
修井 ……………… 86502327
工程 ……………… 86574617
测井 ……………… 86574619
资料 ……………… 86502319
化验室 …………… 86574601
综合组内勤 ……… 86502309
DP3 井区井区长 … 86574600
书记 ……………… 86574602
资料室 …………… 86574603
云盘山联合站站长 86574604
计量 ……………… 86502363
注水 ……………… 86502343
门岗 ……………… 86502372

大路沟作业区

经理 ……………… 86502298
书记 ……………… 86502286
副经理 …………… 86502282
……………………… 86502281
……………………… 86502299
责任工程师 ……… 86502394
安全监督 ………… 86502280
生产组组长 ……… 86502275
调度室 …………… 86502295
机动安全 ………… 86502274
计划组组长 ……… 86502273
财务 ……………… 86502272
计划 ……………… 86502271
综合组 …………… 86502270
技术组组长 ……… 86502253
地质 ……………… 86502257
测井 ……………… 86502262
修井 ……………… 86502252
资料 ……………… 86502258
维修队队长 ……… 86502365
维修队材料 ……… 86502349
大路沟集输站站长 86502225
计量 ……………… 86502228
注水 ……………… 86502300
锅炉 ……………… 86502224
消防 ……………… 86502217
卸油台 …………… 86502211
门岗 ……………… 86502221

集输大队

大队长 …………… 86502375
书记 ……………… 86502283
副大队长 ………… 86502296
……………………… 86574653
安全监督 ………… 86574628
生产组组长 ……… 86502245
调度值班 ………… 86502339
计划组组长 ……… 86502294
综合组组长 ……… 86502260
维修队队长 ……… 86502371
白于山联合站站长 86502213
副站长 …………… 86502216
计量 ……………… 86502232
消防 ……………… 86502203
门岗 ……………… 86502202
资料室 …………… 86502212
大路沟首站站长 … 86502229
计量 ……………… 86502324
消防 ……………… 86502302

经济民警大队

队长 ……………… 86505865
书记 ……………… 86502805
副大队长 ………… 86505867

办公室主任 ……… 86505873
经管员 …………… 86502997
小车班 …………… 86502830
应急一中队中队长 86502316
应急二中队中队长 86502731
应急二中队住队领导 86503881
应急二中队后勤管理 86505597
应急二中队门岗 … 86502713
艾家湾中队 ……… 86574647
凤凰山消防中队值班室
…………………… 86502320
凤凰山消防中队火警 86502119
凤凰山消防中队中队长
…………………… 86502303

榆庆公安分局

局长 ……………… 86505826
副局长 …………… 86502928
…………………… 86502929
办公室主任 ……… 86505679
110 指挥中心 …… 86505872
经管员 …………… 86505975
值班电话 ………… 86505525
刑警大队长 ……… 86503869
刑警一中队队长 … 86502315
刑警二中队队长 … 86574605
治安大队大队长 … 86502927
凤凰山警务室主任 86502305
化子坪警务室主任 86575092
艾家湾警务室主任 86574652
消防科科长 ……… 86503847
刑警大队内勤 …… 86503962
治安大队内勤 …… 86505347
消防科 …………… 86502607

综合维修抢险大队

大队长 …………… 86502822
书记 ……………… 86505546
副大队长 ………… 86502291
…………………… 86502681
…………………… 86502689
管理组组长 ……… 86503964
财务室 …………… 86503963
计划统计 ………… 86505163
管理组组长 ……… 86574288
机动安全 ………… 86503979
凤凰山调度室 …… 86502261
靖边调度 ………… 86505855
管理组总质检 …… 86503995
小车中队队长 …… 86505874
小车队书记 ……… 86503976
运输中队队长 …… 86574623
特车队队长 ……… 86502234

第五采油厂

厂领导

厂长 ……………… 86517198
书记 ……………… 86517207
副书记 …………… 86517186
副厂长 …………… 86517209
…………………… 86517203
…………………… 86517162
…………………… 86521137
…………………… 86526181
…………………… 86536403
…………………… 86526138
…………………… 86517152

厂长办公室

主任 ……………… 86517175
副主任 …………… 86524560
办公室 …………… 86517180

生产运行科

科长 ……………… 86517197
副科长 …………… 86513205
办公室 …………… 86517151

质量安全科

科长 ……………… 86520955
办公室 …………… 86517192

人事组织科

科长 ……………… 86529717
副科长 …………… 86517163
办公室 …………… 86517196

财务资产科

科长 ……………… 86524497
办公室 …………… 86517156

规划计划科

科长 ……………… 86515919
办公室 …………… 86513209

法律事务科

科长 ……………… 86517159
办公室 …………… 86517159

对外协调科

科长 ……………… 86515331

纪检监察科

科长 ……………… 86519885
信访举报专线 …… 86515653

员工培训站

科长 ……………… 86517170

基层建设办公室

科长 ……………… 86516320

内控管理科

科长 ……………… 86524518
办公室 …………… 86528582

企业文化科

科长 ……………… 86524803
办公室 …………… 86517195

事务管理站

站长 ……………… 86517176
副站长 …………… 86575664
办公室 …………… 86526581

物资采办站

科长 ……………… 86512982
副科长 …………… 86575661
办公室 …………… 86538058

工程项目管理室

科长 ……………… 86529366
副科长 …………… 86529366
…………………… 86529358
办公室 ………… 86521 + 112

保卫科

科长 ……………… 86515385
副科长 …………… 86515385
办公室 …………… 86575690

地质研究所

所长 ……………… 86517152
党支部书记 ……… 86536245
副所长 …………… 86536243
…………………… 86517178
…………………… 86517178
…………………… 86517178
综合办公室 ……… 86536240

采油工艺研究所

所长 ……………… 86563855
党支部书记 ……… 86536416
副所长 …………… 86528243
…………………… 86528243
综合办公室 ……… 86527200

项目组

项目经理 ………… 86575689
副经理 …………… 86575686
…………………… 86575688
…………………… 86575698
…………………… 86575697
…………………… 86575696
…………………… 86575666
…………………… 86575668
生产运行组 ……… 86575669

麻黄山作业区

经理 ……………… 86575581
党支部书记 ……… 86575518
副经理 …………… 86575505
…………………… 86575730
…………………… 86575793
生产运行组 ……… 86575503

冯地坑作业区

经理 ……………… 86575588
党支部书记 ……… 86575589
副经理 …………… 86575568
…………………… 86575598
…………………… 86575569
…………………… 86575792
生产运行组 ……… 86575563

堡子湾作业区

经理 ……………… 86575716
党支部书记 ……… 86575718
副经理 …………… 86575712
…………………… 86575706
生产运行组 ……… 86575714

马家山作业区

经理 ……………… 86505766
党支部书记 ……… 86505768
副经理 …………… 86505769
生产运行组 ……… 86505763

油气集输大队

队长 ……………… 86575656
副队长 …………… 86505718
…………………… 86505717
…………………… 86575725
…………………… 86505731
生产运行组 ……… 86575729

维修抢险大队

队长 ……………… 86575619
副队长 …………… 86575613
…………………… 86575609
…………………… 86575608
生产运行组 ……… 86575614

试采作业区

经理……… 0919－6832650
副经理……… 0919－6831635
办公室……… 0919－6842586

保安大队

队长 ……………… 86575658
副队长 …………… 86575618
生产运行组 ……… 86575600

消防大队

中队长 …………… 86575738
办公室 …………… 86575736
接警办 …………… 86575739

第六采油厂

厂领导

厂长 ……………… 86565218
…………………… 6950201
党委书记 ………… 86565228
…………………… 6950068
党委副书记 ……… 86565258
…………………… 6950203
副厂长 …………… 86565244
…………………… 6950244
…………………… 86565238
…………………… 6950227
…………………… 86565222
…………………… 6950205
前指副指挥 ……… 86565219
…………………… 6950206

经理助理

经理助理 ………… 86565200
…………………… 6950400

厂办（党委）办公室
办公室 ………… 86565208
………………… 86565216
………………… 6950208
人事（组织）科
办公室 ………… 86565223
………………… 6950216
纪检监察室
办公室 ………… 86565243
………………… 6950216
生产运行科
办公室 ………… 86565206
………………… 86565220
………………… 6950237
办公室甜………… 6950211
计划财务科
办公室 ………… 86565253
………………… 86565256
………………… 86565214
………………… 86565204
………………… 6950218
企管法规科
办公室 ………… 86565250
………………… 6950467
质量安全环保科
办公室 ………… 86565233
………………… 6950245
采油工艺研究所
办公室 ………… 86565211
………………… 6950251
物资采办站
办公室 ………… 86565221
………………… 86565240
………………… 6950215
………………… 6950387
其他
对外协调科 ……… 86565205
………………… 6950228
工程项目管理室 … 86565207
………………… 6950366
地质研究所 ……… 86565226
………………… 86565213
………………… 6950387
………………… 6950253
保卫科 ………… 86565225
………………… 6950248
企业文化科 ……… 86565230
………………… 6950242
维修大队 ………… 86565246
………………… 86565247
………………… 6950406
事务管理站 ……… 86565234
………………… 6950497
小车班 ………… 86565249
………………… 6950239
干部值班室 ……… 86565241
经警宿舍（值班） 86565248
服务员值班室 …… 86565236
服务宿舍 ……… 86565217
环江前线指挥部
对外协调办公室
副指挥……………… 8590787
副主任……………… 8590794
………………… 8590786
勘探开发建设办公室
副指挥……………… 8590796
副主任……………… 8590797
生产管理办公室
副指挥……………… 8590798
综合办公室
副指挥……………… 8590777
钻井室
副所长……………… 8590803

第七采油厂

厂领导
厂长……………… 8395899
（白豹前指） 0911－7892166
（西安） 029－86522221－502
党委书记、纪委书记、工会主席……………… 8395800
（白豹前指） 0911－7892169
（西安） 029－86522221－602
副厂长、环江前线指挥部指挥……………… 8590781
副厂长、总工程师产建项目组经理……………… 8395865
（白豹前指） 0911－7892165
副厂长、总地质师 … 8395898
（白豹前指） 0911－7892159
副厂长……………… 8395858
（白豹前指） 0911－7892160
总会计师…………… 8395868
（白豹前指） 0911－7892158
（西安） 029－86522221－504
副总地质师………… 8395872
厂长（党委）办公室
主任……………… 8395819
（白豹前指） 0911－7892257
（西安） 029－86522221－505
副主任……………… 8395616
（白豹前指） 0911－7895483
生产运行科
科长……………… 8395887
（白豹前指） 0911－7895475
（西安） 029－86522221－512
副科长……………… 8395876
（白豹前指） 0911－7895465
副科长……………… 8395606
（白豹前指） 0911－7895190
计划财务科
科长……………… 8395895
（白豹前指） 0911－7892164
（西安） 029－86522221－509
副科长……………… 8395861
……………… 0911－7892258
（西安） 029－86522221－510
（西安） 029－86522221－511
副科长……………… 8395842
（白豹前指） 0911－7895191
人事组织科
科长……………… 8395666
（白豹前指） 0911－7892163
（西安） 029－86522221－507
副科长……………… 8395610
（白豹前指） 0911－7895462
对外协调科
科长……… 0934－8395880
（白豹前指） 0911－7895189
副科长……………… 8395846
（白豹前指） 0911－7895467
质量安全环保科
科长……………… 8395838
（白豹前指） 0911－7895485
副科长……………… 8395878
（白豹前指） 0911－7895159
副科长……………… 8395867
（白豹前指） 0911－7895196
企业文化科
科长……………… 8395802
（白豹前指） 0911－7895193
（西安） 029－86522221－508
副科长、团委副书记 8395612
（白豹前指） 0911－7895470
副科长……………… 8395870
（白豹前指） 0911－7895200
纪检监察科
科长……… 0934－8395611
（白豹前指） 0911－7895194
内控
科长……………… 8395842
……………… 0911－7895191
保卫科
科长……………… 8395645
（白豹前指） 0911－7892278
工程项目管理室
主任……………… 8395877
副主任……………… 8395871
（白豹前指） 0911－7895151
事务管理站
站长……………… 8395637
（白豹前指） 0911－7895482
副站长……………… 8395635
（白豹前指） 0911－7895472
副站长……………… 8395864
（白豹前指） 0911－7895471
物资采办站
站长（西安）
……… 029－86522221－515
副站长……………… 8395897
（白豹前指） 0911－7892229
地质研究所
所长……………… 8395859
（白豹前指） 0911－7895480
……………… 8395879
副所长……………… 8395857
（白豹前指） 0911－7892142
采油工艺研究所
所长……………… 8395892
党支部书记、副所长 8395646
（白豹前指） 0911－7895160
副所长……………… 8395893
（白豹前指） 0911－7895473
副所长……………… 8395608
（白豹前指） 0911－7892256
首宝作业区
经理……………… 8395818
（白豹前指） 0911－7892167
党总支书记………… 8395829
（白豹前指） 0911－7892262
副经理……………… 8395810
（白豹前指） 0911－7892162
……………… 8395845
（白豹前指） 0911－7892074
……………… 8395827
（白豹前指） 0911－7892263
……………… 8395874
（白豹前指） 0911－7892287
……………… 8395882
大板梁作业区
经理……………… 8395812
（白豹前指） 0911－7892196
党总支书记………… 8395885
（白豹前指） 0911－7892286
副经理……………… 8395875
（白豹前指） 0911－7892276
……………… 8395851
（白豹前指） 0911－7892281
……………… 8395894
（白豹前指） 0911－7892271
副经理……………… 8395843
（白豹前指） 0911－7892144
（白豹前指） 0911－7895384
集输大队
大队长……………… 8395625
（白豹前指） 0911－7895161

党总支书记、副队长 8395636
副大队长…………… 8395627
（白豹前指） 0911－7895365
副大队长…………… 8395833

修井大队

大队长…………… 8395696
党总支书记………… 8395697
副大队长…………… 8395695

保安大队

队长、党支部书记 … 8395601
（白豹前指） 0911－7895152
副队长…………… 8395603
（白豹前指） 0911－7895479

警务室

主任…………… 8395602
（白豹前指） 0911－7895477

综合服务大队

队长、党支部书记 … 8395860
（白豹前指） 0911－7895156

第八采油厂

领导

厂长、党委副书记 86586599
党委书记、工会主席、纪委书记、副厂长 …… 86586598
副厂长 …………… 86586596
…………… 86586568
…………… 86586586
…………… 86586565
总地质师 ………… 86586500
总会计师 ………… 86586558
副处级干部 ……… 86586537
副总工程师 ……… 86586518
…………… 86586555
安全副总监 ……… 86586589
副总工程师 ……… 86586519
副总会计师 ……… 86586569

厂长办公室（党委办公室）

主任 …………… 86586507
副主任 …………… 86586572
办公室 …………… 86586588
传真： …………… 86586566

计划科

科长 …………… 86586538
副科长 …………… 86586515
办公室 …………… 86586514

财务资产科

科长 …………… 86586556
副科长 …………… 86586522
办公室 …………… 86586521
…………… 86586523

人事科（组织科）

科长 …………… 86586530
副科长 …………… 86586535
办公室 …………… 86586533
…………… 86586531

生产运行科

科长 …………… 86586501
副科长 …………… 86586573
办公室 …………… 86586505
…………… 86586502
生产指挥中心 …… 86586577
…………… 86586503

质量安全环保科

科长 …………… 86586506
副科长 …………… 86586593
办公室 …………… 86586516
…………… 86586517

纪检监察科

科长 …………… 86586508
办公室 …………… 86586526

企管法规科

科长 …………… 86586580
副科长 …………… 86586513
办公室 …………… 86586527
…………… 86586512

党委宣传科（企业文化科）

科长 …………… 86586559
副科长 …………… 86586581
办公室 …………… 86586582

公共关系科（土地管理办公室）

科长 …………… 86586548
办公室 …………… 86586550

工程项目管理室

主任 …………… 86586546
副主任 …………… 86586542
办公室 …………… 86586540
…………… 86586541

事务管理站（机关党总支）

站长 …………… 86586578
副站长 …………… 86586536
综合部 …………… 86586528
小车队 …………… 86586591
吴定分站 ………… 86571761

物资采办站

站长 …………… 86586539
副站长 …………… 86586544
办公室 …………… 86586551
…………… 86586552

边远井与合作管理办公室

主任 …………… 86586511
办公室 …………… 86586543

资料档案室

主任 …………… 86586567
办公室 …………… 86586554
…………… 86586553

地质研究所

所长 …………… 86586587
支部书记、副所长 86586585
专家组组长 ……… 86586520
副所长 …………… 86586575
…………… 86586583
方案部署室 ……… 86586595
…………… 86586590
油田开发室 ……… 86586597
…………… 86586592

采油工艺研究所

所长 …………… 86586560
支部书记、副所长 86586561
办公室 …………… 86586562
…………… 86586564

定边采油作业区

经理…………… 6950976
党总支书记………… 6950303
…………… 6950302
…………… 6950926
工程技术室………… 6950301
综合管理组………… 6950341
生产运行组………… 6950300

吴定采油作业区

经理 …………… 86571718
党总支书记 ……… 86571716
副经理 …………… 86571708
…………… 86571706
…………… 86571719
安全总监 ………… 86571701
综合管理组 ……… 86571710
生产运行组 ……… 86571702
经营计划组 ……… 86571720
工程技术组 ……… 86571707
维修抢险队 0911－7898112
元221井区 … 0911－7898119
元214井区 … 0911－7898580
元215井区 … 0911－7898798

集输大队

大队长 …………… 86972311
党总支书记 ……… 86972322
副大队长 ………… 86972326
…………… 86972316
…………… 86972306
安全总监 ………… 86972308
生产运行组 ……… 86972320
综合管理组 ……… 86972303
维修抢险队 0911－7898908
学一联合站 ……… 86575649
吴定联合站 0911－7898908
姬一联交油班 …… 86575603
铁一联交油班 0911－7898767

经济民警大队

大队长…… 0912－4213628
党支部书记 0912－4213390
副大队长…… 0912－4213626
综合管理组 0912－4213381
指挥中心…… 0912－4213623
铁边城中队 ……… 86571750
王盘山中队 0912－4373239

王盘山消防中队

队长办公室 ……… 86972317
办公室 …………… 86972315
…………… 86972305
接警电话 ………… 86972300
…………… 86972301
处警电话 ………… 86972319
…………… 86972329

维修抢险大队

大队长 …………… 86597635
党支部书记、副大队长
…………… 86594555
副队长 …………… 86590878
财务部 …………… 86591290
综合部 …………… 86592295
经营管理部 ……… 86594890

产能建设项目组

指挥 …………… 86502427
常务副指挥 ……… 86502426
副指挥 …………… 86502461
…………… 86502459
…………… 86502462
综合经营组 ……… 86502423
地面工程组 ……… 86502460
工程技术组 ……… 86502425
外协组 …………… 86502425
安全组 …………… 86502481

采油前线指挥部

指挥 …………… 86571756
副指挥……… 0911－7898933
…………… 0911－7898903
…………… 0911－7898903
…………… 0911－7898933
生产运行组
传真………… 0911－7932246

第一采气厂

厂领导

厂长 …………… 86505086
党委书记 ………… 86505188
党委副书记、纪委书记、工会主席 ………… 86505017
副厂长 …………… 86505183
副厂长、总工程师 86505329
…………… 86502988
…………… 86503915
总会计师 ………… 86505020
副厂长、总地质师 86505033
项目副经理 ……… 86505189

副总机械师 ········ 86505215
副总工程师 ········ 86505316
厂长（党委）办公室
主任 ················ 86505353
副主任 ·············· 86505578
························ 86505111
秘书 ················ 86505668
························ 86502765
························ 86505191
传真 ················ 86505120
员工热线电话 ······ 86505666
打字复印室 ········ 86505141
资料档案室主任······ 6934343
资料档案室·········· 6934174
资料档案室·········· 6934347
机关楼值班室 ······ 86505211
地质工艺楼值班室 86502736
报告厅管理室 ······ 86502829
生产运行科
科长 ················ 86505352
副科长 ·············· 86505425
························ 86503928
························ 86574262
························ 86505449
生产组 ·············· 86505892
水电组 ·············· 86505893
调度室 ·············· 86505122
························ 86505022
机动组 ·············· 86505213
························ 86574292
传真·········· 0912－4634353
························ 86505390
财务资产科
科长 ················ 86502788
副科长 ·············· 86505085
························ 86503860
资金组 ·············· 86505092
························ 86505481
核算组 ·············· 86505024
管理组 ·············· 86505566
计划科
科长 ················ 86502768
副科长 ·············· 86505165
计划、统计 ········ 86503870
人事（组织）科
科长 ················ 86505016
副科长 ·············· 86505035
························ 86505325
························ 86505325
干部、组织 ········ 86505406
劳动组织 ··········· 86505336
薪酬、保险 ········ 86505158
培训、鉴定 ········ 86505047
质量安全环保科
科长 ················ 86505156
副科长 ·············· 86505246
························ 86505396
························ 86505574
办公室 ·············· 86505023
························ 86505467
························ 86574242
企管法规科
科长 ················ 86505802
办公室 ·············· 86502798
························ 86574296
对外协调科
科长 ················ 86505157
副科长 ·············· 86502725
························ 86505650
外协办公室 ········ 86505051
土地办公室 ········ 86505654
企业文化科
科长 ················ 86505641
副科长 ·············· 86505140
························ 86505642
························ 86505827
宣传 ················ 86502802
办公室 ·············· 86505144
纪检监察科
科长 ················ 86505598
副科长 ·············· 86502952
纪委委员 ··········· 86574268
办公室 ·············· 86502569
举报电话 ··········· 86505608
内部控制管理科
科长 ················ 86505366
副科长 ·············· 86505543
办公室 ·············· 86574261
概预算管理站
站长 ················ 8650501I
副站长 ·············· 86503763
························ 86503743
························ 86503703
办公室 ·············· 86505482
························ 86505647
························ 86505564
························ 86503756
························ 86505412
工程项目管理室
主任 ················ 86505281
副主任 ·············· 86505013
办公室 ·············· 86505282
综合岗 ·············· 86505124
资料岗 ·············· 86505134
事务管理站
站长 ················ 86505508
副站长 ·············· 86505265
办公室 ·············· 86505019
························ 86503605
························ 86503876
保卫科
科长 ················ 86574276
副科长 ·············· 86505095
办公室 ·············· 86505649
值班室 ·············· 86505453
物资采办站
站长 ················ 86574388
副站长 ·············· 86505021
计划 ················ 86505315
采购 ················ 86505376
保管 ················ 86505090
························ 86505817
统计稽核 ··········· 86503715
························ 86505143
综合 ················ 86505407
专业一库 ··········· 86575254
专业二库 ··········· 86575139
专业三库 ··········· 86575048
废旧料场 ··········· 86505349
门岗 ················ 86503875
地质研究所
所长 ················ 86505488
副所长 ·············· 86505646
························ 86574249
气藏研究室 ········ 86505123
························ 86574236
气田管理室 ········ 86505290
气田管理室 ········ 86505273
开发方案室 ········ 86505231
开发方案室 ········ 86503967
综合室 ·············· 86505042
经管室 ·············· 86505297
采气工艺研究所
所长 ················ 86505026
副所长 ·············· 86505056
························ 86503900
························ 86574308
采气室 ·············· 86505029
························ 86505387
净化室 ·············· 86505363
管理室 ·············· 86503759
集输室 ·············· 86505487
集输室 ·············· 86503814
防腐室 ·············· 86505365
综合室 ·············· 86503916
经管室 ·············· 86505839
第一净化厂
厂长 ················ 86575221
书记 ················ 86575222
副厂长 ·············· 86575223
························ 86575225
························ 86575246
总工程师 ··········· 86575224
调度室 ·············· 86575200
调度室 ·············· 86575201
生产组 ·············· 86575229
························ 86575208
综合组 ·············· 86575227
························ 86575217
经管室 ·············· 86575209
运行一车间 ········ 86575241
运行二车间 ········ 86575232
运行三车间 ········ 86575233
运行四车间 ········ 86575204
电仪车间 ··········· 86575205
仪表值班室 ········ 86575205
电气值班室 ········ 86575206
化验室 ·············· 86575247
一车间工艺值班室 86575242
二车间工艺值班室 86575240
一号中控室 ········ 86575211
························ 86575212
集配气总站 ········ 86575202
························ 86575235
甲醇回收 ··········· 86575243
污水处理 ··········· 86575244
一号锅炉房 ········ 86575236
二号锅炉房 ········ 86575238
一号锅炉房（一楼）86575237
二号锅炉房（二楼）86575239
水源站······ 86505670—62146
色谱室 ·············· 86575248
水质分析室 ········ 86575250
一车间值班室 ······ 86575234
二车间值班室 ······ 86575215
三车间值班室 ······ 86575239
四车间值班室 ······ 86575203
电仪值班室 ········ 86575249
留守人员值班室 ··· 86575216
生产组值班室 ······ 86575255
领导值班室 ········ 86575256
西气东输首站 ······ 86575213
北京首站 ··········· 86575214
靖西首站 ··········· 86575215
银川首站 ··········· 86575216
食堂 ················ 86575231
门岗 ················ 86575210
························ 86575230
第二净化厂
厂长 ················ 86575155
书记 ················ 86575157
副厂长 ·············· 86575151
························ 86575156
························ 86575159
························ 86575158
综合室 ·············· 86575136

…………………… 86575135
经管室 …………… 86505822
…………………… 86575138
技术室主任 ……… 86575137
自控仪表 ………… 86575150
工艺设备 ………… 86575133
安全节能 ………… 86575154
资料管理 ………… 86575145
调度室 …………… 86575152
调度室 …………… 86575148
生产运行部主任 … 86575127
中心控制室 ……… 86575128
…………………… 86575129
保障车间主任 …… 86575130
保障车间值班室 … 86575132
锅炉房中控室 …… 86575131
硫磺回收中控 …… 86575153
甲醇回收值班室 … 86575171
化验班 …………… 86575134
电仪班 …………… 86575142
水电站 …………… 86575140
…………………… 86575141
监督站 …………… 86575143
门岗 ……………… 86575110
…………………… 86575105

第三净化厂

厂长 ……………… 86575008
书记 ……………… 86575009
副厂长 …………… 86575010
…………………… 86575060
总工程师 ………… 86575012
生产综合组主任 … 86575003
综合室 …………… 86575046
经管室 …………… 86575041
生产车间主任 …… 86575005
中控室 …………… 86575014
…………………… 86575007
生产车间值班室 … 86575021
调度室 …………… 86575013
调度室……… 0911－6428318
锅炉房 …………… 86575018
辅助车间主任 …… 86575016
辅助车间办公室 … 86575022
电仪值班室 ……… 86575023
化验室 …………… 86575024
机房 ……………… 86575058
靖边办公室 ……… 86505247
食堂 ……………… 86505054
公寓楼值班室 …… 86575056
物业办 …………… 86575057
电厂办公室 ……… 86575052
医务室 …………… 86575004
门岗 ……………… 86575049
…………………… 86575050
…………………… 86575053

作业一区

经理 ……………… 86502570
副经理 …………… 86505485
…………………… 86505530
…………………… 86505313
技术组 …………… 86505539
经管室 …………… 86505356
资料室 …………… 86505311
仪表室 …………… 86505310
材料室 …………… 86505657
综合室 …………… 86505433
大班 ……………… 86505674

作业二区

经理 ……………… 86505298
副经理 …………… 86505370
…………………… 86503655
…………………… 86574259
技术室 …………… 86503757
仪表室 …………… 86505653
值班室 …………… 86505028
综合室 …………… 86503734
经管室 …………… 86505357
资料室 …………… 86505314
器材室 …………… 86503924
大班 ……………… 86503740

作业三区

经理 ……………… 86505379
副经理 …………… 86505440
…………………… 86505014
…………………… 86503713
资料室 …………… 86505292
技术组 …………… 86502668
…………………… 86505291
经管室 …………… 86505293
材料室 …………… 86502622
大班 ……………… 86505162
基地配气站 ……… 86505360

作业四区

经理 ……………… 86575118
副经理 …………… 86575115
…………………… 86575116
…………………… 86575117
综合室 …………… 86575111
生产运行室主任 … 86575120
值班室 …………… 86575122
传真 ……………… 86575114
技术组 …………… 86575121
…………………… 86575112
资料室 …………… 86575109
安全组 …………… 86575191
经管员 …………… 86503798
仪表组 …………… 86575125
材料组 …………… 86575113
综合大班 ………… 86575124

作业五区

经理 ……………… 86505146
副经理 …………… 86505351
…………………… 86502516
技术组 …………… 86503907
经管室 …………… 86503905
综合室 …………… 86503936
大班 ……………… 86503938

作业六区

经理 ……………… 86502895
副经理 …………… 86502628
…………………… 86502661
…………………… 86505197
值班室 …………… 86502572
技术组 …………… 86502884
经管室 …………… 86502571
综合室 …………… 86502580
材料室 …………… 86502581
资料室 …………… 86502573
大班 ……………… 86502583

作业七区

经理 ……………… 86575031
副经理 …………… 86575032
…………………… 86575027
…………………… 86575033
技术组 …………… 86575040
…………………… 86575036
材料组 …………… 86575026
大班 ……………… 86575030
资料室 …………… 86575037
值班室 …………… 86575038
……………… 0911－6428319
仪表室 …………… 86575029
经管室 …………… 86502589
综合组 …………… 86575039

作业八区

经理 ……………… 86575188
副经理 …………… 86575187
…………………… 86575186
…………………… 86575190
生产运行室主任 … 86575180
生产运行室值班室 86575181
技术组 …………… 86575172
…………………… 86575184
资料组 …………… 86575183
材料组 …………… 86575174
仪表室 …………… 86575173
综合大班 ………… 86575176
经营管理室 ……… 86575189
经营组 …………… 86575175

信息自控中心

主任 ……………… 86505887
副主任 …………… 86505437
…………………… 86505337
自控室 …………… 86505227
综合室 …………… 86505053
信息室 …………… 86505431
通信室 …………… 86505636

测试中心

主任 ……………… 86505533
书记 ……………… 86505117
副主任 …………… 86505535
…………………… 86505537
…………………… 86505536
资料室 …………… 86505312
综合室 …………… 86505027
调度室 …………… 86505532
经管室 …………… 86505531
材料室 …………… 86505534
仪器室 …………… 86505312

维修抢险大队

大队长 …………… 86505327
书记 ……………… 86502889
副大队长 ………… 86502883
…………………… 86505375
调度室 …………… 86505474
生产室 …………… 86503901
技术室 …………… 86505492
综合室 …………… 86505491
经管室 …………… 86505473
资料室 …………… 86505495
材料室 …………… 86505150
维修队 …………… 86502778
管道队 …………… 86505103
特车队 …………… 86505477
机修班 …………… 86505174
门岗 ……………… 86503625

天然气计量站

站长 ……………… 86505214
副站长 …………… 86505304
…………………… 86502887
…………………… 86502843
综合室 …………… 86502848
经管室 …………… 86505319
安全阀室 ………… 86505326
量值传递室 ……… 86505631
计量监督室 ……… 86503913
计量检测室 ……… 86574253
…………………… 86505394
流量鉴定检定室 … 86574254
材料室 …………… 86502967
门岗 ……………… 86505240

环境监测站

站长 ……………… 86503739
书记 ……………… 86574309
副站长 …………… 86505032
…………………… 86503904

综合管理室 …… 86505161
…… 86503904
…… 86574307
理化监测室 …… 86574238
…… 86505270

经济民警大队

大队长 …… 86505322
副大队长 …… 86502676
…… 86502528
综合室 …… 86502812
值班 …… 86505807
一中队队长 …… 86502803
二中队队长 …… 86575163
三中队队长 …… 86575045

消防大队

大队长 …… 86505882
副书记 …… 86505682
副大队长 …… 86502560
…… 86574286
防火监督股 …… 86574282
警务战训股 …… 86574283
机安装备股 …… 86574281
综合办公室 …… 86574285
火警调度中心 …… 86502630
一中队队长 …… 86505235
…… 86575264
一中队值班室 …… 86505230
靖边基地火警 …… 86505119
一净值班室 …… 86575218
一净火警 …… 86575219
二中队队长 …… 86575108
二中队副队长 …… 86575106
二中队值班室 …… 86575107
二净火警 …… 86575119
三中队队长 …… 86575001
三中队副队长 …… 86575002
三中队值班室 …… 86575000
三净火警 …… 86575019

小车队

队长 …… 86502898
副队长 …… 86502899
经管 …… 86505012
值班室 …… 86505049

综合大队

经理 …… 86574273
书记 …… 86502888
…… 86932788
副经理 …… 86505896
…… 86505651
…… 86502680
…… 86502807
经管室 …… 86505870
…… 86505522
综合室 …… 86505521
材料室 …… 86505004
物业室 …… 86503939

银川供气站

站长 …… 6932849
副站长 …… 6932872
高级工程师 …… 6931648
材料室 …… 6932873
技术员 …… 6931678
…… 6932850
经管室 …… 6932703
维修班 …… 6932707
…… 6932702
仪表室 …… 6932708
销售营业厅 …… 6932705
销售办 …… 6931607
配气站 …… 6931613

第二采气厂

厂领导

厂长 …… 86502188
党委书记、副厂长 86574708
党委副书记、工会主席、
纪委书记 …… 86502108
副厂长 …… 86502168
…… 86574788
副厂长、总地质师 86574786
副厂长、总工程师 86502066
副厂长 …… 86502158
副总机械师 …… 86502060

厂长（党委）办公室

主任 …… 86502016
副主任 …… 86502011
机要文书 …… 86502006
接待秘书 …… 86574718
办公室 …… 86502001
打字室 …… 86502004
档案室 …… 86502101

生产运行科

科长 …… 86502113
副科长 …… 86502057
生产调度 …… 86502000
生产调度传真 …… 86502111
办公室 …… 86502056

人事（组织）科

科长 …… 86502118
副科长 …… 86502012
办公室 …… 86502002
…… 86574739

质量安全环保科

科长 …… 86502089
副科长 …… 86574735
…… 86502009
办公室 …… 86502081

财务资产科

科长 …… 86502062
副科长 …… 86502032
办公室 …… 86502033
…… 86502003
…… 86502082

计划科

科长 …… 86502128
办公室 …… 86502100
…… 86502083

对外协调科

科长 …… 86502166
副科长 …… 86502036
办公室 …… 86502035

企业文化科

科长 …… 86502146
工会副主席 …… 86502071
团委副书记 …… 86502037
办公室 …… 86502197
…… 86574874

企管法规科

科长 …… 86502099
办公室 …… 86502045

内控管理科

科长 …… 86502190
副科长 …… 86574722
…… 86502041

纪检监察科

科长 …… 86574700
办公室 …… 86502042

保卫科

科长 …… 86502074
副科长 …… 86502110

工程项目管理室

科长 …… 86502055
副科长 …… 86502039
办公室 …… 86502040

物资采办站

站长 …… 86502121
副站长 …… 7552095
办公室 …… 86502178
…… 86502123
…… 86574736

员工培训站

站长 …… 0912－3359518
副站长 …… 86502148
办公室 …… 86502149

地质研究所

所长 …… 86574808
党支部书记、副所长 86574806
副所长 …… 86574820
…… 86574811
地质室 …… 86574801
气藏 1 室 …… 86502144
气藏 2 室 …… 86574803
气藏 3 室 …… 86502141
绘图室 …… 86574804
中心资料室 …… 86574805
经管室 …… 86574807

采气工艺研究所

所长 …… 86574800
党支部书记、副所长、工会主席
…… 86502069
副所长 …… 86574798
…… 86574778
采气室 …… 86502025
地面室 …… 86574817
防腐室 …… 86574819
化验室 …… 86502106
综合室 …… 86502005
经管室 …… 86502076

信息中心

主任 …… 86502007
副主任 …… 8657481G
…… 86502192
计量管理室 …… 86574812
自控管理室 …… 86502117
信息网络室 …… 86502112
网络机房 …… 86574814
自控机房 …… 86574816
通信机房 …… 86574815

作业一区

公网区号：0912
经理 …… 3687282－5166
…… 3359569－5518
副经理
…… 3687282－5169
…… 3359569－5557
…… 3687282－5170
…… 3359569－5522
…… 3687282－5160
…… 3359569－5524
技术组
…… 0912－3359569、5512、5513
综合组
…… 0912－3687282－5177、5179
经管室 0912－3687282－5163
CPE … 0912－3359569－5555

作业二区

经理 …… 86502138
副经理 …… 86502195
…… 86502074
…… 86574724
技术组 …… 86502067
综合组 …… 86502094
经管室 …… 86574822
榆 9 站 …… 86574909

榆 10 站…………… 86574910
榆 11 站…………… 86574911
榆 13 站…………… 86574913
榆 20 站…………… 86574920
榆 21 站…………… 86574921

作业三区

经理 ……………… 86502090
副经理 …………… 86574768
……………………… 86574826
技术组 …………… 86502093
综合组 …………… 86502091
经管组 …………… 86574823
榆 12 站…………… 86574912
榆 14 站…………… 86574914
榆 15 站…………… 86574915
榆 16 站…………… 86574916
榆 18 站…………… 86574918
榆 19 站…………… 86574919

作业四区

经理 ……………… 86574066
副经理 …………… 86574098
……………………… 86574084
……………………… 86574022
……………………… 86574083
……………………… 86574087
……………………… 86574024
技术组 …………… 86574050
材料组 …………… 86574053
资料室 …………… 86574051
经管室 …………… 86574058
米 1 站 …………… 86574928
洲 1 站 …………… 86574931
洲 2 站 …………… 86574932
洲 3 站 …………… 86574903
洲 4 站 …………… 86574904
洲 5 站 …………… 86574905
洲 8 站 …………… 86574908
洲 9 站 …………… 86574909
洲 12 站…………… 86574922
洲 13 站…………… 86574923
洲 14 站…………… 86574924
洲 15 站…………… 86574925
子洲配气站 … 0912－7230302

作业六区

经理………………… 7229270
副经理 …………… 86502092
……………………… 7229264
……………………… 7229266
办公室…………… 6508538
……………………… 7229265
……………………… 7229271
……………………… 7229263
苏 1 站 …………… 86508545
苏 3 站 …………… 86508540
苏 5 站 …………… 86508543
苏 6 站 …………… 86508542
苏 7 站 …………… 86508532
苏 8 站 …………… 86508537
苏 10 站…………… 86508535
苏 11 站…………… 86508531

榆林天然气处理厂

经理 ……………… 86574999
党支部书记 ……… 86574996
副经理 …………… 86574998
……………………… 86574988
……………………… 86574986
技术组 …………… 86574990
资料室 …………… 86574991
经管室 …………… 86502086
综合组 …………… 86574995
队长室 …………… 86574994
交接室 …………… 86574978
高压配电室 ……… 86574983
中控室 …………… 86574970
化验室 …………… 86574992
消防岗 …………… 86574979
锅炉岗 …………… 86502070
榆林配气站 ……… 86574934
集配气 …………… 86574976
南郊配气站 ……… 86502029

米脂天然气处理厂

经理 ……………… 86574013
副经理 …………… 86574002
……………………… 86574076
……………………… 86574077
技术组 …………… 86574004
经营室 …………… 86574007
综合室 …………… 86574006
材料组 …………… 86574064
中控室 …………… 86574000
化验室 …………… 86574015
物业组 …………… 86574078
消防岗 …………… 86574016
锅炉岗 …………… 86574014

气田测试中心

主任 ……………… 86502194
副主任 …………… 86502064
办公室 …………… 86502031
……………………… 86502068

探井作业区

经理 ……………… 86502058
副经理 …………… 86502092
办公室 …………… 86502078
……………………… 86502187

综合大队

队长 ……………… 86502122
副队长 …………… 86574882
车队调度室 ……… 86574888
综合组 …………… 86574707
经管室 …………… 86502155
安检组 …………… 86502096
车队队长 ………… 86502191

事务管理站

站长 ……………… 86574719
副站长 …………… 86502115
办公室 …………… 86502105
餐厅 ……………… 86502189
……………………… 86574738
医务室 …………… 86502120
活动中心 ………… 86502129
多功能厅 ………… 86502130
专家公寓 ………… 86502018
科研楼值班 ……… 86502080
2 号公寓值班 …… 86502077
3 号寓值班 ……… 86502087
4 号公寓值班 86502010－4107
5 号寓值班 ……… 86574827
6 号公寓值班 86502010－6112
7 号寓值班 ……… 86574750
8 号公寓值班 …… 86574860

维修抢险大队

队长 ……………… 86574726
副队长 …………… 86574720
……………………… 86502065
……………………… 86574701
技术组 …………… 86574721
维修队 …………… 86502164
管护队 …………… 86574748
办公室 …………… 86502097
……………………… 86574749

保安大队

队长 ……………… 86502075
副队长 …………… 86574809

榆林消防中队

中队长 …………… 86574969
副中队长 ………… 86574968
综合办公室 ……… 86574958
火警值班室 ……… 86574950
火警专线 ………… 86574955

米脂消防中队

中队长 …………… 86574030
副中队长 ………… 86574032
综合办公室 ……… 86574031
火警值班室 ……… 86574033
火警专线 ………… 86574019

第三采气厂

厂领导

厂长………………… 7229888
书记………………… 7229808
副厂长……………… 7229858
……………………… 7229558
……………………… 7229818
副书记……………… 7229878
副总………………… 7229688
……………………… 7229668
……………………… 7229698

厂长（党委）办公室

主任………………… 7229010
副主任……………… 7229016
机要文书…………… 7229011
秘书………………… 7229013
……………………… 7229014
传真………………… 7228888
档案室……………… 6938033
……………………… 6934835

生产运行科

科长………………… 7229029
副科长……………… 7229023
……………………… 7229026
……………………… 7229024
……………………… 7229022
生产调度…………… 7229000
……………………… 7229999
生产调度传真……… 7229020
办公室……………… 7229021
……………………… 7229025
……………………… 7229027
……………………… 7229028

规划计划科

科长………………… 7229046
办公室……………… 7229040
……………………… 7229049
……………………… 7229044
……………………… 7229041

人事（组织）科

科长………………… 7229168
副科长……………… 7229160
……………………… 7229161
办公室……………… 7229015
……………………… 7229164
……………………… 7229165
……………………… 7229166
……………………… 7229167
……………………… 7229169

财务资产科

科长………………… 7229039
副科长……………… 7229092
……………………… 7229035
办公室 1 ………… 7229036
……………………… 7229037
……………………… 7229093
……………………… 7229227
内控………………… 7229031

质量安全环保科

科长………………… 7229058

副科长……………… 7229057
………………………… 7229059
办公室……………… 7229051
………………………… 7229050
………………………… 7529052
企业文化科
科长………………… 7229067
副科长……………… 7229068
………………………… 7229069
办公室……………… 7229063
………………………… 7229060
………………………… 7229061
纪检专用…………… 7229062
对外协调科
科长………………… 7229071
办公室……………… 7229070
………………………… 7229072
企管与法规科
科长………………… 7229101
基层建设、企业管理岗
………………………… 7229100
合同管理岗………… 7229102
法律事务岗………… 7229103
技术管理科
副科长……………… 7228098
办公室……………… 7228099
………………………… 7229017
………………………… 7229019
事务管理站
站长………………… 7229288
副站长……………… 7229018
………………………… 7229284
………………………… 7229285
办公室……………… 7229282
………………………… 7229280
………………………… 7229095
………………………… 7229286
………………………… 7229283
物业维修…………… 7229289
西安办事处 ……… 86592091
指挥中心医务室…… 7228120
………………………… 7229120
办公楼服务室……… 7229009
物资采办站
站长………………… 7229080
办公室……………… 7229082
………………………… 7229081
………………………… 7229084
………………………… 7229086
………………………… 7229087
传真………………… 7229083
保卫科
科长………………… 7229075
办公室……………… 7229078

传真………………… 7229077
南门岗……………… 7229110
北门岗……………… 7228125
工程项目管理室
副科长……… 0477－7229045
工程管理…… 0477－7229043
信息自控中心
办公室……………… 7229196
………………………… 7228997
………………………… 7228555
维修抢险大队
队长………………… 7229255
车队调度…………… 7229250
办公室……………… 7229256
………………………… 7229251
………………………… 7229254
车队………………… 7229252
维修队……………… 7229253
气井修井大队
队长………………… 7229180
党总支书记………… 7229917
副队长……………… 7229177
………………………… 7229175
办公室……………… 7229172
………………………… 7229174
………………………… 7229176
………………………… 7229178
D10431 修井队 …… 7229182
D15431 修井队 …… 7229183
连续油管队………… 7229184
不压井作业队……… 7229213
探井管理作业区
经理………………… 7229218
副经理……………… 7229216
办公室……………… 7229212
………………………… 7229213
………………………… 7229211
………………………… 7229210
燃气首站 ………… 86575952
干线巡护、巡井加药班、贸易计量班……………… 7229214
作业一区
经理 ……………… 86575858
副经理 …………… 86575822
………………………… 86575855
………………………… 86575958
技术组 …………… 86575800
综合、材料 ……… 86575869
资料室 …………… 86575867
经管室 …………… 86575950
苏 14—1 站 ……… 86575959
苏 14—2 站 ……… 86574504
苏 14—5 站 ……… 86574524
苏里格第一天然气处理厂

厂长 ……………… 86575977
书记 ……………… 86575988
副厂长 …………… 86575989
………………………… 86575966
………………………… 86575968
技术组 …………… 86575986
综合组 …………… 86575987
生产车间 ………… 86575993
………………………… 86575985
………………………… 86575995
………………………… 86575990
………………………… 86575991
………………………… 86575962
………………………… 86575965
………………………… 86574562
辅助车间 ………… 86575982
………………………… 86575983
化验室 …………… 86575967
电议室 …………… 86575980
温度标艳室 ……… 86575969
35kV 变电所……… 86575963
南门岗 …………… 86575960
北门岗 …………… 86575961
苏里格第二天然气处理厂
厂长 ……………… 86505558
书记 ……………… 86508566
副厂长 …………… 86508568
………………………… 86508588
………………………… 86508585
技术组（传真） … 86508560
资料室 …………… 86508561
经管室 …………… 86508552
综合室 …………… 86508551
综合室（传真） … 86508557
调度室 …………… 86508555
调度室（传真） … 86508556
生产车间 ………… 86508564
………………………… 86508565
………………………… 86508567
………………………… 86508562
………………………… 86508563
………………………… 86508571
………………………… 86508572
………………………… 86508573
辅助车间 ………… 86508587
………………………… 86508578
电仪室 …………… 86508575
电气室 …………… 86508577
化验室 …………… 86508579
………………………… 86508580
变电所 …………… 86508583
………………………… 86508584
门岗 ……………… 86508581
食堂 ……………… 86508582

苏里格第三天然气处理厂
厂长 ……………… 86508525
副厂长 …………… 86508522
综合、经管………… 7229230
苏里格气田第一天然气消防中队
队长 ……………… 86575911
指导员 …………… 86575912
值班室 …………… 86575913
报警 ……………… 86575999
苏里格气田第二天然气消防中队
队长 ……………… 86508598
指导员 …………… 86508597
值班室 …………… 86508599
报警 ……………… 86508119
苏里格气田第三天然气消防中队
值班室……………… 7226398
报警………………… 7229399

长北天然气开发项目经理部

项目部领导
经理 ……………… 86978598
……… 0912－3687282－5198
……………… 0912－3687298
副经理 …………… 86978599
……… 0912－3687282－5199
……………… 0912－3687299
综合组
组长 ……………… 86978585
办公室 …………… 86978560
………………………… 86978561
办公室（传真） … 86978588
……… 0912－3687282－5192
……… 0912－3687282－5168
人事组
组长 ……………… 86978566
办公室 …………… 86978567
……… 010－65057755－2930
财务组
组长 010－65057755－3061
办公室 …………… 86978582
………………………… 86978581
……… 010－65057755－3099
井工程组
组长 0912－3359568－5055
办公室 …………… 86078565
……… 0912－3359568－5134
……… 0912－3359568－5152
地面组
组长 0912－3359568－5408
办公室……… 0912－3410136
……… 0912－3687282－5167
地质组
办公室 010－65057755－3203

……… 010－65057755－3106
…………………… 86978569

生产作业组

作业经理
0912－3359569－5518

作业副经理
……… 0912－3359569－5557
……… 0912－3359569－5525
……… 0912－3359569－5522

保卫组

组长 0912－3359569－5503

外协组

组长 0912－3687282－5159
办公室 0912－3687282－5162

QHSE 组

组长 0912－3359568－5065
办公室 0912－3359568－5082
…………………… 86978586

采办组

组长 010－65057755－3113
办公室 010－65057755－3237

商务支持组

组长 010－65057755－3228
办公室 0912－3687282－5252
……… 0912－3687282－5181

后勤组

组长 0912－3359568－5013
办公室 0912－3359568－5004

第一输油处

处领导

处长、党委书记 … 86590168
副处长 …………… 86590288
…………………… 86590118
…………………… 86590188
党委（纪委）副书记、
工会主席 ……… 86590198
副处长 …………… 86590813
副总会计师 ……… 86590366

处长办公室

主任 …………… 86590058
机关支部书记 …… 86590026
副主任 …………… 86590092
办公室 …………… 86590066
…………………… 86590099
…………………… 86590111
档案、合同管理 … 86590059

党群工作部

主任 …………… 86590089
工会副主席 ……… 86590108
副主任 …………… 86590191
办公室 …………… 86590077
…………………… 86590076

生产运行科

科长 …………… 86590189
副科长 …………… 86590019
办公室 …………… 86590029
调度（值班） …… 86590000
…………………… 86590100
调度（传真） …… 86590200

计划财务科

科长 …………… 86590020
副科长 …………… 86590105
…………………… 86590010
办公室 …………… 86590030
…………………… 86590040
…………………… 86590106
…………………… 86590107

质量安全环保科

科长 …………… 86590190
副科长 …………… 86590139
办公室 …………… 86590268
科员 …………… 86590192

机关事务科

科长 …………… 86590169
副科长 …………… 86590195
办公室 …………… 86590167

保卫科

科长 …………… 86590119
副科长（管道巡护） 86590218
副科长（刑侦） … 86590009
办公室 …………… 86590110
…………………… 86590130
一中队监督 0911－6970228
二中队监督 029－86500708
三中队监督 0911－6223563
四中队监督 029－86500935
五中队监督 0911－2993341
六中队监督 0911－3631705
七中队监督 0919－5288523
八中队监督 0919－6996338
九中队监督 029－32366198
十中队监督 029－33713324

管道技术研究所

所长 …………… 86590090
书记 …………… 86590165
副所长 …………… 86590126
…………………… 86590039
…………………… 86590079
办公室 …………… 86590258
…………………… 86590256
…………………… 86590016
…………………… 86590125
…………………… 86590065
通信机房 ………… 86590112

生产保障大队

大队长 …………… 86590068
书记 …………… 86590018
副大队长（生产） 86590180
副大队长（经营） 86590166
办公室 …………… 86590185
仪表组 …………… 86590025
设备电力组 ……… 86590015
事务组 …………… 86590156
器材组 …………… 86590177
…………………… 86590277
器材组（洛川）0911－3625594
器材组（沿河湾） 86500711
调度中心直燃机房 86590035
洛川维修队 0911－3624275
杨山维修队 ……… 86500983

会议培训中心

主任 …………… 86590169
书记 …………… 86590155
人力资源部 ……… 86590061
财务部 …………… 86590060
会务部经理 ……… 86590062
会务部 …………… 86590083
客房部 …………… 86590379
公区部 …………… 86590027
餐饮部 …………… 86590283
前厅部 …………… 86590333
工程部 …………… 86590017
保安部（门岗） … 86590075
洗浴中心 ………… 86590132

车队

队长 …………… 86590022
车辆调派 ………… 86590033

咸阳输油末站

站长 …………… 86021308
书记、副站长 …… 86021306
副站长、安全员 … 86021305
经管、资料 ……… 86589123
站控室 …………… 86589067
…………………… 86021300
计量化验岗 ……… 86589122
消防岗 …………… 86021301
门岗 …………… 86021302
…………………… 86021303

耀县输油站

站长………… 0919－6996640
副站长……… 0919－6997668
站控室……… 0919－6996641

宜君输油站

站长………… 0919－5288895
副站长……… 0919－5288893
经管、资料 0919－5288894
站控室……… 0919－5288804

洛川输油站

站长………… 0911－3817868
副站长……… 0911－3817880
…………… 0911－3817886
资料、安全 0911－3817355
站控室……… 0911－3817255
消防岗……… 0911－3970406

杨山输油站

站长 …………… 86500918
书记 …………… 86500928
副站长 …………… 86500908
…………………… 86500958
…………………… 86500968
值班室 …………… 86500916
经管、资料 ……… 86500902
站控室 …………… 86500900
…………………… 86500901
计量岗 …………… 86500903
消防岗 …………… 86500911
装卸油岗 ………… 86500906
门岗 …………… 86500919
锅炉岗 …………… 86500910
装卸油岗 ………… 86500912
杨山公寓 ………… 86500930
化验岗 …………… 86500907
储油库站控室 …… 86500949
…………………… 86500950
储油库门岗 ……… 86500909
杨山油库锅炉岗 … 86500946
杨山公寓 ………… 86500932
杨山公寓（招待所） 86500969

沿河湾输油站

站长 …………… 86500789
书记 …………… 86500788
副站长（沿河湾） 86500728
副站长（东营） 86500750
副站长（化子坪）
…………… 0911－6428308
安全员 …………… 86500758
经核员 …………… 86500718
资料室 …………… 86500768
…………………… 86500709
沿河湾站控室 …… 86500700
…………………… 86500701
沿河湾锅炉房 …… 86500716
沿河湾消防岗 …… 86500723
沿河湾门岗 ……… 86500777
王窑站控室 ……… 86508896
王窑化验室 ……… 86508904
王窑值班室 ……… 86508983
东营站控室 ……… 86500707
东营值班室 ……… 86500705
化子坪站控室 …… 86575080
化子坪站控室 …… 86575081

靖安输油首站

站长 …………… 86572030
…………………… 86572235
副站长（生产） … 86572031

副站长（设备、安全）
…………………… 86572032
站控室 …………… 86572145
资料室 …………… 86572149
值班室 …………… 86572142

第二输油处

处领导
处长……………… 8598599
党委书记、副处长 … 8598858
副处长……………… 8598638
……………………… 8598718
纪委书记、工会主席 8598701
副处长……………… 8598996
副总工程师………… 8598678
副总师……………… 8598538
处长（党委）办公室
主任……………… 8598601
副主任……………… 8598602
……………………… 8598600
秘书……………… 8598600
人事 …………… 86565102
事务……………… 8598602
档案 …………… 86021991
党群工作部
主任……………… 8598522
副主任……………… 8598523
宣传 …………… 86565120
生产运行科
科长……………… 8598509
副科长……………… 8598502
调控中心副主任…… 8598501
设备……………… 8598502
工艺……………… 8598501
调度 …………… 86021960
…………………… 86021961
…………………… 86021962
计划财务科
副科长……………… 8598548
统计 …………… 85655129
管理 …………… 85655123
办公室……………… 8598549
会计……………… 8598548
造价 …………… 86021998
质量安全环保科
科长……………… 8598505
副科长……………… 8598506
企业管理办公室
主任……………… 8598512
内控 …………… 86565110
事务管理办公室
主任……………… 8598515
计划生育 ………… 86021985
公共关系科
主任……………… 8598520
副主任……………… 8598521
外协……………… 8598521
长庆公安分局刑警四中队
队长……………… 8597110
副队长……………… 8598633
……………………… 8598635
执勤办……………… 8598632
值班室……………… 8598637
保卫科
科长……………… 8598536
总支书记…………… 8598531
一室主任…………… 8395822
一室副主任………… 8395823
……………… 0934－5125036
一室安全员………… 8395820
二室主任…… 0934－6672722
二室副主任………… 8380985
综合管理组………… 8598571
生产运行组………… 8598572
中队长……… 0911－7993097
书记……… 0934－5125197
中队长……………… 8396326
……………… 0934－5271190
……………………… 8381315
……………… 0934－3101439
……………… 0934－8413569
……………… 0934－6773521
监督组长 ………… 86021930
宏庆综合 ………… 86021931
生产保障大队
大队长……………… 8598661
书记……………… 8598662
副大队长…………… 8598663
副大队长…………… 8598706
工程师……………… 8598707
生产组……………… 8598716
综合组……………… 8598717
一中队……………… 8598744
二中队……………… 8598745
三中队……………… 8598746
安全员……………… 8598708
小车队队长………… 8598652
支部书记…………… 8598651
小车队办公室……… 8598654
……………………… 8598653
庆咸首站
站长……………… 8598668
副站长……………… 8598600
……………………… 8598669
资料室……………… 8598691
岗位……………… 8392833
咸阳站
站长 …………… 86021911
书记 …………… 86021912
副站长（彬县） … 86021936
资料室 ………… 86021951
岗位 …………… 86021950
铁西首站
站长……………… 8396388
铁西末站
站长……………… 8396313
书记……………… 8396314
副站长……………… 8396315
……………………… 8396316
刘坪站
站长 …………… 86571108
书记 8571107
副站长 ………… 86571109
白豹站
站长……………… 8396355
书记……………… 8396356
副站长……………… 8396353
资料室……………… 8396344
岗位……………… 8396341
华池站
站长……… 0934－5125009
书记……… 0934－5125151
副站长…… 0934－5125081
资料室…… 0934－5123798
岗位站…… 0934－5195409
……………………… 8395247
曲子站
站长……………… 8384599
书记……………… 8383445
副站长……………… 8384204
资料室……………… 8384204
计量岗……………… 8384201
马岭储备库………… 8384049

第三输油处

处领导
处长……………… 6952882
党委书记…………… 6952883
副处长……………… 6952889
党委副书记、纪委书记、工会主席……………… 6952896
副处长、总工程师 … 6952868
处长（党委）办公室
主任……………… 6952828
副主任……………… 6952839
……………………… 6952825
团委副书记………… 6952835
办公室（人事组） … 6952858
办公室（综合组） … 6952823
生产运行科
科长……………… 6952808
副科长……………… 6952805
办公室……………… 6952806
调度室……………… 6952869
……………………… 6952726
计划科
科长……………… 6952809
办公室……………… 6952860
……………………… 6952861
财务科
科长……………… 6952855
副科长……………… 6952833
办公室……………… 6952810
安全与技术科
科长……………… 6952818
副科长……………… 6952801
办公室……………… 6952816
办公室（通信岗） … 6952800
生产保障大队
大队长……………… 6952820
支部书记…………… 6952863
副大队长…………… 6952895
……………………… 6952679
器材组……………… 6952812
车队……………… 6952811
维修队队长………… 6952697
维修队……………… 6952695
仪表室……………… 6952693
电工值班室………… 6952678
经警民警大队
大队长……………… 6952819
副大队长…………… 6952861
……………………… 6952865
一中队队长………… 6952630
一中队值班室……… 6952628
一中队门岗………… 6952825
二中队队长………… 6952727
二中队值班室……… 6952828
三中队队长………… 6952721
三中队值班室……… 6952720
四中队队长………… 6952636
四中队值班室……… 6952639
靖安首站
站长……………… 6952616
支部书记…………… 6952618
技术员……………… 6952619
经管员……………… 6952604
资料室……………… 6952605
站控室……………… 6952601
……………………… 6952602
计量岗……………… 6952603
油房庄站
站长……………… 6952688
支部书记…………… 6952689
副站长……………… 6952696
技术员……………… 6952694

经管员…………… 6952686
资料室…………… 6952684
站控室…………… 6952671
…………………… 6952672
计量…………… 6952673
消防…………… 6952675
司炉…………… 6952676

姬马联站

站长…………… 6952758
支部书记…………… 6952766
副站长…………… 6952760
技术员…………… 6952761
经管员…………… 6952763
资料室…………… 6952762
马坊站站控室……… 6952715
…………………… 6952718
红井子站站控室…… 6952631
…………………… 6952632
姬塬输油站站控室 … 6952711
姬一联输油站站控室
…………………… 86505725

惠安堡末站

站长…………… 6952658
支部书记…………… 6952663
副站长…………… 6952659
技术员…………… 6952662
经管员…………… 6952649
资料室…………… 6952664
站控室…………… 6952651
…………………… 6952652
计量…………… 6952653
司炉…………… 6952656

甲醇厂

厂领导

厂长 …………… 86505098
党委书记 ………… 86505268
生产副厂长 ……… 86505988
总工程师 ………… 86505385
副总工程师 ……… 86505985

厂长（党委）办公室

主任 …………… 86505925
办公室 ………… 86505926
…………………… 86505937
传真 …………… 86505264
打字室 ………… 86505977

人事组织科

科长 …………… 86505966
办公室 ………… 86505955
…………………… 86505959

财务资产科

科长 …………… 86505919
办公室 ………… 86505217
…………………… 86505983

企业文化部

主任 …………… 86505992
副主任 ………… 86505003
办公室 ………… 86505911
…………………… 86505982

计划供销部

主任 …………… 86505266
副主任 ………… 86505990
…………………… 86505904
计划统计 ………… 86505922
材料库 ………… 86505408
…………………… 86505921
销售业务 ………… 86505398
…………………… 86505989
…………………… 86505993

事务管理部

主任 …………… 86505957
副主任 ………… 86505962
基地办公室 ……… 86502694
厂区办公室 ……… 86505963
厂区食堂 ……… 86505909
基地食堂 ……… 86502664
服务员 ………… 86505950

质量安全环保部

主任 …………… 86505910
副主任 ………… 86505991
办公室 ………… 86505902
质检站 ………… 86505973

生产运行部

主任 …………… 86505996
副主任 ………… 86505997
办公室 ………… 86505960
…………………… 86505961

生产保障部

主任 …………… 86505986
副主任 ………… 86505920
办公室 ………… 86505901
维修队 ………… 86505900
车队 …………… 86505970

操作岗位

调度 …………… 86505000
…………………… 86505933
主控 …………… 86505938
…………………… 86505939
转化泵房 ……… 86505941
精馏泵房 ……… 86505930
压缩 …………… 86505940
开工锅炉 ……… 86505942
空分空压 ……… 86505945
循环水 ………… 86505946
脱盐水 ………… 86505947
半成品 ………… 86505934
成品 …………… 86505935
发车班 ………… 86505931
磅秤房 ………… 86505932
钳工班 ………… 86505914
仪表班 ………… 86505913
电工班 ………… 86505952
管焊班 ………… 86505912
化验岗 ………… 86505972
门岗 …………… 86505951

勘探开发研究院

院领导

院长 …………… 86598085
院长传真 ……… 86591594
党委书记 ……… 86598506
党委副书记 ……… 86593488
勘探副院长 ……… 86596120
副院长 ………… 86592680
总地质工程师 …… 86594839
…………………… 86591627
…………………… 86592830
副总地质工程师 … 86594564
…………………… 86594568
…………………… 86596910

院办

院办 …………… 86592827
…………………… 86592027
纪委 …………… 86596831

组织人事科

人事组织 ……… 86593593
…………………… 86593615
…………………… 86594639

科研办

科研办 ………… 86592817
…………………… 86592816
…………………… 86593721
科研办传真 ……… 86591595

财务

财务 …………… 86591860
…………………… 86593813
总会计师 ……… 86596360
网络专线 ……… 86594449

事务管理站

主任 …………… 86594109
事务管理 ……… 86596320
采办 …………… 86594750

资源信息中心

主任 …………… 86596321
办公室 ………… 86596444
…………………… 86596464
岩心库办公室 …… 86590608
岩心库操作室 …… 86590609
技术服务档案 …… 86592835
档案库（中学楼） 86594556
档案库（公用楼） 86594801

技术服务中心

技术服务主任 …… 86591599
技术服务绘图 …… 86592460
制印组 ………… 86592462

分析实验中心

主任 …………… 86590638
书记 …………… 86590650
副主任 ………… 86590639
…………………… 86590651
资料组 ………… 86590640
仪修、材料组 …… 86590641
岩矿组 ………… 86590642
地化组 ………… 86590643
油田化学组 ……… 86590644
…………………… 86590645
注水试验组 ……… 86590646
开发试验 ……… 86590647
…………………… 86590648
常规物性 ……… 86590649

编辑部

编辑部 ………… 86592410
阅览室 ………… 86594803

推广部

主任 …………… 86594496
副主任 ………… 86594663
书记 …………… 86594493
财务 …………… 86594556

储量室

办公室 ………… 86594562

地球物理计算中心

物探主任 ……… 86595400
副主任 ………… 86594636
硬件组 ………… 86592034
测井解释组 ……… 86594727
电源报警值班 …… 86594660
机房值班 ……… 86596052
目标处理组 ……… 86592440
解释机房 ……… 86591430
数据库机房 ……… 86591431
并行机机房 ……… 86591432
处理机房 ……… 86591412

石油勘探室

油勘探主任 ……… 86594327
油勘探综合组 …… 86592832
油勘探部署组 …… 86591620
地质研究 ……… 86594334

天然气勘探室

主任 …………… 86593675
部署组 ………… 86592442
部署组、前陆组 … 86592443
研究组 ………… 86592644

区域地质勘探室

主任 …………… 86592455
煤成气 ………… 86592432
石油预探 ……… 86592433

天然气预探……86591482
矿权管理……86591483

储量地质室

主任……86593598
副主任……86597940
储量综合……86593597
储量组……86594325
储量套改组……86597941

油藏评价室

主任……86594836
办公室……86594834
部署组……86592826
……86591924
陕北评价组……86591643
……86594214

石油开发一室

油开发一室主任……86591621
油藏动态……86594132
……86594835
数据传输……86594131
动态油藏……86593619
陇东组……86591224
陕北组……86592416

石油开发二室

主任……86594133
采油二厂……86592428
采油三厂……86592429
采油四厂……86594136
采油五厂……86594135
采油七厂……86594134
核算岗……86594770
水源组……86595735

石油开发三室

主任……86598571
陇东组……86598572
部署组……86598573
陕北组……86594092

天然气开发一室

主任……86594830
书记……86591622
机房……86594831
上古研究……86594832
气层工程组……86594773
现场服务队……86503704

天然气开发二室

主任……86594802
办公室……86594106
项目组……86593526
资料岗……86594775
苏里格气田中区组……
……86593483
……86593485

其他

小车队……86592437
书画协会……86593074

鄂尔多斯分院

院长……86594669
副院长……86594560
……86594665
油研室……86594558
天然气室……86594651
油气开发室……86594652

超低渗透油藏研究中心

中心领导……86978697
……86978686
……86978953

综合管理科

办公室……86978211
……86978007

计划财务科

办公室……86978951
会计……86978214

油田开发室

办公室……86978140
……86978139

采油工艺室

办公室……86978135
……86978049
……86978137
……86978057

油气工艺研究院

院领导

院长……86590655
副院长……86590658
……86590709
……86590668
……86590688
总工程师……86590698
副总工程师……86590685
……86590682

综合办公室

主任……86590686
副主任……86590707
办公室……86590666
……86590669
……86590687

党群工作科

科长……86590716
党群工作科……86590717

科研管理科

科长……86590696
科研管理科……86590697
……86590710

经营财务科

科长……86590695
经营财务科……86590694
……86590718
……86590726

采油工艺一室

副主任……86590664
采油工艺一室……86590727
……86590729

采油工艺研究室

主任……86590663
副主任……86590702
采油工艺研究室……86590665
……86590692

采气工艺研究室

主任……86590671
副主任……86590701
采气工艺研究室……86590667
……86590670
……86590721

压裂技术研究室

主任……86590653
副主任……86590693
地质组……86590654
液体组……86590652
工艺组……86590656
……86590660
……86590661
……86590662

地面工艺研究室

主任……86590659
副主任……86590750
地面工艺研究室……86590732

工具研究室

主任……86590673
副主任……86590675
工具研究室……86590672
……86590674

井下作业研究室

副主任……86590722
井下作业研究室……86590725

钻井工程设计室

主任……86590684
钻井工程设计室……86590683
……86590723

油田化学防腐室

主任……86590676
副主任……86590680
防腐室……86590677
……86590730
……86590751
实验室……86590679
……86590681

信息中心

副主任……86590689
信息中心……86590690
……86590706
图书室……86590691

安全环保技术室

主任……86590712
副主任……86590711
安全环保技术室……86590713
……86590752

节能技术研究室

副主任……86590715
节能技术研究室……86590714

新技术推广中心

主任……86590739
副主任……86590738
新技术推广中心……86590737
联合科研基地……86590740

苏里格气田研究中心

中心领导

主任……86978158
书记……86978156
副主任……86978160
……86978161
……86978162

综合管理科

负责人……86978150
办公室……86978151

计划财务科

负责人……86978155
办公室……86978157

科研生产科

负责人……86978141
办公室……86978142

气藏地质研究所

负责人……86978203
办公室……86978146

采气工艺研究所

负责人……86978172
办公室……86978159

苏里格气田开发第一项目经理部

经理部领导

项目经理……8658009
……7229388
党委书记……86580086
……7229366
项目副经理……86580078
……7229399
……86580098
……7229386
……86580099
……7229302
副总经济师……86580089
……7229355
副总地质师……86580080

………………………… 7229311
高级顾问 ………… 86580090
办公室（党委办公室）
主任 ……………… 86580276
副主任 …………… 86580092
综合主办 ………… 86580092
秘书 ……………… 86580091
办公室……………… 7229310
人事劳资科（党委组织科）
科长 ……………… 86580376
副科长…… 86586471（传真）
办公室 …………… 86586468
………………………… 7229322
生产运行科
科长 ……………… 86580128
副科长 …………… 86580129
……………………… 86580116
办公室……………… 7229313
………………………… 7229312
调度室 …………… 86580239
……………………… 86580081
………………………… 7229300
调度室（传真）…… 7229333
安全环保科
科长 ……………… 86580178
副科长 …………… 86580176
办公室 …………… 86586455
………………………… 7229395
计划科
科长 ……………… 86580082
办公室 …………… 86586452
……………………… 86586462
………………………… 7229319
财务资产科
科长 ……………… 86580248
副科长 …………… 86586465
办公室 …………… 86586466
……………………… 86580189
………………………… 7229389
党群工作科
科长 ……………… 86580106
副科长 …………… 86586456
办公室 …………… 86586458
……………………… 86586459
………………………… 7229322
工程项目管理站
科长 ……………… 86580126
副科长 …………… 86586461
办公室 …………… 86586451
………………………… 7229358
………………………… 7229359
物资采办站
站长 ……………… 86580079
办公室 …………… 86586472

……………………… 86503667
………………………… 7229369
地质研究所
副所长 …………… 86580109
办公室 …………… 86580071
……………………… 86580070
……………………… 86580076
……………………… 86580072
……………………… 86580378
……………………… 86580379
………………………… 7229396
办公室（传真）…… 7229397
采气工艺研究所
所长……………… 86580085
副所长 …………… 86580087
办公室 …………… 86580095
事务管理站
站长 ……………… 86580108
办公室 …………… 86580319
办………………………… 7229377

苏里格气田开发第四项目经理部

经理部领导
经理、党委副书记 … 7229559
党委书记、副经理 … 7229518
副经理、总工程师 … 7229525
副经理、安全总监 … 7229599
副经理、总地质师 … 7229512
副经理……………… 7229506
副经理、工会主席 … 7229467
综合办
综合办公室主任…… 7229536
党群部
党群工作科长、组织部长
………………………… 7229528
办公室……………… 7229529
财务科
财务科长 ………… 722953G
市场生产协调科
市场与生产协调科科长 7229538
办公室……………… 7229551
质量安全环保科
质量安全环保科长 … 7229543
工程技术科
工程技术科长…… 7229543
人事劳资科
人事劳资科长……… 7229553
办公室……………… 7229533
地质所
地质所副所长……… 7229562

第一采油技术服务处（超低渗透油藏第一项目部）

处领导
处长、党委副书记 86506121
书记、副处长 …… 86506127
副处长 …………… 86501518
……………………… 86501598
……………………… 86501816
副处长、总工程师 86501888
纪委书记、工会主席86506125
副处长、总地质师 86501581
总会计师 ………… 86504400
副总工程师 ……… 86501333
安全副总监 ……… 86501466
副总机械师 ……… 86501313
处长办公室
主任 ……………… 86506587
副主任 …………… 86506942
秘书 ……………… 86506143
秘书 ……………… 86506182
计生、文书 ……… 86506150
档案室 …………… 86506208
打字室 …………… 86506372
服务室 …………… 86504371
企管法规科
科长 ……………… 86501318
副科长 …………… 86504930
办公室 …………… 86501124
财务科
科长 ……………… 86501503
副科长 …………… 86506902
办公室 …………… 86504170
……………………… 86504019
……………………… 86506183
纪检监察科
科长 ……………… 86504279
科员 ……………… 86506196
技能鉴定站
站长 ……………… 86506456
办公室 …………… 86504314
武装保卫科
科长 ……………… 86506197
计划科
科长 ……………… 86501466
办公室 …………… 86501319
审计科
科长 ……………… 86501536
办公室 …………… 86506441
人事组织科
科长 ……………… 86506146
副科长 …………… 86504379
办公室 …………… 86506164
……………………… 86504304
……………………… 86506208
……………………… 86501549
……………………… 86506589
生产运行科
科长 ……………… 86506188
副科长 …………… 86506517
办公室 …………… 86506069
……………………… 86504324
……………………… 86506166
……………………… 86501982
值班调度 ………… 86504177
……………………… 86506268
信访办
主任 ……………… 86506296
副主任 …………… 86500311
办公室 …………… 86504384
机关事务站
站长 ……………… 86506635
安全科
科长 ……………… 86506335
副科长 …………… 86506373
办公室 …………… 86500352
……………………… 86504417
井下工艺所
副所长…………… 86500115
办公室 …………… 86501241
……………………… 86506529
……………………… 86506480
……………………… 86506469
宣传科
科长 ……………… 86501031
副科长 …………… 86506149
办公室 …………… 86506530
工会
副主席 …………… 86501526
办公室 …………… 86506147
处小车队
队长 ……………… 86506108
调度 ……………… 86506133
会计 ……………… 86506133
华泰公司
董事长总经理 …… 86501688
党总支书记 ……… 86506583
副经理 …………… 86506343
……………………… 86506341
……………………… 86504237
……………………… 86504437
……………………… 86506255
办公室主任 ……… 86506273
财务部 …………… 86506533
……………………… 86500184
……………………… 86506533
……………………… 86504034
……………………… 86506533
经营部 …………… 86500104
……………………… 86504233
……………………… 86504233
……………………… 86500104

……… 86504233
安全监督部 ……… 86501260
……… 86501260
……… 86501260
工程技术部 ……… 86506308
……… 86504643
……… 86504643
……… 86506399
……… 86506399
……… 86506399
……… 86506399
生产运行部 ……… 86506724
……… 86506106
……… 86506106
……… 86506106
……… 86506106
……… 86506106
建安公司 ……… 86506980
……… 86500105
……… 86500224
建安二公司 ……… 86506613
……… 86500324
……… 86500324
预制厂 ……… 86506625
库房 ……… 86506741
防腐厂 ……… 0911－3568185
……… 86508855
……… 86500113
运输公司 ……… 86506707
……… 86504374
恒丰公司 ……… 86501994
……… 86500067
小车班 ……… 86506284

特车大队

大队长 ……… 86506220
党总支书记 ……… 86504627
副大队长 ……… 86506747
……… 86501584
……… 86501371
……… 86506623
……… 86501374
办公室主任 ……… 86504072
办事组 ……… 86504072
财务组 ……… 86504064
人事组 ……… 86501304
核算组 ……… 86506467
机动组 ……… 86501867
安全（监督）组 ……… 86500036
生产组 ……… 86506365
一中队 ……… 86506983
二中队 ……… 86506982
三中队 ……… 86506374
轿车中队 ……… 86504305
特车中队 ……… 86504073
综合队 ……… 86504440
修保车间 ……… 86504260
王窑 ……… 86500885
坪桥 ……… 86508238
侯杏 ……… 86508139

综合机修公司

总经理 ……… 86504624
党总支书记 ……… 86504024
副经理 ……… 86504684
副经理 ……… 86500068
办公室 ……… 86504423
经营组 ……… 86506234
调度室 ……… 86506344
技术组 ……… 86500204
材料组 ……… 86506232
加玉车间 ……… 86504427
机修车间 ……… 86501884
铆焊车间 ……… 86504762
修复车间 ……… 86506231
检泵车间 ……… 86506233

器材供应站

站长 ……… 86506306
党总支书记 ……… 86506307
副站长 ……… 86506305
办公室主任 ……… 86506310
人事员 ……… 86506460
管理组长 ……… 86501964
……… 86506314
……… 86501974
业务组长 ……… 86506311
……… 86501314
……… 86500292
调度长 ……… 86506316
……… 86501972
财务组 ……… 86506315
……… 86506684
河庄坪库 ……… 86506320
……… 86500294
高沟口库 ……… 86508881
侯市库 ……… 86508133
坪桥库 ……… 86508216
坪桥油库 ……… 86508224
杏河库 ……… 86508718

油城宾馆

经理 ……… 86504243
副经理 ……… 86506264
……… 86506414
……… 86506414
办公室 ……… 86506274
前楼总台 ……… 86506263
……… 0911－2822988
同心楼餐厅 ……… 86500398
同缘楼餐厅 ……… 86500370

西安办事处

主任 ……… 86598159
办公室 ……… 86598164

第二采油技术服务处（超低渗透油藏第二项目部）

领导

处长、党委副书记 ……… 8592580
党委书记、副处长 ……… 8597738
工会主席 ……… 8590801
副处长 ……… 8598380
……… 8597340
纪委书记 ……… 8596419
副处长、安全总监 ……… 8597780
副处长、总工程师 ……… 8590258
总会计师 ……… 8597249
副总经济师 ……… 8592281
安全副总监 ……… 8597757
副总地质师 ……… 8597761

处（党）办

主任 ……… 8597467
副主任 ……… 8596546
……… 8590210
秘书 ……… 8591016
……… 8597487
机要秘书 ……… 8590286
档案室 ……… 8592600
小车队 ……… 8597463

生产运行科

科长 ……… 8597750
副科长 ……… 8592628
……… 8591086
生产综合 ……… 8598553
设备管理 ……… 8593822
生产协调 ……… 8593087
水、电、讯 ……… 8592852
调度 ……… 8598094
……… 8596734

质量安全环保科

科长 ……… 8590804
副科长 ……… 8596120
……… 8592952
体系管理 ……… 8593955
交通环保综合 ……… 8597799
工业安全消防 ……… 8593860
质量节能 ……… 8597483

财务科

科长 ……… 8597715
副科长 ……… 8590855
资金报销室 ……… 8597774
财务核算 ……… 8598530
……… 8597547
……… 8597204
管理办公室 ……… 8597634
财务稽核 ……… 8597470

市场开发科

科长 ……… 8597179
副科长 ……… 8597067
……… 8590865
企业管理 ……… 8596939
……… 8597054
法规合同 ……… 8598407
统计 ……… 8597753

人事组织科

科长 ……… 8591090
副科长 ……… 8592872
……… 8591062
组织干部 ……… 8597749
工资管理 ……… 8597393
劳动管理 ……… 8597073
社会保险 ……… 8597342
人力中心 ……… 8591670

审计科

科长 ……… 8593696
办公室 ……… 8593580

教育培训站

站长 ……… 8595100
副站长 ……… 8591065
技能鉴定 ……… 8596074
教育培训 ……… 8598417

政工科

科长 ……… 8597731
副科长 ……… 8595939
……… 8593391
宣传 ……… 8591559
团委 ……… 8597343

纪委监察科

科长 ……… 8597770
副科长 ……… 8593417
办公室 ……… 8597765
……… 8598534

工会

副主席 ……… 8592191
办公室主任 ……… 8597466
工会 ……… 8597826
……… 8597722
机关总支 ……… 8592381

保卫科

科长 ……… 8598003
副科长 ……… 8597794
内勤办 ……… 8593614
禁毒办 ……… 8591694
武装部 ……… 8590809
值班室 ……… 8593227

信访稳定办公室

主任 ……… 8596057
副主任 ……… 8592213
办公室 ……… 8590068

工艺技术研究所
所长…………………… 8591435
书记…………………… 8593829
副所长………………… 8593026
………………………… 8591216
………………………… 8591212
………………………… 8590344
综合管理室…………… 8597764
井下作业室…………… 8590343
………………………… 8597489
科技开发室…………… 8597367
………………………… 8597471
信息中心……………… 8596701
钻具车间……………… 8597142

第三采油技术服务处（超低渗透油藏第三项目部）

处领导
处长、党委副书记 … 6934567
党委书记、副处长 … 6934568
副处长………………… 6934666
………………………… 6934699
副处长、总会计师 … 6934600
副处长………………… 6934696
………………………… 6934688
纪委书记、工会主席 6934689
副处长………………… 6934588
副总机械师…………… 6934555
安全副总监…………… 6934856
副总会计师…………… 6938386
副总工程师…………… 6934668
………………………… 6934599
副总地质师…………… 6934286
产能建设项目组
党委书记、经理…… 6934568
副处、副经理……… 6934696
………………………… 6934588
副总、副经理……… 6934856
副总、地质副经理 … 6934286
试油副经理 ……… 86571966
基层建设办公室…… 6934653
数字化管理办公室 … 6934731
堡子湾南项目部
副处、经理………… 6934696
………………………… 86972099
副经理 ……………… 86972069
………………………… 86972081
………………………… 86972070
………………………… 86972070
………………………… 86972070
办公室 ……………… 86972081
吴 410 一新 240 项目部
副处、经理 ……… 86571862
………………………… 6934588
定边生产基地建设项目组
经理 ……………… 86508606
………………………… 6934696
工程部主任 ……… 86508621
副经理 …………… 86508610
综合部主任 ……… 86508612
工程部 …………… 86508605
………………………… 86508614
综合部 …………… 86508621
刘卯塬前线指挥部
副处、指挥 ……… 86972099
………………………… 6934696
副总、副指挥 …… 86972098
………………………… 6934599
副指挥 …………… 86972082
………………………… 86972083
………………………… 86972084
吴起前线指挥部
副处、指挥 ……… 86571862
………………………… 6934588
副总、副指挥 …… 86571958
………………………… 6934668
副指挥 …………… 86571920
………………………… 86571900
………………………… 86571900
油坊庄前线指挥部
副处、指挥………… 6950819
………………………… 6934687
副总、副指挥……… 6934555
………………………… 6950977
副指挥……………… 6950919
………………………… 6950269
处（党委）办公室
处办主任…………… 6934669
党办主任…………… 6934500
副主任（正科）…… 6934621
西办主任 ………… 86595979
秘书办……………… 6934620
………………………… 6934610
文书室……………… 6934621
计生办……………… 6934622
通信员……………… 6934623
第一会议室………… 6934541
二楼会议室………… 6934625
七楼报告厅………… 6934626
档案室……………… 6935461
西安办事处 ……… 86596171
生产运行科
科长………………… 6934618
副科长（正科）…… 6934616
副科长……………… 6934616
………………………… 6934616
调度室……………… 6934537
综合………………… 6934619
机动………………… 6934616
质量机动安全环保科
副总、科长………… 6934856
副科长……………… 6934628
………………………… 6934629
安全环保 ………… 86571953
综合 ……………… 86571002
生产技术科
副总、科长………… 6934286
筹备人……………… 6938121
地质组（传真）…… 6934679
地面组……………… 6938015
油藏组……………… 6934675
财务科
副总、科长………… 6938386
副科长……………… 6934638
………………………… 6934772
资金结算…………… 6934636
综合办公…………… 6934654
资金………………… 6934221
管理………………… 6934654
税收………………… 6934772
核算………………… 6934632
资金结算室
筹备负责人………… 6934221
审计科
科长………………… 6934686
副科长（正科）…… 6934686
综合………………… 6934687
信访办公室
科长………………… 6934615
维护稳定办………… 6934615
人事劳资科
科长………………… 6934683
副科长（正科）…… 6934639
………………………… 6934639
副科长……………… 6934637
………………………… 6934639
组织管理…………… 6934641
工资管理…………… 6934637
劳动力管理………… 6934690
计划经营科
筹备负责人………… 6934520
副科长……………… 6934392
综合办公…………… 6934716
………………………… 6934392
企管法规科
科长………………… 6934585
高级主管…………… 6935489
副科长……………… 6934585
合同………………… 6934630
综合………………… 6934631
纪检监察科
纪委副书记、科长 … 6934558
副科长……………… 6934700
………………………… 6934700
副科级监察员……… 6934652
………………………… 6934652
工会办公室
主任………………… 6934661
副主任……………… 6934661
………………………… 6934660
综合………………… 6934660
企业文化科
科长………………… 6950199
副科长……………… 6934653
电视台……………… 6934655
综合………………… 6934651
治安保卫科
科长………………… 6934551
副科长……………… 6934697
综合办公…………… 6934697
………………………… 6934551
事务管理站
站长………………… 6935469
副站长……………… 6935495
………………………… 86508621
公共关系科
筹备负责人………… 6934627
工程项目管理站
筹备负责人………… 6938336
筹备人……………… 6934693
信息中心
主任………………… 6934656
综合………………… 6934657
………………………… 6934731
职工培训中心
主任………………… 6934680
副主任……………… 6934611
河东工业园………… 6952580
………………………… 6952586
物资采办站
筹备负责人………… 6934256
筹备人……………… 6934256
力公………………… 6934276
………………………… 6934213
工艺研究所
所长………………… 6935488
副所长（正科）…… 6935466
副所长……………… 6935467
………………………… 6935467
综合………………… 6935470
顺宁 ……………… 86572109
燕莎大酒店
经理………………… 6934757
副经理……………… 6934685
………………………… 6934667

前台…………………… 6934586
财务政工……………… 6934672
安全…………………… 6934581
会务…………………… 6934626
订餐…………………… 6934518

刘峁塬作业区

副总、经理 ……… 86572288
副经理 …………… 86972096
…………………… 86972089
…………………… 86972076
…………………… 86972086
综合办 …………… 86972083
生产运行组 ……… 86972091
地质工艺组 ……… 86972077
计划经营组 ……… 86972087
基层服务组 ……… 86972072
维修队 …………… 86972073

薛岔作业区

副总、经理……… 6934668

低效油井管理大队

大队长……… 0912－4510283
书记………… 0912－4510555
副大队长…… 0912－4510628
副大队长…… 0912－4510258
财务计划…… 0912－4510638
政工人事…… 0912－4510635
安全工程…… 0912－4510162

修井与准备大队

大队长……………… 6950276
副书记……………… 6950271
副大队长…………… 6950397
…………………… 6950246
…………………… 6950273
生产调度…………… 6950435
…………………… 6950127
政工人事组………… 6950398
机动安全…………… 6950265
计划财务组………… 6950274
材料组……………… 6950264
综合运输队………… 6950294

水电厂

厂长………………… 6950033
书记………………… 6950022
副厂长（正科）…… 6950020
副厂长……………… 6950029
…………………… 6950026
…………………… 6950027
…………………… 6950023
生产调度…………… 6950035
财务………………… 6950031
政工人事…………… 6950021
安全………………… 6950025
计划………………… 6950028
技术………………… 6950032
综合………………… 6950030
油吴工区 ………… 86571670
油坊庄供电所……… 6950495
大水坑供电所……… 6950518
马家滩供电所……… 6950533
新寨供电所 … 0911－7932136
料库………………… 6950594

井下特种作业大队

大队长……………… 6950917
书记………………… 6950370
副大队长…………… 6950932
…………………… 6950932
…………………… 6950930
生产调度…………… 6950931
财务………………… 6950930
政工人事…………… 6950939
安全………………… 6950935
银川办公…………… 6934375

交通服务部

队长………………… 6935496
值班………………… 6935499

运输大队

大队长 …………… 86571919
书记 ……………… 86571912
副大队长 ………… 86571935
…………………… 86571937
…………………… 86571937
生产调度 ………… 86571994
财务………………… 6934602
政工人事 ………… 86571946
安全 ……………… 86571940
客运中队…………… 6935479
小货中队 ………… 86572242
重货中队 ………… 86572305
特车中队 ………… 86572448

油井巡护大队

大队长 …………… 86571967
书记、副大队长 … 86571620
副大队长 ………… 86571644
…………………… 86571949
…………………… 86571949
…………………… 86571644
机动安全 ………… 86571647
生产运行 ………… 86571530
堡子湾中队 … 0912－4372277

顺宁物业管理站

站长、书记 ……… 86572168
副站长 …………… 86572413
…………………… 86571952
副站长 …………… 86572328
…………………… 86572439
生产调度 ………… 86572282
财务 ……………… 86572280
政工人事 ………… 86572162
安全 ……………… 86572282

大水坑物业管理站

站长、书记………… 6950199
…………………… 6950933
副站长……………… 6950933
…………………… 6950516
…………………… 6950128
生产调度…………… 6950129
财务人事…………… 6935519
安全计划…………… 6950129
综合………………… 6950128
房产………………… 6935465
综合队……………… 6950506
油坊庄一队………… 6950408

长呼输气管道运行维护大队

大队长……… 0471－3604360
书记………… 0471－3604292
副大队长…… 0471－3603310
………………… 0471－3604292
高级主管…… 0471－3603310
生产调度…… 0471－3602629
财务………… 0471－3604361
安全………… 0471－3603143
政工人事…… 0471－3604361

宁夏石油建设工程有限责任公司

副总、总经理……… 6934555
书记………………… 6950033
副总经理…………… 6934564
…………………… 86571428
办公室主任 ……… 86571970
办公室副主任 …… 86571695
财务部主任………… 6934533
财务部副主任……… 6934195
计划经营部主任 … 86571646
质量安全机动环保部主任
…………………… 86571975
生产技术部主任 … 86571414
综合干事 ………… 86571964
第一项目部副总经理、经理
…………………… 86571979
第一项目部党支部书记
…………………… 86571979
第一项目部 … 0911－7692045
第一项目部副经理 86571979
…………………… 86571979
…………………… 86571979
…………………… 86571979
第一项目部综合干事86571979
第一项目部生产调度86571418
顺达项目部政工 0912－4611615
顺达项目部工会、宣传
……………… 0912－4611616
顺达项目部生产调度
……………… 0912－4647203
送变电分公司……… 6950033
…………………… 6950020
送变电分公司综合办 6950028

油气销售处

领导

处长 ……………… 86588001
党委书记、纪委书记、工会主席 ……………… 86588350
副处长 …………… 86588353
…………………… 86588349
总会计师 ………… 86588368
副处长 …………… 86588002
安全总监 ………… 86588386

处长（党委）办公室

主任 ……………… 86588013
副主任 …………… 83286064
团委 ……………… 86588325
工会副主席 ……… 83214890
综合 ……………… 83215341
档案 ……………… 86588003
打字 ……………… 86588330
车队 ……………… 86588321
门岗 ……………… 83299821

人事（组织）部

主任 ……………… 86588011
纪委 ……………… 83256080
综合 ……………… 83292749

经理管理部

主任 ……………… 83298147
副主任 …………… 86588328
经营计划 ………… 86588343
综合 ……………… 83215347
内控 ……………… 86588323

财务部

主任 ……………… 83215392
副主任 …………… 86588326
核算 ……………… 83286074
报销 ……………… 86588342
出纳 ……………… 86588322

原油销售部

主任 ……………… 86588345
支部书记 ………… 83286049
副主任 …………… 86588022
…………………… 83227447
综合 ……………… 83215348
综合 ……………… 86588359

天然气销售部

主任 ……………… 86588354
支部书记 ………… 83215342
统计 ……………… 83215344
计划 ……………… 86588358
综合 ……………… 83215343

安全计量监督部

主任 …… 83299711
副主任 …… 83211616
综合 …… 86588012

市场开发部

主任 …… 86588219
综合 …… 86588218

咸阳销售部

主任 …… 86589049
支部书记 …… 86589048
副主任 …… 86021036
综合 …… 86589043
铁路协调 …… 86589041

靖边销售部

主任 …… 0912－8122001
支部书记 …… 0912－8122002
财务 …… 0912－8122003
综合 …… 0912－8122006
业务 …… 0912－8122005
…… 0912－8122008

庆阳销售部

主任 …… 8594567
副主任 …… 8596566
综合 …… 8590059

银川销售部

主任 …… 6937142
副主任 …… 6937140
综合 …… 6937143
财务 …… 6937141

建设工程处

处领导

处长、党委副书记 86582001
党委书记 …… 86582666
副处长（正处级） 86582518
常务副处长、安全总监（正处级） …… 86582886
副处长、总工程师 86582386
副处长、总会计师 86582588
副处长 …… 86582866
…… 86582888
副处长、总工程师 86582296
副处长 …… 86582388
…… 86582668
…… 86582188
纪委书记、工会主席 86582868
副总机械师 …… 86582259
安全副总监 …… 86582688

处（党委）办公室

处办公室主任、党委办公室副主任 …… 86582000
党委办公室主任、处办公室副主任 …… 86582268
总支书记、办公室副主任 …… 86582316
信访办主任、办公室副主任 …… 86582287
值班室 …… 86582002
秘书室 …… 86582003
传真 …… 86582300
机要室 …… 86582011
机关总支 …… 86582316
信访办 …… 86582287
计生办 …… 86582021
文控室 …… 86582023
档案室负责人 …… 86580711
档案室 …… 86582280
后勤事务 …… 86582338
通信员 …… 86582411

生产部

主任 …… 86582369
副主任 …… 86582301
生产值班 …… 86582006
应急值班 …… 86582100
传真 …… 86582034
设备 …… 86582030
基建办 …… 86582356

质量安全部

主任 …… 86582033
副主任 …… 86582329
…… 86580712
安全 …… 86582061
…… 86582467
…… 86582477
质量 …… 86582470
…… 86582064

人事劳资（组织）部

主任 …… 86582205
副主任 …… 86582206
…… 86582209
干部管理 …… 86582281
工资 …… 86582203
劳动组织 …… 86580769
系统管理 …… 86580766
再就业 …… 86582103
档案 …… 86582207
流动党员咨询服务 86580689

审计部

主任 …… 86582312
副主任 …… 86580739
业务 …… 86582313

财务部

主任 …… 86582221
副主任 …… 86582265
成本、资产 …… 86582219
资金 …… 86582256
…… 86582220
清欠办 …… 86582109
结算室 …… 86582041
…… 86582137

经营计划部

主任 …… 86582266
副主任 …… 86580799
…… 86582331
统计、计划 …… 86582422
传真 …… 86582063
合同 …… 86582040

技术部

主任 …… 86580759
副主任 …… 86580751
…… 86580752
办公室 …… 86580751

党群工作部（企业文化部）

主任 …… 86582260
纪委副书记 …… 86582998
纪检监察副主任 …… 86582262
工会副主席 …… 86582102
团委副书记 …… 86582101
纪检监察室 …… 86580770
宣传 …… 86582261
…… 86582304
工会 …… 86580705
…… 86580786

对外关系协调部

主任 …… 86580728
办公室 …… 86580726
…… 86580729
靖边办公室 …… 86503982

市场开发部

主任 …… 86582020
副主任 …… 86582148
传真 …… 86582164
商务 …… 86582163
预算 …… 86582149
…… 86580672

信息中心

主任 …… 86580789
副主任 …… 86580668
综合办 …… 86580517
故障台 …… 86580788
长建故障台 …… 86023344
靖边网络服务电话 865744S7

武装保卫部

主任 …… 86582215
内勤 …… 86582213
武装 …… 86582010
大厅 …… 86582107

人力资源中心

主任 …… 86582326
书记、副主任 …… 86582278
副主任 …… 86582223
…… 86582202
综合 …… 86582008
职教 …… 86582239
鉴定考核 …… 86582211
高陵管理队 …… 86023104
培训 …… 86023148
焊考办 …… 86023149
焊工教练室 …… 86023007

交通服务队

队长 …… 86582178
书记 …… 86582176
副队长 …… 86580778
调度 …… 86582053
安全 …… 86580768
经营 …… 86580758
综合办 …… 86580756
材料 …… 86582175
小车中队 …… 86580708
客车中队 …… 86580709
靖边工作站 …… 86574386
车库 …… 86582179

物资供应公司

经理 …… 86582231
书记 …… 86582230
副经理 …… 86580511
…… 86582229
生产办 …… 86582293
…… 86582235
…… 86582292
综合办 …… 86582251
财务 …… 86580719
…… 86505332
…… 86574420

设备租赁公司

经理 …… 86582050
书记 …… 86582075
副经理 …… 86582052
…… 86582051
人事办 …… 86582113
经营办 …… 86582037
生产办 …… 86582027
综合办 …… 86582254
维修队 …… 86582257
特车队 …… 86582024
材料办 …… 86582225
靖边维修站 0912－4640754

国际工程管理部

经理 …… 86580736
副经理 …… 86580732
…… 86580733
经营综合 …… 86580730
技术办 …… 86580735
道达尔项目 0477－7811018

技术服务公司

经理 …… 86582130
书记 …… 86582194

副经理 …… 86582153
…… 86582151
财务 …… 86582055
综合室 …… 86582190
设计室 …… 86582155
试验室 …… 86582132
…… 86582170

无损检测公司

副经理 …… 86023103
总工 …… 86023105
技术 …… 86023108
综合办 …… 86023100
办公室 …… 86582104
…… 86582311

电气仪表公司

经理 …… 86023026
书记 …… 86023025
副经理 …… 86023029
…… 86023021
…… 86023023
经营办 …… 86023028
生产技术 …… 86023020

油气田维抢修中心

经理 …… 86574353
副经理 …… 86574359
调度材料 …… 86574357
计划统计预算 …… 86574360
财务 …… 86574355
人事安全综合 …… 86574354
值班传真 …… 86574357

防腐工程公司

经理 …… 86020658
书记 …… 86020659
副经理 …… 86020660
…… 86020683
生产管理 …… 86020669
综合管理 …… 86020655
…… 86020682
经营管理财务 …… 86020656
计划 …… 86020680
技术质量 …… 86020681
靖边防腐厂 …… 86505193
…… 86505252
西峰厂 …… 0934－5996862
榆林厂 …… 0912－8112158

一公司

经理 …… 86023118
书记 …… 86023081
副经理 …… 86023083
…… 86023119
…… 86023111
…… 86023113
办公室 …… 86023082
生产办 …… 86023112
经营 …… 86023116
技术质量 …… 86023120
综合办 …… 86023110
财务 …… 86023085
…… 86023080
…… 86023115

二公司

经理 …… 0477－7216202
书记 …… 0477－7216206
副经理 …… 0477－7216210
…… 86503985
…… 0477－7482071
…… 0912－3410132
生产管理部 0477－7216213
…… 86505179
经营计划部 0477－7216227
…… 0477－7216216
技术部 …… 0477－7216219
质量安全部 0477－7216219
对外协调部 …… 86503982
综合部 …… 0477－7216217
材料班 …… 86503997
西安基地 …… 86582334
…… 86582187

三公司

经理 …… 86023018
书记 …… 86023019
副经理 …… 86023012
…… 86023138
…… 86023189
…… 86023136
生产办 …… 86023185
技术质量 …… 86023013
…… 86023183
经营管理（传真） 86023181
…… 86023011
…… 86023180
财务 …… 86023016
政工 …… 86023182
传真 …… 86023015
西气东输二线传真
…… 0953－5098305
…… 0953－5098405

四公司

总公司领导 0996－2232064
经理 …… 0996－2232032
书记 …… 0996－2232098
副经理 …… 0996－2232016
…… 0996－6762290
生产办 …… 0996－2232059
经营办 …… 0996－2232002
综合办 …… 0996－2232181
…… 0996－2232141
西安基地经理办 … 86580716
西安基地综合办 … 86580718

五公司

经理 …… 86582328
书记 …… 86582339
副经理 …… 86582336
…… 86582335
…… 86582327
生产办主任 …… 86582330
调度 …… 86582012
生产办 …… 86582327
经营办 …… 86582270
财务办 …… 86582273
…… 86582272
综合办 …… 86582275
…… 86582274

六公司

经理 …… 86582322
书记 …… 86582263
副经理 …… 86582004
…… 86582042
生产技术 …… 86582321
人事 …… 86580738
合同管理 …… 86582117
成本财务 …… 86582005
材料设备 …… 86582267
综合基层建设 …… 86582150

七公司

经理 …… 86023091
…… 0912－460996
书记 …… 86023090
…… 0912－41642358
副经理 …… 86023036
…… 0912－4642378
…… 86023173
…… 86023171
…… 86023178
综合人事 …… 86023093
计划经营 …… 86023172
生产管理 …… 86023179
对外协调 …… 86023170
生产技术 …… 86023175
HSE 控制 …… 86023176
项目管理 …… 86023098
财务管理 …… 86023095
小车班 …… 86023099
靖边基地 …… 0912－4647633
…… 0912－4647636
西气东输二线 0912－4213408

八公司

经理 …… 86023121
书记、安全总监 86023129
副经理 …… 86023035
…… 86023069
经营 …… 86023125
生产 …… 86023123
综合 …… 86023125

九公司

经理 …… 86023192
书记 …… 86023198
副经理 …… 86023199
…… 86023196
办公室 …… 86023195
…… 86023193
…… 86023191
…… 86023190

安装公司

经理 …… 86023168
书记 …… 86023056
副经理 …… 86023153
…… 86023192
…… 86023163
…… 86023068
…… 86023135
综合管理组 …… 86023010
财务管理组 …… 86023132
生产质量安全组 … 86023052
物资供应组 …… 86023055
经营管理组 …… 86023061
安装队 …… 86023036
防腐队 …… 86023160
租赁队 …… 86023078

水电厂

厂长（党委）办公室

主任 …… 8593478
副主任 …… 8593495
…… 8593484
计生、文书 …… 8593534
秘书 …… 8595634
档案室 …… 8596954
收发室 …… 8593664
通信员 …… 8593514
机关楼门岗 …… 8593564

规划计划科

科长 …… 8593713
副科长 …… 8590463
…… 8593729
统计、合同 …… 8593757
计划、基建 …… 8593741
土地外协 …… 8595904

生产技术科

科长 …… 8594706
副科长 …… 8594524
…… 8593999
技术组 …… 8594572
调度大班 …… 8594540
调度值班 …… 8594544
科技管理 …… 8594705

信息室…………………… 8594614

财务科

厂副总、科长……… 8594301
副科长………………… 8594304
工程资产……………… 8594311
核算室………………… 8594330
报销…………………… 8594049
内部结算……………… 8598161

审计科

科长…………………… 8591087
副科长………………… 8591296
办公室………………… 8592909

人事劳资（组织）科

厂副总、科长……… 8593890
副科长………………… 8593792
组织管理……………… 8598789
干部管理……………… 8593971
保险统筹……………… 8593013
劳动工资……………… 8594033

质量安全环保科

厂副总、科长……… 8594090
副科长………………… 8594107
………………………… 8594218
HSE 体系管理 …… 8594191
机动设备……………… 8594215
安全管理……………… 8594447
技监节能……………… 8594294
质量办………………… 8592630
计量室………………… 8596436

党委宣传科
（企业文化科、团委）

科长…………………… 8594037
副科长………………… 8592960
团委…………………… 8593422
宣传…………………… 8594039
电视台………………… 8596490

市场营销科

副科长………………… 8594446
………………………… 8598401
………………………… 8593131
市场开发……………… 8596622
统计销售……………… 8596435

纪检监察科

科长…………………… 8593413
监察员………………… 8594036
办公室………………… 8594045

工会办公室

办公室主任…………… 8593405
抒公室………………… 8594041
女工办………………… 8594477

企管法规科

科长…………………… 8594133
副科长………………… 8593473
办公室………………… 8592759

法律顾问室………… 8595347
内控办公室………… 8597237

职培中心

主任………………… 8596964
副主任……………… 8594672
教育培训…………… 8591618
…………………………… 8595739
技能鉴定…………… 8595545

武装保卫科

科长………………… 8591014
副科长……………… 8597807
综合治理、外勤…… 8594495
内勤………………… 8592889
民事调解…………… 8591002
居委会……………… 8596840
值班室……………… 8597787

安塞综合大队

大队长 ……………… 86500800
书记 ………………… 86500801
副大队长 …………… 86500802
…………………………… 86500804
…………………………… 86500803
…………………………… 86500873
综合办主任 ………… 86500818
庆阳办事处………… 8596841
生产办主任 ………… 86500805
大队调度 …………… 86500808
经营办主任 ………… 86500811

王窑水电队

队长 ………………… 86500822

坪桥水电队

队长 ………………… 86508223

侯杏水电队

队长 ………………… 86508751
杏河变 ……………… 86508752

顺宁水电大队

大队长 ……………… 86572127
书记 ………………… 86572271
副大队长 …………… 86572141
…………………………… 86572298
综合办公室 ………… 86572114
生产办公室 ………… 86572384
大队调度 …………… 86572169
成本销售 …………… 86572385

靖安水电队

队长 ………………… 86572120

靖中水电队

队长 ………………… 86502380
书记 ………………… 86502381
副队长 ……………… 86502378
技术干部 …………… 86502379
业务员 ……………… 86502377
白于山变 …………… 86502209

定边水电作业区

经理 ………………… 86505707
书记 ………………… 86505706
副经理 ……………… 86505709
…………………………… 86505708
经理办主任 ………… 86505712
生产办主任 ………… 86505711
生产办副主任 ……… 86505710
经营办公室 ………… 86505713
庆阳办事处………… 8594271

靖边燃气发电厂

厂长 ………………… 86503810
书记 ………………… 86503858
副厂长 ……………… 86503898
…………………………… 86503868
…………………………… 86503897
厂长办主任 ………… 86503878
综合办事员 ………… 86505378
运行部主任 ………… 86505136
运行部值长 ………… 86503836
…………………………… 86503838
生产办 ……………… 86503872
技术副主任 ………… 86503877
经营办主任 ………… 86503895
销售、出纳 ………… 86505223
材料员 ……………… 86505391
后勤办 ……………… 86503731
电气主控室 ………… 86503826
领导值班 …………… 86505239
驾驶员值班室 ……… 86505257
门岗房 ……………… 86503817
中继线（1） ……… 86503820
中继线（2） ……… 86503821
一净电站 …………… 86505373
二净电站 …………… 86575141

榆林供电队

榆林开关站 ………… 86574983
苏里格 1 处变 …… 86575963
苏里格 2 处变 …… 86508583
米脂开关站 ………… 86574026

庆北水电作业区

经理………………… 8595680
书记………………… 8590519
副大队长…………… 8590521
…………………………… 8590522
经理办主任………… 8590526
经营办主任………… 8592361
人事销售…………… 8590533
材料组……………… 8591679
生产办主任………… 8590523
生产办……………… 8590531
贺旗生产…………… 8383183
综合检修班………… 8593750
贺旗外线班………… 8383300
贺旗变……………… 8383327

马岭变 1 …………… 8381306
炼厂变……………… 8387574
中一供……………… 8383240

城华水电作业区

经理………………… 8393088
书记………………… 8393103
副经理……………… 8393128
…………………………… 8393150
经理办主任………… 8393246
经营办主任………… 8393356
生产办主任………… 8393158
QHSE 监督员……… 8393828
生产调度…………… 8393056
生产技术…………… 8393090
抄表班……………… 8393085
材料组……………… 8594142
庆阳变……………… 8393091
育子沟变…………… 8395123

西峰水电作业区

经理………………… 8396086
书记………………… 8396085
副经理……………… 8396065
…………………………… 8396129
经理办主任………… 8396036
经理办……………… 8396062
经营办主任………… 8396128
经营办……………… 8396127
材料员……………… 8592810
抄表班……………… 8396116
生产办主任………… 8396035
QHSE 监督员……… 8396121
…………………………… 8596819
生产技术…………… 8396122
技术员……………… 8396091
门岗………………… 8396032
西一联合站………… 8392911
西一供水站………… 8392924
董一注……………… 8392812
周庄变……………… 8392840

长庆水电工程有限责任公司

总经理……………… 8593541
书记………………… 8593525
财务总监…………… 8592662
副总经理…………… 8596717
…………………………… 8590141
…………………………… 8591243
经理办主任………… 8592981
经理办公室………… 8592793
生产技术部长……… 8594336
生产技术部………… 8592994
市场开发部长……… 8590142
市场开发办………… 8593321
计划财务部长……… 8592595
成本核算…………… 8590144

财务报销室………… 8590174
监督站站长………… 8592987
机关门岗…………… 8594227

电信工程施工队

队长………………… 8596452
书记………………… 8590143
副队长……………… 8590701
技术室……………… 8590701
业务室……………… 8596451
南梁变电所………… 8395955
白豹发电站………… 8395817
梁西变电所………… 8395912

供水工程施工队

队长………………… 8592276
书记………………… 8594435
副队长……………… 8594436
业务室……………… 8590147
华一供水站………… 8395042
南梁供水站………… 8395956
山一供水站………… 8395982

变压器水泵厂

厂长………………… 8591640
书记………………… 8593671
副厂长……………… 8594437
技术员……………… 8590244
业务室……………… 8590244

建筑安装施工队

队长………………… 8592763
书记………………… 8592980
副队长……………… 8593474

楼外楼酒店

经理………………… 8393549
餐饮部……………… 8393199
水电宾馆…………… 8393165

西安瑞源分公司

经理 ……………… 86025776
书记 ……………… 86025777
副经理 …………… 86020452
综合办公室 ……… 86027270
生产办公室 ……… 86020412
科研楼运行班 …… 86595133
长庆大厦运行班 … 86592874
岩心库运行班 …… 86590615
泾河医院变 ……… 86022755

PE—PRR 管材厂

厂长 ……………… 86028649
副队长 …………… 86026236

水电施工队

队长 ……………… 86025201

线路施工大队

大队长……………… 8590213
书记………………… 8591034
副大队长…………… 8590240
……………………… 8592271
生产办主任………… 8594710
生产办公室………… 8593115
经营办主任………… 8590283
综合办主任………… 8590212
门岗、料库………… 8595470

线路维护队

队长………………… 8594730
书记………………… 8594713
副队长……………… 8590241
杏河巡线班 ……… 86508757
靖中巡线班 ……… 86502370
高沟口巡线班 …… 86500854

水电安装大队

大队长……………… 8592986
书记………………… 8596497
副大队长…………… 8592865
……………………… 8596495
生产办主任………… 8592892
生产办主管………… 8592894
综合办主任………… 8594707
综合办……………… 8592974
……………………… 8592792
材料员……………… 8592789
避雷检测…………… 8590245
电力载波…………… 8594514
大队门岗…………… 8593017

安装一队

队长………………… 8595717
技术员……………… 8594874

安装二队

队长………………… 8593881
技术员……………… 8594874

运输大队

大队长……………… 8590445
书记………………… 8590442
副大队长…………… 8598461
……………………… 8590440
生产办主任………… 8592745
车辆调派…………… 8590444
技术、资料………… 8590703
综合办主任………… 8590441
成本会计…………… 8590443
车辆检验…………… 8590553
小车班……………… 8594842

器材供应站

站长………………… 8594948
书记………………… 8594974
油品管理…………… 8595148
外勤………………… 8595074
稽核统计…………… 8591032
计划员……………… 8595304
庆阳库……………… 8594471
庆阳库门岗………… 8592562

水电研究所

所长………………… 8592407
副所长……………… 8596843

机械制造总厂

厂领导

厂长 ……………… 86029158
……………………… 8390205
书记 ……………… 86029988
……………………… 8390221
副厂长 …………… 86022086
……………………… 8399391
……………………… 86022066
……………………… 8390278
……………………… 86022096
……………………… 8390212
……………………… 86029008
……………………… 8399168
……………………… 86022088
……………………… 8399395
财务副总 ………… 86022028
……………………… 8390222
技术副总 ………… 86020357
……………………… 8399392
安全副总 ………… 86029006
……………………… 8390134

厂（党）办公室

主任 ……………… 86022090
副主任 …………… 86022070
……………………… 8390263
办公室 …………… 86022071
……………………… 86022072
传真 ……………… 86022073

机关总支

机关总支书记 …… 86022092

人事劳资科

劳资科科长 ……… 86022085
……………………… 8390201
劳资科副科长 …… 86022989
劳资科办公室 …… 86022083
……………………… 8390265
……………………… 86022084

工会

工会副主席 ……… 86022081
……………………… 86022081
工会办公室 ……… 86022075
……………………… 8390226

纪委监察科

纪委监察科科长 … 86022082
……………………… 8390262

财务科

科长 ……………… 86022052
副科长 …………… 86022052
报销室 …………… 86022053
……………………… 8390143
办公室 …………… 86022055
……………………… 86022012

生产科

科长 ……………… 86029018
副科长……………… 8390276
……………………… 86029016
生产科 …………… 86029007
……………………… 8390203
传真………………… 8390712

经营计划科

科长 ……………… 86022080
副科长 …………… 86022080
办公室 …………… 86022016
……………………… 8399364

机动安全科

科长 ……………… 86022078
副科长 …………… 86022078
办公室 …………… 86022061
……………………… 86022063

技术监督科

科长 ……………… 86022056
副科长 …………… 86022056
办公室 …………… 86022015

审计科

科长 ……………… 86022091
办公室 …………… 86022036

保卫科

科长 ……………… 86022050
……………………… 8390109
办公室 …………… 86022051
……………………… 8390281
机关楼监控室……… 8390237
生产区门岗………… 8390241
总厂门岗 ………… 86022010
……………………… 8390295
科室门岗…………… 8390363
北区前门岗 ……… 86029023
北区后门岗 ……… 86029025

信访稳定办

主任 ……………… 86022065
……………………… 8390234

长庆桥基地

主任………………… 8390217

市场营销中心

主任 ……………… 86022099
……………………… 8390232
副主任 …………… 86029002
……………………… 86029026
……………………… 86029001
……………………… 86029001
办公室 …………… 86029000
……………………… 8390138
……………………… 86029012
传真 ……………… 86029149

质量检验中心
主任 …………………… 86029028
副主任………………… 8390139
……………………… 86029028
办公室 ………………… 86022019
……………………… 8390541
新项目开发部
主任 …………………… 86022060
办公室 ………………… 86022069
基建工程部
主任 …………………… 86028868
办公室 ………………… 86029967
产品研发中心
主任 …………………… 86029010
副主任 ………………… 86029003
……………………… 86029005
……………………… 86029011
心办公室 ……………… 86028225
……………………… 86029777
……………………… 86029029
晒图室 ………………… 86029054

器材供应中心

主任 …………………… 86022087
……………………… 8390344
书记…………………… 8390308
副主任 ………………… 86029942
计划 …………………… 86022089
……………………… 8390346
……………………… 86029014
办公室 ………………… 86029943
……………………… 8399374
……………………… 8390332
抽油机制造分厂
厂长…………………… 8390298
书记…………………… 8399056
副厂长………………… 8390166
计划…………………… 8390294
统计…………………… 8399265
设备安全……………… 8390220
总装工段……………… 8390289
铆焊工段……………… 8390309
特机工段……………… 8390306
维修工段……………… 8390307
减速器制造分厂
厂长…………………… 8399475
书记…………………… 8399475
计划派工……………… 8390339
修理分厂
厂长…………………… 8390058
书记…………………… 8390059
统计…………………… 8390060
技术室………………… 8390382
派工…………………… 8390381

门岗…………………… 8390271
铸锻分厂
厂长…………………… 8390351
书记…………………… 8390136
计划派工……………… 8390296
钻机改造分厂
厂长 …………………… 86029342
书记 …………………… 86022588
办公室 ………………… 86029341
……………………… 86029344
……………………… 86029244
……………………… 86022006
固控设备制造分厂
厂长 …………………… 86029009
副厂长 ………………… 86029009
计划派工 ……………… 86029013
天然气设备制造分厂
厂长 …………………… 86029015
书记 …………………… 86029015
副厂长 ………………… 86029017
计划派工 ……………… 86022018
钻采配件制造分厂
厂长 …………………… 86029019
书记 …………………… 86020943
副厂长 ………………… 86029019
计划派工 ……………… 86029020
抽油泵制造分厂
厂长 …………………… 86029021
书记 …………………… 86029021
计划派工 ……………… 86029022
运输大队
队长…………………… 8602209
……………………… 8390366
书记 …………………… 86022095
……………………… 8390330
副队长 ………………… 86022097
调度 …………………… 86027044
……………………… 8399372
核算 …………………… 86020945
……………………… 8390180
GPS 监控室 …………… 86022026
车辆检验……………… 8390388
安全员………………… 8399371
物业管理站
站长 …………………… 86022067
……………………… 8390375
副站长 ………………… 86022034
……………………… 8390282
办公室 ………………… 86022029
……………………… 8390287
房产办………………… 8390159
配电室………………… 8390386
锅炉房………………… 8390215
派工…………………… 8390269

职工食堂……………… 8390254
建安公司
总经理 ………………… 86022058
……………………… 8390336
书记 …………………… 86022038
副总经理…… 86033260－887
……………… 86033260－885
……………… 86033260－881
……………… 86033260－882
办公室 ………………… 86022059
……………………… 8390761
销售办公室 …………… 86022057
……………………… 8390244
机械制造分公司
……………… 86033260－851
金属结构分公司……… 8390956
……………………… 8390988

器材供应处

领导
处长、党委副书记 86592870
党委书记、纪委书记、工会主席、副处长 ……… 86597385
副处长 ………………… 86592738
副处长、总会计师 86592578
副处长 ………………… 86595719
……………………… 86597079
……………………… 86596397
副总师
副总会计师 …………… 86594985
副总经济师 …………… 86591037
副总工程师 …………… 86593063
副总经济师 …………… 86597072
安全副总监 …………… 86593448
副总经济师 …………… 86594921
处长办公室（党委办公室）
主任 …………………… 86593058
副主任（传真） … 86591315
武保、文书 …………… 86591317
秘书 …………………… 86594557
档案 …………………… 86595657
打字复印 ……………… 86596406
公务员 ………………… 86594628
党委宣传科（企业文化科）
科长 …………………… 86593086
副科长 ………………… 86594924
工会办公室
工会副主席 …………… 86596405
处团委
团委副书记 …………… 86591545
纪检监察科
科长 …………………… 86597061
办公室 ………………… 86592878
信访举报电话 ………… 86591014

人事劳资科（党委组织科）
科长 …………………… 86591024
副科长 ………………… 86591647
副科长、劳动工资 86593530
薪筹统计 ……………… 86593728
组织干部 ……………… 86597488
财务科
科长 …………………… 86593657
副科长 ………………… 86592946
结算 …………………… 86596534
税收 …………………… 86594920
材料核算 ……………… 86594923
审计科
科长 …………………… 86595808
副科长 ………………… 86591646
合同审计 ……………… 86596462
市场开发部
科长 …………………… 86594893
副科长 ………………… 86593056
生产运行科
科长 …………………… 86594436
生产调度 ……………… 86592876
传真电话 ……………… 86596914
基建岗 ………………… 86593429
设备岗 ………………… 86596346
安全环保科
科长 …………………… 86596347
副科长（安全管理）86596847
副科长（质量节能）86594509
物资管理科
科长 …………………… 86596745
副科长 ………………… 86594891
统计、仓储管理 … 86592950
传真 …………………… 86591342
合同物价科（电子商务部）
科长 …………………… 86594602
副科长 ………………… 86594603
网络管理 ……………… 86591040
……………………… 86597003
合同管理 ……………… 86591497
招投标办公室
主任 …………………… 86594200
副主任 ………………… 86594927
引进办公室
副主任 ………………… 86593594
金属材料科
科长 …………………… 86594019
副科长 ………………… 86593082
专用管材岗 …………… 86593441
普通钢材岗 …………… 86593028
非金属材料科
科长 …………………… 86594506
化工岗 ………………… 86592064
建材岗 ………………… 86592220

机电设备科
科长 ………………… 86595349
电工电料、仪器仪表86591374
劳保、焊接材料 … 86593994
非安装设备 ……… 86592958
电工设备 ………… 86597025
配件科
科长 ………………… 86591370
副科长 …………… 86591372
石油专用工具 …… 86592041
石油钻采设备配件 86594925
工矿配件 ………… 86594733
重型汽车配件 …… 86594930
计划平衡综合岗 … 86596527
油品管理科
科长 ………………… 86595102
副科长 …………… 86591373
……………………… 86594931
计划岗 …………… 86593400
合署办 …………… 86594096
西气东输工程项目部
经理 ……………… 86594919
副经理 …………… 86594932
……………………… 86597305
资料翻译 ………… 86594632
结算、安全、采供 86591375
小车服务队
队长、书记 ……… 86594387
车辆调度 ………… 86591673
房产 ……………… 86594691
贸易公司
经理………… 029－86526610
书记 ……………… 86592148
综合岗……… 029－86526621
业务岗……… 029－86522190
咸阳转运站
站长 ……………… 86509801
书记 ……………… 86509724
生产副站长 ……… 86589397
业务副站长 ……… 86509778
经营副站长 ……… 86509758
办公室主任 ……… 86589385
传真 ……………… 86509701
治安、防火 ……… 86589330
劳资、教育 ……… 86589386
工会 ……………… 86589383
档案室 …………… 86509703
小车队队长 ……… 86509768
司机办公室 ……… 86509815
生产运行室主任 … 86589390
基建办公室 ……… 86589034
生产安全办公室 … 86509771
业务管理室主任 … 86509819
业务办公室 ……… 86589371

经营室组长 ……… 86509732
经营办公室 ……… 33411240
站用库 …………… 86589338
财务室主任 ……… 86589388
会计、报销 ……… 86509711
器材库主任 ……… 86589396
统计办公室 ……… 86589358
钢材二班 ………… 86589350
钢材一班 ………… 86589352
专管班 …………… 86589351
化工设备岗 ……… 86589355
国际贸易岗 ……… 86589339
兰郑长项目部 …… 86589369
……………………… 86589353
吊装班 …………… 86589356
电工岗 …………… 86589373
调度值班室 ……… 86589398
装卸工值班室 …… 86589357
生产调度（大班） 86509720
生产调度（小班） 86509766
提料组 …………… 86589336
业务岗（金属） … 86589372
业务岗（非金属） 86589375
延安库主任 0911－2939622
书记………… 0911－2939529
副主任……… 0911－2939632
调度室……… 0911－2939638
业务、保管 0911－2939636
传真………… 0911－2939631
杨山保管…… 0911－2558521
杨山门岗…… 0911－2558522
宁夏供应转运站
站长………… 0953－3045458
书记………… 0953－3045135
副站长……… 0953－3045328
……………… 0953－3045386
……………… 0953－3045726
办公室主任
传真………… 0953－3045155
人事………… 0953－3045354
打字室……… 0953－3045370
财务办主任 0953－3045377
财务办……… 0953－3045375
……………… 0953－3045374
生产办主任 0953－3045142
生产办……… 0953－3045373
……………… 0953－3045064
保卫办……… 0953－3045277
青铜峡库主任 0953－3045239
副主任……… 0953－3045224
……………… 0953－3045743
稽核………… 0953－3045346
铁路运输…… 0953－3045141
调度室（传真）0953－3045327

调度室……… 0953－3045042
业务办……… 0953－3045029
管材库……… 0953－3045649
钢材库……… 0953－3045754
水泥化工库 0953－3045150
前门岗……… 0953－3045311
后门岗……… 0953－3045334
加油站……… 0953－3045246
火车站货运室 0953－3045248
服务队队长 … 0953－3045371
综合服务办 … 0953－3045325
……………… 0953－3045049
锅炉房……… 0953－3045232
职工食堂…… 0953－3046258
生活区门岗 … 0953－3045343
招待所……… 0953－3045195
靖边供应站
站长 ……………… 86505078
书记 ……………… 86505077
经营副站长 ……… 86503719
安全副站长 ……… 86503980
生产副站长 ……… 86502893
办公室主任 ……… 86505306
综合办公室 ……… 86503930
经营财务室 ……… 86502584
生产运行室 ……… 86502921
业务管理室 ……… 86505083
靖边库 …………… 86502748
调度室 …………… 86505229
大库化工 ………… 86502949
专用管 …………… 86502922
普通钢材 ………… 86503832
机电设备 ………… 86574248
管子配件 ………… 86503835
阀门岗 …………… 86502992
业务班 …………… 86505307
油公司化工岗 …… 86574205
小车服务班 ……… 86505176
经营服务组 ……… 86505876
吊车司机休息室 … 86574451
复印、收发室 …… 86574452
办公楼值班室 …… 86574453
公寓楼值班室 …… 86503806
门岗房 …………… 86505080
食堂 ……………… 86502727
榆林库主任 … 0912－8166195
书记、副主任 0912－8166196
综合办……… 0912－8166196
业务班……… 0912－8166195
调度室……… 0912－8156759
保管班……… 0912－8166195
一料场……… 0912－8156901
二料场……… 0912－8156902
二料场……… 0912－8156920

三料场……… 0912－8156903
庆阳总库
主任、党总支书记 … 8592874
生产副主任………… 8593043
经营副主任………… 8591142
工会主席…………… 8592848
办公室主任………… 8594467
综合办公室传真…… 8590232
小车班……………… 8590905
综合服务班………… 8592754
基建………………… 8590644
财务办公室………… 8593658
传真………………… 8592387
生产运行室………… 8591430
业务管理室传真…… 8590214
器材队……………… 8592054
调度室传真………… 8593752
汽配库……………… 8593856
钢材班……………… 8593857
劳保、钻采库……… 8592947
设备库……………… 8590926
汽配业务…………… 8593875
钻配业务…………… 8596914
钢材业务…………… 8591734
机电业务…………… 8591264
专用管业务………… 8593057
总库门岗…………… 8592224
西峰中转站传真0934－8613179
定边站传真 … 0912－8092113
商检所
所长 ……………… 86589311
书记 ……………… 86589312
副所长 …………… 86589313
……………………… 86589868
办公室主任 ……… 86589780
办副主任 ………… 86589961
检务室主任 ……… 86589315
副主任 …………… 86589011
生产办主任 ……… 86589314
综合办公室 ……… 86589781
传真 ……………… 86589321
实验室 …………… 86021296
小车班 …………… 86021326
咸阳检验室主任 … 86589320
副主任 …………… 86509300
咸阳业务办公室 … 86021212
延安检验组 … 0911－2939639
靖边检验组 ……… 86574331
……………………… 86574226
榆林检验组 … 0912－8139156
……………… 0912－8139157
天津检验组
……… 022－24801600－2103
宁夏检验室主任0953－3045027

宁夏检验室副主任 ………………… 0953－3045240
宁夏检验室副主任 ………………… 0953－3045747

配送中心

主任 ……………… 86589021
副主任 ……………… 86589308
副书记、工会主席 86589287
综合办公室 ……… 86589343
安全生产办 ……… 86589310
财务组 …………… 86589309

通信处

处领导

处长 ……………… 86595184
党委书记 ………… 86595389
党委副书记、纪委书记、工会主席 ……………… 86595185
副处长 ……………… 86595153
……………… 86592035
……………… 86590993
总工程师 ………… 86591638
总会计师 ………… 86595565

处办公室

主任 ……………… 86591266
副主任、纪委副书记 86596015
副主任、工会副主席 86597798
门户、文书、综合 86590802
审计 ……………… 86590803
档案室 …………… 86595068
小车班 …………… 86595566
传真 ……………… 86595589

人事劳资培训科

科长 ……………… 86590811
副科长 …………… 86590812
组织、社会保险 … 86596752
人事、劳资传真 … 86591522

计划财务科

科长 ……………… 86596325
副科长 …………… 86594748
高级工程师 ……… 86596243
出纳、报销 ……… 86595575
合同、统计 ……… 86595212
计划 ……………… 86598372
资产、成本 ……… 86591090
会计、总账（传真）86596575
结算 ……………… 86591176
计费室 …………… 86594567
……………… 86591123
内控 ……………… 86598766
……………… 86598769

生产运行科

科长 ……………… 86591352
副科长 …………… 86591231
……………… 86597632
安全监督 ………… 86597633
质量、节能、环保交通安全 ……………… 86595066
电路、设备、运行管理 ……………… 86595170
总监控室 ………… 86593590
传真 ……………… 86592780
传真 1 …………… 86595233
传真 2 …………… 86595480

技术科

科长 ……………… 86596590
副科长 …………… 86596030
办公室 …………… 86595240
……………… 86595331
传真 ……………… 86597139

客户服务部

主任 ……………… 86595166
副主任 …………… 86591919
办公室 …………… 86595299
……………… 86593640

器材供应站

站长 ……………… 86595136
计划、稽核、保管 86595135

西安总站

站长、党支部书记 86590955
副站长 …………… 86590915
副站长、工会主席 86590912
副站长 …………… 86593726
经管员、材料员传真86591434
兴隆园营业室 …… 86593655
……………… 86591664
……………… 86596991
兴乐园营业室 …… 86595119
综合组、运行维护组86593725
技术组组长 ……… 86590963
技术组 …………… 86593677
终端维护组组长 … 86597112
终端维护组 ……… 86596113
三桥通信站 ……… 86582444
营业室 …………… 86582222
咸阳通信站站长 … 86021311
机房 ……………… 86509114
营业室 …………… 86021027
礼泉通信站站长 … 86507368
机房 ……………… 86507333
营业室 …………… 86507222

庆阳总站

站长、党支部书记 … 8591352
副站长、工会主席 … 8595509
副站长……………… 8593553
……………… 8594105
计划经营组………… 8595123
综合业务组 1 ……… 8592463
综合业务组 2 ……… 8590620
生产技术组………… 8594109
营业室……………… 8595506
……………… 8595501
营业室（传真）…… 8596149
客户终端服务组（庆阳） ……………… 8592781
……………… 8593081
……………… 8597941
客户终端服务组（长庆桥） ……………… 8390111
客户终端服务组（西峰） ……………… 8396111
客户终端服务组（马岭） ……………… 8381111
客户终端服务组（董家滩） ……………… 8386333
客户终端服务组（井下） ……………… 8383467
机务运行组 1 ……… 8597411
机务运行组 2 ……… 8594337
门岗………………… 8592469

软件开发项目组

办公室 …………… 86591997
……………… 86596791

信息公司

经理 ……………… 86020048
党支部书记、工会主席 ……………… 86020049
副经理 …………… 86020417
……………… 86020433
……………… 86029951
办公室 …………… 86020419
经营财务部 ……… 86592255
工程项目管理部 … 86020147
采供部 …………… 86020041
工程公司 ………… 86594099
传真 ……………… 86020421

龙凤园通信站

站长 ……………… 86029056
副站长 …………… 86029094
……………… 86025685
机房 ……………… 86029047
……………… 86029112
综合组组长 ……… 86029952
综合组 …………… 86029057
传真 ……………… 86025000
营业室 …………… 86029058
……………… 86029042
外线维护组 ……… 86029953
未央湖通信站 …… 86573445
机房 ……………… 86573112
营业室 …………… 86573456

泾渭苑通信站

站长 ……………… 68600041
办公室 …………… 68600042
机房 ……………… 68600112
……………… 68600047
营业室 …………… 68600058
……………… 68600059
……………… 68601188
终端维护组 ……… 68600043
……………… 68600044

传输线路维护中心

主任 ……………… 86571857
党支部书记、副主任 86571856
副主任 …………… 86571858
综合办公室 ……… 86571800
工程师 …………… 86571557
光缆维护班 ……… 86571835
食堂 ……………… 86571431

银川总站

站长、党支部书记 … 6935978
副站长……………… 6935980
……………… 6935976
综合办……………… 6931111
传真………………… 6935977
经管员……………… 6935979
安全员、材料员…… 6933047
驾驶员办公室……… 6930140
技术、机务运行组组长、副组长………………… 6939000
技术、机务运行组 … 6932111
终端服务组组长…… 6932644
终端服务组………… 6930164
营业室……………… 6937222
……………… 6937899
……………… 6935973
九公里站…………… 6956111
油坊庄站…………… 6950250
大水坑站…………… 6950666
新区机房（冯地坑）86575500

延安总站

站长、党支部书记 86506421
副站长、工会主席 86506474
副站长 …………… 86506111
经管员 …………… 86506367
综合业务组 ……… 86506294
传真 ……………… 86504478
技术服务组 ……… 86506333
机务运行维护组 … 86504814
……………… 86506112
客户终端维护组 … 86506349
……………… 86504017
……………… 86506249
营业室 …………… 86506100
高沟口机房 ……… 86508800
侯市机房 ………… 86508163

顺宁机房 ………… 86572152
郝坨梁机房 ……… 86572939
靖边总站
站长、党支部书记 86502666
办公室传真 ……… 86508699
副站长 ………… 86502780
………… 86503808
副站长 ………… 7228222
综合组 ………… 86505540
营业室 ………… 86505445
技术组 ………… 86505147
机房 ………… 86505444
………… 86505114
终端维护组 ……… 86505479
………… 86574247
信息中心
主任 ………… 86591033
党支部书记 ……… 86591237
副主任 ………… 86591471
高级工程师 ……… 86590992
综合组 ………… 86591102
………… 86597800
………… 86593642
技术服务组 ……… 86595444
………… 86597721
网络运行维护组 … 86592716
………… 86597972
传真 ………… 86597723
数字电视项目组
主任 ………… 86596841
副主任 ………… 86598844
办公室（传真） … 86591044

安全环保监督部

领导
书记 ………… 86978355
副主任（主管项目、交通安全监督等） ………… 86978333
副主任（主管油气服务安全监督） ………… 86978358
副主任（主管环保监督）
………… 86978368
副主任（主管油田安全监督）
………… 86978336
副主任（主管气田安全监督）
………… 86978357
副主任（主管环保监督）
………… 86978388
安全督察组
组长 ………… 86978359
副组长 ………… 86978323
综合办公室（党委办公室）
主任 ………… 86978351
副主任 ………… 86978341
………… 86978321
………… 86978322
财务组 ………… 86978320
传真 ………… 86978321
油田安全监督科
科长 ………… 86978326
副科长 ………… 86978325
科员 ………… 86978327
传真 ………… 86978329
气田安全监督科
科长 ………… 86978328
传真 ………… 86978330
交通安全监督科
科长 ………… 86978338
副科长 ………… 86978337
油气服务安全监督科
科长 ………… 86978339
副科长 ………… 86978349
科员 ………… 86978343
传真 ………… 86978345
环保监督科
科长 ………… 86978383
传真 ………… 86978393
第一安全环保监督站
站长 ………… 86506130
副站长 ………… 86504568
………… 86504268
综合 ………… 86504299
采油一厂王窑作业区监督
………… 86500858
招安作业区监督 … 86501432
王南作业区监督 … 86508028
杏北作业区监督 … 86500608
张渠作业区监督…… 6572603
侯市作业区监督…… 6508105
坪桥作业区监督…… 6508203
高桥作业区监督…… 6508372
杏河作业区监督…… 6508723
集输大队监督……… 6504172
吴堡作业区监督911－6842625
河庄坪地区监督…… 6504106
南部作业区、长东事业部监督
………… 86504106
王窑处理站监督 … 86500820
第二安全环保监督站
站长………… 8398898
副站长………… 8398856
………… 8398895
………… 8398836
综合岗………… 8398893
传真………… 8398890
采油二厂樊家川作业区监督
………… 8394108
岭北作业区监督…… 8599936
岭中作业区监督…… 8386706
岭南作业区监督…… 8398828
南梁作业区监督…… 8395996
元城作业区监督…… 8395705
华池作业区监督…… 8395013
试采作业区监督…… 8599797
城壕作业区监督…… 8394883
西峰采油一区监督 … 8392389
西峰采油二区监督 … 8392519
西峰采油三区监督 … 8392329
西峰采油五区监督 … 8398945
庆西作业区监督0934－3415515
厂温台作业区监督 … 8395015
白豹作业区监督…… 8395856
大板梁作业区监督 … 8395852
厂华池集输大队监督 8599845
采油二厂西峰集输大队监督
………… 8392359
马岭集输大队监督 … 8599918
悦联站监督………… 8395015
华联站监督………… 8395096
西一联监督………… 8392981
马岭曲子站监督…… 8394204
采油七厂集输大队监督
………… 8395833
第三安全环保监督站
站长 ………… 86572368
副站长 ………… 86572352
………… 86572116
………… 86572118
综合 ………… 86572121
采油三厂五里湾一区监督
………… 86572202
………… 86572208
郝坨梁作业区监督 86572938
………… 86572929
靖安集输大队/虎狼峁作业区监督 ………… 86572003
吴起作业区新寨作业区监督
………… 86571821
………… 86571840
油坊庄作业区瑚尖山作业区监督 ………… 6950495
采油三厂红井子作业区监督
………… 6950126
第四安全环保监督站
站长 ………… 86503918
副站长 ………… 86502790
………… 86502556
综合 ………… 86574211
………… 86574212
采油四厂综合维修大队监督
………… 86505575
云盘山作业区监督 86502306
化子坪作业区监督 86575098
大路沟作业区监督 86502280
白于山作业区监督 86502279
集输大队、艾家湾作业区监督
………… 86574635
杨米涧作业区安全监督
………… 86574653
第五安全环保监督站
站长 ………… 86505757
副站长 ………… 86505758
………… 6950915
综合 ………… 86505756
第五采油厂试采作业区、五厂第一项目合作部监督 6950354
采油五厂堡子湾作业区经警中队、六厂经警中队、五厂第三项目合作部监督…… 6950354
采油五厂集输大队监督
………… 86575657
堡子湾作业区、厂第二项目合作部监督 ………… 86575708
麻黄山作业区监督 86575657
抢险大队监督 ……… 86575554
冯地坑作业区监督 86575657
采油六厂安五作业区监督
………… 6950219
厂杨井作业区监督 … 6950929
第六安全环保监督站
站长 ………… 86574306
副站长 ………… 86574305
………… 86574304
综合岗 ………… 86574300
………… 86574302
采气一厂测试中心监督
………… 86574301
作业一区监督 …… 86502875
作业二区监督 …… 86505321
作业三区监督 …… 86503652
作业四区监督 …… 86575126
作业五区监督 …… 86505424
作业六区监督 …… 86502582
作业七区监督 …… 86575035
作业八区监督 …… 86575185
采气一厂第一净化厂监督
………… 86575226
………… 86575262
第二净化厂监督 … 86575143
第三净化厂监督 … 86575011
甲醇厂监督 ……… 86575979
………… 86505995
第七安全环保监督站
站长 ………… 86505995
副站长 ………… 86574870
综合岗及采气二厂维修抢险大

队工艺研究所气田测试中心
监督 ………………… 86574716
采气二厂综合大队、交通安全、探井作业区监督86502044
作业三区监督 …… 86502052
米脂天然气处理厂监督
………………… 86502030
作业二区监督 …… 86574085
作业四区监督 …… 86502030
………………… 86574085
榆林天然气处理厂监督
………………… 86574065

第八安全环保监督站

站长 ………………… 86574997
副站长 ……………… 86978399
………………… 86978377
综合 ………………… 86978366
第一输油处咸阳站监督
………………… 86978361
第一输油处杨山站监督
………………… 86021305

第九安全环保监督站

站长 ………………… 86500908
副站长 ……………… 86574547
综合 ………………… 7229136
采气三厂作业区…… 7229137
天然气第一处理厂 86575866
天然气第二处理厂 86575979
苏里格采气作业区 86508551
采气三厂探井作业区和抢险维修大队 ……………… 86972006

第十安全环保监督站

站长………………… 8395679
副站长……………… 8395673
………………… 8395674
综合………………… 8395671
传真………………… 8395672
采油七厂白豹作业区 8395856
采油七厂大板梁作业区 8395852
采油七厂集输大队 … 8395836
管线巡护、交通安全 8395675
长中项目部吴定作业区
………………… 86571701

技术监测中心

领导

主任 ………………… 86573001
经营副主任 ……… 86573002
生产副主任 ……… 86573003
总工程师 ………… 86573898

综合办公室

科长 ………………… 86573006
副科长 ……………… 86573008
高级主管 ………… 86573016
办公室 ……………… 86573005

技术管理科

副科长 ……………… 86580026
办公室 ……………… 86573009

经营财务科

科长 ………………… 86580025
副科长 ……………… 86573017
办公室 ……………… 86573010

供应保障组

组长 ………………… 86573012
办公室 ……………… 86573011

工程质量监督室

常务副主任 ……… 86573013
书记 ………………… 86580023
副主任、技术负责人 86580027
副主任 ……………… 86580028
办公室 ……………… 86580028

节能环保计量站

站长 ………………… 86573128
书记 ………………… 86573028
副站长 ……………… 86573028
………………… 86573207
办公室 ……………… 86573126

特种设备检验检测中心

站长 ………………… 86586360
书记 ………………… 86586361
副站长 ……………… 86586360
………………… 86586360
办公室 ……………… 86586360

特种作业安全技术培训站

站长 ………………… 86573020
书记 ………………… 86580022
办公室 ……………… 86573021

工程监督处

领导

经理 ………………… 86598619
书记 ………………… 86591782
副经理 ……………… 86592956
………………… 86593848
………………… 86591762
………………… 86592851

综合事务部

办公室 ……………… 86592408

工程管理部

办公室 ……………… 86591092

经营财务部

办公室 ……………… 86595406

市场开发部

办公室 ……………… 86596651

培训中心

领导

主任 ………………… 86573098
………………… 8390209
党委书记 ………… 86573113
………………… 8390228
副主任 ……………… 86586476
………………… 86573099
………………… 8399492
………………… 86573059
………………… 8390367
………………… 86586367
………………… 86586365
………………… 86573091
………………… 8390211
纪委书记、工会主席86573093
………………… 8390301

办公室（党委办公室）

主任 ………………… 86586408
副主任 ……………… 86586406
计生 ………………… 86586401
文书 ………………… 86586412
档案 ………………… 86586422
总值班室 ………… 86586400

人事劳资（党委组织）科

科长 ………………… 86573095
副科长 ……………… 86586426
………………… 86586481
人事档案 ………… 86586430
劳资 ………………… 86586409
保险 ………………… 86586402

党群科

科长 ………………… 86586418
纪委副书记 ……… 86586421
副科长 ……………… 86586420
………………… 8390216
副科长 ……………… 86586702
干事 ………………… 86586419

财务科

科长 ………………… 86573089
副科长 ……………… 86586403
报销 ………………… 86586404
出纳 ………………… 86586410

经营办公室

主任 ………………… 86573090
副主任 ……………… 86586428
干事 ………………… 86586478
………………… 86573082

培训一部

部长 ………………… 86586479
干事 ………………… 86586477

培训二部

部长 ………………… 86573081
干事（传真） …… 86586407

西安培训项目部

副部长 ……………… 86573075
综合组 ……………… 86573085
教学组 ……………… 86586416
………………… 86573080

陇东培训项目部

部长………………… 8390215
干事………………… 8390361
………………… 8390457
办公室……………… 8390788

临潼培训项目部

部长 ………………… 86586790
副部长 ……………… 86586704
支部书记 ………… 86586796
综合组 ……………… 86586749
………………… 86586793
微机室 ……………… 86586781
会议楼一楼 ……… 86586745

井控培训站

副站长 ……………… 86573071
干事 ………………… 86573111
………………… 86586341

质量安全培训站

副站长 ……………… 86586427
教学组 ……………… 86586342

教务部

部长………………… 8390720
副部长……………… 8399473
教学研究室………… 8390610
办公室……………… 8390395

教学科室

机电工程科………… 8390357
………………… 8390349
油气开发科………… 8390377
………………… 8390680
石油工程科………… 8390432
………………… 8390365
信息管理科………… 8390300
经济管理科………… 8390070
基础科……………… 8390402
图书馆……………… 8390396
电教室……………… 8390421
网络室……………… 8390260

科研科

副科长 ……………… 86573097
高级主管 ………… 86586414

函授部

部长………………… 8390743
………………… 86586747
副部长……………… 8390030
长庆桥办公室……… 8390427
临潼办公室 ……… 86586705
未央湖办公室 …… 86586413
成绩查询…………… 8399457

学生管理部

部长………………… 8399471
团委副书记………… 8390412

副部长……………… 8390311
……………………… 8390012
办公室……………… 8390384
辅导员……………… 8390423
女生楼……………… 8390000
男生1号…………… 8390721
男生2号…………… 8390400

招生办

主任 ……………… 86586366

技能训练部

部长………………… 8390453
副部长……………… 8390362
干事………………… 8390447
技能鉴定…………… 8390449
实习工厂…………… 8390338

后勤管理部

副部长 …………… 86586411
房产 ……………… 86586415
采供办 …………… 86586425

长庆桥基地服务部

部长………………… 8390224
副部长……………… 8390440
离退休管理………… 8390261
核算室……………… 8399370
锅炉队……………… 8390398
水、电维修………… 8390373
校医室……………… 8390249

临潼基地服务部

主任 ……………… 86586712
副主任 …………… 86586714
干事 ……………… 86586724
核算室 …………… 86586824
值班室 …………… 86586713
综合组 …………… 86586719
物业服务队 ……… 86586736
供水班 …………… 86586756
锅炉队 …………… 86586734
配电室 …………… 86586723

疗养旅游部

经理 ……………… 86586789
干事 ……………… 86586788
接待厅 …………… 86586791

公寓管理部

副经理 …… 86580068-2008
……………………… 8390962
……………………… 86586706

未央湖总台

……………………… 86580068
……………………… 86580069
长庆桥总台………… 8390727
1号公寓前楼……… 8390880
1号公寓后楼……… 8390009
2号公寓前楼……… 8390984
2号公寓后楼……… 8390007
3号公寓楼………… 8390011
4号公寓楼………… 8390378
5号公寓楼………… 8390985
6号公寓楼………… 8390008
临潼总台 ………… 86586635
传真（临潼） …… 86586797
临潼公寓 ………… 86586514
怡心园 …………… 86586753
舒馨园 …………… 86586798
芳新园 …………… 86586757
静欣园 …………… 86586748
临潼餐厅 ………… 86586737
长庆桥学员食堂…… 8390413

基地建设科

科长 ……………… 86586475
干事 ……………… 86586474

长庆桥基地综合办

主任………………… 8390291
办公室……………… 8390723
……………………… 8390403
……………………… 8390832
财务………………… 8390231
总值班室…………… 8390383
广播室……………… 8390425

安全科

副科长 …………… 86586429
……………………… 86586759
干事………………… 8390424

保卫科

科长………………… 8390208
副科长 …………… 86586721
办公室……………… 8390438
值班室……………… 8390272
长庆桥门岗………… 8390452
临潼南门岗 ……… 86586754
临潼北门岗 ……… 86586764
临潼中门岗 ……… 86586779

离退休职工管理科

科长 ……………… 86586707
副科长（高陵） … 86026283
干事（临潼） …… 86586795

运输一队

队长 ……………… 86586405
临潼基地调度室 … 86586755

运输二队

队长………………… 8390399
调度………………… 8390609
银川办公室 … 0951-6153330

新闻中心

领导

主任 ……………… 86599576
党委书记、纪委书记、工会主席、副主任 ……… 86599578
副主任、中国石油报社长庆记者站站长 ………… 86595161
总编辑 …………… 86598055

副总师

副总经济师 ……… 86596220
副总编辑 ………… 86593550

综合（党委）办公室

主任 ……………… 86598412
副主任、团委书记 86598417
副主任 …………… 86594521
文书、社保 ……… 86598413

经营财务科

科长 ……………… 86598426
副科长 …………… 86597756
办公室 …………… 86597756

总编室

副主任 …………… 86595151
办公室 …………… 86597765

中国石油报长庆记者站

副站长 …………… 86595162

通联部

主任 ……………… 86598300
通联 ……………… 86598415

报刊部

主任 ……………… 86598421
副主任 …………… 86598419
编辑 ……………… 86597762

采访部

党支部书记 ……… 86594317
副主任 …………… 86594277
记者 ……………… 86594290
……………………… 86597763
……………………… 86592242
……………………… 86592243

电视编辑部

主任 ……………… 86598255
播控室 …………… 86593374
制作室 …………… 86594042
专题室 …………… 86596450
资料室 …………… 86592080
编辑 ……………… 86593575
编辑 ……………… 86593834

网络新闻部

主任 ……………… 86596330
编辑 ……………… 86593352

印刷厂

厂长 ……………… 86591273
副厂长 …………… 86595584
……………………… 86594500
调度室 …………… 86592221
业务班 …………… 86598420
设计班 …………… 86591293
照排班 …………… 86591270

长庆实业集团有限公司

领导

总经理 …………… 86597555
党委书记 ………… 86598388
常务副总经理 …… 86598817
党委副书记 ……… 86598298
副总经理 ………… 86596660
……………………… 86597725
总会计师 ………… 86593091

公司副总师

副总经济师 ……… 86591844
安全副总监 ……… 86598699
董事会秘书 ……… 86598366

总经理办公室（党委办公室）

主任 ……………… 86598366
副主任 …………… 86591569
秘书 ……………… 86591569
机要秘书 ………… 86592404
传真 ……………… 86594143
信访室 …………… 86591301
档案室 …………… 86597551
……………………… 86591546
打字室 …………… 86593270
会议室 …………… 86592507
小车管理办公室 … 86593125

党群工作部

主任 ……………… 86593901
副主任 …………… 86592504
工会副主席 ……… 86592509
行政办公室 ……… 86592506
团委办公室 ……… 86592504
宣传办公室 ……… 86597570
综合治理办公室主任 86593941
一楼值班室 ……… 86597044
一楼保卫 ………… 86596142

企业管理部

主任 ……………… 86593093
副主任 …………… 86593093
安全环保办公室 … 86592500
法律事务办 ……… 86593551

企业发展部

主任 ……………… 86593885
资质管理 ………… 86597130
商务谈判 ………… 86597130

计划财务部

主任 ……………… 86593870
副主任 …………… 86593927
……………………… 86594144
……………………… 86596143
……………………… 86597162
税务会计 ………… 86597162
经营统计 ………… 86593927
成本管理 ………… 86595631

资产管理……86593870
报销室……86594144
股权管理……86593927
结算会计……86596143

人事劳资部

主任……86592051
副主任……86593920
……86591845
技能鉴定……86591845
社会保险……86597973
员工健康管理……86598719
工资管理、统计……86597973
劳动人力管理……86591845
干部管理……86593920

纪检监察、审计办公室

主任……86594737
副主任……86592417
审计……86594737
纪检监察……86594737

工程技术中心

主任……86594601
书记……86597944
副主任……86597943
……86597944
综合……86594601
地质开发……86592510

安全环保监督站

站长……86592868
副站长……86593378
综合岗……86593378

镰刀湾项目组

办公室……0911－6432148
麻黄山项目组
经理……0912－4585999
书记……0912－4585777
常务副经理……0912－4585666
生产副经理……0912－4585333
安全总监……0912－4585268
财务总监……0912－4585232
综合办公室……0912－4585261
调度室……0912－4585458

王家湾项目组

经理……029－82103768
副经理……029－82103579
029－82103591
办公室……029－82103592

小河项目组

经理……0912－4860202
副经理……0912－4890280
……0912－4860201
办公室……0912－4860201

机电一体化项目组

经理……029－83119992
副经理……029 83119993
……029－83119995
副经理、办公室主任
……029－83119994
财务……029－83119995
……86597162

陇东产能建设项目组

经理……86593877
经营副经理……86591583
生产副经理……86591583
办公室……86598994
财务室……86598984
调度室……0934－5250077

陕西长乐石化有限公司

经理……86595265
……0911－6432138
财务总监……86595283
……0911－6432458
书记、副经理……86595860
……0911－6432201
常务副经理……86598188
……0911－6432551
生产副经理……86595764
……0911－6432326
经营副经理……86594431
……0911－6432537
副经理、安全总监 86594330
……0911－6432202
技术副经理……86594430
……0911－6432230
办公室……86595205
……0911－6432148
财务部……86595408
86595236
……0911－6432612
技术部……86595262
……0911－6432486
生产部（调度室）
……0911－6432135
销售部……0911－6432449
……0911－6411190
外协部……0911－6432489
……0911－6432485
党群部……86594083
镰小车队……86594431
……0911－6432485
镰罐车队……0911－6432550
维修队……0911－6432136
……0911－6432619

西安长庆石油勘探开发作业有限公司

经理……029－82103917
书记……029－82103723
副书记……0934－8592786
常务副经理……029 82103723
副经理……029－82103720
……029－82103723
副经理、总工程师
……029－82103724
经理助理……0934－8591420
……0912－4860122
办公室……029－82103721
财务部……029－82103720
生产部……029－82103724
事务部……029－82103726
井下公司……029－82103864
陇东作业区经理0934－8592108
陇东作业区书记0934－8592109
陇东作业区生产办
……0934－3229281
小河作业区经理0912－4860122
小河作业区生产办
……0912－4860073
镰刀湾西作业区经理
……0911－6432529
镰刀湾西作业区生产办
……0911－6432159
庆阳一招所长 0934－8591420
庆阳一招书记 0934－8592786
庆阳一招传真 0934－8593756
庆阳一招总机 0934－8591100

陕西长实建设工程有限公司

总经理……029－86513115
党支部书记……029－86529266
副经理……029－86511962
……029－86529311
总工程师……029－86511962
综合办公室……029－86512001
生产部……029－86515215
安全环保部……029－86515215
人事劳资部……029－86529361
财务部……029－86529727
市场开发部……029－86529476
门岗……029－86512407

西安长源工业发展有限公司

经理……86595835
书记、副经理……86598602
副经理……86595822
大梁湾作业区经理
……0912－4585212
镰东作业区经理0911－6432552
办公室……86595875
财务室……86595836
大梁湾作业区调度室
……0912－4585210
镰东作业区调度室
……0911－6432530

油气销售分公司

经理……029－82103860
书记……029－82103862
办公室……029－82103855
财务……029－82103865

西安长达物业有限责任公司

经理……86598231
书记、副经理……86598235
副经理……86591441
……86598158
综合事务部……86591441
经营财务部……86598158
客户服务中心……86598234
消防控制室……86598234
运行维修部……86598233
程控机房……86591332
安全事务部……86596132
长实小区保安值班室 86597045
环保事务部……86592407

西安名都国际酒店

总经理……86598160
党支部书记、常务副经理、
工会主席……86597171
副经理……86591337
财务总监……86567995
经理办公室主任……86567688
经理办公室……86567788
人事安全部经理……86567588
打卡室……86567584
监控室……86567980

财务部

收银经理……86567890
成本经理……86567667
采购经理……86567660
出纳……86567656
应收会计……86567899
前台收银……86597668
微机室……86567686
仓库……86567662

名都旅行社

经理……86567665
副经理……86595708
门市经理……86595709
门市接待……86567800
……86596777

婚庆中心

经理……86567889
婚礼管家……86598168
婚礼接待……86567960

营业部

经理……86567868
销售副经理……86567779
大堂副理……86567858
前台接待……86567881
总机……86598111
酒店传真……86598222

商务中心 ………… 86567883
礼宾部 …………… 86567880
客房部
经理 ……………… 86597878
客房服务中心 …… 86567851
工程部
经理 ……………… 86567775
办公室 …………… 86567799
西餐部
经理 ……………… 86567698
西餐部 …………… 86567888

西安长庆化工集团有限公司

领导
总经理、党委副书记86022295
党委书记、副总经理、纪委书记、工会主席 …… 86022299
副总经理 ………… 86022298
副总经理、总工程师86022269
副总经理 ………… 86022633
副总经理、安全总监86022268
公司（党委）办公室
主任 ……………… 86022625
副主任 …………… 86022626
办公室 …………… 86022623
……………………… 86022639
档案室 …………… 86022627
党群人事部
副主任 …………… 86022638
……………………… 86022278
办公室 …………… 86022630
……………………… 86022631
计划财务部
副主任 …………… 86022292
……………………… 86022293
办公室 …………… 86022628
市场开发部
主任 ……………… 86022290
副主任 …………… 86022291
……………………… 86022291
办公室 …………… 86022622
安全生产部
主任 ……………… 86022635
副主任 …………… 86022266
……………………… 86022266
办公室 …………… 86022620
质量技术部
副主任 …………… 86022263
办公室 …………… 86022263
研究所
副主任 …………… 86565360
……………………… 86565354
……………………… 86565354
办公室 …………… 86565353
庆阳长庆井下油田助剂有限责任公司
经理 ……………… 86565366
书记 ……………… 86565368
副经理 …………… 86565386
……………………… 86565362
安全总监 ………… 86565356
副经理 …………… 86565389
……………………… 86565385
办公室 …………… 86565365
财务室主任 ……… 86565390
营销部主任 ……… 86565388
QHSE 办公室主任 86565361
技术推广部主任 … 86565363
技术部主任 ……… 86565381
质检室主任 ……… 86565371
化验室主任 ……… 86565372
干部值班室 ……… 86565376
生产部主任 ……… 86565363
生产部 …………… 86565330
材料室主任 ……… 86565370
场地材料室 ……… 86565384
一车间主任 ……… 86565330
一车间副主任 …… 86565375
二车间主任 ……… 86565330
二车间副主任 …… 86565393
三车间主任 ……… 86565377
西安长庆钻宇集团咸阳石化有限公司
经理 ……………… 86507080
书记 ……………… 86507052
副经理 …………… 86507258
……………………… 86507063
综合办公室主任 … 86507176
综合办公室 ……… 86507167
……………………… 86507049
……………………… 86507104
生产技术办主任 … 86507171
生产技术办 ……… 86587813
HSE 管理部 ……… 86507105
物资供应部 ……… 86507281
材料组 …………… 86507091
计划财务办主任 … 86507028
计划财务办 ……… 86507123
市场营销部副主任 86507063
……………………… 86507082
化工一厂厂长 …… 86507136
化工一厂书记 …… 86507136
化工一厂副厂长 … 86507136
……………………… 86507179
化工二厂厂长 0934 - 8381985
化工二厂副厂长
……………… 0934 - 8381791
化工三厂厂长 0934 - 6952595
化工三厂书记 0934 - 6952595
化工三厂副厂长
……………… 0934 - 6952440
被服厂厂长 ……… 86507124
被服厂副厂长 …… 86507124
……………………… 86507428
长庆化工有限责任公司
经理………… 0951 - 8988069
党总支书记、副经理
……………… 0951 - 8988066
副经理……… 0951 - 8988079
……………… 0951 - 8988032
……………… 0951 - 8988098
经理助理…… 0951 - 8988089
……………… 0934 - 8386020
综合管理办公室主任
……………… 0951 - 8988039
综合管理办公室副主任
……………… 029 - 87688707
综合管理办公室
……………… 0951 - 8988055
安检副总监 … 0951 - 8988076
安全办副主任 0951 - 8988076
财务部主任 … 0951 - 8988056
生产技术部主任
……………… 0951 - 8988809
生产技术部副主任
……………… 0951 - 8988809
庆阳分公司副经理
……………… 0934 - 8387454
庆阳分公司副经理
……………… 029 - 86506981
银川分公司副经理
……………… 0951 - 8988035
……………… 0951 - 8988030
咸阳长庆化学剂有限公司
经理………… 029 - 86509716
……………… 029 - 33410225
书记………… 029 - 86509817
副经理……… 029 - 86509729
……………… 029 - 33431640
工会主席 029 - 33431642 - 619
综合部主任 … 029 - 33412380
综合部副主任 029 - 33433965
综合部……… 029 - 33412380
……………… 029 - 33431642
财务部主任 … 029 - 33410232
生产技术部主任029 - 33433349
生产技术部副主任
……………… 029 - 33433349
生产技术部（安全办）
……………… 029 - 33410341
销售部主任 … 029 - 86509721
青铜峡市长庆膨润土有限责任公司经理…… 0953 - 3046606
书记………… 0953 - 3046658
副经理……… 0953 - 3045394
办公室主任 … 0953 - 3046218
供销部主任 … 0953 - 3046568
财务部主任 … 0953 - 3045052
质管部主任 … 0953 - 3045395
生产运行部主任0953 - 3045134
青铜峡市长庆昌润支撑剂有限公司
经理………… 0953 - 3045281
书记………… 0953 - 3045282
主管………… 0953 - 3045262
财务室……… 0953 - 3045036
生产办……… 0953 - 3045290
甘肃省庆阳长庆昌源油田作业有限公司
经理………… 029 - 86865359
书记………… 029 - 86565358
工会主席…… 029 - 86565320
综合办……… 029 - 86565318
财务室……… 029 - 86565322

西安长庆科技工程有限责任公司

领导
董事长、总经理 … 86592061
党委书记 ……… 86592068
党委副书记、纪委书记
……………………… 86599296
工会主席 ……… 86592944
副总经理 ……… 86592976
……………………… 86593455
……………………… 86592322
副总经理、总工程师 86599298
……………………… 86599299
总经理办公室
主任 ……………… 86592974
党群工作部主任 … 86565695
工会副主席 ……… 86593932
传真 ……………… 86592975
人力资源部
主任 ……………… 86593302
办公室 …………… 86591773
工程项目部
主任 ……………… 86595350
副主任 …………… 86593071
安全管理 ………… 86599203
财务部
主任 ……………… 86592900
副主任 …………… 86592087
技术质量部
主任 ……………… 86592968

办公室 …………… 86594237

市场开发部

主任 ……………… 86592963

副主任 …………… 86595367

……………… 86599204

事务部

副主任 …………… 86596617

办公室 …………… 86592224

石油工程设计部

主任 ……………… 86592970

副主任、主任工程师 86599278

副主任 …………… 86592934

天然气工程设计部

主任 ……………… 86593978

副主任 …………… 86593946

主任工程师 ……… 86599210

建筑工程设计部

主任 ……………… 86594007

副主任、团委书记 86599233

副主任 …………… 86599230

主任工程师 ……… 86599236

工程勘察部

主任 ……………… 86595023

……………… 86592554

党支部书记 ……… 86591894

主任工程师 ……… 86594142

……………… 86592684

公用工程设计都

主任 ……………… 86599232

副主任 …………… 86599255

主任工程师 ……… 86599250

机械工程设计部

主任 ……………… 86592712

副主任 …………… 86599258

副主任、主任工程师 86599258

技术经济部

主任 ……………… 86592025

副主任 …………… 86592674

主任工程师 ……… 86599281

出版发行部

主任 ……………… 86594020

复印 ……………… 86592062

发图 ……………… 86594130

信息档案中心

主任 ……………… 86593072

副主任 …………… 86599211

科技开发公司

经理 ……………… 86595324

副经理、主任工程师 86595263

副经理 …………… 86592043

EPC 项目管理部

主任………… 029－86517277

副主任……… 029－86563426

……………… 029－86517092

监理公司

经理………… 029－86521762

副经理……… 029－86524294

……………… 029－86512445

副经理、总工程师

……………… 029－86513343

工程咨询分公司

主任 ……………… 86591732

副主任 …………… 86597850

高新产品研制中心

主任………… 029－86032539

副主任……… 029－86032302

交通服务部

副主任 …………… 86592651

……………… 86596219

西安长庆工程建设监理有限公司

领导

总经理 …………… 86593878

副总经理 ………… 86595071

……………… 86595072

……………… 86595073

综合办公室

主任 ……………… 86597540

工程监理部

主任 ……………… 86591629

经营财务部

主任 ……………… 86593977

副主任 …………… 86595070

市场开发部

主任 ……………… 86594022

西安长庆地产集团有限公司

领导

董事长、总经理 … 86586088

党委书记、工会主席、纪委书记 ……………… 86586066

副经理、安全总监 …………

……………… 86596342

……………… 86586016

副经理……………… 6933993

……………… 86586058

经理（党委）办公室

主任 ……………… 86580196

工会副主席、团委副书记

……………… 86580197

主办 ……………… 86580199

传真 ……………… 86586059

资料室 …………… 86573911

人事劳资部

主任 ……………… 86586035

副主任 …………… 86586055

经营财务部

主任 ……………… 86586017

副主任 …………… 86586012

……………… 86586019

主管 ……………… 86586092

……………… 86586087

市场开发部

主任 ……………… 86573819

副主任 …………… 86573825

工程技术管理部

主任 ……………… 86573807

副主任 …………… 86573809

……………… 86586112

安全环保监督部

主任 ……………… 86573958

副主任 …………… 86573982

交通服务队

副队长 …………… 86573839

银川燕鸽湖基地综合服务部

主任……………… 6932292

支部书记………… 6932217

销售分公司

经理 ……………… 86573832

……………… 86591110

支部书记 ………… 86573872

售楼部 …………… 86593883

中介公司 ………… 86598100

办公室 …………… 86565807

建设项目部

项目经理 ………… 86593913

数字化生产指挥中心项目组

办公室 …………… 86594162

项目经理 ………… 86594498

项目副经理 ……… 86595014

计划预算 ………… 86595024

工程技术 ………… 86595043

长庆建筑安装工程有限公司

经理 ……………… 86580112

支部书记 ………… 86573050

副经理 …………… 86573057

办公室 …………… 86573079

财务部 …………… 86573072

工程管理部 ……… 86573083

经营预算部 ……… 86573077

……………… 86573073

桩机分公司

经理 ……………… 86573076

副经理 …………… 86573051

生产运行部 ……… 86573052

长庆物业管理有限公司

经理 ……………… 86573198

党支部书记 ……… 86573878

副经理、安全总监 86573105

副经理 …………… 86573122

办公室 …………… 86573178

经营财务部 ……… 86573676

……………… 86573114

客服部 …………… 86573133

……………… 86573440

居委会 …………… 86573115

工程维修部 ……… 86573879

保安部 …………… 86573120

监控室 …………… 86573173

环卫队 …………… 86586127

水电运行队 ……… 86573101

中国石油物资西安公司

处领导

经理、党委书记029－82682008

副经理……… 029－82681991

……………… 029－82621992

办公室

主任………… 029－82681896

办公室……… 029－82681895

传真………… 029－82681911

财务资产科

科长………… 029－82681959

副科长、传真 029－82681960

交通处

处领导

处长、党委书记 … 86978096

……………… 86978098

副处长 …………… 86978100

……………… 86978086

……………… 86978088

……………… 86978080

副处长、纪委书记、工会主席

……………… 86978101

综合办公室

主任 ……………… 86978092

办公室 …………… 86978089

……………… 86978091

办公室（传真） … 86978090

生产运行科

科长 ……………… 86978033

办公室 …………… 86978035

……………… 86978099

调度室 …………… 86595234

……………… 86595500

经营财务科

科长 ……………… 86978081

办公室 …………… 86978082

……………… 86978083

安全与设备管理科

科长 ……………… 86978105

办公室 …………… 86978095

……………… 86978093

小车一队
队长 …… 86978038
办公 …… 86978085
小车二队
队长 …… 86978039
办公 …… 86978005
…… 86597560
小汽车修理厂
厂长 …… 86598863
办公 …… 86597118
…… 86597346

长庆宾馆

领导
经理 …… 86593659
副经理 …… 86598521
…… 86595169
…… 86593179
综合办公室
主任 …… 86595160
办公室 …… 86595060
…… 86595080
员工之家 …… 86597562
财务部
办公室 …… 86594088
…… 86593146
采供组 …… 86595082
销售部
办公室 …… 86595333
…… 86594880
质检室 …… 86593557
餐饮部
办公室 …… 86593181
一楼餐厅 …… 86594888
百合厅 …… 86594999
龙梅厅 …… 86591390
兰花厅 …… 86596646
房务部
办公室 …… 86596267
客房中心 …… 86593239
…… 86593307
…… 86593077
前台 …… 86594000
…… 86594001
…… 86593175
…… 86592846
清洁班 …… 86595051
洗衣房 …… 86595029
洗衣门面房 …… 86596112
多功能厅 …… 86595399
二楼 …… 86594307
三楼 …… 86591046
四楼 …… 86591418
五楼 …… 86593641
六楼 …… 86594149
七楼 …… 86594293
工程部
办公室 …… 86594008
维修班 …… 86595050
保安部
办公室 …… 86594008
监控室 …… 86594868
综合经营部
西安长庆旅行社 …… 86593330
…… 86598927
…… 86595009
办公室 …… 86595702
商店 …… 86595090
花店 …… 86596813
商务中心 …… 86594666
…… 86593000
…… 86597000

乳山职工培训中心

公网区号：0631
领导
主任、党委书记 …… 6668568
副主任 …… 6658349
…… 6668518
副总会计师 …… 6668519
办公室
主任 …… 6668530
副主任 …… 6658347
传真 …… 6668505
财务科
副科长、传真 …… 6668506
办公室 …… 6658343
技术安全科
科长 …… 6668579
办公室 …… 6668538
物业部
经理 …… 6668509
办公室 …… 6668522
度假村
经理 …… 6731153
办公室 …… 0631－6731155
市场开发科
办公室 …… 0631－6664003
隆达公司
经理 …… 0631－6668576
办公室 …… 0631－6661425
韩京公司
经理 …… 0631－6668525
办公室 …… 0631－6664460
庆阳隆达公司
经理 …… 0934－8598544
办公室 …… 0934－8590506

北京办事处

公网区号：010
领导
主任 …… 62019419
党委书记 …… 62019584
副主任 …… 62057556
综合管理科
科长 …… 62056758
副科长 …… 62056758
接待服务部
经理 …… 62045069
经营财务科
科长 …… 62051689
物业管理部
经理 …… 62019585

兰州办事处

公网区号：0931
领导
主任 …… 8870095
办公室
主任 …… 8870096
人事劳资 …… 8870055
财务 …… 8870055
接待科
科长 …… 8870005
接待服务 …… 8888500
管理科
科长 …… 8867940
业务主办 …… 8870035
车辆调派 …… 8870557
开发科
科长 …… 8870080

上海联络处

公网区号：021
领导
主任 …… 62441189
…… 62441185－17
综合办公室
主任 …… 62441187
副主任 …… 62441185－24
主办 …… 62440565
培训中心
主任 …… 62441185
财务经营科
科长 …… 62441969
主办 …… 62441185－26
无锡技术开发中心
主任 …… 0510－85116688

泾河工业园项目组

领导
经理 …… 86020869
副经理 …… 86020866
…… 86020865
…… 86020631
…… 86020913
综合办公室
主任 …… 86020116
办公室 …… 86020115
财务部
主任 …… 86020822
计划合同招标办
主任 …… 86020820
计划统计 …… 86020254
资料室 …… 86020858
投资预算部
主任 …… 86020826
预算办 …… 86020811
工程技术部
主任 …… 86020813
系统配套组 2 …… 86020928
单体组 …… 86025494
系统配套组 …… 86020813
外协 …… 86020803
技术组 …… 86020830
质量监督组 …… 86020767
维修服务办 …… 68600440
…… 68601444
器材供应部
主任 …… 86025495
稽核、计划 …… 86020815
长庆科技监理
总监 …… 86027040

西安宏田劳务中介服务有限责任公司

处领导
经理 …… 86978558
书记 …… 86978556
副经理 …… 86978555
综合科
科长 …… 86978522
主管 …… 86978520
主管（传真） …… 86978521
管理科
科长 …… 86978551
主管 …… 86978552
财务科
科长 …… 86978525

艺术团

团长办公室 …… 86590261
书记办公室 …… 86590259
副团长办公室 …… 86590263
综合办公室 …… 86590262
创作办公室 …… 86590260

宣传办公室 …… 86590257
后勤办公室 …… 86590266
舞蹈队办公室 …… 86590265
音乐队办公室 …… 86590265
舞美队办公室 …… 86590265

矿区服务事业部

综合办公室（党委办公室）
主任 …… 86599586
副主任 …… 86598929
综合科科长 …… 86594860
公共关系科副科长 86590930
企管法规科副科长 86590932
企管法规科 …… 86592197
机关事务科副科长 86599587
机要秘书科副科级秘书 …… 86590931
机要秘书（主办） 86591321
值班电话 …… 86599666
传真 …… 86599888
信息化项目组 …… 86592983
信息化项目组 …… 86592979
计划财务部
主任 …… 86595639
副主任 …… 86597063
…… 86598761
资金管理科（机关财务科）
科长 …… 86598213
副科长 …… 86598215
主办 …… 86598217
预算与价格管理科
科长 …… 86598767
主办 …… 86598067
主管 …… 86598067
成本核算科
科长 …… 86598920
主管 …… 86598762
主办 …… 86598762
资产管理科主管 … 86598220
规划投资科科长 … 86595359
计划统计科主办 … 86595379
人事劳资部（党委组织部）
副主任（副部长） 86598975
…… 86592761
组织人事科
科长 …… 86592762
科级组织员 …… 86598972
薪酬管理科副科长 86598971
人力资源科（机关人事科）副科长 …… 86598973
劳动管理科主办 … 86598973
物业服务部
主任 …… 86593204
副主任 …… 86592236
房产管理科
科长 …… 86591091
副科长 …… 86597892
主办 …… 86591575
物业管理科
科长 …… 86593010
主办 …… 86592232
物资装备科副科长 86594764
生产运行科
科长 …… 86591257
值班电话 …… 86595555
传真 …… 86599777
住房管理中心
主任 …… 86593204
副主任 …… 86595255
资金管理科
科长 …… 86594597
副科长 …… 86592869
主办 …… 86592653
会计核算科
科长 …… 86597090
副科长 …… 86594984
主办 …… 86593930
查询电话 …… 86593512
…… 86593769
安全环保部
主任 …… 86597178
副主任 …… 86592517
安全管理科科长 … 86597645
环保节能科副科长 86597649
主管 …… 86597624
标准化管理科（综合科）
副科长 …… 86597644
办公室 …… 86597641
传真 …… 86597694
党群工作部
主任、事业部纪委副书记、工会副主席 …… 86598878
团委办公室（综合办公室）
主任 …… 86595419
副主任 …… 86593344
宣传科科长 …… 86593702
纪检监察科高级主管86594607
工会办公室副主任 86593753
纪检监察科副科级纪检监察员 …… 86591604
武装保卫（维护稳定办公室）
主办 …… 86595213
传真电话 …… 86597110
…… 86597572
公益服务部
主任 …… 86594642
副主任 …… 86592519
…… 86592746
医政管理办公室
主任 …… 86593961
主管 …… 86592465
计划生育办公室主任 86592210
保健管理科
副科长 …… 86592194
高级主管 …… 86592174
公益管理科
副科长 …… 86594217
主管 …… 86594397
传真 …… 86594066
矿区建设部
主任 …… 86590905
副主任 …… 86596150
项目管理科
科长 …… 86596466
副科长 …… 86596459
主办 …… 86596167
工程技术科科长 … 86596087
预算与合同科科长 86596488
离退休管理部
主任 …… 86591563
副主任 …… 86591510
综合科科长 …… 86592941
副科长 …… 86592116
主管 …… 86592116
主办 …… 86592941
管理科科长 …… 86592503
副科长 …… 86592503
主管 …… 86592503

矿区服务事业部所属单位

兴隆园物业服务处

处长 …… 86593203
党委书记 …… 86593459
副处长、总会计师 86595659
副处长、安全副总监86592131
纪委书记、工会主席86592928
综合办公室
主任 …… 86591167
副主任 …… 86597853
工会副主席 …… 86597853
副科级审计员 …… 86591170
综合办公室 …… 86592596
档案室 …… 86593607
传真 …… 86591107
人事教育科
科长 …… 86598306
办公室 …… 86593248
流动党员咨询服务点86597489
财务科
科长 …… 86592518
副科长 …… 86592701
核算办公室 …… 86594527
…… 86591013
生产运行科
科长 …… 86594372
副科长 …… 86598151
办公室 …… 86591557
传真 …… 86591017
投诉电话 …… 86592776
总值班室 …… 86591277
经营办公室
主任 …… 86597333
副主任 …… 86598157
…… 86598150
办公室 …… 86591708
技能鉴定站
办公室 …… 86592096
再就业办公室（信访稳定办）
办公室 …… 86597119
水电暖气供应站
站长 …… 86591804
副站长 …… 86591717
办公室 …… 86595645
水电队队长 …… 86591741
办公室 …… 86592037
动力队技术办 …… 86504364
供气班 …… 86594218
收费组 …… 86591436
2号开闭所 …… 86592803
长庆大厦直燃机房 86592873
供电班值班室 …… 86593741
水泵房值班室 …… 86591467
动力队办公室 …… 86594914
锅炉房操作室 …… 86594707
制冷站值班室 …… 86592801
增压站值班室 …… 86597021
物业服务站
站长 …… 86594523
书记 …… 86595519
副站长 …… 86594102
办公室 …… 86590933
房产组 …… 86592470
住房交易办公室 … 86591164
…… 86594962
绿化环卫队 …… 86592212
维修队 …… 86595694
维修队值班室 …… 86594411
服务监督回访 …… 86591137
办公楼服务站
站长 …… 86593682
书记 …… 86597981
副站长 …… 86597390
办公室 …… 86597393

公寓楼管理部 …… 86594948
中学楼管理部 …… 86592311
信息楼服务部 …… 86596117
信息楼监控室 …… 86597536
员工餐厅管理办公室 86591347
财务室 …………… 86591124
服务台 …………… 86591399
领导就餐区 ……… 86594025
小包间 …………… 86594105

保卫科

科长 ……………… 86591435
副科长 …………… 86592341
办公室 …………… 86591671
保安队办公室 …… 86593781
居民管理办公室 … 86596470
值班室 …………… 86592913
110 专线 ………… 86594110
视频监控值班室 … 86591977

离退休管理站

站长 ……………… 86591571
书记 ……………… 86595277
副站长 …………… 86597939
办公室 …………… 86597554
财务办公室 ……… 86591537
老年大学办公室 … 86597544

职工文化活动中心

主任 ……………… 86591813
副主任 …………… 86594415
办公室 …………… 86591601
监控室 …………… 86591605

幼儿园

园长 ……………… 86594036
副园长 …………… 86593522
（教务）…………… 86593552
财务室 …………… 86594039
门岗 ……………… 86594033

材料文具库

办公室（主任） … 86591740

运输队

办公室 …………… 86596472

庆城综合服务处

处长………………… 8590289
党委书记…………… 8590269
副处长……………… 8590296
…………………… 8590306
纪委书记、工会主席 8590238

综合办公室

主任………………… 8592556
副主任……………… 8592575
秘书………………… 8590295
机要秘书…………… 8592540
公务员……………… 8592543
…………………… 8590253

交通服务队

队长………………… 8592318
副队长、调度……… 8590229

人事劳资科

科长………………… 8590239
副科长……………… 8590259
组织干部…………… 8590199
劳动薪酬…………… 8590159
统计培训…………… 8590159
社保合同…………… 8590169
再就业办信访……… 8590305
档案室……………… 8590193

计划财务科

科长………………… 8592528
副科长……………… 8592536
…………………… 8592535
综合………………… 8592558
核算………………… 8592551
资金………………… 8592550
计划规划…………… 8592529
预算………………… 8592533

矿建项目组

副项目长…………… 8593937
副主任……………… 8593937
…………………… 8592529
施工管理…………… 8593931

物业管理科

科长………………… 8591568
副科长……………… 8591532
…………………… 8591589
房产………………… 8590180
物业………………… 8590216
设备………………… 8591508
房产交易…………… 8590841

调度室

大班调度…………… 8590505
调度员……………… 8591515

安全环保科

科长………………… 8590261
副科长……………… 8590260
节能、环保………… 8590251
安全、综合………… 8590262

党群工作科

科长………………… 8592505
副科长……………… 8592506
工会………………… 8592502
团委、宣传………… 8592503
审计、纪检………… 8592597

电视二台

台长………………… 8593996
编辑………………… 8592274
记者………………… 8593996

离退休职工管理科

科长………………… 8590311
副科长……………… 8590331
综合………………… 8590301
内勤………………… 8590301
文体………………… 8590302
居委会……………… 8590335

治安保卫部（保安大队）

主任………………… 8591533
大队长……………… 8590306
副主任……………… 8593396
外勤………………… 8590303
禁毒………………… 8590303
内勤………………… 8592110
稳定………………… 8592110
一中队队长………… 8591176
二中队队长………… 8595497
三中队队长………… 8386994

器材供应站

站长………………… 8593850
稽核………………… 8593851
合同………………… 8593852
核算………………… 8593853
验收………………… 8593853

第一物业站

站长………………… 8597798
书记………………… 8593295
副站长……………… 8592114
…………………… 8591863
…………………… 8593868
综合办……………… 8590437
经营办……………… 8596714
物管办……………… 8592081
物服中心…………… 8597456
…………………… 8593737
钻采院物服中心…… 8592029
综合队队长………… 8594644
环卫队一区………… 8593936
环卫队二区………… 8595108
环卫队三区………… 8592749
维修队队长………… 8597732
文化站站长………… 8591538
研西院园长………… 8593786
二处分园长………… 8594764
水电分园长………… 8593684

第二物业站

站长………………… 8594535
书记………………… 8593454
副站长……………… 8593540
综合办……………… 8591110
经营办……………… 8594460
物管办……………… 8593570
…………………… 86592116
综合科主办 ……… 86592941
管理科科长 ……… 86592503
副科长 …………… 86592503
主管 ……………… 86592503
房产组……………… 8594975
…………………… 8592094
再就业办…………… 8593625
综合队队长………… 8590842
环卫队队长………… 8593802
维修队队长………… 8593503

第三物业站

站长………………… 8590811
书记………………… 8592070
副站长……………… 8592625
…………………… 8594774
高级主管…………… 8594700
综合办……………… 8594708
经营办……………… 8594942
物管办……………… 8594840
物服中心…………… 8596842
…………………… 8590271
一队队长…………… 8596875
二队队长…………… 8393083
维修队队长………… 8594943

第四物业站

站长………………… 8387990
书记………………… 8387885
副站长……………… 8387718
…………………… 8387729
综合办……………… 8387460
经营办……………… 8383221
物管办……………… 8387516
调度室……………… 8387839
综合队队长………… 8386864
维修队队长………… 8387944

第五物业站

站长………………… 8597729
书记………………… 8591556
副站长……………… 8593180
…………………… 8396068
综合办……………… 8597454
经营办……………… 8593299
物管办……………… 8593181
物服中心…………… 8597824
综合队队长………… 8396007
环卫队队长………… 8590223
维修队队长………… 8591643
服务队队长………… 8591930
锅炉班……………… 8396071

供热服务站

站长………………… 8592232
书记………………… 8592239
副站长……………… 8595547
…………………… 8592913
…………………… 8593223
综合办……………… 8592605
经营办……………… 8593045

生产办………………… 8593240
技术办………………… 8591583
调度室………………… 8593240
一供队长……………… 8593260
运行班………………… 8592638
二供队长……………… 8594503
运行班………………… 8592490
三供队长……………… 8598089
运行班………………… 8592862
四供队长……………… 8386778

供水供气服务站

站长…………………… 8398678
书记…………………… 8398595
副站长………………… 8398592
……………………… 8398680
综合办………………… 8398580
经营办………………… 8398609
生产办………………… 8591536
安全员………………… 8398593
供水队队长…………… 8393629
供气队队长…………… 8593097

第一退管站

站长、书记…………… 8590915
副站长………………… 8592928
……………………… 8591571
高级主管……………… 8594607
综合办………………… 8591522
劳资…………………… 8593814
核算办………………… 8593234
活动中心……………… 8597374
服务办………………… 8592755

第二退管站

站长…………………… 8596966
书记…………………… 8595172
副站长………………… 8590901
……………………… 8593070
……………………… 86025432
核算…………………… 8596749
综合…………………… 8590902

第三退管站

站长、书记…………… 8592806
副站长………………… 8593901
业务员………………… 8592866
……………………… 8592658
……………………… 8593053

燕鸽湖物业服务处

处长…………………… 6939185
党委书记……………… 6933355
副处长………………… 6931166
……………………… 6932528
……………………… 6933618
副处长、安全总监 … 6930622
纪委书记、工会主席 6930611
安全副总监…………… 6931158

综合办公室

主任…………………… 6933892
副主任………………… 6932422
机要…………………… 6932420
文秘…………………… 6932425
合同…………………… 6935067
档案…………………… 6930191

人事劳资科

科长…………………… 6933113
副科长………………… 6935525
劳资1………………… 6931956
劳资2………………… 6933579
人事档案……………… 6935506

党群工作科

科长…………………… 6931877
团委…………………… 6933311
纪检…………………… 6933825
审计…………………… 6930179
流动党员咨询服务 ………… 6930358

计划财务科

科长…………………… 6932413
副科长………………… 6930701
……………………… 6930613
……………………… 6933600
资金…………………… 6931867
税务…………………… 6931865
经营业务室…………… 6930263
业务室………………… 6933803

安全环保科

科长…………………… 6931856
业务室………………… 6931868
……………………… 6931926

物业管理科

科长…………………… 6939787
副科长………………… 6932976
……………………… 6931012
房产交易……………… 6930103
生产运行……………… 6935156
生产值班室…………… 6930221
办公楼总值班室…… 6932000

退管科

科长…………………… 6939099
副科长………………… 6932591
业务室………………… 6930283

信访办

信访室………………… 6930181
……………………… 6931851

巡视组

巡视组………………… 6930121

电视三台

台长…………………… 6939988
编辑部………………… 6932405
新闻部………………… 6939644
报修点………………… 6939747

治安保卫部

科长…………………… 6938090
书记…………………… 6938103
副科长………………… 6938052
外勤治安……………… 6938071
内勤、消防…………… 6938325
报警值班……………… 6931004
防盗监视器…………… 6933810
值班室………………… 6938312

水电服务站

站长…………………… 6954860
书记…………………… 6930335
副站长………………… 6954399
核算室………………… 6954660
运行班………………… 6954863
技安室………………… 6954859
维修班………………… 6931017
收费室………………… 6931062
计量室………………… 6931006
稽核室………………… 6938026

供热站

站长办公室…………… 6951641
书记…………………… 6954433
副站长………………… 6951672
……………………… 6951675
核算室………………… 6951642
天然气管理…………… 6931016
一供锅炉房…………… 6931015
二供锅炉房…………… 6951643
应急电话……………… 6954711
银燕园锅炉房………… 6953601
银燕园锅炉房应急电话 6953602

一区服务站

站长…………………… 6931053
副站长………………… 6935215
核算室………………… 6931875
房产维修……………… 6931193
居民管理、…………… 6930170
活动中心……………… 6931007
服务热线……………… 6935901
治安室………………… 6933845

二区服务站

站长…………………… 6933261
副站长………………… 6933213
核算室………………… 6930171
房产维修……………… 6934345
居民管理……………… 6931001
活动中心……………… 6938475
服务热线……………… 6935902

三区服务站

站长…………………… 6937926
副站长………………… 6937220
核算室………………… 6937279
房产维修……………… 6937928
居民管理……………… 6937927
活动中心……………… 6951005
服务热线……………… 6951110

四区服务站

站长…………………… 6931596
核算室………………… 6939096
治安室………………… 6939097
房产维修……………… 6931005
居民管理……………… 6939498
服务热线……………… 6935904
活动中心……………… 6932615

五区服务站

站长…………………… 6951650
副站长………………… 6954123
核算室………………… 6954935
居民管理……………… 6951652
房产维修……………… 6951651
服务热线……………… 6937199

六区服务站

站长…………………… 6935611
副站长………………… 6937157
核算室………………… 6935613
活动中心……………… 6935691
房产维修……………… 6935693
服务热线……………… 6935906
电梯、水泵、消防 … 6937161
技安室………………… 6937159
物探子校门岗………… 6956408

银燕园服务站

站长…………………… 6953606
副站长………………… 6953608
核算员………………… 6953605
业务室………………… 6953603
门岗…………………… 6953604

农业综合大队

大队长………………… 6952381
副大队长……………… 6952358
……………………… 6952369
综合办公室…………… 6952363
财务…………………… 6952282
水管站………………… 6952352
综合治理……………… 6952391
安全消防……………… 6952172
锅炉房………………… 6952217
退休管理……………… 6952316
门岗…………………… 6952392

第一退管站

站长…………………… 6931866
书记…………………… 6939098
主管…………………… 6930216
教务主任……………… 6951724
业务室………………… 6935993

再就业业务室……… 6930374
第二退管站
站长…………………… 6930443
副站长、财务、再就业 6930442
副站长、综合组…… 6935723
第三退管站
站长…………………… 6935626
副站长………………… 6935153
财务…………………… 6935418
综合业务组………… 6935419
…………………………… 6935439
小车队
队长…………………… 6935615
调度…………………… 6931010
门岗…………………… 6931052
第一幼儿园
园长…………………… 6931878
核算、门岗值班…… 6932347
教务…………………… 6930827
第二幼儿园
园长…………………… 6934277
门岗值班…………… 6938840
核算室………………… 6934117
器材供应站
站长…………………… 6931328
业务室………………… 6931999
…………………………… 6933903
七区服务站
办公室………………… 6932350
…………………………… 6932352
…………………………… 6930338

泾河园物业服务处

领导
处长、党委副书记 86020868
党委书记、副处长 86020686
党委副书记、纪委书记、工会主席 ……………… 86020096
副处长 ……………… 86020198
综合办公室
主任 ………………… 86020860
副主任 ……………… 86029505
机要文秘 …………… 86020893
劳动工资 …………… 86027319
交通服务队 ……… 86020905
档案室 ……………… 86020582
安全环保科
科长 ………………… 86025126
安全管理 ………… 86028840
环保节能 ………… 86026613
HSE体系管理 …… 86028443
财务科
科长 ………………… 86020258
副科长 ……………… 86020504
财务会计 ………… 86020560
财务报销 ………… 86020863
党群工作科
科长 ………………… 86020587
副科长、团委书记 86020862
宣传 ………………… 86026550
…………………………… 86020058
物业管理科（住房交易科）
科长 ………………… 86025989
副科长 ……………… 86029525
物业管理 ………… 86026992
住房交易办 ……… 86020390
离退休职工管理科（居民委员会）
科长（主任） …… 86027371
副科长 ……………… 86025830
离退休管理 ……… 86027372
老年大学 ………… 86020118
老年活动中心 …… 86027939
老年活动中心门岗 86027373
物业服务站
站长 ………………… 86025933
党支部书记 ……… 86025933
污水处理 ………… 86020717
绿化 ………………… 86020583
环卫保洁 ………… 86026039
供热服务站
办公室 ……………… 86025901
水源热泵 ………… 86020277
离退休职工服务站（社区服务站）
第一离退休管理站
站长 ………………… 86025516
党总支书记 ……… 86025581
副站长 ……………… 86028422
离退休管理 ……… 86025802
第二离退休管理站
站长 ………………… 86025383
党总支书记 ……… 86025625
副站长 ……………… 86025432
离退休管理 ……… 86025873
第三离退休管理站
站长 ………………… 86025515
党总支书记 ……… 86025352
副站长 ……………… 86028288
离退休管理 ……… 86025673
再就业服务（信访接待）办公室
主任 ………………… 86025129
党支部书记 ……… 86025098
副主任 ……………… 86027377
信访办 ……………… 86027377
再就业办公室 …… 86025129
水电气服务站
站长 ………………… 86020601
水电气运行管理 … 86020802
客服中心 ………… 86027000
维修值班 ………… 86020584
开闭所 ……………… 86020755
治安保卫科
主任 ………………… 86027376
副主任 ……………… 86020119
内勤 ………………… 86027375
门岗 ………………… 86020111
…………………………… 86020112
…………………………… 86020113
火警 ………………… 86025119
其他
总值班室 ………… 86020000
器材站 ……………… 86025920
收费室 ……………… 86029349
视频监控中心 …… 86020441
党员流动电话 …… 86022789

泾渭苑物业服务处

处领导
处长、党委副书记 68600188
党委书记、副处长 68600855
副处长、纪委书记、工会主席 ……………… 68600166
副处长 ……………… 68600168
综合办公室（党委办公室）
主任 ………………… 68600198
副主任 ……………… 68600196
…………………………… 68600195
人事劳资 ………… 68600195
机要秘书 ………… 68600196
通信员 ……………… 68600195
档案室 ……………… 68600192
党群工作科
科长 ………………… 68601858
副科长 ……………… 68600193
党群主管 ………… 68600193
宣传干事 ………… 68600193
计划财务科
科长 ………………… 68600186
副科长 ……………… 68600190
基建管理 ………… 68600190
合同统计 ………… 68600190
会计 ………………… 68600191
出纳 ………………… 68600197
收费室 ……………… 68600189
安全环保科（生产运行科）
科长 ………………… 68600158
副科长 ……………… 68600156
安全管理 ………… 68600160
HSE管理 ………… 68600160
综合 ………………… 68600156
物业管理科（房产交易科）
科长 ………………… 68600155
房产交易 ………… 68601856
物业管理 ………… 68600150
房产管理 ………… 68600150
再就业服务办公室
科长 ………………… 68601889
干事 ………………… 68601889
离退休管理科
科长 ………………… 68600180
副科长 ……………… 68601837
综合管理 ………… 68601801
信息统计 ………… 68601801
文体干事 ………… 68601801
信息管理员 ……… 68601801
治安保卫部
主任 ………………… 68600165
副主任 ……………… 68600162
消防管理 ………… 68600162
交通治安 ………… 68600162
警务室 ……………… 68600170
110 警务电话 …… 68600110
119 火警电话 …… 68600119
器材库
主任 ………………… 68600187
器材管理 ………… 68600187
交通服务队
队长 ………………… 68601836
核算员 ……………… 68601836
一区物业服务站
站长 ………………… 68600181
生产管理 ………… 68600182
核算员 ……………… 68600182
环卫管理 ………… 68601819
物业管理 ………… 68601890
…………………………… 68600183
再就业办公室 …… 68600784
一区门岗 ………… 68600199
保安公寓 ………… 68601832
二区物业服务站
站长 ………………… 68601866
物业管理 ………… 68601816
综合管理 ………… 68601818
安全管理 ………… 68601868
再就业办公室 …… 68601899
供热服务站
站长 ………………… 68607080
副站长 ……………… 68607077
综合管理 ………… 68607079
锅炉房 ……………… 68607078
门岗 ………………… 68607076
水电服务站
站长 ………………… 68607070
副站长 ……………… 68607072

…… 68607073
供水值班 …… 68607075
供电队长 …… 68601080
开闭所 …… 68600711

第一离退休服务站
站长 …… 68601838
综合干事 …… 68601831

第二离退休服务站
站长 …… 68601839
综合干事 …… 68600179
活动室 …… 68601802

维修服务中心
主任 …… 68601835
值班室 …… 68600159

马岭物业服务站
站长 …… 8382220
副站长 …… 8381230
副站长、工会主席 …… 8381896
生产调度 …… 8381258
生产管理 …… 8381723
房管管理 …… 8381237
人事政工 …… 8381211
财务办 …… 8381161
离退休管理 …… 8381001

河庄坪综合服务处

处领导
处长、党委副书记 86501958
党委书记、副处长 86506142
副处长 …… 86501506
纪委书记、工会主席 86501635

综合办公室
主任 …… 86500225
副主任 …… 86500226
办公室 …… 86504826
…… 86500435
档案室 …… 86500419
服务室 …… 86500413

人事劳资科（党委组织科）
科长 …… 86500433
副科长 …… 86500432
办公室 …… 86500430
…… 86500429

党群工作科
科长 …… 86500426
副科长 …… 86500428
办公室 …… 86500427
…… 86504669

计划财务科
科长 …… 86500421
副科长 …… 86500285
…… 86500423
办公室 …… 86504862
…… 86500425

物业管理科（住房交易科）
科长 …… 86500420
副科长 …… 86501523
…… 86500422
办公室 …… 86500437
…… 86500438
…… 86500439

信访办公室（治安保卫部）
副主任 …… 86506246

河庄坪物业服务站
站长 …… 86506245
副站长 …… 86506251
…… 86506901
…… 86506252
办公室 …… 86506102
财务组 …… 86506945
生产组 …… 86506402
绿化队 …… 86506346
环卫队 …… 86504647
保安队 …… 86501872
合同管理 …… 86501459
视频监控中心 …… 86501372
治安保卫部值班室 86506573

前线物业服务站
站长 …… 86506718
副站长 …… 86500190
…… 86501400
办公室 …… 86504266
财务组 …… 86500197
生产组 …… 86501059
工业区服务队 …… 86501126
高沟口服务队 …… 86500868
坪桥服务队 …… 86508220
侯市服务队 …… 86508135

水电暖气物业服务站
站长 …… 86506254
副站长 …… 86506261
…… 86506180
…… 86501779
办公室 …… 86501803
生产运行组 …… 86506101
经营财务组 …… 86501864
供水队 …… 86506227
供热队 …… 86506299
综合维修队 …… 86500319
污水处理厂 …… 86504049
液化气站 …… 86504372
440 服务大厅 …… 86501597
440 服务中心 …… 86506440

职工医院
书记 …… 86506355
副院长 …… 86501989
…… 86504610
办公室 …… 86506361
医务科 …… 86504270
药械科 …… 86504334
财务组 …… 86504357
120 值班 …… 86506120
住院部 …… 86504327
门诊部 …… 86500241
输液站 …… 86504273
预防保健科 …… 86504271
康复理疗科 …… 86504294
健康管理科 …… 86501357
卫生监督科 …… 86506581
放射科 …… 86504317
检验科 …… 86504348
功能科 …… 86504275
高沟口卫生所 …… 86508853
王南卫生所 …… 86508038

离退休职工服务站
站长 …… 86504822
副站长 …… 86504825
办公室 …… 86506549
财务组 …… 86504797
综合业务组 …… 86506549
居委会 …… 86501801

基建维修队
队长 …… 86506175
副队长 …… 86506574

幼儿园
园长 …… 86501627
副园长 …… 86506714
办公室 …… 86506257

交通服务队
队长 …… 86500291
副队长 …… 86500203

器材库
主任 …… 86500404
办公室 …… 86500217

湖滨花园物业服务处（湖滨花园建设项目组）

领导
处长（经理） …… 86573039
党委书记 …… 86573032
副处长（副经理） 86573031

综合部
主任 …… 86373036
副主任 …… 86573034
财务 …… 86586438
…… 86573037
劳资 …… 86573040
预算 …… 86586436
车队 …… 86586439
资料室 …… 86586437
值班室 …… 86573336

工程技术部
主任 …… 86573035
办公室 …… 86586433

材料供应部
主任 …… 86573041
办公室 …… 86586435

西仪综合服务处

处领导
处长 …… 86583011
副处长 …… 86583012
…… 86583013

综合办公室
主任 …… 86583056
副主任 …… 86583050
机要文书 …… 86583051
综合管理 …… 86583053
传真 …… 86583052
合同管理 …… 86583058
档案室 …… 86583057
武装保卫 …… 86583116
收发室 …… 86583063
南门值班室 …… 86583114
司机 …… 86583002

党群人事部
主任 …… 86583015
副主任 …… 86583086
组织工会 …… 86583020
纪检审计 …… 86583021
工资团委 …… 86583022
保险宣传 …… 86583023
人事档案 …… 86583026

财务资产部
主任 …… 86583038
审核预算 …… 86583066
财务 …… 86583060
…… 86583069
…… 86583068

规划计划部
主任 …… 86583016
副主任 …… 86583061
计划统计 …… 86583062

综合服务管理部
主任 …… 86583017
副主任 …… 86583071
综合管理 …… 86583072
房产管理 …… 86583082
维修 …… 86583081
技术管理 …… 86583075

离退休管理部
主任 …… 86583030
统筹管理 …… 86583027
离休管理 …… 86583089
退休管理 …… 86583032
综合管理 …… 86583037

安全环保设备部

主任 …… 86583070
安全管理 …… 86583073
物资采购 …… 86583078
设备管理 …… 86583077
消防 …… 86583407
库房 …… 86583076

市场经营部

主任 …… 86583080
综合管理 …… 86583055
房屋租赁 …… 86583083

东区综合服务公司

经理 …… 68676200

南区综合服务公司

经理 …… 86583090

西区综合服务公司

经理 …… 88622752

北区综合服务公司

经理 …… 86584143

礼泉综合服务公司

经理 …… 029－35629086

礼泉综合服务处

领导

处长 …… 86507208
党委书记、纪委书记、工会主席 …… 86587758

综合办公室

主任 …… 86587211
副主任 …… 86507976
党群 …… 86587603
人事 …… 86507834
信访 …… 86587829

物业管理科

科长 …… 86587178
安全 …… 86507079
生产运行 …… 86507180
房产 …… 86507008

计划财务科

科长 …… 86587626
副科长 …… 86507972

治安保卫部

队部 …… 86587772

水电暖服务站

站长、书记 …… 86507617
综合 …… 86587699
供水队 …… 86507119
供电队 …… 86507018
供暖队 …… 86507106
液化气站 …… 86507009
收费室 …… 86587044

礼泉物业服务站

站长 …… 86507298
书记 …… 86507540
综合 …… 86507347
花卉中心 …… 86507270
车队 …… 86587340

学林物业服务站

站长 …… 86023369
书记 …… 86023208
综合 …… 86023200

离退休服务站

站长、书记 …… 86507042
综合办 …… 86507045
居委会 …… 86507014

文体活动中心

主任 …… 86507822
文化宫 …… 86507647

基建维修队

队长 …… 86507609

幼儿园

幼儿园 …… 86507157

和兴园综合物业服务处

领导

处长 …… 86580802
党委书记 …… 86580850
副处长 …… 86580806
…… 86580816

综合（党委）办公室

综合（党委）办主任86580805
机要室 …… 86580822
办公室 …… 86580803
传真 …… 86580800
人事组织工资社保 86580811
打字（通信） …… 86580820
档案室 …… 86580824
小车班 …… 86580804

党群工作科

科长 …… 86580815
办公室 …… 86580817

计划财务科

科长 …… 86580808
计划预算 …… 86580809
资产成本 …… 86580810
资金报销出纳 …… 86580807

物业管理科

科长 …… 86580813
副科长 …… 86580823
物业管理、安全环保 …… 86580812
房产 …… 86580814

治安保卫部

主任 …… 86580819
办公室 …… 86580825

物业服务站

站长 …… 86580828
书记 …… 86580826
副站长 …… 86580829
…… 86580830
综合办公室 …… 86580832
…… 86580831
物业办 …… 86580827
维修电话 …… 86582144
基建组 …… 86582115
抄表室 …… 86582173
…… 86582240
…… 86582241
大楼管理班 …… 86582124
电工班 …… 86582048
供水班 …… 86580707
司炉班 …… 86582049
液化气站 …… 86580706
消防监控室 …… 86582264

离退休职工服务站

站长 …… 86582141
书记 …… 86582009
综合办公室 …… 86582227
…… 86582490
居委会 …… 86582197

治安联防队

队长 …… 86580821
报警电话 …… 86582110
视频监控室 …… 86580843

文化站

站长 …… 86582067
多功能厅 …… 86580835
电视台 …… 86582143
…… 86582142

幼儿园

办公室 …… 86582237

金陵服务队

队长 …… 86023009
书记 …… 86023008
办公室 …… 86023088
金陵水电 …… 86023088
门岗 …… 86022508
锅炉房 …… 86022509
大厦锅炉房 …… 86023155
消防监控室 …… 86023119
金陵维修 …… 86022508

昌源综合服务处

领导

处长 …… 86021366
党委书记、纪委书记、工会主席 …… 86021355

综合办公室（党委办公室）

主任 …… 86021331
副主任（组织、文秘） …… 86021330
副主任（劳资、社保） …… 86021332
企管法规 …… 86021335
公务班 …… 86021329
传真电话 …… 86021333

计划财务科

科长 …… 86021353
副科长 …… 86021351
资金 …… 86021350
计划统计 …… 86021352

物业管理建科（住房交易科）

科长 …… 86021338
副科长（安全、节能） …… 86021339
住房交易（生产运行） …… 86021337

党群工作科

科长 …… 86021357
办公室 …… 86021356

工会（机关党支部）

副主席（支部书记）86021380

档案资料室

办公室 …… 86595002

治安保卫部

办公室（总值班室）86021177
昌源小区南门岗 … 86021374
昌源小区东门岗 … 86509544
西村小区门岗 …… 86509545

庆阳物业服务站

站长 …… 8383682
书记 …… 8384192
调度 …… 8384194
经管员 …… 8384193
综合服务队 …… 8383630
供热供水队 …… 8383044
锅炉班 …… 8383334

咸阳物业服务站

站长 …… 86589318
书记 …… 86589316
副站长 …… 86021071
办公室 …… 86589300
…… 86589057
经管员 …… 86589302
房管组 …… 86589303
安全 …… 86589301
绿化队 …… 86589319
保洁队 …… 86589304
职工食堂 …… 86389987
维修组 …… 86509728
水电收费室 …… 86021378

咸阳干休所

所长 …… 029－38103335
书记 …… 029－38103029
办公室 …… 029－38103120
…… 029－38103012
安全员 …… 029－38103590

经管员……… 029－38103101
锅炉房……… 029－38103130
司机值班室 … 029－38103337
门岗房……… 029－38103039

第一离退休职工服务站

站长 ……………… 86589241
书记 ……………… 86589242
副站长 …………… 86509854
办公室 …………… 86509841

第二离退休职工服务站

站长 ……………… 86589305
书记 ……………… 86589073
副站长……… 029－33438476
办公室 …………… 86589075
……………………… 86589306
……………………… 86021070
经管员……… 029－38138980

基建维修队

队长（书记） …… 86589473
施工员（夜间值班） 86021375
施工员 …………… 86021377
经管员 …………… 86589475
维修班 …………… 86589474
高层值班室 … 029－33418177

器材库

主任……… 029－38138908
办公室……… 029－33438475

小车队

办公室……… 029－38138906

居委会

办公室 …………… 86021130

文化站

办公室 …………… 86021277

靖边物业服务处

机关

处长 ……………… 86505058
党委书记 ………… 86505063
综合办公室主任 … 86505808
计划财务科科长 … 86505185
物业管理科科长 … 86505060
综合办公室 ……… 86505059
计划财务科办公室 86505061
……………………… 86505145
物业管理科办公室 86505057
……………………… 86505622
项目办公室 ……… 86505585

综合服务站

综合服务站办公室 86503606
宾馆总台 ………… 86505100
宾馆总机 ………… 86505200
商务中心 ………… 86505154
膳食部接待餐厅 … 86505076
膳食部员工食堂 … 86503651
材料文具库办公室 86502996

靖边物业服务站

物业服务站办公室 86503611
公寓部一班 ……… 86505071
公寓部二班 ……… 86505072
公寓部三班 ……… 86505073
公寓部四班 ……… 86505074
公寓部五班 ……… 86505403
……………………… 86505075
公寓部六班 ……… 86505067
采四公寓 ………… 86502729
供热一班 ………… 86505062
供热二班（钻井锅炉房）
……………………… 86574291
供热二班（井下锅炉房）
……………………… 86574263
维修班 …………… 86505064
供水站 …………… 86505065
排污站 …………… 86505066
一门岗 …………… 86505294
宾馆门岗 ………… 86505110
超市 ……………… 86503908

兴庆路综合服务处

领导

处长 ……………… 86588023
党委书记 ………… 86588166

综合办公室

办公室 …………… 86588010
主任 ……………… 86588329
办公室 …………… 86588313
车队 ……………… 86588056
传真 ……………… 86588324
档案室 …………… 86588151
副主任 …………… 86588005
总值班 …………… 86588019

物业管理科

办公室 …………… 86588055
东门岗 …………… 86588053
房产 ……………… 86588123
副科长 …………… 86588050
科长 ……………… 86588035
西门岗 …………… 86588030
永嘉坊门岗 ……… 83285521

物业服务站

电力维护 ………… 86588161
副站长 …………… 86588016
……………………… 86588090
锅炉班 …………… 86588021
基建绿化 ………… 86588017
站长 ……………… 86588009
维修热线 ………… 86588333
维修班 …………… 86588125

离退休服务站

办公室 …………… 86588006
活动室 …………… 86588038
书记 ……………… 86588169
站长 ……………… 86588036

计划财务科

报销 ……………… 86588008
会计 ……………… 86588156
科长 ……………… 86588039
副科长 …………… 86588015

招待所

办公室 …………… 86588026
办公室 …………… 86588059
财务 ……………… 86588238
二楼餐厅 ………… 86588033
副所长 …………… 86588300
书记 ……………… 86588162
所长 ……………… 86588028
一楼餐厅 ………… 86588032
总台 ……………… 86588027

职工医院

领导

院长……………… 8590558
党委书记………… 8593051
业务副院长……… 8593836
党委副书记、纪委书记、工会
主席……………… 8592456
业务副院长……… 8593197
……………………… 8590688
经营副院长……… 8591530
业务副院长……… 8593221

机关及附属办公室

院办主任………… 8593279
副主任…………… 8592037
综合办公室……… 8593171
传真机…………… 8593989
工会副主席……… 8592014
工会办公室……… 8592934
宣传科…………… 8593052
总护理部主任…… 8594719
办公室…………… 8593847
供应室…………… 8593192
财务科科长……… 8593300
财务科办公室…… 8592920
……………………… 8597025
入院处…………… 8592559
挂号室…………… 8592194
计算机中心……… 8598042
人事科科长……… 8591303
副科长…………… 8590158
办公室…………… 8593313
医务科科长……… 8593833
医务科办公室…… 8593895
院总值班室……… 8592925
安全环保科科长…… 8593179
办公室…………… 8593049
……………………… 8591135
事务管理站站长…… 8593344
办公室…………… 8592500
……………………… 8590110
健康管理科科长…… 8592173
办公室…………… 8593160
……………………… 8592840
车队办公室……… 8593832
救护车值班室…… 8592307

防疫站

站长……………… 8593480
副站长…………… 8592602
办公室…………… 8592537
卫生监督办公室…… 8593446
劳动办公室……… 8592508
防疫办公室……… 8592160

临床科室

内一科主任……… 8590151
内一科…………… 8592262
胃镜室…………… 8593006
内二科主任……… 8590152
内二科…………… 8592836
外一科主任……… 8590164
外一科…………… 8592259
外二科主任……… 8590167
外二科…………… 8592378
麻醉手术科主任…… 8590173
麻醉手术科……… 8593170
妇产科主任……… 8590170
妇产科…………… 8593173

医技科室

药械科主任……… 8593481
药械科办公室…… 8590103
制剂室…………… 8593447
仪修组…………… 8593516
药库……………… 8592260
门诊部药房……… 8593515
住院部药房……… 8593448
检验科…………… 8593174
门诊化验室……… 8593306
检验科主任……… 8592175
病理科…………… 8593094
门诊部主任……… 8593193
门诊部书记……… 8592839
急诊科…………… 8593811
急救电话（油内） ……… 120
急救电话（油外） …… 8599120
耳鼻喉科门诊…… 8593198
功能科…………… 8592189
CT 室 …………… 8593003

卫生所

庆城卫生所所长…… 8593897

庆城卫生所书记…… 8597150
庆城卫生所综合办公室 8594172
庆城卫生所庆阳站 … 8598954
庆城卫生所十九队分站 8593326
庆城卫生所五里坡分站 8592449
庆城卫生所董家滩站 8387828
水电厂卫室………… 8592864
马岭医院外科……… 8381321
马岭医院院办公室 … 8381324
长庆桥医院护理部 … 8390326
长庆桥医院医务室 … 8390324
元城卫生所………… 8395762

职工医院泾河分院

领导

副院长 …………… 86029324
…………………… 86022788

机关及附属办公室

办公室主任 ……… 86022769
办公室传真电话 … 86022769
综合办公室 ……… 86022767
医护办公室 ……… 86022790
分院总值班室 …… 86022773
供应室 …………… 86022793
培训教室 ………… 86022707
出入院处 ………… 86022757
挂号室 …………… 86022753
计算机机房 ……… 86022775
健康管理科科长 … 86022796
健康管理科办公室 86022795
事务站 …………… 86025346
西门岗 …………… 86022760
配电室 …………… 86022755
职防所所长 ……… 86022782
职防所 …………… 86022779

临床科室

内一科主任 ……… 86022787
医生办公室 ……… 86022774
护士站 …………… 86022781
内二科主任 ……… 86022754
医生办公室 ……… 86022752
护士站 …………… 86022756
外一科主任 ……… 86022794
医生办公室 ……… 86022797
护士站 …………… 86022798
眼科 ……………… 86022751
耳鼻喉诊室 ……… 86022708
外二科主任 ……… 86022703
医生办公室 ……… 86022704
护士站 …………… 86022705
口腔科门诊 ……… 86022784
妇产科主任 ……… 86022776
医生办公室 ……… 86022701
护士站 …………… 86022702
门诊手术室 ……… 86022706
麻醉手术科主任 … 86022766
护士站 …………… 86022791
手术室 …………… 86022792

医技科室

门诊部办公室 …… 86022780
120 电话 ………… 86020120
120 值班室 ……… 86022765
外科门诊 ………… 86022770
儿科门诊 ………… 86022771
抢救室 …………… 86022763
急诊诊室 ………… 86022762
检验科主任 ……… 86022764
检验科 …………… 86022778
药械科主任 ……… 86022786
药房 ……………… 86022761
药械科库房 ……… 86022799
影像科 …………… 86022783
B 超室 …………… 86022785
B 超值班室 ……… 86022759
心电图 …………… 86022772

社区医疗服务站

泾渭苑门诊部 …… 68600501
泾渭苑门诊主任 … 68601630
院长（龙凤园） … 86025210
办公室 …………… 86020242
综合办公室 ……… 86025221
第一服务站 ……… 86026412
防疫科 …………… 86020243
功能科 …………… 86020245
第二服务站 ……… 86027525
中医理疗室 ……… 86020997
第三服务站 ……… 86026240
第四服务站 ……… 86594756
办公室 …………… 86026241

兴隆园医院

领导

院长 ……………… 86596237
党委书记、副院长 86596973
副院长 …………… 86597620
…………………… 86592732

综合办公室

主任 ……………… 86591271
办公室 …………… 86592813
…………………… 86597610
门岗值班室 ……… 86591279

党群工作科

科长 ……………… 86592853

医务管理科

科长 ……………… 86596967
病案室 …………… 86591245

经营财务科

科长 ……………… 86592646

药械科

药械科办公室 …… 86596972
药房 ……………… 86597054

门诊

内科门诊 ………… 86597617
内儿科专家门诊 … 86596757
外科门诊 ………… 86597621
门诊综合科主任 … 86597622
门诊综合科护理部 86592645
胃镜室 …………… 86593949
五官科 …………… 86597625
心电图室 ………… 86597619
B 超室 …………… 86597613
儿科门诊 ………… 86595703
CT 室 …………… 86598617
放射科 …………… 86597615
口腔科 …………… 86597622
妇产科 …………… 86597623
供应室 …………… 86597631
挂号收费室 ……… 86597612
检验室 …………… 86592722
急诊急救 ………… 86594479
总值班 …………… 86598045

健康管理科

主任 ……………… 86597630
副主任 …………… 86597849
办公室 …………… 86595543
理疗室 …………… 86597629

内科

护理部 …………… 86597014
主任 ……………… 86591246

外科

护理部 …………… 86597605
主任 ……………… 86597634
手术室 …………… 86597609

未央湖卫生所

所长 ……………… 86586270
门诊卫生所 ……… 86586223
临潼医务室 ……… 86586742

咸阳卫生所

所长 ……………… 86021031
门诊 ……………… 86589053

和兴园卫生所

所长 ……………… 86582105
门诊 ……………… 86582120
社区 ……………… 86582065

礼泉卫生所

所长 ……………… 86507023
会计 ……………… 86507195
门诊 ……………… 86507025
药房 ……………… 86507110
护理部 …………… 86507132

兴隆园门诊部

兴隆园门诊部 …… 86593936
西办卫生所诊疗室 86588020

燕鸽湖医院

领导

院长、党委副书记 … 6934682
党委书记、副院长 … 6934769
党委副书记、纪委书记、工会主席………………… 6938769
副院长……………… 6934828
…………………… 6934853

综合办公室

综合办公室（党委办公室）主任……………………… 6934871
综合办公室………… 6934612
…………………… 6934832
信息中心…………… 6938710
后勤办公室………… 6934129
门诊大楼门岗房…… 6934806
食堂………………… 6934559
司机值班室………… 6934592
监控室（住院部） … 6935733

经营财务科

副科长……………… 6934818
财务科……………… 6934593
收费室（住院部） … 6935547

党群工作科

党群工作科副主任 … 6934893
总值班室…………… 6938717

医务护理部

主任办公室………… 6934782
医务护理部………… 6934852

影像科

B 超室（门诊部） … 6934802
B 超室（住院部） … 6935379
心电图室（门诊部） 6934817
心电图室（住院部） 6935206
放射科（门诊部） … 6934803
放射科（住院部） … 6935492

检验科

化验室（门诊部） … 6934807
化验室（住院部） … 6935783

内儿科

副主任办公室……… 6935562
…………………… 6935561
医生办公室（内科诊室）
…………………… 6934808
医生办公室………… 6935563
医生值班室………… 6935722
儿科诊室（门诊部） 6934804
医生值班室………… 6935565
护士工作站………… 6935774
…………………… 6935515
…………………… 6935787

外妇科

副主任办公室……… 6935582
……………………… 6935837
外科诊室（门诊部） 6934810
医生办公室………… 6935872
妇产科诊室（门诊部） 6934812
医生值班室………… 6935252
护士工作站………… 6935091

药械科

副主任办公室……… 6938787
药械科办公室……… 6934509
药房库房…………… 6934142
药房（门诊部）…… 6934801
药房（住院部）…… 6935491

手术麻醉科

副主任办公室（住院部）
……………………… 6935567
麻醉手术室（住院部） 6935633
护士工作站（住院部） 6935747
医生值班室（住院部） 6935463
麻醉手术科（门诊部） 6934850
供应室……………… 6934184

门诊综合科

五官科……………… 6938801
医生值班室（住院部） 6935263
医生办公室（住院部） 6935762
护士工作站（住院部） 6935820
输液中心…………… 6934855
急诊科……………… 6934816

社区卫生服务站

副主任办公室……… 6934552
社区服务站（一楼） 6939906
社区服务站（二楼） 6939838

健康管理部

副主任办公室……… 6934783
……………………… 6934809
健康体检部………… 6938749
吴忠医务室 … 0953－8533067
靖边卫生所 ……… 86503785
化子坪医务室 …… 86575004
靖三联医务室 …… 86575319
油坊庄医务室……… 6950422
郝坨梁医务室 …… 86572976
盘古梁医务室 …… 86575480
顺宁医务室 ……… 86572133
吴旗医务室 ……… 86571880
五里湾医务室 …… 86572481

社会保险中心

领导

主任 ……………… 86591580
副主任 …………… 86592420
……………………… 86592412

综合办公室

综合办主任 ……… 86592672
综合办副主任 …… 86592636
助理主办 ………… 86592672
中心传真 ………… 86592134

养老保险科

科长 ……………… 86595428
副科长 …………… 86592733
助理主办 ………… 86595428

医疗保险科

科长 ……………… 86597323
副科长 …………… 86593750
主管 ……………… 86597323
……………………… 86592204

基金管理科（财务科）

科长 ……………… 86594605
副科长 …………… 86592635
助理主办 ………… 86592379
助理会计师 ……… 86592379

保险保障科

副科长 …………… 86592371
高级主管 ………… 86592371
其他 ……………… 86595945

兴隆园综合保险所

所长 ……………… 86598925
副所长 …………… 86598935
养老 ……………… 86593887
医疗 ……………… 86592126
会计 ……………… 86592565
出纳、养老 ……… 86592565

庆城综合保险所

所长………………… 8590008
副所长……………… 8590010
养老………………… 8590001
医疗、出纳………… 8590003
会计………………… 8590005

燕鸽湖综合保险所

所长………………… 6935856
副所长……………… 6930867
养老………………… 6932698
医疗………………… 6935987
医疗、出纳………… 6935987
会计………………… 6932266

河庄坪综合保险所

副所长 …………… 86501652
养老、医疗 ……… 86501619
会计 ……………… 86501619

泾河园综合保险所

副所长 …………… 86029451
养老、出纳 ……… 86029441
医疗保险 ………… 86029443
财务会计 ………… 86029453

泾渭苑综合保险所

副所长 …………… 68602013
……………………… 68602241
会计、养老 ……… 68602240
医疗、出纳 ……… 68602240
传真 ……………… 68602243

咸阳综合保险所

副所长 …………… 86589576
养老 ……………… 86509727
医疗、出纳 ……… 86509351
会计 ……………… 86509822

长庆石化综合服务处

领导

副处长 …………… 86589323
书记 ……………… 86589866

部门

综合办 …………… 86509199
物业办 …………… 86509323
……………………… 86509331
综治办 …………… 86509176
离退休管理站 …… 86509353
文化站 …………… 86021153
财务办 …………… 86589730
三站值班室 ……… 86509040
综合治理值班室 … 86509110
印刷厂 …………… 86509202
售电集抄室 ……… 86509247
游泳馆 …………… 86589050
电视闭路室 ……… 86509142

党群工作部

党群工作科办公室 86597026
……………………… 86597027
维护稳定办公室
科长 ……………… 86591946
综合办（群众工作科）
科长 ……………… 86592703
副主任 …………… 86593150
宣传工作科（企业文化科）
主管 ……………… 86593645
党建工作科科长 … 86593652

工程技术与科技部

副主任 …………… 86593868
……………………… 86594056
井控管理科高级主管 86594120
钻井科科长 ……… 86594121
井下作业科主管 … 86595940
科技管理科主管 … 86596074
……………………… 86596427
信息综合科主管 … 86592271
井下作业科副科级干事
……………………… 86595942
信息综合科科长 … 86595943

计划财务部

资金结算科副科长 86592164
副主任 …………… 86592909
财务管理科科长 … 86591227
计划统计科副科长 86591417
资金结算科高级主管 86591493
税收管理科高级主管 86592086
主任 ……………… 86592962
机关财务科 ……… 86593997
关联交易科主管 … 86594551
关联交易科副科长 86595125
机关财务科主办 … 86596840
计划统计科科长 … 86596845

人事劳资部

干部管理科高级主管 86592742
干部管理科科长 … 86593424
主任 ……………… 86594710
社会保险科办公室 86598281
工资管理科主管 … 86599076
人才开发科科长 … 86593365
培训管理科副科长 86593434
劳动管理科副科长 86596748

生产运行部

综合（预案）科副科长
……………………… 86591019
生产运行科主管 … 86595461
物资管理科办公室 86597735
副主任 …………… 86597785
……………………… 86597891
主任 ……………… 86592601
物资管理科科长 … 86595463
副主任 …………… 86595608
物资管理科 ……… 86595610
运输管理科主管 … 86595677
生产运行科副科长 86595721
生产运行科主办 … 86596486
值班科 …………… 86593366
……………………… 86596633

市场与对外协调部

外协三科主管 …… 86594818
外协二科副科长 … 86595633
主任 ……………… 86595636
外协一科主办 …… 86596480
外协一科副科长 … 86593207

西安审计中心

主任 ……………… 86592406
审计审理（综合）科
主办 ……………… 86592812
财务收支及经济责任审计科科长 ……………… 86593406
建设工程审计科副科长
……………………… 86593541
经济合同审计科科长 86594146
经济合同审计科主办 86595917
审计审理（综合）科科长
……………………… 86597008
财务收支及经济责任审计科主办 ……………… 86597734

质量安全环保部

工业安全科 ……… 86593900
安全监督科主办 … 86594440
副主任 …………… 86591716
…………………… 86592172
交通安全科办公室 86592260
工业安全科主管 … 86594015
环保节能科主管 … 86595594
综合管理科副科长 86596531
主办 ……………… 86596370
安全监督科科长 … 86597301
交通安全科科长 … 86597820

装备部

资产调剂科科长 … 86591409
资产调剂科主管 … 86592192
设备管理科副科长 86592269
副主任 …………… 86592289
主任 ……………… 86592360
设备管理科主管 … 86593241
设备管理科高级主管 86592165
装备配置科副科长 86595900
主管 ……………… 86595712

综合办公室

值班科主办 ……… 86591297
副主任 …………… 86592005
综合事务科科长 … 86592104
主任 ……………… 86592283
法律事务科 ……… 86592290
法律事务科主管 … 86592399
公务班公务员 …… 86592760
办公室 …………… 86592763
秘书科主管 ……… 86594670
值班科副科长 …… 86594776
综合事务科主办 … 86595673
值班科传真 ……… 86978666
值班电话 ………… 86978888
副科级干事 ……… 86592526
秘书科副科级干事 86597764

长庆钻井总公司

领导

总经理、党委副书记 86598268
副总经理、安全总监、总工程师
…………………… 86593521
党委副书记、纪委书记、工会主席 …………… 86598636
副总经理 ………… 86598265
总工程师 ………… 86594683
总机械师 ………… 86593351
总会计师 ………… 86598266
副总工程师 ……… 86592327

办公室

主任 ……………… 86594635
党办主任 ………… 86591731
副主任 …………… 86598279
文秘办 …………… 86595504
…………………… 86598278
事务办 …………… 86597750
总经理传真 ……… 86598258
传真 ……………… 86598237
总公司应急指挥中心 86591131
2406 会议室 ……… 86591131
2602 会议室 ……… 86598256

巡视组

组长 ……………… 86598938
副组长 …………… 86592939

财务资产部

主任 ……………… 86598402
副主任 …………… 86591173
…………………… 86598241
综合办 …………… 86592997
预算办 …………… 86598291
…………………… 86591239
资产办 …………… 86592077
成本办 …………… 86598292
…………………… 86596775
资金办 …………… 86594591
报销办主任 ……… 86592821
报销办 …………… 86593979
定额办 …………… 86598245
废旧物资办 ……… 86597759
稽核办 …………… 86592914
…………………… 86593509
银川财务办………… 6935297

人事劳资部

主任 ……………… 86598242
副主任 …………… 86592940
…………………… 86595770
…………………… 86591180
干部管理办 ……… 86598243
工资管理办 ……… 86593599
技能鉴定 ………… 86595967
劳动合同办 ……… 86598282
劳动管理办 ……… 86598284
再就业中心 ……… 86595392
综合、培训办 …… 86592951
银川技能鉴定站…… 6935508
技能鉴定站（井控培训）
…………………… 6935230

生产运行部

主任 ……………… 86598264
副主任 …………… 86597170
…………………… 86598274
生产运行室主任 … 86598259
值班室 …………… 86598251
…………………… 86598254
值班传真 ………… 86598285
预案管理 ………… 86592324
生产统计 ………… 86598270
综合 ……………… 86592923
资质、运输管理 … 86598276
综合传真 ………… 86598248

企管法规部

主任 ……………… 86592586
副主任 …………… 86591327
…………………… 86591172
…………………… 86591049
政策研究室 ……… 86598271
法律事务办 ……… 86598273

监察部、纪委办公室

主任 ……………… 86598286
举报电话 ………… 86593370
驻银川纪检监察办 … 6935238
驻一部纪检监察办 86500860
驻二部纪检监察办 … 8598137
驻三部纪检监察办 86574445
驻四部纪检监察办 86574257

综合事务部

主任 ……………… 86594392
副主任 …………… 86595970
办公室 …………… 86593540
保卫武装 ………… 86594390
会议勤务室 ……… 86595375
计生办 …………… 86594394
离退休管理办 …… 86591847
…………………… 86591944
卫生管理办 ……… 86594373
综合事务 ………… 86594393

计划经营部

主任 ……………… 86593476
副主任（规划计划办）
…………………… 86594260
定额与造价办 …… 86594261
综合办 …………… 86593345
基建办 …………… 86593612
节能节水办 ……… 86594123
统计与评价办 …… 86593565

宣传与企业文化部

主任 ……………… 86598103
副主任 …………… 86598287
电视台 …………… 86593145
电视台演播室 …… 86593112
河东基地闭路电视机房 6952497
驻银川记者站……… 6935995
驻马岭记者站……… 8381214

技术管理与发展部

主任 ……………… 86598262
副主任 …………… 86598195
…………………… 86592952
井控办 …………… 86598401
科研办 …………… 86598729
技术办 …………… 86597991
泥浆室 …………… 86592020
综合办 …………… 86598400

对外协调部

主任 ……………… 86595660
副主任 …………… 86591154
土地办 …………… 86595346
协调办 …………… 86595345

装备部

主任 ……………… 86592054
副主任 …………… 86592714
…………………… 86593442
生产运行办 ……… 86592734
车辆管理 ………… 86593440
装备部传真 ……… 86593774
河东设备库………… 6952448
河东机修监造办公室 6952499
马岭设备库………… 8381724
马岭监造办公室…… 8381037
庆阳分厂监造……… 8591472

质量安全环保部

主任 ……………… 86592316
副主任 …………… 86595771
消防办 …………… 86597034
工业交通安全 …… 86594170
综合办传真 ……… 86597925
技术监督办 ……… 86598451
巡查办 …………… 86597354
综合办 …………… 86597310
安全环保计量站 … 86025644

工会

副主席 …………… 86591052
办公室 …………… 86598290
…………………… 86595387
工会文艺办 ……… 86593844

团委

团委 ……………… 86598289

信访办

主任 ……………… 86598137
办公室 …………… 86598207
传真 ……………… 86591994

第一项目部

经理 ……………… 86508936
书记 ……………… 86508939
副经理 …………… 86508943
…………………… 86572535
…………………… 86572509
…………………… 86572516
副书记 …………… 86508916
应急办 …………… 86508952
综合办 …………… 86508934
生产办
主任 ……………… 86500865
综合 ……………… 86508900
值班室 …………… 86508901

东坪生产办 ……… 86572527
安全办 …………… 86500847
…………………… 86572505
财务经营办主任 … 86500862
财务经营办 ……… 86500872
人事办 …………… 86508932
技术办 …………… 86508930
东坪技术办 ……… 86572533
设备办 …………… 86508933
东坪设备办 ……… 86572534
外协办 …………… 86508941
东坪外协办 ……… 86572513
消防办 …………… 86500863
东坪消防治安办 … 86572511

第二项目部

经理………………… 8598189
书记………………… 8598099
副经理……………… 8598178
…………………… 8598180
…………………… 8598060
副书记……………… 8598096
应急指挥…………… 8598179
综合办主任………… 8598050
事物、文字………… 8598049
小会议室…………… 8598097
综合治理…………… 8598052
工会、宣传………… 8598053
生产办主任………… 8598120
副主任……………… 8598121
综合………………… 8598122
值班………………… 8598100
…………………… 8598107
技术办主任………… 8598002
副主任……………… 8598012
资料统计…………… 8598025
综合值班…………… 8598013
经营财务办主任…… 8598140
办公室……………… 8598141
人事办主任………… 8598065
办公室……………… 8598075
设备办主任………… 8598076
办公室……………… 8598077
外协办主任………… 8598123
副主任……………… 8598125
办公室……………… 8598127
安全环保办主任…… 8598026
办公室……………… 8598027

第三项目部

经理 ……………… 86505034
书记 ……………… 86505272
副书记 …………… 86502742
副经理 …………… 86505399
…………………… 86503742
…………………… 86502828

应急指挥中心 …… 86505442
综合办主任 ……… 86505039
办公室 …………… 86503749
人事劳资办公室 … 86503772
治安消防办 ……… 86503792
生产办主任 ……… 86505345
值班室 …………… 86505038
经营财务办主任 … 86505167
办公室 …………… 86503791
设备办 …………… 86503795
安全办主任 ……… 86503771
办公室 …………… 86503794
技术办主任 ……… 86503746
副主任 …………… 86503839
办公室 …………… 86503773
外协办主任 ……… 86503748
办公室 …………… 86503741

第四项目部

经理 ……………… 86503601
书记 ……………… 86503602
副经理 …………… 86503626
…………………… 86503665
…………………… 86503664
…………………… 86503676
副书记 …………… 86503658
应急指挥中心 …… 86502719
安全环保 ………… 86502950
综合办公室 ……… 86505371
生产办主任 ……… 86502758
生产值班 ………… 86502759
人事办 …………… 86502974
设备办 …………… 86502977
技术办 …………… 86502930
…………………… 86502659
经营财务办主任 … 86503978
办副书记 ………… 86503658
…………………… 86502744
外协办 …………… 86505509

第五项目部

经理 ……………… 86502916
书记 ……………… 86502906
副经理 …………… 86502904
…………………… 86502905
…………………… 86502911
…………………… 86502902
副书记 …………… 86502907
应急指挥中心 …… 86502913
综合办 …………… 86502900
生产办主任 ……… 86502915
值班 ……………… 86502909
安全办 …………… 86502912
人事劳资办 ……… 86502901
技术办主任 ……… 86502913
办公室 …………… 86502917

设备办 …………… 86502903
综合治理 ………… 86502919
外协办 …………… 86502918
经营财务办 ……… 86502908

定向井公司

经理 ……………… 86592615
综合办 …………… 86592627
生产办 …………… 86595094
财务办 …………… 86598934
姬塬前指 ………… 86502655
靖边前指 ………… 86574409
庆阳前指………… 8593388
…………………… 8597251
…………………… 8597252
…………………… 8597253

小车公司

经理 ……………… 86595446
书记 ……………… 86595443
副经理 …………… 86595442
…………………… 86597011
综合办 …………… 86595451
生产办 …………… 86595440
机动安全 ………… 86595441
…………………… 86594791
经营财务办 ……… 86595449
一中队高沟口 …… 86508982
一中队东坪 ……… 86572510
二中队陇东 … 0934－3211065
三中队靖边 ……… 86503851
五中队银川……… 6935415
六中队西安 … 029－87689010

信息与档案管理中心

主任 ……………… 86598249
副主任 …………… 86591519
信息室 …………… 86593460
打字复印 ………… 86598403
网络办 …………… 86598214
综合办 …………… 86598404
档案室 …………… 86593943
…………………… 86593942
…………………… 86591378
档案室（银川）…… 6930215
档案室（马岭）…… 8381607

机修公司

经理 ……………… 86597580
书记 ……………… 86598246
副经理 …………… 86593432
…………………… 86597590
综合办 …………… 86597550
传真 ……………… 86593426
生产技术 ………… 86597552
HSE 办公室 ……… 86592246
市场办 …………… 86592750
核算部驻公司办公室86592063

石油机械修造厂

厂长………………… 6952428
书记………………… 6952569
副厂长……………… 6952418
…………………… 6952408
综合办传真………… 6952429
钻修车间…………… 6952409
铆焊车间…………… 6952436
厂财务核算………… 6952416
机修车间…………… 6952406
厂电修车间………… 6952426
门卫………………… 6952403
机加车间…………… 6952452
调度室……………… 6952419

马岭保养站

站长………………… 8382272
书记………………… 8381345
副站长……………… 8381337
副站长（庆阳修理厂主任）
…………………… 8593265
调度………………… 8381325
材料房……………… 8381811
综合传真…………… 8381928
钻修工段…………… 8381855
庆阳修理厂调度…… 8593283
成本………………… 8592268
驻一项高沟口前指 86508953
驻一项东坪口前指 86572501
驻靖边前指 ……… 86503783
驻姬塬前指 ……… 86502511

钻前公司

经理 ……………… 86593921
书记 ……………… 86593109
副经理 …………… 86592713
综合办 …………… 86593650
生产运行办 ……… 86592922
传真 ……………… 86593293
人事劳资办 ……… 86593827
HSE 办公室 ……… 86592771
财务办 …………… 86592325

第一服务部

经理 ……………… 86508942
书记………… 0911－6552366
高沟口生产办 …… 86508829
东坪生产办 ……… 86572526
…………………… 86572528
供水一队…… 0911－6552109
基电一队 ………… 86572507

第二服务部

经理………………… 8381571
书记………………… 8381761
生产办……………… 8381320
供水二队…………… 8381390
基电二队…………… 8381501

安装二队…………… 8381399
第一服务部车队…… 8381421
第二服务部安全办 … 8382648
第三服务部
经理 ……………… 86503996
书记 ……………… 86574346
生产办 …………… 86505334
管理组 …………… 86574432
供水三队 ………… 86503990
基电三队 ………… 86503927
安装三队 ………… 86503917
第四服务部
经理 ……………… 86502782
书记 ……………… 86502527
生产办 …………… 86502633
供水四队……… 13649224315
安装四队 ………… 86502892
第五服务部
经理………… 0477－7213200
书记………… 0477－7211350
办公室……… 0477－7211360
管理组……… 0477－7211351
供水五队…… 0477－7211363
安装五队…… 0477－7211352
器材供应公司
经理 ……………… 86596731
书记 ……………… 86592566
副经理 …………… 86593586
…………………… 86598267
综合办 …………… 86592022
生产办主任 ……… 86598263
生产办 …………… 86593716
财务办 …………… 86593715
采供办 …………… 86593879
物资管理办 ……… 86592203
第一服务部
站长…………………… 6952538
书记…………………… 6952539
副站长………………… 6952535
…………………… 86505645
靖边副站长 ……… 86574406
管理组………………… 6952536
保管组………………… 6952550
办公室………………… 6952551
财务办………………… 6952552
计划组………………… 6952531
押运组………………… 6952513
生产组主任…………… 6952540
生产组安全…………… 6952554
门岗…………………… 6952553
配送组………………… 6952548
计划组………………… 6952532
专业组组长…………… 6952536
机修库………………… 6952453

运输库………………… 6952412
物业…………………… 6952465
第二服务部
站长…………………… 8381328
书记…………………… 8381458
副站长………………… 8380761
长 ………………… 86508992
…………………… 86502728
管理组………………… 8381715
计划组………………… 8381472
……………………… 8382036
保管组………………… 8381456
门岗…………………… 8381752
押运班………………… 8381660
生产组………………… 8381373
安全组………………… 8381810
前线服务队…………… 8381486
东坪前指 ………… 86572517
高沟口库房 ……… 86508992
姬塬前指 ………… 86502728
华池前指…… 0934－5185298
庆阳修理厂材料库 … 8591669
器材靖边站负责 … 86574406
器材靖边站现场服务 86574407
器材靖边站办公室 86574408
马岭运输库…………… 8381410
马岭机修库…………… 8381811
马岭物业库…………… 8381089
钢材库………………… 8381471
职工培训中心
主任 ……………… 86587810
副主任 …………… 86587809
教务办 …………… 86587816
井控室 …………… 86587642
综合办 …………… 86587807
后勤办 …………… 86587871
教学井场 ………… 86507127
…………………… 86507161
驻西安办公室 …… 86598283
公寓办公室 ……… 86507029
钻石宾馆总台 …… 86507503
…………………… 86507100
钻石宾馆一楼餐厅 86507033
钻石宾馆二楼餐厅 86507034
基建项目组
靖边项目组 ……… 86574202
综合办 …………… 86502792
…………………… 86574204
河东项目组…………… 6952557
综合办………………… 6952566
庆阳修理厂项目组 … 8590468
礼泉项目组 ……… 86507408
综合办 …………… 86507068
银川管委会
主任…………………… 6935226
副主任………………… 6935791
……………………… 6952572
信访、综合办………… 6935635
马岭管委会
主任 ……………… 86023392
副主任………………… 8382223
……………………… 8382290
……………………… 8381445
综合办………………… 8382811
礼泉管委会
主任 ……………… 86587773
综合办 …………… 86587774

长庆井下技术作业公司

公司领导
总经理 …………… 86599099
党委书记 ………… 86599089
党委副书记、工会主席
…………………… 86599098
副总经理 ………… 86599068
…………………… 86596372
…………………… 86599022
…………………… 86599055
…………………… 86599078
…………………… 86599058
总会计师 ………… 86599059
总地质师 ………… 86591730
机械总工程师 …… 86599066
…………………… 86565182
副总会计师 ……… 86599085
安全副总监 ……… 86599096
总经理（党委）办公室
主任 ……………… 86599002
副主任 …………… 86599003
秘书、计划生育 … 86599001
传真 ……………… 86599000
打字室 …………… 86599005
通信员室 ………… 86599097
接待室 …………… 86599007
档案室 …………… 86595227
…………………… 86594164
第一会议室 ……… 86599008
第二会议室 ……… 86599009
工会
工会副主席 ……… 86599060
办公室 …………… 86599061
传真 ……………… 86599063
机关总支
办公室 …………… 86599083
纪委监察科
科长 ……………… 86599081
办公室 …………… 86599082
财务（资产）科
科长 ……………… 86599086
副科长 …………… 86599013
税收、预算、成本 86599010
资产、成本 ……… 86599015
资金报销 ………… 86593671
材料、审核、综合 86591444
传真 ……………… 86591912
项目部财务 ……… 86599011
项目部财务 ……… 86599012
生产办公室
主任 ……………… 86599050
生产组（传真） … 86599053
…………………… 86599057
…………………… 86596212
…………………… 86596779
机械动力科
科长 ……………… 86599051
机动组 …………… 86599052
…………………… 86599065
企管法规科
科长 ……………… 86599016
副科长 …………… 86599018
企管、市场开发传真 86599093
规划计划、关联交易 86599090
统计、通信 ……… 86599091
合同、多种经营 … 86599092
人事劳资（党委组织）科
科长 ……………… 86599080
工资 ……………… 86599073
保险 ……………… 86599075
劳资 ……………… 86599076
组织 ……………… 86599077
教育 ……………… 86599079
职工学校 ………… 86021892
党委宣传（企业文化）科
科长 ……………… 86599056
宣传 ……………… 86599037
团委书记 ………… 86599035
网络 ……………… 86599036
传真 ……………… 86599062
质量安全环保科
副科长 …………… 86599023
质量标准 ………… 86599026
安全 ……………… 86599028
传真 ……………… 86599029
信访办公室
主任 ……………… 86589472
QHSE 监督部
主任 ……………… 86565300
书记 ……………… 86565301
副主任 …………… 86565302
…………………… 86565303
办公室 …………… 86565305
传真 ……………… 86565304

计量组 …… 86565332
前线组 …… 86565307
后勤组（咸阳） … 86565306
后勤组（贺旗） …… 8383549

保卫科

所长 …… 86021840
副所长 …… 86021838
…… 86021033
武装部 …… 86021841
内外勤 …… 86021839

工程技术发展研究中心

主任 …… 86599069
书记 …… 86599071
副主任 …… 86599070
技术服务部 …… 86599032
…… 86599095
…… 86599040
…… 86599039
传真 …… 86599043
油藏地质室 …… 86599027
…… 86599017
…… 86599072
科技信息室 …… 86599030
…… 86599031

压裂大队

大队长 …… 86021888
书记 …… 86021868
副书记（工会主席） 86021883
副大队长 …… 86021882
…… 86021862
…… 86021870
…… 86021889
…… 86021880
工程组 …… 86021886
安全 …… 86021887
财务 …… 86021884
劳资 …… 86021869
政工 …… 86021885
材料 …… 86021881
机动 …… 86021891
调度组 …… 86021890
压裂一队 …… 86021871
压裂二队 …… 86021872
压裂三队 …… 86021873
压裂四队 …… 86021874
压裂五队 …… 86021875
压裂六队 …… 86021876
压裂七队 …… 86021877
特车一队 …… 86021878
特车二队 …… 86021879

运输大队

大队长 …… 86021866
书记 …… 86021855
副大队长 …… 86021860
财务、劳资、统计 86021857
特车一、二队 …… 86021852
安全、机动、政工 86021856
调度、检验 …… 86021859
材料 …… 86021858
贺旗 …… 8383632

器材供应中心

主任 …… 86021818
书记 …… 86021820
统计 …… 86021819
验收 …… 86021821
计划组 …… 86021824
…… 86021825
仓库管理 …… 86021822
成本 …… 86021823
贺旗 …… 8383522
…… 8383849

特种设备维修中心

主任 …… 86021806
书记 …… 86021808
副主任 …… 86021813
安全 …… 86021807
政工、人事、技术 86021809
会计、出纳 …… 86021810
基层站 …… 86021811
…… 86021812
贺旗 …… 8383629
润滑站 …… 86565396
材料房 …… 86565397
维修站 …… 86565398
机修站 …… 86565399

井下工具研发制造中心

主任 …… 86021801
书记 …… 86021803
生产组 …… 86021800
技术组 …… 86021802
贺旗 …… 8383963

测试队

队长 …… 86021828
综合办公室 …… 86021829
仪表 …… 86021827
贺旗 …… 8383882

交通服务大队

大队长 …… 86565316
副书记（工会主席） 86565317
副大队长 …… 86565313
…… 86565315
调度 …… 86565311
安全 …… 86565312
油料、统计 …… 86565314
成本 …… 86565310
西安中队 …… 029－82103593
贺旗中队 …… 8383616
贺旗中队调度 …… 8383577

物业服务部

主任 …… 86021843
…… 8383960
书记 …… 86021845
财务 …… 86021842
材料 …… 86021846
总机 …… 8383511
西安公寓 …… 029－86529776

靖边项目部

项目经理 …… 86502827
常务副经理 …… 86505040
副书记 …… 86505493
安全副经理 …… 86574341
生产副经理 …… 86505130
工程副经理 …… 86505091
…… 86505043
外协副经理 …… 86503654
后勤副经理 …… 86505041
对外副经理 …… 86505372
安全总监 …… 86505405
料库副主任 …… 86505318
生产调度 …… 86505045
生产调度 …… 86505044
安全员 …… 86503923
治安管理员 …… 86502509
政工 …… 86574342
工程技术组 …… 86574337
…… 86574336
对外合作项目部技术组
…… 86574334
…… 86574335
财务 …… 86502760
生活站站长 …… 86503700
试油公寓领导 …… 86502512
值班室 …… 86503701
压裂队公寓值班室 86502514
运输队公寓值班室 86502513
压裂大队副大队长 86505160
调度 …… 86503729
运输大队 …… 86505151
测试试井队 …… 86505224
小车服务一中队 … 86505405
料库 …… 86503728
护厂班 …… 86505359

靖边乌审旗前指

书记 …… 86972046
工程技术组 …… 86972043
调度组 …… 86972041
压裂队 …… 86972045
运输队 …… 86972044
交通服务队 …… 86972040

安塞项目部

经理 …… 86508959
常务副经理 …… 86508958
副书记 …… 86500888
副经理 …… 86508957
…… 86508877
QHSE 总监 …… 86500866
副经理 …… 86500859
技术组 …… 86508897
调度（传真） …… 86508878
财务 …… 86508965
安全员 …… 86500886
材料 …… 86508875
油库 …… 86508961
压裂队副大队长 … 86508970
调度 …… 86508997
压裂三队 …… 86508886
运输队副大队长 … 86508880
调度 …… 86500881
交通服务大队 …… 86508988
招待房 …… 86500806

陇东项目部

经理 …… 8383267
…… 8396836
常务副经理 …… 8383549
副书记 …… 8383804
生产副经理 …… 8383884
工程副经理 …… 8383828
外协副经理 …… 8383878
安全副经理 …… 8383358
…… 8396838
QHSE 监督 …… 8384164
…… 8396803
调度 …… 8385616
…… 8384448
…… 8384315
工程、地质 …… 8383452
（传真） …… 8384180
财务 …… 8383253
安全 …… 8383623
外协 …… 8384238
器材 …… 8383719
压裂大队副大队长 8383607
…… 8396826
压裂一队 …… 8384155
压裂特二队 …… 8383863
压裂队调度 …… 8384175
运输大队书记 …… 8383633
运输大队副队长 …… 8383385
运输队调度 …… 8383559
交通服务大队 …… 8383252
保卫组组长 …… 8383340
外勤 …… 8383826

靖安项目部

经理 …… 86572555
书记 …… 86572556
技术综合副经理 … 86572558

生产副经理 ……… 86572520
QHSE 监督 ……… 86572548
调度室……… 0912－4702118
……………………… 86572530
技术组 …………… 86572552
财务 ……………… 86572561
安全员 …………… 86572560
器材供应 ………… 86572554
油库………… 0912－4702252
交通服务大队 …… 86572539
运输队 …………… 86572538
压裂队 …………… 86572547
招待房 …………… 86572531

靖安吴旗前指

经理 ……………… 86972201
生产副经理 ……… 86972202
副书记 …………… 86972216
副经理 …………… 86972203
……………………… 86972206
调度 ……………… 86972205
……………… 0911－7866265
技术 ……………… 86972208
生活 ……………… 86972209
门岗 ……………… 86972210
招待 ……………… 86972200
压裂 ……………… 86972220
运输 ……………… 86972218
维修中心 ………… 86972213
公寓 ……………… 86972217

姬塬项目部

经理………………… 6950981
常务副经理……… 6950989
副书记…………… 6950988
副经理…………… 6950986
生产副经理（调度） 6950985
调度………… 0912－4420885
工程技术（传真） … 6950982
……………………… 6950217
QHSE 监督……… 6950980
财务……………… 6950983
材料……………… 6950987
压裂四队书记……… 6950259

西安办事处

主任 ……………… 86598293
办公室 …………… 86598200
总机 ……………… 86598201

鑫源公司

总经理……… 029－86520796
副总经理…… 029－86515472
副书记……… 029－86516433
市场开发部 … 029－86550265
工程技术部 … 029－86528784
副总经理 …… 029－86515671
综合办公室 … 029－86516432
财务主管…… 029－86527291
会计………… 029－86550266
出纳………… 029－86515460
工贸分公司副总029－86515671
工贸分公司副经理
…………… 029－86536444
…………… 029－86538570
加工厂副总 ……… 86565336
加工厂副厂长 …… 86565345
……………………… 86565346
加工厂办公室 …… 86565333
加工厂财务 ……… 86565339

咸阳基建项目部

经理 ……………… 86565188
副经理 …………… 86565181
财务 ……………… 86565184
技术资料 ………… 86565183
施工 ……………… 86565185

协调小组

组长（咸阳） …… 86565182
副组长 …………… 86021834
财务（咸阳） …… 86565190
贺旗协调小组……… 8383581
机动（贺旗）……… 8384564
生产办公室（贺旗） 8383801

工程技术研究院

领导

院长、党委副书记 86591552
党委书记、纪委书记、工会主席、副院长 ……… 86592859
副院长（正处级） 86591642
总工程师 ………… 86594676
……………………… 86592695
副院长 …………… 86593620
副总工程师 ……… 86594967
……………………… 86591075
……………………… 86594865
……………………… 86593648

综合管理部

主任 ……………… 86591699
副主任 …………… 86592652
秘书 ……………… 86591780
文书 ……………… 86591779

工程技术部

副主任 …………… 86592403
……………………… 86594626
安全 ……………… 86593912

财务资产部

主任 ……………… 86592654
资金 ……………… 86591695
资产总账 ………… 86595499

市场开发部

主任 ……………… 86593911
副主任 …………… 86594786
材料供应 ………… 86591791
营销 ……………… 86593786
传真 ……………… 86594970

钻井研究所

所长 ……………… 86595916
副所长 …………… 86594971
……………………… 86592647
钻井工艺 ………… 86593779

特殊工艺技术服务中心

主任 ……………… 86591827
装备组 …………… 86595540

钻井液研究所

所长 ……………… 86596597
副所长 …………… 86593501
钻井液设计 ……… 86594778
实验室 …………… 86597010
……………………… 86594935

固井研究所

所长 ……………… 86592175
副所长 …………… 86596503
固井设计 ………… 86594981
……………………… 86591553
实验室 …………… 86597878

压裂酸化研究所

所长 ……………… 86591238
副所长 …………… 86592659
……………………… 86594972
压裂设计 ………… 86596507
实验室 …………… 86594877

机械电气研究所

副所长 …………… 86592696
机械设计 ………… 86592648

腐蚀与防护研究所

副所长 …………… 86591241
……………………… 86595879
油田化学 ………… 86594975
实验室 …………… 86596848

信息情报研究所

所长 ……………… 86593649
副所长 …………… 86596502
打字室 …………… 86594796
阅览室 …………… 86594977
档案室 …………… 86593789

新技术推广部

主任 ……………… 86521980
副主任 …………… 86521040
……………………… 86537513
综合办公室 ……… 86521883
生产运行部 ……… 86537513
财务资产部 ……… 86523726

长庆录井公司

领导

经理、副书记 …… 86599109
书记、副经理 …… 86599108
副书记、纪委书记、工会主席
……………………… 86599107
副经理 …………… 86599106
……………………… 86599105
……………………… 86599103
……………………… 86599110
安全总监 ………… 86599101
总会计师 ………… 86592603

综合办公室

主任 ……………… 86599119
副主任 …………… 86592787
主办 ……………… 86599100
……………………… 86599116
……………………… 86599117

党群工作部

主任 ……………… 86592642
副主任 …………… 86599118
主办 ……………… 86599115

经营财务部

主任 ……………… 86599125
副主任 …………… 86599126
主办 ……………… 86599127

生产运行部

主任 ……………… 86599113
副主任 …………… 86599112
调度（传真） …… 86599111

市场开发部

主任 ……………… 86599128
副主任 …………… 86599129
……………………… 86599131
主办 ……………… 86599130

质量安全环保部

主任 ……………… 86599121
副主任 …………… 86599123
主办 ……………… 86599122

小车队

办公室 …………… 86595476
……………………… 86599120

地质技术研究所

书记 ……………… 86599133
副所长 …………… 86599135
设计室 …………… 86599140
信息中心 ………… 86599138
……………………… 86599139
印刷室 …………… 86597875
资料室 …………… 86599137

新技术研发中心

副主任 …………… 86599136

分析化验中心

主任 ……………… 86033766
副主任 …………… 86033539
……………………… 86033500

装备服务部
主任……86033681
副主任……86033533
其他
档案室……86597642

长庆固井公司

领导
总经理、党委副书记86598250
党委书记、纪委书记、工会主席……86597889
副总经理、安全总监86594563
副总经理……86594701
……86598773
总会计师……86593690
……86596279
综合办公室（党委办公室）
主任……86598570
办公室……86594573
党群工作科
副科长……86592657
办公室……86593394
人事劳资科（党委组织科）
科长……86596940
办公室……86594575
生产运行科
科长……86597794
办公室……86594702
工艺技术科
科长……86597546
办公室……86594703
计划财务科
科长……86596949
办公室……86592280
质量安全环保科
科长……86592679
办公室……86592439
企管经营科
科长……86592042
办公室……96572697
安全环保监督站
办公室……86596947
事务管理站
办公室……86595235
物资供应站
站长……86598894
第一固井服务部
经理……86500812
党总支书记……86508884
副经理……86500823
综合组……86508907
技术组……86500882
高沟口调度室……86508937
物资供应站高沟口库86500871
固井二中队队长……86508937
固井七中队队长……86572515
顺宁调度室……86572502
第二固井服务部
经理……8381900
党总支书记……8381028
副经理……8381526
……8381561
综合组……8381071
马岭调度室……8381735
生产技术组……8381047
安全组……8381731
监督站监督员……8381312
物资供应站马岭库……8381405
固井三中队队长……8382999
水泥库……8381405
第三固井服务部
经理……86503751
党总支书记……86503762
副经理……86505490
综合组……86505350
技术组……86503754
安全组……86505644
监督站监督员……86502709
靖边调度……86505348
靖边化验室……86574391
水泥库……86505323
物资供应站靖边库 86505237
固井四中队队长 13636886896
固井五中队队长……86505544
固井六中队队长 15319599977
第四固井服务部
经理……0912－4596897
党总支书记 0912－4540362
副经理……0912－4540367
……0912 4596471
综合组……0912－4596724
生产组……0912－4596472
技术组……0912－4596710
安全组……0912－4596719
固井一中队队长
……0912－4596702
特车修理厂
厂长……8381035
支部书记……8381064
综合组……8381813
生产组……8381460
原机电公司大楼……8381461

长庆管具公司

领导
总经理、党委副书记86598261
党委书记、纪委书记、工会主席……86598976
副总经理……86598272
副总经理、总会计师86592171
副总经理、安全总监86592577
副总经理……86596175
正科级领导……86595758
综合办公室
主任……86592079
副主任……86592079
主办……86595753
人事劳资科
科长……86592238
主办……86595752
党群工作科
主任……86592726
主管……86592834
主办……86592834
财务资产科
科长……86592767
主管……86592530
主办……86592953
生产运行科
科长……86592187
主办……86595151
……86592179
市场开发科
科长……86595207
企管经营科
副科长……86592558
主办……86592400
技术装备科
科长……86597960
主办……86592764
质量安全环保部
科长……86597873
副科长……86597873
主办……86598275
机关附属
事务管理站办公室 86595753
安全环保监督站副站长
……86592376
安全环保监督站主办86598277
物资供应站
主办……86598179
宁定服务部
经理……6952456
副书记……6952458
副经理……6952455
……6952555
技术组……6952544
门岗……6952541
生产运行办……6952450
综合办公室……6952545
姬塬前指负责人……86502515
姬塬前指调度……86503644
陇东服务部
经理……8381280
书记……8381664
副经理……8381353
……8381353
……8381000
生产运行办……8381371
综合办……8382873
传真……0934－8382873
质量技术……8381341
资产管理……8381592
安全……8381666
门岗……8381794
西峰前指……0934－8621152
东坪前指……86572125
……86572388
高沟口前指……86508935
……86508935
靖边服务部
经理……86502770
书记……86505392
副经理……86505070
……86502552
……86505070
生产运行办……86505170
综合办……86505309
资产组……86502539
门岗……86505201
传真……029－86505309
乌审旗前指……15894908006
乌审旗前指……13654771764
井控中心
经理……6952558
书记……6952591
副经理……6952592
……6952530
综合办……6952593
吊车队
队长……8381343
书记……8381343
副队长……8381343
综合组……8381343

长庆运输总公司

领导
总经理、党委副书记 6597256
党委书记、副总经理、安全总监……86596878
党委副书记、纪委书记、工会主席……86597078
副总经理、搬安分公司经理
……86592365
副总经理……86596738
副总经理、总会计师86599058

副总经理 ………… 86597088
副总经理、搬安分公司书记
……………………… 86598673
副总经理 ………… 86597713
安全副总监 ……… 86597362
总经理办公室
主任 ……………… 86592154
副主任（传真） … 86597028
档案室 …………… 86594022
生产运行科
科长 ……………… 86597137
副科长 …………… 86597138
生产值班（传真） 86597136
……………………… 86597163
人事劳资科
科长 ……………… 86597235
组织、调派、定额、劳资、统筹 ……………… 86597236
人事档案………… 8593445
经营管理科
科长 ……………… 86597150
计划、统计、后勤、合同、法律 ……………… 80597200
财务资产科
科长 ……………… 86597083
副科长 …………… 86597359
税收、资产、油材料86597081
成本、资金、结算 86597082
多种经营 ………… 86597037
质量安全环保科
科长 ……………… 86597481
工业环保、质量节能、交通安全 ……………… 86597361
技术机动科
科长 ……………… 86597221
政工科
科长 ……………… 86597482
纪检监察科
科长 ……………… 86597483
工会办公室
副主席 …………… 86597262
信访办公室
主任 ……………… 86596163
副主任…………… 8592352
机关事务
主任 ……………… 86597485
机关总支
书记……………… 8591475
离退管理
离退休办公室……… 8593158
安全环保监督站
站长 ……………… 86593969
交通、工业 ……… 86597039
工业、环境………… 8592142

信息服务中心
主任 ……………… 86597223
教育培训中心
主任……………… 8593146
书记……………… 8593144
技能鉴定………… 8594913
保卫科
副科长 …………… 86597830
……………………… 8592374
内勤……………… 8592479
钻井搬安分公司
副书记、工会主席 86593467
副经理 …………… 86592730
……………………… 86591070
……………………… 86593467
……………………… 86591070
综合办公室 ……… 86592009
人事劳资室 ……… 86597209
HSE办公室 ……… 86591190
设备办公室 ……… 86591190
财务办公室 ……… 86594600
计划办公室 ……… 86592710
生产办主任 ……… 86597293
生产办副主任 …… 86597203
监督站 …………… 86591190
运输一分公司
经理 ……………… 86597486
综合办公室 ……… 86596224
调度 ……………… 86597226
……………………… 86597955
……………………… 8593393
财务办公室 ……… 86597487
运输二分公司
经理 ……………… 86598402
综合办公室 ……… 86598471
调度 ……………… 86598842
财务办公室 ……… 86597131
运输三分公司
经理 ……………… 86597982
综合办公室 ……… 86598470
调度 ……………… 86597230
……………………… 86597865
……………………… 8598321
财务办公室 ……… 86592156
客运分公司
经理 ……………… 86594853
综合办公室 ……… 86593549
调度 ……………… 86598772
财务办公室 ……… 86598977
小车中队 ………… 86596719
驾驶培训学校
校长 ……………… 86593028
综合办公室 ……… 86597059
调度 ……………… 86598321

……………………… 86595857
财务办公室 ……… 86598321
教务培训………… 8597885
器材供应站
站长 ……………… 86598475
综合、油材料 …… 86597225
稽核、审核……… 8597134
庆城库房………… 8592258
陕西长庆专用车制造有限公司（汽车修理厂）
经理、厂长 … 029－33693228
总支书记……… 85938593964
副经理 ………… 86512434
副经理、副书记
……………… 029－33693226
财务总监…… 029－33693216
副经理……… 029－33693229
技术总监…… 029－33693238
副经理、副厂长…… 8592454
副经理……… 029－33693239
……………… 029－33693208
副经理、副厂长…… 8592325
陕西长庆专用车制造有限公司
公网区号：029
经营财务部 ……… 33693216
行政管理部 ……… 33693201
物资采供部 ……… 33693233
市场营销部 ……… 33693202
产品研发部 ……… 33693212
质量安全监督部 … 33693298
制造车间 ………… 33693288
汽车修理厂安全生产部 8593903
综合管理部……… 8592325
技术质量部……… 8592324

长庆石油工程监督公司

领导
总经理、党委副书记86595615
党委书记、纪委书记、工会主席
……………………… 86599055
副总经理 ………… 86591531
……………………… 86599102
……………………… 86595634
……………………… 86593759
综合办公室（党委办公室）
主任 ……………… 86592424
纪委副书记 ……… 86592836
工会副主席 ……… 86594172
副主任 …………… 86592748
秘书 ……………… 86596222
……………………… 86592476
工程监督科
科长 ……………… 86594348
副科长 …………… 86596792

……………………… 86592770
干事 ……………… 86592737
人事劳资科
科长 ……………… 86594349
干事 ……………… 86592149
……………………… 86592924
经营财务科
科长 ……………… 86592637
干事 ……………… 86594350
……………………… 86592784

西安长庆钻宇实业集团有限公司

领导
总经理 …………… 86598919
党委书记、纪委书记、工会主席 ……………… 86594181
副总经理、安全总监86598679
副总经理 ………… 86594180
……………………… 86594788
总会计师 ………… 86591066
公司（党委）办公室
主任 ……………… 86594614
主办 ……………… 86594615
党群工作科
科长 ……………… 86594615
计划财务科
科长 ……………… 86594190
副科长 …………… 86594192
主办 ……………… 86594205
……………………… 86596172
……………………… 86594192
人事劳资科（组织科）
科长 ……………… 86594613
副科长 …………… 86594206
生产运行科
科长 ……………… 86594207
主办 ……………… 86594352
企管法规科
副科长 …………… 86594507
主办 ……………… 86596176
质量安全环保科
科长 ……………… 86594182
主办 ……………… 86594354
技术服务科
副科长 …………… 86593416
质量安全环保监督站
站长 ……………… 86594182
副站长 …………… 86598926
物资供应部
经理 ……………… 87974572
钻前工程分公司
经理……………… 8381191
……………………… 6931313

书记、副经理……6935298
副经理……6935436
……6939061
综合办公室……6930277
计划财务办……6935288
生产运行办……6932721
QHSE办……6930272
长丰宾馆……6935289
印刷厂……6935423

野营房制造分公司

经理……86025125
书记……86028391
副经理……86026025
经理助理……86028739
综合办公室……86027845
生产办公室……86022495
经营办公室……86022490
市场办公室……86022491

机电制造维修分公司

经理……86020909
书记……86028381
副经理……86027877
……86027151
……86027220
综合事务办……86020077
计划财务办……86027012
生产技术办……86020009
市场开发办……86027730
西川电器设备厂……8381331
石油工具厂……8382940
河东机电修造厂……6952498

石油工具制造公司

经理……86031971
副经理……86031972
……86031973
经理助理……86032817
办公室……86033173
计划财务部……86032148
市场开发部……86031607
生产技术部……86032817

西安市恒易工贸有限责任公司

经理……86269418
副经理……86239345
……87974573
综合部……86291253
财务部……68612600
技术发展部……68612593

生活服务分公司

经理……86593544
书记……86593542
副经理、前线物业服务部经理
……86594013
综合办公室……86593543
安全办公室……86594194
人事办公室……86596051
物业办公室……86591233
房产办公室……86596797

钻井项目部

副总经理、项目长
……0477－7261158
……86598679
副项目长……0477－7261158
……0477－7261159
生产运行组……0477－7215389
安全监管组……0477－7215389
综合组……0477－7215389

国际工程公司西安事业部

领导

总经理……86598141
副总经理……86592708
……86593375
……86593376
……86598146

综合办

主任……86592142
市场……86598143
车辆管理……86591010
主办……86598187
传真……86598140

人事劳资部

科长……86594126
干事……86596577
主办……86598149
主办传真……86596717

财务部

科长……86592252
主办……86595194
……86595490
传真……86592251

生产保障科

负责人……86592757
主办……86598142
……86592743
……86592745
……86593554
外聘专家……86594230
传真……86592726
会议室……86592702
……86594871
……86594873

其他企事业单位

中国石油测井有限公司长庆事业部

领导

经理……86029986
党委书记……86028889
副书记、纪委书记、工会主席
……86029699
生产副经理、安全总监 6027866
副经理、解释总工程师 6027168
市场副经理……86028956
副经理、总会计师 86027698
副总工程师……86027886
安全副总监……86027996
副总工程师……86029820

经理（党委）办公室

主任……86029811
副主任……86025541
经理（党委）办公室 86029622
……86029611

人力资源部

经理……86029709
副经理……86029711
办公室……86029601

计划经营部

经理……86029822
副经理……86029383
计划管理……86025511
基建管理……86025860

市场部

经理……86029681
副经理……86029661
……86029661
办公室……86029728

生产技术部

经理……86027550
副经理……86025216
……86029700
技术管理……86029687
设备管理……86029761
生产调度……86029690

财务资产部

经理……86029781
副经理……86029718
报销室……86029671

质量安全环保部

经理……86029663
副经理……86029707
……86029620
……86029707
办公室……86029629

职工培训中心

主任……86029599
副主任……86029809
……86029809
办公室……86029809

党群工作部

主任……86029651
副主任……86029603
广播电视组（团委）86029677
工会……86029603

纪检监察部

主任……86029701
办公室……86029706

离退休管理站

站长……86028416
办公室……86028941

解释中心

主任……86029801
书记……86029797
副主任……86029790
……86029790
……86029778
解释一室……86029721
解释二室……86020467
研究室……86029717
统计室……86028366

信息档案中心

主任……86029751
副主任
……86029602
信息室……86027388
信息机房……86029770

基地服务部

经理……86029621
书记……86029631
副经理……86029712
……86029692
……86027958
基建维修组……86029760
……86029780
综合办公室……86029817

仪修中心

主任……86029682
书记……86029672
副主任……86029713
……86029713
……86027228
综合办公室……86029655

器材供应部

经理……86029617
书记……86029821
计划组……86020349
管理组……86029792
采购组……86029786
配送组……86020348
验收组……86026402
保管组……86026403

方元公司

董事长……86029608
总经理……86028305
副总经理……86029606

………………… 86029680
总经理助理 ……… 86029650
………………… 86029660
党总支书记 ……… 86029609
安全副总监 ……… 86029741
副总工程师 ……… 86029742
销售副总监 ……… 86029802

长庆石化公司

总经理办公室
主任 ……………… 86509126
外事接待 ………… 86509616
秘书 ……………… 86509222
机要 ……………… 86509730
业务 ……………… 86509125
党群工作处
主任 ……………… 86509137
副主任 …………… 86509135
人事处
处长 ……………… 86509135
副处长 …………… 86509122
教育培训 ………… 86509803
人力资源管理 …… 86509121
工艺技术设备处
处长 ……………… 86509325
业务 ……………… 86509208
质量安全环保处
处长 ……………… 86509428
质量 ……………… 86509901
安全 ……………… 86509154
综合治理办公室
主任 ……………… 86509842
业务 ……………… 86509130
规划计划处
处长 ……………… 86589733
计划 ……………… 86509298
审计监察法规处
处长 ……………… 86589062
内控 ……………… 86589783
审计监察法规 …… 86589783
生产运行处
处长 ……………… 86021292
业务 ……………… 86509005
………………… 86509709
财务处
处长 ……………… 86509169
核算 ……………… 86509164
报销 ……………… 86509165
物资采办部
主任 ……………… 86509231
业务 ……………… 86509220
………………… 86509362
营销调运部
主任 ……………… 86509285
办公室 …………… 86509682
质检部
主任 ……………… 86509138
业务 ……………… 86021053
科技信息部
主任 ……………… 86509939
办公室 …………… 86509484
安全监督部
主任 ……………… 86021293
办公室 …………… 86589970
运行保障部
主任 ……………… 86509109
副主任 …………… 86509152
………………… 86509575
业务 ……………… 86509155
运行一部
主任 ……………… 86021291
区块主任 ………… 86021290
运行二部
主任 ……………… 86509021
区块主任 ………… 86509190
运行三部
主任 ……………… 86509431
技术组 …………… 86509747
油品运行部
主任 ……………… 86509236
副主任 …………… 86509237
业务 ……………… 86509232

东方地球物理勘探有限责任公司物资供应中心长庆分中心

领导
主任……………… 6934890
书记……………… 6934566
副主任…………… 6934883
………………… 6934883
传真……………… 6934713
管理组
管理组办公室……… 6934881
微机室…………… 6934884
银川库…………… 6934794
财务室
财务室…………… 6934701
计划组
计划组…………… 6934887
采购组
采购组…………… 6934786
保管组
库房主任………… 6956425
物资验收………… 6956428
保管员办公室……… 6956452
门岗……………… 6956427
现场组
组长（传真）……… 6956597
物资配送………… 6956420
油库组
油库……………… 6956453
机修库组
机修库…………… 6956526

东方地球物理勘探有限责任公司东部事业部长庆经理部

领导
处长 ……………… 86580030
副处长 …………… 86580032
………………… 86580035
………………… 86580037
………………… 86580051
………………… 86580052
总会计师 ………… 86580053
总工程师 ………… 86580038
副总地质师 ……… 86580057
副总工程师 ……… 86580036
行政办公室 ……… 86580055
处长……………… 6938988
书记……………… 6938986
财务总监………… 6934899
总工程师………… 6934858
生产副处长……… 6934878
………………… 6934898
处长办公室
主任……………… 6934737
经营副处长……… 6934819
纪委书记………… 6934815
纪委主任、综合演播室 6934746
行办副主任 ……… 6934829
党委工作部……… 6934824
纪委办公室……… 6934742
传真……………… 6934800
计划经营科
科长……………… 6934724
办公室…………… 6934725
技术支持中心
主任……………… 6934859
监理中心………… 6934711
………………… 6934712
办公室…………… 6934857
九公里供应站
办公室…………… 6956527
九公里装备站
办公室…………… 6956434
………………… 6956442
………………… 6956443
………………… 6956449
………………… 6956451
………………… 6956528
………………… 6956529
………………… 6956543
………………… 6956576
劳资科
人事科…………… 6934822
传真……………… 6934738
生产运行科
副科长…………… 6934750
副总……………… 6934702
技术部科长……… 6934751
………………… 6934752
办公室…………… 6934743
市场部
主任……………… 6934723
办公室…………… 6934721
装备服务公司
经理……………… 6934709
财务室…………… 6934717
办公室…………… 6934710

东方地球物理勘探有限责任公司装备事业部长庆作业部

东区支持部
主任……………… 6934705
副书记…………… 6934708
副主任…………… 6934766
………………… 6934767
QHSE 办公室……… 6934703
仪器技术………… 6934765
财务室…………… 6934892
测绘 1 号………… 6934872
测绘 3 号………… 6934874
测绘 4 号………… 6934875
司机室…………… 6934891
仪修……………… 6934894
综合服务办公室…… 6932282
办公室…………… 6934707
………………… 6934527
测量部
副主任…………… 6934867
………………… 6938164
技术支持室……… 6934792
九公里装备站
办公室…………… 6956160
………………… 6956234
仪器工程部
副主任…………… 6934528
………………… 6934543

东方地球物理勘探有限责任公司矿区服务事业部长庆基地管理处

领导

基地处书记、主任 …… 6934868
基地处副书记……… 6934831

九公里供应站

办公室……… 6956514
……… 6956525

九公里装备站

办公室……… 6956471
……… 6956520
……… 6956523

九公里综合服务中心

办公室……… 6956128
……… 6956129
……… 6956277
……… 6956280
……… 6956284
……… 6956292
……… 6956318
……… 6956319
……… 6956320
……… 6956324
……… 6956334
……… 6956339
……… 6956340
……… 6956343
……… 6956348
……… 6956371
……… 6956375
……… 6956390
……… 6956401
……… 6956403
……… 6956455
……… 6956464
……… 6956479
……… 6956483
……… 6956484
……… 6956487
……… 6956489
……… 6956491
……… 6956496
……… 6956504
……… 6956508
……… 6956512
……… 6956513
……… 6956522
……… 6956628
……… 6956811

经营财务部

主任……… 6934798
办公室……… 6934797

综合技术服务室

办公室……… 6934758

项目组

办公室……… 6934706

人力资源部

办公室……… 6934727

燕翔园餐厅

订餐电话……… 6934888

银川离退休办公室

办公室……… 6934889

东方地球物理勘探有限责任公司物探研究院长庆分院

领导

院长 ……… 86580018
副院长 ……… 86580007
书记 ……… 86580008
副书记 ……… 86580005
总工程师 ……… 86580006

综合办公室

办公室 ……… 86580001
……… 86580009
……… 86580013
……… 86580011
……… 86580012
……… 86580015

财务科

科长 ……… 86580003

长庆基地管理处

退休办 ……… 86580191

解释处

主任 ……… 86580013
……… 86580014

职工食堂

食堂 ……… 86580231

长庆输油气分公司

领导

经理……… 6936801
书记……… 6936606
纪委书记……… 6936600
副经理……… 6936807
……… 6936607
……… 6936870
工会主席……… 6936803
副经理……… 6936605
……… 6936604
……… 6936809
……… 6936805

办公室

主任……… 6936813
副主任……… 6936814
……… 6936273
打字室……… 6936817

人事科

科长……… 6936829
副科长……… 6936830
办公室……… 6936831

群工科

科长……… 6936701
副科长……… 6936820
……… 6936816
记者站站长……… 6936822

安全科

总监……… 6936877
科长……… 6936845
安全员……… 6936848
科员……… 6936846

经营计划科

科长……… 6936840
副科长……… 6936844
计划……… 6936842

生产科

科长……… 6936833
副科长……… 6936835
仪表……… 6936838
电气……… 6936839
综合调度……… 6936837
调度值班……… 6936811

运销科

科长……… 6936836
科员……… 6936337

财务科

科长……… 6936828
副科长……… 6936825
审核……… 6936823
出纳……… 6936827
会计……… 6936826

管道保卫科

科长……… 6936849
副科长……… 6936860
……… 6936859
管道保卫……… 6936851

供应科

科长……… 6936843
计划采购……… 6936841

项目办

主任……… 6936821
副主任……… 6936873
办公室……… 6936894

小车队

队长……… 6936750
副队长……… 6936792
安全员……… 6396751
调度……… 6936752

矿区服务管理中心

主任……… 6936600
副主任……… 6936761
……… 6936482
书记……… 6936722
综合办公室主任…… 6936764
工会主席……… 6936723
综合办公室……… 6936717
运行管理科科长…… 6936431
办公室……… 6936733
离退休管理科科长 … 6936763
办公室……… 6936765

工程公司

经理……… 6936738
书记……… 6936740
副经理……… 6936739
劳资……… 6936741
技术室……… 6936742
合同后勤……… 6936743
小车班……… 6936724

监理公司

经理……… 6936629
书记……… 6936748
副经理……… 6936746
……… 6936357
办公室……… 6936630

曲子输油站

站长……… 6936877
书记……… 6936845
副站长……… 6936848
……… 6936846
会议电话……… 6958894
财务室……… 6958917
技术室……… 6958899
计量班……… 6958901
站控室……… 6958903
锅炉房……… 6958909
加热炉……… 6958906
消防泵房……… 6958904
变电所……… 6958902
食堂……… 6958911
门卫……… 6958905

山城输油站

站长……… 6958886
书记……… 6958880
副站长……… 6958881
……… 6958878
技术室……… 6958883
核算员……… 6958879
小班调度……… 6958891
化验室……… 6958874
变电所……… 6958877
食堂……… 6958889
锅炉房……… 6958875
门岗……… 6958876
干部值班……… 6958872
小班调度……… 6958870
变电所……… 6958871

惠安堡输油站

站长……… 6958839
副站长……… 6958858

…………………… 6958861
…………………… 6958939
技术员…………… 6958856
小班调度………… 6958832
变电所…………… 6958833
油化验…………… 6958834
运销……………… 6958862
安全员…………… 6958835
锅炉房…………… 6958837
消防泵房………… 6958838
加热炉…………… 6958836
财务室…………… 6958940
食堂……………… 6958859
门卫……………… 6958918
甜水小班调度……… 6958865
输油三处油站……… 6958866

维修队

队长……………… 6958860
副队长…………… 6958863
…………………… 6958840
技术室…………… 6958913
值班……………… 6958914
仪表班…………… 6958913

滚泉输油站

站长……………… 6958928
书记……………… 6958887
副站长…………… 6958885
干部值班………… 6958885
技术室…………… 6958887
变电所…………… 6958882
站控室…………… 6958915

鸣沙泵站

站长……………… 6958689
副站长…………… 6958688
…………………… 6958650
技术室…………… 6958704
水泵房…………… 6958647
变电所…………… 6958677
锅炉房…………… 6958707
维修班…………… 6958640
食堂……………… 6958703
门岗……………… 6958674

石空输油站

站长……………… 6958736
书记……………… 6958740
副站长…………… 6936737
…………………… 6958812
技术室…………… 6958773
财务室…………… 6958772
运销……………… 6958756
后勤……………… 6958743
会议室…………… 6958771
站控室…………… 6958741
维修班…………… 6958811
变电所…………… 6958764
加热炉…………… 6958769
锅炉房…………… 6958784
栈桥……………… 6958775
消防泵房………… 6958754
化验……………… 6958750
食堂……………… 6958787
门岗……………… 6958814
渠口……………… 6958926
机房……………… 6958800
呼炼代表………… 6958797
石空车站………… 6958777

消防队

队长……………… 6958807
副队长…………… 6958770

庆阳子弟总校

校领导

书记……………… 8593775
副校长…………… 8592724
…………………… 8592725

机关、后勤

综合办主任……… 8693687
办公室…………… 8593151
传真……………… 8593686
劳资……………… 8592171
工会……………… 8595427
团委……………… 8592047
财务科长………… 8596541
财务科…………… 8592720
总务主任………… 8593560

长庆一中

教务主任………… 8591035
教务副主任……… 8592295
教导处…………… 8593109
统计室…………… 8593444
电教室…………… 8592660
德育副主任……… 8593617
德育处…………… 8592646
值班室…………… 8597521
门岗……………… 8597154

第一小学

校长……………… 8592886
书记……………… 8593738
副校长…………… 8591036
办公室…………… 8590775
德育……………… 8592887
教务处…………… 8593224
门卫……………… 8592898

第二小学

校长……………… 8592897
副校长…………… 8595366

宁夏长庆高级中学

校长……………… 6932806
副校长…………… 6933485
…………………… 6932798
综合办主任……… 6932792
教务处主任……… 6932794
德育处主任……… 6939032
总务处主任……… 6933744
综合办公室……… 6939046

宁夏长庆九年制学校

校领导

校长……………… 6931789
副校长…………… 6930985
…………………… 6933470
…………………… 6930959
…………………… 6930232
校长助理………… 6930238
综合办主任……… 6930236
教务处主任……… 6930229
教研室主任……… 6931033
德育处主任……… 6931176
总务处主任……… 6931031

初中部

办公室…………… 6930233
教务处…………… 6930235
德育处（团委）…… 6930244
教研室…………… 6930231
总务处…………… 6930230
财务室…………… 6930239
门岗……………… 6930234
图书室…………… 6930993
微机室…………… 6930246
维修室…………… 6930987
二楼教师办公室…… 6930237
三楼教师办公室…… 6930979
四楼教师办公室…… 6930240
…………………… 6930997
东二楼教师办公室 … 6930224
东三楼教师办公室 … 6930264

小学部

办公室…………… 6932637
教务处…………… 6931030
教研室…………… 6930251
德育处…………… 6933404
总务处…………… 6933834
门岗……………… 6931032
1 号楼二楼教师 …… 6930252
2 号楼一楼教师 …… 6930321
2 号楼二楼教师 …… 6930322
2 号楼三楼教师 …… 6930323
2 号楼四楼教师 …… 6930324
2 号楼五楼教师 …… 6930320
3 号楼一楼教师 …… 6930248
3 号楼二楼教师 …… 6930249
3 号楼三楼教师 …… 6930250
4 号楼二楼教师 …… 6930219

长庆八中

校长室 ………… 86592161
书记室 ………… 86591745
副校长 ………… 86594090
……………… 86596476
行政办公室 ……… 86596475
安全保卫处 ……… 86597330
大队部 ………… 86591147
德育处 ………… 86594191
电教中心 ……… 86596473
教务处 ………… 86594301
教研室 ………… 86593577
门岗值班室 ……… 86594215
综合办总机 ……… 86596337
总务处办公室 …… 86596477

中国石油天然气管道通信电力工程总公司长庆通信公司

经理……………… 6936755
副经理…………… 6936758
办公室…………… 6936753
值班室…………… 6936100
技术室…………… 6936756
维修班…………… 6936759
网络机房………… 6936800
通信机房………… 6936900

中国石油天然气运输公司长庆运输分公司

经理、党委书记 … 82058383
副经理、安全总监 82058384

4. 塔里木油田公司

地址：新疆维吾尔自治区库尔勒市塔指　　邮政编码：841000　　公网区号：0996

办公室

主任……2171150
副主任……2171370
……2171093
总值班室……2171208
……2171209
文秘科……2171222
……2171371
信访办……2175571
……2171115
综合科……2171100
……2171133
机要科……2171964
……2171384
传真……2171210

人事处（组织部）

处长……2172099
副处长……2173883
……2176668
干部管理科……2176203
……2171776
技术培训科……2172800
……2171177
劳动组织科……2171772
……2171771
……2171766
工资科……2171874
……2171774
人事服务中心……2172515
……2172503
……2171764
……2175570
……2173752
人才交流中心……2171789
……2175627
……2173140
兴塔公司……2172981
……2171707
……2171532
……2171711
……2171619

生产运行处

处长……2173118
副处长、钻井技术办公室主任
……2176318
副处长……2172691
……2172300
……2175216
钻井技术办公室
副主任……2172563
……2171520
……2175927
总值班室……2171335
……2171320
……2171321
协调科……2171348
……2171330
水电讯管理科……2172879
……2171915
公关办……2171950
……2171864
……2173540
钻井管理科……2171203
……2171353
……2171468
油田公路管理处
处长……2171347
副处长……2171824
养路费征稽站……2171846
……2171523
……2171832
……2171847

财务处

处长……2171658
副处长……2175373
会计中心主任……2176316
造价管理中心主任……2176448
信息管理科……2176009
……2172069
……2173165
资金管理科……2172708
……2171714
……2171710
预算管理科……2175976
……2175977
传真电话……2175367
税收管理科……2174710
……2171715
资产管理科……2171725
……2171716
稽核科……2173716
价格管理科……2175003
……2174719
会计中心……2171713
……2174162
……2171660
结算中心……2174951
……2176267
……2171615
……2171556
……2175412

党群工作处

处长……2171162
副处长……2171988
……2171588
宣传科……2171746
……2171159
党建科……2171163
……2172337
……2172017
企业文化科……2172028
……2171231
工会主任……2173673
工会办……2171986
团委书记……2171987
……2174683
年鉴编辑部……2172299
……2174607
……2176134

审计处

处长……2171763
副处长……2171811
基建审计科……2171821
……2174633
……2172801
合同审计科……2171819
……2174707
……2171813
财务审计科……2171812
……2174705
……2172033

纪检监察处

处长……2171830
副处长……2172061
纪检监察一科……2172010
纪检监察二科……2174921
纪检监察三科……2171612
……2174921
举报电话……2172016

企管法规处

处长……2175319
主任……2171969
副处长……2171571
……2171797
副主任……2172673
经营管理科……2171800
……2176232
……2171796
……2171586
市场管理科……2171804
……2174992
法律事务科……2174563
……2174561
内控管理中心……2171809
……2171848
基层管理科……2171759
……2176450
政策研究室……2176158
……2171849
调研员……2176151
……2172501

规划计划处

处长……2172373
评价中心主任……2176165
副处长……2172262
……2171948
调研员……2172637
投资管理科……2171735
……2174716
……2174717
……2171735
规划管理科……2171737
……2174670
……2172478
……2175012
计划统计科……2171744
……2171803
基建管理科……2172618
……2174359
评价中心……2171739
……2172633
……2172302
工程质量监督站……2171562
……2174419
……2175475
……2174419

技术发展处

处长……2172320
副处长……2171080
技术管理科……2171930

…………………… 2174778
科研管理科………… 2174297
…………………… 2175044
信息中心…………… 2171868
…………………… 2171867
…………………… 2173470

外事装备处

处长…………………… 2176269
副处长………………… 2171925
…………………… 2175249
对外合作科………… 2171935
…………………… 2171655
引进科……………… 2175240
…………………… 2171928
…………………… 2171951
装备科……………… 2175948
…………………… 2174458
…………………… 2176427

质量安全环保处

处长…………………… 2171662
副处长………………… 2175618
…………………… 2174520
…………………… 2171357
安全监督管理科…… 2171354
…………………… 2171934
节能环保科………… 2175123
…………………… 2173804
…………………… 2171327
质量管理科………… 2171932
…………………… 2174343
卫生防疫站………… 2171881
…………………… 2171742
PHA 小组办公室 … 2176700

炼化管道处

处长…………………… 2172761
副处长………………… 2172760
炼化科……………… 2172701
管道科……………… 2174107

勘探开发研究院

院长…………………… 2171398
书记…………………… 2171782
常务副院长………… 2172251
副院长………………… 2171443
…………………… 2172096
安全总监…………… 2172136
总工程师…………… 2174844
…………………… 2172102
副总师……………… 2174519
…………………… 2175231
综合办……………… 2171066
…………………… 2172449
科技管理科………… 2175468
…………………… 2172127
…………………… 2172039
一体化办公室……… 2175143
…………………… 2172147
开发所……………… 2171267
…………………… 2172447
…………………… 2174028
综合室……………… 2172174
…………………… 2171507
采油气所…………… 2172185
…………………… 2175496
…………………… 2174314
油藏评价所………… 2172241
…………………… 2172232
…………………… 2171593
天然气所…………… 2174846
…………………… 2174181
勘探所……………… 2172222
…………………… 2171266
博士站……………… 2172264
气藏地质室………… 2174814
气藏工程室………… 2172141
测井中心…………… 2172240
…………………… 2171429
…………………… 2172219
计算中心…………… 2172078
…………………… 2172115
实验中心…………… 2172240
…………………… 2171429
…………………… 2172219
综合室……………… 2172090
档案馆……………… 2171226
…………………… 2175334
…………………… 2172479

勘探事业部

经理…………………… 2171597
书记…………………… 2171185
副经理………………… 2172263
…………………… 2171455
…………………… 2171404
纪委书记…………… 2172568
经理助理…………… 2173080
总工程师…………… 2171518
综合办……………… 2171417
…………………… 2172550
…………………… 2172044
生产办……………… 2171510
…………………… 2171414
…………………… 2171504
…………………… 2171419
计划经营科………… 2172041
…………………… 2172045
…………………… 2171407
…………………… 2172042
勘探管理科………… 2174679
…………………… 2171428
科技信息部………… 2171425
…………………… 2171472
…………………… 2171484
地球物理技术部…… 2174618
…………………… 2171436
测录井管理科……… 2171435
…………………… 2172555
井筒技术部………… 2171522
…………………… 2171729
…………………… 2171513
钻井技术部………… 2171466
…………………… 2171408
塔北项目经理部…… 2172250
…………………… 2173674
…………………… 2172155
库车项目经理部…… 2172234
…………………… 2172236
…………………… 2174954
塔中项目经理部…… 2172559
…………………… 2171482
…………………… 2171424
…………………… 2175587
塔西南项目经理部 … 2173417
…………………… 2172562
…………………… 2171405
评价项目经理部…… 2171515
…………………… 2173754
…………………… 2171408

开发事业部

经理…………………… 2176338
书记…………………… 2173633
副经理………………… 2172226
…………………… 2172227
…………………… 2175652
…………………… 2171255
…………………… 2174566
…………………… 2175677
…………………… 2171463
总工程师…………… 2171952
综合办……………… 2172434
…………………… 2174339
…………………… 2172441
生产办……………… 2172335
…………………… 2172452
…………………… 2174505
…………………… 2174152
…………………… 2174993
开发管理科………… 2171852
…………………… 2174750
经营管理科………… 2172326
…………………… 2174743
井下作业部………… 2176143
…………………… 2176264
…………………… 2174004
采油工程部………… 2176277
…………………… 2172047
油藏工程部………… 2175304
…………………… 2171359
…………………… 2172743
钻井工程部………… 2174123
…………………… 2174494
…………………… 2174046
…………………… 2174773
天然气工程技术部 … 2174749
…………………… 2174003
…………………… 2174449
…………………… 2172458

轮南作业区

经理…………………… 2178001
书记…………………… 2178002
副经理………………… 2178008
…………………… 2178039
…………………… 2178018
综合室……………… 2178547
…………………… 2178545
…………………… 2178051
生产管理室………… 2178742
…………………… 2178005
…………………… 2178552
调度室……………… 2178552
…………………… 2178005

塔中作业区

经理…………………… 2177217
书记…………………… 2177168
…………………… 2177218
副经理………………… 2177320
…………………… 2177018
综合室……………… 2177353
…………………… 2177351
生产办……………… 2177362
…………………… 2177235

东河作业区

经理、书记………… 2133202
副书记………………… 2133203
副经理………………… 2133218
…………………… 2133205
…………………… 2133209
总监…………………… 2133211
生产办……………… 2133361

综合室…………………… 2133207
技术室…………………… 2133371
总地质室………………… 2133206

哈德作业区

经理、书记……………… 2177999
副书记…………………… 2177996
副经理…………………… 2177997
………………………… 2177995
综合室…………………… 2177800
………………………… 2177801
生产办…………………… 2177810
………………………… 2177811

桑吉作业区

经理……………………… 2136500
书记……………………… 2136600
副经理…………………… 2136507
………………………… 2136504
………………………… 2136503
综合室…………………… 2136655
………………………… 2136526
………………………… 2136517
生产管理部……………… 2136655
生产调度………………… 2136705

天然气事业部

经理……………………… 2174351
书记……………………… 2172227
副经理…………………… 2172439
………………………… 2176368
………………………… 2176069
综合办…………………… 2174513
………………………… 2171775
………………………… 2175916
生产办…………………… 2174517
………………………… 2176077
………………………… 2172664
………………………… 2174367

三级单位

牙哈作业区

经理、书记……………… 2179888
副经理…………………… 2179879
综合室…………………… 2179985
………………………… 2179982
调度室…………………… 2179874
………………………… 2179887
………………………… 2179885

克拉作业区

经理……………………… 2136001
书记……………………… 2136002
副经理…………………… 2136003
………………………… 2136006
综合室…………………… 2136098
………………………… 2136090
生产调度室……………… 2136102
………………………… 2136388

英买力作业区

经理……………………… 2133116
书记……………………… 2133124
副经理…………………… 2133118
综合室…………………… 2133126
………………………… 2133133
生产办…………………… 2133127
调度室…………………… 2133136
………………………… 2133137

销售事业部

经理……………………… 2174350
书记……………………… 2172368
副经理…………………… 2176159
………………………… 2172505
………………………… 2172205
………………………… 2174089
综合办…………………… 2174550
………………………… 2175413
工程技术科……………… 2174622
………………………… 2174672
原油销售科……………… 2176042
………………………… 2174071
轻烃销售科……………… 2172375
………………………… 2175427

物资采办事业部

经理……………………… 2171500
书记……………………… 2171130
副经理…………………… 2171695
………………………… 2175187
………………………… 2171490
综合室…………………… 2171250
………………………… 2172460
生产调度中心…………… 2179170
………………………… 2179111
………………………… 2179070
经营管理科……………… 2171237
物资采办部……………… 2171289
………………………… 2171131
………………………… 2175440
………………………… 2176410
………………………… 2171144
计划科…………………… 2172784
………………………… 2174648

油建项目管理部

经理……………………… 2175859
副经理…………………… 2174866
………………………… 2175601
………………………… 2174535
………………………… 2173276
………………………… 2171583
综合办…………………… 2173425
………………………… 2171574
油建项目办公室………… 2171552
………………………… 2171557
………………………… 2171560
………………………… 2173349
矿建项目办公室………… 2174137
………………………… 2174752
………………………… 2174465
工程管理科……………… 2176153
………………………… 2174094
设计管理科……………… 2171566
………………………… 2174331
质量安全科……………… 2171576
………………………… 2173467

油气生产技术部

经理……………………… 2171268
纪委书记………………… 2172759
副经理…………………… 2175882
………………………… 2175608
………………………… 2175890
总工程师………………… 2175660
综合办…………………… 2171202
………………………… 2172866
生产办…………………… 2174393
………………………… 2174390

监督管理中心

经理……………………… 2172522
书记……………………… 2171801
副经理…………………… 2171196
………………………… 2172243
………………………… 2171281
………………………… 2173013
………………………… 2171286
综合办…………………… 2175065
………………………… 2172570
钻监办…………………… 2174186
………………………… 2174189
地监办…………………… 2172558
………………………… 2175004
………………………… 2172050
试油井下监督办公室 2172824
………………………… 2171469
………………………… 2172624
钻井技术研究所………… 2174217
………………………… 2174923
巡视办公室……………… 2172532
………………………… 2172680

工程技术部

经理、书记……………… 2179520
副书记…………………… 2179022
副经理…………………… 2179105
………………………… 2179045
总工程师………………… 2179280
综合办…………………… 2179060
………………………… 2179203
………………………… 2179063
生产管理科……………… 2179299
………………………… 2179041
调度室…………………… 2179309

塔里木油田工程有限责任公司

经理……………………… 2171982
书记……………………… 2171980
副经理…………………… 2171995
………………………… 2174681
………………………… 2172973
综合办…………………… 2172056
………………………… 2171379
………………………… 2171374
经营科…………………… 2172341
………………………… 2172342

基地管理部

经理……………………… 2175322
副经理…………………… 2171351
………………………… 2171989
………………………… 2173581
综合办公室……………… 2172900
………………………… 2172955
生产经营科……………… 2172895
………………………… 2172835

运输有限责任公司

经理、书记……………… 2172753
副书记…………………… 2172520
副经理…………………… 2175326
………………………… 2175703
………………………… 2171406
生产协调科……………… 2176041
………………………… 2175702
综合办…………………… 2171606
………………………… 2171858

通信有限责任公司

经理……………………… 2171156
副经理…………………… 2173620
副书记…………………… 2176991
副经理、总工程师 … 2173598
综合办…………………… 2173587
生产管理科……………… 2176228
………………………… 2173626
………………………… 2173689
调度室…………………… 2173600

行政事务部

经理、书记……………… 2171870
副经理…………………… 2173908
………………………… 2172790
经理助理………………… 2171883
综合办…………………… 2171878
………………………… 2171877
总务中心………………… 2171590

……………… 2171898
接待服务中心……… 2171879
……………… 2171880
旅行社……………… 2172025
石油宾馆总机……… 2170888

电视文体中心

主任……………… 2171162
书记……………… 2175663
副主任……………… 2175667
……………… 2176171
……………… 2171975
综合办……………… 2175177
新闻部……………… 2173014
……………… 2173098
专题部……………… 2176426
制作部……………… 2173117
技术部……………… 2173109
播出部……………… 2171971
文体部……………… 2174413

教育培训中心

主任……………… 2172499
副主任……………… 2173139
综合管理科……… 2172567
……………… 2172500
职工培训科……… 2173138
……………… 2172492
职业技能培训站…… 2172513
……………… 2172511

巴州石油教育分局
局长……………… 2172605
办公室……………… 2173146
……………… 2172504

工程房产部

主任……………… 2175582
副主任……………… 2172640
房产管理……………… 2175771
财务室……………… 2171973
……………… 2174322

职工医院

院长……………… 2172992
副院长……………… 2172993
副书记……………… 2172997
综合办……………… 2175539
……………… 2173026
医教科……………… 2172996
……………… 2175310

综合治理办公室

主任……………… 2171666
副主任……………… 2175869
……………… 2176138
武装部……………… 2176328
保卫科……………… 2173738
办公室……………… 2172036
……………… 2173711
油田综治办……………… 2174308
计生办……………… 2171993

塔里木石油报社

社长……………… 2171421
通联室……………… 2173151

退休职工管理中心

主任……………… 2172668
副主任……………… 2173092
……………… 2172077
综合室……………… 2174824

乌鲁木齐办事处

地址：乌鲁木齐北京北路 24 号
邮编：841000
总机 0991－6996666

北京联络处

地址：北京朝阳区北沙滩 5 号
邮编：100085
总机 010－64870033

广州办事处

地址：广州市海珠区南洲路 485 号
邮编：510290
总机 020－84174888

塔里木石化分公司

办公室……………… 2132076
……………… 2132328
值班……………… 2132668
安全生产部……………… 2132181
……………… 2132008
……………… 2132213

乙方单位

第一勘探公司

常务副经理……… 2690889
副经理……………… 6788901
办公室……………… 6788905
调度室……………… 2173797

第二勘探公司

经理……………… 2173730
书记……………… 2175816
副书记……………… 2174922
副经理……………… 2175339
……………… 2175450
……………… 2173436
……………… 2173443
综合办……………… 2173439
……………… 2173731
……………… 2173440
生产协调部……………… 2173733

第三勘探公司

经理……………… 2173828
书记……………… 2173529
党委副书记……………… 2174303
副经理……………… 2173522
……………… 2173521
办公室……………… 2173827
生产管理科……………… 2173821
……………… 2175330
……………… 2173534

第四勘探公司

经理、书记……………… 2173559
副书记……………… 2173233
副经理……………… 2173553
……………… 2173831
……………… 2171434
行政办……………… 2173832
生产科……………… 2175314
调度室……………… 2173834
……………… 2173254

第五勘探公司

经理……………… 2173677
书记……………… 2175845
副书记……………… 2175914
副经理……………… 2175924
经理办……………… 2175335
党群办……………… 2173809
企管科……………… 2175246
调度室……………… 2173823

第六勘探公司

经理……………… 2174428
书记……………… 2173508
副经理……………… 2173517
……………… 2173845
……………… 2174774
党政群工部……………… 2173502
……………… 2175407
调度室……………… 2173840
……………… 2173516

第七勘探公司

经理、书记……………… 2257101
副经理……………… 2258103
……………… 2257799
生产运行部……………… 4698839
……………… 2258055
综合管理部……………… 2258063
……………… 2258069
调度室……………… 2130096
……………… 2258055

第八勘探公司

经理……………… 2150058
书记……………… 2150068
综合管理办……………… 2150102
……………… 2150152

第九勘探公司

经理……………… 2250153
副书记……………… 2250597
副经理……………… 2250563
生产安全部……………… 2250725
综合部……………… 2250073
……………… 2258069

塔里木运输公司

经理……………… 2130002
书记……………… 2130004
副书记……………… 2130005
副经理……………… 2130009
……………… 2130008
……………… 2130007
……………… 2130010
……………… 2130013
办公室……………… 2130011

沙漠运输公司

经理……………… 2135818
副经理……………… 2135588
……………… 2135968
……………… 2135990
办公室……………… 2135800
……………… 2135748
生产开发部……………… 2135765
……………… 2135763

塔里木管道分公司

经理……………… 2176238
书记……………… 2176237
副经理……………… 2176236
……………… 2176239
……………… 2176103
……………… 2176230
办公室……………… 2173419

塔西南勘探开发公司

地址：新疆维吾尔自治区喀什泽普塔　　邮编：844804　　公网区号：0998

办公室（党委）

主任……………… 7522047
副主任……………… 7522618
……………… 7522151

总值班室主任…… 7523135
文秘科科长…… 7522367
机要保密办主任…… 7524880
总值班室…… 7523535

生产运行部

主任…… 7522047
…… 7523612
副主任…… 7523023
…… 7522977
协调科科长…… 7522684
公共关系科科长…… 7522840
值班室主任…… 7523881
值班室…… 7522828
…… 7523838

人事（组织）部

主任…… 7523567
副主任…… 7522534
…… 7523127
人事调研员…… 7523699
干部管理科科长…… 7522172
劳动组织科科长…… 7522804
工资保险科科长…… 7523710
鉴定分中心
主任…… 7523521
副主任…… 7522461
社保中心
主任…… 7520166
副主任…… 7522461
人力资源中心副主任 7522384
泽普县塔西南劳务有限责任公司
经理…… 7523906
副经理…… 7523010

计划财务部

主任…… 7523593
副主任…… 7522634
…… 7523378
税务科副科长…… 7523266
资产科科长…… 7522896
计划科科长…… 7523398
预算科科长…… 7522613
稽核科科长…… 7522163
结算中心主任…… 7523073
副主任…… 7522307
规划中心…… 7523862
主任…… 7523862
副主任…… 7523072
造价中心主任…… 7523193
…… 7523193
副主任…… 7523078
…… 7523095
会计中心主任…… 7522264
副主任…… 7521150
…… 7522185
…… 7521153
…… 7520181
…… 7523805

企管法规部

主任…… 7523688
法律顾问…… 7522757
政策法规科科长…… 7522015
经营管理科科长…… 7522348
副主任…… 7522169

工程技术部

副主任…… 7523312
炼化科科长…… 7522736
信息中心主任…… 7522065
副主任…… 7523196

质量安全环保部

主任…… 7522917
副主任…… 7522617
高级主管…… 7522080
安全科科长…… 7522874
质量计量标准化科
科长…… 7523201
环保节能科科长…… 7522554
疾控中心主任…… 7522924
副主任…… 7522903

党群工作部

主任…… 7522902
工会副主席…… 7522547
团委书记…… 7523762
组织科科长…… 7522472
宣传科科长…… 7523713
工会办公室主任…… 7523209
统战科科长…… 7523439
计生办主任…… 7523489
顾问…… 7522216
…… 7521896
…… 7523743

纪检监察部

主任…… 7522983
副主任…… 7522421

审计中心

主任…… 7521195
副主任…… 7522733

维护稳定工作办公室

主任…… 7521037

石化厂

厂长…… 7520232
书记…… 7520917
副厂长…… 7520894
…… 7520558
副书记…… 7520233
安全总监…… 7520215
总工程师…… 7520932
副总工…… 7520251
…… 7520351
办公室
主任…… 7520501
副主任…… 7520818
生产运行科科长…… 7520871
经营财务科科长…… 7520456
副科长…… 7520888
技术科科长…… 7520256
副科长…… 7520905
人事（组织）科科长 7520926
副科长…… 7520909
质量安全环保科科长 7520398
装备科科长…… 7520305
副科长…… 7520817
技术开发应用中心主任 7520608

化肥厂

厂长…… 7520688
书记…… 7520868
副书记…… 7520562
副厂长…… 7520836
…… 7520828
安全总监…… 7520930
厂长助理…… 7520942
副总工…… 7520272
…… 7520846
厂办主任…… 7520981
副主任…… 7520976
生产科科长…… 7520516
副主任…… 7520495
装备科科长…… 7520831
…… 7520509
财务科科长…… 7520887
副主任…… 7520208
技术科科长…… 7520528

勘探工程部

副书记…… 2171851
副经理…… 2171148
…… 2171875
…… 2171148
总工程师…… 2171875
总会计师…… 2174863
经理助理…… 2174865
副总工程师…… 2171149
…… 2174573
安全副总监…… 2174235
…… 2174233
…… 2171730
专业技术副总监…… 2174237
办公室副主任…… 2174572
人事科科长…… 2171164
生产运行科科长…… 2178217
…… 2178341
机动设备科科长…… 2174237
经营计划科
科长…… 2175042
副科长…… 2171154
财务资产科副科长 … 2174570
安全科科长…… 2174233
工程技术部副主任 … 2174235
泽普办事处负责人 … 7523060

柯克亚作业区

经理…… 7523703
书记…… 7523575
副经理…… 7522347
…… 7523156
…… 7522814
副书记…… 7522984
安全总监…… 7522985
总会计师…… 7522256
总地质师…… 7523720
总工程师…… 7523719
办公室主任…… 7523609
生产运行科科长…… 7522258
财务科科长…… 7523573
人事科科长…… 7523707
安全科科长…… 7523796
物资装备科科长…… 7523822
开发技术部主任…… 7523267
副主任…… 7523053
…… 7522458
驻塔里木办事处主任 6765608

炼化销售部

经理…… 7520310
书记…… 7520258
副经理…… 7520878
…… 7520848
总会计师…… 7520862
办公室主任…… 7520268
财务经营科科长…… 7520339
安全装备科科长…… 7520511
化肥业务中心主任 … 7520358
油气业务中心主任 … 7520370

电力工程部

经理…… 7520397
党总支书记…… 7520851
副经理…… 7520973
…… 7520968
…… 2172329
总工程师…… 7520770
办公室主任…… 7520796
财务经营科科长…… 7520901
人事科科长…… 7520923
安全环保科科长…… 7520406
装备科科长…… 7520316
生产技术科科 …… 7520529
驻塔里木办公室主任 2172329

物资供应部

经理…… 7523669
书记…… 7523620
副经理…… 7522103

……………………… 7523352
总会计师…………… 7523120
办公室主任………… 7523071
生产运行科科长…… 7522167
计划合同科科长…… 7523228
财务科科长………… 7522750

运输部

经理………………… 7522512
书记………………… 7255949
副经理……………… 7522491
财务总监…………… 7523360
安全总监…………… 7523316
办公室主任………… 7521059
安全科科长………… 7523389
财务科科长………… 7522309
生产运行科科长…… 7523175

新海公司

经理………………… 7523610
书记………………… 7523099
副经理……………… 7523138
……………………… 7523273
……………………… 7522306
副书记、工会主席 … 7523236
副经理……………… 7523273
总工程师…………… 7523099
财务总监…………… 7522511
经理助理…………… 7520508
副总工程师………… 7522333
办公室主任………… 7523259
人力资源部主任…… 7521133
财务部主任………… 7523602
经营部主任………… 7523885
设备管理部主任…… 7523008
安全环保部主任…… 7521608

工程项目管理部

经理………………… 7522079
副经理……………… 7523427
综合科科长………… 7522935
项目办公室主任…… 7523386
工程管理科科长…… 7523064

矿区服务中心

副主任……………… 7523656
办公室……………… 7523360

编织袋厂

厂长………………… 7520513
书记………………… 7520625
副厂长……………… 7520552
……………………… 7520524
……………………… 7520319
办公室……………… 7520301

实验检测中心

主任………………… 7522112
书记………………… 7522519
副主任……………… 7522515
……………………… 7523418
总工程师…………… 7523050
办公室主任………… 7522877

物业管理部

经理………………… 7523219
书记………………… 7523705
副经理……………… 7522502
……………………… 7522694
……………………… 7522624
总会计师…………… 7523187
办公室主任………… 7523160
副主任……………… 7522604
安全环保科科长…… 7523106
财务科科长………… 7522656
人事科科长………… 7522381
经营科科长………… 7522672

职工医院

院长………………… 7522353
书记………………… 7521158
副书记……………… 7523533
业务副院长………… 7523207
办公室主任………… 7521157
总护士长…………… 7523221
财务科科长………… 7522701
门诊部主任………… 7523335
内系主任…………… 7522577
外系主任…………… 7521981
总务科科长………… 7522798

企业文化中心

主任………………… 7521031
副主任……………… 7522369
……………………… 7522583
……………………… 7522359
办公室主任………… 7522795
文体部主任………… 7522873
装备部主任………… 7523230
新闻部主任………… 7522972

职培中心

主任………………… 7522637
副主任……………… 7522441
……………………… 7522509
办公室主任………… 7522550
组织学习科科长…… 7522579
培训管理科科长…… 7523231
教务科科长………… 7522697
退管中心主任……… 7522797
书记………………… 7522535
副主任……………… 7522508
乌站站长…………… 7725779
库站站长…………… 7124479
人武部部长………… 7523523
副部长……………… 7522990
副政委……………… 7523833
副部长……………… 7522912
办公室主任………… 7522931
军事科科长………… 7522915
内保科科长………… 7523445

塔西南宾馆管理部

经理………………… 7522322
副经理……………… 7522719
……………………… 7522010
……………………… 2073605
……………………… 7525257
执行经理…………… 7523340
财务总监…………… 7522207
财务室主任………… 7522318
办公室主任………… 7523253
副主任……………… 7522680

塔西南邦臣酒店

经理………………… 2586999
副经理……………… 2580382
……………… 2586888－8001
财务总监…………… 2580835
办公室主任 … 2586888－8008
总台………………… 2586888
……………………… 2582777

库车物业公司

公网区号：0997
经理………………… 7128186
书记………………… 7124401
副经理……………… 7138713
办公室主任………… 7124422
生产经营科科长…… 7124406

人武部

部长………………… 7523523
政委………………… 7525591
副部长……………… 7522990
办公室……………… 7522931

通信工程部

经理………………… 7522123
书记………………… 7522236
副经理……………… 7522223
办公室……………… 7522155

仪表运行维护工程部

经理………………… 7520763
书记………………… 7520492
办公室……………… 7520695

乌办

公网区号：0991
经理………………… 7725801
副经理……………… 7725802
办公室主任………… 7725808
总台………………… 7725888
总机………………… 4540022

科汇公司

经理………………… 7522412
副经理……………… 7523280
……………………… 7522945

塔西南公安局

局长………………… 7522166
政委………………… 7522096
副局长……………… 7523264
……………………… 7523440
行政科科长………… 7522117
政工科科长………… 7520159
法制科科长………… 7520152
治安科科长………… 7522416
消防科科长………… 7523777

塔西南教育办公室

主任………………… 7522717
副主任……………… 7523863
综合科科长………… 7520108
教务科科长………… 7522591
财务科科长………… 7523281

5. 新疆油田公司

地址：新疆维吾尔自治区克拉玛依市迎宾路 66 号　邮政编码：834000　公网区号：0990

总经理办公室

地址：新疆克拉玛依市迎宾路 66 号
邮编：834000
公网区号：0990
综合科……………… 6881419
……………………… 6887908
……………………… 6888522
传真………………… 6887790

党委办公室

地址：新疆克拉玛依市迎宾路 60 号
邮编：834000
公网区号：0990
主任………………… 6881121
副主任……………… 6882092

……………………… 6878816
……………………… 6888065
秘书科……………… 6882268
信息科……………… 6883852
督查科……………… 6885122
值班室……………… 6223751
传真………………… 6223751

党委组织部

地址：新疆克拉玛依市迎宾路 60 号
邮编：834000
公网区号：0990
部长………………… 6889786
常务副部长………… 6884808
副部长……………… 6224245
……………………… 6885221
……………………… 6884922
办公室……………… 6883901
……………………… 6881421
组织科……………… 6884349
……………………… 6883528
……………………… 6884659
干部管理一科……… 6883310
……………………… 6882070
干部管理二科……… 6881207
……………………… 6886524
干部监督科………… 6883181
……………………… 6882965
技术干部管理科…… 6888712
……………………… 6883157
干部培训科………… 6889680
……………………… 6887142
干部综合科………… 6882587
……………………… 6881414

党委宣传部

地址：新疆克拉玛依市迎宾路 60 号
邮编：834000
公网区号：0990
副部长……………… 6886692
……………………… 6882712
……………………… 6881332
综合科……………… 6884567
对外宣传办公室…… 6876957
企业文化科………… 6884766
传真………………… 6227894

政法委

地址：新疆克拉玛依市迎宾路 60 号政府机关 1 号楼
邮编：834000
公网区号：0990
书记………………… 6882731
副书记……………… 6881539
维稳办副主任、办公室主任
……………………… 6884827
维稳办副主任……… 6887020
610 办主任、综治办负责人
……………………… 6883272
办公室……………… 6886542
……………………… 6881225
维稳办督查科……… 6884063
综治办综合管理科 … 6882382
执法监督室………… 6863717
传真………………… 6236437

党委史志办

地址：新疆克拉玛依市友谊路 98 号
邮编：834000
公网区号：0990
主任………………… 6888644
年鉴编辑室………… 6884581
志书编辑室………… 6223338
副主任……………… 6223942
党史研究室………… 6888033
……………………… 6883972
传真………………… 6884581

工会

地址：新疆克拉玛依准噶尔路 130 号
邮编：834000
公网区号：0990
主席………………… 6888826
副主席……………… 6883762
……………………… 6888272
……………………… 6882223
办公室……………… 6882292
组织民管部………… 6881710
经济部……………… 6883221
宣教部……………… 6241971
法律部……………… 6885380
保障部……………… 6882106
财务部……………… 6882214
女工部……………… 6883840
经审办……………… 6882171
困难职工帮扶中心 … 6873186
传真………………… 6883210

机关预算办

主任………………… 6881978
副主任……………… 6887720
综合信息科………… 6885830
预算一科…………… 6889130
……………………… 6883879
预算二科…………… 6883478
……………………… 6880127
关联交易科………… 6883843
传真………………… 6883879

开发处

地址：新疆克拉玛依市迎宾路 66 号
邮编：834000
公网区号：0990
处长………………… 6884579
副处长……………… 6886088
……………………… 6882648
综合、天然气科…… 6881232
综合科……………… 6884190
油藏工程科………… 6883093
开发管理科………… 6881337
……………………… 6889237
合作开发科………… 6884745
天然气、油藏工程科 6879386
传真………………… 6881232

基本建设工程处

地址：新疆克拉玛依市迎宾路 66 号
邮编：834000
公网区号：0990
处长………………… 6881317
总监………………… 6883381
副处长……………… 6882188
……………………… 6880571
工程管理科………… 6884402
工程技术科………… 6250002
公建管理科………… 6883441
综合科……………… 6885070

安全环保处

地址：新疆克拉玛依市迎宾路 66 号
邮编：834000
公网区号：0990
安全副总监、处长 … 6222523
副处长、安全……… 6884472
……………………… 6888489
……………………… 6888274
副处长、环保……… 6881360
安全管理（HSE 体系）科
科长………………… 6881760
……………………… 6881401
办公室
……………………… 6888544
综合管理…………… 6888446
安全技术科………… 6879502
……………………… 6884112
交通与消防科……… 6882524
环保管理科
科长………………… 6884312
环保管理…………… 6881561

质量管理与节能处

地址：新疆克拉玛依市迎宾路 66 号
邮编：834000
公网区号：0990
处长………………… 6887766
质量总监…………… 6886909
综合管理科………… 6886405
质量标准管理科…… 6884494
计量管理科………… 6881657
节能管理科………… 6881382
……………………… 6883038
传真………………… 6222837

企业管理处

处长………………… 6883601
总监、副处长……… 6886916
副处长……………… 6883791
独立董事…………… 6889793
内控科科长………… 6884117
主管………………… 6884117
……………………… 6876765
高级主管…………… 6876765
市场科科长………… 6883645
副科长……………… 6886206
高级主管…………… 6886206
改革科科长………… 6886186
副科长……………… 6883098
招标科科长………… 6884651
高级主管…………… 6884651
主管………………… 6862705
综合考核科科长…… 6882294
副科长……………… 6881799
高级主管…………… 6882337
传真………………… 6882337

法律事务处

地址：新疆克拉玛依市迎宾路 66 号
邮编：834000
公网区号：0990
处长………………… 6861191
副处长……………… 6886607
综合管理科………… 6892139
法律事务科………… 6882519
合同管理科………… 6883402
……………………… 6876370
规章制度科………… 6882504

审计处

地址：新疆克拉玛依市友谊路 98 号
邮编：834000
公网区号：0990
处领导……………… 6883132
……………………… 6883572
中心领导…………… 6878655
……………………… 6884317
……………………… 6885489
……………………… 6881638
审计管理科………… 6883635
……………………… 6881638
……………………… 6886488
……………………… 6882113

………………………… 6883997
………………………… 6882346
质量监督科………… 6866037
………………………… 6882527
综合信息科………… 6241864
………………………… 6884921
………………………… 6867992
………………………… 6883793
财务审计一室……… 6883379
财务审计二室……… 6885034
财务审计三室……… 6882627
财务审计四室……… 6881266
财务审计五室……… 6887114
基建审计室………… 6895630
合同审计室………… 6885165
物资采购审计室…… 6884626
驻乌审计室………… 4290051
………………………… 4292417
传真………………… 6884921
………………………… 6867992

资本运营处

处长………………… 6889162
副处长……………… 6888148
………………………… 6878656
综合科……………… 6887740
………………………… 6876313
股权管理科………… 6243864
………………………… 6897526
传真………………… 6876313

数据中心

地址：新疆克拉玛依市长征路 22 号
邮编：834000
公网区号：0990
办公室主任………… 6889160
综合管理…………… 6880756
传真………………… 6880756

职业技能鉴定中心

地址：新疆克拉玛依市友谊路 98 号
邮编：834000
公网区号：0990
主任………………… 6227181
副主任……………… 6882908
………………………… 6888925
综合管理科………… 6883769
………………………… 6883171

资金结算中心

地址：新疆克拉玛依准噶尔路 130 号
邮编：834000
公网区号：0990
主任………………… 6880329
副主任……………… 6887193
………………………… 6882536
综合信息科………… 6887648
结算一科…………… 6887649
出纳一科…………… 6884753
会计一科…………… 6887256
结算二科…………… 6887537
出纳二科…………… 6887205
会计二科…………… 6888054
白碱滩分理处……… 6827454
器材分理处………… 6847228
乌鲁木齐分理处 0991－4293125
准东分理处一科 0994－3830399
……………… 0994－3833105
传真………………… 6225090

集体资产管理中心

地址：新疆克拉玛依市友谊路 98 号
邮编：834000
公网区号：0990
主任办……………… 6882607
综合科……………… 6887260
财务科……………… 6885749
股权科……………… 6885448
………………………… 6887231
………………………… 6883623
传真………………… 6887260

新疆克拉玛依市市委党校 克拉玛依行政学院 克拉玛依电视大学

地址：新疆克拉玛依市友谊路 251 号
邮编：834000
公网区号：0990
校长………………… 6882819
副校长……………… 6998296
………………………… 6882094
………………………… 6884597

行政办公室

主任………………… 6882151
副主任……………… 6887869
文书………………… 6998286
外事………………… 6881045
综合………………… 6998285

机关党委办公室

主任………………… 6883345
副主任……………… 6997003
………………………… 6887516

人事科

科长………………… 6884900
副科长……………… 6881024

财务科

科长………………… 6883150
办公室……………… 6998503
………………………… 6884368

安全科

科长………………… 6881692
办公室……………… 6882459

工会办公室

副主席……………… 6883994
办公室……………… 6883752

企业管理科

副科长……………… 6891650
办公室……………… 6877731
………………………… 6882072

教务处

主任………………… 6885932
副主任……………… 6892762
………………………… 6886975
奥鹏中心主任……… 6882190

培训中心

主任………………… 6998860
副主任……………… 6881523

学生科

科长………………… 6884536
副科长……………… 6883334

计算机教研部

主任………………… 6883850
副主任……………… 6885197

经济管理教研部

主任………………… 6885193
副主任……………… 6882767
政治理论教研部…… 6882265
………………………… 6884202
工程医疗教研部…… 6997271
第一基础教研部…… 6883265
第二基础教研部…… 6884196
外语教研部………… 6883904
信息图书资料中心 … 6882858
………………………… 6881140

总务处

主任………………… 6882549
教导员……………… 6881453
副主任……………… 6883945
………………………… 6880523

新疆石油学院

地址：新疆乌鲁木齐友好南路 91 号
邮编：830000
公网区号：0991

党政办

主任………………… 7850815
………………………… 4291815
副主任……………… 7850849
接待科长…………… 7850843
机要文书…………… 7850820
秘书………………… 7850975
文印室……………… 7850998

党群工作部

主任………………… 7850813
副主任、工会主席 … 7850570
纪委办……………… 7850902
工会办公室………… 7850832

组织人事科

部长………………… 7850811
副部长……………… 7850916
组干………………… 7850829
劳资………………… 7850929
人事………………… 7850894

计划财务办

处长………………… 7850567
核算………………… 7850810
………………………… 7850607
计划统计…………… 7850575
综合办……………… 7850905

资产管理开发处

处长………………… 7850830
基建………………… 7850749
资产设备…………… 7850859

安全保卫处

处长………………… 7850826
内勤………………… 7850379
安全………………… 7850376
综治办……………… 7850110
消防………………… 7850119
值班………………… 7850824
前门值班…………… 7850828
后门值班…………… 7850884

培训部

主任………………… 7850967
副主任……………… 7850752
实训基地…………… 7850952
培训部办…………… 7850727
主任助理…………… 7850517
市场教学管理……… 7850817

教学部

主任………………… 7850516
副主任（团委书记） 7850892
教学部……………… 7850305
教务科长…………… 7850968
成教办主任………… 7850228
教务科……………… 7850862
成教办……………… 7850574

技术工人培训中心

地址：新疆克拉玛依市三坪镇技师培训学院
邮编：834026
公网区号：0990
党委书记…………… 6813332
党委副书记、工会主席 6812354
副主任……………… 6813176
………………………… 6812426
校长助理…………… 6812554
党政办主任………… 6812198
传真………………… 6971985

副主任、计生办…… 6812841
质量…………………… 6812085
秘书、团委书记…… 6813254
基建…………………… 6812868
档案室………………… 6812499
机动安全科科长…… 6812341
机动安全…………… 6812868
人事科科长………… 6813399
副科长……………… 6812454
纪委…………………… 6812176
工会…………………… 6812954
工资管理…………… 6812241
计财资产科科长…… 6813432
副科长……………… 6813994
核算…………………… 6813232
报销…………………… 6812242
武装保卫科科长…… 6812741
副科长……………… 6812357
办公室………………… 6972084
教学研究室主任…… 6812554
督导办……………… 6812854
培训教学部教导员 … 6813341
主任…………………… 6812952
技能鉴定所主任…… 6812048
培训教学办………… 6812985
培训调度…………… 6812427
机关总值班室……… 6813476
打字室………………… 6813376
复印室………………… 6973037
学生工作部主任…… 6811442
副主任……………… 6812987
…………………………… 6813468
核算…………………… 6812057
班主任办…………… 6812987
服务楼值班室……… 6812521
1号宿舍楼值班室 … 6812389
6号公寓 …………… 6813369
石油工程学科教导员、主任
…………………………… 6812556
副主任……………… 6812167
钻井实训基地……… 6812392
采油实训基地……… 6812383
钻修教研组………… 6973201
钻采基地值班室…… 6812383
3号教学楼值班室 … 6812363
机电学科教导员、主任 6812052
财务室………………… 6812468
电工基地…………… 6812103
污水泵房…………… 6813575
机电学科值班室…… 6812103
综合学科教导员…… 6812456
主任…………………… 6815959
副主任……………… 6813572
财务室………………… 6812804
工民建组…………… 6813154
打字室………………… 6813572
计算机教研组……… 6812124
…………………………… 6812063
计算机值班室……… 6812664
综合学科值班室…… 6812569
驾训学科教导员、主任 6813172
副主任……………… 6813172
财务室………………… 6813252
接待室………………… 6813298
驾训实训基地……… 6815078
驾训实训基地值班 … 6814375
3号教学楼值班室 … 6812363
机械学科主任……… 6812390
副主任……………… 6812391
学员接待中心教导员、主任
…………………………… 6812065
财务室………………… 6812989
维修办………………… 6813190
采购办………………… 6813456
报到处………………… 6813455
第一餐厅…………… 6812948
清真餐厅…………… 6812263
第二餐厅…………… 6811445
10号公寓 ………… 6813156
综合服务中心教导员 6812074
主任…………………… 6812055
文印室………………… 6813376
宣传办………………… 6812407
美工室………………… 6813554
库房…………………… 6813265
印刷室………………… 6812768
活动中心…………… 6813187
图书馆………………… 6813366
物业公司教导员、经理
…………………………… 6812362
财务室………………… 6813352
绿化队………………… 6812356
维修队………………… 6813141
基建维修项目组…… 6812504
治安队指导员、队长 6812336
学院大门值班室…… 6812459
学院西门值班室…… 6812572
治保值班室………… 6812357

新疆油田准东地区党工委、管委会

地址：新疆阜康准东石油基地
邮编：831511
公网区号：0994

书记、主任………… 3837888
常务副书记、常务副主任
…………………………… 3830800
副书记、副主任…… 3831883
副主任……………… 3831688

党政办

主任…………………… 3837988
副主任……………… 3830588
文书科………………… 3830820
文秘科………………… 3830821
…………………………… 3830822
党政办组织人事科 … 3832608

社区办公室

主任…………………… 3830833
副主任……………… 3836338
督察办………………… 3830823
办公室………………… 3830826
室……………………… 3830825

综治办

主任…………………… 3832386
副主任……………… 3832454

综合办

副主任……………… 3831566
办公室………………… 3831951
财务室、预算室…… 3830836
服务员………………… 3830837
值班室………………… 3830834

准东采油厂

地址：新疆阜康准东石油基地
邮编：831511
公网区号：0994

领导

书记…………………… 3837888
厂长、副书记……… 3833389
常务副书记、纪委书记 3830260
副厂长……………… 3831403
副书记、工会主席 … 3832015
副厂长、总地质师 … 3832336
副厂长、物业管理中心主任
…………………………… 3833470
总会计师…………… 3831902
总工程师、安全总监 3831387
安全副总监………… 3832297
副总机械师………… 3832088
厂长助理…………… 3833385
副总经济师………… 3830788
副总地质师………… 3833899

机关科室

党委办公室

主任…………………… 3832073
副主任……………… 3831216
文书…………………… 3831483
秘书…………………… 3831482
信息…………………… 3831482

厂长办公室

主任…………………… 3831928
副主任……………… 3832299
…………………………… 3831912

信访办

主任…………………… 3833444
副主任……………… 3831945
信访…………………… 3833444
秘书…………………… 3831929
文书…………………… 3831900
总务…………………… 3833047

组织（人事科）

科长…………………… 3831385
副科长……………… 3831867
…………………………… 3831433
干部管理…………… 3831417
组织、综合………… 3831384
统计、培训………… 3831384

纪委（监察科）

纪委副书记、监察科科长
…………………………… 3836595
纪委副书记………… 3831466
监察副科科长……… 3831388
纪检监察员………… 3831435
…………………………… 3831434

党群工作（企业文化）科

科长…………………… 3831898
副科长……………… 3833471
…………………………… 3831914
共青团………………… 3830996
宣传…………………… 3836452
思想政治理论、宣传 3830996

工会

副主席……………… 3836231
…………………………… 3832318
办公室、文体……… 3832317
组织民管、女工…… 3833159
帮扶保障、法律…… 3832316
财务…………………… 3832008

劳动工资科

科长…………………… 3831418
副科长……………… 3831416
工资…………………… 3831419
劳动组织…………… 3830406

规划计划科

副科长……………… 3830631
…………………………… 3834724
计划…………………… 3833392
投资计划…………… 3831469

财务资产科

科长…………………… 3831323
副科长……………… 3831508
…………………………… 3830473
…………………………… 3831400
…………………………… 3830836
资金…………………… 3831391
资金…………………… 3833166
电算化………………… 3831423
预算…………………… 3831422

资产…………………… 3836480
…………………………… 3830750
价税…………………… 3837415
企管法规科
科长…………………… 3832428
副科长………………… 3830375
企业内控……………… 3830831
体系管理……………… 3831437
合同管理……………… 3831865
法律事务……………… 3831574
生产运行科
科长…………………… 3832041
副科长………………… 3832042
…………………………… 3832026
生产调度……………… 3830998
水电管理……………… 3831871
运输管理……………… 3831521
运行值班……………… 3834104
传真…………………… 3832058
生产技术科
科长…………………… 3832044
副科长………………… 3832329
测试…………………… 3830632
采、注、修…………… 3836217
科技管理……………… 3832330
工程作业科
科长…………………… 3836058
副科长………………… 3832327
办公室………………… 3830758
设备节能科
科长…………………… 3835989
副科长………………… 3831832
节能…………………… 3830988
油区设备管理………… 3831832
安全环保科
科长…………………… 3832430
副科长………………… 3830751
特种设备、消防管理 3832429
SHE信息、工伤 … 3831562
物业运行科
科长…………………… 3831882
副科长………………… 3832057
生产运行……………… 3832057
…………………………… 3832186
绿化、生活、住房管理 3833244
公益事业科
科长…………………… 3831519
副科长………………… 3831386
基建工程科
副科长………………… 3836454
土建…………………… 3831899
水暖电………………… 3837200
直属部门
保卫科
科长…………………… 3831944
副科长………………… 3831874
油田保卫……………… 3830462
安全环保监督站
站长…………………… 3831093
副站长………………… 3831438
现场监督……………… 3831024
工程造价管理站
科长…………………… 3831785
副科长………………… 3836924
结算审核……………… 3837057
技术监督站
站长…………………… 3831436
副站长………………… 3831039
…………………………… 3830172
工程监督……………… 3830838
物资管理站
副站长………………… 3830628
计划管理……………… 3830365
综合…………………… 3831763
计划管理……………… 3837936
信息档案管理站
站长…………………… 3832197
副站长………………… 3832431
…………………………… 3830944
网络自动化…………… 3830424
…………………………… 3830374
数据管理室…………… 3836224
…………………………… 3830435
档案室………………… 3831448
…………………………… 3832557
…………………………… 3836168
…………………………… 3831083
…………………………… 3832439
社保事务所
所长…………………… 3837500
副所长………………… 3837449
养老保险……………… 3831432
医疗保险……………… 3837449
基金管理……………… 3831915
技能鉴定站
站长…………………… 3831901
副站长………………… 3831903
考评办………………… 3832140
所属基层单位
火烧山作业区
书记…………………… 3832701
经理…………………… 3832722
副经理………………… 3840393
…………………………… 3840312
工会副主席…………… 3840522
采油总监……………… 3832725
安全总监……………… 3832716
办公室
主任…………………… 3832718
副主任………………… 3840355
文秘…………………… 3840435
生产技术办
主任…………………… 3840391
生产运行办
主任…………………… 3840348
副主任………………… 3840423
综合办
主任…………………… 3832715
副主任………………… 3832733
沙南作业区
书记…………………… 3840726
经理…………………… 3840616
副经理………………… 3840715
…………………………… 3840739
工会副主席…………… 3840719
采油总监……………… 3840639
安全总监……………… 3840610
办公室主任…………… 3840640
文秘…………………… 3840615
生产技术办
主任…………………… 3840720
副主任………………… 3840655
生产运行办
主任…………………… 3840713
副主任………………… 3840730
综合办
主任…………………… 3840620
副主任………………… 3840619
探井作业区
经理、副书记………… 3840260
书记、副经理………… 3836680
副经理………………… 3830779
…………………………… 3836306
综合办
主任…………………… 3840131
副主任………………… 3840017
劳资…………………… 3830332
生产技术办
主任…………………… 3840020
副主任………………… 3840261
生产运行办主任……… 3840017
勘探开发研究所
书记、所长…………… 3831826
副所长、总工程师 … 3831827
副所长、总地质师 … 3831346
工会主席……………… 3832555
副总工程师…………… 3831463
副总地质师…………… 3832559
办公室主任…………… 3831838
人事管理……………… 3830953
科技管理……………… 3830952
综合管理……………… 3836181
安全管理……………… 3831817
勘探室
主任…………………… 3837352
副主任………………… 3832562
…………………………… 3832561
方案室
主任…………………… 3832334
副主任………………… 3836596
动态室
主任…………………… 3836167
副主任………………… 3833947
工艺室
主任…………………… 3831463
副主任………………… 3836180
…………………………… 3832224
经济评价室副主任 … 3836185
实验中心
主任…………………… 3831125
副主任………………… 3831124
井下技术作业公司
书记…………………… 3832606
…………………………… 3831829
经理…………………… 3832088
工会主席……………… 3832473
副经理………………… 3832497
…………………………… 3836060
…………………………… 3835718
副总机械师…………… 3832457
副总工程师…………… 3832462
安全副总监…………… 3836054
党政办
主任…………………… 3832493
办副主任……………… 3832495
文秘…………………… 3832481
经营办
主任…………………… 3836055
副主任………………… 3832467
人事部主任…………… 3832496
安全质量监理中心主任 3832492
质量安全环保部副主任 3832456
生产技术部
主任…………………… 3836553
副主任………………… 3836056
三台电厂
书记…………………… 3840036
厂长…………………… 3840218
副书记………………… 3840286
工会副主席…………… 3840227
副厂长………………… 3840065
…………………………… 3840030
发电总监……………… 3840233
供电总监……………… 3831909
办公室
主任…………………… 3840074

副主任…………………3840068
文秘……………………3840039
生产运行办
副主任…………………3840051
……………………………3840203
生产技术办
副主任…………………3831115
……………………………3840263
综合办
主任……………………3836279
副主任…………………3836093
团委副书记……………3840061
汽机分场主任…………3840143
电气分场主任…………3840197
锅炉分场主任…………3840269
热化分场主任…………3840224
设备检修车间主任 …3840241
变电车间主任…………3836096
用电车间主任…………3831963
线路检修车间主任 …3832361
供电车间主任…………3839256
燃气发供电分厂厂长 3830530
供水大队
大队长…………………3831091
副大队长………………3837947
……………………………3837948
党政办主任……………3831447
综合办…………………3832580
生产运行办主任………3832846
生产技术办主任………3832176
安全环保监督办主任 3837429
经营办主任……………3835906
物资供应公司
经理……………………3832142
副经理…………………3834101
……………………………3832170
综合办主任……………3832139
综合……………………3832141
经营办财务……………3832153
机械厂
书记……………………3831318
厂长……………………3831331
副厂长…………………3837218
……………………………3837460
党政办…………………3830181
经营部…………………3831330
市场部主任……………3831319
生产部副主任…………3837456
技术部副主任…………3837439
通信公司
教导员…………………3832945
经理……………………3832997
副经理…………………3830000
……………………………3830699
综合办主任……………3833066
安全员…………………3832990
调度室…………………3832938
财务主管………………3832939
劳资室…………………3832991
用户服务部主任………3832940
运行维护部主任………3832935
市场经营部主任………3832969
数据部主任……………3830886
工程部主任……………3832166
职工培训中心
教导员…………………3831017
主任……………………3831056
副主任…………………3833440
……………………………3836759
综合办…………………3831015
小车大队
指导员…………………3831457
队长……………………3831456
副队长、调度…………3831488
安全技术室……………3831524
劳资室…………………3832724
统计室…………………3836049
武装部
部长……………………3832130
武器库主任……………3831451
办公室…………………3836423
离退休管理中心
书记……………………3836165
主任……………………3830043
副主任…………………3831698
……………………………3831656
管理办…………………3831640
总务办…………………3836162
一站站长………………3836102
二站站长………………3834014
三站站长………………3836160
职工医院
书记……………………3832013
院长……………………3830812
副院长…………………3831886
……………………………3836844
党政办主任……………3832132
党政办…………………3837807
医务办主任……………3831918
医务……………………3831546
……………………………3833107
财务办副主任…………3831639
财务……………………3831975
护理部主任……………3833254
工团办副主任…………3836222
急诊科副主任…………3831885
内科主任………………3831917
传染科副主任…………3832163
外科主任………………3832747
妇产科副主任…………3832713
儿科……………………3832744
五官科主任……………3830792
手麻科副主任…………3831338
检验科副主任…………3832087
放射科副主任…………3833044
功能科副主任…………3831295
药剂科主任……………3831906
口腔科主任……………3836884
中医科副主任…………3830310
门诊部主任……………3833274
皮肤科…………………3835942
保健科主任……………3831307
防疫站副主任…………3831528
总务科副主任…………3836273
供热公司
书记……………………3836263
经理……………………3831166
副经理…………………3832045
……………………………3836226
办公室主任……………3831057
劳资室…………………3837497
经营办主任……………3832313
计划……………………3832308
财务室…………………3832017
调度室主任……………3836210
调度……………………3831043
安全办…………………3831570
技术办主任……………3830712
技术办…………………3831045
……………………………3832308
供热一车间主任………3831296
供热一车间指导员 …3831028
供热二车间主任………3831541
供热二车间指导员 …3831543
供热三车间主任………3836117
供热三车间指导员 …3836087
液化气站站长…………3831511
物业管理公司
书记……………………3830298
经理……………………3830388
副经理…………………3836339
……………………………3830959
综合办主任……………3830569
财务……………………3836304
社会事务办主任………3830789
物业管理办主任………3830589
市场办主任……………3830668
第一物业社区管理站 3836006
第二物业社区管理站 3836213
第三物业社区管理站 3836535
第四物业社区管理站 3837430
第五物业社区管理站 3834056
第六物业社区管理站 3830049
协管队…………………3831133
接待公寓
书记……………………3831810
经理……………………3831088
副经理…………………3836774
……………………………3832061
党政……………………3831079
……………………………3837342
计划财务………………3831878
……………………………3831502
管理部…………………3831078
……………………………3836201
生活物资供销队………3831118
准东宾馆………………3842603
总服务台………………3831811
石西路梁服务队………3842372
彩南油田服务队………3841775
彩南沙漠服务队………3840922
火烧山油田服务队 …3840386
北十六服务队…………3840702
沙南油田服务队………3840790
电厂服务队……………3840270
广播电视中心
教导员…………………3831018
台长……………………3830868
安全总监………………3837414
技术总监………………3830580
技术部…………………3834894
播出部…………………3830647
新闻部…………………3831004
制作部…………………3831467
节目部…………………3831050
文体中心
教导员…………………3837792
主任……………………3832333
副主任…………………3837250
……………………………3830877
综合办…………………3830273
劳资室…………………3837373
文体办…………………3836140
幼教办…………………3831617
文化活动站
站长……………………3837564
副站长…………………3832005
游泳馆副馆长…………3830309
副馆长…………………3837447
丽都经理………………3835024
一幼园长………………3833436
三幼园长………………3831282
少年宫副主任…………3836409
园艺公司
书记……………………3836005
经理……………………3837689

财务……3832435
出纳……3837601
成本……3836008
劳资……3836002
安全企管……3832053
材料计划……3832367
宣传……3837441
工程生产……3833380
技术办副主任……3832273
技术办……3832293
园艺绿化一队队长……3833873
园艺绿化二队队长……3832125
综合队……3835266

彩南作业区

书记经理……3840959
副书记、纪委书记……3840960
副经理、总工程师……3840966
副经理……3840961
总地质师……3841776
副总工程师……3840969
安全副总监……3840988
副总会计师……3840955
行办主任……3840981
工会……3840916
秘书……3840937
文书……3840901
油田保卫……3840925
人事科……3840943
计划科……3840991
生产运行科……3840968
生产技术科……3841761
安全环保科……3840984
物资供应站……3840936
信息管理站……3841779
油田研究所……3840908
技术监督站……3840861

西部钻探准东钻井公司

书记……3835366
经理、副书记……3835566
副经理……3833966
……3833299
副书记、工会主席……3831966
副经理、安全总监……3835399
总工程师……3832799
党政办主任……3835797
组织人事科科长……3831768
纪检治保科科长……3830296
工程技术科科长……3832746
企管法规科科长……3833537
财务资产科科长……3830238
安全质量环保科科长 3836107
生产运行科科长……3831139
物资装备科科长……3831095
经营计划科科长……3832198

群工科科长……3835158
国际事务部主任……3830272
信息档案中心主任……3833598
小车队队长……3832136

南疆项目部

公网区号：0990

经理……2076088
综合办……2080745
财务办……2080744
经营办……2086540
生产办……2080454
安全办……2086705
技术办……2221156
装备办……2071971
泥浆办……2070006
车队……2076329

克拉玛依项目部

公网区号：0990

经理……6926636
综合办……6926431
技术办……6533207
安全办……6533205
装备办……6533211
生产办……6808113

运输公司

书记……3831392
经理……3831393
副经理……3831349
……3831355
……3831370
党政办……3836048
经营劳资……3831405
财务……3831424
生产调度……3831347
……3831334
安全体系……3831351
设备……3831348

泥浆公司

书记……3831184
经理……3831104
副经理……3832010
工程主任……3836105
综合办……3836104
生产调度……3835019
经营……3836173
财物……3832342
化验室……3832295

西部钻探测井公司东部地区

东部协调组

生产办主任……3831675
调度室……3831711
……3831712

综合分公司

书记……3832296

经理……3837278

测一分公司

书记……3831717
经理……3833125

射测分公司

书记……3831716
经理……3833691

解释计算站

站长……3832255

勘探项目经理部

项目经理……3830693
项目副经理……3831821
综合办……3831820
财务室……3830054
试油办……3831834
钻井办……3831835
安全办……3830691
项目副经理（北）……3840219
项目副经理（北）……3840243
地质办（北）……3840293
试油办（北）……3840272
钻井办（北）……3840252

油气储运公司

办公室（火）……3840352
调度室（火）……3840427
主任办（北）……3840063
主任宿舍（北）……3840003
指导员办（北）……3840292
调度室（北）……3840291
消防泵房（北）……3840101
转油站（中继线）（北）
……3840103
转油站（中继线）（北）
……3840204
北十六交油点（北） 3840624
沙南交油点（北）……3840629
站长办（彩）……3840975
指导员办（彩）……3840979
站办（彩）……3841730
调度室（彩）……2709711
调度室（彩）……2709738
外输泵房（彩）……3840800
彩石中间站（彩）……3840899
彩石中间站（彩）……2709718
公寓（中继线）（彩） 3840973

克拉玛依地质录井公司

三分公司

书记……3831672
经理……3837924
录井办……3836111
办事员……3830174
地质办……3836232
信息室……3831674
门卫……3830945

彩南指挥部……3840944
……3841784
……3841786

试油公司第二项目部

经理……3840080
副经理……3840295
教导员……3840178
调度室……3840179
安全……3840177
地质……3840119
监理……3840117
80315 队……3840170
80319 队……3840258
负责人……3840164
监督中心……3840132
……3840135
……3840137

公安局

政委……3836635
教导员……3836984
局长……3832387
副局长……3831892
……3831685
政治部主任……3831681
纪检书记……3831683
公安局……3831064
机要室……3831450
治安科内勤……3831560
交警队队长……3833285
交警队事故办……3831558
刑侦科……3831689
消防科……3837119
财务……3832382
计算机室……3832380
总机……3832388
……3831580
……3832383
无线机房……3832385
派出所所长……3831576
派出所户籍……3831453
派出所值班室……3836260

消防队

教导员……3831588
大队长……3830566
副大队长……3836218
……3831589
防火办副主任……3831464
高级主管办……3836238
财务综合办……3830513
一中队队部（基地） 3832304
一中队值班室（基地） 3831720
一中队值班室（基地） 3836334
二中队队部（火烧山） 3840503
二中队值班室（火烧山）

……………………… 3840502
三中队队部（彩南） 3840845
三中队值班室（彩南） 3840814
四中队队部（电厂） 3840004
四中队值班室（电厂） 3840208
五中队队部（沙） … 3840646
五中队值班室（沙） 3840645
克市消防专线（119电） 688304
克市消防专线（119北） 688305
克市消防专线（119火） 688317
克市消防专线（119彩） 688319

教育中心

书记……………………… 3837707
主任……………………… 3831032
副主任…………………… 3831073
……………………… 3832022
党政……………………… 3831889
财务室…………………… 3831890
普教……………………… 3832032
……………………… 3832106
劳资……………………… 3832578
工会……………………… 3835904
书记……………………… 3832351
校长……………………… 3831128
副校长…………………… 3831507
……………………… 3831648
教务主任………………… 3831081
副教务主任……………… 3836138
德育主任………………… 3831001
副主任…………………… 3837949
物理教研室……………… 3831049
财务室…………………… 3831643
电教室…………………… 3831758
计算机室………………… 3837983
总务室…………………… 3832350
值班室…………………… 3836136
一小校长………………… 3831011
教务主任………………… 3831040
值班室…………………… 3836135
二小校长………………… 3831025
教务主任………………… 3837035
总务室…………………… 3836141
三小校长………………… 3831030
计算机室………………… 3831887
值班室…………………… 3836259

教育中心校办厂
（新疆远升油田服务中心）

经理……………………… 3831173
副经理…………………… 3831146
书记……………………… 3831147
经营……………………… 3831060
生产……………………… 3836408
清管厂（沙南）…… 3840740

准东住房资金中心

公积金室………………… 3831053

准油股份有限公司

董事长…………………… 3830686
总经理…………………… 3833666
副总经理………………… 3830898
……………………… 3831427
……………………… 3837451
……………………… 3833699
……………………… 3830616
财务总监………………… 3830583
总工程师………………… 3835516
监事会、工会主席 … 3830875
独立董事………………… 3831165
行政部
经理……………………… 3837750
综合……………………… 3832165
行政……………………… 3830529
证券投资部
经理……………………… 3830619
主管………… 0991－3667688
审计监察部副经理 … 3832059
财务资产部
经理……………………… 3837495
财务总监………………… 3830583
核算中心主管…………… 3836285
资金会计………………… 3832441
成本核算会计…………… 3833488
资产会计………………… 3831946
价税会计………………… 3837743
结算中心主管…………… 3837934
结算会计………………… 3833801
人力资源部
副经理…………………… 3837741
人事……………………… 3831650
生产技术部
副经理…………………… 3831454
设备管理………………… 3830871
安全环保部副经理 … 3832656
物资供应部
副经理…………………… 3837511
计划……………………… 3837282
市场营销部
经理……………………… 3837963
主管……………………… 3830665
合同管理………………… 3830870
门卫……………………… 3830323

石油技术事业部

经理……………………… 3835256
副经理…………………… 3837776
……………………… 3830611
……………………… 3830612
……………………… 3830690
综合……………………… 3831474
……………………… 3837754
生产技术………………… 3836121
安全设备………………… 3830039
生产……………………… 3837940
修理厂…………………… 3836704
沙南测试队……………… 3840658
火烧山测试队…………… 3840459
彩南测试队……………… 3840870
陆梁测试队 … 0990－6801757
石西测试队 … 0990－6801128
制氮一队…… 0990－6881666

油田研究所

所长……………………… 3835256
总地质师………………… 3836591
实验中心………………… 3831131
测井室…………………… 3830667

井下技术事业

经理、书记……………… 3835516
…………… 0996－4954202
副书记…………………… 3830650
副经理…………………… 3830610
……………………… 3831036
副经理、总工程师 … 3831037
副经理、安全总监 … 3831038
生产技术办 … 0996－4954230
…………… 0996－2175510
综合办…………………… 3837740
……………………… 3830782
小修队……… 0996－4959521
…………… 0996－4959595

工程建设事业部

经理……………………… 3836120
副经理…………………… 3831076
……………………… 3837767
……………………… 3830663
综合办…………………… 3831956
生产技术………………… 3830366
安全设备………………… 3830873
经营……………………… 3830872
防腐厂
厂长……………………… 3836090
…………… 0996－2175000
副厂长……… 0996－4959323
后勤队
队长……………………… 3830958
技术员…………………… 3830676
后勤……………………… 3831063
……………………… 3836097
火烧山值班点…………… 3840438
沙南安装项目…………… 3840618
沙南值班点……………… 3840723
项目部项目经理
…………… 0996－2175600

准油运输

总经理…………………… 3836223
副书记…………………… 3837773
副总经理………………… 3831666
……………………… 3830581
生产办…………………… 3831744
计量中心………………… 3832427
综合办主任……………… 3830383
综合办成本核算…… 3837772
油库……………………… 3835014
综合服务队队长………… 3835984
综合服务队管理员（彩）
……………………… 3840912
保温队队长（沙） … 3840741
克拉玛依办事处
…………… 0990－6881210

准油化工

执行董事………………… 3833699
总经理…………………… 3830582
副总经理………………… 3831353
财务主管………………… 3830594
营销部地区经理
…………… 0995－8315685

新疆派犇泰克石油科技有限公司

董事长……… 0991－3685519
总经理……… 0991－3668033
传真………… 0991－3668611
副总经理…… 0991－3666908
传真………… 0991－3685509
副总经理…… 0991－3681699
…………… 0991－3685516
财务总监…… 0991－3665255
总工程师………………… 3832812
总经办经理 … 0991－3685503
传真………… 0991－3685501
人力资源部经理
…………… 0991－3685515
计划财务部
经理………… 0991－3685512
出纳………… 0991－3685513
投资发展部 … 0991－3681699
审计部……… 0991－3685506
采供部副经理 0991－3656892
采供部……… 0991－3685521
市场一部经理…………… 3837276
市场二部经理 0991－3685502
市场二部客户经理
…………… 0991－3685505
……………………… 3838832
市场二部克拉玛依办事处
主任………… 0990－6842788
办公室……… 0990－6588601
…………… 0990－6842789
自动化部………………… 3830258
网络部
经理……………………… 3832805

网络运行…………… 3832806
网络工程…………… 3837279
客户服务…………… 3837751
网络监测…………… 3832368
…………………… 3839368
研发部……… 0991－3685510
软件部软件研发 0991－3685520
软件部网站………… 3837277
软件部……………… 3836918
电子商务部
经理………… 0991－3664626
业务………… 0991－3666479
贸易部业务一室…… 3837463
贸易部业务二室…… 3832369
发供电部
经理………………… 3832199
综合………………… 3832349
出纳、库管………… 3830231
生产技术…………… 3830573
玛河燃气…… 0997－6520119
火烧山分部自动化服务中心
…………………… 3843494
火烧山分部网络服务中心
…………………… 3843539
沙南分部自动化服务中心
班长………………… 3843059
自动化服务………… 3843060
沙南分部网络服务中心 3840631
三台地区网络服务中心 3842166

新疆准东工程建设有限责任公司

总经理……………… 3837266
常务副总经理……… 3837926
副总经理…………… 3831335
…………………… 3832148
…………………… 3837450
总工程师…………… 3836127
工会主席…………… 3836000
副总会计师………… 3831217
生产部长…………… 3837469
经营部
部长………………… 3831272
经营………………… 3833570
人事劳资部
部长………………… 3832292
人事劳资…………… 3831770
审计部长…………… 3832767
财务部……………… 3837904
经理办……………… 3831002
经理………………… 3832373
办公室……………… 3831969
…………………… 3837498
建材公司经理……… 3831968
建筑工程公司生产办 3831130
路桥工程公司
副经理……………… 3837289
生产………………… 3837283
经营………………… 3836295
新运公司
经理………………… 3831731
生产………………… 3835956
治安部……………… 3831784
沙南项目部………… 3840627
门卫………………… 3833447

新疆准东石油房地产开发有限公司

售房部（经理办） … 3836127
售房部（业务办…… 3836118

克拉玛依阜兴劳务公司

经理办……………… 3830658
劳资室……………… 3830586
业务办……………… 3832734
综合办……………… 3837746

克拉玛依荣昌公司

厂长………………… 3830626
财务………………… 3836236

准东建设银行

行长………………… 3836036
副行长……………… 3831516
行领导……………… 3832485
营业厅……………… 3831007
…………………… 3831021
公积金查询………… 3831068
理财室……………… 3832486
办公室……………… 3833977

准东工商银行

行长………………… 3831006
副行长……………… 3830173
营业厅主任………… 3837219
营业厅……………… 3831052
信贷部……………… 3835901
彩票室……………… 3835902
理财室……………… 3837648

中国人民保险公司

经理………………… 3830125
副经理……………… 3830051
客户经理…………… 3831014
理赔室……………… 3837654
营业室……………… 3831478

中国人寿保险公司

经理………………… 3837796
业务办……………… 3831641
营销室……………… 3843134

准东印刷厂

经理………………… 3836188
业务办……………… 3831470
…………………… 3831471

新华书店

新华书店…………… 3831421

百特物资工贸有限公司

经理办……………… 3837083
值班室……………… 3837082

准东创新技术服务有限公司

指导员……………… 3836153
经理………………… 3832251
副经理……………… 3831727
…………………… 3831793
财务室……………… 3831971
经营办……………… 3832284

阜康市准东汽车检测站

检测站……………… 3837790

采油一厂

地址：新疆克拉玛依市胜利路 43 号
邮编：834000
公网区号：0990

领导

厂长、书记………… 6841079
党委副书记………… 6841115
副厂长、总工程师 … 6841194
副厂长……………… 6849668
…………………… 6841718
总地质师…………… 6841824
总会计师…………… 6841249
副总经济师………… 6841994
安全副总监………… 6841816
副总工程师（采油工艺）
…………………… 6841972
副总工程师（机电设备）
…………………… 6841908

厂长（党委）办公室

主任、纪委副书记 … 6841678
传真………………… 6222462
副主任……………… 6841532
…………………… 6849460
纪检监察…………… 6841269
秘书………………… 6841304
文书………………… 6841323
总务收发…………… 6841525
经营组……………… 6843108
门卫………………… 6841797
司机值班室………… 6841105

生产运行科

科长………………… 6841523
副科长……………… 6841803
水电讯……………… 6841676
节能管理…………… 6841191
调度………………… 6841815
水电计量…………… 6841175
综合………………… 6842104
生产值班…………… 6841791
…………………… 6841070
…………………… 6841301
…………………… 6842104

生产技术科

科长………………… 6841200
副科长……………… 6849692
高级主管…………… 6841641
机泵、热工管理…… 6843316
科技管理…………… 6841717
施工管理…………… 6849630
…………………… 6844168
增产措施管理……… 6841693
井下作业管理……… 6841558

安全环保科

副科长……………… 6841985
油田安全…………… 6841358
…………………… 6844008
环保工业卫生……… 6841948
综合………………… 6841429
安全缉查队………… 6841527

计划科

科长………………… 6841076
副科长……………… 6841940
…………………… 6841428
综合统计…………… 6849134
合同及法律事务…… 6841039
预（结）算管理…… 6841503
内控及企业管理…… 6841773

财务科

科长………………… 6841409
副科长……………… 6841628
审核………………… 6841373
成本预算…………… 6841753
基建资产…………… 6841954
工资核算…………… 6841505
报表公积金管理…… 6849248
出纳报销…………… 6841649

人事（组织）科

科长………………… 6841364
副科长……………… 6841171
…………………… 6843813
党建、干部管理…… 6841963
保险、档案管理…… 6841749
信息统计、合同管理 6841490
工资、技能鉴定管理 6841749
劳动组织管理……… 6841145

党群工作（企业文化）科

科长、工会副主席 … 6841610
宣传、企业文化…… 6840917
计划生育…………… 6841101
工会团委…………… 6841805
民族团结…………… 6841537

保卫科

科长………………… 6841088
保卫………………… 6841256
武装………………… 6844777
内勤………………… 6841602

员工培训站
站长…………………… 6841639
副站长………………… 6841534
经营、内退………… 6866183
教务…………………… 6841583
民族教务…………… 6841496
普法办公…………… 6843326
信息档案管理站
站长…………………… 6841164
副站长………………… 6841110
经营…………………… 6842564
数据管理…………… 6844035
软件…………………… 6840613
月报…………………… 6841711
计算机房…………… 6841403
自动…………………… 6885406
宣传…………………… 6842570
………………………… 6841179
档案…………………… 6841937
技术监督站
站长…………………… 6841356
副站长………………… 6841008
………………………… 6841742
经营…………………… 6841452
体系标准…………… 6849417
计量…………………… 6841988
质量管理…………… 6841886
节能监测…………… 6852519
工程监督…………… 6841539
集输工艺监督……… 6849399
井下监督…………… 6841484
………………………… 6841104
仪表校验…………… 6841285
门卫…………………… 6841374
物资管理站
站长…………………… 6879574
副站长………………… 6879575
工程管理…………… 6894574
经营组………………… 6886786
经营…………………… 6879585
计划…………………… 6879124
………………………… 6879125
五金化工…………… 6879126
劳保…………………… 6894571
管理…………………… 6879573
门卫…………………… 6879127
一料厂………………… 6855946
劳保商店…………… 6841003
油田地质研究所
所长…………………… 6841920
教导员………………… 6841871
副所长………………… 6841691
………………………… 6841380
经营…………………… 6841459
资料…………………… 6841396
稀油动态室
主任…………………… 6841109
稀油动态…………… 6841405
稠油动态室
主任…………………… 6841305
稠油动态…………… 6841406
老区研究室
主任…………………… 6876053
老区研究…………… 6841289
滚动勘探室
主任…………………… 6841406
滚动勘探…………… 6841326
………………………… 6841162
井下地质管理
主任…………………… 6843265
井下作业管理……… 6841133
地质基础管理……… 6843263
动态监测（生产测试） 6841353
地质信息…………… 6840792
………………………… 6841011
化验室
主任…………………… 6869474
化验…………………… 6869754
门卫…………………… 6886335
油田工艺研究所
副所长………………… 6841201
………………………… 6841234
化学…………………… 6841134
………………………… 6841212
采油…………………… 6841955
………………………… 6841020
地面工程…………… 6841152
………………………… 6841642
………………………… 6841712
技术管理…………… 6841327
………………………… 6841865
………………………… 6841516
抽油资料…………… 6843319
经营…………………… 6841671
J129 采油作业区
经理…………………… 6841116
副经理………………… 6841131
………………………… 6841971
地质、工程总监…… 6841877
安全监督…………… 6841772
综合组………………… 6841541
经营组………………… 6841834
………………………… 6841038
地质组………………… 6841493
………………………… 6845316
工程组………………… 6841461
………………………… 6841220
保卫干事…………… 6841924
维修…………………… 6841368
调度…………………… 6841725
材料…………………… 6845235
红五采油作业区
经理…………………… 6841247
副经理………………… 6841141
………………………… 6841449
工程总监…………… 6841065
地质总监…………… 6841205
安全监督…………… 6841849
保卫…………………… 6841613
综合组………………… 6841758
经营组………………… 6841267
………………………… 6841074
工程组………………… 6845307
………………………… 6841727
地质组………………… 6841978
………………………… 6841731
维修…………………… 6841613
调度…………………… 6844904
J131 采油作业区
经理…………………… 6841149
副经理………………… 6841367
………………………… 6841673
工程总监…………… 6843895
地质总监…………… 6841733
综合组………………… 6841587
安全监督…………… 6841096
经营组………………… 6849435
地质组………………… 6842593
工程组………………… 6841905
………………………… 6841704
调度…………………… 6841987
门卫…………………… 6841306
现场调度…………… 6587454
………………………… 6587455
资料室………………… 6841137
红浅采油作业区
经理…………………… 6841292
副经理………………… 6841302
………………………… 6841317
工程总监…………… 6841669
地质总监…………… 6843747
安全组………………… 6841204
经营组………………… 6841252
综合组………………… 6841709
地质组………………… 6842574
工程组………………… 6841868
调度室………………… 6841261
现场调度…………… 6587401
………………………… 6587402
维修班………………… 6841956
………………………… 6587417
车排子采油作业区
经理…………………… 6841273
副经理………………… 6843104
………………………… 6849777
………………………… 6843104
地质组………………… 6842640
综合组………………… 6842644
经营组………………… 6841687
运行组………………… 6841787
工程组………………… 6841142
………………………… 6841242
安全监督…………… 6842303
保卫室………………… 6897274
生产调度…………… 6878218
………………………… 6878112
注输联合站
站长…………………… 6841950
副站长………………… 6841415
………………………… 6841268
工程总监…………… 6841281
综合技术员………… 6841684
经营组………………… 6841051
综合组………………… 6841280
保卫干事…………… 6841385
统计…………………… 6841854
红浅供汽联合站
站长…………………… 6841929
副站长………………… 6841128
………………………… 6841804
工程组………………… 6844924
经营组………………… 6841010
综合组………………… 6841314
协调组………………… 6841847
材料…………………… 6841140
统计、资料………… 6852520
百重七供汽联合站
站长…………………… 6841395
副站长………………… 6845905
………………………… 6845906
工艺总监…………… 6841187
技术组………………… 6841928
经营组………………… 6841379
材料室………………… 6843101
综合组………………… 6845890
协调组………………… 6845909
调度组………………… 6845891
维修组………………… 6845913
现场调度…………… 6802303
………………………… 6802304
干部值班…………… 6803418
………………………… 6803954
维修班………………… 6803607
综合服务站
站长…………………… 6841715
副站长………………… 6841475

文体、公房管理…… 6841106
报告厅调音台……… 6845578
培训中心音控室…… 6846835
五楼阅览室………… 6866282

采油二厂

地址：新疆克拉玛依市白碱滩区跃南路 14 号
邮编：834008
公网区号：0990

主任………………… 6827238
纪委副主任………… 6827634
副主任……………… 6828526
综合………………… 6827754
文书………………… 6829237
秘书………………… 6829237
值班室……………… 6827427

采气一厂

地址：新疆克拉玛依市白碱滩区三坪镇
邮编：834007
公网区号：0990

厂长、书记………… 6813112
副厂长……………… 6812891
党委副书记、纪委书记、工会主席……………… 6812193
副厂长……………… 6813496
总地质师…………… 6812557
总会计师…………… 6812116
总工程师…………… 6812715
安全副总监………… 6812408
副总地质师………… 6813388
厂长（党委）办公室 6812191
传真………………… 6971618
保卫科……………… 6813221
工会………………… 6812713
人事科……………… 6812514
计划科……………… 6816338
财务科……………… 6811844
安全环保科………… 6813497
生产技术科………… 6812880
生产运行科………… 6812260
地质研究所………… 6812335
工艺研究所………… 6812824
采气所……………… 6812518
信息所……………… 6813162
一作业区…………… 6812358
二作业区…………… 6812536
采气队……………… 6812110
注输联合站………… 6812774
技术监督站………… 6812913
供应站……………… 6812714
员工培训站………… 6811866
综合服务管理站…… 6813400

重油开发公司

地址：新疆克拉玛依市新月路 40 号
邮编：834000
公网区号：0990

经理、党委书记…… 6881197
副书记、纪委书记、工会主席
…………………… 6883391
副经理、总工程师 … 6881993
副经理……………… 6885899
副经理、安全总监 … 6885792
总地质师…………… 6885204
总会计师…………… 6886111
党委委员、人事组织科科长
…………………… 6883886
经理助理、党政办公室主任
…………………… 6883289
安全副总监、安全环保科科长
…………………… 6882974
党政办公室副主任 … 6885892
党政办公室信息督查 6885972
团委副书记、党政办公室秘书……………… 6884042
党政办公室信访翻译 6885095
党政办公室秘书…… 6894113
党政办公室文书…… 6885093
人事组织科副科长 … 6884789
工会副主席、党群工作科科长……………… 6886185
纪委副书记、党群工作科副科长…………… 6884765
工会副主席、党群工作科副科长…………… 6885259
计划科科长………… 6881105
财务科科长………… 6883067
生产技术科
科长………………… 6883261
副科长……………… 6886387
…………………… 6885909
…………………… 6883515
…………………… 6885930
…………………… 6882142
生产运行科科长…… 6885907
传真………………… 6885081

百口泉采油厂

地址：新疆克拉玛依市鸿雁路 5 号
邮编：834000
公网区号：0990

厂长、党委书记…… 6875066
…………………… 6804261
副书记、纪委书记、工会主席
…………………… 6875086
…………………… 6804311
副厂长……………… 6875078
…………………… 6804542
副厂长、安全总监 … 6875069
…………………… 6804321
总地质师…………… 6875908
…………………… 6804866
总会计师…………… 6875088
…………………… 6804827
副总工程师………… 6875918
…………………… 6804331
厂安全顾问………… 6875099
…………………… 6804512
厂办、党政办
主任………………… 6875926
副主任……………… 6875927
…………………… 6875921
传真………………… 6804123
纪委
副书记……………… 6875987
办公室……………… 6804393
…………………… 6881263
司机值班室………… 6594996
服务员……………… 6875992
…………………… 6804922
七号楼门卫………… 6888427
人事（组织）科
科长………………… 6875935
副科长……………… 6875911
干部管理室………… 6875986
工资双定考核室…… 6875922
社会保险室………… 6875922
财务科
副科长……………… 6875990
…………………… 6804113
副科长……………… 6875989
财务高级主管……… 6875900
工资、往来………… 6875960
预结算、资产……… 6875991
工会财务…………… 6875931
成本、材料………… 6875993
出纳室……………… 6875966

风城油田作业区

地址：新疆克拉玛依市前进路 34 号
邮编：834000
公网区号：0990

经理、党委书记…… 6849921
…………………… 6802330
副经理、安全总监 … 6842353
…………………… 6802353
副经理……………… 6842272
…………………… 6802331
党委副书记、纪委书记 6858059
…………………… 6802702
总地质师…………… 6860810
…………………… 6802760
副总工程师………… 6849933
…………………… 6802703
副总地质师………… 6849925
…………………… 6802707
安全副总监………… 6841813
…………………… 6802643
经理（党委）办公室主任
…………………… 6849923
文秘、宣传………… 6896821
工会、纪检、油田保卫 6896832
人事（组织）科科长 6898082
劳资………………… 6863312
计划科
科长………………… 6896790
副科长……………… 6896790
材料采购、计划、内控 6896997
合同、投资管理…… 6897181
财务科
科长………………… 6849809
主办、主管………… 6849992
助理主办…………… 6897250
生产运行科
科长………………… 6802642
…………………… 6802661
副科长……………… 6802642
…………………… 6802661
主管、调度………… 6802104
…………………… 6802661
生产技术科
科长………………… 6898932
…………………… 6802339
副科长……………… 6802645
工艺总监…………… 6898932
设备、地面、修井、采油、技术员、资料………… 6802339
注水、设备………… 6802645
质量安全科
副科长……………… 6802643
…………………… 6848813
主管………………… 6802643
…………………… 6848813
油田研究所
所长………………… 6883653
副所长……………… 6865367
稠油室……………… 6849932
稀油室……………… 6865779
勘探室……………… 6865972
地质管理室………… 6849930
信息档案站
站长………………… 6849926
副站长……………… 6849926
主办………………… 6862951
助理主办…………… 6849931
科员………………… 6865781

技术监督站
站长……………………6865961
副站长…………………6865910
井下监督………………6802641
QHSE 体系管理……6865910
综合管理………………6802641
工程监督………………6802641

乌尔禾采油站
教导员…………………6802734
站长、副站长………6802734
地质总监、工程总监 6802733
工程组组长…………6802733
安全、保温…………6802734
现场设备管理………6802734

风城采油站
站长、副站长………6802335
地质总监……………6802759
工程总监、安全……6802335
修井监督……………6802335
设备管理、设备资料 6802335

夏子街采油站
站长……………………6804535
副站长…………………6804646
地质总监……………6803520
工程总监……………6803521
支部书记……………6803522
修井监督、技术员 …6803521
地质组长……………6804435
财务组长……………6875018

注输联合站
站长……………………6520305
副站长…………………6520316
…………………………6520308
…………………………6520351
技术总监……………6520310
…………………………6804508

夏联站
站长……………………6804445
副站长…………………6234258
安全监督……………6804445

乌尔禾稀油处理站
副站长…………………6520311
工程师…………………6234258
安全监督
…………………………6520304
综合服务站站长……6802725

井下作业公司

地址：新疆克拉玛依市前进路 34 号
邮编：834000
公网区号：0990
党委书记……………6884061
经理……………………6884486
党委副书记…………6884102
副经理…………………6884496
…………………………6883786
副经理、工程师……6884176
经理办主任…………6883820
经理办公室…………6881812
传真……………………6885232

新疆石油工程建设有限责任公司

地址：新疆克拉玛依市塔河路 15 号
邮编：834000
公网区号：0990
党委书记……………6232163
总经理…………………6848617
党委副书记…………6233792
副总经理……………6848373
…………………………6225119
…………………………6846699
…………………………6846484
总会计师……………6846641
总经理助理…………6243722
副总工程师…………6846384
…………………………6848249
…………………………6848598
党政办主任…………6846457
党政办…………………6846323
传真……………………6222690
督察、信访…………6848196
文书、翻译…………6846272
信息中心……………6848370
档案室…………………6848490
人力资源部…………6848801
劳资……………………6848531
调配……………………6848841
薪酬管理……………6848666
培训、考核…………6848444
定额……………………6848417
纪委……………………6848076
监察科…………………6847773
宣传科长……………6846488
工会副主席…………6852177
…………………………6846478
工会……………………6236238
团委……………………6848066
宣传科…………………6846898
工程管理部、生产 …6847033
工程管理部…………6847926
工程管理部、技术 …6222764
调度、车辆…………6847420
工程管理部、市场 …6243721
EPC 办公室 ………6239621
质量监督部…………6847524
资产管理部、基建 …6847524
资产管理部…………6228979
安全环保部、车辆 …6848466
安全环保部、工程 …6848675
安全环保部…………6846233
监理中心……………6847428
企管审计部…………6846103
法律……………………6848661
管理……………………6846212
合同、审计…………6847544
企业管理……………6848222
计划财务部…………6848141
出纳报销……………6846973
资产管理……………6848612
工程结算……………6848799
财务预算……………6238409
天维财务……………6847728
预结算中心…………6848089
定额、询价…………6846292
器材供应站…………6232027
财务……………………6842130
加工、订货…………6840263
钢材库…………………6846276
调度……………………6235655
施工研究所…………6231760
武装保卫科…………6222325
经警治安队…………6881075
路桥治安队…………6842749
职工活动中心………6231743
保龄球…………………6235126
业务……………………6883276
焊接培训中心………6978411
业务……………………6978073
天维无损检测公司 …6849788
工程……………………6846070
市场……………………6233799

新疆油田勘探开发研究院

地址：新疆克拉玛依准噶尔路 32 号
邮编：834000
公网区号：0990
院长（党委）办
主任……………………6237077
保卫科科长…………6884053
副主任…………………6886011
文书……………………6883692
…………………………6222634
纪检……………………6883730
综合、收发…………6240223
文秘……………………6884259
小车班…………………6239334
人事科
科长……………………6883702
副科长…………………6885798
员工管理……………6237202
薪酬、保险…………6882513
培训、统计…………6883531
科研管理科
科长……………………6887215
副科长…………………6881602
勘探管理……………6882756
工艺管理……………6235603
储量管理……………6868057
计划财务科
科长……………………6237207
副科长…………………6237180
传真……………………6882324

克拉玛依电厂

地址：新疆克拉玛依市白碱滩区新华路 28 号
邮编：834008
公网区号：0990
厂长……………………6828325
党委副书记、工会主席 6827963
副厂长…………………6828130
…………………………6828346
总工程师……………6809442
副总工程师…………6828229
安全副总、安全科科长 6828718
党委办主任…………6827813
党委办…………………6827678
团委办…………………6827629
组干科科长…………6827227
纪委办…………………6827557
工会副主席…………6828530
女工主任办…………6827047
武装保卫科科长……6828662
厂办主任办…………6828829
武装保卫科…………6827473
内退办…………………6808356
传真……………………6827556

供电公司

地址：新疆克拉玛依市火星路 12 号
邮编：834000
公网区号：0990
党委书记……………6882275
经理……………………6881790
副书记、工会主席 …6887779
副经理、电调中心主任 6883991
副经理…………………6881191
…………………………6881487
总工程师……………6884161
安全副总监…………6876619
党群工作部
主任……………………6881275
宣传……………………6887782
组织……………………6881601
工会副主席…………6888773
工会……………………6882590
纪委副书记…………6884087
团委书记……………6887781
保卫科科长…………6888587

经理办公室
主任…… 6881036
办公室…… 6884284
文印…… 6887374
传真…… 6288966
计划经营部部长…… 6883119
财务资产部
部长…… 6883319
报销成本…… 6882341
预算…… 6886190
特派员…… 6883678
劳动工资部
科长…… 6882921
工资…… 6883624
生产技术部
科长…… 6882476
副科长…… 6888180
车辆调度…… 6884926
安全环保部
部长…… 6876619
副部长…… 6884473
安全监理站
站长…… 6884168
教育中心
主任…… 6884912
项目基建办
主任…… 6884356
电调中心
副主任…… 6884345
…… 6881885
运行室主任…… 6884345
值班调度…… 6883029
调度…… 6288333
自动化所
所长…… 6881685
副所长…… 6881076
指导员…… 6888534
变电工区
主任…… 6888234
教导员…… 6885554
副主任…… 6883519
技术核算…… 6877933
技术材料…… 6888224
红浅…… 6844047
枢纽…… 6849406
220 变…… 6849071
百 21 万…… 6804329
炼二…… 6830440
炼一…… 6833624
北郊集控中心
主任…… 6893146
北郊主控室…… 6884394
首站…… 6812752
二号…… 6812652
W101…… 6833368
集控中心
主任…… 6893712
白碱滩…… 6824715
百联站…… 6804961
J－188…… 6804961
百重七…… 6802825
石西车间
主任…… 6801168
线路工区
主任…… 6884252
教导员…… 6883292
副主任…… 6882374
…… 6882197
用电管理所
所长…… 6888741
教导员…… 6881192
副所长…… 6887813
…… 6877931
核收…… 6887780
监察…… 6886028
报修中心…… 6882892
个体收费…… 6885120
电费咨询…… 6241100
…… 6241200
电管站
站长…… 6882444
电试所
所长…… 6887487
客户中心
主任…… 6888227
接洽办…… 6888227
营业厅…… 6882252
安装工区
主任…… 6881751
教导员…… 6883282
副主任…… 6884273
车队
队长…… 6884851
指导员…… 6884851
副队长…… 6888723
小车班…… 6883705
供应站
站长…… 6884280
教导员…… 6884280
计划采购…… 6888874
服务中心
主任…… 6883741
副主任…… 6883741
维修队…… 6883585
绿化队…… 6885849
健身中心…… 6885143

供水公司

地址：新疆克拉玛依市永红路 68 号
邮编：834000
公网区号：0990
领导
经理…… 6846401
书记…… 6847432
副书记…… 6846559
工会主席
副经理…… 6846829
…… 6845527
…… 6846244
…… 6846918
…… 6846162
…… 6848048
助理、副总师
助理…… 6848721
副总…… 6845520
…… 6847622
…… 6848234
…… 6847332
…… 6846771
副总监…… 6848128
党政办
副主任…… 6845558
…… 6846395
…… 6222318
信访办副主任…… 6848564
收发室…… 6847638
打字室…… 6846994
档案室…… 6846364
门卫…… 6846756
副楼门卫…… 6846633
财务科
科长…… 6846361
副科长…… 6845529
财务报销室…… 6848618
办公室…… 6845532
…… 6848918
…… 6845523
人事科
科长…… 6848005
副科长…… 6845510
…… 6847539
办公室…… 6847628
组织员办公室…… 6847520
纪委副书记…… 6846230
工会
副主席…… 6847608
…… 6845551
办公室…… 6846450
女工…… 6846226
宣传科
科长…… 6848550
办公室…… 6847650
保卫科
科长…… 6886866
副科长…… 6847099
办公室…… 6884261
安全科
科长…… 6848128
办公室…… 6848637
质量环保科
科长…… 6846987
办公室…… 6846546
企业管理办公室
主任…… 6847444
副主任…… 6847297
经营计划科
科长…… 6846851
副科长…… 6845533
法律顾问…… 6848892
办公室…… 6847829
…… 6848449
…… 6848057
生产技术科
科长…… 6845508
副科长…… 6845572
办公室…… 6847695
…… 6845502
机动科
科长…… 6846795
副科长…… 6847993
办公室…… 6847562
基建科
主任…… 6847189
副主任…… 6845582
办公室…… 6847360
…… 6848996
…… 6846993
…… 6848821
教育中心
主任…… 6841348
办公室…… 6841446
调度室
调度长…… 6846325
…… 6223130
副调度长…… 6847272
工程师…… 6846431
值班调度…… 6846992
…… 6848921
…… 6846827
车辆调度…… 6847692
…… 6846972
干部值班…… 6846093
科技信息中心
主任…… 6223443
副主任…… 6236741
…… 6848461
办公室…… 6846453

顶山管理站
站长……………………6845519
副站长…………………6845530
现场值班室……………6803469
黄旗坝管理站
站长……………………6845513
书记……………………6847974
副站长…………………6845505
站长宿舍………………6802151
调度室…………………6802150
夏孜街管理站
站长……………………6847422
书记
调度室…………………6802142
风城水库管理站
站长……………………6845553
…………………………6804856
书记……………………6847969
副站长…………………6845567
值班室…………………6802155
水源管理站
教导员…………………6594439
站长……………………6594519
副站长…………………6594929
…………………………6594539
统计办…………………6594449
调度室…………………6594619
水源办公室……………6846855
19号放水房 ………6804524
包古图水源……………6930763
水库管理大队
队长……………………6847369
办公室…………………6847027
…………………………6847886
…………………………6884008
白杨河车间
办公室…………………6847162
白杨河水库……………6804240
…………………………6930633
黄羊泉水库……………6930634
白杨河水库小站………6930635
白碱滩营销分所
所长……………………6827521
支部书记………………6829415
调度接洽………………6828421
财务……………………6828342
…………………………6825150
白碱滩管理站
站长……………………6824284
办公室…………………6827320
调节水库进水口………6930637
民警值班室……………6824313
三坪水库管理站
站长……………………6592651
调度……………………6592652
第一水厂
厂长……………………6827702
老泵房…………………6828389
新泵房…………………6823374
水处理…………………6827026
高低水库………………6827485
食堂……………………6827798
门卫……………………6598253
第二水厂
厂长……………………6827181
指导员…………………6827184
调度室…………………6827398
…………………………6828396
薄壁堰…………………6597790
三坪水厂
厂长……………………6894805
副长厂…………………6892677
中控室…………………6896074
泵房……………………6894719
加药房…………………6893174
电钳班…………………6897441
锅炉房…………………6890414
门卫……………………6893729
末段
办公室…………………6848142
统计室…………………6847906
末段泵站………………6833284
东沟锅炉房……………6849271
消防放水房……………6841340
西郊水库管理站
站长……………………6223078
副站长…………………6845241
…………………………6845243
西郊水库坝头…………6586334
西郊水库亭子…………6930843
营销所
所长……………………6884490
教导员…………………6223226
副所长…………………6884451
监察室…………………6232481
…………………………6882147
调度室…………………6883894
…………………………6883487
收费大厅………………6886558
…………………………6889273
…………………………6881658
机房……………………6886472
山上水库………………6583919
减压水库………………6882848
城西水库………………6885624
开发区水管站
站长……………………6847886
办公室…………………6841464
供应站
教导员…………………6886681
站长……………………6223061
副站长…………………6232749
计划室…………………6885877
综合办…………………6231875
采购办…………………6885006
门卫……………………6885006
三坪管理站
办公室…………………6812658
调度室…………………6812865
车队
站长……………………6234330
书记……………………6234329
副站长…………………6845552
调度……………………6845550
核算室…………………6845536
化验中心
主任……………………6889274
通信室…………………6887364
退养办主任……………6841510
水利设施维护站
站长……………………6223317
办公室…………………6841153
维修安装队
办公室…………………6841093
…………………………6841341
门卫……………………6848140
文化中心
办公室…………………6841165
舞厅……………………6841363
民族活动室……………6886049
额河水处理项目组 ……6846358
第五水厂筹建办………6847066

机械制造总公司

地址：新疆克拉玛依市永红路15号
邮编：834000
公网区号：0990
党委书记………………6846454
党委副书记……………6847816
副总经理………………6847426
…………………………6846930
…………………………6846242
…………………………6848303
总经理助理……………6847216
安全副总师……………6847559
副总工程师……………6223108
行政办公室
主任……………………6847318
副主任…………………6228670
文秘……………………6848392
…………………………6222428
档案……………………6847473
小车班…………………6844295
党群工作部
部长……………………6847351
纪委副书记……………6846114
组织……………………6848643
团委……………………6844555
财务资产部
部长……………………6847057
报销……………………6848510
成本核算………………6848668
资产办公………………6236282
劳动人事部
部长……………………6848625
办公室…………………6847959
人事档案………………6848739
经营管理部
部长……………………6848424
副部长…………………6846169
合同、综合统计………6222725
基建办公室……………6848039
工会副主席……………6848856
办公室…………………6848114
生产部
部长……………………6234539
…………………………6848067
副部长…………………6847629
…………………………6840500
办公室…………………6222337
统计室…………………6847925
生产调度………………6846733
…………………………6847319
…………………………6222796
安全机动部
部长……………………6848023
副部长…………………6846412
设备……………………6846425
安全……………………6847010
体系认证………………6847007
保卫科…………………6848151
产品工艺研究所
所长……………………6847114
书记……………………6847668
副所长…………………6846816
…………………………6848320
…………………………6847110
资料……………………6847315
统计……………………6848894
机房……………………6848403
…………………………6848013
网络中心………………6845395
销售服务公司
经理……………………6848020
书记……………………6847439
副经理…………………6840779
…………………………6849825

…………………… 6226789
办公室…………… 6847023
…………………… 6840775
…………………… 6848761
销售公司财务……… 6847401
成品库……………… 6848905
质量监督检测中心
主任
…………………… 6846367
副主任…………… 6847491
…………………… 6222831
办公室…………… 6840773
检验一室………… 6848963
探伤室…………… 6846879
物资供应中心
主任……………… 6848009
办公室…………… 6846371
…………………… 6843370
…………………… 6848340
…………………… 6848680
一区库房………… 6848930
刀具库…………… 6848054
职工培训中心
主任……………… 6848741
书记……………… 6847935
副主任…………… 6840772
…………………… 6846948
…………………… 6840772
抽油机一厂……… 6846941
抽油机二厂……… 6848853
抽油机三厂……… 6846040
井口制造厂……… 6847105
…………………… 6847848
油管加工厂……… 6846304
压力容器一厂……… 6222492
压力容器二厂……… 6846148
锅炉制造厂……… 6848990
金属结构厂……… 6846278
金工一厂………… 6847395
金工二厂………… 6846848
五金工具加工厂…… 6847281
铸钢厂…………… 6848925
锻造厂…………… 6847323
氧气厂…………… 6846245
管件制造厂……… 6848621
电工班…………… 6848717
特车制造厂……… 6882168
…………………… 6885549
工程机械修理厂…… 6884198
…………………… 6969952
汽车检测站……… 6882719
…………………… 6227811
车队……………… 6840762
…………………… 6848720

金属构件厂
厂长……………… 6222851
书记……………… 6230914
办公室…………… 6847960
…………………… 6845619
产品检测站……… 6847625
…………………… 6841023
北方文体馆……… 6845720
…………………… 6845725
…………………… 6845722
综合服务队……… 6846150
…………………… 6848393
资产经营办公室…… 6841882
…………………… 6843209
长征农贸市场……… 6879728
门卫……………… 6881503
红山停车厂……… 6868708
汽车销售公司
经理……………… 6884767
…………………… 6234251
书记……………… 6885556
综合办…………… 6236705
财务……………… 6879793
市场部…………… 6879031
销售大厅………… 6886351
销售展厅………… 6883568
一汽大众品牌专卖店 6246936
销售部…………… 6246935
…………………… 6246792
…………………… 6246791
友联出租………… 6884449
…………………… 6234784
注汽队…………… 6846013
防腐保温队……… 6848229
内退办公室……… 6848029
水厂……………… 6840761
北方宾馆
经理……………… 6223403
总台……………… 6847144
101 房 …………… 6848072
102 房 …………… 6846079
201 房 …………… 6846720
202 房 …………… 6848305
203 房 …………… 6840144
204 房 …………… 6847457
206 房 …………… 6848895
301 房 …………… 6850744
302 房 …………… 6846705
303 房 …………… 6847844
304 房 …………… 6846409

物资供应总公司

地址：新疆克拉玛依市昆仑路 41 号
邮编：834000
公网区号：0990

党委书记………… 6846420
总经理…………… 6852991
党委副书记……… 6848473
副总经理………… 6852456
…………………… 6846402
安全总监………… 6848384
总会计师………… 6847543
总经理助理……… 6846461
副总经济师……… 6847936
…………………… 6840933

党办
主任……………… 6848109
办公室…………… 6848043
宣传办…………… 6222771
纪委副书记……… 6847063
监察科…………… 6238621
工会副主席……… 6846314
工会……………… 6846811
团委……………… 6848651

公司办公室
主任……………… 6847454
副主任…………… 6842200
秘书……………… 6222731
办公室…………… 6848492
…………………… 6222559
打字……………… 6222732
档案……………… 6848967
小车班…………… 6220628

人事教育科
科长……………… 6848271
人事教育………… 6848342
…………………… 6848631
微机房…………… 6222773
教务室…………… 6222985
培训室…………… 6223191

财务资产科
科长……………… 6222720
核算中心主任……… 6846626
…………………… 6848948
财务资产………… 6222937
…………………… 6846479
…………………… 6843569
费用报销………… 6846381
综合报表………… 6847482
…………………… 6237805
销售结算………… 6841322
…………………… 6847487
…………………… 6846698
…………………… 6846847
采购付款………… 6848187
…………………… 6239121
…………………… 6239120
…………………… 6848505
核销……………… 6848440

…………………… 6840070
出纳……………… 6237806
局结算中心……… 6843047
局审计…………… 6221775

物价合同科
科长……………… 6848247
物价合同………… 6848907
…………………… 6239377

经营管理科
科长……………… 6847320
经营管理………… 6841063
…………………… 6221297

生产科
科长……………… 6846859
业务……………… 6848526

安全质量环保科
科长……………… 6222173
安全……………… 6846413
质量……………… 6222827
车辆检验………… 6221697

基建科
科长……………… 6846854
基建……………… 6231627
…………………… 6220662

保卫科
科长……………… 6848242
保卫……………… 6223167
值班……………… 6847594

物流管理办
主任……………… 6846094
办公室…………… 6840617

调度配送中心
调度长…………… 6846472
副调度长………… 6847249
运输、配送……… 6847243
综合、催交……… 6846439
生产、车辆……… 6847509
司机值班………… 6226614

物资管理中心
主任……………… 6222639
办公室…………… 6222721
仓管……………… 6847922
计划……………… 6848409

客户服务中心
主任……………… 6238602
客户服务………… 6846438
…………………… 6846419
…………………… 6841222
计生办、机关支部 … 6848954
业务公司支部……… 6846865

克内退办
主任……………… 6841118
…………………… 6245908
办公室…………… 6230997

金属材料公司
经理…………6848329
…………6222549
合同…………6846499
采购…………6846508
…………6843050
计划…………6848152
…………6847468
化工材料公司
经理…………6847824
…………6222628
计划…………6847512
…………6843098
采购…………6847478
…………6847500
电器仪表公司
经理…………6848612
…………6222713
业务…………6846441
…………6846861
电器…………6848644
…………6848159
…………6848161
机械配件公司
经理…………6848272
…………6222637
工矿配件…………6848592
钻采工具
…………6847739
钻采…………6848132
…………6846187
机电设备公司
经理…………6848432
…………6222540
设备…………6846391
…………6846496
建材劳保公司
经理…………6848154
…………6222729
建材…………6848619
劳保…………6846801
合同…………6843070
劳保超市…………6848000
汽车配件公司
经理…………6846540
…………6222626
汽配办…………6848227
…………6847068
…………6848255
五金工具公司
经理…………6847221
…………6222527
办公室…………6848433
…………6846180

进出口材料公司
经理…………6848726
…………6222723
财务…………6843049
国外办…………6846028
…………6847108
…………6847155
…………6842134
物资中心
经理…………6888329
…………6230329
业务…………6888328
…………6888330
…………6865713
电器库…………6846227
信息中心
主任…………6846307
机房…………6222963
编码…………6222265
…………6224193
…………6847540
信息…………6843058
…………6238244
…………6848309
文体中心
主任…………6852629
办公室…………6846463
值班室…………6845603
沁怡苑办公室…………6223217
沁怡苑值班室…………6222097
库房
劳保库…………6847506
钻采库…………6848639
重型配件库…………6848593
仪表库…………6848642
电工材料库…………6848943
五金库…………6846842
管配库…………6846342
柴配库…………6848457
钢材验收…………6847173
新库地磅房…………6246738
新库钢材库…………6848034
…………6848131
…………6848104
新钢材库大门…………6246739
化工库…………6881396
…………6885831
化工库门卫…………6884158
新库调度室…………6847632
…………6847379
依林材料库…………6882297
…………6879107
北大门…………6223246
西大门…………6223248

自力公司
教导员…………6848412
经理…………6847744
…………6228029
副经理…………6223281
副经理…………6840361
工会主席…………6237020
财务…………6236522
…………6237662
销售…………6237083
…………6848068
绿化队
队长…………6220284
温室…………6222443
综合服务队
队长…………6231017
总务室…………6222086
机关服务班…………6222071
修理班…………6222754
机关门卫…………6222774
门卫（大门）…………6220192
门卫（外贸楼）…………6222094
克储运公司
教导员…………6847103
经理…………6848001
副经理…………6847479
…………6847854
工会主席…………6221317
安全…………6847116
人事…………6238977
信息…………6846677
统计…………6221307
财务…………6847041
收发打字…………6847202
配送中心…………6847967
送料…………6223673
配送统计…………6236587
送料…………6847861
合同工…………6848239
材料车间
主任…………6846256
指导员…………6848763
闸阀库…………6221357
…………6846545
设备库…………6846132
石西库…………6848729
劳保库…………6847506
油漆库…………6848060
杂项库…………6848169
经营管理部…………6236512
调度室…………6846121
低压开关厂…………6236679
修理班…………6236719
库房…………6221462

油水站…………6236875
水箱厂…………6236983
法兰厂…………6237641
弯头厂…………6237329
质检中心
副主任…………6848205
质检…………6222751
…………6237301
彩钢厂…………6239446
门卫…………6220425
再生公司…………6885842
…………6230307
九公里门卫…………6885832
原再生公司门卫…………6957583
南库门卫…………6843552
兴农湖
经理…………6833423
副经理…………6831478
财务…………6833865
拓展办…………6833674
拓展联络处…………6227710
运动部…………6833863
餐厅…………6833421
门卫…………6830418
运输公司
教导员…………6847620
经理…………6846115
副教导员…………6845563
综合…………6848265
运输一队…………6848366
运输二队…………6841741
运输三队…………6841927
运输三队调度…………6843248
修保厂
教导员…………6221891
厂长…………6224072
生产…………6841826
…………6841397
财务…………6841215
乌供应站
教导员…………4291651
站长…………4293165
副站长…………4291247
副主任…………4291279
综合办主任…………4291643
人事行政…………4815245
传真…………4844317
乌储运公司
书记…………4294328
经理…………4294228
副经理…………4294256
…………4294356
…………4294451
…………4294717

工会主席…………… 4294260
党办主任…………… 4294340
财务主任…………… 4294380
行政办主任………… 4294203
安全办主任………… 4294388
信息办主任………… 4294369
保卫办主任………… 4294282
财务………………… 4294538
人教………………… 4294280
工会………………… 4294340
内退办公室主任…… 4291071
北京办事处
主任………… 010－62354693
业务………… 010－62378306
上海办事处
主任………… 021－65551455
业务………… 021－65559957
西安办事处
主任………… 029－62869819
业务………… 029－62869818
成都办事处
主任………… 028－87751472
业务办……… 028－87751473
广州办事处
主任………… 020－38808841
业务………… 020－38808827
广州驻克办 … 0990－6848606
大连办事处
主任 ……… 0411－39761599
业务 ……… 0411－39761597
郑州办主任 … 0371－65550539
青岛办主任 … 0532－86897019
昌吉大厦经理 0994－2357006
业务………… 0994－2341431

对外经济贸易总公司

地址：新疆克拉玛依市昆仑路 41 号
邮编：834000
公网区号：0990
总经理……………… 6226200
副总经理…………… 6235079
党政办公室主任…… 6846541
办公室……………… 6840765
文书………………… 6223446
人事………………… 6222893
档案室……………… 6233597
经营部
主任………………… 6240950
副主任……………… 6666915
办公室……………… 6841836
财务部
经理………………… 6245956
副经理……………… 6846975
会计………………… 6842323
出纳………………… 6236772
会计………………… 6222241
外贸部
经理………………… 6235849
副经理……………… 6847256
办公室……………… 6236713
…………………… 6840180
…………………… 6847280
…………………… 6230617
…………………… 6847182
…………………… 6227538
外经部
经理………………… 6235939
副经理……………… 6237105
…………………… 6232607
办公室……………… 6235832
…………………… 6847263
…………………… 6231719
…………………… 6236732
…………………… 6847232
司机室……………… 6232905
门卫………………… 6222094
传真………………… 6223446

新疆恒通工程建设监理有限责任公司

地址：新疆克拉玛依市西环路 76 号
邮编：834000
公网区号：0990
书记………………… 6977176
总经理……………… 6881824
副经理……………… 6885740
…………………… 6882365
副总工程师………… 6886403
…………………… 6887644
…………………… 6877326
党政办主任………… 6881824
后勤服务部
主任………………… 6978974
副主任……………… 6888491
办公室……………… 6888491
政工干事…………… 6888491
文书………………… 6888491
库管………………… 6888140
计划财务科
科长………………… 6878767
办公室……………… 6881720
出纳………………… 6881720
会计………………… 6881720
劳动人事教育培训科
科长………………… 6978733
办公室……………… 6885413
…………………… 6885413
企业管理科
副科长……………… 6877332
办公室……………… 6878797
…………………… 6877331
技术信息科………… 6876801
工程管理科
副科长……………… 6885162
…………………… 6885162
办公室……………… 6885507
…………………… 6877335
小汽车服务中心
主任………………… 6886527
办公室……………… 6886527

小汽车服务公司

地址：新疆克拉玛依市友谊路 124 号
邮编：834000
公网区号：0990
经理办……………… 6885249
书记办……………… 6882847
党政办……………… 6883593
安全办……………… 6887092
调度室……………… 6888436
传真………………… 6887833

客运公司

地址：新疆克拉玛依市阿山路 38 号
邮编：834000
公网区号：0990
经理、党委副书记 … 6849161
党委副书记、纪委书记、工会主席………………… 6260216
副经理、安全总监 … 6841166
副经理……………… 6841439
…………………… 6883116
调研员……………… 6231593
…………………… 6841334
党政办副主任……… 6882828
…………………… 6881108
机关协调员………… 6841784
党政办……………… 6841393
…………………… 6841479
…………………… 6222598
传真………………… 6852617
纪委副书记………… 6892613
信访办主任………… 6881968
工会副主席………… 6841524
工会………………… 6841359
团委书记…………… 6841584
生产调度科副调度长 6841151
人事科科长………… 6883065
客运站站长………… 6841646

消防支队

地址：新疆克拉玛依市准噶尔路 106 号
邮编：834000
公网区号：0990
党委书记、支队长 … 6226372
党委副书记………… 6244315
副支队长…………… 6230380
…………………… 6882234
副总会计师………… 6882419
党委办公室
主任………………… 6881077
副主任……………… 6887055
工会副主席………… 6245730
团委副书记………… 6865798
秘书………………… 6865798
战训科
科长………………… 6882460
副科长……………… 6883127
管理办公室………… 3836238
通信管理办公室…… 6890655
装备管理科
科长………………… 6887076
管理办公室………… 6865911
安全消防监督管理科
科长………………… 6893733
管理办公室………… 6881512
…………………… 6880044
计划财务科
科长………………… 6237705
管理办公室………… 6890771
…………………… 6880948
人事（组织）科
科长………………… 6887159
管理办公室………… 6880787
信息档案管理站
主任………………… 6897108
副主任……………… 6881936
员工培训物资供应站
站长………………… 6877162
教导员……………… 6889549
管理办公室………… 6863103
…………………… 6997383
一大队（队部）
大队长……………… 3830566
教导员……………… 3831588
副大队长…………… 3836218
…………………… 3831589
防火技术员………… 3831464
一中队队值班室…… 3836334
…………………… 3831720
中队长……………… 3832304
二中队值班室……… 3840502
中队长……………… 3840503
三中队值班室……… 3840814
中队长……………… 3840845
四中队值班室……… 3840208
中队长……………… 3840004
五中队值班室……… 3840645

中队长……………… 3840646
二大队值班室……… 6831099
大队长……………… 6831989
教导员……………… 6833803
副大队长…………… 6833929
防火技术员………… 6833676
三大队值班室……… 6821304
大队长……………… 6821244
教导员……………… 6828393
防火技术员………… 6821796
四大队（队部）
大队长……………… 6583119
副大队长…………… 6801390
管理员……………… 6801529
石西中队值班室 …… 6801076
中队长……………… 6801076
陆梁中队值班室 …… 6801886
中队长……………… 6801886
五大队值班室……… 6965119
大队长……………… 6804418
教导员……………… 6803118
副大队长…………… 6804518
防火技术员………… 6803752
六大队值班室……… 4294377
大队长……………… 4294376
副大队长…………… 4294013
……………………… 4294377
传真………………… 6890655

油田保卫中心

地址：新疆克拉玛依市胜利路62号
邮编：834000
公网区号：0990

党委书记…………… 6840622
主任………………… 6847986
传真………………… 6845787
……………………… 6847577
党委副书记………… 6847581
副主任……………… 6840556
副主任……………… 6844088
党政办主任………… 6840526
党办副主任、团委副书记
……………………… 6848544
党政办公室………… 6847577
组织办……………… 6847610
纪委办……………… 6840373
信息档案室………… 6840372
网络办……………… 6840398
安全保卫科
科长………………… 6847575
副科长……………… 6840531
办公室……………… 6847582
……………………… 6840532
人事科科长………… 6840971
教育培训办………… 6849985
办公室……………… 6840972
……………………… 6847600
财务科
科长………………… 6840756
办公室……………… 6847572
……………………… 6847601
公积金办…………… 6840757
经营计划科
科长………………… 6840774
办公室……………… 6840976
总务办
副主任……………… 6844938
……………………… 6847576
办公室……………… 6840915
内退办……………… 6848260
机动车管理………… 6840913
物资库房…………… 6841316
驾驶员……………… 6840975
……………………… 6840913
工会副主席………… 6847580
工会、计划生育…… 6840730
职工文化活动中心 … 6847193
中心值班室………… 6847604
应急中队办公室…… 6841130
市区治保一大队
大队长……………… 6844120
教导员……………… 6847615
副大队长…………… 6846078
大队内勤办………… 6847440
市区治保二大队
大队长……………… 6840627
副教导员…………… 6844121
副大队长…………… 6840637
大队内勤办………… 6840637
……………………… 6842639
金龙镇治保大队大队
队长、教导员……… 6831697
副大队长…………… 6832307
副教导员…………… 6834637
大队办公室………… 6834638
大队内勤办………… 6832306
三坪镇治保大队
大队长……………… 6812165
副教导员…………… 6812602
大队内勤办………… 6814129
白碱滩治保大队
大队长、教导员…… 6806040
副大队长…………… 6825000
……………………… 6823722
大队内勤办………… 6821199

乌鲁木齐办事处

地址：新疆乌鲁木齐市友好南路2号
邮编：830000
公网区号：0991

党委书记…………… 4291988
主任………………… 4291752
工会主席…………… 4290558
副主任……………… 4291692
……………………… 4290993
……………………… 4291753
副总会计师………… 4291663
机关科室
党政办
主任………………… 4291095
副主任……………… 4291095
团委副书记………… 4291667
纪委
副书记……………… 4291216
工会
副主席……………… 4291367
接待科
科长………………… 4291606
副科长……………… 4291700
财务科
副科长……………… 4292765
……………………… 4291586
组织人事劳资科
科长………………… 4291326
副科长……………… 4291316
安全科
副科长……………… 4293000
生产基建科
科长………………… 4291012
副科长……………… 4290734
……………………… 4290734
企业管理科
副科长……………… 4291656
计划科
办公室……………… 4290674
成本中心
主任………………… 4291664
租赁服务部
主任………………… 4291290
副主任……………… 4291112
明园石油宾馆
经理………………… 4292592
教导员……………… 4292592
副经理……………… 4291572
……………………… 4292572
财务………………… 4291784
总台………………… 4291464
商务中心…………… 4291605
民餐厅……………… 4291697
汉餐厅……………… 4291827
水电暖供应公司
经理………………… 4291615
教导员……………… 4292520
副经理……… 4291792转800
……………………… 4294881
………………… 429179转819
财务………………… 4292942
安全、调度室……… 4291601
电站开闭所………… 4293277
电站配电室、水塔 … 4292714
园内换热站………… 4290633
生活服务公司
经理………………… 4291689
教导员……………… 4291907
副经理……………… 4290368
办公室……………… 4291687
财务………………… 4291529
新油房地产公司
经理………………… 4291727
教导员……………… 4291523
副经理……………… 4291715
……………………… 4291776
……………………… 4291567
财务主管…………… 4291586
办公室……………… 4291570
财务………………… 4291586
工程管理部………… 4291872
销售部……………… 4291665
新油物业
办公室……………… 4291867
财务………………… 4291575
新油建筑安装公司
经理………………… 4291626
教导员……………… 4291625
副经理……………… 4291081
项目部副经理……… 4291702
副经理……………… 4291661
办公室……………… 4292403
财务部……………… 4293015
工程部……………… 4292059
经营部……………… 4293156
安全部……………… 4292013
高层项目部………… 4292461
物资供应分公司…… 4291106
明园物业服务公司
经理………………… 4291795
教导员……………… 4291756
副经理……………… 4291100
办公室……………… 4291102
综合………………… 4293149
财务………………… 4291101
物业站……………… 4291673
绿化队……………… 4291147
工程办……………… 4292264
水电收费室………… 4293140
王家沟物业服务公司
经理………………… 4294765
教导员……………… 4294081

副经理………………… 4294920
办公室………………… 4294572
财务…………………… 4294629
工程办………………… 4294569
物业管理站…………… 4294516
治安…………………… 4294530
昌吉石油小区物管站 2700530
昌吉治安办…………… 2700720
小车队
队长…………………… 4292591
副队长………………… 4291476
调度…………………… 4291704
财务…………………… 4291475
幼儿园
园长…………………… 4291282
指导员………………… 4291282
副园长………………… 4291282
财务…………………… 4291382
教育培训中心
主任…………………… 4291537
治安中心
主任…………………… 4291797
教导员………………… 4291458
副主任………………… 4291797
值班室………………… 4291534
机关门卫……………… 4291709
鄯善疗养所
所长………… 0995－8348229
副所长……… 0995－8348566
………………… 0995－8348117
石油居委会
社区书记……………… 4291595
计划生育办公室…… 4291747
办公室………………… 4829231
传真…………………… 4291554

明园新时代大酒店

地址：新疆乌鲁木齐友好北路 739 号
邮编：830000
公网区号：0991
总经理………………… 4290688
副总经理……………… 4290618
………………………… 4290616
财务副总监…………… 4290612
党政办………………… 4290655
前厅部………………… 4290561
客房部………………… 4290560
餐饮部………………… 4290589
康乐部………………… 4290690
公关销售部…………… 4290750
计划财务部…………… 4290626
网络管理部…………… 4290586
工程部………………… 4290697
保卫部………………… 4291110
人事部………………… 4290671
质量管理部………… 4290667
传真………… 0991－4290614

供热公司

地址：新疆克拉玛依市鸿雁路 12 号
邮编：834000
公网区号：0990
领导
经理…………………… 6882539
纪委书记……………… 6881385
副经理………………… 6884629
………………………… 6220817
………………………… 6226626
副总…………………… 6888841
………………………… 6226913
………………………… 6828639
副总会计师…………… 6222499
副总经济师…………… 6223901
党委办公室
主任…………………… 6881502
办公室………………… 6887384
公司办公室
主任…………………… 6239069
办公室………………… 6223090
传真…………………… 6884712
总务…………………… 6237102
计生…………………… 6881564
档案…………………… 6884306
工会
副主席………………… 6240678
………………………… 6240438
办公室………………… 6881290
女工、文体…………… 6228434
文体中心……………… 6862150
………………………… 6885917
供热一分公司
经理…………………… 6828639
教导员………………… 6828483
高级主管……………… 6827945
综合办主任…………… 6827202
干事…………………… 6828003
打字…………………… 6828148
总值班………………… 6828019
财经办
主任…………………… 6827101
成本…………………… 6827870
报销…………………… 6828032
生产办
主任…………………… 6828268
统计…………………… 6808090
调度…………………… 6827929
………………………… 6921133
一车间主任…………… 6926220
值班室………………… 6828248
二车间主任…………… 6926221
值班室………………… 6828448
三车间主任…………… 6926223
值班室………………… 6805097
四车间主任…………… 6983327
值班室………………… 6827618
五车间主任…………… 6926240
值班室………………… 6828858
六车间主任…………… 6926249
值班室………………… 6809013
七车间主任…………… 6983320
值班室………………… 6827389
百口泉车间主任…… 6952527
指导员………………… 6804644
核算员………………… 6804034
值班室………………… 6804469
乌尔禾车间主任…… 6964105
值班室………………… 6802712
白碱滩………………… 6828486
白碱滩值班室……… 6828826
综合队队长…………… 6922137
门卫…………………… 6809359
库房…………………… 6828706
维修队队长…………… 6983302
值班室………………… 6827082

燃气公司

地址：新疆克拉玛依市林园路 16 号
邮编：834000
公网区号：0990
书记…………………… 6884955
经理…………………… 6882125
传真…………………… 6222369
副经理………………… 6884820
………………………… 6883728
副书记………………… 6884039
党政办公室
主任…………………… 6885226
传真…………………… 6223586
副主任………………… 6882335
秘书室………………… 6884309
收发室………………… 6882480
组织人事科
科长…………………… 6882759
组织员………………… 6888013
办公室………………… 6885750
生产技术科
科长…………………… 6884721
资料室………………… 6883918
安全质量环保科
科长…………………… 6887284
高级主管……………… 6888571
副科长………………… 6883815
资料室………………… 6885617
HSE 监督办 ……… 6881107
………………………… 6881203
财务资产科
科长…………………… 6889375
高级主管……………… 6881924
报销室………………… 6885054
票证室………………… 6881969
资产室………………… 6882967
财务总监……………… 6882940
经营管理科
科长…………………… 6887273
预算员………………… 6887082
统计员………………… 6881881
液化气储备站
站长…………………… 6849155
教导员………………… 6843471
副站长………………… 6849165
警卫室………………… 6849262
报警室………………… 6842472
岗楼…………………… 6858010
………………………… 6858020
钢瓶检验站
站长…………………… 6849217
副站长………………… 6849090
锅炉房………………… 6849160
天然气输配中心
主任…………………… 6888242
教导员………………… 6888243
副主任………………… 6844580
技术员………………… 6855994
票证室………………… 6893823
中心城配气站……… 6855400
沁园配气站…………… 6809722
沁园维修班…………… 6825934
黑油山配气站……… 6586671
市区供应站
站长…………………… 6868574
教导员………………… 6850267
副站长………………… 6884500
核算员………………… 6884500
外滩区供应站
站长…………………… 6828334
副站长………………… 6822677
核算员………………… 6822677
钻井气站……………… 6827380
二厂气站……………… 6828948
三厂气站……………… 6813334
输油气站……………… 6833867
乌尔禾气站…………… 6962417
炉具修理……………… 6809187
治安保卫中心
主任…………………… 6881172
教导员………………… 6880132
办公室………………… 6883912
送气服务中心
主任…………………… 6879180

教导员……………… 6882870
副主任……………… 6883867
核算员……………… 6879182
北斗气站…………… 6885068
风华气站…………… 6886048
西环气站…………… 6846915
送气服务中心
南泉气站…………… 6846102
拓湖气站…………… 6888530
小拐气站…………… 6939117
物资供应站
主任………………… 6882619
核算员……………… 6882619
炉灶具维修………… 6882910
技术信息中心
主任………………… 6888241
教导员……………… 6888240
办公室……………… 6883509
呼叫室……………… 6865272
呼叫中心…………… 6800000

物业公司

地址：新疆克拉玛依市通信路 52 号
邮编：834000
公网区号：0990

书记………………… 6882558
经理………………… 6873116
副经理……………… 6881363
…………………… 6887520
副总工程师………… 6884028
党政办公室主任…… 6885665
秘书………………… 6887455
宣传………………… 6881757
组织………………… 6883961
打字室……………… 6882003
档案室……………… 6888794
信息中心…………… 6873476

劳动人事科

科长………………… 6882038
副科长……………… 6886925
办公室……………… 6884141
…………………… 6878064
纪委………………… 6888829
团委………………… 6885579

工会

副主席……………… 6882790
办公室……………… 6881867

武装保卫科

科长………………… 6885588
办公室……………… 6873469

经营计划科

科长………………… 6885956
合同管理…………… 6888194
统计………………… 6881991
价管………………… 6876952

预算科

科长………………… 6889640
办公室……………… 6881084
…………………… 6895137

财务资产科

科长………………… 6888432
办公室……………… 6881826
…………………… 6888433
…………………… 6877019

物业管理科

科长………………… 6863072
副科长……………… 6867035
办公室……………… 6886950
…………………… 6887145
绿化保洁…………… 6886841
总值班……………… 6888500
…………………… 6896700

质量安全环保科

科长………………… 6882262
副科长……………… 6880563
办公室……………… 6888791

工程维修科

副科长……………… 6877717
…………………… 6885469
…………………… 6882152
工程管理…………… 6889442
…………………… 6877703
…………………… 6877719
项目部……………… 6895986

供应站

站长………………… 6848258
统计………………… 6848312
库房保管…………… 6846838
计划………………… 6846943
门卫………………… 6847061

室内检测中心

主任………………… 6888810
办公室……………… 6877704

车队

队长………………… 6287338
教导员……………… 6869330
副队长……………… 6287387
调度室……………… 6869117
统计………………… 6869550
门卫………………… 6873484

资产经营公司

经理………………… 6881603
财务室……………… 6878532
经营管理…………… 6873477
市场管理…………… 6851008
顺安停车场………… 6844200
顺安交管…………… 6844310

银河分公司

经理………………… 6896710
教导员……………… 6896711
副经理……………… 6873130
…………………… 6873132
财务………………… 6998709
资料………………… 6862163
技术………………… 6896063
门卫………………… 6878216
通信物管站………… 6873467
红波、北苑物管站 … 6873472
北斗、新月物管站 … 6873473
乐园、园丁物管站 … 6890187
银河物管站………… 6873466
星光物管站………… 6873483
文化自行车棚……… 6876542
红波自行车棚……… 6876784
乐园自行车棚……… 6876794
银河自行车棚……… 6876842
北斗自行车棚……… 6876844
新月自行车棚……… 6876847
园丁自行车棚……… 6876894
苑泉自行车棚……… 6876924

天山分公司

经理………………… 6223087
教导员……………… 6223192
副经理……………… 6883888
…………………… 6881450
财务………………… 6890638
统计………………… 6890056
主办………………… 6867210
资料………………… 6886153
材料………………… 6890056
门卫………………… 6873482
古南物管站………… 6894672
古北物管站………… 6867591
城西物管站………… 6890952
红光物管站………… 6841607
油南物管站………… 6867836
光明、建工物管站 … 6873470
油北物管站………… 6867210
鸿雁物管站………… 6891763
光华物管站………… 6891763
天山物管站………… 6890056
康乐物管站………… 6873473
风华物管站………… 6873471
和平物管站………… 6897528

胜利分公司

教导员……………… 6227683
副经理……………… 6238735
…………………… 6850166
技术、综合………… 6843351
财务………………… 6846302
资料、门卫………… 6841318
统计办公室………… 6841318
红旗物管站………… 6897907
胜利物管站………… 6896932
东风物管站………… 6222706
民主、教育物管站 … 6873464
前进物管站………… 6881397
工人物管站………… 6860307
长征物管站………… 6873468
韶山物管站………… 6873465
朝阳物管站………… 6896625
曙光物管站………… 6897367
黎明物管站………… 6897087
红星、石油物管站 … 6897703
拓湖物管站………… 6896593
红山物管站………… 6868935
东风自行车棚……… 6877454
韶山自行车棚……… 6877524
…………………… 6877534
黎明自行车棚……… 6877834
曙光自行车棚……… 6877854
长征 7 栋自行车棚 … 6879436
长征 13 栋自行车棚 … 6879437

昆仑分公司

经理………………… 6843889
教导员……………… 6850177
副经理……………… 6843890
…………………… 6843229
财务………………… 6840377
资料………………… 6840379
门卫………………… 6567153
南林物管站………… 6848559
南泉物管站………… 6562152
南苑物管站………… 6851502
永红物管站………… 6849856
供应物管站………… 6846107
文明物管站………… 6846370
天池南物管站……… 6842691
天池北物管站……… 6842835
收费班……………… 6856172

维修公司

经理………………… 6235443
副经理……………… 6876846
…………………… 6860613
管理………………… 6885356
财务………………… 6883005
技术员……………… 6884145
报修（门卫）电话 … 6885357
天山维修点………… 6883548
红旗维修点………… 6847336
银河维修点………… 6865200
南苑维修点………… 6857088

绿化公司

经理………………… 6860271
教导员……………… 6860872
副经理……………… 6897951
财务………………… 6897321

绿化技术管理……… 6876563
绿化现场监督……… 6862328
金龙镇分公司
经理……………… 6993320
教导员…………… 6992106
副经理…………… 6991661
………………… 6993025
………………… 6832644
………………… 6833478
生产……………… 6993725
调度……………… 6832146
………………… 6991205
统计……………… 6993735
材料……………… 6833474
报修电话………… 6833340
管理……………… 6833659
财务……………… 6833986
统计……………… 6996190
核算……………… 6832024
预算……………… 6833062
安全……………… 6993746
再就业…………… 6993100
物管……………… 6993751
物管资料………… 6830558
物管二站………… 6993750
电气队…………… 6992305
绿化保洁队……… 6991357
绿化花房………… 6832231
管焊队…………… 6993745
保温车间………… 6831274
1 号加热站……… 6993741
2 号加热站……… 6833739
生活污水场……… 6822463
制冷站…………… 6993744
车队……………… 6830412
门卫室…………… 6831541
宿管站…………… 6833240
市场……………… 6833932
食堂管理………… 6830964
输油绿化队……… 6833478
输油污水场……… 6831964
输油文化站……… 6833151
小区治安协管大队
教导员…………… 6978999
副教导员………… 6877712
………………… 6877075
财务……………… 6881972
综合……………… 6888490
总值班…………… 6884909
材料……………… 6873405
作训……………… 6873404
办公室…………… 6877079
一区队…………… 6873401
胜利北小区值班室 … 6873439
胜利南小区值班室 … 6873450
天池北小区值班室 … 6849961
天池南小区值班室 … 6849962
红山小区值班室…… 6873461
黎明小区值班室…… 6873423
教育小区值班室…… 6873407
民主小区值班室…… 6849964
文明小区值班室…… 6849974
红旗小区值班室…… 6873422
东风小区值班室…… 6873406
永红小区值班室…… 6849960
曙光小区值班室…… 6873408
供应小区值班室…… 6849965
南林小区值班室…… 6567151
南泉小区值班室…… 6567152
南苑小区值班室…… 6857110
长征小区值班室…… 6873417
工人小区值班室…… 6873462
拓湖小区值班室…… 6873434
朝阳小区值班室…… 6873433
石油小区值班室…… 6873449
文化小区值班室…… 6873426
星光小区值班室…… 6873421
北苑小区值班室…… 6873436
红波小区值班室…… 6873420
韶山小区值班室…… 6873418
红星小区值班室…… 6873440
通信小区值班室…… 6873435
前进南小区值班室 … 6873438
前进北小区值班室 … 6873419
向阳北小区值班室 … 6873442
向阳南小区值班室 … 6873441
北斗小区值班室…… 6873414
新月小区值班室…… 6873429
银河小区值班室…… 6873458
小区治安协管大队三区队
………………… 6873403
风华小区值班室…… 6873460
乐园小区值班室…… 6873430
园丁小区值班室…… 6873459
园林小区值班室…… 6873445
西北小区值班室…… 6873446
苑泉小区值班室…… 6873456
天山小区值班室…… 6873413
油建南小区值班室 … 6873424
油建北小区值班室 … 6873451
古田南小区值班室 … 6873454
古田北小区值班室 … 6873453
鸿雁小区值班室…… 6873452
光华小区值班室…… 6873425
光明小区值班室…… 6873409
国光小区值班室…… 6873410
建工小区值班室…… 6849963
红光小区值班室…… 6849975
城西小区值班室…… 6873457
康乐小区值班室…… 6873437
和平小区值班室…… 6873455

克拉玛依市中心医院

地址：新疆克拉玛依准噶尔路 67 号
邮编：834000
公网区号：0990
党政办…………… 6861348
………………… 6881836
传真……………… 6222862
信访办…………… 6861822
………………… 6861833
门诊部…………… 6861224
总值班…………… 6861500
询问处…………… 6887183

白碱滩医院

地址：新疆克拉玛依市白碱滩中兴路 78 号
邮编：834009
公网区号：0990
院长……………… 6929666
副院长…………… 6919946
………………… 6919916
副总会计师……… 6919955
党政办主任……… 6919991
党政办办………… 6919996
团委书记办……… 6919928
组织人事科科长…… 6919993
组织人事………… 6919977
劳资科科长……… 6918218
工会副主席……… 6919985
宣传科科长……… 6919986
财务科科长……… 6821390
财务……………… 6821310
物价办主任……… 6919973
医务处主任……… 6919599
医保办主任……… 6919956
护理部主任……… 6919959
院感办主任……… 6919596
质量监督科……… 6919811
信息科主任……… 6919948
武装保卫科、安全 … 6919931
传真……………… 6919996

白碱滩物业管理公司

地址：新疆克拉玛依市白碱滩区中兴路 114 号
邮编：834008
公网区号：0990
书记、经理……… 6806906
副书记…………… 6806907
副经理…………… 6806908
………………… 6806909
………………… 6806926
办公室
主任……………… 6806901
副主任…………… 6806902
文秘……………… 6806900
办公室…………… 6806915
党群工作部
主任……………… 6806911
工会……………… 6806916
组织、共青团……… 6806912
女工计生………… 6806910
劳动人事科
副主任…………… 6806918
………………… 6806920
劳动工资………… 6806919
职工培训………… 6806917
计划经营科
副科长…………… 6806927
合同管理………… 6806928
工程造价………… 6806929
………………… 6806930
财务资产科
科长……………… 6806932
副科长…………… 6806934
报销室…………… 6806935
成本室…………… 6806936
监督……………… 6806787
资产……………… 6806779
生产运行科
科长……………… 6806937
副科长…………… 6806781
………………… 6806939
环卫绿化………… 6806940
节能办公室……… 6806938
资料统计………… 6806782
质量安全环保科
科长……………… 6806922
副科长
………………… 6806925
安全环保………… 6806923
机关门卫………… 6806905
机关小车值班室…… 6806921
物业一分公司
书记……………… 6806976
经理……………… 6806950
副书记…………… 6800661
副经理…………… 6806951
………………… 6800662
………………… 6821313
综合办主任……… 6806953
综合……………… 6806952
工青妇…………… 6808893
劳资保卫………… 6808693
财务……………… 6806956

经营…………………… 6806955
生产办主任………… 6827298
生产安全…………… 6806957
统计………………… 6806961
副主任……………… 6826774
门卫………………… 6806963
绿化一队…………… 6596674
绿化二队…………… 6806960
绿化三队…………… 6806959
绿化四队…………… 6826002
综合一队…………… 6806958
环卫一队…………… 6806962
环卫二队…………… 6597631

物业二分公司

书记………………… 6806459
经理………………… 6827342
副经理……………… 6806970
副书记、副经理…… 6806967
综合………………… 6806968
生产办主任………… 6806969
生产………………… 6806965
经营………………… 6806966
绿化六队…………… 6806964
绿化七队…………… 6827178
绿化八队…………… 6806223
绿化九队…………… 6806460
楼管队……………… 6806974
水牛游泳馆………… 6806973
水牛游泳馆大厅…… 6806988
水牛游泳馆锅炉房 … 6800048
延明园……………… 6823825
综合二队…………… 6806975
环卫三队…………… 6809115
环卫四队…………… 6806972

物业三分公司

书记、经理………… 6811201
（百口泉） ………… 6804676
副书记……………… 6811206
副经理……………… 6811202
（百口泉） ………… 6804383
工会主席…………… 6811203
工会………………… 6811204
财务主管…………… 6811205
综合………………… 6811009
财务………………… 6811011

服务一队

指导员……………… 6811082
队长………………… 6811083
副队长……………… 6811084
污水泵站…………… 6811085
调度室……………… 6815174
维修班……………… 6812226
服务二队指导员（百口泉）
……………………… 6804853
队长………………… 6804852
物管班……………… 6804851

综合服务分公司

书记………………… 6823048
经理………………… 6829539
副经理……………… 6806982
……………………… 6806778
综合办公室………… 6806823
安全、保卫………… 6806986
劳资、统计………… 6806822
经营办公室………… 6806820
房产资料管理办公室 6806985
总务………………… 6806904
物管一队
队长………………… 6827036
经管员……………… 6823452
物管站……………… 6805455
物管二队
队长………………… 6806817
经管员……………… 6828265
物管站……………… 6828048
物管三队
队长………………… 6806819
副队长……………… 6806824
经管员……………… 6809403
三坪镇队
队长………………… 6813534
经管员……………… 6813363
物管站……………… 6813228
城管队
书记………………… 6806987
队长………………… 6806780
副队长……………… 6806821
经管员……………… 6806783

维修分公司

书记………………… 6806978
经理………………… 6806979
副书记……………… 6806980
副经理……………… 6827918
……………………… 6800662
综合办主任………… 6826124
政工干事…………… 6827774
档案管理、总务…… 6806977
经营………………… 6806981
生产………………… 6829934
工程管理…………… 6806983
门卫………………… 6809112
维修一队
队长、书记………… 6828452
副队长……………… 6806984
报修………………… 6828184
维修二队
书记………………… 6820601
队长………………… 6820912
报修………………… 6828446
材料员……………… 6809337
库房门卫…………… 6806274

小区协管大队

大队长……………… 6829339
综合办主任………… 6829552
生产办主任………… 6829360
综合………………… 6822597
生产………………… 6829028
总值班室…………… 6825970
一中队……………… 6829089
五亭班组…………… 6805353
东亭班组…………… 6805352
滨湖班组…………… 6829856
芙蓉班组…………… 6596643
上北坡班组………… 6829815
二中队……………… 6829152
下北坡班组………… 6829389
北盛班组…………… 6829050
钻井班组…………… 6828923
远征南班组………… 6829261
远征北班组………… 6829012
南园班组…………… 6829538
三中队……………… 6829036
电平班组…………… 6829212
明华班组…………… 6596642
欣城班组…………… 6829528
新河班组…………… 6829383
跃进班组…………… 6829860
四中队……………… 6829326
跃南班组…………… 6829020
沁苑班组…………… 6829653
育新班组…………… 6829209
沁悦班组…………… 6596641
双环班组…………… 6829162
五中队……………… 6811722
五新班组…………… 6811720
晨光班组…………… 6811721
一中队育成班组…… 6811712
创业班组…………… 6811728
综合班……………… 6816989

供应站

站长………………… 6822091
教导员……………… 6822091
计划统计…………… 6828879
保管员……………… 6825985
内退管理站
站长………………… 6823081
办公室……………… 6800612
公司小车队………… 6821386

明园职工医院

地址：新疆乌鲁木齐友好北路 789 号
邮编：830000
公网区号：0991

党委书记…………… 4291266
院长………………… 4291866
副院长……………… 4291937
党政办主任………… 4291949
综合………………… 4291631
医务科主任………… 4291969
医务科……………… 4291762
专家管理…………… 4291976
医疗纠纷…………… 4290578
护理部……………… 4291858
人事劳资科长……… 4292259
人事劳资…………… 4290017
纪检组织…………… 4293204
医德医风…………… 4291150
财务科科长………… 4291521
财务………………… 4291723
科教………………… 4292585
安全保卫主任……… 4291544
后勤保障科长……… 4292108
信息办……………… 4292404
药械科主任………… 4292534
门诊部……………… 4292307
体检中心…………… 4292859
住院收费…………… 4291151
门诊收费…………… 4292941
急诊科……………… 4291336
急救电话…………… 4290120
传真………………… 4290098

新疆克拉玛依市创拓有限责任公司

地址：新疆克拉玛依市西环路 72 号
邮编：834000
公网区号：0990

董事长……………… 6885424
……………………… 6978820
总经理……………… 6884553
……………………… 6977781
副总经理…………… 6885372
……………………… 6881615
财务主管…………… 6885487
工会主席、经理办主任 6885266
经理办综合室……… 6885209
……………………… 6977626
人力资源室………… 6885395
财务主任…………… 6885454
财务成本…………… 6876242
财务报销…………… 6885201
经营主任…………… 6885423
经营合同…………… 6885453
经营………………… 6897793
安全办主任………… 6849341
安全机动…………… 6849401
生产技术部
主任………………… 6849303

……………………… 6876243
总经理助理………… 6849203
……………………… 6867997
总工程师…………… 6867297
泥浆技术服务分公司
主任………………… 6885275
业务………………… 6876273
供应部主任………… 6849751
供应………………… 6849361
小车服务队………… 6876241
小车服务队门卫…… 6883236
泥浆生产分公司…… 6849075
安全质量办………… 6849343
泥浆生产分公司…… 6849109
二厂配液站………… 6828157
固井生产分公司…… 6849200
化工生产分公司…… 6869789
调度室……………… 6849216
……………………… 6849394
研究室……………… 6849143
市场开发部………… 6849144
地磅房……………… 6849207
化工车间…………… 6849358
机关门卫…………… 6887572
公司保卫…………… 6881618
传真………………… 6977626

新疆克拉玛依盛达电力安装有限责任公司

地址：新疆克拉玛依市友谊路 171 号
邮编：834000
公网区号：0990
董事长……………… 6887812
书记………………… 6888775
总经理……………… 6888775
副总经理…………… 6224362
董事长助理………… 6224284
行政办……………… 6888774
财务部主任………… 6883862
财务………………… 6888711
生产经营…………… 6882726
供应站……………… 6881331
物业站……………… 6884142
电气队……………… 6830015
综合维修队………… 6881323
车队………………… 6888775
电器制造厂………… 6968401
宿舍楼……………… 6883747
平价超市…………… 6888231
一建销售中心……… 6889293
传真………………… 6888774

固井压裂工程公司

地址：新疆克拉玛依市白碱滩区门户路 24 号
邮编：834009
公网区号：0990
市场部……………… 6533160
党政办……………… 6533161
副总工程师………… 6533181
群工科……………… 6533182
安全质量环保科…… 6533183
经营计划科………… 6533189
纪检质保科………… 6533301
组织人事科………… 6533302
副经理……………… 6809180
技术服务经营……… 6809205
技术服务副经理…… 6809210
施工研究所………… 6809258
技术服务资料室…… 6809263
技术服务中心探井组 6809265
技术服务公司财务办 6809267
化验室
站长………………… 6816257
书记………………… 6816258
化验………………… 6811691
门卫………………… 6816255
操作间……………… 6816256
作业二队…………… 6827360
总值班室…………… 6827421
罐车队……………… 6827469
综合车间…………… 6827527
固井三队…………… 6827565
公司工会…………… 6827617
作业一队…………… 6827683
财务科……………… 6827701
钻井固井工程公司 … 6827764
经理………………… 6827778
劳资科……………… 6827820
机关………………… 6827848
党总支……………… 6827879
书记………………… 6827976
副经理……………… 6828002
……………………… 6827913
保卫科……………… 6828080
行政办……………… 6828115
钻井物资供应公司固井库房
……………………… 6828267
生活科……………… 6828295
机动科……………… 6828314
固井调度室………… 6828378
完井调度室………… 6828431
检验室……………… 6828484
四中队……………… 6828596
副书记……………… 6828624
民兵值班室………… 6828629
调度室……………… 6828719
公司经济…………… 6828814
装灰班……………… 6848168
灰管队……………… 6848416
传真………………… 6927789

西部钻探克拉玛依钻井公司管子公司

地址：新疆克拉玛依市塔河路 31 号
邮编：834000
公网区号：0990
书记………………… 6884313
经理………………… 6881641
副书记……………… 6884868
副经理……………… 6883632
……………………… 6847349
……………………… 6847419
……………………… 6883540
工会主席…………… 6887024
主任工程师………… 6887024
党委办……………… 6884441
公司办……………… 6882121
传真………………… 6885475
劳资………………… 6881701
……………………… 6883137
生产技术…………… 6846469
……………………… 6846029
财务资产…………… 6881861
……………………… 6881193
生产调度…………… 6847291
……………………… 6847163
经营计划…………… 6847213
……………………… 6887689
安全环保…………… 6847571
工会………………… 6884958
保卫………………… 6881829
综合车间…………… 6847505
综合车间维修……… 6848626
……………………… 6841225
综合班……………… 6882305
钻具车间…………… 6847149
加工车间…………… 6848209
质检中心…………… 6847955
油套管车间………… 6846753
准东管子车间……… 3831572
……………………… 3837600
……………………… 3836253
车队………………… 6847732
职工之家…………… 6847460
厂区门卫…………… 6847674
机关楼传达室……… 6882834

西部钻探克拉玛依录井工程公司

地址：新疆克拉玛依市南新路 2 号
邮编：834000
公网区号：0990
党政办公室………… 6840408

新疆科力新技术发展有限公司

地址：新疆克拉玛依市友谊路 138 号
邮编：834000
公网区号：0990
市场部……………… 6880432
管理部……………… 6866201
分析中心…………… 6884737
科研中心…………… 6883432
人事部……………… 6882557
财务部……………… 6883448

新疆克拉玛依市采丰实业有限责任公司

地址：新疆克拉玛依市白碱滩区跃中路 1 号
邮编：834008
公网区号：0990
总经理……………… 6828848
副总经理…………… 6827385
……………………… 6827969
经理部……………… 6983070
财务部……………… 6828167
经营部……………… 6829147
生产部……………… 6828066
安全部……………… 6983610
井下分公司经理…… 6827136
副经理……………… 6827138
……………………… 6289845

新疆克拉玛依环亚有限责任公司

地址：新疆克拉玛依市白碱滩区三坪镇三坪路 103 号
邮编：834007
公网区号：0990
总经理……………… 6811588
副总经理…………… 6973818
……………………… 6815667
综合管理部………… 6973788
财务部……………… 6973816
井下工程技术部…… 6811569
机动设备部………… 6812099
安全运行部………… 6811621
车队………………… 6811628
核算………………… 6811622
采购………………… 6973789
门卫………………… 6972869

新疆克拉玛依市科能防腐技术有限责任公司

地址：新疆克拉玛依市三坪镇建设路 38 号
邮编：834028
公网区号：0990

管理办……………… 6811623

新疆克拉玛依市康佳建筑安装有限责任公司

地址：新疆克拉玛依市金龙镇康佳娱乐城四楼
邮编：834003
公网区号：0990
总经理……………… 6834195
副总经理…………… 6831708
经理办……………… 6995578
传真………………… 6834350
财务部……………… 6831706
经营部……………… 6834196
供应站……………… 6995576
劳务办……………… 6995580
生产技术部………… 6831357
质量安全环保部…… 6834131

新疆克拉玛依市塞诺服装有限责任公司

地址：新疆克拉玛依市红星路14号
邮编：834000
公网区号：0990
总经理办…………… 6882059
营销部……………… 6886001
管理部……………… 6888276
财务部……………… 6886023

新疆克拉玛依市三达有限责任公司

地址：新疆克拉玛依五新路
邮编：834007
公网区号：0990
综合管理部………… 6816490
公共关系部………… 6972136
设备管理…………… 6812087
安全环保…………… 6813309
质量管理…………… 6815204
财务………………… 6813889
党群工作部………… 6812815
供应站……………… 6812968
工程管理部………… 6816696
电气设备安装公司 … 6972552
化工一分公司……… 6812278
化工二分公司……… 6815047
工艺安装公司……… 6813576
生活服务公司……… 6814237
机械筑路公司……… 6812210
传真………………… 6816490

新疆克拉玛依三盛有限责任公司

地址：新疆克拉玛依市金星路18号
邮编：834000
公网区号：0990
董事长……………… 6886908
总经理
理事长……………… 6886806
副总经理…………… 6886996
…………………… 6886900
…………………… 6886307
行政………………… 6886850
文秘………………… 6878027
党务………………… 6866783
档案室……………… 6893975
财务部……………… 6886833
财务室……………… 6893756
经营部……………… 6866002
人事部……………… 6886860
生产部……………… 6886344
调度室……………… 6881286
地质室……………… 6886880
工程组……………… 6877171
设备管理室………… 6886376
安全质检部………… 6893910
体系运行…………… 6877172
井下作业一队……… 6886304
井下作业二队……… 6873100
井下作业三队……… 6886334
井下作业四队……… 6873101
井下作业五队……… 6893497
井下作业六队……… 6873102
井下作业七队……… 6873103
井下作业八队……… 6886897
运输一分公司……… 6899713
运输二分公司……… 6886360
检泵车间…………… 6886299
汽修厂……………… 6885179
物资供销中心……… 6886890
物资供销中心库房 … 6893744
…………………… 6954230
秦盛公司…………… 6884453
秦盛公司财务室…… 6886118
机关门卫…………… 6886266
…………………… 6567096
井下作业七队九区生产基地值班室…………………… 6825647
运输一、二分公司门卫 6886200
九区生产基地领导值班室
…………………… 6824450
九区生产基地调度室 6827151
…………………… 6567617
检泵车间门卫……… 6893964
传真………………… 6886850

新疆桑达通信建设有限公司

地址：新疆克拉玛依市通信路66号
邮编：834000
公网区号：0990
总经理……………… 6885888
副总经理…………… 6885837
计财部……………… 6882493
工程部……………… 6883876
技术开发部………… 6864098
物业中心…………… 6876758
资料室……………… 6882935
材料室……………… 6885566
招待所值班室……… 6884681
公司门卫值班室…… 6884681
销售中心…………… 6886816

新疆耶路高特工贸有限公司

地址：新疆克拉玛依市纬三路6号
邮编：834000
公网区号：0990
董事长、总经理…… 6846885
副总经理…………… 6847403
…………………… 6841616
总经理助理………… 6841156
副总经济师………… 6846883
综合财务部………… 6847568
经营销售部………… 6848406
安全生产部………… 6841916
技术质量部………… 6841608
多元开发部………… 6841366
机械分厂…………… 6841883
胶管分厂…………… 6246682
配件车间…………… 6841299
三角带车间………… 6841208
供热车间…………… 6847871
门卫………………… 6841186
西月潭旅游开发分公司 6847403
中瑞石油科技分公司 6841366
传真………………… 6847568

新疆三联投资集团

地址：新疆克拉玛依塔河路145号
邮编：834000
公网区号：0990
传真………………… 6227571
行政………………… 6862933
宣传………………… 6891773
人力资源部………… 6887786
财务部……………… 6231409
…………………… 6878069
…………………… 6862915
门卫………………… 6877396
三联房地产开发公司
行政办公室………… 6894934
市场开发部………… 6895647
售房部……………… 6862502
…………………… 6895547
园林公司…………… 6237094
物业经理…………… 6252385
物业收费…………… 6252111
物业报修电话……… 6251000
三联工程建设公司
综合管理部………… 6888176
预算部……………… 6887787
质量安全环保部…… 6862221
总工办……………… 6877394
市场开发部………… 6877392
物资供应部………… 6889605
工程部……………… 6877391
装潢公司…………… 6880152
检测中心…………… 6862413
劳务公司…………… 6246722
机械化路桥公司…… 6246692
建材公司…………… 6225454
商砼厂……………… 6225454
预制厂……………… 6288402
门窗厂……………… 6883544
传真………………… 6847568

新疆克拉玛依万成物资贸易有限责任公司

地址：新疆克拉玛依市天池路15号
邮编：834000
公网区号：0990
经理办……………… 6841764
财务室……………… 6841005
机械加工部………… 6841907
传真………………… 6841764

6. 西南油气田公司

地址：四川省成都市府青路一段5号　邮政编号：610051　公网区号：028
外线拨打电话请将首位数“2”变为“860”

总经理办公室（党委办公室）

主任 …… 211655
副主任 …… 211642
…… 212068
…… 211226
驻北京联络员（副处级）…… 010－84132129

秘书科
科长 …… 212899
副科长 …… 211076
主办 …… 211089
…… 213985

文电机要科
科长 …… 213196
主管 …… 213640
主办 …… 213640

督办保密科
科长 …… 210668
主管 …… 213897
…… 213627

信息科
科长 …… 211229
主办 …… 213895
…… 213987

综合与公共关系科
科长 …… 212898
副科长 …… 213899
总值班室、应急办副主任 …… 213898
主管 …… 211077
…… 211689
值班电话 …… 211689
值班传真 …… 211777

政策研究室
主任（正处级）…… 211642
工作人员 …… 213825
…… 213891
…… 213893
…… 213892

机关事务中心
主任（副处级）…… 212068
副主任 …… 211203
南充市人民政府挂职、机关工会副主席 …… 211231
主管 …… 211201
主办 …… 211202
…… 211619
…… 211958
…… 213396
…… 213653
助理主办 …… 211956
技术员 …… 211585

档案馆（成都）
正科级 …… 212911
副研究馆员 …… 212926
…… 213195
馆员 …… 212903
…… 212926
副研究馆员 …… 212907
高级工程师 …… 212901
助理馆员 …… 212904
…… 212901

档案馆（华阳）
科长 …… 212727
馆员 …… 231242
助理馆员 …… 231320
…… 231242

勘探处

处长 …… 212539
副处长 …… 212038
…… 211257
…… 211110
副主任地质师 …… 213770

综合科
科长 …… 211115
高级主管 …… 211737
主管 …… 211400

物探科
科长 …… 211738
高级主管 …… 211738
…… 213771

矿权储量管理科
科长 …… 211736
高级主管 …… 211681

前期项目计划科
科长 …… 211732
教授级高工 …… 211786
传真 …… 211737
…… 028－83322714

科技信息处

处长 …… 211375
副处长 …… 212005
…… 211262

综合科
科长 …… 211204

项目科
科长 …… 211812
高级主管 …… 211440
…… 211232
…… 211197
…… 211842
…… 211193

规划计划处

处长 …… 211783
副处长 …… 211151
…… 211517
主任经济师 …… 211448

综合管理科
科长 …… 211780
主办 …… 211490

规划科
科长 …… 213089
主管 …… 211411

项目前期管理科
科长 …… 211684
副科长 …… 211621
…… 211408
…… 212897
高级主管 …… 211874
…… 212742
…… 212166
主管 …… 212495
…… 211662
主办 …… 211304

投资计划科
科长 …… 211677
主管 …… 212498
…… 211312
高级主管 …… 211491
主管 …… 211264

统计科
副主任经济师 …… 211674
科长 …… 211674
副科长 …… 211701
高级主管 …… 212496
…… 211713

后评价科
科长 …… 212491
主办 …… 211701

财务处

副总会计师、处长 …… 211791
副处长 …… 211873
…… 213931
…… 212182
主任会计师 …… 211525

预算管理科
科长 …… 213932
副科长 …… 211526
主管 …… 211526
…… 213932
…… 213932

会计成本一科
科长 …… 211803
副科长 …… 211511
主办 …… 212162
…… 211315
…… 211511
…… 211316

对外投资核算科
科长 …… 212160

信息管理科
副科长 …… 212160
主管 …… 212160

会计成本二科
科长 …… 213818
主办 …… 213815
…… 213819
…… 213816
…… 213817

综合科
科长 …… 211455
主管 …… 211455

稽核科
科长 …… 211565
主管 …… 211358
…… 211346

资金科
科长 …… 211206
副科长 …… 211215
高级主管 …… 211377
主管 …… 211173
…… 213880

资产科
科长 …… 211081
副科长 …… 211821
主管 …… 211035
…… 211802
…… 211825

价税管理科
科长 …… 211223

主管 …… 212391
…… 211893
…… 213881

关联交易办公室

主任 …… 211854
副科级 …… 211265
…… 211872
主管 …… 212288
…… 211368
主办 …… 211376

人事处（组织部）

处长 …… 211663
副处长 …… 211391
副处长、主任经济师 211609
劳动组织科 …… 213645
…… 213408
…… 213407
员工管理科 …… 212015
…… 211779
…… 211651
工资科 …… 211612
…… 211588
…… 212959
培训科 …… 211425
…… 212279
人事信息科 …… 211435
综合管理科 …… 212278
…… 213194
鉴定中心 …… 211678
…… 211570

安全环保处

安全副总监、处长 … 211366
副处长 …… 211018
…… 213133
副处长 …… 211630
正处级 …… 210861
…… 211599
…… 212699
…… 212518
副处级 …… 211101
副处长 …… 213402
…… 211902

综合管理科

科长 …… 211692
办公室 …… 213403

质量技术监督科

科长 …… 211691
副科长 …… 213128
办公室 …… 212598
…… 212598

安全科

科长 …… 212726
副科长 …… 213178
办公室 …… 212725
…… 212962
…… 213943

环保科

科长 …… 211694
副科长 …… 213680
办公室 …… 212413

消防交通管理科

科长 …… 213183
办公室 …… 211473
…… 213981

节能科

科长 …… 211693
办公室 …… 212538
…… 212920

营销处

处长 …… 211945
副处长 …… 83378565
…… 212136
综合科 …… 83358369
传真 …… 211995
…… 211325
营销科 …… 83388874
…… 211152
…… 83358269
…… 211789
…… 83358269
…… 211326
传真 …… 212071
用户科 …… 211778
…… 83344660
…… 212075
…… 83388874
…… 211327
…… 212138
开发科 …… 83361684
…… 212078
…… 83361684
…… 211502
…… 83361684
…… 211503
…… 211242

企管与内控处

处长 …… 211521
副处长 …… 212268

企业管理科

科长 …… 212262
基础管理及行政事务 213648

流程管理科

副科长 …… 212261
流程管理与控制设计 211794

体系规划科

副科长 …… 212260
公司层面控制与风险评估
…… 212383
传真 …… 212514

法律与股权管理处

处长 …… 211700
副处长 …… 211385
…… 211584
专职董监事、办公室主任
…… 211379
副主任经济师 …… 213649

综合管理科

科长 …… 213650
主管 …… 211546

法律管理科

主管 …… 213373
…… 213374

合同管理科

科长 …… 212486
主管 …… 211070
…… 212482

股权管理科

科长 …… 211563
副科长 …… 211562
主管 …… 211469
主办 …… 211549

专职董监事办公室

专职董事 …… 213375
…… 211547
…… 211543
…… 211546
专职监事 …… 211659
…… 211654
…… 211252
…… 212318
…… 211395

集体产权中心

高级主管 …… 214211
主管 …… 214211
…… 214211

装备处

处长 …… 211723

装备运行管理科

科长 …… 213495
办公室 …… 211108
…… 212155
…… 211461

机械制造管理科

科长 …… 211466
办公室 …… 211462

综合管理科

科长 …… 211248
办公室 …… 211806
…… 212152

监察处

纪委副书记、处长 … 211122
副处长 …… 212412
…… 211210
副处级纪检监察员 … 213980

综合办公室

主任 …… 212410
副主任 …… 211457
传真 …… 211457

信访审理室

主任 …… 212955
主管 …… 212411
传真 …… 212955

监督检查室

主任 …… 212414
主管 …… 212551
…… 214268
传真 …… 212414

审计处

处长 …… 213766
副处长 …… 213078

审理科

科长 …… 211892
副科长 …… 214269
办公室 …… 211055

内控科

副科长 …… 211348
办公室 …… 211349

管理科

副科长 …… 211891
办公室 …… 213094

思想政治工作处（企业文化处）

传真 …… 211310
…… 86011310
处长 …… 211017
…… 86011017
副处长 …… 212593
…… 86012593
团委副书记 …… 211230
…… 86011230

宣传科

科长 …… 212595
…… 86012595
高级主管 …… 211153
…… 86011153
主管 …… 212597
…… 86012597

企业文化科
副科长 …… 212596
…… 86012596
主管 …… 212597
…… 86012597
基层建设科
科长 …… 211341
…… 86011341
主办 …… 213370
…… 86013370
综合管理科
副科长 …… 213198
…… 86013198
高级主管 …… 212971
…… 86012971
团委办公室
副主任 …… 211433
…… 86011433
主办 …… 212946
…… 86012946
中国石油报四川记者站
副站长 …… 211370
…… 86011370

工会

传真 …… 211953
…… 211124
…… 028－86011953
…… 028－86011124
党委副书记、纪委书记、工会主席 …… 211039
常务副主席 …… 213935
副主席、经审委主任 211126
副主席、女工委主任、经审委副主任 …… 211192
处级待遇 …… 212706
副处级待遇 …… 211623
办公室
主任 …… 211295
副主任 …… 213004
办公室 …… 211124
…… 211953
生产部
部长 …… 211138
副部长 …… 213371
办公室 …… 211125
保障（女工）部
部长 …… 211775
副部长 …… 212430
办公室 …… 211952
…… 212931
财务资产部
部长 …… 213619
出纳 …… 212948
会计 …… 211531
经审办主任 …… 211194

维护稳定工作办公室（信访办公室）保卫处

传真 …… 211934
处长 …… 213668
副处长 …… 213665
办公室 …… 213112
…… 213667
…… 211488
…… 211934
…… 213113
…… 213670
…… 213199
…… 213686
…… 211548
…… 213672

开发部

主任 …… 211712
副主任 …… 212568
…… 211848
…… 212775
…… 211182
…… 212381
副主任地质师 …… 211274
…… 211115
规划前期科
科长 …… 211734
办公室 …… 213765
…… 211275
…… 213764
油气藏工程科
科长 …… 211187
副科长 …… 211406
办公室 …… 211728
…… 211735
…… 211758
综合科
科长 …… 211273
副科长 …… 211516
办公室 …… 211728
…… 211271
…… 211724
开发井项目科
科长 …… 211418
副科长 …… 211179
办公室 …… 212298
…… 211729
…… 212780
…… 213952
采油气工艺科
科长 …… 211185
副科长 …… 211420
办公室 …… 211730
…… 211056
…… 211419
净化科
科长 …… 211847
副科长 …… 212781
办公室 …… 211519
…… 211082
…… 211372
…… 211519
集输工艺科
副科长 …… 211727
…… 211276
办公室 …… 211518
…… 211477
…… 211184
…… 211756
低效油气开发管理科
副科长 …… 211157
办公室 …… 212463
…… 211141
…… 211807
…… 212462

地面建设项目管理部

领导 …… 211698
…… 212183
…… 211697
工程管理科
办公室 …… 211417
…… 211001
…… 211416
…… 211449
…… 212578
传真 …… 211405
技术科
办公室 …… 212580
…… 212581
…… 212590
…… 212297
…… 212599
传真 …… 212590
综合科
办公室 …… 211407
…… 212105
…… 211741
传真 …… 211095

工程项目造价管理部

主任 …… 211679
副主任 …… 212791
…… 212492
…… 212213
综合信息科
科长 …… 211671
办公室 …… 211690
…… 213146
…… 213170
钻前工程管理科
科长 …… 213145
副科长 …… 212436
办公室 …… 213151
…… 213162
物探钻井工程科
副主任工程师 …… 212896
科长 …… 211305
副科长 …… 212741
办公室 …… 212237
…… 212741
地面工程科
副科长 …… 213160
…… 212335
办公室 …… 212740
…… 212740
…… 213159
…… 213415
…… 213160
工程结算管理科
科长 …… 212434
副科长 …… 213435
…… 213149
办公室 …… 213149
…… 213147
…… 212165
…… 213435
重庆项目造价管理站
站长 …… 313618
副站长 …… 313997
…… 313999
办公室 …… 313998
…… 314007
…… 314001
…… 314002
…… 314003
…… 314009
…… 314012
…… 313995
物资采购管理部
主任 …… 213116
副主任 …… 211281
计划与综合科
科长 …… 211631
办公室 …… 213392
电子商务科
科长 …… 211682
办公室 …… 211285

物资管理科
科长 …… 211205
办公室 …… 211382
物资采购科
科长 …… 211282
副科长 …… 211365
办公室 …… 211529
…… 211615
物资核算科
科长 …… 211012
副科长 …… 211423
办公室 …… 211423
…… 211422

矿区服务事业部

综合管理（党委）办公室
传真 …… 212956
主任 …… 212917
副主任 …… 212963
综合科
科长 …… 211829
办公室 …… 212954
…… 211020
…… 211829
档案 …… 212949
秘书科
科长 …… 213140
办公室 …… 212954
计划财务处
传真 …… 211443
处长 …… 212885
副处长 …… 213423
…… 211083
计划科
副科长 …… 211093
办公室 …… 211468
综合统计科
科长 …… 213427
办公室 …… 211443
资金预算科
科长 …… 211486
办公室 …… 211542
…… 211486
…… 211542
核算及资产管理科
…… 212001
…… 211459
关联交易科
科长 …… 211541
办公室 …… 211169
机关财务科 …… 211458
…… 211458
…… 213418
企管法规科
副科长 …… 213378
办公室 …… 211485
…… 213378
人事劳资处（组织部）
传真 …… 213313
处长 …… 213316
副处长 …… 213315
干管科
科长 …… 213319
办公室 …… 213320
…… 213313
劳动管理科
科长 …… 213303
办公室 …… 213307
…… 213304
工资科
副科长 …… 213321
办公室 …… 213317
安全环保质量处
传真 …… 212979
处长 …… 213322
副处长 …… 211499
安全环保科
科长 …… 211931
办公室 …… 213326
消防质量科
副科长 …… 213669
办公室 …… 213130
职业健康防疫科
科长 …… 211935
办公室 …… 211156
…… 213324
党群工作处
传真 …… 213305
处长 …… 212800
副处长 …… 213300
办公室 …… 211922
纪委办
主任 …… 212338
办公室 …… 211444
工会办
主任 …… 211134
办公室 …… 213305
…… 213488
团委办
主任 …… 213302
办公室 …… 213302
基层建设和企业文化科
科长 …… 213310
办公室 …… 213306
物业服务管理处
传真 …… 213318
处长 …… 211066
副处长 …… 211404
房产管理科
副科长、房改办副主任 212468
办公室 …… 212159
…… 212203
供能管网管理科
科长 …… 213318
办公室 …… 211155
公益事业服务管理处
传真 …… 213312
处长 …… 213312
副处长 …… 213311
公共事务管理科
科长 …… 212204
办公室 …… 213267
社区事务科
科长 …… 211828
办公室 …… 211900
离退休人员管理处（老干部处）
传真 …… 212893
处长 …… 212257
副处长 …… 213301
离休科
科长 …… 212252
办公室 …… 211921
…… 212893
退休科
科长 …… 213308
办公室 …… 211923
…… 212997
矿区建设服务管理处
传真 …… 210882
处长 …… 212891
副处长 …… 213760
工程造价科
科长 …… 211441
办公室 …… 211441
项目管理科 …… 210882
维稳办、信访办
传真 …… 211241
主任 …… 212582
副主任、接访科科长 211606
接访科 …… 211606
办信科
副科长 …… 211895
办公室 …… 211241
信息科
科长 …… 212777
社会保险中心
传真 …… 212489
主任 …… 212933
副主任 …… 211596
…… 211249
养老保险科
科长 …… 211592
办公室 …… 212488
…… 212489
…… 213332
医疗科
副科长 …… 211513
办公室 …… 212587
…… 213679
…… 213331
…… 213337
工伤科 …… 212487
…… 212490
…… 213334
信息综合科
科长 …… 211611
办公室 …… 211247
财务科
科长 …… 211597
办公室 …… 211144
…… 211617
…… 212581
…… 211246
住房公积金管理中心
传真 …… 212102
主任 …… 213380
副主任 …… 212101
资金科
科长 …… 212072
办公室 …… 212107
…… 211539
…… 211540
会计科 …… 213372
…… 213379
…… 213376
治安保卫处
传真 …… 211934
处长 …… 213665
副处长 …… 213112
治安科
科长 …… 213199
办公室 …… 213672
…… 211548
综合治理办
主任 …… 213667
副主任 …… 213686
…… 211488
综合科 …… 211934
…… 213113
…… 213670
杂志社、编志办
传真 …… 212717
社长、主任 …… 211178
党支部书记 …… 211386
总编 …… 212712
编辑部

主任 …… 212718
办公室 …… 212713
…… 212714
…… 212445
…… 212444
…… 212715
…… 211926
…… 211250
…… 212253
…… 212964
…… 212150
…… 211926
…… 211929
广告发行科
科长 …… 212716
办公室 …… 213013
…… 212446
…… 212447

重庆气矿

领导
…… 351666
…… 351777
…… 351698
…… 311866
…… 351966
…… 351699
…… 311896
…… 351665
副总师 …… 312146
…… 313518
…… 311287
…… 313439
…… 311160
…… 351577
矿长（党委）办公室
主任 …… 313509
副主任 …… 311403
秘书 …… 313850
…… 311142
…… 314597
…… 314598
传真 …… 314106
文书 …… 311360
…… 313936
…… 310103
传真 …… 311609
信访办公室
主任 …… 313869
信访、保密办 …… 312704
机关事务办公室
主任 …… 311036
副主任 …… 313992
行政 …… 313803
打字室 …… 313580
文具室 …… 311136
收发室 …… 311411
食堂 …… 684331
门卫 …… 314097
科渝物业 …… 314525
档案室
主任 …… 311348
科技、文书档案 …… 311347
荣誉室 …… 314217
接待办公室
副主任 …… 314616
副主任、车调 …… 312867
接待 …… 311907
勘探科
科长 …… 311149
副科长 …… 311270
综合 …… 311715
传真 …… 311391
储量及矿权 …… 313662
地震勘探 …… 312397
测井管理 …… 313854
井位部署 …… 313863
老井上试 …… 313864
开发科
科长 …… 311416
副科长 …… 314057
…… 311275
主任工程师 …… 314056
综合 …… 313932
气藏综合 …… 311115
规划（地质） …… 312050
传真 …… 312043
规划（工程） …… 313935
传真 …… 313264
地质生产 …… 311123
动态监测 …… 313071
数据与动态 …… 311429
井下作业 …… 312130
采气工程 …… 313723
采气措施 …… 314092
增压工程 …… 314091
集输配工程 …… 311139
脱水工程 …… 313926
防腐工程 …… 313925
自动化 …… 313640
…… 313002
生产运行科
科长 …… 311165
副科长 …… 313201
…… 311362
传真 …… 313839
综合 …… 311093
…… 313200
传真 …… 313816
通信 …… 311659
水电 …… 312838
采输 …… 313813
传真 …… 313814
调度中心 …… 311039
…… 313641
传真 …… 311209
土地管理办公室
主任 …… 313898
综合 …… 313955
传真 …… 311408
土地 …… 313948
…… 313949
房屋 …… 313956
科技信息科
科长 …… 311338
副科长 …… 314206
项目管理 …… 311096
信息管理 …… 313893
综合管理 …… 313857
科技图书室 …… 312173
质量安全环保科
科长 …… 311620
副科长 …… 314150
…… 313469
…… 313402
交通安全 …… 312321
安全综合 …… 313438
传真 …… 313130
工业安全 …… 312966
消防安全 …… 313917
消防 …… 313469
环保管理 …… 313921
环评 …… 311459
环境监理 …… 311564
节能管理 …… 311572
质量管理 …… 313915
环保综合 …… 313922
计量 …… 311967
质量计量综合 …… 311546
传真 …… 313914
规划计划科
科长 …… 311623
副科长 …… 313459
…… 313462
规划 …… 314037
…… 311150
计划 …… 314580
…… 311260
矿建 …… 311441
土建 …… 314527
统计 …… 311984
传真 …… 314131
财务科
科长 …… 311158
副科长 …… 311539
…… 312747
综合 …… 313822
传真 …… 313512
稽核 …… 313726
预算考核 …… 313823
勘探大修 …… 311366
传真 …… 313027
勘探材料 …… 311831
勘探往来 …… 313817
管道会计 …… 313821
管道成本 …… 313820
税务管理 …… 311522
资产管理 …… 313725
资产大修 …… 311131
资产核算 …… 313825
传真 …… 313410
项目计财办公室
主任 …… 311318
稽核 …… 311047
会计核算 …… 311084
项目结算 …… 313824
关联交易办公室
主任 …… 313211
综合 …… 313805
合同 …… 314229
结算 …… 313826
传真 …… 313263
企管法规科
副科长 …… 311331
传真 …… 311220
综合 …… 312402
传真 …… 313872
法律 …… 313871
市场 …… 314117
内控 …… 313317
合同 …… 314519
招投标 …… 313477
营销科
科长 …… 311310
副科长 …… 314107
办公室 …… 312946
计划 …… 311343
监控 …… 313884
人事（组织）科
科长 …… 311290
副科长 …… 314116
…… 313880
党委组织员 …… 313249
技干职改 …… 313903
…… 311430
干部任免 …… 313880

传真 …… 314110
工人考核 …… 311452
劳动合同 …… 311152
调配 …… 311164
劳动组织 …… 311130
…… 313900
薪酬管理 …… 311334
档案（综合） …… 314105
…… 312151

补充保险办公室

主任 …… 311332
保险 …… 313938
…… 311898
传真 …… 314086
上网电话 …… 313938

监察科（纪委办）

科长 …… 313991
副科长 …… 313912
纪检监察员 …… 313511
办公室 …… 311069
…… 313865
传真 …… 311069

党群工作科

科长 …… 314166
副科长 …… 313989
团委副书记 …… 313171
企业文化 …… 313171
传真 …… 313844
新闻宣传 …… 311277
基层建设 …… 311026
工会办 …… 313910
女工计生 …… 311118
工会财务 …… 313905

工程技术与监督部

主任 …… 311931
副主任 …… 314062
主任工程师 …… 313430
开发井综合 …… 312393
试修综合 …… 313649
…… 313832
传真 …… 311472
钻前工程 …… 312147
钻井地质 …… 314061
钻井工程 …… 313833
…… 313835
钻井液 …… 312394
传真 …… 314193
试修工程 …… 313476

地面建设工程项目部

主任 …… 311568
副主任 …… 312761
主任工程师 …… 314141
综合 …… 311475
…… 311629

投资 …… 313473
工程 …… 311428
…… 311710
矿区 …… 314248
土建 …… 313808
…… 314250
自控 …… 312760
电气 …… 313957
增压 …… 311620
…… 311637
采输 …… 313958
…… 313373
…… 311640
传真 …… 313746
…… 313460

油气销售结算部

主任 …… 313801
副主任 …… 313830
机关报销 …… 313829
复核 …… 313827
出纳 …… 311323
会计 …… 314112
个税 …… 314113
传真 …… 312143

物资采购管理部

主任 …… 311479
副主任 …… 314560
…… 312726
综合 …… 311092
传真 …… 314140
大修生产 …… 313327
计划投资 …… 314233
…… 313156
材料核算 …… 313983
技术 …… 314239

工程项目造价管理部

主任 …… 311987
副主任 …… 314572
…… 311511
综合 …… 311401
传真 …… 312713
工艺安装 …… 313629
…… 313453
…… 314571
矿建、钻试 …… 311513
…… 314151

油气销售公司

经理 …… 312986
书记 …… 311918
副经理 …… 313042
…… 311767
公司办 …… 311251
…… 313885
气款回收部 …… 312461

用户服务部 …… 314127
监控 …… 311343
市场部 …… 311821
QHSE 办 …… 311767
综合车队 …… 311771

信息站

站长 …… 313959
办公室 …… 313979
…… 313990
传真 …… 313962

QHSE 监督站

主任 …… 314011
办公室 …… 314027
监督 …… 314034

采气工技能鉴定所

副所长 …… 313246
…… 313246
综合 …… 311157
传真 …… 313472
鉴定管理 …… 313134

采气技能培训基地

主任 …… 336906
书记 …… 336908
综合办 …… 336857

重庆抢险中心筹建组

负责人 …… 315106

地质研究所

所长 …… 311294
…… 67610039
书记 …… 312833
副所长 …… 311295
…… 314065
主任工程师 …… 312193
所办主任 …… 311642
所办 …… 311255
传真 …… 314080
财务室 …… 311125
QHSE 办 …… 312746
开发室主任 …… 311667
副主任 …… 313244
试井队长 …… 313643
勘探室主任 …… 311127
副主任 …… 311422
生产办主任 …… 314076
…… 311097
计算机室主任 …… 311679
综合车队 …… 311308
车队调度 …… 314078

气田开发工艺研究所

所长 …… 313408
书记 …… 312834
副所长 …… 312037
…… 313539
…… 314011

所办主任 …… 313579
所办 …… 311711
传真 …… 311711
QHSE 主任 …… 313403
财务办 …… 311248
集输工艺室主任 …… 311113
采气工艺室主任 …… 313721
管道维护主任 …… 313407
生产办主任 …… 313551

计量检测中心

主任 …… 313736
书记 …… 313567
副主任 …… 311244
副主任工程师 …… 314067
综合办主任 …… 313614
QHSE 办 …… 313110
财务室 …… 313247
生产办副主任 …… 313203
检定室副主任 …… 313052
检定室 …… 313645

环境节能监测中心

主任 …… 313768
书记 …… 313501
副主任 …… 312830
…… 313849
…… 311309
副主任工程师 …… 313702
综合办副主任 …… 313847
综合 …… 313700
QHSE 办 …… 311762
财务室 …… 313845
统计资产 …… 312449
监测室 …… 311219
生产技术办 …… 313436
车辆 …… 312449
消防大队
大队长、教导员 …… 370170
副教导员 …… 370070
副大队长 …… 370122
综合办 …… 370159

渝川燃气公司

董事长 …… 312909
总经理 …… 313563
书记 …… 312652
副总经理 …… 313490
…… 311649
总工程师 …… 313142
总会计师 …… 313142
总经理办主任 …… 313946
办公室 …… 313206
传真 …… 311004
计财部 …… 313945
…… 311062
营销部 …… 311059

…… 313947
生产技术部 …… 311192
QHSE办 …… 313950
民用气管理站 …… 311048
南川分公司 …… 64560868
万盛分公司 …… 48293177

梁平作业区

经理 …… 316701
书记 …… 316700
副经理 …… 316702
…… 316703
主任工程师 …… 316707
党政办主任 …… 316710
副主任 …… 316709
办公室 …… 316711
…… 316712
…… 316713
传真 …… 316708
生产技术办 …… 316719
…… 316720
调度长 …… 316735
调度值班 …… 316736
…… 53512163
传真 …… 316737
语音系统 …… 316732
QHSE办公室 …… 316715
经营管理办 …… 316728
行政事务站 …… 316726
工艺维修站 …… 316738

开县作业区

经理 …… 316618
副书记 …… 316628
副经理 …… 316638
…… 316608
主任工程师 …… 316611
党政办主任 …… 316600
办公室 …… 316601
…… 85872686
…… 316603
传真 …… 316602
生产技术办 …… 316612
调度室 …… 316655
…… 52268265
传真 …… 316656
QHSE主任 …… 316651
…… 316652
经营管理办主任 …… 316616
副主任 …… 316609
…… 316606
行政事务站 …… 316631
工艺维修站 …… 316621

开江作业区

经理 …… 316316
…… 0818－8296316
书记 …… 316339
…… 0818－8296339
副经理 …… 316333
…… 0818－8296333
…… 316335
…… 0818－8296335
主任工程师 …… 316126
…… 0818－8296126
党政办主任 …… 316266
…… 0818－8296266
副主任 …… 316119
办公室 …… 316209
…… 0818－8296209
传真 …… 316209
生产技术办 …… 316300
…… 0818－8296300
调度室 …… 339099
传真 …… 339099
…… 0818－53339099
…… 0818－53339775
QHSE办公室 …… 316234
…… 0818－8296234
经营管理办 …… 316200
…… 0818－8296200
行政事务站 …… 316212
…… 0818－8296212
工艺维修站 …… 316102
…… 0818－8296102

忠县作业区

经理 …… 315700
…… 54247609
书记 …… 315707
…… 54247986
副经理 …… 315702
…… 54234707
…… 315701
…… 54247948
主任工程师 …… 315778
…… 54234396
党政办主任 …… 315710
…… 54247550
办公室 …… 315711
传真 …… 315720
生产技术办 …… 315706
…… 54247978
调度室 …… 315723
…… 54232070
传真 …… 315724
QHSE办公室 …… 315726
…… 54236762
经营管理办 …… 315728
…… 54247576
行政事务站 …… 315703
…… 54243178
工艺维修站 …… 315779
…… 54234829

垫江作业区

经理 …… 336688
…… 74521665
书记 …… 336515
…… 74516712
副经理 …… 336899
…… 74515416
…… 336858
…… 74527768
主任工程师 …… 336748
党政办主任 …… 336510
副主任 …… 336507
办公室 …… 336896
传真 …… 336896
…… 74512440
生产技术办 …… 336633
调度室 …… 336800
…… 74512952
传真 …… 336545
QHSE办公室 …… 336884
经营管理办 …… 336538
行政事务站 …… 336585
工艺维修站 …… 336686

邻水作业区

经理 …… 315666
书记 …… 315668
副经理 …… 315628
…… 315608
主任工程师 …… 315618
党政办副主任 …… 315678
…… 315638
办公室 …… 315600
…… 0826－3211697
传真 …… 315604
生产技术办 …… 315658
调度室 …… 315623
…… 315624
…… 0826－3212251
传真 …… 315625
QHSE办公室 …… 315636
经营管理办 …… 315616
…… 0826－3211717
行政事务站 …… 315656
工艺维修站 …… 315688

大竹作业区

经理 …… 335288
…… 0818－6222432
书记 …… 335188
…… 0818－6250282
副经理 …… 335345
…… 0818－6239427
…… 335026
…… 0818－6223086
主任工程师 …… 335088
…… 0818－6239426
党政办主任 …… 335008
…… 0818－6223645
办公室 …… 335007
传真 …… 335077
生产技术办 …… 335015
…… 0818－6239432
传真 …… 335384
调度室 …… 335014
…… 339401
…… 0818－6221276
传真 …… 335320
QHSE办公室 …… 335370
经营管理办 …… 335305
传真 …… 335049
行政事务站 …… 335011
工艺维修站 …… 335097

万州作业区

经理 …… 337021
…… 58357021
书记 …… 337022
…… 58357022
副经理 …… 337271
…… 58357271
…… 337066
…… 58357066
主任工程师 …… 337020
…… 58357020
党政办主任 …… 337246
副主任 …… 337154
办公室 …… 337025
传真 …… 337023
生产技术办 …… 337191
调度室 …… 337030
QHSE办公室 …… 337192
经营办公室 …… 337039
行政事务站 …… 337050
工艺维修站 …… 337047

长寿运销部

经理 …… 315100
…… 40256718
书记 …… 315101
…… 40256728
副经理 …… 315102
…… 40256738
…… 315106
…… 40256718
主任工程师 …… 315103
党政办主任 …… 315109
…… 40255108
副主任 …… 315112
…… 40243028

办公室 …… 315107
传真 …… 40256709
生产技术办 …… 315118
…… 40242090
调度室 …… 315115
…… 315116
…… 40244520
…… 40241699
传真 …… 40242110
QHSE 办公室 …… 315148
计划财务办 …… 315129
…… 40243056
传真 …… 40251033
油气销售办 …… 315125
…… 40251171
行政事务站 …… 315140
…… 40232811
工艺维修站 …… 315133
…… 40241514

江北运销部

经理 …… 318416
…… 67667338
书记 …… 318418
…… 67661807
副经理 …… 318428
…… 67667598
…… 318426
…… 67663018
主任工程师 …… 318436
…… 67667337
党政办主任 …… 318400
副主任 …… 318402
办公室 …… 318435
…… 318403
传真 …… 318405
生产技术办 …… 318432
…… 318429
…… 318427
调度室 …… 67658149
传真 …… 318431
QHSE 办公室 …… 67656327
…… 318420
计划财务办 …… 318406
…… 318407
油气销售办 …… 67667339
…… 318409
行政事务站 …… 67667335
…… 318411
工艺维修站 …… 318421
…… 318422

渝北运销部

经理 …… 314866
…… 67609190
书记 …… 314818
…… 67073901
副经理 …… 314868
…… 67609194
…… 314800
…… 67074001
主任工程师 …… 314833
…… 67919342
党政办主任 …… 314825
办公室 …… 314877
…… 314817
传真 …… 67601064
生产技术办 …… 314806
调度室 …… 314805
传真 …… 67601061
QHSE 办公室 …… 314816
计划财务办 …… 314876
油气销售办 …… 314808
行政事务站 …… 314809
工艺维修站 …… 314810

川中油气矿

矿长（党委）办公室

主任 …… 516010
副主任、信访办主任 516039
副主任 …… 516669
档案室主任 …… 516040
秘书 …… 516040
文书 …… 516808
秘书 …… 516919
档案员 …… 516388
打字员 …… 516840
驾驶员 …… 516433

开发科

科长 …… 516397
副科长 …… 516049
…… 516084
办公室 …… 516170
…… 516429
…… 516050
…… 516211
…… 516169
…… 516755
…… 516169

生产运行科

科长 …… 516012
副科长 …… 516356
…… 516163
办公室 …… 516822
…… 516821
…… 516485
…… 516492
…… 516822

科技信息科

科长 …… 516070
副科长 …… 516997
…… 516057
…… 516027

规划计划科

科长 …… 516627
副科长 …… 516672
办公室 …… 516123
…… 516888
…… 516961
…… 516627

财务科

科长 …… 516866
副科长 …… 516959
…… 516106
预算管理 …… 516866
核算、发票 …… 516192
…… 516172
税金管理 …… 516675
资产管理 …… 516639
固定资产大修理计划 516340
核算 …… 516856
现金出纳 …… 516869
传真 …… 516344

企管科

副科长 …… 516451
市场 …… 516550
合同 …… 516450
内控 …… 516271

营销科

科长 …… 516090
副科长 …… 516891
科员 …… 516235

党群工作科

科长 …… 516817
矿工会副主席、副科长516148
副科长 …… 516042
矿团委副书记 …… 516112
矿工会办主任 …… 516758
办公室 …… 516642
…… 516758

基层单位

广安采油气作业区

经理…… 2355118
…… 512118
党委书记…… 2355108
…… 512108
副经理…… 2355109
…… 512109
…… 2355115
…… 512115
经理党委办
副主任…… 2355111
…… 512111
干事…… 2355105
…… 512105
…… 2355111

HSE 办

主任…… 2355172
…… 512172
技安员…… 2355121
…… 512121

计生办

主任…… 2355128
…… 512128
技术员…… 2355107
…… 512107
调度大班…… 2355102
…… 512102

经营办

主任…… 2355113
…… 512113
财务…… 2355126
…… 512126
合同…… 2355123
…… 512123
财务…… 2355713
…… 512713

服务站

站长…… 2355170
…… 512170
副站长…… 2355127
…… 512127
基地管理…… 2355171
…… 512171
活动室管理
材料管理…… 2355171
…… 512171

广安采油气作业区

9 井 …… 0826－7225813
…… 512136
19 井 …… 0826－2657150
…… 512133
20 井 …… 0826－2472661
…… 512661
36 井 …… 0826－2657924
…… 512132
40 井 …… 0826－7229522
…… 512137
48 井 …… 0826－7229536
…… 512135
51 井 …… 0826－7268451
…… 512174
广安 2 井…… 0826－2653663
…… 512134
114 井 …… 0826－7261365
…… 512143
101 井 …… 0826－2541897
…… 512144

108 井 ……… 0826－2661558
……… 512131
002－43 井 … 0826－7229620
……… 512139
125 井 ……… 0826－7261681
……… 512146
126 井 ……… 0826－7267381
……… 512141
广安 5 井…… 0826－7267382
……… 512142
123 井 ……… 0817－3105178
……… 521340
兴华 1 井…… 0826－2541911
……… 512130
庙 4 井……… 0826－7562911
……… 512138
石垭配气站 … 0826－5692486
广安配气站 … 0826－5192326
营山站……… 0817－8231785
花桥配气站 … 0826－2535150
……… 512129
广安 104 注水站 0826－7260897
……… 512145
广安 9 注水站 0826－7267449
……… 512140

潼南作业区

4 号站片 ……… 44866547
9 号站片 ……… 44865649
11 号站片 ……… 44811740
12 号站片 ……… 44811732
龙女片
武胜配气站 … 0826－6233562
女 106 井…… 0826－6580180
合川片
001－10－X1 井 0826－7653516
001－9 井 … 023－42579186
001－5－X2 井 0826－6836057
潼南片
潼南配气站内线 …… 360877
外线 ……… 44440877
王家 1 井 ……… 45867460
潼南 1 井 ……… 44580550
潼 6 井 ……… 44717155
潼南 102 井 ……… 44310066
潼南 105 井 ……… 44317088
合川片
女 103 井…… 023－42692455
涞 1 井…… 023－42565046
1 井 ……… 023－42579186
3 井 ……… 0826－6822774
联合站……… 0826－7653006
工作组……… 0826－6233030
103 井 ……… 023－42653250
9 号增压站 ……… 44868415
磨 11 井……… 44815183
112 井 ……… 0826－7653018
泰山庙末站 … 0826－7653126
108 井 ……… 023－42578393
001－8 井 … 0826－6822174
首站……… 0826－7653695
001－2 井 … 0826－7653517
6 井 ……… 0826－7653516
117 井 ……… 023－42578117
001－5 井 … 0826－6836057
兴隆配气站 … 0826－6560351

南部采油气作业区

办公室……… 0817－5537006
传真……… 0817－5537024

川中油气矿研究所

所长 ……… 516076
党委副书记、纪委书记、工会主席 ……… 516324
副所长 ……… 516417
主任地质师 ……… 516322
所长（党委）办公室
主任 ……… 516323
物质采购 ……… 516562
文书 ……… 516567
劳资、教育 ……… 516134
档案及合同管理 …… 516525
计生、保险 ……… 516134
宣传、信访 ……… 516559
工会干事 ……… 516567
材料科 ……… 516562
科研管理 ……… 516559
宣传、文秘 ……… 516382
财务室主任 ……… 516283
HSE 办主任 ……… 516134
地质勘探研究室
主任 ……… 516557
井下工艺室
主任 ……… 516524
工程师 ……… 516307
生产生活服务站
站长 ……… 516421
调度员 ……… 516242
地质实验室
主任 ……… 516561
经济评价室主任 …… 516836
地面集输工艺室
副主任 ……… 516809
油气藏工程研究室
主任 ……… 516276
副主任 ……… 516276
试井队
队长……… 2398680
支部书记……… 2860377
副队长……… 2398680
助理……… 2398622

油气净化厂

办公室 ……… 516470
……… 516465
……… 516472
……… 516691
……… 516686
……… 516690
……… 516335
……… 516480
……… 516490
……… 516335
……… 516680
……… 516952
……… 516624
……… 516460
……… 516906
……… 516448
……… 516738
……… 516502
……… 516676
……… 516826
……… 516418
……… 516694
……… 516254
……… 0816－5782738
……… 0816－5782616

厂办

主任、宣传 ……… 516335
副主任 ……… 516480
办公室传真 ……… 516490

生产办

主任 ……… 516826
副主任 ……… 516952
生产办 ……… 516624
技术室 ……… 516460
调度室传真 ……… 516308
调度 ……… 516906
HSE 办公室 ……… 516448
HSE 现场监督室 …… 516738
财务主任 ……… 516502
财务办公室 ……… 516676
生产生活服务站 …… 516680
材料房 ……… 516390
小车班 ……… 516496
大厂门卫 ……… 516224
小厂门卫 ……… 516684
净化工段 ……… 516418
80 万中控室 ……… 516403
80 万操作班 ……… 516694
污水、锅炉、成型 … 516440
50 万中控室 ……… 516252
50 万操作班 ……… 516254
维修工段 ……… 516416
维修班 ……… 516406
80 万配电室 ……… 516862
50 万配电室 ……… 516710
化验室 ……… 516400
轻烃车间…… 0816－5782738
轻烃中控室 … 0816－5782616
消防队 ……… 516541
消防队值班室 ……… 516540
联合站 ……… 516302
硫磺销售 ……… 516648
食堂 ……… 516238

中油南充燃气有限责任公司

经理 ……… 530732
书记、工会主席 …… 530734
副经理 ……… 530733
……… 530730
副经理、经理（党委）办公室主任 ……… 530791
会计师 ……… 530728
副主任 ……… 530736
……… 530736
劳资、团总支副书记 530742
女工副主任 ……… 530735
社保、教育 ……… 530742
文书 ……… 530735
档案管理 ……… 530735

生产技术部

主任 ……… 530738
副主任 ……… 530731
信息网络 ……… 530779
管道设施管理 ……… 530156
工程管理 ……… 530156
调度员 ……… 530739

安全监察部

主任 ……… 530773
副主任 ……… 530773
HSE 管理 ……… 530773
安全员 ……… 530773

经营发展部

主任 ……… 530743
副主任 ……… 530143
……… 530796
经营管理 ……… 530727
合同管理 ……… 530796

财务部

主任 ……… 530753
副主任 ……… 530726

燃气客户服务中心

主任……… 0817－2603550
心副主任…… 0817－2608285
副主任……… 0817－2609919

燃气工程公司

主任……… 0817－2608256

副主任 ………………… 530757

输配计量检测站

主任………… 0817－2608056

副主任 ………………… 530755

………………… 0817－2608056

利能设计公司

主任 ……………………… 530754

副主任 …………………… 530754

生产生活服务站

主任 ……………………… 530759

副主任 …………………… 530759

西山 CNG 站经理

……………… 0817－2806780

……………………………… 530739

……………… 0817－2601267

信息站

主任 ……………………… 516022

主任工程师 ……………… 516401

助理工程师 ……………… 516909

……………………………… 516982

……………………………… 516404

技术员 …………………… 516402

能源勘探开发公司

公司（党委）办公室

主任 ……………………… 212569

副主任 …………………… 212887

保密办主任 ……………… 213735

综合秘书 ………………… 213349

文书 ……………………… 212349

秘书 ……………………… 213735

档案室 …………………… 213739

……………………………… 213629

……………………………… 213739

……………………………… 213629

川西北气矿

矿长（党委）办公室

矿长助理、办公室主任 261118

办公室副主任 …………… 261120

团委副书记 ……………… 261295

档案室主任 ……………… 265094

文书 ……………………… 261120

秘书 ……………………… 264702

团委、信访干事 ………… 264702

秘书 ……………………… 264716

干事 ……………………… 268085

机关劳资、计生干事 265085

打字员 …………………… 262956

档案干事 ………………… 262107

矿监科

办公室 …………………… 265090

……………………………… 261217

……………………………… 264722

开发科

科长 ……………………… 261190

副科长 …………………… 261200

……………………………… 261201

主任工程师 ……………… 261192

办公室 …………………… 261193

……………………………… 261191

……………………………… 262147

……………………………… 263070

……………………………… 262147

……………………………… 261499

勘探科

办公室 …………………… 261311

……………………………… 261155

……………………………… 261156

……………………………… 261157

营销科

办公室 …………………… 262381

……………………………… 261222

……………………………… 261139

……………………………… 261127

质量安全环保科

科长 ……………………… 261226

副科长 …………………… 265710

……………………………… 265200

工程师 …………………… 265070

……………………………… 263644

……………………………… 265069

……………………………… 263503

……………………………… 263642

人事（组织）科

办公室 …………………… 261519

……………………………… 261211

……………………………… 261265

……………………………… 265071

……………………………… 265062

……………………………… 261159

……………………………… 265063

企管法规科

办公室 …………………… 261227

……………………………… 261476

……………………………… 261228

科技信息科

办公室 …………………… 261213

……………………………… 261212

规划计划科

科长 ……………………… 261267

副科长 …………………… 261223

办公室 …………………… 261601

……………………………… 261225

物资采购管理部

办公室 …………………… 265269

……………………………… 265279

……………………………… 265270

……………………………… 265432

……………………………… 265431

销售结算部

主任 ……………………… 261194

副主任 …………………… 261182

主办 ……………………… 261097

……………………………… 262372

技术监督部

主任 ……………………… 261658

副主任 …………………… 261113

地质 ……………………… 262333

试修 ……………………… 263202

钻井井控 ………………… 262333

钻井钻前 ………………… 261219

钻井液 …………………… 261219

工程项目造价管理部

办公室 …………………… 261094

……………………………… 261456

……………………………… 261455

……………………………… 261090

……………………………… 261095

……………………………… 261093

川东北气矿

领导

矿长 ……………………… 319666

……………………………… 2639718

……………………………… 319806

书记 ……………………… 319668

外线……………………… 2639728

……………………………… 319807

副矿长 …………………… 319669

外线……………………… 2639729

……………………………… 319809

副矿长 …………………… 319688

外线……………………… 2639881

……………………………… 319799

副矿长 …………………… 319818

副总师 …………………… 319677

……………………………… 319658

……………………………… 319700

……………………………… 319759

HSE 副总监 ……………… 319678

人事（组织）科

科长 ……………………… 319877

……………………………… 319840

副科长 …………………… 319738

组织员 …………………… 319625

……………………………… 319617

……………………………… 319819

……………………………… 319779

……………………………… 319622

……………………………… 319746

……………………………… 319623

……………………………… 319816

……………………………… 319614

企管法规科

科长 ……………………… 319608

副科长 …………………… 319638

内控办主任 ……………… 319718

办公室 …………………… 319766

……………………………… 319765

……………………………… 319786

传真 ……………………… 319769

规划计划科

科长 ……………………… 319682

副科长 …………………… 319639

……………………………… 319662

办公室 …………………… 319763

……………………………… 319664

……………………………… 319820

……………………………… 319762

……………………………… 319728

……………………………… 319663

净化科

科长 ……………………… 319717

副科长 …………………… 319722

办公室 …………………… 319624

……………………………… 319721

营销科

科长 ……………………… 319798

办公室 …………………… 319747

……………………………… 319731

……………………………… 319836

……………………………… 319732

传真 ……………………… 319824

机关事务办

主任 ……………………… 319603

党委书记 ………………… 319727

工会主席 ………………… 319609

办公室 …………………… 319752

……………………………… 319768

……………………………… 319767

土地办

主任 ……………………… 399456

副主任 …………………… 399458

办公室 …………………… 399463

……………………………… 399462

……………………………… 399460

传真 ……………………… 399464

……………………………… 399457

工程技术与监督部

部长 ……………………… 319689

副部长 …………………… 319788

办公室 …………………… 319692

……………………………… 319741

……………………………… 319745

……………………………… 319825

…… 319826
…… 319841
传真 …… 319647

物资采购管理部

部长 …… 319619
副部长 …… 319628
办公室 …… 319716
…… 319719
…… 319796
…… 319712
传真 …… 319794
…… 319715

大竹通信站

办公室 …… 335099
…… 335242
…… 335025
…… 319612
通信值班电话 …… 399212
通信收费电话 …… 319648
保安送水热线 …… 2676061

矿长（党委）办公室

主任 …… 319671
…… 319782
副主任 …… 319641
…… 319626
女工委副主任 …… 319789
办公室 …… 319613
…… 319781
…… 319791
…… 319790
…… 319704

党群工作科

科长 …… 319777
工会副主席 …… 319618
团委副书记 …… 319606
工会办公室 …… 319776
主任 …… 319792
办公室 …… 319813
…… 319750
…… 319703
传真 …… 319780

监察科（纪委办公室）

科长 …… 319755
…… 319740
…… 319812
举报电话 …… 319785
传真 …… 319615

生产运行科

科长 …… 319611
…… 319811
副科长 …… 319629
…… 319856
值班工程师 …… 319631
办公室 …… 319810
…… 319632
…… 319784
…… 319634

气矿调度中心

办公室 …… 319832
…… 319831
…… 319652
…… 319650
…… 2639885
…… 319650
传真 …… 319651

财务科

科长 …… 319636
副科长 …… 319661
…… 319760
办公室 …… 319670
…… 319654
…… 319754
…… 319787
…… 319805
…… 319751
…… 319835
…… 319683
…… 319604

油气结算部

部长 …… 319637
副部长 …… 319640
办公室 …… 319815
…… 319602
…… 319860
…… 319635
传真 …… 319642

地面建设工程部

部长 …… 319699
副部长 …… 319665
…… 319773
办公室 …… 319801
…… 319713
…… 319790
…… 319844
…… 319707
…… 319710
…… 319843
…… 319711
…… 319772
…… 319708
…… 319846
…… 319630
…… 319742

补充保险办

主任 …… 319706
办公室 …… 319621
…… 319605
传真 …… 319771

档案室

主任 …… 319733
办公室 …… 319852
…… 319610
…… 319797
…… 319774

销售公司

经理 …… 319729
办公室 …… 319734
…… 319802
传真 …… 319646

蜀东物资公司

办公室 …… 319735
…… 319795
…… 319659
传真 …… 319644

小车队

队长 …… 319643
副队长 …… 319736
…… 319726
…… 319778

勘探开发科

科长 …… 319679
副科长 …… 319690
…… 319657
…… 319656
办公室 …… 319681
…… 319655
…… 319680
…… 319783
…… 319667
…… 319748
…… 319837
…… 319756
…… 319753
…… 319793
传真 …… 319725
…… 319691

质量安全环保科

科长 …… 319675
副科长 …… 319673
…… 319698
办公室 …… 319739
…… 319672
…… 319705
…… 319848
…… 319849
…… 319851
…… 319685
传真 …… 319803

工程造价部

部长 …… 319761
办公室 …… 319607
…… 319764
…… 319653
…… 319660
…… 319821
传真 …… 319653

科技信息科

副科长 …… 319627
办公室 …… 319686
…… 319757
传真 …… 319684

自控抢险中心

主任 …… 399225
党委书记 …… 399409
副主任 …… 399289
…… 399259
…… 399218
…… 399229
…… 399408

综合办

办公室 …… 399292
…… 399287
…… 399258
…… 399285
…… 399297
…… 399286

信息通信办

办公室 …… 319694
…… 319829
…… 319709
…… 319730
…… 319770

生产办

办公室 …… 399401
…… 399224
…… 399296
…… 399402
工程技术 …… 399290
机电设备 …… 399450
HSE 监督站 …… 399406
…… 399407
仪修班班长 …… 399401
办公室 …… 399402
管焊、机电班长 …… 399451
管焊副班长 …… 399426

天然气压缩厂

党委行政办公室

主任 …… 253400
副主任 …… 253416
…… 253423
女工委主任 …… 253423
办公室 …… 253482
…… 253425
工会 …… 253470
档案室 …… 253441

小车班 …… 253440

财务资产部

部长室 …… 253420
办公室 …… 253421
…… 253485
…… 253469

质量安全环保部

部长 …… 253457
办公室 …… 253432
仪表 …… 253431
化验 …… 253472
加工检验 …… 253442
…… 253411
总装检验 …… 253412
压修检验 …… 253480
计量 …… 253447
金相 …… 253448

生产协调部

部长 …… 253402
办公室 …… 253407
维修班 …… 253437
配电房 …… 253467

研究所

所长 …… 253428
副所长 …… 253429
科技 …… 253430
设计 …… 253427
工艺 …… 253443

组织人事劳资部

部长 …… 253446
办公室 …… 253409
…… 253483

输气管理处

处长办公室（党委办公室）

主任 …… 231752
副主任 …… 231352
机要秘书 …… 231746
秘书 …… 231517
…… 231353
事务办主任 …… 231355
事务管理 …… 231745
…… 231727
档案管理 …… 231201
…… 231683

党群工作科（企业文化科）

科长 …… 231866
工会副主席 …… 231873
女工委员会主任 …… 231870
团委书记 …… 231661
副科长 …… 231770
基层建设干事 …… 231312
团委干事 …… 231783
工会干事、会计 …… 231767
工会干事、出纳 …… 231767
企业文化干事 …… 231312
宣传干事 …… 231770
企业文化传真 …… 231334
工会传真 …… 231723

生产运行科

科长 …… 231741
副科长 …… 231650
值班工程师 …… 231636
综合调度 …… 231653
…… 231663
…… 231654
生产值班 …… 231742
…… 231637
…… 231633
土地管理 …… 231659
…… 231655

管道管理科

科长 …… 231327
副科长 …… 231304
大修管理 …… 231511
站场设备 …… 231667
工艺技术 …… 231328
管道防腐 …… 231751
…… 231846
综合管理 …… 231846
办公室 …… 231750
…… 231328
…… 231754

科技信息科

科长、工程师 …… 231716
科技管理、主管 …… 231479
知识产权及学会管理、主管
…… 231749
科技管理、主管 …… 231703

质量安全环保科

副总工程师 …… 231557
副科长 …… 231648
…… 231479
工业安全 …… 231365
交通消防 …… 231739
质量认证 …… 231739
健康管理 …… 231837
质量管理 …… 231365
环境保护 …… 231739
综合安全 …… 231814

规划计划科

科长 …… 231989
副科长 …… 231712
综合统计、装备计划统计师
…… 231736
投资计划、竣工验收 231819
项目前期 …… 231819
规划、后评价 …… 231827
工程师 …… 231603

财务科

副总会计师 …… 231851
副科长 …… 231302
主任会计师 …… 231845
会计核算 …… 231267
…… 231204
…… 231500
办公室 …… 231730
销售会计 …… 231707
主任 …… 231665
资金管理 …… 231501
资产核算管理 …… 231790
…… 231623
项目核算 …… 231774
…… 231774
…… 230312
主任 …… 231813
关联交易 …… 231740
…… 231743

企管法规科

办公室 …… 231285
…… 231780
…… 231685
…… 231448
…… 231779

人事组织科

科长 …… 231762
党委组织员 …… 231271
工资管理 …… 231726
组织干事、职改 …… 231786
员工管理 …… 231691
工资管理 …… 231726
主任 …… 231725
员工培训 …… 231786
…… 231691
补充保险办主任 …… 231724
社保管理 …… 231777
…… 231515
办公室 …… 231519
…… 231624
…… 231343

监察科（纪委办公室）

办公室 …… 231759
…… 231771
…… 231768

直属部门

油气销售结算部

主任 …… 231885
副主任 …… 231836
稽核 …… 231615
资金结算 …… 231731
气款结算 …… 231788
机关报销 …… 231788
…… 231731
封闭结算 …… 231615
资金结算 …… 231731

地面建设工程项目部

主任 …… 231210
副主任 …… 231211
…… 231735
技术管理 …… 231180
…… 231180
综合管理 …… 231206
施工管理 …… 231180

造价部

主任 …… 231664
副主任 …… 231705
办公室 …… 231208
…… 231205
…… 231208
…… 230309
…… 231205
…… 231505

作业区造价管理部

成都作业区 …… 238612
…… 028－82972512
仁寿作业区 … 0833－6210525
自贡作业区 … 0813－3303911
南充作业区 … 0818－7324912
重庆作业区 …… 315014
…… 023－86010968
梁平作业区 … 023－53239611
…… 023－53239611
合江作业区 … 0830－5269021

物资采购管理部

主任 …… 231733
副主任 …… 231352
采购 …… 231830
统计 …… 231290

直属单位

成都输气作业区

书记、副经理 …… 84711185
工会主席 …… 238607
经理 …… 84714857
副书记 …… 238608
副经理 …… 84716157
…… 238611
…… 84712477
…… 238610
主任工程师 …… 84712497
…… 238697
督导员 …… 84711591
…… 238609
办公室 …… 82972582
主任 …… 238682
组织干事 …… 82972506
…… 238606

企业文化干事 …… 82972506
…… 238606
行政文秘 …… 82972569
…… 238669
劳资 …… 82972569
…… 238669
营销办 …… 84721540
主任 …… 238622
营销 …… 84721540
…… 238622
…… 84721540
…… 238622
会计 …… 84726497
…… 238615
…… 84726497
…… 238615
…… 84726497
…… 238615
统计定额 …… 82972518
…… 238618
生产办 …… 84711650
主任 …… 238603
计量管理 …… 82972532
…… 238632
生产调度 …… 84711650
…… 238603
工艺技术 …… 82972512
…… 238612
防腐技师 …… 84711297
…… 238613
防腐技术员 …… 84711297
…… 238613
QHSE 办公室主任 84726536
…… 238659
QHSE 监督 …… 82972555
…… 238655
…… 84726536
…… 238659
维修站站长 …… 82972533
…… 238633
机动管理 …… 82972519
…… 238619
管理员 …… 82972516
…… 238616
技师 …… 82972566
行车班长 …… 238666
防腐 …… 82972546
…… 238646
仪表班 …… 82972521
班长 …… 238621
维修班 …… 82972520
班长 …… 238620

自贡输气作业区

领导
经理…… 0813－3320155
书记…… 0813－3305756
副经理…… 0813－3302176
…… 0813－3307921
主任工程师 0813－3320600
督导组
督导员…… 0831－6880832
…… 0813－3314334
党政办
主任…… 0813－3315506
组织人事…… 0813－3314349
劳资社保
行政文秘…… 0813－3309812
经营办
主任…… 0813－3306683
会计…… 0813－3312458
营销员…… 0813－3302390
计划统计资产 0813－3303189
生产技术办
主任…… 0813－3301121
值班工程师 0813－3301982
工艺技术…… 0813－3303911
计量自控技术 0813－3315211
防腐技术…… 0813－3321126
调度工…… 0813－3301084
小班调度…… 0813－3301084
语音…… 0813－3321465
…… 0813－3321633
…… 0813－3310678
应急电话…… 0813－3319740
HSE 办
主任…… 0813－3306503
QHSE 监督 0813－3302689
维修站
站长…… 0813－3306291
仪防班班长 0813－3306625
油气管道保护防腐工
…… 0813－3305781
…… 0813－3303895
维修班班长 0813－3306695
仓库保管员 0813－3306965
行车班班长 0813－3306039
自贡…… 0813－3302800
门卫…… 0813－3300961
输（配）气站 0870－8633448
办公室（传真）0870－8663661
…… 0831－6881061
…… 0831－5357344
…… 0831－4690914
…… 0831－2506235
…… 0831－2810205
…… 0831－3430013
…… 0813－3930232
…… 0813－3700552
…… 0813－3314276
…… 0832－8530031
…… 0813－3301829
…… 0832－8240044
…… 0832－8726040
…… 0832－8722535
值班…… 0813－6376016
…… 0813－6376123

合江输气作业区

经理…… 0830－5261566
党委书记…… 0830－5261156
副经理…… 0830－5262078
…… 0830－5262066
主任工程师 … 0830－5262766
督导员…… 0830－5261351
党政办
主任…… 0830－5266123
组织宣传干事 0830－5250077
人事社保…… 0830－5269023
行政文秘…… 0830－5250077
经营管理办
会计…… 0830－5250766
出纳…… 0830－5250766
营销员…… 0830－5269281
…… 0830－5269281
计划统计资产 0830－5263718
生产技术办
主任…… 0830－5265728
值班工程师 … 0830－5261352
工艺技术…… 0830－5269026
计量自控技术 0830－5269026
工艺技术…… 0830－5269021
防腐技术…… 0830－5250369
调度室
调度员…… 0830－5262473
维修站
站长…… 0830－5266896
行车班班长 … 0830－5266029
仪表班班长 … 0830－5250369
仪表工…… 0830－5266896
防腐工…… 0830－5250369
维修班班长 … 0830－5266029
焊工、电工 … 0830－5266029
管工…… 0830－5266029
电工…… 0830－5266029
仓库保管…… 0830－5269024
后勤物管…… 0830－5262978
输气站
江津输气站 … 023－47581055
白沙输气新站 023－47347068
白沙输气老站 023－47343046
塘河阀室…… 023－47346432
榕山输气站 … 0830－5482223
马街配气站 … 0830－5271702
合江东阀室 … 0830－5270745
合江西阀室 … 0830－5262547
佛荫输气站 … 0830－5011557
弥陀输气站 … 0830－3600937
纳溪输气站 … 0830－4122078
大州驿阀室 … 0830－4862920
赤水配气站 … 0830－2876315

南充输气作业区

领导
经理、党委副书记 … 532300
…… 0817－2632300
党委书记 …… 532301
…… 0817－2632301
副经理 …… 532303
传真…… 0817－2632303
副经理 …… 532302
…… 0817－2632302
主任工程师 …… 532304
传真…… 0817－2632304
督导员 …… 532323
…… 0817－2632323
党政办
主任 …… 532305
…… 0817－2632305
副主任、行政文秘 … 532306
…… 0817－2632306
劳资社保 …… 532307
传真…… 0817－2632307
组织干事、团委书记 532307
…… 0817－2632307
劳资、营销 …… 532306
…… 0817－2632306
生产技术办
主任 …… 532310
…… 0817－2632310
值班工程师 …… 532309
…… 0817－2632309
…… 532320
…… 0817－2632320
调度员 …… 532320
…… 0817－2632320
…… 0817－2632321
…… 0817－2632322
…… 0817－2632331
…… 0817－2632332
工艺技术 …… 532312
传真…… 0817－2632312
计量自控技术 …… 532315
传真…… 0817－2632315
防腐技术 …… 532313
传真…… 0817－2632313
防腐技术 …… 532313
传真…… 0817－2632313
经营办

主任……532316
……0817－2632316
会计……532319
传真……0817－2632319
出纳……532319
传真……0817－2632319
出纳……532319
传真……0817－2632319
营销员……532318
传真……0817－2632318
营销员……532318
传真……0817－2632318
计划统计资产……532317
……0817－2632317
HSE 办
主任……532311
……0817－2632311
HSE 监督……532314
……0817－2632314
……532314
……0817－2632314
……532314
……0817－2632314
维修站
站长……532308
传真……0817－2632308
维修班班长……532326
……0817－2632326
行车班长……532330
……0817－2632330
仪表班长……532325
……0817－2632325
防腐班长……532324
传真……0817－2632324
仓库保管……532327
传真……0817－2632327
施工员……532328
……0817－2632328
总站
办公室……0818－7301977
……0818－7206600
……0818－7225806
……0826－2532057
……0817－8740180
……0817－8626211
……0817－3418015
……0817－3538084
……0817－3325880
……0817－3631977
……0825－5395974
……0825－6615782
……0816－5820154
……0838－7950031
……0838 7171516

……028－84932799
梁平输气作业区
经理……023－53239618
副书记……023－53239608
副经理……023－53239612
……023－53239609
党政办主任……023－53239610
党政劳资……023－53239616
企业干事……023－53239617
经营办主任……023－53239614
出纳……023－53239614
营销资产……023－53239622
生产技术……023－53239626
值班工程师……023－53239626
计量自控……023－53239626
防腐……023－53239620
……023－53239620
工艺……023－53239623
……023－53239601
维修站主任……023－53239606
HSE……023－53239603
……023－53239603
调度室
办公室……023－53253556
传真……023－53239615
行车班
办公室……023－53239604
维修班
办公室……023－53239621
……023－53239627
……023－53239611
……023－53239607
忠县输气站……023－54403718
……023－54407855
屏锦输气站……023－53513325
万州清管站……023－58852138
万州配气站……023－58820250
信息站
站长……231769
党支部书记
副站长……231407
……231332
办公室……231808
……231114
软件应用维护室
办公室……231407
……231829
运行维护室……231410
……231190
SCADA 维护室……231085
……231083
销售公司（营销科）
领导……231588
办公室……231861

……231778
……231589
用户管理部主任……231420
气款回收部副主任……231680
市场开发部主任……231504
终端市场部主任……231630
办公室主任……231643
用户管理部……231433
气款管理部……231042
……231504
市场开发部……231722
终端市场部……231641
……231641
办公室……231682
……231682
……231643
……231652
佳源燃气公司
领导……230323
……028－85605323
传真……85605324
办公室……230318
……028－85605318
……85605319
……230329
……85605329
……85605330
……230327
……028－85605327
……85605328
……230366
……028－85605366
……230367
……230333
……028－85605333
……85605331
……230332
……028－85605332
……85605339
督导员……230321
……85605321
……85605322
……230325
……028－85605325
……85605331
财务部……230340
……028－85605340
……85605341
……230342
……85605342
……028－85605342
……85605341
……230340
……028－85605340

……85605341
生产技术部……230343
……85605343
……85605344
……028－85605343
……230343
QHSE 办公室……230348
……028－85605348
……85605346
……230332
……028－85605332
……85605331
……230348
企管法规部……230338
……85605338
……85605339
……028－85605338
经营管理部……230335
……028－85605335
……85605337
……230336
……028－85605336
……85605336
管道技术分公司……230347
……85605347
……85605334
……230361
……85605361
……85605362
……230350
……028－85605350
……028－85605361
……85605350
……230362
……028－85605362
……028－85605347
成都世纪源通燃气有限责任公司
办公室……81506975
……81505381
……81506960
……81506965
……81506962
……81506974
小车班……230326
……85605326
成都经营……238634
……84716670
……238635
……84717054
井研分公司……0833－3730887
金堂分公司……028－84915678
工艺技术研究所
所长……231384
书记……231452

副所长 ………………… 231499
………………………… 231572
办公室主任 ………… 231570
资产、材料 ………… 231471
办公室科技管理（统计）
………………………… 231489
驾驶员 ……………… 231574
室主任 ……………… 231387
防腐技术 …………… 231581
防腐室主任 ………… 231864
工艺前期室
工艺技术 …………… 231430
………………………… 231864
经济评价 …………… 231864
室主任 ……………… 231417
分析技术 …………… 231582
分析工 ……………… 231582
自动化室室
主任 ………………… 231016
自动化技术 ………… 231409
科技情报室
主任 ………………… 231571
情报管理 …………… 231573
工艺技术 …………… 231573

计量监督维护站

站长 ………………… 231135
副站长 ……………… 231642
办公室主任 ………… 231647
仪表技术 …………… 231136
计量技术 …………… 231640
技术室主任 ………… 231134
检定室主任 ………… 231645
计量技术 …………… 231134
HSE 监督 …………… 231523
仪表技术 …………… 231136
自控技术 …………… 231640
综合管理 …………… 231523
计量技术 …………… 231134

长输管道检测评价中心

办公室 ……………… 230894
………………………… 237033
………………………… 239406
………………………… 239454
技术专家 …………… 231833
项目管理室 ………… 230409
办公室 ……………… 239682
………………………… 239407
………………………… 239347
………………………… 231277
………………………… 239416
完整性管理室 ……… 230103
………………………… 239401
………………………… 239401
管道及压力容器检测室 239431
………………………… 239416
………………………… 230949
………………………… 231406
………………………… 231406
………………………… 231092
………………………… 532135

抢险维修中心

主任 ………………… 231099
书记 ………………… 231481
副书记 ……………… 231797
主任工程师 ………… 231892
办公室
企业文化、文书 …… 231889
劳资 ………………… 231128
生产调度室
主任 ………………… 231482
调度 ………………… 231482
………………………… 231166
技术安全办
主任 ………………… 231115
机电设备管理
QHSE 监督 ………… 231095
维修技术中队
队长 ………………… 231891
特种作业队 ………… 231096
后勤保障中队 ……… 231094
技师 ………………… 231480

建设工程部

副处长、项目经理 … 231810
副总师、项目副经理 231303
地建部主任、项目副经理
………………………… 231210
综合办公室
党支部书记、主任 … 230301
事务管理 …………… 230302
财务 ………………… 230308
文书 ………………… 230300
档案管理 …………… 230303
工程技术部
部长 ………………… 230371
副部长 ……………… 231735
………………………… 230307
综合管理 …………… 230364
施工组组长 ………… 231209
工程技术管理 ……… 231209
………………………… 230306
现场施工管理 ……… 230306
计划经济部
部长 ………………… 230310
合同招标组组长 …… 230313
计划经济管理 ……… 230363
工程造价管理 ……… 230306
物资综合管理 ……… 231638
物资供应管理 ……… 231167
………………………… 231669
工程监督部
副部长 ……………… 230370
督导员 ……………… 230352
QHSE 监督 ………… 230352
………………………… 230353
生产准备部
副部长 ……………… 230309
………………………… 230351
行车班
驾驶员 ……………… 230360

华油集团有限责任公司

人力资源（组织）部
部长 ………………… 213207
副部长 ……………… 212210
………………………… 213255
党委组织员 ………… 213255
技能鉴定站
站长 ………………… 231721
干事 ………………… 212340
………………………… 213210
………………………… 212092
………………………… 231781
成都公共事务管理中心
办公室（党委办公室）
………………………… 212227
思想政治工作科
办公室 ……………… 212224
工会 ………………… 213800
纪检科（监察科） … 212205
计划经营科 ………… 212236
财务资产科 ………… 212234
人事劳资科 ………… 212221
维护稳定工作办公室（信访办公室） ………… 212004
物业管理科 ………… 213273
安全环保质量科 …… 211771

机关直属单位

社会保险中心 ……… 212990
培训办公室 ………… 212243
多元用工管理办公室 212397
离退休职工管理中心 211941
治安保卫部（人民武装部）
………………………… 211788
物资采购管理办公室 212233

机关附属单位

定额管理站 ………… 211858
档案室（股级） …… 213169
基层单位
收费结算中心 ……… 212300
水电气管理中心 …… 212464
油田总部办公区管理站 212086
建设路石油办公区管理站
………………………… 215408
府青路石油社区管理站 212481
小关庙石油社区管理站 214869
二仙桥石油社区管理站 210786
天回镇石油社区管理站 254007
华油路石油社区管理站 213499
治安保卫大队 ……… 211788

采气工程研究院

院长 ………………… 251475
副院长 ……………… 251222
………………………… 252360
院长助理 …………… 251358
副总师 ……………… 251372
院办 ………………… 251377
………………………… 252498
党办 ………………… 251739
………………………… 251370
………………………… 252504
………………………… 252503
事务办 ……………… 252498
………………………… 252306
………………………… 251024
………………………… 252447
人事科 ……………… 251358
………………………… 252226
………………………… 251300
………………………… 252502
………………………… 251717
………………………… 252472
………………………… 252471
科研管理科 ………… 251358
………………………… 252450
………………………… 251372
………………………… 251397
………………………… 251377
………………………… 252496
………………………… 252498
………………………… 252395
………………………… 251739
………………………… 251373
………………………… 252473
………………………… 251370
………………………… 252499
………………………… 252504
………………………… 252497
………………………… 252503
………………………… 252481
财务科 ……………… 252498
………………………… 251472
………………………… 252306
………………………… 252452
………………………… 251024
………………………… 252447
………………………… 252527

………………………… 251358
传真 ………………… 252362
办公室 ……………… 252226
………………………… 251389
………………………… 251300
………………………… 252419
………………………… 252502
………………………… 251371
………………………… 251717
………………………… 252505
科技信息中心
主任 ………………… 251391
办公室 ……………… 251257
………………………… 251411
………………………… 251019
………………………… 252144
气井工程研究室 …… 251357
………………………… 252441
………………………… 252427
………………………… 252442
………………………… 252455
采气工艺研究室 …… 251376
………………………… 252431
………………………… 251741
………………………… 252464
增产工艺研究室
（油气井增产技术实验室）
办公室 ……………… 251374
………………………… 251015
………………………… 251514
………………………… 252435
………………………… 251238
………………………… 252466
………………………… 252437
………………………… 251237
………………………… 252428
采气工艺实验室
办公室 ……………… 251392
………………………… 252017
………………………… 252460
………………………… 251177
………………………… 251987
………………………… 252275
技术推广中心
办公室 ……………… 252000
………………………… 251051
………………………… 252457
………………………… 252192
钻井试油监督室
办公室 ……………… 252426
………………………… 252469
………………………… 251419
地质监督室
办公室 ……………… 252340

………………………… 251421
………………………… 252465
博士后工作站
………………………… 251340
事务站
办公室 ……………… 252447
………………………… 251809
………………………… 252445
………………………… 252467
………………………… 252449
………………………… 251574
………………………… 252446
………………………… 252461
图书阅览室
………………………… 251103
咨询 ………………… 251294
资料员 ……………… 252440
………………………… 252432
………………………… 252439
………………………… 252453
………………………… 252454
车辆班 ……………… 251024
职工食堂 …………… 252456

重庆公共事务管理中心

（党委）办公室
办公室 ……………… 328706
………………………… 328705
………………………… 328709
………………………… 328701
………………………… 322763
………………………… 321894
………………………… 328700
………………………… 328776
………………………… 313058
思想政治工作部
办公室 ……………… 321492
………………………… 320486
………………………… 328785
………………………… 321603
………………………… 325360
联系电话
值班 ………………… 328701
外线………… 023－67328701
………………………… 328700
外线………… 203－67328700

安全环保与技术监督研究院

领导
院长、党委副书记 … 231305
党委书记、副院长 … 231398
副院长 ……………… 235686
………………………… 231803
………………………… 230476
副院长、HSE 总监 … 237615
副总工程师 ………… 231118
副总会计师 ………… 231930
院（党委）办公室
主任 ………………… 231900
女工委副主任 ……… 231919
办公室 ……………… 231902
………………………… 231904
………………………… 231903
人事（组织）科
科长 ………………… 231906
副科长 ……………… 231912
质量安全环保科
科长 ………………… 231905
办公室 ……………… 231905
………………………… 231920
科技管理科
科长 ………………… 235551
………………………… 231927
副科长 ……………… 231911
团委副书记 ………… 231910
………………………… 231927
计划（财务）科
科长 ………………… 231930
副科长 ……………… 231914
………………………… 231913
………………………… 231940
企管法规科
副科长 ……………… 231915
………………………… 231922
行政事务站
站长 ………………… 231904
计量检测中心
党支部书记、副主任 232874
主任工程师 ………… 230479
综合管理室
副主任 ……………… 230466
生产技术室
主任 ………………… 230496
流量检测室
主任 ………………… 230422
计量管理室
主任 ………………… 232056
工程质量监督站
常务副站长 ………… 237021
书记、副站长 ……… 237611
综合管理室
………………………… 237016
成都监督室
主任 ………………… 237616
重庆监督室
主任 ………………… 312370
钻前监督室
主任 ………………… 237655
HSE 监督中心
常务副主任 ………… 235501
副主任 ……………… 235502
综合办公室
主任 ………………… 235506
副主任 ……………… 235590
成都监督室
主任 ………………… 235590
副主任 ……………… 235508
重庆监督部
主任 ………………… 312707
室副主任 …………… 312907
HSE 体系办公室
主任 ………………… 235591
副主任 ……………… 235507
计量检测中心
常务副主任 ………… 230459
党支部书记、副主任 232874
主任工程师 ………… 230457
综合管理室
副主任 ……………… 230466
生产技术室
主任 ………………… 230496
流量检测室
主任 ………………… 230422
计量管理室
主任 ………………… 232056
工程质量监督站
常务副站长 ………… 237021
书记、副站长 ……… 237611
综合管理室 ………… 237016
成都监督室
主任 ………………… 237616
重庆监督室
主任 ………………… 312370
钻前监督室
主任 ………………… 237655
HSE 监督中心
常务副主任 ………… 235501
副主任 ……………… 235502
综合办公室
主任 ………………… 235506
副主任 ……………… 235590
成都监督室
主任 ………………… 235590
副主任 ……………… 235508
重庆监督部
主任 ………………… 312707
副主任 ……………… 312907
HSE 体系办公室
主任 ………………… 235591
副主任 ……………… 235507
管道及特种设备检测评价中心

书记、副主任 …… 237033
副主任 …… 239406
主任工程师 …… 239454
技术专家 …… 231833
完整性管理室
主任 …… 230103
项目管理室
主任 …… 230409
安全防护设备检测室
主任 …… 237541
管道及压力容器检测室
主任 …… 232135
HSE 研究评价中心
主任 …… 235559
副主任 …… 235551
书记 …… 235550
主任工程师 …… 235558
综合管理室 …… 235554
HSE 监测评价研究室
江丽主任 …… 235556
环境评价研究室
主任 …… 235553
安全评价研究室
主任 …… 235552
天宇公司
办公室主任 …… 235556
生产技术部部长 …… 235554
营销部部长 …… 235557
财务部部长 …… 235544
综合车队
综合车队队长 …… 237279
书记、副队长 …… 237291
调度 …… 237210
…… 237210
技安 …… 237190
成本核算 …… 237279
驾驶一班班长 …… 237190
驾驶二班班长 …… 237213
驾驶三班班长 …… 237018

川南公共事务管理中心

行政（党委）办公室
主任 …… 421138
副主任 …… 421139
机要 …… 421181
秘书 …… 421176
打字室 …… 421221
收发室 …… 421178
工会
副主席 …… 421171
办公室 …… 421152
财务 …… 421156
福利 …… 421157
文体 …… 421204
纪委监察部
部长 …… 421203
办公室 …… 421202
组织人事部
副部长 …… 421186
调配 …… 421185
职改 …… 421189
劳资 …… 421191
计划经营部
部长 …… 421222
办公室 …… 421209
…… 421166
生产协调部
部长 …… 421558
副部长 …… 421557
主任工程师 …… 421512
办公室 …… 421560
质量安全环保部
部长 …… 420153
副部长 …… 421417
维稳信访办公室
主任 …… 421108
副主任 …… 421218
物业管理办公室
副主任 …… 421220
副主任工程师 …… 421231
办公室 …… 421255
…… 421231
治安保卫部
部长 …… 421167
副部长 …… 420113
人武 …… 421169
综治 …… 420168
防火 …… 420119
值班室 …… 420110
社保所
所长 …… 421719
副所长 …… 421197
…… 421198
离退休管理 …… 421739
出纳 …… 421199
养老保险 …… 421196
会计、工伤保险 …… 421199
基本医疗保险 …… 421196

南充公共事务管理中心

党政办公室
主任 …… 531023
副主任、书记 …… 531135
秘书室 …… 531133
传真 …… 531022
档案室 …… 531792
机房（通信） …… 531684
组织人事部（职改办）
部长 …… 531602
副部长、主任 …… 531634
传真 …… 531753
思想政治工作部（计生办）
部长 …… 531131
传真 …… 531092
多元用工管理办公室 531481
组织人事部
部长 …… 531602
副部长 …… 531634
组织 …… 531753
职称、档案 …… 531753
纪检监察部
部长 …… 531082
思想政治部
部长 …… 531131
…… 531092
财务资产部
办公室 …… 531701
…… 531013
计划经营部
部长 …… 531541
副部长 …… 531040
住房公基金管理办公室
办公室 …… 531194
…… 531137
市场部
经理 …… 531068
书记 …… 531279
副经理 …… 531017
…… 535770
治安保卫部
部长 …… 531421
副部长 …… 531229
社会保险中心南充管理所
所长 …… 531264
副所长 …… 531464
维护稳定工作办公室
接方电话…… 0817－2631742
内线 …… 531742
传真…… 0817－2631564
内线 …… 531564
办公室 …… 531925
…… 531504
南充石油新闻中心
主任 …… 531813
办公室 …… 531812

销售分公司

领导
办公室 …… 213626
外线…… 028－86910067
…… 211991
…… 028－86935060
…… 211910
…… 028－86912041
…… 211538
外线 …… 028－86930658
经理（党委）办公室
…… 212457
…… 028－86913867
…… 211907
…… 028－86920995
…… 212077
…… 028－86919598
…… 211946
…… 028－86911498
…… 211604
…… 213949
…… 213957
…… 028－86920853
…… 213948
…… 028－86930638
人事（组织）科 …… 211994
…… 028－86916046
…… 212191
…… 028－86916047
生产技术科 …… 212458
…… 028－86911644
…… 212194
…… 028－86912438
…… 028－86916072
…… 028－86912578
…… 212065
…… 028－86915670
…… 211948
…… 028－86911364
质量安全环保科 …… 211950
…… 028－86916298
…… 212377
…… 028－86922301
…… 028－86916057
…… 212798
…… 028－86916043
…… 028－86916045
财务科 …… 212456
…… 028－86910191
…… 212184
…… 028－86911328
…… 212185
…… 028－86916071
企管法规科 …… 212010
…… 028－86950281
…… 213820
…… 028－86921530
…… 213822
…… 028－86912207
…… 213821

………………028－86911428

川西公共事务管理中心

办公室 ……258556
……258499
……258555
……258498
……258554
……258520
……258525

工会
办公室 ……258496
……258506
……258550
……258503

思想政治部
办公室 ……258477
……258502

纪检监察部 ……258501
……258502

人事劳资部
办公室 ……258536
……258528
……258502
……258503

财务资产部
办公室 ……258509
……258500
……258537
……258508

计划经营部
办公室 ……258516
……258535

质量安全环保部
办公室 ……258490
……258511

维稳（信访）办公室
办公室 ……258543
……258560

住房公基金管理办公室
办公室 ……258526
……258551

社会保险管理所
办公室 ……258471
……258473
……258472
……251090

物业管理办公室
办公室 ……258486
……258491

退休职工管理办公室
办公室 ……258523
……258521

治安保卫部
办公室 ……258515
……258511
……258533

勘探事业部

领导
经理 ……213421
传真 ……210233
副经理 ……210226
……210238
……210218
……212311
地质副总师 ……210323

办公室
主任 ……211176
副主任 ……210227
行政组 ……213032
档案室 ……210284
文秘机要 ……213417
车辆调度、房改 ……210208
驾驶班 ……210210
机房维护 ……210257

人事（组织）科
科长 ……210228
女工副主任 ……210325
劳资 ……210313
社保 ……210313
社保数据传真 210243（专线）

川西北项目经理部
经理 ……213262
副经理 ……210245
……210215
……210216
办公室 ……210202
……210209
……210219
……210215
……210320
……210219
……213263
……210304
……211180

川中蜀南项目经理部
经理 ……210213
副经理 ……210309
……210215
……210219
信息 ……213422
……213420
交井 ……210209
地震、老资料处理 ……213033
办公室 ……210219
……210320
测井 ……210216
钻井过程原理 ……210304
……210304
结算 ……211177
……213419
钻前 ……210220
概算 ……210220

川东项目经理部
经理 ……323700
副经理 ……321636

工程技术管理科
科长 ……210205

重庆分部
技术负责人 ……323702
办公室主任 ……323701
………………023－67611621
综合组 ……323681
档案室 ……321290
财务室主任 ……323703
报销组 ……323703
项目管理室主任 ……323704
项目管理 ……323707
……323704
测井管理 ……323704
信息动态组汇报 ……321287
……323707
研究设计室主任 ……321285
副主任 ……323705
井位 ……323706
储量 ……321285
井位、储量 ……323705
工作站 ……323708
网络组
办公 ……321286
网电 ……321819
录井数据传输 ……321643

川西南公共事务管理中心

党委、行政办公室
主任 ……411000
副主任 ……411008
……411955
秘书 ……411003
……411733
……411139

信息中心

主任 ……211257
副主任 ……212012
总工程师 ……212006
办公室 ……212120
……212116
……212121
……212135
……213059
……212118
运行维护室 ……212007
……212002
信息技术室 ……212112
……212131
……212013
……212134
……212132
信息技术室 ……212014
……212002
系统网络室 ……212129
……212130
……212127
……212128
系统网络室 ……212115
……213413
卫星通信室 ……211321
……211320
卫星通信室 ……212328
驾驶员 ……89679797
会议室 ……212135
网络机房 ……212117
值班室 ……212119

川中公共事务管理中心

办公室（党委办公室） 516044
……516046
思想政治工作科 ……516314
工会 ……516043
纪检科（监察科） …516140
计划经营科 ……516036
财务资产科 ……516197
人事劳资科 ……516188
维护稳定工作办公室
信访办 ……516207
物业管理科 ……516116
安全环保质量科 ……516024
社会保险中心川中管理所
……516396
多元用工管理办公室 516600
治安保卫部 ……516190
定额管理站 ……516177
档案室 ……516159
水电气管理中心 ……516279
广德石油社区管理站 516512
南苑石油社区管理站 516942
凯旋石油社区管理站 516139
离退休职工管理中心 516203
石油医院 ……517255
川中石油新闻中心（记者站）
……516195
汽车服务公司 ……516712
招待所 ……517020
幼儿园 ……516221

川西北公共事务管理中心

党委行政办公室
主任办 …… 261116
办公室 …… 261115
思想政治工作部
部长 …… 261116
计生 …… 261195
工会
传真 …… 261203
工会副主席 …… 261203
办公室 …… 261202
组织人事劳资部
人劳组部长 …… 261162
副部长 …… 261207
劳资 …… 265072
技能鉴定 …… 261160
组织人事 …… 261209
计划经营部
部长 …… 261306
副部长 …… 264996
…… 264315
品质 …… 261142
合同计统 …… 261355
生产协调部
办公室 …… 261107
…… 261132
质量安全环保部
办公室 …… 261150
…… 261152
…… 261174
维护稳定办公室
主任 …… 261121
副主任 …… 261485
工作员 …… 261117
社会保险中心
办公室 …… 261158
…… 261487

总医院

党委书记 …… 259018
院长、党委副书记 …… 259033
副院长 …… 259048
…… 259080
副处级 …… 258691
…… 259086
…… 259096
党政办公室
主任 …… 259098
副主任 …… 259098
组织干部科
科长 …… 259069
副科级组织员 …… 259069
思想政治科
科长 …… 259049
工会
副主席 …… 259049
财务科
科长 …… 259005
计划审计科
科长 …… 259005
劳资科
科长 …… 259026
信息科 …… 259095
科长 …… 259095
社区服务办公室
副主任 …… 258692
院内感染控制科
副科长 …… 258912
保卫科
科长 …… 259081
安全管理科
副科长 …… 259082
医务处 …… 259067
主任 …… 259066
医保办
主任 …… 259066
护理部
主任 …… 259068
设备科
科长 …… 259099
总务科
…… 259030
科长 …… 259046
副科长 …… 259077
医疗科室
急诊科 …… 259001
主任 …… 259002
门诊部
主任 …… 259148
副主任 …… 259039
护士长 …… 259037
口腔科
主任 …… 259012
药剂科
主任 …… 259088
书记 …… 259088
药剂科办公室 …… 259094
门诊西药房 …… 259010
门诊中药房 …… 259015
药品库房 …… 259011
病区药房 …… 259041
检验科
主任 …… 259056
输血科
主任 …… 259056
病理科 …… 259025
功能科
主任 …… 259028
副主任 …… 259038
彩超室 …… 259021
B超室 …… 259024
心电图室 …… 259038
高压氧舱 …… 259016
康复理疗科
主任 …… 259042
放射科
主任 …… 259003
放射登记室 …… 259032
CT诊断室 …… 259003
内一科
主任 …… 259073
护士长 …… 259070
护士站 …… 259070
内二科
主任 …… 259079
副主任 …… 259079
护士长 …… 259075
护士站 …… 259075
内三科
主任 …… 259073
护士长 …… 85767713
儿科
主任 …… 259073
护士长 …… 259072
护士站 …… 259072
骨科
主任 …… 259053
副主任 …… 259053
护士长 …… 259055
外科
主任 …… 259060
副主任 …… 259050
护士站 …… 259050
五官科
主任 …… 259051
护士长 …… 259052
妇产科
主任 …… 259059
护士长 …… 85769356
护士站 …… 259057
麻醉科
主任 …… 259061
护士长 …… 259062
手术室 …… 259063
职业病科
主任 …… 259044
医生办公室 …… 259064
护士站 …… 229054
体检中心 …… 259006
主任 …… 259013
成都医院
综合办
主任 …… 212054
副主任 …… 212061
医务科
副主任 …… 212025
财务科
科长 …… 212048
门诊部
主任 …… 212025
住院部
主任 …… 212023
副主任 …… 212023
护士长 …… 212023
功能科
主任 …… 212030
预防保健科
主任沈 …… 212045
华阳门诊部
主任 …… 237605
护士长 …… 237624
护士办公室 …… 237624
挂号室 …… 237603
药房 …… 237602
检验科 …… 237606
第二门诊部 …… 239222
主任 …… 85625900

新闻中心

办公室 …… 218452
…… 218437
…… 218455
…… 212970
…… 218440
…… 218438
…… 218450
…… 218442
…… 218799
…… 218451
…… 218462
…… 218077
…… 218487
…… 218444
…… 218443
…… 218495
…… 218441
…… 218439
…… 218772
…… 218461
…… 218772
…… 218495
…… 218448
…… 212980
…… 211212

………………………… 212709
………………………… 212976
………………………… 218077
………………………… 212934
………………………… 212983
………………………… 212978
………………………… 218436
………………………… 218446

7. 吉林油田公司

地址：吉林省松原市沿江路1219号　邮政编码：138000　公网区号：0438

总经理（党委）办公室

主任………………… 6258021
………………………… 6258187
副主任……………… 6258024
………………………… 6258256
………………………… 6258527
副总经济师………… 6258023
副总工程师………… 6258149
秘书科科长………… 6258025
秘书………………… 6258033
调研科科长………… 6258099
副科长……………… 6258032
秘书………………… 6258034
秘书科……………… 6258026
机要科副科长……… 6258580
………………………… 6258028
接待科科长………… 6258037

生产运行处

处长………………… 6258066
副处长……………… 6258067
………………………… 6258068
………………………… 6258071
………………………… 6258077
副总工程师………… 6258079
综合调度科值班调度 6258000
………………………… 6258100
………………………… 6258200
综合调度科科长…… 6258072
副科长……………… 6258799
钻井运行科科长…… 6258075
副科长……………… 6258369
作业运行科科长…… 6258608
副科长……………… 6258080
电力通信科科长…… 6258609
副科长……………… 6258078
应急管理科科长…… 6258798
副科长……………… 6258070
土地管理科科长…… 6258586
融科长……………… 6258087

规划计划处

处长………………… 6258089
副处长……………… 6258090
………………………… 6258051
………………………… 6258395
………………………… 6258761
副总工程师………… 6258095
………………………… 6258103
规划科科长………… 6258765
项目后评价科科长 … 6258995
项目管理科科长…… 6258101
综合统计科科长…… 6258773
地面设计科科长…… 6258114

财务处

处长………………… 6258126
副科长……………… 6258196
………………………… 6258136
………………………… 6258529
………………………… 6258611
………………………… 6258996
副总会计师………… 6258969
综合会计科科长…… 6258655
预算管理科科长…… 6258128
基建成本科科长…… 6258145
生产成本科科长…… 6258759
资金管理科科长…… 6258399
税收管理科科长…… 6258767
稽核检查科科长…… 6258738
机关财务科科长…… 6258059
资产核算科科长…… 6258147

人事处（组织部）

处长、部长………… 6258538
副处长、副部长 …… 6258977
………………………… 6258058
副总经济师………… 6258699
干部管理科长……… 6258188
副科长……………… 6258700
调配（培训）科长 … 6258701
副科长……………… 6258706
技术干部科长……… 6258755

劳动工资处

处长………………… 6258208
副处长……………… 6258851
………………………… 6258189
副总经济师………… 6258858
劳动组织科长……… 6258190
副科长……………… 6258362
劳动力管理科长…… 6258852
工资管理科长……… 6258199

纪委（监察处）

副处长……………… 6258898
………………………… 6258899
副书记……………… 6258226
副处长、办公室主任 6258221
副主任……………… 6258982
案件检查室副主任 … 6258893
效能监察室副主任 … 6258895
信访审理室副主任 … 6258245
信访审理室副主任 … 6258902
党风建设室副主任 … 6258222

内部控制处

处长………………… 6258616
副处长……………… 6258209
………………………… 6258122
副总经济师………… 6258617
流程控制科科长…… 6258220
基层建设科科长…… 6258218
管理研究科副科长 … 6258618
副科长……………… 6258198
市场科科长………… 6258219
办公室……………… 6258622

安全环保处

处长………………… 6258960
副处长……………… 6258962
………………………… 6258265
副总工程师………… 6258950
………………………… 6258263
安全生产科科长…… 6258959
安全防火科副科长 … 6258946
环保管理科科长…… 6258955
交通管理科副科长 … 6258957
HSE体系科科长 … 6258266

科技处

处长………………… 6258276
副处长……………… 6258183
………………………… 6258989
………………………… 6258800
………………………… 6258808
科研规划科科长…… 6258806
副科长……………… 6258802
项目管理科科长…… 6258281
副科长……………… 6258801
成果管理科科长…… 6258809
副科长……………… 6258805
学会办公室主任…… 6258282

装备管理处

处长………………… 6258978
副处长……………… 6258979
副总工程师………… 6258849
资产技术科高级主管 6258182
………………………… 6258848
集采设备科高级主管 6258180
计划购置科高级主管 6258984

质量与节能处

处长………………… 6258667
办公室……………… 6258269
质量、计量科科长 … 6258261
副科长……………… 6258718
节能节水科科长…… 6258717
副科长……………… 6258086

审计处

副处长……………… 6258166
综合科科长………… 6258233
副科长……………… 6258839
办公室……………… 6223601
………………………… 6258753

法律事务处

处长………………… 6258812
副处长……………… 6258813
法律事务科科长…… 6258212
副科长……………… 6258214
合同管理科副科长 … 6258818

党委工作处

处长………………… 6258296
副处长……………… 6258297
………………………… 6258659
………………………… 6258991
企业文化科科长…… 6258660
副科长……………… 6258307
新闻宣传科副科长 … 6258295
………………………… 6258308
团委办公室主任…… 6258665
思想教育科科长…… 6258652
副科长……………… 6258752

工会

副主席……………… 6258825
……………………… 6258824
……………………… 6258862
……………………… 6258822
综合办公室主任…… 6258826
副主任……………… 6258916
……………………… 6258299
民管保障部部长…… 6258766
帮扶办公室主任…… 6224102
副主任……………… 6224103
……………………… 6224104

勘探事业部

主任………………… 6258317
副主任……………… 6258341
……………………… 6258318
……………………… 6258316
总工………………… 6258319
……………………… 6258314
副总………………… 6258342
……………………… 6258348
……………………… 6258336
经营科科长………… 6258330
综合科科长………… 6258353
技术科科长………… 6258347
副科长……………… 6258311
生产科科长………… 6258344
副科长……………… 6258340
深层项目科科长…… 6258322
中西项目科科长…… 6258323
伊通项目科科长…… 6258329
中东项目科副科长 … 6258335
物探科科长………… 6258352
副科长……………… 6258334

开发事业部

主任………………… 6258418
……………………… 6258011
副主任……………… 6258443
……………………… 6258419
……………………… 6258421
总工程师…………… 6258447
副总地质师………… 6258430
……………………… 6258473
副总工程师………… 6258448
采油作业科科长…… 6258470
地面管理科科长…… 6258488
基础管理科科长…… 6258451
开发动态科科长…… 6258365
开发规划科科长…… 6258434
油藏地质科科长…… 6258425
油藏评价科科长…… 6258423
注水管理科科长…… 6258460
综合信息科科长…… 6258459
钻井工程科科长…… 6258518

天然气事业部

主任………………… 6258446
副主任、总地质师 … 6258328
总工程师…………… 6258479
……………………… 6258729
地面工程科长……… 6258483
地质开发科长……… 6258422
综合信息科科长…… 6258471
钻采工程科科长…… 6258468
副科长……………… 6258462

工程技术与市场部

主任………………… 6258501
副主任……………… 6258568
……………………… 6258558
井控管理科长……… 6258560
工程技术科长……… 6258559
国际项目运行副科长 6258573
市场科科长………… 6258366
副科长……………… 6258566
……………………… 6258567
合同条法科副科长 … 6258571
外事科科长………… 6258572
副科长……………… 6258576

基建工程部

主任………………… 6258810
副主任……………… 6258633
综合管理科长……… 6258492
施工管理科长……… 6258480
副科长……………… 6258493
质量监督科长……… 6258267
副科长……………… 6258494
验收管理科长……… 6258635

质量安全环保监督站

站长………………… 6258508
副站长……………… 6258509
……………………… 6258650

信息管理部

部长………………… 6258277
副部长……………… 6258290
……………………… 6258838
综合管理科长……… 6258291
网络管理科长……… 6258287
弱电管理科长……… 6258285
信息中心运维科长 … 6226003
信息中心软件科长 … 6227993

培训部

主任………………… 6258866
副主任……………… 6258868
干部培训科科长…… 6258867
副科长……………… 6258869
技能培训科科长…… 6258872
副科长……………… 6258873
鉴定中心科长……… 6258877
副科长……………… 6258878

机关事务部

主任………………… 6258999
副主任……………… 6258588
……………………… 6258577
办公室主任………… 6258589
事务科科长………… 6258036
稳定办科长………… 6258592

稳定办

主任………………… 6224600
副主任……………… 6274328
……………………… 6226609
……………………… 6226286
……………………… 6224616
……………………… 6224617
信访接待应急副科长 6225259
综合信息科副科长 … 6224631
政策研究宣传科长 … 6274032

相关产业部

副主任……………… 6258788
副总经济师………… 6258786
项目管理副科长…… 6258790
项目开发科长……… 6258789

合资合作部

部长………………… 6258355
书记………………… 6258371
总工程师…………… 6258207
……………………… 6258315
副部长……………… 6258357
……………………… 6258227
安全环保科长……… 6258384
合同科科长………… 6258380
监事缉查科副科长 … 6258364
监事缉查科科长…… 6258373
开发生产科长……… 6258184
人事科（组织部）科长 6258394
副科长……………… 6258392

工程造价中心

副主任……………… 6258092
钻探工程预算科长 … 6258123
油建工程预算科长 … 6258117
土建工程预算科长 … 6258820

价格定额中心

主任………………… 6258886
副主任……………… 6258889
副总经济师………… 6258887
价格管理科长……… 6258865
钻探定额管理科长 … 6258890
地面定额管理科长 … 6258102

财务结算中心

主任………………… 6258359
副主任……………… 6258057
综合管理科长……… 6258060
审核一科长………… 6258642
审核二科科长……… 6258172
审核三科科长……… 6258170
出纳一科科长……… 6258413
出纳二科科长……… 6258171
中油财务受理处主任 6258743
中油业务受理处主任 6225620

资产处置中心

主任………………… 6226730
……………………… 6225686
副主任……………… 6226731
……………………… 6226732
综合科科长………… 6226733
财务科科长………… 6226734
设备管理科科长…… 6226735
销售科科长………… 6224177

住房公积金管理中心

主任………………… 6296281
住房公积金办公室 … 6296270
住房维修基金办公室 6296272
住房补贴办公室 …… 6296279

审计中心

主任………………… 6258819
主任审计师………… 6258775
副主任……………… 6258223
审计一科长………… 6258776
审计二科科长……… 6258811
审计二科副科长…… 6258832
审计三科科长……… 6258239
审计三科副科长…… 6258793
审计四科科长……… 6258751
审计五科科长……… 6258229

监察中心

主任………………… 6226602
主任………………… 6258909

案件一科科长……6258748
案件二科副科长……6226528
监督监察一科科长…6227897
监督监察二科科长…6224898

咨询巡视中心

主任……6258016
副主任……6258506
办公室主任……6258252
办公室……6258361
……6258257
党风廉政咨询室主任 6258302

锅炉压力设备检验中心

主任……6224270
安全阀检验组……6274420
锅炉容器室……6274410
特种设备检验室……6227217
容器组……6226980
锅炉检验所……6225821

矿区服务事业部

综合办公室
主任……6258530
秘书……6258696
综合科长……6258850
内控科长……6258615
文秘机要科长……6258626

党群工作部

主任……6258535
党群科长……6258298
党群科宣传……6258630
综合科科长……6258048
组织……6258631

人事劳资部

主任……6258668
综合科长……6258533
人事组织科科长……6258670
劳资科长……6258673

计划财务资产部

主任……6258531
副主任……6258532
办公室……6258708
会计核算资产科长…6258682
结算科长……6258691
收费稽查中心……6296163
收费稽查中心主任…6296209
预算科长……6258687
成本核算会计……6258689
投资成本会计……6258683
综合统计科长……6258705

质量安全环保部

部长……6258260
安全环保监督科长…6258709
综合质量科长……6258713
安全科安全生产……6258710
生产装备管理科长…6258720

物业管理部

主任……6258545
物业管理科长……6258601
节能计量管理科长…6258598
节能科燃料计量管理 6258597
边远矿区科土地管理 6258599

公用公益事业管理部

综合科长……6258679
公用公益事业管理科 6258677
公益管理科市政管理 6258680

扶余采油厂

调度
调度室……6393200
……6393100
领导
厂长……6393001
书记……6393002
副书记……6393007
副厂长……6393006
……6393005
总工程师……6291885
……6255668
……6393010
总会计师……6393008
安全总监……6393009
副总地质师……6393012
……6393013
厂长助理……6393066
……6393017
办公室
主任……6393019
武装事务……6393022
秘书……6393020
文书……6393021
生产运行科
科长……6393111
节能……6393180
土地……6393198
……6393181
土地资料……6393107
工艺现场……6393117
措施修井……6393188
规划计划科
副科长……6393030
预算管理……6393029
规划计划……6393028
预算管理……6291839
安全环保科
科长……6393018
副科长……6291417
……6393065
健康保健……6393061
财务资产科
科长……6393031
副科长……6393032
报销出纳……6393038
基建材料……6393033
企管法规科
科长……6393070
法律合同……6393051
基础管理……6393050
稳定办
副主任……6393087
再就业办公室
主任……6393095
办公室……6393096
党群工作部
部长……6393068
纪检工会……6393071
宣传企业文化……6393069
人事劳资科
科长……6393055
干部管理……6393058
信息站
站长……6393077
维修……6393052
水电暖管理站
站长……6393080
办公室……6393081
物资管理站
站长……6393072
工程材料……6393073
综合管理……6393076
资产管理站
站长……6393167
资产管理……6393169
核算管理……6393086
护卫队
队长……6393120
办公室……6393168
地研所
所长……6393136
书记……6393127
副所长……6393133
……6393053
……6392040
工艺所
所长……6393151
副所长……6393161
……6393185
……6393138
措施工程管理组长…6393165
……6393160
注水工程管理组长…6393157
……6342257
集输管理组长……6393187
综合管理组长……6393186
措施工程管理组长…6393190
……6393191
工程管理组长……6342259
采油一队
队长……6344486
书记……6344300
采油二队
队长……6344490
书记……6344338
采油三队
队长……6345000
书记……6344485
副队长……6344320
采油四队
队长……6291419
书记……6342203
采油五队
书记……6335970
采油六队
队长……6396108
书记……6396467
副队长……6291463
采油七队
书记……6342210
副队长……6342327
采油八队
队长……6342383
书记……6342371
副队长……6342313
采油九队
队长……6291641
书记……6291416
副队长……6291643
采油十队
队长……6291511
书记……6342340
副队长……6342341
油水处理中心
主任……6336288
书记……6336285
采油试验队
队部……6342223
微生物项目部……6393183
测试大队
队长……6344306

书记……………… 6344398
副队长……………… 6342235
地面队
队长……………… 6336823
书记……………… 6336341
副队长……………… 6336339
捞油队
办公室……………… 6342237
……………… 6342364
小车队
队长……………… 6393178
调度……………… 6393179
机修队
队长……………… 6344310
书记……………… 6344330

乾安采油厂

调度
调度……………… 6236454
……………… 6236307
领导
厂长……………… 6236303
书记……………… 6236437
副书记……………… 6236399
副厂长……………… 6236305
……………… 6236306
总地质师……………… 6236309
……………… 6236319
副总地质师……………… 6236329
副总会计师……………… 6236340
安全副总监……………… 6236318
厂长助理……………… 6236580
办公室
主任……………… 6236331
秘书……………… 6236501
文书……………… 6236311
生产运行科
科长……………… 6236666
副科长……………… 6236588
……………… 6236317
科长助理……………… 6236325
电力……………… 6236352
现场调度……………… 6236353
土地……………… 6236355
人事劳资科
科长……………… 6236313
调配……………… 6236361
职工教育……………… 6236320
核算……………… 6236420
医疗保险……………… 6236508
财务资产科
科长……………… 6236358
资产……………… 6236360
财务……………… 6236370
稳定办
办公室……………… 6236421
党群部
部长……………… 6236417
团委书记……………… 6236323
宣传……………… 6236351
物资装备科
科长……………… 6236343
装备……………… 6236365
装备……………… 6236366
基建工程科
科长……………… 6236337
办公室……………… 6236426
计划企管科
科长……………… 6236451
计划统计……………… 6236334
计划……………… 6237957
企管法规科
科长……………… 6236328
合同……………… 6236335
资产装备管理站
站长……………… 6236369
副站长……………… 6236368
安全保卫科
科长……………… 6236326
交通……………… 6236466
保安队
队长……………… 6236357
保卫……………… 6236314
地研所
所长……………… 6236408
书记……………… 6236350
副所长……………… 6236415
工艺所
所长……………… 6236472
副所长……………… 6236489
……………… 6236427
小车队
队长……………… 6236346
书记……………… 6236348
调度……………… 6236347
捞油队
队长……………… 6236507
书记……………… 6236400
测试队
队长……………… 6236425
试井队……………… 6236418
电修队
书记……………… 6236519
办公室……………… 6236423
联合站
站长……………… 6237905
办公室……………… 6237908
采油一队
队长……………… 6237929
采油二队
队长……………… 6291122
副队长……………… 6237938
采油三队
队长……………… 6291591
采油四队
队长……………… 6291244
采油五队
队长……………… 6291015
采油六队
队长……………… 6291108
采油七队
队长……………… 6291027
采油八队
队长……………… 6291018
采油九队
队长……………… 6291129
采油十队
副队长……………… 6291121
采油十一队
队长……………… 6291318

英台采油厂

调度
调度室……………… 6234324
……………… 6234325
领导
厂长……………… 6234361
书记……………… 6234688
副厂长……………… 6234966
……………… 6234378
……………… 6234007
……………… 6234396
……………… 6234312
总工程师……………… 6234015
……………… 6234363
总地质师……………… 6234379
厂长助理……………… 6234898
……………… 6234011
办公室
主任……………… 6234390
秘书……………… 6234326
文书……………… 6234411
文秘……………… 6234528
办公室……………… 6235909
财务资产科
科长……………… 6234669
报销……………… 6234412
人事劳资科
科长……………… 6234408
干部党建……………… 6234058
组干……………… 6234351
党群工作部
副部长……………… 6234386
工会主席……………… 6234391
副主席……………… 6234889
再就业办公室
办公室……………… 6234066
生产运行科
科长……………… 6234328
副科长……………… 6234329
综合……………… 6234308
节能……………… 6234878
综合……………… 6234916
调度……………… 6234433
物资管理站
计划……………… 6234529
设备……………… 6234559
科长……………… 6234399
资产……………… 6234434
信息管理站
办公室……………… 6234398
计划企管科
科长……………… 6234345
计划……………… 6234339
企管……………… 6234353
HSE 监督站
站长……………… 6234580
办公室……………… 6234381
安全保卫科
科长……………… 6234370
……………… 6234535
基建科
科长……………… 6234886
办公室……………… 6234099
……………… 6234358
地质所
所长……………… 6234406
书记……………… 6234426
副所长……………… 6234189
工艺所
所长……………… 6234471
书记……………… 6234336
副所长……………… 6234675
……………… 6234019
护卫队
内勤……………… 6234429
办公室……………… 6234100
试井队
办公室……………… 6234382
地面队
队部……………… 6234602
值班……………… 6234307
捞油队
办公室……………… 6234555
采油一队
队长……………… 6294235

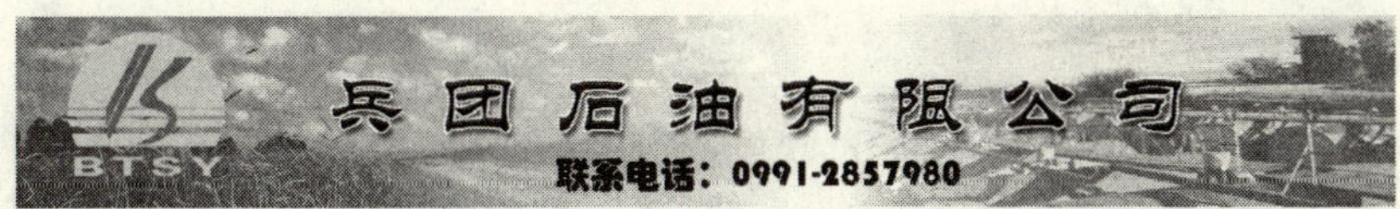

书记…………………… 6294211
副队长………………… 6294212
采油三队
书记…………………… 6294220
副队长………………… 6294222
采油四队
队部…………………… 6234512
采油六队
队长…………………… 6294223
书记…………………… 6294225
副队长………………… 6294224
坨东采油七队
书记…………………… 6294231
副队长………………… 6294232
坨东采油八队
书记…………………… 6294215
副队长………………… 6294218
采油九队
队长…………………… 6294240
书记…………………… 6294239
油气处理一站
水炉…………………… 6235922
门卫…………………… 6234689
油气处理二站
站长…………………… 6294228
书记…………………… 6294229
副站长………………… 6294230
供应站
站长…………………… 6234373
分配…………………… 6234405
输油队
队部…………………… 6234367
水暖队
队长…………………… 6234301
书记…………………… 6234031
特车一队
队长…………………… 6234579
书记…………………… 6234035
准备队
队长…………………… 6234286
书记…………………… 6234036
综合车队
队长…………………… 6234355
书记…………………… 6234581

红岗采油厂

调度
调度室………………… 6232100
……………………… 6232191
……………………… 6232190
领导
厂长…………………… 6232128
书记…………………… 6232132
副厂长………………… 6232403
……………………… 6232157
……………………… 6232129
……………………… 6232388
总地质师……………… 6232130
副总工程师…………… 6232133
副总地质师…………… 6232208
副总会计师…………… 6232108
安全副总监…………… 6232152
办公室
主任…………………… 6232071
办公室………………… 6232094
秘书…………………… 6232064
文书信访……………… 6232204
财务科
财务…………………… 6232414
办公室………………… 6232110
……………………… 6232095
人事劳资科
科长…………………… 6232312
副科长………………… 6232173
干部组织……………… 6232141
建党工资……………… 6232329
医疗定额……………… 6232179
党群工作部
部长…………………… 6232162
团委书记……………… 6232323
企业文化……………… 6232156
宣传纪检……………… 6232310
生产运行科
科长…………………… 6232139
副科长………………… 6232416
……………………… 6232206
……………………… 6232360
电调…………………… 6232358
综合…………………… 6232147
规划计划科
科长…………………… 6232202
预算…………………… 6232098
资产管理科
科长…………………… 6232330
资产会计……………… 6232442
企管法规科
科长…………………… 6232131
合同…………………… 6232195
办公室………………… 6232296
市场企管……………… 6232357
科技信息科
科长…………………… 6232333
安全环保科
科长…………………… 6232123
交通环保……………… 6232109
HSE 监督站
站长…………………… 6232305
办公室………………… 6232301
离退办
主任…………………… 6232127
办公室………………… 6232061
稳定办
主任…………………… 6232149
办公室………………… 6232421
基建科
办公室………………… 6232074
油侦大队
办公室………………… 6245009
物资管理站
站长…………………… 6232148
投资…………………… 6232151
管理…………………… 6232192
治安保卫科
副队长………………… 6245065
再就业办公室
主任…………………… 6232183
办公室………………… 6232182
地研所
所长…………………… 6232321
书记…………………… 6232146
副所长………………… 6232343
……………………… 6232311
……………………… 6232306
工艺所
所长…………………… 6232327
副所长………………… 6232304
……………………… 6232381
……………………… 6232186
采油一队
队长…………………… 6232075
副队长………………… 6232347
采油二队
队长书记……………… 6232426
副队长………………… 6232037
采油三队
队长…………………… 6232376
采油五队
队长…………………… 6245008
采油六队
队长…………………… 6245103
书记…………………… 6245061
采油七队
队长…………………… 6245013
采油八队
队长…………………… 6245003
书记…………………… 6245105
采油九队
队长…………………… 6245901
书记…………………… 6245909
副队长………………… 6245904
采油十队
队长…………………… 6232566
办公室………………… 6293117
采油测试队
书记…………………… 6232352
副队长………………… 6232176
试验队
队长…………………… 6232166
技术员………………… 6232199
油气处理一站
站长…………………… 6232120
书记…………………… 6232391
副站长………………… 6232093
油气处理二站
站长…………………… 6245921
副站长………………… 6245928
消防…………………… 6245097
地面维修队
队长…………………… 6232187
副队长………………… 6232145
捞油队
队长…………………… 6245110
计量队
队长…………………… 6232048
后勤…………………… 6232083
小车队
队长…………………… 6232154
调度…………………… 6232336
供应站
书记…………………… 6232320
计划组………………… 6232060
生活一队
队长…………………… 6232090
书记…………………… 6232070
生活二队
队部…………………… 6245017
水暖队
队长…………………… 6232056
特车队
队长…………………… 6245023
调度…………………… 6245053
队长…………………… 6232051
办公室………………… 6232066
运输队
队长…………………… 6232044
书记…………………… 6232536
准备队
队长…………………… 6232420

新立采油厂

调度
调度室………………… 6231357
……………………… 6231358
领导
厂长…………………… 6231300
书记…………………… 6231301

副厂长………………6231302
………………6231303
总工程师………………6231305
总地质师………………6231306
安全总监………………6231580
副总工程师………………6231510
厂长助理………………6231591

办公室

主任………………6231310
文秘………………6231313

生产科

科长………………6231351
副科长………………6231317
………………6231508
………………6231589
土地………………6231888
现场………………6231354

规划计划科

科长………………6231333
计划………………6231328

财务资产科

科长………………6231338
副科长………………6231382
财务………………6231331
资产………………6231485

人事劳资科

科长………………6231325
………………6231368
副科长………………6231309

党群工作部

部长………………6231490
副部长………………6231491
工会副主席………………6231372
女工………………6231334

离退办

办公室………………6231529

信息站

办公室………………6231497

基建科

产能维修………………6231359

科技科

科长………………6231511
副科长………………6231394
节能………………6231353

企管法规科

科长………………6231531
合同………………6231475

再就业办公室

主任………………6231346

保卫科

科长………………6231398
书记………………6231326
办公室………………6231364

安全环保科

安全………………6231337
消防………………6231596
生产………………6231339

油气处理站

站长………………6231468
副站长………………6231476

物资装备站

站长………………6231360
办公室………………6231504

工艺所

所长………………6231384
书记………………6231563

地质所

所长………………6231479
书记………………6231526
副所长………………6231396
………………6231409

采油一队

队长………………6231307

采油二队

队长………………6231381

采油三队

队长………………6231420

采油四队

队长………………6231412

采油五队

队长………………6231424

采油六队

队长………………6231341

采油七队

队长………………6231578

采油八队

队长………………6231489

采油九队

队长………………6231327

采油十队

队长………………6231365

采油十二队

队长………………6251803
书记………………6251802
副队长………………6251848

生活一队

队长………………6231363

生活二队

队长………………6251840

水暖队

队长………………6231383

拖拉机队

队长………………6231391

准备队

队长………………6231388

综合一车队

队长………………6231481
调度………………6231379

综合二车队

队长………………6251855
调度………………6251810

小车队

队长………………6231377
办公室………………6231378

地面维修队

队长………………6231473
办公室………………6231380

试井队

队长………………6231347
办公室………………6231361

捞油队

队长………………6231319
办公室………………6231519

新民采油厂

调度

调度室………………6338000
………………6338892

领导

厂长………………6338001
书记………………6338011
副厂长………………6338008
………………6338002
总工程师………………6338004
总地质师………………6338007
副总地质师………………6338005
安全副总监………………6338009
厂长助理………………6338006
………………6338962

办公室

主任………………6338788
副主任………………6338891
主任助理………………6338017
文秘信息………………6338915
文书………………6338035

党群工作部

部长………………6338049
宣传………………6338050
纪检………………6338077

工会

副主席………………6338032
………………6338978
民主管理………………6338025

人事劳资科

科长………………6338041
干部………………6338037
培训………………6338019
保险医疗………………6338042

财务资产科

科长………………6338045
成本………………6338047
基建财会………………6338064

企管法规科

科长………………6338044
副科长………………6338718
法律合同………………6338930
管理………………6338054

规划计划科

科长………………6338029
计划………………6338031
评价………………6338769

生产运行科

科长………………6338027
副科长………………6338721
调度………………6338911
………………6338851
作业调度………………6338026
车管调度………………6338982
电调………………6338983
土地………………6338986

质量安全环保科

科长………………6338798
副科长………………6338010

HSE 监督站

站长………………6338959
办公室………………6338907

基建工程科

科长………………6338908
办公室………………6338817

物资管理站

站长………………6338864
计划………………6338040
保管………………6338822

资产管理站

站长………………6338038
设备管理………………6338039
资产会计………………6338987

再就业办公室

副主任………………6338760

离退办

主任………………6338890

作业管理科

科长………………6338909

质量节能科

科长………………6338958
节能………………6338889

科技信息管理站

站长………………6338021

治安保卫科

科长………………6338961
办公室………………6338976

地质所

所长………………6338762
书记………………6338885
副所长………………6338947

工艺所

所长…………………… 6338062
书记…………………… 6338861
副所长………………… 6338755
采油一队
队长…………………… 6338701
副队长………………… 6338740
采油二队
队长…………………… 6338702
书记…………………… 6338874
采油三队
队长…………………… 6338703
书记…………………… 6338745
采油四队
队长…………………… 6338704
副队长………………… 6338075
采油五队
队长…………………… 6338710
书记…………………… 6338782
副队长………………… 6338708
采油六队
队长…………………… 6338706
书记…………………… 6338814
副队长………………… 6338900
采油七队
队长…………………… 6338707
书记…………………… 6338833
联合站
站长…………………… 6338080
书记…………………… 6338097
后勤服务站
站长…………………… 6338886
房管…………………… 6338725
供应站
站长…………………… 6338723
生活服务队
队长…………………… 6338773
水暖队
队长…………………… 6338774
书记…………………… 6338719
特车队
队长…………………… 6338857
调度…………………… 6338963
测试队
队长…………………… 6338712
副队长………………… 6338713
地面维修队
队长…………………… 6338716
书记…………………… 6338971
副队长………………… 6338923
……………………… 6338921
抽油队
队长…………………… 6338845
副队长………………… 6338736
准备队
队长…………………… 6338912
调度…………………… 6338952
综合车队
队长…………………… 6338937
小车队
队长…………………… 6338742
副队长………………… 6338053
调度…………………… 6338058

新木采油厂

调度
调度…………………… 6228807
……………………… 6228808
……………………… 6228806
领导
厂长…………………… 6228718
书记…………………… 6228717
副厂长………………… 6228738
……………………… 6228765
……………………… 6228998
……………………… 6228982
总工程师……………… 6228753
总地质师……………… 6228754
安全总监……………… 6228722
副总工程师…………… 6228990
厂长助理……………… 6228919
办公室
主任…………………… 6228785
文秘…………………… 6228801
文书…………………… 6228824
计生…………………… 6228963
生产运行科
科长…………………… 6228829
副科长………………… 6220666
……………………… 6228745
土地…………………… 6228747
工程…………………… 6228893
节能组………………… 6228864
设备节能……………… 6228831
人事科（组织部）
科长…………………… 6228816
副科长………………… 6228958
保险…………………… 6228812
培训…………………… 6228750
财务科
科长…………………… 6228783
副科长………………… 6220581
报销…………………… 6228784
质量安全环保科
科长…………………… 6228728
副科长………………… 6228989
交通…………………… 6228707
HSE 监督站
站长…………………… 6228977
办公室………………… 6228763
企业管理科
科长…………………… 6228968
选商…………………… 6228796
内控基建……………… 6228959
党群工作科
科长…………………… 6228815
副科长………………… 6228787
办公室………………… 6228786
纪委宣传……………… 6228809
科技管理科
科长…………………… 6228975
节能…………………… 6228944
办公室………………… 6220668
规划计划科
科长…………………… 6228782
统计…………………… 6228837
预算…………………… 6228721
基建工程科
科长…………………… 6228820
办公室………………… 6228964
……………………… 6228947
作业科
科长…………………… 6228976
办公室………………… 6228940
物资管理站
副站长………………… 6228849
办公室………………… 6228703
……………………… 6228979
资产装备管理站
站长…………………… 6228819
副站长………………… 6228777
再就业办公室
办公室………………… 6228967
离退办
主任…………………… 6220568
办公室………………… 6220616
保安大队
队长…………………… 6228823
经警队
队长…………………… 6228818
办公室………………… 6228872
信息站
站长…………………… 6228961
工艺所
所长…………………… 6228793
副所长………………… 6228701
……………………… 6228724
……………………… 6228914
地研所
所长…………………… 6228805
副所长………………… 6228702
……………………… 6228934
……………………… 6228974
……………………… 6228925
小车队
队长…………………… 6228775
调度…………………… 6228748
调度…………………… 6220669
地面工程队
队长…………………… 6228882
试井队
队长…………………… 6228878
办公室………………… 6228729
联合站
站长…………………… 6228870
办公室………………… 6228770
捞油队
队长…………………… 6228704
办公室………………… 6228905
采油一队
办公室………………… 6228700
采油二队
队长…………………… 6228764
采油三队
队长…………………… 6228766
采油四队
办公室………………… 6228740
采油五队
队长…………………… 6228871
采油八队
队长…………………… 6228869
采油九队
办公室………………… 6228910
采油十一队
队长…………………… 6265878
采油大队
队长…………………… 6265888
书记…………………… 6265803
副队长………………… 6265806
……………………… 6265866
生活服务队
书记…………………… 6228771
准备队
办公室………………… 6228746
……………………… 6228938
水暖队
办公室………………… 6228835
锅炉房………………… 6228735
综合车队
办公室………………… 6228790

松原采气厂

调度
调度…………………… 6240032
……………………… 6240057
……………………… 6223100
……………………… 6223300

综合调度…………… 6223162
领导
厂长…………………… 6223001
书记…………………… 6223002
副书记………………… 6223003
副厂长………………… 6223016
………………………… 6223017
………………………… 6223018
………………………… 6223006
………………………… 6223007
………………………… 6223008
总工程师……………… 6223009
总地质师……………… 6223010
副总工程师…………… 6223011
………………………… 6223012
………………………… 6223015
办公室
主任…………………… 6223020
………………………… 6240155
助理…………………… 6223059
文书…………………… 6223022
事务秘书……………… 6223023
秘书…………………… 6223025
生产部
部长…………………… 6255600
副部长………………… 6255618
助理…………………… 6255617
电调…………………… 6255616
土地调度……………… 6255615
现场…………………… 6255620
党群工作部
部长…………………… 6223039
副部长………………… 6223038
助理…………………… 6223041
人事劳资科
科长…………………… 6223053
副科长………………… 6223051
………………………… 6223067
医疗养老……………… 6223048
财务资产科
科长…………………… 6223027
报销…………………… 6223026
成本…………………… 6223030
投资…………………… 6223032
计划企管科
科长…………………… 6223060
办公室………………… 6223150
企管科
科长…………………… 6223036
合同管理……………… 6223037
装备部
部长…………………… 6223078
设备管理……………… 6223079
安全科
科长…………………… 6255622
助理…………………… 6255623
计量…………………… 6223043
保卫部
部长…………………… 6240100
副部长………………… 6223171
办公室………………… 6223047
物资管理站
站长…………………… 6223062
物资管理……………… 6223138
稳定办
主任…………………… 6223045
副主任………………… 6223128
地研所
所长…………………… 6223120
所长…………………… 6240109
书记…………………… 6223130
副所长………………… 6223123
工艺所
所长…………………… 6223102
………………………… 6240068
书记…………………… 6223118
副所长………………… 6223103
小车队
队长…………………… 6240031
维修队
队长…………………… 6240102
捞油队
队长…………………… 6240006
试井队
队长…………………… 6240007
车队
队长…………………… 6223135
调度…………………… 6223198
采气队
队长…………………… 6291738
书记…………………… 6240051
采油一、三队
队长…………………… 6240666
采油二队
队长…………………… 6240777
采油四队
队长…………………… 6240058
联合站
站长…………………… 6240029
办公室………………… 6240061
泵房…………………… 6240137

长春采油厂

领导
厂长…………………… 6239101
书记…………………… 6239102
副厂长………………… 6239103
………………………… 6239105
………………………… 6239108
总工程师……………… 6239106
总地质师……………… 6239107
厂长助理……………… 6239109
办公室
主任…………………… 6239111
副主任………………… 6239112
秘书文书……………… 6239115
事务秘书……………… 6239113
财务科
科长…………………… 6239136
科长助理……………… 6239137
资产材料……………… 6239140
成本…………………… 6239139
报销…………………… 6239138
人事科
科长…………………… 6239146
副科长………………… 6239148
科长助理……………… 6239150
干部组织……………… 6239151
教育工资……………… 6239152
离退办
主任…………………… 6239308
工资…………………… 6239311
生产运行科
科长…………………… 6239125
副科长………………… 6239126
综合调度……………… 6239127
调度…………………… 6239100
现场…………………… 6239129
节能…………………… 6239366
规划计划科
科长…………………… 6239130
计划…………………… 6239132
统计…………………… 6239133
企管法规科
科长…………………… 6239155
法律合同……………… 6239156
安全环保科
科长…………………… 6239158
安全防火……………… 6239159
HSE 监督站
站长…………………… 6239300
交通监督……………… 6239303
党群工作部
科长…………………… 6239163
纪检监察……………… 6239168
工会…………………… 6239167
再就业办公室
主任…………………… 6239180
保卫科
科长…………………… 6239173
物资装备站
站长…………………… 6239187
副站长………………… 6239188
采购…………………… 6239189
销售管理站
统计销售……………… 6239196
销售…………………… 6239197
信息站
站长…………………… 6239305
办公室………………… 6239306
地质工艺研究所
所长…………………… 6239198
书记…………………… 6239199
………………………… 6239218
副所长………………… 6239201
小车队
队长…………………… 6239296
副队长………………… 6239297
地面维修队
队长…………………… 6239280
副队长………………… 6239281
………………………… 6239282
………………………… 6239283
护卫队
办公室………………… 6239177
测试队
队长…………………… 6239290
书记…………………… 6239291
技术员………………… 6239292
轻烃站
副站长………………… 6239273
调度…………………… 6239276
服务队
队长…………………… 6239370
书记…………………… 6239378
供应站
站长…………………… 6239315
副站长………………… 6239316
矿泉饮品公司
经理…………………… 6239390
书记…………………… 6239391
准备队
队长…………………… 6239352
资料员………………… 6239355
检泵班………………… 6239356
综合车队
队长…………………… 6239360
书记…………………… 6239361
副队长………………… 6239362

试油测试公司

调度
调度…………………… 6336364
………………………… 6336365
………………………… 6389688
领导

经理……6336399
书记……6336348
副经理……6336345
……6336346
……6337006
总工程师……6336350
总地质师……6336351
总会计师……6336347
安全副总监……6337008

办公室
主任……6336352
副主任……6336836
秘书……6336426
文书……6336894

生产组织协调科
科长……6336363
副科长……6336366
土地……6336085
综合……6337825

科技科
科长……6336521
科技计量……6336527
科技管理……6336522

装备管理科
科长……6336368
办公室……6336369

质量安全环保科
科长……6336358
交通……6336388

HSE 监督站
站长……6336387
办公室……6336391

财务资产科
科长……6384063
成本……6336431
报销……6336430

市场经营管理科
科长……6336373
办公室……6336374
……6336375

人事劳资科（组织部）
科长……6336393
……6336519
副科长……6336520

党群工作部
部长……6336389
工会副主席……6337300
工会干事……6336379

离退办
主任……6337225
办公室……6336491
……6336492

稳定办
主任……6336081
办公室……6336082

国际项目管理部
经理……6336083

信息中心
主任……6335932

地质研究所
所长……6337379
副所长……6336424

工艺研究所
所长……6336386
书记……6337769
副所长……6336796

物资供应站
站长……6336381
书记……6337449

准备队
队长……6335623
办公室……6336423

工具队
队长……6336377

机修保养站
站长……6336419
办公室……6336420

测试分公司
经理……6336398
书记……6336362

小车队
队长……6336353
调度……6337363

综合车队
队长……6336406
书记……6336378

生活服务队
队长……6336407
书记……6336408

试采公司

调度
调度……6336396
……6336397

领导
经理……6337053
副经理……6337055
……6337818
总地质师……6337059
副总工程师……6337069
副总地质师……6337056

办公室
主任……6337150
文书……6337151
办公室……6337096
秘书……6337086

生产运行科
科长……6337157
副科长……6337258
……6337190
安全……6337061

党群工作部
副科长……6337085
办公室……6337156

人事劳资科
科长……6337194
工资管理……6337063

经营管理科
科长……6337152
报销……6337153
会计装备……6337115

工程技术科
科长……6337203

稳定办
办公室……6337285

物资装备站
站长……6384018
办公室……6384058

地研所
动态组……6337185
管理……6337121

地质工艺所
所长……6337391
副所长……6337392

井下作业工程公司

调度
调度……6330066
……6330261
……6330218

领导
经理……6330258
书记……6330206
副书记……6330095
副经理……6330255
……6330567
总地质师……6330380
总会计师……6330269
副总工程师……6330235
安全副总监……6330035

办公室
主任……6330325
文书……6330356
秘书……6330348

党群工作部
部长……6330161
团委书记……6330150
宣传……6330008

离退办
主任……6330396

人事组织部
部长……6330120
技术干部……6330328
干部管理……6330088

经营管理部
部长……6330343
社会市场……6330361
计划统计……6330381

工会
副主席……6330388
办公室……6330365

劳资科
科长……6330016
工资调配……6330267
培训保险……6330080

财务部
部长……6330098
报销……6330369
工资……6330278
成本……6330169

质量安全环保部
部长……6330410
安全监察……6330056

措施增油项目部
经理……6330033
书记……6330005
……6330289
副经理……6330108
……6330034

装备管理部
部长……6330099
管理……6330349
设备……6330215

市场开发协调科
科长……6330398
副科长……6330124

稳定办
主任……6330048

信息管理站
站长……6330057

研究所
所长……6330296
书记……6330205
副所长……6330306
……6330244

机关小车队
队长……6330103
副队长……6330364

生活服务队
队长……6330166
书记……6330317

供应站
站长……6330316
书记……6330307
副站长……6330017

压裂砂厂

厂长…………………… 6228725
书记…………………… 6228757
副厂长………………… 6228772
压裂一分公司
经理…………………… 6330128
书记…………………… 6330125
副经理………………… 6330933
………………………… 6330981
压裂二分公司
经理…………………… 6224499
书记…………………… 6226783
副经理………………… 6226781
配液站
站长…………………… 6330279
书记…………………… 6330049

修井作业公司

调度
调度室………………… 6330485
经理…………………… 6330601
书记…………………… 6330602
副书记………………… 6330611
副经理………………… 6330610
总地质师……………… 6330603
总会计师……………… 6330517
经理助理……………… 6330605
………………………… 6330609
办公室
主任…………………… 6330516
文秘…………………… 6330500
干事…………………… 6330115
生产运行科
生产统计……………… 6330030
办公室………………… 6330506
项目部………………… 6330243
工会
副主席………………… 6330032
办公室………………… 6330028
党群工作科
科长…………………… 6330502
办公室………………… 6330520
财务科
科长…………………… 6330297
办公室………………… 6330527
人组部
科长…………………… 6330579
办公室………………… 6330070
劳资科
科长…………………… 6330373
办公室………………… 6330029
………………………… 6330039
经营科
科长…………………… 6330505
办公室………………… 6330293
安全科
安全…………………… 6330165
科长…………………… 6330985
HSE 监督站
办公室………………… 6330685
站长…………………… 6330055
机动科
科长…………………… 6330617
设备管理……………… 6330109
………………………… 6330122
离退办
主任…………………… 6330232
办公室………………… 6330511
信息中心
主任…………………… 6330510
办公室………………… 6330354
研究所
所长…………………… 6330015
书记…………………… 6330158
副所长………………… 6330530
供应站
站长…………………… 6330508
书记…………………… 6330086
机修站
站长…………………… 6336266
副站长………………… 6337464
书记…………………… 6330085
生活服务队
队长…………………… 6330526
书记…………………… 6330585
小车队
队长…………………… 6330528
调度…………………… 6330515
运输分公司
队长…………………… 6330104
书记…………………… 6330105
副队长………………… 6330135
准备队
队长…………………… 6330072
调度…………………… 6330247
拖拉机队
队长…………………… 6330266
书记…………………… 6330075

扶余综合服务公司

调度
调度…………………… 6342421
………………………… 6342346
领导
经理…………………… 6342266
书记…………………… 6342255
副经理………………… 6342236
………………………… 6342432
………………………… 6342488
总工程师……………… 6342403
总会计师……………… 6342208
安全副总监…………… 6342288
副总工程师…………… 6342396
办公室
主任…………………… 6342304
副主任………………… 6342756
文秘…………………… 6342623
武装保卫……………… 6342559
市场开发协调科
科长…………………… 6342599
副科长………………… 6342321
………………………… 6342375
综合…………………… 6342202
土地…………………… 6342707
党群工作部
部长…………………… 6342684
副部长………………… 6342226
工会副主席…………… 6342390
工会办………………… 6342352
综合…………………… 6342435
人事劳资科
科长…………………… 6342448
副科长………………… 6342305
人事管理……………… 6342657
组织管理……………… 6342500
经营管理科
科长…………………… 6342694
副科长………………… 6342379
办公室………………… 6342281
企管法律……………… 6342227
财务资产科
科长…………………… 6342458
办公室………………… 6342282
报销出纳……………… 6342405
成本会计……………… 6342695
质量安全环保科
科长…………………… 6342732
副科长………………… 6342292
HSE 监督站
站长…………………… 6342289
副站长………………… 6342290
离退办
主任…………………… 6336329
稳定办
办公室………………… 6342351
装备管理科
科长…………………… 6342225
副科长………………… 6342386
工程技术科
科长…………………… 6342213
副科长………………… 6342333
后勤管理科
科长…………………… 6342385
信息站
站长…………………… 6342388
办公室………………… 6342269
供应站
站长…………………… 6336295
书记…………………… 6337680
副站长………………… 6336857
小车队
队长…………………… 6342667
办公室………………… 6342793
调度…………………… 6342791
综合车队
队长…………………… 6336855
………………………… 6344370
………………………… 6342437

乾大综合服务公司

调度
调度…………………… 6236524
………………………… 6236553
………………………… 6236556
………………………… 6240012
领导
经理…………………… 6236581
………………………… 6236520
书记…………………… 6236582
副经理………………… 6236583
………………………… 6236584
………………………… 6236585
………………………… 6240198
………………………… 6240888
总工程师……………… 6240066
………………………… 6236589
安全总监……………… 6236587
安全副总监…………… 6236586
办公室
主任…………………… 6236570
副主任………………… 6236571
文秘…………………… 6236573
办公室………………… 6236577
劳资…………………… 6236575
稳定办………………… 6236380
生产部
部长…………………… 6236551
副部长………………… 6236552
………………………… 6236555
机动安全……………… 6236563
办公室………………… 6240196
综合…………………… 6240062
党群工作部
部长…………………… 6236510
综合干事……………… 6236512
工会主席……………… 6236511
工程技术科

科长…………………… 6236495
副科长………………… 6236496
HSE 监督站
站长…………………… 6236540
技术科
办公室………………… 6236521
……………………… 6236522
……………………… 6236523
经营部
部长…………………… 6236560
副部长………………… 6236506
财务…………………… 6236562
人事劳资科
科长…………………… 6236578
副科长………………… 6236579
质量安全科
科长…………………… 6236591
交通…………………… 6236592
安全…………………… 6236593
装备科
设备…………………… 6236564
办公室………………… 6236390
保养站
书记…………………… 6236487
办公室………………… 6240130
车队
队长…………………… 6240159
调度…………………… 6240052
供应站
站长…………………… 6236377
书记…………………… 6236376
生活服务队
队长…………………… 6240181
书记…………………… 6240108
水暖队
队长…………………… 6236431
书记…………………… 6236432
综合车队
队长…………………… 6236372
书记…………………… 6236373
调度…………………… 6236374
综合服务队
队长…………………… 6236385
书记…………………… 6236386

建设公司

调度
调度…………………… 6397077
……………………… 6397508
领导
经理…………………… 6397999
书记…………………… 6398130
副经理………………… 6398350
……………………… 6398581
副总工程师…………… 6398272
总会计师……………… 6398976
副总工程师…………… 6398751
……………………… 6397264
……………………… 6397538
办公室
主任…………………… 6398015
秘书…………………… 6397638
文书计生……………… 6397109
秘书信息……………… 6397368
市场开发协调科
科长…………………… 6397224
合同资料……………… 6397241
工程管理科
科长…………………… 6397510
副科长………………… 6397534
……………………… 6397154
预结算部
部长…………………… 6397017
副部长………………… 6397067
……………………… 6397069
预算…………………… 6397079
财务资产科
科长…………………… 6397263
综合…………………… 6397270
副科长………………… 6397194
资金…………………… 6397384
经营管理科
科长…………………… 6397341
副科长………………… 6397605
企管…………………… 6397071
人事组织部
部长…………………… 6397029
人事…………………… 6397628
组织…………………… 6397495
培训档案……………… 6397667
劳动工资科
科长…………………… 6397462
调配…………………… 6397492
定额…………………… 6397502
保险…………………… 6397498
安全环保部
部长…………………… 6397061
内业…………………… 6397063
交通…………………… 6397102
HSE 监督站
站长…………………… 6397062
体系认证……………… 6397057
技术质量部
部长…………………… 6397093
副部长………………… 6397547
……………………… 6397083
……………………… 6397958
装备管理科
科长…………………… 6397598
装备…………………… 6397013
综合…………………… 6398142
党委工作部
部长…………………… 6397647
副部长………………… 6397327
宣传…………………… 6397658
纪委…………………… 6397657
工会
副主席………………… 6397703
民管…………………… 6397694
稳定办
主任…………………… 6335751
办公室………………… 6337301
离退办
主任…………………… 6224961
书记…………………… 6226504
安装一工程处
主任…………………… 6336056
书记…………………… 6336562
副主任………………… 6335610
……………………… 6337411
安装二工程处
主任…………………… 6336994
书记…………………… 6336561
副主任………………… 6335613
……………………… 6335787
安装三工程处
主任…………………… 6336058
书记…………………… 6335755
副主任………………… 6336952
送变电工程处
主任…………………… 6336881
书记…………………… 6336882
副主任………………… 6336883
……………………… 6336892
路桥工程处
主任…………………… 6337090
书记…………………… 6337093
副主任………………… 6337092
市政工程处
主任…………………… 6224978
书记…………………… 6226400
副主任………………… 6274125
……………………… 6225611
房建工程处
主任…………………… 6397881
书记…………………… 6397882
副主任………………… 6397883
建筑材料厂
厂长…………………… 6337139
书记…………………… 6336955
副厂长………………… 6337260
……………………… 6336950
……………………… 6336516
防腐保温厂
厂长…………………… 6223701
书记…………………… 6223702
金属结构厂
厂长…………………… 6223433
书记…………………… 6223434
调度…………………… 6223436
运输大队
队长…………………… 6224877
副队长………………… 6226747
……………………… 6226748
防腐大队
队长…………………… 6224958
调度…………………… 6224926
小车队
队长…………………… 6227444
书记…………………… 6225849
副队长………………… 6224924
……………………… 6224915
生活服务队
队长…………………… 6397682
无损检测站
站长…………………… 6224968
书记…………………… 6224914
物资供应站
站长…………………… 6337980
书记…………………… 6337981
副站长………………… 6337985
……………………… 6337982

矿区工程建设项目部

领导
部长…………………… 6225177
书记…………………… 6268966
副部长………………… 6225537
……………………… 6227577
……………………… 6268701
副总工程师…………… 6225262
……………………… 6268705
副总会计师…………… 6226434
部长助理……………… 6268702
办公室
主任…………………… 6227319
组织档案……………… 6227322
文书…………………… 6227876
经营科
科长…………………… 6227817
招标合同……………… 6227733
工程科
办公室………………… 6268716
管理科
科长…………………… 6268709
安全环保科

科长………………… 6268711
财务科
科长………………… 6227180
会计………………… 6225278
成本出纳…………… 6227197
办公室……………… 6225973
预算管理…………… 6227195
物资管理科
材料监督…………… 6274431
材料计划…………… 6227192
科长………………… 6268719
人事劳资科
科长………………… 6268717
办公室……………… 6268712

石油天然气吉林工程质量监督站

领导
站长………………… 6225692
总工程师…………… 6255290
各科室
办公室……………… 6226175
矿建监督科………… 6227315
油建监督科………… 6226122
抗震办……………… 6226455

石油工程建设监理有限责任公司

领导
经理………………… 6225922
书记………………… 6226891
副经理……………… 6226201
董事………………… 6225923
………………………… 6227010
总工程师…………… 6225313
办公室
主任………………… 6225694
文秘………………… 6225317
党群工作部
部长………………… 6225320
秘书………………… 6227529
经营管理科
科长………………… 6226569
计划统计…………… 6227083
人事劳资科
科长………………… 6227693
人事劳资…………… 6225834
监理科
办公室……………… 6225572
………………………… 6227095
财务科
科长………………… 6226437
会计出纳…………… 6226756
后勤服务队
办公室……………… 6227229

勘探开发研究院

调度
调度………………… 6224198
………………………… 6225287
………………………… 6226229
领导
院长………………… 6278566
书记………………… 6225777
副院长……………… 6226866
总工程师…………… 6227735
………………………… 6393318
总地质师…………… 6227527
………………………… 6227333
………………………… 6227271
副总地质师………… 6226163
………………………… 6225226
………………………… 6224690
院长助理…………… 6224083
办公室
主任………………… 6226052
机要、文书、计生 … 6227325
秘书、保密………… 6227336
保卫、稳定、信访 … 6227805
人事劳资科
科长………………… 6226097
数据采集…………… 6227685
工资管理…………… 6294181
党建、考核………… 6294182
科研管理科
科长………………… 6226017
办公室……………… 6294188
财务科
副科长……………… 6225299
资产管理…………… 6226277
报销核算…………… 6294197
经营管理科
科长………………… 6224575
传真………………… 6227216
安全管理…………… 6227270
材料计划…………… 6226900
党群工作科
科长………………… 6224156
团委书记…………… 6294189
宣传干事…………… 6227837
勘探研究所
所长………………… 6227313
书记………………… 6225830
副所长……………… 6226592
………………………… 6227223
储量研究项目组长 … 6224313
矿权圈闭项目组长 … 6278344
长岭项目组长……… 6224316
伊通项目组长……… 6225853
区带计划项目组长 … 6224140
扶新项目组长……… 6274428
扶新项目副组长…… 6227279
地层项目组长……… 6226109
油田研究所
所长………………… 6224081
书记………………… 6226638
规划计划研究项目组长 6224652
红岗油田项目组长 … 6225404
开发志编写项目组长 6226606
可采储量研究项目组长 6225720
乾安油田项目组长 … 6224645
乾安油田项目组项目长 6274189
三新油田项目组长 … 6278678
数值模拟项目组长 … 6224889
英台油田项目组长 … 6224610
油气开发项目组长 … 6224050
注采系统研究项目组长 6224660
油藏评价所
所长………………… 6224151
书记………………… 6226908
副所长……………… 6224157
………………………… 6224903
………………………… 6225446
………………………… 6227570
大情产能组长……… 6224137
大情评价组长……… 6224608
扶新产能组长……… 6224101
扶新评价组长……… 6224640
规划计划组长……… 6226030
红岗组长…………… 6224673
井网组长…………… 6224148
热采组长…………… 6224698
水平井组长………… 6224108
天然气所
所长………………… 6226099
副所长……………… 6226869
………………………… 6224657
物探项目副组长…… 6225646
长岭项目长………… 6226199
长岭项目组长……… 6224629
长岭项目副组长…… 6224636
东南项目组长……… 6224632
试井项目组长……… 6274294
开发项目组长……… 6227246
开发项目副组长…… 6227338
测井项目组长……… 6227295
经济评价所
所长………………… 6227503
副所长……………… 6227502
前期评价组长……… 6227501
后评价组长………… 6224138
勘探副组长………… 6224269
信息所
所长………………… 6225818
副所长……………… 6224614
………………………… 6225939
档案组长…………… 6225829
电子信息化组长…… 6224080
编辑部组长………… 6226260
地震与测井主库组长 6226233
井筒与数据库组长 … 6274166
磁带库组长………… 6274195
地球物理研究所
所长………………… 6227881
地震处理项目组长 … 6274236
系统管理副组长…… 6224902
三次采油所
所长………………… 6393301
书记………………… 6393320
副所长……………… 6393309
实验研究中心
主任………………… 6393308
书记………………… 6393310
副主任……………… 6393307
物探分院
院长………………… 6227598
总工程师…………… 6224580
解释中心
主任………………… 6224581
副主任……………… 6225936
………………………… 6225926
………………………… 6225033
………………………… 6225035
………………………… 6227436
处理中心
主任………………… 6227323
书记………………… 6225932
副主任……………… 6224582
………………………… 6224606
………………………… 6224285
方法室
书记………………… 6226089
副主任……………… 6224000
技术服务室
副主任……………… 6227307
………………………… 6224319

钻井工艺研究院

调度
调度………………… 6337500
………………………… 6337785
领导
院长………………… 6337738
书记………………… 6337728
副书记……………… 6337717
副院长……………… 6337716

总工程师…………… 6337726
…………………… 6337778
副总工程师………… 6337736
办公室
主任………………… 6337730
人事劳资…………… 6337732
市场开发协调科
科长………………… 6337742
经营管理科
科长………………… 6337746
财务………………… 6337747
财务科
科长………………… 6337122
科技科
科长………………… 6337741
质量安全环保科
科长………………… 6337828
信息中心
主任………………… 6337740
综合车队
队长………………… 6337535
综合服务队
队长………………… 6337719
监督中心
主任………………… 6393325
办公室……………… 6393326
钻井工程设计所
设计………………… 6337798
设计………………… 6337033
钻井工具研究所
所长………………… 6337749
钻井工艺设计所
所长………………… 6337723
设计………………… 6337724
钻井工艺研究所
办公室……………… 6393332
钻井液研究所
所长………………… 6337725
仪表检定…………… 6337721
钻井助剂检测研究所
所长………………… 6337065
办公室……………… 6337715
…………………… 6337050
完井技术研究所
所长………………… 6337733
化验………………… 6337713
开发井设计研究所
所长………………… 6337372
办公室……………… 6337373

采油工艺研究院

领导
院长………………… 6336590
书记………………… 6336589
副院长……………… 6336967
总工程师…………… 6336593
…………………… 6336619
…………………… 6336505
…………………… 6336093
副总工程师………… 6336822
办公室
主任………………… 6336622
文秘信访…………… 6336624
保卫………………… 6337145
综合管理科
科长………………… 6336630
调度………………… 6336569
…………………… 6336595
节能标准…………… 6336621
计划采购…………… 6336587
安全………………… 6337621
财务资产科
科长………………… 6336509
办公室……………… 6336962
报销………………… 6336174
成本………………… 6336633
人事劳资科
科长………………… 6336506
科研管理科
科长………………… 6336088
副科长……………… 6336330
办公室……………… 6336623
党群工作部
部长………………… 6336813
团委书记…………… 6336625
工会………………… 6336030
人事组织部
部长………………… 6335996
组织………………… 6336597
劳资………………… 6336596
采油工艺研究所
所长………………… 6336966
书记………………… 6337144
副所长……………… 6336568
油田化学研究所
所长………………… 6336968
书记………………… 6336059
副所长……………… 6336061
…………………… 6336255
…………………… 6337961
油藏改造研究所
所长………………… 6337799
书记………………… 6336620
钻井工程研究所
所长………………… 6336594
书记………………… 6336360
采油方案研究所
所长………………… 6384151
书记………………… 6384152
地面工程研究所
所长………………… 6336060
书记………………… 6336631
采气研究所
所长………………… 6336586
书记………………… 6336070
信息所
所长………………… 6384161
安全环保所
书记………………… 6336034
副所长……………… 6336032
车队
队长………………… 6336052
书记………………… 6337124
助剂试验站
站长………………… 6223029
书记………………… 6223558
理化检测中心
主任………………… 6387559
书记………………… 6336050
副主任……………… 6336036

勘察设计院

调度
调度………………… 6259777
…………………… 6259888
领导
院长………………… 6259701
书记………………… 6259702
副院长……………… 6259703
…………………… 6259705
…………………… 6259739
副总会计师………… 6259706
副总工程师………… 6259707
…………………… 6259708
…………………… 6259709
办公室
主任………………… 6259718
办公室……………… 6259999
秘书………………… 6259717
文书武装…………… 6259719
市场开发协调科
科长………………… 6259887
副科长……………… 6259886
计划管理…………… 6259736
运行管理…………… 6259738
安全………………… 6259881
建审科
科长………………… 6259838
建审………………… 6259836
…………………… 6259837
技术质量科
科长………………… 6259758
副科长……………… 6259759
质量管理…………… 6259760
财务资产科
副科长……………… 6259778
副科长……………… 6259779
统计………………… 6259783
组织人事部
部长………………… 6259766
劳资………………… 6259769
组织………………… 6259767
保险………………… 6259768
培训………………… 6259731
党群工作部
部长………………… 6259726
工会副主席………… 6259728
团委书记…………… 6259727
纪检监察…………… 6259828
离退办
主任………………… 6259866
稳定办
主任………………… 6259855
土建室
主任………………… 6259977
副主任……………… 6259978
…………………… 6259979
…………………… 6259980
规划组组长………… 6259825
建筑 1 组组长……… 6259821
建筑 2 组组长……… 6259823
结构 1 组组长……… 6259822
结构 2 组组长……… 6259826
机械室
主任………………… 6259911
副主任……………… 6259909
…………………… 6259910
…………………… 6259908
机械组组长………… 6259752
勘测室
主任………………… 6259922
副主任……………… 6259925
…………………… 6259919
地质 1 组组长……… 6259829
地质 2 组组长……… 6259833
道路组组长………… 6259835
经管员……………… 6259928
电信室
主任………………… 6259933
副主任……………… 6259937
副主任……………… 6259938
…………………… 6259939
电气组组长………… 6259750
地面工程研究所
主任………………… 6259850
办公室……………… 6259851

………………………… 6259852

技术经济室

主任………………………… 6259868
书记………………………… 6259869
副主任……………………… 6259870
概算1组组长……………… 6259756
概算3组组长……………… 6259755

天然气工程研究所

主任………………………… 6259711
办公室……………………… 6259854

工艺试验室

主任………………………… 6259859
副主任……………………… 6259858
………………………… 6259863
分析组组长………………… 6259830
防腐组组长………………… 6259831
检测组组长………………… 6259832

工艺室

主任………………………… 6259955
书记………………………… 6259958
油专业副主任……………… 6259956
水专业副主任……………… 6259957
油组组长…………………… 6259733
水组组长…………………… 6259735

计算机室

主任………………………… 6259788
副主任……………………… 6259786
………………………… 6259787

资料挡案室

主任………………………… 6259808
书记………………………… 6259818
副主任……………………… 6259819

市场开发公司

经理………………………… 6259877
副经理……………………… 6259876
………………………… 6259878
………………………… 6259879

节能监测站

站长………………………… 6259797
书记………………………… 6259798
副站长……………………… 6259799
机电组组长………………… 6259839

生活服务队

队长………………………… 6259900
书记………………………… 6259898

综合车队

队长………………………… 6259966
副队长……………………… 6259969

储运销售公司

调度

调度………………………… 6224064
………………………… 6226872
经理………………………… 6224028
书记………………………… 6225661
副经理……………………… 6225416
………………………… 6226012
………………………… 6227286
………………………… 6227330
副总工程师………………… 6225311

办公室

主任………………………… 6226616
事务档案…………………… 6226352
文书秘书…………………… 6226377

生产运行科

科长………………………… 6225754
副科长……………………… 6274363
电调节能…………………… 6237923
综合调度…………………… 6226971

党群工作部

科长………………………… 6227332
宣传工会…………………… 6224178

人事科（组织部）

科长………………………… 6226873
干部医疗保险……………… 6226887
工资培训…………………… 6227076

计划财务科

科长………………………… 6224055
财务工资基建……………… 6227285
出纳成本…………………… 6226611

规划计划科

科长………………………… 6226589
计划预算统计……………… 6227653

销售管理科

统计计划…………………… 6224009

资产装备管理站

设备管理…………………… 6226892

质量安全环保科

科长………………………… 6225206
计量防火交通……………… 6226193

保卫科

办公室……………………… 6227652

再就业办公室

主任………………………… 6225332
办公室……………………… 6225800

离退办

办公室……………………… 6226361

物资管理站

站长………………………… 6225525
办公室……………………… 6226894

销售管理站

站长………………………… 6274387

综合车队

队长………………………… 6237924
副队长……………………… 6265612

技术研究所

信息组……………………… 6226767
工艺研究组………………… 6226761

新木输油队

队长………………………… 6291046
书记………………………… 6228891
副队长……………………… 6228889

红木二站

站长………………………… 6291663
泵房………………………… 6291664

乾新输油队

队长………………………… 6291048
队部………………………… 6237906

江北输油队

队长书记…………………… 6344322
办公室……………………… 6344327

检测维修队

队长………………………… 6265669
书记………………………… 6265618
副队长……………………… 6265698

消防支队

领导

支队长……………………… 6225998
政委………………………… 6224467
副支队长…………………… 6224468
………………………… 6226263
………………………… 6226757

办公室

主任………………………… 6225717
办公室……………………… 6225727
稳定、离退………………… 6224470

人事科

科长………………………… 6225579
办公室……………………… 6225570

作训科

科长………………………… 6227750
副科长……………………… 6224476
安全………………………… 6225252

防火科

科长………………………… 6225412
副科长……………………… 6225330

党群工作部

部长………………………… 6226278
办公室……………………… 6226264

计划财务科

科长………………………… 6225440
会计………………………… 6227912

物资装备站

站长………………………… 6226338
办公室……………………… 6225787

车队

队长………………………… 6226925
调度………………………… 6227796

扶余中队

队长………………………… 6337272
指导员……………………… 6335997

红岗中队

队长………………………… 6232518
指导员……………………… 6232383

炼厂中队

队长………………………… 6223556
指导员……………………… 6223074

前大中队

队长………………………… 6240069
指导员……………………… 6240077

乾安中队

队长………………………… 6237909
指导员……………………… 6237920

双阳中队

队长………………………… 6239056
副队长……………………… 6239119

特勤中队

队长………………………… 6225637
指导员……………………… 6224119

新立中队

队长………………………… 6231577
指导员……………………… 6231462

新民中队

队长………………………… 6338882

新木中队

队长………………………… 6228909
指导员……………………… 6228903

英台中队

队长………………………… 6234402
指导员……………………… 6234400

物资供应处
（电子商务部）

调度

调度长……………………… 6223390
………………………… 6223330
………………………… 6223329

领导

处长………………………… 6223088
书记………………………… 6223332
副处长……………………… 6223333
………………………… 6223331
………………………… 6223334
………………………… 6223335
………………………… 6223550
总会计师…………………… 6223999
副总工程师………………… 6223299

办公室

主任………………………… 6223362
秘书………………………… 6223341
文书………………………… 6223670

生产装备科

科长………………………… 6223383
副科长……………………… 6223426
调度长……………………… 6223325

人事劳资科
科长…………………… 6223378
组织…………………… 6223361
医疗保险……………… 6223382
组织干事……………… 6223369
党群工作部
部长…………………… 6223348
副部长………………… 6223347
工会…………………… 6223818
纪委…………………… 6223292
宣传…………………… 6223293
安全科
科长…………………… 6223356
保卫…………………… 6223340
安全…………………… 6223154
财务资产科
科长…………………… 6223376
报销…………………… 6223477
成本…………………… 6223353
核算…………………… 6223560
经营管理科
科长…………………… 6223374
办公室………………… 6223083
局审计………………… 6223270
管理…………………… 6223271
离退办
主任…………………… 6224425
稳定办
主任…………………… 6224357
物资管理科
科长…………………… 6223389
统计…………………… 6223388
……………………… 6223262
金属材料科
办公室………………… 6223551
非金属材料科
办公室………………… 6223552
重型设备科
设备…………………… 6223169
管材科
油管…………………… 6223175
合同科
监审…………………… 6223269
监审…………………… 6223192
机电管理科
办公室………………… 6223553
采购计划科
申批…………………… 6223277
综合管理科
办公室………………… 6223316
……………………… 6223557
物价科
科长…………………… 6223593
办公室………………… 6223862

审核…………………… 6223257
三抽设备科
科长…………………… 6223666
钻采…………………… 6223265
物资综合科
科长…………………… 6223371
办公室………………… 6223372
经警队
队长…………………… 6223391
配件公司
经理…………………… 6223400
机电公司
经理…………………… 6223396
材料公司
经理…………………… 6223307
建轻公司
经理…………………… 6223412
燃化公司
经理…………………… 6223312
质检中心
主任…………………… 6223279
书记…………………… 6223355
信息站
站长…………………… 6223591
江北供应站
站长…………………… 6223308
书记…………………… 6223305
江南供应站
站长…………………… 6223972
器材总库
主任…………………… 6223417
书记…………………… 6223416
副主任………………… 6223208
油料总站
主任…………………… 6223061
站长…………………… 6223423
书记…………………… 6223432
副站长………………… 6223444
生活服务队
队长…………………… 6223089
书记…………………… 6223526
综合车队
队长…………………… 6223513
书记…………………… 6223377
副队长………………… 6223285

供电公司

调度
调度…………………… 6336877
……………………… 6336062
领导
经理…………………… 6336746
书记…………………… 6336745
副经理………………… 6336747

……………………… 6336749
总工程师……………… 6336750
总会计师……………… 6336748
副总工程师…………… 6335689
安全副总监…………… 6335885
办公室
主任…………………… 6336751
秘书…………………… 6336765
文书计生……………… 6336861
市场开发协调科
科长…………………… 6336770
副科长………………… 6336965
综合调度……………… 6336764
计量节能……………… 6336862
土地管理……………… 6291105
党群工作部
部长…………………… 6336755
工会副主席…………… 6336758
组织纪检……………… 6336756
财务科
科长…………………… 6335828
成本…………………… 6336951
出纳…………………… 6336760
经营管理科
科长…………………… 6336766
办公室………………… 6336337
……………………… 6336338
人事劳资科
科长…………………… 6336753
劳资管理……………… 6336767
干部管理……………… 6336923
职教…………………… 6336769
质量安全环保科
科长…………………… 6336252
质量管理……………… 6336889
办公室………………… 6337559
HSE 监督站
办公室………………… 6337558
站长…………………… 6336026
现场…………………… 6291477
装备科
科长…………………… 6336768
办公室………………… 6336762
用电管理站
站长…………………… 6336772
副站长………………… 6336759
书记…………………… 6337396
主任…………………… 6336752
办公室………………… 6336863
稳定办
办公室………………… 6336775
电器设备维修站
主任…………………… 6336777
维修队………………… 6337179

办公室………………… 6336257
供应站
站长…………………… 6336259
书记…………………… 6336253
试验站
站长…………………… 6337607
书记…………………… 6337240
综合车队
队长…………………… 6336922
书记…………………… 6337281
综合服务队
队长…………………… 6336779
办公室………………… 6337036
新木供电队
队长…………………… 6228865
书记…………………… 6228945
英台供电队
队长…………………… 6234389
书记…………………… 6234388
扶余供电队
队长…………………… 6336941
书记…………………… 6336942
红岗供电队
队长…………………… 6232116
乾安供电队
队长…………………… 6236315
副队长………………… 6236316
新立供电队
队长…………………… 6231569
副队长………………… 6231308
新民供电队
队长…………………… 6338785
书记…………………… 6338786

通信公司

调度
调度…………………… 6274003
……………………… 6224003
……………………… 6224012
领导
经理…………………… 6224011
书记…………………… 6224095
副经理………………… 6224029
……………………… 6226026
总工程师……………… 6274028
总会计师……………… 6224089
副总工程师…………… 6226067
办公室
主任…………………… 6227000
秘书…………………… 6226525
文书…………………… 6224062
档案…………………… 6224072
党群工作部
部长…………………… 6225957

副部长…………………6227075
宣传…………………6224075
纪检举报…………………6226119
女工、计生…………………6224014
人事劳资科（组织部）
部长…………………6225515
保险工资…………………6224047
人员调配…………………6226691
组织…………………6226681
经营管理部
部长…………………6226117
计划…………………6225676
办公室…………………6226230
财务资产科
科长…………………6226802
成本…………………6224067
报销…………………6224069
安全环保科
科长…………………6226992
办公室…………………6225919
交通防火…………………6227788
离退办
主任…………………6226022
稳定办
主任…………………6224888
办公室…………………6224881
工程项目部
部长…………………6224005
副部长…………………6224032
安委会
主任…………………6224063
办公室…………………6226679
生产运行维护部
部长…………………6224015
…………………6224008
书记…………………6226002
副部长…………………6270007
…………………6225838
总工程师…………………6224010
综合室副主任…………………6225555
综合室主任…………………6224030
传输室主任…………………6226187
网管中心主任…………………6274511
网管中心副主任…………………6227419
质量技术监督站
站长…………………6274919
办公室…………………6224057
…………………6226690
线务维修工程大队
队长…………………6336931
书记…………………6335696
技术员…………………6336572
市场营销部
站长…………………6274008
书记…………………6226011
经管员…………………6227581
催费…………………6227582
话费清欠…………………6226622
生活服务队
大队长…………………6226506
书记…………………6224076
数据网络部
部长…………………6225989
书记…………………6225277
副部长…………………6225990
计费管理部
主任…………………6227566
主任工程师…………………6280002
车队
队长…………………6226777
书记…………………6226386
供应站
站长…………………6224068
书记…………………6224229
前郭通信站
站长…………………6224020
书记…………………6226190
副站长…………………6226920
技术员…………………6225189
扶余通信站
站长…………………6336002
书记…………………6337666
副站长…………………6336017
技术员…………………6337155
松江通信站
站长…………………6286002
书记…………………6286003
技术员…………………6286005
新立通信站
站长…………………6231423
技术员…………………6231598
红岗通信站
站长…………………6232003
技术员…………………6232397
站长…………………6234462
技术员…………………6234618
乾安通信站
站长…………………6236463
技术员…………………6236490
新民通信站
书记…………………6338838
技术员…………………6338818
井下通信站
站长…………………6330116
技术员…………………6330118
双阳通信站
站长…………………6239043
技术员…………………6239033
二厂通信站
站长…………………6344471
技术员…………………6344496
新木通信站
站长…………………6227509
程控…………………6228895
技术员…………………6228888
炼厂通信站
站长…………………6223168
技术员…………………6223889
华侨通信站
话务…………………6341504
总机…………………6341500

客运公司

调度
调度…………………6335880
…………………6335875
领导
经理…………………6335891
书记…………………6335890
副经理…………………6335892
…………………6335893
总工程师…………………6335897
副总会计师…………………6337787
安全副总监…………………6337977
办公室
主任…………………6335622
计生…………………6335624
秘书…………………6336987
市场开发协调科
科长…………………6335881
副科长…………………6384123
节能…………………6384899
党群工作部
部长…………………6335654
工会副主席…………………6335659
宣传…………………6336576
宣传…………………6384333
人事劳资科（组织部）
科长…………………6335633
劳资…………………6335652
组织…………………6384177
经营管理科
科长…………………6384766
企管…………………6336696
财务资产科
科长…………………6336181
成本…………………6336508
销售…………………6335644
装备科
科长…………………6384181
设备…………………6335736
质量安全环保科
科长…………………6335895
安全…………………6335894
HSE 监督站
站长…………………6384400
办公室…………………6337366
稳定办
主任…………………6336477
办公室…………………6335883
离退办
主任…………………6337577
办公室…………………6335602
客运一公司
经理…………………6227650
书记…………………6225009
副经理…………………6226333
客运二公司
经理…………………6335660
书记…………………6335872
副经理…………………6335882
车辆维修保养分公司
经理…………………6336222
书记…………………6336600
外运工程公司
经理…………………6274295
书记…………………6227677
副经理…………………6274305
综合公司
经理…………………6225100
副经理…………………6227633

机械厂

调度
调度…………………6225061
…………………6225062
领导
总厂长…………………6226035
厂长…………………6225068
书记…………………6225063
副厂长…………………6225065
…………………6225067
…………………6225819
总工程师…………………6225108
办公室
主任…………………6225081
文秘…………………6225082
计生办…………………6225083
生产部
部长…………………6225089
现场…………………6225090
综合…………………6226172
办公室…………………6227251
人事劳资科
科长…………………6225077
办公室…………………6274439

经营管理部
部长………………… 6225094
办公室……………… 6224328
党群工作部
部长………………… 6227276
工会副主席………… 6226565
办公室……………… 6225076
财务资产科
科长………………… 6225098
会计………………… 6225095
…………………… 6227517
稳定办
主任………………… 6225064
办公室……………… 6225070
安全环保部
部长………………… 6225078
办公室……………… 6225099
设备………………… 6274381
质检中心
主任………………… 6227252
副主任……………… 6227263
研究所
所长………………… 6225101
副所长……………… 6224893
电力运行中心
厂长………………… 6224314
生活服务队
队长………………… 6227253
副队长……………… 6224180
安装公司
经理………………… 6227700
副经理……………… 6227701
销售公司
经理………………… 6226820
副经理……………… 6225075
三合公司
经理………………… 6226179
办公室……………… 6227379
综合车队
队长………………… 6224441
调度………………… 6224327
供应站
站长………………… 6227799
副站长……………… 6225111
抽油机分厂
厂长………………… 6227265
改装车分厂
厂长………………… 6225080
热处理分厂
厂长………………… 6225103
抽油泵分厂
厂长………………… 6224295
铆焊分厂
厂长………………… 6227262
配件分厂
厂长………………… 6227269
制管分厂
厂长………………… 6224297
铸锻分厂
厂长………………… 6224442

进出口公司

领导
经理………………… 6258757
副经理……………… 6258933
办公室
主任………………… 6258550
副主任……………… 6258744
财务会计…………… 6258754
财务出纳…………… 6258764
国际进口科
科长………………… 6258148
副科长……………… 6258151
科长………………… 6258741

保卫部

领导
部长………………… 6223885
…………………… 6225789
书记………………… 6226196
…………………… 6223110
副部长……………… 6226600
…………………… 6223366
政委………………… 6226590
办公室
主任………………… 6226659
秘书………………… 6224135
宣传、工会………… 6226930
稳定、离退………… 6227205
综合管理科
科长………………… 6225815
计划财务…………… 6225372
人事、劳资………… 6226301
劳动、保险………… 6224622
综合治理科
科长………………… 6224318
综合治理…………… 6226050
基层工作管理……… 6225260
案件管理…………… 6225039
动员科
科长………………… 6226597
作训科
科长………………… 6227515
油保大队
大队长……………… 6223063
教导员……………… 6223105
油侦支队
支队长……………… 6223156
综合科长…………… 6223157
副支队长…………… 6223086
护卫一大队
队长………………… 6223886
书记………………… 6223111
综合管理…………… 6223456
护卫二大队
队长………………… 6226675
书记………………… 6226745
综合管理…………… 6226844
小车队
队长、书记………… 6225256
小车服务公司
调度………………… 6224258
…………………… 6224686
领导
经理………………… 6224235
书记………………… 6225391
副经理……………… 6225688
…………………… 6227832
办公室
主任………………… 6224687
工会副主席………… 6227778
劳资………………… 6227717
档案………………… 6227720
安全生产科
长途审核站………… 6227727
安全检查站………… 6227833
经营管理科
科长………………… 6227922
财务………………… 6227715
设备管理科
科长………………… 6224685
供应站
站长………………… 6225166
保养站
办公室……………… 6227289

华侨实业有限公司

领导
经理………………… 6341503
书记………………… 6341501
副经理……………… 6341507
…………………… 6341509
总会计师…………… 6341505
经理助理…………… 6341548
办公室
主任………………… 6341553
副主任……………… 6341554
文书………………… 6341555
秘书………………… 6341556
值班………………… 6341511
生产部
部长………………… 6341533
办公室……………… 6341528
党群工作部
部长………………… 6341519
副部长……………… 6341531
…………………… 6341546
计划基建部
部长………………… 6341544
纪检监察部
部长………………… 6341542
劳动工资部
部长………………… 6341536
劳保………………… 6341538
…………………… 6341744
经营管理部
部长………………… 6341532
成本………………… 6341530
企管部
办公室……………… 6341537
保卫部
部长………………… 6341580
侨联
主席………………… 6341541
生活公司
经理………………… 6341596
农牧公司
经理………………… 6341522
建筑公司
经理………………… 6341605
扶贸公司
经理………………… 6341539
供电大队
队长………………… 6341568
财会………………… 6341629
物资供应站
财会………………… 6341517
中学
校长………………… 6341635
小学
校长………………… 6341567
糠醇厂
厂长………………… 6223709
保健品厂
厂长………………… 6341651
化工厂
厂长………………… 6341634
精铸厂
厂长………………… 6341595
矿泉水厂
厂长………………… 6341662
床垫厂
厂长………………… 6341521

农工商企业总公司

领导

经理……………… 6225808
书记……………… 6225643
副经理…………… 6225501
……………………… 6227403
……………………… 6225792
……………………… 6224518
总会计师………… 6225638
办公室
主任……………… 6225645
秘书……………… 6225647
计生文书………… 6226129
党群工作部
部长……………… 6225793
办公室…………… 6227955
劳资科
科长……………… 6225807
综合……………… 6227306
保险工资………… 6226505
安全科
科长……………… 6226800
办公室…………… 6225813
财务资产科
出纳……………… 6225797
会计……………… 6226125
办公室…………… 6225242
经营管理科
科长……………… 6225812
办公室…………… 6226877
市场开发科
科长……………… 6226298
办公室…………… 6226942
……………………… 6226591
稳定办
主任……………… 6226941
保温材料厂
厂长……………… 6274306
书记……………… 6274309
苯板厂
办公室…………… 6344382
地调处建材厂
厂长……………… 6223080
书记……………… 6223096
房屋资产管理中心
书记……………… 6268307
主任……………… 6268732
供应站
站长……………… 6337351
站长……………… 6226586
劳保制品厂
厂长……………… 6344999
书记……………… 6344477
水泥构件厂
厂长……………… 6227275
小车服务公司
经理……………… 6337936
……………………… 6224415
油管修复厂
厂长……………… 6227808

松原兴业糠醇有限责任公司

领导
经理……………… 6223888
经理……………… 6223668
各部室
生产部…………… 6223188
财务部…………… 6223998
供销部…………… 6223266

热电厂

领导
厂长……………… 6226152
书记……………… 6224733
副厂长…………… 6274011
……………………… 6227362
……………………… 6227442
总工程师………… 6274147
总会计师………… 6225575
副总工程师……… 6227373
办公室
主任……………… 6225566
副主任…………… 6274160
秘书……………… 6274150
计生办…………… 6274151
文书……………… 6274162
生产科
科长……………… 6274220
副科长…………… 6274197
主控……………… 6274300
统计……………… 6274182
热力试验………… 6274134
调度……………… 6274190
质量安全环保科
科长……………… 6274183
办公室…………… 6274201
HSE 监督站
站长……………… 6274214
办公室…………… 6227443
人事劳资科（组织部）
科长……………… 6227377
副科长…………… 6227375
工资……………… 6274193
经营管理科
副科长…………… 6274173
企管计划………… 6225860
预算……………… 6274192
财务资产科
出纳报销………… 6274174
成本……………… 6274175
资产……………… 6274155
装备科
科长……………… 6274230
副科长…………… 6225086
装备管理………… 6274146
党群工作部
部长……………… 6227352
工会副主席……… 6227354
工会办公室……… 6227611
工艺技术研究所
副所长…………… 6227365
档案……………… 6274212
供应站
站长……………… 6227364
副站长…………… 6226295
管理……………… 6227591
煤炭质量监督站
站长……………… 6226153
核算……………… 6274170
煤炭采购分公司
经理……………… 6227370
调度……………… 6274250
供热分公司
副经理…………… 6227374
办公室…………… 6274413
电气分厂
主任……………… 6274240
化学分厂
主任……………… 6274246
机修分厂
主任……………… 6227390
书记……………… 6274223
副主任…………… 6274310
汽机分厂
主任……………… 6274227
燃料分厂
主任……………… 6274251
书记……………… 6274167
副经理…………… 6226391
热工分厂
主任……………… 6274243
锅炉分厂
主任……………… 6274232
生活服务队
队长……………… 6227032
副队长…………… 6227357
综合车队
队长……………… 6274221

江南物业管理公司

调度
调度……………… 6282111
……………………… 6282000
领导
经理……………… 6282001
书记……………… 6282002
副经理…………… 6282003
……………………… 6282004
办公室
主任……………… 6282005
工程……………… 6282008
秘书……………… 6282009
文书……………… 6282010
劳资保险………… 6282011
党群工作部
部长……………… 6282006
工会……………… 6282012
财务科
科长……………… 6282007
报销出纳………… 6282018
成本工资………… 6282027
特勤大队
办公室…………… 6226672
各中心
新世纪社区服务中心 6285017
综合服务社区…… 6226670
综合服务社区…… 6225055
锦江社区服务中心 6289301
青年社区服务中心 … 6280837
望湖社区服务中心 … 6252070
希望社区服务中心 … 6226080
希望社区服务中心 … 6226216

江北物业管理公司

调度
调度……………… 6393201
……………………… 6393202
领导
经理……………… 6393232
书记……………… 6393777
副经理…………… 6393288
……………………… 6393203
办公室
主任……………… 6393205
劳资……………… 6393228
生产……………… 6393227
文书、计生……… 6393218
装备……………… 6393210
HSE 管理 ……… 6393212
劳资社保………… 6393225
人事组织………… 6393219
劳资社保………… 6393221
党群科
科长……………… 6393209
宣传工会………… 6393226
纪委信访………… 6393220
财务科

科长…………………… 6393206
成本核算…………… 6393223
经营管理科
科长…………………… 6393211
非全日制管理中心
办公室……………… 6386891
保安特勤大队
队长…………………… 6393208
书记…………………… 6393207
生活服务队
副队长……………… 6393255
供应站
办公室……………… 6399142
江北房产维修分公司
副经理……………… 6397107
各中心
综合服务中心……… 6397105
综合服务中心……… 6393204
团结社区服务中心 … 6335132
团结社区服务中心 … 6337159
化南社区服务中心 … 6337880
和平社区服务中心 … 6397472
和平社区服务中心 … 6397474

公共物业管理公司

调度
调度室……………… 6337338
领导
经理…………………… 6337355
书记…………………… 6336671
副经理……………… 6336667
…………………………… 6336180
办公室
主任…………………… 6337233
装备管理…………… 6336991
秘书…………………… 6337989
社保、职教………… 6337130
文书、计生办……… 6336515
劳资管理…………… 6336683
人事组织管理……… 6336089
党群工作部
部长…………………… 6337138
纪检、信访、武装 … 6337543
生产部
部长…………………… 6337413
综合调度…………… 6336651
生产运行…………… 6337192
绿化办……………… 6336732
技术节能…………… 6337251
财务计划科
计划、统计………… 6335172
科长…………………… 6337169
报销、会计………… 6336648
离退办
主任…………………… 6337547
信息中心
主任…………………… 6336692
供应站
计划…………………… 6336582
综合车队
调度…………………… 6337796
油旺物业管理处
主任…………………… 6227858
书记…………………… 6226206
副主任……………… 6226212
公共场馆管理中心
主任…………………… 6226140
书记…………………… 6226329
石化分公司
经理…………………… 6223005
书记…………………… 6223104
副经理……………… 6223460

公用事业管理公司

调度
调度…………………… 6336634
…………………………… 6336635
领导
经理…………………… 6336690
书记…………………… 6336691
副经理……………… 6337158
…………………………… 6337231
办公室
主任…………………… 6337417
秘书…………………… 6336065
工艺…………………… 6336583
计量…………………… 6336638
节能…………………… 6336653
计划、统计………… 6336687
稽查办公室………… 6336239
人事组织…………… 6336645
劳资…………………… 6336659
财务科
科长…………………… 6337552
收入、往来………… 6336686
报销、出纳………… 6337415
党群科
科长…………………… 6336656
武装．综治………… 6336694
宣传…………………… 6337213
HSE 监督站
站长…………………… 6336680
办公室……………… 6336637
江南供热分公司
经理…………………… 6225971
书记…………………… 6225315
副经理……………… 6226253
江北供热分公司
经理…………………… 6336716
书记…………………… 6336715
副经理……………… 6335821
江南供排水分公司
经理…………………… 6227277
书记…………………… 6225046
副经理……………… 6225045
江北供排水分公司
经理…………………… 6336704
书记…………………… 6336703
副经理……………… 6336705
燃料分公司
经理…………………… 6336963
书记…………………… 6337171
副经理……………… 6337167
收费中心
主任…………………… 6337678
书记…………………… 6337220
副主任……………… 6337851
江南供电管理站
队长…………………… 6226034
江北供电管理站
书记…………………… 6399421
供应站
站长…………………… 6336730
书记…………………… 6336729
副站长……………… 6337646
综合车队
队长…………………… 6337297
书记…………………… 6336728
副队长……………… 6337707

吉林油田总医院

领导
院长…………………… 6259001
书记…………………… 6259009
…………………………… 6259002
办公室……………… 6259010
副院长……………… 6259007
…………………………… 6259003
…………………………… 6259005
…………………………… 6259006
总会计师…………… 6259008
书记室……………… 6259009
办公室
公务员……………… 6259025
主任…………………… 6259018
党群工作部
部长…………………… 6259060
企业文化…………… 6259064
纪检宣传…………… 6259061
人事劳资部
部长…………………… 6259029
…………………………… 6259048
副部长……………… 6259030
财务科
科长…………………… 6259033
核算…………………… 6259052
报销…………………… 6259036
安全环保部
部长…………………… 6259058
安全…………………… 6259059
保卫部
办公室……………… 6259374
资产科
科长…………………… 6259053
办公室……………… 6259054
总务科
科长…………………… 6259055
离退办
主任…………………… 6259065
稳定办
办公室……………… 6259071
办公室……………… 6259072
医务科
科长…………………… 6259090
药学部
主任…………………… 6259142
药剂科
科长…………………… 6259271
信息中心
办公室……………… 6259151
…………………………… 6259152
体检中心
主任…………………… 6259379
…………………………… 6259118
门诊部
主任…………………… 6259103
儿科…………………… 6259116
耳鼻喉诊室………… 6259132
妇科门诊…………… 6259108
肝病科……………… 6259121
骨一科……………… 6259129
骨二科……………… 6259128
呼吸科……………… 6259112
结核科……………… 6259122
口腔科……………… 6259106
泌尿科……………… 6259127
皮肤科……………… 6259125
普外科……………… 6259372
烧伤脑外科………… 6259126
神经内科…………… 6259114
糖尿病……………… 6259110
消化内科…………… 6259111
心内科……………… 6259113
胸外科……………… 6259131
眼科处置室………… 6259088
器械维修中心

维修室……………… 6259164
办公室……………… 6259163
药械供应站
站长………………… 6259153
办公室……………… 6259155
手术室
护士长……………… 6259265
住院处
值班室……………… 6259098
护理部
主任………………… 6259095
高压氧科
主任………………… 6259297
预防保健科
主任………………… 6259398
院所管理科
科长………………… 6259166
功能科
主任………………… 6259278
防疫站
站长………………… 6259310
副站长……………… 6259311
…………………… 6259312
各科室
急诊科……………… 6259170
高干病房…………… 6259172
普通外科…………… 6259194
儿科………………… 6259212
胸外科……………… 6259200
烧伤科……………… 6259231
骨一科……………… 6259397
骨二科……………… 6259188
神经内科…………… 6259222
糖尿病科…………… 6259225
病理科……………… 6259288
循环内科一………… 6259358
循环内科二………… 6259237
微创妇科…………… 6259369
脑外科……………… 6259191
呼吸内科…………… 6259240
腔镜外科…………… 6259199
消化内科…………… 6259243
肝病科……………… 6259246
五官科……………… 6259204
五官科……………… 6259205
妇产科……………… 6259181
结核科……………… 6259255
肿瘤科……………… 6259258
麻醉科……………… 6259266
中医科……………… 6259228
放射线……………… 6259289
CT 科……………… 6259292
核磁共振科………… 6259301
核医学科…………… 6259303
核磁共振…………… 6259300
介入科……………… 6259399
理疗科……………… 6259276
泌尿外科…………… 6259185
内镜科……………… 6259294
皮肤科……………… 6259169
车队
队长………………… 6259325
副队长……………… 6259327
江北分院
院长………………… 6337955
书记………………… 6337990
副院长……………… 6337993
…………………… 6337951
工会主席…………… 6337992
经营部……………… 6337406

吉林油田新闻中心

领导
主任………………… 6226577
书记………………… 6225864
副主任……………… 6274178
…………………… 6225227
…………………… 6225001
副总工程师………… 6227239
办公室
食堂………………… 6274391
主任………………… 6225522
副主任……………… 6225633
安全………………… 6225846
经营管理部
部长………………… 6225775
办公室……………… 6225216
稳定办
办公室……………… 6227989
网络运行部
主任………………… 6224858
要闻部
部长………………… 6226156
专刊部
部长………………… 6227689
经警队
队长………………… 6227760
收费中心
主任………………… 6224908
江南维修站
站长………………… 6256558
江北维修站
站长………………… 6256559

离退休职工管理处

领导
处长………………… 6336086
副处长……………… 6337398
…………………… 6337399
…………………… 6337007
处长助理…………… 6337517
办公室
办公室……………… 6337216
…………………… 6337223
党群科
科长………………… 6337519
管理科
办公室……………… 6337218
科长………………… 6226641
文体科
办公室……………… 6336087
教务科
老年大学…………… 6337226

社会保险中心

领导
主任………………… 6224966
副主任……………… 6226136
…………………… 6225178
综合科
办公室……………… 6224615
机房………………… 6224611
基金科
科长………………… 6224585
办公室……………… 6224187
养老科
科长………………… 6274416
副科长……………… 6226272
办公室……………… 6226665
医保科
科长………………… 6224609
办公室……………… 6226845

职业教育中心

领导
主任………………… 6336677
书记………………… 6336788
副主任……………… 6335799
…………………… 6336958
…………………… 6337937
办公室
主任………………… 6335750
党群工作部
工会办公室………… 6337928
部长………………… 6336911
团委书记…………… 6337931
人事劳资部
部长………………… 6336909
财务资产部
部长………………… 6336902
经营管理部
部长………………… 6336930
安全环保科
科长………………… 6336900
离退办
主任………………… 6337135
办公室……………… 6336791
稳定办
主任………………… 6335790
职工培训部
部长………………… 6336907
办公室……………… 6337359
党校教务部
部长………………… 6336890
技能鉴定站
站长………………… 6337710
就业指导和市场开发部
部长………………… 6335791
经济研究室
主任………………… 6336793
食堂科
科长………………… 6336848
学生科
科长………………… 6337934
办公室……………… 6337935
总务科
科长………………… 6337361
供应车队…………… 6337925
教务科
科长………………… 6337933
副科长……………… 6337932
…………………… 6336908

档案馆

领导
馆长………………… 6225784
书记………………… 6227918
办公室
主任………………… 6227764
…………………… 6224096
办公室……………… 6226660

石油大厦

领导
总经理……………… 6274096
…………………… 6221888
副总经理…………… 6221666
副经理……………… 6221999
总经理助理………… 6221003
前厅
总服务台…………… 6221000
…………………… 6221001
综合办公室
主任………………… 6221211
经营管理科
科长………………… 6221006

餐饮部
主任…………………… 6221005
营销部
经理…………………… 6221098
旅游公司
经理…………………… 6221068

天然气项目部

领导
经理…………………… 6223555
副经理………………… 6223777
……………………… 6223098
……………………… 6223058
办公室
秘书…………………… 6223609
综合管理科
科长…………………… 6223136
造价管理……………… 6223358
物资管理……………… 6223711
财务科
科长…………………… 6223155
基建会计……………… 6223608
质量安全管理科
科长…………………… 6223602
民用燃气科
科长…………………… 6223603
办公室………………… 6223605
施工管理科
土地管理……………… 6223606
施工管理……………… 6223095

二氧化碳驱项目管理部

领导
经理…………………… 6223900
副经理………………… 6223906
总工程师……………… 6223908
总地质师……………… 6223909
综合科
科长…………………… 6223926
办公室………………… 6223916
……………………… 6223013
生产科
科长…………………… 6223925
办公室………………… 6223918
……………………… 6223929
技术科
科长…………………… 6223901
副科长………………… 6223902
地质科
办公室………………… 6223910
经营科
科长…………………… 6223915
办公室………………… 6223922
工艺科
办公室………………… 6223920
……………………… 6223930

热电厂扩建燃气锅炉工程项目部

领导
经理…………………… 6274777
副经理………………… 6227353
……………………… 6227293
……………………… 6227612
……………………… 6227519
……………………… 6227392
经营部
部长…………………… 6274210
财务科
科长…………………… 6225586
成本会计……………… 6227395
工程技术科
科长…………………… 6227372
土建组长……………… 6227363
供应站
站长…………………… 6274207
计划组长……………… 6227513

大庆钻探吉林协调组

领导
组长…………………… 6278801
书记…………………… 6278802
办公室
供应…………………… 6278835
办公、文秘…………… 6278806
……………………… 6278807
财务
办公室………………… 6278826
工程技术
办公室………………… 6278808
……………………… 6278809
管理后勤
办公室………………… 6278812
……………………… 6278815
生产协调
办公室………………… 6278816
……………………… 6278817

大庆钻探测井二公司

调度
调度…………………… 6336113
……………………… 6336114
领导
经理…………………… 6336005
书记…………………… 6336100
副经理………………… 6336102
……………………… 6336500
总工程师……………… 6336120
……………………… 6336160
总地质师……………… 6336121
总会计师……………… 6336359
副总工程师…………… 6336103
……………………… 6336119
安全副总监…………… 6336131
办公室
主任…………………… 6336154
办公室………………… 6336104
生产科
科长…………………… 6336112
副科长………………… 6336158
……………………… 6336190
节能…………………… 6336116
综合调度……………… 6336117
办公室………………… 6337236
安全科
生产安全……………… 6336130
交通安全……………… 6336165
装备科
科长…………………… 6336238
办公室………………… 6336133
财务科
科长…………………… 6336142
报销…………………… 6336144
办公室………………… 6336143
人事组织部
部长…………………… 6336151
办公室………………… 6336138
经营管理科
科长…………………… 6336139
副科长………………… 6336108
办公室………………… 6336512
劳动工资部
部长…………………… 6336136
办公室………………… 6336137
……………………… 6336237
党群工作部
部长…………………… 6336105
宣传…………………… 6336499
纪检…………………… 6336159
工会
主席…………………… 6337516
副主席………………… 6336220
稳定办
办公室………………… 6336122
离退办
主任…………………… 6336170
质检中心
主任…………………… 6336123
HSE 监督站
站长…………………… 6336156
办公室………………… 6336153
信息中心
主任…………………… 6336110
完井项目部
经理…………………… 6336176
副经理………………… 6336204
……………………… 6337570
生产项目部
经理…………………… 6336186
书记…………………… 6337571
数控项目部
经理…………………… 6336254
书记…………………… 6336256
副经理………………… 6336229
射孔项目部
经理…………………… 6336179
书记…………………… 6337583
副经理………………… 6336195
数字处理解释中心
主任…………………… 6336208
书记…………………… 6336205
副主任………………… 6336228
测井研究所
所长…………………… 6336501
副所长………………… 6336915
物资供应站
站长…………………… 6336217
书记…………………… 6336218
计量站
站长…………………… 6336236
书记…………………… 6336918
机修保养站
站长…………………… 6336216
书记…………………… 6336234
综合服务大队
大队长………………… 6336246
综合车队
队长…………………… 6337553

大庆钻探地球物理勘探二公司

调度
调度…………………… 6225360
……………………… 6225361
领导
经理…………………… 6225335
书记…………………… 6225341
副经理………………… 6274059
……………………… 6225394
总工程师……………… 6225231
总地质师……………… 6225026
总会计师……………… 6225340
副总工程师…………… 6225366
副总地质师…………… 6225011
安全副总监…………… 6225337
办公室
主任…………………… 6225382

副主任…………… 6225012

人事组织部

部长…………… 6225230
办公室…………… 6225017

党群工作部

部长…………… 6227247
宣传…………… 6225345
团委纪委…………… 6225349

劳动工资科

科长…………… 6225356
工资…………… 6225238
培训保险…………… 6225355

财务资产科

科长…………… 6225030
成本…………… 6225029
报销…………… 6224638

经营管理科

科长…………… 6225229
办公室…………… 6227793
副科长…………… 6225013

工会

副主席…………… 6225015
办公室…………… 6225339

质量安全环保科

科长…………… 6225714
生产安全…………… 6225358

市场开发协调科

科长…………… 6225022
副科长…………… 6227822

装备科

科长…………… 6225369
办公室…………… 6225020

稳定办

主任…………… 6225642
办公室…………… 6225641

HSE 监督站

站长…………… 6225038
办公室…………… 6226167

供应站

站长…………… 6225365
副站长…………… 6227795
副书记…………… 6225357

测绘中心

主任…………… 6225708
书记…………… 6225235

机修中心

主任…………… 6274390
书记…………… 6227823
副主任…………… 6226223

技术质量管理中心

主任…………… 6225121
副主任…………… 6226717

人力资源中心

主任…………… 6225344
副主任…………… 6225014
…………… 6227910

信息中心

主任…………… 6225354
书记…………… 6274449

仪器中心

主任…………… 6224160
书记…………… 6227791
副主任…………… 6227785

解释中心

书记…………… 6225921

装备中心

主任…………… 6225032
书记…………… 6225381

经警队

队长…………… 6227807
书记…………… 6225398

综合车队

队长…………… 6225233
书记…………… 6226150
副队长…………… 6227695

生活服务队

队长…………… 6225758
书记…………… 6225239

大庆钻探地质录井二公司

调度

调度…………… 6225617
…………… 6224752
…………… 6225379

领导

经理…………… 6224488
书记…………… 6224754
副经理…………… 6224753
…………… 6226500
…………… 6226416
…………… 6227966
总地质师…………… 6224891
总会计师…………… 6227200
副总地质师…………… 6226990

办公室

主任…………… 6224761
文秘计生…………… 6225631
事务打字…………… 6227212

党群工作部

部长…………… 6226441
副部长…………… 6226442
宣传…………… 6224762

财务资产科

科长…………… 6224768
办公室…………… 6226432
财务成本…………… 6224763

经营管理科

科长…………… 6224756
办公室…………… 6226423

人事劳资科

科长…………… 6226439
技术干部…………… 6224702
劳动工资…………… 6226422

市场开发协调科

科长…………… 6224701
副科长…………… 6226446
办公室…………… 6225614

关联交易办公室

科长…………… 6226425

质量安全环保科

科长…………… 6225615
办公室…………… 6224708

装备科

科长…………… 6225719
办公室…………… 6225621

质检站

站长…………… 6225627

HSE 监督站

站长…………… 6224705

供应站

站长…………… 6225190

离退办

副主任…………… 6224306

稳定办

主任…………… 6224707

计算中心

主任…………… 6226417
…………… 6225181

研究所

所长…………… 6225622
书记…………… 6225531
副所长…………… 6224709

国际项目部

部长…………… 6224755
办公室…………… 6224887

工程技术服务部

主任…………… 6226450
副主任…………… 6226316

开发录井部

主任…………… 6224781
书记…………… 6227213

新技术推广部

主任…………… 6224303
书记…………… 6224710

地质采集部

主任…………… 6225264
书记…………… 6226454

综合录井部

主任…………… 6225265

测量作业部

主任…………… 6224764
书记…………… 6224305

关联交易办公司

办公室…………… 6226510

生活服务队

队长…………… 6225191

综合车队

队长…………… 6226445
书记…………… 6224782
副队长…………… 6225626

大庆钻探运输二公司

调度

调度…………… 6224252
…………… 6224253

领导

经理…………… 6278269
…………… 6224222
书记…………… 6224220
副经理…………… 6224223
…………… 6224226
总工程师…………… 6227965
总会计师…………… 6224225
安全副总监…………… 6224248

办公室

主任…………… 6224227
秘书…………… 6224993
档案…………… 6227752

市场开发协调科

科长…………… 6224242
副科长…………… 6224255
综合…………… 6224254

党群工作部

部长…………… 6224233
工会副主席…………… 6224234
工会主席办…………… 6227970

经营管理科

科长…………… 6224221
合同…………… 6224277
企管…………… 6224232

财务资产科

成本…………… 6224240
资料…………… 6225219
报销…………… 6225742

装备管理科

科长…………… 6224995
副科长…………… 6224230
办公室…………… 6224245

安全环保科

科长…………… 6224241
安全…………… 6225223

HSE 监督站

站长…………… 6224231
办公室…………… 6224268

人事劳资科

科长…………………… 6225222
医保…………………… 6224399
工资…………………… 6225147
离退办
主任…………………… 6224243
办公室………………… 6336445
稳定办
主任…………………… 6224996
办公室………………… 6224249
车辆维修保养站
经理…………………… 6225798
书记…………………… 6224259
副经理………………… 6224360
……………………… 6225880
服务队
办公室………………… 6225493
……………………… 6224244
供应站
经理…………………… 6224260
副经理………………… 6224997
一公司
经理…………………… 6336480
副经理………………… 6336844
……………………… 6336771
二公司
经理…………………… 6224276
副经理………………… 6274273
……………………… 6226402
……………………… 6226403
三公司
经理…………………… 6224281
书记…………………… 6224278
副经理………………… 6224494

大庆钻探钻井工程服务公司

调度
调度…………………… 6224542
……………………… 6224475
领导
经理…………………… 6224482
……………………… 6224766
书记…………………… 6226015
副经理………………… 6226009
……………………… 6224479
总工程师……………… 6224553
总会计师……………… 6224477
副总工程师…………… 6225268
安全副总监…………… 6227203
办公室
主任…………………… 6224521
文书…………………… 6224525
秘书…………………… 6227432
计生信访……………… 6224532
市场开发协调科
科长…………………… 6224539
副科长………………… 6224545
土地…………………… 6224541
党委工作部
部长…………………… 6224490
宣传…………………… 6224082
人事组织部
部长…………………… 6224510
组织…………………… 6224493
干部管理……………… 6224739
劳动工资科
科长…………………… 6224495
培训考核……………… 6274127
装备科
科长…………………… 6224555
资产…………………… 6224742
机动…………………… 6224554
工会
副主席………………… 6224759
财务…………………… 6224758
经营管理科
科长…………………… 6224566
计划…………………… 6224543
财务资产科
科长…………………… 6224757
成本…………………… 6224751
工资…………………… 6224786
质量安全环保科
科长…………………… 6224558
综合…………………… 6224559
HSE 监督站
站长…………………… 6227210
综合…………………… 6226134
稳定办
主任…………………… 6224724
副主任………………… 6224725
机修分公司
经理…………………… 6223715
书记…………………… 6223718
副经理………………… 6223719
……………………… 6223720
……………………… 6223717
井控培训中心
主任…………………… 6225448
书记…………………… 6225447
国外项目经理部
经理…………………… 6225828
副经理………………… 6225668
经警队
队长…………………… 6224726
生活服务队
队长…………………… 6224773
书记…………………… 6224778
水电暖分公司
经理…………………… 6224776
书记…………………… 6224775
副经理………………… 6224777
……………………… 6226473
……………………… 6226474
供应站
站长…………………… 6225706
书记…………………… 6225569
调度…………………… 6225192
信息中心
主任…………………… 6225195
书记…………………… 6274371
运输分公司
经理…………………… 6224168
书记…………………… 6224158
副经理………………… 6224163
……………………… 6224159
综合车队
队长…………………… 6227948
书记…………………… 6226561
副队长………………… 6225977
野营房制造厂
厂长…………………… 6225811
书记…………………… 6227781
综合分公司
经理…………………… 6225530
书记…………………… 6224720
副经理………………… 6224765
……………………… 6224570

大庆钻探钻井技术服务公司

调度
调度…………………… 6225735
……………………… 6225731
领导
经理…………………… 6227160
书记…………………… 6226553
副经理………………… 6225730
……………………… 6225739
……………………… 6224155
……………………… 6227243
……………………… 6227025
……………………… 6227734
总工程师……………… 6224917
总会计师……………… 6225729
副总工程师…………… 6227775
办公室
主任…………………… 6224431
副主任………………… 6224271
文书秘书……………… 6225733
装备科
科长…………………… 6225770
办公室………………… 6225779
人事劳资科
科长…………………… 6224718
副科长………………… 6224452
干部管理……………… 6224438
工资保险……………… 6224457
市场开发协调科
办公室………………… 6227281
科长…………………… 6225763
办公室………………… 6225765
财务资产科
科长…………………… 6225736
办公室………………… 6225774
报销…………………… 6224144
经营管理科
科长…………………… 6224682
基建…………………… 6225535
党委工作部
部长…………………… 6225766
纪委…………………… 6225613
办公室………………… 6225747
工会
副主席………………… 6225743
办公室………………… 6225746
离退办
主任…………………… 6226351
办公室………………… 6224437
稳定办
办公室………………… 6224435
HSE 监督站
站长…………………… 6225781
办公室………………… 6224450
信息中心
主任…………………… 6225728
国际项目部
经理…………………… 6225748
副经理………………… 6224885
井控装备管理中心
办公室………………… 6224211
……………………… 6225200
固井工程分公司
经理…………………… 6223216
书记…………………… 6223213
副经理………………… 6223214
……………………… 6223212
……………………… 6223336
管子工具分公司
经理…………………… 6225197
书记…………………… 6225198
副经理………………… 6224681
……………………… 6224455
搬运分公司
经理…………………… 6223566
书记…………………… 6223231

副经理…………… 6223230
…………… 6223483

物资供应分公司

经理…………… 6227244
书记…………… 6224445

工艺研究所

所长…………… 6223019
书记…………… 6223004
副所长…………… 6291213
…………… 6224868

生活服务队

队长…………… 6226382
书记…………… 6225150

综合车队

队长…………… 6224747
书记…………… 6224787

大庆钻探钻井六公司

调度

调度…………… 6227101
…………… 6227123

领导

经理…………… 6227080
书记…………… 6226019
副经理…………… 6277188
…………… 6225466
…………… 6227183
总工程师…………… 6227936
总会计师…………… 6227905
副总工程师…………… 6226091
安全副总监…………… 6227112

办公室

主任…………… 6227134
秘书文书…………… 6227113
事务…………… 6227483
信息…………… 6226716

市场开发协调科

科长…………… 6291755
…………… 6227977
综合节能…………… 6227481

党群工作部

部长…………… 6227860
工会副主席…………… 6227129
武保 . 纪检…………… 6227538
宣传…………… 6227190

人事组织部

部长…………… 6227159
干部管理…………… 6274293
组织…………… 6227135

劳资工资科

科长…………… 6225750
工资调配…………… 6227162
职工培训…………… 6227149
医疗保险…………… 6224332

经营管理科

科长…………… 6227169
企管营销…………… 6227147
市场开发…………… 6227482

财务资产科

科长…………… 6224200
综合…………… 6227131
财务报销…………… 6227907

质量安全环保部

科长…………… 6226626
安全综合…………… 6226724
交通防火…………… 6227928

HSE 监督站

站长…………… 6227136
综合…………… 6227496

稳定办

办公室…………… 6227489

离退办

主任…………… 6227499

国际项目管理部

部长…………… 6227803
副部长…………… 6227166

装备科

科长…………… 6227100
综合资产…………… 6274264
钻机动力设备…………… 6227485

生活服务中队

队长…………… 6227658
书记…………… 6227108

综合车队

队长…………… 6226881
副队长…………… 6227644

物资供应站

站长…………… 6225606
书记…………… 6226105
副站长…………… 6227111
…………… 6227056

工程分公司

经理…………… 6227497
书记…………… 6225467
副经理…………… 6224339
…………… 6227480

钻井液分公司

经理…………… 6227500
书记…………… 6224386
副经理…………… 6224398

钻前分公司

经理…………… 6224694
书记…………… 6227645
副经理…………… 6227498
…………… 6224693

大庆钻探钻井七公司

调度

调度…………… 6227141
…………… 6227104

领导

经理…………… 6224939
书记…………… 6225329
书记…………… 6227158
副经理…………… 6227146
…………… 6225490
…………… 6225760
总工程师…………… 6225483
总会计师…………… 6227869
安全副总监…………… 6274229

办公室

主任…………… 6225477
秘书…………… 6225462
文书…………… 6225478
计生武保…………… 6227492
办公室…………… 6225759

市场开发协调科

科长…………… 6227140
综合…………… 6226649
土地…………… 6225460
节能…………… 6225459
现场…………… 6225470

工会

副主席…………… 6225487
文体女工…………… 6225485

党群工作部

部长…………… 6227487
宣传纪检…………… 6225476

人事组织科

科长…………… 6224983
干部…………… 6225480

劳动工资科

科长…………… 6225491
工资培训…………… 6225560
保险调配…………… 6225486
定额…………… 6225408

经营管理科

科长…………… 6225494
统计定额…………… 6225498

财务资产科

科长…………… 6224664
报销…………… 6225469
综合…………… 6225561

离退办

主任…………… 6225507

稳定办

主任…………… 6224780
办公室…………… 6227144

质量安全环保科

科长…………… 6225463
副科长…………… 6225481

HSE 监督站

站长…………… 6227107
内勤…………… 6227710

装备科

科长…………… 6225458
副科长…………… 6226809

国际工程项目部

部长…………… 6225482
外事…………… 6225767

生活服务队

队长…………… 6225495
书记…………… 6224987

综合车队

队长…………… 6227991
书记…………… 6227494

供应站

站长…………… 6227474
副站长…………… 6226270
书记…………… 6227148

工程分公司

经理…………… 6224986
书记…………… 6226932
副经理…………… 6226919
…………… 6227105
工程师…………… 6225489

钻前分公司

经理…………… 6225499
书记…………… 6225308
副经理…………… 6224980
调度…………… 6225306

泥浆分公司

经理…………… 6224208
书记…………… 6224209
副经理…………… 6224202

松原市油区教育处

领导

处长…………… 6225115
副处长…………… 6225244
…………… 6225203
…………… 6225113
…………… 6225116
副总会计师…………… 6225139

办公室

主任…………… 6225120
副主任…………… 6225240
文书…………… 6225112

党群工作部

部长…………… 6225248
办公室…………… 6225171
…………… 6225165

人事劳资部

人事…………… 6225246
劳资…………… 6225122

工会

办公室…………………… 6225321
…………………………… 6225241

计划财务科

科长……………………… 6226401
办公室…………………… 6225123
报销……………………… 6225701

综合服务管理站

站长……………………… 6227099
书记……………………… 6225250

离退服务站

主任……………………… 6225837

教育科研室

办公室…………………… 6225538

教材发行站

办公室…………………… 6225221

基础教育科

办公室…………………… 6225118

督导室

办公室…………………… 6225294

招生会考办

办公室…………………… 6225220

学生科

办公室…………………… 6274168

进修学校

校长……………………… 6274434
副校长…………………… 6274866

高中

校长……………………… 6224533
书记……………………… 6224531

实验中学

校长……………………… 6224711
书记……………………… 6224760
副校长…………………… 6226320

十二中

校长……………………… 6224464
书记……………………… 6225695
副校长…………………… 6225795

松原市公安局松江分局

特业

值班……………………… 6224465

领导

局长……………………… 6225325
政委……………………… 6224589
副局长…………………… 6224588
…………………………… 6224668
…………………………… 6224171
…………………………… 6225997
…………………………… 6226963
纪检监察主任…………… 6224556
政治处主任……………… 6227461
督察长…………………… 6225258

办公室

主任……………………… 6227207
内勤……………………… 6224590
指挥中心………………… 6226110

后勤装备科

科长……………………… 6226376
车队……………………… 6225324

法制科

办公室…………………… 6225326

考核科

办公室…………………… 6226381

消防科

办公室…………………… 6225565

治安大队

队长……………………… 6226365

刑警大队

队长……………………… 6225283

国保大队

办公室…………………… 6224586

经文保大队

办公室…………………… 6224592

警务监察大队

办公室…………………… 6224557

经济侦察大队

队长……………………… 6224461

110 机动服务大队

队长……………………… 6226380
值班……………………… 6274110

交警大队

队长……………………… 6224671

各派出所

江南治安派出所………… 6285992
新华派出所……………… 6338981
三新治安派出所………… 6228873
乾安治安派出所………… 6236461
红岗派出所……………… 6232067
前大派出所……………… 6240005
长采派出所……………… 6239047

石油装备技术工程服务有限公司

调度

调度……………………… 6336488
…………………………… 6337783

领导

经理……………………… 6336483
…………………………… 6336485
副经理…………………… 6336484
…………………………… 6336486
总工程师………………… 6336489
总会计师………………… 6336487

综合行政部

经理……………………… 6337891
文秘……………………… 6336973

市场协调部

经理……………………… 6336974
设备工艺………………… 6337697
节能质量………………… 6335943

财务经营部

经理……………………… 6337867
成本统计………………… 6337895
报销……………………… 6337884

人力资源部

经理……………………… 6335842
办公室…………………… 6337675

研究开发部

经理……………………… 6384120
办公室…………………… 6336215

一汽大众轿车维修中心

经理……………………… 6337900

一汽轻卡维修服务站

站长……………………… 6337386

重汽维修站

站长……………………… 6335805

加藤维修站

核算……………………… 6335806

物资经销公司

经理……………………… 6336972

安装公司

经理……………………… 6337673

劳动服务公司

经理……………………… 6335843

机械厂

厂长……………………… 6335819

检测及表面处理中心

经理……………………… 6337779

钻井分公司

经理……………………… 6293665

车队

队长……………………… 6337881

松原市吉油机械化工助剂厂

领导

厂长……………………… 6224279
总工……………………… 6226705

各厂

综合厂…………………… 6226707
机械修造厂……………… 6226719
机械修造厂……………… 6225582
塑料制品厂……………… 6336118

长龄公司

领导

经理……………………… 6393436
副经理…………………… 6393437

综合办公室

办公室…………………… 6393438
财务……………………… 6393434

京源公司

总经理…………………… 6224900

各部室

办公室…………………… 6227381
生产部…………………… 6227232
财务资产部……………… 6226121

乾安石油开发有限公司

领导

董事长…………………… 6236518
经理……………………… 6236538
副经理…………………… 6236539
…………………………… 6236525
副总工程师……………… 6236535

财务部

办公室…………………… 6236537

华海石油化工技术公司

调度

调度……………………… 6338825

领导

经理……………………… 6338810
经理助理………………… 6338750

各部室

办公室…………………… 6338018
作业部…………………… 6338821
供应站…………………… 6338823

吉林中庆会计师事务所

领导

所长……………………… 6226371
副主任会计师…………… 6226737
综合部…………………… 6226372

工程造价咨询有限公司

…………………………… 6227959

8. 大港油田公司

地址：天津市大港油田3号院　邮政编码：300280　公网区号：022

总经理办公室

主任 …… 25966221
副主任 …… 25922663
…… 25966220
秘书科 …… 25922183
…… 25975966
…… 25915264
文书科 …… 25971708
…… 25928543
…… 25922400
公关接待科 …… 25923209
…… 25924950
…… 25914062
督办综合科 …… 25928464
…… 25969421
行政事务科 …… 25967045
…… 25922621
…… 25966223
…… 25922388
…… 25922642
…… 25922400
…… 25922073
档案室 …… 25923724
…… 25975354
…… 25948637
…… 25925397
…… 25924439
…… 25922033

党委办公室（机关党委）

主任 …… 25922180
副主任 …… 25925585
…… 25924297
秘书科
高级主管 …… 25922171
文书科
高级主管 …… 25948444
机关团委书记 …… 25922385
调研科
高级主管 …… 25922168
主办 …… 25922168
机关工委（工会）办公室
高级主管 …… 25966203
主管 …… 25966528

维护稳定办公室

主任 …… 25927011
综合协调科
高级主管 …… 25922204
主管 …… 25924709
…… 25911401
信访接待科
高级主管 …… 25915274
主管 …… 25976614
主任科员 …… 25915584
主办 …… 25915141

人事处（党委组织部）

处长、部长 …… 25923527
副处长、副部长、巡视办公室
主任 …… 25972898
副处长、副部长 …… 25922504
…… 25910270
巡视办公室
副处级巡视员 …… 25966006
…… 25939476
…… 25966369
组织科
科长 …… 25913404
统战科
科长 …… 25966118
干部一科
科长 …… 25966273
综合科
科长 …… 25922163
办公室 …… 25915377
…… 25915363

劳动工资部

处长 …… 25975588
副处长 …… 25924668
…… 25975158
综合科
高级主管 …… 25914485
主管 …… 25926547
劳动组织科
高级主管 …… 25928750
劳动管理科
主管 …… 25971541
薪酬管理科
高级主管 …… 25966272
…… 25922505
专业技术人员管理科
高级主管 …… 25973389
培训科高级主管 …… 25923226
主管 …… 25922503
机关人事科
高级主管 …… 25922322

企业文化处（党委宣传部）

处长、部长 …… 25939666
副处长、副部长 …… 25922169
企业文化科
高级主管 …… 25928960
科员 …… 25913644
基层建设科
高级主管 …… 25924153
宣传科
高级主管 …… 25915856
科员 …… 25928444
理论教育科
高级主管 …… 25921718
科员 …… 25975419

工会

副主席 …… 25923468
…… 25926495
老领导 …… 25923563
办公室 …… 25921289
职代会、民主管理 25923419
文书、信访、工会机关
…… 25923419
会计 …… 25923167
出纳 …… 25925725
组织宣传部
负责人 …… 25924852
组织、调研 …… 25910007
经济保护部
负责人 …… 25919960
劳动竞赛、合建 …… 25924703
劳动保护、文体 …… 25924703
生活女工部负责人 25972928
女工 …… 25922126
生活保障 …… 25922126
职工疗养 …… 25922126

团委

负责人 …… 25924753
青工组织 …… 25914065
…… 25921862
办公室 …… 25972454

纪检监察处

举报热线 …… 25914041

规划计划处

处长 …… 25978668
副处长 …… 25979880
…… 25966217
…… 25967688
…… 25922076
规划项目科
科长 …… 25922241
办公室 …… 25976104
…… 25920512
投资计划科
科长 …… 25966866
办公室 …… 25939200
…… 25922064
生产计划科
科长 …… 25914476
经营统计科
科长 …… 25928737
办公室 …… 25922240
…… 25921172
…… 25922081
外事管理科
科长 …… 25967537
办公室 …… 25928004
综合科
科长 …… 25927198

财务处

处长 …… 25928017
副处长 …… 25915304
…… 25928197
…… 25966144
…… 25917956
综合科
高级主管 …… 25923778
科员 …… 25923932
…… 25924890
主管 …… 25966194
资金管理一科
高级主管 …… 25923313
主管 …… 25966124
…… 25911505
资金管理二科
高级主管 …… 25911505
主管 …… 25914638
…… 25921662
会计核算一科
高级主管 …… 25926026
主管 …… 25913329
…… 25928445
…… 25914638
会计核算二科
高级主管 …… 25926027

主管 …… 25923695
…… 25978947
投资管理科
高级主管 …… 25948659
主管 …… 25922985
…… 25917481
成本管理科
高级主管 …… 25923310
主管 …… 25972245
…… 25917480
税务价格科
高级主管科员 …… 25922573
主管 …… 25928441
资产核算科
高级主管 …… 25916313
主管 …… 25917466
资产管理科
高级主管 …… 25966164
主管 …… 25966094
科员 …… 25923417
主管 …… 25972841
机关财务科
高级主管 …… 25922187
主管 …… 25928577
科员 …… 25922501
关联交易封闭核算科
高级主管 …… 25920457
主管 …… 25966224
主办 …… 25913749
稽查科
高级主管 …… 25928024
主管 …… 25914329
…… 25916087

审计处

处长 …… 25966144
副处长 …… 25939156
…… 25926166
退职处级 …… 25914051
…… 25925412
高级主管 …… 25922111
文书档案 …… 25927974
高级主管 …… 25922982
信息管理 …… 25927974
高级主管 …… 25914049
科员 …… 25923372

企管法规处

处长 …… 25976598
副处长 …… 25972104
…… 25922261
政策研究科 …… 25911480
…… 25910401
经营业绩考核科 …… 25915794
招投标管理科 …… 25928430
…… 25914061
市场管理科 …… 25921370
合同管理科 …… 25914063
…… 25939404
法律事务科 …… 25915747
法律事务所 …… 25925313
…… 25924944
…… 25915309
…… 25919322

内控管理处

处长 …… 25966230
副处长 …… 25922175
…… 25922560
技术监督科 …… 25966054
…… 25921357
…… 25978022
节能节水科 …… 25912434
…… 25969998
…… 25921148
内控管理科
科长 …… 25925961
综合 …… 25966017
管理 …… 25969941
体系管理科
科长 …… 25966024
体系管理 …… 25922572
油田管理科
科长 …… 25948614

资本运营处

处长 …… 25924937
副处长 …… 25923149
…… 25966053
综合管理科
（专职董监事办公室）
…… 25923649
…… 25923677
股权管理科 …… 25922265
多种经营管理科 …… 25969997

物资装备处

处长 …… 25969188
副处长 …… 25969666
…… 25926115
综合科
高级主管 …… 25966060
物资管理科
高级主管 …… 25966065
主管 …… 25917835
…… 25918143
电子商务与价格科
高级主管 …… 25967049
主管 …… 25913364
装备管理科
高级主管 …… 25915357
主管 …… 25922940
设备管理科
高级主管 …… 25918469
主管 …… 25917884
科员 …… 25913364

土地管理处

处长 …… 25921216
副处长 …… 25918447
…… 25923188
综合科
高级主管 …… 25918411
土地征用科
高级主管 …… 25918474
海域管理科
主管 …… 25918543
土地管理科
高级主管 …… 25918475

科技信息处

处长 …… 25926989
副处长 …… 25923066
…… 25970062
…… 25925000
项目管理科 …… 25923968
…… 25966140
…… 25922301
信息与成果管理科 25911979
…… 25911059
…… 25922300
综合科 …… 25924613
…… 25925465
…… 25923399

采油与地面工程处

处长 …… 25966229
钻井专家组
组长 …… 25966275
副处长 …… 25967041
…… 25977435
钻井科
高级主管 …… 25966049
采油作业科
高级主管 …… 25966274
地面工艺科 …… 25966047
三采综合主管 …… 25966048

油气藏评价事业部

经理 …… 25979888
副经理 …… 25976988
…… 25966090
综合科
科长 …… 25918727
主办 …… 25966254
经营财务科
科长 …… 25966234
主办 …… 25918147
工程造价 …… 25924384
主办 …… 25918147
油藏科
科长 …… 25972866
综合地质评价 …… 25948452
…… 25918531
物探工程 …… 25948452
地质综合 …… 25948357
工程技术科
科长 …… 25918537
地面及公共关系 …… 25918774
试油工程 …… 25924584
采油工艺 …… 25948284
气藏科
科长 …… 25966081
生产动态传真 …… 25948452
公务传真 …… 25966254

油气开发事业部

经理 …… 25913387
副经理 …… 25973315
…… 25939319
总地质师 …… 25915844
副总工程师 …… 25915224
安全总监 …… 25915413
专家 …… 25977015
…… 25966257
…… 25973431
技术方案科
主任 …… 25915164
副主任 …… 25976846
科员 …… 25975154
…… 25973690
钻井工程部
主任 …… 25916174
副主任 …… 25915714
科员 …… 5915743
试油工程部
主任 …… 25939907
科员 …… 25915470
…… 25915594
产能地面配套部
主任 …… 25915433
科员 …… 25916245
…… 25915134
公关部
主任 …… 25918448
副主任 …… 25916254

科员 ……………… 25916934

预结算部

主任 ……………… 25916164

科员 ……………… 25916064

……………… 25926062

物资管理科

主任 ……………… 25916124

科员 ……………… 25917350

……………… 25916054

经营管理部

主任……………… 5916394

科员……………… 5916414

……………… 25916324

综合办公室

主任 ……………… 25917154

副主任 ……………… 25916947

科员……………… 2516404

生产运行科

主任 ……………… 25971183

副主任 ……………… 25971183

科员 ……………… 25916247

……………… 25915142

财务部

主任 ……………… 25915465

科员 ……………… 25915465

工程监督服务中心

经理 ……………… 25967618

副经理 ……………… 25914825

……………… 25917103

经理助理 ……………… 25917045

综合管理科

科长 ……………… 25966566

办公室 ……………… 25916927

经营管理科

科长 ……………… 25916940

副科长 ……………… 25916974

办公室 ……………… 25915434

……………… 25939754

……………… 25924224

钻井工程监督管理部

副科长 ……………… 25917734

办公室 ……………… 25917024

……………… 25939134

试油工程监督管理部

副科长 ……………… 25919232

办公室 ……………… 25916814

……………… 25914339

修井工程监督管理部

科长 ……………… 25917724

办公室 ……………… 25926619

人才开发中心（职业交流中心）

主任 ……………… 25922324

副主任 ……………… 25914373

……………… 25916792

主任助理 ……………… 25922212

综合管理科

科长 ……………… 25928546

办公室 ……………… 25913772

……………… 25918439

财务科

科长 ……………… 25911070

办公室 ……………… 25914163

人才交流科

科长 ……………… 25922506

副科长 ……………… 25977447

办公室 ……………… 25912487

人才开发科

科长 ……………… 25966493

副科长 ……………… 25915524

职业介绍科

科长 ……………… 25915953

副科长 ……………… 25915544

培训科

科长 ……………… 25914183

技能鉴定科

科长 ……………… 25922604

办公室 ……………… 25914901

……………… 25925013

试题科

科长 ……………… 25922620

副科长 ……………… 25978332

办公室 ……………… 25923300

人事代理科

科长 ……………… 25966412

就业服务管理科

科长 ……………… 25977444

副科长 ……………… 25911414

办公室 ……………… 25912747

……………… 25912487

博士后办公室

科长 ……………… 25922949

办公室 ……………… 25922951

资金结算中心

副主任 ……………… 25966338

结算一科

科长 ……………… 25920157

主办 ……………… 25923025

结算二科

科长 ……………… 25966243

主办 ……………… 25919014

结算三科

科长 ……………… 25939142

主办 ……………… 25914492

结算四科

科长 ……………… 25939151

主办 ……………… 25976764

结算五科

科长 ……………… 25941553

主办 ……………… 25944036

……………… 25944074

结算六科

科长 ……………… 25920367

主办 ……………… 25966241

总分帐户管理科

科长 ……………… 25939186

主办 ……………… 25928483

资金计划科

科长 ……………… 25966959

主办 ……………… 25976494

综合管理科

科长 ……………… 25920387

主办 ……………… 25966240

……………… 25976124

……………… 25913776

……………… 25925401

科员 ……………… 25966598

主办 ……………… 25913448

司机 ……………… 25920279

稽查科

科长 ……………… 25928024

科员 ……………… 25914329

主办 ……………… 25928549

生产运行处

处长 ……………… 25978988

副处长 ……………… 25966068

……………… 25923666

……………… 25966559

综合科 ……………… 25976664

……………… 25976654

……………… 25922125

应急科 ……………… 25910666

……………… 25925700

协调科 ……………… 25928321

……………… 25925077

值班室 ……………… 25913800

……………… 25922700

……………… 25922100

值班办公 ……………… 25916123

……………… 25925700

……………… 25922143

水电讯科 ……………… 25922722

……………… 25966104

……………… 25924718

国内市场科 ……………… 25910255

……………… 25924718

……………… 25918732

勘探处

处长 ……………… 25966072

副处长 ……………… 25948941

规划计划科 ……………… 25966007

方案科 ……………… 25914488

矿权储量科 ……………… 25927975

物探管理科 ……………… 25920702

油气开发处

处长 ……………… 25928212

副处长 ……………… 25966233

……………… 25914767

综合、监测科 ……………… 25966004

综合信息科 ……………… 25917074

开发方案科 ……………… 25922431

……………… 25914545

油藏管理科 ……………… 25928443

气藏、注水科 ……………… 25914526

井筒工程处

处长 ……………… 25924816

副处长 ……………… 25918904

……………… 25920930

井控管理科 ……………… 25924619

钻井工程科 ……………… 25922264

井下作业科 ……………… 25928497

井下作业、井控管理科

……………… 25926435

综合科 ……………… 25966275

资料室 ……………… 25926437

安全环保处

处长 ……………… 25912422

副处长 ……………… 25966231

……………… 25966309

……………… 25977518

安全科 ……………… 25967348

……………… 25928424

环保科 ……………… 25966014

海监科 ……………… 25924101

交通科 ……………… 25917732

防火科 ……………… 25966061

综合科 ……………… 25915748

……………… 25922236

HSE 监督评价总站

副站长 ……………… 25922648

巡视员 ……………… 25966074

站长助理 ……………… 25923875

监督一科 ……………… 25914764

监督二科 ……………… 25917784

监督三科 ……………… 25910481

评价科 ……………… 25928477

……………… 25917492

承包商管理科 ……………… 25948473

综合科 ……………… 25926514

纪检监察处

纪委副书记 ……… 25923169
纪委副书记、处长 25966225
副处长 …………… 25914050
……………………… 25927452
……………………… 25923156
副处级监察员 …… 25914903
……………………… 25922407
综合科 ………… 25925001
……………………… 25916345
党风建设科 ……… 25924363
……………………… 25922405
案件检查科 ……… 25914041
……………………… 25923150
效能监察科 ……… 25922182
案件审理科 ……… 25969976

矿区服务事业部

综合办公室
主任 ……………… 25923112
文秘与发展研究科 25927225
……………………… 25927391
维稳科（信访科） 25927345
公关事务科（机关总务科）
……………………… 25913825
……………………… 25927377
物业与公益服务部
主任 ……………… 25978998
副主任 …………… 25969896
……………………… 25922160
……………………… 25927658
物业管理科 ……… 25924290
……………………… 25915344
……………………… 25922452
房屋管理科 ……… 25922220
……………………… 25922347
住房交易科 ……… 25920371
……………………… 25923900
医疗卫生科 ……… 25972559
……………………… 25923628
计划生育科 ……… 25922044
公益与民政科 …… 25922222
……………………… 25913595
市容管理科 ……… 25924601
物业管理科 ……… 25972496
……………………… 25972498
陵园管理处 ……… 25962952
……………………… 25962951
生产运行部
主任 ……………… 25921848
生产协调科 ……… 25927520
……………………… 25927521
……………………… 25927567
……………………… 25920440
……………………… 25922253
水汛管理科 ……… 25923648
物资装备科 ……… 25927610
矿区建设部
主任 ……………… 25922419
副主任、土地处处长 25923188
副主任、公路管理处处长
……………………… 25921845
处级待遇 ………… 25925818
矿区规划科 ……… 25922209
基建管理科 ……… 25923147
……………………… 25923679
市政管理科 ……… 25924445
质量监督站 ……… 25921074
……………………… 25922305
公路工程科 ……… 25922304
运输管理科 ……… 25925022
路政管理科 ……… 25923691
路政城南大队 …… 25923567
……………………… 25925061
土地协调科 ……… 25979234
……………………… 25915094
……………………… 25924871
……………………… 25925294
……………………… 25967700
……………………… 25928244
计划财务部
主任 ……………… 25921866
副主任 …………… 25923879
……………………… 25925023
投资概预算科 …… 25922303
资金管理科 ……… 25916730
……………………… 25966316
成本及资产管理科 25926938
结算中心 ………… 25926822
……………………… 25926111
综合管理科（机关财务科）
……………………… 25927601
……………………… 25922952
……………………… 25921878
会计核算科 ……… 25913841
……………………… 25969886
……………………… 25913064
计划科 …………… 25924887
人事劳资部
副主任 …………… 25928579
……………………… 25967218
干部管理科 ……… 25927383
劳动管理科 ……… 25927392
工资管理科 ……… 25927079
安全环保部
副主任 …………… 25922302
安全管理科 ……… 25927535
环境保护科 ……… 25927632
综合节能科 ……… 25927537
安全监督站 ……… 25927561
……………………… 25927563
离退休管理部
主任 ……………… 25923893
副主任 …………… 25926015
综合科 …………… 25922384
机关离退休职工管理 25922259
综合 ……………… 25921145
离退休党总支 …… 25924166
管理科 …………… 25925616
……………………… 25924806
会计室 …………… 25921050
车辆值班室 ……… 25921147
老干部活动室 …… 25923475
会议室 …………… 25924637
……………………… 25967624
颐康园值班室 …… 25978494
颐康园 …………… 25924701
……………………… 25978484
……………………… 25926213
……………………… 25976417
……………………… 25921146
党群工作部
副主任 …………… 25922619
党委工作科 ……… 25926163
群众工作科 ……… 25926212
纪检监察科 ……… 25921716

勘探事业部

经理 ……………… 25966072
副经理 …………… 25925051
……………………… 25925558
总地质师 ………… 25972092
……………………… 25919974
油田公司一级专家 25927128
副总工程师 ……… 25923980
……………………… 25928541
副总会计师
……………………… 25924928
综合管理科
科长 ……………… 25939840
副科长 …………… 25939778
……………………… 25939354
办公室 …………… 25924902
……………………… 25939575
……………………… 25924933
经营管理科
科长 ……………… 25939444
副科长 …………… 25922850
办公室 …………… 25972050
……………………… 25939445
财务资产科
科长 ……………… 25939446
办公室 …………… 25921524
生产运行科
科长 ……………… 25923166
副科长 …………… 25910681
办公室 …………… 25922570
……………………… 25939874
安全环保科
科长 ……………… 25918964
办公室 …………… 25939603
综合方案部
主任 ……………… 25921052
副主任 …………… 25921051
……………………… 25966479
办公室 …………… 25925020
……………………… 25939864
……………………… 25923979
地球物理工程部
主任 ……………… 25939448
副主任 …………… 25924932
钻井工程部
副主任 …………… 25925223
……………………… 25924841
试油工程部
主任 ……………… 25939736
副主任 …………… 25972631
办公室 …………… 25923718
测录井工程部
主任 ……………… 25923163
副主任 …………… 25973656
……………………… 25966404
办公室 …………… 25939447
……………………… 25921885

销售公司

经理 ……………… 25924398
经理助理、经营部主任
……………………… 25916022
综合办公室
主任 ……………… 25969619
副主任 …………… 25977146
综合 ……………… 25911515
经营部
原油计划、液化气、船运业务
……………………… 25917867
液化气（开票） … 25917867
司机、夜间值班室 25917194
门卫 ……………… 25969147

工程造价中心

主任 ……………… 25978668
副主任 …………… 25966246
基建工程造价科
科长 ……………… 25917554

办公室 …………… 25939708
…………………… 25966249
…………………… 25948914

石油工程造价科

科长 ……………… 25966248
办公室 …………… 25921273

定额管理科

科长 ……………… 25966247
办公室 …………… 25966147

有偿服务中心

主任 ……………… 25926659
主任助理 ………… 25920309
综合服务科 ……… 25923867
…………………… 25915811
再就业管理科 …… 25912837
…………………… 25922972
家属工管理科 …… 25948023
…………………… 25948022
财务科 …………… 25922353
…………………… 25922337
门卫 ……………… 25922382

审计中心

主任 ……………… 25914051
副主任 …………… 25914058
…………………… 25926166
助理 ……………… 25972302
…………………… 25976889

综合管理科

科长 ……………… 25976889
办公室 …………… 25919114
…………………… 25912223
…………………… 25978599
…………………… 25912224
…………………… 25925733

财经科

科长 ……………… 25914599
办公室 …………… 25976089

基审一科

科长 ……………… 25915710
副科长 …………… 25915239
办公室 …………… 25915203
…………………… 25919110

基审二科

科长 ……………… 25948942
办公室 …………… 25912110
…………………… 25915712
…………………… 25948074

财审一科

科长 ……………… 25916294
办公室 …………… 25925576
…………………… 25926036
…………………… 25925575

财审二科

科长 ……………… 25976088
副科长 …………… 25914566
办公室 …………… 25926037
…………………… 25914133

内控审科

科长 ……………… 25976639
办公室 …………… 25912226
…………………… 25912221
…………………… 25912228

勘投审科

科长 ……………… 25922756
办公室 …………… 25922736
…………………… 25915715

合同审计科

科长 ……………… 25912222
办公室 …………… 25911406
…………………… 25912227

责任审计科

科长 ……………… 25919104
副科长 …………… 25976055
办公室 …………… 25918144
…………………… 25915410

多种经营企业管理部（工程咨询公司）

主任、经理 ……… 25925008
副主任、副经理 … 25966052
…………………… 25975411
…………………… 25966050
安全总监 ………… 25966033
副总工程师 ……… 25919594
副总经济师 ……… 25920307
副总会计师 ……… 25919494
综合管理科 ……… 25966032
…………………… 25966036
…………………… 25919517
人事劳资科 ……… 25966030
…………………… 25966031
财务资产科 ……… 25915279
…………………… 25919579
…………………… 25919574
改革调整科 ……… 25919554
多元管理科 ……… 25919724
…………………… 25919737
股权管理科 ……… 25939149
…………………… 25919454
勘探项目评价部 … 25919747
开发项目评价部 … 25919401
…………………… 25919284
评估咨询部 ……… 25919774
信息与市场部 …… 25966051
…………………… 25919374

孔南开发项目部

经理 ……………… 25975634
副经理……… 25973124－216
综合管理部 ……… 25912238
财务部 …………… 25918716
…………………… 25915791
地质油藏部 … 25973124－223
……………… 25973124－230
工程采办部 … 25973124－227
……………… 25973124－234

冀东项目部

公网区号：0315

经理……………… 8763312
副经理…………… 8763312

综合管理科

科长 ……………… 25922421
…………………… 8763805
副科长…………… 8763316
市场开发科副科长 … 8763806

生产安全科

科长……………… 8763812
副科长…………… 8765346

社会保险管理中心

领导 ……………… 25912371

业务一科

科长 ……………… 25917049
办公室 …………… 25912379
…………………… 25918111

业务二科

科长 ……………… 25912370
医疗 ……………… 25917612

业务三科

科长 ……………… 25924180
工伤 ……………… 25917611

财务科

科长 ……………… 25912373
办公室 …………… 25912374
政研科 …………… 25917611
…………………… 25912377

中心一所

所长 ……………… 25912447
财务 ……………… 25914407
医疗 ……………… 25922200
生育 ……………… 25912445

港东二所

所长 ……………… 25972544
财务 ……………… 25972534
医疗 ……………… 25912384

港中所

所长 ……………… 25964467
财务 ……………… 25964424
医疗 ……………… 25963154
生育 ……………… 25960545

港狮所

所长 ……………… 25941780
办公室 …………… 25941778

港骅所

所长 ……………… 25947114
办公室 …………… 25946722

油区办事处

主任 ……………… 25912343
办公室 …………… 25912341
…………………… 25912342
门卫 ……………… 25918222

天津市住房公积金管理中心油田分中心办公室

主任 ……………… 25924958
副主任 …………… 25939168
综合科 …………… 25922571
…………………… 25926011
资金核算科 ……… 25922575
贷款科 …………… 25920240
…………………… 25920275
归集执法科 ……… 25920397
…………………… 25920375

勘探开发研究院

院长 ……………… 63960599
书记、工会主席 … 63959992
副院长 …………… 63957771
副院长、总地质师 63960190
副院长 …………… 63959911
总地质师 ………… 63957011
总会计师 ………… 63955561
专家、副总师
油田公司专家 …… 63952986
…………………… 63960329
…………………… 63963736
…………………… 63960363
主任 ……………… 63960305
…………………… 63960503
油田公司专家 …… 63963550
主任 ……………… 63953147
副总地质师 ……… 63963700
主任 ……………… 63963522
…………………… 63957384
安全总监 ………… 63962812
院长助理 ………… 25925039

机关

院长办公室

主任 ……………… 63960565
副主任 …………… 63961979
院长办公室 ……… 63957000

…… 63963444
传真 …… 63955756
党群工作部
主任 …… 63960290
副主任 …… 63962516
党群工作 …… 63960385
科研管理科 …… 63957586
副主任 …… 63962141
…… 63957316
生产值班 …… 63957642
人事组织科
主任 …… 63955690
副主任 …… 63960561
工资、干部管理 …… 63962843
保险、合同管理 …… 63957538
档案室
主任 …… 63960561
人事综合档案 …… 63961454
科技档案 …… 63961464
经营财务科
主任 …… 63960836
副主任 …… 63958039
财务财务 …… 63958162
合同合同 …… 63957997
物资物资 …… 63964422
安全环保科
主任 …… 25921376
督导组 …… 25925555
…… 25921956

岐口一室
主任 …… 63960305
书记 …… 63961714
副主任 …… 63961552
滨海一号组 …… 63961525
…… 63958741
…… 63961547

岐口二室
主任 …… 63960503
书记 …… 63959714
副主任港北组 …… 63960212
副主任东翼组 …… 63960737
…… 63961703
港东组 …… 63957714
港西组 …… 63957724
港北组办事员 …… 63960119

岐口三室
主任 …… 63956244
书记 …… 63962237
副主任 …… 63963511
…… 63957033
基础研究组 …… 63957333
岐口埕海组 …… 63961502

南部勘探室
主任 …… 63953174
副主任 …… 63956977
南部勘探 …… 63956466

基础研究室
主任 …… 63963522
书记 …… 63960031
副主任 …… 63961197
博士 …… 63959760
成藏组 …… 63960004
沉积组 …… 63961562
…… 63962244

规划储量室
主任 …… 63962137
副主任 …… 63962137
…… 63958772
…… 63962665
规划组 …… 63961753
储量歧口组 …… 63960110
孔南组 …… 63962665

地球物理室
主任 …… 63952447
副主任系统组 …… 63961524
…… 63961417
信息组 …… 63962174
测井组 …… 63961424

勘探开发试验室
主任、书记 …… 25925039
副主任 …… 25923735
…… 25925048
…… 25924085
岩矿组 …… 25921877
地质化验组 …… 25925623
岩心组 …… 25921925
色谱组 …… 25921803
高压物性组 …… 25921927
开发试验组 …… 25925048

开发战略规划室
主任 …… 63962979
书记 …… 63956201
副主任 …… 63963060
…… 63962644
规划信息组 …… 63957447
开发动态组 …… 63964455
…… 63964466
综合规划组 …… 63963952
…… 63956097

天然气室
主任 …… 63953147
副主任 …… 63964111
…… 63956124
…… 63964004
地质组 …… 63952774
开发组 …… 63964004
办事员 …… 63964111

产能研究一室
主任 …… 63957384
书记 …… 63956414
副主任 …… 63962292
…… 63956414
一组 …… 63962519
…… 63963027
二组 …… 63962276
三组 …… 63956274

产能研究二室
主任 …… 63962700
副主任 …… 63962535
段六波组 …… 63959141
…… 63961447
枣园组 …… 63961577
…… 63961736
王官屯组 …… 63962535

开发研究一室
主任 …… 63963823
副主任 …… 63956547
…… 63963272
地质组 …… 63963723
…… 63963717
开发组 …… 63963273

开发研究二室
主任 …… 63959457
副主任 …… 63960074
…… 63963259
开发一组 …… 63963726
开发二组 …… 63964006
地质一组 …… 63963270
地质二组 …… 63962727
…… 63964400

滩海开发室
主任 …… 63961977
书记 …… 63958317
副主任 …… 63958317
地质组 …… 63962533
…… 63963017
…… 63963317
油藏组 …… 63963237

钻井地质设计室
主任 …… 63962706
副主任 …… 63964488
设计组 …… 63963113
…… 63964999

技术服务部
主任、书记 …… 25910174
副主任 …… 25910174
快印快印 …… 25924416
生产业务 …… 25910154
绘图 …… 25913027

综合服务公司
经理 …… 25925055
书记 …… 25925053
副经理 …… 25925056
车队 …… 25921267
老办公楼调度 …… 25924761
综合服务队 …… 25926428
单身公寓 …… 25921961
离退办 …… 25923733
供应站 …… 25924762
老办公区食堂 …… 25919464
新楼司机值班 …… 63962823
新楼综合办公室 …… 63955767
新楼餐厅项目部 …… 63966514
新楼食堂监控室 …… 63952714

采油工艺研究院

领导
院长 …… 63962998
党委书记 …… 63959288
副院长 …… 63963566
…… 63960566
总工程师 …… 63963336
…… 63963030
总会计师 …… 63961608
副总工程师 …… 25926853
…… 63958790
…… 25914468
…… 25922704
…… 63960299
安全总监 …… 63963011
副总工程师 …… 63960655
…… 63962922

院长（党委）办公室
主任 …… 63955875
副主任、传真 …… 63957576
工会财务 …… 63958627
办公室 …… 63958520
纪检监察员 …… 63962833

科研管理科
主任 …… 63958817
副主任 …… 63962332
科研管理 …… 63958931

人事（组织）科
科长 …… 63958197
副科长 …… 63958113
人事（组织）科 …… 63955771

经营财务科
科长 …… 63958670
财务 …… 63958623

采油工艺室
主任、书记 …… 63957970
副主任 …… 63957973
…… 63957961
油层改造组 …… 63957967
方案设计组 …… 63957961
…… 63957930

工艺评价组 ········ 63958067
钻井工艺室
主任 ················ 63959513
副主任 ·············· 63957603
设计一组 ············ 63957621
设计二组 ············ 63957613
技术准备 ············ 63957690
钻井专家 ············ 63959517
三次采油室
主任 ················ 25921959
书记、副主任 ······ 25912586
副主任 ·············· 25925047
博士 ················ 25924726
工艺组 ·············· 25921820
三采体系研究组 ··· 25925046
························ 25977048
注水工艺室
主任 ················ 63958763
书记、调堵组 ······ 63955735
副主任、修井组 ··· 63957730
副主任、注水组 ··· 63957702
完井工艺室
完井工艺组 ········ 63957165
························ 63957190
稠油开采室
主任 ················ 63956312
稠油开采室 ········ 63956310
油气水工艺室
主任 ················ 63958062
书记、副主任 ······ 63956827
副主任 ·············· 63956923
南部、北部组 ······ 63955972
专家组 ·············· 63957032
电气自动化室
主任 ················ 63957575
电力组 ·············· 63957509
自动化组 ············ 63957519
滩海工艺室
主任 ················ 63957367
副主任 ·············· 63957375
地面工艺 ············ 63957370
采油工艺 ············ 63958207
油田化学室
主任、书记 ········ 25914770
副主任 ·············· 25914444
························ 25925875
博士 ················ 25925712
试验室 ·············· 25914440
环境监测组 ········ 25948371
信息档案室
主任 ················ 63959321
副主任 ·············· 63959362
信息组 ·············· 63959067
档案组 ·············· 63959743

综合服务公司
经理、书记 ········ 25973077
副经理 ·············· 25921960
离退办 ·············· 25925779
车队调度 ············ 63956391
车队值班 ············ 25972941
供应站 ·············· 63956591
························ 25973272
维修站 ·············· 25973279
科研楼门卫 ········ 25922320

钻采工艺研究院

领导
党委书记、院长 ··· 25924908
党委副书记、纪委书记、工会主席 ················ 25921423
副院长 ·············· 25921456
························ 25921453
副院长总工程师 ··· 25976978
副总工程师 ········ 25921455
························ 25967379
副总工程师、安全副总监
························ 25969226
副总工程师 ········ 25923433
院长助理 ············ 25923741
························ 25924912
专家组 ·············· 25921435
························ 25921410
综合办
副主任 ·············· 25973550
························ 25975955
办公室 ·············· 25923871
档案 ················ 25976990
劳动人事科
主任 ················ 25923743
副主任 ·············· 25939714
办公室 ·············· 25921442
科技开发科
主任 ················ 25923870
办公室 ·············· 25928037
财务资产科
主任 ················ 25910844
副主任 ·············· 25971954
办公室 ·············· 25939417
························ 25921431
企业管理科
主任 ················ 25913852
副主任 ·············· 25973553
························ 25925894
办公室 ·············· 25920971
工程技术科
主任 ················ 25972116
副主任 ·············· 25973510
························ 25922335

办公室 ·············· 25973576
技术集成推广中心
主任 ················ 25939394
副主任 ·············· 25925803
························ 25973591
························ 25910394
办公室 ·············· 25970718
基层单位
钻井技术服务中心
主任 ················ 25921444
副主任 ·············· 25925321
办公室 ·············· 25921434
完井技术服务中心
主任 ················ 25912011
副主任 ·············· 25910993
油层保护技术服务中心
主任 ················ 25921450
副主任 ·············· 25921200
························ 25921416
办公室 ·············· 25921416
采油技术服务中心
主任 ················ 25921409
副主任 ·············· 25921449
························ 25914220
分注组 ·············· 25925804
试采组 ·············· 25948647
综合组 ·············· 25939474
防砂服务中心
主任 ················ 25948084
副主任 ·············· 25923564
························ 25921452
科研组 ·············· 25923427
技术服务组 ········ 25923564
综合组 ·············· 25921452
生产车间 ············ 25972911
防砂施工队 ········ 25910442
压裂酸化中心
主任 ················ 25921209
副主任 ·············· 25926344
························ 25921448
主管工程师 ········ 25926344
综合办公室 ········ 25913013
酸化项目部 ········ 25921451
压裂项目部 ········ 25925802
施工队 ·············· 25973454
调堵技术服务中心
主任 ················ 25912049
副主任 ·············· 25912049
堵水项目部 ········ 25921445
调剖项目部 ········ 25975984
综合组 ·············· 25912004
试油排液技术中心
主任 ················ 25975877
副主任 ·············· 25975973

························ 25925259
办公室 ·············· 25975994
井筒工具研发服务中心
经理 ················ 25924818
封隔器组 ············ 25969514
综合部 ·············· 25925805
加工车间 ············ 25919414
抽油泵组 ············ 25924911
办公室 ·············· 25918374
监理中心
主任 ················ 25975494
副主任 ·············· 25970433
························ 25914247
办公室 ·············· 25911514
科技实验中心
主任 ················ 25921446
副主任 ·············· 25921851
························ 25973331
························ 25912007
综合组 ·············· 25973331
钻采工具实验基地 25913247
化工中试基地 ······ 25915204
中试基地办公室 ··· 25924916
实验室管理组 ······ 25921436
计算机网络组 ······ 25914791
印刷组 ·············· 25910763
图书资料组 ········ 25921459
药品库房 ············ 25922849
综合服务中心
主任 ················ 25921427
副主任 ·············· 25921443
办公室 ·············· 25921437
办公室 ·············· 25924183
车队调度 ············ 25913851
保卫 ················ 25922083
服务队 ·············· 25914906
招待所 ·············· 25915441
大门门卫 ············ 25914445
综合楼门卫 ········ 25913455
4 号楼门卫 ········ 25914414

滩海开发公司

经理、党委副书记 25922358
党委书记、副经理 25919888
党委副书记、纪委书记、工会主席 ················ 25966122
副经理、总地质师 25921523
副经理、总工程师 25921679
副经理 ·············· 25969899
总工程师 ············ 25927130
副经理 ·············· 25928997
总会计师 ············ 25926995
副总工程师 ········ 25914910
副总地质师 ········ 25910542

安全总监 …… 25910337
经理助理 …… 25921330
…… 25920377
首席专家 …… 25966121
一级专家 …… 25920445
…… 25975127
…… 25919122

办公室

主任 …… 25910513
机关党总支书记 …… 25919340
行办文书 …… 25919743
党办文书 …… 25975116
办公室传真 …… 25927127

党群工作部

人事劳资科副科长 25922562
纪检、监察 …… 25978233
培训、保险、劳动组织 …… 25918973
薪酬管理、档案 …… 25922430
人事档案 …… 25973325

生产运行科

科长 …… 25921330
副科长 …… 25916214
…… 25918248
土地 …… 25922438
综合调度 …… 25922439
土地 …… 25922442
调度 …… 25916714
调度 …… 25912391

安全环保科

科长 …… 25970503
副科长 …… 25912026
综合 …… 25910003
标准、质量、体系、油田、管理、环保 …… 25927126
…… 25922470

HSE 监督站

站长 …… 25917270
安全监督 …… 25922451

财务资产科

科长 …… 25916049
副科长 …… 25939442
税价管理、预算、固定资产核算 …… 25939734
成本核算、费用核算、投资核算、出纳 …… 25919407
…… 25918024

经营管理科

科长 …… 25966348
副科长 …… 25919239
计划、统计 …… 25915731
合同管理、法律事务 25918954
造价、统计 …… 25970620
…… 25922546

保卫科

副科长 …… 25920704
书记 …… 25919163
副科长 …… 25975087
内勤 …… 25923080

地质研究所

所长 …… 25926467
书记 …… 25918994
副所长 …… 25911206
…… 25923532
生产室 …… 25927793
…… 25922478
地质方案室 …… 25921810
…… 25922473
…… 25919341
…… 25922471
综合室 …… 25922476
…… 25922475
…… 25922962
油藏动态室 …… 25914963
…… 25921810
…… 25924949

工艺研究所

所长 …… 25919122
书记 …… 25911196
副所长 …… 25920442
…… 25911131
…… 25921483
…… 25939282
生产组 …… 25910325
地面自动化室 …… 25910351
…… 25922469
采注室 …… 25972183
…… 25922453
电泵组 …… 25978837
综合室 …… 25910013
…… 25911906

产能建设部

主任 …… 25925634
副主任 …… 25970933
…… 25926419
技术专家 …… 25914909
钻井工程 …… 25920447
试油工程 …… 25926425
钻井工程 …… 25927837
…… 25920450
…… 25927941
…… 25920446
…… 25926418
钻井监督 …… 25920441
…… 25920449
人工井场监督 …… 25922432
…… 25922433

海工建设部

主任 …… 25926416
副主任 …… 25926413
…… 25926414
经营、合同 …… 25914034
工程技术管理 …… 25973041
施工组织 …… 25926415
安全管理、协调 …… 25926417

地面建设部

主任 …… 25926424
副主任 …… 25920443
副主任、安全监督 25919139
安全管理 …… 25926421
采办工程造价 …… 25926423
施工管理、设备建造、工艺技术 …… 25926412
综合、合同 …… 25910034
工艺设计 …… 25920363

埕海联合站项目部

项目经理 …… 25920377
项目副经理 …… 25920391
…… 25920392
技术总监 …… 25920379
技术专家 …… 25922049
电力、采办、合同组25926113
工程技术、安全监督组 …… 25922547
…… 25927151
工程、工艺、仪器 25927171
…… 25922557
电力、采办、合同组25926013
综合、土地组 …… 25927181

埕海作业一区

队长 …… 25919215
副队长 …… 25926470
试采队 …… 25921284
经理 …… 25926422
书记 …… 25919412
副经理 …… 25921481
地质师、工程师 …… 25971697
综合 …… 25927313
一区资料室 …… 25922498
…… 25916994
人工岛值班室 …… 25970144
人工岛值班室 …… 25970147

埕海作业二区

经理 …… 25922538
书记 …… 25923676
副经理 …… 25911742
地质师、工程师 …… 25921482
…… 25966125
综合 …… 25922541
二区资料室 …… 25915041
…… 25922542
2 1人工井场 …… 25947074
2-2人工井场 …… 25947094
2-1人工岛 …… 25947084

综合服务部

主任 …… 25972295
副主任 …… 25924975
…… 25922499
物资采购、资产实物25922455
物资管理、合同管理25910433
设备管理 …… 25972654
综合服务组 …… 25923522
车队队长 …… 25917057
车班调度 …… 25924103
车辆安全 …… 25922447

物业

生产值班室 …… 25921480
决策中心 …… 25928590
物业 …… 25914874
门卫 …… 25914884

第一采油厂

领导

厂长 …… 25920966
书记 …… 25928922
副厂长 …… 25922398
…… 25978508
总地质师 …… 25922629
副厂长 …… 25918972
总会计师 …… 25919761
副总地质师 …… 25966314
安全总监 …… 25922659
厂长助理 …… 25922636
老领导 …… 25922630
生产运行处调度室 25913800

厂长办公室

主任 …… 25922908
副主任 …… 25927901
秘书 …… 25924509
文书 …… 25922634
传真 …… 25924509
计生、民调 …… 25924513
档案室 …… 25924338
打字室 …… 25969794
夜间值班室 …… 25919674

综合服务队

队长 …… 25939195
值班室 …… 25969594
收发室 …… 25924721
锅炉房 …… 25921207
职工餐厅 …… 25972758

党群工作部

主任 …… 25977743
团委书记 …… 25922915
副主任 …… 25924097
…… 25922916

文化站
站长 …… 25922911
组织、团委、文书 25913695
宣传 …… 25922916
女工、财务 …… 25919779
工会会议室 …… 25922753
文化站 …… 25923503

纪检监察科
副科长 …… 25922918
纪检监察 …… 25927952

生产运行科
科长 …… 25924516
副科长 …… 25922598
…… 25922599
技术专家 …… 25919784
值班调度 …… 25925592
…… 25969848
综合 …… 25916274
土地 …… 25925297
通信办 …… 25922606

规划计划科
科长 …… 25919764
副科长 …… 25922917
综合统计 …… 25922633
综合计划 …… 25922625
合同管理 …… 25922625
工程预算 …… 25922614

财务科
科长 …… 25939098
副科长 …… 25969782
核销会计 …… 25922638
固定资产 …… 25924514
总帐会计 …… 25925372
基建成本 …… 25925372
工资、公积金 …… 25978373
成本核算 …… 25978373
成本管理 …… 25925350

人事科
副科长 …… 25966287
劳动工资、统筹 … 25922637
劳动组织 …… 25922905

油田管理科
科长 …… 25922609
质量、节能 …… 25916284
现场管理 …… 25916284
体系、标准化 …… 25921149
科技管理 …… 63984492

安全环保科
科长 …… 25969814
副科长 …… 25910144
工业安全、环保 … 25977148
车管 …… 25922910
安全监督组 …… 25918460

信息管理站
主任 …… 25917964
计算机信息站 …… 25924337
信息站机房 …… 25913534

地质研究所
队长 …… 25966314
党支部书记、副队长 25969914
副队长 …… 25918495
…… 25928043
技术专家 …… 25917622
…… 25969781
…… 25915348
地质调度 …… 25922725
油藏室（滚动、产能）
…… 25927849
生产室 …… 25969744
开发室 …… 25927842
化验室 …… 25922654
综合室 …… 25927842
信息室 …… 25927841
信息室（宣传） … 25927841
信息室（合同） … 25939941

工艺研究所
站长 …… 25922628
党支部书记 …… 25913301
副站长 …… 25919061
…… 25910840
…… 25912814
技术专家 …… 25924505
…… 25912814
…… 25922798
调度 …… 25922600
采油室 …… 25969774
…… 25969784
注水室 …… 25911469
地面室 …… 25913402
综合室 …… 25926384

修井管理站
站长 …… 25915060
副站长 …… 25969314
…… 25922103
…… 25966483
政工 …… 25916903
调度 …… 25922626
预算 …… 25967944
综合 …… 25969754
电泵组 …… 25969754
设计室 …… 25969314
修井工艺设计 …… 25918960
修井监督组 …… 25922103

电力管理站
主任 …… 25916167
副主任 …… 25926277
电力运行 …… 25975247
电力调度 …… 25910309
综合管理 …… 25975347

基建管理站
主任 …… 25922611
副主任 …… 25915952
合同、设计 …… 25969847
统计 …… 25971370

经济警察大队
队长 …… 25912265
党支部书记 …… 25927920
副队长 …… 25919240
…… 25919240
户籍 …… 25924510
内勤 …… 25921860
政经保 …… 25921860
值班室 …… 25911494
监控室 …… 25911494

物资装备站
主任 …… 25916488
副主任 …… 25910454
结算统计 …… 25926347
仓储管理 …… 25912181
计划合同 …… 25923203
设备管理 …… 25967344
装备资产 …… 25924504
物资管理 …… 25923934
…… 25917310
…… 25917682
物资回收门卫 …… 25917130
物资回收 …… 25966356
油管厂调度 …… 25969574

综合车辆大队
队长 …… 25969952
党支部书记 …… 25925751
副队长 …… 25927129
…… 25927234
一队队长 …… 25969624
一队党支部书记 … 25969624
一队调度 …… 25922751
二队队长 …… 25914834
二队党支部书记 … 25910314
二队调度 …… 25977354

员工培训中心
主任 …… 25969647
党支部书记 …… 25939776
采油班站长协会 … 25920354
管理组 …… 25922795
门卫 …… 25916420

离退休管理站
主任、党支部书记 25976934
离退站办公室 …… 25972056
…… 25912138
离退站康复中心 … 25969584

计量队
队长 …… 25915254
党支部书记 …… 25969742
副队长 …… 25969742
技术专家 …… 25922913
副队长 …… 25969742
天然气管理 …… 25919247
计量管理 …… 25912846
资料、统计 …… 25969734
仪表检定 …… 25922738
东二站交油点 …… 25923272
南阀组交气点 …… 25917197

采油一队
队长 …… 25926134
党支部书记 …… 25926134
调度 …… 25924454
港东注 …… 25920142

采油二队
队长 …… 25921114
党支部书记 …… 25921114
调度 …… 25926147

采油四队
队长、党支部书记 25914401
调度 …… 25923824

采油五队
队长 …… 25948241
党支部书记 …… 25948241
调度 …… 25939414

采油六队
队长 …… 63963351
党支部书记 …… 63963351
调度 …… 63963321
机房 …… 63963352

采油七队
队长 …… 25922145
党支部书记 …… 25922145
调度 …… 25922154

采油八队
队长 …… 25972154
党支部书记 …… 25972154
调度 …… 25925143

港东联合站
站长 …… 25922142
书记、副站长 …… 25939744
副书记 …… 25939744
副站长 …… 25914717
调度 …… 25970404
…… 25967764
资料室 …… 25927337

输注队
队长 …… 25972947
党支部书记 …… 25972947
调度 …… 25925413
马西油站 …… 25925414
马西注水站 …… 25926051
马西污水站 …… 25919941

港青公司
经理 …… 25913938
副经理 …… 25917328
调度 …… 25917917
财务 …… 25969644
…… 25919744
安全组 …… 25972010
维修队 …… 25969614
修理厂 …… 25911714

第二采油厂

领导
书记 …… 25946828
经理助理 …… 25947297
…… 25949058
经理 …… 25946173
经理助理 …… 25946026
…… 25947294
…… 25946979
副经理 …… 25946264
…… 25946380
…… 25946108
总地质师 …… 25946035

厂长办公室
科员 …… 25946046
…… 25946512
…… 25946235
…… 25946047
…… 25946348
…… 25946551
…… 25946259
…… 25946374
培训中心 …… 25946267
…… 25946175
…… 25946105
…… 25946487

企划科
副科长 …… 25949161
科员 …… 25946362
…… 25946373
…… 25946119
…… 25946616
…… 25946078
…… 25946885

人事科
科长 …… 25946881
科员 …… 25946327
…… 25946100
…… 25946084
…… 25946117

生产科
科长 …… 25946089
…… 25946088
副科长 …… 25946808
科员 …… 25946905
…… 25946635
…… 25946092
…… 25946093
…… 25949162
…… 25946565
…… 25946905
…… 25946091

安全监督站
科长 …… 25946365
科员 …… 25946302
办公室 …… 25946274
…… 25946125
…… 25946442
…… 25946564
…… 25946058
…… 25946303

财务科
科长 …… 25946083
科员 …… 25946286
…… 25946056
…… 25946107

物资装备部
…… 25946385
…… 25946515
…… 25946905
…… 25946275
…… 25946592

信息档案室
…… 25946258
…… 25946050
…… 25947628
…… 25946049
…… 25947628
…… 25949126

油田管理科
科长 …… 25946353
科员 …… 25946223
…… 25946059

质量安全环保科
…… 25946079
…… 25946457
…… 25946313

工青办
科长 …… 25946160
…… 25946207
…… 25946512
…… 25946802
…… 25946152
…… 25946771

基建管理站
副科长 …… 25946074
科员 …… 25946067
…… 25946080
…… 25947147

电力燃气部
…… 25946065
…… 25946321
…… 25946274
…… 25946218
…… 25946442
…… 25946067

计量队
队长 …… 25946443
科员 …… 25946443

采油一队
…… 25946412
…… 25946565

采油三队
…… 25947408

采油四队
…… 25946274
…… 25947413

采油五队
…… 25946444

采油六队
…… 25946801

地质队
副科长 …… 25946073
…… 25946099
…… 25946256
科员 …… 25946099
…… 25946256
…… 25946260
…… 25946099
…… 25946339
…… 25946075
…… 25946459
…… 25947408
…… 25946263

东方开发服务中心
…… 25946343
…… 25946726

港骅派出所
所长 …… 25946338
办公室 …… 25946396
…… 25946113

工程技术站
副科长 …… 25946104
…… 25946449
科员 …… 25947291
…… 25946230
…… 25946448
…… 25946076
…… 25946265
…… 25946425
…… 25946324
…… 25947015
…… 25946230

经警大队
科长 …… 25949119
科员 …… 25946424
…… 25947407
…… 25946397
…… 25946114
…… 25946906
…… 25946269
…… 25946044

羊二庄管理站
副科长 …… 25947274
…… 25946531
科员 …… 25946563
…… 25947423
…… 25946564
…… 25946637
…… 25946625

输油一队
队长 …… 25946302
副队长 …… 25946302
会计 …… 25946302

输油二队
队长 …… 25946576
副队长 …… 25946576
会计 …… 25946576

维修队
队长 …… 25946303
办公室 …… 25946303

专采队
…… 25946343

综合车队
队长 …… 25946125
办公室 …… 25946125

综合服务队
队长 …… 25946311
…… 25946907
指导员 …… 25946101
科员 …… 25946268
…… 25946143

第三采油厂

领导
厂长、党委副书记 25941888
党委书记、副厂长 25944417
党委副书记、纪委书记、工会主席 …… 25945356
副厂长 …… 25944006
…… 25941236
…… 25944318
…… 25944690
总地质师 …… 25944066
总会计师 …… 25944156
副厂长 …… 25945369

………………… 25944187
总工程师 ………… 25944017
安全总监 ………… 25944029
副总工程师 ……… 25945221
副总地质师 ……… 25944052
厂长办公室
主任 ……………… 25944140
副主任 …………… 25943165
驻港办事处主任 … 63950405
行政科 …………… 25945310
文书 ……………… 25944004
传真 ……………… 25944048
秘书 ……………… 25941140
计划生育 ………… 25944031
信访维稳 ………… 25944031
行政科 …………… 25941518
………………… 25945310
干事 ……………… 25942903
………………… 25944031
驻港办事处 ……… 63962723
………………… 63962713
………………… 63954467
综合档案 ………… 25944145
人事档案 ………… 25944124
机关车队
队长 ……………… 25942373
党支部书记 ……… 25944790
副队长 …………… 25944030
………………… 25944903
经管员 …………… 25941223
调度 ……………… 25941233
公务组 …………… 25944344
门卫 ……………… 25944150
党群工作部
主任 ……………… 25942443
………………… 25944020
副主任 …………… 25944340
………………… 25944003
团委书记、文化站长 25944152
工会干事 ………… 25944994
工会会计 ………… 25944056
宣传干事 ………… 25944142
………………… 25944003
组织干事 ………… 25944142
团委干事 ………… 25944142
文化站 …………… 25942390
纪检监察部
主任 ……………… 25944032
纪检监察 ………… 25944943
生产运行部
主任 ……………… 25941690
副主任 …………… 25944167
………………… 25941353
………………… 25943689
综合运行 ………… 25944027
通信 ……………… 25944073
现场 ……………… 25944073
值班调度 ………… 25944288
………………… 25944289
抽油机管理 ……… 25944022
机泵管理 ………… 25944022
电器管理 ………… 25942125
车辆、油料管理 … 25942125
设备回收库 ……… 25942280
安全环保部
主任 ……………… 25944023
副主任、HSE 监督工作站站长
………………… 25942768
副主任 …………… 25944146
环保、综合 ……… 25944023
工业安全管理 …… 25944046
宣教、工伤管理 … 25942768
HSE 监督站 ……… 25941104
………………… 25945272
HSE 监督管理 …… 25942768
油田管理部
主任 ……………… 25944157
副主任 …………… 25944084
………………… 25944634
体系运行 ………… 25944037
体系管理 ………… 25944037
节能管理 ………… 25944342
油田管理 ………… 25944342
注水管理 ………… 25941671
经营计划部
主任 ……………… 25945401
………………… 25944132
副主任 …………… 25944010
………………… 25941776
………………… 25944978
………………… 25941755
统计 ……………… 25944144
市场监察、资金计划 25944163
投资统计 ………… 25944413
规划计划 ………… 25944413
预算 ……………… 25944269
………………… 25944077
………………… 25942038
现场监督 ………… 25944122
人事劳资部
主任 ……………… 25944065
副主任 …………… 25944121
………………… 25944002
副主任、退休办主任 25943200
干部、专业技术管理 25944120
劳动组织、劳动管理 25944127
薪酬、统计 ……… 25944042
保险、考核 ……… 25941194
培训、综合 ……… 25941194
退休办 …………… 25944905
财务资产部
主任 ……………… 25944008
副主任 …………… 25944013
………………… 25944192
………………… 25944040
稽核 ……………… 25944040
出纳 ……………… 25944183
核销 ……………… 25944183
成本核算 ………… 25944190
投资核算 ………… 25943244
税务往来 ………… 25944012
工资 ……………… 25944191
材料核算 ………… 25944191
成本管理 ………… 25941445
………………… 25942584
资产核算 ………… 25944175
资产实务 ………… 25944175
公共关系部
主任 ……………… 25941666
………………… 25941109
副主任 …………… 25944019
………………… 25944130
综合管理 ………… 25944025
土地管理 ………… 25944025
道路管理 ………… 25944025
地质研究所
副总地质师、所长 25944052
党总支书记、副所长 25944953
常务副所长 ……… 25944952
副所长 …………… 25941214
………………… 25944942
………………… 25944499
主任地质师 ……… 25941218
综合办公室
主任 ……………… 25942247
干事 ……………… 25942776
………………… 25941143
滚动评价室
主任 ……………… 25944546
干事 ……………… 25941570
………………… 25944546
………………… 25941427
………………… 25944746
………………… 25942847
工作站 …………… 25942408
产能建设室
主任 ……………… 25941195
干事 ……………… 25944914
………………… 25941195
………………… 25943472
油藏动态室
主任 ……………… 25941759
副主任 …………… 25941324
干事 ……………… 25942864
………………… 25941759
………………… 25941574
………………… 25943247
………………… 25944349
综合研究室
主任 ……………… 25941324
干事 ……………… 25941324
生产室
主任 ……………… 25941903
干事 ……………… 25941072
………………… 25941131
………………… 25941705
………………… 25941903
数据管理室
副主任 …………… 25943424
干事 ……………… 25943714
………………… 25943424
化验室
主任 ……………… 25942358
办公室 …………… 25942358
工艺研究所
所长、党总支书记 25941564
党总支副书记 …… 25943087
副所长 …………… 25942201
………………… 25944894
………………… 25941496
………………… 25942322
主任工程师 ……… 25944937
技术顾问 ………… 25944047
综合室
主任 ……………… 25944034
综合管理 ………… 25944946
生产管理 ………… 25945013
综合管理 ………… 25945013
安全管理 ………… 25944354
注水室
主任 ……………… 25944945
副主任 …………… 25944133
注水工艺 ………… 25944133
………………… 25942447
提高采收率室
主任 ……………… 25943194
副主任 …………… 25943194
调剖工艺 ………… 25943194
集输室
主任 ……………… 25944854
集输工艺 ………… 25945012
………………… 25945014
………………… 25941477
机电室
主任 ……………… 25942147
副主任 …………… 25941621

机电 …………… 25941621
…………… 25942362
化学室
副主任 …………… 25943144
油田化学 …………… 25943144
采油工艺 …………… 25941477
计量室
主任 …………… 25942362
计量工艺 …………… 25942362
计量工作站 …………… 25944117
防腐防垢室
主任 …………… 25944963
副主任 …………… 25944963
防腐防垢工艺 …… 25944963
修井管理中心
主任、党总支书记 25944199
党总支副书记 …… 25945125
常务副主任 …………… 25941412
副主任 …………… 25942118
…………… 25945135
…………… 25945350
…………… 25942084
专家 …………… 25943154
综合室
主任 …………… 25941719
副主任 …………… 25943154
成本管理统计 …… 25943154
预结算、资料 …… 25943154
综合管理 …………… 25941719
运行室
主任 …………… 25941077
调度、资料 …………… 25944974
现场监督 …………… 25942245
工艺设计一室
主任 …………… 25944940
副主任 …………… 25943074
措施工艺设计 …… 25943074
大修项目管理 …… 25943074
工艺设计二室
副主任 …………… 25943094
举升工艺 …………… 25943094
生产准备室
主任 …………… 25944941
副主任 …………… 25941293
生产准备资料组 … 25944941
油管管理组 …………… 25941293
电泵井下工具管理组25944462
抽油杆管理组 …… 25941293
准备室调度 …………… 25941343
电力管理中心
主任、党总支书记 25944161
党总支副书记、副主任
…………… 25944162
常务副主任 …………… 25944200

副主任 …………… 25944024
…………… 25944135
工程师 …………… 25941015
综合科
科长 …………… 25944114
副科长 …………… 25941391
行政后勤 …………… 25944045
文秘 …………… 25944160
财务 …………… 25944160
车辆管理 …………… 25941391
气电科
科长 …………… 25941760
运行科
科长 …………… 25942517
副科长 …………… 25941764
电力运行 …………… 25941764
电力调度 …………… 25944266
…………… 25944267
一中队
队长 …………… 25944107
值班室 …………… 25944097
二中队
队长 …………… 25944148
值班室 …………… 25944164
三中队
队长 …………… 25944041
值班室 …………… 25944043
四中队
队长 …………… 25943084
值班室 …………… 25944464
项目管理办公室
主任 …………… 25941757
常务副主任 …………… 25941220
副主任 …………… 25941189
…………… 25944064
…………… 25942933
…………… 25943322
…………… 25945257
综合管理科
科长 …………… 25942170
合同 …………… 25941487
工程资料 …………… 25944143
综合 …………… 25944143
土建管理科
科长 …………… 25944141
土建施工 …………… 25944774
…………… 25944033
施工管理科
科长 …………… 25941111
施工 …………… 25944054
…………… 25942823
…………… 25944137
第一采油作业区
副经理 …………… 25942707

党总支副书记 …… 25944434
副经理 …………… 25944001
地质师 …………… 25942728
工程师 …………… 25942705
安全总监 …………… 25942757
综合管理科
科长 …………… 25942192
综合管理 …………… 25944514
生产调度 …………… 25945051
第二采油作业区
经理、党总支书记 25941256
党总支副书记 …… 25944910
副经理 …………… 25942758
地质师 …………… 25942453
工程师 …………… 25942955
安全总监 …………… 25942709
综合管理科
科长 …………… 25941193
综合管理 …………… 25942454
生产调度 …………… 25941257
第三采油作业区
经理、党总支书记 25942356
党总支副书记 …… 25941208
副经理 …………… 25942180
工程师 …………… 25942266
地质师 …………… 25941276
安全总监 …………… 25942208
综合管理科
科长 …………… 25942156
综合管理 …………… 25941030
生产调度 …………… 25941168
第四采油作业区
经理、党总支书记 25941163
党总支副书记 …… 25941108
副经理 …………… 25941122
副经理、工程师 … 25941128
副经理、地质师 … 25942402
安全总监 …………… 25941271
综合管理科
科长 …………… 25941124
综合管理 …………… 25941115
生产调度 …………… 25941167
第五采油作业区
经理、党总支书记 25941765
党总支副书记 …… 25945276
副经理 …………… 25941761
工程师 …………… 25941051
地质师 …………… 25941766
安全总监 …………… 25941773
综合管理科
科长 …………… 25941401
综合管理 …………… 25942884
生产调度 …………… 25943064
第六采油作业区

主管全面副经理 … 25941762
党总支副书记 …… 25942196
副经理 …………… 25941771
副经理、工程师 … 25941777
地质师 …………… 25942195
安全总监 …………… 25941770
综合管理科
科长 …………… 25942694
综合管理 …………… 25942040
生产调度 …………… 25941814
集输作业区
经理、党总支书记 25941099
党总支副书记 …… 25944131
副经理 …………… 25944815
…………… 25944149
工程师 …………… 25944274
副经理、安全总监 25942139
综合管理科 …………… 25941081
…………… 25944174
生产调度 …………… 25944479
专采作业区
副经理 …………… 25944734
党总支副书记 …… 25944379
副经理 …………… 25941710
副经理、地质师 … 25945023
工程师 …………… 25945011
安全总监 …………… 25941435
综合管理科
科长 …………… 25945175
综合管理 …………… 25944726
生产调度 …………… 25945015
科技信息办公室
主任 …………… 25942821
副主任 …………… 25941153
…………… 25941524
网络管理 …………… 25944014
软件管理 …………… 25941544
门户管理 …………… 25943474
计算机管理 …………… 25943474
科技管理、综合 … 25941153
培训学校
主任 …………… 25941226
副主任 …………… 25941428
…………… 25941489
考核组 …………… 25942224
专业组 …………… 25941355
…………… 25942100
管理组 …………… 25941346
…………… 25942401
保卫科
科长 …………… 25942443
…………… 0317－4742146
副科长 …………… 25944152
…………… 0317－4748372

………………………… 25944704
治安管理 ………… 25941905
武装 ………………… 25944142
法律事务、户籍管理 25944142
综合管理 ………… 25944142
物资管理站
主任 ……………… 25942738
副主任 …………… 25941841
………………………… 25941371
库房主任 ………… 25942371
结算 ……………… 25943261
采购 ……………… 25943261
………………………… 25944053
计划 ……………… 25944053
稽核 ……………… 25944053
采购 ……………… 25941841
废旧回收 ………… 25941810
井下工具管理 …… 25944044
驻一、二工区物资库房
………………………… 25942753
驻三、四工区物资库房
………………………… 25944044
驻五、六工区物资库房
………………………… 25941752
聚鑫技术中心
经理、党总支书记 25944007
总支副书记、副经理 25945211
副经理 …………… 25944005
………………………… 25941027
工程师 …………… 25943964
财务总监 ………… 25944060
安全总监 ………… 25944049
综合部主任 ……… 25944134
综合管理部 ……… 25944057
治保组组长 ……… 25944556
财务部副主任 …… 25941322
企管部主任 ……… 25945229
市场部主任 ……… 25944443
生产部副主任 …… 25944172
任 ………………… 25944172
车队队长 ………… 25941354
电器队队长 ……… 25941933
工程队队长 ……… 25941125
后勤服务队队长 … 25941779
洪翔化工厂厂长 … 25945057
瑞丰化工厂厂长 … 25942934
长河化工厂厂长 … 25941047

第四采油厂

领导
厂长 ……………… 25919966
总地质师 ………… 25966011
党委书记 ………… 25923088
党委副书记 ……… 25922796
副厂长 …………… 25919086
副总工程师 ……… 25966016
副厂长 …………… 25914398
总工程师 ………… 25922368
副总地质师 ……… 25966009
助理 ……………… 25915261
………………………… 25966003
安全总监 ………… 25966010
培训学校
校长 ……………… 25921253
副校长 …………… 25975543
奇利公司
书记 ……………… 25973346
科长 ……………… 25926516
企划科
科长 ……………… 25923505
副科长 …………… 25910269
预算员 …………… 25924712
企划科公用 ……… 25923759
四厂产量 ………… 25923759
科员 ……………… 25923759
………………………… 25910941
………………………… 25924712
人事劳资科
科长 ……………… 25915615
副科长 …………… 25918769
科员 ……………… 25924564
………………………… 25920674
………………………… 25971711
生产运行科
科长 ……………… 25910961
副科长 …………… 25926170
科员 ……………… 25920321
………………………… 25916340
………………………… 25915427
………………………… 25925131
维修队
队长 ……………… 25925131
书记 ……………… 25925674
电力队 …………… 25925674
办公室 …………… 25975141
………………………… 25975142
………………………… 25915174
物资管理站
科长 ……………… 25915041
副科长 …………… 25924867
………………………… 25921503
科员 ……………… 25925127
………………………… 25915724
………………………… 25923528
………………………… 25918840
………………………… 25927165
信息档案室
主任 ……………… 25927255
副主任 …………… 25973236
服务器帐号 1 公共帐号
………………………… 25924405
服务器帐号 2 公共帐号
………………………… 25924405
服务器帐号 3 公共帐号
………………………… 25924405
服务器帐号 4 公共帐号
………………………… 25924405
服务器帐号 5 公共帐号
………………………… 25924405
科员 ……………… 25924405
………………………… 25975144
………………………… 25921372
………………………… 25915260
油气集输管理站
站长 ……………… 25925128
副书记 …………… 25939424
经管员 …………… 25973104
科员 ……………… 25973104
………………………… 25973345
油田管理科
科长 ……………… 25912619
副科长 …………… 25921411
………………………… 25923758
科员 ……………… 25923758
综合车队
书记 ……………… 25919416
副书记 …………… 25975545
副队长 …………… 25919416
综合服务队
队长 ……………… 25925130
副队长 …………… 25923528
………………………… 25925673
资料员 …………… 25973224
………………………… 25911691
………………………… 25971320
经管员 …………… 25973342
保管员 …………… 25973224
安全环保科
副科长 …………… 25910229
科员 ……………… 25923644
………………………… 25967424
………………………… 25923511
………………………… 25923644
板一联合站
副书记 …………… 63231473
调度 ……………… 63231479
政工员 …………… 63231472
办公室 …………… 63231471
………………………… 63231475
………………………… 63231479
………………………… 25914428
财务科
办公室 …………… 25911694
………………………… 25967747
………………………… 25921125
………………………… 25921155
………………………… 25926731
………………………… 25923754
采油一队
队长 ……………… 25973798
书记 ……………… 25973786
副队长 …………… 25973655
副书记 …………… 25926050
技术员 …………… 25936180
站长 ……………… 25973655
公共帐号 ………… 25927137
采油二队
队长 ……………… 25919417
书记 ……………… 25973102
副队长 …………… 25971760
技术员 …………… 25973014
………………………… 25971760
公共帐号 ………… 25936187
采油三队
队长 ……………… 25966417
副队长 …………… 25975485
副书记 …………… 25918043
经管员 …………… 25973655
采油四队
队长 ……………… 25917421
副队长 …………… 25919417
………………………… 25975455
资料员 …………… 25919417
经管员 …………… 25917421
采油五队
队长 ……………… 25927004
副队长 …………… 25973936
副书记 …………… 25924600
公共帐号 ………… 25923451
集三站 …………… 25969414
板六站 …………… 63101097
采油六队
副队长 …………… 25975439
副书记 …………… 25915147
公共帐号 ………… 25967347
办公室 …………… 25975534
………………………… 25967742
采油七队
………………………… 25977217
………………………… 25921152
………………………… 25914439
党群工作部
副主任 …………… 25923260
公共帐号 ………… 25914243
团委书记 ………… 25920725
科员 ……………… 25924764

……25920673
……25910472
……25914243
……25923754
地质研究所
队长……25927206
副队长……25975337
……25927690
科员……25927344
……25975225
……25975537
……25975334
……25975538
……25923923
……25975225
……25917047
电力管理站
公共帐号……25916503
科长……25918759
副科长……25923757
科员……25916503
……25948944
工程技术站
站长……25925128
副站长……25917674
办公室……25976544
公共帐号……25921374
……25973014
……25971841
……25927747
……25966206
……25973024
……25967434
……25927874
……25912274
……25927924
……25923644
……25971711
基建管理站
科长……25921881
副科长……25971543
公共帐号……25967434
科员……25975297
计量队
队长……25975253
技术员……25975261
书记……25975261
办公室……25975149
技术员……25975514
经警大队
队长……25937047
副书记……25973156
公共帐号……25939424
科员……25923450
……25973215
……25921883
……25923521
经管员……25973337
经理办
公共帐号……25923521
副主任……25925125
……25911043
科员……25926732
……25923521
……25926730
离退休管理站
站长……25926741
公共帐号……25926741
科员……25971022
……25927645
……25922165
……25923756
……25925130

第五采油厂

领导
厂长……25930698
书记……25930909
副厂长……25931613
……25934699
总工程师……25933636
总地质师……25932608
安全总监……25931205
副总工程师……25931174
副总会计师……25931221
厂长助理……25931881
办公室
主任……25930226
副主任……25931212
办公室……25931608
计生办……25929143
档案室……25934745
党群工作部
主任……25933123
副主任……25931233
文秘……25930225
工会……25931628
纪检监察科
科长……25929152
人事劳资科
科长……25931207
副科长……25932955
技能专家……25931210
工资统计……25932162
财务资产科
副科长……25935098
核销……25935550
总帐……25929150
成本……25930009
资产税务……25929151
生产运行科
科长……25931907
副科长……25934607
……25930174
技术专家……25931047
生产调度……25931605
综合调度……25935348
土地管理……25934103
通信管理……25932719
机动设备……25931208
规划计划科
科长……25933478
盘库……25933334
预算站……25931209
安全环保科
科长……25932929
安全管理……25930224
环保管理……25929142
企业管理科
科长……25930798
油田管理……25929148
地质研究所
所长……25935334
书记……25931510
副所长……25934222
……25929014
技术专家……25934710
……25931134
调度……25931606
现场管理……25929144
注水管理……25931235
修井预算……25931472
工艺设计……25934194
滚动评价……25931415
工艺研究所
所长……25934144
书记……25931855
副所长……25935743
技术专家……25931479
技术专家……25930615
调度……25930230
小修设计室……25930478
阴极防腐……25932294
注水工艺室……25932454
采收率室……25931219
基建管理站
站长……25932716
副站长……25930227
修井管理站
站长……25931094
副站长……25929149
修井监督……25931148
修井运行……25931594
修井调度……25931215
物资管理站
站长……25930231
计划验收……25931032
物资采购……25929147
市场合同……25930619
信息管理站
站长……25931603
门户管理……25932665
电力管理站
副站长……25935748
……25935810
调度……25931234
天然气管理站
站长……25934671
副站长……25932424
经警大队
大队长……25931617
副大队长……25931549
第一采油作业区
经理……25932712
副书记……25931600
调度……25932711
第二采油作业区
经理……25931413
副书记……25932705
调度……25932704
第三采油作业区
经理……25947406
副书记……25947029
调度……25947638
输注作业区
经理……25931409
调度……25932703
三次采油作业区
经理……25930733
调度……25935962
综合服务队
队长……25933765
办事员……25930147
文化站……25929140
退休办……25932708
外线班……25931607
食堂管理组……25933439
……25930044
机关食堂……25931412
办公楼门卫……25933371
监控室……25931614
管杆检修队
队长……25930189
调度……25932933
综合车队
队长……25930366

副队长 …………… 25932709
…………………… 25931236
调度 ……………… 25934665
自动化计量队
队长、书记 ……… 25933532
调度 ……………… 25934865
维修队队长 ……… 25932710
景盛工贸中心
经理 ……………… 25932751
经营办 …………… 25931217
生产办 …………… 25933477
…………………… 25934026
迪康修理厂 ……… 25935226
迪康超市 ………… 25930124

第六采油厂

领导
厂长、书记 ……… 25947779
副书记 …………… 25947780
副厂长 …………… 25947766
…………………… 25947782
总地质师 ………… 25947941
总工程师 ………… 25947927
安全总监 ………… 25947701
财务总监 ………… 25947989
厂长助理 ………… 25947865
…………………… 25947998
地质专家 ………… 25947983
办公室
主任 ……………… 25947854
副主任 …………… 25947799
…………………… 25947846
总务 ……………… 25947894
文书 ……………… 25947988
档案室 …………… 25947814
…………………… 25949410
计划生育 ………… 25947944
打字室 …………… 25947737
党工部
主任 ……………… 25947801
副主任、纪检 …… 25947953
副主任 …………… 25947827
秘书、宣传 ……… 25947793
文书 ……………… 25947847
女工 ……………… 25947916
生活 ……………… 25947913
文体 ……………… 25947934
财务科
副科长 …………… 25947784
核销 ……………… 25947972
出纳 ……………… 25947897
资产 ……………… 25947869
企划科
科长 ……………… 25947809
副科长 …………… 25947795
计划统计 ………… 25947955
考核标准 ………… 25947749
预算 ……………… 25947971
…………………… 25949419
油管科
科长 ……………… 25947939
副科长 …………… 25947979
体系 ……………… 25949416
综合 ……………… 25947864
油管 ……………… 25947727
基建办
主任 ……………… 25947703
副主任 …………… 25949407
施工 ……………… 25947942
工艺 ……………… 25947730
劳资人事科
副科长 …………… 25947826
干部管理 ………… 25947714
保险 ……………… 25947710
调配 ……………… 25947757
工资 ……………… 25947973
培训站站长 ……… 25947947
培训站办公室 …… 25947985
…………………… 25947981
培训站门卫 ……… 25947790
生产科
科长 ……………… 25947998
副科长 …………… 25947963
…………………… 25947965
…………………… 25947957
…………………… 25947890
综合 ……………… 25947977
土地 ……………… 25947849
外线 ……………… 25947922
调度 ……………… 25947948
…………………… 25947949
物资装备办
主任 ……………… 25947924
机动 ……………… 25947812
物资 ……………… 25947863
库房主管 ………… 25947958
库房 ……………… 25947781
质安科
副科长 …………… 25947943
消防 ……………… 25947824
环保 ……………… 25947771
监督站 …………… 25949408
会议室 …………… 25947752
会议厅 …………… 25947964
电力办
主任 ……………… 25947850
副主任 …………… 25947787
技师 ……………… 25947736
综合 ……………… 25947820
电调 ……………… 25947952
运行 ……………… 25947819
工艺研究所
站长 ……………… 25947877
书记 ……………… 25947841
副站长 …………… 25947717
…………………… 25949402
工程师 …………… 25947745
…………………… 25947928
工程顾问 ………… 25947884
地面主任 ………… 25947755
采注主任 ………… 25947908
注水室 …………… 25947794
化验室 …………… 25947984
综合室 …………… 25947704
采注室 …………… 25947839
地面 ……………… 25947867
自动化 …………… 25947937
信息室 …………… 25947747
修井中心
主任 ……………… 25947873
书记 ……………… 25947739
副主任 …………… 25947835
工程师 …………… 25947775
工艺室 …………… 25947751
综合室 …………… 25947842
监督室 …………… 25947871
油管厂 …………… 25946349
地质研究所
队长 ……………… 25947940
书记 ……………… 25947872
副队长 …………… 25947954
…………………… 25949400
…………………… 25949401
地质师 …………… 25947767
动态主任 ………… 25949401
动态室主任 ……… 25947967
滚评室主任 ……… 25947732
生产组 …………… 25947907
调度 ……………… 25947831
滚评 ……………… 25947834
动态 ……………… 25947773
机房 ……………… 25947881
综合车队
队长 ……………… 25947956
副队长 …………… 25947861
…………………… 25949406
…………………… 25949405
值班室 …………… 25947760
安全员 …………… 25947862
调度 ……………… 25947852
恒昌公司
主任 ……………… 25947999
财务 ……………… 25947925
办公室 …………… 25947896
经警队
队长 ……………… 25947959
一中队 …………… 25947722
二中队 …………… 25947733
三中队 …………… 25947821
四中队 …………… 25947725
内勤 ……………… 25947929
后勤 ……………… 25947729
值班室 …………… 25947844
孔店值班室 ……… 25946028
门卫 ……………… 25947764
输油一队
队长 ……………… 25947914
副队长 …………… 25947874
中心站 …………… 25947853
门卫 ……………… 25947753
加热炉 …………… 25947945
脱水 ……………… 25947724
注水站 …………… 25947734
污水站 …………… 25947744
…………………… 25947754
输油二队
队长 ……………… 25947420
书记 ……………… 25946025
副队长 …………… 25946042
…………………… 25946047
队部 ……………… 25947067
计量 ……………… 25947117
消防 ……………… 25946037
门卫 ……………… 25947416
外输泵房 ………… 25946071
加热炉 …………… 25946150
污水 ……………… 25946279
注水 ……………… 25946109
地泵 ……………… 25947427
交接油队
队长 ……………… 25947740
指导 ……………… 25947718
副队长 …………… 25947804
南交 ……………… 25946064
孔交 ……………… 25947411
值班室 …………… 25947424
维修队长 ………… 25947724
副队长 …………… 25947712
值班室 …………… 25947915
采油一队
队长 ……………… 25947961
指导员 …………… 25947750
副队长 …………… 25949415
…………………… 25947709
…………………… 25947750
技术员 …………… 25947414

资料室 …… 25947746
值班室 …… 25947825

采油二队

队长 …… 25947951
指导员 …… 25947411
副队长 …… 25947960
…… 25947962
技术员 …… 25947901
资料室 …… 25947748
值班室 …… 25949413

采油三队

队长 …… 25947574
副队长 …… 25946335
…… 25946041
技术员 …… 25947426
…… 25947421
安全员 …… 25946027
值班室 …… 25947043
资料室 …… 25947415

南部分处沧海派出所

处长 …… 25947898
…… 25947899
副所长 …… 25947833
治安室 …… 25947894
值班室 …… 25947912
刑侦 …… 25947875
…… 25947986
…… 25947818

其他单位

羊三木派出所 …… 25947840
港骅 …… 25947885
港骅食堂 …… 25947932
公寓经理 …… 25947994
公寓值班室 …… 25947997
公寓食堂 …… 25947731
公寓门卫 …… 25947720
卫生所 …… 25947904
羊三木乡 …… 25947715

赵东开发项目经理部

经理 …… 25973666
副经理 …… 25966123
…… 25926566
…… 25918766
…… 25923566
…… 25939160
…… 25979616
经理助理 …… 25925639
安全总监 …… 25926573
综合管理部 …… 25978886
勘探开发部 …… 25939522
生产作业部 …… 25921076
工程技术部 …… 25922970
财务资产部 …… 25911355
采办销售部 …… 25970625
质量安全环保部 …… 25978886

合作开发公司

经理、党委书记 …… 25967556
党委副书记、副经理 25921251
副经理 …… 25966202
总地质师 …… 25922558
副经理 …… 25921679
安全总监、经理助理 25910337
综合办公室
主任 …… 25911206
办公室 …… 25911906
党群工作部 …… 25910513
财务资产科 …… 25920363
经营计划科 …… 25910003
生产运行科
科长 …… 25911196
办公室 …… 25910325
质量安全环保科 …… 25912026
工程技术部
主任 …… 25911131
办公室 …… 25910013
地质油藏部
主任 …… 25923532
办公室 …… 25910351
司机调度 …… 25939161
采油作业区 …… 25942504

原油集输公司

党委书记、经理 …… 25923508
党委副书记、工会主席、纪委书记 …… 25915969
副经理 …… 25979188
…… 25939616
经理助理 …… 25966716
…… 25914435
安全总监 …… 25977055
经理助理 …… 25915788
…… 25914416

综合办公室

主任 …… 25913380
副主任 …… 25914496
…… 25921151
团委副书记 …… 25914423
秘书 …… 25972471
文书、计生、信访 25914496
宣传、团委 …… 25975240
工会 …… 25922728

生产运行科

科长 …… 25914435
副科长 …… 25978139
…… 25914432
…… 25914433
综合调度 …… 25978139
…… 25976624
电力运行、电力计量 25922742
综合管理 …… 25976624
生产调度 …… 25914428
…… 25922914

质量安全环保科

科长 …… 25977055
副科长、消防动火 25948283
工业安全管理 …… 25977239
环保管理 …… 25915729

规划计划科

科长科长 …… 25939469
副科长、合同副科长 25914437
统计统计 …… 25917827
预算预算 …… 25914421

人事劳资科

科长 …… 25967913
副科长、干部管理 25914538
劳动组织、薪酬统计 25977033
员工培训 …… 25979774
统筹保险 …… 25914439

财务资产科

科长 …… 25914418
副科长 …… 25977086
科员 …… 25971943
成本核算 …… 25977086
核销、出纳 …… 25919273
资产管理 …… 25971942

企业管理科

科长 …… 25977020
副科长 …… 25925939
现场管理、业绩考核、节能 …… 25939464
质量、体系、标准化 25925939

信息档案室

主任 …… 25913380
副主任 …… 25973837
计算机管理 …… 25973824
人事档案 …… 25914426
综合档案 …… 25979524
打字复印 …… 25914422

物资装备办

主任 …… 25914425
副主任 …… 25939471
实物资产、设备管理 25973814
物资计划、物资管理 25977279

HSE 监督站

站长 …… 25948283
安全监督 …… 25973834
安全综合 …… 25972572

工艺研究所

站长 …… 25914430
书记、副站长 …… 25911418
副书记 …… 25922174
综合室主任 …… 25914419
副站长 …… 25914429
副站长、油气集输室主任 …… 25914431
油气集输、综合 …… 25914436
水处理室
主任 …… 25977379
办公室 …… 25922174
化验室主任、化验室 25914431
项目室 …… 25924698
工民建 …… 25977376

综合车队

书记、队长 …… 25914438
副书记、副队长 …… 25914031
副队长 …… 25913440
安全监督员 …… 25971947
成本、资料 …… 25939144
政工、女工 …… 25914438
调度 …… 25978264

综合服务队

队长、副书记 …… 25922750
书记、副队长 …… 25922805
高级顾问、食堂管理 25922802
经管员 …… 25922750
爱国卫生 …… 25922752
综合 …… 25922752
…… 25921221

市场开发部

主任、副书记 …… 25915788
书记、副主任 …… 25976643
副经理 …… 25972358
…… 25911745
经营管理 …… 25911745
生产管理 …… 25972358
财务 …… 25915688
政工、安全 …… 25977217

计量队

队长、副书记 …… 25913705
书记、副队长 …… 25977370
副队长 …… 25971601
副队长、技术组长 25978334
成本、政工 …… 25919154
技术组 …… 25919154
…… 25971601
安全资料安全资料 25978334

经警大队

队长 …… 25920404
教导员 …… 25920404
副队长 …… 25921044
安全员 …… 25923450
政工员资料员 …… 25914208
成本员户籍管理 …… 25920404
调度 …… 25923450

港东联合站
站长 …… 25922142
书记、副站长、副书记
…… 25939744
副站长、技术员 … 25914717
调度 …… 25970404
…… 25967764
资料室 …… 25927337
西一联合站
站长、副书记 …… 25930778
书记、副站长 …… 63192354
副站长 …… 63191533
…… 63192430
副站长技术员调度 25932713
板一联合站
站长、副书记 …… 63214492
书记、副站长 …… 63231473
副站长 …… 63231472
技术员 …… 63231475
安全员资料 …… 63231471
消防泵房、门卫 … 63231431
稳定岗 …… 63223167
调度 …… 63231479
滨海大站
站长、副书记 …… 25972984
书记、副站长 …… 25914477
技术员 …… 25921152
调度 …… 25923404
外输储运库
副站长、副书记 … 63203256
副站长 …… 63203253
调度 …… 60203255
安全、会计 …… 25976538

天然气公司

经理助理 …… 25923690
副总工程师 …… 25924755
安全总监 …… 25928230
经理助理 …… 25924284
…… 25923755
技术专家 …… 25923509
综合办公室 …… 25921622
…… 25926153
…… 25926154
…… 25924996
…… 25978454
…… 25913600
…… 25918848
生产运行科 …… 25918076
…… 25916150
…… 25918203
…… 25923742
调度 …… 25973147
…… 25918927
质量安全环保科 … 25918332
…… 25918372
…… 25918280
…… 25967436
…… 25967231
…… 25913622
劳动人事科 …… 25922250
…… 25918205
…… 25918397
…… 25928220
企划科 …… 25918471
…… 25925126
…… 25973149
…… 25918242
财务资产科 …… 25973042
…… 25926159
…… 25920523
…… 25924997
…… 25918317
市场开发科 …… 25924998
…… 25923992
…… 25918204
…… 25973044
…… 25922176
工艺研究所 …… 25916030
…… 25948384
…… 25918466
…… 25948384
…… 25973144
…… 25923277
天然气处理站
站长 …… 25915514
书记 …… 25915814
副站长 …… 25915201
…… 25915233
…… 25916039
安全 …… 25915376
设备 …… 25910063
调度 …… 25915778
…… 25921161
中控室 …… 25916024（119）
…… 25911914（119）
天然气管理站
站长 …… 25918724
副站长 …… 25971744
…… 25918604
…… 25973171
计量签认班 …… 25973145
港北输气 …… 25972697
综合服务队
队长 …… 25918293
副队长 …… 25967340
…… 25910545
…… 25927190
公寓 …… 25913964
CNG 管理站
站长 …… 25921402
书记 …… 25948624
副站长 …… 25948967
…… 25927020
营业厅 …… 25948957
母站操作室 …… 25927070
王稳庄加气站 …… 83998782
多元开发
副经理 …… 25921042
…… 25970817
财务 …… 25978044
办公室 …… 25973046
工程部 …… 25927117
市场部 …… 25920860
燃气部 …… 25921043
CNG 站长 …… 63220887
CNG 营业厅 …… 63221579
CNG 中控室 …… 63221575

井下作业公司

经理 …… 25932818
党委书记 …… 25931888
党委副书记、工会主席、纪委
书记 …… 25935966
副经理、总工程师 25933138
副经理 …… 25931611
副经理、安全总监 25930266
副经理、财务总监 25935968
副经理 …… 25930099
…… 25931817
经理助理 …… 25931837
…… 25935198
经理助理、安全副总监
…… 25935518
经理助理、副总工 25931989
…… 25931911
顾问 …… 25931886
经理办公室
主任 …… 25931734
副主任 …… 25932607
秘书通信 …… 25933720
文书 …… 25931803
计生 …… 25931803
党委办公室
主任 …… 25930310
副主任 …… 25932582
党委组织科
科长 …… 25932304
副科长 …… 25932027
办公室 …… 25932027
…… 25932075
党委宣传科
科长 …… 25932621
副科长 …… 25931816
办公室 …… 25931816
群众工作科
科长 …… 25931774
副科长 …… 25931774
工会，团委 …… 25931749
监察审计科
科长 …… 25930311
副科长 …… 25932600
办公室 …… 25932600
人事劳资科
科长 …… 25931824
副科长 …… 25931737
…… 25931534
办公室 …… 25931534
生产协调科
科长 …… 25931822
副科长 …… 25931738
…… 25932921
办公室 …… 25930704
调度 …… 25930542
…… 25931658
…… 25932920
技术开发管理科
科长 …… 25932693
副科长 …… 25930461
…… 25930461
大修井控室 …… 25931775
科侧钻室 …… 25930321
主任工程师 …… 25930453
…… 25930453
市场开发管理科
科长 …… 25931890
副科长 …… 25932580
办公室
…… 25931889
企管经营科
科长 …… 25931997
副科长 …… 25931997
办公室 …… 25932054
装备管理科
科长 …… 25931802
副科长 …… 25932527
办公室 …… 25932527
物资管理科
科长 …… 25930444
副科长 …… 25931912
办公室 …… 25931912
…… 25932735
财务资产科
科长 …… 25931733
副科长 …… 25932595
…… 25932593

办公室 …………… 25932593
…………………… 25932585

质量安全环保科

科长 ……………… 25932744
副科长 …………… 25931732
…………………… 25931942
科长 ……………… 25932601
…………………… 25931732

武装保卫科

科长 ……………… 25932917
副科长 …………… 25932700
办公室 …………… 25930439
…………………… 25932700

行政服务部

主任 ……………… 25931043
副主任 …………… 25932862
办公室 …………… 25932862

安全监督站

站长 ……………… 25932625
书记 ……………… 25931908
办公室 …………… 25930430
港东分站站长 …… 25910412
港骅分站站长 …… 25946085
港南分站站长 …… 25943874

维护稳定办公室

主任 ……………… 25931651
副主任 …………… 25931651
办公室 …………… 25932692

离退休管理中心

主任 ……………… 25931898
办公室 …………… 25932792

教育培训中心

主任 ……………… 25931877
总支书记 ………… 25935000
副主任 …………… 25931723

信息室

主任 ……………… 25932607
办公室 …………… 25932607
档案室 …………… 25931833
门卫 ……………… 25931034

第一修井分公司

经理、总支书记 … 25966678
总支副书记 ……… 25915692
副经理 …………… 25925116
…………………… 25976584
…………………… 25928234
…………………… 25928247
…………………… 25976233
主任工程师 ……… 25922713
…………………… 25928248
综合办主任 ……… 25928776
副主任 …………… 25924507
…………………… 25915121
宣传、文书、保卫 25928745
计生、维稳、信访 25928774
组织、纪检、干部、工会
…………………… 25928774
劳资人事办公室主任 25928714
副主任 …………… 25922710
办公室 …………… 25948499
…………………… 25922710
物资办主任 ……… 25919064
副主任 …………… 25928248
…………………… 25919064
办公室 …………… 25919084
装备办公室 ……… 25928248
财务资产办主任 … 25928772
副主任 …………… 25928748
办公室 …………… 25928748
质量安全环保办主任 25922709
副主任 …………… 25914364
安全办副主任 …… 25914364
办公室 …………… 25928742
交通 ……………… 25922709
技术办副主任 …… 25928779
…………………… 25928240
措施 ……………… 25928240
地质 ……………… 25948474
市场办主任 ……… 25928743
副主任 …………… 25914564
办公室 …………… 25914564
生产办主任 ……… 25967652
副主任 …………… 25914507
…………………… 25967652
生产调度 ………… 25967744
…………………… 25922712
电话会议 ………… 25914507
101 队 …………… 25948484
102 队 …………… 25928747
103 队 …………… 25967477
104 队 …………… 25967470
105 队 …………… 25967471
106 队 …………… 25967472
107 队 …………… 25967474
108 队 …………… 25967475
109 队 …………… 25967476
110 队 …………… 25913614
111 队 …………… 25913174
112 队 …………… 25914534
安装队 …………… 25924714
生产准备队 ……… 25967714
…………………… 25976574
综合小车队 ……… 25928254
综合服务队 ……… 25922715

第二修井分公司

经理、总支书记 … 25946351
总支副书记 ……… 25946285
副经理 …………… 25946316
…………………… 25946176
…………………… 25946145
综合办主任 ……… 25946186
副主任 …………… 25946331
办公室 …………… 25946505
生产技术办主任 … 25946503
调度 ……………… 25946179
办公室 …………… 25946183
市场办主任 ……… 25946501
财务办主任 ……… 25946506
劳资办主任 ……… 25946507
安全办主任 ……… 25946180
办公室 …………… 25946177
物资装备主任 …… 25949048
副主任 …………… 25946182
武保 ……………… 25946502
后勤服务队队长 … 25946178
材料组 …………… 25946208
门卫 ……………… 25947224
港骅监督站 ……… 25946085
食堂 ……………… 25946196
201 队 …………… 25946189
202 队 …………… 25946190
203 队 …………… 25946191
204 队 …………… 25946192
205 队 …………… 25946993
206 队 …………… 25946913
工具队 …………… 25946261
安装队 …………… 25946198
小车队 …………… 25946206

第三修井分公司

经理 ……………… 25941239
总支书记 ………… 25944783
副书记 …………… 25941046
副经理 …………… 25943571
…………………… 25943817
…………………… 25941303
主任工程师 ……… 25942289
技术专家 ………… 25942235
助理工程师 ……… 25944401
综合办主任 ……… 25942227
网络通信 ………… 25941375
秘书计生 ………… 25942464
组织、宣传 ……… 25941242
生产办主任 ……… 25941727
副主任 …………… 25944841
调度 ……………… 25941298
土地 ……………… 25942530
市场办主任 ……… 25941411
副主任 …………… 25941299
办公室 …………… 25941299
资财办主任 ……… 25942058
副主任 …………… 25942058
办公室 …………… 25941118
技术办主任 ……… 25942164
副主任 …………… 25941368
…………………… 25942106
措施资料 ………… 25942106
物资装备办主任 … 25942264
副主任 …………… 25942463
…………………… 25942463
办公室 …………… 25941363
劳资办主任 ……… 25941222
副主任 …………… 25942303
办公室 …………… 25942303
…………………… 25941222
安全办主任 ……… 25941359
副主任 …………… 25941331
办公室 …………… 25941331
内保办主任 ……… 25942363
办公室 …………… 25942066
…………………… 25942132
南部监督站 ……… 25943874
301 队 …………… 25942302
302 队 …………… 25942263
303 队 …………… 25942169
304 队 …………… 25942061
305 队 …………… 25942350
306 队 …………… 25942253
307 队 …………… 25942348
308 队 …………… 25942273
309 队 …………… 25942284
310 队 …………… 25942260
311 队 …………… 25942327
312 队 …………… 25942332
313 队 …………… 25942384
315 队 …………… 25942166
316 队 …………… 25944778
施工队 …………… 25941310
安装队 …………… 25942351
电缆厂 …………… 25944078
小车队 …………… 25941304
油管队 …………… 25941227
油管队锅炉房 …… 25943007
服务队 …………… 25942259
库房 ……………… 25941365

第四修井分公司

经理 ……………… 25932570
总支书记 ………… 25930340
副经理 …………… 25933217
…………………… 25932741
…………………… 25932526
经理助理 ………… 25932733
…………………… 25932569
生产办主任 ……… 25932567
办公室 …………… 25932737
质安办主任 ……… 25932733
办公室 …………… 25933214

技术办主任 …… 25932961
综合管理部主任 … 25933204
办公室 …… 25931419
物资装备部主任 … 25932720
办公室 …… 25932927
市场经营办主任 … 25932743
办公室 …… 25932743
财务办 …… 25932569
人事劳资办副主任 25931422
生产准备队 …… 25932707
综合车队 …… 25933234
生活服务队 …… 25931405
综合办公室门卫 … 25931411
生产技术办调度 … 25931211
401 队 …… 25933244
402 队 …… 25931204
403 队 …… 25932706
404 队 …… 25932715
405 队 …… 25932702
406 队 …… 25932701
407 队 …… 25935351

钻修分公司

经理 …… 25931722
总支书记 …… 25933164
副经理 …… 25932609
…… 25935471
…… 25934413
…… 25932464
…… 25931620
…… 25932337
…… 25933154
…… 25931620
经理助理 …… 25933154
综合办 …… 25933148
劳资人事 …… 25931728
财务资产 …… 25931630
物资办 …… 25930094
技术管理 …… 25933174
市场开发 …… 25931740
机动资产 …… 25931665
QHSE …… 25930142
生产协调办主任 … 25932117
调度长 …… 25932117
调度室 …… 25931831
经营核算组 …… 25932144
库房 …… 25931621
车队 …… 25931845
港东钻具厂 …… 25922036
港东钻具厂门卫 … 25969184
钻修 1 队 …… 25932683
钻修 2 队 …… 25935478
钻修 3 队 …… 25932863
钻修 4 队 …… 25932497
钻修 5 队 …… 25931773
钻修 6 队 …… 25931247
钻修 7 队 …… 25934624
钻修 9 队 …… 25934624
钻修 10 队 …… 25934457
钻修 11 队 …… 25931247
钻修 12 队 …… 25933448
钻修 13 队 …… 25931488
钻修 14 队 …… 25932793
长城二队 …… 25933404

特车分公司

经理 …… 25941094
总支书记 …… 25943479
副经理 …… 25942258
…… 25943491
…… 25942480
…… 25942205
…… 25942502
…… 25942482
综合办主任 …… 25942432
办公室 …… 25942432
质量安全办主任 … 25945145
办公室 …… 25945145
生产办主任 …… 63988873
办公室 …… 25942485
调度 …… 25942490
物资装备办主任 … 25942501
副主任 …… 25942671
办公室 …… 25942671
…… 25942501
市场经营办主任 … 25942498
财务办 …… 25942498
劳资人事办 …… 25944730
特车 1 队 …… 63988733
特车 2 队 …… 25942496
特车 3 队 …… 63988933
特车 5 队 …… 25946154
特车 6 队 …… 25967473
特车 7 队 …… 0315－8840805
特车服务队 …… 25942430
门卫 …… 25942484

井下技术服务公司

经理 …… 25931876
党委书记 …… 25933399
党委副书记工会主席 25931622
副经理总工程师 … 25931645
副经理 …… 25931891
副经理总会计师 … 25931666
副经理安全总监 … 25931656
经理助理 …… 25931643
安全副总监 …… 25931639
副总工程师 …… 25931887
经理助理 …… 25932029
…… 25931679
…… 0315－8727199
…… 25932319

经理办公室

主任 …… 25931690
副主任 …… 25931863
秘书 …… 25931863
文书 …… 25931804
计划生育民政 …… 25931685
信息室主任 …… 25934074
信息室 …… 25931637
档案室 …… 25931833
机关车队队长 …… 25931788
机关车队指导员调度 25931801

党委工作部

主任 …… 25933400
副主任 …… 25931815
文书宣传综合 …… 25932761

党委组织（人事劳资）部

主任 …… 25931821
副主任 …… 25931793
…… 25933141
组织 …… 25931792
劳资培训 …… 25931684

群众工作部

主任工会副主席 … 25931823
副主任团委副书记 25931819
工会办公室 …… 25931812

监察审计部

主任 …… 25931892
纪检审计 …… 25931820

市场开发（国际工程）部

主任 …… 25934842
副主任 …… 25934439
…… 25931814
办公室 …… 25932775
统计 …… 25931875
合同 …… 25932882

质量安全环保部

主任 …… 25931590
副主任质量体系 … 25930427
副主任车辆消防 … 25932861
安全环保 …… 25931726

生产协调部

主任 …… 25931849
副主任仲裁 …… 25931848
综合土地 …… 25930720
调度 …… 25931844
…… 25931846
防汛值班 …… 25931790

物资装备部

主任 …… 25934974
副主任 …… 25931683
装备管理 …… 25931893
物资管理节能管理 25933374

技术开发部

主任 …… 25931841
副主任 …… 25931463
技术管理 …… 25931657

财务资产部

主任 …… 25931835
副主任 …… 25931878
总账公积金 …… 25932017
核销资金 …… 25932635
资产成本 …… 25931838

武装保卫部

主任 …… 25931894
副主任 …… 25931763
户籍武装治安 …… 25931662
机关门卫 …… 25931642

维护稳定办公室

主任 …… 25931643
副主任 …… 25930325
信访 …… 25931646

有偿解除劳动合同服务站

…… 25931856

安全监督站

站长 …… 25931686
副站长办公室 …… 25931708

离退休职工管理中心

主任 …… 25931829
副主任 …… 25930367
财务综合办公室 … 25931899

勘探开发项目部

经理 …… 25932790
支部书记副经理 … 25931851
副经理 …… 25931840
…… 25934757
开发组 …… 25931851
勘探组 …… 25934595
解释组 …… 25931847
经营组 …… 25935737

南部项目部

经理 …… 25941022
副经理 …… 25941094
生产 …… 25941094
经营 …… 25942489

冀东项目部

经理 …… 0315－8727199
总支书记 …… 0315－8727198
副经理 …… 0315－8727197
…… 0315－8727208
…… 0315－8727193
…… 0315－8727196
…… 0315－8727192

大庆项目部

经理 …… 0459－6852386
副经理 …… 0459－8631866

长庆项目部

经理
支部书记…… 0912－8091889
副经理……… 0911－2988208
……………… 0912－4639106
副经理……… 0912－4639105

试油工程分公司

经理 ……………… 25931798
总支书记 ………… 25931705
副经理 …………… 25931787
……………………… 25931706
……………………… 25931917
……………………… 25931957
……………………… 25931957
……………………… 25931917
……………… 0912－4633278
经理助理 ………… 25941314
生产 ……………… 25931720
技术 ……………… 25931720
QHSE …………… 25931710
财务 ……………… 25930114
经营 ……………… 25931730
机动 ……………… 25931736
劳资 ……………… 25931772
综合 ……………… 25933114
调度室 …………… 25931721
501 队 …………… 25934711
502 队 …………… 25933094
504 队 …………… 25933474
506 队 …………… 25934754
507 队 …………… 25933314
508 队 …………… 25935472
511 队 …………… 25930143
515 队 …………… 25932648
516 队 …………… 25935470

压裂酸化分公司

经理 ……………… 25930414
总支书记 ………… 25931688
副经理 …………… 25930497
……………………… 25933124
党群劳资 ………… 25931689
设备资产 ………… 25931692
经营财务 ………… 25931041
质量安全 ………… 25931751
生产协调 ………… 25931691
……………………… 25931040
物资供应 ………… 25931695
压裂一队 ………… 25931694
压裂二队 ………… 25930140
压裂三队 ………… 25930999
特车队 …………… 25931693
施工队 …………… 25931789
综合队 …………… 25931004

测试分公司

经理 ……………… 25931883
总支书记 ………… 25931101
副经理 …………… 25931796
……………………… 25932072
……………………… 25932623
综合 ……………… 25930075
生产 ……………… 25931544
安全 ……………… 25930933
财务、劳资 ……… 25931711
测试 1 队 ………… 25931667
测试 2 队 ………… 25932626
测试 3 队 ………… 25931125
试井队 …………… 25931626
综合队 …………… 25931668
测试调度 ………… 25931640

试采分公司

经理、总支书记 … 25931836
副经理 …………… 25931818
……………………… 25931760
……………………… 25930018
综合 ……………… 25931915
安全 ……………… 25931915
劳资经营 ………… 25932624
设备、资产 ……… 25931915
财务 ……………… 25931903
试采一队 ………… 25933134
试采二队 ………… 25933134
试采综合车队 …… 25932410

管子工具分公司

经理 ……………… 25933018
总支书记 ………… 25932018
副经理 …………… 25931715
……………………… 25931753
经理助理 ………… 25933184
综合 ……………… 25934522
劳资 ……………… 25931769
经营 ……………… 25931748
财务 ……………… 25935475
质安 ……………… 25931654
物资拨料组 ……… 25934406
技术办 …………… 25931599
工具车间 ………… 25934517
激光车间 ………… 25931947
井控车间 ………… 25930904
港西油管厂 ……… 25932617
综合队生产调度 … 25931770

修造准备分公司

经理 ……………… 25931780
总支书记 ………… 25930676
副经理 …………… 25934547
……………………… 25932755
……………………… 25932092
经理助理 ………… 25932755
政工劳资 ………… 25934513
质量安全 ………… 25932475
物资 ……………… 25933065
经营财务 ………… 25931810
生产技术 ………… 25933347
调度 ……………… 25931779
修保车间 ………… 25931744
管焊车间 ………… 25931745
加工车间 ………… 25931743
供电队 …………… 25931712
生产准备队 ……… 25931747

井下技术研究所

所长 ……………… 25931713
副所长 …………… 25935174
……………………… 25931655
……………………… 25931850
政工安全 ………… 25931663
劳资经营物资 …… 25931850
化验室 …………… 25931664
印刷室 …………… 25932847
工艺室 …………… 25931832
配液站 …………… 25931854
计量室 …………… 25931786
资料室 …………… 25931227

行政服务中心

经理 ……………… 25932603
总支书记 ………… 25931930
副经理 …………… 25933421
……………………… 25930719
党群工作组 ……… 25931634
劳资生产经营设备 25931701
安全、生活后勤、房补
……………………… 25932414
基建 ……………… 25934414
财务 ……………… 25933047
能源队 …………… 25931781
保洁队 …………… 25931868
综合服务队 ……… 25931884
公寓 ……………… 25931644
餐饮队队长 ……… 25930675
办公室 …………… 25931885
招待所 …………… 25931805
福利厂 …………… 25931687

亚龙运输中心

经理 ……………… 25931857
总支书记 ………… 25931906
副经理 …………… 25930118
……………………… 25930298
……………………… 25933606
党群办 …………… 25931866
经营办 …………… 25935270
劳资人事 ………… 25935270
财务 ……………… 25930457
生产 ……………… 25931865
安全 ……………… 25931180
客运队 …………… 25931862
货运队 …………… 25931867
运输三队 ………… 25932098
综合队 …………… 25931864

测试公司

经理、党委书记 … 25966599
党委副书记 ……… 25922919
副经理 …………… 25925966
……………………… 25971850

综合科

主任 ……………… 25972301
副主任 …………… 25914452
秘书 ……………… 25914455
文书 ……………… 25914455
纪检监察 ………… 25925561
档案室 …………… 25972305

人事科

科长 ……………… 25972310
干部组织 ………… 25925581
工资管理 ………… 25925581
培训管理 ………… 25976742
劳动组织 ………… 25976742

财务科

科长 ……………… 25916507
资产、成本 ……… 25922587
出纳 ……………… 25914453

生产科

科长 ……………… 25922615
调度长 …………… 25914457
副调度长 ………… 25914740
物资办主任 ……… 25915664
生产调度 ………… 25914714
……………………… 25913563
设备管理 ………… 25928569
物资管理 ………… 25928569

管理科

科长 ……………… 25976743
副科长 …………… 25914665
武装保卫 ………… 63987456
法律事务合同、企业管理
……………………… 25976740
体系、安全环保 … 25926358
监督站 …………… 25914745

科技信息科

科技办科长 ……… 25919037
信息办科长 ……… 25914227
科技、工艺 ……… 25914451
信息室 …………… 25913381

事务科

科长 ……………… 25914458
综合管理 ………… 25922902
事务管理 ………… 25925050
文印室、会务 …… 25912750

测试解释研究所

所长、党支部书记 25976741
副站长 ………… 25917357
主任地质师 ……… 25925563
综合管理 ………… 25914579
测井解释室 ……… 25972307
…………………… 25925562
…………………… 25913081
试井解释机房 …… 25972303

测试工艺研究所

所长、党支部书记 25972309
主任工程师 ……… 25925560
综合管理 ………… 25914817
工具室 …………… 25922901
测井仪修工房 …… 25922411
测井仪修室 ……… 25914497
试井标定室 ……… 25914462
试井标定工房 …… 25922249

综合服务公司

经理、党支部书记 25915796
副书记 …………… 25922960
经理助理 ………… 25915059
综合管理 ………… 25914742
车队调度 ………… 25914774
库房 ……………… 25914743
服务班 …………… 25912875
职工食堂办公室 … 25922084
职工之家 25924765
机关门卫 ………… 25914459
基地门卫 ………… 25913617

第一测试分公司

经理、党支部书记 25914704
副书记 …………… 25913933
副经理 …………… 25914741
综合管理 ………… 25913031
解释组 …………… 25914747

第二测试分公司

经理、党支部书记 25947692
副书记 …………… 25946426
副经理 …………… 25946429
经理助理 ………… 25946297
技师 ……………… 25946298
安全生产 ………… 25946427
综合管理 ………… 25946427
经营管理 ………… 25946193
绘解室 …………… 25946195
试井一队 ………… 25946379
试井二、三、四队 25946379
测井队 …………… 25946379
综合服务队 ……… 25946379

第三测试分公司

经理 ……………… 25941259
书记 ……………… 25942091
副经理 …………… 25941057
经理助理 ………… 25942083
安全生产 ………… 25941366
党政、行政管理 … 25942324
经营管理 ………… 25942445
绘解室 …………… 25942085
人事、设备、体系管理
…………………… 25942469
综合服务队 ……… 25942081

第四测试分公司

经理 ……………… 25914746
书记 ……………… 25914748
副经理 …………… 25917647
综合事务管理、生产25914744
人事劳资 ………… 25914749

工程建设有限责任公司

董事长、经理、党委副书记
…………………… 25936366
党委书记、副董事长、副经理
…………………… 25936868
党委副书记、纪委书记
…………………… 25936213
副经理 …………… 25936140
…………………… 25938366
副经理、总工程师 25936375
副经理、安全总监 25936389
副经理 …………… 25936219
…………………… 25936253
副经理、总会计师 25936207
副经理 …………… 25937066
老领导 …………… 25936252
…………………… 25923349
…………………… 25923120
高级技术专家 …… 25937932
经理助理 ………… 25937098
…………………… 25937626
…………………… 25937928
…………………… 25937918
…………………… 25936588
…………………… 25937649
…………………… 25937643
安全副总监 ……… 25923348
副总政工师 ……… 25936222
副总经济师 ……… 25936391
副总工程师 ……… 25936370

党委办公室（组织纪监部）

主任 ……………… 25936222
副主任 …………… 25937659
组织纪监部部长 … 25936513
办公室 …………… 25936208

党委宣传部（团委）

部长 ……………… 25936249
团委副书记、宣传部副部长
…………………… 25937707
办公室 …………… 25936340

经理办公室

主任 ……………… 25936588
副主任 …………… 25937696
法律事务、秘书 … 25936376
文书 ……………… 25936386
计生、民政办 …… 25936367
档案室 …………… 25936374
打字室 …………… 25936202

审计部

主任 ……………… 25936221
副主任 …………… 25936164
办公室 …………… 25936452

工会办公室

主任 ……………… 25936216
副主任 …………… 25937581
办公室 …………… 25936413
文化站 …………… 25936281

财务资产部（结算中心）

主任 ……………… 25938296
副主任 …………… 25936211
…………………… 25936417
…………………… 25936205
…………………… 25937327
清理法人办公室主任25923579
清欠办 …………… 25936203
…………………… 25938285
油建财务 ………… 25936388
…………………… 25938604
税务办 …………… 25936256
路桥财务 ………… 25938615
…………………… 25938625
…………………… 25938635
路桥结算中心 …… 25938631
…………………… 25938632
油建结算中心 …… 25938613
…………………… 25936294
…………………… 25938336
…………………… 25938121

劳动工资部

主任 ……………… 25937479
副主任 …………… 25936225
劳动组织 ………… 25936373
专业技术管理、保险、统筹
…………………… 25937144
工资管理、培训 … 25936379
办公室 …………… 25938655

质量安全环保部

主任 ……………… 25937575
副主任 …………… 25936248
…………………… 25937789
…………………… 25938087
…………………… 25937384
综合办 …………… 25936845
…………………… 25936378
交通办 …………… 25936534
办公室 …………… 25936604

技术发展部

主任 ……………… 25936370
副主任 …………… 25936279
…………………… 25938649
…………………… 25936279
…………………… 25936533
…………………… 25936533
…………………… 25936377
标准化、科技 …… 25936512
办公室（图书） … 25938383

工程项目部

主任 ……………… 25938630
副主任 …………… 25937364
…………………… 25937364
…………………… 25938412
…………………… 25937812
…………………… 25936210
调度室 …………… 25936204
办公室 …………… 25937755

经营计划部

主任 ……………… 25937928
副主任 …………… 25936214
…………………… 25937825
办公室 …………… 25936142
…………………… 25938663
统计 ……………… 25936209
合同 ……………… 25936215

设备管理部

主任 ……………… 25936267
副主任 …………… 25937690
…………………… 25938377
…………………… 25937691
办公室 …………… 25938745
…………………… 25938377

工程预算部

主任 ……………… 25936391
副主任 …………… 25938594
…………………… 25938219
…………………… 25938084
…………………… 25938084
办公室 …………… 25938417
…………………… 25937060

物资采购部

主任 ……………… 25936152
副主任 …………… 25937041
物资采购 ………… 25936380
物资核销 ………… 25937445
物资合同 ………… 25937404

市场开发部

主任 ……………… 25937918
副主任 …………… 25936220
…………………… 25937941

一部经理 …… 25938497
二部经理 …… 25937560
副主任、保卫科副科长
…… 25936212
投标 …… 25936201
协调 …… 25936212
资质 …… 25936013
一部 …… 25938497
二部 …… 25936297
三部 …… 25938204
四部 …… 25936587
…… 25936382

企管法规部
主任 …… 25937626
副主任 …… 25936013
…… 25937578
办公室 …… 25938459

质量安全监督站
站长 …… 25923348
副站长 …… 25923339
石化项目部副经理 25923121
监督员 …… 25923558

离退休职工管理站
站长 …… 25923368
副站长 …… 25921406
…… 25948021
…… 25923539
办公室 …… 25923329
油建分站 …… 25936277
幸福里分站 …… 63961975
二道沟分站 …… 25917714
二道沟分站 …… 25923071

职工培训站
主任、党支部书记 25937718
副站长 …… 25937862
考委会 …… 25937437
培训室 …… 63987685
技能鉴定 …… 63980900
培训车间 …… 25936024
培训室 …… 25936206

信息中心
主任 …… 25936920
网络员 …… 25936231
程序员 …… 25936837

维护稳定办公室
主任 …… 25948031
副主任 …… 25921165
…… 25938245
办公室 …… 25936230
…… 25923321
…… 25923320

行政管理中心
主任 …… 25966577
书记 …… 25923358
副主任 …… 25923141
…… 25923345
综合服务队 …… 25923336
上古林职工公寓 … 25936331
建北里大学生公寓 25936242
一分公司大学生公寓25927489
二道沟大学生公寓 25923194
安泰职工公寓 …… 25911373
安泰大学生公寓 … 25915732

小车队
队长 …… 25936339
党支部书记 …… 25938582
副队长 …… 25936288
调试室 …… 25936288
安全员 …… 25937582

一分公司
经理 …… 25928907
党总支书记 …… 25916417
副经理 …… 25948814
…… 25916407
副经理、安全主管 25916127
经济考核 …… 25916434
劳资 …… 25916197
调度 …… 25916457
财务传真 …… 25916447
预算 …… 25916454
计划、合同 …… 25916141
物资装备 …… 25916224
政工 …… 25939974
安全 …… 25916127
技术 …… 25916250
车队 …… 25916514
作业一部 …… 25916477
门卫 …… 25916424

二分公司
经理 …… 25923043
党总支书记 …… 25923040
副经理 …… 25927330
副经理、安全主管 25927332
副经理 …… 25978242
劳资、财务 …… 25923041
行政 …… 25923044
机动、合同 …… 25923002
预算 …… 25927329
技术、安全 …… 25927331
装备 …… 25923046
调度 …… 25923053
第一作业部 …… 25923049
第二作业部 …… 25923045
第三作业部 …… 25923060
门卫 …… 25927327

三分公司
经理 …… 25923909
党总支书记 …… 25923910
副经理 …… 25917507
…… 25917968
…… 25923908
装备组 …… 25914057
劳资 …… 25917504
预算 …… 25917968
安全 …… 25920372
物资装备 …… 25922050
调度 …… 25923919
调度 …… 25923700
政工 …… 25923701
车队 …… 25923913
技术 …… 25923914
财务 …… 25923915
合同 …… 25922050
作业部 …… 25923918

四分公司
经理 …… 25936229
党总支书记 …… 25937184
副经理 …… 25937130
…… 25937130
副经理、安全主管 25937130
政工办（传真） … 25936121
财务 …… 25936161
物资装备 …… 25936484
预算 …… 25936485
计划合同 …… 25936124
调度 …… 25936150
安全质量 …… 25938064
门卫 …… 25938044

五分公司
经理 …… 25936381
党总支书记 …… 25937558
副经理 …… 25938888
…… 25936255
…… 25936387
…… 25936595
生产经营部 …… 25936565
综合办 …… 25936565
财务部 …… 25936595
预算组 …… 25936272
质安部 …… 25936566
物资部 …… 25937134
车队 …… 25936143
康渤项目部 …… 25938001
…… 25936666
…… 25936564
震港项目部 …… 25925461
…… 25973098
…… 25972846
港油项目部 …… 25936141
…… 25936371

六分公司
经理 …… 25922907
副经理 …… 25928144
副经理、安全主管 25928184
财务 …… 25928187
劳资、合同 …… 25928167
工会（传真） …… 25928148
调度 …… 25922734
安全 …… 25967770
预算 …… 25928154
安装队 …… 25922733
材料 …… 25928174

电讯仪表分公司
经理 …… 25936305
党总支书记 …… 25936146
副经理 …… 25936306
副经理、安全主管 25936303
财务 …… 25936301
预算 …… 25936310
劳资 …… 25936301
政工 …… 25936309
生产组 …… 25936304
材料组 …… 25937974
一项目部 …… 25936309
二项目部 …… 25936306
三项目部 …… 25936262
四项目部 …… 25936313
五项目部 …… 25936313
司机班 …… 25936148
实验室 …… 25936262

金属结构厂
厂长 …… 25937995
党总支书记 …… 25938633
副厂长 …… 25936342
副厂长、安全主管 25936398
副厂长 …… 25936343
质保工程师 …… 25936453
党群工作部传真 … 25936397
财务部 …… 25936335
预算部 …… 25936173
质检部 …… 25936338
安全部 …… 25938290
物资部 …… 25936603
生产部 …… 25936341
一车间 …… 25938291
二车间 …… 25936326
门卫 …… 25937475

建筑工程分公司
经理 …… 25936321
党总支书记 …… 25936560
副经理 …… 25937027
…… 25936509
…… 25936317
调度 …… 25936322
装备 …… 25936311
技术质量 …… 25937004

会计劳资 ………… 25936323
预算 ……………… 25938141
合同 ……………… 25936317
政工 ……………… 25936560
门卫 ……………… 25937027

防腐保温分公司

经理 ……………… 25923906
党支部书记 ……… 25923967
副经理 …………… 25912324
副经理、安全主管 25923727
副经理 …………… 25927164
政工组 …………… 25927243
人事、劳资 ……… 25923903
财务 ……………… 25923728
合同、预算 ……… 25923902
设备、技术、质量、安全 ………………… 25927141
车队、调度 ……… 25923723
材料组 …………… 25923729
项目部 …………… 25978241

机械运输分公司

经理 ……………… 25923005
党支部书记 ……… 25923021
副经理 …………… 25923028
………………… 25948013
经理助理、物资办 25923030
财务办 …………… 25915044
调度 ……………… 25923026
………………… 63967665

管道技术服务分公司

经理 ……………… 25923020
副经理 …………… 25921378
物资、预算合同 … 25918023
财务、劳资 ……… 25926193
技术、安全、机动、项目二部 ………………… 25924897
门卫、项目一部 … 25923907

管道穿越分公司

经理、党支部副书记25921067
党支部书记、副经理25948841
副经理 …………… 25966141
安全、物资、劳资 25914147
财务、技术 ……… 25966141
项目组 …………… 25927792

港狮安装分公司

经理 ……………… 25942108
党支部书记 ……… 25942388
副经理、安全主管 25945333
副经理 …………… 25945336
………………… 25945326
行政办（传真） … 25941326
预算 ……………… 25941348
劳资、合同 ……… 25944222
生产办 …………… 25942137
港狮分公司财务 … 25942321
安全监督 ………… 25945329
安全 ……………… 25944197
工程队队长 ……… 25945319
副队长 …………… 25942050
电气队队长 ……… 25941334
副队长 …………… 25944997
防腐厂厂长 ……… 25945309
副厂长 …………… 25942568
库房 ……………… 25942136

港骅安装分公司

经理 ……………… 25946157
副经理 …………… 25946169
………………… 25946753
政工 ……………… 25946157
劳资 ……………… 25946164
物资 ……………… 25946509
财务 ……………… 25946538
安全 ……………… 25946835
门卫 ……………… 25946161
工程队 …………… 25946165
………………… 25946837
机修队 …………… 25946166
电力队 …………… 25946350

公路一分公司

经理 ……………… 25923371
书记 ……………… 25923574

公路二分公司

经理、书记 ……… 25923940
滩海工程分公司
经理、书记 ……… 25923333

市政一分公司

经理 ……………… 25923928
副经理 …………… 25923925
经营、计划 ……… 25921164
材料 ……………… 25923937
设备维修车间 …… 25921405
设备值班 ………… 25923351
搅拌站 …………… 25923927

市政二分公司

经理 ……………… 25923378
书记 ……………… 25923926
副经理 …………… 25923375

建筑分公司

经理 ……………… 25927071
书记 ……………… 25923652
副经理 …………… 25923938
混凝土拌合站 …… 25922334

勘察设计所

经理 ……………… 25923575
书记 ……………… 25923373
办公室 …………… 25923332
………………… 25923352

天津科迪检测试验公司

经理 ……………… 25936245
副经理 …………… 25923338
党支部副书、副经理、安全主管 ……………… 25946162
副经理、财务 …… 25936145
检测室 …………… 25936511
放射源库房 ……… 25938274
财务室 …………… 25938588
业务室 …………… 25936486

物业管理部

主任 ……………… 25937116
一楼大厅接待 …… 25938039
餐厅 ……………… 25938090
门卫 ……………… 25936351

电力公司

经理 ……………… 25931326
书记 ……………… 25931279
副经理、总会计师 25931099
副经理、安全总监 25931322
副经理、总工程师 25930133
副经理 …………… 25933622
副书记、纪委书记、工会主席 ………………… 25931350
副总会计师 ……… 25931323
安全副总监 ……… 25932363
副总经济师 ……… 25931336

公司办公室

主任 ……………… 25931314
文书秘书 ………… 25931356
信访办 …………… 25932320
档案 ……………… 25931380
计划生育 ………… 25932483

党委办公室

主任 ……………… 25931333
文书秘书 ………… 25931353
干部管理 ………… 25931321
保密宣传 ………… 25935444

群众工作科

科长 ……………… 25935427
团委 ……………… 25931366

保卫科

科长 ……………… 25931084
治安联防 ………… 25931357
户籍管理 ………… 25932646
交通管理 ………… 25932323
机关门卫 ………… 25932501

劳动工资科

科长 ……………… 25931189
工资保险 ………… 25931328
劳动保护 ………… 25932330

财务资产科

科长 ……………… 25931188
财务管理 ………… 25935904
成本核销 ………… 25931325
财务出纳 ………… 63983391

经营计划科

科长 ……………… 25931187
经营考核 ………… 25931364
计划统计 ………… 25931327
基建维修 ………… 25931342

安全环保科

科长 ……………… 25933022
安全管理 ………… 25932465
体系运行 ………… 25933105
安全监督站 ……… 25931839

物资装备科

科长 ……………… 25932354
库房管理 ………… 25932329
统计核销 ………… 25935908
现场管理 ………… 25932489

生产技术科

科长 ……………… 25932470
技术管理 ………… 25933021
生产管理 ………… 25935457
技术组 …………… 25931186
管理组 …………… 25931360
微机室 …………… 25931355

调度中心

主任 ……………… 25932328
运动通信 ………… 25931361
检修计划 ………… 25932485
运行组 …………… 25931278
远动组 …………… 25935445
调度值班 ………… 25931331

行政服务中心

主任 ……………… 25931058
公共事务组 ……… 25931037
机关会务 ………… 25932469
公司食堂 ………… 25935212

职工培训中心

主任 ……………… 25931183
职工培训 ………… 25931335
教务、门卫 ……… 25931359
技能鉴定站 ……… 25932250

离退休管理中心

主任、书记 ……… 25931284
管理组 …………… 25932333
离退休中心 ……… 25932297

电力工程项目部

副经理 …………… 25935914
项目部 …………… 25931354

销售分公司

经理 ……………… 25931319
书记 ……………… 25932374
会计室 …………… 25932352
电费审核 ………… 25935740
用电报装 ………… 25932270

港东变电分公司
经理、书记 ……… 25923662
生产管理 ……… 25923660
运行管理 ……… 25923646
成本室 ……… 25921121
港东变 ……… 25923318
港炼变 ……… 25914294
新港炼变 ……… 25925617
压气站变 ……… 25919544
东二变 ……… 25923781
港西变 ……… 25931530
马西变 ……… 25924561
滨海变 ……… 63956931
中心区变 ……… 25927311
羊二庄变 ……… 25947403
总机厂变 ……… 25964396
新世纪变 ……… 25930780
港五井变 ……… 25923516
港中变 ……… 25965703
南部变电分公司
经理、书记 ……… 25935907
生产管理 ……… 25931181
南部成本 ……… 25931404
南部值班 ……… 25942385
王官屯变 ……… 25941060
王徐庄变 ……… 25946201
枣园变 ……… 25942706
羊三木变 ……… 25947741
孔店变 ……… 25947412
小集变 ……… 25941474
官二联变 ……… 25943054
舍女寺变 ……… 25944544
段六拨变 ……… 25943044
西后屯变 ……… 25941424
西后屯变 ……… 25941425
枣二联变 ……… 25942713
检修分公司
经理 ……… 25931365
书记 ……… 25935964
技术组 ……… 25935454
安全组 ……… 25932642
热电项目部
经理 ……… 25921133
副经理 ……… 25921381
……… 25921384
副书记 ……… 25921241
综合、安全主任 ……… 25913123
技术、设备主任 ……… 25921032
工程组 ……… 25921130
技术组 ……… 25921134
技经、综合 ……… 25913325
物资、安全 ……… 25921385
技术服务分公司
经理、书记 ……… 25931362
生产技术 ……… 25933200
成本、门卫 ……… 25932524
生产运输分公司
经理、书记 ……… 25931191
车辆调度 ……… 25932322
车队运行 ……… 25931102
车队管理 ……… 25932480
小车队
队长、书记 ……… 25933197
调度 ……… 25931346
车务管理 ……… 25932453
天水实业公司
副经理 ……… 25932349
……… 25931358
……… 25935941
……… 25930539
一安装经理 ……… 25931310
……… 25935963
二安装经理 ……… 25932317
……… 25935317
基建分公司 ……… 25932788
车务分公司 ……… 25932022
仪表分公司 ……… 25935935
……… 25931192
财务部 ……… 25930279
计划部 ……… 25932324
物资部 ……… 25932381
安全部 ……… 25931313
生产部 ……… 25932357
综合部 ……… 25932379
绿化保洁 ……… 25932382
南部值班 ……… 25942033

通信公司

经理 ……… 25920128
党委书记 ……… 25920051
党委副书记 ……… 25920059
副经理 ……… 25920058
……… 25920125
经理助理 ……… 25920101
……… 25920096
副总师 ……… 25920005
……… 25920071
……… 25920406
老领导 ……… 25920006
办公室
主任 ……… 25920019
副主任 ……… 25920048
秘书 ……… 25920458
文书 ……… 25920008
计生 ……… 25920060
档案 ……… 25920010
工会
工会主席 ……… 25920007
工会办 ……… 25920049
经营计划科
科长 ……… 25920011
办公室 ……… 25920408
……… 25920155
财务科
副科长 ……… 25920065
会计核算 ……… 25920409
劳动工资科
科长 ……… 25920176
副科长 ……… 25920009
技能培训 ……… 25920097
退休办
主任 ……… 25920176
副主任 ……… 25977117
办公室 ……… 25973100
安全保卫科
科长 ……… 25920016
办公室 ……… 25920070
安全监督站
站长 ……… 25920003
安全监督 ……… 25920707
生产技术运行部
主任 ……… 25920052
副主任 ……… 25920403
……… 25920068
办公室 ……… 25920456
……… 25920014
……… 25920055
……… 25920083
……… 25920082
……… 25928860
……… 25920077
……… 25920089
计费中心
主任 ……… 25910333
主任工程师 ……… 25917471
计费 ……… 25917472
……… 25917476
……… 25917477
……… 25917475
质监中心、客服中心
主任 ……… 25920073
副主任 ……… 25920126
办公室 ……… 25948999
体系办 ……… 25920050
市场部
主任 ……… 25918900
副主任 ……… 25920023
办公室 ……… 25921300
电信业务部
主任 ……… 25920027
副主任 ……… 25920776
办公室 ……… 25911065
……… 25920067
中心营业大厅 ……… 63962027
……… 63962017
固话受理 ……… 63950151
宽带受理 ……… 63962052
小灵通受理 ……… 63962051
……… 63962053
公话 ……… 63962025
收费 ……… 63950152
……… 63950160
三号院营业厅 ……… 25920481
……… 25920482
……… 25920485
团泊洼营业厅 ……… 25940111
安防分公司
经理 ……… 25927736
机房 ……… 25927737
宽带分公司
经理 ……… 25920090
办公室 ……… 25920091
……… 25920092
……… 25920093
无线市话分公司
经理 ……… 25920026
副经理 ……… 25920069
业务咨询 ……… 25969999
机房 ……… 25920056
……… 25920300
中心电话站
站长 ……… 25920001
副站长 ……… 25920062
主任工程师 ……… 25920028
成本 ……… 25920015
材料 ……… 25920028
话务班 ……… 25923001
程控班 ……… 25923456
测量台 ……… 25920112
……… 25920600
……… 25920777
汇接室 ……… 25920043
电力室 ……… 25920045
传输班 ……… 25964112
传输班 ……… 25920047
团泊洼站办 ……… 25940228
团泊洼外线 ……… 25940111
团泊洼机房 ……… 25940200
幸福里电话站
站长 ……… 63951000
副站长 ……… 63950001
综合机房 ……… 63951112
……… 63950099
外线 ……… 63953123
……… 63950003
传真 ……… 63960099

线务总站
站长 ………… 25920107
副站长 ………… 25920033
主任工程师 ……… 25920098
调度 ………… 25920079
成本 ………… 25920105
材料 ………… 25920106
材料 ………… 25920109
一班 ………… 25920102
二班 ………… 25920103
三班 ………… 25920152
四班 ………… 25920104
充气泵房 ……… 25920108

港东电话站
站长 ………… 25936218
副站长 ………… 25936002
传真 ………… 25936001
程控班 ………… 25936200
测量台 ………… 25936112
………… 25936300
电力室 ………… 25936400
机线班 ………… 25936500
营业室 ………… 25936600
门卫 ………… 25936800
会议室 ………… 25936700
值班室 ………… 25936900

港西电话站
站长 ………… 25931317
副站长 ………… 25931318
成本 ………… 25931014
程控班 ………… 25931000
测量台 ………… 25931002
障碍台 ………… 25931112
外线班 ………… 25931015
………… 25931009
综合班 ………… 25931012
营业室 ………… 25931017
………… 25930130
传真 ………… 25930123
值班室 ………… 25932282

王徐庄电话站
站长 ………… 25946001
副站长 ………… 25946005
营业厅传真 ……… 25946096
测量台 ………… 25946112
………… 25946002
程控班 ………… 25946003
机线班 ………… 25946006
电力室 ………… 25946004
微波室 ………… 25946000
孔店机房 ……… 25946903
羊三木机房 ……… 25947870
门卫 ………… 25946009

王官屯电话站
站长 ………… 25941001
副站长 ………… 25941008
传真 ………… 25942999
营业室 ………… 25941002
程控班 ………… 25941900
测量台 ………… 25941112
………… 25941901
机线班 ………… 25941007
电力室 ………… 25941006
移动室 ………… 25941004
微波室 ………… 25941005
值班室 ………… 25941296

综合服务分公司
经理 ………… 25920096
副经理 ………… 25920038
………… 25920151
………… 25920072
综合部主任 ……… 25920046
传真 ………… 25920064
财务部主任 ……… 25920039
财务 ………… 25920034
市场部主任 ……… 25967891
业务组 ………… 25920145
保管组 ………… 25920130
值班室 ………… 25916018
车运中心主任 …… 25920129
成本 ………… 25920031
调度 ………… 25920117
汽车美容主任 …… 25918778
中心 ………… 25918779
物业公司经理 …… 25920017
站部 ………… 25920290
维修 ………… 25920688
花窖 ………… 25920036
物业 ………… 25920118
东门卫 ………… 25920127
西门卫 ………… 25920032
收发 ………… 25920161
盛通工程部 ……… 25920192
盛通技术部 ……… 25970277
销售中心 ……… 25917111
………… 25914843
通信器材售后 …… 25977111
旅行社经理 ……… 25920898
旅行社 ………… 25978999
………… 25966818

会议室
102 室 ………… 25916002
304 室 ………… 25920013
305 室 ………… 25916011
公司值班室 ……… 25924567

物资供销公司
党委书记、经理 … 25978959
党委副书记、纪委书记、工会主席 ………… 25924302
副经理 ………… 25922367
副经理、总会计师 25979314
副经理、安全总监 25923635
副经理 ………… 25925196
经理助理、生产协调部主任 ………… 25922312
经理助理、财务部主任 ………… 25923966
经理助理、油田物资服务中心主任 ………… 25924305
经理助理、规划计划部主任 ………… 25923615
经理助理、外部市场中心主任 ………… 25927026
安全副总监、质量安全环保部主任 ………… 25925201
顾问、外贸分公司经理 ………… 25966826
顾问、专用管公司经理 ………… 25923384
老领导 ………… 25926450

党委办公室
主任 ………… 25921274
秘书 ………… 25925191
文书 ………… 25923636

宣传部
部长 ………… 25924308
主任科员 ……… 25911634
干事 ………… 25925202

组织部
部长 ………… 25922316
副部长 ………… 25976094
组干管理 ……… 25925204

监察审计部
主任 ………… 25976045
主任科员 ……… 25922518
审计纪检监察 …… 25922361
效能监察 ……… 25916465
支出性合同审计 … 25917584

劳动工资部
主任 ………… 25916944
副主任 ………… 25923632
劳动组织、职工培训25924336
劳动、专技管理、人才交流 ………… 25948744
工资管理 ……… 25925210
社会保险、公积金 25925248
档案及资料管理 … 25973444
职工培训鉴定中心 25978894
………… 25922360
………… 25948174
………… 25969347
………… 25924327

经理办公室
主任 ………… 25913796
主任科员、秘书 … 25923834
文书 ………… 25917614
计划生育 ……… 25925193
档案室 ………… 25922314
收发室 ………… 25925180

生产协调部
主任 ………… 25922312
副主任 ………… 25923616
………… 25925178
主任科员 ……… 25925179
日常生产管理调度 25923637
设备、能源、通信管理 ………… 25923832
合同、供方管理 … 25925179
市场开发、计划管理25925194
招投标、价格管理 25925177
生产会专用电话 … 25976434

质量安全环保部
主任 ………… 25925213
副主任 ………… 25973544
………… 25923240
主任科员 ……… 25925185
安全、环保、职业健康 ………… 25914079
劳保、交通管理 … 25922313
体系管理 ……… 25978247
物资检验 ……… 25917544

规划计划部
主任 ………… 25923615
副主任 ………… 25922139
………… 25924303
………… 25922310
经营管理 ……… 25925205
物资管理 ……… 25925197
法律事务 ……… 25914484

财务资产部
主任 ………… 25923966
副主任 ………… 25925199
………… 25973499
报表、稽核 ……… 25925229
报销 ………… 25973498
费用、工资 ……… 25926083
税务 ………… 25925200
资产、综合 ……… 25921471
资金 ………… 25923631

武装保卫部
主任 ………… 25924310
科员 ………… 25923831
消防、户籍 ……… 25925209
要害、武装 ……… 25973545
内保、值班 ……… 25925208

机关楼门卫 ……… 25973445

工会

主任 ……………… 25923833
副主任 …………… 25971745
主任科员 ………… 25976044
生活女工 ………… 25976044
群众生产 ………… 25925206
阅览室 …………… 25925164
职工活动室 ……… 25977947
团委书记、干事 … 25924309

信息部

主任 ……………… 25916980
技术支持与系统管理 25920314
信息管理与故障保修 25925192

维护稳定管理部

主任 ……………… 25924623
副主任 …………… 25924322
…………………… 25977947
办公室 …………… 25948184
家属管理 ………… 25922517
信访接待室 ……… 25977407

新产业项目部

主任 ……………… 25977238
副主任 …………… 25922309
项目实施 ………… 25924292
项目开发 ………… 25923933
项目分析 ………… 25923933

安全服务监督中心

主任 ……………… 25915755
书记 ……………… 25915367
副主任 …………… 25915769
…………………… 25915287
…………………… 25915995
监督一室室长 …… 25915633
监督三室室长 …… 25922138
综合办 …………… 25922138
监督室 …………… 63983267
综合办 …………… 25915576

离退休管理站

主任 ……………… 25924312
书记 ……………… 25914097
副主任 …………… 25977405
…………………… 25915904
…………………… 25917291
老领导 …………… 25923274
药费报销 ………… 25919366
办公室 …………… 25924326
劳资 ……………… 25923668
财务 ……………… 25927666
安全、五保 ……… 25927166
文体组 …………… 25923363

行政管理站

主任 ……………… 25948786
书记 ……………… 25973004
主任助理 ………… 25922397
劳资、安全、体系 25922278
政工、环保、基建 25948743
拨料、保管 ……… 25917534
安全监督 ………… 25925214
机关后勤 ………… 25972740
公寓值班 ………… 25914674
电工班 …………… 25917444

小车服务中心

主任 ……………… 25923357
书记 ……………… 25921004
劳资 ……………… 25925564
调度 ……………… 25924321

金属分公司

经理、书记 ……… 25924314
副经理 …………… 25923614
经理助理 ………… 25972037
业务组 …………… 25924313
…………………… 25976974
…………………… 25925232
配拨组 …………… 25912354
财务组 …………… 25917594

非金属分公司

经理 ……………… 25922481
书记 ……………… 25923634
副经理 …………… 25972847
安全监督员 ……… 25924905
财务、合同 ……… 25975186
煤炭 ……………… 25923411
劳保 ……………… 25923409
水泥 ……………… 25924306

机电分公司

经理 ……………… 25923410
副经理 …………… 25922366
经理助理 ………… 25923389
工程机械、起重输送设备
…………………… 25923389
三抽、动力设备 … 25924307
通用机械设备、石油专用工具
…………………… 25924328
电力电工设备、阀门25978804
电工材料 ………… 25923388
体系、综合管理 … 25923838
合同管理、石油专用设备
…………………… 25925361
财务 ……………… 25925207

油品分公司

经理 ……………… 25919497
书记 ……………… 25948742
副经理 …………… 25922413
…………………… 25922413
…………………… 25966328
…………………… 25927054
…………………… 25927054
顾问 ……………… 25948741
综合部 …………… 25913274
党群部 …………… 25914707
财务部 …………… 25976594
业务部 …………… 25914087
…………………… 25925184
…………………… 25922416
安全部 …………… 25973845
生产部 …………… 25914574
港中加油站 ……… 25961021
港南加油站 ……… 25973794
港西加油站 ……… 25932742
第十二加油站 …… 25924759
第十八加油站 …… 25917174
第十六联合站 …… 25938214
第二十加油站 …… 25915670
红旗路加气站 …… 25965458
港骅加油站 ……… 25947242
…………………… 25946422
港狮加油站 ……… 25941381

专用管分公司

经理 ……………… 25923384
书记 ……………… 25978884
副经理 …………… 25925203
…………………… 25917564
管理部 …………… 25973846
营销部 …………… 25948144
综合部 …………… 25973547
财务 ……………… 25925195
车间主任 ………… 25921755
车间副主任 ……… 25915165
车间调度 ………… 25922006

港东分公司

经理 ……………… 25922279
书记 ……………… 25973557
老领导 …………… 25922271
副经理 …………… 25922276
…………………… 25922270
经理助理 ………… 25926370
体系办公室主任 … 25924033
安全、资产、质量 25924036
党群办公室主任 … 25922280
组织、纪检 ……… 25922417
办公室 …………… 25924035
计划生育 ………… 25922268
宣传 ……………… 25918714
工会 ……………… 25924661
后勤 ……………… 25922273
退休办 …………… 25926371
企管办公室主任 … 25924034
管理组 …………… 25922272
财务 ……………… 25922418
劳资 ……………… 25922275
合同管理 ………… 25925727
信息管理 ………… 25923334
调度室 …………… 25922535
供销中心
主任 ……………… 25922269
配件组 …………… 25924962
金属组 …………… 25922282
非金属组 ………… 25922414
供销中心合同 …… 25924626
泥浆服务部
主任 ……………… 25923137
办公室 …………… 25925637
第一综合党支部书记25920428
器材库
主任 ……………… 25922267
门卫 ……………… 25922135
机房 ……………… 25922415
车队
队部 ……………… 25939024
调度 ……………… 25922274
维修服务队
主任 ……………… 25921632
原滩海服务 ……… 25924793
钻采录井服务部
主任 ……………… 25924554
办公室 …………… 25918905
固井服务部
主任 ……………… 25961715
办公室 …………… 25965314
调拨 ……………… 25961739
管子工具服务部
主任 ……………… 25922005
钻前服务部
主任 ……………… 25961093
调拨 ……………… 25961351
原港北门市部 …… 25936232

港西分公司

书记、经理 ……… 25934850
副经理 …………… 25934469
…………………… 25931648
办公室主任 ……… 25934472
办公室 …………… 25932556
经营办副主任 …… 25931869
安全 ……………… 25932618
后勤 ……………… 25934471
财务 ……………… 25934470
劳资、物资管理 … 25931761
第一门市部主任 … 25934473
支部书记 ………… 25931809
业务 ……………… 25931873
…………………… 25931874
保管 ……………… 25931872
第二门市部主任 … 25931348
业务 ……………… 25932355
门卫 ……………… 25932353

车队队长 ………… 25931390
门卫 ………… 25931871
油田服务中心
主任 ………… 25924305
书记 ………… 25913786
副主任 ………… 25917545
行政办公室 ………… 25916040
党政办公室 ………… 25916042
老领导 ………… 25911936
办公室 ………… 25922775
港南分公司
经理、中心副主任 25922772
书记 ………… 25924972
副经理 ………… 25922771
………… 25973194
经理助理 ………… 25922774
综合办公室 ………… 25973184
管理部 ………… 25924518
财务部主任 ………… 25914647
财务 ………… 25924927
业务一部 ………… 25914684
业务二部 ………… 25914694
项目部 ………… 25914664
调度室 ………… 25922770
业务三部主任 ………… 25975222
副主任 ………… 25973187
业务 ………… 25973244
值班室 ………… 25921162
车队 ………… 25973247
港骅分公司
经理、书记 ………… 25946415
副经理 ………… 25946423
经理助理 ………… 25946763
办公室主任 ………… 25946416
劳资、稳定 ………… 25946392
财务主任 ………… 25946418
财务室 ………… 25946417
业务主任 ………… 25947020
业务室 ………… 25946419
计划合同 ………… 25946420
计拨保管 ………… 25946234
库房警卫室 ………… 25946293
办公楼门卫 ………… 25947677
安全监督 ………… 25946378
港狮分公司
经理、书记 ………… 25944586
副经理 ………… 25941268
………… 25944866
经理助理
办公室 ………… 25941373
财务部 ………… 25941380
车班 ………… 25942521
后勤部 ………… 25941376
综合部 ………… 25941379
机电部 ………… 25941378
配件部 ………… 25942493
市场部 ………… 25942097
项目组 ………… 25941387
综合管理 ………… 25942279
门卫 ………… 25942087
港中分公司
经理 ………… 63954842
书记 ………… 63957077
经理助理 ………… 63954840
………… 63954841
综合办公室
主任 ………… 63956984
机关支部书记 ………… 63954843
副主任 ………… 63954846
………… 63952555
办公室 ………… 63951374
………… 63956037
………… 63955480
………… 63954848
经营管理部
主任 ………… 63950039
副主任 ………… 63955942
办公室 ………… 63954843
………… 63954844
………… 63950038
………… 25918742
第一销售部主任 ………… 63955041
支部书记 ………… 63954847
副主任 ………… 63954470
销售 ………… 63958046
第二销售部副主任 63954845
支部书记 ………… 63950036
销售 ………… 63958750
………… 63950942
工程项目部主任 ………… 63954847
支部书记 ………… 63954847
副主任 ………… 63954845
工程项目 ………… 63952747
车队 ………… 63957012
前院门卫 ………… 63950040
后院门卫 ………… 63958362
会议电话 ………… 63954881
炼化分公司
经理 ………… 25924137
书记 ………… 25921539
副经理 ………… 25911274
管理部 ………… 25911214
财务部 ………… 25911244
计划部 ………… 25921529
保管部 ………… 25911247
业务部 ………… 25924138
库房 ………… 25923206
设备物资开发利用分公司
经理 ………… 25924800
书记 ………… 25969783
经理助理 ………… 25925066
综合办主任 ………… 25924808
副主任 ………… 25924956
综合 ………… 25911777
财务办 ………… 25924804
销售一部主任 ………… 25939364
销售二部主任 ………… 25978463
销售一部 ………… 25924805
………… 25924801
销售二部 ………… 25925188
体系办主任 ………… 25924955
体系办 ………… 25910863
库房主任 ………… 25924954
库房 ………… 25912333
库房门卫 ………… 25911774
前门卫 ………… 25928404
汽车轮胎配件中心
经理 ………… 25964649
书记 ………… 25964751
副经理 ………… 25964753
安全 ………… 25964755
销售一部 ………… 25964643
销售二部 ………… 25962760
油气分公司
经理 ………… 25925171
书记 ………… 25923553
经理助理 ………… 25923974
综合办公室 ………… 25923974
市场营销部 ………… 25923976
经营管理部 ………… 25923977
油料业务部 ………… 25924304
门卫 ………… 25923975
中心库
主任 ………… 25924335
书记 ………… 25973844
副主任 ………… 25924334
生产运行部主任 ………… 25923392
副主任 ………… 25916984
综合经营办公室主任 25923390
劳资、稳定 ………… 25923387
安全、设备资产 ………… 25923385
财务 ………… 25924332
保管班主任 ………… 25924329
体系、稽核 ………… 25924329
地磅房、钢材库 ………… 25923397
劳保、水泥库保管员 25923469
炸药库班长、安全员 25923391
炸药库 ………… 63153044
门卫 ………… 25923613
转运库
主任 ………… 25936116
书记 ………… 25936362
主任、安全总监 ………… 25936360
副主任 ………… 25936353
主任助理 ………… 25936105
………… 25936191
………… 25936118
综合办主任 ………… 25936110
办公室 ………… 25936458
………… 25936459
经营办主任 ………… 25938947
财务 ………… 25936192
物资计划 ………… 25938994
劳资 ………… 25936354
体系主任 ………… 25936128
安全、消防 ………… 25936108
安全监督 ………… 25936126
生产办主任 ………… 25936107
调度 ………… 25936197
生产办公室 ………… 25936327
机装队队长 ………… 25936113
调度 ………… 25936359
维修队队长 ………… 25936117
书记 ………… 25936394
副队长 ………… 25936109
锅炉房 ………… 25936551
西门卫 ………… 25936199
东门卫 ………… 25936136
器材库
主任 ………… 25936355
副主任 ………… 25936194
钢材库 ………… 25936104
建材库 ………… 25936480
混拌站 ………… 25936125
地磅房 ………… 25936119
对外项目组 ………… 25936361
后勤组 ………… 25936137
柴油库 ………… 25936352
门卫 ………… 25936457
机务队
队长 ………… 25936550
书记 ………… 25936392
副队长 ………… 25936127
值班室 ………… 25936356
万码驻站 ………… 25836481
万全服务公司 ………… 25936106
外贸分公司
经理 ………… 25966826
书记 ………… 25977485
副经理、进口部副主任
………… 25972741
副经理、出口部主任 25922328
副经理、财务部副主任
………… 25926032
出口部副主任 ………… 25919863
经理助理 ………… 25913449

综合管理部 ········ 25924790
········ 25926638
········ 25972742
········ 25912499
········ 25972907
进口部 ········ 25919790
········ 25924789
········ 25919931
········ 25923687
········ 25971714
········ 25913441
········ 25977484
财务部 ········ 25914408
········ 25924317
外部市场管理中心
经理 ········ 25927026
书记 ········ 25927056
副经理 ········ 25923520
经理助理 ········ 25923839
合同 ········ 25924324
财务 ········ 25927086
业务 ········ 25924715
········ 25922148
综合办 ········ 25923122
冀东项目部
经理········ 0315－8763178
副经理········ 0315－8765359
综合办········ 0315－8765488
业务········ 0315－8765382
········ 0315－8765390
苏里格项目部
经理········ 0477－7621616
财务········ 0477－7628293
副经理········ 0912－4643648
业务········ 0912－4643649
新疆项目部
业务········ 0902－2769454
海南项目部
业务 ········ 0898－68635237

天津工程职业技术学院

院长 ········ 25924583
书记 ········ 25923955
副书记 ········ 25921119
副院长 ········ 25922947
········ 25915011
········ 25922346
老领导 ········ 25924095
学院办公室
主任 ········ 25924571
副主任 ········ 25924581
办公室 ········ 25924346
········ 25969464
网络与电教中心 ··· 25921743
学院值班室 ········ 25924487
党委办公室
副主任 ········ 25922944
········ 25924591
办公室 ········ 25922941
离退休办公室 ······ 25924588
教务处
主任 ········ 25923954
副主任 ········ 25927237
办公室 ········ 25921745
········ 25948421
课改办 ········ 25976427
实验实训中心 ······ 25921744
计算机中心（南院）25924493
计算机中心（北院）25976447
成人教育处
主任 ········ 25924494
办公室 ········ 25924582
图书馆（南院） ··· 25921467
图书馆（北院） ··· 25921930
学生工作处（团委）25922946
········ 25926231
培训处
主任 ········ 25924483
办公室 ········ 25923866
········ 25915761
人事劳资处
主任 ········ 25924488
副主任 ········ 25924466
办公室 ········ 25924468
财务资产处
主任 ········ 25924096
办公室 ········ 25922377
········ 25924598
科研处
主任 ········ 25924497
督导办 ········ 25923486
招生办公室
主任 ········ 25924477
办公室 ········ 25966613
就业指导办公室
主任 ········ 25919115
办公室 ········ 25924482
安全环保办公室
主任 ········ 25922362
办公室 ········ 25924745
稳定办公室
主任 ········ 25972042
办公室 ········ 25911147
保卫处
主任 ········ 25926784
办公室 ········ 25924592
门卫（南院） ······ 25924586
门卫（北院） ······ 25922942
石油与化学工程系
········ 25922348
········ 25924090
计算机工程系 ······ 25924091
········ 25924684
软件开发所 ······ 25924748
机电工程系 ······ 25924478
········ 25924687
建筑工程系 ······ 25924496
········ 25924479
管理工程系 ······ 25924570
········ 25924621
········ 25973484
艺术系 ········ 25924481
········ 25924495
教学管理办公室
主任 ········ 25931149
副主任 ········ 25931153
········ 25931109
办公室 ········ 25931150
········ 25931166
········ 25934441
········ 25935295
实验组 ········ 25931128
物业管理组 ········ 25931162
保卫室 ········ 25931201
教学楼值班室 ······ 25931176
门卫（西院） ······ 25934449
总务处
主任 ········ 25924593
副主任 ········ 25979104
········ 25921470
办公室 ········ 25924486
食堂（南院） ······ 25924596
食堂（北院） ······ 25922950
维修队 ········ 25924499
车队 ········ 25924150
供应站 ········ 25925341
教学值班室（北院）25923370
5 号公寓 ········ 25977749
医务室（南院） ··· 25917121
实习工厂 ········ 25925607

消防支队

支队长、党委书记 25926001
党委副书记 ········ 25916666
副支队长 ········ 25926906
支队长助理 ········ 25922119
综合办公室
主任 ········ 25915166
副主任 ········ 25969080
主办 ········ 25969080
········ 25923951
········ 25922118
········ 25970994
党群工作部（党委办公室）
主任 ········ 25923538
副主任 ········ 25914417
········ 25923533
主办 ········ 25914417
········ 25923533
119 指挥中心
主任 ········ 25922119
副主任 ········ 25919144
主办 ········ 25919144
········ 25920305
········ 25971224
········ 25926242
119 火警报警电话 25920119
········ 25920301
········ 25920302
········ 25920303
········ 25920304
防火安全科
科长 ········ 25922999
副科长 ········ 25925603
········ 25925119
主办 ········ 25925119
········ 25921350
应急管理办公室
主任 ········ 25966778
主办 ········ 25926143
计财资产科
科长 ········ 25971496
主办 ········ 25924430
消防一中队
队部 ········ 25919521
接警电话 ········ 25916119
········ 25921999
消防二中队
队部 ········ 25949119
接警电话 ········ 25946119
········ 25947119
消防三中队
队部 ········ 25936275
接警电话 ········ 25936190
········ 25937429
········ 25940119
········ 25940019
消防四中队
队部 ········ 25931610
接警电话 ········ 25934464
········ 25932119
消防五中队
队部 ········ 25941360
接警电话 ········ 25941166
········ 25945234
消防六中队

队部 ………………… 25915741
接警电话 ………… 25922015
……………………… 25923119
应急抢险特勤中队
队部 ………………… 25915696
……………………… 25924365
综合服务队
队部 ………………… 25923534
司机班调度 ……… 25971549

信息中心

主任 ………………… 63959057
党委书记 ………… 63962729
副主任 …………… 63957018
顾问 ………………… 63962637
主任助理 ………… 63962233
办公室 …………… 63959297
财务资产科 ……… 63959553
主任助理 ………… 25921787
信息管理科 ……… 63959553
……………………… 25966044
……………………… 25921788
数据管理科
科长 ………………… 63962737
办公室 …………… 63959807
……………………… 63963107
……………………… 63959277
……………………… 63959319
勘探开发信息科
科长 ………………… 63959177
副科长 …………… 63963927
办公室 …………… 63959807
……………………… 63963967
……………………… 63959907
网络支持科
科长 ………………… 25921789
副科长 …………… 25919599
办公室 …………… 25920081
……………………… 25920115
……………………… 25913522
……………………… 63958774
……………………… 63959319
系统运维科
科长 ………………… 25969118
副科长 …………… 25921792
办公室
……………………… 25966044
……………………… 25921792
综合服务科科长 … 25920080
办公室 …………… 25922807
……………………… 25920191
……………………… 25966046
……………………… 25966045
档案馆 …………… 63964320
……………………… 63964311
……………………… 63964312
……………………… 63964321
……………………… 63964317
……………………… 63964316
……………………… 63964319
……………………… 63964318
……………………… 63964314
……………………… 63964315
……………………… 63964310
……………………… 63964313
……………………… 25925724
……………………… 25928831
……………………… 63964315
……………………… 25923413
……………………… 25928831
……………………… 25922981
……………………… 25923101
……………………… 25923382
……………………… 25923917

检测评价中心

党委书记 ………… 25911828
副主任 …………… 25911266
综合办公室
主任 ………………… 25925622
办公室 …………… 25923686
……………………… 25927244
党群工作科
科长 ………………… 25911379
办公室 …………… 25924817
人事劳资科
科长 ………………… 25925002
办公室 …………… 25924616
财务资产科
科长 ………………… 25916368
副科长 …………… 25966120
办公室 …………… 25925006
安全环保科
科长 ………………… 25972181
办公室 …………… 25914779
生产技术科
科长 ………………… 25924885
副科长 …………… 25923282
办公室 …………… 25925003
计量中心站
站长 ………………… 25920434
副站长 …………… 25920453
综合室 …………… 25922561
压力室 …………… 25914025
流量检定室 ……… 25977714
质量监督站
站长 ………………… 25925922
副站长 …………… 25979617
综合室 …………… 25924283
化验室 …………… 25971499
节能监测站
站长 ………………… 25912425
副站长 …………… 25914609
综合室 …………… 25926353
特种设备检测站
站长 ………………… 25925011
副站长 …………… 25924323
综合室 …………… 25979324
检测室 …………… 25911225
……………………… 25925005
环境监测站
站长 ………………… 25924615
副站长 …………… 25927571
综合室 …………… 25925391
化验室 …………… 25924618
锅炉压力容器检验所
所长 ………………… 25921159
副所长 …………… 25926273
综合室 …………… 25927675
检验室 …………… 25926273
……………………… 25927674
物资（商品）检验所
所长 ………………… 25914291
副所长 …………… 25914567
综合室 …………… 25925187
检验室 …………… 25948654
阀门检验室 ……… 25925182
金盾设备检测公司
经理 ………………… 25921158
副经理 …………… 25913877
综合室 …………… 25971759
财务 ………………… 63985226
钢瓶检验室 ……… 25926272
槽车检验室 ……… 63985159
综合队
队长 ………………… 25925495
调度 ………………… 25923650
检测中心门卫 …… 25926426

接待服务中心

总经理 …………… 25966651
党委书记 ………… 25966365
副总经理、安全总监 25966652
副总经理 ………… 25925255
……………………… 010－67123788
总经理助理 25922233－2680
……………… 25922233－2635
……………………… 25927777
综合办公室主任 … 25923289
副主任 …………… 25926600
秘书、文书 25922233－2691
人力资源部
经理 ………………… 25923283
办公室 …… 25922233－2628
财务资产部
经理 ………………… 25924141
副经理 …… 25922233－2687
办公室 …………… 25925999
市场销售部办公室 25923253
安全管理部
经理 ………………… 25923546
办公室 …… 25922233－2600
物资管理部
经理 ……… 25922233－2692
副经理 …… 25922233－2667
办公室 …… 25922233－2636
安全监督站 25922233－2639
车队 ……… 25922233－2612
网管 ……… 25922233－2664
大港油田宾馆
宾馆总机 ………… 25922233
前厅部经理 25922233－2672
总服务台 … 25922233－2630
……………… 25922233－2611
……………………… 25922101
商务中心 … 25922233－2649
客房部经理 25922233－2622
客房部副经理 25922233－2648
房务中心 … 25922233－2626
……………… 25922233－2646
北区服务台 ……… 25925432
……………… 25922233－2650
……………… 25922233－2651
南区服务间 25922233－2675
美容美发室 25922233－2607
监控室 …… 25922233－2606
洗衣房 …… 25922233－2678
餐饮部副经理 25922233－2620
北区餐厅 … 25922233－2604
西区餐厅 … 25922233－2617
南区餐厅 ………… 25925820
煲粥轩 …… 25922233－2693
煨釜轩 …… 25922233－2632
工程部经理 25922233－2684
工程部 …… 25922233－2645
总务部经理 25922233－2666
门卫 ……… 25922233－2690
宿舍楼 …… 25922233－2623
北京办事处
综合办公室 010－67151899
财务部……… 010－67193861
餐饮部 010－67158855－8808
客房部 010－67158855－8898
工程部 010－67158855－8804
总台………… 010－67123792
天津招待所

经理 …………………… 81865659
值班室 ………………… 23316073

车务管理中心

主任 …………………… 25966002
副主任 ………………… 25916559
综合管理科
科长 …………………… 25922822
副科长 ………………… 25921633
办公室科 ……………… 25912031
…………………………… 25926612
设备管理科
副科长 ………………… 25915716
…………………………… 25966511
办公室 ………………… 25911680
…………………………… 25911072
…………………………… 25913317
财务资产科
科长 …………………… 25969021
副科长 ………………… 25912853
办公室 ………………… 25911691
…………………………… 25916948
…………………………… 25920393
安全管理科
科长 …………………… 25973588
副科长 ………………… 25922821
办公室 ………………… 25922820
车辆运行科
科长 …………………… 25978282
副科长 ………………… 25918645
调度 …………………… 25922831
…………………………… 25922832
…………………………… 25972933
…………………………… 25921147
…………………………… 25922213
第一车务管理站
站长 …………………… 25925300
副站长 ………………… 25976474
办公室 ………………… 25971779
…………………………… 25922685
…………………………… 25973474
…………………………… 25925429
…………………………… 25921949
第二车务管理站
站长 …………………… 25971778
副站长 ………………… 25912338
办公室 ………………… 25939662
…………………………… 25925424
…………………………… 25924355
车辆修保站 …………… 25924652
…………………………… 25912119
…………………………… 25969688
…………………………… 25921948
…………………………… 25969178
…………………………… 25916349
物业 …………………… 25916482
废旧设备物资管理站
站长 …………………… 25977727
副站长 ………………… 25978178
办公室 ………………… 25911713
…………………………… 25977412
…………………………… 25973524
门卫 …………………… 25966427
富士公司经理 ………… 25972878
办公室 ………………… 25973744

天津炼达集团有限公司

经理 …………………… 25971789
党委书记 ……………… 25977859
副经理 ………………… 25926458
…………………………… 25924776
…………………………… 25921608
工会副主席 …………… 25924778
安全副总监 …………… 25923622
综合办公室
主任 ……… 25921144－2908
文书 …………………… 25923492
网络管理 ……………… 25913681
综合车队队长 25921144－2030
综合办公室 …………… 25924775
劳动工资科 …………… 25926181
培训站 ………………… 25910807
质量安全环保科 ……… 25926182
安全监督站 …………… 25913330
财务资产科 …………… 25948276
生产技术科 …………… 25917214
后勤保障服务组 5921144－2663
机修项目办公室 5921144－2619
计划经营科
…………… 25921141－2959
预算站 ……… 25921144－2564
企业管理科 …………… 25913661
库管组 ……… 25921144－2387
国际合作部 …………… 25911961
建安大队
队长 ………… 25921144－2669
电仪队
队长 ………… 25921144－2419
防腐队
队长 ………… 25921144－2438
机械施工队
队长 ………… 25921144－2665
二号院福利厂
厂长 …………………… 25925605
富丽酒店
经理 …………………… 25927743
客房总服务台
…………………………… 25914784
…………………………… 25914777
餐厅 …………………… 25914775
塔林饭店
客房总服务台 ………… 25924110
餐厅 ………… 25921144－2427
炼达石化
经理 …………………… 25923850
溶剂油厂厂长 25921144－2074
炼达加油站
站长 …………………… 25926457
炼达超市
总机 …………………… 25966041
团购办 ………………… 25914077

油田化学有限责任公司

党委书记、董事长、经理
…………………………… 25921302
副经理 ………………… 25978876
党委副书记、工会副主席、
纪委书记 ……………… 25928178
副经理、总会计师　25969291
副经理 ………………… 25913479
…………………………… 25967441
经理办公室 …………… 25967445
党群工作科 …………… 25917005
人力资源科 …………… 25967447
生产协调科 …………… 25921303
质量安全环保科 ……… 25927473
市场营销科 …………… 25976694
经营管理科 …………… 25926072
财务资产科 …………… 25921541

第一矿区管理服务公司

经理办公室
主任 …………………… 25925068
办公室 ………………… 25924876
…………………………… 25922726
…………………………… 25926407
…………………………… 25927415
档案室 ………………… 25972243
党群工作部 ………… 25922608
…………………………… 25948377
…………………………… 25925343
…………………………… 25967833
工会办公室
主任 …………………… 25927309
办公室 ………………… 25926406
团委副书记 …………… 25910745
经营计划部
副部长 ………………… 25913674
办公室部 ……………… 25913704
…………………………… 25924880
…………………………… 25976315
…………………………… 25928423
生产技术部
副部长 ………………… 25976674
办公室 ………………… 25921844
…………………………… 25926345
…………………………… 25922237
…………………………… 25921054
信息（应急）中心　25921440
…………………………… 25922226
安全环保部
部长 …………………… 25924875
副部长 ………………… 25914005
…………………………… 25923270
办公室 ………………… 25924221
安全监督站 …………… 25925753
财务资产部
部长 …………………… 25923396
副部长 ………………… 25910747
办公室 ………………… 25924883
…………………………… 25922990
结算中心 ……………… 25913154
劳动工资部
部长 …………………… 25969123
副部长 ………………… 25969490
办公室 ………………… 25914378
…………………………… 25921154
物业管理部
部长 …………………… 25948374
副部长 ………………… 25966445
办公室 ………………… 25922207
…………………………… 25927342
服务监督站 …………… 25923151
东苑物业管理公司
书记 …………………… 25910894
经理 …………………… 25926082
副经理 ………………… 25923311
…………………………… 63967100
…………………………… 25926079
综合 …………………… 25924638
经营 …………………… 25926091
物业 …………………… 25926081
…………………………… 25922739
热线 …………………… 25913004
售电室 ………………… 25914974
花园物业站 …………… 63967370
团结物业站 …………… 25976516
新兴物业站 …………… 25976562
西苑物业管理公司
书记 …………………… 25924688
经理 …………………… 25925315
副经理 ………………… 63981781
…………………………… 63968450
…………………………… 25924427
综合办公室 …………… 63981941
经营办公室 …………… 63981942

物业办公室 …… 63981943
…… 63985305
春华物业站 …… 63984009
西苑物业站 …… 63984155
北区物业站 …… 63982627
南西物业站 …… 63981944
热线 …… 25911447
售电室 …… 63981945
高层（26栋）门卫 25911736
高层（27栋）门卫 25919787
高层（28栋）门卫 25911732
高层泵房 …… 25910864
南西小区门卫 …… 25917942
北区西里门卫 …… 25922401

北苑物业管理公司

书记 …… 25936639
经理 …… 25936828
副经理 …… 25936572
…… 25936396
…… 25937426
综合办公室 …… 25936831
经营办公室 …… 25936034
物业办公室 …… 25936744
财务 …… 25936836
建北里物业站 …… 25937747
欣欣物业站 …… 25936264
综合服务站 …… 25936035
热线 …… 63988443
售电室 …… 25936749

高层楼宇物业管理公司

书记 …… 25914173
副经理 …… 25914977
综合 …… 25926017
经营 …… 25916670
热线 …… 25976334
油田公司物业部长 25924771－1
物业电工…… 25924771－2
物业管工…… 25924771－3
经贸大厦部长 …… 25910784
滩海大厦部长 …… 25914874
天然气集输部长 … 25911951
天然气集输大厅 … 25971740
天然气集输门卫 … 25977250
一矿区门卫 …… 25925864
小食堂 …… 25922144

水电气管理公司

书记 …… 25917335
经理 …… 25923888
副经理 …… 25926694
…… 25923324
…… 25925154
综合 …… 25924165
经营 …… 25924644
生产 …… 25925423
热线 …… 25925752
液化气站 …… 25923956
消防泵房 …… 25914543

供热服务公司

书记 …… 25910847
副经理 …… 25926324
综合办公室 …… 25922640
生产办公室热线 … 25925065
生产办公室 …… 25925064
供热中心 …… 25948520
西苑供热服务站 … 25978864
西苑换热站 …… 25922830
学院换热站 …… 25924729
经贸泵房 …… 25910854
局机关泵房 …… 25926014
研究院换热站 …… 25921460
设计院换热站 …… 25923796
钻采院换热站 …… 25967432
八区换热站 …… 25939747
医院换热站 …… 25921604
联合机组 …… 25922479
八区联合泵站 …… 25921479
新兴换热站 …… 25923864
团结换热站 …… 25925396
北苑供热服务部 … 25936528
北苑维修 …… 25937994
欣欣锅炉房 …… 25937340
建北供热站 …… 25936243

保洁服务公司

书记 …… 25922051
经理 …… 25926567
副经理 …… 25924354
…… 25917165
综合办公室 …… 25916191
综合办公室 …… 25926462
环卫办公室热线 … 25917162
保洁队 …… 25910904
综合队 …… 63982622

园林绿化管理公司

书记 …… 25923868
经理 …… 25924339
副经理 …… 25915752
…… 63983006
…… 25928204
综合办公室 …… 25922903
经营办公室 …… 25923168
生产办公室 …… 25919291

托幼服务中心

书记主任 …… 25924080
副主任 …… 25913164
综合办公室 …… 25939597
西苑幼儿园 …… 25912390
快乐稚升园 …… 25978300
快乐稚升园 …… 25925325
北苑幼儿园 …… 25922843
团结幼儿园 …… 25924640
新兴幼儿园 …… 25922290
运输幼儿园 …… 25936465

快乐实业集团

书记副经理 …… 25915917
副经理 …… 25915669
经理助理 …… 25922723
综合办公室 …… 25922436
经营办公室 …… 25921060
财务 …… 25924489
快乐老家
东厅吧台 …… 25922552
西厅吧台 …… 25922555
糕点房 …… 25923816
微机房 …… 25925212
快乐唐朝酒家 …… 25916271
快乐唐朝办公室 … 25916237
快乐蜀都坊酒楼 … 25910618
快乐蜀都坊办公室 25912118
快乐中成餐厅 …… 25961362
快乐中成招待所 … 25964383
快乐博康餐厅 …… 25966409
快乐冷饮厂 …… 25923259
冷食大世界 …… 25925327

房产利用管理中心

书记 …… 25923265
主任 …… 25918514
副主任 …… 25976389
综合办公室 …… 25976380
经营办公室 …… 25976386
市场管理站 …… 25967740
房产管理一部 …… 25976381
房产管理二部 …… 25976382
一条街市场管理部 25921530
西苑市场管理站 … 25924154

离退休管理中心

书记 …… 25971717
主任 …… 25969747
副主任 …… 25977418
综合办公室 …… 25969727
…… 25948922
财务 …… 25913774
中心站站长 …… 25967597
办公室 …… 25927468
…… 25923819
…… 25910814
港北副站长 …… 25936839
办公室 …… 25936830
…… 25937042
幸福站站长 …… 25962794
办公室 …… 25964404
…… 25964704
…… 25964504
…… 25964904
港西退管办 …… 25931469
…… 25973142

城管治安服务中心

书记 …… 25911241
主任 …… 25922121
综合办公室 …… 25922228
武装保卫办公室 … 25922228
城管分队 …… 63984572
治安一队二队 …… 63984571

有偿解除劳动合同人员服务站（维护稳定办公室）

站长 …… 25922769
副站长 …… 25915440
综合管理部 …… 25918569
…… 25973009
维稳管理部 …… 25927374
…… 25923281

车务管理中心

书记 …… 25927254
主任 …… 25966444
副主任 …… 25922840
综合办公室 …… 25913372
…… 25976560
调度室 …… 25923361
小车队 …… 25911794
…… 25918322
特车队 …… 25914994

基建管理公司

书记 …… 25966475
经理 …… 25923697
副经理 …… 25972447
综合 …… 25970041
经营 …… 25971504
工程技术 …… 25970873
…… 25925498
…… 25927347
…… 25973143

隆达建筑工程有限公司

书记 …… 25923369
经理 …… 25925062
副经理 …… 25925395
…… 25912722
…… 25925163
综合办公室 …… 25923280
…… 25925063
…… 25926587
经营 …… 25924879
生产 …… 25916154
财务 …… 25924048
安全环保 …… 25916156
安全服务监督 …… 25971824
生产 …… 25924651
工程一部 …… 25924884

部砼制品厂 …… 25924813
工程二部 …… 25911200
门窗厂厂长 …… 25939087
副厂长 …… 25939275
门卫 …… 25927095

普丰房地产开发有限公司

书记 …… 25969470
副经理 …… 25925302
…… 25928556
…… 25971453
综合办 …… 25925067
企划部 …… 25917788
销售部 …… 25971454
财务部 …… 25971142
…… 25971738
安全部 …… 25924639
工程部 …… 25925475
…… 25969425
…… 25979399
门卫 …… 25922641

第二矿区管理服务公司

经理 …… 25920666
书记 …… 25969388
副书记、工会主席 25928868
副经理 …… 25922677
…… 25925267
副经理、安全总监 25978198
助理、安全副总监助理
…… 25924525
助理 …… 25928446
…… 25917858
…… 63968078
…… 25923006
安全副总监 …… 25916184

经理办公室

主任 …… 25923984
文书 …… 25924118
秘书、网络 …… 25921508
计生办 …… 25922515

党群工作部

部长 …… 25928451
副部长、工会副主席 25922544
副部长、团委书记 25924352
文书 …… 25923495
宣传 …… 25923495
组织 …… 25972549
工会 …… 25972549

经营开发部

部长 …… 25924525
副部长 …… 25939400
…… 25979294
…… 25920731
办公室 …… 25923400
…… 25928449

财务资产部

部长 …… 25921505
副部长 …… 25973563
办公室 …… 25928448
…… 25915414

生产技术部、基建办

部长 …… 25928446
副部长、基建办主任 25910047
副部长 …… 25928450
生产办 …… 25916044
基建办 …… 25910047
生产调度 …… 25922586

安全环保部、安全监督站

副总监、部长 …… 25916184
副部长 …… 25925845
办公室 …… 25921535
站长 …… 25925072
监督站 …… 25925120
监督站 …… 25921375

物业管理部、服务监督站

部长 …… 25922567
副部长 …… 25927022
办公室 …… 25927022
监督站 …… 25923440

人事劳资部

部长 …… 25925165
副部长 …… 25925162
办公室 …… 25921506
…… 25921509
档案室 …… 25972484

维稳办公室

顾问、主任 …… 25925283
主任 …… 25925272
…… 25925441
副主任 …… 25922462
办公室 …… 25972487
信访 …… 25922462

第一水电气服务公司

经理 …… 63956232
书记 …… 63956233
副经理 …… 63960404
…… 63963279
…… 63953358
综合办主任 …… 63956233
生产办 …… 63952515
经营办 …… 63956233
祥和站 …… 63958348
幸福站 …… 63952678
康宁站 …… 63957782
怡然站 …… 63954404

第二水电气服务公司

经理 …… 25922787
书记 …… 25924832
副经理 …… 25923374
…… 25919598
综合办 …… 25939914
生产办 …… 25919442
经营办 …… 25924713
收费办 …… 25928455
新村服务站 …… 25924989
心港售电处 …… 25928224
花园服务站 …… 25923782
炼盛服务站 …… 25939163
花园售电处 …… 25924055

第三水电气服务公司

经理 …… 25915400
书记 …… 25924523
副经理 …… 25923146
…… 25924522
综合办 …… 25927883
生产办 …… 25969445
财务 …… 25976184
采油服务站 …… 25976154
安泰服务站 …… 25923011
…… 25923704
芳华服务站 …… 25924899

花园物业管理公司

经理、书记 …… 25925270
副书记 …… 25925280
副经理 …… 25925281
…… 25913295
…… 25925280
综合办主任 …… 25923379
物业办主任 …… 25925273
花园物业站 …… 25923034
新村物业站 …… 25924007
炼盛物业站 …… 25915177

安泰物业管理公司

经理 …… 25910010
书记 …… 25914751
副经理 …… 25973283
…… 25910404
…… 25939472
物业办 …… 25978365
综合班主任 …… 25914705
物业办主任 …… 25924791
房管站 …… 25914807
芳华物业站 …… 25923383
采油物业站 …… 25910457
安泰物业站 …… 25916043

幸福物业管理公司

经理 …… 63952516
书记 …… 63952518
副经理 …… 63955616
…… 63953135
…… 63963031
综合办主任 …… 63956251
物业办主任 …… 63958000
房管站 …… 63950494
服务监督 …… 63952518
安全监督 …… 63956251
机关值班室 …… 63951407
怡然物业站 …… 63956135
康宁物业站 …… 63955757
祥和物业站 …… 63960444
幸福物业站 …… 63955371
幸福排涝站 …… 63954854

供暖服务公司

经理 …… 25917858
书记、副经理 …… 25914804
副书记 …… 25924836
副经理 …… 25919441
…… 25921507
…… 25919437
综合办主任 …… 25923022
经营办主任 …… 25919440
副主任 …… 25924485
安全 …… 25976174
劳资 …… 25919440
会计 …… 25919440
幸福供热站 …… 25962143
花园供热站 …… 25922424
新村泵房 …… 25922079
芳华供暖队 …… 25923360
芳华锅炉房 …… 25924751
采油供暖队 …… 25969447
安泰供暖队 …… 25923730
新村泵房 …… 25922079

金百邦物业管理

经理 …… 25923006
书记 …… 25925237
副经理 …… 25925278
…… 25976644
…… 25928074
综合办主任 …… 25939756
安全 …… 25939756
劳资 …… 25939756
党群 …… 25976644
经营财务 …… 25910004
一分公司物业部 …… 25966134
餐饮部 …… 25917461
工程部 …… 25911847
二分公司 …… 63968825
三分公司 …… 63983322

托幼服务中心

经理 …… 25923582
书记 …… 25910776
副经理 …… 25923407
副经理 …… 25973774
综合办主任 …… 25923624
安全 …… 25928237

综合 …… 25969834
教研室主任 …… 25928237
花园幼儿园 …… 25921137
幸福幼儿园 …… 63954730
幸福分园 …… 63961737
祥和幼儿园 …… 63951943
采油幼儿园 …… 25969854
安泰幼儿园 …… 25923964

治安城管中心

主任 …… 25911808
书记 …… 25969214
副主任 …… 25925245
…… 25924829
综合办主任 …… 25923017
安全 …… 25924829
治安城管办 …… 63985214
二队 …… 63986214
中心值班室 …… 25925246
热线电话 …… 25939515
巡逻队 …… 63982634
怡然小区门卫 …… 63950044
幸福小区门卫 …… 63955341
祥和小区门卫 …… 63954421
花园新区门卫 …… 25975500
采油小区门卫 …… 25921761
机关门卫 …… 25972664

运输服务公司

经理、书记 …… 25918230
副经理 …… 25924521
…… 25939452
综合办主任 …… 25925285
安全办 …… 25924521
调度室 …… 25922678

心港物业管理公司

经理、书记 …… 25927179
副经理 …… 25925782
…… 25925772
综合办 …… 25925762
物业办 …… 25927180
服务站 …… 63969920

市场管理中心

经理、书记 …… 25978082
副经理 …… 25978081
…… 25915074
综合办 …… 25978169

宏伟建筑工程公司

顾问 …… 25919951
经理 …… 25927007
副书记、副经理 …… 25948603
副经理 …… 25921139

市场运营部

主任 …… 25922443
办公室 …… 25923125
经营财务 …… 25921142
安全干事 …… 25921143
合同办公室 …… 25921140
预算办 …… 25948447
生产技术办 …… 25922749
项目部 …… 25923136
铝合金厂 …… 25915334
值班室 …… 25939600
花园路停车场 …… 25921141

离退休管理中心

顾问 …… 25914797
主任 …… 25925276
副主任 …… 25925279
…… 25925277
总务办 …… 25910477
管理办 …… 25925271
祥和服务站 …… 63954745
幸福服务站 …… 63956231
怡然服务站 …… 63958747
炼盛服务站 …… 25928047
采油服务站 …… 25916954
安泰服务站 …… 25916440

金百邦实业公司

经理 …… 63968078
顾问 …… 25925284
副经理 …… 25926674
…… 63985801
副经理 …… 69350510
综合办 …… 25914040
运营部 …… 25920800
财务部 …… 25972747
服务热线 …… 25920800

金港食乐城

经理 …… 25913260
总台 …… 25926588
库管 …… 25919473
裕华经理 …… 25928054
银台 …… 25919914
客房 …… 25928104

物流中心

采油店 …… 25972260
钻井店 …… 25926674
花卉绿化中心 …… 63950510
保洁家政服务中心 …… 63985801
房管中心 …… 25922332
疏通中心 …… 25976514

液化气服务公司

经理、书记 …… 25921136
副经理 …… 25921500
…… 25910417
综合办 …… 25922053
综合办 …… 25925242
花园供气站 …… 25921501
芳华供气站 …… 25924325
安泰供气站 …… 25923703

第三矿区管理服务公司

经理 …… 25961118
党委书记 …… 25965166
副经理 …… 25960018
…… 25960008
…… 25965557
老领导 …… 25964829
…… 25960010
安全副总监 …… 25964611

经理办公室

主任 …… 25961858
文书 …… 25960006
秘书 …… 25961968
计划生育档案 …… 25964720
网络管理通信 …… 63980609

维护稳定办公室

主任 …… 25961858
副主任 …… 25960054
维稳办 …… 25961968

党群工作部

主任 …… 25961138
工会副主席 …… 25961958
组干工团 …… 25960007
文秘宣传 …… 25960024
纪检监察 …… 25960087

劳动工资部

主任 …… 25961708
调配培训 …… 25960019
工资保险 …… 25961325

经营计划部

主任 …… 25961311
计划合同 …… 25960016
统计 …… 25960083

市场开发部

主任 …… 25961300
市场开发部 …… 25964437

财务资产部

主任 …… 25961255
副主任 …… 25961387
法人企业财务总监 25960376
公积金管理 …… 25964707
财务核算 …… 25960034

生产协调部

主任 …… 25961031
供暖物资 …… 25960020
水电气物资 …… 25960081

建设工程部

主任 …… 25961293
工程审计 …… 25960022
现场施工 …… 25960082

物业管理部

主任 …… 25961010
住房补贴 …… 25960028
房管 …… 25961292
物业 …… 25962704
综合服务监督站 …… 25965440

质量安全部

主任 …… 25964611
体系管理 …… 25960825
安全 …… 25965921
设备 …… 25961070

安全监督站

副站长 …… 25960015
安全监督 …… 25960017
…… 25961309

有偿解除合同人员服务站

站长 …… 25963186
办公室 …… 25964562
…… 25971630

新盛物业管理公司

经理 …… 25964635
书记 …… 63984070
物业办值班室 …… 25964631
…… 63984606
综合办经营办再就业 25925422
新盛综合队 …… 25963066

双运物业管理公司

经理 …… 25965566
书记综合办 …… 25960084
副经理物业办值班室 25960568
经营办 …… 25960074
双丰综合队 …… 25960559
西运综合队 …… 25931461
华盛综合队 …… 25931171
华隆综合队 …… 25932347
再就业办 …… 25960405

同盛物业管理公司

经理书记 …… 63963679
副经理综合办 …… 63957209
经营办 …… 63960720
物业办值班室 …… 63960757
再就业办 …… 63963911
北安综合队 …… 25961482
北安再就业队 …… 25960063
同盛综合队 …… 63989934
同盛家政服务队 …… 63987698
彩虹西里物业服务站 63967695

幸福物业管理公司

经理 …… 25930247
书记、副经理 …… 25930630
综合办值班室 …… 25932724
物业办 …… 25933370
经营办 …… 25931213
再就业办 …… 25933147
综合队 …… 25931778
华福再就业队 …… 25931379

鼎盛物业管理项目部

经理 ……………… 63961414
副经理 …………… 63961497
品质管理部热线 … 63961174
经营管理部 ……… 63961445
机电工程部 ……… 63955744
环境服务部会务组 63957774
大厅门卫 ………… 63957124

苏里格物业管理项目部

经理………… 029－86575872

车辆服务中心

经理 ……………… 25961277
书记 ……………… 25961178
副经理 …………… 25930053
……………………… 25925905
综合办 …………… 25960458
生产办 …………… 25961109
港中车队 ………… 25965059
港西车队 ………… 25932443

餐饮公司

经理 ……………… 25932758
书记 ……………… 25932759
副经理 …………… 25963158
……………………… 63968859
综合办物业办 …… 25932759
经营办 …………… 25932758
港龙酒店总台 …… 25932774
港龙酒店总机 …… 25931807
金三元酒家 ……… 25963158

供暖一公司

经理 ……………… 25965988
书记 ……………… 25960808
生产综合办值班室 25960379
经营办 …………… 25961510
桃李园供暖队 …… 25962693
……………………… 63980076
……………………… 63984011
新盛供暖队 ……… 25963135
……………………… 63984012
北安供暖队 ……… 25961297
……………………… 63969659

供暖二公司

经理书记 ………… 25932938
副经理收费 ……… 25935001
综合办 …………… 25932457
生产办值班室 …… 25933819
华盛供暖队 ……… 25931172
……………………… 63968063
华幸供暖队 ……… 25931785
……………………… 63984605
华隆供暖队 ……… 25932343
……………………… 63989248
双运供暖队 ……… 25934064
……………………… 63984620
华福泵房 ………… 25932721
……………………… 63984605
铲车班 …………… 63984296

水电气一公司

经理 ……………… 25960002
书记经营办 ……… 25963272
副经理值班室 …… 25962705
综合办 …………… 63984621
生产办 …………… 63987918
经营办 …………… 63984221
桃李园水电气队 … 25964610
……………………… 63982423
……………………… 63984601
新盛水电气队 …… 25963138
……………………… 63984602
北安水电气队 …… 25921287
……………………… 63984603
同盛水电气队 …… 63962235
……………………… 63981230

水电气二公司

经理书记 ………… 25933525
副经理 …………… 25933553
……………………… 25932336
综合办 …………… 25931347
生产安全 ………… 25932376
节能材料 ………… 25931661
经营办 …………… 25932341
华幸水电气队 …… 25931909
华福水电气队 …… 25933594
华隆水电气队 …… 25932339
……………………… 63988910
华盛水电气队 …… 25931388
……………………… 63984613
双运水电气队 …… 25931438
水电食堂 ………… 25932345

液化气公司

经理 ……………… 25961369
书记 ……………… 25961938
生产办 …………… 25960041
综合办 …………… 25961082
经营办 …………… 25965833
华幸液化气站 …… 25931768
双运液化气站 …… 25931381

离退休职工管理中心

主任 ……………… 25961939
书记综合办 ……… 25960003
副主任维稳办 …… 25964771
财务 ……………… 25961939
新盛退管站 ……… 25964274
……………………… 63980070
双运退管站 ……… 25932844
……………………… 63980072
华幸退管站 ……… 25932427
……………………… 63980265
同盛退管站 ……… 63962311
……………………… 63987454
港南退管站 ……… 25911744
北安退管站 ……… 63984219
华盛退管站 ……… 63980246

托幼管理中心

主任书记 ………… 25960062
副书记副主任 …… 25962231
综合经营 ………… 25960959
新盛幼儿园 ……… 25964664
……………………… 63981818
李园幼儿园 ……… 25963198
双运幼儿园 ……… 25960046
……………………… 63983443
北安幼儿园 ……… 25964444
……………………… 63980633
华幸幼儿园 ……… 25931783
华隆幼儿园 ……… 25932344
同盛世纪星幼儿园 63962232
……………………… 63986432

综合治理办公室

主任 ……………… 25961136
办公室 …………… 25964790
机关保安 ………… 25960014
检查站一组 ……… 63989441
检查站二组 ……… 63989442

港发建筑安装工程部

经理 ……………… 25960637
书记 ……………… 25960683
副经理 …………… 25960587
综合办 …………… 25960617
经营办 …………… 25961173
生产预算 ………… 25963103
安全办 …………… 25964529
建安队 …………… 25961285
门窗厂 …………… 25961286
水泥制品厂 ……… 25918314
鸿浩饭店 ………… 25960339

港发建筑安装第一工程处

经理 ……………… 25934494
副经理 …………… 25931702
综合办 …………… 25934760
经营部 …………… 25934494
工程部 …………… 25932407
安装部 …………… 25931782
销售部 …………… 25930100
建材厂 …………… 25933110
司机班 …………… 25933127

工贸中心市场物业管理部

经理 ……………… 63982778
经营办 …………… 63982781
综合办 …………… 63982798
港中农贸市场 …… 63982782
怡然农贸市场 …… 63982783

滨海福利厂

厂长 ……………… 25973688
财务 ……………… 25922716

港狮矿区管理处

经理 ……………… 25941472
副书记 …………… 25942820
副经理 …………… 25941211
……………………… 25942506
……………………… 25941318
经理助理 ………… 25941559
……………………… 25941552
……………………… 25941676
……………………… 25941549

经理办公室

主任 ……………… 25941071
副主任 …………… 25941138

党群办公室

主任 ……………… 25942314
副主任 …………… 25941686

生产协调科

科长 ……………… 25941549
副科长 …………… 25941550

安全管理科

科长 ……………… 25941556
副科长 …………… 25941541

劳动人事科

科长 ……………… 25941548
副科长 …………… 25942399

财务资产科

科长 ……………… 25941551
副科长 …………… 25942368

经营计划科

科长 ……………… 25942229
物业管理科科长 … 25942429
多种经营科科长 … 25941676
副科长 …………… 25942542

港骅矿区管理处

党委书记、经理 … 25646236
党委副书记、纪委书记、工会主席 ……………… 25946031
副经理 …………… 25946054
……………………… 25946289
经理助理、财务科长 25946052
安全副总、安全科长 25947396
经理助理、饮食服务公司
经理 ……………… 25946023
经理助理、广源实业中心
经理 ……………… 25946655
经理办主任 ……… 25947028
文书 ……………… 25946400
党办主任 ………… 25946226
工会办主任 ……… 25946271
劳资科长 ………… 25946854

工资调配 ………… 25946131
财务会计、出纳 … 25946908
财务成本 ………… 25947139
财务资产 ………… 25946661
技安环保科 ……… 25946851
生产技术科 ……… 25946853
生产调度 ………… 25949440
物资库房 ………… 25946428
经营管理科 ……… 25946363
项目办 …………… 25947025
偿接触劳动合同人员
服务站 …………… 25946278

物业公司

经理 ……………… 25946040
书记 ……………… 25947027
停车场门卫 ……… 25946229

水电公司

经理 ……………… 25946319
供水站 …………… 25946315

供热公司

经理 ……………… 25946168
锅炉房 …………… 25946320

羊三木物业公司

经理 ……………… 25947885
副经理 …………… 25947707
食堂 ……………… 25947932
公寓 ……………… 25947997
锅炉房 …………… 25947790

饮食公司

托儿所所长 ……… 25946138
港骅公寓经理 …… 25946446
港骅公寓餐厅 …… 25946447
港骅公寓客房 …… 25946141
羊二庄食堂 ……… 25946329
第二修井食堂 …… 25946196

离退办主任 ……… 25946069

综合车队队长 …… 25946381

液化气站站长 …… 25946134

广源公司

书记 ……………… 25946622
副经理 …………… 25946330
……………………… 25946851
综合办 …………… 25946228
财务 ……………… 25946233
南一站轻烃厂 …… 25946395
电泵厂 …………… 25946394
门卫 ……………… 25946819

供水公司

经理 ……………… 25931699
书记 ……………… 25932332
副经理 …………… 25931199
……………………… 25931190
……………………… 25933698
副总工程师
……………………… 25935906
副总经济师
……………………… 25932126

经理办公室

主任 ……………… 25931315
副主任 …………… 25932896
文书秘书 ………… 25932906
信访接待 ………… 25932502
……………………… 25931082

党群工作科

科长 ……………… 25931343
副科长 …………… 25935901
办公室 …………… 25931352

人事劳资科

科长 ……………… 25933628
工资保险 ………… 25931363
职工培训 ………… 2593268

财务资产科

副科长 …………… 25935902
资产管理 ………… 25935903
成本核销 ………… 63984328

经营计划科

科长 ……………… 25931332
计划统计 ………… 25931767

生产协调科

科长 ……………… 25931351
副科长 …………… 25932226
……………………… 25935169
生产管理 ………… 25932659
生产调度 ………… 25932326
物资装备 ………… 25932335

安全环保科

科长 ……………… 25931339
副科长 …………… 25931340
……………………… 25933659
办公室 …………… 25931344
交通消防 ………… 25931283
机关门卫 ………… 25932321

工程技术中心

主任 ……………… 25931341
副主任 …………… 25935447
水源工程组 ……… 25932263
技术管理组 ……… 25932327

质量监督中心

主任 ……………… 25933639
办公室 …………… 25935905
水质监测站 ……… 25930353
水表检定 ………… 25931193
信息室 …………… 25932959

离退休管理中心

主任 ……………… 25935443
活动室 …………… 25932334

污水处理项目部

副主任 …………… 25935126
项目部 …………… 25931280
生产运行 ………… 25935156
污水现场 ………… 25914776

供水销售中心

主任书记 ………… 25919584
生产管理 ………… 25973783
抄表巡线 ………… 25922965
会计统计 ………… 25911235

滨海水厂

厂长 ……………… 25931555
书记 ……………… 25931052
生产管理 ………… 25931051
运行管理 ………… 25931403
水厂门卫 ………… 25932958
总控室 …………… 25931376
仪表班 …………… 25931400
库房 ……………… 25931055
化验室 …………… 25931054
门卫监控 ………… 25931049
滦一泵房 ………… 25931050
一期二泵房 ……… 25931053
二期二泵房 ……… 25931455

供排水工区

主任 ……………… 25932358
书记 ……………… 25931324
运行管理 ………… 25931349
库房 ……………… 25934447
东水源站 ………… 25914514
二号院站 ………… 25923601
二道沟站 ………… 25923783
滨南水站 ………… 25923312
压气水站 ………… 25914614
千米桥站 ………… 25936503
油建水站 ………… 25936451
东一排 …………… 25928400
东二排 …………… 25928401
五十五井 ………… 25932359
测井水站 ………… 25961941
四站水站 ………… 25931370
3 号塘 …………… 63984963
4 号塘 …………… 63988272
7 号塘 …………… 63988392
8 号塘 …………… 63984962

供水维修工区

主任 ……………… 25932360
书记 ……………… 25935976
生产管理 ………… 25935977
技术组 …………… 25932366
抢险应急 ………… 25932361
库房 ……………… 63988377

车队

队长 ……………… 25932201
书记 ……………… 25932364
车辆调度 ………… 25935858

净水剂公司

总经理 …………… 25935784
车间 ……………… 25932380

客运分公司

经理、书记 ……… 25930816
副经理、安全总监 25932116
副经理、工会主席 25931491
经理助理 ………… 25931456
综合办主任 ……… 63985196
办公室 …………… 25931423
纪检监察办公室 … 25931800
工会办公室 ……… 25933867
劳资、离退休管理办公室
……………………… 25931100
安全环保
科长 ……………… 63981530
办公室 …………… 25935231
……………………… 25933803
安全监督站 ……… 25973304
生产服务科 ……… 25931531
……………………… 25931408
财务经营科
科长 ……………… 63982970
办公室 …………… 25935747
机关物业班 ……… 25932717

社区卫生服务管理中心

大港油田总医院

院长 ……………… 25971350
党委书记 ………… 25924730
副书记、工会主席 25925078
副院长 …………… 25921612
……………………… 25971870
……………………… 25910530
院长助理 ………… 25972072
……………………… 25928257
……………………… 63955425
顾问 ……………… 25924220
……………………… 2591293

院长办公室

主任 ……………… 25924220
文书 ……………… 25971270
维稳办公室 ……… 25924220
综合档案室
……………………… 25972095
医院总值班 ……… 25924220
司机班 …………… 25966440

党群工作部

主任 ……………… 25924213
纪检监查部、团委、宣传
……………………… 25972075

工会 …………… 25972076
人力资源部 ……… 25972073
主任 …………… 25971390
人事档案 ……… 25972095
财务部 ………… 25972105
主任 …………… 25921476
医务部 ………… 25923721
医疗纠纷办 …… 25971500
图书情报 ……… 25977494
公寓楼 ………… 25924654
门诊办公室 …… 25924238
住院处 ………… 25971570
护理部 ………… 25972120
护理中心 ……… 63984661
医疗保险科 …… 25972109
科长 …………… 25923157
工伤窗口 ……… 25925408
社区管理部 …… 25912873
市场部 ………… 25972107
客户管理 ……… 25971012
太平间 ………… 25971971
装备部 ………… 25924228
仪修组 ………… 25972117
安全保卫部 …… 25924225
安全体系办 …… 25925464
安保值班 ……… 25917213
物业中心 ……… 25924230
维修班 ………… 25966424
离退支部 ……… 25972127
信息科中心 …… 25922123
主任 …………… 25924240
副主任 ………… 25927335
感染管理科 …… 25911552
健康查体中心 … 25969403
主任 …………… 69387090
客户部副主任 … 69384663
职业病 ………… 25967415
美容中心 ……… 25924425
医学影像中心
CT、MR 室 …… 25917432
放射科 ………… 25917264
超声影像科 …… 25917542
核医学 ………… 25918142
检验中心 ……… 25911310
血库病房 ……… 25969047
病理科 ………… 25969372
药剂西药房 …… 25911210
药剂科主任 …… 25978113
配送中心 ……… 25917625
主任 …………… 25924237
中心药房 ……… 25917758
大港药店 ……… 25914237
行政库办 ……… 25966374
急救中心 ……… 2592111

外科中心
外一（1B）病区 … 25910344
外三（3B）病区 … 25966457
骨一（3A）病区 … 25966463
骨二（4B）病区 … 25972171
手术室 ………… 25914914
内科中心
内一（2c）病区 … 25921192
血透室 ………… 25966459
心电图 ………… 25948665
心脏呼吸科主任 … 25966470
内二（2B）病区 VIP 25966452
主任 …………… 25966453
内三（3c）病区 … 25915105
传一 …………… 25966494
防痨办 ………… 25966487
脑科中心
脑系（2A）病区 … 25966465
脑系（3D）病区 … 25911011
妇产中心
妇产（1c）病区 … 25914644
产房、产后 …… 25966472
儿科儿科
（1A）病区 …… 25966467
五官中心
五官（2E）病区 … 25913553
口腔门诊 ……… 25967712
中西医结合
康复（1D）病区 … 25966473
主任 …………… 25966111
中医（3E）病区 … 25966484
港东医院
院长 …………… 25921126
书记 …………… 25921131
综合办 ………… 25922468
芳华社区 ……… 25917131
炼盛社区 ……… 25914888
港南医院 ……… 25922788
副院长 ………… 25923018
综合办 ………… 25970742
港西医院
院长 …………… 25931902
副院长 ………… 25931765
综合办 ………… 25931901
华隆社区 ……… 25932356
华盛社区 ……… 25931386
双丰社区 ……… 25960995
港北医院（中）
院长 …………… 25910901
综合办 ………… 25924878
北苑社区 ……… 25926452
西苑社区 ……… 25923377
二号院社区 …… 25914765
建北里社区 …… 25936602

港中医院
院长 …………… 63955425
书记 …………… 63957485
综合办 ………… 63950271
新盛社区 ……… 25963101
北安社区 ……… 25961487
祥和社区 ……… 63964525
怡然社区 ……… 63964526
同盛社区 ……… 63964885
港狮医院
院长 …………… 25942022
书记 …………… 25941409
综合办 ………… 25942323
急诊室 ………… 25941264
港骅医院
院长 …………… 69381963
副院长 ………… 69388487
综合办 ………… 25946255

团泊洼医院

院长 …………… 25940507
综合办 ………… 25940507
其他
博康餐厅 ……… 25966409
油田社会保险 … 25977422
配镜中心 ……… 25924202
招待所 ………… 25971970
团泊洼开发公司
党委书记、经理 … 25940618
党委副书记、工会主席
…………… 25940269
副经理 ………… 25940658
安全总监、副经理 25940288
经理助理 ……… 25940242
…………… 25940628
安全副总监 …… 25940638
综合办公室
主任 …………… 25940668
副主任、维稳办主任 25940218
副主任、工会副主席 25940216
文书 …………… 25940208
办公室 ………… 25940215
劳动人事科科长 … 25940229
经营管理科科长 … 25940237
生产管理科科长 … 25940245
副科长 ………… 25940688
办公室 ………… 25940594
安全环保科科长 … 25940159
财务科副科长 … 25940812
办公室 ………… 25940243
离退休管理站站长 25940315
办公室 ………… 25940353
社区管理办公室
主任 …………… 25940138

办公室 ………… 25940962
红太阳素质教育基地
校长 …………… 25940447
党支部书记 …… 25940166
资源物资利用公司
经理 …………… 25940265
党支部书记、副经理 25940238
物业管理服务公司 25940264
水暖管理服务公司 25940274
供电服务公司 … 25940712
汽车队 ………… 25940300
园林公司 ……… 25940855
水产养殖公司 … 25940920
益加蔬菜公司 … 25940212

新闻文化中心

党委书记、主任 … 25969668
副主任 ………… 25913789
…………… 25966039
…………… 25910613
老领导 ………… 25921986
…………… 25928642
…………… 25922086
行政办公室
主任 …………… 25911201
秘书 …………… 25913146
文书 …………… 25924610
中心车队 ……… 25921904
党办主任 ……… 25928345
工会办主任 …… 25924978
纪检办主任 …… 25923248
财务资产部
主任 …………… 25939320
办公室 ………… 25913148
…………… 25924274
…………… 25922146
经营计划部
主任 …………… 25917949
办公室 ………… 25924272
网吧中心 ……… 25928340
安全环保部
主任 …………… 25921661
办公室 ………… 25927661
…………… 25912441
安全监督站 …… 25915713
劳动工资部
主任 …………… 25927291
办公室 ………… 25924979
文化体育部
主任 …………… 25924986
办公室 ………… 25925012
电视台
综合办公室
主任 …………… 25920601

办公室 …………… 25926727
展览馆门卫 ……… 25926724
电视总编室主任 … 25924766
办公室 …………… 25910112
…………………… 25920892
…………………… 25948111
前端机房 ………… 25913147
播出机房 ………… 25924873
电视要闻部
主任 ……………… 25918493
办公室 …………… 25948772
电视信息服务部
主任 ……………… 25924066
办公室 …………… 25978964
…………………… 25920935
…………………… 25972474
…………………… 25925457
电视广告部
主任 ……………… 25923422
办公室 …………… 25910644
点播 ……………… 25970111
…………………… 25971111
电视社会生活部
主任 ……………… 25921936
报社
副总编 …………… 25923517
群工部主任 ……… 25926739
群工部办公室 …… 25923518
报社编辑室主任 … 25924277
办公室 …………… 25948042
周刊部主任 ……… 25939852
周刊部办公室 …… 25923502
记者部主任 ……… 25921120
记者部办公室 …… 25924273
…………………… 25924276
…………………… 25924278
网络新闻 ………… 25973255
专刊广告部主任 … 25910438
专刊广告部办公室 25973777
…………………… 25948714
画报记者站 ……… 25922936
门卫 ……………… 25924271
中油国旅经理 …… 25917419
业务 ……………… 25922531
…………………… 25966410
少年宫主任 ……… 25928440
办公室 …………… 25925621
…………………… 25925620
门卫 ……………… 25920347
印刷厂
厂长 ……………… 25927607
办公室 …………… 25924280
…………………… 25924279

文化体育中心
主任 ……………… 25973787
游泳馆 …………… 25973784
…………………… 25923672
体育馆 …………… 25923437
图书馆 …………… 25922932
俱乐部主任 ……… 25924900
办公室 …………… 25926725
…………………… 25967894
门卫 ……………… 25922933
消防专用 ………… 25924107
石油美协 ………… 25922149
热土编辑部
…………………… 25948872
中心电视站 ……… 25912347
…………………… 25922136
港中电视站 ……… 25962974
…………………… 25931647
港南电视站 ……… 25975214
…………………… 25973214
港骅电视站 ……… 25946219
港狮电台站 ……… 25942189
中国石油报记者站
站长 ……………… 25924275
办公室 …………… 25922472
…………………… 25924364
…………………… 25979214
…………………… 25920942

保卫处

党委书记、处长、武装部长
…………………… 25920960
党委副书记、纪委书记、工会主席、副处长 …… 25924920
副处长 …………… 25966979
处待 ……………… 25913446
处长助理、工会副主席
…………………… 25920908
处长助理、经济护卫大队大队长 ……… 25970228
办公室
主任 ……………… 25915379
办公室 …………… 25920975
党群办
主任、团委书记 … 25920879
副主任 …………… 25920226
办公室 …………… 25924851
劳资科
科长 ……………… 25920295
办公室 …………… 25920850
财务科
科长 ……………… 25920700

办公室 …………… 25920861
机动安全科
科长 ……………… 25923184
办公室 …………… 25923182
GPS ……………… 25970227
离退办
主任 ……………… 25923484
武装科
科长 ……………… 25923184
副科长、交通战备办公室主任
…………………… 25923182
副科长 …………… 25973391
内保管理科
副科长 …………… 25925292
…………………… 25970505
办公室 …………… 25923920
户籍管理科
科长 ……………… 25920979
副科长 …………… 25910375
经济护卫大队
副大队长 ………… 25920679
办公室 …………… 25920676
…………………… 25921132
…………………… 25923960
应急处置指挥中心
主任 ……………… 25919399
副主任 …………… 25975223
…………………… 25923922
办公室 …………… 25920900
中心区保卫办公室
主任 ……………… 25925026
副主任 …………… 25923991
办公室 …………… 25925059
…………………… 25926556
…………………… 25973232
后勤保障办公室
主任 ……………… 25925600
副主任 …………… 25925601
办公室 …………… 25925293
小车队队长 ……… 25970206
调度 ……………… 25921821
门卫 ……………… 25925318

其他

天津市滨港石油技术服务中心
经理 ……………… 25975148
书记 ……………… 25976396
财务总监 ………… 25976399
综合部主管 ……… 25966125
财务部主管 ……… 25979180
财务部 …………… 25979182
市场部 …………… 25979269

销售部 …………… 25975786
浦洲公司
总经理 …………… 25914415
副经理 …………… 25926806
技安总监 ………… 25920162
财务总监 ………… 25927708
经理办 …………… 25919022
综合办 …………… 25971440
财务部 …………… 25920365
市场发展部 ……… 25927706
生产技术部 ……… 25927707
物业 ……………… 25919012
天津大港油田浦海化工有限公司
总经理 …………… 25973049
副总经理 ………… 25926999
财务总监 ………… 25920134
办公室主任 ……… 25918276
办公室 …………… 25918400
财务 ……………… 25973047
化工部 …………… 25918034
聚氨脂项目部 …… 25973074
天津博弘石油化工有限公司
董事长 …………… 63962845
总经理 …………… 63962803
副总经理 ………… 63969035
董事长秘书 ……… 63962849
综合办公室 ……… 63962848
财务总监 ………… 63962853
财务主任 ………… 63963026
计财管理部 ……… 63962846
项目部 …………… 63962940
部门经理 ………… 63963049
研究发展部 ……… 63962840
技术服务公司 …… 63964661
天津大港广盛商贸有限责任公司
经理 ……………… 25975148
财务部 …………… 25977145
办公室 …………… 25921739
天津中雅石油化工有限公司
总经理 …………… 25920555
副经理 …………… 25922922
财务部 …………… 25925370
综合部 …………… 25913162
业务部 …………… 25925367
天津市金达石油新技术公司
总经理 …………… 25969881
副经理 …………… 25922643
…………………… 25948503
…………………… 25939896
财务部 …………… 25917547
生产部 …………… 25921840
综合部 …………… 25922644

9. 青海油田公司

地址：甘肃省敦煌市七里镇　　邮政编码：736202　　公网区号：0937

总经理（党委）办公室

主任……8932106
副主任……8932435
……8923135
……8933709

秘书科
科长……8934329
办公室……8926802
……8920971
……8926802

调研室
科长……8934621
办公室……8933897

综合科
科长……8933843
副科长……8933064
办公室……8926804
……8934633
……8934633

文书科
科长……8933603
办公室……8933955
……8933603
……8926805
……8934123

维稳办
科长……8934066
副科长……8923180
维稳办……8934066

外事科
科长……8933018
办公室……8923222

人事处（组织部）机关党委

领导……8933217
……8934479
人事管理科……8926808
……8934205
……8926808
……8933467
……8921587
档案室……8922299
……8938954

技术干部管理与培训科
……8926807
……8922161
……8932480
组织科……8921248
……8935414
……8934933
……8934758

薪酬管理与业绩考核科
……8934257
……8926810
……8935017
劳动管理科……8934616
……8920358
……8920156

机关人事与综合科
……8939172
……8932317

企业文化处（宣传部）

处长、部长……8920291
副处长、副部长……8934277
宣传科科长……8932530
企业文化科科长……8934830
基层建设科科长……8934730

纪委、监察处

纪委副书记、监察处长 8934622
纪委副书记……8934237

纪委办公室
主任……8933458
高级主管……8936222
主管……8936222

党风建设室
主任……8920025
高级主管……8920025

效能监察科
科长……8930024
高级主管……8934263
主办……8934263

案件检查科
科长……8932822
高级主管……8934267
主管……8934267

工会

副主席……8920802
……8934233
……8932939
……8922263

综合办
主任……8934013
副主任……8934152
办公室……8921600
……8934013
……8934152

经济技术办
主任……8926801
……8934169
权益保障办主任……8936508
女工办公室主任……8934049
权益保障办主任……8921778

体协办公室
主任……8921310
办公室……8921310
机关工会办公室主任 8933675

残联
主任……8921052
办公室……8921052
帮扶助困办主任……8920067

团委

书记……8921026
办公室主任……8932821
办公室……8932821

审计处

处长……8934225
副处长……8920011

审计管理科
科长……8934119
办公室……8921443

财务审计科
科长……8920007
办公室……8923753
……8925875
……8923751

工程项目审计科
科长……8921444
办公室……8922740
……8921739

合同审计科
科长……8933003
办公室……8932696
财务审计科……8932696

内控审计与综合科
科长……8939003
办公室……8922741
……8933368

生产运行处

处长……8933857
副处长……8932468
……8934238
……8920766
生产值班室……8926816
……8926816
……8932747
……8933768
……8933858
生产运行科……8933768
综合科……8934036
运输管理科……8933757
生产治安管理科……8933569

油气开发处

处长……8933792
副处长……8928588
……8934028
……8922768

油田开发科
科长……8934231
办公室……8934350
……8934950
……8934435

天然气开发科
科长……8921060
办公室……8921060
……8936945

油气藏评价科
科长……8933535
办公室……8933535

综合科
科长……8934231

采油气工艺处

处长……8932516
副处长……8923985

采气工艺科
科长……8933274
办公室……8930216

采油工艺科
科长……8934348
办公室……8934230

新工艺技术科
科长……8923163
办公室……8923163

注水工艺科
科长……8921798
办公室……8921798

钻井处

处长……8939011
副处长……8934018
……8928585

钻井设计科
科长………………… 8934234
办公室……………… 8932257
井下作业科
科长………………… 8934230
井控作业科………… 8933508

炼油化工处

办公室……………… 8920899
…………………… 8938287
…………………… 8932435
…………………… 8939132
…………………… 8923211
…………………… 8921425

质量安全环保处

处长………………… 8921693
副处长……………… 8931753
安全科
科长………………… 8933080
高级主管…………… 8923328
…………………… 8922278
…………………… 8936327
督查科
科长………………… 8934505
…………………… 8923895
…………………… 8921620
主管………………… 8920038
…………………… 8921620
…………………… 8930448
环保健康科
科长………………… 8930448
传真………………… 8930448
技术监督科
科长………………… 8922300
…………………… 8933525
QHSE 体系运行管理科
科长………………… 8921301
办公室……………… 8921302
…………………… 8921150

地面建设处

处长………………… 8933782
副处长……………… 8933172
基建管理科
科长………………… 8921562
设计管理科
科长………………… 8921561
设计管理…………… 8921563
工程质量监督站
站长………………… 8935815
副站长……………… 8934363
办公室……………… 8920756
…………………… 8936943
…………………… 8917808

科技处

处长………………… 8934255
副处长……………… 8934264
项目管理科
科长………………… 8934118
…………………… 8922291
办公室……………… 8935300
成果管理科
科长………………… 8934227
办公室……………… 8922291
情报信息管理科
科长………………… 8932846
石油学会
副秘书长…………… 8934626

工程技术发展处

处长………………… 8936909
副处长……………… 8934276
设备管理科
科长………………… 8932791
办公室……………… 8934363
设备管理科………… 8933413
压力容器科
科长………………… 8933867
办公室……………… 8930140
…………………… 8920072

规划计划处

处长………………… 8933231
副处长……………… 8938287
…………………… 8922290
计划管理科
科长………………… 8939001
高级主管…………… 8923181
主管………………… 8939001
综合统计科
科长………………… 8934037
高级主管…………… 8933666
规划项目科
科长………………… 8933701
高级主管…………… 8932531
经济评价科
科长………………… 8935013

财务处

处长………………… 8932385
副处长……………… 8920788
总会计师…………… 8920080
预算管理科………… 8921530
办公室……………… 8922016
…………………… 8934861
…………………… 8925990
会计核算科………… 8921252
…………………… 8921253
…………………… 8935655
…………………… 8934090
资产管理科………… 8934090
…………………… 8933367
…………………… 8933614
信息管理科………… 8937311
…………………… 8934535
综合科……………… 8925980
…………………… 8933561
…………………… 8926170
价税管理科………… 8926815
…………………… 8920758
机关财务科………… 8934261
…………………… 8926814

企管与法规处

处长………………… 8933169
副处长……………… 8934375
企管科
科长………………… 8934080
办公室……………… 8923319
法规科
科长………………… 8933550
办公室……………… 8926806
…………………… 8934525
市场管理科
副科长……………… 8923182
办公室……………… 8926183
…………………… 8920728
…………………… 8934162
股权管理科
科长………………… 8921962
办公室……………… 8921963

内部控制处

处长………………… 8921612
内控管理科
科长………………… 8921613
内控建设科
科长………………… 8922001
办公室……………… 8920499

工程造价中心 关联交易处

处长………………… 8920001
地下工程造价科
科长………………… 8934114
办公室……………… 8921090
…………………… 8934016
…………………… 8921089
…………………… 8933983
…………………… 8921085
地面工程造价科
科长………………… 8925760
办公室……………… 8925670
…………………… 8921080
…………………… 8934031
…………………… 8930446
定额站
站长………………… 8930411
办公室
…………………… 8921091
…………………… 8921092
关联交易科
科长………………… 8934271
办公室……………… 8921093
…………………… 8925679

信息中心

主任………………… 8923055
副主任……………… 8962616
…………………… 8923755
…………………… 8923083
档案馆…………… 8933688
…………………… 8935770
…………………… 8932913
…………………… 8920846
…………………… 8933155
…………………… 8932695
…………………… 8932515
综合科…………… 8934166
…………………… 8934518
…………………… 8930043
数据管理科………… 8921720
…………………… 8934272
…………………… 8935037
…………………… 8922788
…………………… 8920195
软件管理科………… 8934522
…………………… 8933837
…………………… 8921719
…………………… 8933912
网络管理科………… 8939873
…………………… 8933646
…………………… 8920195
…………………… 8933912
…………………… 8933750
…………………… 8934193
…………………… 8920668
…………………… 8934112
门卫………………… 8932206

财务结算中心

主任………………… 8921114
副主任……………… 8926176
…………………… 8933305

资金管理科……8921325
办公室……8921077
……8939173
……8923170
……8933332
……8934076
……8921987
……8939173
敦煌受理处……8923237
办公室……8920158
……8921095
格尔木结算科……8917281
……8917334

人事服务中心

主任……8934946
副主任……8935337
……8934038
综合办公室
主任……8933013
主管……8920819
养老保险科
科长……8934924
主管……8939639
企业年金管理科
科长……8932087
办公室……8932019
综合保险科
科长……8935117
……8935030
主管……8935487
灵活就业管理科
科长……8934027
主管……8934481
职业介绍科
科长……8934685
高级主管……8935769
主管……8921348
……8933280
技能鉴定科
科长……8935113
主管……8932060
……8923132
助理主办……8921305
信息管理科
科长……8921349
计划财务科
科长……8931563
高级主管……8934947
主管……8923372
敦煌医疗保险事务所
所长……8922829
副所长……8933451
主管……8935121
……8931441
……8950714
格尔木医疗保险事务所
所长……8917360
副所长……8917361
主管……8917365
……8916316

住房公积金管理中心

主任……8932027
副主任……8932649
综合管理科
科长……8934216
办公室……8937103
公积金管理科
科长……8933238
办公室……8922260
……8934035
……8916666
财务科
科长……8920008
办公室……8921630
住房管理科
科长……8933552

机关行政站

站长……8926820
……8934474
行政管理办……8931115
行政库房……8931115
事务管理办……8931111
电工……8925100
餐厅管理办……8932422
……8934643
餐厅财务办……8932421
维修办公室……8936203
一号楼值班室……8926597
阳光餐厅……8931112

矿区服务事业部

副主任……8920569
……8932203
……8926001
办公室
主任……8932665
综合科科长……8932838
办公室……8920168
……8920108
……8942368
党群科
科长……8933431
办公室……8938319
人事劳资部
主任……8932782
人事组织科
科长……8934106
办公室……8921237
……8920598
薪酬管理科
副科长……8932317
办公室……8920598
公益事业部
主任……8922192
综合科
科长……8920567
办公室……8922033
运行管理部
主任……8922568
主任……8933403
运行管理科
科长……8920653
办公室……8934203
……8933833
……8920593
……8920983
安全环保科
科长……8923082
办公室……8933405
……8921622
……8933405
……8921622
矿区建设管理部
主任……8933432
项目管理科……8934613
……8931457
施工管理科
科长……8920575
办公室……8921933
预算科
科长……8920923
……8921663
计划财务部
主任……8933551
计划科科长……8920283
办公室……8933402
……8920539
统计科
科长……8934313
办公室……8920539
综合科
科长……8934021
会计科
科长……8921991
办公室……8921278
会计科……8920857
预算科
科长……8932861
办公室……8922259
物业部
主任……8934201
物业管理科
科长……8920861
办公室……8921017
……8920232
生活科
科长……8920232
办公室……8936868
……8938921
……8920342

采油一厂

电话：敦煌 8923+3 位数
花土沟 8911+3 位数
领导
厂长……8923486
……8911205
党委书记……8923488
……8911201
地质总工程师……8923495
……8911223
生产副厂长……8911217
……8923459
装备副厂长……8911262
……8923489
采油总工程师……8911527
……8923489
地质副总工程师……8911525
……8937210
储运副总工程师……8912309
……8923497
采油副总工程师……8911134
……8937210
经营副总工程师……8912379
……8923497
厂长（党委）办公室
主任……8923451
……8911213
秘书……8923453
文书……8911200
宣传……8911569
档案室……8912710
……8923449
党群工作科
科长……8912155
……8923465
纪检……8911234
……8920097
团委、女工……8911226
企业管理科
科长……8923491
……8912430
主管……8911241

计划财务科
科长…… 8923466
…… 8911609
计划…… 8911208
统计…… 8911212
财务会计…… 8937017
报销…… 8911239
财务成本…… 8923472
财务材料…… 8923475

生产运行科
科长…… 8911251
副科长…… 8911339
生产运行…… 8911095
综合资料…… 8912208
车辆值班…… 8911221
…… 8911222

质量安全环保科
科长…… 8911203
副科长…… 8911229
资料、交通…… 8911098
…… 8911780
质量计量标准…… 8911897
体系节能…… 8911097
交通督察…… 8912444

设备管理科
科长…… 8912268
水电…… 8912277
设备…… 8911271
资产…… 8923460

人事科
科长…… 8911249
副科长…… 8923481
人事调配…… 8912137
薪酬工资…… 8911412
组织、业绩考核…… 8912628
敦煌办公室…… 8923480

生产技术科
科长…… 8912259
作业…… 8911243
采油…… 8911619
科技、资料…… 8912768

概预算站
主任…… 8923477
…… 8911210
地面结算…… 8912135
地下结算…… 8911240
资料、结算（敦煌） 8923479

开发地质研究所
所长、教导员…… 8911211
数模、效益评价…… 8911860
地质组…… 8911145
动态…… 8911332
油砂山组…… 8911762
资料…… 8911224
…… 8923446
敦煌综合…… 8923446
…… 8931495

监督站
站长…… 8911236
教导员…… 0937－3517644
大修井…… 8911422
…… 8911220
钻井…… 8912874
资料室…… 8911570
小修井…… 8911220
测井、地质…… 8912337

注水项目组
主任…… 8912261
动态、综合…… 8912051
工程…… 8911218
化学…… 8912052

物资供应站
站长…… 8911303
物资供应…… 8911854
…… 8911934
库房保管…… 8912202
井下工具…… 8911549

地面建设办公室
主任…… 8912067
副主任…… 8913185
土建…… 8913186
电气…… 8911514
资料…… 8911921
储运…… 8911245
新投…… 8912024

教育培训站
站长…… 8911612
综合办公楼…… 8912173
敦煌办公室…… 8923483

保安中队
队长、指导员…… 8912063
资料、户籍…… 8912101
队部值班室…… 8911780
一号检查站…… 8913898
二号检查站…… 8913896
三号检查站…… 8913424
砂西综一、二检查站 8913179
尕斯联合站检查站 … 8913048

小车队
队长、指导员…… 8923450
资料、经管…… 8912977

行政后勤管理站
站长、教导员…… 8911183
办公室…… 8911874
…… 8923467
…… 8911516
…… 8912867

尕斯北部采油区
经理、教导员…… 8911984
副经理…… 8912548
…… 8912219
调度…… 8911337
资料、技术…… 8912984
技术员…… 8912242
资料…… 8912174
大队技术员…… 8912778
经营材料…… 8911046
联一站…… 8912820
联二站…… 8913823
联十四站…… 8913822
联十五站…… 8913859
计七站…… 8913850
联二十五站…… 8913877
集输一站…… 8913809
联三站…… 8913824
联四站…… 8913826
计六站…… 8913841
集输二站…… 8913847

尕斯中南采油区
经理、教导员…… 8912540
副经理…… 8912539
资料、地质…… 8912547
经营安全…… 8912181
调度…… 8911268
计注六站采油…… 8913830
计注九站采油…… 8913836
计配五站…… 8913829
计配七站…… 8913834
计配八站…… 8913835
计配十站…… 8913839
计配十一站

油砂山采油区
经理、教导员…… 8911394
副经理…… 8911837
工程、地质…… 8912669
调度…… 8911407
资料…… 8911167
计配十七站…… 8913844
计配十八站…… 8913876
计配十九站…… 8913802
计配二十站…… 8913872
计注二十二站…… 8913895

砂西采油作业区
经理、教导员…… 8912319
资料、经营…… 8912295
工程技术员…… 8912253
综一站…… 8913871
综二站…… 8913869
游园沟…… 8913886

注水大队
大队长、教导员…… 8911985
副大队长、经营…… 8911275
技术员、资料…… 8912252
调度…… 8912541
计注一站…… 8913820
计注三站…… 8913824
计注四站…… 8913826
计注六站…… 8913830
计注九站…… 8913836
计注十四站…… 8913857
计注十八站…… 8913874

尕斯联合站
大队长、教导员…… 8911548
副大队长…… 8911416
运行车间…… 8911461
维修车间…… 8911421
化验技术…… 8912765
调度…… 8911550
经营…… 8911622
司炉…… 8913805
油化验…… 8913816
安全员…… 8912641
资料、材料…… 8911550
中控…… 8913862
…… 8913855
装置…… 8913811
老水区…… 8913808
新水区…… 8913585
…… 8913806
电工班…… 8913801
维护班…… 8913815
焊工班…… 8913899
食堂…… 8913825
…… 8913879
1号门卫…… 8913854
地磅房…… 8913814

维护大队
大队长…… 8911168
教导员…… 8911600
副大队长…… 8911254
调度…… 8911287
经营、资料…… 8911756
管焊主任…… 8912199
电气主任…… 8911347

计量大队
大队长…… 8911266
副大队长…… 8911739
调度…… 8912485
门卫…… 8911713

工程技术大队
大队长、教导员…… 8912325
副大队长…… 8912351
酸化、压裂调剖堵水 8912079
机械采油…… 8912945
工程服务…… 8912464
…… 8911509

门卫…… 8912858
中心化验室
主任…… 8912478
化验…… 8912477
仪修大队
大队长、教导员…… 8911532
经管、资料…… 8912025
调度值班…… 8911533
尕斯仪表维修…… 8913861
计算机维护…… 8911695
网站维护…… 8923457
网络维护…… 8923458
中心化验室
主任…… 8912478
办公室…… 8912477
物资供应站
站长…… 8911303
计算机站
站长…… 8923457
…… 8911255
小车队
队长…… 8923450
…… 8912187
行政后勤管理站
站长…… 8911183
自控仪修队
队长…… 8911532
保安中队
队长…… 8912063

采油二厂

领导
厂长…… 8911299
…… 8921820
党委书记…… 8911293
…… 8923438
副厂长…… 8911995
…… 8921821
采油总工…… 8911707
…… 8923246
地质总工…… 8912265
…… 8921821
党委副书记、纪委书记、工会主席…… 8912860
…… 8935978
地质副总…… 8911160
…… 8921717
经营副总…… 8911280
…… 8921717
采油副总…… 8912557
…… 8923246
办公室
主任…… 8912837
副主任…… 8912577
文书…… 8911994
敦煌办…… 8923248
党群工作科
科长…… 8911039
纪检办公室…… 8912610
副科长…… 8912576
敦煌办…… 8920378
人事科
科长…… 8912467
副科长…… 8912562
组织干部…… 8912567
工资社保…… 8912725
敦煌…… 8923245
经营科
科长…… 8911972
…… 8930303
副科长…… 8912717
…… 8936393
财务…… 8912560
…… 8923249
企管资产…… 8912572
…… 8936393
计划内控…… 8912752
…… 8936393
生产运行科
科长…… 8911789
副科长…… 8911951
生产值班…… 8911708
…… 8912514
技术室…… 8912719
水电节能…… 8912864
设备…… 8912533
运输综合…… 8911170
质量安全环保科
科长…… 8911777
副科长…… 8911344
质量计量…… 8912570
安全体系…… 8912694
开发室
主任…… 8912226
副主任…… 8912538
跃进二号项目组…… 8912558
乌南、兴发项目组…… 8911295
钻井监督…… 8912565
档案室…… 8912069
微机室…… 8912751
…… 8923437
敦煌办…… 8923247
工艺室
主任…… 8912296
副主任…… 8912448
注采…… 8912561
措施…… 8912563
监督…… 8913453
地面建设室
主任…… 8912449
副主任…… 8912573
施工…… 8912565
二号项目组…… 8912537
概预算站
站长…… 8911788
…… 8923439
副站长…… 8911788
…… 8920305
预算…… 8911788
…… 8923439
教育培训站
站长…… 8911017
教育培训…… 8911359
行政…… 8911038
打字室…… 8912522
敦煌办公室…… 8936320
职工活动室…… 8911717
视频会议室…… 8912571
联合站
站长…… 8913885
教导员…… 8913883
副站长…… 8913873
主任…… 8913867
…… 8913943
跃二号采油作业区
经理…… 8913807
教导员…… 8913866
副经理…… 8913812
技术室…… 8913499
资料室…… 8913463
经营室…… 8913944
跃进二号采油作业区一队
队部…… 8913450
跃进二号采油作业区二队
队部…… 8913451
跃进二号采油作业区
调度…… 8913870
计配一站…… 8913864
计配二站…… 8913461
计配三站…… 8913465
计配四站…… 8913464
计配七站…… 8913462
计配九站…… 8913455
计配十站…… 8913882
监督…… 8913496
…… 8913489
兴发采油作业区
经理、教导员…… 8913429
副经理…… 8913456
调度…… 8913821
技术室…… 8913456
资料室…… 8913444
经管员…… 8913434
乌南采油作业区
经理…… 8916419
教导员…… 8916419
副经理…… 8916415
调度室…… 8916091
经管员…… 8916415
注水站…… 8916417
卡子…… 8916090
工程技术大队
大队长…… 8912287
教导员…… 8911025
副队长…… 8911784
计量…… 8912344
化验…… 8911047
仪表…… 8911036
维护大队
大队长…… 8911058
教导员…… 8912528
副大队…… 8912524
资料室…… 8911489
经营办…… 8911489
焊工班…… 8912515
电工班…… 8912517
检测班…… 8912517
油管场…… 8913897
驻井电工…… 8913498
值班室…… 8912523
物资供应站
站长…… 8912193
副站长…… 8912531
劳保管材计划…… 8912532
设备机电计划…… 8911415
验收…… 8911175
保管、机电…… 8912530
保管、劳保…… 8912534
保安队
队长…… 8912521
副队长…… 8911207
跃进油区北门卡子…… 8913497
物资供应站门卫…… 8911409
联合站门卫…… 8913804
小车队
队长…… 8911061
值班…… 8912419
…… 8936217

采油三厂

领导
厂长…… 8912780
…… 8921180
党委书记、纪委书记…… 8912682
…… 8923616
副厂长、安全总监…… 8912910

…………………… 8923619
副厂长…………… 8911133
…………………… 8921181
副厂长、总地质师 … 8912711
…………………… 8921183
总工程师………… 8912712
…………………… 8923612
副总地质师……… 8912809
…………………… 8932447
厂长（党委）办公室
主任……………… 8911451
副主任…………… 8912686
传真……………… 8923615
党群工作科
科长……………… 8912021
…………………… 8920351
副科长…………… 8912546
质量安全环保科
科长……………… 8912159
副科长…………… 8911737
人事科
科长……………… 8911430
…………………… 8923613
副科长…………… 8912747
经营科
科长……………… 8911028
…………………… 8923617
副科长…………… 8923625
财务……………… 8923624
生产运行科
科长……………… 8911870
副科长…………… 8912902
生产运行………… 8911696
开发室
主任……………… 8912685
…………………… 8932447
副主任…………… 8912794
工艺室
主任……………… 8912794
…………………… 8932447
副主任…………… 8912305
地面建设办公室
主任……………… 8911716
…………………… 8922650
副主任…………… 8912132
小车队
队长……………… 8911657
…………………… 8923615
保安队
队长……………… 8912741
物资供应站
站长……………… 8912603
…………………… 8922650
花土沟采油作业区
经理……………… 8911294
教导员…………… 8911528
七个泉采油作业区
经理……………… 8913230
教导员…………… 8913231
狮子沟采油作业区
经理……………… 8912065
教导员…………… 8912065
副经理…………… 8912709
花土沟联合站
站长……………… 8913288
教导员…………… 8913290
工程技术大队
大队长…………… 8912374
教导员…………… 8912841
注水大队
大队长…………… 8911683
教导员…………… 8911486
油田维护队
队长……………… 8912743
教导员…………… 8912746

边远油田开发公司

领导
经理……………… 8912278
…………………… 8937303
书记……………… 8912614
…………………… 8937301
副经理…………… 8911698
…………………… 8937302
…………………… 8911361
…………………… 8931813
工会主席………… 8911180
…………………… 8933651
总工……………… 8911851
…………………… 8931236
…………………… 8911009
…………………… 8921961
经理（党委）办公室
主任……………… 8911848
…………………… 8921411
办公室…………… 8912716
…………………… 8920424
人事科
科长……………… 8912340
…………………… 8921404
办公室…………… 8911811
…………………… 8921403
…………………… 8921426
经营科
科长……………… 8931814
副科长…………… 8923771
财务……………… 8930734
…………………… 8912438
预算……………… 8921405
计划合同………… 8935974
出纳……………… 8923915
生产运行科
科长……………… 8912032
副科长…………… 8911094
综合……………… 8912019
值班……………… 8912607
…………………… 8911202
质量安全环保科
科长……………… 8911423
办公室…………… 8912720
勘探开发室
主任……………… 8912189
办公室…………… 8911418
…………………… 8912117
工程技术室
主任……………… 8912189
办公室…………… 8912761
…………………… 8911078
小车班………… 8911530
…………………… 8912516
…………………… 8923885
保安队………… 8913333
…………………… 8913348
注水队………… 8913334
交油站………… 8913324
物资供应站
站长……………… 8912637
办公室…………… 8912981
…………………… 8921412
仙花输配气大队
大队长…………… 8911087
副大队长………… 8911225
值班室…………… 8911997
南翼山采输大队
大队办…………… 8913329
技术室…………… 8913336
化验室…………… 8913356
值班室…………… 8913354
材料……………… 8913337
注水站…………… 8913353
监督……………… 8913351
炊事班…………… 8913339
油泉子采油作业区
经理……………… 8913570
技术室…………… 8913566
检查站…………… 8913573
资料室…………… 8913572
集油站
尖顶山采油作业区
办公室…………… 8913579
技术室…………… 8913578
维护队…………… 8913334
保安队…………… 8913333
…………………… 8913348
交油站…………… 8913324
物资供应站……… 8912637
…………………… 8912981
小车班…………… 8911530
…………………… 8923885

冷湖油田管理处

处长……………… 8910168
…………………… 8921810
党委书记………… 8910135
…………………… 8921811
副处长…………… 8910132
…………………… 8921276
副处长、总地质师 … 8910161
…………………… 8921272
副处长…………… 8910226
…………………… 8921276
总工程师………… 8910121
…………………… 8921718
副总工程师……… 8910136
…………………… 8921800
副总地质师……… 8910369
…………………… 8921800
处长、党委办公室
主任……………… 8910218
…………………… 8921267
副主任…………… 8921267
人事科
科长……………… 8910122
…………………… 8923343
党群工作科
科长……………… 8910112
副科长、工会副主席 8910202
计划财务科
科长……………… 8910142
…………………… 8923341
生产科
副科长…………… 8910219
安全科
科长……………… 8910213
保安队长………… 8910138
开发工艺室
主任……………… 8910184
…………………… 8921277
概预算站
站长……………… 8910123
…………………… 8920125
车队
队长……………… 8910102
物资供应站
主任……………… 8910109
南八仙试采作业区

经理、教导员……… 8915915
副经理………………… 8915916
马北试采作业区
经理…………………… 8915988
三号采油队
队长、指导员……… 8910198
维护大队
大队长………………… 8915960
油田综合队
指导员………………… 8910116
水电车间
主任、指导员……… 8910164
生活服务站
主任…………………… 8910173
指导员………………… 8910186
柴旦餐厅部主任0977－8281433
调度室………………… 8910126
冷湖公寓……………… 8910171
冷湖餐厅……………… 8910154
驻格尔木交油班…… 8916671

天然气开发公司

经理…………………… 8917303
党委书记……………… 8916710
总地质师……………… 8917437
副经理………………… 8917404
……………………… 8917418
……………………… 8918009
副总地质师………… 8917187
安全副总监………… 8917411
经理、党委办公室
主任…………………… 8917405
办公室………………… 8917422
党群科
科长…………………… 8917410
副主任………………… 8917262
办公室………………… 8917176
计划财务科
科长…………………… 8917406
副科长………………… 8917171
计划财务……………… 8917304
人事科
科长…………………… 8918001
人事…………………… 8917452
……………………… 8917177
生产运行科
科长…………………… 8917108
副科长………………… 8918510
运行…………………… 8917408
地质研究所
主任…………………… 8917162
副主任………………… 8917425
办公室………………… 8917414
安全设备科
科长…………………… 8918002
副科长………………… 8917368
体系办
主任…………………… 8917403
工程技术室
主任…………………… 8917771
技术…………………… 8917446
……………………… 8917768
采气工艺室
主任…………………… 8917451
副主任………………… 8916693
市场开发部
主任…………………… 8917427
办公室………………… 8917445
计量站
站长…………………… 8917407
计量…………………… 8917412
概预算站
站长…………………… 8917457
科技信息室
主任…………………… 8917409
小车队
队长…………………… 8917400
经警中队
队长…………………… 8917289
物资供应站
站长…………………… 8918003
采气作业一区
经理…………………… 8917417
运行…………………… 8915622
采气作业二区
经理…………………… 8917665
教导员………………… 8917230
台南作业区
经理…………………… 8917128
副经理………………… 8917130
管道巡护队
队长…………………… 8917178
办公室………………… 8917434
行政管理站
站长…………………… 8917401
办公室………………… 8917464
格尔木配气总站
站长…………………… 8917426
仙敦销售与输送大队
队长…………………… 8936202

格尔木炼油厂

厂长…………………… 8916101
党委书记……………… 8916102
党委副书记、纪委书记、工会主席…………………… 8916103
副厂长………………… 8916104
副厂长、总工程师 … 8916105
副厂长………………… 8916106
……………………… 8916108
总工程师……………… 8916109
副总会计师…………… 8916112
副总工程师…………… 8916113
……………………… 8916114
……………………… 8916115
厂办
副主任、团委副书记 8916117
文书…………………… 8916118
秘书…………………… 8916119
公务车队
队长…………………… 8916121
指导员、办事……… 8916122
调度…………………… 8916123
人事、组织科
科长…………………… 8916132
副科长………………… 8916133
副科长、干部管理 … 8916134
工资统计……………… 8916135
档案管理、保险、公积金
……………………… 8916136
技能培训……………… 8916137
党群工作科
科长…………………… 8916140
副科长………………… 8916141
纪委副书记…………… 8916142
宣传…………………… 8916143
工团…………………… 8916144
职工培训中心……… 8916145
生产运行科
科长…………………… 8916148
副科长………………… 8916149
……………………… 8916150
工艺…………………… 8916151
综合…………………… 8916152
计量…………………… 8916153
运行调度……………… 8916154
……………………… 8916155
……………………… 8916156
统计…………………… 8916158
视频监控运行班…… 8916159
质量安全环保科
科长…………………… 8916160
副科长………………… 8916161
综合、安全教育及统计、职业健康…………… 8916162
工业安全、消防…… 8916163
质量管理……………… 8916164
节能、环保…………… 8916169
化验分析中心
主任、指导员……… 8916165
副主任………………… 8916166
办事员………………… 8916167
计划科
科长…………………… 8916171
副科长………………… 8916172
投资计划、统计…… 8916173
预算…………………… 8916174
……………………… 8916177
造价…………………… 8916175
成本计划、综合…… 8916176
财务科
科长…………………… 8916180
副科长………………… 8916181
价格、资产…………… 8916182
报销、资金…………… 8916183
基建、成本…………… 8916184
会计核算……………… 8916188
内控（QHSE）体系办公室
科长…………………… 8916192
副科长………………… 8916193
体系办公室…………… 8916194
电子商务部
主任…………………… 8916195
指导员………………… 8916196
综合…………………… 8916197
……………………… 8420457
采购…………………… 8916198
……………………… 8420457
……………………… 8916200
……………………… 8916199
……………………… 8428025
设备管理保障部
主任…………………… 8916202
教导员………………… 8916203
副主任………………… 8916204
副主任、材料配送办主任
……………………… 8916205
副主任………………… 8916206
副主任、仪表办主任 8916207
静设备
主任…………………… 8916210
副主任………………… 8916208
办公室………………… 8916209
动设备
主任…………………… 8916216
办公室………………… 8916227
电气办
主任…………………… 8916217
办公室………………… 8916232
仪表办副主任……… 8916218
网络维护……………… 8916240
仪表办………………… 8916230
资料、经管员……… 8916235
保障部值班调度…… 8916224
……………… 0979－8420136
检修安装公司副经理 8916261

检修安装公司副经理 8916262
检修安装公司办事员 8916263
检修安装公司调度 … 8916263
材料配送办副主任 … 8916219
库管、配送………… 8916236
计量站、检定办…… 8916221
静设备办公室……… 8916209
特种办公室………… 8916226
动设备办公室……… 8916227
监测办公室………… 8916229
仪表办公室………… 8916230
……………………… 8916231
电气办公室………… 8916232
……………………… 8916233
综合办……………… 8916235
材料配送库管……… 8916236
装置库……………… 8916237
总变电气班………… 8916238
网络维护办公室…… 8916240
催化变电所………… 8916243
配送综合…………… 8916246
送料办公室………… 8916225

项目建设管理部

主任………………… 8916252
纪检监察办主任…… 8916253
副主任……………… 8916254
……………………… 8916255
合同、资料………… 8916256
安全、体系、综合 … 8916257
零星工程办公室…… 8916258
工艺办公室………… 8916259
仪表办公室………… 8916260
设备办公室………… 8916206
经营办公室………… 8916174
……………………… 8916175
采购办……………… 8916282
……………………… 8916271
……………………… 8916172
……………………… 8916205
传真………………… 8916277
资料办主任………… 8916210
电气、土建………… 8916201

炼油化工技术研究中心

主任………………… 8916266
指导员、副主任…… 8916267
科技项目信息管理 … 8916268
设计………………… 8916269
合同、设计………… 8916273
设计………………… 8916274
档案室、收发室…… 8916120

后勤服务中心

主任………………… 8916335
指导员……………… 8916336
副主任……………… 8916337
……………………… 8916351
财务、行政………… 8916338
通信………………… 8916339
绿化队队长………… 8916351
环卫队队长………… 8916352
经警队队长………… 8916353
食堂管理员、一食堂 8916355
二食堂……………… 8916356
DCS 休息室、五楼值班室
……………………… 8916358
办公楼接待室……… 8916365
项目楼接待室……… 8916366
办公楼服务班……… 8916367
北大门门卫………… 8916368
东面北门门卫……… 8916371
西面北门门卫……… 8916372
北二道门门卫……… 8916373
铁西门门卫………… 8916375
液化汽门卫………… 8916376
停车场门卫………… 8916377
电厂大门门卫……… 8916378
电厂门卫…………… 8916379
西大门门卫………… 8916380

炼油联合车间

主任………………… 8916382
指导员……………… 8916383
副主任……………… 8916384
……………………… 8916385
综合办、技术室…… 8916386
……………………… 8916387
技术员……………… 8916388
催化装置控制室…… 8916389
DCS 控制室 ……… 8916392
新原油罐区操作室 … 8916393
老原油罐区操作室 … 8916398

化工联合车间

主任………………… 8916440
指导员……………… 8916441
副主任……………… 8916442
……………………… 8916444
综合办、技术员…… 8916454
甲醇主控室………… 8916455
气分、精制、MTBE 操作室
……………………… 8916478
聚合操作室………… 8916479

动力联合车间

主任………………… 8916481
指导员……………… 8916482
副主任……………… 8916483
……………………… 8916484
维修大班、安全员 … 8916487
技术员、办事员…… 8916488
……………………… 8916490
210 单元值班室、地磅房
……………………… 8916492
污水处理场………… 8916493
锅炉房控制室……… 8916494
二水站……………… 8916500

管道输油处

处长………………… 8917004
党委书记、纪委书记、工会主席………………… 8917006
副处长……………… 8917011
……………………… 8917005
总工程师…………… 8917045
副总………………… 8917071

处长（党委）办公室

主任………………… 8917018
副主任……………… 8917016
科级纪监员………… 8917021
文书………………… 8917019
宣传………………… 8916009
秘书………………… 8917020
宣传………………… 8917160
组织………………… 8917020
行管站站长………… 8916017

生产运行科

科长………………… 8917008
副科长……………… 8917042
分析高管…………… 8917069
运行高管…………… 8917370
运行调度…………… 8917046
……………………… 8917046
车辆调度…………… 8917048
综合调度…………… 8917521

质量安全环保科

科长………………… 8917038
副科长……………… 8918096
环保消防…………… 8917041
……………………… 8917041
工业、交通………… 8917191

计划财务科

科长………………… 8917034
……………………… 8917085
副科长……………… 8916020
预算………………… 8916023
报销………………… 8917032
基建………………… 8917027
会计………………… 8917033
成本………………… 8916081

人事科

科长………………… 8917025
副科长、干部管理
……………………… 8917029
工资管理…………… 8917043
档案管理…………… 8916836
社会保险…………… 8917700
劳动管理…………… 8918443
业绩考核…………… 8917636
技能鉴定…………… 8918843
档案管理…………… 8916836

企管科

科长………………… 8917015
副科长……………… 8916537
高级主管…………… 8917031
……………………… 8917028
计量体系…………… 8917037
合同管理…………… 8916507
现场质量管理……… 8917031

党群科

科长、工会副主席 … 8917039
副科长、团委书记 … 8917036
女工主任…………… 8917282
生产、青年管理…… 8917035
工会组织…………… 8918440

教育培训

主任………………… 8916037
培训工程师………… 8917302
培训………………… 8917273

基建管理

站长………………… 8917049
施工管理…………… 8916038
……………………… 8917050

技术信息中心

主任………………… 8917023
副主任……………… 8917022
……………………… 8917271
自动化……………… 8916007
……………………… 8917075
计算机……………… 8918841
储运工程师………… 8917164
科技………………… 8918846
阴极保护…………… 8917024
综合计量…………… 8918846
科技档案…………… 8917078
计算机管理………… 8916039
……………………… 8917164
……………………… 8918841
通信………………… 8918848

设备管理中心

主任………………… 8917212
副主任……………… 8917077
保温………………… 8917014
资料馆……………… 8917014
活动管理…………… 8917047
设备………………… 8917047
水电………………… 8917044

资产管理

站长………………… 8917040
统计报表…………… 8916531
资产管理…………… 8917586

资产管理…… 8918844
保管员…… 8916589
门卫值班…… 8917699

物资供应

主任…… 8917082
指导员…… 8918292
计划、经济师…… 8917290
计划…… 8917290
…… 8917218
办事员…… 8917083
门卫值班…… 8917083

保安中队

队长…… 8917211
教导员…… 8917204
…… 8917206
…… 8917606
干事…… 8917204
综合治理…… 8917590
技术员…… 8916306
办事员…… 8916360
户籍…… 8917207
干事…… 8917204
门卫值班…… 8917701
一楼值班室…… 8917878

小车队

队长…… 8917501
指导员…… 8917051
…… 8917618
调度员…… 8917203
材料、办事员…… 8917051
修理、驾驶员…… 8917203
值班电话…… 8917203

花土沟站

站长…… 8917988
教导员…… 8917989
副站长…… 8917958
…… 8917889
工程师…… 8916994
办事员…… 8918371
管理员…… 8916892
技术员…… 8917976
…… 8917970
…… 8916994
技能专家…… 8916941
工人技师…… 8916940
干部值班…… 8916959
调度…… 8917888
门卫…… 8916919

大乌斯站

站长…… 8917001
教导员…… 8917099
副站长…… 8917059
工程师…… 8917274
办事员…… 8917311
管理员…… 8917285
调度室…… 8917363
电工值班…… 8917140

甘森站

站长…… 8917588
教导员…… 8917566
副站长…… 8916889
工程师…… 8917499
技术员…… 8917517
…… 8917490
…… 8916879
技术干部…… 8916863
输油高级技师…… 8917459
输油技师…… 8917460
柴油机技师…… 8916863
调度室…… 8917494
变电所…… 8917496

中灶火站

站长…… 8917726
教导员…… 8917680
副站长…… 8917707
工程师…… 8917642
技术员…… 8917593
…… 8917711
…… 8917649
技术干部…… 8917593
…… 8917683
办事员…… 8917717
管理员…… 8917717
调度室…… 8917643
变电所…… 8917720

格尔木站

站长…… 8916902
指导员…… 8917862
副站长…… 8917881
工程师…… 8917894
…… 8917910
…… 8917885
…… 8917894
办事员…… 8917874
调度值班…… 8917887

茫崖站

值班室…… 8917377

乌图美仁站

值班室…… 8917569

拖拉海站

值班室…… 8917824

维护大队

主任…… 8918842
指导员…… 8917215
…… 8917079
…… 8916014
技术员…… 8917439
办事员…… 8916025
材料员…… 8916530
资料员…… 8916086
安全员…… 8917074
高级技师…… 8917461
…… 8916592
工人技师…… 8917679
门卫值班…… 8917305

泵站车队

队长…… 8917500
副队长…… 8918127
…… 8917306
统计、办事员…… 8918783
保管员…… 8916130

生活服务部

经理…… 8917052
副经理…… 8917058
房管…… 8917080
会计…… 8917065
办事员…… 8917065
管理员…… 8917054
…… 8917053
…… 8917086
保管员…… 8916071
所长…… 8917066
副所长…… 8917385
总台…… 8917202
公寓食堂…… 8917086
商务中心…… 8917089
总台…… 8917202
后院总台…… 8917094
一楼服务台…… 8917386
二楼服务台…… 8917072
三楼服务台…… 8917073
四楼服务台…… 8917067
值班室…… 8917064
…… 8916071

职工活动中心

主任…… 8917009
教导员…… 8917560
副主任…… 8917561
会计…… 8917565
出纳…… 8917565
总台…… 8917568
消防监控室…… 8917081
门卫值班室…… 8917572
泳区急救室…… 8917571

勘探开发研究院

油田公司副总师、院长 8938415
党委书记、副院长 … 8935294
副院长、安全总监 … 8933864
副院长、总地质师 … 8934799
纪委书记、工会主席 8934042
副院长…… 8934625
总工程师…… 8935232
总地质师…… 8933984
…… 8923192
副总地质师…… 8938329
副总工程师…… 8935320
…… 8935315
副总地质师…… 8935319
…… 8935316
…… 8922822

院长（党委）办公室

主任…… 8934788
工会副主席、副主任 8934597

党群科

科长…… 8934785
团委副书记、车辆调度 8923022
文书…… 8934398
宣传…… 8934786
网络管理…… 8934786
计划生育/接待 …… 8934791

人事（组织）科

科长…… 8934606
劳资…… 8920823

计划财务科

科长…… 8934605
报销…… 8934513

生产科

科长…… 8934812
副科长…… 8921678
生产…… 8934266
安全…… 8921911
体系建设…… 8922376

科技管理科

科长…… 8934793
科技管理…… 8934620

第三系项目部

主任…… 8939007
副主任…… 8934795
…… 8922378

侏罗系项目部

主任…… 8932656
副主任…… 8920933

天然气勘探项目部

主任…… 8933981
副主任…… 8934281

勘探规划室

主任…… 8932963
副主任…… 8925676

跃进油区项目部

主任…… 8935473
副主任…… 8935475

边远油田项目部

主任…… 8935479
副主任…… 8935478

尕斯油田项目部

主任…………………… 8934810
副主任………………… 8935472
天然气开发项目部
主任…………………… 8935317
副主任………………… 8934438
油藏评价室
主任…………………… 8935316
副主任………………… 8933415
……………………………… 8934362
开发规划室
主任…………………… 8935467
副主任………………… 8922379
物探综合室
主任…………………… 8933270
副主任………………… 8933214
……………………………… 8932753
古生物室
主任…………………… 8933583
实验中心
主任…………………… 8935047
副主任………………… 8934792
常规组………………… 8934098
化学组………………… 8935471
专项组………………… 8935470
色普…………………… 8934250
岩矿…………………… 8934195
生油组………………… 8933137
岩心库………………… 8934610
计算中心
主任…………………… 8934476
副主任………………… 8935564
……………………………… 8923655
生产组………………… 8933576
处理室………………… 8933190
计算站………………… 8932018
偏移组………………… 8934142
机房…………………… 8933893
……………………………… 8932869
……………………………… 8932008
供电…………………… 8934462
测量计量室
主任…………………… 8934117
副主任………………… 8933813
档案室
主任…………………… 8934063
副主任………………… 8934131
……………………………… 8922733
借阅…………………… 8933006
绘图室
主任…………………… 8934109
副主任………………… 8922376
行政科
副科长………………… 8934798
招待所………………… 8923337
材料室
主任…………………… 8934611
科研服务室
主任…………………… 8934608
空调房………………… 8925821
治安办公室
副主任………………… 8934789
前门卫………………… 8934803
后门卫………………… 8930072
车队
队长…………………… 8934454
西部现办
副主任………………… 8911105
化验室………………… 8911101

钻采工艺研究院

院长…………………… 8933291
党委书记、纪委书记、工会主席…………… 8938502
副院长、安全总监 … 8933209
副总工程师…………… 8930097
院（党委）办公室
主任…………………… 8934333
副主任………………… 8937305
组织、计生…………… 8920021
纪检、文书…………… 8930104
工会…………………… 8930104
共青团、秘书、保卫 8930104
经营科
科长…………………… 8934331
副科长………………… 8930064
会计、计划…………… 8920754
劳资、资产…………… 8922112
稽核、出纳、合同 … 8930124
安全设备管理科
科长…………………… 8921865
安全…………………… 8921865
QHSE 体系管理…… 8930144
质管、设备…………… 8930144
科技信息室
主任…………………… 8934573
网络信息……………… 8930371
科技项目、档案、资料、图书…………………… 8930147
行政管理站
站长…………………… 8933204
材料…………………… 8922021
门卫…………………… 8930070
值班室………………… 8934439
采油工艺研究室
主任…………………… 8930164
采油工艺……………… 8934323
天然气工艺研究室
主任…………………… 8930373
天然气工艺…………… 8930174
钻井工艺研究室
主任…………………… 8930194
钻井工艺……………… 8930184
油田化学研究室
主任…………………… 8930154
副主任………………… 8936047
油田化学……………… 8936047
钻井工程设计室
主任…………………… 8930054
副主任………………… 8930177
钻井工程设计………… 8930004
节能监测中心
主任…………………… 8920256
节能监测……………… 8920372
技术服务中心
副主任………………… 8930205
技术服务中心………… 8930205
值班（西部）………… 8912446
办公室（西部）…… 8912445
……………………………… 8911966
工具房（西部）…… 8911083
实验中心
主任…………………… 8933529
副主任………………… 8930204
实验室………………… 8930197
小车队
队长…………………… 8930134

测试公司

经理…………………… 8911100
……………………………… 8921979
书记…………………… 8911088
……………………………… 8921925
副书记、工会主席 … 8911099
……………………………… 8922560
生产副经理…………… 8911297
……………………………… 8922562
设备副经理…………… 8911055
……………………………… 8920562
经理（党总支）办公室
主任…………………… 8911155
……………………………… 8920785
纪检…………………… 8912667
工团、文秘…………… 8912218
经营科
科长…………………… 8911792
……………………………… 8920301
企管…………………… 8912876
人事、财务…………… 8912123
设备安全科
科长…………………… 8911093
安全、设备…………… 8912128
生产技术科
科长…………………… 8912553
调度、科技…………… 8912136
生产测井一中队
队长…………………… 8911091
资料室………………… 8912955
生产测试中队
队长…………………… 8911092
资料室………………… 8912013
资料解释中心
主任…………………… 8911961
资料室………………… 8912210
仪器维修站
站长…………………… 8911090
工房…………………… 8912029
格尔木综合测试队
队长…………………… 8917442
教导员………………… 8916736
资料室………………… 8916733
值班室………………… 8916729
行政后勤管理站
站长…………………… 8912990
小车班………………… 8912169
食堂…………………… 8912995

勘探处（勘探事业部）

处长、经理…………… 8932503
总支书记……………… 8920685
副处长、副经理…… 8934526
……………………………… 8930410
副经理………………… 8933321
总地质师……………… 8930408
……………………………… 8930143
……………………………… 8933327
矿产督察……………… 8933492
综合办公室
主任…………………… 8934835
办公室………………… 8934039
……………………………… 8921120
……………………………… 8921171
……………………………… 8934033
……………………………… 8922200
……………………………… 8921230
经营办公室
主任…………………… 8933322
副主任………………… 8925277
办公室………………… 8933612
……………………………… 8921023
……………………………… 8933541
办公室………………… 8921122
……………………………… 8933779
……………………………… 8921121
……………………………… 8921123
勘探规划科
科长…………………… 8934628

办公室……………… 8936945
…………………… 8933903
生产科
副总、主任………… 8935994
办公室……………… 8938590
…………………… 8921172
…………………… 8933290
…………………… 8921053
…………………… 8938590
…………………… 8932251
…………………… 8921175
…………………… 8935993
物探工程部
副总、主任………… 8932394
副主任……………… 8921051
办公室……………… 8936350
…………………… 8921179
…………………… 8920660
钻井工程部
主任………………… 8932052
副主任……………… 8931925
…………………… 8933735
办公室……………… 8932387
…………………… 8930287
…………………… 8921173
…………………… 8920660
测录井工程部
主任………………… 8932095
办公室……………… 8921178
…………………… 8921176
…………………… 8933769
…………………… 8921170
试油工程部
副总、主任………… 8930407
副主任……………… 8921177
办公室……………… 8932265
…………………… 8933340
…………………… 8936945
…………………… 8932365

销售公司

经理………………… 8916476
党总支书记………… 8918836
副经理……………… 8917116
…………………… 8917118
副总工程师………… 8916213
经理办公室
主任………………… 8917112
副主任……………… 8916215
…………………… 8916396
人事教育科
科长………………… 8916430
人事教育…………… 8916475
计划科
科长………………… 8916458
计划………………… 8916211
企业管理科
科长………………… 8916447
财务………………… 8916451
…………………… 8917111
…………………… 8916452
销售结算中心
科长………………… 8917283
销售结算…………… 8916652
……………… 0979－8420533
中油财务受理处
科长………………… 8917113
行政管理中心
科长………………… 8916446
行政管理…………… 8916597
…………………… 8917932
清欠办
科长………………… 8916471
运输调运中心
科长………………… 8916464
运输调运…………… 8917121
…………………… 8916456
自备车管理办
副科长……………… 8916464
管理办……………… 8916467
厂前站
站长………………… 8916502
副站长……………… 8916214
计量………………… 8916615
调度………………… 8916625

井下作业公司

经理、党委书记…… 8912413
…………………… 8933645
副经理……………… 8911120
…………………… 8922420
副经理、党委副书记、纪委书记、工会主席……… 8911642
…………………… 8933716
副经理……………… 8911365
…………………… 8933642
副总工程师………… 8911131
…………………… 8922419
…………………… 8912016
…………………… 8922421
安全副总监………… 8911675
副总会计师………… 8912183
经理、党委办公室
主任………………… 8911165
…………………… 8922440
副主任……………… 8911075
纪检………………… 8912017
…………………… 8921332
计生………………… 8911680
…………………… 8921332
组织………………… 8911680
…………………… 8921332
文书………………… 8911116
…………………… 8933631
宣传………………… 8911405
生产运行科
科长………………… 8912486
…………………… 8922445
副科长……………… 8912486
综合………………… 8911779
值班………………… 8911112
井控管理办公室
科长………………… 8912670
安全环保科
科长………………… 8911675
一线………………… 8911832
交通环保…………… 8912670
…………………… 8911760
消防保卫办公室
主任………………… 8912015
办公室……………… 8912077
…………………… 8922444
设备管理科
科长………………… 8911158
副科长……………… 8912791
设备管理…………… 8912795
…………………… 8922442
人事科
科长………………… 8911152
…………………… 8933629
人事………………… 8912612
…………………… 8911312
…………………… 8933594
干部………………… 8912475
社会保险…………… 8933594
财务科
科长、副科长……… 8922201
…………………… 8911153
内行、出纳………… 8911153
…………………… 8933647
党群工作科
科长………………… 8911365
…………………… 8933621
副科长……………… 8933621
…………………… 8911125
企业管理科
科长………………… 8922443
…………………… 8911684
企业管理…………… 8911969
…………………… 8922443
工程结算站
科长………………… 8933810
…………………… 8912953
基建………………… 8911583
工程结算…………… 8911923
…………………… 8912440
科技信息办公室
主任………………… 8911676
…………………… 8922441
办公室……………… 8911924
…………………… 8922441
教育培训站
站长………………… 8911967
…………………… 8923429
站部………………… 8911575
…………………… 8923429
试油项目部
经理、副经理……… 8911845
试油项目…………… 8911149
…………………… 8912463
井下作业项目部
经理………………… 8912182
副经理……………… 8911750
…………………… 8911336
跃二值班…………… 8913887
经生产……………… 8911301
监督站
站长………………… 8911325
体系办主任………… 8911307
计量监督员………… 8911700
工艺技术室
主任………………… 8911485
教导员……………… 8911385
副主任……………… 8911385
化验室……………… 8912892
配液站站长………… 8912345
指导副站长………… 8912345
地层测试大队
大队长……………… 8911763
副大队长…………… 8912877
技术办……………… 8911189
压裂技术服务大队
大队长……………… 8911830
副大队长…………… 8911830
…………………… 8911911
物资供应站
经理、教导员……… 8911778
供材料……………… 8911900
油库主任…………… 8911702
特车大队
队长………………… 8911990
教导员……………… 8912201
副队长……………… 8911990
调度………………… 8911261
办事技术办………… 8911838
工程技术服务大队

大队长、教导员…… 8911246
调度…………………… 8911795
经营、材料………… 8912479
油管清洗线
大队长……………… 8913296
综合………………… 8913292
小车队
队长………………… 8911402
……………………… 8934030
生活服务站
站长………………… 8912418
……………………… 8933803
维修站
站长………………… 8912850
教导员……………… 8911753
副站长……………… 8911753
敦煌办……………… 8923100
卡特维修中心
办公室……………… 8912205
运输大队
大队长……………… 8911354
教导员……………… 8911345
副大队长…………… 8911345
……………………… 8912997
调度………………… 8911958
材料………………… 8912997
敦煌办……………… 8932930
检测站
站教导员…………… 8935000
副站长……………… 8935000
资产库
主任………………… 8911457
西库………………… 8911547
S08819（01）队…… 8911197
S08819（02）队…… 8912163
S0881（03）－C10829（05）
联队………………… 8911169
S08825（04）－X08830（40）
联队………………… 8911187
S08820（06）队…… 8911186
D06828（07）－S06830（09）
联队………………… 8912609
C12830（10）队 … 8911278
X08824（11）队 … 8911263
D08817（16）－X08826（33）
联队………………… 8911979
X08829（18）队 … 8912276
D08823（14）－D06826（19）
联队………………… 8911982
X04828（21）队 … 8911517
X04826（22）－X06827（34）
联队………………… 8911288
X04829（23）－X04825（35）
联队………………… 8911284
X04822（25）－X04816（37）
联队………………… 8911313
X04821（27）队 … 8911282
X04823（28）－X04827（38）
联队………………… 8911485
X04830（29）队 … 8911484
X04819（30）队 … 8911479

井下作业二公司

经理………………… 8911757
……………………… 8925957
副经理……………… 8912946
……………………… 8911686
副总………………… 8912959
……………………… 8912386
经理（党委）办公室
主任………………… 8911636
……………………… 8923692
宣传………………… 8911759
文书………………… 8911631
生产运行科
科长………………… 8912176
值班………………… 8912680
安全环保科
科长………………… 8912960
体系办……………… 8912963
财务科
科长………………… 8912708
……………………… 8932039
报销………………… 8911880
人事企管科
科长………………… 8911685
……………………… 8939163
工资………………… 8911679
合同………………… 8911672
工程结算站
站长………………… 8912920
副站长……………… 8912365
经营办……………… 8912935
材料………………… 8912359
设备管理站
站长………………… 8912965
副站长……………… 8912965
调度值班…………… 8912680
科研信息站
站长………………… 8912331
副站长……………… 8912385
资料………………… 8912387
教育培训站
站长………………… 8912956
综合服务站
服务站……………… 8912817
……………………… 8923139
监督站
站长………………… 8912036
副站长……………… 8912513
监督办……………… 8912512
车队
队长………………… 8912756
调度值班…………… 8911926
作业项目部
经理………………… 8912912
北区项目部………… 8912087
合作项目部
经理………………… 8911564
项目部……………… 8911554
东部项目部
经理………………… 8915076
现办调度…………… 8915076
S04817（08）队
队长………………… 3546184
队部………………… 8912431
……………………… 8915062
XO8821（12）队
队长………… 0977－8281255
队部………………… 8911056
……………………… 8915066
X02827（13）队
队部………………… 8910146
D08828（15）队
队部………………… 8911687
D10830（17）－XO4818（32）队
队部………………… 8911331
D08818（20）队
队部………………… 8911250
X08827（24）队
队部………………… 8912211
X08827（26）队
队部………………… 8911329
X06829（31）－X05830（39）
联队队部………… 8911476
XO4824（36）队
队部………………… 8911424
……………………… 8913357

供水供电公司

经理………………… 8935556
……………………… 8911614
书记………………… 8934545
副经理……………… 8930544
……………………… 8911615
……………………… 8934604
……………………… 8911692
……………………… 8932202
副总………………… 8912819
……………………… 8912058
经理（党委）办公室
主任………………… 8912681
纪委………………… 8912235
秘书………………… 8911855
干部组织…………… 8912233
计划生育…………… 8912822
收发………………… 8912930
文书打字…………… 8933906
……………………… 8911641
党群工作科
科长………………… 8912281
工会………………… 8921788
……………………… 8912356
团委………………… 8912336
人事科
科长………………… 8932023
……………………… 8912368
副科长……………… 8911673
计划、财务科
副科长……………… 8934631
……………………… 8933762
财务报销…………… 8923068
计划统计…………… 8933194
西部财务科………… 8912880
企业管理科
科长………………… 8935059
……………………… 8912799
副科长……………… 8911663
质量安全环保科
科长………………… 8912827
副科长……………… 8911618
业务………………… 8912320
生产运行科
主任………………… 8911678
副主任……………… 8911235
值班室……………… 8911611
……………………… 8911613
水电销售部
主任………………… 8921766
指导员……………… 8911464
设备管理站
主任………………… 8912150
副主任……………… 8912972
副科长……………… 8922333
西部项目办………… 8912030
教育培训站
主任………………… 8922339
保安队
队长………………… 8911662
西部门卫…………… 8912145
信息管理中心
主任………………… 8911670
通信………………… 8912256
宣传………………… 8912355
物资供应站
主任………………… 8912322

材料供应…………8912064
小车队
队长…………8911616
指导员…………8912066
供电车间
主任…………8911630
副主任…………8911669
乌南变电所…………8917190
七个泉变电所…………8913250
北区变电所…………8913893
南翼山变电所…………8913388
油沙山变电所…………8913800
2号油田变电所…………8913848
北山变电所…………8913917
供水车间
主任…………8912272
副主任…………8911691
沟口水站…………8911693
装水站…………8911646
油沙山水站…………8913878
发电车间
主任…………8912926
教导员…………8911866
副主任…………8912923
主控室…………8912927
…………8912931
专工…………8912925
办事员…………8912933
老厂锅炉…………8911668
老厂配电…………8911621
新厂锅炉…………8911682
新厂配电…………8911765
750发电房…………8911894

天然气电力公司

经理…………8917961
党总支书、工会主席 8917986
经理办…………8917990
经营科…………8917880
生产科…………8917815

工程建设公司

经理…………8939098
党委书记…………8920732
副经理…………8933776
…………8932010
工会主席…………8932155
副总经济师…………8933464
副总会计师…………8922010
副总工程师…………8933435
…………8933434
经理（党委）办公室
主任…………8934927
副主任…………8932881
纪检、团委…………8932785
工会、宣传…………8932780
文书、信息…………8932881
财务科
科长…………8932563
报销、核算…………8920731
人事科
科长…………8920546
干部、劳资、社保…8920546
企业管理科
科长…………8933436
合同、QHSE体系…8933436
生产技术科
科长…………8920730
调应急管理…………8934755
科技管理…………8920457
安全设备科
科长…………8934015
副科长…………8933476
安全、设备、节能…8935041
预结算站
主任…………8933464
副主任…………8932154
综合…………8920544
物资供应站
主任…………8923243
综合…………8920543
行政后勤管理站
主任…………8932762
门卫…………8934644
小车队
队长…………8933839
教育培训站
站长…………8934692
质检站
站长…………8934072
安装公司
经理…………8934647
管道公司
经理…………8934797
电气公司
经理…………8934396
防腐公司
经理…………8921503
特车公司
经理…………8934456
花土沟项目部
现办领导…………8912842
现办调度…………8911821
电气公司…………8912246
后勤服务站…………8911933
项目经理…………8912105
预算…………8911185
防腐公司…………8912787
值班室…………8911835
综合办…………8912106
物资站…………8911801
特车公司…………8911809
格尔木项目部
现办领导…………8916519
…………8916078
现办…………8916590
…………8916551
…………8916552
…………8916915
…………8916517
现办值班…………8916332
涩北气田…………8915686

路桥建设公司

经理…………8920733
党委书记…………8920159
副经理…………8933953
总会计师…………8920319
经理（党委）办公室 8925209
综合办公室…………8920031
人事科…………8935633
财务科…………8921311
财务科综合办公室…8921313
企管科…………8933168
施工（安全）管理部 8933161
设备管理部…………8922113
市场管理部…………8922307
第一项目部…………8933025
第二项目部…………8934054
第三项目部…………8920541
第四项目部…………8922320
运输队…………8920062
小车班…………8925117

物资装备公司

经理…………8935366
党委书记、纪委书记、工会主席
…………8932269
副经理…………8938462
…………8932328
…………8923837
副总会计师…………8922559
经理（党委）办公室
主任…………8932310
组织、秘书…………8922713
宣传…………8921780
纪检…………8923369
文书、打字…………8932320
收发…………8920612
小车队…………8934018
党群工作科
科长、工会副主席…8933743
女工…………8933916
副科长、团委书记…8920770
人事科
科长…………8932330
劳资…………8932360
保险…………8922720
财务科
科长…………8935553
往来…………8938461
报销…………8933878
综合…………8934836
发票审核…………8934609
电子商务科
科长…………8921072
电子商务…………8921071
计划…………8920871
传真…………8933708
对外信息…………8923708
微机室…………8934805
…………8934833
进出口部
主任…………8934096
办公室…………8936276
管理办公室
主任…………8932370
物资管理…………8933721
管理办…………8932340
后勤管理站
站长…………8933933
经营办…………8933045
门卫…………8935225
生产运行科
科长…………8932185
机动安全…………8932290
消防保卫…………8934355
调度…………8932389
教育培训站
站长…………8934332
教育办…………8932873
金属材料部
主任…………8933789
金属材料…………8932400
…………8923838
非金属部
主任…………8932351
劳保…………8933900
化工、油料…………8934145
建材…………8938460
设备部
主任…………8935137
设备…………8932431
…………8921074
机电部
主任…………8933819

电工仪表…………… 8934747
机械…………………… 8932381
机电…………………… 8921075
配件部
主任…………………… 8932410
钻采配件…………… 8935597
汽车配件…………… 8922081
……………………… 8933801
物资积压办公室…… 8934599
柳圆中转库
总机…………………… 5573044
……………………… 5572089
……………………… 5573059
主任 ……………………… 8001
教导员 …………………… 8003
副主任 …………………… 8016
……………………… 8022
党政 ……………………… 8000
工会 ……………………… 8006
劳资 ……………………… 8041
微机室 …………………… 8048
经营 ……………………… 8005
……………………… 8018
伤检 ……………………… 8025
保卫 ……………………… 8061
门卫 ……………………… 8030
调度 ……………………… 8029
传真 ……………………… 8015
设备 ……………………… 8031
安全 ……………………… 8056
后勤 ……………………… 8011
……………………… 8007
食堂 ……………………… 8055
库主任 …………………… 8010
教导员 …………………… 8009
办事员 …………………… 8088
稽核 ……………………… 8017
跑站 ……………………… 8014
机动队 …………………… 8063
零担 ……………………… 8053
锅炉房 …………………… 8060
花敦供办
主任…………………… 8934290
教导员………………… 8922436
副主任………………… 8922436
经营办………………… 8922446
……………………… 8922447
微机室………………… 8922438
敦煌库主任………… 8922448
验收…………………… 8935071
门卫…………………… 8932607
花土沟库
供办领导…………… 8911602
仓库主任…………… 8912648

计划…………………… 8911024
财务…………………… 8912697
微机室………………… 8912262
调度…………………… 8911563
2 号库 ………………… 8911910
5 号库 ………………… 8911432
11 号库 ……………… 8911522
13 号库 ……………… 8911833
验收组………………… 8911420
职工住宅…………… 8911471
……………………… 8911458
花库门卫…………… 8911565
医院库门卫………… 8912436
花库现办管子站…… 8912663
现办领导…………… 8912177
格尔木供应办
主任…………………… 8917326
教导员………………… 8917330
副主任………………… 8917323
供应…………………… 8917328
财务…………………… 8917331
公安办………………… 8917327
仓库主任…………… 8917310
调度…………………… 8917322
综合…………………… 8917355
微机室………………… 8917325
公寓…………………… 8917320
铁路门卫…………… 8916610
防腐公司…………… 8917329
……………………… 8917333
拖运公司
经理、教导员……… 8935079
成本…………………… 8933751
调度…………………… 8935072
花现办………………… 8911084
植物油脂厂
厂长…………………… 8935043
教导员………………… 8935046
成本…………………… 8920763
调度…………………… 8935042
上海工作组
办公室……… 021－65552706
成都工作组
办公室……… 028－84381028

机械厂

厂长…………………… 8934577
书记…………………… 8932956
副厂长………………… 8935062
总工程师…………… 8934519
工会主席…………… 8932799
副厂长………………… 8920739
……………………… 8934623
副总工程师………… 8934236

……………………… 8933975
党政办公室
主任…………………… 8934315
组织纪检…………… 8934383
秘书…………………… 8934517
文书…………………… 8933973
微机室………………… 8932415
党群工作科工会
副主席………………… 8933672
女工办………………… 8934125
工会办………………… 8934657
团委…………………… 8921321
财务科
科长…………………… 8934517
报销…………………… 8934376
成本…………………… 8933973
生产运行科
科长…………………… 8934122
机动、公积金……… 8933625
调度…………………… 8934527
……………………… 8935064
质量安全科
科长…………………… 8934986
人事科
科长…………………… 8932979
劳资…………………… 8932415
企管…………………… 8935056
市场及产品开发部
主任…………………… 8935076
设计办………………… 8933607
市场办………………… 8935036
成品库………………… 8933503
小车队
队长…………………… 8920377
教培站
主任…………………… 8932927
培训办………………… 8921070
行政站
站长…………………… 8934178
行政办………………… 8932653
工程项目部
主任…………………… 8932835
调度…………………… 8933691
工艺技术部
主任…………………… 8935075
工艺室………………… 8935038
机械加工车间
主任…………………… 8935006
抽油机车间
主任…………………… 8932638
压力容器车间
主任…………………… 8934089
二班…………………… 8934982
金属结构车间

主任…………………… 8942293
套管加工车间
主任…………………… 8920761
花维中心
主任…………………… 8911277
机修车间…………… 8912489
质检站
主任…………………… 8936477
计量站………………… 8934746
验收办………………… 8934381
物资供应站
主任…………………… 8934373
材料办………………… 8935028
护厂队
队长…………………… 8934180
一号门卫…………… 8934516
二号门卫…………… 8935034
格尔木现办
办公室………………… 8917450
花土沟现办
办公室………………… 8911671
设备维修中心
电工班………………… 8921201
产品服务中心
制氧…………………… 8920881
套管项目办………… 8920663

通信公司（通信处）

经理…………………… 8933991
书记…………………… 8935988
副处长………………… 8933806
副书记………………… 8932136
副经理、安全总监 … 8932162
副总工程师………… 8933866
副总会计师………… 8933918
经理（党委）办公室
主任…………………… 8933160
副主任………………… 8933530
传真…………………… 8933160
工会副主席………… 8933580
工会办公室………… 8933605
消防保卫…………… 8933110
秘书…………………… 8933031
文档…………………… 8932875
宣传…………………… 8933770
……………………… 8937865
经营科
科长…………………… 8933918
副科长………………… 8933965
报销…………………… 8933919
运行科
科长…………………… 8934009
副科长………………… 8936886
通信管理…………… 8930067

通信预算……8933133
设备资产……8934060
调度室……8932650
传真……8933100
投诉热线……180

行管科

科长……8935888
副科长……8922198
企管……8922138
内控……8933021
计划统计……8933355
安全……8933070
体系办……8935088

人事科

科长……8932858
副科长……8932866
业绩考核……8925878
职工培训……8933765
社会保险……8932967
技能鉴定……8931002

无委办

主任……8920988
副主任……8923516
办公室……8932579
监测站……8935005
……8933157
电波监测室……8932657

敦煌通信站

站长……8930001
指导员……8930002
副站长……8930003
综合女工……8931234
技术维护……8921011
办事员……8934464
程控技术室……8922132
程控机房……8930000
话务班……8934000
112 班……8931681
电源技术室……8933162
电源办公室……8922013
电源机房……8933000
柴油机房……8933584
外线班……8933005
……8934987
外线技师……8922131
外线修理……8935854
步行街营业厅……8923206
综合业务班……8933600
业务咨询……8920000
28 号楼营业厅……8923278
金禾源营业厅……8950800
冷湖营业厅……8910193
……8910220
门卫……8933112

花土沟通信站

站长、指导员……8911002
副站长、副指导员……8911001
副站长……8911111
传真……8911310
办事员……8911400
技术室……8911111
障碍台……8912112
程控班……8912131
程控机房……8912000
花土沟营业厅……8911130
客户服务热线……8912220
营业厅传真……8912862
电源室……8912300
发电房……8911007
外线班……8911126
司机……8911728
门卫……8912111

格尔木通信站

站长、指导员……8916001
副站长、副指导员……8916003
传真……8916310
办事员……8916022
消防保卫……8916110
技术室……8916029
程控机房……8916000
……8917000
程控班……8916555
格尔木营业厅……8916024
……8916021
长线班……8917090
外线班……8916559
电源班……8916557
电视会议……8916008
门卫……8916111
涩北机房……8915501
涩北值班……8915502

卫星通信站

站长、指导员……8921001
副站长、副指导员……8921003
副站长……8921010
办事员……8921007
综合办……8921009
主机班……8921000
技术室……8921011
运行维护班……8921005
……8921006
卫星收费……8921008

传输站

站长、指导员……8931001
副站长、副指导员……8931003
综合办……8932759
技术维护……8931005
……8933665
……8934642
敦煌机务班长……8931009
机务班值班……8931000
花土沟机务班长……8911909
机务班值班……8912100
格尔木机务班长……8916036
机务班技术……8916028
机务班值班……8916100

业务中心

主任……8932003
技术室……8933323
……8939872
办事员……8939859
业务室……8939858

维护服务中心

主任……8936700
指导员……8933938
综合管理……8933763
……8933568
……8933401
办事员……8934658
行政……8933886
打字文印……8933008
计划采购……8934265
设备管理……8931690
统计……8934182
库房保管……8930238
车辆检验……8926601
车辆调度……8926601
水管维修……8934389
机关门卫……8933111
28 号楼门卫……8922403

建筑安装公司

经理……8933410
党委书记……8932701
副经理……8932619
……8932438
……8923768
安全副总监……8920759
高级工程师……8920759

经理（党委）办公室

主任……8921532
传真……8934209
纪检……8932029

人事科

科长……8932377

财务科

科长……8932393
会计报销……8923813

市场开发管理科

科长……8932690
副科长……8932623
施工、安全管理科……8930663
预算站……8923772
监督站……8922160

房屋开发公司

经理……8921708
维修……8932798

销售公司

经理……8923741
对外销售……8926498
……8921727
……8923746
财务……8932797

建筑一公司、装饰装潢公司

经理……8920035
格尔木现办……8916503
……8916251

建筑二公司

经理……8922203
西部现办……8912774

建筑三公司

经理……8923020
维修……8920789

机械作业公司

经理……8937724
副经理……8932651
红砖销售……8934369
预制板销售……8932383

物业公司

经理……8956273
经营办……8948714
招待所……8944996
商贸地下室……8956270
……8956271
建材实验……8932474
小车队……8920727

客运服务公司

经理……8921441
党委书记……8933097
党委副书记、纪委书记、工会主席……8933737
副经理……8935008
……8933507
……8920018
经理（党委）办公室 8935001
经营科……8934733
安全科……8934661
生产运行科……8937944
设备管理科……8921632
物资供应站……8921200
客运一分公司……8934624
客运二分公司……8912733
小车队……8923158
客运站……8932064

敦煌售票咨询电话 … 8933116
花土沟售票咨询电话 8911157
格尔木售票咨询电话 8916276

监督监理公司

经理……………………… 8933171
党委书记、纪委书记、工会主席……………………… 8923893
副经理、安全总监 … 8921067
副经理………………… 8933703
总监…………………… 8933707
党政办公室主任…… 8920601
经营科科长………… 8930142
……………………… 8922935
管理科科长………… 8931125
QHSE体系办公室主任 8930887

地面工程监理分公司

经理…………………… 8920363
副经理………………… 8920605

地下工程监理分公司

副经理………………… 8933173

计量总站

站长…………………… 8935437

特种设备检验所

所长…………………… 8932395
副所长………………… 8923329

环境监测站

站长…………………… 8930402
格尔木分站副站长 … 8916191

四方服务公司

经理…………………… 8956001
党委书记、纪委书记、工会主席……………………… 8956002
副经理………………… 8945524
……………………… 8956099
……………………… 8956003

经理（党委）办公室

主任…………………… 8956008
办公室………………… 8956007
传真…………………… 8956881
车队队长……………… 8956666
车队调度……………… 8940642
公司门卫……………… 8956014

人事科

科长…………………… 8956012
工资、调配、干部 … 8956011
公积金、社保办…… 8951698
职工培训站………… 8950595

党群工作科

科长…………………… 8956056
纪检…………………… 8956004
团委副书记、女工主任 8956057
微机网络……………… 8956005

经营管理科

科长…………………… 8956016
副科长………………… 8933268
经营办公室………… 8956015

财务科

科长…………………… 8956010
副科长………………… 8956009
会计…………………… 8950202
报销…………………… 8956013

生产安全环保科

科长…………………… 8956068
副科长………………… 8956055
生产办公室………… 8956055
体系办公室………… 8956606

敦煌酒店管理中心

经理…………………… 8956886
教导员………………… 8956032
副经理………………… 8956898
……………………… 8956896

经营部

主任…………………… 8956882
经营办………………… 8956891
……………………… 8956892
采供部主任………… 8956885
督导部主任………… 8956883
督导部………………… 8956895
采供部………………… 8956880
出纳…………………… 8956887
维修保安部………… 8956890

四方宾馆

运营部主任………… 8956031
客房总台……………… 8956000
……………………… 8951898
餐厅总台……………… 8956037
……………………… 8951899
舞厅总台……………… 8956038
商务中心……………… 8956024

石油宾馆

运营部主任………… 8952086
总台…………………… 8943187
二号楼总台………… 8942222
餐厅总台……………… 8943173

昆仑大酒店

运营部主任………… 8934783
客房总台……………… 8934187
……………………… 8933724
餐厅总台……………… 8939512

花土沟酒店管理中心

经理…………………… 8911161
副经理………………… 8912615
……………………… 8912616
经营部主任………… 8912622
经营部………………… 8911270
运营部主任………… 8913503
采供部主任………… 8912619
质检督导部主任…… 8912617
工程保安维修部主任 8912620

新都大酒店

运营部主任………… 8911232
客房总台……………… 8913600
餐厅总台……………… 8913619
康乐部总台………… 8913700

前指招待所

客房总台……………… 8913500
餐饮部总台………… 8913504

格尔木石化基地招待所

经理…………………… 8918232
副经理………………… 8918236
经营部主任………… 8916283
运营部主任………… 8916284
客房总台……………… 8916276
餐厅总台……………… 8916284

生产服务公司

经理…………………… 8912236
教导员………………… 8911518
副经理………………… 8912160
……………………… 8911898
经营班主任………… 8911265
经营办………………… 8911831
生产调度室………… 8911836
安全监督站………… 8911800
……………………… 8911620

中油四方国际旅行社

经理…………………… 8956034
副经理………………… 8942316
地接中心……………… 8947741
……………………… 8947742
票务中心……………… 8943438
组团中心……………… 8942790
……………………… 8946448
传真电话……………… 8949418
航空售票处………… 8925555
……………………… 8920888

四方商厦

经理…………………… 8956006
运营部………………… 8951868
经营办………………… 8948454
波哥心快餐店……… 8956018

油田办公用品专营店

店长…………………… 8922178
专营店………………… 8931990
……………………… 8931988

设备物资开发利用公司

经理…………………… 8947341
销售部………………… 8947342
物资库（敦煌）…… 8934228
物资库（敦煌门卫） 8934249
物资库（花土沟） … 8911473
物资库（花土沟门卫） 8911478
劳务服务公司经理 … 8956012
涩北公寓服务站…… 8915000
阳光餐厅……………… 8931112
油气楼服务班……… 8926597
格尔木天然气服务班 8917184
敦昆拉旅行社 0891－6826328
……………… 0891－6989440
威海办事处 … 0631－5251440

诚信服务公司

经理…………………… 8930409
书记…………………… 8920804
副经理………………… 8920803
……………………… 8932727
总工…………………… 8934384

经理（党委）办公室

主任…………………… 8920808
支部书记……………… 8932140
副主任………………… 8932104
文书、传真………… 8939669
工团…………………… 8932104
文档、打字………… 8932781
收发室………………… 8934274

人事科

科长…………………… 8920792
人事管理……………… 8936011
工资保险……………… 8936011
教育培训……………… 8920652

财务科

科长…………………… 8932700
稽核…………………… 8920793
会计办………………… 8925375
报销…………………… 8921377
资产…………………… 8923715

企业管理科

科长…………………… 8932432
安全…………………… 8936013
合同、体系………… 8932843

小车班

经理、党总支书记 … 8920528
副经理………………… 8933969
……………………… 8920086

经理（党总支）办公室

主任…………………… 8934653
办公室………………… 8932364
……………………… 8934312

经营科

科长…………………… 8930044

安全设备科

科长…………………… 8920919
安全设备……………… 8935355
体系办主任………… 8933588

服装厂

厂长…………………… 8932621
教导员………………… 8932621
副厂长………………… 8932621

皮鞋厂

厂长…………………… 8932430
教导员………………… 8935407
副厂长………………… 8935407

采购销售部

主任…………………… 8932888
副主任………………… 8921995
采购销售……………… 8932562

联合二支部

教导员………………… 8920993

手套厂

厂长…………………… 8920993

行政后勤服务站

站长…………………… 8920986
门卫…………………… 8932608

联合一支部

教导员………………… 8930217
饮食组组长…………… 8930217
小车班………………… 8920796

市场开发部

主任…………………… 8937202
综合办………………… 8937201

物资供应站

站长…………………… 8921384

时代生物制品厂

厂长…………………… 8937608
书记…………………… 8934110
副厂长………………… 8933128
专卖店………………… 8933795
门卫…………………… 8937606

电气开关厂

厂长…………………… 8922898
副厂长………………… 8935067
……………………… 8933519
调度…………………… 8933519
老开关厂门卫………… 8937594

市场管理站

站长…………………… 8932906
副站长………………… 8937250
经营办………………… 8937250
一市场………………… 8923217
二市场………………… 8922054
综合站………………… 8920795

医疗保健服务站

站长…………………… 8932083
书记…………………… 8939444
一门诊………………… 8922400
二门诊………………… 8950794
三门诊………………… 8931466

昆仑山矿泉水厂

厂长…………………… 8932567
送水…………………… 8921350
……………………… 8953041

消防器材维修站

办公室………………… 8931794

绿源超市

经理…………………… 8922406
书记…………………… 8922407
副经理………………… 8922407

招待所

所长…………………… 8932877
书记…………………… 8932877
超市…………………… 8937200
总台…………………… 8937200
值班室………………… 8932892
门卫…………………… 8934274

劳动服务公司

经理、党总支书记 … 8920528
副经理………………… 8933969
……………………… 8920086

经理（党总支）办公室

主任…………………… 8934653
办公室………………… 8932364
……………………… 8934312

经营科

科长…………………… 8930044

安全设备科

科长…………………… 8920919
安全设备科…………… 8935355
体系办主任…………… 8933588

服装厂

厂长…………………… 8932621
教导员………………… 8932621
副厂长………………… 8932621

皮鞋厂

厂长…………………… 8932430
教导员………………… 8935407
副厂长………………… 8935407

采购销售部

主任…………………… 8932888
副主任………………… 8921995
采购销售部…………… 8932562

联合二支部

教导员………………… 8920993

手套厂

厂长…………………… 8920993

行政后勤服务站

站长…………………… 8920986
门卫…………………… 8932608

联合一支部

教导员………………… 8930217
饮食组组长…………… 8930217

消防保卫处

党委书记、处长…… 8933277
副处长………………… 8933273
党委副书记…………… 8921309

处长（党委）办公室

主任…………………… 8933483
组织、干部 ………… 936597
工会、纪检…………… 8932811
团委、秘书、宣传 … 8933567
文书、收发…………… 8933496

综合管理科

科长…………………… 8933376
副科长………………… 8920827
机动…………………… 8920827
安全、材料…………… 8933495
劳资…………………… 8933348
财务、社保、资产 … 8933498

防火科

科长…………………… 8933428
防火科………………… 8932022

战训科

科长…………………… 8933269
战训科………………… 8933695
小车队………………… 8934424

综合治理

敦煌办公室…………… 8933775
格尔木办公室………… 8916327

武装部

武装部………………… 8933317

保卫、户管科

副科长………………… 8934190
户管科………………… 8934737
户口管理……………… 8933700

保安中队

敦煌…………………… 8932997
花土沟………………… 8912602

消防大队

花土沟………………… 8911033
油沙山………………… 8913810
敦煌…………………… 8934514
格尔木………………… 8916346

培训中心城市党校、幼儿教育中心

主任、常务副校长 … 8933982
副主任………………… 8920718
……………………… 8926831
……………………… 8921436

主任（党委）办公室

主任…………………… 8933559
副主任………………… 8921238

人事科

副科长………………… 8922757

经营科

科长…………………… 8933055
副科长………………… 8933138

党群工作科

科长…………………… 8932627
副科长………………… 8933558

培训管理部

主任…………………… 8931472

幼教管理部

主任…………………… 8933131
副主任………………… 8932054

生活站

站长…………………… 8932249
副站长………………… 8920995

培训一部

主任…………………… 8933727
副主任………………… 8933318

培训二部

主任…………………… 8930069
副主任………………… 8933152

学历教育部

主任…………………… 8925868
副主任………………… 8922800

驾校

校长…………………… 8934743
副校长………………… 8932427

一幼

园长…………………… 8932581
副园长………………… 8932581

二幼

园长…………………… 8932679

三幼

园长…………………… 8933876
副园长………………… 8933361

四幼

园长…………………… 8935185
副园长………………… 8933719

五幼

园长…………………… 8953172

花土沟区管理中心

主任…………………… 8912801
……………………… 8926955
党委书记、副书记 … 8911992
……………………… 8920066
副主任………………… 8912896
……………………… 8932205
党委副书记、纪委书记、工会主席………………… 8912286
……………………… 8922709
副主任………………… 8912800
……………………… 8932205
副总经济师…………… 8912808
……………………… 8923025
副总工程师…………… 8912961
……………………… 8923025

主任（党委）办公室

主任…………………… 8912803
…………………………… 8922710
副主任………………… 8912803
…………………………… 8922710
党群工作科
科长…………………… 8911380
副科长………………… 8911380
人事科
科长…………………… 8912536
…………………………… 8922711
副科长………………… 8912536
财务科
科长…………………… 8912806
副科长………………… 8911929
计划企管科
科长…………………… 8911051
副科长………………… 8911051
安全生产技术科
科长…………………… 8912816
副科长………………… 8912595
体系办公室副主任 … 8912582
综合服务站
副站长………………… 8911523
供应站
站长…………………… 8912890
副站长………………… 8912890
保安队
队长…………………… 8912649
副队长………………… 8912649
餐饮公司
副经理………………… 8912908
一食堂
主任…………………… 8911089
副主任………………… 8911089
二食堂
主任…………………… 8912626
副主任………………… 8911398
…………………………… 8912054
三食堂
主任…………………… 8911878
副主任………………… 8911878
四食堂
主任…………………… 8911624
副主任………………… 8911624
市政公司
经理…………………… 8911066
副经理………………… 8911062
教导员………………… 8911744
督察队
队长…………………… 8911912
副队长………………… 8911912
维修队
队长…………………… 8911050
副队长………………… 8911050
环卫队
队长…………………… 8912282
副队长………………… 8912282
水电销售公司
经理…………………… 8911073
副经理………………… 8911070
物业公司
经理…………………… 8911118
副经理………………… 8912677
教导员………………… 8912677
综合办主任…………… 8912677
公寓一站
主任…………………… 8911723
副主任………………… 8911723
公寓二站
主任…………………… 8911156
副主任………………… 8911156
公寓三站
主任…………………… 8911566
副主任………………… 8911566
保温公司
经理…………………… 8911296
副经理………………… 8912371
维护车间
主任…………………… 8911653
副主任………………… 8911653
运行车间
主任…………………… 8911722
副主任………………… 8911722
矿建公司
经理…………………… 8912678
副经理………………… 8911645
职工活动中心
主任…………………… 8911919
副主任………………… 8912260
服务站主任…………… 8912317
地震台
副台长………………… 8911019

格尔木社区管理中心

主任…………………… 8917920
副主任………………… 8917923
…………………………… 8916328
党委副书记…………… 8917344
主任（党委）办公室
主任…………………… 8916292
组织、纪检…………… 8917275
秘书…………………… 8917349
文书…………………… 8917345
党群工作科
科长…………………… 8917352
工会、团委…………… 8917431
宣传、普法…………… 8917279
经营科
科长…………………… 8917347
劳资…………………… 8917342
企管…………………… 8917278
财务…………………… 8917354
报销…………………… 8917277
安全（生产）科
科长…………………… 8917340
安全副总监…………… 8917341
设备资产、网络管理 8917267
体系办………………… 8917353
安全、计划、生产 … 8917259
调度…………………… 8917921
施工科
科长…………………… 8917339
施工…………………… 8917268
教育培训站
站长…………………… 8916293
物资供应站
站长…………………… 8917919
保安队
办公室………………… 8916248
物业公司门卫………… 8917505
单身公寓门卫………… 8917337
生活服务站门卫……… 8916489
供应站门卫…………… 8917906
幼儿园门卫…………… 8916186
医院门卫……………… 8916315
生活服务站
经理…………………… 8916287
副经理………………… 8917906
办公室………………… 8916510
供应站………………… 8917906
食堂…………………… 8916289
家管站………………… 8916370
物业公司
经理…………………… 8917922
副经理………………… 8916296
绿化队………………… 8916245
环卫队………………… 8916509
办事员………………… 8916290
加气站………………… 8917528
保温车间
主任…………………… 8917512
办事员………………… 8917513
维修队………………… 8916241
1 号锅炉房 ………… 8917506
2 号锅炉房 ………… 8917509
3 号锅炉房 ………… 8917516
4 号锅炉房 ………… 8917514
水电气供应车间主任 8917503
供水站………………… 8917504
排污站………………… 8917507
配气站………………… 8917515
水电销售部主任……… 8916291
房屋管理……………… 8917925
水电销售……………… 8916343
有线电视转播站……… 8917350
文化工作站…………… 8916485
幼儿园
园长…………………… 8916187
副园长………………… 8916186
职工医院
院长…………………… 8916317
总支书记……………… 8916313
院办…………………… 8916311
住院部………………… 8916317
护士办………………… 8916324
医技科………………… 8916342
门诊部………………… 8916342
药械科………………… 8916309
急诊…………………… 8916316
住院部………………… 8916317
护士办………………… 8916324
车队
小车班………………… 8917276
大车班………………… 8917155

社区管理中心

主任…………………… 8932203
…………………………… 8923797
党委书记……………… 8921610
副主任………………… 8934742
…………………………… 8921459
总会计师……………… 8933852
副主任………………… 8921516
主任（党委）办公室
主任…………………… 8933686
维稳办………………… 8921972
秘书…………………… 8934546
文书…………………… 8933990
信息、档案…………… 8932050
党群科
科长…………………… 8933462
团委、宣传…………… 8934357
工会…………………… 8933039
纪检监察……………… 8931475
人事科
科长…………………… 8933554
工资保险……………… 8934128
培训、公积金………… 8920265
财务科
科长…………………… 8933153
副科长………………… 8931819
会计…………………… 8920379
出纳…………………… 8933261
计划建设科
科长…………………… 8932234
统计预算……………… 8921460

施工计划…………… 8933027

安全技术科

科长…………………… 8920375
安全…………………… 8934081
QHSE 体系………… 8920373

企管科

科长…………………… 8920644
副科长………………… 8920641
市政…………………… 8920642

生产调度室

主任…………………… 8921431
副主任………………… 8932735
调度…………………… 8934463
……………………… 8933065

设备管理站

站长…………………… 8920370
设备…………………… 8920371

保安队

队长…………………… 8920241
治安…………………… 8920242

物资供应站

站长…………………… 8932769
计划…………………… 8932479
采购…………………… 8921382
门卫…………………… 8932487

小车队

队长…………………… 8936099
队部、调度………… 8932439

新闻中心

主任…………………… 8921522
党委书记……………… 8933279
中心副主任、报纸总编 8934287
工会主席、电视总编 8932999
中国石油报记者站站长 8933979

党政办公室

主任…………………… 8933170
组干、宣传、劳资 … 8933165
文书、工团…………… 8932287

经营科

主任…………………… 8933537
财务…………………… 8933205

生产科

主任…………………… 8933915
资产、材料…………… 8933299
安全、合同………… 8933914

通联部

主任…………………… 8933281
审读…………………… 8932887

《青海石油报》编辑部

主任…………………… 8933778
编辑部………………… 8934641

《青海石油报》记者部

主任…………………… 8934682
记者部………………… 8922724
格尔木记者（电视） 8917359
格尔木记者（报纸） 8918950
中石报记者站副站长 8922178

广告部

主任…………………… 8935145
广告业务……………… 8937834
《油城电视报》编辑 8937834

电视采编部

主任…………………… 8934361
副主任………………… 8936394
制作…………………… 8932883
副主任………………… 8933680
记者办………………… 8931334

电视播出部

主任…………………… 8932738
播控机房……………… 8932350
文联办公室、《瀚海魂》编辑部
……………………… 8933895
网络部主任…………… 8931446
电视故障申告……… 8933311

印刷厂

厂长…………………… 8932273
副厂长、生产调度 … 8932501
核算、业务办……… 8931445
校对室………………… 8933218
微机室………………… 8932943
印刷、装订车间…… 8933620

花土沟电视站

站长…………………… 8911121
记者办公室…………… 8911555
播控机房……………… 8911553
外线维护……………… 8911904
宿舍…………………… 8912293

综合服务站

站长…………………… 8921711
车辆班………………… 8933150
新闻中心门卫……… 8933319

职工活动管理中心

主任…………………… 8920902
副主任………………… 8921508
党总支书记、工会主席 8925826
副主任………………… 8920908
……………………… 8920906

党政办公室

主任…………………… 8920849

经营科

科长…………………… 8923810
经营…………………… 8920848

综合科

科长…………………… 8923810
综合…………………… 8923810
……………………… 8932321

文化宫

主任…………………… 8920884
教导员………………… 8937841
经管员………………… 8937841
总台…………………… 8937840
保龄馆………………… 8937843

体育公园

主任…………………… 8934675
教导员………………… 8934675
经管员………………… 8921195

俱乐部

主任…………………… 8932842
艺术团团长………… 8920722
经管员………………… 8937447
值班…………………… 8937447

科技馆

主任…………………… 8937841
副主任………………… 8920884
经管员………………… 8920897
教师办………………… 8920847
总台…………………… 8920903

职工总医院

院长…………………… 8943857
副院长………………… 8943437
……………………… 8956078
党政办………………… 8942637
工团…………………… 8942315
人劳…………………… 8942655
医务…………………… 8942719
护理…………………… 8942643
财务…………………… 8950058
综合…………………… 8950078
总务…………………… 8943687
基层单位
一门诊………………… 8943942
功能科………………… 8942265
检验科………………… 8943142
影像科………………… 8943040
康复科………………… 8942647
传染科………………… 8943192
药剂科………………… 8943608
急诊科………………… 8943172
供应室………………… 8944358
儿科…………………… 8943856
内一科………………… 8942315
内二科………………… 8950555
外一科………………… 8944310
外二科………………… 8943688
妇产科………………… 8942736
手术室………………… 8943334
二门诊………………… 8935255
计生办………………… 8932876
防疫站………………… 8925800

生活服务公司

经理、党委书记…… 8921838
副经理………………… 8933578
……………………… 8921768
党委副书记、纪委书记、工会
主席…………………… 8921139
副经理………………… 8935404

经理（党委）办公室

主任…………………… 8923598
秘书、文书、行政 … 8934220

党群工作科

工会副主席………… 8930272
团委书记、纪检…… 8926998
女工主任、宣传…… 8930275

人事科

科长…………………… 8935400
人事科………………… 8932463

财务科

副科长………………… 8922388
报销、出纳………… 8935408

企管安全科

科长…………………… 8935252
计划、统计………… 8932401
企管科主管………… 8932676

采购销售办公室

主任…………………… 8930245
采购、调拨、统计 … 8932103
质量监督站站长…… 8932676

生活物资管理站

主任、教导员……… 8933382
副主任、督导员 …… 8932730

治安保卫办公室

主任、教导员、督导员 8934485
值班室………………… 8922110
机关门卫……………… 8932663

菜篮子供应站

主任…………………… 8942718
副主任、教导员…… 8943336
大盛超市……………… 8921388

综合服务站

主任、教导员……… 8943534
副主任………………… 8942402

种植总场

场长、副场长……… 8926618
向阳农庄……………… 8921112
南湖农场场长……… 8923136

养殖总场

场长…………………… 8932391
养鸡一场场长……… 8932536
养猪场二场长……… 8934372

牛奶加工厂

厂长、教导员……… 8932635
副厂长………………… 8935788

奶牛场场长………… 8934091
牛奶销售部………… 8939274
机关小车班
小车班……………… 8934155

离退休管理处

处长………………… 8934181
党委书记…………… 8920693
正处级调研员……… 8920625
副处长、工会主席 … 8933408
副处长、纪委书记 … 8939630
处长（党委）办公室
主任………………… 8932013
高管………………… 8932276
副主任……………… 8934029
离退休职工管理科
科长………………… 8934099
综合科
科长………………… 8939631
高级主管…………… 8939631
财务科
科长………………… 8920958
文体科
副科长……………… 8936544
医疗保险科
副科长……………… 8934172
老年大学
副校长……………… 8937274
教务主任…………… 8932758

第一管理站
总支书记…………… 8931347
第二管理站
站长………………… 8930076
总支书……………… 8922023
第三管理站
站长、总支书记…… 8937241
副站长……………… 8937241
第四管理站
站长、总支书记…… 8943790
副站长……………… 8950652
太湖管理站
站长、支部书记
…………… 0510－87420125
教导员 …… 0510－87420125
格尔木活动点
负责人……………… 8918040
车辆班
负责人……………… 8933661

西宁办事处

区号：0971
主任………………… 6119849
副主任……………… 6146859
党政办公室………… 6146123
管理科……………… 6159691
经营科……………… 6159725
石油宾馆…………… 6154972
物业管理站………… 6155091

车队………………… 6136492
离退休管理站……… 8458692
石油医院…………… 8458884

西安办事处

区号：029
主任、党委书记 … 85672001
副主任 …………… 85672002
党政办公室主任 … 85672003
经营科科长 ……… 85672005
管理科科长 ……… 85672009
物业管理站站长 … 85672009
金岛宾馆经理 …… 85672150
离退休管理站站长 85672006

兰州办事处

区号：0931
主任………………… 4630201
党政办公室主任…… 4630225
党政办公室………… 4630010
经营科科长………… 4630028
经营………………… 4630223
管理科……………… 4630025
宾馆经理…………… 8850763
副经理……………… 8852780
总机………………… 8849999
蓝宝石物业公司经理 4540161
蓝宝石物业值班室 … 4540162
离退休基地物业经理 8509120

四川办事处

区号：0838
主任………………… 5228200
副主任……………… 5221500
党政办公室………… 5230439
经营科……………… 5240931
…………………… 5230445
管理科……………… 5233447
离退休管理站……… 5233544
物业管理站………… 5234865
招待所……………… 5233545

北京办事处

主任 ……………… 61757069
书记 ……………… 64810800
副主任 …………… 61747100
副站长 …………… 64810800
党政办公室 ……… 61758145
工会 ……………… 61757049
经营科 …………… 61758146
财务 ……………… 61757045
管理科 …………… 61757034
物业站 …………… 61747039
…………………… 61752799
招待所 …………… 61757044
招待所总机 ……… 61757041
离退休站 ………… 61753146

10. 华北油田公司

地址：河北省任丘市会战道　邮政编码：062552　公网区号：0317

公司机关处室
总经理办公室

总经理助理、主任 … 2723212
副主任……………… 2729688
…………………… 2717650
秘书一科
科长………………… 2724876
副科长……………… 2701641
科级秘书…………… 2702142
传真………………… 2725627
秘书二科
科长………………… 2723230
秘书………………… 2725404
…………………… 2701642
文书科
科长………………… 2725804
文书………………… 2701647
打字员……………… 2705242
综合科
科长………………… 2701643
科员………………… 2722764
公务员……………… 2702224
…………………… 2725247
收发………………… 2722408
传真………………… 2711364
计划生育科
科长………………… 2724097
副科长……………… 2702045
科员………………… 2722764
档案馆
馆长………………… 2724024
档案管理科
副科长……………… 2724085
馆员………………… 2724249
技术业务指导科
副科长……………… 2701674
编研科
负责人……………… 2724085
小车队
队长………………… 2724962
副队长……………… 2729673
…………………… 2724545
调度………………… 2722181
…………………… 2723260

生产运行处

处长………………… 2721550
副处长……………… 2756397
…………………… 2701745
…………………… 2724008
运行科
科长………………… 2701743
科员………………… 2723355
…………………… 2701742
…………………… 2722270
工农协调科
科长………………… 2724105
土地管理科
科长………………… 2756104
科员………………… 2723789
…………………… 2724015
电力管理科
科长………………… 2723255
节能科
科长………………… 2723272
科员………………… 2756171
…………………… 2728653
…………………… 2722213
传真………………… 2722270

规划计划处

处长………………… 2725702
副处长……………… 2725617
…………………… 2723116
规划项目科
科长………………… 2725165
副科长……………… 2722940
科员………………… 2701050
…………………… 2724109

综合统计科
科长………………… 2720291
………………………… 2724859
科员………………… 2723654
………………………… 2725215
投资计划科
副科长……………… 2725901
综合计划科
副科长……………… 2725397
科员………………… 2722129
传真………………… 2726110

财务资产处

副总会计师、处长 2725868
副处长……………… 2753049
………………………… 2752472
………………………… 2727126
预算管理科
科长………………… 2704520
科员………………… 2722095
成本核算科
科长………………… 2721524
科员………………… 2750432
………………………… 2716752
会计核算科
科长………………… 2722645
副科长……………… 2723022
………………………… 2721523
科员………………… 2727206
传真………………… 2722444
资金管理科
科长………………… 2725462
科员………………… 2722745
………………………… 2727325
传真………………… 2785997
税价管理科
科长………………… 2722904
副科长……………… 2704519
科员………………… 2727326
投资管理科
科长………………… 2704526
科员………………… 2788214
资产管理科
科长………………… 2715801
副科长……………… 2781269
科员………………… 2704214
信息管理科
科长………………… 2752471
科员………………… 2722080
关联交易科
科长………………… 2724245
副科长……………… 2755197
稽查科
科长………………… 2722300
机关财务科
科长………………… 2727625
科员………………… 2723275
………………………… 2781179
………………………… 2726013
………………………… 2701644
………………………… 2750040
………………………… 2726012
………………………… 2782945
综合科
科长………………… 2721607
科员………………… 2722584
………………………… 2753047
资金结算中心
主任………………… 2729686
会计科
科长………………… 2705334
科员………………… 2728418
………………………… 2724477
传真………………… 2755334
结算科
科长………………… 2702334
科员………………… 2729549
………………………… 2726771
出纳科
科长………………… 2728418
副科长……………… 2705334
信贷科
科长………………… 2724477
二连结算处（区号：0479）
科长………………… 8292996
万庄结算处
科员………………… 2554895
河间结算处
科长………………… 2584142
传真………………… 2584170

人事处（组织部）

总经理助理、处长、部长
………………………… 2723959
副处长、副部长…… 2724848
………………………… 2720591
干部监督与综合科
科长………………… 2724556
科员………………… 2782246
传真………………… 2724429
组织科
科长………………… 2724429
副科级组织员……… 2752975
科员………………… 2710026
干部管理科
科长………………… 2701747
科员………………… 2710401
………………………… 2714989
业绩考核科
科长………………… 2710401
技术干部科
科长………………… 2725622
科员………………… 2702044
培训中心
主任………………… 2727823
副主任……………… 2725590
综合管理科
科长………………… 2756793
计划与考评科
负责人……………… 2725762
组织运行科
副科长……………… 2725765
科员………………… 2751327
基地与网络教育科
科长………………… 2751307

劳动工资处

处长………………… 2722193
副处长……………… 2723208
综合信息科
科长………………… 2725521
科员………………… 2704996
传真………………… 2725754
劳动组织科
科长………………… 2724919
员工管理科
科长………………… 2701749
科员………………… 2726823
工资科
科长………………… 2722607
副科长……………… 2725243
科员………………… 2723218
技能鉴定科
科长………………… 2723204
科员………………… 2722416

人事服务中心

再就业办公室
主任………………… 2723208
科长………………… 2722220
科员………………… 2704242
就业管理科
科长………………… 2721678
《石油人力资源》编辑部
主任………………… 2722155
编辑………………… 2720883

企管法规处

总法律顾问、处长 2723158
副处长……………… 2719779
………………………… 2700969
企业管理科
副科长……………… 2700899
科员………………… 2724106
体系管理科
科长………………… 2753048
副科长……………… 2755114
市场管理科
科长………………… 2755153
科员………………… 2710084
………………………… 2723103
法律事务科
科长………………… 2725412
科员………………… 2725403

资本运营处

处长………………… 2721747
………………………… 010-69215638
专职董事…………… 2752016
股权管理科
科长………………… 2724174
科员………………… 2724104
传真………………… 2752600

质量安全环保处

处长………………… 2755596
副处长……………… 2782938
………………………… 2752455
安全管理科
科长………………… 2725297
副科长……………… 2785398
科员………………… 2725597
环保综合科
科长………………… 2722457
副科长……………… 2756528
科员………………… 2722449
………………………… 2701844
传真………………… 2753523
质量标准科
科长………………… 2725207
副科长……………… 2722356
特种设备监察科
科长………………… 2724959
科员………………… 2725787

质量安全监督中心（华北工程质量监督站）

主任………………… 2782938
副主任……………… 2723718
安全监督科
科长………………… 2723706
科员………………… 2722223
质量环保监督科
科长………………… 2725060
计量管理科
科长………………… 2720136

华北工程质量监督站
站长…………………… 2728684
副站长………………… 2753875
科员…………………… 2725083
……………………… 2724493

特种设备检验所
所长…………………… 2728905
副所长………………… 2721144
……………………… 2729034
科员…………………… 2729004
……………………… 2752873
……………………… 2752874
……………………… 2720182
……………………… 2753840
……………………… 2752651

计量中心站
站长…………………… 2727707
副站长………………… 2752650
……………………… 2725181
科员…………………… 2728827
……………………… 2728830
……………………… 2753787
……………………… 2727464
……………………… 2727708
……………………… 2725783
……………………… 2782603
……………………… 2724775

防雷中心
主任…………………… 2715532
科员…………………… 2723252
……………………… 2715708
……………………… 2753320

装备管理处

处长…………………… 2701719

非安装设备科
科长…………………… 2721919

设备管理科
副科长………………… 2701721

安装设备科
科长…………………… 2716831
科员…………………… 2701725

科技信息处

处长…………………… 2755706
副处长………………… 2705968

科技项目管理科
科长…………………… 2701724
科员…………………… 2723177

科技成果管理科
科长…………………… 2752531
科员…………………… 2723276

技术合同审查科
科长…………………… 2753153

信息中心
主任…………………… 2726281
副主任………………… 2756456
科长…………………… 2727410
……………………… 2717454
科员…………………… 2724492
……………………… 2722682
……………………… 2782841
……………………… 2714252
……………………… 2782840

信息管理科
科长…………………… 2701734

网络管理科
副科长………………… 2726283

系统管理科
副科长………………… 2756458

审计处

处长…………………… 2725868
副处长………………… 2701774
……………………… 2725770

审计项目科
科长…………………… 2700243

审计审理科
科长…………………… 2725658

审计信息科
副科长………………… 2719132
科员…………………… 2700243

内控审计科
科长…………………… 2701764

党委办公室

主任…………………… 2726779
副主任、维稳办副主任、副主任
……………………… 2723290

秘书科
副科长………………… 2722348
科员…………………… 2724070
秘书…………………… 2724632
科级秘书……………… 2758006

综合科
科长…………………… 2720356
文书…………………… 2721054

机要室（保密办）
主任…………………… 2723290
副主任………………… 2750533
机要员………………… 2722448
……………………… 2724028
……………………… 2722620
值班电话……………… 2723210

纪委监察处

纪委副书记、处长、纪委办主任
……………………… 2725320
副处长、纪委办副主任 2701994
……………………… 2725514
……………………… 2725087

一室
主任…………………… 2704702
副科长………………… 2715194
科员…………………… 2723214

二室
主任…………………… 2713342
副主任………………… 2723929
科员…………………… 2726469
……………………… 2704740

三室
主任…………………… 2725227
副主任………………… 2722326
科员…………………… 2701744

四室
主任…………………… 2723358
副主任………………… 2713795
科员…………………… 2724027

企业文化处（宣传部、团委）

处长、部长…………… 2701746
副处长、副部长……… 2724089
副处长、副部长、团委副书记
……………………… 2723237

思想教育科
科长…………………… 2724896
科员…………………… 2724102
……………………… 2702424
……………………… 2724113

企业文化科
科长…………………… 2725932
科员…………………… 2725963
……………………… 2702174

团委办公室
主任…………………… 2725434
副主任、青工部长 … 2726686

工会

副主席………………… 2718219
副主席、经审主任 … 2722928
原副主席……………… 2723238

综合办公室
主任…………………… 2722107
副主任………………… 2723693
秘书…………………… 2725143
科员…………………… 2723247
……………………… 2724697
……………………… 2723317
传真…………………… 2729876

组织与民主管理部
部长…………………… 2755327
副部长………………… 2724071

经济保障部
部长…………………… 2723580
副部长………………… 2702214
女工副主任…………… 2720029

维护稳定工作办公室

总经理助理、主任 … 2755266
副主任………………… 2722880
……………………… 2723925
……………………… 2728431

协调督办科
科长…………………… 2723135
科员…………………… 2723621
传真…………………… 2723207

信访科
副科长………………… 2723625
科员…………………… 2722154
传真…………………… 2752383

保卫处（武装部、综治办）

处长…………………… 2728760
副处长………………… 2723270
……………………… 2725108
原处长………………… 2750308

综合管理科（退岗劳动家属生活补贴管理科）
科长…………………… 2750318
副科长………………… 2755979

保卫科
科长…………………… 2727069
副科长………………… 2714765
科员…………………… 2727081

综治科
科长…………………… 2728874
科员…………………… 2728873

武装科（人防科）
科长…………………… 2750328
科员…………………… 2722807

公司直属单位

勘探部

总经理助理、经理 … 2721823
副经理………………… 2721503
……………………… 2723233
……………………… 2721820
……………………… 2721824
……………………… 2721609
总地质师……………… 2715472
总工程师……………… 2721612
总地质师……………… 8292213
……………………… 2721965
……………………… 2721605

副总地质师………… 8279106
……………………… 2721920
……………………… 2721840
……………………… 2721454

综合科

科长……………………… 2721593
科员……………………… 2721597
……………………… 2721942

冀中调度科

科长……………………… 2721617
科员……………………… 2721797

饶阳项目科

科长……………………… 2721615
科员……………………… 2726257

冀中项目科

科长……………………… 2721841

新区项目科

科长……………………… 2721625
科员……………………… 2724717

冀中地质科

科长……………………… 2756820
副科长………………… 2721613
……………………… 2721845
科员……………………… 2721920

冀中试油科

科长……………………… 2721505
科员……………………… 2721631

二连项目科

科长……………………… 8292465
……………………… 2721611

二连调度科

科长……………………… 8292402
……………………… 2721852
科员……………………… 2721797

二连地质科

副科长………………… 8292250
……………………… 2756830
科员……………………… 2721845
……………………… 8292115
……………………… 2756830

二连试油科

科员……………………… 8292115
……………………… 2721842

物探科

科长……………………… 2721905
科员……………………… 2721603

信息科

科长……………………… 2721853
科员……………………… 2721854
……………………… 2721627

经营科

科长……………………… 2721592
科员……………………… 2726726

开发部

开发副总监………… 2723716
经理……………………… 2725182
副经理………………… 2756232
……………………… 2726204

综合管理科

科长……………………… 2725378
副科长………………… 2724048
科员……………………… 2727362

油藏科

科长……………………… 2725287
副科长………………… 2702425
科员……………………… 2756152
……………………… 2725483

专采科

副科长………………… 2710094
科员……………………… 2727550

油藏描述科

副科长………………… 2702420
科员……………………… 2751901

三次采油科

科长……………………… 2702423

钻采工程部

副经理………………… 2711981
……………………… 2781237

采油科

科长……………………… 2755955
科员……………………… 2705349

作业科

科长……………………… 2702428
科员……………………… 2722147

注水科

科长……………………… 2702419
科员……………………… 2722109

油藏评价部

经理……………………… 2725406
副经理………………… 2726203
……………………… 2724147
……………………… 2724014
总会计师……………… 2725460

综合管理科

副科长………………… 2716546
科员……………………… 2701646

产能管理科

科长……………………… 2725475

地质工程科

科长……………………… 2725465

油藏评价科

副科长………………… 2720189

试油管理科

副科长………………… 2725501

项目管理科

科长……………………… 2717524
科员……………………… 2723153

基建工程部

经理……………………… 2710396
副经理………………… 2724047
……………………… 2706902

综合管理科

负责人………………… 2751272
科员……………………… 2750037

项目管理科

负责人………………… 2751981
科员……………………… 2781141

地面管理科

科长……………………… 2729448
科员……………………… 2706369
……………………… 2726205
……………………… 2722363

天然气管理科

科长……………………… 2722989

矿建管理科

负责人………………… 2751983

工程监督部

经理……………………… 2721822
副经理………………… 2721367
……………………… 2704868

综合管理科

科长……………………… 2721375
科员……………………… 2714965

钻井监督科

科长……………………… 2724605
副科长………………… 2704225
科员……………………… 2721070

地质监督科

科长……………………… 2721849
科员……………………… 2721172

测井监督科

科长……………………… 2720742

试油监督科

科长……………………… 2720743
副科长………………… 2757958

工程造价与价格定额部

经理……………………… 2727876
副经理………………… 2726293

综合管理科

科长……………………… 2717453
科员……………………… 2717433

地面建设工程科

科长……………………… 2717451
科员……………………… 2751420
……………………… 2717431
……………………… 2712113
……………………… 2726972

关联交易科

科长……………………… 2717434

设计管理科

科长……………………… 2720687

建设工程定额科

科长……………………… 2726374

价格管理科

科长……………………… 2723410
副科长………………… 2756181
科员……………………… 2726973

地质工程科

副科长………………… 2725664
科员……………………… 2713337

电子商务部

经理……………………… 2706966
副经理………………… 2705073

综合管理科

科长……………………… 2702774

采办科

科长……………………… 2703966
科员……………………… 2782866

电子商务信息科

科长……………………… 2780126

物资计划科

科长……………………… 2723335

经济研究部

经理……………………… 2722519

发展战略研究室

主任……………………… 2725850
副主任………………… 2711442
科员……………………… 2711447

市场开发研究室

主任……………………… 2725033
科员……………………… 2721672

投资项目咨询室

主任……………………… 2724332
科员……………………… 2721672

经济政策研究室

主任……………………… 2729459
科员……………………… 2711447

审计中心

主任……………………… 2725593
副主任………………… 2785192

综合管理科

副科长………………… 2722505
科员……………………… 2722521
传真……………………… 2700241

油建审计科

科长……………………… 2785191

科员…………………… 2704233
…………………… 2715132

合同审计科

科长…………………… 2785190

财务审计科

副科长…………………… 2700643

审计一室

主任…………………… 2725234
副主任…………………… 2727292
科员…………………… 2704131
…………………… 2789003
…………………… 2721040

审计二室

主任…………………… 2727644
副主任…………………… 2726736
科员…………………… 2726494
…………………… 2710830
…………………… 2700242

审计三室

主任…………………… 2700440
科员…………………… 2723732
…………………… 2700441
…………………… 2722949

审计四室

主任…………………… 2593427
副主任…………………… 2593394
科员…………………… 2592414
…………………… 2595561
…………………… 2593384
…………………… 2593442

审计五室

主任…………………… 2584607
副主任…………………… 2586342
科员…………………… 2586453
…………………… 2584114

审计六室

主任…………………… 2551526
科员…………………… 2552910
…………………… 2555470
…………………… 2555471

资产处置中心

主任…………………… 2723302

综合管理科

科长…………………… 2722256
科员…………………… 2723165
…………………… 2724407
传真…………………… 2723300

运销部

经理…………………… 2723279
副经理…………………… 2723151
…………………… 2728654

综合管理科

副科长…………………… 2722552
科员…………………… 2722355
…………………… 2728654

调度科

副科长…………………… 2729285
科员…………………… 2723468

销售计划科

主任…………………… 2725557
科员…………………… 2724206
…………………… 2727212

天然气销售科

副科长…………………… 2729894
科员…………………… 2717994

储运技术科

科长…………………… 2723058
科员…………………… 2728659

销售结算科

副科长…………………… 2717533
科员…………………… 2723167

冀东项目部

区号：0315

经理…………………… 8728188

综合办公室

秘书…………………… 8728182
传真…………………… 8728181

生产管理科

主任…………………… 8728189
科员…………………… 8728183

风险作业项目部

经理…………………… 2750317
副经理…………………… 2755981
副总地质师…………… 2704478

综合管理科

科长…………………… 2753243
科员…………………… 2755992

生产技术管理科

副总工程师、科长 2753174
副科长…………………… 2720979
科员…………………… 2755991

地质管理科

副科长…………………… 2724478

财务经营科

副总会计师、科长 2755986
科员…………………… 2750849

文体中心

主任…………………… 2756719
原体委主任………… 2723176

办公室

主任…………………… 2723057
科员…………………… 2757378
文秘…………………… 2729746

科员…………………… 2724597

体育场

主任…………………… 2724982
安全员…………………… 2724597
设备管理员………… 2721094

群体竞赛科

科长…………………… 2724497
科员…………………… 2729036

少年宫

主任…………………… 2725885

文化宫

主任…………………… 2727752

住房公积金管理中心

主任…………………… 2756916
原主任…………………… 2729210

财务科、综合管理

科长…………………… 2711913
科员…………………… 2724762
…………………… 2717575

公积金科

科长…………………… 2750762
科员…………………… 2724724

机关事务部（机关党委）

经理…………………… 2726706
党委书记…………………… 2725696
副经理…………………… 2724988
…………………… 2717650
…………………… 2710895

机关行政事务管理科

科长…………………… 2723239
科员…………………… 2725964
传真…………………… 2722919

物业管理科

负责人…………………… 2753007

运行管理科

负责人…………………… 2753027
科员…………………… 2722822

人事科（组织部）

科长…………………… 2722186
科员…………………… 2722161

党群工作科

科长…………………… 2755633
科员…………………… 2723574

社会保险管理中心

（河北省华北油田社会保险管理局）

主任、局长………… 2715566
副主任、副局长…… 2756686
主任助理、局长助理 2756668
副总会计师………… 2726301

综合管理科（办公室）

科长、主任………… 2756668
科员…………………… 2701430
…………………… 2729903
…………………… 2727710

财务科

科长…………………… 2755968
科员…………………… 2726297

养老保险科

科长…………………… 2755966
科员…………………… 2729953

医疗（生育）保险科

科长…………………… 2720722
科员…………………… 2724004

工伤保险科

科长…………………… 2720573
科员…………………… 2701432

失业保险科

科长…………………… 2728814

补贴发放科

科长…………………… 2750453

第一采油厂

领导

厂长…………………… 2722722
副厂长…………………… 2727867
…………………… 2723962
…………………… 2759333
总工程师…………………… 2722591
总会计师…………………… 2724191
副总地质师…………… 2723939
党委书记…………………… 2724450
党委副书记…………… 2727549
纪委书记、工会主席 2723581
副总工程师…………… 2729197
…………………… 2781102
安全副总监…………… 2722790
厂长助理…………………… 2722001

厂办

主任…………………… 2722712
副主任…………………… 2725426
秘书…………………… 2722612
文书…………………… 2722260
计划生育…………………… 2723890
档案…………………… 2722812
通信…………………… 2727905
打字室、复印………… 2722512
公务员…………………… 2725641
空调机房…………………… 2727992
门卫…………………… 2722671
食堂…………………… 2728235

生产运行科

科长…………………… 2723531
副科长…………………… 2725379
值班室…………………… 2723921

……2723109
配调、防洪、冬防……2723553
电力管理……2721447
生产综合、节能……2722244
工农科
科长……2723273
办公室……2725413
……2725417
质量安全环保科
科长……2722790
副科长……2727709
安全环保……2723653
质量标准化……2727897
安全环保监督站……2724549
党群工作科
主任……2724550
副主任……2723512
团委……2722520
秘书……2722912
文书……2726164
宣传……2723712
摄像……2723912
纪委监察科
科长……2727855
纪检……2724285
监察……2729193
工会
主任……2726684
副主任……2724223
值班……2723812
疗养……2724603
人事科（组织部）
科长……2720219
副科长……2722871
工资管理……2722753
统计……2729498
档案、保险……2722554
干部、职改……2722653
党建管理……2722887
劳动、培训……2723739
财务科
科长……2722953
副科长……2757899
会计……2724495
结算……2722751
成本……2755913
会计中心……2700337
……2729131
……2755133
追款……2724771
保卫科
科长……2723821
副科长……2756367
综合治理……2755121
……2724205
综合计划科
科长……2723953
计划……2723753
统计……2722553
计量……2724323
企管法规科
科长……2724585
副科长……2711180
管理……2725056
合同……2722601
……2722440
QHSE办……2755029
基层单位
任南采油作业区
主任……2768991
书记……2768992
副主任……2768018
……2768089
副书记……2768865
政工组……2768974
……2768099
……2768175
经营组……2768086
……2768189
……2768731
调度室……2768707
……2768984
生产组……2768067
……2768008
……2768973
地工组……2768944
……2768995
……2768000
……2768961
……2768340
维修站……2768342
……2768327
治安组……2768604
……2768115
任二采油站……2768313
三十计……2769014
三注……2768464
七计……2768959
任十一采油站……2768004
十九计……2768182
二十五计……2768967
二十九计……2768714
一注……2769114
任二十七采油站……2768480
十三计……2768145
三十一计……2768660
三十二计……2768177
四注……2768127
任二十八采油站……2768424
十计……2768916
十二计……2768547
二十计……2768844
二十六计……2768814
交接计量站……2768247
化验室……2768247
总机关……2768310
卸油点……2769471
交接点……2769472
任北采油作业区
主任……2721153
书记……2721160
副主任……2723014
……2728784
副书记……2704104
生产组长……2722542
机关书记……2750891
政工组长……2721151
机动岗……2721495
经营组长……2755748
企管……2751162
稽核……2716553
物资……2722540
综合……2750879
工会……2721154
人事……2723017
安全……2723918
材料库房……2752827
调度……2715314
……2722377
调度长……2781544
教育……2751157
维修站……2722103
……2725277
任3计……2805501
任33计……2801353
任五注……2772545
任23计……2702427
任16计……2265220
平2井……2261075
任17计……2722561
二联总机关……2722977
任四计……2597110
任五计……2735051
三联总机关……2593107
任三联加热炉……2599371
任三联外输……2593137
任三联注水……2593147
任三联运行班……2593117
地质组
地质……2722144
……2728425
采油化验……2704114
测度……2752807
工程组
工程……2721429
……2704124
计量交接站
交接站……2711370
输油交接……2780541
零散交接……2727147
化验……2597054
治安组
值班室……2715324
保卫……2721400
雁翎采油作业区
主任……2760298
书记……2760330
副主任……2760207
……2760320
经营……2760345
人事……2760216
成本核算……2760307
政工……2760245
宣传、工会……2760147
文书、网络……2760278
生产……2760252
生产调度室……2760332
……2760355
安全监督……2760204
机动、电力……2760137
计划统计……2760358
工程组……2760221
采油管理……2760250
输油管理……2760238
作业监督……2760347
注水管理……2760389
地质动态……2760348
测试管理……2760325
地质资料……2760291
维修站……2760235
器材管理……2760321
器材保管……2760303
仪表岗……2760227
治安组……2760391
治安组值班……2760242
雁南采油站……2760258
……2760341
刘李庄采油站……2760354
作业区食堂……2760205
雁二外输岗……2760270
雁二注水岗……2760172
雁二加热岗……2760173
雁五计量站……2760042
雁六计量站……2760142
雁二计量站……2760294
雁一总机关……2760044

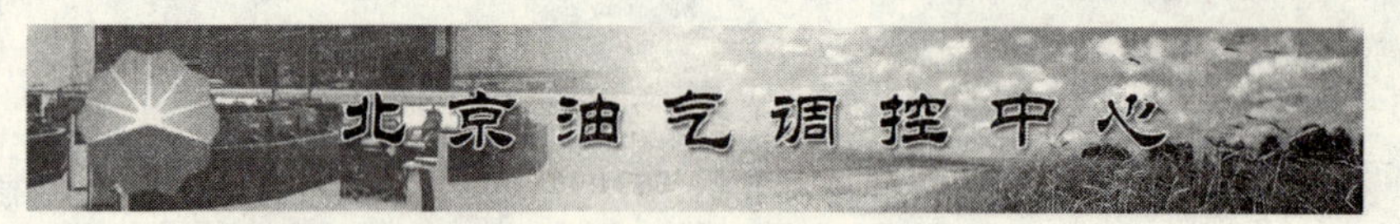

雁一注水………… 2760047
雁四计量站………… 2760014
雁一加热岗………… 2760259
雁一地衡………… 2760374
雁一警卫岗………… 2760140
雁一污水………… 2760054
雁一气站………… 2760174
雁一计量岗………… 2760154
雁一发电岗………… 2760007

输油作业区

主任………… 2705118
书记………… 2705308
副主任………… 2705356
………… 2705309
调度室………… 2715374
………… 2701444
………… 2714514
生产运行组………… 2752526
………… 2717494
………… 2751654
………… 2752543
………… 2715744
………… 2714514
………… 2701444
………… 2752543
………… 2715374
技术组………… 2752519
………… 2752640
技术组………… 2717484
经营组………… 2715447
………… 2717574
………… 2717347
………… 2717534
政工组………… 2719540
………… 2715714
………… 2751701
任一联合站………… 2768584
………… 2767401
………… 2768417
………… 2768171
………… 2768117
任二联合站………… 2722642
………… 2727164
………… 2724481
………… 2727617
计量、交接站………… 2750342
………… 2750341
标定站………… 2722491
输油、抢险站………… 2727523
油水处理站………… 2768857
………… 2768745

任一联合站

外输泵房………… 2768046
计量………… 2768544
原油稳定岗………… 2768364
加热炉………… 2768345
锅炉………… 2768222
污水消防………… 2768466
资料室………… 2768417
任河交接点………… 2768904
三厂交接点………… 2767347
大站门卫………… 2768492
卸油点………… 2769471

任二联合站

计量………… 2751946
二注………… 2723091
脱水泵………… 2752541
脱水器………… 2722592
卸油点………… 2727147
锅炉………… 2723542
消防………… 2724411
大站化验室………… 2704501
清水岗………… 2712461
大站加热炉、维修班 2721648
微机室………… 2752103
首站加热炉………… 2752643
大站门卫………… 2725972
大站外输………… 2722477

计量交接站

资料室………… 2715347
炼油厂交接………… 2735573
首站化验………… 2724541
仪表………… 2715347

抢险站

抢险值班室………… 2727553

油水处理站

总机关………… 2768310
化验室………… 2768794
污水处理场………… 2768114

莫州采油作业区

主任………… 2727805
书记………… 2723875
副主任………… 2727583
………… 2723873
副书记………… 2723951

政工组

组长………… 2726867
工会………… 2727590
宣传………… 2726354
打字室………… 2726340

经营组

组长………… 2725390
计划………… 2726371
核算………… 2728532

生产组

组长………… 2726332
安全………… 2726325
机动………… 2720679
调度………… 2728952
调度（夜）………… 2729010
值班室………… 2728931
综合………… 2728921

地质组

组长………… 2728767
副组长………… 2728775
地质资料………… 2726373
地质………… 2726346
………… 2726394
………… 2726401
………… 2728951
工程………… 2723954
………… 2726375
微机………… 2726353
教育………… 2728772
仪表………… 2728762
企管………… 2728763

维修站

站长………… 2720553
材料………… 2720552

治安组

组长………… 2723240
治安组………… 2720551

任三联

任三联………… 2598243

南马采油作业区

主任………… 2752634
书记………… 2781541
副主任………… 2705042
………… 2705041
副书记………… 2705412
生产组长………… 2705047
安全监督………… 2705045
机动………… 2716084
电力、压力容器…… 2710476
调度室………… 2729513

经营组

组长………… 2705413
人事………… 2705074
成本核算………… 2716151
库房………… 2752624

政工组

组长………… 2705040
宣传………… 2721637
工会………… 2716214

地质工程

组长………… 2705043
地质………… 2711224
采油………… 2716240
输油………… 2716223
注水………… 2716184
资料………… 2710494

马一采油站

马一站部………… 2869206
外输岗………… 2869160
采油岗………… 2869356
注水岗………… 2869207
供热岗………… 2869205
马 1 计………… 2869161
马 2 计………… 2869162

维修抢险站

站上………… 2869203
基地………… 2716253

计量交接站

化验室………… 2768434
总机关………… 2769443
南站办………… 2768317

治安组

办公室………… 2752604
值班室………… 2716264

文安采油作业区

主任………… 2752645
书记………… 2705049
副主任………… 2752812
………… 2726224

生产组

组长………… 2716010
安全监督………… 2725587
资产设备………… 2787552
调度室………… 2705034

经营组

组长………… 2717403
人事………… 2705004
核算………… 2716012
材料………… 2716015

政工组

组长（行政）……… 2752801
工会宣传………… 2716052

地质工程组

组长………… 2721147
统计计划………… 2716048
地质动态………… 2716014
地质资料………… 2711024
副组长………… 2710410
采油、作业………… 2705024
注水………… 2716020

治安组

组长………… 2705414
备勤室………… 2752815

文 31 采油站

站部………… 2657123

计量交接站

站长………… 2721487
低压测试………… 2723037
保管………… 2715074
任三联交接………… 2597112

其他

食堂…………………… 2721489
站长办公室………… 2721490
西柳采油作业工区
主任…………………… 2755921
书记…………………… 2781107
副主任………………… 2756343
……………………………… 2721745
副书记、工会主席　2755034
政工组长…………… 2705331
宣传、工会………… 2725145
经营组长…………… 2751354
核算…………………… 2755910
生产组长、安全…… 2755074
调度长………………… 2751748
调度室………………… 2755024
……………………………… 2755014
地质工程组长……… 2780542
地质组………………… 2751373
地质组………………… 2780542
工程组………………… 2755047
企管、计生………… 2755040
治安组………………… 2755484
西柳采油站
办公室……… 0312－6711303
资料室………………… 2703984
西柳联合站
办公室………………… 2704013
外输…………………… 2704014
西柳维修站
办公室………………… 2727715
材料…………………… 2751747
边零井采油站
办公室………………… 2727715
高阳热泵站
值班室………………… 2715547
外输…………………… 2715524
加热…………………… 2715514
地质研究所
所长…………………… 2723404
……………………………… 2722061
书记…………………… 2725037
副所长………………… 2724284
……………………………… 2721339
政工…………………… 2721646
安全…………………… 2721242
人事…………………… 2722511
核算…………………… 2700204
调度…………………… 2722631
……………………………… 2728631
计量室………………… 2724385
计算机………………… 2721352
……………………………… 2725995
化验室………………… 2723426
综合室………………… 2723226

……………………………… 2722476
滚动勘探室………… 2728639
……………………………… 2710404
……………………………… 2710240
……………………………… 2728637
……………………………… 2755054
……………………………… 2725013
资料室………………… 2755146
工程技术研究所
所长…………………… 2726697
书记…………………… 2721988
副所长………………… 2700354
……………………………… 2700364
……………………………… 2720134
办公室………………… 2700327
生产…………………… 2700394
综合…………………… 2700370
注水管理室………… 2700344
……………………………… 2700357
采油管理室………… 2722991
……………………………… 2727895
输油管理室………… 2700374
……………………………… 2700347
作业管理室………… 2700371
……………………………… 2723570
经济评价室………… 2722383
……………………………… 2712990
自动化室…………… 2720143
值班室………………… 2722772
物资管理中心
主任…………………… 2723748
副主任………………… 2706623
物资计划…………… 2724484
……………………………… 2714524
甲方供料…………… 2752364
电子商务…………… 2752364
物资核算…………… 2714524
油田建设管理中心
主任…………………… 2729616
副主任………………… 2723483
……………………………… 2756384
综合…………………… 2701714
预算…………………… 2781246
油建…………………… 2722691
……………………………… 2756790
……………………………… 2788284
设计…………………… 2781247
……………………………… 2724289
资产装备中心
主任…………………… 2727898
书记…………………… 2722891
设备管理岗………… 2722791
……………………………… 2729514
……………………………… 2753039

核算岗………………… 2723648
资产库管理………… 2724863
资产库门卫………… 2724683
抢险站………………… 2705064
抢险站门卫………… 2780540
科技信息中心
主任…………………… 2723939
科技…………………… 2723691
计算机………………… 2705375
信息管理…………… 2723612
机房…………………… 2725021
……………………………… 2724095
电力管理大队
大队长………………… 2724217
书记…………………… 2723112
副大队长…………… 2724043
……………………………… 2723124
生产组………………… 2721874
值班室………………… 2752614
安全…………………… 2721440
综合组………………… 2723094
核算…………………… 2724011
一中队………………… 2723447
二中队………………… 2750824
三中队………………… 2721746
四中队………………… 2723641
远程抄表室………… 2724219
计量…………………… 2750814
小车队
队长…………………… 2751297
书记…………………… 2728872
副队长………………… 2722741
调度…………………… 2722941
……………………………… 2781103
人事、安全、核算 … 2721424
油管站
站长…………………… 2764760
副站长………………… 2764780
油管站………………… 2765347
门卫…………………… 2763432
测试大队
大队长………………… 2756356
党支部书记………… 2720442
副大队长…………… 2727641
综合组
组长…………………… 2756362
工会、计生、材料 … 2756362
核算、企管、安全 … 2720441
调度…………………… 2756334
绘解组
组长…………………… 2756310
化验室
主任…………………… 2725037
化验岗………………… 2723426

试井队
队长…………………… 2727642
副队长………………… 2727642
仪修室、门卫……… 2756334
井下工程监督中心
主任…………………… 2756341
试油岗………………… 2756314
……………………………… 2756774
教育培训中心（技能鉴定站）
主任…………………… 2728524
书记…………………… 2722871
副主任………………… 2705415
技能鉴定…………… 2714555
教育培训…………… 2722853
托管办………………… 2721657
开发志办公室
主任…………………… 2756125
编写组………………… 2756140

第二采油厂

领导
厂长…………………… 2561582
副厂长………………… 2561283
……………………………… 2561529
总财务师…………… 2561377
总地质师…………… 2561767
总工程师…………… 2563108
党委书记…………… 2561312
党委副书记………… 2562372
工会主席…………… 2561359
机关
副总地质师………… 2561705
……………………………… 2561275
副总工程师………… 2561426
厂办主任…………… 2561265
副主任（传真）…… 2562017
秘书室………………… 2561814
计生…………………… 2561217
文书室………………… 2561702
打字室………………… 2561541
档案室………………… 2561603
值班室………………… 2561364
……………………………… 2561309
收发室………………… 2561547
门卫…………………… 2561747
生产运行科
科长…………………… 2561680
副科长………………… 2561629
……………………………… 2560060
节能…………………… 2563333
大班…………………… 2560107
配调…………………… 2561493
通信…………………… 2561489
电调…………………… 2560205

工农资料管理……… 2561592
地面建设……………… 2560230
钻井试油……………… 2560231
征地……………………… 2560232
值班室………………… 2561491
…………………………… 2561591
…………………………… 2561691
电话会议专线……… 2564444

计划科

科长…………………… 2561505
副科长………………… 2561575
计划…………………… 2561685
预算…………………… 2562001

安全科

科长…………………… 2562014
综合管理……………… 2561482
消防管理……………… 2563623
工业动火……………… 2564396
计量管理……………… 2561243
交通…………………… 2561612

人事科

科长…………………… 2561286
副科长………………… 2561282
组织…………………… 2561216
职改…………………… 2561440
工资…………………… 2561516
调配…………………… 2561204

考核站

站长…………………… 2561605
鉴定…………………… 2561749

财务科

科长…………………… 2561247
基层报销……………… 2563223
机关报销……………… 2560273
出纳…………………… 2561291
往来签认……………… 2560244
投资管理……………… 2561832
成本…………………… 2560283
资产…………………… 2561794
税费…………………… 2561564

企管科

科长…………………… 2561709
副科长………………… 2561432
市场合同管理……… 2561497
法律咨询……………… 2563356
综合管理……………… 2561014

党群工作部

主任…………………… 2561586
团委…………………… 2562041
摄像…………………… 2561515
宣传…………………… 2561947
秘书…………………… 2561416

监察科

科长…………………… 2561487
…………………………… 2561557
监察…………………… 2562047
工会主任……………… 2562027
办公室………………… 2561229
财务…………………… 2561084

直属单位

质量监督站

站长…………………… 2562997
工程质量监督……… 2562034
…………………………… 2560031

科技信息中心

主任…………………… 2562183
副主任………………… 2561763
科技管理……………… 2561287
软件…………………… 2561387
硬件…………………… 2561652
网络…………………… 2561155
机房…………………… 2561485
设计室主任…………… 2561324
办公室………………… 2561037
工艺组………………… 2561464
土建组………………… 2562094
电力组………………… 2562104

设备管理中心

主任…………………… 2562705
副主任………………… 2560038
综合管理……………… 2562413
固定设备管理……… 2562004
特种设备管理……… 2561374

职工培训中心

主任…………………… 2561719
管理…………………… 2561737
…………………………… 2562676
教学…………………… 2561396
…………………………… 2563142
…………………………… 2563750

小车队

队长…………………… 2561393
队长…………………… 2563164
综合组………………… 2563374
调度…………………… 2561391
…………………………… 2561384

油管检修厂

厂长…………………… 2566690
书记…………………… 2566813
综合办公室…………… 2566094
车间…………………… 2566903
门卫…………………… 2566914

物资管理中心

主任…………………… 2562701
计划（传真）……… 2564322
…………………………… 2562843
…………………………… 2563003
综合管理……………… 2561406
库房、门卫…………… 2563193
岔器材库主任……… 2566415
岔油库主任…………… 2566459
计划…………………… 2566365
库房…………………… 2566473
油库…………………… 2566257
门卫…………………… 2566302

保卫科

科长…………………… 2563907
书记…………………… 2563317
副科长………………… 2560286
保卫科………………… 2562407
武装…………………… 2563904
办公室………………… 2561034
综合办公室…………… 2564431
车队…………………… 2564430
护厂一队……………… 2563403
护厂二队……………… 2563401
护厂三队……………… 2560145
油区值班室…………… 2566295
油区反盗队…………… 2566014

地质研究所

所长…………………… 2561625
副所长………………… 2561242
…………………………… 2560175
…………………………… 2561772
…………………………… 2560227
办公室………………… 2561244
油田开发室主任…… 2561044
油气田动态…………… 2561214
作业方案……………… 2561344
滚动开发室主任…… 2561588
井位部署……………… 2561041
…………………………… 2561047
地质监督室主任…… 2561669
地质调度……………… 2561474
…………………………… 2561074
…………………………… 2561134
油藏描述室主任…… 2561334
资料…………………… 2561341
计算机………………… 2561477

工程技术研究所

所长…………………… 2562759
书记…………………… 2561357
副所长………………… 2561420
…………………………… 2561200
…………………………… 2560267
综合室主任…………… 2561264
生产协调……………… 2561257
办事员………………… 2561663
门卫…………………… 2563532
采油室主任…………… 2561668
产能建设……………… 2561382
方案设计……………… 2564274
注水室主任…………… 2561824
工艺管理……………… 2561782
油化室主任…………… 2561530
现场管理……………… 2561223
…………………………… 2561383
输油室主任…………… 2561412
输油工艺……………… 2561847
仪表室主任…………… 2561368
阴极保护……………… 2564374
作业室主任…………… 2561475
作业运行……………… 2564247
预决算岗……………… 2561471

监测大队

大队长………………… 2561614
书记…………………… 2561430
副大队长……………… 2561510
生产组………………… 2561536
安全…………………… 2561433
管理组………………… 2561127
资料组………………… 2561327
试井队………………… 2561436
测试队………………… 2561437
化验室………………… 2561358
维修班………………… 2561534
井下作业工具班…… 2561104

天然气管理中心

主任…………………… 2563210
书记…………………… 2560221
副主任………………… 2562594
生产组………………… 2562574
计量组………………… 2561143
调度…………………… 2561841
综合组………………… 2562415
营销…………………… 2563209

电管大队

大队长………………… 2566675
书记…………………… 2566509
副大队长……………… 2566311
…………………………… 2566405
生产协调组组长…… 2566647
调度…………………… 2566641
技术…………………… 2566336
安全…………………… 2566747
设备…………………… 2566642
综合管理组组长…… 2566322
宣传…………………… 2566760
成本…………………… 2566749
发电组………………… 2561457
岔南发电站…………… 2563449
文 11 发电站 ……… 2563407

岔南工区

主任…………………… 2566978
书记…………………… 2566767
副主任………………… 2566329

……………… 2566339
……………… 2566790
……………… 2566694
机电设备组………… 2566854
车辆管理………… 2566645
安全组………… 2566634
综合组………… 2566947
反盗组………… 2566964
地质组………… 2566349
工程组………… 2566104
人事考核………… 2566943
材料宣传………… 2566364
调度值班………… 2566704
调度值班………… 2566894
岔南站外输………… 2563443
岔南站门卫………… 2563494
岔二站计量………… 2566784
岔二站加热………… 2566367
岔二站注聚………… 2566775

岔中工区

主任………… 2566205
书记………… 2566203
副主任………… 2566409
……………… 2566327
……………… 2566253
生产协调组组长…… 2566489
调度值班………… 2566354
……………… 2566228
电力………… 2566361
采油………… 2566614
作业………… 2566573
设备………… 2566353
注水………… 2566383
工农………… 2566355
安全………… 2566713
测试………… 2566318
地质组组长………… 2566771
综合组组长………… 2566271
人教………… 2566368
人事………… 2566217
团总支………… 2566766
反盗组………… 2566644
宣传………… 2566443
微机室………… 2566433
地质组………… 2566366
地质组………… 2566346
岔一油站队长……… 2566488
书记………… 2566441
副队长………… 2566254
计量………… 2566375
脱水………… 2566714
注水………… 2566479
污水………… 2566541
化验………… 2566231
门卫………… 2566134
岔一气站队长……… 2566245
书记………… 2566463
净化………… 2566242
压缩………… 2566478
锅炉………… 2566477
罐区………… 2566646
采油二站队部……… 2566762

采油十一站

加热点………… 2566328

岔北工区

主任………… 2566209
书记………… 2566236
副主任………… 2566611
……………… 2566350
……………… 2566572
生产协调组组长…… 2566126
调度值班室………… 2566208
……………… 2566373
机电设备组………… 2566399
安全组………… 2566258
综合组………… 2566380
反盗组………… 2566393
地质组长………… 2566279
地质组………… 2566514
工程组………… 2566493
人事考核………… 2566264
成本………… 2566341
作业………… 2566967
测试………… 2566574
教育………… 2566093
采油三站队部……… 2566484
岔三锅炉………… 2566485
岔三外输………… 2566487
岔北油站队部……… 2566238
值班点………… 2566308
注水………… 2566262
脱水………… 2566233
计量………… 2566227
门卫………… 2566332
岔北气站队部……… 2566237
值班点………… 2566397
锅炉………… 2566273
压缩………… 2566261
净化………… 2566323
化验………… 2566282
门卫………… 2566290

零散井工区

主任………… 2566260
书记………… 2566721
副主任………… 2566287
……………… 2566821
生产组组长………… 2566421
调度值班室………… 2566013
……………… 2566548
工农………… 2566211
安全………… 2566820
综合组组长………… 2566371
材料、生活………… 2566624
教育、宣传………… 2566495
工程技术组………… 2566387
地质………… 2566213
计算机、测试……… 2566374

苏桥工区

主任………… 2563720
书记………… 2563721
副主任………… 2563722
……………… 2563723
……………… 2563874
综合组………… 2563719
……………… 2563710
生产组………… 2563712
……………… 2563715
调度值班室………… 2563491
……………… 2563492
地质组………… 2563711
安全组………… 2563406
保卫组………… 2563147
苏一气站队部……… 2563824
水泵………… 2563324
净化………… 2563844
拉油点………… 2563584
信安………… 2568034
采油 13 站队部 …… 2563425
……………… 2563134
外输………… 2563433
转油………… 2564294
文古二计………… 2563432
苏 81 井组 ………… 2563439
文 20—25 井 ……… 2563471
苏 1—2 采气站队部 2564472
……………… 2564494
注采………… 2564487
计量………… 2564473
苏 1 井………… 2563452
苏 42—1 井组……… 2563474
苏 7 井………… 2563434
苏 6 井………… 2563420
苏 1—4 井 ………… 2563417
苏 1—5 井 ………… 2563419
苏 1—7 井 ………… 2563421
苏 1—8 井 ………… 2563424
苏 1—9 井 ………… 2563423
苏 1—14 井………… 2563422
文 23 采气站队部 … 2563410
文 23 采气站队部 … 2563409
文 23 站 ………… 2563427
文 23—2 井………… 2563497
文 23—3 井………… 2563495
文 23—4 井………… 2563714
文 53 井 ………… 2563429
采油 14 站队部 …… 2564252
采油 14 站队部 …… 2564434
加热………… 2564437
注水………… 2564447
外输………… 2564454
中控………… 2564394
装油点………… 2564457
46—1 计 ………… 2563431
46—2 计 ………… 2563430

霸州工区

主任………… 2561121
书记………… 2561237
副主任………… 2561355
……………… 2562523
……………… 2564370
生产组组长………… 2564420
资料管理………… 2561460
安全设备………… 2564372
综合组组长………… 2563979
考核………… 2563243
材料、工会………… 2564371
人事………… 2564421
保卫组组长………… 2560191
采油一站队长……… 2561004
书记………… 2561554
霸六计………… 2563174
龙一联队部………… 2563514
加热炉、外输……… 2563544
口油点………… 2563547
压缩………… 2563524
霸一联队长………… 2561124
书记………… 2561260
副队长………… 2561517
计量………… 2561300
加热炉………… 2561677
污水………… 2561490
……………… 2561565
维修班………… 2561263
门卫………… 2561532
岔转站队长………… 2566436
书记………… 2566438
外输………… 2566462
计量………… 2566435
化验………… 2566437
任丘交油点队长（炼油厂）
……………… 2735192
交油………… 2735953
……………… 2735952

第三采油厂

领导

厂长……2586290
副厂长……2589987
……2588858
……2588736
总地质师……2586209
副厂长……2589870
党委书记……2588738
党委副书记……2588938
纪委书记……2589606
副总工程师……2586210
……2589802
安全副总监……2582726

办公室

主任……2588610
副主任……2586275
秘书……2586243
文书、信访……2586266
办公室（传真）……2582700
计划生育……2586272
档案室……2586379
打字室……2586485
收发室……2586543
服务班……2586326
招待食堂……2586561
会议中心……2586844
四楼会议室……2586755
门卫……2586570

生产运行科

科长……2586800
副科长……2586103
……2589939
……2586922
……2586959
生产调度……2582634
……2582734
……2586511
……2586276
车辆调配……2582777
油田建设组……2586231
……2587715
油田建设组……2586822
工农组……2586372
……2587726
……2588372
综合组……2586398
大班调度……2586478
无线班……2586400
会议电话……2586001
干部夜间值班室……2582744

质量安全环保科

科长……2582726
副科长……2586268
工业安全……2586270
防火、交通……2586347
环保站……2586595

综合计划科

科长……2589099
副科长……2582857
统计、运销……2586252
计划……2586463
预算……2586443

企管法规科

科长……2582722
法律顾问……2583926
考核、市场管理……2586571
综合办公室……2586223
一组一策办公室……2584286

财务科

科长……2582712
成本组……2586258
资金组……2586229
会计核算中心……2586221
资产库……2586733

人事科（组织部）

科长……2589800
副科长……2588015
组织干事……2582950
人事教育……2586370
考核、调配……2586404
工资统计……2586700
人事档案……2586505

人力资源中心

办公室……2582848
教师办公室……2582800
职工学校……2586344
劳务市场……2586459
练兵场办公室……2586230

党群工作部

主任……2586337
副主任……2586225
文书……2582613
秘书……2586510
宣传干事……2582945

纪委办公室（监察科）

主任……2586340
办公室……2582644
举报电话……2586002

工会办公室

副主席……2586382
办公室……2586576

保卫科

科长……2586801
副科长……2583007
综合组、武装部……2586839
民警一队……2586953
民警二队……2586624
值班室……2586233
机动、材料……2588717

其他

前线工作组……2588017

机关直属单位

科技信息管理中心

主任……2586210
副主任……2583824
办公室……2586202
……2582702
计算机室……2586683
……2586572
计算机专线……2586550

物资管理中心

主任……2582124
办公室……2586489
……2586726
业务……2586037
检验……2586273
驻留路供应组……2580362
驻留路供应业务……2580579
驻留路供应保管……2580277
计划管理……2586323
油管厂队部……2586194
油管厂门卫……2586520
油管厂……2586067
保管员……2588124

工程质量监督中心

主任……2586249
工程质量监督……2586278
作业质量监督……2586256
土建质量监督……2582671
钻井质量监督……2586757

电力管理中心

主任……2586381
办公室……2586385
电力运行……2583814

设备管理中心

科长……2589808
办公室……2586232

设计室

主任……2586553
副主任……2588335
办公室……2583742
工艺组……2589405
……2586023
……2586946
配电组……2589406
土建……2586947

合作开发管理中心

主任……2589801
办公室……2586239

厂直属单位

河间采油工区

主任……2586442
书记……2582993
副主任……2582769
……2586327
责任地质师……2586394
生产组长……2586509
调度室……2582931
……2586467
综合组长……2586864
工会、计生……2586348
经营组长……2586144
计划、人事……2586293
成本核算……2586350
职工培训……2586297
工程组长……2586141
采油技术……2586449
集输统计……2586145
安全监督……2586433
机动、电力……2586205
土地管理……2586142
地质组……2586271
保卫组长……2586935
保卫组……2582994
后勤组长……2586359
打字室……2582951
维修班……2586578
河一联站长……2587143
油站……2581231
化验……2583114
水站……2581941
里一联站长……2581455
水站……2582132
油站……2582624
门卫……2583304
河间南站长……2581294
河1计……2581094
河间北站长……2585804
里4计……2581047
河间西站长……2587004
里二站……2584231

高阳采油工区

主任……2582958
书记……2586046
副主任……2586284
……2586049
责任地质师……2586048
生产组长……2586651
调度室……2586407
……2586605
综合办公室……2586045
工程组长……2586146
生产组……2586490
工程组……2586694
地质组……2586713
人事教育……2586242
保卫组……2586714

供应后勤组…………2586654
高一联…………2586524
…………2586472
高29资料室…………2586334
高29夜班值班室…2586240
高29大站…………2586417
高29服务班…………2586415
高32计…………2586748
高44大站…………2586391
高44-1…………2586172
高44-2…………2586331
助聚站…………2586840

饶阳采油工区

主任…………2586041
书记…………2586855
副主任…………2586042
…………2586613
生产组长…………2586040
调度室…………2586073
…………2586429
综合办公室…………2586184
生产组…………2586353
经营组长…………2586143
经营组…………2586245
地质组…………2586071
工程组长…………2581410
工程组…………2586253
保卫组…………2588132
供应后勤组…………2586642
食堂…………2581553
服务班…………2586444
维修班…………2587259
楚一联…………2582040
…………2583043
楚28采油站…………2582724
楚28-1…………2582194
楚28-3…………2582014
楚29…………2582054
…………2582034
楚29-1…………2581214
楚102…………2584734
楚102-1…………2582954
楚102-2…………2583044

武强采油工区

主任…………2586833
书记…………2588646
副主任…………2586206
生产组长…………2586044
调度室…………2586043
…………2586450
综合组长…………2586457
综合组…………2586244
工程地质组长…………2586147
工程地质组…………2589803
生产组…………2586364
保卫组…………2586479
供应后勤组长…………2586365
资料室…………2586461
强一联…………2586874
…………2586849
强二…………2586914
强三…………2586924
强26…………2586894
…………2586945

留西采油工区

主任…………2580222
书记…………2580555
副主任…………2580456
…………2580789
…………2580123
生产组长…………2580005
调度室…………2580113
…………2580115
地质组长…………2580177
经营组…………2580440
…………2580077
综合办公室…………2580099
工会…………2580354
土地…………2580355
供应、后勤组…………2580577
工程组长…………2580133
注水…………2580360
安全…………2580699
机动、电力…………2580677
维修班…………2580100
保卫组…………2580444
资料室…………2580403
留二联油站…………2580484
留二联合站…………2580525
留58油站…………2580452
留18油站…………2580526
留18采油站…………2580494
留17水站…………2580414
留17油站…………2580434
留17采油站…………2580445
路70油站值班室…2580470
路70采油站…………2580529
路44值班室…………2580527
路44采油站…………2580415
路10值班室…………2580442
路10采油站…………2580314

留北采油工区

主任…………2580215
书记…………2580562
副主任…………2580315
责任地质师…………2580539
生产组长…………2580578
调度室…………2580581
…………2580125
综合办公室…………2580553
工程组长…………2580492
土地…………2580296
机动、电力…………2580274
作业岗…………2580505
地质组…………2580361
供应组…………2580530
计划生育…………2580424
计戈…………2580047
财务组…………2580467
人事…………2580447
保卫组…………2580217
安全…………2580487
采油、工程…………2580356
留一联水站…………2580534
留一联油站值班室…2580572
留一联化验值班室…2580378
留一联干部值班室…2580504
路3油站值班室…2580443
路3干部值班室…2580364
路15油站值班室…2580818
路15干部值班室…2580838
路27油站值班室…2580374
路27干部值班室…2580437
留一计…………2580487

肃宁采油工区

主任…………2586116
书记…………2586117
副主任…………2586115
…………2586737
…………2586321
调度室…………2586114
…………2586282
生产组长…………2586003
生产组…………2587853
党群工作组…………2586094
工会…………2586014
地质组长…………2586724
工程组长…………2585148
工程组…………2586174
安全…………2586064
土地…………2584404
保卫组长…………2587713
保卫组…………2586084
机动、电力…………2587344
经营组长…………2586140
计划、人事…………2586173
供应后勤组长…………2586104
资料室…………2586149
维修班…………2584410
王一联发电…………2584434
王一联水站…………2584148
王一联脱水…………2584147
王一联干部值班室…2584149
王四联水站…………2584844
王四联油站…………2586054
王四联化验…………2584814
王15计值班室…2584435
留62—5计值班室…2585514
留62—5计干部值班室 2587514
王1计值班室…………2584146
王2计…………2584422
王2计干部值班室 2582714
留62—4计…………2584104
留62—4计干部值班室 2582174
宁50站值班室…2581514
宁50站干部值班室 2581594
留107—1计…2581240
留107—1计干部值班室
…………2581244
王四联干部值班室 2583265

宁北采油工区

主任…………2586456
书记…………2586393
副主任…………2589756
生产组长…………2588192
调度…………2586438
维修班…………2586154
综合办公室…………2586647
地质组长…………2586410
供应组…………2586484
生产组…………2586255
经营组…………2586124
地质组…………2586277
保卫组…………2586411
宁14计…………2584124
…………2581474
宁15计…………2587042
…………2587124
宁一联脱水…………2587147
宁一联班长…………2587241
宁一联注水…………2584428
宁一联维修班…………2584217
宁49…………2581143
宁49…………2584140

输油工区

主任…………2582901
书记…………2586582
副主任…………2582903
生产组长…………2586295
调度室…………2582774
…………2586517
计划…………2587142
综合办公室…………2582916
机动、安全…………2586317
保卫组…………2586804
经营组…………2582923

后勤组长…… 2686597
维修班…… 2586847
资料室…… 2586441
土地…… 2586611
稳定站原稳…… 2587014
稳定站队部…… 2581427
稳定站沧州站…… 2583804
稳定站门卫…… 2587037
稳定站化验…… 2582750
南站化验…… 2767347
肃宁站加热炉…… 2586431
肃宁站队部…… 2584894
饶阳站外输…… 2586954
饶阳站生活区…… 2584674

第一电管大队

大队长…… 2586027
书记…… 2582987
副大队长…… 2586641
生产组长…… 2586134
调度室…… 2586177
…… 2586133
综合办公室…… 2586384
综合组…… 2586025
小车班…… 2586494
保卫组…… 2586203
变电运行维护站…… 2586380
供应组…… 2586204
电管一站…… 2586495
电管二站…… 2586497
电管三站…… 2586316
电管站…… 2586817
路 27 电管住站…… 2580344
留 17 住站点…… 2580474
高阳住站点…… 2586464

第二电管大队

大队长…… 2586462
书记…… 2586311
副大队长…… 2583342
生产组长…… 2583801
调度室…… 2586507
综合组…… 2586435
保卫组…… 2582745
饶阳住站点…… 2585341
电管站…… 2584714
饶阳变电所…… 2586074

监测大队

大队长…… 2582978
书记…… 2586418
副大队长…… 2589632
生产组长…… 2586371
调度室…… 2586536
综合组长…… 2586984
综合办公室…… 2582717
生产组…… 2582757
绘解室…… 2586031
车队…… 2586034
一队…… 2586487
二队…… 2586452
仪表班…… 2587757

地质研究所

所长…… 2582711
书记…… 2586562
副所长…… 2586544
…… 2586554
…… 2586978
责任地质师…… 2586912
…… 2586113
监测…… 2582833
综合办公室…… 2586502
政工组…… 2586522
生产管理室…… 2586530
…… 2586568
作业…… 2586585
动态室主任…… 2586552
动态管理…… 2586566
…… 2587340
…… 2587341
规划室…… 2586593
静态室主任…… 2586546
静态工作站…… 2582672
项目管理室…… 2582754
…… 2586564

工程技术研究所

所长…… 2583934
书记…… 2586496
副所长…… 2582664
…… 2586493
综合生产办主任…… 2586476
综合办公室…… 2586235
财务室…… 2586617
作业室主任…… 2586367
作业室…… 2586454
…… 2588014
地面工艺室主任…… 2582772
地面工艺室…… 2588153
…… 2586075
注水工艺室主任…… 2588037
注水工艺室…… 2586363
采油室主任…… 2586241
采油室…… 2586481
自动化主任…… 2588013
自动化室…… 2586267
值班室…… 2586824

工程服务站

所长…… 2586547
服务站…… 2586207
计量…… 2586236
维修部…… 2582939
小车队
队长…… 2586876
书记…… 2582636
副队长…… 2586216
办公室…… 2586534
调度…… 2582619
…… 2586383
…… 2588417
安全监督…… 2586619

第四采油厂

领导

厂长…… 2569619
副厂长…… 2569158
…… 2569815
…… 2569166
…… 2569609
副总地质师…… 2551682
党委书记…… 2569616
党委副书记…… 2569606
纪委书记、工会主席 2569602
副总工程师…… 2551197
…… 2551020

办公室

主任…… 2569600
秘书…… 2569617
文书…… 2552095
档案室…… 2551509
收发室…… 2551064
传达室…… 2551340
计生…… 2552095
自动传真 2553154

生产协调科

科长…… 2551140
副科长…… 2575176
…… 2554489
综合调度…… 2552411
值班调度…… 2551067
土地管理…… 2551191
通信…… 2551811

质量安全环保科

科长…… 2569621
副科长…… 2550780
办公室…… 2551173
…… 2556790

计划科

科长…… 2569612
计划统计…… 2551720
预算…… 2559322

财务科

科长…… 2569372
出纳组…… 2551744
会计组…… 2551746
报销组…… 2551018
资产组…… 2550378

人事科

科长…… 2569607
员工管理…… 2551684
组干…… 2551807
工资…… 2552046

企管与法规科

科长…… 2569620
副科长…… 2551442
办公室…… 2551210

党委办公室

科长…… 2569603
副科长…… 2510067
办公室…… 2551027

纪委监察科

科长…… 2558710
办公室…… 2551525

工会办公室

主任…… 2551728
办公室…… 2551162

科技信息管理中心

主任…… 2551665
科技…… 2551212
信息…… 2551990
网络…… 2557971

基层单位

别古庄采油工区

主任…… 2565562
书记…… 2565513
副主任…… 2565533
…… 2565537
…… 2565580
…… 2565523
调度室…… 2565301
值班调度室…… 2565574
办公室…… 2565264
综合组…… 2565254
财务组…… 2565313
人事组…… 2565306
生产组长…… 2565368
大班调度…… 2565351
安全监督…… 2565308
地工室…… 2565349
采油一站…… 2565261
采油二站…… 2565103
采油三站…… 2565275
采油四站…… 2565309
输油站…… 2565287
注水站…… 2565143
古一集输站…… 2565237
维修班…… 2565318

永清采油工区

主任…… 2568226
书记…… 2568215

副主任…… 2568235
…… 2568393
…… 2568326
办公室…… 2568313
调度室…… 2568394
经营组…… 2568252
政工组…… 2568243
永清站…… 2568328
苏桥站…… 2568355
生产组长…… 2568247
资料室…… 2568347
地工室…… 2568294
采气站…… 2568373
南郊门站…… 010－83725785
东郊门站…… 2568221

廊东工区

主任…… 2575313
书记…… 2554043
副主任…… 2552073
…… 2558801
…… 2552648
资料室…… 2551187
生产组组长…… 2550716
技术员…… 2552205
资料室…… 2558279
外输…… 2559039
净化…… 2558471
务一接转…… 2575452

廊南工区

主任…… 2552646
书记…… 2558127
副主任…… 2558131
…… 2552647
资料室…… 2550867
务一站…… 2552284
务三站…… 2550744

琥珀营工区

主任…… 2558446
书记…… 2569367
副主任…… 2575516
…… 2552680
…… 2575653
…… 2551995
生产组…… 2551308
地质工程室…… 2550639
经营组…… 2569373
综合组…… 2558445
办公室…… 2550548
泉 241 站…… 2565147
泉 63 站…… 2556927
州 16 站…… 2565146

地质研究所

所长…… 2552241
副所长…… 2551487
…… 2551545
…… 2551628
滚动室…… 2551629
…… 2556744
综合室…… 2550507
动态室…… 2552660
项目室…… 2551956
监测室…… 2551586
油藏评价…… 2551307

工程研究所

所长…… 2510207
书记…… 2556741
副所长…… 2552571
综合室…… 2552020
集输室…… 2552572
注水室…… 2551991
作业室…… 2550561

油田监测大队

大队长…… 2553046
副大队长…… 2552076
书记…… 2551156
财务…… 2552794
人事资料…… 2552793
政工组…… 2552077
测井大班…… 2551446
化验室…… 2551983
仪表站…… 2551984
调度…… 2551127

护厂大队

大队长…… 2551264
副大队长…… 2552252
…… 2551685
调度…… 2551937
综合办公…… 2551922
技术员…… 2569344

电管大队

大队长…… 2552027
副大队长…… 2551344
书记…… 2554891
调度…… 2554024
生产组…… 2554034
财务组…… 2554040

客运中心

主任…… 2575237
书记…… 2551185
财务…… 2552416
调度…… 2551761
安全…… 2558736
设备…… 2551066

天然气管理中心

经理…… 2569611
副经理…… 2551483
设备工艺室…… 2558711
市场开发…… 2558709
调度室…… 2551577
生产室…… 2558240
综合室…… 2554041
销售室…… 2554042
万庄站…… 2557114
廊坊站…… 2557040
财务组…… 2557349

设备管理中心

主任…… 2553003
资产组…… 2551722
综合室…… 2551028

物资采购中心

主任…… 2544443
书记…… 2551252
采购组…… 2552079
核算组…… 2551028
质检组…… 2575580
油管厂…… 2551498
润滑油库…… 2553045
综合室…… 2554910

质量监督中心

主任…… 2558716
副主任…… 2559070
工艺设计…… 2551009
质量监督…… 2550921

员工培训中心

主任…… 2551954
办公室…… 2557762

第五采油厂

领导

厂长…… 2741371
副厂长…… 2742285
…… 2742342
…… 2742177
党委书记…… 2742336
党委副书记…… 2742305
纪委书记…… 2742208

办公室

主任…… 2742206
副主任…… 2742298
…… 2742301
文书…… 2742308
打字…… 2741311
档案…… 2742448
计划生育…… 2742649
公务收发…… 2742701
门卫…… 2741594

生产运行科

科长…… 2743158
副科长…… 2742355
…… 2742055
电力管理…… 2742157
值班调度…… 2742319
…… 2742349
工农组…… 2742267
综合调度…… 2742293
值班室…… 2742819
…… 2742223
…… 2742486

财务科

科长…… 2742588
成本…… 2742111
报销…… 2742551
资金…… 2742340
资产…… 2742365
…… 2741097

计划科

科长…… 2742243
计划项目…… 2742672
统计…… 2742218
预算…… 2742480

党群工作科

科长…… 2742729
副科长…… 2742226
团委文书…… 2742463
宣传…… 2742354

工会办公室

主任…… 2742242
办公室…… 2742362

纪委监察科

科长…… 2741372
办公室…… 2741033

人事（组织）科

科长…… 2742173
调配…… 2742403
工资统计…… 2742321
职校…… 2742427
…… 2741400

企管法规科

科长…… 2742216
经营合同…… 2742178
企业管理…… 2742283

质量安全环保科

科长…… 2741140
安全管理…… 2742244
标准化…… 2742180
安全管理…… 2742640

资产装备中心

主任…… 2742620
书记…… 2742678
副主任…… 2742326
办公室…… 2742176
…… 2742475

工程设计室

主任…… 2742175
概算…… 2742174
设计…… 2742460

…………………… 2742541
…………………… 2742341
质量监督中心
主任…………………… 2741104
作业质量…………… 2742149
工程质量…………… 2742384
产品质量…………… 2742645
科技信息中心
主任…………………… 2741240
科技…………………… 2742150
计算机室…………… 2742497
物资管理中心
主任…………………… 2742586
办公室……………… 2741237
保管…………………… 2742673
保卫科
科长…………………… 2742038
综治武装…………… 2742028
办公室……………… 2742662
值班室……………… 2742628
反盗油队…………… 2743622
反盗电队…………… 2741045
客运大队
队长…………………… 2742211
书记…………………… 2742562
副队长……………… 2743872
财务…………………… 2742004
调度…………………… 2743873
…………………… 2742378
办事员……………… 2743873
库房…………………… 2743795
测试大队
队长…………………… 2742291
书记…………………… 2742482
副队长……………… 2743924
技术员……………… 2742711
仪表技术…………… 2742412
办事员……………… 2742621
自动化维修………… 2742602
通信…………………… 2742320
测试班……………… 2742331
自动化……………… 2742322
油管检修站
站长…………………… 2743750
书记…………………… 2743830
技术员……………… 2743751
办公室……………… 2742172
地质研究所
所长…………………… 2742494
书记…………………… 2742540
副队长……………… 2741131
…………………… 2742492
…………………… 2742351
办事员……………… 2741674

动态…………………… 2742493
…………………… 2742276
滚动…………………… 2742385
…………………… 2743523
…………………… 2742254
…………………… 2741132
储量套改…………… 2741135
生产管理…………… 2742240
…………………… 2742296
…………………… 2742490
化验室……………… 2742496
…………………… 2741411
地质档案…………… 2741124
图书…………………… 2741412
工程技术研究所
所长…………………… 2742154
书记…………………… 2742536
副所长……………… 2742294
…………………… 2742647
…………………… 2742143
输油…………………… 2741017
…………………… 2742263
作业…………………… 2742148
注水…………………… 2742734
采油…………………… 2742299
…………………… 2742145
自动化……………… 2742144
…………………… 2742146
…………………… 2742261
电力管理大队
队长…………………… 2741270
书记…………………… 2742600
副队长……………… 2741271
…………………… 2742350
调度…………………… 2741041
经营组……………… 2741245
技术组长…………… 2741043
技术组……………… 2741042
政工…………………… 2743391
材料…………………… 2741393
财务…………………… 2742550
护线队……………… 2741045
电工队……………… 2741614
电机维修…………… 2741244
维修队……………… 2741044
输油作业区
主任…………………… 2742399
副主任……………… 2741835
办公室……………… 2742513
干部值班室………… 2741200
楚一站值班………… 2584046
统计…………………… 2743871
辛集采油作业区
主任…………………… 2742033

书记…………………… 2742425
副主任……………… 2742894
…………………… 2743949
…………………… 2742108
…………………… 2743943
…………………… 2742783
质检安全…………… 2743947
调度…………………… 2742282
工程维修…………… 2742310
自动化维修………… 2742994
经营政工…………… 2743948
财务人事…………… 2742135
地质组……………… 2742531
材料组……………… 2743934
晋 93 值班 ………… 2743293
晋 94 值班 ………… 2743294
晋 95 值班 ………… 2743295
晋 95 中控 ………… 2743297
晋 95—1 计………… 2743695
晋 105 值班………… 2743292
泽 37 值班 ………… 2742476
荆丘采油作业区
主任…………………… 2743840
书记…………………… 2743841
副主任……………… 2743843
…………………… 2743844
…………………… 2743846
安全监督…………… 2743847
会计人事…………… 2743772
质监员……………… 2743734
地质…………………… 2743773
生产组长…………… 2743723
调度室……………… 2743775
自动化技术………… 2743842
工程技术员………… 2743845
材料组……………… 2743733
政工组……………… 2743730
荆二联中控………… 2743752
荆二采油站………… 2743731
荆一联站长………… 2743715
荆二联站长………… 2743745
轻烃站长…………… 2741125
资料站……………… 2743732
服务站……………… 2743742
发电站……………… 2743713
食堂…………………… 2743749
深州采油作业区
主任…………………… 2741171
书记…………………… 2741272
副主任……………… 2741170
…………………… 2741277
…………………… 2741173
调度室……………… 2741049
会计…………………… 2741273

资料室……………… 2741050
服务站……………… 2741054
经营组……………… 2741053
质量监督…………… 2741101
政工…………………… 2743623
工程技术员………… 2741142
地质技术员………… 2741048
工区维修站………… 2741283
深西转油站长……… 2741142
深西注水站………… 2741046
深西接转站………… 2741047
发电注水站………… 2741046
榆科注水站………… 2741313
榆大站……………… 2741172
榆科资料…………… 2741314
深州中继号………… 2743512
深一联 ………………… 1811
泽 10 站………………… 1711
泽 70 南………………… 1812
赵州桥采油作业区
主任…………………… 2741410
书记…………………… 2741402
副主任……………… 2741409
…………………… 2741019
…………………… 2741405
调度室……………… 2742334
统计政工…………… 2742247
会计…………………… 2742974
安全地质…………… 2741251
人事员……………… 2742120
工程监督…………… 2741704
材料组……………… 2742190
食堂…………………… 2741541
赵一联维修………… 2742420
计算机室…………… 2741062
赵 108 ……………… 2741544
轻烃主控室………… 2742742
轻烃门卫…………… 2741114
发电站……………… 2742844
中控室……………… 2741584
加油站……………… 2742647
赵 86 站 …………… 2742932
赵 112 站 ………… 2742943
赵县中继号………… 2742058
资料室 ………………… 3010
万方罐 ………………… 3017
轻烃站 ………………… 2201
赵 57 站………………… 8040
赵一计 ………………… 4008
赵二计 ………………… 4519
赵 60 站………………… 3060
赵 61 站………………… 4061

二连分公司

公网区号：0479

领导
经理…… 8293456
副经理…… 8293579
…… 8293520
…… 8293267
…… 8293111
总地质师…… 8293535
安全总监…… 8293626
总工程师…… 8293878
党委书记…… 8293169
党委副书记…… 8293398
纪委书记、工会主席 8293377
副总工程师…… 8293202
副总会计师…… 8293971

办公室
主任…… 8293450
副主任…… 8293208
…… 8293286
文秘组…… 8293232
传真…… 8293286
视频会议室…… 8293484
计生办…… 8293576
档案室…… 8292556
打字室…… 8293148
邮电所…… 8293553

党群工作部
主任…… 8293399
副主任…… 8293820
文秘办公室…… 8293724
宣传办公室…… 8293836
团委办公室…… 8293114
电视台（阿）…… 8293259
电视台（锡）…… 8292343

工会办公室
主任…… 8293897
副主任…… 8293787
办公室…… 8293363
财务室…… 8293805
文体主任…… 8293428
文体中心…… 8293132

人事（组织）部
主任…… 8293958
副主任…… 8293956
…… 8293955
工资统筹…… 8293951
干部党务…… 8293959
员工管理…… 8293953
员工培训…… 8293957
…… 8293952

财务部
主任…… 8293971
副主任…… 8293972
…… 8293107
…… 8293976
…… 8293770
成本核算组…… 8293977
资金管理组…… 8293973
销售税金组…… 8293974
报销传真…… 8293978
材料组…… 8293979
综合管理组…… 8293349
资产库…… 8293372
锡阿核算室…… 8291531
赛汉核算室…… 7224258

规划计划部
主任…… 8293963
副主任…… 8293961
计划组…… 8293962
统计组…… 8293960

企管法规部
主任…… 8293988
副主任…… 8292483
…… 8293989
市场合同…… 8293987
企管法务…… 8293224

生产运行部
主任…… 8293280
副主任…… 8293341
…… 8293950
…… 8293272
调度值班室…… 8293253
…… 8293164
调度办…… 8293892
土地组…… 8293268
水电讯组…… 8293297
传真…… 8293248

质量安全环保部
主任…… 8293548
副主任…… 8293549
安全监督…… 8293438
安全监察组…… 8293183
环保组…… 8293351

矿建工程部
主任…… 8293203
副主任…… 8293816
办公室…… 8293684

审计部
主任…… 8293969
副主任…… 8293796
经营审计…… 8293967
工程审计…… 8293992

纪委办公室（监察部）
主任…… 8293981
副主任…… 8293982
…… 8293072
办公室…… 8293983

综治办公室
主任…… 8293717
副主任…… 8292105
办公室（阿）…… 8293924
办公室（锡）…… 8292384
1号楼警卫室…… 8293197
3号楼警卫室…… 8293941

稳定工作办公室
主任…… 8292225
办公室…… 8292363

生活管理部
主任…… 8293623
副主任…… 8293727
…… 8293730
办公室…… 8293233

行管房产部
主任…… 8293613
副主任…… 8293703
…… 8293709
办公室…… 8293745

离退休管理办公室
主任…… 8292158
副主任…… 8292313
办公室…… 8291545

机关党总支
总支书记…… 8293792

机关工会
主席…… 8293281

地质研究所
所长…… 8293496
…… 2756707
书记…… 8293201
副所长…… 2756702
…… 8293993
…… 2756727
…… 8293192
…… 2756705
…… 8293079
综合办…… 8293335
…… 2756721
项目室主任…… 8293455
项目室…… 8293079
生产室主任…… 8293068
油水井管理…… 8293347
油田地质室…… 2756723
产能室主任…… 8293153
产能建设室…… 8293561
监督副主任…… 8293455
监督办…… 8293171
滚动室主任…… 2756705
滚动开发室…… 2756729
动态室主任…… 2756703
开发动态室…… 2756704
视频会议室…… 2756725
资料室（门卫）…… 2756720

工程技术研究所
所长…… 8293202
书记…… 8293859
副所长…… 8293101
…… 8293686
…… 8293925
综合办公室…… 8293504
…… 8293909
注水管理室…… 8293847
采油管理室…… 8293731
…… 8293846
集输管理室…… 8293453
修井作业室…… 8293729
项目管理室…… 8293848
油建工程室…… 8293191

科技与信息管理中心
主任…… 8293334
科技管理…… 8293467
网络管理…… 8293580
系统管理…… 8293346
中心机房…… 8293855

设备管理中心
主任…… 8293238
副主任…… 8293338
办公室…… 8293254
…… 8293255

质量监督中心
主任…… 8293375
工程监督…… 8293596
产品质量…… 8293538

工程预算中心
主任…… 8293966
安装预算…… 8293965
土建预算…… 8293935

物资管理中心
主任…… 8293936
书记…… 8293462
副主任…… 8293315
…… 8293566
综合办…… 8293592
管理组…… 8293651
计划组…… 8293142
采购组…… 8293394
阿尔善中心库…… 8293190

成品油供应管理中心
主任…… 8293917
书记…… 8293923
业务组…… 8293916
办公室…… 8293488
阿尔善油库…… 8293517
锡林油库…… 8292324
赛汉油库…… 7222249

工程设计室
主任…… 8293498
办公室…… 8293584

中心化验室
主任…………………… 8293714
书记…………………… 8293126
办公室………………… 8293163
社会保险管理中心
主任…………………… 8292132
办公室………………… 8292268
外勤中心
主任…………………… 8293990
综合办………………… 8293831
阿宾馆（总台）…… 8293756
锡林一所……………… 8292310
锡林二所……………… 8292603
锡林内招……………… 8292310
小车队
队长…………………… 8293990
书记…………………… 8293980
副队长………………… 8293458
生产组………………… 8293970
经营组………………… 8293970
综合组………………… 8293393
调度…………………… 8293502
输油管理处
领导
处长…………………… 7224208
书记…………………… 7224268
副处长………………… 7224206
…………………………… 7224293
…………………………… 7224331
…………………………… 7224333
…………………………… 7224204
综合办公室
主任…………………… 7224253
文书…………………… 7224210
秘纪宣………………… 7224211
工团组织……………… 7224289
生产运销组
组长…………………… 7224330
值班室………………… 7224230
…………………………… 7224223
运销…………………… 7224334
通信…………………… 7224382
安全环保组
办公室………………… 7224233
技术机电组
组长…………………… 7224282
工程工艺……………… 7224299
仪表…………………… 7224232
机电设备……………… 7224323
人事经营组
经营…………………… 7224259
工资…………………… 7224218
培训…………………… 7224353
计划企管组
组长…………………… 7224265
计划…………………… 7224216
物资…………………… 7224215
后勤服务队
队长…………………… 7224368
副队长………………… 7224641
行政管理……………… 7224642
公寓楼………………… 7224343
门卫…………………… 7224202
车队
队长…………………… 7224273
书记…………………… 7224270
副队长………………… 7224525
调度…………………… 7224659
保管…………………… 7224540
工程队
队长…………………… 7224261
书记…………………… 7224262
副队长………………… 7224263
…………………………… 7224217
…………………………… 7224381
调度…………………… 7224264
输油一工区
主任、副主任……… 8293485
调度…………………… 8293563
二号站副主任……… 8291331
二号站调度………… 2336683
输油二工区
主任…………………… 7224237
副主任………………… 7224393
…………………………… 7224239
…………………………… 7224235
调度…………………… 7224513
办事员………………… 7224235
四号站副主任……… 7224394
四号站调度………… 7224514
资料室………………… 7224234
输油三工区
主任…………………… 7224395
副主任………………… 7224225
…………………………… 7224228
…………………………… 7224227
调度…………………… 7224515
办事员………………… 7224226
六号站副主任……… 7224396
六号站调度………… 7224646
输油四工区
主任…………………… 7224312
副主任………………… 7224229
…………………………… 7224295
…………………………… 7224209
…………………………… 7224275
…………………………… 7224274
…………………………… 7224313
…………………………… 7224344
安全…………………… 7224279
…………………………… 7224359
调度…………………… 7224320
消防泵………………… 7224373
办公室………………… 7224319
装车班………………… 7224216
锅炉队长……………… 7224360
锅炉房………………… 7224314
卸油点………………… 7224224
变电…………………… 7224345
维修班………………… 7224575
铁路驻站……………… 7224317
运销…………………… 7224247
新罐区………………… 7224369
末站门卫……………… 7224352
末站资料室…………… 7224340
火警…………………… 7224119
七号站副主任……… 7224397
七号站调度………… 7224647
七号站资料室……… 7224214
阿南作业区
主任…………………… 8293359
书记…………………… 8293543
副主任………………… 8293895
…………………………… 8293789
…………………………… 8293578
…………………………… 8293095
综合办………………… 8293562
经营组………………… 8293303
生产组………………… 8293470
安全组………………… 8293862
工程组………………… 8293931
地质组………………… 8293861
调度…………………… 8293872
阿一联………………… 8293569
阿北接转站…………… 8293149
气站…………………… 8293741
卸油点………………… 8293392
阿北一计……………… 8293904
阿北二计……………… 8293905
阿北三计……………… 8293841
哈南作业区
主任…………………… 8293155
书记…………………… 8293177
副主任………………… 8293416
…………………………… 8293865
…………………………… 8293722
…………………………… 8293381
综合办………………… 8293365
生产组………………… 8293382
安全组………………… 8293712
工程组………………… 8293875
地质组………………… 8293302
经营组………………… 8293873
调度室………………… 8293533
哈一联………………… 8293368
哈一站………………… 8293369
哈二站………………… 8293706
哈三站………………… 8293487
内蒙古林作业区
主任…………………… 8293396
书记…………………… 8293366
副主任………………… 8293174
…………………………… 8293871
…………………………… 8293556
…………………………… 8293295
综合办………………… 8293857
地质动态组…………… 8293850
安全环保组…………… 8293092
经营人事组…………… 8293877
工程技术组…………… 8293672
生产协调组…………… 8293711
区调度室……………… 8293301
蒙一联………………… 8293274
蒙一站………………… 8293229
采油东区……………… 8293870
采油西区……………… 8293247
边采作业区
主任…………………… 8293767
书记…………………… 8293906
副主任………………… 8293460
…………………………… 8293572
…………………………… 8293104
…………………………… 8293573
综合办………………… 8293901
经营组………………… 8293571
生产组………………… 8293887
安全组………………… 8293782
地质工程组…………… 8293284
阿南锅炉班…………… 8293452
大阿北采油班………… 8291196
雅一站………………… 3462057
锡林作业区
主任…………………… 8292525
书记…………………… 8292433
副主任………………… 8292494
…………………………… 8292916
…………………………… 8291504
…………………………… 8292279
综合办………………… 8292561
生产组………………… 8291544
经营人事……………… 8292284
地质组………………… 8292223
工程组………………… 8292474
安全组………………… 8292217
调度…………………… 8292319
采油三班……………… 8292551

吉一联……8292374
电脱……8292349
卸油点……8292646
一计……8292715
二计……8292740
三计……8292647
四计……8291514
五计……8291573
六计……8291644
洪 25……8822401

额仁淖尔作业区

主任……7524211
书记……7524212
副主任……7524205
……7524209
……7524203
……7524208
综合办……7521033
……7523031
经营组……7524204
生产组……7523538
工程组……7521032
安全组……7525350
地质组……7524207
生活班……7524210
车队……7521031
淖一联……7510003
赛汉采油站……7518106

宝力格作业区

主任……8293001
书记……8293002
副主任……8293003
……8293008
……8293010
……8293012
……8293018
综合办……8293055
小车班……8293018
经营组……8293006
生产组……8293015
柴发室……8293028
调度一……8293005
工程组……8293011
地质组……8293007
安全环保组……8293030
中控室……8293009
宝一联调度……8293056
宝一联注水……8293058
宝一联外输……8293060
宝一联加热炉……8293063
加热站……8293061
热泵站……8293062
阿尔善监样……8293940

作业大队

大队长……8293617
书记……8293307
副大队长……8293234
……8293614
……8293123
……8293206
综合办……8293410
人事组……8293410
经营组……8293413
生产组……8293308
安全组……8293373
作业一队……8293677
作业二队……8293371
作业三队……8233374
特车调度室……8293207
特车办公室……8293406
器材组……8293240
油管厂……8293367

测试大队

大队长……8293217
书记……8293852
副大队长……8293287
……8293888
综合办……8293195
经营办……8293278
生产办……8293230
机动安全组……8293230
仪表队……8293479
绘解室……8293876
阿北标定站……8293120

工程大队

大队长……8293200
书记……8293241
副大队长……8293432
……8293064
综合办……8293440
经营办……8293105
生产办……8293271
安全办……8293276
调驱队……8293506
维修安装队……8293158

运输大队

大队长……8292549
书记……8292146
副大队长……8292340
……8292510
……8292477
综合办……8292461
经营办……8292441
生产办……8292260
人事办……8292315
锡林车队……8292571
阿尔善车队……8293134
赛汉车队……7226502
综合车队……8292472

合作开发项目部

主任……8292864
书记……8292810
副主任……8292130
……8292237
综合办……8292177
生产组……8292197
安全组……8292207
工程地质组……8292415
经营组……8292417
赛汉井组……7300123
洪浩尔舒特井……8859107

消防支队

支队长……8293320
书记……8293598
副支队长……8293298
……8293844
……8293835
综合办……8293834
战训科……8293593
火警电话……119
外部火警电话……8293119
防火科……8293465
一中队（阿）……8293599
二中队（锡）……8292974
三中队（赛）……7224294

锡林矿管站

主任……8291512
书记……8292398
副主任……8292401
……8292823
综合办……8292147
生产办……8292582
经营办……8292098
生活服务队……8291507
液化气站……8292124
水电暖服务队……8292104
锅炉房……8292403
收费班……8292155
矿区服务队……8292215
幼儿园……8292517
绿化环卫队……8292849
小区南门卫……8292505

阿尔善矿管站

主任……8293385
副主任……8293436
……8293182
……8293429
……8293560
综合组……8293641
经营组……8293344
生产组……8293165
水电暖服务队……8293144
浴池……8293585
加压泵房……8293319
供水站……8293547
生活服务队……8293530
员工餐厅……8293469
水电收费……8293262
矿区服务队……8293531
幼儿园……8293140

客运队

队长……8292511
书记……8292171
综合办……8292874
生产办……8292648
安全……8292357
经营办……8292188
客车队……8292357
售票点（阿）……8293331
售票点（任）……2795956
传真（任）……2721730
售票点（廊）……2552786

职工医院

院长……8293486
书记……8293775
副院长……8293218
综合办……8293416
值班室……8293108
阿尔善急诊……120
卫生所（锡）……8292145
卫生所（任）……2729547

任丘办事处

主任……2712667
书记……2729576
副主任……2713280
办公室……2729574
人事……2724412
财务……2724983
居委会……2724783
退休办……2724303
维修队……2724358
水泵房……2724530
招待所……2729541
门卫……2753167

张家口办事处（0313）

主任……8063576
书记……8063575
财务……8062677

阿尔善公安分局

局长……8293832
政委……8293388
副局长……8293198
……8293333
……8291515
纪委书记……8293818
办公室……8293490

……………………… 8293292
计财科……………… 8293536
法制科……………… 8293833
阿报警电话………… 110
110 指挥中心 ……… 8293082
治安大队…………… 8293463
国宝经侦大队……… 8292431
刑警大队…………… 8292909
阿宝派出所………… 8293289
……………………… 8293463
锡林派出所………… 8292305
赛汉派出所………… 7224378
治安大队…………… 8293463

交警大队

值班室……………… 8293294

子弟学校

校长………………… 8292591
书记………………… 8278020
政教处……… 8292515—8012
总务处……… 8292515—8028

煤层气勘探开发分公司

公网区号：0356

领导

经理………………… 7064369
……………………… 2286665
副经理……………… 2286661
……………………… 2286668
……………………… 7602256
……………………… 2286687
……………………… 7064358
……………………… 2286697
书记………………… 7064365
……………………… 2286669
副书记……………… 7602259
……………………… 2286876
总地质师…………… 7602258
……………………… 2286700

综合办公塞

主任………………… 2286618
……………………… 7064373
副主任……………… 7064373
……………………… 2286601
……………………… 7064375
……………………… 7064373

生产运行部

主任………………… 7064393
副主任……………… 7064362
……………………… 7064362

工农部

副主任……………… 7064360
……………………… 7602257

质量安全环保部

主任………………… 7064415

经营部

主任………………… 2286659
副主任……………… 2286658
……………………… 2286602
……………………… 7064355
……………………… 7064372

审计部

主任………………… 2286787

设计室

主任………………… 2286785

地质研究所

主任………………… 2286708
副主任……………… 2286703
……………………… 7064359
……………………… 7064412
……………………… 7602260
……………………… 2286705
……………………… 2286653

工程技术研究所

主任………………… 7064368
副主任……………… 7064381
……………………… 7064371

樊庄采气作业区

主任………………… 7064564
副主任……………… 7064597
……………………… 7064554
……………………… 7064534
……………………… 7064654

小车队

队长………………… 7064327

郑庄项目部

主任………………… 7602266
副主任……………… 7602262
……………………… 7602261
……………………… 7602260

勘探开发研究院

领导

院长………………… 2727952
副院长……………… 2722549
……………………… 2722544
……………………… 2711570
高级专家…………… 2711713
总地质师…………… 2700422
……………………… 2780504
……………………… 2752441
……………………… 2787004
党委书记…………… 2714740
工会主席…………… 2715699
中心主任…………… 2720696
副总师……………… 2782586
……………………… 2727948

办公室

主任………………… 2722909
秘书………………… 2725121
文书………………… 2727816
传真………………… 2722557
打字………………… 2717492
收发………………… 2722657
报告厅……………… 2725629
大楼门卫…………… 2717492

党群工作部

主任………………… 2727937
副主任……………… 2750103
……………………… 2722749
文书………………… 2723085
宣传………………… 2725535
团委………………… 2722639
保卫………………… 2787041
保卫值班…………… 2724548
工会………………… 2727127

人事科

科长………………… 2727939
副科长……………… 2727944
工资管理…………… 2722663
保险培训…………… 2727395
调配统计…………… 2722944
组织管理…………… 2727941

计划财务科

科长………………… 2727942
副科长……………… 2702169
报销………………… 2722963
会计………………… 2729361
资产计划…………… 2724565
结算………………… 2756293

科技信息科

科长………………… 2727934
副科长……………… 2727949
勘探项目…………… 2755140
开发项目…………… 2755532
综合管理…………… 2722563
专家咨询…………… 2729364
图片制作…………… 2796982

综合管理科

科长………………… 2727943
副科长……………… 2787224
计划合同…………… 2722844
水电暖讯安全……… 2729241
体系办设备………… 2727940
供应管理…………… 2714743
采购管理…………… 2723020
计划统计…………… 2727412
基建设备维修……… 2705454

油气资源评价与规划部署研究所

所长………………… 2752441
副所长……………… 2703246
……………………… 2753346
……………………… 2700442
油气资源评价室主任 2722082
所办主任…………… 2703243

油气资源评价研究室

办公室……………… 2725876

勘探规划研究室

办公室……………… 2703245

储量研究室

办公室……………… 2753034

综合办公室

所办公室…………… 2718031

油气勘探研究所

所长………………… 2787004
副所长……………… 2725457
……………………… 2724766
……………………… 2727950
……………………… 2781474
……………………… 2703053
所办主任…………… 2756301

新区勘探研究室

办公室……………… 2727401

冀中北部勘探研究室

办公室……………… 2725347

饶阳勘探研究室

办公室……………… 2725031

冀中南部勘探研究室

办公室……………… 2705164

二连勘探研究室

西部组……………… 2705101
东部组……………… 2724333

综合办公室

所办公室…………… 2756307

油气藏评价研究所

所长………………… 2700422
副所长……………… 2714745
……………………… 2723805
……………………… 2723067
所办主任…………… 2781364

滚动勘探开发研究室

北部研究组………… 2701741
南部研究组………… 2727947

油气藏评价研究室

冀中研究组………… 2722984
二连研究组………… 2787040

地球物理测井研究室

探井解释组………… 2717732
开发井解释………… 2722789
岩电试验…………… 2725030

综合办公室

所办公室…………… 2781364

油气田开发研究所

所长………………… 2780504
副所长……………… 2723084
……………………… 2700421

……………………… 2727117
所办主任………… 2756313

油气田开发研究室
新区组、老区组…… 2727945
天然气组………… 2722684

开发规划研究室
规划组…………… 2729857
软件组、绘图组…… 2727119

油气田采收率研究室
油藏工程………… 2727946
物理模拟………… 2723855

综合办公室
所办公室………… 2756325

地质实验与技术服务中心
主任……………… 2720696
副主任…………… 2721037
……………………… 2723655
……………………… 2724253
……………………… 2700484
中心办主任……… 2724439

沉积实验室
副主任…………… 2723464
电镜组…………… 2722650
岩石制片组……… 2727782
古生物组………… 2723640
岩矿组…………… 2701740
岩心库…………… 2717747
……………………… 2753635

生油实验室
副主任…………… 2722632
热解……………… 2727120
色质……………… 2727121
干酪根…………… 2727123

开发试验室
样品收发………… 2725238
高压物性………… 2727781
长模型…………… 2781346

计算室
副主任…………… 2725301
维护组…………… 2723749
三楼机房………… 2724433
场地组…………… 2723949

档案资料室
副主任…………… 2724135
生标组…………… 2727414
生产组…………… 2723773
单井组…………… 2727407
档案组…………… 2717491

科技情报室
主任……………… 2725789
情报翻译………… 2724865
图书馆…………… 2725573

综合办公室
中心办公室……… 2721873

……………………… 2721063

联合支部
副书记…………… 2722579

科研管理研究室
主任……………… 2725736
副主任…………… 2721545
古潜山…………… 2723361
专标委…………… 2724529

石油学会
主任……………… 2729269
办公室…………… 2722351
……………………… 2724505

车队
队长……………… 2787224
书记……………… 2722579
调度……………… 2722673

科技馆
馆长……………… 2723578
办公室…………… 2727404

地球物理勘探研究院

领导
院长……………… 2725810
副院长…………… 2703235
总地质师………… 2710941
……………………… 2750637
总工程师………… 2750943
党委书记………… 2701453
党委副书记、工会主席、纪委书记……………… 2728510
副总地质师……… 2753134
……………………… 2753043
……………………… 2727370

办公室
副主任…………… 2722725
……………………… 2727635
文秘……………… 2729325
传真……………… 2701904

科研生产管理科
科长、办公室…… 2701942

计划财务科
科长……………… 2726523
办公室…………… 2701934

人事科
科长……………… 2712247
办公室…………… 2701941

饶阳室
主任……………… 2726526
研究室…………… 2701443

冀中室
主任……………… 2725981
研究室…………… 2701401

二连室
主任……………… 2727370

研究室…………… 2726524

区域室
主任……………… 2726527
研究室…………… 2712717

滚动开发室
主任……………… 2724644
研究室…………… 2726530
绘图室…………… 2726464

物探室
主任……………… 2701406
研究室…………… 2700787
数据组…………… 2729417

工作站
主任……………… 2756353
研究室…………… 2726528

资料室
主任……………… 2722715
副主任…………… 2700737
档案组（三楼）…… 2726612
档案组（五楼）…… 2727657
磁带组…………… 2726613
场地组…………… 2729421

采油工艺研究院

领导
院长……………… 2750958
副院长…………… 2750968
副院长、安全总监 2722978
副院长…………… 2756901
党委书记………… 2722985
党委副书记、工会主席 2728927
副总师…………… 2782798
……………………… 2728923
……………………… 2782502
……………………… 2726334
……………………… 2727695

办公室
主任……………… 2722498
副主任…………… 2723731
秘书、文书……… 2703047
合同管理………… 2714580
档案管理………… 2724369
综合管理、收发…… 2722198
传真……………… 2726419
值班室…………… 2726620

科研生产管理科
科长……………… 2723411
副科长…………… 2728913
计划、质量管理…… 2722398
项目、设备管理…… 2726314

财务科
科长……………… 2724267
报销、出纳……… 2727655
资产、成本投资…… 2723043

预算……………… 2726310

人事科
科长……………… 2724367
办公室…………… 2723194

党群工作部
主任……………… 2719942
工会……………… 2727669
团委、宣传……… 2756479

采油研究室
副总师、主任…… 2728923
书记、副主任…… 2727656
副主任…………… 2755384
责任工程师……… 2782072
采油办公室……… 2756401
螺杆泵采油部…… 2722390
抽油机采油部…… 2756402
……………………… 2756403
油田测试部……… 2725384

采气研究室
副总师、主任…… 2782798
责任工程师……… 2756404
分析组…………… 2727684
项目组…………… 2720414
山西沁水组 … 0356－7064744

机械措施研究室
副总师、主任…… 2782502
书记……………… 2722490
副主任…………… 2725435
责任工程师……… 2756317
注水工艺部……… 2782070
机械措施部……… 2782503
大修部…………… 2756405
压裂部…………… 2725202

油田化学研究室
主任、书记……… 2725508
副主任…………… 2726321
……………………… 2725623
责任工程师……… 2727696
……………………… 2756409
储层治理经理…… 2756408
化学防治部经理…… 2756406
提高采收率部…… 2756410
综合计划………… 2756407
实验室…………… 2782581

采油方案室
主任……………… 2782077
书记……………… 2756416
责任工程师……… 2722911
项目组…………… 2756411
地面工程………… 2722921
……………………… 2756412
完井专家组……… 2756893
钻井专家组……… 2756419

自动化室

副总师、主任……… 2727695
书记、副主任……… 2728925
责任工程师………… 2756475
………………………… 2756414
自控技术…………… 2756415
低压测试…………… 2727694
技术开发…………… 2729740
工艺技术…………… 2756470

计算机室

主任………………… 2727693
责任工程师………… 2756471
注水系统效率项目部 2756413
项目组……………… 2727681

信息中心

主任………………… 2724207
责任工程师………… 2782590
采油编辑组………… 2723370
钻井编辑组………… 2756473
阅览室……………… 2726311

检测中心

副主任……………… 2756892
书记………………… 2724368
油田化学…………… 2728917
井下工具…………… 2727682
测试检测…………… 2727683
油化部……………… 2756476
办事员……………… 2756240

二连分院

副总师、主任……… 2726334
副院长、副书记…… 2726304
阿尔善……… 9931－8293265
……………… 9931－8293541

物资中心

主任………………… 2725894
副主任……………… 2726317
办公室……………… 2727678
业务组……………… 2756867

安全环保站

站长………………… 2727699
办公室……………… 2726370
门卫………………… 2727671

车队

书记、队长………… 2728922
调度………………… 2723487

苏里格项目部

（长途区号：0477）

经理、临时党委书记 7217918
副经理（生产）…… 7217922
副经理（地质）…… 7217901
副经理（工程）…… 7217900
副经理（经营）…… 7211951
综合办公室………… 7217908

井下作业公司

领导

经理………………… 2725315
副经理……………… 2722146
………………………… 2732325
………………………… 2732271
……………… 0315－8755552
副经理……………… 2732273
……………… 0479－8293443
总工程师…………… 2727524
总会计师…………… 2722637
安全总监…………… 2732773
党委书记…………… 2730956
党委副书记、纪委书记、工会主席……………… 2723975
经理助理…………… 2731842
副总地质师………… 2732285
副总工程师………… 2723758
安全副总监………… 2723525

办公室

主任………………… 2732595
副主任……………… 2739393
秘书室……………… 2739758
传真………………… 2739209
文书室……………… 2722219
计划生育…………… 2730079
档案室……………… 2739542
会议电话…………… 2738024
打字室……………… 2739776
收发室……………… 2739244
公务室……………… 2739977
招待所长…………… 2732795
餐厅………………… 2739824
库房………………… 2739553
财务………………… 2739470
客房值班室………… 2739424
总机………………… 2739514
………………………… 2739412
………………………… 2739314

生产调度室

调度长……………… 2732315
副调度长…………… 2739791
值班调度…………… 2723715
………………………… 2732419
………………………… 2792272
现场………………… 2739212
传真………………… 2739555

生产技术科

科长………………… 2723443
副科长……………… 2739435
井控办副主任……… 2739925
工程一室…………… 2739271
………………………… 2739482
工程二室…………… 2730744

技安环保科

科长………………… 2723525
安全教育…………… 2732109
工业生产消防……… 2732876
体系管理…………… 2739544
车辆管理…………… 2739376
特种作业管理……… 2739923

安全监督站

站长………………… 2732837
办公室……………… 2732337
………………………… 2732327

资产设备科

科长………………… 2732357
副科长……………… 2739537
资产管理…………… 2732517
设备管理…………… 2732835
………………………… 2739744

工农科

科长………………… 2722601
办公室……………… 2739260

经营管理科（市场部）

科长………………… 2730114
副科长……………… 2732637
关联交易市场……… 2738637
………………………… 2739214
国内市场…………… 2727516
国际市场…………… 2732417
………………………… 2730087

财务科

科长………………… 2723735
副科长……………… 2732731
报销………………… 2739467
资金会计…………… 2730831
成本结算…………… 2731413
设备大修…………… 2730060
会议室……………… 2730075
附属………………… 2730931
………………………… 2730193

企划科

科长………………… 2732545
统计办公室………… 2738775
能源管理…………… 2739557
基建、维修………… 2737425
综合管理…………… 2737928

人事劳资科

科长………………… 2723725
副科长……………… 2732536
工资双定…………… 2739235
职业介绍统计……… 2739372
技能鉴定站………… 2739404
住房补贴…………… 2739388
保险统筹…………… 2739857
干部管理…………… 2739568

技术监督科

科长………………… 2732427
办公室……………… 2732540

审计科

科长………………… 2722172
财务审计…………… 2739441
基建审计…………… 2739941

党委办公室

主任………………… 2732631
传真………………… 2722472
副主任（团副书记） 2730023
文书室……………… 2732845
秘书室……………… 2732585

党委宣传部

部长………………… 2732575
办公室……………… 2739596

党委组织部

部长………………… 2739367
组织管理…………… 2732675
干部管理…………… 2730853

工会办公室

主任………………… 2739974
办公室……………… 2739363
工会财务…………… 2739804

纪委监察科

主任………………… 2725302
副主任……………… 2739904

保卫科

科长………………… 2731048
综治办……………… 2732775
武装………………… 2739746
治安保卫…………… 2739754
户籍管理…………… 2739745
退岗家属管理……… 2739747
值班室……………… 2732110

机关事务管理科

科长………………… 2722925
办公室……………… 2739324

物资管理中心

主任………………… 2723885
副主任……………… 2739750
计划组……………… 2739464
………………………… 2739239
结算组……………… 2739221
保管………………… 2739250

第一试油大队

大队长……………… 2551854
教导员……………… 2552427
副大队长…………… 2551603
………………………… 2551539
………………………… 2551903
责任工程师………… 2552628
政工组……………… 2551858
………………………… 2551740

工程组……………… 2550383
地质组……………… 2551901
调度室……………… 2575700
……………………… 2552714
机动安全…………… 2551939
人事………………… 2551762
财务………………… 2551905
市场办……………… 2553397
总机………………… 2551203
车队………………… 2569643
综合队……………… 2569642
试采队……………… 2554173
蒙古项目部………… 2575770
材料库……………… 2554340
综合服务队………… 2553724
……………………… 2569641
食堂………………… 2554444
招待所……………… 2551478
橡胶厂……………… 2551144
不锈钢厂…………… 2551063
……………………… 2551938

第二试油大队

大队长……………… 2725636
教导员……………… 2730567
副大队长…………… 2739577
……………………… 2730534
……………………… 2732628
……………………… 2739269
综合办公室………… 2739468
生产部……………… 2730546
……………………… 2739459
……………………… 2739582
调度室……………… 2732286
技术部……………… 2730554
经营部……………… 2739445
……………………… 2730859
……………………… 2739390
……………………… 2739845
市场部……………… 2738246
特车准备队………… 2739573
试采队……………… 2732537
……………………… 2732246
综合服务队………… 2739846
……………………… 2739243
……………………… 2739572
门卫………………… 2739446

第三试油大队

大队长……………… 2582657
教导员……………… 2584991
副大队长…………… 2580622
……………………… 2584536
……………………… 2583066
政工………………… 2585076
工会………………… 2582747
财务………………… 2583028
人事………………… 2583025
生产部……………… 2582352
调度室……………… 2582767
……………………… 2583020
工程………………… 2582298
地质………………… 2583024
……………………… 2582235
计划………………… 2582026
安全………………… 2583074
机动………………… 2583023
保卫………………… 2582296
化验室……………… 2583908
车队………………… 2582605
综合服务队………… 2583031
……………………… 2582493
……………………… 2582676
工具班……………… 2583014
门卫………………… 2583021
试采队……………… 2583030

修井大队

大队长……………… 2730544
教导员……………… 2739396
责任工程师………… 2730468
副大队长…………… 2739296
……………………… 2739360
综合办……………… 2739340
调度室……………… 2732435
生产部……………… 2738499
工程部……………… 2739540
机动………………… 2739124
安全………………… 2739440
经营部……………… 2730543
人事………………… 2730542
综合队……………… 2730541
车队………………… 2739460
材料库……………… 2738084
门卫………………… 2730248

第一作业大队

大队长……………… 2765929
教导员……………… 2765103
副大队长…………… 2765789
工会主席…………… 2765959
副大队长…………… 2765943
办公室……………… 2765840
会议室……………… 2765004
组干………………… 2765094
工会………………… 2765849
计生办、综治宣…… 2765342
微机室……………… 2765954
计算机网线………… 2765984
打字室……………… 2765844
生产组……………… 2765845
生产协调、土地…… 2765274
调度室……………… 2765824
调度室……………… 2765414
机动、供应………… 2765475
安全………………… 2765194
技术组……………… 2765904
计划统计…………… 2765204
人事………………… 2765843
财务………………… 2765374
……………………… 2765344
作业一队…………… 2765041
作业二队…………… 2765814
作业三队…………… 2765043
作业四队…………… 2765044
作业五队…………… 2765045
作业六队…………… 2765064
作业七队…………… 2765047
作业八队…………… 2765048
动力队……………… 2765014
综合服务队………… 2765024
检泵车间…………… 2765124
车队………………… 2765479
车队调度…………… 2765964
材料库……………… 2765924
配液站……………… 2765154
小食堂……………… 2765144
花房………………… 2765334
东门卫……………… 2765842

第二作业大队

大队长……………… 2561481
教导员……………… 2561526
副大队长…………… 2561601
……………………… 2561366
责任工程师………… 2562470
办公室……………… 2561556
政工………………… 2562473
调度室……………… 2561438
……………………… 2561558
工业安全…………… 2562477
交通安全…………… 2562478
财务………………… 2562740
机动………………… 2562475
保卫………………… 2561550
管理………………… 2562472
工程………………… 2562739
工程………………… 2561686
物资………………… 2561342
……………………… 2562743
打字室……………… 2561435
作业前线…………… 2566385
……………………… 2566474
作业三队…………… 2561659
作业四队…………… 2561218
作业五队…………… 2561318
作业六队…………… 2561570
作业七队…………… 2561224
作业八队…………… 2561322
作业九队…………… 2561522
作业十队…………… 2561538
动力队……………… 2561468
综合服务队………… 2561365
食堂………………… 2561339
特车队……………… 2561378
特车队调度………… 2561338
大队门卫…………… 2562479

第三作业大队

大队长……………… 2582919
教导员……………… 2586580
副大队长…………… 2582609
……………………… 2582773
责任工程师………… 2586324
办公室……………… 2582708
工团、计生………… 2586403
经营部……………… 2586460
预算………………… 2582709
劳资………………… 2586397
节能统计…………… 2582709
生产部……………… 2583670
调度室……………… 2582608
……………………… 2586480
工程………………… 2586354
地质………………… 2586329
土地………………… 2582770
安全………………… 2586405
机动………………… 2583671
供应………………… 2586591
作业一队…………… 2586515
作业二队…………… 2586513
作业三队…………… 2586555
作业五队…………… 2586508
作业七队…………… 2586590
作业八队…………… 2586218
作业九队…………… 2586569
作业十队…………… 2586598
动力队……………… 2586596
车队………………… 2586548
综合服务队………… 2586395

第四作业大队

大队长……………… 2559376
书记………………… 2551178
副大队长…………… 2569076
……………………… 2558311
副大队长…………… 2552021
政工………………… 2552253
工会………………… 2558301
调度长……………… 2569446
值班调度…………… 2551181
……………………… 2552040
土地………………… 2550144

部门	电话
安全	2558310
机动	2554973
工程	2551418
地质	2554002
经营	2552041
人事	2550024
材料	2552042
作业一队	2569532
作业二队	2551231
作业三队	2569531
作业四队	2551459
作业五队	2551558
作业六队	2551639
作业七队	2552254
车队	2559274
	2557893
综合服务队	2551179
	2551147
试采队	2510392
大队门卫	2557863
第五作业大队	
大队长	2742481
教导员	2742483
副大队长	2742484
责任工程师	2743941
办公室	2742913
政工	2742781
工会	2742364
宣传保卫	2743839
生产组	2742524
调度	2742182
	2742371
工程（传真）	2742187
工业安全	2743877
交通安全	2742569
机动	2741034
工农	2743735
人事	2742348
财务	2742122
资料室	2741154
材料组	2742162
收发室	2741597
作业一队	2742132
作业二队	2742152
作业三队	2742142
作业四队	2742543
作业五队	2742544
作业六队	2742545
综合服务队	2741014
车队	2742398
	2743974
酸化压裂大队	
大队长	2732586
教导员	2732398
副大队长	2739671
	2738188
责任工程师	2738142
副大队长	2731791
政工	2739670
	2739664
调度室	2732798
	2739144
	2739840
工程	2739723
机动	2739732
安全	2739734
人事	2739763
财务	2732686
	2739323
	2739684
库房	2739784
门卫	2739874
一队	2739724
三队	2739714
四队	2739674
五队	2738143
综合服务队	2739673
酸站	2732358
地球物理站	
站长	2739567
书记	2738944
副站长	2738237
	2739546
责任工程师	2739753
政工	2739550
调度室	2738314
	2732587
生产部	2739044
技术	2739359
机动	2731820
安全	2739064
财务	2738204
人事	2732249
材料	2739358
射孔一队	2739355
射孔二队	2739014
试井工程队	2739607
综合服务队	2739614
门卫	2738104
运输大队	
大队长	2737988
教导员	2732201
副大队长	2730987
	2739641
责任工程师	2722736
政工	2732736
生产	2739815
安全	2737145
调度室	2739640
	2722546
财务	2730714
	2730724
人事组	2730734
送班队	2737142
二连车队	2739741
搬迁队	2739742
罐车队	2731340
库房	2739743
综合服务队	2739740
设备库	2732014
工程技术大队	
大队长	2723758
书记	2732782
副大队长	2732745
责任工程师	2739774
政工	2739420
财务组	2739771
人事组	2732706
资产	2732375
科研管理	2732815
工程室	2730044
修井室	2730047
设计室	2739775
	2739773
质检站	2732413
实验室	2739277
信息室	2731540
调度室	2739772
计量站	2739208
材料组	2739710
地质队	
队长	2732285
教导员	2732301
副大队长	2732335
勘探室主任	2739650
勘探室	2739591
开发室主任	2739593
开发室	2739984
调度室	2730447
	2739330
	2738145
综合室	2730514
政工	2739623
化验室	2739430
微机室	2732525
后勤室	2739520
管具中心	
主任	2732377
教导员	2724942
副主任	2739605
责任工程师	2739721
政工	2739642
经营	2739654
机动、安全	2739536
调度长	2739813
调度	2739384
技术组	2739291
材料	2739637
工程	2731143
门卫	2739342
油管服务队	2739647
工具服务队	2739770
工具库房	2731525
井控车间	2739790
井控材料	2732329
电泵服务中心	
主任	2728505
教导员	2716279
副主任	2724384
综合办公室	2796794
生产、技术	2724188
安全、质量	2713901
财务	2726456
电机小修车间	2711957
电机下线车间	2715105
泵修车间	2710051
综合服务大队	
大队长	2732856
教导员	2739812
副大队长	2738017
	2739305
责任工程师	2732235
科级待遇	2732809
政工	2739436
人事	2739253
行政管理	2739443
计划成本	2739443
安全	2739872
资产库	2739237
车队队长	2732143
车队副队长	2739498
值班调度	2739335
	2739398
工作员	2739871
厂区队长	2739914
	2739569
厂区副队长	2739554
厂区工作员	2739704
大门门卫	2738411
体育活动中心	2730970
大楼门卫	2738147
职工培训中心	
主任	2732635
副主任	2731648
培训管理组	2739231
综合组	2739943

后勤组………………… 2739592
基地组………………… 2739401

二连分公司

（区号：0479）

经理…………………… 8293443
常务副经理…………… 8293930
生产办公室…………… 8293516
技术部………………… 8293313
经营部………………… 8293360
供应站………………… 8293145
运输队………………… 8293386
动修…………………… 8293323
任丘办事处…………… 2732255
……………………… 2739263

南疆分公司

（区号：0996）

经理…………………… 2050889
教导员………………… 2053855
副经理………………… 2057186
……………………… 4955555
办公室、人事………… 2052600
工程、安全…………… 2052256
财务…………………… 2051605
前指调度……………… 4955515
机房、库房…………… 4955629
作业三队……………… 2177013
助排队………………… 4955508
油管队………………… 4955520
任丘办事处…………… 2731842
……………………… 2731843

冀东分公司

（区号：0315）

经理…………………… 8755552
常务副经理…………… 8761200
教导员………………… 8761716
副经理………………… 8761002
……………………… 8755787
……………………… 8761380
副经理………………… 8835818
责任工程师…………… 8761009
办公室………………… 8755788
经营部………………… 8755787
生产部………………… 8761000
调度…………………… 8833566
技术部………………… 8761217
……………………… 8763384

西北项目部

（区号：0477）

经理…………………… 7212106
副经理………………… 7213611
经营部………………… 7212105
任丘办事处…………… 2730791

油气井测试公司

领导

经理…………………… 2551118
副经理、总工程师 … 2575616
副经理………………… 2550405
党委书记、工会主席 2551036
安全副总监…………… 2551871
副总会计师…………… 2551915

办公室

主任…………………… 2551589
秘书…………………… 2552441
接待室………………… 2575550
廊线…………………… 6012104

质量安全环保部

主任…………………… 2552407
质量、体系…………… 2551242
安全管理……………… 2551414

工程技术部

主任…………………… 2552408
主任工程师…………… 2551387
值班电话 1（传真） 2724544
值班电话 2 ………… 2551747
综合办公室…………… 2551313
科研、设备管理…… 2551133

党群工作部

主任…………………… 2551269
副主任………………… 2551272
宣传、秘书…………… 2551890
工会综合管理………… 2551348

计划财务部

副主任………………… 2551872
会计核算……………… 2551601
企管统计……………… 2551149
会计中心……………… 2551388

人事劳资部

主任…………………… 2552295
工资、统计、统筹 … 2551116

咨询中心

办公室………………… 2551415
……………………… 2552037

新技术分公司

经理…………………… 2552941
书记…………………… 2551297
副经理………………… 2551093
经理助理……………… 2551632
调度…………………… 2551693
生产办公室…………… 2556561
综合办公室…………… 2551315
联作队………………… 2552942
新技术队……………… 2555037
仪修计量站…………… 2551072
车队…………………… 2552940
一号工房……………… 2551137
二号工房……………… 2551247

综合服务大队

经理、书记…………… 2551836
办公室………………… 2551054
矿区管理队…………… 2551709
招待所………………… 2551934
警卫室………………… 2551469
打字室………………… 2551270
档案室………………… 2551328
图书室………………… 2551717
综合服务队…………… 2551790
矿建队………………… 2552954
食堂…………………… 2551220
北部地区大学生公寓楼 2554608
廊线…………………… 6012251

评价解释中心

主任…………………… 2551592
副主任………………… 2551596
综合管理组…………… 2551886
生产室………………… 2551226
综合研究室…………… 2551573
信息中心……………… 2552943

地面计量大队

大队长………………… 2551786
书记…………………… 2551850
大队长助理…………… 2551103
地面中队……………… 2552635
综合办公室…………… 2552327
化验室………………… 2551694

测试研究所

所长…………………… 2551733
书记…………………… 2551041
综合办公室…………… 2551870
电子压力计标定中心 2551791
测试工具开发室…… 2551436
……………………… 2569748
试井开发服务中队 … 2551597
硼中子寿命测井中队 2552497

公司车队

大队长………………… 2552496
书记…………………… 2552009
调度…………………… 2551390
综合组………………… 2551034
小车队………………… 2552499
大车队………………… 2551619

编辑部

主任…………………… 2551432
办公室………………… 2552634

机修车间

主任…………………… 2551427
玉门测试项目部
经理………… 0937－3250312

新疆测试分公司

经理………… 0996－8835298
书记………… 0995－8328257
副经理……… 0996－8835068
……………… 0996－8835982
南疆调度…… 0996－8835295
吐哈调度…… 0995－8328340
吐哈财务…… 0995－8328100

二连测试分公司

经理………… 0479－8293167
财务………… 0479－8293139
冀中经理办公室…… 2551428
冀中评价办公室…… 2551389

长庆测试分公司

经理………… 0912－4530151
书记………… 0912－4530152
副经理……… 0912－4530153
财务………… 0912－4530154
综合办……… 0912－4530044
集团公司井控巡视员 2551347

河北华北石油工程建设有限公司

领导

总经理………………… 2591260
副总经理……………… 2594240
……………………… 2591221
……………………… 2591318
……………………… 2591204
……………………… 2591208
……………………… 2591586
……………………… 2598665
总工程师……………… 2594464
安全总监……………… 2591338
党委书记……………… 2593418
党委副书记、纪委书记、工会主席………………… 2594218
副总工程师…………… 2593288
总经理助理…………… 2582635
……………………… 2595911
……………………… 2593616
……………………… 2594529
副总会计师…………… 2593207
安全副总监…………… 2591316
党委委员……………… 2593111

总经理办公室

主任…………………… 2591253
副主任………………… 2591233
车辆管理……………… 2591341
秘书…………………… 2593453
文书…………………… 2593411
传真…………………… 2593410
公务员………………… 2591254
档案室………………… 2591256
信息中心……………… 2594276
……………………… 2591383
机关一号楼打字室　2591252
机关二号楼打字室、传真 ……………………… 2593454

收发室……………… 2594226
生产管理部
主任………………… 2591336
副主任……………… 2594229
……………………… 2593458
值班室……………… 2591335
……………………… 2594228
生产………………… 2594227
节能………………… 2594237
工农………………… 2594215
综合计划部
主任………………… 2591273
计划统计室………… 2591275
财务部
主任………………… 2593207
会计组……………… 2591237
成本组……………… 2591271
资金组……………… 2591236
人事劳资部
主任………………… 2591231
副主任……………… 2591230
……………………… 2593710
工资、定额管理…… 2591232
工伤、档案管理…… 2591452
统计、保险管理…… 2594253
施工技术部
主任………………… 2597003
副主任……………… 2591285
……………………… 2592714
投标室……………… 2595305
压力管道体系、标准
资料室……………… 2591272
技术管理室………… 2594251
……………………… 2591284
市场开发部
主任………………… 2593305
副主任……………… 2591225
市场开发…………… 2591282
综合管理…………… 2591225
安全环保部
主任………………… 2591316
副主任……………… 2598151
……………………… 2591321
安全综合管理……… 2591217
工业安全管理……… 2591750
企业管理部
主任………………… 2591211
企业管理、资质管理 2598500
合同管理、法律事务 2591350
审计部
主任………………… 2598817
预算审计…………… 2591234
财务审计…………… 2594245
党委工作部
主任………………… 2593111
副主任……………… 2593409
文书………………… 2593720
计划生育…………… 2591269
秘书、企业文化、共青团
……………………… 2598045
宣传干事…………… 2591203
纪检监察部
主任………………… 2591247
副主任……………… 2595133
办公室……………… 2593408
工会
副主席……………… 2595598
办公室主任、女工主任2591268
文体、女工………… 2594262
生活保险…………… 2594264
财务………………… 2593019
财务中心
副主任……………… 2594234
……………………… 2594330
……………………… 2591549
清欠办公室………… 2596387
……………………… 2593459
……………………… 2594394
预结算中心
副主任……………… 2594273
……………………… 2595998
……………………… 2594742
预算室……………… 2591317
投标室……………… 2593120
安全监督站
站长………………… 2594233
综合管理…………… 2594272
安全监督…………… 2598067
专业技能鉴定站
站长………………… 2591296
办公室……………… 2591255
工程质量监督站（科研所）
站长………………… 2591279
书记、所长………… 2593420
副站长……………… 2591229
……………………… 2594246
计量、科研管理…… 2594254
质量管理…………… 2591453
质检组……………… 2591287
……………………… 2594252
……………………… 2598737
设备管理处
处长………………… 2593217
书记………………… 2591500
副处长……………… 2591290
综合管理…………… 2594534
大修、维修………… 2594635
技术装备…………… 2593213
资产、土地………… 2594340
统计、油水………… 2596351
现场管理…………… 2594495
特种设备…………… 2594500
资产核算…………… 2594503
门卫………………… 2594465
教育培训中心
主任………………… 2591320
书记………………… 2591319
副主任……………… 2591598
……………………… 2596941
综合办公室………… 2591437
培训管理部………… 2591439
焊工培训部………… 2591438
焊接实验室………… 2591332
会议室……………… 2598085
门卫室……………… 2593417
国际工程部
主任………………… 2594279
副主任……………… 2594209
……………………… 2593231
……………………… 2593230
办公室……………… 2594743
保卫部
主任………………… 2594296
副主任……………… 2594217
……………………… 2594269
办公室……………… 2594335
综治………………… 2594204
武装、保卫………… 2594312
值班室……………… 2594110
机关一号楼门卫…… 2591257
机关二号楼门卫…… 2593755
公司档案室门卫…… 2594310
机关行政管理部
主任………………… 2595658
副主任……………… 2594387
副主任、机关总支书记、工会
主席………………… 2594566
退岗干部…………… 2594556
……………………… 2594557
……………………… 2594559
机关总支、综合办公室2596386
办公设备管理……… 2594206
办公设备管理（外围项目）
……………………… 2595581
再就业办公室……… 2594309
出租房屋管理……… 2591175
后勤办公室………… 2594213
会议中心…………… 2593802
温馨公寓…………… 2593014
大学生食堂………… 2591378
招待所……………… 2594469
招待所综合治理…… 2598770
门卫………………… 2596583
管道分公司
经理………………… 2591404
书记………………… 2593461
副经理……………… 2593415
……………………… 2591550
……………………… 2592431
……………………… 2591419
……………………… 2594714
……………………… 2598897
……………………… 2594530
……………………… 2591403
……………………… 2591457
副经理、副书记…… 2591301
综合办公室………… 2593414
办公传真…………… 2591415
行政管理部………… 2591436
护厂队……………… 2591551
设备管理部………… 2593416
人事劳资部………… 2591418
技术质量中心……… 2593405
市场开发部………… 2594533
安全环保部………… 2593419
教育培训中心……… 2594527
经营管理部………… 2591407
……………………… 2591462
生产管理部………… 2591406
……………………… 2591042
财务部……………… 2591408
材料供应部………… 2591413
……………………… 2591409
施工一队…………… 2591410
施工二队…………… 2591411
施工三队…………… 2591412
施工四队…………… 2591414
施工五队…………… 2594780
施工六队…………… 2591240
西门卫……………… 2591484
东门卫……………… 2594726
职工公寓…………… 2594535
炼化分公司
经理………………… 2594540
书记………………… 2593465
副经理……………… 2593455
……………………… 2594764
……………………… 2596507
……………………… 2594779
……………………… 2594284
……………………… 2594331
……………………… 2594260
……………………… 2595819
……………………… 2596673
副书记……………… 2595505
办公室主任、传真 … 2593460

综合办公室…………2594766
后勤……………………2594737
保卫……………………2596110
经营管理部…………2591011
……………………………2596571
……………………………2594541
技术质量中心………2594671
……………………………2596581
……………………………2594962
安全管理部…………2594543
人事部…………………2598543
生产部…………………2594572
……………………………2594281
教培……………………2594552
财务……………………2594544
物资供应部…………2594282
……………………………2594283
铆焊一队……………2594553
铆焊二队……………2594771
管焊一队……………2594551
管焊二队……………2594506
管焊三队……………2596169
钳工队…………………2594550
综合队…………………2594365
公寓楼…………………2594737
门卫……………………2594765
保卫……………………2596110

油建分公司

经理……………………2591381
书记……………………2591571
副经理…………………2591510
……………………………2594505
……………………………2594515
……………………………2591224
……………………………2591445
……………………………2591449
……………………………2594203
副经理、副书记……2591528
综合办公室主任……2591536
办公室副主任、文秘 2594285
行政……………………2591447
保卫……………………2591521
南院保卫……………2769110
北院门卫……………2591274
机关门卫……………2591535
南院门卫……………2769147
经营管理部主任……2598041
预算统计……………2591446
市场开发……………2594288
人事劳资部主任……2591467
人事劳资部办公室 2598042
技术管理部办公室 2591014
设计室…………………2591525
生产管理部主任……2594300
调度……………………2591532
南院调度……………2768184
设备管理部…………2591044
安全管理部…………2598040
教育培训部…………2598043
物资供应部办公室 2591448
南院材料……………2768446
北院材料……………2591313
财务部…………………2591444
管焊一队……………2769043
管焊二队……………2592549
铆焊一队……………2769041
铆焊二队……………2591534
综合一队……………2591405
综合二队……………2591313

电气仪表分公司

经理……………………2591579
书记……………………2594565
副经理…………………2594558
……………………………2593082
……………………………2591577
……………………………2591585
……………………………2594561
……………………………2591557
……………………………2593007
综合办公室主任……2594293
综合办公室…………2594294
综合治理……………2591582
生产管理部主任……2593303
生产管理部…………2594292
经营管理部主任……2591594
经营管理部…………2594562
……………………………2594308
财务部…………………2594360
人事劳资部主任……2594564
人事劳资部…………2591583
技术质量中心主任 2594563
技术质量中心………2591581
安全环保部…………2591582
设备管理部…………2594577
物资供应部主任……2594361
物资供应部计划……2594560
物资供应部保管……2594547
电气实验室…………2591587
计量检定室…………2591573
车队……………………2594545
电气一队……………2594396
电气二队……………2594872
电气三队……………2594349
电气四队……………2591595
仪表队…………………2594362
综合队…………………2591590
综合队铁塔厂………2591580
门卫……………………2594291

建筑工程公司

经理……………………2591429
书记……………………2594607
副经理…………………2591431
……………………………2591434
……………………………2591420
……………………………2598195
……………………………2592852
副书记…………………2593451
退岗干部……………2591417
综合办公室主任……2591424
综合办公室…………2591454
生产管理部…………2591423
人事劳资部…………2592447
设备管理部…………2591509
技术质量中心………2591461
财务部…………………2591425
经营管理部…………2591363
安全环保部…………2591422
市场开发部…………2591520
物资供应部…………2591426
建筑施工队…………2591427
锅炉房…………………2598715
商品砼队……………2591542
机械施工队…………2594337
90 搅拌站 …………2591433
120 搅拌站 ………2591432
实验室…………………2597036
地磅房…………………2598027
南门、东门…………2591421
混凝土加砌块车间 …2598251
……………………………2598302

防腐保温分公司

经理……………………2591596
书记……………………2591527
副经理…………………2591526
……………………………2594721
……………………………2594508
综合办公室…………2591529
生产管理部…………2591533
技术质量中心………2594536
经营管理部…………2591530
财务部…………………2594216
供应部…………………2591292
施工一队……………2591531
施工二队……………2591300
施工三队……………2596303
门卫……………………2591531
冀东项目部 …0315－8798020
……………………0315－8798019

内蒙古分公司

经理……………………2591249
书记……………………2591578
副经理…………………2596077
……………………………2596791
……………………………2594594
……………………………2596891
退岗干部……………2596617
……………………………2594239
综合办公室主任……2594501
综合办（传真）……2594201
经营管理部…………2591043
……………………………2594521
生产管理部…………2591910
……………………………2596702
安全环保部…………2594549
……………………………2594249
技术质量中心………2591356
……………………………2594627
人事劳资部…………2591329
设备管理部…………2591907
财务部…………………2591265
……………………………2591258
材料部…………………2594247
西院门卫……………2592163
施工一队……………2598824
施工二队……………2591556
施工三队……………2598343
综合队…………………2594297
广告车间……………2594290
传真……………………2595209
二连基地……0479－8293422
传真…………0479－8293493

冀东分公司

公网区号：0315

经理……………………8798523
书记……………………8798301
副经理…………………8798737
……………………………8798513
……………………………8797983
……………………………8798200
综合办公室主任……8798997
文书、综合治理……8798810
人事、劳资…………8798810
传真……………………8798501
行政管理……………8798123
生产部…………………8798308
值班调度……………8798560
技术部…………………8797231
安全环保部…………8798010
经营部…………………8797230
财务部…………………8798100
供应副站长…………8797578
供应站…………………8798530
钻前施工队办公室 …8798166
桩基施工队办公室 …8798228
安装施工队办公室 …8798321
综合施工队办公室 …8798203

北京分公司

公网区号：010

经理……81345677
书记……69345159
副经理……69334267
财务……69339894
办公室、人事……69334892
生产、设备……69334891
经营、安全……69339504
技术……69342007
供应……69347852
工艺队……69345528
电气队……69333882

第一工程处

处长……2725225
书记……2722664
副处长……2724090
……2724390
……2755072
综合办公室……2721215
宣传、传真……2721203
生产部……2721210
安全……2725387
技术……2725291
……2721209
调度……2723162
预算……2755620
计划……2755621
人教……2721207
经营部……2721211
财务部……2725365
门卫……2722980
一中队……2729281
一中队技术……2726277
二中队……2729282
二中队技术……2750167
三中队、设备……2721213
四中队、供应……2723025
四中队防腐厂……2729105
四中队库房……2755073
五中队、保卫……2750172

第二工程处

处长……2561717
书记……2561940
副处长……2562414
……2561302
……2561177
综合办公室……2561411
财务组……2561964
经营组……2561150
技术组……2562374
调度室……2561466
调度室……2561566
政工组……2561557
供应组……2561942
……2562347
保卫部……2562384
安装一队……2561301
安装二队……2561724
安装三队……2561571
安装四队……2561294
安装四队……2562394
安装四队……2561598
土建队……2561479
车队……2561765

第三工程处

处长……2586279
书记……2586967
副处长……2582856
……2582638
……2582625
副书记……2588021
副处长……2586327
综合办公室……2586251
生产管理部……2586238
经营管理部……2586215
物资供应部……2586237
……2586423
安全环保部……2586964
……2586328
技术质检部……2582758
财务、出纳……2586263
预算、统计……2586224
人事、教育……2588294
调度、门卫……2586228
设备、资产……2588409
一中队……2586483
二中队……2586492
三中队……2586448
四中队……2586583
五中队……2586309
防腐队……2586304
机车队……2586274

第四工程处

处长……2551381
书记……2556024
副处长……2551736
……2551677
……2551394
综合办公室（传真） 2552270
生产组……2551382
技术组……2552434
经营组……2552662
财务组……2551758
供应组……2551675
政工……2554014
一中队……2551578
二中队……2551936
三中队……2551636
门卫……2551927

第五工程处

处长、书记……2742271
副处长……2742782
……2742381
……2741176
副书记……2741209
综合办公室……2742462
生产组（设备管理） 2742842
经营组（财务）……2742432
材料组……2742723
预算……2742422
人事、劳资……2742452
安全、技术资料……2742471
质量、计量……2742532
调度（门卫）……2742273
一中队……2742722
二中队……2742601
三中队……2742514
汽车队……2742542

第六工程处

处长……2735374
书记……2735375
副处长……2735477
……2735283
退岗干部……2735763
技术组……2735289
技术组……2735287
综合办公室、人事组 2735377
财务组……2735277
材料组……2735240
施工一班……2735251
施工二班……2735378
施工三班……2735379
施工四班、五班……2735376
值班室……2736551

运输处

处长……2591567
书记……2591718
副处长……2591656
……2591505
……2595265
综合办公室主任……2591507
综合办公室干事……2594604
办公室……2591512
人事、统计……2591524
安全部主任……2591504
安全部……2594459
设备管理部……2594257
生产部主任……2594338
生产部调度……2591513
……2591514
供应部……2591517
财务部……2591511
检测站、车场门卫 2591518
汽车一队……2591522
汽车二队……2591523
汽车三队……2594571
修理厂……2591519

小车服务处

处长……2594321
书记……2594303
副处长……2594728
……2594322
办公室、综合治理 2593464
工会、女工、计生 2594573
调度……2594304
调度……2792971
供应……2594320
安全、设备……2591730
安全、设备……2594579
GPS监控……2591760
经营……2594727
小车一队……2591459
……2591460
……2591465
小车二队……2594220
……2598070
……2594844
小车三队……2598031
……2594531
小保厂……2594576
财务……2594570
门卫……2594383

方圆工程检测公司

经理……2594333
书记……2591238
副经理……2596582
……2596683
……2598301
退岗干部……2594302
综合办公室……2594471
技术质量部……2591220
财务部……2591451
经营管理部、培训部 2598010
安全环保部……2596683
设备管理部……2598010
材料管理部……2596638
无损检测室……2594697
……2591351
理化实验室……2594438
……2594301

物资供应站

站长……2591397
书记……2594379
副站长……2591503
……2593407

………………… 2591398
………………… 2594366
综合办公室………… 2593466
人事部……………… 2591399
信息录入…………… 2591392
调度………………… 2591395
账务部……………… 2591390
工具、电料、计划 2591538
五金、劳保计划…… 2591393
建材、办公耗材计划 2594298
钢材计划…………… 2591394
设备、阀门计划…… 2594299
临时项目…………… 2594554
质检主任…………… 2591478
质检部……………… 2594994
仓库主任…………… 2594569
仓库组……………… 2591391
仓库门卫…………… 2591396
加油站主任………… 2591502
加油站……………… 2594367

水电厂

领导

厂长、党委书记…… 2722062
副厂长……………… 2723780
总工程师、副厂长 … 2723256
副厂长……………… 2724753
……………… 0479－8293210
总会计师…………… 2773366
安全总监…………… 2722818
党委副书记、纪委书记、工会主席……………… 2722603

办公室

主任………………… 2773248
副主任……………… 2772813
秘书室……………… 2722903
文书室……………… 2722703
计生办……………… 2723733
档案室……………… 2773229
打字室……………… 2773231
收发室……………… 2773232
公务室……………… 2773233
传真………………… 2723920

生产管理部

主任………………… 2773502
副主任……………… 2771251
综合室……………… 2722594
设备室……………… 2722823
资产室……………… 2773447
值班室……………… 2722014
………………… 2723639
………………… 2723983
工农室……………… 2773281
车辆调派室………… 2722594

发展计划部

副主任……………… 2725418
计划组……………… 2722518
统计组……………… 2773251
水电监管…………… 2723513
办公室……………… 2773254
法律顾问…………… 2773427

人事劳资部

主任………………… 2773283
职工档案…………… 2774764
考核统筹…………… 2724808
工资组……………… 2722718
微机室……………… 2775741
培训办……………… 2773350
职工教育…………… 2723498
仿真变……………… 2774932
值班室……………… 2773467

财务部

主任………………… 2772098
副主任……………… 2772398
成本组……………… 2775162
………………… 2773312
出纳室……………… 2722618
核算室……………… 2775804

安全环保部

安全副总监………… 2773480
办公室……………… 2722503
交通………………… 2771220

党委工作部

主任………………… 2773490
副主任……………… 2723892
秘书室……………… 2723592
文书室……………… 2775747
组织办……………… 2723692
宣传办……………… 2773481
………………… 2723992
………………… 2773321
团委办……………… 2772447

纪检监察部

主任………………… 2773489
办公室……………… 2722742

工会办公室

副主任……………… 2773732
女工主任…………… 2773352
办公室……………… 2772341
文体室……………… 2771315
财务室……………… 2775749
………………… 2773424

武装保卫部

副主任……………… 2773206
综治办……………… 2775146
保卫办……………… 2725293
经济护卫队队长…… 2723792
经济护卫队书记…… 2723798

值班室……………… 2773209
东门卫……………… 2775742
西门卫……………… 2772384

基建工程管理组

办公室……………… 2773230
………………… 2773437
………………… 2773154
矿建室……………… 2722894

基层单位

技术监督设计所

主任………………… 2723698
书记………………… 2772306
副主任……………… 2722621
电设计室…………… 2773364
概算………………… 2773450
网络管理…………… 2773203
………………… 2722342
科技管理…………… 2772213
标准化室…………… 2773252
计量监督…………… 2773274
质量管理…………… 2773351
综合鉴定…………… 2773275
节能办……………… 2773365
业务室……………… 2775145
电磁室……………… 2773484
土建室……………… 2773414

电力调度所

主任………………… 2722918
书记………………… 2723107
副主任……………… 2723998
运行调度…………… 2722298
………………… 2723298
运行调度…………… 2726775
运行方式…………… 2773265
电力检修…………… 2773261
一次设备…………… 2773239
二次设备…………… 2723481
线路管理…………… 2773238
远动………………… 2773470
通信管理…………… 2773298
载波………………… 2773314
微波………………… 2773475
交换机房…………… 2773212
安全………………… 2773273
传真………………… 2726776
综合业务…………… 2773559
门卫………………… 2773213

用电管理所

主任………………… 2772619
书记………………… 2773205
副主任……………… 2773576
技术组……………… 2771252
调度………………… 2773327
成本组……………… 2772249

营业室……………… 2775694
收费室……………… 2722942
综合班……………… 2773328
………………… 2775410
………………… 2773310
语音查询…………… 2772474

线路工区

主任………………… 2773293
书记………………… 2773264
副主任……………… 2775384
调度………………… 2723751
技术组……………… 2774714
综合组……………… 2775254

线路工区一队

队长………………… 2775224
书记………………… 2773488
副队长……………… 2771245
业务………………… 2775240

线路工区二队

队长………………… 2775247
书记………………… 2775349
副队长……………… 2771244
业务………………… 2775344

修试工区

主任………………… 2773346
书记………………… 2722803
副主任……………… 2775517
生技组……………… 2723933
材料组……………… 2775394
技术组……………… 2773483

修试工区一队

队长、副队长……… 2775557
书记………………… 2775534
业务………………… 2773347
远动班……………… 2774470

修试工区二队

队长、副队长……… 2775527
书记………………… 2775241
业务………………… 2775274

变电工区

主任………………… 2723647
书记………………… 2723409
副主任……………… 2775314
………………… 2775334
业务………………… 2775364
技术组……………… 2771311
生技组……………… 2723089
综合组……………… 2775537
材料组……………… 2773402
维修班……………… 2773452

变电工区一队

队长、副队长……… 2774744
书记………………… 2773453
业务………………… 2775284

任八变……………… 2725947
任九变……………… 2714267
任十变……………… 2703994
岔一变……………… 2566278
岔二变……………… 2566941
岔三变……………… 2566284
雄县 11 万
永二变……………… 2565284
固安变……………… 2567299
万庄变……………… 2551146
苏气变……………… 2568140
苏桥变……………… 2563074
廊东变……………… 2210231
泉一………………… 6115577
泉二………………… 6147604
务十四变…………… 2826313
变电工区二队
队长、副队长……… 2775374
书记………………… 2775146
业务………………… 2773415
任一变……………… 2768477
任三变……………… 2773258
任四变……………… 2772714
河二变……………… 2583745
河三变……………… 2580590
河五变……………… 3828470
深西变……………… 2742433
大王庄变…………… 2586107
何庄西变…………… 2741146
荆丘变……………… 2743714
河一………………… 2582017
梁村………………… 2581054
留十七……………… 2580439
强十九……………… 2586942
雁翎变……………… 2760302
莫州………………… 3350172
变电工区三队
队长、副队长……… 2775243
书记………………… 2775343
业务………………… 2775347
任东变……………… 2593214
任东门卫…………… 2593224
任五变……………… 2773263
任六变……………… 2721803
任七变……………… 2593157
石化东变…………… 2735073
石化东站长………… 2735072
石化东门卫………… 2735446
佃庄变……………… 2568345
佃庄变门卫………… 2568330
任北变……………… 2772140
留路变……………… 2772142
岔河集变…………… 2772141
石化西站长………… 2735911
石化西变…………… 2735912
石化西门卫………… 2735914
任东站站长………… 2591180
霸一变……………… 2561463
任二变……………… 2722020
冀中水厂
厂长、书记………… 2723686
副厂长……………… 2771203
………………………… 2775541
高工………………… 2722994
生产技术室………… 2773407
安全组……………… 2772246
控制室……………… 2725042
………………………… 2772437
生产办……………… 2773476
营业室……………… 2773741
经营办……………… 2773249
工程师……………… 2773508
统计组……………… 2771305
库房………………… 2775834
用水管理站
主任………………… 2775543
书记………………… 2772657
业务………………… 2771224
监察一班…………… 2773558
监察二班…………… 2772427
生技组……………… 2771045
供水维修队
队长………………… 2775840
书记………………… 2773457
副队长……………… 2772308
调度………………… 2773014
业务………………… 2771347
供水队
队长………………… 2775607
书记………………… 2775542
副队长……………… 2772417
成本、技术………… 2775934
调度………………… 2775204
电工班……………… 2775317
任四站……………… 2774149
任五水站…………… 2725085
任七水站…………… 2723374
任八站……………… 2593187
联合站……………… 2773339
华美北水站………… 2789598
华美南水站………… 2789437
商业公司水站……… 2723987
总医院水站………… 2727316
二医院水站………… 2728374
局西区水站………… 2723620
局东区水站………… 2723284
井下西水站………… 2739451
石化水站…………… 2735426
油建西水站………… 2591324
油建新区水站……… 2598074
油建东水站………… 2594614
采一水站…………… 2724640
供应水站…………… 2750914
运输水站…………… 2750934
雁二水站…………… 2760015
雁三水站…………… 2760013
水质检测站
站长………………… 2773421
书记………………… 2723823
动态组……………… 2773422
化验………………… 2773532
业务………………… 2773425
供应站
站长………………… 2722755
书记………………… 2771221
副站长……………… 2773337
财务室……………… 2773411
工程项目组………… 2773236
材料组……………… 2773404
业务………………… 2773594
调度………………… 2722655
管理组……………… 2773433
微机室……………… 2772434
保管组……………… 2773448
成本、安全………… 2773413
资产库……………… 2773581
门卫………………… 2773410
机电设备厂
厂长………………… 2722169
书记………………… 2771312
副厂长……………… 2773461
………………………… 2722907
财务部……………… 2775658
调度………………… 2775628
业务部……………… 2773529
成本办公室………… 2771313
电器制造车间
书记………………… 2773482
主任………………… 2773493
材料管理组………… 2771373
电修库房…………… 2773478
机械加工车间
主任………………… 2773464
书记………………… 2772543
材料管理组………… 2773463
技术………………… 2773530
原发电库房值班室 … 2773395
运输大队
大队长……………… 2773326
书记………………… 2773420
副大队长…………… 2773432
高工………………… 2773241
调度组……………… 2722528
安全组……………… 2773383
成本………………… 2775341
统计组……………… 2773542
库房………………… 2773549
一中队
队长………………… 2722923
副队长……………… 2773302
二中队
队长………………… 2773247
书记………………… 2773547
检查站……………… 2773541
水电工程处
经理、书记………… 2723804
副经理……………… 2775143
………………………… 2775549
工程师……………… 2775955
成本………………… 2775141
综合组……………… 2723704
车辆调度…………… 2773511
财务组……………… 2775140
材料组……………… 2723402
内院门卫…………… 2775411
外院门卫…………… 2773492
电气队
队长………………… 2773343
书记………………… 2775549
调度………………… 2773510
技术组……………… 2775142
管道队
队长………………… 2773240
副队长……………… 2773563
调度、预算………… 2773563
综合服务队
队长………………… 2775640
书记………………… 2772494
成本………………… 2772454
调度………………… 2775144
门窗厂……………… 2773431
水电招待所
经理………………… 2773434
餐厅部……………… 2773444
住宿部……………… 2773400
综合车队
书记、队长………… 2722623
业务………………… 2773315
值班室……………… 2773455
二连分厂
厂长……………… 9931－8293210
书记………………… 8293415
副厂长……………… 8293414
………………………… 8293507
………………………… 8293426
生产办……………… 8293213

调度室……8293127
电调……8293212
行政办……8293550
公安组……8293122
经营办……8293160
财务……8293125
供应……8293312
生活办……8293187
供水车间……8293427
阿南水站……8293421
蒙古林站……8293513
哈南水站……8293510
供电车间……8293364
110kV变……8293350
蒙古林变……8293472
阿南变……8293471
哈南变……8293457
巴颜都兰……8293026
锡林队部……8292306
锡林发电……8292416
宝饶变电……8292487
赛淖队部……7224338
发电车间……8293508
原油一站……8293509
原油二站……8293309
机运队……8293168
二连办……2773286

器材供应处

领导
处长……2722514
副处长……2722502
副处长、财务老总……2724483
副处长……2750636
党委书记……2724890
工会主席、纪委书记 2723961
安全副总监……2752490
办公室
主任……2726990
副主任……2722053
办公室……2726107
文书……2722538
企法……2728049
计生……2782564
党委工作部
主任……2726990
办公室……2722033
文书……2723752
宣传……2756373
传真……2751542
组织、人事部
主任……2722034
副主任……2724134
组织……2722047
工资、职培……2723772
职工管理……2715141
纪委监察科
主任……2723460
副主任……2722027
办公室……2720476
保卫科、团委
主任……2723561
保卫……2728710
工会
主任……2722280
办公室……2728063
图书馆……2753782
审计科
主任……2723972
办公室……2726113
……2729140
物资管理科
主任……2722647
副主任……2728707
办公室……2723602
……2722947
技术监督科
主任……2726109
副主任……2755864
办公室……2722032
生产安全科
主任……2723310
副主任……2723310
调度……2722044
……2729147
节能……2721465
矿建……2751674
财务科
主任……2722048
副主任……2722048
费用……2723684
资金……2722685
销售……2721987
综合……2729457
材料……2722585
市场办
主任……2726843
网络管理……2726845
合同……2722063
计算机
主任……2725368
办公室……2723436
小车队
队长……2722035
财务……2724754
金属科
主任……2723667
钢材……2722658
机电设备科
主任……2723088
副主任……2723088
合同……2722464
仪表……2724460
设备……2722874
专用管材料
主任……2727207
管材……2721671
配件科
主任……2723672
办公室……2722574
燃料科
主任……2722264
副主任……2722264
办公室……2722042
非金属科
主任……2722858
副主任……2722858
建材组……2722049
化工组……2722570
进出口贸易部
主任……2711909
办公室……2726108
市场开发部
主任……2726992
副主任……2729146
化工项目部
主任……2722872
资产调剂中心
主任……2727773
副主任……2728062
……2727727
……2729145
办公室……2721277
综合服务中心
主任……2726953
……2724461
办公室……2725073
培训……2722927
档案……2722738
收发……2725638
门卫……2728714
……2726309
总库
主任……2725571
副主任……2728019
……2725958
人事……2728027
团总支、政工……2728025
工会、打字室……2728022
计生、收发……2728023
综合治理……2710144
财务组长……2725748
财务组……2725986
……2728021
……2728020
油料开单……2728057
油料输卡……2728045
管理组……2728032
调度室……2722055
……2728075
微机室、仓库管理 2728037
综合服务队队长……2728071
综合服务队副队长 2728093
接运组……2728091
材料采购……2725813
经警班……2728035
西门卫……2728036
北门卫……2728094
化验室……2728046
……2728047
……2728031
机装队
队长……2728040
副队长……2728713
调度……2728039
统计……2724721
结算……2728072
维修班……2728041
试压班……2728042
加油站
站长……2725046
办公室……2724990
值班室……2722257
结算……2723839
材料库
主任……2728052
副主任……2728050
钻采库……2728054
化工库……2728073
设备库……2728074
仪表库……2728078
煤库……2728092
钢材库……2723877
地磅库……2728053
天津转运站
主任……2577315
工会主席……2577306
副主任……2577257
……2577299
办公室主任……2577302
人事……2577312
工会……2577215
治安保卫……2577301
计算机……2577383
财务组长……2577234
财务……2577385

管理组组长…………2577338
基建预算…………2577324
调度长…………2577317
调度室…………2577279
…………2577379
市场开发部经理……2577253
金属厂办公室……2577280
金属厂财务…………2577284
离退休办公室……2577231
机装队队部…………2577265
设备安全…………2577315
机车队队部…………2577242
器材库主任…………2577327
副主任…………2577292
稽核…………2577328
对内钢材库…………2577270
对外钢厂库…………2577224
建材库…………2577276
油库…………2577259
分库…………2577268
综合服务队队部……2577260
水电收费成本员……2577281
电工班…………2577372
管焊班…………2577260
锅炉房…………2577352
水井…………2577376
中门卫…………2577249
东门卫…………2577400

保定转运站

主任…………2770168
副主任…………2770059
…………2770061
…………2770062
…………2770063
站办…………2770165
管理组…………2770071
政工级…………2770060
财务…………2770068
调度…………2770014
…………2770013

任丘第一供应站

主任…………2726856
副主任…………2726858
综合办公室…………2788408
…………2789552
工会、打字…………2788439
管理组…………2788606
财务组…………2788227
…………2788338
计划组…………2711604
材料组…………2789427
配件组…………2788376
机电组…………2788435
库房主任…………2789491
书记…………2722496
调度室…………2789456
综合班…………2788327
二号库…………2788940
三号库…………2788750
四号库…………2789731
钻井楼门卫…………2788294
干部值班室…………2726630

任丘第二供应站

主任…………2722106
工会主席…………2722206
副主任…………2722846
生产调度组…………2722306
站力、…………2722006
财务组…………2722025
…………2724269
管理组…………2722406
计划组…………2722125
…………2722225
…………2727680
材料库
主任…………2724584
保管班…………2723129
门卫…………2722404
油库…………2722375

任丘第三供应站

主任…………2723858
书记…………2730713
副主任…………2730727
政工…………2739707
人事…………2739764
微机室…………2732101
管理组…………2739310
计划组…………2732666
…………2732566
…………2732776
安全…………2738007
财务…………2739350
材料库办公室…………2739794
油库办公室…………2739437
材料库门卫…………2739450
库房值班…………2739001
油库计划…………2732766
特种油…………2739604
材料库加油站…………2732542
综合队
队长…………2739805
书记…………2739956
办公室…………2738798
副队长…………2738799
综合班…………2730778
塑钢班…………2730175
门卫…………2730761
运输班…………2732758

任丘第四供应站

主任…………2705424
书记…………2728844
站办…………2722796
管理组…………2722996
财务组…………2728843
调度室…………2703201
门卫…………2714017
配件业务…………2723568
…………2722674
配件库房…………2723524
司机班…………2725363
综合组…………2722696
综合组库房…………2722896
油库…………2722108
油库主任…………2728729
第四加油站
站长…………2750219
财务…………2725539
业务…………2752559

任丘第五供应站

主任…………2735382
副主任…………2735381
传真…………2735380
管理组（统计）……2735383
管理组（计划）……2735026
财务组…………2735384
业务组
组长…………2735203
劳保、管阀…………2735389
…………2735002
塑料、橡胶…………2735388
建材、配件…………2735386
保管组组长…………2735387
保管组…………2735391
…………2735085
装卸组…………2735190
值班调度…………2735385

万庄钻井供应站

主任…………2552157
副主任…………2552670
…………2551082
…………2552617
仓库…………2552649
油库…………2552406
计划…………2551920
车队…………2552645

万庄采油供应站

主任…………2556484
书记…………2551823
副主任…………2552240
站办公室…………2554441
财务组…………2551374
…………2553044
物资计划组…………2559170
…………2554442
仓库保管…………2559171
调度组…………2551812
司机班…………2551814
门卫…………2551782
加油站…………2551092
…………2559172

深泽供应站

主任…………2746526
副主任…………2746356
办公室…………2746296
财务组…………2746387
管理组…………2746501
计划组…………2746704
计划组配件…………2746653
计划组统配…………2746691
微机室…………2746772
仓库…………2746371
车队…………2746830
调度室…………2746245
门卫…………2746546
油品库…………2746697
加油站…………2746466
晋州转运站
主任…………2745017
书记…………2745320
库房…………2745073
油库…………2745275

霸州供应站

主任…………2561266
副主任…………2561751
办公室…………2562460
人事…………2562461
管理…………2561394
财务…………2561261
计划…………2562462
…………2561347
调度…………2561447
库房门卫…………2561470
油库主任…………2562541
油库加油岗…………2561332

辛集供应站

主任…………2589506
副主任…………2743519
计划组…………2742675
…………2742251
站部组…………2742265
财务组…………2742352
管理组…………2742671
…………2742414
油库组…………2742380

河钻供应站

主任…………2582443

副主任……………… 2582353
……………………… 2582522
……………………… 2582877
办公室……………… 2582269
劳资女工…………… 2582504
武保………………… 2582797
财务………………… 2582872
司机班……………… 2582653
调度………………… 2582468
机动安全…………… 2583523
油库业务组………… 2582449
油库主任…………… 2583449
加油房……………… 2582944
材料库书记………… 2582466
业务组……………… 2582653
管理组……………… 2583524
库房………………… 2582466
门卫………………… 2582380

河采供应站

主任………………… 2589506
副主任……………… 2589507
……………………… 2589509
管理组……………… 2589501
站力、……………… 2589505
业务组……………… 2586535
调度………………… 2586285
加油站……………… 2586540

金合公司

主任………………… 2728127
副主任……………… 2722795
……………………… 2728126
……………………… 2725774
办公室主任………… 2728127
人事、计生………… 2722031
安全、计量………… 2728119
财务部……………… 2728122
企管部……………… 2728119
运输服务部………… 2728121
销售部……………… 2722695
技术中心…………… 2725939
防腐器项目部……… 2728134
封隔器项目部……… 2728132
橡胶车间…………… 2728131
化工装备部………… 2728120
橡塑厂……………… 2728133
网络管理…………… 2728130
值班门卫…………… 2728135

运输公司

领导

总经理……………… 2722051
副总经理…………… 2723336
……………………… 2723760
党委书记…………… 2723450
纪委书记、工会主席 2723036
党委委员、组织部长 2722430
安全副总监………… 2722401

办公室

主任………………… 2723186
副主任……………… 2723065
文书………………… 2723175
秘书………………… 2714042
档案………………… 2714008

生产部

主任………………… 2725743
副主任……………… 2722201
质量督察…………… 2722251
市场开发…………… 2722238
路政管理…………… 2722643
调度值班…………… 2723101
……………………… 2724339

安全环保部

主任………………… 2722543
督察………………… 2723168
安全环保…………… 2722975
车务管理…………… 2714016
GPS 监控室 ……… 2728817

人力资源部

主任………………… 2722430
组织………………… 2714003
培训档案…………… 2722485
工资人事…………… 2722075
再就业办公室……… 2723106

财务部

主任………………… 2728578
副主任……………… 2723565
成本核算…………… 2722475
会计出纳…………… 2725086

企划部

主任………………… 2722922
经营管理…………… 2725092
计划统计…………… 2714036

技术装备部

主任………………… 2722370
业务………………… 2726303

党委工作部

部长………………… 2722212
党办宣传…………… 2722330

纪委监察办

主任………………… 2725130
纪委监察…………… 2722622

工会

副主席……………… 2723130
……………………… 2723136
办公室……………… 2723075

综治办

主任………………… 2722386
综治办……………… 2714410
机关总支…………… 2722101
电话会议…………… 2722510
文化活动中心……… 2721450

物供中心

主任………………… 2722930
副主任……………… 2723527
油料组……………… 2714013
材料组……………… 2714002
资产组……………… 2714220
轮胎库……………… 2722230

培训再就业中心

主任………………… 2722368
教研室……………… 2722943
……………………… 2714033
人事………………… 2728576
电教室……………… 2722630

多元化服务中心

主任………………… 2720030
人事………………… 2722775
财务………………… 2714217
宿舍管理…………… 2722513

冀东运输处

公网区号：0315

处长………………… 8761700
副处长……………… 8761702
调度室……………… 8761263
安全技术…………… 8761141
人事财务…………… 8761255

新疆项目部

公网区号：0996

经理………………… 2137043
书记………………… 2172730
财务………………… 2172898
轮南调度…………… 2178749
吐哈调度…… 0995－8328222
三塘湖……… 0902－6599025

山东项目部

公网区号：0531

经理 ……………… 87989049
调度室 …………… 87582583

一大队

大队长……………… 2723567
总支书记…………… 2724475
副大队长…………… 2729287
……………………… 2722065
生产办……………… 2705127
行政………………… 2722325
调度………………… 2722425
安全………………… 2729255
财务………………… 2722719
人事………………… 2728756
统计………………… 2715334
再就业……………… 2729079
材料………………… 2724288
机动设备…………… 2722265

一中队

队长………………… 2768112
书记………………… 2768459
调度………………… 2750259

二中队

队长………………… 2722066
调度………………… 2722090
副队长……………… 2722465

三中队

队长………………… 2760378
书记………………… 2750270
调度………………… 2760074

四中队……………… 2722371
南门卫……………… 2753912
北门卫……………… 2705117

二大队

大队长……………… 2561395
总支书记…………… 2561320
副大队长…………… 2562737
综合办……………… 2562449
调度………………… 2561075
安全………………… 2563144
财务………………… 2561904
技术………………… 2562764
人事………………… 2560366
再就业……………… 2562447
材料统计…………… 2562744

一中队

队长………………… 2561539
书记………………… 2561469
副队长……………… 2561418
调度………………… 2561518

二中队

队长………………… 2566111
书记………………… 2566408
副队长……………… 2566467
调度………………… 2566773
内修车间…………… 2561731
内修车间调度……… 2561361
内修车间材料……… 2561314

三大队

大队长……………… 2582725
总支书记…………… 2586434
副大队长…………… 2586623
……………………… 2586422
政工组……………… 2586424
调度室……………… 2582698
调度室……………… 2586430
生产组长…………… 2586556
安全………………… 2586408
财务………………… 2586575
人事………………… 2586764
材料组……………… 2586436
计生文印…………… 2586234

电话会议…………… 2586346
车场门卫…………… 2582154
一中队……………… 2580473
一中队调度………… 2580488
二中队……………… 2586428
三中队……………… 2586213
修保车间…………… 2586439

四大队

大队长……………… 2551007
总支书记…………… 2552522
副大队长…………… 2551468
…………………… 2551485
调度………………… 2551466
…………………… 2551123
政工………………… 2510332
综合组……………… 2551930
生产组……………… 2510334
财务………………… 2554754
成本核算…………… 2510345
材料………………… 2510331
安全………………… 2510339
一中队……………… 2551470
二中队……………… 2569700
三中队……………… 2551138
修保站……………… 2551753

五大队

大队长……………… 2742121
总支书记…………… 2742359
副大队长…………… 2742259
…………………… 2746637
办公室……………… 2742131
政工………………… 2742631
生产组……………… 2741035
安全………………… 2742151
调度长……………… 2742664
调度室……………… 2742277
…………………… 2742181
财务………………… 2742141
人事………………… 2742547
技术………………… 2746395
再就业……………… 2746710
材料………………… 2742622
库房………………… 2743874
单身宿舍…………… 2743650
一中队
队长………………… 2742161
书记………………… 2742171
二中队队长………… 2742623
三中队
队长………………… 2746792
书记………………… 2746582
调度………………… 2746827
调度………………… 2746366
材料………………… 2746685

六大队

大队长……………… 2788920
总支书记…………… 2788304
副大队长…………… 2788317
…………………… 2789975
综合办……………… 2788450
传真………………… 2726844
调度长……………… 2788961
调度室……………… 2722191
…………………… 2722675
安全………………… 2788382
人事劳资…………… 2788648
财务室……………… 2788312
成本核算…………… 2788962
材料………………… 2788919
一中队……………… 2788714
二中队……………… 2788313
三中队……………… 2788351
四中队……………… 2724430

七大队

大队长……………… 2722875
总支书记…………… 2714006
副大队长…………… 2725660
…………………… 2724881
调度………………… 2722565
人事财务…………… 2721522
一中队……………… 2721511
二中队……………… 2723611
三中队……………… 2723811
调度………………… 2780377
安全………………… 2724568
财务………………… 2723643
再就业……………… 2725758
现场调度…………… 2735955

九大队

大队长……………… 2552413
总支书记…………… 2551671
副大队长…………… 2551703
…………………… 2510045
综合办……………… 2552261
生产办……………… 2551864
市场办……………… 2510353
调度值班…………… 2551012
安全………………… 2552262
技 7R ……………… 2552517
财务………………… 2510359
人事统计…………… 2551697
一中队……………… 2552561
二中队……………… 2552563
三中队……………… 2552562
修保站……………… 2551323
二连前线领导 0479－8292560
锡林调度 …… 0479－8292111
阿尔善调度 … 0479－8293076

十大队

大队长……………… 2582276
总支书记…………… 2582376
副大队长…………… 2582889
大队长助理………… 2582282
办公室……………… 2582481
政工组……………… 2582840
工程师……………… 2584042
调度长……………… 2582471
调度室……………… 2582484
调度值班…………… 2582584
安全………………… 2582428
财务组……………… 2584470
路单审核…………… 2582287
劳资………………… 2582559
库房………………… 2582587
一中队……………… 2582459
二中队……………… 2583760
三中队……………… 2582357
四中队……………… 2582377
苏里格……… 0477－7217615

自保工段

工段长……………… 2723937
副工段长…………… 2725794
…………………… 2722559
调度………………… 2788262
人事财务…………… 2723831
材料………………… 2788403

综合服务站

站长………………… 2714198
书记………………… 2722913
副站长……………… 2712478
调度室……………… 2722688
人事财务…………… 2722588
文印室……………… 2714004
机关门卫…………… 2723560
车场南门…………… 2725575
车场北门…………… 2714027

多种经营企业

运通办公室………… 2725665
运通财务…………… 2723694
招待所长…………… 2722301
招待所服务台……… 2723668
洁美化工经理……… 2751922
洁美化工公司……… 2727783
兆宝丰经理………… 2786738
兆宝丰公司………… 2728908

通信公司

领导

经理、党委书记…… 2724211
副经理……………… 2723926
…………………… 2723171
副经理、总工程师 2725026
党委副书记、纪委书记、工会主席……………… 2728906
副总工程师………… 2721000

总值班室

总值班室…………… 2722127

办公室、党群工作部

主任………………… 2723185
工会副主席、副主任 2727879
副主任……………… 2723529
文书………………… 2727880
秘书………………… 2711617
机关事务管理……… 2723535
秘书、团干事……… 2726239
组织、纪检、宣传 2723932
工会办公室………… 2728220

计划经营部

主任………………… 2724132
副主任……………… 2756930
法律合同管理……… 2722634
企业策划现代化管理 2722634
投资管理…………… 2722634
工程造价与矿区规划 2722139

财务部

主任………………… 2729975
副主任……………… 2712234
报销、出纳………… 2722134
收入、成本会计…… 2729848
税务、资产会计…… 2723642
多元会计…………… 2722734
多元出纳…………… 2727885

人力资源部

科长………………… 2729593
工资、保险、统计、工伤…………………… 2722056
人力资源管理……… 2724005
培训………………… 2722572
鉴定站……………… 2714304
档案室……………… 2705434

市场部

主任………………… 2723923
副主任……………… 2727197
…………………… 2725907
办公室……………… 2729890
计费管理…………… 2729844
电视咨询受理……… 2710241
话费追缴…………… 2714924
营业受理…………… 2722534
客户服务部………… 2722000
数据、电视办……… 2728400
统计财务…………… 2710264
计费办公室………… 2722402
咨询电话……………………… 186
传真………………… 2716060

生产技术部

主任…………………… 2720770
副主任………………… 2729923
……………………………… 2722934
综合办公室…………… 2755446
质量管理……………… 2724501
科技管理……………… 2727916
线路管理……………… 2725537
设计所………………… 2725000
技术支持中心办公室 2724871
传输馈线组…………… 2754321
油田信息化组………… 2755445
……………………………… 2719244
油田信息化组………… 2722177
程控交换组…………… 2755446
通信电源组…………… 2720615
广播电视组…………… 2722466
监控中心……………… 2754333
……………………………… 2724789
公司总值班室………… 2722127
……………………………… 2725824
180 投诉台 ………… 2710914
……………………………… 2710915
……………………………… 2720349

安全机动环保部

安全副总监、主任　 2724958
机动设备管理………… 2727972
安全、环保、防火　 2727972
交通安全管理………… 2755690

后勤保障部

副站长………………… 2716236
基建工程协调员…… 2725949
计划生育……………… 2727881
基建维修……………… 2724241
装修设计……………… 2724041
水电暖绿化…………… 2702749

无委办

办公室………………… 2722328
……………………………… 2728622

保卫科

科长…………………… 2720057
内外勤………………… 2721649
经警队长……………… 2726045
保卫科接警…………… 2725100
监控室………………… 2722231
……………………………… 2725854
电视台门卫…………… 2713440
综合楼门卫…………… 2789400
电缆报警……………… 2751044
办公楼门卫…………… 2790524
南门门卫……………… 2721694

任丘通信总站

站长…………………… 2779000
书记、副站长………… 2729900
站长助理……………… 2750033
办公室………………… 2724456
大客户经理…………… 2720779
总站安全和政工…… 2720773
程控管理……………… 2725644
网络管理……………… 2722434
计费管理……………… 2711373
电力管理……………… 2700373

任丘通信站

站长办………………… 2728212
副站长办……………… 2724023
电梯间………………… 2721024
话务资料……………… 2786114
测量室………………… 2725977
……………………………… 2752112
电力室………………… 2727546
会议电话……………… 2722323
话务班………………… 2723700
宽带班………………… 2721422
……………………………… 2724654
汇一…………………… 2721240
……………………………… 2718120
……………………………… 2705014
汇二…………………… 2720066
……………………………… 2705044
……………………………… 2779001
四小区机房…………… 2707333
消防控制室…………… 2725838
保定综合班
值班室………………… 2705644
程控机房
……………………………… 2770333
查修营业
……………………………… 2770201
宽带维修班…………… 2721422

装机维护队

队长办………………… 2711083
副队长办……………… 2723910
办公室………………… 2725545
查修一班……………… 2724123
查修二班……………… 2722123
查修三班……………… 2728242
电缆班………………… 2721264

油建经营部

经营部经理…………… 2591201
测量室………………… 2591000
查修班………………… 2593444
程控机房……………… 2591333
……………………………… 2591202
营业室………………… 2595333

井下经营部

经营部经理…………… 2739201
测量室………………… 2737333
查修班………………… 2739444
查修…………………… 2739202
程控机房……………… 2739333
营业室………………… 2723606

水电经营部

经营部经理…………… 2775201
查修班………………… 2775444
程控机房……………… 2775333
……………………………… 2725358
营业室………………… 2775202

技校经营部

经营部经理…………… 2764201
查修班………………… 2764202
程控机房……………… 2765333
……………………………… 2764333
营业室………………… 2764222

石化经营部

经营部经理…………… 2736201
查修班………………… 2735112
程控机房……………… 2736333
家属区………………… 2736114
营业室………………… 2735222

采油工区通信服务部

任南通信站
站长…………………… 2769201
查修班………………… 2769444
程控机房……………… 2769333
……………………………… 2768733
营业室………………… 2769222
雁翎通信站
站长…………………… 2760201
查修班………………… 2760444
程控机房……………… 2760333
营业室………………… 2760211

青县总站

站长…………………… 2571401
副站长………………… 2571402
综合办公室…………… 2571406
传真…………………… 2571405
大客户经理…………… 2572201
项目部经理…………… 2579800
政工干事……………… 2571403

青县经营部

机务班………………… 2572333
线务班………………… 2572444
长丰机务班…………… 2724195
营业室………………… 2572202

沧州经营部

经理…………………… 2579900
机务班………………… 2579600
线务班………………… 2579500
营业室………………… 2579999

天津经营部

经理…………………… 2577201
副经理………………… 2576201
团泊洼机务…………… 2576333
团泊洼线务…………… 2576618
团泊洼营业…………… 2576211
周李庄机务…………… 2577333

河间通信总站

站长、书记…………… 2584401
副站长………………… 2584403
综合办公室…………… 2584476
传真…………………… 2584405
技术组………………… 2584402

河间经营部

经营部经理…………… 2582201
微波机房……………… 2584234
程控机房……………… 2582333
……………………………… 2582222
营业室………………… 2582666
查修班………………… 2582211
饶阳微波机房………… 2581147

采油工区通信服务部

留路通信站站长…… 2580201
留路通信站营业室 2580500
留路通信站程控班 2580333

采三经营部

经营部经理…………… 2586201
……………………………… 2588460
营业室………………… 2586500
程控机房……………… 2586333
……………………………… 2582472
查修班………………… 2586301
闭路维修……………… 2588444

辛集通信总站

站长、书记…………… 2741401
副站长………………… 2741404
综合办公室…………… 2741407
……………………………… 2741406
市场开发部…………… 2741234
市场开发部…………… 2741403

辛集经营部

经营部经理…………… 2742201
机房…………………… 2741333
……………………………… 2742333
会议室………………… 2742814
……………………………… 2742784
营业室………………… 2742410
查修…………………… 2742133
河庄西机房…………… 2741201

采油工区通信服务部

自动化维护…………… 2743480

深泽经营部

经营部经理…………… 2748201
机房…………………… 2748333
……………………………… 2748234
查修班………………… 2746611
会议室………………… 2749520
……………………………… 2749521

营业室…………………… 2746505

晋州经营部

经营部经理………… 2745201
机房…………………… 2745333
…………………………… 2745234
查修班………………… 2745202
会议室………………… 2745014
…………………………… 2745754
营业室………………… 2745113
石炼机房……………… 2741000

霸州通信总站

站长、书记………… 2561401
副站长………………… 2561402
办公室………………… 2561407

霸州经营部

大客户经理办公室 2561405
程控机房……………… 2561333
查修办公室…………… 2561112
…………………………… 2561697
营业室………………… 2561555
…………………………… 2561201

采油工区通信服务部

岔河集通信站
站长…………………… 2566201
岔河集通信站
程控机房……………… 2566333
…………………………… 2566555
营业室………………… 2566999

固安经营部

经营部经理………… 2567201
程控机房……………… 2567333
……………… 010-69215333
营业室………………… 2567222

万庄通信总站

站长…………………… 2557401
副站长………………… 2557402
综合组………………… 2557406
成本组………………… 2557407
技术组………………… 2557405
程控机房……………… 2551333
…………………………… 2553000
测量…………………… 2551112
微波机房……………… 2722488
宽带安装……………… 2569000
电话查修……………… 2558877
有线电视查修………… 2551306
微波机房（北京门） 2723682
门卫…………………… 2557408
大客户经营部
经理…………………… 2557201
…………………………… 2557202
万庄经营部
经理…………………… 2575168
营业室………………… 2551700

用户接待室………… 2719714
采四营业室………… 2569300
采油工区通信服务部
永清通信站
站长…………………… 2568201
营业室………………… 2568444
微波机房……………… 2721974
程控机房……………… 2568333
别古庄通信站
站长…………………… 2565201
营业室………………… 2565222
值班室………………… 2565333
微波机房……………… 2565258

二连通信总站

公网区号：9931
站长、书记………… 8292518
副站长………………… 8292283
…………………………… 98292152
综合办公室………… 8292454
…………………………… 8292673
财务…………………… 8292618
锡林经营部
经理…………………… 8292345
查修班………………… 8292543
程控室………………… 8292300
营业室………………… 8292317

阿尔善通信站

公网区号：9931
站长…………………… 8293567
…………………………… 8293086
程控班………………… 8293500
查修班………………… 8293514
营业室………………… 8293645
劳动服务队
财务…………………… 8292149
装机组………………… 8292437

山西煤层气通信总站

公网区号：0356
站长、书记………… 7064410
项目部………………… 7064755

信息中心

主任、书记………… 2779096
副主任………………… 2725038
办公室………………… 2722121
网页制作……………… 2720429
市场部………………… 2779006
运维支持……………… 2779366
运维机房……………… 2729944

电视中心

主任…………………… 2781167
书记…………………… 2728797
办公室………………… 2725273
前端机房……………… 2722665
数字机房……………… 2718001
发射机房……………… 2722748

工程一处

经理、书记………… 2705618
副经理………………… 2755300
…………………………… 2729697
办公室主任………… 2705619
监控部门……………… 2700870
程控部………………… 2710500
财务…………………… 2721290
综合办………………… 2725980
海外部………………… 2725186
传真…………………… 2755037

工程二处

经理…………………… 2724351
副经理………………… 2725608
…………………………… 2724884
综合办公室………… 2725997
财务组………………… 2722074
光缆维护资料室…… 2721863
光缆维护部………… 2722115
…………………………… 2752983
设备厂………………… 2722338
通联公司……………… 2729932
第一项目部………… 2724757
第二项目部………… 2728837
第三项目部………… 2728887
第四项目部………… 2729104

无线事业部

经理…………………… 2787684
书记、副经理……… 2752699
副经理………………… 2705956
财务…………………… 2702240
办公室………………… 2724001
随身通市场部……… 2787694
随身通维修………… 2781656
随身通销售………… 2705656
手机大客户缴费…… 2728004
GPS 监控中心 …… 2720425

增值业务部

经理…………………… 2786677
书记、副经理……… 2700158
副经理………………… 2723120
经理助理……………… 2720183
综合办公室………… 2706905
计算机销售………… 2785158
广告经营部………… 2710158
ICT 系统集成部…… 2751160
计算机维修中心…… 2789944
网络工程部………… 2700425
证券信息服务部…… 2706910
证券咨询……………… 2786466
证券大中散户管理 2704207
证券机房……………… 2706901

物资供应部

站长…………………… 2723146
书记…………………… 2725316
财务…………………… 2724002
计划…………………… 2722340
管理…………………… 2722285
保管…………………… 2711661
门卫…………………… 2724002

小车队

队长、书记………… 2721041
副队长、调度……… 2722905
财务…………………… 2722819

河北华北石油路桥工程有限公司

领导

总经理、书记……… 2725866
副总经理、副书记 2722787
副总经理……………… 2712421
副总经理、安全总监 2702980
总工程师……………… 2780507
副总经济师………… 2716434

综合办公室

主任…………………… 2727486
副主任………………… 2727237
办公室………………… 2700334
门卫…………………… 2724589

财务部

主任…………………… 2720509
资金室………………… 2755982
成本室………………… 2727235
工会财务……………… 2720512

人事劳资部

主任…………………… 2706421
办公室………………… 2727247

经营开发部

主任…………………… 2720511
预算室………………… 2723196

技术质量部

主任…………………… 2712423
试验检验中心……… 2721462

生产机动安全部

安全副总监、主任 2727252
生产协调……………… 2712419
设备、能源………… 2727266

冀中项目部

经理…………………… 2727256
书记…………………… 2712420
副经理、调度……… 2724424
副经理、财务……… 2712422
副经理、机修厂…… 2727257

二连项目部

经理、书记………… 2725701
副经理………………… 2727490

冀东项目部

经理…………………… 2727253

搅拌站
站长…………………… 2725429
地秤房………………… 2725443
控制室………………… 2727254
供应站
站长…………………… 2752204
库房…………………… 2727258

矿区服务事业部

领导
主任…………………… 2757266
常务副主任…………… 2715803
副主任………………… 2757369
………………………… 2755107
………………………… 2715566
综合管理办公室
主任…………………… 2722345
综合科
科长…………………… 2757316
文书…………………… 2757315
打字…………………… 2757319
公务…………………… 2757389
文秘科
科长…………………… 2757318
秘书…………………… 2757313
计划财务处
处长…………………… 2725482
计划科
科长…………………… 2757306
副科长………………… 2757302
科员…………………… 2757305
………………………… 2757322
综合科
副科长………………… 2757325
出纳…………………… 2757303
综合…………………… 2757367
会计科
科长…………………… 2757365
科员…………………… 2757337
………………………… 2757327
………………………… 2757360
资金科
科长…………………… 2757363
副科长………………… 2757377
科员…………………… 2757392
………………………… 2757320
………………………… 2757357
………………………… 2757392
预算科
科长…………………… 2757326
科员…………………… 2757329
内控科
科长…………………… 2757353
科员…………………… 2757338

人事劳资处
处长…………………… 2757308
工资科
副科长………………… 2757310
科员…………………… 2757381
劳动组织科…………… 2757312
………………………… 2757362
物业管理处
处长…………………… 2715804
绿化科
科长…………………… 2724274
科员…………………… 2757309
供热办
主任…………………… 2711495
科员…………………… 2757311
物业科
科长…………………… 2701889
科员…………………… 2757300
公益事业处
处长…………………… 2722349
幼教管理科副科长　2757399
离退休人员管理处
处长…………………… 2729657
办公室主任…………… 2722167
科员…………………… 2722262
文体科
科长…………………… 2729652
科员…………………… 2722262
关工委办公室
副主任………………… 2704240
科员…………………… 2704240
管理科
科长…………………… 2724025
科员…………………… 2725009
服务站
站长…………………… 2725346
科员…………………… 2726653
矿区建设管理处
矿建处处长…………… 2757332
房管科
科长…………………… 2755393
副科长………………… 2724058
科员…………………… 2757359
科员…………………… 2757307
项目协调科
副科长………………… 2757356
科员…………………… 2757356
市场管理科长………… 2727557
造价站
副站长………………… 2757335
造价站………………… 2723430
招标办主任…………… 2722067
质监站
站长…………………… 2713383
副站长………………… 2757339
安监站
站长…………………… 2725027
副站长………………… 2757336
科员…………………… 2757355
住房置换管理中心
办公室主任…………… 2755359
科员…………………… 2755352

第一综合服务处

领导
处长…………………… 2552210
副处长………………… 2554710
………………………… 2557057
党委书记……………… 2554405
纪委书记、工会主席　2551644
行政办
主任…………………… 2554409
秘书…………………… 2554411
综合组………………… 2555547
打字室………………… 2551893
门卫…………………… 2551051
公务员………………… 2559761
收发、司机班………… 2551863
党委工作部（机关总支）
部长…………………… 2551089
副部长………………… 2554413
文书…………………… 2552212
服务协调科
副科长………………… 2551094
物业、设备管理……… 2552090
节能节水管理………… 2552544
计划科
科长…………………… 2552206
副科长………………… 2557970
计划统计组…………… 2551416
企管科技组…………… 2557970
资产物资组…………… 2552214
工程预、决算组……… 2552771
政研室………………… 2551606
财务科
科长…………………… 2551731
副科长………………… 2554410
资金组………………… 2551165
成本组………………… 2555544
………………………… 2557074
劳资科
副科长………………… 2551630
统计档案管理………… 2551143
职工工资管理………… 2551862
再就业管理…………… 2575054
技安科
科长…………………… 2552102
值班室………………… 2551150
矿建科
科长…………………… 2551298
质量组………………… 2551045
土地房产管理科
副科长………………… 2551266
房产组………………… 2559780
土地管理……………… 2551491
组干科
科长…………………… 2551840
组织管理……………… 2551725
纪检监察科
副科长………………… 2554414
工团办公室
主任…………………… 2550681
团委书记……………… 2551844
财务…………………… 2557048
办公室………………… 2551151
核算中心
主任…………………… 2557657
财务稽核……………… 2551534
中心合同……………… 2551770
法律事务……………… 2555477
社会保险管理所
所长…………………… 2554075
副所长………………… 2553403
养老统筹……………… 2553470
医疗统筹……………… 2554540
职业技能鉴定站
站长…………………… 2554263
办公室………………… 2554262
鉴定组………………… 2552945
鉴定管理……………… 2557053
机关事务服务中心（计生办）
主任…………………… 2551906
办公室………………… 2558307
档案馆………………… 2551952
养老金发放中心
主任…………………… 2551842
书记…………………… 2551527
副主任………………… 2557185
综合办………………… 2575037
八所…………………… 2510131
十七所………………… 2552207
四厂网点……………… 2510130
培训中心
主任…………………… 2554706
书记…………………… 2552395
副主任………………… 2551594
中心办………………… 2552396
人事…………………… 2552397
财务…………………… 2551287
一幼园长……………… 2557676
一幼门卫……………… 2551699
二幼园长……………… 2553714

二幼门卫…………… 2552403
二幼食堂…………… 2552401

离退休人员管理中心

主任………………… 2552106
书记………………… 2569563
副主任……………… 2551600
…………………… 2552775
工会主席…………… 2552104
政工………………… 2552035
政工人事后勤……… 2552100
一站………………… 2552171
三站………………… 2552543
四站………………… 2553365
五站………………… 2575271
南区活动站………… 2551241

新闻文化中心

主任………………… 2551813
书记………………… 2551540
电视台……………… 2510796
人事财务安全……… 2575492
女子健身馆………… 2552773
游泳池……………… 2554477
第一体育馆………… 2551803
第二体育馆………… 2557101

技术监督中心

主任………………… 2551202
书记………………… 2510503
节能办……………… 2551511
检定室……………… 2552346
财务、人事………… 2552502
生产办……………… 2552345
器具收发室………… 2552347

房屋出租管理中心

主任………………… 2552082
书记………………… 2551130
副主任……………… 2510206
工会主席…………… 2551690
副主任……………… 2551996
副主任……………… 2551391
合同、人事、工会 … 2551495
党群、维稳、计生 … 2552611

矿区建设维修中心

主任………………… 2557064
书记………………… 2557073
副主任……………… 2552271
工会主席…………… 2557248
综合组……………… 2510721
设计预算组………… 2552410
施工管理组………… 2558432

资产物资管理中心

主任………………… 2551100
书记………………… 2575710
副主任……………… 2558722
…………………… 2551001
副书记、工会主席 2551756
综合办……………… 2554705
中心门卫…………… 2557622
资产部……………… 2551001
气站门卫…………… 2551354
物资部……………… 2575811
乙炔气厂…………… 2551031

服务车队

队长………………… 2551441
书记………………… 2510659
副队长……………… 2510356
车队调度…………… 2551776
财务、人事………… 2575156
机动、安全………… 2551538

招待所

所长………………… 2551865
书记………………… 2551291
财务………………… 2551236
一楼总台…………… 2551750
二楼服务台………… 2551281
208 室 …………… 2552092
210 室 …………… 2552093
食堂………………… 2551280
测试单身公寓……… 2551933
单身楼……………… 2552384
门卫………………… 2552192

水电暖服务公司

经理………………… 2551484
书记………………… 2552322
副经理……………… 2552617
…………………… 2569187
工会主席…………… 2552324
经营办……………… 2552341
综合办……………… 2551805
安全计量…………… 2551228
物业督察器材组…… 2551261
调度室……………… 2551523
收费厅……………… 2569303
南区供暖队………… 2551815
桥头供暖队………… 2559757
供排水队…………… 2551877
供电队……………… 2551702
计量收费队………… 2551102
水暖工程队………… 2551409
7 号泵房 ………… 2575049
南区泵房…………… 2575042
3、6 号泵房 ……… 2575043
桥头泵房…………… 2575047
北排污站…………… 2575041
东加压站…………… 2575044
东排污站…………… 2575054

矿区综合管理站

站长………………… 2552230
书记………………… 2551186
副站长……………… 2557948
…………………… 2555430
工会主席…………… 2552234
综合办……………… 2552231
经营办……………… 2552233
生产办……………… 2552236
物业督察室………… 2552232
门卫………………… 2555429
矿管一队…………… 2557149
矿管二队…………… 2557471
矿管二队（桥头） 2551656
矿管三队…………… 2558302
矿管四队…………… 2552335
市场管理队………… 2558315
清运队……………… 2554766
矿管维修…………… 2551928
园林绿化队………… 2557075

保卫治安大队

大队长……………… 2551968
书记………………… 2575222
副大队长…………… 2551240
…………………… 2552111
…………………… 2551023
武装部……………… 2551769
综治办……………… 2551504
矿监巡逻队………… 2550897
中控室……………… 2569047
停车场……………… 2557472
大队门卫…………… 2552107
保安一队…………… 2575240
二十区……………… 2510203
九区………………… 2575124
十七区……………… 2575024
南门………………… 2551652
万康居委会 9 区…… 2551253
万康居委会 17 区（万康党支部）……… 2575307
万怡居委会 20 区（万怡党支部）……… 2575305
保安二队…………… 2551320
桥头………………… 2555071
六区………………… 2575483
二十二区…………… 2551021
西门………………… 2550587
万春居委会
14 区 ……………… 2575309
18 区（万春党支部） 2552083
桥头万春党支部…… 2557247
万青党支部………… 2558302
万乐党支部………… 2552335
保安三队…………… 2551025
北门………………… 2552061
东门………………… 2551265
安居………………… 2551730
二十五区…………… 2575148
万青居委会 6 区…… 2552235
万乐居委会 25 区 … 2551274

职工医院

院长………………… 2557931
书记………………… 2552609
副院长……………… 2557708
…………………… 2557973
工会主席…………… 2557973
政工办……………… 2551087
医务办……………… 2557102
门诊办……………… 2551169
门诊办传真………… 2557365
急诊……………………… 120
人事………………… 2557105
财务………………… 2551148
信息办……………… 2551326
内一病区…………… 2557701
透析室……………… 2557708
内二病区…………… 2557703
外科病区…………… 2557772
手术室……………… 2557969
妇产科病区………… 2557103
妇产科门诊………… 2557730
儿科病区…………… 2557707
传染科病区………… 2557906
保健科……………… 2557731
放射科……………… 2557727
检验科……………… 2557723
西药房……………… 2557737
住院药房…………… 2557713
护理部……………… 2551251
功能科……………… 2557773
理疗科……………… 2557735
供应室……………… 2557776
门诊收费…………… 2557737
住院收费…………… 2557991
司机班……………… 2557853
门卫 ……………… 2557R76
后勤………………… 2551324
药房会计…………… 2551324
综合病房…………… 2557775
卫生防疫站………… 2551981

第三综合服务处

领导

处长………………… 2585279
副处长……………… 2582313
…………………… 2585179
党委书记…………… 2582347
党委副书记、工会主席、纪委书记……………… 2582316

行政办公室

主任………………… 2582828

副主任……………… 2582980
信访办……………… 2584580
文书………………… 2582332
传真………………… 2582301
计划生育…………… 2582452
档案室……………… 2584038
综合值班室………… 2582523
文印室……………… 2581942
三楼接待室………… 2582229
门卫………………… 2582390

党群工作部

主任………………… 2582315
工会副主席………… 2582517
宣传文书、传真…… 2583984

安全管理科

科长………………… 2582309
技术监督…………… 2582346
设备节能…………… 2582920
HSE办公室 ……… 2582344

人事劳资科

科长………………… 2582888
新酬管理…………… 2582243
职称、考核、合同 … 2582753
人事档案…………… 2582454

财务科

科长………………… 2582412
资金………………… 2582232
会计核算…………… 2582432
票据档案…………… 2582399

经营管理科

科长………………… 2582385
副科长……………… 2582573
法律顾问…………… 2582842
合同管理…………… 2582822
网络机房…………… 2582047
设备库……………… 2582389

物业管理科

科长………………… 2582668
工程师……………… 2585823
副科长……………… 2582891
房管………………… 2582220
计划………………… 2582545

组织纪监科

科长………………… 2582953
办公室……………… 2582208
组织干部…………… 2582562

俱乐部

主任………………… 2582556
办公室……………… 2582558
电视站站长………… 2583013
值班室……………… 2582458

社会保险所

所长………………… 2583764
养老保险…………… 2582451

医保、财务………… 2584240

水电暖大队

大队长……………… 2582865
书记………………… 2584896
副大队长…………… 2582270
……………………… 2582847
工会主席…………… 2582646
政工、安全………… 2582853
值班室……………… 2582289
劳资、财务………… 2585299
调度室……………… 2582577
锅炉车间…………… 2582477
锅炉值班…………… 2582591
供水队……………… 2582516
中心水房…………… 2582325
三区水房…………… 2582310
钻前水房…………… 2582465
电管站……………… 2582557
变电站……………… 2582304
综合队……………… 2582838
库房………………… 2582970
抄表班……………… 2582845
管工班……………… 2582528

矿区管理站

站长………………… 2584704
书记………………… 2584719
副站长……………… 2582246
副书记……………… 2587480
办公室……………… 2582904
……………………… 2583723
财务………………… 2584396
一分站……………… 2582550
服务热线…………… 2581440
二分站……………… 2582578
服务热线…………… 2582440
三分站……………… 2582582
服务热线…………… 2583440
矿政监察…………… 2582418
市场管理站………… 2582533
综合队……………… 2583297
公寓………………… 2584605

生活服务公司

经理………………… 2582356
书记………………… 2582293
副经理……………… 2582257
……………………… 2582871
办公室……………… 2582261
财务………………… 2582283
液化气站…………… 2582531
站长………………… 2582192
幼儿园园长………… 2583585
副园长……………… 2582215
招待所所长………… 2582941
招待所值班室……… 2582526
招待所餐厅………… 2582831

农副业管理站

站长………………… 2582749
书记………………… 2582983
副站长……………… 2582505
……………………… 2582280
财务………………… 2582975
车场………………… 2582501

绿化排污队

队长………………… 2582977
书记………………… 2587003
副队长……………… 2582583
办公室……………… 2583027
安全………………… 2584537
财务、劳资………… 2582756
排污队……………… 2583774
绿化队……………… 2583802
清运队……………… 2587577

治安保卫队

队长………………… 2583981
书记………………… 2582805
副书记……………… 2585863
办公室……………… 2582422
内保综治…………… 2582335
武装………………… 2581922
劳动家属…………… 2582351
户籍………………… 2585578
传真………………… 2582191
一区门卫…………… 2581110
二区门卫…………… 2582110
三区门卫…………… 2583110

离退休管理中心

主任………………… 2582568
书记………………… 2583470
副书记……………… 2585901
办公室……………… 2584881
财务………………… 2582942

小车班

管理………………… 2581956
办公室……………… 2585379
调度………………… 2582179

职工医院

院长………………… 2582349
书记………………… 2581458
副院长……………… 2582003
……………………… 2582150
办公室……………… 2582544
医务科……………… 2582408
财务、劳资………… 2582386
营销部……………… 2587210
综合科……………… 2587220
防疫科……………… 2582815
药房………………… 2582509
外科………………… 2582476
内科………………… 2582575
功能科……………… 2582131
妇产科……………… 2585127
检验科……………… 2581120
放射科……………… 2584559
住院部……………… 2582917
急诊室……………… 2582331
急救…………………… 120

第五综合服务处

领导

处长、党委书记…… 2722560
副处长……………… 2729649
……………………… 2723533
党委副书记、纪委书记、工会主席……………… 2756018

办公室

主任………………… 2722661
秘书………………… 2724716
文书………………… 2726794
计划生育…………… 2724398
收发室……………… 2724961
小车班……………… 2704001

党群工作部

部长………………… 2727405
副部长……………… 2725560
组织纪检…………… 2724666
文秘………………… 2729247
工会………………… 2721563
文化站……………… 2728176
图书室……………… 2724240

人事科

科长………………… 2724986
工资统筹…………… 2724063
调配培训…………… 2723946

财务科

科长………………… 2722610
报销………………… 2722648
资金………………… 2700455
成本………………… 2723274
资产………………… 2717714

经营管理科

科长………………… 2728575
企管法律…………… 2726432
规划矿管…………… 2725431
房管………………… 2721564
库房………………… 2725984

生产管理科

科长………………… 2729647
燃气入户协调办公室 2721610
基建………………… 2723257
生产………………… 2722148
工程组……………… 2724557

安全管理科

科长…………………… 2724141
安全员………………… 2724420
设备管理……………… 2723914

保卫科

科长…………………… 2704734
内勤…………………… 2724220
值班室………………… 2722292

科研小区物业管理站

站长…………………… 2722706
书记…………………… 2724363
办事组………………… 2722669
居委会………………… 2724996
绿化环卫队…………… 2722809
科研食堂……………… 2724803

局机关小区物业管理站

站长…………………… 2721135
书记…………………… 2727008
办事组………………… 2724588
核算…………………… 2727594
居委会………………… 2723267
绿化队………………… 2725335
卫生队………………… 2723386
木工维修……………… 2724520
机关食堂……………… 2723271

商业中心小区物业管理站

站长…………………… 2723887
书记…………………… 2722156
办事组………………… 2724142
居委会………………… 2722662
居委会值班室………… 2723006
绿化队………………… 2727016

科研小区离退休职工管理站

站长…………………… 2722539
书记…………………… 2710974
办事组………………… 2724469
东活动室……………… 2727399
西活动室……………… 2725011
电视台活动室………… 2714405

局机关小区离退休职工管理站

站长…………………… 2704444
书记 ………………… 2725051
天伦活动室…………… 2726033
二医院活动室………… 2728395

商业中心小区离退休职工管理站

站长…………………… 2722709
办事组………………… 2729611
医院东活动室………… 2722281
医院西活动室………… 2711644
商业活动室…………… 2722487
通信活动室…………… 2726954

供热站

站长…………………… 2724488
书记…………………… 2726967
总值班………………… 2723382
办事组………………… 2721171
核算…………………… 2724591
材料…………………… 2721074
门卫…………………… 2721141
维修中队……………… 2704002
科研锅炉房…………… 2722506
机关西区锅炉房……… 2722158
机关东区换热站……… 2725807
总医院锅炉房………… 2722221
锅炉队………………… 2728377
商业换热站…………… 2725823
拘留所锅炉房………… 2775052

水电管理站

站长…………………… 2722569
书记…………………… 2725337
调度室………………… 2722179
……………………… 2728350
办事组………………… 2728311
材料组………………… 2728310
核算…………………… 2723729
供电维修队…………… 2722533
供电二班……………… 2722331
供水维修队…………… 2728672
供水一班……………… 2722405
供水二班……………… 2727315
供水三班……………… 2722806
换热站………………… 2725149
医院污水站…………… 2723779
收费一班……………… 2721142
收费二班……………… 2722906
收费三班……………… 2728601

运输管理站

站长…………………… 2728179
副站长………………… 2728080
……………………… 2721509
办事组………………… 2728007
核算…………………… 2723573
老干部车队值班室 2725706
物业车队值班室…… 2721409

苗圃培育供应站

站长 ………………… 2728611

液化气站

站长…………………… 2723294
书记…………………… 2704587
办事组………………… 2721137
售票…………………… 2705520
值班…………………… 2725905
科研东站 …………… 2723i93

社区服务中心

主任…………………… 2727938
书记…………………… 2725146
副主任………………… 2721922
办事组………………… 2724751
核算…………………… 2722889
收费组………………… 2724086
局机关幼儿园………… 2722183
医院幼儿园…………… 2727317
科研幼儿园…………… 2722606
科园宾馆……………… 2722399
方圆饭店……………… 2725052

治安巡防队

队长…………………… 2753550
书记…………………… 2753551
办事组………………… 2753552
值班室………………… 2722392
局机关东门卫………… 2726417
局机关西门卫………… 2723448
商业小区门卫………… 2727780
通信西区门卫………… 2789815
通信东区门卫………… 2722207
医院南门卫…………… 2728435
医院西门卫…………… 2728375
科研东院南门………… 2722114
科研西院中门………… 2728177
科研西院南门………… 2728178
电视台门卫…………… 2728210

华北石油报印刷厂

厂长…………………… 2726968
书记…………………… 2750012
副厂长………………… 2727818
核算…………………… 2726969
工艺组………………… 2723764
绘图组………………… 2723882
商标组………………… 2728191
生产部………………… 2725253
业务部………………… 2725253
照排组………………… 2721085
制版组………………… 2721087
胶印组………………… 2705435
制图车间……………… 2706391

第七综合服务处

领导

处长、党委书记…… 2723886
副处长………………… 2739352
……………………… 2731196
纪委书记、工会主席 2738316

党群工作部

主任…………………… 2730872
副主任………………… 2730834
组织…………………… 2730848
文书…………………… 2739203
工会干事……………… 2730824
女工干事……………… 2738946

纪委监察办

主任…………………… 2738022

办公室

主任…………………… 2730523
秘书…………………… 2730754
文书…………………… 2730774
计划生育……………… 2730847
档案…………………… 2730773
打字室………………… 2730844
收发公务……………… 2730504

财务科

科长…………………… 2730753
副科长………………… 2730843
成本…………………… 2730841
报销…………………… 2738033

人事劳资科

科长…………………… 2730846
工资统计……………… 2730749

统筹

工伤退休……………… 2730410
培训档案……………… 2730764

物业管理科

科长…………………… 2730905
质量管理……………… 2739559
物业计量……………… 2731419
生产调度……………… 2730444
……………………… 2791580

房管组

房管组………………… 2737143
南区…………………… 2773372
北区…………………… 2732515

经营管理科

科长…………………… 2730842
统计节能……………… 2730804
经营…………………… 2737439
法律…………………… 2730411

安全环保科

科长…………………… 2737147
安全设备……………… 2730840
车辆资产……………… 2739302

物资供应站

站长…………………… 2739301
信息录入……………… 2730569
保管…………………… 2730569

矿建工程管理所

科长…………………… 2732070
综合组………………… 2730845
合同…………………… 2730474
施工班………………… 2732645

综合管理站

站长…………………… 2737925
书记…………………… 2732893
副站长………………… 2730934
……………………… 2771352
财务综治……………… 2730436
安全…………………… 2738414
人事退岗家属……… 2739387

经警队

北区……2732110
南区……2773110

居委会

北区……2730927
1—15 号楼值班室 2739903
南区……2773291

市管会

北区……2739261
南区……2773460

门卫

机关办公楼……2739432
北区南……2739538
南区东……2775304

第一水暖供应站

站长……2737414
书记……2739258
副站长……2732119
政工组……2732735
人事……2732598
生产……2739331
财务……2739245
材料……2739343
服务热线……2737214
锅炉房……2732229
……2739414
东区……2739457
管网维修……2739551
综合……2737044
电气安装……2739402

第二水电暖供应站

站长……2775157
书记……2722314
副站长……2775124
人事材料……2773436
综合队……2773225
调度……2773253
服务热线……2775554
库房……2773446
锅炉房……2773255
……2773445
水暖维修……2773514
电气安装……2773334
计量收费……2775114
排污站
北区……2773216
南区……2775149

第一矿区管理站

站长……2738366
书记……2738464
副站长……2730604
工会主席……2739429
调度……2739268
政工人事财务……2739284
环卫绿化一队……2739368
环卫绿化二队……2739442
车棚管理……2730940

第二矿区管理站

站长……2723888
书记……2773371
副站长……2774993
……2723623
技术……2775184
人事财务……2775134
安全调度材料……2773587
政工节能……2771241
绿化……2773222
环卫……2722951
幼儿园……2723859
……2773322
……2773341
楼管队……2773583
……2773584
服务队……2773744
……2773270
车场值班室……2771241

北区生活管理站

站长……2739200
书记……2738146
副站长……2738764
……2730964
政工……2739242
工会女工……2739242
安全机动……2739469
成本……2739469
人事……2737440
收费……2730246
材料……2739007
单身楼……2739332
东区房管……2737704
幼儿园……2739403
……2739503
液化气站……2739240
商店……2732636
招待所……2739405
矿区维修……2738574
综合队……2738574
办公电话……2732532
……2739905
电器维修……2739505

北区退管站

站长……2730757
副站长……2737495
工会主席……2730228
财务……2739339
综合……2739479
活动组……2738194
老年大学……2738144
门卫……2739421

南区退管站

站长……2773245
副站长……2775524
管理站……2772037
……2771240
工人室……2773256
安全舞厅……2774745
财务阅览……2773211
干部室……2773491
礼堂……2773290
阅览室……2773204

文化中心

主任……2739547
宣传……2739406
录像站……2730233
广播室……2739255

小车队

队长……2739478
调度室……2732083
成本……2732003

第八综合服务处

领导

处长、党委书记……2595169
副处长……2593310
……2593452
纪委书记、工会主席 2593264
……2595789

办公室

主任……2593346
文书……2593941
档案室……2594390
信访……2593307
维稳办……2593325
公务员……2593304
小车队
队长……2594135
办公室……2596092

计划经营科

科长……2593994
副科长……2593321
节能……2593313
预算……2599692
法律事务……2593320

财务科

科长……2593315
会计组……2593317
……2595297
资金组……2593345
出纳……2595287

矿建科

科长……2593734
矿建……2593300
……2595019
工程管理……2594641

综合管理科

科长……2593327
生产调度……2593323
综合管理……2593175
植保站……2596751

保卫科

科长……2592274
副科长……2593491
值班室……2593347

人事科

科长……2593322
人事管理……2593349
工资管理……2598273
人力资源……2593311

物资科

科长……2595083
物资采购……2594498
房屋管理……2593312

安全科

科长……2598568
安全环保……2593334
设备管理……2593334

党委工作部

部长（纪检科长） 2593322
副部长、团委书记 2593010
秘书……2591023
党办、宣传……2593340
纪检组织……2593153
录像……2593049

工会

副主任……2593375
办公室……2593324
……2593341
一俱乐部……2591376
社区活动中心……2594332

离退科

科长……2593337

第一矿区管理站

站长……2593314
书记……2593354
副站长……2591990
……2591751
综合办……2591223
人事……2591385
财务组……2591382
矿建办、生产调度 2591246
安全、节能……2591402
预算……2591264
材料组……2591554
维修队
队长……2591387
书记……2591250
维修……2591574

抄表班……………… 2593176
综合队……………… 2591303
一小区南门卫……… 2591343
一小区北门卫……… 2591340
处办公楼门卫……… 2594317
矿容队……………… 2591331
司机班、换热站…… 2591543
居委会主任………… 2591480
居委会办公室……… 2591302

第二矿区管理站

站长………………… 2594256
书记………………… 2594270
副站长……………… 2594401
综合办……………… 2594295
矿建办……………… 2594474
预算节能…………… 2594314
人事………………… 2594255
财务………………… 2593557
材料组……………… 2594696
水电收费班………… 2594223
维修队
队长………………… 2592232
办公室……………… 2594393
司机班……………… 2594478
综合队
队长………………… 2594752
办公室……………… 2594615
南门卫……………… 2594380
北门卫……………… 2594381
南换热站…………… 2594358
北换热站…………… 2594397
停车场……………… 2591677
居委会……………… 2594356
和泰酒家…………… 2594837

第三矿区管理站

站长………………… 2736918
书记………………… 2736418
副站长……………… 2736429
副书记、工会主席 … 2736449
办公室……………… 2736468
协调办……………… 2736419
综合办……………… 2735423
生产办……………… 2736424
财务………………… 2735422
人事………………… 2735263
材料组……………… 2735267
广播室……………… 2735077
食堂………………… 2735427
维修队
书记………………… 2735430
队长………………… 2735430
副队长……………… 2735604
收费组……………… 2735420
锅炉房……………… 2735425
综合队
队长………………… 2735255
书记………………… 2735198
副队长……………… 2736416
居委会……………… 2735454
门卫………………… 2735456
车队
队长………………… 2734118
调度………………… 2734116
厂区服务队
书记………………… 2734126
队长………………… 2735235
办事员……………… 2735583
罐区服务队
队长………………… 2735428
储运班……………… 2756030
大化服务队
队长………………… 2734128
综合楼门卫………… 2734129

第四矿区管理站

站长………………… 2591245
书记………………… 2595000
副站长……………… 2593342
………………………… 2595017
综合办……………… 2593441
矿建办……………… 2597729
经营办……………… 2592435
财务室……………… 2594359
四小区服务队……… 2591154
四小区收费班……… 2591470
四小区换热站……… 2591470
五小区服务队……… 2593344
五小区换热站……… 2593343
供暖队办公室……… 2591386
中心锅炉房………… 2591214
居委会……………… 2591481
小区门卫…………… 2599167
司机班……………… 2598702
矿容队……………… 2597705
环保监测…………… 2592310

第五矿区管理站（022）

站长 ……………… 63289939
书记 ……………… 63289198
财务组 …………… 63285992
维修队 …………… 63288354
幼儿园 …………… 63288284
液化气站 ………… 63283336
水电队 …………… 63288314

第一生活服务站

站长………………… 2596290
副站长……………… 2598032
办公室……………… 2591384
综合办……………… 2594477
经营办……………… 2594319
一幼儿园
园长………………… 2592984
后勤………………… 2591555
二幼儿园
园长………………… 2594355
后勤………………… 2594323
三幼儿园园长……… 2735233
生活服务队………… 2591377
一单身楼…………… 2591540
二单身楼…………… 2594382
液化气站…………… 2591575

第一离退站

站长、书记………… 2591263
副站长……………… 2591227
办公室……………… 2591262
………………………… 2591440

第二离退站

站长、书记………… 2594739
副站长……………… 2598302
办公室……………… 2594522
一楼………………… 2594523
办公室……………… 2592921

第三离退站（022）

书记、站长 ……… 63289936
办公室 …………… 63289934

第四离退站

书记、站长………… 2592994
副站长……………… 2596513
一楼办公室………… 2599372
二楼办公室………… 2596713
学院办……………… 2597660

第五离退站

站长、书记………… 2736452
办公室……………… 2735453
活动室……………… 2735194

第十综合服务处

领导

处长、党委书记…… 2700596
副处长……………… 2728903
………………………… 2701394
纪委书记、工会主席 2703188
处长助理…………… 2726285
安全副总监………… 2701079

办公室

主任………………… 2728634
秘书………………… 2728498
文书………………… 2727246
计划生育…………… 2727427
打字收发…………… 2725534
公务员……………… 2716814
传真………………… 2727329

党群工作部

主任………………… 2712464
副主任……………… 2723874
纪监………………… 2705147
团委、宣传………… 2726614

工会办公室

主任………………… 2728751
办公室……………… 2725647

财务资产科

科长………………… 2728554
报销………………… 2729943
资产………………… 2704103
成本核算…………… 2723552

人事劳资科

副科长……………… 2726404
统筹、鉴定………… 2724145
职工管理…………… 2728723

计划经营科

科长………………… 2729487
计划企管…………… 2727437
物资供应…………… 2728473

物业管理科

科长………………… 2724764
房产管理…………… 2728447
水电暖管理………… 2724513
环卫、绿化………… 2755102

矿建管理科

科长………………… 2729798
施工组……………… 2727270
预算组……………… 2712426

安全管理科

科长………………… 2701079
安全设备…………… 2721774

综合治理办公室

主任………………… 2727441
办公室……………… 2705035

第一物业管理站

站长………………… 2725552
书记………………… 2721691
副站长……………… 2701451
站机关……………… 2726554
居委会……………… 2726472
环卫绿化队………… 2726561
物探南门卫………… 2729843
物探北门卫………… 2752539

第二物业管理站

站长………………… 2726560
书记………………… 2722489
副站长……………… 2724914
站机关……………… 2704172
居委会……………… 2724627
环卫绿化队………… 2710736
处办公楼门卫……… 2729424
钻研院门卫………… 2722433

第三物业管理站

站长………………… 2704133

书记…………………… 2727087
副站长………………… 2701442
站机关………………… 2704143
居委会………………… 2701478
环卫绿化队…………… 2704173
测井西门卫…………… 2701447
测井南门卫…………… 2704193
六小区门卫…………… 2707354

第四物业管理站

站长…………………… 2712435
书记…………………… 2727251
副站长………………… 2703044
站机关………………… 2704150
居委会………………… 2781140
环卫绿化队…………… 2712434
四小区门卫…………… 2783151
事业处门卫…………… 2712432

第五物业管理站

站长…………………… 2710726
书记…………………… 2717441
站机关………………… 2717448
居委会………………… 2717446
环卫绿化队…………… 2703147
五小区门卫…………… 2717443

第六物业管理站

站长…………………… 2700122
书记…………………… 2724903
站机关………………… 2710706
居委会………………… 2704099
环卫绿化队…………… 2751404
干休所门卫…………… 2725656
三号院门卫…………… 2710624

水电管理站

站长…………………… 2703119
书记…………………… 2726556
副站长………………… 2722083
站机关………………… 2724416
调度室………………… 2704147
收费队………………… 2704137
水修队………………… 2724728
供电一班（物探） … 2729392
供电二班（五小区） 2717444
供电三班（测井） … 2715451
供电四班（四小区） 2726004

供热管理站

站长…………………… 2727249
书记…………………… 2729415
副站长………………… 2713724
安全…………………… 2715174
人事、技术…………… 2708732
综合队………………… 2705037
锅炉队………………… 2725983
四小区锅炉房………… 2711454
维修队（钻研所） 2727981
测井换热站…………… 2701474
党校换热站…………… 2719424
冷冻厂换热站………… 2725343
干休所换热站………… 2725437
收费班………………… 2783735
环境监测专线………… 2708447

综合管理站

站长…………………… 2724701
书记…………………… 2701434
副站长………………… 2712424
办公室………………… 2703148
物探公寓……………… 2726557
测井公寓……………… 2701504

综合车队

队长…………………… 2726643
书记…………………… 2727442
调度室………………… 2725506
干休所值班室………… 2724604

维修队

队长…………………… 2727259
书记…………………… 2704927
副队长………………… 2704917
办公室………………… 2781542
预算工程技术………… 2704907
维修班………………… 2704937
排污班………………… 2755109
疏通热线……………… 2519612
值班库房……………… 2704947

离退休职工管理中心

主任…………………… 2726094
党总支书记…………… 2726571
支部书记……………… 2727234
………………………… 2725691
办公室………………… 2729942
物探活动室（一楼） 2726518
………………………… 2725214
钻研所活动室………… 2724667
冷冻厂活动室………… 2723540
测井活动室…………… 2704161
四小区活动室（一楼） 2704504
四小区活动室（二楼） 2755752
社区党员活动室……… 2703146
党校活动室…………… 2700276
五小区活动室………… 2752505
干休所活动室………… 2726654

幼教管理中心

主任…………………… 2723726
书记…………………… 2724905
办公室………………… 2701469
第一幼儿园…………… 2726555
第二幼儿园…………… 2701437
第三幼儿园…………… 2712427
第四幼儿园…………… 2716451

社区文化活动中心

主任…………………… 2704197
书记…………………… 2712425
办公室………………… 2724138
通信报道组…………… 2729713
东风影剧院…………… 2701524
物探活动室…………… 2726519

第十二综合服务处

领导

处长、党委书记…… 2562435
副处长………………… 2562451
………………………… 2560296
党委副书记、工会主席2561375

综合办公室

主任…………………… 2561423
行政秘书……………… 2562433
党务秘书……………… 2564209
文书…………………… 2561647
档案管理……………… 2562924
信息管理……………… 2563413
计划生育……………… 2562434
机关事务……………… 2562431
公务员………………… 2562054
收发室………………… 2561547

生产管理科

科长…………………… 2562942
副科长………………… 2560016
生产运行……………… 2562941
质量管理、市场准入 2563942
车管…………………… 2562940

安全环保科

科长…………………… 2562943
安全…………………… 2562940

财务科

科长…………………… 2563354
副科长………………… 2560282
成本、资产、信息录入2562452
结算、公积金、税务 2562453
报销、出纳…………… 2562454
结算中心……………… 2562914

人事科

科长…………………… 2562842
组织、干部…………… 2562443
职称、劳动组织…… 2562463
工资、保险…………… 2562841
档案、培训、鉴定 2562834

企业管理科

科长…………………… 2563146
企管、物业…………… 2562564
房管…………………… 2561425

矿区建设管理科

科长…………………… 2563100
副科长………………… 2561211
电管…………………… 2562037
水暖…………………… 2561064
土建…………………… 2561054
计划、零修…………… 2560142
统计、档案…………… 2561730

党群工作部

主任…………………… 2562440
团委…………………… 2562441
宣传…………………… 2562442
工会…………………… 2562734

综治办公室、纪检监察科

主任…………………… 2560143
纪检、效能监察…… 2562540
稳定、信访、保卫 2560141

审计法律服务中心

主任…………………… 2562134
财务、基建审计…… 2562024
司法行政……………… 2562205

社会保险所

所长…………………… 2561816
养老、失业、补贴 2561249
财务…………………… 2561755
医疗、工伤…………… 2561815

第一综合服务站

站长…………………… 2562813
书记…………………… 2563450
副站长………………… 2562343
………………………… 2562446
综合办公室…………… 2562049
生产协调组…………… 2561519
财务组………………… 2561292
人事组………………… 2561742
物业组………………… 2561542
生活库房……………… 2561379
司机班班长…………… 2561738
司机班………………… 2561524
气罐库………………… 2561330

电管队

队长…………………… 2561238
计量收费……………… 2561486
值班、售电室………… 2561549
水暖队队长…………… 2562422

维修队

队长…………………… 2562294
书记…………………… 2562240
值班室………………… 2564052

水暖队

中心泵房……………… 2561349
中心锅炉房…………… 2561579
北基地锅炉房………… 2561424
地热换热站…………… 2562241
霸九井………………… 2562425
水值班室……………… 2561240

环卫一队

队长…………………… 2562742

再就业…… 2564154
环卫二队
队长…… 2562064
副队长…… 2561445
绿化队
队长…… 2562344
书记…… 2562471

第二综合服务站

站长…… 2566220
书记…… 2566215
副站长…… 2566770
综合办公室
主任…… 2566480
综合组…… 2566410
宣传组…… 2566023
生产协调组
组长…… 2566382
办公室…… 2566321
人事、财务组长…… 2566476
人事组…… 2566420
财务组…… 2566677
物业监督…… 2566248
房产、计划生育…… 2566454
保卫…… 2566320
小车班…… 2566769
再就业…… 2566171
俱乐部…… 2566297
商店…… 2566491
矿容队
队长…… 2566866
书记…… 2566270
花房…… 2566453
绿化环卫班…… 2566225
水暖队
队长…… 2566137
书记…… 2566475
锅炉…… 2566414
收费班…… 2566389
卫生所
所长…… 2566445
副书记…… 2566445
卫生所住院部、护理部
…… 2566292
幼儿园
园长、书记…… 2566392
副园长…… 2566392
废气处理厂
厂长…… 2566035
废气处理…… 0312－5764659
彩砖厂值班室…… 2566304
女公寓楼…… 2566277
公寓楼收费…… 2566492
招待所…… 2566272
站值班室…… 2566321
自行车棚…… 2566494
悦苑小区北门…… 2566113
悦苑小区西门…… 2566755

治安保卫中心

主任…… 2562945
书记…… 2562934
办公室…… 2562904
政工组…… 2561017
居委会
主任…… 2561345
居委会…… 2562224
市场管理所
所长…… 2561117
市场管理所…… 2564315
巡防队
队长…… 2561388
副队长…… 2562404
商业街门卫…… 2564174
馨苑小区北门卫…… 2561184
恬苑小区北门卫…… 2564051
矿区户籍室…… 2564124

职工医院

院长…… 2561696
书记…… 2562491
副院长…… 2562492
医务科…… 2562493
护理部…… 2563283
财务组…… 2561284
防疫组…… 2561296
内科门诊…… 2562542
住院部
内儿病区…… 2561295
外妇病区…… 2561352
药房…… 2561451
手术室…… 2562346
B超室…… 2562495
化验室…… 2562341
放射科…… 2562546
司机班…… 2562342

文化、离退休管理站

站长…… 2563411
书记…… 2561604
综合办公室…… 2562210
退管组…… 2561759
财务组…… 2561744
综合管理组…… 2561462
新闻编辑…… 2561397
游泳池…… 2561683
广播室（值班室） 2561788
礼堂
放影室…… 2561354
空调机房…… 2561672
门卫…… 2562040
体育馆值班室…… 2563647
活动室…… 2561907
文体中心…… 2562124
幼儿园
园长…… 2561305
书记…… 2561305
值班室…… 2561452
服务队
队长…… 2561454
16 号公寓 3 楼 …… 2562043
19 号公寓 1 楼 …… 2561494
19 号公寓 3 楼 …… 2561514
北基地公寓…… 2562184

边零井项目部

经理…… 2562048
生产管理组…… 2562045
地质资料组…… 2564445

招待所

招待所服务总机…… 2562071
…… 2562072
…… 2562073
…… 2562074
所长…… 2560061
副所长转 …… 8111
办事员转 …… 8102
财务转 …… 8211
餐厅值班室转 …… 8999

机关小车队

队长…… 2562105
办公室…… 2561785
调度…… 2561325

京茂实业股份公司

总经理…… 2562120
办公室主任…… 2561653
人事、党群、计生、质量
…… 2562151
生产技术部
经理…… 2562015
副经理…… 2564152
安全管理…… 2562430
轻烃销售部
经理…… 2562121
销售…… 2564135
综合管理部
经理…… 2561641
财务资产部
经理…… 2562215
财务、报销、出纳 2561701
成本…… 2562320
资金管理…… 2562974
门卫…… 2561748
轻烃综合利用厂
厂长…… 2561269
书记…… 2563340
副厂长、门卫…… 2562792
销气站站长…… 2562790

农工商分公司

经理…… 2561492
书记…… 2561866
副经理…… 2562836
综合办公室…… 2561722
财务…… 2561644
生产办…… 2561690
商品房管理组…… 2562547
塑料厂…… 2561170
刮蜡器厂…… 2561721
保温材料厂…… 2564099
化工厂…… 2561585
矿业机械厂…… 2564466
印刷厂…… 2562573
综合机修厂…… 2561561
养鸡厂…… 2561172
养猪厂…… 2564268
农场…… 2563109

建筑安装公司

经理…… 2561779
书记…… 2562894
财务部、技术安全 2561640
预算…… 2564191
材料、项目管理…… 2561540

园林分公司

经理…… 2562226
设计、花房…… 2563549

冀东项目部

驻矿区办公室…… 2562235
环保材料防水厂…… 2561632
环保材料油柒厂…… 2561768
环保材料厂传真…… 2561461

第十三综合服务处

领导

处长、党委书记…… 2585098
副处长…… 2582620
…… 2589688
党委副书记、纪委书记、工会主席…… 2584440
副总工程师…… 2584879

办公室

主任…… 2584878
办公室…… 2584443
传真机…… 2582719
计生办…… 2582626
档案室…… 2586948
…… 2588099

计划财务科

科长…… 2584743
办公室…… 2586498
…… 2589715
综合计划…… 2588780

人事经营科
科长……2584442
办公室……2586312
……2586533
安全管理科
科长……2586421
办公室……2586332
……2584445
调度室……2586303
物业管理科
科长……2584441
副科长……2586287
生产管理……2588775
基础管理……2588775
矿建管理……2583738
房管……2586307
党群工作部
主任……2589378
副主任……2588746
工会办公室……2586698
宣传、团委……2584446
办公室……2584446
组织……2586292
……2586587
保卫监察科（纪委办）
科长……2586306
保卫……2586409
纪检监察……2588903
第一矿区管理站
站长……2589310
副站长……2589311
……2588960
综合组……2588104
经营组……2582692
矿容队队长……2589015
……2586473
矿政队……2588011
居委会
主任……2589963
副主任……2589833
居委会……2586325
警务室（西门）……2588110
南小区门卫……2589320
中门卫……2589110
矿容队……2586425
平安车库……2588135
社区党员活动室……2589675
第二矿区管理站
站长……2580906
书记……2580480
综合组……2580575
生产组……2580346
经营组……2580290
计生、房产……2580685
生活服务队……2580666
矿政队
队长……2580431
矿政……2580566
小区门卫……2580013
职工公寓……2580224
矿建维修队……2580495
矿建队……2580451
采暖……2580032
矿建队门卫……2580369
水电暖服务管理站
站长……2589671
副站长……2586532
……2586419
综合组……2589263
经营组……2589253
材料组……2589121
人事……2586512
调度……2586351
采暖管理队……2586471
维修管理队……2586458
采暖队队长……2589351
综合服务队……2586538
维修班……2586531
锅炉房……2584874
清水泵房……2589004
电工班……2586336
抄表班……2589392
门卫……2589253
液化气站……2586639
社区服务管理站
站长……2586302
书记 ……25R9223
经营组……2586260
综合组……2582752
家政服务队……2586549
公寓服务队长……2589832
公寓服务队……2586016
采油公寓……2584941
作业公寓……2584940
内招……2589531
……2589532
机关公寓……2586427
宾馆经理……2588783
办公室……2582710
值班室……2586352
生活服务管理站
站长……2589118
书记……2589317
办公室……2586873
……2588952
生活服务队……2586373
物价站……2589315
粮店……2586451
印刷厂……2582925
健兴宛……2584942
东大门……2586573
中大门……2586254
生活队队长……2588752
生活队队长……2586360
离退休职工管理站
站长……2589367
书记……2588940
副站长……2588803
办公室……2586551
文体室……2586412
……2584450
文化站（信息中心）
站长……2588583
书记……2588500
综合组……2588019
录像室……2586399
图书馆……2586214
信息中心……2589553
俱乐部……2586291
……2586445
……2588265
幼儿园
园长……2582660
书记……2586581
采三医院
院长……2582637
书记……2584871
副院长……2586455
防疫站……2588024
夜间值班……2586465
留路卫生所……2580396
留路值班室……2580303
采购科……2588120
社区门诊……2589120

第十四综合服务处

领导
处长、党委书记……2569629
副处长、安全总监 …2575355
纪委书记、工会主席 2569625
办公室
主任……2554429
劳资科长……2510986
人事劳资、计划生育 2554434
秘书、文书、档案 …2554433
小车队
队长……2551375
书记……2552051
调度……2558429
财务计划科
科长……2559270
会计……2554439
出纳……2554436
稽征办……2554047
安全管理科
科长……2554437
安全员……2552587
物业管理、生产协调科
科长……2551724
副科长……2551472
调度室……2510047
党群工作部
部长……2554432
工会办公室主任……2558070
宣传报道室……2554245
企业管理科、监督管理办公室
主任……2569379
办公室……2551032
房改办……2551424
机关门卫……2554431
材料供应室
办公室……2551572
保卫科
维修热线：……2554440
科长……2510740
居民委员会……2552607
巡逻队队长……2552490
巡逻队……2510800
市场管理办公室……2554450
监控室……2554440
南大门门卫……2553054
西大门门卫……2557244
北大门门卫……2551508
矿区管理站
站长……2551214
书记……2557003
副站长……2557240
……2551857
人事……2553047
财务……2554277
水电暖队……2554064
锅炉班……2551385
供水班……2551053
绿化队……2551183
环卫队……2550140
工程队……2552050
司机班……2551855
采油服务站
站长……2565501
书记……2565249
站部……2565327
维修班……2565170
家属区门卫……2565064
2号公寓楼……2565271
行政区锅炉房……2565246
住宅区锅炉房……2565248

输气服务站

站长…………………… 2568363
站办公室……………… 2568304
维修班………………… 2568298
锅炉房………………… 2568223
食堂…………………… 2568274
公寓楼………………… 2568227
门卫…………………… 2568203

社区服务中心

主任…………………… 2552043
书记…………………… 2550371
办公室………………… 2557343
服务队队长…………… 2569314
幼儿园园长…………… 2554435
幼儿园………………… 2551507
保洁公司……………… 2510147
招待食堂……………… 2551825
职工食堂……………… 2551824
万鑫饭店……………… 2551040
1 号公寓楼 ………… 2551566
2 号公寓楼 ………… 2551463
作业公寓楼…………… 2558075
学生公寓楼…………… 2558241
宏达商店……………… 2551973
招待所………………… 2551109
服务台………………… 2552740
总台…………………… 2552594

医院

院长…………………… 2551780
书记…………………… 2558431
院办…………………… 2569980
财务…………………… 2551029
值班室………………… 2551781
住院部………………… 2558730
医药部………………… 2559353
社区门诊……………… 2559030
输气卫生所…………… 2568307
别古庄卫生所………… 2565294

采油工区

办公室、资料室…… 2557245
安 22 站 …… 0316－2822412
安 22—10 拉油点
……………… 0316－2825292
安 22 加热站 0316－2825291

社会统筹保险所

所长…………………… 2557769
办公室………………… 2554004
财务…………………… 2552584

退休管理站

站长…………………… 2552791
办公室………………… 2551454
俱乐部………………… 2551563
图书室………………… 2552045

金晟公司

经理…………………… 2569073
副经理………………… 2569330
……………………… 2569205
综合办公室…………… 2551474
核算…………………… 2558364
核算…………………… 2552052
生产经营部…………… 2551384
房屋管理站…………… 2553409
印刷厂………………… 2554044
化工厂………………… 2551826
标牌厂………………… 2551192
矿泉水厂……………… 6112022
招待所门卫…………… 2551132
招待所所长…………… 2557246
万鑫商店……………… 2569224

其他

火警…………………… 2552119
匪警…………………… 2552110
有线电视……………… 2551166
数字电视……………… 2551306

华美物业管理处

领导

处长、党委书记…… 2726724
副处长………………… 2726793
……………………… 2725505
党委副书记、纪委书记、工会主席…………………… 2726737
安全副总监…………… 2726712

办公室

主任…………………… 2726737
副主任………………… 2788430
值班室、文书………… 2726816
传真…………………… 2755115
计生办………………… 2788734
打字室………………… 2789030
收发室………………… 2788352
综合档案室…………… 2789458
小车班………………… 2750462
公务员………………… 2782510

物业管理部

主任…………………… 2788428
值班室………………… 2789447
……………………… 2794241
材料统计……………… 2788729
设备管理……………… 2755994

安全管理部

主任…………………… 2726712
办公室………………… 2750150

经营计划管理部

主任…………………… 2788420
办公室………………… 2788521

人事劳资部

主任…………………… 2787982
职工管理……………… 2726801
工资管理……………… 2788034

财务部

主任…………………… 2726791
办公室………………… 2789452
……………………… 2751101

保卫部

主任…………………… 2728016
办公室………………… 2750491

党群工作部

主任…………………… 2726737
科级组织纪检员…… 2706713
工会办………………… 2750645
纪检、组织…………… 2726738
宣传、文秘…………… 2789426
稳定办………………… 2755025

矿建办公室

主任…………………… 2788442
办公室………………… 2789482

房管办公室

主任…………………… 2788291
办公室………………… 2789595

技能鉴定站

站长…………………… 2729012
办公室………………… 2789764

渤海北区物业管理站

站长…………………… 2787365
书记…………………… 2788726
综合办………………… 2751462
人事、财务…………… 2751463
居委会………………… 2788667

渤海南区物业管理站

站长…………………… 2789296
书记…………………… 2726829
副站长………………… 2781324
综合办………………… 2788406
人事、财务…………… 2726827
居委会………………… 2788698

渤海西区物业管理站

站长、书记…………… 2788682
副站长………………… 2752834
综合办………………… 2788424
工会、宣传…………… 2789760
人事、财务…………… 2788676
计划生育……………… 2788318
一区居委会…………… 2788454
三区居委会…………… 2789506

绿化管理站

站长、书记…………… 2781524
副站长………………… 2789090
……………………… 2712493
综合办………………… 2751241
人事、财务…………… 2751241
北区分站……………… 2751154
南区分站……………… 2751249
西区分站……………… 2751244

环卫管理站

站长、书记…………… 2789736
副站长………………… 2752986
……………………… 2752956
综合办………………… 2787799
值班热线……………… 2797432
人事、财务…………… 2787799
北区分站……………… 2789430
南区分站……………… 2788679
西区分站……………… 2789203
……………………… 2725767

水电供管中心

主任…………………… 2726852
书记…………………… 2787329
副主任………………… 2727757
领导值班……………… 2795640
综合办主任…………… 2788167
生产组………………… 2788791
人事组………………… 2788015
财务组………………… 2727834
供水队
值班…………………… 2799851
队长…………………… 2789718
书记…………………… 2725610
供电队
值班…………………… 2799852
队长…………………… 2788694
书记…………………… 2755951
综合队
值班…………………… 2799853
队长…………………… 2789478
书记…………………… 2788018
计量站………………… 2782397
配电室………………… 2788736

供热中心

主任…………………… 2726850
书记…………………… 2788281
副主任………………… 2788436
领导值班……………… 2789794
综合办主任…………… 2788735
办公室………………… 2789560
财务组………………… 2788215
人事组………………… 2706417
一队
队长…………………… 2789782
书记…………………… 2789783
南区锅炉房…………… 2788792
值班室………………… 2519022
二队
队长…………………… 2713233
书记…………………… 2713320
副队长………………… 2712287

值班热线……2790789
中控室……2755604
门卫、库房……2712281
成本员……2789471
服务队队长、书记 2722159
管工值班……2789570
北区管工……2712790
值班热线……2519165
北区换热站……2712282

矿区维修中心

主任……2726854
书记……2720731
综合办……2788684
人事、财务……2789542
生产组……2789542
维修队
队长……2789068
副队长……2789544
综合队
队长……2792315
副队长……2788306

社区服务中心

主任、书记……2757288
副主任……2755762
综合办……2788371
燃料组……2788678
人事、财务……2789401
液化气站
站长……2712745
副站长……2788453
液化气业务……2788375
综合服务站
站长……2789513
副站长……2788453
北区服务一班……2721281
北区服务二班……2788431
南小区服务班……2788441
青年公寓
主任……2788808
财务……2757196
住宿部经理……2757199
餐饮部经理……2757198
食堂管理……2757216
青年公寓
北楼……2757144
南楼……2757140
门卫……2757140

沧州基地物业管理站

站长、书记……2570668
副站长……2579388
副书记……2570022
综合办……2579046
生产办……2579432
……2579506
矿管办……2579575
HSE 办公室……2579442
人事、财务……2579572
房管组……2579513
库房……2579393
综治内保部书记……2579561
值班室……2579563
武装办……2579283
南门卫……2579655
北门卫……2579755
民警值班室……2579110
居委会主任……2579541
居委会……2579043
水电队队长、书记 2579775
水电队……2579355
维修班……2579590
变电站……2579732
水电收费班……2579744
供热队队长……2576491
锅炉班……2579334
维修队队长……2579505
施工组……2579363
环卫绿化队长……2579043
队部……2579567

沧州基地社区服务中心

主任、书记……2579502
综合办……2570686
……2579523
人事、财务……2570822
司机班……2579374
矿建办……2579583
综合队……2579351
综合队……2579019
宿办楼管理……2570804
液化气站……2579375
文体、退管……2579410
办公室……2579263
财务室……2579454

保安中心

主任、书记……2726750
副主任……2726747
……2755525
值班室……2788661
综合办……2788806
人事、财务……2788663
物价站……2789641
户籍室……2788383
机关楼门卫……2789762
一区东门卫……2789713
一区北门卫……2789575
二区东门卫……2782544
北区北门卫……2788393
二区西门卫……2782344
三区东门卫……2789434
四区南门卫……2789826
一中北门卫……2710424
巡防队……2788443

幼教管理中心

主任、书记……2787956
副主任……2788942
教研组……2788409
人事、安全……2788412
财务组……2789040
一幼园长……2789474
一幼副园长……2788941
一幼门卫……2788270
三幼园长……2788417
三幼门卫……2789498
沧幼……2579474

社区文化中心

主任……2787495
书记……2781514
副主任……2706529
综合办……2788747
人事、财务……2788527
电影队……2788263
图书馆……2789737
录像站……2789734
礼堂……2789728
活动室……2789919
乒乓球馆……2789091
培训办……2788241

离退休职工管理站

站长……2788452
书记……2787763
副站长……2788474
综合办……2788380
人事、财务……2788707
办公室……2788225
北站办公室……2789236
潜山小区活动室……2788261
北区活动室……2788757
南区活动室……2788164
育才小区活动室……2721324
潜山南小区活动室 2717081

二连任丘基地物业管理站

站长、书记……2780282
副站长……2780269
综合办……2780221
财务……2724983
居委会……2724783
退休办……2724303
维修队……2724358
水电收费……2708265
水泵房……2724530
再就业……2724358
门卫……2753167

华丽综合服务处

处领导

处长……2747899
副处长、安全总监 2746324
副处长……2746909
……2746438
党委书记、纪委书记、工会主席
……2746451

办公室

主任……2746402
副主任……2746091
秘书、文书、传真 2746298
计划生育……2746243
会议电话……2749115

财务资产部

主任……2746535
资金组……2746375
成本组……2746821
资产组……2749532
材料组……2746838
辛集矿区核算组……2743810

人事劳资部

主任……2746971
工资……2746441
职工管理……2746235
再就业办公室……2746292
再就业办公室……2749522

技安环保部

主任……2746627
安全设备……2746806
交通……2746579
办公室……2746432

企划经营部

主任……2746718
计划、招投标……2746542
企管、法律……2746042

物业管理部

主任……2746502
节能物业……2746334

保卫科

科长……2746305
综治武装……2746651
警保联防……2746011

矿区建设管理科

科长……2746205
办公室……2749205

纪检监察科

科长……2746405
办公室……2746435

综合协调部

主任……2741397
办公室……2743593
文印室……2741384

档案室……2743262
值班室……2741127

党群工作部

主任……2747838
副主任……2746829
组织、宣传、文书……2746225
秘书共青团……2746457
工会办公室……2746528

公益事业科

科长……2747905
办公室……2747905

辛集西区物业管理站

站长……2743975
书记……2741327
副站长……2741321
人事政工……2743331
财务……2743380
安全设备……2743279
维修队……2743273
值班调度……2743325
西区车棚……2742741
下水道疏通……2743703
水电项目组……2743503
环卫队……2741013
绿化队……2742155
综治队……2741341
西门卫……2741547
居委会主任……2742446
居委会办公室……2743267
幼儿园……2742369

辛集东区物业管理站

站长……2743632
书记……2743282
副站长……2742696
人事……2742826
政工……2741107
财务……2743595
物业……2742212
安全综治队……2741324
值班调度……2742325
居委会主任……2743702
居委会办公室……2742389
水电项目组……2742644
收费组……2742435
东区泵房……2742457
西区泵房……2742774
东区车棚……2742280
浴池……2743963
锅炉队……2741217
综合维修队……2743701
环卫保洁队……2743520
绿化队……2742857
东门卫……2742392
中门卫……2742444
下水道疏通……2743703

深泽北区物业管理站

站长……2746706
书记……2746029
副站长……2747746
政工材料……2746793
人事财务……2746885
调度室……2746345
锅炉运行队……2747588
供暖维修队……2746649
水电项目组……2746642
保洁项目1组……2746498
保洁项目2组……2749143
北区居委会……2746622
北二区居委会……2746348
北区门卫……2746662
北二区门卫……2746326
处机关门卫……2746562

深泽南区物业管理站

站长……2746615
书记……2746062
副站长……2746161
财务人事……2747718
政工安全节能……2746103
配电室……2746665
综治队……2748719
水电项目组……2748477
保洁项目组……2746516
居委会……2746216
南区门卫……2746700
南二区门卫……2748669
深泽幼儿园……2746657

深泽西区物业管理站

站长……2746480
书记……2746220
副站长……2746361
办公室……2746781
人事节能……2746957
财务……2746883
材料……2746429
调度室……2746232
水电项目组……2746521
变电站……2746384
西区门卫……2746250
居委会主任……2746293
居委会……2746661
锅炉队队长……2746159
锅炉队值班……2746547
居委会……2746293
环卫队……2746267
市场管理……2747590

晋州物业管理站

站长……2745409
书记……2745406
副站长……2745401
办公室……2745405
人事节能……2745402
生产安全……2745446
财务……2745407
材料……2745419
环卫队……2745403
门卫……2745657
晋州幼儿园……2745307
锅炉队……2745137
水电队……2745111
变电站……2745013
绿化队……2745404
市场管理队……2745400
治保队……2745308
居委会……2745440

辛集矿区职工医院

院长……2742281
书记……2741202
副院长……2743592
综合办……2742064
防疫……2742579
病房……2742639
值班室……2742279
晋州卫生所……2745208
药房……2742753

深泽矿区职工医院

院长……2746758
书记……2746322
副院长……2746307
夜间值班护理部……2746399
医生办公室……2746248
防疫药房……2746434
药械科……2746454
人事安全……2746400
院办成本……2746723

泽57合采项目部

主任、书记、副主任 2742501
……0318－3616390
矿区办公室……2742501
深州办公室 0318－3616390

小车队

队长……2747000
书记……2747338
调度……2746488
财务……2746603

综合管理大队

队长……2746656
书记……2746081
副队长……2746591
财务政工……2746153
安全、综合队……2746167
房屋管理办公室……2746557
资产库……2746034
辛集综合队……2741304
档案室……2746263
招待所……2746390
招待所值班室……2746373
辛集房管组……2742700
公寓楼……2742643

矿区维修队

队长……2746807
副队长……2746643
办公室……2746922
财务、人事……2747004
综合队……2746486
绿化、维修项目组 2746590

团泊洼基地管理站

站长……022－29000306
书记、副书记、副站长 2576507
综合办……2576439

液化气供应中心

主任……2748345
副主任……2746810
人事安全……2746255
成本干事……2746670
深泽液化气站……2746696
辛集液化气站……2742772
……2742775
晋州液化气站……2745103

辛集俱乐部管理站

站长……2742234
书记……2742317
办公室……2742942

离退休人员管理中心

主任……2746281
书记……2746850
副主任……2746608
……2741337
办公室……2746717
退管一站……2746680
退管二站……2746801
退管三站……2746473
退管四站……2745354
退管五站……2742428
五站办公室……2742367

文化活动中心

主任……2746905
书记……2746939
办公室……2746561
俱乐部……2746536
文化宫……2746920
南区活动室……2746870
西区活动室……2746473
辛集活动室……2742006
晋州活动室……2745106
电视站……2746377

鸿达公司

董事长…………2743289
总经理…………2742419
办公室主任…………2742506
综合办公室…………2742357
财务部主任…………2742017
财务部…………2742295
…………2742504
预算组…………2743630
物资部主任…………2743231
材料…………2742158

建安一公司

经理…………2742353
副经理.…………2742523

建安二公司

经理…………2742353
副经理…………2743291

机运公司

经理…………2742873
副经理…………2743833

鸿达宾馆

经理…………2743218
核算组…………2743240
总服务台…………2743241
订房热线…………2742387
职工食堂…………2743220
化工厂…………2742165
印刷厂…………2742453
塑料管厂…………2742515
鸿达超市…………2742521

华佳综合服务处

领导

处长、党委书记……2722039
副处长、安全总监…2703400
副处长…………2703442
纪委书记、工会主席 2703432

办公室

副总经济师、主任 2703428
秘书…………2728206
文书档案…………2703438
计生办…………2703427
传真…………2722160

财务资产科

副科长…………2703417
报销…………2724696
报表…………2714471
出纳…………2703436

计划统计科

科长…………2703406
科员…………2703441

人事劳资科

科长…………2727149
科员…………2703445
…………2703410

生产管理科

科长…………2703447
生产管理…………2720520
节能管理…………2720521
设备管理…………2703443

矿建管理科

科长…………2703449
预算…………2703448
施工管理…………2703414
…………2701461
合同管理…………2703419
质量监督…………2703415
回迁办主任…………2717337
回迁工作人员………2717237

安全管理科

科长…………2710148
科员…………2703446
…………2703411

物资管理科

科长…………2703408
科员…………2703450
…………2722233

稳定办

处长助理、主任……2703439
科员…………2703425

党委工作部

主任…………2702411
文秘、宣传…………2702414
组织干事…………2703451
机关总支…………2720941

工会

工会副主席、主任…2703423
女工主任、团委书记 2703440
科员…………2702412

纪检监察科

科长…………2703431
科员…………2703424

保卫科

科长…………2728464
副科长…………2725385
科员…………2704923
…………2722157

基层单位

任北综合服务站

站长…………2700409
总支书记…………2721163
生产组…………2700408
政工组…………2704973
人事组…………2700411
财务组…………2700410
矿容队…………2725136
维修队…………2700412
综治队、居委会……2704963
退管办…………2700414
北区门卫…………2721214
南区门卫…………2752786

采一物业管理站

站长…………2723004
书记…………2702413
副站长…………2723026
…………2727143
财务…………2704913
政工…………2720376
办公室…………2723770
人事…………2724359
房管…………2723584
厂容队…………2726194
绿化队…………2724304
居委会…………2704356
…………2726918
经警队…………2723073
一门卫…………2722214
二门卫…………2724452
采研院门卫…………2703420

供应物业管理站

站长…………2723661
书记…………2703413
副站长…………2728084
…………2723747
办公室…………2725057
财务…………2724957
人事…………2728085
安全、房管…………2726115
综治、稳定…………2722595
绿化队…………2726117
服务一队…………2725105
服务二队…………2724718
幼儿园…………2723622
幼儿园食堂…………2750013
巡逻队队长…………2723630
巡逻队副队长………2755575
居委会主任…………2726996
居委会办公室………2728115
站机关值班司机……2728515
供应中区门卫………2729054
供应西区门卫………2753485
供应东区门卫………2753475
供应中区大车棚……2725240

运输物业管理站

站长…………2722360
书记…………2703418
副站长…………2714012
…………2706401
房管…………2722497
政工…………2722315
财务、人事…………2722197
物业管理…………2723352
安全综治、绿化队、楼道清洁队…………2721982
服务一队…………2714043
服务二队…………2723397
综合队…………2714044
幼儿园…………2729113
巡逻队…………2717514
居委会主任…………2723492
居委会副主任………2703402
运输门卫…………2753465

采一水电暖维修管理站

站长…………2700340
书记…………2700400
副站长…………2712547
…………2721893
生产…………2700403
站办…………2700401
财务…………2700406
预算…………2750529
报修调度…………2700402
一换热站…………2704904
二换热站…………2704914
三换热站…………2704924
设施检修队…………2700404
水电队…………2700405
管网维护队…………2727690
电工班…………2724861
材料组…………2722541

供应水电暖维修管理站

站长…………2728109
书记…………2722902
副站长…………2726754
生产值班电话………2728110
办公室、党群………2728111
财务…………2728112
安全…………2728113
人事…………2728114

水电队

队长…………2722732
副队长…………2722026
水电暖工程师………2728719
电工班…………2722954
换热站…………2725053

综合队

队长…………2725761
副队长…………2725036
…………2728717
维修队…………2722785
维修队土建工程师 2724655

运输水电暖维修管理站

站长…………2723619
书记…………2703409
副站长…………2750451
站办、党群、工会…2729086
调度、物资、报修…2726312

安全、人事………… 2714365
财务、核算、统计 2722987
收费队………………… 2723960
维修队………………… 2721343
水电队………………… 2714219
换热站………………… 2714020

永丰供热站

站长…………………… 2722185
书记…………………… 2722992
副站长………………… 2722147
计生、综治、稳定 … 2703404
人事、核算、办公室 2703421
技术、设备、工会、党务
……………………… 2703404
节能、物资………… 2706433
运行大班…………… 2750844
准备大班…………… 2729789

社区服务站

站长…………………… 2725107
书记…………………… 2726904
副站长………………… 2729773
站办公室…………… 2723690
政工…………………… 2727541
幼儿园………………… 2722760
采一招待所………… 2725916
采研院招待所……… 2727675
职工文化中心……… 2722881
……………………… 2756107
液化气站办………… 2722494
液化气库房………… 2723836
小车队………………… 2726397
……………………… 2727602
综合队………………… 2714749
商品房管理………… 2729774
女子健身房………… 2722324
运输阅览室………… 2704772
采一录像站………… 2728434
供应录像站………… 2724755

采一离退休管理站

站长…………………… 2700407
书记…………………… 2724325
副站长………………… 2703963
办公室………………… 2729615
……………………… 2704905
财务统筹文体……… 2725662
采一分站…………… 2724521
二机厂分站………… 2727831
采研所分站………… 2727673
……………………… 2723311
机运分站…………… 2727904
财校分站…………… 2722813

供应离退休管理站

站长…………………… 2728083
书记…………………… 2073416

副站长………………… 2720490
财务…………………… 2717402
站办公室…………… 2728711
活动中心中区办公室 2728067
……………………… 2720168
……………………… 2722714

运输离退休管理站

站长…………………… 2722397
书记…………………… 2782931
副站长………………… 2714022
站办、活动一室…… 2782923
活动二室…………… 2714031

环境监测中心站

站长…………………… 2722365
副站长………………… 2725478
办公室………………… 2724161
地震站………………… 2723993

任南综合服务站

站长…………………… 2768646
总支书记…………… 2768098
副站长………………… 2768457
站办…………………… 2769015
生产办………………… 2768524
经营办………………… 2768432
财务…………………… 2768542
综治队………………… 2768472
综治队………………… 2767110
门卫…………………… 2768514
托儿所………………… 2768314
维修队………………… 2768148
……………………… 2768724
仓库保管…………… 2768517
西退休办…………… 2768277
东退休办…………… 2768147
绿化…………………… 2768427
房屋管理…………… 2768545
矿建维修…………… 2768174
液化气站…………… 2769347
供暖队………………… 2769264
车班…………………… 2769585
食堂…………………… 2769348

雁翎综合服务站

站长…………………… 2760275
书记…………………… 2760311
副站长………………… 2760190
站办…………………… 2760373
党群…………………… 2760335
生产办………………… 2760260
综治队………………… 2760234
财务…………………… 2760208
矿管队………………… 2760213
小车班………………… 2760243
液化气站…………… 2760214
维修队………………… 2760380

房建…………………… 2760206
托儿所………………… 2760262
门卫…………………… 2760097
综治队………………… 2760040
锅炉房………………… 2760390

天门口综合服务站

站长…………………… 2765914
书记…………………… 2765244
安全办公室………… 2765074
办公室………………… 2765941
生产办公室………… 2765994
人事…………………… 2765846
会计…………………… 2765944
回迁办公室………… 2765854
水电维修队………… 2765417
治安巡防队………… 2765104
热力供应队………… 2765841
社区服务队………… 2765147
环卫绿化队………… 2765966
维修班………………… 2765054
水井房………………… 2765394
门卫…………………… 2765894
液化气站…………… 2765084
托儿所………………… 2765427

公用事业管理处

领导

处长、党委书记…… 2780158
副处长、安全总监 2727236
纪委书记、工会主席 2712418
处长助理…………… 2727261

办公室

主任…………………… 2727248
文秘…………………… 2723947
办公室………………… 2727245
计生、档案………… 2712413
文印、收发室……… 2721728
传真…………………… 2722391

党群工作部

副主任………………… 2727239
纪检…………………… 2700200
宣传、团委………… 2700314
工会…………………… 2712437

人事劳资科（组织部）

科长…………………… 2727242
办公室………………… 2712417

财务（资产）科

科长…………………… 2729960
办公室………………… 2727241

安全（设备）管理科

科长…………………… 2712415
办公室………………… 2700773

矿政管理科

科长…………………… 2721778

办公室………………… 2723122
高级工程师………… 2705097

矿政工程部

副主任………………… 2727848
办公室………………… 2727243

基层单位

矿政环卫大队

大队长、书记……… 2722313
副大队长…………… 2727803
……………………… 2712416
办公室………………… 2724144
垃圾处理厂………… 2707410

矿政园林大队

大队长………………… 2700488
书记…………………… 2712430
副大队长…………… 2712430
……………………… 2727260
办公室………………… 2727849
花房…………………… 2727260
苗圃…………………… 2727849
绿化班………………… 2721446

矿政维修大队

大队长………………… 2777970
书记…………………… 2777090
副大队长…………… 2777013
办公室………………… 2777013
维修班………………… 2777971

矿政监察大队

大队长………………… 2712436
书记…………………… 2724300
副大队………………… 2727244
办公室………………… 2712442
值班室………………… 2755535
机关门卫…………… 2725563

综合管理大队

大队长、书记……… 2726695
副大队长…………… 2727157
副书记………………… 2714170
副大队长…………… 2725720
……………………… 2727262
……………………… 2788315
办公室………………… 2721726
……………………… 2780315
东风商业街售电室 2720315
调度室………………… 2727493

提升管理总站

站长…………………… 2777012
书记…………………… 2777091
办公室………………… 2777973
提升一站…………… 2777972
提升二站…………… 2724196
提升三站…………… 2724587
提升四站…………… 2732096
污水处理厂门卫…… 2712444

陵园管理所
所长……2725282
书记……2725282
值班室……2725324

总医院（卫生处）

领导
院长……2779008
副院长……2722439
……2723916
……2722908
……2703320
……2722349
党委书记……2726457
工会主席……2728283
副总会计师……2751989
院长助理……2722227
办公室
主任……2722088
秘书……2724877
文书……2723034
传真……2722381
档案室……2727301
打字室……2728987
计划生育……2728314
小会议室……2712449
总值班室
行政总值班……2727302
医疗总值班……2724774
应急总值班……2728394
医务科
科长……2722227
质控办……2723063
病案室……2728981
护理部
主任……2722152
供应室……2727282
人事科
科长……2728282
办公室……2724798
……2728294
……2722769
微机室……2728963
组织部
部长……2728299
办公室……2723035
财务科
科长……2751989
副科长……2725097
办公室……2723431
……2728381
……2727293
……2725410
核算室
主任……2721107
办公室……2728303
微机室……2725020
微机室……2725453
二楼收费处……2714474
POS机……2705441
挂号室……2725467
急诊收费处……2725976
住院处……2723180
结算室……2727281
医保收费处……2728481
科教信息部
主任……2723053
传真……2712449
经营科
科长……2723429
办公室……2727732
市场管理科
科长……2755941
办公室……2751037
安全科
科长……2715674
办公室……2722334
传真……2722334
保卫科
科长……2728290
办公室……2728365
……2727288
监控室……2722003
探视接待室……2727283
门卫值班室……2728327
机关总支……2723032
电话维修……2725223
党委办公室
主任……2723385
办公室……2723128
纪检监察科
科长……2728281
副科长……2723031
办公室……2725694
……2724973
工会
主任……2723114
办公室……2723428
财务……2728542
活动中心……2722321
图书室……2727300
编辑部……2726047
女工部
部长……2715449
团委
书记……2728297
卫生处
综合管理科
科长……2723264
医疗行政管理科
科长……2725421
副科长……2725411
办公室……2725116
红十字妇幼……2715684
高自考……2729470
药品行政管理科
科长……2725452
办公室……2724118
疾病控制科
科长……2724022
办公室……2725994
社区卫生科
科长……2785053
办公室……2725914
院本部
内科系统
内一支部……2727298
内二支部……2728341
内科主任……2724772
内科门诊……2725059
肿瘤科主任……2728967
肿瘤病区……2727274
钴60主任……2727648
钴60……2727305
血透室……2727276
内一病区……2722508
神经内科病房……2722403
内三病区……2723189
保健二楼……2725012
保健五楼……2725312
儿科门诊……2723172
儿科病区……2722302
新生儿科……2781410
中医科……2727279
内分泌病区……2728354
外科系统
外科总支……2728295
外一主任……2727277
外二主任……2728399
普外门诊……2728380
外科一病区……2722917
外科二病区……2721124
手术室……2723323
手术室……2723097
脑外主任办……2728355
脑外病区……2722720
ICU病房……2727285
妇产科
主任……2728397
门诊……2723179
妇科病区……2728373
产科病区……2722203
妇产室……2724971
骨科
主任……2727290
骨一病区……2722754
骨二病区……2722670
门诊……2728289
心胸病房……2728352
泌尿病区……2724045
烧伤主任办……2728363
门诊系统
门一支部……2723108
门二支部……2727454
门诊办
主任……2725258
副主任……2728301
门诊办……2723591
同位素主任……2728545
同位素……2722711
高压氧科……2728982
院内感染科……2723054
预防保健科……2721795
……2725898
营养办……2722224
食堂……2725795
设备科长……2721520
设备科……2723470
体检部……2725795
导医……2723357
仪修组……2727303
计量室……2728997
功能科主任……2728291
功能科……2723123
碎石室……2726306
心电图……2723907
内窥镜室……2728302
理疗科……2727286
急诊科主任……2728304
急诊科……2722118
……2728300
放射科主任……2724224
放射科……2723381
CT室……2727284
检验科主任……2728973
门诊化验……2723078
血库……2723393
药材科主任……2728364
西药房……2727280
中药房……2723080
药库……2722493
病区药房……2723387
临床药学……2715014
制剂室……2722350
煎药房……2787422
病理科……2723493

核磁…………………… 2728324
空调维修……………… 2727295
导管室………………… 2727299
生化室………………… 2728331
采血室………………… 2728343
生物室………………… 2728344
急诊药房……………… 2725339

五官系统

五官支部……………… 2728285
耳鼻喉门诊…………… 2723489
眼科门诊……………… 2725464
眼科、口腔科病区 2723082
皮肤科门诊…………… 2723163
颌面外科门诊………… 2723363
耳鼻喉、烧伤病区 2728353

总务科

科长…………………… 2728293
书记…………………… 2728351
预算…………………… 2727304
电工维修班…………… 2725134
总务组………………… 2722445
供应组………………… 2723093
洗衣房………………… 2727289
车队调度……………… 2723871
救护车值班…………… 2727291
中心供氧……………… 2723467
电梯室………………… 2726247
服装厂………………… 2728286
印刷厂………………… 2727296
绿化队………………… 2724972
动力组………………… 2727295
中央空调……………… 2723045
单身一楼……………… 2727314
单身二楼……………… 2727275
医院监理……………… 2702043

西院办公区

综合办公室…………… 2728284
收发室………………… 2728370
病案室………………… 2728313
护理站………………… 2728357
供应室………………… 2728389
仪修组………………… 2728391
保卫科………………… 2728305
维修队………………… 2728312
洗衣房………………… 2728390
食堂…………………… 2728345
救护值班……………… 2725298
器材设备……………… 2728329
电梯值班……………… 2728337
太平间………………… 2728392
放射科………………… 2728325
检验科………………… 2728330
结核科主任…………… 2728360
结核科………………… 2728361
传染科主任…………… 2729157
医生办公室…………… 2728347
发热门诊……………… 2725777
肝病门诊……………… 2728339
二楼…………………… 2728359
挂号、收费…………… 2728372
住院处………………… 2728371
结算室………………… 2725439

基层医院

二部医院

院长…………………… 2726881
书记…………………… 2788432
副院长………………… 2788366
……………………… 2789562
……………………… 2710907

科室

行政办公室…………… 2726879
总支办公室…………… 2702384
医务科………………… 2789445
人事财务……………… 2789569
防疫…………………… 2788438
急诊…………………… 2788436
门诊药房……………… 2750967
内科门诊……………… 2787906
内一病房……………… 2788358
内二病房……………… 2787290
外科门诊……………… 2788336
外科病房……………… 2788379
骨科病房……………… 2789788
口腔科………………… 2788680
妇产科门诊…………… 2788870
妇产科病房…………… 2787897
手术室………………… 2788872
检验科………………… 2789741
放射科………………… 2788871
挂号收费……………… 2787751
药库…………………… 2789770
总务…………………… 2788143

沧州精神康复医院

院长…………………… 2579366
书记…………………… 2579527

科室

财务、人事…………… 2579436
急诊…………………… 2579266
精神科………………… 2579337
药房…………………… 2579420
药库…………………… 2579537

井下医院

院长…………………… 2732730
书记…………………… 2739759
副院长………………… 2731264

科室

综合科主任…………… 2738726
办公室………………… 2739474
政工…………………… 2739274
医务科、护理部…… 2739757
财务…………………… 2739624
防疫科………………… 2737771
内科病区……………… 2739385
内科门诊……………… 2731659
……………………… 2739477
……………………… 2739374
外科…………………… 2739285
B超室………………… 2739477
药房…………………… 2739476
碎石科………………… 2739755
放射科………………… 2739295
综合科………………… 2739471
检验科、妇产科…… 2739574
药库、病区药房…… 2739485
挂号收费……………… 2739472
后勤…………………… 2739585
肛肠科………………… 2739275

油建医院

院长…………………… 2594149
书记…………………… 2591471
副院长………………… 2591494
……………………… 2591491

科室

院办，………………… 2594339
医务科………………… 2591472
人事统计……………… 2599873
财务…………………… 2594325
内科门诊……………… 2594324
内科病房……………… 2593145
夜间值班……………… 2597727
外妇科门诊…………… 2591475
外科病房……………… 2594583
检验科………………… 2594582
门诊药房……………… 2594741
病区药房……………… 2597715
功能科………………… 2594581
血透室………………… 2599832
防疫…………………… 2591546
放射口腔……………… 2597727
手术室………………… 2594584
官港医院…… 022－63289856

中医医院

院长…………………… 2722810
书记…………………… 2704931
副院长、……………… 2725522
院办、财务…………… 2704930
医务科、护理部…… 2704821
内儿科、中医科…… 2704640
药库、防疫…………… 2704641
防疫（东）…………… 2728061
住院部、急诊………… 2714034
外科、化验室………… 2781714
药房…………………… 2713744

采一医院

院长…………………… 2725169
书记…………………… 2723970
副院长………………… 2752425

科室

办公室………………… 2714373
医务科、护理部…… 2720115
财务…………………… 2755582
急诊、住院部……… 2722960
内科、高血压诊室 2713774
药剂科………………… 2713747
防疫科………………… 2724143
检验科、中医科…… 2713494
口腔科、B超室…… 2752423

机关医院

院长…………………… 2724500
书记…………………… 2723771

科室

办公室………………… 2787997
财务…………………… 2724287
B超室………………… 2728420
理疗科………………… 2714894
检验科………………… 2721330
护理部、社区保健 2726701
放射科………………… 2729984
急诊…………………… 2722182
药房…………………… 2725328
通信门诊……………… 2725089

华北石油东风医院

院长…………………… 2726564
书记…………………… 2755942
副院长………………… 2720027
办公室………………… 2726562
财务、人事…………… 2724706
医务科、护理部…… 2782575
社区卫生科…………… 2782575
高血压门诊…………… 2720162
防疫科………………… 2786490
医技科（化验）…… 2782621
功能科………………… 2727514
住院部………………… 2782125
收费…………………… 2782602
测井门诊……………… 2721554
物探门诊……………… 2786480
干休所门诊…………… 2724929
五小区门诊…………… 2717442

华北石油第一炼油厂医院

院长、书记…………… 2736539

科室

财务…………………… 2735436
门诊、化验室………… 2735232
药房、防疫…………… 2735438
急诊…………………… 2735275

厂区门诊……………… 2735201
口腔科………………… 2736502
水电医院
院长…………………… 2723102
书记…………………… 2723002
科室
院办、财务…………… 2773218
急诊…………………… 2773305
疾病预防控制中心
主任…………………… 2724917
书记…………………… 2721754
副主任………………… 2728471
……………………… 2724715
职防中心副主任…… 2725497
科室
办公室主任…………… 2721754
办公室………………… 2723472
传真…………………… 2724018
财务…………………… 2726624
疾控科
科长…………………… 2717940
疫情…………………… 2723333
计免…………………… 2751722
爱滋病咨询…………… 2756182
职防所
门诊…………………… 2722649
职业卫生……………… 2725659
放射卫生……………… 2704651
职业卫生评价………… 2756624
职业卫生体检………… 2724651
职业卫生健康监护 … 2706040
……………………… 2706041
……………………… 2706042
卫生监督科
科长…………………… 2700029
卫生监督……………… 2781904
……………………… 2781940
场所卫生科科长…… 2721737
办证处………………… 2724691
健康教育科
科长…………………… 2725649
健康教育……………… 2727267
检验科
科长…………………… 2717941
理化检验……………… 2721752
微生物检验…………… 2721753
值班室………………… 2724819

新闻中心

领导
主任…………………… 2721083
副主任………………… 2721856
综合办公室
主任…………………… 2726703
副主任………………… 2723144
干事…………………… 2781207
财务…………………… 2716427
劳资…………………… 2705532
发行…………………… 2712407
网络管理员…………… 2702245
报社门卫……………… 2724213
电视台门卫…………… 2722091
总编室
主任…………………… 2721101
报纸通联……………… 2705120
电视通联……………… 2721100
报纸校对……………… 2705112
华北石油报编辑部
副总编………………… 2712406
新闻策划部主任…… 2721102
报纸编辑……………… 2721103
……………………… 2700207
摄影部………………… 2716417
摄影部记者…………… 2721104
华北石油有线电视台
副总编………………… 2724150
新闻部副主任………… 2755232
新闻部记者…………… 2723044
……………………… 2725485
新闻制作机房………… 2728779
播音…………………… 2725114
电视制作……………… 2755231
专栏部记者…………… 2729864
电视播出部…………… 2724371
播出机房……………… 2712402
中国石油报记者站
副站长………………… 2723341
记者…………………… 2722353
广告部
主任…………………… 2721105
业务室………………… 2725345
……………………… 2725739
网络信息部
办公室………………… 2721034

燃气处

领导
经理、党委副书记 2720808
副经理………………… 2726166
总会计师……………… 2726218
党委书记、副经理 2717988
副总工程师…………… 2722130
综合办公室
主任…………………… 2728172
文秘…………………… 2722469
办公室………………… 2726217
传真…………………… 2722105
市场营销科
科长…………………… 2700341
办公室………………… 2727764
计划财务科
科长…………………… 2722102
会计、出纳…………… 2724536
计划…………………… 2722050
驻炼厂办……………… 2735241
安全环保科
科长…………………… 2725019
办公室………………… 2725029
经营劳资管理科
科长…………………… 2727750
经营管理、人事劳资 2727751
工程管理科
科长…………………… 2722130
办公室………………… 2721479
……………………… 2727763
……………………… 2725510
生产运行科
副科长………………… 2727469
办公室………………… 2722848
燃气处机房…………… 2781438
调度中心……………… 2781125
……………………… 2725502
司机班电话…………… 2751725
机关楼门卫值班室
门卫…………………… 2723740
……………………… 2756464
客户服务中心
主任…………………… 2724661
副主任………………… 2724663
办公室………………… 2724675
呼叫中心……………… 2771052
报装大厅……………… 2781053
维修班………………… 2724664
油建服务所…………… 2599011
科研服务所…………… 2787879
井下服务所…………… 2732099
学院服务所…………… 2763122
对外燃气项目管理部
副主任………………… 2723297
西部门站
负责人………………… 2718076

河北华北石油房地产开发有限公司

公司领导
总经理………………… 2726263
副总经理……………… 2727204
副总经理、总会计师 2723051
经理办公室
主任…………………… 2726261
办公室………………… 2726385
人力资源部
经理…………………… 2723029
市场开发部
经理…………………… 2724845
工程技术部
经理…………………… 2782109
设备建材部
经理…………………… 2727203
财务部
经理…………………… 2782514
物业部
经理…………………… 2785483

消防支队

领导
支队长………………… 2751003
副支队长……………… 2756712
……………………… 2750063
……………………… 2750630
党委书记……………… 2718667
党委副书记、纪委书记、工会主席………………… 2750051
安全副总监…………… 2734101
办公室………………… 2756469
……………………… 2756433
……………………… 2756434
战训科………………… 2756436
……………………… 2756439
……………………… 2756453
指挥中心……………… 2723008
……………………… 2756449
……………………… 2720934
……………………… 2756441
党群工作部…………… 2756710
……………………… 2703174
……………………… 2756713
人事组织部…………… 2756450
……………………… 2702974
计划财务科…………… 2756446
……………………… 2756445
……………………… 2702674
后勤装备科…………… 2703702
……………………… 2756443
……………………… 2756442
……………………… 2756441
消防安全科…………… 2756460
……………………… 2756461
交通服务部…………… 2756463
后勤服务站办公室 2756462
餐饮服务部…………… 2704774
卫生保卫绿化服务部 756454
大学生公寓服务部 … 2725722
综合维修部…………… 2721234
特勤中队……………… 2727909
……………………… 2727911

………………………… 2756451
二中队……………………… 2561119
………………………… 2561353
河间指挥中队……… 2584994
………………………… 2588722
………………………… 2588813
………………………… 2588723
廊坊指挥中队……… 2552119
………………………… 2555103
………………………… 2551752
………………………… 2552274
五中队……………………… 2566119
………………………… 2566007
………………………… 2566419
………………………… 2566229
六中队……………………… 2768119
………………………… 2769505
七中队……………………… 2568119
………………………… 2568361
………………………… 2568382
………………………… 2568323
八中队……………………… 2742209
………………………… 2741076
………………………… 2747689
九中队……………………… 2580119
………………………… 2580378
………………………… 2580522
石化大队…………………… 2735119
………………………… 2734101
………………………… 2735580
………………………… 2734102
十中队……………………… 2734103
十一中队…………………… 2756451
辛集指挥中队……… 2742119
………………………… 2742400
………………………… 2742402
………………………… 2743119
十三中队…………………… 2743757
………………………… 2742160
机关保卫中队……… 2710739

廊坊市华油天成天然气销售有限公司

领导
经理、党总支书记 … 6061966
副经理、总会计师 … 6061921
副经理、安全总监 … 6061923
党总支副书记、工会主席
………………………… 6061622

综合办公室
主任…………………… 6061912
综合管理（人事劳资、党群、文秘）…………… 6061913

经营管理部
主任…………………… 6061915
财务…………………… 6061916
销售…………………… 6061927
………………………… 6061928

质量安全环保部
主任…………………… 6061918
质量安全环保管理 6061919

CNC 管理中心
主任…………………… 6061925
副主任………………… 6061926
小车班………………… 6061930
活动室………………… 6061929
门卫…………………… 6061917

渤海石油职业学院

领导
院长…………………… 2764999
副院长………………… 2764986
………………………… 2764988
………………………… 2763966
党委书记……………… 2764996
纪委书记、工会主席 2765219
院长助理……………… 2725886
………………………… 2763589

办公室
主任…………………… 2764966
值班室………………… 2765345
夜间值班室…………… 2765542
秘书…………………… 2765555
………………………… 2765254
统计…………………… 2763989
文书…………………… 2764035
档案室………………… 2765747
计生办………………… 2765402
打字室………………… 2765371
收发室………………… 2765563
第二会议室…………… 2765254

党委工作部
部长…………………… 2765719
副部长………………… 2764956
组织…………………… 2765224
文书…………………… 2764040
职改办………………… 2764043
纪委监察……………… 2765243
宣传…………………… 2765425
网控中心……………… 2765387
录像编辑……………… 2764214
广播室………………… 2764402

工会办公室
主任…………………… 2765259
民主管理俱乐部主任 2764990
女工、劳保、财务 … 2764037
组织、宣传、文体 … 2764995
俱乐部………………… 2765276

计划财务部
部长…………………… 2764026
副部长………………… 2764958
会计核算……………… 2765423
资产计划……………… 2765348
税务管理……………… 2764001
收费管理……………… 2764064
师范区财务组……… 2592133
医学区财务组……… 2722990
党校区财务组……… 2725752
校企财务室主任…… 2765461
校企财务室………… 2764399
………………………… 2765249

劳动工资部
部长…………………… 2765320
劳资…………………… 2765420
人事…………………… 2765624
微机室………………… 2765308

教学管理机构（教务处）
处长…………………… 2765386
书记…………………… 2764293
副处长………………… 2764982
综合组………………… 2764997
考务组………………… 2764015
教管组………………… 2765464
本部教材室…………… 2762198
师范区办公室……… 2597046
实习实训办公室…… 2764963
医学区实训办公室 … 2723398
教材组………………… 2593438

图书馆
图书馆馆长………… 2764027
图书馆办公室……… 2765377
本部图书馆阅览室 … 2763457
本部图书馆值班室 … 2763943
东区值班室………… 2763974
四区值班室………… 2765647
师范区图书馆……… 2591814
师范区电教馆……… 2593490
医学区图书馆……… 2725192

学生处团委
书记、处长………… 2765426
副处长………………… 2764967
………………………… 2764368
团委办公室………… 2765541
学籍办公室………… 2763647
学管办公室………… 2764976
心理咨询中心……… 2764071
师范区办公室……… 2592273
学生公寓办主任…… 2765184
本部学生公寓值班室 2765548
本部学生 1 号值班室 2763747
本部学生 2 号值班室 2764002
本部学生 3 号值班室 2763847
本部学生 6 号值班室 2765294
本部学生 7 号值班室 2765902
师范区招待所……… 2592165
师范区学生公寓办公室 2592184
师范区学生 1 号值班室 2591864
师范区学生 2 号值班室 2592943
师范区学生 3 号值班室 2592824
师范区学生公寓值班室 2592941
医学区女生楼……… 2755783
医学区男生楼……… 2729940

招生与就业指导处
处长…………………… 2221674
书记…………………… 2764012
副处长………………… 2764046
办公室………………… 2764965
………………………… 2765424
就业指导中心……… 2765610
………………………… 2764147
就业评估办………… 2765335

科研处
处长…………………… 2764981
办公室………………… 2764013
督导室主任………… 2765321
督导室………………… 2764216
院刊编辑部………… 2764490

成人教育处
处长…………………… 2711898
书记…………………… 2729853
副处长………………… 2785102
热线电话……………… 2720777
办公室………………… 2765232
………………………… 2724552
………………………… 2727047
………………………… 2724474
………………………… 2724327
党校区办公室……… 2727504
医学区学员宿舍…… 2756510
函授学员宿舍值班室 2729607
………………………… 2729613
………………………… 2752270
………………………… 2765202
培训办公室………… 2729631
中专部………………… 2764985

讲师团
讲师团办公室……… 2727509
《学习与实践》编辑部 2727509

党校教育处
书记、处长………… 2728534
教务管理……………… 2725237
学籍管理……………… 2722459
综合管理……………… 2727513
干部培训……………… 2727501
电教管理……………… 2725926
综合服务……………… 2727511

职业技能鉴定站

站长……………… 2765734
书记……………… 2763006
副站长…………… 2764979
办公室…………… 2765470
……………………… 2763475

井控培训中心

主任……………… 2764969
办公室…………… 2764042
教务实训………… 2763926
HSE办公室 ……… 2765180

教学机构

石油工程系

主任……………… 2764969
书记……………… 2764998
副主任…………… 2764238
……………………… 2765989
办公室…………… 2764045
学管办公室……… 2765316
实习场地值班室…… 2765543
试采教研室……… 2763994
建筑工程教研室…… 2764412

机电工程系

书记、主任……… 2765231
副主任…………… 2765511
系办公室………… 2765078
系办值班室……… 2763914
学管值班室……… 2764991
电工实习场地…… 2763942
……………………… 2764916
电工实验室……… 2763924
汽车实习场地…… 2764134
焊接实习场地…… 2765181

数学与信息技术系

书记、主任……… 2591006
副主任…………… 2595003
……………………… 2595378
办公室…………… 2595630
……………………… 2764014
数学教研室……… 2596546
计算机教研室…… 2599265
计算机室………… 2764017
综合理科教研室…… 2597246

经济管理系

书记、主任……… 2591605
书记主任（本部） … 2765996
副主任…………… 2591795
系办公室………… 2591553
学管办公室……… 2591710
法律教研室……… 2591563
财会教研室……… 2591973
实训基地办……… 2591713

人文与社会科学系

主任……………… 2593715
书记……………… 2598077
教学办公室……… 2593722
学管办公室……… 2591824
就业办公室……… 2598331
第一语文教研室…… 2765562
第二语文教研室…… 2591679
政法教研室……… 2764023
……………………… 2596046
教育心理教研室…… 2596246
教育心理咨询室…… 2598325
历史教研室……… 2598327

外语系

副主任…………… 2598236
书记……………… 2591854
办公室…………… 2592940
第一英语教研室…… 2764192
第二英语教研室…… 2596146
第三英语教研室…… 2720063

艺术体育系

副主任…………… 2593428
……………………… 2764992
……………………… 2596202
就业办公室……… 2598251
师范区办公室…… 2597146
音乐教研室……… 2597346
美术教研室……… 2598351
本部体育教研室…… 2765647
师范区体育教研室 2596646
医学区体育教研室 2710427
学生文体活动中心 2763731

临床医学系

主任……………… 2727720
书记……………… 2722517
副主任…………… 2750589
办公室…………… 2727714

医学技术系

主任……………… 2722410
书记……………… 2722708
办公室…………… 2727717
医学区班主任…… 2722415

护理系

主任……………… 2764987
书记……………… 2764994
副主任…………… 2764020
主任助理………… 2765819
办公室…………… 2765350
护理教研室……… 2764382

保卫处

处长……………… 2765365
书记……………… 2764989
副处长…………… 2765574
办公室…………… 2765346
值班室…………… 2765432
师范区治安组…… 2593204
医学区治安组…… 2729940
本部门卫………… 2764047
师范区西门卫…… 2598065
医学区门卫……… 2722551
党校区门卫……… 2725259
本部教学楼值班室 … 2763940
本部实验楼值班室 … 2763941
学苑派出所长…… 2765835
派出所值班室…… 2765346
派出所民警室…… 2765540
……………………… 2763110

校办企业办公室

办公室…………… 2765456
总务处
书记、处长……… 2763718
副处长…………… 2765291
综合办公室……… 2765597
供应站…………… 2765419
材料组…………… 2765433
库房门卫………… 2765936
基建办公室……… 2765947
节能……………… 2764977
安全……………… 2763730
校容队…………… 2764955
培训公寓经理…… 2764716
培训公寓值班室…… 2763834
……………………… 2764660

矿区服务中心

主任……………… 2765566
书记……………… 2764579
副主任…………… 2765891
主任助理………… 2764204
中心办…………… 2764344
房管办…………… 2765612
水电暖气服务站长 … 2765020
副站长（调度）…… 2764959
副站长（电管）…… 2764344
副站长（气站）…… 2765367
锅炉房…………… 2765457
供水站…………… 2764457
浴池……………… 2763947
居委会主任……… 2763130
居委会办………… 2764030
存车处…………… 2765191
绿化环卫队……… 2765239
幼儿园…………… 2764022

饮食中心

主任……………… 2764041
管理组…………… 2764975
微机室…………… 2764054
学院一食堂……… 2765384
一食堂二餐厅…… 2764298
回民食堂………… 2765183
师范区食堂管理…… 2591874
医学区食堂……… 2751845
招待餐厅………… 2765465
实习餐厅………… 2765644

卫生所

所长……………… 2765514
副所长…………… 2765802
防疫……………… 2764409
急诊室…………… 2765435
门诊、病房……… 2765123
师范区校医室…… 2595862

车队

队长、书记……… 2764004
车队调度室……… 2765400
值班室…………… 2764993

离退休职工管理站

站长……………… 2764508
书记……………… 2764962
办公室…………… 2765422

师范区联管委

主任……………… 2591854
办公室…………… 2598216
安全绿化………… 2592798
师范区收发室…… 2598226
师范区综合服务队 … 2598350

医学区联管委

主任……………… 2722708
办公室…………… 2727722
综合服务队……… 2716804
安全绿化………… 2704118

校办企业

利德石化设备厂（实习工厂）

厂长……………… 2764135
书记……………… 2763785
副厂长…………… 2764729
技术开发部……… 2763433
供销部…………… 2765421

驾校

校长……………… 2765287
副校长…………… 2765138
汽车修理厂……… 2765666
油建训练场……… 2593721
党校训练场……… 2751997

劳动服务公司（综合厂）

经理……………… 2765452
书记……………… 2764227
办公室…………… 2763279
……………………… 2764125
……………………… 2765458
传真……………… 2763289
97井……………… 2765404
71井……………… 2750876
油井……………… 2728487
服装厂…………… 2765215
基建队…………… 2764021

司机班…………… 2765349

育鑫公司

书记、经理………… 2709988
新华书店业务……… 2713336
中小学教材………… 2727809
书店业务、财务部 … 2728465
新华书店门市部…… 2727055
购物中心五楼书店门市 2727058
春饼王饭店………… 2729150

利德公司

经理………………… 2764968
书记………………… 2765490
副经理……………… 2765551
办公室……………… 2765284
机械配件厂………… 2765356
电子仪器厂厂长…… 2765450
电子仪器厂办公室 … 2765338
拨线厂……………… 2765372
屹远化工有限公司 … 2765016
安装公司…………… 2765478
…………………… 2221006
磁化器厂厂长……… 2764908
磁化器厂办公室…… 2765240
新技术研究所办…… 2765008
办公室……………… 2764336

英达公司

经理………………… 2727519
餐厅………………… 2726438
招待所……………… 2727510
办公室……………… 2724459

社保所

所长………………… 2765945
办公室……………… 2764010

天津石油职业技术学院

公网区号：022

领导

党委书记、院长 … 29000298
教学副院长 ……… 29000401
后勤副院长 ……… 29000580
学管副院长 ……… 29000203
党委副书记、纪委书记、工会主席 ……………… 29000562

管理机关

学院办公室 ……… 29000406
主任 ……………… 29000696
督导主任 ………… 29000162
文书、秘书 ……… 29000555
收发室 …………… 29000309
办公楼门卫 ……… 29000344
招待餐厅 ………… 29000336
党委工作部 ……… 29000266
主任 ……………… 29000230
纪检监察 ………… 29000254
信息网络中心 …… 29000400
广播室 …………… 29000262
人事劳资部 ……… 29000340
主任 ……………… 29000590
副主任 …………… 29000393
财务处 …………… 29000214
主任 ……………… 29000461
资产管理 ………… 29000513
工会办公室 ……… 29000206

教学管理系统

教务处 …………… 29000408
主任 ……………… 29000226
副主任 …………… 29000478
技能鉴定所 ……… 29000268
BTEC办公室 …… 29000589
教材组 …………… 29000422
电教中心 ………… 29000282
报告厅 …………… 29000445
学生处 …………… 29000459
主任 ……………… 29000604
刚委 ……………… 29000305
三自办 …………… 29000426
院学生会 ………… 29000228
学生活动中心 …… 29000325
心理咨询教研室 … 29000239
宿舍管理中心 …… 29000258
学A楼 …………… 29000259
学B楼 …………… 29000659
学C楼 …………… 29000414
学D楼 …………… 29000858
学E楼 …………… 29000759
学F楼 …………… 29000528
学G楼 …………… 29000559
学生宿舍（平房） 29000021
招生就业处 ……… 29000650
主任 ……………… 29000202
副主任 …………… 29000020
就业办 …………… 29000588
中专部 …………… 29000320
图书馆 …………… 29000321
借还处 …………… 29000421
成人教育处 ……… 29000296
主任 ……………… 29000859
招待所值班室 …… 29000339
招待所吧台 ……… 29000273

北戴河疗养院

公网区号：0335

领导……………… 5922001
副院长…………… 5922002
总机……………… 5922111
总服务台………… 5922011
院办公室………… 5922003
计划财务科……… 5922018
离退休职工管理科 … 5922811
疗养接待科……… 5922005
培训科…………… 5922006
综合管理科……… 5922007
医疗康复科……… 5922008

冬季办公电话

院长……………… 5922163
院办公室………… 5922165
计划财务科……… 2922167

北京办事处

（北京华油陶然商贸中心）

公网区号：010

领导

主任 ……… 67219666－8515
副主任 …… 67223399－8533

总办

办公室主任 67213339－3009

财务部

财务部经理 67219993－8611

工程部

工程部经理 …………… 3905
大厦总机 …… 0317－255155
大厦总机
…… 010－87286688－0/3218

招待处

领导

处长……………… 2754666
副处长…………… 2754468

办公室

主任……………… 2754488
主管……………… 2754458
人事劳资………… 2754448
夜间值班………… 2754720

销售质检部

经理……………… 2754900
主管……………… 2754678

财务部

经理……………… 2754588
会计……………… 2754698
资产……………… 2754628
出纳……………… 2754618
日审……………… 2754638

工程部

经理……………… 2754788
主管……………… 2754798
维修班…………… 2754968
………………… 2754978
锅炉班…………… 2754799

安保部

经理……………… 2754988
副经理…………… 2754998
主管……………… 2754993
门卫……………… 2754990
中控室…………… 2754996
库管……………… 2754997
商品部…………… 2754518

前厅部

经理……………… 2754748
总服务台………… 2754777
………………… 2754888
………………… 2754999
商务中心………… 2754608
电话总机………… 2754800
传真……………… 2754444
美发室…………… 2754598

房务部

经理……………… 2754498
房务中心………… 2754848
房务中心………… 2754858
会议康乐………… 2754400
会议服务………… 2754980

洗涤部

经理……………… 2754993
车间……………… 2754700

餐饮部

经理……………… 2754688
经理助理………… 2754648
采购……………… 2754432
保管……………… 2754438
2号楼吧台 ……… 2754500
2号楼吧台 ……… 2754428
3号楼吧台 ……… 2754600
………………… 2754431

二所经营部

经理……………… 2754993
车间……………… 2754700

河北华北石油天成实业有限公司

领导

董事长、总经理、党委书记
………………… 2728761
副总经理、安全总监 2755760
副总经理、总会计师 2756618
党委副书记、纪委书记、工会主席……………… 2756187
总经理助理……… 2722252

综合办公室

主任……………… 2722171
董事会秘书、副主任 2725160
科员……………… 2728764
………………… 2751380
传真……………… 2725370

党群工作部

主任……………… 2723321
科员……………… 2724084

……2755579
人力资源部
经理……2728752
科员……2751630
……2728773
安全管理部
经理……2755630
……2724093
……2789271
市场运行部
经理……2723118
科员……2756169
……2710071
财务经营部
经理……2728754
科员……2723359
……2755707
……2720478
财务核算中心
科员……2751083
……2728765
……2756561
监察审计部
经理……2728771
资金结算中心
主任……2726416
科员……2726449
……2714442
……2726430
唐海项目部
经理……0315－8755785
机关车队
队长……2728769
副队长……2725580
下属企业
房产管理事业部
经理……2782300
副经理……2753470
办公室……2753470
工程部……2719185
……2726592
保安……2781144
门卫……2721129
钻井井下化工事业部
经理……2738228
副经理……2730107
技术负责人……2732625
管理部……2739282
销售部……2732459
生产部……2731872
……2732346
……2730271
氯化钙车间……2739438
门卫……2737041

采油化工事业部
经理……2756180
副经理……2756280
……2701732
办公室……2723800
供销部……2729871
一车间……2729871
二车间……2586542
采油事业部
经理……2589515
副经理……2589362
办公室……2589363
财务……2589353
安全……2589373
调度……2589352
燃气公司
董事长……2589717
经理……2589877
副经理……2589677
财务……2589377
值班室……2588777
飞达石油装备公司
经理……2578401
副经理……3060936
……2570866
……2578828
……2578839
办公室……2579416
财务……2579704
营销部……2579604
供应部……2579904
HSE管理部……2578838
质控部……2578850
科达公司
经理……2757188
副经理……2723763
……2720260
办公室……2702099
人事……2721808
财务……2721771
销售部……2726952
电控钻机部……2712521
企管部主任……2720772
企管部……2727706
新达公司
董事长、经理……2588111
副经理……2582652
书记……2589360
办公室……2586119
财务部……2586004
供销部……2589887
机械厂……2586640
化工厂……2588003
沃尔沃维修……2589976

华兴建安公司
经理……2589586
副经理……2588442
……2588758
办公室……2586300
生产技术部……2586176
安全技术部……2588441
财务……2586402
预算室……2586838
物资供应部……2586017
大路公司房产开发事业部
经理……2755795
副经理……2723841
……2727101
办公室……2726410
财务……2726151
工程技术部……2726087
预算控制部……2736087
建材部……2727847
市政建安公司……2755772
大路公司商贸管理事业部
经理……2783661
副经理……2783182
……2783802
办公室……2783252
财务核算组……2783255
阳光大街市场管理部
……2719049
……2753752
……2719001
外围市场管理部……2752113
供应市场……2753451
局机关市场……2720969
运输市场……2753573
井下市场……2737114
水电维修管理部……2783256
……2712915
阳光商城管理部……2783181
……2783251
金辉石油装备公司
经理……2731727
书记……2731937
办公室……2731974
财务……2739807
野营房车间……2739830
塑钢车间……2739204
铸成工程公司
经理……2723072
书记……2725962
副经理……2720343
主任工程师……2724068
办公室……2722279
财务部……2724354
企管部……2701935

安全技术部……2705845
调度室……2724117
材料库……2713947
值班室……2721577
兴盛建安公司
经理……2728237
副经理……2705787
办公室……2755560
财务……2723268
预算合同……2727445
技术工程……2755590
工程部……2756057
门卫……2704699
康兴公司
董事长……2722073
经理……2721073
书记……2723280
办公室……2727002
安全……2725992
财务部……2723710
天宇消防器材公司
负责人……2770944
宏业钢瓶检验公司
负责人……2771308
晶瑞机电化工公司
负责人……2707351
赛德新技术公司
负责人……2723991
华鑫商业公司
负责人……2755870
利华建筑装饰公司
负责人……2719762
信达动力机械公司
负责人……2722885
石家庄工贸公司
公网区号：0311
经理……86981444
书记……86031203
办公室……86981443
财务……86075514
上海公司
公网区号：021
经理……58436789
办公室……58431144
华纯分公司
经理……2783004
书记……2782608
副经理……2702477
财务……2727027
业务室……2725601
送水热线……2702442
……2702448
新源公司
经理……2721255

办公室……2720482
华翔监理
经理……2726875
办公室……2755759
招标代理部……2726803
技术项目部……2751027
利民建筑安装事业部
经理……2582326
副经理……2583973
书记……2582359
三兴商贸……2582682
办公室……2582259
财务室……2583887
曙光化工公司
经理……2582955
副经理……2582540
……2581977
办公室……2582374
财务部……2582322
供销部……2584581
三彩公司
经理……2588566
书记……2586386

办公室……2586662
财务部……2586475
采油队……2588915
园林公司……2589115
龙华值班……2580516
新脉值班……2580702
长江机电公司
经理……2751598
书记……2725603
办公室……2759655
财务……2724343
电器厂……2725931
服装厂……2723614
鞋厂……2728715
华宝润滑油公司
经理……2728512
财务……2711012
门卫……2725084
华展涂料公司
经理……2728537
财务……2724098
传真……2752537
天创公司

经理……2593385
书记……2595170
财务……2595151
华锐节能公司
经理……2594725
财务……2594280
供销部……2594746
北海建筑装饰公司
经理……2724598
副经理……2713767
办公室……2782757
财务部……2727153
市场部……2721455
预算室……2755830
工程部……2755832
物资部……2728538
翔华公司……2750605
惠苑宾馆总机……2751666
金方元公司
经理……2736039
副经理……2736301
经理助理……2735060
销售部……2276580

安全部……2735050
统计室……2276560
调度室……2735365
财务……2735390
人事办公室……2736053
纪元机电公司
经理……2780288
副经理……2780055
生产调度……2706247
材料技术……2787622
财务办公室……2780044
科信公司
经理……2723713
聚力化工公司
经理……2723994
运输工矿公司
经理……2723927
通力科技公司
经理……2588727
财务……2721771
华艺公司
经理……2725161

11. 吐哈油田公司

地址：新疆维吾尔自治区哈密石油基地　邮政编码：839009　公网区号：0902（哈密）0995（鄯善）

总经理办公室

主任……2766999
……8372906
副主任……2765241
……8371333
秘书科
副科长……2766134
……8400526
科员……2765242
……2772360
……2772359
……8371166
文书科
科长……2772362
……8371354
科员……2766142
行政事务科
副科长……2762898
科员……2772359
……2765242
……8371437

党委办公室

主任……2772356
……8371781

副主任、企业文化处副处长
……2765246
……8372566
副主任……2772820
……8372821
秘书科
科员……2767611
……2765297
……8378920
信访维稳科
副科长……2767271
……8372819
科员……2764912
……8378920
机关党委办公室
科长……2762525
……8372819
科员……2765297
……8372821

规划计划处

处长……2772316
……8371160
副处长……2772315
……8371323
……2771136

……8371677
生产计划科
副科长……2772319
……8371271
投资计划科
副科长……2772317
……8371800
办公室……2767209
……2764376
规划科
副科长……2772318
……8372348
统计科
科长……2772326
……8372348
副科长……2761326
概预算科
副科长……2772325
……8374071
办公室……2772822
……2772323
价格管理科
副科长……2772322
……8374070
办公室……2767441
定额科

副科长……2761403
……8374071
办公室……2766247
评价科
副科长……2767293
……8374070
项目管理科
副科长……2772321
……8371473
办公室……2772320

财务处

处长……2772365
……8371262
副处长……2772543
……8375226
……2772368
……8374207
预算科……2764887
……8374142
……2772382
……2772585
税价科……2772392
……8375014
……2764897
综合科……2772395

……………… 8371281
信息科……………… 2772369
……………… 8375581
……………… 2772376
资本运营科……………… 2761864
……………… 8374142
会计科……………… 2772379
……………… 8374142
……………… 2764484
……………… 2764927
成本科……………… 2772378
……………… 8371281
……………… 2772381
……………… 2772380
关联交易科……………… 2772399
……………… 8374142
投资核算科……………… 2772370
……………… 8372513
……………… 2772371
……………… 2772373
资金科……………… 2767201
……………… 2772387
……………… 2765140
……………… 2772388
……………… 8371503
稽查科……………… 2763333
机关财务科……………… 2771658
……………… 8374076
……………… 2772396
……………… 2764874
资产科……………… 2772383
……………… 8372054
……………… 2772385
……………… 2772811

人事处（组织处）

领导……………… 2772787
……………… 8371370
……………… 2767527
……………… 8372688
组织科……………… 2765191
……………… 8377658
……………… 2764045
干部管理科
……………… 2772812
……………… 8372816
……………… 2762504
……………… 2772355
……………… 8378806
……………… 2772355
劳动工资科……………… 2765614
……………… 8371371
……………… 2765068
……………… 8371371
……………… 2772350
……………… 8371371
人力资源信息科
……………… 2767168
……………… 8378806
……………… 2770583
ERP-项目组……………… 2764662
机关人事科……………… 2772352
……………… 8375334
……………… 2772351
……………… 8375334

企业管理法规处

处长……………… 2764842
……………… 8372019
副处长……………… 2772340
……………… 8371380
……………… 2771169
……………… 8372608
合同科
科长……………… 2772796
……………… 8375694
科员……………… 2763661
……………… 8375694
……………… 2772339
……………… 2763700
电子商务科
科长……………… 2767845
……………… 8375431
科员……………… 2767845
……………… 8375431
企业管理科
科长……………… 2772800
……………… 8374853
科员……………… 2772040
……………… 8374853
……………… 2772800
……………… 8400899
……………… 2772040
法律事务科
科长……………… 2772797
……………… 8375431
科员……………… 2772797
……………… 8375431
内部控制科
科长……………… 2772799
……………… 8375078
副科长……………… 2767862
……………… 8374901
科员……………… 2772799
……………… 8375078
……………… 2767862
……………… 8374901
关联交易科
科长……………… 2763664
……………… 8375431

生产运行处

领导
处长……………… 2772300
……………… 8371219
副处长……………… 2772301
……………… 8371210
生产调度科
科长……………… 2772303
……………… 8371215
科员……………… 2772303
……………… 8371215
……………… 8371212
生产运行科
科长……………… 2772302
……………… 8371216
副科长……………… 2772302
……………… 8371216
科员……………… 2772302
……………… 8371216
土地管理科
科长……………… 2772304
……………… 8377660
科员……………… 2772304
……………… 8377660
……………… 8371529
生产值班调度……………… 8371212
……………… 8371213
……………… 8371214
……………… 8372000

质量安全环保处

领导
处长……………… 2772306
……………… 8372219
副处长……………… 2772305
……………… 8372210
……………… 2772308
……………… 8372216
安全管理科
科长……………… 2772307
……………… 8372212
……………… 8372218
……………… 8372213
“反三违”办
科长……………… 2767322
……………… 8371516
副科长……………… 2767322
……………… 8371516
办公室……………… 2767322
……………… 8378951
……………… 8377493
环境保护科
科长……………… 2767322
……………… 8372215
……………… 8372225
技术监督科
科长……………… 2772309
……………… 8375093
节能节水科
科长……………… 2772309
……………… 8371449
……………… 8371786
交通科
科长……………… 2772307
……………… 8400499
……………… 8371122
工程质量监督站
总工程师……………… 2763809
……………… 8371995
副站长……………… 2763809
……………… 8371995
办公室……………… 2763739
……………… 8371995
……………… 2773664
……………… 2763809
……………… 2773664

工程技术与市场处

处长……………… 2770798
……………… 8371085
市场管理科
科长……………… 2767260
……………… 8371116
科员……………… 8400296
井控管理科……………… 8371234
工艺技术科
科长……………… 2772020
办公室……………… 8371557

机动设备处

领导……………… 8377596
传真……………… 8372915
……………… 8374026
……………… 8371233
……………… 2767200
……………… 8378630
……………… 2772710
综合设备科……………… 8374026
……………… 2772732
机动设备科……………… 8375223
……………… 2771340
特种设备科……………… 8374028

科技与信息处

副处长……………… 2772868

综合科
科长…… 2772311
…… 8372849
办公室…… 2772311
…… 8371351
科技科
科长…… 2772310
办公室…… 2772313
信息科
科长…… 2772312
办公室…… 2772313

国际合作处

领导
处长…… 2764067
…… 8374868
国际合作科
科长…… 2763673
…… 8371224
…… 8374188
副科长…… 2770984
…… 2765209
…… 8371224
…… 8374188
科员…… 2770984
…… 2765209
…… 8371224
…… 8374188
…… 2767425
外事科
科长…… 2768504
…… 2768624
…… 8371319
科员…… 2768504
…… 2768624
…… 8371319
哈国办事处
主任0991－8805263转9007400
…… 007－7132－993568
财务、传真
…0991－8805263转9007401
生产、传真
…0991－8805263转9007402
当地电话 007－7132－993566
…… 007－7132－993567
克兹劳尔达
…0991－8805263转9007191
乌国办事处
主任…… 2770984
…… 2765209
…… 8371224
…… 8374188
办公室传真…… 8379401
…… 8379402
当地电话 0099871－1367808
…… 2805162
委国办事处
…… 00584142178867

审计处

副处长…… 2772366
…… 8378656
审计管理科
科长…… 2772328
…… 8379621
办公室…… 2772328
审计审理科
科长…… 2772330
…… 8371138
办公室…… 2772330
…… 2765192

审计中心

基建审计科
科长…… 2773622
…… 8371179
办公室…… 2765405
…… 8371179
…… 2772329
内控审计科
科长…… 2764664
…… 8379620
财务审计科
科长…… 2771291
…… 8379622
…… 2765287
效益审计科
科长…… 2770092
…… 8379622
…… 2765217
物资审计科
科长…… 2764952
…… 2765933
…… 8379620

纪委监察处

处长…… 2772336
…… 8375307
副处长…… 276759
…… 8371993
综合审理科
科长…… 2772337
…… 8375170
办公室…… 2765290
…… 8375170
案件检查科
科长…… 2767603
…… 8375170
办公室…… 2772338
…… 8375170
效能监察科
科长…… 2768756
…… 8378965
副科级监察员…… 2765755
…… 8378965
廉政建设科
科长…… 2770729
…… 8378965
副科级纪检监察员… 2769512
…… 8378965
清欠办公室…… 2765257

工会

工会副主席…… 2772332
…… 8371386
女工主任…… 2761292
…… 8379619
办公室
科长…… 2772363
…… 8371268
副主任…… 2764849
办公室…… 2767396
民管经保部
科长…… 2763656
…… 8375080
文体部
科长…… 2766978
办公室…… 2766846

团委

书记…… 2772788
…… 8371280
团委办公室副主任… 2772335
…… 8378629
科员…… 2772335
…… 8378629

板块、直属、附属单位

勘探处（勘探事业部）

处长…… 2772779
…… 8371618
书记、副处长…… 2772780
…… 8371571
副处长…… 2772702
…… 8371489
…… 2772781
…… 8371633
…… 2772782
…… 8371749
…… 2772701
…… 8371982
安全副总监…… 2772793
…… 8371619
副总工程师…… 2772536
…… 8375063
…… 2772508
…… 8371538
副总地质师…… 2772719
…… 8374623
综合科
副科长…… 2772783
…… 8371554
办公室…… 2760763
…… 2772280
…… 2772785
…… 2772786
…… 8371563
勘探科
科长…… 2772630
办公室…… 2772700
…… 2772631
…… 8371254
安全环保科
科长…… 2772506
…… 8371683
办公室…… 8375075
…… 2772507
调度…… 2772500
…… 8371718
…… 8371570
物探技术科
科长…… 2772622
…… 8371631
办公室…… 2772626
…… 2772625
…… 8371631
钻井技术科
副科长…… 2772538
…… 8371634
办公室…… 2772505
…… 8374324
…… 2772510
试油技术科
科长…… 2772627
…… 8374325
办公室…… 2772628
…… 8370880
吐哈盆地石油天然气项目部
经理…… 2772502
办公室…… 2772509
…… 8371720
…… 2772533
三塘湖盆地石油天然气项目部
经理…… 2772537
办公室…… 2772621

……………………2772539
新能源勘探项目部
经理……………………2772535
副经理……………………2772722
办公室……………………2772504
油藏评价项目部
经理……………………2772720
……………………8374672
办公室……………………2772723
……………………8371416
……………………2772724
三塘湖勘探开发一体化项目组
经理……………………2772731
……………………8374621
办公室……………………2772765
鲁克沁勘探开发一体化项目组
经理……………………2772532
……………………8372734
办公室……………………2772623
三塘湖现场
办公室……………………2773233

开发处

处长……………………2772763
……………………8375676
党总支书记、副处长 2772708
……………………8371135
副处长 ……………………277271
……………………8375242
……………………2772707
……………………8371292
……………………2772709
……………………2772710
……………………8377553
……………………8371291
副总……………………2772791
……………………8374015
……………………2772739
……………………8374957
……………………2772706
……………………8371275
综合规划科
副科长……………………2772752
……………………8374041
科员……………………2772751
……………………8374019
……………………2772752
……………………8374041
油藏管理科
副科长……………………2772758
……………………8377669
科员……………………2772759
……………………8378678
……………………2772758
……………………8371275
产能建设科
科长……………………2772757
……………………8371505
科员……………………2772756
……………………8371318
……………………2772755
气藏管理科
科长……………………2772737
……………………8374622
科员……………………2772738
……………………8374246
采油工程技术科
科长……………………2772761
……………………8374016
科员……………………2772753
……………………8375279
……………………2772791
……………………8372446
地面工程科
副科长……………………2772716
……………………8371315
科员……………………2772717
……………………8372623
……………………8372549
……………………2772715
……………………8372277
……………………8374017
钻井工程技术科
科长……………………2772713
……………………8374040
科员……………………2772713
……………………8374040
……………………2772006
自动化科
科长……………………2772750
……………………8372543
科员……………………2767260
……………………8374706
……………………8376396

炼油化工与销售处

处长……………………8371682
……………………2767585
炼化管理科……………………8372616
……………………2765063
……………………8372436
销售管理科……………………8372845
……………………2767468
……………………8372436

销售事业部

领导
处长……………………8371996
……………………2772836
党委书记……………………8371616
……………………2772427
销售副处长……………………8371598
生产副处长……………………8373189
……………………8372428
技术副处长……………………8373108
领导值班室……………………8378901
综合办公室
科长……………………8371614
副科长……………………8371602
工会、宣传、团委 ……8371596
秘书、文书、档案 ……8371606
劳资、人事……………………8372417
鄯善办公室……………………8371596
哈密办公室……………………2772428
女工计划生育……………………8371602
哈密办公室……………………2772429
……………………8376538
打字、后勤……………………8372410
计划经营科
科长……………………8371600
企管……………………8371603
统计……………………8371629
财务……………………8371708
油气销售科
科长……………………8372326
副科长……………………8372181
综合统计……………………8375594
原油天然气销售……………………8371597
……………………8372422
中油燃气外联……………………8372749
液化气、甲醇销售 ……8371988
信息、成品油销售 ……8371695
结算……………………8371756
……………………8372411
现场销售
成品油……………………8373130
……………………8373118
葡北……………………8375759
原油……………………8373118
甲醇……………………8373041
轨道衡……………………8373102
……………………8371715
液化气……………………8373855
乌市油气销售部
科长……………………8373920
副科长、支部书记 ……8373992
安全员……………………8373939
资源配置……………………8373946
综合业务……………………8373932
会计核算……………………8373972
……………………6610066－71412
天然气计量……………………8373969
加气母站站长……………………8373973
母站中控室……………………8373971
安全环保科
安全副总监……………………8373099
副科长……………………8373162
安全监督……………………8377150
……………………8373043
……………………8373131
安全环保……………………8373046
车辆管理……………………8373131
保卫科
副科长……………………8373161
经警管理……………………8373096
门岗
油库……………………8373082
外运工区……………………8373093
储运工区……………………8373834
甲醇外运……………………8373077
宿舍楼……………………8371653
办公楼……………………8371711
生产技术科
副科长……………………8373026
……………………8373141
科技管理……………………8373091
设备管理……………………8373199
……………………8373164
工程管理……………………8373153
预算岗位……………………8377137
工程管理……………………8373193
生产调度科
科长……………………8373048
大班调度……………………8373080
器材……………………8373148
……………………8373059
技术监督……………………8373086
干部值班室……………………8373017
中控室……………………8373005
……………………8373006
应急……………………8373007
传真……………………8373136
油品储运工区
主任……………………8373036
支部书记……………………8372928
副主任……………………8373083
计量核算……………………8377113
技术员……………………8373115
锅炉监督……………………8373015
泵房……………………8373040
……………………8373037
消防泵房……………………8373050
成品油……………………8373117
栈桥……………………8373147
……………………8373053
栈桥值班室……………………8373146

维修………………… 8373066
锅炉………………… 8373019
化验室……………… 8373064

轻烃外运工区

主任………………… 8373065
副主任……………… 8373060
…………………… 8373137
业务核算…………… 8373062
技术员……………… 8373028
安全员……………… 8373024
运行长……………… 8373025
液化气装车………… 8373127
甲醇装车…………… 8373063
维修电工…………… 8373062
外运主控室………… 8373044
…………………… 8373025
甲醇主控室………… 8373063
…………………… 8373054
液化气装车泵房…… 8373127
液化气装车栈桥…… 8373120
甲醇装车泵房……… 8373107
维修………………… 8373062

天然气输气工区

主任、支部书记、副主任
…………………… 8379130
计量、核算………… 8379258
中控室……………… 8379214
…………………… 8379247
1号站 ……………… 8302682
2号站 ……………… 8361060
3号站 ……………… 8372430
鄯善轻烃站………… 8373820

轻烃储运工区

主任………………… 8373851
支部书记、副主任 … 8373804
业务员、工艺技术员 8373894
设备技术员………… 8373849
安全员……………… 8377012
中控室……………… 8373878
…………………… 8373892
灌装………………… 8373800
…………………… 8373857
锅炉………………… 8373869
维修………………… 8373835

自动化维修工区

副科长……………… 8373158
网络维护、自动化维护
…………………… 8373163
…………………… 8373184

化工产品销售科

主任………………… 8373133
副主任……………… 8377170
销售………………… 8373134
…………………… 8377109

铁路协调…………… 8373134

招投标管理中心

主任………………… 2765588
副主任……………… 2763758

综合信息科

科长………………… 2760778
…………………… 2761351
…………………… 2772901
…………………… 2761025

采办一科

科长………………… 2760951
副科长……………… 2760901
科员………………… 2772902
…………………… 2760901
…………………… 2772902

采办二科

副科长……………… 2772078
科员………………… 2760831
…………………… 2760831
…………………… 2761083

采办三科

科长………………… 2760852
科员………………… 2760953
…………………… 2773672

工程科

科长………………… 2760783
…………………… 2761021
…………………… 2773673
招标大厅…………… 2772070
鄯善办公室………… 8372515

技术档案馆

馆长………………… 2763835
…………………… 2772285
副馆长……………… 2766068
综合管理室……… 2772348
负责人……………… 2762994

电子信息室

负责人……………… 2761045
业务指导…………… 2761045
信息管理…………… 2761046

档案管理室

负责人……………… 2765494
综合档案收集利用 … 2761042
档案整理…………… 2765109
…………………… 2765566
…………………… 2771733
…………………… 8371689
声像实物…………… 2764057

史志编研室

负责人……………… 2761048
史志编研…………… 2761048
…………………… 8371365

机要保密处

处长………………… 2763835
…………………… 8377662

机要保密科

副科长……………… 2763833
科员………………… 2763833

文印科

科员………………… 2767524
…………………… 8371742
…………………… 2772776
…………………… 2772777

企业文化处（宣传处）

处长………………… 2772331
…………………… 8374156

企业文化科

科长………………… 2772821
…………………… 8372522

宣传科

科长………………… 2772590
…………………… 8376373
高级主管…………… 2764891

基层建设科

科长………………… 2765234
…………………… 8376393

定额定价中心

概预算科

副科长……………… 2772325
…………………… 8374071

价格管理科

副科长……………… 2772322
…………………… 8374070

定额科

副科长……………… 2761403
…………………… 8374071

评价科

副科长……………… 2767209
…………………… 8374070

项目管理科

副科长……………… 2772321
…………………… 8371473

会计核算中心

副主任……………… 2767201

会计管理科

科长………………… 2764484
…………………… 8374142

生产成本科

科长………………… 2772378
…………………… 8371281

投资核算科

科长………………… 2772370
…………………… 8372513

资金结算一科

科长………………… 2765140

资金结算二科

科长………………… 8372434

材料核算科

科长………………… 2772395
…………………… 8371281

费用核算科

科长………………… 2771658

关联交易科

科长………………… 2772399
…………………… 8374142

资产管理科

科长………………… 2772383
…………………… 8372054

工程质量监督站

站长………………… 2763809
…………………… 8371995
副站长……………… 2763809
…………………… 8371995
监督工程师………… 2763739
…………………… 8371995
监督工程师………… 2763809
…………………… 8371995
…………………… 2763739
监督员……………… 2773664
…………………… 8371995
…………………… 2763739

基本建设管理处

副处长……………… 2772685
施工管理科………… 2761974
设计管理科………… 2761411
…………………… 2760472
综合科……………… 2763184

西安项目部

项目经理…… 029－88265287
项目副经理 … 029－88262797
技术……… 029－88262933
造价、合同、材料
……………… 029－88262070
财务……… 029－88253389

哈密项目部

项目经理…………… 2771598
项目副经理………… 2771602
造价、综合………… 2768351
技术………………… 2771663
…………………… 2771600
材料………………… 2770830

三塘湖项目部

项目经理…………… 2771647
技术………………… 2771026

造价………………… 2770043
三塘湖现场………… 2773373

人才交流与培训中心

主任………………… 2772895
副主任……………… 2772353
………………………… 8374204
培训科………………… 2765624
………………………… 8374204
………………………… 2765604
………………………… 2765390
………………………… 2761654
………………………… 2772952
人才交流科………… 2760596
………………………… 8374204
………………………… 2764775
………………………… 2772905
职业技能鉴定科…… 2764055
………………………… 8374204
………………………… 2763660
………………………… 2764064
井控培训科………… 2772910
………………………… 8374204
………………………… 2772186
………………………… 2772910

二级单位

矿区服务事业部

地址：新疆哈密石油基地吐哈勘探
邮编：839009
传真………… 0902－2767230
领导
指挥部副指挥、事业部主任
………………………… 2768989
指挥部指挥助理、安全副总监、事业部常务副主任　2772658
副书记、纪委书记、工会主席
………………………… 2764289
副主任、哈密物业公司经理
………………………… 2763056
副主任……………… 2765738
综合办公室主任…… 2771096
党群工作部主任…… 2767508
人事劳资部主任…… 2771686
物业管理部主任…… 2765642
计划财务部主任…… 2771177
安全环保部主任…… 2760176
离退休管理部主任 … 2769716

勘探开发研究院

领导
院长………………… 2765325
党委书记…………… 2765370
副院长……………… 2764240
………………………… 2765361
………………………… 2765828
总地质师…………… 2770974
………………………… 2763443
院副总师
安全副总监………… 2771768
副总师、科长……… 2765311
副总地质师………… 2760814
院长助理…………… 2762296
院办
主任………………… 2764211
副主任、文书办…… 2764174
秘书办……………… 2764179
党办
主任………………… 2772605
副主任……………… 2763108
工会、宣传办……… 2765041
人事组织科
主任………………… 2765305
人事、劳资、培训、社保
………………………… 2764160
………………………… 2765362
安全科
安全副总监………… 2771768
副科长……………… 2765344
安全环保、技术监督 2764184
勘探一所
所长………………… 2765360
书记、副所长……… 2764144
副所长……………… 2766439
山前室……………… 2764216
………………………… 2766448
东部室……………… 2765441
………………………… 2760541
西部室……………… 2763176
………………………… 2766453
台南项目室………… 2772272
………………………… 2765397
新能源室…………… 2765527
安全员……………… 2772603
业务员……………… 2765419
勘探二所
所长………………… 2760557
书记、副所长……… 2765323
副所长……………… 2767719
东疆项目室………… 2760564
………………………… 2765332
乌国室……………… 2760600
哈国室……………… 2764177
………………………… 2766450
三塘湖项目室……… 2766440
………………………… 2770704
………………………… 2770497
塔里木室…………… 2772243
基础室……………… 2765764
………………………… 2762084
………………………… 2770497
新区室……………… 2764893
………………………… 2765340
安全设备、机房…… 2765337
业务员……………… 2770209
勘探三所
所长………………… 2773500
书记、副所长……… 2773642
副所长……………… 2761874
三塘湖西部………… 2764410
………………………… 2773603
………………………… 2773602
三塘湖东部………… 2773534
………………………… 2769647
储量室……………… 2773544
台北室……………… 2770914
储层室……………… 2763644
规划室……………… 2760944
………………………… 2764353
业务员……………… 2773524
勘探四所
所长………………… 2764547
书记、副所长……… 2763306
副所长……………… 2772011
地球物理方法室…… 2761704
………………………… 2763424
吐哈资料处理室…… 2763072
特殊资料处理室…… 2765468
开发井测井解释室 … 2771483
………………………… 2772649
预探评价井测井解释室
………………………… 2772653
A1 项目室 ………… 2772592
………………………… 2761241
………………………… 2765742
机房………………… 2764675
业务员……………… 2760584
科技服务中心
主任………………… 2764243
书记、副主任……… 2765307
副主任……………… 2765505
资料复印组………… 2764137
………………………… 2767448
资料装订组………… 2764134
直拨、传真岗……… 2766452
车辆管理组………… 2765529
器材………………… 2760742
维修………………… 2764269
消防监控…………… 2764124
科研楼门卫………… 2765345
科技报告厅………… 2769476
试验楼门卫………… 2764265
三楼打字室………… 2772605
业务员……………… 2760547
报刊收发…………… 2764224
地物所门卫………… 2765549
鄯善工作点
院长………………… 8374138
书记………………… 8371898
副院长……………… 8374157
………………………… 8374148
………………………… 8375201
总地质师…………… 8378640
………………………… 8377733
安全副总监………… 8374099
院综合办公室……… 8374149
试验中心…………… 8371163
科技信息中心……… 8375647
勘探开发综合办公室 8374147
开发井解释研究室 … 8372018
科技科
副总师、科长……… 2765311
副科长……………… 2760627
………………………… 2765322
综合办……………… 2765322
成本管理…………… 2764202
………………………… 2767119
对外协作办公室
主任………………… 2771196
副主任……………… 2764349
外协办公室………… 2762144
开发一所
所长………………… 2764209
书记、副所长……… 2770113
副所长……………… 2760544
鄯善项目室………… 2770754
………………………… 2763176
………………………… 2766453
吐鲁番项目室……… 2761051
………………………… 2764257
………………………… 2760607
温米项目室………… 2764147
天然气项目室……… 2770404
………………………… 2763474
业务员……………… 2770114
开发二所
所长………………… 2764161
书记、副所长……… 2772343
副所长……………… 2773641
产能建设项目室…… 2771821
牛圈湖项目室……… 2762042
………………………… 2766449
牛东项目室………… 2760533
三塘湖前期准备室 … 2771004
稠油项目室………… 2772432

………………… 2765387
业务员………… 2764194
开发三所
所长…………… 2760717
书记、副所长…… 2760374
副所长………… 2760997
………………… 2770904
采收率方法研究室 … 2765308
油藏描述室……… 2764971
………………… 2765347
………………… 2766541
规划项目室……… 2766441
哈国项目室……… 2766442
乌国项目室……… 2766443
海外项目室……… 2766444
稳产战略室……… 2766446
业务员………… 2771294
科技信息中心
主任…………… 2765393
书记、副主任…… 2765314
副主任………… 2766454
………………… 2760554
………………… 2761074
副主任工程师…… 2770724
网络组………… 2771489
信息组………… 2772147
编辑组………… 2770834
………………… 2765392
档案组………… 2770471
应用组………… 2770724
资料组………… 2771842
………………… 2771871
运行组………… 2770410
硬件组………… 2772404
系统组………… 2772947
图书组………… 2770485
主楼中心机房…… 2771824
虚拟现实中心…… 2771447
副楼二楼机房…… 2764675
安全员………… 2764313
业务员………… 2765304
信息楼门卫…… 2769847
试验中心
主任…………… 2765484
书记、副主任…… 2760580
副主任………… 2765491
………………… 2765310
………………… 2771110
仪修、机房…… 2766445
岩心库………… 2765557
………………… 2760695
质检组………… 2764317
岩矿组………… 2771527
古生物………… 2763763
PVT 组 ………… 2760532
压汞岗………… 2765062
色谱分析……… 2765455
热普分析……… 2771471
样品调派……… 2764310
粒度组………… 2769439
X－衍射 ……… 2765452
铸体室………… 2773607
地化组………… 2771471
………………… 2765455
………………… 2773604
电镜室………… 2773644
微量元素……… 2773624
岩心组………… 2765517
安全岗………… 2770100
业务员………… 2760313
电镜室………… 2773644
微量元素……… 2773624
岩心组………… 2765517
安全岗………… 2770100
业务员………… 2760313

工程技术研究院

领导
院长…………… 8374027
………………… 2771450
党委书记……… 8372056
………………… 2764421
副院长………… 8372220
………………… 2762152
………………… 8371384
………………… 2768501
………………… 8379685
………………… 2760785
………………… 8374355
………………… 2763165
副总师
副总工程师…… 8379642
………………… 2764232
………………… 8375208
………………… 2766808
院长办公室
主任…………… 8375848
………………… 2760097
副主任………… 8377721
秘书…………… 2760784
视频会议室…… 2766438
党委办公室
主任、支部书记、团委书记
………………… 8379646
………………… 2766514
宣传…………… 8379687
纪检…………… 2766527
人事（组织）科
科长
………………… 8375848
………………… 2760097
组织人事
………………… 8377411
………………… 2764352
培训合同、劳动工资 2760077
科技信息与市场科
科长…………… 8377864
………………… 2760039
科技管理、网络信息 8374948
………………… 2765647
科技信息期刊…… 8371324
市场与外事管理…… 8371324
………………… 2765647
档案资料管理…… 2764791
质量安全与环保科
科长…………… 8371088
………………… 2760016
质量安全环保…… 8377720
………………… 2766493
计划经营科
科长…………… 8375804
………………… 2765573
办公室………… 8371798
………………… 2760078
物资管理部
副主任………… 8371621
………………… 2763082
设备计划合同…… 8379602
………………… 2770723
器材…………… 8371426
………………… 2760111
生产服务部
主任…………… 8400508
………………… 2761408
副主任………… 8400508
生产信息……… 8400508
………………… 2766614
车辆管理、生产调度 8371274
基建维修……… 8377721
胶印复印……… 8375240
钻井工艺研究所
所长…………… 8377697
………………… 2765643
副所长………… 8377697
………………… 8379645
定向工艺……… 8379643
钻井设计……… 2761372
钻井工艺……… 2766460
固井质检……… 8371251
工房…………… 8378657
采油工艺研究所
所长…………… 8372527
………………… 2771751
副所长………… 8371367
………………… 8372527
综合研究组…… 8371367
………………… 2763263
稠油开发组、防腐防垢组、
开发组………… 8371810
调剖堵水组…… 8375874
模型实验办公室…… 2765463
模型实验室（精密仪器）
………………… 2765874
模型实验室（岩心实验）
………………… 2764360
采油机械研究所
所长…………… 8372154
………………… 2764305
支部书记、副所长 … 8379644
………………… 2768348
副所长………… 8379644
………………… 2768348
副所长………… 8372154
………………… 2768348
业务室………… 8379649
………………… 2768348
工具工房、氮气车组 8378631
………………… 2766345
………………… 2766749
气举办公室…… 8371205
………………… 2760273
油田化学研究所
所长…………… 8372502
副所长………… 8375243
………………… 8375243
水处理项目组…… 8379647
油田助剂项目组…… 8375849
新技术开发项目组、钻井液及
完井液项目组…… 8371196
地面工程设计所
所长…………… 8374203
………………… 2772014
副所长………… 2767414
储运、仪表、通信 … 2769547
电器、给排水…… 2769643
注水、经济、工民建、机制、
测量…………… 2769472
出版、档案…… 2770731
新技术研发中心
主任…………… 8371432
………………… 2765487
支部书记、副主任 … 8375840
副主任………… 8371204
………………… 2765315
酸化组………… 8375840
………………… 2765315

压裂组……8371204
……8375840
试验组……2765487
……2765315
气举技术中心
主任……8372154
……2764305
副主任……8379649
气举办公室……8379644
气举工房……8375209
……2766345
工程监督中心
主任……8378674
……2768477
工程监督办……8374963
……8377757
质量检测中心
主任……8373112
……8374167
……2760101
支部书记、副主任……8373168
质量检验室……8379648
……2766297
综合组……8373085
油气分析组……8373104
水分析组、门岗……8373125
化学助剂组……8373104
三塘湖工作站……2773009
外部项目部
西部项目部经理
……0991－6637809
玉门项目部副经理
……0937－3240937
三塘湖
调度室……2773332

鄯善采油厂

领导……8379966
……8379986
……8379969
……8379956
……8379968
……8379909
……8379992
……8379936
综合办公室
主任……8379915
办公室……8379935
……8379964
档案室……8377007
计划经营科
科长……8377010
综合……8373815
……8373898
……8377005
财务……8373828
……8373837
生产运行科
科长……8379999
运行……8379960
设备……8379989
生产值班……8379902
……8379939
调度室……8379900
……8379901
……8379902
安全环保科
科长……8379927
综合……8379979
丘陵治保……8379938
鄯善治保……8377003
油藏工程室
主任……8379913
副主任……8379917
……8379996
动态……8379950
综合分析……8379972
采油工程室
主任……8379920
采油……8379973
注水……8379994
修井……8379941
监督办公室
主任……8373868
副主任……8377006
修井监督……8373881
地面工程……8373840
地面工程……8373850
采油一工区
主任……8324505
业务组……8324500
混输泵房……8324252
采油二工区
主任……8373807
副主任……8373859
……8377023
业务组……8373886
采油三工区
主任……8379991
业务组……8379929
采油四工区
主任……8379906
副主任……8379981
业务组……8379928
鄯勒站……8379980
鄯善联合站
主任……8373822
副主任……8373880
……8373856
业务组……8373879
安全员……8373830
鄯善中控……8373810
站内巡检……8373825
注水泵维护……8373829
转水……8373839
水质处理……8377019
门岗……8373805
卸油台泵房……8377021
卸油台磅房……8373847
油库……8373167
丘陵联合站
主任……8379967
业务组……8379957
……8379923
油水区……8379925
污水处理……8379958
化验室……8379959
门岗……8379947
轻烃工区
主任……8379926
中控……8379904
……8379907
业务组……8379905
维修工区
主任……8377027
……8379953
技术……8373867
……8379921
业务……8377025
压缩机维修……8373874
……8379911
机泵维修……8373816
……8379962
车辆检查……8373809
信息自动化工区
主任……8373866
仪表自动化……8373862
……8373872
网络……8377001
电气保运……8373864
鄯善机房……8377009
丘陵机房……8379910
综合服务工区
后料厂（丘陵）……8379951
库房（鄯善）……8373871
一公寓门岗……8374897
二公寓门岗……8371241

吐鲁番采油厂

领导……8371991
……8372007
……8379639
……8371997
……8374700
……8372006
……8375718
……8370301
综合办公室……8372063
……8372008
……8371639
……8372003
文书……8371987
文秘……8371981
宣传……8372003
人事劳资……8374024
档案……8374911
打字室……8378814
工会计生……8372115
生产运行科……8374703
……8374703
运行组……8375871
内控……8375871
调度室……8374931
……8374932
……8374933
安全环保科……8374924
……8374925
安全室……8372010
质量计量……8375834
计划经营科……8372021
财务……8372011
合同……8372011
物资计划……8374709
生产计划……8374712
葡北采油工区……8375718
……8375716
……8375715
……8375743
领导值班室……8378905
……8375975
……8375999
开发组……8375761
数据传输……8375750
设备……8375764
自动化……8375748
安全……8375738
总务……8375752
神泉中控……8375755
神泉工段……8375712
神泉集输……8375760
神泉注水……8375711
神2巡检……8375734
神泉装车……8375712
神泉自备电……8375730
神泉污水……8375704
葡北中控……8375968

………………………… 8375962
化验室…………………… 8375763
生活区门岗……………… 8375714
葡北食堂………………… 8375720
生活区锅炉房…………… 8375707
水电领导………………… 8375758
消防中队长室…………… 8375706
保卫科…………………… 8372387
保卫室…………………… 8371305
设备自动化工程室 8372061
………………………… 8372034
………………………… 8372034
设备……………………… 8372002
自动化…………………… 8372024
网络管理………………… 8372024
………………………… 8371984
油藏工程室……………… 8375561
………………………… 8378811
………………………… 8378811
………………………… 8378948
油藏管理………………… 8375562
油藏动态………………… 8375563
科技信息………………… 8378948
开发志编写室…………… 8375679
采油工程室……………… 8377683
………………………… 8375004
注水组…………………… 8378810
采油组…………………… 8377657
工程监督室……………… 8378809
………………………… 8376898
………………………… 8379664
………………………… 8372725
………………………… 8379540
预算……………………… 8371986
总务……………………… 8371980
地面组…………………… 8374927
葡北现场………………… 8375768
雁木西现场……………… 8370377
红连现场………………… 8370922
消防值班室……………… 8375703
神泉变电所……………… 8375710
………………………… 8375709
………………………… 8375735
葡北变电所……………… 8375970
………………………… 8375971
雁木西采油工区…… 8370301
………………………… 8370302
………………………… 8370304
………………………… 8370303
设备……………………… 8370305
开发……………………… 8370306
总务……………………… 8370307
注水……………………… 8370308
集输……………………… 8370309

地磅房…………………… 8370310
中控……………………… 8370311
轻烃……………………… 8370311
安全……………………… 8370305
运行……………………… 8370305
发电室…………………… 8370315
化验室…………………… 8370320
水电……………………… 8370385
大站门岗………………… 8370319
生活区门岗……………… 8370314
雁木西食堂……………… 8370318
红连采油工区……… 8370901
………………………… 8370902
………………………… 8370903
………………………… 8370904
开发组…………………… 8370905
总务……………………… 8370906
设备运行………………… 8370907
安全环保………………… 8370908
值班室…………………… 8370999
………………………… 8370984
………………………… 8370996
………………………… 8403000
中控……………………… 8370910
………………………… 8370911
………………………… 8370969
巡检工段………………… 8370913
装车泵房………………… 8370912
连木沁计量站…………… 8338048
连木沁注水站…………… 8338049
门岗……………………… 8370916
污水处理………………… 8370987
红南注水………………… 8370987
红连食堂………………… 8370917
加药间…………………… 8370928
轻烃工区…………… 8375798
………………………… 8375771
………………………… 8375751
中控……………………… 8375736
2 号中控 ……………… 8375989
………………………… 8375990
总务……………………… 8375773
工段……………………… 8375786
安全……………………… 8375977
仪表电气………………… 8375785
设备……………………… 8375976
油气储运工区……… 8370947
………………………… 8403039
总务……………………… 8403037
安全……………………… 8403037
红连集输………………… 8370976
神泉地磅………………… 8375737
神泉卸油台……………… 8375766
采油维修工区……… 8375845

………………………… 8375844
………………………… 8372432
………………………… 8372130
安全组…………………… 8372745
总务……………………… 8372457
生产调度………………… 8372457
回场检查站……………… 8372435
器材统计………………… 8375847
器材库房………………… 8372020
器材现场 … 8370909（红连）
…………… 8375717（葡北）
………… 8370319（雁木西）
后场门岗………………… 8372150
综合服务工区……… 8372041
………………………… 8372765
总务……………………… 8375483
生活……………………… 8372031
安全……………………… 8372634
食堂核算………………… 8375664
数据传输………………… 8374422
红连食堂………………… 8370917
葡北食堂………………… 8375720
雁木西食堂……………… 8370318
猪场……………………… 8314173
办公楼门岗……………… 8374025
1 号公寓门岗 ………… 8377894
2 号公寓门岗 ………… 8377887

温米采油厂

领导…………………… 8379878
………………………… 8379860
………………………… 8379861
………………………… 8379838
………………………… 8379818
………………………… 8379876
………………………… 8379853
办公室
主任……………………… 8379807
办公室…………………… 8379812
生活……………………… 8379809
档案室…………………… 8379808
打字室…………………… 8379810
厂办门卫………………… 8379868
计划经营科
科长、财务……………… 8379858
………………………… 2772494
合同……………………… 8379877
计划储运………………… 8379840
器材管理………………… 8379890
器材保管………………… 8379893
油库……………………… 8373055
统计……………………… 2772495
生产运行科
科长……………………… 8379889

业务室…………………… 8379850
中控……………………… 8379885
………………………… 8379886
………………………… 8379887
值班室…………………… 8378904
安全环保科
科长……………………… 8379836
安全……………………… 8379867
………………………… 8379870
工程监督室
作业监督………………… 8379832
工程监督………………… 8379827
采油工程室
主任……………………… 8379817
办公室…………………… 8379813
………………………… 8379815
油藏工程室
主任……………………… 8379816
温五采油工区
主任……………………… 8379825
技术组…………………… 8379831
设备安全………………… 8379829
十计……………………… 8379822
温五集气………………… 8379895
米登采油工区
主任……………………… 8379857
技术组…………………… 8379851
设备维修工区
主任……………………… 8379869
副主任…………………… 8379865
办公室…………………… 8379862
轻烃工区
主任……………………… 8379843
副主任…………………… 8379841
操作室…………………… 8379842
联合站
主任……………………… 8379879
副主任…………………… 8379882
业务组…………………… 8379880
油泵房…………………… 8379866
大班……………………… 8379881
门岗……………………… 8379859
污水处理………………… 8379833
化验室…………………… 8379855
注水泵…………………… 8379801
注气工区
主任……………………… 8379856
操作室…………………… 8379811
信息自动化工区
主任……………………… 8379839
网络……………………… 8379823

丘东采油厂

领导

厂长……8376588
党委书记……8379696
副厂长……8372288
……8372516
……8371968
副总师
安全副总监……8378688
厂长助理……8375255
……8376788

厂长办公室

副主任……8378909
劳资……8376409
人事培训……8376409
档案室……8376434
秘书……8376431
文书……8376431

党委办公室

主任……8372046
副主任……8372046
秘书、团委……8376432
工会干事……8376432
新闻干事……8376407
组织纪检……8376407

安全保卫科

主任……8376408
副主任……8376408
主管……8376415
安全监督……8376435
基础工作……8376414
治保……8376415
HSE 管理……8376414
质量计量……8376414

生产运行科

主任……8379185
副主任……8379185
……8379002
业务员……8379002
调度……8379187

计划经营科

副科长……8376411
财务预算……8376413
工程预算……8376424
计划合同……8376412
物资采购……8376412

开发技术室

主任……8376416
采气工艺……8376419
气藏开发管理……8376418
动态监测……8376417
油藏……8376417
作业监督……8376419
综合事务……8376416
开发资料……8376417

工程监督室

主任……8376420
主管工程师……8376420
工程监督室……8376422
……8376421

丘东采气工区

主任……8379891
书记……8379805
副主任……8379891
副主任……8379837
业务员……8379805
安全……8379837
中控室……8379804

温西采气工区

主任……8379826
书记……8379875
副主任……8379824
主管……8379875
业务员……8379826
中控室……8379820

红台采气工区

主任……8379733
书记……8379711
副主任……8379722
……8379726
主管……8379709
……8379716
中控室……8379700
业务组……8379760
生活点门岗……8379744

轻烃工区

主任……8370265
书记……8379243
副主任……8379152
……8379012
主管……8379003
……8379213
业务组……8379282
一厂中控室……8379235
……8370269
二厂中控室……8370152
……8370153

设备维修工区

主任……8370260
副主任……8370260
车辆维护……8379262
设备管理……8370233
设备维修……8370232
电器维修……8379296
自动化维护……8379286
仪表维护……8379207
库房……8379253
门岗……8379245

三塘湖采油厂

领导

厂长，党委副书记……2773588
……2773288
党委书记，副厂长……2768626
……2773228
副厂长……2771836
……2773268
……2771473
……2773266
……2772602
……2773236
……2765559
……2773211
安全副总监……2760017
……2773390
总调度长……2768633
……2773298
副总地质师……2772551
……2773230
副总工程师……2772583
……2773224
副总会计师……2770818
……2773301

厂长办公室

主任……2768622
……2773302
文书……2760399
人事、劳资……2760660
档案管理……2772633

党委办公室

主任……2765105
……2773303
副主任……2767481
……2773232
党群管理……2767481
宣传、女工……2772560
治安保卫……2773584

计划经营部

副主任……2768623
……2773221
计划、统计……2772582
……2773226
合同……2760371
工程预算……2772563
财务……2760371

质量安全与环保部

主任……2772553
……2773238
节能节水……2760074
安全环保……2772581
……2773212

生产运行部

副主任……2768633
……2773219
企业管理……2773218
生产分析……2773219
生产调度……2773217
……2773218
调度、应急……2773216

油藏工程室

副主任……2760192
……2773222
牛圈湖动态组……2761504
……2773230
……2773684
牛东动态组……2761504
……2773229
试采评价组……2760287
……2773222
科技综合组……2772562
……2773222

采油工程室

主任……2772561
……2773227
修井工艺……2772942
……2773226
……2772552
采油工艺……2772941
……2773227
注水工艺……2772550
……2773226

地面工程室

副主任……2761604
……2773224
工程设计……2772593
……2773223
地面工程监督……2773375

监督办公室

物资管理……2768623
……2773221
……2772768
料场……2773098

牛圈湖采油工区

主任……2773352
副主任……2773351
业务组……2773350
马 1 值班室……2773015
牛圈湖 1 号拉油站……2773052
牛圈湖 2 号拉油站……6599965
牛圈湖 3 号拉油站……6599974

牛东采油工区

主任……2773115
副主任……2773118
……2773116
……2773113
业务组……2773123
牛东警务室……2773110
牛东 8－10 站……6596644
牛东 8－8 站……6599414

牛东 910－9 站 …… 6595114
马 17 站 …………… 6595601
马 18 站 …………… 6599417
马 19 站 …………… 6595090
试采工区
主任………………… 6596033
西峡沟办公室……… 6595600
西峡沟注水岗位…… 6594878
M201 值班室 ……… 6595091
北小湖采油岗位…… 6595758
北小湖注水岗位…… 6594877
北小湖值班室……… 6595222
副主任……………… 2763155
…………………… 2773213
井下监督…………… 2773213
牛东值班室………… 2773108
储运工区
主任………………… 8373847
业务组……………… 2773360
牛圈湖地磅房……… 2773345
鄯善卸油台………… 8373847
维修工区
主任………………… 2760248
…………………… 2773368
支部书记…………… 2760248
设备管理…………… 2760248
…………………… 2773367
车辆管理…………… 2773367
信息自动化………… 2760623
…………………… 2773376
联合站
主任………………… 2773356
副主任……………… 2773358
业务组……………… 2773357
安全员……………… 2773363
会议室……………… 2773265
小班值班室………… 2773359
装车值班室………… 2773371
栈桥值班室………… 2773372
门卫………………… 2773353
注水泵房…………… 6595616
配气站……………… 6599970
哈密物业管理公司三塘湖项目部
宿舍管理中心……… 2773225
食堂………………… 2773305
饭卡充值中心……… 2773307
后勤办……………… 2773312
锅炉房……………… 2773304

鲁克沁采油厂

领导
厂长………………… 8378968
…………………… 8402001
党委书记…………… 8377555
…………………… 8402000
副厂长……………… 8371457
…………………… 8402003
…………………… 8377568
…………………… 8402002
…………………… 8377698
…………………… 8402004
…………………… 8371801
…………………… 8402009
厂长助理、办公室主任 8374181
…………………… 8402008
安全副总监………… 8376351
…………………… 8402053
副总地质、油藏工程室主任
…………………… 8372051
…………………… 8402005
副总工程师、采油工程室主任
…………………… 8376353
…………………… 8402006
综合办公室
副主任……………… 8376340
…………………… 8402008
办公室……………… 8379652
…………………… 8402008
传真………………… 8379651
档案室……………… 8376376
玉东库房…………… 8693941
计划经营科
科长………………… 8374182
计划经营科………… 8371051
生产运行科
科长………………… 8402062
应急电话…………… 8401690
值班电话…………… 8401691
…………………… 8401692
大班调度…………… 8402111
安全保卫科
科长………………… 8372334
…………………… 8402011
油藏工程室
副主任……………… 8401338
油藏工程办公室…… 8401338
…………………… 8401549
采油工程室
副主任……………… 8376354
…………………… 8402006
办公室……………… 8376371
…………………… 8402066
工程监督室
…………………… 8375091
…………………… 8402064
…………………… 8376355
鲁二区块
副主任……………… 8693944
机关楼门卫………… 8374479
采油一、二工区
主任………………… 8693901
副主任……………… 8693902
…………………… 8693903
安全员……………… 8693942
技术员……………… 8693906
材料员……………… 8693909
采油三工区
主任………………… 8402022
副主任……………… 8402015
…………………… 8402016
技术员……………… 8402068
安全员……………… 8402058
材料员……………… 8402058
维修工区
主任………………… 8401073
…………………… 8402071
维修工区办公室…… 8401073
…………………… 8402071
储运工区
主任………………… 8370995
…………………… 8402123
鲁中联合站
主任………………… 8693950
副主任……………… 8693951
…………………… 8693952
中控室……………… 8402237
…………………… 8402148

天然气化工厂

领导
厂长………………… 8401108
…………………… 8377108
党委书记…………… 8401138
…………………… 8377138
副厂长……………… 8401128
…………………… 8377128
…………………… 8401119
…………………… 8373122
…………………… 8401118
…………………… 8377118
综合部
主任………………… 8401120
副主任……………… 8376288
整章考核…………… 8376199
人事档案…………… 8401116
工会秘书…………… 8401107
档案室……………… 8376410
计财部
主任………………… 8401130
副主任……………… 8401126
财务室……………… 8401115
质量安全环保部
主任………………… 8401121
…………………… 8377116
节能职业健康……… 8377140
工程技术部
主任………………… 8376428
…………………… 8373140
副主任……………… 8376378
科员………………… 8376429
…………………… 8376259
…………………… 8373139
生产运行部
主任………………… 8376777
…………………… 8377115
…………………… 8377120
车辆管理…………… 8377167
顺酐车间
支部书记…………… 8377100
副主任……………… 8377105
科员………………… 8377107
中控室……………… 8377101
…………………… 8377102
溶剂油车间
主任、书记………… 8373016
副主任……………… 8373124
…………………… 8373087
科员………………… 8373124
发油班……………… 8377104
中控室……………… 8377134
…………………… 8377135
维护车间
主任、书记………… 8373192
…………………… 8377149
副主任……………… 8377139
科员………………… 8377166
机修班……………… 8377154
…………………… 8377132
质检部
副主任……………… 8377131
…………………… 8377103
溶剂油化验室……… 8377126
顺酐化验室………… 8377103

井下技术作业公司

经理、党委副书记 … 8373316
党委书记、纪委书记、工会主席、副经理……… 8373658
副经理……………… 8373330
…………………… 8373348
…………………… 8370668
…………………… 8370656
…………………… 8370638
…………………… 8370783
安全副总监………… 8373434

经理助理…………… 8370658
……………………… 8373461

经理办

副主任……………… 8373205
秘书………………… 8373254
党办副主任………… 8373386
宣传主任…………… 8373291

生产运行部

主任………………… 8373314

安全环保部

主任………………… 8373390

设备管理部

副主任……………… 8373245

人力资源部

主任………………… 8373359
副主任……………… 8373264

财务资产部

主任………………… 8373216

市场开发部

主任………………… 8373426

纪委（监察科）

主任………………… 8373481
群工科主任………… 8373362
监理站主任………… 8373360
培训中心主任……… 8373500
技术开发部主任…… 8373407
信息部主任………… 8373433
副主任……………… 8373492
国际工程部副主任 … 8373308
保卫科主任………… 8373358
副主任……………… 8373399

机械厂

厂长、党委副书记 … 2767079
……………………… 8372070
党委书记、纪委书记、工会主席、副厂长………… 2764684
……………………… 8372076
副厂长……………… 2765021
……………………… 8372304
……………………… 2764670
……………………… 2767040
……………………… 8372066
总工程师…………… 2765268
行政管理部主任…… 2763453
……………………… 8401079
党群工作部主任…… 2763479
纪委副书记………… 2763445
工会副主席………… 2771785
人力资源部主任…… 2763453
……………………… 8401079
经营发展部主任…… 2764647
财务资产部主任…… 2764674
……………………… 8372074
安全生产部主任…… 2771213
质量检验部主任…… 2765867
物资采购中心副主任 2764693
研究所主任………… 2764584
抽油机车间主任…… 2767074
加工车间副主任…… 2767067
金工车间主任……… 2771213
抽油杆车间主任…… 2763994
柴油机动力中心副主任
……………………… 2767071
套管加工车间主任 … 2771803
制冷中心副主任…… 2767196
综合办主任………… 8372067
销售部主任………… 8401070
副主任……………… 2767061
油管车间主任……… 8372044
抽油机维修中心主任 8372075
压缩机维修中心主任 8401073
三塘湖项目部主任 … 2776071

甲醇厂

领导

厂长………………… 8371595
书记………………… 8401266
副厂长……………… 8378869
……………………… 8371678
……………………… 8400893
……………………… 8377504
副总监……………… 8401009
总调度长…………… 8401030
副总师……………… 8377674

综合办公室

主任………………… 8401333
副主任……………… 8371399
工会副主席………… 8372308
人事劳资培训……… 8371297
党群纪检…………… 8371396
文秘………………… 8371396
工会、后勤………… 8371396

生产技术科

科长………………… 8401030
调度………………… 8370802
……………………… 8370803
生产技术…………… 8371734
……………………… 8401031

机动设备科

科长………………… 8377674
机动设备…………… 8375424
……………………… 8371314

安全环保科

科长………………… 8371609
副科长……………… 8371740
安全环保…………… 8377793
……………………… 8371594
环保车辆治安……… 8378908

甲醇工区

主任………………… 8372707
副主任……………… 8374212
……………………… 8401075
安全技术室………… 8371954
业务室……………… 8401078
中央控制室………… 8401015
……………………… 8401016
……………………… 8401017
……………………… 8371064
压缩机控制室……… 8401018

原稳工区

主任………………… 8373142
副主任……………… 8373132
技术室……………… 8373051
中控室调度………… 8377151
……………………… 8377152
……………………… 8377153
锅炉………………… 8373013

制氧工区

主任………………… 8400890
书记………………… 8400435
安全技术室………… 8400891
制氧控制室………… 8400906
……………………… 8400911

储输工区

主任………………… 8373151
技术室……………… 8373106
罐区………………… 8373089
卸油台……………… 8373072
红莲值班室………… 8375746
油库值班室………… 8373045

动力工区

主任………………… 8401072
书记………………… 8371422
安全技术室………… 8371474
业务室……………… 8401076
控制室……………… 8371146
……………………… 8371484
西北 2#井泵 ……… 8372447

维修工区

主任………………… 8401077
书记………………… 8372447
副主任……………… 8371283
……………………… 8373079
维修室……………… 8373088
材料室……………… 8373152
电修………………… 8371054
仪修………………… 8372064
机修………………… 8372774
器材保管…………… 8375354
档案资料室………… 8372773

化验工区

主任………………… 8373142
副主任……………… 8373101
质检室……………… 8373143
化验室……………… 8373110
甲醇化验…………… 8374940

经营室

副科长……………… 8372332
合同、材料………… 8401027
成本核算…………… 8372418
预算………………… 8372332

余热发电

主任………………… 8377797
控制室……………… 8377785
……………………… 8377725

值班电话

厂领导值班室……… 8378907
甲醇门卫…………… 8374714
……………………… 8400743
原稳门卫…………… 8373011
服务员值班室……… 8400908
食堂………………… 8374713

小车服务中心

党委副书记、副主任、纪委书记……………… 2771310
……………………… 8378832
副主任……………… 2767215
……………………… 8378835

综合科

科长………………… 2771312
科员………………… 2764870
……………………… 2764870
……………………… 2763671

经营科

科长………………… 2763721

机动安全科

安全副总监、科长 … 2772615
……………………… 8378833
科员………………… 2765401
……………………… 8378833

总调度室

主任………………… 2772613
……………………… 8376768
调度员……………… 8371451
……………………… 8371553
……………………… 2764900
……………………… 2767213
油材料供应………… 2767287
……………………… 8372303

小车一队

队长………………… 2770151
……………………… 8378837
党支部书记、副队长 2770151
……………………… 8378837

副队长……………… 2770151
……………………… 8378837
核算员……………… 2767287
小车二队
队长………………… 2770153
……………………… 8378827
党支部书记、副队长 2770153
……………………… 8378827
副队长……………… 2770153
……………………… 8378827
核算员……………… 2767287
设备维修中心
主任………………… 8371311
副主任……………… 2772345
……………………… 8371311
技术员……………… 2772694
……………………… 8372468
业务员……………… 2772705
……………………… 8371455
哈密值班室………… 2772694
……………………… 2772674
保养站副站长……… 2767243
核算员……………… 2767243
机修班……………… 8400567

技术监测中心

主任、书记………… 8378938
副主任、副书记…… 8372259
副主任……………… 8378695
副总工程师………… 8375069
主任助理…………… 8375649
安全副总监………… 8379669
党委办公室
主任………………… 8372464
业务室……………… 8379561
办公室……………… 8371472
综合办公室（组织科）
主任………………… 8379599
办公室……………… 8371090
……………………… 8375065
……………………… 8375400
经营管理科
科长………………… 8372251
副科长……………… 8371645
办公室……………… 8371091
生产运行科
科长………………… 8371694
办公室……………… 8371641
……………………… 8372317
企业管理科
科长………………… 8375652
业务室……………… 8374401
质量安全与环保（QHSE）科
副科长……………… 8374961
业务室……………… 8374961
后勤保障部业务主管 8374573
门岗房（中心大院） 8371797
环境与锅炉水质监测站
副站长……………… 8371125
业务室……………… 8377704
……………………… 8371120
……………………… 8376039
计量工作站
站长………………… 8375097
书记………………… 8375097
业务室实验楼……… 8371752
流量仪表检定站
副站长……………… 8372604
副书记……………… 8374913
业务室……………… 8371099
节能监测站
副站长……………… 8371092
业务室……………… 8375841
锅炉压力容器检测站
站长………………… 8378891
副站长……………… 8374406
副书记……………… 8372127
业务室……………… 8371392
管道检测公司
副经理……………… 8372127
业务室……………… 8371242
清洗公司
经理………………… 8372330
清洗与节能监测站
书记………………… 8372343
安全阀校验站
副站长……………… 8378936
设备状态监测站…… 8378941
监理公司
执行副总经理 0995－8374267
……………………… 8374402
党支部书记 … 0995－8374267
……………………… 8374402
副总经理、鄯善项目部经理
……………… 0995－2764445
副总经理、三塘湖项目部经理
……………… 0902－2773078
副总经理、三塘湖项目部
副经理……… 0902－2773078
副总经理、塔河项目部经理
……………… 0997－7986070
副总经理、塔里木项目部经理
……………… 0996－2250597
副总经理、哈密项目部经理
……………… 0902－2767394
青海项目部经理0977－8251771
无损检测公司
副经理……………… 8372650
副书记……………… 8372650
副经理……… 029－33630399
……………………… 8372650
业务室……………… 8372263
门岗房……………… 8371243
传真………………… 8379632
……………………… 2765045

油田建设有限责任公司

领导………………… 8371339
……………………… 2772528
……………………… 8371005
……………………… 2772518
……………………… 8372299
……………………… 2770873
……………………… 8371530
……………………… 2767220
……………………… 8371491
……………………… 2767037
……………………… 8378850
……………………… 2772030
副总工程师………… 8371648
……………………… 2771407
……………………… 8374349
……………………… 8372691
……………………… 2767220
……………………… 8372692
总经理办公室
主任………………… 8371375
……………………… 2765622
秘书………………… 8371506
传真………………… 8371561
……………………… 2767021
档案室……………… 2772150
服务室……………… 8377747
党群工作部
主任………………… 8371382
……………………… 2767012
业务………………… 8372486
……………………… 8371456
广播室……………… 8400957
人力资源部
主任………………… 8371772
副主任……………… 8371133
劳资………………… 8400061
……………………… 2766497
职业技能鉴定……… 8371425
财务资产部
主任………………… 8371348
结算………………… 8400675
报销、出纳………… 8371373
……………………… 2761807
成本、税务………… 8400022
业务………………… 8400683
企业规划计划部
主任………………… 8371419
……………………… 2767247
计划统计…………… 8377594
生产技术部
主任………………… 8371374
副主任……………… 8400789
调度室……………… 8371366
科技、网络………… 8400114
质量安全环保部
（质量安全监督站）
主任………………… 8371343
站长………………… 8371350
安全管理…………… 8400697
质量管理…………… 8371170
……………………… 8401028
质量安全监督……… 8400148
……………………… 8400139
工程管理与市场部
主任………………… 8371356
业务………………… 8371649
……………………… 8371438
设备管理部
主任………………… 8371452
业务………………… 8400694
纪检监察与审计部
主任………………… 8371341
业务………………… 8378624
预算中心
主任………………… 8377815
……………………… 2772173
业务………………… 8376059
……………………… 8376041
物资供应管理部
主任………………… 8400960
……………………… 2772142
副主任……………… 2772142
……………………… 2772137
计划………………… 8371627
……………………… 8374003
保管………………… 8400955
……………………… 8400965
后勤保障部
主任………………… 8371171
副书记……………… 8400967
业务………………… 8400963
……………………… 2772170
二食堂……………… 8372145
锅炉房……………… 8371309
东、西门岗………… 8400025
……………………… 8400778
哈密门岗…………… 2763434
建材检测站
站长………………… 8371346

退养党支部
书记…………………… 2772141
工程设计院
副院长………………… 8374609
总工、资料…………… 8377803
…………………………… 8374611
工艺一、二…………… 8377801
…………………………… 8377813
电气、热工…………… 8374601
…………………………… 8377804
环境、建筑…………… 8377814
…………………………… 8374615
吐鲁番项目部
主任…………………… 8371358
业务…………………… 8377830
鲁克沁项目部
主任…………………… 8377857
业务…………………… 8377827
鄯善石化项目部
主任…………………… 8377825
业务…………………… 8377824
…………………………… 8377823
丘东温米项目部
主任…………………… 8376042
业务…………………… 8374610
鄯善原油商业储备库项目部
主任…………………… 8377821
业务…………………… 8377820
哈密项目部
主任…………………… 2771413
业务…………………… 2771049
三塘湖项目部
经理…………………… 2773079
业务…………………… 2772043
塔里木项目部
……………… 0996－2687206
玉东边缘井管理站
玉一站………………… 8505332
综合楼管理部
业务…………………… 8400534
安装公司
经理…………………… 8371137
书记…………………… 8378672
副经理………………… 8372293
调度、安全…………… 8378671
业务…………………… 8371411
神泉生活点…………… 8375745
管道公司
经理…………………… 8371039
书记…………………… 8372940
调度…………………… 8372324
技术…………………… 8400978
业务…………………… 8371127
文控…………………… 8377778

路桥公司
经理…………………… 8371080
书记…………………… 8401498
副经理………………… 8401469
项目经理……………… 8401504
技术…………………… 8401511
调度、设备…………… 8371721
安全、材料…………… 8401505
预算、核算…………… 8401278
养护…………………… 8401508
工建公司
副经理………………… 8371172
书记…………………… 8401510
副经理………………… 8371147
技术…………………… 8371442

信息产业处

领导
处长、党委书记……… 2767880
…………………………… 8372880
党委副书记、纪委书记、副处长
…………………………… 2763681
…………………………… 8377681
副处长………………… 2765080
…………………………… 8371303
总工程师……………… 2773530
…………………………… 8401530
副总师、处长助理 … 2766655
…………………………… 8378959
副总工程师…………… 2764095
…………………………… 8372580
副总会计师…………… 2765089
…………………………… 8371168
综合办
工会副主席、综合办主任、纪委副书记……………… 2767536
…………………………… 8371198
团委副书记副主任 … 2763806
人力资源部
主任…………………… 2767359
…………………………… 8377766
财务科
科长…………………… 2765089
…………………………… 8371168
副科长………………… 2765139
信息化办公室
主任…………………… 2762446
…………………………… 8375205
副主任………………… 2761484
…………………………… 8374578
…………………………… 8375205
企业管理科
科长…………………… 2767578
…………………………… 8371198

安全副总监、副科长 2762742
…………………………… 8370882
通信部
经理…………………… 2763987
副经理………………… 8371551
网络部
经理…………………… 2762443
…………………………… 8371332
副经理………………… 8371813
应用服务部
经理…………………… 2765039
副经理………………… 2772156
…………………………… 8377680
工程部
经理…………………… 2765922
…………………………… 8371656
副经理………………… 2771668
生产运行部
经理…………………… 2764095
…………………………… 8372580
副经理………………… 2765805
…………………………… 8379650
市场营销部
经理…………………… 2772858
…………………………… 8372128
副经理………………… 2765061
新疆公司
常务副总经理………… 2766655
…………………………… 8378959
副总经理……………… 2762446
…………………………… 8374150
深圳公司
常务副总经理………… 2773530
…………………………… 8375205
副总经理……………… 2762446

供水供电处

办公室
主任…………………… 8372579
秘书…………………… 8371250
企管…………………… 8374173
文书…………………… 8372195
传真…………………… 8371623
档案室………………… 8371513
打字室………………… 8371655
党群工作部
主任办公室…………… 8371549
副主任、纪检室……… 8371591
工、团办公室………… 8374176
秘书、宣传…………… 8374313
员工活动室…………… 8374177
人力资源部
副主任办公室………… 8371576
办公室………………… 8371541

电教室………………… 8400926
计划财务部
主任办公室…………… 8375639
财务办公室…………… 8371267
…………………………… 8371364
…………………………… 8371235
计划办公室…………… 8371514
质量安全环保部
主任办公室…………… 8372223
办公室………………… 8371249
…………………………… 8372367
生产技术部
主任办公室…………… 8372069
副主任办公室………… 8371429
工程办公室…………… 8371502
办公室………………… 8371804
…………………………… 8371548
生产调度室…………… 8371272
…………………………… 8371256
市场发展部
经理室………………… 8378698
副经理室……………… 8378667
业务室………………… 8372733
概预算中心…………… 8371693
保卫部
经理室………………… 8371023
办公室………………… 8371071
门岗房………………… 8371394
水电营销部
经理室………………… 8372564
副经理室……………… 8379677
营业室………………… 8371277
抄表班………………… 8378684
装校表班……………… 8374163
物资供应部
经理室………………… 8372690
计划统计室…………… 8371748
供应保管室…………… 8371446
…………………………… 8372562
生活服务部
经理室………………… 8371924
财务室………………… 8374043
技术主管室…………… 8371550
食堂管理员室………… 8371684
食堂小餐厅…………… 8374069
生活库房保管………… 8374046
维修班………………… 8374049
变电运行部
经理室………………… 8372052
党支部书记室………… 8375683
技术室………………… 8371439
业务室………………… 8371544
中心变二楼主控室 … 8371143
…………………………… 8371686

中心变三楼监控室 … 8371048
35kV 变电所 ……… 8371728
丘陵变电所………… 8379943
温米变电所………… 8379821
鄯善联合站油区…… 8373899

汽车队

队长室……………… 8375807
党支部书记室……… 8371681
技术员室…………… 8371307
业务员室…………… 8371685
车辆调派…………… 8371674

发电运行部

经理室……………… 8372560
党支部副书记室…… 8371148
技术员室…………… 8372584
业务室……………… 8371543
甲醇厂仪表室……… 8377797
甲醇厂主控室……… 8377785
…………………… 8371725
柴油机电站………… 8373852
红台值班室………… 8379751
红台宿舍…………… 8379746
航机电站
站长………………… 8373870
值长………………… 8373846
航机高配室………… 8373833
航机控制室（1－4 号机）
…………………… 8373863
航机控制室（5－6 号机）
…………………… 8373897

供水运行部

经理、党支部书记 … 8371690
副经理……………… 8374101
技术员……………… 8374174
车间业务…………… 8371673
鄯善基地泵房……… 8371799
丘东水源…………… 8371478
…………………… 8374771
鄯善油田水源……… 8373853
…………………… 8373844
鄯善水站…………… 8373814
油库放水点………… 8373149
鄯勒供水泵站……… 8379903
维修班……………… 8372577

西部水电运行部

经理室……………… 8375756
党支部副书记室…… 8375735
技术员室…………… 8375732
维修班……………… 8375709
神泉变主控室……… 8375907
…………………… 8375710
神泉拉水…………… 8375797
雁木西水站………… 8370385
葡北变电所………… 8375957

哈密供电管理部

经理、党支部书记 … 2764173
技术员室…………… 2764411
联络办……………… 2764191
营业室……………… 2760841
器材………………… 2760787
门岗………………… 2760842
电气主控室………… 2764447
…………………… 2763149
牛圈湖供电副经理室 2773031
三塘湖项目部……… 2773032
牛圈湖发电值班室
………………… 0902－6595514
牛圈湖航机发电室
………………… 0902－6591133
牛圈湖航机值长室
………………… 0902－6599273

送变电工程公司

经理、党支部书记 … 8371763
副经理室…………… 8371747
技术员……………… 8371769
业务………………… 8371540
电力队……………… 8374220
修试队……………… 8372567
电气队……………… 8374118
准备队……………… 8376980

电力技术服务公司

经理、党支部书记 … 8371638
副经理……………… 8374160
技术员……………… 8371770
预算、业务………… 8372383
低压班……………… 8372583
高压班……………… 8371687
配电网运行班……… 8374215
自动化技术班……… 8371537
自动化仪表班……… 8371012
自动化机房………… 8372207

南疆分公司

英买力运维队 0996－2133074
库车运维队 … 0997－7330865

外部运维项目部

玉门镇巡检 … 0937－3363833
柳园巡检…… 0937－5572567
乌鲁木齐巡检 0991－3125078

特车公司

领导……………… 8372310
…………………… 8370820
…………………… 8371157
…………………… 8372377
…………………… 8371625
…………………… 8372808
…………………… 8371081
…………………… 8372352

综合办公室

主任………………… 8372514
办公室……………… 8372363
…………………… 8371175
档案………………… 8371174
工会………………… 8375596
保卫科……………… 8372325
小车班……………… 8401037

人事劳资（组织）科

主任………………… 8372352
副主任……………… 8375371
薪酬、人事、培训 … 8372311
宣传、纪检………… 8400919

财务科

科长………………… 8372557
业务………………… 8372353

企业管理科

科长………………… 8371796
业务………………… 8371084

设备技术科

科长………………… 8375351
业务………………… 8371076
质检………………… 8374642
信息………………… 8371173
轮胎………………… 8401117

安全科

科长………………… 8371692
业务………………… 8372524

生产科

科长………………… 8371066
调度………………… 8371142
证件办……………… 8400916

特车一分公司

书记、经理………… 8372504
调度………………… 8371189

特车二分公司

书记、经理………… 8371706
调度………………… 8371132

特车三分公司

书记、经理………… 8378934
调度………………… 8372139
售票点……………… 8371056

特车四分公司

书记、经理………… 8370889
调度………………… 8375870
葡北………………… 8375767

特车五分公司

书记、经理………… 8375569
调度………………… 8375382

外租车分公司

经理………………… 8401135
业务………………… 8401134

汽车修理厂

主任………………… 8374340
副主任……………… 8376926
调度………………… 8374169

汽车修配厂

调度………………… 8372224

汽车维护中心

主任………………… 8375489
副主任……………… 8375489
业务室……………… 8378973
调度………………… 8374745

玉门分公司

经理………… 0937－3251716
副经理、调度 0937－3922703
业务………… 0937－3957087
公寓………… 0937－3928927

哈密分公司

经理、副经理……… 2763714
书记、退养党支部书记 2771859
调度………………… 2767227
售票点……………… 2770711

星奥密封件厂

副经理……………… 2762054
…………………… 2764401
业务………………… 2764401
门岗………………… 2762047
鄯善………………… 8371169
公司领导办公室0902－2773322

三塘湖

书记………… 0902－2773311
副经理……… 0902－2773388
调度………… 0902－2773388

乌鲁木齐分公司

经理………… 0991－4670018

国外项目组

副组长……… 0995－8379481

器材科

科长………………… 8372290
业务………………… 8371340
…………………… 8371077
库房………………… 8401117
加油站……………… 8371773

物业管理站

副站长……………… 8372748
业务………………… 8372748
维修………………… 8371149
一食堂……………… 8400247
二食堂……………… 8400324
医务室……………… 8400450
理发室……………… 8400883

玉东作业点

调度室……………… 8402019
办公室……………… 8402007
食堂………………… 8402021

物资供应处

领导……………… 2772098

…………………… 8372111
…………………… 2767520
…………………… 8379693
…………………… 2772096
…………………… 8372230
…………………… 2762890
…………………… 8370020
…………………… 2772086
…………………… 8375039
处长助理………… 2772118
…………………… 8374359
…………………… 2772109
…………………… 8379290
副总师…………… 2772118
…………………… 8370130
安全副总监……… 8375578
行政办公室……… 2772116
…………………… 8372080
…………………… 8372131
…………………… 2772108
…………………… 8372173
…………………… 8372179
…………………… 2766545
…………………… 8372119
…………………… 2760334
传真……………… 2772644
…………………… 8372200
党群办公室……… 2772085
…………………… 8371152
…………………… 2772087
…………………… 8372129
…………………… 2772085
…………………… 8371152
…………………… 2772087
…………………… 8372129
纪检监察科……… 2772112
…………………… 8379018
企业管理科……… 2772046
…………………… 8371567
…………………… 2772089
…………………… 8372014
…………………… 2772114
…………………… 8379018
…………………… 8374729
财务科…………… 2772107
…………………… 8379233
…………………… 2764264
…………………… 2772115
…………………… 2772106
…………………… 8375573
…………………… 8372312
…………………… 8375297
…………………… 8371069
安全环保科……… 2772090
…………………… 8378821
…………………… 8375584
…………………… 8370123
…………………… 8372174
…………………… 2772090
…………………… 8375572
合同科…………… 2773614
…………………… 8372014
…………………… 2773627
…………………… 2773617
…………………… 2773627
…………………… 8372014
科技部…………… 2772105
…………………… 8374206
…………………… 2772105
…………………… 8374717
…………………… 2772104
供应科…………… 2771554
…………………… 8372100
…………………… 2772100
…………………… 2763449
…………………… 2772042
…………………… 8377546
…………………… 8371034
…………………… 8374226
…………………… 8372393
机电设备采购部…… 2772095
…………………… 2772099
…………………… 2772097
…………………… 2773625
配件采购部……… 2773645
…………………… 2763988
…………………… 2772094
…………………… 8375192
金属材料采购部…… 2772113
…………………… 2772103
…………………… 2764606
非金属材料采购部… 2772101
…………………… 2772102
…………………… 2772102
…………………… 2772045
国际贸易部……… 2772091
…………………… 8372351
…………………… 2772092
传真……………… 2772093
…………………… 8374750
门市材料采购部…… 2772084
…………………… 8372132
…………………… 2772742
…………………… 2765493
…………………… 8378935
…………………… 2767148
…………………… 2767443
质检科…………… 8377146
…………………… 8373012
…………………… 8373159
…………………… 8377143
…………………… 8377145
…………………… 8377112
…………………… 2773691
…………………… 2773210
试压站…………… 8377165
…………………… 8373047
…………………… 8377156
…………………… 8373038
…………………… 8373068
…………………… 8373197
…………………… 8373061
…………………… 8373197
市场部…………… 2772117
…………………… 8370069
传真……………… 2772117
…………………… 8374653
鄯善物资仓库…… 8373092
…………………… 8373100
…………………… 8373084
…………………… 8373049
…………………… 8373001
…………………… 8373033
…………………… 8373181
…………………… 8373057
…………………… 8373166
…………………… 8373004
…………………… 8373166
…………………… 8373095
…………………… 8373008
…………………… 8373071
…………………… 8373198
…………………… 8373027
…………………… 8373042
…………………… 8373035
…………………… 8373191
…………………… 8373094
…………………… 8373135
…………………… 8373021
…………………… 8377133
…………………… 8373002
…………………… 8373144
…………………… 8373116
…………………… 8373020
…………………… 8373126
…………………… 2767148
…………………… 2764695
三塘湖物资仓库…… 2773201
…………………… 2773207
…………………… 2773202
…………………… 2773206
…………………… 2773204
…………………… 2773205
…………………… 2773203
总务科…………… 2772122
…………………… 8370059
…………………… 8370076
基本建设部……… 2773691
…………………… 8372381
保卫科…………… 8372382
…………………… 8371161
鄯善生活区东门岗 … 8370237
鄯善生活区南门岗 … 8379265
鄯善物资库入口…… 8373178
鄯善物资库出口…… 8109385
鄯善物资库铁路西门 8505814
鄯善物资库铁路东门 8505849
门市材料门岗……… 8311187
鄯四料场门岗……… 8373873
哈密南门岗……… 2770551
哈密北门岗……… 2773547
乌市商贸中心 0991－6640992
…………… 0991－8373976
西安高层项目部
…………… 029－88269581
玉门供应站 … 0937－3929955
…………… 0937－3938082
库尔勒采购站 0996－2250251
成都采购站 … 028－68556926
北京采购站
…… 010－64980077 转 2423

消防支队

支队长、政委……… 8379568
…………………… 2772576
副政委、副支队长、工会主席
…………………… 8374985
…………………… 2772476
副支队长………… 8379586
…………………… 2772476
综合办主任……… 8379536
副总工程师……… 8375336
综合办公室
党支部书记……… 8378619
副主任…………… 2762803
…………………… 8374987
消防科
科长……………… 8379558
办公室…………… 8374989
灭火器充装站……… 8371566
战训科
科长……………… 8400099
办公室…………… 8401230
…………………… 8401268
火警调度值班……… 8401288
…………………… 8401388

………………………… 8401399
安全装备管理科
临时负责人………… 8379539
办公室……………… 8375023
油库消防大队
副大队长…………… 8373180
………………………… 8373171
副教导员…………… 8373105
值班电话…………… 8373177
哈密基地消防大队
大队长……………… 2764087
副教导员…………… 2764087
值班电话…………… 2764094
………………………… 2770675
………………………… 2764119
………………………… 2769844
吐鲁番消防大队
副大队长、副教导员 8375706
副大队长…………… 8375706
………………………… 8375706
值班电话…………… 8375703
………………………… 8693910
………… 8693925（鲁克沁）
…………… 8403030（红连）
鄯善基地消防大队
大队长……………… 8379582
副大队长…………… 8371559
值班电话…………… 8371552
三塘湖消防大队
副大队长…………… 2773316
副教导员…………… 2773316
值班电话…………… 2773317
特勤大队
副队长……………… 8371496
办公室……………… 8377717
值班电话…………… 8371507

吐哈石油大厦企业集团

总经理办公室
…… 0991－6610066－72340
计划财务部
…… 0991－6610066－72336
企业管理法规部
…… 0991－6610066－72280
人事组织部
…… 0991－6610066－72367
……………… 0995－8373917
安全环保项目部
…… 0991－6610066－72335
服务质量培训部
…… 0991－6610066－72353
乌鲁木齐吐哈石油大厦总机
……………… 0995－8370066
……………… 0991－6610066
………………………… 7816666
哈密吐哈石油大厦总机
……………… 0902－2767083
鄯善油田公寓总机
……………… 0995－8371852
吐鲁番吐哈石油大厦总机
……………… 0995－8666666
康泰公司
…… 0991－6610066－72028
……………… 0995－8373940
吐哈石油国际旅行社
…… 0991－6610066－72965
……………… 0995－8373703

驻外办事机构

北京办事处

公网区号：010
处长党委副书记 … 64978296
副处长、党委书记、纪委书记、工会主席 …… 64978298
总经理办公室
副总经理 ………… 64978297
………………………… 64978283
财务部财务总监 … 64810918
销售部销售总监 … 64810918
接待科长 ………… 64978280
餐饮部副总监 …… 64980077

上海办事处

公网区号：021
副处长 …………… 56327798
………………………… 56328722
综合办 …………… 56328722

广州办事处

公网区号：020
副处长 …………… 84505286
综合办公室主任 … 84585704
经营管理科科长 … 84584044

兰州办事处

公网区号：0931
副处长、党委副书记、纪委书记、工会主席…… 8492566
副处长……………… 8492766
综合队科长………… 8491235
办公室科长………… 8494866
管理科副科长……… 8490686
财务科科长………… 8492568

西安办事处

公网区号：029
副处长 …………… 88234788
副总经理 ………… 88234856
………………………… 88234792
综合办公室主任 … 88234811
副主任 …………… 88234818
传真 ……………… 88234302
计划财务部经理 … 88234718
前厅销售部经理 … 88234833
工程部副经理 …… 88234231

成都办事处

公网区号：0838
处长………………… 5104932

12. 冀东油田公司

地址：河北省唐山市新华首道光明西里51号甲区　邮政编码：063004　公网区号：0315

总经理办公室

主任………………… 8766249
副主任……………… 8766064
秘书科
科长………………… 8766167
主管………………… 8766706
………………………… 8766485
………………………… 8766041
秘书………………… 8766763
文书科
科长………………… 8766065
传真………………… 8766270
信访办主任………… 8766066
接待科高级主管…… 8766040
行政事务主办……… 8766040
副总师、档案馆馆长 8766583
驻京办高级主管010－64441779
公务员……………… 8766178

党委办公室（企业文化处、团委）

主任（处长）……… 8766048
副主任、团委副书记 8766111
企业文化处副处长、新闻中心主任………………… 8760108
新闻中心副主任…… 8766052
秘书科科长………… 8766256
团委办公室副主任 … 8766256
秘书………………… 8766256
………………………… 8766256
机要文书科副科长 … 8766133
宣传科
科长………………… 8766049
高级主管…………… 8766205
干事………………… 8766049

生产运行处

处长………………… 8765001
副处长……………… 8765726
………………………… 8765186
………………………… 8765278
………………………… 8765729
综合科科长………… 8765688

规划计划处

处长………………… 8766150
………………………… 8765710
副处长……………… 8766032
………………………… 8766152
主办………………… 8766644

财务处

处长………………… 8766181
………………………… 8763881
副处长（正处级） … 8766173
副处长……………… 8766632
………………………… 8765482
总会计师…………… 8766622
综合主管…………… 8766599

资金结算中心

主任………………… 8765860
总会计师…………… 8766122
费用管理科副科长 … 8766796
人事处（保险中心）
处长………………… 8768002
副处长……………… 8766102
保险中心主任……… 8766722
主办………………… 8766605

党委组织部

部长………………… 8766932
副部长……………… 8766099

干部科副科长……… 8766043

企管法规处

处长………………… 8766325
副处长、法律顾问 … 8766074
副处长……………… 8766240
综合管理主办……… 8766608

质量安全环保处（海监处、安全环保监督中心）

处长………………… 8765673
副处长……………… 8765685
………………………… 8765280
副处长、主任……… 8763959
综合科副科长……… 8763173

纪检监察处

处长………………… 8766295
效能监察科副科长 … 8766149

审计处

处长………………… 8766589
副处长……………… 8766156
………………………… 8766146
物资采购审计科副科长 8766581

科技信息处

处长………………… 8766657
副处长……………… 8766793
信息管理科科长…… 8766011

土地管理处

处长………………… 8765796
副处长……………… 8765699
………………………… 8765206
主办………………… 8763790

工会办公室

工会副主席、工会办主任
………………………… 8766046
工会办副主任……… 8766338
经济文体综合部部长 8766476

机关党委

党委副书记………… 8766202
办公室副主任……… 8766289

勘探部

主任………………… 8763885
………………………… 8766539
副主任……………… 8765327
………………………… 8766604
综合科副科长……… 8763563

开发部

主任………………… 8765822
副主任……………… 8765025
总工程师…………… 8763028
总地质师…………… 8765498
副总师、综合科科长 8765609

工程技术部

主任………………… 8765869
副主任……………… 8765216
………………………… 8765124
总工程师…………… 8765920
综合信息科科长…… 8765712

基建海工部

主任………………… 8765310
副主任……………… 8763818
………………………… 8763518
………………………… 8763171
综合科副科长……… 8763397

南堡油田联合站、原油商业储备库建设项目经理部

经理………………… 8763701

唐山勘探开发研究中心办公楼建设项目经理部

经理………………… 8766431

北京办事处维修工程项目经理部

经理………………… 8763518

投资公司综合办公室

副总经理、主任…… 8766311
办公室主任………… 8766329

勘探开发研究院

院长………………… 8766016
书记………………… 8766715
副院长……………… 8766571
………………………… 8766483
………………………… 8766712
………………………… 8766577
………………………… 8760695
总地质师…………… 8766620
综合办副主任……… 8766320
………………………… 8766339
………………………… 8766312
………………………… 8760117

钻采工艺研究院

院长………………… 8768001
书记、副院长……… 8768080
副院长……………… 8768037
副院长、总工程师 … 8768003
………………………… 8768005
总工程师…………… 8768007
综合办主任………… 8768009
综合办副主任……… 8768013
………………………… 8768009
………………………… 8768012

开发技术公司

经理………………… 8765625
书记………………… 8763836
副经理……………… 8765294
总会计师…………… 8763698
综合办公室主任…… 8763860
………………………… 8765034

油气集输公司

经理………………… 8761123
书记、工会主席…… 8761088
副经理……………… 8763701
………………………… 8761162
………………………… 8761089
………………………… 8761137
综合办副主任……… 8761287

勘探开发建设项目部

经理………………… 8765259
书记………………… 8763216
副经理、总工程师 … 8765277
副经理……………… 8763681
………………………… 8763176
………………………… 8765885
总经济师…………… 8763271
综合高级主管……… 8763162

南堡油田采油作业区

经理………………… 8860098
书记………………… 8860028
副经理……………… 8860038
………………………… 8860058
………………………… 8860068
综合办主任………… 8860021
综合办副主任……… 8860022

工程监督中心

主任………………… 8765264
书记………………… 8765926
副主任……………… 8765888
………………………… 8765281
总工程师…………… 8765694
综合办公室主任…… 8765544
办公室副主任……… 8765550
………………………… 8765640

供应处

处长………………… 8765985
书记………………… 8763839
副处长……………… 8763269
总会计师…………… 8763258
办公室副主任……… 8765429

供电公司

经理、书记………… 8765928
副书记……………… 8765583
副经理……………… 8765485
………………………… 8765966
………………………… 8765513
办公室主任………… 8765455
办公室副主任……… 8765788

油气销售公司

经理、书记………… 8766400
副经理……………… 8766383
综合管理科副科长 … 8766402

中国石油海上应急救援响应中心

主任………………… 8765002
书记、副主任……… 8765155
副主任……………… 8765111
………………………… 8765169
综合科科长………… 8763863

高尚堡油田采油作业区

经理………………… 8761196
书记………………… 8761209
副经理……………… 8761161
………………………… 8761035
主任地质师………… 8761039
主任注水师………… 8761098
主任采油师………… 8761129
主任工程师………… 8761006
………………………… 8761259
………………………… 8761258
综合办公室主任…… 8761725

柳赞油田采油作业区

经理………………… 8761399
书记………………… 8761308
副经理……………… 8761305
………………………… 8761307
………………………… 8761339
安全总监、工会主席 8761346
主任采油师………… 8761311
主任注水师………… 8761312
主任经济师………… 8761376

主任地质师………… 8761309
综合办公室主任…… 8761316

老爷庙油田采油作业区

经理……………………… 8761601
书记……………………… 8761602
副经理…………………… 8761603
………………………… 8761607
主任工程师…………… 8761651
………………………… 8761604
主任注水师…………… 8761606
主任地质师…………… 8761640
主任经济师…………… 8761652
综合办公室主任…… 8761612
综合办公室副主任 … 8761637

井下作业公司

经理、书记………… 8765493
副书记………………… 8763218
副经理………………… 8765896
………………………… 8767052
总工程师……………… 8765755
综合办公室主任…… 8765311
综合办公室副主任 … 8765910
………………………… 8765751

北田公司

总经理………………… 8765232
书记……………………… 8763655
总会计师……………… 8765095
安全总监……………… 8763369
办公室主任…………… 8763990
办公室副主任……… 8765872
………………………… 8765924

能源开发公司

总经理………………… 8766005
副总经理……………… 8763971
南唐天然气管线建设工程项目经理部经理………… 8765634
副总经理……………… 8766557
………………………… 8766088
………………………… 8763972
办公室主管…………… 8766314
经理……………………… 8766145

工程造价公司

副经理………………… 8766823
………………………… 8766242
总工程师……………… 8766241
办公室副主任……… 8766611

勘察设计研究院

院长……………………… 8766819
书记……………………… 8766738
副院长………………… 8766601
………………………… 8766739
………………………… 8766788
总工程师……………… 8766438
综合办主任…………… 8766098

油建公司

总经理………………… 8765453
董事长、书记……… 8765539
副总经理、安全总监 8765367
副总经理……………… 8765887
………………………… 8765217
综合办公室主任…… 8763552
综合办公室副主任 … 8765480

机械公司

书记……………………… 8765638
总经理………………… 8763359
副总经理……………… 8765449
副总经理、总工程师 8765057
党政办主任…………… 8765376
党政办副主任……… 8763997

瑞丰化工公司

董事长、经理……… 8761102
书记、副经理……… 8761007
副总工程师、办公室主任
………………………… 8761079
办公室副主任……… 8761194

志达公司

总经理、书记……… 8765721
副书记………………… 8765094
副总经理……………… 8765851
………………………… 8765840
总会计师……………… 8765652
办公室主任…………… 8767693
办公室副主任……… 8765655

石油宾馆

总经理、接待中心主任8768367
书记……………………… 8768386
副总经理、唐海宾馆经理
………………………… 8768432
………………………… 8763036
副总经理……………… 8768415
办公室主任…………… 8768345

矿区服务事业部

常务副主任、书记 … 8766300
副书记、工会主席纪委书记
………………………… 8766315
副主任………………… 8766445
………………………… 8760421
………………………… 8766431
办公室主任…………… 8760402
副主任………………… 8760430
………………………… 8760432

社区管理中心

主任……………………… 8766767
书记……………………… 8766866
办公室主任…………… 8760692
办公室副主任……… 8766305

职工医院（卫生处）

院长、书记、卫生处处长
………………………… 8765108
副院长………………… 8765516
副书记………………… 8763859

教育培训中心

主任……………………… 8765080
书记……………………… 8763962
副主任………………… 8766607
办公室主任…………… 8765776

物业公司

经理……………………… 8766445
………………………… 8765284
副经理………………… 8766282
………………………… 8763930
………………………… 8766846
………………………… 8766315
办公室主任…………… 8766449
………………………… 8765666

13. 玉门油田公司

地址：甘肃省酒泉市新城区玉门石油基地　　邮政编码：735019　　公网区号：0937

总经理（局长）办公室

主任……………………… 3921236
副主任………………… 3921267
………………………… 3921215
………………………… 3921287

文书科

科长……………………… 3928612
主办……………………… 3922146
………………………… 3923360

档案科

副科长………………… 3928250
主办……………………… 3926255
………………………… 3924143
接待科………………… 3921232

秘书科

副科长………………… 3921345
主办……………………… 3921346

党委办公室

主任……………………… 3921248
………………………… 3921239
副主任………………… 3921568

秘书科

科长……………………… 3921224
秘书……………………… 3923381
………………………… 3926361

机要文书科

科长……………………… 3921271
文书……………………… 3928614

党委宣传部（统战部、企业文化部）

部长……………………… 3921268
………………………… 3924790
副部长………………… 3921355
科长……………………… 3922396

企业文化科

科长……………………… 3924222

宣传科

………………………… 3922064

工会

副主席………………… 3921328
………………………… 3923186
………………………… 3921292
………………………… 3921616

综合办一

……………………… 3922101
……………………… 3923755
主席助理办
……………………… 3921566
财务部
……………………… 3924750
民主权益部
……………………… 3922337
……………………… 3926392
文化娱乐中心
……………………… 3923726
展览馆
……………………… 3925035
综合办二
……………………… 3924316
……………………… 3924705

团委

书记……………………… 3923386
副书记…………………… 3921500
主任……………………… 3924996

纪委监察处

处长……………………… 3921298
副处长…………………… 3921351
……………………… 3921580
……………………… 3921288
监察科
……………………… 3926355
……………………… 3923450
审理、监察科
科长……………………… 3922255
纪委监察处
……………………… 3924242
……………………… 3924245
……………………… 3926877
……………………… 3922000

质量安全环保处

处长……………………… 3921269
副处长…………………… 3921320
……………………… 3922689
安全总监………………… 3921515
环保监察科
科长……………………… 3924846
安全监察科
科长……………………… 3928602
安全科
……………………… 3924100
环保科
……………………… 3926897
……………………… 3924730
技术监督………………… 3923189
交通科…………………… 3928282
交通安全管理科
科长……………………… 3928340
体系科
……………………… 3924761
……………………… 3928201
质量科
……………………… 3924715
总工办…………………… 3921261

生产运行处

处长……………………… 3921058
……………………… 3921282
……………………… 3924397
副处长…………………… 3921253
……………………… 3921567
……………………… 3928375
总调度室
……………………… 3921260
……………………… 3928413
……………………… 3921560
……………………… 3924202
运行科
科长……………………… 3921356
……………………… 3921804
综合科
……………………… 3938715
综合信息科
科长……………………… 3924678
主办……………………… 3926256
主管……………………… 3929271

开发事业部

经理……………………… 3923396
副经理…………………… 3921257
……………………… 3921686
……………………… 3938700
总地质师………………… 3931240
……………………… 3938649
采油工艺科
……………………… 3922229
……………………… 3924103
采油工艺科二
……………………… 3922196
……………………… 3929479
……………………… 3931215
地面工程科
……………………… 3924927
……………………… 3931220
……………………… 3929421
……………………… 3931662
油藏工程科
……………………… 3931290
……………………… 3931685
……………………… 3931380
……………………… 3922424
综合办一
……………………… 3929337
……………………… 3929551
……………………… 3931457

勘探事业部

副经理…………………… 3926766
……………………… 3926767
总工程师………………… 3926769
总地质师………………… 3926768
总经理助理……………… 3921029
地质科
科长……………………… 3922450
主管……………………… 3920572
……………………… 3924510
勘探事业部
……………………… 3924538
……………………… 3924883
……………………… 3924970
……………………… 3924986
物探科
……………………… 3923817
……………………… 3923818
主管……………………… 3923868
项目管理科
科长……………………… 3921512
项目管理………………… 3926204
……………………… 3926205
综合科
科长……………………… 3924536
综合业务………………… 3924131
勘探科
科长……………………… 3924109
主管……………………… 3920570
……………………… 3922125
钻井科
科长……………………… 3926758
主管……………………… 3926757
……………………… 3926752
……………………… 3926753

财务资产处

处长……………………… 3926508
副处长…………………… 3921661
……………………… 3921689
……………………… 3931252
……………………… 3926364
总经济师………………… 3926399
辅助生产成本科
副总会计师……………… 3926970
辅助生产成本…………… 3922577
……………………… 3922576
会计核算一科
副总会计师……………… 3935636
会计核算………………… 3926265
……………………… 3926321
内部管理交易科
副总会计师……………… 3921851
后勤服务成本科
副总会计师……………… 3923145
材料核算科
副总会计师……………… 3929417
材料稽核………………… 3926612
……………………… 3926613
会计核算二科
副总会计师……………… 3924306
会计核算………………… 3922402
……………………… 3920949
……………………… 3922401
材料管理科
副总会计师……………… 3924030
材料管理………………… 3922690
……………………… 3924698
预算管理科
科长副总会计师………… 3925410
预算管理………………… 3920498
价税管理科
科长……………………… 3926320
投资管理科
科长……………………… 3924602
投资管理………………… 3923327
资产管理科
科长……………………… 3923984
资产管理………………… 3921519
资本运营科
科长……………………… 3928048
资本运营………………… 3928613
……………………… 3936130
……………………… 3924598
会计稽核科
科长……………………… 3920871
会计稽核………………… 3920738
清欠办
……………………… 3922351
……………………… 3922778
综合信息科
科长……………………… 3920468
综合信息………………… 3922486
工会财务科
……………………… 3920754
工资费用管理科
……………………… 3925575
……………………… 3922964
后勤服务成本科
……………………… 3920974
……………………… 3920977
住房资金管理中心

…………………… 3920193
…………………… 3920309
产处低税科
…………………… 3933121
价税管理科
…………………… 3923060
…………………… 3928041
…………………… 3922723
…………………… 3922571
结算管理科
…………………… 3923706
勘探开发成本科
…………………… 3920904
…………………… 3920914
…………………… 3922763
内部交易管理科
…………………… 3922756
内控
…………………… 3922443
…………………… 3921538
业务受理处
…………………… 3924120
资金结算一科
…………………… 3922949
…………………… 3924682
资金结算二科
…………………… 3922884
成本核算科
…………………… 3926289
…………………… 3931585

规划计划处

处长…………………… 3922042
副处长………………… 3921310
…………………… 3921658
…………………… 3924835
副总师………………… 3921588
规划科
…………………… 3926137
计划统计科
…………………… 3924838
…………………… 3924089
投资管理科
…………………… 3924129
定额计价中心
…………………… 3922264
…………………… 3923267
…………………… 3923788
…………………… 3923799
…………………… 3924641
…………………… 3928616
…………………… 3924385
计划统计科
…………………… 3921550
…………………… 3922227
…………………… 3924386
…………………… 3924388
投资管理科
…………………… 3921502
机动设备管理处
处长…………………… 3921228
副处长
…………………… 3921066
…………………… 3922362
机动设备管理……… 3922393
…………………… 3926286

基建工程管理处

处长…………………… 3921608
副处长………………… 3921504
…………………… 3921618
…………………… 3921606
工程管理科………… 3923876
…………………… 3924085
质量监督…………… 3928113
…………………… 3928779
基建处………………… 3928010

经济技术合作与开发处

处长…………………… 3921898
副处长………………… 3925525
…………………… 3926845
…………………… 3928525
市场开发科主管…… 3926145
外贸进出口公司高级主管
…………………… 3926400
市场开发科………… 3922138
…………………… 3926112
…………………… 3926617
外贸公司…………… 3925509
开发科长…………… 3924038

科技信息处

处长…………………… 3938228
科技科科长………… 3922142
办公室………………… 3928624
信息科科长………… 3922706

企管法规处

副处长………………… 3921508
…………………… 3921290
…………………… 3921265
企管科科长………… 3926297
法规室………………… 3926061
…………………… 3926433
企业管理…………… 3921507

人事处（组织部）

处长…………………… 3921295
副处长………………… 3921505
…………………… 3921281
…………………… 3923418
工伤保险…………… 3920294
工资保险…………… 3928623
技术干部科………… 3923970
鉴定中心…………… 3924586
交流中心…………… 3924617
员工管理科………… 3922765
组织干部科………… 3921256
人事处………………… 3923151
…………………… 3923152

科达化学有限公司

总经理………………… 3933058
…………………… 3925301
副总经理…………… 3933052
…………………… 3933055
综合办主任………… 3933056
经营部………………… 3925421
技术部………………… 3925503
化工设备部………… 3926652
综合办公室………… 3933053

方圆物业管理有限公司

总经理………………… 3921528
书记、副总经理…… 3921612
副总经理…………… 3921242
…………………… 3921590
…………………… 3921586
副总经济师………… 3921615
综合办公室
主任…………………… 3924950
副主任………………… 3923712
安全科………………… 3927823
设备、能源、体系、质量
…………………… 3926110
生产调度室………… 3922069
…………………… 3933669
矿区生产值班室…… 3939235
秘书、培训、薪酬、保险
…………………… 3924508
纪检、女工办……… 3922624
管理部
副主任………………… 3926188
经营部
主任…………………… 3922170
保安公司
主任…………………… 3922524
业务…………………… 3951811
物业站
主任…………………… 3922251
副主任………………… 3926051
公共物业站
主任…………………… 3924156
业务室………………… 3922446
供热站
主任…………………… 3922371
…………………… 3955258
副主任………………… 3955288
…………………… 3952001
业务…………………… 3955268
排污管理站
主任…………………… 3924635
…………………… 3926316
业务室………………… 3923992
换气点
副主任………………… 3927111
营业室………………… 3955517
绿化公司
经理…………………… 3955801
副经理………………… 3955821
业务室………………… 3933621
维修中心
主任…………………… 3953238
副主任………………… 3928649
业务室………………… 3953353
幼儿园
园长…………………… 3928797
书记…………………… 3955711
副园长………………… 3928798
主任…………………… 3926005
…………………… 3955712
主任…………………… 3922126
业务室………………… 3925037

规划设计院

院长…………………… 3921926
副院长、总工……… 3923666
总工程师…………… 3921926
副总工程师、综合办主任
…………………… 3921896
规划室………………… 3925876
…………………… 3926017
设计二室…………… 3925796
设计三室…………… 3924760
综合办公室………… 3922878
…………………… 3925813
机械厂
厂长…………………… 3921993
党委书记…………… 3921995
副厂长………………… 3921996
…………………… 3921994
…………………… 3922914
副总工程师………… 3933001
财务老总…………… 3921998
副老总………………… 3936853
办公室………………… 3936508

综合办（党办）
………………………… 3936486
………………………… 3936925
人事（1） ………… 3923177
人事（2） ………… 3936217
经营科
科长………………… 3923024
会计室……………… 3924778
技术部
主任………………… 3936203
副主任……………… 3936006
………………………… 3933005
高工………………… 3933002
生产部
高管………………… 3923441
………………………… 3933006
节能、机动、设备 … 3936484
调度室……………… 3933039
质管科
科长………………… 3936572
质检科
科长………………… 3936284
副科长……………… 3936504
高管………………… 3936462
销售部
经理………………… 3923023
副经理……………… 3933007
………………………… 3923513
经理办……………… 3936413
外贸办公室………… 3933024
冲压车间
主任、副主任……… 3933042
调度室……………… 3933033
抽油泵车间
主任………………… 3936314
副主任……………… 3936391
………………………… 3936478
调度室……………… 3936268
技术组……………… 3936549
抽油机车间
主任………………… 3936586
副主任……………… 3936955
调度室……………… 3936528
杆锻车间
主任………………… 3936517
调度室……………… 3936469
杆冷车间
主任………………… 3936470
调度室……………… 3936258
杆热车间
主任………………… 3936238
副主任……………… 3936387
工具分厂
主任………………… 3936372

副主任……………… 3936139
调度室……………… 3936545
接箍车间
主任………………… 3936355
副主任……………… 3936994
调度室……………… 3936399
轻钢车间
主任、副主任……… 3933008
调度室……………… 3933036
容器分厂
主任………………… 3936400
副主任……………… 3936582
调度室……………… 3936292
值班室……………… 3936584
维修车间
主任………………… 3936580
副主任……………… 3923539
调度室……………… 3936379

建筑安装工程处

处长………………… 3921861
………………………… 3923935
书记………………… 3928422
副处长……………… 3921868
………………………… 3922335
………………………… 3923130
………………………… 3923924
………………………… 3958066
副总师……………… 3957592
………………………… 3921297
安全副总监………… 3931636
综合办公室
………………………… 3923957
………………………… 3958071
行办文秘…………… 3957600
经营科
科长………………… 3922466
………………………… 3958424
经营………………… 3957992
预算科
副科长……………… 3922994
预算………………… 3958392
生产科
科长………………… 3957084
技术………………… 3929364
调度室……………… 3958425
设备安全科
科长………………… 3926194
工程材料站
站长………………… 3928444
保管………………… 3926048
采购………………… 3928434
安装二队
队长………………… 3924413

副队长……………… 3928445
预算/核算 ………… 3928121
防腐保温队
队长………………… 3928471
副队长……………… 3926241
一班………………… 3933097
公路铁路队
队长………………… 3928475
副队长……………… 3924860
机械班……………… 3926040
机械工程队
调度室……………… 3931459
队长………………… 3931409
………………………… 3931580
副队长……………… 3931469
经营组……………… 3931374
生产办……………… 3931651
值班室……………… 3931191
机械施工队
队长………………… 3924863
副队长……………… 3928479
建筑队
队长………………… 3922919
建筑副队长………… 3923006
预制厂
厂长………………… 3933029
书记………………… 3931474
副厂长……………… 3933028
………………………… 3933027
抢险队
经营副队长………… 3931540
生产副队长………… 3931370
业务组……………… 3931706
调度室……………… 3931507
质量检测站
站长………………… 3936241
副站长……………… 3933019

勘探开发研究院

院长………………… 3921223
………………………… 3921668
副院长、总地质师室 3922606
副院长……………… 3921600
总工程师…………… 3923308
副总地质师………… 3924224
………………………… 3928343
………………………… 3921516
综合办公室
主任………………… 3923383
办公室……………… 3926334
劳资人事组织干部 … 3924545
生产科调度………… 3921219
调度………………… 3922895
调度办公室………… 3923275

计算机室
副主任……………… 3924481
机房………………… 3924123
开发室
主任………………… 3925385
………………………… 3928353
海外项目组………… 3925029
酒东项目组………… 3922751
鸭儿峡项目………… 3922317
………………………… 3925028
勘探室
副主任……………… 3922875
酒东西组…………… 3923206
酒东组……………… 3923448
酒西组……………… 3924061
区域组……………… 3922823
科技服务室
主任………………… 3926052
打字室……………… 3924223
实验室
主任………………… 3926450
副主任……………… 3922469
办公室……………… 3922498
物探局办公室……… 3924132
信息档案室
主任………………… 3924042
油藏评价室
副主任……………… 3924067
构造组……………… 3926910
测井组……………… 3924003

矿区服务事业部

副处长……………… 3921023
副经理……………… 3921813
党委副书记、纪委书记、工会
主席、综合办主任 … 3921358
公益事业部主任…… 3921296
房产物业管理部
主任………………… 3921233
副主任……………… 3921209
公益事业部副总师、综合
管理科长…………… 3924315
综合办人事劳资科
副总………………… 3935557
副总师、群工科科长
………………………… 3926660
计划财务部
副总经济师………… 3921858
统计科长…………… 3924553
公益事业部物业管理科长、
高管………………… 3926208
房产物业管理部管理
科长………………… 3926977
公益事业部退休管理科主管

………………………… 3927115
综合办人事劳资副经理
………………………… 3927115
公益事业部综合管理科高管
………………………… 3921227
安全环保与设备管理科主办
………………………… 3925400
安全环保与设备管理科主管
………………………… 3926911
房产物业管理部房产管理科
主办……………………… 3923732
………………………… 3923733
………………………… 3923757
生产技术科……………… 3927881
………………………… 3927882

老君庙油田作业区

经理、党委副书记 … 3921855
………………………… 3931458
党委书记、副经理 … 3921523
………………………… 3921812
副经理…………………… 3921681
………………………… 3938777
………………………… 3931608
总地质师………………… 3921863
安全总监………………… 3921308
………………………… 3929374
安全装备科
科长……………………… 3929389
主办……………………… 3931428
………………………… 3925590
综合办公室
主任……………………… 3922520
办公室…………………… 3929449
………………………… 3931334
主办……………………… 3931308
………………………… 3931391
主管……………………… 3931277
………………………… 3931660
资料员…………………… 3931663
………………………… 3931522
采油二区队
队长……………………… 3931267
经营副队长……………… 3931549
调度……………………… 3931322
调度室…………………… 3931232
队部……………………… 3931449
………………………… 3931497
经营组…………………… 3931481
采油三区队
副队长…………………… 3931520
………………………… 3931300
技术副队长……………… 3931385
经营副队长……………… 3931347
队部……………………… 3931806
采油小队………………… 3931490
调度……………………… 3931330
工会……………………… 3931646
业务组…………………… 3931392
油井监督………………… 3931419
总站灌区………………… 3931616
采油四区队
技术副队长……………… 3931341
经营副队长……………… 3931607
队部……………………… 3931253
………………………… 3931594
调度室…………………… 3931478
………………………… 3931515
调度大班………………… 3931628
办公室…………………… 3931355
采油管理组……………… 3931387
………………………… 3931502
采油一班………………… 3931274
采油一小队……………… 3931523
电算室…………………… 3931577
监督……………………… 3931524
经营室…………………… 3931503
业务室…………………… 3931504
采油五区队
队长……………………… 3931450
技术副队长……………… 3931461
经营副队长……………… 3931348
生产副队长……………… 3931626
采油一小队……………… 3931498
采油二小队……………… 3931245
电工班…………………… 3931206
调度……………………… 3931434
监督……………………… 3931615
业务组…………………… 3931353
值班室…………………… 3926425
主水小队………………… 3931451
低产开发队
队长……………………… 3934205
副队长…………………… 3934203
………………………… 3934204
经营副队长……………… 3934201
调度……………………… 3921899
………………………… 3934213
调研室…………………… 3934206
资料室…………………… 3934223
供热注输队……………… 3934261
劳资财务室……………… 3934207
生产办…………………… 3934212
技能鉴定站
主任……………………… 3931611
高工……………………… 3929454
主办……………………… 3931473
技能总站………………… 3925820
开发技术科
科长……………………… 3931631
………………………… 3931358
科长主管………………… 3925506
主管……………………… 3926693
主办……………………… 3931402
主办、资料员…………… 3931566
………………………… 3931271
青西项目部技术部 … 3931390
生产运行科
科长……………………… 3931371
科主管…………………… 3921856
调度室、主办…………… 3929404
………………………… 3931590
调派室…………………… 3931369
注输队
队长……………………… 3931468
书记……………………… 3931537
经营副队………………… 3931432
生产副队………………… 3931475
调度……………………… 3931624
调度室…………………… 3931545
技术组…………………… 3938628
业务室…………………… 3938629
脱盐厂…………………… 3931530
污水厂…………………… 3931556
消防泵房………………… 3931623
新总站…………………… 3922660
………………………… 3931266
注水电气………………… 3931345
综合事务站
站长室…………………… 3931377
站务……………………… 3931715
………………………… 3938728
……………… 3925920（酒泉）
调派室…………………… 3931235
业务室…………………… 3931263

鸭儿峡油田作业区

经理……………………… 3932612
………………………… 3926733
副经理…………………… 3925807
………………………… 3932288
党委副书记、副经理 3926722
………………………… 3932382
安全总监………………… 3923859
………………………… 3932268
调度室…………………… 3932363
调度传真………………… 3932355
安全装备科
科长……………………… 3932266
主办……………………… 3932276
………………………… 3932346
主管……………………… 3932307
办公室…………………… 3938789
采油二队
………………………… 3932258
采油一站
………………………… 3932300
………………………… 3932318
采油二站
………………………… 3932306
采油三站
………………………… 3932205
技术开发科
科长……………………… 3932242
开发……………………… 3932261
技术……………………… 3922412
………………………… 3922419
………………………… 3932254
修井监督………………… 3932269
生产科
科长……………………… 3938712
运行科长………………… 3932218
运行科主办……………… 3932209
………………………… 3932222
………………………… 3932248
综合办公室
………………………… 3932267
………………………… 3932246
………………………… 3932273

青西油田作业区

经理室…………………… 3932828
副经理室………………… 3924368
………………………… 3932808
总工办…………………… 3923162
技术科…………………… 3923164
调度室…………………… 3932813
联合站主任……………… 3932809
………………………… 3932826
………………………… 3932836
生产运行科……………… 3932806
………………………… 3932810
综合办…………………… 3923163
办公室…………………… 3932812

炼油化工总厂（销售公司）

厂长……………………… 3921561
………………………… 3935561
办公室…………………… 3935569
厂长……………………… 3935011
党委书记、副厂长 … 3921569
………………………… 3935001
书记……………………… 3921283
副厂长…………………… 3935584
………………………… 3935202

……………………… 3935049
……………………… 3935021
……………………… 3935885
总机械师………… 3935388
……………………… 3935916
副总工程师……… 3922721
副总经济师……… 3935602
……………………… 3935318
副总工程师……… 3938575
党办
主任……………… 3935571
办公室…………… 3935576
工作部…………… 3935579
厂办
主任……………… 3935573
副主任…………… 3929281
办公室…………… 3926667
财务部
……………………… 3935244
工会
副主席…………… 3935312
工会女工、计生办 … 3935231
工会组织、劳保…… 3935384
团委……………… 3935263
审计检查部
主任……………… 3935570
人事部
副主任…………… 3935589
办公室…………… 3929790
机动部
……………………… 3938171
生产计划部
主任……………… 3935886
副主任…………… 3935273
办公室…………… 3935568
总调度室
……………………… 13922211
……………………… 23935007
……………………… 33935688
质量管理与技术法规部
主任……………… 3935567
副主任…………… 3938432
安全总监、安全环保机动部
副主任…………… 3935304
……………………… 3935587
安全环保机动……… 3935140
安全机动科……… 3926295
……………………… 3926621
综合办
高级主管………… 3926825
综合科人事……… 3926352
综合人事培训办…… 3926623
常减压车间
主任……………… 3938334

副主任…………… 3938401
工会、安全……… 3938427
工艺组…………… 3938426
会议室…………… 3938418
设备组…………… 3938407
统计室…………… 3938377
储运车间
主任……………… 3938037
副主任…………… 3935497
储运装置主任…… 3935004
技术组…………… 3935632
业务……………… 3935337
……………………… 3935045
……………………… 3938154
……………………… 3935700
……………………… 3938045
……………………… 3938069
……………………… 3938143
油品装置工艺设备、统计
……………………… 3938225
催化车间
主任……………… 3938382
副主任…………… 3935210
……………………… 3938374
……………………… 3938537
工程师站………… 3935751
业务室…………… 3935256
动力车间
主任……………… 3935200
副主任…………… 3935272
……………………… 3938126
工艺组、业务室…… 3935297
工程科
科长……………… 3935319
书记……………… 3935701
副科长…………… 3935706
……………………… 3938049
质检站…………… 3938207
工程项目部综合办 … 3938235
化验检测中心
主任……………… 3935887
书记……………… 3938509
心副主任………… 3935146
工程师…………… 3938478
业务……………… 3938522
技术开发部
主任……………… 3935559
副主任…………… 3935805
技术开发………… 3935222
技术监督法规部
……………………… 3935451
……………………… 3938301
接待科
科长……………… 3935582

经警队
办公室…………… 3935327
……………………… 3935950
精细化工公司
副经理…………… 3928815
业务室…………… 3958706
聚丙烯车间
主任……………… 3935411
副主任…………… 3935690
业务室…………… 3935413
军代室…………… 3925311
……………………… 3925335
……………………… 3935526
糠醛车间
主任……………… 3935208
书记……………… 3935967
副主任…………… 3935048
工艺组…………… 3935611
技术室…………… 3938062
设备组…………… 3935279
销售科
科长……………… 3926653
炼油化工研究所
所长……………… 3935917
副所长…………… 3938454
值班室…………… 3935794
综合值班………… 3935236
配电车间
主任……………… 3938133
副主任…………… 3935374
……………………… 3938127
业务……………… 3938131
调度、安全……… 3938474
润滑油车间
主任……………… 3938003
副主任…………… 3935040
……………………… 3938152
工艺组…………… 3938513
设备组…………… 3935397
水处理车间
主任……………… 3935593
副主任…………… 3935354
技术组…………… 3935330
特油车间
主任……………… 3935790
书记……………… 3938434
副主任…………… 3935466
工艺组…………… 3935334
尿素脱蜡装置长…… 3935872
尿素脱蜡装置技术 … 3935044
润滑脂装置长…… 3938177
设备组…………… 3935792
生产调度………… 3935554
特油精制装置长…… 3935665

添加剂装置办公室 … 3935704
特油车间添加剂装置长 3938033
添加剂装置钙化…… 3938273
维护中心
副经理…………… 3935214
……………………… 3935433
……………………… 3935484
副经理…………… 3935500
技术室…………… 3935251
一工区主任……… 3935652
副主任…………… 3935459
网络组…………… 3935566
值班室…………… 3935205
二工区主任……… 3935300
……………………… 3935915
副主任…………… 3935483
……………………… 3935485
技术室…………… 3935482
四工区主任……… 3935679
综合班…………… 3935921
钳工维护大班…… 3935791
……………………… 3935724
夜间值班室……… 3935372
研究所
主任……………… 3935694
工艺室…………… 3935786
氧气厂
厂长……………… 3922250
副厂长…………… 3924496
……………………… 3927591
机房……………… 3922809
液态烃站
站长……………… 3935063
副站长…………… 3935147
……………………… 3935974
技术室…………… 3924948
……………………… 3935064
安全、值班室…… 3935074
重油车间
主任……………… 3935914
主任……………… 3935203
副主任…………… 3935923
……………………… 3935207
焦化技术室……… 3935030
……………………… 3935931
沥青技术室……… 3935472
……………………… 3935495
重整加氢车间
主任……………… 3938487
书记……………… 3938410
副主任
……………………… 3935418
……………………… 3938470
工程师室………… 3938422

工艺组
………………………… 3938497
车间设备组………… 3938477
值班室……………… 3938471
工程公司
经理………………… 3929871
副经理……………… 3929878
………………………… 3935440
主任………………… 3938118
经理办……………… 3938116
生产计划部………… 3938110
检修作业队长……… 3935320
副队长
………………………… 3935575
电修作业队长……… 3935779
副队长……………… 3938545
技术室……………… 3938552
机修作业队长……… 3935487
副队长……………… 3935216
技术室……………… 3935373
工会、后勤………… 3935662
仪修作业队长……… 3935379
副队长……………… 3935213
队技术室…………… 3935810
工会、后勤………… 3938184
技术室……………… 3935486
………………………… 3935675
检修作业队综合班 … 3935488
销售公司
经理………………… 3928826
副经理……………… 3924891
………………………… 3928816
常务副经理………… 3928839
综合办主任………… 3924615
经理办……………… 3928820
轻油科长…………… 3924628
计划室
………………………… 3928802
结算室
………………………… 3928805
统计室、售后服务室 3924622
清欠办……………… 3926223
原油科副科长……… 3938079
………………………… 3938417
原油科罐区………… 3938525
原油科特油泵房…… 3935393
………………………… 3938024
原油科业务统计室 … 3938010
………………………… 3938414
运输科副科长……… 3928799
综合办调派室……… 3928813
………………………… 3958744
综合办……………… 3958753

农牧业有限责任公司

总经理……………… 3921235
副总经济师………… 3924859
………………………… 3928378
华油乳品厂………… 3935158
乳品厂……………… 3935126
综合办公室主任…… 3922525
办公室……………… 3933262

水电厂

厂长………………… 3939218
办公室……………… 3921628
党委副书记副厂长 … 3921626
………………………… 3939351
总工程师…………… 3923601
………………………… 3923454
副厂长……………… 3923501
………………………… 3939214
………………………… 3922261
………………………… 3923263
企业经营科
科长………………… 3939300
………………………… 3923801
工程管理、成本核算 3939314
计划统计…………… 3939238
企管办……………… 3939266
物资管理…………… 3939277
主管………………… 3939175
经营科……………… 3939322
电力水利工程公司
经理………………… 3939231
书记
………………………… 3939679
副经理……………… 3923816
………………………… 3924868
计划经营办………… 3957915
安全质量办………… 3957923
生产技术办………… 3939047
业务室……………… 3939622
电热作业区
作业长……………… 3939355
专工室……………… 3939211
实验室……………… 3939015
供水作业区
作业长……………… 3924366
书记………………… 3922637
业务………………… 3922612
机电维修中心
主任………………… 3939320
书记………………… 3939425
副主任……………… 3939485
技术员、业务……… 3939484
技术监督中心
书记………………… 3939208
副主任……………… 3939444
化验室……………… 3939295
科技办公室………… 3939177
技术检测中心
主任………………… 3924902
书记………………… 3923967
副主任……………… 3922449
业务………………… 3939284
………………………… 3926022
炉燃作业区
作业长……………… 3939452
副作业长…………… 3939239
专工………………… 3939447
汽化作业区
作业长……………… 3939232
专工………………… 3939254
设备检修部
部长………………… 3939240
书记………………… 3939489
副部长……………… 3939107
………………………… 3939442
工时定额…………… 3939357
设备专工…………… 3939273
业务室……………… 3939690
生产运行部
部长………………… 3939439
书记………………… 3939216
副部长……………… 3923283
………………………… 3939477
电热专工…………… 3939172
调度室……………… 3939267
………………………… 3922798
高工室……………… 3939045
水电作业区
作业长……………… 3939419
书记………………… 3922018
业务室……………… 3922382
销售服务中心
主任………………… 3939630
书记………………… 3939193
副主任……………… 3922350
营业室……………… 3939303
质量安全环保科
科长………………… 3939676
主管………………… 3939285
………………………… 3939367
综合办
主任………………… 3922370
纪检监察室………… 3939349
人力管理室………… 3939356
人力管理室、教育室 3922505
文书………………… 3922342
………………………… 3939217
文书室员工教育室 … 3939241
宣传、纪察、档案、组织、工会
………………………… 3923758
宣传………………… 3939413
主管………………… 3939243
………………………… 3939327
组织管理…………… 3939174
综合事务中心
主任………………… 3923488
书记………………… 3939200
副主任……………… 3939037
业务室、调派……… 3922124

离退休职工管理中心

主任………………… 3921226
党委、纪委书记…… 3926901
副主任……………… 3926233
综合办
主任………………… 3924505
综合办副主任……… 3924332
工会女工、文书…… 3926446
文宣科
科长………………… 3926059
副科长……………… 3923982
办公室……………… 3926495
财务科
副科长……………… 3923312
出纳………………… 3926443
管理科
科长………………… 3926092
副科长……………… 3926160
劳资………………… 3928759
统计、退养………… 3921509

物资采购管理中心

主任、处长、党委副书记
………………………… 3923112
………………………… 3923377
党委书记、副主任、副处长
………………………… 3923170
副主任（副处长） … 3922545
总经济师…………… 3923475
纪监科长…………… 3923466
机关党支部………… 3936424
劳资室……………… 3923426
工会主席…………… 3936194
公安科长…………… 3923415
公安科业务………… 3936799
管理信息科………… 3923113
机电物资供应科…… 3939396
酒泉分库科长……… 3933011
炼化物资供应站…… 3935890
生产安全调度科
科长………………… 3935683

副科长
……………………3923550
环保……………………3924106
……………………3923118
机动、设备……………3923649
调度室…………………3939677

物采管理信息科

……………………3931526
……………………3923424
……………………3924964
物采中心内部超市 …3926012
物资计划采购中心 …3957750

物资计划供应科

副科长…………………3923105
物资计划供应…………3922736
……………………3935707
业务室…………………3922392

物资配送站

副经理…………………3922054
物资配送………………3936804
调度……………………3920791
……………………3922453
核算……………………3924107
行办主任（玉门） …3923114
项目部办公室…………3927677
……………………3927653
……………………3927675
……………………3927652
型砂厂…………………3923553

油田物资供应站

主任
……………………3924904
副主任…………………3931316
稽查统计………………3925767
计划……………………3935535

综合办公室

……………………3922585
……………………3936204
总库
主任……………………3922149
书记……………………3936213
副主任…………………3923547
红砖、水泥……………3923241
提料岗位………………3923110
质检室…………………3936144

新闻中心

党委书记、主任………3921018
党委副书记、副主室
……………………3923616
副主任…………………3924427
综合办主任……………3922416
党办主任………………3924429
编辑科…………………3922271
电视新闻部……………3921333
电视专题部……………3924484
广告部…………………3922239
新闻办制作部…………3922915
新闻记者科科长………3926159

信息中心

主任、处长、党委书记3921611
副主任、副处长………3921293
副处长…………………3921656
……………………3921613

综合办公室

主任……………………3923340
副主任…………………3921518

生产科

科长……………………3921289
调度……………………3921201

计划经营科

……………………3923766

劳资人事科

……………………3928606
综合办文书、档案室 3922179
综合办秘书、保卫室 3922702

通信事业部

经理……………………3933628
副经理…………………3921212
……………………3921511
业务室…………………3923416

信息维护部

经理……………………3933639
技术室…………………3933246
业务室…………………3924592

信息工程部

经理……………………3933127
业务室…………………3933630

网络运行部

主任……………………3926120
数据……………………3924414
系统室…………………3926554

综合事务部

经理……………………3921522
副经理…………………3928911
业务室…………………3933638

信息门户部

经理……………………3928681
副经理…………………3923913

矿区前线指挥部

领导

……………………3921809
……………………3921815
……………………3921880
……………………3921958
……………………3921810
……………………3921811

安全处

……………………3921821
……………………3921829
……………………3921818
……………………3921835
……………………3921825
……………………3921817
……………………3921831
……………………3921826
……………………3921827
……………………3921832
……………………3921823

生产运行处

……………………3921819
……………………3921834
……………………3921814
……………………3924681
……………………3921836
……………………3921816
……………………3921822
……………………3921833

调度室

……………………3921202
……………………3921203
……………………3928633

社保中心

主任……………………3921285
副总经济师、医疗保险科长
……………………3921536
副总会计师、保险基金科长
……………………3921617
社会保险科科长………3926213
职工养老保险科科长 3926309
社会保险基金科………3926167
……………………3926192
有偿解除劳动合同人员养老保险科科长…………3926318
再就业服务站…………3926071
养老、失业生活补贴保险科
……………………3926082
……………………3926080
医疗报销………………3922012
有偿解除劳动合同保险科
……………………3926018
工伤科…………………3926216
再就业服务中心………3926101
职工养老保险科………3926306
工伤生育保险科………3926258

油田医院

院长、党委书记………3955501
常务副院长……………3955520
党委副书记、副院长
……………………3955502
副院长…………………3955503
院办主任………………3955505
总护士长………………3955512
总务科…………………3955509
医务科…………………3955510
保卫科…………………3955515
财务科科长……………3955508
防疫站…………………3955581
……………………3955582
放射科…………………3955529
CT 室…………………3955530
护理站主任……………3955585
计生办主任……………3955591
麻醉科主任……………3955559
医务科主任……………3955511
设备科长………………3955507
体检中心主任…………3955568
外科支部书记…………3955556
外科主任………………3955553
药剂科长………………3955577
药剂科业务……………3955578
血库……………………3955589
检验科…………………3955535
妇科主任………………3955572
儿科……………………3955569
妇科……………………3955570
理疗科…………………3955533
内科……………………3955590
皮肤科…………………3955523
外科……………………3955550
五官科…………………3955539
眼科……………………3955538
中医科…………………3955537
防疫站…………………3955500
护理站书记……………3955565
护理站主任……………3955562
……………………3955566

综合服务处

处长……………………3921558
书记……………………3928007
副处长…………………3921660
……………………3921526
……………………3924160
……………………3921520
行办……………………3923700
纪委、团委……………3926172
工会主席………………3922157
生产安全科……………3922159

生产科

副科长…………………3922653
业务室…………………3923701

调度室……3922558
……3923966
安全机动科
副科长……3926257
……3926581
安全机动……3928505
安全科……3928321
企管科……3923744
人事科……3922360
……3924015
财务科……3923061
机修中心
副主任……3931543
特车修理厂业务室…3931576
长安汽修厂……3958524
……3958135
万龙纯净水厂
厂长……3936381
业务室
……3922222
机修厂经理室……3933889
加油站经理……3924559
客车队队长室……3926063
客车队
副队长……3926463
调度室……3928001
……3922781
劳保厂
厂长……3926444
业务室……3923619
祁连宾馆
经理……3935288
……3935798
业务室……3923716
总服务台……3921200
……3926075
……3924443
燃料公司经理……3922130
塑料制品厂
厂长……3924017
塑料制品……3935378
小车队副队长……3926484
油品运输队
书记……3931156
业务室……3931336
调度室……3931658
运输大队
队长……3922532
副队长……3931180
书记……3923408
调度室……3926372
制桶厂
厂长……3935727
……3926404
业务室……3935788

油田作业公司

经理……3925459
党委书记……3920512
党委副书记……3926156
副经理……3926466
……3926493
……3926436
……3922430
……3926520
副总师……3924523
……3929963
……3926677
……3926434
总工办公室……3926469
……3928570
综合办
主管……3929424
工会……3928489
办公室
主任……3925430
主管……3928435
……3931246
纪检……3928480
机动科
科长……3926409
机动……3928212
机动设备科
……3926165
计划科
科长……3931261
高级主管……3926139
主管……3928442
成本……3928533
出纳……3926765
人事科
科长……3931200
高级主管……3926494
保险……3923109
生产科
科长……3929445
安全科长……3928416
安全……3926695
……3926793
安全环保……3926939
……3926685
调度室……3928440
……3928450
主办……3926681
……3928421
……3928449
技术市场主任办……3928477
侧钻队
队长……3924215
经营组……3924216
值班室……3926477
……3929913
测试队
队长……3931581
……3931654
技术副队长……3931653
经营副队长……3931655
电算室……3931630
调度室……3931484
机修班……3931680
经营组……3931535
射孔班……3922374
试井班……3931671
常规作业队
队长……3931508
……3931612
调度……3931614
队部……3931592
小队室……3931303
……3931362
……3931379
……3931528
……3934226
大修队
队长……3931505
副队长……3931632
……3931587
技术队……3931527
值班室……3931454
机修厂
厂长……3931388
副厂长……3931496
书记……3925192
调度室……3931383
……3931462
业务……3931463
技术大队……3926475
器材保管站供应组…3921286
青西试油队
队长……3932830
青西试油队工程师…3932822
生产副队长……3932823
调度室……3932821
燃料站
站长……3928504
器材……3924442
深井队
副队长……3932228
长……3932358
生产办……3932343
调度室……3932283
……3932303
特车队
队长……3931600
副队长……3931571
调度室……3931550
……3931553
经营组……3931506
小队……3931602
研究所
所长……3923108
综合室……3931262
采油厂……3931301
采油工艺室……3926086
工具……3931116
井下工具室主任……3922929
实验室……3926640
试验……3929442
酸压室……3931280
油藏增产室……3926528
油化……3931171
……3931836
助剂厂
队长、书记室……3926084
副队长……3920740
值班室……3920744

保卫处

处长……3922773
党委书记……3921216
副处长……3923266
处长助理……3926068
参谋……3938640
办公室主任……3926025
保卫科长……3938639
保卫……3938717
企管计划……3922476
消防队教导员……3922106
消防队灭火机充装、机修
……3922294

14. 浙江油田公司

地址：浙江省杭州市西湖区留下镇　　邮政编码：310013　　公网区号：0571

总经理办公室

主任 …………… 56318511
办公室 …………… 56318512
…………… 56318518
…………… 56318519
…………… 56318516

勘探开发部

主任 …………… 56318533
副主任 …………… 56318535
…………… 56318537
办公室 …………… 56318539
…………… 56318536
…………… 56318505
…………… 56318565

生产运行部

副主任 …………… 56318567
…………… 56318568
办公室 …………… 56318817

人事（组织）部

主任 …………… 56318522
副主任 …………… 56318526
办公室 …………… 56318528

财务资产部

主任 …………… 56318611
副主任 …………… 56318613
办公室 …………… 56318612
…………… 56318616
…………… 56318618

综合管理部

主任 …………… 56318805
副主任 …………… 56318803
办公室 …………… 56318802
…………… 56318536

质量安全环保部

副主任 …………… 56318636
办公室 …………… 56318633
…………… 56318687

党群工作部

主任 …………… 56318799
副主任 …………… 56318797
…………… 56318798
办公室 …………… 56318801

机关附属单位
物资装备部

主任 …………… 56318808
副主任 …………… 56318806
办公室 …………… 56318809
…………… 56318807

科技信息中心

主任 …………… 56318656
办公室 …………… 56318655

档案馆

主任 …………… 56318989
办公室 …………… 56318865
…………… 56318867

直属单位
兴泽作业区

经理 …………… 56318677
书记 …………… 56318535

地质研究所

所长 …………… 56318811
副所长 …………… 56318876
…………… 56318812
室主任 …………… 56318820
…………… 56318873
…………… 56318872
办公室 …………… 56318818
…………… 56318817
…………… 56318821
…………… 56318813
…………… 56318826
…………… 56318873
…………… 56318813
…………… 56318819
…………… 56318815

采油工艺研究所

所长 …………… 56318679
副所长 …………… 56318676
办公室 …………… 56318828
…………… 56318677
…………… 56318678

培训中心

主任 …………… 56318832

苏北物资器材供应站

经理 …………… 56318807
办公室 …………… 56318468

交通服务站

队长 …………… 56318866
办公室 …………… 56318889

15. 中石油煤层气有限责任公司

地址：北京市东城区安定门外大街2号安贞大厦4023室　　邮政编码：100013　　公网区号：010

值班电话 …………… 51278853
传真 …………… 51278832

综合办公室

办公室
…………… 51278977
…………… 51278857
…………… 51278840
…………… 51278979

计划财务处

办公室
…………… 51278849

安全环保处

办公室
…………… 51278834

科技信息处

办公室
…………… 51278657

勘探开发处

办公室
…………… 51278970

国际合作处

办公室
…………… 5127884

16. 南方石油勘探开发有限责任公司

地址：广东省广州市江南西路111号　邮政编码：510240　公网区号：020

综合办公室

…………………… 84242065
…………………… 34358806

党群工作部

…………………… 84241609
…………………… 34358804

人事劳资部

…………………… 84421378
…………………… 34358707

计划经营部

…………………… 84241392
…………………… 34358705

财务资产部

…………………… 84240093
…………………… 34358710

勘探开发部

…………………… 84241370
…………………… 34358711

合同条法部

…………………… 84423787
…………………… 34358702

内控审计部

…………………… 34358706
…………………… 34358719

综合研究室

…………………… 84241407
…………………… 34358508
…………………… 34358507

海南办公室

…………… 0898－66808986
传真………… 020－84423974

五、炼化企业

1. 大庆石化公司

地址：黑龙江省大庆市龙凤区卧里屯　邮政编码：163714　公网区号：0459

公司机关

总经理办公室（党委办公室）

主任…………………… 6915099
副主任………………… 6739977
…………………… 6915369
秘书一科……………… 6763718
…………………… 6762009
…………………… 6706968
秘书二科……………… 6761922
…………………… 6761215
…………………… 6762753
秘书三科……………… 6706368
…………………… 6767089
信息科………………… 6761113
督办科………………… 6760276
文书科………………… 6763987
…………………… 6767066
…………………… 6915077
接待科………………… 6762415
…………………… 6761807
…………………… 6763529
综合科………………… 6763313
…………………… 6706358
行管科………………… 6705529
计划生育科…………… 6763318
保卫科………………… 6763981
小车队………………… 6762718
…………………… 6706888
…………………… 6743820
…………………… 6760517
信息档案室一室…… 6758886
信息档案室二室…… 6764042

人事处（党委组织部）

处（部）长………… 6743879
副处（部）长……… 6915567
…………………… 6915166
…………………… 6762011
…………………… 6760260
组织建设科………… 6761072
班子建设科………… 6763925
…………………… 6765762
劳动组织科………… 6763659
计划配置科………… 6763144
…………………… 6761710
业绩考核科………… 6763291
…………………… 6765991
技术干部科………… 6768027
教育培训一科……… 6768926
教育培训二科……… 6763790
薪酬管理科………… 6761801
…………………… 6761927
社会保险科………… 6767255
…………………… 6761766
劳务用工科………… 6763132
合同档案科………… 6762382
…………………… 6706581
综合管理科………… 6761810
…………………… 6763350
再就业管理科……… 6764214
家属管理科………… 6765990
医保中心…………… 6915234
…………………… 6764226
…………………… 6768925
…………………… 6761907
市场化用工科……… 6764742
企业年金科………… 6764707

企业文化处（党委宣传部）

处（部）长………… 6915427
副处（部）长……… 6764518
…………………… 6764380
综合管理…………… 6763585
企业文化…………… 6761275
…………………… 6761830
统战文明…………… 6915936
宣教室……………… 6706277
理论教育…………… 6762661
政研………………… 6762002
网络新闻…………… 6767067
…………………… 6919979
记者站……………… 6762366
…………………… 6762007
…………………… 6914901
…………………… 6743925
新闻中心…………… 6758219

纪委（监察处）

副书记（处长）…… 6761399
副书记（副处长）… 6761755
副处长……………… 6764747
效能监察室主任…… 6763882
副处级纪检员……… 6763114
综合管理室………… 6762449
信访………………… 6707906
案件检查室………… 6764780
…………………… 6705926

党风建设与案件审理室

…………………… 6915933
…………………… 6768505
效能监察室………… 6919840
…………………… 6706776

财务处

处长………………… 6767123
副处长……………… 6763407
…………………… 6760011
…………………… 6743466
…………………… 6765869
预算科……………… 6743871
…………………… 6743893
…………………… 6919335
成本一科…………… 6764739
…………………… 6705023
…………………… 6743892
…………………… 6743973
…………………… 6761855
成本二科…………… 6705219
…………………… 6761799
机关会计科………… 6762746
…………………… 6764733

…………………… 6769043
会计核算科………… 6768011
综合管理科………… 6915826
…………………… 6743967
资金科……………… 6762629
税价科……………… 6762745
投资科……………… 6707043
资产科……………… 6915388
销售一科…………… 6916177
销售二科…………… 6704647
股权管理科………… 6761885
信息科……………… 6705295
乙烯结算中心……… 6762339
龙凤结算中心……… 6916061
能源结算中心……… 6742504
材料核算一科……… 6764623
材料核算二科……… 6762915
工会财务组………… 6764725

计划经营处

处长………………… 6761536
副处长……………… 6769829
…………………… 6914377
…………………… 6763838
…………………… 6765071
…………………… 6766586
计划与优化管理…… 6769370
…………………… 6915067
…………………… 6764309
经营管理…………… 6915056
能源管理…………… 6915057
节能减排…………… 6742440
…………………… 6761951
…………………… 6707820
统计管理…………… 6765907
…………………… 6765336
…………………… 6919057
三剂管理…………… 6762281
原料管理…………… 6763416
…………………… 6707151
多种经营…………… 6915036
计量管理科科长…… 6763534
外供能源科科长…… 6762236

生产运行处

处长………………… 6761777
副处长……………… 6761996
…………………… 6768917
…………………… 6768770
生产管理…………… 6761950
…………………… 6763255
…………………… 6763056
…………………… 6763515
…………………… 6768348
应急响应…………… 6768771
…………………… 6763761
…………………… 6768548
水气管理…………… 6763212
…………………… 6762803
工艺受控…………… 6765052
…………………… 6762102
…………………… 6914938
…………………… 6914497
…………………… 6914649
…………………… 6914939
值班调度…………… 6766999
…………………… 6761018
…………………… 6761212
…………………… 6762212

科技信息处

处长………………… 6762110
副处长……………… 6914819
…………………… 6761879
…………………… 6914836
…………………… 6706035
…………………… 6765054
…………………… 6703139
科协秘书长………… 6756050
科协副秘书长……… 6758358
科研信息与规划…… 6763077
科研管理…………… 6762177
…………………… 6705275
…………………… 6742630
新产品与三剂技术
…………………… 6762453
技术改进与攻关…… 6763402
…………………… 6919836
…………………… 6765497
…………………… 6914835
信息化管理………… 6764101
…………………… 6703138
…………………… 6739507
…………………… 6914501
…………………… 6706036
…………………… 6914809

机动设备处

处长………………… 6914866
副处长……………… 6703015
…………………… 6761779
…………………… 6706663
…………………… 6738677
抗震办主任………… 6706910
仪表自控…………… 6762741
…………………… 6763122
动设备……………… 6764213
…………………… 6762957
…………………… 6764868
静设备……………… 6763867
…………………… 6704820
…………………… 6769197
水质………………… 6915634
…………………… 6919827
…………………… 6919826
…………………… 6765500
检修施工…………… 6763527
…………………… 6763929
…………………… 6706070
防腐………………… 6915624
热工………………… 6738988
设备综合管理……… 6919850
信息化……………… 6738588
资产、车辆………… 6765952
综合、资产………… 6762490

质量安全环保处

处长………………… 6760924
副处长……………… 6761700
…………………… 6765776
…………………… 6764660
…………………… 6763105
监督站站长………… 6763070
安全管理…………… 6769034
…………………… 6760193
…………………… 6707095
…………………… 6764219
…………………… 6763924
…………………… 6764199
…………………… 6762936
…………………… 6764210
放射卫生…………… 6761628
职业卫生…………… 6764223
环保管理…………… 6915526
…………………… 6764789
…………………… 6743672
…………………… 6760822
标准化管理………… 6760191
质量管理…………… 6762327
…………………… 6763084
…………………… 6765274
质量检查…………… 6765799
…………………… 6761011
安全监督…………… 6760098
…………………… 6919467
…………………… 6742191
综合统计管理……… 6765197
原材料检测中心…… 6762374
环保监测站………… 6763788
资料室……………… 6764197

电气管理处

处长………………… 6738210
副处长……………… 6915001
…………………… 6761906
运行管理…………… 6738206
…………………… 6738209
设备管理…………… 6768659
…………………… 6764841
…………………… 6738201
…………………… 6738202
高压技术…………… 6738207
继电保护…………… 6763001
…………………… 6738205
计划管理…………… 6765135
值班调度…………… 6738208
…………………… 6767003
…………………… 6767004
…………………… 6738203
…………………… 6738204

工程管理处

主任………………… 6739399
副主任……………… 6914099
…………………… 6706390
…………………… 6706667
…………………… 6709088
…………………… 6763229
施工管理…………… 6706906
…………………… 6706909
…………………… 6706899
…………………… 6767022
…………………… 6706052
…………………… 6709541
…………………… 6703511
…………………… 6914329
设计管理…………… 6764323
工程招标中心……… 6760858
项目计划…………… 6765165
合同管理…………… 6764596
竣工验收…………… 6914142
HSE 管理 ………… 6914347
三同时管理………… 6914375

规划处

处长………………… 6769345
副处长……………… 6763649
…………………… 6762623
…………………… 6914008
…………………… 6765744
…………………… 6914826
投资计划管理……… 6761880
…………………… 6762491
…………………… 6914006
项目前期管理……… 6703389
…………………… 6742631
…………………… 6914003

……………………… 6914015
……………………… 6914012
规划管理………… 6914825
……………………… 6763388
……………………… 6914005
总图管理………… 6914009
……………………… 6761814
后评价管理……… 6914002

企管法规处

处长…………… 6765045
专职董监事……… 6743518
副处长………… 6919757
……………………… 6765455
……………………… 6743597
政策研究………… 6761610
股权管理………… 6763130
基层建设………… 6742918
……………………… 6762292
……………………… 6914903
制度管理………… 6707575
法律事务………… 6762664
……………………… 6706533
法律诉讼………… 6762494
……………………… 6764600
业绩管理………… 6919902
法制管理………… 6743601
法律诉讼………… 6760210
法律事务………… 6919793
合同管理………… 6707385
合同审查………… 6764587
……………………… 6706532
……………………… 6706531
HSE管理 ……… 6762355
……………………… 6769952
……………………… 6760192
……………………… 6705315
内控管理………… 6760212
……………………… 6915195

审计处

处长…………… 6763406
副处长………… 6763600
……………………… 6765809
……………………… 6762297
……………………… 6768924
审计审理………… 6763525
……………………… 6764055
……………………… 6914512
……………………… 6915275
工程审计………… 6767924
……………………… 6761933
……………………… 6768730
……………………… 6763646
……………………… 6743904
……………………… 6919169
……………………… 6760211
……………………… 6768627
……………………… 6706317
……………………… 6703096
……………………… 6765272
……………………… 6706417
财务审计………… 6706536
……………………… 6764050
……………………… 6704378
……………………… 6704379
……………………… 6763235
……………………… 6762517
……………………… 6763235
……………………… 6707031
合同审计………… 6738936
……………………… 6919386

维护稳定工作办公室

主任…………… 6707123
副主任………… 6919901
综合信息………… 6763904
……………………… 6707580
……………………… 6919804
综合治理………… 6704150
……………………… 6919803
信访接待………… 6763118
……………………… 6764551
协调督办………… 6915801
610 ……………… 6760615
……………………… 6919804

工会

副主席………… 6762069
……………………… 6764918
办公室主任……… 6705216
副主任………… 6703236
秘书…………… 6764400
人事员………… 6743182
生产部部长……… 6764762
干事…………… 6764313
生活（女工）部部长
……………………… 6761195
干事…………… 6763405
……………………… 6704099
文体部部长……… 6765690
副部长………… 6764884
宣教（民管）部负责人
……………………… 6761270
干事…………… 6704916
……………………… 6764613

团委

副书记………… 6705516
青工…………… 6705157
组宣…………… 6761613
综合…………… 6762033

机关党委

机关党委书记、纪委书记
……………………… 6743333
机关工会主席……… 6704359
组织纪检………… 6915078
工会（办公室）…… 6764068

武装部

部长…………… 6762352
军事办公室主任…… 6762350
人防办公室主任…… 6761813
民兵预备役、武器调配
……………………… 6762351
行政事务………… 6706321

工程预决算部

主任…………… 6915007
副主任………… 6762413
综合管理………… 6763903
……………………… 6767782
设备预算………… 6705107
……………………… 6760578
……………………… 6706242
……………………… 6742672
……………………… 6767639
……………………… 6767729
工艺预算………… 6705105
……………………… 6705102
……………………… 6705109
……………………… 6705104
电仪预算………… 6765970
……………………… 6763526
……………………… 6705103
……………………… 6743117
……………………… 6703592
土建预算………… 6765191
……………………… 6760953
……………………… 6768003
……………………… 6743260
……………………… 6703591
……………………… 6914013
……………………… 6767762
采暖通风预算……… 6703593
……………………… 6760871
……………………… 6742673
……………………… 6703580
……………………… 6767701
……………………… 6767721

乙烯工程指挥部

综合管理部主任…… 6760309
计划部主任……… 6765863
设计管理部主任…… 6765053
采购部主任……… 6743240
施工管理部主任…… 6704168
HSE 部主任 ……… 6760117
质量监督部副主任
……………………… 6705936
财务管理部主任…… 6743466
监察室主任……… 6761755
外事管理部主任…… 6742412
内控审计部主任…… 6768924
裂解项目组经理…… 6706488
芳烃联合项目组副经理
……………………… 6706503
全密度聚乙烯项目组经理
……………………… 6706385
丁辛醇项目组经理
……………………… 6705139
顺丁橡胶项目组经理
……………………… 6760950
公用工程项目组经理
……………………… 6760951
锅炉项目组经理…… 6762923

公司二级单位

炼油厂办公室……… 6758731
化肥厂办公室……… 6745746
化工一厂办公室…… 6919368
化工二厂办公室…… 6764932
化工三厂办公室…… 6764495
塑料厂办公室……… 6763856
腈纶厂办公室……… 6762346
复合肥厂办公室…… 6706004
热电厂办公室……… 6738516
水气厂办公室……… 6761097
储运中心办公室…… 6914101
工程公司办公室…… 6739033
化建公司办公室…… 6762514
机械厂办公室……… 6758089
仪表公司办公室…… 6766959
检测公司办公室…… 6704950
开发公司办公室…… 6915973
物资供应中心办公室
……………………… 6745639
信息技术中心办公室
……………………… 6763553
通信中心办公室…… 6743337
外事中心办公室…… 6762728
培训中心办公室…… 6756351
实业公司办公室…… 6763941
消防支队办公室…… 6758202
保卫一部办公室…… 6704165
保卫二部办公室…… 6919915
久隆房地产公司办公室

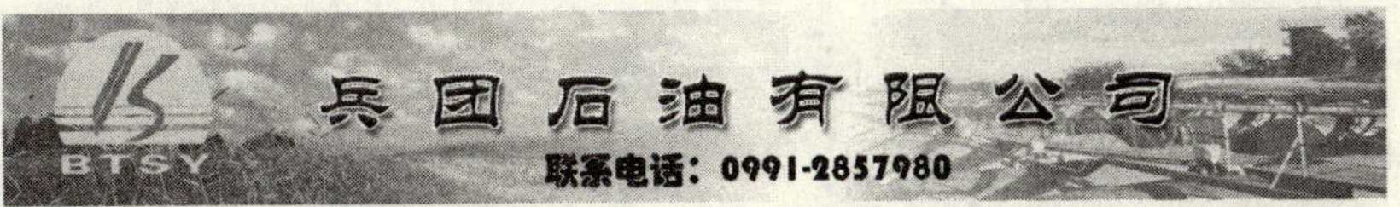

………………………… 6708027
餐饮服务中心办公室
………………………… 6741724
劲松公司办公室…… 6759481

矿区服务事业部

矿区机关办公室…… 6738023

矿区二级单位

物业管理中心办公室
………………………… 6705520
园林公司办公室…… 6914068
能源管理中心办公室
………………………… 6915809
职工医院办公室…… 6758327
客运中心办公室…… 6914400

离退休管理中心办公室

………………………… 6747655

2. 吉林石化公司

地址：吉林省吉林市龙潭区龙潭大街9号　邮政编码：132022　公网区号：0432

总经理（党委）办公室

主任 ……………… 23903986
副主任（北京办事处）
……………… 010－84129477
副主任……………… 3903397
总经理秘书………… 3903778
党委书记秘书……… 3903116
领导秘书…………… 3903901
文书………………… 3903911
接待………………… 3903668
………………………… 3903136
………………………… 3903912
文字调研…………… 3903918
20楼 ……………… 3903399
行政后勤…………… 3903100
………………………… 3903876

生产运行处

处长………………… 3903506
副处长……………… 3903350
………………………… 3903830
………………………… 3903510
………………………… 3903392
值班调度长………… 3903508
技术科……………… 3903531
………………………… 3903533
………………………… 3903882
………………………… 3903532
………………………… 3903530
………………………… 3903206
………………………… 3903242
生产准备…………… 3903639
………………………… 3903640
运行管理…………… 3903166
………………………… 3903500
生产调度…………… 3903503
………………………… 3903508
………………………… 3903509
………………………… 3903060

安全环保处

安全副总监………… 3996333
安全专家…………… 3903521
处长………………… 3903522
副处长……………… 3903839
………………………… 3903536
………………………… 3903524

安全监察科

科长………………… 3903525
安全监察…………… 3903526
………………………… 3903716
………………………… 3903222
………………………… 3903351

交通管理科

科长………………… 3903232

体系科

科长………………… 3903527
体系管理…………… 3903606
………………………… 3903831
劳保管理…………… 3903523

应急管理科

科长………………… 3903257
应急管理…………… 3903659

综合管理科

科长………………… 3903866
综合管理…………… 3903380

环保科

科长………………… 3903541
环保管理…………… 3903235
………………………… 3903540
………………………… 3903237
工业卫生…………… 3903658

染料厂

生产副厂长………… 3973038
科长………………… 3978780
书记………………… 3973662
副科长……………… 3973662
………………………… 3973662
安全监督…………… 3978085
环保交通…………… 3978085
安保应急…………… 3978085
体系工伤…………… 3973662
安全消防…………… 3978085

化肥厂

生产副厂长………… 3970651
安全副总监………… 3971286
副科长……………… 3970596
………………………… 3971161
安全管理…………… 3970390
………………………… 3970720
环保管理…………… 3970390
………………………… 3970720

电石厂

生产副厂长………… 3986721
安全副总监………… 3989209
副科长……………… 3983574
………………………… 3988870
………………………… 3988832
安全管理…………… 3988358
………………………… 3988852
………………………… 3988847
………………………… 3988370
………………………… 3982738
………………………… 3981124
环保管理…………… 3988370

炼油厂

生产副厂长………… 3980199
………………………… 3902345
安全副总监………… 3982898
副科长……………… 3982316
安全管理…………… 3982316

聚乙烯厂

生产副厂长………… 3902766
科长………………… 3901495
副科长……… 3901810－8167
……………… 3901810－8167
环保体系…… 3901810－8168
劳保工卫工伤
……………… 3901810－8168
安全消防…… 3901810－8169

乙二醇厂

生产副厂长 … 3988199－203
科长 ………… 3988199－211
副科长 ……… 3988199－212
环保管理 …… 3988199－213
……………… 3988199－215

建修公司

安全总监…………… 3903119
安全副总监科长…… 3985501
副科长……………… 3988704
安全管理…………… 3983218
………………………… 3985517

有机合成厂

副厂长……………… 3989170
安全副总监………… 3987151
副科长……………… 3989439
安全监察…………… 3986641
环保管理…………… 3986641
安全监察…………… 3986641

动力一厂

副厂长……………… 3989176
科长………………… 3987062
副科长……… 3989188—9098
安全管理…… 3989188—9095
工业卫生…… 3989188—9128
环保管理…… 3989188—9128

动力二厂

副厂长……………… 3971215
科长………………… 3970273
副科长……………… 3971518
安全员……………… 3970438

研究院

生产副厂长………… 3993655
安全科科长………… 3973572
副科长……………… 3973364
安全环保管理……… 3994088
………………………… 3973679

联力公司

副经理……………… 3993136
安全副总监………… 3995575
副科长……………… 4609226
安全管理…… 3993246－8104
……………… 3993246－8101

合成树脂厂

生产副厂长………… 3972992

科长……………………3971361
副科长……………………3972878
安全监督……………………3972878
……………………3972878
污水厂
生产副厂长……………………3972667
安全副总监……………………3972279
副科长……………………3971196
安全管理……………………3972279
环保管理……………………3971196
安全工程师……………………3972279
碳纤维厂
生产副厂长……………………3970366
副科长……………………3970037
安全管理……………………3970039
丙烯腈厂
副厂长……………………3972180
安全副总监……………………3970170
副科长……………………3972091
……………………3972390
……………………3971718
安全管理员……………………3970381
……………………3972075
包装制品厂
生产副厂长……………………3989378
科长……………………3984355
副科长……………………3984355
精细化学品厂
生产厂长（安全总监）
……………………3983064
科长（厂长助理）
……………………3987070
副科长……………………3983482
……………………3983179
安全监督……………………3983148
高碳醇厂
生产副厂长……………………3902798
科长……………………3980734
副科长……………………3901422
安全监督……………………3982700
物流中心
副经理、安全总监
……………………3984177
安全科科长……………………3984923
信息网络公司
副总经理、安全总监
……………………955810
部门经理……………………3997566
部门副经理……………………3998077
……………………3917300
安全管理……………………3955830
……………………3917300
香兰素厂
生产副厂长……………………3983400

科长……………………3983905
安全管理……………………3983016
……………………3983115
环保管理……………………3983854
进出口公司
副经理……………………3903495
科长……………………3903498
科员……………………3903488
农药厂经理助理……………………3995557
科长……………………3036029
安全消防工伤……………………3039810
安保应急交通……………………3039810
劳保教育……………………3039810
环保……………………3039810
培训中心……………………3906443
科长……………………3963756
一般管理人员……………………3963756
雾凇宾馆
党委书记……………………3919988
安保科科长……………………3919662
安保科主管……………………3919663
矿区服务事业部
安全总监……………………3903298
安全环保处处长……………………3903236
安全监察科科长……………………3919058
安全管理科科长……………………3903234
安全防火科科长……………………3903233
基础工作管理……………………3919056
车辆管理……………………3919061
现场监察……………………3919060
现场监察、环保……………………3919057
防火管理……………………3919059
仪表公司
生产副厂长……………………3962599
科长……………………3966453
安全管理……………………3966453
化工新区副经理……………………3903312
科长……………………3977838
辽源化工厂
生产副经理
……………………0437－5098612
科长……………………0437－5091895
环保交通工业卫生
……………………0437－5098617
安全消防工伤
……………………0437－5098617
劳保教育……………………0437－5098617
辽源化工厂富洋分厂
安全科长……………………0437－5091979
安全科员……………………0437－5091979
苏州安利化工厂
安全总监 ……0512－66720551
科长 ………0512－66720375
环保 ………0512－66720375

吉化北方公司
主管安全副经理……………………3971789
安全生产部部长……………………3960761
安全员……………………3960650
直属部门
工程管理部副经理
……………………3903599
安全科科长……………………3977558
质量、安全科
副科长……………………3998558
质量、安全管理……………………3903558
……………………3974408
工程质量监督站
副站长……………………3991711
质量监督……………………3903648
经理……………………3903798
科员……………………3903625
电子商务部副经理
……………………3987779
安全副总监……………………3985183
书记……………………3989572
副科长……………………3984152
管理员……………………3987694
销售管理部副经理
……………………3903423
经理办公室主任……………………3903424
安全员……………………3957051
运输仓储部副经理
……………………3983015
科长……………………3986249
副科长……………………3987671
……………………3983221
消防支队
安全防火副支队长
……………………3987319
安全科科长……………………3902399
保卫（人武）部生产副厂长
……………………3900345
科长……………………3900341
基金管理中心主任助理
……………………3903052
安全管理……………………3903360
档案馆馆长……………………3903699
科长……………………3903432
检测中心生产副厂长
……………………3987662
科长……………………3983713
副科长……………………3990535
安全监督……………………3983417
关闭单位
江城公司经理……………………2533562
科长……………………2536057
重型机械厂负责人
……………………3974566

科长……………………3980630
副科长……………………3980630
化工建材科长……………………3974898
机械厂副厂长
科长……………………3986177

机电设备处

处长……………………3903850
副处长……………………3903796
……………………3903837
设备管理科
科长……………………3903517
长……………………3903568
设备管理……………………3903518
……………………3903013
……………………3903630
……………………3903562
电气管理科
科长……………………3903512
电气管理……………………3903513
动力能源管理科
科长……………………3903519
土建管理……………………3903012
自控管理科
科长……………………3903569
……………………3903155
自控管理……………………3903302

质量节能处

处长……………………3903239
副处长……………………3903507
……………………3903505
处长助理……………………3903321
能源管理……………………3903514
……………………3903323
质量管理……………………3903534
计量及公用工程转供管理
……………………3903205
质量管理……………………3903529
……………………3903204
质量科
科长……………………3903534
……………………3903205
副科长……………………3903529
科员……………………3903204
标准化……………………3903652
染料厂……………………3973038
……………………3973318
……………………3973770
化肥厂……………………3970651
……………………3971368
……………………3971404
电石厂……………………3986149
……………………3983083

……………… 3983506
有机合成厂………… 3989170
……………… 3983035
……………… 3987949
……………… 3987949
炼油厂………… 3982735
……………… 3982609
……………… 3982424
聚乙烯厂………… 3901485
……………… 3982441
……………… 3901810－8149
高碳醇厂………… 3980992
……………… 3902798
……………… 3980576
……………… 3982769
……………… 3980223
……………… 3982768
……………… 3902043
信息网络………… 3913266
……………… 3955800
……………… 3917622
……………… 3917300
香兰素厂………… 3983400
……………… 3984212
……………… 3983926
建修公司………… 3985509
……………… 3992424
……………… 3992425
雾凇宾馆………… 3919899
……………… 3919661
……………… 3919711
联力公司………… 3993055
……………… 3993136
……………… 3993255
……………… 3995676
……………… 3993245－8208
……………… 3993245－8103
合成树脂厂………… 3972733
……………… 3970834
……………… 3971293
物流中心………… 3984867
……………… 3988315
检测中心………… 3983755
……………… 3983713
……………… 3983417
……………… 3983417
动力一厂………… 3987612
……………… 3985454
……………… 3983295
动力二厂………… 3970156
……………… 3970160
……………… 3971327
……………… 3970743
……………… 3972935

……………… 3970743
海特化工厂………… 3970358
……………… 3970641
……………… 3972002－8006
……………… 3971474
乙二醇厂………… 3983540
……………… 3985932
……………… 3988199－439
……………… 3988199－233
……………… 3988199－262
精细化学品厂………… 3983064
……………… 3983147
……………… 3983970
……………… 3983149
……………… 3983970
橡塑公司………… 3989378
……………… 3989841
……………… 3987938
……………… 3989842
……………… 3983605
矿区服务部………… 3903288
……………… 3903330
……………… 3973616
……………… 3903065
……………… 3919029
……………… 3919032
包装制品厂………… 3983827
……………… 3984455
研究院………… 3977434
……………… 3994095
……………… 3977914
……………… 3994097
污水处理厂………… 3971967
……………… 3970325
……………… 3972599
……………… 3970918
……………… 3971196
农药公司………… 3995465
……………… 3035739
……………… 3031150
……………… 3035739
……………… 3031150
丙烯腈厂………… 3972954
……………… 3971249
……………… 3971248
……………… 3970628
……………… 3970670
北方公司………… 3960650
人才培训………… 3968311
仪表公司………… 3965021
苏州安利 … 0512－66720665
劳资（培训）………… 3903709
……………… 3903603
机动设备………… 3903837

……………… 3903012
人事（组织）………… 3903709
……………… 3903318
资本运营………… 3903229
……………… 3903062

党委工作处（企业文处）

……………… 3903701
……………… 3903199
……………… 3903708
科技处………… 3903218
……………… 3903209
财务处………… 3903776
……………… 3903079
法律事务处………… 3903308
……………… 3903046
工会………… 3903252
……………… 3903272
内控………… 3903671
……………… 3903565
工程预决算………… 3903757
……………… 3903625
……………… 3903626
电子商务………… 3985929
……………… 3988952
……………… 3985124
运输仓储………… 3988125
……………… 3983271
……………… 3987467
……………… 3983253
纪委………… 3903567
……………… 3903712
审计………… 3903069
……………… 3903068
生产运行………… 3903831
……………… 3903531
……………… 3903639
计划经营………… 3903836
……………… 3903528
消防支队………… 3987319
……………… 3985986
……………… 3986714
……………… 3983342
……………… 3987684
……………… 3984500
安全环保………… 3903536
……………… 3903831
信息处………… 3913468
……………… 3903613
……………… 3903858
……………… 3903980
工程管理一部………… 3903768
……………… 3903645
维护稳定办公室………… 3903789

……………… 3903718
总经理办公室………… 3903986
……………… 3903911
发展规划处………… 3903619
……………… 3903210
销售管理部………… 3985736
……………… 3903420
档案馆………… 3903432

计划经营处

处长………… 3903566
副处长………… 3903968
……………… 3903836
计划科长………… 3903564
……………… 3903535
计划副科长………… 3903563
计划科员………… 3903871
统计科长………… 3903865
统计科员………… 3903622
……………… 3903623
营销科长………… 3903520
营销科员………… 3903883
……………… 3903698
计量副科长………… 3903593
考核科员………… 3903528
处长助理………… 3903212
统计考核科长………… 3903211
副科长………… 3903305
营销副科长………… 3903283
营销科员………… 3903246
计划科员………… 3903245

驻染料厂计划科

科长………… 3979404
计划科员………… 3978026

驻化肥厂计划科

科长………… 3972472
计划科员………… 3971125

驻电石厂计划科

科长………… 3988354
计划科员………… 3986264
……………… 3983705

驻有机合成厂计划科

科长………… 3987731
计量科员………… 3987460

驻炼油厂计划科

科长………… 3981449
计量科员………… 3981515

驻聚乙烯厂计划科

科长………… 3902648
计划科员………… 3901492

驻乙二醇厂计划科

科长………… 3986163

驻合成树脂厂计划科

科长………… 3970302

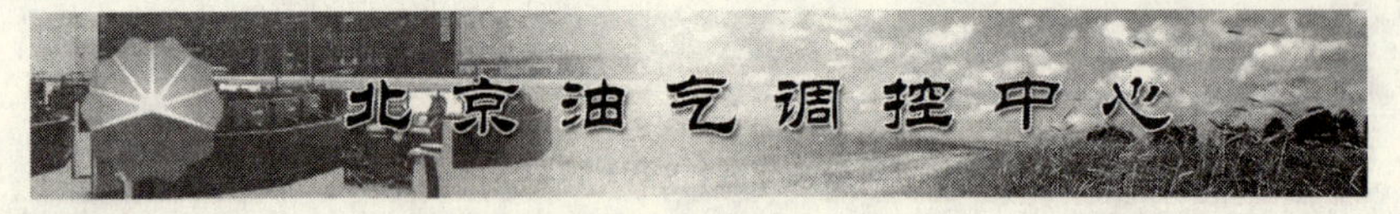

计划统计科员……3971848
驻污水厂计划科
科长……3970308
计划统计科员……3972904
驻动力一厂计划科
科长……3983524
计划科员……3989333
驻营销储运部计划科
科长……3984361
统计科员……3984872
驻电子商务部计划科
科长……3983813
计划科员……3988694
统计科员……3987413
传真……3903690
……3903596
……3903622
……3903338

财务处

处长……3903229
副处长……3903029
……3903437
专职董事……3900377
专职监事……3900379
股权投资……3903329
……3903327
股权管理……3903225
……3903062
产权改革……3903061
……3903226
资产处置……3903282

发展规划处

处长……3903058
副处长……3903479
……3903832
……3903201
……3903259
……3903183
……3903619
技术主管……3903826
投资管理……3903210
……3903214
……3903620
……3903213
项目管理……3903203
……3903256
……3903617
……3903174
……3903611
……3903617
……3903631
……3903612
……3903327
……3903611
……3903607
……3903629
土地管理……3903278
……3903274
……3903275
……3903769
……3903276
传真……3903114

科技处

……3903218
……3903591
……3903373
……3903594
……3903991
……3903387
……3903209

人事处（组织部）

处长……3900373
副处长……3903190
干部管理……3903197
……3903868
技术干部管理……3903688
……3903318

劳资培训处

处长……3903709
副处长（正处级）
……3903599
副处长……3903098
……3903600
培训管理……3903601
……3903797
薪酬管理……3903845
……3903319
劳动组织管理……3903597
员工管理……3903602
……3903650
劳动关系管理……3903603
……3903095
再就业管理……3903022
……3900398
……3903173
……3900399

内控处

处长……3903671
副处长……3903580
正科……3903064
……3903856
主管……3903653
副科……3903857
……3903856
主管……3903565
……3903653

商务管理处

总经理助理、处长
……3903806
副处长……3903808
科长、计划管理……3903025
计划管理……3903026
定额、利库管理……3903004
统计管理……3903214
科长、供应商管理
……3903191
供应商管理……3903217
……3903109
……3903311
合同管理……3903121
科长、价格管理……3903267
价格管理……3903103
……3903310
……3903265
质量管理……3903284
价格信息管理……3903104
科长、招标管理……3903044
招标管理……3903027
……3903007
……3903005
……3903003
综合管理……3903024
……3903009

审计处

处长……3903069
副处长……3903326
……3903833
处长二线……3903169
处长助理……3903072
科员……3903670
科长……3903672
副科级员……3903068
科员……3903678
科长……3903070
科员……3903071
科长……3903381
副科级员……3903670
科长……3903181
副科长……3903677
科级员……3903180
科员……3903180
科长……3903371
副科长……3903679
副科级员……3903676
……3903182
科员……3903674
……3903676

法律事务处

处长……3903655
副处长……3903439
……3903308
综合管理……3903880
……3903301
……3903551
制度管理……3903046
合同管理……3903828
……3903436
……3900382
……3903654
……3903042
……3903618
……3903314
纠纷管理……3903656
……3903315
……3900383
……3900384
清欠管理……3903693
……3903691
……3903694
……3903692

纪委监察处

……3903567
……3903195
……3903185
……3903715
……3903067
……3903184
……3903710
……3903706
……3903713
……3903186
……3903711
……3903188
……3903712
传真……3037281

党委工作处（企业文化处）

处长……3903701
副处……3903179
……3903398
……3903879
对内宣传……3903287
……3903285
……3903707
基层建设……3903703

党内统计…… 3903196
企业文化…… 3903199
…… 3903708
展厅…… 3903886
机关阅览室…… 3900332

机关党委

机关党委副书记…… 3903195
…… 3903215
二线…… 3903702
综合调研…… 3903063
综合管理…… 3903253

维护稳定工作办公室

主任…… 3903789
副主任…… 3903016
主任助理、信息调研
…… 3900378
信息调研…… 3903718
信访接待…… 3903609
…… 3903300
综合督办…… 3903128
…… 3900308

机关直属部门
工程管理部

经理…… 3903768
书记、副经理…… 3903221
副经理…… 3975099
…… 3972816
…… 3900366
…… 3903291
…… 3973599

综合科

科长…… 3903635
副科长…… 3976778
科员…… 3900355
统计、资金管理…… 3903645
合同管理、信息内业
…… 3900356
设备器材管理…… 3903633
信息管理－外业…… 3974599
行政事务管理…… 3991200

项目管理科

科长…… 3973855
副科长…… 3991170
…… 3903293
…… 3973199
项目管理…… 3903023
…… 3991172
…… 3991171
…… 3903023

施工管理科

科长…… 3903834
副科长…… 3903018
仪表…… 3903018
土建…… 3991173
施工管理…… 3903290
…… 3991173

设计管理科

科长…… 3903295
副科长…… 3903642
施工图管理…… 3903642
…… 3903279
…… 3903294
资料…… 3900350
管理…… 3900331

质量安全科

科长…… 3977558
副科长…… 3998558
质量安全管理…… 3903558
…… 3974408

信息处

办公室…… 3903858
…… 3903590
…… 3901889
…… 3903980
…… 3913468
…… 3900321
…… 3900368
商务部信息员…… 3903245
财务处信息员…… 3903573
工会（团委）信息员 3903721
生产运行处信息员…… 3903840
人事处（组织部）信息员
…… 3903318
党委工作处（企业文化处）信息员…… 3903708
工程质量监督站信息员
…… 3903649
工程项目管理中心信息员
…… 3976778
档案馆信息员…… 3983976
计划经营处信息员 … 3903593
安全环保处信息员 … 3903866
机动设备处信息员 … 3903013
乙二醇厂信息员 3988199－269
消防支队信息员…… 3986714
基建指挥部信息员 … 3900359
合成树脂厂信息员 … 3971293
检测中心信息员…… 3986777
…… 3987529
有机合成厂信息员 … 3989157
基建指挥部信息员 … 3900331
总经理（党委）办公室信息员
…… 3903911
工程管理一部信息员 3903645
资本运营处信息员 … 3903062
染料厂信息员…… 3973033
营销储运部信息员
…… 3986668－5070
…… 3038483
工程管理二部（含工程预决算中心）信息员…… 3900356
法律事务处信息员 … 3903551
研究院信息员…… 3994029
维护稳定办公室信息员
…… 3903718
化肥厂信息员…… 3971369
动力一厂信息员…… 3983295
机关党委信息员…… 3903063
电子商务部信息员 … 3917733
发展规划处信息员 … 3903210
建修公司信息员…… 3985841
科技处信息员…… 3903209
总工办公室信息员 … 3903164
质量节能处信息员 … 3903204
财务处信息员…… 3903573
保卫（人武）部（护卫支队）信息员…… 3903129
内控处信息员…… 3903653
聚乙烯厂信息员…… 3902394
审计处信息员…… 3903068
电石厂信息员…… 3989574
工程预决算中心信息员
…… 3903860
劳资培训处信息员 … 3903597
炼油厂信息员…… 3982702
污水厂信息员…… 3970325
电子商务部信息员 … 3985417
纪委监察处信息员 … 3903712
基建指挥部信息员 … 3972892

工程预决算部

副部长…… 3903297
…… 3903017
…… 3903757
…… 3903636
科长…… 3903627
…… 3912660
安装造价师…… 3903628
…… 3903861
…… 3903847
…… 3903862
…… 3903625
科长…… 3912509
土建造价师…… 3903626
…… 3903860
…… 3903344
电气造价师…… 3903756
…… 3903863
仪表造价师…… 3912530
…… 3903756
助理…… 3903353
…… 3903187
科长…… 3903223
电气造价师…… 3903292
…… 3903863
安装造价师…… 3903346
…… 3903370
…… 3903346
土建造价师…… 3903344
…… 3903349
…… 3903626

电子商务部

经理…… 3985929
党委书记、副经理 … 3903435
副经理…… 3985349
…… 3965717
…… 3985415
…… 3987779
党委书记（二线） … 3988259
副经理（二线）…… 3983966
驻厂财务…… 3985134
驻厂企划处…… 3983813

综合办公室

主任…… 3985247
副主任…… 3985401
信访稳定办主任…… 3984815
组织人事科科长…… 3985490
监察室主任…… 3984816

管理科

科长…… 3903471
副科长…… 3917750
科员…… 3986815

仓储配送科

科长…… 3985183
副科长…… 3989572
科员…… 3985467

基建科

科长…… 3972870
副科长…… 3972870
科员…… 3972806

化工三剂科

科长…… 3917737
副科长…… 3985475
科员…… 3917747
燃料科科长…… 3985717

原料科

科长…… 3983210
副科长…… 3911701
科员…… 3985476
运营调度科…… 3985404

机械设备科

科长……………………… 3985142
副科长…………………… 3917739
科员……………………… 3986274
………………………… 3985403

金属材料科

科长……………………… 3986760
科员……………………… 3986884
………………………… 3985457
国际事务科……………… 3985416

电器仪表科

科长……………………… 3987727
副科长…………………… 3985140

建筑材料科

科长……………………… 3985143
副科长…………………… 3985447

总库

站长……………………… 3985451
副站长…………………… 3985149

西部供应站

站长……………………… 3971794
副站长…………………… 3970297
东部供应站站长………… 3981120
中部一站站长…………… 3983061
中部二站站长…………… 3987948
副站长…………………… 3987943

销售管理部

经理……………………… 3903421
党委书记………………… 3903423
副经理…………………… 3903422
………………………… 3986597
………………………… 3903427
………………………… 3903426
………………………… 3900007

经理（党委）办公室

主任……………………… 3903424
办公室副主任…………… 3989312
组织人事管理…………… 3903429
安全综合管理…………… 3957051
安全监察………………… 3989148
综合管理………………… 3989312
司机……………………… 3953746

业务管理科

科长……………………… 3987897
副科长…………………… 3986492
价格管理………………… 3953147
信息管理………………… 3953146
………………………… 3986827
统计管理………………… 3987215
计划管理………………… 3953141
结算管理………………… 3952672
………………………… 3953142

销售一科

科长……………………… 3957049
副科长…………………… 3957049
副科长、液化气业务员
………………………… 3957049
业务员…………………… 3953021

销售二科

科长……………………… 3957537
副科长…………………… 3957563
………………………… 3959574
业务员…………………… 3957042
………………………… 3957535
………………………… 3959574

销售三科

科长……………………… 3953149
开发组长………………… 3986833
业务员…………………… 3953027
………………………… 3953046
市场开发………………… 3953149

销售四科

科长……………………… 3903033
党支部书记、副科长 3903033
业务员…………………… 3903037
………………………… 3903440
………………………… 3903447

销售五科

科长……………………… 3903431
副科长…………………… 3903443
………………………… 3957325
业务员…………………… 3903034
………………………… 3903448
………………………… 3903036
………………………… 3957041

销售六科

科长……………………… 3903035
书记……………………… 3903449
业务员…………………… 3903445
………………………… 3903038

销售七科

科长……………………… 3912551
副科长…………………… 3989755
综合管理………………… 3983640
………………………… 3989878

管理科（北京办事处）

科长………… 010－84126949
业务………… 010－84126949

运输仓储部

综合办公室

秘书……………………… 3987467
文书……………………… 3983015
综合管理………………… 3986048
党群管理………………… 3983006
………………………… 3983006
稳定管理………………… 3985682
组织管理………………… 3985189
干部管理………………… 3989271
宣传管理………………… 3985189

安全环保科

环保管理………………… 3983221
安全管理………………… 3983221

机动车辆科

车辆检修管理…………… 3989904
土建水汽综合管理 3985159
计算机工程师 … 5070、5232
…………………… 5071、5232
描图工…………………… 3985159

人事科

薪酬管理………………… 3986996
培训保险管理…………… 3987594

运输管理科

运输统计分析员………… 3985269
运输日计划员…………… 3983054
货运管理员……………… 3983602
车辆管理员……………… 3983427
………………………… 3983427
值班调度长……………… 3987549
………………………… 3988133

仓储企管科

标准培训管理…………… 3985316
仓储业务管理…………… 3957534
绩效考评、ERP 内控管理
………………………… 3983602
成本核算管理…………… 3985316
综合计划管理…………… 3983622
仓储现场管理…………… 3900769
票据传递管理…………… 3957534

3. 抚顺石化公司

地址：辽宁省抚顺市新抚区凤翔路 45 号　　邮政编码：113008　　公网区号：0413

总经理（党委办公室）

技术总监………………… 2990233
………………………… 2625777
………………………… 2997619
………………………… 2433359
主任……………………… 2997419
………………………… 2438518
副主任…………………… 2997319
………………………… 2648188
………………………… 2997407
………………………… 2435635
事务中心主任…………… 2997418
………………………… 2437377
文秘接待………………… 2997420
………………………… 2421988
………………………… 2997777
………………………… 2433312
………………………… 2997666
传真……………………… 2420988
机要室…………………… 2997446
………………………… 2997447
外事……………………… 2997450
………………………… 2435642
机关党委………………… 2997408
………………………… 2997458
事务管理中心…………… 2997410
………………………… 2997412
调研室…………………… 2997411
………………………… 2435617
………………………… 2997413

生产运行处

处长……………………… 2997526
………………………… 2430472
副处长…………………… 2997680
………………………… 2435903
………………………… 2997524
………………………… 2426587
装置达标………………… 2997522
………………………… 2431933
运行管理………………… 2997503
工艺管理………………… 2997505
值班调度………………… 2997501
综合管理………………… 2997681
………………………… 2997682
调度中心………………… 2997683
………………………… 555000
………………………… 2433353
综合组…………………… 2997520
………………………… 2997570
综合组…………………… 2997521

………………………… 2997571
综合组………………… 2997580

计划处

处长…………………… 2997534
………………………… 2434907
副处长………………… 2997506
………………………… 2426256
计划科………………… 2997509
………………………… 2997559
综合统计……………… 2997530
………………………… 2433351
综合统计……………… 2997531
………………………… 2997532

财务处

处长…………………… 2997230
………………………… 2433363
副处长………………… 2997232
………………………… 2430323
………………………… 2997231
………………………… 2430323
………………………… 2997205
………………………… 2430252
会计科………………… 2997234
………………………… 2997235
成本预算科…………… 2997236
………………………… 2997238
价格管理科…………… 2997211
………………………… 2435629
税价科
科长…………………… 2997222
………………………… 2430272
税价科………………… 2997224
财务科………………… 2997210
………………………… 2433349
综合科………………… 2997217
………………………… 2426145
资金结算科…………… 2997241
………………………… 2435912
材料科………………… 2997228
………………………… 2435622
资产管理科…………… 2997201
………………………… 2997202
工程科………………… 2997216
………………………… 2997266
多种经营科…………… 2997219
………………………… 2430542

人事处（组织部）

处长…………………… 2997316
………………………… 2433049
副处长………………… 2997318
………………………… 2436388
………………………… 2997309
………………………… 2433329
………………………… 2997305
………………………… 2439688
干部管理……………… 2997311
………………………… 2435956
技术干部管理………… 2997310
………………………… 2997360
党建组………………… 2997308
………………………… 2997358
人力资源……………… 2997314
………………………… 2433352
人事档案……………… 2997151
………………………… 2997152
保险管理组…………… 2997301
………………………… 2997302
培训鉴定……………… 2997303
………………………… 2426595
员工规范管理………… 2997307
………………………… 2997357
组织组………………… 2997306
………………………… 2435901
工资组………………… 2997366
………………………… 2997376

企管处
（内控与风险管理处）

处长…………………… 2997608
………………………… 2434707
考核内控……………… 2997610
………………………… 2997660
基层建设……………… 2997616
………………………… 2997676
基层建设……………… 2997686

质量安全环保处

副处长………………… 2997528
………………………… 2433383
………………………… 2997518
………………………… 2430462
安全管理……………… 2997515
传真…………………… 2436503
职业卫生体系………… 2997519
………………………… 2997569
环保管理……………… 2997540
………………………… 2997541
质量管理……………… 2997512

技术发展处

处长…………………… 2997613
………………………… 2435623
副处长………………… 2997617
………………………… 2435613
项目规划管理………… 2997628
………………………… 2426423
投资计划……………… 2997625
………………………… 2997627
规划组………………… 2997605
………………………… 2436379

机动设备处

处长…………………… 2997536
………………………… 2430728
副处长………………… 2997538
………………………… 2436705
………………………… 2997539
………………………… 2435630
机动组………………… 2997508
………………………… 2997558
工程组………………… 2997500
………………………… 2997510
设备组………………… 2997511
………………………… 2997581
电气仪表管理………… 2997523
………………………… 2997525

纪委监察处

副书记、处长………… 2997634
………………………… 2435619
副处长………………… 2997618
………………………… 2433362
调研员………………… 2997611
………………………… 2435909
综合办公室…………… 2997601
………………………… 2433921
检查室………………… 2997110
………………………… 2438110
监察室………………… 2997604
………………………… 2435913

群团工作处（工会、团委）

处长…………………… 2997606
………………………… 2436765
工会…………………… 2997609
………………………… 2437372
团委…………………… 2997612
………………………… 2426207

宣传部
（企业文化处、统战部）

部长…………………… 2997632
………………………… 2433241
副部长………………… 2997615
………………………… 2427016
调研员………………… 2997611
………………………… 2435909
办公室………………… 2997636
………………………… 2435905

维稳办（保卫部、武装部）

主任…………………… 2997116
………………………… 2420329
副主任………………… 2997121
………………………… 2435910
………………………… 2997171
………………………… 2436377
办公室………………… 2997118
………………………… 2437110
保卫部………………… 2997119
………………………… 2997169
石丰分局……………… 2997115

工程管理部

部长…………………… 2997126
………………………… 2435640
副部长………………… 2997178
………………………… 2435632
………………………… 2997128
………………………… 2435143
工程施工管理………… 2997123
………………………… 2997127
质检站………………… 2997130
………………………… 2435636

工程建设指挥部
（热电项目部）

地址：抚顺市东洲区东洲大街 30－12 号
邮编：113004
总机 0413－2992111/4630451
注：6 位是专网小号，7 位是公网大号

工程部部长 ………… 223709
………………………… 4633066
工程部副部长 ……… 223716
………………………… 4651099
………………………… 2998611
………………………… 4636170
………………………… 223901
………………………… 4636095
工程部 ……………… 223893
………………………… 223604
控制部副部长………… 2998933
………………………… 4636807
控制部 ……………… 223746
………………………… 223745
设备部部长…………… 2997536
………………………… 2430728
设备部副部长………… 2998633
………………………… 4636061
设备部 ……………… 223603
………………………… 223616

……223594
……223567
HSE 部部长……223712
……4633668
HSE 部长……223751
……223752
综合部部长……2997419
……2438518
综合部副部长……223717
……4654388
综合部办公室……222317
综合部……223699
……222316
设计联络部部长……223713
……4640799
设计联络部……222406
设计联络部外请专家 2998655
……4636961
质量监督站副站长……2992870
质量监督站……221619
财务部部长……2997230
……2433363
财务部……223715
……4633368
……223900
……4636626
采购部部长……2990298
……2626266
采购部……221061
……4636697
……221062
……4636637
纪委监察主任……223783
……4636180
纪委监察办公室……223697
纪委监察办公室……223698
炼油指挥部技术总监 223708
……4641118
炼油指挥部工程总监 223777
……4636650
蒸馏项目部经理
……998611
……4636170
蒸馏项目部……223878
焦化项目部经理……223790
……4645933
焦化项目部……223752
……223721
加氢项目部经理……223711
……4636576
加氢项目部……223730
加氢经理部……223725
炼油公用工程部项目经理
……224038
……4636704
炼油公用工程部……223874
石油二厂拆迁办……223184
……223873
一厂新区搬迁项目经理部
……2992965
一厂搬迁项目部……223908
……223909
化工指挥部技术总监 223710
……4633868
乙烯项目经理……222408
……4636571
乙烯……222412
丁烯项目经理……222409
……4636797
苯乙烯项目经理部……2992963
丁烯……223690
……223689
低密 PE……225610
高密 PE……223671
聚丙烯……223869
丁苯橡胶……223727
化工公用工程……222417
化工公用工程……223871
分析……223670
……223668
公司派驻外事办……223700
热电项目部副指挥、项目经理
……2992435
热电项目部副经理……2992970
热电项目部工艺技术组
……2992663
……2992407
热电项目部工程施工组
……2992441
热电项目部质量安全组
……2992440
热电项目部综合控制组
……2992657
热电项目部……2992447

石油一厂

地址：抚顺市顺城区方晓街北
邮编：113123
总机 0413－2991111

厂长办公室

主任室……3807738
……448308
行政副主任室……3807760
……448537
调研副主任室……3807816
……448497
接待、文秘……3807700
……448500
……3807777
……448181
……448005
信访……448205
行政事务……448498
行政管理……448619
……448026
保密室……448580
总值班室……3807728
……448069

人事劳资部

部长……3807765
……448310
副部长……3807719
……448263
考核、技干……3807717
……448419
调配管理……448417
工资管理……448253
技术干部管理……448642
……448641
生产运行部部长……2332826
……443082
……3807826
……448299
副部长……2332603
……442453
……448096
……442624
……443121
……448589
调度长……442283
值班调度……2332946
……443712
……3807813

机动设备部

部长……2331070
……442769
副部长……2330104
……443632
……442998
……3807885
……448278
动力管理……443397
……442423
设备管理……442845
……442351
工程管理……444109
……448613

质量安全环保部

部长……3807799
……448298
副部长……2331248
……443698
……448156
……448553
安全技术……448573
环保管理……442463
安全管理……443852

技术发展部

部长……3807750
……448055
副部长……3807752
……448100
规划……448011
总图……48102
技术交流……448010
技措管理……448056

搬迁办

办公室……3807736
……448522
……448530

科技信息部

部长……3807749
……448148
主办……448076
……448075

纪委监察部

监察部长……3807773
……448382

党群工作部

部长……3807768
……448621
副部长、厂工会副主席
……3807758
……448309
厂团委副书记……448509
工会……448607

厂志办

办公室……444746

纪律督察室

主任……448400
副主任……443006
纪律管理……444209
……444210
纪律督察……444211

企业管理部

部长……3807726
……448311
综合管理、岗检……448327
经济责任制考核……448210
制度、标准管理……448326

财务资产部

部长……3807754
……448182
材料核算……448179
报销审核……448150
往来款项……448149
成本核算……448180

计算机室
主任…………………… 3807755
……………………… 448246
副主任 ……………… 442848
主任助理 …………… 448412
信息室
主任…………………… 7104710
……………………… 442946
副主任 ……………… 444434
档案室
主任 ………………… 442908
副主任 ……………… 443749
文书会计档案 ……… 443285
人事档案 …………… 444075
科技档案 …………… 442476
研究所
支部书记…………… 2331153
……………………… 443553
所长 ………………… 443630
副所长 ……………… 442684
设备员 ……………… 443575
地测队
主任 ………………… 442771
副主任 ……………… 443653
主办 ………………… 442739
……………………… 443363
计量站
站长…………………… 3807817
……………………… 448008
书记 ………………… 448406
副站长 ……………… 448230
……………………… 448316
环保站
主任…………………… 2334712
……………………… 443564
书记 ………………… 442720
副主任 ……………… 444168
……………………… 443637
办公室 ……………… 443286
质检车间
主任室……………… 2332519
……………………… 443205
书记室 ……………… 443795
新区副主任室 ……… 448266
副主任室 …………… 443781
设备安全组 ………… 442509
调运车间
主任 ………………… 443283
书记 ………………… 443633
设备主任 …………… 442268
生产主任 …………… 442333
厂内调度…………… 2331102
……………………… 443191
……………………… 443292

公司驻在 …………… 442327
大庆末站 …………… 443244
……………………… 443224
沈北末站 …………… 442407
……………………… 442217
东蒸馏车间
书记 ………………… 442850
主任 ………………… 444220
生产主任 …………… 444538
……………………… 444508
设备主任 …………… 442426
行政副主任 ………… 443299
办公室 ……………… 443470
西蒸馏车间
主任 ………………… 443586
书记 ………………… 442429
设备主任 …………… 442387
催化车间
主任、书记 ………… 442961
生产主任、技术主任 443162
生产主任、设备主任 443116
工艺员 ……………… 442504
设备员 ……………… 442534
焦化车间
主任 ………………… 443297
书记 ………………… 442810
设备、生产主任 …… 444886
生产、技术主任 …… 442530
设备组 ……………… 442362
工艺、安全组 ……… 443771
酮苯车间
主任、书记 ………… 448073
副主任 ……………… 448064
……………………… 448356
专责工程师 ………… 448243
管网车间
主任 ………………… 442665
书记 ………………… 443318
副主任 ……………… 444108
……………………… 443757
技术组 ……………… 443735
……………………… 443317
油库车间
主任…………………… 2331873
……………………… 443379
书记 ………………… 444115
生产主任 …………… 442788
设备主任 …………… 442215
调度室 ……………… 442839
……………………… 443095
气体车间
主任 ………………… 442758
书记 ………………… 443010
设备主任 …………… 442988

生产主任 …………… 442519
供排水车间
书记 ………………… 442489
主任 ………………… 443659
生产主任 …………… 444067
设备主任室 ………… 444261
给排水车间
主任 ………………… 448464
书记 ………………… 448512
副主任 ……………… 448217
……………………… 448595
……………………… 448201
办公室 ……………… 448401
……………………… 448395
高压加氢车间
主任 ………………… 448086
书记 ………………… 448285
安全主任 …………… 448087
设备主任 …………… 448084
技术主任 …………… 448430
油品车间
车间主任 …………… 442486
书记 ………………… 442304
生产主任 …………… 444087
设备主任 …………… 444081
技术主任 …………… 444086
储运车间
主任 ………………… 448145
书记 ………………… 448625
副主任 ……………… 448520
……………………… 448536
办事员 ……………… 448584
新区管网
主任 ………………… 448153
书记 ………………… 448165
生产主任、设备主任、副主任
……………………… 448013
……………………… 448106
成型车间
主任 ………………… 448027
书记 ………………… 448367
副主任 ……………… 448315
……………………… 448049
设备员 ……………… 448320
安全员 ……………… 448376
动力车间
主任 ………………… 448370
书记 ………………… 448369
设备主任 …………… 448449
生产主任 …………… 448021
人事 ………………… 448601
糠醛车间
主任 ………………… 448265
书记 ………………… 448115

生产主任 …………… 448192
设备主任 …………… 448177
热电车间
主任 ………………… 442408
书记 ………………… 443282
设备主任 …………… 442366
生产主任 …………… 443590
……………………… 442522
机务车间
主任 ………………… 442227
书记 ………………… 442240
生产主任、设备主任 442949
石蜡加氢车间
主任 ………………… 448081
书记 ………………… 448559
副主任 ……………… 448441
……………………… 448440
水净化车间
主任 ………………… 443046
书记 ………………… 442981
生产主任、设备主任 444552
技术主任 …………… 442883
信息管理部第一通信站
站长 ………………… 448123
专责工程师………… 2991128
设备员办公室……… 2991401
人事员办公室……… 2996699
抚顺石化市场营销
主任…………………… 2991281
驻一厂办公室 ……… 442263

石油二厂

地址：抚顺市东洲区东洲大街 30
－12 号
邮编：113004
总机 0413－2992111/4630451
注：6 位是专网小号 7 位是公网号
厂长 ………………… 办公室
主任 ………………… 221919
……………………… 4667473
副主任 ……………… 221910
……………………… 4636711
……………………… 221821
……………………… 221760
文书室 ……………… 221920
……………………… 221922
……………………… 4634120
传真 ………………… 4637997
接待 ………………… 221804
……………………… 4630520
调研 ………………… 221923
……………………… 221933
……………………… 4643284
总支干事 …………… 224136
生产运行部

部长 …………………… 225676
…………………………… 4630458
书记、副部长室 …… 225673
副部长 ……………… 225267
…………………………… 224056
…………………………… 224086
专责工程师 ………… 225675

财务资产部

部长 …………………… 221947
…………………………… 4630209
副部长 ……………… 224001
…………………………… 4654385
…………………………… 224000
综合组 ……………… 223533
…………………………… 224004

纪委监察部

部长 …………………… 221912
…………………………… 4634480
综合室 ……………… 221897

质安环部

部长 …………………… 225150
…………………………… 4634868
书记、副部长室 …… 224064
…………………………… 4631658
安全副部长室 ……… 225031
…………………………… 2992116
环保副部长室 ……… 225032
质量副部长室 ……… 225654
…………………………… 225033

机动工程部

部长 …………………… 223138
…………………………… 4634381
副处长 ……………… 221055
…………………………… 224059
办公室 ……………… 225639

人事部

部长 …………………… 225855
副部长 ……………… 224118
…………………………… 224068
干部管理、技干管理 224105

技术发展部

部长 …………………… 221251
副部长………………… 4654396
…………………………… 221044
技改技措 …………… 221099
规划管理 …………… 224121

企管部

部长 …………………… 226247
…………………………… 4630629
副部长 ……………… 223609
…………………………… 226244
…………………………… 2992716
…………………………… 223750

党群工作部

部长 …………………… 221189
…………………………… 4634062
工会办公室………… 4649351
工会副主席、副部长 226017
团委副书记………… 4643254
…………………………… 226600
宣传中心主任 ……… 224018
工会办公室 ………… 226601

维护稳定工作办公室

主任 …………………… 223520
…………………………… 4636730
副主任 ……………… 223521
办公室 ……………… 223522

有偿办公室

主任 …………………… 221578
副主任 ……………… 221902
办公室 ……………… 221230

科技信息部

部长 …………………… 223600
部长室（市） ……… 4630649
副部长 ……………… 225100
主办室 ……………… 223301

保卫部

部长 …………………… 222352
部长室（市） ……… 4634881
政委 …………………… 222396
副部长 ……………… 223635
…………………………… 222397
办公室主任室 ……… 223198
办公室 ……………… 226342

行政事务管理中心

主任 …………………… 226325
书记 …………………… 221212
办公室 ……………… 221216
综合管理 …………… 221098

离退中心

主任 …………………… 222613
书记 …………………… 223748
副主任 ……………… 222421
…………………………… 222423
办公室 ……………… 222629

再就业中心

书记 …………………… 221113
主任 …………………… 221226
办公室 ……………… 225812

拆迁办公室

处长 …………………… 222302
副处长 ……………… 222309
办公室 ……………… 222311

质检车间

主任 …………………… 226233
书记 …………………… 226236
副书记 ……………… 222437
生产副主任 ………… 226240
人事副主任 ………… 226694
技术副主任 ………… 224145
专责工程师 ………… 226239
办公室 ……………… 226243

计量站

主任 …………………… 222436
…………………………… 4630716
书记 …………………… 221263
副书记 ……………… 221084
专责工程师 ………… 221240
办公室 ……………… 221261

环保站

站长 …………………… 222122
书记 …………………… 222121
副站长 ……………… 222350
专责工程师 ………… 223506
办公室 ……………… 222663

调运车间

书记 …………………… 221763
主任 …………………… 222362
副主任 ……………… 222363
…………………………… 222364
…………………………… 223518
办公室 ……………… 222359

研究所

所长 …………………… 221886
书记 …………………… 221890
副所长 ……………… 224126
办公室 ……………… 221889

南蒸馏车间

主任 …………………… 225070
书记 …………………… 225072
设备副主任 ………… 222151
生产副主任 ………… 225272
…………………………… 223556
人事副主任 ………… 225768
专职工程师 ………… 225767
办公室 ……………… 225073

北蒸馏车间

主任 …………………… 226224
书记 …………………… 226271
副主任 ……………… 226785
生产副主任 ………… 226231
设备副主任 ………… 226311
专责工程师 ………… 223762
办公室 ……………… 226227

南催化车间

主任 …………………… 225545
书记 …………………… 225239
设备主任室 ………… 225540
生产副主任 ………… 225546
人事副主任 ………… 225531
工程师办公 ………… 221181
调研员 ……………… 222377
办公室 ……………… 225547

重油裂解车间

主任 …………………… 225510
书记 …………………… 225508
设备副主任 ………… 223147
生产副主任 ………… 225518
办公室 ……………… 225708

重油催化车间

主任 …………………… 223737
书记 …………………… 223736
设备副主任 ………… 223742
…………………………… 223733
生产副主任 ………… 223734
技术副主任 ………… 225705
电仪工程师 ………… 225696
办公室 ……………… 225127

烷基化车间

主任 …………………… 222425
书记 …………………… 222429
设备副主任 ………… 222430
生产副主任 ………… 222426
专责工程师 ………… 222431
办公室 ……………… 222057

焦化车间

主任 …………………… 225066
书记 …………………… 225068
设备副主任 ………… 225067
生产主任 …………… 225296
办公室 ……………… 225069

燃料气车间

主任 …………………… 222134
书记 …………………… 222126
设备副主任 ………… 222069
生产副主任 ………… 226566
…………………………… 222127
…………………………… 222287
人事主任 …………… 223032
办公室 ……………… 222125

石蜡车间

主任 …………………… 225580
书记 …………………… 225595
设备主任 …………… 225716
生产主任 …………… 223281
办公室 ……………… 225594

酮苯脱蜡车间

主任 …………………… 225057
书记 …………………… 225059
调研员 ……………… 225058
生产副主任 ………… 225060
设备副主任 ………… 225140
…………………………… 225257
办公室 ……………… 225147

甲乙酮车间

主任 …………………… 222040

书记 …… 222389
设备主任 …… 223802
生产主任 …… 222058
技术主任 …… 222260
办公室 …… 222387

石蜡加氢车间

主任 …… 225539
书记 …… 225554
设备主任 …… 225538
…… 225596
生产主任 …… 225598
技术主任 …… 225597

大蒸馏

主任 …… 226575
生产副主任 …… 226570
设备副主任 …… 226573
办公室 …… 226569

白土精制车间

主任 …… 223211
书记 …… 222153
设备主任 …… 223031
副主任 …… 222156
技术主任 …… 225741
办公室 …… 225742

硫酸车间

主任 …… 225891
书记 …… 225264
设备副主任 …… 223139
生产副主任 …… 225896
办公室 …… 225894

乙苯车间

主任 …… 222163
书记 …… 222162
生产主任 …… 222215
办公室 …… 222166

管网车间

主任 …… 225567
书记 …… 225572
设备副主任 …… 225505
…… 225877
生产副主任 …… 225291
技术副主任 …… 222160
办公室 …… 225564

供排水车间

主任 …… 225800
书记 …… 222088
设备副主任 …… 222093
生产副主任 …… 222193
运行副主任 …… 223557
人事副主任 …… 222109
专责工程师 …… 222368
办公室 …… 222089

供水车间

主任 …… 222090
书记 …… 222384
设备副主任 …… 222092
生产副主任 …… 225729
办公室 …… 225098

净水车间

主任 …… 222589
书记 …… 222586
设备主任 …… 222667
生产主任 …… 222558
技术主任 …… 222552
办公室 …… 222584

油品车间

主任 …… 222081
书记 …… 223539
设备副主任 …… 222083
…… 223675
生产副主任 …… 222085
专责工程师 …… 222265
办公室 …… 222075

中转站

主任 …… 222056
书记 …… 226612
设备副主任 …… 222060
生产副主任 …… 223036
…… 226572
技术副主任 …… 223079
办公室 …… 222036

水汽车间

主任 …… 221928
书记 …… 225780
副主任 …… 225821

各厂驻在

乙烯驻在 …… 222170
石油三厂驻在 …… 222198

电子商务部东部现场办

现场部主任 …… 2992338
安全员 …… 221087
人事员 …… 226183
保管班 …… 221860
…… 225220
物流配送 …… 226007
检斤室 …… 226107
热电现场 …… 223575
二厂现场 …… 225203

公司营销调运部驻厂办

营销驻厂燃料气 …… 222124
石油公司销售调度 …… 2998665
化工科 …… 223867
…… 2992638

信息管理部第二通信站

站长 …… 2999888
…… 226272
副站长 …… 2999666
…… 223588
人事员 …… 224079
设备员 …… 2992633
安全员 …… 2998590

石油三厂

地址：抚顺市望花区鞍山路东段 4 号
邮编：113001
总机 0413－2993111
注：6 位是专网小号 7 位是公网大号

厂办室

主任 …… 333698
…… 6427928
副主任 …… 338540
…… 333284
…… 333550
文秘、接待 …… 338284
…… 338497
…… 6429402
文秘 …… 333540
调研 …… 338384
…… 338819
总值班室 …… 333577
…… 338577

生产运行处

部长 …… 338875
…… 6426357
副部长 …… 338376
…… 338293
高级技术 …… 338376
生产调度主任 …… 338281
生产调度 …… 6429434
…… 338870
…… 338959
…… 338260

技术发展部

部长 …… 338397
…… 6429477
副部长 …… 338390
规划 …… 338556
项目办主任 …… 333786
项目办 …… 333409
技改 …… 333490

人事部

部长 …… 333216
副部长 …… 338599
…… 338216
…… 333358
干部管理 …… 338490
技干培训 …… 338203
人力资源 …… 338203
工资管理 …… 338276
保险统计 …… 338820
纪律督察室主任 …… 338876
纪律督察室副主任 …… 333642

企管部

部长 …… 338505
…… 6427632
经济责任制考核 …… 338430
基层建设 …… 338430
…… 338275
法律事务 …… 338430

质安环

部长室 …… 338481
…… 6429400
副部长 …… 333201
…… 338431
安全现场监督主任 …… 338441
环保主任室 …… 338247

安全管理

…… 338441
…… 338440
…… 338201
…… 338406
质量管理 …… 338442
体系管理 …… 338442
环保管理 …… 338330
…… 338271

科技信息部

部长 …… 338661
副部长 …… 333618
计算机中心主任 …… 338636
中心专责 …… 338638
科研技改 …… 333514

机动工程部

部长室 …… 338486
…… 6429757
副部长室 …… 338657
…… 338278
设备组 …… 338424
…… 338457
工程组 …… 338619
…… 338620
动力组 …… 338378
…… 338241
综合管理 …… 338558
档案管理 …… 338294

纪委监察部

部长室 …… 338283
…… 6425393
副部长室 …… 338343
综合 …… 338643
信访、检查 …… 338383

党群工作部

部长 …… 338269
副部长 …… 338496
团委 …… 333872
工会 …… 338906
…… 338456

机关党总组织
书记 …… 333979
行政事务管理中心
主任 …… 338240
副主任 …… 338606
…… 338784
档案管理中心
主任室 …… 338460
书记室 …… 333566
人事 …… 338590
…… 338821
综合 …… 333184
生产技术中心
主任室 …… 338655
副主任室 …… 338654
工艺组 …… 333360
…… 338958
综合组 …… 333641
信息中心
主任 …… 6429369
办公室 …… 338592
重点工程办公室
主任 …… 338480
…… 6381393
副主任 …… 338366
工程管理、统计 …… 338369
环保监测中心
主任 …… 333859
书记 …… 333496
副主任 …… 333496
办公室 …… 333330
财务部
部长室 …… 333474
…… 6429237
报销、出纳 …… 338474
成本预算、资产材料
…… 338574
财务核算中心
主任 …… 333788
…… 6428041
有偿中心
主任 …… 333302
办公室 …… 333659
维稳信访中心
办公室 …… 333781
…… 6381982
主任 …… 338280
再就业中心
办公室 …… 338321
主任 …… 338265
离退中心
主任 …… 333813
…… 6429435
副主任 …… 8187492

综合室 …… 338713
保卫部
部长 …… 338461
政委室 …… 333468
副部长室 …… 338224
内勤 …… 333563
小车队
队长 …… 993567
书记 …… 333567
办公室 …… 993568
制氢车间
主任 …… 333242
书记 …… 333478
副主任 …… 338242
专责、安全组 …… 338924
加氢车间
主任 …… 333370
书记 …… 333416
副主任 …… 333337
设备组 …… 333237
工艺组 …… 338237
统计组 …… 333384
蒸馏车间
主任 …… 333467
书记 …… 338267
设备组 …… 333254
工艺组 …… 333433
人事、统计 …… 338516
悬浮床车间
主任 …… 333231
副主任 …… 333576
办公室 …… 333228
操作室 …… 333452
芳烃车间
主任 …… 333601
书记 …… 333466
生产主任 …… 333909
设备主任 …… 338477
专责 …… 333907
分子筛车间
主任 …… 333532
书记 …… 333527
生产副主任 …… 338682
…… 338413
设备副主任 …… 338682
专责工程师 …… 333669
主任助理 …… 338413
动力车间
主任 …… 333464
书记 …… 333364
生产副主任 …… 338209
设备副主任 …… 338648
专责工程师 …… 333460
管网车间

主任 …… 338513
书记 …… 333511
副主任室 …… 333411
…… 338511
油品车间
主任 …… 333556
书记 …… 333351
副主任 …… 333497
调度室 …… 333507
…… 333397
油库车间
主任 …… 338603
书记 …… 333665
生产主任 …… 333658
设备主任 …… 333658
专责工程师 …… 333658
办公室 …… 333357
…… 333276
…… 333276
调度 …… 333285
…… 333447
…… 338885
硫磺车间
主任 …… 338525
书记 …… 333249
副主任 …… 338252
工艺设备 …… 333252
供排水车间
主任 …… 333475
书记 …… 333389
副主任 …… 333383
人事 …… 338345
水净化车间
主任 …… 338472
书记 …… 333472
副主任室 …… 333421
…… 6381787
质检车间
主任 …… 333404
书记 …… 333639
副主任 …… 338227
专责办公室 …… 333227
综合办公室 …… 333227
调运车间
主任 …… 333338
书记 …… 333598
办公室 …… 338952
传真 …… 6418495
调度 …… 338572
…… 333572
计量站
主任 …… 338508
书记 …… 333246
副主任 …… 333508

研究所
主任 …… 333503
书记 …… 338412
副主任 …… 338548
办公室 …… 338451
白油车间
主任 …… 333307
书记 …… 333307
副主任室 …… 333204
偏苯车间
主任 …… 338720
副主任 …… 338720
油品化工车间
主任 …… 333177
办公室 …… 333266
水汽车间
主任 …… 333420
书记 …… 333632
副主任 …… 338484
办公室 …… 338484
信息管理部第三通信站
主任 …… 2993777
…… 2993777
办公室 …… 2993700
…… 2993880
…… 2993700

乙烯化工厂

地址：抚顺市东洲区城乡路 2 号
邮编：113004
总机 0413－2999111
注：6 位是公司专网小号 7 位是公网大号

厂长办公室
主任 …… 772232
…… 4652978
副主任 …… 772956
…… 772850
调研 …… 773369
文秘 …… 772210
…… 4634926
企管 …… 772386
接待 …… 772996
…… 772909
纪委监察部
部长 …… 772925
纪委监察 …… 772295
党群工作部
部长 …… 772989
副部长、团委书记 …… 772422
宣传 …… 772777
工会 …… 772931
人事部
部长 …… 772309
副部长 …… 772316

人力资源调配 ……… 772468
干部技干管理 ……… 772310
人事档案审核 ……… 772926
有偿人员管理 ……… 772478
督察室主任 ………… 772348
………………………… 772616

生产运行部

部长 ………………… 772226
副部长 ……………… 772520
………………………… 772261
工艺管理 …………… 772439
………………………… 772661
三剂管理 …………… 772723
调度中心 …………… 772600
………………………… 772601
………………………… 772602

机动工程部

部长 ………………… 772533
副部长 ……………… 772501
………………………… 772528
专责工程师 ………… 772535
工程管理 …………… 772267
………………………… 772505
………………………… 772259

技术发展部

部长 ………………… 772698
副部长 ……………… 772709
专责工程师 ………… 772577
技术管理组 ………… 772799
………………………… 772498

科技信息部

部长 ………………… 772236
副部长 ……………… 772213
计算机副主任 ……… 772333

财务部

部长 ………………… 772447
成本组 ……………… 772364
会计组 ……………… 772831
材料组 ……………… 772366

乙二醇车间

主任 ………………… 772571
书记 ………………… 772874
副主任 ……………… 772569
………………………… 772529
………………………… 772683
专责工程师 ………… 772570
管理组 ……………… 772378

聚乙烯车间

主任 ………………… 772621
书记 ………………… 772563
生产主任 …………… 772620
设备主任 …………… 772812
专责工程师 ………… 772865
管理组 ……………… 772376

聚丙烯车间

主任 ………………… 772877
书记 ………………… 772559
生产主任 …………… 772557
设备主任 …………… 772812
专责工程师 ………… 772560
管理组 ……………… 772561
………………………… 772849

调运车间

主任 ………………… 772888
………………………… 4630296
生产主任 …………… 772639
设备主任 …………… 772830
专责工程师 ………… 772963
副主任、副书记 …… 772961
管理组 ……………… 772700

丁烯车间

主任 ………………… 772374
书记 ………………… 772933
生产主任 …………… 772508
设备主任 …………… 772566
专责工程师 ………… 772771
值班主任 …………… 772527
水汽中心主任 ……… 772780
副主任 ……………… 772515
………………………… 772783
专责 ………………… 772784
管理组 ……………… 772682

给排水车间

主任 ………………… 772269
书记 ………………… 772866
生产副主任 ………… 772598
设备副主任 ………… 772385
专责工程师 ………… 772663
办公室 ……………… 772596

质检车间

主任 ………………… 772268
书记 ………………… 772868
生产主任 …………… 772473
技术主任 …………… 772476
设备主任 …………… 772869
人事员办公室 ……… 772859
管理组 ……………… 772867
………………………… 772648
调度室 ……………… 772860

储运车间

主任 ………………… 772380
书记 ………………… 772466
设备主任 …………… 772675
生产主任 …………… 772673
专责 ………………… 772579
管理组 ……………… 772578

质量安全环保部

部长 ………………… 772321
副部长 ……………… 772224
………………………… 772407
专责工程师 ………… 772820
安全现场巡视室副主任 772841

树脂研究所

所长 ………………… 772226
副所长 ……………… 772971
………………………… 772940
办公室 ……………… 772433

乙烯车间

书记 ………………… 772933
主任 ………………… 772374
副主任 ……………… 772677
………………………… 772664
………………………… 772524
专责工程师 ………… 772771

计量站

站长室 ……………… 772298
计量器具、统计 …… 772908
动力计量 …………… 772506
环保站站长 ………… 772224
副站长 ……………… 772472
专责工程师室 ……… 772887
综合室 ……………… 772322

乙烯运输队

处长 ………………… 772546
副处长 ……………… 772358
………………………… 772856

乙烯后勤部

主任 ………………… 772367
办公 ………………… 772750
………………………… 772838

电子商务中心驻合成洗涤剂厂

部长 ………………… 772443
人事安全办公室 …… 772669

信息管理部第五通信站

站长办公室 ………… 2999199
管理组 ……………… 2999333
………………………… 2999000
………………………… 772233

腈纶化工厂

地址：抚顺市东洲区城乡路 52 号
邮编：113109
总机 2998111　4634941

厂长办公室

主任 ………………… 880303
（市） ……………… 4410518
副主任 ……………… 880308
………………………… 880310
接待室 ……………… 880304
………………………… 880880
（市） ……………… 4411638
传真（市） ………… 4411578
调研 ………………… 880314
文书 ………………… 880322
总值班 ……………… 880103
………………………… 880326

生产运行部

部长 ………………… 882318
副部长 ……………… 882366
………………………… 882367

调度中心

主任 ………………… 882365
副主任 ……………… 882316
调度台 ……………… 880555
………………………… 882347
………………………… 882417
（市） ……………… 4411200

机动工程部

部长 ………………… 882348
副部长 ……………… 882349
………………………… 882353
传真（市） ………… 4410698
电仪管理 …………… 882350
设备管理 …………… 882351

质量安全环保部

部长 ………………… 880513
副部长 ……………… 880511
环保管理 …………… 880509
安全管理 …………… 880512
质量管理 …………… 880517
HSE 办公室 ………… 880519

人事劳资部

部长 ………………… 880217
副部长 ……………… 880221
工资管理 …………… 880223
干部管理 …………… 880220

技术发展部

部长 ………………… 880505
副部长 ……………… 880503
科研、规划 ………… 880507
技改技措 …………… 880508

财务资产部

部长 ………………… 880209
（市） ……………… 4410579
副部长 ……………… 880211
成本 ………………… 880203
会计 ………………… 880205
资金、计算机 ……… 880206
财务 ………………… 880207

企划部

部长 ………………… 880417
副部长 ……………… 880419
………………………… 880421
企业管理 …………… 880407
法律 ………………… 880414
计划统计 …………… 880423

纪委监察部
部长 …… 880425
监察 …… 880422
调研 …… 880424
办公室 …… 880427
宣传部
部长 …… 880411
（市） …… 4411828
副部长 …… 880405
理论 …… 880402
群团工作部
部长 …… 882211
副部长 …… 882209
团委办公室 …… 882206
项目办公室
副部长 …… 882342
…… 882346
…… 882344
工程管理 …… 880612
…… 882341
工艺设备组 …… 882340
综合组 …… 882359
离退休管理中心
办公室（市） …… 4659728
维稳办
主任 …… 888777
（市） …… 4411188
行为规范督察站
主任 …… 882208
纪检组 …… 882203
…… 882300
办公室 …… 882205
人才交流中心
主任（市） …… 4659738
办公室（市） …… 8241270
计算机站
主任 …… 880605
（市） …… 4410304
办公室 …… 880600
…… 880602
档案管理中心
主任 …… 880611
科协 …… 880604
档案管理 …… 882381
行政事务中心
主任 …… 880623
副主任 …… 880625
行政管理 …… 880621
保卫部
部长 …… 880111
（市） …… 4410465
政委 …… 880121
副部长 …… 880125
指导员 …… 880113
保安队长 …… 880115
清欠办
主任 …… 880615
业务 …… 880617
…… 880613
房改办
办公室（市） …… 4637735
丙烯腈车间
主任 …… 882471
…… 882472
书记 …… 882473
办公室 …… 882474
设备主任 …… 882475
生产主任专责 …… 882476
聚合车间
主任 …… 882502
书记 …… 882530
专责工程师（值） …… 882501
副主任 …… 882526
办公室 …… 882508
纺丝车间
主任 …… 882577
书记 …… 882534
副主任（值） …… 882535
…… 882512
办公室 …… 882538
后纺车间
主任 …… 882506
书记 …… 882510
副主任（值） …… 882503
…… 882565
办公室 …… 882504
毛条车间
主任 …… 882491
书记 …… 882496
副主任 …… 882492
办公室 …… 882494
化工车间
主任 …… 882451
生产主任 …… 882452
设备主任 …… 882454
办公室 …… 882455
空分车间
主任 …… 882566
副主任（值班） …… 882585
人事、核算 …… 882579
空分站长 …… 882595
技术组 …… 882577
给排水车间
主任 …… 882391
生产主任 …… 882428
设备主任 …… 882394
行政主任 …… 882588
专责工程师 …… 882425
办公室 …… 882393
氰化钠车间
主任 …… 882468
生产主任 …… 882467
设备主任 …… 882469
统计核算 …… 882466
仓储车间
生产主任 …… 882380
设备主任 …… 882379
专责工程师 …… 882385
办公室 …… 882260
调运车间
主任 …… 882247
生产主任 …… 882327
设备主任 …… 882330
办公室 …… 882269
（市） …… 4411286
质检站
质检站主任 …… 882401
生产主任 …… 882402
设备主任 …… 882404
办公室 …… 882408
计量站
主任 …… 882635
设备主任 …… 882390
生产主任 …… 882396
信息管理部第四通信站
主任 …… 888168
专责 …… 888106
办公室 …… 888109
…… 998109
营销调运部
部长 …… 998420
办公室 …… 998413
传真（市） …… 4411040
小包装 …… 882246
成本库 …… 882556
电子商务部腈塑现场
部长 …… 998409
现场 …… 882271
现场办 …… 882273
部长 …… 882281
计划员 …… 882282
物调 …… 882283

洗涤剂化工厂

地址：抚顺市沈抚公路南线 20 号
邮编：113001
总机 0413－2995111
办公室
主任 …… 832128
副主任 …… 832318
总值班 …… 832104
秘书 …… 832108
…… 832110
办公室 …… 832205
接待 …… 832221
调研 …… 832258
生产运行部
处长室 …… 2995461
副处长 …… 832134
综合管理 …… 832146
副处长室 …… 832152
值班调度 …… 832160
…… 832180
综合计划 …… 832181
机动设备部
处长 …… 2995193
…… 832193
副处长 …… 2995011
…… 832290
…… 2995290
副部长 …… 2995398
…… 833011
办公室 …… 832293
质量安全环保部
处长 …… 832195
副处长 …… 832196
…… 832178
办公室 …… 2995168
财务资产部
资金科 …… 832176
资产科 …… 832186
成本科 …… 832187
会计科 …… 832248
人事劳资部
处长 …… 832184
纪管中心主任 …… 832650
干部管理 …… 832332
人事管理 …… 832170
工资管理 …… 832179
办公室 …… 832182
…… 832185
技术发展部
处长 …… 832452
…… 2995452
主任 …… 832231
办公室 …… 832262
审计监察部
处长 …… 832100
办公室 …… 832103
生产分厂
厂长 …… 832239
…… 832234
书记 …… 833123
副厂长 …… 2995066
…… 832263
…… 832272
…… 833015

……833069
办公室……832370
管理组……832238
值班主任……832261
设备组……832241
仪表间……832189
动力分厂
厂长……832531
……2995005
副厂长……832467
……832653
……832656
副书记……832546
指挥部……832141
设备安全……832532
值长室……832537
空分车间
主任书记……832491
副书记、工会……832483
设备主任……832481
段长……832496
……832493
办公室……832470
……832482
专职工程师……832658
储运车间
主任……832551
书记、工会……832555
设备主任……832552
专责……832564
生产主任……832554
质检中心
主任……2995201
书记……2995031
副主任……2995202
……832254
办公室……832321
……832207
计量中心
主任……832382
书记……833118
综合组……832372
企业文化部
团委书记……832168
办公……832121
……832129
……832215
档案室
主任……832161
人事档案……832133
……832162
研究所
经理……832276
办公室……832101

……832268
调运中心
主任……832519
书记……832565
副主任……2995059
……832257
办公室……832523
电气车间
段长……832417
办公室……832445
……832323
……832304
控制室……832416
洗化厂磺化车间
主任……2995408
副主任……2995010
……832407
办公室……832409
……832508
专家组……832512
科技信息部
部长……2995233
办公室……832233
……832210
计算机站主任室……832211
环保站
站长……832342
办公室……832331
……832348
电子商务部驻洗化厂
电子商务部
负责人……832584
现场部……832585
仓储部负责人……832591
石油三厂西区管理中心
副部长……832661
调度……832130
值班室……832138
信息管理部第三通信站
通信站机务……2995112
合成洗涤剂厂
西区办公室……832124
化工车间
主任……2995023
副主任……832458
主控室……6209002
办公室……832662
洗涤剂主任……832177
洗涤剂书记……833061
洗涤剂办公室……833065

热电厂

地址：抚顺市东洲区东洲大街 30－12 号
邮编：113004
总机 0413－2992111　4630451
厂长办公室
主任……2992142
办公室……2992132
……2992131
传真……4634168
调研室……223268
维稳办……226305
总务室……226131
……226360
生产运行部
部长……226137
副部长……226769
系统、节能调度……226554
生产运行部调度……226340
……4667661
机动工程部
部长……226350
副部长……225734
……225078
综合组……225050
质安环部
部长……223284
办公室……226348
HSE 办公室……226770
党群工作部
部长……226133
副部长、团委书记……226553
工会、宣传办公室……226351
纪委办公室……225004
人事部
部长室……226143
人事部组织、资料……226552
人事部工资、保险、培训室
……225733
劳动纪律检查站……223559
技术发展部
部长……223558
办公室……223818
企管部
部长……226349
办公室……226126
财务资产部
部长……226128
会计、成本……226245
工程结算……226574
资产……226347
保卫部
部长……226353
办公室、报警……223110
汽机车间
主任……223326
副主任……226152
办公室……226511

……223318
锅炉车间
主任……226150
书记……223577
副主任……226512
办公室……226513
电气车间
主任……226151
书记……223286
副主任……223293
办公室……223287
……223582
化学车间
主任、书记……223306
安全……226153
生产……223295
设备……223516
燃料车间
主任……226148
书记……223331
办公室……226548
……223334
热控车间
主任……223310
副主任……226571
质检中心
主任……226144
副主任……223335

合成洗涤剂厂

地址：抚顺市东洲区城乡路 2 号
邮编：113004
总机 0413－2999111
办公室
主任……776611
副主任……772899
调研、接待……772257
维稳、档案……772264
文书……773366
……4630688
生产运行部
部长……772836
副部长……773343
调度……772710
……777111
……4411508
机动工程部
部长……77274
……84655911
副部长……772898
设备、电气……772419
设备、工程、仪表……772300
技术发展部
部长……776677
规划科研……772518

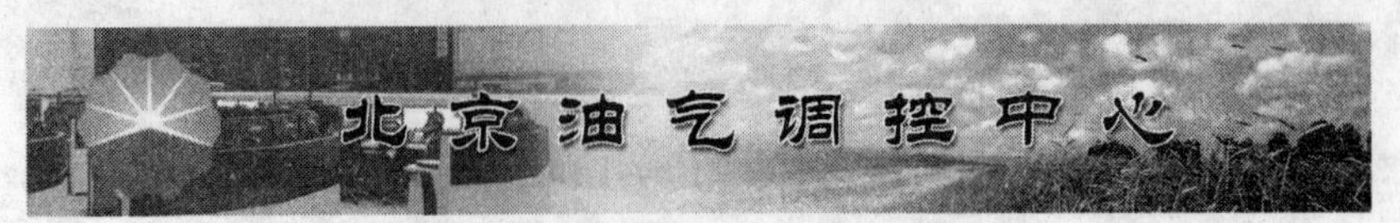

技改、技措 ………… 772518
质量安全环保部
部长 ………………… 776667
质量、环保 ………… 772950
安全、交通 ………… 772950
财务资产部
部长 ………………… 772946
副部长 ……………… 772977
会计组 ……………… 772722
成本组 ……………… 772880
销售组 ……………… 772948
………………………… 4411616
企划部
部长 ………………… 772369
副部长 ……………… 772837
法律事务 …………… 772941
人事劳资部
部长 ………………… 772248
有偿办、纪检站 …… 772980
培训、保险、党建 … 772315
干部考核 …………… 772542
工资管理 …………… 772543
党群工作部
部长 ………………… 772227
工会副主席 ………… 772243
宣传部长 …………… 772247
BOPP 一车间
主任 ………………… 772741
书记 ………………… 772943
设备副主任 ………… 772512
生产副主任 ………… 772490
管理组 ……………… 772379
综合组 ……………… 772667
纺织车间
主任 ………………… 772759
书记 ………………… 772415
设备生产副主任 …… 772495
管理组 ……………… 772417
BOPP 二车间
主任 ………………… 772668
书记 ………………… 772592
设备副主任 ………… 773349
生产副主任 ………… 772945
专责工程师 ………… 773367
管理组 ……………… 772585
乙氧基化车间
主任 ………………… 776693
书记 ………………… 776658
设备、生产副主任 … 776656
市场营销中心
部长 ………………… 776680
………………………… 4411718
书记 ………………… 772253
副部长 ……………… 772966
………………………… 772737
醇醚计划 …………… 776688
………………………… 4411758
BOPP 计划 ………… 777999
………………………… 4642518
BOPP 业务 ………… 7729357
………………………… 729654
………………………… 630320
醇醚业务 …………… 773311
………………………… 4411068
运输组 ……………… 773399
管理组 ……………… 772738
………………………… 772936
合同 ………………… 776686
质检中心
主任 ………………… 776676
书记 ………………… 772934
技术、设备 ………… 776698
办公室、联合实验室 776678
保卫部
部长 ………………… 772396
书记 ………………… 772503
办公室 ……………… 772250
………………………… 4630012
西区管理中心
办公室 ……………… 832458
………………………… 832124
………………………… 6602738
化工车间
主任 ………………… 833023
副主任 ……………… 832345
书记 ………………… 833067
统计、人事 ………… 833022
洗涤剂车间
主任 ………………… 832177
书记 ………………… 833061
办公室 ……………… 833065

化工塑料厂

地址：抚顺市新抚区中和路 14 道街 1 号
邮编：113015
总机 0413－2991111
综合办公室
主任 ………………… 661220
副主任 ……………… 661866
………………………… 661802
调研 ………………… 661803
办公室 ……………… 661205
………………………… 661206
传真 ………………… 2332270
………………………… 2331442
文书 ………………… 661315
生产运行部
部长 ………………… 661718
………………………… 2330029
副部长、调度主任 … 661255
………………………… 661726
调度室副主任 ……… 661716
综合管理 …………… 661227
调度室 ……………… 444111
………………………… 442880
………………………… 661207
………………………… 661252
………………………… 2331540
技术发展部
部长 ………………… 661500
………………………… 2341004
副部长（科研） …… 661260
副部长（技改） …… 661502
技改技措 …………… 661501
科研管理 …………… 661503
项目管理 …………… 661504
土地管理 …………… 661505
人事劳资部
部长 ………………… 661566
………………………… 2341366
副部长 ……………… 661688
………………………… 661241
党组织建设 ………… 661577
劳动合同 …………… 661677
企管部
部长 ………………… 661318
………………………… 2342837
副部长 ……………… 661338
经济责任制及内控 … 661270
法律事务 …………… 661480
质量安全部
部长（环保） ……… 661616
副部长（监察） …… 661265
副部长（质量） …… 661656
安全环保 …………… 661626
职业环保 …………… 661676
安全管理 …………… 661636
科技信息部
部长 ………………… 661618
副部长 ……………… 661617
机动工程部
部长 ………………… 661236
副部长 ……………… 661900
………………………… 661351
工程设备室 ………… 661833
………………………… 2348902
纪委监察部
部长 ………………… 661916
………………………… 2340327
副部长 ……………… 661915
监察室 ……………… 661917
企业文化部
部长 ………………… 661655
………………………… 2331727
副部长（统战） …… 444049
………………………… 2337147
副部长（工会） …… 443364
………………………… 2331707
副部长（团委） …… 661249
中心主任 …………… 442422
财务资产部
部长 ………………… 661599
………………………… 2332505
副部长 ……………… 661598
会计 ………………… 661597
行政事务中心
主任 ………………… 443248
副主任 ……………… 444472
办公室 ……………… 444482
维稳办公室
主任 ………………… 444550
………………………… 2332277
副主任 ……………… 443366
市场营销中心
主任 ………………… 444766
………………………… 2351356
书记 ………………… 443305
………………………… 2351356
副主任 ……………… 444776
………………………… 2335975
采购 ………………… 443304
………………………… 2337703
统计 ………………… 443307
保卫部
部长 ………………… 442410
………………………… 2331669
政委 ………………… 442419
………………………… 2332302
副部长 ……………… 443153
新区副部长 ………… 448111
办公室 ……………… 442667
档案中心
主任 ………………… 443700
………………………… 2337143
办公室 ……………… 444490
………………………… 444708
有偿解除劳动合同办公室
主任、书记 ………… 444890
………………………… 7109108
内退中心
主任 ………………… 442166
书记 ………………… 443642
离退中心
主任 ………………… 443109
………………………… 7101049
办公室 ……………… 444131

润滑油车间
主任……443462
书记……443001
副主任……442353
人事组……443384
蜡制品车间
主任……448283
……6108008
副主任……448548
办公室……448340
塑料制品车间
主任……7100676
副主任……7101960
白土车间
主任……661247
办公室……661296
纸塑车间
主任……661221
……2332616
办公室……661418
皂蜡车间
主任……442507
书记……443218
办公室……444175
裂化车间
主任……442337
书记……444620
办公室……443284
苯乙烯车间
主任……661385
副主任……661506
专责工程师……661399
丁苯树脂车间
主任……661302
书记……661300
副主任……661304
动力车间
主任……661316
书记……661350
副主任……661507
质检车间
主任……661258
书记……661331
副主任……661257
……661277
蜡制品实验室
书记……448458
副主任……448459
电子商务部
主任……661284
……2350117
综合计划……661412
……2360207
工程计划……661289

催化剂厂

地址：抚顺市望花区鞍山路东段2号
邮编：113001
总机 2995111
值班电话：995567
997113

办公室
主任……2995577
文书……6416387
……2995511
传真……6428344
调研……2995550
网络通信管理……2995598
人事劳资部
部长……6416396
……2995556
人事档案……2995557
干部管理……2995558
生产运行部
副部长……6521027
……2995505
副调度长……2995512
调度室……2995501
……2995502
质量安全环保部
部长……6320736
……2995519
副部长……2995661
安全环保管理组……2995528
体系质量管理组……2995527
党群工作部
部长……6320849
……2995543
宣传组……2995541
纪检监察……2995596
营销中心
部长……6409808
……2995655
书记……2995568
副部长……6400708
……2995569
办公室……6404375
……2995570
财务资产部
部长……6417407
……2995585
会计一组……2995583
会计二组……2995581
会计三组……2995580
机动工程部
部长……6427893
……2995678
工程组……2995595

企划部
副部长……2995533
办公室……2995534
……2995535
技术发展部
部长……6321026
……2995548
副部长……2995545
技改办公室……2995549
……2995540
保卫部
部长……6320719
……2995711
内勤室……2995708
一00车间
主任……2995510
副主任……2995610
工艺……2995611
办公室……2995619
一五0车间
主任……2995515
副主任……2995687
办公室……2995684
……2995686
三00车间
主任……2995530
副主任……2995664
工艺设备……2995667
六五0车间
主任……2995650
书记……2995651
副主任……2995652
办公室……2995653
质检车间
主任……2995730
副主任……2995731
办公室……2995733
实验室
主任……2995717
副主任……2995718
工艺组……2995716
办公室……2995719
三000车间
主任……855549
副书记……855568
办公室……855550
动力车间
主任……2995670
副主任……2995671
办公室……2995707
DF—2车间
主任……832626
技术组……832628
设备组……832627

储运厂

办公室
主任……350318
（市）……6520986
副主任……350283
办公室……350249
……350259
传真……6320786
调研室……350223
档案室……350203
……350287
总值班室……350339
财务资产科
科长室……350288
（市）……6520984
办公室……350245
人事部
部长……350335
办公室……350274
纪检……350298
党群工作部
部长……350337
副部长……350366
团委书记……350273
宣传……350243
……350226
生产运行部
部长……350289
（市）……6522018
调度室主任……350263
调度……350260
……350270
（市）……6520983
机动工程部
部长室……350232
副部长室……350235
（市）……6520142
合同管理……350209
设备管理……350239
质量安全环保部
部长……350269
安全……350242
……350206
质量环保……350248
储运站
站长……350330
书记……350313
生产副站长……350227
设备副站长……350244
专责……350219
办公室……350246
厂际站
站长……350225

（市）……………… 6520985
书记 ……………… 350356
副站长 ……………… 350280
综合员 ……………… 350261
安全 ……………… 350207
生产 ……………… 350311
信息站
站长室 ……………… 350258
（市）……………… 6520217
副站长 ……………… 350315
办公室 ……………… 350256
远输中心
主任 ……………… 350317
（市）……………… 6520277
办公室 ……………… 350309
（市）……………… 6520277
保卫大队
队长 ……………… 333340
……………… 350212
办公室 ……………… 333343
……………… 350284
消防队
站长 ……………… 350293
中队长 ……………… 350295
电话室 ……………… 350231
……………… 338942
腾鳌中间站
站长 ……………… 350350
……………… 0412－8913578
书记 ……………… 350351
副站长室 ……………… 350349
工程公司
经理 ……………… 350299
（市）……………… 6320177
副经理 ……………… 350241
办公室 ……………… 350247
顺翔公司
经理（市）……………… 6522508
书记（市）……………… 6321811
副经理 ……………… 350286
（市）……………… 6520879
办公室主任 ……………… 350233
鲅鱼圈管理部
值班室 ……………… 351311
末站
站长 ……………… 351348
支部书记 ……………… 351354
副站长 ……………… 351310
专责 ……………… 351358
转运站（鲅）
站长 ……………… 351303
生产副站长 ……………… 351421
工艺副站长 ……………… 351313
副站长 ……………… 351317
办公室 ……………… 351305
工程公司（鲅）
主任 ……………… 351388
办公室 ……………… 351372
鲅鱼圈信息站
站长 ……………… 351336
专责 ……………… 351307
通信 ……………… 351368
办公室 ……………… 351308
鲅鱼圈保卫
办公室 ……………… 351322
电子商务中心
科长 ……………… 350302
……………… 338688
储运厂总机
……………… 6520000
鲅鱼圈管理部
总机……………… 0417－6196133
消防队（鲅）
副队长 ……………… 351349
办公室 ……………… 351333
消防队值班 ……………… 351339

设备检测监理研究中心

领导
主任……………… 2432211
副主任……………… 2426288
总工程师……………… 2435836
综合管理部
部长……………… 2440699
技术总监……………… 2435984
人事管理……………… 2440696
安全、企业管理……………… 2440698
文书管理……………… 2427385
司机……………… 2440697
市场经营部
部长……………… 2422440
项目管理……………… 2440690
财务
部长……………… 2425837
出纳……………… 2421414
技术发展部
部长……………… 2440688
资产管理……………… 2440688
科研质量管理……………… 2420235
信息管理……………… 2420235
压力容器室
部长……………… 2424872
检验检测……………… 2440685
……………… 2440686
……………… 2440687
……………… 2440689
设备监理监室
部长……………… 2434819
设备监理……………… 2440681
……………… 440683
氢损伤研究室
部长……………… 2440693
腐蚀与防护室
部长……………… 2425907
热工研究室
部长……………… 2424852
热能工程……………… 2440679
状态监测室
状态监测……………… 2424872
……………… 2440680
水质研究室
部长……………… 2435902
水质监测与评定……………… 2440691

消防支队

支队机关
支队长 ……………… 221218
副队长 ……………… 882272
……………… 4668671
防检组 ……………… 882263
政委 ……………… 224119
电话室 ……………… 882264
……………… 4631118
副支队长 ……………… 221258
中队长 ……………… 882262
……………… 4668672
洗化分队
办公室 ……………… 221110
队长 ……………… 832681
……………… 602426
传真……………… 4668673
值班室 ……………… 221582
副队长 ……………… 832665
人事部 ……………… 221116
电话室 ……………… 832683
人事内勤 ……………… 221573
……………… 832657
党群工作部 ……………… 221572
防火战训部 ……………… 223119
防检组 ……………… 832685
防火办公室 ……………… 221570
中队长室 ……………… 832680
战训办公室 ……………… 221571
办公室 ……………… 832682
装备部 ……………… 221579
各厂总机
工会、团委 ……………… 221575
一厂……………… 2331431
火警受理中心 ……………… 225119
二厂……………… 4630451
……………… 221132
……………… 4668707
三厂……………… 6428041
一大队
腈纶……………… 4634941
队长 ……………… 442367
乙烯……………… 4630381
政委 ……………… 442297
洗化……………… 6604231
厂内副队长 ……………… 444125
化塑……………… 2332451
南输……………… 6520000
新区副队长 ……………… 448271
厂内防检组 ……………… 442437
办公室 ……………… 443361
战训室 ……………… 442901
微机室 ……………… 442909
厂内电话室……………… 2331752
……………… 442685
新区电话室 ……………… 448630
……………… 448631
矸子山电话室 ……………… 443360
新区防检组 ……………… 448587
厂内中队长 ……………… 442354
新区中队长 ……………… 448152
厂内火警……………… 119
化塑电话室 ……………… 661382
化塑防检组 ……………… 661256
二大队
队长 ……………… 225036
政委 ……………… 222116
办公室 ……………… 225030
副队长 ……………… 225035
战训组 ……………… 223106
防火组 ……………… 225027
电话室……………… 4630111
厂内消防水泵房……………… 9900379
核内厂调度……………… 9900316
二厂火警 ……………… 225110
二厂火警 ……………… 225118
乙烯火警……………… 119
中转站消防站 ……………… 222074
乙烯小号电话 ……………… 772603
三大队
队长 ……………… 338563
政委 ……………… 338928
副队长 ……………… 333461
办公室 ……………… 333348
电话室……………… 6429239
中队长 ……………… 333589
防检组 ……………… 333233
演武电话室 ……………… 338356
南输电话室 ……………… 338942
南输防检组 ……………… 350293
鲅鱼圈防检 ……………… 351349
……………… 351396

鲅鱼圈中队…………351339
腈纶分队
队长室…………882261

教育培训中心

领导
中心主任…………444461
…………7115142
党委书记…………443245
…………7102358
副主任…………444462
…………7102598
…………444288
…………7115276
副书记…………444298
…………7115726
办公室
主任…………444556
…………444939
办公室…………442247
…………7119047
人事部
部长…………443427
劳资…………444442
政工部
部长…………442705
…………7135990
纪委…………444938
综合部
部长…………443166
部长助理…………442277
安全…………444025
财务部
部长…………444440
培训管理部
部长…………7101472
部长助理…………444442
培训一部
部长…………442760
部长助理…………442932
综合…………443204
培训二部
部长…………225656
部长助理…………225678
综合…………225656
东部基地…………222329
培训三部
部长…………33839
…………56409464
部长助理…………33825
…………56453678
综合…………338335
鉴定部
部长…………7134492
部长助理…………444512
党校
教务长…………444931
…………7109129
教务处…………444351
职工大学
教务长…………7118417
教务处…………442819
学生处…………443098
…………7104651
教务处…………443168
中职专
校长…………221107
…………4650397
书记…………221118
办公室…………221112
…………4650921
总机
…………2991111

开发公司

办公室
主任…………3804303
副主任…………3804311
调研室…………3804319
机要、传真…………3804888
人事部
部长…………3804407
副部长…………3804318
劳动工资组…………3804318
党建考核组…………3804317
…………3804410
企划部
部长…………3804412
副部长…………3804413
企划…………3804411
质量环保部
部长…………3804417
现场、职业健康组…………3804418
安技、HSE管理组…………3804419
财务部
部长…………3804312
业务室…………3804309
…………3804314
…………3804315
生产机动部
部长…………3804415
企业文化部
部长…………3804409
技术发展部
部长…………3804403
副部长…………3804402
纪委监察部
部长…………3804316
经营管理部
部长…………3804414
副部长…………3804304
行政事务中心
主任…………3804209
办公室…………3804567
清欠办
主任…………2365698
书记…………2991111－444569
副主任…………2991111－444568

开发公司所属单位

双菱建材厂
厂长…………4311158
书记…………4311157
副厂长…………4311151
橡塑制品厂
厂长…………7403258
书记…………7403258
副厂长…………7403258
罗台山水厂
厂长…………4460552
书记…………4460707
副厂长…………4460624
…………4460624
调度室…………4460625
机械加工车间
主任…………2330196
印刷车间
主任…………6402363
…………2993111－338399
书记…………2991111－444513
办公室…………7131168
特殊化学品厂
厂长…………6607849
书记…………6607848
副厂长…………6708830
专责工程师…………6607845
设备、安全组、传真 6607830
人事、核算室…………6607838
制品车间
主任…………2998111－882701
书记…………2998111－882702
办公室…………2998111－882746
物回车间
主任…………2992519
书记…………2992111－226057
人事、统计…………2992519
铝盒车间
主任…………2991111－448528
书记…………2991111－448528
副主任…………2991111－448528
办公室…………2991111－448223
销售一处
主任…………2350311
书记…………2333868
办公室…………2991111－444177
销售二处
主任…………2365458
副主任…………2365658
销售三处
主任…………2999111－772808
副主任…………2999111－772809
…………2999111－772718
…………2999097
办公室…………2999111－772278
销售四处
部长…………2340695
书记…………2340595
副部长…………2340595
办公室…………2333717
进出口部
部长…………3804405
…………3804302
顺峰宾馆
经理…………0415－2305119
顺营宾馆
经理…………0417－2192502
罗台山宾馆
经理…………4463448
龙山宾馆
经理…………4653588－222104
书记…………2992111－222118
副经理…………2992111－221088
传真…………4635862
矿区服务事业部
事业部机关
经理（党委）办公室 2860100
人事劳资部（组织部） 2781530
财务资产部…………2867120
安全运行部…………2867310
机动工程部…………2867131
企划部（政策研究室） 2335209
党群工作部…………2867621
纪委监察审计部…………2866110
物业中心
综合管理部…………2998950
人事劳资部…………4669072
财务资产部…………4669061
安全运行部…………4669053
机动工程部…………4669089
企划部…………4669057
燃气中心
综合管理部…………3836889
人事劳资部…………3836859
生产运行部…………3836876
财务资产部…………3836886
安全部…………3836855

房产管理中心
综合科…… 2990111－556352
人事科…… 2990986
房改科…… 2990979
房管科…… 2990983
经营科…… 2990111－556980
生活中心
综合管理部…… 2992845
人事劳资部…… 2992846
财务资产部…… 2992840
安全运行部…… 2992849
机动工程部…… 2992496
企划部…… 2992917
运输中心
综合管理部…… 2996143
人事劳资部 2991111－442460
财务资产部 2991111－442417
运行管理部 2991111－442479
安全环保部 2991111－442495
新闻中心
综合部…… 2434509
技术设备部…… 2434516
财务资产部 2990111－558267
经营广告部…… 2434517
总编室…… 2434510
新闻部…… 8399599
专题部、制作部…… 2434507
石化报社…… 2422387
总医院
综合办公室…… 2996639
人事部…… 2996641
财务部…… 2996642
总务科…… 2996640
门诊药局…… 2996805
急诊科…… 2996802
住院处…… 2996811
保卫科…… 2996801
离退中心
办公室…… 2990111－556356
人才交流
办公室…… 2990111－556188
房产开发公司
办公室…… 2992111－226576

北天集团

综合办公室
副主任…… 2993370
副主任、宣传部副部长
…… 2993340
副主任…… 2993917
纪委副书记、监察部长、工会副主席…… 2993897
维稳办主任、保卫部部长
…… 2993827
团委书记…… 2993340
人事（组织）部
部长…… 2993372
财务资产（审计）部
部长…… 6386888
…… 2993918
副部长…… 2993369
…… 2993369
质量安全环保部
部长…… 2993380
生产部
部长…… 2993381
工程部
部长…… 2993864
副部长…… 2993381
企划（经营管理）部
部长…… 2993345
劳务公司
副经理…… 6384999
…… 2993349
主任…… 6385777
远大公司
总机…… 2991111
经理…… 444788
党委书记…… 442376
副经理…… 444027
…… 444006
经理助理…… 444034
副总会计师…… 442597
经理助理…… 444098
办公室主任…… 443668
隆发公司
总机…… 2992111
经理…… 221558
党委书记…… 221661
副经理…… 223078
经理助理…… 221561
办公室主任…… 221566
众兴公司
总机…… 2993111
经理…… 6423124
党委副书记副经理…… 6427275
副经理…… 2993978
…… 2993371
…… 338196
经理助理…… 2993669
办公室主任…… 6425645
油二建安公司
总机…… 2992111
经理…… 221556
党委书记…… 4657943
副经理…… 226178
…… 226177
经理助理…… 226198
办公室主任…… 221593
华阳公司
经理…… 2995299
党委书记…… 2995283
副经理…… 2995297

北天集团各企业

劳务一分公司
总机…… 2991111
经理…… 443278
党委书记…… 443266
副经理…… 443476
…… 443477
办公室主任…… 443472
劳务二分公司
总机…… 2992111
经理…… 221799
党委书记…… 221577
副经理…… 221597
…… 221585
办公室主任…… 4647266
劳务三分公司
总机…… 2993111
经理…… 2993326
党委副书记副经理…… 6401122
副经理…… 6401199
办公室主任…… 6401133
劳务四分公司
总机…… 2992111
经理…… 226410
副经理…… 221551
办公室主任…… 221551
物业分公司
经理…… 2996420
党委书记…… 2996420
顺达公司
总机…… 2998111
经理…… 882488
党委副书记副经理…… 882673
副经理…… 882728
…… 882699
办公室主任…… 882675
宏大公司
总机…… 2992111
经理…… 221618
党委书记…… 221157
副经理…… 221268
远方公司
经理…… 7131608
党委书记…… 7135406
副经理…… 7110198
办公室主任…… 7101937
顺翔公司
经理…… 6522508
党总支副书记副经理 6521877
副经理…… 6321811
办公室主任…… 6520010
远天公司
总机…… 2991111
经理…… 444860
党支部书记…… 443606
副经理办公室主任…… 443606
树脂厂
厂长…… 7703459
副厂长…… 7703459
副总会计师…… 7703459
办公室主任…… 7703459

4. 辽阳石化公司

地址：辽宁省辽阳市宏伟区火炬大街5号　邮政编码：111003　公网区号：0419

总经理（党委）办公室
主任…… 5351567
政研室主任…… 5153560
副主任…… 010－85984488
…… 5352997
…… 5155959
秘书管理业务单元
高级主管…… 5157760
秘书…… 5156259
机要秘书…… 5153107
值班室

值班秘书…………… 5152248
值班员……………… 5152589
调研管理业务单元（政务）
高级主管…………… 5152266
副科级秘书………… 5156067
…………………… 5151217
秘书………………… 5151217
…………………… 5150155
调研管理业务单元（党群）
高级主管…………… 5352887
秘书………………… 5152732
接待管理业务单元
高级主管…………… 5154566
接待员……………… 5152245
政策研究室
高级主管…………… 5156415
主管………………… 5156415
外事办公室
高级主管…………… 5153108
小车队
队长………………… 5158336
安全员……………… 5153441
办事员……………… 5152503
调度电话…………… 5153441

生产运行处

处长………………… 5154336
统计管理副处长（正处级）
…………………… 5350290
运行管理副处长（正处级）
…………………… 5156086
计量管理副处长…… 5152989
生产管理副处长…… 5155231
能动管理副处长…… 5154188
调度中心
主任………………… 5152662
办公室……………… 5152663
…………………… 5152390
…………………… 5153306
…………………… 5152402
…………………… 5154159
…………………… 5156420
传真………………… 5152512
计划管理
负责人……………… 5154823
办公室……………… 5157122
统计管理…………… 5154458
生产管理…………… 5152661
炼油生产管理……… 5152383
化工生产、生产达标管理
…………………… 5154905
能源电气负责人…… 5152350
能源管理…………… 5156916
能源统计、电气管理 5152736
计量管理
负责人……………… 5152982
计量监督…………… 5153715
计量检定…………… 5152982

财务处

处长………………… 5152965
副处长……………… 5154322
…………………… 5351480
…………………… 5351433
综合科
科长………………… 5351455
总稽核……………… 5351485
会计科
科长………………… 5158925
办公室……………… 5351493
计算机室…………… 5155101
传真室……………… 5154001
资金科
科长………………… 5157750
办公室……………… 5351476
…………………… 5351461
资产科……………… 5154729
成本管理科科长…… 5154101
…………………… 5351498
…………………… 5351497
…………………… 5351472
结算科
科长………………… 5153640
…………………… 5157103
…………………… 5351491
炼油报销点………… 5156407
工会报销…………… 5159865
化工成本科
科长………………… 5153038
办公室……………… 5351482
…………………… 5351465
…………………… 5351483
…………………… 5351475
…………………… 5351456
…………………… 5351481
…………………… 5351462
…………………… 5351494
炼油成本科
科长………………… 5151428
办公室……………… 5351478
…………………… 5351473
…………………… 5351477
价税关联交易科
科长………………… 5153043
办公室……………… 5351460
…………………… 5351459
主营业务科
科长………………… 5151471
办公室……………… 5152249
…………………… 5351469
…………………… 5351468
…………………… 5351467
其他业务科
科长………………… 5155130
办公室……………… 5351470
…………………… 5351464
…………………… 5351471
材料科
科长………………… 5151200
办公室……………… 5351489
…………………… 5151372
…………………… 5351490
…………………… 5351486
…………………… 5351487
…………………… 5351489
传真………………… 5351451

技术处

办公室……………… 5351660
…………………… 5152135
…………………… 5156184
…………………… 5153465
…………………… 5153462
…………………… 5351831
…………………… 5151523
…………………… 5150197
…………………… 5150952

人事处（组织部）

处长（部长）……… 5152887
副处长（副部长） … 5155066
…………………… 5153653
办公室……………… 5152339
…………………… 5154966
…………………… 5152586
…………………… 5158496
…………………… 5152543
…………………… 5153392
…………………… 5152310
…………………… 5150195
…………………… 5152541
…………………… 5153501

企管法规处

办公室……………… 5153598
…………………… 5152378
…………………… 5151045
…………………… 5153095
…………………… 5153926
…………………… 5156301
…………………… 5154647
…………………… 5154405
…………………… 5153215
…………………… 5155945
…………………… 5153387

内部控制处

处长………………… 5152839
高级主管（正科级） 5151472
…………………… 5152249
业务流程管理……… 5151472
监督检查…………… 5151426
信息系统控制管理 … 5152249

维护稳定工作办公室

主任………………… 5157711
信访接待负责人…… 5152666
高级主管…………… 5153101
信息调研负责人…… 5150817
高级主管…………… 5153106
综合督办负责人…… 5153797
主管………………… 5153797

宣传部（企业文化处）

部长（处长）……… 5155470
副部长（副处长） 5150953
…………………… 5156639
办公室……………… 5154910
宣传管理…………… 5154583
…………………… 5155225
理论管理…………… 5153475
企业文化管理……… 5151198
《辽阳石化》编辑部 5154581
…………………… 5156669
《辽化志》办公室 … 5152250
…………………… 5156657
…………………… 5155387

纪委（监察处）

公司纪委副书记、监察处长
…………………… 5159405
副处长……………… 5152690
副处级纪检监察员 … 5157238
案件及综合高级主管 5153488
信访及审理高级主管 5153171
效能监察高级主管 … 5153451
合同审查主办……… 5152861
传真………………… 5152861

工会

副主席……………… 5150366
…………………… 5151282
…………………… 5153068
生活女工部
部长………………… 5156518
生产部

部长………………… 5153081

综合民主管理部

部长（正科）……… 5152501
副部长……………… 5157010
财务高级主管……… 5159865
主管………………… 5153099

铁路运输部

公司领导

经理、党委书记…… 5153635
党委副书记………… 5156487
生产副经理………… 5151475
设备副经理………… 5156123
副总工……………… 5153166
安全总监…………… 5153079

综合科

科长………………… 5155132
文秘室……………… 5152968
人事培训…………… 5155012
综合管理…………… 5155012
劳资管理…………… 5153605
成本管理…………… 5151375
车班………………… 5155157

政工部

主任………………… 5155442
纪检监察干事……… 5156891
群团宣传干事……… 5156891

生产科

科长………………… 5155316
副科长……………… 5157352
调度主任…………… 5156303
罐调室……………… 5155345
收费室……………… 5155365
调度室……………… 5152944
…………………… 5155335

质量安全环保科

科长………………… 5152561
安全消防…………… 5153658
治安、保卫………… 5153057

设备技术科

科长………………… 5157827
副科长……………… 5153742
工程师……………… 5157830
…………………… 5157847
材料室……………… 5155143
车管室……………… 5157846

运转车间

主任………………… 5157831
书记………………… 5157832
生产副主任………… 5157835
货运副主任………… 5157843
安全员……………… 5152531
成本助工…………… 5156941
货运员……………… 5152529
杨家调度…………… 5157841
打白调度…………… 5152535
朱庄调度…………… 5154169
杨家列检班………… 5157844
打白列检班………… 5152534

工电车间

主任………………… 5154559
工务副主任………… 5152530
电务副主任………… 5154137
成本助工…………… 5157837
通信班……………… 5157845
电力班……………… 5157840
轨道衡……………… 5153435
杨家工区…………… 5153674
朱庄工区…………… 5157833

机务车间

主任………………… 5154558
书记………………… 5152527
副主任……………… 5153680
成本助工…………… 5152537
值班员室…………… 5153198

产品销售管理部

办公室……………… 5153042
…………………… 5153052
…………………… 5154842
…………………… 5152838
…………………… 5153463
…………………… 5152664
…………………… 5153077
…………………… 5154890
…………………… 5153436
…………………… 5153636
…………………… 5151379
…………………… 5156833
…………………… 5152653
…………………… 5351707
…………………… 5351583
…………………… 5351745
…………………… 5157349
…………………… 5152595
…………………… 5152596

工程预决算部

主任………………… 5152999
副主任……………… 5154808
…………………… 5159909

安装科

科长………………… 5156189
高工………………… 5151621
工程师……………… 5159040
…………………… 5150620
…………………… 5159051
助工………………… 5159051

土建科

科长………………… 5156141
…………………… 5150673
高工………………… 5158019
工程师……………… 5153055
…………………… 5151763
…………………… 5158012
…………………… 5158019

仪电科

科长………………… 5152998
高工………………… 5159032
工程师……………… 5159032
…………………… 5152804

设备检修部

经理………………… 5152367
书记………………… 5153663
工会主席…………… 5151290
生产副经理………… 5158028
经营副经理………… 5157555
人事副经理………… 5155023
总工程师室………… 5158038

办公室

主任………………… 5155242
办公室……………… 5152833
成本核算室………… 5153675

党委工作部

部长………………… 5152349
副部长、团委书记 … 5159265
工会干事…………… 5155456

生产技术科

科长………………… 5153669
调度室……………… 5154811
工程师……………… 5152513

设备科

科长………………… 5151415
工程师……………… 5351757

安全质量环保科

科长………………… 5159442
工程师……………… 5158097

安全监督站

站长………………… 5151746
安全监督…………… 5156741

经营科

科长………………… 5153668
计划材料…………… 5152769
预算………………… 5157790
统计………………… 5156070
保管………………… 5151361

人事劳资科

科长………………… 5157121
办公室……………… 5154093

综合服务中心

主任………………… 5155257
党支部书记………… 5151023
办公室……………… 5153158
调度室……………… 5154045

一车间（芳烃厂）

主任………………… 5157541
党支部书记………… 5154875
办公室……………… 5157329

二车间（炼油厂）

主任………………… 5151977
党支部书记………… 5352672
办公室……………… 5154209

三车间（烯烃厂）

主任………………… 5155021
党支部书记………… 5152297
办公室……………… 5152892

四车间（尼龙厂）

主任………………… 5155337
党支部书记………… 5154245
办公室……………… 5152941

五车间（纤维厂）

主任支部书记……… 5155487
办公室……………… 5155490

六车间（热电厂）

主任………………… 5156566
党支部书记………… 5153685
办公室……………… 5153410

七车间（动力厂）

主任………………… 5155073
党支部书记………… 5151278
办公室……………… 5152395

八车间（化工一厂　无纺布）

主任室……………… 5152870
党支部书记………… 5152731
办公室……………… 5152951

九车间（化工厂）

主任………………… 5155810
党支部书记………… 5155810
办公室……………… 5157824

十车间（聚酯厂）

主任………………… 5152955
党支部书记………… 5152955
办公室……………… 5153259

工程公司

综合办公室………… 5156776
…………………… 5156183
…………………… 5150927
传真………………… 5151508
离退休……………… 5156772
党委工作部………… 5154218
经营部……………… 5154207
…………………… 5154469
管理人员…………… 5153115
质量安全技术部…… 5152338

……………………… 5156973
……………………… 5155482
财务资产部………… 5155253
……………………… 5154497
管理人员…………… 5154806
生产管理部………… 5156808
……………………… 5154408
……………………… 5151675
……………………… 5153285
物资供应部………… 5152253
管理人员…………… 5153045
特种作业队………… 5154467
……………………… 5152439
劳资员……………… 5156898
吊装队……………… 5155693
劳资员……………… 5153757
安装队……………… 5153390
……………………… 5154511
劳资员……………… 5151674
防腐保温队………… 5151677
……………………… 5152762
……………………… 5152382
监理公司经理……… 5156937
总工程师…………… 5151903
经营部……………… 5163310
成本管理与人力资源部
……………………… 5156728
质量技术部………… 5157722
安全部……………… 5154501
生产部……………… 5153083
监理一部…………… 5159425
监理二部…………… 5159425
监理三部…………… 5154142

运输公司

经理………………… 5151288
党委书记…………… 5156888
生产副经理………… 5158908
行政副经理………… 5156168
工会主席…………… 5157781
总工程师…………… 5352025
生产经营副经理…… 5152583
安全副总监………… 5155299
办公室
主任………………… 5152742
副主任……………… 5153642
劳资科……………… 5153047
办公室……………… 5152287
公安武装干事……… 5152282
门卫值班室………… 5154986
……………………… 5154866
生产经营科
调度………………… 5152212
办公室……………… 5152582
工会………………… 5154269
安全科……………… 5154279
技术设备科
……………………… 5157782
……………………… 5153386
党委工作部………… 5154969
……………………… 5153991
特货队
队长………………… 5154492
调度室……………… 5152538
原料站……………… 5151237
物供车队
队长………………… 5154485
调度室……………… 5152793
检测站……………… 5154944
……………………… 5154116
土方队
队长………………… 5153086
书记………………… 5159772
调度室……………… 5154491
吊装队
队长………………… 5155411
调度室……………… 5154913
小车一队
队长………………… 5154433
副队长……………… 5152796
调度室……………… 5156555
油料站
科长………………… 5153111
财务室……………… 5153686
加油站……………… 5152447
……………………… 5153261
动力车队
队长………………… 5154119
副队长室…………… 5153796
调度室……………… 5155321
化三站……………… 5153630
化一车队
队长………………… 5154258
调度室……………… 5154759
修理班……………… 5156971
核算室……………… 5150641
聚酯车队
队长………………… 5350780
……………………… 5157646
调度室……………… 5151047
生产经营科财务办公室
……………………… 5153086
综合车队
队长………………… 5151400
……………………… 5154775
核算室……………… 5151407
公共事业站………… 5157663
机械厂站…………… 5153792
电修站……………… 5154323
联运中心
经理………………… 5152528
部长………………… 5157785
……………………… 5152858
调度室……………… 5153175
业务室……………… 5153791
……………………… 5152619
……………………… 5154809
收款室……………… 5157473
聚酯叉装队
队长………………… 5157780
书记………………… 5155204
调度室……………… 5157560
修理班……………… 5155544
PTA 现场 ………… 5155276

联合对外贸易有限公司

综合办……………… 5152755
……………………… 5156203
传真………………… 5154860
……………………… 5154120
计财部……………… 5154782
传真………………… 5154860
进口一部…………… 5154861
传真………………… 5154860
进口二部…………… 5156202
传真………………… 5154860
出口部……………… 5156252
传真………………… 5154860
外事项目部………… 5154416
传真………………… 5154860
大连办事处 0411－83637626
传真 ……… 0411－83637501

消防支队

办公室……………… 5154586
……………………… 5155096
……………………… 5351758
……………………… 5153739
战训科……………… 5153743
……………………… 5153297
……………………… 5154129
防火科……………… 5152846
……………………… 5157956
政治处……………… 5154125
……………………… 5152119
……………………… 5156371
……………………… 5151695
……………………… 5156370
安全科……………… 5158787
装备科……………… 5158280
……………………… 5150740
后勤科……………… 5152836
……………………… 5152856
……………………… 5153290
……………………… 5155099
……………………… 5156731
训练队……………… 5153753
……………………… 5151547
一大队……………… 5158124
……………………… 5153751
二大队……………… 5152844
……………………… 5351735
……………………… 5153747
三大队……………… 5350846
……………………… 5157119
……………………… 5157109
四大队……………… 7169118
火警电话…………… 7160119
宏伟大队…………… 5156540
……………………… 5156540
特勤大队…………… 5150767
……………………… 5154550

矿区服务事业部

主任………………… 5157678
常务副主任………… 5153989
党委副书记、纪委书记、工会主席………………… 5153049
副主任……………… 5153906
……………………… 5156607
……………………… 5158398
……………………… 5156937
副主任、安全总监 … 5150851
综合办公室
主任………………… 5152686
综合高级主管（副科）
……………………… 5158339
办公室……………… 5159718
……………………… 5151163
……………………… 5156773
……………………… 5150852
企管高级主管（正科）
……………………… 5155246
办公室……………… 5159719
调研高级主管（副科）
……………………… 5153035
办公室……………… 5157002
财务资产处
处长………………… 5153217
成本高级主管（正科）
……………………… 5351434
办公室……………… 5154147
……………………… 5156312
……………………… 5154121
资金高级主管（正科）
……………………… 5156062

办公室……………… 5154276
……………………… 5156231
……………………… 5154267
结算高级主管（正科）
……………………… 5153600
……………………… 5154376
……………………… 5154371
……………………… 5154352
……………………… 5151201
会计高级主管（正科）
……………………… 5151323
办公室……………… 5154407
……………………… 5153445
……………………… 5154392
……………………… 5154429
财务高级主管（正科）
……………………… 5156105
办公室……………… 5153209
……………………… 5154437
……………………… 5154451
……………………… 5154436
医院财务科
高级主管（正科） … 5153602
办公室……………… 5153172
……………………… 5350173
宾馆财务科
高级主管（正科） … 4229846
办公室……………… 4229845

人事劳资处

处长………………… 5153173
综合高级主管（正科）
……………………… 5153366
人事培训高级主管（正科）
……………………… 5155450
办公室……………… 5153361
劳资高级主管（正科）
……………………… 5153365
……………………… 5153365
保险高级主管（正科）
……………………… 5156021
办公室……………… 5156867
……………………… 5153740
……………………… 5153277
住房公积金高级主管（正科）
……………………… 5351429
办公室……………… 5157519

规划计划处

处长………………… 5153206
设计管理高级主管（正科）
……………………… 5157457
办公室……………… 5151598
规划项目高级主管（正科）
……………………… 5155950
办公室……………… 5150982

建设处

处长………………… 5156937
综合管理高级主管（正科）
……………………… 5154827
办公室……………… 5155981
工程管理高级主管（正科）
……………………… 5154539
……………………… 5159817
办公室……………… 5154886
工程管理…………… 5154886
……………………… 5156484
……………………… 5154886
……………………… 5156484

物业管理处

处长………………… 5156795
房地产管理高级主管（正科）
……………………… 5154955
办公室……………… 5153506
……………………… 5151654
……………………… 5156740
……………………… 5152708
……………………… 5153300
……………………… 5153992
……………………… 5155499
维修高级主管（正科）
……………………… 5152231
办公室……………… 5155927
物业中心高级主管（正科）
……………………… 5152410
办公室……………… 5156529
……………………… 5156523
……………………… 5153061

生产运行处

处长………………… 5153344
设备高级主管（正科）
……………………… 5153301
办公室……………… 5156972
安全环保高级主管（副科）
……………………… 5156572
办公室……………… 5156572
生产运行高级主管（副科）
……………………… 5153672
办公室……………… 5153672
调度室高级主管（正科）
……………………… 5157557
办公室……………… 5152977

内控管理处

处长………………… 5158736
概预算高级主管（正科）
……………………… 5156449
办公室……………… 5154130
……………………… 5153170
审计………………… 5156530
……………………… 5154071
合同法律…………… 5153170

党群工作处

处长………………… 5158636
干部管理高级主管（正科）
……………………… 5351277
组织管理高级主管（正科）
……………………… 5153571
宣传高级主管（正科）
……………………… 5154413
办公室……………… 5156181
纪检监察高级主管（正科）
……………………… 5153540
群众工作高级主管（正科）
……………………… 5151180

亿方公司

公司机关

经理………………… 5154506
书记………………… 5150256
副经理……………… 5154547
……………………… 5154971
……………………… 5151627
……………………… 5155496
党委副书记（工会主席）
……………………… 5352275
副总经济师………… 5153579

办公室

主任………………… 5154998
副主任……………… 5154993
秘书………………… 5154961
信访办……………… 5351547
传真………………… 5152634
行政事务室………… 5154508
……………………… 5154853
维修班……………… 5154997
会议厅……………… 5154507
总值班室…………… 5155284

生产技术处

处长………………… 5154995
副处长……………… 5156576
生产安全…………… 5154852
统计、档案、基建 … 5154504

财务处

处长………………… 5154994
稽核报销…………… 5154505
资金管理…………… 5152568
清欠办……………… 5153119

人事劳资处

处长………………… 5154996
副处长……………… 5154854
保险退休…………… 5156596
计划统计…………… 5154509

企业管理处

处长………………… 5153579
企业管理…………… 5154851
法律事务…………… 5154859

党委工作部

部长………………… 5154856
党务、团委………… 5154858
公司工会…………… 5156932

审计监察处

处长………………… 5154105
副处长……………… 5154991
审计………………… 5151441

金兴化工厂

厂长………………… 5154778
传真………………… 5154018
党委书记…………… 5156732
经营副厂长………… 5156001
生产副厂长………… 5156006
设备副厂长………… 5156003
总工程师…………… 5156004
工会主席…………… 5156009
生产副总…………… 5156056
安监副总…………… 5153712
设备副总…………… 5156068
厂办………………… 5156005
办公室主任………… 5152472
文秘………………… 5151530
企管………………… 5152216
合同管理…………… 5156130
行政管理…………… 5154017
生产科长…………… 5156056
生产统计室………… 5156066
调度室……………… 5153659
……………………… 5156328
机动科科长………… 5156068
备件组……………… 5153307
技术开发科长……… 5156603
党委工作部长……… 5151783
副部长……………… 5151782
安监科科长………… 5156059
物资供应部长……… 5156088
副部长……………… 5152747
原料采购…………… 5156108
计划………………… 5156673
财务科长…………… 5156166
会计室……………… 5157945
人事劳资科长……… 5152202
副科长……………… 5154135
培训、老干部管理室 5156091
销售科长…………… 5156300
副科长……………… 5154095
销售一部…………… 5151520
销售二部…………… 5156058
工会副主席………… 5153382
工程管理科长……… 5157469
土建安装…………… 5157470

车队队长室………… 5153339
保卫服务队长……… 5152967
值班室……………… 5156028
后勤服务队长……… 5156674
食堂管理员………… 5156057
服务一分队………… 5153195
服务二分队………… 5157324
服务三分队………… 5156109
质检车间主任……… 5156094
二元酸车间主任…… 5156782
控制室……………… 5153031
涤纶车间主任……… 5156099
二氧化碳车间主任 … 5156111
控制………………… 5150391
41 号岗 …………… 5156013
环烷酸车间主任…… 5154981
污油炼制车间主任 … 5153576
控制室……………… 5156061
双环戊二烯车间主任 5153089
控制室……………… 5156675
丁二烯车间主任…… 5156007
控制室……………… 5151268
公用车间主任……… 5156097
…………………… 5156095
电气运行一班……… 5153627
电气运行二班……… 5155382

金兴物业公司

经理………………… 5150928
经营室……………… 5150929
办公室……………… 5150990
美林园物业经理…… 5369246
办公室……………… 5369306
门卫………………… 5354128
荟萃园物业办公室 … 5353559
门卫………………… 5353551

英华化工厂

厂长………………… 5155583
党委书记…………… 5155585
党委副书记………… 5155584
副厂长……………… 5154528
…………………… 5164567
副总工程师………… 5155582
安全副总监室……… 5159009
办公室主任………… 5155590
企业管理室………… 5156787
办公室……………… 5155587
…………………… 5157206
审计监察室………… 5155581
门卫………………… 5156472
生产技术科长……… 5155582
业务………………… 5151552
槽车业务室………… 5157213
安全质量环保科长 … 5152702
财务科长…………… 5154985
副科长……………… 5151399
财务………………… 5151592
销售科长…………… 5156573
销售………………… 5155156
后勤供应科长……… 5151582
党委工作部长……… 5153193
工会副主席………… 5151901
醋酸酯车间主任…… 5164567
生产副主任………… 5151954
经营副主任………… 5157410
书记………………… 5156530
办公室……………… 5154822
业务室……………… 5159008
总机………………… 5159010
对二乙苯车间
主任………………… 5179588
书记………………… 5169228
办公室……………… 5177999
三甲苯车间主任…… 5155589
书记………………… 5157488
办公室……………… 5157498
控制室……………… 5152360

塑料制品厂

书记………………… 5156792
厂长………………… 5156385
经营副厂长………… 5151102
生产副厂长………… 5156765
工会主席…………… 5156591
副总工程师………… 5156535
办公室主任………… 5156646
文秘………………… 5156334
…………………… 5156627
生产部长…………… 5156545
调度………………… 5152289
安监部部长………… 5156171
机动部部长………… 5156766
营销部部长………… 5156962
供应部部长………… 5156164
财务部部长………… 5156968
人事劳资部部长…… 5156392
政工部部长………… 5156843
行政部部长………… 5156630
开发部部长………… 5156375
车队办公室………… 5156368
检验车间主任……… 5156611

建筑工程公司

经理………………… 5157800
党委书记…………… 5155757
副经理……………… 5155740
…………………… 5156624
…………………… 5156626
安全总监…………… 5158276
副总工程师………… 5156619
办公室主任………… 5156612
办公室……………… 5156616
传真………………… 5156690
党委工作部………… 5155730
工会副主席………… 5155747
财务科长…………… 5156633
…………………… 5156693
预算科……………… 5156617
生产科长…………… 5156625
…………………… 5154257
质检科……………… 5155990
人劳科……………… 5156631
保卫科……………… 5156664
技安科……………… 5156628
企管科……………… 5156654
材料科……………… 5156663
试验中心…………… 5155243
设备中心…………… 5155754
车队………………… 5156635
一工区……………… 5155735
二工区……………… 5155731
主任………………… 5156664
…………………… 5156661
四工区……………… 5155737
五工区……………… 5155085
六工区……………… 5155734
电气工程处………… 5155741
安装工程处………… 5153492
…………………… 5155035
分公司……………… 5155742

运输服务公司

经理………………… 5161579
传真………………… 5151463
书记………………… 5157286
副书记……………… 5179461
经营副经理………… 5352690
生产副经理………… 5158455
综合部……………… 5161078
财务资产部………… 5151467
生产安全部………… 5153670
经营部……………… 5351640
客运队长…………… 5153762
副队长……………… 5154968
票证办公室………… 5153232
调度室……………… 5156457
…………………… 5152784
安全检查…………… 5153467
汽车修配厂长……… 5153570
业务室……………… 5352345
调度室……………… 5156019
亿方加油站站长…… 4126298
亿方第二加油站站长 5150746
高城加油站站长…… 5135063
方盛公司经理室…… 5150940
塑料纤维加工厂长 … 5173298
党总支书记………… 5173299
传真………………… 5156595
厂办主任…………… 5173292
门卫………………… 5173297
党委办公室………… 5173293
供销科长…………… 5173295
办公室……………… 5173281
财务科长…………… 5173296
办公室……………… 5173291
综合车间…………… 5173294
丙纶车间…………… 5173290

市政工程有限公司

董事长、总经理…… 5152868
副总经理…………… 5352800
监事会主席………… 5352820
工会主席…………… 5163458
办公室主任………… 5163458
文秘………………… 5169373
党群、工会………… 5169373
人事、劳资………… 5169373
财务科长…………… 5352802
财务………………… 5352818
工程部总工程师…… 5352808
经营部……………… 5352806
安保部……………… 5352806
设备部……………… 5352806
门卫………………… 5352821
道桥一处…………… 5352811
机运处……………… 5352816
搅拌厂……………… 5177528
粉煤灰……………… 5156849

炼油厂

领导

厂长………………… 5154531
书记………………… 5153752
生产副厂长………… 5151041
设备副厂长………… 5153334
总工程师…………… 5152292
人事副厂长………… 5153173
设备副总…………… 5156959
安全总监…………… 5153167

综合科

科长………………… 5152937
副科长……………… 5154070
…………………… 5157233
文秘………………… 5152991
综合管理…………… 5153095
人事劳资管理……… 5153396
纪律检查…………… 5153239
成本管理…………… 5152751
车班………………… 5154725

政工部

主任………………… 5155469

组织纪检…………… 5152414
工会宣传…………… 5155131
生产技术科
科长………………… 5352694
副科长……………… 5155624
………………………… 5153226
………………………… 5153231
………………………… 5153186
技术管理…………… 5152945
能源计量…………… 5156423
计划统计…………… 5153288
生产调度…………… 5152213
………………………… 5152994
传真………………… 5151273
机动设备科
科长………………… 5151607
副科长……………… 5157232
机械设备…………… 5352692
仪表………………… 5154054
电气、土建、综合 … 5152886
备件………………… 5153039
备件、防腐………… 5153754
安全环保科
科长………………… 5157231
安全、环保、消防 … 5152992
原油输转站
站长………………… 7166020
办公室……………… 7168626
原油泵房…………… 7166119
常减压装置
装置工程师………… 5154128
办公室……………… 5153362
控制室……………… 5154126
加氢制氢联合装置
装置工程师………… 5156429
办公室……………… 5156329
设备助理…………… 5151644
控制室……………… 5151907
延迟焦化装置
装置工程师………… 5157315
办公室……………… 5157309
除焦工段室………… 5152247
控制室……………… 5157300
加氢精制装置
装置工程师………… 5157301
办公室……………… 5157301
设备、生产助理…… 5352693
控制室……………… 5157317
脱硫装置
装置工程师………… 5152554
办公室……………… 5152270
控制室……………… 5152564
公用装置
装置工程师………… 5154723

办公室……………… 5151917
东油品装置
装置工程师………… 5152972
办公室……………… 5155175
轻烃控制…………… 5155185
轻烃泵房…………… 5153575
液化气栈台………… 5153220
石脑油泵房………… 5153221
石脑油计量………… 5154390
轻油计量…………… 5153310
副产泵房…………… 5153222
燃料油泵房………… 5153315
西油品装置
装置工程师………… 5157040
办公室……………… 5154460
末站控制…………… 5153227
中间罐区…………… 5152450
柴油栈台…………… 5158569
洗槽站……………… 5157381
仪电室
主任………………… 5151577
副主任……………… 5154538
办公室……………… 5153190
总变电所…………… 5155906
B6 变电所 ………… 5153219
B16 变电所 ………… 5151940
B26 变电所 ………… 5157302
B20 变电所 ………… 5153318
B17 变电所 ………… 5151640
原油输转站变电所 … 7168629
分析室
主任………………… 5155489
办公室……………… 5155607
加氢分析…………… 5152348
常减压分析………… 5153239

芳烃厂

领导
厂长………………… 5157321
党委书记…………… 5155867
生产副厂长………… 5158675
设备副厂长………… 5158679
总工程师…………… 5158782
………………………… 5158705
工艺副总工程师…… 5158729
设备副总工程师…… 5158671
安全总监…………… 5155207
厂办公室
主任………………… 5153098
副主任……………… 5151701
综合文秘…………… 5156507
劳资管理…………… 5157532
人事………………… 5151261
培训………………… 5150645

武装保卫…………… 5157522
打字复印…………… 5155760
值班室……………… 5153225
政工科
主任………………… 5157523
纪检、群团………… 5157490
生产科
科长………………… 5155897
调度室……………… 5157355
调度台……………… 5157356
调度传真…………… 5157357
技术………………… 5352750
统计结算…………… 5151737
生产运行…………… 5157345
档案………………… 5157769
设备科
科长………………… 5157249
副科长……………… 5157416
仪电………………… 5157304
机械设备…………… 5157374
仪表………………… 5150461
备件………………… 5155834
综合计划…………… 5150175
备件库……………… 5157701
质量安全环保科
科长………………… 5157513
质量、环保………… 5155783
安全消防…………… 5155205
芳烃联合装置
装置工程师………… 5157346
办公室……………… 5157570
支部书记…………… 5157571
生产助理…………… 5351163
调和国、技术助理 … 5157572
重整岗位工程师…… 5157573
二甲苯岗位工程师 … 5157575
制苯岗位工程师…… 5157090
芳烃设备…………… 5157584
控制室……………… 5157765
………………………… 5157205
安全监督…………… 5157579
PX 生产、设备助理 5153593
PX 技术助理 ……… 5153125
PX 设备组 ………… 5153140
PX 控制室 ………… 5157209
技术组……………… 5153169
PX 机柜室 ………… 5157341
材料、保管………… 5153229
抽提值班…………… 5150373
PTA 联合装置
装置工程师………… 5157594
办公室……………… 5157334
支部书记…………… 5152877
设备助理…………… 5155905

TA、PTA 工程师…… 5351070
生产、技术助理…… 5157597
技术、材料………… 5157204
PTA 设备组 ……… 5157600
PTA 控制室 ……… 5157601
污水单元工程师…… 5157693
污水控制…………… 5157705
公用工程联合装置
装置工程师………… 5157679
支部书记…………… 5157524
生产助理…………… 5157690
设备助理…………… 5157709
装置工程师设备助理 5157716
材料员……………… 5157683
工程师室…………… 5157332
芳烃区工程师……… 5157694
芳烃区控制………… 5157695
油品工程师………… 5157577
油品控制…………… 5157582
液化气泵房………… 5157580
计量………………… 5157491
栈台………………… 5153979
油品传真…………… 5158697
电气室
装置工程师………… 5155807
支部书记…………… 5157343
装置工程师助理…… 5157091
安全监督…………… 5157540
设备组……………… 5155864
芳烃变电所………… 5157581
PTA 变电所 ……… 5157602
芳烃总变…………… 5157115
芳烃循环水………… 5351842
PX 装置变电所 …… 5153822
新 PTA 变电所 …… 5153957
新芳烃总变………… 5153927
新循环水变电所…… 5152607
新 PTA 污水变电所 5153719
分析室
装置工程师………… 5157735
支部书记…………… 5155837
办公室……………… 5157736
生产助理…………… 5157492
技术助理…………… 5157201
分析高工…………… 5153442
岗位工程师………… 5157801
芳烃分析站………… 5157745
PTA 分析站 ……… 5157746
中化仪表维修……… 5157802
PTA 项目组长 …… 5157533
PTA 项目组 ……… 5155840
………………………… 5157493
PTA 项目组 ……… 5351856
PX 项目组长 ……… 5157326

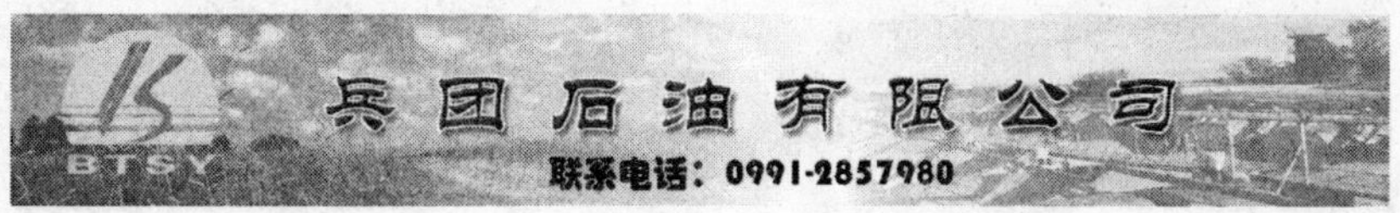

PX 项目组………… 5157403

聚酯厂

领导

厂长………………… 5155763
党委书记…………… 5159698
生产副厂长………… 5155784
设备副厂长………… 5155857
总工程师…………… 5155720
工艺副总工程师…… 5157323
设备副总工程师…… 5157702
安全总监…………… 5157210

综合科

科长………………… 5155827
副科长……………… 5350727
综合文秘…………… 5158607
传真………………… 5151285
人事成本…………… 5151702
武装保卫…………… 5153973
离退休办公室……… 5157731

政工部

科长………………… 5154825
政工部……………… 5151749

生产技术科

科长………………… 5157903
副科长……………… 5157530
计划统计、能源计量 5151729
生产运行…………… 5157957
技术技改…………… 5157553
档案………………… 5152604
库房………………… 5151739
生产调度台………… 5350891
………………………… 5350892
………………………… 5350893
………………………… 5350894

设备科

科长………………… 5155874
副科长……………… 5157483
施工预算…………… 5152798
备件综合…………… 5155844
运行管理…………… 5155824
电气管理…………… 5153673

质量安全环保科

科长………………… 5152964
安全消防…………… 5155709
质量环保…………… 5157531
质量监督组………… 5151704
质检组……………… 5157501

聚酯装置

装置工程师………… 5155208
支部书记…………… 5351843
生产助理、安全监督 5155873
设备助理…………… 5157610
技术助理、技术组 … 5153109
办公室……………… 5157605
中心控制…………… 5157614
辅助工程师………… 5157609
固相工程师………… 5351841
热媒控制室………… 5157617

长丝装置

装置工程师………… 5157625
支部书记…………… 5151305
生产、设备助理…… 5157606
办公室……………… 5157627
FDY 工程师 ……… 5157632
前纺控制…………… 5157634
辅助工程师………… 5157629
POY 工程师 ……… 5157611

短丝装置

装置工程师………… 5157843
支部书记、生产助理、技术
助理………………… 5157654
设备助理…………… 5150643
办公室……………… 5157650
设备管理组………… 5150764
前纺控制…………… 5157657
前纺后纺工程师室 … 5157652
后纺控制…………… 5157660
辅助工程师………… 5157461

公用工程装置

装置工程师………… 5157359
生产助理…………… 5157700
设备助理…………… 5155572
办公室、安全监督 … 5155574
管网工程师………… 5350640
水汽工程师………… 5155573
不汽 DCS ………… 5157697

分析室

装置工程师………… 5158140
支部书记…………… 5158164
生产助理…………… 5158402
技术助理…………… 5156135
办公室……………… 5158546
聚酯岗位师………… 5157747
长丝岗位师………… 5157630
短丝岗位师………… 5157202

电气室

装置工程师………… 5157621
生产助理…………… 5150534
设备助理…………… 5157744
办公室、安全监督 … 5350624
聚酯变电所………… 5157615
长丝变电所………… 5157642
短丝变电所………… 5157672
涤纶公用变电所…… 5157729
涤纶总变变电所…… 5157161

烯烃厂

领导

厂长………………… 5157566
党委书记…………… 5152636
生产副厂长………… 5152279
设备副厂长………… 5154477
人事副厂长………… 5152802
经营副厂长………… 5157260
总工程师…………… 5156490
设备副总工程师…… 5152756
工艺副总工程师…… 5152394
安全总监…………… 5154763
政工部长…………… 5152645

综合科

科长………………… 5152391
副科长……………… 5152647
………………………… 5152776
厂值班室（小车班） 5153302
办公室……………… 5152765
传真………………… 5151564
劳资、人事、培训 … 5153596
成本核算…………… 5152392
综合管理…………… 5157101
经保武装…………… 5153667

生产技术科

科长………………… 5152428
副科长……………… 5152386
………………………… 5154184
调度长室…………… 5152931
调度室……………… 5152307
………………………… 5153676
………………………… 5153460
生产统计…………… 5152631
工艺管理（高）…… 5153597
（中） …………… 5152372
生产经营…………… 5154184
传真………………… 5157265
产品管理…………… 5154182
改造办……………… 5154797
传真………………… 5151121
改造办现场………… 5351295

机动科

科长………………… 5153637
副科长……………… 5154236
检修………………… 5152357
工程………………… 5153758
管理………………… 5155290
仪、电、供………… 5152284
库房（东） ……… 5151442
库房（西） ……… 5154577

质量安全环保科

科长………………… 5152316
副科长……………… 5157784
质量、环保、安全管理
………………………… 5154919
安监、消防………… 5152615

政工部

主任………………… 5153547
宣传、团委、工会 … 5153794
组织、纪检………… 5154097

裂解装置

装置工程师………… 5154706
装置工程师助理…… 5154704
办公室……………… 5156346
21 号控制 ………… 5152810
油厂热线…………… 5155064

聚乙烯装置

装置工程师………… 5152579
办公室……………… 5152938
31 号控制室 ……… 5153011

聚丙烯装置

装置工程师………… 5152405
办公室……………… 5154517
54 号控制室 ……… 5153013

乙二醇装置

装置工程师………… 5153480
办公室……………… 5154340
41 号、42 号控制室 5153012
E5 罐区 …………… 5153014
环氧乙烷装车站…… 5153333
热线………………… 5152693

重整装置

装置工程师………… 5151487
办公室……………… 5152441
11 号、24 号控制室 5152814

抽提装置

装置工程师………… 5151484
办公室……………… 5152473
22 号、65 号控制室 5152815

溶剂装置

装置工程师………… 5154475
办公室……………… 5152229
己烷………………… 5153110
150 号工段 ……… 5153520
己烷装车站………… 5157797

油品装置

装置工程师………… 5152890
办公室……………… 5152822
92 号控制室 ……… 5155500
泵站………………… 5152821

分析室

工程师……………… 5152234
办公室……………… 5152823
东区原料班………… 5153025
西区分析倒班……… 5152824

仪电室

工程师……………… 5154777
办公室……………… 5157510
P11 变电所 ……… 5152816
P14 变电所 ……… 5153016

P31 变电所………… 5153017
P54 变电所………… 5153018

烷基铝装置

装置工程师………… 5152775
办公室……………… 5157253
控制室……………… 5157271
烷基铝分析………… 5157255

尼龙厂

领导

厂长………………… 5152889
党委书记…………… 5154702
生产副厂长………… 5152891
设备副厂长………… 5152943
人事副厂长………… 5155640
总工程师…………… 5152939
设备副总…………… 5150323
工艺副总…………… 5155643
安全总监…………… 5150322
党委书记室（原） … 5152853
政工部主任室（原） 5152983

综合科

科长………………… 5157241
文秘………………… 5152569
传真………………… 5152442
人事管理…………… 5152851
教育培训…………… 5154369
劳资管理…………… 5153067
武装保卫…………… 5154224
成本核算…………… 5157412
车队………………… 5156970

政工部

部长………………… 5152837
组织纪检…………… 5154840
宣传团委…………… 5153538

质量安全环保科

科长………………… 5152973
副科长……………… 5150423
安全管理…………… 5153726
………………………… 5152975
质量环保…………… 5152918

生产科

科长………………… 5153340
副科长……………… 5352127
能源计量…………… 5157444
………………………… 5155641
计划统计…………… 5153431
生产运行高工……… 5152753
调度室……………… 5151172
………………………… 5153360

技术科

科长………………… 5352125
工艺管理高工……… 5152957
工艺运行高工……… 5352124
工艺管理…………… 5157172
技改技措…………… 5157143
………………………… 5152926
资料室……………… 5154072
已二酸项目组……… 5150243
已二酸项目组……… 5150241

设备科

科长………………… 5154107
副科长……………… 5352142
仪电高工…………… 5152985
容器预算…………… 5157072
设备高工…………… 5157084
检修土建…………… 5153589
备件综合计划……… 5153588
库房………………… 5155642

醇酮、环己烷装置

装置工程师………… 5152745
装置工程师助理…… 5152547
办公室……………… 5152978
段长………………… 5155352
控制室……………… 5152922

新醇酮装置

装置工程师………… 5155793
党支部书记………… 5157392
装置工程师助理…… 5152925
高工………………… 5157371
办公室……………… 5150725
段长………………… 5157361
控制室……………… 5159546
新醇酮装置仪表班 … 5352832

已二酸、成盐装置

装置工程师………… 5152633
………………………… 5154370
党支部书记………… 5157060
装置工程师助理…… 5150821
………………………… 5153785
办公室……………… 5157087
………………………… 5351804
库房………………… 5152923
控制室……………… 5152923
新已二酸装置仪表班 5352817

已二腈、硝酸装置

装置工程师………… 5152725
党支部书记………… 5153233
装置工程师助理…… 5159562
办公室……………… 5152585
工艺技术组………… 5152924
81 号控制室 ……… 5153783

仪电室

装置工程师………… 5152864
装置工程师助理…… 5157175
办公室……………… 5153656
P22 变电所………… 5152928
P23 变电所………… 5152929
P28 变电所………… 5155791
P29 变电所………… 5155752

分析室

装置工程师………… 5152843
党支部书记………… 5152828
装置工程师助理…… 5152841
值班主任…………… 5152913
原料成品…………… 5153443
已二酸装置分析点 … 5351746

热电厂

领导

厂长………………… 5154013
党委书记…………… 5157755
生产副厂长………… 5352809
设备副厂长………… 5156532
总工程师…………… 5154576
生产副总工程师…… 5151136
设备副总工程师…… 5154679
安全总监…………… 5154685

综合科

科长………………… 5154611
副科长……………… 5157052
………………………… 5154684
文秘、综合管理…… 5154606
………………………… 5152566
人事劳资培训……… 5154604
武装保卫、成本管理 5154610
传真………………… 5350061
值班室……………… 5154686

政工部

主任………………… 5152571
群团、宣传………… 5154310
组织、纪检………… 5152548

生产技术科

科长………………… 5154557
副科长、技改、水系统工程师
………………………… 5152251
调度主任…………… 5157433
热动、电气高工…… 5153404
能源、煤炭、计划、计量工程师………………… 5154307
值长室（调度室） … 5154661
………………………… 5153736
技术档案室………… 5156957

设备科

科长………………… 5154796
副科长……………… 5153474
电气高工、预算、压力容器工程师……………… 5159241
仪表高……………… 5154696
工、土建助工备件材料
………………………… 5154564
汽机、锅炉高工室 … 5154686

质量安全环保科

科长………………… 5154683
副科长……………… 5152403
安全、环保工程师、消防管理助工……………… 5154313

汽机装置

装置工程师………… 5154619
党支部书记………… 5154677
运行班长…………… 5154698

锅炉装置

装置工程师………… 5154015
党支部书记………… 5350062
运行班长…………… 5154656

电气仪表装置

装置工程师………… 5157898
党支部书记………… 5154669
装置设备助理……… 5154616
装置生产、仪表助理 5154617
东区一主控………… 5154692
东区二主控………… 5157160
西区主控…………… 5152252
公用系统班………… 5155296

化学装置

装置工程师………… 5154633
党支部书记………… 5154309
装置设备助理……… 5154688
东区净水…………… 5154693
西区净水…………… 5153314
酸碱泵房…………… 5154695
煤分析班…………… 5350870

燃料装置

装置工程师………… 5154634
党支部书记………… 5151108
集控………………… 5154665
运行班长…………… 5154663
解冻………………… 5152702

除灰装置

装置工程师………… 5157053
党支部书记………… 5154246
东区运行班长……… 5151031
灰坝运行…………… 5154636
燃油泵房…………… 5153312
供暖泵房…………… 5153416

动力厂

领导

厂长………………… 5153765
党委书记…………… 5152478
生产副厂长………… 5152277
设备副厂长………… 5157899
总工程师…………… 5154801
工艺副总…………… 5154188
设备副总…………… 5154800
安全总监…………… 5152377

综合科
科长……………………5153763
副科长…………………5152303
…………………………5152274
文书……………………5153455
武装保卫………………5152434
财务……………………5152399
成本……………………5151257
人事管理………………5152460
劳资管理………………5152293
离退管理………………5152291
小车班…………………5153724
值班室…………………5154153
监察室…………………5153287
…………………………5153060
生产技术科
科长……………………5153354
副科长…………………5153523
…………………………5153769
调度长…………………5152345
微机……………………5152363
能源……………………5153582
办事……………………5156575
技术……………………5154441
收费……………………5153677
计量……………………5154668
调度……………………5152311
…………………………5152313
…………………………5152424
…………………………5152620
…………………………5156511
质量安全科
科长……………………5152377
副科长…………………5153517
…………………………5152017
安全消防………………5153568
质量微机………………5154155
设备科
科长……………………5153542
副科长…………………5153165
…………………………5151626
…………………………5152492
一楼……………………5152408
二楼……………………5152463
库房……………………5152271
政工部
主任……………………5152342
纪检……………………5154537
工会……………………5153584
290 水源装置
装置办公………………5136522
54 号变电所 …………5136777
泵房……………………5136444
300 取水装置
装置办公室……………5107290
59 号变电所 …………5107503
泵房……………………5107503
301 净水装置
装置办公室……………5800342
58 号变电所 …………5800341
泵房……………………5800066
430 配水装置
装置工程师……………5152536
装置办公室……………5153066
一配泵房………………5153316
B1 变电所………………5152557
二配泵房………………5157424
B55 变电所……………5157434
废水回收房……………5153342
440 污水处理装置
装置工程师……………5152827
装置办公室……………5153595
化验室…………………5155354
B19 变电所……………5152603
含油泵房………………5155414
450 污水处理装置
装置工程师……………5153409
装置办公室……………5157684
控制室…………………5157704
化验室…………………5157624
排放泵站………………5157447
B22 变电所……………5154406
94 污水处理装置
装置工程师……………5152240
装置办公室……………5153374
一楼……………………5156060
二楼……………………5152401
94 号控制室 …………5153317
320 号控制室 ………5152912
P13 变电所……………5153319
B9 变电所………………5152565
维修工段………………5152407
仪表班…………………5152757
生化工段………………5154761
西明沟泵房……………5152199
空分装置
装置工程师……………5153283
书记室…………………5154060
设备室…………………5159554
装置办公室……………5154061
新制氮…………………5153514
5 号空控制室 ………5153113
双高空分………………5154067
双高压缩………………5154068
空分分析班……………5155376
色普分析班……………5151422
聚酯空分装置
装置工程师……………5157692
装置办公室……………5159104
空分控制………………5151707
空压站控………………5159103
公用装置
装置工程师……………5153187
装置办公室……………5154074
93/100 工段 …………5153519
93/300 工段 …………5153521
93/4－600 工段 ……5153528
CR－12 控制室 ……5153610
电气装置
装置工程师……………5153772
装置办公室……………5153114
馒头山变电所…………5153450
东山变电所……………5154544
B2 变电所 ……………5153511
B13 变电所 …………5154059
B23 变电所……………5157733
P21 变电所 …………5153611
空分维修班……………5150951
聚空维修班……………5150537
管网装置
装置工程师……………5152668
装置办公室……………5155356
巡线工段………………5153428
配汽站…………………5153427
分析装置
装置工程师……………5152236
装置办公室……………5153554
净水化验室……………5153159
污水化验室……………5153184
综合班…………………5155386
公用班…………………5153529
检维修装置
装置工程师……………5152785
装置办公室……………5153156
一楼……………………5151254
抄表室…………………5157273
原料装置
装置工程师……………5153717
装置办公室……………5155319
化工一段………………5153224
化工二段………………5153618
酸碱泵房………………5153619
盐酸泵房………………5153622
甲醇泵房………………5153621
综合班…………………5155329
仪电班…………………5155339
维修班…………………5155349
门卫……………………5155349
车队调度室……………5155321
食堂……………………5152374

机械厂

总机……………………5153418
总机 200 转后 3 位数
领导
厂长……………………5153268
…………………………201
书记……………………5153241
…………………………202
生产厂长………………5153240
…………………………204
经营厂长………………5152618
…………………………206
技术厂长………………5153727
…………………………203
总工程师………………5153179
总机转…………………205
副总工程师总机转……337
工会……………………5152224
…………………………209
传真……………………5153246
综合办（人事劳资）部长 366
厂办……………………5153242
…………………………211
复印室…………………352
小车班…………………245
成本站…………………215
…………………………228
党委部长………………223
团委……………………221
宣传……………………222
生产部长………………212
调度室…………………5152217
…………………………237
…………………………239
外协统计室……………5153258
…………………………236
安监部…………………347
经营部长………………214
副部长…………………237
经营部…………………5153248
…………………………234
…………………………232
…………………………230
成品库…………………341
运输车队………………5153792
…………………………326
二部部长………………5153244
…………………………353
经营二部………………338
生产准备部长…………225
计划一室………………5151740
…………………………227
计划二室………………235
管材库…………………313
白钢库…………………314
碳钢库…………………316

焊材库……………………319
工具库……………………362
物供部长…………5153176
……………………5155046
计划室……………5153162
……………………224
……………………5159140
工艺部长……………………241
工艺部……………………243
……………………351
焊接室……………………226
设计部长……………………217
设计部……………………365
质量保证部……………………350
人设书记…………5151107
总机转……………………216
人事劳资……………………220
食堂……………………244
门卫……………………229
设备部长……………………218
设备室……………………348
……………………328
密封公司……………………349
检测厂长……………………340
副厂长……………………344
办事组……………………345
评片室……………………335
容器厂……………5153270
……………………302
副厂长……………………339
办事组……………………303
生产组……………………304
技术组……………………306
检查站……………………307
机制一厂长转……………300
生产组……………5152465
……………………247
技术办事组……………………248
特钢厂长…………5154716
……………………308
技术办事组………5153272
……………………309
化验室……………………310
电炉……………………311
AOD 炉 ……………………312
槽车厂长…………5154443
副厂长……………5154445
办事组……………5154446
……………………233
调度室……………………343
锻压厂长…………5153420
……………………318
副厂长……………………320
办事组……………………321

调度组……………………323
热处理组转……………………333
锻造组……………5153135
……………………242
机制二厂长………5168517
……………………361
副厂长……………………360
组装……………………359
变压站……………………334
变电所……………5153417
……………………246
管工……………………301
容加工厂长………5152457
……………………356
调度室……………………357
库房……………………358
备料厂长…………5152871
……………………316
生产组……………………317
锯床班……………………313
检查站……………………325
阀门厂长…………5153275
……………………363
办事……………………364
冲压厂长…………5152988
……………………329
办室组……………………330
综合班……………………240

仪表厂

领导

厂长……………5351919
党委书记…………5350702
生产副厂长………5156546
经营副厂长………5157512
总工程师…………5156200
工会主席…………5153148
副总工程师………5352564
……………………5157942

综合办公室

主任……………5156442
副主任……………5153655
劳资传真…………5153564
企管、行政………5150394
成本核算…………5153562
……………………5156413
总机……………5154784
小车班……………5153174

党委工作部

部长……………5153001
工会……………5153036
团委……………5153372
宣传办……………5154783

生产科

科长……………5154478
副科长……………5154202
调度室……………5153174
……………………5153711
能源、设备管理……5156414
检修预算管理………5157242
合同管理室…………5153729

工程科

科长室……………5157721
副科长室…………5153236
工程预算高工………5155286
工程预算…………5154200
材料计划…………5156504

技术科

科长……………5352084
质量技术…………5352064
档案室……………5154785

供销科

科长……………5154099
供应……………5151394
销售……………5153230
……………………5157667

技安科

科长……………5154098
安全管理…………5151224
门卫……………5351674

技术开发部

部长……………5155019
办公室……………5155847

仪表车间

主任……………5153080
副主任……………5152984
射线仪表班………5154481
……………………5351564
流量仪表班………5157364
转机仪表班………5154201
DCS 编程室 ………5156249

机械车间

主任……………5154489
副主任……………5154489
办公室……………5157743
衡器班……………5152658

工程车间

主任……………5153613
副主任……………5154480
办公室……………5153487
安装四班…………5152735

制造车间

主任……………5150074
书记……………5152895
副主任……………5154235
电缆桥架班………5157462

E+H 车间

主任……………5157063
办公室……………5157064

芳烃车间

主任……………5157094
书记……………5151317
副主任……………5155817
办公室……………5151364
芳烃仪表班………5157770
PX 仪表班 ………5157341
老 PTA 仪表班 ……5157595
新 PTA 仪表班 ……5150964
公用仪表班………5157712
分析仪表班………5157542
计量仪表班………5157539

聚酯车间

主任……………5152214
副主任……………5152514
办公室……………5157710
聚酯仪表班………5157623
长丝仪表班………5157643
短丝仪表班………5157671
公用仪表班………5156294

炼油车间

主任……………5153276
书记……………5150139
副主任……………5151250
办公室……………5152993
加氢仪表班………5155614
焦化仪表班………5157305
常压仪表班………5156977
脱硫仪表班………5153271
分析、计量仪表班 …5156401

烯烃车间

主任室……………5155178
书记室……………5159370
副主任室…………5352420
办公室……………5153725
21 号仪表班 ………5152812
31 号仪表班 ………5154515
41、42 号仪表班 …5153019
54 号仪表班 ………5154474
93 号仪表班 ………5154086
分析仪表班（东） …5154964
分析仪表班（西） …5154813
四套仪表班………5152817
计算机班…………5152365
烷基铝仪表班………5150442

尼龙车间

主任……………5152927
办公室……………5155494
81 号仪表班 ………5152724
52、83 号仪表班 …5152323
282、83 号仪表班 5352832
84 号仪表班 ………5152431
284 号仪表班 ………5352817

热电车间
主任……………………5154306
副主任…………………5151454
仪表值班室……………5157520
公用车间
主任……………………5157675
书记……………………5153245
办公室…………………5153123
硝酸仪表班……………5152272
空分仪表班长…………5155346
空分仪表班……………5154057
公用仪表班……………5154162
公长仪表班……………5154214
研究院仪表班…………5152354
化工一车间
主任……………………5151153
副主任…………………5150544
办公室…………………5152787
技术组…………………5154073
聚酯仪表班……………5154051
公用仪表班……………5153614
短丝仪表班……………5154904
无纺布仪表班…………5156427
公用事业分公司
经理……………………5153199
书记……………………5152677
生产副经理……………5351176
经营副经理……………5155509
办公室
主任……………………5155510
文秘、总务室…………5153377
人事劳资………………5155467
党委工作部
部长……………………5150637
党委工作部……………5153346
生产科
科长……………………5155471
副科长…………………5156464
……………………………5159420
调度室…………………5152777
……………………………5156147
技术室…………………5153330
预算室…………………5154381
安监科…………………5156446
能源讲量科……………5156485
经营科
科长……………………5153532
成本核算室……………5153065
供排水管理所
所长……………………5152285
书记……………………5151450
副所长…………………5152453
办公室…………………5156275
三级泵站………………5153490

十六区泵站……………5154412
十九区泵站……………5154423
二十区泵站……………5154211
污水泵站………………5157034
收费班…………………5351720
供电管理所
所长……………………5156263
内线班、值班室………5156871
抄表收费班……………5156461
供暖管理所
所长……………………5156656
书记……………………5153699
副所长…………………5156950
办公室…………………5153581
收费室…………………5152258
二号热力站……………5153368
三号热力站……………5156046
四号热力站……………5154166
五号热力站……………5151447
馒头山热力站…………5151446
东山热力站……………5156554
西环热力站……………5155067
维修一班………………5152906
维修二班………………5152950
维修三班………………5152659
维修四班………………5352114
液化气站
服务热线………………5351400
……………………………5351422
站长……………………5156376
书记……………………5154871
副站长…………………5156524
办公室…………………5152949
核算室…………………5152681
运行班…………………5152449
充气班…………………5152376
开票室…………………5155427
总站供气点……………5152696
十七区供气点…………5157261
十九区供气点…………5157415
门卫……………………5153771
计量管理所
所长……………………5154298
办公室…………………5156827
材料运输科
科长……………………5156953
办公室…………………5152552
保管班…………………5156963
能源稽查队
队长……………………5155700
内勤……………………5153454
保卫服务分公司
经理……………………5154681
党委书记………………5156597

副经理…………………5156568
综合办公室主任………5151061
文秘……………………5151063
值班室…………………5151134
党委工作部……………5151062
人事劳资科长…………5153388
人事劳资室……………5151135
督察科…………………5151043
劳动纪律管理科………5151075
警卫一大队部…………5153235
公司1号………………5152267
公司6号………………5153332
公司7号………………5152733
公司10号………………5152682
公司13号………………5154814
公司东环路……………5155220
公司西环路……………5154228
公司联运路……………5157503
公司办公楼……………5152660
警卫二大队部…………5154690
铁路运输部杨家调车场
……………………………5153604
炼油厂西门……………5154274
炼油厂北门……………5154304
芳烃厂2号车棚………5157506
聚酯厂5号……………5157507
聚酯厂北道口…………5157565
烯烃厂西区1号………5152242
烯烃厂东区车棚………5154654
尼龙厂车棚岗…………5154754
热电厂门………………5154658
热电厂北道口…………5154694
公司朱庄子……………5153376
动力厂空分车间………5153203
烷基铝厂门……………5157264
纤维厂门………………5152041
化工一厂办公楼………5155049
机械厂门……5153418转229
仪表厂门………………5351674
无纺布…………………5154520
化工厂正门……………5154790
化工厂北门……………5157417
技术中心门……………5154378
化纤公司东门…………5156357
警卫三大队部…………5152657
产品销售管理部车库 5152265
生产监测办公楼………5152400
生产监测中化室………5153096
财务资产处……………5352209
公司档案馆……………5152300
机电仪培训中心………5151974
职工技能鉴定中心 … 5158840
科协办公楼……………5156926
物供办公楼……………5154670

物供化工库……………5155338
物供总库………………5153357
物供危险品库…………5157077
物供十二万库…………5153617
物供库区北门…………5154415
公用事业办公楼………5159421
公用事业液化气站南门
……………………………5153771
公用事业水所…………5156275
公用事业材料运输科 5156963
公用事业计量管理所 5156827
公用事业收费所………5152258
老干部活动中心………5154401
离退休职工管理中心第一活动站……………………………5155717
离退休职工管理中心第二活动站……………………………5157234
辽化电视台……………5152496
辽化报社………………5157479
工程有限公司门………5152276
巡逻大队
大队队部………………5154284
巡逻大队值班室………5155110
行政事务管理中心
主任……………………5153906
综合科科长……………5158339
事务科科长……………5156803
行政管理………………5152206
资产管理室……………5157061
……………………………5154952
服务一班………………5157117
服务二班………………5153766
库房……………………5154807
扶贫绿化办副主任 … 5152860
离退休服务科长………5152458
副科长…………………5156369
办公室…………………5152786
文化宫主任……………5156817
副主任…………………5156337
场务……………………5156648
售票……………………5156290
体育馆长………………5156409
收发……………………5156217
电工……………………5156718
离退休职工服务中心
主任……………………5154897
……………………………5155234
综合科…………………5350096
……………………………5155158
管理科…………………5155136
……………………………5154400
服务科…………………5154420
……………………………5152754
活动科…………………5155159

……………………… 5150621
第一活动站
门卫……………………… 5155717
第二活动站
门卫 ……………… 5157234
第三活动站
门卫……………………… 5151642
老干部活动中心
门卫……………………… 5154401

职工医院

院前急救调度室…… 5311120
……………………… 5155120
……………………… 5158120
服务总台…………… 5158462
……………………… 5158430
院长 ……………… 5153191
副院长……………… 5157295
……………………… 5153078
……………………… 5156115
党委副书记、工会主席
……………………… 5156783
……………………… 5153602
综合办公室………… 5153303
……………………… 5158207
主任………………… 5152222
……………………… 5158091
副主任（消防、安全）
……………………… 5153690
信息室……………… 5157467
……………………… 5158034
传真………………… 5157296
总值班室…………… 5152246
……………………… 5158212
党委工作部
部长………………… 5153606
……………………… 5158084
副部长（团委）…… 5153692
……………………… 5158128
纪检、监察………… 5153291
……………………… 5158154
专职党支部书记…… 5153693
工会………………… 5153494
……………………… 5158057
医务科……………… 5153379
……………………… 5158208
科长………………… 5152642
……………………… 5158659
副科长（医疗保险） 5352120
医保咨询室………… 5158321
……………………… 5158194
远程会诊室………… 5152936
护理部……………… 5153638
……………………… 5158211
预防保健科………… 5152676
……………………… 5158274
预防接种室………… 5158411
财务科……………… 5153172
……………………… 5158213
……………………… 5158054
核算室……………… 5158447
微机室……………… 5158050
……………………… 5158079
人事劳资教育科…… 5152752
……………………… 5158013
设备科……………… 5152629
……………………… 5158264
……………………… 5158040
中心供氧…………… 5158243
急诊科
急诊处置室………… 5158210
抢救室……………… 5158255
急诊医生值班室（夜间）
……………………… 5158302
医技科室
门诊部……………… 5153550
……………………… 5158219
住院处……………… 5153650
……………………… 5158235
……………………… 5158324
收款处……………… 5158233
药剂科……………… 5154094
……………………… 5158213
……………………… 5158323
病房药局…………… 5158224
西药局……………… 5158259
制剂室……………… 5158220
血库………………… 5152244
……………………… 5158209
放射学科 CT 室 …… 5152626
……………………… 5158214
放射学科 X 光室 … 5158257
病理科……………… 5157951
……………………… 5158216
电诊科……………… 5158258
电诊科夜间值班室 … 5158363
腔镜室……………… 5158260
检验科主任室……… 5158256
血清室……………… 5158222
供应室……………… 5158261
病房
外一科病房 ……… 5158247
外二科病房………… 5158248
外三科病房………… 5158249
内一科病房………… 5158244
内二科病房………… 5158245
内三科病房 ……… 5158215
……………………… 5152411
血透室……………… 5158217
内四科病房………… 5158246
离休干部保健科…… 5158275
麻醉科（手术室） … 5152628
……………………… 5158254
妇科病房…………… 5158251
分婴室……………… 5158237
儿科病房 ………… 5158252
五官科病房 ……… 5158240
传染科病房………… 5158253
门诊
内科门诊…………… 5158221
外科门诊…………… 5158223
皮肤科……………… 5158044
儿科门诊…………… 5158225
妇科门诊…………… 5158227
眼科门诊…………… 5158442
五官科门诊………… 5158229
中医门诊…………… 5158231
针灸室……………… 5158041
微波牵引室………… 5158062
理疗室……………… 5158051
中医骨科…………… 5158047
口腔科……………… 5158239
职业病防治所……… 5153398
……………………… 5159294
仙鹤门诊…………… 5154594
光华社区门诊……… 5158273
长征社区门诊……… 5159284
美林园社区门诊…… 5354543
总务科……………… 5153464
……………………… 5158262
……………………… 5158443
门卫 ……………… 5158014
电梯………………… 5158315
浴池………………… 5158445
锅炉班……………… 5158232
洗衣班……………… 5158236
食堂………………… 5158238
太平间……………… 5158242
变电所……………… 5158226
下水班……………… 5158228
维修班……………… 5158230
车队………………… 5154499
……………………… 5158037
救护车队值班室…… 5158263

辽化宾馆

总服务台咨询电话 … 4229158
……………………… 4229151
大堂副经理室……… 4229110
订餐………………… 4229160
总经理室…………… 4229836
党总支书记室……… 4229837
办公室
主任………………… 4229834
副主任……………… 4229842
办公室……………… 4229835
前厅部
经理………………… 4229401
餐饮部
经理………………… 4229168
副经理……………… 4229169
客房部
经理………………… 4229225
服务中心…………… 4229833
后勤部
经理………………… 4229851
副经理……………… 4229843
办公室……………… 4229853
变电所……………… 4229170
营销部
经理………………… 4229516
商贸部
经理………………… 4229847
康乐部
经理………………… 4229839
人教部
经理………………… 4229841
保卫科
科长………………… 4229138
质检部
经理………………… 4229574
团委、成本工作站 … 4229849
工会………………… 4229852

5. 兰州石化公司

地址：甘肃省兰州市西固区兰炼街10号　　邮政编码：730060　　公网区号：0931

总经理办公室

办公室……32205
……32164
……33777
……32096
……35690
……35138
……36662
……35125
……32462
……36270
……33726
……35059
……32577
……35031
……35188
……32319
……36662
……31718
……35521

维护稳定办公室

办公室……35232
……36717
……30810
……34582
……35280
……36819

档案中心

办公室……33714
……24100
……88537
……30413
……32348
……24432
……34530
……30413
……32735
……33736
……24431
……34531
……24101
……24100
……32735
……88393
……34578
……88544

其他电话

……30952
……33686
……32317
……34454（2号楼）
……34517（3号楼）
……35514
……30582
……32611（1号楼）
……34803（2号楼）
……36740
……30331（3号楼）
……36643（4号楼）
……36064
……38914
……33526
……36934
……33630

党委办公室

主任……33446
副主任……33709
秘书科长……31885
常务秘书……36126
综合科长……33447
文书科长……36747
秘书……36746
机要科长……32570

规划处

处长……31656
副处长……30992
……33401
……35452
……30991
……36991
规划……32221
……31070
投资计划……32351
计划……31428
项目管理……36130
……36131
……32245
……31879
……36093
……36094
……31069
土地管理……31481
……32358
项目后评价……34034
设计管理……34073
总图管理……34072

计划处

处长……32269
副处长……32631
……30046
计划管理……35451
……30139
……36022
能源计划……36139
经营管理……32341
综合统计……33419
信息管理……33814
生产统计……35495
商品统计……30014
能源统计……32343
……35023
三剂管理……30138
综合管理、自用油管理 35897

价格信息处

处长……32266
副处长……36298
科长……36011
副科长……32541
综合信息管理……31810
综合管理……32727
科长……33891
统销产品价格管理……31778
科长……36092
自销产品价格管理……36383
副科长……34289
原材料价格管理……31862
金属材料价格管理……30984
非金属材料价格管理 …36382
科长……30848
机械设备价格管理……36230
电气仪表价格管理……31071

财务处（内控办公室）

处长……30983
副处长……30076
……36987
……31752
……32372
……30195
……33832
……30770
……32618

会计科

科长……36476
复核……33892
复核……31541
总账报表……31771
……30146
……30587
往来管理……30577
股权管理……30577

综合科

科长……34082
副科长……32089
综合管理……32728
档案管理……32728
人事管理……30977
培训管理……30974
工会管理……36946
中油财务驻兰办科长 …69711

信息科

科长……34944
财务信息系统管理……36943

稽查科

科长……35572
内部稽察……33479

干部处

处长……32156
副处长……32517
组织建设……30755
领导干部管理……33432
领导班子建设……30595
党校
副校长……21736
综合管理高级主管……23971
教务主管……24012
高级教师……24419
中级教师……24012
门卫……24442

人事处

处长……32518
副处长……31482
……35669
正处级管理咨询专家 …30169
副处级管理咨询专家 …32360
综合管理……32363
人事档案管理……31101
人事统计……30702
技干管理……33635

合同管理……………… 31076
人事监察……………… 31444
劳动组织……………… 33433
劳动组织管理………… 34320

人力资源计划科

科长…………………… 31935
员工管理……………… 33523
工资管理……………… 34445
……………………… 31932
组织绩效管理………… 32361
组员工绩效管理……… 32896

培训管理中心

主任…………………… 24206
副主任………………… 24195
综合管理科…………… 24109
接待联络……………… 24186

培训一科

……………………… 24038
培训…………………… 24128
……………………… 24013

生产处

处长…………………… 31539
副处长………………… 30476
……………………… 31189
……………………… 33723
……………………… 36029

生产优化科

科长…………………… 32349
生产技术管理………… 32013

能源管理科

科长…………………… 36517
节能规划、项目管理 … 33423
节能考核管理………… 31107
节能现场管理………… 30055

工艺技术管理科

科长…………………… 30036
装置达标、制度管理 … 30077
装置标定、QHSE 体系 33474
事故、生产受控管理 … 30057

系统管理科

科长…………………… 35806
系统管理……………… 32300

调度中心

副主任………………… 32301
办公室………………… 35800
周计划………………… 32306
调度值班主任………… 35802
值班调度员…………… 32303
……………………… 35802
……………………… 36111
……………………… 36222

机动处

处长…………………… 36698
副处长………………… 33266
……………………… 35289
……………………… 36435
……………………… 33453
……………………… 32335
综合、计划管理……… 33460
检维修施工管理……… 35594
动力管理……………… 33263
合同、费用、内控管理 31762
大机组管理…………… 33459
工艺设备管理………… 35584
统计考核……………… 33874
仪表管理……………… 32339
检维修施工管理……… 33897
……………………… 35811
防腐管理……………… 31087
电气管理……………… 35456
……………………… 35384
仪表管理……………… 35384
转动设备管理………… 33458
档案资料管理………… 30059
水质管理……………… 36503
……………………… 36502
……………………… 36501
司机…………………… 36532

技术处

处长…………………… 32270
副处长………………… 34490
……………………… 36176
……………………… 35870
……………………… 33420
科研计划管理………… 31350
成果与专利管理……… 30704
化工科研管理………… 31303
炼油科研管理………… 36734
公用工程技术管理…… 36427
技术管理……………… 31847
安全环保技术管理…… 36724
技措计划管理………… 36132
炼油技措管理………… 35454
化工技措管理………… 35462
储运技措管理………… 36569
三剂管理……………… 32738
科协管理……………… 36178

安全处

处长…………………… 33421
副处长………………… 30246
……………………… 31376
……………………… 36105
现场管理……………… 36104
安全教育培训管理…… 32389
事故管理……………… 36110
项目管理……………… 36103
安全技术管理………… 35708
……………………… 36102
消防管理……………… 34667
车辆管理……………… 30667
交通服务管理………… 33778
职业卫生管理………… 34050
综合管理……………… 31212
健康监护管理………… 36106
安全监督……………… 35884
……………………… 31252
安全现场监督………… 31056
……………………… 31346

环保处

处长…………………… 34689
副处长………………… 32388
环保管理主管………… 35874
环境统计……………… 36108
环保治理高级主管…… 32274
清洁生产高级主管…… 30782
环保监督主管………… 34527
综合管理高级主管…… 32366

审计处

处长…………………… 34786
副处长………………… 36660
……………………… 35366
……………………… 36047
工程审计高级主管…… 36049
……………………… 36050
……………………… 36679
工程审计主管………… 36048
……………………… 36675
工程审计主办………… 35628
……………………… 33462
管理审计高级主管…… 36677
……………………… 36045
管理审计主管………… 36046
……………………… 31498
……………………… 36683
……………………… 33852
……………………… 35835
……………………… 35851
……………………… 36682
……………………… 36653
管理审计主办………… 36681
……………………… 36661
综合管理高级主管…… 36652
信息报表管理高级主管 30042

企管法规处

处长…………………… 36336
副处长………………… 30928
……………………… 33298
……………………… 33953
合同管理……………… 31368
……………………… 31585
……………………… 36478
市场准入及招投标管理 36810
……………………… 36360
纠纷管理……………… 36479
……………………… 30564
综合法律事务管理…… 32314
企业管理……………… 36482
基层建设……………… 30938
制度管理……………… 33725
……………………… 30269
综合管理……………… 36087

企业文化处

处长…………………… 32509
副处长………………… 36671
……………………… 35296
对外宣传（记者站）
站长…………………… 36674
办公室………………… 30969
……………………… 33293
企业文化宣贯与推进 … 30363
企业文化理论与识别 … 36037
宣传理论教育………… 32511
宣传思想动态………… 31980
统战（侨联）………… 36670
统战咨询师…………… 36672
精神文明建设………… 36673
公司新闻图片宣传…… 30599

纪委监察处

纪委副书记监察处处长 35516
正处级纪检员（副处长）
……………………… 36248
……………………… 33518
纪委办公室主任（副处级）
……………………… 32520
正处级管理咨询师…… 35385
正处级管理咨询专家 … 32536
党风廉政高级主管…… 31820
信访管理高级主管…… 30045
信访审理高级主管…… 34287
案件检查高级主管…… 32521
……………………… 30163
案件检查主管………… 32436
效能监察高级主管…… 30044
……………………… 30162
效能监察主管………… 30176
巡视管理高级主管…… 34230
……………………… 35372

工会

副主席…………………… 30929
……………………………… 32471
……………………………… 32700
……………………………… 32299
……………………………… 35926
高级咨询师……………… 35337
综合管理………………… 33354
宣教调研………………… 36055
文书……………………… 33627
组织民管………………… 32522
群众生产………………… 36649
生活女工………………… 36165
法律保障………………… 33831
帮扶救助………………… 32525
……………………………… 33628
财务管理………………… 36642
会计……………………… 33632
出纳……………………… 34916

团委

团委副书记……………… 34118
青工部…………………… 32532
组织部…………………… 32513

直属单位工程部

主任……………………… 35228
副主任…………………… 31739
……………………………… 35298
……………………………… 36312
……………………………… 35260
……………………………… 34135
……………………………… 32898
……………………………… 30273

计划科

科长……………………… 31216
计划管理………………… 31006
……………………………… 31064
……………………………… 32313
……………………………… 36315

设计科

科长……………………… 30728
设计管理………………… 36313
……………………………… 36314
……………………………… 35778
……………………………… 30251

施工一科

科长……………………… 31287
工程管理………………… 36319
……………………………… 36542
……………………………… 36317
……………………………… 30183
……………………………… 35205
……………………………… 35117
……………………………… 36540

施工二科

科长……………………… 30096
副科长…………………… 30280
工程管理………………… 30189
……………………………… 36320
……………………………… 36543
……………………………… 30177
……………………………… 30379

采购部（电子商务部）

经理……………………… 31399
书记……………………… 36772
副经理…………………… 36802
……………………………… 36390
……………………………… 34297
……………………………… 30288
……………………………… 34956
……………………………… 32938

综合办公室

主任……………………… 36391
综合管理………………… 33306
商务管理………………… 32307
党群管理………………… 34376
信息管理………………… 36806
供应商管理……………… 36242
质量管理………………… 30608
质量调查………………… 36808
管理统计………………… 35558
综合服务………………… 30600
出门证管理……………… 36231
出门证办证员…………… 36231
……………………………… 89559

计划调度科

科长……………………… 36140
计划管理………………… 36301
……………………………… 33310
……………………………… 36143
计划调度员……………… 30660
……………………………… 30651

工程项目科

科长……………………… 35873
副科长…………………… 36141
进口管理………………… 36236
项目计划管理…………… 35235
……………………………… 35235

合同科

科长……………………… 33424

销售部

经理……………………… 33727
副经理、党委副书记 … 33957
副经理…………………… 35250
……………………………… 33875
……………………………… 35856
……………………………… 33754
……………………………… 36299
……………………………… 36565
经理助理………………… 33465
……………………………… 32806

综合办公室

主任……………………… 33929
副主任…………………… 36012
综合管理………………… 34630
薪酬管理………………… 35426
文档管理………………… 35426
党务、纪检……………… 36680
司机……………………… 32255
……………………………… 36016

计划科

科长……………………… 35430
副科长…………………… 36014
合同管理………………… 34632
……………………………… 36017
市场信息………………… 33469
内控体系管理…………… 34133
价格信息管理…………… 33687
信息系统管理…………… 34133
计划与客户管理………… 36017

工程造价部

主任……………………… 36761
副主任…………………… 32181
……………………………… 31504
……………………………… 30683

综合科

科长……………………… 36752
主管……………………… 35597

概算科

科长……………………… 30061
高管……………………… 35484
主管……………………… 30683
主办……………………… 35484

定额价格科

科长……………………… 36261
高管……………………… 36261
主办……………………… 36751
……………………………… 36751

安装科

科长……………………… 31733
副科长…………………… 30094
高管……………………… 34498
……………………………… 36260
……………………………… 36486
……………………………… 35830
……………………………… 30082
主办……………………… 30087
……………………………… 35734

土建科

科长……………………… 30043
高管……………………… 31773
主管……………………… 31874
……………………………… 36486
……………………………… 31874

质检部

主任……………………… 33417
党委书记、纪委书记、工会主席……………………… 32870
副主任…………………… 34489
……………………………… 36985
副总工程师……………… 32880
安全副总监……………… 35455

办公室

主任……………………… 34113
纪检员…………………… 36183
文秘行政………………… 34480

人事科

科长……………………… 36272
培训、绩效管理………… 34250
薪酬、保险……………… 34483
劳动组织………………… 34280

企文科

科长……………………… 32874
工会副主席……………… 35641
团委副书记……………… 30482
工会干事………………… 33431
宣传干事………………… 33431

技术科

科长……………………… 33653
标准化管理……………… 35307
质量与品牌管理………… 30478
设备与采购管理………… 33634
科研管理………………… 33657
采购计量管理…………… 33657

质量科

副科长…………………… 30446
检验过程质量管理……… 32571
质量攻关………………… 32571
质量技术管理…………… 30449
实物质量监督管理……… 30435
QHSE 体系管理………… 35667
实物质量监督管理……… 34110
现场质量监督管理……… 31646
原材料质量管理………… 31743
质量信息统计管理……… 30462

计量部

主任……………………… 33638
书记……………………… 35105

副主任………………… 32781
…………………………… 36085
党委副书记、纪委书记、工会主席………………… 32092
主任助理……………… 33870
综合管理科
科长…………………… 32332
高级主管……………… 34450
党务、工会…………… 31102
组织劳动工资………… 34195
网络管理……………… 34451
文书资料……………… 31102
计量管理科
科长…………………… 36495
计量管理……………… 36497
…………………………… 36497
…………………………… 36496
…………………………… 34195
油品计量技术管理…… 32780
计量管理……………… 36496
企业文化……………… 30800
技术科
科长…………………… 34193
计量技术……………… 32784
…………………………… 32784
炼油计量站
站长…………………… 34197
副站长………………… 34241
…………………………… 31777
…………………………… 34196
油品计量技术管理…… 32780
计量检定站
站长…………………… 36185
副站长………………… 31192
技术科长……………… 34195
计量检定管理………… 34604

武装部

部长…………………… 24492
政委…………………… 24882
副部长………………… 21743
高级主管……………… 37396
军事科长……………… 24491
人防装备科长………… 84547
军事科主管…………… 21744
办公室副主任………… 21773
主办…………………… 21745
人防装备科主办……… 65724
军事科民兵管理……… 21744
保安…………………… 24493

原油采购部

经理 ……… 33876－7364285
副经理………………… 35579
原油采购科
科长…………………… 33925
副科长………………… 30588
合同管理……………… 36490
计划统计管理………… 36491
原油统计……………… 36489
外运计划计量………… 36489
内部计量管理………… 30590
外部计量管理………… 30590
外运日计划…………… 30536
槽车计量班…………… 36492
管道计量班…………… 7814179
原料采购科
科长…………………… 30126
副科长………………… 35182
计划合同管理………… 34499
采购管理……………… 31980
计量统计管理………… 31980
综合办公室
主任 ……… 33926－7355468
党群管理……………… 30818
行政管理……………… 30818
司机…………………… 30596
驻新疆办主任………… 30126
采购管理…… 0991－4828116
鄯善工作站 0995－8313884
雅克拉工作站 0996－2133634
驻甘青办主任………… 30566
长庆工作站 0955－3949825
青海工作站 0979－8451699

体系办公室

副主任………………… 34581
综合管理科
科长…………………… 35324
综合管理……………… 36109
质量体系管理科
副科长………………… 31307
HSE 体系管理科
科长…………………… 36107
HSE 体系管理 ……… 36113

直属党委

直属党委书记、纪委书记…………………… 36657
高级咨询专家………… 36040
专家…………………… 36627
直属工会主席………… 36041
办公室主任…………… 36637
党组织建设高级主管 … 36042
工团管理主管………… 35775

资本运营部

主任…………………… 30076
党委书记、纪委书记、工会主席………………… 36709
副主任………………… 36987
…………………………… 30766
…………………………… 31858
…………………………… 36951
股权处置高级主管…… 33602
…………………………… 36001
主管…………………… 32253
…………………………… 36021
股权管理高级主管…… 32498
股权投资主管………… 31255
产权管理主管………… 33357
财务管理高级主管…… 31838
财务监督主管………… 31497
财务管理主管………… 30903
收益管理主办………… 31104
综合管理高级主管…… 31177
综合管理主管………… 36452
劳资薪酬管理主办…… 36690
高级主管……………… 32460
党群管理高级主管…… 36957

6. 独山子石化公司

地址：新疆维吾尔自治区克拉玛依市独山子区北京路6号　邮政编码：833600　公网区号：0992

总经理办公室

主任………………… 3871075
副主任……………… 3871069

生产运行处

副处长……………… 3871255
办公室……………… 3871260

规划计划处

副处长……………… 3871156
…………………………… 3865668

财务处

处长………………… 3871018
副处长……………… 3871170
办公室……………… 3871016

人事处（党委组织部）

处长………………… 3871240
副处长……………… 3872710

企管法规处

处长………………… 3871100
副处长……………… 3871271

安全质量环保处

常务副处长………… 3871130
副处长……………… 3871041

科技信息处

处长………………… 3871134
副处长……………… 3871138

机动设备处

处长………………… 3871262
副处长……………… 3875396

审计处

处长………………… 3871250
副处长……………… 3871272

纪委（监察处）

副处长……………… 3871169
…………………………… 3871167

企业文化处（党委宣传部）

处长………………… 3871030
副处长……………… 3871032

工会（团委）

副主席……………… 3872006
…………………………… 3872273
书记………………… 3871102

政法委

副书记……………… 3872102

工程项目管理部

主任………………… 3876283
副主任……………… 3871122

电子商务部

主任………………… 3862468

副主任…………………… 3862070

工程造价管理部

主任…………………… 3872722

炼油厂

常务副厂长………… 3863996
副厂长……………… 3869295
厂办副主任………… 3862096

乙烯厂

厂长………………… 3865117
副厂长……………… 3864506
厂办主任…………… 3865505

热电厂

厂长………………… 3870396
书记………………… 3870253
厂办主任…………… 3870185

研究院

院长、书记………… 3862400

营销调运处

经理、书记………… 3871566
副处长、副书记…… 3864244

工程公司

经理、书记………… 3872799
党政办……………… 3866904

供应处

处长………………… 3862468
副处长、副书记…… 3881767

信息中心

主任………………… 3868450
副主任……………… 3868449

外事处

处长………………… 3887620
书记………………… 3887611

原油处

处长………………… 3863076
书记………………… 3861443

动力公司

经理………………… 3869040
书记………………… 3869049

通信公司

经理、书记………… 3864021

工程质量监督站

站长………………… 3868491
书记………………… 3875049

计量检测中心

主任………………… 3860349
书记………………… 3862880

环境监测中心

主任、书记………… 3860463

消防大队

大队长……………… 3861950

矿区服务事业部

办公室……………… 3871079
…………………… 3872507
…………………… 3871229

工程建设指挥部

综合部……………… 3887689

7. 乌鲁木齐石化公司

地址：新疆维吾尔自治区乌鲁木齐市米东区　邮政编码：830019　公网区号：0991

总经理（党委）办公室

总经理办主任、党办副主任
…………………… 6903011
党办主任，总经理办副主任、机关党委书记……… 6900028
副主任、接待处处长 6901341
副主任……………… 6901365

秘书科

科长………………… 6903391
…………………… 6901522
副科长……………… 6901863
秘书………………… 6900464
…………………… 6907008
…………………… 6901010
文书………………… 6903522
…………………… 6900990

信访科

科长………………… 6903256
科员………………… 6910445

机要科

科长………………… 6902256

接待科

科长………………… 6901322
车辆调度…………… 6903511

驻京办

主任……… 010－64854182
办公室……… 010－62623941
…………… 010－64854182
…………… 010－64843156
…………… 010－62623940

驻沪办

主任 ……… 021－6913199
副主任、党支部书记
…………… 021－62673479

人事部（组织部）

助理办……………… 6902088
副主任……………… 6901786
总经济师…………… 6903512
组干副处长………… 6903550
工资副处长………… 6901467
社保中心主任……… 6906133
职介所副主任……… 6902503
鉴定中心主任……… 6900642

机动设备部

经理助理、主任…… 6902455
设备处副处长……… 6901345
…………………… 6911191
检维修处副处长…… 6907673
动力处副处长……… 6901978
办公室……………… 6911211
…………………… 6901645
…………………… 6903018
…………………… 6912841
…………………… 6911632
…………………… 6902545
…………………… 6901745
…………………… 6903497
…………………… 6909272
…………………… 6907518
…………………… 6902745

计划部

办公室……………… 6903833
…………………… 6903000
…………………… 6911141
…………………… 6902762
…………………… 6903601
…………………… 6901183
…………………… 6903601
…………………… 6901735
…………………… 6903380
…………………… 6913630
…………………… 6902065
…………………… 6913453
…………………… 6902115

企管法规处

处长………………… 6902201
…………………… 6901060
副处长……………… 6901841
…………………… 6908241
…………………… 6902825
…………………… 6901225
科长………………… 6910030
科员………………… 6902601
…………………… 6912076
…………………… 6903799
正科………………… 6901801
…………………… 6901787

监察处

纪委书记…………… 6901350
正处级监察员、监察处副处长
…………………… 6902330
正科级监察员、纪委办公室主任………………… 6902471
副科级监察员……… 6902551
纪委副书记、监察处处长
…………………… 6903330

综合事务处

处长………………… 6901011
副处长……………… 6900127
科长………………… 6903871
办公室……………… 6914543
…………………… 6905348
…………………… 6904793
…………………… 6903922
…………………… 6902279
…………………… 6904897
…………………… 6901922

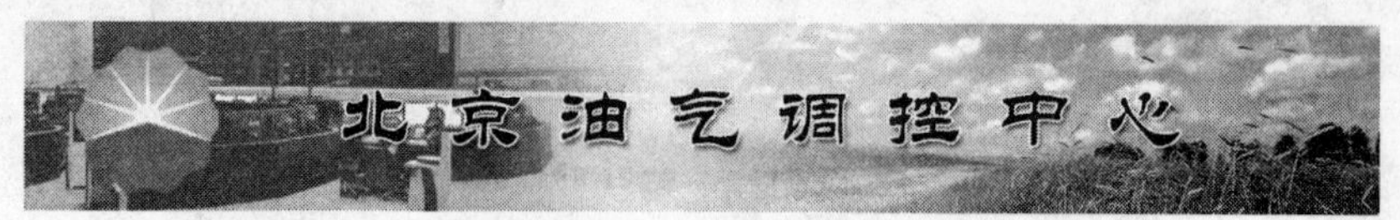

工会

主席…………………… 6901350
副主席………………… 6902492
……………………… 6911261
办公室主任………… 6901292
女工办主任………… 6907368
干事…………………… 6902292
……………………… 6910835
财务…………………… 6903646

炼油厂工会

主席…………………… 6902719
干事…………………… 6911921

化肥厂工会

主席…………………… 6903902
干事…………………… 6903812

化纤厂工会

主席…………………… 6906347
干事…………………… 6903604

热电厂工会

主席…………………… 6902209
干事…………………… 6902789

化工厂工会

主席…………………… 6911165
干事…………………… 6908744

塑料厂工会

主席…………………… 6910051
干事…………………… 6905514

动力厂工会

主席…………………… 6901036
干事…………………… 6902418

净化水厂工会

主席…………………… 6903559

设备安装公司工会

主席…………………… 6903933
干事…………………… 6901591

运输公司工会

主席…………………… 6902689
干事…………………… 6902406

新峰公司工会

主席…………………… 6902371
干事…………………… 6909774

西峰集团工会

主席………… 6902023－8215
干事………… 6902023－8109

职工医院工会

主席…………………… 6901898
干事…………………… 6902375

研究院工会

主席…………………… 6901518
干事…………………… 6901618

设计院工会

主席…………………… 6901738
干事…………………… 6911127

营销调运部工会

主席…………………… 6912787
干事…………………… 6902985

原料处工会

主席…………………… 6902613
干事…………………… 6907744

工程项目管理部工会

主席…………………… 6902583
干事…………………… 6901251

工程监理公司工会

主席…………………… 6902133
干事…………………… 6902643

信息传媒中心工会

副主席………………… 6903211
干事…………………… 6901034

国际事业公司工会

主席…………………… 6901785
干事…………………… 6902665

监测中心工会

主席…………………… 6901204
干事…………………… 6902233

离退休管理处工会

主席…………………… 6903034
干事…………………… 6901554

物装公司工会

主席…………………… 6903703
干事…………………… 6903903

计控中心工会

副主席………………… 6902669

教育培训中心工会

主席…………………… 6901328
干事…………………… 6906345

内退中心工会

主席…………………… 6903639
干事…………………… 6909424

石化宾馆工会

主席…………………… 6901430

消防支队工会

代主席………………… 6914775

劳务派遣公司工会

副主席………………… 6912241

公司机关工会

主席…………………… 6900028
干事…………………… 6903871

武装保卫部工会

主席…………………… 6901975
干事…………………… 6906385

矿区服务事业部

主席…………………… 6901725
干事…………………… 6911804

团委

办公室………………… 6901256
……………………… 6903736
炼油厂团委………… 6903382
……………………… 6907900
化肥厂团委………… 6901912
化纤厂团委………… 6901217
热电厂团委………… 6903417
化工厂团委………… 6903832
塑料厂团委………… 6905514
设安公司团委……… 6902287
西峰公司团委 6902023－8112
矿区事业部团委…… 6911804
动力厂团委………… 6903055
净化水厂团委……… 6914187
原料处团委………… 6902542
新峰公司团委……… 6909774
消防支队团委……… 6904119
信息中心团委……… 6912266
职工医院团委……… 6902375
石化宾馆团委……… 6901230
营销调运部团委…… 6907640
……………………… 6911111
物装公司团委……… 6902603
设计院团委………… 6903738
工程项目管理部团委 6902763

原料处

书记…………………… 6902265
副处长………………… 6902613
……………………… 6903002
……………………… 6903199
计划合同科长……… 6903001
现场管理科长……… 6908944
现场管理副科长…… 6907724
综合科长…………… 6909442
原料车间副主任…… 6903275
原油、天然气管理 … 6902018
统计结算…………… 6909445
现场管理科业务…… 6907724
车间统计员………… 6907744
车间工艺、安全管理 6902542
设备管理、材料员 … 6907346
班长值班室………… 6902199
化验室………………… 6902149
下卸泵房……………… 6907264
动态计量交接祖…… 6901761
静态计量交接祖…… 6907127

工程项目管理部

经理…………………… 6901129
党委书记……………… 6901760
副经理………………… 6902347
……………………… 6903804
……………………… 6908844
……………………… 6913610
……………………… 6903029
……………………… 6902583
副总工………………… 6902379
……………………… 6911737
副总经济师………… 6901483
主任…………………… 6905217
办公室
主任…………………… 6901251
……………………… 6911710
……………………… 6903254
办公室………………… 6901619
……………………… 6911603
……………………… 6911719
……………………… 6902763
……………………… 6911729
……………………… 6911625
……………………… 6911670
副总工………………… 6902483
办公室………………… 6902326
……………………… 6906247
……………………… 6903483
……………………… 6902326
……………………… 6903483
……………………… 6902183

工程监理公司

经理…………………… 6902443
……………………… 6903126
副经理………………… 6901043
工会主席……………… 6902133
总会计师……………… 6911910
总经济师……………… 6901943
副总工程师………… 6903266
技术信息部主任…… 6902692
财务部副主任……… 6901261
监理部主任………… 6901125
市场开发部主任…… 6901878
质量安全部副主任 … 6902683
市场开发部副主任 … 6901718
考核认证办负责人 … 6904991
经理办公室秘书…… 6902643
人事教育部干事…… 6901893
监理部办事员……… 6901144
技术信息部资料员 … 6902692
经理办公室文书…… 6903747
人事教育部劳资员 … 6901893

网络管理中心

炼油厂………………… 6903913
化肥厂………………… 6900749
化纤厂………………… 6906788
热电厂………………… 6902661
化工厂………………… 6907189
动力厂………………… 6902974
塑料厂………………… 6905514

净化水厂……6908725
物装公司……6903563
营销调运部……6909222
研究院……6910302
原料处……6902018
设备安装公司……6901051
消防支队……6909202
设计院……6905194
档案馆……6908661
监测中心……6901496
计控中心……6901529
造价中心……6910981
职工医院……6901501
教育培训中心……6903231
运输公司……6903406
西峰集团……6902023－8209
石化宾馆……6914104
工程监理公司……6902692
工程项目管理部……6902763
武装保卫部……6903624
退管中心……6901497
信息传媒中心……6910615
新峰公司……6909774
矿区服务事业部……6902888
矿区经营计划管理处 6900545
矿区生产服务处……6912405
矿区物业服务中心 … 6911795
矿区环卫绿化中心 … 6903746
矿区社会公益服务中心
……6907477
矿区房地产开发公司 6900545
矿区物业维修中心 … 6904032
矿区公用事业服务中心
……6911772
矿区文体中心……6901608

档案馆

馆长……6912903
副馆长……6901365
副处级调研员……6901445
办公室……6901565
财务管理……6902565
档案管理……6902588
翻译管理……6902025
科技情报……6902118

监测中心

中心主任……6901818
书记……6902934
副主任……6901847
……6902381
总会计师……6908832
副总工……6914386
综合科科长……6901204
财务科科长……6901138
计调科科长……6901965
容检室科长……6903755
理化室科长……6902138
转动室科长……6902402
新技室科长……6912506
安评技术负责……6901038
抗震办副科长……6902233
新技室副科长……6912506
安评……6902935

物资装备公司（电子商务办）

经理（党委）办公室 6900240
……6901042
……6907413
……6903903

经营管理科

……6910949
……6901103
……6910949
网络管理……6903347
团支部书记……6902603

消防支队

支队长……6902614
教导员党总支书记 … 6904845
副支队长、工会主席 6914775
副支队长、纪检委员 6913916
综合办公室主任……6909202
战训科长……6910547
设备科长……6910574
消防一中队长、团总支书记
……6904119
消防二中队长……6904119
消防三中队长……6902758
消防四中队长……6904119

造价中心

办公室……6903833
……6903029
……6903254
……6911670
……6911603
……6907288
……6912452
……6910982
……6910989
……6910981

8. 宁夏石化公司

地址：宁夏银川市西夏区北京西路1338号　　邮政编码：750026　　公网区号：0951

总经理（党委）办公室

主任……2972569
副主任……2974830
……2972782
小车队队长……2972484
副队长……2972484
办公室……2972760
……2972379
……2973100
……2974800
……2972216
……2972576
……2972662
……2972560
……2972361
……2972612
……2060481
……2060068
……2060497
……2060435
……2060407

人事处（组织部）

处长……2659
副处长……2229
主管……4208
……2219
……2273
……2174
……2210
……4206

规划计划处

处长……2266
副处长……2764
……6460
办公室……2701
……2708
……2312
……4284
……4139
……2883
……6474
……6430
……6421
……6148

财务处

化肥业务区

处长……2447
副处长……4723
……4911
科员……4911
……2785
副科长……2278
科员……2278
……2343
……2136
副科长……2439
科员……2439
副科长……2137
科员……2137
副科长……2129
科员……2129
副科长……2480
科员……2480
……4265
……4265
副科长……2047
……2047

炼油业务区

科长……2060220
……2058351
科员……2060428
……2060432
……2060263
……2060459
……2060400
……2058351

企管法规处

处长……2972168
副处长……2972166
职员……2972565
……2974538
……2974961
……2972770

………… 2972682
………… 2973385
………… 2973381
………… 2973228

纪委监察处

处长 ………… 2189
纪检员 ………… 2376

审计处

处长………… 2974300
办公室………… 2972404
………… 2972360

生产运行处

化肥业务区

处长 ………… 4402
副处长 ………… 2550
工艺技术员 ………… 2844
………… 2105
………… 2104
………… 4485
………… 4348
………… 4731
计量技术员 ………… 4491
调度员 ………… 4117
………… 4157
………… 2316

炼油业务区

处长………… 2060455
副处长………… 2060438
调度主任………… 2060408
技术员………… 2060454
统计员………… 2060201
调度员………… 2060102

机动设备处

处长 ………… 4901
副处长 ………… 4238
………… 3561
静设备组组长 ………… 2194
动设备组组长 ………… 2788
电仪组组长 ………… 2463
综合组组长 ………… 2483
静设备管理 ………… 4297
………… 4595
动设备管理 ………… 2267
………… 2788
电气管理 ………… 2638
仪表管理 ………… 2157
综合管理 ………… 2638
………… 2483
………… 2016
………… 4297
仪表管理 ………… 2157

质量安全环保处

处长 ………… 4798
副处长 ………… 2925
安全技术管理 ………… 4253
环保管理 ………… 4148
杜邦及职业卫生 ………… 4189
质量管理 ………… 2275
HSE 体系 ………… 4253
安全监督 ………… 2007
HSE 体系 ………… 4252
环保管理 ………… 2243
安全监督 ………… 4643
质量管理 ………… 2275
杜邦推进管理 ………… 4006

科技处（总工办）

处长 ………… 2580
副处长 ………… 4402
项目管理 ………… 4163
………… 2584
科研管理 ………… 2146
………… 2195
成果管理 ………… 4193
研究所 ………… 2615
………… 4296
………… 3660
………… 2012876

党群工作处（团委、企业文化处）

处长 ………… 2477
副处长（团委书记） ………… 4118
办公室 ………… 2428
………… 2456
………… 2768
………… 2256
………… 4310
………… 2456

工会

副主席 ………… 2249
………… 4900
办公室 ………… 2424
………… 4121
………… 2313
………… 2769
………… 2910
………… 2540
………… 2987
………… 2454
………… 2294
电影院 ………… 2186

经营管理部

主任………… 2974292
股权管理………… 2974993
财务管理………… 2974993
清欠管理………… 2974972
综合管理………… 2974972
办公室………… 2972278

电子商务部（工程管理部）

主任 ………… 2818
副主任 ………… 2308
………… 4137
物资管理 ………… 2134
………… 4840

原供组

计划管理 ………… 4192
………… 4101
原煤管理 ………… 2021
………… 4912

设材组

计划管理 ………… 4180
………… 4942
………… 4155
………… 4940
………… 4101
………… 2818

工程预决算部

主任 ………… 2326
办公室 ………… 2650
………… 2118
………… 2242
………… 2382
………… 2696
………… 2431
………… 4187
………… 3799

安全环保监督部

主任 ………… 2254
办公室 ………… 2535
………… 3108
………… 3076548

物资保管配送部

主任 ………… 2118
副主任 ………… 2302
综合管理负责人 ………… 4172
行政管理负责人 ………… 4176
劳资办事 ………… 4176
信息管理 ………… 4105
QHSE 管理 ………… 2240
安全管理 ………… 2240
治安保卫 ………… 2235
………… 2240
仓储管理负责人 ………… 4136
检验管理负责人 ………… 4104
检验员 ………… 4183
材料库区管理员 ………… 2657
管件保管 ………… 4200
紧固件保管 ………… 4200
钢材保管 ………… 2639
设备杂品保管 ………… 4197
阀门保管 ………… 4197
化工保管 ………… 2639
油品保管 ………… 4109
备件库区管理员 ………… 4340
压缩机备件保管 ………… 2314
密封件轴承保管 ………… 2314
仪表备件保管 ………… 4230
锅炉备件保管 ………… 2127
机泵备件保管 ………… 2314
电气备件保管 ………… 4230
地磅区域管理员 ………… 2140
地磅员 ………… 2140
物资配送负责人 ………… 4170
物资提货 ………… 2354
配送统计 ………… 2354
配送计划 ………… 2354
………… 2244
配送员 ………… 2872
………… 2244

营销调运部

主任 ………… 2667
书记 ………… 4606
副主任 ………… 4975

营管科

科长 ………… 4185
设备技术员 ………… 2669
………… 2747
质量及培训员 ………… 2677
安全员 ………… 4084
会计开票 ………… 4108
统计核算 ………… 4108
材料办事 ………… 2182
备件及油品保管 ………… 4589
影像化管理 ………… 4589
蓬布管理 ………… 4589
………… 2674
市场信息 ………… 4185
值班室 ………… 4182

储保科

科长 ………… 4675
副科长 ………… 4675
尿素班长 ………… 2669
复肥班长 ………… 4849

尿素火车发货 ………… 2669
………………………… 2747
尿素汽车发货 ………… 4171
复合肥发货 …………… 4849
………………………… 4807
大复合肥站台值班室 …… 4335
小复合肥站台值班室 …… 4342
氨站 …………………… 4805

转运科

科长 …………………… 4463
尿素叉车班长 ………… 4204
尿素叉车司机值班室 … 4204
复合肥叉车司机值班室 4084
叉车检修组 …………… 2649

治安管理部

主任 …………………… 4495
副主任 ………………… 2772
综合管理 ……………… 2730
生产区护卫队 ………… 2775
生活区护卫队 ………… 2848
交通管理 ……………… 4913
信息管理 ……………… 4913
武装干事 ……………… 2452
水源地管理 …………… 2410
治安管理 ……………… 2776
装备管理 ……………… 4110
人民调解 ……………… 4110
生产区护卫值班室 …… 2658
东门卫 ………………… 2703
复合肥东门卫 ………… 4667
南门卫 ………………… 2642
西门卫 ………………… 2661
北门卫 ………………… 2603
生活区东门卫 ………… 2793
生活区西门卫 ………… 2608

图书情报信息部

主任 …………………… 2816
副主任 ………………… 2406
………………………… 2116
计算机房 ……………… 2706
………………………… 2112
科技情报 ……………… 2417
标准图书 ……………… 2399
科技期刊 ……………… 2790
科技档案 ……………… 4231
办公室 ………………… 2700
………………………… 2224
财务 …………………… 2556
供应部 ………………… 4168
电话站长 ……………… 2553
话务 …………………… 2528
………………………… 2531
………………………… 2620
通信机房 ……………… 2520

消防气防管理部

主任 …………………… 4146
副主任 ………………… 2900
办事员 ………………… 2344
办公室 ………………… 2630
防火管理 ……………… 4395
气防管理 ……………… 2789
………………………… 2414
消防队长 ……………… 4095
战训科 ………………… 2414
………………………… 4095
车辆管理 ……………… 2630

消防队值班室

………………………… 2600
………………………… 4091
………………………… 4093

工程质量监督站

站长 …………………… 4131
设备监督师 …………… 2849
土建监督师 …………… 2527

职业技能鉴定中心

主任 …………………… 2743
综合管理 ……………… 2230
………………………… 4199
………………………… 2593
培训管理 ……………… 2742
………………………… 2575

工程管理部

副总经理 …………… 2972559
处长 ………………… 2974123
副处长 ……………… 2972625
…………………… 2060118
土建 ………………… 2972800
…………………… 2972744
…………………… 2972213
…………………… 2060426
设备 ………………… 2972401
…………………… 2974050
…………………… 2060426
电仪 ………………… 2972644
…………………… 2972778
…………………… 2060426
水暖 ………………… 2974050
综合 ………………… 2972800
…………………… 2972156
…………………… 2972138
…………………… 2972744
…………………… 2972644
…………………… 2972213
…………………… 2060426

合成氨一部

主任 …………………… 2121
书记 …………………… 2889
副主任 ………………… 2108
………………………… 2330
………………………… 2103
技术员 ………………… 2301
………………………… 2220
………………………… 2190
………………………… 2159
设备员 ………………… 2301
………………………… 2628
………………………… 4540
………………………… 4687
办事员 ………………… 2139
安全员 ………………… 4181

合成氨二部

主任 …………………… 4259
书记 …………………… 4717
副主任 ………………… 4257
………………………… 4266
………………………… 4302
技术员 ………………… 4184
………………………… 4261
………………………… 4291
设备员 ………………… 4264
………………………… 4324
安全员 ………………… 4191
材料员 ………………… 4258
办事员 ………………… 4258
培训员 ………………… 4261
技术员 ………………… 4184
团支书 ………………… 4191
班长 …………………… 4792

尿素一部

主任 …………………… 4201
书记 …………………… 2215
副主任 ………………… 2205
………………………… 2375
………………………… 2419
办公室 ………………… 2372
………………………… 2374
………………………… 2185
………………………… 2337
………………………… 2420

尿素二部

主任 …………………… 4262
书记 …………………… 4955
安全监督 ……………… 4270
副主任 ………………… 4270
工艺设备组 …………… 4260
职能办事组 …………… 4269
总控室 ………………… 4279
现场操作室 …………… 4263
大颗粒电梯 …………… 4573
包装段长室 …………… 4443
包装站台 ……………… 4471
包装技术组 …………… 4957
包装维修班 …………… 4771
包装空袋库 …………… 4514
包装控制室 …………… 4914
包装耙料机 …………… 4301
包装二联锁 …………… 4111

水汽部

主任 …………………… 2180
书记 …………………… 2635
副主任 ………………… 4980
………………………… 2781
………………………… 2117
工艺组 ………………… 2132
设备组 ………………… 2101
………………………… 2636
安全组 ………………… 2181
综合组 ………………… 2123
一化中控室 …………… 2245
值班室 ………………… 2462
一化交接班室 ………… 2403
一化电除尘 …………… 2472
0105 机组 …………… 2135
二化中控室 …………… 4765
二化磨煤机房 ………… 4277
二化点火平台 ………… 4715
25MW 机组 …………… 4285
0103 控制 …………… 2341
0104 控制 …………… 2149
0107 控制 …………… 2627
二化脱盐水 …………… 4757
二化循环水 …………… 4513
生化岗 ………………… 2646
酸碱站 ………………… 2208
污水泵房 ……………… 2239

中心化验室

主任 …………………… 2554
书记 …………………… 2545
副主任 ………………… 2558
………………………… 4156
………………………… 2247
工段长 ………………… 2538
………………………… 2196
………………………… 4330

…………………… 4313
技术员 …………………… 2645
…………………… 4186
…………………… 2538
…………………… 2196
…………………… 4330
办事员 …………………… 2427
保管员 …………………… 2427

电议部

主任 …………………… 2432
书记 …………………… 4125
副主任 …………………… 2591
…………………… 2385
…………………… 2573
…………………… 2496
技术组 …………………… 2767
安全与仪表技术 …………………… 2164
…………………… 2231
…………………… 4432
电气技术 …………………… 2567
…………………… 2941
…………………… 2587
材料与保管 …………………… 4116
总变控制 …………………… 2437
…………………… 2201
合成中控 …………………… 2448
合成主电 …………………… 2130
高锅变电 …………………… 2578
电气一化段长 …………………… 2317
维护 …………………… 2687
电气二化段长 …………………… 4467
维护 …………………… 4425
主控楼值班室 …………………… 4276
低压室 …………………… 4273
热电站值班 …………………… 4413
循环水高压室 …………………… 4522
一化合成班 …………………… 2564
…………………… 2561
…………………… 2307
…………………… 2783
二化合成班 …………………… 4220
…………………… 4219
…………………… 4267
…………………… 2754
分析班 …………………… 2348
大复合肥电气技术 …………………… 4066
…………………… 4364

储运部

主任 …………………… 2418
书记 …………………… 2298
副主任 …………………… 4152
…………………… 2217

技术组
设备员 …………………… 2423
…………………… 2371
…………………… 2153
安全员 …………………… 2481

综合组

办事员 …………………… 2426
保管员 …………………… 2353
货运计划 …………………… 2409

岗位

输送值班长 …………………… 2214
运输值班长 …………………… 2203
输煤集控 …………………… 4293
车站运转 …………………… 2676
206 罐区 …………………… 2370
货运室 …………………… 2435
工务 …………………… 2429
电务 …………………… 4164
…………………… 4232
轨道衡 …………………… 2223
检修班 …………………… 2651
16 道口 …………………… 4100
综合班 …………………… 2492
列检 …………………… 3871386
五公里货运 …………………… 3871387

复合肥部

主任 …………………… 4158
…………………… 2226
书记 …………………… 4997
副主任 …………………… 4054
…………………… 4162
…………………… 4864

办事组

部门负责人 …………………… 4026
劳资员 …………………… 4024
办事员 …………………… 4056
信息员 …………………… 4011
司机 …………………… 4767

供销部

主管 …………………… 4796
原料供应计划员 …………………… 4820
渠道管理主办 …………………… 4756
…………………… 4490
…………………… 4564
农化服务主办 …………………… 4756
…………………… 4000
运输管理主办 …………………… 4873
销售管理主办 …………………… 4000
…………………… 4610

综合部

计划主管 …………………… 4587
接保工段长 …………………… 2015
合同管理 …………………… 4059
成本核算 …………………… 4055
统计核算 …………………… 4055
订单管理 …………………… 4642
订单管理 …………………… 4642
保管班班长 …………………… 4605
车辆班班长 …………………… 2253
保管发货 …………………… 4976
运行保管 …………………… 4067
成品保管 …………………… 4067
原料保管 …………………… 4067
中控岗位 …………………… 4863
货运协理 …………………… 4067
装载机司机 …………………… 2037

生产部

工艺技术员 …………………… 4977
安全技术员 …………………… 2253
…………………… 4976
质量技术员 …………………… 4976
…………………… 4605
材料员 …………………… 4052
培训员 …………………… 4977
设备技术员 …………………… 4053
…………………… 4062
…………………… 2015

化工一班

班长 …………………… 4099
副班长 …………………… 4099
洗涤岗位 …………………… 4099
中控岗位 …………………… 4099
返料岗位 …………………… 4099
包装岗位 …………………… 4099
保管岗位 …………………… 4099

化工二班

班长 …………………… 4099
副班长 …………………… 4099
中控岗位 …………………… 4099
返料岗位 …………………… 4099
包装岗位 …………………… 4099
保管岗位 …………………… 4099
洗涤岗位 …………………… 4099

化工三班

班长 …………………… 4099
副班长 …………………… 4099
洗涤岗位 …………………… 4099
返料岗位 …………………… 4099
中控岗位 …………………… 4099
包装岗位 …………………… 4099
保管岗位 …………………… 4099

化工四班

班长 …………………… 4099
副班长 …………………… 4099
中控岗位 …………………… 4099
返料岗位 …………………… 4099
洗涤岗位 …………………… 4099
包装岗位 …………………… 4099
包装岗位 …………………… 4099
保管岗位 …………………… 4099

化工五班

班长 …………………… 4099
副班长 …………………… 4099
包装岗位 …………………… 4099
返料岗位 …………………… 4099
洗涤岗位 …………………… 4099
造粒岗位 …………………… 4099
原料保管 …………………… 4099
中控岗位 …………………… 4099
装卸 …………………… 2037
保管 …………………… 4067
…………………… 4042
中控室 …………………… 4863
…………………… 4099
洗涤 …………………… 4483
储运 …………………… 4062
包装楼 …………………… 4063
装卸 …………………… 2037

安检公司

经理 …………………… 2263
书记 …………………… 4810
副经理 …………………… 4203
…………………… 2445
…………………… 2357
…………………… 2655

综合部

主任 …………………… 2364
办公室 …………………… 2493
…………………… 2279
财务 …………………… 2250
计划统计 …………………… 2346
材料组 …………………… 2421
物资管理 …………………… 4130
传真 …………………… 2678

生产部

主任 …………………… 2442
办公室 …………………… 4153
…………………… 2504
…………………… 4147
…………………… 2416

维修部

调度 …………………… 2621
…………………… 2513
技术室 …………………… 2648
核算室 …………………… 4225
综合室 …………………… 4570
材料室 …………………… 2209

合成工段 …………… 2471
尿素工段 …………… 2227
公用工程工段 ………… 2563
二化肥工段 ………… 4278
…………………… 4974
综合工段 …………… 4282
铆工工段 …………… 2204
复合肥班 …………… 2149
焊接班 …………… 2675
防腐保温段 ………… 4178
值班室 …………… 2648
仪表技术 …………… 2405
电气技术 …………… 2695
…………………… 2609
仪表检修班长 ………… 2231
电气检修班长 ………… 2293
电气检修 …………… 2491
仪表调节阀班 ………… 2598

工程部

主任 …………… 2765
副主任 …………… 4227
调度 …………… 2514
…………………… 2467
综合室 …………… 2544
办公室 …………… 4446
经营部 …………… 2349
…………………… 4224
技术组 …………… 4223
筑炉班 …………… 4994
理化班 …………… 2476
汽车班 …………… 2514

机加部

主任 …………… 2443
调度室 …………… 2206
综合办事 …………… 2413
核算组 …………… 2221
工具室 …………… 2234
密封件 …………… 4249
办公室 …………… 5035885
…………………… 2928
…………………… 5692146
…………………… 6198284
…………………… 3063726
…………………… 3364
…………………… 3400
…………………… 3954
…………………… 6728039
…………………… 4657
…………………… 4119925
…………………… 3881
…………………… 2850

工业公司

经理 …………… 4891
书记 …………… 2470
副经理 …………… 2107
…………………… 4984
技术组 …………… 4245
财务 …………… 4813
…………………… 4412
质量安全 …………… 2160
劳资 …………… 2722
采购 …………… 4814
传真 …………… 2024192
…………………… 4441
司机 …………… 2791
水厂办公室 ………… 2106
技术组 …………… 4764
操作室 …………… 2202
维修班 …………… 4737
水稳剂厂办公室 ……… 4686
技术组 …………… 4965
化验室 …………… 4465
操作室 …………… 4317
膨润土基地 ………… 2024302
甲醛厂办公室 ………… 2110
技术组 …………… 4795
操作室 …………… 4794
装卸队 …………… 4341
印刷厂办公室 ………… 4250
操作间 …………… 2570
禾露水厂 …………… 2702
修旧利废厂 ………… 4109
消防器材服务中心 …… 4138
营销部 …………… 2694
…………………… 4336
送水热线 …………… 4358
…………………… 4898
办公室 …………… 2950
…………………… 3685
…………………… 5066870
…………………… 4978

新型建材厂

厂长 …………… 2260
副厂长 …………… 4323
综合经营部 ………… 4222
生产技术部 ………… 4322
控制室 …………… 4303
财务室 …………… 2505
办公室 …………… 4320
…………………… 4315
…………………… 3961
…………………… 4778
…………………… 4100091

商运公司

经理 …………… 2725
副经理 …………… 2802
副经理、安全监督 …… 4817
统计核算 …………… 4281
财务 …………… 4272
司机 …………… 4841
办公室 …………… 4526
…………………… 5025975
…………………… 3063337
…………………… 2666
修理部 …………… 2723
客运队 …………… 4484
配件部 …………… 4494
货运队 …………… 4837
…………………… 4631
综合 …………… 4450
门卫 …………… 2724

恒宇置业有限公司

经理 …………… 2670
副经理 …………… 4970
…………………… 4288
房产运营 …………… 4502
房产开发 …………… 3808
综合管理 …………… 3789
司机 …………… 4578

矿区服务事业部

综合办公室负责人 …… 2635
办公室 …………… 4636
…………………… 4113
人事劳资部负责人 …… 2168
办公室 …………… 2207
计划财务部负责人 …… 2429
党群工作负责人 ……… 2380
办公室 …………… 4121
…………………… 2283
…………………… 4675
运行管理部负责人 …… 2281
办公室 …………… 2162
安全环保部负责人 …… 2254
办公室 …………… 2212
离退休管理部负责人 … 4626
办公室 …………… 2415
…………………… 4069
…………………… 4907

物业公司

经理 …………… 2282
副经理 …………… 4369
…………………… 2712
综合管理 …………… 4102
劳资室 …………… 2199
财务 …………… 2748
房产管理部主任 ……… 4449
公积金管理 ………… 4377
1 号单身楼 ………… 4524
2 号单身楼 ………… 4588
3 号单身楼 ………… 4391
餐饮部主任 ………… 2396
餐饮部灶房 ………… 4475
统计核算 …………… 4466
幼儿园园长 ………… 4369
副园长 …………… 4590
新教学楼 …………… 2111
公用事业部主任 ……… 2274
维修班 …………… 4566
加热站 …………… 4548
电工班 …………… 4562
物业管理处主任 ……… 4339
副主任 …………… 4870
天然气售气 ………… 4451
天然气配气站 ………… 4256
邮局 …………… 4255
…………………… 2021890

园林公司

经理 …………… 4508
副经理 …………… 2710
…………………… 2819
办公室 …………… 4473
财务室 …………… 4566
工程部 …………… 2813
设计室 …………… 4469
花房 …………… 4482
保管 …………… 2689
综合楼保安、保洁 …… 2966
办公楼保安 ………… 4005
办公楼保洁 ………… 2434
办公楼三楼会务 ……… 2347

宁化医院

院长 …………… 2390
…………………… 2393
副院长 …………… 2192
医院办公室 ………… 2425
…………………… 2430
计划生育办公室 ……… 2258
急救电话 …………… 120
…………………… 2120
医生组、值班电话 …… 2142
护理部 …………… 2865
药房 …………… 2165
妇科 …………… 2411
放射科、检验科 ……… 2192
救护车司机值班室 …… 2258
收费室 …………… 4493

宁化宾馆

经理 …………… 2553
书记 …………… 4234

副经理 …… 4057
财务部 …… 2368
客房部 …… 4039
餐饮部 …… 4003

一部

总台 …… 2518
…… 4166
二楼服务台 …… 4176
三楼服务台 …… 4911
总机 …… 4894
…… 4950
…… 4243

二部

总台 …… 2191
…… 3516
东楼服务 …… 4018—5668
西楼服 …… 4028—5669
文娱厅 …… 4038—5673
商务中心传真 …… 4092
总机 …… 4018
…… 4028
…… 4038
…… 4048

其他

宁京公司（驻京办）总机
…… 64417848
…… 64417852
…… 64422630
经理室 …… 107
会计 …… 111
出纳 …… 117
司机 …… 101
传真 …… 103
宁华路街道办事处
…… 2152
…… 4825
…… 4304
文昌刑警队
…… 4110
…… 4981
…… 4913
工商银行 …… 2151
农业银行 …… 2031029
民航问询处 …… 6912218
联航问询处 …… 5066098
火车站问询处 …… 3922222

实华科贸公司

经理 …… 4563
营销部 …… 2351
…… 4774
…… 2844
生产部 …… 2718
技术组 …… 2503
办事 …… 4061
保管 …… 4458
氧气厂 …… 2238
二级泵房 …… 2436
天车岗位 …… 4801
一化热水站 …… 2334
干灰控制 …… 4947
灰库岗位 …… 4954

9. 大连石化公司

地址：辽宁省大连市甘井子区山中街1号　邮政编码：116032　公网区号：0411

总经理（党委）办公室

办公室 …… 86670557
传真 …… 86672517

党委工作处

办公室 …… 86671096
传真 …… 86671096

人事（组织）处

办公室 …… 86773166
传真 …… 86671435

纪委（监察处）

办公室 …… 86774819
传真 …… 86772514

工会

办公室 …… 86773101
传真 …… 86772284

企管法规处

办公室 …… 86772103
传真 …… 86772548

审计处

办公室 …… 86774118
传真 …… 86774862

规划计划处

办公室 …… 86774376
传真 …… 86775554

生产运行处

办公室 …… 86772318
传真 …… 86774374

科技管理处

办公室 …… 86772456
传真 …… 86773352

机动设备处

办公室 …… 86774492
传真 …… 86672186

安全环保处

办公室 …… 86672604
传真 …… 86672604

财务处

办公室 …… 86772248
传真 …… 86774025

营销处

办公室 …… 86772412
传真 …… 86672904

信访办

办公室 …… 86775041
传真 …… 86773622

保卫处

办公室 …… 86773312
传真 …… 86671471

信息中心

办公室 …… 86772407
传真 …… 86774300

物资采购管理部

办公室 …… 86773330
传真 …… 86773330

添加剂厂

办公室 …… 85916288
传真 …… 85916283

有机合成厂

办公室 …… 86772072
传真 …… 86671253

10. 大连西太平洋石油化工有限公司

地址：辽宁省大连市经济技术开发区海青岛　邮政编码：116600　公网区号：0411

总务部

部长 …… 87510025
文秘处 …… 87510012
后勤处 …… 87506745
保卫处 …… 87510003

安全运行部

部长 …… 87510006
安全监督处 …… 87506753
生产运行处 …… 87510002
环保处 …… 87506623

设备部

部长 …… 87510026
设备处 …… 87506639
仪表处 …… 87506686
电力处 …… 87515103
计划处 …… 87506678

经营部

部长 …… 87510009
计划处 …… 87506782
外贸处 …… 87510011
原油处 …… 87514536
油品处 …… 87510014
化工处 …… 87510022
市场处 …… 87515996

技术部

部长 …… 87510005
工艺技术部 …… 87506764
防腐检验处 …… 87506658
体系管理处 …… 87506703
生产过程质量控制处 …… 87506167
质量分析处 …… 87506388
信息技术处 …… 87506689

发展部

部长 …… 87514089
规划处 …… 87506867
工程管理处 …… 87506893
档案处 …… 87506939
工程质量监督检查站 …… 87506965

物资供应部

部长 …… 87514088
设备仪电处 …… 87506865
化工与材料处 …… 87514091
仓储处 …… 87506199

财务部

部长 …… 87510030
会计处 …… 87506829
财务管理处 …… 87506890
工程预决算处 …… 87506889

人力资源部

部长 …… 87510015
人力资源管理处 …… 87514221
薪酬管理处 …… 87506613
人力资源开发处 …… 87506602

11. 锦州石化公司

地址：辽宁省锦州市古塔区重庆路2号　邮政编码：121001　公网区号：0416

总经理办公室

主任 …… 4153699
副主任 …… 4153521
…… 4154720
秘书 …… 4268081
…… 4156854
…… 4153523
接待 …… 4152294
…… 4269222
办公室 …… 4152240
…… 4153413
…… 4156918
传真 …… 4156363
…… 4567532
…… 4156223

行政科

科长 …… 4153848
办公室 …… 4152506
报刊发放室 …… 4153437

北京办事处

主任 …… 4263999
…… 010－67188120
传真 …… 010－67188121
总台 …… 010－67188115
宾馆总台 …… 4578113
…… 4578115

车队

队长 …… 4156770
调度 …… 4154466

兴城疗养院

院长 …… 0429－5410488
书记 …… 0429－5412080
办公室主任　0429－5412255

生产技术处

处长 …… 4152937
副处长 …… 4154043
…… 4156041
…… 4152749
办公室 …… 4153177
专区管理 …… 4152670
…… 4157125
…… 4153037
…… 4152425
…… 4153307
能源管理 …… 4152206
工艺管理 …… 4152481
…… 4157764
传真 …… 4568591
生产调度 …… 4152400

机动设备处

处长 …… 4158187
副处长 …… 4152547
…… 4269618
…… 4158841
传真 …… 4157435
…… 4158846
设备管理 …… 4158364
…… 4152485
…… 4152897
…… 4157414
…… 4157287
…… 4152393
…… 4152796
…… 4155353
…… 4158845
…… 4158897
…… 4159523
…… 4153023
电气管理 …… 4158842
…… 4155070
备件管理 …… 4154180
计划管理 …… 4151984

安全环保处

处长 …… 4151358
副处长 …… 4155877
…… 4157232
办公室 …… 4158423
安全技术 …… 4152766
…… 4152582
…… 4152364
…… 4152189
HSE 体系办公室 …… 4264316
环保技术 …… 4153174
…… 4152465
…… 4158417
交通管理 …… 4156324
…… 4152022
…… 4153781
监察一组 …… 4153919
…… 4152726
…… 4154039
…… 4153741
监察二组 …… 4155422
…… 4156417
…… 4151052
…… 4151422
…… 4153991
劳动纪律检查 …… 4153921
…… 4153965
工程监督站 …… 4151720
…… 4151834
…… 4150561
…… 4157303
工伤办公室 …… 4154548
环保监察 …… 4156874
…… 4154144
…… 4154134
…… 4154141

环保监测站

站长 …… 4152044
分析组 …… 4153702
监测组 …… 4152090
质控室 …… 4153548
维修 …… 4152624
中心控制 …… 4153957
在线监测 …… 4151250
传真 …… 4156874
…… 4158417
…… 4264727

规划计划处

处长 …… 4152681
副处长 …… 4157476
…… 4155729
技措改造 …… 4152329
项目发展规划 …… 4153077
技措改造 …… 4152329
资料管理 …… 4153077
技改技措 …… 4150759
技措改造 …… 4152493
科研管理 …… 4153440
项目发展规划 …… 4152353
…… 4152353

储备库领导小组

副组长 …… 4152615
组员 …… 4152615
技措改造 …… 4150762
项目发展规划 …… 4154119

技措改造…………… 4153331
资料管理…………… 4155460
技措改造…………… 4158653
土地管理…………… 4268169
综合计划…………… 4153782
生产计划…………… 4153287
煤炭管理与考核…… 4152761
国内原油…………… 4152610
油品贸易…………… 4151675
生产统计…………… 4152610
…………………… 4151675
…………………… 4152281
…………………… 4152236
科联管理…………… 4155721
综合统计…………… 4159605

财务处

处长………………… 4155507
副处长……………… 4158060
信息管理岗………… 4155111
稽核管理岗………… 4158124
资产管理岗………… 4154217
…………………… 4154031
…………………… 4154276
储备油……………… 4152653
资金管理岗………… 4152850
…………………… 4153850
…………………… 4152445
…………………… 4153116
…………………… 4154748
…………………… 4155364
成本核算岗………… 4159974
…………………… 4159964
…………………… 4152750
销售结算岗………… 4155354
…………………… 4154847
…………………… 4152327
…………………… 4155384

人事处

处长、组织部部长 … 4155003
副处长、组织部副部长
…………………… 4152215
干部培训…………… 4152016
员工管理…………… 4155473
劳动组织…………… 4155473
工人培训…………… 4151320
薪酬管理…………… 4155707
人事工资统计……… 4152856
…………………… 4152695
绩效考核…………… 4154780
中层干部管理……… 4266007
组织建设…………… 4156310
…………………… 4155952

合同管理…………… 4152262
综合管理…………… 4152563
档案管理…………… 4152459
信息管理…………… 4155400

质量管理（企管法规）处

处长………………… 4268198
…………………… 4267767
副处长……………… 4151905
办公室……………… 4260024
法律事务…………… 4152774
合同管理…………… 4152389
内控管理…………… 4154412
…………………… 4154254
经营管理…………… 4152645
三基管理…………… 4150436
资本运营…………… 4153240
股权管理…………… 4159024
质量管理…………… 4152805
…………………… 4155560

审计处

处长………………… 4152909
副处长……………… 4152244
…………………… 4267876
内控审计…………… 4154309
内控测试…………… 4266080
工程审计…………… 4153395
…………………… 4155987
财务审计…………… 4152059
…………………… 4152793
综合审计…………… 4155956
…………………… 4155958
审计中心主任……… 4150875
财务审计…………… 4154590
工程审计…………… 4156056

纪委、监察处

办公室……………… 4154540
处长………………… 4152808
案件检查室主任…… 4152421
案件检查…………… 4151105
…………………… 4152869
效能检查室主任…… 4154807
效能监察…………… 4154163
…………………… 4151357
党风建设室主任…… 4154013
举报电话…………… 4153000

党委宣传部

部长………………… 4152258
办公室……………… 4152802
企业文化…………… 4153101
…………………… 4156807

理论教育…………… 4156337
记者站……………… 4150017
外宣管理…………… 4155942

工会

主席………………… 4155168
副主席……………… 4152837
主任、部长………… 4152916
生产文体部
部长………………… 4153583
女工生活部、组织民管部
部长………………… 4152195
办公室……………… 4152079
…………………… 4152060
办公室、宣教部
…………………… 4152662
…………………… 4151240
生产文体部………… 4152682
办公室……………… 4152964
…………………… 4154550
团委
书记………………… 4152855
副书记……………… 4157393
文体宣传干事……… 4155001
组织生产干事……… 4152407

机关党委

党委书记（主任）
…………………… 4152385
党务管理…………… 4153565
信访办主任………… 4158191
信访办副主任……… 4152203
信访接待员………… 4152962
…………………… 4152120

咨询办公室

办公室……………… 4155951

工程处

处长………………… 4153278
…………………… 4152235
副处长……………… 4150872
工程计划统计岗…… 4153263
工程综合统计岗…… 4153263
合同管理岗………… 4151246
招投标管理岗……… 4151246
现场管理岗………… 4150831
…………………… 4150834

工程管理部

主任………………… 4154115
副主任……………… 4154539
项目管理岗………… 4150517
…………………… 4150539

…………………… 4150543
…………………… 4159981
…………………… 4150895
…………………… 4150781
专业管理岗………… 4150586
…………………… 4159878
…………………… 4152083
…………………… 4150937
…………………… 4150894
…………………… 4150574
…………………… 4150554
…………………… 4158394

工程预决算部

主任………………… 4151008
副主任……………… 4151229
工程造价…………… 4154128
…………………… 4158147
…………………… 4158147
…………………… 4153213
…………………… 4152701
…………………… 4152703
…………………… 4153662
工程造价（仪电） … 4151613
传真………………… 4151284

电子商务部

主任………………… 4153453
副主任……………… 4157473
副书记……………… 4151684
设备科长…………… 4261821
动设备……………… 4261835
静设备……………… 4261835
仪表采购…………… 4153622
电器采购…………… 4157724
材料科长…………… 4151868
钢材采购…………… 4154270
管件采购…………… 4154270
建材采购…………… 4261826
消防劳保…………… 4261826
原料科长…………… 4151684
化工三剂…………… 4157257
生产主材…………… 4159497
…………………… 4159497
生产辅材…………… 4156322
采购基础管理……… 4151363
系统管理…………… 4151359
计划信息管理……… 4159617
库房保管…………… 4151363
…………………… 4151253
…………………… 4151953
清仓组……………… 4150294

营销调运部

处长………………… 4152361

副处长……4153740
……4153107
……4266966
经理助理……4153869
……4156425
办公室主任……4152332
办公室……4152801

供应公司

办公室……4154470
综合管理科长……4152720
经理……4152218
书记……4153176
副经理……4152289
安全、设备……4156264
铁运、计划信息……4153046
资金管理……4152182
合同管理、统计……4153701
微机室……4157424
传真……4153074
复印……4153181
值班室……4153813
原料科长……4152684
原料……4152554
劳保……4153803
市采、槽车调度……4153892
仪电科长……4152594
电器设备……4265518
电工设备、市采……4153592
设备科长……4156367
阀门、机泵……4152274
设备、市采……4153189
材料科长……4156267
管件、市采……4153884
建材……4152473
钢材……4152997
仓储科科长……4152403
值班室……4152791
管理组……4153447
计量岗……4153772
化工库（班长）……4153435
化工油品库……4151259
乙炔库……4151192
新化工库……4151257
石棉制品库……4153501
阀门库……4157284
轴承库……4151260
电器库……4153567
仪表库……4151262
小五金库……4151251
仪表调节阀库……4156454
小阀门库……4152074
备件库（班长）……4153742
法兰螺栓库……4153792
橡塑制品库……4153090
轻纺库……4151254
劳保杂品库……4151252
工具库……4151256
焊条库……4155954
钢材库（班长）……4153887
设备库……4151258
木材库……4153707
电缆库……4151261
北钢材料场……4151263
建材库（班长）……4153345
水泥库……4153569
热电厂备品备件……4157208
验收科科长……4154572
设备、阀门……4156297
钢材、建材……4156384
电器、仪表……4152084

质检部

办公室……4152572
……4151204
主任……4152130
……4155914
党总支副书记……4157304
设备副主任……4155019
生产副主任……4153152
化验工程师……4155140
计量标准化……4155140
设备安全管理……4155154
值班室……4151116
复印室……4151203
库房……4155194

油品站

办公室……4155147
站长……4153644
党支部书记……4153433
副站长……4151323
白班……4151009
成品岗……4151785
色谱岗……4151787
交接班室……4153642

化工站

办公室……4155187
……4151517
站长……4155027
设备副站长……4151205
生产副站长……4151206
技术管理……4151175
白班……4151797
催化剂……4151783
苯酐……4151172
色谱……4151173
溶剂油……4151786
异丙醇……4151835
MTBE……4151809
聚丙烯……4151794
化工站交接班室……4157544
苯乙烯交接班室……4154324
苯乙烯……4154376

成品站

办公室……4157534
站长……4155025
党支部书记……4151394
技术管理……4151782
化工班……4151798
门尼岗……4151176
石油焦班……4151781
仪器班……4155184
成品班……4151780
原材料班……4154947
原材料……4151791
添加剂分析……4151092

检查站

站长……4155020
……4151800
生产调度……4151790
生产调度……4155164
专区检查员……4151106
质量统计……4151107
容器检查……4151796

在线仪表站

办公室……4157554
站长……4155026
在线一班……4151792
在线二班……4151171
维修班……4151784
值班室……4151174
资料室……4151170

添加剂站

站长……4153556
党支部书记……4151090
技术管理……4151091
交接班室……4151389
办公室……4151392
添加剂分析……4151391
定硫……4154274
值班室……4151184
脱硫……4157267

计量部

综合管理科

办公室……4152776
科长……4152853
主任……4157354
副书记……4152442
副主任……4153478
……4155414

生产科

科长……4159254
办公室……4157037
统计（一）……4151270
统计（二）……4152372

监督科

科长……4158857
办公室……4158867
检定室……4157396

检验室

主任……4155106
技术组……4152994
办公室……4152975
检验跟踪计量……4151100
检验汽车衡……4153772
检验海输计量班……3589672
检验海输计量岗……3589661
……3570211
中心检定室主任……4157047
中心检定室二楼……4151271
中心检定室三楼……4151268
中心检定室分析岗……4151272
轨道衡……4153956
煤代油轨道衡……4152762

维修队

队长……4153145
维修队技术组……4150774
维修队保养一班……4151101
维修队保养二班……4157627

保险中心

主任……4154579
统计、综合管理……4154434
传真（办公室）……4266699
社会保险科科长……4266091
社会保险管理……4156063
补充医疗（在岗职工）
……4266098
补充医疗（退休人员）
……4266094
……4266095
劳动保障科科长……4266096
离退休待遇……4154434
工伤、生育待遇……4152707
再就业管理科科长……4266301
再就业统计、工资……4158784
再就业管理……4266092
……4266097
传真……4268666

集体企业管理中心

中心常务副主任……4265158
中心副主任、副书记 4268138
办公室主任……4153039
办公室副主任……4152756

法律事务…………… 4155659
文书……………… 4155691
工程管理…………… 4155691
规划计划部副主任 … 4151917
综合计划…………… 4151917
项目发展…………… 4151917
综合统计…………… 4151917
财务资产部主任…… 4152331
会计……………… 4158405
……………… 4158405
出纳……………… 4158405
人事劳资部主任…… 4269800
薪酬管理…………… 4153249
中层干部管理……… 4153070
劳动组织…………… 4153070
人事系统…………… 4153070
培训管理…………… 4155681

信息中心

主任……………… 4152175
副主任…………… 4150061
……………… 4152265
……………… 4152727

信息情报科

科长……………… 4266188
组长……………… 4266123
……………… 4266855

数采网络科

科长……………… 4266881
副科长…………… 4266882
……………… 4261611
……………… 4154289

软件系统科

科长……………… 4266885
组长……………… 4266889

通信运维科

科长……………… 4155002
副科长…………… 4158555
……………… 4159500
……………… 4153201

通信营业科

科长……………… 4159999
副科长…………… 4263333
……………… 4264288
组长……………… 4268001

图书档案科

科长……………… 4153484
副科长…………… 4154114
……………… 4266999

其他单位

武装保卫部办公室 … 4152222
供应公司办公室…… 4154470
培训中心办公室…… 4154481
研究院办公室……… 4152641
设备研究所办公室 … 4151414
工程公司办公室…… 4152064
热电公司办公室…… 4267131
运输队办公室……… 4152435
监理公司办公室…… 4152097
精联公司办公室…… 4981023
质量监督站办公室 … 4152857
消防队办公室……… 4153002
蒸馏车间办公室…… 4152607
一催化车间办公室 … 4151307
二催化车间办公室 … 4152611
三催化车间办公室 … 4151003
加氢车间办公室…… 4152549
重整车间办公室…… 4153422
焦化车间办公室…… 4153113
煅烧车间办公室…… 4155974
气分车间办公室…… 4154822
化工一车间办公室 … 4153061
化工二车间办公室 … 4152383
化工三车间办公室 … 4151136
化工四车间办公室 … 4151810
成品车间办公室…… 4154919
油品车间办公室…… 4152452
管网车间办公室…… 4151580
供水车间办公室…… 4152021
排水车间办公室…… 4152974
仪表车间办公室…… 4152237
电气车间办公室…… 4152231
机械车间办公室…… 4153911
添加剂车间办公室 … 4153185
苯乙烯车间办公室 … 4267652
矿区事业部办公室 … 4266886
万隆总公司办公室 … 4151874
物业公司办公室…… 4152621
保洁公司办公室…… 4152330
职工医院办公室…… 4152631
离退休处办公室…… 4152505
天元公司办公室…… 4158538
长虹实业公司办公室 4153429
建筑安装公司办公室 4264471
橡塑制品办公室…… 4158603
包装制品办公室…… 4264582
精细化工公司办公室 4152646
化工二厂办公室…… 3498194
六陆公司办公室…… 4154541
天隆公司办公室…… 4157464
国际事业有限公司（外经处）
办公室……………… 4154573

12. 锦西石化公司

地址：辽宁省葫芦岛市新华大街42号　邮政编码：125001　公网区号：0429
外线拨入时将首位换为217

总经理办公室

主任……………… 2179867
副主任…………… 2179216
……………… 2178777
办公室…………… 2178075

秘书科

科长……………… 2178923
办公室…………… 2178076

接待科

科长……………… 2178783
办公室…………… 2178077

莲花宾馆

总机……………… 2178380
办公室…………… 2174390
驻京办事处　010－64203330

计划发展处

处长……………… 88080
副处长…………… 85520
计划科科长……… 89950
生产计划室……… 85623
统计室…………… 86731
……………… 87094

投资管理科

科长……………… 86346
副科长…………… 85034
办公室…………… 89892
土地管理室……… 89342

原油采购科

科长……………… 89951
办公室…………… 89180
……………… 85245

人事劳资处

处长……………… 2178121

人事组织科

……………… 2179856
……………… 2179856
……………… 2179874
……………… 2179851
……………… 2179855

工资保险科

……………… 2179854
……………… 2176173

人才劳动力市场

……………… 2175160

动力处

处长……………… 2179901
副处长…………… 2178129
科长办公室……… 2179653
设备管理组……… 2179651
配件管理组……… 2179652
设备调度科……… 2176792

环境保护处

处长……………… 85671
副处长…………… 88139
办公室…………… 87868
环保技术………… 85674
管理科长………… 89466
管理……………… 89436
司机……………… 89459
站长……………… 89460
技术组…………… 89462
标准化…………… 89461
气分析…………… 89463
水分析…………… 65422
会议室…………… 89468

安全监督处

处长……………… 2179469
交通服务………… 2175671
事故管理………… 2179469
安全技术员……… 2175672
环保技术………… 2175674
消防职业卫生专责 … 2175673
安全教育………… 2179465
安全监督办主任…… 2178409
安全监督………… 2177145
……………… 2177146

生产处

处长……………………2179678
副处长…………………2177049
办公室…………………2178933
值班主任………………89677
值班室…………………2176447
燃料油计划组…………2179496
润滑油计划组…………2178681
动力计划组……………2178680
工艺……………………2178601
………………………2177941
………………………2177942
生产调度………………2178111
………………………2178222
………………………2178333
………………………2178444
………………………2178555
………………………2178777

技术发展处

处长……………………2178558
副处长…………………2179858
………………………2175120
科长……………………2179955
科技开发科……………2179859
………………………2177334
规划发展………………2179342
工艺管理科……………2179954
………………………2179984
………………………2176614
………………………2176076
能源管理科……………2179956
传真……………………2175350

财务处

财务资产处

办公室…………………2179573
处长办公室……………2178991
会计科一………………2177418
会计科二………………2179862
………………………2179865
会计科三………………2179860
财务科一………………2179863
财务科二………………2179861
………………………2177024
内部核算………………2179843
机房……………………2177344

代理记帐中心

主任……………………2179952
副主任…………………2177283
代理一组一……………2177516
代理一组二……………2177476
………………………2177477
代理一组三……………2177466
代理一组四……………2177804
代理二组一……………2177475
代理二组二……………2177571
代理二组三……………2177570
代理二组四……………2177517
代理二组五……………2177291
代理三组一……………2177459
代理三组二……………2177284
代理三组三……………2177419
代理三组四……………2177458
代理三组五……………2177450

中油财务公司

经理办…………………2175368
营业室…………………2177888
传真室…………………2177877

审计处

处长……………………2179952
办公室…………………2177315
………………………2177315
………………………2177320
………………………2177316

组织部

部长……………………2179898
组织……………………2179636
………………………2179637
干部……………………2179638
传真……………………2178288

党委办公室

党办主任、机关党委书记
………………………2176611
机关工会主席…………2179870
党委保密员……………2178016
党委秘书………………2179635
机关团书记……………2179635

纪委（监察处）

党委副书记、纪委书记
………………………2175358
纪委副书记、监察处长
………………………2179445
案件检查审理室主任 2179448
效能监察室主任……2179447
纪检监察员……………2179443
………………………2177165
纪检监察干事…………2177165

党委宣传部

部长……………………89866
副部长…………………89110
办公室、统战办………88036
理论组、宣传科、记者站
………………………88040
摄影……………………88039
政研会…………………88038
企业文化科……………86459

团委

书记（部长）…………2175293
副书记（副部长）…2175723
办公室…………………2175724

工会

副主席…………………2179261
生产生活部长…………2179264
宣传文体部长…………2179268
组织民管部长…………2179098
宣传文体部干事……2179273
组织民管部干事……2179263
女工部干事……………2179267
生产生活部干事……2179266
组织民管部干事……2179259

经营开发总公司

办公室（传真）……2179108
………………………2179184
总经理…………………2179183
副总经理………………2178848
办公室主任……………2175181
公司督导办……………2179889
安全员办………………2177734
结算办…………………2176902
船燃办…………………2177983
渤海总站站长办……2175052
新发展油库办…………2176618
丰润油库办……………5411800
联合发展办……………2179793
………………………2177443
收发室…………………2177731

信息中心

办公室…………………2176685
………………………2178049
主任办…………………2179980
办公室主任办…………2178051
传真室…………………2179987

计算机室

主任办…………………2178052
信息组…………………2175012
系统组…………………2175013
软件组…………………2175014
………………………2178054
硬件组…………………2178414
机房……………………2175036
远程通信室……………2178796
综合楼机房……………2178314
值班室…………………2175100

电信室

办公室…………………2178101
主任办…………………2178102
副主任办………………2175490
调度室…………………2178103
技术组…………………2179688
营业组…………………2178104
收费室…………………2178135
值班室…………………2179137
分站维修班……………2171113
总站障碍台……………2178112
总站机房………………2178001
分站障碍台……………2170112
分站值班室……………2170113
话务班…………………2178115
维修班…………………2178106
线务班…………………2178105
………………………2179680

情报室

主任室…………………2179960
图书编目室……………2179287
技术资料室……………2179284
图书馆二楼……………2179283
图书馆一楼……………2179289
技术情报室……………2175573
………………………2175574
计算机房………………2179198
编辑部…………………2177204
利普信息技术开发有限公司
经理办…………………2178801
营业部…………………2178800

营销调运中心

经理……………………2178868
副经理室………………2179896
办公室…………………2177160
煅烧焦组………………2177161
二甲酯组………………2177162
采购组…………………2177163

企管法规处

处长……………………2178954
副处长…………………2178568
………………………2176034
内控办主任……………2177579
法制办主任……………2175531
内控办…………………2177029
QHSE 体系认证……2179120
制度……………………2176340
奖金考核………………2179949
法律顾问一室…………2179627
法律顾问二室…………2175531

合同………………… 2176460

矿区服务事业部

常务副经理……… 2773841
副经理…………… 2178226
党委副书记……… 2171158
副经理…………… 2178225
………………… 2179038
………………… 2178224
………………… 2178284
………………… 2178223
工会主席………… 2175342
办公室…………… 2178227

保卫处

处长……………………… 88030
副处长…………………… 85030
……………………… 88892
办公室…………………… 88891
主任……………………… 88893
指挥中心………………… 87787
生产保卫科长…………… 88894
治安科长………………… 88895
治安科…………………… 88897
治安科…………………… 88946
综合治理………………… 88896
信访、调解主任………… 88899
信访、调解……………… 88898
微机室…………………… 85325
联防队…………………… 61449
市巡警值勤……………… 85499
报警电话………………… 110

保安大队

办公室…………………… 88900
大队长…………………… 88901
书记……………………… 88902
副队长…………………… 85763
工会主席………………… 85762
一中队队长……………… 88906
一中队副队长…………… 65935
二中队队长……………… 88905
三中队队长……………… 89241
外围岗中队长…………… 88904
警犬队队长……………… 85414
警察中队长办…………… 85277
大东门北侧执勤………… 85474
……………………… 85932
大东门南侧值勤………… 85374
大东门共用电话………… 65333
大南门登记……………… 85476
大南门执勤……………… 88907
……………………… 85475
小南门公用电话………… 65329
小东门登记……………… 85473
小东门执勤……………… 86140
大二门执勤……………… 65314
零售门值勤……………… 85176
零售门里二门执勤……… 65543
2 号岗 ………………… 65103
4 号岗 ………………… 65754
5 号岗 ………………… 65755
7 号岗 ………………… 65762
9 号岗 ………………… 65237
10 号岗 ………………… 65022
11 号岗 ………………… 65764
废铁场岗………………… 65913
闲置库岗………………… 65531
大队值班………………… 88903
督察中队执勤…………… 65937
警犬队…………………… 85413
钢材库执勤……………… 65286
药材库执勤……………… 65739
综合写字楼值勤………… 87393
分公司机关大楼警卫 … 85570
老年宫值勤室…………… 60674
现代化学门卫执勤 … 2920412
招待所门卫执勤………… 84386

消防支队

支队长…………………… 88765
书记……………………… 85122
副支队长………………… 88945
工会主席………………… 86972
办公室…………………… 88767
防火组…………………… 88766
战训组…………………… 85646
气防……………………… 65210
厂东电话班……………… 88769
厂西电话班……………… 88768
厂东警卫………………… 88729
碧海电话班……………… 28552

武装部

部长……………………… 89850
办公室…………………… 89847
军事科…………………… 89848
人防战备………………… 89095
预备役油料营…………… 89095

科协

主任……………………… 88078
办公室…………………… 89454
科技公司………………… 89394
科技咨询部……………… 89455
活动中心………………… 65012

工程管理中心

主任……………………… 85422
副主任…………………… 86539
综合管理………………… 85104
安全监督………………… 85942
工程管理………………… 85103
……………………… 85491
……………………… 85493
……………………… 85423
材料录入………………… 86554
传真……………………… 85947

营销调运中心

主任……………………… 88999
书记……………………… 89913
副书记…………………… 88868
副主任…………………… 87558
……………………… 88354
……………………… 89896
工会主席………………… 89914
办公室…………………… 87442
……………………… 88017
……………………… 85352
计划科长………………… 89099
综合计划………………… 88197
销售计划………………… 88624
……………………… 87647
……………………… 87634
……………………… 89917
销售计划………………… 87161
……………………… 87052
……………………… 87162
销售计划零售现场……… 87180
运输科长………………… 89998
运输主任………………… 89073
……………………… 88475
调度长…………………… 88372
费用审核………………… 89172
收费员…………………… 89140
签证办…………………… 65716
铁路驻厂区长…………… 65885
铁路驻厂货运员………… 65887
……………………… 65888
调度室…………………… 89921
……………………… 89920
……………………… 65706
交接厂调度……………… 87504
列检办…………………… 89938
结算科科长办…………… 88707
销售统计………………… 89576
销售结算………………… 89085
液化气开票……………… 85871
小品种开票……………… 89918
清欠……………………… 87439
技术服务科长…………… 87435
……………………… 88179
自备车管理科长………… 89094
……………………… 89928
销售计划………………… 87846
……………………… 87849

造价中心

主任……………………… 88231
安装一…………………… 86453
安装二…………………… 86145
安装三…………………… 87237
土建一…………………… 85725
土建二…………………… 85274
土建三…………………… 86409
仪表一…………………… 85493
仪表二…………………… 86485
传真……………………… 88178

造价二中心

主任……………………… 88856
综合室…………………… 89642
……………………… 87014
电气仪表………………… 87654
……………………… 89644
安装室…………………… 89640
……………………… 89641
土建室…………………… 88934
……………………… 86072

物资采购中心

主任……………………… 88978
综合……………………… 85075
计划统计………………… 89374
……………………… 87595
配件组…………………… 86146
化工与材料组…………… 89274
……………………… 86245
设备组…………………… 85483
仪表电气组……………… 85484
配件库…………………… 86405
业务室…………………… 87163

物资采购二中心

经理……………………… 89218
书记……………………… 87189
副经理…………………… 88669
工会主席………………… 88010
管理科…………………… 89397
……………………… 89220
煤管科长………………… 82077
煤管科…………………… 89228
机电科…………………… 89221
……………………… 89222
……………………… 89252
三材科…………………… 89225

……89226
化工科……89223
……89224
车管科……89227
催交监造组……87111
……89226
传真……87184
调研员……89018
……87619

仓库

办公室……89021
值班室……87151
主任……89019
书记……86925
安全设备（运输调度） 89020
统计核算……89021
回收、接运办……89734
集体劳务办……65233
微机室……65324
维修班……88828
物资出门管理……88828
加油站……88827
劳保库（物采二）……89026
化工气体杂项库（物采二）
……89035
五金工具库（物采二） 89035
仪表电气库（物采二） 89023
配件库（物采二）……88823
阀门木材库（物采二） 88823
化工油料药品库（物采二）
……88825
设备电缆库（物采二） 88825
配件库二（物采二） … 65542
水泥建材库（物采二） 85541
钢材库（物采二）……86192
钢材建验收（物采二） 86192
五金工具验收（物采二）
……86193
气体化工杂项验收（物采二）
……86193
劳保阀门木材验收（物采二）
……88820
仪表电气验收（物采二）
……88821
设备验收（物采二） … 88824
配件验收（物采二） 88829
油料药品化工验收（物采二）
……89048
化工原材料库（物采一）
……89022
电气库（物采一）……89024
仪表库（物采一）……89025
水泥建材库（物采一） 89027
钢管库（物采一）……89028
型材库（物采一）……89029
阀门库（物采一）……89030
化工油料库（物采一） 89031
杂项库（物采一）……89032
五金工具库（物采一） 89033
设备库（物采一）……89034
设备电缆库（物采一） 89034
劳保库（物采一）……89521
线材板材库（物采一） 89660
有色薄板库（物采一） 88818
保温耐火木材库（物采一）
……88818
气体库（物采一）……88819
药品库（物采一）……88819
钢材电工材料验收（物采一）
……88149
劳保阀门建材木材（物采一）
……88820
仪表五金工具验收（物采一）
……88821
杂项油料化工验收（物采一）
……88821
设备验收（物采一） … 88829
化工原材料药品验收（物采一）
……89048
水泥建材验收（物采一）
……86192
气体验收（物采一） … 86193

信息管理中心

主任……89980
副主任……89072
……88699
办公室主任……88051
办公室……88049
安全培训……86685

系统室

主任……88052
项目组……88269
……86903
……86913
系统一组……85012
……85013
系统二组……85014
……85450
机房……85036
值班室……65100

网络室

主任办……86171
网络组……85302
……85382
应用一组……88796
应用一组……88414
应用二组……88271
……88272
综合楼机……88314

电信室

主任……88102
副主任……88131
综合管理……88101
技术组……89688
收费组……88104
……88135
网络组……85700
……85701
机务一班……88001
机务二班……60112
总站障碍台……88112
话务班……88115
维修一班……88106
……85112
维修二班……61113
……82441
线务……88105
值班室……89137

情报室

主任……89960
技术情报一……89198
技术情报二……87010
编辑一室……87204
编辑二室……89284
图书编目……89288
图书采编……88800
技术资料……89284
图书馆一楼……89289
图书馆二楼……89283

计量中心

处长……89957
书记……88645
工会主席办……85956
副主任（监督）……88640
副主任（维修）……87714
副主任（计量检定科长）
……85177
办公室……88639
能源计量科科长……88715
油品计量科科长……88713
维修科科长……88712
安监、培训……89481
资料室……85041
材料组……85472
库房……65911
机房……85410
能源计量科……88641
能源、物料统计……85494
计量平台机房……85974
维护一班（广东能源计量）
……88653
维护二班（广西能源计量）
……88644
油品计量科……88643
计量一班（出厂计量监督）
……88643
计量二班（碧海计量监督）
……28547
计量三班（盘锦计量分析）
……82218
计量三班（八三泵站计量）
……65890
维护科……88731
维护三班（罐区、碧海计量）
……85470
维护四班（零售、衡器）
……88649
维护五班（邮表维修钳工）
……85442
零售栈台……85457
计量检定科……85771
技术组……87445
管理组……85707
检定一组……88651
长度压力……88647
检定二组……87191
流量站……88650
检定三组……88648
容器检定……87633
仪器收发……85917
计量检斤……87761

化验中心

主任……87534
书记……89959
副主任……87667
……85205
……87975
副书记……87086
工会主席……89279
团书记……89278
政工干事……89278
检验、人事管理……88775
培训、检定管理……88775
质量管理……65509
安全管理……85460
设备管理……85831
成本管理……89277
质量调度……65756
……89280
出厂检查组……89282
碧海检查组……28542
仪器维修组……65505
汽车班……65380

库房……65508
化验一室主任书记……88725
检验管理……65761
班长室……65507
化验二室主任书记……87452
检验管理……65669
班长室……65511
化验三室主任……86309
检验管理……86429
班长室……87258
倒班班长……65519
司机班……65529
白班班长……65518
色谱分析……85966
二甲酯分析……65521
水化验室主任书记……87760
检验管理……65252
供水化验室……65085
……65771
污水二期化验室……65353
锅炉水化验室……66464
……66465
软化水化验室……66342
成品化验室主任书记 89281
检验管理……65378
成品班长……65510
……65503
润滑油调和班长……65759
聚丙烯班长……65264
……65799
辛烷值机室……88407

蒸馏车间

主任……88208
书记……89752
工会主席……66536
办公室……66529
工艺副主任……85165
设备副主任……87982
工艺组……66532
设备组……66533
安全组……66534
认证培训组……66535
南蒸馏操作……65065
……65056
北蒸馏操作……65001
……66539
北蒸馏泵房……66538

催化气分车间

主任……88808
书记……89411
工会主席……87936
办公室……85197
气分生产副主任……86015
气分设备副主任……85935
催化生产副主任……87873
催化设备副主任……88470
工艺组……66551
设备组……66552
设备资料……65603
安全组……66516
气分操作……65736
……65553
气分脱硫操作……65552
气分泵房……66514
催化操作室……66553
……65396
催化主风机……65392
催化气压机……65394
催化冷油泵房……66517
催化热油泵房……66518
催化值班室……66515
气分值班室……66549
培训统计办……66548

重整车间

主任……85760
书记……85246
工艺副主任……85761
……86049
设备副主任……89610
工会主席……85247
办公室……65225
值班室……66560
安全……66561
技术组（重整）……66562
技术组（芳烃）……66567
技术组（航煤加氢）…65224
培训认证……65224
重整压缩机……65415
航煤加氢压缩机……66523
内操作……65118
……65133
外操作……65506
会议室……66563

尿素车间

主任……89008
书记……85196
工会主席室……87493
办公室……87542
工艺副主任……85196
设备副主任……87492
技术负责人……65793
技术组……66547
统计核算组……66545
值班室……66546
操作室……65399
大泵房……65578

糠醛酮苯车间

主任……85784
书记……85407
工会主席办……86406
办公室……89808
酮苯工艺副主任……87294
……87176
酮苯设备副主任……87410
糠醛工艺副主任……85753
糠醛设备副主任……87304
工艺组……66715
……66176
设备组……66731
……66733
酮苯操作……65546
……65545
糠醛操作……66719
……65700
酮苯冷冻机岗位……66735
酮苯脱蜡滤机岗位……66737
酮苯脱油滤机岗位……66736
糠醛泵房岗位……66717
值班室……66739
资料室……66729
管理组……89808
微机室……66734

白土石蜡车间

主任……89904
书记室……87748
工会主席……65402
办公室……89811
……66750
工艺副主任……85764
设备副主任……85767
……89384
工艺组……66725
设备组……66751
安全组……85401
值班室……89811
维修班……66752
保管监装……85785
白土操作……65865
脱氮操作……65540
白土泵房……66727
白土输油泵房……66728
石蜡操作室……65704
石蜡过滤机……65007
进口成型机……65278
国产成型机……66753
石蜡包装队……66755
货位班……66754
统计室……66726

制氢加氢车间

主任……89255
书记……88496
办公室……87713
……88145
加氢一副主任……86733
加氢二副主任……89366
制氢副主任……88143
工会主席办……88146
制氢工艺组……89187
加氢一工艺组……65018
加氢二工艺组……65023
制氢设备组……65024
加氢一设备组……65046
加氢二设备组……65019
政工组……89176
安全组……86534
认证办……88734
值班室……65046
……65045
制氢操作……65028
制氢压缩机操作间……65029
制氢泵房……65030
加氢一操作……65025
加氢一压缩机操作间 …65026
加氢一泵房……65027
加氢二内操……65589
……65355
……65047
加氢二压缩机操作间 …65095

焦化车间

主任……88509
书记……88377
工会主席……86890
办公室（值班室）……86850
办公室……65198
工艺副主任……88379
……87632
设备副主任……89177
……87729
工艺组……65199
……65200
设备组……65195
……65194
安全组……65192
焦化内操作……65460
……65288
……65812
……85802
……65051

富气操作…………………… 65290
净化操作…………………… 65293
净化泵房…………………… 65196
冷热油泵房………………… 65188
冷焦水泵房………………… 65187
高压水泵房………………… 65185
气压机岗…………………… 65189
硫磺库保管员……………… 65197
39 米平台 ………………… 65052
电梯岗位…………………… 65186
吊车班……………………… 65788
维修班……………………… 65044
清焦班……………………… 65216

煅烧焦车间

主任………………………… 85385
书记………………………… 85456
副主任……………………… 89717
…………………………… 89747
技术组……………………… 65682
安全培训室………………… 65101
值班室……………………… 65101
一期操作…………………… 65683
一期加料…………………… 65684
三期操作…………………… 65685
三期加料…………………… 65686
四期操作…………………… 65745
…………………………… 65746
司机班……………………… 65681

重油催化车间

主任………………………… 86949
书记………………………… 86040
工会主席…………………… 88147
办公室……………………… 86047
工艺副主任………………… 86976
…………………………… 87624
设备副主任………………… 86981
设备组……………………… 65616
安全组……………………… 87610
工艺一……………………… 65617
工艺二……………………… 65620
统计核算…………………… 65661
认证办……………………… 65050
政工办……………………… 65610
主风机……………………… 65393
气压机……………………… 65773
热油泵房…………………… 65090
硫磺仓库…………………… 65130
外操作……………………… 65481
中心控制…………………… 65477
…………………………… 65478
…………………………… 87611
余热回收站………………… 65204

保镖办……………………… 65240
值班室……………………… 86047

污水处理车间

主任………………………… 88216
书记………………………… 88247
工会主席…………………… 88247
工艺副主任………………… 88406
设备副主任办……………… 88215
值班室……………………… 88743
工艺组……………………… 65537
设备组……………………… 85706
安全组……………………… 86463
人事（培训）组…………… 88214
统计（保管）组…………… 65386
政工（材料）组…………… 85614
污水二期技术组…………… 85037
二期装置负责人…………… 88473
二期操作室………………… 85191
二期门卫…………………… 65586
二期三泥…………………… 65088
厂内主控室………………… 85134
厂内一泵房………………… 65127
厂内制药班………………… 65962
厂内综合班………………… 65581
厂内综合班操作室………… 65087
厂内综合班仪表室………… 65963

东油品车间

主任………………………… 88611
书记………………………… 87402
工会主席…………………… 89013
办公室……………………… 65442
生产副主任………………… 65436
…………………………… 87584
设备副主任………………… 89012
…………………………… 88612
工艺组……………………… 65400
设备组……………………… 65059
安全组……………………… 65111
政工干事办………………… 66502
认证培训办………………… 65406
统计组……………………… 65672
核算室……………………… 65232
值班室……………………… 88613
北油槽操作………………… 65403
北油槽泵房………………… 65405
新渣油操作………………… 65721
南油槽操作………………… 65404
蜡油操作室………………… 65727
大庆油操作………………… 65248
…………………………… 65249
辽河油操作………………… 65402

西油品车间

主任………………………… 89212
书记………………………… 89213
工会主席…………………… 87472
办公室（值班）…………… 89211
生产副主任………………… 87398
…………………………… 87473
设备副主任………………… 88138
技术负责人………………… 85394
技术组……………………… 65485
统计组……………………… 65486
倒班宿舍…………………… 65078
671 操作 ………………… 65490
611 泵房 ………………… 65494
759 泵房 ………………… 65491
加剂泵房…………………… 65488
化学药剂班………………… 65493
597 泵房 ………………… 65492
631 原料操作室 ………… 65495
一加氢操作室……………… 65201
二加氢操作室……………… 65958
重催原料泵房……………… 65534
重催原料罐区……………… 65533
糠醛泵房…………………… 65496

调合车间

主任………………………… 88813
书记………………………… 87403
副主任……………………… 88654
…………………………… 87693
…………………………… 88812
…………………………… 85634
办公室……………………… 87574
工艺组……………………… 65231
设备组……………………… 65109
安全认证组………………… 65226
统计核算组………………… 65228
计算机……………………… 65238
值班室……………………… 65239
轻油泵房计量……………… 65309
轻油泵房…………………… 65310
尿丙泵房…………………… 65311
三苯泵房…………………… 65214
海输泵房…………………… 65230
轻油泵房大班长室………… 65003
重催原料计量室…………… 65004
抽出油泵房………………… 65312
汽煤油泵房………………… 65448
汽煤油泵房计量室………… 65308
液化气泵房（计量室） 88287
丙烯泵房（计量室） … 65072

气体车间

主任………………………… 87671

书记………………………… 87527
工会主席…………………… 85542
生产副主任………………… 88286
…………………………… 88211
设备副主任………………… 86402
办公室（值班）…………… 88213
党群干事…………………… 65080
技术组……………………… 65342
…………………………… 85504
…………………………… 65168
资料室……………………… 65251
设备组……………………… 65069
…………………………… 65341
…………………………… 65165
认证培训组………………… 86403
微机室……………………… 89761
安全组……………………… 89724
广东瓦斯…………………… 65070
压缩机……………………… 65299
南山火炬…………………… 65074
广西瓦斯…………………… 86127
广西火炬…………………… 65190
热网班……………………… 65068
集中供风班长……………… 87641
集中供风操作……………… 86475
集中供风循环水泵房 … 65758
集中供风巡线班…………… 65618
3000 制氮班长 ………… 65207
3000 制氮操作 ………… 86471
3000 制氮空压机 ……… 65206
3000 制氮循环水泵房 65340
600 制氮氮压机 ……… 65619
600 制氮班长 ………… 65612

供水车间

主任………………………… 89797
书记………………………… 88739
工会主席…………………… 88422
设备副主任………………… 87841
供水副主任………………… 88421
…………………………… 87531
化学副主任………………… 85703
…………………………… 85704
凝结水副主任……………… 88704
办公室……………………… 89769
供水办公室………………… 88420
微机室……………………… 85896
设备统核组………………… 88423
设备组……………………… 65613
凝结水工艺（设备） … 88417
…………………………… 65905
供水技术组………………… 87401
…………………………… 88741
化学工艺（设备）……… 66343

………………………… 66344
………………………… 66469
安全组………………… 85898
认证培训……………… 88740
材料库………………… 65174
司机班………………… 65250
排洪班………………… 65181
下水疏通……………… 65172
计量班………………… 65294
二道门提升岗位……… 65295
四排口………………… 65089
一循环水场…………… 65141
二循环水场…………… 65142
二循班长室…………… 65140
六循环水场…………… 65144
七循环水场…………… 65145
八循环水场…………… 65146
九循环水场…………… 65517
九循班长室…………… 65717
南山配水池…………… 65037
………………………… 88424
制水班………………… 85445
加药班………………… 65143
中间泵房……………… 66043
仪表班………………… 66066
酸碱站台……………… 89754
检修班………………… 66345
冲洗班………………… 66346
操作室………………… 66340
………………………… 66341
综合池………………… 66044
生水泵房……………… 66115
冷媒水泵房…………… 66116
厂东水暖班…………… 65075
厂中水暖班…………… 65076
厂西水暖班…………… 65077
凝结水除油班………… 65220
综合楼水泵房………… 65102

新水车间

主任…………………… 87144
书记…………………… 85307
工艺副主任…………… 85347
设备副主任…………… 89732
办公室………………… 88742
调研室………………… 85964
调研员………………… 85967
工艺组………………… 85970
设备组………………… 85317
安全组………………… 85970
综合班………………… 65348
维修班………………… 65175
兴城水源……………… 5433023
平山水源……………… 88204
大明水源 … 0041－68330024
金鸡岭泵房………… 5159253
玉皇阁泵房………… 2120190
值班室………………… 85327

成品车间

主任…………………… 89923
书记…………………… 89924
工会主席……………… 85131
生产副主任…………… 89877
设备副主任…………… 89947
办公室（值班室）…… 89978
工艺组………………… 87867
设备统计……………… 86307
维修班………………… 65107
计量片长……………… 65160
损耗组………………… 87467
计量班………………… 89590
计量微机……………… 65649
柴油片长……………… 87728
柴油班组……………… 65642
轻油片长……………… 85637
轻油班组……………… 65640
鹤管片长……………… 86314
鹤管班组……………… 65703
………………………… 65702
重油片长……………… 65720
重油班组……………… 65723
安检班………………… 65182
地衡班………………… 65657
地衡班………………… 65658

零售车间

主任…………………… 88524
书记…………………… 89141
工会主席……………… 87876
副主任………………… 89591
………………………… 89142
………………………… 89996
办公室（值班室）…… 88523
工艺组………………… 89910
设备组………………… 89154
安全监督……………… 65374
统计核算……………… 88523
党务干事办公室……… 89326
微机室（零售）……… 65742
综合检斤室（零售） … 65651
汽柴油栈台（零售） … 65008
重油栈台（零售）…… 65728
计量班（零售）……… 87047
槽车检斤室（液化气） 86744
槽车门卫（液化气） … 86659
槽车栈台（液化气） … 65347
小罐门卫（液化气） … 65593

机车队

队长…………………… 89926
书记…………………… 89927
工会主席……………… 85130
副队长………………… 89919
办公室………………… 89925
值班室………………… 89946
技术组………………… 65546
机运段………………… 89207
充电整备……………… 65120
运行一班……………… 65121
运行二班……………… 65122
运行三班……………… 65123
运行四班……………… 65124
倒班宿舍……………… 65125
交接班室……………… 65569
铁道门道口…………… 65571
九道口………………… 65572
白土道口……………… 65573
十道口………………… 65574
维修钳工……………… 65568
维修电工……………… 65456
车辆班………………… 65166
信号班………………… 88171
信号值班室…………… 65570
集体职工室…………… 65575

聚丙烯车间

主任…………………… 88621
书记…………………… 88374
工会主席……………… 86945
副主任………………… 85433
………………………… 88626
………………………… 86647
政工办公室…………… 88619
办公室（值班室）…… 88625
安全设备……………… 85054
精制岗位……………… 65261
一套聚合岗位………… 65258
二套聚合岗位………… 65973
丙烯回收岗位………… 65300
自动包装岗位………… 65975
维修班………………… 65260
聚丙烯销售保管……… 65262
材料员办公室………… 65006

苯乙烯—二甲酯联合车间

主任…………………… 85172
书记…………………… 85194
生产副主任…………… 85174
………………………… 85173
………………………… 89470
设备副主任…………… 85139
办公室………………… 86067
工艺组………………… 65989
设备组………………… 65690
安全组………………… 65688
值班室………………… 65687
二甲酯主控操作……… 65215
二甲酯外操操作……… 65691
二甲酯循环水操作…… 65693
二甲酯罐区操作……… 65692
二甲酯导热油炉操作 … 65547
苯乙烯主控操作……… 65360
苯乙烯外操操作……… 65363
苯乙烯循环水操作…… 65358
装车室………………… 65343
保管员………………… 86493

仪表车间

主任…………………… 89416
书记…………………… 89415
副主任………………… 86717
工团…………………… 89417
………………………… 85391
管理组………………… 89414
………………………… 89548
………………………… 85489
调度室………………… 88637
设备组………………… 65621
………………………… 65622
资料室………………… 85727
计算机组……………… 65629
质量班………………… 65634
维护一班……………… 65624
维护一班（值班）…… 85304
维护二班……………… 65632
维护二班（值班）…… 65625
维护三班……………… 65627
维护四班……………… 65633
维护五班……………… 65628
维护六班……………… 65062
维护七班……………… 65280
维护八班……………… 65631
维护八班（值班）…… 85297
维护九班……………… 65291
维护九班（值班）…… 65626
维护十班……………… 65938
维护十班（值班）…… 85184
检修一班……………… 65636
检修二班……………… 65479
管焊一班……………… 65623
管焊二班……………… 65480
车钳班………………… 65637

维修车间

主任…………………… 85267

书记……………………87569
副主任…………………89215
……………………………86591
……………………………85058
办公室…………………89214
施工组…………………65907
管理组…………………65270
技术组…………………65497
技术组…………………65908
调度室…………………88457
……………………………65203
库房……………………65557
微机室…………………65042
一班……………………65498
二班……………………66456
三班……………………65500
四班……………………65501
五班……………………65499
六班……………………65555
七班……………………65556
九班……………………65558
十班……………………65138
十一班…………………65063
十二班…………………65562
十三班…………………65134
专机班…………………65561
大一班…………………65559
大二班…………………65560
车工班…………………65564
铣刨班…………………65563
修复班…………………65281
电镀班…………………65566
综服班…………………65292
起重班…………………65554
管焊班…………………65565
重催值班室……………65909

电气车间

主任……………………89613
书记……………………89614
工会主席………………85607
副主任…………………88764
……………………………85607
……………………………87930
办公室…………………89612
调度室…………………89615
……………………………89616
……………………………87075
用电安全………………87700
库房……………………65439
设备库…………………65178
综合组…………………87827
管理组…………………87270
……………………………89667
……………………………87271
司机班…………………65179
试验班…………………65880
……………………………65066
起重班…………………65878
电机班…………………65879
广东班…………………89673
广东班库房……………65873
广东班南蒸馏专区……85870
广东班南蒸馏值班室 …65875
广东班厂内污水专区 …85471
……………………………65346
广东班污水二期………85145
广东班大楼电梯值班室 85144
大楼电梯机房…………65881
综合楼电梯机房………65243
广北班（气分）………65715
广北班二套值班室……65874
广北班北蒸馏专区……65876
广北班二套专区………65871
广北班电站专区………85709
广北班北蒸馏新高压间 86226
广西班…………………65872
广西联合高压间………65869
广南班…………………65713
广南班 3000 制氮专区 65208
广南班新重整配电间 65377
广南班老重整配电间 66559
水源班（南山变电所） 89528
水源班兴城水源地 5433053
水源班碧海变电所……28555
水源班大明变电所
………………0416－8330544
东钳班…………………65709
西钳班…………………65877
西钳班重催专区………65526
供风班…………………65031
供风班厂外零售………65710
重催班（值班室）……65912
重催班库房……………65091
重催班低压间…………65930
重催班主风机…………65931
重催班二加氢…………65055
重油班…………………65289
重油班加氢专区………65209
重油班聚丙烯专区……85279
苯乙烯…………………86404
苯乙烯值班室…………86274
苯乙烯循环水专区……65932
苯乙烯二甲酯专区……65255
广西总降………………85023
广西总降主控室………85022
……………………………85057
广西总降余热高压间 65159
广西总降女值班室……65922
广西总降男值班室……65925

热电公司

经理……………………63098
书记……………………82751
生产副经理……………82017
设备副经理……………82027
经营副经理……………61277
总工程师………………82054
工会主席………………82071
工会……………………63194
总工……………………82117

办公室

主任……………………82034
办公室…………………82037
宣传……………………61298
工资（培训）…………61209
资料室…………………61210
调研员…………………61294
收发室（浴池）………82104
总值班室………………61299
车班班长………………61204
更值（送水）…………61203
食堂……………………61205
倒班宿舍（车班）……82474

团委

书记……………………82064

保卫科

办公室…………………61224
科长……………………82141
正门值勤………………61504
物资门值勤……………61417
铁路门值勤……………61226

生技科

科长……………………82094
值长室…………………82314
统计室…………………61218
专责……………………61257

设备科

科长……………………82114
专责……………………61237
设备档案………………61223
库房……………………61221

安环科

办公室…………………61227
科长……………………82134

财务科

科长……………………82074
热网财务室……………61212
公司财务室……………61288
统计室…………………61282

热机车间

主任……………………82143
书记……………………61235
专责……………………61228
锅炉控制………………61239
……………………………61240
1 号机控制 ……………61229
2 号机控制 ……………61230
机炉控制………………61406
……………………………61407
……………………………61425
中心换热站……………61401
排渣班…………………61244

除尘车间

主任……………………82144
书记……………………61249
专责……………………61238
空压机室………………61408
渣库……………………61471
灰库……………………61470
运行班长………………61248

电气车间

主任、书记……………82154
专责……………………61259
主控室…………………61448
……………………………61447
机压母线间……………61415
试验班…………………61262
6KV 配电室 …………62414
……………………………61214
电工一班………………61263
电工二班………………61256

燃尘车间

主任、书记……………82147
专责……………………61253
24 米 …………………61254
控制室…………………61403
……………………………61404
二段皮带………………61402
五段皮带………………61426
七段皮带………………61409
八段皮带………………62049
卸煤机室………………61412
细破碎机………………61437
粗破碎机………………61405

化学车间

主任……………………82174
书记……………………61266
办公室…………………82174
制水控制室……………61268
化验班…………………61044
机炉分析室……………62457
燃煤分析室……………61514
取样班…………………60514

仪表车间

主任……………………60274

书记…………………… 61274
仪表一班………………… 61275
仪表二班………………… 61270
综合班…………………… 61424
值班室…………………… 61271
DCS 班 ………………… 61246
电讯室…………………… 61441
轨道衡…………………… 61278

检修车间

主任、书记……………… 82043
副主任…………………… 61047
办公室…………………… 81247
钳工一班………………… 82407
钳工二班………………… 61241
钳工三班………………… 83947
管焊班…………………… 83274
综合班…………………… 82374
钳工四班………………… 61213
电钳班…………………… 81664
管焊二班………………… 61412

供热公司

书记……………………… 61534
副经理…………………… 82194
办公室…………………… 61280
……………………………… 61247
设备专责………………… 61293
档案、材料、合同室 … 82429
收费室…………………… 61258
第一供暖总站……… 2132944
…………………………… 2133441
…………………………… 2159837
第二供暖总站……… 2133464
…………………………… 2133444
…………………………… 2133446
第三供暖总站……… 3114370
…………………………… 3111503
…………………………… 3100065
第四供暖总站……… 2851071
…………………………… 2851072
第五供暖总站……… 3123092
…………………………… 3111502

稽查室

主任……………………… 60417
办公室…………………… 61260

劳服

经理……………………… 82247
财务室…………………… 61286
厂区清扫班……………… 61043

其他

检修分公司
经理……………………… 82577
副经理…………………… 61279
办公室…………………… 61236
库房……………………… 81974
宿舍……………………… 63347
铁路联络处……………… 61469
巡警……………………… 61293
卫生所…………………… 61206
液化气站………………… 61462
煤管科科长……………… 82077
煤管科…………………… 61416

碧海公司

经理……………………… 28519
书记……………………… 28523
安全副经理……………… 28585
生产副经理……………… 28527
设备副经理……………… 28580
工会主席………………… 28517
调研员…………………… 28586
主任……………………… 28533
文秘……………………… 28534
财务……………………… 28532
政工……………………… 28550
电传室…………………… 28562
电讯室…………………… 28588
材料统计………………… 28515
保管员室………………… 28505
电脑工程师……………… 28516
司机班…………………… 28541
总值班室………………… 28535
食堂管理员室…………… 28545
食堂……………………… 28513
食堂厨师宿舍…………… 28512
值班司机………………… 28524
花房……………………… 28544
安全科长班……………… 28526
安全员…………………… 28530
设备科长………………… 28539
设备员…………………… 28536
经营部主任……………… 28538
经营部…………………… 28540
生产科长………………… 28531
生产调度………………… 28522
计量管理………………… 28529
一油区…………………… 28520
计量室…………………… 28506
输油泵房………………… 28558
压缩机房………………… 28559
加热炉操作室…………… 28504
机修班…………………… 28560
锅炉班长………………… 28556
锅炉操作室……………… 28557
35T 锅炉操作室………… 28553
软化水处理……………… 28563
铲车司机宿舍…………… 28525
二油区办………………… 28510
二油区泵房……………… 28502
加压泵房………………… 28508
检斤房…………………… 28528
栈桥装油班……………… 28543
保安队长………………… 28518
罐区警卫………………… 28546
公司收发室……………… 28549
公司门卫………………… 28511
二油区门卫……………… 28501
消防队长办……………… 28551
消防队值班室…………… 28552
消防泵房………………… 28509
盘锦北方沥青厂………… 28548
北方沥青厂宿舍………… 28521
石油公司………………… 28566
分公司计量……………… 28547
变电所…………………… 28555
维修队…………………… 28509

联华公司

总经理…………………… 88318
……………………………… 87423
副总经理………………… 88368
书记……………………… 87422
办公室…………………… 88355
经营部…………………… 88310
主任……………………… 88311
生产部经理……………… 87054
生产部…………………… 87434
经营部…………………… 88310
经营部经理……………… 88310
工艺室…………………… 87447
设备室…………………… 87044
维修班…………………… 65043
分析室…………………… 65039
生产部操作室…………… 65038
司泵……………………… 65262

现代化学公司

总经理……………… 2920455
书记………………… 2920410
副总经理…………… 2920410
…………………………… 2920411
销售部……………… 2920115
办公室……………… 2920491
生产车间…………… 2920422
技术部……………… 2920412
门卫………………… 2920076

新型建材公司

经理……………………… 61640
副经理…………………… 61641
办公室…………………… 61642

机械修造公司

经理……………………… 86931
书记……………………… 88253
彩板调度室……………… 87285
设备安全………………… 87254
机械加工班……………… 87257
门卫值班室……………… 87231

机械厂

厂长……………………… 88261
书记……………………… 88262
副厂长…………………… 88265
工会主席………………… 88264
办公室…………………… 88260
质检科长………………… 88263
质检科…………………… 88279
生产科…………………… 88273
库房……………………… 88270

金工车间

主任……………………… 88276
调度室…………………… 88277
热处理…………………… 65093
钳工班…………………… 88276

修造车间

办公室…………………… 88283
锻工班…………………… 65097

容器车间

主任室…………………… 88418
技术组…………………… 88419

阀门车间

主任……………………… 89930
办公室…………………… 88745
技术组…………………… 88781
调度室…………………… 89830

研究院

院长……………………… 88094
书记……………………… 88082
工会主席………………… 87586
副院长…………………… 88083
综合管理………………… 88081
收发室…………………… 65336
值班室…………………… 89982
电梯……………………… 65475
传真……………………… 87027
综合管理科长…………… 88084
科研调度………………… 88773
科研管理………………… 65738
设备安全………………… 89053
计量保管………………… 85021
核算成本………………… 87694
资料办…………………… 65036
系统管理………………… 87436
工艺室主任……………… 88085
加氢组…………………… 88086
物流净化组……………… 88098

催化组…………………… 88099
轻油组…………………… 65033
科技信息组……………… 88402
重油组…………………… 65301
精馏组…………………… 65474
油品室主任……………… 88089
工业用油组……………… 65014
内燃机油组……………… 65034
设备室主任……………… 88117
防腐组…………………… 65446
水处理组………………… 88091
酸洗粘接组……………… 65302
分析室主任办…………… 88097
分析二楼………………… 65457
分析三楼………………… 65015
中试基地………………… 88092
评定组…………………… 65035
维修班…………………… 88120
仪表班…………………… 65303

设计院

院长……………………… 89981
书记（副院长）………… 88062
技术副院长（总工程师）
……………………………… 85080
经营副院长……………… 88726
综合管理部主任………… 88061
传真机…………………… 85207
出图室…………………… 87460
档案室…………………… 86498
出版室…………………… 85097
收发室…………………… 88065
值班室…………………… 88065
市场部主任……………… 88067
市场部…………………… 87305
质量技术部主任………… 87461
质量技术部……………… 85163
技术专家室……………… 85290
项目部主任……………… 85376
项目部…………………… 85137
计算机室主任…………… 88070
工艺室主任……………… 85087
工艺一组………………… 88064
工艺二组………………… 88066
工艺三组………………… 85148
工艺四组………………… 85164
工艺五组………………… 87994
储运室…………………… 85084
设备室主任……………… 88069
设备一组………………… 85083
设备二组………………… 85273
仪电室主任……………… 88071
仪表室…………………… 85276
电气室…………………… 88068
……………………………… 85383
土建室主任……………… 88063
土建一组………………… 85082
土建二组………………… 85179
土建三组………………… 85270
总图室…………………… 85044
暖通室…………………… 88073
水暖室…………………… 89138
工程经济室主任………… 85397
工程经济室……………… 85085

工程总公司

总经理…………………… 88426
书记……………………… 88427
副总经理、安全总监 … 87276
副总经理………………… 88429
……………………………… 88439
工会主席………………… 88430
主任……………………… 88428
办公室…………………… 88425
团委……………………… 85275
传真……………………… 88128
……………………………… 87259
人事劳资………………… 85745
文秘办…………………… 86476
项目部一室……………… 89401
项目部二室……………… 89402
安全科长………………… 88433
安全科…………………… 89257
设备科长………………… 88432
设备科…………………… 88977
经营科科长……………… 88786
经营一室………………… 88087
经营二室………………… 89149
市场开发部主任………… 86270
市场开发部……………… 86271
施工技术科科长………… 88787
施工技术科……………… 89147
……………………………… 88434
……………………………… 88436
……………………………… 88437
……………………………… 88438
现场指挥部……………… 88440
值班室…………………… 61508
调研室…………………… 88760

工程一公司

办公室…………………… 88753
经理……………………… 88615
书记……………………… 88617
副经理…………………… 88616
设备组…………………… 88944
预算组…………………… 88875
技术组…………………… 65253
库房……………………… 65254
值班室…………………… 88618

工程二公司

办公室…………………… 88815
经理……………………… 88816
书记……………………… 88817
副经理…………………… 89694
设备组…………………… 87128
施工组…………………… 65315
业务组…………………… 65316
核算组…………………… 65318
值班室…………………… 65319
安全组…………………… 65737

工程三公司

办公室…………………… 88124
经理……………………… 89015
书记……………………… 89016
副经理…………………… 87972
管理组…………………… 65219
预算组…………………… 65407
设备组…………………… 65451
施工安全组……………… 65450
施工技术组……………… 89017
材料组…………………… 65218
保管……………………… 89014

工程四公司

办公室…………………… 85420
经理……………………… 86574
书记……………………… 88710
副经理…………………… 87719
技术组…………………… 88928
业务组…………………… 88682
库房……………………… 65287

工程五公司

办公室…………………… 89256
经理……………………… 88717
书记……………………… 86251
副经理…………………… 88435
技术组…………………… 86252
业务组…………………… 65541

工程建设监理公司

经理……………………… 87866
书记……………………… 60512
办公室…………………… 86407
调研员…………………… 86413
电气监理………………… 60703
仪表监理………………… 60364
资源部…………………… 60307
市场部…………………… 60397
监理部…………………… 60373
土建监理………………… 60107
……………………………… 60127
安装监理………………… 60573
……………………………… 60572
……………………………… 60729

工程质量监督站

站长……………………… 88055
副站长…………………… 88056
办公室…………………… 88242
工程质量监督…………… 85032
容检组…………………… 85686
探伤班…………………… 88059
大机组动态监测………… 88057
焊工培训基地…………… 88060
探伤曝光室……………… 87041
理化室…………………… 65361

综合服务中心

经理……………………… 87424
书记……………………… 87427
副经理…………………… 87711
……………………………… 85878
工会主席………………… 85748
办公室…………………… 87147
安监科科长……………… 85617
调度科科长……………… 87154
调研员…………………… 65777
……………………………… 85751
团委……………………… 85773
值班室…………………… 66711
政工干事………………… 85749
人事……………………… 66702
调度室…………………… 85747
……………………………… 66705
安监科…………………… 66708
设备室…………………… 65781
……………………………… 66706
……………………………… 66707
培训室…………………… 66703
核算室…………………… 66704
渤海劳务一队队长……… 87745
渤海综合一队队长……… 66701

综合队

队长……………………… 85742
副队长…………………… 85187
办公室…………………… 85743
……………………………… 88410
值勤室…………………… 89807
仓库……………………… 85437
仓库……………………… 65049

清扫一队

队长室…………………… 88413
书记室…………………… 85754
副队长…………………… 86741
办公室…………………… 66722
技术组…………………… 66723
清扫一班………………… 66724

清扫二班………………… 65135
清扫二队
队长……………………… 85791
书记……………………… 89608
副队长…………………… 66741
办公室…………………… 66740
技术组…………………… 66742
生活服务队
队长……………………… 86286
副队长…………………… 88546
办公室…………………… 87032
安全设备………………… 66102
管理员…………………… 85416
财会出纳………………… 66101
订餐电话………………… 85944
……………………………… 66100

汽车运输中心

队长……………………… 88836
书记……………………… 88839
副队长…………………… 86817
办公室…………………… 88835
技术组…………………… 88837
管理组…………………… 88840
货运一部
调度室…………………… 88838
主任……………………… 86408
值班室…………………… 88164
货运二部
调度室…………………… 85314
办公室…………………… 85175
主任……………………… 89208
管理组…………………… 86177
捡油班…………………… 66541
送油班…………………… 66710
装运班…………………… 66544
司机班…………………… 66540
客运部
调度室…………………… 87945
办公室…………………… 85260
主任……………………… 85221
副主任…………………… 85265
技术组…………………… 88454
值班室…………………… 87946

培训中心

主任……………………… 86421
书记……………………… 89427
副主任…………………… 85188
……………………………… 89815
主任……………………… 89428
办公室…………………… 89424
传真室…………………… 89434
收发室…………………… 65600
培训科科长……………… 89425
培训科…………………… 89429
计算机室………………… 85421
教务科科长……………… 85712
教务科教研室…………… 86737
技工学校
办公室…………………… 89814
副校长…………………… 89819
政教处…………………… 89817
教务处…………………… 89702

疗养院

总机……………………… 86204
……………………………… 222000
院部
办公室…………………… 222800
院长……………………… 88393
……………………………… 222801
书记……………………… 222802
副院长…………………… 222803
主任……………………… 222805
接待室…………………… 222808
汽车队…………………… 222818
电视维修站……………… 222814
商务中心………………… 222819
总值班室………………… 222817
游艺中心………………… 222813
门卫……………………… 222824
总务……………………… 222822
采购组…………………… 222810
库房……………………… 222824
电工班…………………… 222825
维修班…………………… 222826
锅炉班…………………… 222827
花窖……………………… 222829
洗衣房…………………… 222830
膳食科
科长……………………… 222836
大餐厅…………………… 222837
小餐厅…………………… 222839
小餐厅二楼……………… 222840
病疗餐厅………………… 222841
医务科
科长……………………… 222860
门诊……………………… 222861
药房……………………… 222862
水疗馆…………………… 222863
病房……………………… 222864
理疗……………………… 222865
一疗区
一楼服务台……………… 222501
二楼服务台……………… 222502
三楼服务台……………… 222503
四楼服务台……………… 222504
五楼服务台……………… 222505
六楼服务台……………… 222506
三疗区
总服务台………………… 88394
一楼服务台……………… 222701
二楼服务台……………… 222702
三楼服务台……………… 222703
四楼服务台……………… 222704

华亿实业总公司

总经理…………………… 89823
书记……………………… 88165
副经理…………………… 88833
……………………………… 85830
工会主席………………… 89827
主任……………………… 88683
办公室…………………… 89822
调研员室………………… 89825
……………………………… 89834
政工干事………………… 87550
人事统计核算…………… 88371
技术员办公室…………… 87522
打字室…………………… 87412
接待室…………………… 87524
传真室…………………… 87494
经营管理科
科长……………………… 87411
供应计划………………… 89824
车辆安全………………… 87415
设备室…………………… 87491
统计核算………………… 86844
库房……………………… 86914
华建公司
办公室…………………… 89929
副经理…………………… 87564
调研员…………………… 88474
调度……………………… 85479
防水涂料厂……………… 2190818
防水施工队……………… 89716
商贸公司
办公室…………………… 87407
经理办…………………… 89934
更夫室…………………… 89706
酒类经销处……………… 61418
青辰工贸公司
办公室…………………… 89161
……………………………… 85001
总经理…………………… 87798
副经理…………………… 85019
统计核算室……………… 87013
市场营销部……………… 89271
安全设备部……………… 87420
技术开发部……………… 89449
业务组…………………… 89479
厂内劳务队长室………… 89935
厂内清扫队……………… 89936
厂内安装班……………… 85497
厂内安装班……………… 86531
微机室…………………… 88079
传真室…………………… 85877
汽车美容中心…………… 87905
汽车销售租赁…………… 87906
劳务装卸队……………… 65321
厂内送水中心…………… 65678
厂东送水班……………… 65926
厂内饮水机维修………… 89690
厂内维修班……………… 87296
办公用品销售部………… 85313
厂外矿泉水部…………… 61456
厂外送水服务热线……… 82340
制水班…………………… 85445
承包单位
华声电器………………… 87701
木器加工厂……………… 89829
物贸公司………………… 89839

国际合作部

经理……………………… 87193
办公室…………………… 87203
业务部…………………… 89458
传真……………………… 86178

基地服务事业部

总经理…………………… 88226
书记……………………… 88221
副总经理………………… 88225
……………………………… 89038
……………………………… 88224
……………………………… 88284
……………………………… 88223
工会主席………………… 85342
主任……………………… 88227
副主任…………………… 85586
调研员…………………… 89522
办公室…………………… 88220
秘书……………………… 89542
供应组…………………… 88232
收发值班室……………… 89540
财务资产部主办………… 88229
副主任…………………… 88845
会计……………………… 85047
……………………………… 85372
财务资产部财务………… 85405
规划计划部主任………… 88233
规划……………………… 85429
计划……………………… 88230
人事劳资部主任………… 88284
副主任…………………… 88490

劳动组织……85418
工资……85243
综合管理部主任……88228
副主任……87470
安全……85741
能源……87809
设备……88234
工程……89541

宏盛物业公司

办公室……89578
经理……88239
书记……88238
副经理……89163
安全设备……88724
东门环卫队……88244
东门绿化队……88240
南门环卫队……88241
南门绿化队……89164
单身办……83974
司机班……89037
城管队长……88235
城管办……88853
城管投诉……88630
排洪泵房……88844

莲花物业公司

办公室……60172
经理……60302
书记……60214
城管……81449
南门……61374
北门……63174
二村办公室……60714
东门……62274
北门……62247
三村办公室……81477
5号岗……61714
6号岗……60474
维修班……60171
环卫班……61471
三村会馆……63641
三村会馆……63642
莲花家园……63974
地下车库……81049
司机班……81744

工业物业公司

办公室……89931
经理办……89681
安全统计……89836
监察队……89837
回收队……65359
筛选班……65529

公用事业公司

经理……88447
办公室……89711
业务组……88448
供气一段……88561
供汽二段……88449
炉具维修……65155
供气一点……65151
供气二点……82152
供气三点……65153
供气五点……65751
供气六点……65156
供气七点……65157
供气八点……60436
供气九点……61462
供气十点……83144
供汽十二点……81437
能源一队……86542
能源二队……60144
能源二队长……60143

综合维修公司

办公室……88854
经理……89543
副经理……85005
安全设备……65410
综合一队……88860
水道维修班……85322
水暖维修班……85323
东门运行班……87114
综合二队……89039
水道维修班……65349
……65597
水暖运行班……60477
综合三队……63847
维修一班……60677
维修二班……60074
维修三班……63842
妇联楼泵房……61474
电工队长办……88855
电工一班……65409
电工二班……65408
电工三班……60584
更夫班……65591
车辆修理……85415
司机班……85411
铁北运行班……87774
服务热线……84440

幼教服务中心

主任……88443
书记……88285
办公室……88442
库房……87073
中心园长……85589
中心园……85585
小区一园长……60424
门卫……60145
小区二园长……81627
门卫……81624
铁北园办公室……65673
铁北园园长……86474

生活服务中心

主任……88842
房产……88841
房产资金……88843
微机室……88846
动迁……88140
动迁一室……88194
动迁二室……88504
微机室……88604

电视台

台长……88043
总编……88044
记者部……89136
专题部……86107
文艺部……85355
广告部……88973
技术部……88045
制作部……88046
机房……87003
演播厅……87780

报社

总编室……88041
编辑部……88042
记者部……87325

职工医院

院长……89983
书记……89962
副院长……89963
工会主席……86818
办公室主任……87637
办公室（总值班室）……89971
医务科……89965
护理部……89351
医疗保险科……89961
财务室……89976
总务科……85024
职业卫生科……89967
体检……65375
预保科……89968
药械科……89970
爱委会……86773
网络管理……89404
网络机房……65648
信息科……65473
劳资……65416
工会……65466
救护车司机班……65743
渤海公司……65397
急诊科门诊……65170
外科病房……89413
慢性病门诊……89737
外科门诊……65522
工伤门诊……65117
内一科病房……89430
内二科病房……89437
烧伤病房……89426
麻醉科……65162
B超室……65307
儿科病房……65584
放射科……65381
CT室……88471
妇科门诊……65276
妇科病房……65462
眼科门诊……65282
耳鼻喉科……65472
五官科病房……65463
检验科……65247
生化室……65242
感染科……65420
中医科……65227
理疗科……65223
心电图室……65246
病理室……65425
门诊药房……65936
住院药房……65453
中药房……65306
供应室……65391
住院结算……65464
住院处……89941
挂号室……65149
门诊警卫室……65384
住院警卫室……65040
血液透析室……89964
高压氧仓科……65395
中心供氧室……65241
电梯……65465
水泵房……65468
洗衣房……65383
医疗器械维修……65469
维修班……65385
莲花门诊部……60707
三村门诊部……61041
热电公司门诊部……61206
120值班室……120
120值班室……2771120

离退休管理中心

处长……83029
书记……83057
副处长……83027
……60767
办公室主任……83039
办公室……83014
调研员室……60762
……83047
……60756

……………………… 60733
党委办公室………… 60014
微机室……………… 83037
核算室……………… 83620
医疗报销打字室…… 60735
老年大学…………… 60017
离干科……………… 83042
……………………… 60457
离干科长…………… 83040
退干科……………… 60750
……………………… 83043
退干科长…………… 60732
退工科……………… 83045
退工科长…………… 83044
文体科……………… 60766
文体科长…………… 60739
妇联楼服务员室…… 63743
老干部一室………… 63759
老干部二室………… 63774
老干部三室………… 63794
社区会馆…………… 63640
离岗休养科………… 60751
离岗休养科长……… 60755
门卫………………… 83024

文体中心

办公室……………… 82731
主任………………… 63658
文化宫……………… 83494
文化宫维修班……… 83941
体育馆……………… 60719
体育馆维修班……… 60747
体育馆会员收费…… 63478

印刷厂

厂长………………… 89440
办公室……………… 89441
微机室……………… 87195
装订室……………… 89442

渤海集团公司

经理办

总经理……………… 88869
生产副经理………… 88870
后勤人事副经理…… 88863
建安副经理………… 88872
经营副经理………… 87034
副总工程师………… 87374
副总机械师………… 85409

党委

书记………………… 88871
纪委书记…………… 88871
工会主席…………… 89040
公司调研员室……… 88867

公司办公室

主任………………… 88992
办公室……………… 88013
企管组……………… 87327
打字室……………… 87674
小车队……………… 88876
食堂………………… 89731
收发室……………… 65567
法律顾问室………… 87104

党委办公室

党办主任…………… 89360
党委………………… 88861

党委组织部

部长………………… 89684
办公室……………… 89505
调研………………… 87902

党委宣传部

部长………………… 88864
办公室……………… 88962

纪委

书记………………… 88736
检查审理…………… 87005
审计室……………… 89780

工会

主席………………… 88874
工会、组织部……… 88754
工会生产生活宣传文体部
……………………… 85744
女工部、计生办…… 88514
活动中心…………… 87474

团委

团委书记…………… 89503

武装部

部长………………… 89533

财务部

主任………………… 89043
副主任……………… 89782
清算组……………… 87931
成本组……………… 86674
销售组……………… 85406
资金组……………… 65577
加油站财务组……… 65580
建安财务组………… 85436
建材、运输、退管组 … 85643
鞋厂、印刷、工会组 … 65413
商贸、广告、电脑组 … 65131
蜡厂、油毡、助剂组 … 85644

计划发展部

主任………………… 89041
技术开发组………… 86843
计划统计组………… 87341
工程预、决算组…… 89683

劳动人事部

主任………………… 89557
工资组……………… 88873
调配组……………… 89735
执法队……………… 87074

安全环保部

主任………………… 89046
办公室……………… 65430

机动工程部

主任………………… 85004
办公室……………… 89781

教育培训科

办公室……………… 82254
科长………………… 81804

退休职工管理科

科长………………… 86514
书记………………… 88515
办公室……………… 85425
工资组……………… 88795

保卫科

科长………………… 89047
司法办……………… 89682
值班室……………… 89679
治安组……………… 65523

运销公司

经理………………… 89052
办公室……………… 89547
销售管理…………… 89502
综合管理…………… 88747
财务组……………… 87549
南门收款处………… 85043

供应公司

经理………………… 89051
供应一组…………… 89367
供应二组…………… 89532
仓库………………… 88512

生产实业公司

经理………………… 89114
副经理……………… 89044
书记室……………… 88134
工会主席…………… 88340
技术组……………… 65576
调度室……………… 89045
……………………… 65514
检验中心主任……… 89544
技术管理组………… 85534
化验室……………… 65670
厂南班……………… 86411
石化厂……………… 88180
……………………… 65668
……………………… 65412
污油处理厂………… 89586
……………………… 65659
化工厂……………… 88774
……………………… 87168
……………………… 87544
润滑油厂…………… 2655551
防水材料厂………… 88684
……………………… 87935
金属制品厂………… 88685
……………………… 85452
（厂外） …………… 85451
粉煤灰……………… 89050
……………………… 87691
气体处理厂………… 85584
气体处理操作……… 85146
……………………… 85439
塑料制品有限公司… 89721
……………………… 89776
建材厂……………… 65163
……………………… 89584
制蜡厂……………… 89587
……………………… 86750
……………………… 85910
维修队……………… 88212
（厂外） …………… 65583
管网队……………… 89692
……………………… 65744
洗槽站……………… 88702
……………………… 65169
助剂厂……………… 88517
……………………… 2295517
厂容队……………… 87614
节能设备厂………… 85248

建安公司

主任………………… 88749
经理………………… 89504
书记………………… 88518
经营副经理………… 86987
工程副经理………… 89247
工会主席…………… 65527
办公室……………… 89055
财务科……………… 85436
计划预算科长……… 89056
预算科……………… 85640
安技科长…………… 89245
安技科……………… 87103
施工科长…………… 88519
工程管理科………… 89057
设备租赁科长……… 89729
司机班……………… 86974
安装一公司………… 85440
安装二公司………… 88687
抢修队……………… 86812
土建一公司………… 89722
土建二公司………… 88332
土建三公司………… 87124
防腐一公司………… 88691
……………………… 87489
防腐二公司………… 88125
电工队……………… 89728

开发公司

经理………………………… 85046
书记………………………… 89042
办公室……………………… 88373
运输公司…………………… 88510
鸿翔给水设备公司…… 88513
渤海加油总站………… 89730
商贸公司…………………… 81142
广告公司…………………… 89572
制鞋厂……………………… 85240
渤海电脑商行………… 85180
印刷厂……………………… 86028
被服厂（厂内）……… 89585
被服厂（厂外）……… 89607

劳动服务公司

经理………………………… 62016
书记………………………… 62017
副经理……………………… 62014
工团………………………… 62071
总务室……………………… 62072
房产组……………………… 62015
综合写字楼门卫……… 61423
房产管理队……………… 83493
综合写字楼管理队…… 62073
劳务一大队……………… 87745
劳务二大队……………… 65532
劳务三大队……………… 82470
劳务四大队……………… 81450
………………………………… 86324
劳务五大队……………… 81447
放假人员管理………… 82714
………………………………… 60614

斯威特泉水有限公司

经理………………………… 61499
………………………………… 61884
送水热线………………… 81244
东门送水点……………… 88516

渤海大酒店

经理………………………… 85818
副经理 ……………… 292317
办公室……………………… 89520
总机………………………… 87645
………………………………… 87646
调研员……………………… 89869
传真………………………… 89635

13. 大庆炼化公司

地址：黑龙江省大庆市让胡路区马鞍山　　邮政编码：163411　　公网区号：0459

总经理（党委）办公室

主任………………………… 5616118
副主任……………………… 5613186
………………………………… 5613072
秘书………………………… 5613029
………………………………… 5616171
文书科长…………………… 5613968
文书………………………… 5616162
值班秘书…………………… 5616111
秘书科副科长………… 5616102
秘书………………………… 5616318
………………………………… 5613036
………………………………… 5616071
行管科副科长………… 5613673
接待科副科长………… 5613075
………………………………… 6719008
设备………………………… 5613021
调研员……………………… 5616028

维护稳定工作办公室

主任………………………… 5613658
副主任……………………… 5616098
………………………………… 5612277
副科长……………………… 6719061
………………………………… 5616120

人事处（党委组织部）

处长（部长）………… 5616066
副处长……………………… 5616017
………………………………… 5616165
劳资科科长…………… 5616069
劳动工资…………………… 5616042
………………………………… 5616042
劳动组织…………………… 5616043
组织科副科长………… 5616068
党委组织员…………… 5616797
组织建设…………………… 5616703
考核科副科长………… 5616046
绩效考核…………………… 5616039
干部管理…………………… 5616040
技术干部管理………… 5616092

生产运行处

处长………………………… 5616056
副处长……………………… 5616088
………………………………… 5613016
………………………………… 5616135
生产计划…………………… 5616136
生产统计…………………… 5616044
………………………………… 5612683
生产管理…………………… 5612188
………………………………… 5613080
………………………………… 5613081
………………………………… 5613300
………………………………… 5613807
………………………………… 5616085
综合调度…………………… 5616086
车辆调度…………………… 5612219
生产调度…………………… 5612220
电力管理…………………… 5613124
………………………………… 5612456
数据管理…………………… 5612767
………………………………… 5612769
………………………………… 5612756
………………………………… 5612819
………………………………… 5612797
………………………………… 5616207
………………………………… 5616021
………………………………… 5616246
………………………………… 5616245
………………………………… 6719704
………………………………… 6719244
………………………………… 5616244
………………………………… 5612738
………………………………… 5616243

机动设备处

处长………………………… 5616122
副处长……………………… 5616130
………………………………… 5616075
………………………………… 5613911
………………………………… 6719153
科长………………………… 5613126
………………………………… 5616065
………………………………… 5616185
副科长……………………… 5616328
职员………………………… 5616121
………………………………… 5612500
………………………………… 5613622
………………………………… 5612525
………………………………… 5616100
………………………………… 5613288
………………………………… 5612542
………………………………… 5612556
………………………………… 5612450
………………………………… 5616061
………………………………… 5616064
………………………………… 5616101
副科长……………………… 6719320
职员………………………… 6719469
………………………………… 6719508
科长………………………… 5612171

安全环保处

处长………………………… 5616866
副处长……………………… 5616193
………………………………… 5616129
………………………………… 5616405

综合科

科长………………………… 5616191
事故管理…………………… 5616192
劳动保护…………………… 5616152

体系科

科长………………………… 5616048
体系管理…………………… 5612325
………………………………… 5612327
………………………………… 5612332

防火科

科长………………………… 5616125
工伤管理…………………… 5612493

现场科

副科长……………………… 5612486
………………………………… 5616132
三同时管理…………… 5612469

环保科

科长………………………… 5616190
环保管理…………………… 5612473

技术科

科长………………………… 5612773
………………………………… 5612100
技术科……………………… 5612460
班组安全活动………… 5616179

监督站

安全监督…………………… 5616142
………………………………… 5612377
………………………………… 5612413
………………………………… 5616160
………………………………… 6719374
急救站……………………… 5613926

科技信息处

处长………………………… 5616248
副处长……………………… 5616005
………………………………… 5616087

炼油技术科

科长………………………… 5616240
技术管理…………………… 5613066

…………………… 5613906
…………………… 5613907

化工技术科

科长…………………… 5616242
技术管理………………… 5613901

科技科

科长…………………… 5616058
科技管理………………… 5613065
…………………… 5613908

质量与节能管理办公室

处长…………………… 5612388
副处长………………… 5612909
…………………… 5613325
质量管理………………… 5616720
…………………… 5616721
…………………… 5616724
…………………… 5616723
节能管理………………… 5616776
…………………… 5613909
…………………… 5613068
…………………… 5613902
现场管理………………… 5616722
…………………… 5616726
…………………… 5616727
…………………… 5616725

规划计划处

处长…………………… 5612138
副处长………………… 5612599
…………………… 5616131
计划、合同管理…… 5616264
投资控制………………… 5613058
概算造价管理……… 5616175
综合统计………………… 5616150
综合科科长………… 5616054
工程竣工验收……… 5613031
设计管理………………… 5616055
内控、质量体系…… 5613246
规划科科长………… 5613032
规划管理………………… 5613245
轻纺规划………………… 5612034
规划管理………………… 5613557
…………………… 5616402
…………………… 5616055

财务处

处长…………………… 5616106
副处长………………… 5616117
…………………… 5616979
…………………… 5616115
调研员………………… 6719155

综合科

综合管理………………… 5616811
劳资…………………… 5616656
文件、工会………… 5616656
档案管理………………… 5616139
工会会计………………… 5616138
出纳…………………… 5616138
医保会计………………… 5616170
出纳…………………… 5616170
住房公积金………… 5616025
食堂管理………………… 5616025
食堂核算………………… 5616030
出纳…………………… 5616030
科级职员………………… 5613011

税价科

国税会计………………… 5616173
地税会计………………… 5616173

资金科

资金管理………………… 5616168

会计科

副科长………………… 5616140
会计…………………… 5616831
往来管理………………… 5616831
信息管理………………… 5616159
年金管理………………… 5616836

机关财务科

科长…………………… 5616145
报销结算………………… 5616145
银行出纳………………… 5616145
现金出纳………………… 5616167
报销结算………………… 5616167

成本科

副科长………………… 5616141
成本核算………………… 5616141
…………………… 5616072
…………………… 5616783
…………………… 5616166
…………………… 5612517
…………………… 5616782
…………………… 5613985

预算科

预算分析考核……… 5616857
…………………… 5612996
关联交易………………… 5616827
预算分析考核……… 5612987

销售科

科长…………………… 5682600
销售核算………………… 5614203
…………………… 5614222
…………………… 5613014
…………………… 5614241
…………………… 5614205
发票结算………………… 5614205

材料科

副科长………………… 5612576
稽核…………………… 5612576
材料报销………………… 5616785
材料报销………………… 5612789

资产科

副科长………………… 5612660
会计…………………… 5616828
保险会计………………… 5616828

工程科

副科长………………… 5616037
科研成本核算……… 5614021
工程核算………………… 5614021

纺织科

副科长………………… 5616813
…………………… 5616140
会计…………………… 5616813
…………………… 5616812

运输管理科

副科长………………… 5616830
会计…………………… 5616829

矿区事业部财务处

处长…………………… 6719987
科长…………………… 6719422
报销结算………………… 6719225
收入结算………………… 6719225
出纳…………………… 6719023
…………………… 6719242
会计…………………… 6713512
…………………… 6719216
稽核…………………… 6713501
会议室………………… 5616835

审计处

专业负责人、处长 … 5616116
副处长………………… 5616668
…………………… 5616094
财务审计科长……… 5613076
财务审计………………… 5613076
…………………… 5613078
工程审计科长……… 5612417
工程审计………………… 5612417

审计中心

主任…………………… 5616208
财务审计………………… 5616323
…………………… 5616321
…………………… 5616196
工程审计………………… 5616196
…………………… 5616197
…………………… 5616273
…………………… 5616275
…………………… 5616322
…………………… 5616320
…………………… 5612248

纪检监察处

纪委副书记、处长

办公室………………… 5613069
副处长、纪委办主任 5612681
副处长………………… 5612828

效能监察科

科长…………………… 5616082
科员…………………… 5616251

信访案件科

副科长………………… 5616186

党风科

副科长………………… 5616045

案件审理科

科员…………………… 5616083

企业文化处（宣传部）

工会

主席…………………… 5613028
副主席………………… 5613079
…………………… 5612093
女工部………………… 5612405
…………………… 5613062
…………………… 5616288
民管部………………… 5616079
…………………… 5613061
…………………… 5613063
综合部………………… 5616080
…………………… 5612133
文体部………………… 5613060
…………………… 5612770
俱乐部………………… 5613157
…………………… 5612444
…………………… 5612433

体育馆

工作室………………… 5612422
图书馆………………… 5616155
…………………… 5616156

团委

副书记………………… 5613067
干事…………………… 5616081
…………………… 5613059

机关党委

副书记、纪委书记 … 5612818
副书记、工会主席 … 5616059
组织员………………… 5613199
综合事务科副科长 … 5616176
人事科副科长……… 5616084
调研员………………… 5612694

项目后评价办公室

主任…………………… 5616052
组长…………………… 5616680
职员…………………… 5616011
…………………… 5613459
组长…………………… 5616051

职员…………………… 5613880
组长…………………… 5613530
职员…………………… 5616617
…………………………… 5613642

内控体系办公室

副主任………………… 5616308
内控管理……………… 5612309
…………………………… 5616309
…………………………… 5616036

炼油一厂

公网区号：0459+561+后4位数
厂长、党委副书记 …… 3399
党委书记、副厂长 …… 2286
党委副书记、纪委书记、工会主席 ………………… 2342
生产副厂长 ………… 2148
设备副厂长 ………… 4063
安全总监 …………… 2288
副总工程师 ………… 2132
…………………………… 2258
副处级调研员 ……… 2014
厂技术专家 ………… 2814

综合办

主任 ………………… 2329
组织员、纪检员 …… 2128
核算员 ……………… 2989
人事劳资 …………… 2193
宣传秘书 …………… 2676
工会、团委 ………… 2676
材料员 ……………… 2384
…………………………… 2131
资料员、房产员 …… 2506
公务员 ……………… 2143
门卫 ………………… 2369

生产办

主任 ………………… 2285
副主任 ……………… 2261
正科级职员 ………… 4070
工艺环保工程师 …… 2111
工艺工程师 ………… 4247
设备工程师 ………… 3057
…………………………… 2630
点检工程师 ………… 2357
QHSE 工程师 ……… 2868
安全 ………………… 2868
生产培训 …………… 2506
综合调度 …………… 4070
调度员 ……………… 2834
…………………………… 2017

常减压车间

主任 ………………… 3350
书记 ………………… 3344
正科级调研员 ……… 2600
工艺副主任 ………… 3348
…………………………… 3259
设备副主任 ………… 3346
设备技术员 ………… 3345
…………………………… 3104
工艺技术员 ………… 3259
…………………………… 2629
设备技术员 ………… 3104
安全员 ……………… 3351
…………………………… 2572
综合管理员 ………… 2425
…………………………… 3345
…………………………… 3259
…………………………… 3354
一套主控室 ………… 6325
…………………………… 6326
副操室 ……………… 2295
…………………………… 2320
二套主控室 ………… 3341
…………………………… 3342

气体分馏车间

主任 ………………… 3171
书记、工艺副主任 … 2735
设备副主任 ………… 2117
工艺技术员 ………… 2072
设备技术员 ………… 2737
安全员 ……………… 2824
综合管理员 ………… 2665
…………………………… 2603
主控室 ……………… 2607
…………………………… 2830
…………………………… 2743

催化裂解车间

主任 ………………… 2605
书记 ………………… 3818
工艺副主任 ………… 2280
…………………………… 4052
…………………………… 2439
设备副主任 ………… 3129
工艺技术员 ………… 2869
设备技术员 ………… 2043
安全员 ……………… 2043
设备技术员 ………… 2043
综合管理员 ………… 2872
主控室 ……………… 2314
…………………………… 2940
主风机 ……………… 4313
气压机 ……………… 4348

一套 ARGG 车间

主任 ………………… 2651
书记、设备副主任 … 3183
工艺副主任 ………… 2652
设备副主任 ………… 2731
工艺技术员 ………… 3531
…………………………… 2137
…………………………… 2741
设备技术员 ………… 2653
设备技术员 ………… 2357
设备工程师 ………… 2357
…………………………… 2726
安全工程师 ………… 2901
综合管理员 ………… 2742
…………………………… 2653
主控室 ……………… 3453
…………………………… 3460
…………………………… 3251
…………………………… 3461
主风机 ……………… 2650
气压机 ……………… 2569
泵房 ………………… 3257

重整加氢车间

主任 ………………… 2046
书记 ………………… 3353
工艺副主任 ………… 2374
设备副主任 ………… 2076
工艺技术员 ………… 2264
…………………………… 3102
设备技术员 ………… 2041
安全员 ……………… 2799
综合管理员 ………… 2426
主控室 ……………… 2853
…………………………… 2893
氢压机 ……………… 3424

炼油二厂

公网区号：0459+561+后4位数
厂长 ………………… 6105
党委书记 …………… 2961
党委副书记、纪检书记、工会主席 ………………… 2808
生产副厂长 ………… 4181
设备副厂长 ………… 2287
总工程师 …………… 4173
安全监督 …………… 4186
副总工程师 ………… 4096

综合办

主任 ………………… 2808
副主任、组织、工会 … 2370
综合管理、武装、保卫 3828
人事、劳资 ………… 2840
核算、计生 ………… 2840
团委、企管法规 …… 6540
宣传、女工 ………… 4191
资料、保管、房产 … 4191
公务员 ……………… 6780

生产办

主任 ………………… 2118
副主任 ……………… 4197
…………………………… 2479
工艺工程师 ………… 6771
…………………………… 4189
…………………………… 6780
计划统计员 ………… 4179
动设备工程师 ……… 4194
静设备工程师 ……… 4194
点检工程师 ………… 4179
材料员 ……………… 4199
安全员 ……………… 6781
…………………………… 4182
QHSE 工程师 ……… 4182
调度员 ……………… 3160
…………………………… 2026
…………………………… 2770

重油裂解车间

主任 ………………… 4171
书记 ………………… 4095
设备副主任 ………… 4169
工艺副主任 ………… 2583
…………………………… 4138
工艺员 ……………… 4170
…………………………… 6773
设备员 ……………… 3178
…………………………… 6769
认证员 ……………… 4180
综合员 ……………… 4058
安全员 ……………… 4180
主控室 ……………… 4161
…………………………… 4160
…………………………… 4164
主风机 ……………… 4177
气压机 ……………… 4159
副操室 ……………… 4162
…………………………… 3992
…………………………… 2479

气体分馏车间

主任 ………………… 4187
书记 ………………… 4195
设备主任 …………… 4185
工艺副主任 ………… 2040
工艺员 ……………… 4196
设备员 ……………… 4190
综合员 ……………… 4192
主控室 ……………… 2984
…………………………… 4167
气压机 ……………… 3760
副操室 ……………… 4345
泵房 ………………… 4347

加氢改质车间

主任 ………………… 6535
书记 ………………… 4198
工艺副主任 ………… 4193

设备副主任 …… 4176
设备员 …… 4172
工艺员 …… 4183
安全员 …… 4172
综合员 …… 4297
主控室 …… 3417
…… 3419
压缩机 …… 4175
压缩机副操 …… 3418
副操室 …… 3431

硫磺回收车间

主任、书记 …… 6490
工艺副主任 …… 6487
设备副主任 …… 6489
工艺员 …… 6492
安全员 …… 6492
设备员 …… 6492
综合员 …… 6493
工艺、设备、安全值班室
…… 6491
主控室 …… 4015
…… 2887
成型机 …… 2885

干气制乙苯车间

主任 …… 3701
书记 …… 6496
工艺副主任 …… 3698
…… 3966
设备副主任 …… 6485
安全员 …… 4048
工艺员 …… 3630
…… 4048
设备员 …… 6484
综合员 …… 6486
主控室 …… 3258
…… 6497
装置值班 …… 3268
罐区 …… 3287
氨压机 …… 6494
泵房 …… 6495

酸性水汽提车间

主任、书记 …… 6247
设备副主任 …… 6733
设备员 …… 6778
…… 6779

润滑油厂

公网区号：0459+561+后4位数
厂长 …… 6228
党委书记 …… 6076
党委副书记 …… 6368
生产副厂长 …… 3188
设备副厂长 …… 2658
安全总监 …… 6215
总工程师 …… 3738
副总工程师 …… 6216

综合办

主任 …… 6206
副主任 …… 6211
组织纪检 …… 3778
工会团委 …… 6217
人事劳资 …… 6209
核算考核 …… 6210
公勤 …… 6212

生产办

主任 …… 3717
副主任 …… 3713
生产管理 …… 3719
设备管理 …… 3739
…… 3396
技术管理 …… 3735
运行管理 …… 3720
现场安全管理 …… 3714
QHSE工程师 …… 3742
计划统计 …… 3716
设备点检工程师 …… 3715
调度 …… 6200
…… 6201
…… 6202
保管 …… 3782
材料 …… 6203
润滑油主控室 …… 6200
…… 6201
…… 6202

酮苯脱蜡车间

主任 …… 6220
书记 …… 3790
工艺副主任 …… 3751
设备副主任 …… 3868
工艺 …… 3709
…… 3789
设备 …… 3708
…… 3710
综合 …… 3707
主控室 …… 3808
…… 3809
泵房 …… 3953

原料车间

主任 …… 3732
副主任 …… 6299
…… 3706
工艺 …… 3796
设备 …… 6297
安全 …… 6550
综合 …… 3725
主控室 …… 3373
…… 3378

糠醛车间

主任 …… 3730
副主任 …… 3726
…… 3770
工艺 …… 3737
设备 …… 6295
安全 …… 3729
综合 …… 3731
主控室 …… 3813
…… 3804
…… 3975
…… 3806

蜡加氢车间

主任 …… 3792
副主任 …… 3752
…… 3759
工艺 …… 3774
设备 …… 2073
安全 …… 6298
综合 …… 3775
主控室 …… 4139
…… 4137
外操 …… 3769
…… 4142
…… 3763

蜡成型车间

主任 …… 3740
书记 …… 3705
副主任 …… 3793
…… 4105
工艺 …… 3700
设备 …… 3814
安全 …… 3814
综合 …… 3582
班长室 …… 4165
罐区 …… 4140

库房管理部

主任 …… 3580
书记 …… 3042
副主任 …… 3744
安全 …… 3757
综合 …… 3744
付蜡 …… 4134
…… 3583

白油车间

主任 …… 3576
副主任 …… 3570
…… 2804
工艺 …… 3571
…… 3724
设备 …… 3724
安全 …… 6380
综合 …… 4401
认证 …… 3571
主控室 …… 3573
…… 3575
外操 …… 3577

异构脱蜡车间

主任 …… 3721
书记 …… 6296
工艺副主任 …… 6213
设备副主任 …… 3572
工艺 …… 3718
…… 4126
设备 …… 3722
…… 3758
综合 …… 3712
主控室 …… 3777
…… 4136
外操室 …… 3736
…… 4143

聚合物一厂

公网区号：0459+561+后4位数
厂长 …… 3618
党委书记 …… 3111
党委副书记 …… 2092
生产副厂长 …… 2580
设备副厂长 …… 2948
总工程师 …… 2518
安全总监 …… 3930
调研员 …… 3919

生产办

主任 …… 2200
副主任 …… 3292
工艺工程师 …… 3233
…… 2768
设备工程师 …… 3242
…… 6385
设备监测 …… 3242
安全员 …… 4067
统计员 …… 3261
材料员 …… 3242
保管员 …… 3234

综合办

主任 …… 3269
副主任 …… 2805
组织员 …… 6728
秘书、宣传 …… 4075
工会干事 …… 3266
核算员 …… 3176
女工 …… 3234
公务员 …… 3234

调度室

调度长 …… 2768
白班调度 …… 3233
运行工程师 …… 3262
…… 2807
运行调度 …… 3262

………………………… 2807
司机 ………………………… 3262
………………………… 2807

丙烯腈
主任 ………………………… 2245
书记 ………………………… 3235
工艺副主任 ………………………… 3229
设备副主任 ………………………… 4367
工艺员 ………………………… 2231
………………………… 3174
设备员 ………………………… 4250
安全员 ………………………… 3174
核算员 ………………………… 3464
政工员 ………………………… 3172

丙烯酰胺
主任 ………………………… 2503
书记 ………………………… 6270
工艺副主任 ………………………… 2815
设备副主任 ………………………… 2210
工艺员 ………………………… 2381
设备员 ………………………… 2856
安全员 ………………………… 2381
核算员 ………………………… 4071
政工员 ………………………… 6294

硫铵
主任 ………………………… 3148
书记 ………………………… 6272
设备副主任 ………………………… 2855
工艺员 ………………………… 2864
设备员 ………………………… 2864
安全员 ………………………… 2864
核算员 ………………………… 2877
政工员 ………………………… 2877

生化
主任 ………………………… 3294
书记 ………………………… 4072
设备副主任 ………………………… 3231
工艺员 ………………………… 2595
………………………… 2581
设备员 ………………………… 2595
安全员 ………………………… 2581
核算员 ………………………… 2578
政工员 ………………………… 2578

乙腈
主任 ………………………… 2883
书记 ………………………… 2477
工艺员 ………………………… 2865
设备员 ………………………… 3426
安全员 ………………………… 2865
核算员 ………………………… 2866
政工员 ………………………… 2866

一车间
主任 ………………………… 3565
书记 ………………………… 3230
工艺副主任 ………………………… 3291
设备副主任 ………………………… 6655
工艺员 ………………………… 3465
设备员 ………………………… 4074
………………………… 3465
安全员 ………………………… 3465
核算员 ………………………… 3143
政工员 ………………………… 3143

二车间
主任 ………………………… 2579
书记 ………………………… 3142
工艺副主任 ………………………… 2112
设备副主任 ………………………… 2431
工艺员 ………………………… 6383
设备员 ………………………… 2429
安全员 ………………………… 2951
核算员 ………………………… 4073
政工员 ………………………… 2951

三车间
主任 ………………………… 3579
书记 ………………………… 2907
工艺副主任 ………………………… 6269
设备副主任 ………………………… 6355
工艺员 ………………………… 3563
设备员 ………………………… 3562
安全员 ………………………… 3562
核算员 ………………………… 3578
政工员 ………………………… 3578

中控车间
主任 ………………………… 2778
书记 ………………………… 2146
工艺副主任 ………………………… 2949
工艺员 ………………………… 6271
………………………… 2252
设备员 ………………………… 2852
安全员 ………………………… 2252
核算员 ………………………… 4014
政工员 ………………………… 4014

库房管理部
主任 ………………………… 3295
书记 ………………………… 3278
副主任 ………………………… 3915
设备员 ………………………… 2053
安全员 ………………………… 6386
核算员 ………………………… 6382
………………………… 6386
政工员 ………………………… 2053

聚合物二厂

公网区号：0459＋561＋后 4 位数
厂长 ………………………… 3208
………………………… 3189
书记 ………………………… 3308
副书记 ………………………… 2298
生产副厂长 ………………………… 3375
设备副厂长 ………………………… 3329
总工程师 ………………………… 3443
安全总监 ………………………… 3398
副总工程师 ………………………… 3238

生产办
生产副主任 ………………………… 3163
………………………… 3321
工艺 ………………………… 2204
………………………… 3149
土建、资料 ………………………… 3149
静设备 ………………………… 3676
动设备 ………………………… 3676
安全 ………………………… 3371
QHSE ………………………… 3227
统计 ………………………… 4392
设备监测 ………………………… 3227
调度 ………………………… 6310
调度员 ………………………… 3400
运行工程师 ………………………… 3410

综合办
主任 ………………………… 3151
副主任 ………………………… 3661
组织员 ………………………… 3667
人事员 ………………………… 3665
综合管理 ………………………… 2037
核算员 ………………………… 3660
保卫 ………………………… 6526
公务员 ………………………… 2037

直属
领料员 ………………………… 3669
保管员 ………………………… 3669
化验负责人 ………………………… 3684
菌种室负责人 ………………………… 3680

单体一车间
主任 ………………………… 3349
书记 ………………………… 4375
设备副主任 ………………………… 4298
工艺技术员 ………………………… 4296
………………………… 3566
设备技术员 ………………………… 4296
安全员 ………………………… 4296
核算员 ………………………… 3566

单体二车间
主任 ………………………… 3690
书记 ………………………… 3689
工艺副主任 ………………………… 3691
设备副主任 ………………………… 3691
工艺技术员 ………………………… 3693
………………………… 3691
设备技术员 ………………………… 3691
安全员 ………………………… 4296
核算员 ………………………… 3693
办事员 ………………………… 3693

聚合一车间
主任 ………………………… 2983
书记 ………………………… 3917
工艺副主任 ………………………… 6254
设备副主任 ………………………… 3312
设备技术员 ………………………… 4450
………………………… 6344
工艺技术员 ………………………… 6344
安全员 ………………………… 6505
核算员 ………………………… 6338
办事员 ………………………… 6338

聚合二车间
主任 ………………………… 3733
书记 ………………………… 3921
工艺副主任 ………………………… 3696
设备副主任 ………………………… 4240
工艺技术员 ………………………… 3723
设备技术员 ………………………… 3723
安全员 ………………………… 4450
核算员 ………………………… 3734
办事员 ………………………… 3734

库房管理部
主任 ………………………… 6378
综合管理 ………………………… 3664
技术员 ………………………… 3664
安全员 ………………………… 6379

腈纶厂

公网区号：0459＋561＋后 4 位数
厂长 ………………………… 3038
党委书记 ………………………… 2355
党委副书记 ………………………… 2541
生产副厂长 ………………………… 4366
设备副厂长 ………………………… 2192
总工程师 ………………………… 2018
安全总监 ………………………… 2668
综合办主任 ………………………… 2259
党委组织员 ………………………… 6353
人事劳资 ………………………… 4379
文秘宣传 ………………………… 4412
核算员 ………………………… 4316
公勤员 ………………………… 4408
材料员 ………………………… 4500
保管员 ………………………… 4500
公务员 ………………………… 4333
售后技术服务部主任 ………… 4322

生产办
主任 ………………………… 4111
副主任 ………………………… 4411
………………………… 4116
工艺工程师 ………………………… 6351
QHSE 工程师 ………………………… 4331
设备工程师 ………………………… 4151
计划统计员 ………………………… 4316

生产运行管理员 ……… 4414
生产运行调度 ………… 4330
生产运行工程师 ……… 4295

聚合车间

主任 …………………… 4304
书记 …………………… 6349
工艺副主任 …………… 4415
设备副主任 …………… 3984
工艺技术员 …………… 4325
设备技术员 …………… 3978
安全员 ………………… 4325
综合员 ………………… 4311

纺丝车间

主任 …………………… 4302
书记 …………………… 2059
工艺副主任 …………… 4324
设备副主任 …………… 4385
工艺技术员 …………… 4115
设备技术员 …………… 4410
安全员 ………………… 4319
综合员 ………………… 4305

回收车间

主任 …………………… 4303
书记 …………………… 4306
工艺副主任 …………… 4327
设备副主任 …………… 4409
工艺技术员 …………… 4394
设备技术员 …………… 3785
安全员 ………………… 4342
综合员 ………………… 4405

成品车间

主任 …………………… 2860
书记 …………………… 4300
工艺副主任 …………… 2623
设备副主任 …………… 2635
工艺技术员 …………… 4403
设备技术员 …………… 4301
安全员 ………………… 4403
综合员 ………………… 4399

毛条车间

主任 …………………… 4321
书记 …………………… 3429
工艺副主任 …………… 4358
设备副主任 …………… 4318
设备技术员 …………… 6347
……………………………… 6351
安全员 ………………… 4413
综合员 ………………… 4413

库房管理部

主任 …………………… 3890
书记 …………………… 6348
副主任 ………………… 4328
安全员 ………………… 4343
综合员 ………………… 4307

聚丙烯厂

公网区号：0459 + 561 + 后 4 位数
厂长、党委副书记 …… 6400
党委书记、纪委书记、工会主席、设备副厂长 ……… 6403
技术副厂长 …………… 3141
总工程师 ……………… 6415
生产副厂长 …………… 6868
安全总监 ……………… 6067
副总机械师 …………… 6412

综合办

主任 …………………… 6406
副主任 ………………… 6409
组织员 ………………… 6436
工会团委 ……………… 6416
人事员 ………………… 6410
核算员 ………………… 6411

生产办

主任 …………………… 6413
副主任 ………………… 6447
工艺工程师 …………… 6414
……………………………… 6679
设备工程师 …………… 6445
设备监测工程师 ……… 6411
安全工程师 …………… 6417
统计员 ………………… 6435
三剂管理 ……………… 6418

技术服务部

主任 …………………… 6407
副主任 ………………… 6466
职员 …………………… 6679
车辆调度 ……………… 6789
保管员 ………………… 6536
女工干事 ……………… 6411
综合管理 ……………… 6416
资料管理 ……………… 6466
聚合造粒装置支部书记 6422

库房管理部

副主任 ………………… 6697
……………………………… 6408
书记 …………………… 6433
库房安全员 …………… 6428
库房技术员 …………… 6428
库房综合办事员 ……… 6432
……………………………… 6446
……………………………… 6421

纺织厂

公网区号：0459 + 561 + 后 4 位数
厂长………………… 6719657
……………………… 6713928
党委书记…………… 6719057
党委副书记………… 6719630
生产副厂长………… 6719052
销售副厂长………… 6719662
……………………… 6719208
安全总监…………… 6719287
副总工程师………… 6719012
……………………… 6719867

综合办公室

主任………………… 6719026
副主任……………… 6719108
人事劳资…………… 6719851
秘书………………… 6719207
……………………… 6719670
工会女工…………… 6719277
宣传纪检…………… 6719277
管理………………… 6719705
资料员……………… 6719851
核算员……………… 6719851
零售员……………… 6719663
更夫………………… 6719872

生产办公室

主任………………… 6719870
副主任……………… 6719665
……………………… 6719717
高级工程师………… 6719294
QHSE 工程师……… 6719169
统计员……………… 6719280
工艺员……………… 6719997
电器………………… 6719997
调度………………… 6719603
安全员……………… 6719857
工艺………………… 6719872
设备员……………… 6719870
急配件……………… 6719857
培训………………… 6719994
库工班长…………… 6719286
保管员……………… 6719351
……………………… 6719881
仓库………………… 6719286

质检科

副科长……………… 6719289
质检员……………… 6719197
中心试验室班长…… 6719812
实验室……………… 6719812
化验室……………… 6719295

供销科

科长………………… 6719637
书记………………… 6719202
副科长……………… 6713716
……………………… 6719306
……………………… 6719639
销售计划…………… 6719024
传真………………… 6719307
核算员……………… 6719635
原料计划…………… 6719635
计划员……………… 6714171
……………………… 6719543

地毯车间

主任………………… 6719748
书记………………… 6719528
生产副主任………… 6719423
设备副主任………… 6719423
设计工程师………… 6719383
统计核算…………… 6719195
安全员……………… 6719195
技术员……………… 6713676
工会综合…………… 6713676
质检员……………… 6713676
设计室……………… 6719196

长丝车间

主任………………… 6719144
书记………………… 6719759
设备副主任………… 6719050
工艺副主任………… 6719039
统计核算…………… 6719200
质检员……………… 6719039
技术员……………… 6719425
工艺员……………… 6719425
安全员……………… 6719425
保全班长…………… 6719425
值班室……………… 6719200

纺纱一车间

主任………………… 6719661
书记………………… 6719109
设备副主任………… 6719664
生产副主任………… 6719871
技术………………… 6719664
统计核算…………… 6719664
班长室……………… 6714257
试验室……………… 6719330
电工室……………… 6719628

纺纱二车间

主任………………… 6719875
书记………………… 6719862
设备副主任………… 6719601
工艺副主任………… 6719613
核算………………… 6719601
班长室……………… 6719613
试验值班…………… 6719450

染整车间

主任………………… 6719339
书记………………… 6719909
设备副主任………… 6719333
工艺副主任………… 6719715
设备员……………… 6719333
技术室……………… 6719333
小样室成品………… 6719399
污水处理站………… 6719089

针织车间

主任…… 6719309
综合管理…… 6719309
核算员…… 6719309

储运厂

公网区号：0459＋561＋后4位数
调研员 …… 6181
党委书记 …… 4567
厂长 …… 2886
副书记 …… 3125
生产副厂长 …… 2881
设备副厂长 …… 2025
总工程师 …… 2345
安全总监 …… 3121
设备副总工程师 …… 2097

综合办

主任 …… 3120
副主任、组织干事 …… 2175
人事、劳资员 …… 2184
宣传、保卫 …… 2187
培训、基层建设 …… 2187
工会、计划生育、女工 2187
档案员 …… 2187
文秘、团委 …… 2199
图书、收发、卫生监管 2199

生产办

主任 …… 2470
副主任 …… 3830
…… 2427
工艺工程师 …… 2196
安全工程师 …… 3832
…… 3831
设备监测工程师 …… 3831
动设备工程师 …… 2553
静设备工程师 …… 2553
计量工程师、计划员 …… 2172
统计、核算员 …… 2656
提料员 …… 2038
保管员 …… 2038
综合调度员 …… 2386
机务调度室 …… 2380
分厂调度室 …… 4364
…… 2322
…… 2303
传真…… 5613920
调度员…… 5681973
…… 5762727
…… 5769399
…… 2971567
…… 5717518
…… 5762323
司机…… 5317456

原油工段

支部书记 …… 2628
工段长 …… 2567
副工段长 …… 6315
安全工程师 …… 2709
综合管理员 …… 2709

火车工段

支部书记 …… 4121
工段长 …… 2344
副工段长 …… 2346
…… 2917
安全工程师 …… 4043
工程师 …… 4043
综合管理员 …… 4059

计量工段

支部书记 …… 2468
工段长 …… 3123
副工段长 …… 3951
安全工程师 …… 3122
综合管理员 …… 2225

瓦斯工段

支部书记 …… 3918
工段长 …… 3155
副工段长 …… 4022
安全工程师 …… 2703
综合管理员 …… 6345

原料一段

支部书记 …… 6359
工段长 …… 6356
副工段长 …… 2056
安全工程师 …… 6360
综合管理员 …… 6360

原料二段

支部书记 …… 6357
工段长 …… 6369
副工段长 …… 3893
安全工程师 …… 6358
综合管理员 …… 6369

机务工段

支部书记 …… 3936
工段长 …… 2304
副工段长 …… 3939
…… 6365
工程师 …… 3905
安全工程师 …… 3307
综合管理员 …… 6367
综合调度 …… 6343

汽车工段

支部书记 …… 2408
工段长 …… 2480
副支部书记 …… 2659
液化气安全工程师 …… 2489
综合管理员 …… 3918

成品二段

支部书记 …… 4148
工段长 …… 3434
副工段长 …… 4145
设备工程师 …… 4353
工艺工程师 …… 3416
安全工程师 …… 4353
综合管理员 …… 3416

成品一段

支部书记 …… 4061
工段长 …… 3115
副工段长 …… 6364
安全工程师 …… 6364
工艺、设备工程师 …… 2657
综合管理员 …… 2657

动力一厂

公网区号：0459＋561＋后4位数
厂长 …… 2379
党委书记 …… 3030
党委副书记 …… 2095
副厂长 …… 2391
…… 3366
安全总监 …… 2362
热工副总工程师 …… 3640
水质副总工程师 …… 3861
综合办主任 …… 3316
综合办副主任 …… 3180
…… 2031
党委组织员 …… 2516
综合管理 …… 2643
工会 …… 2244
宣传 …… 2337
团委 …… 2337
劳动纪律监督 …… 2244
物资保管 …… 2771
计划统计 …… 3180
核算 …… 3180
生产办
主任 …… 6307
副主任 …… 4011
设备工程师 …… 2339
…… 3548
工艺工程师 …… 2356
QHSE 工程师 …… 2235
材料员 …… 2779
生产运行管理 …… 2988
横班运行工程师 …… 2677
调度 …… 2365
…… 2891
…… 2988

动力一车间

主任 …… 2654
书记 …… 2505
副主任 …… 2139
…… 2892
技术工程师 …… 2800
安全工程师 …… 2655
综合管理 …… 2655
生产技术室 …… 2800
…… 2655

动力二车间

主任 …… 4088
书记 …… 4099
副主任 …… 4098
技术工程师 …… 4155
…… 4080
安全工程师 …… 4158
综合管理 …… 3241
生产技术室 …… 3241

脱盐水车间

主任 …… 2794
书记 …… 3641
副主任 …… 2551
技术工程师 …… 3254
…… 2283
综合管理 …… 3254
安全工程师 …… 2145
生产技术室 …… 2328
…… 2283

空分车间

主任 …… 2523
书记 …… 2058
副主任 …… 3253
技术工程师 …… 2125
…… 2121
安全工程师 …… 2042
综合管理 …… 3252
生产技术室 …… 2123

循环水车间

书记 …… 3967
副主任 …… 2727
…… 2560
技术工程师 …… 2226
…… 2684
…… 3360
安全工程师 …… 2678
综合管理 …… 4338
生产技术室 …… 4340
…… 2679

污水处理车间

主任 …… 3980
书记 …… 3677
副主任 …… 3963
…… 3944
技术工程师 …… 3390
…… 2730
…… 3942
…… 6313
安全工程师 …… 3942
…… 3390

综合管理……3964
生产技术室……3964

外网车间

主任……2552
书记……2122
副主任……3862
技术工程师……2368
……2526
……2533
安全工程师……2182
综合管理……2545
生产技术室……2182
……2787

动力二厂

公网区号：0459＋561＋后4位数

厂长……6719262
党委书记……6719067
党委副书记……6719580
生产副厂长……6719016
……6719696
电仪副厂长……6719248
设备副厂长……6719695
安全总监……6719056
副总工程师……6719552
调研员……6719892

综合办

主任……6719028
副主任、组织……6719693
综合管理……6719098
人事、考核……6719292
劳动工资、劳动组织 6719692
成本、核算……6719018
奖金、房产管理……6719408
工会、企业文化……6719209
宣传、团委、计划生育
……6719674
保卫干事……6719011
公务员……6719687
……6719457
司机……6719706

生产办

主任……6719048
副主任……6719691
……6719848
设备员……6719166
……6719406
……6719409
……6719716
工艺技术员……6719546
……6719684
HSE工程师……6719245
……6719416
……6719060
计划……6719410
保管员……6719162
日调……6719455
统计计量……6714869
调度室……6719675
……6713609
……6713533
……6719697

锅炉车间

主任……6719160
书记……6719191
副主任……6719950
技术组……6719784
综合管理……6719784
锅炉操作室……6719555
……6719554
渣口岗……6719246
除尘岗……6719683
冲渣岗……6719546

汽机车间

主任……6719653
书记……6719672
副主任……6179353
技术组……6719749
……6719201
综合管理……6719390
汽机操作室……6719557
……6719567
循环水操作室……6719213

原料车间

主任……6719364
书记……6719839
副主任……6719841
技术组……6712390
……6719475
综合管理……6719456
水处理操作室……6719574
……6719074
炉水分析……6719345
吊车班长……6719163
吊车班……6719500
燃料集控……6719598

电气车间

主任……6719042
书记……6719542
副主任……6719533
技术组……6719861
综合管理……6719861
总变电所……6719545
主控值班室……6719576
低压值班室……6719266
供电维护班……6719271

维护车间

主任……6719211
书记……6719017
副主任……6719021
……6719140
技术组……6719454
……6719471
……6719975
综合……6719460
综合班……6719470
仪表班……6719480
综合班……8822
三水……6719090
三提……6719944

机务车间

主任……6719980
书记……6719402
副主任……6719076
职员……6719403
工艺技术员……6719381
安全员……6719338
设备技术员……6719381
综合管理……6719405
技术员办公室……6719338
工务……6719538
技术员办公室……6719381
机务调度……6713517
综合管理办公室……6719405
机务调度……6719220
机务运行……6719442
轨道衡……6719131
道口……6719215
交接站……6719548

动力车间

主任……6719395
书记……6719411
副主任……6719228
工艺技术员……6719685
设备技术员……6719083
……6719240
综合管理……6719324
安全员……6719654
科级职员……6719226
值班室……6719671
水分析……6719443
升压站……6719260
空压操作室……6719312
循环水……6719323
二套热水泵房……6719291
二提……6719582
总排……6719384
一污水……6719088
西罐区……6719261
西罐区泵房……6719206

密封材料车间

主任……6719290
书记……6719311
副主任……6719624
技术员……6719559
综合管理……6719624
安全员……6719559

机电仪厂

公网区号：0459＋561＋后4位数

厂长……3811
党委书记……6363
党委副书记、纪委书记、工会主席……6316
副厂长……6189
……2918
……3879
安全总监……4077
副总工程师……3851
……3842
……3874

综合办

主任……3838
副主任……6134
组织员……2782
行政秘书、车辆……3273
工会、女工……2180
共青团、宣传……3109
干部、综合……3440
核算……3387
劳资……4091
培训……3619
综合治理……2232

生产办

主任……2461
副主任……3899
计划统计……2068
机械专工……6392
电气专工……6302
……6301
安全专工……6302
……6301
仪表专工……6395
调度长……2189
调度……3159

电一

主任……6469
书记……3303
副主任……6471
……6097
技术工程师……3924
……6205
……3892
安全工程师……6448
核算员……4017
人事员……4017

材料员 …………………… 2692

电二

主任 …………………… 3638
书记 …………………… 3383
副主任 …………………… 2689
…………………… 3891
技术工程师 …………………… 3801
…………………… 4078
…………………… 3364
…………………… 2806
综合管理 …………………… 2082
材料员 …………………… 2806
现场技术员 …………………… 4078
…………………… 2201
安全工程师 …………………… 3384

电三

主任 …………………… 2511
副主任 …………………… 3361
…………………… 3875
…………………… 4076
技术组长 …………………… 3165
安全工程师 …………………… 3169
技术工程师 …………………… 3169
…………………… 2573
…………………… 3848
…………………… 2642
现场技术员 …………………… 2475
…………………… 3386
核算员 …………………… 2300
材料员 …………………… 4046
人事员 …………………… 2300

仪一

主任 …………………… 2476
书记 …………………… 6593
副主任 …………………… 3432
…………………… 3356
安全工程师 …………………… 6592
人事员 …………………… 3767
技术工程师 …………………… 6590
…………………… 6592
…………………… 2571
政工员 …………………… 3776
核算员 …………………… 3767
保管员 …………………… 4038

仪二

主任 …………………… 2272
书记 …………………… 3439
副主任 …………………… 6459
技术工程师 …………………… 2648
…………………… 2158
…………………… 3175
安全工程师 …………………… 2158
现场技术员 …………………… 2648
核算员 …………………… 2639
政工员 …………………… 2639
劳资员 …………………… 2639
材料员 …………………… 2639
保管员 …………………… 3166
现场技术员 …………………… 2844
…………………… 2648
…………………… 3946
…………………… 3753

仪三

主任、书记 …………………… 2588
副主任 …………………… 3438
…………………… 6393
技术组长 …………………… 3845
综合管理 …………………… 2529
材料员 …………………… 2529
安全工程师 …………………… 3835
技术工程师 …………………… 3843
…………………… 2706
…………………… 4315
…………………… 2434

机一

主任 …………………… 3097
书记 …………………… 6698
副主任 …………………… 3194
…………………… 3935
技术工程师 …………………… 3923
…………………… 6394
…………………… 2134
…………………… 3933
技术组长 …………………… 2134
核算员 …………………… 3098
安全工程师 …………………… 2696
综合组组长 …………………… 2697
保管员 …………………… 6564
材料员 …………………… 4038

机二

主任 …………………… 2442
书记 …………………… 2183
副主任 …………………… 6449
材料员 …………………… 6158
安全工程师 …………………… 2728
核算员 …………………… 2728
人事员 …………………… 3653
技术组长 …………………… 2638
运行工程师 …………………… 2786
技术工程师 …………………… 3185
…………………… 3135
…………………… 2758
现场技术员 …………………… 2932
…………………… 2181
政工员 …………………… 3653
现场技术员 …………………… 2932

机电

主任 …………………… 4129
书记 …………………… 3177
副主任 …………………… 6460
…………………… 6463
技术组长 …………………… 6461
材料员 …………………… 6461
仪表工程师 …………………… 6370
机械工程师 …………………… 6370
电气工程师 …………………… 6517
安全工程师 …………………… 6517
运行工程师 …………………… 6513
…………………… 4206
…………………… 6370
…………………… 6371
…………………… 4336
…………………… 6456
…………………… 6419
…………………… 4166
…………………… 4168
人事员 …………………… 6372
核算员 …………………… 6372
技术工程师 …………………… 4336
…………………… 6544

检修

主任 …………………… 2383
书记 …………………… 2209
副主任 …………………… 3871
主管工程师 …………………… 2012
技术工程师 …………………… 2896
…………………… 2416
…………………… 2454
政工员 …………………… 2106
安全工程师 …………………… 4083
现场技术员 …………………… 2454
…………………… 2896
…………………… 4083
…………………… 2208
…………………… 2990
…………………… 2559
保管员 …………………… 3099
材料员 …………………… 3099
核算员 …………………… 2559
劳资员 …………………… 2363
预算员 …………………… 2559

检维修厂

公网区号：0459 + 561 + 后 4 位数

厂长 …………………… 2916
党委书记 …………………… 2958
党委副书记 …………………… 2882
副厂长 …………………… 2957
…………………… 4034
总工程师 …………………… 2921
安全总监 …………………… 2979
副总工程师 …………………… 2965
综合办主任 …………………… 3912
组织 …………………… 2985
女工 …………………… 2895
核算 …………………… 2894
工会 …………………… 3004
工资 …………………… 3034
宣传 …………………… 2928
培训 …………………… 3025
综合 …………………… 2894
生产办主任 …………………… 4008
生产办副主任 …………………… 2765
综合计划 …………………… 3041
设备工程师 …………………… 2931
…………………… 2954
…………………… 2765
QHSE 工程师 …………………… 2943
…………………… 2504
计划 …………………… 3986
生产资料 …………………… 2504
调度 …………………… 2634

一车间

主任 …………………… 3263
书记 …………………… 3869
副主任 …………………… 6387
…………………… 2978
综合员 …………………… 2466
技术组长 …………………… 3074
技术员 …………………… 3544
…………………… 3402
安全员 …………………… 3544
政工员 …………………… 3402
材料员 …………………… 3927
保管员 …………………… 3927
车班班长 …………………… 3146
维护一班班长 …………………… 2843
维护二班班长 …………………… 2832
维护三班班长 …………………… 2837
维护四班班长 …………………… 3146

二车间

主任 …………………… 4012
书记 …………………… 3411
副主任 …………………… 2938
…………………… 3192
技术组长 …………………… 4104
技术员 …………………… 2776
…………………… 3193
核算员 …………………… 2157
调度长 …………………… 3193
安全员 …………………… 3191
报管员 …………………… 2061
材料员 …………………… 2061
培训员 …………………… 2144
资料员 …………………… 2144
一班班长 …………………… 6384

二班班长 …… 2512
三班班长 …… 3533
四班班长 …… 3533
五班班长 …… 4005
六班班长 …… 4005
车班班长 …… 2063

三车间

主任 …… 3401
书记 …… 2227
副主任 …… 3415
…… 6401
技术员 …… 2393
…… 3409
…… 3271
综合管理员 …… 2173
政工员 …… 3903
保管员 …… 3903
材料员 …… 3903
维护一班班长 …… 2829
维护二班班长 …… 2842
维护三班班长 …… 2494
维护四班班长 …… 2497
司机班班长 …… 2497

工装车间

主任 …… 3597
副书记 …… 2972
…… 6223
综合员 …… 4125
技术员 …… 3271
安全员 …… 6223
协调员 …… 2054
政工员 …… 4125
环保员 …… 4125
阀门一班班长 …… 6390
阀门二班班长 …… 6390
吊车班班长 …… 2054

14. 哈尔滨石化公司

地址：黑龙江省哈尔滨市道外区化工路173号　　邮政编码：150056　　公网区号：0451

总经理（党委）办公室

副主任 …… 55606265
…… 55606260
办公室 …… 55606251
…… 55606255
…… 55606833
…… 55606573
…… 55606143
…… 55606763
…… 55606593
…… 55606284
…… 55606126

生产运行处

处长室 …… 55606656
副处长 …… 55606655
…… 55606657
主任调度员 …… 55606685
…… 55606085
…… 55606086
工艺 …… 55606435

设计中心

主任 …… 55606459
副主任 …… 55606455
传真 …… 55606457
工艺组 …… 55606197
设备组 …… 55606710
土建组 …… 55606733
系统组 …… 55606045
总图 …… 55606731
出版组 …… 55606047

规划计划处

处长 …… 55606087
书记 …… 55606587
副处长 …… 55606082
…… 55606083
价格管理 …… 55606822
规划管理 …… 55606628
…… 55606547
…… 55606823
计划优化管理 …… 55606052
综合统计管理 …… 55606051
项目管理 …… 55606821
…… 55606820
…… 55606057
预决算中心主任 …… 55606431
设计中心副主任 …… 55606459
…… 55606455

财务处

办公室 …… 55606288
…… 55606810
…… 55606899
…… 55606258
…… 55606896
…… 55606803
…… 55606017
…… 55606817
…… 55606398
…… 55606062
…… 55606819
…… 55606599
…… 55606898
…… 55606196
…… 55606716
…… 55606696
…… 55606766
…… 55606626
…… 55606779
…… 55606818

人事处（组织部）

处长 …… 55606225
副主任 …… 55606279
班子建设 …… 55606261
设备主任工程师 …… 55606327
动力一级专家 …… 55606598
电力二级专家 …… 55606908
设备管理组 …… 55606527
综合计划组 …… 55606633
系统管理组 …… 55606486
…… 55606497
基础工程组 …… 55606487
土建工程组 …… 55606397

质量安全环保处（体系办）

办公室 …… 55606666
…… 55606667
…… 55606664
…… 55606665
…… 55606389
…… 55606589
…… 55606199
…… 55606344

科技信息处

处长 …… 55606699
副处长 …… 55606096
高级主管 …… 55606275
…… 55606095
…… 55606695
科研管理 …… 55606097

机动设备处

办公室 …… 55606262
…… 55606263
…… 55606866
…… 55606958
…… 55606060
…… 55606327
…… 55606487
…… 55606497
…… 55606486
…… 55606397
…… 55606527
…… 55606862
…… 55606633

审计监察处

副处长 …… 55606627
高级主管 …… 55606681

副科级主管

…… 55606243
…… 55606090
主管 …… 55606689
…… 55606682
…… 55606248

党群工作处

办公室 …… 55606012
…… 55606595
…… 55606622
…… 55606632
…… 55606233
…… 55606013
…… 55606686

矿区服务事业部

副主任、综合办主任 55606677
综合办副主任 …… 55606692
综合办公室主管 …… 55606905
人事劳资管理 …… 55606906
住房货币化管理 …… 55606906
公积金管理 …… 55606906
计划财务管理 …… 55606906
运行管理 …… 55606906

工程管理部

主任 …… 55606421
办公室 …… 55606694

营销调运部

副主任 …… 55606768

………………… 82421280
………………… 55606698
………………… 55606759
副书记 ………… 55606856
运输员 ………… 55606167
………………… 55606427
运输主管 ……… 55606167
油品主管 ……… 55606758
………………… 82423505
油品计划员 …… 55606758
………………… 82423505
化工计划员 …… 55606429
原油主管 ……… 55606760
化工主管 ……… 55606757
化工计划员 …… 55606473
………………… 82407196
油品计划员 …… 55606758
化工计划员 …… 55606427
结算员 ………… 55606752
………………… 55606041
信息主管 ……… 55606769
开票结算、办事员 55606041
统计员 ………… 55606743
司机 …………… 55606331
联合办调度 …… 55606484
工程师 ………… 55606756
油气充装工 …… 55606381
………………… 82431973
………………… 55606753
………………… 57645061
………………… 84500947
………………… 55606380
………………… 86041271
………………… 55618025
仓库管理员 …… 55606623
微机操作员 …… 55606743
微机付油员 …… 86694745

电子商务部

办公室 ………… 82421843
………………… 55606231
………………… 55606232
………………… 55606234
………………… 55606662
………………… 55606237
………………… 55606238
………………… 55606684
………………… 55606187
………………… 55606240
………………… 55606482
………………… 55606480
………………… 55606189
………………… 55606663
………………… 55606230

工程质量监督站

办公室 ………… 55606693
………………… 55606636
………………… 55606133
………………… 55606704
………………… 55606635

质检部

主任 …………… 55606452
副主任 ………… 55606452
技术组组长 …… 55606339
技术员 ………… 55606339
………………… 55606442
检查组组长 …… 55606442
安全员 ………… 55606337

计量部

办公室 ………… 55606423
………………… 55606349
………………… 55606531
………………… 55606718
………………… 55606591
………………… 55606750
………………… 55606163
………………… 55606347
………………… 55606163
………………… 55606499
………………… 55606790
………………… 55606789

信息中心

主任 …………… 55606830
软件一组 ……… 55606131
软件二组 ……… 55606130
工作机房 ……… 55606132
培训机房 ……… 55606142
服务器机房 …… 55606631
硬件维修室 …… 55606630

通信中心

办公室 ………… 55606000
………………… 55606098
………………… 55606002
………………… 55606806
………………… 55606807
………………… 55606802
………………… 55606806
………………… 55606801
………………… 55606808
………………… 55606058

节能节水办公室

主任 …………… 55606459
副主任 ………… 55606657
………………… 55606096
………………… 55606221
工作人员 ……… 55606015
………………… 55606011

联合装置项目指挥部

总指挥 ………… 55606888
………………… 55606188
副总指挥 ……… 55606688
………………… 55606588
………………… 55606858
………………… 55606388
………………… 55606788
………………… 55606288
………………… 55606088

前期及总协调组

组长 …………… 55606087
副组长 ………… 55606813
办公室 ………… 55606481
………………… 55606459
………………… 55606699
………………… 55606082
………………… 55606455
………………… 55606559
………………… 55606545
………………… 55606036
………………… 55606035
………………… 55606057
………………… 55606628
项目秘书 ……… 55606814
公务员 ………… 55606020
资料员 ………… 55606020

工程建设组

组长 …………… 55606345
………………… 55606027
………………… 55606262
副组长 ………… 55606093
………………… 55606263
………………… 55606636
办公室 ………… 55606559
………………… 55606061
………………… 55606064
………………… 55606061
文档员 ………… 55606028

物资采购组

组长 …………… 55606858
副组长 ………… 55606018
………………… 55606231
办公室 ………… 55606482
………………… 55606497
………………… 55606248

开工准备组

组长 …………… 55606655
办公室 ………… 55606659

HSE 管理组

组长 …………… 55606666
副组长 ………… 55606667
资料员 ………… 55606028
安全监督员 …… 55606863
………………… 55606831
………………… 55606863

资金控制组

组长 …………… 55606810
副组长 ………… 55606082
办公室 ………… 55606431
………………… 55606682
………………… 55606898

15. 广西石化公司

地址：广西壮族自治区钦州市钦州港经济开发区富源新区　　邮政编码：535008　　公网区号：0777

联系电话………… 3885138　………………… 3885238　传真………… 3885139

16. 四川石化有限责任公司

地址：四川省成都市金牛区金科南路一号黑格中心　邮政编码：610031　公网区号：028

值班电话 ………… 87512025　传真 ……………… 87512025　办公室 ……………… 87512051　……………… 010－85062775

17. 大港石化公司

地址：天津市大港油田花园路东口　邮政编码：300280　公网区号：022

总经理（党委）办公室

主任 …………… 25979920
副主任 ………… 25924112
……………… 010－82135898
主管、文书 ……… 25973054
接待信访 ……… 25924140
秘书 ……………… 25973188
综合管理 ……… 25973054
机要室 ………… 25973054
接待室 ………… 25979268

生产运行处

办公室 ………………… 2242
……………………… 2146
……………………… 2171
……………………… 2169
……………………… 2170
……………………… 2199
……………………… 2170
……………………… 2968
……………………… 2237

规划计划处

处长 ………………… 2203
副处长 ……………… 2926
……………………… 2927
计划 ………………… 2202
规划 ………………… 2482
主任 ………………… 2423
预算 ………………… 2909
……………………… 2558

财务处

办公室 ……………… 2116
……………………… 2914
……………………… 2872
……………………… 2695
……………………… 2212
……………………… 2677
……………………… 2492
……………………… 2695
……………………… 2914
……………………… 2201
……………………… 2212
……………………… 2212
……………………… 2677
……………………… 2492

质量安全环保处

处长 ………………… 2220
副处长 ……………… 2700
质量、环保管理 …… 2709
安全管理 …………… 2901
……………………… 2637
消防管理 …………… 2232

人事处（组织部）

处长 ………………… 2206
副处长 ……………… 2490
……………………… 2480
干部管理 …………… 2207
薪酬管理 …………… 2209
劳动组织与劳动关系 … 2825
培训与考核 ………… 2824
综合统计与档案管理 … 2209
保险福利 …………… 2825
技术干部管理 ……… 2824

企管法规处

办公室 ……………… 2062
……………………… 2246
……………………… 2025
……………………… 2208
……………………… 2651

QHSE 监督中心

办公室 ……………… 2281
……………………… 2282
……………………… 2880
……………………… 2621

科技信息处

处长 …………… 25978682
副处长 ………… 25924131
工程师 ……………… 2726
……………………… 2485

机动设备处

办公室 ……………… 2900
……………………… 2227
……………………… 2226
……………………… 2135
……………………… 2705
……………………… 2243
……………………… 2716

审计监察处（纪委办公室）

处长 …………… 63983829
副处长 ………… 63983945
纪检监察主管 …… 63983946
审计监察主管 …… 63983947
审计检察主办 …… 63968357
……………… 25972964

党群工作处

处长 ………………… 2913
工会副主席 ………… 2397
团委副书记 ………… 2210
党建主管 …………… 2213
宣传 ………………… 2205
企业文化 …………… 2213
工会主管 …………… 2225
文体中心主任 ……… 2460
保留待遇 …………… 2560
媒体宣传 …………… 2205
群众活动 …………… 2398
文体活动 …………… 2460
办公室 ……………… 2463
……………………… 2466
……………………… 2223
……………………… 2630

直属单位

工程管理部

办公室 ……………… 2549
……………………… 2421
……………………… 2648
……………………… 2041
专家 ………………… 2713
安全监督 …………… 2949
综合管理 …………… 2420
复印室 ……………… 2547
办公室 ……………… 2417
……………………… 2422
计划组 ……………… 2413
资料室 ……………… 2520
质检组 ……………… 2548
安全组 ……………… 2947
工程施工组 ………… 2417
办公室 ……………… 2414
……………………… 2421
……………………… 2643
……………………… 2645
……………………… 2416
设计工艺组 ………… 2168
……………………… 2241
设计设备组 ………… 2491
……………………… 2649
设计描图 …………… 2491
设计仪表组 ………… 2219
设计土建组 ………… 2647
……………………… 2661
设计电气组 ………… 2218

电子商务部

主任 ………………… 2702
副主任 ……………… 2985
综合管理 …………… 2703
业务 ………………… 2985
……………………… 2551
计划 ………………… 2703
配拨 ………………… 2401

质检计量部门

书记、主任……2923
质量、环境副主任……2924
副书记、计量副主任……2307
计量副主任……2924
质量信息与统计……2297
监测控制管理……2318
环保统计分析……2934
安全管理……2369
电能计量运行……2773
能源及物料计量管理……2776
量值溯源及管理……2938
综合管理……2308
环境监测组……2933
……2320
容器检查组……2093
……2291
压力检定组……2775
电学检定组……2773
化验检定组……2310
抄表组……2309

18. 华北石化公司

地址：河北省任丘市北环路　邮政编码：062552　公网区号：0317

总经理办公室

主任……2735118
副主任……2735075

信访、计生办

秘书……2735116
文书……2735115
传真……2736559
行政管理……2735103
公务员……2735126
打字室……2735125
复印室……2735117
收发室……2735124
档案室……2735183
发图室……2735031
阅览室……2735853
机关门卫……2735559
车队队长……2735585
车队安全……2735596
车队值班……2735234
车调……2735599
……2735057
车队财务……2735584

生产运行处

处长……2735163
传真……2735076
副处长……2735586
调度值班室……2735132
……2735133
……2724277
生产技术处……2735231
……2735581
……2735752
管网……2735327
空调……2735587

运行科

办公室……2735502
……2735323
……2735300
……2735195
……2735791
……2735193
……2735340
……2735329
……2735325
……2736037
……2736046
……2735779
……2735820
……2735108
……2735451
……2735823
……2735310
……2735349
……2735793
……2735762
……2735484
……2735483
……2735314
……2735505
……2735681
……2735767
……2735792
……2735633
……2736396
……2724277
……2735132
……2735133

工艺科

办公室……2735230
……2735330
……2735507
……2735683
……2735313
……2735259
……2735646
……2735106
……2735893
……2735319
……2735468
……2735042
……2735891

节能科

办公室……2735181
……2735501
……2735581
……2735730
……2735667
……2735327
管网班……2735327

综合科

办公室……2735338
……2735991
……2735131
……2735360
……2735397
……2735506

机动设备处

处长……2735966
副处长……2735137
办公室……2735185
……2735187
……2735760
……2735715
……2735784
传真……2735969

机械设备科

办公室……2735417
……2735500
……2735521
……2735726
……2736013
……2735339
……2735921
……2735522
……2735798
……2735324
……2735724
……2735529
……2783310
……2735654
……2735205
……2735504
……2735237
……2735843
……2735734
钳工一队……2735525
钳工二队……2735526
钳工三队……2735527
钳工四队……2735528
钳工五队……2735448
钳工六队……2721127
电机队……2735355
值班室……2735530
综合班……2735523
维护一班……2736512
维护二班……2736513
维护三班……2735664

设备管道科

办公室……2735137
……2735303
……2735503
……2735996
……2735752
……2735704
……2735849
……2735754
……2735760
……2735810
……2735187
……2735694
……2735185
……2735634
……2735774

仪表自控科

办公室……2735496
……2735358
……2735674
……2735917
……2735497
……2735834
……2735760
……2735741
……2735796
……2735976
……2735095

……2735702
……2735863
……2735165
……2735691
……2735202
……2735733
……2735037
DCS值班室……2735548
中控机柜室……2735547
联合仪表班……2735519
……2735520
聚丙烯仪表……2735135
……2735250
系统仪表班……2735361
……2735536
仪表分析班……2735550
……2735092
管焊班……2735495

电气技术科

办公室……2735346
……2735008
……2735348
……2735577
……2735265
……2735840
……2735396
维修一班……2735351
维修二班……2735353
维修三班……2735272
试验电工班……2735354
……2735260
1号开闭所……2735352
2号开闭所……2735270
3号开闭所……2735157
4号开闭所……2735121
……2735377
5号开闭所……2735429

综合科

办公室……2735318
……2735409
……2735689
……2735524

值班主任

办公室……2735784
……2735727
……2735715
……2735933

质量安全环保处

处长……2735138
……2735207
副处长……2735158
……2735672
……2735282
办公室……2735139
……2735249
技术监督……2735159
检查组……2735367
……2735160
总监……2735440

安全消防科

办公室……2735672
……2735023
……2723534
……2736016
……2736385
……2735139
……2735160
……2735408
……2735697
……2736068
……2735052
……2735899
……2735510
器材维护……2735027

总监办公室

办公室……2735282
……2735575
……2735590
……2735598

环保管理科

办公室……2735158
……2735249
……2735983
……2735983
环保监测……2735370
……2735344

计量监督科

办公室……2735591
……2735593
……2736521
……2736523
……2735595
检定室……2735564
维修班……2736524
计量统计……2736522
值班室……2735594
压力表检定……2735592
北计量维修……2735362
南计量维修……2750632
轨道衡……2783079
20万方交接点……2735904
原油交接点……2735490
卸油点……2735027

技术监督科

办公室……2735364
……2735534
……2735159
……2735532
……2735533
……2735372
……2735531
……2735373
……2735533
……2735367
……2735369
……2735367
成品化验……2735369
……2735371
控制分析……2735368
……2735582
……2735805
储运化验……2751433
仪器维修……2735532
……2735594

综合科

办公室……2735807
……2735347

规划计划处

处长……2735030
副处长……2735142
计划部……2735141
……2736003
预算……2735445
……2735261
预算公用……2735441
统计……2735821
传真……2736141

财务处

处长……2735288
副处长……2735078
传真……2735005
资金……2735146
成本……2735145
二期财务……2735184
办公室……2735811
……2735565
……2735611
……2735910
……2735770

人事处

处长……2735150
传真……2735696
人事教育部……2735151
……2735152
岗检组……2735153
考核站……2735465
办公室……2735606
……2735819
……2735035
……2735293
……2736170
……2735191

企管法规处

处长……2735161
副处长……2735903
企管部……2735162
办公室……2735486
……2735153
……2736153
……2735291
……2735780
……2735979
……2735335

党群工作处

部长……2735167
传真……2735168
副处长……2735166
宣传报道……2735170
组织干处……2735169
团委……2735176
文书……2735035
办公室……2735175
……2735167
……2735800
……2735639
……2735174

工会

主任……2735174
办公室……2735175
女工劳保……2735276

审计监察处

处长……2736171
举报电话……2735172
审计……2735722
监察……2735276
……2735545

生产运行处工区

一联合

主任……2735502
书记……2735501
副主任……2735500
……2735507
……2735508
……2735300
……2735503
工艺……2735505
设备……2735504

安全…… 2735510
办事员…… 2735509
库房…… 2735513
微机室…… 2735514
…… 2735298
…… 2735546
…… 2735517
…… 2735518
三机组…… 2735488
…… 2735511
分馏稳定内操室…… 2735342
…… 2735033
…… 2735136
反应外操室…… 2735091
…… 2735148
余热锅炉…… 2735074
CO 锅炉 …… 2735485

二联合

主任…… 2735310
传真…… 2736937
书记…… 2735302
副主任…… 2735301
…… 2735303
MTBE 副主任 …… 2735195
办事员…… 2735307
资料室…… 2735308
值班室…… 2735309
仿真室…… 2735304
技术组…… 2735042
DCS …… 2735149
…… 2735186
…… 2735134
外操…… 2735206
制氢…… 2735205
造粒…… 2735421
包装库…… 2735356
包装操作室…… 2735178
电梯…… 2735084
聚丙烯化验…… 2735048

三联合

主任…… 2735230
书记…… 2735231
副主任…… 2736013
…… 2735193
技术员…… 2735237
…… 2735451
办事员…… 2735506
加氢…… 2735434
…… 2735443
重整…… 2735449
…… 2735450
PSA 岗 …… 2735431
硫磺…… 2735013
…… 2735392
外操…… 2735093

四联合

主任…… 2735323
书记…… 2735326
副主任…… 2735791
办事员…… 2735325
气分…… 2735227
污水汽提…… 2735516
气分、脱沥青…… 2735762
设备技术员…… 2735739
工艺技术员…… 2735719
安全员…… 2735793

系统

三循…… 2735474
四循…… 2735054
污水…… 2735343
空分控制室…… 2735321
空压站…… 2735322
三四循内操…… 2736310
空分污水内操…… 2736312
除盐水站…… 2735479
纯净水…… 2735320

油品车间

主任…… 2735311
书记…… 2735330
副主任…… 2735467
…… 2735329
…… 2735575
值班室…… 2735312
技术员…… 2735468
…… 2735314
…… 2735469
安全员…… 2735313
办事员…… 2735331
重油操作室…… 2735444
卸油点…… 2735848
原油泵房…… 2735493
装车场…… 2735332
地磅…… 2735470
微机室…… 2735537
消防泵房…… 2735538
九万方休息室…… 2735747
九万方操作室…… 2735743
…… 2735742
球罐…… 2735144
更衣室…… 2735742
装瓶台…… 2735576
装车微机室…… 2735574
装瓶…… 2735273

装运车间

主任…… 2722804
书记…… 2723534
副主任…… 2724936
…… 2714847
干部值班室…… 2724511
技术员…… 2724026
安全员…… 2723511
技术组…… 2724944
办事员…… 2724347
库房…… 2724414
火车装车…… 2724417
…… 2728920
汽车装车…… 2715454
联合泵房…… 2715404
储运锅炉…… 2715444
大会议室…… 2715494
运转站…… 2707147
车务班长…… 2707141
车务值班室…… 2783044
…… 2707140
机务值班室…… 2724379
铁路值班室…… 2707154
电务值班室…… 2707174
列检值班室…… 2707184
核算室…… 2715414
计量间…… 2715491

系统车间

主任…… 2735181
书记…… 2735338
副主任…… 2735339
…… 2735324
…… 2735340
技术员…… 2735316
…… 2735480
…… 2735483
…… 2735319
安全员…… 2735484
办事员…… 2735341
二循…… 2735345
三循…… 2735474
四循…… 2735054
污水…… 2735343
碱渣…… 2735475
空压站…… 2735322
充装台…… 2735473
氧压机房…… 2735481
试压班…… 2735317
空分控制室…… 2735321
纯净水…… 2735320

钳修车间

主任…… 2735417
书记…… 2735318
副主任…… 2735521
…… 2735522
…… 2735529
技术员…… 2735523
办事员…… 2735524
维修一班…… 2735525
维修二班…… 2735526
维修三班…… 2735527
维修四班…… 2735528
维修五班…… 2735448
车工班…… 2735530
装运钳工班…… 2721127
维护班…… 2735664

仪电车间

主任…… 2735496
书记…… 2735047
副书记…… 2735347
…… 2735348
副主任…… 2735377
…… 2735348
…… 2735358
三催机柜室…… 2735081
材料员…… 2735260
电气技术员…… 2735365
…… 2735577
仪表技术组…… 2735497
…… 2735917
DCS 班 2735547
…… 2735548
计算机站…… 2735290
网络维护…… 2735177
办事员…… 2735359
值班…… 2735350
…… 2735494
管焊…… 2735495
分析仪表班…… 2735550
…… 2735092
系统班…… 2735361
…… 2735536
一联合仪表…… 2735519
…… 2735520
二联合仪表…… 2735135
…… 2735363
…… 2735250
维护一班…… 2735351
维护二班…… 2735353
维护三班…… 2735271
…… 2735272
1 号开闭所 …… 2735352
2 号开闭所 …… 2735270
3 号开闭所 …… 2735157
4 号开闭所 …… 2735121
…… 2735377
5 号开闭所 …… 2735429
实验班…… 2735354
综合班…… 2735355
装运电工班…… 2724744

检验车间

主任…… 2735364
书记…… 2735591

副主任……2735546
……2735534
设备……2735531
技术员……2735593
安全员……2735594
节能计量……2735595
办事员……2735373
成品技术员……2735533
仪修……2735532
半成品……2735368
成品……2735369
环保……2735370
鉴定室……2735564
中控分析……2735120
聚丙烯班……2735371
色谱……2735372
标准化……2735535
供水实验……2735344
原油交接……2735490
计量维修……2735592
成品油装车……2735362
……2735936
轨道衡……2783079
中控……2735366
储运化验……2751433
卸油点……2735027
铁路计量……2750632

科技信息处

所长……2735281
……2735004
书记……2735562
副所长……2735219
办事员……2735221
晒图室……2735017
出图室……2735019
公用室……2735226
技术室……2735269
设备室……2735224
工艺室……2735223
……2735225

设计研究所

办公室……2735670
……2736026
……2735269
……2735670
……2735226
……2735663
……2735017
……2735019
……2735224
……2735223
……2735225
……2735041
……2735472
……2735765
……2735171
……2735663
……2735294
……2735039
……2735404
……2735038
……2736062
……2735038
……2735884
……2735040
……2735854
……2735294
……2735041
……2735824
……2735424
……2735221
华东设计……2735414

信息中心

办公室……2735129
……2735290
……2735177
……2735659
……2735432
……2735835
……2735155
……2735610
帮助热线……2735236
老楼机房……2779900
中控机房……2735239

营销调运处

处长……2736921
传真……2736234
书记……2735199
副处长……2736121
信息员……2735492
办事员……2735247
财务主任……2735566
财务……2735244
业务主任……2735553
业务员……2735552
传真……2735561
……2735657
统计……2735560
值班室……2735555
销售计划……2735563
北库营业开票……2735243
露天仓库……2735570
开发销售……2735541
传规……2735542
POS 机……2735463

培训中心

主任……2735291
书记……2735819
干事……2735294
办事员……2735293
培训管理……2735200

工程管理部

主任……2736355
传真……2736540
书记……2736350
副处长……2735541
传真……2735080
副处长……2735253
土建……2736215
工艺……2735542
质检……2735012
设备……2735544
电器仪表……2735003
探伤……2735156
综合组……2733551
设备组……2735014
二联合现场……2735274
技术组……2735021

电子商务部

主任……2735122
书记……2735951
财务……2735578
化工原材料……2735029
办公用品……2735028
设备组……2735034
电器仪表……2735643
微机室……2735173
传真……2735641
仪表……2735463
电器……2735645
门卫……2735647

保卫处

处长……2736095
书记……2735032
副处长……2735209
干事……2735210
……2735461
办事员……2735216
值班室……2735229
厂正门……2735215
……2735245
厂西门……2735220
油品装车进口……2735478
油品装车出口……2735471
气站装车进口……2735703
气站装车出口……2735147
训犬基地……2727190
储运北门……2724786
储运南门……2715490
铁路道口值班室……2700147
九万方罐门卫……2735707

19. 呼和浩特石化公司

地址：内蒙古自治区呼和浩特市塞罕区　邮政编码：010070　公网区号：0417

总经理（党委）办公室

办公室……3351103
……3351388
……3352605
……3351418
……3351040
……3351166
总经理助理、安全副总监
……3351248
办公室……3351641
……3351079
……3353788

信息中心

主任……3352611
副主任……3351389
……3351368

小车队

办公室……3352124
……3351480
北京办事处　010－64803889
上海办事处　021－68971918

生产运行处

副处长…… 3351350
…… 3351069
办公室…… 3351622
生产调度中心…… 3351088

机动设备处

处长…… 3351043
副处长…… 3351357
动设备管理…… 3351413
静设备管理…… 3351415

安全质量环保处

处长…… 3351641
副处长…… 3351068
…… 3351638
质量安全环保管理 … 3351067

技术发展处

处长…… 3351039
副处长…… 3351422
综合办公室…… 3351292

科学技术协会

办公室…… 3351087
…… 3351249

人事处

处长…… 3351028
副处长…… 3353395
人力资源管理…… 3351246
培训管理…… 3351451
技能鉴定…… 3351307
薪酬保险管理…… 3351408

财务处

处长…… 3351062
副处长…… 3352767
会计管理…… 3351188
成本管理…… 3351055
资金结算中心主任 … 3351066

规划计划处

处长…… 3351081
综合办公室…… 3351428
…… 3351305

党群工作（企业文化）处

处长…… 3351437
副处长、团委书记 … 3352223
信访办主任…… 3352131
党建…… 3351410
宣传…… 3351777
工会、计划生育…… 3352795

纪委、审计监察处

处长…… 3351054
纪检监察…… 3352779
工程审计…… 3351060
内控、财务审计…… 3352442
…… 3351177

项目前期办公室

主任…… 3351081
副主任…… 3351409
综合办公室…… 3351095
…… 3351087

营销调运部

主任…… 3351215
副主任…… 3351380
原油业务…… 3352847
运调安全监察…… 3351217
销售计划…… 3351162

工程管理部

主任…… 3351092
副主任…… 3351211
副书记、副主任…… 3351051
工程计划…… 3351448
安装、土建、项目管理
…… 3351441

工程质量监督办公室

主任…… 3351052
质量监督…… 3351300
…… 3351089

电子商务部

主任…… 3351666
副主任…… 3351423
…… 3351351
计划管理…… 3351423
…… 3351256

设计所

所长…… 3351425
副所长…… 3351430
热工、水暖…… 3351436
电气、自控…… 3351050
概算、土建…… 3351456
综合办公室…… 3351429

安全与管理监督中心

主任…… 3351651
副主任…… 3351432
综合办公室…… 3351022
…… 3353704
…… 3351289
…… 3351537
…… 3352203
…… 3351317

工程预决算部

主任…… 3351080
预决算管理…… 3351090
招投标管理…… 3351411

多种经营管理部

主任…… 3352613
综合办公室…… 3351045

计量部

主任…… 3351082
副主任…… 3351270
…… 0955－5684521

质检部

主任…… 3351272
副主任…… 3351650
环保监测站长…… 3351653
安全、运行工程师 … 3351652
成本工程师…… 3351385

研究所

所长…… 3351522
副所长…… 3351213
综合办公室…… 3351249

消防大队

队长…… 3351331
书记、副队长…… 3351330
综合办公室…… 3351398
…… 3351335

常减压联合车间

主任…… 3351626
设备副主任…… 3351649
工艺副主任…… 3351473
装置工程师…… 3351640
安全工程师…… 3351363
运行工程师…… 3351132
成本工程师…… 6651716

催化裂化联合车间

主任…… 3351634
书记…… 3351599
设备副主任…… 3351596
工艺副主任…… 3351598
工艺专责师…… 3351591
安全工程师…… 3351688
成本工程师…… 3351560

重整加氢车间

主任…… 3351312
设备副主任…… 3351312
工艺副主任…… 3351108
成本工程师…… 3351163

聚丙烯车间

主任…… 3351009
书记、工艺副主任 … 3351341
设备副主任…… 3351533
成本工程师…… 3351603

油品车间

主任…… 3351207
设备副主任…… 3351627
工艺副主任…… 3353731
安全工程师…… 3351628
成本工程师…… 3351595

装洗车间

主任…… 3351718
设备副主任…… 3351324
工艺副主任…… 3352182
安全、成本工程师 … 3351405

铁路车间

主任…… 3351689
书记、工艺副主任 … 3351293
设备副主任…… 3351098
安全、成本工程师 … 3351685

自控车间

主任…… 3351584
书记、工艺副主任 … 3351230
设备副主任…… 3351316
安全、成本工程师 … 3351512

电气车间

主任、书记…… 3351658
工艺副主任…… 3351660
设备副主任…… 3351464
安全工程师…… 3351657
成本工程师…… 6651612

维修车间

主任…… 3351655
设备副主任…… 3351182
生产副主任…… 3351200
副书记…… 3351201
安全工程师…… 3351242
成本工程师…… 6651193

供排水车间

主任……………… 3351056
设备副主任……… 3351645
工艺副主任……… 3351647
安全工程师……… 6651678
成本工程师……… 3351642

动力车间

主任、书记……… 3351601
设备副主任……… 3351567
工艺副主任……… 3351566
安全、成本工程师 … 3351711

空压空分车间

主任、书记……… 3351633
工艺副主任……… 3351491
设备副主任……… 3351492
成本工程师……… 3351402

高原贸易开发中心

主任、书记……… 3351203

副主任……………… 3352877

矿区服务事业部

领导
主任……………… 3351280
副主任……………… 3353786
……………………… 3352766
综合办公室
绿化办
主任……………… 3352239
办公室……………… 3351131
车队
队长……………… 3351399
机关党支部
办公室……………… 3351206
运行管理部
主任……………… 3352766
综合管理……………… 3352740
财务部
主任……………… 3352096
人事部
办公室……………… 3352434
社区管理部（离退休办）
主任……………… 3352248
副主任……………… 3351238
办公室……………… 3353974
保卫部
主任……………… 3351527
安保大队
队长……………… 3351107
办公室……………… 3351019
运行维护中心
主任……………… 3353994
书记、副主任……… 3352214
幼儿园
园长……………… 3353547
办公室……………… 3352206
职工医院
院长……………… 3352525
书记……………… 3352909
饮食服务中心
主任……………… 3351096
文化活动中心
主任……………… 3352612
副主任……………… 3352994
绿化保洁中心
办公室……………… 3352584
……………………… 3352792
……………………… 3352079
通信网络中心
主任……………… 3352791
QHSE 体系办公室
办公室……………… 3351281
住房建设工作项目部
办公室……………… 3352207
……………………… 3352138
……………………… 3352128

20. 辽河石化公司

地址：辽宁省盘锦市兴隆台区新工街　邮政编码：124022　公网区号：0427

总经理办公室

主任……………… 7658011
副主任……………… 7658707
法律顾问……………… 7658123
秘书……………… 7658045
文书……………… 7658097
调研秘书……………… 7659697
办公用品复印……… 7658200
传真……………… 7823962
服务室……………… 7658064
收发室……………… 7658032
公司值班室……………… 7659607

信访办

主任……………… 7659971
办公室……………… 7658558
综合办……………… 7658297

石化宾馆

经理……………… 7658759
财务……………… 7659335
出纳办事……………… 7659086
传真……………… 7658935
餐厅……………… 7658026
总服务台……………… 7658821

总机……………… 7658915
……………………… 7659013

生产运行处

处长……………… 7658419
副处长……………… 7659858
动力平衡……………… 7658586
生产管理……………… 7659903
……………………… 7658921
……………………… 7659241
油品储运……………… 7659629
统计综合……………… 7658630

调度中心

主任……………… 7659141
副主任……………… 7658688
调度台……………… 7658456
……………………… 7658561
……………………… 7658001

规划计划处

处长……………… 7658160
副处长……………… 7658977
投资计划……………… 7658680
生产计划……………… 7659325
统计……………… 7658992

规划管理……………… 7659074
总图管理……………… 7659009

财务处

处长……………… 7658552
副处长……………… 7658286
资金结算中心主任 … 7658951
工资管理……………… 7659654
往来管理……………… 7659654
资本运营中心主任 … 7658471
成本费用管理……… 7658538
销售结算管理……… 7658780
销售资金管理……… 7658923
现金银行管理……… 7659089
档案管理……………… 7659651
传真……………… 7658471

人事处

处长……………… 7658278
副处长……………… 7658201
干部管理……………… 7658676
劳动组织……………… 7658689
工资……………… 7658272
档案室……………… 7658240
传真……………… 7658015

培训中心

主任……………… 7659569
干部管理……………… 7658539
技能鉴定……………… 7658517
仿真培训……………… 7658560
学历教育……………… 7658274
综合服务……………… 7658280
值班室……………… 7658243

安全环保处

处长……………… 7658178
副处长……………… 7658716
防火与劳保……………… 7658143
工卫与职防……………… 7658701
生产安全……………… 7659136
安全教育……………… 7658367
交通管理……………… 7658248
环保技术……………… 7658213
环保综合……………… 7659945
综合管理……………… 7659155

现场监察中心

主任……………… 7658129
劳动纪律监察……… 7658273
安全监察……………… 7658107

值班…………………… 7659054

科技信息处

处长…………………… 7658221
副处长………………… 7658811
工艺管理……………… 7658753
……………………… 7659549
……………………… 7658437
科研管理……………… 7658614

信息中心

主任…………………… 7658777
副主任………………… 7658601
邮件商务……………… 7659893
网络维护……………… 7659735
微机维修……………… 7658945
门户网站……………… 7659844
应用系统……………… 7659741
图书采购……………… 7658572
图书借阅……………… 7658613
情报信息……………… 7658194
四楼机房……………… 7658024
五楼机房……………… 7658075

机动设备处

处长…………………… 7658912
副处长………………… 7658537
……………………… 7658798
工程管理……………… 7658834
转机管理……………… 7659902
综合管理……………… 7658849
工艺设备……………… 7658864
储运防保……………… 7659672
电气管理……………… 7658177
仪表管理……………… 7659694
动力管理……………… 7658593
材料录入……………… 7658531

审计处

处长…………………… 7658242
副处长………………… 7658641
工程审计……………… 7658176
财务、物价审计……… 7658651

企管法规处

处长…………………… 7658225
副处长………………… 7658366
体系管理……………… 7658014
法律事务标准化……… 7658605

党群工作处

处长…………………… 7658844
副处长………………… 7658048
工会副主席…………… 7658065
团委书记……………… 7658089
纪检、监察…………… 7658721
受理举报电话………… 2850900
宣传组织……………… 7658038
计划生育……………… 7658320
工会财务……………… 7658736
综合…………………… 7658690

新闻活动中心

编辑部主编…………… 7659634
编辑部编辑…………… 7658187
电视台台长…………… 7658720
新闻办………………… 7658404
维修组………………… 7659788
编辑…………………… 7658270
机房…………………… 7659275
综合…………………… 7659415
西区活动室…………… 7658722
……………………… 7658816
西区舞厅……………… 7658801
北区活动室…………… 7658832
公司会议室…………… 7658755
体育馆………………… 7659194
……………………… 7659147

运销公司

经理…………………… 7659331
书记（传真）………… 7659774
副经理………………… 7658009
轻油计划……………… 7659671
重油计划……………… 7658699
……………………… 7658108
综合计划……………… 7658375
统计…………………… 7659450
……………………… 7658410
销售传真……………… 7658396
调度长………………… 7659027
公路计划……………… 7658227
铁路计划……………… 7659673
运销调度……………… 7658654
运调传真……………… 7658502
销售财务
销售结算……………… 7658780
银行结算……………… 7658923
传真…………………… 7658897

清欠办

主任…………………… 7659020

工程管理部

主任…………………… 7658969
书记…………………… 7658168
工程管理……………… 7658917
合同办事……………… 7659190
计划统计……………… 7658480
调度安全……………… 7659040
工程项目一…………… 7658815
……………………… 7658902
……………………… 7658224
工程项目二…………… 7658460
……………………… 7658349
……………………… 7658796
工程项目三…………… 7658010
工程项目四…………… 7658374
……………………… 7659024
土地管理……………… 7659041
土地现场……………… 7659135

电子商务部

主任…………………… 7659677
副主任………………… 7659877
……………………… 7658708
质检合同……………… 7658338
稽核统计计划………… 7659381
材料计划Ⅰ…………… 7658209
材料计划Ⅱ…………… 7659921
化工计划……………… 7658071
阀门计划……………… 7659817
配件计划Ⅰ…………… 7658979
配件计划Ⅱ…………… 7658056
配件计划Ⅲ…………… 7658125
劳保计划……………… 7658520
电器计划……………… 7658788
仪表采购……………… 7658310
安全送料……………… 7658170
设备计划Ⅰ…………… 7658493
设备计划Ⅱ…………… 7658025
仪表计划……………… 7658113
仓库主任……………… 7658532
东库一楼……………… 7659924
东库二楼……………… 7658294
东库三楼……………… 7659954
东库四楼……………… 7658237
西库一楼……………… 7659363
西库二楼……………… 7658447
西库三楼……………… 7658327
西库四楼……………… 7658501
正门卫………………… 7658203
南门卫………………… 7659924
润滑油站长…………… 7659617
润滑油………………… 7658950
电梯…………………… 7658237
车调…………………… 7658034
内控体系……………… 7658034
值班室………………… 7658310
传真室………………… 7659451
会议室………………… 7659577

工程预决算部

主任…………………… 7659274
副主任………………… 7658528
预算员………………… 7659072
……………………… 7658083

计量部

主任…………………… 7658023
副主任………………… 7659592
……………………… 7659806
能源技改……………… 7659454
能源统计……………… 7658051
能源管理……………… 7658581
计量管理……………… 7659307
计量仪表……………… 7659354
计量统计……………… 7659753
传真…………………… 7659471
计量班………………… 7658043
卸油台………………… 7658483
兴一转驻在…………… 7659811
2 号站驻在…………… 7521113

原油部

主任…………………… 7658095
副主任………………… 7659705
……………………… 7659346
原油计划……………… 7658329

研究院

院长…………………… 7659101
副院长………………… 7658429
……………………… 7659642
院办主任……………… 7658352
设备计量……………… 7658149
安全保管……………… 7658513
翻译综合……………… 7659736
资料…………………… 7659581
分析室主任…………… 7658236
沥青室主任…………… 7658152
滑油室主任…………… 7659763
评价室主任…………… 7659873
中试车间主任………… 7659132
环保室主任…………… 7659622
防腐室主任…………… 7658595
防腐研究……………… 7659767
理化…………………… 7658928
……………………… 7659105
监测…………………… 7659721
……………………… 7659156
微机…………………… 7658687

设计所

所长…………………… 7658751

书记……………… 7659794
副所长……………… 7659058
办事……………… 7658354
仪表电气……………… 7658298
概算工艺……………… 7658301
储运……………… 7658422
给排水……………… 7658433
设备描晒……………… 7658981
土建……………… 7658486
资料……………… 7658264
暖通……………… 7659793
一楼微机室……………… 7658414
二楼微机室……………… 7658443

催化车间

主任……………… 7658658
工艺副主任……………… 7659374
设备副主任……………… 7658403
工艺技术组……………… 7658387
……………… 7658436
……………… 7658284
设备技术组……………… 7659214
办事组……………… 7658451
安全、资料……………… 7658629
操作室……………… 7659901
……………… 7658086
主风机……………… 7658505

焦化车间

主任……………… 7659304
工艺副主任……………… 7658063
设备副主任……………… 7658406
工艺……………… 7658671
设备……………… 7658670
安全……………… 7658735
统计核算……………… 7658621
综合……………… 7658743
值班室……………… 7659640
内操室……………… 7658544
外操室……………… 7658672
电梯间……………… 7658497
46 米操作室 ……… 7658496
高压水泵房……………… 7658494
外运班……………… 7658484

净化车间

主任……………… 7658964
书记、副主任……………… 7658060
副主任……………… 7658857
……………… 7659203
工艺技术组……………… 7659469
设备技术组……………… 7658994
安全……………… 7659872
办事组……………… 7659014

值班室……………… 7659224
干气操作室……………… 7658791
酸水操作室……………… 7658980
火炬操作室……………… 7659750

加氢车间

主任、书记……………… 7658646
副主任……………… 7658260
……………… 7659941
设备副主任……………… 7658275
加氢脱酸工艺设备组 7658371
车间技术组……………… 7658306
安全、柴油改质工艺 7659943
柴改设备及汽油加氢工艺
……………… 7659092
汽油加氢设备技术组 7659942
办事组……………… 7658324
加氢脱酸及柴改操作室
……………… 7658035
柴油改质外操作间 … 7659463
汽油加氢操作室……………… 7659944

制氢车间

主任……………… 7658197
副主任……………… 7658477
……………… 7658268
设备技术组……………… 7658874
工艺技术组……………… 7658971
办事组……………… 7659204
安全组……………… 7659804
主操作室……………… 7659647
外操室……………… 7659664

气分—聚丙烯车间

主任……………… 7658901
书记……………… 7658760
副主任……………… 7659319
技术组……………… 7659079
安全组……………… 7659834
办事组……………… 7658932
聚丙烯工段……………… 7659351
主操室……………… 7659314
包装……………… 7659295
计量班……………… 7659195

东蒸馏车间

主任……………… 7658677
工艺副主任……………… 7658642
设备副主任……………… 7658662
工艺组……………… 7658693
设备组……………… 7659731
……………… 7658740
安全……………… 7659730
办事……………… 7658710

值班室……………… 7658104
操作室……………… 7658092

南蒸馏车间

主任……………… 7658916
设备副主任……………… 7659975
工艺副主任……………… 7658335
工艺组……………… 7658427
设备组……………… 7659973
安全组……………… 7659972
办事组……………… 7659976
值班室……………… 7659931
操作室……………… 7659927

西蒸馏车间

主任、书记……………… 7658867
工艺副主任……………… 7659548
设备副主任……………… 7659063
工艺……………… 7659845
……………… 7659140
设备……………… 7658554
安全……………… 7659045
办事组……………… 7659078
操作室……………… 7659667

糠醛白土车间

主任……………… 7659344
设备副主任……………… 7658429
工艺副主任……………… 7658434
设备组……………… 7658441
工艺组……………… 7658492
综合组……………… 7659437
安全……………… 7658421
操作室……………… 7658653
滤机楼……………… 7658251

水处理车间

主任……………… 7658165
工艺副主任……………… 7659974
设备副主任……………… 7659977
工艺技术组……………… 7658425
……………… 7659953
设备技术组……………… 7659961
……………… 7658610
综合……………… 7659965
安全……………… 7659957
操作室……………… 7659026
水道班……………… 7659725
值班室……………… 7659104

供水车间

主任……………… 7658863
书记……………… 7659537
生产主任……………… 7658938

技术组……………… 7658021
……………… 7659964
办事组……………… 7658036
安全……………… 7659157
东水场……………… 7658073
东水操作室……………… 7658204
西水操作室……………… 7658174
西水消防泵房……………… 7658792
联合泵站……………… 7658133
管网维修……………… 7658309
管网操作……………… 7658526

空分车间

主任……………… 7658723
书记……………… 7659062
副主任……………… 7659186
技术组……………… 7659076
办事组……………… 7659138
安全……………… 7659146
巡线……………… 7659172
操作室……………… 7659177
中央空调……………… 7658446
值班室……………… 7659146

油品车间

主任……………… 7658408
副主任……………… 7659475
……………… 7658424
技术组……………… 7658961
……………… 7658271
办事……………… 7659810
统计……………… 7658292
安全……………… 7658929
沥青段长室……………… 7659792
沥青 4 号罐区……………… 7658937
重油段长室……………… 7658978
重油操作室……………… 7659401
重油 8 号罐区……………… 7658153
轻油段长室……………… 7658993
轻油操作室……………… 7659446
液化气段长……………… 7659183
液化操作室……………… 7658247
东油品段长室……………… 7659740
东油品操作……………… 7658117
管网操作室……………… 7659807
降凝剂泵房……………… 7659584

原油车间

主任……………… 7659417
生产副主任……………… 7659348
设备副主任……………… 7658169
技术组长、材料员 … 7658105
统计……………… 7658413
设备技术员、安全、车间值班

室…………………… 7658953
办事…………………… 7658714
原油工段…………… 7659004
卸油工段长………… 7658631
卸油工段…………… 7659012
驻在工段长………… 7659534
驻在工段…………… 7658541
焦化工段…………… 7658732

销售车间

主任…………………… 7659002
书记…………………… 7659967
工艺副主任………… 7658828
设备副主任………… 7658704
工艺技术组………… 7658649
设备技术组………… 7659497
安全…………………… 7658044
办事…………………… 7658184
统计…………………… 7659846
计量工段…………… 7659986
计量工段操作……… 7659949
焦化工段…………… 7659679
焦化工段操作……… 7658342
零售工段…………… 7659025
零售工段操作……… 7659082
渣油工段…………… 7658087
渣油工段操作……… 7658776
液化气工段………… 7659843
液化气工段操作…… 7659367
轨道衡……………… 7659364
装车南北…………… 7658041

鲅鱼圈储运公司

经理…………………… 7659526
……………… 0417－6151147
副经理……… 0417－6154147
综合…………………… 7658936
……………… 0417－6151897
统计…………………… 7659284
中间站……… 0417－5117869
……………… 0417－3897869

运输车间

主任…………………… 7658423
副主任……………… 7659044
技术…………………… 7659056
办事…………………… 7659158
统计…………………… 7658995
安全…………………… 7658911
机车…………………… 7658519
大库…………………… 7659757
槽车…………………… 7659167
整备…………………… 7659184
信号…………………… 7659154
道口…………………… 7659121
线路…………………… 7658703

分析化验中心

主任…………………… 7658192
副主任……………… 7658368
………………………… 7659674
安全技术…………… 7658229
技术组长…………… 7659297
技术组……………… 7659328
办事组……………… 7659500
检查组……………… 7658211
轻油分析班………… 7658963
重油滑油分析班…… 7659867
仪器分析班………… 7658131
固体班……………… 7658126
原材料……………… 7658241
综合服务班………… 7659706
控制工段…………… 7658180
水分析站长………… 7659483
大气室……………… 7658231
水分析室…………… 7658245
软化水分析………… 7658347

钳工车间

主任…………………… 7658325
书记…………………… 7659097
副主任……………… 7659769
技术组……………… 7658584
安全…………………… 7658731
办事…………………… 7658287
保管…………………… 7658190
车间值班室………… 7659464
钳工一班…………… 7658431
钳工二班…………… 7658783
钳工三班…………… 7659714
钳工四班…………… 7658547
钳工综合班………… 7659477

电工车间

主任…………………… 7658758
副主任……………… 7658033
………………………… 7658772
技术组……………… 7658663
………………………… 7658640
安全…………………… 7658650
办事保管…………… 7658673
值班室……………… 7659321
电工一班…………… 7659181
电工二班…………… 7659134
电工三班…………… 7658741
电工四班…………… 7659729
电工五班…………… 7659394
电工六班…………… 7658761
试验卷线…………… 7658804
东区开闭所………… 7658127
南蒸馏配电………… 7658694
聚丙烯配电………… 7659362
加氢总配电………… 7658718
气分配电室………… 7659751
焦化配电室………… 7658781

仪表车间

主任…………………… 7658376
副主任……………… 7658819
………………………… 7658506
安全…………………… 7658487
技术…………………… 7658390
………………………… 7658623
………………………… 7658534
办公室……………… 7658405
维护一班…………… 7658604
维护二班…………… 7658307
维护三班…………… 7658154
维护四班…………… 7659745
………………………… 7659752
微机班……………… 7658564
计量班……………… 7659094
检定班……………… 7658208
维修班……………… 7658360
值班室……………… 7658296

治安保卫大队

主任…………………… 7658007
副大队长…………… 7658509
………………………… 7659798
中队长……………… 7659343
综合…………………… 7658412
综合治理…………… 7658411
要害管理…………… 7658464
治安…………………… 7658459
………………………… 7658452
正门卫……………… 7658597
北门卫……………… 7658624
南门卫……………… 7659744
东门卫……………… 7659302
一小队……………… 7659387
二小队……………… 7659175
三小队……………… 7658576
四小队……………… 7658576
监控班长…………… 7658462
监控室……………… 7658557
办公楼门卫………… 7659544
销售门卫…………… 7659875
钳工楼门卫………… 7659111
液化气门卫………… 7658157
渣油门卫…………… 7659474

后勤服务中心

主任…………………… 7658726
副主任……………… 7658645
办事…………………… 7658585
安全…………………… 7658659
综合办……………… 7658627
司机班……………… 7659391
食堂管理员………… 7658373
会计…………………… 7659841
保管员……………… 7659790
值班室……………… 7658415
订餐电话…………… 7658727
服务部管理员……… 7658216
送饭司机…………… 7658817
公寓值班室………… 7658802
公寓活动室………… 7659434
公寓洗衣房………… 7659643
公寓班长…………… 7658835
浴池…………………… 7659641
小餐厅……………… 7659579
保洁班……………… 7659675
超市…………………… 7658398

工程质量监督站

站长…………………… 7658069
副站长……………… 7659030
安装专业…………… 7659637
………………………… 7658326
土建专业…………… 7659932
综合管理…………… 7658253

档案室

主任…………………… 7658167
基建办公室………… 7658195
底图办公室………… 7658179
办公室……………… 7659803
值班室……………… 7658420

通信站

站长…………………… 7658608
技术组……………… 7658000
………………………… 7658799
综合…………………… 7659838
安全…………………… 7659782
测量班……………… 7659000
线务班……………… 7658050
………………………… 7658333
电缆班……………… 7658555
………………………… 7659193
动力室……………… 7658300
话机维修…………… 7658400
收费室……………… 7659777

机关车队

队长…………………… 7658185
调度…………………… 7658381

………………………… 7658230
安全………………………… 7659781
综合服务………………… 7658196
值班………………………… 7658212
夜间值班………………… 7658381

盘锦中油辽河沥青有限公司

经理………………………… 7658337
财务部…………………… 7659170
调运部…………………… 7659173
销售部…………………… 7659180
质监部…………………… 7659182
生产部…………………… 7659163
车间主任………………… 7659913
车间操作室……………… 7659853

21. 长庆石化公司

地址：陕西省咸阳市金旭路　邮政编码：712000　公网区号：029

总经理办公室

主任 ……………… 86509126
文字综合 ………… 86509125
文书机要 ………… 86509730
综合秘书 ………… 86509222
文字秘书 ………… 86509326
接待外事 ………… 86509616

党群工作处

主任 ……………… 86509137
副主任 …………… 86509135
办公室 …………… 86509136
……………………… 86509139
……………………… 86509134

人事处

主任 ……………… 86509135
副主任 …………… 86509122
薪酬管理 ………… 86509803
合同管理绩效考核、组织、干部管理、劳动组织社会保险
……………………… 86509121
传真电话 ………… 86509122

财务处

主任 ……………… 86509169
办公室 …………… 86589730
……………………… 86589729
……………………… 86509277
……………………… 86509165
……………………… 86509164
……………………… 86509643

生产运行处

主任 ……………… 86021292
调度室 …………… 86509150
……………………… 86509151
安全主管 ………… 86509154
质量主管 ………… 86509901
环保管理 ………… 86509428

工艺技术设备处

主任 ……………… 86509325
仪表设备管理 …… 86509218
静设备管理 ……… 86509218
电气设备管理 …… 86509275
计量设备管理 …… 86509208

审计监察法规处

主任 ……………… 86589062
高级主管 ………… 86589783
法律事务岗 ……… 86589936
企业管理岗 ……… 86589783

质量安全环保部

主任 ……………… 86509428

规划计划处

主任 ……………… 86589733
副主任 …………… 86509156
高级主管 ………… 86509298
工程预算 ………… 86509173
综合统计 ………… 86509162
投资计划 ………… 86589915

物资采办部

主任 ……………… 86509231
综合计划、统计稽核
……………………… 86509234
电子商务、系统管理
……………………… 86509438
业务 ……………… 86509220
……………………… 86509362

营销调运部

主任 ……………… 86509285
液化气销售岗 …… 33412413
综合岗 …………… 86509682

运行一部

副主任 …………… 86021291
区块主任 ………… 86021290
设备管理 ………… 86589946

运行二部

主任 ……………… 86509021
区块主任 ………… 86509190
设备主管 ………… 86509737
技术员 …………… 86509759
……………………… 86509737

运行三部

办公室 …………… 86509431
……………………… 86509726
……………………… 86509218
……………………… 86509747

科技信息部

主任 ……………… 86509939
科技管理、信息管理
……………………… 86509484
档案管理 ………… 86509124

安全监督部

主任 ……………… 86021293
高级安全监督 …… 86509428
综合管理 ………… 86589970

综合治理办公室

主任 ……………… 86509842
绿化队队长、保安主管
……………………… 86509130
内勤 ……………… 86509842
生产区门岗 ……… 86509226

油品运行部

主任 ……………… 86509236
副主任 …………… 86509237

运行保障部

主任 ……………… 86509109
副主任 …………… 86509152
……………………… 86509575
办公室 …………… 86509208
……………………… 86509218
……………………… 86509325
……………………… 86509155
……………………… 86509022
……………………… 86509757
……………………… 86509342
……………………… 86509706
……………………… 86509010
……………………… 86509782

运行一部

主任 ……………… 86021291
区块主任 ………… 86021290

运行二部

主任 ……………… 86509021
办公室 …………… 86509190

运行三部

主任 ……………… 86509431

科贸公司

经理 ……………… 86509156

服务处

处长 ……………… 86589866
……………………… 86589323

质检部

主任 ……………… 86509138
区块主任 ………… 86509303
设备责任工程师 … 86021053
工艺责任工程师 … 86509761
成品分析班班长 … 86509217
……………………… 86509215
环境检测班班长 … 86509762
生产分析油品化验 86509216
生产分析水质化验 86509761

综合组

计量质量、材料 … 86509238
设备、安全 ……… 86509272
人事 ……………… 86509232
统计 ……………… 86509835

原油接卸队

队长 ……………… 86509318
技术 ……………… 86509317
大罐储运班 ……… 86509391
末站储运班 ……… 86509344
汽车装运班 ……… 86509330

储运区块

主任 …………… 86509420
轻质岗 …………… 86509422
原油岗 …………… 86509426

产成品队

队长 …………… 86509465

技术 …………… 86509492
火车装油一班 …… 86509402
火车装油二班 …… 86509755
成品油储运班 …… 86509414
液化气装车班 …… 86509423

铁路专线队

队长 …………… 86509785
技术、安全、合同、核算
…………… 86509715
运行一、二、三、四班
…………… 86509705
工务班 …………… 86509797

22. 克拉玛依石化公司

地址：新疆维吾尔自治区克拉玛依市金龙镇　邮政编码：834000　公网区号：0990

总经理办公室

主任…………… 6833629
副主任…………… 6833669
…………… 6833331
内保科
科长…………… 6833492
副科长…………… 6833186
内勤办…………… 6833344
文秘科
办公室…………… 6833414
…………… 6831370
打字室…………… 6833908
六楼文书办…………… 6830462
接待事务科
科长…………… 6833560
办公室…………… 6833234
档案室…………… 6833616
…………… 6832417
机关一号楼
三楼服务室…………… 6831543
一楼服务室…………… 6831542
机关二号楼一楼服务室
…………… 6833213
机关楼门卫（一号楼） 6834342
机关楼门卫（二号楼） 6830044

财务处

处长…………… 6833594
副处长…………… 6831926
…………… 6831094
预结算中心
主任…………… 6833641
办公室…………… 6832764
…………… 6832141
销售财务
科长…………… 6831643
办公室…………… 6833896
资金科
科长…………… 6833548
办公室…………… 6833531
出纳室…………… 6833919
成本科
科长…………… 6831573
税金管理…………… 6833721
工资…………… 6833911
材料…………… 6833316

人事处（组织部）

处长（组织部部长） 6833529
副处长（组织部副部长）
…………… 6833822
…………… 6833795
薪酬管理科
科长、薪酬管理办 … 6833129
劳动合同、保险管理办
…………… 6831904
劳动组织科
科长、干部培训管理办
…………… 6831905
劳动组织、技术干部管理办
…………… 6831754
统计、档案、假期管理办
…………… 6833537
培训科
岗位培训管理办…… 6831700
上岗取证、学历教育管理办
…………… 6831768
特殊工种管理办…… 6831874
技能鉴定考核管理办 6833130
值班室（服务室） … 6833850

党群工作处

处长…………… 6833812
宣传科
科长…………… 6833638
办公室…………… 6830463
采编室…………… 6833872
党群工作处
工会办…………… 6831448
…………… 6831897

科技信息处

处长…………… 6831529
副处长…………… 6831348
工艺管理科
科长…………… 6833307
办公室…………… 6833452
传真…………… 6831326
科技管理科
科长…………… 6833379
…………… 6831530
编辑、信息管理办 … 6833115
资料管理办…………… 6833247
标准管理办…………… 6833800

质量安全环保处

处长…………… 6831071
副处长（质量、环保）
…………… 6833541
副处长（安全） …… 6833609
安全技术科
科长…………… 6833916
…………… 6833137
安全监督中心
科长…………… 6834615
车辆管理办…………… 6833281
质量科
科长…………… 6831641
传真…………… 6833434
环保科
科长…………… 6830514
传真…………… 6830950

规划计划处

处长…………… 6833437
副处长…………… 6833323
…………… 6833580
项目管理科
科长…………… 6832607
办公室…………… 6833779
…………… 6832053
规划科
科长…………… 6833768
计划统计科
科长…………… 6833061
生产计划办…………… 6833381

生产运行处

处长…………… 6833549
副处长…………… 6831787
动力科
科长…………… 6831156
调度值班室…………… 6833121
生产科
…………… 6833181
调度值班室…………… 6833219
…………… 6833221
车辆室…………… 6833298
动力科
…………… 6833392
能源统计室…………… 6833426
原油科
…………… 6833512
调度值班室…………… 6833692

机动设备处

处长…………… 6831547
副处长…………… 6831546
…………… 6833899
工程管理部…………… 6831548
…………… 6832044
设备技术科…………… 6833075
计量仪表科…………… 6833077
设备管理科…………… 6833404
…………… 6833964

电子商务部

主任…………… 6833542
副主任…………… 6833946

主任工程师办……… 6833282
业务……………… 6832478
……………………… 6830506

企业法规处

处长……………… 6831534
副处长…………… 6830096
……………………… 6833923
业绩考核………… 6831976

企业管理科

科长……………… 6833671
法律顾问办……… 6833785
合同管理………… 6834640

市场法规科

科长……………… 6832759
体系管理………… 6831533
体系科科长……… 6832973
市场管理………… 6831527

审计监察处

正科级监察员办…… 6833091
审计科…………… 6831540
传真……………… 6830023

武装部

部长……………… 6833164
副部长…………… 6834336
值班室…………… 6833359
干事办…………… 6834340

炼油化工研究院

院领导

院长……………… 6881996
党委书记………… 6886131
副院长…………… 6881461
……………………… 6231607
总工程师………… 6885521
副总工程师……… 6883254
……………………… 6233169
……………………… 6868052
传真……………… 6885212

热电厂

厂长、党委书记…… 6832886
党委副书记、工会主席、纪委书记……………… 6832784
副厂长…………… 6832114
副厂长、总工办…… 6831454
顾问办…………… 6831464

党政办

主任……………… 6832464
副主任…………… 6832774
……………………… 6832384
党政办文秘书办…… 6830097
打字室…………… 6832844
副总工办………… 6832164

经营管理科

科长……………… 6832954
副科长…………… 6832814
经营财务出纳……… 6833836
副总工办………… 6832947
档案室…………… 6832748

设备管理科

科长……………… 6832974
副科长…………… 6832154
办公室…………… 6830087

安全环保科

科长……………… 6832446
办公室…………… 6831020

热力室

主任……………… 6832794

汽机车间

主任……………… 6831445
书记……………… 6832444

电气车间

主任……………… 6830004
通信维护办……… 6832638

锅炉车间

书记……………… 6832544
主任……………… 6833455
管网班…………… 6833727

化学车间

主任……………… 6830545
副主任…………… 6830045
书记……………… 6830765

燃料车间

主任……………… 6832449
书记……………… 6833740

维护车间

主任……………… 6832482
材料室…………… 6832455
技术室…………… 6833530
煤炭调度办……… 6832747
科长……………… 6832420
副科长…………… 6832745
值长室…………… 6830014
……………………… 6830024
调度室…………… 6830171

电气车间

书记……………… 6830026

供气车间

主任……………… 6833433

珂翼公司

财务……………… 6830021
财务主管办……… 6833623
综合办…………… 6834721

检维修中心

经理……………… 6833536
书记……………… 6830675
钳工专业副经理…… 6830144
技术室…………… 6831267
经管员办………… 6832427
定额、综合业务办 … 6832471
仪表专业副经理…… 6833136
技术室…………… 6832691
保运中心仪表专业 … 6832825
……………………… 6833357
质检安环办……… 6833252
电气专业副经理…… 6833488
技术室…………… 6831204
仪表罐区班……… 6833760
电气维修一班…… 6834197
……………………… 6831954

销售总公司

书记……………… 6832203
副总经理………… 6834571

安全环保科

……………………… 6830079

党政办

主任……………… 6831576
文秘、设备管理…… 6834647
统计、核算……… 6830804

计划统计科

计划……………… 6833480
统计……………… 6833852
传真……………… 6833764
储运管理中心开票 … 6831450

油品公司

业务……………… 6831391
……………………… 6832901

沥青公司

经理……………… 6831407
业务室…………… 6831390

外贸公司

业务……………… 6831607

化验室

主任……………… 6833521
书记……………… 6831106
南站技术室……… 6833167
质检组…………… 6832148

原油车间

润滑油操作室……… 6833543
原油操作室……… 6833231
交油班操作室……… 6830474

轻质油车间

主任、副主任……… 6833065
电碱洗室………… 6833063
轻质油调合室……… 6831946

环境检测站

主任……………… 6831103
书记……………… 6831824
分析现场………… 6831104
技术室…………… 6833846

销售车间

主任……………… 6833098
工艺室…………… 6834667
地磅房…………… 6833243
消防泵房………… 6833597

润滑油车间

主任……………… 6833261
设备副主任……… 6834344
精密分馏操作室…… 6832499

丙烷车间

主任……………… 6833568
安全办…………… 6833306

蒸馏车间

主任……………… 6833267
安全室…………… 6833179
设备室…………… 6833159
经管员室………… 6833271
工艺室…………… 6833301
二套操作室……… 6833851

脱硫车间

主任……………… 6833377

气分车间

主任……………… 6831364

制加氢车间

主任……………… 6833668
副主任…………… 6833673

高压加氢车间

主任、书记……… 6834124
车间操作室……… 6834147

催化车间

主任……………… 6833606
80 万催化操作室 … 6830774

重整车间

主任……………… 6834284

工业水车间

主任……………… 6833994
副主任…………… 6833814

经管员办………… 6833581
技术员办………… 6833746

供排水车间

主任………………… 6833643
一循办………………… 6833647

焦化车间

主任、书记………… 6831483
副主任………………… 6833372

物资装备公司

经理………………… 6833417
书记、副经理……… 6831412
副经理………………… 6833632
………………………… 6831185
安全员工会主席…… 6831505
管理室主任………… 6833369
综合管理办………… 6831524
需求管理办………… 6831507
计算机管理办……… 6831118

财务部
主管………………… 6832434
会计、出纳………… 6831509
合同办………………… 6833289
业务一部主任……… 6831508
设备、配件………… 6832430
业务二部主任……… 6833479
钢材办………………… 6831504
管配、阀门………… 6831503
业务三部主任……… 6833786
化工、玻璃药品…… 6830499
建材、劳保杂项、五金工具
………………………… 6831506

储运中心
主任室………………… 6833708
副主任室……………… 6831436
仓管室………………… 6833679
配送、废旧料管理 … 6832047
质检办………………… 6833094

物资开发部
主任室………………… 6833958
业务室………………… 6830058
商行………………… 6830099
石化配件厂………… 6831841

工业保洁

经理………………… 6832798
书记………………… 6833496
副经理………………… 6831447

计量检定所

主任………………… 6833462
副主任………………… 6831714
技术负责人………… 6834348
对外业务…………… 6833150
收发室………………… 6832524

文体中心

书记………………… 6833327
体育馆………………… 6831485
乒乓球馆…………… 6833446
财务室………………… 6831458
值班室………………… 6831340
技术图书室………… 6833854
游泳馆………………… 6832041
游泳馆消防室……… 6832687

公用电话

办公室………………… 6831545
206 室 ………………… 6831675
办公室………………… 6833260
宣传科………………… 6833695
军代表办…………… 6833365
军代表宿舍………… 6834602

小车队

调度室………………… 6833246
财务………………… 6831147
队长………………… 6831251
副队长………………… 6831145
书记………………… 6831757

23. 庆阳石化公司

地址：甘肃省庆阳市庆城县卅里铺镇　　邮政编码：745115　　公网区号：0934

总经理
党委办公室

主任………………… 3266577
秘书………………… 3266204
………………………… 3266302
………………………… 3266567

生产运行处

处长………………… 3266389
副处长………………… 3266403
办公室………………… 3266342
调度室………………… 3266205

人事处（组织部）

处长………………… 3266529
副处长………………… 3266549
办公室………………… 3266315

财务资产处

处长………………… 3266505
副处长………………… 3266398
办公室………………… 3266266

规划计划处

处长………………… 3266429
办公室………………… 3266518

审计监察处

处长………………… 3266362
副处长………………… 3266938
办公室………………… 3266278

质量安全环保处

处长………………… 3266291
副处长………………… 3266776
办公室………………… 3266596

机动设备处

处长………………… 3266479
办公室………………… 3266367

党群工作处
（企业文化处）

处长………………… 3266309
副处长………………… 3266275
办公室………………… 3266339

工程建设管理处

处长………………… 3266477
副处长………………… 3266782
办公室………………… 3266939

保卫消防部

主任………………… 3266216
副主任………………… 3266584
办公室………………… 3266704

销售部

主任………………… 3266335
副主任………………… 3266422
办公室………………… 3266521

工程预决算部

主任………………… 3266589
办公室………………… 3266894

物资采供站

主任………………… 3266467
办公室………………… 3266407

矿区事业部

主任………………… 3266408
办公室………………… 3266523

270 万吨项目部

办公室………………… 8368036

24. 东北炼化工程有限公司

地址：辽宁省沈阳市沈河区青年大街167号　　邮政编码：110016　　公网区号：024

总经理（党委）办公室

主任 …………… 23182908
副主任 …………… 23182909
办公室 …………… 23182911
…………… 23182910
…………… 23182929
…………… 23182912
…………… 23182915
…………… 23182922
…………… 23182991
…………… 23182994
…………… 23182997
…………… 23182993

财务处

处长 …………… 23182987
办公室 …………… 23182968
…………… 23182971
…………… 23182966
…………… 23182970
…………… 23182855
…………… 23182986
…………… 23182985
…………… 23182967
…………… 23182984

人事处（组织部）

处长（部长）…………… 23182919
副处长（副部长）……………
…………… 23182918
办公室 …………… 23182920
…………… 23182921

规划计划处

处长 …………… 23182925
办公室 …………… 23182931
…………… 23182930
…………… 23182932
…………… 23182926
…………… 23182933
…………… 23182927
…………… 23182810

检修管理处

处长 …………… 23182988
副处长 …………… 23182936
…………… 23182937
…………… 23182939
办公室 …………… 23182941
…………… 23182940
…………… 23182822

工程管理处

处长 …………… 23182956
副处长 …………… 23182955
办公室 …………… 23182957
…………… 23182954
…………… 23182953
…………… 23182821
…………… 23182823
…………… 23182952

安全环保处

处长 …………… 23182826
副处长 …………… 23182961
…………… 23182960
…………… 23182964
…………… 23182959
办公室 …………… 23182965
…………… 23182820
…………… 23182962

机动装备处

处长 …………… 23182935
副处长 …………… 23182938
办公室 …………… 23182942
…………… 23182818
…………… 23182819
…………… 23182913

经营管理（企管法规）处

处长 …………… 23182945
副处长 …………… 23182947
办公室 …………… 23182951
…………… 23192950
…………… 23182949
…………… 23182816
…………… 23182815
…………… 23182946

审计监察处

处长 …………… 23182978
办公室 …………… 23182977
…………… 23182979

党群工作处（企业文化处）

处长 …………… 23182980
办公室 …………… 23182983

物资管理中心

主任 …………… 23182989
办公室 …………… 23182924
…………… 23182829

审计中心

主任 …………… 23182973
办公室 …………… 23182975

25. 炼化工程建设项目部

地址：北京市西城区鼓楼外大街5号　　邮政编码：100029　　公网区号：010

项目经理

办公室 …………… 62096495
…………… 62096489
…………… 62096486
…………… 62096498

综合处

负责人 …………… 62096516
办公室 …………… 62096515
…………… 62096529
…………… 62096512
…………… 62096513

计划处

负责人 …………… 62096518
办公室 …………… 62096520
…………… 62096517
…………… 62096521
…………… 62096523

财务处

负责人 …………… 62096476
办公室 …………… 62096478
…………… 62096473
…………… 62096474
…………… 62096475
…………… 62096479

QHSE处

负责人 …………… 62096468
办公室 …………… 62096470
…………… 62096469

技术与设计管理处

负责人 …………… 62096466
办公室 …………… 62096467
…………… 62096471
…………… 62096461
…………… 62096463
…………… 62096462
…………… 62096460

工程管理处

负责人 …………… 62096488
办公室 …………… 62096487
…………… 62096485
…………… 62096481
…………… 62096480
…………… 62096483
…………… 62096482

项目控制处

负责人 …………… 62096496
办公室 …………… 62096511

…………………… 62096464
…………………… 62096510

物资采购处

负责人 ………… 62096490
办公室 ………… 62096492

…………………… 62096493
…………………… 62096494

锦西项目部

项目经理 ………… 62096489

传真 ……………… 62096514

宁夏项目部

项目经理 ………… 62096486
传真 ……………… 62096514

呼和浩特项目部

项目经理 ………… 62096498
传真 ……………… 62096514

26. 东北化工销售公司

地址：辽宁省沈阳市沈河区北站路59号财富中心大厦E座9F　邮政编码：110013　公网区号：024

总经理（党委）办公室

主任 ……………… 82517700
办公室 …………… 82517701
…………………… 82517704
…………………… 82517705
…………………… 82517706
…………………… 82517707
…………………… 82517708
…………………… 82517709
…………………… 22539111

规划计划处

处长 ……………… 82517717
计划 ……………… 82517714
…………………… 82517715
…………………… 82517716
…………………… 82517718
…………………… 82517736
…………………… 82517891
传真 ……………… 82517720

财务处

处长 ……………… 82517727
总帐 ……………… 82517729
综合 ……………… 82517735
销售 ……………… 82517732
…………………… 82517740
…………………… 82517741
报表 ……………… 82517737
铁路运费 ………… 82517728
出纳 ……………… 82517731
成本 ……………… 82517734
稽核 ……………… 82517739
资金 ……………… 82517790
档案 ……………… 82517873
费用 ……………… 82517726
信息 ……………… 82517728
传真 ……………… 82517730

党群工作处

处长 ……………… 82517757
宣传、企业文化 … 82517756
工会、团委 ……… 82517751
传真 ……………… 82517752

人事处（组织部）

处长 ……………… 82517869
干部管理 ………… 82517749
薪酬管理 ………… 82517745
组织管理 ………… 82517744
调配管理 ………… 82517748
培训管理 ………… 82517746
传真 ……………… 82517750

审计与纪检监察处

处长 ……………… 82517758
高级主管 ………… 82517759
…………………… 82517761

市场信息与价格处

处长 ……………… 82517767
办公室 …………… 82517763
…………………… 82517764
…………………… 82517765
…………………… 82517767
…………………… 82517768
…………………… 82517769

企管法规处

处长 ……………… 82517776
安全质量 ………… 82517783
结算管理 ………… 82517785
客户管理 ………… 82517784
法律 ……………… 82517781
…………………… 82517860
标准化计量 ……… 82517782
内控管理 ………… 82517863
结算 ……………… 82517872
…………………… 82517876
…………………… 82517772
…………………… 82517773
…………………… 82517892
…………………… 82517825

网络管理 ………… 82517859
…………………… 82517774
…………………… 82517791

技术服务处

处长 ……………… 82517886
科研管理 ………… 82517880
商务处理 ………… 82517848
…………………… 82517875
…………………… 82517849
传真 ……………… 82517845

有机化工处

处长 ……………… 82517807
办公室 …………… 82517809
…………………… 82517812
…………………… 82517808
…………………… 82517811
…………………… 82517806
…………………… 82517703

化肥处

处长 ……………… 82517829
扩销销售 ………… 82517834
化肥销售 ………… 82517832
…………………… 82517831
无机销售 ………… 82517835

橡胶塑料处

处长 ……………… 82517797
办公室 …………… 82517802
…………………… 82517795
…………………… 82517796
…………………… 82517801
…………………… 82517803

储运处

处长 ……………… 82517837
综合管理 ………… 82517836
运输管理 ………… 82517786
合同及仓储管理 … 82517846
自备车管理 ……… 82500516

公路及价格管理 … 82517787
费用管理 ………… 82517839
海运及配送费管理 82517861
综合统计 ………… 82517862

合成洗涤剂原料处

处长 ……………… 82517817
计划员 …………… 82517816
销售业务 ………… 82517815
…………………… 82517813

合成纤维与原料处

处长 ……………… 82517827
乙二醇、精己二酸 82517821
对二甲苯、精对苯二、甲酸、
聚酯 ……………… 82517826
腈纶、涤纶、丙烯腈 82517823
环氧乙烷、二乙二醇 82517814

调度中心

处长 ……………… 82517877
办公室 …………… 82517865
…………………… 82517858
…………………… 82517856
…………………… 82517868
…………………… 82517850
…………………… 82517719
…………………… 82517805
…………………… 82517852
…………………… 82517712
…………………… 82517867

大庆分公司

地址：黑龙江省大庆市龙凤区卧里屯大街51号
邮编：163714
公网区号：0459

办公室

总经理 …………… 6707418
副总经理 ………… 6768364
主任 ……………… 6762516
副主任 …………… 6765895

人事劳资…… 6765564
综合管理…… 6706416
…… 6746422
…… 6762463
文秘…… 6743435
司机…… 6706416
管理部
经理…… 6765905
副经理…… 6764851
客户关系管理…… 6768344
信息员…… 6763164
法律…… 6743421
网络维护…… 6762404
综合计划…… 6765571
商务运输…… 6763687
结算…… 6765563
…… 6765565
…… 6765567
…… 6765569
财务部
经理…… 6743436
副经理…… 6765580
会计…… 6742076
…… 6743844
…… 6765562
…… 6765554
…… 6743420
…… 6763894
化工部
计划…… 6762464
…… 6765794
化纤部
经理…… 6765797
副经理…… 6765800
计划…… 6765801
…… 6761437
化肥部
副经理…… 6762894
计划…… 6765570
…… 6765796
…… 6756574
塑料部
经理…… 6761076
副经理…… 6765791
计划…… 6765807
…… 6765803
…… 6745100
…… 6765807
…… 6745842
调运部
经理…… 6765904
副经理…… 6765833
…… 5671521
产品计划…… 6762107
运输计划…… 6762866
…… 6762381
运费结算…… 6761147
…… 6761146
…… 5671025
产品计划…… 6762381
运输计划…… 6915095
…… 6765795
…… 6765573
…… 5672805
…… 5672725
…… 5684158
综合统计…… 6763557
…… 5671765
哈尔滨销售部
经理 …… 87603308
业务 …… 83075155
会计 …… 87591058
…… 87591068
司机 …… 83075155
齐齐哈尔销售部
经理…… 2213101
业务、会计…… 2212806
牡丹江销售部
经理…… 0453－6433930
业务会计…… 0453－6442870
佳木斯销售部
经理…… 0454－6379955
业务…… 0454－6379933
会计…… 0454－8302285
绥化销售部
副经理…… 0455－8366657
计划、会计 0455－8366656
司机…… 0455－8366657

吉林分公司

地址：吉林省吉林市昌邑区通潭大路东端经贸大厦
邮编：132002
公网区号：0432
领导
…… 2702666
…… 2799102
…… 3953010
…… 2702166
总经理助理…… 3953037
办公室
…… 3919207
…… 2783399－7110
…… 2783399－2101
…… 2783399－8907
…… 3953075
管理部
…… 3953004
…… 2783399－7202
…… 2783399－7203
…… 3953106
…… 3953036
…… 2783399－2201
…… 2783399－2202
…… 2783399－2203
…… 2783399－2204
调运部
…… 2770917
…… 3953035
…… 2783399－2302
…… 2783399－2304
…… 3953008
…… 3957574
财务结算部
…… 2783399－2501
…… 2783399－2502
…… 2783399－2503
…… 2799129
…… 2783399－7203
橡胶塑料销售部
…… 2783399－2662
…… 2783399－2611
…… 3953038
…… 2783399－2616
…… 2783399－2664
…… 2783399－2665
…… 3953028
有机化工销售一部
…… 3953117
…… 2783399－2652
…… 3953007
…… 2783399－2621
…… 2783399－2623
…… 2783399－2624
…… 3953116
…… 3953019
…… 2783399－2654
有机化工销售二部
…… 2783399－2641
…… 3953066
…… 2783399－2682
…… 2783399－2683
…… 2783399－2685
无机化工销售部
…… 3953055
…… 3953016
…… 3953018
…… 2783399－2673
…… 2783399－2693
…… 2783399－2694

抚顺分公司

地址：辽宁省抚顺市顺城区新城路华盛小区 11 号楼
邮编：113006
公网区号：0413
内线总机 2990111
办公室
副经理…… 7670789
…… 7670788
经理助理…… 7670708
主任…… 7670769
副主任…… 7670755
文书人事…… 7670777
传真…… 7670766
管理部
负责人…… 7670718
副部长…… 7585870
计划…… 7670719
价格信息…… 7670721
统计…… 7670720
传真…… 7670719
财务结算部
副部长…… 7670709
结算…… 7580132
调运部
部长…… 7670768
传真…… 7670778
有机化工销售部
负责人…… 7670737
副部长…… 7670739
传真…… 7670740
塑料销售部
部长…… 7670728
统计结算…… 7670729
传真…… 7670727
合成洗涤剂原料销售部
负责人…… 7670758
计划…… 7670756
业务…… 7670757
…… 7670722
结算统计…… 7670760

辽阳分公司

地址：辽宁省辽阳市宏伟区东方路 12 号
邮编：111003
公网区号：0419
公司领导
经理…… 5153003
副经理…… 5350860
…… 5155977
办公室
主任…… 5351986
副主任…… 5159768
文书…… 5151371
党务、工会…… 5351212
行政…… 5152333

人事劳资………… 5351781

管理部

经理……………… 5151724
副经理…………… 5152201
计算机网络管理…… 5156491
价格信息………… 5151714
综合计划统计……… 5156496
销售结算………… 5167267
……………………… 5161053
……………………… 5167872

财务结算部

经理……………… 5351847
副经理…………… 5165660
综合会计………… 5165663
销售核算………… 5167295
综合会计………… 5153097
系统管理………… 5351510
出纳……………… 5153793

有机化工销售部

经理……………… 5158805
副经理…………… 5153293
……………………… 5151420
销售业务………… 5351844
……………………… 5154845
……………………… 5151670

塑料销售部

经理……………… 5157057
副经理…………… 5155281
销售业务………… 5155080
……………………… 5152419

合纤纤维与原料销售一部

经理……………… 5153082
副经理…………… 5152673
……………………… 5153279
销售业务………… 5151174
……………………… 5152875
……………………… 5157177
……………………… 5151973
……………………… 5153122
……………………… 5156542
……………………… 5155484
……………………… 5151670

合成纤维与原料销售二部

经理……………… 5151747
副经理…………… 5158807
销售业务………… 5153681
……………………… 5155464
……………………… 5156531
……………………… 5154802

调运部

经理……………… 5152098
副经理…………… 5159436
产品计划………… 5156433
……………………… 5158585
运输计划………… 5153731
……………………… 5155539
结算……………… 5151741
综合计划统计……… 5154589

大连分公司

地址：辽宁省大连市中山区人民路23号虹源大厦2309室
邮编：116001
公网区号：0411

领导

经理 ……………… 85811399
……………………… 88878899
传真 ……………… 85811366
副经理 …………… 88878887
……………………… 88878880
传真 ……………… 88878877
……………………… 88878889

办公室

主任 ……………… 88878858
副主任 …………… 88878853
文书、档案 ……… 88878896
前台接待 ………… 88878866
司机 ……………… 88878882
传真 ……………… 88878868

管理部

经理 ……………… 88878858
传真 ……………… 88878868
副经理 …………… 88878886
结算、统计、客户 88878863
法律、QHSE、内控 88878862
计划、价格、信息 88878893
网络、计算机管理 88878859

财务结算部

经理 ……………… 88878871
传真 ……………… 88878869
会计 ……………… 88878875
出纳 ……………… 88878867

销售部

经理 ……………… 88878870
传真 ……………… 88878860
副经理 …………… 88878895
产品销售 ………… 88878891
……………………… 88878865

贸易部

经理 ……………… 88878855
传真 ……………… 88878856
副经理 …………… 88878852
进出口业务 ……… 88878861
贸易业务 ………… 88878857
……………………… 88878851

调运部

经理 ……………… 88878881
传真 ……………… 88878885
副经理 …………… 88878898
计划统计 ………… 88878883
费用结算 ………… 88878890
调运管理 ………… 88878897
库管员 …………… 86772926

27. 西北化工销售公司

地址：甘肃省兰州市安宁区北滨河西路85号　邮政编码：730070　公网区号：0931

值班电话………… 7703004
……………………… 7703114
传真……………… 7703000
办公室…………… 7703003

28. 华东化工销售公司

地址：上海市浦东新区东方路969号中油大酒店9楼　邮编：200122　公网区号：021

办公室

主任 ……………… 50589669
传真 ……………… 68757679
副主任 …………… 50589360
……………………… 50589361
行政秘书 ………… 68760911
党委秘书 ………… 50589707
综合管理 ………… 50589596
传真 ……………… 50585565

文书档案

传真 ……………… 68757679
综合管理 ………… 68760922
传真 ……………… 50585565
传真 ……………… 68757679
接待秘书 ………… 68759968
车队安全员 ……… 68759968
传真 ……………… 50585565
司机 ……………… 68759968

人事（组织处）

处长 ……………… 68756833
高级主管、人事 … 50589382
干部管理 ………… 50583660
传真 ……………… 50589212
业绩考核 ………… 50583681
培训、人事档案 … 50589550
劳资 ……………… 50589563

党群工作处

处长 ……………… 58313663
传真 ……………… 68207133
党群干事 ………… 58303651

企管法规处

处长 ……………… 68769533
副处长 …………… 68752729
高级主管、市场管理
……………………… 58304698
销售结算 ………… 50580330
……………………… 68769120
HSE管理 ………… 50580331
……………………… 50581682
法律事务 ………… 50589705

价格管理 ………… 50580331
销售结算 ………… 68769120
合同管理 ………… 50580331
HSE 管理 ………… 68760889

内控处

副处长 …………… 50589701
高级主管、内控管理 …………………… 50589702
传真 ……………… 68762457
内控管理 ………… 50589703
…………………… 50589706

规划计划处

处长 ……………… 50812322
副处长 …………… 58306012
传真 ……………… 58200150
高级主管、规划计划 …………………… 50585069
综合计划 ………… 58306012
仓储管理 ………… 68753317
综合统计 ………… 68767309
…………………… 50585069
仓储管理 ………… 68753317
费用结算 ………… 68767309
仓储管理 ………… 68767309

财务处

处长 ……………… 50587533
传真 ……………… 68759826
副处长 …………… 50589562
总帐报表、预算管理 …………………… 58302729
销售核算 ………… 68755241
采购管理 ………… 58302729
资金管理、采购核算 …………………… 50581683
分公司费用、固定资产管理 …………………… 68757663
传真 ……………… 68759826
出纳 ……………… 50589155
税务管理 ………… 50585350
销售核算 ………… 68755241
销售费用管理 …… 50581683
财务系统管理 …… 68767663
管理费用 ………… 50589155
会计档案 ………… 50589255

审计处

处长 ……………… 68751658
副处长 …………… 50589211
审计 ……………… 50589210

业务一处

处长 ……………… 58316573
高级主管、ABS 销售 …………………… 68751242
高级主管、专用料销售 …………………… 50815810
HDPE 销售 ……… 50580335
…………………… 50580336
…………………… 68759215
传真 ……………… 68304694

业务二处

处长 ……………… 58316572
副处长 …………… 58313050
…………………… 68753556
LDPPE 销售 ……… 68769006
聚丙烯销售 ……… 58313773
PP 共聚料销售 …… 68769446
LLDPE 销售 ……… 68769007
传真 ……………… 68759827

业务三处

处长 ……………… 58313663
副处长 …………… 68769123
聚酯切片销售 …… 58306011
平级切片销售 …… 68767439
腈纶销售 ………… 60585196
传真 ……………… 58207133

业务四处

处长 ……………… 68751335
副处长 …………… 58209642
已二酸销售 ……… 50585600
橡胶销售 ………… 68760960
…………………… 68760070
传真 ……………… 68760026

业务五处

处长 ……………… 68752933
副处长 …………… 50587912
扩销业务 ………… 50587913
…………………… 50587915
…………………… 50581916
传真 ……………… 68751473

业务六处

处长 ……………… 68760925
副处长 …………… 68751217
PTA 销售 ………… 68769121
…………………… 50819010
传真 ……………… 50810986

信息部

副经理 …………… 68752343
…………………… 68762451
高级主管、系统管理 …………………… 68762453
信息分折 ………… 68762458
网络管理 ………… 68762459
消息分析 ………… 68670878
信息安全 ………… 68671717
信息 ……………… 68671715
…………………… 68671718
…………………… 68670890
机房管理 ………… 68671717
数据库管理 ……… 50585860
传真 ……………… 68762452

技术服务部

经理 ……………… 50585956
副经理 …………… 50585953
分析检测
技术服务 ………… 50585952
传真 ……………… 50585956

杭州

公网区号：0512
经理 ……………… 87247189
副经理 …………… 56196009
…………………… 56196099
销售业务 ………… 87247157
仓储管理 ………… 87217157
会计 ……………… 87247159
出纳 ……………… 87247159
传真 ……………… 87247151

苏州

公网区号：0512
副经理 …………… 88188659
…………………… 88188658
销售业务 ………… 88188665
仓储管理 ………… 88188660
会计 ……………… 88188660
出纳 ……………… 88188660
传真 ……………… 88188656

合肥

公网区号：0551
经理……………… 5226779
…………………… 2821131
传真……………… 5226771
财务管理………… 5226773
…………………… 5226778
传真……………… 2832189
销售业务………… 5226483
仓储管理………… 5226772
传真……………… 5226481
会计……………… 5226775
传真……………… 2832189
出纳……………… 5226775

温州

公网区号：0577
经理 ……………… 88918077
副经理 …………… 88950998
…………………… 88916997
销售业务 ………… 88950868
传真 ……………… 88950858
仓储管理 ………… 88950998
会计 ……………… 88916997
出纳 ……………… 88916997

宁波

公网区号：0574
经理 ……………… 87290505
副经理 …………… 87297308
…………………… 87293188
销售业务 ………… 87293098
仓储管理 ………… 87291738
会计 ……………… 87291523
出纳 ……………… 87291308
传真 ……………… 87291338

上海

公网区号：021
经理 ……………… 50580231
副经理 …………… 50585950
财务管理 ………… 50580235
销售业务 ………… 50580237
仓储管理 ………… 50580237
会计 ……………… 50580235
出纳 ……………… 50580235
传真 ……………… 50585951

常州

公网区号：0519
经理……………… 5190661
副经理…………… 5190766
…………………… 5196652
销售业务、安全…… 5190662
财务管理………… 5190667
仓储合同………… 5190663
会计……………… 5190667
传真……………… 5193663

南昌

公网区号：0791
经理……………… 6590153
财务……………… 6590271
销售业务………… 6590146
…………………… 6590062
仓储管理………… 6590146
会计……………… 6590062
出纳……………… 6590146
传真……………… 6590145

连云港

公网区号：0518

经理…………………… 5523299
销售业务…………… 5523297
财务管理…………… 5523298
铺售业务…………… 5523271
仓储管理…………… 5523271
会计………………… 5523272
出纳………………… 5523272
传真………………… 5523296

29. 华北化工销售公司

地址：北京市西城区阜成门外大街2号万通写字楼A座22层　　邮政编码：100037　　公网区号：010

公司外联电话
…………………… 68062215
传真 ……………… 68062238

总经理
党委办公室

主任 ……………… 68062268
副主任 …………… 68062386
…………………… 68062387
传真 ……………… 68062238

财务处

处长 ……………… 68062233
副处长 …………… 68062252
…………………… 68062251
传真 ……………… 68062270

人事处（组织部）

处长 ……………… 68062289
副处长 …………… 68062286
传真 ……………… 68062210

企业管理处

办公室 …………… 68062367
传真 ……………… 68062357

审计处

办公室 …………… 68061122
传真 ……………… 68062235

党群工作处

处长 ……………… 68062386
副处长 …………… 68062385
传真 ……………… 68062238

调运处

处长 ……………… 68062269
传真 ……………… 68062282
副处长 …………… 68062273
传真 ……………… 68062213

市场处

处长 ……………… 68062371
副处长 …………… 68062280
传真 ……………… 68062370

业务一处

处长 ……………… 68062301
副处长 …………… 68062302
传真 ……………… 68062337

业务二处

副处长 …………… 68062309
传真 ……………… 68062338

业务三处

副处长 …………… 68062313
传真 ……………… 68062339

业务四处

处长 ……………… 68062329
副处长 …………… 68062318
传真 ……………… 68062336

业务五处

处长 ……………… 68062332
副处长 …………… 68062356
传真 ……………… 68062368

天津分公司

经理………… 022－66218598
副经理……… 022－66218599
传真………… 022－66217262

任丘分公司

经理………… 0317－2755516
副经理……… 0317－2755516
传真………… 0317－2755504

潍坊分公司

经理………… 0536－8215888
副经理……… 0536－8257676
传真………… 0536－8212106

武汉分公司

经理………… 027－84212076
副经理……… 027－84212063
传真………… 027－84212100

30. 化工与销售华南公司

地址：广东省广州市天河区体育东路114号财富广场西塔16－17楼　　邮政编码：510620　　公网区号：020

综合部

经理 ……………… 38847755
副经理 …………… 38847727
…………………… 38847729
传真 ……………… 38847722

财务部

经理 ……………… 38847785
副经理 …………… 38847787
…………………… 38847720
传真 ……………… 38847780

管理部

经理 ……………… 38847736
副经理 …………… 38847735
…………………… 38848920
…………………… 38847737
副经理 …………… 38847739
传真 ……………… 38847730

技术服务部

经理 ……………… 38932010
副经理 …………… 38848314
传真 ……………… 38932009

业务一部

经理 ……………… 38931501
副经理 …………… 38847756
…………………… 38847753
传真 ……………… 38847750

业务二部

经理 ……………… 38847768
副经理 …………… 38847900
传真 ……………… 38847760

业务三部

经理 ……………… 38847778
副经理 …………… 38847771
传真 ……………… 38847770

福州销售部

经理 ……… 0591－87666868
传真 ……… 0591－87666611

厦门销售部

经理………… 0592－8066833
传真………… 0592－8066830

汕头销售部

经理 ……… 0754－88849799
传真 ……… 0754－88833716

深圳销售部

经理 ……… 0755－33340658
传真 ……… 0755－33340670

南宁销售部

经理………… 0771－5531529
传真………… 0771－5531532

海口销售部

经理 ……… 0898－68515551
传真 ……… 0898－68515550

韶关销售部

经理………… 0751－8220805
传真………… 0751－8220577

湛江销售部

经理………… 0759－3390816
传真………… 0759－3399166

31. 西南化工销售公司

地址：四川省成都市顺城大街206号四川国际大厦15楼　邮政编码：610015　公网区号：028

综合部

副经理 …………… 86520958
人事干事 ………… 86520059
组织政工 ………… 86520057
综合管理 ………… 86520296
…………………… 86520850
…………………… 86520295
车辆管理 ………… 86520108
文书 ……………… 86520561
传真 ……………… 86520952

管理部

经理 ……………… 86521341
副经理 …………… 86520556
储运管理 ………… 86520196
价格信息 ………… 86520223
商务纠纷 ………… 86520225
法律合同 ………… 86520226
统计结算 ………… 86520950
…………………… 86520221
储运管理 ………… 86520503
网络管理 ………… 86520853
综合计划 ………… 86521094
传真 ……………… 86521341
…………………… 86520187

财务部

经理 ……………… 86521723
副经理 …………… 86521571
费用、资产管理 … 86521091
资金、扩销管理 … 86521593
出纳 ……………… 86520962
总账报表 ………… 86520229
档案管理、买断审核
…………………… 86520506
存货管理（统销） 86520509
运费核算 ………… 86520085
电算化 …………… 86521097
总账报表 ………… 86520078
系统管理员 ……… 86520081
出纳 ……………… 86520082
传真 ……………… 86521716

业务一部

经理 ……………… 86521209
销售计划 ………… 86520823
…………………… 86520262
…………………… 86520293
…………………… 86520260
…………………… 86520571
…………………… 86520560
传真 ……………… 86520700

业务二部

经理 ……………… 86521207
副经理 …………… 86521055
销售计划 ………… 86521095
…………………… 86521133
…………………… 86520263
…………………… 86520278

业务三部

经理 ……………… 86521481
销售计划 ………… 86520239
…………………… 86520261
…………………… 86520500
传真 ……………… 86520851

技术服务部

经理 ……………… 86520501
技术服务 ………… 86520502
…………………… 86520870
…………………… 86520871
传真 ……………… 86520872

重庆分部

经理………… 023－62955108
销售业务…… 023－62955107
传真………… 023－62959095

长沙分部

经理………… 0731－2811129
出纳………… 0731－2811127
传真………… 0731－2811130

西安分部

经理………… 029－88386009
销售计划…… 029－88386281
出纳………… 029－88386183
传真………… 029－88386061

昆明分部

经理………… 0871－3107309
销售计划…… 0871－3107151
出纳………… 0871－3107152
传真………… 0871－3107151

贵阳分部

经理………… 0851－5835016
销售计划…… 0851－8665576
传真………… 0851－5835076

32. 吉林燃料乙醇有限责任公司

地址：吉林省吉林市经济技术开发区　邮政编码：132101　公网区号：0432

办公室

办公室……………… 3501035
…………………… 3501166
…………………… 3501133
…………………… 3501110
…………………… 3501018
传真……………… 3501011

发展规划部

办公室……………… 3501097
…………………… 3501050

人力资源部

办公室……………… 3501046
…………………… 3501095

计划财务部

办公室……………… 3501036
…………………… 3501034

生产技术部

办公室……………… 3501053
…………………… 3501091

安全环保部

办公室……………… 3501015
…………………… 3501196

机动部

办公室……………… 3501118
…………………… 3501077

工程部

办公室……………… 3501023
……………………… 3501028

设计管理部

办公室……………… 3501051
……………………… 3501054

供应分公司

办公室……………… 3501060
……………………… 3501061

销售分公司

办公室……………… 3501199
……………………… 3501071

六、销售企业

1. 东北销售公司

地址：辽宁省沈阳市皇姑区陵东街105号　邮政编码：110032　公网区号：024

值班电话 ………… 88559607
传真 ……………… 88559609
办公室 …………… 88559341
……………………… 88559337

2. 西北销售公司

地址：甘肃省兰州市定西南路18号　邮政编码：730000　公网区号：0931

机关

总经理办公室……… 8637129
……………………… 8637170
……………………… 8637132
传真………………… 8617123
党委工作部………… 8637139
资源配置处………… 8627627
调度运行处………… 8632871
经营销售处………… 8626775
财务资产处………… 8637209
储运安全处………… 8637193
规划发展处………… 8637163
企业管理（内控）处 8627456
科技信息处………… 8637151
人事处……………… 8637217
审计监察处………… 8637157
群众工作部………… 8614765
服务中心…………… 8637162
维护稳定办公室…… 7360066

二级单位

西北销售兰州分公司

地址：兰州市西固区合水北路440号
邮编：730060
综合办公室… 0931－7365064

西北销售新疆分公司

地址：新疆乌鲁木齐市经济技术开发区中亚大道68号管委会6楼
邮编：830026
综合办公室… 0991－3767776

西北销售川渝分公司

地址：四川省成都市顺成大街206号四川国际大厦21楼
邮编：610015
综合办公室… 028－86520903
传真………… 028－86521300

西北销售西安分公司

地址：西安市东关正街70号招商局17层
邮编：710048
综合办公室… 029－82492285
……………… 029－82480148

西北销售宝鸡分公司

地址：陕西省宝鸡市东风路副30号
邮编：721000
综合办公室　0917－6410036
传真………… 0917－3436983

西北销售玉门分公司

地址：陕西省宝鸡市东风路副30号
邮编：721000
综合办公室… 0937－3244807
传真………… 0937－3244807

西北销售永登分公司

地址：兰州市永登县火车站东侧340号
邮编：730300
综合办公室… 0931－6413500

西北销售宁夏分公司

地址：宁夏银川市湖滨东街77－6
邮编：750004
综合办公室… 0951－6198378
传真………… 0951－6198208

西北销售青藏分公司

地址：青海省西宁市城中区西大街40号三田世纪大厦15层
邮编：810000
综合办公室… 0971－8232152
传真………… 0971－8237297

西北销售宝鸡制桶厂

地址：陕西省宝鸡市东风路副30号
邮编：721000
综合部……… 0917－6410333
传真………… 0917－6410101

宝鸡西北石油运销公司

地址：陕西省宝鸡市姜谭路西段高家村油库
邮编：721008
综合部……… 0917－8618863

3. 华北销售公司

地址：北京市朝阳区北苑路86号院嘉铭桐城2区11号楼　邮政编码：100101　公网区号：010

总经理办公室

主任 ……………… 84869789
副主任 …………… 84869797
……………………… 84869798
办公室 …………… 84869952
……………………… 84869791
……………………… 84869794
……………………… 84869969
……………………… 84869795
……………………… 84869915
……………………… 84869916
传真 ……………… 84869919

党群工作处

处长 ……………… 84869871
副处长 …………… 84869872
……………………… 84869927
团委副书记 ……… 84869875
办公室 …………… 84869878
……………………… 84869877
……………………… 84869876
……………………… 84869938
……………………… 84869879
传真 ……………… 84869874

人事处

处长 …… 84869851
副处长 …… 84869852
…… 84869853
办公室 …… 84869855
…… 84869857
…… 84869858
…… 84869860
…… 84869859
…… 84869856
…… 84869704
传真 …… 84869954

审计监察处

处长 …… 84869880
副处长 …… 84869883
办公室 …… 84869884
…… 84869886
…… 84869887
…… 84869888
传真 …… 84869928

加油站管理处

副处长 …… 84869802
…… 84869803
办公室 …… 84869805
…… 84869806
…… 84869808
…… 84869804
…… 84869809
…… 84869810
…… 84869742

营销处

处长 …… 84869788
副处长 …… 84869719
…… 84869729
办公室 …… 84869728
…… 84869735
…… 84869724
…… 84869737
…… 84869721
…… 84869738
…… 84869726
…… 84869725
…… 84869740
…… 84869736
…… 84869739
…… 84869745
…… 84869744
…… 84869743
传真 …… 84869918

非油品处

处长 …… 84869801
副处长 …… 84869936
办公室 …… 84869807
…… 84869799
…… 84869717
…… 84869979

小产品

副处长 …… 84869727
办公室 …… 84869731
…… 84869722

调运处

处长 …… 84869985
副处长 …… 84869756
…… 84869750
…… 84869751
办公室 …… 84869753
…… 84869754
…… 84869746
…… 84869747
…… 84869748
…… 84869910
…… 84869975
…… 84869734
…… 84869730
…… 84869732
…… 84869723
…… 84869749
调度 …… 84869934
…… 84869966
…… 84869967
传真 …… 84869712
…… 84869933
…… 84869720

油库管理处

处长 …… 84869953
副处长 …… 84869752
办公室 …… 84869760
…… 84869942
…… 84869914
…… 84869733
传真 …… 84869715

规划计划处

副处长 …… 84869768
…… 84869901
办公室 …… 84869773
…… 84869774
…… 84869781
…… 84869770
…… 84869903
…… 84869902
传真 …… 84869920

基建工程处

处长 …… 84869930
副处长 …… 84869882
办公室 …… 84869891
…… 84869893
传真 …… 84869892

质量安全环保处

副处长 …… 84869765
…… 84869766
办公室 …… 84869759
…… 84869761
…… 84869757
…… 84869758
…… 84869764
传真 …… 84869922

信息统计处

主任 …… 84869898
办公室 …… 84869897
…… 84869896
…… 84869899
…… 84869900
…… 84869769
…… 84869771
传真 …… 84869931

股权法规处

处长 …… 84869867
副处长 …… 84869869
办公室 …… 84869865
…… 84869862
…… 84869864
…… 84869863
…… 84869870
传真 …… 84869926

财务资产处

处长 …… 84869817
副处长 …… 84869818
…… 84869826
…… 84869833
副主任 …… 84869908
办公室 …… 84869835
…… 84869838
…… 84869840
…… 84869823
…… 84869846
…… 84869828
…… 84869849
…… 84869825
…… 84869848
…… 84869816
…… 84869827
…… 84869811
…… 84869845
…… 84869843
…… 84869831
…… 84869820
…… 84869836
…… 84869841
…… 84869822
…… 84869837
…… 84869847
…… 84869812
…… 84869813
…… 84869821
…… 84869824
…… 84869832
…… 84869829
…… 84869830
…… 84869850
…… 84869909
…… 84869906
…… 84869907
…… 84869890
…… 84869905
传真 …… 84869924
…… 84869935
…… 84869740
…… 84869978

油库项目开发办公室

副主任 …… 84869767
办公室 …… 84869776

董监事办公室

副主任 …… 84869868
…… 84869775
办公室 …… 84869969
…… 84869883
…… 84869815
…… 84869763
…… 84869889

编辑部

副主任 …… 84869911
…… 84869873
执行副主编 …… 84869937
办公室 …… 84869912
…… 84869913
…… 84869963
传真 …… 84869937

4. 华东销售公司

地址：上海市浦东新区东方路　邮政编码：200122　公网区号：021

总经理办公室

…… 68671699
…… 68756666
…… 50814108
…… 68671694
…… 68753089
…… 68757689
…… 68671690
传真 …… 68755556

党群工作处

…… 68758068
…… 68671696
传真 …… 50580949

营销一处

…… 58201008
…… 68760136
…… 50580983
…… 50815664
…… 68752822
传真 …… 68751543

营销二处

…… 68763029
…… 68763060

调运配送中心

…… 68750178
…… 68670590
…… 68671692
…… 58316347
…… 58316486
…… 68759679
传真 …… 68755258

人事处

…… 58316496
…… 50813289
…… 50813296
…… 50813259
…… 50813284
…… 58202650
…… 58301654
传真 …… 50818092

审计监察处

…… 50580995
…… 50819016
…… 50817213
…… 50585359
传真 …… 50816941

企业管理处

…… 68763017
…… 68763022
…… 68763020
…… 68763015
…… 50811704
传真 …… 68763013

财务资产处

…… 68766782
…… 50813291
…… 50816569
…… 68670401
…… 50816819
…… 68671314
…… 50814006
…… 50817303
…… 50585356
…… 50585650
…… 68670196
…… 68671300
…… 50581022
…… 58300387
…… 50813275
…… 58301454
…… 50817835
传真 …… 50815397

加油站管理处

…… 68763100
…… 68763105
…… 68763061
…… 50811640
…… 68763092
…… 50811543
…… 68763086
…… 50811542
…… 68763069
…… 68763106
…… 68763067
传真 …… 68763077

投资计划处

…… 68671693
…… 58204068
…… 50581021
…… 68751535
…… 50817723
…… 50819891
…… 68750798
…… 58308821
传真 …… 50813881

油库管理处

…… 50581019
…… 50581020
…… 50585651
…… 50585653
…… 50816446
…… 50585251
…… 68766934
…… 54091875
…… 54091846
…… 54091878
传真 …… 50585652

安全环保处

…… 68767917
…… 68767923
…… 50811491
…… 68767931
…… 54096920
…… 68763089

信息化管理处

…… 50815002
…… 68670915
…… 68670798
传真 …… 68670175

内控管理处

…… 68763716
…… 68763717
…… 68763102
…… 68763739
传真 …… 68763109

5. 华中销售公司

地址：湖北省武汉市武昌区徐东大街7号　邮政编码：430063　公网区号：027

总经理办公室（党委办公室）

…… 86837813
…… 86830967
…… 86815006
…… 86728888－6697
传真 …… 86831096

人事处（组织部）

…… 86831192
…… 86830900
…… 86832912
传真 …… 86832912

财务处

…… 86839956
…… 86831895
…… 86717464
…… 86831120
…… 86826733
传真 …… 86836825

营销处

…… 86837871
…… 86831031
…… 86831907
…… 86717314
…… 86831220
传真 …… 86830951

调度储运处

…… 86830971
…… 86830962
…… 86830890

…………………… 86826524
传真 …………………… 86826137

加油站管理处

…………………… 86830897
传真 …………………… 86832702

质量环保处

…………………… 86738816
…………………… 86830897
…………………… 86829628
传真 …………………… 86829628

投资计划处

…………………… 86839966
…………………… 86815726
…………………… 86831060
…………………… 86839966
传真 …………………… 86815726

工程建设处

…………………… 86830979
…………………… 86839151
传真 …………………… 86815726

信息化管理处

…………………… 86738616
…………………… 86831023
…………………… 86831087
传真 …………………… 86830992

企管法规处

…………………… 86831119
…………………… 86831169
传真 …………………… 86829027

党群工作处（企业文化处）

…………………… 86830959
…………………… 86813636
传真 …………………… 86812912

审计监察处（纪委办公室）

…………………… 86833360
…………………… 86811121
传真 …………………… 86831041

职业技能鉴定站（培训中心）

…………………… 86839845
传真 …………………… 86812912

结算中心

…………………… 86831895
…………………… 86835729
…………………… 86831120
传真 …………………… 86831895

仓储物流中心

…………………… 86830971
…………………… 59801126
…………………… 59803390
…………………… 59803382
…………………… 59803311
…………………… 59803383
…………………… 59801189
…………………… 59801169
…………………… 59801162
…………………… 59801110
…………………… 59803373
…………………… 59803307
传真 …………………… 59801179

成品油检验中心

…………………… 59801166
…………………… 59801186
…………………… 59801132
…………………… 59801133
…………………… 59801172
传真 …………………… 59801150

6. 华南销售公司

地址：广东省广州市珠江新城花城大道66号检验大厦C塔16楼　邮政编码：510623　公网区号：020

总经理办公室

办公室 …………… 38291236

营销处

办公室 …………… 38290688

加油站管理处

办公室 …………… 38291550

非油品业务管理中心

办公室 …………… 38291528

调度运输处

办公室 …………… 38290168

油库管理处

办公室 …………… 38291216

规划计划处

办公室 …………… 38290068

工程建设处

办公室 …………… 38291101

质量安全环保处

办公室 …………… 38291358

财务处

办公室 …………… 38291578

综合管理处

办公室 …………… 38291150

人事处

办公室 …………… 38291179

党群工作处

办公室 …………… 38291515

审计监察处

办公室 …………… 38291110

信息化管理处

办公室 …………… 38291135

法律事务管理中心

办公室 …………… 38291596

广州代表处

办公室 …………… 38665519

7. 西南销售公司

地址：云南省昆明市青年路志远大厦26楼　邮政编码：650021　公网区号：0871

机关

总经理办公室（党委办公室）
…………………… 3160102
传真…………………… 3163068
人事处（组织部） … 3161373
党群工作处………… 3193312
传真………………… 3161373
审计监察处（纪检办公室）
…………………… 3161773
财务资产处………… 3180361
传真………………… 3162779
营销处……………… 3161913
传真………………… 3161917
综合计划处………… 3161863
传真………………… 3161893
调度运输处（物流中心）
…………………… 3161932
传真………………… 3161930
质量安全环保处…… 3162833
传真………………… 3162832
综合管理与法律事务处
…………………… 3161963
传真………………… 3161953

信息化管理处……… 3162835
传真………………… 3161757
项目建设管理办公室 3163650
传真………………… 3166911

广西分公司

地址：广西南宁市嘉宾路 2 号新闻中心 19F
邮编：530028
区号：0771
经理办公室（党委办公室）
……………………… 5532012
传真………………… 5532390
人力资源部………… 5532838
传真………………… 5532331
党群工作部………… 5551332
审计监察部………… 5531359
传真………………… 5537800
财务部……………… 5536857
传真………………… 5536128
业务部……………… 5566732
传真………………… 5532383
油站管理部………… 5532382
传真………………… 5532362
综合计划部………… 5532385
传真………………… 5550962
设备安全部（含体系办、维修班）………………… 5551210
传真………………… 5537901
工程建设部………… 5537833

广西所属分公司

南宁分公司
广西分公司
地址：南宁市北湖路 10 号
邮编：530001
区号：0771
办公室……………… 3328298
传真………………… 3328938
柳州分公司
地址：柳州市三中路 92－3 号
邮编：545001
区号：0772
办公室……………… 2838961
传真………………… 2838961
柳州分公司
地址：柳州市三中路 92－3 号
邮编：545001
区号：0772
办公室……………… 2838961
桂林分公司
地址：桂林市普驼路 54 号
邮编：541004
区号：0773
办公室……………… 5850986
梧州分公司
地址：梧州市西江四路白沙 1 号
邮编：543000
区号：0774
办公室……………… 2063770
传真………………… 2063770
玉林分公司
地址：玉林市教育中路 45 号
邮编：543000
区号：0774
办公室……………… 2063770
百色分公司
地址：百色市四塘镇太极加油站
邮编：533000
区号：0776
办公室……………… 2989023
传真………………… 2412258
河池分公司
地址：河池市玉峰路 22 号
邮编：547000
区号：0778
办公室……………… 2218089
北部湾分公司
地址：广西钦州市钦州港进港大道与金鼓大道交汇处
邮编：535008
区号：0777
办公室……………… 3880731
传真………… 0779－3886667

贵州分公司

地址：贵阳市中华南路 45 号华坤发展大厦 21 楼
邮编：550002
区号：0851
经理办公室………… 5868118
传真………………… 5867133
人力资源部………… 5861589
党群工作部………… 5868656
审计监察部………… 5865919
财务资产部………… 5865969
传真………………… 5811706
综合业务部………… 5867556
传真………………… 5868177
加油站管理部……… 5865456
传真………………… 5865669
投资计划管理部…… 5868174
传真………………… 5876508
质量安全技术部…… 5865516
信息技术部………… 5826508
工程项目部………… 5864477

贵州所属分公司

贵阳分公司
地址：贵阳市新华路 102 号富中商务大厦 13 楼
邮编：550002
区号：0851
办公室……………… 5505700
传真：……………… 5535868
遵义分公司
地址：遵义市香港路乌江远控大厦 11 楼
邮编：563000
区号：0852
办公室……………… 8603561
传真………………… 8603592
安顺分公司
地址：安顺市西航路 198 号（盐业公司）四楼
邮编：561000
区号：0853
办公室……………… 3456635
黔南分公司
地址：都匀市剑江中路金源大厦 A 座 15 楼
邮编：558000
区号：0854
办公室……………… 8810926
传真………………… 8234346
铜仁分公司
地址：都匀市剑江中路金源大厦 A 座 15 楼
邮编：558000
区号：0854
办公室……………… 8810926
传真………………… 8234346
毕节分公司
地址：贵州省毕节市砂石路 3 号长弘大厦 11 楼
邮编：551700
区号：0857
办公室……………… 8223329
传真………………… 8266803
六盘水分公司
地址：盘水市水西北路群鑫大厦 8 楼
邮编：553000
区号：0857
办公室……………… 8266581
黔西南分公司
地址：兴义市桔山新区富兴一街 15 号
邮编：562400
区号：0859
办公室……………… 3122745
传真………………… 3122607
新成公司
地址：
邮编：610081
区号：028
综合办公室 ……… 83134586
传真 ……………… 83134586
……………………… 83220367

云南区域公司

滇中公司
地址：昆明市科医路红塔大厦 B 座 5 楼
邮编：650106
区号：0871
综合办公室………… 8326956
传真………………… 8316496
财务资产部………… 8324107
传真………………… 8320227
人力资源部………… 8325537
传真………………… 8326319
业务部……………… 8320175
传真………………… 8327823
加油站管理部……… 8322097
传真………………… 8320851
安全环保部………… 8318516
传真………………… 8322655
网络开发办公室…… 8325653
非油品经营部
地址：昆明市东风东路延长线 229 号曙光加油站后院
邮编：650041
区号：0871
办公室……………… 8354696
滇东南公司
地址：红河州蒙自县文萃路鑫苑小区值班室
邮编：661100
区号：0873
综合办公室………… 3198201
传真………………… 3198201
人力资源部………… 3198207
财务资产部………… 3198206
加油站管理部……… 3198195
安全环保部………… 3198208
网络开发办公室…… 3198203
滇东北公司
地址：曲靖市麒麟区翠峰西路西苑小区安厦大厦十一楼
邮编：655000
区号：0874
综合办公室………… 3410747
人力资源部………… 3410717
财务资产部………… 3413601
传真………………… 3413602
加油站管理部……… 3412262
传真………………… 3412373
业务部……………… 3413607
安全环保部………… 3413610
网络开发办公室…… 3413373
滇南公司
地址：玉溪市红塔区南北大街 43 号汇溪大厦 17、18 楼
邮编：653100

区号：0877
综合办公室………… 2789530
人力资源部………… 2789582
财务资产部………… 2789562
加油站管理部……… 2789572
安全环保部………… 2789592
网络开发办公室…… 2789531
传真………………… 2789592

滇西公司

地址：大理下关开发区富海路77号
邮编：671000
区号：0872
传真………………… 3023507
综合办公室………… 2329009
传真………………… 2329019
人力资源部………… 2320334
传真………………… 2320373
财务资产部………… 2327128
加油站管理部……… 2320291
传真………………… 2320367
业务部……………… 2320361
传真………………… 2320363
安全环保部………… 2320381
网络开发办公室…… 2320313
传真………………… 2320317

大理州中青石化有限责任公司

地址：大理下关开发区富海路77号
邮编：671000
区号：0872
综合办公室：……… 2328408
传真………………… 2327308
财务部……………… 2328975
传真………………… 2322875
业务部……………… 3315618
传真………………… 2325646
安技部……………… 2326426

润滑油经营部

地址：昆明市东风东路延长线229号曙光加油站后院
邮编：650041
区号：0871
办公室……………… 3326088
传真………………… 3310193

8. 黑龙江销售公司

地址：黑龙江省哈尔滨市道里区高谊街58号　邮政编码：150018　公网区号：0451

值班电话 ………… 84612530　……………… 84654934　……………… 84619265　传真 ……………… 84610195
办公室 ………… 84613077

9. 吉林销售公司

地址：吉林省长春市普庆路111号　邮政编码：130061　公网区号：0431

总经理办公室
办公室 ………… 88509116

加油站管理处
办公室 ………… 88509212

审计监察处
办公室 ………… 88509355

清欠办公室
办公室 ………… 88509303

营销处
办公室 ………… 88509115

投资与建设管理处
办公室 ………… 88509172

党群工作处
办公室 ………… 88509128

综合管理服务中心
办公室 ………… 88509138

调运处
办公室 ………… 88509295

人事处
办公室 ………… 88509195

信息中心
办公室 ………… 88509186

记者站
办公室 ………… 88509205

财务资产处
办公室 ………… 88509151

内控管理处
办公室 ………… 88509188

综合管理办公室
办公室 ………… 88509236

培训中心
办公室 ………… 88509688

仓储安全环保处
办公室 ………… 88509166

10. 辽宁销售公司

地址：辽宁省沈阳市皇姑区昆山中路1号　邮政编码：110031　公网区号：024

值班电话 ………… 86268680　办公室 ………… 86256620　……………… 86221662　……………… 86268762
传真 ……………… 86221613

11. 大连销售公司

地址：辽宁省大连市中山区昆明街200号　邮政编码：116001　公网区号：0411

值班电话 ………… 82303475　传真 ……………… 82303569　办公室 ………… 82307139

12. 内蒙古销售公司

地址：内蒙古自治区呼和浩特市新城区成吉思汗大街东段　　邮政编码：010015　　区号：0471

经理办公室

主任……6490429
副主任……6490428
处员……6490426
……6588400
……6588428
……6490348
……6588414
……6589612
传真……6905319

党群工作处

处长……6490725
副处长、团委书记……
……6490170
团委副书记……6490548
处员……6589363
……6589387
……6589124
传真……6964735

营销处

处长……6587929
副处长……6490737
……6490178
处员……6490217
……6490278
……6490238
……6490262
……6490286
……6490318
……6490378
……6490190
……6490734
……6490159
……6490193
……6589375
传真……6964594

成品油调运运输处

处长……6490755
副处长……6588478
处员……6587748
……6587785
……6587812
……6587841
……6587805
传真……6902022

人事处

副处长……6490478
离退休管理服务中心主任
……6490448
处员……6588097
……6490418
……6588063
……6589044
……6589014
……6588227
……6588140
……6589075
传真……6951852

财务处

处长……6490148
副处长……6490559
……6490626
处员……6490636
……6490630
……6490051
……6589450
……6589457
……6589391
……6589532
……6589427
……6589459
……6589540
……6589531
……6589421
……6589462
……6589538
……6490047
……6589476
……6490054
传真……6965067

审计监察处

处长……6490675
副处长……6490730
副处级纪检员……6490732
副处级审计员……6589305
处员……6589348
……6589245
……6589353
……6955849
……6589548
……6589313
传真……6955849

仓储安全环保处

处长……6589683
副处长……6490579
处员……6490037
……6490034
……6490036
……6490027
……6490035
传真……6951850

加油站管理处

处长……6490438
副处长……6587910
处员……6490127
……6490079
……6490121
……6490130
……6490142
……6490064
传真……6904613

投资与计划管理处

处长……6490537
副处长……6490738
处员……6589563
……6589564
处员……6589601
……6589562
……6587629
……6587579
传真……6904624

企业管理处

处长……6490697
副处长……6490724
处员……6589163
……6589165
……6589157
……6589150
……589135
传真……6490463

行政服务中心

主任……6490771
处员……6588683
……6588864
……6588912
……6588601
……6588682
……6588286
司机……6588397
传真……6490463

重点项目办

处长……6490748
副处长……6588468

13. 陕西销售公司

地址：陕西省西安市西一路55号　　邮政编码：710004　　公网区号：029

值班电话……87451902
传真……87425267
总经理办公室……87455176
……87426834
……87452628
营销处……87420352
加油站管理处……87453072

14. 甘肃销售公司

地址：甘肃省兰州市甘南路702号　邮政编码：730030　公网区号：0931

经理办公室

主任…… 8448003
副主任…… 8448001
…… 8448686
高级主管…… 8448283
…… 8448055
…… 8448172
…… 8448005
主管…… 8448485
…… 8448160
主办…… 8448004

经营销售处

处长…… 8448093
副处长…… 8448091
…… 8448350
高级主管…… 8448560
…… 8448033
…… 8448337
主管…… 8448429
…… 8448216
…… 8448515
…… 8448426
…… 8448062
主办…… 8448758
…… 8448515
…… 8448064

财务资产处

处室领导
处长…… 8448491
副处长…… 8448115
…… 8448356
…… 8448373
预算科
高级主管、财务分析 8448063
预算管理…… 8448063
…… 8448276
资金科
高级主管、资金安全管理
…… 8448082
资金计划、账户管理 8448082
资金预算…… 8448051
出纳…… 8448051
往来管理…… 8448053
资金预算…… 8448053
传真…… 8448082
综合科
主管、综合管理…… 8448052
机关费用报销、机关资产管理
…… 8448052
财务稽查…… 8448276
系统管理、财务内控 8448270
综合管理…… 8448053
…… 8448057
会计科
总账管理…… 8448358
报表管理、费用核算、非油业务核算…… 8448358
资产科
高级主管、资产管理、投资核算、股权管理…… 8448270
结算科
高级主管、购销结算、税收管理、票据结算、存货核算、总账管理…… 8448054
传真…… 8448353
税价科
主管、税务管理…… 8448054

加油站管理处

副处长…… 8448065
…… 8448073
高级主管…… 8448020
…… 8448071
主管…… 8448026
…… 8448070
主办…… 8448074
…… 8448388
…… 8488072

资源调运处

处长…… 8448429
高级主管…… 8448337
主管…… 8448758
…… 8448515

仓储安全环保处

安全副总监…… 8448556
副处长…… 8448588
…… 8448079
主管…… 8448076
…… 8448335

投资管理处

处长…… 8448016
副处长…… 8448340
…… 8448522
高级主管…… 8448520
…… 8448075
…… 8448535
…… 8448493
主管…… 8448521
…… 8448526

工程管理处

处长…… 8448588
副处长…… 8448340
高级主管…… 8448493
主管…… 8448526

市场协调处

处长…… 8448015
副处长…… 8448287
高级主管…… 8448352
主办…… 8448224

企业法规处

处长…… 8448139
高级主管…… 8448092
主管…… 8448094
高级主管…… 8448568
…… 8448097
高级主管…… 8448569
主办…… 8448092

审计监察处

处长…… 8448038
副处长…… 8448387
…… 8448013
纪检检察员…… 8448081
高级主管…… 8448059
…… 8448263
科员…… 8448412
…… 8448492

人事处（组织部）

处长…… 8448006
副处长…… 8448010
…… 8448631
高级主管…… 8448100
…… 8448007
…… 8448011

综合管理办公室

经理助理…… 8448550
副主任…… 8448099
…… 8448394
书记…… 8448533
调研员…… 8448616
副主任…… 8448533
高级主管…… 8448617
…… 8448084
…… 8448617
主管…… 8448291
…… 8448153
主办…… 8448042

15. 宁夏销售公司

地址：宁夏回族自治区银川市凤凰南街149号　邮政编码：750001　公网区号：0951

总经理办公室

负责人…… 4108282
团委副书记…… 4108283
办公室…… 4104008
…… 4104008
…… 4110962
…… 4108209
…… 4118142
…… 4108202
…… 5012795
传真…… 4110961
车队…… 4108209

人事组织处

处长…… 4110334

副处长…………… 4110570
办公室…………… 4108281
传真…………… 4110570

零售配送处

处长…………… 4110408
宁炼办主任…………… 2060033
办公室…………… 4110544
…………… 4110418
…………… 4108211
…………… 4108129
…………… 4108265
…………… 4120618
…………… 4108271
…………… 4110242
…………… 4111230
…………… 4110342
…………… 4111235
…………… 2056133
…………… 2060253
…………… 2060033

传真…………… 4110532

非油品管理处

副处长…………… 4114600
…………… 4107713
传真…………… 4114600
…………… 4107130

财务资产处

处长…………… 4108100
副处长…………… 4108291
办公室…………… 4108192
…………… 4110754
…………… 4108193
…………… 4108197
…………… 4108195
…………… 4105214
…………… 4108192
传真…………… 4107261
…………… 4108192

安全质量环保监察处

处长…………… 4110482
副处长…………… 4110336
办公室…………… 4101934
…………… 4108203
传真…………… 4108203

投资建设管理处

负责人…………… 4111807
办公室…………… 4110433
…………… 4110173
…………… 4110433
传真…………… 4110433

信息管理处

处长…………… 4108260
传真…………… 4111823

党群工作处（工会）

处长、机关党委书记 4111783
工会副主席、副处长 4108210
副处长…………… 4110963
办公室…………… 4108159
传真…………… 4108293

纪检审计法规处

处长…………… 4108276
办公室…………… 4110337
传真…………… 4106957

离退休人员管理处

处长…………… 4108113
办公室…………… 4108521
传真…………… 4108371

联络办公室

主任…………… 4111783
副主任…………… 4108219
传真…………… 4108219

16. 青海销售公司

地址：青海省西宁市成北区柴达木路126号　　邮政编码：810017　　公网区号：0971

总经理办公室

主任…………… 5223780
副主任…………… 5225136
办公室…………… 5223785
…………… 5221625
接待科科长…………… 5223785
办公室…………… 5225136

党群工作处

处长…………… 5221631
副处长…………… 5221631
办公室…………… 5223827

财务资产处

副处长…………… 5223967
办公室…………… 5223975
…………… 5223915
…………… 5223995
…………… 5223970
…………… 5223995
…………… 5225011

核算中心

副处长…………… 5223975
办公室…………… 5229715
…………… 5229710
…………… 5229711

…………… 5229705
…………… 5223970
…………… 5223992
…………… 5225011

营销调运处

总经理助理…………… 5223865
副处长…………… 5223812
办公室…………… 5223823
…………… 5223822

调度指挥中心

调度中心主任…………… 5223812
兰州办事处主任…… 7361369
办公室…………… 5229701

仓储安全环保处

处长…………… 5223857
副处长…………… 5223857
办公室…………… 5223853
…………… 5225103

人事处（组织部）

党委委员、人事处（组织部）
处长…………… 5223936
人事（组织）处副处长、企业管理处副处长…………… 5223982
人事处副处长、职业技能鉴定
站站长…………… 5225809
办公室…………… 5223986
…………… 5223717

投资规划处

处长…………… 5223762
副处长…………… 5221871
办公室…………… 5223767

工程管理处

总经理助理、工程管理处处长
…………… 5223960
工程管理中心党委书记……
…………… 5220671
副处长…………… 5225013
办公室…………… 5222395

审计监察处

处长…………… 5223937
副处长…………… 5223053
办公室…………… 5223938

矿区事业部

副总经济师…………… 5220671
副处长…………… 5223873
…………… 5223977
办公室…………… 5223873

企业管理处

副处长…………… 5224635
处长助理…………… 5223770
办公室…………… 5223775

信息管理中心

处长…………… 5221675
副处长…………… 5222012
办公室…………… 5223829
…………… 5223830

加油站管理处

处长…………… 5223753
副处长…………… 5223753
处长助理…………… 5223753
办公室…………… 5223750
…………… 5222393

综合处

主任…………… 5225069
副主任…………… 5225069
科长…………… 5221086
办公室…………… 6300141
…………… 6302329

物业管理服务中心

经理…………… 5223971

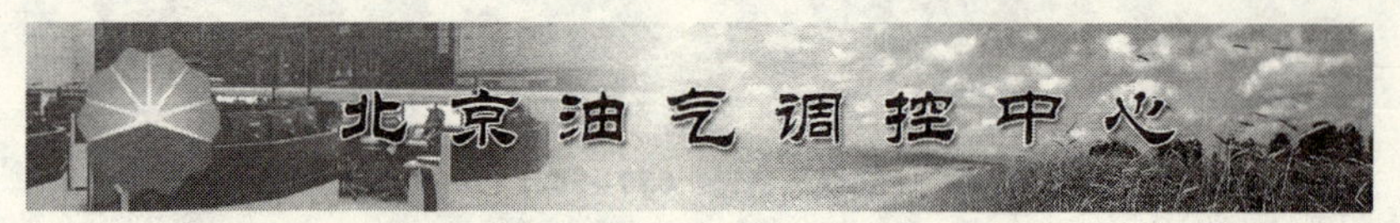

书记…………………… 5225091
副经理………………… 5220358
……………………… 5220265
综合科科长………… 5225093
水电科科长………… 5225090
食堂管理科科长…… 5223972
综合科副科长……… 5220795
水电科副科长……… 5223972
小车班副科长……… 5223803
办公室……………… 5220795
……………………… 5225093
……………………… 5223972
……………………… 5225090

17. 新疆销售公司

地址：新疆维吾尔自治区乌鲁木齐市民主路8号　　邮政编码：830002　　公网区号：0991

总经理办公室

副主任………………… 2352988
……………………… 2352891
……………………… 2817144

综合科

科长………………… 2352602
办公室……………… 2323735
……………………… 2352601
传真………………… 2810591

文秘科

科长………………… 2352975
办公室……………… 2352613
……………………… 2352609
……………………… 2352611

档案室

办公室……………… 2352615
……………………… 2352610
……………………… 2352682
……………………… 2352625

驻京联络办

办公室……… 010－65157048
……………… 010－65157048
……………… 010－65158863

营销处

处长………………… 2352665
……………………… 2834448
副处长……………… 2352650
……………………… 2823455
……………………… 2352661
……………………… 2822164

统计科

科长………………… 2352653
办公室……………… 2352651
……………………… 2352657

营销科

副科长……………… 2352655
办公室……………… 2352663
……………………… 2834411
……………………… 2352750
……………………… 2352638
……………………… 2326533

综合科

科长………………… 2352664
办公室……………… 2352916
……………………… 2352656
……………………… 2810378
……………………… 2352654

调度运输处

办公室……………… 2352996
……………………… 2352660
……………………… 2352965
……………………… 2352662
……………………… 2352769
……………………… 2352650
……………………… 2352995
……………………… 2352771
……………………… 2352795

质量安全环保处

处长………………… 2352678
……………………… 2303634
副处长……………… 2352676
……………………… 2352679

安全环保科

科长………………… 2352680
办公室……………… 2352670
……………………… 2352993
……………………… 2352707
……………………… 2352993

综合科

科长………………… 2352681
办公室……………… 2352671
……………………… 2352673
……………………… 2304541

财务处

处室领导

处长………………… 2352801
副处长……………… 2352803
……………………… 2352802

预算科

科长………………… 2352819
办公室……………… 2352928
……………………… 2352920

会计资产科

科长………………… 2352818
副科长……………… 2352811
会计资产科………… 2352805
……………………… 2352826
……………………… 2352840

资金科

科长………………… 2352810
资金科……………… 2352825
……………………… 2352809
……………………… 2810600

内控综合科

科长………………… 2352835
副科长……………… 2352830
内控综合科………… 2352841
……………………… 2352821
……………………… 2352839
……………………… 2352812
……………………… 2352830

结算中心

副主任……………… 2352816
结算中心…………… 2352842
……………………… 2352808
……………………… 2352822
……………………… 2352806
……………………… 2352817
……………………… 2352815
……………………… 2352823
……………………… 2352832
……………………… 2352827
……………………… 2352807

人事处

处长………………… 2352618
传真………………… 2352668
副处长……………… 2352859
办公室……………… 2352620
技能鉴定站副站长… 2352853

劳动组织科

科长………………… 2352710
统计报表…………… 2352858
人事系统、劳动合同管理
……………………… 2352708

干部科

科长………………… 2352857
技术职称、干部人事档案、文件管理……… 2352829

工资科

科长………………… 2352856
业绩考核管理……… 2333735

人事服务中心

科长………………… 2352765
传真………………… 2352765
人才交流、技能鉴定管理
……………………… 2352855
社会保险管理……… 2352765
补充保险财务管理… 2352765

企业管理处

处长………………… 2352960
副处长……………… 2352800
……………………… 2352876

法律事务科

科长………………… 2352967
办公室……………… 2352758
……………………… 2352843

综合科

科长………………… 2352962
办公室……………… 2352607
……………………… 2352963
……………………… 2812800

清欠办公室

主任………………… 2352800
副主任……………… 2352876
办公室……………… 2352877
……………………… 2352878

党群工作处

负责人……………… 2352891
副处长……………… 2352899
宣传科科长………… 2352892
企业文化管理……… 2352890
记者站管理………… 2352612
综合科科长………… 2352845
团青管理…………… 2352886
综合管理…………… 2352881
工会办副科长……… 2300144
扶贫事务…………… 2352885
工会综合事务……… 2352617

审计监察处

处长………………… 2840599
……………………… 2362090

副处长……………… 2352628

纪检监察科

科长……………… 2352636
办公室……………… 2352632
……………………… 2352630

工程审计科

科长……………… 2352633
办公室……………… 2352635

综合审计科

科长……………… 2352630
办公室……………… 2352637
……………………… 2352767
……………………… 2352772
……………………… 2352991
……………………… 2301408
……………………… 2352980

直属单位
行政事务部

经理……………… 2352616
副经理……………… 2352777
……………………… 2352918

综合业务科

科长……………… 2352608
副科长……………… 2352659
办公室……………… 2352905
……………………… 2352938
……………………… 2352761
……………………… 2352757
……………………… 2352762
……………………… 2352909
……………………… 2352760

接待科

科长……………… 2352908
副科长……………… 2352911
办公室……………… 2352912
……………………… 6867328
……………………… 6884204
……………………… 2352605
……………………… 2333785

房产科

副科长……………… 2352910
办公室……………… 2352901
……………………… 2352903
……………………… 2352939

物资供应科

科长……………… 2352685
办公室……………… 2352626

小车队

副队长……………… 2352990
调度……………… 2352900

后勤服务

维修班……………… 2352700
勤杂班……………… 2352702
医务室……………… 2352863

工程管理部

地址：乌鲁木齐新民路 13 号北门医药大厦 8 楼

副经理……………… 2643836
办公室……………… 2647536
……………………… 2652906

工程科

科长……………… 2690038
科员……………… 2694689
……………………… 2644921
……………………… 2647686
传真……………… 2647686

直属企业
乌鲁木齐销售公司

经理办公室

主任……………… 3692906
副主任……………… 3692908
办公室……………… 3692114

后勤服务中心

办公室……………… 3692114

财务科

科长……………… 3676858
副科长……………… 3676858

信息管理中心

办公室……………… 3850129

党群工作科

科长……………… 3852672
党群科……………… 3852672

审计监察科

科长……………… 3692204

人事科

科长……………… 3692124
副科长……………… 3829693
人事科……………… 3667292
……………………… 3692224

加油站管理科

科长……………… 3668831
加管科……………… 3852895

规划建设科

副科长……………… 3667292

质量安全环保科

科长……………… 3668831
副科长……………… 3853952

综合管理科

科长……………… 3692204

计量中心

副科长……………… 3819011

营销科

科长……………… 3692194
副科长……………… 3692141
营销科……………… 3692184
……………………… 3692142
……………………… 3694437

成品油外送部

副主任……………… 4660304

润滑油经营部

副主任……………… 3853831

非油品营运部

主任……………… 8860409

独山子销售公司

地址：独山子长岭路 28 号
区号：0992

经理、党委书记…… 3682403
副经理……………… 3691050
……………………… 3689091
……………………… 3682593
……………………… 3682199
主任……………… 3682446
副主任……………… 3656696
营销科科长……………… 3682401
配送大厅主任……… 3691013

质量安全环保科

科长……………… 3682582
副科长……………… 3689206
加油站管理科科长 … 3682591
计量中心主任……… 3691525
财务科科长……… 3682412
人事科科长……… 3682379
党群科科长……… 3682374
审计监察科科长…… 3686577
团委书记……… 3686577

油库

主任……………… 3691088
支部书记……………… 3691053
副主任……………… 3691053
……………………… 3691051
后勤服务中心主任… 3682430
信息中心主任……… 3652215
独山子兴达加油站经理
……………………… 3692246
独山子城南加油站经理
……………………… 3685339
独山子东九公里加油站经理
……………………… 3692100
独山子西九公里加油站经理
……………………… 3691314
独山子韶山路加油站经理
……………………… 3862363
奎屯玛纳斯路加油站经理
……………………… 3211316
奎屯市区加油站经理 3289916
奎屯西区加油站经理 3223199
奎屯黑油渠加油站经理
……………………… 3284467
奎屯加油站经理…… 3231024
独山子加油站经理… 3682055
奎屯东区加油站经理 3298128
独山子奎库加油站经理
……………… 3691056－8034
奎屯开发区加油站经理
……………………… 3319931
奎屯五五新镇加油站经理
……………………… 3990606
乌苏油库加油站经理 8512538
乌苏古尔图加油站经理
……………………… 8882655
乌苏城东加油站经理 8532591
乌苏城南加油站经理 8526643
乌苏夹河子加油站经理
……………………… 8811006
乌苏友好路加油站经理
……………………… 8511677
乌苏哈图布呼加油站经理
……………………… 5933576
乌苏四棵树加油站经理
……………………… 8981705
乌苏西大沟加油站经理
……………………… 8852516
乌苏车排子、头台加油站经理
……………………… 8992001

塔城销售公司

公司机关

经理、党委书记…… 6224064
副经理……………… 6233204
……………………… 6223969
主任……………… 6233134
副主任……………… 6221311
经理办……………… 6221311
传真……………… 6223549

营销科

科长……………… 6221172
营销科……………… 6222042
营销科……………… 6222363

质量安全环保科

副科长……………… 6230096
……………………… 6233083
传真……………… 6222362

加油站管理科

科长……………… 6230056
副科长……………… 6226338
加油站管理科……… 6222043
……………………… 6226338

财务科

科长……………… 6222938
副科长……………… 6225314
财务科……………… 6233132
……………………… 6222545

………………………… 6233132
………………………… 6221405
………………………… 6222545

人事科

科长………………………… 6222986
人事科……………………… 6233081
………………………… 6233063

综合管理科

科长………………………… 6233515
综合管理科………………… 6230388
………………………… 6269979

后勤服务中心

主任………………………… 6231139
后勤服务中心……………… 6231139
司炉工……………………… 6269979
………………………… 6231219
润滑油经营部主任 … 6231306
统计………………………… 6226339

额敏销售片区

区域代表…………………… 3343918
城区加油站经理…… 3342256
方城加油站经理…… 3346868
东海加油站经理…… 3361353
宏达加油站经理…… 3307350
种羊场加油站经理… 3844488
杰勒阿尕什加油站经理
………………………… 3999527
玉什哈拉苏加油站经理
………………………… 3977989
上户乡加油站经理… 3911799
三鑫加油站经理…… 3900689
富兴加油站经理…… 6851322
甘泉加油站经理…… 3353138

拖里销售片区

区域代表…………………… 3685399
城曦（镇中）加油站经理
………………………… 3685389
铁厂沟镇东加油站经理
………………………… 3812538
库普乡加油站负责人 3733266
庙尔沟加油站经理… 3711108

裕民经营部

区域代表…………………… 6523315
城东（万通）加油站经理
………………………… 6522536
副经理……………………… 6526677
吉也克加油站经理… 6766007
阿勒腾也木勒加油站经理
………………………… 6859457

和丰经营部

区域代表…………………… 6712855
副代表……………………… 6710017
县城加油站站经理… 6710535
乌图布拉克加油站经理
………………………… 6746035
和什镇加油站经理… 6720085
夏孜盖加油站经理… 6736838

边成片区

光明路加油站经理… 6220594
五公里加油站经理… 6295159
红桥加油站经理…… 6236377
32 公里加油站经理… 6992110
21 公里加油站经理… 6961621
阿不都拉乡加油站经理
………………………… 6971468
阿西尔乡加油站经理 6911400

润滑油销售公司

地址：乌鲁木齐市新民路 245 号
五洲大厦二楼
邮编：830092

经理………………………… 8843716
副经理……………………… 8843702
办公室……………………… 8843703
………………………… 8843704

经理办公室

主任………………………… 8843706
薪酬管理…………………… 8843708
合同管理…………………… 8843706

营销科

科长………………………… 8843719
副科长……………………… 8843717
统计结算…………………… 8843715
营销岗……………………… 8843705
………………………… 8843715

财务科

科长………………………… 8843710
会计结算…………………… 8843711

综合管理科

科长………………………… 8843707
自备车辆管理……………… 8843708
综合事务岗………………… 8843708

配送中心

主任………………………… 8843712
副主任……………………… 8843713
资源调拨…………………… 8843712
传真………………………… 8843713
一楼值班室………………… 8843720

18. 西藏销售公司

地址：西藏自治区拉萨市北京中路 71 号　　邮政编码：850001　　公网区号：0891

总经理办公室

主任………………………… 6718137
副主任……………………… 6718276
总经理秘书………………… 6718272
文秘………………………… 6718292
档案管理员………………… 6718145
文秘………………………… 6718292
………………………… 6718274
………………………… 6718271

后勤服务中心

主任………………………… 6718295
副主任……………………… 6718239
科员………………………… 6718299
采购………………………… 6718274
科员………………………… 6718247
司机………………………… 6718239

营销处

处长………………………… 6718180
副处长……………………… 6718168
科员………………………… 6718176
统计岗……………………… 6718177

零售管理处

处长………………………… 6718179
稽查员……………………… 6718174
统计员……………………… 6718174
营销员……………………… 6718174

投资与建设管理处

处长………………………… 6718160
副处长……………………… 6718171
科员………………………… 6718161
………………………… 6718151
………………………… 6718159
………………………… 6718158
………………………… 6718160

质量安全环保处

处长………………………… 6718173
副处长……………………… 6718170
科员………………………… 6718165

财务处

处长………………………… 6718122
副处长……………………… 6718126

会计科

科长………………………… 6718118
核算………………………… 6718115
………………………… 6718102
………………………… 6718104

资产预算科

科长………………………… 6718109
预算管理…………………… 6718111
基建管理…………………… 6718108
资产管理…………………… 6718107

资金结算科

存货管理…………………… 6718126
资金管理…………………… 6718125

综合税价科

科长………………………… 6718110
综合管理…………………… 6718103
税收管理…………………… 6718116

人事处

处长………………………… 6718136
副处长……………………… 6718135
干部培训…………………… 6718139
科员………………………… 6718140
………………………… 6718132
离退休保险………………… 6718132
工资管理…………………… 6718132

企业管理与法律事务处

处长………………………… 6718127
副处长……………………… 6718128
风险评估…………………… 6718129
………………………… 6718128
法律事务岗………………… 6718130

纪检审计监察处

处长………………………… 6718130
副处长……………………… 6718159
审计………………………… 6718151
………………………… 6718154
………………………… 6718153
监察岗……………………… 6718151

党群工作处

处长………………………… 6718141
副处长……………………… 6718133
科员………………………… 6718277
………………………… 6718142

信息管理办公室

主任…………………… 6718199
网络管理……………… 6718199

调度中心

主任…………………… 6718180
日常业务负责……… 6718306
拉萨调度管理……… 6718306
七二五调度管理…… 6718306
日喀则调度管理…… 6718222
林芝调度管理……… 6718222
那曲调度管理……… 6718307
山南、阿里调度管理
…………………… 6718308
润滑油调度管理…… 6718308
成都、昌都调度管理
…………………… 6718151
格尔木调度管理…… 6718151

19. 四川销售公司

地址：四川省成都市西顺城街206号　邮政编码：610015　公网区号：028

机关处室

营销管理处

处长 …………… 86520315
副处长 …………… 86520270
…………………… 86521423
助理调研员 ……… 86520023
处员 …………… 86520041
…………………… 86520029
…………………… 86520039
…………………… 86520403

调度运输处

处长 …………… 86520020
副处长 …………… 86520053
…………………… 86520040
处员 …………… 86520050
…………………… 86520043
…………………… 86520052
…………………… 86520051
…………………… 86520050

规划计划处

处长 …………… 86520546
副处长 …………… 86520151
处员 …………… 86521433
…………………… 86520406
…………………… 86521505
…………………… 86520151

财务资产处

处长 …………… 86520012
副处长 …………… 86521681
…………………… 86521313
…………………… 86520047
处员 …………… 86520003
…………………… 86520542
…………………… 86520072
…………………… 86521442
…………………… 86521693
…………………… 86520280
…………………… 86520010
…………………… 86520071
…………………… 86520005

人事处

处长 …………… 86521106
副处长 …………… 86520046
…………………… 86520273
培训中心主任 …… 86521668
处员 …………… 86520036
…………………… 86520137
…………………… 86520664
…………………… 86520265

仓储安全环保处

处长 …………… 86520536
正处级调研员 …… 86520780
副处长 …………… 86520683
…………………… 86520780
技术检测中心主任 86520032
处员 …………… 86520031
…………………… 86520021

加油站管理处

处长 …………… 86520267
副处长 …………… 86520537
处员 …………… 86520035
…………………… 86520027
…………………… 86521185

工程建设处

处长 …………… 86520919
副处长 …………… 86520598
成都项目部经理 … 86520117
处员 …………… 86521550
…………………… 86520592

物资采购处

处长 …………… 86520317
处员 …………… 86520590
…………………… 86520327

信息管理处

处长 …………… 86521035
副处长 …………… 86520539
处员 …………… 86521518
…………………… 86521049

内控与审计处

处长 …………… 86520007
副处长 …………… 86521676
…………………… 86521568
…………………… 86520921
…………………… 86520650
…………………… 86520147

法律与股权管理处

处长 …………… 86520015
副处长 …………… 86520792
处员 …………… 86521044

党群工作处

处长 …………… 86520276
副处长 …………… 86520802
…………………… 86520271
正处级调研员 …… 86521415
…………………… 86520016
处员 …………… 86520782
…………………… 86521315

监察处

处长 …………… 86521677
处员 …………… 86520025
…………………… 86520279

综合管理办公室

主任 …………… 86520920
副主任 …………… 86521173
正处级调研员 …… 86520797
…………………… 86520034
处员 …………… 86521675
…………………… 86520146

后勤管理处

处长 …………… 86521175
副处级助理调研员 86520930
处员 …………… 86520136
…………………… 86520154
…………………… 86520922
…………………… 86521506
…………………… 86521691
…………………… 86520037

后勤管理处

处长 …………… 86521175
副处长…………… 8651189
…………………… 86520930
处员 …………… 86520136
…………………… 86520154
…………………… 86520922
…………………… 86521506
…………………… 86521691
…………………… 86520037

二级单位

成都公司

公网区号：028
总经理 …………… 87322779
党委书记 ………… 87369596
…………………… 87325535
总会计师 ………… 87334928
副总经理 ………… 87368185
…………………… 87326013
…………………… 87365682
安全副总监 ……… 87326017
总经理助理 ……… 87365180
成都片区经理 …… 85122403
办公室主任 ……… 87335670
文书档案管理 …… 87349058
…………………… 87322516
文秘 …………… 87317931
销售中心主任 …… 87345868
加油站管理科科长 87366301
安全环保质量科科长 87340459

财务科科长 ……… 87347848
人事科科长 ……… 87349058
人事科培训中心主任87322270
党委办主任 ……… 87361961
审计监察科科长 … 87365095
润滑油公司经理…… 8311816
网点办主任 ……… 87341919
新都片区经理 …… 83973013
双流片区经理 …… 85898237
邛崃片区经理 …… 88749777
青白江片区经理 … 83693021
温江片区经理 …… 82765103
金堂片区经理 …… 84982375
崇洲片区经理 …… 82279938
郫县片区经理 …… 87862321
大邑片区经理 …… 88202998
龙泉片区经理 …… 84877005
蒲江片区经理 …… 88550889
新津片区经理 …… 82551518
华阳片区经理 …… 85766423
双流油库主任 …… 85866650

川南公司

公网区号：028
总经理、党委副书记 2207125
党委书记、纪委书记、工会主席 ……………… 2404086
副总经理…………… 2207133
安全总监…………… 2302887
副总经理…………… 2405580
………………………… 2402219
副总会计师………… 2404546
总经办
主任……………………… 2404586
副主任、信息中心主任 ……
……………………… 2408694
非生产车辆管理副主任 ……
……………………… 2406944
文档管理…………… 2402065
………………………… 2207140
法律事务…………… 2402066
人事科科长………… 2201631
财务科负责人……… 2202331
安全环保质量科科长 2210450
销售中心主任……… 2207262
加油站管理科科长… 2210427
党委办主任………… 2404384
零售网络建设办副主任
………………………… 2204161
润油部经理………… 2207903
审计监察科科长…… 2402709
后勤服务中心主任… 2402389
舒平油库主任……… 3600259
史家油库主任……… 2511012
自贡片区经理……… 8120701
内江片区经理……… 2031812
资中片区经理……… 5605948
富顺片区经理……… 7217716
荣县片区经理……… 6200319
威远片区经理……… 8210151

攀枝花公司

公网区号：0812
总经理、党委副书记 2515541
党委书记、纪委书记、工会主席 ……………… 2514264
副总经理、安全总监 ………
…………………… 2515512
总会计师…………… 2511586
副总经理…………… 2513219
总经办主任………… 2512896
副主任……………… 2515513
法律合同…………… 2514029
文秘………………… 2514029
财务科科长………… 2514935
人事科科长………… 2515273
加油站管理科副科长 2515229
安全环保质量科科长 2515561
审计监察科科长…… 2513894
党委办主任………… 2512304
销售中心副主任…… 2515247
网建办主任………… 2515237
离退休办主任……… 2510730
金江油库主任……… 6600403
江南片区经理……… 2511239
仁和片区经理……… 2905353
江北片区经理……… 6620130
盐边片区经理……… 6622515
西城片区经理……… 5550901
丽江片区经理……… 6125178
米易片区经理……… 8172359

泸州公司

公网区号：0830
总经理、党委书记… 3177726
总会计师…………… 3178300
副总经理、安全总监 3177739
副总经理…………… 3178729
党委副书记、纪委书记、工会主席……………… 3179198
副总经理…………… 3178236
………………………… 3178195
总经理助理………… 3178136
总经办主任………… 3178256
副主任……………… 3178256
文档管理…………… 3178256
信息………………… 3178079
法律事务…………… 3178256
人事科副科长……… 3178373
团委副书记………… 3178373
网建办主任………… 3177056
安全环保质量科科长 3177034
财务科科长………… 3179171
副科长……………… 3179081
党委办主任………… 3178076
工会副主席………… 3178076
审计监察科副科长… 3177812
销售中心副主任…… 3178136
………………………… 3178321
加管科科长………… 3178608
副科长……………… 3178608
隆昌油库主任……… 3944431
副主任……………… 3942563
………………………… 3945600
安宁油库主任……… 2663611
副主任……………… 6305086
江北片区经理……… 2507922
江南片区经理……… 3194258
国道片区经理……… 4399095
合江片区经理……… 5222138
古叙片区经理……… 6246246
隆昌片区经理……… 3954270

德阳公司

公网区号：0838
总经理、党委副书记 2223339
党委书记、纪委书记、工会主席 ……………… 2220616
副总经理、安全总监 2304434
副总经理…………… 2201431
总会计师…………… 2202077
总经理办主任……… 2203114
总经理办公室副主任、档案管理 ……………… 2203660
总经办文秘………… 2223773
………………………… 2203114
法律事务…………… 2203660
科员………………… 2223773
销售中心主任……… 2202668
党委办主任………… 2201303
安全质量环保科科长 2224973
网点建设办主任…… 2304446
加油站管理科科长… 2224971
财务科科长………… 2304472
信息中心主任……… 2226625
后勤服务中心主任… 2222208
人事科科长………… 2304473
审计监察科审计员… 2202166
宝峰油库主任……… 2870909
旌阳片区经理……… 2826916
广汉片区经理……… 5302109
绵竹片区经理……… 6191660
什邡片区经理……… 8202813
罗江片区经理……… 3205216
中江片区支部书记… 7209960

绵阳公司

公网区号：0816
总经理、党委副书记 2317056
党委书记、副总经理 2336816
党委副书记、工会主席、纪委书记…………………… 2337124
总会计师…………… 2319208
副总经理…………… 2304263
………………………… 2323798
总经办主任………… 2332800
副科级信息中心主任 2332857
副主任……………… 2332800
法律合同…………… 2332800
文书………………… 2332800
信息中心网络管理… 2332857
销售中心主任、副主任
………………………… 2332879
加油站管理科科长… 2334192
安全环保质量科科长 2335198
财务科科长………… 2336583
副科长……………… 2332325
………………………… 2332325
人事科科长………… 2532678
副科长……………… 2323798
培训中心主任、正科级离退休党支部书记………… 2347776
党委办主任………… 2336801
审计监察科副科长、机关党支部书记…………… 2319213
网点建设办主任…… 2337015
副主任……………… 3230017
绵阳片区
经理、党支部副书记 2332678
党支部书记、副经理 2539135
副经理……………… 2539135
梓潼片区
副经理、党支部副书记
………………………… 2382585
江油片区
经理、党支部书记… 3230027
副经理……………… 3221173
党支部副书记……… 3225714
三台片区
经理、党支部书记… 5237608
副经理、党支部副书记
………………………… 5230411
安北片区
副经理、党支部副书记
………………………… 4222909
副经理……………… 4223368

平武片区经理、党支部副书记 ……………………… 8827275
副经理、党支部副书记 ……………………… 8827645
盐亭片区
经理、党支部副书记 7222871
经理、党支部书记… 7222649
董家沟油库
主任、党支部副书记 2312154
党支部书记………… 2334192
副主任……………… 2332258
蓝天销售中心……… 2333598
经理
党支部书记………… 2332155
副经理……………… 2331680
……………………… 2330248
……………………… 2332155

广元公司

公网区号：0839
总经理……………… 3263167
党委书记、纪委书记、工会主席 ……………… 3263991
副总经理…………… 3262135
……………………… 3261307
总会计师…………… 3265371
总经理助理，总经理办公室主任 ……………… 3261797
副主任……………… 3261170
……………………… 3264915
档案管理…………… 3264915
综合管理…………… 3264915
合同管理…………… 3264915
文书………………… 3264915
信息………………… 3263495
人事科科长………… 3261081
党委办主任………… 3265415
审计科主任………… 3262721
仓安科主任………… 3262196
财资科主任………… 3262342
销售中心主任……… 3263114
加油站管理科主任… 3260708
网建办主任………… 3265304
物业管理公司经理… 3269901
直属片区经理……… 3268583
利州片区经理……… 3264149
剑阁片区经理……… 6620103
苍溪片区经理……… 5261644
旺苍片区经理……… 4202732
青川片区经理……… 7206869

遂宁公司

公网区号：0825
总经理、党委书记… 2621324
副总经理、安全总监 2620592
党委副书记、纪委书记、工会主席……………… 2621060
总会计师…………… 2621323
总经办主任………… 2621286
副主任……………… 2621278
收文与文印………… 2621278
文秘督办…………… 2621286
后勤管理…………… 2621278
主任助理…………… 2621286
人事科科长………… 2621427
财务科科长………… 2621325
网建办主任………… 2621389
工会副主席、机关支部书记 ……………………… 2621329
党委办主任………… 2621329
信息中心主任……… 2621383
审计科副科长……… 2621490
仓储安全环保科科长 2621443
销售中心经理……… 2625937
润滑油经营部经理… 2621012
加油站管理科科长… 2620697
田家沟油库主任…… 2330216
蓬溪片区经理……… 5435739
大英片区经理……… 7860288

乐山公司

公网区号：0825
总经理、党委副书记 2440075
副总经理、安全总监 2445501
总会计师…………… 2445503
副总经理…………… 2445500
党委副书记………… 2445599
总经办主任………… 2434360
信息中心主任……… 2432585
总经办法律事务…… 2434360
人事科科长………… 2438053
……………………… 2447303
副科长……………… 2447303
财务科科长………… 2434193
副科长……………… 2436683
……………………… 2426216
安全环保科副科长… 2438052
……………………… 2432561
销售中心副主任…… 2434846
……………………… 2432530
加管科科长………… 2448303
副科长……………… 2438220
党办副主任………… 2445509
机关工会副主席…… 2445509
网建办主任………… 2445600
审计监察科科长…… 2411255
后勤服务部主任…… 2432544
车队队长…………… 2425530
非油部经理………… 2423305
7102 油库主任 …… 5851298
7102 油库党支部书记 5851092
7102 油库副主任 … 5851296
市中区片区经理、党支部书记 ……………………… 2450615
市中区片区副经理… 2450311
市中区片区党支部副书记 ……………………… 2450601
犍为片区
经理………………… 4236198
党支部书记………… 4261555
峨眉片区
经理………………… 5539271
副经理……………… 5522509
……………………… 5830988
……………………… 4261900
井研片区
副经理……………… 3715808
党支部书记………… 3715808
五通片区
经理………………… 3180858
副经理……………… 3180806
夹江片区
经理、党支部书记… 5830988
副经理……………… 5830988
……………………… 3719895
沙湾片区
经理、党支部书记… 3682981
副经理……………… 3682036

南充公司

公网区号：0817
总经理、党委书记… 2805599
党委副书记、纪委书记、工会主席……………… 2806559
副总经理…………… 2338181
……………………… 2806857
总会计师…………… 2810428
总经办主任………… 2805810
副主任……………… 2805753
……………………… 2811357
文秘………………… 2805753
文书档案管理、内勤事务、采购外勤…………… 2805831
信息………………… 2811357
财会科科长………… 2805976
销售中心主任……… 2806779
人事科科长………… 2333365
审计监察科科长…… 2805635
仓储安全环保科科长 2806656
加油站管理科科长… 2800632
网点建设办主任…… 2812232
党委办主任………… 2806778
润油公司经理……… 2807264
南充片区经理……… 2808814

宜宾公司

公网区号：0831
总经理、党委副书记 2331088
党委书记、纪委书记、工会主席……………… 2330058
副总经理、安全总监 2333303
总会计师…………… 2332443
副总经理…………… 2322230
……………………… 2333307
总经理助理………… 2327009
总经理办公室主任、团委书记 ……………………… 2332687
副主任……………… 2332687
文书档案管理……… 2332405
后勤办主任………… 2328775
信息网络办主任…… 2335863
小车队队长………… 2328902
人事科科长………… 2332409
党委办主任………… 2327920
财务科副科长……… 2316170
审计监察科科长…… 2323207
安全环保质量科科长 2332412
网建办主任………… 2327921
内控办主任………… 2322592
加油站管理科副科长 2331308
……………………… 2332807
销售中心经理……… 2333304
润滑油经营部经理… 2332403
吊黄楼油库主任…… 3700578
翠屏片区经理……… 2100451
宜宾县片区副经理… 6256779
高速路片区书记、副经理 ……………………… 8101010
长宁片区经理……… 4629097
珙县片区经理……… 4314793
高筠片区经理……… 5421110
江南片区经理……… 3332178

广安公司

公网区号：0826
总经理、党委副书记 2335229
党委书记、纪委书记、工会主席……………… 2335316
副总经理、安全总监 2334317
副总经理…………… 2333798
……………………… 2334201
总会计师…………… 2335306
总经办主任………… 2360882
文秘………………… 2360882
信息岗……………… 2360882
档案文印、法律事务 2335305

党委办副主任……… 2335329
人事科科长………… 2334304
审计监察科科长…… 2399336
财务资产科副科长… 2335303
销售中心主任……… 2334852
加油站管理科副科长 2346453
储运安全科副科长… 2334307
网建办主任………… 2342506
后勤服务中心主任… 2332187
前锋油库主任……… 2812316
润油公司副经理…… 2221580
广安片区经理……… 2612766
武胜片区副经理…… 6211349
岳池片区经理……… 5222721
邻水片区经理……… 3222682

达州公司

公网区号：0818
总经理、党委副书记 2123023
党委书记、纪委书记、工会主席 ……………… 2107090
副总经理…………… 2123596
副总经理、安全总监 2124938
总会计师…………… 2146868
总经理助理、总经办主任 ……………………… 2122040
副主任……………… 2126494
……………………… 2122224
法律事务…………… 2125724
信息办主任………… 2125724
文秘档案…………… 2125724
文书岗……………… 2125724
后勤事务…………… 2122224
人事科科长………… 2123260
财务科科长………… 2104424
安全环保质量科科长 2122125
销售中心主任……… 2149471
加油站管理科科长… 2147615
党委办主任………… 2123586
网建办主任………… 2149248
审计监察科科长…… 2128911
非油品经营部经理… 2123693
7101 油库主任 …… 2520324
达开片区经理……… 2371108
渠县片区经理……… 7200910
宣汉片区经理……… 5223479
万源片区经理……… 8623567
高速路片区经理…… 6247888

巴中公司

公网区号：0827
总经理、党委书记… 5280986
党委副书记、纪委书记、工会主席………………… 5280979
副总经理、安全总监 5280976
副总经理…………… 5280978
总会计师…………… 2225859
总经办主任………… 5280987
副主任……………… 5280987
……………………… 5280987
档案文……………… 5280987
行政文秘事务……… 5280987
行政后勤事务……… 5280987
党委办主任………… 5286036
人事科科长………… 5280980
财务科科长………… 5280982
副科长……………… 5280983
储安科科长、油库主任 ……………………… 5280975
销售中心主任……… 5263942
加管科科长………… 5280973
网建办主任………… 5280971
审计监察科科长…… 5280977
综合办主任………… 5253578
巴州片区经理……… 5280973
南江片区经理……… 8222253
通江片区经理……… 7213381
平昌片区经理……… 6222452

雅安公司

公网区号：0835
总经理、党委书记… 2620287
副总经理、安全总监 2624284
副总经理…………… 2627041
总会计师…………… 2627990
党委副书记、纪委书记、工会主席………………… 2624261
总经办主任………… 2624254
总经办副主任、网建办副主任 ……………………… 2622257
信息中心主任……… 2624254
文秘………………… 2624254
……………………… 2622257
信息岗……………… 2622257
档案管理…………… 2622257
后勤服务中心主任… 2624290
党办主任…………… 2629040
审计监察科科长…… 2625789
人事科科长………… 2627281
财务科科长………… 2624219
销售中心主任……… 2624110
仓储科科长………… 2624304
加油站管理科科长… 2622180
网建办主任………… 2629500
润油分公司经理…… 2820835
油库主任…………… 7668618
雨城东片区经理…… 2820290
雨城西片区经理…… 2311066
芦山、宝兴片区经理 6522421
天全片区经理……… 7222964
荥经片区经理……… 7627649

眉山公司

公网区号：0833
总经理、党委书记… 8112636
副总经理、安全总监 8112816
总会计师…………… 8112296
党委副书记、纪委书记、工会主席………………… 8112256
副总经理…………… 8112556
总经理助理、人事科科长 ……………………… 8112806
总经办主任………… 8102518
副主任……………… 8112028
信息中心主任……… 8112030
总经办后勤管理股股长 ……………………… 8112979
信息中心科员……… 8112030
安全环保质量科科长 8108716
销售中心主任……… 8101889
加油站管理科科长… 8101252
党委办主任………… 8112638
网点建设办公室主任 8112916
审计监察科科长…… 8112022
润特油分公司经理… 8115051
太和油库主任……… 8530349
新蜀油库主任……… 7698288
东坡销售片区经理… 8175829
仁寿销售片区经理… 6230688
洪雅销售片区经理… 7480788

资阳公司

公网区号：0832
总经理、党委副书记 6657089
党委书记、纪委书记、工会主席 ……………… 6656891
副总经理…………… 6656892
总会计师…………… 6654513
副总经理、安全总监 6656893
总经办主任………… 6656885
副主任、机关党支部书记 ……………………… 3010702
副主任……………… 7018776
综合管理…………… 6656885
党委办主任………… 6656965
人事科科长………… 6653281
人事科副科长、团委书记 ……………………… 6653934
财务科科长………… 3010703
副科长……………… 6652702
安全环保质量科科长 6651459
副科长……………… 6651459
审计监察科科长…… 6653924
加油站管理科科长… 6651049
销售中心主任……… 6656882
副主任……………… 6652374
网建办主任………… 6657552
润油经营部主任…… 6656447
资阳油库主任……… 6217618
副主任、党支部书记 6222668
副主任……………… 6217618
简阳油库主任……… 7013849
副主任、党支部书记 7014359
雁江片区经理、党支部书记、副经理……………… 6652707
简阳片区经理……… 7018876
党支部书记………… 7018979
副经理……………… 7018876
安岳片区经理、党支部书记、副经理……………… 4522649
乐至片区经理……… 3353677
副经理……………… 3355220
党支部副书记……… 3355220

岷江公司

公网区号：028
省公司副总经济师岷江公司总经理、党委副书记 87279999
副总经理 ……………87299333
副总经理、安全总监87285888
总会计师 ………… 87201777
党委副书记、工会主席、纪委书记 ……………… 87201688
总经理助理 ……… 87296777
安全副总监、安全环保质量科科长 ……………… 87279866
总经办主任 ……… 87265916
法律股权工商管理、档案管理 ……………………… 87265916
信息 ……………… 87265918
人事科科长 ……… 87269888
党委办主任 ……… 87299555
网点建设办公室主任87266658
审计监察科科长 … 87202070
加油站管理科科长 87299906
后勤服务中心主任 87273738
天彭油库主任 …… 83703531
都江堰片区经理 … 89708258
彭州片区经理 …… 83707588
郫县片区经理 …… 87806820
汶川片区经理……… 6222555
红原片区经理……… 2662467
九寨片区经理……… 7735366
马尔康片区经理…… 2831262

甘孜公司

公网区号：0836

总经理……………… 3120666
副总经理…………… 3120888
副总经理、安全总监 3120699
党委副书记、纪委书记、工会主席……………… 3120777
总会计师…………… 3120688
总经办主任………… 3120661
秘岗………………… 3120663
文书档案…………… 3120665
后勤采购、综合管理 3120668
信息中心主任……… 3120662
销售中心主任……… 3120678
加油站管理科副科长 3120673
财务科科长………… 3120686
安全质量环保科科长、网建办主任……………… 3120680
人事科科长………… 3120669
党委办公室、团委副书记……………… 3120696
审计监察科科长…… 3120671
乌斯河油库主任…… 4586440
汉源片区经理……… 4225619
石棉片区经理……… 8863613
泸定片区副经理…… 3125005
甘孜北线片区经理… 7522179
德格分站经理……… 8222457
白玉分站经理……… 8322033
色达分站经理……… 8522737
石渠分站经理……… 8623465
南线片区…………… 2811824
理塘分站经理……… 5322672
巴塘分站经理……… 5623109
得荣分站经理……… 5921072
丹巴分站经理……… 3523300
稻城分站经理……… 5727316
九龙分站经理……… 3323377

凉山公司

公网区号：0834
总经理、党委副书记 3237898
党委书记、纪委书记、工会主席 ……………… 3222896
总会计师…………… 3241116
副总经理、安全总监 3233589
副总经理…………… 3222088
总经理助理、总经理办公室主任 ……………… 3221996
总经理助理、人事科科长……………… 3223848
总经办综合事务、档案管理、法律合同、文秘、后勤事务……………… 3223728
信息中心主任……… 3227135
财务科科长………… 3227538
安全环保质量科科长 3232297
销售中心科长……… 3242291
加油站管理科科长… 3241036
党委办主任………… 3237106
审计科科长………… 3242500
网点建设办主任…… 3223996
经久油库主任……… 3630179
西昌北片区经理…… 2505903

成品油公司

公网区号：028
总经理、党委副书记……………… 86757697
党委书记、副总经理……………… 86752611
总会计师 ………… 86755726
副总经理 ………… 86752803
……………… 86756036
……………… 86740578
党委副书记、纪委书记、工会主席 ………… 86740578
办公室主任 ……… 86754226
财务资产科科长 … 86621487
人事科科长 ……… 86521290
审计监察科科长 … 86752702

非油品公司

公网区号：028
总经理 …………… 86788766
党委书记 ………… 86620606
副总经理 ………… 86520987
总会计师 ………… 86520607
润滑油公司副经理 86752872
……………… 86761288
总经办主任 ……… 86752362
财务资产科科长 … 86520413
办公室 …………… 86520667
业务管理科科长 … 86520863
润滑油销售科科长 86752448
润滑油仓储科科长 83571141
办公室 …………… 86752776
……………… 83332406
……………… 83571318
便利店商品部科长 86520873
办公室 …………… 86520113
化工产品部科长 … 86754300

油料公司

公网区号：028
总经理、党委副书记86014872
党委书记、副总经理86014025
党委副书记、纪委书记、工会主席 ……………… 86014027
副总经理 ………… 86014023
……………… 86014026
……………… 86014023
总经理助理、销售中心主任……………… 86014026
总经办主任 ……… 86014027
副主任 …………… 86014033
……………… 86014041
工会、宣传干事 … 86014033
劳资、文书 ……… 86014041
内勤事务 ………… 86913863
财务科科长 ……… 86014040
副科长 …………… 86014024
安全环保质量科科长86014028
库、站管理科科长 86014839
销售中心副主任 … 86014840

川中销售片区

经理……………… 2516330
党支部书记……… 2516331
副经理…………… 2516970

隆昌销售片区

经理、党支部书记… 3943368
副经理…………… 3944064
……………… 3943885

资阳销售片区

经理、党支部书记… 6760822
副经理…………… 6760822

川西北销售片区

经理、党支部书记 … 3611333
副经理…………… 3612209
……………… 4613398
党支部书记……… 4611765

川西南销售片区

副经理…………… 4612489
……………… 8122126

成都销售片区

经理、党支部书记 83587876
副经理 ………… 83587846
……………… 62803875

仓储公司

公网区号：028
总经理、党委副书记 83577278
党委书记 ……… 83587753
副总经理 ……… 83571483
……………… 83572516
总经理助理 …… 83573928
总经办副主任 … 83573687
人事干事 ……… 83573687
工会副主席 …… 83572516
总经办党务干事 … 83573687
安全科科长、安全监督……………… 83573757
财会科科长 …… 83571871
行政科副科长 … 83572268
设备科科长 …… 83572268
业务科科长 …… 83571451
仓储科科长 …… 83584167
总调 …………… 83584867
检定室主任 …… 83577975
质检科科长 …… 83578952
车管科科长 …… 83572268
警消队长、保卫科长 86520007
设备安装部经理 … 83573757

设计所

公网区号：028
所长 …………… 86752847
助理调研员 …… 86752816
办公室 ………… 86752338

房产公司

公网区号：028
副经理 ………… 86520069
营销部副主任 … 86520007
办公室 ………… 86520062
……………… 86520061

物业公司

公网区号：028
经理 …………… 86520916
副经理 ………… 86520116
……………… 86520519
办公室 ………… 86521295

20. 重庆销售公司

地址：重庆市渝中区邹容路131号　　邮政编码：400010　　公网区号：023

公司机关

办公室 ………… 67325508
党群处 ………… 67325688
营销处 ………… 67325546
调运处 ………… 67325562
储安处 ………… 67325553
加管处 ………… 67325553
投资处 ………… 67325581
财务处 ………… 67325577
人事处 ………… 67325658
企管处 ………… 67325585
审计处 ………… 67325516
综合办 ………… 63843334

万州分公司

地址：重庆市万州区太白路248号
邮编：404000
党政办 ………… 58124327
营销科 ………… 58128257
储安科 ………… 58125536
加管科 ………… 58153020
网络办 ………… 58125948
财务科 ………… 58138453
人事科 ………… 58122922
审计科 ………… 58122659

开县经营部
地址：重庆市开县新城
邮编：405400
办公室 ………… 52227308

梁平经营部
地址：重庆市梁平县梁山镇梁山路439号
邮编：405200
办公室 ………… 53233666

忠县经营部
地址：重庆市忠县忠州大道巴王路9号附2号
邮编：404300
办公室 ………… 54232238

云阳经营部
地址：重庆市云阳县双江镇云江大道1080号
邮编：404500
办公室 ………… 55181236

奉节经营部
地址：重庆市奉节县人和街16号
邮编：404600
区号：0771
办公室 ………… 56551360

巫山经营部
地址：重庆市巫山县广东中路国土局三楼
邮编：404700
办公室 ………… 57688453

巫溪经营部
地址：重庆市巫溪县城厢镇玉龙新村
邮编：405800
办公室 ………… 51513678

城口经营部
地址：重庆市城口县葛城镇商业街8号
邮编：405900
办公室 ………… 59227813

6910油库
地址：重庆市万州区钟鼓楼（驸马村）
邮编：404000
办公室 ………… 58343312

白山包油库
地址：重庆市巫山县巫峡镇西坪村2社
邮编：404700
办公室 ………… 57685796

中梁油库
地址：重庆市奉节县白帝城风景管理委员会森林村6社
邮编：404600
办公室 ………… 56591505

涪陵分公司

地址：涪陵区兴华东路51号
邮编：408000
党政办 ………… 72225960
业务科 ………… 72222073
储安科 ………… 72260861
加管科 ………… 72224403
网络办 ………… 72224781
财务科 ………… 72223137
人事科 ………… 72225907
审计科 ………… 72225915
水上经营部 ………… 72224564

垫江经营部
地址：涪陵区垫江
邮编：408300
办公室 ………… 74667303

丰都经营部
地址：丰都县三合镇平都大道东段28号
邮编：408200
办公室 ………… 70708603

南川经营部
地址：南川区南城办事处南大街32号
邮编：408400
办公室 ………… 71423718

武隆经营部
地址：武隆县巷口镇建设东路120号
邮编：408500
办公室 ………… 77723515

黄桷嘴油库
地址：涪陵区涪清路816号
邮编：408000
办公室 ………… 72773409

青杠扁油库
地址：南川区南城办事处长远居委九组
邮编：408400
办公室 ………… 71407221

黔江分公司

地址：黔江区正阳大道99号
邮编：400900
党政办 ………… 79251016
营销科 ………… 79251033
储安科 ………… 79251027
加管科 ………… 79251024
网络办 ………… 79251041
财务科 ………… 79251021
人事科 ………… 79251021
审计科 ………… 79251008

彭水经营部
地址：彭水县汉葭镇文庙社区外河坝
邮编：409600

加油站
办公室 ………… 78495398

石柱经营部
地址：石柱县南宾镇滨河中街5号
邮编：409100
办公室 ………… 73332904

酉阳经营部
地址：酉阳县钟多镇复兴街356号
邮编：409800
办公室 ………… 75581352

秀山经营部
地址：秀山县中和镇凤翔路74号
邮编：409900
办公室 ………… 76662022

西沱油库
地址：石柱县西沱镇万家路140号
邮编：409106
办公室 ………… 73362355

永川分公司

地址：重庆市永川区萱花路160号
邮编：402160
党政办 ………… 49366008
营销科 ………… 49366031
储安科 ………… 49366077
加管科 ………… 49366066
网络办 ………… 49366079
财务科 ………… 49366019
人事科 ………… 49366068
审计科 ………… 49366007

璧山经营部
地址：重庆市璧山县璧城镇璧渝路215号
邮编：402760
办公室 ………… 41422710

大足经营部
地址：重庆市大足县龙岗镇陵园路92号
邮编：402360
办公室 ………… 43733700

江津经营部
地址：重庆市江津区几江镇围城南路54号
邮编：402260
办公室 ………… 47520115

梁经营部
地址：重庆市铜梁县巴川镇滨河西路29号
邮编：402560
办公室 ………… 45632091

潼南经营部
地址：重庆市潼南县梓潼镇接龙街74号
邮编：402660
办公室 ………… 44564847

荣昌经营部
地址：重庆市荣昌县武装部长城大楼三楼
邮编：402460
办公室 ………… 46789971

永川油库
地址：重庆市永川区火车站南路45号
邮编：402160
办公室 ………… 49366301

江北分公司

地址：重庆江北区红黄路5号
邮编：400020
党政办 ………… 67631169
加管科 ………… 67632019
安全科 ………… 67631965
财务科 ………… 67631609
人事科 ………… 67631806
审计科 ………… 67631347

合川经营部
地址：合川区合阳办社稷坛58号
邮编：401520
办公室 ………… 42843626

长寿经营部
地址：长寿三峡路8号
邮编：401220
办公室 ………… 40409035

北碚经营部

地址：北碚区龙溪路6号西苑宾馆2楼
邮编：400700
办公室 …………… 68867269

渝北经营部
地址：渝北区建设路52号
邮编：401120
办公室 …………… 86097282

江南分公司

地址：重庆市南岸区南坪万寿路17号
邮编：400060
党政办 …………… 62801288
加管科 …………… 62812874
安全科 …………… 62807097
网络办 …………… 62601671
财务科 …………… 62601672
人事科 …………… 62601676
审计科 …………… 62601675

綦江经营部
地址：綦江开发区工商小区193号
邮编：401420
办公室 …………… 48611276

渝中分公司

地址：重庆市九龙坡区杨家坪兴胜路44号
邮编：400050
党政办 …………… 68827373
加管科 …………… 68964802
安全科 …………… 68825043
网络办 …………… 68855400
财务科 …………… 68822051
人事科 …………… 68967334
审计科 …………… 68859472

伏牛溪油库

地址：重庆市大渡口区伏牛溪油库
邮编：400083
党政办 …………… 68540853
业务科 …………… 68541561
设备科 …………… 68540356
安全科 …………… 68542942
调度室 …………… 68541401
统计室 …………… 68542016
化验室 …………… 68540054
财会室 …………… 68540224
警消中队 ………… 68542361
甲区警消队 ……… 68540131

朝阳河油库

地址：重庆市江北区朝阳河1号
邮编：400026
党政办 …………… 67091195
业务科 …………… 67090171
设备科 …………… 67090565
安全科 …………… 67092120
总值班室 ………… 67091064

配送中心

地址：重庆市江北区红黄路5号
邮编：400020
综合科 …………… 67631921
营销科 …………… 67631842
调运科 …………… 67631823
本部营业室 ……… 67314902

江南营业室
地址：重庆南坪东路6号南坪大厦B栋12－7
邮编：400060
办公室 …………… 62949903

江北营业室
地址：重庆市江北区朝阳河
邮编：400026
办公室 …………… 67092607

伏牛溪营业室
地址：重庆市大渡口区伏牛溪
邮编：400083
办公室 …………… 68540379

磨心坡营业室
地址：重庆市北培区东阳镇民航飞机油库
邮编：400700
办公室 …………… 68272607

燃料公司

地址：渝中区五四路46号
邮编：400010
办公室 …………… 67314959
安全科 …………… 67314953
财务科 …………… 67314937
人事科 …………… 67314950
审计科 …………… 67314939

石化公司

地址：重庆市江北区红黄路5号405室
邮编：400020
综合科 …………… 67631132
营销科 …………… 67631421
江北营业室 ……… 67631441

渝中营业室
地址：重庆市渝中区五四路46号
邮编：400020
办公室 …………… 67314910

江南营业室
地址：重庆市大渡口区伏牛溪油库正对面
邮编：400083
办公室 …………… 68541596

九龙坡营业室
地址：重庆市渝中区大坪心巢小区A幢2单元4－6
邮编：400042
办公室 …………… 68702867

21. 山东销售公司

地址：山东省青岛市南区东海中路2号环海大厦19楼　邮政编码：266071　公网区号：0532

值班电话 ………… 85063621
传真 ……………… 85063130
办公室 …………… 85063139
……………………… 85062553

22. 山西销售公司

地址：山西省太原市长风西街丽华大厦11层　邮政编码：030021　公网区号：0351

工会

副主席 …………… 7048039

办公室

负责人 …………… 7040918
……………………… 7059084
……………………… 7188782
办公室 …………… 7060584
……………………… 7069540
……………………… 7040018
档案室 …………… 7067598
司机班 …………… 7072072

人事（组织）处

负责人 …………… 7051739
……………………… 7063103
办公室 …………… 7130236
……………………… 7188115

纪检审计法规处

负责人 …………… 7061690
……………………… 7057553
办公室 …………… 7066168
……………………… 7089324

信息管理处

负责人 …………… 7089394
办公室 …………… 7062339
……………………… 7080547

质量安全环保处

负责人 …………… 7069629
办公室 …………… 7058447
……………………… 7041018

投资工程处

负责人 …………… 7048038
……………………… 7089914
办公室 …………… 7040038
……………………… 7060195

财务资产处

负责人 …………… 7086945
……………………… 7068568
办公室 …………… 7040518
……………………… 7062678
……………………… 7081774
……………………… 7063168

营销调度指挥中心

负责人………… 7062107
………… 7060917
………… 7040958
………… 6819981

办公室………… 7062919
………… 7040268
………… 7060754
………… 7068600
………… 7055803
………… 7058384

培训中心

负责人………… 7130239

油库项目办

负责人………… 7130239

高平晋北忻州油库项目部
………… 7130239

23. 江苏销售公司

地址：江苏省南京市北京西路69－2号　邮政编码：210024　公网区号：025

经理（党委）办公室

办公室………… 83759600
………… 83759603
………… 83759652
………… 83759602
………… 83759716
………… 83759607
………… 83759605
………… 83759612

传真………… 83759608

审计监察部

办公室………… 83759613
………… 83759727
………… 83759755
………… 83759611

传真………… 83759610

调运中心

办公室………… 83759708
………… 83759726
………… 83759713
………… 83759712
………… 83759722
………… 83759625
………… 83759606
………… 83759711
………… 83759710
………… 83759718
………… 83759700

传真………… 83759709
………… 83759676

综合业务部

办公室………… 83759703
………… 83759706
………… 83759737
………… 83759702
………… 83759720
………… 83759701

传真………… 83759707

工程建设管理部

办公室………… 83759685
………… 83759686
………… 83759682
………… 83759687

传真………… 83759683

企管法规部

办公室………… 83759636
………… 83759635
………… 83759609
………… 83759631
………… 83759632
………… 83759665
………… 83759629
………… 83759723
………… 83759697

传真………… 83759630

非油业务中心

办公室………… 83759769
………… 83759693
………… 83759767
………… 83759729
………… 83759739
………… 83759757
………… 83759733

传真………… 83759765

财务资产部

办公室………… 83759658
………… 83759656
………… 83759650
………… 83759651
………… 83759657
………… 83759659
………… 83759660
………… 83759661
………… 83759646
………… 83759670
………… 83759663
………… 83759638
………… 83759648
………… 83759756
………… 83759678
………… 83759671

传真………… 83759671
………… 83759662

市场开发部

办公室………… 83759680
………… 83759679
………… 83759672
………… 83759673
………… 83759675

传真………… 83759677

加油站管理部

办公室………… 83759696
………… 83759637
………… 83759698
………… 83759695
………… 83759692
………… 83759691
………… 83759732
………… 83759681

传真………… 83759690

储运安全部

办公室………… 83759621
………… 83759628
………… 83759721
………… 83759623
………… 83759627
………… 83759626

传真………… 83759622

人力资源部

办公室………… 83759616
………… 83759615
………… 83759619
………… 83759620
………… 83759618

传真………… 83759617

培训中心

办公室………… 83725699
………… 83725299

传真………… 83705066

24. 浙江销售公司

地址：浙江省杭州市黄龙路5号黄龙恒励大厦6楼　邮政编码：310007　公网区号：0571

办公室………… 87636667

25. 安徽销售公司

地址：安徽省合肥市庐阳区濉溪路278号财富广场17楼1721室　邮政编码：230041　公网区号：0551

办公室…………… 5633055 ……………………… 5681166 ……………………… 5633077 传真……………… 5681104

26. 河南销售公司

地址：河南省郑州市郑东新区CBD商务内环路2号 邮政编码：410005 公网区号：0731

27. 湖南销售公司

地址：湖南省长沙市芙蓉中路二段湘豪大厦18层 邮政编码：410005 公网区号：0731

办公室…………… 2584599 ……………………… 2584622

28. 福建销售公司

地址：福建省福州市五一中路18号正大广场C区御景台29层 邮政编码：350005 公网区号：0591

总经办 …………… 88590268 信息化管理处 …… 88590332

29. 广西销售公司

地址：广西壮族自治区南宁市金铺路8号联通大厦9楼 邮政编码：530012 公网区号：0771

办公室…………… 5532012

30. 江西销售公司

地址：江西省南昌市高新开发区火炬大街801号 邮政编码：330096 公网区号：0791

经理（党委）办公室 ……………………… 8168287 ……………………… 8168279

31. 贵州销售公司

地址：贵州省贵阳市新华路126号富中国际广场22楼 邮政编码：550002 公网区号：0851

总经办…………… 5868118

32. 大连海运公司

地址：辽宁省大连市中山区人民路68号宏誉大厦703室 邮政编码：116001 公网区号：0411

总经理（党委）办公室

主任 …………… 82736879
副主任 …………… 82717796
办公室 …………… 82739223
…………………… 82739231
…………………… 82739215
…………………… 82741808
…………………… 82739219
…………………… 82734537
…………………… 82734308
…………………… 82726298
传真 …………… 82728489

航运部（调度中心）

经理 …………… 82725489
副经理 …………… 82739202
…………………… 82739267
办公室 …………… 82739255
…………………… 82739242
…………………… 82741938
…………………… 82718740
…………………… 82739256
…………………… 82739251
…………………… 82739210
…………………… 82739245
…………………… 82739249
…………………… 82704116
传真 …………… 82726098
…………………… 82625128
…………………… 82717782

船舶管理部

经理 …………… 82739239
副经理 …………… 82733923
办公室 …………… 82717891
…………………… 82734233
…………………… 82719190

安全环保部

经理 …………… 82728897
副经理 …………… 82739240

办公室 …………… 82739213
…………………… 82739237
…………………… 82726527
…………………… 82739241
传真 ……………… 82727289

财务部

经理 ……………… 82728887
副经理 …………… 82739259
办公室 …………… 82739265
…………………… 82739233
…………………… 82739261
…………………… 82739260
…………………… 82739263
…………………… 82739262
…………………… 82728389
传真 ……………… 82726489

人事部

经理 ……………… 82739225
办公室 …………… 82739226
…………………… 82739257
…………………… 82717897
…………………… 82712279
…………………… 82712640
…………………… 82739220
传真 ……………… 82736869

企管法规部

经理 ……………… 82739221
办公室 …………… 82726798
…………………… 82733229
传真 ……………… 82733986

审计监察部

经理 ……………… 82733130
办公室 …………… 82739230
…………………… 82739252

台州公司

常务副总经理 …… 82741228
副总经理 ………… 82737823
…………………… 82719703
办公室 …………… 82715763
…………………… 82726598
…………………… 82733823
…………………… 82712286
…………………… 82717867
…………………… 82715440
…………………… 82717765
…………………… 82739550
…………………… 82714489
…………………… 88685612
…………………… 82739232
传真 ……………… 82719192

33. 润滑油公司

地址：北京市朝阳区亚运村北辰东路8号北京国际会议中心八层　　邮政编码：100101　　公网区号：010

总经理（党委）办公室

主任 ……………… 84883009
副主任 …………… 84883010
办公室 …………… 84883011
…………………… 84883015
…………………… 84883012
…………………… 84883023
…………………… 84883019
…………………… 84883020
…………………… 84883022
…………………… 84883013
…………………… 84883018
…………………… 84883016
…………………… 84883026
…………………… 84883222
传真 ……………… 84990760

生产技术处

处长 ……………… 84883031
办公室 …………… 84883032
…………………… 84883033
…………………… 84883035
…………………… 84883036
…………………… 84883037
…………………… 84883038
…………………… 84883039
…………………… 84883040
传真 ……………… 84883030

规划计划处

处长 ……………… 84883091
副处长 …………… 84883092
…………………… 84883093
办公室 …………… 84883095
…………………… 84883096
…………………… 84883097
…………………… 84883098
…………………… 84883099
…………………… 84883100
…………………… 84883188
…………………… 84883173
…………………… 84883041
传真 ……………… 84883090

市场开发处

处长 ……………… 84883071
副处长 …………… 84883201
办公室 …………… 84883072
…………………… 84883073
…………………… 84883075
…………………… 84883076
…………………… 84883078
…………………… 84883079
…………………… 84883080
…………………… 84883085
…………………… 84883251
传真 ……………… 84883070

财务处

处长 ……………… 84883111
副处长 …………… 84883112
办公室 …………… 84883113
…………………… 84883115
…………………… 84883116
…………………… 84883117
…………………… 84883119
…………………… 84883120
…………………… 84883122
…………………… 84883123
…………………… 84883125
…………………… 84883126
…………………… 84883127
…………………… 84883124
…………………… 84883067
…………………… 84883129
…………………… 84883269
…………………… 84883082
…………………… 84883082
…………………… 84883321
传真 ……………… 84883110

人事处（组织部）

处长 ……………… 84883131
副处长 …………… 84883132
办公室 …………… 84883135
…………………… 84883137
…………………… 84883133
…………………… 84883139
传真 ……………… 84883130

审计监察处

处长 ……………… 84883151
办公室 …………… 84883152
…………………… 84883155
…………………… 84883153
传真 ……………… 84883150

党群工作（企业文化）处

处长 ……………… 84883161
办公室 …………… 84883160
…………………… 84883162
…………………… 84883163
…………………… 84883165
传真 ……………… 84883160

销售部

经理 ……………… 84883051
副经理 …………… 84883052
…………………… 84883053
办公室 …………… 84883055
…………………… 84883056
…………………… 84883059
…………………… 84883057
…………………… 84883021
…………………… 84883063
…………………… 84883058
传真 ……………… 84883050

物流部

经理 ……………… 84883181
办公室 …………… 84883182
…………………… 84883183
…………………… 84883185
…………………… 84883230
…………………… 84883227
…………………… 84883177
…………………… 84883230
传真 ……………… 84883180

工程管理与采办部

经理 ……………… 84883171
副经理 …………… 84883172
办公室 …………… 84883128
…………………… 84883175
…………………… 84883179
…………………… 84883220
传真 ……………… 84883170

海外业务工作组

副组长 …… 84883191
办公室 …… 84883197
…… 84883193
…… 84883195
…… 84883198
传真 …… 84883190

快速换油项目组

组长 …… 84883201
副组长 …… 84883053
办公室 …… 84883203
…… 84883210
…… 84883217
…… 84883207
…… 84883205
…… 84883211
…… 84883208
…… 84883209
…… 84883212
…… 84883215
…… 84883218
…… 84883216
…… 84883109
…… 84883108
…… 84883219
…… 021－51305167
传真 …… 84883200

兰州润滑油厂

地址：甘肃省兰州市西固区玉门街10号
邮编：730060
公网区号：0931

领导
厂长 …… 7931896
副厂长 …… 7933368
…… 7935736

厂长办公室（党委办公室）
主任 …… 7935576
副主任 …… 7541753
综合管理及教育培训
…… 7931894
人事工资保险 …… 7935242
…… 7541753
党群及企业文化 …… 7931894
文秘 …… 7934286
计算机及网络管理 …… 7935249
值班室 …… 7935741

综合班
路博润事务管理 …… 7583118
司机 …… 7935741
…… 7933879

财务科
科长 …… 7933466
副科长、稽核 …… 7930939
成本核算 …… 7930393
资产费用 …… 7935742
资金往来管理 …… 7935743
销售结算及税金 …… 7935742
出纳 …… 7935742

计划科
科长 …… 7930395
计划规划管理 …… 7935924
包装物管理 …… 7935943
设备及其他采购管理 7936290
统计管理 …… 7935924

生产技术科
科长 …… 7933927
副科长 …… 7935945
设备工程管理 …… 7935948
工艺技术管理 …… 7934308
生产材料管理 …… 7935945
生产计量管理 …… 7935948

调度室
调度 …… 7934126
…… 7934127

质量安全环保科
科长 …… 7931109
副科长 …… 7932116
体系质量管理 …… 7935947
安全环保管理 …… 7932116

营运部
主任 …… 7930391
…… 7583286
副主任（包装油） …… 7935247
副主任（计划） …… 7932572
副主任（散油） …… 7572597
销售计划管理 …… 7932697
…… 7933467
公路发运管理 …… 7933879
…… 7933467
铁路发运管理 …… 7933877
销售统计与结算管理 7931572
…… 7932262
…… 7934633
发运计划管理 …… 7934633

技术服务中心
主任 …… 7931109
副主任 …… 7930396
高级工程师 …… 7932262
工程师 …… 7933815

清欠办公室
清欠 …… 7931571
…… 7541773

西北中心驻厂部
销售 …… 7930390
…… 7563767

调合车间
主任 …… 7933670
书记 …… 7933757
设备副主任 …… 7935294
生产副主任 …… 7935284
管理工程师 …… 7931570
设备工程师 …… 7932477
综合管理、计量统计 7931759
脱蜡操作室 …… 7933905
尿素脱蜡三楼 …… 7933045
尿素调合班 …… 7931754
86自动调合 …… 7934086
卸车岗位 …… 7934091
…… 7932064
61操作室 …… 7933061
61调和班 …… 7931750
小油品操作室 …… 7932980
化验室 …… 7936617

包装一车间
主任 …… 7933902
副主任 …… 7933373
技术员 …… 7933386
行政员 …… 7934384
大桶班 …… 7934871
发运班 …… 7934874
包装物库管 …… 7934382
1、2号电梯 …… 7935167
3、4号电梯 …… 7934873

包装二车间
主任 …… 7933745
副主任 …… 7933747
工程师 …… 7934484
综合管理 …… 7934495
包装物收发 …… 7934088
发货室 …… 7934383
包装一楼 …… 7934083
包装二楼 …… 7934087
200L－4号机 …… 7933444
11线换票室 …… 7933438
11线西发货室 …… 7934011

储运车间
主任 …… 7933904
副主任 …… 7935624
工艺工程师 …… 7935623
综合管理 …… 7935644
自备车现场管理 …… 7935772
65泵房 …… 7934065
75泵房 …… 7933075
75零提 …… 7934385
计量 …… 7935647
162栈桥 …… 7933162
西南门过磅房 …… 7933917

大连润滑油厂

总机：0411－86773114
内线：转后4位数

领导
厂长 …… 86788701
副厂长 …… 86782492
…… 86788703
厂长助理 …… 86788805
厂长办公室 …… 86793585

营运部 …… 86677794
传真 …… 86673728

技术服务中心 …… 86786277
生产技术科 …… 86799670
计划科 …… 86782042
财务科 …… 86677600
传真 …… 86676392
质量安全环保科 …… 86670760
四楼会议室 …… 86788702
六楼会议室 …… 86783240

调合车间
主任 …… 4337
副主任 …… 3725
传真 …… 3457
办公室 …… 3510
技术组 …… 3260
大调合操作室 …… 3443
大调合泵房 …… 4015
大调合装卸车台 …… 3518
大调合装卸车台泵房 …… 3517
小调合操作室 …… 3533
东区操作室 …… 3328
地磅 …… 4195
联合办 …… 4193
东北中心驻厂 …… 4106
…… 86798156

包装车间
主任 …… 4730
副主任 …… 3052
核算组 …… 4330
安全组 …… 3052
包装车间4升班 …… 3062
包装车间20升班 …… 4591
包装车间200升班 …… 3839
包装车间油槽班 …… 3462
包装车间叉车班 …… 4636
车队库 …… 4921
…… 86793516
前沿库 …… 86872846
添加剂库 …… 87812734
…… 85916296
发运组 …… 4889

华东润滑油厂

地址：江苏省太仓市港口开发区浏家港
邮编：215433
公网区号：0512

领导
厂长 ………………… 53648518
传真 ………………… 53640381
副厂长 ……………… 53640190
……………………… 53648529
综合部
负责人 ……………… 53647820
……………………… 53640307
……………………… 53648557
……………………… 53647822
食堂 ………………… 53648560
机房 ………………… 53648578
值班室 ……………… 53648500
司机 ………………… 53648533
生产技术部
负责人 ……………… 53647821
……………………… 53648537
……………………… 53648525
……………………… 53648538
配电间 ……………… 53648507
调度室 ……………… 53648510
……………………… 53648511
调合 ………………… 53648567
……………………… 53648569
主控室 ……………… 53647908
DDS ………………… 53647598
包装 ………………… 53648501
维修 ………………… 53648559
包装班 ……………… 53648579
4L 灌装线 3 号 …… 53648577
4L 灌装线 ………… 53648570
……………………… 53648571
2001 灌装线 ……… 53648563
管汇 ………………… 53648530
发运库房 …………… 53648561
材料库房 …………… 53648572
施工组 ……………… 53648532
计划采购部
负责人 ……………… 53647826
传真 ………………… 53648541
……………………… 53648550
……………………… 53648568
传真 ………………… 53648506
质量安全环保部
负责人 ……………… 53647825
……………………… 53648534
……………………… 53648542
……………………… 53648540
传真 ………………… 53648574
化验值班室 ………… 53648522
计量间 ……………… 53648573
门卫（大门） …… 53640087
门卫（综合楼） … 53647418
财务部
负责人 ……………… 53640205
……………………… 53648531
……………………… 53648512
……………………… 53648539
……………………… 53648530
销售部
负责人 ……………… 53648519
……………………… 53648555
……………………… 53648546
传真 ………………… 53648556
驻厂分销处 ………… 53648516
传真 ………………… 53648504

克拉玛依润滑油厂

地址：新疆克拉玛依市
邮编：834003
公网区号：0990

领导
副厂长……………… 6834580
……………………… 6834579
……………………… 6834578
厂长助理…………… 6831431
厂办
主任………………… 6834576
传真………………… 6993102
办公室……………… 6833722
传真………………… 6830084
财务部
主任………………… 6832061
副主任……………… 6834575
办公室……………… 6831432
传真………………… 6993232
计划部
主任………………… 6831426
传真………………… 6993231
质量安全环保部
主任………………… 6834577
副主任……………… 6832744
传真………………… 6830732
生产技术部
主任………………… 6833487
副主任……………… 6832405
生产调度室………… 6830975
传真………………… 6834603
综合服务中心……… 6831425
成品车间
主任………………… 6833974
调合车间
主任………………… 6833257
储运中心
经理………………… 6833963
副经理……………… 6991009
办公室……………… 6991732
……………………… 6833832
……………………… 6832311
……………………… 6991711
……………………… 6833265
……………………… 6832095
……………………… 6833977
传真………………… 6833770
清欠办
主任………………… 6991100
乌鲁木齐代运站
站长………… 0991－4294574
副站长……… 0991－4292570
独山子代运站
站长………… 0992－3317866
研究所
所长………………… 6834213
副所长……………… 6834316
……………………… 6834237
……………………… 6834219
传真………………… 6991377

大庆润滑油一厂

领导
厂长………………… 6756846
……………………… 6758908
党委书记…………… 6750908
副厂长……………… 6752628
生产技术科
科长………………… 6757678
副科长……………… 6753229
管理………………… 6750491
质量安全环保部
部长………………… 6754419
质量管理…………… 6754423
安全管理…………… 6747487
QHSE ……………… 6747481
营运部
主任长……………… 6753239
副主任……………… 6759010
计划………………… 6754431
采购………………… 6752218
发运………………… 6754420
调度（厂内） ……… 6756569
统计………………… 6754431
计划科
科长………………… 6754430
副科长……………… 6754418
质量安全环保科
科长………………… 6754419
副科长……………… 6754423
安全管理…………… 6747487
质量管理…………… 6747481
财务科
科长………………… 6759797
副科长……………… 6754426
会计………………… 6756084
收款………………… 6758258
清欠办……………… 6757487
办公室
主任………………… 6757297
副主任……………… 6758676
……………………… 6753799
人事工资…………… 6752791
党群及企业文化…… 6752781
综合班司机………… 6754424
综合班门卫………… 6759860
收发室……………… 6917795
食堂………………… 6709036
调合车间
主任………………… 6756927
副主任……………… 6753093
工艺管理…………… 6756868
设备管理…………… 6759132
操作室……………… 6756054
……………………… 6758351
泵房………………… 6757227
新罐区操作………… 6756945
白土泵房…………… 6757447
包装车间
主任………………… 6758157
副主任……………… 6759630
技术组……………… 6758990
安全组……………… 6756114
综合办……………… 6754417
操作室……………… 6759316
自动线……………… 6759618
储运车间
新栈桥……………… 6756949
装油站台…………… 6757327
装车栈桥…………… 6759317
地衡………………… 6758402
前库房……………… 6750412
后库房……………… 6756087
南库房……………… 6709430
分析检测中心
主任………………… 6753417
副主任……………… 6755180
综合管理…………… 6756204
白班………………… 6758356
质检………………… 6757486
技术服务主任……… 6753557
技术服务书记……… 6753439
技术服务…………… 6752305
车用油组…………… 6750963
工业用油组………… 6759712

大庆润滑油二厂

地址：黑龙江省大庆市马鞍山
邮编：163411
公网区号：0459

领导

厂长…………5671777
党委书记…………5797658
副厂长…………5691540

厂办

主任…………5671009
副主任…………5689896
秘书…………5671013
综合管理…………5671015
党群及企业文化…………5797181
收发室…………5797178
传真…………5671009

生产科

科长…………5680658
副科长…………5613672
电器工程师…………5613671
调度…………5612960
传真…………5681482
办公室…………5797622

财务科

科长…………5695858
副科长…………5797378
会计…………5671463
传真…………5695858

计划科

科长…………5671010
副科长…………5671020
统计采购…………5797938
…………5671020
传真…………5671010

质量安全环保科

科长…………5671011
副科长…………5613670
现场安全管理…………5613671
办公室…………5797533

营销部

主任…………5689058
副主任…………5690200
…………5690556
结算…………5671019
统计…………5671005
铁路调度…………5614237
铁路运输…………5690559
铁路计划…………5671019
调拨…………5691529

业务部

…………5689229
…………5691535
…………5691260
…………5691262
…………5797879

车间

分析检测中心
主任…………5613588
副主任…………5613591
包装车间
主任…………5613860
副主任…………5613864
调和车间
主任…………5613302
副主任…………5613671
装运车间
主任…………5693344
副主任…………5613670
传真…………5612064

独山子润滑油厂

地址：新疆独山子
邮编：833600
公网区号：0992

领导

…………3681618
…………3681656
…………3681516

厂办…………3686501
…………3686612
…………3686503
…………3686507

生产技术部…………3686581
…………3686583
…………3686629
…………3686710
…………3861447

计划部…………3686356
…………3686621
…………3686625
…………3862944

财务、清欠…………3686522
…………3686523
…………3686529
…………3686536
…………3686537

质量部…………3686561
…………3686576
…………3686573

销售部…………3686681
…………3686712
…………3686683

储运中心…………3686751
…………3686756
…………3686757
…………0991－4292624

成品车间…………3860464
…………3860547
…………3860464
…………3860546
…………3863420
…………3863262

调合车间…………3860041
…………3860407
…………3860402
…………3860949
…………3863361

技术服务中心…………3861735
…………3860020
…………3861736

司机…………3686716

玉门润滑油厂

地址：甘肃省玉门石油管理局酒泉基地生产指挥中心2号楼7层
邮编：735019
公网区号：0937

领导

厂长…………3926708
…………3935552
副厂长…………3935268
…………3935016
厂长助理…………3935194

厂长（党委）办公室

主任…………3935150
办公室…………3935353
…………3935261

财务科

科长…………3958623
…………3957017
…………3956243
传真…………3957017

计划科

副科长…………3935742
传真…………3935874

生产技术科

科长…………3935194
办公室…………3935137
…………3935275
传真…………3938042

质量安全环保科

科长…………3938084
办公室…………3935494
调度室…………3935309
传真…………3938042
司机…………3935673

营运部

主任…………3924608
副主任…………3924606
办公室…………3957533

清欠办

主任…………3958623

西北润滑油驻厂业务部

…………3957922
…………3928331

装运车间

主任…………3956214
副主任…………3935164

技术服务中心

主任…………3935280
副主任…………3935837
传真…………3935408

调合车间

主任…………3935419
副主任…………3935420

成都润滑油厂

地址：成都市金牛区金牛高科技产业园北区
邮编：610083
公网区号：028

领导

厂长…………83587199
副厂长…………83587399
…………83584699

办公室

主任…………83584199
人事劳资…………83586063
传真…………83586073

财务部

主任…………83584799
办公室…………83586093
…………83570515
传真…………83586093

计划经营部

计划…………83589813
统计…………83589723
物采…………83589843
物流…………83589753
…………83589763
传真…………83584299

生产技术部

主任…………83584399
工程…………83589713
设备…………83589823
安全质检…………83589743
仓储…………83589773
运行…………83586925
保障…………83586023
灌装…………83586053
制桶…………83586013
传真…………83586043

东北润滑油销售分公司

地址：辽宁省大连市沙河口区东北路101号
邮编：116021
公网区号：0411

领导

总经理…………88804848
副总经理…………88804858
…………88804868

办公室

主任 …… 88804808
传真 …… 84548132
副主任 …… 88804801
计算机及网络管理 88804802
党务、会议接待 … 88804803
安全综合管理 …… 88804804
文秘档案 …… 88804805
人事劳资 …… 88804806
传真 …… 84549451

车用油部

经理 …… 88804810
传真 …… 84549462
副经理 …… 88804846
综合管理 …… 88804813
销售业务 …… 88804814
销售代表 …… 88804815
传真 …… 84549449

工业用油部

经理 …… 88804812
传真 …… 84549453
副经理 …… 88804820
销售业务 …… 88804819
综合管理 …… 88804818
工业特种油东三省区域
销售代表 …… 88804825
工业特种油山东区域
销售代表 …… 88804817
系统内工业用油
销售代表 …… 88804826
传真 …… 84549449

散油部

经理 …… 88804811
传真 …… 84549463
散油东三省区域
销售代表 …… 88804821
销售业务、综合管理
…… 88804822
散油山东区域销售代表
…… 88804823
传真 …… 84549449

业务服务部

经理 …… 88804843
计划管理 …… 88804833
仓储管理 …… 88804832
物流管理 …… 88804854
传真 …… 84549452
合同管理 …… 88804850
销售代表 …… 88804851
统计管理 …… 88804853
配送管理 …… 88804855
统计管理 …… 88804856
结算管理 …… 88804857
传真 …… 84549481

财务部

科长 …… 88804869
副科长 …… 88804861
费用资金 …… 88804860
销售核算 …… 88804863
出纳 …… 88804864
税收、资产、股权投资
…… 88804865
存货核算、银行核算
…… 88804867
传真 …… 84549450

清欠办

主任 …… 88804866
审计 …… 88804859
清欠管理 …… 88804849

市场科

科长 …… 88804809
高级专业技术 …… 88804839
…… 88804835
…… 88804836
中级专业技术 …… 88804827
…… 88804828
…… 88804829
销售代表 …… 88804830
市场开发 …… 88804834
市场监督 …… 88804837
…… 88804838
商情信息 …… 88804831
前台后勤总务 …… 88804800

华北润滑油销售分公司

地址：北京市朝阳区慧忠路5号远大中心B座14层
邮编：100101
公网区号：010

领导

经理 …… 84891299
副经理 …… 84891608
党委副书记 …… 84891603
副经理 …… 84891638

经理办公室

主任 …… 84891615
副主任 …… 84892086
办公室 …… 84891617
…… 84891619
…… 84891309
…… 84891611
…… 84891612
…… 84891613

财务科

科长 …… 84891609
办公室 …… 84891634
…… 84891602
…… 84891605
…… 84891606
…… 84898607
…… 84892080
…… 84891639
传真 …… 84891604

清欠办

主任 …… 84892768
办公室 …… 84891636
…… 84891286

业务科

科长 …… 84891627
办公室 …… 84891623
…… 84891625
…… 84892082
…… 84891621
…… 84892767
…… 84891620
传真 …… 84891624

车用油部

经理 …… 84891631
副经理 …… 84891626
…… 84891628
办公室 …… 84892079
…… 84892081
…… 84891088
…… 84891977
…… 84891237
…… 84891761

工业油部

经理 …… 84891629
办公室 …… 84891637
…… 84891319

散油部

经理 …… 84891307
办公室 …… 84891635

市场科

科长 …… 84891223
办公室 …… 84891716
…… 84891762
…… 84891725
…… 84891767

北京昆仑润滑油厂

厂长 …… 89283169
运营部主任 …… 89288246
办公室主任 …… 89283178
财务部主任 …… 89289740
生产部主任 …… 89283176
办公室 …… 89289748
…… 89289749
…… 89283178
…… 89288247
…… 89283176
…… 89283160

北京新油公司

经理 …… 84291116
副经理 …… 84252056
…… 64215366
…… 64223492
销售部经理 …… 84252057
销售部副经理 …… 84252062
办公室 …… 84252061
…… 84252062
…… 84252057
…… 64224389
…… 64220166
…… 64964488

房山仓库

主任 …… 89300484
办公室 …… 89307580

天津分销处

经理 …… 022－23359761
办公室 …… 022－23359762
…… 022－23351163

河北分销处

经理 …… 0311－87622012
办公室 …… 0311－87622011

山西分销处

经理 …… 0351－4180205
办公室 …… 0351－4698581
…… 0351－4130727

大同分销处

经理 …… 0352－2100368

包头分销处

经理 …… 0472－2111500
办公室 …… 0472－2111395
…… 0472－2111331
…… 0472－2111295

西北润滑油销售分公司

地址：甘肃省兰州市静宁路308号16楼
邮编：730030
公网区号：0931

领导

经理 …… 8818008
传真 …… 8448111
副经理 …… 8448351
…… 8818115
…… 8448331
传真 …… 8818219

办公室

主任 …… 8818138
…… 8448000
副主任 …… 8818139
综合管理 …… 8818109
法律清欠 …… 8818105
人事劳资 …… 8818101
总务 …… 8818106
司机 …… 8818132
传真 …… 8818100

财务部

副经理………………… 8818002
传真………………… 8448260
会计………………… 8818036
………………… 8818266
………………… 8818020
………………… 8818023
………………… 8818003
出纳………………… 8818029
传真………………… 8448260

车用油部

经理………………… 8818130
………………… 8818122
主办………………… 8818091
………………… 8818121
技术服务………………… 8818119

工业油部

副经理………………… 8818131
电器用油总代表
工业油代表………… 8818104
传真………………… 8448325
散油部………………… 8818051
主办………………… 8818069
………………… 8818052
………………… 8818089

业务服务部

综合计划………………… 8818160
………………… 8818159
………………… 8818195
物流、仓储………………… 8818165
合同管理………………… 8818162
传真………………… 8448325

甘青藏片区

经理………………… 8818112
………………… 8818113
销售代表………………… 8818232
………………… 8818238
昆飞公司
经理………………… 2338762
传真………………… 2333809
零售………………… 2334656
厂前结算………………… 7541773
驻厂代表………………… 7930390
传真………………… 7541773

西安片区

专网区号：029
经理 ………………… 88224900
副经理 ………………… 86721331
销售代表 ………………… 88213790
………………… 88243878
财务 ………………… 86718378
传真 ………………… 86721332
………………… 88224902

银川片区

专网区号：0951
销售代表………………… 3016680
………………… 3016682
………………… 3012362
………………… 3016685
传真………………… 3016682
财务………………… 3016683

新疆片区

专网区号：0991
经理………………… 4292724
传真………………… 4292543
销售代表…… 0996－2072177
传真………… 0996－2072178
销售代表………………… 4291262
………………… 4292734
………………… 4292543
乌市经销部………………… 4292663
外贸公司………………… 4292554
新亚公司………………… 4292604
………………… 0992－3865404
………………… 0992－3874064
传真………… 0992－3865406
克拉玛依经销部…… 4292574
………………… 0990－6833906

华东润滑油销售分公司

地址：上海市浦东新区福山路 458 号同盛大厦 10 层 1001 室
邮编：200122
公网区号：021

领导

总经理 ………………… 50818686
副总经理 ………………… 50818855
………………… 50818568

办公室

主任 ………………… 50818133
法律、体系认证 … 50818859
党务 ………………… 50818897
安全、综合管理 … 50818856
人事 ………………… 50818861
考核 ………………… 50818871
文秘 ………………… 50818862
司机 ………………… 50818865
会议室 ………………… 50818852

财务部

经理 ………………… 50818902
总帐稽核 ………………… 50818903
销售、清欠 ………………… 50818908
税收、销售 ………………… 50818912
费用、资金 ………………… 50818913
销售、往来 ………………… 50818930
出纳 ………………… 50818920
………………… 50818923
会计 ………………… 50818217
资产、股权 ………………… 50818922

市场科

科长 ………………… 50818214
技术服务 ………………… 50818216
市场开发 ………………… 50818219
信息研究 ………………… 50818215
传真 ………………… 50818213
经理 ………………… 50818301
计划 ………………… 50818302
仓储管理 ………………… 50818307
结算 ………………… 50818309
统计 ………………… 50818306
上海库统计 ………………… 50818356

杭州库

地址：浙江省杭州市艮山门京都苑 43 幢 1406 室
邮编：310004

上海库、杭州库统计

………………… 0751－8545010
………………… 0751－85450108

诸暨库

地址：浙江省诸暨市友谊路 158 号
邮编：311800

诸暨库统计

………………… 0575－7215550
………………… 0575－7116275

合肥库

地址：安徽省合肥市岳西路国防工办 545 库
邮编：230001
统计………… 0551－5582495
库管………………… 5546040
………………… 5562089
………………… 0551－5562089
………………… 0551－5582495

南昌库

地址：江西省南昌市小蓝工业园定埠路 201 号江西百通物流公司
邮编：330001
统计………… 0791－5980223
库管………… 0791－5980223
传真………… 0791－5980223

新余库

地址：江西省新余市劳动北路 39 号新余新沪石油化工厂
邮编：336500
库管………… 0790－6455739

鹰潭库

地址：江西省鹰潭市梅枫路 4 号 11 栋 102 室
邮编：33500
库管………… 0701－7037091

苏州调合厂

地址：江苏省苏州市虎丘区虎丘镇新城村
邮编：215008
公网区号：0512
厂长 ………………… 65351982
办公室 ………………… 65355340
………………… 65353092
………………… 65359505
………………… 65951669
………………… 61122006
………………… 65353127
………………… 66137618

散油部

负责人、变压器油销售经理
………………… 50818958
大客户经理 ………………… 50818965
橡胶油经理 ………………… 50818955
综合业务 ………………… 50818982
………………… 50818939
江苏省散油销售代表50818970
浙江省散油销售代表50818967
江苏橡胶油销售代表50818973
江苏变压器油销售代表
………………… 0512－65350575
传真 ………… 0512－65353127
浙江变压器油销售代表
………………… 0571－85457340
传真 ………… 0571－85450108

工业油部

经理 ………………… 50818316
浙江综合业务 ………… 50818370
江苏综合业务 ………… 50818372
传真 ………………… 50818935
安徽、江西综合业务50818374
上海综合业务 ………… 50818373
华东润滑油厂综合业务
………………… 0512－53648566
传真 ………… 0512－53648556
上海销售代表 ………… 50818830
………………… 50818319
………………… 50818873
………………… 50818339
………………… 50818357
传真 ………………… 50818935
浙江片区经理0571－85457340
传真 ………… 0571－85450108
江苏片区经理0512－65350575
传真 ………… 0512－65353127
江西片区经理 0791－8175013
传真………… 0791－8175071
安徽片区经理 0551－5329829
传真………… 0551－5322389

车用油部

负责人 ………………… 50818321
上海、江西综合业务
………………… 50818326
安徽综合业务 ………… 50818327

…………………… 50818359
浙江综合业务 …… 50818325
江苏综合业务 …… 50818323
传真 ……………… 50818359
华东润滑油厂综合业务
…………… 0512－53648516
传真 ……… 0512－53648556
上海销售代表 …… 50818353
…………………… 50818352
…………………… 50818351
传真 ……………… 50818359
浙江片区经理 0571－8545763
江苏片区经理0512－65351559
江西片区经理 0791－8175071
安徽片区经理 0551－5322389
JAC 专用油驻厂代表
……………… 0551－5322389
加油站总代表 …… 50818336
安徽加油站销售代表
……………… 0551－5322389
上海、浙江、江西加油站销售代表 ……… 0517－85457634
传真 ……… 0571－85450108
昆仑摩托车油经理
……………… 0512－65351559
传真 ……… 0512－65353127
浙江销售代表
…………… 0571－85457634
传真 ……… 0571－85450108

船用油客户服务中心

经理 ……………… 50818360
传真 ……………… 50818395
销售经理 ………… 50818381
技术经理 ………… 50818362
综合业务主管 …… 50818396
综合计划主管 …… 50818382
供油服务主管 …… 50818399
技术服务工程师 … 50818361
江苏、浙江、上海片区经理
…………………… 50818389
销售代表 ………… 50818375

广东、海南片区

地址：广州市天河区体育西路 109 号高盛大厦 11 楼 CD 座
邮编：510620
经理………… 020－38792021
传真………… 020－38795552
广西销售代表 0779－8886810

福建片区

地址：厦门市海仓区未来海岸嵩屿北一里 135 号 209 室
邮编：361006
经理………… 0592－6891640

北方片区

地址：青岛市香港中路 61 号阳光大厦 621B
邮编：266071
经理 ……… 0532－83629822
青岛销售代表0532－87630788

上海兰华石化贸易有限公司

地址：上海市浦东荣城路 9 弄荣城花苑 8 号 1501 室
邮编：200120
经理 ……………… 58766932
财务 ……………… 58762163
销售代表 ………… 58883067

吴江七星石油化工有限公司

地址：江苏省吴江市黎里镇交通东路 7 号
邮编：215212
厂长 ……… 0512－63624556
销售主管 … 0512－63624553
销售 ……… 0512－63616091
…………… 0512－63624559
财务 ……… 0512－63626989
综合部 …… 0512－63624557
生产部 …… 0512－63626580
传真 ……… 0512－63626989

中南润滑油销售分公司

地址：广东省广州天河体育西路 109 号高盛大厦 11 楼 C 座
邮编：510620
公网区号：020
总机： ……… 020－38795555
…………………… 22221122

领导

经理 ……………… 38795500
副经理 …………… 38795550
…………………… 38795511

办公室

主任………… 38795522－632
副主任…………………… 618
人事劳资计算机维护…… 636
质量体系与法律事务…… 637
综合管理………………… 635
文秘行政………………… 668

财务部

主任………… 38795556－625
副主任……… 38795533－626
清欠主管………………… 612
资产……………………… 629
销售往来结算…………… 627
会计……………………… 623
出纳……………………… 628
清欠……………………… 616
费用报销………………… 629
金管理…………………… 630
传真 ……………… 38795556

业务服务部

副经理 …………… 38792263
综合计划 ………… 38792179
物流管理 ………… 38785257
广州、福建计划 … 38785217
河南、海南计划 … 38792309
结算业务 ………… 38792179
传真 ……………… 38792267

车用油部

经理……………………… 617
综合业务…………… 8795551
…………………………… 606
…………………………… 608
…………………………… 609
技术服务与开发………… 621
…………………………… 657
传真 ……………… 38795552

工业油部

副经理…………………… 607
变压器油经理…………… 615
橡胶油主管……………… 613
综合业务………………… 631

散油部

主管……………………… 611
…………………………… 610

船用油 ………… 38792021

河南代表处

地址：郑州市城东路 255 号附 8 号
公网区号：0371
经理 ……………… 66397352
会计、出纳 ……… 66897954
郑州仓储管理 …… 66897448
车用油
河南片区经理 …… 66397531
洛阳销售代表 …… 63286302
周口销售代表 …… 66170085
安阳、濮阳销售代表63286301
三门峡销售代表 … 63286306
郑州销售代表 …… 66826487
焦作销售代表 …… 63286305
工业油河南销售代表66897509
河南工业油代表 … 66897109
散油河南销售代表 63286307
…………………… 66397351
传真 ……………… 66311270

湖北代表处

地址：湖北武汉宝丰路 6 号（香溢大酒店 7 楼）
公网区号：027
总机 ……………… 82669299
经理……………………… 801
会计……………………… 806
出纳……………………… 807
仓储管理………………… 809
…………………………… 810
…………………………… 811
传真 ……………… 83668723

车用油

湖北片区经理…………… 851
襄樊、十堰、随州代表… 855
当阳、宜昌、随州代表… 858
汉口、汉阳销售代表…… 853
黄冈、黄石、鄂州代表… 856
孝感、东西湖代表…… 857
加油站代表、内勤…… 852
车用油代表……………… 859
…………………………… 860
传真 ……………… 83668307
湖北工业油代表………… 821
…………………………… 822
湖北散油销售代表…… 831
传真 ……………… 83668307

湖南代表处

地址：长沙市芙蓉中路一段 469 号新闻大厦 18 楼 A2B 座
公网区号：0731
经理……………… 2818800
会计、出纳……… 2818803
仓储管理………… 2818801
传真……………… 2818802
车用油湖南片区经理 2818808
传真……………… 2818809
湖南工业油代表…… 2818806
协销代表………… 2818807
散油代表………… 2818804
散油销售代表…… 2818805
传真……………… 2818802

广东片区销售

广州公网区号：020
深圳公网区号：0755
经理………… 38795555－619
车用油肇庆、江门、云浮代表
…………………… 34773598
车用油佛山代表 … 34773518
广东加油站销售代表
…………… 38795555－659
梅州、潮州、河源代表
…………………… 81121905
车用油东莞代表 … 82311258
广东摩油 ………… 82307020
广东工业油代表 … 82011526
广州驻库散油零售 82011526
车用油梅州、潮州、河源代表
…………………… 81121905
车用油揭阳、汕头、汕尾代表
…………………… 81121905
车用油韶关、珠海代表
…………………… 82442865
车用油深圳、惠州代表
…………………… 82436716

车用油中山、清远代表
…… 84107166
深圳工业油代表 … 28535594
工业油技术服务 … 28535015
车用油茂名、湛江、阳江代表
…… 2808136

广州古海油库

地址：广州市天河东圃镇棠东村广棠路53号

经理 …… 82011526
会计出纳 …… 82011517
仓储管理 …… 82011526
…… 82317131

广州昆仑油库

地址：广州黄埔区文冲华坑路468号

第二负责人 …… 82362232
仓储管理 …… 82362199
仓储 …… 82362116
清欠负责人 …… 82362220
清欠办 …… 82362221

深圳古海公司

地址：深圳市罗湖区上步路银湖路口银田花园1幢104号

负责人 …… 82472108
…… 28535594

福建联络组

工业油代表 …… 83705827

番禺专卖店 …… 34810695

西南润滑油销售分公司

地址：四川成都市东城根上街95号成都证券大厦13楼
邮编：610051

领导

总经理 …… 86273177
副总经理 …… 86273130
经理助理 …… 86273125
传真 …… 86273127

办公室

主任 …… 86273141
副主任 …… 86273142
办公室 …… 86273143
…… 86273144
…… 86273145
…… 86273146
…… 86273147
…… 86273147
…… 86272577
传真 …… 86273140
会议室 …… 86273259

财务部

经理 …… 86273261
副经理 …… 86273262
办公室 …… 86273263
…… 86273264
…… 86273265
…… 86273269
…… 86273252
传真 …… 86273260

业务服务部

经理 …… 86273159
办公室 …… 86273160
…… 86273161
…… 86273162
…… 86273163
…… 83589599
传真 …… 86273150
片区经理 …… 86273240
办公室 …… 86273241
…… 86273242
…… 86273243
技术服务 …… 86273135
…… 86273137

散油销售部

经理 …… 86273271
办公室 …… 86273272
…… 86273273
传真 …… 86273121

工业油销售部

经理 …… 86273274
办公室 …… 86273275
…… 86273276
传真 …… 86273122

清欠办公室

主任 …… 86273172
办公室 …… 86273173
…… 86273175
…… 86273256
传真 …… 86273270

成都锦新石油化工销售中心

经理 …… 86665801
副经理 …… 86668591
办公室 …… 86668171
传真 …… 86668376

重庆分销处

经理 …… 68679753
片区经理 …… 68679753
传真 …… 023-68679752

贵州分销处

经理 …… 5809002
业务 …… 7835422
传真 …… 0851-5809003

广西分销处

经理 …… 5849501
业务 …… 2039048
传真 …… 0771-5849532

云南分销处昆明翼龙公司

经理 …… 8301588
片区经理 …… 8319285
销售 …… 8301988
财务 …… 8302050
…… 8302132
传真 …… 0871-8302065

四川销售代表 …… 81377899

重庆销售代表 …… 66672763
…… 66167755
…… 67260470
…… 66806037
…… 66197960
…… 68679753

广西销售代表

…… 2057944
…… 2057491
…… 0772-2202647
…… 0772-2202649
…… 6404099
…… 2057044

云南销售代表 …… 6477056
…… 6613541
…… 6938209

祁连库房 …… 83576636

大丰库房 …… 83911398

陆家库房 …… 83111745

广西库房 …… 4816809

昆明库房 …… 8301232

红牌楼 …… 85080798

兰州润滑油研究开发中心

地址：甘肃省兰州市西固区兰炼街369号
邮编：730060
公网区号：0931
国际传真：86-0931-7365937

领导

主任 …… 7930252
副主任 …… 7932973
…… 7935428
…… 7930250
…… 7935433

综合（党委）办公室

主任 …… 7930255
副主任 …… 7932975
人事、培训 …… 7934780
文秘 …… 7930254
综合管理 …… 7932971

科研科

科长 …… 7932977
科研计划 …… 793541
科技档案 …… 7935418
设备 …… 7930256
安全环保 …… 7933409
专利、原材料
…… 0931-7930256

财务科

科长 …… 7930258
总帐报表 …… 7931974
会计出纳 …… 7934033

技术服务部

副主任 …… 7933668
主任工程师 …… 7368725
技术服务 …… 7368791

标准化所

标准化管理 …… 7935415

检测站

业务主办 …… 7363055

复合剂厂

厂长 …… 7934994
副厂长 …… 7930260

内燃机油与添加剂研究所

所长 …… 7935406
副所长 …… 7360335
…… 7362992

工业用油与添加剂研究所

所长 …… 7931984
副所长 …… 7368201

燃料添加剂研究所

所长 …… 7932972

炼油工艺研究所

所长 …… 7934290
副所长 …… 7932736

技术信息研究所

所长 …… 7935432
副所长 …… 7932736

分析检测中心

主任 …… 7935404
副主任 …… 7931004

润滑油评定中心

主任 …… 7933713
副主任 …… 7932983

大连润滑油研发中心

地址：辽宁省大连市甘井子区山中街1号
邮编：116032
公网区号：0411

领导

主任 …… 86773203
副主任 …… 86774288
…… 86774973
传真 …… 86774148

综合办公室

主任 …… 86773706
副主任 …… 86774566
传真

科研管理

主任 …… 86774264
副主任 …… 86774255

财务资产部

主任 ………………… 86774656
技术服务部
主任 ………………… 86773733
副主任 ……………… 86773729
分析检测中心
主任 ………………… 86773726
内燃机油与添加剂所
所长 ………………… 86774448
工业用油与添加剂所
所长 ………………… 86773722
工艺与石蜡所
所长 ………………… 86773559
润滑油评定中心
主任 ………………… 86774839
技术信息所
所长 ………………… 84751607
副所长 ……………… 84675373

34. 中油燃料油股份有限公司

地址：北京市朝阳区建国路71号惠通时代广场B3座　　邮政编码：100025　　公网区号：010
总机：58630066

办公室
主任 ………………… 58630296
……………………… 0201
副主任 ……………… 0216
办公室 ……………… 0202
传真 ………………… 58635033

人事处
处长 ………………… 58630299
……………………… 0301
办公室 ……………… 0307
传真 ………………… 0318

市场处
处长 ………………… 58630298
……………………… 0503
副处长 ……………… 0518
办公室 ……………… 0512
……………………… 0513
传真 ………………… 58635025

储运处
处长 ………………… 58630031
……………………… 1201
办公室 ……………… 1205
……………………… 1206
传真 ………………… 58630035

财务处
处长 ………………… 58630289
……………………… 0601
副处长 ……………… 0607
办公室 ……………… 0605
传真 ………………… 58635026

生产处
处长 ………………… 58630016
……………………… 1601
办公室 ……………… 1606
传真 ………………… 1618
调度 ………………… 58630287

市场二处
处长 ………………… 1010
办公室 ……………… 1018
传真 ………………… 1011

工程与计划处
处长 ………………… 58630644
……………………… 0805
办公室 ……………… 0802
……………………… 0806
传真 ………………… 0818

质量安全环保处
处长 ………………… 58630285
……………………… 0901
办公室 ……………… 0904
传真 ………………… 0918

审计监察处
内控与风险管理处
处长 ………………… 58630286
……………………… 0701
副处长 ……………… 0707
办公室 ……………… 0702
传真 ………………… 0718

党群工作处
处长 ………………… 58630669
……………………… 1101
副处长 ……………… 1119
办公室 ……………… 1107
传真 ………………… 1118

七、天然气与管道储运企业

1. 北京油气调控中心

地址：北京市东城区东直门北大街9号中国石油大厦　　邮政编码：100007　　公网区号：010

综合办公室
处长 ………………… 59983888
副处长 ……………… 59983989
……………………… 59983991
办公室 ……………… 62099985
……………………… 59983992
……………………… 59983811
……………………… 59983994
……………………… 59983993
传真电话 …………… 62099990
会议室 ……………… 59983940
……………………… 59983942
生产会议室 ………… 59983946
参观接待室 ………… 59983948

调度一处
处长 ………………… 59983898
副处长 ……………… 59983896
……………………… 59983895
办公室 ……………… 59983939
……………………… 59983716
……………………… 59983952
……………………… 59983909
……………………… 59983951
……………………… 59983950
……………………… 59983962
……………………… 59983960
……………………… 59983963
……………………… 59983893
……………………… 59983980
……………………… 59983975
……………………… 59983981
……………………… 59983820
……………………… 59983987
……………………… 59983817
……………………… 59983821
……………………… 59983822
……………………… 59983823
……………………… 59983839
……………………… 59983705
传真 ………………… 62099890
西气东输一
值班调度 …………… 59983901
……………………… 59983902
西气东输二
值班调度 …………… 59983907
……………………… 59983908
陕京管道
值班调度 …………… 59983903
……………………… 59983904
忠武涩宁兰
值班调度 …………… 59983905
……………………… 59983906
天然气值班
大班调度 …………… 59983910
仿真培训室 ………… 59983824
传真电话 …………… 62099900
……………………… 62099800
视频会议室 ………… 59983941

调度更衣室 ……… 59983643

调度二处

处长 ……… 59983818
副处长 ……… 59983987
……… 59983988
办公室 ……… 59983919
……… 59983945
……… 59983929
……… 59983949
……… 59983847
……… 59983848
……… 59983849
……… 59983863
……… 59983873
……… 59983752
……… 59983830
……… 59983831
……… 59983893
……… 59983892
……… 59983890
……… 59983832
……… 59983833
……… 59983838
……… 59983835
……… 59983836
……… 59983837
……… 59983829
……… 59983828
……… 59983825
……… 59983985
……… 59983990
……… 59983826
……… 59983827
……… 59983891
……… 59983751
……… 59983840
……… 59983841
……… 59983842
……… 59983843
……… 59983976
……… 59983845
……… 59983961
……… 59983983
……… 59983957
……… 59983750
……… 59983880
……… 59983883
……… 59983887
……… 59983889
传真 ……… 62099824

西部成品油

值班调度 ……… 59983801
……… 59983802

港枣线

值班调度 ……… 59983803

兰—成—渝

值班调度 ……… 59983810
……… 59983804

西部原油

值班调度 ……… 59983805
……… 59983806
……… 59983807

阿独线

值班调度 ……… 59983808
……… 59983809

原油值班

大班调度 ……… 59983920

成品油值班

大班调度 ……… 59983930
仿真培训室 ……… 59983824
传真电话 ……… 62099900
……… 62099800
视频会议室 ……… 59983941
调度更衣室 ……… 59983643

自动化与通信处

处长 ……… 59983866
副处长 ……… 59983870
……… 59983885
……… 59983899
……… 59983886
传真 ……… 62099880
综合 ……… 59983879
自动化 ……… 59983875
……… 59983876
……… 59983878
……… 59983871
传真 ……… 62099883
信息 ……… 59983872
通信 ……… 59983868
……… 59983869
……… 59983881
信息 ……… 59983877
通信 ……… 59983867
传真 ……… 62099874
通信系统 ……… 59983816
……… 59983815
自动化系统 ……… 59983813
……… 59983812
信息系统 ……… 59983814
机房 ……… 59983865
传真电话 ……… 62099887

技术处

处长 ……… 59983968
副处长 ……… 59983966
办公室 ……… 59983970
……… 59983971
……… 59983972
……… 59983967
……… 59983969
……… 59983995
……… 59983733
……… 59983734
传真 ……… 62099974

安全处

处长 ……… 59983979
副处长 ……… 59983977
……… 59983982
……… 59983978
传真 ……… 62099983

计划财务处

处长 ……… 59983959
副处长 ……… 59983958
办公室 ……… 62099957
……… 59983965
……… 59983956
……… 59983955
……… 59983953
传真电话 ……… 62099961
POS 机 ……… 59983954

投产办公室

SCADA 开发 ……… 59983850
办公室 ……… 62099850
……… 59983851
……… 62099851
……… 59983852
……… 62099852
……… 59983853
……… 62099953
传真 ……… 62099840
……… 62099841

2. 管道建设项目经理部

地址：北京市朝阳区安立路80号马哥孛罗大厦　　邮政编码：100101　　公网区号：010

17层前台 ……… 84889500
18层前台 ……… 84889800
19层前台 ……… 84889900
20层前台 ……… 84889700

综合办公室

主任 ……… 59636625
副主任 ……… 84889757
办公室 ……… 84889709
……… 84889712
……… 84889705
……… 84889998
……… 84889701
……… 84889979
……… 84889989
传真 ……… 59636628

人事处（党委组织部）

处长 ……… 59636675
……… 84889977
副处长 ……… 84889505
办公室 ……… 84889993
……… 84889703
传真 ……… 84889094

计划处

处长 ……… 84889969
副处长 ……… 84889968
办公室 ……… 84889932
……… 84889961
……… 84889965
……… 84889960
……… 84889950
……… 84889956
……… 84889931
……… 84889953
传真 ……… 84889959

财务处

处长 ……… 84889988
……… 59636658
副处长 ……… 84889902
办公室 ……… 84889910
……… 84889906
……… 84889912
……… 84889919
……… 84889915

………………………… 84889909
………………………… 84889933
传真 ………………… 84889907

企管法规处

处长 ………………… 84889855
………………………… 59636697
副处长 ……………… 84889805
………………………… 84889806
办公室 ……………… 84889808
………………………… 84889861
………………………… 84889809
………………………… 84889807
传真 ………………… 84889868

工程管理处

处长 ………………… 84889816
………………………… 59636631
副处长 ……………… 84889833
………………………… 84889025
办公室 ……………… 84889819
………………………… 84889825
………………………… 84889813
………………………… 84889823
………………………… 84889827
………………………… 84889812
………………………… 84889826
………………………… 84889821
………………………… 84889828
………………………… 84889026
………………………… 84889027
………………………… 84889020
………………………… 84889028
………………………… 84889018
………………………… 84889017
………………………… 84889021
………………………… 84889031
………………………… 84889033
………………………… 84889041
………………………… 84889042
………………………… 84889044
………………………… 84889024
传真 ………………… 84889820

工程技术处

处长 ………………… 84889850
副处长 ……………… 84889852
办公室 ……………… 84889862
………………………… 84889860
………………………… 84889818
………………………… 84889866
………………………… 84889856
………………………… 84889857
………………………… 84889858
………………………… 84889867
………………………… 84889051
………………………… 84889865
………………………… 84889853
………………………… 84889017
………………………… 84889019
………………………… 84889951
………………………… 84889057
传真 ………………… 84889859

质量安全环保处

处长 ………………… 84889936
………………………… 59636675
副处长 ……………… 84889930
办公室 ……………… 84889923
………………………… 84889926
………………………… 84889922
………………………… 84889927
………………………… 84889753
传真 ………………… 84889925

物资采办处

处长 ………………… 84889876
………………………… 59636635
副处长 ……………… 84889875
………………………… 84889877
………………………… 84889873
办公室 ……………… 84889885
………………………… 84889882
………………………… 84889881
………………………… 84889879
………………………… 84889880
………………………… 84889890
………………………… 84889896
………………………… 84889889
………………………… 84889891
………………………… 84889864
………………………… 84889883
………………………… 84889886
………………………… 84889887
………………………… 84889893
………………………… 84889892
………………………… 84889082
传真 ………………… 84889895

公共关系处

处长 ………………… 84889955
………………………… 59636605
副处长 ……………… 84889987
办公室 ……………… 84889976
………………………… 84889975
………………………… 84889980
………………………… 84889529
………………………… 84889921
传真 ………………… 84889982

审计监察处

副处长 ……………… 84889518
办公室 ……………… 84889502

宣传支持

办公室 ……………… 84889706
………………………… 84889702

网络维护

办公室 ……………… 84889995
………………………… 84889964
………………………… 84889924
………………………… 84889918
………………………… 84889920
传真 ………………… 84889954

兰郑长（豫鄂）项目部

经理………… 029－87688919
副经理……… 029－87688911
……………… 029－87688922
办公室……… 029－87688946
……………… 029－87688902
……………… 029－87688907
……………… 029－87688950
……………… 029－87688905
……………… 029－87688912
……………… 029－87688925
……………… 029－87688924
……………… 029－87688921
……………… 029－87688934
……………… 029－87688939
……………… 029－87688910
……………… 029－87688903
……………… 029－87688949
……………… 029－87688920
……………… 029－87688917
传真………… 029－87688928

兰成项目部

经理………… 010－84889820
办公室……… 010－84889837
传真………… 010－84889060

漠大项目部

经理………… 010－84889058
办公室……… 010－84889863
……………… 010－84889052
传真………… 010－84889057

西气东输二线新疆项目分部

经理………… 0991－3221661
副经理……… 0991－3791679
……………… 0991－3221662
……………… 0991－3791663
办公室……… 0991－3221687
……………… 0991－3791683
……………… 0991－3791680
……………… 0991－3798685
……………… 0991－3798682
……………… 0991－3798673
……………… 0991－3791677
……………… 0991－3791676
……………… 0991－3791667
……………… 0991－3791672
……………… 0991－3791665
……………… 0999－3221862
……………… 0999－3221861
……………… 0991－3139825
……………… 0991－3139830
……………… 0999－3221861
新疆传真…… 0991－3791681
果子沟传真… 0999－3221775

西气东输二线甘肃项目分部

经理………… 0937－2671993
办公室……… 0937－2672381
……………… 0937－2671991
……………… 0937－2672429
……………… 0937－2672390
……………… 0937－2671391
……………… 0937－2672392
……………… 0937－2672379
传真………… 0937－2672429

西气东输二线宁陕项目分部

经理………… 0951－4080843
副经理……… 0951－4080975
办公室……… 0951－4080415
……………… 0951－4080673
……………… 0951－4072632
……………… 0951－3859098
……………… 0951－4080231
……………… 0951－4080720
……………… 0951－4080783
传真………… 0951－4072632

涩宁兰复线项目部

经理………… 0971－8868472
办公室……… 0971－8868465
……………… 0971－8868463
……………… 0971－8868517
……………… 0971－8868460
……………… 0971－8868470

…………………0971－8868461
…………………0971－8868520
…………………0971－8868527
…………………0971－8868513
…………………0971－8868525

锦州（秦沈）项目部

经理…………010－84889539

办公室………010－84889534
…………………010－84889536
…………………010－84889533
…………………010－84889531
…………………010－84889535

陕京三线项目部

经理…………010－84889063

办公室………010－84889072
…………………010－84889050
…………………010－84889054
…………………010－84889073

压缩机项目部

经理…………010－84889836

副经理………010－84889851
办公室………010－84889069

中缅项目前期组

负责人………010－84889838
…………………010－59636632

3. 管道公司

地址：河北省廊坊市广阳道87号甲　邮政编码：065000　公网区号：0316

公司机关
总经理办公室
（党委办公室）

主任……………2170633
副主任…………2170690
…………………2170860
秘书科…………2170077
科长……………2170106
综合秘书………2170366
…………………2170911
…………………2170803
…………………2170908
文书科…………2170808
科长……………2170636
文书……………2170111
…………………2170616
打字室…………2170609
复印室…………2170601
公共关系科……2170289
外事管理………2170876
接待管理………2170637
档案科…………2170032
科长……………2170033
档案管理………2170035
…………………2170070
…………………2170120
行政科…………2170887
科长……………2170805
计划生育………2170889
资产管理………2170806
综合协调………2170887
物业管理………2170645
车队
队长……………2170558
安全……………2170007
调度……………2170110
统计……………2170390
值班室…………2170002

发展研究室
（维护稳定办公室）

主任……………2170108
副主任…………2170538
…………………2170810
科长……………2170699
研究员…………2170102
…………………2170103

生产处

处长……………2170089
副处长…………2170211
…………………2170259
…………………2170212
…………………2170228
运销科
科长……………2170237
…………………2170226
运销管理………2170031
计量管理………2170288
运销管理………2170227
能源科…………2170236
科长……………2170239
能源管理………2170587
仪表通信科
科长……………2170562
自动化管理……2170310
科长……………2170238
通信管理………2170569
生产技术科
科长……………2170576
副科长…………2170578
电气管理………2170139
设备科…………2170561
科长……………2170398
设备管理………2170471
综合调度科……2170053
科长……………2170050
…………………2170223
副科长…………2170052

综合管理………2170051
值班调度………2170136
…………………2170218
综合管理………2170563

工程处

处长……………2170778
副处长…………2170219
…………………2170206
工程技术科
科长……………2170271
副科长…………2170697
工程技术………2170272
…………………2170217
项目管理科
科长……………2170295
项目管理………2170220
…………………2170298
信息管理科
科长……………2170221
工程处传真……2170216

管道处（保卫处）

处长……………2170208
副处长…………2170013
…………………2170679
管道管理科……2170277
科长……………2170625
管道与完整性管理…2170006
…………………2170028
管道工程科
管道工程………2170677
…………………2170276
管道保卫科……2170800
科长……………2170537
管道保护………2170531
管道抢修科……2170534
科长……………2170209
维抢修…………2170012
…………………2170009
抢修中心………2170451

…………………2170452
…………………2170453
…………………2170454

质量安全环保处

处长……………2170130
副处长、QHSE办主任
…………………2170261
副处长…………2170202
安全管理科……2170263
科长……………2170269
消防安全………2170262
安全管理………2170292
安全监督科……2170046
科长……………2170266
安全监督………2170985
环保科…………2170267
环保管理………2170203
QHSE办公室……2170229
体系管理………2170030
体系管理………2170210
…………………2170902
…………………2170642

科技处

处长……………2170201
副处长…………2170065
科技管理科
科长……………2170981
科技管理………2170132
…………………2170134
标准化管理科
科长……………2170067
标准化…………2170173
科技处传真……2170342

信息管理处

副处长…………2170732
规划计划、绩效考核、培训
…………………2170134
项目管理与应用推广2170731

信息安全与网络运维 2170812

规划计划处

处长…………………… 2170836
副处长………………… 2170577
………………………… 2170126
规划科………………… 2170517
科长…………………… 2170515
规划管理……………… 2170617
后评价………………… 2170630
计划科………………… 2170521
科长…………………… 2170506
综合统计……………… 2170383
投资计划……………… 2170477

财务资产处
（财务结算中心）

处长…………………… 2170838
副处长………………… 2170360
………………………… 2170122
预算成本科…………… 2170358
科长
副科长………………… 2170319
预算管理……………… 2170593
………………………… 2170353
………………………… 2170351
关联交易……………… 2170304
资金科………………… 2170331
科长…………………… 2170299
资金管理……………… 2170315
往来管理……………… 2170355
资金计划……………… 2170336
债务管理……………… 2170303
会计信息科…………… 2170313
科长…………………… 2170322
副科长………………… 2170325
总账管理……………… 2170376
报表管理……………… 2170320
内部购销……………… 2170301
应用系统……………… 2170346
机关财务科…………… 2170339
科长…………………… 2170357
费用核算……………… 2170619
出纳…………………… 2170348
资产科………………… 2170337
科长…………………… 2170350
副科长………………… 2170629
资产管理……………… 2170652
资产核算……………… 2170375
税价科………………… 2170317
科长…………………… 2170299
价格管理……………… 2170356
税收管理……………… 2170321
综合信息科…………… 2170687
副科长………………… 2170156
综合管理……………… 2170253

人事处（党委组织部）

处长…………………… 2170867
副处长………………… 2170528
………………………… 2170533
副处级员……………… 2170536
………………………… 2170502
干部组织科
科长…………………… 2170673
档案及干部管理……… 2170101
干部管理……………… 2170361
人事档案室…………… 2170036
技术干部与培训科
科长…………………… 2170631
专业技术干部、培训管理
………………………… 2170522
劳动组织科…………… 2170503
科长…………………… 2170861
劳动用工……………… 2170535
集团公司劳标委秘书 2170539
工资科………………… 2170530
科长…………………… 2170525
工资、社会保险管理 2170529
………………………… 2170552
工资、统计管理……… 2170693
机关人事与综合科
科长…………………… 2170510
机关人事、人力资源系统管理
………………………… 2170362

企管法规处

处长…………………… 2170222
副处长………………… 2170586
………………………… 2170858
企业管理科…………… 2170585
多种经营……………… 2170380
规章制度……………… 2170584
协会管理……………… 2170381
绩效考核……………… 2170644
法律事务科…………… 2170385
法律事务……………… 2170395
合同管理……………… 2170393
市场管理科
股权管理……………… 2170582
市场管理……………… 2170581
经营科………………… 2170093
多种经营……………… 2170524

商务处

处长…………………… 2170088
副处长………………… 2170056
物资管理科
科长…………………… 2170328
新计划………………… 2170290
采购管理……………… 2170421
统计…………………… 2170215
设备采购科
科长…………………… 2170555
设备采购……………… 2170291
………………………… 2170225
………………………… 2170330
材料采购科…………… 2170399
科长…………………… 2170397
电子商务……………… 2170258
电子商务交易室……… 2170444

审计处

处长…………………… 2170898
副处长………………… 2170886
副处级………………… 2170556
办公室………………… 2170306
………………………… 2170309
………………………… 2170365
………………………… 2170307
………………………… 2170571
工程项目审计科
科长…………………… 2170363
财务审计科
科长…………………… 2170332
财务审计……………… 2170556
内控审计科
科长…………………… 2170572
传真…………………… 2170333

内部控制处

处长…………………… 2170234
体系规划与监控科
科长…………………… 2170316
体系规划与监控……… 2170373
………………………… 2170419
流程与控制科
科长…………………… 2170417
流程与控制…………… 2170235

纪检监察处

处长…………………… 2170505
纪检监察中心主任…… 2170683
纪检监察中心副主任 2170790
正处级员……………… 2170305
副处级员……………… 2170368
正处级员……………… 2170501
纪检监察员…………… 2170885
举报电话……………… 2170323

企业文化处
（思想政治工作处）

处长…………………… 2170551
副处长、团委副书记
………………………… 2170509
记者站站长…………… 2170602
企业文化科…………… 2170057
科长…………………… 2170603
企业文化……………… 2170681
………………………… 2170613
政工科
科长…………………… 2170382
政工…………………… 2170620
宣传科………………… 2170650
科长…………………… 2170058
宣传…………………… 2170349
记者站………………… 2170187
………………………… 2170607

公司工会

副主席………………… 2170606
工会办主任…………… 2170608
机关团委副书记……… 2170621
工会办………………… 2170651

矿区服务事业部

地址：廊坊市广阳区新开路 408 号
公网区号：0316

领导

副总经理、事业部主任
………………………… 2170508
事业部副主任………… 2170166

综合办公室

主任…………………… 2170910
文书…………………… 2170165
………………………… 2170168
信息管理……………… 2170063
传真…………………… 2170087

计划财务处

处长…………………… 2170519
………………………… 2170520
………………………… 2170167
………………………… 2170378
………………………… 2170196
………………………… 2170233
………………………… 2170287
传真…………………… 2170198

运行管理处

处长…………………… 2170169
………………………… 2170883
………………………… 2170008
………………………… 2170160
………………………… 2170170
传真…………………… 2170171
员工公寓
管理科长……………… 2071287
办公室………………… 2071286

………………………… 2071273

离退休管理处

处长………………… 2170532
………………………… 2170900
传真………………… 2170087

沈阳调度中心

地址：辽宁省沈阳市皇姑区岐山中路 39 号
邮编：110031
公网区号：024＋229＋5 位数
领导
主任……………………… 83822
副主任…………………… 83362
………………………… 82216
综合处
处长……………………… 83870
党群科
科长……………………… 82214
副科长…………………… 82768
主管……………………… 82270
综合科
科长……………………… 83642
副科长…………………… 83325
安全总监………………… 82346
主管……………………… 83745
高级主管………………… 83249
主管……………………… 82317
管道安全处
处长……………………… 83892
副处长…………………… 82080
………………………… 82585
管道管理科
科长……………………… 82321
副科长…………………… 82368
………………………… 83175
科员……………………… 83175
工程技术科
科长……………………… 82261
副科长…………………… 82261
科员……………………… 82613
安全科
安全总监………………… 82483
科长……………………… 82377
科员……………………… 83543
生产调度处
处长……………………… 82316
副处长…………………… 82339
………………………… 83863
调度科
调度长…………………… 82372
副调度长………………… 82619
………………………… 82402
高级主管………………… 82075
主管……………………… 82235
………………………… 82234
………………………… 82229
调度员…………………… 82826
科技科
科长……………………… 82308
仪表自动化科
科长……………………… 82650
工程师…………………… 83833
电力科
科长……………………… 82038
主管……………………… 82038
工艺科
科长……………………… 83942
运销科
科长……………………… 83707
副科长…………………… 82685
科员……………………… 82205
能源科
科长……………………… 82477
工程师…………………… 83891
设备科
科长……………………… 82220
科员……………………… 82220
财务处
结算科
科长 ……………… 86867525
副科长…………………… 82302
科员……………………… 82873
………………………… 82302
财务科
科长……………………… 83893
副科长…………………… 82041
科员……………………… 83876
内控办公室
科长……………………… 82561
科员……………………… 82561
大连结算站
科长 ……… 0411－82897469
科员 ……… 0411－82895831

信息中心

主任………………… 2170097
副主任……………… 2170086
应用系统科
应用系统…………… 2170155
………………………… 2170153
综合科
科长………………… 2170736
综合管理…………… 2170458
ERP 科
科长………………… 2170726
ERP 管理 ………… 2170570
门户科
门户管理…………… 2170150
视频会议科
视频会议管理……… 2170709
………………………… 2170283
软件开发科
副科长……………… 2170151
软件开发…………… 2170152
系统网络科
科长………………… 2170085
副科长……………… 2170282
系统网络…………… 2170278
………………………… 2170379
传真………………… 2170377

工程造价管理中心

主任………………… 2170126
副主任……………… 2170199
造价一科
副科长……………… 2170507
………………………… 2170145
审查………………… 2170143
………………………… 2170516
造价二科
副科长……………… 2170127
………………………… 2170141
概预算……………… 2170125
………………………… 2170144
定额科
科长………………… 2170920
副科长……………… 2170142
材料价格…………… 2170140
定额………………… 2170921
培训中心
主任………………… 2170811
副主任……………… 2170081
培训管理科
科长………………… 2170082
培训管理…………… 2170275
综合科
综合………………… 2170083
技术服务中心
主任………………… 2079701
副主任……………… 2079717
总工程师…………… 2073108
综合科
科长………………… 2079702
高级主管…………… 2079706
主办………………… 2073217
技术科
高级主管…………… 2079727
………………………… 2079725
………………………… 2079703
主办………………… 2073577
自动化通信科
副科长……………… 2073160
高级主管…………… 2073121
主管………………… 2073216
主办………………… 2073509
………………………… 2073208
………………………… 2073105
………………………… 2073152
………………………… 2073159
储运职业技能鉴定中心
主任………………… 2170528
新建管道运行筹备协调组
组长………………… 2170456
副组长……………… 2170618
………………………… 2079701
………………………… 2170468
成员………………… 2170488
………………………… 2170480
………………………… 2170066
………………………… 2170457
………………………… 2170084
………………………… 2170090
………………………… 2170465
………………………… 2170487
………………………… 2170462
………………………… 2170464
………………………… 2170460
………………………… 2170461

廊坊基地建设办公室

地址：河北省廊坊市华苑小区 17 号楼 1 单元
邮编：065000
公网区号：0316
领导
主任………………… 2079813
综合科
副主任……………… 2079171
计划科
科长………………… 2079102
科员………………… 2079120
采办科
科长………………… 2079152
副科长……………… 2079183
财务科
科长………………… 2079913
压缩机维检修中心筹备组
组长………………… 2170633
成员 ………… 0534－2656002
………………………… 2170020
………………………… 2170026
………………………… 2170837
………………………… 2170893
………………………… 2170855
………………………… 2170017
………………………… 2170833

……………………… 2170027
……………………… 2170820
传真……………………… 2170060

大庆输油气分公司

地址：大庆市让胡路区胜利路 7 号
邮编：163458
公网区号：0459

领导

经理、党委书记…… 6020758
副经理、矿区服务中心主任 ……………………… 6020802
副经理、党委副书记、纪委书记……………………… 6020768
副经理、工会主席… 6020879
副经理……………… 6020799
……………………… 6020803
……………………… 6020806
……………………… 6020736

办公室（党委办公室）

主任………………… 6020700
副主任……………… 6020701
办公室……………… 6020706
……………………… 6020703

生产科

科长………………… 6020728
办公室……………… 6020786
……………………… 6020732
……………………… 6020730
……………………… 6020733
……………………… 6020771
……………………… 6020786

安全科

科长………………… 6020726
副科长……………… 6020727
办公室……………… 6020753
……………………… 6020755
……………………… 6020755

管道（保卫）科

科长………………… 6020721
副科长……………… 6020819
办公室……………… 6020722
……………………… 6020723
……………………… 6020725

财务科

科长………………… 6020766
副科长……………… 6020805
……………………… 6020751
办公室……………… 6020739
……………………… 6020745
……………………… 6020752
……………………… 6020751
……………………… 6020756

经营计划科

科长………………… 6020715
副科长……………… 6020716
办公室……………… 6020719
……………………… 6020717
……………………… 6020719

人事科（党委组织部）

科长、党委委员…… 6020708
副科长……………… 6020709
办公室……………… 6020711
……………………… 6020711
……………………… 6020710

党群工作科

科长………………… 6020718
副科长……………… 6020738
办公室……………… 6020712
……………………… 6020713

太阳升站

站长书记…………… 6021200
生产副站长………… 6021202
……………………… 6021203
工艺………………… 6021215
电气………………… 6021204
综合………………… 6021209
管道………………… 6021224
变电所……………… 6021221
运行一班…………… 6021220
运行二班…………… 6021220
运行三班…………… 6021220
运行四班…………… 6021220

林源站

站长………………… 6020200
书记………………… 6020201
生产副站长………… 6020205
……………………… 6020202
工艺………………… 6020215
……………………… 6020215
仪表………………… 6020206
消防………………… 6021385
安全………………… 6020213
综合………………… 6020209

长春输油气分公司

地址：长春市景阳大路 1119 号
邮编：130062
公网区号：0431 + 861
总机：86130114

领导

经理、党委副书记 86130168
党委书记、副经理 86130007
副经理 …………… 86130162
副经理、矿区主任 86130009
副经理 …………… 86130165
……………………… 86130161
党委副书记、纪委书记、工会主席 ………… 86130015
处级巡视员 ……… 86130005
……………………… 86130003

办公室

主任………………… 30108
副主任……………… 30020

生产科

副科长……………… 30182
……………………… 30157

管道科

科长………………… 30120
副科长……………… 30121

安全科

科长………………… 30138

销售科

科长………………… 30013

计划科

科长………………… 30173

财务科

科长………………… 30126
副科长……………… 30127

企管科

科长………………… 30150

人事科

科长………………… 30131
副科长……………… 30132

党群科

科长………………… 30107

新庙站

地址：吉林省松原市平凤乡
邮编：131107
公网区号：0438

站长………………… 31200
书记………………… 31201
生产副站长………… 31202
仪表电气技术员…… 31226
工艺设备技术员…… 31203
运行班……………… 31216
变电所……………… 31221
管道班……………… 31224
清蜡班……………… 31214
电工、仪表维修班…… 37240
设备、管焊维修班…… 31234

牧羊站

站长………………… 37200
书记………………… 37201
生产副站长………… 37202
管焊………………… 37228
仪表………………… 37226
电工………………… 37227
管道保卫…………… 37215
变电所……………… 37221
……………………… 37241
输油调度…………… 37216
……………………… 37223

农安站

地址：吉林农安输油站
邮编：130200
公网区号：0431

站长………………… 32200
书记………………… 32201
生产副站长………… 32202
仪表设备…………… 32215
电气工艺…………… 32204
运行班……………… 32216
变电所……………… 32221
计量班……………… 32217
管道班……………… 32218
仪表班……………… 32226
维修班……………… 32228
司机班……………… 32236
电工班……………… 32227

垂杨站

地址：吉林省长春市绿园区
邮编：130112
公网区号：0431

站长………………… 33200
书记………………… 33213
生产副站长………… 33202
材料管理…………… 33206
人教政工…………… 33207
会计………………… 33209
仪表………………… 33205
通信………………… 33208
计量………………… 33343
运销………………… 33343
通信技术…………… 33208

梨树站

地址：公主岭市东三街
邮编：136100
公网区号：0434

站长………………… 34200
副书记……………… 34201
副站长……………… 34202
会计………………… 34207
出纳………………… 34210
输油班……………… 34216
电工班……………… 34205
仪表班……………… 34226
维修班……………… 34248
管道班……………… 34254

长春维修队

队长………………… 33306
副队长……………… 33301
……………………… 33302

四平维修队

地址：四平市杨木林八三维修队
邮编：136001
公网区号：0434

行政队长…………… 36203
生产副队长………… 36202

供应站
站长……………………… 30178
高级主管………………… 30177
办公室…………………… 30141
………………………… 30142
………………………… 30143
………………………… 30145
………………………… 30159
………………………… 30179
消防队
队长……………………… 33345

长吉输油气分公司

地址：长春市景阳大路 1119 号
邮编：130062
公网区号：0431

领导
经理、党委副书记 86133169
党委书记、副经理 86133175
副经理 …………… 86133178
纪委书记、工会主席
………………… 86133160
副经理 …………… 86133188
专务经理 ………… 86133167

办公室
主任 ……………… 86133162
审计监察 ………… 86133186
秘书 ……………… 86133177
后勤 ……………… 86133186

党群工作科
科长 ……………… 86133191
工团干事 ………… 86133122
政工干事、档案员 86133122

生产科
科长 ……………… 86133163
科长 ……………… 86133166
办公室 …………… 86133185
………………… 86133181
………………… 86133181
………………… 86133185

管道科
科长 ……………… 86133183
副科长 …………… 86130092
办公室 …………… 86133136
………………… 86133136

安全科
科长 ……………… 86133168
消防 ……………… 86130049
QHSE …………… 86130049
安全管理 ………… 86130049

人事科
科长 ……………… 86133161
高级主管 ………… 86133187
办公室 …………… 86133179
………………… 86130090

财务科
科长 ……………… 86133173
高级主管 ………… 86133165
会计 ……………… 86133182
………………… 86133182
………………… 86130091
出纳 ……………… 86130091

经营计划科
科长 ……………… 86133164
副科长 …………… 86133174
办公室 …………… 86133193

调度
调度长 …………… 86133340
调度 ……………… 86133008
………………… 86133341

物资供应站
站长 ……………… 86133176
材料员 …………… 86133171
计划、统计、保管 86133171

汽车队
队长 ……………… 86130252
副队长 …………… 86130250

长春输油站
地址：长春市汽车产业开发区警备路
邮编：130000
公网区号：0431
站长书记 ………… 86133190
生产副站长 ……… 86133189
副站长 …………… 86133180
工艺技术 ………… 86133195
电气技术 ………… 86133196
仪表技术 ………… 86133143
通信技术 ………… 86133000
机械技术 ………… 86133141
材料员 …………… 86133156
财务档案 ………… 86133144
劳资政工 ………… 86133142
电气技术 ………… 86133141
安全 ……………… 86133195

双阳输油站
地址：吉林省长春市双阳区
邮编：130618
公网区号：0431
站长 ……………… 86133072
书记 ……………… 86133085
副站长 …………… 86133079
………………… 86133086
劳资人教 ………… 86133081
财务档案 ………… 86133088
机械技术 ………… 86133082
工艺技术 ………… 86133074
电气技术 ………… 86133091
仪表技术 ………… 86133078
维修班 …………… 86133095
库管 ……………… 86133090
仪表 ……………… 86133075

永吉输油站
地址：吉林省永吉县一拉溪镇贾起河子村 250 泵站
邮编：132200
公网区号：0431
站长、书记 ……… 86133041
生产副站长 ……… 86133055
工艺技术 ………… 86133042
仪表技术 ………… 86133042
电器技术 ………… 86133042
机械技术 ………… 86133042
劳资财务 ………… 86133062
计划档案 ………… 86133054
运行班 …………… 86133063
运电 ……………… 86133057
维修班 …………… 86133044
管道班 …………… 86133052
司机班 …………… 86133050

吉林输油站
地址：吉林市龙潭区榆树街
邮编：131002
公网区号：0432
站长、书记 ……… 86133024
后勤站长 ………… 86133011
生产副站长 ……… 86133013
工艺技术 ………… 86133022
电气技术 ………… 86133012
仪表技术 ………… 86133012
机械技术 ………… 86133022
出纳财会 ………… 86133030
政工干事 ………… 86133030
计划材料 ………… 86133016
计量技术 ………… 86133015
运行班 …………… 86133019
运电 ……………… 86133027

维修队
地址：长春市汽车产业开发区警备路
邮编：130000
公网区号：0431
副队长 …………… 86133127
技术员 …………… 86133125
安全员 …………… 86133125

沈阳输油气分公司

地址：沈阳市皇姑区昆山中路 85 号
邮编：110031
公网区号：024

领导
经理 ……………… 22983976
党委书记 ………… 22982069
副经理 …………… 22983581
………………… 22982941
………………… 22989202
………………… 22982699
………………… 22982930

办公室
主任 ……………… 22989207
副主任 …………… 22989203
档案 ……………… 22982912
文印 ……………… 22983974
文秘 ……………… 22983297

生产科
科长 ……………… 22983520
副科长 …………… 22983921
………………… 22983274
能源 ……………… 22989231
工艺 ……………… 22982714
仪表 ……………… 22983521
设备 ……………… 22989210
网络 ……………… 22989209
电气 ……………… 22989204

管道科
科长 ……………… 22983549
副科长 …………… 22982790
………………… 22982037
………………… 22983494
工程管理 ………… 22983047
管道保卫 ………… 22983947
资料档案 ………… 22982081

安全科
科长 ……………… 22982955
质量环保 ………… 22989201
安全消防 ………… 22983522

党群科
科长 ……………… 22982082
三基管理 ………… 22983348
宣传干事 ………… 22989205
工会企业文化 …… 22982967

计划科
科长 ……………… 22983127
副科长 …………… 22989217
预算 ……………… 22989227
统计 ……………… 22983674
内控 ……………… 22982749
企管 ……………… 22983517

财务科
科长 ……………… 22983671
资产核算 ………… 22989219
财务稽核 ………… 22982797
成本核算 ………… 22989220
费用报销 ………… 22982781
出纳 ……………… 22982097
票据核对 ………… 22982053

运销科
科长 ……………… 22989215
运销计量 ………… 22982717

人事科
科长 ………………… 22982320
副科长 …………… 22983734
组织纪检 ………… 22983059
员工调配 ………… 22983174
工资统计 ………… 22983972
保险培训 ………… 22983048
人事档案 ………… 22983119

供应站
站长 ………………… 22982328
统计 ………………… 22982724
采购 ………………… 22982969
合同 ………………… 22982285

矿区中心
主任 ………………… 22989213
……………………… 22983373
科长 ………………… 22983764
管理 ………………… 22982951
办公室 …………… 22989212
……………………… 22982181
计划员 …………… 22982330
退休办科长 ……… 22983641
退休办 …………… 22983641

昌图输油站
站长 ………………… 22972200
生产副站长 ……… 22972202
管道副站长 ……… 22972203
副书记 …………… 22972201
设备技术 ………… 22972206
仪表技术 ………… 22972205
工艺技术 ………… 22972206
电气技术 ………… 22972204
政工干事 ………… 22972204
人事 ………………… 22972207
财务 ………………… 22972209
维修班 …………… 22972228
电工班 …………… 22972227
仪表班 …………… 22972226

铁岭输油站
地址：辽宁省铁岭市铁岭输油站
邮编：112000
公网区号：0410
行政站长…………… 2845726
副站长、副书记…… 2845733
生产副站长………… 2845727
生产副站长………… 2846461
管道副站长………… 2845519
矿区副站长………… 2846417
仪表技术…………… 2846402
设备技术…………… 2846403
…………………… 2846403
工艺技术…………… 2846402
会计………………… 2845556
计划………………… 2846407
劳资………………… 2846408
安全………………… 2845735
材料………………… 2846401
政工………………… 2846410
管道技术…………… 2846437
矿区管理…………… 2846433
…………………… 2846433
运行一班…………… 2845739
运行二班…………… 2846434
运行三班…………… 2845739
运行四班…………… 2846434
锅炉班……………… 2846436
热煤炉……………… 2846423
变电所……………… 2846421
管道班……………… 2846430
管道保卫…………… 2846430
柴家堡站 ………… 22983621
…………………… 22983626
化验班……………… 2846413
电工班……………… 2846427

铁岭消防大队
地址：铁岭市左家沟八三消防大队
邮编：112001
公网区号：0410
队长 ……………… 22976404
副队长 …………… 22976432
财会 ……………… 22976317
防检员 …………… 22976405
消防队 …………… 22976435

抚顺输油站
地址：抚顺市抚顺输油站
邮编：113000
公网区号：0413
站长………………… 78200
书记………………… 78201
生产站长…………… 78302
工艺设备技术……… 78324
仪表电器技术……… 78322
能源………………… 78307
计划材料…………… 78305
后勤………………… 78300
劳资………………… 78308
财务………………… 78316
仪表班长…………… 78301
电工班长…………… 78319
维修班长…………… 78328
管道保卫班长……… 78329
司机班长…………… 78329
管道班长…………… 78329
技师………………… 78309

抚顺计量站
地址：抚顺顺城区前甸镇抚顺计量站
邮编：113000
公网区号：0413
站长………………… 7403213
检定副站长………… 7403231
生产副站长………… 7403215
设备工艺技术员 2339134 转
仪表技术 ……… 2339134 转
电气技术 ……… 2339134 转
运销………………… 7401800
劳资 …………… 2339134 转
检定技术 ……… 2339134 转
安全 …………… 2339134 转
运销………………… 8220799
前甸班长…………… 7409751
大官屯班…………… 8231795
核算 …………… 2339134 转

沈阳输油站
地址：沈阳市东陵区张官村
邮编：110168
公网区号：024
总机：23819615
站长 ……………… 23819615
生产副站长 ……… 23819615
管道副站长 ……… 23819615
工艺技术 ………… 23819615
设备技术 ………… 23819615
电气技术 ………… 23819615
仪表技术 ………… 23819615
管道技术 ………… 23819615
安全管理 ………… 23819615
材料管理 ………… 23819615
综合管理 ………… 23819615
财务管理 ………… 23819615
人事管理 ………… 23819615
统计管理 ………… 23819615
管道管理………… 229877241
矿区管理………… 229877245
运行一班 ………… 23810245
运行二班 ………… 23810245
运行三班 ………… 23810245
运行四班 ………… 23810245
仪表班 …………… 23819615
电工班 …………… 23819615
维修班 …………… 23819615
管道班 …………… 23819615
司机班 …………… 23819615
通信班 …………… 23819615
十里河站 ………… 22987931

沈阳维抢修中心
地址：沈阳市浑南新区东湖街道牛向屯村
邮编：110171
公网区号：024
总机 ……………… 23819615
…………………… 23810245
主任 ……………… 22979200
副主任 …………… 22979202
副书记 …………… 22979201
工程 ……………… 22977215
技术员 …………… 22977213
劳资 ……………… 22979205
财务 ……………… 22979204
技术管理 ………… 22977263
技术管理 ………… 22977263
维抢修 …………… 22977264

管道沈阳技术分公司

地址：沈阳市皇姑区昆山中路85号9楼
邮编：110031
公网区号：024
经理、党委副书记 22983950
副经理、党委书记、纪委书记、工会主席 …… 22982068
副经理 …………… 22989230
…………………… 22989235
办公室
主任 ……………… 22982933
办公室 …………… 22983453
人事科
科长 ……………… 22989294
办公室 …………… 22982052
财务科
科长 ……………… 22982983
办公室 …………… 22983217
财务科
科长 ……………… 22982983
办公室 …………… 22983217
安全技术科
科长 ……………… 22982050
副总工 …………… 22983563
办公室 …………… 22982919
经营计划科
科长 ……………… 22983675
办公室 …………… 22983672

沈阳技术分公司站队
地址：沈阳是皇姑区昆山中路83号13楼
邮编：110031
公网区号：024
管道检测站
站长 ……………… 22982684
书记 ……………… 22982684
副站长 …………… 22982684
综合监测站
站长 ……………… 22983515
书记 ……………… 22982796
副站长 …………… 22982684
工程部
部长 ……………… 22983719
书记 ……………… 22989229
副部长 …………… 22989229

物资供应站
站长 ……………… 22989241
车队
队长 ……………… 22989229

大连输油气分公司

地址：瓦房店市南共济街1段42号
邮编：116300
公网区号：0411

领导
经理、党委副书记 85550224
党委书记、副经理
……………… 029－68696784
副经理……… 029－68696781
……………… 025－85423825
……………… 85550863
……………… 85550898
……………… 85550865
……………… 85550823

办公室
主任 ……………… 85550237
副科级纪检监察员 85550815
秘书 ……………… 85550808
档案员 ……………… 85550216
办公室 ……………… 85550379
……………… 85550379
……………… 85550379
……………… 85550827

生产科
生产科科长 ……… 85550345
生产科副科长 …… 85550350
工艺工程师 ……… 85550355
能源工程师 ……… 85550354
工艺工程师 ……… 85550356
电气工程师 ……… 85550356

管道（保卫）科
科长 ……………… 85550341
副科长 ……………… 85550340
高级主管 ……………… 85550831
办公室 ……………… 85550920
……………… 85550349
……………… 85550920

安全科
安全科长 ……………… 85550352
QHSE管理 ……… 85550383
交通消防管理 …… 85550383
……………… 85550383

人事科
科长 ……………… 85550228
副科长 ……………… 85550821
办公室 ……………… 85550376
……………… 85550238
……………… 85550624
……………… 85550849

党群科
科长 ……………… 85550232
副科长、机关党总支书记
……………… 85550597
工会干事 ……………… 85550216
党宣干事 ……………… 85550230

计划科
科长 ……………… 85550347
办公室 ……………… 85550346
……………… 85550862
……………… 85550217
……………… 85550353
……………… 85550353

财务科
科长 ……………… 85550357
会计 ……………… 85550363
出纳 ……………… 85550360
会计 ……………… 85550360
……………… 85550360
……………… 85550362

运销科
科长 ……………… 85550351
办公室 ……………… 85550349

鞍山站
地址：鞍山市千山区达道湾镇郎家厂村
邮编：114011
公网区号：0412
总机……………… 6465906
……………… 8465907
站长、支部书记……… 51200
生产副站长……………… 51202
运销员……………… 51208
综合技术……………… 51204
综合管理……………… 51217
电工班……………… 51226
仪表班……………… 51225
维修班……………… 51227
管道班……………… 51233
司机班……………… 51236
运行一班……………… 51215
运行二班……………… 51215
运行三班……………… 51215
运行四班……………… 51215
辽化分输计量班……… 51216

大石桥站
地址：大石桥市营大路26号
邮编：115100
公网区号：0417
站长……………… 52200
书记……………… 52201
工艺技术……………… 52204
设备技术……………… 52203
电器技术……………… 52210
管理员……………… 52207
一班……………… 52215
二班……………… 52215
三班……………… 52215
四班……………… 52215
仪表班……………… 52225
管道班……………… 52223
司机班……………… 52236
电工班……………… 52226
维修班……………… 52227
通信班……………… 52230
门卫班……………… 52224

熊岳输油站
地址：辽宁省营口市鲅鱼圈区
邮编：115009
公网区号：0417
总机……………… 7053230
站长……………… 7053200
书记……………… 7053203
电气技术……………… 7053206
工艺技术……………… 7053204
人事……………… 7053209
综合管理……………… 7053208
运行一班……………… 7053215
运行二班……………… 7053215
运行三班……………… 7053215
运行四班……………… 7053215
维修班……………… 7053227
仪表班……………… 7053225
管道班……………… 7053218
司机班……………… 7053236
通信班……………… 7053330

瓦房店输油站
地址：辽宁省瓦房店市西口
邮编：116300
公网区号：0411
站长、书记……………… 50254
后勤站长……………… 50267
生产副站长……………… 50677
仪表技术……………… 50264
设备技术……………… 50256
电气技术……………… 50275
劳资……………… 50258
核算……………… 50257
综合管理……………… 50263
维修班……………… 50272
管道班……………… 50674
司机班……………… 50271
电工班……………… 50269
仪表班……………… 50273
门卫班……………… 50270
运行一班……………… 50276
运行二班……………… 50276
运行三班……………… 50276
运行四班……………… 50276

金州输油站
站长 ……………… 39955200
书记 ……………… 39955201
管道副站长 ……… 39955202
电气技术员 ……… 39955203
运销员 ……………… 39955216
安全员 ……………… 39955240
核算员 ……………… 39955209
管理员 ……………… 39955207
综合运行班 ……… 39955215
……………… 39955219
松岚运行班班长 … 87570036
仪表班班长 ……… 39955225
维修班班长 ……… 39955227
管道班班长 ……… 39955220
通信班班长 ……… 39955230
站控室 ……………… 39955215
……………… 39955219
化验室 ……………… 39955218
锅炉房 ……………… 39955221
变电所 ……………… 39955226
仪表班 ……………… 39955225
体积管 ……………… 39955223
维修班 ……………… 39955227
管道班 ……………… 39955220
司机班 ……………… 39955229
通信班 ……………… 39955230
库房 ……………… 39955228
门卫 ……………… 39955224
松岚运行班 ……… 87570036

新港输油站
公网区号：0411
站长 ……………… 39954200
站生产副站长 …… 39954202
管道副站长 ……… 39954203
安全 ……………… 39954216
工艺设备技术 …… 39954249
电气仪表技术 …… 39954204
劳资 ……………… 39954206
会计 ……………… 39954209
运行一班 ……………… 87501324
……………… 39954219
运行二班 ……………… 87501324
……………… 39954219
运行三班 ……………… 87501324
……………… 39954219
运行四班 ……………… 87501324
……………… 39954219
石化末站运行 …… 86774161

维修队
队长 ……………… 85550293
书记 ……………… 85550288
副队长 ……………… 85550287
……………… 85550292
材料员 ……………… 85550261

办公室 …………… 85550302
…………………… 85550294
…………………… 85550291

消防队

队长 …………… 85550916
高级主管 ………… 85550717
办公室 …………… 85550707
…………………… 85550119

供应站

供应站站长、书记… 50896
计划员…………… 50206
采购员…………… 50215
主管……………… 50240
保管班…………… 50211
仓库门卫………… 50282

矿区服务中心

地址：瓦房店市南共济街1段42号
邮编：116300
公网区号：0411

主任 …………… 85550225
副主任 ………… 85550836
…………………… 85550569
综合办公室主任 … 85550935
财务科科长 ……… 85550353
运营计划科科长 … 85550306
离退休管理科科长
…………………… 85550239
综合办公室 ……… 85550724
财务科科员 ……… 85550664
运营计划科 ……… 85550365
离退休管理科 …… 85550274
…………………… 85550203

熊岳疗养院

院长…………… 57515
劳资人事………… 57516
宣传检审………… 57514
打字室…………… 57647
传真……………… 57595
财务……………… 57528
保卫……………… 57521
门卫……………… 57544

瓦房店服务站

站长…………… 50552
办公室………… 50757
…………………… 50556
…………………… 50223

大金龙宾馆

高级主管 ……… 85550473
副经理 ………… 85550951
办公室 ………… 85550574
保管员 ………… 85550564

中达技术公司

经理 …………… 85550372
书记 …………… 85550907
副经理 ………… 85550904
劳资员 ………… 85550328
出纳 …………… 85550330
会计 …………… 85550330
办公室 ………… 85550464
工程人员 ……… 85550905
…………………… 85550328

锦州输油气分公司

地址：辽宁省锦州市解放路二段76号
邮编：121000
公网区号：0416
总机 2540114+5位数

领导

公司经理、党委副书记 40235
党委书记、副经理…… 40656
…………… 0371－65781221
党委副书记、纪委书记、矿区主任…………… 40228
副经理、党委副书记、工会主席…………… 40257
…………… 0371－65781220
副经理…………… 40896
…………… 0371－65781218
…………………… 40303
…………………… 40241

办公室

主任…………… 40771
副主任………… 40833
团委书记………… 40895
办公室………… 40246
…………………… 40692
…………………… 40581
…………………… 40229

生产科

副科长………… 40260
办公室………… 40345
…………………… 40274
…………………… 40597
…………………… 40649
…………………… 40341

安全科

科长…………… 40332
办公室………… 40302
…………………… 40142

计划科

科长…………… 40254
办公室………… 40331
…………………… 40250
…………………… 40141
…………………… 40901

财务科

科长…………… 40248
副科长………… 40730
办公室………… 40570
…………………… 40255
…………………… 40892

人事科

科长…………… 40973
办公室………… 40951
…………………… 40537
…………………… 40277
…………………… 40497

党群科

科长…………… 40231
副科长………… 40256

管道保卫科

科长…………… 40971
副科长………… 40777
办公室………… 40297
…………………… 40289
…………………… 40873
…………………… 40304

运销科

科长…………… 40926

矿区

综合办公室

主任…………… 40524
办公室………… 40407
…………………… 40407
矿区副主任、运行管理科科长
…………………… 40820
办公室………… 40825
…………………… 40217
…………………… 40243
…………………… 40265
矿区副主任、计划财务科科长
…………………… 40242
办公室………… 40477
…………………… 40225

离退管理科

科长…………… 40473
办公室………… 40494
…………………… 40292

兴沈计量站

站长…………… 41330
工艺设备………… 41332
运销员………… 41333
核算员………… 41298
运行班………… 41335
维修班………… 41345

新民输油站

站长…………… 41200
书记…………… 41201
电气技术………… 41205
工艺技术………… 41296
设备技术………… 41254
核算…………… 41209
政工…………… 41214
管道班………… 41224
仪表维修班……… 41226
电工班………… 41227
司机班………… 41239
主控室………… 41216
…………………… 41217
变电所………… 41221
…………………… 41222

黑山输油站

站长…………… 42200
书记…………… 42201
工艺设备………… 42204
仪表电气………… 42205
管理…………… 42243
核算…………… 42209
电工班………… 42227
仪表班………… 42226
维修班………… 42228
管道班………… 42224
司机班………… 42239
运行班………… 42217

凌海输油站

站长…………… 43200
书记…………… 43201
设备技术………… 43204
仪表、电气技术…… 43207
安全、工艺技术…… 43210
劳资…………… 43206
核算…………… 43209
仪表维修班……… 43226
电工班………… 43227
管道班………… 43224
司机班………… 43214
运行班………… 43216

葫芦岛输油站

站长…………… 44200
书记…………… 44202
工艺技术………… 44204
电气仪表技术……… 44207
设备技术………… 44229
核算…………… 44209
管理…………… 44237
政工…………… 44206
主控室………… 44216
…………………… 44217
变电所………… 44221
…………………… 44222
管道班………… 44224
维修班………… 44228
电工班………… 44227
仪表班………… 44226
计量班………… 44205
门卫…………… 44225

绥中输油站
站长………………………… 45200
生产副站长………………… 45202
设备技术…………………… 45204
电气、仪表技术……… 45207
工艺技术…………………… 45206
核算员……………………… 45209
政工干事…………………… 45210
主控室……………………… 45216
……………………………… 45217
变电所……………………… 45221
……………………………… 45222
管道班……………………… 45224
维修班……………………… 45228
电工班……………………… 45227
仪表班……………………… 45226
维修队
队长党支部书记………… 49768
副队长……………………… 49769
工艺技术员………………… 49765
电气技术员………………… 47952
管理员……………………… 49755
核算员……………………… 49758
抢修班班…………………… 49748
电工班……………………… 49746
消防班……………………… 40119
司机班……………………… 49749
仪表班……………………… 49760
经警班……………………… 49741
供应站
站长………………………… 49789
采购员……………………… 49788
稽核员……………………… 49783
松山计量站
副站长……………………… 40791
运行班……………………… 40347
班长………………………… 40374

丹东输油气分公司

地址：丹东市振安区珍珠街277号
邮编：118001
公网区号：0415
领导
党委书记、副经理… 4181001
党委副书记……………… 4181028
副经理……………………… 4181003
……………………………… 4181002
办公室
主任………………………… 4181006
副主任……………………… 2891307
退职科长…………………… 4181079
文书………………………… 4181009
档案管理…………………… 4181038
网络管理…………………… 2890857
财务科
负责人……………………… 4181017
会计………………………… 4181017
……………………………… 4181017
出纳………………………… 4181017
经营计划科
负责人……………………… 4181007
内控………………………… 4181026
合同管理…………………… 4181280
人事科
副科长……………………… 4181058
纪检………………………… 4181015
保险管理…………………… 2890892
工资管理…………………… 4181016
培训管理…………………… 4181016
管道安全科
科长………………………… 4181076
安全………………………… 4181289
管道………………………… 4181289
车队
队长………………………… 2890863
调度………………………… 2890867
生产科
地址：丹东市振安区楼房乡星光村丹东输油气分公司
邮编：118007
公网区号：0415
副科长 …… 4151577－70220
………… 4151577－70221
………… 4151577－70226
供应………………………… 2891302
仪表技术员 4151577－70211
设备技术员 4151577－70210
工艺技术员 4151577－70216
运销 ……… 4151577－70212
翻译 ……… 4151577－70222
日勤调度 … 4151577－70225
矿区
副主任……………………… 2890897
……………………………… 2890895
办公室主任………………… 2890873
人事管理…………………… 2890872
档案管理…………………… 2890860
计划财务科科长………… 2890871
会计………………………… 4181036
计划………………………… 4181036
运行管理科科长………… 2890875
房管………………………… 2890891
……………………………… 2890850
离退休管理科科长… 2890861
离退管理…………………… 2890860
退职科长…………………… 2890862
丹东输油站
地址：丹东市振安区楼房乡星光村
邮编：118007
公网区号：0415
总机………………………… 4151577
站长………………………… 70206
副站长……………………… 70208
……………………………… 70207
安全………………………… 70218
技术………………………… 70336
工会………………………… 70209
变电所……………………… 70312
卸油班……………………… 70345
外输班……………………… 70215
化验班……………………… 70302
通信班……………………… 70298
鸭绿江输油站
地址：丹东市振安区九连城镇马市村
邮编：118006
公网区号：0415
总机………………………… 4151577
站长………………………… 4168485
……………………………… 70285
生产副站长………………… 70286
技术员……………………… 70316
大班………………………… 70287
小班………………………… 70317
维修队
地址：丹东市振安区楼房乡星光村
邮编：118007
公网区号：0415
总机………………………… 4151577
队长………………………… 70251
副队长……………………… 70252
消防队
队长 ……… 4151577－70233
车队
地址：丹东市振安区珍珠街277号
邮编：118001
公网区号：0415
队长………………………… 2890863
调度………………………… 2890867
培训中心
地址：丹东市振安区九连城镇马市村
邮编：118006
公网区号：0415
经理………………………… 4166628
会计………………………… 4166018
出纳………………………… 4166018
经营开发总公司
经理………………………… 4178999
副经理……………………… 4178999
预算管理…………………… 4181026
会计………………………… 2890851
出纳………………………… 2890851

秦京输油气分公司

地址：河北省秦皇岛市文化路307号
邮编：066001
公网区号：0335
领导
经理、党委书记…… 3857612
副经理、党委副书记、工会主席、纪委书记…… 3857615
副经理、安全总监… 3857616
副经理……………………… 3857619
……………………………… 3857617
……………………………… 3857766
经理办公室
主任………………………… 3857620
副主任……………………… 3856401
档案………………………… 3856403
秘书………………………… 3856402
网络………………………… 3856403
档案………………………… 3856401
文秘………………………… 3856449
传真………………………… 3856404
党群工作科（党委办公室）
科长………………………… 3856428
……………………………… 3856427
团委书记…………………… 3856428
科员………………………… 3856427
……………………………… 3856427
传真………………………… 3856428
生产科
科长………………………… 3856405
副科长……………………… 3856414
调度长……………………… 3856413
设备………………………… 3856414
能源………………………… 3856412
电气………………………… 3856415
仪表………………………… 3856415
工程………………………… 3856412
传真………………………… 3856400
……………………………… 3856405
……………………………… 3856414
调度………………………… 3856408
……………………………… 3856409
……………………………… 3856410
外线………………………… 3064294
传真………………………… 3856411
运销科
科长………………………… 3856438
科员………………………… 3856437
外线………………………… 3062994
传真………………………… 3856437
管道科
科长………………………… 3856418

副科长……3856418
科员……3856419
传真……3856549
安全科
科长……3856423
副科长……3856423
科员……3856425
传真……3857632
人事科（党委组织部）
科长……3856429
副科长……3856430
……3856431
组织……3856432
劳资……3856431
科员……3856431
档案……3856416
传真……3856431
财务科
科长……3856417
副科长……3856420
科员……3856420
……3856422
……3856421
传真……3857684
经营计划科
科长……3856433
副科长……3856535
……3856434
科员……3856436
……3856435
……3856434
传真……3856436
保卫科
科员……3856426
传真……3856426
工程建设改造办公室
主任……3856424
副主任……3856571
……3856546
……3856573
科员……3856573
……3856544
……3856572
传真……3856545
供应站
副站长……3856439
办公室……3856439
外线……3063285
传真……3856439
仓库……3857331
秦皇岛输油站
站长……3857318
书记……3857316
副站长……3857319
……3857315
……3857307
工艺、设备……3857310
电气、仪表……3857305
劳资、财务……3857304
安全、运销……3857308
材料、后勤……3857303
生产值班室……3857302
调度室……3856445
……3857306
流量计……3857312
传真……3857301
昌黎输油站
书记、站长……3857540
副站长……3857546
……3857549
管道、工团……3857792
技术室……3857542
……3857793
劳资室……3857543
财务室……3857544－813
调度室……3857545
变电所……3857547
运行班……3857544－802
维修班……3857544－815
仪表班……3857544－801
管道班……3857544－821
食堂……3857544－811
门卫……3857544－814
传真……3857540
昌黎输油站总机……3857544
迁安输油站
书记、站长……3857550
副站长……3857595
……3857551
工会主席……3857552
劳资财务……3857553
调度室……3857555
变电所……3857559
……0315－7011434
仪表……3857556
通信……3857558
维修、管道……3857554
门卫……3857560
技术、值班室……3857552
传真……3857550
丰润输油站
书记、站长……3857561
副站长……3857566
副站长……3857562
工艺、管道……3857751
仪表、电气……3857599
工艺、劳资……3857564
财务室……3857753
工会、团支部……3857752
干部值班室……3857563
输油班……3857565
……0315－5566414
变电所……3857568
……0315－5566206
维修班……3857590
仪表班……3857750
管道班……3857755
食堂……3857754
门卫……3857567
传真……3857561
宝坻输油站
书记、站长……3857604
副站长……3857570
……3857571
……3857569
工会主席……3857579
工艺劳资……3857787
电气仪表……3857573
设备管道……3857572
干部值班室……3857573
食堂……3857770
生产调度……3857575
变电所……3857577
维修……3857574
管道……3857576
仪表……3857594
环道值班室……3856714
环道控制室……3856713
大兴输油站
站长……3857580
书记……3857581
副站长……3857588
……3857790
工会主席……3857596
工艺、仪表……3857582
管道、设备、安全…3857791
劳资、财务……3857583
调度室……3857585
……010－80269114
运行班……3857585
变电所、电工班……3857589
仪表班、阴保班……3857586
维修班……3857584
传真……3857588
秦皇岛维修队
队长……3857328
书记……3857338
副队长……3857325
……3857336
工会主席……3857337
财务室……3857329
电气、设备……3857337
库房保管、采购……3857327
门卫……3857345
仪表、安全管理……3857326
传真、值班电话……3857339
管焊班……3857345
机修班……3857334
电工班……3857335
机运班……3857332
仪表班……3857333
消防队
队长、书记……3857340
工会主席……3857341

秦皇岛输油气分公司

地址：秦皇岛市海港区文化路307号
邮编：066000
公网区号：0335
领导
经理、党委书记……3857601
副经理……3857603
党委副书记、纪委书记、工会主席……3857721
副经理……3856486
办公室
主任……3857600
副主任……3856452
团委副书记……3856452
计划科
科长……3857768
副科长……3856453
办公室……3856472
财务科
科长……3856455
副科长……3856454
办公室……3856454
人事科
科长……3856460
办公室……3856461
……3856462
……3856457
……3856463
安全科
科长……3856465
副科长……3856467
办公室……3856464
党群工作科
科长……3856471
副科长……3856476
市场科
科长……3856469
物业站
站长……3856488
副站长……3856492
……3856492

离退站
书记…………………… 3856470
站长…………………… 3856344
汽车队
队长…………………… 3857356
储运站
站长…………………… 3857769
副站长………………… 3857358
工程公司
经理…………………… 3856498
书记…………………… 3856134
渤龙公司
经理…………………… 3856480
副经理………………… 3856479
人事科科员…………… 3853003
国际饭店
书记…………………… 3853312
副经理………………… 3853008
国际饭店办公室…… 3853158

北京输油气分公司

地址：北京市房山区良乡工业开发区滨河西街2号
邮编：102488
公网区号：010
领导
经理 …………… 89360518
党委书记、工会主席89360619
副经理、矿区服务管理中心主任 …………… 89360611
副经理 …………… 89360532
…………………… 89360539
…………………… 89360629
…………………… 89360514
办公室（党委办公室）
主任 …………………… 6887
…………………… 89360697
副主任 ………………… 6887
…………………… 89360697
办公室 ………………… 5496
…………………… 69327346
秘书办 ………………… 6885
文书办 ………………… 6883
传真 …………… 89360731
档案室 ………………… 5225
…………………………… 5218
车队调度 ……………… 6857
车队安全管理 ………… 5360
车队综合管理 ………… 5274
良乡机关前台 ………… 6903
人事科（党委组织部）
科长 …………………… 6871
…………………… 89360737
副科长 ………………… 6876
组织、工资 …………… 6870
…………………………… 6876
办公室 ………………… 6853
保险 …………………… 5763
财务科
科长 …………………… 6891
…………………… 89360602
副科长 ………………… 6877
…………………… 89360579
办公室 ………………… 6863
资产成本 ……………… 6863
…………………… 89360579
财务报销 ……………… 6867
…………………… 89360584
经营计划科
科长 …………………… 6886
…………………… 89360755
副科长 ………………… 6856
…………………… 89360872
办公室 ………………… 6869
…………………………… 6878
…………………… 89360600
生产科
科长 …………………… 2161
副科长 ………………… 2083
办公室 ………………… 2039
…………………………… 2083
生产办 ………………… 2039
调度 …………………… 2176
运销 …………………… 2161
管道科（保卫科）
科长 …………………… 2180
副科长 ………………… 2181
技术室 ………………… 2081
管道报警专线 …… 89305146
安全科
科长 …………………… 6881
…………………… 89360533
办公室 ………………… 6851
…………………………… 6852
…………………… 89360733
党群工作科
科长 …………………… 6896
…………………… 89360738
办公室 ………………… 5213
…………………………… 5353
市场科
科长 …………………… 6860
办公室 ………………… 6860
…………………………… 6865
…………………… 89360898
房山输油站
站长 …………………… 2130
…………………… 89305918
书记 …………………… 2063
副站长
办公室 ………………… 2008
…………………………… 2018
管道工会 ……………… 2160
劳资财务 ……………… 2054
仪表电气 ……………… 2012
工艺安全 ……………… 2010
运销设备 ……………… 2011
采购办 ………………… 2013
外输泵 ………………… 2028
泵工大班 ……………… 2157
计量班 ………………… 2034
电工班 ………………… 2229
…………………………… 2026
变电所 ………………… 2020
…………………………… 5249
锅炉大班 ……………… 2025
换热站 ………………… 2015
大罐班 ………………… 2030
消防泵房 ……………… 2031
调度班 ………………… 2033
调度室 ………………… 5347
…………………………… 2007
…………………… 89305145
维修班 ………………… 2035
管道班 ………………… 2032
仪表班 ………………… 2067
工程组 ………………… 2171
站场门卫 ……………… 2021
高碑店输油站
区号：0312
站长…………………… 2753311
副站长………………… 2753311
技术室………………… 2753315
站控室………………… 2753313
雄县输油站
区号：0312
站长…………………… 5869101
副站长………………… 5869102
技术室………………… 5869102
任丘输油站
区号：0317
站长…………………… 2735621
副站长………………… 2735621
…………………………… 2735621
办公室………………… 2735621
传真…………………… 2735624
视频电话……………… 2297901
站控室………………… 2735627
…………………………… 2735983
…………………………… 2297903
维修队
队长 …………………… 8902
副队长 ………………… 8906
…………………………… 8905
…………………………… 8909
财务劳资 ……………… 8912
技术室 ………………… 8901
工会 …………………… 8903
维修班 ………………… 8910
消防队
队长 …………………… 2828
…………………… 89305796
综合办 ………………… 2137
值班室 ………………… 2024
火警 …………………… 119
供应站
站长 …………………… 6906
…………………… 89360638
办公室 ………………… 6906
北京员工公寓管理中心
主任 …………………… 3188
办公室 ………………… 3508
财务 …………………… 2046
总台 …………………… 3333
…………………………… 3222
中油实业公司
经理 …………………… 5522
…………………… 69313138
人事 …………………… 5761
财务 …………………… 5368
塔里木分公司
区号：0996
经理…………………… 2176371
书记…………………… 2179337
财务室………………… 2176377
山西输气分公司
区号：0357
经理…………………… 2513921
传真…………………… 2512901
福建 LNG 分公司
区号：0594
经理…………………… 2627790
调度…………………… 5687803
…………………………… 5687804
黄岛油库
区号：0532
办公室……86105888 转 8658
查号台 …………… 86105888
湛江油库
区号：0759
综合办………………… 2259007
传真…………………… 2259008
石楼油库
书记 …………………… 2079
副主任 ………………… 2072
财务室 ………………… 2077
技术室 ………………… 2073
化验室 ………………… 2057
发油班 ………………… 2041

计量班 …… 2076
泵房 …… 2050
东门卫 …… 2040
北门卫 …… 2070
铁路南门 …… 2017
矿区服务管理中心
主任 …… 6858
…… 89360611
副主任 …… 6871
…… 5858
综合办公室
主任 …… 5158
运行管理科
科长 …… 5202
计划财务科
科长 …… 6859
办公室 …… 6859
离退休管理科
科长 …… 5418
办公室 …… 5379
…… 5379
离退办 …… 5376
房山管理站
站长 …… 5322
副站长 …… 5322
…… 5304
行政人事办 …… 5242
住房公积金 …… 5201
维修班 …… 5454
房山机关食堂 …… 5474
房山机关门卫 …… 5229
房山家属院门卫 …… 5338
良乡机关门卫 …… 6901
良乡机关食堂 …… 6902
高碑店管理站
站长 …… 8669
副站长 …… 8805
…… 8801
社区 …… 8810
锅炉班 …… 8813
电工班 …… 8820
门卫 …… 8811
卫生所
所长 …… 5344
计生办 …… 5268
门诊 …… 5241
说明
查号台 …… 114、113
障碍台 …… 112、5666
良乡微机室 …… 6930、6920
对外中继线
…… 69313850
…… 69313851
…… 89333501
…… 89333507
石油网区号
管道公司 …… 920
北京分公司 …… 9310
塔里木市场 …… 982
任丘输油站 …… 948

中原输油气分公司

地址：山东德州湖滨中大道 999 号
邮编：253020
公网区号：0534
领导
经理、党委书记 …… 2656215
党委副书记、纪委书记、工会主席、矿区服务管理中心主任 …… 2656315
副经理 …… 2656258
…… 2656199
办公室（党委办公室）
主任 …… 2656984
秘书 …… 2656321
文书 …… 2656145
档案 …… 2656164
党群工作科
科长 …… 2656984
工会、纪检 …… 2656633
党建、宣传、企业文化 …… 2656905
人事科（党委组织部）
科长 …… 2656307
办公室 …… 2654018
…… 2656275
财务科
科长 …… 2656846
办公室 …… 2656848
…… 2656383
…… 2656847
…… 2656283
生产科
科长 …… 2656160
副科长、调度长 …… 2656314
办公室 …… 2656334
…… 2654016
调度员 …… 2656382
管道（保卫）科
科长 …… 2656477
副科长 …… 2656841
办公室 …… 2656975
经营计划科
科长 …… 2656375
副科长 …… 2656225
办公室 …… 2656299
…… 2656834
安全环保科
科长 …… 2656278
办公室 …… 2656947
…… 2656749
中原矿区服务管理中心
领导
主任 …… 2656315
副主任 …… 2656157
…… 2656142
综合办公室
主任 …… 2656748
办公室 …… 2656303
…… 2656355
运行管理科
科长 …… 2656304
办公室 …… 2656757
…… 2656242
计划财务科
科长 …… 2656103
办公室 …… 2656103
…… 2656617
离退休管理科
科长 …… 2656245
办公室 …… 2654002
…… 2656245
离退休管理 …… 2656098
医生 …… 2656306
管理员 …… 2656763
离退休管理 …… 2652051
濮阳输气站
站长、党支部书记 …… 2656924
副站长 …… 2656752
技术员 …… 2656137
德州输气站
站长 …… 2656755
党支部书记 …… 2656340
副站长 …… 2656372
技术员 …… 2656994
沧州输气站
站长、党支部书记
…… 0317－2652020
生产副站长 0317－2652003
技术员 …… 0317－2652002
维抢修中心
主任 …… 2656292
副主任 …… 2656852
技术员 …… 2656347
抢修一班 …… 2656344
抢修二班 …… 2656342
劳务技术服务中心
书记 …… 2656187
副主任 …… 2656284
供应站
书记 …… 2656816
站长 …… 2656343

管道德州压缩技术分公司

地址：山东德州湖滨中大道 999 号
邮编：253020
公网区号：0534
领导
经理、党委书记 …… 2656002
党委副书记、纪委书记、工会主席 …… 2656832
副经理 …… 2656391
…… 2656181
…… 2656207
办公室（党委办公室）
主任 …… 2656645
副主任 …… 2656216
文秘、审计 …… 2656161
文秘、档案 …… 2656161
工会干事 …… 2656345
宣传干事 …… 2656239
生产技术科
科长 …… 2656974
设备、能源 …… 2656210
生产技术、科研 …… 2654007
安全科
副科长 …… 2656642
安全管理 …… 2656233
财务科
科长 …… 2656352
财务主管 …… 2656117
出纳 …… 2656349
会计 …… 2656107
会计 …… 2656117
经营计划科
副科长 …… 2656973
业务主管 …… 2656247
物资采办 …… 2656376
人事科（党委组织部）
科长 …… 2656302
业务主管 …… 2656366
组织、档案 …… 2654011
培训、技能鉴定 …… 2656264
压缩技术服务中心
书记 …… 2656875
副主任 …… 2656875
…… 2656100
阀门技术服务中心
主任 …… 2656251
副主任 …… 2656123
…… 2654008
德州培训基地管理中心
副主任 …… 2654009
小车队
副队长 …… 2656214

长庆输油气分公司

地址：宁夏银川兴庆区石油管道基地
邮编：750006
公网区号：0951
总机…………………… 6936100

领导

经理、党委副书记… 6936801
党委书记、副经理… 6936606
党委副书记、纪委书记
…………………… 6936600
副经理…………………… 6936807
…………………… 6936870
党委副书记、工会主席
…………………… 6936803
副经理…………………… 6936605
…………………… 6936604
…………………… 6936809
…………………… 6936806

办公室

主任…………………… 6936813
副主任…………………… 6936814
…………………… 6936273
档案…………………… 6936815
文书…………………… 6936817
档案…………………… 6936704

生产科

科长…………………… 6936834
调度长…………………… 6936833
副科长…………………… 6936835
…………………… 6936835
仪表…………………… 6936838
电气…………………… 6936839
综合调度…………………… 6936837
…………………… 6936874

安全科

安全副总监…………………… 6936877
科长…………………… 6936845
高工…………………… 6936846
安全…………………… 6936848
办公室…………………… 6936846
…………………… 6936720

运销科

科长…………………… 6936836
办公室…………………… 6936337
…………………… 6936337

经营计划科

科长…………………… 6936840
副科长…………………… 6936842
合同…………………… 6936844
计划…………………… 6936842
内控…………………… 6936844

党群工作科

科长…………………… 6936701
工会副主席…………………… 6936820
副科长…………………… 6936816
记者站站长…………………… 6336822

人事科（党委组织部）

科长…………………… 6936829
副科长…………………… 6936830
培训…………………… 6936831
劳动力…………………… 6936831
保险…………………… 6936830
工资…………………… 6936830

财务科

科长…………………… 6936828
副科长…………………… 6936826
审核…………………… 6936823
出纳…………………… 6936823
会计…………………… 6936827
…………………… 6936826
…………………… 6936826
出纳…………………… 6936827

管道科（保卫科）

科长…………………… 6936849
副科长…………………… 6936859
…………………… 6936859
管道管理…………………… 6936851
保卫…………………… 6936851

供应站

站长…………………… 6936843
计划…………………… 6936841
采购…………………… 6936841

项目办

主任…………………… 6936821
副主任…………………… 6936620
…………………… 6936873
办公室…………………… 6936894
…………………… 6936873

小车队

队长…………………… 6936729
副队长…………………… 6936792
调度…………………… 6936751
检验…………………… 6936791

曲子输油站

站长…………………… 6958898
书记…………………… 6958893
生产副站长…………………… 6958896
…………………… 6958908
技术员…………………… 6958899
安全…………………… 6958899
运销…………………… 6958843
核算…………………… 6958917
站控室…………………… 6958903
计量…………………… 6958901
配电室…………………… 6958902
油泵房…………………… 6958906
食堂…………………… 6958911
锅炉房…………………… 6958909
消防泵房…………………… 6958904
门岗…………………… 6958907
十八里…………………… 6958892

山城输油站

站长…………………… 6958886
书记…………………… 6958880
生产副站长…………………… 6958878
…………………… 6958881
…………………… 6958884
技术…………………… 6958883
核算…………………… 6958879
洪德运行班…………………… 6958891
洪德变电所…………………… 6958877
洪德门岗…………………… 6958876
洪德化验室…………………… 6958875
洪德食堂…………………… 6958889
山城运行班…………………… 6958870
山城变电班…………………… 6958871
山城值班室…………………… 6958872

惠安堡输油站

站长…………………… 6958839
生产副站长…………………… 6958939
…………………… 6958861
…………………… 6958858
技术员…………………… 6958857
运销…………………… 6958862
核算…………………… 6958940
小班调度…………………… 6958832
变电…………………… 6958833
加热…………………… 6958836
消防泵…………………… 6958838
计量…………………… 6958834
运销…………………… 6958862
锅炉…………………… 6958837
甜水站…………………… 6958865
门岗…………………… 6958935

滚泉输油站

滚泉站站长…… 0951－6958928
生产副站长…… 0951－6958885
技术………… 0951－6958887
核算………… 0951－6958887
站控室……… 0951－6958915
变电所……… 0951－6958882
孙家滩……… 0951－6958916

鸣沙输水站

站长…………………… 6958689
书记…………………… 6958688
生产副站长…………………… 6958650
输水泵房…………………… 6958647
变电所…………………… 6958677
维修班…………………… 6958640
锅炉房…………………… 6958707
门岗…………………… 6958674

石空输油站

站长…………………… 6958736
书记…………………… 6958740
副站长…………………… 6958812
…………………… 6958737
技术…………………… 6958737
安全…………………… 6958737
后勤管理…………………… 6958743
核算…………………… 6958772
运销…………………… 6958756
站控室…………………… 6958741
变电所…………………… 6958764
锅炉房…………………… 6958784
计量化验…………………… 6958749
装车栈桥…………………… 6958775
维修班…………………… 6958811
渠口…………………… 6958892

大坝输油站

站长………… 0953－3798625
生产副站长… 0953－3610002
副站长……… 0953－3798615
核算………… 0953－3610010
技术………… 0953－3610010
站控室……… 0953－3610004
………… 0953－3610005

银川输油站

站长………… 0951－2060078
书记…………………… 2060076
副站长…………………… 2060076
技术…………………… 2060079
站控室…………………… 2060077

维修队

队长………… 0951－6958860
副队长……… 0951－6958863
………… 0951－6958840
技术………… 0951－6958913
维抢修大班… 0951－6958914
车辆主管…… 0951－6958914
电气仪表班… 0951－6958925
电气仪表…… 0951－6958925

消防队

队长………… 0951－6958807
副队长……… 0951－6958742
训练员……… 0951－6958753
资料员……… 0951－6958753

兰州输气分公司

地址：甘肃兰州市安宁区枣林路76号
邮编：730070
公网区号：0931
总机：7666555＋3位数

领导

经理…………………… 808
党委书记…………………… 819

副经理…………………… 816
…………………… 818
…………………… 606
…………………… 666
…………………… 878

办公室

主任 …………………… 8898
副主任…………………… 891
办公室…………………… 892
…………………… 891

人事科

科长…………………… 896
副科长…………………… 618
办公室…………………… 899
…………………… 899

财务科

科长…………………… 884
办公室…………………… 883
…………………… 881
…………………… 882

计划科

科长…………………… 831
办公室…………………… 518

生产科

科长…………………… 603
副科长…………………… 876
办公室…………………… 871
…………………… 870
…………………… 875
…………………… 874

安全科

科长…………………… 886
办公室…………………… 880
…………………… 889

管道科

科长…………………… 830
办公室…………………… 872
…………………… 610

党群科

科长…………………… 890
办公室…………………… 607
…………………… 893

销售科

科长…………………… 608
副科长…………………… 605
…………………… 615
办公室…………………… 607

运行科

科长…………………… 885
办公室…………………… 604

供应站

科长…………………… 606
办公室…………………… 858

涩北站

站长………… 0937－8915530
副站长……… 0937－8915530
………………… 0937－8915530

羊肠子沟站

站长………… 0977－8283086
副站长……… 0977－8283086
………………… 0977－8283086

德令哈分输站

副站长……… 0977－8202399
………………… 0977－8202399

乌兰输气站

站长………… 0977－8241928
副站长……… 0977－8241928
………………… 0977－8241928

湖东输气站

站长………… 0974－8519666
副站长……… 0974－8519666
………………… 0974－8519666

西宁分输站

站长………… 0971－2292164
副站长……… 0971－2292164
………………… 0971－2292164

民和分输站

站长………… 0972－8590093
副站长……… 0972－8590093
………………… 0972－8590093

河口输气站

站长………… 0931－2918082
副站长……… 0931－2918082

兰州末站

站长………… 0931－7507228
副站长……… 0931－7507228

维抢修队

队长 ………… 7666555－838
副队长 ……… 7666555－210

兰成渝输油分公司

地址：四川省成都市金牛区迎宾路6号
邮编：610036
公网区号：028
总机 ……………… 87505550

领导

经理、党委书记 … 87302001
党委副书记、纪委书记、工会主席 ……………… 87302005
副经理 ……………… 87302006
……………………… 87302009
……………………… 87302007
……………………… 87302010
……………………… 87302008
……………………… 87302011

经理办公室（党委办公室）

主任 …………………… 2200
副主任 ………………… 2201
……………………… 2210
办公室 ……………… 2215
……………………… 2202
……………………… 2203
……………………… 2206
传真 ……………… 87509060
车辆调度 …………… 2208

生产科

科长 ………………… 2300
副科长 ……………… 2301
……………………… 2303
主管工程师 ………… 2305
……………………… 2306
……………………… 2307
……………………… 2308
……………………… 2304
办公室 ……………… 2317
……………………… 2312
……………………… 2302
……………………… 2318

运销科

科长 ………………… 2700
副科长 ……………… 2706
办公室 ……………… 2705
……………………… 2708
……………………… 2702

安全环保科

科长 ………………… 2900
副科长 ……………… 2902
……………………… 2903
办公室 ……………… 2906
……………………… 2907
……………………… 2908

管道保卫科

科长 ………………… 2500
……………………… 2506
副科长 ……………… 2508
……………………… 2502
办公室 ……………… 2505
……………………… 2504
……………………… 2503

财务科

科长 ………………… 2401
办公室 ……………… 2406
……………………… 2402
……………………… 2405
……………………… 2407

经营计划科

科长 ………………… 2800
副科长 ……………… 2801
组长 ………………… 2818
副组长 ……………… 2815
办公室 ……………… 2802
……………………… 2803
……………………… 2805

人事（组织）科

科长 ………………… 2600
副科长 ……………… 2608
……………………… 2603
办公室 ……………… 2601
……………………… 2602
……………………… 2606
……………………… 2607

党群工作科

科长 ………………… 2100
工会副主席 ………… 2103
副科长 ……………… 2102
办公室 ……………… 2104
……………………… 2101

供应站

科长 ………………… 2930
办公室 ……………… 2931
……………………… 2933
……………………… 2932
……………………… 2936

维抢修中心

主任 ………………… 2950
副主任、党支部书记 … 2951
……………………… 2952
成县抢修 …………… 2445
兰州抢修 ………… 21590931
……………………… 7329549

兰州输油站

地址：甘肃省兰州市西固区环形东路170号
邮编：730060
公网区号：0931
总机……………… 7329002
……………………… 7329001
站长 ………………… 2131
副站长、党支部书记 … 2153
副站长 ……………… 2156
……………………… 2158

临洮输油站

地址：甘肃省临洮县八里铺镇孙家大庄
邮编：730519
公网区号：0932
总机……………… 2581072
……………………… 2581073
站长、党支部书记 …… 2231
副站长 ……………… 2239
……………………… 2233

陇西输油站

地址：甘肃省陇西县
邮编：748000
公网区号：0932
总机……………… 6690132
……………………… 6690133

站长 ………………………… 2331
副站长、党支部书记 3605666
副站长 ……………………… 2334

成县输油站

地址：甘肃省成县抛沙镇石油分输站
邮编：742500
公网区号：0939
总机……………………… 3799610
………………………… 3799620
站长、党支部书记 …… 2458
副站长…………………… 3799989
………………………… 2991

广元输油站

地址：广元市下西坝懒土坡
邮编：628000
公网区号：0839
总机电话……………… 3423412
………………………… 3423413
站长 ………………………… 2531
副站长、党支部书记 … 2531
副站长 ……………………… 2531
………………………… 2531

成都输油站

地址：四川省成都市金牛区天回街道办事处余家居委会
邮编：610036
公网区号：028
总机 ……………… 83587111
……………………… 83587222
站长 ………………………… 2631
党支部书记 ……………… 2644
副站长 ……………………… 2650

内江输油站

地址：四川省内江市 11 号信箱
邮编：641007
公网区号：0832
总机…………………… 2512435
………………………… 2512524
副站长 ……………………… 2753
………………………… 2754

重庆输油站

地址：重庆市大渡口区伏牛溪
邮编：400083
公网区号：023
总机 ……………… 68541772
……………………… 68541773
站长 ………………………… 2831
消防队长、党支部书记 2887
副站长 ……………………… 2882
………………………… 2887
………………………… 2650
拔头站控 ………………… 2836
………………………… 2837
消防队 …………………… 2889
………………………… 2890

华中输气分公司

地址：湖北省武汉市雄楚大街 977 号
邮编：430074
公网区号：027

领导

经理、党委书记 … 87797667
党委副书记、副经理
……………………… 87797677
副经理 …………… 87797671
……………………… 87797676
……………………… 87797622
……………………… 87797699
……………………… 87797688
……………………… 87797705

办公室

主任 ……………… 87797660
车队队长 ………… 87797662
团委副书记 ……… 87797665
办公室 …………… 87797669
……………………… 87797708
……………………… 87797668

人事科

科长 ……………… 87797680
副科长 …………… 87797681
办公室 …………… 87797683
……………………… 87797682
……………………… 87797656

管道科

科长 ……………… 87797691
副科长 …………… 87797692
……………………… 87797697
办公室 …………… 87797696

生产科

科长 ……………… 87797610
副科长 …………… 87797606
……………………… 87797608
……………………… 87797607
办公室 …………… 87797612
……………………… 87797609
……………………… 87797611
调度 ……………… 87797601
……………………… 87797602

运销科

科长 ……………… 87797615
副科长 …………… 87797728
办公室 …………… 87797617
……………………… 87797616
……………………… 87797618

安全科

科长 ……………… 87797631
办公室 …………… 87797632
……………………… 87797635

财务科

科长 ……………… 87797620
办公室 …………… 87797621
……………………… 87797623
……………………… 87797624
……………………… 87797625

计划科

科长 ……………… 87797626
副科长 …………… 87797658
……………………… 87797627
办公室 …………… 87797637
……………………… 87797630
……………………… 87797639

供应站

站长 ……………… 87797651
办公室 …………… 87797673
……………………… 87797653
……………………… 87797652

后勤站

站长 ……………… 87797672
办公室 …………… 87797659
……………………… 87797675

忠县输气站

站长………… 023－54403700
生产副站长… 023－54403698

恩施输气站

站长………… 0718－8459271
生产副站长… 0718－8459271
站长助理…… 0718－8459271

梛坪输气站

站长………… 0717－5493200
生产副站长… 0717－5493200

长阳输气站

生产副站长… 0717－5308841

宜昌输气站

站长………… 0717－4884218
生产副站长… 0717－5308841

枝江输气站

站长………… 0717－4299566
站长助理…… 0717－4299566

荆州输气站

副站长……… 0716－8372642
站长助理…… 0716－8372642

仙桃输气站

副站长……… 0728－3320361
站长助理…… 0728－3320361

武汉西输气站

生产副站长
…………… 027－69373481
站长助理…… 027－69373481

武汉东输气站

站长 ……… 027－87974228

荆门输气站

生产副站长… 0724－2447350
站长助理…… 0724－2447351

宜城输气站

站长………… 0710－4269006
站长助理…… 0710－4269006

襄樊输气站

副站长……… 0710－3573022
站长助理…… 0710－3573022

监利输气站

站长………… 0716－3253443
站长助理…… 0716－3253443

岳阳输气站

站长………… 0716－8711232
站长助理…… 0716－8711232

湘潭输气站

生产副站长 0732－3687382
站长助理…… 0732－3687381

鄂州输气站

生产副站长 0711－2337181

黄石输气站

副站长……… 0714－6358401
站长助理…… 0714－6358400

长沙输气站

副站长……… 0731－4073905

维抢修

主任………… 027－69370453
副主任……… 0718－8459272
…………… 027－69373032
管道安全…… 027－69370025
电器技术…… 0718－8459273
电气技术…… 027－69370012
仪表技术…… 027－69370879

济南输油分公司

地址：山东省济南市二环东路 7366 号
邮编：250014
公网区号：0531

领导

经理、党委书记 … 58818006
……………………… 58818086
党委副书记 ……… 58818066
副经理 …………… 58818016

办公室

主任 ……………… 58818011
副主任 …………… 58818010
办公室 …………… 58818015

党群科

科长 ……………… 58818012
办公室 …………… 58818017

人事科

科长 ……………… 58818021
副科长 …………… 58818022
办公室 …………… 58818023
……………………… 58818026

生产科

科长 ……………… 58818031

副科长 …………… 58818032
…………………… 58818039
办公室 …………… 58818034
…………………… 58818035
…………………… 58818101
…………………… 58818037
…………………… 58818038
调度 ……………… 58818100
安全科
科长 ……………… 58818051
办公室 …………… 58818052
…………………… 58818056
计划科
科长 ……………… 58818061
副科长 …………… 58818063
…………………… 58818065
…………………… 58818068
团委副书记 ……… 58818064
办公室 …………… 58818067
…………………… 58818062
管道科
科长 ……………… 58818071
副科长 …………… 58818072
办公室 …………… 58818073
…………………… 58818076
…………………… 58818075
…………………… 58818077
财务科
科长 ……………… 58818081
办公室 …………… 58818082
…………………… 58818085
…………………… 58818083
…………………… 58818084
维修队
队长 ……… 0531－81265560
党委书记 … 0531－81260703
副队长 …… 0531－81260703
大港站
站长………… 022－25922948
副站长……… 022－25922945
技术员……… 022－25922943
沧州站
副站长……… 0317－3096821
管道主管…… 0317－3096821
德州站
站长………… 0534－8925298
副站长……… 0534－8925295
技术员……… 0534－8925296
济南站
站长………… 0534－7713688
副站长……… 0534－7713688
技术员……… 0534－7712288
肥城站
站长………… 0538－2198702
副站长……… 0538－2198702
技术员……… 0538－2198701
兖州站
站长……… 0537－3913525
副站长…… 0537－3913525
技术员…… 0537－3913522
枣庄站
站长……… 0632－3986560
副站长…… 0632－3988687
技术员…… 0632－3988687

山东中油公司

地址：山东省济南市千佛山南路9号
邮编：250014
公网区号：0531
领导
总经理 …………… 82623385
副经理 …………… 82623371
副经理、安全总监 82623373
副经理、办公室主任 82623372
财务总监、财务科科长
…………………… 82623383
安全副总监… 0533—3586525
总经理办公室
主任 ……………… 82623372
机关工会主席 …… 82623362
副主任 …………… 82623357
…………………… 82623359
办公室 …………… 82623629
…………………… 82623381
…………………… 82623381
…………………… 82623359
生产运销科
科长 ……………… 82623361
办公室 …………… 82623380
管道安全保卫科
科长 ……………… 82623363
办公室 …………… 82623360
…………………… 82623353
…………………… 82623363
财务科
副科长 …………… 82623356
…………………… 82623321
副总会计师 ……… 82623351
办公室 …………… 82623350
…………………… 82623365
经营计划科
科长 ……………… 82623352
高级主管 ………… 82623382
办公室 …………… 82623330
…………………… 82623352
…………………… 82623321
淄博输气管理站
站长………… 0533－3589331
调度长……… 0533－3589378
副站长……… 0533－3587993
综合管理…… 0533－3589331
高青输气管理站
站长………… 0533－6952595
副站长……… 0533－6952652
安全监督…… 0533－6952652
综合管理…… 0533－6952652
惠民输气管理站
站长………… 0543－5473337
副站长……… 0543－5473337
盐山输气管理站
站长………… 0317－6395836
副站长……… 0317－6395836
…………………… 0317－6395836

兰州运行管理部

地址：甘肃省兰州市南昌路649号西北宾馆
邮编：730070
公网区号：0931
领导
…………………… 4816141
…………………… 4816080
…………………… 4816345
办公室
主任……………… 4816342
副主任(接待) 0931－4816322
后勤管理…… 0931－4816098
文书………… 0931－4816348
生产科
科长………… 0931－4816078
副科长……… 0931－4816079
工艺管理…… 0931－4816081
调度………… 0931－4816081
自动化……… 0931－4816073
仪表………… 0931－4816073
通信管理…… 0931－4816081
管道科
科长………… 0931－4816357
副科长……… 0931－4816095
管道管理…… 0931－4816092
管道保卫…… 0931－4816092
水工保护…… 0931－4816095
综合管理…… 0931－4816092
安全科
科长………… 0931－4816085
体系管理…… 0931－4816083
综合管理…… 0931－4816353
安全管理…… 0931－4816075
计划科
科长………… 0931－4816086
副科长（预算）
合同管理…… 0931－4816349
内控………… 0931－4816349
人事科
科长………… 0931－4816339
副科长（教培）
…………………… 0931－4816343
财务科
副科长……… 0931－4816085
会计………… 0931－4816085
审核会计…… 0931－4816085
党群科
科长………… 0931－4816090
副科长……… 0931－4816089
兰州站
站长………… 0931－7813296
生产副站长… 0931－7813297
…………………… 0931－2375010
定西站
技术员……… 0932－8562202

第一项目经理部

地址：河北省廊坊市第五大街58号
邮编：065000
公网区号：0316
领导
经理……………… 2079359
书记……………… 2079803
副经理…………… 2079790
…………………… 0459－6968679
…………………… 2079809
…………………… 2079367
…………………… 2079355
…………………… 2079731
办公室
主任………… 0316－2079409
副主任、党支部书记
…………………… 2079509
工会副主席……… 2079402
副主任…………… 2079403
…………………… 0319－2079383
主办……………… 2079815
车队队长………… 2079405
工程部
部长……………… 2079362
副部长…………… 2079336
助理主办………… 2079334
生产技术部
部长……………… 2079341
副部长…………… 2079342
主办……………… 2079343
QHSE 部
部长……………… 2079740
副部长…………… 2079372
文控部
部长……………… 2079411
副部长…………… 2079412

…………………… 2079499
财务部
部长…………………… 2079810
副部长………………… 2079145
主办…………………… 2079146
…………………… 2079146
主管…………………… 2079993
…………………… 2079993
主办…………………… 5979603
计划合同部
部长…………………… 2079811
副部长………………… 2079539
…………………… 2079643
主管…………………… 2079640
主办…………………… 2079642
采办部
采办总监……………… 5219096
部长…………………… 5979607
副部长………………… 5219098
主办…………………… 5979606
…………………… 5979612
外协部
项目经理……………… 2079356
主办…………………… 2079347
林源项目部
项目经理…… 0459－6020339
…………………… 2079804
项目副经理
……………… 0459－6020503
调度长……… 0459－6020507
主办………… 0459－6020318
长吉项目部
副总经济师…………… 2079352
项目经理 … 0431－83155139
项目副经理…………… 2079747
助理主办……………… 2079349
……………… 0315－5098739
铁岭项目部
项目经理……………… 2079357
……………… 0410－2807222
项目副经理… 0410－6632567
……………… 0410－2807111
南宁项目部
项目经理…… 0315－5098733
项目副经理… 0315－5098739
兰银项目部
项目副经理…………… 2079356
…………………… 2079741
主管…………………… 2079046

第三项目经理部

地址：河北省廊坊市广阳道华苑小区17号楼—6单元
邮编：065000
公网区号：0316

领导
经理…………………… 2079813
党工委书记…………… 2079386
副经理………………… 2079376
…………………… 2079328
总会计师……………… 2079715
副经理………………… 2079730
综合办公室
主任…………………… 2079648
记者站站长…………… 2079664
高级主管……………… 2079664
劳资员………………… 2079921
行政管理……………… 2079831
工程技术部
部长…………………… 2079940
副部长………………… 2079941
…………………… 2079942
资料员………………… 2079943
工程管理……………… 2079944
…………………… 2079945
…………………… 2079946
…………………… 2079947
QHSE部
部长…………………… 2079871
安全主管……………… 2079594
安全管理……………… 2079864
计划合同部
部长…………………… 2079873
副部长………………… 2079874
计划管理……………… 2079964
合同管理……………… 2079914
…………………… 2079954
财务部
部长…………………… 2079851
副部长………………… 2079842
会计…………………… 2079845
…………………… 2079847
…………………… 2079814
采办部
副部长………………… 2079857
采办管理……………… 2079854
协调部
协调员………………… 2079324

第四项目经理部

地址：河北省廊坊市广阳道华苑小区17楼6单元2楼
邮编：065000
公网区号：0316
领导
经理…………………… 2079293
书记…………………… 2079393
副经理………………… 2079493
副总工程师…………… 2079417
综合办公室
主任…………………… 2079416
办公室………………… 2079427
工程技术部
办公室………………… 2079418
QHSE部
办公室………………… 2079417
财务部
部长…………………… 2079419
办公室………………… 2079419
计划合同部
部长…………………… 2079420
办公室………………… 2079421
协调部
部长…………………… 2079422
采办部
部长…………………… 2079422

油气储运分公司（储运技术服务处、中亚天然气管道运行管理部）

经理…………………… 2170546
中乌项目组
……… 998－93－510－0567
中哈项目… 7－7770780233
…………………… 2170504
…………………… 2170045
…………………… 2170545
…………………… 2170580
…………………… 2170548
传真…………………… 2170544

管道科技研究中心

地址：廊坊市金光道51号
邮编：065000
公网区号：0316
领导
主任、党委副书记… 2075085
党委书记、副主任、纪委书记、工会主席、管道廊坊技术分司经理……………… 2175877
副主任、党委委员… 2174068
总工程师、党委委员 2073659
副主任、党委委员… 2075749
…………………… 2075185
办公室
主任、团委书记…… 2075077
党委办公室主任…… 2074418
副主任………………… 2173058
团委副书记…………… 2075043
办公室………………… 2075493
…………………… 2175092
…………………… 2077448
…………………… 2073557
科研办
主任工程师…………… 2073117
副主任………………… 2075837
科研办副主任………… 2073234
副主任工程师………… 2073673
石油学会
副秘书长……………… 2175299
办公室………………… 2174214
…………………… 2073234
…………………… 2075843
推广办
主任…………………… 2174853
副主任………………… 2073598
办公室………………… 2174218
…………………… 2073557
财务科
科长…………………… 2173929
副科长………………… 2174536
…………………… 2078029
办公室………………… 2076097
…………………… 2174536
…………………… 2174536
检测中心
常务副主任…………… 2075438
副主任………………… 2075438
办公室………………… 2075441
工艺所
所长…………………… 2174838
副所长………………… 2074659
主任工程师…………… 2073996
副主任工程师………… 2077774
办公室………………… 2174286
…………………… 2076109
…………………… 2174496
…………………… 2074680
防腐所
所长…………………… 2170720
副所长………………… 2170712
办公室………………… 2170715
…………………… 2170737
…………………… 2170701
…………………… 2170727
化学所
所长…………………… 2075157
副所长………………… 2174951
…………………… 2073609
…………………… 2174952
办公室………………… 2073609
…………………… 2174953
…………………… 2174952
自动化所
所长…………………… 2073591
副所长………………… 2073215
副主任工程师………… 2073167
办公室………………… 2073137
…………………… 2073132

……………………2073167
……………………2073137

完整性所

所长……………………2176749
副所长……………………2072018
主任工程师……………………2174096
副所长……………………2072018
办公室……………………2073049
……………………2072019
……………………2174120

信息所

所长……………………2170246
副所长……………………2170154
副主任工程师……………………2170716
办公室……………………2170240
……………………2170714
……………………2170147
……………………2170204

试验所

所长……………………2074238
主任工程师……………………2073691
副所长……………………2174217
副主任工程师……………………2177707
安全总监……………………2174120
办公室……………………2174247
……………………2177709
……………………2174970

杂志社

社长……………………2074711
副社长……………………2170109
副主任工程师……………………2170115
办公室……………………2170104
……………………2170116
……………………2170094
……………………2170733
……………………2170112

4. 西气东输管道（销售）公司

地址：上海浦东福山路458号同盛大厦17－21层　　邮政编码：200122　　公网区号：021

总经理办公室

主任……………………58848811
副主任……………………58848805
……………………58848808
办公室……………………23119516
……………………58848804
……………………58848802
……………………58848803
……………………58848821
……………………58848812
文控……………………58848815
……………………58848814
办公室……………………58848272
……………………58848164
……………………58848819
……………………58848274
……………………58848817
……………………58848813
……………………58848822
……………………58848818
……………………58848321
……………………58848198
……………………58848199
……………………58848200
……………………58848201
……………………58848202
……………………58848834
……………………010－84078367
……………………010－84078250
文控……………………010－84078671

规划计划处

处长……………………58848055
副处长……………………58848050
……………………58848051
办公室……………………58848049
……………………58848039
……………………58848053
……………………58848045
……………………58848046
……………………58848105
文控……………………58848037
办公室……………………58848048
……………………58848042
……………………58848038

财务处

副处长……………………58848876
……………………58848885
办公室……………………58848891
……………………58849787
……………………58848875
……………………58848873
……………………58848296
……………………58848886
……………………58848872
……………………58848870
……………………58848871
……………………58848882
……………………58849790
……………………58848883
……………………58848881
……………………58848306
文控……………………58849786

人事处

处长……………………58849766
副处长……………………58849769
办公室……………………58849765
……………………58849768
……………………58849772
文控……………………58848829
办公室……………………58849767
……………………58849764
……………………58849770
……………………58849762
……………………58849775
……………………58848153
……………………58848166
……………………58849761
……………………58849771

审计监察处

处长……………………58848859
办公室……………………58848858
……………………58848869
……………………58848863
……………………58848861
文控……………………58848862

企业文化处

处长……………………58848832
副处长……………………58848807
办公室……………………58848784
……………………58848783
……………………58848149
……………………58848782
……………………58848779
文控……………………58848810
办公室……………………58848104
……………………58848780
……………………58848809
……………………58848781

质量安全环保处

处长……………………58848148
副处长……………………58848080
办公室……………………58848082
……………………58848078
……………………58848083
……………………58848087
……………………58848076
……………………58848032
……………………58848086
……………………58848081
文控……………………58848085

科技信息处

处长……………………58848848
副处长……………………58848057
办公室……………………58848019
……………………58848003
……………………58848061
……………………58848006
文控……………………58848841
办公室……………………58848008
……………………58848005
……………………58848004
……………………58848024
……………………58848831
……………………58848186

生产运行处

处长……………………58848016
副处长……………………58848017
……………………58848028
办公室……………………58848275
……………………58848009
……………………58848013
……………………58848026
……………………58848223
……………………58848308
……………………58848385
……………………58848211
……………………58848060
……………………58848141
……………………58848033
……………………58848020
……………………58848209
……………………58848023
……………………58848030
……………………58848022
……………………58848031
……………………58848851
……………………58848018
……………………58848212
……………………58848027
……………………58848029
……………………58848011

…………………… 58848012
…………………… 58848036
文控 ………………… 58848025

压缩机处

处长 ………………… 58848181
副处长 ……………… 58848182
办公室 ……………… 58848178
…………………… 58848176
…………………… 58848177
…………………… 58848167
…………………… 58848196
…………………… 58848179
…………………… 58848173
…………………… 58848171
…………………… 58848175
…………………… 58848196
…………………… 58848187
文控 ………………… 58848188

管道处

处长 ………………… 58849955
副处长 ……………… 58848101
办公室 ……………… 58848098
…………………… 58848102
…………………… 58848091
…………………… 58848093
…………………… 58848096
…………………… 58848309
…………………… 58848098
…………………… 58848095
…………………… 58848203
…………………… 58848097
…………………… 58848103
文控 ………………… 58848137

工程技术处

处长 ………………… 58848058
办公室 ……………… 58848065
…………………… 58848059
…………………… 58848063
…………………… 58848067
…………………… 58848068
…………………… 58848069
文控 ………………… 58848066

采办处

处长 ………………… 58848118
副处长 ……………… 58848116
办公室 ……………… 58848108
…………………… 58848122
…………………… 58848111
…………………… 58848147
…………………… 58848107
…………………… 58848109
…………………… 58848110
…………………… 58848123
文控 ………………… 58848119
办公室 ……………… 58848112
…………………… 58848121
…………………… 58848115
…………………… 58310176
…………………… 58848106
…………………… 58848113
…………………… 58848124
…………………… 58848120
…………………… 58848117
…………………… 58310176
…………………… 58312780
…………………… 58312780
…………………… 58313736

市场开发与销售部

经理 ………………… 58848125
副经理 ……………… 58848128
…………………… 58848131
办公室 ……………… 58848151
…………………… 58848135
…………………… 58848136
…………………… 58848129
…………………… 58848010
…………………… 58848140
…………………… 58848139
…………………… 58848021
…………………… 58848273
…………………… 58848145
…………………… 58848138
…………………… 58848007
…………………… 58848142
…………………… 58848133
文控 ………………… 58848134

内部控制

副处长 ……………… 58848090
办公室 ……………… 58848286
…………………… 58848280
…………………… 58848282
…………………… 58848284
…………………… 58848285
…………………… 58848890
文控 ………………… 58848287

二线生产准备领导小组

处长 ………………… 58848848
办公室 ……………… 58848213
…………………… 58848210
…………………… 58848062
文控 ………………… 58848820

房改办公室

处长 ………………… 58848156
副处长 ……………… 58848163
…………………… 58848155
文控 ………………… 58848161

新疆管理处

处长 ………………… 58848600
副处长 ……………… 58848601
…………………… 58848603
…………………… 58848604
…………………… 58848613
办公室 ……………… 58848605
…………………… 58848606
…………………… 58848607
…………………… 58848608
文控 ………………… 58848608
办公室 ……………… 58848610
…………………… 58848610
…………………… 58848611
…………………… 58848612
…………………… 58848614
…………………… 58848602
…………………… 58848615
…………………… 58848616
…………………… 58848619
…………………… 58848626
…………………… 58848609
…………………… 58848622
…………………… 58848620
…………………… 58848467
…………………… 58848512
…………………… 58848515
…………………… 58848519
…………………… 58848580
…………………… 58848548
…………………… 58848587
…………………… 58848588
…………………… 58848492
…………………… 58848480
…………………… 0902－2763597

甘肃管理处

处长 ………………… 58848880
副处长 ……………… 58848778
…………………… 58848736
…………………… 58848739
办公室 ……………… 58848767
文控 ………………… 58848751
办公室 ……………… 58848752
…………………… 58848753
…………………… 58848767
…………………… 58848756
…………………… 58848758
…………………… 58848759
…………………… 58848757
…………………… 58848755
…………………… 58848761
…………………… 58848776
…………………… 58848749
…………………… 58848771
…………………… 58848748
…………………… 58848772
…………………… 58848768
…………………… 58848773
…………………… 0935－2259665
…………………… 58848762
…………………… 58848760
…………………… 58848766
…………………… 58848765
…………………… 58848763
…………………… 58848764
…………………… 58848769
…………………… 58848770
…………………… 58848750
…………………… 58848642
…………………… 0937－5949258
…………………… 58849185
…………………… 58848676
…………………… 58848677
…………………… 0936－6671271
…………………… 58848684
…………………… 58848718
…………………… 58848725
…………………… 58848697

宁陕管理处

处长 ………………… 58849090
副处长 ……………… 58849089
…………………… 58849087
…………………… 58849086
…………………… 58849088
办公室 ……………… 58849095
…………………… 58849106
文控 ………………… 58849085
办公室 ……………… 58849099
…………………… 58849100
…………………… 0951－6735650
…………………… 58849108
…………………… 58849091
…………………… 58849107
…………………… 58849101
…………………… 58849102
…………………… 58849107
…………………… 58849103
…………………… 58849102

……58849104
……58849096
……58849100
……58849092
……58849093
……58849096
……58849094
……58849025
……58849021
……0955－7636906
……58849042
……58849041
……58849045
……58849094
……58849045
……58849007
……588490078
……58849066

山西管理处

处长……58849190
副处长……58849192
……58849193
……58849195
……58849191
办公室……58849197
……58849217
……58849200
文控……0351－5618807
办公室……58849200
……58849206
……58849201
……58849207
……58849198
……58849209
……58849210
……58849211
……58849212
……0351－5618810
……58849215
……58849216
……58849213
……58849219
……58849203
……58849205
……58849208
……58849150
……58849154
……0357－5372372

豫皖管理处

处长……58849382
副处长……58849383
……58849377
……58849380
……58849381
办公室……58849374
文控……58849372
办公室……58849379
……58849354
……58849371
……0371－60275891
……58849363
……58849359
……58849362
……58849370
……58849356
……58849389
……58849375
……58849386
……58849387
……58849355
……58849358
……0371－65982291
……0371－65982291
……58849366
……58849367
……58849360
……58849361
……0371－60275887
……58849364
……58849361
……58849376
……58849368
……58849373

苏浙沪管理处

处长……58849500
副处长……58849501
……58849502
……58849503
办公室……58849504
……58849847
文控……58849506
办公室……58849514
……58849847
……58849511
……58849512
……58849527
……58849525
……58849526
……58849513
……58849510
……58849508
……58849518
……58849520
……58849519
……58849848
……58849529
……58849521
……58849523
……58849846
……58849528
……58849843
……58849845
……58849522
……58849516
……58849517
……58849842
……025－58375021
……0514－83685450
……025－85731771
……0511－84469001
……0519－85503631
……0519－88760263
……0510－88231063
……0512－65376557
……0512－65049581
……021－39804016
……0519－88520177
……0510－87448003
……0572－6126041
……025－85731271
……0555－2782359
……0553－5316387
……025－58392071
……0512－66708772
……0519－87260032
……025－85721025
……025－85700870

苏北管理处

处长……58847188
副处长……58847166
……58847177
……58847199
办公室……58847198
……58847197
……58847196
文控……58847196
办公室……58847197
……58847190
……58847191
……58847192
……58849586
……58847162
……58847163
……58847165
……58847167
……58847168
……58847169
……58847172
……58847171
……58847170
……58847180
……58847159
……58847186
……58847181
……58847155
……58847151
……58847152
……58849552
……58849553

冀鲁管理处

处长……58849816
副处长……58849818
……58849808
……58849811
办公室……58849801
……58849802
文控……58849807
办公室……58849802
……58849807
……58849825
……58849805
……58849836
……0531－82661639
……58849803
……58849826
……58849800
……58849810
……58849838
……58849820
……58849817
……58849819
……58849812
……58849827
……0632－3558319
……0632－8606881
……0537－4681060
……0538－8351016
……0534－6595201
……0318－5752990
……0318－7739245
……0539－8515797

豫鄂管理处

处长……87797555
副处长……87797568
……87797558
……87797566
办公室……87797550
……87797552
文控……87797551
办公室……87797569

……87797567
……87797573
……87797563
……87797557
……87797575
……87797556
……87797559
……87797560
……87797576
……87797565
……87797562
……87797578
……87797572
……87797575
……0376－3960400
……0376－3960401
……0376－3960408

甘陕管理处筹备组

处长……029－86590038
办公室……029－86590357

赣湘管理处筹备组

处长……0791－8678253
办公室……0791－8678230

粤桂管理处筹备组

处长……020－86664949
办公室……020－86661670

南京计量测试中心

副主任……58849418
……58849417
文控……58847376
办公室……58847388
……025－85731210
……58849416
……58847372
……58847378
……58847376
……58849415
……58847377
……58849413
……58847375
……58847373
……58847374
……58847373

储气库项目部

处长……0519－82875601
副处长……0519－82875602
……0519－82875607
……0519－82875603
办公室……0519－82875605
……0519－82809166
……0519－82809165
文控……0519－82875619
办公室……0519－82808031
……0519－82808032
……0519－82808021
……0519－82808011
……0519－82875616
……0519－82875608
……0519－82809138
……0519－82809167
……0519－82809147
……0519－82875609
……0519－82808024
……0519－82809168
……0519－82809145
……0519－82809143
……0519－82875622
……0519－82809161
……0519－82809163
……0519－82808023
……0519－82808091
……0519－82808015
……0519－82808097
……0519－82809147
……0519－82809146
……0519－82444152
……0519－82449809
……0519－82449808

冀宁管道工程项目部

处长……0523－86397616
副处长……0523－86397673
办公室……0523－86397626
文控……0523－86397627
办公室……0523－86397627
……0523－86397629
……0523－86397671
……0523－86397675
……0523－86397661
……0523－86397672
……0523－86397675
……0523－86397630
……0523－86397661
……0523－86397624
……0523－86397623
……0523－86397631

压缩机站工程项目部

处长……58848183
办公室……58848189
……58848197
……58848195
……58848191
……58848169
……58848192
……58848207
……58848190
文控……58848193

长宁输气分公司

办公室……0951－5033152
……0951－5034764
……0951－5012145
……0951－5034634
……0951－6084063
……0951－6086347
……0951－6086083
……0951－5034294
……0951－6088261
……0951－6086864－8010
……0951－6086864－8013
……0951－6086864－8011
……0951－6086864－8053
……0951－6086864－8012
……0951－6086864－8060
……0951－6086864－8070
……0951－6086864－8082
……0951－6086864－8030
……0951－6086864－8021
……0951－6086864－8087
……0951－6086864－8029
……0951－6086864－8020
……0951－6086864－8069
……0951－6086864－8067
……0951－6086864－8073
……0951－6086864－8067
……0951－6086864－8092
……0951－6086864－8063
……0951－6086864－8057
……0951－6086864－8055
……0951－6086864－8052
……0951－6086864－8039
……0951－6086864－8075
……0951－6086864－8037
……0951－6086864－8047
……0951－6086864－8050
……0951－6086864－8114
……0951－6086864－8026
……0951－6086864－8023
……0951－6086864－8066
……0951－5033016
……0951－6086864－8025
……0951－6086864－8027
……0951－6086864－8061
……0951－6086864－8062
……0951－6086864－8065
……0951－6086864－8005
……0951－6086864－8046

5. 北京天然气管道有限公司

地址：北京市朝阳区大屯路9号　　邮政编码：100101　　公网区号：010

总经理（党委办）

主任……84884560
副主任……84884385
……84884296
办公室……84884242
……84884285
……84884422
……84884438
……84884564
……84884216
……84884387
……84884251
……84884472

生产运行处

办公室……84884425
……84884416
……84884275
……84884347
……84884339
……84884518
……84884376
……84884523
……84884281
……84884544
……84884569
……84884375

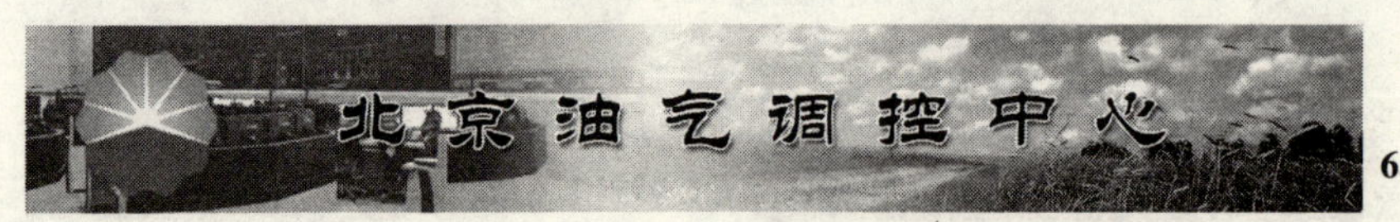

………………… 84884314
………………… 84884228
………………… 84884268
………………… 84884524
………………… 84884288
………………… 84884234
………………… 84884348
………………… 84884318
………………… 84884520
………………… 84884213
………………… 84884448
………………… 84884543
………………… 84884357
………………… 84884364
值班 ……………… 64980476

科技与信息处

办公室 …………… 84884253
………………… 84884235
………………… 84884301
………………… 84884231
………………… 84884407

………………… 84884433
………………… 84884452
………………… 84884434
………………… 84884437
………………… 84884436
………………… 84884489
………………… 84884276
………………… 84884316
………………… 84884345
………………… 84884512
………………… 84884282
………………… 84884340
………………… 84884470
………………… 84884469
………………… 84884552
………………… 84884551
………………… 84884467
………………… 84884263

财务处

办公室 …………… 84884267

………………… 84884399
………………… 84884233
………………… 84884215
………………… 84884284
………………… 84884355
………………… 84884279
………………… 84884223
………………… 84884507
………………… 84884206
………………… 84884413
………………… 84884457
………………… 84884563
………………… 84884458
传真 ……………… 64986590
………………… 64968215

人事处（党委组织部）

处长（部长） …… 84884462
副处长（副部长）…84884418

………………… 84884396
高级主管 ………… 84884352
科员 ……………… 84884311
………………… 84884443
………………… 84884483
………………… 84884538
………………… 84884366
传真 ……………… 64810210

企业文化处（党群工作处）

处长 ……………… 84884567
副处长 …………… 84884248
办公室 …………… 84884217
………………… 84884211
………………… 84884541
………………… 84884562
………………… 84884559
………………… 84884568
………………… 84884219

6. 西部管道有限公司

地址：新疆维吾尔自治区乌鲁木齐市北京中路666号迎宾楼　邮政编码：830012　公网区号：0991

总经理办公室　党委办公室

主任…………………… 6996828
副主任………………… 6996801

党群工作处　企业文化处

工会
党群工作处处长、企业文化处
副处长、工会副主席 6996750
企业文化处处长、党群工作处
副处长………………… 6996749
副处长………………… 6996745

生产运行处　应急管理办公室

处长、主任………… 6996481
副处长、副主任…… 6996484
………………………… 6996482
副处长、二线筹备办主任
………………………… 6996466

规划计划处　企管法规处

处长…………………… 6996805
副处长………………… 6996468

财务资产处

处长…………………… 6996712
副处长………………… 6996728

党委组织部人事处

部长、处长………… 6996810
副部长、副处长…… 6996812

管道处保卫处

副处长………………… 6996841
………………………… 6996842

质量安全环保处

处长…………………… 6996483
副处长………………… 6996489

纪委审计监察处

处长、副书记……… 6996825
副处长………………… 6996049

科技信息处

副处长………………… 6996820
………………………… 6996821

工程技术处

处长…………………… 6996485

副处长………………… 6996823

物资处

处长…………………… 6996837
副处长………………… 6996499

机关党委

常务副书记………… 6996749

团委

副书记………………… 6996828

原油销售处

处长…………………… 6996486
副处长………………… 6996744

内控办公室

副主任………………… 6996808

行政事务中心

主任…………………… 6996736
副主任（派自治区经贸委工作）………………… 4522220

科技服务中心

主任…………………… 6996823

一工程项目部

经理…………………… 6996495
常务副经理、支部书记
………………………… 6996743
副经理………………… 6996834
………………………… 6996839

原油商业储备库工程项目经理部安全总监

办公室………………… 3791663

技能培训中心

主任…………………… 6996863

造价中心

主任…………………… 6996727

档案馆

馆长…………………… 6996802

北京联络办公室

主任………… 010－82035325
……………… 010－64390922

值班电话

公司办……………… 6996822
传真……………… 6996844
应急办……………… 6996847
传真……………… 6996856

7. 唐山液化天然气项目经理部

地址：北京市朝阳区北辰东路 8 号汇宾大厦 311 室　　邮政编码：100101　　公网区号：010

综合办

办公室……………… 84982912
……………… 84980267
……………… 84982932
……………… 84980632
……………… 84989915
……………… 84982822
……………… 84980582

人事处

办公室……………… 84982979
……………… 84985080
……………… 84989338

计划处

办公室……………… 84980627
……………… 84980635
……………… 84980228
……………… 84987129

财务处

办公室……………… 84980080
……………… 84982875
……………… (0315) 2318571
……………… 84984988
……………… 84982688

技术处

办公室……………… 84980116
……………… 84980219
……………… 84982386
……………… 82253547

生产处

办公室……………… 84980226
……………… 84980591
……………… 84989320

采办处

……………… 84986175
……………… 84989468

QHSE 处

办公室……………… 84985639
……………… 84988912

内控组

办公室……………… 84985418
……………… 84989826

8. 大连液化天然气项目管理部

地址：辽宁省大连市中山区人民路 23 号虹源大厦 34 层　　邮政编码：116600　　公网区号：0411

领导……………… 82566601
……………… 82565988
……………… 82595111
……………… 82594888
……………… 82566606
……………… 82594666
……………… 82566602
……………… 82566603
……………… 82566605
……………… 82566610
(北京)……………… 82250218
……………… 82250208
……………… 82250209
综合办公室……………… 82566628
……………… 82566616
……………… 82566652
……………… 82566629
……………… 82566108
……………… 82566106
……………… 82566125
……………… 82566612
(北京)……………… 82250227
……………… 82250211
……………… 82250219

人事处

……………… 82566639
……………… 82566616
……………… 82566103
……………… 82566139
……………… 82566621
(北京)……………… 82250220
计划处……………… 82566630
……………… 82566625
……………… 82566609
……………… 82566653
……………… 82566627
……………… 82566140
(北京)……………… 82250205
……………… 82250230
……………… 82250211
……………… 82250217

技术处

……………… 82566105
……………… 82566613
……………… 82595577
……………… 82566645
……………… 82566650

生产处

……………… 82566127
……………… 82566626
……………… 82566129
……………… 82566128
……………… 82566130
……………… 82566109
……………… 82566110
……………… 82566135

质量安全环保处

……………… 82594333
……………… 82566620
……………… 82561717
……………… 82566101
……………… 82566635
……………… 82566641

财务处

……………… 82566133
……………… 82566637
……………… 82566651
……………… 82566131

采办处

……………… 82566120
……………… 82566126
……………… 82566138
……………… 82566134

董事会秘书

……………… 82566632

小车队

……………… 82566621
……………… 82566107

兴油监理

……………… 82566642
……………… 82566643

9. 江苏液化天然气项目经理部

地址：江苏市南通市如东县友谊东路　邮政编码：100011　公网区号：0513

综合办公室

主任 …… 84151581
副主任 …… 84151585
办公室 …… 84151579
…… 84151580
…… 84151573

财务处

经理 …… 84151886
办公室 …… 84151390
…… 84151582
…… 84151886

计划处

经理 …… 84151598
办公室 …… 84151590
…… 84151558

人事处

经理 …… 84151889
办公室 …… 84151589
…… 84151552

技术处

经理 …… 84151336
副经理 …… 84151332
办公室 …… 84151583
…… 84151572
…… 84151556
…… 84151596

生产处

经理 …… 84151668
办公室 …… 84151565
…… 84151562
…… 84151561
…… 84151563

采办处

经理 …… 010－64478197
办公室 …… 010－64478177

QHSE 处

经理 …… 84151593
处长 …… 84151591
办公室 …… 84151596
…… 84151587

10. 华北天然气销售公司

地址：北京市朝阳区大屯路 9 号　邮政编码：100101　公网区号：010

综合办公室

办公室 …… 64968101
…… 64967280
…… 64967618
…… 64960991
…… 64965895
…… 64967509
…… 64963906
…… 64961520
…… 64963095
传真 …… 64988070

人事处

办公室 …… 64960753
…… 64965291
…… 64963585

财务处

办公室 …… 64961209
…… 64968997
…… 64968526
…… 64968489
…… 64968385
传真 …… 64960286

资金结算中心

办公室 …… 64969608
…… 64964314
…… 64961589
…… 64961326
传真 …… 64968658

市场开发处

办公室 …… 64985591
…… 64967304
…… 64987610
…… 64969565

营销处

办公室 …… 64987370
…… 64989692
…… 64963703
传真 …… 64960286

计量调运处

办公室 …… 64962838
…… 64963515
…… 64966025
…… 64967508
…… 64966159
传真 …… 64961259

北京销售处

办公室 …… 64967368
…… 64968281

天津销售处

办公室 …… 64965670
…… 022－28135197

河北销售处

办公室 …… 64965670

山东销售处

办公室 …… 64961073
…… 0531－81851999

东北销售处

办公室 …… 64961073
…… 0335－8589016

山西销售处

办公室 …… 64965670
…… 0351－7031591
…… 0351－7031593

11. 昆仑燃气有限公司

地址：北京市朝阳区亚运村安立路 101 号名人大厦　邮政编码：100101　公网区号：010

总经理办公室

主任 …… 84836606
副主任 …… 84836607
办公室 …… 84836609
…… 84836612
…… 84836609
…… 84836612
…… 84836608
…… 84836610
传真 …… 84836613

生产运行处

处长 …… 84836598
副处长 …… 84836600
…… 84836599
办公室 …… 84836602
…… 84836601
…… 84836603
传真 …… 84836604

规划计划处

处长 …………… 84836596
副处长 …………… 84836595
办公室 …………… 84836597
…………… 84836592
…………… 84836590
…………… 84836591
…………… 84836593
传真 …………… 84836594

市场营销处

处长 …………… 84836583
副处长 …………… 84836581
办公室 …………… 84836588
…………… 84836586
…………… 84836587
…………… 84836580
…………… 84836585
传真 …………… 84836582

财务处

处长 …………… 84836388
副处长 …………… 84836389
办公室 …………… 84836391
…………… 84836393
…………… 84836390
…………… 84836392
…………… 84836576
…………… 84836579
…………… 84836578
…………… 84836395
传真 …………… 84836387

人事处（组织部）

处长 …………… 84836386
副处长 …………… 84836385
办公室 …………… 84836383
…………… 84836382
…………… 84836381
…………… 84836380
传真 …………… 84836384

资本运营处

处长 …………… 84836378
副处长 …………… 84836377
办公室 …………… 84836375
…………… 84836376
…………… 84836373
传真 …………… 84836374

企管法规处

处长 …………… 84836369
办公室 …………… 84836368
…………… 84836370
传真 …………… 84836367

质量安全环保处

处长 …………… 84836366
副处长 …………… 84836365
办公室 …………… 84836361
…………… 84836362
传真 …………… 84836363

工程管理处

处长 …………… 84836359
副处长 …………… 84836357
办公室 …………… 84836356
…………… 84836355
传真 …………… 84836360

党群工作处

处长 …………… 84836350
…………… 84836353
副处长 …………… 84836352
团委副书记 …………… 84836349

审计监察处

处长 …………… 84836348
办公室 …………… 84836347
…………… 84836345
信访举报 …………… 84836344
传真 …………… 84836346

工会

工会副主席 …………… 84836341
办公室 …………… 84836342
传真 …………… 84836343

信息中心

负责人 …………… 84836337
办公室 …………… 84836336
…………… 84836335
传真 …………… 84836339

调控中心

办公室 …………… 84836333
…………… 84836620
…………… 84836621
…………… 84836605
传真 …………… 84836622
机关车队队长 …………… 84836332
三层前台 …………… 84836611
四层前台 …………… 84836667
五层前台 …………… 84836669

12. 昆仑天然气利用有限公司

地址：深圳市南山区南山大道1100号中油大厦24楼　　邮政编码：518052　　公网区号：0755

总经理办公室（党群工作处）

主任、处长 …………… 33226016
副主任 …………… 33226017
高级主管 …………… 33226018
…………… 33226019
主管 …………… 33226020
主办 …………… 33226021
助理主办 …………… 33226022
前台、值班电话 … 33226000
洽谈室 …………… 33226014
25F会议室 …………… 33226023

人事处

处长 …………… 33226028
副处级 …………… 33226029
高级主管 …………… 33226030
…………… 33226031
主管 …………… 33226032
…………… 33226033

财务处

处长 …………… 33226037
…………… 010－64523093
副处长 …………… 33226038
高级主管 …………… 33226039
…………… 33226040
…………… 33226041
…………… 33226042
…………… 33226043
主管 …………… 33226045
主办 …………… 33226046
…………… 33226047
…………… 33226048
高级主管 …… 010－64523086
财务总监 …………… 28135502
…………… 0898－83363197

规划计划处

处长 …………… 33226057
高级主管 …………… 33226058
…………… 33226059
…………… 33226063
助理主办 …………… 33226065
主管 …………… 33226067

市场开发处

处长 …………… 33226079
副处级 …………… 33226092
助理主办 …………… 33226093

市场开发一部

经理 ………… 010－64523085

市场开发二部

经理 ………… 021－58312896
副经理 ………… 021－58312852
传真 ………… 021－58312967

市场开发四部

经理 ………… 0931－8865989
副经理 ………… 0477－8317664

工程技术处

副处长 …………… 33226170
技术总监 …………… 33226171
主管 …………… 33226175

压缩天然气管理处

处长 …………… 33226210
副处长 …………… 33226221
技术总监 …………… 33226223
副处级 …………… 33226226
助理主办 …………… 33226227

液化天然气管理处

处长 …………… 33226271
高级主管 …………… 33226279
…………… 33226286
主办 …………… 33226289
…………… 33226312

资本运营处

处长 …………… 33226370

副处长 ………… 33226371
主管 ………… 33226379
助理主办 ………… 33226424
………… 33226357

质量安全环保处

副处长 ………… 33226415

高级主管 ………… 33226416
………… 33226417

审计监察处

纪委副书记 ………… 33226010

副处长 ………… 33226411
主管 ………… 33226412
纪检监察举报电话
………… 33226413

机关事务管理中心

主任 ………… 33226017
高级主管 ………… 33226423
………… 33226425
主管 ………… 33226426

八、海外企业

1. 中亚天然气管道有限公司

地址：北京市东城区东直门北大街9号中国石油大厦　邮政编码：100007　公网区号：010

综合办公室

办公室 ………… 59985571
………… 59985570
………… 59985631
………… 59985583
………… 59983391
HSE 值班 ………… 59985556
前台接待 ………… 59985574
传真 ………… 62095551

经营计划部

办公室 ………… 59983373
………… 59985662
传真 ………… 62095562

财务资产部

办公室 ………… 59983361
………… 59983362
………… 59983365
传真 ………… 62096381

人力资源部

办公室 ………… 59985619
………… 59985625
………… 59985889－3390
………… 59983374
………… 59985624
传真 ………… 62096392

中哈天然气管道项目

值班 ………… 59983393
传真 ………… 62095871

中乌天然气管道项目

值班 ………… 59983363
传真 ………… 62095440

2. 中俄合作项目部

地址：北京市东城区东直门北大街9号中国石油大厦　邮政编码：100007　公网区号：010

综合处

办公室 ………… 59986024
………… 59986169
………… 59982067

天然气处

办公室 ………… 59986975
………… 59982787

勘探开发处

办公室 ………… 59982065
………… 59982063

工程处

办公室 ………… 59986731
………… 59982073

计划财务处

办公室 ………… 59982630

九、工程技术服务企业

1. 西部钻探工程公司

地址：新疆维吾尔自治区乌鲁木齐市河滩北路153号　邮政编码：830000　公网区号：0991

总经理办公室

主任………… 7613222
………… 6569069
副主任………… 7613013
副主任、机关事务中心主任
………… 7613166
………… 6569022
综合管理科………… 7613151
………… 7613015
………… 7613111

党委工作部

部长………… 7613001
副部长………… 7613002
办公室、机要保密科 7613176
………… 7613005
机关党委办公室…… 7613160

规划计划处（设备管理处、价格定额中心）

处长………… 7613031
副处长………… 7613032
………… 7613033
经营计划科………… 7613035

定额科……………… 7613236

人事处（组织部）

总经理助理、部长、处长
……………………… 7613869
干部管理科………… 7613066
组织科……………… 7613259

财务资产处

处长………………… 7613056
副处长……………… 7613058
副处长、资金事务中心主任
……………………… 7613059
综合（股权）科…… 7613057
机关财务科………… 7613061

生产协调处

处长………………… 7613048
副处长……………… 7613049
综合科……………… 7613041
调度科……………… 7613043
……………………… 7613000
车辆调度…………… 7613289

工程技术与市场处

处长………………… 7613079
副处长……………… 7613080
钻井工艺科………… 7613081
市场开发科………… 7613083

质量安全环保处（HSE 监督中心）

处长………………… 7613086
副处长……………… 7613088
……………………… 7613089
安全管理科………… 7613090
监督管理办公室…… 7613092
反“三违”办公室 … 7613267

企管法规处

处长………………… 7613076
副处长……………… 7613078
企业管理科………… 7613073
法律事务科………… 7613287

科技信息处（信息中心）

处长………………… 7613102
副处长……………… 7613103
科技项目科………… 7613108
成果科……………… 7613106

审计处

处长………………… 7613279
综合审计科………… 7613113

国际合作处

处长………………… 7613096
副处长（经理）…… 7613097
副处长……………… 7613098
……………………… 7613099
国际合作科………… 7613206
外事管理科………… 7613205
办公室……………… 7613204

纪检监察处

纪委副书记、察处处长
……………………… 7613116
办公室……………… 7613114
效能监察室（审理室）
……………………… 7613117
案件检查室………… 7613115

群众工作处

公司工会副主席、处长
……………………… 7613216
团委副书记、副处长 7613177
办公室……………… 7613221
民主管理部………… 7613219
生活文化体育部…… 7613231
团委办公室、女工 … 7613231

物质管理中心

总经理助理、主任 7613345
书记、副主任……… 7613298
副主任……………… 7613122
综合办公室………… 7613131
副主任……………… 7613253
计划办公室………… 7613125
财务办公室………… 7613252
招标办公室………… 7613257

克拉玛依钻井公司

党委书记…… 0990－6828117
……………………… 6927198
经理………………… 6828312
……………………… 6927199
副经理……………… 6827229
……………………… 6927210
党委副书记、纪委书记
……………………… 6828625
……………………… 6927297
党委副书记………… 6828024
……………………… 6927215
副经理……………… 6926318
……………………… 6829150
……………………… 6928580
……………………… 6827893
……………………… 6927203
……………………… 6828329
……………………… 6927206
……………………… 6808277
……………………… 6927288
总会计师…………… 6928721
……………………… 6927327
副总工程师………… 6828721
……………………… 6919558
……………………… 6927316
总工程师…………… 6927708
……………………… 6927205
副总工程师………… 6827161
安全副总监………… 6827025
办公室……………… 6827991
……………………… 6927217
……………………… 6927321
……………………… 6927300
……………………… 6927209

准东钻井公司

党委书记…… 0994－3835366
经理、副书记……… 3835566
副经理……………… 3833966
……………………… 3833299
党委副书记、工会主席
……………………… 3831966
副经理、安全总监 … 3835399
总工程师…………… 3832799
党政办……………… 3835797
……………………… 3831121
……………………… 3833927

吐哈钻井公司

经理、副书记 0995－8373225
书记、副经理……… 8373283
副经理、安全总监 … 8373273
副经理……………… 8373217
……………………… 8373212
总工程师…………… 8373318
副总会计师………… 8373336
调度长……………… 8373298
经理助理…………… 2773258
办公室……………… 8373380
……………………… 8373262
……………………… 8373211
……………… 0995－8373231
……………… 0995－8373344

青海钻井公司

经理………… 0937－8956939
……………………… 8912672
书记、副经理……… 8920783
……………………… 8911316
副经理……………… 8956969
……………………… 8911871
副书记、纪委书记、工会主席
……………………… 8956938
……………………… 8912936
副经理……………… 8956936
安全总监…………… 8911318
副经理……………… 8951355
……………………… 8912673
……………………… 8912519
总工程师…………… 8912606

副总工程师

安全副总监………… 8956911
……………………… 8911944
副总工程师………… 8935159
……………………… 8912783
副总工程师………… 8956911
办公室……………… 8921839
……………………… 8911981
……………………… 8922428
……………………… 8911751
……………………… 9820417
……………………… 8911320
党办………………… 8956443
……………………… 8911558
……………………… 8922428
……………………… 8911558
……………………… 8911291

国际钻井公司

经理、党委副书记 … 4585698
……………… 0937－3828344
党委书记…… 0991－4585528
副经理……… 0937－3938651
……………… 0991－4585580
安全总监…… 0937－3826251
党委副书记、纪委书记、工会主席…… 0991－4585685
……………… 0937－3938625
总工程师…… 0991－4585596
……………… 0937－3938636
副经理……… 0991－4585798
……………… 0995－8379402
……………… 0991－4585536
副总调度长 … 0991－4585662
安全副总监 … 0937－3938623
副总工程师 … 0937－3938623
……………… 0991－4585816
……………… 0995－8379481
办公室……… 0995－4585552
……………… 0991－4585009
……………… 0991－4585801
……………… 0991－4585802
传真………… 0991－4585587

克拉玛依录井工程公司

经理、副书记 0990－6840402
书记、纪委书记、副经理
…… 6840400
副经理、安全总监 6840415
副经理…… 6840404
…… 6840426
副总工程师…… 6840406
副总地质师…… 6840212
党政办…… 6840410

吐哈录井工程公司

经理、副书记 0995－8372260
副书记、纪委书记、副经理
…… 8378681
副经理、安全总监 8372262
副经理…… 8370885
总地质师…… 8375868
副总地质师 … 0937－3553515
经理助理…… 0912－4613587
办公室…… 8372270
…… 8372270
党群办…… 8372180
…… 8379559

测井公司

经理、副书记 0990－6846810
副经理、安全总监…… 6848519
副经理…… 6848752
…… 6847740
…… 6848285
…… 6848471
副总工程师…… 6848755
…… 6846760
副总会计师…… 6222335
安全副总监…… 6847895
办公室主任…… 6846729

克拉玛依钻井工艺研究院

西部钻探公司副总工程师、院党委书记 … 0990－6882182
院长、党委副书记 … 6884169
副院长、安全总监 … 6881110
副院长…… 6882416
…… 6882851
总工程师…… 6882556
副总工程师…… 6883611
副总会计师…… 6889795
总工程师助理…… 6883835
党政办…… 6884645
…… 6884621
传真电话…… 6977700
调度电话…… 6885110

塔里木勘探公司

经理、书记 … 0997－6788900
…… 2690889
副经理…… 6783700
副经理、HSE 总监 6788901
安全副总监…… 6788903
办公室…… 6788918

吐哈钻井研究院

副院长、安全总监
…… 0995－8401558
副书记、纪委书记、副院长
…… 8401556
副总工程师…… 8401559
综合办主任…… 8401551

新疆油田生产协调部

经理、主任 … 0990－6837012
副经理、副主任…… 6895579
综合办…… 6837019
…… 6837009
特殊井经营办…… 6895571

固井压裂公司

书记、经理 … 0990－6928278
副书记、副经理…… 6827976
副经理、总工程师 … 6827778
副经理、安全总监 … 6928279
副总工程师…… 6533181
党办…… 6827764
…… 6927789

2. 长城钻探工程公司

地址：北京市朝阳区安立路 101 号　　邮政编码：100101　　公网区号：010

总经理办公室

主任 …… 59286888
副主任 …… 59285027
…… 59285771
文书科 …… 59285122
…… 59285125
…… 59286308
…… 59285024
秘书科 …… 59285017
…… 59286663
…… 59286356
接待科 …… 59285033
…… 59285021
综合管理科 …… 59285014
…… 59285120
…… 59285356
行政事务管理科 … 59286506
…… 59285048

党委办公室（信访稳定办公室）

主任 …… 59285035
副主任 …… 59285030
秘书科 …… 59285042
组织科 …… 59285041
…… 59286167
宣传（企业文化）科
…… 59285044
信访稳定科 …… 59285037
机关工委办公室 … 59285043

规划计划处（设备管理中心）

处长 …… 59285809
副处长 …… 59285168
…… 59285348
…… 59285388
规划计划科 …… 59285381
项目管理科 …… 59285253
工程管理科 …… 59285148
统计科 …… 59285380
设备配置科 …… 59285233
设备运行管理科 … 59285397

生产协调处（总调度室）

处长 …… 59285158
副处长 …… 59285288
…… 59285161
…… 59285169
…… 59285386
…… 59285528
生产管理科 …… 59285173
…… 59285164
…… 59285071
生产协调科 …… 59285150
…… 59285151
…… 59285162
生产保障科 …… 59285165
…… 59285153
综合管理科 …… 59285172
…… 59285149
…… 59285132
总调度室 …… 59285200
…… 59285256
…… 59285251
…… 59285163

财务资产处

处长 …… 59285080
副处长 …… 59285180
…… 59285355
…… 59285198
预算管理科 …… 59285379
…… 59285341
…… 59285231
资金管理科 …… 59285324
…… 59285334
…… 59285193
会计核算科 …… 59285131
…… 59285206
…… 59285138
…… 59285204
…… 59285137
税费管理科 …… 59285195
…… 59285447
…… 59285065
资产管理科 …… 59285143
…… 59285140
…… 59285139
机关经费科 …… 59285196
…… 59285176
…… 59285201
…… 59285184
财务稽核科 …… 59285134
…… 59285351
信息管理科 …… 59285245
综合管理科 …… 59285235
…… 59285192

人事处

处长 …… 59285280
副处长 …… 59285100
…… 59285220
…… 59285919
…… 59285320
…… 59285971
…… 59285920

综合科 …… 59285336
干部管理科 …… 59285330
…… 59285921
干部监督培训科 … 59285327
薪酬管理科 …… 59285049
…… 59285925
…… 59285230
员工管理科 …… 59285315
…… 59285282
…… 59285275
…… 59285325
…… 59285923
人力资源信息管理科
…… 59285323
技术干部科 …… 59285332
…… 59285113
…… 59285929
技能人才管理科 … 59285345
…… 59285229
劳动组织科 …… 59285317
社会保险科 …… 59285339
…… 59285331
…… 59285025
…… 59285931
人力资源顾问 …… 59285924

企管法规处

处长 …… 59285218
副处长 …… 59285216
…… 59285207
…… 59285911
企业管理科 …… 59285357
经营考核科 …… 59285142
基层建设科 …… 59285205
规章制度科 …… 59285918
合同管理科 …… 59285208
法律事务科 …… 59285213
中委合资公司项目办公室
…… 59285217

质量安全环保处

处长 …… 59285806
副处长 …… 59285418
…… 59285288
综合管理办公室 … 59285297
…… 59285301
…… 59285298
HSE 体系办公室
主任 …… 59285290
…… 59285291
…… 59285417
质量管理办公室 … 59285272
…… 59285287
节能节水管理办公室
…… 59285293

科技处

处长 …… 59285311
副处长 …… 59285258
…… 59285269
…… 59285422
综合科 …… 59285259
…… 59285260
计划科 …… 59285277
项目管理科 …… 59285285
成果专利科 …… 59285271

审计处

处长 …… 59285306
副处长 …… 59285308
…… 59285310
效益审计科 …… 59285312
…… 59285363
…… 59285304
管理审计科 …… 59285313
…… 59285302
…… 59285314
综合审计科 …… 59285305
…… 59285307

纪委、监察处

处长 …… 59285808
副处长 …… 59285099
…… 59285096
综合办公室 …… 59285092
案件检查室 …… 59285097
效能监察室 …… 59285091
党风建设室 …… 59285090

群众工作处
(工会、团委)

处长 …… 59285059
副处长 …… 59285399
…… 59285058
…… 59285383
办公室 …… 59285073
…… 59285067
…… 59285061
民管组织部 …… 59285070
…… 59285370
权益维护部 …… 59285062
女工部 …… 59285433

国际事业部

主任 …… 59285366
副主任 …… 59285250
外事管理科 …… 59285347
…… 59285015
…… 59285768
…… 59285279
外事接待科 …… 59285857
…… 59285135

工程技术部

主任 …… 59285338
副主任 …… 59285088
…… 59285086
井控管理科 …… 59285084
…… 59285438
钻修技术管理科 … 59285085
…… 59285076
综合管理科 …… 59285083
…… 59285079

市场管理部

主任 …… 59285128
副主任 …… 59285116
…… 59285226
…… 59285408
…… 59285685
…… 59285066
…… 59285246
…… 59285440
钻修井一科
科长 …… 59285072
钻修井二科
科长 …… 59285238
钻井液市场科
科长 …… 59285437
固井管修市场科
科长 …… 59285439
综合技服市场科
科长 …… 59285118
物测录市场科
科长 …… 59285109
副科长 …… 59285442
市场管理科
科长 …… 59285126
副科长 …… 59285068
资源管理科
科长 …… 59285371
综合管理科
科长 …… 59285228

新闻中心

主任 …… 59285001
综合科
科长 …… 59285023
办公室 …… 59285013

物资管理中心

主任 …… 59285316
副主任 …… 59285321
…… 59285376
综合科
科长 …… 59285328
办公室 …… 59285329
…… 59285319

员工培训中心

主任 …… 59285907
副主任 …… 59285910
…… 59285299
…… 59285562
…… 59285563
工作人员 …… 59285289
…… 59285565
…… 59285564

技能鉴定中心

主任 …… 7297771
鉴定组织科 …… 7297770
题库管理科 …… 7297769
综合鉴定站 …… 7297767

资金结算中心

主任 …… 59285180
副主任 …… 59285060
国内结算科 …… 59285187
…… 59285227
…… 59285184
境外结算科 …… 59285206
…… 59285185
结算审核科 …… 59285341
…… 59285178
材料核算科 …… 59285191
…… 59285179
…… 59285190
综合会计科 …… 59285183
…… 59285177
…… 59285189
…… 59285202

信息管理中心

主任 …… 59285385
副主任 …… 59285108
…… 59285082
信息管理科 …… 59285401
…… 59285410
…… 59285117
网络运行科 …… 59285107
…… 59285390
…… 59285394
应用推广科 …… 59285406
…… 59285384

机关事务管理中心

主任 …… 59285989
副主任 …… 59285278
综合科 …… 59285987
…… 59285292
…… 59285988
…… 59285985
物业管理科 …… 59285110
…… 59285970

HSE 监督中心

主任 …… 59285415
副主任 …… 59285286
…… 59285420
…… 59285419
社会安全与交通管理科
…… 59285421
督导科 …… 59285413
综合科 …… 59285295
井控管理科 …… 59285412

生产远程控制中心

主任 …… 59285528
远程控制 …… 59285540
…… 59285534
综合 …… 59285535
数据录入 …… 59285537

测井技术研究院

院长 …… 67856166－8053
党委书记 … 67856166－8028
副院长 …… 67856166－8023
综合办公室 67856166－8070

测试事业部

经理 …… 59285600
党委书记 …… 59285650
副经理 …… 59285602
…… 59285603
技术主管 …… 59285611
非洲技术支持 …… 59285612
…… 59285610
备件支持 …… 59285619
市场营销 …… 59285616
培训晋级 …… 59285623
QHSE …… 59285620
综合 …… 59285606
苏丹测试项目
专业经理 …… 69216319
124 区项目经理 … 69216315
…… 69216314
6 区项目经理 …… 69216312
…… 69216313
37 区项目经理 …… 69216316
…… 692163167
伊朗测试项目
专业经理 0098－9123729345
技术经理 0098－9123729345
BUYBACK 项目经理
…… 0098－9168046528
NIOC 项目经理
…… 0098－9166003461
巴基斯坦项目
经理 …… 0092－3005001604
阿尔及利亚项目
经理 …… 00213－70981291
哈萨克斯坦项目
经理 …… 007－7774540018
乍得项目
经理 …… 00870－763921686
…… 00870－763921685
尼日尔项目
经理 …… 00871－764339930
土库曼斯坦项目
经理 …… 00993－66118137
乌兹别克斯坦项目
经理 …… 00998－909302613
伊拉克项目
经理 …… 00964－7813456085

解释研究中心

主任 …… 59285501
副主任 …… 59285503
…… 59285502
综合 …… 59285517

东部服务中心

经理 …… 59285481
…… 68680808
…… 68663344－60408
党委书记 …… 68680808
…… 68663344－60408
副经理 …… 88681216
…… 68663344－60338
…… 59285486
…… 68686279
…… 68663344－60018
…… 68652244
…… 68680808
…… 68663344－60566
经营办公室
主任 …… 68686279
…… 68663344－60018
QHSE 管理
…… 68663344－60413
人事劳资 68663344－60015
市场营销 68663344－60321
会计 …… 68663344－60019
出纳员 …… 68663344－60019
采购 …… 68663344－60538
综合员 …… 68663344－60016
档案员 …… 59285945
装备技术部
经理 …… 88681216
…… 68663344－60323
机械工程师 …… 68650122
…… 68663344－60322
计量室管理 68663344－60317
技师 …… 68663344－60020
油田研究室
主任 …… 68636092
解释工程师 68663344－60507
…… 68663344－60508
综合员 …… 68663344－60508
广告礼品部
经理 …… 62095985
…… 68663344－60535
成本管理 68663344－60535
设计师 …… 68663344－60510
…… 68663344－60509
…… 68663344－60512
制作组长 68663344－60536
制作员 …… 68663344－60562
…… 68663344－60567
仓储管理部
经理 …… 62095985
…… 68663344－60535
库房管理组长
…… 68663344－60405
库房管理 68663344－60017
…… 68663344－60011
跟单 …… 68663344－60407
资产实物管理 68663344－60407
ERP 管理 68663344－60570
包装管理 … 68663344－60407
包装班长 … 68663344－60007
包装员 …… 68663344－60007
保利库房管理 …… 25760105
办公服务部
经理 …… 68601459
…… 68663344－60289
培训和接待员
…… 68663344－60289
培训管理员 68663344－60560
业务代理员 68663344－60290
计算机维护员
…… 68663344－60290
综合员 …… 68663344－60560
后勤服务部
经理 …… 68636096
…… 68663344－60565
房产管理 … 68663344－60565
物业管理 … 68663344－60007
海外后勤管理
…… 68663344－60563
综合员 …… 68663344－60563

钻井一公司

公网区号：0427
领导
经理 …… 7822515
党委书记、纪委书记、工会主席 …… 7827108
副经理 …… 7823228
副经理、总会计师 …… 7803188
副经理、安全总监 …… 7809066
副经理 …… 7823698
…… 7803801
副经理、总工程师 7820608
经理办公室
主任 …… 7820142
副主任 …… 7822461
…… 7822198
打字室 …… 7820015
收发室 …… 7823776
会务室 …… 7802508
门卫 …… 7822280
大学生宿舍 …… 2897744
保险办门卫 …… 2897045
调度室
调度长 …… 7822420
副调度长 …… 7821690
…… 7822620
调度室 …… 7822611
…… 7822602
土地办 …… 7822620
值班长 …… 7820197
机动资产科
科长 …… 7822591
副科长 …… 7823652
…… 7820164
一线组 …… 7820668
二线组 …… 7833135
综合办 …… 7820164
国有资产库 …… 7820294
质量技术监督科
科长 …… 7821390
副科长 …… 7823617
…… 7822109
…… 7829403
…… 7820404
完井管理 …… 7821171
质量监督 …… 7821685
技术管理 …… 7821127
井控管理 …… 7827036

安全监察科
安全副总监………… 7820681
副科长………………… 7822570
……………………… 7822540
一线…………………… 7820685
二线…………………… 7822577
市场合同科
科长…………………… 7822234
副科长………………… 7821680
……………………… 7821380
……………………… 7831019
办公室………………… 7821070
新技术推广中心
主任…………………… 7821880
副主任………………… 7823643
……………………… 7820783
经营计划科
科长…………………… 7823493
……………………… 7822530
副科长………………… 7820784
……………………… 7820795
统计…………………… 7820795
经营…………………… 7829181
基建…………………… 7822340
预算…………………… 7804725
财务科
科长…………………… 7822580
副科长………………… 7823758
……………………… 7822405
321 室 ………………… 7820676
……………………… 7820620
322 室 ………………… 7820678
……………………… 7823634
325 室 ………………… 7808622
……………………… 7821594
326 室 ………………… 7820889
403 室 ………………… 7822405
会议室………………… 7831899
资料室………………… 7828258
劳动工资科
科长…………………… 7822601
工资管理……………… 7820689
劳动管理……………… 7823661
审计科
科长…………………… 7823466
副科长………………… 7823336
副科长（预算）…… 7822319
综合…………………… 7820087
物资管理科
科长…………………… 7802726
副科长………………… 7822870
物资管理科…………… 7802297
物业管理办
主任…………………… 7821206
副主任………………… 7821664
……………………… 7825699
……………………… 7822433
电话、用电管理…… 7821688
住房公积金…………… 7832530
住房管理……………… 7823507
保卫科
科长…………………… 7833515
副科长………………… 7833519
内勤…………………… 7833062
车管…………………… 7833817
值班室………………… 7833062
纪检监察科
科长…………………… 7822410
副科长………………… 7820657
……………………… 7821413
组织部
部长…………………… 7821593
副部长………………… 7820662
党建管理……………… 7821491
党建…………………… 7821491
宣传部
部长…………………… 7823626
副部长………………… 7821512
……………………… 7832830
办公室………………… 7822460
电视台长……………… 7820414
电视台………………… 7804579
记者站………………… 7821591
工会
副主席………………… 7822800
……………………… 7822329
女工主任……………… 7801010
办公室………………… 7822119
库房…………………… 7823670
信访办
主任…………………… 7809203
信访办………………… 7822605
团委…………………… 7822464
计划生育办
主任…………………… 7821384
计生办………………… 7822330
安全巡视组
主任…………………… 2898071
副主任………………… 2898074
安全监督站
站长…………………… 7821782
书记…………………… 7833522
副站长………………… 7830533
……………………… 2898074
监督…………………… 7827698
……………………… 7821703
综合…………………… 7832225
信息中心
主任…………………… 7833015
书记…………………… 7821756
副主任………………… 7820072
政工、安全、文书 7823425
情报室………………… 2899074
人事、干部、档案 7832534
井史档案……………… 7828286
基础、财务…………… 7826162
微机室………………… 7821346
门卫…………………… 7823756
地质档案……………… 7820412
网络…………………… 2897729
职工培训中心
主任…………………… 7821850
书记…………………… 2898972
副主任………………… 7821261
……………………… 7833125
办公室………………… 7821197
财务…………………… 7821377
管理组………………… 7822463
培训组………………… 7821184
鉴定站………………… 7821335
门卫…………………… 7821146
小车队
队长…………………… 7829401
副队长………………… 7821879
调度室………………… 7822283
财务…………………… 7821502
安全、环保………… 7807103
一分公司
经理…………………… 2898971
书记…………………… 2898994
副经理………………… 2898973
……………………… 2897028
主任工程师…………… 2899010
工程…………………… 7821851
调度室………………… 7822505
……………………… 7823614
安全…………………… 7831673
机动…………………… 7831673
政工…………………… 2897675
经营…………………… 7828880
财务…………………… 2899011
劳资…………………… 7822199
后勤…………………… 7808368
二分公司
经理…………………… 2898976
书记…………………… 2898962
副经理………………… 2899179
……………………… 2897830
主任工程师…………… 2897062
工程…………………… 7827930
政工…………………… 7822551
人事…………………… 2897685
机动…………………… 2897706
财务…………………… 2898664
经管员………………… 2898984
调度室………………… 2899013
三分公司
经理…………………… 2897789
书记…………………… 2897055
副经理………………… 2897119
……………………… 7808576
主任工程师…………… 2897177
调度室………………… 7820752
调度长………………… 2899178
财务…………………… 2897879
经营…………………… 2897657
工程、统计…………… 2899420
安全、机动…………… 2899425
政工、后勤…………… 2897408
劳资、教育…………… 2899410
四分公司
陕北项目部
经理…………………… 7809868
书记…………………… 2897058
劳资…………………… 2897738
政工…………………… 2897748
财务…………………… 2897736
工会…………………… 7820980
华庆项目
经理…………………… 2897306
书记…………………… 2897044
调度室………………… 7830067
新疆钻探项目部
经营、人事…………… 2898131
财务…………………… 2898967
五分公司
经理…………………… 7801393
书记…………………… 7822462
副经理………………… 7821675
……………………… 7801730
……………………… 7821669
……………………… 7803010
调度…………………… 7801240
作业部………………… 2897038
……………………… 7807289
作业部（外事）…… 7822284
财务…………………… 7801486
……………………… 2899866
经营、劳资…………… 2898494
党群、教育…………… 7823432
安全、资产…………… 7809646
壳牌项目……………… 7827298
大学生食堂…………… 7805210
钻前项目……………… 7808070
项目经理……………… 7832811
安装公司

经理……7861819
书记……7861836
副经理……7861812
……7861033
……7861083
……7861085
办公室……7861093
安全办……7861809
能源计量……7861803
工会、计生……7861037
劳资、教育……7861060
财务办……7861098
工程办……7861094
门卫室……7861841
调度室……7861851
……7861034
安装一队……7861389
安装二队……7861957
准备队……7861882
……7861232
拖拉机队……7861361
拖拉机队调度……7861676
车队办……7861047
车队调度……7861040

供应站

站长……7807609
书记……7289052
副站长……7801596
……7821845
……7822951
……7289081
站办……7803272
……7820069
……7820143
党群部主任……7820068
供应站党群部……7821684
财务……7821831
……7821878
物资管理部……7821631
物资管理网络……7821626
企管人事部……7821862
安全部……7821867
五金轻纺部……7821959
金属建材部……7821613
钻采配件部……7820234
燃化材料部……7820245
机电议表部……7821876
汽配柴配部……7822735
调度长……7821840
调度室……7820154
……2897890
库房……7821693
服务队……7820063
经警……7289614
质检组……7821695
财务……7821856

运输公司

经理……7823637
书记……7826498
副经理……7829815
……7829825
……7826461
……7822050
……7829402
……7827411
工会主席……7821702
政工……7807075
工会、宣传……7822377
经营……7823766
财务……7821687
劳资……7823237
计量……7823662
生产……7822379
资产……7820555
质量……7834775
材料……7820031
安全……7823200
安全……7832670
调度室……7822073
……7822027
外营调度……7823257
机关值班室……7823308
监控室……7821713
一中队……7821853
二中队……7823103
三中队……7822841
四中队……7822660
五中队……7822915
六中队……7833491
七中队……7833460
陕北车队……7820872
修保车间……7822572
油水检测站……7823642
材料库……7820136
变电所……7823694

装备服务公司

经理……7852996
副经理……7852997
……7852994
调度室……7852978
劳资、财务、政工 7852993
技术中心……7852979
机修中心……7852979

技术服务公司

经理……7821314
书记……7821723
副经理……7821798
……7821323
……7826570
……7823567
主任工程师……7822221
工程技术部……7821301
随钻服务部……7821039
水平井服务部……7803523
仪表维修部……7803525
财务……7821341
工会……7821124
安全、劳资、培训、质量、宣传
……7821352
机动、资产、后勤、保卫
……7822321
保卫部……7830135
调度室……7821330

钻井二公司

公网区号：0427

领导

经理……7540752
党委书记……7540696
副经理……7541110
总会计师……7540643
副经理……7644970
总工程师……7540512
党委副书记、纪委书记、工会主席……7540525
副经理……7540521
副总工程师……7644957

经理办公室

主任……7540994
副主任、信访办、武装部部长
……7643582
副主任、计生办主任 7541299
副主任……7540285
副主任、档案室主任 7643367
文书……7540801
信访办公室……7541013
计生办公室……7643128
档案室……7644576
打字室……7541014
机关办公室楼……7541021

小车队

队长……7643924
指导员……7540903
副队长……7644908
调度室……7541131

招待所

所长、书记……7645378
副所长……7645406
……7644951
……7645408
财务……7645409
总台……7644950
……7645400
餐厅……7645411
公寓客房……7645484
公寓餐厅……7644918
大学生公寓……7645403

调度室

主任……7643904
副主任……7644535
……7540865
值班室……7541177
……7541240

环保土地科

主任……7541051
副主任……7643264

市场办

主任……7644855
副主任……7643844
……7540264
内部市场……7644880
交井组……7643080

科技管理科

科长……7540352

高工办

科长……7541719

井控科

副总师、科长……7547976
办公室……7540965

技术监督科

科长……7540964
能源管理组……7644062
质量管理……7644082
标准化……7540855
计量……7643041

安全科

安全副总师、科长 7540282
副科长……7541258
……7643699
办公室……7643596
……7541153

交通科

科长……7643310
副科长……7541055
办公室……7645134

机动资产科

科长……7540081
副科长……7644185
……7643778
二线组……7541058
资产库……7540190

财务科

科长……7540013
副科长……7644178
……7644778
一线组……7644280

……………………… 7644279
二线组……………… 7540349
资金组……………… 7540205
综合组……………… 7540267
内部核算组………… 7540154
经营管理科
科长………………… 7541465
合同组……………… 7540715
经管管理组………… 7643752
规划计划科
科长………………… 7540265
办公室……………… 7643277
信息中心主任……… 7540933
信息中心办公室…… 7540240
工程预算…………… 7540576
钻井工程…………… 7541253
劳资科
科长………………… 7540333
副科长……………… 7540982
统计、报表、工资 … 7541190
资金………………… 7645918
公积金……………… 7645223
审计科
科长………………… 7644180
副科长……………… 7540642
办公室……………… 7540076
党委办公室
主任………………… 7540647
办公室……………… 7540475
组织部
部长………………… 7540180
副部长……………… 7541242
办公室……………… 7540421
宣传部
部长………………… 7540756
新闻负责人………… 7643687
办公室……………… 7540194
……………………… 7645826
纪委监察科
纪委副书记………… 7643449
主任………………… 7540377
工会
副主席……………… 7644566
……………………… 7644126
副主席、团委书记 7540741
办公室主任………… 7644363
办公室……………… 7645743
保卫科
科长………………… 7540758
教导员……………… 7643616
副科长……………… 7541162
副所长……………… 7644341
侦管队……………… 7645124
报警中心…………… 7644661

一分公司
经理………………… 7644647
副经理……………… 7644727
……………………… 7643011
……………………… 7643010
……………………… 7643012
主任工程师………… 7643013
调度室……………… 7644697
工程组……………… 7644764
政工组……………… 7643015
二分公司
经理………………… 7540980
教导员……………… 7643020
副经理……………… 7644912
……………………… 7644436
……………………… 7643028
主任工程师………… 7643022
调度室……………… 7643026
工程组……………… 7643029
政工组……………… 7643023
三分公司
经理………………… 7643030
教导员……………… 7643031
主任工程师………… 7643032
副经理……………… 7643627
调度室……………… 7540553
工程组……………… 7643034
政工组……………… 7645374
五分公司
经理………………… 7644881
教导员……………… 7643774
主任会计师………… 7643516
调度室……………… 7643831
工程组……………… 7644762
政工组……………… 7644498
六分公司
经理………………… 7644177
副经理……………… 7643969
……………………… 7645977
……………………… 7643320
调度室……………… 7643251
宣传组……………… 7643240
钻前工程公司
经理………………… 7644090
教导员……………… 7644037
副经理……………… 7644024
……………………… 7644925
……………………… 7643097
调度室……………… 7644446
宣传组……………… 7643044
运输公司
经理………………… 7540176
教导员……………… 7644149
副经理……………… 7644674

……………………… 7644524
……………………… 7644211
……………………… 7644076
调度室……………… 7643888
……………………… 7644041
……………………… 7643005
安全办……………… 7644691
总支办……………… 7644726
物资供销公司
经理………………… 7645819
教导员……………… 7540966
副经理……………… 7540809
……………………… 7540057
……………………… 7541209
调度室……………… 7645002
组织………………… 7645421
宣传………………… 7643471
教育培训中心
主任………………… 7540491
书记………………… 7540310
管理组……………… 7540047
政工组……………… 7645679

国际钻井公司

领导
经理 ……………… 51238535
党委书记
… 00218－21－4776220－28
副经理 …………… 51238552
……………………… 51238773
……………………… 51238690
副经理、安全总监 51238775
副书记 001－713－3013－958
总会计师 ………… 51238772
综合办公室
主任 ……………… 51238650
副主任 …………… 51238649
文书 ……………… 51238693
党群管理 ………… 51238763
外事管理 ………… 51238643
人力资源科
副科长 …………… 51238720
薪酬管理 ………… 51238671
培训管理 ………… 51238642
保险管理 ………… 51238646
ERP 管理 ………… 51238653
生产管理科
科长 ……………… 51238620
副科长 …………… 51238641
质量节能 ………… 51238644
HSE 管理科
科长 ……………… 51238755
装备管理科
副科长 …………… 51238719

机械工程师 ……… 51238610
电器工程师 ……… 51238651
设备管理 ………… 51238672
资料管理 ………… 51238652
后勤保障 ………… 51238771
……………………… 51238712
库房管理 ………… 25967872
市场开发科
负责人 …………… 51238721
经营管理科
副科长 …………… 51238600
资产管理 ………… 51238752
财务资产科
负责人 …………… 51238750

测井公司

公网区号：0427
领导
经理………………… 7811382
书记………………… 7811787
副经理……………… 7852918
……………………… 7811235
……………………… 7811295
……………………… 7811595
……………………… 7811562
……………………… 7811270
副书记、纪委书记、工会主席
……………………… 7811621
副总师……………… 7811677
……………………… 7811625
……………………… 7815674
经理办
主任………………… 7811310
文书………………… 7812843
秘书………………… 7811415
生产协调科
科长………………… 7811237
副科长……………… 7811367
……………………… 7811614
值班主任…………… 7851551
值班室……………… 7811384
……………………… 7811327
综合室……………… 7851790
工程办……………… 7811359
国有资产科
科长………………… 7811703
副科长……………… 7810162
办公室……………… 7811107
计划科
科长………………… 7810557
副科长……………… 7811501
办公室……………… 7811451
经营组……………… 7852217
劳资科

科长……7811275
副科长……7815673
办公室……7811239
财务科
科长……7811063
副科长……7811175
综合……7811194
资金……7811583
报销……7851577
成本……7852379
税管……7811613
法律合同科
科长……7811462
办公室……7815084
审计科
科长……7810587
副科长……7811321
工程审计……7811404
质量安全环保部
安全副总监、主任……7811258
副主任……7811326
质量管理科长……7810504
安全环保科长……7811825
安全监督站长……7811345
井控工艺科长……7811375
质量管理办公室……7813311
保卫科
科长……7811783
综治办主任……7811383
交通组……7811684
市场办
主任……7811843
定额中心主任……7852789
办公室……7878425
统计……7811744
项目一区……7878426
项目二区……7878423
项目三区……7878420
项目四区……7878421
项目五区……7878425
组织部
部长……7811281
办公室……7819732
宣传部、党办
部长……7852598
副部长……7811670
纪检
副书记……7817563
办公室……7811670
监察科
科长……7851768
工会
副主席……7811470
办公室主任……7811413

办公室……7811474
团委
书记……7811522
计生办
主任……7811819
科技发展中心
主任……7812422
办公室……7811385
……7852676
递延资产管理中心
主任……7852173
办公室……7811547
教育培训中心
主任……7812393
副主任……7812946
教育管理……7811496
技能鉴定……7811605
外部市场工作部
主任……7815674
机关小车队
队长……7811412
调度……7811025
打字室
办公室……7813464
电视台
台长……7811726
咨询中心
办公室……7819215
政研会
办公室……7811754
测井事业部
经理……7811314
书记……7811671
副经理……7811146
……7811315
……7811586
……7811216
……7852791
办公室……7812029
调度……7812382
……7811857
生产部……7811812
技术组……7813417
综合组……7813417
财务统计……7811131
仪修站……7811429
数字测井事业部
经理……7811845
书记……7811629
副经理……7811967
……7811643
……7813482
……7811815
调度……7811387

……7811762
机安办……7811921
技术组……7813246
财务统计……7813147
队长办公室……7811541
仪修站……7811641
过套管测井项目部
经理……7813682
书记……7815672
副经理……7811784
……7810377
……7815135
办公室……7813343
调度……7813051
……7811259
冀东办……7811786
安全办……7811164
技术组……7811164
财务……7811786
解释组……7811164
仪修站……7813343
射孔事业部
经理……7811962
书记……7811431
副经理……7813386
……7811165
……7811434
办公室……7813154
调度……7811370
……7811757
技术组……7811674
机安组……7813154
计算组……7811571
生产部……7811721
经营部……7815741
财务统计……7815741
材料……7815741
仪修站……7811674
数解中心
主任……7811625
书记……7811045
副主任……7811171
……7811863
……7811210
……7815376
办公室……7811193
解释一室……7811971
解释二室……7811597
验收组……7811215
审核组……7811675
综合评价……7815508
固井评价……7813150
技术室……7815064
生产解释……7811739

系统软件……7811350
研究室……7815156
新技术室……7815376
经营办……7811630
研究所
所长……7811940
副所长……7815134
综合办公室……7813427
生产研究室……7815094
运输公司
经理……7811475
书记……7811591
副经理……7811483
……7811613
办公室……7811646
调度……7878493
……7811906
机安办……7811646
财务统计……7811834
材料库……7811834
危险品管理中心
经理……7852966
书记……7852961
副经理……7852960
调度室……7852969
生产部……7852965
经营部……7852962
装枪车间……7852967
危险品库……7852963
质量检测……7852970
供应站
站长……7811406
书记……7811276
副站长……7811683
……7812629
……7852072
办公室……7811827
管理室……7811294
业务二室……7811685
财务室……7811827
库房……7811121
工程技术服务公司
经理……7811437
书记……7811637
电缆班……7811232
值班室……7661597
技术信息服务公司
经理……7812642
书记……7813342
信息办……7851117
机房……7815514
计量检测中心
主任……7811365
副主任……7811486

………………………… 7811873
………………………… 7811351
办公室………………… 7810579
流量室………………… 7661161
综合室………………… 7818931
高温高压室………… 7878409
回收修复中心
经理…………………… 7812023
书记…………………… 7811085
修复车间……………… 7815634
润滑中心
经理…………………… 7815310
书记…………………… 7811449
副经理………………… 7811076
经销部………………… 7811657
财务…………………… 7856972
生产部………………… 7878461
管理部………………… 7878462
检验室………………… 7878463
生活服务公司
经理…………………… 7811265
书记…………………… 7812293
副经理………………… 7811336
副所长………………… 7811774
公寓…………………… 7819157
餐厅…………………… 7811524
财务…………………… 7811450
客房…………………… 7812475
水站…………………… 7813756
档案室
主任…………………… 7819797
档案室书记………… 7815503
档案室综合组……… 7811530
档案室原图组……… 7811185

录井公司

公网区号：0427
领导
经理…………………… 7821835
党委书记、纪委书记、工会主席…………………… 7285600
副经理………………… 7803414
………………………… 7808352
………………………… 7822413
副经理、总会计师 7285618
副经理、总地质师 7823089
副经理、总工程师 7808216
办公室
主任…………………… 7303603
副主任………………… 7801265
文书…………………… 7801263
档案室………………… 7821795
………………………… 7829880
………………………… 7800117
生产协调部
主任…………………… 7802771
副主任………………… 7821676
值班室………………… 7820821
质量安全环保部
副主任………………… 7822976
井控办主任………… 7822976
办公室………………… 7822976
………………………… 7802164
技术装备部
主任…………………… 7802699
副主任………………… 7801906
办公室………………… 7801906
经营计划部
主任…………………… 7802746
副主任………………… 7802746
办公室………………… 7802746
………………………… 7803107
市场开发部
科长…………………… 7808471
财务资产部
主任…………………… 7803037
副主任………………… 7821811
劳动人事部
主任…………………… 7803975
办公室………………… 7808460
党委工作部
主任…………………… 7827685
组织科员……………… 7803722
宣传办………………… 7821822
电视台………………… 7801484
群工部
工会副主席………… 7808650
工会…………………… 7823519
团委副书记………… 7803814
纪察监察审计部
主任…………………… 7833058
审计科员……………… 7802815
办公室………………… 7801815
开发井地质设计中心
主任…………………… 7801194
办公室………………… 7802505
………………………… 7802505
解释评价中心
主任…………………… 7821620
书记…………………… 7802194
副主任………………… 7821620
………………………… 7821620
………………………… 7852968
信息中心
主任…………………… 7821881
主任工程师………… 7803473
副主任………………… 7803473
系统网络管理……… 7803473
软件开发……………… 7803473
技术开发公司
经理、书记………… 7801579
副经理………………… 7822619
………………………… 7801760
主任地质师………… 7801760
油藏监测项目部
经理…………………… 7807866
副经理………………… 7800628
组长…………………… 7800628
组员…………………… 7800628
………………………… 7800628
油井信息技术中心
经理…………………… 7828850
主任工程师………… 7803557
监测室………………… 7831278
公用事业公司
经理…………………… 7828205
书记…………………… 7802729
副经理………………… 7800949
荟英酒店
经理…………………… 7800324
副经理………………… 7800371
总服务台……………… 7831643
地质公寓
经理…………………… 7540713
总台…………………… 7541033
供应站
站长…………………… 7821094
办公室………………… 7802347
………………………… 7802347
录井车队
经理…………………… 7803877
书记…………………… 7800626
副经理………………… 7800626
………………………… 7803877
长庆项目部
经理………… 0477－7211720
副经理……… 0934－3465936
主任地质师 … 0477－7219101
副经理……… 0934－3465936
…………… 0477－7219101
驻辽办………………… 7833533
冀东项目部
驻辽办………………… 7831506
一分公司
经理…………………… 7822156
书记…………………… 7821814
副经理………………… 7821081
………………………… 7821816
………………………… 7821810
协调组长……………… 7823252
二分公司
经理…………………… 7800052
书记…………………… 7800059
生产副经理………… 7800051
经营副经理………… 7800076
主任地质师………… 7800977
组长…………………… 7807058
三分公司
经理…………………… 7821820
书记…………………… 7803713
生产副经理………… 7807097
经营副经理………… 7803781
主任地质师………… 7821833
四分公司
经理…………………… 7800984
书记…………………… 7803777
生产副经理………… 7803341
经营副经理………… 7821829
主任地质师………… 7805059

工程技术研究院

公网区号：0427
领导
院长…………………… 7822705
党委书记……………… 7803736
副院长、总工程师 7807272
总会计师……………… 7801202
副院长、总地质师 7828823
副院长………………… 7802763
办公室主任………… 7801014
秘书…………………… 7808279
文书…………………… 7833835
值班电话……………… 7833835
机关行政部室
院长（党委）办公室主任
………………………… 7801014
生产管理科………… 7829237
科技管理科………… 7823430
质量安全环保科
………………………… 7825597
经营管理科………… 7820130
财务资产科………… 7822743
市场办公室………… 7803122
物资管理科………… 7826147
组织部（人事科） … 7826175
党群工作部………… 7833503
纪检监察审计科 7808580
保卫科………………… 7821508
公司直属单位
档案室………………… 7831423
职工公寓……………… 7823110
职工食堂……………… 7822296
车队…………………… 7833640
钻井工程技术研究所
所长…………………… 7802763
副所长………………… 7821135

水平井技术研究所
所长……………… 7653157
书记……………… 7653071
钻井取心技术研究所
所长、书记………… 7828979
副所长……………… 7830651
井下作业技术研究所
书记……………… 7800872
副所长……………… 7808069
采油技术研究所
所长……………… 7804080
书记……………… 7823250
油田开发研究所
所长………… 0727－7825133
书记……………… 7832923
油田化学研究所
所长……………… 7821555
副所长……………… 7825545
能源开发技术研究所
所长、书记………… 7832395
金刚石钻头研究所
所长……………… 7832302
书记……………… 7803085

井下作业公司

公网区号：0427
领导
经理……………… 7515999
党委书记……………… 7510029
副经理……………… 7510964
党委副书记、纪委书记、工会主席……………… 7510804
总会计师……………… 7510198
副经理、总工程师 7515658
经理办公室
主任……………… 7515566
副主任……………… 7510077
文书……………… 7515899
党委工作科
科长……………… 7510536
副科长……………… 7510537
……………… 7515119
……………… 7511144
办公室……………… 7515126
……………… 7515133
……………… 7510991
一楼门卫……………… 7515122
大门门卫……………… 7515032
群众工作科
科长……………… 7510497
副科长……………… 7510084
……………… 7515097
技术质量科
科长……………… 7511422
副科长……………… 7510236
办公室……………… 7515026
……………… 7515100
生产调度室
调度长……………… 7515155
副调度长……………… 7515258
……………… 7515257
值班室……………… 7515856
办公室……………… 7515166
市场科
科长……………… 7515027
副科长……………… 7515128
……………… 7515099
安全环保科
科长……………… 7515127
副科长……………… 7515103
……………… 7515028
……………… 7515168
……………… 7515101
办公室……………… 7515102
……………… 7510329
……………… 7515029
井控管理科
科长……………… 7510587
副科长……………… 7515096
办公室……………… 7515109
设备管理科
科长……………… 7515568
副科长……………… 7515569
……………… 7515570
审计科
科长……………… 7510551
副科长……………… 7515369
劳动人事科
科长……………… 7510803
副科长……………… 7515911
办公室……………… 7515929
经营计划科
科长……………… 7510492
副科长……………… 7515113
法律顾问……………… 7510429
办公室……………… 7515125
财务资产科
副科长……………… 7515022
……………… 7515017
办公室……………… 7515021
……………… 7515018
……………… 7515019
信息档案中心
主任……………… 7515566
办公室……………… 7515997
……………… 7510283
……………… 7515656
档案室……………… 7515117
打字室……………… 7515098
机关车队
队长……………… 7510906
调度室……………… 7511905
办公室……………… 7515616
HSE 监督中心
副主任……………… 7515928
职工培训中心
主任……………… 7515121
办公室……………… 7510917
技术推广中心
主任……………… 7515095
辽河钻井项目部
经理……………… 7515677
书记……………… 7515058
副经理……………… 7515887
……………… 7515955
……………… 7515966
……………… 7515052
……………… 7515051
调度室……………… 7510652
财务……………… 7515288
劳资……………… 7512794
工会……………… 7510675
安全……………… 7512793
资产……………… 7510591
政工……………… 7510765
工程……………… 7510631
经营……………… 7512771
辽河钻修项目部
经理……………… 7515577
书记……………… 7515006
副经理……………… 7510013
……………… 7510980
……………… 7513066
调度室……………… 7510317
劳资……………… 7510007
工程……………… 7510775
财务……………… 7511136
政工……………… 7511559
经营……………… 7512003
安全……………… 7510674
资产……………… 7515002
材料组……………… 7511184
车队……………… 7515003
保卫……………… 7510512
试油测试项目部
经理……………… 7513866
副经理……………… 7510320
压裂酸化项目部叙利亚项目
经理……………… 7510611
副经理……………… 7515061
压裂酸化项目部哈萨克项目
经理……………… 7510230
副经理……………… 7515062
大庆项目部
经理……………… 7515027
海拉尔项目
经理……………… 7515908
副经理……………… 7515116
吉庆项目经理……… 7515081
长庆项目部
经理………… 0934－3220476
调度室……… 0934－3220486
新疆项目部
经理……………… 7511361
国际钻修项目部
经理……………… 7511900
书记……………… 7515588
副经理……………… 7515059
材料……………… 7510552
劳资……………… 7512537
办公室……………… 7511718
生产服务项目部
经理……………… 7513570
书记……………… 7510433
副经理……………… 7513571
……………… 7513569
综合……………… 7510370
材料……………… 7511258
冬防保温队……………… 7510731
生活服务队……………… 7510772
电工队……………… 7513575
食堂……………… 7515065
运输分公司
经理……………… 7510593
书记……………… 7511638
副经理……………… 7511259
调度室……………… 7513680
劳资……………… 7515131
财务……………… 7513580
政工……………… 7515130
材料组……………… 7515132
一中队……………… 7515063
二中队……………… 7515064
门卫……………… 7515031
物资供应分公司
经理……………… 7510837
书记……………… 7510936
副经理……………… 7515891
财务……………… 7510890
劳资……………… 7510451
经营……………… 7515892
安全、环保……………… 7510040
材料一……………… 7510028
材料二……………… 7510048
保管……………… 7515893
调度室……………… 7515894

资产库……………… 7511003
……………………… 7511012
润滑站……………… 7513830

国际钻修公司

经理 ……………… 51238118
……………… 0934－3212001
党委书记、纪委书记、工会主席 ……………… 51238119
常务副经理、安全总监
……………… 0934－3212009
副经理 ……………… 51238120
总会计师 ……………… 51238122
副经理、总工程师
……………… 0934－3212002
总地质师…… 0934－3212006
综合管理部主任、人事科科长
……………… 51238117
党群工作部副部长 51238128
国际作业部主任 … 51238147
经营计划科科长 … 51238143
财务资产科副科长 51238149
生产保障科科长
……………… 0934－3212050
调度室副调度长
……………… 0934－3212004
安全副总监、安全管理科科长
……………… 0934－3212060
副总工程师、基建科科长
……………… 0934－3212066
工程技术科科长
……………… 0934－3212061
工程概算科科长
……………… 0934－3212053
机关事务管理办公室副主任
……………… 0934－3212005
产能建设项目部经理
……………… 0934－5231234
工程技术项目部经理
……………… 0934－5231376

顶驱技术公司

领导

经理 ……………… 51238500
党委书记 ……………… 51238790
党委副书记 ……………… 51238428
总会计师 ……………… 51238865
经理助理 ……………… 51238931
……………… 51238938

综合办公室

主任 ……………… 51238932
副主任 ……………… 51238981
……………… 51238823
秘书 ……………… 51238973
文书 ……………… 51238975
行政综合 ……………… 51238541
纪检监察 ……………… 51238542
人事 ……………… 51238543

技术设备科

科长 ……………… 51238869
副科长 ……………… 51238936
……………… 51238923
……………… 51238539
……………… 51238743
设备管理 ……………… 51238509

生产协调科

科长 ……………… 51238537
副科长 ……………… 51238935
生产组织 ……………… 51238939

质量安全科

科长 ……………… 51238939
副科长 ……………… 51238510
安全员 ……………… 51238982

财务计划科

科长 ……………… 51238926
副科长 ……………… 51238589
出纳员 ……………… 51238937

辽河顶驱项目部

经理……………… 0427－7297949

钻井液公司

领导

经理 ……………… 59285858
……………… 7283177
党委书记…… 0427－7283066
副经理 ……………… 59285051
……………… 59285833
……………… 7283719
……………… 59285868
……………… 7283383
……………… 59285844
……………… 7283499
副经理、总工程师 … 59285866
……………… 7283761
总会计师 ……………… 59285838
副处级 ……………… 59285822
经理助理…… 0427－7284228
……………… 0427－7283979

经理办公室

经理办公室 ……………… 59285856
……………… 59285851
……………… 7284259
……………… 59285862

党群工作部

党群工作部科长
……………… 0427－7284308
党群工作部 … 0427－7297130
……………… 0427－7540590
……………… 0427－7283956

人事科

人事科科长 ……………… 59285843
……………… 7284259
人事科 ……………… 59285842
……………… 59285860
……………… 0424－7283468
……………… 0427－7240559

财务资产科

科长……………… 0427－7283218
办公室……………… 0427－7284368
……………… 0427－7283919
……………… 0427－7284368
……………… 0427－7283919

经营计划科

科长 ……………… 59285350
……………… 7297139
办公室 ……………… 59285848
……………… 0427－7283218

市场管理科

科长 ……………… 59285804
办公室 ……………… 59285812
……………… 59285807

国际作业科

科长 ……………… 59285821
办公室 ……………… 59285849
……………… 59285873

生产协调科

科长……………… 0427－7284303

物资管理科

科长 ……………… 59285805
副科长 ……………… 59285820
办公室 ……………… 59282825
……………… 59285815

技术发展中心

科长……………… 0427－7541203
办公室 ……………… 59285832
……………… 59285840

北京质量检测中心

办公室 ……………… 62097564

固井公司

公网区号：0427

领导

经理……………… 7285818
党委书记……………… 7285755
副经理……………… 7820156
……………… 7821941
总工程师……………… 7821932
总会计师……………… 7803928
副总工程师……………… 7285997
安全副总监……………… 7823320
纪委常务副书记……………… 7820945

经理办公室

主任……………… 7807586
秘书……………… 7821062
文书……………… 7821062

党群工作部

部长……………… 7820945
副部长……………… 7805191
党群工作部……………… 7823340

人事科

科长……………… 7807086
副科长……………… 7807086
人事科……………… 7820977

财务资产科

科长……………… 7285995
副科长……………… 7807830
财务资产科……………… 7807730
……………… 7820772

经营计划科

科长……………… 7809728
副科长……………… 7809728
……………… 7807929

市场管理科

科长……………… 7820722
副科长……………… 7806863
……………… 7820135
市场管理科……………… 7820135

生产协调科

科长……………… 7820803
副科长……………… 7820793
……………… 7823578
生产协调科……………… 7820793
调度室……………… 7823578
……………… 7823569
……………… 7803078

质量安全环保科

科长……………… 7823320
副科长……………… 7807525
质量安全环保科…… 7807635

技术发展中心

主任……………… 7805036
技术中心书记……… 7820128
副主任……………… 7807209
工程 1 室……………… 7823352
工具资料室……………… 7820973
化验 1 室……………… 7820189
安全室……………… 7807956
技术中心政工室…… 7807213
工程 2 室……………… 7643636
化验 2 室……………… 7644690

固井技术研究所

所长……………… 7821932
经理……………… 7807835
……………… 7807835

兴隆台项目部

固井一中队……………… 7820134

欢喜岭项目部
经理……7547736
副经理……7540113
经理助理……7541081
调度室……7540212
……7643465
办事员……7643230
固井五中队……7643718
综合服务队……7644802
水泥库……7540817
南门卫……7645201
材料库……7644263
苏里格项目部
经理……7803906
副经理……7803728
固井三中队……7820167
庆阳项目部
固井二中队……7820774
固井四中队……7643378
后勤保障中心
水泥车间……7820178
维修队……7820781
工具车间……7820145
安全监督站站长……7803728
审计办公室主任……7802056
小车队队长……7805758
门卫值班室……7805570
厂区门卫室……7800796

钻具公司

公网区号：0427
领导
经理……7283256
党委书记……7283191
副经理、安全总监 7283286
副经理、总工程师 7283189
总会计师……7283737
安全副总监……7283728
纪委常务副书记……7283726
经理办
主任……7297030
秘书……7297031
文书……7297031
党群工作部
部长……7283728
副部长……7297032
办公室……7283139
……7283143
质量安全环保科
科长……7283726
副科长（质量）……7283142
副科长（安全）……7297119
副科长（环保）……7283137
经营计划科
科长……7297038
副科长……7297095
……7297149
办公室……7283171
经营计划科
科长……7283733
资金组……7283075
资产组……7872035
人事科
科长……7297060
副科长……7283735
科员……7297062
生产协调科
科长……7283132
调度室……7283573
技术发展中心
科长……7297115
副科长……7297112
质量计量……7297122
钻具工具……7297092
欢喜岭前线中心
主任……7541870
副主任……7540124
环保能源……7645416
人事……7645606
质量……7644687
安全……7643702
政工……7643046
调度室……7541232

物资供应公司

公网区号：022
领导
经理……66252999
党委书记……66253000
副经理……66253001
……66253002
……66253005
……66253003
……66253006
总会计师……66253007
安全副总监……66253009
综合办公室
主任……66253088
副主任……51238879
……66253011
文秘……66253057
综合办公室……51238792
……66253133
……66253123
……66253050
……66253029
党群工作部
主任……66253099
副主任……51238540
办公室……66253030
生产经营管理部
经理……66253093
副经理……66253095
……66253101
办公室……66253013
……66253015
……66253127
……51238835
质量安全环保部
经理……66253009
副经理……66253039
办公室……66253126
财务资产部
经理……66253091
副经理……66253092
……66253061
办公室……66253063
……66253060
……66253066
……66253069
……66253070
……66253071
审计内控部
经理……66253089
副经理……66253090
招标管理部
经理……66253059
副经理……66253058
办公室……66253027
……66253073
主材采购部
经理……66253096
副经理……66253097
办公室……66253051
……66253053
……66253062
装备采购部
经理……66253098
副经理……66253131
办公室……66253052
配件采购部
经理……66253085
副经理……66253035
办公室……66253033
化工采购部
经理……66253075
副经理……66253128
办公室……66253016
耗材采购部
经理……66253077
办公室……66253017
美洲采购部
经理……66253076
副经理……66253065
办公室……66253137
……66253125
……66253136
中亚采购部
副经理……66253068
……66253083
办公室……66253086
中东采购部
经理……66253138
副经理……66253067
运输保障部
经理……66253012
副经理……66253129
办公室……66253132
国际贸易部
副经理……66253020
……66253080
办公室……66253130
……66253055
长庆项目部经理
……0477－7220979
苏丹分公司副经理 66253135
哈萨克分公司
经理……66253037
办公室……66253072

钻井技术服务公司

公网区号：0427
领导
经理……7297500
党委书记……7297505
总会计师……7297555
副总工程师……7297575
……7297535
……7297515
综合办公室
主任……7297556
副主任……7297556
文书、秘书……7297551
劳资……7297550
群工……7297550
生产协调科
科长……7297566
副科长……7297566
生产协调科……7297582
HSE办……7297519
财务资产科
科长……7297588
副科长……7297588
财务资产科……7297598
经营计划科
科长……7297588

副科长……………… 7297588
经营计划科………… 7297569
技术管理科
科长………………… 7297567
副科长……………… 7297567
技术管理科………… 7297557
市场管理科
科长………………… 7297576
市场管理科………… 7297536
仪器研发与维修中心
经理………………… 7297501
副科长……………… 7297502
……………………… 7297502
综合………………… 7297530
钻头厂
厂长………………… 7297509
书记………………… 7297506
副厂长……………… 7297506
……………………… 7297509
综合………………… 7297508
辽河项目部
经理………………… 7297539
副经理……………… 7297539
综合………………… 7297590
国内项目部
经理………………… 7297538
副经理……………… 7297538
综合………………… 7297516
境外项目部
经理………………… 7297568
副经理……………… 7297568
……………………… 7297571
综合………………… 7297571
控压钻井项目部
经理………………… 7297578
副经理……………… 7297578
综合………………… 7297572
事务中心（综合办公室）
主任………………… 7297551
档案、宣传、打字、复印
……………………… 7297523
劳资………………… 7297559
收发、接待………… 7297553
调度室、车队（生产协调科）
调度长……………… 7297586
调度室……………… 7297511
综合车队队长……… 7271233
调度………………… 7271233

能源事业部

公网区号：0427

主任………………… 7829608
副主任、总地质师 7829668
副主任、总工程师 7829663
副总工程师………… 7829235
勘探管理科
科长………………… 7829215
……………………… 7829621
开发管理科
科长………………… 7829205
办公室……………… 7829601
工程科
科长………………… 7829615
经营管理科
科长………………… 7829686
副科长……………… 7829680
办公室……………… 7829685
审计科
科长………………… 7829617
副科长……………… 7829637
综合科
科长………………… 7829618
办公室……………… 7829606
安全科……………… 7829602

苏里格气田项目部

公网区号：0427
领导
经理、党委书记、纪委书记、工会主席…………… 7826169
……………… 0477－7228299
副经理、总地质师 7826811
……………… 0477－7228228
副经理……………… 7826377
……………… 0477－7228233
副经理、总工程师 7803619
……………… 0477－7228255
副经理、总会计师 7826211
……………… 0477－7228211
副经理……………… 7808617
……………… 0477－7228277
……………………… 7826619
……………… 0477－7228266
……………………… 7803991
综合办公室………… 7827279
……………… 0477－7228229
……………………… 7826509
……………… 0477－7228283
……………………… 7826055
……………… 0477－7228238
……………………… 7805580
财务资产科………… 7825996
……………… 0477－7228207
……………………… 7826508
生产运行科………… 7827179
……………… 0477－7228203
……………………… 7826397
安全环保科………… 7827168
……………… 0477－7228230
……………………… 7826076
……………… 0477－7228231
工程技术科………… 7826533
……………… 0477－7228295
……………………… 7826836
……………… 0477－7228296
气藏地质科………… 7827189
……………… 0477－7228236
……………………… 7826679
……………… 0477－7228237
经营计划科………… 7826097
……………… 0477－7228260
……………………… 7826067
……………… 0477－7228261
采气作业一区……… 7805023
……………… 0477－7226075
……………… 0477－7226074
采气作业二区……… 7805022
……………… 0477－7228212

煤层气开发公司

公网区号：0427
领导
经理、党委书记…… 7866158
副经理、总地质师…… 7861668
副经理……………… 7867798
……………………… 7869600
……………………… 7863969
副经理、总会计师 7867088
副总工程师………… 7866992
安全副总监 … 0477－7261737
生产协调科
科长………………… 7866276
生产协调科 … 0477－7261757
煤田地质科
科长………………… 7863086
煤田地质科………… 7863770
工程技术科
科长………………… 7865822
工程技术科………… 7869615
财务资产科
科长………………… 7862559
财务资产科
……………… 0477－7260992
经营管理科
科长………… 0477－7260165
经营管理科
……………… 0477－7261902
安全环保科
科长………… 0477－7261737
安全环保科 … 0427－7868003
经理办公室
主任………………… 7865995
办公室……………… 7867390

稠油技术中心

公网区号：0427
领导
主任………………… 7653171
副主任……………… 7653172
……………………… 7653230
综合信息部
副主任……………… 7653187
秘书………………… 7653202
文书………………… 7653202
油田地质部
主任………………… 7653051
副主任……………… 7653059
油田开发部
副总师……………… 7653071
……………………… 7653270
副主任……………… 7653091
……………………… 7653376
采油工艺部
主任………………… 7653326
副主任……………… 7653380
地面工程部主任…… 7653078
综合技术服务部副总师
……………………… 7653103

能源信息中心

主任 ……………… 59285426
副主任 …………… 59285428
市场信息科 ……… 59285434
……………………… 59285427
……………………… 59285430
……………………… 59285431
综合科 …………… 59285429
……………………… 59285432

3. 渤海钻探工程有限公司

地址：天津市经济技术开发区黄海路106号　　邮政编码：300457　　公网区号：022

总经理办公室

主任 ………… 66252001
副主任 ………… 66252002
………… 66252003
秘书科
科长 ………… 66252011
科员 ………… 66252015
督查科
科长 ………… 66252016
文书科
科长 ………… 25281396
科员 ………… 66252012
网络新闻科
副科长 ………… 66252013
公关秘书科
科长 ………… 66252005
主任科员 ………… 25281919
科员 ………… 66252009
………… 66252010
公务组
科员 ………… 66252008
………… 66252006
………… 66252007

党委办公室

主任 ………… 66252018
副主任（正处） … 66252019
文秘科
科长 ………… 66252028
科员 ………… 66252029
………… 66252036
传真 ………… 66252035
机关党委办
科长 ………… 66252030
主任科员 ………… 66252031
维稳科
科长 ………… 66252295
副主任科员 ………… 66252033
科员 ………… 66252032
宣传科
科长 ………… 66252021
科员 ………… 66252022

市场与生产协调处

处长 ………… 66252226
副处长 ………… 66252228
市场科
科长 ………… 66252278
工程师 ………… 66252223
………… 66252227
生产科
科长 ………… 66252268
副科长 ………… 66252229
主任科员 ………… 66252221
副主任科员 ………… 66252225
工程师 ………… 66252224

质量安全环保处

处长 ………… 66252208
副处长 ………… 66252198
………… 66252196
………… 66252218
………… 66252219
体系办（综合）
科长 ………… 66252216
科员 ………… 66252217
安全管理科
科长 ………… 66252200
副科长 ………… 66252275
交通消防科
科长 ………… 66252213
科员 ………… 66252199
健康环保与节能科
科长 ………… 66252203
科员 ………… 66252215
质量计量标准化科
科长 ………… 66252201
………… 66252202
总站安全巡视科
科长 ………… 66252206
副科长 ………… 66252205
监督一科
科长 ………… 66252207
科员 ………… 66252209
监督二科
科长 ………… 66252212
监督三科
科长 ………… 66252210
科员 ………… 66252211

工程技术处

主任 ………… 66252236
副主任 ………… 66252239
副主任、井控中心主任
………… 66252255
资质管理科（综合）
科长 ………… 66252238
科员 ………… 66252233
石油工程技术科
科长 ………… 66252253
科员 ………… 66252232
………… 66252251
井控技术管理科
科长 ………… 66252256
副科长 ………… 66252235
科员 ………… 66252231
井控装备与培训科
科长 ………… 66252252
副科长 ………… 66252237
科员 ………… 66252230

科技开发处

主任 ………… 66252081
科长 ………… 66252087
科员 ………… 66252097
科长 ………… 66252085
主任科员 ………… 66252095
………… 66252080

企管法规处

处长 ………… 66252096
副处长 ………… 66252098
企业管理科
科长 ………… 66252092
科员 ………… 66252090
法律事务科
科长 ………… 66252089
副主任科员 ………… 66252091

规划计划处

处长 ………… 66252062
副处长 ………… 66252058
规划计划科
科长 ………… 66252068
传真 ………… 66252068
项目管理科
科长 ………… 66252061
基建管理科
科长 ………… 66252069
综合统计科
科长 ………… 66252060
科员 ………… 66252059

劳动工资处

主任 ………… 66252188
副主任 ………… 66252180
………… 66252277
………… 66252276
综合管理科
科长 ………… 66252166
综合统计科
科员 ………… 66252181
工资管理科
科长 ………… 66252177
科员 ………… 66252176
劳动组织科
科长 ………… 66252195
科员 ………… 66252193
培训管理科
科长 ………… 66252175
科员 ………… 66252173
员工管理科
科长 ………… 66252179
科员 ………… 66252178
人事服务中心
主任 ………… 66252180
综合管理科
科长 ………… 66252190
科员 ………… 66252183
人才交流科
科长 ………… 66252182
科员 ………… 66252185
技能鉴定科
科长 ………… 66252191
科员 ………… 66252186
保险管理科
科长 ………… 66252189
科员 ………… 66252187

财务资产处

主任 ………… 66252155
副主任（正处级） … 66252165
副主任 ………… 66252151
资金管理科
科长 ………… 66252133
科员 ………… 66252138
………… 66252152
正科级 ………… 66252136
成本管理科
副科长 ………… 66252126
副主任科员 ………… 66252128
会计核算科
科长 ………… 66252127
科员 ………… 66252129
………… 66252130
………… 66252131
副主任科员 ………… 66252132
价税管理科
科长 ………… 66252160

科员 ················· 66252156
················· 66252153
资产管理科
科长 ················· 66252161
科员 ················· 66252162
定额管理科
副科长 ················· 66252163
科员 ················· 66252296
················· 66252157
综合管理科
副科长 ················· 66252139
················· 66252150
科员 ················· 66252135
················· 66252137

财务结算中心

主任 ················· 66252158
综合管理科
科长 ················· 66252159
科员 ················· 66252297
················· 66252293
总部结算科
副科长 ················· 66252291
················· 66252292
科员 ················· 66252298
················· 66252293
华北结算科
科长 ········· 0317－2726689
科员 ········· 0317－2726590
大港结算科
科长 ················· 25914493
副主任科员 ············ 25914493
科员 ················· 25914493
冀东结算科
副科长 ········· 0315－8764320
········· 0315－8764315
········· 0315－8764312
科员 ········· 0315－8764311
········· 0315－8764313

人事处（党委组织部）

总经理助理、处长（部长）
················· 66252288
副处长（副部长）··· 66252168
组织科（统战科）
科长 ················· 66252171
科员 ················· 66252172
干部管理科
科长 ················· 66252169
科员 ················· 66252170

纪检监察处

处长 ················· 66252088
副处长 ················· 66252086
综合审理科
科长 ················· 66252076
副科级纪检监察员 66252078
效能监察科
科长 ················· 66252079
科员 ················· 66252077

群众工作处

处长 ················· 66252055
副处长 ················· 66252039
工会组织科
科长 ················· 66252037
主任科员 ················· 66252038
经济保护科
科长 ················· 66252052
科员 ················· 66252051
团组织科
副科长 ················· 66252050
科员 ················· 66252053

审计处

主任 ················· 66252082
审计一科
科长 ················· 66252083
科员 ················· 66252075
审计二科
科长 ················· 66252072
副主任科员 ············ 66252073
科员 ················· 66252071

装备处

副处长 ················· 66252116
设备技术科
科长 ················· 66252099
科员 ················· 66252100
传真 ················· 66252099
设备管理科
科长 ················· 66252101
主任科员 ················· 66252258
科员 ················· 66252102
传真 ················· 66252258

井控管理中心

副处长、中心主任 ··· 66252255
井控技术管理科
科长 ················· 66252256
科员 ················· 66252237
················· 66252235
················· 66252231
井控装备培训科
科长 ················· 66252252
科员 ················· 66252230

华北工程事业部

主任 ········· 0317－2723338
副主任········ 0317－2724006
生产汇报
········· 0317－2723253
········· 010－67364150
传真········· 0317－2723251
市场协调科（综合管理）
科长········· 0317－2724007
主任科员······ 0317－2723248
工程师········ 0317－2722164
助工········· 0317－2722412
工程技术科
科长········· 0317－2723449
助工········· 0317－2722600
安全监督科
科长········· 0317－2725123
助工········· 0317－2724012
小车班
班长········· 0317－2723253

大港石油工程事业部

安全副总监、主任 ··· 25966821
副主任 ················· 25928702
市场协调（综合）科
科长 ················· 25966610
副科长 ················· 25966610
科员 ················· 25928706
················· 25928706
工程技术科
科长 ················· 25924617
科员 ················· 25924617
安全监督科
科长 ················· 25926044
科员 ················· 25926044
司机班
办公室 ················· 25928705

物资管理中心

领导 ················· 66252118
················· 66252119
综合科 ················· 66252103
················· 66252257
物资管理科 ············ 66252115
················· 66252106
················· 66252113
················· 66252110
················· 66252117
物资采办科 ············ 66252125
················· 66252105
················· 66252107
设备采办科 ············ 66252109
················· 66252112
················· 66252111

国际合作事业部

主任 ················· 66252122
国际合作科
科长 ················· 66252123
副主任科员 ············ 66252108
科员 ················· 66252120
················· 66252121

信息中心

副主任 ················· 66252056
项目科
科长 ················· 66252070
科员 ················· 66252067
网络科
副科长 ················· 66252065
副主任科员 ············ 66252250
信息科
负责人 ················· 66252063
科员 ················· 66252057

机关事务中心

副主任 ················· 66252299
················· 66252266
综合管理科
科长 ················· 66252269
科员 ················· 66252270
后勤管理科
科长 ················· 66252265
副主任科员 ············ 66252267
档案馆
馆员 ················· 66252272
················· 66252271
················· 66252222
················· 66252261
小车队
队长 ················· 66252262
主任科员 ················· 66252263
调度 ················· 66252260

新闻文体中心

主任（副处） ······ 66252020
新闻科
负责人 ················· 66252023
科员 ················· 66252027
文体科
科长 ················· 66252025
副主任科员 ············ 66252026

第一钻井公司

地址：天津市大港区大港油田红旗路 128 号
邮编：300280
经理办公室
主任 ················· 25924705
副主任 ················· 25921095
秘书 ················· 25967793
文书 ················· 25922553

计生……25922549
传真……25921088
档案室……25921107

市场开发科

主任……25917244
……25922554
……25924519
办公室……25922539
……25924250
土地……25922563
车辆运行……25924835
合同……25921085
调度……25922534
……25924839

质量安全环保科

主任……25921077
副主任……25924002
……25973470
……25924004
现场、体系……25921115
环保、消防……25922528
交通……25921242
质量标准化……25927459
综合……25970476

生产技术科

主任……25973472
……25922548
……25921497
副主任……25923072
固井管理……25917306
井控管理……25921494
值班室……25927057
事故复杂……25915477
资料管理……25922354
技术顾问……25916499

计划经营科

主任……25924717
副主任……25948147
办公室……25922461
……25923609

装备管理科

主任……25921082
副主任……25924003
……25922529
……25924350
办公室……25921081
……25972979
……25924001
……25978486
值班室……25914709

物资管理科

主任……25922434
副主任……25918874
……25973233
计划合同……25921104
采购……25911263
体系……25973471
值班室……25922464
配送中心……25967543

国际合作科

主任……25972979
副主任……25924350
办公室……25973874

财务资产科

主任……25910657
副主任……25921093
……25922564
成本……25921087
项目……25921363
资金……25921096

人力资源科

主任……25924707
……25922576
调配、培训……25922577
工资……25921099
保险……25921113
办公室……25921112
员工档案室……25921105

党委办公室

主任……25921100
……25924693
副主任……25921086
文书……25922578
秘书……25921239
宣传……25921103
组织……25922350

维护稳定办公室

主任……25927762
副主任……25924693
协解离退……25924353
信访办……25973306

监察审计科

主任……25921097
副主任……25922352
纪检监察……25922435
审计……25924653
武保……25921110
户籍……25926214

安全监督站

站长……25966414
书记……25922536
副站长……25910488
办公室……25966447
……25914750
……25921979

群众工作科

主任……25973943
……25973033
副主任……25921106
群众经济女工……25922809
民主管理……25921108

信息管理中心

主任……25911615
办公室……25921091
……25975684

行政管理站

副站长……25978617
值班室……25975674

生产服务队

队长……25918207
值班室……25922543

水电队

队长……25914681
值班室……25914187

设备保养站

办公室……25973443
值班室……25971334

车辆服务中心

队长……25917853
书记……25924152
调度……25922568

项目部值班

冀东……25911466
苏里格……25921499
海南……25973874
大门门卫……25921092

第二钻井工程公司

公网区号：0317

领导

经理党委书记……2551706
副经理……2551502
……2551464
……2551608
……2551710
总会计师……2551460
安全总监……2551462
党委副书记、纪委书记、工会主席……2575581
经理助理……2551405
副总工程师……2551482

综合办公室

主任……2551621
行政管理……2551480
秘书……2552215
文书……2551500
计划生育……2558792
打字室……2554400

党群工作科

主任……2551846
组织……2554415
财务……2551646
办公室……2551894
机关事务……2554402

人事劳资科

主任……2558486
副主任……2551704
调配……2551892
社会保险……2554416
劳力中心……2550840

生产协调科

主任……2551225
副主任……2552208
办公室……2551881
……2552944
综合调度……2551325
车辆调度……2551278

装备管理科

主任……2551640
资料室……2551904
办公室……2554403

质量安全环保科

主任……2551522
工业组……2551972
技术监督……2551044
安全监督站……2551107

财务资产科

主任……2551623
办公室……2554401
……2554404

市场管理科

主任……2551405
副主任……2551204
计划统计……2551104
办公室……2558700

监察审计科

主任……2552213
审计……2552209
办公室……2557627

第三钻井工程公司

公网区号：022

经理办公室

文书……25923007
总务……25927460

市场开发一科

合同……25975248
土地……25922141
调度……25923828

市场开发二科

办公室……25923036

劳动工资科

办公室……25927469
……25927446

质量安全环保科

办公室……25922639

…………………… 25927414
安全监督站
办公室 ………… 25927405
工程技术服务中心
办公室 ………… 25927453
…………………… 25927647
党委办公室
办公室 ………… 25923994
…………………… 25927442
计划经营科
办公室 ………… 25927422
财务资产科
办公室 ………… 25923037
…………………… 25973544
维护稳定办公室
办公室 ………… 25927492
离退休管理中心
办公室 ………… 25927495
装备管理科
办公室 ………… 25927427
物资管理科
办公室 ………… 25916171
监察审计科
办公室 ………… 25923995
…………………… 25927435
群众工作科
办公室 ………… 25923986
…………………… 25927443
行政管理站
…………………… 25927445
…………………… 25926067
物资配送中心
办公室 ………… 25919775
…………………… 25924594
车辆服务中心
…………………… 25923849

第四钻井工程公司

公网区号：0317
综合办公室
主任…………………… 2712408
副主任………………… 2726710
办公室………………… 2788252
文印室………………… 2789449
公务员………………… 2788220
收发室………………… 2788473
生产协调部
主任…………………… 2722008
副主任………………… 2726834
…………………………… 2726785
车辆调配……………… 2722393
计划…………………… 2756146
工农协调……………… 2788629
值班室………………… 2723011
传真…………………… 2788223
质量安全环保部
主任、副总裁………… 2726718
副主任………………… 2726804
综合组………………… 2788402
安全监督站
站长…………………… 2789417
内勤…………………… 2788272
外勤…………………… 2789465
设备管理部
主任…………………… 2789442
综合组………………… 2789727
…………………………… 2723281
计划财务部
主任…………………… 2789460
会计核算中心
主任…………………… 2787530
副主任………………… 2788142
…………………………… 2789466
会计组………………… 2728251
资金组………………… 2787257
市场经营部
主任…………………… 2729991
副主任………………… 2789231
合同管理、外事……… 2789160
市场开发……………… 2789231
仲裁考核……………… 2726817
人事劳资部（组织部）
主任…………………… 2788232
副主任………………… 2789758
职改办………………… 2788418
工资统筹……………… 2787251
…………………………… 2788235
党群工作部
主任、工会副主席
…………………………… 2726733
副主任………………… 2789781
工会团委……………… 2789774
计生…………………… 2789421
综合保卫部
主任…………………… 2789740
维稳综合、武装保卫 2789428
物资管理中心
主任…………………… 2788651
总支书记……………… 2788739
副主任………………… 2724361
计划组………………… 2789304
现场组………………… 2789559
结算组………………… 2787643
综合…………………… 2722770

第五钻井工程公司

公网区号：0317
经理办公室
办公室………………… 2582327
档案室………………… 2584141
经营管理科
办公室………………… 2582264
生产运行科
办公室………………… 2582456
…………………………… 2582248
生产统计……………… 2582306
人事劳资科
办公室………………… 2582405
…………………………… 2582502
值班室………………… 2583477
财务科
办公室………………… 2584117
…………………………… 2582521
质量安全环保科
办公室………………… 2582404
…………………………… 2583904
装备管理科
办公室………………… 2582482
值班室………………… 2582205
审计科
办公室………………… 2583278
党群工作科
办公室………………… 2581443
传真…………………… 2582561
纪检监察科
主任…………………… 2582461
办公室………………… 2582527
…………………………… 2584604
冀中市场办
办公室………………… 2582862

第六钻井工程公司

公网区号：0317
综合办公室
…………………………… 2745925
…………………………… 2745429
…………………………… 2745900
…………………………… 2745910
…………………………… 2745493
…………………………… 2745469
党群工作科
科长…………………… 2745450
工会副主席…………… 2745410
组、工、团…………… 2745430
人事劳资科
科长…………………… 2745464
职改办科长…………… 2745474
副科长………………… 2745452
工资、统计…………… 2745472
培训、统筹、职工管理
…………………………… 2745074
纪监审计科
科长…………………… 2745431
综治、稳定、武保…… 2745617
市场管理科
科长…………………… 2745465
副科长………………… 2745929
统计…………………… 2745577
海外项目……………… 2745471
传真…………………… 2745441
定额…………………… 2745543
…………………………… 2745471
生产协调科
科长…………………… 2745460
副科长………………… 2745422
值班…………………… 2745461
…………………………… 2745462
传真…………………… 2745463
质量安全环保科
科长…………………… 2745573
副科长………………… 2745420
站长…………………… 2745491
安检…………………… 2745421
装备管理科
科长…………………… 2745415
副科长………………… 2745467
设备、资产…………… 2745487
…………………………… 2744538
设备库………………… 2745042
财务科
科长…………………… 2745433
副科长………………… 2745424
资金组………………… 2745434
传真…………………… 2745435
成本组………………… 2745427
物资管理科
科长…………………… 2745154
材料…………………… 2744758
…………………………… 2746600

塔里木钻井分公司

公网区号：0996
经理…………………… 2173559
副书记………………… 2173233
副经理………………… 2173553
…………………………… 2171434
…………………………… 2173831
安全总监……………… 2174310
总会计师……………… 2173453
经理助理……………… 2174467
副总师………………… 2173405
行政办………………… 2173832
党群办………………… 2173554
人教科………………… 2174122
机动科………………… 2173541
经营科………………… 2174140

财务科…… 2173551
技术科…… 2173184
生产科…… 2173834
安全科…… 2172984
供应站…… 2173543
泥浆分公司…… 2173724
任丘办事处 … 0312－724720

第一固井公司

公网区号：0317
领导
处长、党委书记…… 2751096
副处长、总工程师、安全总监…… 2751086
副处长…… 2751076
处长助理…… 0996－2174715
党委副书记、纪委书记、工会主席…… 2751056
党委委员、党政办主任、党群工作部部长…… 2751022
党政办公室
副主任…… 2753144
秘书…… 2752401
传真…… 2751052
党群工作部
副部长…… 2757042
秘书…… 2751042
人事劳资科
科长…… 2752095
办公室…… 2788247
生产技术管理科
科长…… 2751032
办公室…… 2727563
…… 2751012
…… 2789418
技术中心
主任…… 2726725
办公室…… 2712394
安全科
科长…… 2756327
办公室…… 2751062
经宫管理科
科长…… 2752075
办公室…… 2782848
财务科
科长…… 2752082
办公室…… 2752065
…… 2716175
资产设备科
副科长…… 2728885
办公室…… 2789240
国外项目部
经理…… 2756764
固井一分处
处长…… 2559579
副处长、工会主席…… 2552305
副处长…… 2552303
综合办…… 2551552
传真…… 2552302
人事教培…… 2552301
财务组…… 2552309
技术组…… 2552304
调度室…… 2551847
固井中队…… 2552308
机修中队…… 2552306
机动安全…… 2551985
器材组…… 2552824
传真…… 2569578
…… 2551552
固井二分处
处长…… 2753171
书记、工会主席…… 2788775
综合办…… 2788423
调度长…… 2726855
人事统计…… 2789341
工会计生…… 2788101
经营财务组…… 2788307
固井队…… 2788771
综合服务队…… 2788330
生产技术室…… 2788287
设备…… 2789721
安全…… 2787204
化验室…… 2752085
门卫…… 2789526
库房…… 2787214
固井三分处
处长…… 2782355
副处长…… 2782255
人事…… 2782696
财务…… 2782536
办公室…… 2784555
宣传…… 2782329
机动…… 2782579
安全…… 2783566
技术室…… 2781870
统计…… 2782621
固井队书记…… 2782388
库房…… 2782570
调度室…… 2782569
固井中队…… 2782371
固井四分处
工会主席…… 2745253
化验室…… 2745303
办公室…… 2745916
人事…… 2745252
财务…… 2745237
安全…… 2745198
干混中心
主任、书记…… 2770018
调度室…… 2778752
化验…… 2770030
固井五分处
公网区号：0996
处长…… 2178700
书记…… 2178752
副处长…… 2178750
处长助理…… 2177560
传真…… 2174715
财务…… 2175297
办公室主任…… 2178750
经管…… 2175297
固井队…… 2178752
冀中办公室 0317－2753707

第二固井公司

公网区号：022
总经理办公室
主任…… 25963518
文书、总务…… 25961703
市场科
副科长…… 25961731
…… 25965831
网管…… 25961731
技术科
科长…… 25964520
副科长…… 25961742
机加工、科技、技术…… 25962864
经营科
副科长…… 25965093
…… 25962861
合同…… 25965093
完井工艺研究所
所长…… 25964520
书记…… 25961692
副所长…… 25962868
…… 25964024
技术室…… 25962868
化验室…… 25961714
科研室…… 25961701
一队
队部…… 25961710
美国车库…… 25961719
二队
队部…… 25961711
冀东
办公室…… 0315－8726692
…… 0315－8763329
苏里格…… 0477－7219146
南部项目部…… 25942387
党群科
科长…… 25965702
纪检…… 25962862
工会…… 25961709
质安科
副科长…… 25961587
安全、车务…… 25961697
劳资科
科长…… 25961693
劳资、培训…… 25962866
工资、培训…… 25965737
财务科
科长…… 25963033
副科长…… 25962865
财务…… 25961694
监督站
站长…… 25961687
调度室
调度长…… 25965727
调度室…… 25962056
…… 25964077
生产保障中心
主任…… 25961707
副主任…… 25961713
混拌厂…… 25961759
附件厂…… 25963174
汽修厂…… 25961706
添加剂厂…… 25961705
配水…… 63983042
行政事务中心
主任…… 25960061
副主任…… 25961690
小车队…… 25962057
档案室…… 25962867
维稳办…… 25964021
物资组…… 25962250
门卫…… 25964070
海工…… 25960117
新疆…… 0996－2175462
职工食堂…… 25978694
外部项目部…… 25960313

第一定向井公司

公网区号：022
QHSE 办公室
科长…… 25925153
办公室…… 25925138
传真…… 25922888
劳资经营科
科长…… 25925139
办公室…… 25925145
综合办公室
生产科
科技管理科
负责人…… 25924064
办公室…… 25925146
科长…… 25925134

办公室 …………… 25977772
经理助理 ………… 25925137
办公室 …………… 25922880
人员中心

第二定向井公司

公网区号：0317
生产运行科
办公室………………… 2750683
……………………… 2750850
……………………… 2750961
工程技术服务中心
办公室………………… 2528994
……………………… 2750117
……………………… 2750963
……………………… 2750685
定向井作业部
办公室………………… 2747229
……………………… 2551966
……………………… 2750830
……………………… 2750115
……………………… 2582083
……………………… 2750440
……………………… 2750735
……………………… 2750273

第一录井公司

公网区号：022
公司领导
党委书记、总经理 … 25920828
党委副书记、工会主席纪委书记 ……………… 25917085
副经理总地质师 … 25924922
副经理 …………… 25911404
……………………… 25922112
……………………… 25969196
经理助理 ………… 25925987
……………………… 63987839
……………………… 25925099
安全副总监 ……… 25925079
副总地质师 ……… 25924669
……………………… 25924378
副总工程师 ……… 25979982
……………………… 25925117
顾问 ……………… 25924679
……………………… 25921388
……………………… 25924678
德玛仪器制造中心
（计量检测中心）
经理 ……………… 25979982
副经理 …………… 25924633
科技办 …………… 25978145
生产办 …………… 25921392
计量检测 ………… 25926646

修配车间 ………… 25922133
综合办 …………… 25923762
驻外项目联系电话
新疆基地…… 0996－2024951
……………… 0996－8822210
玉门基地…… 0937－3248659
冀东调度…… 0315－8767969
冀东传真…… 0315－8753562
苏里格……… 0477－7628166
质量安全环保科（安全监督站）
科长 ……………… 25925079
副科长 …………… 25979904
副科长、监督站站长 25924671
QHSE 办公室 …… 25979740
技术管理科
科长 ……………… 25923766
科技办 …………… 25923174
经理办公室
主任 ……………… 25924681
副主任（保卫） … 25924676
办公室 …………… 25924680
计划生育办公室 25978159
总务 ……………… 25922131
党委办公室（团委）
主任 ……………… 25966789
副主任 …………… 25924674
办公室 …………… 25924672
财务资产科
科长 ……………… 25925112
成本 ……………… 25917087
财务办 …………… 25925100
劳动工资科
科长 ……………… 25923821
工资科 …………… 25925108
经营计划科
科长 ……………… 25925099
办公室 …………… 25971335
群众工作科
科长 ……………… 25924670
办公室 …………… 25925110
大港项目部
经理 ……………… 25921398
办公室 …………… 25921396
经营办 …………… 25920941
生产办 …………… 25921394
王官屯前指 ……… 25944488
国际项目经理部
经理 ……………… 25923765
副经理 …………… 25926647
西北项目部 ……… 25922134
长庆项目部 ……… 25922719
冀东项目部 ……… 25924555
油气评价项目部
经理 ……………… 25925982

现场组 …………… 25921395
资料解释评价中心
副主任 …………… 25925104
解释组 …………… 25925103
验收组 …………… 25925113
微机室 …………… 25978240
晒图室 …………… 25922147
《录井工程》杂志社
社长 ……………… 25978857
副社长 …………… 25921393
责编室 …………… 25921391
编辑室 …………… 25921389
录排室 …………… 25925983
财务 ……………… 25979857
信息中心
主任 ……………… 25925117
网络维护 ………… 25925105
语音视频 ………… 25923760
市场开发科
科长 ……………… 25923764
办公室 …………… 25925107
后勤保障中心
主任 ……………… 25922025
书记 ……………… 25922025
现场组 …………… 25922024
材料办 …………… 25925981
打字（复印） …… 25979874
公寓（总机） …… 25921400
门卫（收发） …… 25923501
印刷厂 …………… 25922114
招待所 …………… 25919811
综合管理 ………… 25924551
活动中心 ………… 25978020
生产协调科
科长 ……………… 25925987
副科长 …………… 25922113
……………………… 25923946
调度值班室 ……… 25924675
……………………… 25924677
装备办 …………… 25979847
教育培训中心
培训部 …………… 25925114
测绘中心
主任 ……………… 25928001
资料组 …………… 25917084
车辆服务中心
调度室 …………… 25923124
财务办 …………… 25926645
作业人员管理中心
主任 ……………… 25921397
副主任 …………… 25926648
调配办 …………… 25924936
地质研究所
所长 ……………… 25924378

所办 ……………… 25924379
研究室 …………… 25923172
……………………… 25924673
工作站 …………… 25924093
绘图室 …………… 25979743
档案室 …………… 25922721
维护稳定办公室（劳动服务站）
主任 ……………… 25977944
办公室 …………… 25977534
原昆亚股份有限公司
昆亚公司清算办公室
……………………… 25922115
联通营业厅 ……… 25916270
离退休办公室 …… 25921399
供应站材料办 …… 25924554

第二录井公司

公网区号：0317
经理………………… 2727610
……………………… 2781240
党委书记、纪委书记、工会主席………………… 2729636
副经理……………… 2721651
……………………… 2729856
……………………… 2724864
副书记……………… 2704782
副总地质师………… 2715474
……………………… 2756235
……………………… 2554701
……………………… 2788208
安全副总监………… 2756230
技术副总监………… 2701924
综合办公室
主任………………… 2704541
文秘、综治………… 2710444
宣传、行管………… 2729290
传真………………… 2700214
纪检………………… 2727930
打字室……………… 2729469
录井协会…………… 2781177
会议分机…………… 2720047
生产管理科
主任………………… 2727832
副主任……………… 2701924
设备管理…………… 2727634
生产管理…………… 2788414
质安环保科
主任………………… 2701914
办公室……………… 2727821
财务计划科
主任………………… 2756252
财务总监…………… 2715475
成本会计…………… 2715104
资金出纳…………… 2728437

供应计划…… 2726006

市场管理科

主任…… 2725394
办公室…… 2781241

人事培训科

主任…… 2729013
副主任…… 2727833
组织…… 2715473
技能鉴定、培训…… 2714714
干部、统筹…… 2702026

工会办公室

主任…… 2724619
办公室…… 2703531

地质录井一大队

大队长、总支书记 2554701
副大队长…… 2556042
…… 2550786
…… 2510361
…… 2510362
资料整理室…… 2551907
党群工作办…… 2551282
人事培训办…… 2552472
财务办…… 2556041
库房…… 2510682
技安办…… 2557161
调度室（传真）…… 2551583
生产管理室…… 2552464
录井中队…… 2556045
微机室…… 2551283
技术服务室…… 2554283
门卫…… 2552744

技术服务大队

大队长…… 2789745
党总支书记…… 2715476
副大队长…… 2750470
微机资料室…… 2701564
党群工作办…… 2788434
人事培训办…… 2788236
经营财务办…… 2787478
档案室…… 2788605
仪器研发室…… 2727910
公寓…… 2700473
门卫…… 2756350
测量…… 2788724
化验一室…… 2789766
化验二室…… 2552463
地化队…… 2727822
库房…… 2789408
小车…… 2721756

地质录井三大队

大队长…… 2582890
党总支书记…… 2582976
副大队长…… 2582733
党群、人事、安全办 2583486
调度室…… 2582546
材料…… 2582897
财务办…… 2582254
微机室…… 2582880
现场管理、项目组 2582876
资料整理组…… 2582446
复晒组…… 2583481

地质录井四大队

大队长…… 2746753
党总支书记…… 2746367
副大队长…… 2746831
项目组…… 2746363
党群工作办…… 2746851
财务…… 2746876
调度室…… 2746445
传真…… 2746639
生产管理室…… 2746379
微机室…… 2746439
技术服务室…… 2746537
人事、司机…… 2746276
测量、材料…… 2746648

综合录井大队

大队长…… 2701584
党总支书记…… 2789798
副大队长…… 2724879
…… 2755057
…… 2723115
综合办公室传真…… 2724995
库房…… 2751409
人事、财务办…… 2701614
综合录井中队…… 2788723
全脱分析、仪修…… 2727096
地质录井中队…… 2788725
调度室…… 2788308
…… 2725440
…… 2722407
安全…… 2701594
资料验审…… 2756595

研究所

所长、支部书记…… 2756235
副所长、办公室…… 2701604
设计室…… 2728245
信息室…… 2715471
解释评价室机房…… 2724362
解释评价室…… 2704542
万庄研究组…… 2556043
饶阳研究组…… 2714367
远程传输…… 2720074

二连项目部

项目经理…… 0479－8292467
副经理…… 0479－8270755
…… 0479－8272637
办公室…… 0479－8272950
调度室…… 0479－8292108
阿尔善调度 … 0479－8293794
海拉尔…… 0479－8238316
外蒙项目 … 8707－62661291

长庆项目部

项目经理靖边 0912－4639330
靖边调度传真
…… 0912－4616091
财务…… 0912－8050058
乌审旗调度 0477－7211309

冀东项目部

项目经理…… 0315－8711781
调度室…… 0315－8769988

西北项目部

项目经理…… 0937－3922815

塔里木项目部

项目经理…… 0996－2292013

钻井技术服务分公司

公网区号：022

经理办公室 …… 25933012
市场开发科 …… 25933150
质量安全环保科
科长…… 63986001
物资装备科
经理助理、科长 … 25933155
计划财务科 …… 63983551
财务资产科 …… 25933121
劳动工资科 …… 63983289
党委办公室 …… 25933152
监察审计科 …… 63985108
群众工作科 …… 63985551
安全监督站 …… 63985155
信息管理中心 …… 63983111

管具技术服务分公司

公网区号：0317

综合办公室

主任…… 2751006
传真…… 2781481
副主任…… 2751480
团委副书记…… 2751046
秘书…… 2751049
文书、档案…… 2751486
信访、生育…… 2751273
电话会议室…… 2710573

经营财务科

科长…… 2751491
办公室…… 2753646
…… 2713207
…… 2751271
…… 2755364
…… 2751493
…… 2751270
…… 2751492

人事劳资科

科长…… 2751489
…… 2751490
…… 2751487

安全管理科

科长…… 2751489
办公室…… 2751481
…… 2752483
…… 2755314
传真…… 2751482

技术设备科

科长…… 2750452
副科长…… 2706129
办公室…… 2755374
…… 2755394

第一管具分处

经理…… 2552435
书记…… 2552436
副经理…… 2510561
…… 2552488
…… 2552700
综合办…… 2551561
生产办…… 2551077
技术办…… 2550702
经营办…… 2552707
人事办…… 2557150
安全办…… 2550310
财务办…… 2551768
综合服务队…… 2556074
材料库…… 2551643
井控车间…… 2556549
管修车间…… 2555421
套管头厂…… 2555944
内蒙项目组 … 0479－8270552
新疆项目组 … 0995－8328061

第二管具处

经理…… 2782528
书记…… 2782228
副经理…… 2789205
综合办、人事…… 2788447
财务组…… 2788702
统计、计量…… 2788840
质量、标准…… 2788703
安全、保卫…… 2788994
经营办…… 2782545
井控管具车间…… 2788348
…… 2788671
…… 2789528
…… 2788704
套管班…… 2789448
机械加工车间…… 2788228
仪表班…… 2789485
生产办…… 2788534
调度室…… 2788205

综合服务队………… 2788701
………………………… 2788248
库房……………………… 2788328
门卫……………………… 2789759

第三管具处

经理、书记………… 2582818
副书记………………… 2582249
副经理………………… 2582384
………………………… 2582807
综合办、安全……… 2582358
技术、设备………… 2582284
财务……………………… 2582442
人事、计生………… 2582542
调度室………………… 2582253
调度长………………… 2582262
井控管具车间……… 2582354
钻具、套管管理组…… 2581923
机械加工车间……… 2582395
综合队………………… 2582483
成品库………………… 2582362
门卫……………………… 2525489

第四管具处

经理……………………… 2745066
书记……………………… 2745392
副经理………………… 2744550
工程师………………… 2745126
安全……………………… 2745175
材料……………………… 2745067
质量……………………… 2745741
调度……………………… 2745197
传真……………………… 2745206
综合办………………… 2745305
人事……………………… 2745063
财务……………………… 2745203
井控管具车间……… 2745155
………………………… 2745972
机械加工车间……… 2745260
综合服务队………… 2744995
………………………… 2745025
材料库………………… 2745065

钻具钻井工具服务中心

主任……………………… 2751485
副主任………………… 2789340
安全、调度………… 2714975
人事、材料………… 2755692
质量、政工………… 2756823
财务、统计………… 2714621
工程师………………… 2751862
套管作业部………… 2782324
井下工具技术服务部
………………………… 2723775
钻具检测技术服务部
………………………… 2756192

长庆项目部

公网区号：0477
经理、书记………… 7221018
副经理………………… 7221020
苏格里项目………… 7221019
会计出纳…………… 7211603

冀东项目部

公网区号：0315
经理、书记………… 8761121
副主任………………… 8761120
生产、运营、财务…… 8761127

测井分公司

公网区号：022

经理办公室

主任 …………………… 25962849
副主任 ………………… 25962848
文书 …………………… 25962847
传真 …………………… 25962796
维稳办 ………………… 25962959

生产技术科

科长 …………………… 25962852
副科长 ………………… 25964912
………………………… 25961181
监控室 ………………… 25962894
调度室 ………………… 25962968
………………………… 25962853
统计 …………………… 25962855
王官屯调度 ………… 25941117

市场开发管理部

部长……………………… 25962891
副部长 ………………… 25962706
………………………… 25964807
市场部 ………………… 25960490
………………………… 25962834
外事办 ………………… 25962834

油气合作开发分公司

公网区号：0477
经理、党委书记…… 7229559
………………………… 25921188
副书记、工会主席、纪委书记
………………………… 7229567
………………………… 25921616
副经理、总地质师 7229512
………………………… 25921673
副经理、安全总监 7229525
………………………… 25920246
副经理、总会计师 7229599
………………………… 25977720
安全副总监………… 7229511
经理助理…………… 7229561
………………………… 25920613

钻井工艺研究院

公网区号：0317
院长……………………… 2723544
副院长、总工程师…… 2727528
副院长………………… 2724776
副总工程师………… 2724802
党委书记……………… 2718518
院长助理……………… 2724210
………………………… 2724517

院办公室

主任……………………… 2724525
副主任………………… 2724309
秘书、文书………… 2724309
传真……………………… 2724527
公务组………………… 2720348

科技管理科

科长……………………… 2724308
科技与信息管理…… 2724725

人事教育科

科长……………………… 2722529
人事管理……………… 2724208

经营管理科

科长……………………… 2724625
经营管理……………… 2724516

财务科

科长……………………… 2725779
财务管理……………… 2724526

质量安全管理科

科长……………………… 2725080
质量安全管理……… 2724409

党群工作部

主任……………………… 2722729
工会……………………… 2724209
治安保卫组………… 2710801

技术推广部

主任……………………… 2727529
办公室………………… 2725487

钻井工程研究室

主任、院长助理…… 2724210
副主任………………… 2724210
研究室………………… 2724670

油田化学研究室

主任……………………… 2723138
副主任………………… 2723138
研究室………………… 2710745
………………………… 2753812

固井技术研究室

副主任………………… 2710742
研究室………………… 2724617

石油机械研究室

主任……………………… 2727531
研究室………………… 2724761

钻井智能化测控研究室

主任……………………… 2722717
研究室………………… 2722717

固井技术服务中心

主任……………………… 2727532
服务部………………… 2710740

打捞技术服务公司

经理……………………… 2724517
副经理………………… 2724517
调度室………………… 2724987
………………………… 2755624

欠平衡钻井服务中心

副主任………………… 2722717
研究室………………… 2722717

监理中心办公室

主任……………………… 2727529
办公室………………… 2726007

井下工具质检中心

主任……………………… 2724616
副主任………………… 2724616
………………………… 2724616
质检室………………… 2710741
………………………… 2723595

螺纹量规检定站

………………………… 2725654

西北检测站 0996－4697250
………………………… 4685118

钻井液及材料质检站

站长……………………… 2725393
质检室………………… 2710743

油田化学品中试车间

主任……………………… 2722856
中试车间……………… 2722454

编辑部

主任……………………… 2725487
编辑室………………… 2722354

综合档案室

主任……………………… 2724309
档案管理、复印…… 2724570

物资管理站

站长……………………… 2723793
业务室………………… 2781846
………………………… 2724512

车队

队长……………………… 2727535
调度室………………… 2725653

新疆分院

………………………… 0996－2048559
………………………… 0317－2047980

海口办事处 0898－66732978

青年公寓值班室

………………………… 2781946

社区服务

道东派出所值班室 2724415
………………………… 2726498
十处钻研院门卫…… 2722433
十处水电公司……… 2704147
………………………… 2729392

十处办公室………… 2728634
……………………… 2728498

工程技术研究院

公网区号：022

院长办公室

主任 ……………… 25921430
办公室 …………… 25921417
档案室 …………… 25910782

党群办

主任 ……………… 25921602
办公室 …………… 25913035
……………………… 25967104
保卫 ……………… 25922211

人事劳资科

科长 ……………… 25969906
办公室 …………… 25924993
……………………… 25922210

财务资产科

科长 ……………… 25923738
办公室 …………… 25921438
……………………… 25822210

企业管理科

科长 ……………… 25923873
办公室 …………… 25970194
……………………… 25924906

市场开发与生产协调科

科长 ……………… 25969244
副科长 …………… 25921429
办公室 …………… 25921432
……………………… 25924907

质量安全环保科

科长 ……………… 25921461
副科长 …………… 25939724
办公室 …………… 25921466
……………………… 25914145

科技开发科

科长 ……………… 25913315
副科长 …………… 25921431
办公室 …………… 25913121
一号楼门卫 ……… 25961839
单身楼门卫 ……… 25924909

冀东分院

公网区号：0315

常务副院长………… 8763809
副院长……………… 8763808
……………………… 8763817
……………………… 8768011
采油措施部主任…… 8763811
采油措施部………… 8768024
综合部……………… 8763815
财务顾问 …… 022－25924913

钻井工程技术中心

主任 ……………… 25913659
副主任 …………… 25925015
……………………… 25976306
设计主管 ………… 25925320
办公室 …………… 25976376
……………………… 25976323
……………………… 25976318
……………………… 25971863

完井工程技术中心

主任 ……………… 25921415
副主任 …………… 25921424
……………………… 25921447
办公室 …………… 25939741
泥浆室 …………… 25971961
完井室 …………… 25971957

下套管技术服务公司

经理 ……………… 25921418
副经理 …………… 25973477
调度 ……………… 25921419
综合办公室 ……… 25917142
冀东队……… 0315－8713682

油藏工程技术中心

主任 ……………… 25967328
办公室 …………… 25969247

国际工程中心

主任 ……………… 25925400
副主任 …………… 25923432
办公室 …………… 25928947

西部工程技术中心

主任 ……………… 25948677
副主任 …………… 25921413
办公室 …………… 25910614
……………………… 25921454

石油机具研发中心

主任 ……………… 63152909
副主任 …………… 63152939
办公室 …………… 63152709

综合服务公司

经理 ……………… 25923872
副经理 …………… 25914595
车队 ……………… 25921425

国际工程分公司

公网区号：0317

经理……………………… 2755839
副经理…………………… 2755572
…………………… 022－25913003

经理办公室

科长……………………… 2724455
科员……………………… 2755462
………………………… 2723178
传真……………………… 2755826

技术科

科长……………………… 2755807
科员……………………… 2755467

商务科

科长……………………… 2723292
科员……………………… 2755463
传真……………………… 2723292

市场科

科长……………………… 2728866
科员……………………… 2755465
传真……………………… 2728866

财务科

副科长…………………… 2724850
科员……………………… 2721870
………………………… 2750994

项目部

蒙古项目经理部…… 2755793
办公室…………………… 2725604
………………………… 2756837
传真……………………… 2755890

4. 川庆钻探工程有限公司

地址：四川省成都市府青路一段3号　　邮政编码：610051　　公网区号：028

总经理办公室（党委办公室）

办公室 …………… 86011661
传真 ……………… 86011894

党群工作处（工会、企业文化处、团委）

办公室 …………… 86011051
传真 ……………… 86012703

规划计划处

办公室 …………… 86011675
传真 ……………… 86011676

对外合作和市场开发处

办公室 …………… 86011515
传真（外线） …… 86011748

生产运行处

办公室 …………… 86011668
传真 ……………… 86011703

财务资产处

办公室 …………… 86012035
传真 ……………… 86012158

人事处（党委组织部）

办公室 …………… 86011148
传真 ……………… 86011148

劳动工资处

办公室 …………… 86011608
传真 ……………… 86011608

企管法规处

办公室 …………… 86011027
传真 ……………… 86011633

工程技术处

办公室 …………… 86011745
传真 ……………… 86013167

质量安全环保处

办公室 …………… 86011183
传真 ……………… 86011072

装备处

办公室 …………… 86012387
传真 ……………… 86013164

科技信息处

办公室 …………… 86011978
传真 ……………… 86011810

审计处

办公室 …………… 86011801
传真 ……………… 86012586

监察处、纪委办公室

办公室 …………… 86011161
传真 ……………… 86012909

川东钻探公司

办公室……… 023－67321156
传真………… 023－67321129

川西钻探公司

办公室 ……………… 86012676
传真 ………………… 86012608

长庆钻井总公司

办公室……… 029－86598278
传真………… 029－86598237

塔里木工程公司

办公室……… 0996－2173731
传真………… 0996－2173439

苏里格项目经理部

办公室……… 0477－7217626
传真………… 0477－7217626

地球物理勘探公司

办公室 ……………… 85608211
传真 ………………… 85608210

井下作业公司

办公室 ……………… 86019188
传真 ………………… 86019288

长庆井下技术作业公司

办公室……… 029－86599001
传真………… 029－86599000

测井公司

办公室……… 023－67352148
传真………… 023－67352158

四川川庆国际石油工程有限公司

办公室 ……………… 86012409
传真 ………………… 86012407

钻采工艺技术研究院

办公室……… 0838－5151365
传真………… 0838－5152350

工程技术研究院

办公室……… 029－86591779
传真………… 029－86591699

四川石油天然气建设工程有限责任公司

办公室 ……………… 85605516
传真 ………………… 85605500

四川蜀渝石油建筑安装工程有限责任公司

办公室 ……………… 86012322
传真 ………………… 86012322

西安长庆钻宇实业集团有限公司

办公室……… 029－86594615
传真………… 029－86594615

四川科宏石油天然气工程有限公司

办公室 ……………… 86018942
传真 ………………… 86018943

地质勘探开发研究院

办公室 ……………… 86015192
传真 ………………… 86015503

长庆录井公司

办公室……… 029－86599111
传真………… 029－86599111

安全环保质量监督检测研究院

办公室……… 0838－5150025
传真………… 0838－5152134

长庆石油工程监督公司

办公室……… 029－86596222
传真………… 029－86596222

重庆川油运输有限责任公司

办公室……… 023－67328610
传真………… 023－67328609

长庆运输总公司

办公室……… 029－86597028
传真………… 029－86597028

长庆固井公司

办公室……… 029－86594573
传真………… 029－86594573

长庆管具公司

办公室……… 029－86595753
传真………… 029－86591725

酒店管理公司

办公室 ……………… 86012188
传真 ………………… 86012188

培训中心

办公室 ……………… 82975062
传真 ………………… 82975073

北京办事处

办公室……… 010－62386688
传真………… 010－62095446

5. 东方地球物理勘探有限责任公司

地址：河北省涿洲市范阳西路 189 号　邮政编码：072751　公网区号：0312

公司办公室

主任…………………… 3821205
常务副主任………… 3822673
副主任……………… 3737229
总值班室…………… 3822324
传真………………… 3822635

公司党委办公室（董事会秘书处）

主任………………… 3821496
办公室……………… 3822336
传真………………… 3822770

总师办公室

副主任……………… 3828840
公司地质总监……… 3824736
办公室……………… 3828841
传真………………… 3828842

专家监督与咨询部

主任………………… 3821205
办公室……………… 3824730
传真………………… 3824228

企业发展部

主任………………… 3821953
副主任……………… 3822302
…………………… 3739213
办公室……………… 3821694
传真………………… 3825814

科技发展部

主任………………… 3737388
副主任……………… 3824221
…………………… 3739206
办公室……………… 3824471
传真………………… 3821307

计划经营部

主任………………… 3822629
办公室……………… 3822628
传真………………… 3822665

财务资产部

主任………………… 3822271
常务副主任………… 3822959
副主任……………… 3824627
…………………… 3822925
办公室……………… 3823092
传真………………… 3822902

人力资源部

主任………………… 3822581
副主任……………… 3822983
…………………… 3822010
…………………… 3739279
办公室……………… 3822444
传真………………… 3822334

党委组织部

部长………………… 3822983
副部长……………… 3822581
…………………… 3738782
办公室……………… 3824776
传真………………… 3824085

人才劳动力交流中心

主任………………… 3822581
副主任……………… 3824592

社会保险中心

主任………………… 3822976

设备物资部

主任………………… 3824937
副主任……………… 3739099
………………………… 3824931
………………………… 3822700
办公室……………… 3824930
传真………………… 3824940

信息管理部

主任………………… 3739862
副主任……………… 3739861
办公室……………… 3739825
传真………………… 3739841

市场营销部

主任………………… 3822528
副主任……………… 3824978
………………………… 3824980
办公室……………… 3824977
传真………………… 3824981

生产管理部

主任………………… 3739882
副主任……………… 3739026
………………………… 3822731
办公室……………… 3739027
传真………………… 3739027

安全卫生环保（HSE）部

主任………………… 3825387
副主任……………… 3822479
………………………… 3824350
………………………… 2076655
办公室……………… 3821483
传真………………… 3824395

审计部

主任………………… 3822320
副主任……………… 3821242
………………………… 3828921
办公室……………… 3822605
传真………………… 3822623

公司纪委

副书记……………… 3821347

监察部（纪委办公室）

主任………………… 3821347
副主任……………… 3821075
………………………… 3821077

总经济师…………… 3821346
办公室……………… 3822093
传真………………… 3824534

公司监事会秘书处

主任………………… 3821346

机关党委

书记………………… 3824523
副书记……………… 3739802

党群工作部（企业文化部）

主任………………… 3739802
副主任……………… 3822539
………………………… 3822855
办公室……………… 3822360
传真………………… 3824589

公司团委

书记………………… 3822855

石油物探政研分会

常务副秘书长……… 3822314

工会

主席………………… 3824523
副主席……………… 3738656
………………………… 3824215
办公室……………… 3822453
传真………………… 3822077

总部机关附属单位

职工培训中心（党校）

主任、书记………… 3820788
副主任……………… 3820448
………………………… 3820762
办公室……………… 3820768
传真………………… 3820773
前台………………… 3820770
………………………… 3820771
………………………… 3820772
………………………… 3820213

党校

校长………………… 3824523
副校长……………… 3820788
………………………… 3820448
办公室……………… 3820768
传真………………… 3820773

再就业协调管理中心

主任………………… 3821959
副主任……………… 3738706
………………………… 3738708

办公室……………… 3738702
传真………………… 3738700

新闻中心

主任………………… 3822670
总编………………… 3822025
办公室……………… 3822786
传真………………… 3822785

档案馆

馆长………………… 3739225
副馆长……………… 3739223
办公室……………… 3822072
传真………………… 3822072

中国石油学会物探专业委员会办事处

主任………………… 3739862
办公室……………… 3822452
传真………………… 3822664

勘探定额造价管理中心

主任………………… 3828800
办公室……………… 3822275
传真………………… 3822275

公司直属单位

西部前线指挥部

办公室……… 0991－4295283
传真………… 0991－4296130

塔里木前线指挥部（塔里木经理部）

办公室……… 0996－6764395
……………… 0996－6764344
传真………… 0996－6764399

塔里木经理部
办公室……… 0996－6764395
……………… 0996－6764344
传真………… 0996－6764399

北疆经理部（新疆地质调查处）

办公室……… 0991－4296277
……………… 0991－4296261
传真………… 0991－3716873

吐哈经理部（吐哈地球物理勘探公司）

办公室……… 0995－8375503
……………… 0995－8371075
传真………… 0995－8371885

敦煌经理部（青海地球物理勘探公司）

办公室……… 0937－8943226
……………… 0937－8953886
……………… 0937－8943576
传真………… 0937－8942538

国际勘探事业部

办公室……… 0312－3822850
……………… 0312－3821464
……………… 0312－3821467
传真………… 0312－3822392

研究院

办公室……… 0312－3829597
……………… 0312－3829598
传真………… 0312－3829500

海外业务部
办公室……… 0312－3838722
……………… 0312－3829526
传真………… 0312－3829530

资料处理中心
办公室……… 0312－3828603
……………… 0312－3828601
传真………… 0312－3828600

地质研究中心
办公室……… 0312－3822765
……………… 0312－3822714
传真………… 0312－3822765

库尔勒分院
办公室……… 0996－6764616
……………… 0996－6764213
传真………… 0996－6764039

敦煌分院
办公室……… 0937－8950473
传真………… 0937－8950473

乌鲁木齐分院
办公室……… 0991－4295173
……………… 0991－4295175
传真………… 0991－4295172

大港分院
办公室……… 022－25965976
传真………… 022－25965976

长庆分院
办公室
……… 029－87580001－8056
……………… 029－87580005
传真
……… 029－87580001－8056

冀东分院
办公室……… 0315－7257339
传真………… 0315－7257339

华北研究中心

办公室……… 0317－2729842
传真………… 0317－2726534

计算机技术服务中心

办公室……… 0312－3829581
传真………… 0312－3829581

物探技术研究中心（中国油气勘探软件国家工程研究中心有限公司）

办公室……… 0312－3825902
……………… 0312－3825903
……………… 0312－3825901
传真………… 0312－3825902

东部勘探事业部

办公室……… 0312－3822599
……………… 0312－3821409
传真………… 0312－3824643

新区经理部

办公室……… 0312－3736634
……………… 0312－3824718
传真………… 0312－3824714

华北经理部

办公室……… 0317－2726463
……………… 0317－2726461
传真………… 0317－2724032

长庆经理部

办公室……… 0951－6934829
……………… 0951－6934737
传真………… 0951－6934800

西安办事处

……………… 029－86591504

装备事业部

办公室……… 0312－3825543
……………… 0312－3823025
……………… 0312－3822726
传真………… 0312－3822372

仪器服务中心

办公室……… 0312－3820258
……………… 0312－3820307
传真………… 0312－3820054

测量服务中心

办公室……… 0312－3820733
……………… 0312－3820743
传真………… 0312－3736749

震源服务中心

办公室……… 0312－3736855
……………… 0312－3736852
传真………… 0312－3820230

装备研究中心

办公室……… 0312－3821084
传真………… 0312－3825305

塔里木作业部

办公室……… 0996 6764731
……………… 0996－6764403
传真………… 0996－6764731

敦煌作业部

办公室……… 0937－8936241
传真………… 0937－8921550

吐哈作业部

办公室……… 0902－2765726
传真………… 0902－2770342

长庆作业部

办公室……… 0951－6934708
传真………… 0951－6934707

新区作业部

办公室……… 0312－3820744
……………… 0312－3820749
传真………… 0312－3820747

华北经理部

办公室……… 0317－2726544
传真………… 0317－2734348

井中地震中心

办公室……… 0312－3825052
传真………… 0312－3824622

海上勘探事业部

办公室……… 022－25963020
……………… 022－25963032
传真………… 022－25963030

综合物化探事业部

办公室……… 0312－3736067
……………… 0312－3736023
传真………… 0312－3736036

西安物探装备分公司

办公室……… 029－86583806
……………… 029－86583816
……………… 029－86583807
传真………… 029－86583808

采集技术支持部

办公室……… 0312－3825104
……………… 0312－3824810
传真………… 0312－3821704

信息技术中心

办公室……… 0312－3822733
传真………… 0312－3822270

物资供应中心

办公室……… 0312－3735981
传真………… 0312－3825412

公共事业部

办公室……… 0312－3825352
……………… 0312－3825371
传真………… 0312－3825372

涿州基地管理处

办公室……… 0312－3822385
传真………… 0312－3822772

徐水基地管理处

办公室……… 0312－8645195
……………… 0312－8645199
传真………… 0312－8645196

乌鲁木齐基地管理处

办公室……… 0991－4296171
传真………… 0991－4296171

库尔勒基地管理处

办公室……… 0996－6764988
传真………… 0996－6764203

大港基地管理处

办公室……… 022－25964033
传真………… 022－25963054

唐官屯基地管理处

办公室……… 022－68305366
传真………… 022－68305262

开封基地管理处

办公室……… 0378－5152519
传真………… 0378－5151154

正定基地管理处

办公室 …… 0311－88795231
传真 ……… 0311－88795131

霸州基地管理处

办公室……… 0316－7401299
传真………… 0316－7401353

固城基地管理处

办公室……… 0312－3730315
传真………… 0312－3730408

石油物探职业教育学校

办公室……… 0312－3826831
……………… 0316－7401423
传真………… 0312－3826833

职工中心医院

办公室……… 0312－8645012
传真………… 0312－8645013

第二职工医院

办公室……… 0312－3823764
传真………… 0312－3821549

房地产开发中心

办公室……… 0312－3824311
传真………… 0312－3824311

离退休人员管理处

办公室……… 0312－3822752
……………… 0312－3822778
传真………… 0312－3824022

通信总站

办公室……… 0312－3822111
传真………… 0312－3822001

物探治安办公室

办公室……… 0312－3739580
传真………… 0312－3821041

旅游接待服务中心

办公室……… 0312－3825691
传真………… 0312－3822305

北京石油培训中心（原十三陵石油疗养院）

总机：010－89721468 以下四位号由总机转

办公室 ………………… 4108
……………………… 4101
传真……… 010－89721477
业务室……… 010－89721241
商务中心 ……………… 3166
前台 ………………… 4109
……………………… 4110

北京石油会议中心

总机……… 0312－3825800
………… 010－81201752
以下四位号由总机转）
办公室 ………………… 5111
……………………… 6119
传真 ………………… 5110
营销部……… 010－61310059
前台 ………………… 5000
……………………… 5100

外宾宾馆

总机 ………… 0312－3825950
以下五位号由总机转
办公室……………… 32911
传真……… 0312－3821174
业务室……… 0312－3822234
……………… 0312－3636661
前台……… 0312－3822212

青岛科技培训中心

办公室 …… 0532－86561033
传真 …… 0532－86561033
前台 …… 0532－86561538

天中大酒店

总机……… 0378－5958888
……………………… 5969520
……………………… 2551555
以下三位号由总机转
办公室……………………… 210
……………… 0378－5952087
传真……… 0378－5952087
前台 ……………………… 231
……………………… 232

杭州石油疗养院

总机 ……… 0571－88695666
办公室 …… 0571－88682382
传真 ……… 0571－88682645
前台 ……… 0571－88682808

驻京办事处

办公室……… 010－64448708
传真………… 010－64441780
………………… 010－64449790
前台………… 010－64441776
…… 010－64441115 转 8101

客运车队

办公室……… 0312－3821943
调度室……… 0312－3822986

多元开发事业部

办公室……… 0312－3824504
传真………… 0312－3824549

河北东方石油建设工程有限公司

办公室……… 0312－3822459
………………… 0312－3823491
传真………… 0312－3821404

新疆塔里木石油建设工程公司

办公室……… 0996－6764087
………………… 0312－3821933
传真………… 0996－2152654

保定三九济世生物药业有限公司

办公室……… 0312－3730485
………………… 0312－3730413
传真………… 0312－3730307

新疆正通实业有限公司

办公室……… 0991－4295601
传真………… 0991－4296501

河北中油销售有限公司

办公室……… 0312－8679370
………………… 0312－8672996
传真………… 0312－8679370

开封中油销售有限公司

办公室……… 0378－5152272
传真………… 0378－5152272

邯郸中油销售有限公司

办公室……… 0310－7162351
传真………… 0310－7162352

河北中油化工产品销售有限公司

办公室……… 0312－3825240
………………… 0312－3824206
传真………… 0312－3822164

大港宏业公司

办公室……… 022－25963111
传真………… 022－25963112

6. 测井有限公司

地址：陕西省西安市未央路 142 号　　邮政编码：710021　　公网区号：029

公司（党委）办公室

主任 ……………… 86530301
副主任 …………… 86529845
综合 ……………… 86529409
秘书 ……………… 86530191
………………… 86529409
………………… 86530118
………………… 86530302
接待 ……………… 86530302
后勤 ……………… 86530302
机要、文书 ……… 86530189
小车队 …………… 86530166
值班 ……………… 87558772
传真 ……………… 86598891

人力资源部（党委组织部）

经理（部长） …… 86598833
副经理（副部长） … 86530208
高级主管 ………… 86530210
………………… 86530203
………………… 86598510
………………… 86530201
主管 ……………… 86530203
主办 ……………… 86530203
社保中心主管 …… 86530209

财务资产部 作业解释部

经理 ……………… 86563852
副经理 …………… 86563851
设备管理 ………… 86563815
生产管理 ………… 86563853

科研制造部 计划经营部（市场部）

经理 ……………… 86598831
副经理 …………… 86530181
计划与工程概预算 …………
………………… 86598862
经营与规划管理 … 86530186
统计评价与管理 … 86598862
法律事务与合同管理
………………… 86530186
市场管理与开发 … 86530185
传真 ……………… 86527643
………………… 86530185

质量安全环保部

部长 ……………… 86530336
副部长 …………… 86530109
业务主管 ………… 86598832
业务主办 ………… 86530119

党群工作部

主任、公司工会副主席、机关党委书记、团委书记
………………… 86530316
副主任 …………… 86591499
………………… 86529419
业务高级主管 …… 86530338
………………… 86530259
业务主办 ………… 86530338

纪检监察（审计）部

主任 ……………… 86530081
副主任 …………… 86530328
审计、效能监察 … 86530323
党风廉政宣教、案件审理
………………… 86530323
审计 ……………… 86530323

长庆事业部

党委副书记、纪委书记
………………… 86029699
纪委副书记、纪检监察部主任
………………… 86029701
高管 ……………… 86029706
主管 ……………… 86029701

华北事业部

党委副书记、纪委书记
………………… 0317－2729014
纪委副书记、纪检监察部主任
………………… 0317－2724128
传真………… 0317－2722877
主管………… 0317－2700542

吐哈事业部

党委书记、纪委书记、工会主席………… 0995－8372269
党群工作部主任
………………… 0995－8371785
传真………… 0995－8371469
纪检监察主管 0995－8371049

青海事业部

党委副书记、纪委书记
………………… 0937－8921629
纪检监察主管 0937－8923404
传真………… 0937－8921849

技术中心

党委副书记、纪委书记
………………… 86530296
纪委副书记、综合工作部副主任
………………… 86530291

塔里木事业部

综合办公室主任、纪检监察员
………………… 0996－2257826
传真………… 0996－2172417

测井仪器厂

党委副书记、纪委书记
………………… 86583603
纪检监察员 ……… 86583656

信息管理部

经理 ……………… 86598892
副经理 …………… 86563865
高级主管 ………… 86530139
………………… 86525541
高级工程师 ……… 86525286
工程师 …………… 86530120
主管 ……………… 86528616
………………… 86525541
信息技术 ………… 86530139

7. 海洋工程有限公司

地址：北京市亦庄经济技术开发区宏达北路 16 号　　邮政编码：100176　　公网区号：010

办公室（党委办公室）

…………………… 67885916
…………………… 67886080
…………………… 67885363

运行处

…………………… 67885284
…………………… 67885008

技术处

…………………… 67885385
…………………… 67885749

规划计划处

…………………… 67885603
…………………… 67885381
…………………… 67886220

装备工程处

…………………… 67885537
…………………… 67885855
…………………… 67886051

质量安全环保处

…………………… 67885901
…………………… 67885209

人事处（党委组织部）

…………………… 67885230
…………………… 67885416
…………………… 67886272
…………………… 67885456

财务资产处

…………………… 67885489
…………………… 67885460

审计监察处（纪委办公室）

…………………… 67885792
…………………… 67885662
…………………… 67885680

企管法规处

…………………… 67885820
…………………… 67885804

群众工作处

…………………… 67885218
…………………… 67882644
…………………… 67885623

国际事业处

…………………… 67885912
…………………… 67885124
…………………… 67882592

设计研究中心

…………………… 67882781
…………………… 67882077

十、工程建设企业

1. 管道局

地址：河北省廊坊市广阳道 87 号管道大厦　　邮政编码：065000　　公网区号：0316

机关

局办公室（党委办公室）

总值班室………… 2075803
………………… 2171010
………………… 2171022
………………… 2171021
传真……………… 2075149
主任……………… 2171003
副主任…………… 2171026
………………… 2171166
机关工会主席…… 2171810
秘书科…………… 2171030
………………… 2171031
………………… 2171033
………………… 2171034
………………… 2171755
………………… 2171011
………………… 2171032
文书科…………… 2171037
………………… 2171027
打字复印室……… 2171029

信访办

主任……………… 2171017
副主任…………… 2171018
办公室…………… 2171019

保卫（武装）部

综合办公室……… 2171510
治安科…………… 2171506
武装部…………… 2171504
保卫值班室……… 2171508

公共关系部

主任……………… 2171016
办公室…………… 2171020
………………… 2171025
………………… 2171085
………………… 2171070
小车队…………… 2079882
小车队（门卫）…… 2079892

档案馆

馆长……………… 5213650
史志办副主任…… 5213651
副处级馆员……… 5213652
办公室…………… 5213653
………………… 5213655

北戴河分院

院长……… 0335－3857068
书记……… 0335－3857188
办公室…… 0335－3857088
………… 0335－3857168
………… 0335－3857008

人事部（党委组织部）

经理……………… 2171269
副经理…………… 2171315
………………… 2171302
………………… 2171308
副处级组织员…… 2171306
干部管理科……… 2171309
………………… 2171328
综合科…………… 2171300
………………… 2171326
………………… 2171319
………………… 2171307
组织科…………… 2171330
………………… 2171301
教育培训科……… 2171518
………………… 2171325
………………… 2171320
人事科…………… 2171306
………………… 2171305
………………… 2171322
劳动工资科……… 2171304
………………… 2171310
………………… 2171312
………………… 2171311

人事服务中心

主任……………… 2174016
职业介绍科……… 2075612
………………… 2074110
………………… 2174616
………………… 2075687
………………… 2174014
技能鉴定科……… 2075203

规划计划部

经理……………… 2171776
副经理…………… 2171103
………………… 2171521
投资计划科……… 2171112
………………… 2171117
概预算科………… 2171900
………………… 2171989
………………… 2171908
规划科…………… 2171197
统计科…………… 2171105
………………… 2171110
招标办公室……… 2171195
土地办公室……… 2171196

财务资产部

经理……………… 2171035
副经理…………… 2171203

………………………… 2171202
专职董监事………… 2171226
………………………… 2171356
会计科………………… 2171206
………………………… 2171210
………………………… 2171205
………………………… 2171200
资金科………………… 2171204
………………………… 2171228
………………………… 2171355
预算成本科………… 2171207
………………………… 2171218
资产科………………… 2171208
………………………… 2171212
项目成本科………… 2171222
股权科………………… 2171226
机关财务科………… 2171209
………………………… 2171219
核算科………………… 2074625
………………………… 2074128
………………………… 2074138

财务结算中心

主任…………………… 2171288
办公室………………… 2171221

工程部

经理…………………… 2171960
副经理………………… 2171460
………………………… 2171450
………………………… 2171451
工程项目管理科…… 2171406
………………………… 2171404
………………………… 2171413
………………………… 2171412
设备管理科………… 2171415
………………………… 2171455
工程技术科………… 2171416
………………………… 2171456
项目资源管理……… 2171400
………………………… 2171420

安全环保部

经理…………………… 2171509
副经理………………… 2171512
专务副经理………… 2171502
安全管理科………… 2171500
………………………… 2171525
HSE 管理科 ……… 2171505
………………………… 2171511
安全监督站
副站长 ……………… 2171535
办公室………………… 2171522

企业管理部

经理…………………… 2171580
副经理………………… 2171107
企业策划科………… 2171515
………………………… 2171519
………………………… 2171693
管理科………………… 2171108
………………………… 2171122

市场部

经理…………………… 2171950
副经理………………… 2171616
………………………… 2171570
项目管理科………… 2171568
………………………… 2171604
………………………… 2171617
………………………… 2171603
综合管理科………… 2171605
………………………… 2171611
………………………… 2171609
………………………… 2171635

造价管理中心

副主任………………… 2171628
商务部………………… 2171619
………………………… 2171627
………………………… 2171628
………………………… 2171621
项目控制部………… 2171626
………………………… 2171618
造价管理部………… 2171626
………………………… 2171618

技术服务与燃气部

经理…………………… 2171135
副经理………………… 2171399
………………………… 2171636
………………………… 2171138
综合科………………… 2171630
………………………… 2171140
………………………… 2171137
………………………… 2171136
技术科………………… 2171629
………………………… 2171632
信息科………………… 2171631
………………………… 2171397
………………………… 2171398

质量节能部

经理…………………… 2171953
副经理………………… 2171526
质量体系科………… 2171425
………………………… 2171407
标准计量科………… 2171402
………………………… 2171409

科技部

经理…………………… 2171566
副经理………………… 2171401
………………………… 2171408
技术中心管理科…… 2171426
科研管理科………… 2171403
………………………… 2171405

外事办

主任…………………… 2171602
副主任………………… 2171606
办公室………………… 2171607
………………………… 2171623
………………………… 2171633
………………………… 2171677

法律事务部

主任…………………… 2171102
副主任………………… 2171410
办公室………………… 2171106
………………………… 2171180
………………………… 2171768
………………………… 2171766

审计部

部长…………………… 2171902
副部长………………… 2171909
副处级………………… 2171986
………………………… 2171985
………………………… 2171936
………………………… 2171938
………………………… 2071922
办公室………………… 2171918
………………………… 2171926
审计一科…………… 2171912
审计二科…………… 2171914
审计三科…………… 2171913
………………………… 2171933
合同审计科………… 2171927

企业文化部（党委宣传部）

部长…………………… 2171805
副部长………………… 2171806
………………………… 2171804
CI 策划科 ………… 2171801
………………………… 2171816
企业宣传科………… 2171803
综合管理科………… 2171802
………………………… 2171799
团委办公室………… 2171808
………………………… 2171809

纪委（监察部）

纪委副书记、监察部部长
………………………… 2171903
纪委副书记、监察部副部长
………………………… 2171503
办公室………………… 2171911
………………………… 2171919
办公室主任………… 2171930
副处级纪检监察员 2171911
案件检查室………… 2171904
主任…………………… 2171905
副处级纪检监察员 2171925
610 办 ……………… 2171907
………………………… 2171920
副主任………………… 2171915

工会

副主席………………… 2171702
………………………… 2171708
办公室主任………… 2171705
办公室………………… 2171703
………………………… 2171707
经济保障部………… 2171706
………………………… 2171707
组织民管部………… 2171705

大厦服务

管道大厦物业部经理 2171065
员工俱乐部………… 2171685
维修班………………… 2171957
大厦 A 座前台 …… 2170123
大厦 A 座后厅 …… 2171123
大厦 B 座后厅 …… 2171975
二基地市话站……… 2079111

管道工程有限公司

地址：河北省廊坊市和平路 146 号
邮编：065000
公网区号：0316 专网区号：920
北京区号：010 专网区号：902
天津区号：022 专网区号：943
沈阳区号：024 专网区号：921
总经理………………… 2074599
副总工程师、公司党委书记
………………………… 2072303
常务副总经理、安全总监、党委副书记……… 2074080
副总经理、北京石油管道工程咨询中心经理、党委书记
………………………… 2075477
党委副书记、工会主席、纪委书记………………… 2075075
副总经理、天津分公司经理、党委副书记 0943－25923803
副总经理……………… 2075921
副总经理、东北分公司经理、党委书记……… 0921－82775
副总经理……………… 2073406

……………………… 2077035
总工程师……………… 2073582
总会计师……………… 2073344
高级顾问 … 0943－25966999
副总工程师………… 2074470
……………… 010－69217788
……………………… 2073809
……………………… 2075430
……………………… 2077352
……………………… 2077971
……………………… 2074521
……………………… 2077201
……………………… 2077173
…………… 0943－25969654
…………… 0943－25923627
…………… 010－69217766
……………………… 2072386
……………………… 2074332
……………………… 69217767
……………………… 2074464
……………………… 2074275
……………………… 25913780
……………………… 2074014
……………………… 2073360
……………………… 2077215

公司（党委）办公室

办公室……………… 2075403
主任………………… 2073368
副主任……………… 2075520

人力资源部

办公室……………… 2077021
部长………………… 2073849
副部长……………… 2074132

企业策划部

办公室……………… 2077414
……………………… 2074045
……………………… 2073602
部长………………… 2073376
副部长……………… 2074453

财务资产部

办公室……………… 2077271
……………………… 2074044
部长………………… 2075604

市场开发部

办公室……………… 2075275
部长………………… 2074144
副部长……………… 2073804

技术质量部

办公室……………… 2077317
部长………………… 2077510
副部长……………… 2073328

项目管理部

办公室……………… 2074598
部长………………… 2077948
副部长……………… 2074788
……………………… 2077894
副部长、咨询管理科科长
……………………… 2073265
设计管理科科长…… 2074427

安全环保部

办公室……………… 2075747
安全副总监、安全环保部副部长………………… 2073360

党群工作部

办公室……………… 2073353
……………………… 2074757
……………………… 2073337
部长………………… 2074557
副部长、纪监审办公室主任
……………………… 2075607
团委副书记………… 2074057
团委………………… 2074757

工艺室

办公室……………… 2074743
主任………………… 2074827
输油工艺总工程师、工艺室主任工程师…………… 2072386
副主任……………… 2077538

站场安装室

办公室……………… 2072249
主任………………… 2077371
主任工程师………… 2074294
副主任……………… 2073796
……………………… 2073516

线路室

办公室……………… 2074538
主任………………… 2074381
主任工程师………… 2075949
副主任……………… 2075742

穿跨越室

办公室……………… 2073320
主任………………… 2045548
主任工程师………… 2074414
副主任……………… 2074277

土建室

办公室……………… 2074007
副总工程师、主任　2074014
主任工程师………… 2077019
副主任……………… 2075668
……………………… 2074446
……………………… 2074013

机械室

办公室……………… 2077023
主任………………… 2077162
主任工程师………… 2073442
副主任……………… 2073584

仪表自动化室

办公室……………… 2077713
主任………………… 2074424
主任工程师………… 2072349

电力室

办公室……………… 2074215
主任………………… 2074439
主任工程师………… 2075521
副主任……………… 2074231

通信室

办公室……………… 2074307
主任………………… 2075455
主任工程师………… 2072322

技术经济室

办公室……………… 2072290
主任………………… 2075451
主任工程师………… 2072265
副主任……………… 2073451
副主任工程师……… 2073813

市政工程室

办公室……………… 2074276
主任………………… 2077976
主任工程师………… 2074333
副主任……………… 2075253

项目支持部

办公室……………… 2072312
……………………… 2075302
……………………… 2075024
……………………… 2072358
部长………………… 2074152
哈萨克斯坦办事处主任
……………………… 2077742
主任工程师………… 2077720
副部长……………… 2074039
……………………… 2072293
……………………… 2073762
……………………… 2072392

勘察事业部

办公室……………… 2073833
经理………………… 2077205
党支部书记、综合办公室主任
……………………… 2077203
总工程师、副经理　2077201
副经理、安全总监　2073825

信息中心

办公室……………… 2075474
主任………………… 2075664
副主任工程师……… 2077235

档案室

办公室……………… 2074725
……………………… 2073124
主任………………… 2074457

文印完成室

办公室……………… 2073567
主任………………… 2073023
副主任……………… 2074293
……………………… 2074580

汽车队

办公室……………… 2072793
队长………………… 2072829
副队长……………… 2072805
……………………… 2072781

行政事务部

办公室……………… 2073362
部长………………… 2073483
副部长……………… 2074678
公司门卫…………… 2075501
车队门卫…………… 2072664

北京咨询中心

公网区号：010
专网区号：902
专网区号加后四位
传真 ……………… 69217800
经理 ……………… 69217777
副经理 …………… 69217755
……………………… 69217766
……………………… 69217767
……………………… 69217799
副总工程师 ……… 69217794
综合管理部
办公室 …………… 69217700
传真 ……………… 69217800
副部长 …………… 69217722
财务资产部
办公室 …………… 69217702
部长 ……………… 69217717
市场开发部
办公室 …………… 69217745
部长 ……………… 69217727
项目管理部
办公室 …………… 69217725
部长 ……………… 69217757
副部长 …………… 69217737
工程技术部
办公室 …………… 69217704

天津分公司

公网区号：022
专网区号：943
领导
经理、党委副书记　25923803
党委书记、副经理　25923799
副经理 …………… 25913127
副经理、安全总监　25966996
副经理 …………… 25948544
副经理、总工程师　25923627
副书记、纪委书记、工会主席
……………………… 25923800
副经理 …………… 25920131
经理（党委）办公室
办公室 …………… 25923811
传真 ……………… 25923802

副主任……25923811
副主任、纪检监察员25923802
人力资源部
办公室……25924536
部长……25923625
财务资产部
办公室……25924540
部长……25924547
副部长……25924540
市场开发部
办公室……25923557
部长……25923798
副部长……25969334
……25914930
技术质量部
办公室……25923808
部长……25921215
副部长……25921025
项目管理部
办公室……25926000
传真……25923806
部长……25923791
副部长……25923126
……25923892
工艺室
办公室……25923771
主任……25948547
主任工程师、副主任
……25923019
管道室
办公室……25919434
主任……25923801
主任工程师
……25923826
给排水室
办公室……25926643
主任……25924535
室副主任、副主任工程师
……25923792
配管室
办公室……25923810
主任、副主任工程师
……25976384
自控仪表室
办公室……25969684
主任……25973195
副主任……25973163
土建室
办公室……25923793
主任……25924544
电信室
办公室……25924543
主任……25923814
机械室
办公室……25924541
主任……25922537
副主任……25925743
热工室
办公室……25924541
主任……25923804
道路总图室
办公室……25923794
主任……25924076
技术经济室
办公室……25921337
主任……25921264
副主任……25921213
工程管理部
办公室……25921012
部长……25923746
副部长……25921217
施工管理室主任……25923202
综合室副主任……25921271
工程勘察部
办公室……25923818
部长……25924538
副部长、工程地质室主任
……25923788
副部长……25924539
工程测量室
办公室……25920502
主任……25920510
副主任、副主任工程师
……25920502
工程地质室
副主任……25923818
行政事务部
办公室……25914361
部长……25914361
管道离退休职工大港管理站
办公室……25924068
主任……25971830
信息档案室
办公室……25923694
副主任……25969772

东北分公司
公网区号：024+229+五位数
专网区号：921
副总经理、党委书记 82775
党委副书记、纪委书记、副经理工会主席……82952
副经理……83653
副经理、总工……82593
副经理……82430
经理助理、工艺室主任 89353
经理助理、市场部部长 82895
副总工程师……82816
……82245
……89323
副总、电力通信室主任 82429
副总、土建室主任……82872
副总、热工室主任……82428
副总、机械室主任……82286
综合办公室
主任……82612
副主任……82654
安全副总监……82614
办公室……83697
……89336
传真……86425592
……92182421
工会
副主席……89277
团委
书记……89246
项目管理部
办公室……82849
……82947
部长……89317
副部长……82315
档案出版室
主任……82461
档案……82531
……89347
图书、标准……82929
打印……89332
复印……89331
晒图……89335
市场部
主任……82895
副主任……82324
财务资产
财务负责人……82132
技术经济室
主任……82731
主任工程师……89302
工艺室
主任……89353
主任工程师……82382
……89285
副主任……89327
机械室
主任……82286
仪表自动化室
副主任……89260
热工室
主任……82428
电力通信室
主任……82429
主任工程师……89271
土建室
主任……82872
主任工程师……82872
仪表自动化室
主任……82841

上海分公司
公网区号：021
传真……50810166
总机……50891122
……50891133
经理……806
副经理……888
总工程师……899
综合办公室
主任……804
生产经营管理部
主任……808
总工办
主任……865
工艺设备室
主任……820
副主任……815
线路工程室
主任……843
副主任……831
建筑工程室
主任……860
主任工程师……861
电信仪表室
主任……852
经济室
主任……829

珠海分公司
传真……3889903
经理……3889911
副经理……3959985
总工程师……3889922
办公室……3889918

龙慧公司
公网区号：0316
专网区号：920
传真……2073640
总经理……2073300
……2073311
……2073338
……2073651
……2077301
……2076630
副总工程师……2073463
……2073552
……2073519
综合办公室
主任……2073566
……2073540
……2073549
财务部
办公室……2073622

经理…………………… 2073330
市场部
办公室…………………… 2073535
…………………………… 2073521
经理…………………… 2073481
控制部
办公室…………………… 2073373
…………………………… 2073531
经理…………………… 2072206
工程部
办公室…………………… 2073382
…………………………… 2073304
经理…………………… 2072580

北京分公司

公网区号：010
总机 ……………… 84871616
传真 ……………… 84871703
部门经理 ………… 84871702
项目经理 ………… 84871701

消防公司

公网区号：0316
专网区号：920
传真…………………… 2174570
经理…………………… 2073354
常务副经理………… 2073066
副经理……………… 2073007
…………………………… 2073562
党总支副书记……… 2074583
安全总监…………… 2073562
综合办公室
办公室…………………… 2073038
主任…………………… 2074583
汽车队
队长…………………… 2073400
财务部
部长…………………… 2073302
市场部
办公室…………………… 2073053
…………………………… 2073053
部长…………………… 2074367
质量安全环保部
办公室…………………… 2073193
…………………………… 2073033
部长…………………… 2073278
技术研发部
办公室…………………… 2073032
…………………………… 2073032
部长…………………… 2073066
项目管理部
办公室…………………… 2073193
…………………………… 2073193
部长…………………… 2073050

大港监理公司

公网区号：022
专网区号：943

传真 ……………… 25973314
领导 ……………… 25928666
办公室 …………… 25915978
…………………………… 25922971
…………………………… 25914855
…………………………… 25913444
办公室
办公室 …………… 25973183
…………………………… 25913444
综合部
办公室 …………… 25976145
…………………………… 25973163
市场开发部 ……… 25972647
经营管理部 ……… 25972647
人力资源部 ……… 25972647
财务资产部
办公室 …………… 25973183
…………………………… 25976745
技术质量部
办公室 …………… 25976746
…………………………… 25976746
项目管理部
办公室…………… 25910684
…………………………… 25925566

国际公司

地址：河北省廊坊市广阳道 87 号
邮编：065000
公网区号：0316
专网区号：920
总经理、党委书记 …… 2171885
党委常务副书记、工会主席
…………………………… 2171667
常务副经理………… 2171158
…………………………… 2171421
副经理……………… 2171655
…………………………… 2171615
…………………………… 2171845
…………………………… 2171211

公司办公室（党委办公室）

主任…………………… 2171842
传真…………………… 2171639
办公室………………… 2171640
文秘文件…………… 2171640
综合办……………… 2171846

人力资源部

经理…………………… 2171872
人事劳资…………… 2171827
培训统计…………… 2171646

财务资产部

经理…………………… 2171227
担保…………………… 2171831
固定资产…………… 2171830
出纳…………………… 2171220
会计…………………… 2171231

项目管理部

值班…………………… 2171418
传真…………………… 2171417
经理…………………… 2171428
办公室………………… 2171675
…………………………… 2171077
…………………………… 2171826
…………………………… 2171837

安全环保部

经理…………………… 2171825
办公室………………… 2171829
…………………………… 2171645

经营计划部

经理…………………… 2171638
办公室………………… 2171786
…………………………… 2171661

法律合同部

经理…………………… 2171807
办公室………………… 2171614
…………………………… 2171613

市场开发部

经理…………………… 2171812
办公室………………… 2171840
…………………………… 2171836
…………………………… 2171841

采办管理部

经理…………………… 2171690
办公室………………… 2171645

党群工作部

部长…………………… 2171828
办公室………………… 2171785

管道第一工程分公司

地址：河北省廊坊市金光道 52 号
邮编：065000
公网区号：0316
专网区号：920
总经理………………… 2077196
党委书记……………… 2077006
副经理………………… 2173069
…………………………… 2173070
…………………………… 2173063
纪委书记、工会主席 2173128
副经理………………… 2173072
…………………………… 2173073
…………………………… 2077206
…………………………… 2173656
安全总监……………… 2075012
副经理………………… 2077106
总会计师……………… 2077595
副经理………………… 2173071
经理助理……………… 2173420

副总师

…………………………… 2173075
…………………………… 2173602
…………………………… 6074170
…………………………… 2077820
…………………………… 2173534
…………………………… 2173091
…………………………… 2173316

行政（党委）办公室

主任…………………… 2177201
副主任………………… 2177221
…………………………… 2173626
秘书…………………… 2177221
文书…………………… 2177210
打字室………………… 2177500
传真…………………… 2177500
档案室………………… 2173327
门卫…………………… 2075087

行政事务管理中心

主任…………………… 2173626
办公室………………… 2173525
信访办公室
办公室………………… 2077185
信息中心
主任…………………… 2177201
办公室………………… 2173369
搬迁办公室
办公室………………… 2075205

人力资源部（党委组织部）

部长…………………… 2173371
办公室………………… 2077576
…………………………… 2173134
…………………………… 2075265
…………………………… 2173120

人事服务中心

主任…………………… 2173512
办公室………………… 2173445

财务部

部长…………………… 2077595
…………………………… 2077593
…………………………… 2075237
…………………………… 2077506
…………………………… 2073064
办公室………………… 2077498
…………………………… 2173081
…………………………… 2077270

经营计划部

部长…………………… 2173130
办公室………………… 2173084
…………………………… 2173062

安全环保部

部长…………………… 2173316
办公室………………… 2077055

安全监督站

站长…………………… 2075012
办公室………………… 2173751
…………………………… 2173079

工程技术部

部长…………………… 2077820
办公室………………… 2177463

国际工程支持部

部长…………………… 2173423
办公室………………… 2173340

资产部

部长…………………… 2173091
办公室………………… 2173089

质量节能部

办公室………………… 2075212

采办部

部长…………………… 2173110
办公室………………… 2173103

审计部

部长…………………… 2173602
……………………… 2173457
办公室………………… 2173129

企业文化部（党委宣传部）

部长…………………… 2175023
办公室………………… 2173093
编辑室………………… 2173125

记者站

办公室………………… 2173094

党委工作部（纪检监察部）

部长…………………… 2173095
办公室………………… 2173123
……………………… 2173097

工会办公室（团委办公室）

主任…………………… 2173127
工会…………………… 2173087
团委…………………… 2173085

核算中心

主任…………………… 2077593
副主任………………… 2075237
办公室………………… 2077795
……………………… 2173250

成本中心

主任…………………… 2077593
办公室………………… 2077732
……………………… 2173281
……………………… 2173370

市场信息开发中心

领导…………………… 2075272
……………………… 2173074
……………………… 2173374
……………………… 2075219
……………………… 2173065

项目管理部

……………………… 2075763
……………………… 2176379

开发区公司总调度室

调度室………………… 6077393

设备租赁中心

领导…………………… 6060251
……………………… 6060253
……………………… 6060254
办公室………………… 6060252
……………………… 6060255

车辆管理中心

领导…………………… 6073671
办公室………………… 6073672
……………………… 6073673
调度室………………… 2077212

运输处

处长…………………… 6060256
书记…………………… 6060257
副处长………………… 6060259
办公室………………… 6060260
……………………… 6060261
调度室………………… 6060258

北检无损检测公司

主任…………………… 2375046
书记…………………… 2375041
副主任………………… 2375042
……………………… 2375043
办公室………………… 2375407
传真…………………… 2375406

储罐安装处

处长…………………… 6074170
书记…………………… 6074173
副处长………………… 6074159
办公室………………… 6074136
……………………… 6074157

教育培训站

领导…………………… 6073370
办公室………………… 6073610

新技术推广中心

主任…………………… 6073298
副主任………………… 6081510
办公室………………… 6071510

器材供应站

主任…………………… 6073346
书记…………………… 6073348
办公室………………… 6073347

通信工程处

领导………… 0427－5977334
………… 0427－5977000
办公室………… 0427－5977332

盘锦基地综合办公室

主任………… 0427－5977201
办公室………… 0427－5977210
传真………… 0427－5977500

管道第二工程分公司

地址：江苏省徐州市翟山管道二公司
邮编：221008
公网区号：0516
专网区号：9316

总经理 …………… 83622408
党委书记 ………… 83622310
副经理 …………… 83622117
……………………… 83622119
财务总监 ………… 83622306
副经理 …………… 83624819
……………………… 83622315
党委副书记、工会主席、纪委书记 …………… 83622300
副经理 …………… 83622267
安全总监 ………… 83622575
副经理 …………… 83624898
……………………… 83622301

经理助理

经理助理 ………… 83622373
……………………… 83622303
……………………… 83622345
……………………… 83645203

副总师

副总师 …………… 83623348
……………………… 83622309
……………………… 83624818
……………………… 83624868
……………………… 83622350
……………………… 83624818
……………………… 83622589
……………………… 83645188
……………………… 83622235
……………………… 83622326

公司办公室

主任 ……………… 83622356
副主任 …………… 83622380
秘书室 …………… 83622357
行政秘书室 ……… 83622359
文书室 …………… 83622530
打字室 …………… 83622137
传真复印 ………… 83622398
……………………… 83888184
档案室 …………… 83622387
收发室 …………… 83622423
一楼会议室 ……… 83624016
二楼会议室 ……… 83624100
机关门卫 ………… 83622586

劳动人事部

部长 ……………… 83622373
副部长 …………… 83622436
副部长、人事管理室
……………………… 83622375
副部长、工资管理室
……………………… 83622371
培训教育、技能鉴定室
……………………… 83622367
人事档案室 ……… 83622127
劳动组织、社会保险室
……………………… 83622342
项目劳资室 ……… 83622213
劳动定额室 ……… 83624026
社会保险所 ……… 83623547
……………………… 83622140

总调度室

调度长 …………… 83624801
副调度长 ………… 83622325
办公室 …………… 83622328

工程项目管理部

部长 ……………… 83623348
办公室 …………… 83624101

国际工程部

部长 ……………… 83624098
办公室 …………… 83622042

财务部

部长 ……………… 83622353
副部长 …………… 83624353
资金室 …………… 83622355
电算室 …………… 83622354
综合室 …………… 83622431
成本室 …………… 83622323
项目室 …………… 83622577
核算中心单位组 … 83622317
……………………… 83622494
……………………… 83622914
核算中心项目组 … 83624028
……………………… 83624029

经营发展部

部长 ……………… 83622348
副部长、计划统计室
……………………… 83622275
副部长、法律顾问室
……………………… 83622366

信息中心

主任 ……………… 83622418
办公室 …………… 83624418
铜山基地维修点 … 83645010

市场开发部

部长 ……………… 83622350
副部长 …………… 83622401
……………………… 83622349
开发部一室 ……… 83622352
开发部二室 ……… 83622573
开发部三室 ……… 83622417
开发部四室 ……… 83622347
开发部五室 ……… 83622243

工程技术部

部长 ……………… 83622498
副部长 …………… 83622329
办公室 …………… 83623074
……………………… 83622437
……………………… 83622316

安全环保部
部长 …… 83622368
副部长 …… 83624023
综合管理室 …… 83622438
环保、教育、职业健康
…… 83624025
交通消防 …… 83624115

质量节能部
部长、副部长 …… 83622383
办公室 …… 83622245
…… 83622370

安全监督站
站长 …… 83622382
安全监督室 …… 83624119

机动资产管理部
部长 …… 83622589
副部长 …… 83622365
副部长、资产管理室
…… 83622482
设备管理室 …… 83622364
交通统计管理室 …… 83624079
设备库 …… 83645290

物资管理部
部长 …… 83622236
副部长 …… 83622239
物资部一室 …… 83622487
物资部二室 …… 83624039
物资部三室 …… 83624069

党委工作部
部长 …… 83622445
副部长、团委副书记
…… 83622344
记者站站长 …… 83622206
组织管理 …… 83622448
…… 83624030
报纸编辑 …… 83622444
电视编辑 …… 83622473

公司研究室
主任 …… 83624063

纪检监察部
部长 …… 83622217
纪检监察室 …… 83622430

审计部
部长 …… 83624060
副部长 …… 83622343
办公室 …… 83622567

工会
副主席 …… 83622321
办公室 …… 83622322
工会财务室 …… 83622220
摄影室 …… 83622546

机关党总支
书记 …… 83622410

职工培训中心
主任 …… 83645118
书记 …… 83645116
副主任 …… 83645129
办公室 …… 83645128
…… 83645122
一车间 …… 83645126
三车间 …… 83645131
自动焊培训现场 …… 83645020
自动焊培训教练 …… 83645030
传真 …… 83408744

施工技术研究所
主任 …… 83622377
副主任 …… 83622521
综合办公室 …… 83622522
机械设计室 …… 83624068
电气设计室 …… 83622230
实验场 …… 83622527
研究所门卫 …… 83623445

质检中心
主任 …… 83645158
传真 …… 83645151
书记、工会、劳资 83645258
副主任 …… 83645259
政工、文控、档案管理室
…… 83645159
财务室 …… 83645155
材料、设备 …… 83645156
经营 …… 83645152
质量、技术室一室 83645161
技术室二室 …… 83645162
工程部、探伤评片室
…… 83645160
设备维修、拍片室 83645163

机械施工处
主任 …… 83645203
书记 …… 83645204
副主任 …… 83645206
工会主席 …… 83645206
劳资经营 …… 83645205
生产设备 …… 83645207
机械队 …… 83645208
材料库房 …… 83645185
修理车间 …… 83645190
修理车间休息室 …… 83645165

工程运输处
主任 …… 83645136
书记、副主任、主席
…… 83645138
办公室 …… 83645180
…… 83645181
调度室 …… 83645182

管道第一安装工程处
主任 …… 83645101
书记 …… 83645106
副主任 …… 83645103
…… 83645108
综合办公室 …… 83645105

管道第二安装工程处
主任 …… 83645210
书记 …… 83645209
副主任 …… 83645212
办公室 …… 83645213
…… 83645211

管道第三安装工程处
主任 …… 83645218
书记 …… 83645228
副主任 …… 83645219
政工办公室 …… 83645130
综合办公室 …… 83645216
…… 83645226

储罐第一安装工程处
主任、书记 …… 83645230
副主任 …… 83645236
办公室 …… 83645200

储罐第二安装工程处
主任、书记 …… 83645196
副主任 …… 83645183
办公室 …… 83645256

储罐第三安装工程处
主任、书记 …… 83645169
副主任 …… 83645168
办公室 …… 83645233

压力容器制造厂
厂长 …… 83645239
书记、副厂长 …… 83645292
副厂长 …… 83645139
劳资、财务 …… 83645300
办公室 …… 83645231
车间主任 …… 83645191
检验保管室 …… 83645192

管道安装防腐工程处
主任 …… 83645299
书记 …… 83645288
副主任、调度 …… 83645261
劳资核算 …… 83645266
办公室 …… 83645277
…… 83645262

路桥工程处
主任 …… 83645282
副主任 …… 83645281
书记、工会主席、综合办
…… 83645289

特种作业工程处
主任 …… 83645188
书记 …… 83645069
副主任 …… 83645199
办公室 …… 83645166
…… 83645066

电气仪表安装工程处
主任 …… 83645268
书记、工会主席 …… 83645298
副主任 …… 83645269
办公室 …… 83645296
…… 83645286

小车管理处
副主任 …… 83624059
传真 …… 83624050
调度室 …… 83622395
综合管理室 …… 83623841
…… 83623441
…… 83623143

防腐保温处
主任 …… 83622216
书记 …… 83622847
副主任 …… 83622493
办公室 …… 83622542
财务 …… 83622486
服装车间 …… 83622491

廊坊办事处
…… 0316－2176499
…… 0316－2079699

矿区管理中心
服务电话
水电暖综合维修 …… 83622424
通信电视故障申告 83622200
南一区物管员 …… 83624041
南二区物管员 …… 83624042
北一区物管员 …… 83624043
北二区物管员 …… 83624044
管道花园一区物管员
…… 83624045
管道花园二区、三区物管员
…… 83624022
中心机关
党总支书记 …… 83622235
常务副主任 …… 83622338
副主任 …… 83624018
副书记、工会主席 83624038
政工 …… 83624038
劳资 …… 83623004
生产技术部部长 …… 83624668
生产技术办公 …… 83622791
财务计划部部长 …… 83622077
财务计划 …… 83624666
武装保卫部部长 …… 83622332
武装保卫部副部长 83622320
治安武装、户籍、内勤室
…… 83622335
物业管理处
主任 …… 83622337
副主任 …… 83622211
电力运行室 …… 83622212

自来水加压运行室 83622319
锅炉运行室 ……… 83622507
水电暖综合维修站 83622290
水电暖收费室 …… 83622524
单身公寓 ………… 83622554
青年公寓 ………… 83622412
公寓餐厅 ………… 83622208
公寓餐厅财务 …… 83624480
社区管理处
主任 ……………… 83622338
副主任 …………… 83622339
办公室 …………… 83622378
清扫队 …………… 83622378
绿化队 …………… 83622248
文化广场管理室 … 83624020
社区文化活动站一楼
…………………… 83622483
社区文化活动站四楼
…………………… 83622553
图书室 …………… 83622297
基建房管处
主任 ……………… 83622318
基建管理办公室 … 83622276
房产管理办公室 … 83622360
通信电视管理处
主任 ……………… 83622201
通信电视收费室 … 83622225
维修班 …………… 83622495
离退休管理处
主任、书记 ……… 83622307
副主任 …………… 83622307
管理干事 ………… 83624680
综合服务 ………… 83622296
南二区活动室 …… 83622534
…………………… 83622543
治安警卫队
队长 ……………… 83622320
办公室 …………… 83624058
巡逻、值班、监控室
…………………… 83622336
社区警务室 ……… 83622414
南一区一号门卫 … 83623447
南一区二号门卫 … 83623743
南一区三号门卫 … 83623737
南一区四号门卫 … 83623740
南二区门卫 ……… 83623734
北一区一号门卫 … 83623745
北一区二号门卫 … 83623744
北二区门卫 ……… 83623749
管道花园一区门卫 83624191
管道花园二区门卫 83624092
管道花园三区门卫 83624091
矿区管理中心机关门卫
…………………… 83624011

居民管理委员会
主任 ……………… 83624988
居民管理 ………… 83622478
社区劳动保障 …… 83887905
社区职工管理 …… 83622777
铜山基地
副主任 …………… 83645111
办公室 …………… 83645115
商务中心 ………… 83645222
水暖运行室 ……… 83645119
一号门卫 ………… 83645110
二号门卫 ………… 83645113
综合楼门卫 ……… 83645112
质检楼门卫 ……… 83645109
职工医院
院长 ……………… 83622285
副院长 …………… 83624053
财务室 …………… 83624688
综合管理 ………… 83624859
医生值班室 ……… 83622286
护士值班室 ……… 83622558
医院挂号室 ……… 83622854
防保科 …………… 83622489

管道第三工程分公司

地址：河南省中牟县青年路西段23号
邮编：451450
公网区号：0371
专网区号：9317

总经理 …………… 62152256
党委书记 ………… 62152652
副经理 …………… 62150285
…………………… 62152383
…………………… 62152689
总会计师 ………… 62152393
副经理 …………… 62152669
…………………… 62151967
副经理、工会主席 62152302
安全总监 ………… 62152255
…………………… 62151509
…………………… 62151517
副总 ……………… 62152690
…………………… 62152294
…………………… 62152330
…………………… 62152294
…………………… 62152306
公司办公室（党委办公室）
主任 ……………… 62152201
副主任 …………… 62152369
…………………… 62152126
文书 ……………… 62152227
秘书 ……………… 62152283
档案室 …………… 62152537
打字室 …………… 62151240

事务办 …………… 62152409
收发室 …………… 62152342
小车队
队长 ……………… 62152298
支部书记 ………… 62150275
办公室 …………… 62151472
劳资 ……………… 62151707
值班室 …………… 62151473
人事部（党委组织部）
部长 ……………… 62152262
副部长 …………… 62152331
…………………… 62152317
干部管理 ………… 62152355
劳动人事 ………… 62152267
劳动工资 ………… 62152229
技能鉴定 ………… 62152249
档案室 …………… 62152250
阅档室 …………… 62151924
财务部
部长 ……………… 62152492
副部长 …………… 62152527
…………………… 62152384
办公室 …………… 62152384
核算中心主任 …… 62152252
核算中心副主任 … 62152384
核算中心 ………… 62151102
…………………… 62151451
微机室 …………… 62152080
经营计划部
部长 ……………… 62152306
副部长 …………… 62152297
…………………… 62152356
计划统计 ………… 62152269
预算 ……………… 62152351
法律事务 ………… 62150407
计划 ……………… 62150217
市场部
部长 ……………… 62151340
副部长 …………… 62151447
…………………… 62152230
…………………… 62152359
…………………… 62152359
办公室 …………… 62152411
商务 ……………… 62152440
技术 ……………… 62151114
网络中心 ………… 62152399
传真 ……………… 62152241
工程技术部
部长 ……………… 62152330
常务副部长 ……… 62152508
副部长 …………… 62152420
工程统计 ………… 62151349
技术档案 ………… 62152281
技术办 …………… 62152204

科技发展研究中心 62151486
质量安全环保部
部长、安全监督站站长
…………………… 62152373
副部长 …………… 62152345
安全环保 ………… 62152387
质量办 …………… 62152271
安全监督站 ……… 62152596
信息办 …………… 62151493
资产管理部
部长 ……………… 62152900
办公室 …………… 62152304
技术管理、统计 … 62152494
物资管理部
部长 ……………… 62150442
副部长 …………… 62152084
…………………… 62152368
采办 ……………… 62152074
器材供应站保管 … 62152379
核算 ……………… 62152236
国际支持部
部长 ……………… 62151110
办公室 …………… 62150126
审计部
部长 ……………… 62152335
副部长 …………… 62152806
宣传部
部长 ……………… 62152203
副部长 …………… 62152221
副部长、记者站站长
…………………… 62152258
团委副书记 ……… 62152240
宣传 ……………… 62152213
制作室 …………… 62152481
纪委（监察部）
部长 ……………… 62151257
纪委 ……………… 62152343
监察 ……………… 62151951
工会办公室
副主席 …………… 62152313
女工主任 ………… 62151737
办公室 …………… 62152226
第一项目部
常务副经理 ……… 62152294
党支部书记 ……… 62151741
办公室 …………… 62152742
工程部 …………… 62152743
第二项目部
常务副经理 ……… 62165100
总支副书记 ……… 62165100
第三项目部
常务副经理 ……… 62151204
党支部书记 ……… 62152946
副经理 …………… 62151204

生产副经理 ……… 62151204
第四项目部
常务副经理 ……… 62152690
党支部书记 ……… 62150052
生产副经理 ……… 62151408
经营副经理 ……… 62151072
第五项目部
常务副经理 ……… 62152457
党支部书记 ……… 62152457
经营副经理 ……… 62150077
第六项目部
副经理 …………… 62150294
党支部书记 ……… 62150294
第七项目部
常务副经理 ……… 62151411
党支部书记 ……… 62151411
第八项目部
办公室 …………… 62152471
副经理 …………… 62151974
党支部书记 ……… 62152974
副经理 …………… 62151374
工程部长 ………… 62152471
办公室 …………… 62151411
第一工程处
处长 ……………… 62151184
书记、工会主席 … 62151184
副处长 …………… 62151184
第二工程处
处长 ……………… 62151774
书记、工会主席 … 62151774
副处长 …………… 62151774
……………………… 62151774
第三工程处
处长 ……………… 62152847
书记 ……………… 62152847
副处长 …………… 62152847
副处长、工会主席
……………………… 62152847
第四工程处
处长 ……………… 62151464
书记、工会主席 … 62151464
第五工程处
处长 ……………… 62151547
书记 ……………… 62152280
第六工程处
处长 ……………… 62151984
书记 ……………… 62152212
第七工程处
处长 ……………… 62152225
书记 ……………… 62151413
办公室 …………… 62152324
第八工程处
处长 ……………… 62152146
书记 ……………… 62150271

副处长 …………… 62152397
第九工程处
处长 ……………… 62152400
书记 ……………… 62151474
第十工程处
处长 ……………… 62151947
书记 ……………… 62151947
副处长、工会主席 62152043
第十一工程处
处长 ……………… 62151437
书记 ……………… 62151446
办公室 …………… 62152396
第十二工程处
处长 ……………… 62152893
书记 ……………… 62152239
试压工程处
处长 ……………… 62152352
书记、工会主席 … 62152352
技术装备处
办公室 …………… 62151644
处长 ……………… 62152273
书记 ……………… 62150041
常务副处长 ……… 62152310
副处长 …………… 62150043
……………………… 62152543
财务 ……………… 62151524
门卫 ……………… 62151407
运输处
办公室 …………… 62152279
处长 ……………… 62152251
党支部书记 ……… 62152380
常务副处长 ……… 62152380
调度 ……………… 62152265
门卫 ……………… 62151341
设备租赁中心
办公室 …………… 62150351
主任 ……………… 62151276
书记 ……………… 62152495
副主任 …………… 62151835
设备库 …………… 62152264
安全监督站
办公室 …………… 62151493
站长 ……………… 62152373
副站长 …………… 62152345
物资供应站
站长 ……………… 62152368
保管 ……………… 62152379
核算 ……………… 62152236
华龙公司
办公室 …………… 62152589
董事长 …………… 62151900
党支部书记 ……… 62152446
总经理 …………… 62150476
……………………… 62150459

……………………… 62152589
基地建设项目部
经理 ……………… 62151514
中牟管理中心
主任 ……………… 62150218
总支副书记 ……… 62152360
副主任 …………… 62151344
……………………… 62152979
……………………… 62152292
副主任、安全总监 62150378
工会主席 ………… 62150350
综合办公室
办公室 …………… 62151441
副主任 …………… 62152563
……………………… 62152577
质量、核算 ……… 62150050
财务计划部
办公室 …………… 62151443
副部长 …………… 62152585
出纳 ……………… 62151521
矿区管理部
办公室 …………… 62151704
部长 ……………… 62150256
副部长 …………… 62150256
安全 ……………… 62151334
党群工作部
副部长 …………… 62152766
基建管理科
办公室 …………… 62150447
科长 ……………… 62150430
办公室 …………… 62151454
房产管理科
办公室 …………… 62152710
科长 ……………… 62152292
保卫处（武装部）
办公室 …………… 62152318
处长 ……………… 62152231
副处长 …………… 62152305
武装部 …………… 62152305
户籍 ……………… 62152248
东院警亭 ………… 62152404
西院警亭 ………… 62152554
派出所长 ………… 62152724
治安办 …………… 62152332
监控 ……………… 62152491
机关门卫 ………… 62151424
管理中心门卫 …… 62150140
生产区门卫 ……… 62152462
东院门卫 ………… 62150024
西院东门 ………… 62150474
西院南门 ………… 62150194
西院西门 ………… 62150254
北新小区门卫 …… 62152474
社会保险所

办公室 …………… 62150331
所长 ……………… 62151477
副所长 …………… 62151345
医疗保险 ………… 62151487
物业管理公司
经理 ……………… 62152593
书记 ……………… 62150344
副经理 …………… 62152757
……………………… 62152757
……………………… 62151442
安全劳资 ………… 62152295
计划预算 ………… 62151247
技术 ……………… 62152378
电工房 …………… 62152394
管工班 …………… 62151457
发电房 …………… 62152347
锅炉房 …………… 62152337
北电工房 ………… 62151244
绿化班 …………… 62152497
钢塑车间 ………… 62159661
……………………… 62152842
钢塑车间门卫 …… 62152266
幼儿园
副园长 …………… 62152364
门卫 ……………… 62151347
离退休职工管理处
处长 ……………… 62152270
总支书记 ………… 62152634
副处长 …………… 62152327
……………………… 62152327
……………………… 62150391
劳资室 …………… 62151047
收发室 …………… 62152643
值班室 …………… 62152674
通信工程处
处长 ……………… 62152303
副处长 …………… 62152707
财务室 …………… 62152704
线务班 …………… 62152708
……………………… 62152706
程控室……………………… 112
传真室 …………… 62182270
查号台……………………… 114
广播室 …………… 62150364
职工医院
院长 ……………… 62152401
书记 ……………… 62152336
工会主席 ………… 62152336
门诊、收费 ……… 62152222
内科病房 ………… 62152322
外科病房 ………… 62152490
传染病房 ………… 62152392
药械科 …………… 62152325
西药房 …………… 62152514

CT室 …… 62151745
社区门诊 …… 62150071
居委会
总支书记、主任 …… 62152450
副主任 …… 62152245
计生办 …… 62152214
再就业 …… 62152247
党员活动室 …… 62151445
招待所
所长 …… 62152978
劳资 …… 62151354
核算 …… 62150245
餐厅 …… 62151714
登记室 …… 62152328
24小时值班室 …… 62152375
基地建设项目部
项目经理 …… 62151514
项目副经理 …… 62151514
…… 62151514
…… 62151514
…… 62151514
项目总工程师 …… 62151514

管道第四工程分公司

地址：河北省廊坊市爱民东道158号
邮编：065000
公网区号：0316
专网区号：920

总经理 …… 2172053
传真 …… 2172935
党委书记 …… 2074677
传真 …… 2172913
党委副书记、纪委书记、工会主席 …… 2074186
副总经理 …… 2077928
…… 2174309
…… 2075018
…… 2172063
…… 2074107
…… 2172103
…… 2172309
…… 2074070
安全总监 …… 2073979
总会计师 …… 2075764
公司办公室
主任 …… 2073604
副主任（维稳） …… 2172604
副主任（后勤） …… 2073774
副主任（秘书） …… 2172113
副主任（接待） …… 2075199
办公室 …… 2075478
…… 2172971
文书 …… 2073950
档案 …… 2172131
外事 …… 2172524
网管 …… 2172031
计生、房管 …… 2172751
维修 …… 2073705
大厅前台 …… 6830586
公司门卫 …… 6810614
工程调度室
主任 …… 2172629
办公室 …… 2075507
传真 …… 2172239
经营计划部
部长 …… 2075284
副部长 …… 2172305
办公室 …… 2075131
传真 …… 2172740
财务资产部
部长 …… 2077081
副部长 …… 2073364
核销 …… 2077084
成本 …… 2174921
科技质量部
部长 …… 2075330
副部长 …… 2172245
…… 2172757
…… 2172730
…… 2074211
办公室 …… 2172757
传真 …… 2074079
安全监督部
部长 …… 2075596
办公室 …… 2076153
安全环保部
部长 …… 2073410
副部长 …… 2172503
办公室 …… 2172312
人力资源部
部长 …… 2073604
副部长 …… 2074179
…… 2172703
办公室 …… 2172321
传真 …… 2172257
设备管理部
部长 …… 2075610
副部长 …… 2172362
…… 2172391
办公室传真 …… 2172310
材料 …… 2172391
物资管理部
部长 …… 2172531
副部长 …… 2172313
办公室 …… 2172573
传真 …… 2172731
审计部
部长 …… 2172907
办公室 …… 2172302
市场信息部
部长 …… 2174809
办公室 …… 2233947
传真 …… 2232790
商务部 …… 2172207
市场部 …… 2174810
…… 2174047
技术部 …… 2174489
党群工作部
部长 …… 2172235
工会副主席 …… 2172051
工会 …… 2172450
纪委 …… 2172270
团委 …… 2074203
办公室 …… 2174802
…… 2074203
车辆管理中心
经理 …… 2075649
书记 …… 2071092
办公室 …… 2172406
财务核算中心
主任 …… 2073364
副主任 …… 2172453
办公室 …… 2172152
…… 2172072
…… 2172073
传真 …… 2172153
人力交流管理中心
主任 …… 2074179
副主任 …… 2172703
技术开发中心
经理 …… 2172245
副经理 …… 2172101
…… 2172763
办公室 …… 2172792
焊培教室 …… 2172370
设备租赁（1）中心
经理 …… 2077474
办公室 …… 2174390
设备租赁（2）中心
经理 …… 2172743
书记 …… 2073861
副经理 …… 2172517
办公室 …… 2074689
…… 2239921
盾构工程管理中心
主任 …… 2173517
办公室 …… 2073589
…… 2172509
预投产工程管理中心
经理 …… 2074113
副经理 …… 2175379
办公室 …… 2073688
传真 …… 2172203
工程一处
办公室 …… 2172798
工程二处
办公室 …… 2172621
工程三处
办公室 …… 2172657
工程四处
办公室 …… 2172672
工程五处
办公室 …… 2172683
工程六处
办公室 …… 2172767
工程七处
办公室 …… 2172793
工程八处
办公室 …… 2172565
工程（1）项目部
哈中二期项目部
办公室 …… 2172762
…… 2172263
哈萨克办 …… 2075532
工程（2）项目部
兰郑长、陕京三线项目部
廊坊办 …… 2172904
凤翔办传真 …… 0917－7282146
阳泉办 …… 0353－8186261
传真 …… 0353－8186260
工程（3）项目部
西二线东段26标段项目部
办公室 …… 2172735
…… 2172420
南昌办 …… 0791－3282002
传真 …… 0791－3282001
工程（4）项目部
西二线东段13B、15B标段项目部
廊坊办 …… 2172701
平凉办 …… 0933－3335008
…… 0933－3335058
工程（5）项目部
办公室 …… 2077071
工程（6）项目部
漠大线项目部
办公室 …… 2172813
…… 2172903
工程（7）项目部
西气东输二线西段项目
办公室 …… 2174150
武威办 …… 2073625
工程（8）项目部
西气东输二线站场项目部
办公室 …… 2172732
武威办 …… 0935－5965588

武威传真…… 0935－5965566
河口办……… 0546－8577150
工程（9）项目部
中亚管道项目部
办公室……………… 2172765
……………………… 2172591
工程（10）项目部
涩宁兰复线项目部
办公室……………… 2174865
兰州办……… 0931－6212797
工程（11）项目部
办公室……………… 2075301
新疆办传真 0996－2096120
西二线长江盾构项目部
九江办……… 0792－4880177
川气东送盾构项目经理部
武汉办……… 027－84744215
西二线钱塘江盾构项目部
海宁办 …… 0573－87628092
长吉管道松花江盾构项目部
吉林办传真 … 0432－6087082

管道穿越分公司

地址：河北省廊坊市开发区金源东道16号
邮编：065001
公网区号：0316
总经理……………… 5919818
传真………………… 5919819
党委书记…………… 5919807
副经理……………… 5919809
……………………… 5919806
工会主席、纪委书记
……………………… 5919815
副经理……………… 5919836
总工程师…………… 5919816
安全总监…………… 5919808
总会计师…………… 5919810
经理助理、党委委员
……………………… 5919848
……………………… 5919835
经理助理…………… 5919847
党委委员…………… 5919849
……………………… 5919848
副总………………… 5919813
……………………… 5919803
经理办公室（党委办公室）
主任………………… 5919800
副主任……………… 5919980
文书………………… 5919801
秘书………………… 5919804
档案室……………… 5919830
传真………………… 5919802
人力资源部
部长………………… 5919835
副部长……………… 5919805
办公室……………… 5919811
财务计划部
部长………………… 5919812
副部长……………… 5919812
办公室……………… 5919821
工程技术部
部长………………… 5919817
办公室……………… 5919831
传真………………… 5919832
安全环保部
部长………………… 5919808
副部长……………… 5919829
安全监督站站长…… 5919970
办公室……………… 5919829
企业管理部
部长………………… 5919834
法律顾问…………… 5919826
办公室……………… 5919833
市场开发部
部长………………… 5919823
办公室……………… 5919827
传真………………… 5919454
设备管理部
部长………………… 5919803
办公室……………… 5919838
采办部
部长………………… 5919837
办公室……………… 5919825
审计监察部
部长………………… 5919828
钻具管理中心
主任………………… 5919452
办公室……………… 5919453
基地管理中心
主任………………… 5919456
办公室……………… 5919455
公司门卫…………… 5123972
车辆管理中心
主任………………… 5919451
办公室……………… 5919450
司机班……………… 5919814

管道海洋工程分公司

地址：河北省廊坊市爱民东道152号国际花园40号－4
邮编：065000
公网区号：0316
专网区号：920
总经理……………… 2171669
副总经理…………… 2172889
传真………………… 2172889
副总经理…………… 2172755
总经理办公室
办公室……………… 2178755
传真………………… 2172755
人力资源部
人事、党群………… 2178755
商务发展部
办公室……………… 2179667
财务计划部
办公室……………… 2179172
技术部
办公室……………… 2179172
工程管理部
办公室……………… 2179667
质量安全环保部
办公室……………… 2172755

管道通信电力工程总公司 中国石油天然气集团公司通信公司

地址：河北省廊坊市金光道49号
邮编：065000
公网区号：0316
专网区号：920
总经理、党委副书记 2073162
党委书记、常务副总经理
……………………… 2073674
副总经理…………… 2075690
党委副书记、纪委书记
……………………… 2073067
副总经理…………… 2077680
安全总监…………… 2077428
工会主席…………… 2074943
副总经理…………… 2174310
……………………… 2075869
总会计师 ………… 2073633
副总经理…………… 2078812
总工程师…………… 2073594
专务副总经理……… 2075820
……………………… 92183778
……………………… 92182185
总经理助理………… 2173628
……………………… 92183998
副总………………… 2077477
……………………… 2073635
……………………… 2075914
……………………… 92182098
……………………… 92183678
……………………… 2073283
……………………… 2074386
公司（党委）办公室
主任………………… 2077530
办公室……………… 2174567
……………………… 2075439
……………………… 2177890
……………………… 2077188
传真………………… 2073161
……………………… 2173734
档案室
主任………………… 2073297
……………………… 2074706
人力资源部（党委组织部）
部长………………… 2075285
办公室……………… 2073610
……………………… 2077092
……………………… 2174620
……………………… 2174603
传真………………… 2074750
档案室……………… 2173117
信访办
主任………………… 2073905
办公室……………… 2374617
退养站……………… 2374106
财务资产部
经理………………… 2073633
副经理……………… 2073637
……………………… 2073626
办公室……………… 2173025
……………………… 2074889
……………………… 2073687
……………………… 2173723
经营管理部
经理………………… 2073183
办公室……………… 2077134
……………………… 2075972
传真………………… 2073959
市场部
经理………………… 2074860
副经理……………… 2072095
……………………… 2072095
办公室……………… 2074408
……………………… 2173023
传真………………… 2073650
通信网络部
经理………………… 2077711
副经理……………… 2075678
……………………… 2075525
办公室……………… 2075535
……………………… 2075582
传真………………… 2174222
办公室……………… 2075680
……………………… 2075282
工程技术部
经理………………… 2077477
副经理……………… 2074510
……………………… 2077940
传真………………… 2077422
办公室……………… 2077940
资产管理部
经理………………… 2073578
办公室……………… 2072091
质量安全部

经理……2075138
办公室……2075778
传真……2075262

质量安全监督站

站长……2372066
办公室……2374413
传真……2373567

企业文化部

部长……2075787
团委副书记……2075002
办公室……2073682
……2074385

监察审计部

经理……2074861
副经理……2073629
办公室……2077322
传真……2073689

工会

主任……2073722
副主任、妇女主任……2073667
办公室……2074358
……2073715
……2173662

科技事业部

经理……2074376
书记……2173650
常务副经理……2173651
副经理、安全监督 2173730
研发中心主任……2173903
产业中心主任……2173902
研发中心……2173652
产业中心……2077743
事业部……2173724

廊坊通信公司

经理……2073913
书记……2075356
副经理、安全监督 2077139
副经理……2173729
总工程师……2073706
综合办公室……2174613
传真……2173400
综合办公室主任……2074488
经营管理部……2077655
经营管理部经理……2075696
生产技术部……2073631
传真……2075435
办公室……2174414
生产技术部经理……2075328

东北通信公司

经理、书记……92183778
副经理……92183988
……92182098
副经理、总工程师 92182811
副书记、工会主席 92182278
传真……92182600
综合办公室主任……92183881
党支部书记高级主管
……92182273
工会……92182747
生产技术部……92182287
办公室……92182565
生产技术部经理……92182552
副经理……92182006
经营管理部……92183766
经营管理部经理……92183366
维抢修中心……92182533
……92182030
主任……92183969
书记……92182879

通信总站（信息中心）

站长、主任……92183718
书记……92182675
副站长……92182589
办公室……92182471
……92182230
……92182984

铁岭通信站

站长……92175800
副站长……92175600
……92175448
办公室……92175354
……92176200

西北通信公司

经理、书记 029－87662351
副经理
……0996－2179500 转 3916
安全监督……029－87662435
办公室……029－87662630
……029－87662466

大庆通信公司

经理……92120828
书记……92120829
副经理、安全监督
……92120830
办公室……92120836
……92120831
传真……92120898

长春通信公司

经理、书记……92130203
副经理、安全监督 92130201
办公室……92130219
……92130215
……92130208
传真……92130500

大连通信公司

经理……92150639
书记……92150659
副经理、安全监督 92150386
办公室……92150939
……92150380
传真……92150386

锦州通信公司

经理……92140223
书记……92140399
副经理……92140616
安全监督……92144220
办公室……92140828
传真……92140379

秦皇岛通信公司

经理、书记
……9311－3856526
副经理、安全监督
……9311－3856532
办公室……9311－3856799
……9311－3856521
传真……9311－3856524

北京通信公司

经理……93105820
书记……93105800
办公室……93105231
传真……93105200

德州通信公司

经理、书记……93136377
副经理、安全监督 93136335
办公室……93136326
……93136257
传真……0534－2656000
……93136007

长庆通信公司

经理、书记 0951－6936755
副经理、安全监督
……0951－6936758
办公室……0951－6936753
传真……0951－6936757

北京信息项目部

公网区号：010
经理……84882918
书记、副经理……84882916
副经理、安全监督 84882919
办公室……84882928
……84882938
……82300114
……4008800114
……4006500114

运行维护公司

经理……2077636
书记……2076693
副经理……2074101
……2074101
安全监督……2074466
办公室……2075226

经营公司

经理……2176700
办公室……2072101
……2075169
传真……2073898

卫星通信公司

经理……2072285
书记……2072518
副经理……2072596
……010－69212768
办公室……010－69212194
……2072560
……2072182
……010－69212043

威通公司

经理……92183678
书记……92182185
副经理……92182277
安全监督……92182458
通信运维部经理……92183860
工程部经理……92183889
综合管理部……92182958
传真……92183380
工程部……92183665
市场部……92183999
运维部……92183277

国际事业部

经理……2074698
书记……2074001
副经理……2074085
安全监督……2075171
项目经理……2075297
项目经理……2076117
办公室……2076831

第一项目部

经理……2374355
书记……2374355
副经理……2374462
安全监督……2374462
办公室……2374462

第二项目部

经理……2374959
书记……2373446
副经理……2373220
安全监督……2373220
办公室……2373898
……2373077

第三项目部

经理……2373635
书记……2374092
副经理……2374092
安全监督……2374092
办公室……2374682
传真……2374092

第四项目部

经理…………………… 2377390
书记…………………… 2377390
副经理………………… 2377143
…………………………… 2377143
安全监督……………… 2377143
办公室………………… 2377143

第五项目部

经理…………………… 2376103
书记…………………… 2376103
安全监督……………… 2373665
办公室………………… 2374635
…………………………… 2377213
传真…………………… 2374635

外电项目部

经理…………………… 2377143
副经理………………… 2377143
…………………………… 2377143
办公室………………… 2377390

第一工程事业部

经理…………………… 2374098
书记…………………… 2374098
副经理………………… 2374098
安全监督……………… 2374098

第二工程事业部

经理…………………… 2373226
书记…………………… 2372675
副经理………………… 2374123
…………………………… 2373894
安全监督……………… 2374123
办公室………………… 2373226

第三事业部

经理、书记…………… 2373136
副经理………………… 2373136
…………………………… 2377479
安全监督……………… 2373136
办公室………………… 2377479

第四工程事业部

经理…………………… 2373020
书记…………………… 2372623
副经理………………… 2373204
…………………………… 2373603
安全监督……………… 2373603
办公室………………… 2373603

第五事业部

经理…………………… 2374146
书记…………………… 2374146
副经理………………… 2374146
安全监督……………… 2374146

第六事业部

经理…………………… 2373698
书记…………………… 2374140
副经理………………… 2374140
…………………………… 2374140
安全监督……………… 2374140

大庆事业部

经理…………………… 2377046
书记…………………… 2377046
副经理………………… 2374254
…………………………… 2374254
…………………………… 2374254
安全监督……………… 2374254
办公室………………… 2375365

新疆事业部

经理…………………… 2374327
书记…………………… 2372095
副经理………………… 2372095
………………… 0996－6787097
安全监督……………… 2372095

苏丹事业部

经理、书记…………… 2373892
副经理………………… 2373892
安全监督……………… 2373892
办公室………………… 2373575
传真…………………… 2373895

刚果电力项目部

经理…………………… 2373016
书记…………………… 2373926
常务副经理…………… 2374706
副经理………………… 2374706
…………………………… 2374706
安全监督……………… 2374706
办公室………………… 2373690
传真…………………… 2374771

利比亚电力项目部

经理…………………… 2374164
书记…………………… 2374085
副经理………………… 2374164
安全监督……………… 2374164

设计院

院长…………………… 2374885
书记…………………… 2374808
副院长、安全监督…… 2374842
设计部经理…………… 2374815
监理部经理…………… 2374825
…………………………… 2374834

债券管理中心

主任…………………… 2373176
办公室………………… 2375629
传真…………………… 2375630

物资采办公司

经理…………………… 2373606
书记…………………… 2375992
副经理、安全监督…… 2374351
办公室………………… 2373306
…………………………… 2373067

设备租赁公司

经理…………………… 2374162
书记…………………… 2374162
副经理………………… 2374063
办公室………………… 2374101
…………………………… 2375605
传真…………………… 2374162

机关车队

队长…………………… 2373241
书记…………………… 2373218
安全监督……………… 2073218
办公室………………… 2375193

机关事务中心

经理…………………… 2074655
书记…………………… 2373658
副经理………………… 2372064
副经理………………… 2073744
安全监督……………… 2074836
办公室………………… 2073744

固安物业中心

经理、书记…………… 9022032
办公室………………… 9022283
固安退管站
主任、书记 ……… 69212192
办公室………………… 9022217
传真…………………… 9022262

注：
西北通信公司区号 029
大庆通信公司区号 0459
长春通信公司区号 0431
大连通信公司区号 0411
锦州通信公司区号 0416
秦皇岛通信公司区号 0335
北京通信公司区号 010
德州通信公司区号 0534
长庆通信公司区号 0951

管道建设工程有限公司

地址：河北省廊坊市开发区华祥路 51 号
邮编：065001
公网区号：0316

总经理………………… 6070429
党委书记……………… 6070425
副总经理……………… 6070424
…………………………… 6070426
…………………………… 6070428
…………………………… 6070430
…………………………… 6070432
…………………………… 6070434
…………………………… 6070423
副总经理、安全总监 6070439
副总经理……………… 6070409
…………………………… 6070455

综合办公室

主任…………………… 6070421
副主任………………… 6070421
办公室………………… 6070401
…………………………… 6070422
…………………………… 6070418
…………………………… 6070442

财务资产部

部长…………………… 6070410
副部长………………… 6070410
办公室………………… 6070441
…………………………… 6070407

经营发展部

部长…………………… 6070408
副部长………………… 6070408
…………………………… 6070448
办公室………………… 6070457
…………………………… 6070406

工程管理部

部长…………………… 6070414
办公室………………… 6070411
…………………………… 6070427

安全环保部

部长…………………… 6070435
副部长………………… 6070433
办公室………………… 6070469

设备物资部

部长…………………… 6070454
副部长………………… 6070415
办公室………………… 6070446
…………………………… 6070403

党群工作部

部长…………………… 6070464
副部长………………… 6070466
预结算组……………… 6070474
项目核算组…………… 6070412
后勤管理组…………… 6089520
国内支持组…………… 6070427
总机…………………… 6089546
门卫…………………… 6089521
传真…………………… 6070422
四楼网络服务室……… 6070452

基层单位

第一工程处…………… 6070292
第二工程处…………… 6070471
第三工程处…………… 6070436
第四工程处…………… 6070472
第五工程处…………… 6070450
第六工程处…………… 6070293
第七工程处…………… 6070291
车辆管理处…………… 6070440
…………………………… 6089464
修理厂………………… 6089541
人力资源中心………… 6070413

防腐工程有限责任公司

地址：河北省廊坊市金光道 52－1 号
邮编：065000

公网区号：0316
专网区号：920

领导

总经理……………… 2073177
党委书记…………… 2173819
副经理……………… 2073312
…………………… 2073317
…………………… 2073666
总会计师…………… 2073309
工会主席、纪委书记 2077305
经理助理…………… 2177653
…………………… 2073151
…………………… 2073717
…………………… 2073151
……………… 0510－83272821

综合办公室

主任………………… 2177670
办公室……………… 2177654
传真………………… 2175006
秘书室……………… 2073755

人事部

办公室……………… 2175300
…………………… 2177790

财务部

部长………………… 2073727
办公室……………… 2177672

市场部

部长………………… 2073329
办公室……………… 2177795

工程技术部

部长………………… 2073151
设备管理科………… 2177671
办公室……………… 2073757

质量安全环保部

部长………………… 2073717
办公室……………… 2177793

管道物资装备总公司

地址：河北省廊坊市和平路 25 号
邮编：065000
公网区号：0316
专网区号：920

总经理……………… 2075560
党委书记…………… 2073476
常务副总经理……… 2077532
副总经理…………… 2074062
…………………… 2075376
…………………… 2075650
…………………… 2073331
…………………… 2073681
…………………… 2173967
…………………… 2075605
…………………… 2075573
…………………… 2073044
…………………… 2073827
…………………… 2073345
副总………………… 2075813
…………………… 2075562
…………………… 2073906

经理办（党办）

主任………………… 2075051
办公室……………… 2073378
文书室……………… 2074048
档案管理…………… 2073882
后勤………………… 2073897
门卫………………… 2073394
保洁………………… 2073803
复印室……………… 2073322
小车队……………… 2173470
传真………………… 2074054

党委工作部

部长………………… 2075051
档案室……………… 2073355

纪监审

主任………………… 2073369

工会

主任………………… 2074951

人力资源部

部长………………… 2075215
教育培训…………… 2075048

市场部

部长………………… 2073685
项目管理…………… 2173976
合同管理…………… 2073842

质量安全环保部

部长………………… 2073906
办公室……………… 2173977

财务部

部长………………… 2074028
副部长……………… 2073371
…………………… 2075796
费用报销…………… 2075563
材料结算…………… 2075796
财务报表…………… 2073039
核算中心…………… 2173979

经营计划部

部长………………… 2074029
计划资产…………… 2073393
法律事务…………… 2073826

信息中心

主任………………… 2173964
信息………………… 2075303
网络………………… 2075575

采购中心

主任………………… 2173971
副主任……………… 2074298
电力通信…………… 2074260
计划文控…………… 2073370
综合管理…………… 2074265
工艺配管…………… 2074266
机械制造…………… 2074210
仪器仪表…………… 2074201
线路阴保…………… 2074209
传真………………… 2073725
…………………… 2073385

材料设备公司

经理………………… 2072026
内供部……………… 2072571
…………………… 2075947
…………………… 2075276
工程部……………… 2075701
…………………… 2075775
文控部……………… 2077651
传真………………… 2073834

国际采办部

经理………………… 2075985
书记………………… 2173972
副经理……………… 2173961
财务………………… 2073395
出口部……………… 2075331
…………………… 2075340
进口部……………… 2173973
…………………… 2173987
…………………… 2173975
…………………… 2173971
经营部……………… 2075339
…………………… 2173970
…………………… 2073892
督办部……………… 2073818
综合部……………… 2173974
清关部……………… 2073850
传真………………… 2174500
…………………… 2073860

储运公司

经理………………… 2372471
书记………………… 2375464
副经理……………… 2374935
…………………… 2373764
…………………… 2372607
…………………… 2372613
…………………… 2372614
办公室……………… 2375050
财务部……………… 2373779
保管组……………… 2374926
机运组……………… 2373945
建材………………… 2375930
总值班……………… 2373835
铁路值班…………… 2373770
安全………………… 2373961
配电室……………… 2375059
西门卫……………… 2375438
南门卫……………… 2375178

廊坊中油朗威监理有限责任公司

地址：河北省廊坊市金光道 54 号
邮编：065000
公网区号：0316
专网区号：920

总经理、党委副书记 2073088
党委书记、副总经理 2073070
副总经理…………… 2073055
…………………… 2073090
…………………… 2073057
…………………… 2073061
…………………… 2073061
党委副书记………… 2073096
总经理助理………… 2073078
…………………… 2073072

副总师

副总工程师、工会副主席
…………………… 2073078
副总经济师………… 2073058
副总工程师、经委副书记
…………………… 2073072
副总会计师………… 2073104

综合办公室

主任………………… 2073558
办公室……………… 2073272
党委、工会、团委、纪检
…………………… 2073237
编辑部……………… 2073443
专家顾问…………… 2073139
传真………………… 2073296

人力资源部

部长………………… 2072166
办公室……………… 2073076
…………………… 2175531
传真………………… 2072166

市场经营部

部长………………… 2073069
办公室……………… 2073221
…………………… 2073266
传真………………… 2073266

项目管理部

部长………………… 2073569
调度长……………… 2073086
办公室……………… 2073236
…………………… 2073112
…………………… 2073063
…………………… 2073138
传真………………… 2073110

技术质量部

部长………………… 2073203
…………………… 2073213
办公室……………… 2073207
…………………… 2073109

………………………… 2073225

财务管理部

部长………………… 2073276

办公室……………… 2073150

辽宁东油建设监理有限公司

地址：辽宁省沈阳市岐山中路 39 号

邮编：110031

公网区号：024

专网区号：921

总经理 …………… 22983837

副总经理 ………… 22982514

………………………… 22982553

………………………… 22983830

总工程师 ………… 22983105

总经理助理 ……… 22982260

综合办公室 ……… 22982962

工程技术部 ……… 22983831

市场部 …………… 22983732

传真 ……………… 22982009

中油中州工程监理有限公司

地址：河北廊坊步行街第一大街南外街 A 座 056 号

邮编：065000

公网区号：0316

专网区号：920

总经理……………… 2231971

副总经理…………… 2229396

………………………… 2231791

………………………… 2231557

………………………… 2229356

副总工程师………… 2231691

综合办公室………… 2231615

传真………………… 2236199

市场经营部………… 2231591

传真………………… 2231591

工程管理部………… 2231691

财务资产部………… 2231970

检测技术有限责任公司

地址：河北省廊坊市爱民东道 166 号

邮编：065000

公网区号：0316

专网区号：920

经理………………… 2077705

书记………………… 2075416

副经理……………… 2176120

………………………… 2077324

财务总监…………… 2073288

副经理……………… 2073935

…………… 2173403 转 8601

财务副总监………… 2073712

综合办公室

主任………………… 2073068

办公室……………… 2071120

………………………… 2076120

传真………………… 2074279

人力资源部（党委组织部）

部长………………… 2073903

办公室……………… 2174910

计划财务部

部长………………… 2172319

办公室……………… 2073856

质量安全环保部

部长………………… 2073779

办公室……………… 2075579

市场部

部长………………… 2077294

办公室……………… 2072120

………………………… 2073065

传真………………… 2077274

工程部

部长………………… 2077120

团委

办公室……………… 2174910

研发中心

主任………………… 2174491

办公室……………… 2174122

设备中心

主任………………… 2179794

技术室……………… 2178461

车间………………… 2179784

数据分析中心

主任………………… 2077773

数据分析评估室…… 2077772

检测项目部

主任………………… 2177773

技术室……………… 2076444

操作室……………… 2077555

办公室……………… 2076333

………………………… 2176664

服务分公司

经理………………… 2074082

办公室……………… 2073965

司机班……………… 2072113

清管分公司

经理………………… 2059881

办公室……………… 2374016

传真………………… 2375539

车间………………… 2374665

管道科学研究院

地址：河北省廊坊市金光道 51 号

邮编：065000

公网区号：0316

专网区号：920

院长………………… 2176681

党委书记…………… 2077607

副经理……………… 2075281

党委副书记、纪委书记、工会主席……………… 2075103

总工程师…………… 2072557

副经理……………… 2177720

………………………… 2077272

副总工程师………… 6070179

………………………… 6071010

副总工程理师……… 6070685

院长助理…………… 2075094

………………………… 2073242

常务院长…………… 2074922

院综合办公室

综合办公室………… 2073211

主任………………… 2073256

传真………………… 2077700

组织纪检…………… 2077272

宣传………………… 2073256

劳资人事…………… 2074795

科研管理部

办公室……………… 2073219

主任………………… 2073242

档案………………… 2073156

图书馆……………… 2174839

财务经营部

财务办……………… 2073248

主任………………… 2073118

经营计划…………… 2073611

物业管理部

办公室……………… 2075093

主任………………… 2174130

副主任……………… 2073753

博物馆筹备办公室 2075480

维修班……………… 2075494

门卫………………… 2075503

技术推广部

办公室……………… 2075929

经理………………… 2077043

副经理……………… 2072013

传真………………… 2077043

工程材料研究所

办公室……………… 2177703

………………………… 2177705

所长………………… 2074851

传真………………… 2074851

防腐技术研究所

办公室……………… 6085043

副所长……………… 6086249

传真………………… 6085044

焊接技术研究所

办公室……………… 6087070

所长………………… 6071010

副所长……………… 6071055

车间………………… 6081262

传真………………… 6087575

施工技术研究所

办公室……………… 2073675

所长………………… 2075094

副所长……………… 2075094

传真………………… 2074551

特种机具研究所

办公室……………… 6070235

………………………… 6083469

所长………………… 6070685

副所长……………… 6070675

………………………… 6070385

车间………………… 6070237

传真………………… 6070386

门卫………………… 6087906

安全评价技术研究所

办公室……………… 2077664

所长………………… 2074820

信息标准所

信息………………… 2077042

标准………………… 2177701

中泰燃气有限责任公司

地址：珠海市香洲区红山路 288 号珠海国际科技大厦 12 层

邮编：519000

公网区号：0756

传真………………… 2628199

总经理党委书记…… 2628182

常务副总经理……… 2628003

副总经理…………… 2628518

安全总监…………… 2628588

综合部部长………… 2628122

综合部……………… 3357533

管道应急抢修中心（管道维抢修分公司）

地址：河北省廊坊市开发区四海路 18 号

邮编：065001

公网区号：0316

专网区号：920

领导

经理………………… 2077050

党委书记…………… 2173019

纪委书记…………… 2077098

副经理……………… 2174432

总会计师…………… 2175819

副经理……………… 2077295

………… 00249－912355959

………………………… 2075279

………………………… 2173519

……………… 0996－2176230

专务经理…………… 2077993

………………………… 2077619

综合办公室

副总、办公室主任 2173113

女工部主任…………2072119
团委…………2072119

人力资源部
副总、人力资源部部长
…………2175509
办公室…………2177003

经营计划部
科长…………2073919
副科长…………2176983

财务资产部
科长…………2175111
副科长…………2075519

成本控制中心
科长…………2175535

质量安全环保部
科长…………2076319

审计部
科长…………2174292

市场开发部
科长…………2074775
副科长…………2076119
…………2074775

国际工程部
副总…………2171119

研发中心
副总…………2174119
副科长…………2173119

工程技术部
科长…………2173619

设备中心
科长…………2172042

应急抢险处
科长…………2077919

封堵一处
科长…………2073119

封堵二处
科长…………2077519

罐清洗维修处
科长…………2072619

苏丹分公司
副科长…00249－911250273
…………00249－912478362

华南抢险中心
副总………0769－23116056
…………23116057
书记………0769－23116056
…………23116057
副科长……0769－23116056
…………23116057

新疆抢险中心
副科长………0996－2178761
…………0996－2178334

华东抢险中心
科长………0512－66150471

西南抢险中心
副总…………028－81508638

供应站
科长…………2175119

基建总务处
副总…………2076395
副科长…………2077319
引领台…………2175444

车队
科长…………2075257

中国石油管道西部抢险中心（西北石油管道公司）

地址：西安市未央路149号
邮编：710018
公网区号：029
经理…………87662918
书记…………87662449
副经理…………87662622
…………87662271
纪委书记、工会主席
…………87662601
总会计师…………87662260
安全总监…………87662262
副经理…………87662919

抢险中心巡视员
巡视员…………87662177
…………87662148
…………87662409
…………87662436

中心（公司）办公室
主任…………87662499
办公室…………87662124
档案馆…………87662606
文书室…………87662493
值班室传真…………86517935
…………87662575

人事劳资部（党委组织部）
部长…………87662601
人事劳资…………87662437
…………87662476
人事档案…………87662476

党群工作（企业文化）部
部长…………86512186
…………87662648
副部长…………87662462
党群工作…………87662492

财务资产部
部长…………87662337
财务资产…………87662117
…………87662176
…………87662336

经营计划部
部长…………87662276
经营计划…………87662237

生产技术（安全环保）部
部长…………87662171
生产技术…………87662356

抢险作业处
处长…………87662594
书记…………87662633
副处长…………87662594
抢险作业…………87662660

储罐清洗作业处
处长…………87662421

工程公司
经理…………87662334
书记…………87662169
副经理…………87662534
综合管理部主任…87662474
综合管理…………87662583
…………87662234

地质灾害防治公司
经理…………87662355
副经理…………87662174
综合管理部…………87662496
综合管理…………87662613
…………87662524
传真…………87662473

管道保护公司
经理…………87662273
副经理…………87662279
…………87662544
综合管理部副主任 87662387
综合管理…………87662147
传真…………87662375

华龙公司
经理…………87662607
书记…………87662254
副经理…………87662285
综合管理部主任…87662319
综合管理部…………87662461
…………87662443

西安基地建设（油龙房地产）公司
经理…………87662619
副经理…………87662137
…………87662517
总会计师…………87662134
综合管理部主任…87662609
综合管理…………87662456

物业公司
经理…………87662615
副经理…………87662572
…………87662577
综合管理部副主任 87662442
综合管理部…………87662467
…………87662441

社会保障服务中心
主任…………87662614
综合管理部副主任 87662457

管道投产运行公司

地址：河北省廊坊市开发区化辛路9号
邮编：065001
公网区号：0316
专网区号：920
经理…………6076333
书记…………6073007
副经理…………6073002
…………0349－2030349
…………6073009
副书记…………6073011
副经理…………6073005
…………6073001
…………0349－2024991
…………6073003
…………6073022
经理助理…………6073019
…………0512－58107569

副总
…………6073020
…………6073025
…………6073033
…………6073015

总经理办公室
主任…………6073012
办公室…………6073013
传真…………6075333

计划财务部
部长…………6073107
财会室…………6073021

人力资源部
部长…………6073025
副部长…………6073023
工资主管…………6073017

安全体系部
部长…………6073546

市场发展研究部
部长…………6073015

国际事务部
副部长…………6073553

审计部
副部长…………6073635

党群工作部
部长…………6073101
副部长…………6073101

后勤管理部
部长…………6073036
后勤…………6073051
车队…………6073929
门卫…………6073032

综合楼项目部

经理…………………… 6073450
办公室……………… 6073586
投产试运分公司
经理…………………… 6073002
副经理……………… 6073033
…………………… 6073033
…………………… 6073031
技术部……………… 6073026
综合部……………… 6073029
综合部商务主管…… 6073027
苏丹分公司
经理 ……… 00249183227636
油网………… 2173406－8501
传真…………………… 2173407
利比亚分公司
经理 ……… 00218477852115
……… 010－69213943－8077
传真 ……… 00218477852060
山西分公司
经理………… 0349－2030349
副经理……… 0351－5579330
……………… 0349－2025700
传真…………… 03492021078
传真…………… 0351－5579333
陕京维抢修分公司
主任………… 0349－2024991
副主任……… 0349－2024992
山西支线分公司
经理………… 0354－2456221
办公室传真
……………… 0354－2456221
江苏分公司
经理 ……… 0512－58107569
张家港驻地
…………… 0512－58107569
传真 ……… 0512－58107693
城市燃气分公司
经理…………………… 6073546
办公室……………… 6073039
管道工程维抢修分公司
经理…………………… 6073005
副经理……………… 6073608
财务室……………… 6073037
西部管道分公司
经理………… 0991－3836883
办公室……… 0991－3836883

管道施工设备中心

地址：廊坊开发区云鹏道 23 号（临时）
廊坊开发区云鹏道 33 号（在建）
邮编：065001
公网区号：0316
专网区号：920

主任…………………… 6071831
书记…………………… 6080700
副主任……………… 6071389
…………………… 6071385
…………………… 6080300
综合部
经理…………………… 6071830
…………………… 6071329
经营部
部长…………………… 6071382
部门…………………… 6071670
财务部
部长…………………… 6071376
技术部
部长…………………… 6071855
…………………… 6071371
部门…………………… 6071372
…………………… 6071373

管道机械制造有限责任公司

地址：河北省廊坊市和平路 17 号
邮编：065000
公网区号：0316
专网区号：920

经理…………………… 2373122
书记…………………… 2374928
副经理……………… 2374903
…………………… 2373617
…………………… 2375524
…………………… 2372397
…………………… 2374130
总经理助理、副总
…………………… 2373593
…………………… 2374634
…………………… 2375108
…………………… 2377343
总经理（党委）办公室
副主任……………… 2373681
传真…………………… 2374899
综合办……………… 2373657
收发室……………… 2373706
小车班……………… 2373689
接待室……………… 2375100
党群工作部
副部长……………… 2373587
办公室……………… 2374667
生产技术部
副部长……………… 2372054
…………………… 2374177
办公室……………… 2374115
资产…………………… 2374122
制造工艺室………… 2374609
晒图室……………… 2375125
安全环保部
办公室……………… 2374012
人事部
部长…………………… 2374145
办公室……………… 2375077
经营管理部
部长…………………… 2377243
办公室……………… 2374089
预算组……………… 2373097
财务资产部
部长…………………… 2373217
办公室……………… 2374139
计算机室…………… 2377497
财务专线…………… 2377692
科技部
部长…………………… 2373577
办公室……………… 2372047
审计监察部
部长…………………… 2375354
弯管管件制造研究所
办公室……………… 2375342
加热炉设计研究所
所长…………………… 2374616
办公室……………… 2373121
网络信息室………… 2373160
压力容器设计研究所
所长…………………… 2372034
办公室……………… 2374454
市场部
经理…………………… 2373903
书记…………………… 2375721
副经理……………… 2375353
…………………… 2373905
…………………… 2373633
办公室……………… 2377406
…………………… 2374690
特种设备一车间
主任…………………… 2374713
副主任……………… 2375653
调度室……………… 2374705
特种设备二车间
主任…………………… 2374721
办公室……………… 2373178
调度室……………… 2373192
管件车间
办公室……………… 2375340
弯管车间
主任…………………… 2373168
副主任……………… 2374697
调度室……………… 2373673
机加车间
主任…………………… 2373625
办公室……………… 2372024
成品车间
主任…………………… 2374036
办公室……………… 2374658
热处理……………… 2372014
工程分公司
经理…………………… 2373129
书记…………………… 2373630
副经理……………… 2373129
办公室……………… 2377405
仪表分公司
办公室……………… 2374353
撬装研究所
办公室……………… 2374353
质量检验部
部长…………………… 2373145
书记…………………… 2373184
探伤室……………… 2374097
物资采办部
经理…………………… 2373295
计划组……………… 2374201
采购组……………… 2374209
维修车间
主任…………………… 2374035
调度室……………… 2374624
二变…………………… 2373201
空压机房…………… 2373224
物业管理部
副部长……………… 2375390
西门卫……………… 2374169
驻厂监理
办公室……………… 2373935

科新化工有限责任公司

地址：河北省廊坊开发区金源东道 10 号
邮编：065001
公网区号：0316

总经理……………… 5919768
副总经理…………… 5919757
…………………… 5919770
总工程师…………… 5919751
总会计师…………… 5919760
传真…………………… 5919779
综合管理部………… 5919778
人事劳资…………… 5919758
保卫…………………… 5919766
技术质量部………… 5919752
经营部……………… 5919770
HSE 部 ……………… 5919756
生产部……………… 5919765
门卫…………………… 5919750

管道工程质量监督站

地址：河北省廊坊市解放道 124 号
邮编：065000
公网区号：0316

专网区号：920
站长……2077567
副站长……2074603
总工程师……2075466
办公室主任……2075672
综合办公室……2074781
传真……2074781

环境中心站
站长……2373517
书记……2375805

管道特种汽车运输有限公司

地址：河北省廊坊市和平路25号
邮编：065000
公网区号：0316
专网区号：920
总经理……2373616
传真……2375262
党委书记……2375345
副总经理……2377302
……2377937
……2376092
……2373592
……2373506
……2375280
总会计师……2374026

经理办公室
主任……2374160
办公室……2374168
……2375762
传真……2375762

组织人事部
副部长……2377015
办公室……2377954

生产调度中心
主任……2374372
办公室……2372288
调度传真……2374374

规划计划部
部长……2373280
办公室……2374341

财务资产部
部长……2372517
办公室……2374136

市场开发部
部长……2374371

安全环保部
部长……2374021
办公室……2374317

质量设备部
副部长……2375294
办公室……2374608

国内支持办
副主任……2374479
办公室……2374045

党群工作部
部长……2375056
办公室……2376332

基建管理办公室
主任……2377301

客运一大队
调度室……2174711

客运二大队
调度室……2174712

客运三大队
队长……2174561
办公室……2077934
调度室……2177609

客运四大队
调度室……2374325
办公室……2377427

特运一大队
调度室……2374722

特运二大队
办公室……2375719
……2375711

特运三大队
办公室……2374581

特运四大队
办公室……2374412
……2374350

修配中心

压缩机技术服务分公司
办公室……2376688
……2373700

阿联酋项目部
经理……00249154923093
传真……00249183227639
油网传真……2173407

中亚项目部
办公室……2074936
……2173391
经理……0073282589628

利比亚项目部
办公室……00218213618881
传真……00218213618884
油网……9023942 转 8037
经理……00218912200977

西二线东段项目部
经理……0371－67989686
办公室……2377945
……2372080

其他
机关门卫……2375674
大门门卫……2374083
厂区门卫……2374186

管道局矿区事业部

地址：河北省廊坊市金光道52－1号
邮编：065000
公网区号：0316
专网区号：920
主任……2075971
传真……2078311
书记……2076997
传真……2073592
常务副主任……2078328
传真……2078930
副主任……2077708
……2074877
副书记、纪委书记、工会主席
……2074707
副主任……2179658
总会计师……2072887

综合办公室（人事劳资部）
主任……2077718
人事部经理……2075091
文秘事务科……2075081
……2078920
传真……2074499
小车班……2073089
人力资源科……2075091
传真……2075703

财务计划部
经理……2077796
成本科……2072659
计划科……2072262
传真……2072641
资金科……2072202
传真……2072649
报销室……2078917

党群工作部
部长……2078971
……2078819
党建纪检科……2075179
传真……2075179
矿区文化科……2077839
传真……2173668
信访办……2075585
残联……2074555
体协……2077654
文联……2074429

矿区管理部（安全环保部）
经理……2078877
企业管理部部长……2078951
物业管理科……2078951
……2075248
安全环保科……2078913
矿区建设科……2078953

社保中心
主任……2078677
副主任……2078661
保险一科……2174057
……2174017
……2078663
传真……2174055
保险二科……2174056
……2174013
传真……2078662
财务科……2077278
……2077797

医保中心
主任……2077749
副主任……2072407
……2078736
综合科……2075814
……2072408
传真……2077804
财务科……2072505
……2077794
……2072501
……2072597
医疗保险科……2077764
……2072772
……2072502
……2072590

公积金管理中心
主任……2074728
公积金管理科……2074911
……2077036
公有房管理科……2077224
……2074180
……2074341
……2074976

大厦服务中心
主任……2171065
物业部……2171958
餐饮部……2171685

管道物业总公司

地址：河北省廊坊市清河街10号
邮编：065000
公网区号：0316
专网区号：920
总经理……2074877
党委书记……2075500
副总经理……2073120
……2072228
……2074759
……2075910
……2073343
工会主席……2075133
专务经理……2075990

办公室
主任……2074736
办公室……2075732
……2075499
……2075614

档案室……………… 2074859
小车队……………… 2075283
队长………………… 2075191
人事科
科长………………… 2077048
办公室……………… 2075809
………………………… 2073448
………………………… 2075717
劳动力管理中心…… 2075860
………………………… 2074875
生产科
科长………………… 2173757
办公室……………… 2075349
………………………… 2074228
调度室……………… 2075957
技术科
科长………………… 2075092
办公室……………… 2074158
安全保卫科
科长………………… 2074769
办公室……………… 2074739
审计科
办公室……………… 2175291
财务资产科
科长………………… 2073704
办公室……………… 2073518
报销………………… 2074768
机房………………… 2075054
资产………………… 2074857
经营计划科
科长………………… 2075780
办公室……………… 2074752
………………………… 2075076
再就业管理中心
主任………………… 2075217
办公室……………… 2073565
………………………… 2077221
档案室……………… 7662806
物业管理科
科长………………… 2174223
办公室……………… 2077242
………………………… 2074784
群众工作部
部长………………… 2075866
办公室……………… 2075316
………………………… 2074777
政策研究室
办公室……………… 2074996
热力一处
处长………………… 2074839
调度室……………… 2074831
技术组……………… 2074848
材料组……………… 2077424
炉前………………… 2074847
热力二处
处长………………… 2373200
调度室……………… 2373216
炉前………………… 2373208
八区加压泵房……… 2373432
财务室……………… 2377442
热力三处
办公室……………… 2174975
调度室……………… 2174303
九区配热站………… 2172432
炉前………………… 2174401
水电处
处长………………… 2074876
办公室……………… 2174011
………………………… 2073232
调度室……………… 2174670
一变 ……………… 2074816
三变………………… 2075997
四变………………… 2077086
五变………………… 2075542
六变………………… 2077674
七变………………… 2075700
八变………………… 2073440
九变………………… 2179421
运通变电所………… 2374720
机厂变电所………… 2373240
中心泵房…………… 2075250
六泵………………… 2077416
七泵………………… 2375801
八泵………………… 2073417
九泵………………… 2172401
运通泵房…………… 2373354
机厂泵房…………… 2373318
水维修……………… 2172184
物业一处
办公室……………… 2075462
………………………… 2074415
………………………… 2075850
调度室……………… 2075812
财务室……………… 2074804
技术室……………… 2074330
收费班……………… 2074800
北维修班…………… 2074880
南维修班…………… 2074084
外网班……………… 2074801
电工维修班………… 2074803
一区西门卫………… 2174003
一区东门卫 ……… 2073051
二区门卫…………… 2174001
三区北门卫………… 2073040
三区南门…………… 2073262
三区西门…………… 2073387
三区 1－6 号门卫 … 2073387
四区北门卫………… 2073679
四区南门卫………… 2073671
四区东门卫………… 2073447
四区西门卫………… 2073489
五区一号楼门卫…… 2073962
五区九号楼门卫…… 2074645
五区大院门卫……… 2174005
公司门卫…………… 2075725
物业二处
处长………………… 2075096
办公室……………… 2075497
………………………… 2174006
调度室……………… 2174039
新六区门卫………… 2174007
新六区维修班……… 2074081
六区维修班………… 2074641
六区东门…………… 2073791
六区西门…………… 2074037
七区维修班………… 2073820
七区门卫…………… 2174004
运输管理站………… 2373712
运输西门…………… 2374083
运输北门…………… 2374626
职教小区管理站…… 2070247
职教小区南门……… 2070392
职教小区北门……… 2070471
永鸿小区办公室…… 2070481
永鸿小区收费室…… 2070356
永鸿小区门卫……… 2070392
康宁物业处
处长………………… 2172866
办公室……………… 2172577
………………………… 2172412
………………………… 2172415
调度室……………… 2172400
收费班……………… 2172409
八站………………… 2172421
九站………………… 2172413
………………………… 2172414
八区门卫…………… 2174008
八区四类门卫……… 2174990
九区西门…………… 2172013
………………………… 2172014
九区南门…………… 2073231
九区东门卫………… 2172100
电梯外用…………… 2172410
………………………… 2172411
经警值班室………… 2172428
………………………… 2172429
经警分队…………… 2172004
派出所……………… 2172425
交管站……………… 2179911
华苑物业处
办公室……………… 2079017
………………………… 2111554
………………………… 2079026
………………………… 2079245
小区物业站………… 2079014
变电站……………… 2079024
供水站……………… 2079010
供暖站……………… 2079005
炉前………………… 2079004
收费班……………… 2079047
南门卫……………… 2079417
地下车库…………… 2079264
客服中心…………… 2079240
运通物业处
办公室……………… 2374018
………………………… 2374019
………………………… 2374023
客服中心…………… 2374400
收费室……………… 2374013
东门卫……………… 2374010
监控室……………… 2374014
企业服务处
办公室……………… 6089192
调度室……………… 6072507
财务室……………… 6087137
配电室……………… 6089952
物资供应站
办公室……………… 2075885
………………………… 2075660
煤场………………… 2374872
绿化环卫站
办公室……………… 2075099
………………………… 2075609
第一幼儿园
园长………………… 2075706
财务………………… 2075769
门卫………………… 2075574
第二幼儿园
园长………………… 2073585
教育办……………… 2073797
财务………………… 2074866
门卫………………… 2074208
第三幼儿园
园长………………… 2077031
办公室……………… 2073425
………………………… 2075903
教研室……………… 2172647
财务室……………… 2075903
第四幼儿园筹备组
办公室……………… 2076015
经警大队
办公室……………… 2176570
………………………… 2176401
管道物业管理有限公司
财务室……………… 2075147
管理部……………… 2074868

综合物业管理部
部长…………………… 2073759
综合…………………… 2173618
物业大楼门卫……… 2073293
一公司客房部……… 2073940
CPPE 管理部
部长…………………… 2073863
门卫…………………… 2174010
国际花园项目部
经理…………………… 2179823
办公室………………… 2178416
前台客服中心……… 2178859
财务室………………… 2179621
员工公寓管理部
经理…………………… 2071296
质检…………………… 2071232
财务室………………… 2071297
华苑物业管理部
办公室………………… 2079245
永鸿小区物业管理部
站长…………………… 2070481
办公室………………… 2070368
管道青年公寓
部长…………………… 2076688
书记…………………… 2075752
办公室………………… 2073639
总台…………………… 2073750
客房部………………… 2074434
财务室………………… 2073995
食堂…………………… 2074942
机关单身楼………… 2075617
门卫…………………… 2074719
……………………… 2074434
……………………… 2134922
俱乐部
办公室………………… 2174288
……………………… 2075041
售票室………………… 2075123
门卫…………………… 2074554
主任…………………… 2074166
工程公司
办公室………………… 6872555
供应科………………… 2075786
生产安全科………… 6899237
计划科………………… 6899236
技术科………………… 2075757
门卫…………………… 6899239
经理办………………… 2074817
电安工程分公司
办公室………………… 2075269

管道新闻中心

地址：河北省廊坊市金光道 49 号
邮编：065000
公网区号：0316
专网区号：920
主任、党委副书记 2176108
党委书记……………… 2176806
副主任………………… 2177360
工会主席……………… 2176136
副主任………………… 2177378
中心总编……………… 2177320
报纸总编……………… 2177350
电视总编……………… 2176819
原蓝色周末总编…… 2177362
助理…………………… 2176830
副总…………………… 2176821
综合办公室（党委组织部）
主任…………………… 2176830
副主任………………… 2176832
……………………… 2176833
办公室………………… 2176833
……………………… 2176839
传真…………………… 2176845
司机班………………… 2176834
门卫…………………… 2176834
财务计划部
部长…………………… 2177302
办公室………………… 2177303
总编室
主任…………………… 2177350
副主任………………… 2177352
新闻热线……………… 2177345
新闻研究室（协会）
主任…………………… 2177362
办公室………………… 2177363
媒体资料管理部
部长…………………… 2177381
副部长………………… 2177384
报纸编辑部
主任…………………… 2177325
办公室………………… 2177357
……………………… 2177326
报纸副刊、广告部
主任…………………… 2176140
副主任………………… 2176142
报纸记者部
主任…………………… 2177341
副主任………………… 2177342
摄影部
主任…………………… 2177372
电视编辑部
主任…………………… 2176821
副主任………………… 2177390
……………………… 2177391
电视热线……………… 2177353
电视编采一部
主任…………………… 2177395
电视编采二部
主任…………………… 2177397
油气管道网编辑部
总编…………………… 2177315
网站…………………… 2177317
工程技术部
主任…………………… 2074284
副主任………………… 2075938
前端机房……………… 2075937
技术网络……………… 2075938
天线班………………… 2075937
《中国石油报》记者站
副站长………………… 2176127
《中国石油画报》记者站
站长…………………… 2074075
办公室………………… 2075033

管道离退休职工管理处

地址：河北省廊坊市管道局九区
邮编：065000
公网区号：0316
专网区号：920
处长…………………… 2179658
党委书记……………… 2075310
副处长、副书记…… 2075862
副处长………………… 2075185
……………………… 2073875
综合办公室
办公室………………… 2172540
……………………… 2172049
……………………… 2074799
……………………… 2172597
小车队
值班室………………… 2073998
劳资财务科
办公室………………… 2172807
……………………… 2179731
……………………… 2172854
党群工作部（组织部）
办公室………………… 2172835
……………………… 2178224
政研会………………… 2172419
管理科（九站）
办公室………………… 2172873
……………………… 2172149
老年保健科
办公室………………… 2172750
……………………… 2172814
第一管理服务站
办公室………………… 2172770
第二管理服务站
办公室………………… 2075443
第三管理服务站
办公室………………… 2074409
第四管理服务站
办公室………………… 2174141
第五管理服务站
办公室………………… 2074797
第六管理服务站
办公室………………… 2172771
第七管理服务站
办公室………………… 2172772
第八管理服务站
办公室………………… 2172773
廊坊基地有偿解除劳动合同人员退休管理站
办公室………………… 2073621
老年大学
办公室………………… 2172097
……………………… 2372657

管道局房地产开发有限公司

地址：河北省廊坊市和平路 23 号
邮编：065000
公网区号：0316
专网区号：920
经理…………………… 2377901
党委书记……………… 2377912
副经理………………… 2373701
……………………… 2377917
……………………… 2377907
财务总监……………… 2377908
办公室
主任…………………… 2377906
办公室………………… 2377905
传真…………………… 2377905
经营部
部长…………………… 2373705
工程部
部长…………………… 2377902
工程部………………… 2373707
安全环保部
部长…………………… 2373702
客户服务中心
主任…………………… 2372345
国际花园销售中心
办公室………………… 2173355
……………………… 2173356
……………………… 2173358
运通家园项目部
经理…………………… 2373701
副经理………………… 2373703
……………………… 2373703
项目办………………… 2373704
财务…………………… 2373708
工程…………………… 2373707

管道矿区沈阳服务中心

地址：辽宁省沈阳市皇姑区岐山中路 39 号

邮编：110031
公网区号：024 + 229
专网区号：921
主任……………………… 82890
党委书记………………… 82391
常务副主任……………… 83848
副主任…………………… 83668
……………………………… 82345
高级顾问………………… 83850
专务领导………………… 82756
副总……………………… 82987
……………………………… 83875

办公室（党委办公室）
主任……………………… 82045
副主任…………………… 82208
文秘……………………… 82527
……………………………… 82064
信访……………………… 82207
机关事务………………… 82225

人事部（党委组织部）
主任……………………… 82073
副主任…………………… 83912
劳动人事………………… 82272
干部、组织……………… 82031
薪酬……………………… 82869
技术干部管理…………… 82307
教育培训………………… 82380

财务资产部
主任……………………… 83875
副主任…………………… 82170
预算成本………………… 82348
……………………………… 82144
资金纳税………………… 82763
会计核算………………… 82243
……………………………… 82260
出纳……………………… 83825
会计总账………………… 82761
资产计划………………… 82387
结算中心………………… 83827

计划经营部
部长……………………… 82574
副部长…………………… 83865
矿区管理………………… 82406
关联交易………………… 82470
审计……………………… 82742

安全环保部（公安处）
部长……………………… 82987
副部长…………………… 82283
安全环保………………… 83448
公安保卫………………… 82232
综合治理………………… 82033
值班……………………… 82034

党群工作部
（纪委审记监察部）
部长……………………… 82468
副部长…………………… 82810
工会管理………………… 82734
团委工会………………… 82063
纪检监察………………… 82363

昆山物业公司
办公室…………………… 82012

白山物业公司
综合部…………………… 89801

长江物业公司
办公室…………………… 83410

泰山物业公司
办公室…………………… 83284

离退休职工管理中心
办公室…………………… 83784

社会保险中心
综合事务………………… 83756

管道事务服务中心
综合办…………………… 83823
……………………………… 83821
……………………………… 82036

沈阳输油气管理处
综合办…………………… 83331

金龙房屋开发有限公司
办公室…………………… 82608

大连办事处
办公室 …… 0411－82892810

管道矿区铁岭服务中心

地址：辽宁省铁岭市岭东街 108 号
邮编：112000
公网区号：0410 + 284 + 后四位
专网区号：921
主任、党委副书记…… 75306
党委书记、纪委书记、副主任
……………………………… 76463
工会主席、副主任…… 75253
副主任…………………… 75476
……………………………… 75248
专务主任………………… 75650

办公室（党办）
主任……………………… 75454

财务部
部长……………………… 75274

人事劳资部
部长……………………… 76384

输油气培训站
站长……………………… 76453

生产计划部
部长……………………… 75414
副部长…………………… 75275

安全保卫部
部长……………………… 75302

维修队
队长……………………… 76301

物业管理处
处长……………………… 76441
书记……………………… 76442

物业一站
站长……………………… 75955

物业二站
站长……………………… 75429

离退管理处
处长……………………… 76454
书记……………………… 75231

离退管理一站
站长……………………… 75505

离退管理二站
站长……………………… 75219

离退管理三站
站长……………………… 75784

离退管理四站
站长……………………… 76635

维护稳定工作办公室
主任……………………… 75532

车队
队长……………………… 76457
书记……………………… 75305
副队长…………………… 76450

职工医院
院长……………………… 75781

房屋开发协调办公室
部长……………………… 75210
……………………………… 75209

仓储管理站
站长……………………… 75395
书记……………………… 75487

管道矿区西安服务站

地址：西安市未央路 149 号
邮编：710018
公网区号：029
传真 ……………… 86517935
站长 ……………… 87662449
副站长 …………… 87662271
……………………… 87662615

办公室（党委办公室）
主任 ……………… 87662499
办公室 …………… 87662124
文书 ……………… 87662493
档案室 …………… 87662606
值班室传真 ……… 86517935
……………………… 87662575

人事劳资部（党委组织部）
部长 ……………… 87662601
人事劳资部 ……… 87662437
……………………… 87662476

党群工作部（企业文化部）
部长 ……………… 87662648
副部长 …………… 87662462
党群工作部 ……… 87662492

财务资产部
部长 ……………… 87662337
财务资产部 ……… 87662117
……………………… 87662176
……………………… 87662336

经营计划部
部长 ……………… 87662276
经营计划 ………… 87662237

生产技术（质量安全环保）部
部长 ……………… 87662171
生产技术 ………… 87662356

物业公司
部长 ……………… 87662615
副部长 …………… 87662572
……………………… 87662577
综合管理部副主任 87662442
综合管理 ………… 87662467
……………………… 87662441
收发室 …………… 87662391
多功能厅 ………… 87662140
经营管理部主任 … 87662430
经营管理 ………… 87662141
收费室 …………… 87662364
……………………… 87662495
公用设施服务站站长
……………………… 87662426
公用设施服务 …… 87662459
维修班 …………… 87662400
开关站 …………… 87662424
水泵房 …………… 87662453
空调机房 ………… 87662214
绿化环卫队队长 … 87662277
治安联防队队长 … 87662478
治安联防 ………… 87662621
综合楼值勤 ……… 87662391
报警服务台……………… 110
……………………… 87662222
西门卫 …………… 87662143
东门卫 …………… 87662243

社会保障服务中心
主任 ……………… 87662614
综合管理部副主任 87662457
医务室 …………… 87662120
离退休服务站长 … 87662649
离退休服务 ……… 87662162
门卫 ……………… 87662155
医务室 …………… 87662120
药房 ……………… 87662255
输液室 …………… 87662657

沟帮子矿区管理中心

地址：辽宁省盘锦市双台子区石油街管道一公司
邮编：124103

公网区号：0427
专网区号：9315
主任…………………… 5977305
廊坊………… 0316－2173070
党委书记……………… 5977583
副主任………………… 5977439

综合办公室
综合部………………… 5978444
财务资产部…………… 5977584
安全环保……………… 5977957

动力管理处
领导办………………… 5977411
处办…………………… 5977454
锅炉班………………… 5977397
变电所………………… 5977512

房产维修处
领导…………………… 5977252
污水泵房……………… 5977259

房产管理所
领导…………………… 5977553
房产…………………… 5977557

生活管理处
领导…………………… 5977546

街道办事处
领导…………………… 5976024
社区…………………… 5976004

社会保险所
办公室……… 0316－2077096

治安管理处
领导…………………… 5977216
治安内勤……………… 5977215
公安值班……………… 5977110
消防…………………… 5977119
东门…………………… 5977253
西门…………………… 5977744
北门…………………… 5977257

离退休管理站
办公室……… 0316－2373465

招待所
总服务台……………… 5977246

常用电话
查号台…………………… 114
障碍台…………………… 112
电话维修……………… 5977207
水电暖维修…………… 5978444
盗警……………………… 110
火警……………………… 119

管道矿区徐州管理中心

地址：江苏省徐州市翟山管道二公司
邮编：221008
公网区号：0516
专网区号：9316

服务电话
水电暖综合维修 … 83622424
通信电视故障申告 83622200
南一区物管员 …… 83624041
南二区物管员 …… 83624042
北一区物管员 …… 83624043
北二区物管员 …… 83624044
管道花园一区物管员
……………………… 83624045
管道花园二区、三区物管员
……………………… 83624022

中心机关
主任 ………………… 83622310
书记 ………………… 83622235
常务副主任 ……… 83622338
副主任 ……………… 83624018
副书记、工会主席 83624038
政工 ………………… 83624038
劳资 ………………… 83623004
生产技术部部长 … 83624668
生产技术 ………… 83622791
财务计划部部长 … 83622077
财务计划 ………… 83624666
传真 ………………… 83624667
武装保卫部部长 … 83622332
副部长 ……………… 83622320
治安武装、户籍、内勤室
……………………… 83622335

物业管理处
主任 ………………… 83622337
副主任 ……………… 83622211
电力运行室 ……… 83622212
自来水加压运行室 83622319
锅炉运行室 ……… 83622507
水电暖综合维修站 83622290
水电暖收费室 …… 83622524
青年公寓室 ……… 83622412
单身公寓室 ……… 83622554
职工食堂 ………… 83622208

社区管理处
主任 ………………… 83622338
副主任 ……………… 83622339
综合办公室 ……… 83622378
清扫队 ……………… 83622378
绿化队 ……………… 83622248
文化广场管理室 … 83624020
社区文化活动站一楼83622483
社区文化活动站四楼83622553
图书室 ……………… 83622297

基建房管处
主任 ………………… 83622318
基建管理室 ……… 83622276
房产管理室 ……… 83622360

通信电视管理处
主任 ………………… 83622201
通信电视收费室 … 83622225
维修班 ……………… 83622495

离退休管理处
主任、书记 ……… 83622307
副主任 ……………… 83622307
管理干事 ………… 83624680
综合服务 ………… 83622296
南二区活动室 …… 83622534

治安警卫队
队长 ………………… 83622320
综合办公室 ……… 83624057
……………………… 83624058
巡逻、值班、监控室
……………………… 83622336
社区警务室 ……… 83622414
南一区一号门卫 … 83623447
南一区二号门卫 … 83623743
南一区三号门卫 … 83623737
南一区四号门卫 … 83623740
南二区门卫 ……… 83623734
北一区一号门卫 … 83623745
北一区二号门卫 … 83623744
北二区门卫 ……… 83623749
管道花园一区门卫 83624191
管道花园二区门卫 83624092
管道花园三区门卫 83624091
矿区管理中心机关门卫
……………………… 83624011

居民管理委员会
主任 ………………… 83624988
居民管理 ………… 83622478
社区劳动保障 …… 83887905
社区职工管理 …… 83622777

铜山基地
副主任 ……………… 83645111
办公室 ……………… 83645115
商务中心 ………… 83645222
水暖运行室 ……… 83645119
一号门卫 ………… 83645110
二号门卫 ………… 83645113
综合楼门卫 ……… 83645112
质检楼门卫 ……… 83645109

职工医院
院长 ………………… 83622285
副院长 ……………… 83624053
财务室 ……………… 83624688
综合管理办公室 … 83624859
医生值班室 ……… 83622286
护士值班室 ……… 83622558
医院挂号室 ……… 83622854
防保科 ……………… 83622489

管道矿区中牟服务中心

地址：河南省郑州市中牟县建设北路6号
邮编：451450
公网区号：0371
专网区号：9317
传真 ……………… 62150050
主任 ……………… 62150218
党委书记 ………… 62152360
……………………… 62151344
……………………… 62152979
……………………… 62152292
……………………… 62150378
工会主席 ………… 62150350

综合办公室
副主任 …………… 62152563
……………………… 62152577
办公室 …………… 62151441
质量、核算 ……… 62150050

财务计划部
副部长 …………… 62151443
出纳 ……………… 62151521

矿区管理部
部长 ……………… 62150256
办公室 …………… 62151704
安全 ……………… 62151334

党群工作部
副部长 …………… 62152766

基建管理科
科长 ……………… 62150430
办公室 …………… 62150447

房产管理科
科长 ……………… 62152292
办公室 …………… 62152710

保卫处（武装部）
处长 ……………… 62152231
副处长 …………… 62152305
办公室 …………… 62152318
武装部 …………… 62152305
户籍 ……………… 62152248
东院警亭 ………… 62152404
西院警亭 ………… 62152554
派出所长 ………… 62152724
治安办 …………… 62152332
机关门卫 ………… 62151424
生产区门卫 ……… 62152462
东院门卫 ………… 62150024
西院门卫 ………… 62150474
西院南门 ………… 62150194
焊条厂门卫 ……… 62150254

物业管理公司
经理 ……………… 62152593
书记 ……………… 62152288
副经理 …………… 62152757
……………………… 62150344
办公室 …………… 62152295
劳资 ……………… 62152295

计划预算 ………… 62152378
安全技术 ………… 62151247
单身楼 ………… 62152234
电工房 ………… 62152394
管工班 ………… 62151457
发电房 ………… 62152347
锅炉房 ………… 62152337
北电工房 ………… 62151244
环卫班 ………… 62152497
塑钢门窗班 ……… 62159661
收费大厅 ………… 62151077

幼儿园

副园长 ………… 62152364
门卫 ………… 62151347

离退休职工管理处

处长 ………… 62152270
书记 ………… 62152634
副处长 ………… 62152327
………… 62152327
劳资室 ………… 62151047
收发室 ………… 62152643
值班室 ………… 62152674

通信管理处

处长 ………… 62152303
副处长 ………… 62152707
财务室 ………… 62152704
线务班 ………… 62152708
………… 62152706
程控室 ………… 62151333
传真室 ………… 62152727
查号台 ………… 62150114

职工医院

院长 ………… 62152401
书记 ………… 62152336
门诊 ………… 62152222
内科病房 ………… 62152322
外科病房 ………… 62152490
传染病房 ………… 62152392
西药房 ………… 62152514
CT 室 ………… 62151745

居委会

主任 ………… 62152450
副主任 ………… 62152245
党员活动室 ……… 62151445
计生办 ………… 62152214

再就业中心

副主任 ………… 62150147
办公室 ………… 62152247

职工公寓管理处

所长 ………… 62152978
办公室 ………… 62151354
核算 ………… 62150245
餐厅 ………… 62151714
登记室 ………… 62152328

24 小时值班室 …… 62152375

总医院（卫生处）（中油集团职业卫生技术服务中心）（廊坊市医疗保险管道社区管理中心）

地址：河北省廊坊市新开路 51 号
邮编：065000
公网区号：0316
专网区号：920

院长 ………… 2077261
党委书记 ………… 2076962
副院长 ………… 2077704
………… 2077348
………… 2077167
………… 2075118
………… 2075089
纪委书记、党委副书记
………… 2072035
副院长 ………… 2075715
党群工作处处长 …… 2073632
院长助理 ………… 2073884
………… 2075242
………… 2077864
………… 2072181
高级顾问 ………… 2077600

要害部门

总值班 ………… 2075900
………… 2077847
急诊科 ………… 2075939
207、217 局电话可拨 120
保卫值班 ………… 6895844
治安值班、监控室 …… 2077346

院办（党办）

院办 ………… 2075450
党办 ………… 2075452
传真 ………… 2175611
行政管理科 ………… 2072191
文秘科 ………… 2072193
门诊六楼会议室 …… 2073870
收发室 ………… 2077111
审计科 ………… 2077247
………… 2074873
保卫科 ………… 2073754
………… 2075176
………… 2075345
………… 2075347
科长 ………… 2077813
保障旅卫生营队部
………… 2074854

人事劳资处

处长 ………… 2072021
………… 2075756

人力资源部

主任 ………… 2075239
………… 2075080

医务处

处长 ………… 2075457
医政科 ………… 2075667
质控办 ………… 2073864
门诊部 ………… 2075372
门诊挂号室 ………… 2075751
门诊服务台 ………… 2074269
护理部 ………… 2075274
护理部教研室 ……… 2077864
接诊服务室 ………… 2075106
洗衣房 ………… 2075114
物价科（医保办） 2077834
………… 2072017
医院感染控制办 …… 2077472
预防保健科 ………… 2073178

专家咨询委员会

办公室 ………… 2073142

科教处

处长 ………… 2077746
………… 2077487
培训科 ………… 2073776
教务科 ………… 2075743
学生科 ………… 2072250
学生公寓 ………… 2077030

经营财务处

处长 ………… 2075896
经营科 ………… 2073775
计划一科 ………… 2073097
计划二科 ………… 2077744
财务科 ………… 2075899
………… 2075187
招标办 ………… 2077684

党群工作处

处长 ………… 2073632
宣传部 ………… 2073446
摄影室 ………… 2077113
纪委（监察） ……… 2075782
团委 ………… 2073768
工会 ………… 2075785
………… 2073760
机关党总支 ………… 2077740
内科系党总支 ……… 2078650
医技党总支 ………… 2072403

政策理论与管理研究会

办公室 ………… 2075851
………… 2077202
………… 2077269
………… 2075383

事业发展部

处长 ………… 2077845
………… 2077259

保健办公室

办公室 ………… 2072418
………… 2073932
………… 2075306
驻京办事处 … 010-62385925

门诊科室

门诊部保健门诊 …… 2075201
心内科 ………… 2074317
神经科 ………… 2073769
呼吸内科 ………… 2075838
风湿免疫组 ………… 2074694
消化内科 ………… 2078837
内分泌 ………… 2077394
血液肾内科 ………… 2073931
感染科、发热门诊 2075724
………… 2073014
外科 ………… 2075946
骨科 ………… 2077419
泌尿科 ………… 2077438
整形科 ………… 2077441
门诊手术室 ………… 2077427
妇产科 ………… 2075967
妇科门诊手术室 …… 2077504
儿科 ………… 2075955
耳鼻喉科 ………… 2075546
口腔科 ………… 2073832
口腔科烤瓷室 ……… 2077417
眼科 ………… 2073840
皮肤科 ………… 2073848
中医科 ………… 2073777
针灸科 ………… 2074675
体检科 ………… 2077112
………… 2073583
换药室 ………… 2077420
注射室 ………… 2077501
供应室 ………… 2077425
接诊室 ………… 2075731

病区

大内科主任 ………… 2072178
心内科 ………… 2077499
心内科医办室 ……… 2077493
CCU ………… 2077714
………… 2077731
风湿免疫组 ………… 2075293
神经内科 ………… 2077534
神经内科医办室 …… 2077734
呼吸内科 ………… 2077345
呼吸内科医办室 …… 2077814
消化内科 ………… 2077347
内分泌科 ………… 2075418
内分泌科医办室 …… 2077494
血液肾内科 ………… 2077574
感染科 ………… 2075460
感染科医办室 ……… 2078835
大外科主任 ………… 2072181

普外科…………………… 2077641
普外科医办室……… 2077844
骨科…………………… 2077643
骨科医办室………… 2077174
神经外科……………… 2077604
胸外科………………… 2077646
胸外科医办室……… 2077291
心外科、皮肤科、血净中心
………………………… 2077542
心外科………………… 2073222
泌尿外科……………… 2077554
泌尿外科医办室…… 2078836
肿瘤科………………… 2075456
………………………… 2075287
肿瘤科医办室……… 2077074
热疗室………………… 2074051
………………………… 2074052
整形手外科…………… 2075737
烧伤科………………… 2077649
麻醉科医办室……… 2077413
手术室………………… 2077421
妇产科………………… 2077549
妇产科医办室……… 2077642
产房…………………… 2077547
儿科…………………… 2073785
儿科医办室………… 2077748
五官科………………… 2075362
五官科医办室……… 2078834
介入科………………… 2077514
介入导管室………… 2077433
ICU ………………… 2077841
………………………… 2073879
血液净化科………… 2074255

保健中心

门诊…………………… 2073778
导诊台………………… 2073886
………………………… 2072199
主任办………………… 2073884
………………………… 2077849
一病区………………… 2072440
一病区医办室……… 2072445
二病区………………… 2072441
二病区医办室……… 2072446
耳鼻喉诊室………… 2072419
眼科诊室……………… 2072423
化验室………………… 2072424
口腔科诊室………… 2072431
妇科诊室……………… 2072436
B超 ………………… 2072433
X光 ………………… 2072434
药房…………………… 2072442
VIP ………………… 2072450
………………………… 2072453
治安值班室………… 2072447
保健中心电梯……… 2077194
………………………… 2077127

医技部门

检验办公室、细菌室 2077436
门诊检验……………… 2075827
临检室、生化室、免疫室
………………………… 2073763
血库…………………… 2075536
放射科………………… 2075845
………………………… 2074520
阅片室………………… 2074523
CT室 ………………… 2075261
MR扫描室 ………… 2077490
MR诊断室 ………… 2077489
核医学二楼………… 2077491
核医学三楼………… 2077492
PET－CT主任办 … 2077026
PET－CT医办室 … 2077025
B超室 ……………… 2074261
心脏彩超室………… 2074782
放疗科………………… 2073454
………………………… 2077840
病理科………………… 2075550
理疗科………………… 2075977
高压氧舱室………… 2075823
心电图………………… 2073808
动态心电图………… 2075502
脑电图室……………… 2074748
胃镜室………………… 2077694
营养科………………… 2077473
药品供应科………… 2073800
西药房………………… 2073816
中药房………………… 2073928
病区药房……………… 2073824
………………………… 2074744
感染科药房………… 2077033
急诊药房……………… 2077952
药材采购……………… 2073878
临床药学……………… 2074878
制剂楼办……………… 2077456
制剂楼值班室……… 2077455
药材党总支………… 2077846

医疗辅助部门

住院部………………… 2073872
………………………… 2075325
住院部结算室……… 2077754
门诊收费处………… 2073880
急诊收费处………… 2077650
信息中心主任办…… 2073784
计算机室报修……… 2073786
………………………… 2077034
资料室………………… 2074841
病案室………………… 2073885
档案室、统计室…… 2074897
车队办………………… 2073503
救护车值班室……… 2075625
职业卫生技术服务中心
办公室………………… 2077824
………………………… 2075715
综合部………………… 2073952
Q、HSE部（质控办）
………………………… 2074733
职业卫生与评价部…… 2074056
………………………… 2077784
职业卫生咨询与培训部
………………………… 2075221
中心实验室………… 2073113
管道局卫生处
副处长办……………… 2075839
卫生处办……………… 2075319
计划生育办………… 2075586
疾控中心……………… 2073952
………………………… 2073960
职防所………………… 2077784
………………………… 2074056
电信卫生所………… 2073233
电信五区卫生所…… 2074610
运输卫生所………… 2074200
机关卫生所………… 2073041
职教中心卫生所…… 2070733
北院门诊……………… 2070487
南院门诊……………… 2070743
二基地卫生所……… 2079045
九区卫生所………… 2172077

后勤部门

处长…………………… 2076036
………………………… 2076093
总务处办公室……… 2075698
………………………… 2075393
后勤一站式服务…… 6854580
爱委会………………… 2073888
住房公积金………… 2073792
计量科………………… 2072577
供应科………………… 2075774
生活部………………… 2075602
会计室………………… 2073912
营养食堂……………… 2077486
干部、学生食堂…… 2077110
动力部………………… 2077446
变电所………………… 2075537
锅炉房………………… 2075299
水泵房………………… 2073323
空调值班室………… 2077437
多米诺配电室……… 2077495
集中消防……………… 2077843
物业部………………… 2077245
保洁办………………… 2073888
电工班………………… 2073896
管工班………………… 2077462
木工班………………… 2077747
太平间………………… 2077450
基建办………………… 2072081
监理办………………… 2072281
器械科………………… 2077724
器械维修……………… 2073644
计划供应……………… 2073936
氧气站………………… 2077496

中国石油管道学院（河北石油职业技术学院）

地址：河北省廊坊市爱民西道90号
邮编：065000
公网区号：0316
专网区号：920

院长…………………… 2075009
党委书记……………… 2075038
副院长………………… 2072055
………………………… 2075498
………………………… 2073485
党委副书记、纪委书记、工会主席………………… 2074982
焊接培训中心主任 2075913
副院长………………… 2070210
………………………… 2070203
院长助理……………… 2070728
老领导老教授……… 2070208
………………………… 2070244
………………………… 2070214

学院（党委）办公室

主任…………………… 2074990
办公室………………… 2074991
………………………… 2070205
文书…………………… 2070263
电话班………………… 2070400
传真机………………… 2070200
收发室（南）……… 2070411
（北）………………… 2070262

人事部（党委组织部）

部长…………………… 2070210
副部长………………… 2070221
办公室………………… 2070236
档案室………………… 2070250

教务处

处长…………………… 2070728
副处长………………… 2070279
………………………… 2070418
办公室………………… 2070753
………………………… 2070715
文印室………………… 2070491
教材室………………… 2070490

培训部

部长…………………… 2073415

书记…………………… 2070326
副部长………………… 2070229
……………………… 2070362
……………………… 2070723
……………………… 2070489
办公室………………… 2070420
函授…………………… 2070419
……………………… 2070227

财务部
部长…………………… 2070237
办公室………………… 2070261

计划资产部
部长…………………… 2070290
副部长………………… 2070577
办公室………………… 2070216

科教开发部
部长…………………… 2070726
副部长………………… 2070402
办公室………………… 2070332

安全保卫部
部长…………………… 2070258
办公室（北）……… 2070259
（南）……………… 2070607
610办公室………… 2070230
值班室（南）……… 2070736
（北）……………… 2070475
门卫（南）………… 2070701
（北）……………… 2070454

学生工作处
（招生就业处、团委）
处长…………………… 2078006
副处长………………… 2174776
……………………… 2070684
……………………… 2070634
办公室………………… 2070231
……………………… 2070499
团委…………………… 2070253
就业指导……………… 2070629
心理咨询……………… 2070721

党群工作部
部长…………………… 2075453
副部长………………… 2070235
……………………… 2070224
办公室………………… 2070265

管道运输系
（自动化工程系）
主任…………………… 2070285
书记…………………… 2070287
办公室………………… 2070740
学生办………………… 2070719
储运…………………… 2070257
自动化………………… 2070276

电子工程系
主任…………………… 2070457
书记…………………… 2070459
办公室………………… 2070725
电子…………………… 2070723
……………………… 2070283

经济管理系
主任…………………… 2070460
书记…………………… 2070709
办公室………………… 2070461
学生办………………… 2070462

管道工程系
主任…………………… 2070415
书记…………………… 2070289
办公室………………… 2070245
……………………… 2070456
学生办………………… 2070255
防腐…………………… 2070251
力学…………………… 2070292
工民建………………… 2070294

中国石油管道焊接培训中心
（焊接工程系）
中心主任……………… 2075913
系主任………………… 2070210
中心副主任…………… 2070232
教学室………………… 2070497
培训办………………… 2070284
学生办………………… 2070645

机械工程系
主任…………………… 2070726
书记…………………… 2070659
办公室………………… 2070735
学生办………………… 2070694

计算机工程系
主任…………………… 2070273
副主任………………… 2070408
学生办………………… 2070409
实验办………………… 2070249
网络…………………… 2070643
教研室………………… 2070482

基础部
主任…………………… 2070463
书记…………………… 2070470
副主任………………… 2070667
教学办………………… 2070272
……………………… 2070248
学生办………………… 2070256
体育教研室…………… 2070260

网络教育技术中心
主任…………………… 2070295
办公室………………… 2070466
语音室（北）……… 2070293
（南）……………… 2070742

图书馆
馆长…………………… 2070296
书记…………………… 2070298
采编室………………… 2070291
借阅室………………… 2070297
阅览室………………… 2070299
南校区………………… 2070741

职业技能实训（鉴定）中心
主任…………………… 2074432
……………………… 2070710
书记…………………… 2070663
办公室………………… 2070731
技能鉴定……………… 2070647
电子…………………… 2070711
汽修…………………… 2070712
喷涂…………………… 2070713

后勤管理处
处长…………………… 2070657
书记…………………… 2070254
副处长………………… 2070738
办公室………………… 2070228
供应组………………… 2070268
收费组………………… 2070374
电工班（南）……… 2070745
（北）……………… 2070242
维修班………………… 2070277
水泵房………………… 2070746
舍务…………………… 2070637
食堂（南）………… 2070238
……………………… 2070275

车队（驾校）
队长…………………… 2070241
值班室………………… 2070270
办公室………………… 2073478
业务部………………… 2070700

培训服务中心
经理…………………… 2070208
副经理………………… 2070799
总台…………………… 2070866
……………………… 2070888

劳务中心
主任…………………… 2070221
副主任………………… 2070225
办公室………………… 2070655

卫生所
办公室………………… 2070733
门诊（南）………… 2070743
（北）……………… 2070487

廊坊国际饭店

地址：河北省廊坊市和平路81号甲
邮编：065000
公网区号：0316
油网区号：920
饭店总机…………… 2173456

总经理办公室
主任…………………… 2173456
办公室………………… 2075350
传真…………………… 2074441
人事调配、党群……… 2174885
工会、共青团
……………… 2173456转3090
有偿解除劳动合同党支部书记
……………………… 2075222

计划财务部
经理…………………… 2173456
会计室………………… 2075541
……………… 2173456转3072
计划财务室 2173456转3085

市场营销部
经理…………………… 2073456
市场营销部…………… 2073456
……………… 2173456转68

客房部
经理……… 2173456转3108
A座总服务台 2173456转66
B座总服务台 2173456转55
A座房务中心 2173456转65
B座房务中心 2173456转56

餐饮部
经理………… 2173456转78
订餐电话……………… 2177788
……………… 2173456转78

康乐部
经理……… 2173456转3104
游泳馆……… 2173456转51
地上保龄球馆 2173456转50
网球馆…… 2173456转3140
夜总会…… 2173456转3201
高尔夫球馆
……………… 2173456转11811
水疗中心 2173456转11602

工程部
经理……… 2173456转3061
变电室…… 2173456转3060
值班室…… 2173456转3333

保安部
经理……… 2173456转3133
监控室…… 2173456转3132

质量环境部
经理…………………… 2073493
……………… 2173456转3092
质量环境部 2173456转3327

物品采购部
经理…………………… 2074994
……………… 2173456转3095
采购库房 … 2173456转3067

管家部
经理…………………… 2076027
宿舍…………………… 2076027

2. 工程建设公司

地址：北京市朝阳区鼓楼外大街28号　邮政编码：100011　公网区号：010

总经理办公室

主任 …………………… 58192921
副主任 ………………… 58192663
…………………………… 58192925
MC秘书、团委书记
…………………………… 58192968
副主任 ………………… 58192616
文秘 …………………… 58192947
…………………………… 58192643
…………………………… 58192787
图书管理 ……………… 58192926
档案管理 ……………… 58192946
…………………………… 58192420
…………………………… 58192928
外事管理 ……………… 58192804
…………………………… 58192988
网站管理 ……………… 58192737
…………………………… 58192800
行政事务协调 ………… 58192902
资产管理 ……………… 58192619
部门传真 ……………… 58192600

党委办公室

主任 …………………… 58192971
副主任 ………………… 58192702
办公室 ………………… 58192703
…………………………… 58192975
…………………………… 58192972
…………………………… 58192601
…………………………… 58192418
…………………………… 58192390
传真 …………………… 58192971

经营计划处

处长 …………………… 58192923
副处长 ………………… 58192828
…………………………… 58192882
投资管理 ……………… 58192945
统计 …………………… 58192872
成本工程师 …………… 58192824
计划 …………………… 58192720
资质管理 ……………… 58192924
经营管理 ……………… 58192399
…………………………… 58192380
传真 …………………… 58192622

人力资源部

处长 …………………… 58192932
副处长 ………………… 58192933
离退休办公室主任 58192890
组织机构与干部管理
…………………………… 58192602
综合与档案管理 ……… 58192445
薪酬与绩效管理 ……… 58192983
…………………………… 58192936
项目中方人员管理 58192613
…………………………… 58192603
员工招募 ……………… 58192963
员工培训、体系运行
…………………………… 58192934
统计、人事代理 ……… 58192614
社会保险与年金管理
…………………………… 58192937
信息管理与统计 ……… 58192642
离退休人员管理 ……… 58192960
人力资源高级顾问 58192940
员工招募助理 ………… 58192966
文控 …………………… 58192615
传真 …………………… 58192939

财务处

处长 …………………… 58192811
副处长 ………………… 58192830
…………………………… 58192809
副处级 ………………… 58192810
办公室 ………………… 58192889
…………………………… 58192812
…………………………… 58192823
…………………………… 58192817
…………………………… 58192833
…………………………… 58192815
…………………………… 58192836
…………………………… 58192826
…………………………… 58192813
…………………………… 58192837
…………………………… 58192935
…………………………… 58192818
…………………………… 58192835
…………………………… 58192629
…………………………… 58192432
…………………………… 58192823
…………………………… 58192822
…………………………… 58192820
…………………………… 58192679
…………………………… 58192832
…………………………… 58192398
…………………………… 58192853
…………………………… 58192831
…………………………… 58192838
部门传真 ……………… 58192625
…………………………… 58192851

资产装备处

处长 …………………… 58192997
副处长 ………………… 58192785
正处级 ………………… 58192977
…………………………… 58192955
资产管理岗 …………… 58192927
产权管理岗 …………… 58192871

审计处

处长 …………………… 58192807
办公室 ………………… 58192821
…………………………… 58192673
传真 …………………… 58192807

合同条法处

处长 …………………… 58192994
副处长 ………………… 58192992
办公室 ………………… 58192896
…………………………… 58192740
…………………………… 58192742
…………………………… 58192791
…………………………… 58192462
…………………………… 58192461
…………………………… 58192764
传真 …………………… 58192630

技术发展处

处长 …………………… 58192712
成果管理 ……………… 58192657
传真 …………………… 58192660

安全环保处

处长 …………………… 58192852
正处级 ………………… 58192751
…………………………… 58192922
副处长 ………………… 58192769
安全督察 ……………… 58192796
…………………………… 58192515
健康管理 ……………… 58192957
安全与环境管理 ……… 58192756
社会安全管理 ………… 58192790
综合与统计 …………… 58192849
HSE培训 ……………… 58192814
…………………………… 58192780
资料员 ………………… 58192732
传真 …………………… 58192620

质量管理处

处长 …………………… 58192893
部门领导 ……………… 58192951
专业资质管理 ………… 58192641
节能减排与计量 ……… 58192436
质量管理与监督 ……… 58192007
资料员 ………………… 58192416
传真 …………………… 58192412

信息管理处

处长 …………………… 58192997
副处长 ………………… 58192795
计算机及网络系统管理
…………………………… 58192998
…………………………… 58192999
软件开发及系统维护
…………………………… 58192781
…………………………… 58192782
计算机及通信系统管理
…………………………… 58192834
办公设备维护 ………… 58192801
部门传真 ……………… 58192660

群众工作处

处长 …………………… 58192964
矿区管理中心主任 58192987
办公室 ………………… 58192968
…………………………… 58192973
…………………………… 58192974
…………………………… 58192393
…………………………… 58192394

后勤管理处

处长 …………………… 58192967
房产与员工 …………… 58192958
宿舍管理 ……………… 58192953
文销、生活物资管理
…………………………… 58192959
安全保卫、物业管理
…………………………… 58192685
设备管理 ……………… 58192962
食堂管理 ……………… 58192888
车队队长 ……………… 62035910
文控 …………………… 58192009
前台 …………………… 58192002
扫描、复印 …………… 58192040
…………………………… 58192617
洗衣房 ………………… 58192061
车队司机 ……………… 62035910

车队值班 ………… 62035910
公寓管理 ………… 64851664

市场开发部

经理 ……………… 58192990
副经理 …………… 58192741
办公室 …………… 58192954
……………………… 58192772
……………………… 58192450
……………………… 58192805
……………………… 58192887
……………………… 58192897
……………………… 58192181
……………………… 58192841
……………………… 58192873
传真 ……………… 58192660

投标报价管理部

经理 ……………… 58192739
副经理 …………… 58192434
办公室 …………… 58192733
……………………… 58192783
……………………… 58192093
……………………… 58192891
……………………… 58192880
……………………… 58192640
……………………… 58192879
……………………… 58192857
……………………… 58192914
……………………… 58192444
……………………… 58192784
……………………… 58192451
……………………… 58192649
……………………… 58192784
……………………… 58192965
……………………… 58192443
……………………… 58193914
……………………… 58192661
……………………… 58192980
部门传真 ………… 58192660

设计管理部

经理 ……………… 58192763
副经理 …………… 58192681
设计管理 ………… 58192425
……………………… 58192639
设计合同管理 …… 58192788
设计计划管理 …… 58192845
设计质量管理 …… 58192883
文控 ……………… 58192746
传真 ……………… 58192633

采购管理部

经理 ……………… 58192201
副经理 …………… 58192991
……………………… 58192731
综合采购 ………… 58192789
供应商管理 ……… 58192083
报关管理 ………… 58192996
仓储管理 ………… 58192212
合同管理 ………… 58192008
价格管理 ………… 58192725
退税管理 ………… 58192228
退税管理 ………… 58192215
设备采购 ………… 58192217
……………………… 58192350
……………………… 58192073
……………………… 58192219
……………………… 58192247
钢材采购 ………… 58192218
工艺材料采购 …… 58192239
……………………… 58192224
……………………… 58192221
仪表采购 ………… 58192220
……………………… 58192243
电气采购 ………… 58192250
……………………… 58192238
监造管理 ………… 58192244
设备监造 ………… 58192212
仪表监造 ………… 58192248
电气监造 ………… 58192249
运输管理 ………… 58192466
……………………… 58192226
海运协调 ………… 58192223
……………………… 58192232
铁路运输协调 …… 58192230
……………………… 58192222
空运协调 ………… 58192073
港前监督 ………… 58192236
传真 ……………… 58192985
……………………… 58192488

项目管理部

经理 ……………… 58192842
副经理 …………… 58192792
统计月周报 ……… 58192850
国内项目管理 …… 58192402
计划控制工程师 … 58192847
分包商管理 ……… 58192848
生产协调 ………… 58192090
项目经理 ………… 58192950
后勤管理 ………… 58192728
……………………… 58192286
……………………… 58192467
……………………… 58192437
……………………… 58192404
……………………… 58192064
业主接待 ………… 58192403
外事管理 ………… 58192032
……………………… 58192937
……………………… 58192474
……………………… 58192475
综合管理 ………… 58192473
……………………… 58192030
……………………… 58192492
文控 ……………… 58192610
传真 ……………… 58192842
……………………… 58192627

3. 工程设计有限公司

地址：北京市海淀区上地信息路 8 号 CPE 大厦　邮政编码：100085　公网区号：010

总经理办公室

主任 ……………… 82778001
办公室 …………… 82778003
……………………… 82778005
……………………… 82778006
……………………… 82778007

财务资产处

处长 ……………… 82778011
副处长 …………… 82778012
办公室 …………… 82778013
……………………… 82778016
……………………… 82778017

人事处、党委组织部

处长 ……………… 82778031
办公室 …………… 82778033
……………………… 82778035
……………………… 82778036

市场开发处、计划经营处

负责人 …………… 82778041
副处长 …………… 82778042
……………………… 82778046
办公室 …………… 82778043
……………………… 82778045
……………………… 82778047

项目管理处

处长 ……………… 82778669
副处长 …………… 82778051
……………………… 82778057
办公室 …………… 82778055
……………………… 82778056

技术质量处、科技发展处、安全环保处

处长 ……………… 82778061
副处长 …………… 82778053
办公室 …………… 82778063
……………………… 82778065
……………………… 82778066

企业文化处、党群工作处

处长 ……………… 82778071
副处长 …………… 82778072
办公室 …………… 82778075
……………………… 82778077

审计处、纪委监察处

处长 ……………… 82778032
办公室 …………… 82778073
……………………… 82778086

4. 中国寰球工程公司

地址：北京市朝阳区樱花东街7号　　邮政编码：100029　　公网区号：010

总部机关部室
总经理办公室

主任 …… 58675538
副主任 …… 58676851
…… 58675530
…… 58676852
…… 58676853
…… 58676855
…… 58676844
…… 58676865

战略研究与规划发展部

主任 …… 58675538
办公室 …… 58676871
…… 58675532
…… 58675535
…… 58675536
…… 58675534

财务与资本运营部

主任 …… 58676891
副主任 …… 58675560
…… 58676892
…… 58675490
主任助理 …… 58676991
办公室 …… 58676893
…… 58676899
…… 58676895
…… 58676901
…… 58676905
…… 58675567
…… 58675593
…… 58675581
…… 58676901
…… 58676900
…… 58676898
…… 58675358
…… 58676992
…… 58676901
…… 58676897
…… 58676894
…… 58676904
…… 58676608
…… 58675580
…… 58675570
…… 58675598
…… 58676990
…… 58676814

人力资源部（外事办公室）

主任 …… 58676810
主任助理 …… 58676810
办公室 …… 58676812
…… 58676826
…… 58676816
…… 58676828
…… 58676815
…… 58676817
…… 58676818
…… 58676820
…… 58676819
…… 58676813

合同与法务部

副主任 …… 58675489
…… 58675528
办公室 …… 58675527
…… 58675526
…… 58675523
…… 58675525
…… 58675519
…… 58675520
…… 58675521
…… 58675517
…… 58675495
…… 58675529
…… 58676842

专利与技术开发部

主任 …… 57686642
办公室 …… 58676789
…… 58675843
…… 58675849
…… 58676808
…… 58676659
…… 58676807
…… 58676845

QHSE 管理部

主任 …… 58675602
副主任 …… 58675868
办公室…… 8676873
…… 58675852
…… 58675847
…… 58675848
…… 58676688－58961
…… 58675810
…… 58676729
…… 58676727
…… 58676741
…… 58676730
…… 58675851
…… 58675850
…… 58676688－58960
…… 58675210
…… 58675246
…… 58675226
…… 58675217
…… 58675227
…… 58675276
…… 58675225
…… 58675248
…… 58675388
…… 58675239

信息中心

主任 …… 58675866
办公室 …… 58675859
…… 58675858
…… 57675883
…… 58675885
…… 58675870
…… 58675829
…… 58675871
…… 58675828
…… 58675872
…… 58675882
…… 58675857
…… 58675875
…… 58675886
…… 58675860
…… 58675862
…… 58675880
…… 58675856
…… 58675881
…… 58675879
…… 58675877
…… 58675832
…… 58675878
…… 58675833
…… 58675869

监察审计部（纪委）

主任 …… 58676909
…… 58676911
办公室 …… 58676903
…… 58676907
…… 58676910

企业文化部（党委工作部）

主任 …… 64425201
…… 58675966
办公室 …… 58675968
…… 58675966
…… 58675965
…… 58675958
…… 58675959
…… 58675371
…… 58675960

安全保卫部

主任 …… 58676868
…… 58676857

行政管理部

主任 …… 58676918
副主任 …… 58676602
…… 58676612
…… 58676889
…… 58676603
…… 58676604
…… 58676127
…… 58676121
…… 64427951
…… 64415263

离退休办公室

主任 …… 64428847
副主任 …… 64424195

工会

工会主席 …… 58676918
…… 58676916
…… 58676915

团委

团委书记…… 0312－3970868
团委副书记 …… 58676027
…… 58675958
…… 58676748
…… 58676216
…… 020－84258358
…… 58675487

总部经营部门
国际事业部（境外）

主任 …… 58675480

经营部（境内）

主任 ………………… 58675250
经营部北方区
………………………… 58675286

咨询部（前期）

主任 ………………… 58675450
副主任 ……………… 58675451
………………………… 58675452

技术进出口与国际招标中心

副主任 ……………… 58675489
………………………… 58676930

生产部门项目经理部

主任 ………………… 58676150
副主任 ……………… 58675323

工艺部

主任 ………………… 58676648

炼油工艺室

副主任 ……………… 58675486

成套设备室

主任 ………………… 58676669
副主任 ……………… 58676758
………………………… 58676759

设计部

主任 ………………… 58676499

电控室

主任 ………………… 58676500
副主任 ……………… 58676503

土建室

主任 ………………… 58675600
副主任 ……………… 58675601

管道室

主任 ………………… 58676160
副主任 ……………… 58676151

设备室

主任 ………………… 58676005
副主任 ……………… 58676001

材料室

主任 ………………… 58676966

采购部

主任 ………………… 58676956
副主任 ……………… 58676948

施工部

主任 ………………… 58675382
副主任 ……………… 58675209

建筑设计院

副院长 ……………… 58675612
………………………… 58675730

文控部

主任 ………………… 58675967

海外办事处

孟家拉办事处总代表
…………… 008801711536584
传真………… 0088028822507
埃及办事处代表
……………… 002023808847
斯里兰卡办事处代表
……………… 0094112573798
传真………… 0094112375604
越南办事处代 008448523281
传真 ………… 008445735384
新加坡办事处代表
……………… 006562426076
传真 ………… 006562426051
缅甸办事处代表
……………… 009595012237
传真 … 00951650960 转 401
加拿大办事处 0014033039124
传真………… 0014035439150
哈萨克斯坦办事处 …………
……………… 0077015818166
传真………… 0073272725450

科研辅助附属二级机构

博士后工作站 …… 64421153
化工工程建设标准编辑中心
中心主任 ………… 64234437
工艺配管设计技术中心站
……………………… 58676315
工艺系统设计技术中心站
……………………… 58676642
化工建筑设计技术中心站
……………………… 58675741
……………………… 58675744
文印中心
主任 ……………… 58676626

华北规划设计院

经理办公室………… 3682108
人力资源部………… 3970868
财务部……………… 3970872
经营部……………… 3970859
项目管理部………… 3970827
企业文化部………… 3970817
矿山室……………… 3970862
完成室……………… 3970811
离退办……………… 3970850
行管部……………… 3970818
工艺安装室………… 3970958
设备室……………… 3970808

胜宝旺寰球工程有限公司

公网区号：021
总经理 …… 62438833 转 168
副总经理…… 6243883 转 111
设计部经理 62438833 转 260
设计部副经理62438833 转 293
市场部经理 62438833 转 229
报价部经理 62438833 转 312
施工部经理 62438833 转 344
………… 62438833 转 345
………… 62438833 转 219
综合部经理 010－64420092
财务部副经理62438833 转 286
采购部经理 62438833 转 350
人事部副经理62438833 转 282

寰球工程项目管理（北京）有限公司

公网区号：010
综合室主管 ……… 58675238
人力资源部 ……… 58676811
财务部 …………… 58676893
经营部主管 ……… 58675218
质量技术部主管 … 58675231
设计部主管 ……… 58675238
采购部主管 ……… 58675212
施工部主管 ……… 58675236
项目部主管 ……… 58675231

上海化工设计院有限公司

公网区号：021
经营部 …………… 64167119
项目管理部 ……… 64286710
技术与质量管理部 64288201
信息中心人力资源部
……………………… 64031197
财务部 …………… 64220497
总经理办公室 …… 64288203
党群工作部 ……… 64287665
监察审计室 ……… 64286717
工艺管道室 ……… 64166564
设备室 …………… 64031170
电控室 …………… 54256271
土建室 …………… 64166513
公用室 …………… 64166571
环保安全中心 …… 64162691
采购与施工管理部 64162621
费用控制部 ……… 64434453

广东分公司

公网区号：020
总经理 …… 28375688－2101
副总经理 … 28375688－2001
………… 28375688－2003
总经理助理 28375688－2002
副总工程师 28375688－2098
工艺管道室主任
………… 28375688－2103
工艺管道室
副主任 …… 28375688－2013
土建室
主任 ……… 28375688－2105
………… 28375688－2104
副主任 …… 28375688－2023
………… 28375688－2024
电控室
主任 ……… 28375688－2107
………… 28375688－2106
副主任 …… 28375688－2025
设备室
副主任 …… 28375688－2037
项目开发与管理部
主任 ……… 28375688－2055

5. 纺织工业设计院

地址：北京市海淀区增光路 21 号　邮政编码：100037　公网区号：010

办公室………… 68395212　值班电话………… 68395100　传真………… 68395212

十一、装备制造企业

1. 石油技术开发公司

地址：北京市东城区德胜门东大街 8 号　邮政编码：100009　公网区号：010

办公室………… 84080721　………………… 84080723　值班电话………… 84080722　传真………… 84080800

2. 宝鸡石油机械有限责任公司

地址：陕西省宝鸡市东风路 2 号　邮政编码：721002　公网区号：0917

公司办公室

办公室………… 3462021

市场发展部

办公室………… 3462051

规划计划部

办公室………… 3462083

人力资源部

办公室………… 3462065

财务资产部

办公室………… 3462088

生产制造部

办公室………… 3462109

安全健康环保部

办公室………… 3462122

技术质量部

办公室………… 3462760

定额价格部

办公室………… 3462756

审计部

办公室………… 3462130

党群工作部

办公室………… 3462050

纪检监察部

办公室………… 3462133

工会

办公室………… 3462138

行政服务中心

办公室………… 3462038

技术中心

办公室………… 3462170

销售公司

销售………… 3462153
………… 3462154
服务………… 3462156

进出口贸易公司

国际………… 3462386
业务………… 3462388
传真………… 3462387

海油工程部

项目………… 3462206
………… 3462085

传真………… 3462203

质检中心

办公室………… 3462466

钻机分厂

办公室………… 3462226

泵业分厂

办公室………… 3462255

结构分厂

办公室………… 3462270

部件一分厂

办公室………… 3462330

部件二分厂

办公室………… 3462350

铸造厂

办公室………… 3462285

锻造厂

办公室………… 3462310

热处理厂

办公室………… 3462340

钻采工具公司

办公室………… 3462360

动力公司

办公室………… 3462391

储运公司

办公室………… 3462106

采购配套中心

办公室………… 3462426

文化传媒中心

办公室………… 3462057

信息中心

办公室………… 3462676

档案管理中心

办公室………… 3462716

房地产开发公司

办公室………… 3462076

特车公司

办公室………… 3388001

3. 宝鸡石油钢管厂

地址：陕西省宝鸡市姜潭路10号　邮政编码：721008　公网区号：0917

值班电话…… 3398784
传真…… 3390847
…… 3398313
…… 3398396
办公室…… 3398385
…… 3398326

4. 济南柴油机厂（济南柴油机股份有限公司）

地址：山东省济南市经十西路1999号　邮政编码：250306　公网号码：0531

职能管理处室
办公室

办公室 …… 87422201

战略发展处

办公室 …… 87422702

财务资产处

办公室 …… 86976785

经营管理处

办公室 …… 87422869

人事劳资处

办公室 …… 87422757

质量安全环保处

办公室 …… 87422332

信息技术管理处

办公室 …… 87423030

审计处

办公室 …… 87422348

党群处室
党委工作处

办公室 …… 87422203

纪检监察处

办公室 …… 87422351

工会

办公室 …… 87422240

营销中心
销售处

办公室 …… 87423080
…… 87423065
传真 …… 87423079
…… 87423067

国内贸易部

办公室 …… 87422722

客户服务部

办公室 …… 87423328

河北分公司

办公室…… 0317－2572271
…… 0317－2572540
传真…… 0317－4125488

研发技术中心
内燃机研究所

办公室 …… 87423188

市场开发部

办公室 …… 87422276
…… 87422277
传真 …… 87422278

技术标准部

办公室 …… 87422397

制造中心
生产运行部

办公室 …… 87422810

产品配套部

办公室 …… 87422573

物质供应部

办公室 …… 87422843

质量检测部

办公室 …… 87422842

铆焊分厂

办公室 …… 87422812

大件一分厂

办公室 …… 87423223

大件二分厂

办公室 …… 87423222

中小件分厂

办公室 …… 88526624

部件分厂

办公室 …… 87422891

热处理分厂

办公室 …… 87423064

总装分厂

办公室 …… 87422417

动力服务部

办公室 …… 87422689

绿色能源公司

国际贸易部 …… 86964643
传真 …… 86552118
气机销售部 …… 82962136
…… 87422615
传真 …… 88555606

中油西瓦克

办公室 …… 87422298
…… 86971119
传真 …… 88523988

液力传动事业部

办公室 …… 87422883
…… 87422426
…… 87422428

燃气机事业部

办公室 …… 88937657
…… 87423310
…… 87422757
传真 …… 88526395

后勤服务部门
行政服务部

办公室 …… 87422967
保卫部
办公室 …… 87422567

档案管理部

办公室 …… 87422386

离退休服务部

办公室 …… 86113236

物业管理部

办公室 …… 86015307

招待所

办公室 …… 86565511

医院

办公室 …… 81931853

基建工程部

办公室 …… 82965971－2232

5. 渤海石油装备制造有限公司

地址：天津市开发区第二大街35号银座大厦　　邮编：300457　　公网区号：022

总经理办公室

主任 …… 59839189
副主任 …… 59839123
办公室 …… 59839109
…… 59839132
…… 59839133
…… 59839135

党群工作处（党办）

处长 …… 59839148
副处长 …… 59839140
副部长 …… 59839196
办公室 …… 59839139
…… 59839136
…… 59839143
…… 59839138

规划发展处

处长 …… 59839163
副处长 …… 59839103
…… 59839128
办公室 …… 59839155
…… 59839172

生产运行处

处长 …… 59839173
办公室 …… 59839125

质量安全环保处

处长 …… 59839187
副处长 …… 59839147
办公室 …… 59839145
…… 59839146

市场营销处

处长 …… 59839158
副处长 …… 59839116
办公室 …… 59839118
…… 59839108

科技管理处

处长 …… 59839169
副处长 …… 59839126
办公室 …… 59839104
…… 59839153
…… 59839151

财务资产处

处长 …… 59839198
副处长 …… 59839179
办公室 …… 59839177
…… 59839175
…… 59839176
…… 59839193
…… 59839165
…… 59839122
…… 59839120
…… 59839121

审计监察处（纪委）

处长 …… 59839157
副处长 …… 59839157
…… 59839178

人事处

处长 …… 59839150
副处长 …… 59839141
…… 59839197
办公室 …… 59839159
…… 59839195
…… 59839124
…… 59839194

内控与风险管理处

处长 …… 59839171
办公室 …… 59839192
…… 59839102

行政服务中心

主任 …… 59839189
副主任 …… 59839123
办公室 …… 59839119
…… 59839170
…… 59839101

物资管理中心

主任 …… 59839173
副主任 …… 59839130

质量安全监督站

站长 …… 59839187
副站长 …… 59839144
…… 59839129
办公室 …… 59839137

财务结算中心

主任 …… 59839198
副主任 …… 59839190
办公室 …… 59839142
…… 59839134

人事服务中心

主任 …… 59839150
办公室 …… 59839149
…… 59839115
公司值班电话 …… 59839119
应急电话 …… 59839112
传真 …… 59839199

第一机械厂

公网区号：0317

领导

厂长、党委副书记 …… 2572618
总会计师 …… 2572686
总工程师 …… 2572705
副厂长 …… 022－83289868
副总工程师 …… 2572272
党委书记、副厂长
…… 2572233
厂长助理 …… 2572436
…… 2573116
…… 2572416
集团公司技术专家 …… 2572221

厂长办公室

主任 …… 2572411
副主任 …… 2573612
秘书 …… 2572533
传真 …… 2572235
计生管理 …… 2572522
文书信访 …… 2572315
档案室 …… 2572364
收发室 …… 2572433

党群工作部

主任 …… 2572393
副主任 …… 2572156
…… 2572306
宣传干事 …… 2572268
工会干事 …… 2572563
保卫主任 …… 2572335
保卫干事 …… 2572406
广播电视编辑 …… 2572368

企管策划部（股权管理）

主任 …… 2572581
副主任 …… 2572226
法律、事务 …… 2572464
合同、物资 …… 2572537
股权管理 …… 2572354

财务资产部

主任 …… 2572495
财务报销 …… 2572356
成本 …… 2572426
资金 …… 2572326
资产 …… 2571372
税务 …… 2573245

人力资源部（组织部）

主任 …… 2572561
副主任 …… 2573292
…… 2572290
劳动力管理 …… 2572516
职工培训 …… 2572774
职称考核 …… 2572674
工资统计 …… 2572527
合同保险 …… 2572448

科技质量部

主任 …… 2572272
副主任 …… 2572182
质量管理 …… 2571370
科技管理 …… 2572362
学会、协会管理 …… 2572374

HSE及生产运行部

主任 …… 2572436
副主任 …… 2572119
调度 …… 2572415
环保 …… 2572228
生产协调 …… 2573207

市场发展部

主任 …… 2572229
外贸 …… 2572323
信息 …… 2572447
传真 …… 2572547
信息中心主任 …… 2573270
信息中心 …… 2573271

审计监察部（纪委办）

主任 …… 2572279
副主任 …… 2572466
…… 2572509
基建审计 …… 2572402

矿区服务部

主任 …… 2571103
矿区管理 …… 2572875

涂层分厂

厂长 …… 2573203
书记 …… 2571583
副厂长 …… 2572282
办公室 …… 2571813
市场部 …… 2571283
材料、统计 …… 2571592
技术部 …… 2573373
生产主任 …… 2573372

防腐大班长…………2572012
电工班……………………2572565
财务……………………2571922

管件焊材分厂

厂长……………………2572199
副厂长…………………2573036
经营管理组…………2572363
销售……………………2573325
生产、技术…………2573356
财务……………………2572887

天津金属结构厂

公网区号：022
厂长………………63289868
书记………………63285369
副厂长……………63289893
……………………63285309
……………………63289863
厂长助理…………63289862
办公室……………63285329
党群工作部………63285325
经营管理部………63289909
人力资源部………63289870
安全生产部………63289872
HSE办公室………63289872
设备部……………63289880
物资供应…………63289864
财务资产部………63289871
综合队……………63289874
容器一车间………63289877
容器二车间………63289878
技检中心…………63289901
派出所……………63289853
医院………………63289856

基建公司

经理……………………2572249
书记……………………2572349
副经理…………………2572207
综合管理部…………2573275
经营项目部…………2572237
工程项目部…………2572513
……………………………2571309
……………………………2571307
库管组…………………2572595
维修组…………………2572589
财务……………………2572775

动力车间

主任……………………2572327
书记……………………2572227
副主任…………………2572383
调度……………………2572482
办公室…………………2572346
技术室…………………2572283
计统室…………………2572582
材料室…………………2572257
……………………………2572494
电器调试………………2572392
电气维修………………2572357
电气安装………………2572339
机械维修………………2572239
污水处理站……………2572553
供水站…………………2572586
天然气站………………2572351
锅炉运行………………2572453
变电运行………………2572292

储运公司

经理……………………2572342
书记……………………2572319
副经理…………………2572399
办公室…………………2572933
调度……………………2572296
……………………………2572442
财务……………………2572440
材料……………………2572299
HSE管理………………2572591
设备管理………………2572542
铁运计划………………2572528
统计、信息……………2572562
机车班…………………2572256
维修班…………………2572219
运转班…………………2572376
中心道口………………2572420
西道口…………………2572352
外雇车管理……………2572541

供应站

站长、书记……………2572344
副站长…………………2572473
采购计划………………2572355
……………………………2572375
管理组…………………2572260
调度……………………2572251
财务……………………2572601
机电五金库……………2572390
金属建材库……………2572360
油库……………………2572291
门卫……………………2572485
磅房……………………2573127

华油金属材料检测中心

主任……………………2572705
副主任…………………2573617
办公室…………………2573327
检查站站长……………2571472

计量站

站长……………………2572517
管理组…………………2572715
长度组、力学组………2572780
热电组、收发组………2572524

综合服务公司

经理……………………2572329
书记……………………2572280
房改办、调度…………2572322
统计……………………2572454
总务、计生……………2573625
绿化办公室……………2573683
财务……………………2572529
幼儿园…………………2572593
绿化队…………………2572423
公寓楼…………………2572400
东单身楼………………2572434
车棚、浴池班…………2572400
环卫队…………………2573133
印刷厂…………………2572559
纯净水站………………2572307
液化气站………………2572298
职工餐厅………………2572875

医院

院长、书记……………2572385
副院长…………………2572225
……………………………2572243
办公室…………………2572548
药房……………………2572472
急诊、住院部…………2572313
外科……………………2572386
防保科…………………2572208
注射室…………………2572462

社会保险所

所长……………………2573805
办公室…………………2571742

离退休管理站

站长、书记……………2572330
副站长…………………2571486
办公室…………………2572493
……………………………2572484

居委会

主任……………………2572100
办公室…………………2573613
东区居委会……………2573501
南区居委会……………2573502
西区居委会……………2573503

小车队

队长……………………2572985
调度……………………2572216
……………………………2572316

招待所

所长……………………2572573
副所长…………………2572564
客房总台………………2572580
……………………………2572508
二楼服务台……………2573430
三楼服务台……………2572450
东客房…………………2573554
西客房…………………2573720
招待餐厅………………2572461
……………………………2572496
二楼餐厅………………2572478
民族餐厅………………2572262

设计研究院

总经理…………………2572705
书记、工会主席………2572412
副总经理………………2572338
……………………………2572396
开发室…………………2572263
电气室…………………2572771
设计室…………………2572384
土建室…………………2572549
办公室…………………2572556
财务……………………2573590
专家组…………………2572703

华油钢管公司

总经理…………………2572459
传真……………………4317008
书记、工会主席………2571896
副总经理 … 0514－75181888
……………………………2573048
总工程师………………2572429
总经理助理……………2572546
副总工程师……………2572659
……………………………2573336
董事会秘书……………2573259

办公室

主任……………………2572365
秘书……………………2571059
传真……………………4125565
文书……………………2573297

经营销售处

经理……………………2572546
传真……………………4120570
副经理…………………2572340
……………………………2573236
销售……………………2572614
……………………………2572309
……………………………2573304
外贸办公室……………2573267
企管策划部……………2572223
……………………………2573854
人力资源部……………2573252
……………………………2573130
财务部…………………2573216
……………………………2573091
质量管理部……………2573320
……………………………2572857
技术部…………………2573336
……………………………2572451
企业文化部……………2572236

生产部

部长……………………2573048
HSE副总监……………2571028

部长助理……2572359
管理组……2573167
调度……2572551
HSE办公室……2571839
后勤管理部……2572460
东门卫……2571251
西门卫……2573864

质检中心

主任……2571472
副主任……2573260
……2572476
调度……2572405
办公室……2572264

机修中心

主任……2573251
副主任……2573542
管理组……2573337
仪修班……2572320
一分厂电器……2572414
二分厂电器……2572439
电器大班……2573335
钳工……2573092
天车……2571410
加工大班……2573339

制管一分厂

厂长……2573323
副厂长……2573378
管理组……2573321
飞焊大班……2573331
精整大班……2573332

制管二分厂

厂长……2572759
副厂长……2573541
管理组……2573447
纵剪……2571397
埋弧大班……2571275
双功能大班……2571327

制管三分厂

厂长……2572230
调度……2572340
销售……2572410
电工班……2572428

扬州分公司

公网区号：0514
经理……7518188
办公室……7518028
……7516015
……7516005
财务部……7518011
技术部……7518026
生产部……7518016
直缝车间……7518013

巨龙钢管公司

总经理……2573116
书记、工会主席……2572206
副总经理……2573118
……2576265
……2573119
总经理助理……2573617
……4318083
董事会秘书……2573717
总务部……2573300
传真……4125651
营销部……2572417
……2571722
……2573377
……2573316
采购部……2571491
……2571711
财务部……2571927
技术部……2573171
……2573317
生产部……2573115
质量部……2573317
设备部……2573345
……2571596
HSE管理办公室……2571917
质量监督办公室……2573311
东门卫……2573312
西门卫……2571481

渤海能克公司

总经理……2572246
传真……4125252
书记、工会主席……2572057
副总经理……4028120
传真……4125285
办公室……2571931
小车班……2571953
技术品保部……2571753
采购部……2573043
财务部……2571498
人力资源部……2572214
传真……4125281
HSE管理办公室……2572832
市场部……2572232
……2571951
传真……4028121
制造部……2571873
总务部……2573358
库房……2572717
液化气站……2571357
报警……4124167
门卫……2571751

钻井装备公司

总经理……2572782
书记、工会主席……2572105
生产副总经理……2572408
销售副总经理……2572369
技术副总经理……2572569
总经理助理……2572387
综合办公室……2572278
生产安全部……2572141
财务资产部……2572137
经营销售部……2572948
……2572479
项目配套部……2572579
技术质量部……2572250
材料供应部……2572445
成套中心……2572504
质检中心……2572469
一车间……2572706
二车间……2572269
产品服务中心……2572373
中技开驻厂办……2571990
驻厂监造……2572653
……2573849

图博涂层公司

总经理、书记……2571598
技术副总经理……2573353
生产副总经理……2572305
销售副总经理……2573507
财务副总经理……2571356
办公室……2572474
传真……2575496
财务部……2572372
销售信息部……2572577
技术质量部……2572209
……2572463
供应部……2571471
生产运行部……2571067
库房……2571460
调度……2572503
冷库……2572719
电工……2572917
管材收发……2571435
门卫……2572063
江阴分公司　0510－86683598
传真……0510－86683770

华新检测公司

办公室……2573299

油井管公司

总经理、副书记……2573642
副总经理……2573643
技术质量部……2573649
生产运行部……2571700
经营销售部……2573634
综合办公室……2573641
财务部……2573645

抽油机公司

总经理……2572366
书记、工会主席……2572266
副总经理……2572183
……2572184
综合办公室……2572389
材料供应……2572289
调度安全……2572155
外协供应……2572571
销售部……2572570
……2572395
财务部……2571132
技术质量部……2572575
吊运、值班……2571709

石油专用管材公司

总经理、副书记……2572584
生产副总经理……2571101
技术副总经理……2573555
财务副总经理……2571558
总经理助理……2572993
总务部……2572819
……2573362
财务资产部……2571959
……2571677
生产运行部……2571031
……2572965
技术质量部……2572897
……2573201

石油机械厂

领导

厂长……2730999
党委书记……2729629
副厂长、安全总监 2737976
纪委书记、工会主席 2737978

厂长办公室

主任……2738388
办公室……2731333
传真……2731075

党群工作部

主任……2731682
办公室……2731903

人事组织部

主任……2731619
办公室……2731679

财务资产部

主任……2731327
会计出纳……2731625
资金、资产管理……2739392
成本管理……2739997

企管计划部

主任……2732298
办公室……2739069

生产管理部

主任……2732448
设备、安全……2732223
物资、技术……2732213

市场营销部

主任……………… 2738139
办公室……………… 2738135
廊坊分厂
厂长……………… 2551284
书记……………… 2554421
副厂长……………… 2554423
……………… 2552770
综合办公室……………… 2551239
……………… 2554420
技术办公室……………… 2551046
人事、劳资……………… 2552769
安全、资产……………… 2552769
财务……………… 2554700
经营销售……………… 2551830
钻修铆焊车间……………… 2551944
内燃机修理车间……………… 2554495
机械加工车间……………… 2554494
服务队……………… 2554497
司机班……………… 2551943
陕北机修站 … 0912-4635827
二连机修站 … 0479-8292011
新疆机修站 … 0995-8303972
河间分厂
厂长……………… 2582392
书记……………… 2582292
人事劳资、办公室
……………… 2582239
财务……………… 2582926
生产办……………… 2582592
库房……………… 2582317
修理车间……………… 2582273
加工铆焊车间……………… 2582474
司机班……………… 2582572
深泽分厂
厂长……………… 2746456
书记……………… 2746686
副厂长……………… 2747124
主任工程师……………… 2747124
综合办公室……………… 2746767
技术组……………… 2746527
财务……………… 2746767
材料……………… 2748591
铆焊车间……………… 2748979
井下分厂
厂长、书记……………… 2722766
副厂长……………… 2739487
……………… 2732466
市场部……………… 2739397
……………… 2739701
财务组……………… 2739995
……………… 2739497
人事、劳资……………… 2732247
质量管理组……………… 2739265
设备……………… 2739394
生产技术组……………… 2732506
……………… 2725915
调度室……………… 2732576
材料组……………… 2739465
油田装备制造车间
……………… 2739702
油田装备制造车间
……………… 2739434
射孔器材车间……………… 2739545
……………… 2732786
……………… 2739501
电气安装修理车间……………… 2732501
机械加工制造车间……………… 2732334
……………… 2739534
特车修理车间……………… 2739365
……………… 2739944
外部施工项目部……………… 2739265
二连项目部 … 0479-8293323
冀东项目部 … 0315-8761078
印刷厂……………… 2739351
加工分厂
厂长……………… 2723665
书记……………… 2723750
生产技术副厂长……………… 2728940
经营副厂长……………… 2751269
安全设备……………… 2755165
人事材料……………… 2755164
技术办……………… 2755165
加工车间……………… 2722577
制作车间……………… 2723765
热处理……………… 2723827
油田专用车改装厂
常务副厂长……………… 2723050
书记……………… 2729100
副厂长……………… 2723919
……………… 2701622
厂长助理……………… 2723150
综合办公室……………… 2722777
质量管理部……………… 2756503
产品研发中心特车组 2750829
产品研发中心制罐组 2714040
生产安全部……………… 2723095
物资管理中心……………… 2723965
市场营销中心……………… 2723550
财务部……………… 2750892
制罐车间……………… 2723737
特车车间……………… 2714207
综合车间……………… 2751082
汽车维修中心
主任……………… 2725061
书记……………… 2722344
副主任……………… 2720733
财务……………… 2706967
办公室……………… 2750917
轿车修理厂副厂长 2721002
办公室……………… 2723646
物资供应……………… 2723646
汽车修理厂长……………… 2703644
资产管理站站长……………… 2755120
房屋管理……………… 2721145
驾驶员培训学校
校长、书记……………… 2722765
副校长……………… 2753905
……………… 2701685
人事、财务……………… 2722268
招办……………… 2721286
训练处……………… 2723156
安全、微机室……………… 2289001
汽车综合性能检测站
站长……………… 2722312
书记……………… 2750053
设备、计生、核算……………… 2725686
安全、办事员……………… 2722530

河北华北石油机械化工有限公司

领导
总经理、党委书记……………… 2788619
副总经理……………… 2726781
……………… 2789161
……………… 2788000
副总工程师……………… 2788125
党委副书记、纪委书记、工会主席……………… 2710919
总经理助理……………… 2726784
……………… 2726729
……………… 2579237
技术开发部
经理……………… 2788125
办公室……………… 2726746
市场营销部
经理……………… 2726502
办公室……………… 2788363
财务部
经理……………… 2726871
副经理……………… 2728499
会计……………… 2726761
出纳……………… 2726812
生产管理部
经理……………… 2726729
办公室……………… 2789416
……………… 2788425
……………… 2752430
企业管理部
经理……………… 2726784
董事会秘书……………… 2789790
监事会……………… 2788762
人力资源部
部长……………… 2726716
办公室……………… 2788416
党群工作部
部长……………… 2789739
纪委、综治办……………… 2789404
组织、工会……………… 2789431
公司办公室
主任……………… 2789739
机关事务……………… 2789640
文书、秘书……………… 2787753
大厅值班……………… 2726223
机械设备制造分公司
经理……………… 2579237
书记……………… 2579303
副经理……………… 2579221
……………… 2579233
综合办公室……………… 2579220
人事财务科……………… 2579232
生产科……………… 2579234
……………… 2579240
技术科长……………… 2579221
科员……………… 2579271
销售科……………… 2579228
加工车间……………… 2579362
……………… 2579215
准备车间……………… 2579202
机修车间……………… 2579290
电修车间……………… 2579641
制备制造车间……………… 2579304
……………… 2579641
门卫……………… 2579621
钻采设备制造分公司
经理……………… 2579206
书记……………… 2579306
综合办公室……………… 2579390
财务部……………… 2579342
生产科……………… 2579265
技术室……………… 2579336
缸套车间……………… 2579201
扶正器车间……………… 2579441
护丝车间……………… 2570030
设备车间……………… 2579641
固控装备制造公司
经理……………… 2726874
书记……………… 2788847
副经理……………… 2787046
综合办公室……………… 2789591
技术研究室……………… 2789547
生产技术科……………… 2789743
人事财务科……………… 2789968
销售科……………… 2725113
一车间铆焊……………… 2788608
二车间机加……………… 2788314
三车间钻头……………… 2755675

四车间准备………… 2751496
门卫………………… 2788296
化工分公司
经理………………… 2785286
书记………………… 2722646
副经理……………… 2727619
综合办公室………… 2726864
人事财务科………… 2789654
生产科……………… 2727592
技术化验室………… 2788029
销售科……………… 2729123
油脂车间…………… 2789981
复合剂车间………… 2782625
准备车间…………… 2726873
门卫………………… 2788361
服务分公司
经理………………… 2726865
书记………………… 2782628
综合办公室………… 2785348
财务室……………… 2713602
生产科……………… 2710337
调度室……………… 2725183
小车队队长………… 2788364
副队长……………… 2788245
综合管理部………… 2726735
房管部……………… 2718874
沧州房屋管理……… 2579798
华源楼值班室……… 2755064
管具、化工基地、值班门卫
……………………… 2716743
管具制造有限责任公司
经理………………… 2726848
书记………………… 2723757
副经理……………… 2729190
……………………… 2788325
工会主席…………… 2720542
综合办公室………… 2782249
财务室……………… 2788584
生产办……………… 2782566
质检部……………… 2788041
经营办……………… 2789023
经营办传真………… 2712510
钻机服务中心……… 2711190
修造厂……………… 2727536
……………………… 2788043
金属制品厂………… 2788630
……………………… 2788765
综合加工厂………… 2789022
博科公司…………… 2751405
热力设备安装工程有限责任公司
经理………………… 2723145
书记………………… 2727424
副经理……………… 2729074
调度室、门卫……… 2725005
技术组……………… 2727424
长城建筑安装工程有限责任公司
经理………………… 2701486
书记………………… 2728848
副经理……………… 2788320
综合办公室………… 2789096
财务部经理………… 2782027
财务部……………… 2789735
生产协调部………… 2715017
技术部经理………… 2782067
技术室、经营部…… 2789558
工程一处…………… 2752019
工程二处…………… 2782190
工程三处…………… 2789564
工程四处…………… 2789793
木器厂……………… 2789554
门卫………………… 2715017
阀门制造有限公司
经理、书记………… 2753701
副经理……………… 2787802
财务………………… 2789518
门卫………………… 2753702
沧州石油二部宾馆
经理………………… 2570688
餐厅………………… 2579911
……………………… 2579380
值班室……………… 2579314
财务室……………… 2579556
新疆分公司
经理……………… 0996-2175195
修理厂…………… 0996-2175195

十二、其他单位

1. 国际事业有限公司（中国联合石油有限责任公司）

地址：北京市西城区成方街27号（国际事业大厦）　邮政编码：100032　公网区号：010

办公室……………… 66227119
……………………… 66227001
传真………………… 66227002

大连中石油国际事业有限公司
大连中联油国际贸易有限公司

地址：大连市中山区宏大路18号万达大厦14-15层
邮编：116001
电话……… 0411-82643888
传真……… 0411-82809374

华东中石油国际事业有限公司
上海联油国际贸易有限公司

地址：上海浦东新区富城路99号震旦国际大楼1602室
邮编：200120
电话………… 021-68596886
传真………… 021-68598511

大庆中石油国际事业有限公司

地址：黑龙江省大庆市龙凤区卧里屯
邮编：163714
电话………… 0459-6765410
传真………… 0459-6768646

抚顺中石油国际事业有限公司

地址：辽宁省抚顺市浑河北路16号
邮编：113006
电话………… 0413-7593006
传真………… 0413-7593000

辽宁锦西中石油国际事业有限公司

地址：辽宁葫芦岛市连山区新华大街42号
邮编：125001
电话………… 0429-2179396
传真………… 0429-2179979

锦州中石油国际事业有限公司

地址：辽宁省锦州市古塔区重庆路2段7号
邮编：121001
电话………… 0416-4154573
传真………… 0416-4167440

新疆西北中石油国际事业有限公司

地址：新疆乌鲁木齐高新区盈科国际大厦20层
邮编：830011
电话………… 0991-3682500
传真………… 0991-3682525

广东中联油国际贸易有限公司

地址：广州市天河区体育东路138号金利来数码网络大厦2305-2308室
邮编：510620
电话………… 020-38780910
传真………… 020-38780902

青岛中联油国际贸易有限公司

地址：青岛香港中路56号金光大厦22层
邮编：266071
电话………… 0532-85725888
传真………… 0532-85713888

山东中石油储运有限公司

地址：山东省日照市岚山区万斛路北首
邮编：27808
电话………… 0633-2610667
传真………… 0633-2610660

广州中石油鸿业储运有限公司

地址：广东省番禺市桥清河东路338号中银大厦15楼01-03室
邮编：511400
电话………… 020-34608810
传真………… 020-34608830

中国石油国际事业（香港）有限公司 中国石油（香港）有限公司

地址：香港湾仔港湾道18号中环广场1201室

电话………… 852－36786000

传真………… 852－25274922

中国石油国际事业（新加坡）有限公司 中国联合石油（新加坡）有限责任公司

地址：新加坡莱佛士坊80号UOB大厦38－01室048624

电话………… 65－68208188

传真………… 65－68028288

中国石油国际事业（美洲）公司

地址：3 Second Street Plaza10, Suite302 JerseyCity, NJ 07302 USA

电话……… 1－201－7161818

传真……… 1－201－7161819

中国石油国际事业（哈萨克斯坦）有限公司

地址：哈萨克斯坦阿拉木图市富尔曼夫大街110号

电话…… 007－3272－596315

传真…… 007－3272－596318

中联油日本公司

地址：东京都港区东新桥一丁目9番2号汐留住友大厦14层

邮编：105－0021

Address: 14F, ShiodomeSumitomo Bldg. 9－2 Higashi Shimbashi1－chome, Minato ku, TOKYO, 105－0021 Japan

电话…… 0081－3－3575－8881

传真…… 0081－3－3575－8882

中国石油国际事业（伦敦）有限公司

地址：30th Floor, Centre Point103 New Oxford Street London WC1A 1DD

电话 … 0044－0207－010－8700

传真 … 0044－0207－010－8728

中国石油国际事业有限公司（俄罗斯）公司

地址：俄罗斯莫斯科市列宁大街113/1号E303－305室

邮编：117198

电话…… 007－495－9565771

传真…… 007－495－9565770

中国石油国际事业（印尼）公司

地址：雅加达南苏迪曼大街54－55号，巴宾都大厦，花旗银行大楼24层

邮编：12190

电话…… 0062－21－5278187

传真…… 0062－21－5278177

中国石油国际事业公司越南办事处

地址：Room 1206, PetroVietn am-Tower, 5LeDuan Street, District1, Hochiminh City Vietnam

电话 …… 0084－8－4046583

传真 …… 0084－8－4046593

中国石油国际事业委内瑞拉办事处

地址：Av. Francisco De Mirada, cruce Av. Tercera de Campo Alegre Torre Edicamp Piso 5, Oficina 501, Caracas enezuela. 1060

电话 … 0058－212－2634949

传真 … 0058－212－2634949

中国石油国际事业土库曼办事处

地址：土库曼斯坦，阿什哈巴德市，卡拉什赛兹雷克大街48号

电话…… 009－9312－482444

传真…… 009－9312－482555

2. 对外合作经理部

地址：北京市东城区东直门北大街9号中国石油大厦　　邮政编码：100007　　公网区号：010

综合处

办公室 …………… 59986831
…………………… 59986778
…………………… 59986777
…………………… 59986832
…………………… 59986779
…………………… 59986908
…………………… 59986829
…………………… 59986798
传真 ……………… 62099363
…………………… 62099367

计划发展处

办公室 …………… 59986826
…………………… 59986782
…………………… 59986803
…………………… 59986816
传真 ……………… 62099370

财务资产处

办公室 …………… 59986812
…………………… 59986815
…………………… 59986773
…………………… 59986808
…………………… 59986809
传真 ……………… 62099371

法律事务处

办公室 …………… 59986792
…………………… 59986793
…………………… 59986872
…………………… 59986802
…………………… 59986828
传真 ……………… 62099372

项目管理处

办公室 …………… 59986781
…………………… 59986909
…………………… 59986827
…………………… 59986785
…………………… 59986772
传真 ……………… 62099373

天然气项目管理处

办公室 …………… 59986806
…………………… 59986895
…………………… 59986795
…………………… 59986805
…………………… 59986807
…………………… 59986789
…………………… 59986796
…………………… 59986905
…………………… 59986906
传真 ……………… 62099376

新项目处

办公室 …………… 59986822
…………………… 59986825
…………………… 59986797
…………………… 59986821
…………………… 59986783
…………………… 59986776
…………………… 59986771
…………………… 59986799
传真 ……………… 62099375

3. 工程咨询有限责任公司（咨询中心）

地址：北京市西城区六铺炕街6号　邮政编码：100724　公网区号：010+6209+4位数

综合技术部

主任……4416
副主任……4299
副处级……5509
……5753
……5509
……4231
……5753
……4383
值班电话……4383

勘探部

主任……4328
院士……5295
副处级……4374
……5738
……5750

开发部

主任……4310
副主任……4532
副处级……5505
……5294

炼化部

主任……4962
……5286
……5286

工程经济部

主任……4345
副主任……4683
……4378
副处级……5759
……4912

4. 物资公司

地址：北京市西城区鼓楼外大街5号　邮政编码：100029　公网区号：010+6209+4位数

办公室

主任……6765
副主任……6818
办公室……6850
……6940
……6771
……6849

人事处

处长……6829
副处长……6821
……6828
办公室……6822
……6830
……6595
……6588
……6823
……6630

财务处

处长……6773
副处长……6737
……6908
办公室……6676
……6912
……6596
……6675
……6913
……6603
……6672
……6833
……6616
……6814
……6962
……6669
……6916
……6617
……6827
……6640
……6906
……6671
……6634
……6668
……6838

党群工作处

处长、工会副主席……6842
团委副书记……6720
办公室……6854
……6677
传真……6747
……6695

法律事务处

处长……6775
副处长（正处级）……6846
秘书长……6851
办公室……6766
……6952
……6661
传真……6885

审计监察处

处长……6831
副处长……6917
……6683
办公室……6899
……6883
……6882
……6682
……6769
传真……6680

计划运行处

处长……6719
副处长……6966
办公室……6856
……6888
……6662
……6641
……6591
传真……6584

项目管理处

处长……6705
副处长……6722
处长助理……6893
……6896
办公室……84889892
……6953
……84889896
……6949
……6697

仓储安全环保处

处长……6778
副处长（正处级）……6725
办公室……6795
……6635
……6832
传真……6914

运输保障处

处长……6626
副处长……6879
办公室……6777
……6806
……6812
……6657
……6877
……6651
……6786
……6727
……6601
……6655
……6809
……6964

石油专用管采购处

处长……6896
副处长（正处级）……6889
副处长……6958
办公室……6690
……6749
……6750
……6691
……6956
……6619
……6689
……6693
……6897
传真……6959

通用金属材料采购处

处长……6746
副处长……6686
办公室……6745
……6685
……6704
……6602
……6951
……6685
……6776

………… 6878
………… 6748
………… 6898
………… 6871
传真 ………… 6734

非金属材料采购处

经理 ………… 6872
副经理 ………… 6615
办公室 ………… 6780
………… 6782
………… 6779
………… 6781
………… 6782

设备采购一处

处长 ………… 6756
副处长 ………… 6857
………… 6718
处长助理 ………… 6816
办公室 ………… 6815
………… 6625
………… 6627
………… 6609
………… 6623
………… 6937
………… 6895
………… 6796
………… 6611
………… 6894

………… 6610
………… 6901
………… 6891
………… 6802
………… 6798
………… 6607
………… 6805
………… 6892
………… 6942

设备采购二处

处长 ………… 6728
副处长 ………… 6742
………… 6688
办公室 ………… 6880
………… 6791
………… 6943
………… 6730
………… 6772
………… 6723
………… 6678
………… 6793
………… 6726
………… 6890
………… 6593
………… 6923
………… 6699
………… 6741
………… 6963
传真 ………… 6731

设备采购三处

经理 处长 ………… 6932
副处长（正处级） ………… 6787
办公室 ………… 6637
………… 6621
………… 6709
………… 6803
………… 6804
………… 6712
………… 6743
………… 6755
………… 6767
………… 6948
………… 6811
………… 6639
………… 6881
………… 6620
………… 6762
………… 6581
………… 84889890

采购招标处

处长 ………… 6740
副处长 ………… 6810
处长助理 ………… 6586
办公室 ………… 6939
………… 6660
………… 6950
………… 6698

………… 6819
………… 6820
………… 6797
………… 6808
………… 6938
………… 6582

信息中心

主任 ………… 6861
主任助理 ………… 6759
主任助理（副处级） ………… 6841
办公室 ………… 6860
………… 6875
………… 6843
………… 6933
传真 ………… 6873

行政服务中心

经理 ………… 6736
办公室 ………… 6735
………… 6732
………… 6632
………… 6733
………… 6717
………… 6628
………… 6944
………… 6870
商务中心 ………… 6903
大堂 ………… 6904
车队 ………… 62005788

5. 信息技术服务中心

地址：北京市东城区东直门北大街9号中国石油大厦　　邮政编码：100007　　公网区号：010

综合办公室

办公室 ………… 59985209
………… 59985809
………… 59985023
………… 59985797
………… 59985151
………… 59984046
传真 ………… 62095819
网络运行部
办公室 ………… 59984963
………… 59985883
………… 59984379
………… 59984754
………… 59983497
………… 59983498
………… 59985895
………… 59985497
………… 59985182

………… 59983499
………… 59985206
………… 59985813
………… 59983481
………… 59983483
………… 59983488
………… 59983480
………… 59983489
传真 ………… 62095206

工程服务系统部

办公室 ………… 62095213
………… 59985483
………… 59985213
………… 59984964
………… 59985880
………… 59983482
传真 ………… 62095880

门户网站部

办公室 ………… 59985230
………… 59985817
………… 59985210
………… 59983486
………… 59985003
………… 59985876
………… 59985879
………… 59982353
………… 59985453
………… 59985829
………… 59985353
………… 59985328
………… 59985465
………… 59985406
………… 59985926
………… 59985463
………… 59983487

………… 59985815
………… 59985163
………… 59985875
………… 59985281
………… 59985873
………… 59983485
传真 ………… 52095873

机关服务部

办公室 ………… 59985859
………… 59985872
………… 59985168
………… 59984430
………… 59985995
………… 59985994
………… 59985376
………… 59984400
………… 59985807
………… 59985884

…………………… 59984348
…………………… 59983479
…………………… 59985462
…………………… 59984281
…………………… 59985208
传真 ………………… 62095462
…………………… 59985819

6. 运输公司

地址：新疆维吾尔自治区乌鲁木齐市西环北路2219号（石油新村） 邮政编码：840014 公网区号：0991

机关电话

经理办公室………… 3724895
规划计划处………… 3724131
企管法规处………… 3714130
财务资产处………… 3715943
人事劳资处………… 3715854
基建工程处………… 3724334
总调度室…………… 3761617
北京调度中心 010－62095503
安全环保处………… 3722641
质量设备处………… 3711664
督察处……………… 3783009
审计处……………… 3715433
工会………………… 3714655
思想政治工作处…… 3723482
纪检监察处………… 3745586

公司各单位通信联系方式

塔运司经理党委办公室
主任………… 0996－2130011
沙运司党政办公室
副主任……… 0996－2135800
一公司办公室主任
…………………… 3714133
新疆配送公司办公室
主任………… 0991－3780518
化工运销公司党政办公室
主任…………………… 3725454
华北分公司综合办公室
主任………… 010－84830569
华东分公司综合办公室
负责人……… 021－51923909
华中分公司党政办公室
副主任……… 027－87303039
华南分公司办公室
主任 … 020－61277926－828
西南分公司综合办公室
干事………… 0871－3106795
黑龙江分公司党政办公室
主任 ……… 0451－55101305
吉林分公司综合办公室
主任 0431－82993737－8206
辽宁分公司综合办公室
主任………… 024－31205177
大连分公司综合办公室
主任 0411－84362603－801
内蒙古分公司办公室
干事………… 0471－6527317
山东分公司办公室
副主任 …… 0532－88722670
四川分公司办公室
主任………… 028－86761469
重庆分公司综合办公室
干事………… 023－68786610
陕西分公司办公室
主任 …… 029－82103562－8000
甘肃分公司综合管理部
主任………… 0931－2103258
宁夏分公司办公室
主任………… 0951－4073508
青海分公司财务科
科长………… 0971－6150383
西藏分公司办公室
干事………… 0891－6876985
上海华东分公司办公室
副主任……… 021－50818080
…………………… 转6669
上海浦东分公司办公室
主任………… 021－51923926
北京物流公司综合办公室
负责人……… 0351－3637150
廊坊特运公司经理办公室
主任………… 0316－2374160
锦西运输公司综合办公室
主任………… 0429－2174680
北京石化公司办公室
干事………… 010－84835417
供应处办公室主任 3743217
北京物装公司综合办公室
主任………… 010－84835282
华油物流公司办公室
主任 010－82035230－800
西北石化公司办公室
主任………… 0991－3762755
油建公司综合办公室
主任…………………… 3732285
建安公司党政办公室
主任…………………… 3723272
管业公司党政办公室
主任…………………… 3714959
二公司综合管理科
科长………… 0994－2519806
物业管理公司
副经理………………… 3735954
独山子公司综合办公室
干事………… 0992－3879208
教育培训中心综合管理部
副主任……… 0994－6518636
职工总医院办公室
主任…………………… 3713271
综合服务公司办公室
副主任………………… 3730476
综合开发公司综合办公室
干事…………………… 3102228
信息网络公司办公室
主任 010－84835271－8001
退管处党委书记…… 3720346

7. 中油财务有限责任公司

地址：北京市东城区东直门北大街9号中国石油大厦 邮政编码：100007 公网区号：010

总经理办公室（党群工作部）

办公室 ……………… 59983617
…………………… 59983616
…………………… 59983615

财务部

办公室 ……………… 59983676
…………………… 59983672
…………………… 59983665
…………………… 59983673
…………………… 59983675
…………………… 59983671
…………………… 59983667
…………………… 59983677
…………………… 59983670
…………………… 59983666
…………………… 59983674
传真 ………………… 62096991

营业部

办公室 ……………… 59983697
…………………… 59983695
…………………… 59983576
…………………… 59983686
…………………… 59983561
…………………… 59983689
…………………… 59983693
…………………… 59983566
…………………… 59983564
…………………… 59983569
…………………… 59983575
…………………… 59983574
…………………… 59983692
…………………… 59983694
…………………… 59983567
…………………… 59983687
…………………… 59983690
…………………… 59983565
…………………… 59983571
…………………… 59983572
…………………… 59983573
…………………… 59983570
…………………… 59983691
…………………… 59983563

信贷部

办公室 ………… 59983620
………… 59983623
………… 59983627
………… 59983625
………… 59983628
………… 59983629
………… 59983630
………… 59983626
………… 59983562
传真 ………… 62096983

证券部

办公室 ………… 59983678
………… 59983679
………… 59983681
………… 59983683
………… 59983680
………… 59983684
………… 59983682
传真 ………… 62096994

国际业务部

办公室 ………… 59983637
………… 59983638
………… 59983642
………… 59983648
………… 59983645
………… 59983646
………… 59983643
………… 59983639
………… 59983649
………… 59983640
………… 59983650
………… 59983641
………… 59983644
………… 59983647
传真 ………… 62096981

管理稽核部

办公室 ………… 59983631
………… 59983633
………… 59983632
………… 59983635
………… 59983634
传真 ………… 62096972

信息发展部

办公室 ………… 59983652
………… 59983651
………… 59983655
………… 59983656
………… 59983654
………… 59983653
………… 59983657
………… 59983658
………… 59983659
………… 59983660
………… 59983661
………… 59983662
传真 ………… 62096974

人事劳资部

办公室 ………… 59983579
………… 59983578
………… 59983580
传真 ………… 62099392

审计部

办公室 ………… 59983583
传真 ………… 62099393

金融与会计研究所

办公室 ………… 59983588
………… 59983587
………… 59983586
………… 59983590
传真 ………… 62099394

8. 华油集团公司

地址：北京市朝阳区安立路 101 亚运村名人大厦 27 层　　邮政编码：100101　　公网区号：010

办公室
办公室 ………… 84836859
主任 ………… 84836860
副主任 ………… 84836856
………… 84836805
………… 84836812
………… 84836807
传真 ………… 84836311

规划计划部
办公室 ………… 84836832
………… 84836833
………… 84836870

财务资产部
办公室 ………… 84836861
………… 84836822
………… 84836820
………… 84836830
………… 84836863
………… 84836823
………… 84836824
………… 84836829
………… 84836827
传真 ………… 84836823

预算内控部
办公室 ………… 84836822
………… 84836875
………… 84836885
………… 84836896

干部管理部
办公室 ………… 84836816
………… 84836817

人事劳资部
办公室 ………… 84836816
………… 84836819
………… 84836815
传真 ………… 84836837

资本运营部
办公室 ………… 84836864
………… 84836867

安全环保部
办公室 ………… 84836818
………… 84836857

法律事务部
办公室 ………… 84836839
………… 84836831

设备物资部
办公室 ………… 84836905
………… 84836909

审计部
办公室 ………… 84836850
………… 84836851
传真 ………… 84836865
………… 84836852

阳光酒店集团

三亚阳光大酒店
地址：海南省三亚市三亚湾路 196 号
邮编：572000
公网区号：0898
电话 ………… 88599999
传真 ………… 88815666

天坛饭店
地址：北京市崇文区体育馆路 1
邮编：100061
公网区号：010
电话 ………… 67190666
传真 ………… 67190355

上海中油阳光大酒店
地址：上海市浦东新区东方路 969 号
邮编：200122
公网区号：021
电话 ………… 68758888
传真 ………… 68758688

甘肃阳光大酒店
地址：兰州市城关区庆阳路 428 号
邮编：730030
公网区号：0931
电话 ………… 4608888
传真 ………… 4608889

常州阳光大酒店
地址：常州市怀德北路 35 号
邮编：213002
公网区号：0519
电话 ………… 86606888
传真 ………… 86612900

暨阳山庄
地址：江苏省江阴新虹桥公园路 99 号
邮编：214431
公网区号：0510
电话 ………… 86851888
传真 ………… 86855424

华油实业公司

地址：北京市西城区六铺炕一区一号楼
总经理 ………… 82032866
党总支书记 ………… 82035281
副总经理 ………… 82035280
副总经理、会计师 82035282
总经理助理 ………… 82035285
………… 82035286
………… 82035278
管理部门
办公室
主任 ………… 82035291
办公室 ………… 82035292
………… 82035293
………… 82035525
财务处
处长 ………… 82035275
副处长 ………… 82035272
办公室 ………… 82035271
企业管理处

处长……82035276
办公室……82035338
……82035939
法律顾问室
副主任……82035016

上海浦东华油实业有限责任公司

地址：上海市浦东新区上海中油大酒店709室
邮编：200122
公网区号：021
总机……68758888
值班……68752698
传真……68757678
办公室……68758188
……68752698
人事劳资部……68755889
财务资产部……68757058
……68758888－3175
……68758888－3166
……68758888－3178
……68758888－3173
经营管理部……68760971
……68758888－3136
……68758888－3101
上海中油大酒店……58208294
……68758588
……68756787
……58209709
……68755838

常州中油国际大酒店有限公司

公网区号：0519
办公室……6633025
……6637306
……6600248

中国石油化学公司

总机……58780808
传真……58780909
领导
……58780901
……58780902
……58780903
……58780905
助理……58780981
副总师……58780982
办公室……58780911
……58780912
……58780913
……58780915
……58780916
……58780917
……58780808
人事劳资部……58780921
……58780923
……58780925
财务资产部……58780931
……58780932
……58780933
……58780936
企管法规部……58780951
……58780952
……58780953
……58780955
气溶胶消防事业部……58780955
……58780861
……58780862
……58780863
油田化学部……58780811
……58780813
……58780815
……58780817
……58780818
……58780819
……58780823
……58780825
……58780828
贸易部……58780831
……58780832
……58780833
……58780835
……58780836
……58780837
……58780838
……58790839
……58780853

中国石油化学公司驻外机构

建安公司……62371668
……82013849
……62018011
……58780921
……62010380
办公室……62017025
传真……62010477
经营管理部……62371512
计划财务部……62371500
……62018011
市场开发部……62371600
……62371675
工程技术开发部……62012483

巴州塔里木分公司

公网区号：0996
领导……2116951
……2116953
……2116952
办公室……2116954
传真……2116955
财务部……2116967
营销部……2116963
商务部……2116962
晶力公司
传真……62016439

安康办事处

公网区号：0915
……3210931

大庆市场管理处

公网区号：0459
……5991750

曹妃甸项目部

公网区号：0315
……8759622
……8759611
……8759633

哈萨克斯坦项目部

……694012
……694009
……695596
……695597
传真……007－3242－246050

廊坊中油建材总公司

地址：河北省廊坊市经济开发区云鹏道
邮编：065001
公网区号：0316
办公室……6089120
传真……6089950
华霖公司……6085254
砌块厂……6089130
砼制管厂……6088112－8000

华油房地产开发公司

总经理……51359068
党支部书记……51359083
副总经理……51359199
……51359196
总经理助理……51359199
办公室……51359078
……51359066
……51359077
……51359081
……51359082
传真……51359080
营销部……51359954
……51359954
材料部……51359069
工程部……51359198
……51359065
财务部……51359196
……51359954
经营部……51359195
开发部……51359199
客服部……62026329
……51359768

油气资源事业部

地址：北京市朝阳区安立路101号亚运村名人大厦26层
邮编：100101
总经理……84836939
书记……84836923
常务副总经理……84836897
副总经理……84836921
综合办公室
副主任……84836895
办公室……84836904
……84836900
……84836884
……84836895
财务经营部
主任……84836894
办公室……84836946
……84836884
生产技术部
副主任……84836925
办公室……84836926
……84836938
……84836932
传真……84836900

采油五厂第一项目经理部

公网区号：0311
总经理……4583603
副经理……4583616
会计……4583668
工程师……4583662
技术员……4583618
办公室主任……4583699
资料室主管……4386357
材料员……4583621
经理……4583666
副经理……4583661
出纳……4583668
工程师……4583619
外协……4583669
计划统计……4583699
调度员……4583607
后勤管理员……4583632

靖边电话

经理……4611862
副经理……4649626
办公室主任……4649626
办公室……4623456
财务部……4620666

肇州分公司

办公室……… 0459－5080031
财务………… 0459－5080038
大庆传真…… 0459－5080023

依奇克里克油田分公司

总经理……………… 7320331
书记……………………… 7320632
副总经理……………… 7320613
生产部………………… 7320617
办公室……………… 7320630
财务…………………… 7320632

9. 华油北京服务总公司

地址：北京市西城区六铺炕街6号　邮政编码：100724　公网区号：010

总经理办

办公室 …………… 62095158
…………………… 62095856
…………………… 62095834
…………………… 62095308
…………………… 62094478
…………………… 62094670
…………………… 62095680

党办

办公室 …………… 62094796
…………………… 62095474
…………………… 62095597

人劳处

办公室 …………… 62095262
…………………… 62095595
…………………… 62095761
…………………… 62095262
…………………… 62095595

计财处

办公室 …………… 62095587
…………………… 62095309
…………………… 62095475
…………………… 62095310
…………………… 62095541
…………………… 62095310
…………………… 62095541

经营管理处

办公室 …………… 62095056
…………………… 62094643

审计处

…………………… 62095309

中油宾馆

办公室 …………… 62095311
…………………… 62094296
…………………… 62095509
…………………… 62070061
…………………… 62095501
…………………… 62095544

科技开发公司

办公室 …………… 62095504
…………………… 62095863
…………………… 62095504
…………………… 62095504
…………………… 62095504
…………………… 62095504

工程公司

办公室……… 84064155－808
……………………………… 805
……………………………… 818
……………………………… 810
……………………………… 520
……………………………… 852
……………………………… 860
……………………………… 895
……………………………… 892
总机 …………………… 84064155

住管中心

办公室 …………… 62095386
…………………… 62095554
…………………… 62095771
…………………… 62095323
…………………… 62095534
…………………… 62095330
…………………… 62095428
…………………… 62095038
…………………… 62095061
…………………… 62095517
…………………… 62095507

科隆公司

办公室 …………… 62094957
…………………… 62094954
…………………… 62095041
…………………… 62095535
…………………… 62095044

房管公司

办公室 …………… 62095655
…………………… 62095268
…………………… 62094541
…………………… 62095044
…………………… 62095018
…………………… 62094651
…………………… 62095634
…………………… 62095634
…………………… 62095839
…………………… 62095285
…………………… 62094541

生活公司

办公室 …………… 62095070
…………………… 62095473
…………………… 62094442

门诊部

办公室 …………… 62095694
…………………… 62095694
…………………… 62094436
…………………… 62094436
…………………… 62363028
…………………… 62362935
…………………… 62094436

幼儿园

办公室 …………… 62095513
…………………… 62094318
…………………… 62095594
…………………… 62095469

退休科

办公室 …………… 62047660
…………………… 62095020
…………………… 62095821
…………………… 62095644
…………………… 62095821

10. 中国（香港）石油有限公司　CNPC（HONG KONG）LIMITED

地址：香港干诺道西118号39写字楼

China Nationl Petrolem Corporaion
P. O. Box 766 4 Liu Pu Kang, BeijingPost Code 100724, PRC
Tel ……… (8610) 6209 4538
(Foreign Affairs Division)
Tlx ……… 22312 PCPRC CN
Homepage
http: //www. cnpc. com. cn:
CNPC (Hong Kong) Limited
(HONG KONG OFFICE)
Room 3907－3910, 39/F118 Connaught Road WestHong Kong
Office Hours: 09: 00 to 18: 00 (Lunch Time : 13: 00 to 14: 00)
Tel ……… (852) 2522 2282
Fax ……… (852) 2868 1741
E－mail : info@cnpc. com. hk
(BEIJING OFFICE) Room 1203, Block D, No. 6－1 Fuchengmen Beidajie, Xicheng District, Beijing 100034, Chi-

naContact Person：Mr. Yang Jingfa Telephone ……………… 08610 5855 1501 Facsimile ……………… 08610 5855 1254 Email：cnpc@netchina.com.cn

11. 中国华铭国际投资公司

地址：北京市东城区东直门外大街46号天恒大厦A座18层　邮政编码：100027　公网区号：010

总经理办公室

办公室 ……………… 84608926
……………………………… 6201
……………………………… 84608901
……………………………… 6102
……………………………… 6202
……………………………… 6204
……………………………… 6206
……………………………… 6209
……………………………… 6000
……………………………… 6901

财务部

办公室 ……………… 84608936
……………………………… 6301
……………………………… 6305
……………………………… 6304
……………………………… 6307
……………………………… 6303

人力资源部

办公室 ……………… 84608946
……………………………… 6401
……………………………… 6402
……………………………… 6403

工程部

办公室 ……………………… 6505
……………………………… 6506
……………………………… 6503
……………………………… 6504

商务发展部

办公室 ……………… 84608966
……………………………… 6601
……………………………… 6602
……………………………… 6604

莫斯科代表处

办公室 ……………… 84608976
……………………………… 6701
……………………………… 6702
北京总机 ……………… 84608899
北京直拨传真 …… 84608900
北京传真小号 ……………… 6006
莫斯科总机……………… 9670532
……………………………… 9670533
……………………………… 9670053
……………………………… 9670541
……………………………… 9670542
莫斯科传真小号 ……… 7007

12. 中油资产管理有限公司

地址：北京市东城区东直门北大街9号中国石油大厦　邮政编码：100007　公网区号：010

直接投资部

办公室 ……………… 59982090
……………………………… 59984549
……………………………… 59982081
……………………………… 59982082
传真 ……………………… 62094533

金融投资部

办公室 ……………… 59984993
……………………………… 59984904
……………………………… 59985457
传真 ……………………… 62095457

资产管理部

办公室 ……………… 59984989
……………………………… 59985803
……………………………… 59985802
……………………………… 59984547
……………………………… 59984991
……………………………… 59984549
……………………………… 59982086
传真 ……………………… 62095801

企划研究部

办公室 ……………… 59984994
……………………………… 62094715
传真 ……………………… 62094715

财务部

办公室 ……………… 59984713
……………………………… 59984505
……………………………… 59984561
……………………………… 59984711
传真 ……………………… 62094530

综合管理部

办公室 ……………… 59984530
……………………………… 59984515
……………………………… 59985174
……………………………… 59984533
……………………………… 59982093
……………………………… 59984771
……………………………… 59984566
……………………………… 59982083
……………………………… 59986101
传真 ……………………… 62094519

13. 北京华昌置业有限公司

地址：北京市东城区东扬危街7号　邮政编码：100007　公网区号：010

公司领导

总经理……… 84064155－802
副总经理…… 84064155－806
……………… 84064155－808
总工程师…… 84064155－809
总会计师…… 84064155－818

综合办公室

主任………… 84064155－810

工程管理部

办公室……… 84064155－852

经济管理部

办公室……… 84064155－866

14. 石油企业协会

地址：北京市西城区六铺炕街6号　　邮政编码：100724　　公网区号：010＋6209

专职副会长

………………………… 4137

办公室（秘书处）

副主任 ………………… 5138

主管 ………………………… 5027
主办 ………………………… 5110
………………………… 5112

咨询研究部

主任 ………………………… 4109

主办 ………………………… 4105
高级主管 ……………………… 4105

企业工作部

副主任 ……………………… 5111
高级主管 ……………………… 5028

主管 ………………………… 5116

《中国石油企业》杂志社

总编辑 ……………… 62358528
高级主管 ……………… 62357808

15. 石油学会

地址：北京市西城区六铺炕街6号　　邮政编码：100724　　公网区号：010＋6429＋4位数

秘书处 ………………………… 4082
办公室 ………………………… 5614
财务办公室 …………………… 4450
学术交流部 ………………… 4590
SPE北京联络处 …………… 5529
科普咨询部 ………………… 4154
《石油学报》编辑部…… 4537
《石油学报（石油加工）》
编辑部 …… 62327551－8282
………………………… 62310752
《石油知识》编辑部…… 4178

16. 中心医院

地址：河北省廊坊市新开路51号　　邮政编码：065000　　公网区号：0316

领导

院长…………………… 2077261
党委书记……………… 2076962
副院长………………… 2077704
…………………… 2077348
…………………… 2077167
…………………… 2075118
…………………… 2075089
纪委书记、党委副书记
…………………… 2072035
副院长………………… 2075715
院长助理……………… 2073884
…………………… 2075242
…………………… 2077864
…………………… 2072181
高级顾问……………… 2077600

要害部门

总值班………………… 2075900
…………………… 2077847
急诊科………………… 2075939
207、217局电话可拨120
保卫值班……………… 6895844
治安值班、监控室 … 2077346

院办（党办）

院办…………………… 2075450
党办…………………… 2075452
传真…………………… 2175611
行政管理科…………… 2072191
文秘科………………… 2072193
门诊六楼会议室……… 2073870
收发室………………… 2077111
审计科………………… 2077247
…………………… 2074873
保卫科………………… 2073754
…………………… 2075176
…………………… 2075345
…………………… 2075347
科长…………………… 2077813
保障旅卫生营队部…… 2074854

人事劳资处

处长…………………… 2072021
…………………… 2075756

人力资源部

主任…………………… 2075239
…………………… 2075080

医务处

处长…………………… 2075457
医政科………………… 2075667
质控办………………… 2073864
门诊部………………… 2075372
门诊挂号室…………… 2075751
门诊服务台…………… 2074269
护理部………………… 2075274
护理部教研室………… 2077864
接诊服务室…………… 2075106
洗衣房………………… 2075114
物价科（医保办）…… 2077834
…………………… 2072017
医院感染控制办……… 2077472
预防保健科…………… 2073178

专家咨询委员会

办公室………………… 2073142

科教处

处长…………………… 2077746
…………………… 2077487
培训科………………… 2073776
教务科………………… 2075743
学生科………………… 2072250
学生公寓……………… 2077030

经营财务处

处长…………………… 2075896
经营科………………… 2073775
计划一科……………… 2073097
计划二科……………… 2077744
财务科………………… 2075899
…………………… 2075187
招标办………………… 2077684

党群工作处

处长…………………… 2073632
宣传部………………… 2073446
摄影室………………… 2077113
纪委（监察）………… 2075782
团委…………………… 2073768
工会…………………… 2075785
…………………… 2073760
机关党总支…………… 2077740
内科系党总支………… 2078650
医技党总支…………… 2072403

政策理论与管理研究会

办公室………………… 2075851
…………………… 2077202
…………………… 2077269
…………………… 2075383

事业发展部

处长…………………… 2077845
…………………… 2077259

保健办公室

办公室………………… 2072418
…………………… 2073932
…………………… 2075306
驻京办事处 … 010－62385925

门诊科室

门诊部保健门诊……… 2075201
心内科………………… 2074317
神经科………………… 2073769
呼吸内科……………… 2075838
风湿免疫组…………… 2074694
消化内科……………… 2078837

内分泌…… 2077394
血液肾内科…… 2073931
感染科、发热门诊 … 2075724
…… 2073014
外科…… 2075946
骨科…… 2077419
泌尿科…… 2077438
整形科…… 2077441
门诊手术室…… 2077427
妇产科…… 2075967
妇科门诊手术室…… 2077504
儿科…… 2075955
耳鼻喉科…… 2075546
口腔科…… 2073832
口腔科烤磁室…… 2077417
眼科…… 2073840
皮肤科…… 2073848
中医科…… 2073777
针灸科…… 2074675
体检科…… 2077112
…… 2073583
换药室…… 2077420
注射室…… 2077501
供应室…… 2077425
接诊室…… 2075731

病区

大内科主任…… 2072178
心内科…… 2077499
心内科医办室…… 2077493
CCU …… 2077714
…… 2077731
风湿免疫组…… 2075293
神经内科…… 2077534
神经内科医办室…… 2077734
呼吸内科…… 2077345
呼吸内科医办室…… 2077814
消化内科…… 2077347
内分泌科…… 2075418
内分泌科医办室…… 2077494
血液肾内科…… 2077574
感染科…… 2075460
感染科医办室…… 2078835
大外科主任…… 2072181
普外科…… 2077641
普外科医办室…… 2077844
骨科…… 2077643
骨科医办室…… 2077174
神经外科…… 2077604
胸外科…… 2077646
胸外科医办室…… 2077291
心外科、皮肤科、血净中心
…… 2077542
心外科…… 2073222
泌尿外科…… 2077554
泌尿外科医办室…… 2078836
肿瘤科…… 2075456
…… 2075287
肿瘤科医办室…… 2077074
热疗室…… 2074051
…… 2074052
整形手外科…… 2075737
烧伤科…… 2077649
麻醉科医办室…… 2077413
手术室…… 2077421
妇产科…… 2077549
妇产科医办室…… 2077642
产房…… 2077547
儿科…… 2073785
儿科医办室…… 2077748
五官科…… 2075362
五官科医办室…… 2078834
介入科…… 2077514
介入导管室…… 2077433
ICU …… 2077841
…… 2073879
血液净化科…… 2074255

保健中心

门诊…… 2073778
导诊台…… 2073886
…… 2072199
主任办…… 2073884
…… 2077849
一病区…… 2072440
一病区医办室…… 2072445
二病区…… 2072441
二病区医办室…… 2072446
耳鼻喉诊室…… 2072419
眼科诊室…… 2072423
化验室…… 2072424
口腔科诊室…… 2072431
妇科诊室…… 2072436
B超…… 2072433
X光…… 2072434
药房…… 2072442
VIP …… 2072450
…… 2072453
治安值班室…… 2072447
保健中心电梯…… 2077194
…… 2077127

医技部门

检验办公室、细菌室
…… 2077436
门诊检验…… 2075827
临检室、生化室、免疫室
…… 2073763
血库…… 2075536
放射科…… 2075845
…… 2074520
阅片室…… 2074523
CT室…… 2075261
MR扫描室…… 2077490
MR诊断室…… 2077489
核医学二楼…… 2077491
核医学三楼…… 2077492
PET－CT主任办 … 2077026
PET－CT医办室 … 2077025
B超室…… 2074261
心脏彩超室…… 2074782
放疗科…… 2073454
…… 2077840
病理科…… 2075550
理疗科…… 2075977
高压氧舱室…… 2075823
心电图…… 2073808
动态心电图…… 2075502
脑电图室…… 2074748
胃镜室…… 2077694
营养科…… 2077473
药品供应科…… 2073800
西药房…… 2073816
中药房…… 2073928
病区药房…… 2073824
…… 2074744
感染科药房…… 2077033
急诊药房…… 2077952
药材采购…… 2073878
临床药学…… 2074878
制剂楼办…… 2077456
制剂楼值班室…… 2077455
药材党总支…… 2077846

医疗辅助部门

住院部…… 2073872
…… 2075325
住院部结算室…… 2077754
门诊收费处…… 2073880
急诊收费处…… 2077650
信息中心主任办…… 2073784
计算机室报修…… 2073786
…… 2077034
资料室…… 2074841
病案室…… 2073885
档案室、统计室…… 2074897
车队办…… 2073503
救护车值班室…… 2075625

职业卫生技术服务中心

办公室…… 2077824
…… 2075715
综合部…… 2073952
Q、HSE部（质控办）
…… 2074733
职业卫生与评价部…… 2074056
…… 2077784
职业卫生咨询与培训部
…… 2075221
中心实验室…… 2073113

卫生处

副处长办…… 2075839
卫生处办…… 2075319
计划生育办…… 2075586
疾控中心…… 2073952
…… 2073960
职防所…… 2077784
…… 2074056
电信卫生所…… 2073233
电信五区卫生所…… 2074610
运输卫生所…… 2074200
机关卫生所…… 2073041
职教中心卫生所…… 2070733
北院门诊…… 2070487
南院门诊…… 2070743
二基地卫生所…… 2079045
九区卫生所…… 2172077

后勤部门

处长…… 2076036
…… 2076093
总务处办公室…… 2075698
…… 2075393
后勤一站式服务…… 6854580
爱委会…… 2073888
住房公积金…… 2073792
计量科…… 2072577
供应科…… 2075774
生活部…… 2075602
会计室…… 2073912
营养食堂…… 2077486
干部、学生食堂…… 2077110
动力部…… 2077446
变电所…… 2075537
锅炉房…… 2075299
水泵房…… 2073323
空调值班室…… 2077437
多米诺配电室…… 2077495
集中消防…… 2077843
物业部…… 2077245
保洁办…… 2073888
电工班…… 2073896
管工班…… 2077462
木工班…… 2077747
太平间…… 2077450

基建办……………… 2072081 器械科……………… 2077724 计划供应…………… 2073936 氧气站……………… 2077496
监理办……………… 2072281 器械维修…………… 2073644

中国石油化工集团公司

中国石油化工股份有限公司

一、中国石油化工集团公司（机关）

地址：北京市朝阳区朝阳门北大街22号　邮政编码：100728
公网区号：010

办公厅

办公室
…………………… 59969710
…………………… 59969711
…………………… 59969712
总值班室
…………………… 59962521
…………………… 59969999
…………………… 59962520
传真 …………………… 59760111
…………………… 59760222
调研室
…………………… 59969713
…………………… 59969715
…………………… 59969717
信息处
…………………… 59969719
…………………… 59969721
…………………… 59969722
文件档案处
…………………… 59969723
…………………… 59969725
…………………… 59969726
…………………… 59969737
文印
…………………… 59969728
…………………… 59969729
收发
…………………… 59968999
信访保卫处
…………………… 59969744
…………………… 59969746
信访接待 ………… 59969750
总师办 …………… 59969748

发展计划部

办公室
…………………… 59968847
油气规划处
…………………… 59968852
炼油运销规划处
…………………… 59968862
化工规划处
…………………… 59968872
境内项目合作处
…………………… 59968885
境外油气项目合作处
…………………… 59968879
境外炼化项目合作处
…………………… 59968933
项目审查处
…………………… 59968895
投资计划处
…………………… 59968905
综合统计处
…………………… 59968916
新能源办公室
…………………… 59968925

财务部

综合管理处
…………………… 59969276
财务管理处
…………………… 59969281
资金管理处
…………………… 59969290
会计管理处
…………………… 59969307
内控管理处
…………………… 59969308
资产管理处
…………………… 59969313
土地管理处
…………………… 59969318
机关财务处
…………………… 59969323
石油储备处
…………………… 59969332

企业改革管理部

综合处
…………………… 59969586
调研处
…………………… 59969591
改革处
…………………… 59969596
企业管理处
…………………… 59969616
业绩考核管理处
…………………… 59969622
制度管理处
…………………… 59969611
资本运作处
…………………… 59969603

科技开发部

办公室
…………………… 59968777
综合计划处
…………………… 59968779
油田处
…………………… 59968785
炼油处
…………………… 59968792
化工处
…………………… 59968798
化纤处
…………………… 59968805
装备与储运处
…………………… 59968809
国际合作处
…………………… 59968816
知识产权处
…………………… 59968820
技术监督处
…………………… 59968829
三剂处
…………………… 59968837

人事部

办公室
…………………… 59968710
领导人员管理处
…………………… 59968709
专业技术人员处
…………………… 59968666
技能操作人员处
…………………… 59968672
组织监督处
…………………… 59968677
劳动工资处
…………………… 59968683
培训开发处
…………………… 59968698
机关人事处
…………………… 59968703

法律事务部

办公室
…………………… 59968088
合同项目管理处
…………………… 59968075
纠纷诉讼管理处
…………………… 59968077
公司事务管理处
…………………… 59968082
普法培训处
…………………… 59968086

安全环保局

综合处
…………………… 59969777
安全监督处
…………………… 59969770
安全技术处
…………………… 59969775
环境保护处
…………………… 59969781
油田安全处
…………………… 59969787
安保基金处
…………………… 59969793

油田农业经营管理部

综合管理处
…………………… 59968606
计划财务处
…………………… 59968631
生产安全处
…………………… 59968637
工程技术处
…………………… 59968617
市场管理处
…………………… 59968611
企业改革处
…………………… 59968628
社会服务协调处
…………………… 59968610

炼化工程公司（工程企业管理部）

办公室（党工办）
…………………… 64823186
…………………… 64823128
…………………… 64823056
传真 …………………… 64823772
人事处
…………………… 64823136
…………………… 64823093
计划财务处

……………………… 64823298
……………………… 64823308
法律事务处
……………………… 64823586
企业管理处
……………………… 64823271
……………………… 64823257
市场开发中心
……………………… 64823815
国际项目管理中心
……………………… 64823557
……………………… 64823515
招标公司
……………………… 64823452
……………………… 64823439

外事局

办公室
……………………… 59968715
财务处
……………………… 59968725
对外联络处
……………………… 59968732
出国管理处
……………………… 59968748
国际合作处
……………………… 59968760
境外机构管理处
……………………… 59968768

审计局

综合处
……………………… 59968291
计划处
……………………… 59968297
审理处
……………………… 59968303
制度处
……………………… 59968315
投资处
……………………… 59968320
北京分局
……………………… 84628125

监察局（党委纪检组）

纪检监察一处
……………………… 59968256
纪检监察二处
……………………… 59968266
……………………… 59968265
纪检监察三处
……………………… 59968272
纪检监察四处
……………………… 59968278

思想政治工作部（直属党委）

综合处
……………………… 59968226
党建工作处
……………………… 59968229
宣传处
……………………… 59968234
直属纪委办公室
……………………… 59968239
群众工作处
……………………… 59968241
青年工作处
……………………… 59968247
油区综合协调处
……………………… 59968249

离退休工作部

综合处
……………………… 84211030
传真 ……………… 84211031
指导处
……………………… 84210715
机关处
……………………… 84210725
活动中心
……………………… 84211051

机关服务中心

党委办公室
……………………… 59960501
办公室
……………………… 59960505
传真 ……………… 59960901
人力资源处
……………………… 59960556
财务处
……………………… 59960285
企业管理处
……………………… 59960918
房产管理处
……………………… 59969909
基建工程处
……………………… 59961066
安全保卫处
……………………… 59960210
设备工程处
……………………… 59960366
服务处
……………………… 59960099
餐饮处
……………………… 59960125
交通处
……………………… 59960162
医务处
……………………… 59960120
经营处
……………………… 59960858
国际旅行社
……………………… 59960265
调研室
……………………… 59960278
实华饭店
……………………… 64674113
总机 ……………… 64665522

二、中国石油化工集团公司企事业单位

1. 胜利石油管理局

地址：山东省东营市东营区济南路258号　邮政编码：257001　公网区号：0546

局机关

局党委办公室
主任……………… 8717788
副主任…………… 8558796
值班室…………… 8552820
接待科…………… 8554458
秘书科…………… 8710372
文书科…………… 8710371
综合科…………… 8559422
收发室…………… 8559286
打字室…………… 8775474
保密科…………… 8552618
机要科…………… 8553311
信访办…………… 8775614
接历科…………… 8553591
调查处理科……… 8714050
局党委组织部
副部长…………… 8710586
……………………… 8553387
……………………… 8777082
办公室…………… 8559297
传真……………… 8712266
办公室主任……… 8553248
办公室副主任…… 8714923
干部管理一科…… 8713247
干部管理二科…… 8792709
组织科…………… 8711064
干部调配科……… 8553518
技术干部管理科…… 8551191
党委宣传部（企业文化处）
部长……………… 8553782
副部长…………… 8713808
局新闻出版办…… 8787557
文明办…………… 8552716
理论教育科……… 8776778
新闻科…………… 8553460
企业文化科……… 8553282
基层工作科……… 8557775
网络宣传管理科…… 8710375
工会
副主席…………… 8553710
……………………… 8554305
办公室…………… 8553440
办公室…………… 8552885
财务部…………… 8776311
政策研究室……… 8554127
生产劳保部……… 8556630
帮扶中心………… 8703100
文体部…………… 8558916
组织民管部……… 8558121
法律工作部……… 8554125
女工部…………… 8791855
残联办公室……… 8553529
经济事业保险部…… 8714271
团委

书记……8714616
副书记……8714618
办公室……8712100
组织统战部……8712301
文化宣传部……8776155
青工事务部……8775324
社会事务部……8714861
胜利团校……8705511
胜利青年职业指导中心……8777608
胜利青年文化研究中心……8772259

党委统战部
部长……8778551
综合科（传真）……8552630

综治办（人武部、普法办）
主任、部长……8559293
副主任……8711498
综合科……8775114
调研科……8778915
指导（督查）科……8551424
治理整顿科……8712102
民兵工作科……8552640
装备管理科……8533460
人防工作科……8714080
人防工程管理科……8716751
普法工作科……8553148
信息工作科……8775165
协调处理科……8774346
应急指挥科……8552017

机关党委（机关管理处）
书记……8713266
副书记……8712274
办公室……8553257
组织科……8712105
宣传科……8554321
纪委（监察科）……8553329
工会（计生办）……8553659
劳动调解办……8778916
劳资培训科……8714401
保卫科值班室……8557964
综治办……8796672
行政管理科……8712675
安全科……8713680
行政管理科……8552579

局办公室
主任……8559608
值班接待科……8552074
文书科……8775540
秘书科……8555959
调研督查科……8713370
综合科……8553582
史志科……8556419
油地校结合办公室……8552870

政策研究室
主任……8556636
副主任……8711548
综合信息科……8555007
传真……8551496
文秘科……8555346
研究科……8554814
编辑科……8551497

生产管理部（处）
主任……8717776
副主任……8551031
总调度室值班室……8556180
报表统计……8556497
产能科……8552482
海工科……8555740
交通管理科……8555805
综合信息科……8773208
用电管理科……8714443
农电办……8776374
电力技术科……8714449
水利科……8556787
节水科……8552358
部办公室……8556498

石油工程管理处
处长……8717168
副处长……8714343
综合信息科……8714248
工程技术科……8714473
井控管理科……8714246
工程质量科……8556486
市场协调科……8552850

基建处
处长……8717718
副处长……8556677
综合科……8553438
工程科……8552629
矿建科……8555997
招标办公室……8553240
结算科……8554428
技术科……8556140

设备管理处
处长……8555683
副处长……8710519
……8710259
综合计划科……8553629
现场设备管理科……5554978
技术科……8553876
海洋设备管理科……8711213

油地工作处（土地管理处）
处长……8551319
副处长……8556494
综合科……8558111
征地科……8775743
地籍科……8773252
协调科……8554331

科技处（技术中心）
处长……8552750
副处长……8712243
综合管理科……8552596
项目管理科……8557771
新技术推广科……8555518
技术开发科……8710419
情报管理科……8711014
科协学会办公室……8712247
SPE办公室……8713153
科展中心管理科……8558991

经营管理部（改革办公室）
主任……8550868
副主任……8714431
综合管理科……8714435
承包经营一科……8554306
承包经营二科……8712531
体制改革科……8776942
市场管理科……8556641
产权经营科……8714451
现代化管理科……8712597

规划计划部
主任……8775904
副主任……8712546
综合科……8553696
投资科……8553863
矿建科……8556527
生产经营计划科……8553264
物资管理科……8713294
重大项目开发办公室……8713294
统计科……8559436

财务资产部
主任……8777496
副主任……8559965
综合科……8552781
资金科……8553689
成本预算科……8559897
投资科……8712115
海外项目管理科……8712680
会计科……8713579
资产科……8776372
税务科……8553758
机关财务科……8552183

劳动工资处
处长……8713114
副处长……8554139
劳动组织计划科……8713292
编制科……8552525
薪酬管理科……8559758
用工管理科……8551226
检查督导科……8553018
培训开发科……8551338
题库开发科……8713443
考务管理科……8717295

法律事务处（合同管理处）
处长……8714346
副处长……8554695
综合科……8714425
招投标办公室……8713993
合同管理科……8711154
涉外合同管理科……8714348
公司事务科……8714376
诉讼管理科……8714370
宣传培训科……8714373

局纪委、监察处
副书记、处长……8553817
案件检查室……8776291
审理室……8551748
教育研究室……8713079
监察专员室……8552233
执法监察室……8552372
审理室……8556452
信访室……8556296
教育研究室……8552179

审计处
处长……8558509
副处长……8557225
综合科……8552962
财务审计科……8558208
投资审计科……8557046
审计管理科……8711865
内控评审科……8710792

审计中心
主任……8558509
副主任……8557225
滨海审计分处
主任……8486926
业务室……8586016
滨南审计分处
主任……3463454
业务室……3463434
胜北审计分处
主任……8724981
业务室……8724801
胜东审计分处
主任……8736586
业务室……8738032
胜南审计分处
主任……8715256
业务室……8715796
胜中审计分处
主任……8711282
业务室……8795442

技术监督处
处长……8712582
副处长……8554364

综合科…………… 8551751
质量科…………… 8713535
标准化科………… 8717263
计量科…………… 8553593
节能科…………… 8553888
海监科…………… 8712033

安全环保处

处长……………… 8712716
副处长…………… 8714039
综合管理科……… 8553929
工业安全一科…… 8713539
工业安全二科…… 8553933
工业安全三科…… 8713416
交通安全科……… 8552546
安全技术科……… 8555006
安全标准科……… 8772414
海上安全环保科…… 8551567
海上安全环保科副科长
…………………… 8711603
环境管理科……… 8553184
污染治理科……… 8556276
安全生产监察支队… 8701685
西部安全监督办公室
……………… 0991－7996717

勘探处

处长……………… 8554647
副处长…………… 8711900
综合计划科……… 8711257
技术信息科……… 8714810
矿产资源管理科…… 8711257

开发处（油藏经营管理办公室）

处长……………… 8556447
综合规划科……… 8556448
生产管理科……… 8552400
开发管理科……… 8551815
产能建设科……… 8557687
开发信息科……… 8557628
油藏经营科……… 8550229

采油工程处

处长……………… 8711256
副处长…………… 8555588
综合规划科……… 8710851
采油管理科……… 8552567
集输管理科……… 8555328
注水管理科……… 8775005
数据信息科……… 8557629
工程技术科……… 8710926

规划计划处

处长……………… 8712613
副处长…………… 8712379
综合计划科……… 8777443
项目管理科……… 8553328
投资计划科……… 8551033
生产计划科……… 8712044
统计科…………… 8552754

财务资产处

处长……………… 8712038
副处长…………… 8710257
资产科…………… 8776841
机关财务科……… 8774267
成本科…………… 8795766
会计科…………… 8771495
资金科…………… 8553193
税务稽查科……… 8502992
综合科…………… 8555086
预算科…………… 8710236
信息科…………… 8554574

局机关直属

公共事业管理部

主任……………… 8505009
副主任…………… 8501269
办公室…………… 8501128
综合管理科……… 8501319
房产管理科……… 8501076
资金管理科……… 8550955
物业绿化科……… 8558438
考核监督科……… 8718587
产权产籍科……… 8783325
开发管理科……… 8718761
预算管理科……… 8771237
合同科…………… 8771765
住房交易科……… 8788383
信息管理科……… 8781066
学前教育科……… 8719076

石油工程造价管理中心（局定额价格管理中心）

副主任…………… 8558071
…………………… 8710557
综合处…………… 8781226
石油专业工程造价处 8551221
地面工程造价处…… 8778539
定额价格处……… 8778109
信息管理处……… 8710038
定额价格管理中心… 8557977

财务监控中心（财务结算中心）

主任……………… 8710257
副主任…………… 8711396
综合科…………… 8712209
稽核管理科……… 8787202
信息管理科……… 8712083
局内控制度办公室… 8713952
关联交易结算办公室 8784857
监督稽核一站……… 8553390
监督稽核二站……… 8772211
监督稽核三站……… 8713782
监督稽核四站……… 8582023
监督稽核五站……… 3460477
财务结算一站……… 8787934
财务结算二站……… 8712039
外部市场稽核站…… 8778021
新疆结算站… 0991－7996973
川东北结算站 0818－5358711

劳动就业服务中心（再就业服务中心）

主任……………… 8713446
副主任…………… 8713295
就业训练科……… 8554161
资源管理科……… 8713444
职业介绍科……… 8713447
再就业服务科……… 8554141
实体用工管理科…… 8556147
劳务输出办公室…… 8710235

社会保险管理中心

书记……………… 8717737
主任……………… 8554109
综合科…………… 8713348
财务科…………… 8713148
医疗保险科……… 8552717
养老保险科……… 8711074
工伤保险科……… 8713342
生育失业保险科…… 8713143
信息科…………… 8714438

局信息中心（档案管理中心）

主任……………… 8559339
副主任…………… 8776310
ERP 支持中心 …… 8710203
信息规划调研科…… 8714820
应用管理科……… 8558799
数据管理科……… 8714311
综合统计科……… 8711112
网络与系统管理科… 8712222
档案管理一科……… 8710027
档案管理二科……… 8713177
综合信息科……… 8558076
信息市场办公室…… 8556191
ERP 管理一科 …… 8714213
ERP 管理二科 …… 8714216
ERP 管理三科 …… 8714209
网络运行（值班）… 8559845

卫生管理中心（卫生处、计生办）

主任……………… 8552138
副主任…………… 8712986
综合管理科……… 8555771
医政科（红十字会办公室）
…………………… 8713717
卫生监督科（妇幼保健科）
…………………… 8552203
药品监督管理科（医用设备管理科）……………… 8555191
计划生育宣传教育科（政策法规研究科）………… 8552582
计划生育技术指导科 8787814
爱卫会办公室（环境卫生管理办公室）………… 8777842
药械供应站……… 8782900
胜利油田疾病预防控制中心
…………………… 8779698

老年管理中心

书记、主任……… 8781599
副主任…………… 8710886
老年管理科……… 8551478
综合管理科……… 8712297
劳资统计科……… 8712151
财务科…………… 8713859
关工科…………… 8555795
文体科…………… 8553517
老年体协………… 8712717
活动中心建设科…… 8556032
机关老年管理服务部 8555333

海上石油工程技术检验中心

副主任…………… 8555478
…………………… 8558088
综合管理科……… 8552324
检验一科………… 8551144
检验二科………… 8775146
检验三科………… 8712937
审图科…………… 8713707
桩西项目部……… 8870403

勘探项目管理部

主任……………… 8559815
副主任…………… 8711579
综合管理科……… 8559519
生产管理科……… 8775304
项目管理科……… 8551673
技术科…………… 8555131
计划合同科……… 8559867
财务科…………… 8556451

勘探开发监督管理部

主任……………… 8765718
副主任…………… 8765258
物探监督科……… 8765976
地质监督科……… 8765638
钻井监督科……… 8765236
测井试油监督科…… 8765716
综合管理科……… 8765989
开发钻井监督科…… 8717378
作业监督科……… 8775395

销售事业部（运销处）

党委书记、副经理 8558545
办公室…………… 8556545
轻烃销售科……… 8553491

经营管理科………… 8552199
财务资产科………… 8556544
审计科……………… 8776793
调度室……………… 8552384
销运科……………… 8551042
原油储运科………… 8705616
天然气生产管理科… 8780805
轻烃生产科………… 8788701
炼油化工科………… 8551807
成品油管理科……… 8556483
石化产品销售结算站 8596366

川东北工作委员会

主任（四川） 0818－5358701
主任（东营） 0546－8717877
综合办公室… 0818－5358700
值班室……… 0818－5358700
人力资源（组织）部
……………… 0818－5358778
生产运行部… 0815－5358789
经营管理部… 0818－5358777
计划财务部… 0818－5358759
技术装备部… 0818－5358728
安全环保部… 0818－5358756
物资供应部… 0818－5358769
后勤保障和心 0818－5358717
生产支持中心 0818－5358722
东营办事处… 0546－5714843
试气工程部… 0818－5828426
固井工程部… 0818－5828868
钻前工程部… 0818－2698898
管具工程部… 0818－5358688
川西前线…… 0828－2905930
巴中前线…… 0827－5253869

新疆工作委员会

副主任(东营) 0546－8558488
副主任(新疆) 0991－7889272
综合办公室（东营）
……………… 0546－8810857
综合办公室（新疆）
……………… 0996－6793225
《胜利西线》编辑部
……………… 0991－3653281
西部安全监督办公室
……………… 0991－7996717
新疆结算站 ………………
………… 0991－7996204

集体资产管理中心
(局属经济实体管理部)

党委书记、主任…… 8778756
副主任……………… 8559657
党政办公室………… 8714335
党委组织科………… 8714591
党群工作科………… 8714026
劳动工资科………… 8714031
公共事业科………… 8713994
经营管理科………… 8559653
工业园办公室……… 8056709
财务资产科………… 8711920
家属管理科………… 8710039

胜利海上监督处

处长………………… 8714836
副处长……………… 8556511
综合管理科………… 8717068
监督检查科………… 8711649
监督检验科………… 8711647

局属经济实体

环发实业公司

经理………………… 8797888
副经理……………… 8775628
…………………… 8775182
副总师……………… 8558070
…………………… 8791814
党政办公室………… 8781714
生产管理部………… 8778978
财务资产部………… 8556155
经营管理部………… 8501659
项目开发管理部…… 8781814
综合队……………… 8777855

胜利油田全润农业发展有限责任公司

书记………………… 8714199
总经理……………… 8711821
副总经理…………… 8714592
公司办公室………… 8714035
生产管理部………… 8713390
经营管理部………… 8711531
财务资产部………… 8714851
河口分公司………… 3662672
丰盛机械分公司…… 8662996
孤东分公司………… 8584837
金润种业公司……… 8577258
四分场分公司……… 8858898

接待旅游公司

经理………………… 8553711
公司办公室（传真） 8552149
财务科……………… 8555113
业务科……………… 8775602
党总支……………… 8551606
保卫科……………… 8551607
业务管理科………… 8711209
胜利宾馆…………… 8552683
黄河饭店…………… 8552840
旅游服务公司（国际旅行社）
…………………… 8795991
厨师培训中心……… 8557595

银杏开发中心

主任………………… 8711229
生产技术科………… 8559117
财务资产科………… 8714422
销售部……………… 8712537
银杏研究所………… 8768542
银杏保健食品厂…… 8768544

局属控股公司
山东胜利药业有限公司

地址：东营市北二路 123 号
邮编：257055

总经理……………… 8811916
副总经理…………… 7915388
党政办公室………… 8362966
传真………………… 8365536
财务资产部………… 7915795
经营管理部………… 7915529
生产管理部………… 7915786
质量管理部………… 7915805
销售部……………… 8811918
零售管理中心……… 7915877
零售中心…………… 7915815
药店财务…………… 7915769
辉瑞公司…………… 8361668

胜利工程建设（集团）有限责任公司

地址：东营市东营区北二路 755 号
邮编：257000

机关部室

党委工作部………… 8797030
党委组织部………… 8775984
纪委监察部………… 8554387
企业发展部………… 8703068
总经理办公室……… 8555791
工程管理部………… 8552678
劳动工资管理部…… 8555849
经营管理部………… 8552434
安全管理部………… 8554222
技术质量管理部…… 8559961
市场开发中心……… 8554648

财务资产管理中心

主任………………… 8554573
副书记……………… 8794899

物资采购管理办公室

主任………………… 8793835
管理、招标………… 8554449

综合治理办公室

主任………………… 8793895
值班室……………… 8555895

离退休职工管理中心

书记………………… 8788946
主任………………… 8555756
办公室……………… 8554597

后勤服务中心

主任………………… 8557577
办公室……………… 8553935

中心试验室

主任………………… 8558385
办公室……………… 8554516

第一工程处

经理………………… 8630796
书记………………… 8630696
办公室……………… 8630164

第二工程处

书记………………… 8672749
经理………………… 8571150
办公室……………… 8571751

建筑安装分公司

书记………………… 8557650
经理………………… 8559891
办公室……………… 8705891

第四工程处

书记………………… 8532423
经理………………… 8532421
办公室……………… 8532414

第五工程处

经理………………… 8772999
书记………………… 8501103
办公室……………… 8555998

第六工程处

书记………………… 8630856
经理………………… 8639518
办公室……………… 8630051

装饰工程处

书记………………… 8791769
经理………………… 8778381
办公室……………… 8774832

钢结构工程处

书记………………… 8639398
经理………………… 8630968
办公室……………… 8630444

长城建材分公司

书记………………… 8532430
经理………………… 8532988
办公室……………… 8532431

设备管理中心

经理………………… 8781662
副书记……………… 8782150
办公室……………… 8553492

建材营销分公司

书记………………… 8553269
经理………………… 8551485
办公室……………… 8552360

大桥管理处

书记………………… 2520199
主任………………… 2566868
办公室……………… 2565868

房地产开发公司

经理…………………… 8557320
综合管理部………… 8554543
胜建园林公司
经理…………………… 8630363
办公室……………… 8630165
招待所
所长…………………… 8555972
办公室……………… 8719005
万方建材公司
经理…………………… 8639099
经营部……………… 8630699

胜利工程设计咨询有限责任公司

地址：东营市东营区济南路 236 号
邮编：257026
党群工作部
主任…………………… 8552551
办公室……………… 8793499
传真…………………… 8557806
公司办公室
主任…………………… 8551101
办公室……………… 8552563
传真…………………… 8223307
项目管理部
经理…………………… 8793439
统计办公室………… 8552555
技术发展部
经理…………………… 8551105
办公室……………… 8551102
经营管理部
经理…………………… 8782933
办公室……………… 8553994
人力资源部
经理…………………… 8793437
办公室……………… 8552571
财务资产部
经理…………………… 8784964
办公室……………… 8552662
工程勘察公司
经理…………………… 8552782
副总工程师………… 8552772
工艺配管设计所
所长…………………… 8552513
副总设计师………… 8793458
总图规划设计所
所长…………………… 8782321
副所长……………… 8793473
机械设备设计所
所长…………………… 8553043
建筑设计所
所长…………………… 8552573
副总设计师………… 8552743
电力设计所
所长…………………… 8552607
副所长……………… 8552612
海洋工程设计所
所长…………………… 8554932
副所长……………… 8554402
自控通信设计所
所长…………………… 8551516
副所长……………… 8793440
新疆分院
院长………… 0996－2019806
综合室……… 0996－2019256
北京分院
副院长……… 010－80110808
办公室……… 010－69726721
技术经济室
主任…………………… 8783774
副主任……………… 8793497
地面工程信息中心
主任…………………… 8793436
办公室……………… 8555330
综合档案室
主任…………………… 8793342
办公室……………… 8552543
地面工艺技术研究所
所长…………………… 8777222
办公室……………… 8793445
三次采油地面工程技术中心
主任…………………… 8553197
副主任……………… 8793115
工程监理公司
经理…………………… 8705530
办公室……………… 8705723
后勤服务中心
主任…………………… 8793450
副主任……………… 8776154
治保中心
主任…………………… 8793424
副主任……………… 8554973
汽车队
队长…………………… 8793482
调度室……………… 8554341
项目管理公司
经理…………………… 8701101
副经理……………… 8555661
市场开发部
经理…………………… 8799933
办公室……………… 8551057
老年管理中心
主任…………………… 8793414
办公室……………… 8774363
培教中心
办公室……………… 8558744

胜利石油化工建设有限责任公司

地址：东营市东营区西四路 324 号
邮编：257064
行政管理系统
总经理办公室……… 8553046
机关车队…………… 8551702
招待所……………… 8557825
市场开发系统
招投标办公室……… 8558059
外部市场项目管理部
………………………… 8550283
国外工程项目管理部
………………………… 8552673
项目管理系统
施工管理部………… 8552961
技术管理部………… 8786478
劳动工资部………… 8552925
经营管理部………… 8556553
设备管理部………… 8719034
信息管理部………… 8555004
项目保障系统
党委工作部………… 8553073
党委组织部………… 8551779
党委宣传部………… 8551747
武装保卫部………… 8552285
公用事业管理部…… 8550291
项目监督系统
安全环保部………… 8556093
质量技术监督部…… 8551770
审计部……………… 8501208
直属、单列部门
多元经济管理部…… 8552981
财务资产管理中心… 8555322
东营生活服务站…… 8551690
滨南生活服务站…… 3471528
巴州分公司… 0996－2278051
一分公司
书记…………………… 8886701
经理…………………… 8886705
二分公司
书记…………………… 8766396
经理…………………… 8766628
三分公司
书记…………………… 8736463
经理…………………… 8732890
四分公司
书记…………………… 8558605
经理…………………… 8557351
五分公司
书记…………………… 8732196
经理…………………… 8732506
六分公司
书记…………………… 3471518
经理…………………… 3471216
七分公司
书记…………………… 3466129
经理…………………… 3466627
八分公司
书记…………………… 8571675
经理…………………… 8570528
九分公司
书记…………………… 8753742
经理…………………… 8753725
电气安装公司
书记…………………… 8551700
经理…………………… 8501203
防腐基础工程公司
书记…………………… 8799638
经理…………………… 8705839
机械一公司
书记…………………… 8557698
经理…………………… 8557696
党政办公室………… 8552954
机械二公司
书记…………………… 3471960
经理…………………… 3471896
金属结构厂
书记…………………… 8551711
厂长…………………… 8552427
管道预制厂
书记…………………… 8551719
厂长…………………… 8551720
管道容器厂
书记…………………… 3479781
厂长…………………… 3479798
设备修理厂
书记…………………… 3471947
厂长…………………… 3471698
技术发展中心
书记…………………… 8501067
主任…………………… 8794957
方正工程建设检测中心
书记…………………… 8501202
主任…………………… 8785580
物资供应公司
书记…………………… 8702156
经理…………………… 8559517
职工培训中心
书记…………………… 8552194
主任…………………… 8777742
老年管理中心
主任…………………… 8797383
副书记……………… 8551889
劳动服务公司
书记…………………… 8555611
经理…………………… 8556870

实业公司
书记…………………… 8553701
经理…………………… 8552851
胜利管件有限公司
书记…………………… 8766706
经理…………………… 8766716
长胜集团公司
书记…………………… 3471597
经理…………………… 3471803
胜利间业有限公司
经理…………………… 7768019
副经理………………… 7768010
胜利定向穿越工程有限公司
经理…………………… 3471631
副经理………………… 3471290
红柳电气制造有限公司
书记…………………… 8703627
经理…………………… 8552116
海兴商贸有限公司
书记…………………… 8701082
经理…………………… 8553678
申元置业有限公司
办公司………………… 8666176
科威智能技术有限公司
经理…………………… 8797560
办公室………………… 8552700

胜利资产调剂租赁有限责任公司

地址：东营市东营区西四路 270 号
邮编：257000
经理…………………… 7783085
副经理………………… 7783066
……………………… 7783096
财务总监……………… 7783068
监事会主席…………… 7783159
公司办公室…………… 7783058
资产调剂部…………… 7783099
设备租赁一部………… 7783055
设备租赁二部………… 7783062
财务资产部…………… 7783051
经营管理部…………… 7783065

二级单位
胜大集团

地址：东营区东二路 179 号
邮编：257055
机关部室
党群工作部…………… 8732892
人力资源部…………… 8733402
企业管理部…………… 8732677
法律事务部…………… 8732468
生产管理部…………… 8734613
财务资产部…………… 8633279
审计部………………… 8733261
农业公司
书记…………………… 8769259
经理…………………… 8769246
综合办………………… 8769301
维可得食品厂………… 8768998
天香油厂……………… 8769183
畜牧养殖厂…………… 8768388
水产公司
书记…………………… 8739020
经理…………………… 8739023
综合办………………… 8730271
冷藏厂………………… 8730977
胜大超市公司
书记…………………… 8773021
经理…………………… 8792008
办公室………………… 8232729
盛大商场
书记…………………… 8632676
经理…………………… 8366586
办公室………………… 8632168
物资公司
书记…………………… 8736580
经理…………………… 8733158
党政办………………… 8733143
工程公司……………… 8736929
石油工程技术开发中心
经理…………………… 8633897
副书记………………… 8731597
党政办公室…………… 8738784
侧钻井项目部
经理…………………… 8633917
副经理………………… 8633996
办公室………………… 8633919
置业公司
书记…………………… 8365677
副经理………………… 8363789
办公室………………… 8732606
物业公司……………… 8369222
胜利建安公司
书记…………………… 8833312
经理…………………… 8351831
公司办………………… 8833358
一分公司……………… 8833859
二分公司……………… 8833865
三分公司……………… 8833850
水利公司
书记…………………… 8633088
经理…………………… 8735888
公司办………………… 8731510
胜明公司
书记…………………… 8360706
经理…………………… 7399806
公司办………………… 7399812
制罐公司
书记…………………… 8738798
经理…………………… 8734988
党政办………………… 8736872
化工一厂
书记…………………… 8833647
厂长…………………… 8833646
党政办………………… 8833630
硫化厂………………… 8769601
乙炔厂………………… 8833654
二氧化硫厂…………… 8833748
蒽醌厂………………… 8833632
老年中心
书记…………………… 8734089
主任…………………… 8736406
办公室………………… 8633765
胜大酒业
经理…………………… 8833639
办公室………………… 8833590
胜大园林
办公室………………… 8201650

渤海钻井总公司

地址：东营市河口区渤海路 75 号
邮编：257200
政工科室
党委办公室…………… 8576313
机关党委……………… 8576235
党委组织科…………… 8576681
党委宣传科…………… 8667166
群众工作科…………… 8576258
工会…………………… 8570667
团委…………………… 8576194
公司办公室
主任…………………… 8576222
副主任………………… 8570011
值班室………………… 8576211
传真…………………… 8576175
生产科室
生产办调度室………… 8576260
设备管理科…………… 8576026
市场合同科…………… 8576682
技术科………………… 8667552
油地工作科…………… 8576037
安全环保科…………… 8571072
经营管理科…………… 8576028
规划计划科…………… 8570786
劳动工资科…………… 8576278
审计科………………… 8570288
机关直属
财务资产中心………… 8667588
公共事业中心………… 8570510
老年管理中心………… 8576088
治安保卫中心………… 8570670
质量安全监督中心…… 8576230
定额价格管理站……… 8571807
信息档案中心………… 8571722
市场开发中心………… 8667381
钻井一公司
经理…………………… 8876205
书记…………………… 8876886
党政办公室…………… 8876517
值班室………………… 8876323
生产办公室…………… 8876766
调度室………………… 8876245
安全办公室…………… 8876231
经营管理办公室……… 8876352
机动办公室…………… 8876252
技术办公室…………… 8876271
财务科长……………… 8876365
海南项目部…0898－67485796
服务公司……………… 8877770
钻井二公司
书记…………………… 8571954
经理…………………… 8667318
党政办公室…………… 8576098
值班室………………… 8571294
调度室………………… 8571346
计划科………………… 8571071
工农科………………… 8576779
劳资科………………… 8576369
企管科………………… 8576106
安全科………………… 8570606
机动科………………… 8571207
技术科………………… 8570769
技术管理部…………… 8570384
安全监督站…………… 8570805
公共事业站…………… 8570180
劳动服务公司………… 8576286
钻前公司
书记…………………… 8571668
经理…………………… 8570700
党政办公室…………… 8673294
公司办公室…………… 8673241
生产办公室…………… 8672854
安全机动办公室……… 8571686
经营管理办公司……… 8678147
劳动服务公司………… 8673646
固井公司
书记…………………… 8672357
副经理………………… 8671351
党政办公室…………… 8572957
公司办公室…………… 8571378
生产办公室…………… 8571368
安全办公室…………… 8570401
机动办公室…………… 8671476
人力资源办公室……… 8572679
经营管理办公室……… 8672734

管具公司
书记…………………… 8667919
经理…………………… 8576343
党政办公室………… 8679879
生产办公室………… 8570573
调度室……………… 8571402
钻研所……………… 8665109
胜利渤海管具有限责任公司
…………………… 8576306

工程运输一公司
经理…………………… 8666588
书记…………………… 8571878
党政办公室………… 8671794
生产办公室………… 8573205
调度室……………… 8571444
一中队……………… 8671792
二中队……………… 8671797
三中队……………… 8671793
四中队……………… 8671023
五中队……………… 8573237
六中队……………… 8671796
七中队……………… 8573201
修保厂……………… 8573903
综合队……………… 8671548

工程运输二公司
书记…………………… 8503027
经理…………………… 8550727
党政办……………… 8554676
生产办……………… 8557817
综合调度…………… 8555730
八中队……………… 8555641
九中队……………… 8552727
十中队……………… 8555987
修保厂……………… 8555852
综合队……………… 8559337

物资配送中心
书记…………………… 8665639
站长…………………… 8666887
办公室……………… 8571253
调度室……………… 8571603
成品油库…………… 8671703
供应队……………… 8672686

设备维修中心
书记、主任………… 8573078
副主任……………… 8577716
党政办公室………… 8571311
调度室……………… 8571572
生产办公室………… 7618658
新晨石油设备有限责任公司
…………………… 8673168

综合大队
书记、队长………… 8576272
副大队长…………… 8570865
党政办公室………… 8576702
生产办公室………… 8667088

华龙实业公司
书记…………………… 3633308
经理…………………… 8578839
经营办公室………… 8578792
润滑油化工厂……… 8578967
客车大修厂………… 3632701
汽车配件厂………… 8673194
驰润公司经理……… 8553278
汽配中心…………… 3633550
美金饭店…………… 8578929

海胜实业有限责任公司
经理、书记………… 8672198
副经理……………… 8666066
党政办公室………… 8679908
人力资源部………… 8666862
财务资产部………… 8673639
企管部……………… 8672258
物流中心…………… 8573067
外部市场项目部
……………… 0912－2330199
固控厂……………… 3669569
北星化工公司……… 8570696
金汇公司…………… 8667558
钻头厂……………… 8666066
供应服务中心……… 8665688
海胜化工…………… 8572508
海胜石油技术装备公司
…………………… 3669569

测井公司

地址：东营市东营区北二路 418 号
邮编：257096

政工科室
党委办公室………… 8761637
党委组织科………… 8761624
党委宣传科………… 8761612
纪委监察科………… 8761716
纪监、机关党委…… 8761715
工会………………… 8761614
团委………………… 8761644

公司办公室
主任…………………… 8761831
副主任……………… 8761830
值班室……………… 8761888
传真………………… 8761707

生产科室
作业管理部………… 8761405
调度室……………… 8761360
设备管理科………… 8761609
经营管理科………… 8761337
劳动工资科………… 8761849
安全环保科………… 8761386
物资供应科………… 8761341

财务资产管理中心
主任…………………… 8763950
成本、会计………… 8761854
资金、税务………… 8761855
资产………………… 8761848
房产………………… 8761417

市场开发中心
书记、主任………… 8761522
副主任……………… 8761756
办公室……………… 8761137

一分公司
书记…………………… 8678364
经理…………………… 8672187
调度室……………… 8571043

二分公司
书记…………………… 8761745
经理…………………… 8761198
调度室……………… 8761535

三分公司
书记…………………… 8761764
经理…………………… 8761548

四分公司
书记…………………… 8761533
经理…………………… 8761648
调度室……………… 8761383

五分公司
书记…………………… 8766039
经理…………………… 8761018
调度室……………… 8761555

巴州分公司
书记…………………… 8761447
经理…………………… 8761447

资料解释研究中心
书记…………………… 8761771
主任…………………… 8761540

技术监测中心
书记…………………… 8761986
主任…………………… 8761290

老年管理中心
书记…………………… 8761445
主任…………………… 8763987

治安保卫中心
书记、主任………… 8761599
治安 110 值班室…… 8761110

油田勘探监督中心
书记…………………… 8762096
主任…………………… 8765755

汽修车间
书记、主任………… 8764185
生产办公室………… 8761513

车队
书记室……………… 8761512
队长………………… 8761699
调度………………… 8761511

档案室
书记…………………… 8761536
主任…………………… 8761712

车辆管理中心

地址：东营市东营区西四路 600 号
邮编：257000

机关科室
党政办公室………… 8799617
党群工作科………… 8796198
生产设备技术科…… 8781762
安全环保科………… 8797153
财务资产科………… 8550631
劳动工资科………… 8791637
经营管理科………… 8558977

修理厂
书记、厂长………… 8797310
副厂长……………… 8771356
办公室……………… 8777693

物资供应办公室
主任…………………… 8701526
办公室……………… 8772312

综合服务中心
书记…………………… 8702516
主任…………………… 8556723
办公室……………… 8703565

劳动服务公司
书记…………………… 8701526
经理…………………… 8705310
办公室……………… 8784357

直属一中队
书记…………………… 8776253
队长…………………… 8558252
调度室……………… 8552136

直属二中队
书记…………………… 8558210
队长…………………… 8553005
调度室……………… 8553007

直属三中队
书记…………………… 8713873
副队长……………… 8713771
调度室……………… 8713632

直属四中队
书记…………………… 8710322
队长…………………… 8710300
调度室……………… 8710390

直属五中队
负责人……………… 8710310
副队长……………… 8710611
调度室……………… 8717031

直属六中队
副书记、副队长…… 8701023
副队长……………… 8791353
调度室……………… 8559606

直属七中队（老干部服务车队）

书记…………………… 8797746
副队长………………… 8550652
调度室………………… 8775361

直属八中队

书记…………………… 8770211
队长…………………… 8770177
调度室………………… 8770215

地球物理勘探开发公司

地址：东营市东营区牛庄镇
邮编：257086

政工科室

党委办公室………… 8853518
党委组织科………… 8851151
纪委监察科………… 8851163
宣传科………………… 8851156
工会…………………… 8851172
团委…………………… 8851165

公司办公室

主任办公室………… 8851025
值班室………………… 8851308
传真…………………… 8851039
生产管理科………… 8851366
技术科………………… 8851012
油地工作科………… 8853142
安全环保科………… 8851050
设备管理科………… 8851255
经营管理科………… 8851400
规划计划科………… 8851286
劳动工资科………… 8851079
技术监督科………… 8851169
信息新闻中心……… 8851231
副主任办公室……… 8851182
公共事业管理中心… 8853869
财务结算中心……… 8851123
老年管理中心……… 8851391
国内市场部………… 8853999
国际市场部………… 8851846
党校…………………… 8553224

一大队（区号：0534）

大队长………………… 2267066
教导员………………… 2267088
调度…………………… 2626972
生产…………………… 2267001
政工…………………… 2267026
财务…………………… 2662510
供应…………………… 2267012

三大队

教导员………………… 8851331
大队长………………… 8851802
调度…………………… 8851380
生产…………………… 8857809
政工…………………… 8857805
财务…………………… 8857908
劳资…………………… 8857739

四大队

书记…………………… 8851497
大队长………………… 8851479
生产…………………… 8858817
调度…………………… 8551480
企业管理……………… 8858784
劳资…………………… 8858809
财务…………………… 8858810

五大队

大队长………………… 8858003
教导员………………… 8858351
办公室………………… 8858773
政工…………………… 8858343
调度室………………… 8851580
劳资…………………… 8858941
财务…………………… 8858942

地震勘探研究所

教导员………………… 8851242
所长…………………… 8851315
办公室………………… 8851493
生产技术……………… 8851469
经营管理室………… 8851222
开发地震研究室…… 8851250
档案室………………… 8851245

仪器管理中心

书记…………………… 8851468
经理室………………… 8851416
生产技术室………… 8851417
生产值班传真…… 8851464
党群工作室………… 8851419
经营企划室………… 8851426
财务…………………… 8851413
综合部………………… 8851421

机械设备管理中心

经理…………………… 8851463
书记…………………… 8851445
生产调度室………… 8851440
技术…………………… 8851442
企业管理室………… 8851632
劳资…………………… 8851438

综合服务中心

主任…………………… 8851734
书记…………………… 8851737
物资管理……………… 8851715
劳资…………………… 8851718
生产…………………… 8851716
财务…………………… 8851847

新胜公司

董事长………………… 8851045
副经理………………… 8851845
综合部………………… 8851810
办公室………………… 8851850
财务…………………… 8851863
印刷厂………………… 8851388
专用设备厂………… 8851658

地质录井公司

地址：东营市东营区勘探路5号
邮编：257064

机关部室

党政办公室………… 8725909
党委组织科………… 8725854
党委宣传科（团委） ………
………………………… 8722730
纪监审计科………… 8721074
工会…………………… 8723348
劳动工资科………… 8723305
生产办公室………… 8627727
设备安全科………… 8626771
经营管理科………… 8628963
市场办公室………… 8722801
技术监督科………… 8722146
计划供应科………… 8629967

治安保卫中心

书记…………………… 8722692
主任…………………… 8626076
值班室………………… 8624440

综合管理中心

主任…………………… 8627720
副主任………………… 8723340

综合服务中心

主任…………………… 8722498
副主任………………… 8623299
综合办公室………… 8623953

信息中心

书记…………………… 8622701
主任…………………… 8721970
综合管理室………… 8621721

研究解释中心

书记…………………… 8722668
主任…………………… 8627660
办公室………………… 8627046

财务资产管理中心

主任…………………… 8721536
副主任………………… 8623076
综合室………………… 8723865
税务室………………… 8723295
资金室………………… 8723315
资产室………………… 8723384

录井一分公司

书记…………………… 8663359
经理…………………… 8666378
生产办公室………… 8672172
生产技术办………… 8576973
党政办公室………… 8570043
经营办公室………… 8663391
后勤办公室………… 8571587
调度室………………… 8571757

录井二分公司

书记…………………… 8726666
经理…………………… 8720207
生产办公室………… 8720577
调度室………………… 8720451
技术办公室………… 8720049
经营办公室………… 8727387
党政办公室………… 8720052
川东项目部… 0818－2655060
海拉尔项目部 0470－6606071
东北项目部 …………………
………… 0431－87995366
乌鲁木齐市 0991－6645327
轮台……… 0996－4698921

录井三分公司

书记…………………… 8726678
经理…………………… 8726679
生产办公室………… 8726257
安全办公室………… 8720332
党政办公室………… 8726251
经营办公室………… 8726768
调度室………………… 8726331
质检室………………… 8722521
管理一部……………… 8726092
管理二部……………… 8726263
管理三部……………… 8726231

工艺研究所

书记…………………… 8720062
所长…………………… 8726212
综合办公室………… 8720043
修造车间……………… 8720042
研制车间……………… 8726390
检测室………………… 8720645

测绘分公司

书记…………………… 8721812
经理…………………… 8721817
综合办公室………… 8721811
技术队………………… 8721836
测量一队……………… 8570045
测量二队……………… 8721850

汽车大队

书记…………………… 8626770
大队长………………… 8629679
值班室………………… 8622217
综合办公室………… 8721295

胜利油田鸿胜石油工程有限责任公司

总经理………………… 7771077
副总经理……………… 7795507
公司办公室………… 7795558
经营管理部………… 7795527

财务资产部………… 7785077
金属结构厂………… 7775696
仪器设备厂………… 8720917
印刷厂……………… 8723909
仪器仪表厂………… 7787376

电力管理总公司

地址：东营市东营区淄博路中段
邮编：257000

总公司机关

党委办公室（机关党委）
………………………… 8592627
党委组织科………… 8592502
党委宣传科………… 8592055
纪委监察科………… 8592135
工会………………… 8592069
团委………………… 8592079
总经理办公室……… 8592085
生产管理科………… 8592099
设备管理科………… 8592138
安全环保科………… 8592155
基建工农科………… 8592108
规划计划科………… 8592117
劳动工资科………… 8592123
经营管理科（法律事务科）
………………………… 8592025
审计科……………… 8592137
物资供应科………… 8742708

直属单位

财务资产管理中心… 8592157
老年管理中心……… 8592167
电力科研所(技术科) 8592567
治安保卫办公室…… 8592179
信息管理中心……… 8592209
网络管理办公室…… 8592248
系统运行办公室…… 8592395
综合信息管理办公室 8592222
应用管理办公室…… 8592393
公共事业中心……… 8592258
职工培训中心……… 8592032
车辆管理中心……… 8592366
电力调度中心……… 8592301
电力客户服务中心… 8592107
电力标准计量站…… 8592356

滨海供电公司

教导员……………… 8581081
经理………………… 8581588
党政办公室………… 8482241
生产办公室………… 8581199
生产调度…………… 8586691

孤岛供电公司

经理………………… 8886182
教导员……………… 8886305
党政办公室………… 8886124
生产办公室………… 8886548
电力调度…………… 8886121

滨南供电公司

教导员……………… 3463203
经理………………… 3461463
党政办公室………… 8591312
生产办公室………… 3461765
调度室……………… 3461237

纯梁供电公司

教导员……………… 8753566
经理………………… 8753532
党政办公室………… 8753489
生产办公室………… 8753567
调度室……………… 8753250

河口供电公司

教导员……………… 8676876
经理………………… 8666157
党政办公室………… 8671161
生产调度…………… 8571322

东区供电公司

教导员……………… 8738580
经理………………… 8738581
党政办公室………… 8738543
生产办公室………… 8738542
公司调度…………… 8738582

南区供电公司

教导员……………… 8592509
经理………………… 8592508
党政办公室………… 8592505
生产办公室………… 8592504
生产调度…………… 8592501

北区供电公司

教导员、副经理…… 8745678
经理………………… 8742017
党政办公室………… 8741621
生产办公室………… 8742157
调度………………… 8742834

中区供电公司

教导员……………… 8592606
经理………………… 8592608
党政办公室………… 8592616
生产办公室………… 8592617
调度………………… 8592601

修试中心

教导员……………… 8592726
主任………………… 8592728
党政办公室………… 8592758
生产办公室………… 8592725
调度室……………… 8592722

孤北热电厂

教导员……………… 8582658
厂长………………… 8582786
党政办公室………… 8485547

电力维修公司

经理………………… 8742657
教导员……………… 8740889
党政办公室………… 8742869
生产办公室………… 8742557
调度室……………… 8742549

综合维修公司

教导员……………… 8743988
经理………………… 8742669
党政办公室………… 8745526
生产办公室………… 8742153

护厂大队

教导员……………… 8744543
大队长……………… 8742587
党政办公室………… 8742631
综合办公室………… 8742167

瑞祥电气有限责任公司

董事长……………… 8591900
副董事长…………… 8591901
办公室……………… 8591907

广域科技公司

总经理……………… 8799099
副总经理…………… 8592569
财务部……………… 8592215
科技部……………… 8592217

高级人才培训中心党校

地址：东营市济南路 169 号
邮编：257000

党支部

机关党支部………… 8554014
培训第一党支部…… 8773274
培训第二党支部…… 8554731
教学教务第一党支部 8501245
教学教务第二党支部 8714281
职业与继续教育发展中心党支部………………… 8714011
油田图书馆党支部… 8553530
后勤服务中心党支部 8797122
老年管理中心党支部 8553008

机关科室、科级单位

党政办公室………… 8553698
党群工作部………… 8794994
人力资源部………… 8558170
财务资产科………… 8548165
培训项目开发部…… 8550063
培训管理部（党校工作部）
………………………… 8717320
教学教务部………… 8717069
油气勘探技术培训部 8710020
高级技能人才培训部 8551207
国际石油培训部（外事工作办公室）……………… 8714833
党史党建培训部…… 8553084
政工干部培训部…… 8705506
青年干部培训部…… 8782505
油气开发技术培训部 8551210
钻井工程培训部…… 8703093
油田地面建设工程培训部
………………………… 8775624
高级人才培训部…… 8551209
管理干部培训部…… 8714001
安全工程培训部…… 8551248
信息工程培训部…… 8775472
外语培训部………… 8554252
法律培训部………… 8797001
职业与继续教育发展中心
………………………… 8554731
油田图书馆………… 8552687
信息检索部………… 8556144
教学设备管理服务中心（信息中心）……………… 8717120
学报编辑部………… 8550641
老年管理中心……… 8781873
后勤服务中心……… 8553463
主任办公室………… 8552988
校办产业管理部…… 8551208
正大工程设计公司… 8551206
印刷厂……………… 8551249
鸿益实业开发中心… 8714308

供水公司

地址：东营市东营区北二路 681 号
邮编：257097

机关科室

党政办公室………… 8556705
组织科……………… 8555070
宣传科……………… 8784648
纪监（审计）科…… 8784647
生产办公室………… 8558501
调度值班室………… 8554204
设备安全科………… 8555965
计划科……………… 8556861
劳资科……………… 8521208
企管合同科………… 8553677
油地工作科………… 8551661
物资供应科………… 8521957

直属科级单位

财务资产管理中心… 8521341
武装保卫办公室…… 8521364
老年管理中心……… 8521262
科技发展中心……… 8521446
信息中心…………… 8791354

科级单位

水利工程管理部…… 8797636
水质检测中心……… 8527703
监察大队…………… 8555106
污水处理厂………… 8835036
河日污水处理厂…… 8666611

滨河水源大队
教导员………………… 8882422
大队长………………… 8886468
调度室………………… 8889422
滨河制水管理部
教导员………………… 8577278
主任…………………… 8577276
调度室………………… 8577268
滨河销售营业部
教导员………………… 8882415
主任…………………… 8882416
生产办………………… 8886144
水源管理部
教导员………………… 8527728
主任…………………… 8527168
调度室………………… 8527300
制水管理部
教导员………………… 8521719
主任…………………… 8521619
生产办………………… 8527275
西区销售营业部
教导员………………… 8775718
主任…………………… 8777607
调度…………………… 8554812
东区销售营业部
教导员………………… 8631399
主任…………………… 8633788
调度…………………… 8732049
维修大队
教导员………………… 8521551
主任…………………… 8539345
生产调度……………… 8555107
滨南水厂
教导员………………… 8568156
厂长…………………… 8568167
调度室………………… 3467667
车辆管理中心
教导员………………… 8521886
主任…………………… 8555286
调度室………………… 8555034
综合大队
教导员………………… 8733516
大队长………………… 8732115
生产调度……………… 8736696
其他
预算站………………… 8775358
客户服务中心………… 8551550
物资配送队…………… 8527668
胜利油田新邦建设开发有限责任公司
公司办公室…………… 8777448
财务部………………… 8788747
人力资源部…………… 8789778
企业管理部…………… 8777514
安监办公室…………… 8556700
东营房地产开发有限责任公司
……………………………… 8917288
物业公司……………… 8091102
胜利新邦水利水电工程分公司
……………………………… 8731759
新邦化工有限责任公司
……………………………… 8532100
山东环雅矿泉水有限责任公司
……………………………… 7650223
大鹅湖旅游开发有限责任公司
……………………………… 8832155
胜利新邦渔业分公司 8832030
新邦科工贸有限责任公司
……………………………… 8250299
水务工程设计有限责任公司
……………………………… 8521411
胜利新邦餐饮服务分公司
……………………………… 7580007
大鹅湖大酒店………… 7580002
新邦宾馆……………… 7580008

广播电视中心

地址：东营市影视街 12 号
邮编：257000
机关部室
党政办公室…………… 8794585
组织劳资科…………… 8794821
再就业服务中心……… 8557685
广电科长……………… 8794238
财务科………………… 8701261
业务部室
新闻部………………… 8777356
广播部………………… 8794803
社教部………………… 8777370
总编室………………… 8799582
文艺部………………… 8208886
制作部………………… 8796797
影视部………………… 8794602
广告部………………… 8223577
电视报………………… 8777365
信息部………………… 8558928
播出部………………… 8556027
发射部………………… 8711811
网络中心……………… 8777437
技术部………………… 8223425
铁塔管理部…………… 8711970

海外工程管理中心
（外事外经处）

地址：东营市淄博路 69 号
邮编：257000
办公室主任…………… 8711857
传真…………………… 8221359
人力资源（组织）部 8712529
经营管理部…………… 8711104
计划财务部…………… 8710160
外事管理部…………… 8558083
工程管理部…………… 8713831
市场开发部…………… 8552564
物流装备部…………… 8777363
合作部………………… 8711194
沙特项目部…………… 8771972
阿尔及利亚项目部…… 8713741
哈萨克斯坦项目部…… 8555931
埕岛西项目组………… 8796111
埃及项目部…………… 8713728
伊朗项目部…………… 8713767
墨西哥项目部………… 8713828
印尼项目部…………… 8714218
土库曼斯坦项目部…… 8713779
蒙古项目部…………… 8714344

海洋钻井公司

地址：东营市东营区莱什村弯通海路 5 号
邮编：257055
机关科室
党政办………………… 8730151
组织科………………… 8730528
宣传科………………… 8730210
团委…………………… 8730405
工会…………………… 8730943
纪检审计科…………… 8730989
生产办公室…………… 8730515
综合办公室…………… 8730413
调度值班室…………… 8730996
设备科………………… 8730060
安全环保科…………… 8730526
工程技术科…………… 8730337
劳资培训科…………… 8739396
经营合同科…………… 8730131
计划科………………… 8739789
物资供应科…………… 8870089
直属单位
质量安全监督科……… 8730213
科技信息管理中心…… 8739178
财务管理中心………… 8730207
治安保卫中心………… 8730256
公共事业中心………… 8730197
桩西前线
生产办主任…………… 8870319
生产调度……………… 8870017
技术科科长…………… 8870219
科技信息主任………… 8870578
安全科………………… 8870002
机动科………………… 8870084
设备库………………… 8870123
技术科………………… 8870172
劳资培训科…………… 8870775
财务中心……………… 8870459
二号平台
莱州湾值班室………… 8730537
卫星电话……………… 8739762
三号平台
平台值班室…………… 8730540
卫星值班室…………… 8730013
四号平台
平台值班室…………… 8730541
卫星值班室…………… 8739261
五号平台
平台值班室…………… 8730534
卫星值班室…………… 8739975
六号平台
平台值班室…………… 8730533
卫星值班室…………… 8739926
杨玉精宿舍…………… 8835507
七号平台
平台值班室…………… 5739964
卫星值班室…………… 8739736
八号平台
平台值班室…………… 8730535
卫星值班室…………… 8730735
九号平台
平台值班室…………… 8739347
卫星值班室…………… 8739659
运输公司
书记…………………… 8739995
经理…………………… 8730371
生产办公室…………… 8730910
综合办公室…………… 8730451
调度…………………… 8730516
地质公司
经理…………………… 8730248
书记…………………… 8730336
调度室………………… 8730345
公司党校
校长…………………… 8730667
书记…………………… 8739150
学校办公室…………… 8730559
教务办公室…………… 8730554
职工培训教研室……… 8730504
总务办公室…………… 8730506
技术公司
经理…………………… 8870136
书记…………………… 8870188
政工办公室…………… 8870083
生产办公室…………… 8870135
经营办公室…………… 8870138
海工大队
经理…………………… 8870015
书记…………………… 8870687
生产办公室…………… 8870082
经营办公室…………… 8870005

政工办公室………… 8870576
物资配送队
队长………………… 8870388
队办公室…………… 8870070
生产办公室………… 8870056
供应办公室………… 8870387
海兴公司
公司办……………… 8730170
经营办公室………… 8730069
劳资办公室………… 8730023
财务结算办公室…… 8730277
生产调度…………… 8730173
龙玺有限公司
董事长、总经理…… 8739958
副总经理…………… 8739676
公司办……………… 8739989
生产管理部………… 8739759
物资管理部………… 8739971
人力资源部………… 8739162

黄河钻井总公司

地址：东营市西四路 69 号
邮编：257064

政工科室
党委办公室………… 8721116
机关党委…………… 8721071
组织科……………… 8629508
宣传科……………… 8722973
纪委监察科………… 8721771
工会………………… 8725947
团委………………… 8721615
公司办公室
公司办主任………… 8723136
值班室……………… 8721486
传真………………… 8558191
生产科室
生产管理科………… 8721926
设备科……………… 8721680
技术发展科………… 8723652
工农科……………… 8725988
安全环保科………… 8721891
物资供应科………… 8721886
经营管理科………… 8721146
规划计划科………… 8721143
劳资科……………… 8725804
审计科……………… 8725598
机关直属
财务管理中心……… 8627821
老年管理中心……… 8627798
信息档案中心……… 8721557
质监站……………… 8725788
定额站……………… 8723237
公共事业中心……… 8721510
武装保卫中心……… 8626791
综合服务大队……… 8721069
钻井三公司
书记………………… 8835956
经理………………… 8835969
党政办公室………… 8835116
生产办公室………… 8835463
调度室……………… 8835461
钻井四公司
经理………………… 8796185
书记………………… 8555002
党政办公室………… 8553688
调度室……………… 8553820
钻井五公司
经理………………… 8729983
书记………………… 8725058
党政办公室………… 8728061
生产办公室………… 8728514
调度室……………… 8728210
富邦公司
董事长……………… 8728102
总经理……………… 8728366
公司办公室………… 8728024
钻前公司
书记………………… 8783232
经理………………… 8551458
党委办公室………… 8553881
生产办公室………… 8553853
调度长办公室……… 8553641
管具公司
书记………………… 8783232
经理………………… 8551458
党政办公室………… 8712343
生产办公室………… 8716008
调度室……………… 8552503
固井公司
书记………………… 8721664
经理………………… 8623088
党政办公室………… 8724495
生产办公室………… 8721239
生产调度…………… 8721521
工程运输公司
党政办公室………… 8555152
生产办公室………… 2969171
一分公司…………… 8631759
二分公司…………… 8771936
汽车大修厂………… 8555367
钻井工程物资供应公司
书记………………… 8722196
经理………………… 8625938
公司办公室………… 8722349
综合公司
经理………………… 8725286
副书记……………… 8722576
公司办公室………… 8722418
胜利油田固邦石油装备有限责任公司
公司、党委办公室… 8728280
财务资产部………… 8728231
经营管理部………… 8728476
东方合金铸造厂…… 8726627
东胜化工厂………… 8366245
东方石油机械厂…… 8729387
佛泰铝业公司……… 8727111
钻采工具厂………… 8729206
金属制管厂………… 8727717
五一化工厂………… 8736386
电线电缆厂………… 8735029
胜华实业有限责任公司
党政办公室………… 8794977
经营管理部………… 8553926
生产管理部………… 8703165
人力资源部………… 8785640
石油机械厂………… 8558912
复合材料厂………… 8558907
汽车大修厂………… 8776850
固控设备制修厂…… 8550918
金属制品厂………… 8558929
通成科技有限公司… 8701337
华星化工厂………… 8799618
华隆公司…………… 8521961
设备安装公司……… 8539526
石油助剂厂………… 8705059
华安热力工程有限责任公司
………………………… 7781917
石油钻机厂………… 7781719
石油机械设备制修厂
………………………… 8550338
春潮分公司………… 8784654
钻采设备配套公司… 8705217
工贸分公司………… 8521527
胜海节能设备有限公司
………………………… 8558366
护品物资中心……… 8784996

济南办事处

地址：济南市经七路 556 号
邮编：250021

处长 ……… 0531－87036818
组织劳资科
…… 0531－87923456－1908
计划财务科
……………… 0531－87920514
胜利石油大厦
…… 0531－87923456－1810
安保科0531－87923456－6019
山东胜利旅行社
……………… 0531－87917985
奥英科技有限公司
……………… 0546－8236326

教育培训处（中心）

地址：东营市东营区胜泰路 28 号
邮编：257001

综合管理科
科长………………… 8556659
值班室……………… 8556170
办公室……………… 8557894
职业教育科
科长………………… 8552348
办公室……………… 8552348
项目审查部
部长………………… 8776251
办公室……………… 8552951
过程监督部
部长………………… 8556172
办公室……………… 8556172
效果评价部
部长………………… 8711147
办公室……………… 8552328
离退休管理中心
主任………………… 8714157
办公室……………… 8714157
生活服务站
站长………………… 8559886
办公室……………… 8713679
山东胜利教育产业发展有限公司
董事长、总经理…… 8559886
公司办公室………… 8778769
财务办公室………… 8778407

井下作业公司

地址：东营市东营区西四路二号
邮编：257078

公司办公室
主任办公室………… 8642859
值班室……………… 8747209
传真………………… 8746140
政工科室
党委办公室………… 8747416
组织科……………… 8746968
纪委监察科………… 8642059
党委宣传科………… 8747519
群众工作科………… 8747918
保卫科……………… 8747615
生产科室
生产调度…………… 8747224
副主任办公室……… 8748096
技术发展科………… 8747551
规划计划科………… 8747564
油地工作科………… 8642088
物资装备科………… 8642006
劳资培训科………… 8747967

经营管理科………… 8748186
合同科…………… 8749818
海洋试油作业大队
教导员…………… 8641669
副大队长………… 8749079
试油测试大队
大队长…………… 8747059
教导员…………… 8747765
调度……………… 8747493
修井作业大队
大队长…………… 8642386
教导员…………… 8748269
调度……………… 8747480
稠油试油作业大队
大队长…………… 8747663
教导员…………… 8747957
调度室…………… 8747782
鲁胜油公司
教导员…………… 8748483
副经理…………… 8747122
党政办公室……… 8749899
压裂大队
大队长…………… 8747601
教导员…………… 8747706
调度……………… 8746340
特车大队
大队长…………… 8748541
教导员…………… 8642978
生产调度室……… 8747588
工程安装大队
大队长、教导员…… 8747226
副大队长办公室…… 8747732
调度……………… 8747320
综合服务大队
大队长…………… 8746388
教导员…………… 8747661
党政办公室……… 8747362
工艺研究所
所长、教导员…… 8747531
副所长…………… 8749090
所办公室………… 8747481
调度室…………… 8746390
地质研究所
所长……………… 8747426
教导员…………… 8747470
所办公室………… 8747532
地质调度………… 8747533
培训中心
主任……………… 8748013
教导员…………… 8747472
中心办公室……… 8642291
财务资产管理中心
主任……………… 8747125
副主任…………… 8642100

武装保卫办公室
主任……………… 8747206
人武部办公室…… 8746584
综治办公室……… 8642865
监督中心
主任……………… 8747246
教导员…………… 8747338
中心办公室……… 8746938
公共事业中心
书记……………… 8746886
主任……………… 8641357
中心办公室……… 8747003
老年工作管理中心
主任……………… 8747380
教导员…………… 8749561
中心办公室……… 8747826
国际工程项目部
副经理…………… 8749092
综合部…………… 8749086
豪威科工贸有限责任公司
副总经理………… 8747350
财务资产部……… 8747881
经营管理部……… 8749278
石油机械制修厂…… 8746824
配件公司………… 8642998
报废设备拆修厂…… 8747981
山东胜利方圆实业集团有限公司
董事长…………… 8747517
总经理…………… 8746328
书记……………… 8747968
党政办公室……… 8732625

青岛疗养院

地址：青岛市市南区台湾路4号
邮编：266071
公网区号：0532
总机 …………… 66702888
总台 …………… 66702808
传真 …………… 85572400
办公室 ………… 66702868
商务中心 ……… 66702867
财务科长 ……… 66702806
党办 …………… 66702870
综合管理科 …… 66702829
营销部办公室 … 66702891
客房部 ………… 66702118
餐饮部 ………… 66702879
保障部 ………… 66702819
服务中心 ……… 66702881

烟台疗养院

地址：烟台市观海路5号胜利油田疗养院
邮编：264003
总机………… 0535－6888441
综合办公室……… 36766
主任……………… 36100
宣传……………… 36373
劳资……………… 36271
财务资产科
书记……………… 36117
副科长…………… 36996
会计室…………… 36594
餐饮旅游中心
主任……………… 36567
书记……………… 35516
旅游部…………… 36550
商务中心………… 36857
老年管理中心
主任……………… 36659
副主任…………… 36959
办公室…………… 36374
经营接待中心
主任……………… 36990
书记……………… 36275
车队……………… 36991
服务中心………… 36861
医疗康复中心
书记……………… 30203
副主任…………… 36677
值班室…………… 30110
总服务台………… 30109
物业管理中心
主任……………… 36282
书记……………… 36290
办公室…………… 36810

热电联供中心

地址：东营市东营区淄博路204号
邮编：257000
机关科室
党政办公室……… 8717517
人力资源（组织）部 8717577
思想政治工作部…… 8717519
纪检监察部……… 8717516
生产运行部……… 8717556
经营管理部……… 8717588
安全环保部……… 8717518
机关直属
财务资产管理中心
……………………… 8717597
基建工程管理中心
……………………… 8717551
信息中心………… 8717569
胜中热力
书记……………… 8503121
大队长…………… 8550639
党政办公室……… 8503157
生产办公室……… 8503127
经营办公室……… 8503037
供热监控中心…… 8502440
财务组…………… 8503153
胜东热力
书记……………… 8765378
大队长…………… 8764788
党政办公室……… 8764110
生产办公室……… 8765726
经营办公室……… 8764418
财务办公室……… 8765863
胜南热力
书记……………… 8612568
大队长…………… 8610205
党政办公室……… 8610264
生产办公室……… 8610041
调度室…………… 8610422
经营办公室……… 8610794
财务办公室……… 8610643
胜北热力
书记……………… 8628908
大队长…………… 8628919
党政办公室……… 8628916
生产办公室……… 8626159
生产调度………… 8621747
经营办公室……… 8622919
滨南热力
书记……………… 3463899
大队长…………… 3463776
党政办公室……… 3460294
生产办公室……… 3460403
经营办公室……… 3460147
财务组…………… 3462121
仙河热力
书记……………… 8485949
大队长…………… 8588186
党政办公室……… 8581950
生产经营办公室…… 8485544
河口热力
书记……………… 8665209
大队长…………… 8572689
党政办公室……… 8572176
生产办公室……… 8572341
生产调度………… 8672055
经营办公室……… 8572120
孤岛热力
书记……………… 8886029
大队长…………… 8885663
党政办公室……… 8885350
生产办公室……… 8885500
经营办公室……… 8881123
调度……………… 8885044
热力水煤浆厂
厂长……………… 8594006

副书记、副厂长……8595700
党政办公室……8594406
生产办公室……8594963
经营办公室……8594951
热力工程大队
书记……8717809
大队长……8798389
党政办公室……8717816
生产办公室……8717801
经营办公室……8717803
技术办公室……8717823

胜利发电厂

地址：东营市东营区南二路78号
邮编：257087
机关科室
党政办公室……8594056
党委组织科……8594064
党委宣传科（团委）8594579
纪监审计科……8594362
工会……8593056
劳动工资科……8594063
规划计划科……8594993
经营管理科……8594138
安全环保科……8594031
物资供应科……8594685
生产管理中心……8594059
设备管理中心……8594318
财务资产管理中心…8594939
信息中心……8594716
治安保卫办公室……8594997
公共事业中心……8594497
汽机部
书记……8594065
经理……8594082
部办公室……8594507
锅炉部
书记……8594799
经理……8595111
部办公室……8594084
电气部
书记……8594516
经理……8594917
部办公室……8594311
热工部
书记……8594228
经理……8594510
部办公室……8594509
化学部
书记……8594203
经理……8594536
部办公室……8594204
灰水部
书记……8594127
经理……85595705
部办公室……8594085
燃料部
书记……8594908
经理……8594193
部办公室……8594174
二期运行部
书记……8594344
经理……8594137
部办公室……8594346
热力公司
书记……8594852
经理……8593450
部办公室……8594851
电力技术试验研究所
书记……8594426
所长……8594328
职工培训中心
书记、主任……8594766
副主任……8594966
质量监督站
书记……8593051
站长……8593050
综合办公室……8593032
二期办
副主任……8593038
综合办公室……8593040
三期工程筹建处
主任……8593667
综合部……8593066
脱硫工程项目管理组
组长……8593121
办公室……8594260
华胜电业建筑有限责任公司
书记……8594052
总经理……8594956
总经理办公室……8594461
水泥厂
厂长……8594226
书记……8595077
厂办公室……8594680

驻北京办事处（胜利饭店）

地址：北京市德胜门外北沙滩3号
邮编：100085
区号：010
总机……64871155
办公室……64873607
车队办公室……2206
人事部……64878023
财务部……64870614
公关部……64873620
总服务台……64878731
客房部……1519
餐饮部……64873609
职工餐厅……1529
项目办公室……1502
信息部……64842900
总务部……64873623
质检部……64879073
安保部……64873615
工会……1528
旅行社……84873621

胜利日报社

地址：东营市胜泰路14号
邮编：257012
机关后勤
党政办公室……8555774
老年管理中心……8713960
财务资产科……8554353
综合管理科……8559207
后勤综合服务中心…8551365
编辑部
编辑部……8553729
总编室……8710231
要闻部……8710075
经济新闻部……8553630
专刊部……8551361
新生活编辑部……8713309
新生活新闻中心……8551360
新生活专刊中心……8551358
记者部……8777174
摄影部……8555769
新闻研究室……8795955
石油周刊……8555369
中国石化报胜利编辑部
……8554368
广告部……8558898
发行部……8558466
记者站
中国石化报记者站…8554146
大众日报记者站……8555782
山东人民广播电台记者站
……8552860
胜利报业发展有限责任公司
总经理……8555199
公司办公室……8712358
财务资产部……8557018
生产经营部……8553590
照排车间……8551359
彩印车间……8713547
胶印车间……8551362

塔里木胜利钻井公司

地址：东营市东营区钻井六千
邮编：257064
政工科室
党政群工部……8721217
团委……8721217
组织劳资科……8721591
职政办……8721591
生产科室
生产办公室……8721681
主任……0996－2173516
技术科……8721681
科长办公室 0996－2173505
安全环保科……8721681
科长办公室 0996－2173515
企管合同科……8721591
科长办公室 0996－2173481
财务资产科……8622715
科长办公室 0996－2173498
设备管理科……8721793
科长办公室 0996－2173503
物资计划科……8721793
科长办公室 0996－2173504
机关直属
泥浆技术管理中心
……8721681
物资供应站 0996－6751633
生活管理中心……8721158
东营工作办……8723568
管具工程部 0996－4685216
固井工程部 0996－4685203

运输总公司

地址：东营市北一路111号
邮编：257000
机关部室
党政办公室……8552758
党委工作部……8503022
思想政治工作部……8557023
经营管理部……8553679
审计工作部……8554389
生产管理部……8553320
劳动工资部……8553617
科技开发部……8503022
财务资产管理中心
办公室……8771003
房产……8553583
资产……8771003
物资供应管理中心
主任……8778388
办公室……8793241
治安保卫办公室
主任……8556430
办公室……8553375
老年管理中心
书记……8772501
主任……8797769
办公室……8555065
一公司

书记…………………… 8720859
经理…………………… 8720924
党群办………………… 8720765
生产办………………… 8720124
调度…………………… 8729861

油气运输

经理…………………… 8505901
副经理………………… 8505903
党群办………………… 8505916
生产办………………… 8505906
调度室………………… 8505910

物流公司

经理…………………… 8739111
副经理………………… 8739056
办公室………………… 8730737

中油公司

书记…………………… 8772536
经理…………………… 8773098
财务…………………… 8772969
公关部………………… 8772708
装备部………………… 8772879

置业公司

经理…………………… 8786099
副经理………………… 8797718
行政部………………… 8502973

物业公司

书记…………………… 8783198
经理…………………… 7788198
办公室………………… 7785108

星润化工

经理…………………… 8833256
办公室……… 8833068－8865

东奥化工

经理…………………… 8833028
办公室………………… 8351246

约克夏公司

总机…………………… 8730617
经理办公室 ………………8830
工政部 ………………… 8886

龙昊化工

经理…………………… 8833767
财务…………………… 8833279

机械制造

书记…………………… 8730367
经理…………………… 8739368
办公室………………… 8730229
动力厂………………… 8730376
防盗门厂……………… 8730577
节能厂………………… 8730176

商贸公司

书记…………………… 8793169
经理…………………… 8557125
办公室………………… 8702222
财务…………………… 8799778
市场部………………… 8552568
配件公司……………… 8718416
旅行社………………… 8234555
印务公司……………… 8777818

山东胜利职业学院

地址：东营区北二路504号
邮编：257096

机关职能部门

党委办公室…………… 8555280
党委组织部…………… 8555204
纪监审计部…………… 8551303
院办公室……………… 8552793
劳动工资部…………… 8555262
行政管理部…………… 8555549
教务处………………… 8554959
学生工作处（团委） 8554128
招生与就业指导处 8557912

直属单位

治安保卫中心………… 8521420
老年管理中心………… 8521438
财务资产管理中心… 8555202
成人教育中心………… 8521546
后勤管理中心………… 8554659
校园建设管理中心… 8553604

科级单位

石油工程系…………… 8527382
机电工程系…………… 8551305
储运与建筑工程系
信息工程系…………… 8521649
管理工程系…………… 8521634
公共课教学部………… 8521600
图书馆………………… 8521726
信息电教中心………… 8521646
实习工厂……………… 8555419
职业技能训练中心
……………………………… 8795848
校办产业中心………… 8521490

建设工程分院

书记、院长…………… 8799529
党政办公室…………… 8791254
教务办公室…………… 8502650
职业培训办公室…… 8502791
学生工作办公室…… 8501021
招生办公室…………… 8553823
总务办公室…………… 8502610

交通工程分院

书记、院长…………… 8789098
党政办公室…………… 8793964
教务办公室…………… 8791504
驾培中心……………… 8774443
总务办公室…………… 8782578

医疗卫生分院

院长…………………… 8779286
书记…………………… 8551592
党政办公室…………… 8552232
教务办公室…………… 8551593
学生工作办公室…… 8551595
职业培训办公室…… 8770045

钻井工程技术公司

地址：东营市钻井路7号
邮编：257064

政工科室

党政办公室…………… 8269273
值班室………………… 8725028
传真…………………… 8725844
组织科………………… 8721359
宣传科………………… 8627263
纪监审计科…………… 8627287
工会…………………… 8627257

生产科室

生产经营科…………… 8722208
安全环保科…………… 8621171
计划基建科…………… 8627283
物资装备科…………… 8725940
技术科………………… 8722297
劳动工资科…………… 8627273

机关直属

财务资产管理中心… 8723153
信息中心……………… 5627247
公共事业中心………… 8627178
老年管理中心………… 8721030
巴州分公司…………… 8629121
驻新疆办公室 0996－6751639
驻轮台办事处 0996－4690072
驻乌鲁木齐办事处
……………………… 0991－7886645
仪器管理中心………… 8725238
钻井国际工程部……… 8627961

定向井公司

书记…………………… 8722806
经理…………………… 8723223
党群工作部…………… 8629356
值班室………………… 8722158
生产管理部…………… 8621690
调度室………………… 8721749
经营管理部…………… 8723217
劳资、培训、企管… 8723152
技术管理部…………… 8721968

泥浆公司

书记…………………… 8722513
经理…………………… 8725868
党群工作部…………… 8722807
值班室………………… 8721751
生产管理部…………… 8721752
调度审………………… 8721619
企业管理部…………… 8721742
劳资、培训…………… 8722023
市场管理部…………… 8722558

钻井职工培训中心

书记…………………… 8721238
中心主任办公室…… 8723785
党群工作部…………… 8722169
教务处主任…………… 8724364
浅海安全培训办主任 8724164
党校办公室…………… 8723775
就业培训办主任…… 8721995
HSE培训项目部 … 8723019
井控培训项目部…… 8629901
防硫化氢技术培训项目部
……………………………… 8721661
涉外培训项目部…… 8723592
总务处主任…………… 8623396

钻井工艺研究院

地址：东营市北一路827号
邮编：257017

机关部室

院办公室……………… 8552292
党群工作部…………… 8557995
纪监审计部…………… 8555335
经营管理部…………… 8553097
科研计划部…………… 8556875
人力资源部…………… 8552341
财务资产部…………… 8552807
安全生产部…………… 8555384
调度室………………… 8552321

钻井工艺研究所

书记…………………… 8554131
所长…………………… 8771108
调度室………………… 8797421
研究一室……………… 8501330
研究二室……………… 8797422
研究三室……………… 8797402
研究四室……………… 8797403

海洋工程装备研究所

书记…………………… 8553979
所长…………………… 8719200
办公室………………… 8783675
设计一室……………… 8783679
设计二室……………… 8783672

石油机械研究所

书记…………………… 8780991
所长…………………… 8702383

钻井工具研究所

书记、所长…………… 8702375
经营部………………… 8772430
技术部………………… 8702372

油田化学研究所

书记…………………… 8555803
所长…………………… 8791441

石油完井所
书记………………… 8794651
所长………………… 8772250
钻井信息中心
书记………………… 8501086
办公室……………… 8252999
钻井测量仪器研究所
所长………………… 8797673
办公室……………… 8701561
情报档案培训中心
书记………………… 8718209
主任………………… 8555885
钻井工程设计研究所
书记………………… 8705989
所长………………… 8794923
办公室……………… 8552411
侧钻技术中心
书记………………… 8785241
主任………………… 8771817
办公室……………… 8555564
欠平衡技术研究所
书记………………… 8702313
所长………………… 8773302
胜利金刚石钻头厂
书记………………… 8702351
厂长………………… 8795283
西部分院
书记………………… 8703069
新疆库尔勒办事处
……………… 0996－2047787
新疆乌鲁木齐办事处
……………… 0991－3673353
四川办事处… 0838－2801287
吉林松原办事处
……………… 0438－2161276
汽车队
书记、队长………… 8773593
调度………………… 8555882
物资供应中心
主任………………… 8780379
计划办公室………… 8785245
综合服务中心
书记………………… 8552252
主任………………… 8555642
老年管理中心
主任………………… 8501156
办公室……………… 8553510
胜利油田金刚石研究开发公司
书记………………… 8559881
经理………………… 8503008
公司办公室………… 8772145
高新技术开发中心
书记………………… 8553097

胜东社区管理中心

地址：东营市东营区东二路169号
邮编：257055
机关部室
党政办公室主任…… 8733919
人力资源（组织）部 8738611
思想政治工作部…… 8738358
纪监审计部………… 8631209
房产物业生产部…… 8633556
规划计划（技术监督）部
……………………… 8631199
经营管理部………… 8631618
安全环保部………… 8738918
直属单位
财务资产管理中心… 8633696
公共事业中心……… 8731899
机关车队…………… 8633282
物资供应办公室…… 8765575
治安保卫办公室…… 8738811
辛兴物业管理公司
书记………………… 8535001
经理………………… 8533666
瑞康物业管理公司
书记………………… 8738188
经理………………… 8732825
瑞达物业管理公司
书记………………… 8731569
经理………………… 8633568
莱建物业管理公司
书记………………… 8739197
经理………………… 8730211
锦华物业管理公司
书记………………… 8930378
经理………………… 8931998
学前教育中心
书记………………… 8630918
主任………………… 8630768
卫生管理中心
书记………………… 8630588
主任………………… 8630667
老年管理中心
书记………………… 8765536
主任………………… 8761581
房地产开发有限责任公司
书记………………… 8766788
经理………………… 8766288

胜北社区管理中心

地址：东营市东营区地质巷9号
邮编：257064
机关部室
党政办公室………… 8721367
思想政治工作部…… 8721530
人力资源（组织）部 8721579
物业房产部………… 8721257
规划计划部………… 8721445
经营管理部………… 8723039
安全环保部………… 8723842
纪监审计部………… 8722955
机关直属单位
老年管理中心……… 8722772
财务资产管理中心… 8722769
信息新闻中心……… 8627138
医疗卫生管理中心
……………………… 8721206
劳动就业服务站…… 8629830
安泰物业管理公司
经理………………… 8796618
书记………………… 8556475
胜兴物业管理公司
书记………………… 8626175
经理………………… 8622978
景安物业管理公司
书记………………… 8727988
经理………………… 8720168
景苑物业管理公司
经理………………… 8721695
书记………………… 8724771
锦霞物业管理公司
书记………………… 8747921
经理………………… 8747155
通明苑物业管理公司
书记………………… 8741727
经理………………… 8742727
胜北医院
书记………………… 8625317
院长………………… 8627909
油建卫生院
书记、院长………… 8705735
副院长……………… 8551759
胜采医院
书记、院长………… 8624026
副书记……………… 8628168
东安卫生院
书记………………… 8729382
院长………………… 8728699
肛肠病防治院
书记………………… 8747342
院长………………… 8642608
矿建公司
经理………………… 8722536
书记………………… 8629189
车辆管理中心
主任………………… 8722474
副主任……………… 8721456
公共事业中心
书记………………… 8723001
主任………………… 8721426
学前教育中心
书记………………… 8627922
……………………… 8629310
主任………………… 8723016
经理………………… 8722396
胜利油田胜北木业装饰有限公司
经理………………… 8726598
副经理……………… 8726728

滨南社区管理中心

地址：滨州市渤海七路799号
邮编：256600
区号：0543
机关部室
党政办公室………… 3463374
思想政治部………… 3464638
人力资源部………… 3462647
公共事业部………… 3478804
安全环保部………… 3479443
经营管理部………… 3461391
纪监审计部………… 3460394
直属科级单位
财务资产管理办公室 3460504
计划基建办公室…… 3479141
治安保卫办公室…… 3461427
卫生管理办公室…… 3461375
机关车队…………… 3460843
胜滨物业管理公司
书记………………… 3460833
经理………………… 3461843
建翔物业管理公司
书记………………… 3468972
经理………………… 3468767
滨南医院
书记………………… 3463798
院长………………… 3460471
建翔医院
书记………………… 3469216
院长………………… 3469226
教育培训中心
书记、主任………… 3460627
副主任……………… 3462147
物资生活服务公司
书记………………… 3460125
办公室……………… 3460157
老年管理中心
书记、主任………… 3479341
副主任……………… 3479273
豪韵房地产开发有限责任公司
书记………………… 3479070
经理………………… 3462518

孤岛社区管理中心

地址：东营市河口区孤岛镇
邮编：257231

机关部室

党政办公室………… 8882156
人力资源（组织）部 8882452
思想政治工作部…… 8886853
物业管理部………… 8886973
规划计划部………… 8882495
经营管理部………… 8882497
安全环保部………… 8882455

机关直属

财务资产管理中心… 8882643
基建管理中心……… 8885111
物资供应办公室…… 8880112
劳动就业服务站…… 8881971
治安保卫中心……… 8886583
公共事业中心……… 8885842
老年管理中心……… 8885143

朝阳物业管理公司

书记……………………… 8885978
经理……………………… 8885327

金星物业管理公司

书记……………………… 8893168
经理……………………… 8892302

绿化环卫大队

书记……………………… 8885670
大队长………………… 8885570

综合大队

书记……………………… 8889436
大队长………………… 8887768

学前教育中心

书记……………………… 8898378
主任……………………… 8899567

孤岛医院

书记……………………… 8881028
院长……………………… 8885892

汽车大队

书记、大队长……… 8885578
调度……………………… 8882450

宏海实业有限责任公司

董事长、总经理…… 8886369
党政办公室………… 8886844
财务部………………… 8889216
生产技术部………… 8855846
调度室………………… 8856846

河口社区管理中心

地址：东营市河口区黄河路 146 号
邮编：257200

机关部室

党政办公室………… 8572212
人力资源管理部…… 8572235
思想政治工作部…… 8572245
纪检监察部………… 8572239
规划计划部………… 8572857
物业管理部………… 8572206
安全环保部………… 8572215
经营管理部………… 8572225

社区机关直属

公共事业服务中心… 8571320
治保中心、综治办… 8573467
老年管理中心……… 8673841
信息中心、电视台… 8571635
财务资产管理中心… 8572217
物资供应办公室…… 8661188
劳动就业服务站（职工培训中心）……………… 8572232
稳定工作信息管理办公室
……………………………… 8572208

物业管理一公司

书记……………………… 5662778
经理……………………… 8663766

物业管理二公司

书记……………………… 8570103
经理……………………… 8570013

绿化环卫公司

经理……………………… 8660771
副书记………………… 8660772

金色河日科贸中心

书记、经理………… 8572530
党政办公室………… 8572888
生产办………………… 8572532
经营办………………… 8572528
财务部………………… 8573638

车辆管理中心

主任……………………… 8571828
副书记………………… 8663228

房地产开发公司（基建办）

书记、副主任……… 8661141
办公室………………… 8679518

河口医院

书记……………………… 8661239
院长……………………… 8676125

河口钻井卫生院

院长……………………… 8576357
副院长………………… 8576310

计划生育与学前教育管理中心

主任……………………… 8665868
副书记………………… 8666757

临盘社区管理中心

地址：山东省临邑县
邮编：251507
区号：0534

机关部室

党政办公室………… 8860419
人力资源部（组织科）8860700
人力资源部（劳资培训科）
……………………………… 8860421
纪监审计部………… 8866373
思想政治工作部…… 8860502
生产安全部………… 8866838
规划计划部………… 8868886
经营管理部………… 8860423
财务资产管理中心… 8866886
公共事业中心……… 8861122
综合服务中心……… 8868391
老年家属管理中心… 8861815

物业管理公司

教导员………………… 8861891
大队长………………… 8861986

供热供水大队

教导员………………… 8860342
大队长………………… 8860720
调度……………………… 8860144

临盘医院

教导员………………… 8862906
院长……………………… 8861795
院办……………………… 8861726

文化教育培训中心

教导员………………… 8865128
主任……………………… 8861363

矿建公司

大队长、教导员…… 8860486
副大队长……………… 8862973

德利公司

董事长………………… 8866638
总经理………………… 8860177
综合办公室………… 8861930

胜南社区管理中心

地址：东营市东营区西三路 929 号
邮编：257068

机关部室

党政办公室………… 8613031
思想政治工作部…… 8618955
人力资源（组织）部 8612175
房产物业部………… 8613200
经营管理部………… 8613033
规划计划部………… 8618907
安全环保部………… 8612510
纪监审计部………… 8613159

机关直属

财务资产管理中心… 8618769
治安保卫办公室…… 8613053
基建管理中心……… 8610410
公共事业中心……… 8613171
医疗卫生中心……… 8613210
信息新闻中心……… 8613172
劳动就业服务中心… 8618956
机关车队……………… 8610426

兴河物业管理公司

经理……………………… 8775711
书记……………………… 8701096

聚华物业管理公司

书记……………………… 8856558
经理……………………… 8852458

纯梁物业管理公司

书记……………………… 8752103
经理……………………… 8755851

桐风物业管理公司

书记、经理………… 8619369
副书记………………… 8619767

胜辛物业管理中心

书记……………………… 8859777
主任……………………… 8859929

锦绣物业管理公司

书记……………………… 8618320
经理……………………… 8618320

老年管理中心

书记……………………… 8616059
主任……………………… 8613152

学前教育中心

书记……………………… 8610955
主任……………………… 8613016

医疗卫生系统

纯梁卫生院………… 8753551
汽修卫生院………… 8612637
现河卫生院………… 8782907
石化卫生院………… 8596120
物探卫生院………… 8852452
机厂卫生院………… 8611946
电厂卫生院………… 8594596

胜中社区管理中心

地址：东营市东营区济南路 258 号
邮编：257000

机关科室

党政办公室………… 8712640
人力资源部………… 8712679
思想政治工作部…… 8712690
物业房产部………… 8711467
规划计划部………… 8771174
经营管理部………… 8714414
安全环保（油地）部 8555097
纪监审计部………… 8555680

机关直属

老年管理中心……… 8775397
治安保卫办公室…… 8555667
财务资产管理中心… 8556366
物资供应办公室…… 8714893
信息（新闻）管理中心
……………………………… 8712657
劳动就业服务站…… 8557094
公共事业管理中心… 8777248

玉山物业管理公司
书记………………… 8817862
经理………………… 8817861
综合管理办公室…… 8810142
馨园物业管理公司
书记………………… 8792200
经理………………… 8705966
综合管理办公室…… 8771686
物华物业管理公司
书记………………… 8772503
经理………………… 8777566
综合管理办公室…… 8557660
荟萃物业管理公司
书记………………… 8777696
经理………………… 8701298
综合管理办公室…… 8559938
汽车大队
大队长……………… 8710116
教导员……………… 8710085
调度室……………… 8778843
城区管理大队
教导员……………… 8712131
大队长……………… 8551536
市政管理公司
教导员……………… 8776932
经理………………… 8797566
青少年活动中心
书记………………… 8710376
主任………………… 8711070
学前教育中心
书记………………… 8712692
主任………………… 8710030
机关医院
教导员……………… 8713830
院长………………… 8556988
供应卫生院
教导员、副院长…… 8785826
院长………………… 8787618
集输卫生院
教导员……………… 8783313
院长………………… 8775201
妇幼保健院
教导员……………… 8702759
院长………………… 8527723
房地产开发公司
经理………………… 8556748
教导员……………… 8502299
园林公司
书记………………… 8712488
经理………………… 8775910
石化开发公司
经理………………… 8183588
书记………………… 8187088
社兴实业总公司
党委书记、经理…… 8797699
党委副书记………… 8788648
奥达公司
经理………………… 8796745
综合管理办公室…… 8781854
胜中宾馆
书记、经理………… 7661918
总服务台…………… 7661978
齐鲁园
经理………………… 8712760
办公室……………… 8711643
盛中大酒店
经理………………… 7662898
综合办公室………… 8662899
胜中加气站
办公室……………… 8717108
财务………………… 8996111
胜通电讯总公司
书记、经理………… 8797728
副经理……………… 8791900
综合办公室………… 8778516

仙河社区管理中心

地址：东营市河口区仙河镇
邮编：257237

中心机关
党政办公室………… 8581528
思想政治工作部…… 8487011
人力资源（组织）部 8485849
生产管理部………… 8580105
经营管理部………… 8585348
计划基建部………… 8581810
纪监审计部………… 8581869
机关直属
财务资产管理中心 8485300
老年管理中心……… 8581906
公共事业中心……… 8485564
治害保卫中心……… 8582961
卫生管理中心……… 8581797
劳动就业服务站（再就业服务中心）……………… 8458966
预算站……………… 8581417
电视台……………… 8582376
招待所……………… 8581116
基建监理部………… 8581358
440 客户服务中心… 8581219
物业管理一公司
书记………………… 8581394
经理………………… 8582834
物业管理二公司
书记………………… 8482591
经理………………… 8481778
市政管理公司
书记………………… 8485926
经理………………… 8481060
学前教育中心
书记………………… 8485984
主任………………… 8581050
滨海医院
书记………………… 8588697
院长………………… 8581590
矿建大队
大队长……………… 8581651
书记………………… 8582302
综合办公室………… 8481979
胜利油田仙河投资发展有限公司
董事长、总经理…… 8558998
党政工作部………… 8581805
经营管理部………… 8482559
安全管理…………… 8588166
财务管理部………… 8585598

胜利医院

地址：东营市北二路 802 号
邮编：257055

值班电话
院总值班室………… 8811300
……………………… 8811003
急诊科……………… 8811120
……………………… 8812120
政工科室
党政办公室………… 8811419
组织科……………… 8811058
宣传科……………… 8811230
纪监科……………… 8811028
群工科……………… 8811061
治安保卫中心……… 8811009
行政科室
医务科……………… 8811207
健康查体中心……… 8811310
远程会诊…………… 8369999
护理部……………… 8811432
院内感染管理科…… 8811097
劳资科……………… 8811059
财务资产科………… 8811178
经营管理科………… 8811179
科技教育中心……… 8811169
信息中心…………… 8811111
微机室……………… 8811668
档案室、病案室…… 8811478
统计室……………… 8811447
图书馆……………… 8811358
设备科……………… 8811065
门诊部……………… 8811508
挂号室……………… 8811018
注射室……………… 8811033
预保科长…………… 8811450
计划免疫室………… 8811174
疫情上报…………… 8811271
住院处主任………… 8811651
精神住院处………… 8811140
结核住院处………… 8811217
门诊收费处………… 8811246
住院处登记室……… 8811309
临床科室
急诊科
急诊科值班室……… 8811120
副主任办公室……… 8811002
内科
内科门诊…………… 8811593
内科支部书记、主任 8811467
外科
外科门诊…………… 8811578
东营市乳腺疾病诊治中心
……………………… 8811069
外科支部书记、主任 8811494
麻醉手术科
支部书记、主任…… 8811556
麻醉手术科………… 8811000
妇产科
妇产科门诊………… 8811348
支部书记、主任…… 8811241
儿科
儿科门诊…………… 8811550
支部书记、主任…… 8811122
五官科
耳鼻喉科门诊……… 8811514
支部书记、主任…… 8811312
口腔科
门诊………………… 8811536
副主任……………… 8811161
眼科
门诊………………… 8811517
主任………………… 8811287
皮肤科
门诊………………… 8811597
副主任……………… 8811279
美容门诊…………… 8811522
中医院（胜利中医分院）
门诊………………… 8718302
办公室……………… 8773435
支部书记、院长…… 8550976
医技科室
影像中心
支部书记、主任…… 8811446
介入室副主任……… 8811088
CT 室 ……………… 8811130
放射科……………… 8811008
ECT 室 …………… 8811537
B 超室 …………… 8811335
MR 室 …………… 8811139

检验科
支部书记、副主任… 8811576
主任办公室………… 8811576
功能检查科
支部书记、主任…… 8811770
骨密度室………… 8811211
多普勒室………… 8811037
胃镜室………… 8811227
脑电图室………… 8811341
心电图室………… 8811354
肺功能室………… 8811771
理疗科
副主任………… 8811530
病理科
主任………… 8811428
药剂科
支部书记、主任…… 8811648
副主任办公室……… 8811505
会计室………… 8811125
西药库………… 8811652
药剂科内部总机…… 8811673
临床药学………… 8811006
精神科药房……… 8811379
结核科药房……… 8811485
急诊药房………… 8811416
中心药房………… 8811594
西药房………… 8811415
中药房………… 8811506
老年病科药房…… 8811305
老年管理中心
主任………… 8811291
副主任………… 8811166
文化活动中心…… 8811455
综合服务中心
主任………… 8811620
副主任………… 8811662
劳动服务中心
主任………… 8811657
副主任………… 8511712

2. 中原石油勘探局

地址：河南省濮阳市中原路277号　　邮政编码：457001　　公网区号：0393

局长办公室（政策研究室）

主任………… 4819001
主任（政研室）…… 4823402
副主任………… 4733776
………… 4733319
副主任（政研室）
………… 4731269
值班室………… 4822172
传真………… 4828300
秘书科………… 4823324
传真………… 4821957
文书科………… 4821597
传真………… 4821230
政研科………… 4829230
调研科………… 4822157
督查科………… 4818620
传真………… 4822747
接待科………… 4891934
传真………… 4819320
文印站………… 4816297

企业管理处

处长………… 4820755
副处长………… 4526466
………… 4826910
………… 4819310
传真………… 4826920
综合管理科……… 4823246
战略管理科……… 4731613
项目管理科……… 4821653
考核管理科……… 4731513
承包管理科……… 4824229
市场管理科……… 4819601
招标管理科……… 4892624
改革办公室……… 4733580

规划计划处

处长………… 4894156
副处长………… 4893378
………… 4733576
商务综合科……… 4816394
规划管理科……… 4822287
投资计划科……… 4824193
物资管理科……… 4732021
统计信息科……… 4824900

财务资产处

处长………… 4828899
副处长………… 4810326
………… 4819217
调研员………… 4732689
综合科………… 4810798
传真………… 4825336
预算管理科……… 4893818
资金管理科……… 4824293
成本核算科……… 4817770
外事财务科……… 4893531
税务核算科……… 4821168
资产管理科……… 4824361
资本运营科……… 4891452
债权管理科……… 4824001

人力资源处

处长………… 4819615
副处长………… 4826096
………… 4826597
………… 4821797
干部管理科科长…… 4828334
劳动组织科科长…… 4821330
工资保险科科长…… 4824715
培训科科长……… 4892631
员工管理科科长…… 4894126
社会劳动力管理科科长
………… 4894176
机关人力资源科科长 4821860
综合科科长……… 4821382
传真………… 4817632
职改办………… 4893136
博士后工作站…… 4821324

技术安全监督处

处长………… 4826816
副处长………… 4892979
………… 4822875
………… 4822840
………… 4822743
综合科………… 4821305
安全管理科……… 4819732
………… 4819772
特种设备安全科…… 4819874
外部市场安全环保监督管理科
………… 4819873
清理占压石油天然气管线违章建筑科………… 4821516
交通安全科……… 4827781
职业卫生科……… 4826793
环保科………… 4821040
质量管理科……… 4894074
计量科………… 4822959
标准化科………… 4894047
节能科………… 4821628

对外关系处

处长………… 4819588
副处长………… 4816258
………… 4822385
………… 4824366
………… 4819369
对外协调科科长…… 4826933
土地管理科科长…… 4826930
地籍管理科科长…… 4819451
资金管理科科长…… 4822901
土地监察科科长…… 4731661
综合办公室主任…… 4822275
综合办公室……… 4822275

生产管理处

处长………… 4810888
副处长………… 4734566
………… 4734586
………… 4734518
………… 4821064
综合科………… 4817132
生产运行科……… 4825344
传真………… 4819563
防汛防震办公室…… 4821828
电信科………… 4823015
运输科………… 4824541
产能运行科……… 4829055
井下作业管理科…… 4818371
公路管理科……… 4810237

外事办公室

主任………… 4826268
副主任………… 4827752

外事管理科

科长………… 4893547
值班室………… 4893647
传真………… 4821054

出国管理科

科长………… 4827803
值班室………… 4823433
传真………… 4823433

北京联络点

值班传真… 010－64292417

法律事务处

处长………… 4822826
副处长………… 4733552

法律顾问室主任…… 4731386
副处级调研员……… 4822289

综合办公室

主任……………………… 4822129
办公室………………… 4823385

工商诉讼科

科长……………………… 4816400
办公室………………… 4821599

合同项目科

科长……………………… 4821903
办公室………………… 4733532

公司事务科

科长……………………… 4734205
办公室………………… 4824090

法规制度科

科长……………………… 4891511
办公室………………… 4591691

钻井工程处

处长……………………… 4817136
副处长………………… 4821948
……………………………… 4816397
办公室主任………… 4816006
技术管理科科长…… 4816010
技术管理科（钻井工程编辑）
……………………………… 4896135
生产管理科科长…… 4815005
资料管理……………… 4819531
传真……………………… 4822765
市场管理科………… 4820508

基建处

处长……………………… 4522669
副处长………………… 4819238
调研员………………… 4810615

石油化工工程科

科长……………………… 4821749
副科级干事………… 4819454
干事……………………… 4819454

建筑公用工程科（工程抗震管理办公室）

科长……………………… 4891340
干事……………………… 4823936
……………………………… 4823936

市场综合管理科（基建工程招投标管理办公室）

科长……………………… 4822773
正科级干事………… 4822773
干事……………………… 4891814
传真……………………… 4891814

装备处

处长……………………… 4892826
副处长………………… 4520246
……………………………… 4829326
综合科………………… 4823832
传真……………………… 4819581
设备配置科………… 4820247
设备运行科………… 4822682
……………………………… 4820047

审计处

主任……………………… 4822091
副主任………………… 4825698
调研员………………… 4826205

综合科

科长……………………… 4822240
副科长………………… 4894228
办公室………………… 4828556
传真……………………… 4894228

项目管理科

科长……………………… 4891014
办公室………………… 4823921

项目审理科

科长……………………… 4829068
办公室………………… 4821342

综合办（保卫处）

主任……………………… 4733101
副主任………………… 4733103
……………………………… 4820916
处长助理……………… 4816611
综合科………………… 4826643
传真……………………… 4826644
协调督查科………… 4825533

武装部（人防办）

部长……………………… 4816226
综合办公室………… 4821607
军事科………………… 4821842

局党委办公室

主任……………………… 4816066
副主任………………… 4894226
……………………………… 4820369
秘书科长……………… 4894007
秘书科………………… 4821357
综合科长……………… 4821849
综合科………………… 4818686
信访办主任………… 4823984
信访办………………… 4820440
机要保密科长……… 4821578
机要文书……………… 4822964
值班电话……………… 4822486
传真……………………… 4822132

局党委组织部

部长……………………… 4733959
副部长………………… 4821693
办公室………………… 4732051
干部管理科………… 4824607
技术干部管理科…… 4822827
组织科………………… 4824199
机关干部管理科…… 4819477

局党委宣传部（统战部、文明办、企业文化处）

部长……………………… 4829169
副部长………………… 4828093
统战综合科………… 4822425
新闻宣传科………… 4822841
理论教育科………… 4822877
文明办创建科……… 4822153
企业文化科………… 4828328

局纪委（监察处）

处领导
副书记、监察处长… 4819768
副书记、监察处副处长
……………………………… 4819943
副处级纪检监察员… 4892423
办公室
副主任………………… 4821916
办公室………………… 4822816
信访举报……………… 4824627
传真……………………… 4822616
纪检监察一室
主任……………………… 4523831
办公室………………… 4819945
纪检监察二室
主任……………………… 4819941
办公室………………… 4823609
纪检监察三室
主任……………………… 4822819
办公室………………… 4893261
纪检监察四室
主任……………………… 4733712
办公室………………… 4819942
审理室
主任……………………… 4821529
办公室………………… 4822117
值班室………………… 4819854

局工会机关

副主席………………… 4824269
……………………………… 4824650
办公室主任………… 4829936
办公室………………… 4821686
办公室财务………… 4821161
组织民管部………… 4819725
生产保障部部长…… 4824648
生产保障部………… 4824536
宣教部部长………… 4822325
宣教部………………… 4821886
女工部部长………… 4732256
女工部………………… 4821086
劳动争议调解办公室
……………………………… 4829248
残联办公室………… 4829232

局团委

副书记………………… 4733108
办公室主任………… 4816035
组织部部长………… 4893536
宣传部部长………… 4821741
青工部部长………… 4822614

局直属机关党委机关

副书记………………… 4893918
工会主席……………… 4824271
调研员………………… 4734569
党委办公室………… 4821932
传真……………………… 4891699
组织科、团委……… 4823919
纪检、考核办公室… 4817015
工会办公室………… 4821964

局党委防范和处理邪教问题工作办公室

主任……………………… 4816226
副主任………………… 4732256
督查科………………… 4810520
调研科………………… 4731970

生产物资调剂中心

中心领导
主任……………………… 4524765
调研员………………… 4822636
副总会计师………… 4819703
党政办公室
主任……………………… 4819688

办公室…………………… 4819678
值班室…………………… 4825317
财务资产科
科长……………………… 4819708
办公室…………………… 4819246
设备调剂科
科长……………………… 4824004
办公室…………………… 4823307
物资调剂科
科长……………………… 4824629
办公室…………………… 4819846
设备租赁科
科长……………………… 4734070
办公室…………………… 4828696
物资库（北区）
主任……………………… 4810210
门岗……………………… 4817493
物资库（南区）
主任……………………… 4751730
办公室…………………… 4753471
舒普凡厂区
办公室…………………… 4753734

文化体育活动管理中心

中心领导
主任……………………… 4828125
副主任…………………… 4819724
……………………………… 4819723
……………………………… 4823025
综合办公室
主任……………………… 4824569
副主任…………………… 4817811
办公室…………………… 4817812
传真……………………… 4822104
文体活动管理科
科长……………………… 4817810
文联
主任……………………… 4829758
体协
主任……………………… 4894454
中石化音乐舞蹈家协会
主任……………………… 4824069
中原文化宫
主任……………………… 4819843
书记……………………… 4889940
副主任…………………… 4824769
……………………………… 4821630
办公室…………………… 4819844
会务部…………………… 4824060
中原歌舞团
团长……………………… 4821015
书记……………………… 4822857
副团长…………………… 4821145
电影公司
经理……………………… 4823445
书记……………………… 4822363
发行……………………… 4826485
中原影都………………… 4825793
艺海公司
经理……………………… 4823366
书记……………………… 4894481
办公室…………………… 4491758
体育站
站长……………………… 4849211
书记……………………… 4849262
游泳池…………………… 4822762
旱冰场…………………… 4804447
书画院
院长……………………… 4823028
演出联络处
经理……………………… 4824469
青少年艺术学校
校长……………………… 4894450
办公室…………………… 4810331
中原体育馆
馆长……………………… 4889940

社会保险统筹中心

中心领导
主任……………………… 4819802
副主任…………………… 4803928
主任助理………………… 4894573
……………………………… 4894576
主任办公室
科长……………………… 4893258
党群管理………………… 4730727
人事劳资（传真）…… 4818641
办公室（值班）……… 4894583
档案管理………………… 4896817
财务科
科长……………………… 4828599
财务室…………………… 4894127
养老保险科
科长……………………… 4821050
办公室…………………… 4828670
医疗保险科
科长……………………… 4894564
医疗保险………………… 4819803
生育保险………………… 4818743
工伤保险科
科长……………………… 4802941
办公室…………………… 4818743
失业保险科
科长……………………… 4820431
办公室…………………… 4820431
统计信息科
科长……………………… 4894595
办公室…………………… 4820352
办公室（水电）……… 4821108
办公室（师苑网点） 4802468
第一管理科
科长……………………… 4851862
办公室…………………… 4851822
第二管理科
科长……………………… 4844305
办公室…………………… 4842221
第三管理科
科长……………………… 4839809
办公室…………………… 4831815
第四管理科
科长……………………… 4854660
办公室…………………… 4854022
第五管理科
科长……………………… 4812070
办公室…………………… 4812064
第六管理科
科长……………………… 4861181
办公室…………………… 4861262
第七管理科
科长……………………… 4809002
办公室…………………… 4809907
第八管理科
科长……………………… 4865889
办公室…………………… 4865993
第九管理科
科长……………………… 4834622
办公室…………………… 4834623
第十管理科
科长……………………… 4876395
办公室…………………… 4876394
第十一管理科
科长……………………… 4801281
书记……………………… 4848530
办公室（测井）……… 4819932
办公室（物探）……… 4899611
第十三管理科
科长……………………… 4819857
书记……………………… 4819961
办公室（离退休处） 4819804
办公室（科技新村） 4819814
办公室（机关网点） 4820325
办公室（地质院网点）
……………………………… 4733151
办公室（资料公司网点）
……………………………… 4829404
第十四管理科
科长……………………… 4894570
办公室（二公司）… 4818551
办公室（机厂）…… 4818552
第十五管理科
科长……………………… 4820389
书记……………………… 4817530
办公室（财务）……… 4819764
办公室（审批）……… 4517836
第十六管理科
科长……………………… 4818745
办公室（油建）……… 4826426
办公室（特修厂）… 4753457
第十七管理科
科长……………………… 4720931
书记……………………… 4880267
办公室（运输）……… 4880489
办公室（盟城）……… 4884690
办公室（供应处）… 4882613
第十八管理科
科长……………………… 4878237
办公室…………………… 4877704

职业指导服务中心

中心领导
主任……………………… 4731501
副主任…………………… 4819384
综合科
科长……………………… 4817560
副科长…………………… 4824871
职业介绍科
科长……………………… 4819754
副科长…………………… 4823328

矿区建设工程部

部领导
经理……………………… 4816419
书记……………………… 4824343
副经理…………………… 4818817
……………………………… 4816415
综合办公室
主任……………………… 4825036
副主任…………………… 4825046
人事、劳资……………… 4818540
财务……………………… 4825034
传真……………………… 4818240
预算科
科长……………………… 4816412
办公室…………………… 4821879
合同科
科长……………………… 4816417
办公室…………………… 4525042
质检科
副科长…………………… 4825041
施工科
科长……………………… 4816363
安装工艺科……………… 4825054

中原油田宾馆

总机……………………… 4821945
宾馆领导

经理………………… 4816234
副经理 ………………… 4307
……………………… 4403
……………………… 4118
……………………… 4303
机关部室
党政综合办公室…… 4816235
传真………………… 4816235
人力资源部 …………… 2105
财务资产部 …………… 3101
经营管理部 …………… 3101
会计核算部 …………… 6145
前厅部
5 号楼总台 ………… 4824797
传真………………… 4820872
4 号楼总台 ………… 4821260
接待经理 ……………… 8188
总机室 ………………… 7000
客房部
一楼值班室 …………… 5120
二楼值班室 …………… 5200
三楼值班室 …………… 5300
四楼值班室 …………… 5400
餐饮部
4 号楼餐厅（自助餐厅）
……………………… 6131
5 号楼餐厅 ………… 4817100
风味餐厅…………… 4820873
佳名旅行社
办公室……………… 4817101
传真………………… 4817101
工程部
经理 ………………… 4302
办公室 ……………… 2202
洗衣房 ……………… 6126
安全保卫部
办公室 ……………… 6150
采购供应部
办公审 ……………… 8167
普光后勤服务部
总台………………… 4736299
苏丹大尼罗河宾馆
经理 …… 00249－912150083
总台……… 00249－83226587
安阳接待站
办公室……… 0372－5297600
传真………… 0372－5912601

局机关车辆管理中心

中心领导
经理………………… 4734066
书记………………… 4892479
副书记……………… 4821576
副经理……………… 4891698
……………………… 4819715
……………………… 4733509
机关科室
党政办公室………… 4817573
人力资源办公室…… 4892344
安全保卫办公室…… 4821239
设备管理办公室…… 4817571
生产调度办公室…… 4822402
经营财务办公室…… 4819225
基层队（站）
一中队……………… 4816312
二中队……………… 4892234
三中队……………… 4816313
四中队……………… 4819430
修保厂……………… 4816310
加油站……………… 4827261
材料站……………… 4824755
西部工作委员会
综合办公室
主任………………… 4821526
办公室……………… 4823800
西部………… 0991－3663759
市场工作部
经理………… 0991－3679789
副经理……… 0991－3679078
HSE 监督管理站
副站长……… 0991－3694883
办公室……… 0991－3668679

石化质监管理总站（中原石油分站）

站领导
站长、书记………… 4893978
副书记……………… 4821691
综合管理科
科长………………… 4821691
办公室……………… 4823308
建筑工程质量监督科
科长………………… 4818142
办公室……………… 4734237
石化工程质量监督科
科长………………… 4818141
办公室……………… 4810991

投资管理中心（多元开发处）

中心领导
主任（处长）……… 4894529
党委书记…………… 4820686
业务科室
中心办公室………… 4823435
党群办公室………… 4823427
财务资产科………… 4817506
外部投资管理科…… 4828211
商业保险代理科…… 4817503
产权管理科………… 4817501
多种经营科………… 4810917
考核科……………… 4817502
南方经营管理科
………… （0755）27761788
法律事务科………… 4828470

濮阳中原贝德弗化学建材有限公司

总经理……………… 4751776
副总经理…………… 4752146
财务总监…………… 4751797
总工程师…………… 4751239
总经理助理………… 4751290
……………………… 4751268
综合办公室主任…… 4751290
市场营销部部长…… 4752148
生产质量管理部部长 4751275
财务资产部部长…… 4751221
出口工作部部长…… 4751268
物资采购部部长…… 4751239
营销中心经理……… 4493628

濮阳永辉机械修配有限公司

总经理办公室……… 4875268
公司办公室………… 4875225
经营办公室………… 4875535
修理车间…………… 4875806

濮阳中大汽车修理有限公司

总经理办公室……… 4834581
书记………………… 4834408
副经理……………… 4834408

濮阳拳王日用化工有限公司

总经理……………… 4828366
副总经理…………… 4894030
总经理办公室……… 4823704
营销管理部………… 4825466
财务部……………… 4828144
精细化工厂………… 4871431
气雾剂厂…………… 4875488

债权债务清理处

处长………………… 4810326
调研员……………… 4829255
综合科……………… 4593910
清理一科…………… 4893901
清理二科…………… 4893941

离退休职工管理处

处领导
处长、书记………… 4822770
副书记……………… 4823829
副处长……………… 4823997
调研员……………… 4821073
……………………… 4824443
机关
党政办公室………… 4817537
传真………………… 4829524
财务资产科………… 4823359
科长………………… 4820356
老年管理科………… 4822488
老年文体科………… 4822414
老年思想教育科（关工委）
……………………… 4821095
经营办……………… 4828430
老干部管理站
站长………………… 4826242
书记………………… 4732900
老年敬托院
院长………………… 4891655
书记………………… 4826871
副院长……………… 4731281
……………………… 4829113
办公室……………… 4824839
老年大学…………… 4826244
《石化老年》编辑部 4822397
老年活动中心……… 4819685
综合服务站………… 4817535

钻井一公司

公司领导
经理………………… 4805186
书记………………… 4805966
副经理……………… 4808967
总工程师…………… 4807022
总会计师…………… 4800538
副经理……………… 4806555
工会主席、纪委书记 4809837
副总工程师………… 4808535
……………………… 4800550
……………………… 4800369
……………………… 4800601
……………………… 4800956
……………………… 4800237
……………………… 4800297
……………………… 4809910
……………………… 4822550
……………………… 4809299
……………… 0818－4736607
……………………… 4805992
……………………… 4805993
……………………… 4809865
副总经济师………… 4806128
……………………… 4800316
副总会计师………… 4806819

副总工程师………… 4800451

经理办公室

主任………………… 4806128

副主任……………… 4800690

办公室……………… 4800251

生产协调科

科长………………… 4800277

工农科长…………… 4800220

副科长……………… 4800227

值班室……………… 4800408

质量安全科

科长………………… 4800601

副科长……………… 4800225

国有资产科

科长………………… 4800268

副科长……………… 4800432

设备库……………… 4800578

计划财务科

科长………………… 4806819

副科长……………… 4800434

报销组……………… 4800114

成本组……………… 4800963

综合组……………… 4800496

结算组……………… 4800636

经营管理科

科长………………… 4800316

副科长……………… 4800262

…………………… 4800791

市场开发部

主任………………… 4800550

副主任……………… 4800257

…………………… 4800424

国际业务部

主任………………… 4807196

苏丹办……………… 4807940

人事劳资科

科长………………… 4800320

劳资………………… 4800141

培训………………… 4800321

党委办公室

主任………………… 4800687

办公室……………… 4800757

组织科

科长………………… 4800224

办公室……………… 4809747

纪检办公室

主任………………… 4800293

办公室……………… 4800986

群众工作部

主任………………… 4809001

副主任……………… 4800460

保卫科

科长………………… 4800837

教导员……………… 4800319

副科长……………… 4500927

文化办

主任………………… 4806359

办公室……………… 4805359

工程技术大队

大队长……………… 4805992

书记………………… 4800956

副大队长…………… 4807724

…………………… 4800942

…………………… 4809927

…………………… 4800724

…………………… 4800913

综合室……………… 4800942

计算机室…………… 4800942

财务室……………… 4800942

调度室……………… 4800593

泥浆化验室………… 4800275

站前工程大队

大队长……………… 4800856

书记………………… 4800435

副大队长…………… 4800407

办公室……………… 4800888

技术、安全………… 4800339

财务………………… 4800436

职工食堂…………… 4807132

基层队

安装队……………… 4800908

拖拉机队…………… 4800499

搬安队……………… 4806104

车队………………… 4800488

水电队……………… 4800813

机械加工队………… 4800203

设备修理队………… 4800203

泥浆站

站长………………… 4753448

书记………………… 4753678

副站长……………… 4753420

调度室……………… 4753659

安全………………… 4753627

泥浆队……………… 4753649

运输队……………… 4753445

化工队……………… 4753443

综合办……………… 4753450

供应站

站长………………… 4806185

书记………………… 4808292

副站长……………… 4800566

财务………………… 4800596

管理………………… 4800231

文全………………… 4800428

调度………………… 4500428

机电………………… 4800785

三材………………… 4800530

配件………………… 4800568

车队

大队长……………… 4808794

调度………………… 4800463

生活服务大队

大队长……………… 4800223

副大队长…………… 4500644

财务组……………… 4800929

调度室……………… 4800472

职工公寓…………… 4800458

风华公寓…………… 4806193

培训学校

校长………………… 4800365

外部市场

东北调度…… 0438－6101111

新疆调度…… 0991－3854731

西南调度…… 0818－4736616

川西调度…… 028－84892097

塔海调度…… 0470－6607562

冀东调度…… 0315－8720751

钻井二公司

公司领导

经理………………… 4828786

党委书记…………… 4819358

副经理……………… 4828890

总工程师…………… 4828770

财务总监…………… 4827876

纪委书记、工会主席………………………… 4828204

经理办公室

主任………………… 4827340

文字秘书…………… 4732015

值班室……………… 4827430

传真………………… 4828294

生产协调部

经理助理、部长…… 4827738

副部长……………… 4822184

…………………… 4827092

…………………… 4828309

…………………… 4822719

调度室……………… 4827150

传真………………… 4827350

前指调度…………… 4859562

技术安全监督科（HSE监督站）

副总师、科长……… 4821573

副科长……………… 4827113

HSE监督站站长 … 4733830

办公室……………… 4527583

装备科

科长………………… 4891046

副科长……………… 4825796

…………………… 4827348

基地设备库………… 4827550

皇甫设备库………… 4710521

油品化验站………… 4827432

人事劳资科

科长………………… 4827360

副科长……………… 4828267

…………………… 4827302

经营科

科长………………… 4827170

副科长……………… 4732246

…………………… 4826246

办公室……………… 4828293

计划财务科

副总会计师、科长 4823522

副科长……………… 4826038

资金报销…………… 4827362

资产管理…………… 4892270

党委办公室

主任………………… 4828247

副主任……………… 4827149

办公室……………… 4828512

组织纪检科

科长………………… 4827212

办公室……………… 4829205

纪检监察科

科长………………… 4827062

办公室……………… 4817909

工团办公室

主任………………… 4827072

机关总支副书记…… 4827115

女工、计生主任…… 4827022

团委办公室………… 4827115

武装保卫科

科长………………… 4827254

副科长……………… 4829509

交通管理…………… 4827148

办公室……………… 4822867

市场开发科

科长………………… 4827096

国际业务部

部长………………… 4827202

办公室……………… 4822942

传真………………… 4891330

技术发展部

副总师、部长……… 4827178

书记………………… 4823326

副总师、副部长…… 4822567

…………………… 4828112

副部长……………… 4827272

工艺室副主任……… 4829260

…………………… 4827175

…………………… 4827070

完井室主任………… 4827452

综合室主任………… 4827498

泥浆室副主任……… 4828810

调度室……………… 4827552
网管机房…………… 4490323
物资供应站
站长………………… 4827580
书记………………… 4827025
副站长……………… 4827496
计划组……………… 4827142
管理组……………… 4828507
财务组……………… 4827132
配件化工组………… 4827593
电料杂项组………… 4827112
调度室……………… 4828505
职工培训部
部长………………… 4827176
书记………………… 4817300
副部长……………… 4827441
办公室……………… 4828283
钻前大队
经理助理、大队长… 4732128
书记………………… 4828601
副大队长…………… 4734345
…………………… 4827591
调度室……………… 4828634
安装队……………… 4827091
水电队……………… 4827481
机具队……………… 4827271
生活服务大队
大队长……………… 4828314
书记………………… 4827182
副大队长…………… 4734207
…………………… 4827192
…………………… 4820220
招待所所长………… 4734207
调度………………… 4828319
服务队……………… 4827523
综合队……………… 4827129
招待所总台………… 4827409
餐厅………………… 4827592
纯净水厂…………… 4828832
机关服务队………… 4827431
大学生公寓………… 4731207
机修大队
大队长……………… 4891856
书记………………… 4828737
调度室……………… 4827516
小车队
大队长……………… 4827101
书记………………… 4734231
副大队长…………… 4894062
…………………… 4827727
调度………………… 4821669
泥浆回收队
队长………………… 4892228
办公室……………… 4827024

钻井三公司

公司领导
经理………………… 4867688
书记………………… 4865122
副书记……………… 4865183
副经理……………… 4771116
…………………… 4865806
…………………… 4771482
…………………… 4771425
…………………… 4771020
总会计师…………… 4771428
涉外总监…………… 4771030
首席技术专家……… 4771529
调研员……………… 4865105
…………………… 4771487
专职副总师、技术专家
副总师……………… 4771981
技术专家…………… 4771456
…………………… 4865145
…………………… 4771602
党政办公室
主任………………… 4865271
副主任……………… 4865263
…………………… 4865045
值班室……………… 4865104
群工部
部长………………… 4865812
副部长……………… 4865953
生产协调部
部长………………… 4771528
副部长……………… 4771407
…………………… 4771460
办公室……………… 4771400
安全技术监督部
部长………………… 4771405
副部长……………… 4771468
办公室……………… 4865025
党委宣传部
部长………………… 4865026
办公室……………… 4865434
组织人事部
部长………………… 4865024
副部长……………… 4865855
…………………… 4865310
…………………… 4865163
办公室……………… 4865143
设备管理部
部长………………… 4865145
副部长……………… 4865231
办公室……………… 4865585
纪检监察部
部长………………… 4865160
办公室……………… 4865943

市场管理部
部长………………… 4771483
副部长……………… 4771424
办公室……………… 4771423
企业管理部
部长………………… 4771526
副部长……………… 4771480
办公室……………… 4771480
国际项目管理部
部长………………… 4865664
副部长……………… 4865664
计划财务资产部
部长………………… 4865669
副部长……………… 4865709
…………………… 4868666
办公室……………… 4866709
保卫科
部长………………… 4771450
办公室……………… 4865169
技术管理部
部长………………… 4771602
副部长……………… 4771760
办公室……………… 4771613
泥浆技术管理部
部长………………… 4771408
副部长……………… 4771403
办公室……………… 4771060
运输大队
队长………………… 4777898
书记………………… 4777886
办公室……………… 4777878
技术服务大队
队长………………… 4752738
书记………………… 4752738
办公室……………… 4752576
小车队
队长………………… 4865783
书记………………… 4865872
办公室……………… 4865240
钻采设备厂
厂长………………… 4865636
书记………………… 4865931
办公室……………… 4865463
钻前大队
队长………………… 4887400
书记………………… 4720024
办公室……………… 4887143
试油测试大队
队长………………… 4755048
书记………………… 4752894
办公室……………… 4754608
站长………………… 4865458
书记………………… 4865449
办公室……………… 4865459

林泉花园
经理………………… 4866196
书记 ……… 4865152 转 8868
总台………………… 4865344
总机线……………… 4865152
生活服务公司
经理………………… 4865128
书记………………… 4865131
办公室……………… 4865741

钻井四公司

公司领导
经理………………… 4835988
书记………………… 4835688
纪委书记…………… 4834425
副经理……………… 4834259
…………………… 4834206
财务总监…………… 4835899
副经理……………… 4834897
经理助理…………… 4834379
…………………… 4835665
…………………… 4836156
副总师……………… 4834261
…………………… 4834372
…………………… 4834722
…………………… 4834179
…………………… 4834030
…………………… 4834066
…………………… 4834483
…………………… 4836208
经理办公室
主任………………… 4834497
值班室……………… 4834489
传真………………… 4834615
党委办公室
主任………………… 4834011
值班室……………… 4834453
组织纪监科
科长………………… 4836996
值班室……………… 4835978
群众工作部
部长………………… 4834669
值班室……………… 4834434
生产协调科
科长………………… 4834379
副科长……………… 4834554
传真………………… 4834617
值班室……………… 4834394
人事劳资科
科长………………… 4835721
培训………………… 4834440
工资………………… 4834445
财务资产科
科长………………… 4834435

副科长……4834429
装备科
科长……4834420
副科长……4834625
传真……4834420
经营管理科
科长……4836208
副科长……4834619
定额……4834624
合同……4834546
技术安全监督科
科长……4834463
副科长……4834471
办公室……4834217
市场开发科
科长……4834179
副科长……4834119
值班室……4834197
传真……4834350
保卫科
科长……4834637
书记……4834664
技术发展部
部长……4834261
副部长……4834372
……4534030
……4834850
综合办公室……4834257
科技办公室……4835527
钻前工程大队
大队长……4834978
书记……4835078
调度……4834177
机修大队
厂长……4534281
书记……4834255
调度……4834291
综合组……4834701
生活服务大队
大队长……4836156
书记……4836066
副大队长……4834208
值班室……4834801
招待所服务台……4834508
客房值班……4834376－8207
物资供应站
站长……4836108
书记……4834365
调度……4834339
计划……4836945
小车队
队长……4835000
书记……4834438
副队长……4834145
调度……4834149
培训学校
校长……4834532
书记……4834672

塔里木中原钻井公司

公区网号：0996
公司领导
经理……2173828
党委书记……2173529
党委副书记……2174303
副经理……2173522
……2173521
财务总监……2174426
总工程师……2173820
副总工程师……2174784
……2174436
……2173533
……2174412
副总机械师……2173826
……2173826
副总工程师……2173532
……2173532
……2173533
机关
经理办……2173827
传真……2173822
生产管理科……2173821
传真……2175330
轮南调度……0990－2178167
轮台调度……4698292
机关党总支……2175366
党群办……2173520
人力资源科……2173527
计划财务科……2173525
经营管理科……2173526
技术项目部……2173533
……2174412
……2173524
市场开发部……2174436
QHSE 管理部……2173532
机动科……2173826
泥浆管理科……2174784
供应站……2173530
库房办……2179214
车队……0990－2173531
招待所……2173535
办事处
（濮）主任……4829689
人事……4826048
培训……4823282
尼日利亚项目部……4829753
值班室……4826358
传真……4894138
（乌）办公室 0991－7806016

钻井管具工程处

处领导
经理……4800015
书记……4805986
纪委书记、工会主席 4805566
副经理……4800060
财务总监……4800006
正处级调研员……4805996
副处级调研员……4809068
首席技术专家……4800003
经理助理、副总师
经理助理……4800058
副总工程师……4800005
经理助理……4800023
……4800030
……4808339
副总会计师……4809050
技术专家……4800701
……4805546
经理办公室
主任……4800008
值班室……4800021
传真……4809066
人事劳资科
科长……4808593
办公室……4800029
经营计划科
科长……4800038
副科长……4800053
……4800012
项目办……4806129
财务资产科
科长……4800032
成本……4800041
报销……4800052
企业管理科
办公室……4809080
技术科
科长……4800701
办公室……4800057
生产协调科
科长……4500059
值班室……4800019
……4800016
传真……4800783
机动安全科
科长……4809128
办公室……4800027
党群工作部
主任……4800049
副主任……4800052
信访保密……4809208
纪检监察……4808121
团委……4806055
管修车间
办公室……4800074
井控车间
办公室……4800069
机加工车间
办公室……4800070
技术服务大队
办公室……4800072
值班室……4800558
机械运输大队
大队长……4800071
调度……4800013
卫城管具大队
大队长……4834969
副书记……4835348
副大队长……4835249
高工……4834284
调度……4834401
经管……4834602
兰考管具大队
大队长……4868368
调度……4865420
金刚石钻头厂
办公室……4806633
营销部……4805546
治安保卫大队
大队长……4809924
物资供应站
站长……4800431
计划组……4808148
培训学校
办公室……4800030
新疆轮台管具工处
经理……0996－4685296
调度……0996－4685229
财务……0996－4685288
西南分公司
调度……4736775
传真……4736776
项目办
办公室……4806129
陕北分公司
调度……0912－4213087
鄂尔多斯项目组
调度……0912－3410288
冀东项目组
调度……0315－8835758
哈萨克斯坦项目组
办公室……4800056
也门项目组
办公室……4800056
苏丹项目组

办公室…… 4800056

沙特项目组

办公室…… 4808339

固井工程处

总机…… 4800011

处领导

经理…… 4805998

书记…… 4805886

副经理…… 4805816

…… 4800077

财务总监…… 4805508

副总师（经理助理）

副总工程师…… 4800826

…… 4800010

经理助理…… 4800086

副总工程师…… 4807469

…… 4809567

…… 4800090

经理助理…… 4807489

副总工程师…… 4800022

…… 4808385

…… 4800061

经理办公室

主任…… 4800022

秘书…… 4800730

值班室…… 4800066

传真…… 4800046

打字复印…… 8837

收字室…… 8838

人事劳资科

科长…… 4800137

干部管理…… 8840

人事、培训…… 8841

财务资产科

科长…… 4805896

副科长…… 4509052

出纳、报销…… 4800083

经营管理科

科长…… 4800037

副科长…… 8906

合同、物资…… 4808305

统计…… 8845

装备科（技术安全监督科）

科长…… 4800170

副科长…… 8848

装备…… 8847

安全…… 4800149

生产协调科

科长…… 4809567

科长…… 8852

调度室…… 4800079

电话会议机…… 4800075

大班…… 8854

资料…… 8858

国际业务部

部长…… 4800093

际业务部…… 8910

党群工作部

部长…… 4800092

副部长…… 4800055

党办、组织…… 8857

纪检、信访…… 5905

女工、计生…… 8860

宣传、团委…… 8861

固井技术研究所

所长…… 4800826

副书记…… 4800040

副所长…… 8874

政工负…… 8875

施工室…… 8876

研究室…… 8877

科技办…… 8824

化验室…… 8879

灰库化验室…… 4721413

流量计室…… 8880

核算、统计…… 8881

固井一分处

经理…… 4800086

副经理…… 4807279

…… 8869

副书记…… 8867

一分队…… 8864

HSE 政工员…… 8862

一分处储运值班室 4722737

核算、统计…… 8800

散灰储运中心

主任…… 4721406

书记…… 4722738

副主任…… 4721408

…… 4721417

调度…… 4721411

调度（传真）…… 4721407

储运食堂…… 4721791

物资采办部

经理…… 4800091

书记…… 4807841

副站长…… 8884

核算、统计…… 8885

物资、统计…… 8886

修理班…… 8908

计划组…… 4800094

灰库保管员…… 4721423

小车队

队长…… 4806326

书记…… 4800076

HSE 监督员…… 8911

调度…… 8893

核算、统计…… 8894

综合队

队长…… 4800068

书记…… 4806140

副队长…… 8899

培训学校…… 8907

核算、统计…… 8897

食堂…… 8898

HSE 监督站

站长…… 4807941

…… 8882

副站长…… 8883

IHSE 监督员…… 8863

检验员…… 8850

外部项目组

新疆项目组… 0996－4685287

西北项目组… 0912－4220669

东北项目组… 0438－2968306

西南项目组… 0818－5822595

山西项目组… 0356－7082304

内蒙项目组… 0478－5688032

南阳项目组…0377－68448389

钻井工程技术研究院

院领导

院长…… 4899298

总工程师…… 4599235

副院长…… 4895098

纪委书记、工会主席 4899697

副院长…… 4899651

首席技术专家

技术首席专家…… 4899640

…… 4899218

院副总师

副总工程师…… 4899703

院长助理…… 4899386

副总工程师…… 4896497

…… 4896705

…… 4898940

副总会计师…… 4899491

副总工程师…… 4890854

院长办公室

主任…… 4899629

办公室…… 4890027

人事劳资…… 4899497

传真…… 4897922

群工作部

主任…… 4899103

纪检监察…… 4890345

团委女工…… 4899087

科技办公室

中任…… 4899640

办公室…… 4899693

生产办公室

主任…… 4899052

办公室…… 4899151

调度室…… 4899520

经营管理科

科长…… 4899097

办公室…… 4890470

计划财务科

科长…… 4899491

资产…… 4899095

核算…… 4899030

钻井工艺研究所

所长…… 4899603

支部书记…… 4899509

副所长…… 4899970

油田化学研究所

所长…… 4899234

支部书记…… 4899357

所办…… 4890993

研发组…… 4899548

中试车间…… 4825238

钻井机械研究所

所长…… 4899702

支部书记…… 4896529

车间…… 4899754

销售…… 4771577

钻井仪表研究所

所长…… 4899094

技术信息研究所

所长…… 4819280

机房…… 4899284

油气层保护研究所

主任…… 4896705

泥浆监测…… 4899043

探井服务…… 4899295

泥浆研究…… 4899460

井下工具研究所

所长…… 4899191

无损检测…… 4890657

环境保护研究所

所长…… 4899843

水处理…… 4899437

堵漏室…… 4899333

定向井服务中心

主任…… 4898940

支部书记…… 4890854

副主任…… 4899475

下套管服务中心

主任…… 4899592

调度…… 4899393

车队

队长…… 4899021

调度…… 4899339

综合服务中心

主任…… 4899496

办公室…………………… 4899049
…………………………… 4899286
供应站…………………… 4897845
复印室…………………… 4899407
博士站
博士……………………… 4890307
…………………………… 4899297
…………………………… 4896891
…………………………… 4771626
院值班室
值班室…………………… 4897713
西部分院
院长………… 0991－3667295
办公室传真 0991－3661916
调度………… 0991－3835729
西南项目部
项目部办公室 0818－5700350
环境保护研究所
……………… 0818－5701597
下套管服务中心
……………… 0818－5701886
井下工具研究所
……………… 0818－5618407

勘察设计研究院

院领导
院长……………………… 4891990
书记……………………… 4828063
副院长…………………… 4825057
…………………………… 4828373
总工程师………………… 4828027
院长办公室
主任……………………… 4828058
副总工程师……………… 4822341
办公室…………………… 4826351
值班室…………………… 4821341
传真……………………… 4491804
党群工作部
主任……………………… 4823784
纪委……………………… 4820064
团委……………………… 4820084
企业文化办公室……… 4823759
人力资源部
主任……………………… 4821138
办公室…………………… 4823184
会计科
主任……………………… 4824903
办公室…………………… 4823273
…………………………… 4825436
资产设备科
主任……………………… 4733377
办公室…………………… 4822541
HSE 办公室 ……… 4891319
经营管理部
主任……………………… 4497336
办公室…………………… 4824065
项目管理部
主任……………………… 4821338
办公室…………………… 4823259
总工程师办公室
主任……………………… 4823202
办公室…………………… 4818670
…………………………… 4823159
市场开发部
主任……………………… 4820043
办公室…………………… 4821133
西北分院
院长………… 0991－3667836
书记………… 0991－3680796
办公室……… 0991－3680798
……………… 0991－3670012
传真………… 0991－3680797
办公室…………………… 4821438
工程监理承包部
经理……………………… 4821141
监理部…………………… 4823373
承包部…………………… 4824039
岩土公司
经理……………………… 4823659
地质室…………………… 4825503
钻、触探队……………… 4824185
科研所
所长……………………… 4825504
副所长…………………… 4817824
科研办公室……………… 4826354
防腐室…………………… 4816804
化学、开发室…………… 4822135
石油化工规划设计所
所长……………………… 4819624
书记……………………… 4824474
副所长…………………… 4819507
油田规划室……………… 4823173
化工规划室……………… 4825521
综合规划室……………… 4819564
地面工艺设计所
所长……………………… 4821638
油气一室………………… 4816391
油气二室………………… 4824374
自控室…………………… 4823573
设备室…………………… 4823473
电信设计所
所长……………………… 4821738
电力室…………………… 4822290
通信室…………………… 4822473
建筑设计所
所长……………………… 4821838
副所长…………………… 4817605
结构一室………………… 4823384
结构二室………………… 4823484
建筑室…………………… 4819752
总图规划室……………… 4824674
市政设计所
所长……………………… 4828703
副所长…………………… 4822273
注水污水处理室……… 4523673
给排水消防室…………… 4818273
热工暖通室……………… 4823584
经济研究所
所长……………………… 4817601
概预算室………………… 4823160
勘察大队
队长……………………… 4893175
测量室…………………… 4824027
…………………………… 4822673
信息中心
主任……………………… 4823684
软件室…………………… 4891297
硬件室…………………… 4816814
绘图、图书……………… 4820094
综合服务部
主任……………………… 4821379
副主任…………………… 4823459
晒图室…………………… 4824385
保卫科…………………… 4823284
收发室…………………… 4819753
值班室…………………… 4816824
碧波纯净水站…………… 4894262
车队
队长……………………… 4817056
值班室…………………… 4824485

地球物理测井公司

公司领导
经理……………………… 4522581
书记……………………… 4824638
副书记、工会主席… 4730038
副经理…………………… 4823191
…………………………… 4739985
财务总监………………… 4733699
调研员…………………… 4824681
…………………………… 4821572
公司副总师
副总地质师……………… 4829724
…………………………… 4823124
…………………………… 4821351
…………………………… 4821351
…………………………… 4822603
…………………………… 4822981
…………………………… 4824426
副总工程师……………… 4821472
副总会计师……………… 4824958
副总工程师……………… 4829724
经理办公室
主任……………………… 4733638
副主任…………………… 4823581
…………………………… 4733638
办公室…………………… 4822825
传真……………………… 4492841
文印室…………………… 4732285
党委工作部
主任……………………… 4821633
办公室…………………… 4824926
传真……………………… 4824926
组织人事部
主任……………………… 4810668
办公室…………………… 4822481
计划财务部
主任……………………… 4739375
副主任…………………… 4822303
核算……………………… 4891644
办公室…………………… 4822663
债权债务清理办公室
主任……………………… 4824958
办公室…………………… 4731918
经营结算………………… 4822440
市场经营部
主任……………………… 4730781
副主任…………………… 4823796
传真……………………… 4849480
技术装备部
主任……………………… 4734351
副主任…………………… 4822381
…………………………… 4893697
车辆检验………………… 4818774
安全质量监督部
主任……………………… 4822168
副主任…………………… 4821397
…………………………… 4821334
安全质量办……………… 4821397
生产作业部
主任……………………… 4816268
副主任…………………… 4823691
…………………………… 4732168
…………………………… 4891096
调度室…………………… 4821221
生产协调………………… 4823442
会议专线………………… 4819896
传真……………………… 4816789
工团工作部
主任……………………… 4821746
副主任…………………… 4821746
引进测井中心
主任……………………… 4733336
书记……………………… 4816368
副主任…………………… 4829847
办公室…………………… 4825828

生产组……4829847
仪修组……4824120

数控测井中心

主任……4824081
书记……4824083
副主任……4821880
中心办……4821840
生产组……4829474
仪修组……4849144

开发测井中心

主任……4849543
书记……4849434
副主任……4801979
生产组……4849540
经营组……4801973
仪修组……4804581
实验室……4730787

射孔压裂中心

主任……4849244
书记……4801749
副主任……4849541
副主任……4801772
经营组……4849741
生产组……4801772
射孔计算……4824220

射孔器材站

站长……4876579
书记……4875048
传真……4870889

解释计算中心

主任……4819093
书记……4824326
副主任……4732637
办公室……4892442
计算机室……4829374
卫星传输……4822781
东部解释评价室……4822368
西部解释评价室……4734211
套管井解释评价室…4823574
晒图室……4823124

物资供应站

站长……4803326
书记……4823187
副站长……4823187
计划组……4821346
保管组……4803541
管理组……4823502
引进库房……4826479
门卫……4803541

车辆修保站

站长……4848714
书记……4824920
副站长……4824920
润滑站……4802693

综合管理站

站长……4822320
书记……4821446
副站长……4821446
办公室……4823081

保卫部

办公室……4825389

治安队

队办……4823580

职工公寓

队办……4824483
1 号公寓……4462015
2 号公寓……4849125

职工餐厅

厅办……4820358
水厂……4802348

后勤服务队

队办……4823580

维修队

队办……4824724

新技术研究所

所长……4731528
副所长……4824353
办公室……4731369
工房……4829764

小车队

主任……4849324
调度……4824883

工程技术队

主任……4894014
副主任……4821880
源库……4893417

职工培训站

主任……4892154
副主任……4734191

外部项目部

普光项目部……4829724
陕北项目部……4822603
东北项目部……4821872
鄂北项目部……4821672
辽河项目部……4824183
冀东项目部……4849574
东部项目部……4822720
南部项目部……4822251
西北项目部……4821272
东南项目部……4731261
青海项目部……4731261
特殊项目部……4821489
西部解释计算中心
……0991－7856418

地质录井处

总机……4828461

处领导

经理……4825640
书记……4817886
纪委书记、工会主席 4829128
副经理……4828549
……4822566
财务总监……4821038
副经理……4810816
……4820001
调研员……4828518
副总师……4828383

经理办公室

主任……4894208
值班室……4828612
服务室……2154

人事劳资部

主任……4828340
劳动工资……2024
教育培训……2110

计划财务部

主任……4893521
财务报销……2028

市场开发部

主任……4828645
合同办……2147

科技装备部

主任……4828273
装备办公室……2034

党群工作部

主任……4825509
组织科……2022
工会、女工……2039
纪检……4828732
团委……2023
稳定办……4732023
党办传真……4824449

技术安全监督部

主任……4824504
标准……2105
安全……2194

物资管理中心

主任……4828484
副主任……2216

录井一大队

大队长……4828701
书记……2149
副大队长……2031
……2101
劳资组……2046
生产技术组……4828122
政工组……2053
数据处理……2221
生产保障组……2109
值班室……2223
生产调度室……4823129

录井二大队

大队长……2090

录井三大队

大队长……4824459
书记……2180

录井四大队

大队长……4826376
书记……3021
副大队长……3022
生产钢……3025
劳资组……3026

国际录井项目部

经理……4892835
书记……2102
综合组……2207

石油仪器仪表研发中心

大队长……4823772
书记……2099
副大队长……2001
调度……2095
政工……2092
硬件组……3033
软件组……2126
微机维修……2094
电话维修……2112

信息管理中心

主任……4820055
副主任……2182
综合组……2052
软件组……2100
数据组……2047
档案室……2057

资料解释中心

主任……4828130
书记……2027
副主任……2017
分析组……2043
方法组……2020
设计组……2033
质检组……2204
解释组……2087
装钉组……2040
打字组……2116
综合组……2177

地质研究所

所长……4821523
书记……2060
副所长……3023
微机室……2058
综合研究室……2049
录井技术室……2144
综合管理室……2183
项目组……2127

测量队

队长…………………… 4824904
书记 ………………………… 2084
测量组 ……………………… 2083
综合组 ……………………… 2081
生产车队
队长…………………… 4894628
书记 ………………………… 2151
副队长 ……………………… 2048
调度室 ……………………… 2044
综合组 ……………………… 2111
综合服务队
队长 ………………………… 2120
招待所 ……………………… 2123
公寓管理 …………………… 2122

地球物理勘探公司

总机…………………… 4824418
公司领导
经理…………………… 4897156
书记…………………… 4826799
副经理………………… 4828101
……………………… 4819692
……………………… 4822490
……………………… 4821087
纪委书记……………… 4890523
副经理………………… 4897337
经理助理……………… 4899833
副总师………………… 4824675
……………………… 4898416
……………………… 4890576
……………………… 4828450
……………………… 4896317
……………………… 4822849
……………………… 4899396
……………………… 4896937
……………………… 4596048
……………………… 4897565
……………………… 4897266
经理办公室
副主任 ……………………… 6238
秘书 ………………………… 6143
值班…………………… 4821149
档案 ………………………… 6140
传真…………………… 4491162
人事劳资科
副科长 ……………………… 6158
干部管理 …………………… 6124
综合 ………………………… 6159
生产调度室
副调度长 …………………… 6612
……………………………… 6153
综合…………………… 4898478
工农 ………………………… 6564
生产技术科
综合 ………………………… 6154
质量管理 …………………… 6361
计划财务科
副科长………………… 4899763
……………………………… 6166
资产 ………………………… 6262
报销 ………………………… 6624
成本 ………………………… 6133
资产装备科
副科长 ……………………… 6172
设备管理 …………………… 6171
综合 ………………………… 6212
经营管理科
副科长 ……………………… 6177
……………………………… 6709
综合 ………………………… 6322
安全监督科
科长…………………… 4823575
副科长 ……………………… 6178
……………………………… 6712
综合 ………………………… 6175
QHSE ……………………… 6591
交通 ………………………… 6275
党委办公室
主任…………………… 4897039
副主任 ……………………… 6219
综合 ………………………… 6234
传真…………………… 4824131
党委组织科
科长…………………… 4823074
副科长 ……………………… 6727
群众工作部
主任…………………… 4898223
副主任 ……………………… 6197
团委…………………… 4897275
计生办 ……………………… 6287
市场部
副本任 ……………………… 6363
综合…………………… 4897018
国际工程项目部
副主任 ……………………… 6601
综合…………………… 4497439
投标办 ……………………… 6167
治安保卫大队
大队长………………… 4823951
副大队长 …………………… 6471
内勤 ………………………… 6182
涉爆管理 …………………… 6173
消防管理 …………………… 6181
外勤 ………………………… 6110
民警队队长 ………………… 6181
民警队队部 ………………… 6473
采集方法研究所
所长…………………… 4897268
副所长 ……………………… 6225
……………………………… 6127
……………………………… 6358
……………………………… 6312
综合 ………………………… 6151
项目管理 …………………… 6284
采集方法室 ………………… 6434
处理方法室 ………………… 6292
设备维修管理站
站长…………………… 4898553
副书记 ……………………… 6115
副站长 ……………………… 6922
检验 ………………………… 6574
油水化验 …………………… 6192
仪器修理厂
副书记 ……………………… 6737
副厂长 ……………………… 6415
综合 ………………………… 6445
修线班 ……………………… 6476
爆炸组 ……………………… 6477
仪器切 ……………………… 6447
388 仪器组 ………………… 6457
财务 ………………………… 6462
电台 ………………………… 6439
测绘中心
主任…………………… 4890793
副主任 ……………………… 6296
综合 ………………………… 6474
综合服务队
队长…………………… 4890746
副队长 ……………………… 6269
……………………………… 6966
公务员 ……………………… 6135
打字室 ……………………… 6148
收发室 ……………………… 6348
办公用品 …………………… 6146
通信站 ……………………… 6138
招待所 ……………………… 6324
综合车队
队长 ………………………… 6136
书记 ………………………… 6268
综合 ………………………… 6173
调度…………………… 4823006
物资供应站
站长…………………… 4821492
书记 ………………………… 6826
副站长 ……………………… 6226
……………………………… 6229
综合 ………………………… 6482
计划…………………… 4890649
保管 ………………………… 6485
财务组 ……………………… 6484
调度 ………………………… 6514
培训站
站长 ………………………… 6255
培训管理 …………………… 6145
综合 ………………………… 6274
苏丹项目经理部
副经理 ……………………… 6362
国内地震队
2313 地震队 ………………… 6316
2172 地震队 ………………… 6137
2169 地震队 ………………… 6291
2155 地震队 ………………… 6191
2143 地震队 ………………… 6232
国外地震队
96168—1 队 ………………… 6325
96168—2 队 ………………… 6437
97169—1 队 ………………… 6319
97169—2 队 ………………… 6329
21166 队 …………………… 6267
21196 队 …………………… 6332
21199 队 …………………… 6233

建设集团公司

公司领导
经理…………………… 4887896
书记…………………… 4887930
副经理………………… 4887938
……………………… 4857866
总工程师……………… 4887935
副经理………………… 4729786
……………………… 4887770
……………………… 4888352
总会计师……………… 4857966
经理办公室
主任…………………… 4887857
值班室………………… 4887970
小车队………………… 4880447
人事劳资科
科长…………………… 4887962
办公室………………… 4887967
财务科
科长…………………… 4729642
副科长………………… 4887965
办公室………………… 4880014
企业管理科
科长…………………… 4728481
副科长………………… 4887963
办公室………………… 4728277
市场经营科
科长…………………… 4729265
副科长………………… 4729255
生产安全科
科长…………………… 4720060
副科长………………… 4887897
办公室………………… 4207158
设备管理科

科长…………………… 4729641
副科长………………… 4270012
办公室………………… 4887927
技术质量科
科长…………………… 4729643
副科长………………… 4729801
办公室………………… 4887964
市场开发部
科长…………………… 4728415
办公室………………… 4201399
物资供应站
站长…………………… 4728481
办公室………………… 4720020
试验室
主任…………………… 4720334
党委宣传办公室
主任…………………… 4887971
办公室………………… 4728877
组织纪检科
科长…………………… 4887664
办公室………………… 4887349
工团办公室
科长…………………… 4887972
道桥工程一处
经理…………………… 4720022
副书记………………… 4887351
副经理………………… 4887353
党政办………………… 4887350
劳资科………………… 4887364
财务科………………… 4887354
经营科………………… 4889178
设备科………………… 4887359
技术科………………… 4887360
材料科………………… 4756531
调度科………………… 4751647
西部道桥工程处
驻濮办公室…………… 4888931
道桥工程三处
经理…………………… 4887723
书记…………………… 4729204
副经理………………… 4887340
……………………… 4729400
……………………… 4728767
……………………… 4727623
党政办………………… 4887722
劳资科………………… 4729293
材料科………………… 4727403
机动安全科…………… 4887347
财务科………………… 4887142
合同科………………… 4729175
开发科………………… 4729295
道桥工程四处
经理…………………… 4887279
书记…………………… 4880766

副经理………………… 4889125
……………………… 4880986
党政办………………… 4880966
工程科………………… 4880320
养护大队……………… 4889437
路政…………………… 4880707
市政建设工程处
经理…………………… 4820416
书记…………………… 4827339
副经理………………… 4827587
……………………… 4827282
……………………… 4827378
……………………… 4823117
……………………… 4820418
党政办………………… 4827269
劳资科………………… 4894053
财务科………………… 4894035
经营科………………… 4891474
技术科………………… 4827634
材料科………………… 4827380
预算科………………… 4828301
设备科………………… 4827492
建筑安装工程处
经理…………………… 4829116
书记…………………… 4893706
副书记………………… 4821798
副经理………………… 4816908
……………………… 4816375
……………………… 4861314
经理办………………… 4822041
劳资科………………… 4828982
安全科………………… 4824680
技术科………………… 4891005
开发部………………… 4824960
财务科………………… 4818857
党群办………………… 4816609
物资站………………… 4824811
培训站………………… 4734592
房建工程部
经理…………………… 4727425
综合办………………… 4727425
外联事业部
经理…………………… 4889968

工程建设总公司

公司领导
总经理………………… 4825518
党委书记……………… 4819036
总会计师……………… 4817388
副总经理……………… 4821405
……………………… 4822653
……………………… 4810624
……………………… 4824766
……………………… 4821919

……………………… 4818113
副总工………………… 4731219
……………………… 4826488
……………………… 4731597
……………………… 4826412
传真…………………… 4492718
总经理办公室
主任…………………… 4892298
值班室………………… 4826866
企业管理科
科长…………………… 4825816
办公室………………… 4826413
计划财务科
科长…………………… 4821989
稽核…………………… 4892841
成本…………………… 4810623
计划统计……………… 4821680
机关报销……………… 4891634
核算组………………… 4892091
工程技术质量管理科
科长…………………… 4820277
副科长………………… 4821707
微机房………………… 4826411
人力资源管理科
科长…………………… 4892388
副科长………………… 4826404
培训…………………… 4826421
焊接培训站…………… 4881314
安全生产环保科
科长…………………… 4894069
安全…………………… 4826402
工农…………………… 4822715
值班室………………… 4821831
资产管理科
科长…………………… 4829826
党委办公室（机关党委）
主任…………………… 4821323
传真…………………… 4822107
组织科
科长…………………… 4822176
宣传科
科长…………………… 4822154
纪检监察办公室
主任…………………… 4821480
工会
主任…………………… 4821376
副主任………………… 4821376
团委
书记…………………… 4818120
市场开发中心
主任…………………… 4821307
副主任………………… 4810648
……………………… 4810651
综合办………………… 4810651

试验室
主任…………………… 4818033
第一工程处
经理…………………… 4751327
书记…………………… 4755202
副经理………………… 4755204
……………………… 4755201
党政办………………… 4755205
工会宣传……………… 4755222
生产办………………… 4755223
劳资…………………… 4755220
财务…………………… 4751311
预算合同……………… 4755206
计划统计……………… 4755206
技术质量……………… 4755217
安全…………………… 4755205
调度…………………… 4753231
材料库………………… 4751990
第一项目队…………… 4755214
第二项目队…………… 4755211
第三项目队…………… 4755213
第四项目队…………… 4755210
第五项目队…………… 4753231
第三工程处
经理…………………… 4821237
书记…………………… 4731176
副经理………………… 4816271
……………………… 4826355
……………………… 4816272
……………………… 4816275
综合办（传真）…… 4201525
劳资…………………… 4816274
经营办………………… 4810370
预算…………………… 4731170
财务…………………… 4731172
技术办………………… 4731173
生产办………………… 4892678
材料…………………… 4201761
调度…………………… 4824482
项目一队……………… 4731175
项目二队……………… 4816903
项目三队……………… 4731177
项目四队……………… 4822951
综合队………………… 4731174
人才市场……………… 4826723
综合工程处
经理…………………… 4720038
书记…………………… 4887740
副经理………………… 4725531
……………………… 4720908
……………………… 4720879
综合办………………… 4887404
预算…………………… 4720004
财务技术劳资………… 4887164

材料组……………… 4720062
电气工程处
经理……………… 4826722
书记……………… 4822907
副经理……………… 4826738
……………… 4824033
……………… 4829584
……………… 4810499
党政办……………… 4826732
生产……………… 4826541
劳资……………… 4826719
财务……………… 4826730
预算……………… 4826736
技术……………… 4826720
材料组……………… 4816132
后勤……………… 4826449
一中队……………… 4826733
二中队……………… 4826735
自动化……………… 4826717
机运队……………… 4826737
调度室……………… 4821819
电气工程二处
经理……………… 4802675
书记……………… 4803527
副经理……………… 4821918
……………… 4822374
党政办……………… 4802457
经营办……………… 4802425
生产办……………… 4822374
安全……………… 4821918
材料组……………… 4803455
机械化施工处
经理……………… 4881045
书记……………… 4883056
副经理……………… 4721452
……………… 4722150
……………… 4722317
……………… 4721452
……………… 4721453
党政办……………… 4721471
生产调房……………… 4881584
财务劳资……………… 4881507
安全预算……………… 4721453
材料技术……………… 4721475
油库……………… 4881294
金属结构厂
经理……………… 4881620
书记……………… 4722391
副经理……………… 4881424
……………… 4722305
……………… 4886503
……………… 4886507
党政办……………… 4721499
生产办……………… 4882154

质检……………… 4881717
财务……………… 4886507
劳资开发……………… 4886503
材料办……………… 4885220
技术科……………… 4886531
物资供应站
站长……………… 4826518
书记……………… 4822005
副站长……………… 4819421
……………… 4733018
……………… 4818571
……………… 4827741
工会……………… 4821477
财务……………… 4819946
劳资……………… 4821847
物管办……………… 4892147
材料计划……………… 4892143
试压站……………… 4821031
仓库……………… 4817494
安全……………… 4818572
市政工程处
经理……………… 4825308
书记……………… 4820433
副经理……………… 4824503
……………… 4819233
……………… 4733739
……………… 4824733
综合……………… 4824733
经营……………… 4733739
财务……………… 4824503
材料……………… 4893024
技术……………… 4893024
生产……………… 4733739
储罐项目部
经理……………… 4752801
书记……………… 4752961
副经理……………… 4752862
……………… 4751293
……………… 4751985
经理办……………… 4752211
技术办……………… 4752200
财务……………… 4752945
材料……………… 4752962
安全……………… 4752962
质检办……………… 4752979
方正公司
经理……………… 4490570
书记……………… 4829747
副经理……………… 4823380
经营办……………… 4823380
濮城项目部
经理……………… 4841066
书记……………… 4641628
副经理……………… 4841636

劳资……………… 4841737
技术……………… 4844918
财务……………… 4810675
预算……………… 4810872
材料库……………… 4841734
保卫……………… 4841721
黄河南项目部
经理……………… 4753031
书记……………… 4752468
副经理……………… 4752941
……………… 4752940
综合办传真……………… 4752942
技术预算……………… 4752486
财务……………… 4752940
材料……………… 4753233
……………… 4860255
开发事业部
经理……………… 4752201
书记……………… 4753089
副经理……………… 4752209
经营……………… 4752202
综合办……………… 4752711
工程造价……………… 4753080
电气开关厂
厂长……………… 4819960
书记……………… 4819046
副经理……………… 4826727
开发办……………… 4753182
综合办……………… 4820460
电子信息工程处
经理……………… 4733766
副经理……………… 4733766
财务……………… 4733729
防腐制品厂
厂长……………… 4753207
书记……………… 4753209

供水管理处

处领导
经理……………… 4821102
书记……………… 4822598
副经理……………… 4893098
……………… 4731058
纪委书记、工会主席………
……………… 4732196
副经理……………… 4824232
财务总监……………… 4817696
经理助理、副总师、高工
经理助理……………… 4823970
……………… 4822798
……………… 4822623
副总师……………… 4828086
……………… 4823802
高工……………… 4822004

……………… 4820164
经理办
主任……………… 4822798
办公室……………… 4822295
生产科
科长……………… 4822623
副科长……………… 4827845
……………… 4825010
调度值班室……………… 4824173
人事科
科长……………… 4820025
工资调配……………… 4820532
培训考核……………… 4821170
财务科
科长……………… 4891364
核算组……………… 4823710
营业室
主任……………… 4816437
结算室……………… 4816437
计划科
科长……………… 4827843
项目管理……………… 4822860
工程预算……………… 4810355
水源项目组……………… 4822860
企管科
科长……………… 4823802
副科长……………… 4822847
办公室……………… 4822460
技术科
科长……………… 4823782
副科长……………… 4823930
办公室……………… 4894452
安全科
科长……………… 4823970
副科长……………… 4732336
办公室……………… 4820603
办公室（设备）……… 4825750
党委办
主任……………… 4824373
秘书……………… 4823792
宣传、文书……………… 4823227
传真……………… 4821565
组织科
科长……………… 4824510
办公审……………… 4824547
工团办
主任……………… 4822665
副主任……………… 4822660
工会、团委、计生… 4823174
基地中心管理区
主任……………… 4739350
书记……………… 4891057
副主任……………… 4821883
办公室……………… 4827627

调度室…………… 4891034
第一管理区（文留）
主任…………… 4853405
书记…………… 4852687
副主任…………… 4851040
调度室…………… 4850605
第二管理区（濮城）
主任…………… 4841638
书记…………… 4841639
副主任…………… 4841541
调度室…………… 4843324
第三管理区（文明寨）
主任…………… 4831567
书记…………… 4831677
副主任…………… 4831504
调度室…………… 4831281
第四管理区（文南）
主任、书记…………… 4855474
副主任…………… 4855834
…………… 4855534
第五管理区（东环）
主任…………… 4815770
书记…………… 4813180
办公室…………… 4812947
第六管理区（龙城）
主任…………… 4753704
书记…………… 4753211
副主任…………… 4753142
办公室…………… 4755642
第七管理区（马庄桥）
主任…………… 4808107
书记…………… 4807650
调度室…………… 4300760
第八管理区（皇甫）
主任…………… 4710273
副主任…………… 4710171
第九管理区（卫城）
主任…………… 4835146
书记…………… 4836028
副主任…………… 4835045
第十管理区（柳屯）
主任、书记…………… 4875269
副主任…………… 4875277
值班室…………… 4875289
第十一管理区（盟城）
主任…………… 4881197
书记…………… 4881056
副主任…………… 4881372
办公室…………… 4881157
第十二管理区（东区）
主任…………… 4731938
书记…………… 4816015
副主任…………… 4732134
第十三管理区（西区）
主任…………… 4892542
书记…………… 4821779
副主任…………… 4891294
调度室…………… 4892790
纯净水厂
厂长…………… 4828264
书记、副主任…………… 4810091
售水…………… 4894033
黄河水源管理区
办公室…………… 4730125
供用水监察大队（治保大队）
队长…………… 4818578
书记…………… 4730074
副队长…………… 4818640
办公室…………… 4821047
…………… 4821223
…………… 4816340
水质计量管理中心
主任…………… 4816933
书记…………… 4733760
副主任…………… 4827842
…………… 4827723
汽车队
队长、书记…………… 4804652
副队长…………… 4730015
水井钻修工程部
主任…………… 4824995
书记…………… 4802252
副主任…………… 4823128
…………… 4823030
…………… 4822247
办公室…………… 4802837
管道工程施工中心
主任…………… 4810861
书记…………… 4827841
副主任…………… 4810195
…………… 4730094
办公室…………… 4734364
生产准备队
队长…………… 4820061
书记…………… 4820363
副队长…………… 4803244
…………… 4824280
…………… 4810259

供热管理处

处领导
经理…………… 4818041
书记…………… 4828996
副经理…………… 4828429
…………… 4817141
…………… 4892373
工会主席…………… 4893608
财务总监…………… 4817019
处机关科室
经理办公室主任…… 4824398
传真…………… 4823460
经理办公室…………… 4822529
…………… 4892806
生产技术科科长…… 4817141
副科长…………… 4892204
…………… 4731435
1 室…………… 4891244
3 室…………… 4892504
4 室…………… 4893981
生产调度室…………… 4816441
办公楼值班室…………… 4818424
人力资源科科长…… 4827924
人力资源培训…………… 4891747
人力资源工资统筹… 4731752
电焊工培训办公室… 4829894
经营管理科科长…… 4891728
经营管理副科长…… 4891774
…………… 4828415
经管科计划管理…… 4893484
经管科工程造价…… 4892736
经管科采暖收费…… 4892104
会计核算科科长…… 4822271
会计核算科（成本） 4822241
会计核算科（资金） 4892726
副总师、技术安全监督科科长
…………… 4892044
技安科副科长…………… 4828413
技安科技术监督…… 4822390
经理助理、物资管理科科长
…………… 4819654
物资管理科（计划） 4891074
物资管理科（统计） 4892814
物资科库房…………… 4893233
对外项目管理科科长 4891844
对外项目管理科…… 4828873
党群办主任…………… 4824530
传真…………… 4820681
党群办副主任…………… 4891754
党群办（组织宣传） 4892544
党群办（团委计生） 4891742
纪检监察科长…………… 4819743
纪检监察科…………… 4894420
综合服务队队长…… 4732215
综合服务队办…………… 4892594
小车队…………… 4732490
综合服务队食堂…… 4891724
供热一大队
站长…………… 4855542
副站长…………… 4854683
调度室…………… 4854526
采暖收费…………… 4854693
供热二大队
大队长…………… 4842202
书记…………… 4843457
副大队长…………… 4845808
调度室…………… 4841762
采暖收费…………… 4841602
老点锅炉房…………… 4846835
油建锅炉房…………… 4842154
一矿锅炉房…………… 4847771
作业三处锅炉房…… 4847091
综合维修站…………… 4841779
供热三大队
大队长…………… 4836106
传真…………… 4836258
副大队长…………… 4836378
…………… 4836138
调度室…………… 4836039
采暖收费…………… 4836258
三厂供热站…………… 4833214
中心锅炉房…………… 4831165
河西锅炉房…………… 4831021
四公司供热站…………… 4834384
西区锅炉房…………… 4834305
供热四大队
大队长…………… 4876754
书记…………… 4870512
副大队长…………… 4876374
调度室…………… 4876047
面积收费…………… 4877146
天然气供热站…………… 4877900
炼化供热站…………… 4872165
井下南区供热站…… 4876144
井下北区供热站…… 4875350
输油供热站…………… 4875305
供热五大队
大队长…………… 4800344
书记…………… 4808189
副大队长…………… 4808201
调度室…………… 4800349
面积收费…………… 4800750
锅炉车间监控室…… 4800345
维修站…………… 4809663
供热六大队
大队长…………… 4824614
书记…………… 4892314
副大队长…………… 4733839
…………… 4823220
调度室…………… 4823270
中继线…………… 4892347
…………… 4892374
…………… 4892397
供热七大队
大队长…………… 4819664
书记…………… 4828187
副大队长…………… 4893474

……………………… 4892574
……………………… 4828534
调度室……………… 4816443
面积收费…………… 4892584
物探东供热站……… 4823476
水电供热站………… 4895927
测井供热站………… 4890208
采油院供热站……… 4892514
河东供热站………… 4822735
录井供热站………… 4894153
二所供热站………… 4823242
河西供热站………… 4821706
二公司供热站……… 4827381
世景苑供热站……… 4819464
机厂庆西供热站…… 4820457

供热八大队

大队长……………… 4733963
书记………………… 4824759
副大队长…………… 4819951
调度室……………… 4892534
面积收费…………… 4894607
计量加压站………… 4882604
供应供热站………… 4882269
盟城供热站………… 4882284
皇甫锅炉房………… 4710543
机运供热站………… 4882601
盟东供热站………… 4880564
建工供热站………… 4887604
添运供热站………… 4729119
综合维修站………… 4825264

供热九大队

大队长……………… 4752881
书记………………… 4754965
副大队长…………… 4754247
调度室……………… 4754554
面积收费…………… 4754124
五厂供热站………… 4812293
特修厂供热站……… 4752347
泥浆供热站………… 4753264
综合站……………… 4751344

供热十大队

大队长……………… 4810801
书记………………… 4810802
副大队长…………… 4810803
调度室……………… 4810571
面积收费…………… 4817914
锅炉车间…………… 4810557
机电车间…………… 4810574
大庆路供热站……… 4828324
运输北区供热站…… 4880565
总医院供热站……… 4821163
任丘路供热站……… 4821986
文体供热站………… 4824806
石油学校供热站…… 4801047

热能环保设备制造厂

厂长………………… 4893165
书记………………… 4822733
副厂长……………… 4894384
……………………… 4824730
调度室……………… 4892564
工程安装队………… 4732760
PE 管生产车间 …… 4823313
聚氨酯生产车间…… 4728490
制造车间…………… 4828521

通信管理处

处领导

经理………………… 4823355
书记………………… 4818562
副经理……………… 4823123
总会计师…………… 4819908
总工程师…………… 4821360
调研员……………… 4810818
……………………… 4820588
……………………… 4819286
经理助理…………… 4821899
……………………… 4821649

经理办公室

主任………………… 4810769
秘书室……………… 4822166
值班室……………… 4821115
打字室……………… 4822690
办公室……………… 4817123
传真………………… 4817817

党群工作部

主任………………… 4821575
工会副主席………… 4824026
副主任……………… 4822838
党办、宣传………… 4824061
组织、纪检………… 4821207
传真………………… 4820547
企业文化办公室…… 4810025

市场营销科

科长………………… 4821385
副科长……………… 4818002
技术策划…………… 4818838
服务考核…………… 4818315
传真………………… 4818000

人力资源科

科长………………… 4821347
副科长……………… 4816229
人事培训…………… 4821315
传真………………… 4822915

财务资产科

副科长……………… 4810598
……………………… 4810018
现金报销…………… 4817127
传真………………… 4822799

计划经营科

科长………………… 4893345
副科长……………… 4893311
法律合同…………… 4810096
考核招标…………… 4826123
计划预算…………… 4826353

技术安全科

副科长……………… 4822137
……………………… 4819799
通信规划…………… 4894345
技术监督…………… 4732137
安全管理…………… 4732839
交通消防…………… 4824128

治安保卫大队

队长………………… 4822698
书记………………… 4828756
综治办……………… 4819733
治安………………… 4893253
警通连……………… 4810567
传真………………… 4733414
门卫（西院）……… 4727424

通信运行维护部

主任………………… 4821899
书记………………… 4731791
副主任……………… 4821855
传真………………… 4816292
工农………………… 4823399
调度………………… 4822192
综合………………… 4822538
传输数据…………… 4817104
程控………………… 4817204
电源………………… 4826612
外线………………… 4826611
无线………………… 4893847

营业所

主任………………… 4810889
传真………………… 4810040
管理办……………… 4810990
结算办……………… 4810995
综合办……………… 4810556
计费室……………… 4810223
计费传真…………… 4891094

中心通信站

站长………………… 4828606
书记………………… 4829832
督察员……………… 4823347
……………………… 4810996
……………………… 4822593
……………………… 4826801
传真………………… 4810899
安全员办…………… 4822521
服务热线…………… 4817111
会议汇接室………… 4821211
经管组……………… 4821262
大客户营销班……… 4828806
社区营销班………… 4810641
营业大厅…………… 4822238
营业室传真………… 4816450
传输班……………… 4732456
程控班……………… 4732433
测量班……………… 4816112
电力室……………… 4732402
话修班……………… 4823223
电缆班……………… 4731002
世纪景苑机房……… 4765004
800M 机房 ………… 4822813

第一通信站

站长………………… 4812018
书记………………… 4812258
副站长……………… 4815996
助工办……………… 4811156
经管办……………… 4812256
材料室……………… 4812052
程控班……………… 4812555
五厂外线…………… 4812382
建设外线…………… 4753456
五厂营业室………… 4812395
建设营业室………… 4752345
五厂传真…………… 4812444
建设传真…………… 4752444
五厂机房…………… 4812112
建设机房…………… 4751112

第二通信站

站长………………… 4800468
书记………………… 4809219
站办传真…………… 4800444
营业室……………… 4800947
营业室传真………… 4809444
机房综合班………… 4800222
外线班……………… 4800678
技术组……………… 4800256
电力室……………… 4800111

第三通信站

站长………………… 4882499
书记………………… 4882588
副站长……………… 4882528
传真………………… 4881444
营业室……………… 4882586
机房………………… 4881112
话修班……………… 4882501

第四通信站

站长………………… 4880169
书记………………… 4880839
助工办……………… 4880024
营业室……………… 4880333
程控机房…………… 4880222
测量台……………… 4880112
外线班……………… 4880111

传真…………………… 4880449
第五通信站
站长、书记………… 4895168
副站长……………… 4899166
传真…………………… 4899444
助工…………………… 4897762
营业室……………… 4899555
机房…………………… 4899112
外线班……………… 4899111
柳屯通信站
站长…………………… 4875189
书记…………………… 4876899
副站长……………… 4878711
工会主席…………… 4875612
经营室……………… 4875632
统计室……………… 4875628
业务室……………… 4875315
收费室……………… 4875634
外线班……………… 4875678
集输模块局………… 4878145
炼厂模块局………… 4872145
传输室……………… 4875555
程控室……………… 4875222
测量室……………… 4875112
资料室……………… 4876714
门卫…………………… 4875499
办公室……………… 4875211
卫城通信站
站长…………………… 4831918
书记…………………… 4831414
副站长……………… 4832126
传真…………………… 4831444
技术组……………… 4831111
营业室……………… 4831378
微波室……………… 4831555
程控室……………… 4831222
测量室……………… 4831112
话修班……………… 4831543
模块局……………… 4833112
门卫…………………… 4831951
濮城通信站
站长…………………… 4841218
书记…………………… 4842118
副站长……………… 4844955
传真…………………… 4841444
营业室……………… 4844444
业务咨询…………… 4841000
核算保管…………… 4844855
程控机房…………… 4842112
微波机房…………… 4842555
外线班……………… 4844755
值班室……………… 4844054
文留通信站
书记…………………… 4858668
副站长……………… 4851127
……………………… 4858602
技术室……………… 4853444
传真…………………… 4851444
经营室……………… 4851126
营业室……………… 4851168
微波室……………… 4851555
程控班……………… 4851222
测量班……………… 4851112
电力班……………… 4851111
外线班……………… 4851317
门卫…………………… 4851184
徐镇通信站
站长…………………… 4856286
书记…………………… 4856156
工程师……………… 4854218
营业室……………… 4856699
营业室传真………… 4856555
资料室……………… 4855150
程控机房…………… 4854222
传输机房…………… 4854555
测量室……………… 4854112
外线班……………… 4856281
门岗…………………… 4854499
辛庄通信站
站长、书记………… 4836266
副站长……………… 4834866
传真…………………… 4834444
经营组……………… 4834400
技术组……………… 4834500
程控班……………… 4835222
测量班……………… 4834112
电力、无线机房…… 4834100
通信维修…………… 4834200
话修班……………… 4834300
东明通信站
站长…………………… 4861705
书记…………………… 4861605
传真…………………… 4861444
营业室……………… 4861297
核算…………………… 4863047
材料组……………… 4861047
微波组……………… 4861555
程控班……………… 4861222
测量班……………… 4861112
外线班……………… 4861243
马厂微波…………… 4860111
兰考通信站
站长、书记………… 4865996
副站长……………… 4865560
传真…………………… 4865444
经营组……………… 4865858
营业室……………… 4867966
传输班……………… 4865555
程控班……………… 4865222
测量班……………… 4865112
电力班……………… 4865111
话修班……………… 4865811
门卫…………………… 4865965
皇甫通信站
站长…………………… 4710913
书记…………………… 4710912
传真…………………… 4710444
工程师……………… 4710643
营业室……………… 4710100
程控机房…………… 4710112
外线班……………… 4710555
卫星通信地球站
站长…………………… 4821113
书记…………………… 4730985
副站长……………… 4730985
传真…………………… 4820844
核算保管…………… 4848679
卫星室……………… 4848095
营业室……………… 4849123
营业室传真………… 4848844
外线班……………… 4730967
测量班……………… 4848090
客户服务中心
主任…………………… 4829956
书记…………………… 4826982
传真…………………… 4824111
工程师……………… 4816126
办公室……………… 4826981
声讯机房…………… 4828160
114 机房 …………… 4816113
机房传真…………… 4732493
资料室……………… 4828333
数据业务管理中心
主任、书记………… 4826926
副主任……………… 4826707
……………………… 4819739
办公室……………… 4826991
数据机房…………… 4816369
网络维护…………… 4892444
网站维护…………… 4826660
互联网计费………… 4817010
传真…………………… 4816377
无线业务部
书记…………………… 4825608
副主任……………… 4823898
售机业务咨询……… 4829907
话费业务咨询……… 4810004
手机维修…………… 4822628
库房…………………… 4810770
财务办……………… 4810290
营销办……………… 4829937
传真…………………… 4810253
通信工程公司
经理、书记………… 4727144
副经理……………… 4727134
生产办公室………… 4727124
……………………… 4727104
经营办公室………… 4727140
技术办公室………… 4727154
工程一队…………… 4727141
工程二队…………… 4727142
传真…………………… 4727194
汽车队
队长、书记………… 4727304
副队长……………… 4727314
……………………… 4727324
调度室……………… 4727340
办公室……………… 4727341
传真…………………… 4727334
生产准备队
队长、书记………… 4732113
副队长……………… 4825607
督察员……………… 4821866
……………………… 4823812
……………………… 4821202
……………………… 4810327
传真…………………… 4828901
总务组……………… 4821865
食堂…………………… 4894489
水房…………………… 4891004
维修…………………… 4823564
图书、收发………… 4817007
材料站
站长、书记………… 4727240
副站长……………… 4727244
……………………… 4727264
计划…………………… 4727164
保管…………………… 4727294
传真…………………… 4727243
油田外部市场通信信息服务部
主任…………………… 4736965
书记、副主任……… 4736166
普光机房…………… 4736112
川指机房…………… 4736670
传真…………………… 4736674

钻采处

处领导
经理…………………… 4810126
书记…………………… 4810028
副经理……………… 4826695
……………… 0911－4562691
总工程师…………… 4826811
……………… 0911－4562690
总地质师…………… 4891985
副总师……………… 4734378

综合办公室
主任…………………… 4827789
副主任………………… 4816557
值班室………………… 4734377
财务资产科
办公室………………… 4817567
经营销售科
办公室………………… 4731705
人力资源科
办公室………………… 4891981
安全科
办公室………………… 4826837
地质工艺研究所
综合室………………… 4891991
难采储量开发部
一厂前线……………… 4851109
甘泉油气勘探开发事业部
生产协调科 0911－4562177
东北项目部
办公室……… 0434－4532533
靖边项目部
办公室……… 0912－4638060

井下特种作业处

处领导
经理…………………… 4875115
书记…………………… 4875926
副经理………………… 4875433
……………………… 4875179
副经理财务总监…… 4875316
副经理………………… 4878803
……………………… 4875120
工会主席纪委书记
……………………… 4870218
副总师
副总经济师………… 4875519
……………………… 4875561
副总工程师………… 4875445
经理办公室
主任…………………… 4875372
副主任………………… 4876717
办公室………………… 4875540
党委办公室
主任…………………… 4875447
党办…………………… 4875231
宣传…………………… 4878810
党委组织科
科长…………………… 4875166
办公室………………… 4875373
群众工作办公室
主任…………………… 4878636
办公室………………… 4875243
纪检监察科
科长…………………… 4876058
副科长………………… 4878812
人力资源科
科长…………………… 4875561
人事…………………… 4875140
劳资…………………… 4875102
培训…………………… 4875160
综合…………………… 4875068
生产管理科
科长…………………… 4876915
副科长………………… 4876725
值班室………………… 4875572
生产会议室………… 4875347
传真…………………… 4875200
技术安全监督科
科长…………………… 4875357
安全…………………… 4875457
环保…………………… 4879146
技术监督……………… 4878807
交通…………………… 4875436
三基办公室………… 4875052
规划计划科
科长…………………… 4875519
副科长………………… 4875119
……………………… 4875085
统计、定额………… 4878817
财务科
科长…………………… 4875546
资金管理副科长…… 4875921
报销…………………… 4875395
预算管理副科长…… 4875346
预算…………………… 4875879
成本管理副科长…… 4875012
成本…………………… 4879409
综合税务副科长…… 4878040
资产…………………… 4875570
审计科
科长…………………… 4879467
办公室………………… 4875450
装备管理科
科长…………………… 4875293
副科长………………… 4875591
办公室………………… 4875483
法律合同科
科长…………………… 4875328
办公室………………… 4875228
企业文化科
办公室………………… 4875253
国际工程部
经理…………………… 4875213
办公室………………… 4870714
对外关系科
科长…………………… 4875558
副科长………………… 4875418
调度…………………… 4875137
修井办 ……… 4875137－801
压裂办 ……… 4875137－802
侧钻办 ……… 4875137－803
试油办 ……… 4875137－805
濮城…………………… 4847536
中原市场开发部
经理…………………… 4875098
副经理………………… 4878092
……………………… 4875062
经营室………………… 4875397
财务室………………… 4875053
修井作业工程部
经理…………………… 4878802
书记…………………… 4875313
副经理………………… 4875281
……………………… 4875138
……………………… 4875141
……………………… 4875220
……………………… 4875935
生产协调室………… 4876755
濮城生产室………… 4847540
技术室………………… 4875322
设备室………………… 4875428
综合室………………… 4870593
工具库………………… 4879142
修井核算组………… 4879104
试油核算组………… 4875421
消城核算组………… 4847524
试油四队……………… 4875584
试油五队……………… 4878742
试油六队……………… 4876031
试油八队……………… 4876066
修井一队……………… 4879164
修井二队……………… 4879145
修井三队……………… 4879114
修井四队……………… 4879147
修井五队……………… 4879404
修井七队……………… 4875284
修井八队……………… 4875337
修井九队……………… 4875150
修井十队……………… 4875408
修井十一队………… 4847505
修井十二队………… 4847506
修井十三队………… 4847574
修井十四队………… 4847561
修井十五队………… 4847042
修井十六队………… 4847147
修井十七队………… 4847550
修井十八队………… 4879124
侧钻一队……………… 4875240
侧钻四队……………… 4875431
侧钻五队……………… 4875020
压裂工程部
经理…………………… 4875887
书记…………………… 4878057
副经理………………… 4870713
……………………… 4876670
压裂一队……………… 4878610
压裂五队……………… 4879868
酸化队………………… 4875508
酸化队清转罐……… 4879441
压裂砂厂……………… 4878447
配液站………………… 4878415
特殊作业部………… 4875326
调度…………………… 4875391
设备技术室………… 4875010
财务…………………… 4870607
综合室………………… 4875441
测试工程部
经理…………………… 4875805
调度…………………… 4875377
市场开发部
经理…………………… 4878813
副经理………………… 4876557
调度…………………… 4875302
办公室………………… 4870760
陕北压裂项目部
办公室………………… 4875103
陕北钻井项目部
经理…………………… 4875236
侧钻三队……………… 4879124
东北项目部
办公室………………… 4875599
内蒙项目部
试油三队……………… 4876059
侧钻二队……………… 4875205
新疆项目部
办公室………………… 4875673
中南项目部
经理…………………… 4875927
修井六队……………… 4879117
普光酸压测试项目部
经理…………………… 4875236
苏丹工程部
经理…………………… 4875822
书记…………………… 4879234
办公室………………… 4879243
煤层气工程部
经理…………………… 4876636
书记…………………… 4875637
办公室………………… 4875130
试油二队……………… 4875327
压裂四队……………… 4870104
生产准备部
经理…………………… 4875720
书记…………………… 4870274
调度…………………… 4875919
工具队………………… 4875259

管具队…………………… 4877156
计量站…………………… 4875053

特车工程部

经理…………………… 4875382
书记…………………… 4875482
副经理…………………… 4875015
………………………… 4875310
调度…………………… 4875142
材料…………………… 4875180
核算…………………… 4876242
安全…………………… 4875190
机动…………………… 4875285
经营…………………… 4876006
财务…………………… 4877134
劳资…………………… 4875254
工会…………………… 4875165
罐车队…………………… 4876061
特车队…………………… 4875247
卡车队…………………… 4875182
综合队…………………… 4875097

物资供应站

站长…………………… 4876479
书记…………………… 4875164
副站长…………………… 4875282
财务…………………… 4875576
劳资…………………… 4875174
管理组…………………… 4875671
计划组…………………… 4875376
保管组长…………………… 4876009
保管…………………… 4875047
综合队…………………… 4875446
调度…………………… 4875429
修旧利废…………………… 4875664
濮城材料组…………………… 4847530
油库…………………… 4875145

修保厂

厂长…………………… 4870127
书记…………………… 4876103
副厂长…………………… 4870126
………………………… 4875818
调度…………………… 4875144
安全劳资…………………… 4875184
财务组…………………… 4870137
机修一车间…………………… 4875548
机修二车间…………………… 4876477
机加工车间…………………… 4875335
压裂专修…………………… 4875158

治安保卫部

经理…………………… 4875819
书记…………………… 4875149
副经理…………………… 4870244
………………………… 4740158
一中队…………………… 4875171
二中队…………………… 4875702
三中队…………………… 4875950
四中队…………………… 4875173
办公楼门卫…………………… 4870872
濮城前线…………………… 4847556

机关小车队

队长…………………… 4878055
调度室…………………… 4875620

工艺技术研发中心

主任…………………… 4878805
书记…………………… 4875445
工艺所…………………… 4875051
办公室…………………… 4875360
地质所…………………… 4876934
开发室…………………… 4875438
科技室…………………… 4875358
钻井工艺研究所…………………… 4875445
办公室…………………… 4875003

生活服务部

经理…………………… 4875105
书记…………………… 4876044
副经理…………………… 4876481
经营组…………………… 4879457
财务组…………………… 4877187
综合室…………………… 4740329
职工公寓…………………… 4875342
职工餐厅…………………… 4875790
环卫队…………………… 4875343
外宾食宿…………………… 4875456
濮城综合…………………… 4847556
濮城食堂…………………… 4847347
纯净水厂…………………… 4740111

培训学校

校长…………………… 4877652
副校长…………………… 4875559
办公室…………………… 4875371

设备安全检测站

站长…………………… 4876189
副站长…………………… 4875858
杂品油库房…………………… 4870908

离岗干部

办公室…………………… 4740383

第一社区管理中心

中心领导

主任…………………… 4851435
副书记…………………… 4859586
副主任…………………… 4858588
………………………… 4852928
副总经济师…………………… 4851206

经营工作督导组

组长…………………… 4854423
副组长…………………… 4851579

精神文明建设督导组

组长…………………… 4854406

主任办公室

主任…………………… 4851069
副主任…………………… 4853928
办公室…………………… 4851711
传真…………………… 4855108

政策研究办公室

主任…………………… 4851348

党群办公室

主任…………………… 4851583
副主任…………………… 4850055
办公室…………………… 4851015
传真…………………… 4854782

生产管理科

科长…………………… 4851182
副科长…………………… 4856308
………………………… 4853519
办公室…………………… 4853519
………………………… 4856308

经营管理科

科长…………………… 4852116
副科长…………………… 4851549
办公室…………………… 4851549

人力资源科

科长…………………… 4852143
办公室…………………… 4859971

财务资产科

副科长…………………… 4851944
………………………… 4853181
办公室…………………… 4851944

武装部

部长…………………… 4855857
副部长…………………… 4851267

花园小区房产管理站

站长…………………… 4851160
副站长…………………… 4851762

腾飞小区房产管理站

站长…………………… 4748064

花园小区便民服务站

站长…………………… 4851369
书记…………………… 4851369
副站长…………………… 4853974
计生办主任…………………… 4853974
居委会主任…………………… 4852998
关工委…………………… 4851367
办公室…………………… 4851755

腾飞小区便民服务站

站长…………………… 4854610
书记…………………… 4854201
副站长…………………… 4854544
计生办主任…………………… 4854298
居委会主任…………………… 4854544
关工委…………………… 4854610

花园小区环卫绿化大队

队长…………………… 4851368
书记…………………… 4852122
副队长…………………… 4852122
………………………… 4852122

腾飞小区环卫绿化大队

队长…………………… 4854575
书记…………………… 4854575
副队长…………………… 4854575
………………………… 4856134

多种经营服务大队

队长…………………… 4855440
书记…………………… 4854337
副队长…………………… 4857784
维修站…………………… 4855109
440 热线 …………………… 4854440

花园小区保安大队

队长…………………… 4851934
书记…………………… 4851934

腾飞小区保安大队

队长…………………… 4854615
书记…………………… 4854615

社区涂料厂

副厂长…………………… 4857698

维修大队

队长…………………… 4851019
书记…………………… 4851247
副队长…………………… 4851247

综合车队

队长…………………… 4852115
书记…………………… 4852115
副队长…………………… 4852115
值班室…………………… 4854408

物资供应站

站长…………………… 4853115
副站长…………………… 4853115
腾飞小区库房…………………… 4855224

第一分院

院长…………………… 4858578
副院长…………………… 4851155
副书记…………………… 4851197
办公室…………………… 4851135
………………………… 4851137
办公室…………………… 4851911
急诊…………………… 4851131
药械科…………………… 4851749
内科…………………… 4859254
花园服务站…………………… 4850019
总机…………………… 4853850

第四分院

院长…………………… 4854546
副院长…………………… 4854567
药房主任…………………… 4854466
办公室…………………… 4854207
院办…………………… 4854207
急诊…………………… 4854115

总机………………… 4854323

第二社区管理中心

社区领导

主任………………… 4841435
书记………………… 4842217
副主任……………… 4841806
………………………… 4841802

主任办公室

主任………………… 4842227
副主任……………… 4841501
文书………………… 4842977

党群办公室

科长………………… 4841316
副科长……………… 4842640
办公室……………… 4842701
信访办……………… 4841459

财务资产科

科长………………… 4842168
办公室……………… 4841614

经营管理科

科长………………… 4842170
会计预算…………… 4840265

人力资源科

办公室……………… 4841722

生产协调科

科长………………… 4841812
副科长……………… 4841615
安全督查…………… 4842274

计生办

主任………………… 4843387
办公室……………… 4841116

社区总值班室

值班室……………… 4840440
………………………… 4844440

环卫大队

大队长……………… 4841587
书记………………… 4844236
办公室……………… 4845387
环卫一队…………… 4841794
环卫二队…………… 4847159
环卫三队…………… 4846712
环卫四队…………… 4841559
天安小区…………… 4846597
环卫车队…………… 4845789

绿化大队

大队长……………… 4840957
办公室……………… 4842272

综合维修大队

大队长……………… 4842378
书记………………… 4840971
办公室……………… 4840971

保安大队

大队长……………… 4840844
书记………………… 4840673
武装部……………… 4843274
内勤………………… 4841627

离退休管理站

站长………………… 4841217
书记………………… 4842117
副站长……………… 4841117

房产管理站

站长………………… 4844310
书记………………… 4843178
办公室……………… 4841904

第二医院

院长………………… 4841139
副院长……………… 4841239
………………………… 4841252
………………………… 4843000
办公室……………… 4841430

文化站

站长………………… 4841419
站办………………… 4841319

居委会

居委会……………… 4841414
………………………… 4842252

综合服务大队

办公室……………… 4841168
综合队……………… 4842174

第三社区管理中心

中心领导

主任………………… 4832926
书记………………… 4831926
副主任……………… 4832516

副总师及主任助理

副总师……………… 4832999
………………………… 4831967
………………………… 4831867
主任助理…………… 4834386
………………………… 4831940

主任办公室

主任………………… 4831941
副主任……………… 4831935
秘书………………… 4831509
传真………………… 4831047

党群办公室

主任………………… 4832507
纪检主任…………… 4831893
工会………………… 4831264
关工委……………… 4831518
办公室……………… 4831501
传真………………… 4831199

生产协调科

科长………………… 4831925
副科长……………… 4831460
办公室……………… 4831479

财务资产科

科长………………… 4832999
副科长……………… 4832376
办公室……………… 4831274

经营管理科

科长………………… 4831967
副科长……………… 4831539
办公室……………… 4831535

人力资源科

科长………………… 4831867
办公室……………… 4831715
………………………… 4831717
就业站……………… 4834430

计划生育办公室

主任………………… 4831264
副主任……………… 4831836
办公室……………… 4834039

房产管理所

所长………………… 4831795
书记………………… 4836067
办公室……………… 4834180
………………………… 4831576

卫城离退休职工管理站

站长………………… 4834037
副站长……………… 4834236

文明寨离退休职工管理站

站长………………… 4831039
副站长……………… 4831374
………………………… 4831276
办公室……………… 4831695

卫城治保大队

大队长……………… 4834698
书记………………… 4834002
值班室……………… 4836011
中心门岗…………… 4836401
北门门岗…………… 4836420

文明寨治保大队

大队长……………… 4831008
书记………………… 4831970
办公室……………… 4831310
值班室……………… 4831470

卫城社区管理委员会

书记………………… 4834611
副主任……………… 4834519
居委会……………… 4834535
值班室……………… 4834001
传真………………… 4834080

文东社区管理委员会

主任………………… 4831053
书记………………… 4832262
居委会……………… 4833202
绿化站……………… 4831846
公高………………… 4832829

文西社区管理委员会

主任………………… 4839403
书记………………… 4839294
居委会……………… 4833617
绿化站……………… 4839314

工程维修服务大队

大队长……………… 4835019
书记………………… 4834246
办公室……………… 4831285

综合服务大队

书记………………… 4634968
调度………………… 4834369
库房………………… 4833714

液化气站

站长………………… 4834906
值班室……………… 4834707

项目开发部

经理………………… 4831940
副经理……………… 4831171
土建队……………… 4831643

第三医院

院长………………… 4831676
书记………………… 4831624
办公室……………… 4831319
药房………………… 4831647

第九医院

院长………………… 4834705
副院长……………… 4834320
办公室……………… 4834403

“440”办公室

办公室……………… 4831440
………………………… 4839440

第四社区管理中心

中心领导

主任、书记………… 4861689
副书记、工会主席
………………………… 4861212
副主任……………… 4863422
主任助理…………… 4861068
………………………… 4861572
………………………… 4861680
副总会计师………… 4861362

党政办公室

主任………………… 4861681
副主任……………… 4861434
办公室……………… 4861682
工会办公室………… 4863467

财务资产科

科长………………… 4861113
财务资产科………… 4861329

人力资源科

科长………………… 4861680
人力资源科………… 4863426

安全技术科

科长…………………… 4862188
督查科
科长…………………… 4861685
调度值班室………… 4861292
热线服务电话……… 4861440
机关直属单位
房产管理所………… 4861192
离退休管理站……… 4861614
人民武装部………… 4861302
计划生育办公室…… 4861576
劳动就业指导站居民委员会
…………………… 4861623
基层单位
供热管理站………… 4861345
值班室……………… 4863487
水电管理站………… 4863367
发电房……………… 4861337
建筑工程大队……… 4861683
值班室……………… 4861573
综合管理站………… 4861437
值班室……………… 4863483
环卫绿化站………… 4861217
值班室……………… 4863494
治安保卫大队……… 4862304
马厂物业站………… 4860074
液化气服务站……… 4861707
气站值班室………… 4861504
第六医院
办公室……………… 4861259
…………………… 4861586
…………………… 4861276
住院部……………… 4862854
药剂科……………… 4861754
医务科……………… 4861376
办公室……………… 4861386
急诊室……………… 4861186
社区直属小队
生活服务队………… 4861204

第五社区管理中心

社区领导
主任、党委书记…… 4805999
党委副书记………… 4807928
主任办公室
办公室……………… 4800725
传真………………… 4809187
办公楼门岗………… 4807760
440 服务热线
值班室……………… 4805440
党群工作部
办公室……………… 4800254
…………………… 4809028
生产协调科
科长………………… 4809986
办公室……………… 4800448
经营管理科
办公室……………… 4807338
财务资产科
办公室……………… 4809990
人力资源科
办公室……………… 4809334
劳动就业站
办公室……………… 4800335
人民武装部
办公室……………… 4800830
关心下一代委员会
常务副主任………… 4800426
第七分院
院长………………… 4800234
副院长……………… 4800776
院办………………… 4800445
总值班室…… 4800216－8688
财务科、医务处…… 4800497
药剂科……………… 4800654
钻前卫生所………… 4809427
市场开发中心
市场营销…………… 4800102
房产管理站（维修大队）
站长………………… 4808366
书记………………… 4800661
居民管理一站
办公室……………… 4800186
居委会……………… 4800332
居民管理二站
办公室……………… 4808264
中区居委会………… 4800440
南区居委会………… 4800567
文化管理站
办公室……………… 4800744
物业管理一站
站长………………… 4800673
办公室……………… 4800326
物业管理二站
办公室……………… 4800340
保安大队
大队长……………… 4808601
办公室……………… 4807326
南大门……………… 4800281
二中队门岗………… 4800031
三中队门岗………… 4800175
液化气站
办公室……………… 4809544
换气队（报警电话） 4809564
办公室……………… 4808366
综合站
办公室……………… 4805959
车队调度室………… 4800317

第六社区管理中心

社区领导
主任、党委书记…… 4865871
党委副书记、纪委书记、工会
主席………………… 4866630
副主任……………… 4869188
…………………… 4869236
副总经济师………… 4865500
主任助理…………… 4865170
主任办公室
主任………………… 4867904
副主任……………… 4866705
…………………… 4864970
值班室……………… 4865641
网络管理…………… 4865937
机要传真…………… 4865489
党群办公室
主任………………… 4868521
副主任组织纪检…… 4865854
副主作信访办……… 4867127
武装稳定…………… 4865849
残联………………… 4865007
宣传………………… 4869226
工会女工…………… 4869225
团委………………… 4869681
计划经营财务科
科长………………… 4865723
副科长……………… 4865064
…………………… 4866694
资产………………… 4867884
经营………………… 4868064
核算………………… 4869208
人力资源科
科长………………… 4865391
薪酬管理…………… 4869216
统计信息…………… 4865264
计划生育办公室
主任………………… 4865708
统计………………… 4869205
安全生产督查科
科长………………… 4869335
副科长……………… 4869320
设备管理…………… 4867361
安全管理…………… 4865393
外协残联…………… 4865646
HSE 资料 ………… 4865393
设备资料…………… 4867361
440 办公室 ……… 4868840
治安保卫大队
大队长……………… 4865173
副大队长…………… 4866942
值班室……………… 4865101
居民管理服务站
站长………………… 4865861
书记………………… 4869667
副站长……………… 4869448
办公室……………… 4865302
综合服务站
站长………………… 4865847
书记………………… 4865867
副站长……………… 4867300
…………………… 4867202
车队调度…………… 4865847
物业值班室………… 4865614
物资计划…………… 4869697
物资票购…………… 4865682
劳动培训就业站
站长………………… 4865468
办公室……………… 4865460
培训………………… 4869065
房产管理科
科长………………… 4868301
房产管理…………… 4865673
房屋维修…………… 4865115
医院
院长………………… 4865372
副院长……………… 4865370
医务办……………… 4865371
急诊室……………… 4865120
水暖服务站
站长………………… 4865441
副站长……………… 4865338
…………………… 4865399
…………………… 4866124
办公室……………… 4867071
水暖维修…………… 4865482
送水值班室………… 4865651
供电服务站
站长………………… 4865221
副站长……………… 4865433
…………………… 4867013
变电所值班室……… 4865439
发电房值班室……… 4865467
电工班值班室……… 4865194
环卫绿化站
站长………………… 4865060
书记………………… 4869159
副站长……………… 4865821
值班室……………… 4866431
收费管理站
站长………………… 4868460
副站长……………… 4865410
值班室……………… 4867013
液化气供应站
站长………………… 4865486
书记………………… 4865249
副站长……………… 4865484

值班室……………… 4865293
送气电话…………… 4869333

第七社区管理中心

中心领导
中心主任…………… 4878666
党委书记…………… 4878668
纪委书记、工会主席………
……………………… 4878966
副主任……………… 4870196
……………………… 4878686
副处级调研员……… 4875956
主任助理、办公室主任
……………………… 4875510
副总会计师、财务科长
……………………… 4876036
主任助理…………… 4876756
主任办公室
主任………………… 4875510
办公室……………… 4879256
传真………………… 4878988
会议室……………… 4875564
财务资产科
科长………………… 4876036
副科长……………… 4876548
办公室……………… 4878840
生产管理科
科长………………… 4875385
办公室……………… 4875356
人力资源科
科长………………… 4875127
经营管理科
科长………………… 4875551
督查办公室
主任………………… 4740440
440 办公室………… 4740440
……………………… 4870440
党委工作部
部长………………… 4879118
办公室……………… 4876294
传真………………… 4876294
群工部
部长………………… 4875194
第一居民管理委员会
站长………………… 4875129
书记………………… 4870510
办公室……………… 4875520
职工之家…………… 4875129
常青居委会………… 4870019
第二居民管理委员会
站长………………… 4874609
书记………………… 4878274
天然退休办………… 4874609
向阳退休办………… 4872702
柳香居委会………… 4877497
天然居委会………… 4877824
向阳居委会………… 4872674
房产管理所
所长………………… 4871367
办公室……………… 4875114
计划生育办公室
主任………………… 4875468
武装保卫部
部长………………… 4870937
劳动就业站
站长………………… 4870012
文体活动管理站
站长………………… 4879723
环卫绿化管理一大队
队长………………… 4876297
书记………………… 4876447
办公室……………… 4875146
环卫绿化管理二大队
队长………………… 4875079
书记………………… 4870187
柳香办公室………… 4870375
环卫绿化管理三大队
队长………………… 4877849
书记………………… 4877803
副队长……………… 4877849
基建维修大队
大队长……………… 4875501
书记………………… 4870643
副大队长…………… 4875341
……………………… 4875682
种养殖项目组经理… 4876291
花卉培育项目组经理 4875060
综合办公室………… 4875355
项目施工监理室…… 4875354
安装维修项目组…… 4875422
土木预制项目组…… 4875682
综合工程项目组…… 4874756
绿化、防腐工程项目组
……………………… 4872307
治安保卫一大队
队长………………… 4875203
办公室……………… 4875611
矿区门卫…………… 4879674
北区门卫…………… 4875262
南区门卫…………… 4877221
治安保卫二大队
队长………………… 4872706
书记………………… 4872115
天然门卫…………… 4874330
向阳门卫…………… 4872004
生产准备大队
队长………………… 4875153
副队长……………… 4876158
办公室……………… 4879230
第十医院
院长………………… 4876217
办公室……………… 4875145
第十一分医院
院长………………… 4877724

第八社区管理中心

总机………………… 4888440
中心领导
主任………………… 4728096
书记………………… 4727818
工会主席…………… 4728018
副主任……………… 4727698
财务总监…………… 4880661
调研员……………… 4889658
……………………… 4728008
……………………… 4888616
……………………… 4728016
……………………… 4880934
主任办公室
主任………………… 4889676
副主任……………… 4889145
值班电话…………… 4888440
生产管理科
科长………………… 4887760
副科长……………… 4888127
经营管理科
科长………………… 4880438
办公室……………… 4880604
人力资源科
科长………………… 4729226
副科长……………… 4887763
财务资产科
科长………………… 4880468
副科长……………… 4880854
房产管理所
所长………………… 4728399
副所长……………… 4880397
计划生育办公室
主任………………… 4888564
副主任……………… 4880037
居民管理站
站长………………… 4880924
办公室……………… 4888235
党委办公室
主任………………… 4880410
副主任……………… 4889710
传真………………… 4880634
稳定办……………… 4725610
组织纪检科
科长………………… 4880433
办公室……………… 4889343
群众工作部
部长………………… 4889840
办公室……………… 4729301
武装保卫部
部长………………… 4880694
办公室……………… 4887293
综合服务站
站长………………… 4888637
办公室……………… 4887084
劳动就业站
站长………………… 4880625
办公室……………… 4888633
盟城社区
主任………………… 4883540
书记………………… 4721162
值班电话…………… 4886440
胜利社区
主任………………… 4882496
书记………………… 4882570
值班电话…………… 4883440
临河社区
主任………………… 4722067
书记………………… 4721215
值班电话…………… 4722440
盟东社区
主任………………… 4720043
书记………………… 4727018
值班电话…………… 4729440
添运社区
主任………………… 4888706
书记………………… 4888680
值班电话…………… 4880440
大桥社区
主任………………… 4888037
书记………………… 4888776
值班电话…………… 4889440
兴隆社区
主任………………… 4829251
书记………………… 4825835
值班电话…………… 4734440
建安社区
主任………………… 4755618
书记………………… 4755551
值班电话…………… 4753440
建业社区
主任………………… 4752495
书记………………… 4755552
值班电话…………… 4752440
建设社区
主任………………… 4752074
书记………………… 4755808
值班电话…………… 4756440
机动车辆管理大队
大队长……………… 4888686
书记………………… 4880376

副大队长…………… 4889302
办公室…………… 4727279
维修大队
大队长…………… 4887488
书记…………… 4889378
副大队长…………… 4889160
综合办公室…………… 4889163
宁安医院
院长…………… 4753477
副院长…………… 4754037
急诊…………… 4753619
总机…………… 4753937

第九社区管理中心

中心领导
主任…………… 4895588
副主任…………… 4895333
…………… 4897116
财务总监…………… 4899306
主任办公室
主任…………… 4895768
副主任…………… 4895657
办公室…………… 4899088
打字室…………… 4899814
生产协调科
科长…………… 4771038
副科长…………… 4895972
考核办…………… 4895650
经营管理科
科长…………… 4895631
副科长…………… 4895641
财务资产科
科长…………… 4771133
办公室…………… 4895491
…………… 4895602
人力资源科
科长…………… 4895560
办公室…………… 4895603
就业站站长…………… 4895973
就业站办公室…………… 4895277
房产管理科
科长…………… 4826620
副科长…………… 4891976
办公室…………… 4731776
房产维修…………… 4731876
东环房产办…………… 4812670
居民管理科
科长…………… 4895435
办公室…………… 4771298
计生办
主任…………… 4899046
办公室…………… 4899132
党办
主任…………… 4895493
副主任…………… 4771158
…………… 4890488
传真…………… 4771655
组织纪检科
科长…………… 4893868
办公室…………… 4771112
创建办…………… 4899028
武装部
部长…………… 4895321
办公室…………… 4899160
群工部
部长…………… 4896643
办公室…………… 4899060
关工委…………… 4817297
东环关工委…………… 4812411
办公楼门岗
值班室…………… 4890443
物业管理一区
经理…………… 4896730
书记…………… 4895680
副经理…………… 4890713
…………… 4899226
综合办…………… 4897810
生产协调办…………… 4899479
经营管理办…………… 4890245
安厦环卫绿化站…………… 4897864
师苑环卫绿化站…………… 4802704
光明环卫绿化站…………… 4802047
康辉环卫绿化站…………… 4895464
综合服务队…………… 4819641
保安队…………… 4895511
外创市场办…………… 4803237
安厦门岗…………… 4890447
测井门岗…………… 4848474
物业管理二区
经理…………… 4771011
书记…………… 4896765
副经理…………… 4771040
…………… 4771047
办公室…………… 4771041
综合办…………… 4899445
生产协调办…………… 4890272
经营管理办…………… 4897450
超越环卫绿化站…………… 4890455
康乐环卫绿化站…………… 4899114
碧云环卫绿化站…………… 4771013
综合服务队…………… 4890804
保安队…………… 4890592
钻井院门岗…………… 4890425
物探门岗…………… 4890430
蓝盾门岗…………… 4895014
采油院门岗…………… 4890742
超越东门岗…………… 4771131
物业管理三区
经理…………… 4819904
书记…………… 4731151
副经理…………… 4801452
…………… 4730346
…………… 4848311
综合办…………… 4816677
生产协调办…………… 4732488
经营管理办…………… 4816617
科技环卫绿化站…………… 4804551
河东环卫绿化站…………… 4892874
紫波环卫绿化站…………… 4732352
综合服务队…………… 4816614
保安队…………… 4803119
新村门岗…………… 4849914
地质院门岗…………… 4732472
报社门岗…………… 4732761
红四栋门岗…………… 4731794
设计院门岗…………… 4732304
物业管理四区
经理…………… 4816879
书记…………… 4894339
副经理…………… 4893229
…………… 4821401
…………… 4894539
综合办…………… 4820954
生产协调办…………… 4733072
经营管理办…………… 4892946
世纪景苑环卫绿化站 4893525
绿景环卫绿化站…………… 4828653
登峰环卫绿化站…………… 4891015
综合服务队…………… 4824640
综合维修…………… 4824497
花房…………… 4824726
保安队…………… 4824662
登峰门岗…………… 4732248
绿景门岗…………… 4732497
东日门岗…………… 4731334
世景苑门岗…………… 4766014
物业管理五区
经理…………… 4812318
书记…………… 4812715
副经理…………… 4812676
…………… 4813018
…………… 4814196
综合办…………… 4812056
生产办…………… 4813400
经营办…………… 4812709
工程技术服务大队
大队长…………… 4803306
副大队长…………… 4891714
综合办…………… 4823532
维修一队…………… 4828143
维修二队…………… 4849649
多元开发中心
主任…………… 4891664
书记…………… 4827710
综合办…………… 4816492
经营开发办…………… 4822315
生产协调办…………… 4827712
物探公寓…………… 4771313
东环公寓…………… 4812301
综合服务站
站长…………… 4895601
书记…………… 4898676
办公室…………… 4890620
小车班…………… 4890072
材料组…………… 4890230
文体活动站
站长…………… 4820765
副站长…………… 4895710
光明居民管理站
站长…………… 4803275
书记…………… 4816243
副站长…………… 4730102
综合办…………… 4802307
安厦居委会…………… 4898074
超越居民管理站
站长…………… 4890014
书记…………… 4899027
办公室…………… 4899382
师苑居民管理站
站长…………… 4802410
书记…………… 4849847
康乐居民管理站
站长…………… 4890591
书记…………… 4890591
副站长…………… 4897003
钻井院活动站…………… 4899594
居委会…………… 4890042
康辉居民管理站
站长…………… 4821874
书记…………… 4739117
副站长…………… 4802857
居委会…………… 4826940
科技居民管理站
站长…………… 4820501
书记…………… 4891657
副站长…………… 4817513
新村活动站…………… 4848034
科技居委会…………… 4803314
紫波居委会…………… 4817513
绿景居民管理站
站长…………… 4891401
书记…………… 4810630
副站长…………… 4810630
绿景居委会…………… 4829944
蓝盾居委会…………… 4734374
登峰居民管理站

站长………………… 4824278
书记………………… 4733762
综合办……………… 4591972
门岗………………… 4892955
河东居委会………… 4819745
登峰居委会………… 4734371

世纪景苑居民管理站

站长………………… 4893107
书记………………… 4893671
居委会……………… 4734405

东环居民管理站

站长………………… 4812430
书记………………… 4812289
副站长……………… 4812695
综合办……………… 4814440
退休办……………… 4815270

第五分院

院长………………… 4812273
书记………………… 4812278
院办………………… 4812274
急诊………………… 4812276
中继线……………… 4812275

第十三分院

院长………………… 4824970
书记………………… 4802456
财务………………… 4822794
药房………………… 4801902
病房………………… 4802840
精神科……………… 4804354
交换机……………… 4824880

第十社区

社区领导

主任………………… 4891658
书记………………… 4891278
纪委书记、工会主席 4893912
副主任……………… 4825310
………………………… 4893762
副总会计师………… 4828848
主任助理…………… 4817670

社区机关

办公室主任………… 4892336
办公室（传真）…… 4822534
………………………… 4810325
财务资产科………… 4817648

人力资源科

科长………………… 4827562
人力资源科………… 4827045

生产管理科

生产管理科………… 4817046

经营科

科长………………… 4825933
经营管理科………… 4828581

党群部

主任………………… 4822232
副主任……………… 4824178
办公室……………… 4821634

组织纪检科

组织纪检科………… 4828198
纪检办公室………… 4828249
稳定办公室………… 4732610

武装部

武装部……………… 4827031

劳动就业指导站

站长………………… 4816404
办公室……………… 4894478

房产管理所

所长………………… 4828456
房产管理所………… 4827839
居民管理站………… 4820849
关工委……………… 4819731
机关门卫…………… 4731245

干城管理委员会

主任………………… 4827194
书记………………… 4827421
副主任……………… 4822267
办公室……………… 4829170
居委会……………… 4827219
绿化队……………… 4894769
停车场……………… 4731940
南门门卧…………… 4731184
中心门岗…………… 4731924
滨河门岗…………… 4731945
五区门岗…………… 4810041

庆北管理委员会

主任………………… 4817673
书记………………… 4891818
副主任……………… 4891349
办公室……………… 4816427
生产办……………… 4731647
退休办……………… 4820653
居委会……………… 4817604
绿化办……………… 4819540
环卫队……………… 4828224
保安队……………… 4892214

登月管理委员会

主任………………… 4849056
书记………………… 4804301
副主任……………… 4848615
办公室……………… 4804343
退休办……………… 4730515
居委会……………… 4801941
环卫队……………… 4730505
保安队……………… 4730210

康平管理委员会

主任………………… 4827775
书记………………… 4827775
副主任……………… 4819074
居委会……………… 4825215
保安队……………… 4731411

皇甫管理委员会

主任………………… 4710599
书记………………… 4710211
副主任……………… 4710245
办公室……………… 4710591
生产办……………… 4710550
财务人事…………… 4710298
退休办……………… 4710276
居委会……………… 4710293
维修队……………… 4710374
环卫队……………… 4710322
绿化队……………… 4710029
保安队……………… 4710302
巡逻队……………… 4710303
污水处理厂………… 4710341

工程维修大队

队长………………… 4819060
办公室……………… 4810838

综合车队

队长………………… 4817478
书记………………… 4732665
财务………………… 4733697
调度………………… 4827448

驻北京办事处

总机 ……… (010) 64217203
传真 ……… (010) 64210101
信息台 ………………… 8111
主任 ……… (010) 84251716
副主任 ………………… 8667
主任办公室 …………… 8898
接待科 ………………… 8868
财务科 ………………… 8080
客房部 ………………… 8123
餐饮部 ………………… 8776
总务部 ………………… 8698
小车队………………… 8172

中原油田郑州金桥宾馆

总机 ……… 0371－63582888
总台 ……… 0371－63944007

宾馆领导

经理 ………………… 63882688
副经理 ……………… 63882989
………………………… 63882858

党政办公室

主任 ………………… 63882636
副主任 ……………… 63882686
车班 ………………… 63882659

人事质检部

保理 ………………… 63882638
办公室 ……………… 63882631

计财部

经理 ………………… 63882649
办公室 ……………… 63882642

营销部

经理 ………………… 63882986
办公室 ……………… 63882998

餐饮部

经理 ………………… 63882787
副经理 ……………… 63882768
宴会预订 …………… 63882788

前厅部

办公室 ……………… 63882589
前台接待 …………… 63882881

客房部

经理 ………………… 63882682
房务中心 …………… 63882566

康乐部

经理 ………………… 63882643

商场部

经理 ………………… 63882643

动力部

经理 ………………… 63852629
副经理 ……………… 63582626
办公室 ……………… 63882669

保安部

经理 ………………… 63882615

物品供应部

副经理 ……………… 63882623
副经理 ……………… 63882578

金桥商务酒店

副经理 ……………… 67996518
总台 ………………… 67996399
客房部 ……………… 67996518
餐饮部 ……………… 67996356
动力部 ……………… 67996516

旅行社

经理 ………………… 63882618
办公室 ……………… 63882619

威海职工教育培训中心

主任……… 0535－6893262
副主任…… 0631－5262266
办公室…… 0631－5261988
办公室主任… 0631－5310638
接待科长…… 0631－5262660
财务科长……………… 4887528
营销科长…… 0631－5262515
接待科副科长 0631－5262622
传真……… 0631－5261988

培训中心

中心领导

主任………………… 4823388
书记………………… 4821756

副书记………………… 4824164
副主任………………… 4731669
……………………… 4822224
……………………… 4731498
……………………… 4731496
……………………… 4731416
主任助理……………… 4731536

机关科室

主任办公室…………… 4822452
传真…………………… 4824310
人力资源科…………… 4821589
职改办………………… 4819571
财务资产科…………… 4821389
经营管理科…………… 4824031
安全保卫科…………… 4824561
党委办公室…………… 4824710
传真…………………… 4826628
党委组织科…………… 4825771
群众工作部…………… 4824410
行政管理科…………… 4810969
幼儿教育科…………… 4824717

科级单位

教师管理部…………… 4821564
培训管理科…………… 4824264
计算机培训部………… 4730234
涉外培训部…………… 4821220
继续教育部…………… 4848043
技术安全培训部……… 4821920
钻井作业培训部……… 4824097
采油技术培训部……… 4730113
公共事业培训部……… 4801215
焊接培训部…………… 4848494
汽驾培训学校………… 4233422
党校教学部…………… 4819574
党校函授部…………… 4822297
理论研究室…………… 4824317
电大教学部…………… 4848374
石大函授部…………… 4816027
后勤服务部…………… 4802949
鉴定综合考务科……… 4822853
鉴定试题科…………… 4824945
第一鉴定站…………… 4821832
第二鉴定站…………… 4817734
第三鉴定站…………… 4817735
小车班………………… 4821254

中心幼儿园

园长…………………… 4734138
书记…………………… 4801336
园办…………………… 4824358
值班室………………… 4804700

中心一幼

园长…………………… 4810716
书记…………………… 4822084
园办（值班）………… 4822741

中心二幼

园长…………………… 4821815

基地第一幼儿园

园长…………………… 4823080
值班室………………… 4804338

基地第二幼儿园

园长…………………… 4899307
值班室………………… 4898054

基地第三幼儿园

园长…………………… 4820683

基地第四幼儿园

园长…………………… 4829046
值班室………………… 4810913

基地第五幼儿园

园长…………………… 4891637
值班室………………… 4825770

基地第七幼儿园

园长…………………… 4820141
园办…………………… 4810724
值班室………………… 4732634

基地第九幼儿园

园长…………………… 4751442
值班室………………… 4753684

基地第十幼儿园

园长…………………… 4819813
值班…………………… 4880437

基地第十一幼儿园

园长…………………… 4888475
值班室………………… 4720642

基地第十三幼儿园

园长…………………… 4882289
值班室………………… 4886304

基地第十四幼儿园

园长…………………… 4710251
值班室………………… 4710043

登月幼儿园

园长…………………… 4848041
值班室………………… 4804324

金萌幼儿园

园长…………………… 4886536
值班室………………… 4722263

钻井第一幼儿园

园长…………………… 4800461
书记…………………… 4806596
值班室………………… 4806414

钻井第二幼儿园

园长…………………… 4827423
园办（值班）………… 4810743

钻井第三幼儿园

园长…………………… 4865423
书记…………………… 4865749
值班室………………… 4865220

钻井第四幼儿园

园长…………………… 4834132

采油第一幼儿园

园长…………………… 4851510
值班室………………… 4858095

采油第二幼儿园

园长…………………… 4841021
值班室………………… 4844616
三矿…………………… 4841075

采油第三幼儿园

园长…………………… 4831388
副园长………………… 4831179
值班室………………… 4839704

采油第四幼儿园

园长…………………… 4854639

采油第五幼儿园

园长…………………… 4815558
值班室………………… 4812300

采油第六幼儿园

园长…………………… 4861304

井下幼儿园

园长…………………… 4875562
值班室………………… 4875913

集输第一幼儿园

园长…………………… 4877776

集输第二幼儿园

园长…………………… 4875608

炼化幼儿园

园长…………………… 4873984

公共事业管理处（卫生处）

处领导

经理、书记…………… 4819334
副经理………………… 4824477
……………………… 4732216
……………………… 4826923
调研员………………… 4828317
经理助理……………… 4821390
副总师………………… 4731382
……………………… 4819741
经理助理……………… 4823169
……………………… 4824425
……………………… 4816757

经理办公室

主任…………………… 4824425
副主任………………… 4828179
……………………… 4819334
值班室………………… 4819334
传真…………………… 4819645
人力资源……………… 4820021

党群办公室

主任…………………… 4732037
办公室………………… 4828539

社区管理办公室

主任…………………… 4828577
副主任………………… 4817314
……………………… 4817314
……………………… 4816287

医疗卫生科（爱卫办）

科长…………………… 4822162
办公室………………… 4822170

计划生育管理科（宣传科）

科长…………………… 4732629
副科长………………… 4822265
办公室………………… 4822160
宣传科………………… 4827144

局机关计划生育科

科长…………………… 4828126
办公室………………… 4820957

对外协调科（安全环保科）

科长…………………… 4819552
副科长………………… 4816436
内考办………………… 4817314
办公室………………… 4732370
供应站………………… 4819377

财务资产科

科长…………………… 4731382
副科长………………… 4822516
办公室………………… 4816634

计划经营科

科长…………………… 4821390
副科长………………… 4823474
办公室………………… 4816284

园林绿化新技术推广站

站长…………………… 4819192
书记…………………… 4819751
办公室………………… 4828513
技术推广站…………… 4810502
苗圃值班室…………… 4819681

公共设施监督管理站

站长…………………… 4816323
副站长………………… 4820360

医药管理站

站长…………………… 4822920
副站长………………… 4819671

卫生防疫站

站长…………………… 4824322
书记…………………… 4819267
副站长………………… 4816245
办公室………………… 4821486

妇幼保健站

站长…………………… 4804376
书记…………………… 4804540
办公室………………… 4804542

城建监察大队

大队长………………… 4828115
书记…………………… 4821370
副大队长……………… 4826141
……………………… 4829051
办公室………………… 4822110

局机关服务中心
主任…………………… 4823169
副主任………………… 4822471
………………………… 4819644
副书记………………… 4829414
办公室………………… 4731941
公共事业管理一站
站长…………………… 4819913
副站长………………… 4819993
………………………… 4822194
办公室………………… 4822194
公共事业管理二站
站长…………………… 4816984
副书记………………… 4734134
副站长………………… 4734134
办公室………………… 4819634
新蕾公园
主任…………………… 4731852
副主任………………… 4734216
………………………… 4731352
污水处理厂
厂长…………………… 4816787
副厂长………………… 4824790
副书记………………… 4819499
中控室………………… 4819677
工程服务大队
大队长………………… 4818710
书记…………………… 4822086
副大队长……………… 4816642
办公室………………… 4892394
调度…………………… 4819720
维修队………………… 4816574
车队…………………… 4823708

对外经济贸易总公司

公司领导
总经理………………… 4827753
党委书记……………… 4823038
副总经理……………… 4733286
………………………… 4820057
………………………… 4731864
………………………… 4732412
………………………… 4732046
………………………… 4828626
总法律顾问…………… 4824096
副总师
副总师………………… 4733578
………………………… 4732457
………………………… 4822945
………………………… 4732411
………………………… 4892225
………………………… 4894399
………………………… 4825129
………………………… 4731854
………………………… 4893907
………………………… 4810942
行政管理部
部长…………………… 4733578
行政办………………… 4816171
党群办………………… 4732458
信息科………………… 4810062
值班室………………… 4828008
市场开发部
部长…………………… 4894299
副部长………………… 4892755
投标管理科…………… 4816697
国内市场科…………… 4828245
市场研究科…………… 4893273
综合科………………… 4732045
计划财务部
部长…………………… 4822945
副科长………………… 4821160
资金科………………… 4822976
成本科………………… 4827783
计划统计科…………… 4732447
综合科………………… 4821160
项目管理部
部长…………………… 4893907
副部长………………… 4817150
………………………… 4732493
………………………… 4894399
项目管理科…………… 4731854
HSE 管理科 ………… 4732413
经营管理科…………… 4732794
印尼项目部…………… 4892225
综合科………………… 4824472
对外贸易部
部长…………………… 4732411
副部长………………… 4734457
出口科………………… 4821363
采办科………………… 4821293
储运科………………… 4528306
综合科………………… 4828306
资产装备部
部长…………………… 4810942
技术装备科…………… 4732414
顶驱管理科…………… 4825303
资产管理科…………… 4732415
人力资源部
部长…………………… 4732457
人力资源科…………… 4732437
薪酬管理科…………… 4810110
经营条法部
部长…………………… 4732419
合同管理科…………… 4891144
法律事务科…………… 4824402
法律事务科…………… 4824402

房产管理处

处领导
经理、党委书记…… 4816201
纪委书记、工会主席 4829550
副经理、财务总监… 4819790
副经理、租赁中心主任
………………………… 4824465
副经理………………… 4819324
副总经济师…………… 4824692
经理助理……………… 4733966
副总工程师…………… 4816954
综合办公室
主任…………………… 4819797
副主任………………… 4822990
秘书…………………… 4822701
值班室………………… 4818741
机要室………………… 4819834
人事劳资科
科长…………………… 4732696
调研员………………… 4819740
人事科………………… 4818417
财务科
科长…………………… 4732106
会计科………………… 4829327
经营管理科
科长…………………… 4826579
调研…………………… 4817714
经营…………………… 4816964
房改工作科
副科长………………… 4733253
房改科………………… 4823513
档案室………………… 4822251
资产管理科
科长…………………… 4893817
资产科………………… 4892131
计划科
科长…………………… 4819006
计划科………………… 4892470
技术监督科
科长…………………… 4821666
调研员………………… 4818533
技监科………………… 4820920
工程管理科
科长…………………… 4733186
副科长………………… 4810793
工程科………………… 4733079
预算管理科
科长…………………… 4816928
预算科………………… 4820963
住房资金管理科
科长…………………… 4825950
资金科………………… 4825951
材料科
科长…………………… 4818397
材料科………………… 4733770
城建监察大队
大队长………………… 4828105
副队长………………… 4828555
值班室………………… 4816134
车队
调度…………………… 4819340

住房公积金中心

公积金归集科
科长…………………… 4819474
归集科………………… 4816327
公积金核算科
科长…………………… 4894049
核算科………………… 4816408
房产交易中心
副主任………………… 4819338
住房交易科
交易科………………… 4733106

房产租赁中心

中心领导
主任…………………… 4823679
副书记………………… 4816373
副主任………………… 4818156
中心办公室
主任…………………… 4826636
副主任………………… 4895192
办公室………………… 4824976
经营管理科
科长…………………… 4733599
经营科………………… 4894180
财务资产科
科长…………………… 4826371
资产科………………… 4821540
安全保卫科
科长…………………… 4826372
保卫科………………… 4824916
第一管理区
主任…………………… 4884009
书记…………………… 4722553
办公室………………… 4884002
第二管理区
主任…………………… 4887379
副主任………………… 4880994
第三管理区
主任…………………… 4816399
书记…………………… 4826651
办公室………………… 4826650
第四管理区
主任…………………… 4820206
书记…………………… 4826652
办公室………………… 4816365

……………………… 4826632

第五管理区

主任………………… 4824577
书记………………… 4823973
副主任……………… 4822311

第六管理区

主任………………… 4732569
副主任……………… 4826408
办公室……………… 4826635

第七管理区

主任………………… 4825801
副队长……………… 4810173
……………………… 4810876

新世纪房产开发有限公司

公司领导

经理………………… 4819324
副经理……………… 4733966
……………………… 4732777
……………………… 4733678
总工程师…………… 4893597

综合管理办公室

主任………………… 4732777
副主任……………… 4733606
值班室……………… 4733606

市场营销部

经理………………… 4733678
副经理……………… 4733988
售房部……………… 4465858

工程技术部

经理………………… 4733271
办公室……………… 4733996

经营管理部

经理………………… 4824887
办公室……………… 4733808

财务资产部

经理………………… 4733107
办公室……………… 4821406

物业管理部

经理………………… 4733000
副主任……………… 4825802

第八管理区

主任………………… 4826631
书记………………… 4732533
副主任……………… 4817704
办公室……………… 4810013

综合服务大队

大队长……………… 4826630

中原石油报社

领导电话

社长………………… 4820699
书记………………… 4821969
副社长……………… 4828896
副总编……………… 4824709
……………………… 4891594
社长助理…………… 4829890

社机关

党政办主任………… 4892380
党政办（党务）…… 4893340
党政办公办室……… 4822797
党政办（传真）…… 4891392
人力资源科科长…… 4828180
人力资源科办公室… 4816424
财务资产科科长…… 4828793
财务资产科办公室… 4893088
综合科主任………… 4825976
综合科（调度）…… 4828436
综合科（保卫）…… 4892257
综合科（报刊发行）
……………………… 4819157

编辑部

新闻采访部主任…… 4828563
新闻采访部………… 4828369
新闻摄影部主任…… 4828114
新闻摄影部办公室… 4828705
编务中心（一版）… 4891387
编务中心（网络）… 4891385
编务中心（组版）… 4819155
编务中心（通联）… 4820112
稿件登记室（传真）
……………………… 4819492
经济新闻采编部…… 4828954
政文采编部………… 4825165
社会新闻采编部…… 4824290
新周末采编部……… 4816421
新周末教育文化专刊采编部
……………………… 4819104
西部记者站………… 4736715

石化记者站

站长………………… 4825629
办公室……………… 4825349
传真………………… 4821386

彩色印刷厂

总机………………… 4821684
厂长、书记………… 4819156
副厂长……………… 4891390
生产办……………… 4828116
业务联系部………… 4823890
财务部……………… 8026
技术安全办………… 8007
照排车间…………… 8005
校对………………… 8006
组版………………… 8014
彩拼………………… 8015
制版车间…………… 8012
胶印车间…………… 8011
装订车间…………… 8013
成品库……………… 8017

广告公司

广告公司…………… 4828441
文化发展中心……… 4891791
彩扩部……………… 4828529

广播电视管理处

处领导

台长………………… 4822071
副台长……………… 4802544
……………………… 4828893
副总工程师………… 4829585

党政办公室

主任………………… 4828926

人力资源科

主任………………… 4823915

计划财务经营科

科长………………… 4817857
副科长……………… 4823741

总编室

主任………………… 4730352

技术部

主任………………… 4894000
副主任……………… 4824441

广告部

主任………………… 4828462
主任………………… 4491823

新闻部

主任………………… 4848886
副主任……………… 4824147
……………………… 4892902
……………………… 4824421

专题文艺部

主任………………… 4824649

社教经济部

主任………………… 4823166
副主任……………… 4823033

制作部

主任………………… 4892903

综合部

主任………………… 4823889

一站

站长………………… 4851228
副站长……………… 4855429

二站

站长………………… 4841919

三站

站长………………… 4834042

五站

站长………………… 4864674

六站

站长………………… 4861581

七站

站长………………… 4875716
副站长……………… 4875471

八站

站长………………… 4824661

九站

站长………………… 4817065
副站长……………… 4827390

十站

站长………………… 4826078

公共用户管理站

站长………………… 4826290

交通总站

经理………………… 4822339
书记………………… 4822302
副经理……………… 4891974
……………………… 4828177
综合办公室………… 4823747
计财办……………… 4822583
生产办……………… 4822415
一车队……………… 4892842
二车队……………… 4822418
综合队……………… 4822542
交通局驻站办……… 4822930

3. 河南石油勘探局

地址：河南省南阳市宛城区官庄镇　　邮政编码：473132　　公网区号：0377

党政办公室

主任 …………… 63857888
…………………… 63830038
副主任 ………… 63833269
秘书科 ………… 63830810
…………………… 63830243
值班室 ………… 63830011
…………………… 63856567
传真 …………… 63830027
文书 …………… 63830024
政研室 ………… 63830042
…………………… 63830594
督查科 ………… 63830676
…………………… 63830028
行政科 ………… 63830033
机要科 ………… 63830043
传真 …………… 63830044
接待科 ………… 63030514
传真 …………… 63830513

武装部（综治办）

部长 …………… 63830851
办公室 ………… 63837011

组织部（干部处）

部长、处长 …… 63830049
副部长、副处长… 63856989
综合科 ………… 63830046
组织科 ………… 63830055
…………………… 63830048
干部科 ………… 63830052
档案室 ………… 63830056
技干科 ………… 63830051
职改办 ………… 63830166
机关干部科 …… 63830053
干部培训科 …… 63830050

宣传部

部长 …………… 63830058
副部长 ………… 63830400
宣传综合科 …… 63830543
政治教育科 …… 63830059
新闻统战科 …… 63830060

文化办公室

主任 …………… 63830061
中国石油画报记者站 63830248
文化市场办 …… 63836352

中国石化报记者站

站长 …………… 63830062
办公室 ………… 63856291

电视台

总支书记 ……… 63838859
总以 …………… 63830515
副台长 ………… 63830844
总编辑 ………… 63852290
办公室 ………… 63852394
总编室 ………… 63852595
…………………… 63830719

局纪委、监察处

副书记、处长 … 63830064
副书记 ………… 63830067
副处长 ………… 63859757

办公室

主任 …………… 63830632
…………………… 63830066

案件一室

主任 …………… 63830452
副主任 ………… 63854842
综合办 ………… 63830153

案件二室

主任 …………… 63856410
副主任 ………… 63854841

效能监察室

主任 …………… 63830697
副主任 ………… 63830154

信访室

主任 …………… 63830694
…………………… 63830817
…………………… 63854840

审理室

主任 …………… 63830630
副主任 ………… 63830065

调研室

主任 …………… 63854843
副主任 ………… 63854845

局工会

副主席 ………… 63838836
…………………… 63830075
办公室主任 …… 63830548
办公室 ………… 63830072
…………………… 63830634

局团委

副书记 ………… 63830635
…………………… 63830636
办公室 ………… 63830079
青年志愿者服务总站 63838000
…………………… 63838111

局机关党委

书记 …………… 63839166
机关纪委书记 … 63830083
调研员 ………… 63833455
机关党委办公室… 63830084
机关纪委、团委… 63836801
机关保卫科 …… 63830086

总调度室

总调度长 ……… 63830890
副总调度长 …… 63830520
总工程师 ……… 63830408
总经济师 ……… 63830654
调度台 ………… 63830412
…………………… 63830413
总公司联网 …… 63837630
电调联网 ……… 63857337

安全处

处长 …………… 63830129
副处长 ………… 63830116
总工程师 ……… 63830347

环保办

主任 …………… 63830119
办公室 ………… 63836907

环境监测中心站

站长 …………… 63853480
…………………… 63852443

机动处

处长 …………… 63830095
副处长 ………… 63830657
…………………… 63830098
综合科科长 …… 63830678
办公室 ………… 63830656
修理制造科 …… 63830097
现场管理科 …… 63830096

基建处

处长 …………… 63830105
总工程师 ……… 63830107
综合科 ………… 63830647

科技处

处长 …………… 63830662
…………………… 63830607
副处长 ………… 63830801
…………………… 63830673
综合管理科 …… 63830609
…………………… 63838771
项目管理科 …… 63830608
…………………… 63830802
技术市场办 …… 63830294
科协办 ………… 63830660
情报室 ………… 63830611
传真 …………… 63856983
计算机室 ……… 63830337

规划计划处

处长 …………… 63830529
副处长 ………… 63830433
…………………… 63833400
规划科 ………… 63830190
…………………… 63833403
项目科 ………… 63830127
…………………… 63833402
设计管理科 …… 63830108
投资计划科 …… 63830123
…………………… 63830124

财务处（国有资产处）

存续 …………… 63857956
…………………… 63830139
上市 …………… 63830649
…………………… 63833233

不良资产管理办公室

主任 …………… 63855886
副主任、总会计师 63857679

人力资源处

处长 …………… 63830419
副处长 ………… 63830134
总经济师 ……… 63833108
…………………… 63833153
…………………… 63830753
社会保险中心主任 63859755
社会保险中心副主任
…………………… 63835907

企管法规处

处长 …………… 63830482
副处长 ………… 63830483
总经济师 ……… 63830319
总工程师 ……… 63830553

审计处

副处长 ………… 63830449
…………………… 63830669

南阳市中实会计师事务所

所长 …………… 63833949
综合室 ………… 63830571

对外合作处

主任 …………… 63836626
副主任 ………… 63830610

公共事业部

主任 …………… 63830016

副主任 ………… 63836835

勘探事业部

主任 ………… 63830903
副主任 ………… 63858043

开发事业部

主任 ………… 63830090
副主任 ………… 63830087
………… 63830638
副主任、总工程师
………… 63830090
副主任 ………… 63830185
总地质师 ………… 63830090
总会计师 ………… 63830637

炼化事业部

主任 ………… 63830236
副主任 ………… 63830122

概预算中心

主任 ………… 63830653
总经济师 ………… 63830652

信息中心

主任 ………… 63856969
支部书记、副主任 63839863

人才劳动力交流中心（再就业服务中心）

主任 ………… 63830054
副主任 ………… 63830423
下岗职工管理科… 63830756

文体中心

主任 ………… 63835310
副主任（体委） … 63854366
副主任（中心） … 63836880
文化宫
主任 ………… 63830532
副主任 ………… 63830252
文体活动中心
副主任 ………… 63836882
活动室 ………… 63836880
电影公司
经理 ………… 63830140
办公室 ………… 63830534
体育场
主任 ………… 63830880
办公室 ………… 63830854
青少年宫
主任 ………… 63830576
副主任 ………… 63830511

钻井工程公司

地址：南阳市宛城区河南油田
邮编：473132
公网区号：0377
办公室 ………… 63850097

地质调查处

地址：南阳市宛城区河南油田
邮编：473132
办公室 ………… 63838657

油建公司

地址：唐河县张店镇河南油田
邮编：473132
办公室 ………… 63839039

测井公司

地址：南阳市宛城区河南油田
邮编：473132
办公室 ………… 63839367
经理 ………… 63837001

录井公司

地址：南阳市宛城区河南油田
邮编：473132
办公室 ………… 63837212

水电厂

地址：南阳市宛城区河南油田
邮编：473132
办公室 ………… 63836308

机修厂

地址：唐河县张店镇河南油田
邮编：473132
办公室 ………… 63839581

南机厂

地址：南阳市中州路河南油田
邮编：473065
办公室 ………… 3577210

运输处

地址：南阳市宛城区河南油田
邮编：473132
办公室 ………… 63838084

设计院

地址：南阳市宛城区河南油田
邮编：473132
办公室 ………… 63834173

华油集团

地址：南阳市宛城区河南油田
邮编：473132
办公室 ………… 63830145

通信公司

地址：南阳市宛城区河南油田
邮编：473132
办公室 ………… 63839821

职工医院

地址：南阳市宛城区河南油田
邮编：473132
办公室 ………… 63852611

人力资源中心

地址：南阳市宛城区河南油田
邮编：473132
办公室 ………… 63853709

天然碱公司

地址：南阳市宛城区河南油田
邮编：473132
办公室 ………… 63845453

涧河社区

地址：河南油田
邮编：473132
办公室 ………… 63820922

双河社区

地址：桐柏县粟楼镇河南油田
邮编：473132
办公室 ………… 63843068

五一社区

地址：南阳市宛城区河南油田
邮编：473132
办公室 ………… 63830457

教育中心

地址：南阳市宛城区河南油田
邮编：473132
办公室 ………… 63830469

离退休管理中心

地址：南阳市宛城区河南油田
邮编：473132
办公室 ………… 63830310

4. 江汉石油管理局

地址：湖北省潜江市广华寺江汉路1号　邮政编码：433124　公网区号：0728

局办公室

主任 ………… 6586938
副主任 ………… 6586995
………… 6509487
值班室 ………… 6502051
………… 6502074
传真 ………… 6502784
秘书科 ………… 6502894
政研科 ………… 6502556
………… 6592369
督查科 ………… 6502963
文书科 ………… 6502086
………… 6507178
接待科 ………… 6502141
………… 6504743
综合科 ………… 6592093

党委办公室

主任 ………… 6595618
副主任 ………… 6500780
秘书科 ………… 6502829
………… 6509921
调研科 ………… 6502734
机要科 ………… 6502670
保密办 ………… 6502730

党委组织部

部长 ………… 6502961
副部长 ………… 6502861
………… 6509590
组织科 ………… 6502450
………… 6507186
干部管理科 ………… 6503132
………… 6502823
干部培训科 ………… 6502688
机关干部科 ………… 6502672
技术干部科 ………… 6502872
职改办 ………… 6502077
综合科（传真） …… 6503383

党委宣传部

部长……6502533
副部长……6507430
办公室……6502425
宣传科……6502082
理论科……6502939
企业文化科……6502491
……6507452

纪委监察处

处长……6502993
副处长……6502702
……6503456
……6501377
……6502951
……6509321
办公室……6502272
传真……6506498

信访办公室

主任……6503127
副主任……6586649
接访科……6502289
……6501140
信息科……6503465

团委、青年工作部

书记……6502572
办公室……6502573
宣传部……6503676
组织部……6503946
学校部……6503935

局工会

副主席……6586968
……6506459
办公室……6505478
……6502129
……6506617
组织部……6502396
生活部……6505498
财务部……6509597
生产部……6502374
残联办……6503087

武装保卫部

部长……6501693
政委……6502708
副部长……6592420
……6592425
……6592421
综合科……6503131
610 办公室……6500610
值班室……6506218
军事科……6502456
人防办……6502822

总调度室

总调度长……6586916
副总调度长……6503917
……6586926
……6586704
……6503024
……6502554
生产调度科……6502011
……6502211
传真……6502795
综合科……6507927
能源科……6503611
运输科……6502521
防汛办……6503547
工农办……6502931
土地办……6502232

安全环保处

处长……6503801
副处长……6502541
……6509292
……6503341
……6506035
综合科……6502454
机关安全科……6503803
劳保科……6502198
监察科……6503802
工业科……6502632
交通科……6502558
环保科……6506703
……6502789

基建处

处长……6503282
副处长……6500445
综合科……6502195
工程科……6502293
矿建科……6507403
招标科……6502135

资产装备处

处长……6507137
副处长……6502127
……6502261
……6502852
综合科……6500071
资产科……6502737
设备科……6502163
经营科……6502083
产权科……6506800

劳动工资处

处长……6586256
副处长……6504517
……6500668
……6502191
主任经济师……6586694
综合科……6502909
管理科……6502313
工资科……6507938
组织科……6502924
技能鉴定中心……6503833
监察科……6504785
劳动仲裁办……6504121
机关劳资科……6504924

工程技术处

处长……6509681
副处长……6504660
……6500548
……6504660
工程管理科……6500459
市场管理科……6503179

财务处

处长……6505598
副处长……6509557
……6595128
资金科……6500959
预算科……6503306
会计科……6501167
价税科……6502238
稽查科……6502591
综合科……6502373
机关财务科……6503147

计划处

处长……6586936
副处长……6504968
……6504966
……6504866
主任经济师……6505208
规划科……6502706
经营科……6502424
计划科……6501964
……6586583
投资科……6502323
……6504776
统计科……6502707
传真……6503624

审计处

处长……6506887
副处长……6500249
……6504976
……6503034
……6507046
……6505840
综合科……6502537
……6502091
审理科……6502090

企业经营管理处

处长……6505418
副处长……6501575
……6500511
……6500248
……6586012
综合科……6509070
……6502072
改制办……6509779
经营科……6501227
项目科……6586705
市场科……6503918
招投标科……6502388

科技处

处长……6501844
副处长……6503162
……6505794
综合科……6501634
……6503423
科研……6509991
技术市场……6503678
科协……6503509
石油学会……6502880

勘探处

处长……6502965
副处长……6503157
……6501499
……6502698
地质科……6502698
工程科……6502273
综合科……6502732
传真……6503183

开发处

处长……6502881
副处长……6505389
……6502250
……6503153
综合科……6503153
生产科……6502793
油藏科……6501059
工程科……6502320
传真……6504584

财务资产科………… 6503728

法律事务处

处长…………………… 6500910
副处长………………… 6505859
工商科………………… 6592160
合同科………………… 6502876
诉讼科………………… 6501936

机关党委

常务副书记………… 6595816
副书记……………… 6509968
……………………… 6592550
党办………………… 6502690
组织纪检科………… 6502206
团委青年工作部…… 6502413
工会副主席………… 6502494
综合科……………… 6502505

劳动就业服务中心

主任………………… 6501278
副主任……………… 6500476
……………………… 6500160
综合科……………… 6501284
……………………… 6504507
档案科……………… 6500060
职介科……………… 6502351
……………………… 6506677
信息科……………… 6503882
培训科……………… 6504838
广华管理站………… 6500460
五七管理站………… 6575655
劳务管理科………… 6505449
……………………… 6502162

北京联络处

办公室……… 010－84129988

武汉办事处

处办………… 027－84844832
武昌招待所… 027－88871157
汉阳招待所… 027－84844830

机关车队

队长………………… 6503458
副队长……………… 6500175
……………………… 6586576
工会主席…………… 6501630
综合科……………… 6502985
财务科……………… 6502682
调度室……………… 6502982
……………………… 6503429
安全组……………… 6501390
修理班……………… 6502460
门卫………………… 6502422

水杉宾馆

经理………………… 6500538
副经理……………… 6500225
办公室……………… 6500370
财务………………… 6500221
总服务台…………… 6503322
……………………… 6500122
传真………………… 6500138

职工培训中心

办公室……………… 6574723
传真………………… 6575142

新闻中心

办公室……………… 6503600
……………………… 6502123
新闻部……………… 6502678
通联部……………… 6583465
记者站……………… 6503945

离退休管理处

办公室……………… 6503567
……………………… 6502106

房地产管理处

办公室……………… 6502528
……………………… 6503924

广华社区管理服务中心

办公室……………… 6501739
……………………… 6503525
传真………………… 6509224
调度室……………… 6506440
……………………… 6502475

向阳社区管理服务中心

办公室……………… 6579446
调度室……………… 6580440
……………………… 6575312

五七社区管理服务中心

办公室……………… 6574163
传真………………… 6574779
调度室……………… 6574749

公共事业处

办公室……………… 6500223
……………………… 6505101
调度室……………… 6505789
……………………… 6502143

向阳实业总公司

办公室……………… 6580641
……………………… 6580445
调度室……………… 6580431

社会保险服务中心

办公室……………… 6507203
传真………………… 6502640

江汉油田总医院

办公室……………… 6502227
……………………… 6575311
传真………………… 6502037
急诊………………… 6500120
……………………… 6502311
……………………… 6575122

江汉油田公安局

办公室……………… 6595500
……………………… 6595555
传真………………… 6502221

5. 江苏石油勘探局

地址：江苏省扬州市文汇南路100号　邮政编码：225009　公网区号：0514

局党委办公室

主任 ……………… 87760023
秘书 ……………… 87762085
保密办公室（机要）87762086
传真 ……………… 87760109

局纪委、监察处

处长 ……………… 87760039
副处长 …………… 87762102
……………………… 87761215
办公室传真 ……… 87762105
副处长、审理教育室主任
……………………… 87762709
主任办公室 ……… 87762106
纪检监察一室 …… 87761747
纪检监察二室 …… 86762971
审理教育室 ……… 87762107
效能监察室 ……… 87762116

组织部、干部处

部长 ……………… 87760077
副部长 …………… 87762258
组织科 …………… 87762096
干部科 …………… 87762097
技术干部科 ……… 87762098
档案室 …………… 87762103

宣传部

部长 ……………… 87760960
副部长 …………… 87760172
文明办 …………… 87762094
编辑部 …………… 87762091
宣传科 …………… 87762092
办公室 …………… 87762088

局工会

副主席 …………… 87766189
……………………… 87760512
文联副主席 ……… 87762161
生活保障部 ……… 87760179
组织民管部 ……… 87762165
财务部 …………… 87762160
女职工部 ………… 87762164
文宣部 …………… 87762773

局团委

副书记 …………… 87760129
办公室 …………… 87762093

机关党委

党委副书记 ……… 87760663
纪委书记、工会主席87760187
办公室 …………… 87762167
机关工会 ………… 87760117

局长办公室

主任 ……………… 87760030
副主任 …………… 87760051
值班室 …………… 87762001
……………………… 87762004
接待科 …………… 87760170
秘书科 …………… 87760186
文书科 …………… 87762002

信访科 …………… 87762003
档案科 …………… 87762007

局机关小车队

队部 …………… 87760157
调度 …………… 87762011
…………… 87762012
安全技术室 …………… 87760725

外事办公室

主任 …………… 87762211
主任工程师 …………… 87762210
综合科 …………… 87762207
财务科 …………… 87760053
目开发科 …………… 87761332

生产协调处（公共关系处）

处长 …………… 87760090
…………… 87762075
生产运行科 …………… 87762032
生产值班室 …………… 87762033
生产协调科 …………… 87760501
生产综合科 …………… 87762034

局财务计划处

处长 …………… 87766188
副处长 …………… 87760659
…………… 87760048
综合科 …………… 87760426
会计科 …………… 87760427
预算科 …………… 87760584
资金科 …………… 87760429
价税科 …………… 87762550
资产科 …………… 87762052
规划科 …………… 87762037
统计科 …………… 87762038

概预算定额站

站长 …………… 87761197
副站长 …………… 87760176
综合技术科 …………… 87762489
钻井工程定额科 … 87762252
地面工程定额科 … 87762701

审计处

处长 …………… 87760139
副处长 …………… 87760529
综合审计科 …………… 87760842
工程审计科 …………… 87762110
财务审计科 …………… 87762108
审计审理科 …………… 87760162

劳资处

处长 …………… 87760245
副处长 …………… 87760883
劳动工资科 …………… 87762080
劳动组织科 …………… 87762082
培训考核科 …………… 87762083
保险办档案 …………… 87760278
保险办财务 …………… 87761428

就业服务中心

主任 …………… 87760161
综合科 …………… 87760422
就业管理科（再就业管理科）
…………… 87760458

资金监督服务中心

主任 …………… 87760896
副主任会计师 …………… 87761359
审核管理科 …………… 87760451

人武部

部长 …………… 87761781
办公室主任 …………… 87762168
办公室（军事） …………… 87760068

安全监察处

处长 …………… 87762272
副处长 …………… 87760192
交通科 …………… 87760189
工业科 …………… 87760193
锅炉科 …………… 87762130
综合科 …………… 87760002

装备处

处长 …………… 87760173
设备管理科 …………… 87762051
加工管理科 …………… 87760463

企管管理处

处长 …………… 87761316
物资管理科 …………… 87760100
主任经济师 …………… 87761861
企业管理科 …………… 87762058
…………… 87761412
调研科 …………… 87762057

法律事务处

处长 …………… 87760047
合同科 …………… 87760762
综合科 …………… 87762061

科技处

处长 …………… 87760155
副处长 …………… 87760690
主任工程师 …………… 87761402
副主任师 …………… 87762122

工程技术管理处

处长 …………… 87760016
副处长 …………… 87760556
…………… 87760697
综合科 …………… 87762441

局基建办

主任 …………… 87760884
副主任 …………… 87761125
…………… 87762198
综合科 …………… 87761874

工程监理部

主任 …………… 87766999
综合办公室 …………… 87762234
副主任 …………… 87762201
经营管理科 …………… 87762206
技术质量科 …………… 87762203
项目管理科 …………… 87762205

销售中心

处长 …………… 87760130
副处长 …………… 87760096
办公室 …………… 87760095
经营科 …………… 87760097
储运科 …………… 87760093
财务科 …………… 87760094

技术监督中心

主任工程师 …………… 87760476
节能办副主任 …………… 87762604
处办主任 …………… 87760061
处办 …………… 87762644
质量科 …………… 87762603
标计科 …………… 87762133

信息中心

主任工程师 …………… 87761646
综合信息科 …………… 87761641
网络管理科 …………… 87761643
信息门户管理 …………… 87761642

公共事业处

处长 …………… 87760965
副处长 …………… 87762233
…………… 87762197
综合办公室 …………… 87762215

钻井处

党委书记 …………… 86768901
处长 …………… 86768908
纪委书记（工会主席）
…………… 86768909
副处长 …………… 86768912
…………… 86768906
…………… 86760229
主任工程师 …………… 86766152
…………… 86768910
处长办公室 …………… 86760015
市场开发部 …………… 86760483
财务科 …………… 86762050
劳资科 …………… 86766901
生产管理部 …………… 86766746
装备科 …………… 86760471
安全科 …………… 86761351
经营管理部 …………… 86760731
技术监督中心 …………… 86760772
审计科 …………… 86768101
武保科 …………… 86761734
就业培训部 …………… 86760790
定额结算中心 …………… 86761641
家属劳动服务公司
…………… 86760747
工程技术部 …………… 86761051
技术服务中心 …………… 86760314
泥浆公司 …………… 86760243
综合运输公司 …………… 86763324
钻前工程公司 …………… 86763213
安装队 …………… 86763321
水电队 …………… 86763322
机械施工队 …………… 86763316
道桥工程队 …………… 86763326
修保站 …………… 86767852
机修厂 …………… 86763365
固井公司 …………… 86763362
管具公司 …………… 86763336

地球物理勘探处

党委书记 …………… 87763188
处长 …………… 87763266
副处长 …………… 87763118
…………… 87763128
…………… 87763168
纪委书记（工会主席）
…………… 87763001
主任工程师 …………… 87763158
党办 …………… 87763116
处办 …………… 87763018
经营计划科 …………… 87763078
劳资科 …………… 87763028
财务科 …………… 87763088
审计科 …………… 87763011
物资管理科 …………… 87763055
生产技术科 …………… 87763038
物探技术研究所 … 87763002
生产协调科 …………… 87763099
调度室 …………… 87763101

对外合作中心 …… 87763058
资产装备科 ……… 87763077
安全环保科 ……… 87763068
房产管理站 ……… 87763013
生活管理中心 …… 87763006
测量公司 ………… 87763125
仪修公司 ………… 87763003

安徽勘探开发公司

公网区号：0551
党委书记…………… 5171758
处长………………… 5165864
副处长……………… 7611999
处长办公室………… 5165588
党委工作部………… 5171762
组干科……………… 5171782
财务科……………… 5171787
企管科……………… 5171790
安全科……………… 5171751
工会………………… 5171757

地质测井处

党委书记 ………… 87763696
处长 ……………… 87763688
副处长 …………… 87763588
………………… 87763698
………………… 87763558
………………… 87763569
工会主席 ………… 87763609
副主任工程师 …… 87763495
………………… 87763437
处长办公室 ……… 87763406
生产技术科 ……… 87763470
财务计划科 ……… 87763455
企业管理科 ……… 87763415
人事科 …………… 87763509
安全环保科 ……… 87763589
物资装备科 ……… 87763590
域外项目经营管理中心
………………… 87763579
录井中心 ………… 87763468
勘探测井中心 …… 87763586
生产测井中心 …… 87763597
解释计算中心 …… 87763591
综合车队 ………… 87763526
综合管理站 ……… 87763485
技术研究开发中心 87763479

井下作业处

党委书记 ………… 86769977
处长 ……………… 86769888
纪委书记、工会主席86767318
副处长 …………… 86763878
………………… 86767578
………………… 86767816
主任工程师 ……… 86769986
主任会计师 ……… 86769788
处长办公室 ……… 86763428

采输卤管理处

处长、书记 ……… 82980333
副处长 …………… 82980310
………………… 82980308
工会主席 ………… 82980306
处办 ……………… 82980309

油田建设处

党委书记 ………… 86760534
处长 ……………… 86760296
副处长 …………… 86762059
………………… 86760132
………………… 86762402
主任工程师 ……… 86760520
处长助理 ………… 86768169
处办 ……………… 86760133
计划财务部 ……… 86760021
人力资源部 ……… 86766196
企业管理部 ……… 86762401
工程管理部 ……… 86760135
技术质检部 ……… 86762495
安全保卫科 ……… 86762501
物资装备部 ……… 86762521
检验中心 ………… 86762514
综合服务站 ……… 86762565
安装一公司 ……… 86761893
建筑工程公司 …… 86762515
管道技术工程公司 86762496
石化设备制造厂 … 86762517
道桥公司 ………… 86762812

运输处

党委书记 ………… 86762805
处长 ……………… 86760033
副处长 …………… 86768815
………………… 86762196
………………… 86766581
副书记、纪委书纪
………………… 86760035
主任工程师 ……… 86762704
处办 ……………… 86760038
调度室 …………… 86760115
运达公司 ………… 86762644
安全科 …………… 86760180
财务科 …………… 86762731
审计科 …………… 86762714
技术科 …………… 86762724
劳动人事科 ……… 86762716
企管科 …………… 86762710
经营计划科 ……… 86760514
汽车修理厂 ……… 86762294
车队 ……………… 86762788
综合管理站 ……… 86762791
油品运输公司 …… 87762293

水电讯处

党委书记 ………… 86760166
处长 ……………… 86768988
副处长 …………… 86760006
纪委书记、工会主席86760159
主任工程师 ……… 86760991
处办 ……………… 86760142
财务科 …………… 86762561
人事科 …………… 86762563
技术质量科 ……… 86762772
安全装备科 ……… 86762470
经营管理科 ……… 86762030
综合服务科 ……… 86768553

勘察设计研究院

党委书记 ………… 87760008
院长、副书记 …… 87762325
副院长 …………… 87760073
副院长、工会主席 87760828
主任师 …………… 87760075
院办 ……………… 87760076
党办 ……………… 87762302
财务资产部 ……… 87762305
设计管理部 ……… 87760073
建筑设计分院 …… 87762281
油气设所 ………… 87762308
工艺技术研究所 … 87762326
造价咨询所 ……… 87762324
勘察公司 ………… 87762322

职工培训处

党委书记 ………… 87763302
处长 ……………… 87763301
副处长 …………… 87763306
纪委书记 ………… 87763305
处办 ……………… 87763310
党办 ……………… 87763315
工会 ……………… 87763318
劳动人事科 ……… 87763323
财务计划科 ……… 87763366
教育管理科 ……… 87763320
企业安全科 ……… 87763326
技能鉴定管理科 … 87763345
石油工程培训部 … 86740535
焊接培训部 ……… 87763351
计算机培训部 …… 87763337
经济管理培训部 … 87763336

新闻中心

主任 ……………… 87760960
副主任 …………… 87761339
………………… 87762331
办公室 …………… 87762022
编辑科 …………… 87762023
记者科 …………… 87762740
通联科 …………… 87762541
电视台 …………… 87760067
中石化报记者站 … 87760066
中石油画报记者站
………………… 87760222

邵管中心

党委书记、副主任 86766664
主任、党委副书记 86766501
工会主席 ………… 86761960
中心办公室 ……… 86766404
协调管理科 ……… 86762220
劳动人事科 ……… 86766394
财务科 …………… 86762235
安全环保科 ……… 86762277

真管中心

党委书记 ………… 86769238
主任 ……………… 86769896
副主任 …………… 86763732
工会主席 ………… 86767200
办公室 …………… 86767752
经营科 …………… 86764193
财务科 …………… 86767491
劳资科 …………… 86769231
协调室（安全科）…86767895
基建办公室 ……… 86763837

扬管中心

书记、主任 ……… 87760303
副主任 …………… 87760328
………………… 87760305
办公室 …………… 87760311
财务资产科 ……… 87760320
经营管理科 ……… 87760316
………………… 87760315
综合服务部 ……… 87760326

离退休职工管理处

党委书记、处长 … 87766669
党委副书记、副处长87762069
副处长 …………… 87760022
工会主席 ………… 87762710
综合办公室 ……… 87760894

矿业开发总公司

总经理 …………… 87760149

党委书记 ………… 87762081
纪委书记、工会主席87760787
副总经理 ………… 87760848
………………… 87760108
综合办公室 ……… 87762336

农工商公司

书记、经理 ……… 86768148
副经理 …………… 86760335
………………… 86740295
………………… 86760139
公司办公室 ……… 86760973
劳资科 …………… 86762285
经营管理科 ……… 86761094
财务科 …………… 86760463

紫京旅游集团

公网区号：025
党委书记 ………… 84781588
总经理 …………… 84781555
工会主席 ………… 84781566
副总经理 ………… 84781577
主任会计师 ……… 84781560
综合办公室 ……… 84781550
人力资源部 ……… 84781585

江苏中油天工机械有限公司

党委书记、总经理
………………… 86765530
副总经理、工会主席86765555
副总经理、总工程师86765535
副总经理、总会计师86765557
党办 ……………… 86765611
总经理办公室 …… 86765524
财务科 …………… 86765542
企管科 …………… 86765540
生产科 …………… 86765525
质检科 …………… 86765570
研究所 …………… 86765551
供应公司 ………… 86765567
销售公司 ………… 86765616
人力资源部 ……… 86765533

扬州友好医院

党委书记 ………… 86768042
院长 ……………… 86762416
副院长 …………… 86762007
………………… 86760086
院办 ……………… 86760084
党办 ……………… 86762418

油田公安分局

局长 ……………… 87760058
政委 ……………… 87761378
办公室 …………… 87762214

6. 滇黔桂石油勘探局

地址：云南省昆明市青年路 143 号石油大厦　邮政编码：650021　公网区号：0871

局机关

局长……………… 6145366
党委书记………… 6145067
党委副书记……… 6145266
副局长…………… 6145886
………………… 6145188
总会计师………… 6145448
局长助理………… 6145566
副总师…………… 6145426
………………… 6145398

局办公室

主任……………… 6145537
副主任…………… 6145929
秘书科…………… 6145538
外事办…………… 6145579
行政科…………… 6145738
信访科…………… 6145021
机要科…………… 6145545
打字室…………… 6145547
小车队…………… 6145013

计划财务处

处长……………… 6145504
副处长…………… 6145587
………………… 6145160
会计科…………… 6145526
机关财务………… 6145592
预算资金科……… 6145584
外事财务科……… 6145169
资产科…………… 6145591
综合科…………… 6145503
………………… 6145052
结算中心………… 6145588
………………… 6145661
计划科…………… 6145580
税价科…………… 6145585
统计科…………… 6145052
………………… 6145503

生产管理处

处长……………… 6145496
副处长…………… 6145569
技术科…………… 6145573
生产科…………… 6145568
综合科…………… 6145568
设备科…………… 6145569

企业发展经营处

处长……………… 6145034
副处长…………… 6145513
战略科…………… 6145513
法律科…………… 6145499
多经科…………… 6145581

房地产经营管理处

处长……………… 6145639
副处长…………… 6145006
………………… 6145123
公积金中心……… 6145123
………………… 3180669
综合科…………… 6145023
房地产科………… 6145006

安全环保处

处长……………… 6145632
环保科…………… 6145900
安全科…………… 6145321

组织人事处

处长……………… 6145358
副处长…………… 6145641
综合科…………… 6145613
干部科…………… 6145614
组织科…………… 6145614

劳动工资处

副处长…………… 6145644
………………… 6145307
工资科…………… 6145507
………………… 6145331
劳组科…………… 6145615
………………… 6145618
教培科…………… 6145643
………………… 6145641
技鉴科…………… 6145535

审计处

副处长…………… 6145608
综合科…………… 6145660
审计科…………… 6145223

纪检监察处

处长……………… 6145603
副处长…………… 6145605
办公室主任……… 6145607
案件室…………… 6145604

思想政治工作处

处长……………… 6145664
机关党委书记…… 6145645
机关党委………… 6145616
………………… 6145667
宣教科…………… 6145628
………………… 6145627
报社……………… 6145668
………………… 6145667
影视中心………… 6145625

局工会

工会副主席……… 6145305
办公室主任……… 6145338
办公室…………… 6145610
………………… 6145949
工会财务………… 6145047

局团委

团委副书记……… 6145626
办公室…………… 6145514

云南片区
云南石油服务处

地址：云南省昆明市青年路 143 号石油大厦
邮编：650021
公网区号：0871
处长……………… 6145930
书记……………… 6145919
副处长…………… 6145174
………………… 3182779
办公室…………… 6145005
………………… 3183513

公安处

地址：云南省昆明市青年路 143 号石油大厦
邮编：650021
公网区号：0871
处长……………… 6145655

书记…………………… 6145653
工会主席…………… 6145638
办公室……………… 6145659

离退休管理处

地址：云南省昆明市青年路 143 号石油大厦
邮编：650021
公网区号：0871
处长…………………… 6145636
副处长……………… 6145665
办公室……………… 6145635

社会保险管理中心

地址：云南省昆明市青年路 143 号石油大厦
邮编：650021
公网区号：0871
主任…………………… 6145056
副主任……………… 6145064
办公室……………… 6145619
传真…………………… 6145329

测井录井公司

地址：云南昆明市东风东路 118 号
邮编：650041
公网区号：0871
经理…………………… 3379216
党委书记…………… 3372316
副经理……………… 3372312
纪委书记…………… 3372206
工会主席…………… 3372206
总会计师…………… 3372320
办公室……………… 3396579
…………………………… 3396586

石油天然气销售总公司

地址：云南昆明市东风东路 118 号
邮编：650041
公网区号：0871
总经理……………… 3377851
党委书记…………… 3370351
副总经理…………… 3396139
纪委书记…………… 3392762
总会计师…………… 3370446
办公室……………… 3392708

钻井工程技术服务公司

地址：云南省昆明市白云路 155 号
邮编：650200
公网区号：0871
经理…………………… 6146288
办公室……………… 6146283

钻井总公司

地址：云南昆明市关上南路 54 号
邮编：650200
公网区号：0871
总经理……………… 6143598
党委书记…………… 6143596
副总经理…………… 6143586
总会计师…………… 6143588
办公室……………… 6143580
…………………………… 6143581
…………………………… 6143582

国际事业部

地址：云南省昆明市青年路 143 号
邮编：650229
公网区号：0871
经理…………………… 6145400
副经理……………… 6145198
办公室……………… 6145562
…………………………… 6145423
传真…………………… 6145552

信息技术公司

地址：云南省昆明市青年路 143 号
邮编：650021
公网区号：0871
经理…………………… 6145676
副经理……………… 6145658
总工程师…………… 6145696
信息中心主任……… 6145692
办公室……………… 6145678
…………………………… 6145671
传真…………………… 6145666

物探公司

地址：云南省昆明市白云路 155 号
邮编：650233
公网区号：0871
经理…………………… 6146205
…………………………… 6146210
…………………………… 6146211
办公室……………… 6146236
传真…………………… 5625381

南宁片区

广西石油服务处

地址：广西省南宁市建政东路 31 号
邮编：530023
公网区号：0771
处长…………………… 2263391
副处长……………… 2263339
…………………………… 2263572
…………………………… 2263060
书记…………………… 2263598
…………………………… 2263020
办公室（传真）…… 2263393
…………………………… 5626975

南宁石油天然气销售分公司

地址：广西省南宁市建政东路 31 号
邮编：530023
公网区号：0771
经理…………………… 2263459
…………………………… 5637198
副经理……………… 5624898
…………………………… 5635948
综合办……………… 2263510
…………………………… 5625178

第二钻探公司

地址：广西省南宁市建政东路 31 号
邮编：530023
公网区号：0771
经理…………………… 2263498
副经理……………… 2263561
…………………………… 2263560
…………………………… 2263565
公司办……………… 2263576

离退休管理处广西分处

地址：广西省南宁市建政东路 31 号
邮编：530023
公网区号：0771
办公室……………… 2263040
主任…………………… 2263325
书记…………………… 2263357

广西北海石油服务处

地址：广西省北海市化工 7 号
邮编：536000
公网区号：0779
处长…………………… 6892899
副处长……………… 6892890
…………………………… 6892800
党委书记…………… 6892836
党委副书记、纪委书记
…………………………… 6892858
办公室主任………… 6892896
办公室（传真）…… 6892810

信息技术公司南宁信息站

地址：广西省南宁市建政东路 31 号
邮编：530023
公网区号：0771
站长…………………… 2263271
机务班……………… 2263112

广西物探大队 2293 队

地址：广西省南宁市五一东路 35 号
邮编：530031
公网区号：0771
书记…………………… 4839581
队长…………………… 4839585
办公室……………… 4839586

第二钻探公司明阳办事处

地址：广西省邕宁县明阳石油基地
邮编：530027
公网区号：0771
办公室……………… 4217307
…………………………… 4217514
…………………………… 4217942

南宁液化石油气总站

地址：广西省南宁市大学西路 73 号
邮编：530007
公网区号：0771
站长…………………… 3246216
副站长……………… 3243716
经营办……………… 3247727

田东片区

广西服务处田东分处

地址：广西省田东县
邮编：531500
公网区号：0776
处长…………………… 2592579
副处长……………… 2592266
综合办……………… 2592393
…………………………… 2592261

第二钻探公司

地址：广西省田东县平安巷石油二公司
邮编：531500
公网区号：0776
经理…………………… 2592175
办公室……………… 2592608
…………………………… 2592198

信息技术田东信息站

地址：广西省田东县油城路 234 号
邮编：531500
公网区号：0776
办公室……………… 2592492

传真……………………2592145

测井录井公司田东分公司

地址：广西省田东县上法村
邮编：531500
公网区号：0776
经理……………………2592112
副经理…………………2592686
教导员…………………2592426
综合办…………………5226697

贵阳片区
贵阳石油服务处

地址：贵州省贵阳市黔灵东路 150 号
邮编：550001
公网区号：0851
处长……………………8125338
副处长…………………8125227
书记……………………8125423
办公室…………………8125425

贵阳石油服务处储运库

地址：贵州省贵阳市富源南路 443 号
邮编：550001
公网区号：0851
主任……………………8284001
办公室…………………8284005

社会保险管理中心
贵阳社保所

地址：贵州省贵阳市黔灵东路 150 号
邮编：550001
公网区号：0851
办公室…………………8125283
…………………………8125284
…………………………8125285

管理中心贵阳财务管理中心

地址：贵州省贵阳市黔灵东路 150 号
邮编：550001
公网区号：0851
结算站 8125289
核算站…………………8125223
办公室…………………8125266

离退休管理处贵阳分处

地址：贵州省贵阳市黔灵东路 150 号
邮编：550001
公网区号：0851
主任……………………8125265
办公室…………………8125263

液化气销售公司贵阳分公司

地址：贵州省贵阳市黔灵东路 150 号
邮编：550001
公网区号：0851
书记……………………8125366
综合办…………………8125268

信息技术公司贵阳信息站

地址：贵州省贵阳市黔灵东路 150 号
邮编：550001
公网区号：0851
站长……………………8125113
传真……………………8125117

赤水片区
第二钻探公司赤水办事处

地址：贵州省赤水市气矿
邮编：564700
公网区号：0852
经理……………………2882091
书记……………………2820875
副经理…………………2881232
主任……………………2820877
综合办…………………2870038

贵州石油服务处赤水分处

地址：贵州省赤水市气矿
邮编：564700
公网区号：0852
处长……………………2870303

离退休管理处赤水管理站

地址：贵州省赤水市气矿
邮编：564700
公网区号：0852
办公室…………………2870556

社会保险管理中心
赤水社保所

地址：贵州省赤水市气矿
邮编：564700
办公室…………………2870569

信息技术公司赤水信息站

地址：贵州省赤水市气矿
邮编：564700
公网区号：0852
站办……………………2870529
机房……………………2870789
传真……………………2870002

测井录井公司赤水中队

地址：贵州省赤水市气矿
邮编：564700
公网区号：0852
中队办…………………2829236
山东片区

第一钻探公司

地址：山东省临邑县后仓临盘
邮编：251500
公网区号：0534
经理……………………4866888
副经理…………………4866688
…………………………4866818
党委书记………………4866666
纪委书记………………4866988
纪委副书记……………4866885
主任会师………………4866588
副总师…………………4866679
…………………………4866919
公司办（党办）
主任室…………………4866501
副主任室………………4866503
文秘室…………………4866502
传真室…………………4866504

7. 新星石油有限责任公司

地址：北京市海淀区北四环中路 263 号　邮政编码：100083　公网区号：010

办公室……………………82335150
传真………………………82335152
人力资源部………………82335257
计划财务部………………82312022
企业经营管理部…………82335288
审计部……………………82335264
党群工作部………………82335176
国际工程部………………82335167
项目技术部………………82335289
纪检监察部………………82335177
安全环保部………………82335286
法规部……………………82335160

8. 上海海洋石油局

地址：上海市浦东新区商城路 1225 号　邮政编码：200120　公网区号：021

办公室……………………1520
…………………………68766472
人事处……………………1620
…………………………68765065
计划财务处………………1634
…………………………68768009
经营管理处………………1637
…………………………68763612
物资装备处………………1601
…………………………68766984
安全环保处………………1658
…………………………58310948
工程技术处………………1611
…………………………68753818
审计处……………………1650
…………………………68766855
党办………………………1535
…………………………68768909
工会………………………1532
…………………………68768392
纪检监察室………………1619
…………………………68762180
基地管理处………………3101
…………………………68760532

局钻井分公司 …… 58673312
局船舶分公司 …… 63769792
局第一海洋地质调查大队
…………………… 68466295
局第三海洋地质调查大队
…………………… 58679123
局培训就业中心 … 50691917
上海海地物资公司 62260883
上海第一海洋地质工程公司
…………………… 50694034
上海三江石油化工有限公司
…………………… 50454501

9. 西南石油局

地址：四川省成都市提督街108号　邮政编码：610016　公网区号：028

公司机关

局办公室
主任 ……………… 86747755
副主任 …………… 86748877
…………………… 86780743
传真 ……………… 86750066

川西采输处

地址：四川省德阳市泰山北路三段399号
邮编：618000
传真：0838－2408050
办公室……………… 2422382

川北采输处、川东北采输处

地址：四川省阆中市七里镇
邮编：637402
传真：0817－6300102
办公室……………… 6300010

勘探开发研究院

地址：四川省成都市成华区青龙场
邮编：610081
传真：028－83510332
办公室 …………… 83505926

工程技术研究院

地址：四川省德阳市龙泉山北路298号
邮编：618000
传真：0838－2552071
办公室……………… 2551501

工程监督中心

地址：四川省德阳市天元经济开发区青海路东段
邮编：618000
传真：0838－2801033
办公室……………… 2801033

物资供应处

地址：四川省成都市一环路北四段116号
邮编：618000
传真：0838－83384950
办公室 …………… 83352649

德阳新场气田开发有限责任公司

地址：四川省德阳市泰山北路二段86号
邮编：618000
传真：0838－2273132
办公室……………… 2273132

德阳联益石油天然气勘探开发有限公司

地址：四川省德阳市天元经济开发区青海路东段
邮编：618000
传真：0838－2800397
办公室……………… 2800397

成都龙星天然气开发有限责任公司

地址：四川省成都市龙泉驿区龙平路锦苑小区综合楼
邮编：610100
传真：028－84863414
办公室 …………… 84845515

川东北油气勘探开发项目部

地址：四川省巴中市江北大道农业发展银行9楼
邮编：636000
传真：0827－2222806
办公室……………… 2222807

10. 石油工程西南有限公司

地址：四川省成都市提督街108号　邮政编码：610016　公网区号：028

公司机关

综合办公室 ……… 86513737
值班电话 ………… 86746969
计划财务处 ……… 86783346
企管法律处 ……… 86782498
人力资源处 ……… 86782447
市场与生产处 …… 86750107
工程技术处 ……… 86781721
国际事业处 ……… 86782467
装备管理处 ……… 86786527
安全环保处 ……… 86750121
审计处 …………… 86782453

重庆钻井分公司

经理………… 023－68800927
电话………… 023－68711044
传真………… 023－66021081

四川钻井分公司

经理………… 0838－8599199
电话………… 0838－2504317
传真………… 0838－2504317

湖南钻井分公司

经理………… 0731－6907067
电话………… 0731－6907031
传真………… 0731－6907027

临盘钻井分公司

经理………… 0534－5051888
电话………… 0534－5051001
传真………… 0534－5051003

广西钻井分公司

经理………… 0771－2263509
电话………… 0771－2263586
传真………… 0771－2263575

地质录井分公司

经理………… 0816－2683853
电话………… 0816－2683505
传真………… 0816－2683505

地质录井二公司

经理………… 0731－5601431
电话………… 0731－5601430
传真………… 0731－5601430

地质录井三公司

经理………… 0871－3379216
电话………… 0871－3396579
传真………… 0871－3396586

测井分公司

经理………… 028－84876573
电话………… 028－84876570
传真………… 028－84877581

固井分公司

经理………… 0838－2513338
电话………… 0838－2517058
传真………… 0838－2513129

井下作业分公司

经理………… 0838－2401503
电话………… 0838－2401942
传真………… 0838－2409414

工程作业分公司

经理………… 0816－2309616
电话………… 0816－2301872
传真………… 0816－2319063

工程作业二公司

经理………… 0996－4697103
电话………… 0996－4697126
传真………… 0996－4697126

油建公司

经理………… 0838－2202033
电话………… 0838－2238337
传真………… 0838－2209905

油建二公司

经理………… 0731－5601451
电话………… 0996－4959030
传真………… 0996－4958891

油气工程技术研究院

电话………… 0838－2601635
传真………… 0838－2601615

物资供应中心

主任………… 028－86756211
电话………… 028－86759700
传真………… 028－86750929

11. 西北石油局

地址：新疆乌鲁木齐市北京北路29号　　邮政编码：830011　　公网区号：0991

局长办公室
主任……………………… 3600650
副主任……………………… 3600838
……………………… 3600358
总值班室……………………… 3600161
……………………… 3600163
秘书科……………………… 3600651
传真……………………… 6637626
党委办公室
主任……………………… 3600646
……………………… 3600645
办公室……………………… 3600643
传真……………………… 3600763
勘探处……………………… 3600181
……………………… 3600615
开发处……………………… 3600182
……………………… 3600670
生产运行处……………………… 3600808
……………………… 3600637
安全环保处……………………… 3600663
……………………… 3600665

12. 华东石油局

地址：江苏省南京市下关区热河南路37号华扬大厦　　邮政编码：210011　　公网区号：025

局机关

办公室 …………… 58822349
…………………… 58772051
…………………… －1505
纪委 …………… 58769402
…………………… －8904
组织部 …………… －1501
宣传部 …………… －1311
…………………… 1309
工会 …………… －1411
团委…………… －308
机关党委 …………… －1307
尖兵报社 …………… －1303
工程管理处 …………… －8905
…………………… －8918
计划财务处 ……… 58824781
…………………… 58829309
…………………… －1413
经营管理处 …………… －1402
…………………… －1404
基地管理处 …………… －8909
…………………… －8911
劳动人事处 …………… －1312
…………………… －1313
离退休管理处 …………… －1301
对外合作处 ……… 58827476
…………………… －8903
物资装备处 …………… －1104
…………………… －8901
安全环保处 …………… －1314
…………………… －1315
审计处 …………… －1015
信息中心……………… 8772591
…………………… －1666

第六物探大队

地址：江苏省南京市马台街141号
邮编：210019
公网区号：025
总机 …………… 83211040
传真 …………… 83211506

钻井公司（六普大队）

地址：江苏省镇江市天桥路22号
邮编：212003
公网区号：0511
办公室…………… 4406061
传真…………… 4406035

试采大队（井下作业公司）

地址：江苏省泰州市五里桥
邮编：225300
公网区号：0523
办公室…………… 6662786
传真…………… 6663677

测井公司

地址：江苏省扬州市邗沟路58号
邮编：225002
公网区号：0514
办公室…………… 7621118
传真…………… 7621110

职工医院

地址：江苏省扬州市运河西路143号
邮编：225003
公网区号：0514
办公室…………… 7243686
传真…………… 7243516

高级技师学院

地址：江苏省扬州市瓜洲镇
邮编：225129
公网区号：0514
办公室…………… 7501513
传真…………… 7501513

党校（干校）

地址：江苏省扬州市瓜洲镇
邮编：225129
公网区号：0514
办公室…………… 7501082
传真…………… 7505611

装备制造总厂

地址：江苏省扬州市万福闸
邮编：225005
公网区号：0514
办公室…………… 7293869
传真…………… 7293869

固井公司

地址：江苏省扬州市开发区施桥镇
邮编：225101
公网区号：0514
办公室…………… 7583462
传真…………… 7583462

录井公司

地址：江苏省镇江市丁卯桥路21号
邮编：212009
公网区号：0511
办公室…………… 8895995
传真…………… 8895995

工程研究院

地址：江苏省南京市浦口区新马路182号
邮编：210031
公网区号：025
办公室 …………… 58851792
传真 …………… 58851792

工程建设公司

地址：江苏省南京市浦口区新马路182号
邮编：210031
公网区号：025
办公室 …………… 58854127
传真 …………… 58854127

珍珠泉培训中心

地址：江苏省南京市浦口区珍珠泉风景区
邮编：210031
公网区号：025
办公室 …………… 58852503
传真 …………… 58852523

江苏省华石技工贸总公司

地址：江苏省南京市四平路51号
邮编：210015
公网区号：025
办公室 …………… 58802718
传真 …………… 58816530

液碳公司

地址：江苏省南京市下关区热河南路37号华扬大厦
邮编：210011
公网区号：025
办公室 …… 58822288－1118

东进公司

地址：江苏省南京市下关区热河南路37号华扬大厦
邮编：210011
公网区号：025
办公室 …… 58822288－1101

中国地质工程公司江苏分公司

地址：江苏省南京市下关区江东北路301号滨江广场一幢24层
邮编：210036
公网区号：025
办公室 ………… 86262929
传真 ………… 86262901

西部工作部

地址：新疆乌鲁木齐市昆明路1号
邮编：830011
公网区号：0991
办公室………… 3667120
传真………… 3667121

13. 华北石油局

地址：河南省郑州市伏牛路197号　邮政编码：450006　公网区号：0371

局机关

党委工作部主任 … 68629212
办公室 ………… 68629089
宣传 ………… 68629213
机关党委 ………… 68629290
新闻中心 ………… 68629218
纪委监察主任 …… 68629204
办公室 ………… 68619093

工会

副主席 ………… 68619085
………… 68629215

局办公室

主任 ………… 68629220
………… 68618220
（五楼） ………… 68629519
（五楼） ………… 68621514
机要室 ………… 68629221
打字室 ………… 68629222
会务 ………… 68629223
传真室 ………… 68619105
收发室 ………… 68629251

人教处

处长 ………… 68619091
人事 ………… 68619061
工资教育 ………… 68629234
统计 ………… 68629205
社会保险 ………… 68629209
………… 68619076
人事档案 ………… 68619755

安全环保处

处长 ………… 68629273
办公室 ………… 68629235
………… 68629870

工程处

处长 ………… 68629231
办公室 ………… 68629529
承包商协会 ………… 68629300

计划处

处长 ………… 68629210
计划统计 ………… 68629282

财务处

处长 ………… 68629283
预算 ………… 68629240
………… 68620360
机关财务 ………… 68629293
税务 ………… 68629825

物装处

处长 ………… 68619109
办公室 ………… 68629242
经营处 ………… 68619107
局志办 ………… 68615762

信访保卫处

处长 ………… 68629245
综治办 ………… 68629381
信访办 ………… 68617390
门卫 ………… 68619074

专家组

办公室 ………… 68629217
………… 68623367
………… 68629203
………… 68610734
………… 68618230

调研员

办公室 ………… 68629207
………… 68629268
………… 68629233
………… 68629227

离退休处

处长 ………… 68629265
财务 ………… 68619113
办公室 ………… 68619097

行政处

处长 ………… 68629252
………… 68619764
财务 ………… 68629277
总务 ………… 68619743
房管 ………… 68629280
小车班 ………… 68629275
电工房 ………… 68629258
………… 68706583
医务室 ………… 68629979
食堂 ………… 68629896
基建项目办 ………… 68629182
………… 68629625
………… 68629760
科研基建 ………… 68633275
………… 68633276
施工单位 ………… 68633273
………… 68633277
监理 ………… 68633279

华北大酒店

总经理 ………… 68619120
总机 ………… 68619121
………… 68619122
………… 68619123
餐厅 ………… 68619119

三普大队

地址：陕西省咸阳市塔儿坡
邮编：72100
公网区号：029
办公室 ………… 33753228
传真 ………… 33767209

四物大队

地址：河南省新乡市洪门
邮编：453700
公网区号：0373
办公室………… 5798400
传真………… 5793456

五普大队

地址：河南省新乡市洪门
邮编：453700
公网区号：0373
经理办公室………… 5798500
计划经营部………… 5798518
技术部………… 5798513
钻研中心………… 5798535
物资供应部………… 5798560
传真………… 3056090

新乡办事处

地址：河南省新乡市洪门
邮编：453700
公网区号：0373
办公室………… 5798600
传真………… 5798777

数字测井站

地址：河南省新乡市洪门
邮编：453700
公网区号：0373
办公室………… 5798700
传真………… 5795628

培训中心

地址：河南省新乡市洪门
邮编：453700
公网区号：0373
办公室………… 5798840
传真………… 5796887

录井公司

地址：河南省郑州市须水
邮编：450065
公网区号：0371
办公室 …………… 67817708
传真 ……………… 67817708

井下作业大队

地址：河南省郑州市须水
邮编：450065
公网区号：0371
办公室 …………… 67195368
传真 ……………… 67814004

九普大队

地址：山西省晋中市榆次区中都北路 53 号
邮编：30600
公网区号：0354
办公室……………… 3038208
传真………………… 3027481

西部公司

地址：新疆轮台县团结路华北局基地
邮编：841600
公网区号：0996
办公室……………… 4697045
传真………………… 4680168

二连项目部

地址：内蒙古二连浩特肯特街北 5 坊 15 号
邮编：12600
公网区号：0479
办公室……………… 6973809
传真………………… 6973810

华阳公司

地址：河南省舞阳县孟寨镇政府路
邮编：462401
公网区号：0395
办公室……………… 7711398
传真………………… 7712501

川东北指挥部

地址：四川省达州市武装部四楼
邮编：635000
公网区号：0810
办公室……………… 2521200
传真………………… 2521089

14. 东北石油局

地址：吉林省长春市西安大路 4936 号　邮政编码：130062　公网区号：0431

办公室
主任 ……………… 87999801
副主任 …………… 87973631
纪委书记、工会主席
……………………… 87973468
党工部部长 ……… 87958906
经理办公室
主任 ……………… 87999801
……………………… 87958806
副主任 …………… 87973631
……………………… 87958807
收发室 …………… 87958811
信息中心
办公室 …………… 87999123
主任 ……………… 87958818
小车队
队长 ……………… 87958825
勘探处
处长 ……………… 87984430
……………………… 87958827
副处长 …………… 87958828
办公室 …………… 87958829
……………………… 87958830
开发处
处长 ……………… 87984460
……………………… 87958832
副处长 …………… 87958833
办公室 …………… 87958835
……………………… 87958836
工程处
处长 ……………… 87984428
……………………… 87958838
副处长 …………… 87958839
办公室 …………… 87958840
……………………… 87958841
调度处
处长 ……………… 87983610
……………………… 87958842
副处长 …………… 87958891
办公室 …………… 87958843
安卫处
处长 ……………… 87984455
……………………… 87958845
副处长 …………… 87958846
办公室 …………… 87958847
财务处
处长 ……………… 87994568
……………………… 87958850
副处长 …………… 87999850
……………………… 87958851
办公室 …………… 87958852
……………………… 87958855
计划处
处长 ……………… 87999820
……………………… 87958858
副处长 …………… 87958859
办公室 …………… 87958860
……………………… 87958861
审计处
处长 ……………… 87958862
人事处
处长 ……………… 87993951
……………………… 87958863
副处长 …………… 87958865
办公室 …………… 87958866
物资装备处
处长 ……………… 87984450
……………………… 87958896
副处长 …………… 87958877
办公室 …………… 87958878
销售处
处长 ……………… 87992958
……………………… 87958868
副处长 …………… 87958869
办公室 …………… 87958870
科技处
处长 ……………… 87958872
副处长 …………… 87958873
党委工作部
部长 ……………… 87958906
副部长 …………… 87958909
办公室 …………… 87958907
……………………… 87958908
监察处
处长 ……………… 87999578
……………………… 87958910
工会
办公室 …………… 87958911
勘探开发研究院
院长 ……………… 87999848
……………………… 86805630
书记 ……………… 86805631
办公室 …………… 86805635
油田工程公司
经理 ……………… 87999658
……………………… 86805685
书记 ……………… 87992533
……………………… 86805686
办公室 …………… 87972882
……………………… 86805689
物资公司
经理 ……………… 87997525
……………………… 86805678
书记 ……………… 86805679
办公室 …………… 86805682
油田服务公司
经理 ……………… 87960359
……………………… 86805606
书记 ……………… 87997870
……………………… 85805607
办公室 …………… 87998301
……………………… 86805609
基地服务中心
经理 ……………… 87990096
……………………… 86805612
书记 ……………… 87996108
……………………… 86805613
离退办
处长 ……………… 86805625
副处长 …………… 86805626
液碳公司
经理 ……………… 87993608
办公室 …………… 87976823
……………………… 87986654
采输一厂
经理………… 0434－6451394
采输二厂
经理………… 0434－5807321
采输三厂
经理………… 0434－6411770
采输四厂
经理………… 0438－8721500

15. 中南石油局

地址：湖南省长沙市梓园路 11 号　邮政编码：410007　公网区号：0731

局机关

办公室
主任……5601207
秘书……5601200
综合管理……5601399
档案馆……5601360
司机班……5601356
党群部
主任……5601371
宣传……5601470
工会
主席……5601361
企管部
主任……5601304
监事部
主任……5601373
审计……5601374
工程技术部
主任……5601341
劳动人事部
主任……5601368
劳资……5601367
社保办……5601369
财务部
主任……5601348
主管……5601460
会计室……5601347
计划发展部
主任……5601324
统计……5601342
安全环保部
主任……5601363
物资装备部
主任……5601448
装备……5601461
信息中心
主任……5601389
信息……5601426
科学技术部
主任……5601419
资料……5601384
基地服务中心
主任……5601350
副主任……5601349
办公室……5601321
基建……5601351
离退休管理中心
主任……5601393
职工培训中心
主任……5631550

中南钻井公司

经理……6907067
书记……6907025
办公室……6907031
传真……6907027

中南测录井公司

经理……5601431
书记……5601432
办公室……5601430

中南物探公司

经理……0732－8558801
书记……0732－8558802
办公室……0732－8558808
传真……0732－8558800

油建公司

经理……5601451
书记……5601340
办公室……5601398

中扬置业公司

经理……5500440
办公室……5601390

新疆工区指挥部

指挥长……0996－4697125
副指挥长……0996－4697115
办公室……0996－4697123
传真……0996－4697126

油田工程服务公司

经理……0996－4697103
副经理……0996－4697122

16. 管道储运公司

地址：江苏省徐州市翟山　邮政编码：221008　公网区号：0516

经理办公室

主任……922－5495
……83455495
外事办主任……922－3063
……83453063
副主任……922－3129
……83453129
秘书科……922－4204
……83454204
文书科……922－3144
……83453144
传真室……922－3386
……83453386
收发室……922－3181
……83453181
信访科……922－3226
……83453226
服务科……922－3212
……83453212

规划计划处

处长……922－3393
……83453393
计划科……922－3390
……83453390
综合统计科……922－3392
……83453392

财务处

处长……922－3133
……83453133
副处长……922－2587
……83452587
价税科……922－3139
……83453139
会计科……922－2148
……83452148
机关财务科……922－3189
……83453189
资金科……922－2331
……83452331
工程核算科……922－2777
……83452777

经营管理处

处长……922－3091
……83453091
副处长……922－2861
……83452861
综合科……922－2839
……83452839
经营科……922－2224
……83452224
总法律顾问室……922－2360
……83452360
企改办……922－2270
……83452270

技术监督处

处长……922－3126
……83453126
副处长……922－3128
……83453128
能源科……922－3127
……83453127
质管科……922－3222
……83453222
科技办……922－3132
……83453132

安全环保监察处

处长……922－3140
……3453140
副处长……922－4740
……83454740
综合科……922－3141
……83453141
安监科……922－4117
……83454117
消防交通环保科……
……922－3142
……83453142

资产设备处

处长……922－5046
……83455046
产权管理科……922－3192
……83453192

设备管理科……922-3206 83453206

工程处
处长……922-4134 83454134
副处长……922-3223 83453223
综合科……922-2887 83452887
技术科……922-2322 83452322
工程管理科……922-4264 83454264

人事教育处
处长……922-2469 83452469
副处长……922-3179 83453179
干部管理科……922-3130 83453130
劳动工资科……922-3395 83453395
技能鉴定中心……922-2021 83452021
社会保险所……922-4075 83454075
人才交流中心……922-2058 83452058

劳务管理处
处长……922-5657 83455657
副处长……922-5431 83455431
综合部……922-5645 83455645
经营部……922-6749 83456749

审计处
所长……922-5875 83455875
副处长……922-3149 83453149
办公室……922-3135 83453135
财务审计科……922-4114 83454114
工程审计科……922-5340 83455340
综合审计科……922-2032 83452032

概预算管理处
处长……922-5640 83455640
副处长……922-3389 83453389
综合科……922-2140 83452140
基建科……922-5424 83455424
工程管理科……922-2194 83452194

保卫处
处长……922-3152 83453152
武装部……922-2653 83452653
综合科……922-3239 83453239
治安科……922-3153 83453153
值班室……922-3383 83453383

党委办公室
主任……922-4007 83454007
综合办公室……922-2071 83452071
秘书……922-2010 83452010

组织部
处长……922-5646 83455646
副处长……922-3214 83453214
组织科……922-2532 83452532
干部管理科……922-2563 83452563

宣传部
部长……922-2489 83452489
理论科……922-2508 83452508
宣传科……922-2085 83452085

新闻中心
主任……922-2223 83452223
电视台新闻部……922-2310 83452310
电视台编辑部……922-2112 83452112
电视台技术部……922-2163 83452163
报社编辑部……922-2746 83452746
报社记者部……922-4246 83454246
报社通联部……922-4247 83454247

监察处（纪委）
处长……922-3213 83453213
案审室主任……922-2891 83452891
案审室……922-2378 83452378
检查室……922-2083 83452083

机关党委
书记……922-2126 83452126

工会
副主席……922-2172 83452172
办公室……922-2368 83452368
生产组织部……922-2638 83452638
宣传文体部……922-2816 83452816
生活女工部……922-2487 83452487

文体中心
俱乐部……922-2211 83452211
游泳池……922-2084 83452084
文体馆……922-3385 83453385
图书馆……922-2580 83452580

团委
书记……922-2464 83452464
办公室……922-2737 83452737

销油公司
经理……922-2146 83452146
综合科……922-3303 83453303
财务科……922-2454 83452454
成品油科……922-3343 83453343

工程质量监督站
站长……922-2850 83452850
办公室……922-3054 83453054
财务科……922-4324 83454324
监督……922-3229 83453229
监理……922-5421 83455421
质检……922-4720 83454720

接待处
处长……93552919
综合办公室……93552519
财务部……93552619
总机……93552000

物业管理处
党办……922-2712 83452712
处办……922-2752 83452752
财务科……922-2607 83452607
人事教育科……922-2980 83452980
计划工程科……922-5614 83455614
安全生产科……922-2133 83452133
房产管理站……922-2924 83452924
住房资金中心……922-4716 83454716
动力管理站……922-2443 83452443
液化气站……922-2899 83452899
维修服务站……922-2423 83452423

行政管理站……… 922－2992
……………………… 83452992
绿化管理站……… 922－2062
……………………… 83452062
物业管理站……… 922－2400
……………………… 83452400

客运处

处长……………… 922－4177
……………………… 83454177
处办……………… 922－4225
……………………… 83454225
调度……………… 922－2412
……………………… 83452412
财务科…………… 922－4262
……………………… 83454262

管道技术作业分公司

办公室…………… 922－2458
……………………… 83452458
党群部…………… 922－2634
……………………… 83452634
人事管理部……… 922－2823
……………………… 83452823
财务部…………… 922－2517
……………………… 83452517
生产计划部……… 922－2528
……………………… 83452528
安全资产部……… 922－2551
……………………… 83452551
科研所…………… 922－2465
……………………… 83452465
概预算科………… 922－2645
……………………… 83452645
质量部…………… 922－2799
……………………… 83452799
物资供应部……… 922－2773
……………………… 83452773
营销部…………… 922－3304
……………………… 83453304
机电仪表作业处… 922－2038
……………………… 83452038
SCADA 维护中心 922－2305
……………………… 83452305
制造分厂………… 922－2921
……………………… 83452921
检测中心………… 922－2724
……………………… 83452724
热工……………… 922－2415
……………………… 83452415
弯管分厂………… 922－2591
……………………… 83452591
管道技术作业一处 922－2578
……………………… 83452578
管道技术作业二处 922－2371
……………………… 83452371

离退休职工管理处

办公室…………… 922－2336
……………………… 83452336
人事科…………… 922－2456
……………………… 83452456
财务科…………… 922－2569
……………………… 83452569

华东管道设计研究院

院办……………… 922－3382
……………………… 83453382
生产经营部……… 922－3210
……………………… 83453210
财务经营部……… 922－2344
……………………… 83452344
信息中心………… 922－3048
……………………… 83453048
工艺室…………… 922－3157
……………………… 83453157
线路规划室……… 922－5146
……………………… 83455146
设备室…………… 922－3036
……………………… 83453036
土建室…………… 922－7217
……………………… 83457217
水暖室…………… 922－4959
……………………… 83454959
电气室…………… 922－4955
……………………… 83454955
仪表室…………… 922－3159
……………………… 83453159
防腐室…………… 922－4958
……………………… 83454958
检测中心………… 922－3200
……………………… 83453200
技术经济室……… 922－4952
……………………… 83454952
出版档案室……… 922－3082
……………………… 83453082

华东管道工程有限公司

党群工作部……… 922－2942
……………………… 83452942
经理办公室……… 922－2813
……………………… 83452813
人力资源部……… 922－2358
……………………… 83452358
财务部…………… 922－4014
……………………… 83454014
设备物资部……… 922－4044
……………………… 83454044
经营管理部……… 922－2357
……………………… 83452357
安全环保部……… 922－2732
……………………… 83452732
技术质量部……… 922－2549
……………………… 83452549
工会……………… 922－2871
……………………… 83452871
团委……………… 922－2407
……………………… 83452407
第一工程处……… 922－2282
……………………… 83452282
第二工程处……… 922－2024
……………………… 83452024
第三工程处……… 922－4052
……………………… 83454052
第四工程处……… 922－2452
……………………… 83452452
设备调剂维修中心 922－2686
……………………… 83452686

实业公司

经理……………… 922－2416
……………………… 83452416
办公室…………… 922－2424
……………………… 83452424

襄樊管理处

地址：湖北省襄樊市长虹路 41 号
邮编：441002
公网区号：0710
办公室 ………… 9354－6415
……………………… 3216415
党委工作部 …… 9354－6218
……………………… 3216218
组织部 ………… 9354－6518
……………………… 3216518
纪委监察 ……… 9354－6370
……………………… 3216370
工会主任 ……… 9354－6394
……………………… 3216394
团委书记 ……… 9354－6198
……………………… 3216198
物业公司 ……… 9354－6226
……………………… 3216226
离退站 ………… 9354－6428
……………………… 3216428

南京管理处

地址：江苏省南京市尧化门 4603 信箱
邮编：210046
总机：025－5561904
办公室 ………… 9351－6350
……………………… －6350
党工部 ………… 9351－6341
……………………… －6341
组织部 ………… 9351－6339
……………………… －6339
安全科 ………… 9351－6374
……………………… －6374
计划科 ………… 9351－6377
……………………… －6377
人教科 ………… 9351－6380
……………………… －6380
财务科 ………… 9351－6383
……………………… －6383
双退站 ………… 9351－6393
……………………… －6393
通信站 ………… 9351－6451
……………………… －6451
供应站 ………… 9351－6401
……………………… －6401
物业管理站 …… 9351－6421
……………………… －6421

新乡管理处

地址：河南省新乡市平原路 506 号
邮编：453003
总机：0373－3763114
处办 …………… 9314－2326
……………………… －2326
党办 …………… 9314－2303
……………………… －2303
人教科 ………… 9314－2368
……………………… －2368
纪监审 ………… 9314－2084
……………………… －2084
工团工作部 …… 9314－2903
……………………… －2903
财务科 ………… 9314－2306
……………………… －2306
综合计划科 …… 9314－2324
……………………… －2324
离退休管理站 … 9314－2345
……………………… －2345
物业管理站 …… 9314－2251
……………………… －2251

鲁宁管理处

地址：山东省邹城市天平路
邮编：273500
公网区号：0537
处办 …………… 9350－3053
……………………… 5273053
党委工作部 …… 9350－3121
……………………… 5273121
宣传 …………… 9350－3116
……………………… 5273116

纪检 ………… 9350－3022
………………………… 5273022
审计 ………… 9350－3003
………………………… 5273003
工会 ………… 9350－3316
………………………… 5273316
团委 ………… 9350－3106
………………………… 5273106
双退办
………………………… 9350－3286
………………………… 5273286
物业管理站 …… 9350－3211
………………………… 5273211

聊城管理处

地址：山东省聊城市东昌西路 188 号
邮编：252000
总机：0635－8423427
综合办 ………… 9352－8545
………………………… －8545
组织部 ………… 9352－8216
………………………… －8216
宣传部 ………… 9352－8040
………………………… －8040
团委 ………… 9352－8040
………………………… －8040
纪委 ………… 9352－8042
………………………… －8042
工会 ………… 9352－8199
………………………… －8199
物业公司 ………… 9352－8316
………………………… －8316

潍坊管理处

地址：山东省潍坊市北宫北街 3 号
邮编：261021
公网区号：0536
处办 ………… 9312－2252
………………………… 8182252
组织部 ………… 9312－2244
………………………… 8182244
宣传部 ………… 9312－2329
………………………… 8182329
纪监办 ………… 9312－2460
………………………… 8182460
工会 ………… 9312－2405
………………………… 8182405
团委 ………… 9312－2272
………………………… 8182272

沧州管理处

地址：河北省沧州市吴官屯 222 信箱
邮编：061000
总机：0317－2146113
办公室 ………… 9353－6239
………………………… －6239
党办 ………… 9353－6196
………………………… －6196
组织部 ………… 9353－6146
………………………… －6146
宣传部 ………… 9353－6140
………………………… －6140
纪监办 ………… 9353－6157
………………………… －6157
工会 ………… 9353－6179
………………………… －6179
团委 ………… 9353－6136
………………………… －6136

南京培训中心

地址：江苏省南京市江宁区东山镇竹山路 151 号
邮编：211100
公网区号：025
处办 ………… 9351－3030
………………………… 86833030
党办 ………… 9351－3012
………………………… 86833012
财务科 ………… 9351－3030
………………………… 86838729
培训科 ………… 9351－3020
………………………… 86833020

17. 北京燕山石油化工有限公司

地址：北京市房山区燕山岗南路 1 号　邮政编码：102500　公网区号：010

公司机关

总经理办公室
………………………… 69342295
党委办公室
………………………… 69343151
组织干部部
………………………… 69342083
人力资源部
………………………… 69342082
党委宣传部
………………………… 69343944
纪委监察部
………………………… 69342292
公司工会
………………………… 69346726
公司团委
………………………… 69344116
机关党委
………………………… 69343108
企业管理部
………………………… 69342415
财务资产部
………………………… 69342339
分公司财务部
………………………… 69347268
生产管理部
………………………… 69344930
经营计划部
………………………… 69348102
发展计划部
………………………… 69344062
科技部
………………………… 69342092
机械动力部
………………………… 69342949
安全监察部
………………………… 69345945
环境保护部
………………………… 69342987
工程管理部
………………………… 69346069
市场营销部
………………………… 69343093
审计部
………………………… 69343614
保卫武装部
………………………… 69346866
行政管理部
………………………… 69343463
法律事务室
………………………… 69347209
信息部
………………………… 69341378
对外合作部
………………………… 69349900

二级单位

发展研究中心
………………………… 69346402
炼油一厂
………………………… 69343516
炼油二厂
………………………… 69334844
炼油三厂
………………………… 69346312
合成橡胶厂
………………………… 69347472
化工一厂
………………………… 69342613
化工二厂
………………………… 69342581
化工三厂
………………………… 69345272
化工六厂
………………………… 80344919
化工七厂
………………………… 69343798
化工八厂
………………………… 69342120
储运一厂
………………………… 69334562
储运二厂
………………………… 69343681
动力事业部
………………………… 69342642
生产运行保障中心
………………………… 69341138
气体产品事业部
………………………… 69345253
水务管理中心
………………………… 69341067
研究院
………………………… 69346146
物资装备中心
………………………… 69344182
营销中心
………………………… 69344308
铁路运输部
………………………… 69345275
树脂所
………………………… 69341124
塑料分公司
………………………… 69341503
消防支队
………………………… 69345019
电信事业部
………………………… 69342010

生产厂区服务中心
……69340241
生活社区服务中心
……69347642
质量检验中心
……69344227
教育培训中心
……69343328
离退休管理中心
……69343878
公务车服务管理中心
……69347817
统计调查中心
……81344863
档案信息管理中心
……69342175
传媒中心
……69342889
会计中心
……80345030
职防所
……69345258
飞燕环保
……69342700
经警大队
……69344305
锅炉压力容器检验所
……80344885
工程质量监督站
……69339701

18. 齐鲁石油化工公司

地址：山东省淄博市临淄区桓公路15号　　邮政编码：255408　　公网区号：0533

公司机关

办公室
主任……7588635
副主任……7511266
办公室……7180777
传真……7180406
秘书室……7588367
文书室……7588637
打字室……7588313
机要室……7511593
收发室……7581744
接待室……7588414
天齐值班室……7589498
公共关系办公室……7588626
史志办公室……7588645
车队队长……7588684
调度室……7588687
安全……7581233
值班室……7586355

生产管理部
部长……7511597
副部长……7588436
生产调度室……7588432
调度台……7588437
传真……7581127
储运管理室……7586770
储运管理室（油田）8859390
系统工程室……7588434
管廊管理中心……7511152
三基管理室……7588431
司机……7582849

计划部
部长……7589135
副部长……7588208
生产计划……7511621
原料计划……7589651
供应计划……7588690
投资计划……7589412
长远计划……7589489
合资合作……7588673
统计……7589447

科学技术部
部长……7511786
副部长……7588476
传真……7588380
工艺管理室……7588479
技措管理室……7588475
科研管理室……7588693
产品质量室……7589939
科协办公室……7588496
学会部……7589924
咨询部……7512039

设备管理部
部长……7588482
副部长……7511797
设备管理室……7588438
资产计划室……7588442
仪表管理室……7588486
特种设备室……7589423
工程管理室……7588446
备件管理室……7589607
工程预算室……7511529

安全环保部
部长……7588382
副部长……7586641
安全管理室……7588383
安全防护室……7588385
安全技术教育室……7588384
安全监控中心……7588386
环保综合管理室……7588491
环保技术管理室……7588493
安全教育中心……7522940

动力计量部
部长……7588483
副部长……7588439
综合室……7588448
电气室……7588640
动力室……7588447
计量一室……7588485
计量二室……7511635
技术室……7589443
调度室……7588850
调度台……7588851

工程部
部长……7589987
副部长……7588934
工程管理科……7581938
设计管理科……7588746
计划统计……7588140
概预算管理……7582931
综合……7589975
传真……7586079

人力资源部
部长……7512797
副部长……7512316
综合业务室……7512006
传真……7582327
管理人员室……7588719
劳动组织室……7588718
计划统计室……7589677
员工管理室……7589994
绩效管理室……7588378
规划开发室……7588728
继续教育室……7588731
技能培训室……7511503
移交办公室……7585670
保险办公室……7588722
保险统筹室……7586919
工伤保险室……7555492
保险财务室……7555493

企业改革部
部长……7588656
副部长……7588662
企业改革室……7588655
政策研究室……7588660
集体企业室……7589449
资本运营室……7588659

法律事务部
部长……7586615
副部长……7588620
法律事务室……7588663
合同管理室……7588661
法规制度室……7586550
传真……7589675

审计部
部长……7588680
副部长……7589697
部长室（分部）……7511347
传真……7512261
审计管理室……7512271
审计审理室……7588544
工程项目审计室……7589700
集体企业审计室……7589687
工程项目审计室……7511242
财务收支审计室……7511447
经济效益审计室……7588920
经济责任审计室……7511747

信息技术部
部长……7588171
副部长……7511451
综合管理室……7585518
技术支持中心主任……7511452
维护中心主任……7586402
系统……7588714
网络……7588172
应用……7581040
运行……7512222
硬件维护……7585519
交换机房……7511225
中心机房……7581400
传真……7588711

外事办公室
主任……7582841
接待室……7581780
出国管理室……7588429
外经项目合同室……7310814
传真……7310835

财务部
部长……7589508
副部长……7585667
会计室……7588677
档案室……7588947
微机室……7588679

成本室……………… 7589983
资产室……………… 7588676
机关财务室………… 7589949
集体企业财务管理室 7588274
资金室……………… 7588621
结算室……………… 7589441

公益事业部（卫生处）
部长………………… 7511701
公共卫生管理……… 7511301
红十字会办公室…… 7589995
预防保健管理……… 7588717
计划生育办公室…… 7588734
计划统计管理……… 7589997
公司机关计生办…… 7589445
医保办
保险管理科科长…… 7554469
医疗管理科科长…… 7581110
财务科科长………… 7552912
卫生防疫站
卫生防疫站站长…… 7547465
公共卫生网络直报 7543205
疾病控制…………… 7547473
食品卫生…………… 7547471
公共卫生…………… 7547472
卫生检验…………… 7547475
妇保所
妇幼保健所所长…… 7547463
儿童保健…………… 7547495
妇女保健…………… 7547493

离退休职工管理部
部长………………… 7588755
副部长……………… 7581150
党总支副书记……… 7589304
综合协调室………… 7585606
劳资室……………… 7589990
事务室……………… 7589993
老年大学…………… 7536899
老年活动中心……… 7536317
干休所……………… 7581454
机关服务三科……… 7581387

机关事务服务中心
主任………………… 7588877
副主任……………… 7588750
事务管理室主管… 7589002
文秘………………… 7588335
工程维修…………… 7589054
计划、统计、劳资… 7588735
夜间总值班室……… 7588739

机关车队
队长………………… 7588686
副队长……………… 7586727
工会主席…………… 7588563
车辆调度…………… 7588331

组织部（干部部）
部长………………… 7588764
副部长……………… 7588715
综合室……………… 7588767
传真………………… 7589422
干部室……………… 7589815
组织室……………… 7588765

纪委（监察室）
副书记……………… 7588760
办公室……………… 7586425
检查室……………… 7588761
审理室……………… 7588762
效能监察室………… 7589813

宣传部（统战部）
部长………………… 7588769
副部长……………… 7588768
综合室……………… 7588770
宣传室……………… 7588772
新闻室……………… 7586148
统战室……………… 7588774
思想政治工作研究会 7583653

工会（团委）
副主席……………… 7588453
办公室……………… 7589822
财务………………… 7588874
组织民管部………… 7588456
生产保护部………… 7588457
宣教部……………… 7588458
生活女工部………… 7588460
文联办公室………… 7588465
团委副书记………… 7588467
团委组织部………… 7589274
团委青工部………… 7588469

稳定工作办公室
主任………………… 7588613
副主任……………… 7511523
业务室……………… 7582264
信访室……………… 7588355

人民武装部
部长………………… 7588471
军事室……………… 7589884
政工室……………… 7588472
人防室……………… 7588473

机关党委
书记………………… 7588877
工会主席…………… 7588078
纪委书记…………… 7588738
办公室主任………… 7588741
组织………………… 7588745
纪检………………… 7588740
机关工会…………… 7588743
机关团委…………… 7588744

报社
总编………………… 7586145
副总编……………… 7586149
记者部……………… 7586146
记者部（摄影）…… 7586548
编辑部……………… 7512453

电视台
台长………………… 7530196
副台长……………… 7530182
编辑部主任………… 7553451
记者部主任………… 7530197
对外报道部主任
……………………… 7530179
文艺部主任………… 7553450
录制部主任………… 7530191
技术部主任………… 7530195
数字电视咨询……… 7530192
财务………………… 7530178

印刷所
厂长………………… 7570392
办公室……………… 7587209

工会文体部
部长………………… 7530040
副部长……………… 7553448
综合科……………… 7536416
传真………………… 7581010

规划院
院长………………… 7588348
综合管理科………… 7581271
工艺室……………… 7589644
城市规划室………… 7589684
勘测室……………… 7589499
调研编辑室………… 7586078
石化信息网站……… 7588944

档案馆
主任………………… 7589493
档案一科科长……… 7582007
党群人事档案……… 7582474
行政生产经营档案 7589490
声像档案机房……… 7589492
档案系统管理……… 7589034
档案二科科长……… 7582473
基建设备档案……… 7582010
改造项目档案……… 7582472
档案编研科科长…… 7589491
会计档案…………… 7582009
图书管理…………… 7582835
期刊管理…………… 7589044

消防支队
支队长……………… 7588557
政委………………… 7582116
副政委……………… 7582148
副支队长…………… 7589404
工会主席…………… 7585683
办公室主任………… 7511057

职业病防治研究所
所长………………… 7547462
副所长……………… 7547492
职业卫生与职业病室 7544727
辐射防护室………… 7547492
尘毒检测室………… 7547491

动力管理中心
主任………………… 7580771
副主任……………… 7580466
综合管理科………… 7526065
计划财务科………… 7521386

工程质量监督分站
站长………………… 7512466
综合技术科………… 7512146
设备室……………… 7512147
电仪室……………… 7512145

压力容器监测中心
主任………………… 7582488
副主任……………… 7582941
总工程师…………… 7582972
传真………………… 7582943
办公室……………… 7582940
财务………………… 7582486
计划合同…………… 7582487
技术室主任………… 7582945
容器室主任………… 7582946

无损检测室
主任………………… 7582970
理化室主任………… 7581971
特检室主任………… 7582485

计量测试所
所长………………… 7589577
副所长……………… 7589576
办公室……………… 7589501
综合管理室………… 7589500
仪器收发室………… 7581707
技术管理室………… 7581762
电学检测室………… 7589503
力学检测室………… 7581792
热学检测室………… 7589578

齐鲁分站罐车副站长
……………………… 7581731
环境保护监测站
站长………………… 7581655
副站长……………… 7589645
办公室……………… 7589646
劳资办公室………… 7586405
技术管理室………… 7581755
质量保证室………… 7585595
综合管理室………… 7581766
水质监测室………… 7589649
大气监测室………… 7589648
仪器监测室………… 7589647
采样室……………… 7588275
传真………………… 7586400
自监中心站………… 7511016

金秋公司

总经理…………………… 7542768
办公室主任……………… 7548753
财务部部长……………… 7543768

市场开发部

部长……………………… 7543768

煤炭经营部

部长……………………… 7548753
安装公司经理…………… 7549008
齐青公司经理…………… 7548493
仪表厂厂长……………… 7540237

天齐宾馆

经理……………………… 7581928
副经理…………………… 7582265
经理办公室……………… 7582751
总机……………………… 7588000
传真……………………… 7587999
总服务台………………… 7581720
财务科…………………… 7587905

济南办事处

主任…………… 0531－88936
副主任………… 0531－88151
办公室………… 0531－88151
计财部………… 0531－88151
行政科………… 0531－88151
宾馆…………… 0531－88151

齐华宾馆总台

………………… 0531－88151

青岛疗养院

总机…………… 0532－85879
院长…………… 0532－85879
副院长………… 0532－85926
办公室………… 0532－85882
工会…………… 0532－85882
计财科………… 0532－85882

齐海花园大酒店

中继线………… 0532－85879
前厅部………… 0532－85882
市场销售部…… 0532－85885
销售热线……… 0532－85879
总经理………… 0532－85882
执行总经理…… 0532－85873

香海宾馆

中继线………… 0532－85925
前台…………… 0532－85921
办公室………… 0532－85925

华海宾馆

总机…………… 0631－52618
总服务台……… 0631－52618
传真…………… 0631－52612
总经理………… 0631－52625
副经理………… 0631－52617
经理办公室…… 0631－52613

北京办事处

总机………… 010－64962288
传真………… 010－64965312
主任………… 010－64965326
前台 ………………… 总机转 9
财务………… 010－64965328
办公室……… 010－64965319

广州齐鲁大酒店

经理………… 020－85599851
副经理……… 020－85595835
传真………… 020－85599826

上海浦东齐海石化实业公司

经理………… 021－58518636
传真………… 021－58518636

炼油厂

厂长办公室

主任……………………… 7574003
副主任…………………… 7587422
传真……………………… 7180841
机关服务中心主管…… 7571494

生产调度处

处长……………………… 7587550
书记……………………… 7574885
副处长…………………… 7587448
综合质量科……………… 7575134
油品科…………………… 7574803
工艺科…………………… 7574865
调度台…………………… 7574067

安全环保处

处长……………………… 7587453
副处长…………………… 7571157
安全教育一室…………… 7572303
安全教育二室…………… 7574663
安全监察一室…………… 7572301
安全监察二室…………… 7574523
安全教育室……………… 7561004
环保管理室……………… 7574651

生产技术处

处长……………………… 7570642
副处长…………………… 7587418
工艺科长………………… 7574993
技措科研科长…………… 7577337
传真……………………… 7571006

机械动力处

处长……………………… 7574661
副处长…………………… 7587537
传真……………………… 7181757
设备科长………………… 7587407
工程计划科科长………… 7587458

人力资源处

处长……………………… 7587436
副处长…………………… 7574510
员工管理………………… 7571152
劳动组织与保险………… 7574715
工资……………………… 7574134
培训科…………………… 7574548

成本计划处

处长……………………… 7587435
会计……………………… 7574813
成本核算………………… 7571843
工程结算………………… 7571643
多种经营………………… 7573043

综合管理处

处长……………………… 7587434
副处长…………………… 7571848
计划科科长……………… 7571796
投资计划………………… 7572796
生产计划………………… 7574489
企管科…………………… 7572260
岗检组组长……………… 7574709

组织干部处

处长……………………… 7574039
干部组…………………… 7572151
组织组…………………… 7574042
团委……………………… 7587432

宣传处

处长……………………… 7587439
电视报道………………… 7587428
通信报道………………… 7572106
宣传教育………………… 7574059

纪委

副书记…………………… 7587429
案件审理室主任
………………………… 7572673
信访接待室……………… 7587441
传真……………………… 7573093

工会

主席……………………… 7573378
副主席…………………… 7579104
办公室主任……………… 7573158
生产部部长……………… 7572309

工伤重症管理中心

………………………… 7561007

联合装置车间

主任……………………… 7571113
书记……………………… 7587472
生产副主任……………… 7572125
设备副主任……………… 7572126
值班室…………………… 7574252

气体车间

主任……………………… 7571375
书记……………………… 7574278
生产副主任……………… 7574279
设备副主任……………… 7574284
值班……………………… 7561153

延迟焦化车间

主任……………………… 7575611
书记……………………… 7587602
设备副主任……………… 7572116
生产副主任……………… 7572692

铂重整车间

主任……………………… 7572161
书记……………………… 7574274
副主任…………………… 7574273

第二催化车间

主任……………………… 7574307
书记……………………… 7571271
生产副主任……………… 7574313
设备副主任……………… 7574411

第二常减压装置

主任……………………… 7574300
书记……………………… 7587484
副主任…………………… 7576264
值班……………………… 7561165

第三常减压装置

主任……………………… 7572772
书记……………………… 7574924
副主任…………………… 7574301

加氢精制车间

主任……………………… 7571144
书记……………………… 7574327
生产副主任……………… 7574325
………………………… 7574330
设备副主任……………… 7572321

重油加氢车间

主任……………………… 7573037
书记……………………… 7587510
生产、设备副主任…… 7574349

连续重整车间

主任……………………… 7574449
生产副主任……………… 7574310
设备副主任……………… 7574456

制氢车间

主任……………………… 7574782
生产副主任……………… 7574364
设备副主任……………… 7578707

第三加氢车间

主任……………………… 7587403
书记……………………… 7574353
生产副主任……………… 7577657
设备副主任……………… 7561138

硫磺车间

主任……………………… 7587179
书记……………………… 7571581
副主任…………………… 7572472

沥青车间

主任……………………… 7587504
书记……………………… 7571629
生产副主任……………… 7571630
设备副主任……………… 7577364

热电车间

主任……………………… 7572218

书记……………… 7574421
生产副主任………… 7574417
设备副主任………… 7574182
车间值班室………… 7561244

热力联合车间

主任………………… 7577158
书记………………… 7577187
副主任……………… 7577096
值班室……………… 7577192

第品车间

主任………………… 7571456
书记………………… 7571653
副主任……………… 7572098

第二油品车间

主任………………… 7571886
书记………………… 7573078
副主任……………… 7571885

第三油品车间

主任………………… 7574712
书记………………… 7574331
副主任……………… 7587474
生产值班…………… 7574402

化验中心

主任………………… 7587477
书记………………… 7571772
生产主任…………… 7571254
设备主任…………… 7571342
化验调度…………… 7574484

南站

站长………………… 7571714
工程师……………… 7561348

北站

站长………………… 7570640
办公室……………… 7571417

成品站

站长………………… 7571297
工程师……………… 7561365

调运处

处长………………… 7574706
书记………………… 7574882
副处长……………… 7573972
处值班长室………… 7561524

产品管理科

科长………………… 7587483
业务一室…………… 7571622
业务二室…………… 7587482

生产技术科

科长………………… 7575824
计划………………… 7574702

运调车间

主任………………… 7572150
书记………………… 7574535
副主仕……………… 7574536
技术组……………… 7571135

调度长……………… 7575991

第一装洗车间

主任………………… 7572724
书记………………… 7574544
副主任……………… 7574545
值班室……………… 7561542

第二装洗车间

主任………………… 7571781
书记………………… 7574549
副主任……………… 7574551
车间值班室………… 7561571

机务车间

主任………………… 7573554
书记………………… 7574539
副主任……………… 7574543
值班室……………… 7561578

维修车间

主任………………… 7573081
书记………………… 7576613
值班室……………… 7561586

钳工车间

主任………………… 7571579
书记………………… 7571383
副主任……………… 7573059

北维修车间

主任………………… 7587508
书记………………… 7575860
副主任……………… 7571123
调度………………… 7561332

电气分厂

厂长………………… 7571396
书记………………… 7587480
副厂长……………… 7576488
技术科科长………… 7571192
调度室……………… 7587505

电气一车间

主任………………… 7571542
书记………………… 7574491
副主任……………… 7575455

电修车间

主任………………… 7587141
副主任……………… 7574232

电气二车间

主任………………… 7572629
书记………………… 7574492
副主任……………… 7572408

供电车间

主任………………… 7587497
副主任……………… 7571452

仪表分厂

厂长………………… 7587479
书记………………… 7571326
副厂长……………… 7573970
值班室……………… 7561475

仪表一车间

主任………………… 7574994
副主任……………… 7574496
调度………………… 7574494

仪表二车间

主任………………… 7574908
书记………………… 7574410
副主任……………… 7574503
办公室……………… 7561488

仪表三车间

主任………………… 7574961
书记………………… 7574505
副主任……………… 7574507

仪修车间

主任………………… 7587457
副主任……………… 7574414
办公室……………… 7561509

自动化信息所

所长………………… 7587469
书记………………… 7574007
副所长……………… 7587600
传真………………… 7182716
值班室……………… 7587557
技术管理室主任…… 7579114
软件开发室主任…… 7574205
系统运行室主任…… 7574208
北区自控室主任…… 7574209
南区自控室主任…… 7561081

机关车队

队长………………… 7570643
书记………………… 7574725
综合办事…………… 7574187

计量中心

主任………………… 7574135
书记………………… 7574931
副主任……………… 7579940

物资配件管理中心

主任………………… 7572026
书记………………… 7571009
副主任……………… 7575304
传真………………… 7575203

保卫处

处长………………… 7573914
书记………………… 7572156
副处长……………… 7587295

综合治理办公室

…………………… 7575814

门岗警卫队

队长………………… 7587284
党支部……………… 7574177
副队长……………… 7574653
监控室……………… 7561039

检测中心

所长………………… 7574887

书记………………… 7570644
副所长……………… 7571378
工会………………… 7561102
综合技术室主任…… 7571954
工艺研究室主任…… 7571971
防腐研究室主任…… 7571972
水质研究室主任…… 7571973
沥青研究室主任…… 7571249
清洗公司经理室…… 7571393

消防队

队长………………… 7587267
书记………………… 7573821
副队长……………… 7573558
气防急救…………… 7561070

情报档案所

所长………………… 7575544
书记、科协………… 7587468
副所长……………… 7574482
传真………………… 7181768
情报组组长………… 7571904
档案组组长………… 7561119
图书组组长………… 7574241

军代室

总代表……………… 7574760
副总代表…………… 7571858
计划运输…………… 7574218
质量管理…………… 7575104

炼油实业部

办公室

主任………………… 7574691
副主任……………… 7574002
文秘科科长………… 7571845
总务………………… 7587464
接待………………… 7574877
社区改制办公室主任 7573742
办公室……………… 7561966

小车队

队长………………… 7561665
书记………………… 7571750
安全………………… 7574115
调度………………… 7587423

工会

主席………………… 7587320
副主席……………… 7587433
办公室主任………… 7574679
生产生活部部长…… 7571175
纪委、行政监察室副书记、
监察室主任　7574667
办公室主任………… 7571805
信访接待…………… 7587473

组织干部处

处长………………… 7574876
干部组……………… 7587426

组织组…………… 7571613
青工科…………… 7573390
宣传处
处长…………… 7587431
通信报道、电视新闻 7574856
编辑、理论、制作… 7574752
炼油实业编辑部…… 7587427
电视台编辑室……… 7579729
财务处
处长…………… 7587413
副处长…………… 7587440
成本核算…………… 7572361
会计审核…………… 7573132
计生办
主任…………… 7587470
独生子女管理……… 7571304
登记管理…………… 7573709
劳动人事处
处长…………… 7574769
副处长…………… 7574825
技术干部管理……… 7574131
工资、奖金管理…… 7571665
劳动保险管理……… 7578497
统计、档案管理…… 7574136
经营管理处
处长…………… 7577642
副处长…………… 7576157
计划科科长………… 7587421
合同管理…………… 7574802
经营管理…………… 7576047
综合统计…………… 7576070
生产管理处
处长…………… 7572127
书记、副处长……… 7587450
副处长…………… 7574106
生产管理…………… 7561602
技术开发…………… 7574095
环保管理…………… 7573664
安全管理…………… 7577157
备件管理…………… 7574086
设备管理…………… 7574730
车辆管理…………… 7561650
资产管理…………… 7574093
工程管理处
处长…………… 7574716
书记、副处长……… 7587460
副处长…………… 7587456
预算科科长………… 7587461
施工科科长………… 7574520
质检科科长………… 7572475
保卫处
处长…………… 7587430
书记…………… 7576066
副处长…………… 7561652

值班室…………… 7572306
计量管理中心
主任…………… 7574757
副主任…………… 7574756
管理组…………… 7561742
教育培训中心
主任…………… 7587438
书记…………… 7573181
副主任…………… 7579084
财务…………… 7576284
培训办公室………… 7573406
综合办公室………… 7573405
文体活动中心
主任…………… 7574036
书记、副主任……… 7573533
第一净化水车间
主任…………… 7574439
书记…………… 7571935
副主任…………… 7574440
值班室…………… 7561707
第二净化水车间
主任…………… 7571708
书记…………… 7574446
副主任…………… 7574447
供水车间
主任…………… 7573929
书记…………… 7571274
副主任…………… 7574427
值班室…………… 7561733
动力管网车间
主任…………… 7571354
书记…………… 7573916
副主任…………… 7574419
管网运行中心
主任…………… 7587475
书记…………… 7573334
副主任…………… 7571245
调度长…………… 7571302
调度…………… 7571246
水质检测中心
主任…………… 7574837
书记…………… 7587415
副主任…………… 7571360
值班室…………… 7561649
物业管理中心
经理…………… 7571828
书记…………… 7578357
副经理…………… 7561761
管理科科长………… 7574857
行政科
科长…………… 7571863
书记…………… 7561756
办公室…………… 7561765
房产组组长………… 7573906

房产维修队
队长…………… 7571562
书记…………… 7574609
调度…………… 7574592
宿舍管理科
书记…………… 7574593
办公室…………… 7572497
绿化保洁中心
主任…………… 7572265
书记、副主任……… 7574101
副主任…………… 7574616
办公室…………… 7574614
生活服务公司
经理…………… 7572602
书记…………… 7571870
副经理…………… 7587490
总会计师…………… 7587476
管理科长…………… 7561758
综合办公室………… 7571810
经贸部
主任…………… 7571791
副主任…………… 7574513
调度室…………… 7574514
食堂管理科
书记…………… 7577457
财务、采购………… 7561627
离退休管理中心
主任…………… 7573787
书记、副主任……… 7571815
财务…………… 7572072
总务…………… 7571234
工会…………… 7587491
老年大学…………… 7571883
枫林公司
企管科…………… 7561606
电气维修主任……… 7587140
熔块厂…………… 7561609
汽修厂厂长………… 7574242
油漆厂…………… 7573923
离退办
主任…………… 7587503
书记…………… 7574270
办公室…………… 7574889
退休办
主任…………… 7587503
书记…………… 7574244
居委会
主任…………… 7574610
书记…………… 7587257
副主任…………… 7579009
办公室…………… 7574587

齐胜工贸总公司

公司领导
总经理…………… 7587611
书记…………… 7587178
副总经理…………… 7574773
总会计师…………… 7570940
工会主席…………… 7574734
经理办公室
主任…………… 7571013
机关支部…………… 7562093
秘书室…………… 7574792
安全生产部
部长…………… 7571857
生产…………… 7572146
调度…………… 7574731
设备工程部
部长…………… 7571045
计划施工…………… 7571047
结算…………… 7570012
财务部
部长…………… 7570941
报销…………… 7573731
出纳…………… 7579012
胜华财务…………… 7572944
蓝天财务…………… 7574790
供销部
部长…………… 7562086
采购…………… 7571230
合同保管…………… 7562087
计划统计…………… 7587232
保安部
部长…………… 7571001
内勤…………… 7571906
外勤…………… 7562029
质检室
主任…………… 7574211
综合室…………… 7574740
质检组…………… 7562075
技术组组长………… 7562079
润滑油车间
主任…………… 7587208
副主任…………… 7578377
装卸油车间
主任…………… 7573753
副主任…………… 7572487
油品车间
主任…………… 7587293
副主任…………… 7571140
医药中间体车间
主任…………… 7573763
副主任…………… 7587261
技术组长…………… 7562069
水精制车间
主任…………… 7574990
副主任…………… 7571814
氨精制车间

主任……7571831
副主任……7571841
助剂车间
主任……7575177
副主任……7572499
蓝天公司
经理……7576533
书记……7571560
副经理……7574644
管理科长……7573944
办公室……7571519
市场部长……7571657
生产科长……7571667
储运车间主任……7572781
调合车间主任……7577934
胜华公司
经理……7572708
书记……7570645
生产综合科长……7571247
供销科……7576486
蓝天印务公司
经理……7587465
业务室……7572453
胜利大厦
总经理……7574328
书记……7587424
副经理……7574795
综合办公室……7561823
传真……7574776
总机……7570400
胜利汽修厂
厂长……7587300
调度……7587197
财务……7574257
盛鑫源酒店（齐胜酒店）
经理……7570942
接待室……7561815
总台……7574618
胜炼化工厂
厂长……7572517
书记……7574851
副厂长……7574770
总工程师……7573048
总会计师……7571424
办公室
主任……7574850
招待所……7562026
管理科
科长……7561897
办公室……7579675
计财科
科长……7574991
会计……7572994
生产科
科长……7574920
生产科……7577609
岗检办……7571382
技术科
科长……7576764
计量班……7570516
档案室……7561973
供应科
科长……7561970
供应仓库……7561972
销售科
科长……7579679
副科长……7572556
销售科……7574701
化验室
主任……7562013
化验室……7562014
溶剂油车间
主任……7561976
技术组……7561980
办事员……7561981
操作室……7561982
机修车间
主任……7561987
副主任……7561990
仪表班……7562001
制作车间
主任……7562024
胜曦公司
保管……7562021
操作室……7562022
晨曦公司
经理……7587495
副经理……7587024
中齐宾馆
经理……7587205
副经理……7574627
办公室……7574797
总台……7561825
总机……7574630
临淄化工厂
厂长……7571888
书记……7587277
副厂长……7574435
总会计师……7571364
工会主席……7587279
办公室
主任……7587280
副主任……7587276
办公室……7579405
财务部
主任……7587281
副主任……7579406
人力资源部
主任……7574475
副主任……7561935
劳务部
主任……7574765
副主任……7561936
党群工作部
副主任……7574985
工会……7571594
技术开发部
主任……7574648
副主任……7570414
办公室……7561937
退休办
主任……7574247
书记……7570412
办公室……7570410
炼油车间
主任……7574147
副主任……7587496
综合办公室……7574027
服装加工车间
主任……7571880
书记……7574363
副主任……7574365
办公室……7571838
清洗车间
主任……7578414
书记……7574128
副主任……7570420
锐博公司
董事长……7587611
总经理……7575377
炼油实业部财务……7572413
生产部主任……7561912
综合部主任……7575777
供销部主任……7579402
精制车间主任……7576029
储运车间主任……7579403
沥青开发中心
经理（传真）……7579718
副经理……7579717
综合科……7579716
技术科……7579117
财务科……7579116
淄博吉泰工贸有限公司
经理……7571967
传真……7571937
副经理……7572995
财务科……7573975
办公室……7570487
供销科……7570459
生产设备科……7587414
临淄区石化燃料公司
总经理……7577577
副经理……7587128
财务总监……7579089
办公室……7587260
生产科……7570345
销售……7571771
值班……7579797
淄博市临淄区胜利安装有限公司
经理……7574777
副经理……7573456
办公室……7676173
北岳公司
经理……7570080
副经理……7577677
书记……7574945
综合部部长……7561847
财务部部长……7573985
安装车间主任……7572338
清洗车间主任……7574404
保温材料厂主任……7573580
凯美可工贸公司
董事长、总经理……7587498
书记……7573498
综合管理部
经理……7577229
办公室……7579737
生产安全部
经理……7571200
办公室……7579739
财务部
经理……7573572
会计……7577227
供应部
经理……7573871
销售部
经理……7574434
办公室……7561907
助剂车间
主任……7574358
操作室……7577247
化工车间
主任……7561915
办事员……7561920
山东三维、石化工程有限公司
董事长、总经理……7587467
书记……7574188
技术总监……7576134
市场总监……7587502
总经理助理、设计部部长
……7573041
总经理助理、工程部部长
……7571575
综合部（传真）……7574189
淄博齐昊石化机械有限公司

总经理……………… 7579016
副经理……………… 7571131
财务部长…………… 7573042
营销部部长………… 7573904
生产部长…………… 7572685
堵漏分公司………… 7575877
空调分公司………… 7561872

烯烃厂

办公室
主任………………… 7580558
副主任……………… 7580201
办公室……………… 7580962
生产技术部
部长………………… 7580504
副部长……………… 7580963
统计管理…………… 7522954
计划管理…………… 7522309
技措管理…………… 7523490
质量管理…………… 7524281
工艺管理…………… 7521357
调度中心
调度室……………… 7580207
传真………………… 7525015
成本管理部
副部长……………… 7580066
材料组……………… 7521214
成本组……………… 7522214
会计组……………… 7523484
预算组……………… 7524278
安全环保部
部长………………… 7580529
副部长……………… 7580195
安全技术组………… 7525027
环保技术组………… 7523847
机械动力部
部长………………… 7580735
副部长……………… 7580065
静设备组…………… 7521085
动设备组…………… 7521924
电仪组……………… 7525004
计划组……………… 7522234
人力资源部
部长………………… 7580960
副部长……………… 7580939
薪酬管理…………… 7522292
劳动保险…………… 7521202
员工管理…………… 7580547
员工培训…………… 7521681
纪检组……………… 7521232
党委工作部
部长………………… 7580833
副部长……………… 7580654
组干………………… 7521162
文字宣传…………… 7523971
团委………………… 7580061
纪委（监察室）
副书记……………… 7580734
办公室……………… 7580017
工会
主任………………… 7523975
副主任……………… 7523944
中心化验室
主任………………… 7580527
书记………………… 7521694
副主任……………… 7523420
乙烯项目部
副主任……………… 7525033
办公室……………… 7525031
信息中心
主任………………… 7580561
副主任……………… 7580840
办公室……………… 7524942
计量中心
副主任……………… 7580831
仪表管理…………… 7523744
检定管理…………… 7522264
物料管理…………… 7580180
工程设计中心
主任………………… 7580548
副主任、书记……… 7580005
副主任……………… 7580868
行政事务中心
主任………………… 7580067
书记………………… 7525811
保卫处
处长………………… 7580977
书记………………… 7580653
裂解车间
主任………………… 7580741
书记………………… 7580003
生产主任…………… 7522230
技术主任…………… 7522446
设备主任…………… 7522205
芳烃车间
主任………………… 7580742
书记………………… 7524287
生产主任…………… 7522464
设备主任…………… 7580063
技术主任…………… 7524285
苯酐车间
主任………………… 7580743
书记………………… 7523745
生产主任…………… 7521642
设备主任…………… 7523741
技术主任…………… 7523816
动力车间
主任………………… 7580526
书记………………… 7522268
副主任……………… 7522913
总值………………… 7522715
油品车间
主任………………… 7580549
书记………………… 7522986
生产主任…………… 7522925
设备主任…………… 7524286
供水车间
主任书记…………… 7524275
生产主任…………… 7522040
设备主任…………… 7580567
车间调度…………… 7524276
机修车间
主任………………… 7580921
书记………………… 7580744
副主任……………… 7521378
计调组……………… 7521389
值班室……………… 7524648
电工车间
主任………………… 7580456
书记………………… 7521226
副主任……………… 7580637
仪表车间
主任………………… 7580457
书记………………… 7580062
副主任……………… 7521250
储运站
站长………………… 7580560
书记………………… 7523488
副站长……………… 7521516
老龄办公室
主任………………… 7535147
总支书记…………… 7556210

服务保障中心

膳食一部
经理………………… 7580736
副经理……………… 7523408
汽车一队
队长………………… 7580545
书记………………… 7580900
调度………………… 7522654
卫生绿化部
经理………………… 7523389
一工区绿化组……… 7523178
卫生组……………… 7522374

塑料厂

办公室
主任………………… 7580209
副主任……………… 7580192
传真………………… 7580933
综合管理部
部长………………… 7580467
副部长……………… 7523535
贯标管理…………… 7580931
绩效管理…………… 7523569
三基管理…………… 7523521
合同管理…………… 7580908
预算管理…………… 7524356
投资管理…………… 7523578
生产管理部
部长………………… 7580641
副部长……………… 7580173
运行管理…………… 7523254
综合管理…………… 7523308
计划管理…………… 7523319
调度中心…………… 7580916
成本管理部
部长………………… 7580468
副部长……………… 7524198
会计报销…………… 7580755
成本核算…………… 7523571
安全环保部
部长………………… 7580492
副部长……………… 7580648
消防管理…………… 7523375
环保技术…………… 7523001
职业卫生…………… 7523854
安全管理…………… 7521911
安全技术…………… 7521141
气防站……………… 7523369
机械动力部
部长………………… 7580204
副部长……………… 7523342
设备管理…………… 7580790
动力管理…………… 7523778
综合计划…………… 7523857
技术管理部
部长………………… 7580930
副部长……………… 7580535
售后服务中心主任
……………………… 7580759
人力资源部
部长………………… 7580491
副部长、计生办主任 7580910
纪律检查办公室主任 7580911
事务管理中心
主任………………… 7525097
副主任……………… 7580493
经济保卫处
处长………………… 7580642
书记………………… 7580932
武装部……………… 7524231
纪委
副书记……………… 7580536
办公室主任………… 7580914

党委工作部
部长…………………7580537
副部长………………7580174
团委书记……………7580647
工会
副主席………………7580556
办公室………………7580844
计量科
科长…………………7580701
副科长………………7524773
备件科
科长…………………7580202
书记…………………7580165
工程设计室
主任…………………7524723
书记…………………7523871
副主任………………7522546
信息中心
主任…………………7523447
副主任………………7580918
高密度聚乙烯车间
主任…………………7580791
书记…………………7524226
生产副主任…………7524225
设备副主任…………7522567
技术副主任…………7522387
低密度聚乙烯车间
主任…………………7580792
书记…………………7580941
生产副主任…………7523732
设备副主任…………7523443
技术副主任…………7523752
聚丙烯车间
主任…………………7580793
书记…………………7580942
生产副主任…………7521030
设备副主任…………7523710
技术副主任…………7523702
苯乙烯车间
主任…………………7580794
书记…………………7580943
高压聚乙烯车间
主任…………………7580778
书记…………………7524879
生产副主任…………7524491
设备副主任…………7524492
技术副主任…………7524490
成品车间
主任…………………7580835
书记…………………7580945
生产副主任…………7523027
设备副主任…………7523037
固体车间
主任…………………7580494
书记…………………7580946
生产副主任…………7523919
设备副主任…………7522833
质检科
科长…………………7580704
书记…………………7580947
生产副科长…………7524303
设备副科长…………7521091
水汽车间
主任…………………7580757
书记…………………7580925
生产副主任…………7524360
设备副主任…………7524353
技术副主任…………7521314
机修车间
主任…………………7580663
书记…………………7580926
生产副主任…………7522838
设备副主任…………7522153
技术副主任…………7522284
电工车间
主任…………………7580662
书记…………………7580927
生产副主任…………7523412
设备副主任…………7521501
仪表车间
主任…………………7580664
书记…………………7580873
生产副主任…………7524877
设备副主任…………7523010
技术副主任…………7522032
中试
主任…………………7580795
书记…………………7580836
副主任………………7580874
储运站
站长…………………7580640
书记…………………7580837
离退办（企业工作调研室）
主任…………………7161173
书记…………………7161175
办公室………………7557080

氯碱厂

办公室
主任…………………7580400
副主任………………7580414
传真…………………7580785
综合管理部
部长…………………7580427
副部长………………7580010
合同管理……………7523601
体系管理……………7522168
基层管理……………7521287
投资管理……………7522340
绩效考核……………7523294
岗检组………………7523149
人力资源部
部长…………………7525587
副部长………………7521352
成本管理部
部长…………………7580691
副部长………………7523139
会计组………………7580057
成本组………………7524645
材料组………………7523850
销售组………………7523545
工资组………………7523006
生产管理部
部长…………………7580416
副部长………………7521784
调度台………………7521321
白班调度……………7522514
公用工程……………7521573
计划、统计…………7521335
技术管理部
部长…………………7580417
副部长………………7521510
工艺管理……………7523132
质量管理……………7521373
标准化………………7521390
科研开发……………7521768
技改技措……………7523894
机械动力部
部长…………………7580419
副部长………………7521915
综合计划……………7523954
设备管理……………7522208
电仪管理……………7521394
车辆管理……………7523951
安全环保部
部长…………………7580423
副部长………………7580551
安全管理……………7521857
安全教育……………7521515
环保管理……………7580100
党委工作部
部长…………………7580996
副部长………………7524265
干部管理……………7521278
组织管理、团委……7521730
纪委
副书记………………7580635
案检室主任…………7523709
工会
副主席………………7580421
办公室主任…………7523707
工程管理处
处长…………………7521998
副处长………………7524828
综合管理……………7521382
防腐管理……………7524782
土建管理……………7522482
公用工程……………7521615
土建结构……………7523310
电仪管理……………7580107
保卫处
处长…………………7522215
副处长………………7524700
人武部………………7521755
行政事务中心
主任…………………7525418
机关总支书记………7580102
副主任………………7525779
机关工会主席………7523259
信息中心
主任…………………7523086
副主任………………7525351
档案室………………7521771
图书室………………7523300
物资中心
主任…………………7524997
副主任………………7525950
值班室………………7521806
计量中心
主任…………………7580101
副主任………………7525739
退休职工管理办公室
主任…………………7176531
书记…………………7184652
办公室………………7176530
装置达标办公室
主任…………………7580104
技术组………………7524719
综合组（传真）……7580026
电化车间
主任…………………7523880
书记…………………7523224
生产副主任…………7523774
设备副主任…………7523227
烧碱车间
主任…………………7523801
书记…………………7523048
生产副主任…………7523476
设备副主任…………7522911
氯乙烯车间
主任…………………7523391
书记…………………7521953
生产副主任…………7523212
设备副主任…………7521986
聚氯乙烯车间
主任…………………7521863

书记…………………… 7523842
生产副主任………… 7521602
设备副主任………… 7525796
环氧车间
主任…………………… 7521793
书记…………………… 7521796
生产副主任………… 7523313
设备副主任………… 7521874
行政副主任………… 7521402
成品车间
主任…………………… 7523207
书记…………………… 7521878
生产副主任………… 7523754
设备副主任………… 7524348
水汽车间
主任…………………… 7580591
书记…………………… 7522394
生产副主任………… 7522379
设备副主任………… 7522099
固体车间
主任…………………… 7580307
书记…………………… 7522768
生产副主任………… 7580636
设备副主任………… 7524395
电气车间
主任…………………… 7522368
书记…………………… 7522369
副主任………………… 7522376
仪表车间
主任…………………… 7580634
书记…………………… 7523527
副主任………………… 7525922
机修车间
主任…………………… 7524706
书记…………………… 7521993
副主任………………… 7525829
防腐车间
主任…………………… 7580011
书记…………………… 7521532
副主任………………… 7521564
原盐储管中心
主任…………………… 7521079
副主任………………… 7523483
中试中心
主任…………………… 7521561
工艺组………………… 7522311
控制室………………… 7522312

橡胶厂

厂办、党办
主任…………………… 7544699
副主任………………… 7548903
传真…………………… 7548168
工会
主席…………………… 7548235
副主席………………… 7548854
综合办公室………… 7542115
安全环保部
部长…………………… 7548906
副部长………………… 7542519
办公室………………… 7542606
环保管理……………… 7546562
监测站长……………… 7544008
分析化验……………… 7544007
现场管理……………… 7540085
安全技术……………… 7544009
生产管理部
部长…………………… 7549452
副部长………………… 7548940
调度台………………… 7543473
综合管理……………… 7547104
生产统计……………… 7544937
生产计划……………… 7546571
厂夜间值班室……… 7544016
机动部
部长…………………… 7544675
副部长………………… 7548163
计调组………………… 7542139
动力组………………… 7548944
资产管理……………… 7544921
设备管理……………… 7544918
值班室………………… 7546563
成本管理部
部长…………………… 7548219
会计…………………… 7542613
成本组………………… 7546572
资金组………………… 7546573
行政事务中心
主任…………………… 7544993
副主任………………… 7541956
印刷所长……………… 7544443
邮政所………………… 7542820
招待所所长………… 7548870
综合管理部
部长…………………… 7548040
橡胶厂副部长……… 7546001
投资管理……………… 7542517
企业管理……………… 7544409
认证管理……………… 7548162
合同管理……………… 7546003
人力资源部
部长…………………… 7548216
副部长………………… 7544382
培训中心主任……… 7548942
计生办主任………… 7542114
技术管理部
部长…………………… 7542233
副部长………………… 7548967
工艺、技措………… 7545376
科研管理……………… 7545124
标准化………………… 7545747
质量管理……………… 7545746
节能管理……………… 7545394
中控分析……………… 7545748
信息中心
主任…………………… 7542060
副主任………………… 7548138
信息调研……………… 7545489
计算机室……………… 7543307
档案一室……………… 7545488
档案二室……………… 7545487
党委工作部
部长…………………… 7548169
副部长………………… 7548215
组织干部……………… 7543883
宣传教育……………… 7544383
团委书记……………… 7548840
纪委
副书记………………… 7548909
办公室………………… 7545151
传真…………………… 7545200
保卫处
处长…………………… 7548908
副处长………………… 7544411
武装部………………… 7542514
值班室………………… 7542518
原料管理处
处长…………………… 7542342
副处长………………… 7549909
工会、安全………… 7544864
办公室………………… 7542623
物资管理科
科长…………………… 7548218
副科长………………… 7549705
备件计划……………… 7543243
综合计划……………… 7544758
设计科
科长…………………… 7548904
高工…………………… 7542238
办公室………………… 7545740
成品管理科
科长…………………… 7546550
橡胶厂副科长……… 7542895
计量中心
主任…………………… 7548224
副主任………………… 7548941
传真…………………… 7547222
工程科
科长…………………… 7544678
综合办公室………… 7544412
离退办
主任…………………… 7544707
副主任………………… 7540602
书记…………………… 7546570
单体车间
主任…………………… 7543325
工艺副主任………… 7544058
设备副主任………… 7544401
书记…………………… 7544354
聚合车间
主任…………………… 7543327
书记…………………… 7544992
副主任………………… 7545115
设备主任……………… 7546343
丁苯车间
主任…………………… 7548857
书记…………………… 7546010
工艺副主任………… 7546011
设备副主任………… 7544508
碳四车间
主任…………………… 7543352
书记…………………… 7544886
工艺主任……………… 7545804
设备主任……………… 7545976
机修车间
主任…………………… 7544365
副主任………………… 7542062
电气车间
主任…………………… 7548554
副主任………………… 7544445
车间值班室………… 7544464
仪表车间
主任…………………… 7548049
副主任………………… 7546614
车间值班室………… 7544943
供排水车间
主任…………………… 7542136
书记…………………… 7542058
锅炉车间
主任…………………… 7543043
副主任………………… 7544911
罐区车间
主任…………………… 7545054
书记…………………… 7542068
副主任………………… 7544649
中心试验室
主任…………………… 7546564
副主任………………… 7546567
质检中心
主任…………………… 7548048
书记…………………… 7549058
副主任………………… 7540271

第二化肥厂、二化实业部

厂长、党委办公室
主任…………………… 7582684

副主任…………………7582657
办公室…………………7582627
传真……………………7582773
生产管理部
部长……………………7582686
副部长…………………7582395
传真……………………7582693
白班调度………………7583562
生产调度中心…………7582626
传真……………………7582586
成本计划部
部长……………………7582690
传真……………………7583777
成本组…………………7583232
会计组…………………7589725
资产组…………………7583824
计统组…………………7582302
计算机…………………7583420
机械动力部
部长……………………7583548
副部长（设备）……7582558
副部长（电仪）……7582605
综合管理………………7583716
动设备组………………7589730
状态监测………………7583718
动力组（电仪）……7589732
计划组…………………7583715
计划调度………………7582604
安全环保部
部长……………………7582695
书记……………………7582396
副部长…………………7583251
环保管理………………7582308
安全管理………………7583419
安全教育………………7583431
人力资源部
部长……………………7582691
副部长…………………7589761
技术人员与档案管理 7589844
员工管理………………7582617
职工培训………………7589754
工资保险………………7583236
党委工作部
部长……………………7589728
副部长…………………7589760
办公室…………………7589845
纪检信访………………7583336
档案室…………………7583434
群众工作部
部长……………………7582557
副部长…………………7583580
生活女工………………7582633
生产文体………………7589767
综合管理部
部长……………………7582570
副部长…………………7582696
办公室…………………7583359
空分车间
主任……………………7582683
书记……………………7583323
生产主任………………7589768
设备主任………………7589801
技术组…………………7583459
甲醇车间
主任、书记……………7582360
生产主任………………7582358
设备主任………………7589800
总控室…………………7583310
丁辛醇车间
主任……………………7582766
书记……………………7589513
设备主任………………7583466
副主任…………………7582403
质量检查室
主任……………………7582618
书记……………………7582594
副主任…………………7583757
储运车间
主任……………………7582357
书记……………………7582769
副主任…………………7583381
电工车间
主任……………………7582356
书记……………………7582771
副主任…………………7583266
仪表车间
主任……………………7589802
书记……………………7582593
副主任…………………7582764
检修车间
主任……………………7582362
书记……………………7582595
副主任…………………7589776
水汽车间
主任……………………7582767
书记……………………7582412
副主任…………………7583616
工程管理中心
主任……………………7582669
土地管理室……………7582664
经济管理室……………7589741
施工管理室……………7583570
计量中心
主任……………………7584504
副主任…………………7582689
办公室…………………7589512
信息中心
副主任…………………7589789
办公室…………………7583560
物资中心
主任……………………7582558
管理组…………………7582616
检验组…………………7583239
回收组…………………7583452
保管组…………………7583439
治安保卫中心
主任……………………7582406
副主任…………………7582552
资源优化项目部
经理……………………7582601
设备室…………………7582383
资料室…………………7582763
传真……………………7582572
电仪室…………………7583472
空分项目部
经理……………………7582369
经理室…………………7583273
齐鲁综合组……………7582388
BOC 综合组 ………7583332
传真、资料室…………7589799
达州化肥项目部
…………………………7582355
文化宫
主任……………………7589529
办公室…………………7582378
离退办
主任……………………7584836
书记……………………7583783
副主任…………………7584134
淄博鲁齐化工设计有限公司
所长……………………7583423
办公室…………………7582694

热电厂

厂长、党委办公室
主任……………………7580233
副主任…………………7580550
传真……………………7580768
生产技术部
部长……………………7580243
副部长…………………7526076
调度专工………………7522585
热效节能管理…………7521397
小指标管理……………7522589
技术管理………………7522591
技措管理………………7522316
调度室…………………7580286
安全环保部
部长……………………7580775
副部长…………………7580572
安全、环保管理……7522745
职防管理………………7522502
消防管理………………7522693
机械动力部
部长……………………7580571
副部长…………………7580121
状态监测专工…………7522751
汽机、燃化专工……7521711
锅炉、土防专工……7522392
电仪专工………………7522197
计划财务部
部长……………………7580246
会计组…………………7580568
材料核算………………7580240
成本核算………………7522762
煤炭核算………………7521569
人事教育部
部长……………………7580239
工资、劳动组织（调配）
…………………………7521489
奖金、保险统计……7522489
技术干部管理…………7521107
员工培训………………7522297
技能鉴定………………7522192
计划生育………………7580674
岗检组…………………7580748
综合管理部
部长……………………7580599
副部长…………………7580712
三基管理………………7521496
现场管理………………7521584
绩效考核………………7522462
法律事务………………7524099
预算管理………………7521293
合同管理………………7522334
党委工作部
部长……………………7580776
副部长…………………7580227
组织干部………………7521580
宣传、企业文化……7521503
统战、共青团…………7522308
纪委
副书记…………………7522146
办公室…………………7521717
信访、举报……………7522400
工会
副主席…………………7580245
办公室、宣教…………7521971
锅炉车间
主任……………………7522105
书记……………………7522196
运行副主任……………7521338
检修副主任……………7524605
汽机车间
主任……………………7522263
书记、副主任…………7522261

副主任……………… 7524600

电气车间

主任………………… 7522505
书记………………… 7522239
运行副主任………… 7521812
检修副主任………… 7524606

供电车间

主任………………… 7521925
热电厂书记………… 7521936
副主任……………… 7521570

燃料车间

主任………………… 7522536
书记、副主任……… 7522727
运行副主任………… 7524075
检修副主任………… 7521548

化水车间

主任………………… 7521454
书记………………… 7521814
副主任……………… 7522372

排灰车间

主任………………… 7524077
书记………………… 7522198
副主任……………… 7521706

中化室

主任………………… 7522371
书记………………… 7524609

检一车间

主任………………… 7521326
书记………………… 7522861
副主任……………… 7522271

检二车间

主任………………… 7580071
书记………………… 7522362
副主任……………… 7522523

检三车间

主任………………… 7522434
书记………………… 7522634
副主任……………… 7521739

仪表车间

主任、书记………… 7521576
副主任……………… 7522358

电气实验室

主任………………… 7522545
书记………………… 7522201
副主任……………… 7526096

后勤部

部长………………… 7522728
书记………………… 7522401
副部长……………… 7580242
办公室……………… 7522423

保卫部

部长………………… 7580023
书记………………… 7580772
值班室……………… 7522278

信息中心

主任、书记………… 7524608
技术组……………… 7521769
档案室……………… 7523915

计量中心

主任………………… 7524732
热能管理…………… 7521451
电能管理…………… 7524733
过衡管理…………… 7521477

物资管理中心

主任………………… 7580228
副主任……………… 7522010
综合管理…………… 7521787
综合计划…………… 7524334

离退休管理中心

主任………………… 7167087
书记………………… 7187791
办公室……………… 7538344

工程管理办公室

主任………………… 7580500
副主任……………… 7580288
办公室……………… 7524195

研究发展中心

主任………………… 7580022
书记………………… 7524506

淄博鑫亚工贸有限责任公司

总经理……………… 7580957
总支书记、生产副总经理
…………………… 7580863
经营副总经理……… 7580865
财务副总经理……… 7580745

办公室

主任………………… 7580817
传真………………… 7524590

安全生产部

部长………………… 7580863
生产技术…………… 7522171
项目、设备管理…… 7522563

经营部

部长………………… 7580865
经营管理…………… 7525579
销售管理…………… 7522034
煤炭管理…………… 7524785

计划财务部

部长………………… 7580745
财务………………… 7522961
计统………………… 7524434

工程部

部长………………… 7580773
资质管理…………… 7522002

法律公关部

部长………………… 7524289

综合利用办公室

主任………………… 7524034

化工环保公司

经理………………… 7522477
技术、事务员……… 7522557
再生水厂…………… 7523430
化验室……………… 7524697

燃料转运站

站长………………… 7580522
技术员……………… 7522204
事务员……………… 7524347

粉煤灰公司

经理………………… 7521453
技术、事务员……… 7522439
控制室……………… 7524610

脱硫剂厂

厂长………………… 7522478
事务员……………… 7522229
控制室……………… 7522320

检维修队

队长………………… 7522421
技术、事务员……… 7524114
废品回收…………… 7524335

广告印务公司

经理………………… 7525517
事务员……………… 7524046

保洁队

队长………………… 7524480
事务员……………… 7522562

绿化队

队长………………… 7524169

金丰建材公司

生产厂长…………… 7325123
经营厂长…………… 7361123

淄博鑫运运输有限公司

总经理、书记……… 7580247
副总经理…………… 7524260
值班………………… 7524263

淄博泓阁餐饮有限公司

总经理……………… 7580749
总台………………… 7580225
财务………………… 7521370

腈纶厂（北区电话）

办公室

主任………………… 3576208
小车班……………… 3576027

生产技术部

部长………………… 3576046
副部长……………… 3576009
调度值班…………… 3582172

安全环保部

部长………………… 3576316
副部长……………… 3576679
办公室……………… 3576010

设备部

部长………………… 3576082
副部长……………… 3576032
综合组……………… 3576083
管理组……………… 3576380
…………………… 3576165
工程组……………… 3576351
传真………………… 3576016

财务部

部长………………… 3576056
会计组……………… 3576057
成本组……………… 3576058
资金组……………… 3576059

综合管理部

部长………………… 3576617
副部长……………… 3576033
三基、保险………… 3576075
岗检………………… 3576072
经济责任制………… 3576608
考核组……………… 3576003
培训………………… 3576069
调配、技管………… 3576068
工程预算…………… 3576070
工资………………… 3576071

党群工作部

部长………………… 3576366
组织、干部………… 3576213
理论教育…………… 3576605
《简讯》编辑 ……… 3576040
纪委监察…………… 3576529

科技开发中心

主任………………… 3576113
副主任……………… 3576149
技改组……………… 3576087
产品开发…………… 3576092
设计组……………… 3576090

信息中心

主任………………… 3576099
中心机房…………… 3576067
档案室……………… 3576021
阅览室……………… 3576022
供销信息…………… 3576363

计量中心

主任………………… 3576162
计量一室…………… 3576425

审计中心

主任………………… 3576369
综合审计…………… 3576062
工程………………… 3576086
合同管理…………… 3576199

计划统计中心

主任………………… 3576063
传真………………… 3576055
计划管理…………… 3576064

综合统计………… 3576123

行政事务中心

主任………… 3576396
办公室………… 3576043

聚合车间

主任………… 3576253
书记………… 3576432
副主任………… 3576260

前纺车间

主任………… 3576212
书记………… 3576065
副主任………… 3576433

后纺车间

主任………… 3576229
书记………… 3576430
副主任………… 3576254
………… 3576518

毛条车间

主任………… 3576501
副主任………… 3576503

电仪二车间

主任………… 3576348
书记………… 3576349
副主任………… 3576194

质量检验中心

主任………… 3576095
副主任………… 3576097
………… 3576480

储运车间

主任………… 3576235
书记………… 3576680
副主任………… 3576246

消防保卫科

科长………… 3576268
副科长………… 3576527

供应公司

经理………… 3576611
书记………… 3576661

销售公司

经理………… 3576228
书记………… 3576577
副经理………… 3576321

销售公司驻厂办

主任………… 3576618
办公室………… 3576045

隽山派出所

所长………… 3576610
指导员、户籍………… 3576035

腈纶厂（南区电话）

办公室

小车班………… 3576933
生产技术部（南区现场）
副部长………… 3576901
工艺质量管理………… 3576903

调度室

调度室………… 3576904
白班调度………… 3576906
能源管理………… 3576907

安全环保部

气防管理………… 3576910
安全管理………… 3576911

设备部

副部长………… 3576912
………… 3576913
设备管理………… 3576914
办公室………… 3576915

现场管理

部长………… 3576909
副部长………… 3576991
办公室………… 3576908

财务部

资金管理………… 3576917

综合管理部

部长………… 3576918
办公室………… 3576919
计划统计………… 3576921
纪律检查………… 3576922

党群工作部

工会………… 3576923
科技开发中心
副部长………… 3576925

计量中心

计量一室………… 3576929
计量二室………… 3576930

信息中心

主任………… 3576799
网络维护………… 3576788
信息维修………… 3576755
档案室………… 3576711

丙烯腈车间

主任………… 3576700
书记………… 3576701
设备主任………… 3576702
生产主任………… 3576703

水汽车间

主任、书记………… 3576750
办公室………… 3576751
设备副主任………… 3576752

电仪一车间

主任………… 3576780
技术副主任………… 3576781
设备副主任………… 3576782

中心化验室

主任………… 3576810
书记………… 3576811
副主任………… 3576812

原料车间

主任、书记………… 3576830
设备副主任………… 3576831
工艺副主任………… 3576832

消防保卫科

科长………… 3576860
副科长………… 3576861
保卫值班室………… 3576864

机修车间

主任………… 3576880
办公室………… 3576881

供排水厂

成本管理部（办公室）

主任………… 7580679
副主任………… 7580285
结算组………… 7521758
成本组………… 7522346
销售组………… 7525760
小车班………… 7523696

信息中心

主任………… 7580463
网络组………… 7525436

生产安全管理部

部长………… 7580279
副部长………… 7580683
生产统计………… 7523003
科研技措………… 7523685
工艺管理………… 7523694
安全检查………… 7522572
调度台………… 7580860

机械动力部

部长………… 7580292
副部长………… 7580278
设备管理………… 7522471
仪电管理………… 7522195
计划管理………… 7523686
备件库………… 7523162

企业管理部

部长………… 7580459
副部长………… 7522529
计划统计………… 7524069
企管组………… 7522551
合同预算………… 7521481

人力资源部

部长………… 7580716
薪酬管理………… 7523697
保险奖金………… 7523995
员工管理………… 7523995
职工培训………… 7524543

党群工作部

部长………… 7580862
副部长………… 7580850
组织员………… 7522996
纪检员………… 7523927
宣传组………… 7522950
生活女工………… 7523621
宣教文体………… 7523165

保卫中心（人武部）

主任（部长）………… 7580287
副主任………… 7521015
值班室………… 7523901

行政服务中心

主任………… 7580675
计划管理………… 7522438
绿化管理………… 7521316
通勤管理………… 7580275

离退休职工管理办公室

主任………… 7534968
书记、副主任………… 7557285
管理组………… 7534814

计量销售中心

主任………… 7580283
书记………… 7580901

环保中心

主任………… 7580861
书记、副主任………… 7523376
技术组………… 7523379

供水一车间

主任………… 7522938
书记、副主任………… 7523789
副主任………… 7522128

供水二车间

主任………… 7580338
书记、副主任………… 7580376
副主任………… 7580321

净化车间

主任………… 7522976
书记、副主任………… 7522326
副主任………… 7521587

空分车间

主任………… 7580715
书记、副主任………… 7523934
副主任………… 7523020

中化室

主任………… 7523692
书记………… 7526189
副主任………… 7523024

电气车间

主任………… 7580523
书记、副主任………… 7523996
副主任………… 7522131

仪表车间

主任、书记………… 7523218
副主任………… 7523164

维修车间

主任………… 7523258
书记、副主任………… 7521752

膳食五部

经理…………………… 7580299
管理组………………… 7580553
汽车五队
队长…………………… 7580294
副队长………………… 7580684
调度…………………… 7522770

储运厂

综合管理部
部长…………………… 7580036
部长助理……………… 7522108
综合管理……………… 7521603
三基与体系…………… 7521601
合同管理……………… 7523600
计划统计……………… 7523769
传真…………………… 7580030
党群工作部
部长、工会副主席… 7580484
副部长、纪委副书记 7580038
干部管理……………… 7523192
组织、纪检信访…… 7521457
宣传教育……………… 7522683
企业文化管理……… 7521673
工会办公室………… 7521626
人力资源部
部长…………………… 7580481
绩效考核……………… 7523110
员工、薪酬、保险… 7522290
技术干部管理……… 7580040
员工、培训………… 7523365
培训、计生………… 7522398
技术设备部
部长…………………… 7580027
副部长………………… 7580807
工艺技术……………… 7524511
技术组………………… 7523426
材料、固定资产…… 7523652
能源、工程管理…… 7523043
设备管理……………… 7523363
工程计划、工程管理 7523510
工程预算……………… 7580673
安全环保部
部长…………………… 7580486
副部长………………… 7521699
安全管理……………… 7523654
工业卫生、气防消防 7523190
环保管理、环保统计 7523678
财务部
部长…………………… 7580479
副部长………………… 7580033
总账总审……………… 7521240
人工成本、收入、出纳
…………………… 7524532
固定资产……………… 7522490
存货、成本………… 7522659
生产指挥中心
主任…………………… 7580041
副主任………………… 7580485
调度台………………… 7580672
质量检验中心
主任…………………… 7580482
副主任………………… 7522343
计量中心
主任…………………… 7580476
副主任………………… 7522116
信息中心
主任…………………… 7580490
副主任………………… 7580845
保卫工作部
书记…………………… 7522435
副部长、副书记…… 7523832
老龄办
主任…………………… 7552703
书记…………………… 7557261
液体车间
主任…………………… 7522679
书记…………………… 7580474
设备副主任………… 7523210
生产副主任………… 7523673
洗修车间
主任…………………… 7522564
书记…………………… 7521663
副书记………………… 7580029
装卸车间
主任…………………… 7522487
书记…………………… 7523669
副主任………………… 7523507
货运车间
主任…………………… 7523648
书记…………………… 7523062
生产（安全）副主任 7522707
设备（技术）副主任 7580846
机务车间
主任…………………… 7580505
书记…………………… 7523351
副主任………………… 7522393
工电车间
主任…………………… 7522761
书记…………………… 7580487
电仪车间
主任…………………… 7522126
书记…………………… 7580480
龙口储运站
办公室……………… 0535－88481
主控室……………… 0535－88485
值班室……………… 0535－88487
传真………………… 0535－88487
后勤保障中心
主任…………………… 7580025
书记…………………… 7521430
副主任………………… 7523728

淄博齐威工贸有限公司

公司领导
总经理………………… 7582128
副总经理……………… 7582269
总会计师……………… 7582949
党群部门
书记…………………… 7582128
工会主席……………… 7582269
团支部………………… 7582187
综合管理部
主任…………………… 7589418
办公室（传真）…… 7582187
劳资办………………… 7581004
劳保用品店…………… 7360189
财务部
主任…………………… 7582268
财务室………………… 7582268
综合利用化工厂（淄博苗栗化工有限公司）
厂长（经理）……… 7580801
厂长助理（经理助理）
…………………… 7521491
财务室………………… 7580880
市场营销部（淄博岳毅坤运输有限公司）
经理…………………… 7316149
办公室………………… 7555018
传真…………………… 7316149
金鹏公司
经理办公室………… 7580478
业务室………………… 7523716
储运公司
经理…………………… 7521929
业务室………………… 7526115
传真…………………… 7521929
联运公司（淄博日永冠经贸有限公司）
经理…………………… 7586883
传真…………………… 7586883
汽车衡（计量室）
主任…………………… 7580882
汽车衡………………… 7580882
纯净水厂
厂长…………………… 7582933
塑料厂
厂长…………………… 7580878
业务室………………… 7580878
汽车修理厂（淄博明冠汽车修理有限公司）
厂长、经理………… 7586883
厂长助理、经理助理 7589419
财务室………………… 7589419
溶剂厂（淄博润茂化工有限公司）
厂长、经理………… 7525667
办公室………………… 7525667
榨油厂（淄博海臣经贸有限公司）
厂长、经理………… 7555834
办公室………………… 7522533

物资装备中心

办公室
主任…………………… 7556839
值班室………………… 7534255
党群工作部
部长…………………… 7534830
纪监室主任、副部长、工会副主席…………………… 7534593
组干、宣传………… 7534849
纪监、工会………… 7534460
综合管理部
部长…………………… 7530047
副部长………………… 7534261
企管组………………… 7533134
合同组………………… 7535194
价格组………………… 7530264
微机组………………… 7534215
供应商管理部
部长…………………… 7553593
副部长………………… 7553365
管理组组长………… 7553293
开发组组长………… 7554241
人力资源部
部长…………………… 7534371
教育培训……………… 7534153
绩效考核……………… 7534153
工资、计划生育…… 7534461
财务部
部长…………………… 7535192
副部长………………… 7534397
材料一组……………… 7534022
材料二组……………… 7534357
材料三组……………… 7534497
费用报销……………… 7534704
工资…………………… 7534231
质检中心
主任…………………… 7580124
书记…………………… 7522395
备件检验……………… 7580255
质量管理……………… 7521271
生产计划部
部长…………………… 7556035
副部长………………… 7556310

综合计划组组长…… 7556193
调度…… 7554615
设备计划组组长…… 7556380
非金属计划组组长… 7556631
金属阀配计划组组长 7554643
化工计划组组长…… 7556400

基建项目部

部长…… 7551729
书记…… 7551137
副部长…… 7551836
项目一组组长、设备计划…… 7551820
项目二组组长、配件计划…… 7551992
项目三组组长、设备计划…… 7551410
项目四组组长、综合计划…… 7551359

资备件采购部

部长…… 7553561
综合组组长…… 7553533
备品备件值班室…… 7534255
炼油组组长…… 7553305
橡胶组组长…… 7553401
二化组组长…… 7553409
烯烃组组长…… 7553471
氯碱组组长…… 7553415
热电、水厂组组长… 7553387
塑料组组长…… 7553187

煤炭采购部

部长…… 7557001
采购验收组组长…… 7534115
综合组…… 7554287

化工采购部

部长…… 7551471
书记…… 7551510
副部长…… 7556173
化工组长…… 7551473
化工采购…… 7551477
化玻组长…… 7551437

原料采购部

部长…… 7554650
副部长…… 7534180
乙烯原料组…… 7554742
原盐采购组…… 7554741

金属阀配采购部

部长…… 7553553
副部长…… 7552670
配件采购组组长…… 7552992
金属采购组组长…… 7553490
阀门采购组组长…… 7552491

设备采购部

部长…… 7552943
副部长…… 7552040
设备采购组组长…… 7552562
电器采购组组长…… 7552440
仪表采购组组长…… 7552413

进口物资部

部长…… 7553743
书记…… 7553823
管理组…… 7553621
接运检验…… 7553219
总库办公室…… 7522001

非金属采购部

部长…… 7554167
副部长…… 7554182
水泥、橡塑…… 7554103
五金、保温…… 7554172
劳保杂品…… 7554206

物流部

部长…… 7521069
书记…… 7526297
副部长…… 7523189
综合部主任…… 7521597

离退休职工管理部

部长…… 7554254
书记…… 7556089
办公室…… 7556445

淄博玺天利工贸有限责任公司

总经理…… 7580267
副总经理…… 7523135
综合部…… 7521598
经营一部…… 7526265
阀门检验站…… 7522642

销售运输部

办公室

主任…… 7531138
副主任…… 7530540
传真…… 7535004
行政…… 7554716
综合管理…… 7555207
党群工作室…… 7536494
工会副主席…… 7581310
行政监察室副主任… 7535344
人事档案室…… 7554851
财务室监控室…… 7554875
商情信息室…… 7554207
信息管理…… 7581358

营销策划室

营销策划…… 7554897
销售管理室
主任…… 7553237
副主任…… 7554821
销售管理…… 7535314

法律事务室

主任…… 7554122
副主任…… 7553426
法律事务…… 7554832
合同管理…… 7536014

计划调度室

主任…… 7581007
副主任…… 7555206
计划…… 7555205
调度…… 7581642
传真…… 7555190

客户服务、新产品开发部

主任…… 7554827
副主任…… 7554825
业务室…… 7554152
传真…… 7554823

市场服务室

主任…… 7553112
副主任…… 7554859
传真…… 7554819

运输管理一部

主任…… 7555185
铁运计划…… 7587219
铁运调度…… 7574463

运输管理二部

主任…… 7555171
副主任…… 7552994
传真…… 7534874

油品业务一部

主任…… 7555160
书记、副主任…… 7555972
副主任…… 7555163

油品业务二部

主任…… 7555156
传真…… 7555155

化工业务一部

主任…… 7553010
传真…… 7555873

化工业务二部

主任…… 7534842
副主任…… 7554191

化工业务三部

主任…… 7554833
副主任…… 7554895
业务…… 7534314
传真…… 7554865

华南销售分公司

经理…… 0757－22317
业务…… 0757－22317
财务…… 0757－22317
本部业务…… 7531366

京鲁公司

经理…… 010－63367748
本部业务…… 7531618

研究院

综合管理部

部长…… 7581979
副部长…… 7589279
企管、合同…… 7582210
办公室…… 7511366
行政…… 7582131
传真…… 7512399

党群工作部

部长…… 7589579
副部长…… 7582727
纪检…… 7589285
工会、组织…… 7582242

人力资源部

部长…… 7589282
劳动工资…… 7589283
人事教育…… 7586449

计划管理部

部长…… 7589589
副部长…… 7582891
计划、统计…… 7589276

成本管理部

部长…… 7589589
副部长…… 7582891
总帐报表…… 7587800
成本会计…… 7589590

科研开发

科研开发部

部长…… 7582493
副部长…… 7512057
科研管理、专利…… 7582452
科研管理、标准化… 7588234

中国石化 PTC 齐鲁石化分部

办公室…… 7512057

石油加工研究所

所长…… 7512129
办公室…… 7512126
分析、沥青…… 7512127
加氢硫磺…… 7512155
催化裂化…… 7512079

环境工程研究所（有机化工研究所）

所长…… 7581057
书记…… 7581080
办公室…… 7581301
研制组一组…… 7581091
研制组二组…… 7581221
污水组一组…… 7581270
污水组二组…… 7581220
分析组…… 7581229

化学工程研究所

所长…… 7582271
办公室…… 7589162
课题组…… 7589663
裂解组…… 7589660

综合组………………… 7589162
动力学组……………… 7589298
高分子工程研究所
所长…………………… 7511419
副所长………………… 7589299
PE 组 ………………… 7582495
PVC 组 ……………… 7586024
PVC 装置组 ………… 7582282
加工组………………… 7588401
PE 装置组 …………… 7581903
工业催化研究所
所长…………………… 7544767
书记…………………… 7544795
副所长………………… 7548540
办公室………………… 7547264
制氢研发组…………… 7542710
分析组………………… 7542071
制氢评价组…………… 7542069
耐硫研发组…………… 7542076
分析组………………… 7542037
耐硫评价组…………… 7547254
常压组………………… 7547840
聚烯烃研究室
主任…………………… 7511419
副主任………………… 7582496
PP 透明组 …………… 7582281
PP 抗冲组 …………… 7581113
PE 管材组 …………… 7511425
PE 中空组 …………… 7511423
PE 电缆组 …………… 7585676
聚氯乙烯研究室
主任…………………… 7582277
副主任………………… 7589581
电缆组………………… 7582130
管材组………………… 7586348
型材组………………… 7581929
分析测试中心
主任…………………… 7586970
书记…………………… 7581910
副主任………………… 7589292
办公室、六组………… 7586537
检测一组……………… 7511334
检测二组、三组……… 7582283
检测四组、五组……… 7584119
计量组………………… 7512019
科技信息中心
主任…………………… 7512057
副主任………………… 7581275
联机检索……………… 7582367
情报组………………… 7583732
硫磺协作组…………… 7583021
《大氮肥》情报站…… 7582512
《大氮肥》信息 …… 7582530
《齐鲁石油化工》…… 7582615
图书馆………………… 7582261
安全生产部
部长…………………… 7589280
副部长………………… 7586248
设备管理……………… 7589615
安全工程管理………… 7582247
生产调度……………… 7588249
中试基地
主任…………………… 7525235
书记…………………… 7524269
副主任………………… 7523632
值班室………………… 7524451
加工应用示范基地
主任…………………… 7582280
副主任………………… 7585644
专用料基地
主任…………………… 3583735
书记…………………… 3583722
副主任………………… 3583701
市场开发部
部长…………………… 7525235
营销管理……………… 7521379
营销调度……………… 7521537
营销核算……………… 7521027
ACR、MBS ………… 7521037
PE、特脂 …………… 7521067
保管组………………… 7580047
自动化技术运行中心
主任…………………… 7581950
综合管理……………… 7589296
核算办事……………… 7589290
信息技术组…………… 7589667
仪器仪表组（北）…… 7582823
仪器仪表组（南）…… 7548400
机电维护组（南）…… 7542387
机电维护组（北）…… 7581940
项目组………………… 7582117
物资中心
主任…………………… 7581676
计划组………………… 7512037
采购组………………… 7588246
保管、核算…………… 7582592
行政服务中心
主任…………………… 7589285
书记…………………… 7589287
副主任………………… 7589288
车辆调度……………… 7582275
保卫组………………… 7581670
离退休中心
主任…………………… 7586562
书记…………………… 7586562
北院办公室…………… 7589286
活动中心办公室……… 7539040

科力研究院

董秘室
主任…………………… 7544791
管理…………………… 7544757
传真…………………… 7542016
财务结算控制中心
主任…………………… 7542101
副主任………………… 7544759
财务…………………… 7549375
生产技术部
部长…………………… 7544755
副部长………………… 7544763
管理…………………… 7544720
市场开发部
部长…………………… 7542024
副部长………………… 7548702
市场开发……………… 7549109
营销…………………… 7543597
采购…………………… 7549397
催化剂厂
厂长…………………… 7549107
技术组………………… 7542096
分析组………………… 7549106
反应工段……………… 7542020
成型工段……………… 7543714
华表公司
经理…………………… 7542028
办公室（传真）……… 7548419
销售部………………… 7548009
生产部………………… 7548827
分析组………………… 7549015
齐科苑公司
办公室………………… 7542132
分析组………………… 7542385

一化实业部（公司劳动服务公司）

综合管理部
部长…………………… 7541001
副部长………………… 7542531
办公室………………… 7543277
安全计量管理………… 7542542
资产管理……………… 7542883
传真…………………… 7548848
劳服工作办公室
主任…………………… 7547111
档案管理……………… 7540490
工资管理……………… 7547642
员工培训……………… 7542089
劳务管理……………… 7542616
党群工作部
部长…………………… 7542828
副部长………………… 7548849
纪委监察室…………… 7542821
组织教育组…………… 7541010
干部组………………… 7541038
办公室………………… 7541136
经济工作部…………… 7548714
电视编辑室…………… 7541049
稳定工作办公室
主任…………………… 7548187
副主任………………… 7541141
办公室………………… 7541039
人武保卫……………… 7541052
接访督办值班室……… 7541034
财务计划部
部长…………………… 7548778
副部长………………… 7547641
中心资金……………… 7547024
结算…………………… 7548209
集体企业……………… 7543577
资产材料……………… 7542994
预算…………………… 7542827
人力资源部
部长…………………… 7548205
薪酬绩效……………… 7541100
员工保险……………… 7541100
职工培训组…………… 7542624
劳动家属……………… 7542549
车队
副队长………………… 7548246
调度…………………… 7542862
催化剂分厂
厂长…………………… 7541021
书记…………………… 7541085
生产副厂长…………… 7541006
设备副厂长…………… 7548191
一车间主任…………… 7547040
二车间主任…………… 7541090
一化劳服公司
经理、书记…………… 7542445
副经理………………… 7541119
办公室………………… 7541139
财务…………………… 7541116
招待所服务台………… 7542824
印刷厂………………… 7542719
氨水站………………… 7542943
氨吸收………………… 7541102
劳服饭店服务台……… 7543201
公泉公司
董事长………………… 7540588
总经理………………… 7540188
经理办主任…………… 7541123
经理办………………… 7547014
财务部业务…………… 7541127
供销部长……………… 7548293
生产部………………… 7547199

技术部…………7541089
齐茂公司
董事长经理…………7587294
书记…………7570478
副经理…………7574957
经理助理…………7570480
工会主席、供销科长 7570490
办公室主任…………7574180
生产设备科科长……7561827
技术科科长…………7577630
财务科科长…………7574955
催化车间主任………7572224
干胶车间主任………7572455
齐鲁包装制品公司
经理…………7548090
书记…………7548092
销售科…………7548091
财务科…………7540355
制桶分厂…………7543490

建设公司

总经理工作部（党办）
部长、党办主任……7580155
改制办主任…………7524118
副部长、党办副主任 7580157
法律事务…………7521086
企业管理…………7580602
改制办…………7526136
值班室…………7521062
人力资源部（党群工作部、工会、纪委监察室）
部长…………7580151
工会副主席、纪委副书记
…………7580524
副部长…………7521032
纪委、组织…………7523536
工会、教育、计生办 7526198
薪酬管理…………7523568
宣传、编辑室………7521236
团委…………7521032
计划财务部
部长…………7580162
会计组…………7522746
成本组…………7524453
计财部资料室………7523533
炼厂财务组…………7571491
经营管理部（生产调度中心）
部长…………7521621
副部长…………7580693
办公室…………7521159
生产调度中心负责人 7580158
维护保运事业部
经理…………7525567
副经理…………7580601
调度室…………7521042
综合室主任…………7580601
炼厂调度台…………7572000
炼厂区项目部………7571597
炼厂南区维护保运中心
主任…………7571163
副主任…………7573593
调度台…………7573000
炼厂北区维护保运中心
主任…………7570021
副主任…………7572379
调度台…………7570111
乙烯维护保运中心
主任…………7521126
副主任…………7522054
调度台…………7521388
二化维护保运中心
主任…………7582380
副主任…………7583272
调度台（施工组）… 7589999
公用工程保运中心
主任…………7524510
副主任…………7521420
调度台…………7521288
生产技术部…………7523827
工程建设事业部（质量技术中心）
经理…………7580620
副经理…………7523531
生产室主任…………7521035
综合室主任…………7521050
预算室主任…………7522754
质量室主任…………7521353
设备制造项目部
经理…………7523531
副经理…………7522071
经营办公室…………7522102
电仪工程项目部
经理…………7521026
副经理…………7521184
调度预算…………7521195
炼油项目部
经理…………7575724
副经理…………7574454
裂解炉项目部
经理…………7523574
副经理…………7523577
资源优化项目部
经理…………7580465
副经理…………7522053
黄岛大炼油项目部
经理…………7521033
物流事业部（安全监督中心）
经理…………7523549
副经理…………7523031
审核中心（综合室）
主任…………7523549
经营审计组…………7521754
结算审核组…………7521291
安全环保办公室
主任…………7523031
办公室…………7526036
督察办公室（综合治理、保卫办公室）
主任…………7526196
办公室…………7521019
值班室…………7522639
监控室…………7524145
信息中心
主任…………7521055
办公室…………7524844
市场开发中心
主任…………7526056
招投标办公室………7521461
区域经理…………7526391
物资装备中心
主任…………7580161
副主任…………7522796
人才储备中心（集体工管理）
主任…………7580159
副主任…………7523813
办公室…………7523882
生活服务中心
主任…………7580164
绿化、爱卫…………7523522
老龄中心
主任…………7580163
活动中心…………7539544
起重运输中心
主任…………7580454
副主任…………7571849
检测中心
主任…………7525358
调度室…………7525296
清洗公司
经理…………7580690

淄博齐鲁商业有限公司

综合管理部
办公室…………7542497
企管、行政…………7542497
劳资、离退办………7543818
文书、计生办………7543818
传真…………7548408
值班室…………7579191
党群部
办公室…………7548032
财务部
部长…………7548029
副部长…………7548029
结算中心…………7579159
核算中心…………7574843
税务中心…………7543749
物资供应部
经理…………7542193
办公室…………7548019
传真…………7548019
业务值班…………7548031
工程部…………7549549
三利万客隆超市
经理…………7587012
书记…………7579158
办公室…………7573458
炼厂三利百货
办公室…………7587006
总服务台…………7577176
加工厂
厂长…………7548036
办公室…………7543049
销售科…………7543480
劳动服务公司
经理…………7587014
办公室…………7587014
传真…………7587014
销售科…………7579164
食品水产公司
经理…………7548034
传真…………7548034
副经理…………7543322
三利彩扩
经理…………7549703
三利彩扩总店………7555637

公用事业公司

办公室
主任…………7548552
副主任…………7543617
文书（传真）………7543562
收发、计生、档案… 7543417
文印室、房管………7543981
党群工作部
部长…………7543508
纪检…………7548102
宣传…………7542357
团委
书记…………7542358
工会…………7543179
企管办
科长…………7548552
计划财务科
科长…………7542243
副科长…………7543917

会计室……7546178
工程管理……7543800
统计室……7543147

人事教育科

科长……7543946
职教……7543723

营运调度科

科长……7548127
客运热线……7543439

安全保卫科

科长……7548125
副科长……7542374

技术设备科

科长……7540488
副科长……7580839

供应科

科长……7548109
计划组……7543249

离退休管理科

科长……7542576

客运一队

队长……7548249
书记……7543026
调度……7543347

客运二队

队长……7580048
书记……7522428
调度……7522013

客运三队

队长、书记……7581426
副队长、调度……7581425

客运四队

队长……7582320
书记、副队长……7536037
调度……7536011

客车修理厂、齐粤汽车维修中心

厂长……7580088
书记……7580049
副厂长……7523758
生产调度……7523773
抢修热线……7525510

鲁临客运有限责任公司

经理……7548261
书记……7542736
副经理……7548123
调度……7543798

蜂山公园

主任……7543368
书记、副主任……7548124

鲁通安装防腐工程公司

经理……7548128
财务室……7542463
施工组……7548248

山东齐鲁物流有限公司

综合管理部
部长……7580135
副部长……7522973
计算机管理……7580576
传真……7580131
运营管理部（市场部）
部长……7580137
副部长……7580452
调度室……7522987
驻销运部……7581001
计划财务部
部长……7522627
会计……7522958
安全设备部
部长……7580136
安全……7580356
供应……7580138
加油站……7521978
人事教育部
部长……7522647
党群工作部
部长……7522524
综合……7522891
第一分公司
经理……7580141
书记……7521437
副经理……7521437
调度室……7521713
第二分公司
经理……7580581
书记……7580891
副经理……7522989
调度室……7523276
仓储中心
主任……7580892
保管室……7521492
配载中心
主任……7580133
调度室……7523642
保修车间
主任……7580139
调度室……7523018

社区管理部

部办公室

主任……7556578
办公室……7581885
秘书室（传真）……7581688

人力资源处

处长……7581471
调配……7551304

企业管理处

处长……7581590
副处长……7581786

财务处

处长……7581451
报销组……7530247
计算机室……7581671
工程核算组……7551354

生产安全处

处长……7551274
副处长……7551264
调度室……7581894

党委工作处

处长……7581763
办公室……7551334
团委……7530352

纪委

办公室……7581863

工会

主任……7551314
办公室……7581691

行政事务管理中心

主任……7581851
副主任……7552247
计生办……7536241
计划组……7552247

房产产权办公室

主任……7581988
办公室……7534558
房产办公室……7582326
产权办公室……7551594

房地产管理办公室

主任……7588612
土地管理室……7589401

离退休管理办公室

主任……7536576
书记……7536321
办公室……7536962

市容管理办公室

主任……7536237
办公室……7551534

绿化中心

主任……7551574
书记……7530354
办公室……7551584

辛店社区居委会（保卫处）

主任……7530357
书记……7555142
副主任……7552734

社区管理部

雪宫高层消防……7552174
部办公楼门卫……7556293

公益事业办公室

主任……7581987
副主任……7551704
办公室……7551614

住房资金管理中心

主任……7582707
办公室……7551947

物业管理办公室

主任……7551324
办公室……7551254

物供中心

主任……7531556
计划组……7531559
综合组……7531577

计量中心

主任……7536247
副主任……7551743

电气中心

主任……7582207
书记……7536792
副主任……7536793

维修中心

主任……7555017
书记……7557506
副主任……7553130
财务室……7553131
维修服务中心……7556011
维修服务热线……7532180
综合组……7581701

热力中心

主任……7551748
副主任……7557107
生产副主任……7581477
设备副主任……7554417

齐城工贸实业公司

经理……7551824
书记……7551814
副经理……7551834
办公室……7581791
财务科……7535164
印刷厂……7543019
防腐保温材料厂……7542135

汞山社区物业管理中心

主任……7580951
副主任……7580170
办公室……7580171

蜂山社区物业管理中心

主任……7548275
书记……7548466
副主任……7542315
调度室……7548180

燃料中心

经理……7581727
书记……7533974
副经理……7537514
办公室主任……7535742
传真……7535742

金桥市政公路工程公司

总经理……………… 7580806
书记………………… 7580809
副总经理…………… 7580126
综合办主任………… 7580887
计划财务部部长…… 7580819
供销保障部部长…… 7521505
工程管理部部长…… 7521308
市政设施管理部长… 7521409
拌和场场长………… 7521586
服务保障中心
综合管理部
部长………………… 7525572
办公室……………… 7525658
计生计量…………… 7525573
人力资源…………… 7523441
财务管理部
部长………………… 7525621
成本组……………… 7525590
资金组……………… 7525620
车辆管理部
部长………………… 7525601
安全运行…………… 7525605
机动配件…………… 7525387
餐饮管理部
部长………………… 7580737
副部长……………… 7525622
办公室……………… 7525623
食品卫生监督……… 7523613
党群工作部
部长………………… 7525591
副部长……………… 7525592
办公室……………… 7525593
组织纪检…………… 7525353
汽车一队（烯烃厂）
队长………………… 7580900
助理………………… 7580545
调度………………… 7522654
汽车二队（塑料厂）
队长………………… 7524375
书记………………… 7524498
调度………………… 7524377
汽车三队（氯碱厂）
队长………………… 7524718
书记………………… 7524715
调度………………… 7524816
汽车四队（橡胶厂）
队长………………… 7548914
助理………………… 7548424
调度………………… 7546032
汽车五队（供排水厂）
队长………………… 7580294
调度………………… 7522770
叉车队
队长………………… 7524713

副队长……………… 7524815
调度………………… 7521764
汽车修理厂
厂长………………… 7525901
副厂长……………… 7525902
膳食一部（烯烃厂）
经理………………… 7523408
书记………………… 7580736
膳食二部（塑料厂）
经理………………… 7580538
膳食三部（氯碱厂）
经理………………… 7521362
书记………………… 7523620
膳食四部（橡胶厂）
经理………………… 7548047
助理………………… 7546597
膳食五部（供排水厂）
经理………………… 7580299
助理………………… 7525496
卫生绿化部
经理………………… 7580909
办公室……………… 7525963
配送中心
经理………………… 7525313
纯净水厂
厂长………………… 7548434
制水车间…………… 7542902
离退办
办公室……………… 7533776
机关服务部
经理………………… 7580557
办事组……………… 7522504
中继线……………… 7580083
特车队
经理………………… 7526181
调度组……………… 7525603
物资采购部
经理………………… 7524712
印务组……………… 7525435
采购组……………… 7521211
淄博齐鲁幼教集团
主任………………… 7531755
副主任……………… 7556933
综合部……………… 7581788
财务、计划部……… 7554063
教研保育服务稽查部
…………………… 7551504
人力资源部………… 7551504
采购配送部………… 7530772
青少年宫主任……… 7533658

电信中心

综合管理部
部长………………… 7581836
副部长……………… 7511517
办公室……………… 7581838
文秘、计划企管…… 7589566
传真………………… 7585581
供应………………… 7582518
合同管理、预决算… 7581858
党群工作部
部长………………… 7581830
副部长……………… 7581140
办公室……………… 7581839
生产技术部
部长………………… 7581842
副部长……………… 7581849
生产管理…………… 7582921
工程管理…………… 7582132
资料室……………… 7581653
财务资产部
部长………………… 7581875
资金室……………… 7581874
会计室……………… 7586800
微机室……………… 7589138
人力资源部
部长………………… 7581895
薪酬、保险………… 7581860
人武保卫…………… 7586732
市场经营部
部长………………… 7581821
副部长……………… 7582186
业务管理…………… 7588929
传真………………… 7582345
查号台……………… 7581262
服务热线…………… 95900
北区电话站
站长………………… 7581212
传真………………… 7581322
西区电话站
站长………………… 7580816
传真………………… 7521500
南区电话站
站长………………… 7548816
技术组……………… 7543212
东区电话站
站长………………… 7570926
传真………………… 7570929
辛店电话站
站长………………… 7535190
传真………………… 7534939
交换运行维护中心
主任………………… 7586779
技术组……………… 7586012
行政组……………… 7586013
计算机组…………… 7582349
电源运行维护中心
主任………………… 7581849
副主任……………… 7581850
集中监控机房……… 7581292
多媒体运行中心
主任………………… 7554909
技术组……………… 7554503
宽带客服中心……… 7555000

培训中心（山东化工职业学院）

办公室
主任………………… 7581156
副主任……………… 7581177
工会办……………… 7588824
文秘室……………… 7581015
档案室……………… 7589430
组织人事处（离退办）
处长………………… 7582096
离退办……………… 7581087
组织纪检…………… 7581197
人事劳资…………… 7581207
老年中心…………… 7556110
计划财务处
处长………………… 7511247
财务室……………… 7581247
教务科研处（图书馆）
处长………………… 7588237
副处长……………… 7581054
馆长………………… 7586655
网络中心…………… 7585831
学生工作处（团委）
处长………………… 7581243
副处长……………… 7581017
副处长（团委）…… 7524639
保卫处
处长………………… 7581278
北校保卫…………… 7582017
南校保卫…………… 7580605
总务处
处长………………… 7581307
书记………………… 7589926
副处长……………… 7586490
卫生室……………… 7589942
技能鉴定所
副所长……………… 7512050
计划培训科………… 7512051
鉴定考核科………… 7512052
财务管理…………… 7512053
化学工程系
主任………………… 7522867
书记………………… 7580552
教务………………… 7524969
机电工程系
主任………………… 7580430
书记………………… 7580876

教务…… 7524966

经济管理系

主任…… 7581567
书记…… 7581357
教务…… 7589887

计算机信息科学系

主任…… 7582026
书记…… 7589941
教务…… 7511731

基础教学部

书记、主任…… 7511773
教研室…… 7581774
教务…… 7586492

实训中心

主任…… 7586827
书记…… 7586408
教务…… 7586409

培训部

主任…… 7582118
书记…… 7586816
教学管理…… 7586493
课题开发…… 7511732
成人教育…… 7582102

党校教育部

主任…… 7581104
书记…… 7581669
教务…… 7581442

齐华工贸总公司

综合事务部

部长…… 7532077
副部长…… 7530921
人事劳资…… 7530732

财务部

部长…… 7530983
会计…… 7530783
出纳…… 7530893

党委工作部

部长…… 7530621
工会…… 7530563

离退休管理部

部长…… 7533854

所属各单位及改制企业

齐华股份公司

经理…… 7546860
副经理…… 7546678
办公室…… 7546825
项目部…… 7546680
财务科…… 7546831
槽车管理部…… 7546810
槽车技术部…… 7546859

齐华工程公司

经理…… 7580146
副经理…… 7523079
办公室…… 7523186
传真…… 7523088
财务…… 7523104
预算科…… 7523077

淄博齐华托盘有限公司

经理…… 7548153
副经理…… 7540335
办公室…… 7542227
传真…… 7543963
财务…… 7400669
注塑车间…… 7543921

安德利公司

经理…… 7540586

激光印刷厂

厂长…… 7542480
办公室…… 7542428
业务室…… 7542478
财务室…… 7548936

山东齐华利达建材有限公司

董事长…… 7580937
总经理…… 7524418
办公室…… 7580936
传真…… 7525181
财务…… 7580948
营销部…… 7580875
型材车间…… 7521043
门窗车间…… 7580955

淄博齐华制衣有限公司

厂长…… 7540166
经理…… 7548155
办公室（传真）…… 7543856
财务科…… 7543398
生产科…… 7541880
技术科…… 7540079
销售部…… 7543783

烟台镇泰滚塑厂

厂长…… 0535－6641555
副厂长…… 0535－6251787
传真…… 0535－6652473
财务科…… 0535－6252474
企管部…… 0535－6250843
供销科…… 0535－6252814

厦门齐华公司

经理…… 0592－2201411
办公室…… 0592－2201209
传真…… 0592－2201209
财务部…… 0592－2201207
经贸部…… 0592－2203703
驻辛办…… 0535－7535222

淄博鲁峰消防器材有限公司

财务…… 7543767
传真…… 7543006
供应科…… 7548417
销售科…… 7547693
综合商店…… 7543532

新联工贸有限责任公司

经理（党委）办公室

主任…… 7524420
打字室（传真）…… 7523650
服务室…… 7524419

综合管理部

部长…… 7523499

财务部

部长…… 7521517
会计组…… 7522963

党群工作部

部长…… 7521358

人事部

部长…… 7521817

生产管理部

副部长…… 7523489

退休办

主任…… 7555593
书记…… 7521358

山东兴鲁化工股份有限公司

经理…… 7523000
副经理…… 7580780
总工…… 7521369
经理助理…… 7580089

综合办公室

主任…… 7580697
传真…… 7580627
办公室…… 7580096
劳资管理…… 7526012
合同管理…… 7524241

生产部

部长…… 7580095
办公室…… 7525996

机动部

部长…… 7580472
办公室…… 7521265

财务部

部长…… 7580867
办公室…… 7580098

供销部

部长…… 7580597
销售组…… 7523592
供应组…… 7580093
仓库…… 7523881

盐酸车间

主任…… 7580094
副主任…… 7524521
综合组…… 7523884
中控室…… 7523591
储运站…… 7524325
液体罐区…… 7522419

氯溶剂车间

主任…… 7521918
副主任…… 7580092
技术组…… 7524030
综合组…… 7524447
中控室…… 7523840

塑料车间

主任…… 7580696
副主任…… 7580055
综合组…… 7523817

助剂车间

主任…… 7523262
副主任…… 7523317

质检室

主任…… 7580091
分析室…… 7523563

氯碱工区

经理…… 7524460
副经理…… 7523433
仪表、电气…… 7521224
办事、财务组…… 7524357
钳工、防腐…… 7521266
计调、门卫…… 7523562
电气值班室…… 7523593
木工组…… 7521480

已改制单位

山东齐隆化工股份有限公司

经理…… 7523999
行政副经理…… 7580458
生产副经理…… 7523506
经营副经理…… 7580518
财务总监…… 7521280
综合部部长…… 7521817
设备动力部部长…… 7526162
安环科科长…… 7526211
销售部部长…… 7522011
仓储中心主任…… 7524918
磅房…… 7524317
物流中心主任…… 7580856
供应部部长…… 7580461
财务部部长…… 7521280
树脂一车间主任…… 7521165
树脂二车间主任…… 7524618
树脂三车间主任…… 7580618
制萘车间主任…… 7524908
生物车间主任…… 7526311
碳十车间主任…… 7525716
中化室主任…… 7523370
维修车间主任…… 7521269
服务中心主任…… 7526214

淄博新塑化工有限公司

经理…… 7525331
生产副经理…… 7580671

行政副经理………… 7525200
经营副经理………… 7580211
经理办公室主任…… 7580797
财务科科长………… 7580296
企管科科长………… 7525719
生产管理科科长…… 7524696
质管科科长………… 7580864
市场营销一部部长… 7580508
市场营销二部部长… 7525691
市场营销三部部长… 7580797
市场营销四部部长… 7521913
热熔胶粉装置主任… 7526063
助剂一车间主任…… 7523232
助剂三车间主任…… 7524462
催化剂车间主任…… 7580521

淄博天元化工有限公司

经理……………… 7580297
副经理…………… 7580668
副经理、书记……… 7521017
综合管理科科长…… 7580295
营销中心科长……… 7522943
二氧化硫车间主任… 7524410
二氧化硫车间……… 7524412
助剂车间主任……… 7523790
助剂车间………… 7521349
气体车间主任……… 7524791
气体车间………… 7523167
机关门卫………… 7521833

淄博齐塑工贸有限公司

经理……………… 7580519
副经理…………… 7522586
综合部…………… 7580009
传真……………… 7522881
计财部…………… 7523887
销售部…………… 7523990
生产部…………… 7524389
中空车间………… 7512148
专用料车间……… 7522115
化工车间………… 7780137

山东齐鲁融汇碱业有限公司

经理……………… 7580626
副经理…………… 7580899
综合管理部部长…… 7580329
办公室传真……… 7522329
生产部部长……… 7580001
财务部部长……… 7580069
机动部部长……… 7522199
市场部部长……… 7580068
供应部部长……… 7580079
蒸发车间主任……… 7580399
包装车间主任……… 7521599

淄博公泉寓餐饮有限公司

经理……………… 7580566
财务（传真）……… 7523463
总服务台………… 7580565
话务总机………… 7580446
餐厅……………… 7523347
印务公司
经理……………… 7580566
印刷……………… 7523463

山东容百亿塑编股份有限公司

经理……………… 7226885
书记……………… 7221107
工会主席………… 7220919
主任……………… 7220909
办公室…………… 7221020
传真……………… 7225730
财务科…………… 7225697
生产科…………… 7220881
销售科…………… 7225667

淄博临淄意华工贸有限公司

经理……………… 7524776
综合部…………… 7522132
财务科…………… 7525102

催化剂齐鲁分公司

经理办公室
秘书室…………… 6860208
文书室…………… 6860010
组织科…………… 6860739
宣传科…………… 6860034
纪委监察室……… 6860034
工会……………… 6860031
团委……………… 6860032

中石化国际事业公司齐鲁经营部

综合管理部
部长……………… 7511306
合同、党群……… 7581560
行政、人事……… 7581094
财务部
部长……………… 7511309
出纳……………… 7511339
会计……………… 7581093
产品出口部
部长……………… 7581035
业务……………… 7581036
产品进口部
部长……………… 7582635
业务……………… 7582636
设备进出口部
部长……………… 7581033
业务……………… 7581034
商务中心………… 7581098
传真……………… 7368551

淄博齐鲁第一化肥有限公司

综合部
部长……………… 7548182
副部长…………… 7542831
办公室…………… 7547228
信息中心………… 7548207
传真……………… 7542880
生产部
部长……………… 7541099
副部长…………… 7542836
办公室…………… 7542546
调度台…………… 7544833
机动部
部长……………… 7542547
副部长…………… 7541106
工程调度………… 7541309
技术部
部长……………… 7541059
副部长…………… 7541107
设计室…………… 7541031
资料室…………… 7541037
企划部
部长……………… 7548585
副部长…………… 7541002
计划管理………… 7541122
合同管理………… 7541101
财务部
部长……………… 7548203
副部长…………… 7548241
人事部
部长……………… 7548184
副部长…………… 7541026
供销部
部长……………… 7548101
副部长…………… 7548208
保卫部
部长……………… 7548197
值班室…………… 7541514
造气车间
主任……………… 7544677
副主任…………… 7541110
净化车间
主任……………… 7541040
副主任…………… 7541042
合成车间
主任……………… 7542835
副主任…………… 7541115
尿素车间
主任……………… 7541054
副主任…………… 7541025
水汽车间
主任……………… 7541118
副主任…………… 7541062
塑料分厂
厂长……………… 7541073
生产厂长………… 7541075
办公室…………… 7543692
电工车间
主任……………… 7542838
生产副主任……… 7541015
供电副主任……… 7548640
仪表车间
主任……………… 7542839
副主任…………… 7548641
原料车间
主任……………… 7548745
副主任…………… 7544661
中化室
主任……………… 7542543
主任助理………… 7541007
计量收费中心
主任……………… 7541017
尿素销售公司
经理室…………… 7542727
计财部…………… 7542867
调运部…………… 7542367

山东开泰实业有限公司（腈纶实业部）

办公室
主任……………… 3576579
党群工作部
部长……………… 3576053
人力资源部
部长……………… 3576557
财务部
部长……………… 3576029
生产管理部
部长……………… 3576689
安全环保部
部长……………… 3576693
供应部
部长……………… 3576599
销售部
部长……………… 3576567
科技部
部长……………… 3576581
退管科
科长……………… 3180629

山东齐鲁石化齐泰石油化工有限公司（丙烯腈实业部）

经理办、党办
主任……………… 2990636
副主任…………… 3579155
财务处
处长……………… 3579198
财务……………… 3579117
组织人事处
处长……………… 3579120

副处长……………… 3579121
生产技术处
处长…………………… 3579127
副处长……………… 3579128
调度室……………… 3579131
值班室……………… 3579165
机械动力处
处长…………………… 3579132
副处长……………… 3579133
安全环保处
处长…………………… 3579139
副处长……………… 3579140
办公室……………… 3579141
供销处
处长…………………… 3579143
供应一……………… 3579145
供应二……………… 3579146
销售一……………… 3579147
销售二……………… 3579148
退管处
处长…………………… 3579158
办公室……………… 3579159
保卫处
处长…………………… 3579169
办公室……………… 3579161
丙烯腈车间
主任…………………… 3579010
副主任……………… 3579011
聚丙烯车间
主任…………………… 3579020
书记…………………… 3579021
糠醇车间
主任…………………… 3579030
书记…………………… 3579031
叔丁胺车间
主任…………………… 3579040
副主任……………… 3579041
泰达分公司
经理…………………… 3579050
书记…………………… 3579051
塑料厂……………… 3579055
印刷厂……………… 3579056
行政管理处
处长…………………… 3579060
副处长……………… 3579061
办公室……………… 3579062
社区管理处
处长…………………… 3579090
办公室……………… 3579091
卫生所
所长…………………… 3579070
门诊…………………… 3579071

山东齐鲁石化机械制造有限公司

经理办、党办（综合管理部）
主任…………………… 7582062
秘书…………………… 7589007
传真…………………… 7314346
人力资源部
部长…………………… 7582080
副部长……………… 7589081
党群工作部
部长…………………… 7582730
纪委监事会………… 7589015
组宣…………………… 7582088
宣团…………………… 7582088
工会…………………… 7589017
安全保卫部
部长…………………… 7582061
副部长……………… 7582737
值班室……………… 7589080
财务部
部长…………………… 7582071
出纳…………………… 7589070
成本…………………… 7582475
生产部
部长…………………… 7589145
调度室……………… 7582074
计划组……………… 7511946
技术部
部长…………………… 7582082
经营部
部长…………………… 7582067
副部长……………… 7582739
传真…………………… 7582504
质量控制部
部长…………………… 7589071
副部长……………… 7582065
物资供应部
部长…………………… 7582085
副部长……………… 7582069
设备管理部
部长…………………… 7582079
动力计量中心
主任…………………… 7582736
副主任……………… 7582733
离退办
主任…………………… 7582113
书记…………………… 7582068
办公室……………… 7582124
文化站……………… 7582726
金结一车间
主任书记…………… 7589092
副主任……………… 7589091
调度室……………… 7589093
金结二车间
主任书记…………… 7582744
副主任……………… 7589140
调度技术…………… 7589146
金工车间
主任书记…………… 7582469
副主任……………… 7589095
调度技术…………… 7589096
模具加工中心
办公室……………… 7582745
旋压封头厂
厂长…………………… 7582076
书记…………………… 7589101
副厂长……………… 7589100
生活保障中心
主任…………………… 7582729
书记…………………… 7582741
副主任……………… 7589083
齐瑞无损检测公司
经理…………………… 7582732
副经理……………… 7589077
鲁润铁路罐车公司
经理…………………… 7589170
副经理……………… 7589364
调度…………………… 7589172
恒通机车公司
经理…………………… 7589103
副经理……………… 7582066
办公室……………… 7589102
经营…………………… 7589106
戈兰德机电公司
经理…………………… 7581921
副经理……………… 7582060
办公室……………… 7582728
申元汽运公司
经理…………………… 7582740
副经理……………… 7582063
办公室……………… 7589107
利生橡胶公司
经理…………………… 7582742
财务…………………… 7512115
生产经营…………… 7589932
惠达华峰公司
经理…………………… 7582072
副经理……………… 7582458
综合…………………… 7582459
化工厂……………… 7582457
锻件厂……………… 7589023
密封垫厂…………… 7588854
齐腾达建安公司
经理…………………… 7582461
塑钢门窗厂………… 7586488
中空玻璃厂………… 7586869
宏远冶炼公司
经理…………………… 7582465
经营…………………… 7582464

山东齐鲁石化工程有限公司

综合管理部
部长…………………… 7556320
综合管理…………… 7556619
传真…………………… 7552222
人力资源部
部长…………………… 7556192
人力资源管理……… 7556931
薪酬管理…………… 7556231
综合管理…………… 7556931
财务资产部
部长…………………… 7552399
总账报表管理……… 7556153
收入核算管理……… 7556153
成本核算管理……… 7556153
费用核算管理……… 7556133
出纳管理…………… 7556133
市场部
部长…………………… 7556235
经营…………………… 7556222
合同管理…………… 7556222
信息管理…………… 7556222
项目控制部
部长…………………… 7534410
设计管理…………… 7551404
工程管理…………… 7556317
技术质量部
部长…………………… 7556752
技术支持…………… 7556773
技术管理…………… 7556773
工程质量管理……… 7556773
勘察、设计质量管理
……………………… 7556773
HSE 管理 …………… 7556773
党群工作部
部长…………………… 7556795
组织纪检…………… 7552333
宣传团委…………… 7556275
工会人武…………… 7556271
设计党总支
书记…………………… 7551346
工艺设计室
主任…………………… 7534094
传真…………………… 7551340
设备设计室
主任…………………… 7551405
电控设计室
主任…………………… 7534074
土建、公用工程设计室
主任…………………… 7534024
副主任……………… 7534084

传真…………………… 7534419
采购招标中心
经理…………………… 7552426
工程党总支书记
…………………………… 7556270
项目管理分公司
经理…………………… 7556512
副经理………………… 7556531
监理分公司
经理…………………… 7556527
副经理………………… 7536152
办事员………………… 7556530
青岛分公司
经理…………………… 7556237
副经理………………… 7534884
勘察测量分公司
经理…………………… 7533684
副经理………………… 7533045
造价咨询分公司
经理…………………… 7551342
副经理………………… 7551407
信息中心
主任…………………… 7551348
计算机站……………… 7534402
情报资料……………… 7534422
档案…………………… 7556037
三元商社
经理…………………… 7552598
事务部………………… 7552529
翻译部………………… 7552532
物业管理分公司
经理…………………… 7536768
总支书记……………… 7556930
副经理………………… 7556632
综合主管……………… 7536974
财务主管……………… 7556596
行政主管……………… 7536155
淄博生辉工贸有限公司
办公室………………… 7534903
齐工建筑安装有限公司
经理…………………… 7557669
副经理………………… 7557887
书记…………………… 7536170
办公室………………… 7536360
淄博齐工众信工贸有限公司
总经理………………… 7556489
副总经理……………… 7538777
总会计师……………… 7536156
综合管理部…………… 7534423
办公室………………… 7556469
物业管理部…………… 7534406
印务中心……………… 7534405
车队…………………… 7551349
汽修厂………………… 7360336
矿泉水厂……………… 7081853
招待所………………… 7553878
润沣经贸分公司
办公室………………… 6092978
淄博齐鲁广厦实业开发有限公司
总经理………………… 7557168
常务副总经理………… 7581552
副总经理……………… 7534912
综合管理部…………… 7534910
财务资产部…………… 7536154
工程管理部…………… 7534911
物业管理部…………… 7536577
淄博齐鲁乙烯鲁华化工有限公司
办公室………………… 7526059
经营部………………… 7580585
财务部………………… 7580387
生产技术部…………… 7522842
综合部………………… 7523764

淄博齐翔石油化工集团有限公司

综合管理部
部长…………………… 7548729
副部长（党群）……… 7548791
企业管理、传真……… 7548233
计算机、法律事务
…………………………… 7542486
治安办………………… 7543304
人力资源部
部长…………………… 7549183
副部长………………… 7549310
劳资…………………… 7548576
监察室………………… 7549050
财务部
部长…………………… 7549699
副部长………………… 7546607
结算中心……………… 7545377
生产管理部
部长…………………… 7544901
副部长………………… 7546559
科技开发部
部长…………………… 7548069
供应部
部长…………………… 7548164
副部长………………… 7544598
工程部
部长…………………… 7545384
副部长………………… 7544718
市场部
部长…………………… 7546788
副部长………………… 7548070
传真…………………… 7540401
计量中心
主任…………………… 7548910
计量统计……………… 7549055
信息中心
主任…………………… 7544571
腾达公司甲乙酮厂
厂长、书记…………… 7549173
副厂长………………… 7549525
腾达公司有机厂
厂长、书记…………… 7546002
副厂长………………… 7547334
惠达公司
经理、书记…………… 7542061
副经理………………… 7548550
办公室………………… 7546804
翔达公司
经理、书记…………… 7543030
副经理………………… 7540307
样东公司
经理、书记…………… 7542529
副经理………………… 7549970
综合办公室…………… 7542530
工程公司
经理、书记…………… 7548054
副经理………………… 7542406
办公室………………… 7544434
齐乐公司
经理…………………… 7548394
维修队长……………… 7548856
退管办
主任…………………… 7549975
书记…………………… 7544241
综合办………………… 7544242
宾馆
经理…………………… 7544869
财务…………………… 7544440
总台…………………… 7544432
传真…………………… 7545529
物业公司
经理、书记…………… 7548907
副经理………………… 7544215
办公室………………… 7544977
双兴公司
经理…………………… 7402598
董事…………………… 7401977
办公室………………… 7401729
财务…………………… 7400288
供销…………………… 7400208
胜发公司
经理…………………… 7501429
董事…………………… 7506210
财务…………………… 7503524
三鹏公司
经理…………………… 7831318
董事…………………… 7822729
财务…………………… 7830025
易丰化工厂
厂长…………………… 7543142
书记…………………… 7543447
生产厂长……………… 7548557
经营厂长……………… 7548912
办公室………………… 7548901
生产技术部…………… 7542047
财务部………………… 7546594
供销部………………… 7544236
综合部………………… 7543674
市场部………………… 7544959
机动部………………… 7544273
质检科………………… 7549285
炼胶车间……………… 7546595
化工车间主任………… 7543728
纺器车间……………… 7544237
包装材料车间………… 7546783

齐鲁石化医院集团

急用电话
总值班………………… 7581041
120 急诊 ……………… 7180783
急诊抢救室…………… 7536164
急诊主任办…………… 7534431
急诊护士办…………… 7581049
救护车值班…………… 7535228
治安值班室…………… 7535614
党群工作部
部长…………………… 7556033
主任…………………… 7552199
办公室………………… 7536363
工会…………………… 7531957
团委…………………… 7534582
医疗护理部
部长…………………… 7534262
医务科………………… 7581891
病案室………………… 7531951
护理部………………… 7531952
院感办………………… 7536632
病案评审……………… 7536149
供应室………………… 7536166
人力资源部
部长…………………… 7539007
人事科………………… 7534765
科教科………………… 7533108
回访办………………… 7533040
计财部
部长…………………… 7555845
会计组………………… 7539205
成本组………………… 7539057
收入材料……………… 7539572
信息组………………… 7539993

住院处…………… 7534157
住院处办………… 7534200
医保结算………… 7534158
计划设备科……… 7537790
社会事业部
部长……………… 7533159
副部长…………… 7581043
安保科…………… 7539361
监控室…………… 7535025
消防值班………… 7535290
行管组…………… 7556107
文化协会………… 7536378
信息中心
主任……………… 7530488
形象策划主任…… 7537900
学术厅…………… 7533523
信息中心办……… 7537301
统计室…………… 7533860
图书室…………… 7536265
远程会诊………… 7554442
采购中心
主任……………… 7536357
药库……………… 7533714
计划保管………… 7533024
地下仓库………… 7533903
门诊部
主任……………… 7581043
门诊部…………… 7537548
挂号室…………… 7536367
急诊收费………… 7537049
门诊收款………… 7535691
保健病房
干部保健办……… 7536165
心内科护办……… 7536169
预防保健科
主任……………… 7534516
护士办…………… 7535931
预防保健门诊…… 7536994
防疫组…………… 7537985
感染病房
主任……………… 7536445
二楼医护办……… 7536444
胜利医院
炼厂总机………… 7577204
院长……………… 7572750
副院长…………… 7572751
财务……………… 7573905
办公室…………… 7576400
医护办 ………… －8005
急诊室…………… 7579113
蜂山门诊部
主任、书记……… 7548826
办公室、财务…… 7543762
急诊室…………… 7543726
香山医院
院长……………… 7542405
办公室…………… 7542107
实业公司
经理……………… 7539590
副经理…………… 7530498
实业财务………… 7533223
印刷厂…………… 7536182
珍味源饭店……… 7536971

齐鲁公安局

局值班室………… 7562117
局门卫室………… 7562118
指挥中心
主任……………… 7562121
副主任…………… 7562122
政治部
主任……………… 7562109
副主任…………… 7562131
人事科
科长……………… 7562135
副科长…………… 7562136
办公室…………… 7562137
宣教科
副科长…………… 7562138
办公室…………… 7562140
机关党委
专职副书记……… 7562142
办公室…………… 7562143
纪委工会督察
纪委书记、工会主席、督察长
……………………… 7562108
纪委副书记、副督察长
……………………… 7562144
装备财务科
科长……………… 7562149
副科长…………… 7562150
办公室…………… 7562151
法制科
科长……………… 7562160
办公室…………… 7562161
户籍科
科长……………… 7562163
办公室…………… 7562164
警卫科
科长……………… 7562165
办公室…………… 7562166
经文保科
科长……………… 7562131
办公室…………… 7562167
治安支队
支队长…………… 7562170
副支队长………… 7562171
办公室…………… 7562172
网络监察支队
政委……………… 7562181
副支队长………… 7562180
办公室…………… 7562183
刑侦支队
支队长…………… 7562201
政委……………… 7562202
经侦支队
支队长…………… 7562221
政委……………… 7562222
副支队长………… 7562223
值班室…………… 7562225
消防支队
支队长…………… 7562241
政委……………… 7562242
值班室…………… 7562250
交巡警支队
支队长…………… 7562251
政委……………… 7562252
值班室…………… 7562264
拘留所
所长……………… 7562271
教导员…………… 7562272
值班室…………… 7562276
东区分局
局长……………… 7562301
政委……………… 7562302
副局长…………… 7562303
分局值班室……… 7562329
指挥中心主任…… 7562306
西区分局
局长……………… 7562401
政委……………… 7562402
副局长…………… 7562403
分局值班室……… 7562430
指挥中心主任…… 7562405
北区分局
局长……………… 7562501
政委……………… 7562502
分局值班室……… 7562517
齐都保安服务中心
经理……………… 7562288
副经理…………… 7562286
值班室…………… 7562283

中国石化化工销售北京分公司

驻齐鲁石化办事处
主任……………… 7554717
副主任…………… 7554127
综合及销售服务组
……………………… 7553425
计划信息组……… 7554150
合成树脂组……… 7581962
橡胶、有机化工组
……………………… 7554852
山东兴华有限责任会计师事务所
所长……………… 6091778
传真……………… 7325799

山东齐鲁盛华房地产有限责任公司

公司领导
董事长…………… 7517858
副董事长………… 7516045
副经理…………… 7517037
财务总监………… 7518177
综合部…………… 7516405
传真……………… 7516114
物业公司
经理……………… 7516409
齐都花园服务中心
……………………… 7516016
山东天辰股份有限公司
董事长…………… 7576666
办公室传真……… 7579999
财务经理………… 7579777
生产经理………… 7578777
办公室…………… 7576999
山东齐鲁武峰塑料制品有限公司
总机……………… 7580080
总经理…………… 7580077
董事长办公室…… 7580729
财务部…………… 7580082
销售部…………… 7580800
山东齐鲁增塑剂股份有限公司
总机……………… 7523868
办公室…………… 7580688
传真……………… 7524666
销售公司………… 7580764
供应公司………… 7524391
运输公司………… 7522222
企管部…………… 7524513
财务部…………… 7580765
发展办…………… 7521714
生产技术部……… 7525428
设备管理科……… 7525458
调度……………… 7523867
山东环海石油化工有限公司
财务部…………… 7589834
市场部…………… 7582336
综合部…………… 7589832
隆力得…………… 7589831
物流公司………… 7589803
罐区……………… 7525168
碱厂……………… 7580849

山东兴亚新材料股份有限公司
董事长…………7525800
总经理…………7525700
副总经理…………7525669
财务总监…………7525676
销售经理…………7525767
供应经理…………7525661
办公室主任…………7525720
齐鲁伊士曼精细化工有限公司
总机…………7512800
经理办公室…………7512705
传真…………7512708
客户服务部…………7512727
采购部…………7512829
人事行政部…………7512850
淄博奥思达、奥齐办公室电话
总经理办公室…………7577333
奥思达生产办…………7575308
奥思达办公室…………7570333
奥思达国贸部…………7578333
奥思达财务…………7575303
奥思达保管…………7572308
奥齐办公室…………7572333
奥齐生产办…………7575333

19. 上海高桥石油化工公司

地址：上海市浦东大道3000号　　邮政编码：200129　　公网区号：021

公司机关

公司经理室
经理…………－22208
经理办…………58712902
总值班室…………58712902
经理办公室
主任…………－22302
秘书…………－22301
接待…………－22106
外事办公室
主任…………－21110
小车班…………－20105
电话间…………－22225
党委书记室
主任…………－22102
办公室…………－22104
秘书…………－22101
发展计划处
处长…………－21709
规划…………－21723
…………－21726
系统…………－21708
投资…………－21707
…………－21744
综合计划部
处长…………－21809
计划…………－21824
…………－21827
统计…………－21828
…………－21855
财务处
处长…………－21731
会计…………－21754
…………－21751
审计处
处长…………－21309
经济效益…………－21348
工程审计…………－21346
…………－21308
生产调度处
处长…………－20542
生产调度…………20523
…………－20525
生产计划…………－20532
动力调度…………－20531
调度机房…………－29999
设备处
处长…………－20609
工程…………－20611
…………－20633
设备…………－20631
…………－20628
动力…………－20669
备品…………－20626
…………－20635
计量…………－20630
…………－20636
安全环保处
处长…………－20664
安全管理…………－20663
安全监督…………－20665
安全教育…………－20662
技术质量处
处长…………－20810
工艺炼油…………－20846
工艺化工…………－20855
质量…………－20849
人力资源处
处长…………－21510
事务管理中心处
主任…………－32150
办公室…………－32656
治安…………－32659
生产保卫…………－32557
公司门卫…………－28601
收发室…………－20141
多经处
处长…………－21310
…………－21315
企管…………－21320
资产经营…………－21331
…………－21313
调研策划…………－21325
…………－21324
宣传部
部长…………－21605
办公室…………－21663
…………－21659
纪委
纪委书记…………－22013
办公室…………－22041
…………－22042
组织人事
处长…………－21910
组织…………－21950
任免…………－21949
科技干部…………－21927
老干部…………－21930
公司工会
主席…………－22107
…………－22009
生活女工…………－22036
生产部…………－22027
文体部…………－22008
退管会…………－22046
办公室…………－22044
公司团委
书记…………－21612
办公室…………－21637
机关党委工会
书记…………－21906
办公室…………－21905
工会…………－21922

炼油事业部

总机…………58611060
经理…………－32201
书记…………－32291
综合管理办…………－32288
…………－32694
党群工作部…………－32291
生产运行部…………－32228
设备动力部…………－32006
技术与开发部…………－32247
驻事业部核算部…………－32808
市场部…………－32845

化工事业部

总机…………58610099
经理…………－42111
书记…………－42000
综合管理办…………－42123
…………－42124
党群工作部…………－42301
生产运行部…………－43101
设备动力部…………－44101
技术与开发部…………－43201
驻事业部核算部…………－42601
市场部…………－42901

精细化工厂

总机…………58611682
经理…………－55001
书记…………－55002
综合管理办…………－55006
党群工作部…………－55003
生产运行部…………－55057
设备动力部…………－55034
技术与开发部…………－55077
驻事业部核算部…………－55019
市场部…………－55199

聚氨酯事业部

总机…………58613697
经理…………－62201
书记…………－62203
综合管理办…………－62205
党群工作部…………－62223
生产运行部…………－62288
设备动力部…………－62208
技术与开发部…………－62368
驻事业部核算部…………－62219
市场部…………－62279

热电事业部

总机…………58610076
经理…………－77300
书记…………－77331
综合管理办…………－77305

党群工作部………… －77357
生产运行部………… －77137
设备动力部………… －77188
技术与开发部……… －77108
驻事业部核算部…… －77366
市场部…………………… －77018

供应销售部

经理……………………… －82308
主任……………………… －82304
……………………………… －82309
办公室…………………… －82307
市场部…………………… －82316
采购部…………………… －82341
计划部…………………… －82295
燃化部…………………… －82241
储运部…………………… －82351

职工培训中心

主任……………………… －34280
办公室…………………… －34284
培训部…………………… －34087
教务部…………………… －34281

高化宾馆

经理室…………………… －28880
办公室…………………… －28881

总机 ……………… 58612861

20. 金陵石油化工有限责任公司

地址：江苏省南京市龙蟠路151号　　邮政编码：210037　　公网区号：025

公司机关

经理（外事）办公室
主任 ……………… 58981999
副主任 …………… 58980594
……………………… 58977761
秘书科 …………… 58977751
综合科 …………… 58986908
接待科 …………… 58977132
总值班室 ………… 58989318
党委办公室
主任 ……………… 58977671
人力资源处
处长 ……………… 58982999
财务资产部
部长 ……………… 58977254
企业管理处
处长 ……………… 58977357
法律事务室
副主任 …………… 58977397
技术质量处
处长 ……………… 58987909
生产计划处
处长 ……………… 58981340
总调度室 ………… 58980354
机动处
处长 ……………… 58988066
安环处
处长 ……………… 58980158
发展项目处
处长 ……………… 58989204
审计处
处长 ……………… 58980489
保卫处
处长 ……………… 58977377

直属单位

物资装备中心
主任 ……………… 58986880
销售中心
主任 ……………… 58980460
信息中心
主任 ……………… 58987958
消防支队
队长 ……………… 58977385
行政管理中心
主任 ……………… 58977416
教育培训中心
主任 ……………… 58979321
项目管理中心
副主任 …………… 58981752
离退休管理中心
主任 ……………… 58977665
炼油厂
厂长 ……………… 58989472
烷基苯厂
厂长 ……………… 58975203
化工一厂
厂长 ……………… 58976505
化肥联合车间
主任 ……………… 58971771
热电联合车间
主任 ……………… 58970543
油品分厂
主任 ……………… 58989654
一联合车间
主任 ……………… 58989302
二联合车间
主任 ……………… 58983350
公用工程联合车间
主任 ……………… 58980147
催化裂化车间
主任 ……………… 58989351
重油催化车间
主任 ……………… 58984935
二套常减压车间
主任 ……………… 58989205
连续重整车间
主任 ……………… 58989934
焦化车间
主任 ……………… 58982684
气体分离车间
主任 ……………… 58989343
铂重整车间
主任 ……………… 58985326
管网车间
主任 ……………… 58980965
净水车间
主任 ……………… 58989341
硫磺车间
主任 ……………… 58985726
综合利用车间
主任 ……………… 58989262
质检中心
主任 ……………… 58989453
研究中心
主任 ……………… 58989231
计量管理所
所长 ……………… 58980954
计量中心
主任 ……………… 58980920
情报档案室
主任 ……………… 58980244

21. 茂名石油化工公司

地址：广东省茂名市红旗北路2号　　邮政编码：525011　　公网区号：0668

经理办公室
主任……………………… 2233966
综合科…………………… 2246009
综合管理处
综合科…………………… 2248553
财务处
内控科…………………… 2244068
企业管理处
综合科…………………… 2244063
组织部
综合科…………………… 2242586
纪委监察处
办公室…………………… 2242282
保卫处
综合科…………………… 2248675
武装部
综合科…………………… 2243482
宣传部
宣传科…………………… 2248285
工会
办公室…………………… 2243031
团委、组织部………… 2248390
机关党委
办公室…………………… 2242731
离退休人员管理处
办公室…………………… 2245236
社会保险管理处
业务室…………………… 2231605
工程项目经理部
综合管理部…………… 2238378
职工培训中心
综合科…………………… 2244643

机关事务中心
综合科……2243514

动力厂
办公室……2240000

港口分部
办公室……2241039

铁运分部
办公室……2242606

22. 天津石油化工公司

地址：天津市大港区北围堤路（西）160 号　　邮政编码：300271　　公网区号：022

公司机关

总经理办公室
主任……63807262
秘书科……63804611
调研科……63804585
接待科……63804789
传真……25990747

信访办
信访办……63804622

法律事务部
部长……63804613
合同管理……63804215
诉讼事务……63804606
法律事务……63804303

发展规划部
部长……63804664
总图……63804990
……63804666
投资……63804662
规划……63804663

生产部
部长……63804640
综合管理……63804642
生产管理……63804545
动力管理……63804641
调度主任室……63804639
总调度室……63804636
电力管理……63804359
MES 管理……63805850

技术质量部
部长……63804650
综合管理……63804652
技术创新……63804603
质量……63804656
工艺……63804655
计量……63804677

计量中心
主任……63804422
综合办……63804124
技术……63804137
生产……63804178

安全环保部
部长……63805209
综合管理……63804647
劳保……63804696
监督管理……63804699
环保管理……63804682
安全技术管理……63804694
危化管理……63804697
职业卫生管理……63803810

环保监测中心
主任……63803665

设备管理部
部长……63807533
综合管理……63804559
管理……63804583
资产……63804558
备件……63804531
工程……63804680
预算……63804674
电仪……63804672

财务部
部长……63804726
综合管理……63804792
资金……63804875
资产……63804883
会计……63804788
成本……63804718
机关经费……63804722
价税……63804497
人事……63803639
内控……63804885

计划部
部长……63804625
综合计划……63804681
生产计划……63804629
经营结算……63802395
原油采购……63804624
原油营运……63804645
综合统计……63804634

市场部
部长……63804869
综合管理……63804318
统配管理……63804306
统销管理……63804210
物流管理……63804326
物资管理……63804211

销售中心
综合办……63807270

企业管理部
部长……63805819
综合管理……63804892
企划……63804890
绩效考核……63805973
三基工作……63805974
体系管理……63803681

工程部
部长……63804477
综合管理……63804487
工程计划……63804340
招标管理……63804335
设计管理……63804336
消防管理……63804339

质量监督站
站长……63804280

信息管理部
部长……63804627
综合管理……63803188
档案……63804351
修志办……63804754
编辑……63804996
计算机管理……63804960
信息……63804757
网络管理……63804129
计算机维护……63804182
软件开发 IT 培训
……63805228
通信……63803225

ERP 支持中心
主任……63804107
ERP 业务支持……63803200
ERP 管理办……63804961

人力资源部
部长……63804301
综合管理……63805988
劳动组织……63804688
培训开发……63804828
技术干部管理……63804687
薪酬管理……63804094
社会保险……63804605

社保中心
主任……62080787

工程造价中心
部长……63805818
综合管理……63805829
合同管理……63805869
建筑科……63805876
安装科……63805896

审计部
部长……63804880
综合……63804343
工程审计……63804748
财务收支……63804290
经营审计……63804599
经营责任审计……63804887
多经审计……63804748

综合管理部
部长……63804668
综合管理……63803675
计划生育……63803105
人民武装……63804830
交通安全……63803847
治安保卫……63804800
综合治理……63804851

外事部
部长……63804770
综合管理……63804771
外联……63804773
翻译……63804774
项目合同……63804797

党委办公室
主任……63804802
保密专项……63804839
秘书……63801003
综合……63804855
调研……63803716

组织部（干部部）
部长……63804098
综合管理……63804003
组织管理……63804857
统战管理……63804006
干部管理……63804009

纪委（监察部）
部长……63804860
综合办……63804861
效能监察室……63804862
案件室……63804863

党委宣传部
部长……63804760
综合办……63804744

新闻中心
主任……63803251
记者站……63804761
报社……63804745

工会
副主席……63804840
综合办……63804841

基层工作部 ········ 63804803
宣教文体部 ········ 63804847
职工文化宫 ········ 62084376

团委

书记 ················ 63804867
综合办 ·············· 63804859

综合管理处

副部长 ·············· 63804476
······················ 63804685
综合管理 ············ 63803659
······················ 63803053
多经管理 ············ 63804891
集体资产管理 ······ 63804897
改革改制 ············ 63803040
预留费用管理 ······ 63804689

生产经营管理处

副部长 ·············· 63804348
销售管理 ············ 63804394
计划管理 ············ 63804368
物资管理 ············ 63804394
设备管理 ············ 63804549
统计管理 ············ 63803046

财务资产处

副部长 ·············· 63804511
综合管理 ············ 63804886
资产管理 ············ 63803148
成本管理 ············ 63804791
资金管理 ············ 63803641
会计管理 ············ 63804719
结算管理 ············ 63803633
内控管理 ············ 63804729
报表管理 ············ 63803625

二级单位

聚醚部

经理 ················ 24377959
书记 ················ 24378805
办公室 ·············· 2437862
传真 ················ 24373262

离退中心

主任 ················ 62083643
办公室 ·············· 62083664
传真 ················ 62088449

西青管理处

主任 ················ 87953766
办公室 ·············· 87953795
传真 ················ 27950637

华益物业

经理 ················ 62084400
书记 ················ 62084416
办公室 ·············· 62084411
传真 ················ 62087403

天华宾馆

经理 ················ 63804806
书记 ················ 63804818
办公室 ·············· 63804778
传真 ················ 63802888

23. 扬子石油化工有限责任公司

地址：江苏省南京市大厂区新华路777号　　邮政编码：210048　　公网区号：025

党委办公室

主任 ················ 57784413
秘书 ················ 57782285

宣传部

部长 ················ 57784590
宣传教育科长 ······ 57783190
统战办公室 ········ 57782435
石化报记者站（外宣科）
······················ 57782007
扬子电视台台长
······················ 57786545
扬子报总编 ········ 57785437

纪律检查委员会（监察）

副书记 ·············· 57771598
办公室 ·············· 57771130

工会

副主席 ·············· 58560966
办公室主任 ········ 57782015
传真 ················ 57784193
生产部长 ············ 57787249
女工部长 ············ 57783685
宣教部长 ············ 57784371
组织民管部长 ······ 57783691
文体部长 ············ 57771123
生活部长 ············ 57784487

团委

书记 ················ 57784057
办公室 ·············· 57783256

机关党委

书记 ················ 58560688
办公室 ·············· 57784061

人民武装部

部长 ················ 57784059
办公室 ·············· 57783281

组织部、干部处

处长 ················ 58560688
组织科 ·············· 57786165
干部科 ·············· 57785751

发展计划部

部长 ················ 57783342
副部长 ·············· 57784451
办公室 ·············· 57782320

生产经营管理部

副部长 ·············· 57784053
市场信息科 ········ 57782783

财务部

部长 ················ 57785298
副部长 ·············· 58561169
办公室 ·············· 57782158

科技信息部

部长 ················ 57782942
科技管理科长 ······ 57782755

人力资源处

处长 ················ 57784051
副处长 ·············· 57787312
······················ 57784738
绩效考核和现代化管理科长
······················ 57784550

审计处

处长 ················ 57786951
办公室 ·············· 57782744

保安部

部长 ················ 57784537
政委 ················ 57782344
综合管理科 ········ 57783703

消防支队

支队长 ·············· 58561660
政委 ················ 57784355
办公室 ·············· 57782040
支队值班室 ········ 57782515

科技档案资料馆

处长 ················ 57787083
综合翻译科长 ······ 57784063

合资外事处

处长 ················ 57784678
副处长 ·············· 57771052
······················ 57787795
办公室 ·············· 57783297

生产技术运行部

部长 ················ 57785317
副部长 ·············· 57771395
······················ 57786569
办公室 ·············· 57785909

HSE 部处

处长 ················ 57782483
副处长 ·············· 57771945
管理科长 ············ 57787495

机械动力处

处长 ················ 57783974
······················ 57785583
······················ 57784027
办公室 ·············· 57786035

热电厂

党委书记 ············ 57783304
党委办公室 ········ 57783540
纪委办公室 ········ 57782009
组织科办公室 ······ 57782107
宣传科办公室 ······ 57782932
工会主席 ············ 57782143
团委办公室 ········ 57782240
厂长 ················ 57782688
副厂长 ·············· 57788715
······················ 57783130
副总工 ·············· 57787501
······················ 57771169
厂办主任 ············ 57783533
厂办公室 ············ 57786271
人教科长 ············ 57782533
计划财务科长 ······ 57783330
行政保卫科长 ······ 57782939
调度科长 ············ 57783414
调度台 ·············· 57782013
安监科长 ············ 57782193

机动科长 ………… 57784127
物资装备科长 …… 57771165

水厂

党委书记 ………… 57783921
党委办公室 ……… 57783253
纪委办公室 ……… 57785927
工会主席 ………… 57782500
厂长 ……………… 57784709
副厂长 …………… 57782616
……………………… 57782922
厂办主任 ………… 57782970
人教科长 ………… 57783822
计划财务科长 …… 57783864
调度科长 ………… 57782998
调度 ……………… 57773229
安监科长 ………… 57782926
机动科长 ………… 57784107
生产科长 ………… 57783823
行政保卫科长 …… 57786309
物资装备科长 …… 57784109

运输公司

党办主任 ………… 57783062
纪委办公室 ……… 57785349
工会主席 ………… 57784129
经理 ……………… 57785993
副经理 …………… 57782775
……………………… 57782246
副总经济师 ……… 57786065
物业分公司经理
……………………… 57782934
人事行政部长 …… 57782537
生产经营部长 …… 57788075
机动部长 ………… 57784821
HSE 部长 ………… 57785239

检修安装公司

党委书记 ………… 57784135
党办主任 ………… 57783387
纪委书记 ………… 57782741
宣传科长 ………… 57782223
工会主席 ………… 57786685
团委书记 ………… 57783390
经理 ……………… 57782197
副经理 …………… 57786479
人事行政部长 …… 57784510
财务经营部长 …… 57783565
生产部长 ………… 57783381
设计实验检测中心 57783305

经营开发公司

经理 ……………… 57771208
……………………… 57784505
副总会计师、财务部主任
……………………… 57782911
经理办主任 ……… 57785097
计经部主任 ……… 57771270
开发部主任 ……… 57784221

国际事业公司

经理 ……………… 58560701
……………………… 58560702
经理办主任 ……… 58560703
化工部经理 ……… 58560968
设备部经理 ……… 58560926
市场开发部经理… 58561029
财务部经理 ……… 58560920

上海实业公司

经理 ……………… 57775818
经营一部 ………… 57784541
经营二部 ………… 57785359

扬子宾馆

经理 ……………… 57784300
副经理 …………… 57785859
办公室 …………… 57783282
总服务台 ………… 57783214

南京扬子石化信息技术有限责任公司

经理 ……………… 57787007
副经理 …………… 57771369
办公室主任 ……… 57787015
办公室 …………… 57783238
值班室 …………… 57787017
施工管理站长 …… 57778866
固定站长 ………… 57783322
移动站长 ………… 57784849
生产部主任 ……… 57791048
计算站长 ………… 57781999
市场部主任 ……… 57786099
物资供应站长 …… 57784391

实业总公司

党委副书记、副总经理
……………………… 58561012
副总经理 ………… 57784647
经理办主任 ……… 57785797
办公室 …………… 57782837
党委办公室 ……… 57787311
人事部副主任 …… 57787289
生产经营部副主任 57784787
生产科长 ………… 57787313
资产财务部副主任
……………………… 57784720

南京扬子石化工贸有限责任公司

党委书记 ………… 57788650
经理 ……………… 57784468
副经理 …………… 57782212
行政人事部主任 … 57782234
计划财务部主任 … 57783070
生产安全部主任 … 57782295

炼化公司

党委书记 ………… 57771379
党群工作部主任 … 57787093
经理 ……………… 57787882
副经理 …………… 57771381
……………………… 57784771
副总工 …………… 57787881
副总经济师 ……… 57784255
人事行政部主任 … 57787265
财务部主任 ……… 57787457
安全生产部主任 … 57784859
营销部主任 ……… 57784257
机动部主任 ……… 57785409

金扬实业公司

政工部主任 ……… 57782787
经理 ……………… 57784227
副经理 …………… 57786825
经理办主任 ……… 57784137
办公室 …………… 57782797
人力资源部主任 … 57782864
财务部主任 ……… 57786121
物业管理部主任 … 57782811
工程部主任 ……… 57782504
生产部主任 ……… 57784139

塑料化工有限责任公司

党委书记 ………… 57782154
党办主任 ………… 57783447
党委办公室 ……… 57785443
经理 ……………… 57784027
副经理 …………… 57783205
副总工 …………… 57784223
副总经济师 ……… 57784437
经理办主任 ……… 57782333
经理办文秘 ……… 57784157
人力资源部主任 … 57782631
计划财务部主任 … 57782628
生产管理部主任 … 57782150
供应部主任 ……… 57784447
销售部主任 ……… 57784648

客运公司

党委书记 ………… 57782695
政工办 …………… 57788304
经理 ……………… 57785155
副经理 …………… 57787419
经理办主任 ……… 57784251
办公室 …………… 57787409
财务科长 ………… 57787401
安全科长 ………… 57787921
供应科长 ………… 57786171
机动科长 ………… 57786051

扬子石化工程有限责任公司

党办主任 ………… 57782965
纪委书记 ………… 57782847
工会主席 ………… 57784439
工会办公室 ……… 57785577
经理 ……………… 57784199
副经理 …………… 58560212
……………………… 57784209
……………………… 57784033
……………………… 57782478
……………………… 57787529
副总工程师 ……… 57784529
人事行政部长 …… 57782877
财务部长 ………… 57785187
设计部长 ………… 57785979
经营计划部长 …… 57783289
质量安全部长 …… 57782217
工程项目部长 …… 57787527
监理部长 ………… 57783874
采购部长 ………… 57771040
院办主任（设计）
……………………… 57782921
传真（设计） …… 57784452
设计部主任（设计）57782353
经营部主任（设计）57787113
财务部主任（设计）57787211
质量技术部主任（设计）
……………………… 57786861
行政部主任（设计）57789015
工艺主任（设计）…57783600
公用工程主任(设计)57786305
设备主任（设计）…57783630
土建主任（设计）…57782049
电控主任（设计）…57787105

24. 巴陵石油化工有限责任公司

地址：湖南省岳阳市云溪区　邮政编码：414007　公网区号：0730

总值班室
……………… 8492348（昼）
……………… 8492127（夜）
总调度室
…………………… 8493273
…………………… 8493899
总经理办公室
…………………… 8499976
…………………… 8492255
综合计划部
…………………… 8493345
…………………… 8493350
…………………… 8498901
企业管理部
…………………… 8492585
…………………… 8493084
生产管理部
…………………… 8492271
…………………… 8493787
…………………… 8495971
设备能源部
…………………… 8492030
…………………… 8491822
…………………… 8492217
安全环保部
…………………… 8492557
…………………… 8492391
…………………… 8495171
市场营销部
…………………… 8493827
…………………… 8496562
…………………… 8492262
科技发展部
…………………… 8493873
…………………… 8471215
工程建设部
…………………… 8492691
…………………… 8492635
财务资产部
…………………… 8492926
…………………… 8492758
审计部
…………………… 8493277
…………………… 8493089
干部部（党委组织部）
…………………… 8493636
…………………… 8493585
人事教育部
…………………… 8492276
…………………… 8496885
信息管理部
…………………… 8492601
…………………… 8492609
社区管理部
…………………… 8493164
…………………… 8491067
保卫部（综治办、610办）
…………………… 8493396
…………………… 8494749
党委宣传部（统战部）
…………………… 8492152
…………………… 8493215
纪委
…………………… 8495327
…………………… 8498656
…………………… 8492154
工会
…………………… 8493814
…………………… 8492915
…………………… 8492069
团委
…………………… 8493879
烯烃事业部
…………………… 8493622
…………………… 8493620
环已酮事业部
…………………… 8493613
…………………… 8491932
合成橡胶事业部
…………………… 8493681
…………………… 8499294
环氧树脂事业部
…………………… 8492008
…………………… 8492344
已内酰胺事业部
…………………… 8503417
…………………… 8503421
化肥事业部
…………………… 8537298
…………………… 8536767
供排水事业部
…………………… 8493851
…………………… 8470197
热电事业部
…………………… 8497426
…………………… 8492824
动力事业部
…………………… 8537168
…………………… 8537180
供销部
…………………… 8492968
…………………… 8493807
物资装备部
…………………… 8491112
…………………… 8497300
技术中心
…………………… 8493675
…………………… 8493609
岳化社区管理中心
…………………… 8492819
…………………… 8492860
城区社区管理中心
…………………… 8501289
…………………… 8501290
职工培训学校（党校）
…………………… 8493251
…………………… 8492388
金石集团
…………………… 8822381
…………………… 8822375
隆兴实业公司
…………………… 8495855
…………………… 8495306

25. 长岭炼油化工有限责任公司

地址：湖南省岳阳市云溪区　邮政编码：414012　公网区号：0730

办公室
主任……………… 8451129
经营管理部
经理……………… 8452675
工程处
处长……………… 8451173
财务资产部
经理……………… 8451999
企业改革部
经理……………… 8451103
人力资源部
经理……………… 8451737
审计处
处长……………… 8451948
党委办
主任……………… 8451120
组织部
部长……………… 8451183
宣传部
部长……………… 8451184
纪委
副书记…………… 8451188
工会
副主席…………… 8451107
团委
书记……………… 8451807
综治协调办
主任……………… 8452165
长岭接待会议中心
总台……………… 8451013
总经理…………… 8451921
油港处
处长……………… 8479008
办公室主任……… 8479011
沥青厂
厂长……………… 8452662
办公室主任……… 8452067
液化气站
主任……………… 8450140
长辰公司
经理……………… 8450135
办公室主任……… 8452534
长隆公司
经理……………… 8451887
办公室主任……… 8452516

26. 仪化集团公司

地址：江苏省仪征市胥浦　　邮政编码：211900　　公网区号：0514

经营计划部
主任……83238778
资产财务部
主任……83237988
综合……83234268
社区管理中心
主任……83221055
综合管理……83221676
仪化东丽聚酯薄膜公司
总经理……83231068
办公事务科……83236789
仪化博纳织物有限公司
总经理……83235538
办公室……83235185
仪化集团公司工程塑料厂
厂长……83232052
厂办……83236518
仪征化纤大康实业公司
经理……83231689
综合办……83231962
培训中心
主任……83233220
办公室……83232145
有线电视台
台长……83221810
办公室……83222711
常州大明公司
党委书记……0519－88771259
办公室……0519－88770350
无锡大通化纤公司
总经理……0510－85061935
办公室……0510－85061815

27. 南京化学工业有限公司

地址：江苏省南京市六合区大厂葛关路189号　　邮政编码：210048　　公网区号：025

公司机关

经理办公室
主任……57765136
副主任……57766291
秘文科……57766014
文书室……57765017
传真室……57766484
接待科……57766096
外事科……57766474
信访科、民调办
……57765888
小车班……57766049
会议中心……57766639
纪委、监察处
副书记……57766603
办公室……57765149
检查室……57766476
审理室……57766812
效能监察室……57766813
干部处、组织处
处长……57765782
副处长……57765392
干部管理科……57766396
技术干部科……57766115
组织科……57766398
机关党委工作科
……57765432
档案室……57765883
政治工作处
处长……57766056
副处长……57766345
宣传科……57765860
青年工作科……57766111
南化报总编室……57766282
南化报记者部……57763208
南化报编辑部……57763165
电视台台长……57765147
电视台记者部……57763203
电视台编辑部……57763207
武装部办公室……57766245
工会
主席……57766307
副主席……57766605
办公室……57765871
计划生育……57766602
生产保护部……57766171
生活女工部……57766475
宣传文体部……57766586
财务室……57765315
社区管理处、老干部处
处长……57765701
副处长……57766269
老干部科……57765700
退管科……57766150
水电房产科……57765813
房产管理办公室
……57766349
水电管理办公室
……57766629
行政事务科……57766693
康福公司
经理……57766818
会计室……57765069
复合袋厂……57765298
财务资产处
处长……57766609
副处长……57765574
成本科科长……57766338
工程、资产科科长……57766347
销售、价税科科长……57765906
销售核算科……57766413
会计科……57765689
出纳室……57766901
结算中心主任……57766966
发展计划处
处长……57765217
副处长……57765786
规划发展……57765901
综合统计……57766353
投资计划……57765796
能源管理科……57765779
审计处
处长……57765533
财务审计科……57765684
……57766293
工程审计科……57765037
土建审计组……57765920
安装审计组……57765685
科技处
处长……57766962
副处长……57766593
……57765027
办公室……57766142
科管科科长……57765722
科研管理……57766209
科协……57766207
档案馆馆长……57765609
信息站站长……57765560
计算站站长……57764381
劳资处
处长……57765059
副处长……57765428
工资科……57766153
社会保险科……57765715
劳动管理科……57765445
教育科……57766272
企业管理处、法律事务处
处长……57766617
副处长……57765543
企业管理科……57765555
合同管理科……57766445
法律事务科……57765939
生产处
处长……57765793
副处长……57765502
总调度长……57765981
调度科……57766199
总调度室……57766333
综合科科长……57766366
质量管理科科长……57766275
生技科科长……57765778
机动处
处长……57766083
副处长……57765268
……57765730
动力科长……57765621
电力运行……57765153
电气检修……57763855
电气设备……57763854
装置电气……57765140
设备科长……57766253
计量科长……57766127
仪表科长……57763858
安环处
处长……57766875
副处长……57766210
……57765559
安全监督科科长……57765657
安全技术科科长……57766205
环保技术与管理科科长
……57765702
职业卫生科科长……57766337
环境监测站……57765943

消防队队长 ········ 57765761
工程建设处
处长 ················ 57765945
副处长 ·············· 57765482
······················ 57765161
计划 ················ 57765113
材料 ················ 57765105
合同 ················ 57766523
审计 ················ 57766497
调度 ················ 57766826
保卫处
处长 ················ 57765229
副处长 ·············· 57766073
治安保卫科科长··· 57765453
质监站
站长 ················ 57765348
办公室 ·············· 57766048
监督一组 ············ 57765347
监督二组 ············ 57765349
合成氨部
主任 ················ 57766656
书记 ················ 57766426
副主任 ·············· 57765375
······················ 57766300
综合组 ·············· 57763674
生产组 ·············· 57763695
设备组 ·············· 57766835
安全组 ·············· 57764989
空分装置 ············ 57765585
气化装置 ············ 57765227
合成装置 ············ 57765585
合成气部
主任 ················ 57765599
书记 ················ 57765128
安全、设备、生产副主任
······················ 57766630
总值班室 ············ 57764818
制气装置 ············ 57765001
净化装置 ············ 57766844
合成装置 ············ 57765454
精细装置 ············ 57766506
硝酸部
主任 ················ 57766062
书记 ················ 57765346
生产副主任 ········ 57766502
设备副主任 ········ 57765745
稀硝装置 ············ 57765366
浓硝装置 ············ 57765225
硝铵装置 ············ 57765225
苯化工部
主任 ················ 57766517
书记 ················ 57765169
副主任 ·············· 57766824
副主任 ·············· 57765205

值班室 ·············· 57763545
苯胺装置 ············ 57764153
环已酮装置 ········ 57765542
硫酸磷肥部
主任 ················ 57765486
书记 ················ 57765475
设备副主任 ········ 57766322
行政副主任 ········ 57765196
生产副主任 ········ 57765874
硫酸装置 ············ 57765647
磷酸装置 ············ 57765028
硫基肥装置 ········ 57765406
氯碱部
主任 ················ 57766852
书记 ················ 57766840
生产副主任 ········ 57766841
设备副主任 ········ 57764301
安全技术管理 ······ 57763240
安全环保管理 ······ 57766839
设备技术管理 ······ 57763242
生产技术管理 ······ 57763241
硝基氯苯装置 ······ 57766827
离子膜装置 ········ 57766830
氯化苯装置 ········ 57766828
运行部总值班室 ··· 57764156
橡胶化学品部
主任 ················ 57766308
书记 ················ 57765746
行政副主任 ········ 57765738
生产副主任 ········ 57765747
设备副主任 ········ 57765742
RT 装置 ············ 57765752
RD 装置 ············ 57765759
NA/4020 装置 ····· 57765756
造粒装置 ············ 57765759
检验部
主任 ················ 57765062
书记 ················ 57765126
副主任 ·············· 57765754
······················ 57765767
值班室 ·············· 57764679
原料检验组 ········ 57766265
仪器检验组 ········ 57766357
化学检验组 ········ 57765601
氯碱助剂检验组··· 57765186
成品检验组 ········ 57765554
安环水质检验组··· 57765864
检维修部
主任 ················ 57766979
书记 ················ 57766239
副主任 ·············· 57766255
······················ 57765283
检修一队 ············ 57766544
检修二队 ············ 57765817

检修三队 ············ 57765490
检修四队 ············ 57766553
电修队 ·············· 57765244
仪表队 ·············· 57765969
动力部
主任 ················ 57765991
书记 ················ 57765867
副主任 ·············· 57766102
······················ 57765335
······················ 57765997
······················ 57765420
值班室 ·············· 57766845
锅炉装置 ············ 57766126
汽机装置 ············ 57766120
电气装置 ············ 57766471
供水装置 ············ 57766072
水处理装置 ········ 57766173
储运部
书记 ················ 57765915
经理 ················ 57766591
副经理 ·············· 57766541
······················ 57765341
主任 ················ 57766302
主任 ················ 57766138
值班室 ·············· 57766091
党群工作科科长 ··· 57766002
生产科科长 ········ 57766621
财务科科长 ········ 57766879
安保科科长 ········ 57765351
机动科科长 ········ 57765830
检测站站长 ········ 57765735
储运一分部主任··· 57765385
储运二分部主任··· 57765333
储运三分部主任··· 57765829
储运四分部主任··· 57765540
电信分部主任 ····· 57766341
机修分部主任 ····· 57765984
航运分部主任 ····· 57765195
铁运分部主任 ····· 57765668
汽运分部主任 ····· 57765121
供销部
经理 ················ 57765365
副经理 ·············· 57766862
总经济师 ············ 57765605
经营管理分部经理 57765603
综合管理分部经理 57765253
财务科科长 ········ 57765887
化肥销售分部经理 57765023
化工销售一分部经理57765013
化工销售二分部经理57765568
化工销售三分部经理57765909
副产品销售分部经理57765673
市场服务分部经理 57765459
原料供应一分部经理57765101

原料供应二分部经理57765219
原料供应三分部经理57765670
设备供应分部经理 57766082
材料供应分部经理 57766212
储运分部经理 ····· 57766342

化工机械厂

党委
书记 ················ 57765194
纪委
书记 ················ 57765784
办公室 ·············· 57765410
党群部
部长 ················ 57766327
政工 ················ 57766466
监察室 ·············· 57765523
审计室 ·············· 57766716
主席 ················ 57765784
工会办 ·············· 57766116
退管办 ·············· 57765036
第二俱乐部 ········ 57764275
卫生室 ·············· 57763710
厂部
厂长 ················ 57766320
副厂长 ·············· 57766266
······················ 57766122
总工程师 ············ 57766029
办公室主任 ········ 57766650
总师办质管办
主任 ················ 57765650
副总工 ·············· 57765431
······················ 57765703
办公室 ·············· 57766836
微机房 ·············· 57765774
档案室 ·············· 57766690
研究所
所长 ················ 57765620
副所长 ·············· 57765267
副总工 ·············· 57764226
办公室 ·············· 57765620
设计三组 ············ 57766946
焊接培训室 ········ 57765613
经营部
部长 ················ 57766085
副部长 ·············· 57766713
副总工 ·············· 57765496
经营一组 ············ 57765448
经营二组 ············ 57765148
计划组 ·············· 57766331
综合组 ·············· 57765448
生产部
部长 ················ 57763750
调度 ················ 57766189
······················ 57766853

定额组 …………… 57765633
统计室 …………… 57765640

物供中心

主任 …………… 57766277
计划组 …………… 57764642
采购组 …………… 57765241
…………… 57766103
炉料化工库 …………… 57764229

质监中心

主任 …………… 57766811
副主任 …………… 57766898

无损检测中心

主任 …………… 57766614
源库 …………… 57766708
机动科科长 …………… 57765932
副总工 …………… 57765932
设备室 …………… 57764571
土建室 …………… 57764571
安环保卫科
科长 …………… 57764238
办公室 …………… 57766675
保卫
副科长室 …………… 57766571
办公室 …………… 57766045
值班室 …………… 57766045
财务科
科长 …………… 57765803
成本组 …………… 57764223
资金组 …………… 57763323
会计组 …………… 57763323
劳动人事科
科长 …………… 57765509
副科长 …………… 57764231
工资 …………… 57764231
调配、教育 …………… 57765896
容一车间
主任 …………… 57765893
容二车间
主任 …………… 57766838
容三车间
主任 …………… 57766724
重铆焊厂房 …………… 57766896
容四车间
主任 …………… 57765211
副主任 …………… 57766711
容五车间
办公室 …………… 57766287
生产准备车间
主任 …………… 57765469
特材车间
主任 …………… 57765275
办公室 …………… 57764239
金一车间
主任 …………… 57766894
金二车间
主任 …………… 57765663
试样加工 …………… 57765170
金四车间
主任 …………… 57766722
副主任 …………… 57765645
热处理
主任 …………… 57766892
成品运输车间
主任 …………… 57763395
副主任 …………… 57766038
运输调度室 …………… 57766078
机动车间
主任 …………… 57765419
总机房 …………… 57763821
电工总值班 …………… 57763665

永大公司

经理 …………… 57766568
…………… 57765451
…………… 57766843
办公室 …………… 57766064
财务科 …………… 57766567
生产安全科 …………… 57765142
人事保卫科 …………… 57766780
门卫 …………… 57763488
编织袋 …………… 57766532
钾肥厂 …………… 57766564
防腐工程处 …………… 57766556
电器仪表厂 …………… 57766817

研究院

院长 …………… 57765076
副院长 …………… 57766290
…………… 57765627
…………… 57765450
工会主席 …………… 57766720
生产技术部 …………… 57766869
…………… 57765792
科研设计管理部
…………… 57766186
技术经营部 …………… 57763752
计财部 …………… 57765162
人力资源部 …………… 57766731
…………… 57766163
办公室 …………… 57766851
…………… 57766274
小车班 …………… 57765677
党群工作部 …………… 57765380
市场营销部
办公室 …………… 57765049
计划组 …………… 57766768
仓库 …………… 57763916
信息情报研究所
办公室 …………… 57766663
资料室 …………… 57764554
硫酸研究所
办公室 …………… 57765301
催化研究所
办公室 …………… 57766453
活性楼 …………… 57765254
试验室（厂区） … 57765758
气体净化研究所
办公室 …………… 57765570
试验室（厂区） … 57764302
信息与自动化研究所
办公室 …………… 57765775
网络组 …………… 57764600
标准监测所
办公室 …………… 57764601
厂区 …………… 57764949
物化检测中心
办公室 …………… 57764906
公用工程设计室
办公室 …………… 57764636
基建办 …………… 57766522
精细化工研究所
办公室 …………… 57765839
有机化工研究所
办公室 …………… 57766640
实验室 …………… 57766542
催化中试车间
办公室 …………… 57766505
一工段 …………… 57763262
二工段 …………… 57764599
脱盐水岗位 …………… 57763550
苯胺装置 …………… 57765716
纺丝中心
办公室 …………… 57766524
操作前纺室 …………… 57766559
操作后纺室 …………… 57766384
检修中心
办公室 …………… 57765330

设计院

党工部 …………… 57763760
书记室 …………… 57766043
纪委 …………… 57766776
工会 …………… 57763780
办公室 …………… 57763114
连云港碱厂
总机 ……… 0518－82310301
办公室 …… 0518－82311295

28. 广州石油化工总厂

地址：广东省广州市黄埔区石化路239号　　邮政编码：510726　　公网区号：020

办公室
主任 …………… 82121088
党办
主任 …………… 82121181
文秘室 …………… 82121632
接待室 …………… 82121096
企业管理部 …………… 82121663
组织劳人部 …………… 82121652
发展规划部 …………… 82121601
计划部 …………… 82121133
财务部 …………… 82121681
生产调度部 …………… 82128636
机械动力部 …………… 82128198
安全环保部 …………… 82128093
工程管理部 …………… 82120363
审计部 …………… 82121060
技术开发部 …………… 82120028
纪委监察部 …………… 82121069
宣传部 …………… 82121148
工会 …………… 82121043
团委 …………… 82121046
行政保卫部 …………… 82120018
明珠宾馆 …………… 82121125
离退养工作部 …………… 82120272
物供中心 …………… 82124816
运销中心 …………… 82121818
仪控中心 …………… 82120809
检验中心 …………… 82122078
消防支队 …………… 82120061
质量监督站 …………… 82120366
煤油一部 …………… 82124055
煤油二部 …………… 82124213
煤油三部 …………… 82124486
煤油四部 …………… 82122683
化工一部 …………… 82128838
化工二部 …………… 82128278

储运部 …………… 82122868
公用工程部 ……… 82128839
动力事业部 ……… 82124913
中冠安泰公司 …… 82398818
南沙项目部 ……… 82121098
华德石化公司 0752－5599568

29. 安庆石油化工总厂

地址：安徽省安庆市石化四路20号　邮政编码：246002　公网区号：0556

科技发展部
主任……………… 5379369
副主任…………… 5374232
………………… 5371034
质管部
副主任…………… 5377625
财务部
主任……………… 5375618
副主任…………… 5371974
………………… 5377158
审计部
主任……………… 5376629
副主任…………… 5376676
企管部
主任……………… 5375233
副主任…………… 5375041
………………… 5378362
工程部
主任……………… 5374565
副主任…………… 5371726
………………… 5371736
人教部
主任……………… 5374115
副主任…………… 5375257
………………… 5375519
宣传部
主任……………… 5376411
副主任…………… 5374135
纪委监察部
主任……………… 5376821
副主任…………… 5374125
保卫部
主任……………… 5380699
工会
主任……………… 5375286
副主任…………… 5374188
团委
书记……………… 5375324
机关党委
书记……………… 5375129
炼油一部
主任……………… 5374276
书记……………… 5377723
炼油二部
主任……………… 5377785
书记……………… 5377765
化肥一部
主任……………… 5375356
书记……………… 5373994
化肥二部
主任……………… 5375186
书记……………… 5377924
丙烯腈部
主任……………… 5375029
书记……………… 5376704
腈纶部
主任……………… 5379201
书记……………… 5373586
热电厂
主任……………… 5374166
书记……………… 5375466
港贮部
主任……………… 5375251
书记……………… 5375551
储运部
主任……………… 5371238
书记……………… 5375477
公用工程部
主任……………… 5377346
书记……………… 5375991
质监站
主任……………… 5371726
铁路工业站
主任……………… 5377992
书记……………… 5370084
电仪部
主任……………… 5375576
书记……………… 5378047
销售中心
主任……………… 5375163
副主任…………… 5374163
物供中心
主任……………… 5374246
副主任…………… 5374519
………………… 5375046
检验中心
主任……………… 5374021
书记……………… 5376656
副主任…………… 5374320
信息中心
主任……………… 5378052
副主任…………… 5379003
计量中心
主任……………… 5375248
副主任…………… 5374148
社区服务中心
主任……………… 5375198
副主任…………… 5375398
………………… 5375598
………………… 5374398
华成公司
主任……………… 5375376
副主任…………… 5375026
副主任…………… 5374226
劳动服务公司
主任……………… 5379820
副主任…………… 5374326
社管部
主任……………… 5381181
副主任…………… 5381281
………………… 5372925
书记……………… 5374287
预决算
主任……………… 5375345
联合党总支
书记……………… 5376068
乙苯、苯乙烯
主任……………… 5377803

30. 洛阳石油化工总厂

地址：河南省洛阳市吉利区　邮政编码：471012　公网区号：0379

厂长办公室
主任 …………… 66992211
党委办公室主任……66992301

31. 荆门石油化工总厂

地址：湖北省荆门市　邮政编码：448039　公网区号：0724

党委办公室 …… 512－73074
………………… 2273074
党委组织部、干部处、机关党委 ………… 512－74682
………………… 2274682
党委宣传部 …… 512－71374
………………… 2271374
人民武装部 …… 512－77165
………………… 2277165
办公室 ……… 512－71440
………………… 2271440
生产处 ……… 512－76316
………………… 2276316
工程处、工程监理公司 ………… 512－71392
………………… 2271393
工程质量监督站 512－70974
………………… 2270974
财务处 ……… 512－76964
………………… 2276964

劳动工资处 …… 512－71399
…… 2271399
综合管理处、法律顾问室
…… 512－76956
…… 2276956
纪律检查委员会、监察处
…… 512－74790
…… 2274790
运销处 …… 512－71391
…… 2271391
供应处 …… 512－77179
…… 2277179
工会 …… 512－71758
…… 2271758
团委 …… 512－70404
…… 2270404
保卫处 …… 512－71766
…… 2271766
教育培训中心 512－71737
…… 2271737
…… 512－72174
…… 2272174
动力厂 …… 512－71713
…… 2271713
维修公司 …… 512－74866
…… 2274866
油品装运公司… 512－77153
…… 2277153
仓储公司 …… 512－71824
…… 2271824
职工培训学校、党校
…… 512－71784
…… 2271784
鑫源服务公司… 512－71354
…… 2271354
临时用工管理站 512－74390
…… 2274390
工程建设公司… 512－74749
…… 2274749
机械厂 …… 512－74674
…… 2274674
运输公司 …… 512－77160
…… 2277160
设计院 …… 512－77032
…… 2277032
贸易公司、湖北荆门石化国际贸易公司、外事处 512－75650
…… 2275650
后勤服务公司… 512－71800
…… 2271800
报社 …… 512－71810
…… 2271810
有线电视台 …… 512－70147
…… 2270147
宾馆 …… 512－71812
…… 2271812
工贸总公司 …… 512－71724
…… 2271724
恒升石油化工公司 512－71734
…… 2271734
湖北兴化股份有限公司
…… 512－76889
…… 2276889

32. 四川维尼纶厂

地址：重庆市长寿区维江路36号　邮政编码：401254　公网区号：023

厂部办公室 …… 68974061
党委办公室 …… 68974172
群团工作部 …… 68974758
社区管理处 …… 68974704
纪委办公室 …… 68974653
财务资产处 …… 68974491
审计处 …… 68974916
科技处 …… 68974392
企管处 …… 68974536
环境保护与安全监督处
…… 68974334
生产技术处 …… 68974115
工程处 …… 68974534
质监站 …… 68974480
研究所 …… 68974187
人力资源处 …… 68974522
发展计划处 …… 68974213
设备管理处 …… 68974838
供销公司 …… 68974967
信息中心 …… 68974891

33. 九江石油化工总厂

地址：江西省九江市滨江东路228号　邮政编码：332004　公网区号：0792

办公室

主任 …… 8495155
综合科科长 …… 8492205
秘书科科长 …… 8492966
政工科科长 …… 8495699
信访办 …… 8495633
值班室 …… 8492326（夜间）
…… 8493204（白天）

综合管理部

部长 …… 8494337
管理科 …… 8494498
重组办 …… 8494499
土地管理科 …… 8494359
小车队队长 …… 8492139
小车队调度 …… 8492957
长江宾馆
经理 …… 8492589
财会室 …… 8492848
综合部 …… 8492849
办事组 …… 8495113
总服务台 …… 8495000
驻京联络处… 010－64951122
北京浔庐宾馆 010－64951122

财务资产部

副处长 …… 8493116
财务科 …… 8492955
会计科 …… 8493015
资产科 …… 8492116
传真 …… 8492116

社区服务中心

副主任 …… 8492138
副书记 …… 8494105
办公室 …… 8494107
离休管理科 …… 8492993
退休管理科 …… 8494799
文化宫
主任 …… 8492439
图书室 …… 8495809
居委会
主任 …… 8494105
副主任 …… 8492919

教育培训中心

主任 …… 8492609
书记 …… 8493347
工会主席 …… 8492189
办公室主任 …… 8492347
培训管理部 …… 8492407
培训部 …… 8492189
托幼中心
主任 …… 8492399
办公室 …… 8495072

保卫处

处长 …… 8492374
东郊分局长 …… 8492107
副处长 …… 8492111
治安科长 …… 8492108
经保科长 …… 8492984
车管科长 …… 8492366

压力容器检测站

站长 …… 8494091
副站长、副书记 …… 8494638
办公室 …… 8494037
防腐室主任 …… 8492927
检验室主任 …… 8494043

供水车间

主任 …… 8492436
书记 …… 8492414
副主任 …… 8493176
值班室 …… 8494482

排水车间

主任 …… 8492451
书记 …… 8492458
副主任 …… 8492461
值班室 …… 8492427

改制单位
检安公司

综合管理部
部长 …… 8492455
副部长 …… 8494570
财务部
副部长 …… 8494208

生产管理部
部长………… 8493039
副部长………… 8492056
调度室………… 8492465
值班室………… 8494352
质量安全部
部长、副部长………… 8492755
对外项目部
科长………… 8492757
副科长………… 8492132
物资供应站
站长、副站长………… 8492620
值班室………… 8492814
制造分公司
经理………… 8493140
安装分公司
经理………… 8494190
检修车间
主任………… 8495436
书记………… 8495437
副主任………… 8495438
值班室………… 8495439
金工车间
主任………… 8492997
书记………… 8492097
仪表车间
主任………… 8492611
书记………… 8492604
副主任………… 8492612
电修车间
主任………… 8492221
书记………… 8494687
副主任………… 8494109
维修车间
主任………… 8495031
书记………… 8493403
副主任………… 8495153
筑炉分公司
经理………… 8492238
副经理………… 8493100
密封件厂………… 8492471
汽修班………… 8492624

凯鑫公司

处长、书记………… 8494178

副处长………… 8492775
副书记、工会主席… 8494228
总会计师………… 8492864
纪检特派员………… 8492776
办公室主任………… 8492778
房产科科长………… 8492574
维修队队长………… 8492860
单身宿舍管理科科长 8493234
绿化管理科长………… 8492857
环卫管理科长………… 8494511
冷饮厂………… 8493111
综合经营部………… 8494579
材料厂………… 8492154
食堂订餐………… 8495679
三富招待所………… 8495777

塑业公司

厂长………… 8492797
书记………… 8493440
生产副厂长………… 8493441
经营副厂长………… 8495292
工会主席………… 8494797
厂办主任………… 8495293
厂办公室………… 8494798
车间
拉丝车间………… 8495294
圆织车间………… 8493445
成品车间………… 8493446
电钳车间………… 8493447
涂膜车间………… 8493047
制线大班………… 8495174

华庐公司

经理………… 8495616
书记………… 8492730
副经理………… 8492976
工会主席………… 8492385
纪检特派员………… 8493427
办公室主任………… 8492579
保安部主任………… 8492379
财务部主任………… 8492733
经营部主任………… 8494508

生产部主任………… 8492799
退休管理办………… 8492909
污油车间主任、书记 8492041
清装车间主任………… 8492264
清装车间书记………… 8492431
油剂厂厂长………… 8494163
液化气站站长………… 8493428
印刷厂厂长………… 8493219
工程公司
经理………… 8493250
书记………… 8494161
鑫华公司
总经理………… 8492991
经理………… 8492316
精分车间
主任………… 8494845
书记………… 8494846
副主任………… 8494844
三鑫公司
总经理………… 8494282
书记………… 8492552
副总经理………… 8493293
工会主席………… 8493169
综合部经理………… 8492992
财务部经理………… 8495015
货代中心经理………… 8495001
市场部副经理………… 8493197
营业部主任………… 8493341
油库主任………… 8494019
零售部
经理室一站………… 8494834
经理室二站………… 8492908
经理室三站………… 8493029
用车服务中心
经理………… 8494173
调度………… 8492839
三鑫驾校………… 8492892
三鑫车队………… 8495618
客车队
队长、书记………… 8492963
货车队
队长、书记………… 8492614

调度………… 8492825
鑫庐化工公司………… 8493229

监理公司

经理………… 8494035
书记………… 8492760
副经理………… 8492477
副总工………… 8492260
办公室主任………… 8494760
经营部主任………… 8493019
监理部主任………… 8492478

设计工程公司

总经理………… 8492890
副总经理………… 8492892
………… 8494645
总工程师………… 8492891
综合部部长………… 8494576
项目管理部部长………… 8492895
技术质量部部长………… 8492891

石化医院

管委会主任………… 8494050
院长………… 8494051
书记………… 8492321
副院长………… 8492437
办公室主任………… 8492320

鑫乐公司

总经理………… 8492591
副总经理………… 8492074
财务部经理………… 8494649
市场部经理………… 8495125
生产部经理………… 8495335

力源公司

总经理………… 8493388
副总经理………… 8494010
财务部………… 8493283
综合部………… 8494664
经营部………… 8495191

34. 湖北化肥厂

地址：湖北省枝江市迎宾大道15号　　邮政编码：443200　　公网区号：0717

厂部机关

经理办
主任………… 4232261

财务资产处
处长………… 4232325
人事教育处
处长………… 4232335

综合管理处
处长………… 4232321
武装与保卫处
处长………… 4232401

生产与工程管理处
处长………… 4232610
离退休职工管理办公室
主任………… 4232421

党群工作部
部长…………………… 4232233
工会主席………………… 4232411

石化宾馆

经理……………………… 4232110
财务室…………………… 4232106
综合部…………………… 4232105
总服务台………………… 4232101
餐饮部…………………… 4232186
北楼服务台……………… 4232150
门卫……………………… 4232104

动力分厂（水汽）

主任……………………… 4232501
党支部…………………… 4232502
副主任…………………… 4232638
办公室…………………… 4232506
设备组…………………… 4232505
工艺组…………………… 4232503
值班室…………………… 4232508
小煤锅炉………………… 4232724
检修班…………………… 4232504
快锅……………………… 4232601
水处理…………………… 4232602
凉水塔…………………… 4232603
低锅……………………… 4232604
水厂泵房………………… 4232605
排污泵房………………… 4232606
水厂控制室……………… 4232607
煤锅炉控制室…………… 4232480
调度室…………………… 4232484
煤储运控制室…………… 4232489
煤储运班………………… 4232491
煤储运…………………… 4232490
循环水…………………… 4232492
灰渣岗位………………… 4232493
轨道衡…………………… 4232497
动力4.2米办 …………… 4232476

万兴建安公司

经理……………………… 4232571
党支部…………………… 4232572
副经理…………………… 4232548
……………………………… 4232957
总工程师………………… 4232946
财务……………………… 4232549
经营部（预算）………… 4232579
经营部（物供）………… 4232352
技术部（铆焊）………… 4232573
技术部（金工）………… 4232574
技术部（防腐）………… 4232965
工程一队………………… 4232652
工程二队………………… 4232540
工程三队………………… 4232576
工程四队………………… 4232570
起重班…………………… 4232577
金加工段………………… 4232575
二氧化碳办公室………… 4232720
二氧化碳操作室………… 4232964
下料班…………………… 4232960
灰库……………………… 4232967
砖厂……………………… 4232945
白铁班…………………… 4232624
综合班…………………… 4232966
综合班…………………… 4232963

工贸公司

经理……………………… 4232961
党支部…………………… 4232771
副经理…………………… 4232772
……………………………… 4232962
财务室…………………… 4232770
复混肥厂………………… 4232776
复混肥供销部…………… 4232237
复混肥材料组…………… 4232711
神龙印刷厂……………… 4232970
捻线厂…………………… 4232950
回收站…………………… 4232350
工贸商场………………… 4233860

长塑分厂

厂长……………………… 4232551
党支部…………………… 4232552
副厂长…………………… 4232556
办公室…………………… 4232554
技术组…………………… 4232553
财务室…………………… 4232555
拉丝岗位………………… 4232557
圆织岗位………………… 4232760
缝纫岗位………………… 4232968
电工班…………………… 4232558

物业饮业中心

主任……………………… 4232441
书记办…………………… 4232754
中心办…………………… 4232451
技术组…………………… 4232431
液化气站………………… 4232442
热水、收瓶站…………… 4232447
微机室…………………… 4232448
财务室…………………… 4232449
绿化办公室……………… 4232432
冰机房…………………… 4232437
维修队（仓库）………… 4232440
检修班…………………… 4232446
物业管理………………… 4232775
锅炉司机班……………… 4232453
三江饭庄………………… 4232748
厂区食堂………………… 4232450
房委会…………………… 4232721

石化医院

院长……………………… 4232478
副院长…………………… 4232461
医院办公室……………… 4232731
医保办公室……………… 4232684
门诊部…………………… 4232460
门诊输液室……………… 4232732
内科住院部……………… 4232462
外科住院部……………… 4232463
现场医务室……………… 4232466

幼儿园

园长……………………… 4232430
财会室…………………… 4232436

子弟小学

校长……………………… 4232386
总务室…………………… 4232387
语数外…………………… 4232383

初级中学

校长……………………… 4232388
总务室…………………… 4232428

厂驻外单位

厂驻武汉办事处
……………………… 027－88049394
汉办宾馆…… 027－88316387
海口三和实业公司
……………………… 0898－6254861
海口长江化工联合公司
……………………… 0898－6254676

35. 石家庄炼油厂

地址：河北省石家庄市东郊　　邮政编码：050032　　公网区号：0311

厂职能处室

厂办室（党办）
主任 ……………… 85161126
秘书室 …………… 85162245
文书室 …………… 85162314
档案室
主任 ……………… 85163171
办公室 …………… 85163201
审计处
处长 ……………… 85161353
办公室 …………… 85162387
企管处
处长 ……………… 85162327
办公室 …………… 85161510
组织部
部长 ……………… 85162291
办公室 …………… 85162232
宣传部
部长 ……………… 85162292
办公室 …………… 85163084
纪委（监察处）
处长 ……………… 85162486
办公室 …………… 85162329
工会
主席 ……………… 85162283
办公室 …………… 85162345
团委
书记 ……………… 85162885
办公室 …………… 85162549

石炼化

综合管理部
主任 ……………… 85161686
办公室 …………… 85161961
财务处
处长 ……………… 85161359
办公室 …………… 85161650
保卫处
处长 ……………… 85162298
办公室 …………… 85162416
实业公司
经理 ……………… 85161603
办公室 …………… 85161516
聚丙烯厂 ………… 85161548
建安公司 ………… 85163151
编织厂 …………… 85162825
石灵碳素 ………… 82510374
离退休办公室
主任 ……………… 85163187
办公室 …………… 85163087
报社

总编 ……………… 85162489
电信站
站长 ……………… 85162188
办公室 ……………… 85168989
文体活动中心
主任 ……………… 85162013
职工培训中心
主任 ……………… 85162885
宾馆
经理 ……………… 85160680

36. 济南炼油厂

地址：山东省济南市工业南路26号　邮政编码：250101　公网区号：0531

经理办公室 ……… 88832202
党委办公室 ……… 88832301
组织部统战部 …… 88832306
宣传部 ……………… 88832310
计划处 ……………… 88832408
生产调度处 ……… 88832432
技术处 ……………… 88832429
机动处 ……………… 88832443
安全环保处 ……… 88832456
财务处 ……………… 88832417
人力资源处 ……… 88832476
企业管理处 ……… 88832231
供应部 ……………… 88832518
运销部 ……………… 88832552

37. 武汉石油化工厂

地址：湖北省武汉市青山区青山镇长青路　邮政编码：430082　公网区号：027

机关处室

党办 ……………… 86595202
经理办 ……………… 86595153
工会 ……………… 86595231
团委 ……………… 86595860
组织部 ……………… 86595213
宣传部 ……………… 86595302
纪委（行政监察室）86595221
离退休工作处 …… 86595680
生产调度处 ……… 86595500
安全环保处 ……… 86595430
机动处 ……………… 86595460
工程处 ……………… 86595700
物资处 ……………… 86595600
技术处 ……………… 86595560
计划处 ……………… 86595350
运销处 ……………… 86595660
财务处 ……………… 86595340
审计处 ……………… 86595370
劳动人事处 ……… 86595400
综合管理处 ……… 86595380
武装保卫处 ……… 86595250
教培中心（党校）
……………… 86595580
信息中心 ……………… 86595800
计量办 ……………… 86595770

汉新公司

办公室 ……………… 83516509

三昌公司

办公室 ……………… 86599650

改制单位

武汉检安石化工程有限公司
办公室 ……………… 86596710
石化交通运输公司
办公室 ……………… 86599604
武汉炼化工程设计有限公司
办公室 ……………… 86599404
武汉石化液化气公司
办公室 ……………… 86599254
隆达石化有限公司
办公室 ……………… 86599108
武汉博达石化有限公司
办公室 ……………… 86599303

武汉市石化医院

办公室 ……………… 86599505

38. 沧州炼油厂

地址：河北省沧州市北郊　邮政编码：061000　公网区号：0317

办公室
主任……………… 3552345
秘书……………… 3552247
党办
主任……………… 3552076
秘书……………… 3552095
组织部
部长……………… 3552318
副部长……………… 3552449
宣传部
部长……………… 3552885
办公室……………… 3552549
人力部
主任……………… 3552596
办公室……………… 3552077
纪委办
主任……………… 3552261
办公室……………… 3552208
工会
副主席……………… 3551987
办公室……………… 3552575
团委
书记……………… 3552915
综合处
处长……………… 3551797
办公室……………… 3552463
保卫处
处长……………… 3552393
办公室……………… 3552325
生产部
主任……………… 3552266
副主任……………… 3551908
副主任……………… 3551909
机动部
主任……………… 3552132
副主任……………… 3552038
副主任……………… 3552288
安环部
主任……………… 3552625
副主任……………… 3552882
审计部
主任……………… 3552481
副主任……………… 3551897
财务部
主任……………… 3552032
副主任……………… 3551916
技术开发部
主任……………… 3551579
副主任……………… 3552780
副主任……………… 3552772
化工公司
经理……………… 3552651
书记……………… 3552430
亚砜车间
主任……………… 3552608
书记……………… 3551725
供排水车间
厂长……………… 3552334
书记……………… 3552271
监理公司
经理……………… 3552907
副经理……………… 3552927
设计公司
经理……………… 3552354
副经理……………… 3551523
千百和公司
经理……………… 3552786
渤海公司
经理……………… 3552606
书记……………… 3552023
嘉和公司
经理……………… 3552810

办公室……………… 3552792
石化物资公司
经理……………… 3552346
书记……………… 3552879
工贸公司
经理……………… 3552626
办公室……………… 3551816
开源公司
经理……………… 3551695
书记……………… 3552314
沧炼宾馆
经理……………… 3552187
中继线……………… 3552515

39. 中国石化长城润滑油集团有限公司

地址：北京市海淀区清河安宁庄西路6号　邮政编码：100085　公网区号：010

综合管理部
主任……………… 62949734
办公室……………… 62949880
传真……………… 62913311
保卫……………… 62949776
计划经营管理部
主任……………… 62949786
办公室……………… 62949790
财务部
主任……………… 62949835
办公室……………… 62949861
连锁经营部
主任……………… 62941670
办公室……………… 62941713

40. 保定石油化工厂

地址：河北省保定市石化路58号　邮政编码：071059　公网区号：0312

厂部

副书记、工会主席……………… 3109168
生产、设备副厂长……………… 3109100
总工程师……………… 3109158
调研员……………… 3109099
……………… 3109232

厂办公室

主任……………… 3109006
科员……………… 3109018
……………… 3109019
档案……………… 3109015
收发……………… 3109016
打字……………… 3109017
总机……………… 3109101
小车队……………… 3109068
……………… 3109069

处室

财务处
处长……………… 3109118
办公室……………… 3109116
……………… 3109117
企管处
处长……………… 3109126
办公室……………… 3109125
劳资处
处长……………… 3109065
办公室……………… 3109066
计划处
处长……………… 3109003
办公室……………… 3109002
生产调度处
处长……………… 3109038
办公室……………… 3109039
安环处
处长……………… 3109128
办公室……………… 3109127
……………… 3109129
供应处
处长……………… 3109028
办公室……………… 3109026
……………… 3109011
库房……………… 3109027
机动处
处长……………… 3109186
办公室……………… 3109187
……………… 3109188
……………… 3112484
技术处
处长……………… 3109096
办公室……………… 3109091
规划设计处
处长……………… 3109012
办公室……………… 3109013
……………… 3109080
……………… 3109081
工程基建处
处长……………… 3109170
办公室……………… 3109171
……………… 3109172
信息中心
主任……………… 3109082
办公室……………… 3109083
运销处
处长……………… 3109008
办公室……………… 3109010
……………… 3109056
……………… 3109058
铁路值班室……………… 3109057
能源计量处
处长……………… 3109086
办公室……………… 3109085
保卫处
处长……………… 3109098
办公室……………… 3109097
消防队
队长……………… 3109111
办公室……………… 3109110
总务处
处长……………… 3109160
办公室……………… 3109161
食堂……………… 3109162
房管处
处长……………… 3109108
办公室……………… 3109109
卫生所……………… 3109112
五一宿舍医保站……………… 3019661
工会……………… 3109078
组织人事部……………… 3109036
群工处
处长……………… 3109095
办公室……………… 3109087
办公室……………… 3109090
宣传处
处长……………… 3109121
办公室……………… 3109122
纪检
……………… 3109089
审计处
处长……………… 3109143
办公室……………… 3109092

热电车间

主任……………… 3109044
书记……………… 3109047
副主任……………… 3109045
……………… 3109046
值班室……………… 3109040
安全工程师……………… 3109159
劳资……………… 3109042
技术……………… 3109043
统计……………… 3109004
电试……………… 3109041
集中控制……………… 3109048
主控室……………… 3109049
燃料……………… 3109113
除盐……………… 3109136
检修……………… 3109137
采暖锅炉……………… 3109139
材料……………… 3109173

油品车间

办公室……………… 3109050
净化站……………… 3109005

质量管理处

处长……………… 3109020
2246 化验室……………… 3109142

供排水车间

主任……………… 3109030
污水……………… 3109033

电气车间

主任……………… 3109073
副主任……………… 3109076
总配电室……………… 3109074

油毡配电室………… 3109185

仪表车间

主任………………… 3109060
油毡仪表…………… 3109061
热电仪表…………… 3109063

液化气站

站长………………… 3109138
业务………………… 3109140

附属综合厂

厂长………………… 3130122
书记………………… 3109215
副厂长……………… 3109216
办公室……………… 3109219
财务科……………… 3109212
服务加工…………… 3109213
液化气站…………… 3331739
华溢油厂…………… 3333382
防水材料分厂
厂长………………… 3130121
副厂长……………… 3109203
………………………… 3109202
总工………………… 3109200
办公室……………… 3109199
传真………………… 3119464
财务科……………… 3109195
供应科……………… 3109196
销售部……………… 3109197
销售公司…………… 3112485
施工公司…………… 3120154
制毡制作…………… 3109201

"2246"项目

主任………………… 3109131
副主任……………… 3109134
操作室……………… 3109279

设备检修安装处

经理………………… 3109165
书记………………… 3109167
内勤………………… 3109166

大车队

队长………………… 3109145
调度………………… 3109146

加油站

第一加油站（建北） 3109208
第二加油站（满城） 7071545
第三加油站（高保） 2134949
第五加油站（于庄） 7086616
第六加油站（京保） 5019000

41. 中国石化工程建设公司

地址：北京市朝阳区安慧北里安园21号　邮政编码：100101　公网区号：010

党委办公室 ……… 84876025
纪委、监察室 …… 84876028
组织部 …………… 84876280
宣传部 …………… 84876216
工会 ……………… 84876030
团委 ……………… 84877164
总经理办公室 …… 64975658
人力资源部 ……… 84876067
财务资产部 ……… 84876118
审计部 …………… 84876140
市场开发部 ……… 84876189
项目执行中心 …… 84876341
海外项目部 ……… 84876186
技术部 …………… 84876217
质量安全标准部… 84876198
采购部 …………… 84876486
施工管理部 ……… 84877018
工程造价部 ……… 84876799
信息技术中心 …… 84876412
炼油工艺室 ……… 84877080
化工工艺室 ……… 84876864
咨询规划室 ……… 84878192
配管一室 ………… 84877362
配管二室 ………… 84877317
电气室 …………… 84876626
动设备室 ………… 84877495
仪表电控室 ……… 84876669
设备一室 ………… 84877658
设备二室 ………… 84877501
土建一室 ………… 84877978
土建二室 ………… 84877842
工厂系统室 ……… 84876541
环境工程室 ……… 84876511
印刷出版室 ……… 84877697
档案室 …………… 84876218
行政事务部 ……… 84878558
离退休工作处 …… 84878050
保卫处 …………… 84876447

42. 上海工程有限公司

地址：上海市浦东新区张杨路769号　邮政编码：200120　公网区号：021

经理办 …………… 58354214
经营部 …………… 58354305
项目部 …………… 58354304
技术质量部 ……… 58354262
党委工作部 ……… －5002
人事教育部 ……… －6037
监察审计室 ……… －3606

43. 洛阳石油化工工程公司

地址：河南省洛阳市中州西路27　邮政编码：471003　公网区号：0379

经理办公室
………………… 64887739
………………… 64887749
接待 …………… 64887258
人力资源部
………………… 64887266
………………… 64887308
财务计划部
………………… 64887566
………………… 64887194
………………… 64887471
企业发展部
………………… 64887799
法律顾问 ……… 64887792
市场开发部
………………… 64887335
………………… 64887115
技术发展部
………………… 64887316
期刊 …………… 64887689
质量安全部
………………… 64887120
………………… 64887142
………………… 64887516
审计室
………………… 64887805
………………… 64887571
党委工作部
………………… 64887085
………………… 64887109
纪委（监察室）
………………… 64887625
工会
………………… 64887299
行政事务部
………………… 64887078
项目管理部
………………… 64887590
………………… 64887484
海外项目部
………………… 64887409
外事 …………… 64887549
采购部
………………… 64887336
施工管理部
………………… 64887236
广州分公司
………………… 020－82121476

……………… 020－82121430
传真………… 020－82121391
工程研究院
…………………… 64330595
…………………… 64330751
传真 ……………… 64310304
北京 OFFICE
……………… 010－84987031
传真………… 010－84987032

44. 宁波工程有限公司

地址：浙江省宁波市国家高新区院士路660号　　邮政编码：315103　　公网区号：0574

总经理办公室（保卫处）
主任 ……………… 87975678
副主任 …………… 87974815
………………… 87975381
文秘 ……………… 87975589
接待科 …………… 87975111
信访 ……………… 87975658
行政科 …………… 87975500
小车队 …………… 87975218
综治科 …………… 87975115
通信站 …………… 87974567
消防监控 ………… 87974119
门警值班 ………… 87974011
安保监控 ………… 87974110
法律事务部
副主任 …………… 87975381
法律事务管理 …… 87975580
企业管理部
主任 ……………… 87975168
副主任 …………… 87975679
………………… 87975655
人力资源部
主任 ……………… 87975277
副主任 …………… 87975268
外事 ……………… 87975492
工伤 ……………… 87975493
社会保险 ………… 87975494
职称 ……………… 87975498
执业资格 ………… 87975504
劳动合同 ………… 87975507
社会用工 ………… 87975517
工资、住房公积金 87975523
人事档案 ………… 87975527
财务计划部
主任 ……………… 87975676
副主任 …………… 87975661
………………… 86433958
………………… 87975545
主任会计师 ……… 87975677
………………… 87975665
组织部
部长 ……………… 87974866
质量管理部
主任 ……………… 87974678
副主任 …………… 87974522
主任工程师 ……… 87975369

安全环保部（HSE管理部）
主任 ……………… 87974218
副主任 …… 0574－87974283
………………… 87974242
主任工程师（二）…87974343
基建处（资产设备管理处）
处长 ……………… 87975662
副处长 …………… 87975099
审计处
处长 ……………… 87975378
监察处（纪委）
处长 ……………… 87974228
副处长 …………… 87974520
党群工作部（党委办公室）
主任 ……………… 87974366
副主任 …………… 87974155
团委副书记 ……… 87975260
………………… 87975279
工会 ……………… 87984518
电视台 …………… 86433423
离退休人员管理中心
主任 ……………… 86433667
经营管理部
主任 ……………… 87975569
副主任 …………… 87975508
………………… 87985018
报价管理 ………… 87974441
北京市场开发部
主任………… 010－51238696
设计生产管理部
主任 ……………… 87975073
副主任 …………… 87975126
………………… 87975008
项目管控部
主任 ……………… 87975266
副主任 …………… 87985108
………………… 87975536
………………… 87975085
………………… 87974513
采购部
主任 ……………… 87975155
副主任 …………… 87975253
………………… 87975159
信息中心
主任 ……………… 87974444
副主任 …………… 87975088

主任工程师 ……… 87975556
………………… 87975002
………………… 87975001
网络维护 ………… 87975005
IT 维修 ………… 87974271
网络维护 ………… 87975577
绘图房 …………… 87974949
档案室 …………… 87974237
培训中心
副主任 …………… 86433659
培训管理 ………… 86433310
工程概预算室
主任 ……………… 87975081
概算管理 ………… 87984448
工艺系统室
主任 ……………… 87975061
副主任 …………… 87974847
………………… 87974780
综合办公室 ……… 87974853
工艺安装室
主任 ……………… 87975063
副主任 …………… 87974655
综合办公室 ……… 87974758
设备室
主任 ……………… 87975501
副主任 …………… 87975210
………………… 87975226
综合办公室 ……… 87975568
电控室
主任 ……………… 87975116
副主任 …………… 87975089
综合办公室 ……… 87974955
土建室
主任 ……………… 87975143
综合办公室 ……… 87975072
环保室
主任 ……………… 87975611
副主任 …………… 87975228
综合办公室 ……… 87975203
锅炉及发电项目部
主任 ……………… 87975258
综合办公室 ……… 87974628
宁波技术研究院（技术中心）
常务副院长 ……… 87975205
技术管理部 ……… 87975286
设备开发室 ……… 87975128

工艺开发室 ……… 87974528
施工技术开发室
………………… 87975055
环保开发室 ……… 87974516
专利管理 ………… 87974272
标准管理 ………… 87975406
综合办公室 ……… 87974563
概预算中心站
副站长 …………… 87975231
概算管理 ………… 87974402
自控中心站
副主任……… 021－64578936
上海公司
经理………… 021－64578861
副经理……… 021－64578916
……………… 021－64578919
……………… 021－64578980
上海综合设计室
……………… 021－64578830
国际合作部副主任
……………… 021－64578925
国际合作部
……………… 021－64578947
综合办公室
……………… 021－64578884
财务部……… 021－64578892
兰州分公司
经理……… 0931－7537620
副经理…… 0931－7549289
…………… 0931－7542682
综合办公室 0931－7556710
兰州综合设计室
…………… 0931－7543956
财务部…… 0931－7556215
人事管理… 0931－7556337
离退休办… 0931－7556560
计划经营部 0931－7544858
机械制造公司
总经理 …………… 86433609
党委书记 ………… 86433299
副经理 …………… 86433258
………………… 86433278
………………… 86433849
……… 021－57943943－8441
工会主席 ………… 86433298
综合办公室 ……… 86433266

财务部 …………… 86433289
人事科 …………… 86433625
经营科 …………… 86433749
技术科（设计研发室）
…………… 86433626
安全科 …………… 86433229
质量科 …………… 86433219
采购科 …… 0574－86433766
资产科 …………… 86433239

上海机械制造厂
…………… 021－57943943

宁波机械制造厂
…………… 86433850

上海钢结构管道制造厂
…………… 021－57245212

建设安装公司
经理 …………… 86433755
书记 …………… 86433665
副经理 …………… 86433740
…………… 86433971
综合办公室 …………… 86433830
劳人科 …………… 86433426
财务科 …………… 86433944
预算科 …………… 86433861
工程科 …………… 86433461
安保科 …………… 86433548
供应科 …………… 86433466
质量科 …………… 86433746
技术科 …………… 86433493

机械化施工公司
经理 …………… 86433613
书记 …………… 86433957
副经理 …………… 86433617
总工程师 …………… 86433953
综合办公室 …………… 86433616
经营科 …………… 86433963
财务科 …………… 86433970
安全科 …………… 86433951
设备供应科 …………… 86433621
技术科 …………… 86433772
汽修厂 …………… 86433961

储运安装公司
经理 …………… 86433761
书记 …………… 86433682
副经理 …………… 86433979
…………… 86433685
…………… 86433683
综合办公室 …………… 86433976
财务部 …………… 86433865
安保科 …………… 86433568
物装科 …………… 86433786
经营科 …………… 86433433
计调科 …………… 86433978
技术科 …………… 86433417
质检科 …………… 86433771

检维安装公司
经理…………… 021－67260858
书记…………… 021－67260898
副经理…………… 021－67260868
…………… 021－57261472
…………… 021－57951206
综合办公室
…………… 021－57950115
财务科…………… 021－57265221
经营科…………… 021－57933061
工程科…………… 021－58649652
安环科
…… 021－57943800－38973
物装科…………… 021－57265225
质量科 021－57943800－38972
维护科 021－57261407－8017

45. 第二建设公司

地址：江苏省南京市栖霞区尧化门尧石二村 100 号　邮政编码：210046　公网区号：025

经理办公室
主任 …………… 85662167
秘书 …………… 85662160
接待 …………… 85662165

企业规划处
处长 …………… 85662004
办公室 …………… 85662664
计算机中心 …………… 85662136
…………… 85662137
档案 …………… 85662168
…………… 85662169

政治工作部
主任 …………… 85662179
副主任 …………… 85662180
组干 …………… 85662198
团委 …………… 85662198
宣传 …………… 85662198
机要室 …………… 85662199
机关党委 …………… 85662181

纪委办公室
主任室 …………… 85662172
办公室 …………… 85662173

工会
副主席 …………… 85662192
…………… 85662193
秘书宣教 …………… 85662197
民管劳保 …………… 85662197
组织女工 …………… 85662195
文体财务 …………… 85662195
会议中心 …………… 85662194
图书阅览 …………… 85662206

物资装备处
传真 …………… 85662243
处长 …………… 85662202
设备管理 …………… 85662244
…………… 85662247
综合管理 …………… 85662249

工程管理处
传真 …………… 85561128
处长 …………… 85662109
副处长 …………… 85662130
计划、统计 …………… 85662131
调度 …………… 85662132

保卫处
处长 …………… 85662207
内勤 …………… 85662208
外勤 …………… 85662209
值班室 …………… 85662110
生活区南门 …………… 85662283
生活区北门 …………… 85662282
生活区停车场 …………… 85662284
生产基地东门 …………… 85663154
生产基地值班 …………… 85663110

安全环保处
处长 …………… 85662271
值班室 …………… 85662119
安全管理 …………… 85662106
车辆管理 …………… 85662107

人力资源处
处长 …………… 85662149
副处长 …………… 85662151
保险 …………… 85662152
干部 …………… 85662153
工资 …………… 85662157
工人 …………… 85662201
定额 …………… 85662154
教育 …………… 85662155

财务处
传真 …………… 85662146
处长 …………… 85662218
副处长 …………… 85662147
报销 …………… 85662148
资金 …………… 85662146
综合 …………… 85662145
成本 …………… 85662156

市场开发部
传真 …………… 85563553
经理 …………… 85662241
副经理 …………… 85662240
综合 …………… 85662242
…………… 85569995
技术 …………… 85562245
…………… 85662252
商务 …………… 85662246
…………… 85662248
…………… 85662251

审计处
处长 …………… 85662212
副处长 …………… 85662104
办公室 …………… 85662105

技术质量处
处长 …………… 85662182
副处长 …………… 85662188
办公室 …………… 85662185
…………… 85662189
…………… 85662183

设计室
副主任 …………… 85662186
…………… 85662187

经营计划处
法律事务处传真… 85662184
处长（经营） …… 85662138
处长（法律） …… 85662143
副处长 …………… 85662102
计划统计 …………… 85662142
工程造价 …………… 85662140
…………… 85662150

…………………… 85662101
合同 ……………… 85662161

新闻中心

主任 ……………… 85662176
记者部 …………… 85662177
编辑部 …………… 85662178
策划部 …………… 85662178
编辑室 …………… 85662175
值班室 …………… 85662174

离退办（居委会）

主任室 …………… 85662258
管理室 …………… 85662259
居委会 …………… 85662211

储罐工程公司

传真 ……………… 85663111
经理 ……………… 85663107
书记 ……………… 85663109
副经理 …………… 85663108
…………………… 85663115
总经济师 ………… 85663130
总工程师 ………… 85663117
副总 ……………… 85663132
综合办（文书） … 85663118
综合办（人事） … 85663131
施工管理科 ……… 85663134
技术质量科 ……… 85663132
经营科（财务） … 85663101
经营科（预算） … 85663135

管道工程公司

传真 ……………… 85663104
经理 ……………… 85663149
书记 ……………… 85663100
副经理 …………… 85663137
…………………… 85663143
…………………… 85663153
综合办（主任） … 85663106
综合办 …………… 85663156
人力资源科 ……… 85663263
工程管理科 ……… 85663102
技术质量科 ……… 85663097
经营财务科 ……… 85663105

设备工程公司

传真 ……………… 85663122
经理 ……………… 85663393
书记 ……………… 85663136
副经理（生产） … 85663139
副经理（经营） … 85663140
副经理（总工） … 85663138
工会主席 ………… 85663136
工会副主席 ……… 85662663
综合办（主任） … 85662663
综合办 …………… 85663122
人力资源科 ……… 85663142
工程管理科 ……… 85663141
技术质量科 ……… 85663146
经营财务科 ……… 85663145
团委 ……………… 85662663
女工 ……………… 85662663
工程一队 ………… 85663103
工程二队 ………… 85663218
工程三队 ………… 85663103

电仪工程公司

传真 ……………… 85663155
经理 ……………… 85663159
…………………… 85591096
书记室 …………… 85663162
副书记 …………… 85663160
副经理 …………… 85663160
…………………… 85613161
总工室 …………… 85663248
综合办 …………… 85663164
工程管理科 ……… 85663169
技术质量科 ……… 85663168
财务科 …………… 85663152
供应室 …………… 85663247
经营科 …………… 85663163
人事教育科 ……… 85663167
电仪一队 ………… 85663252
调试队 …………… 85663171

机工（物装）公司

传真 ……………… 85563199
经理 ……………… 85663211
…………………… 85562664
副经理 …………… 85663212
…………………… 85663221
…………………… 85663228
副书记 …………… 85663216
综合办 …………… 85663226
经营财务科（科长）85663151
经营财务科（会计）85663158
工程管理科 ……… 85663227
设备器材科（计划）85663219
设备器材科（仓库）85663232
工程队 …………… 85663230
重机队 …………… 85663229
汽运队 …………… 85663231
租赁业务部 ……… 85663215

扬子分公司

经理 ……………… 58561913
…………………… 58392629
书记 ……………… 58392629
行政部 …………… 57784596
工程部 …… 57787691－8106
技质部 …… 57787691－8109
安监部 …… 57787691－8107
物资部 …………… 57150127
费用部 …… 57787691－8207

宁波分公司

经理 ……………… 86449679
副经理 …………… 86449678
综合办 …………… 86449677

福建分公司

传真 ……… 0595－87781643
经理 ……… 0595－87786500
副经理 …… 0595－87779695
…………… 0595－87779697
办公室 …… 0595－87781343

江北分公司

办公室 ……… 025－58394567
…………… 025－58391420

上海分公司

办公室 ……… 021－65142422

46. 第四建设公司

地址：天津市大港区世纪大道 180 号　　邮政编码：300270　　公网区号：022

公司机关

总经理办公室
主任 ……………… 63862711
副主任 …………… 63863611
秘书 ……………… 63862213
文书 ……………… 63862214
总值班室 ………… 63862313
传真 ……………… 25990156
党委工作部
部长 ……………… 63863058
企业发展规划处
处长 ……………… 63862419
人力资源处
办公室 …………… 63862235
工程管理处
办公室 …………… 63863635
技术质量处
办公室 …………… 63862721
安全环保处
办公室 …………… 63863643
市场开发处
办公室 …………… 63862347
物资装备处
办公室 …………… 63862378
工会
办公室 …………… 63862439
离退休管理处
办公室 …………… 63862233

二级单位

第一设备安装工程公司
办公室 …………… 63862822
第二设备安装工程公司
办公室 …………… 63862048
第一管道安装工程公司
办公室 …………… 63862863
第二管道安装工程公司
办公室 …………… 63862912
基地工程公司
办公室 …………… 63862696
储罐安装工程公司
办公室 …………… 63862946
电气仪表工程公司
办公室 …………… 63862772
吊装运输公司
办公室 …………… 63862831
物业管理公司
办公室 …………… 63862837
工程项目管理公司
办公室 …………… 63863861

47. 第五建设公司

地址：甘肃省兰州市西固区康乐路27号　　邮政编码：730060　　公网区号：0931

公司机关

经理办公室………… 7961410
……………………… 7356519
传真………………… 7356578
市场开发部………… 7981847
传真………………… 7354044
财务计划处………… 7983341
企业策划部………… 7961385
人事教育处………… 7961529
法律事务部………… 7961483
项目管理部………… 7961021
安全监督处………… 7961216
技术开发处………… 7961225
质量管理处………… 7961207
物资管理处………… 7961481
机械动力处………… 7981846
审计处……………… 7961307
纪检监察部………… 7961393
武装保卫部………… 7982117
工会………………… 7961554
团委………………… 7961530
物业管理公司……… 7961263
设计研究所………… 7961205

二级单位

南京分公司
综合办……… 025－58378138
传真………… 025－58378330
安装一公司
经理………………… 7962061
综合办……………… 7961269
安装二公司
经理………………… 7961095
综合办……………… 7962475
安装三公司
经理………………… 7961874
综合办……………… 7962487
安装四公司
经理………………… 7361528
副经理、主任……… 7962463
机械电仪工程公司
经理………………… 7988468
综合办……………… 7988472
机施公司
经理………… 025－58378559
综合办……… 025－58378551
经理………… 0931－7961349
综合办……… 0931－7961278
储罐公司
经理………… 0931－7991066
综合办……… 0931－7982084
海外工程公司
综合办……… 0931－7983224
办公室……… 0931－7360488

48. 第十建设公司

地址：山东省淄博市Ⅰ临淄区建设路29号　　邮政编码：255438　　公网区号：0533

经理办公室
主任………………… 6295171
副主任……………… 6295292
……………………… 6295123
总值班室…………… 7501143
传真………………… 7501126
市场开发部
部长………………… 6295184
副部长……………… 6295137
……………………… 6295218
……………………… 6295249
综合科……………… 6295066
传真………………… 6295678
经营部
部长………………… 6295720
副部长……………… 6295378
……………………… 6295495
传真………………… 7507816
项目管理部
部长………………… 6295499
副部长……………… 6295467
……………………… 6295257
项目科……………… 6295604
传真………………… 6090777
海外事业部
副部长……………… 6295008
办公室……………… 6295231
传真………………… 6295102
人力资源部（组织部）
部长………………… 6295181
副部长……………… 6295420
……………………… 6295511
传真………………… 6299521
财务资产处
处长………………… 6295191
副处长……………… 6295201
……………………… 6295136
传真………………… 6299818
企业管理处
处长………………… 6295221
副处长……………… 6295931
综合科……………… 6295179
技术管理处
处长………………… 6295194
副处长……………… 6295318
综合科……………… 6295223
传真………………… 7508106
质量管理处
处长………………… 6295215
副处长……………… 6295629
……………………… 6295829
综合科……………… 6295594
安全监督处
处长………………… 6295211
副处长……………… 6295213
传真………………… 7507192
审计处
处长………………… 6295235
副处长……………… 6295196
物资装备处
处长………………… 6295421
副处长……………… 6295422
……………………… 6295262
传真………………… 6299688
党委工作部
部长………………… 6295167
综合办……………… 6295952
传真………………… 7501131
纪委（监察处）
处长………………… 6295166
副处长……………… 6295152
综合办……………… 6295151
工会
副主席……………… 6295153
主任………………… 6295154
传真………………… 7506892
安装一公司
经理………………… 6295321
书记………………… 6295322
综合办……………… 6295323
传真………………… 6299311
安装二公司
经理………………… 6295331
书记………………… 6295332
综合办……………… 6295333
传真………………… 6296888
大连分公司
经理………… 0411－87644001
综合办……………… 6295996
传真………………… 6299888
南方分公司
经理………………… 6295792
书记………………… 6295802
综合办……………… 6295922
传真………………… 7505074
仪电一公司
经理………………… 6295351
书记………………… 6295352
综合办……………… 6295358
传真………………… 7501434
仪电二公司
经理………………… 6295267
书记………………… 6295912
综合办……………… 6295508
传真………………… 6295567
储运（球罐）工程公司
经理………………… 6295791
副经理……………… 6295458
综合办……………… 6295872
传真………………… 7507806
金海湾工程公司
经理………………… 6295198
书记………………… 6295197
综合部……………… 6295251
传真………………… 7503002
重机公司
经理………………… 6295020
书记………………… 6295943
综合办……………… 6295340
传真………………… 7501437
上海齐安公司（建筑工程公司）
经理………………… 6295416
副经理……………… 6295693

综合办…………… 6295695
传真……………… 6295695
社区管理中心
主任……………… 6295028

综合科…………… 6295795
传真……………… 6295795
保卫处（人武部）
处长……………… 6295933

综合科…………… 6295226
传真……………… 7501139
离退休管理处
处长……………… 6295219

综合科…………… 6295624
定额管理站
站长……………… 6295187

49. 经济技术研究院（中国石化咨询公司）

地址：北京市朝阳区安外小关街 24 号　邮政编码：100029　公网区号：010

院办公室 ……… 64449006
党委办公室 ……… 64449030
人事教育处 ……… 64449085
财务处 ………… 64449035
行政处 ………… 64449131
经营部（综合管理处）
……………… 64449036
发展战略研究所… 64449090
市场营销研究所… 64449075
评估部 ………… 64449051

经济政策研究所… 64449083
信息研究所 ……… 64449065
中石化上海咨询公司
……………… 64414501
基础部 ………… 64449144
图书馆 ………… 64449109
科技查新部 ……… 64414508
中国石油化工信息学会
……………… 64449036

中国工程咨询协会石化分会
……………… 64449098
石化咨询信息网 … 64449098
《当代石油石化》编辑部
……………… 64449093
《世界著名石油石化公司手册》
编辑部 ………… 64449015
《石油化工要闻》编辑部
……………… 64449097
《中国石化文摘》编辑部
……………… 64449014

《参数与数据》编辑部
……………… 64449155
《中国石油石化产业经济研究年度报告》编辑部
……………… 64449083
《中国石化经济技术网》
……………… 64449104
图书发行部 ……… 64449124

50. 国际石油勘探开发有限公司

地址：北京市海淀区北四环中路 263 号　邮政编码：100083　公网区号：010

办公室
主任 ………… 82310870
副主任 ………… 82310779
人力资源部
经理 ………… 82310872
副经理 ………… 82312996
计划部
经理 ………… 82312843
财务资产部
经理 ………… 82310842
副经理 ………… 82328336

法律合同部
经理 ………… 82310919
副经理 ………… 82312994
公共事务部
经理 ………… 82310839
副经理 ………… 82328205
资产运营部
经理 ………… 82310873
副经理 ………… 82318727
西非—亚太区项目部
经理 ………… 82332959

副经理 ………… 82335306
规划和科技部
经理 ………… 82332953
副经理 ………… 82332818
工程技术部
经理 ………… 82332961
副经理 ………… 82332755
采办贸易部
经理 ………… 82332963
副经理 ………… 58754005
HSE 部

副经理 ………… 82332973
……………… 82332817
信息部（总值班室）
经理 ………… 82310907
副经理 ………… 82328769
审计部
经理 ………… 82310840
办公室 ………… 82327860
企业文化部（党群工作部）
经理 ………… 82310920
办公室 ………… 82333202

51. 国际石油工程有限公司

地址：北京市西城区安德路甲 67 号　邮政编码：100011　公网区号：010

总经理办公室
主任 ………… 51586506
副主任 ………… 51586508
办公室 ………… 51586550
……………… 51586503
人力资源部
经理 ………… 51586596
办公室 ………… 51586422
……………… 51586424
计划财务部
经理 ………… 51586436
副经理 ………… 51586442

办公室 ………… 51586563
……………… 51586421
经营条法部
经理 ………… 51586448
副经理 ………… 51586451
办公室 ………… 51586450
……………… 51586447
市场开发部
经理 ………… 51586458
副经理 ………… 51586461
办公室 ………… 51586462
……………… 51586471

项目管理部
经理 ………… 51586466
副经理 ………… 51586547
办公室 ………… 51586482
……………… 51586484
物流管理部
经理 ………… 51586468
办公室 ………… 51586493
……………… 51586492
装备筹备部
经理 ………… 51586488
办公室 ………… 51586560

……………… 51586515
厄瓜多尔子公司
… 00593－2－2529640－112
哈萨克斯坦子公司
… 007－3272－912006－112
沙特分公司
………… 00996－3－8579180
苏丹项目
……… 00249－1－83282035
巴西项目 ……… 51586407
……… 0055－21－25593965

52. 财务有限责任公司

地址：北京朝阳区朝阳门北大街22号 邮政编码：100728 公网区号：010

公司经理办公室………………………… 59966357
结算部 ………… 59966363
财务会计部 ……… 59966388
人事劳资部 ……… 59966389
资金计划部 ……… 59966394
国际业务部 ……… 59966408
信贷部 …………… 59966418
投资银行部 ……… 59966424
信息部 …………… 59966435
风险控制部 ……… 59966458
稽核部 …………… 59966468
经济管理部 ……… 59966472

中国石化财务有限责任公司广州办事处

地址：广东省广州市天河区林和西路1号广州国贸中心大厦25楼Bc单元
邮编：510620
传真………… 020－38783040
办公室……… 020－38783365

中国右化财务有限责任公司南京办事处

地址：江苏南京市中山北路45号
邮编：210008
传真………… 025－83322960
办公室……… 025－83322026

中国石化财务有限责任公司上海办事处

地址：上海浦东新区张杨路500号时代广场25楼
邮编：200122
传真……… 021－58368288
办公室……… 021－58367659

中国石化财务有限责任公司兰州办事处

地址：甘肃省兰州市庆阳路258号国贸大厦9层
邮编：730030
传真………… 0931－8478870
办公室……… 0931－8478871

中国石化财务有限责任公司山东代表处

地址：山东淄博临淄区桓公路9号工行9楼
邮编：255400
传真………… 0533－7586098
办公室……… 0533－7586099

中国石化财务有限责任公司河南代表处

地址：河南省郑州市经三路融丰花苑c座18D
邮编：450008
传真 ……… 0371－65786361
办公室 …… 0371－65786362

53. 销售实业有限公司

地址：北京市朝阳区朝阳门北大街22号 邮政编码：100728 公网区号：010

办公室 …………… 59966901
业务处 …………… 59969030
运行处 …………… 59969040
零售管理处 ……… 59969057
润滑油经营管理处 59969070
燃料油经营管理处 59969078
进出口处 ………… 59969086
非油品业务处 …… 59969091
财务处 …………… 59969098
发展规划处 ……… 59969112
信息管理处 ……… 59969120
安全数质量处 …… 59969130
人事处 …………… 59969138
劳资处 …………… 59969148
企业改革管理处… 59969155
政工处 …………… 59969165
审计处 …………… 59969161
监察处 …………… 59969169
管道处 …………… 59969173
合资企业管理处… 59969179

华北分公司

地址：天津市和平区建设路2号
邮编：300040
传真………… 022－27124891
办公室
主任 …………… 27120719
副主任 ………… 27123881
………………… 27124497
人事处
处长 …………… 27124629
监察审计
处长 …………… 27124234
副处长 ………… 27122727
业务处
处长 …………… 27124852
副处长 ………… 27122480
………………… 27121465
调运处
处长 …………… 27123720
副处长 ………… 27124058
财务处
处长 …………… 27120717
副处长 ………… 27119914
企管处
处长 …………… 27124187
副处长 ………… 27124110

华东分公司

地址：上海市长宁区愚园路819号
邮编：200050
传真 …………… 62119327
办公室
主任 …………… 62119326
副主任 ………… 62119291
值班 …………… 62119325
传真 …………… 62119327
业务处
处长 …………… 62118739
副处长 ………… 62118767
………………… 62118925
财务处
处长 …………… 62119212
副处长 ………… 62119205
………………… 62119215
调运处
处长 …………… 62119081
副处长 ………… 62119225
………………… 62119075
………………… 62119085
综合管理处
处长 …………… 62119329
副处长 ………… 62119330
人事处
处长 …………… 62119053
副处长 ………… 62119052
监察审计处
处长 …………… 62118948
副处长 ………… 62118930

华中分公司

地址：湖北省武汉市汉口精武路39号
邮编：430022
传真………… 027－85772810
办公室
主任 …………… 67598008
副主任 ………… 67598011
………………… 67598010
党委办公室
主任 …………… 67598021
副主任 ………… 67598022
业务处
处长 …………… 67598051
副处长 ………… 67598053
………………… 67598054
财会处
副处长 ………… 67598061
………………… 67598062
企管处
处长 …………… 67598041
副处长 ………… 67598042
………………… 67598043
人事处
副处长 ………… 67598049
审计处
处长 …………… 67598078

华南分公司

地址：广东茂名市人民南路268号

邮编：525000
传真………… 0668－3393366
办公室（党群工作办公室）
………………………… 3393609
财务处
………………………… 3393038
人事处（组织部）
………………………… 3393678
审计监察处（纪检办）
………………………… 3393093
业务处
………………………… 3393018
管道通信管理处
………………………… 3393819
安全环保科技处
………………………… 3393222
发展基建处（项目控制处）
………………………… 3393198
物资供应处
………………………… 3393108

调度控制中心
………………………… 3393788

东北分公司

地址：辽宁省沈阳市于洪区崇山东路51号
邮编：110032
总机………… 024－86625855
传真………… 024－86860772
办公室
主任 ……………… 86860285
副主任 …………… 86621037
业务处
处长 ……………… 86863840
发展处
处长 ……………… 86621035
副处长 …………… 86621030
财务审计处
处长 ……………… 86859759
副处长 …………… 86857689
………………………… 86859759
综合管理处
副处长 …………… 86621037

西北分公司

地址：陕西省西安市北大街29号中天国际大厦10层
邮编：710003
传真………… 029－87257202
综合处
处长 ……………… 87257390
副处长 …………… 87255917
财务处
处长 ……………… 87257208
业务处
处长 ……………… 87255799
副处长 …………… 87257391
发展处
处长 ……………… 87257557

川渝分公司

地址：四川省成都市人民南路一段86号城市之心7楼
邮编：610016
总机：028－86203022
传真………… 028－86203122
办公室
主任 ……………… 86203105
副主任 …………… 86203125
业务处
处长 ……………… 86203036
财务审计处
处长 ……………… 86203108
副处长………………… －840
企业发展处
副处长………………… －801
………………………… －829
人事劳资处
副处长 …………… 86203106

54. 物资装备公司

地址：北京市朝阳区惠新东街甲6号　邮政编码：100029　公网区号：010

办公室（人事处）
………………………… 64999419
………………………… 64999425
传真 ……………… 84642206
综合管理处（审计处）
………………………… 64999408
………………………… 64999445
传真 ……………… 64999499
财务处
………………………… 64999448
………………………… 64999449
传真 ……………… 64999452
物资营销一处
………………………… 64999690
………………………… 64999691
传真 ……………… 64999504
物资营销二处
………………………… 64999442
………………………… 64999540
传真 ……………… 64999483

55. 炼化工程公司

地址：北京市朝阳区惠新东街11号紫光发展大厦A座11层　邮政编码：100029　公网区号：010

办公室（党工办）…64823186
………………………… 64823128
………………………… 64823056
传真 ……………… 64823772
人事处 …………… 64823136
………………………… 64823093
计划财务处 ……… 64823298
………………………… 64823308
法律事务处 ……… 64823586
企业管理处 ……… 64823271
………………………… 64823257
市场开发中心 …… 64823815
国际项目管理中心 64823557
………………………… 64823515
招标公司 ………… 64823452
………………………… 64823439

56. 中石化百川经济贸易公司

地址：北京市朝阳区朝阳门北大街22号　邮政编码：100728　公网区号：010

党委办公室 ……… 59960501
办公室 …………… 59960505
传真 ……………… 59960901
人力资源处 ……… 59960556
财务处 …………… 59960285
企业管理处 ……… 59960918
房产管理处 ……… 59969909
基建工程处 ……… 59960166
安全保卫处 ……… 59960210
设备工程处 ……… 59960366
服务处 …………… 59960099
餐饮处 …………… 59960125
交通处 …………… 59960162
医务处 …………… 59960120
经营处 …………… 59960858
调研室 …………… 59960278

实华饭店

总经理 …………… 64679688
副经理 …………… 64664368
副处长 …………… 64651128
办公室 …………… 64674113
总机 ……………… 64665522

招待所

所长 ……………… 64990151
餐饮部 …………… 64990208
客户部 …………… 64990040
综合部 …………… 64990152

国际旅行社

总经理 …………… 64990138

副总经理 …… 64990139
…… 64990131
…… 64990132
办公室 …… 64990142
…… 64990143
订票室 …… 64998591
…… 64998592
华夏宾馆 …… 64998555
北戴河办公室 0335－4042228

57. 中国石化报社

地址：北京市东城区安外大街58号　邮政编码：100011　公网区号：010

总编室 …… 84289766
…… 84274940
…… 84274953
传真 …… 84273681
新闻部 …… 84274942
…… 84274952
专刊部 …… 84278920
…… 84274931
杂志编辑部 …… 84281006
…… 84273198
电视部 …… 84271863
…… 84271840
网络新闻部 …… 84271824
…… 84274936
周刊部 …… 84271835
…… 84287691
记者部 …… 84273202
…… 84277218
通联部 …… 84271829
…… 84274941
经营管理部 …… 84285157
…… 84271810
广告部 …… 84286617
…… 84271799
综合办公室 …… 84271813
…… 84280007

车友报

编辑部 …… 84280006
…… 84280202
传真 …… 84280801

58. 中国石化出版社

地址：北京市东城区安定门外大街58号　邮政编码：100011　公网区号：010

副总编 …… 84289920
…… 84289932
办公室 …… 84289981
…… 84278950
传真 …… 84289982
财务处 …… 84289917
…… 84289918
…… 84283214
传真 …… 84289917
总编室 …… 84289983
…… 84271850
传真 …… 84287871
一编室 …… 84275540
…… 84289921
…… 84275561
…… 84289934
传真 …… 84289968
二编室 …… 84289935
…… 84289938
…… 84289937
传真 …… 84289978
三编室 …… 84289951
…… 84289953
传真 …… 84289951
展览处 …… 84275563
…… 84289952
传真 …… 84275563
四编室 …… 84275549
…… 84279923
…… 84289965
传真 …… 84275549
五编室 …… 84287511
…… 84289961
传真 …… 84287511
发行部 …… 84289971
…… 84289974
…… 84289976
…… 84277922
…… 84289973
…… 84289975
…… 84289974
传真 …… 84289972
印务部 …… 84289980
…… 84289927
传真 …… 84289980
储运部 …… 61569515
传真 …… 61569525

59. 石油化工管理干部学院（人才培训中心、党校、继续教育中心）

地址：北京市朝阳区立水桥北甲1号　邮政编码：100012　公网区号：010

学院总机 …… 51201188
健翔桥分校区总机
…… 52058888
党政办公室
主任 …… 51201203
办公室 …… 51201215
…… 51201250
保卫科 …… 51201213
文体中心 …… 51201132
总值班室 …… 51201112
监控室 …… 51201259
传真 …… 51201206
组织人事部
主任 …… 51201113
老干部活动中心
…… 51201134
财务部
主任 …… 51201219
办公室 …… 51201223
教务部
主任 …… 51201107
外事 …… 51201105
科研 …… 51201321
学报 …… 51201217
管理培训部
主任 …… 51201305
专业技术培训部
主任 …… 51201327
办公室 …… 51201141
国际化培训部
主任 …… 51201327
办公室 …… 51201161
信息资源部
主任 …… 51201102
网络 …… 51201103
图书馆 …… 51201300
电教 …… 51201135
总务部
主任 …… 51201121
行政科 …… 51201252
接待科 …… 51201257
膳食科 …… 51201126
修缮科 …… 51201258
综合科 …… 51201117
基建科 …… 51201261
医务室 …… 51201262
车队 …… 51201122
车队值班室 …… 51201127
总服务台（总机转） －30058
前台（传真机） …… 51201270
创造学会
办公室 …… 51201136
健翔桥分校区
主任 …… 52058807
接待科 …… 52058809
膳食科 …… 52058810
老干部活动站 …… 52058868
《石化人力资源管理》杂志社
总编辑 …… 52058853
办公室 …… 52058848

60. 石油化工科学研究院

地址：北京市海淀区学院路18号　邮政编码：100083　公网区号：010

院办公室 ………… 82310806
党群工作处 ……… 62311559
科研处 …………… 62310723
技术开发部 ……… 62311535
国际合作处 ……… 62310759
人力资源处 ……… 62311514

61. 北京化工研究院

地址：北京市朝阳区北三环东路14号　邮政编码：100013　公网区号：010

综合办公室 ………… -2350
财务部 …………… 64228665
人事部 …………… 64212042
离退休办公室 …… 64228664
教育培训中心 …… 64200679
工程维修部 ……… 64296466
机械工程部 ……… 64274617
化工自动化仪表部 ………… 59202293
北京北化研石化设计院 …………………… 64239301
北京华苑商贸公司 ………… 64217807
北京北化研化工新技术公司 …………………… 64211187
北京新大禹精细化学品公司 …………………… 64299137

62. 抚顺石油化工研究院

地址：辽宁省抚顺市望花区丹东路东段31号　邮政编码：113001　公网区号：0413

院办公室 ………… 59202342
财务部 …………… 59202380
人力资源部 ……… 59202661
科技术开发部 …… 59202670
审计监察室 ……… 59202365
安全保卫部 ……… 59202307
基建条件部 ……… 59202386
国际合作部 ……… 59202340
法律事务部 ……… 59202650
党委办公室 ……… 59202668
工会 ……………… 59202353
有机原料研究所 … 59202249
精细化工研究所 … 59202557
塑料加工研究中心 …………………… 59202738
环境保护研究所 … 59202588
基础研究部 ……… 59202702
乙烯裂解研究室 … 59202775
聚乙烯研究室 …… 59202798
聚丙烯研究室 …… 59202600
新产品开发研究室 …………………… 59202618
标准研究室 ……… 59202427
生产技术研究室 … 59202214
分析研究室 ……… 59202311
信息中心 ………… 59202536
器材部 …………… 59202440

63. 上海石油化工研究院

地址：上海市浦东北路1658号　邮政编码：201208　公网区号：021

院长办公室
主任 …………… 68463662
办公室 ………… 68463371
科技管理部
主任 …………… 68462925
973项目 ……… 68462947
外事办 ………… 68462824
人力资源部
主任 …………… 68464779
财务部
主任 …………… 68467146
法律与知识产权部
主任 …………… 68467426
技术市场部
主任 …………… 68462343
办公室 ………… 68462737
审计室、监察室
主任 …………… 68462186
条件部
主任 …………… 68463378
安全保卫部
主任 …………… 68466090
主任（保卫） …… 68463380
基建项目部
主任 …………… 68462534
物资供应部
主任 …………… 68462445
党委工作部
主任 …………… 68463266
工会办公室
主任 …………… 68468655
情报部
主任 …………… 68462433
图书馆 ………… 68462820
编辑部 ………… 68468623
物化室
主任 …………… 68466285
标准化室
主任 …………… 68462281
业务接待 ……… 转6201
全国石化分标会 …………… 68462281
研究一部
主任 …………… 68461376
研究二部
主任 …………… 68462542
研究三部
主任 …………… 68464034
研究四部
主任 …………… 68466268
研究五部
主任 …………… 68466018
研究六部
主任 …………… 57942346
研究七部
主任 …………… 68467713
基础部
主任 …………… 68466277
化学工程部
主任 …………… 68465187
开发设计部
主任 …………… 68466280
高分子部
主任 …………… 68462546
评价中心
主任 …………… 68468220
装备仪表室
主任 …………… 68461754
动力保障部
主任 …………… 68461274
金山分部（综合管理部）
主任 …………… 57942922
漕泾工程化基地
项目经理部 …… 67121391

64. 安全工程研究院

地址：山东省青岛市延安三路218号　邮政编码：266071　公网区号：0532

院办公室 ………… 83786201
党委办公室 ……… 83786278
技术开发处 ……… 83786212
科研管理处 ……… 83786718
人力资源处 ……… 83786220
财务处 …………… 83786228
综合处 …………… 83786286
化学品安全研究室 83786581
设备安全研究室… 83786207
储运与安控技术研究室
………………… 83786702
安全工程研究室… 83786728
监测检验研究室… 83786518
事故应急救援研究室
………………… 83786571
职业卫生研究室… 83786358
环境保护技术研究室
………………… 83786658
安全评价研究室… 83786318
HSE研究室 ……… 83786678
中化阳光认证中心 83786668
安全生产培训中心 83786631
安全卫生信息中心 83786267
健康监护中心 …… 83786368
化学品登记中心… 83786551
国家化学品事故应急咨询专线
………………… 83889090

65. 北京石油有限责任公司

地址：北京市朝阳区静安里12号楼　邮政编码：100028　公网区号：010

经理办公室
主任 …………… 84469506
…………………… －208
副主任 ………… 64634674
…………………… －201
思想政治工作处
处长 …………… 64678615
…………………… －231
副处长 ………… 64678615
…………………… －212
经营管理处
处长 …………… 84484187
…………………… －340
副处长 ………… 64675143
零售中心
经理 …………… 64668182
…………………… －338
党委书记 ……… 64668183
…………………… －391
副经理 ………… 84514036
…………………… －252
…………………… 64678616
…………………… －294
商业客户中心
经理 …………… 84484186
…………………… －388
物流中心
经理 …………… 64670786
…………………… －307
党委书记 ……… 84484678
…………………… －287
副经理 ………… 84484581
…………………… －239
财务资产处
处长 …………… 84486680
副处长 ………… －297
发展规划处
处长 …………… 84483898
…………………… －323
副处长 ………… 64629576
…………………… －328
人力资源处
处长 …………… 64608088
…………………… －311
副处长 ………… 64678619
…………………… －273
安全保卫处
处长 …………… 64678617
…………………… －234
副处长 ………… 64678617
…………………… －256
审计处
处长 …………… 64614382
…………………… －255
监察处
处长 …………… 84512495
…………………… －230
信息网络管理处
处长 …………… 64621233
…………………… －352
润滑油中心
经理 …………… 67378354
副经理 ………… 68189016
燃料油中心
副经理 ………… 67371667
结算中心
主任 …………… －279
副主任 ………… －269

66. 天津石油有限责任公司

地址：天津市南开区南京路338号　邮政编码：300100　公网区号：022

办公室 ………… 24134086
财务处
处长 …………… 24134013
投资公司
经理 …………… 24389060
设备公司
经理 …………… 23919039
化轻公司
经理 …………… 27124464
典当行
经理 …………… 24137856
物业公司
办公室 ………… 24156503
房管科 ………… 23317597
离退办
主任 …………… 23126480
办公室 ………… 23312467
报社
社长 …………… 27201911
办公室 ………… 27201912
培教中心
主任 …………… 24134038
办公室 ………… 24134052

67. 河北石油有限责任公司

地址：河北省石家庄市桥东区槐安路6号　邮政编码：050021　公网区号：0311

公司机关

办公室
主任 …………… 87182011
副主任 ………… 87182501
值班 …………… 87182014

邯郸石油公司

公网区号：0310
办公室 ………… 3012166
政工处 ………… 3016235
人劳处 ………… 3015062

财务处………… 3065361
审计处………… 3014333
安储处………… 3018034
监察处………… 3015122
零售管理处………… 3102925
业务处………… 3015202
润滑油公司………… 3015063
企业发展处………… 3013684

邢台石油分公司

公网区号：0319

经理办公室………… 8313018
传真………… 8313017
政工办公室………… 8313022
人事劳资科………… 8313032
安全基建科………… 8313072
零售管理部………… 8313193
财务核算部………… 8313053
商业客户部………… 8313213
物流配送部………… 8313176
润滑油销售部………… 8313223

石家庄石油公司

公网区号：0311

办公室………… 85967934
政工办………… 85967944
销售管理处………… 85964841
资源管理处………… 85964845
零售管理处………… 85967954
财资处………… 85382170
审计处………… 85967249
安储处………… 85967951
人力资源处………… 85963256
企管处………… 85382171
监察处………… 85382172
信息处………… 85383170

保定石油公司

公网区号：0312

办公室………… 2025550
业务处………… 2023116
财资处………… 2023534
安规处………… 2021911
零售处………… 2026836

张家口石油公司

公网区号：0313

办公室………… 2014200
政工办………… 2015485
纪委、工会………… 2011460
人事处………… 2017451
零管处………… 2031213
基建处………… 2031422
财会处………… 2012370
审计处………… 2018138
企管处………… 2014068
业务处………… 2012704

承德石油公司

公网区号：0314

办公室………… 2187751
政工办………… 2183478
审计监察处………… 2193257
清欠办………… 2187750
财资处………… 2187697
人劳处………… 2184752
安规处………… 2182409
基建办………… 2181542
业务处………… 2182194
零管处………… 2180357

秦皇岛石油公司

公网区号：0335

办公室………… 3036635
党办室………… 3036644
人劳处………… 3036789
财务处………… 3036646
审计监察处………… 3039940
安基处………… 3225543
企管处………… 3226641
业务处………… 3032030

唐山石油公司

公网区号：0315

办公室………… 2221734
政工办………… 2218547
业务处………… 2223964
调运处………… 2228272
财务处………… 2219194
安保处………… 2223924
审计处………… 2218827
工会………… 2214285
人劳处………… 2223874

廊坊石油公司

公网区号：0316

办公室………… 2113107
党办室………… 2112930
财务处………… 2113108
审监处………… 2112154
人劳处………… 2114593
仓基处………… 2137745
企管处………… 2114286
零管处………… 2137782
业务处………… 2113523

沧州石油公司

公网区号：0317

办公室………… 3042971
政工办………… 3587375
工会、纪检………… 3040920
人力处………… 3042084
财务处………… 3041908
审计处………… 3045220
安基处………… 3042508
业务处………… 3042504
零管处………… 3041905
整顿办………… 3023333

衡水石油公司

公网区号：0310

办公室………… 2020152
财务处………… 2025149
零管处………… 2053935
人事处………… 2020495
业务处………… 2025249
基发处………… 2024497
润滑油公司………… 2025138

冀高石油公司

公网区号：0311

业务科………… 5803144

68. 山西石油总公司

地址：山西省太原市万柏林区大王路28号　邮政编码：030024　公网区号：0351

公司机关

综合办公室
主任………… 6197617
办公室………… 6197619
人事劳资部
主任………… 6197622
办公室………… 6197623
综合业务部
主任………… 6197625
办公室………… 6197626
财务资产部
主任………… 6197627
办公室………… 6197630

下属单位

大同公司
………… 0352－2055622
忻州公司
………… 0350－3032421
阳泉公司
………… 0353－2160079－2049
太原公司
………… 0351－6181631
朔州公司
………… 0349－2028242
吕梁公司
………… 0358－8223992
晋中公司
………… 0354－2402912
长治公司
………… 0355－2061950－8051
晋城公司
………… 0356－2022415
临汾公司
………… 0357－2081098
运城公司
………… 0359－2123002
介休公司
………… 0354－7353454

69. 上海石油集团有限责任公司

地址：上海市中山东一路24号甲　邮政编码：200002　公网区号：021

公司机关

综合办公室 ……… 63211805
财务资产部 ……… 63390259
离退休人员管理服务中心 …………………… 63390240

下属单位

浦东实华经济发展公司 …………………… 58212598
房地产发展有限公司 …………………… 63616117
实友期货公司 …… 53857199

70. 江苏石油有限责任公司

地址：江苏省南京市中山北路395号　邮政编码：210003　公网区号：025

综合管理处 ……… 58823889
财务资产处 ……… 58804732

71. 浙江石油总公司

地址：浙江省杭州市河坊街58号　邮政编码：310009　公网区号：0571

综合管理部
经理 …………… 87829293
财务部
经理 …………… 87822456
杭州分公司
办公室 …… 0571－85114743
传真 ……… 0571－85113869
温州分公司
办公室 …… 0577－88056101
传真 ……… 0577－88056166
嘉兴分公司
办公室 …… 0573－82224610
传真 ……… 0573－82224630
湖州分公司
办公室……… 0572－2022320
传真……… 0572－2022299
金华分公司
办公室 …… 0579－82323417
传真 ……… 0579－82324566
台州分公司
办公室 …… 0576－88225274
传真 ……… 0576－88881162
舟山分公司
办公室……… 0580－2023517
传真……… 0580－2027753
绍兴分公司
办公室 …… 0575－85225922
传真 ……… 0575－85115669
衢州分公司
传真………… 0570－3081426
丽水分公司
办公室……… 0578－2133056
传真……… 0578－2156169
镇海油库
办公室 …… 0574－86291328
传真 ……… 0574－86292778

72. 安徽石油总公司

地址：安徽省合肥市屯溪路188号　邮政编码：230009　公网区号：0551

总机…………………… 2212800
传真…………………… 2212900
经理办公室
主任…………………… 2212611
副主任………………… 2212612
值班…………………… 2212800

73. 福建石油总公司

地址：福建省福州市中山路23号　邮政编码：350003　公网区号：0591

经理办公室
主任 …………… 87275399
政工处（纪检监察）
处长 …………… 87850328
财务核算处
处长 …………… 87809857
资产管理处
处长 …………… 87272127

74. 江西石油总公司

地址：江西省南昌市洪都北大道102号　邮政编码：330046　公网区号：0791

经理办公室主任…… 6304993
…………………… 8512247
综合管理处……… 6304853
…………………… 8514831
纪检监察………… 6304853
…………………… 8514831
机关工会………… 6304817
…………………… 8514514
人力资源………… 6304791
…………………… 8517423
营销管理处……… 6304957
…………………… 8512419
财务资产处……… 6304985
…………………… 8510468
零售管理处……… 6304895
…………………… 8516274
企业管理处……… 6304820
…………………… 8514910
安全基建处……… 6304897
…………………… 8511097
物流中心………… 6304862
…………………… 8160312
信息管理处……… 6304831
…………………… 8510503
审计处…………… 6304785
…………………… 8518304
综合办公室……… 6304795
…………………… 8512992
高速分公司……… 6304795
经营公司………… 8650904
物资公司………… 6304977
…………………… 8505394
省公司驻京办
…………… 010－84648835
省公司住沪办
…………… 010－58704768

75. 山东石油总公司

地址：山东省济南市历山路73号　　邮政编码：250013　　公网区号：0531

综合办公室
主任 …………… 85870238
资产管理部
主任 …………… 85870277

76. 河南石油总公司

地址：河南省郑州市卫生路10号　　邮政编码：450053　　公网区号：0371

事务部 …………… 63827097
人事部 …………… 63829418
财务部 …………… 63937712
物业中心 ………… 63848108

77. 湖北石油总公司

地址：湖北省武汉市解放大道606号　　邮政编码：430030　　公网区号：027

综合处
处长 …………… 68837286
副处长 …………… 68837282
财务处
副处长 …………… 68837276
恩施工作部… 0718－8410857
宜昌工作部
……… 0713－8663838－8850
黄石工作部… 0714－6368639
荆门工作部… 0724－2336047
荆州工作部… 0716－8278078
十堰工作部… 0719－8889112
武汉工作部… 027－65662106
咸宁工作部… 0715－8272379
襄樊工作部… 0710－3403800
孝感工作部… 0712－2312124
宜昌工作部… 0717－6458580

78. 湖南石油总公司

地址：湖南省长沙市湘春路113号　　邮政编码：410005　　公网区号：0731

综合处…………… 4841829
资产财务处……… 4840136
老干处…………… 4840206

79. 广东省石油企业集团公司

地址：广东省广州市中山七路81号　　邮政编码：510145　　公网区号：020

经理办公室 ……… 81298013
政工办 …………… 81298019
人力资源处 ……… 81298131
综合管理处 ……… 81298968
财务资产处 ……… 81298084
企业管理处 ……… 81298151
信息管理处 ……… 81298383
业务处 …………… 81298031
调运处 …………… 81297298
零配中心 ………… 81297400
发展处 …………… 81298284
零售管理处 ……… 81298170
非油品中心 ……… 81298199
安全储运基建处… 81298140
审计督查处 ……… 81298988
监察处 …………… 81298025
计量质量管理处… 81298038
燃料油中心 ……… 81298003
珠三角管道项目部 81298126
仓储分公司 ……… 82050666
润滑油中心 ……… 83283299
综合管理部 ……… 83283686
深圳分公司
经理办公室　0755－83546199
广州分公司
经理办公室　020－83295381
珠海分公司
经理办公室　0756－2629183
粤东分公司
经理办公室　0754－88996098
韶关分公司
经理办公室　0751－8252828
梅州分公司
经理办公室　0753－2253528
惠州分公司
经理办公室　0752－2117158
东莞分公司
经理办公室　0769－22762623
中山分公司
经理办公室　0760－88821307
江门分公司
经理办公室　0750－3279328
佛山分公司
经理办公室　0757－83360118
阳江分公司
经理办公室　0662－3188999
湛江分公司
经理办公室　0759－3389320
茂名分公司
经理办公室　0668－2735288
肇庆分公司
经理办公室　0758－2900168
清远分公司
经理办公室　0763－3371282

80. 广西石油总公司

地址：广西壮族自治区南宁市桃源路67号　　邮政编码：530021　　公网区号：0771

经理办…………… 5322886
综合处
处长…………… 5335823
办公室…………… 5332945

财会处
处长………………… 5317824
办公室……………… 5311538
……………………… 5317847
物装分公司
副经理……………… 5306308
办公室……………… 5311508
……………………… 5325218
行政处
调研员……………… 5311528
办公室……………… 5310488
保卫科
科长………………… 5300828
办公室……………… 5310488
物业科
科长………………… 5310326
综合科……………… 5303640
机关车队…………… 5323499

南宁石油公司

地址：南宁市新阳北二路4号
邮编：530003
传真……… 0771－3165949
综合科……………… 3854841
财会科……………… 3168373
行政科……………… 3181901
……………………… 3181901
计生办……………… 3151202
车队………………… 3152485
……………………… 3152485

柳州石油公司

地址：柳州市航银路29号
邮编：545005
传真……… 0772－3219791
财会科……………… 3219675
综合科……………… 3976656
……………………… 3976653

桂林石油公司

地址：桂林市九华路8号
邮编：541001
传真……… 0773－2691279
综合科……………… 2690156
……………………… 2690156
人事科……………… 2691755
财会科……………… 2695481
……………………… 2695481
危货公司…………… 2697143
石化公司…………… 2696800
物装公司…………… 2692901
润滑油脂厂………… 3604260

梧州石油公司

地址：梧州市西堤一路24号
邮编：543002
传真……… 0774－3826550
财会科……………… 3848675
综合管理科………… 3863130
物业管理中心……… 3828779
车队………………… 2061760
船队………………… 2061260
……………………… 2061260
维修部……………… 2061944
西江公司…………… 2061608

玉林石油公司

地址：玉林市大南路
邮编：537005
传真……… 0775－3837328
财会科……………… 3829108
综合管理科………… 3829090
……………………… 3829027
车队………………… 3829039
……………………… 3829039
液化气公司………… 3829073
……………………… 3829073

贵港石油公司

地址：贵港市金港大道
邮编：537100
传真……… 0775－4566831
财会科……………… 4569122
综合科……………… 4569640
物业管理中心……… 4566016
汽车队……………… 4561082
检修队……………… 4552662
……………………… 4552662
液化气公司………… 4567910
……………………… 4557910

右江石油公司

地址：田阳县田州镇解放西路43号
邮编：533600
传真……… 0776－3212024
物业中心…………… 3212149
经管科……………… 3212100
……………………… 3212100
财会科……………… 3221605
安装队……………… 3221605
车队………………… 3237081
……………………… 3237081
……………………… 3237110

金城江石油公司

地址：河池市中山路181号
邮编：547000
传真……… 0778－2285928
后勤保障中心……… 2282734
……………………… 2285384
……………………… 2282734
综合管理科………… 2235764
财会科……………… 2284406
车队………………… 2235978
……………………… 2235978

北海石油公司

地址：北海市北部湾西路20号
邮编：536000
总机：0779－3055858
传真……… 0779－3054803
综合管理科………… 3063276
石化大厦…………… 3054692
……………………… 3054692
恒辉安装公司……… 2073133
……………………… 2073133
财务科……………… 3066775

81. 海南石油总公司

地址：海南省海口市龙舌路16号　邮政编码：570203　公网区号：0898

综合管理处
处长 ……………… 65352609
财务处
处长 ……………… 65323408

82. 贵州石油总公司

地址：贵州省贵阳市解放路21号　邮政编码：550002　公网区号：0851

公司机关
综合处……………… 5947391
财务处……………… 5947411
……………………… 5947433
物业处……………… 5986680
物资公司
区号：0851
经理………………… 5985949
财务科……………… 5989264
综合办……………… 5987950
筑城公司
区号：0851
经理………………… 5986080
财务科……………… 5986077
业务科……………… 5986615
综合办……………… 5986640
行政办……………… 5986082
贵阳公司
区号：0851
经理………………… 5986281
副经理……………… 5986562
财务科……………… 5986676
配送中心…………… 5987490
综合办……………… 5986446
遵义公司
区号：0852
经理………………… 8873689
安顺公司
区号：0853
经理………………… 3225961
黔南公司
区号：0854
经理………………… 8226396
黔东南公司
区号：0855
经理………………… 8222659
铜仁公司
区号：0856
经理………………… 5223585
毕节公司

区号：0857

名称	电话
经理	8223294
办公室	8222220

六盘水公司

区号：0858

名称	电话
经理	8201817

黔西南公司

区号：0859

名称	电话
经理	3223395

83. 云南石油总公司

地址：云南省昆明市拓东路45号　邮政编码：650011　公网区号：0871

名称	电话
综合部	6113755
财务部	3115255

三、中国石油化工股份有限公司直属机关

地址：北京市朝阳区朝阳门北大街22号　邮政编码：100728　公网区号：010

董事会秘书局

名称	电话
综合管理处	59969566
财经信息处	59969567
投资者关系处	59969579
对外投资者热线	59960028
	59960386

总裁办公室

名称	电话
办公室	59969710
	59969711
	59969712
总值班室	59962521
	59969999
	59962520
传真	59760111
	59760222
调研室	59969713
	59969715
	59969717
信息处	59969719
	59969721
	59969722
文件档案处	59969723
	59969725
	59969726
	59969737
文印	59969728
	59969729
收发	59968999
信访保卫处	59969744
	59969746
信访接待	59969750
总师办	59969748

发展计划部

名称	电话
办公室	59968847
油气规划处	59968852
炼油运销规划处	59968862
化工规划处	59968872
境内项目合作处	59968885
境外油气项目合作处	59968879
境外炼化项目合作处	59968933
项目审查处	59968895
投资计划处	59968905
综合统计处	59968916
新能源办公室	59968925

生产经营管理部

名称	电话
办公室	59969346
计划处	59969349
调度处	59969357
生产经营协调处	59969366
国内原油处	59969376
进口原油处	59969386

财务部

名称	电话
综合处	59969198
资产处	59969218
价税处	59969211
稽核处	59969203
财务处	59969295
信息处	59969227
内控处	59969233
会计处	59969240
资金处	59969249

科技开发部

名称	电话
办公室	59968777
综合计划处	59968779
油田处	59968785
炼油处	59968792
化工处	59968798
化纤处	59968805
装备与储运处	59968809
国际合作处	59968816
知识产权处	59968820
技术监督处	59968829
三剂处	59968837

人事部

名称	电话
办公室	59968710
领导人员管理处	59968709
专业技术人员处	59968666
技能操作人员处	59968672
组织监督处	59968677
劳动工资处	59968683
培训开发处	59968698
机关人事处	59968703

法律事务部

名称	电话
办公室	59968088
合同项目管理处	59968075
纠纷诉讼管理处	59968077
公司事务管理处	59968082
曾法培训处	59968086

安全环保部

名称	电话
综合处	59969777
安全监督处	59969770
安全技术处	59969775
环境保护处	59969781
油田安全处	59969787
安保基金处	59969793

工程部

名称	电话
综合处	59968336
项目管理处	59968342
设计管理处	59968350
油建储运工程处	59968357
炼化工程处	59968365
生产准备处	59968372
招投标办公室	59968377
标准定额处	59968383
工程质量监督总站	59968395
项目管理中心	59968397
造价中心	59968401

物资装备部（国际事业公司）

名称	电话
办公室	59966049
人事处	59966041
财务处	59966059
法律事务处	59966085
财务处	59966059
审计处	59966159
监察处	59966093
企业管理处	59966110
物资管理处	59966129
计划处	59966101
信息处	59966134
物流处	59966149
招标处	59966223
技术与条件处	59966176
化工原料处	59966187
化工辅料处	59966206
煤炭处	59966165
材料处	59966235
动设备处	59966251
静设备处	59966262
电气设备处	59966272
石化产品出口处	59966282
设备材料出口处	59966310

信息系统管理处

名称	电话
综合管理处	59966001
投资计划处	59966007
项目管理处	59966012
系统管理处	59966655
油田信息处	59966023
信息处	59966027
ERP 支持中心	59966800

外事部

办公室 …………… 59968715
财务处 …………… 59968725
对外联络处 ……… 59968732
出国管理处 ……… 59968748
国际合作处 ……… 59968760
境外机构管理处 … 59968768

审计部

综合处 …………… 59968291
计划处 …………… 59968297
审理处 …………… 59968303
制度处 …………… 59968315
投资处 …………… 59968320
北京分局 ………… 84628125

监察部（党委纪检组）

纪检监察一处 …… 59968256
纪检监察二处 …… 59968266
…………………… 59968265
纪检监察三处 …… 59968272
纪检监察四处 …… 59968278

企业文化部

综合处 …………… 59968226

党建工作处 ……… 59968229
宣传处 …………… 59968234
直属纪委办公室 … 59968239
群众工作处 ……… 59968241
青年工作处 ……… 59968247
油区综合协调处 … 59968249

油田勘探开发事业部

综合办公室 ……… 59968456
计划处 …………… 59968462
财务处 …………… 59968471
企业管理处 ……… 59968480
调度处 …………… 59968488
东部勘探处 ……… 59968495
西部勘探处 ……… 59968508
开发处 …………… 59968513
天然气处 ………… 59968522
工程技术处 ……… 59968532
采收率处 ………… 59968545
油藏经营管理处 … 59968550
地面海工工程处 … 59968556
科技信息处 ……… 59968561
矿权与储量管理处
…………………… 59968567

市场管理处 ……… 59968576
海相工作部 ……… 59968583

炼油事业部

综合处 …………… 59969438
调度处 …………… 59969439
计划处 …………… 59969446
技术处 …………… 59969452
设备处 …………… 59969467
财务处 …………… 59969471
质量处 …………… 59969478
市场处 …………… 59969483

化工事业部

综合处 …………… 59969496
调度处 …………… 59969499
财务处 …………… 59969509
化肥处 …………… 59969517
设备处 …………… 59969521
市场处 …………… 59969524
计划处 …………… 59969534
合纤处 …………… 59969543
树脂处 …………… 59969546
乙烯处 …………… 59969551

油品销售事业部（销售有限公司）

办公室 …………… 59969001
业务处 …………… 59969030
运行处 …………… 59969044
零售管理处 ……… 59969057
润滑油经营管理处 59969070
燃料油经营管理处 59969078
进出口处 ………… 59969086
非油品业务处 …… 59969091
财务处 …………… 59969098
发展规划处 ……… 59969112
信息管理处 ……… 59969120
安全质量处 ……… 59969130
人事处 …………… 59969138
劳资处 …………… 59969148
企业改革管理处 … 59969155
政工处 …………… 59969165
审计处 …………… 59969161
监察处 …………… 59969169
管道处 …………… 59969173
合资企业管理处 … 59969179

四、中国石油化工股份有限公司企事业单位

1. 胜利油田分公司

地址：山东省东营市东营区济南路258号　　邮政编码：257001　　公网区号：0546

公司机关
总经理办公室

主任……………… 8559608
值班接待科……… 8552074
文书科…………… 8775540
秘书科…………… 8555959
调研督查科……… 8713370
综合科…………… 8553582
史志科…………… 8556419
油地校结合办公室 … 8552870

生产管理部（处）

主任……………… 8717776
副主任…………… 8551031
总调度室值班室… 8556180
报表统计………… 8556497
产能科…………… 8552482
海工科…………… 8555740
交通管理科……… 8555805

综合信息科……… 8773208
用电管理科……… 8714443
农电办…………… 8776374
电力技术科……… 8714449
水利科…………… 8556787
节水科…………… 8552358
部办公室………… 8556498

石油工程管理处

处长……………… 8717168
副处长…………… 8714343
综合信息科……… 8714248
工程技术科……… 8714473
井控管理科……… 8714246
工程质量科……… 8556486
市场协调科……… 8552850

基建处

处长……………… 8717718
副处长…………… 8556677
综合科…………… 8553438
工程科…………… 8552629
矿建科…………… 8555997
招标办公室……… 8553240
结算科…………… 8554428
技术科…………… 8556140

设备管理处

处长……………… 8555683
副处长…………… 8710519
副处长…………… 8710259
综合计划科……… 8553629
现场设备管理科… 8554978
技术科…………… 8553876
海洋设备管理科… 8711213

油地工作处（土地管理处）

处长……………… 8551319
副处长…………… 8556494
综合科…………… 8558111
征地科…………… 8775743
地籍科…………… 8773252
协调科…………… 8554331

科技处（技术中心）

处长……………… 8552750
副处长…………… 8712243
综合管理科……… 8552596
项目管理科……… 8557771
新技术推广科…… 8555518
技术开发科……… 8710419
情报管理科……… 8711014
科协学会办公室… 8712247
SPE办公室……… 8713153
科展中心管理科… 8558991

经营管理部（改革办公室）

主任……………… 8550868
副主任…………… 8714431
综合管理科……… 8714435

承包经营一科……… 8554306
承包经营二科……… 8712531
体制改革科………… 8776942
市场管理科………… 8556641
产权经营科………… 8714451
现代化管理科……… 8712597

规划计划部

主任………………… 8775904
副主任……………… 8712546
综合科……………… 8553696
投资科……………… 8553863
矿建科……………… 8556527
生产经营计划科…… 8553264
物资管理科………… 8713294
重大项目开发办公室
………………… 8713294
统计科……………… 8559436

财务资产部

主任………………… 8777496
副主任……………… 8559965
综合科……………… 8552781
资金科……………… 8553689
成本预算科………… 8559897
投资科……………… 8712115
海外项目管理科…… 8712680
会计科……………… 8713579
资产科……………… 8776372
税务科……………… 8553758
机关财务科………… 8552183

劳动工资处

处长………………… 8713114
副处长……………… 8554139
劳动组织计划科…… 8713292
编制科……………… 8552525
薪酬管理科………… 8559758
用工管理科………… 8551226
检查督导科………… 8553018
培训开发科………… 8551338
题库开发科………… 8713443
考务管理科………… 8717295

法律事务处（合同管理处）

处长………………… 8714346
副处长……………… 8554695
综合科……………… 8714425
招投标办公室……… 8713993
合同管理科………… 8711154
涉外合同管理科…… 8714348
公司事务科………… 8714376
诉讼管理科………… 8714370
宣传培训科………… 8714373

审计处

处长………………… 8558509
副处长……………… 8557225
综合科……………… 8552962
财务审计科………… 8558208
投资审计科………… 8557046
审计管理科………… 8711865
内控评审科………… 8710792

审计中心

主任………………… 8558509
副主任……………… 8557225
滨海审计分处
主任………………… 8486926
业务室……………… 8586016
滨南审计分处
主任………………… 3463454
业务室……………… 3463434
胜北审计分处
主任………………… 8724981
业务室……………… 8724801
胜东审计分处
主任………………… 8736586
业务室……………… 8738032
胜南审计分处
主任………………… 8715256
业务室……………… 8715796
胜中审计分处
主任………………… 8711282
业务室……………… 8795442

技术监督处

处长………………… 8712582
副处长……………… 8554364
综合科……………… 8551751
质量科……………… 8713535
标准化科…………… 8717263
计量科……………… 8553593
节能科……………… 8553888
海监科……………… 8712033
质量稽查办公室…… 8711327

安全环保处

处长………………… 8712716
副处长……………… 8714039
综合管理科………… 8553929
工业安全一科……… 8713539
工业安全二科……… 8553933
工业安全三科……… 8713416
交通安全科………… 8552546
安全技术科………… 8555006
安全标准科………… 8772414
海上安全环保科…… 8551567
副科长……………… 8711603
环境管理科………… 8553184
污染治理科………… 8556276
安全生产监察支队 … 8701685
西部安全监督办公室
………………… 0991－7996717

勘探处

处长………………… 8554647
副处长……………… 8711900
综合计划科………… 8711257
技术信息科………… 8714810
矿产资源管理科…… 8711257

开发处（油藏经营管理办公室）

处长………………… 8556447
综合规划科………… 8556448
生产管理科………… 8552400
开发管理科………… 8551815
产能建设科………… 8557687
开发信息科………… 8557628
油藏经营科………… 8550229

采油工程处

处长………………… 8711256
副处长……………… 8555588
综合规划科………… 8710851
采油管理科………… 8552567
集输管理科………… 8555328
注水管理科………… 8775005
数据信息科………… 8557629
工程技术科………… 8710926

规划计划处

处长………………… 8712613
副处长……………… 8712379
综合计划科………… 8777443
项目管理科………… 8553328
投资计划科………… 8551033
生产计划科………… 8712044
统计科……………… 8552754

财务资产处

处长………………… 8712038
副处长……………… 8710257
资产科……………… 8776841
机关财务科………… 8774267
成本科……………… 8795766
会计科……………… 8771495
资金科……………… 8553193
税务稽查科………… 8502992
综合科……………… 8555086
预算科……………… 8710236
信息科……………… 8554574

二级单位

滨南采油厂

地址：山东省滨州市黄河六路 531 号
邮编：256606
厂办公室
副主任……………… 3461378
值班室……………… 3461278
生产科室
油地工作科………… 3461343
生产办公室………… 3460994
开发管理科………… 3461867
基建工程管理中心
………………… 3461357
设备管理科………… 3461846
安全环保科………… 3461811
规划计划科………… 3462243
劳动工资科………… 3461328
经营管理科………… 3462162
法律事务科………… 3462462
党委办公室………… 3461221
党委组织科………… 3463846
党委宣传科………… 3462212
纪委监察科………… 3461365
工会………………… 3461215
团委………………… 3462223
机关管理科………… 3461271
老年管理中心……… 3460490
公共事业中心……… 3461298
信息中心…………… 3461164
人民武装部………… 3461197
财务资产管理中心 3461349
技术质量安全监督中心
………………… 3463488
物资供应科………… 3460105
采油一矿
矿长………………… 3466212
教导员……………… 3466131
矿办………………… 3466123
财务………………… 3466432
调度………………… 3466221
采油二矿
教导员……………… 3465211
矿长………………… 3465311
矿办………………… 3465521
生产办……………… 3465199
财务………………… 3465141
采油三矿
教导员……………… 3465217
矿长………………… 3465129
调度室……………… 3465551
矿办………………… 3465519
财务………………… 3465194

采油四矿
书记…………………… 3467211
矿长…………………… 3467311
矿办…………………… 3467521
调度室………………… 3467231
财务…………………… 3467241
油气集输大队
大队长………………… 3477576
副教导员……………… 3477744
队办公室……………… 3477661
调度…………………… 3477727
地质研究所
教导员………………… 3462528
所长…………………… 3461018
油田地质室…………… 3461387
方案规划室…………… 3462342
动态室………………… 3461376
生产管理室…………… 3461433
计算机室……………… 3461998
钻井室………………… 3460404
工艺研究所
教导员………………… 3461821
所长…………………… 3461796
综合管理室…………… 3460414
监测大队
教导员………………… 3461515
大队长………………… 3461415
生产办………………… 3460775
调度室………………… 3460795
财务…………………… 3460745
综合大队
教导员………………… 3462488
大队长………………… 3460642
生产办………………… 3460324
调度室………………… 3461471
水电讯大队
教导员………………… 3460264
大队长………………… 3461169
经营办………………… 3464594
生产办………………… 3462537
调度…………………… 3464549
职工培训中心
教导员………………… 3461955
主任…………………… 3460857
中心办公室、教务
……………………… 3460133
教研室………………… 3462217
车辆管理中心
教导员………………… 3462272
主任…………………… 3462281
调度…………………… 3461292
滨西分局
局长…………………… 3464786
政委…………………… 3464689
指挥中心值班室…… 3461669
作业公司
党委书记……………… 3460015
大队长………………… 3460025
大队办………………… 3460970
生产办………………… 3460063
准备大队
党委书记……………… 3468451
大队长………………… 3460015
生产办………………… 3468337
调度室………………… 3468354
特车大队
书记…………………… 3468768
大队长………………… 3768007
调度室………………… 3477261

采油工艺研究院

地址：山东省东营市东营区西三路188号
邮编：257000

机关部室
党政办………………… 8557219
文化站………………… 8557232
人力资源部…………… 8557236
纪监审计部…………… 8557235
群众工作部…………… 8557263
团委…………………… 8557231
科研计划部…………… 8559481
财务资产……………… 8701266
经营管理……………… 8557233
工程技术中心
主任…………………… 8550061
副主任………………… 8705223
主任工程师…………… 8550062
东部项目组…………… 8778306
生产管理中心
主任…………………… 8701194
副主任………………… 8557202
安全环保……………… 8557201
HSE …………………… 8552303
公共事业中心
书记…………………… 8557317
主任…………………… 8557268
副主任………………… 8557277
治安保卫中心
主任…………………… 8773425
治安保卫……………… 8557275
采油机械研究所
书记…………………… 8781220
所长…………………… 8789766
副所长………………… 8781215
主任工程师…………… 8794632
稠油开采研究所
书记…………………… 8557285
所长…………………… 8557228
副所长………………… 8705220
主任工程师…………… 8793181
三次采油研究所
书记…………………… 8701187
所长…………………… 8557270
副所长………………… 8557271
主任工程师…………… 8556560
浅海采油研究所
书记…………………… 8797593
所长…………………… 8557794
副所长………………… 8791501
主任工程师…………… 8550230
敏感油藏研究所
书记…………………… 8781250
所长…………………… 8557280
副所长………………… 8502085
主任工程师…………… 8705041
注水工艺研究所
书记…………………… 8777752
所长室………………… 8557291
主任工程师…………… 8781561
主任工程师办公室
……………………… 8774702
天然气开采研究所
书记室………………… 8781185
所长室………………… 8781579
副所长………………… 8557244
主任工程师…………… 8557244
防砂技术研究中心
书记…………………… 8558801
主任…………………… 8552225
副主任………………… 8557240
主任工程师室………… 8773536
微生物采油研究中心
书记…………………… 8557241
主任…………………… 8705133
副主任………………… 8557230
压裂酸化研究中心
书记…………………… 8557207
主任…………………… 8557208
副主任………………… 8557272
主任工程师…………… 8557272
修井完井研究中心
书记…………………… 8556330
主任…………………… 8557289
副主任………………… 8557210
主任工程师…………… 8778564
采油工程信息中心
书记…………………… 8557264
主任…………………… 8552251
副主任………………… 8776515
主任工程师…………… 8555760
材料检测中心
书记…………………… 8552591
主任…………………… 8793098
副主任………………… 8555621
新工具试制中心
书记…………………… 8557251
主任…………………… 8701078
副主任………………… 8557278
西部分院
办公室………………… 8781185
办公室（新疆）
……………………… 0991－6627298
技术监督室
主任…………………… 8557246
综合档案室
主任室………………… 8557273
物资供应中心
主任室………………… 8557319
汽车队
队长…………………… 8557250
调度…………………… 8557284
综合维修队
书记…………………… 8551687
队长…………………… 8557281
环卫绿化队
队长…………………… 8559477
综合队
队长…………………… 8557277

纯梁采油厂

地址：山东省博兴县陈户镇
邮编：256504

政工科室
党办…………………… 8753195
组织科………………… 8755573
职改办………………… 8751551
宣传科………………… 8753304
纪监审计科…………… 8753417
工会…………………… 8751836
团委…………………… 8753771
行政科室
厂办…………………… 8753148
厂办值班室…………… 8753413
厂办档案室…………… 8753157
地质档案室…………… 8755496
劳资档案室…………… 8753823
生产经营科室
生产办………………… 8753512
生产办值班室………… 8753400
注采科………………… 8753404
油气集输科…………… 8753931
安全环保科…………… 8753156
油地科………………… 8757566
设备科………………… 8753152
经营管理科…………… 8753905
劳资科………………… 8751303

计划科……………… 8756012
物资供应科………… 8751678
作业大队
教导员……………… 8753679
大队长……………… 8753331
人力资源组………… 8753904
组织、纪检办公室 8753834
生产运行组………… 8753902
经营管理组………… 8755668
安全机动组………… 8753907
劳资办公室………… 8753443
采油一矿
教导员……………… 8753386
矿长………………… 8753221
调度室……………… 8753358
采油二矿
矿长………………… 8759211
副矿长……………… 8759289
党政办公室………… 8759270
矿办公室…………… 8759269
调度室……………… 8759208
采油三矿
教导员……………… 8759699
矿长………………… 8759686
党政办公室………… 8759636
经营办公室………… 8759656
生产办公室………… 8759665
调度室……………… 8759628
车辆管理中心
教导员……………… 8753030
主任………………… 8755801
党政办公室………… 8753966
中心办公室………… 8753837
监测大队
教导员……………… 8753068
大队长……………… 8753935
党政办公室………… 8751389
生产准备大队
教导员……………… 8753772
大队长……………… 8753231
党政办公室………… 8753327
调度室……………… 8753258
油气集输大队
教导员……………… 8753462
大队长……………… 8751388
调度室……………… 8753295
供电大队
教导员……………… 8753031
大队长……………… 8753279
调度室……………… 8753477
特车大队
教导员……………… 8753973
大队长……………… 8753416
调度室……………… 8751858

地质研究所
教导员……………… 8753181
所长………………… 8753348
调度室……………… 8753138
综合室……………… 8756148
地质室……………… 8753647
方案室……………… 8753349
管理室……………… 8753137
勘探室……………… 8753245
工艺研究所
教导员……………… 8752881
所长………………… 8753812
政工办公室………… 8757435
调度室……………… 8753158
劳资办公室………… 8757436
方案运行室………… 8753173
油田化学室………… 8753347
财务资产管理中心
主任………………… 8753706
副主任……………… 8752550
综合办公室………… 8752339
作业监督中心
教导员……………… 8753199
主任办……………… 8751381
综合办公室………… 8751396
科技信息中心
教导员……………… 8753418
主任………………… 8753351
成果推广办公室…… 8756036
治安保卫中心
主任………………… 8751361
教导员办…………… 8757783
中心值班室………… 8753775
工程设计管理中心
教导员……………… 8753395
主任………………… 8753303
工艺组……………… 8753591
建筑组……………… 8753829
…………………… 8756093
预算组……………… 8753927
综合室……………… 8757280
公共事业管理中心
主任………………… 8755881
副主任……………… 8755215
综合办公室………… 8755773
老年管理中心
教导员……………… 8753016
主任………………… 8753012
办公室……………… 8753053
技术质量安全监督中心
教导员……………… 8756060
主任………………… 8753541
办公室……………… 8757217
调度室……………… 8753543

华宇实业总公司
总经理……………… 8753518
副书记……………… 9853956
综合办公室………… 8753888
工程公司…………… 8755015
化工公司…………… 8757922
机电公司…………… 8753579
农副业公司………… 8755296
作业公司…………… 8755296
再就业服务站
站长………………… 8753827
副站长办…………… 8751365
站办………………… 8751385
物资配送队
队长………………… 8753952
指导员办…………… 8751313
调度………………… 8753344

地质科学研究院

地址：东营市东营区聊城路 3 号
邮编：257015

机关部室
党政办公室………… 8558306
组织劳资部………… 8716251
思想政治工作部…… 8715518
生产管理部………… 8715003
科研计划部………… 8715893
企管安全部………… 8716178
财务部……………… 8552859
纪监审计部………… 8715231
物资供应中心……… 8715125
技术监督中心……… 8715705
公共事业中心……… 8715610
治安保卫中心……… 8716110
老年管理中心……… 8716051
汽车队……………… 8715015
勘探综合研究室
书记………………… 8715455
主任………………… 8716653
工程师……………… 8715227
沾车海勘探研究室
书记………………… 8715498
主任………………… 8715330
工程师……………… 8715329
东昌惠勘探研究室
书记………………… 8715370
主任………………… 8715460
工程师……………… 8715474
天然气及区域勘探研究室
书记………………… 8715992
主任………………… 8716125
工程师……………… 8715132
新疆油气勘探研究室
书记………………… 8715047

主任………………… 8715347
储量管理研究室
书记………………… 8715416
主任室……………… 8715412
北方勘探研究室
书记………………… 8715101
主任………………… 8715571
油气地质与采收率期刊社
主任………………… 8715337
编辑组……………… 8715246
出版组……………… 8715240
整装油田开发研究室
书记………………… 8715177
主任………………… 8715771
断块油田开发研究室
书记………………… 8715633
主任………………… 8715378
低渗透油田开发研究室
书记………………… 8715341
主任………………… 8715275
稠油热采开发研究室
书记………………… 8716366
主任………………… 8715430
办公室……………… 8715295
滩海油田开发研究室
书记………………… 8715153
主任………………… 8715399
开发综合规划研究室
书记………………… 8715257
主任………………… 8715379
海外研究中心
书记………………… 8715301
主任………………… 8715736
科技信息研究室
书记………………… 8715770
主任………………… 8716483
油田建设规划室
主任………………… 8715611
地球物理技术研究室
书记………………… 8716320
主任………………… 8715653
渗流力学研究室
书记………………… 8715405
主任………………… 8715810
计算机技术研究室
书记………………… 8715426
主任………………… 8716263
地层古生物实验室
书记………………… 8715361
主任………………… 8715264
地球化学实验室
书记………………… 8716789
主任………………… 8716602
开发试验室

书记………………… 8715280
主任………………… 8715324
采收率试验室
书记………………… 8715215
主任………………… 8716450
现代试井室
书记………………… 8715241
主任………………… 8715363
岩心管理室
书记………………… 8550474
主任………………… 8559308
综合档案室
书记………………… 8715351
主任………………… 8715517
制图印刷厂
书记………………… 8716486
厂长………………… 8716060
办公室……………… 8715506

胜利油田东胜精攻石油开发集团股份有限公司

地址：东营市东营区西四路
邮编：257000
公司办公室
主任………………… 8687778
副主任……………… 8687553
传真………………… 8223619
值班电话…………… 8687550
人力资源部
副主任……………… 8688569
传真………………… 8218799
生产管理部
主任………………… 8687669
副主任……………… 8687656
传真………………… 8687756
开发技术部
主任办……………… 8687666
副主任……………… 8687651
传真………………… 8558089
经营管理部
主任………………… 8687577
副主任……………… 8687570
传真………………… 8775799
安全环保部
主任………………… 8687670
副主任……………… 8687758
传真………………… 8687750
企业管理部
主任………………… 8687559
副主任……………… 8687562
传真………………… 8788299
财务资产部
副主任……………… 8687593
副主任……………… 8687765
传真………………… 8556399
职业监督部
副主任……………… 8687558
传真………………… 8239677
基建管理部
主任………………… 8687697
副主任……………… 8687766
传真………………… 8795567
油区工作部（社会治安综合治理办公室）
主任………………… 8687682
副主任……………… 8687759
传真………………… 8235977
勘探开发研究中心
主任………………… 8688659
副主任……………… 8688651
传真………………… 8206757
国外项目部
主任………………… 8687752
副主任……………… 8687751
传真………………… 8788546
牛庄公司
经理………………… 8296336
副经理……………… 8296366
传真………………… 8296296
无棣公司
经理……… 0543－6496088
副经理…… 0543－6496435
传真……… 0543－6496019
高青公司
经理办…… 0533－6992202
副经理…… 0533－6992205
传真……… 0533－6996161
潍北公司
经理办…… 0536－7806881
副经理办… 0536－7806885
传真……… 0536－7802072
河口公司
经理………………… 8573666
副经理……………… 8572553
传真………………… 8571685
鑫联公司
经理………………… 8355919
副经理……………… 8355581
传真………………… 8355599
滨南公司
经理……… 0543－3464700
副经理…… 0543－3460987
传真……… 0543－3460374
胜兴公司
经理………………… 8753188
副经理……………… 8759718
传真………………… 8756889
兴东公司
经理………………… 8583766
副经理……………… 8583667
传真………………… 8583748
胜临公司
经理………………… 8461160
副经理……………… 8461775
传真………………… 8461850
金角公司
经理………………… 8871966
副经理……………… 8871967
传真………………… 8871996
信远公司
经理………………… 8532796
副经理……………… 8535323
传真………………… 8533345
东安公司
经理………………… 8631796
副经理……………… 8631658
传真………………… 8738887
蒙古项目
乌兰巴托办公室…… 2989138
传真……… 0097611312104
宗巴音生产基地…… 8687792
传真 ……… 00976152552309
经理………………… 8687786
副经理……………… 8687781
财务总监…………… 8688781
星源公司
书记………………… 8296555
经理………………… 8296677
燃料公司…………… 8293298
运输公司…………… 8613772
作业公司…………… 8292666
工程公司…………… 8851534
东胜海天酒店公司
书记………………… 8688916
经理………………… 8688927
传真………………… 8688908
东胜大厦（总机）
…………………… 8687777
总台………………… 8687600

东辛采油厂

地址：东营市黄河路216号
邮编：257094
机关科室
党委办公室………… 8557389
党委组织科………… 8533055
职改办……………… 8557390
党委宣传科………… 8557391
纪委监察科………… 8557392
工会………………… 8532969
团委………………… 8556902
机关直属党委……… 8557726
厂办公室
副主任……………… 8554092
文书………………… 8531122
值班室……………… 8531096
传真………………… 8552019
生产办公室
主任………………… 8557373
生产调度值班室…… 8531256
采油注水科科长…… 8557375
油气集输科科长…… 8531858
规划计划科科长…… 8557664
定额站站长………… 8533336
设备管理科科长…… 8557728
安全环保科科长…… 8535306
油地工作科科长…… 8557381
水电管理科科长…… 8557388
劳动工资科科长…… 8557379
经营管理科科长…… 8557707
档案室主任………… 8533502
供应科
教导员……………… 8533015
科长………………… 8532037
办公室……………… 8531973
调度………………… 8531293
财务资产管理中心
主任………………… 8531555
副主任……………… 8557362
基建工程管理中心
主任………………… 8535268
副主任……………… 8557731
治安保卫中心
主任………………… 8557393
副主任……………… 8531478
综合………………… 8531140
信息管理中心
主任………………… 8533507
副主任……………… 8531156
信息中心…………… 8557372
作业监督中心
主任………………… 8531512
副主任……………… 8535352
调度室……………… 8531325
技术质量安全监督中心
教导员……………… 8531184
主任………………… 8533021
副主任……………… 8535362
调度………………… 8531502
公共事业中心
教导员……………… 8535026
主任………………… 8533678
副主任……………… 8531949
调度………………… 8531353
老年管理中心
主任………………… 8557727

副主任……………… 8533532
边远井管理队
队长………………… 8535169
副队长……………… 8533801
生产调度…………… 8535272
采油一矿
矿长………………… 8763021
教导员……………… 8762166
调度室……………… 8763391
采油二矿
教导员……………… 8732828
矿长………………… 8732731
调度室……………… 8732301
采油三矿
教导员……………… 8766178
矿长………………… 8766677
调度室……………… 8766370
采油四矿
教导员……………… 8559918
矿长………………… 8559786
调度室……………… 8558986
采油五矿
教导员……………… 8635138
矿长………………… 8635136
调度室……………… 8635001
特种作业项目部
教导员……………… 8733969
主任………………… 8732772
生产办公室………… 8731908
调度室……………… 8633496
作业大队
教导员……………… 8633966
大队长……………… 8633999
生产办公室………… 8631303
调度室……………… 8732052
采油地质研究所
教导员……………… 8532450
所长………………… 8533535
调度………………… 8531497
地质室……………… 8531532
综合室……………… 8531390
采油工艺研究所
教导员……………… 8532869
所长………………… 8531731
生产调度…………… 8531989
综合大队
教导员……………… 8532909
大队长……………… 8531270
生产调度室………… 8531240
综合二大队
教导员……………… 8532966
大队长……………… 8532766
经营办公室………… 8533067
生产办公室………… 8531312

供电大队
教导员……………… 8531187
大队长……………… 8535398
调度室……………… 8531640
汽车大队
教导员……………… 8532348
大队长……………… 8531905
调度………………… 8531865
监测大队
教导员……………… 8531223
大队长……………… 8532482
调度室……………… 8531713
护卫大队
教导员……………… 8557363
大队长……………… 8532453
党校
副校长……………… 8531143
培训部……………… 8531414
政研部……………… 8531248
总务部……………… 8531218
山东胜利新大实业集团
人力资源与行政管理部
…………………………… 8531581
经营发展部………… 8535127
内控管理与物资采购部
…………………………… 8531262
财务资产部………… 8531552
市场发展部………… 8532778
新大科学技术研究所
…………………………… 8632877
新大作业项目部…… 8535126
新大夹砂玻璃钢公司
…………………………… 8736833
新大复合材料有限公司
…………………………… 8631368
新大玻璃钢储罐一公司
…………………………… 8732810
新大玻璃钢储罐二公司
…………………………… 8735301
新大玻璃钢储罐三公司
…………………………… 8731886
新大高压玻璃钢公司 8831179
新大玻璃钢油管公司 8831116
新大玻璃钢管件公司 8831187
新大化工公司……… 8533570
新大作业一部……… 8761156
新大作业二部……… 8765004
新大作业三部……… 8631078
新大管具有限公司 8631689
新大安装工程公司 8535118
新大电器公司……… 8533598
新大综合公司……… 8731277
新大物流公司……… 8533630
惠丰公司…………… 8201921

技术检测中心

地址：东营市东营区西二路 480 号
邮编：257000
机关科室
党政办公室………… 8552877
生产办公室………… 8552866
组织劳资科………… 8775347
经营管理科………… 8558652
财务资产科………… 8775346
纪检监察科………… 8792349
群众工作科………… 8778784
特种设备检验所
所长………………… 8551181
书记、副所长……… 8557445
综合技术管理室…… 8551176
特检一室…………… 8775340
特检二室…………… 8775214
特检三室…………… 8551173
特检四室…………… 8775241
护品室……………… 8775404
值班室……………… 8787514
安全教育管理站
书记、副站长……… 8555848
站长………………… 8792801
综合室……………… 8773614
教研室……………… 8774647
培训一室…………… 8775284
培训二室…………… 8554372
培训三室…………… 8792342
安全环保研究中心
主任………………… 8775339
书记、副主任……… 8792374
技术管理室………… 8559873
安全评价一室 8797700－6406
安全评价二室 8797611－6112
安全评价三室 8797522－6312
标准化研究所
书记、副所长……… 8775257
所长………………… 8558650
综合室……………… 8559877
标准发行站………… 8775248
标准库……………… 8773490
研究室……………… 8775248
档案室……………… 8559877
技术检测信息中心
书记、副主任室…… 8701751
主任………………… 8551175
系统运行室………… 8701013
软件开发室………… 8702075
技术管理室………… 8773121
腐蚀与防护研究所
所长………………… 8559283
书记、副所长……… 8503010

信息工程室………… 8775249
技术开发室………… 8551512
管线探测室………… 8555673
腐蚀检测室………… 8555673
能源监测站
书记、副站长……… 8557144
站长………………… 8553675
综合室……………… 8775174
开发室……………… 8775134
机电室……………… 8775149
热工室……………… 8775147
环境监测总站
书记………………… 8552297
站长………………… 8552737
综合室……………… 8775242
检测一室…………… 8559382
检测二室…………… 8557024
质控室……………… 8775245
评价室……………… 8775246
治理研究室………… 8775247
计量测试研究所
书记、副所长……… 8773896
所长………………… 8773388
综合室……………… 8775343
检定一室…………… 8775341
检定二室…………… 8773710
计量考核办公室…… 8554363
科研室……………… 8775342
质量监督检验所
书记、副所长……… 8556590
所长………………… 8551177
技术管理室………… 8775444
机械室……………… 8775454
电器室……………… 8775457
化工室……………… 8559872
水质室……………… 8787067
工程质量监督站
站长………………… 8773786
书记、副站长……… 8556219
综合管理室………… 8775434
土建室……………… 8788960
安装室……………… 8775441
监测评价室………… 8705085
建材试验室………… 8557448
分站管理室………… 8773392
流量检定站
书记、副站长……… 8781434
站长………………… 8558637
综合管理室………… 8784244
原油流量检定室…… 8784245
天然气流量检定室
…………………………… 8787244
化验室……………… 8791404
设备监测站

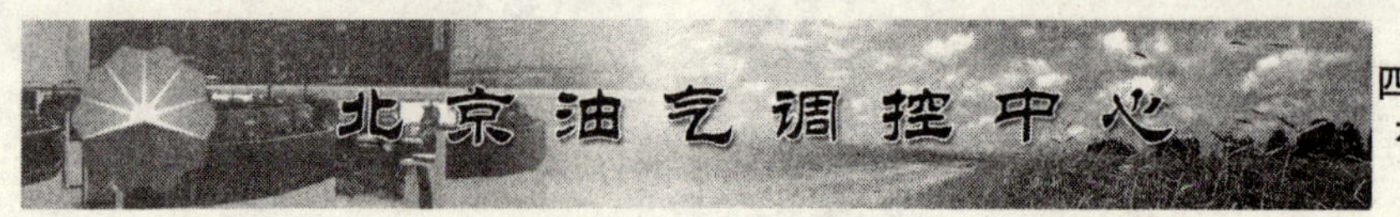

站长…………………… 8784840
书记…………………… 8778712
技术管理室………… 8784841
润滑剂检测室……… 8784842
井架检测室………… 8773293
状态检测室………… 8559013
防雷与地震评价中心
书记、副站长……… 8558445
站长…………………… 8778573
综合技术管理室…… 8551554
地震安评室………… 8796644
监测值班…………… 8553175
雷电防护技术室…… 8558446
节能减排研究所
书记、副所长……… 8556282
所长…………………… 8552297
治理研究室………… 8719715
分析化验室………… 8785901
综合服务中心
书记、主任………… 8776759
副主任、车队队长…… 8558081
综合室……………… 8557838
招待所总台………… 8791047
治安保卫中心
副主任……………… 8719273
……………………… 8792384
治安保卫…………… 8776684
老年党支部
办公室……………… 8792345

孤岛采油厂

地址：东营市河口区孤岛镇
邮编：257231
机关部室
党政办公室………… 8885043
人力资源（组织）部
……………………… 8885182
思想政治工作部…… 8885183
纪委监察部………… 8885152
生产管理部………… 8886539
技术管理部………… 8886911
安全环保油地部…… 8886575
物资装备部………… 8885305
规划计划部………… 8885533
经营管理部………… 8898189
财务资产部………… 8885718
机关直属
综合大队（综合管理中心）
……………………… 8885850
中心办公室………… 8886255
生活房产绿化管理
……………………… 8886435
机关事务管理办公室
……………………… 8885781
文联…………………… 8886892
招待所……………… 8886834
科技图书办公室…… 8885820
电视编辑部………… 8886534
技术质量安全监督中心
……………………… 8885995
信息（档案）中心　8882290
工程建设管理中心　8886302
定额预算管理中心　8889020
治安保卫中心……… 8885161
物资配送中心室…… 8885116
作业管理中心……… 8885117
三采办……………… 8886911
老年工作管理中心　8886358
操作技能管理站…… 8886486
孤一油藏经营管理区
书记…………………… 8899856
经理…………………… 8888200
调度…………………… 8885277
孤二油藏经营管理区
书记…………………… 8897127
经理…………………… 8885502
调度…………………… 8886519
孤三油藏经营管理区
书记…………………… 8886621
经理…………………… 8886273
生产办……………… 8885775
调度…………………… 8886004
孤四油藏经营管理区
书记…………………… 8893616
经理…………………… 8885175
生产办……………… 8892156
调度…………………… 8891361
垦西油藏经营管理区
书记…………………… 8886856
经理…………………… 8886759
调度…………………… 8888349
边远井油藏经营管理区
书记…………………… 8886901
经理…………………… 8886607
生产办……………… 8885511
垦利油藏经营管理区
书记…………………… 8889128
经理室……………… 8889127
生产办……………… 8889172
集输注水大队
书记…………………… 8882618
大队长……………… 8885618
调度…………………… 8886652
热采大队
书记…………………… 8886360
副大队长…………… 8881114
调度…………………… 8885362
作业一大队
大队长……………… 8885861
书记…………………… 8891406
调度…………………… 8886721
作业二大队
书记…………………… 8885118
大队长……………… 8885902
调度…………………… 8886641
生产准备大队
书记…………………… 8889968
大队长……………… 8885760
调度…………………… 8885831
特车大队
大队长办…………… 8885535
书记…………………… 8886016
监测大队
书记…………………… 8886318
大队长……………… 8886656
调度…………………… 8886378
护卫大队
大队长……………… 8885052
书记…………………… 8891800
水电大队
书记…………………… 8885658
大队长……………… 8886160
调度…………………… 8886051
地质所
书记…………………… 8885358
所长…………………… 8885582
生产室调度………… 8886550
工艺所
所长…………………… 8885523
书记…………………… 8885238
办公室……………… 8885729
安全、调度………… 8885524
金岛实业有限责任公司
董事长、总经理…… 8886257
党委书记…………… 8886792
公司办……………… 8885715
财务…………………… 8885890
胜岛石油机械厂
经理…………………… 8885682
书记…………………… 8886376
销售公司…………… 8880273
财务…………………… 8886648
安全、调度………… 8886380
胜鑫防腐公司
经理…………………… 8956702
书记…………………… 8956709
公司办……………… 8956701
生产部……………… 8956706
思远工程安装公司
经理…………………… 8885965
书记…………………… 8886916
公司办……………… 8886824
石油工程技术公司
经理…………………… 8899301
书记…………………… 8899551
公司办……………… 8886783
运输公司
经理…………………… 8885073
书记…………………… 8897252
公司办……………… 8886421
调度…………………… 8886709
农工贸分公司
经理…………………… 8886297
书记…………………… 8885730
公司办……………… 8886270
金岛中心超市
书记、经理………… 8899556
店长…………………… 8886734

孤东采油厂

地址：东营市河口区仙河镇
邮编：257237
政工科室
党委办公室………… 8582221
组织科……………… 8582225
宣传科……………… 8582226
纪委监察科………… 8582503
工会…………………… 8581562
团委…………………… 8582851
生产经营科室
厂长办公室………… 8582534
值班室……………… 8582111
生产办公室………… 8583187
节电办主任………… 8583187
大班办公室………… 8583377
注采科……………… 8584231
集输科……………… 8582229
作业科……………… 8582821
设备管理科………… 8582859
安全环保技术科…… 8582245
规划计划科………… 8582247
劳资科……………… 8582383
经营管理科………… 8581983
油地工作科………… 8581237
机关直属
财务资产管理中心　8582293
基建中心…………… 8582580
技术质量监督站…… 8582642
信息工程管理中心
……………………… 8585121
治保大队…………… 8583089
后勤综合管理站…… 8582797
老年管理中心……… 8582656
机关车队…………… 8582559
银洲宾馆…………… 8582600
文化管理站………… 8481426

采油一矿
教导员……………… 8583588
矿长………………… 8583296
矿办公室…………… 8583526
调度室……………… 8583233
采油二矿
教导员……………… 8583441
矿长………………… 8583420
调度室……………… 8583535
采油三矿
教导员……………… 8583878
矿长室……………… 8583986
调度值班室………… 8583816
采油四矿
教导员……………… 8584202
矿长………………… 8584203
调度值班室………… 8584222
新滩试采矿
教导员……………… 8583000
矿长………………… 8583009
调度室……………… 8589750
三采中心
书记………………… 8583968
主任………………… 8583615
值班室……………… 8583167
作业一大队
教导员……………… 8583373
大队长……………… 8583978
作业二大队
教导员……………… 8583843
大队长……………… 8583265
准备大队
教导员……………… 8589509
大队长……………… 8581408
调度室……………… 8582289
特车三大队
教导员……………… 8583038
大队长……………… 8583126
集输大队
教导员……………… 8583577
大队长……………… 8583975
调度室……………… 8583826
监测大队
教导员……………… 8581887
大队长……………… 8581777
调度室……………… 8582683
运输大队
教导员……………… 8582165
大队长……………… 8581031
调度长……………… 8581650
综合大队
教导员……………… 8582045
大队长……………… 8582041
调度室……………… 8583275

水电大队
教导员……………… 8582091
大队长……………… 8582791
调度室……………… 8483844
海堤管理站
站长………………… 8581452
副教导员…………… 8581344
调度室……………… 8582552
物资管理中心
书记………………… 8582726
主任………………… 8581760
站办公室…………… 8482683
地质所
教导员……………… 8588394
所长………………… 8581951
调度室……………… 8582603
工艺所
所长………………… 8581952
副教导员…………… 8582641
调度室……………… 8582612
劳动就业技能管理站
书记………………… 8586253
站长………………… 8582986
技能培训…………… 8582511
胜利油田东方实业投资集团有限责任公司
党政办公室主任…… 8482840
值班室……………… 8581939
人力资源部主任…… 8481515
经营管理部主任…… 8581607
安全环保部主任…… 8581292
作业分公司………… 8583223
胜利油田东强设备安装工程有限责任公司………… 8583717
胜利油田盛嘉化工有限责任公司………………… 8583086
东营市逸腾石油科贸有限公司
……………………… 8581772
东营市神舟物流有限责任公司
……………………… 8581156
东营新东方建设机械有限责任公司………………… 8586053
农牧分公司………… 8582507
饮食服务分公司…… 8487770
东营力诺玻璃制品有限责任公司………………… 8584199
东营胜利绿野农药化工有限公司………………… 8584229

海洋采油厂

地址：东营市河口区仙河镇
邮编：257237

机关科室
党政办公室………… 8483408
值班室……………… 8582903
人力资源部………… 8483412
宣传科……………… 8485142
监察科……………… 8582913
群众工作部、工会 8581322
生产办公室………… 8588686
调度值班室………… 8581235
开发管理科………… 8585117
设备管理科………… 8587711
安全环保科………… 8580015
规划计划科………… 8484209
经营管理（法律事务）科
……………………… 8581265
科技外事科………… 8582973
物资供应科………… 8871103
机关直属
技术质量安全监督中心
……………………… 8481608
工程管理站………… 8483459
财务资产管理中心
……………………… 8483449
信息中心…………… 8482601
环境预报站………… 8789574
老年管理办公室…… 8588105
物资配送队………… 8871285
海一生产管理区
教导员……………… 8582071
经理………………… 8484345
党政办……………… 8484684
生产办……………… 8587733
调度值班室………… 8870288
海二生产管理区
教导员……………… 8484425
经理………………… 8484409
党政办……………… 8481863
调度值班室………… 8870287
海三生产管理区
教导员……………… 8870616
经理办……………… 8870626
党政办……………… 8870733
生产办……………… 8870605
调度值班室………… 8870610
油气集输大队
教导员……………… 8870293
大队长……………… 8870292
政工办……………… 8870678
生产办……………… 8870284
调度值班室………… 8870317
维修大队
教导员……………… 8871977
大队长……………… 8871315
政工办……………… 8871228
生产办……………… 8871085
调度值班室………… 8871247

海工准备大队
教导员、大队长…… 8870899
副教导员…………… 8870256
党政办……………… 8870332
生产办……………… 8870289
调度值班室………… 8870588
汽车大队
教导员……………… 8483485
大队长……………… 8581845
政工办……………… 8483490
生产办……………… 8489113
调度值班室………… 8581512
港区管理站
教导员……………… 8870206
站长………………… 8870226
党政办……………… 8870196
生产办……………… 8870307
调度值班室………… 8870090
油田开发研究所
所长………………… 8484222
教导员……………… 8581092
综合办……………… 8484212
调度值班室………… 8581091
综合服务中心
教导员……………… 8582811
主任………………… 8586480
党政办……………… 8483494
生产办……………… 8483847
调度值班室………… 8482331
治安保卫中心（护卫大队）
党支部书记………… 8484206
主任（大队长）…… 8585287
党政办……………… 8585343
调度值班室………… 8482238
生产办……………… 8581191
山东海盛海洋工程集团有限公司（海盛集团）
党政办公室主任…… 8484319
财务资产部主任…… 8484595
人力资源部主任…… 8582901
海盛集团工程公司…… 8586001
胜利油田海发环保化工有限责任公司……………… 8871102
副经理办公室……… 8871162
胜利油田畅海石油技术有限公司………………… 8871698
胜利油田黄河海港航务工程有限公司……………… 8870162
胜利油田海洋电气有限责任公司………………… 8587799
海盛集团车队……… 8586709
海盛集团船务公司…… 8870669

海洋石油船舶中心

地址：龙口市环海北路 2299 号

邮编：265700
政工科室
党政办公室………… 8598568
党委组织科………… 8598221
群众工作科………… 8598201
纪监审计科………… 8598231
生产科室
生产办公室………… 8599555
设备管理科………… 8599255
安全环保科………… 8599150
规划计划科………… 8598227
劳资培训科………… 8598219
经营管理科………… 8598235
物资供应科………… 8598231
财务资产部………… 8598769
信息通信部
教导员、副主任…… 8599213
主任……………………… 8599567
调度……………………… 8598485
公共事业部
党委书记、副主任…… 8598765
主任、党委副书记…… 8598173
综合办公室………… 8599662
治安保卫部
教导员、副主任…… 8599676
主任……………………… 8598537
值班……………………… 8598110
综合办公室………… 8598536
船舶一大队
党委书记、副大队长
…………………………… 8598803
大队长、党委副书记
…………………………… 8599615
党政办公室………… 8599553
生产安全办公室…… 8599550
船舶二大队
党委书记……………… 8599718
大队长室……………… 8599893
党政办公室………… 8598277
生产安全办公室…… 8598725
海洋应急中心
教导员………………… 8599628
大队长………………… 8598846
调度办公室………… 8598474
综合办公室………… 8598922
港务管理站
教导员、副站长…… 8599626
站长……………………… 8598307
生产办公室………… 8598255
汽车大队
党总支书记、副大队长
…………………………… 8599868
大队长、党总支副书记
…………………………… 8599507
生产办公室………… 8598394
修船厂
厂长……………………… 8599617
教导员………………… 8599598
党政办公室………… 8599155
生产办公室………… 8598499
综合服务大队
党总支书记、副大队长
…………………………… 8598801
大队长………………… 8599066
综合办公室………… 8598473
桩西前线
调度室………………… 8870061
党政办公室………… 8870205
生产办公室………… 8870215
经营管理科………… 8870237
安全环保科………… 8870212
海洋应急中心……… 8870040
海洋消防中队……… 8870177
溢油回收队………… 8870014
应急抢险队………… 8870043
龙口基地管理中心
主任、党委副书记 8598776
党委书记、副主任 8598796
值班……………………… 8598501
物业管理公司
党总支书记、副经理 8598476
经理、党总支副书记 8598532
生产办公室………… 8598498
卫生院
教导员、副院长…… 8599627
院长、副教导员…… 8598234
门诊值班室………… 8598233
胜利油田龙口海舟公司
经理……………………… 8598379
教导员、副经理…… 8598948
海运分公司………… 8598604
建安分公司………… 8598400

临盘采油厂

地址：临邑县
邮编：251500
政工科室
党委办公室………… 8861230
机关党委……………… 8861350
组织科………………… 8861233
宣传科………………… 8861356
监察科………………… 8861025
纪委办公室………… 8869009
工会……………………… 8867068
团委……………………… 8867194
生产科室
厂办公室……………… 8861182
生产办公室………… 8866017
调度室………………… 8861733
水电讯科……………… 8869445
开发管理科………… 8866086
输油科………………… 8861698
作业科………………… 8861912
机动科………………… 8869348
工农科………………… 8869701
安全科………………… 8861383
经营管理科………… 8861512
规划计划科………… 8869705
劳动工资科………… 8861189
副科长办公室……… 8869426
机关直属
财务资产管理中心 … 8863768
基建工程管理中心 … 8867058
技术质量监督中心 … 8861852
公共事业管理中心 … 8869906
老年管理中心……… 8861827
综合治理保卫中心 … 8861289
信息中心……………… 8867188
招待所………………… 8861255
采油一矿
教导员………………… 8861925
矿长……………………… 8861520
值班调度……………… 8861555
采油二矿
教导员………………… 8461918
矿长……………………… 8461806
调度值班室………… 8461805
采油三矿
教导员………………… 8465156
矿长……………………… 8465158
调度……………………… 8465007
采油四矿
教导员………………… 8861820
矿长……………………… 8861729
调度室………………… 8861776
地质研究所
所长……………………… 8861922
教导员………………… 8861761
工艺所
所长……………………… 8865186
教导员………………… 8861166
调度室………………… 8861532
监测大队
教导员………………… 8868958
大队长………………… 8860331
调度……………………… 8861250
综合大队
教导员………………… 8861987
大队长室……………… 8861098
调度室………………… 8861723
供电大队
教导员………………… 8861473
大队长………………… 8861721
调度室………………… 8861444
车辆管理大队
教导员………………… 8867315
大队长………………… 8867668
生产调度……………… 8869416
小车调度……………… 8861218
培训学校
教导员………………… 8869138
校长……………………… 8869571
校办公室……………… 8869436
教务处………………… 8862734
总务处………………… 8868673
供应站
科长……………………… 8861394
副科长………………… 8861715
调度室………………… 8861330
作业大队
教导员………………… 8861471
大队长………………… 8868576
调度室………………… 8861493
特车大队
教导员………………… 8861428
大队长………………… 8861453
调度室………………… 8861777
准备大队
教导员………………… 8869306
大队长………………… 8860137
调度室………………… 8861484

胜利油田鲁明油气勘探开发有限公司

地址：东营市济南路 57 号大明大厦
邮编：257000
机关部室
党政办公室………… 8558412
人力资源部………… 8252198
思想政治工作部…… 8251986
生产管理部………… 8202227
规划计划部………… 8201956
经营管理部………… 8223977
技术管理部………… 8203737
安全环保部………… 8224834
财务资产部………… 8222894
物资装备部………… 8558075
后勤综合服务中心
主任……………………… 8551219
副主任………………… 8714409
办公室………………… 8215145
科研中心
主任……………………… 8714152
办公室………………… 8712519
济北公司
经理……………………… 8463118

副经理……………… 8463098
办公室……………… 8463112
甘泉公司
经理……… 0911－4572496
副经理……… 0911－4572428
办公室……… 0911－4572426
商河公司
经理 ……… 0531－82333661
副书记 …… 0531－82333676
办公室 …… 0531－82333686
滨海公司
经理……………… 8589311
副经理……………… 8589324
办公室……………… 8589323
滨东公司
经理……………… 8705592
书记……………… 8791196
副经理……………… 8705583
办公室……………… 8705582
高青公司
经理……… 0533－6356367
书记……… 0533－6358871
副经理……… 0533－6356551
办公室……… 0533－6358842
沾化公司
经理……………… 3185018
副经理……………… 3186159
办公室……………… 3186139
昌邑公司
经理……… 0536－7221136
副书记……… 0536－7121759
副经理……… 0536－7123167
办公室……… 0536－7123126
天然气公司
经理……………… 8797229
书记……………… 8718256
副经理……………… 8718276
办公室……………… 8775908
富林公司
经理……………… 8880997
副书记……………… 8880989
副经理……………… 8892222
办公室……………… 8889169
滨北公司
经理……………… 8663797
副经理……………… 8661711
办公室……………… 8663919
临邑公司
经理……………… 8867738
副经理室……………… 8867756
办公室……………… 8867535

胜利采油厂

地址：东营市东营区西四路483号
邮编：257051
政工科室
党委办公室………… 8554972
信访接待室………… 8775507
机关直属党委……… 8555273
组织科……………… 8623755
宣传科……………… 8622035
有线电视台………… 8776404
胜采周报编辑部…… 8622052
纪监审计科………… 8555812
纪委监察科………… 8622053
文联……………… 8520910
团委……………… 8552583
厂办公室
主任……………… 8557573
副主任、调研室主任 8777310
副主任、档案管理中心主任
……………… 8776418
副主任、招待所所长 8776478
值班室……………… 8553322
生产科室
生产办公室………… 8628958
调度值班室………… 8553075
注采科……………… 8622932
油气集输科………… 8555001
油地工作科………… 8623035
科技管理科………… 8553131
经营管理科………… 8555232
法律事务科………… 8551002
设备管理科………… 8776432
技术监督科………… 8551018
安全环保科………… 8554928
规划计划科………… 8553120
劳动工资科………… 8556761
物资供应科………… 8776240
财务资产管理中心
主任……………… 8623273
副书记……………… 8622866
副主任……………… 8623866
作业管理中心
书记……………… 8552523
主任……………… 8623303
副主任……………… 8623310
基建工程管理中心
书记……………… 8557618
主任……………… 8777337
副主任……………… 8777343
信息中心
主任……………… 8528328
副书记……………… 8528326
副主任……………… 8528338
值班室……………… 8528336
治安保卫中心
书记……………… 8528301
副主任……………… 8623361
值班室……………… 8528736
质量安全监督中心
书记……………… 8552457
主任……………… 8554928
副主任……………… 8776713
老年管理中心
书记……………… 8623626
主任……………… 8623812
副主任……………… 8822791
中心办公室………… 8623400
家属管理站
书记……………… 8528726
文体、综合………… 8528325
劳资、财务………… 8528325
采油一矿
教导员……………… 8742909
矿长……………… 8742598
矿办公室…………… 8742201
调度室……………… 8742278
采油二矿
教导员……………… 8745956
矿长……………… 8745926
矿办公室…………… 8742714
调度值班室………… 8742113
采油三矿
教导员……………… 8742463
矿长……………… 8745166
矿办公室…………… 8742250
采油四矿
教导员……………… 8744633
矿长……………… 8741791
矿办公室…………… 8740042
调度室……………… 8742144
作业一大队
教导员……………… 8742992
大队长……………… 8741276
生产办公室………… 8742671
现场调度、环保…… 8742220
综合一大队
教导员……………… 8624502
大队长……………… 8623327
大队办公室………… 8624402
调度室……………… 8623213
技术监测大队
教导员……………… 8623528
大队长……………… 8623502
调度室……………… 8554345
地质研究所
所办公室…………… 8784704
开发室主任………… 8551048
综合室主任………… 8776548
勘探室主任………… 8623652
生产调度…………… 8554790
工艺研究所
所办公室…………… 8520257
综合运行室………… 8528308
机采研究室………… 8528386
注水研究室………… 8528380
油层改造室………… 8528382
堵水调剖室………… 8528397
水电讯大队
教导员办公室……… 8624826
大队长办公室……… 8622827
调度室……………… 8623365
汽车大队
教导员办公室……… 8554980
大队长办公室……… 8555187
调度室……………… 8553398
综合大队
教导员……………… 8528357
大队长……………… 8528356
职工培训学校
教导员……………… 8625057
校长……………… 8625032
校办……………… 8624858
物资质检配送站
书记……………… 8776240
站长……………… 8778907
调度室……………… 8553127
胜兴集团
董事长……………… 8622823
文秘……………… 8557609
法律事务办公室…… 8557605
计划、安全办公室 …… 8795460
资产出纳办公室…… 8557602
财务结算中心……… 8557603
胜兴坨二轻烃站…… 8742334
胜兴注汽分公司…… 8629171
胜利油田胜采石油开发技术服务有限公……………… 8623882
胜利油田胜采工程有限公司
……………… 8622334
胜利油田华兴石油技术服务有限责任公司……………… 8742538
胜利油田胜兴变压器有限责任公司……………… 8742589
胜利油田胜兴博诺服装有限责任公司……………… 8622667
东营东方化学工业有限公司
……………… 8742574
胜利油田胜兴堵驱新技术开发有限责任公司
……………… 8740837
胜利油田胜兴泵电有限责任公司……………… 8624911
胜利油田瑞兴石油设备有限责

任公司…………………… 8626211
东营市同兴石油化工有限责任公司…………………… 8742930
东营市群兴石油化工有限责任公司…………………… 8740919
东营市长兴石油化工有限责任公司…………………… 8744566
胜利油田胜兴防腐材料有限责任公司…………………… 8624486
胜利油田胜兴特种电缆有限责任公司…………………… 8166817
东营胜兴物业管理有限责任公司室…………………… 8730306
胜利油田胜兴石油配件有限责任公司…………………… 8621083
胜利油田胜兴科工贸有限责任公司…………………… 8629258
胜利油田胜建机电有限责任公司…………………… 8520375
胜利油田胜兴电磁线有限责任公司…………………… 7736920

石油化工总厂

通信地址：东营市东营区郝纯路
邮编：257019

机关科室
党委办公室………… 8596281
党委组织科………… 8597060
党委宣传科（团委）…………………… 8596297
工会（计生办）…… 8596308
纪委………………… 8596247
总厂办公室………… 8596307
经营管理科………… 8596628
劳动工资科………… 8596266
设备基建科………… 8596702
安全环保科………… 8596836
计划规划科………… 8596275
生产技术科………… 8596752
生产管理中心……… 8596800

技术质量安全监督中心
主任………………… 8596332
副书记、副主任…… 8596791

财务资产管理中心
主任………………… 8596599
副主任……………… 8596436

信息中心
主任………………… 8596140
副主任……………… 8596253

治安保卫中心（护卫大队）
书记、副主任……… 8596311
主任、护卫大队…… 8596350

老年管理中心
书记………………… 8418341
主任………………… 8596289

销售管理中心
书记………………… 8597260
主任………………… 8596560

综合服务中心
书记………………… 8596922
主任………………… 8596912

党校
副校长……………… 8596569
副主任……………… 8596134

常减压车间
主任………………… 8596680
副书记、副主任…… 8596690

重油催化车间
书记、副主任……… 8596627
副主任……………… 8596651

加氢重整车间
书记………………… 8596536
主任………………… 8596315

硫磺回收车间
书记、副主任……… 8596528
主任………………… 8596538

气体分馏车间
书记、副主任……… 8596799
主任………………… 8596283

延迟焦化车间
书记………………… 8596842
主任………………… 8596854

动力车间
书记………………… 8597047
主任………………… 8596602

空气分离车间
书记………………… 8596378
主任………………… 8597125

油品储运车间
书记、副主任……… 8596678
主任………………… 8596638

净化水车间
书记………………… 8596326
主任………………… 8596539

供排水车间
主任………………… 8596637
副主任……………… 8596667

电气车间
主任………………… 8596459
副书记、副主任…… 8596185

仪表车间
书记………………… 8596592
主任………………… 8596613

机修车间
主任………………… 8596348
副书记……………… 8596643

中心化验室
书记………………… 8596490
主任………………… 8596480

原油管理中心
主任………………… 8597457
副书记……………… 8597459

轻烃储运车间
书记、主任………… 8597721
副主任……………… 8596511

装运车间
书记、副主任……… 8597719
主任………………… 8596319

水处理车间
书记、副主任……… 8596409
主任………………… 8596681

设计室
主任………………… 8596240

新闻宣传中心
主任………………… 8596218
电视编辑室………… 8597474

物资配送队
书记………………… 8596792
队长………………… 8596482

工程质量监督站
站长………………… 8596722

设备防腐办公室
主任………………… 8596722

计量站
站长………………… 8596425
副站长……………… 8596362

生产运行室
主任………………… 8596780

管网管理队
队长………………… 8596814
副队长……………… 8596544

小车队
书记………………… 8597055
队长………………… 8596249

大车队
书记………………… 8596006
队长………………… 8596278

绿化环卫队
书记、队长………… 8596158
副队长……………… 8596298

综合队
队长………………… 8418040
副队长 …………… 85967294

护卫中队
队长………………… 8596301
副队长……………… 8552343

消防中队
书记、队长………… 8596564
副队长……………… 8596703

天宇集团公司
书记、经理………… 8418998
副经理……………… 8596208

石油开发中心

地址：东营市东营区西四路111号
邮编：257000

机关部室
党政办公室………… 8794233
值班室（传真）…… 8794328
人力资源（组织）部 … 8794989
思想政治工作部…… 8794069
生产管理部………… 8794067
安全环保部………… 8794309
油地工作办公室…… 8794231
经营管理部………… 8794285
规划计划部………… 8794216
财务资产部………… 8794306
基建工程管理中心 … 8715096
技术监督中心……… 8715171
物资供应办公室…… 8794169
信息管理中心……… 8794859

胜科管理区
经理………………… 8651966
副经理……………… 8651566
生产运行室………… 8651707
调度………………… 8651997
生产技术室………… 8651771
资料室……………… 8651799
生产管理室………… 8651019
人力资源室………… 8651663
经营室……………… 8651770

胜凯管理区
经理………………… 8568123
副经理……………… 8568161
综合管理室………… 8568105
生产技术室………… 8568102
生产运行办………… 8568108
调度………………… 8568158
生产管理室………… 8568117
经营管理室………… 8568103

胜龙管理区
经理………………… 8587901
副经理……………… 8587261
生产技术室………… 8581281
生产管理室………… 8587903
经营管理室………… 8587783
综合管理室………… 8587831
调度室……………… 8587902

胜发管理区
经理………………… 8578181
副经理……………… 8578182
生产技术室………… 8578767
生产管理室………… 8578183
调度………………… 8578308
经营管理室………… 8578628
综合管理室………… 8578168

胜鑫管理区
副经理办公室
…………0534－4577110
…………0534－4577110
综合经营……0534－4576110
生产调度……0534－4576110
胜海管理区
经理…………8589776
副经理…………8583776
生产管理室…………8589778
调度…………8589779
生产经营室…………8589789
生产技术室…………8589788
资料室…………8583115
综合管理室…………8583117
胜丰管理区
经理…………0543－3231598
副经理…………0543－3231957
生产运行室
…………0543－3231753
调度室…………0543－3231345
生产管理室
…………0543－3232090
资料室…………0543－3231753
综合队…………0543－3231982
综合管理室 …0543－3231395
合作项目部
经理办公室…………8715802
副经理办公室…………8715580
调度…………8715538
经营…………8715830
生产管理…………8715270
综合、人力资源……8715638
地质研究中心
主任办公室…………8794158
勘探组…………8794367
综合组…………8794278
开发组…………8794167
数据组…………8794351
采油工艺研究中心
副主任…………8794927
工艺组…………8794115
生产服务中心
教导员…………8555067
经理…………8794882
综合办公室…………8794153
生产经营办公室……8794655
人力资源办公室……8794892
生产管理办公室……8794165
生产调度…………8553200
生产技术办公室……8794150
公共事业管理中心
副主任…………8716759
…………8715209
综合办公室…………8794855
经营办公室…………8716999

物探研究院

地址：东营市北1路210号
邮编：257022
机关部室
党政办公室…………8553534
组织劳资部…………8702602
思想政治工作部……8794946
科研信息部…………8553166
生产管理部…………8797276
经营计划部…………8556860
设备安全技监部……8553524
纪检监察部…………8771046
机关直属
财务资产管理中心 …8553218
物资供应中心…………8553472
公共事业中心…………8773213
职工食堂…………8792892
环卫绿化队…………8557036
治安保卫中心…………8772209
老年管理中心…………8557113
场地管理室
书记…………8551316
主任…………8774572
办公室…………8791813
计算室
书记…………8778802
主任…………8772914
办公室…………8792370
生产调度运行室
书记…………8778804
主任…………8555415
办公室…………8793570
信息技术研究室
书记…………8793697
主任…………8553754
办公室…………8793685
新区勘探研究室
书记…………8793855
主任…………8557993
办公室…………8793880
海外油气研究室
书记…………8702722
主任室…………8702332
办公室…………8793960
勘探战略研究室
书记、主任…………8797021
副主任…………8789970
办公室…………8797113
西部地震资料处理室
书记…………8778793
主任…………8793351
专家办公室…………8796255
科技情报室
书记…………8553516
主任室…………8558240
办公室…………8792781
勘探数据库室
书记、主任…………8553145
副主任…………8792025
勘探数据库…………8771545
油藏地球物理研究室
书记…………8557992
中国石油化工股份有限公司胜利油田分公司
主任…………8794947
办公室…………8792150
地球物理勘探方法研究室
书记…………8778815
主任…………8557008
主任师办公室…………8791067
地震资料处理一室
书记…………8791132
主任…………8553202
办公室…………8791135
地震资料处理二室
书记…………8778812
主任…………8553538
办公室…………8791180
地震资料特殊处理室
书记、主任…………8797203
副主任…………8552913
综合分析组…………8791311
综合研究室
书记、主任…………8702535
副主任…………8789733
办公室…………8791325
东营东部研究室
书记、主任…………8702673
副主任…………8789731
东营西部研究室
书记、主任…………8788895
副主任…………8702733
桩西孤岛研究室
书记…………8702751
主任…………8789701
主任师办公室…………8702761
沾化车镇研究室
书记、主任…………8702775
副主任…………8789685
主任师办公室…………8702773
惠民研究室
书记、主任…………8789671
副主任…………8702853
主任师办公室…………8702803
制图印刷室
书记、主任…………8796531
副主任…………8772744
生产调度…………8796620
档案管理室
书记…………8793061
主任…………8792955
办公室…………8795320
编辑部
主任…………8552611
副主编…………8552611
办公室…………8792787
职工文化站
站长…………8557037
副站长…………8771543
办公室…………8797313
车队
书记…………8791121
队长…………8776590
副队长（调度）……8791101
护卫中队
指导员…………8553500
队长…………8771313
新疆分院
院长…………0991－3726482
主任办…………0991－3725489
办公室…………0991－3724755

物资供应处

地址：东营市东营区西四路377号
邮编：257024
经营管理系统
党委办公室…………8555424
党委组织科…………8553277
党委宣传科…………8716252
纪委监察科…………8558341
工会…………8554714
团委…………8554532
处办公室（值班室）
…………8552393
劳动工资科…………8553275
法律事务科…………8772136
规划计划科…………8225383
安全科…………8553089
经营管理科…………8553404
设备管理科…………8786444
物资供应管理系统
物资供应办公室……8552176
供办值班室…………8716371
供办调度…………8553044
金属材料科…………8555162
石油配件科…………8554043
设备科…………8553139
化工材料科…………8552167
机电科…………8555371

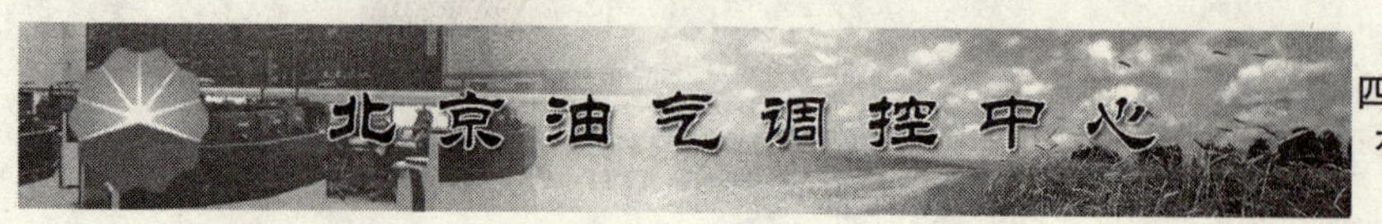

建材科………………… 8554642
工矿配件科………… 8555342
劳保科………………… 8553032
国外材料科………… 8559432
物资供应管理办公室
………………………… 8557763
物资管理科………… 8558444
市场管理科………… 8716591
招标办公室………… 8554427
物资价格管理科…… 8799533
物资检验监督科…… 8554232
财务资产管理中心
书记…………………… 8716502
老年管理中心
书记…………………… 8551099
主任…………………… 8703007
办公室………………… 8553439
科技节能办公室
主任…………………… 8553783
副主任………………… 8555468
治安保卫中心
主任…………………… 8553212
副主任………………… 8553786
信息档案中心
书记…………………… 8558941
主任…………………… 8558940
公共事业中心
书记…………………… 8716728
主任…………………… 8716736
办公室………………… 8716758
物资总库
主任…………………… 8554142
书记…………………… 8784294
办公室………………… 8552887
油料公司
经理…………………… 8553222
书记…………………… 8556598
办公室………………… 8553708
值班室………………… 8795004
物资检验所
书记…………………… 8559326
所长…………………… 8557035
办公室………………… 8555713
综合大队
书记…………………… 8716278
队长…………………… 8716677
值班室………………… 8716727
胜利物流中心
书记…………………… 8716186
主任…………………… 8716226
办公室………………… 8716026
废旧物资管理中心
书记…………………… 8551275
主任…………………… 8551276

办公室………………… 8552445
车辆管理中心
书记…………………… 8716763
主任…………………… 8554782
办公室………………… 8553914
经贸中心
主任…………………… 8559697
书记…………………… 8716273
办公室………………… 8557000
实业管理中心
书记…………………… 8778904
主任…………………… 8777978
办公室………………… 8777973
仙河物资配送中心
书记…………………… 8587015
主任…………………… 8587009
办公室………………… 8587087
煤炭公司
经理…………………… 8594061
副经理………………… 8594582
办公室………………… 8595684
调度…………………… 8595250
法制教育中心
主任…………………… 8716700
办公室………………… 8554205
辛店库
书记…………………… 8859326
主任…………………… 8859311
办公室………………… 8859316
招待所
书记…………………… 8552992
所长…………………… 8783686
总服务台……………… 8553325
物华实业发展有限公司
董事长………………… 8552789
党委书记……………… 8559825
公司办公室…………… 8554295
企管部………………… 8703522
财务部（综合）……… 8552791
人力资源部…………… 8558172
非金属材料公司……… 8559859
石油装备制造有限公司
………………………… 8553302
天康工贸有限责任公司
………………………… 8252236
化工厂………………… 8776162
运输修理厂…………… 8553031
电器厂………………… 8556139
派菲特石油钢管分公司
………………………… 8797220
物华经贸公司………… 8778385
供应方圆石油装备有限责任公司
总经理………………… 8774498

副总经理……………… 8558038
办公室………………… 8716783
经营部………………… 8716570
销售部………………… 8778378
财务部………………… 8716682
综合管理部…………… 8705237
深圳市胜利通兴工贸有限公司
经理 ……… 0755－83297985
财务 ……… 0755－83212686
东营联络处 0546－8799510
山东胜利通兴套管制造有限公司…………… 0535－2177066
烟台恒强商贸有限公司
总经理………………… 8782729
业务室………………… 8716933
海南金时田实业发展有限公司
总经理………………… 8716987
办公室 …… 0898－66764638
大连保税区胜利国际贸易有限公司
总经理 …… 0411－82728519
副总经理…… 024－86423236
业务部 …… 0411－82728776
财务部…… 024－86429109
东营联络处 0546－8716976

现河采油厂

地址：东营市东营区济宁路4号
邮编：257068

政工科室
党委办公室…………… 8556345
组织科………………… 8793114
宣传科………………… 8773182
机关党委……………… 8793944
团委…………………… 8556323
纪委监察科…………… 8556352
监察科………………… 8554088
工会…………………… 8785244
劳调办………………… 8793943
厂办公室
主任…………………… 8559989
副主任………………… 8558883
值班室………………… 8556327
传真…………………… 8222683
生产科室
生产办公室…………… 8556523
生产调度……………… 8553086
计划科………………… 8558981
注采科………………… 8782042
油气集输科…………… 8773785
设备管理科…………… 8556384
油地工作科…………… 8705818
用电管理科…………… 8557683
经营管理科…………… 8558043

劳动工资科…………… 8556346
法律事务科…………… 8778199
安全环保科…………… 8778806
物资供应科…………… 8223321
直属单位
财务资产管理中心 8774218
基建工程管理中心 8773798
公共事业中心………… 8784591
技术质量安全监督中心
………………………… 8795467
作业管理中心………… 8501137
信息中心……………… 8556349
采油一矿
教导员………………… 8611086
矿长…………………… 8613229
调度…………………… 8613303
采油二矿
矿长…………………… 8718306
教导员………………… 8773078
调度…………………… 8555869
采油三矿
教导员………………… 8651550
矿长…………………… 8652116
调度…………………… 8651509
采油四矿
教导员………………… 8651740
矿长…………………… 8651748
调度…………………… 8651320
作业三大队
教导员………………… 8773556
大队长………………… 8773423
生产调度……………… 8553539
综合三大队
教导员………………… 8501187
大队长………………… 8503016
调度…………………… 8774609
地质所
所长…………………… 8793941
教导员………………… 8773497
调度组………………… 8559664
作业组………………… 8773978
开发组………………… 8702512
工艺所
教导员………………… 8782048
所长…………………… 8785342
调度…………………… 8785594
综合室………………… 8773272
水电讯大队
教导员………………… 8787646
大队长………………… 8773259
调度…………………… 8553346
监测大队
教导员………………… 8780001
大队长………………… 8773277

调度……8559794
汽车运输大队
教导员……8773396
大队长……8773950
调度……8556271
综合大队
教导员……8773054
大队长……8787641
调度……8554799
护卫大队（治安保卫中心）
大队长……8222858
副教导员……8781140
党校
校长……8615764
副校长……8615604
办公室……8615114
物资配送站
站长……8518306
指导员……8519254
调度……8558641
新海兴达集团
总经理……7757002
副总经理……7757005
油气分公司……7757091
作业工程公司……7757212
采油工程技术公司
……7757185
机械修造公司……7757717
农副业公司……7757232
电器制修公司……7757154
汽修厂……8227700
综合楼总机……8773100
工贸公司……7757240
安装工程公司……7757269
兴盛石油化工公司
……7759876
房地产开发公司……7757287
科技开发项目部……7757297

新疆勘探开发中心（新疆工委）

地址：东营市东营区西四路633号
邮编：257000
党政办公室
主任……8559317
副主任……8810089
办公室……8557579
传真……8558114
办公室、传真（乌鲁木齐）
……0991-7997017
办公室（奎屯）
……0992-3212811
工委综合办公室
主任……8810857
主任（新疆） 0996-6793225
办公室……8810857
办公室（新疆）
0996-6793227
人力资源（组织）部
主任……8558132
办公室……8558429
办公室（新疆）
……0991-7997017
党群工作部
主任……8810017
副主任、工会副主席 8557807
办公室……8557807
办公室（新疆）
……0991-7997017
财务资产部
主任办公室……8556948
主任办公室（新疆）
……0991-7896667
办公室……8556426
办公室（新疆）
……0991-7996243
勘探管理部
主任……8558451
主任（新疆） 0991-7880507
副主任……8556414
副主任（新疆）
……0991-7896657
工程技术部
主任……8559227
主任（新疆） 0991-7996350
办公室（乌鲁木齐）
……0991-7996351
办公室（奎屯）
……0992-3215567
经营计划部
主任……8557949
主任（新疆） 0991-7996247
科技信息部
主任……8558493
主任（新疆） 0991-7880507
办公室……8810915
办公室（新疆）
……0991-7880932
油藏管理部
主任……8810701
主任（新疆） 0991-7996254
办公室……8559322
办公室、传真（新疆）
……0991-7996245
采油工程管理部
主任……8558479
主任（新疆） 0991-7996637
办公室……8810721
办公室（奎屯）
……0992-3215598
生产管理部
主任……8773072
主任（新疆） 0992-3214629
办公室……8558131
办公室、传真（新疆）
……09921-3215202
安全环保（油地）部
主任（油地）……8810560
主任（油地）（新疆）
……0991-7896617
主任（安全）……8810583
主任（安全）（新疆）
……0991-7896617
办公室……8810581
办公室（乌鲁木齐）
……0991-7996957
办公室（奎屯）
0992-3216300
春光采油管理区
经理……8810922
经理（新疆） 0992-3983888
副经理……0992-3983903
传真……0992-3982806
永进采油管理区
永1井
……0546-8502282-92000500
董1井
……0546-8502282-92000480
原油转运站
站长……8810630
站长（新疆） 0992-3691318
办公室、传真（新疆）
……0992-3691319
物资配送站
站长……8810172
办公室（新疆）
……0992-3982682

油气集输总厂

地址：东营市东营区黄河路680号
邮编：257000
政工科室
党委办公室……8558561
机关党委……8772406
组织科……8558603
纪委……8558583
纪监审计科……8775717
宣传科……8773627
工会……8558579
计生办……8558607
团委……8558593
厂办公室
主任……8774296
副主任……8773704
办公室……8556845
传真……8558584
值班室……8558564
生产管理科室
生产调度室……8554610
生产办公室……8557642
输油科……8773799
输气科……8774591
设备管理科……8556238
安全环保科……8557643
油地工作科……8558353
计划科……8791146
供应科……8774158
劳动工资科……8773663
经营管理科……8784779
机关直属
基建工程管理中心 8558190
科技信息中心……8558592
技能鉴定站……8552649
财务资产管理中心 8773664
技术安全监督中心 8558622
治安保卫中心……8784815
公共事业中心……8786623
老年管理中心……8792334
地质所室……8773944
职工培训中心……8558610
车管中心
教导员……8784848
主任……8778822
调度……8774223
综合维修中心
教导员……8774065
副主任……8774378
干部值班室……8774216
输油分厂
教导员……8787548
厂长……8554025
办公室……8774520
调度……8553409
输气分厂
教导员……8641136
厂长……8641613
生产办……8641396
调度……8641347
孤岛分厂
教导员……8892624
厂长……8892667
生产办……8892747
调度……8886161
集输总厂天然气管理中心
书记……8789910
主任……8789711

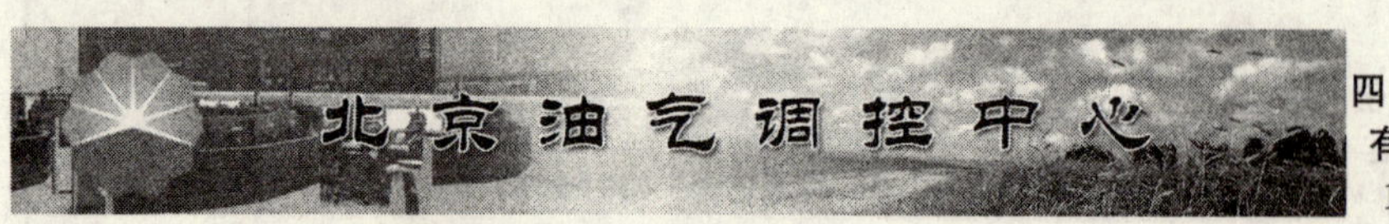

生产办主任………… 8789609
调度室……………… 8786081
计划经营办主任…… 8788807
综合治理办主任…… 8789502
财务办公室主任…… 8789705
胜中供气站………… 8776133
胜东供气站………… 8738868
胜北供气站………… 8721599
胜南供气站………… 8516971
滨南供气站………… 3460082
河口供气站………… 8571063
孤岛供气站………… 8886679
仙河供气站………… 8585163
基地配气队………… 8776922
基地输气队………… 8781676
综合服务队………… 8776021
东安混合烃站……… 8729687
集兴石化安装有限公司
总经理……………… 8787798
副总经理…………… 8785596
公司办公室………… 8793858
生产办公室………… 8781682
经营办公室………… 8773605
财务管理中心……… 8774168
集兴旅行社………… 8777199
轻烃检修公司……… 8556392
建安分公司………… 8778607
化工分公司………… 8642236
兴源经贸中心……… 8705780
汽车大修厂………… 8701823
腾龙科技分公司…… 8229882

桩西采油厂

地址：东营市河口区仙河镇
邮编：257237

党群科室
党委办公室………… 8582868
组织科……………… 8486393
宣传科……………… 8484430
监察科……………… 8582131
工会………………… 8581932
计生办……………… 8582460
团委………………… 8587256
机关党委…………… 8582679
管理科室
厂办值班室………… 8582803
主任办公室………… 8582956
劳资科……………… 8587076
经营管理（法律事务）科
…………………… 8589017
油地工作科………… 8582489
规划计划科………… 8481673
生产科室
调度值班室………… 8582691
主任办公室………… 8582874
开发管理科………… 8581337
设备管理科………… 8581150
安全环保科………… 8582361
物资供应科………… 8588196
直属单位
财务资产管理中心
…………………… 8582567
公共事业中心……… 8487736
科技信息中心……… 8487538
基建工程管理中心
…………………… 8581910
老年管理中心……… 8581160
技术质量安全监督中心
…………………… 8581398
治安保卫中心……… 8484429
桩一生产管理区
书记………………… 8871520
经理………………… 8871886
调度室……………… 8871305
桩二生产管理区
书记………………… 8871232
经理………………… 8871166
调度室……………… 8871226
油气集输大队
教导员……………… 8871448
大队长……………… 8871591
调度室……………… 8871457
作业大队
教导员……………… 8582439
大队长……………… 8582839
调度室……………… 8582651
综合大队
教导员……………… 8587863
大队长……………… 8580273
调度室……………… 8581753
运输大队
教导员……………… 8581653
大队长……………… 8484045
调度室……………… 8582320
生产准备大队
教导员……………… 8582339
大队长……………… 8582220
调度室……………… 8581268
地质研究所
教导员……………… 8581460
所长………………… 8581409
所办公室…………… 8482845
调度室……………… 8581618
工艺研究所
教导员……………… 8582748
所长………………… 8484288
调度室……………… 8581513
所办公室（传真） 8581713
海堤管理站
教导员……………… 8484055
站长………………… 8482198
调度室……………… 8582410
综合车队
教导员……………… 8582837
队长………………… 8581924
调度室……………… 8582714
北方实业有限责任公司
总经理……………… 8582592
副总经理…………… 8581346
财务总监…………… 8581581
党政办公室………… 8582908
生产运行管理部…… 8581154
经营管理部………… 8581330
财务管理部………… 8581581
人力资源管理部…… 8581163
鑫新设备安装公司 8481044
油气技术服务公司 8581192
井下技术服务公司 8484014
电器工程公司……… 8587655
综合服务公司……… 8580264
桩西精细化工有限责任公司
…………………… 8871101
物资装备部………… 8582151
新项目开发部……… 8486991
伟业泓瑞劳务服务公司
…………………… 8586761

经济开发研究院

地址：东营市东营区西四路如意街4号
邮编：257001

国际室石油研究室
主任………………… 8799347
主管工程师………… 8713073
办公室……………… 8717105
办公室……………… 8787077
经济运行评价研究室
主任………………… 8714661
主管工程师………… 8710448
办公室……………… 8554105
办公室……………… 8714975
企业发展战略研究室
副主任……………… 8714418
主管工程师………… 8710133
办公室……………… 8710151
办公室……………… 8554054
经济改革研究室
主任………………… 8710646
副主任……………… 8710115
主管工程师………… 8799345
办公室……………… 8771850
劳动定额定编研究所
所长………………… 8554880
副所长……………… 8554650
办公室……………… 8554850
人才工作研究所
所长………………… 8799346
副所长……………… 8713997
办公室……………… 8554195
法律法规研究所
所长………………… 8553791
办公室……………… 8550218
办公室……………… 8712499
综合研究室
主任………………… 8710523
副主任……………… 8554040
主管工程师………… 8710227
办公室……………… 8712649
财务科
科长………………… 8713798
副科长……………… 8799348
办公室……………… 8552475
党政办
主任………………… 8713448
副主任……………… 8710486
办公室……………… 8554003

2. 中原油田分公司

地址：河南省濮阳市中原路277号　　邮政编码：457001　　公网区号：0393

局长办公室（政策研究室）

主任…… 4819001
主任（政研室）…… 4823402
副主任…… 4733776
…… 4733319
副主任（政研室）… 4731269
值班室…… 4822172
传真…… 4828300
秘书科…… 4823324
传真…… 4821957
文书科…… 4821597
传真…… 4821230
政研科…… 4829230
调研科…… 4822157
督查科…… 4818620
传真…… 4822747
接待科…… 4891934
传真…… 4819320
文印站…… 4816297

规划计划部

主任…… 4821269
副主任…… 4822637
…… 4810710
综合科
科长…… 4822499
值班…… 4822499
传真…… 4731007
开发项目科
科长…… 4824893
办公室…… 4821421
配套项目科
科长…… 4733376
办公室…… 4822487
生产计划科
科长…… 4822387
办公室…… 4819493
传真…… 4822387
规划科
科长…… 4824625
办公室…… 4818468
传真…… 4824625
招标合同科
科长…… 4816046
办公室…… 4821159

财务资产部

处领导
主任…… 4821702
副主任…… 4819650
综合管理科
科长…… 4732026
综合管理科…… 4821618
成本会计科
科长…… 4824943
业务…… 4827838
税务管理科
科长…… 4816748
税务管理科…… 4827223
资产装备科
科长…… 4822897
资产装备科…… 4825293
管理会计科
科长…… 4731001
管理会计科…… 4731557
资金管理科
科长…… 4818307
资金管理科…… 4824429
内控管理科…… 4824429
科技部
主任…… 4819760
综合科…… 4733709
勘探开发科…… 4822553
…… 4821265
石油工程科…… 4823134
知识产权学会科…… 4822020

油气销售管理部

处领导
主任…… 4822229
副主任…… 4893177
综合科
科长…… 4818701
办公室…… 4818687
油品销售管理科
科长…… 4822891
办公室…… 4826291
天然气销售管理科
科长…… 4891170
办公室…… 4819170
轻烃销售管理科
科长…… 4816026
办公室…… 4810426
销售运行科
科长…… 4810202
办公室…… 4810203

开发管理部

处领导
主任…… 4893010
副主任…… 4823126
…… 4822956
科室
综合科…… 4821506
传真…… 4821785
油藏管理科…… 4821192
气藏管理科…… 4891573
产能建设科…… 4821585
油藏监测科…… 4820010
开发规划科…… 4824048
生产管理科…… 4823299
信息管理科…… 4822509

勘探管理部

部领导
主任…… 4893468
副主任…… 4825985
…… 4822318
…… 4731093
科室
综合科…… 4822495
传真…… 4820114
勘探规划科…… 4893466
矿权管理科…… 4820104
勘探项目管理科…… 4824929
新区项目管理科…… 4820105
勘探技术科…… 4820110
财经管理科…… 4820113

油气技术管理部

部领导
主任…… 4732161
副主任…… 4894141
…… 4823590
…… 4732108
科室
综合管理科…… 4822987
采油（气）工程科 4822087
油田注水科…… 4821391
井下作业科…… 4822562
钻井工程科…… 4823957
地面工程科…… 4824941
三次采油科…… 4732160
油田防腐科…… 4822779

档案管理处

处领导
处长、书记…… 4731676
副书记…… 4731077
副处长…… 4822215
副总师…… 4732188
科室
综合办公室主任…… 4732186
值班电话…… 4822357
劳资财务…… 4731408
安全…… 4826089
业务指导科…… 4823576
史志办公室…… 4733836
油田志编辑部…… 4822253
档案管理科…… 4823689
网络科…… 4819432
人事档案科…… 4891723
一厂档案室…… 4851309
二厂档案室…… 4841707
三厂档案室…… 4831570
四厂档案室…… 4854552
五厂档案室…… 4812267
六厂档案室…… 4861271
一公司档案室…… 4800272
二公司档案室…… 4817324
三公司档案室…… 4865927
四公司档案室…… 4834049
井下档案室…… 4875209
炼化档案室…… 4876277
集输档案室…… 4875975
机厂档案室…… 4822734
水电档案室…… 4824647
物探档案室…… 4898833
钻井院档案室…… 4899345
测井档案室…… 4824820
培训中心档案…… 4816694
地质院档案室…… 4821243
地质录井处档案室 4822862
采油院档案室…… 4890061
设计院档案室…… 4824574
事业单位档案室…… 4817334
油建档案室…… 4826472
建工档案室…… 4887275
供应档案室…… 4882307
公共事业档案室…… 4819434
普光档案室…… 4736741

概预算中心

处领导

主任………………… 4810211
副主任……………… 4816798
………………………… 4892652
综合管理科
科长………………… 4821350
传真………………… 4732530
定额价格管理科
科长………………… 4732462
采油工程定额科
科长………………… 4824082
石油专业工程定额科
科长………………… 4892644
油建工程审查科
科长………………… 4821275
矿建工程审查科
科长………………… 4732779

信息中心

中心领导
主任………………… 4823408
副主任……………… 4825866
………………………… 4825833
中心办
主任………………… 4824645
人事（副主任）…… 4824946
文秘………………… 4891240
财务经营科
副总会计师………… 4823556
科长………………… 4893188
办公室……………… 4894437
应用管理室
主任………………… 4825855
办公室……………… 4825857
信息规划室
副总工程师………… 4825858
主任………………… 4825856
办公室……………… 4894449
综合信息室
主任………………… 4818709
办公室……………… 4823190
………………………… 4731576
技术工程室
支部书记…………… 4819526
副主任……………… 4824676
网络建设…………… 4731801
………………………… 4824448
市场………………… 4819488
售后………………… 4822138
………………………… 4893600
合同………………… 4891140
技术培训室
主任………………… 4819696
副主任……………… 4824276
库房………………… 4810031
库房………………… 4891143
二楼培训教室……… 4820321
三楼培训教室……… 4820345
网络管理室
副总工程师………… 4891310
主任………………… 4891307
办公室……………… 4818370
图书馆
馆长………………… 4824545
副馆长……………… 4819401
目录厅……………… 4823690
分编………………… 4823645
期刊………………… 4823290

西部勘探经理部

部领导
经理………………… 4732206
书记………………… 4732356
副经理……………… 4732076
………………………… 4732346
综合办公室
科长………………… 4732348
办公室……………… 4732347
计划财务科
科长………………… 4732348
办公室……………… 4823016
地质科
办公室……………… 4732349
工程科、安全科
办公室……………… 4732350

内蒙采油事业部

公网区号：0478
部领导
经理………………… 5910333
………………………… 4893368
副经理……………… 5911078
………………………… 4819826
………………………… 5913758
副总经济师　　　　 5911178
………………………… 4828251
党政办公室
主任………………… 5917589
………………………… 4823181
副主任……………… 5911235
………………………… 4823181
办公室……………… 5912919
………………………… 4823181
会议室……………… 5918252
留守处科长………… 4829512
办公室……………… 4823164
经营管理部
经营部主任　　　　 5917568
………………………… 4820134
人事科副科长……… 4891707
财务科科长
………………………… 5916280
经营科副主任　　　 5913289
………………………… 4891707
办公室……………… 5910667
………………………… 4823164
对外关系部
经理助理、主任　　 5910038
办公室……………… 5919551
生产协调部
调度室……………… 5688039
副总工程师　　　　 5917786
………………………… 4818505
副主任……………… 5688012
办公室……………… 5688039
安全（环保）技术监督部
经理助理、主任　　 5917528
………………………… 4894232
副主任……………… 5911359
………………………… 4894233
地质开发工艺技术研究所
副总地质师/所长 … 5919908
………………………… 4817025
副总地质师
………………………… 5918779
副所长……………… 5913615
………………………… 4894943
办公室……………… 4893620
………………………… 5913651
工艺监督…………… 5915260
地面工程管理部
副总工程师
………………………… 5918656
………………………… 4891510
副主任……………… 5918255
物资（产品）营销部
主任………………… 5910909
………………………… 5688002
办公室……………… 5689673
银川售油…… 0951－2158939
呼市售油…… 0471－5606720
综合装备管理部
主任………………… 5918285
………………………… 5688035
办公室……………… 5688007
桑合采油管理区
主任………………… 5689601
书记………………… 5689601
达尔其采油管理区
主任………………… 5689537
书记………………… 5689537

陕北油气项目管理部

项目部领导
经理………………… 4891185
副经理……………… 4819305
综合管理办公室
办公室……………… 4893191
陕北前线　　 0911－3223130
生产技术管理科
办公室……………… 4891021
陕北前线　　 0911－3223125
经营管理科
办公室……………… 4891180
陕北前线　　 0911－3222723

普光气田开发项目管理部

指挥部
综合部……………… 4736100
生产技术管理部…… 4736673
开发部……………… 4736680
计划财务部………… 4736731
党群部……………… 4736840
保障部……………… 4736903
HSE 监督管理部 … 4736733
钻采工程项目部…… 4736791
集输工程项目部…… 4736725
净化厂工程项目部　 4736722
公用工程项目部…… 4736834
应急求援及环境监测站
………………………… 4736835
工程管理部………… 4736726
对外关系部………… 4736841
审计监察部………… 4736843
其他单位
普光气田通信管理处
………………………… 4736670
普光气田结算科…… 4736618
普光气田报社、电视台
………………………… 4736676
普光气田质检站…… 4736745
普光气田二所……… 4736760
普光气田综合档案室
………………………… 4736833
普光气田技术监测中心
………………………… 4736701
普光气田设计院…… 4736900
普光气田钻井一公司 4736806
普光气田钻井二公司 4736827
普光气田钻井三公司 4736784
普光气田钻井四公司 2682718
普光气田钻井研究院 2203418
普光气田地质录井　 2398916
普光气田测井公司　 5700583
普光气田固井工程处 5822595
普光气田管具工程处 4736775
普光气田井下特种作业处
………………………… 4736772

普光气田工程建设总公司
…… 4736883
普光气田建筑集团（建工）
…… 4736821
普光气田中油工程公司监理部
…… 4736821
普光气田销售公司 4736770

采油一厂

领导
厂长…… 4852666
书记…… 4850116
工会主席…… 4851332
副厂长…… 4851769
…… 4851349
…… 4851388
…… 4851923
…… 4853969
总会计师…… 4852201
厂首席专家
副总地质师…… 4851188
副总工程师…… 4852191
专职副总师
厂长助理…… 4852141
副总工程师…… 4852377
…… 4851342
副总地质师…… 4851562
…… 4851180
厂办
主任…… 4851316
主任…… 4851678
副主任…… 4850506
事务秘书…… 4851890
值班室…… 4851318
打字室…… 4851547
党委办公室
主任…… 4851259
副主任…… 4851143
团委…… 4852558
办公室…… 4851497
传真…… 4851497
群众工作办公室
主任…… 4851469
计生主任…… 4858225
女工主任…… 4851437
团委书记一…… 4852276
科员…… 4851681
党委组织科
科长…… 4851742
副科长…… 4851173
办公室…… 4851027
厂机关党总支
书记…… 4859957
纪检监察科
科长…… 4858493
办公室…… 4851205
人力资源科
科长…… 4852131
统筹保险…… 4853092
工资统计…… 4853093
劳动管理…… 4851721
经管管理科
科长…… 4853215
副科长…… 4850127
科员…… 4852910
计划科
科长…… 4851592
副科长…… 4850169
…… 4859905
科员…… 4851685
…… 4850701
财务资产科
科长…… 4852708
副科长…… 4851505
办公室…… 4852706
作业科
科长…… 4853921
副科长…… 4852362
注水科
科长…… 4851363
副科长…… 4851808
机动科
科长…… 4851627
副科长…… 4858618
办公室…… 4851225
安全环保监督科
科长…… 4851580
副科长…… 4858020
…… 4858270
办公室…… 4851323
…… 4851808
技术管理科
科长…… 4853969
副科长…… 4858678
…… 4851374
…… 4852397
科技办…… 4851216
办公室…… 4851419
供应站
站长…… 4851139
书记…… 4851779
副站长…… 4859680
库房…… 4851165
办公室…… 4851347
计划组…… 4852130
电料组…… 4851375
钻井工程监督站
站长…… 4858012
书记…… 4851654
副站长…… 4851648
…… 4851164
经管办…… 4850909
办公室…… 4851662
对外关系科
主任…… 4851922
副主任…… 4851913
…… 4851952
…… 4858159
调度…… 4851352
办公室…… 4851038
厂调
调度长…… 4852191
副调度长…… 4851733
资料室…… 4851251
调度…… 4851191
三配一调…… 4851212
防洪组…… 4851418
传真…… 4851492
办公室…… 4851527
会议专线…… 4852743
培训考核站
站长…… 4851241
书记…… 4851265
副站长…… 4851249
…… 4851942
副书记…… 4852138
培训办…… 4852142
采油一区
经理…… 4851373
书记…… 4859390
生产副经理…… 4850476
工程副经理…… 4858340
地质副经理…… 4852140
前线调度…… 4851020
生产组…… 4858343
工程组…… 4859079
地质组…… 4852402
综合组…… 4859353
采油二区
经理…… 4853515
书记…… 4852872
生产副经理…… 4859710
工程副经理…… 4859051
地质副经理…… 4859932
前线调度…… 4851016
生产组…… 4859823
工程组…… 4852139
地质组…… 4851311
综合组…… 4858404
采油三区
经理…… 4859693
书记…… 4851546
生产副经理…… 4852137
工程副经理…… 4859691
地质副经理…… 4851529
前线调度…… 4851392
生产组…… 4858440
工程组…… 4858433
地质组…… 4850734
综合组…… 4858413
资料室…… 4852637
采油四区
经理…… 4851694
书记…… 4853163
生产副经理…… 4859737
工程副经理…… 4859178
地质副经理…… 4858458
前线调度…… 4853475
生产组…… 4858474
工程组…… 4858251
地质组…… 4858475
综合组…… 4858476
资料室…… 4851441
采油五区
经理…… 4858407
书记…… 4858416
生产副经理…… 4859197
工程副经理…… 4853612
地质副经理…… 4859863
前线调度…… 4852194
生产组…… 4858473
地质组…… 4858472
综合组…… 4858471
采油六区
经理…… 4851049
书记…… 4851654
生产副经理…… 4851357
工程副经理…… 4851046
地质副经理…… 4858479
前线调度…… 4851926
生产组…… 4858477
工程组…… 4858478
地质组…… 4851712
综合组…… 4858482
采油七区
经理…… 4850512
书记…… 4851356
生产副经理…… 4851829
工程副经理…… 4859551
地质副经理…… 4859667
前线调度…… 4853057
生产组…… 4858483
工程组…… 4853414
地质组…… 4851760
综合组…… 4853417
采油八区

经理…………………… 4853896
书记…………………… 4851995
生产副经理………… 4851571
工程副经理………… 4859861
地质副经理………… 4859512
前线调度…………… 4852972
生产组……………… 4858257
工程组……………… 4859114
地质组……………… 4853469
综合组……………… 4859512
资料室……………… 4853724
保管………………… 4859490
治保大队
大队长……………… 4851666
书记………………… 4851058
副大队长…………… 4851175
…………………… 4851730
…………………… 4858262
…………………… 4852627
办公室主任………… 4852670
测试大队
大队长……………… 4851594
书记………………… 4851687
副大队长…………… 4851361
…………………… 4850423
调度室……………… 4851306
办公室……………… 4850422
总机………………… 4851362
测试四队…………… 4858574
注水大队
大队长……………… 4851684
书记………………… 4851803
副大队长…………… 4852771
注水二队…………… 4851061
政工办……………… 4851294
注水一队…………… 4851365
大队资料室………… 4851498
注三值班室………… 4851961
调度………………… 4853123
经营组……………… 4858037
注三资料室………… 4858402
维修大队
大队长……………… 4851832
副书记……………… 4851041
副大队长…………… 4851600
…………………… 4851931
…………………… 4852573
生产组……………… 4851992
经营组……………… 4851203
机动组……………… 4851246
政工组……………… 4851773
气采队
大队长……………… 4851664
书记………………… 4850467

副大队长…………… 4850142
…………………… 4853173
调度………………… 4851070
气举办……………… 4850714
站长办……………… 4858270
副站长办…………… 4852026
供电大队
大队长……………… 4851751
副书记……………… 4852353
副大队长…………… 4851410
高压队……………… 4851666
变电队……………… 4852761
综合队……………… 4853630
调度………………… 4851851
集输大队
大队长……………… 4851485
书记………………… 4852357
副大队长…………… 4858510
…………………… 4853640
经营办……………… 4850436
大队调度…………… 4850309
工艺研究所
所长………………… 4851180
书记………………… 4851416
副所长……………… 4850592
…………………… 4851359
机采室……………… 4851709
计算机室…………… 4852215
井况室……………… 4852495
仪表室……………… 4851509
工艺室……………… 4858283
综合室……………… 4851677
电泵室……………… 4853175
调度………………… 4859844
气举室……………… 4850741
方案室……………… 4851059
气举采油管理站
站长………………… 4851123
副站长……………… 4851388
…………………… 4852026
办公室……………… 4850714
地质研究所
所长………………… 4851923
书记………………… 4851562
副所长……………… 4858260
…………………… 4858092
…………………… 4851217
方案室主任………… 4851159
副主任……………… 4851201
文中室……………… 4851471
文东室……………… 4851523
静态室主任………… 4858015
副主任……………… 4851740
资料室主任………… 4851861

规划室……………… 4851746
图形室……………… 4851783
动态室……………… 4859713
天然气室…………… 4851014
生产室……………… 4851561
化验室……………… 4850784
信息中心所长……… 4851906
信息中心办………… 4859250
信息中心主任……… 4859711
生产服务大队
大队长……………… 4853303
书记………………… 4852291
副大队长…………… 4852111
…………………… 4858141
小车队队长………… 4851661
资料室……………… 4852031
综合办……………… 4852165
维修班……………… 4851103
调度………………… 4851453

采油二厂

领导
厂长………………… 4840566
书记………………… 4841601
副厂长……………… 4841007
…………………… 4841210
财务总监…………… 4842509
…………………… 4841122
总地质师…………… 4841100
副厂长……………… 4842188
…………………… 4841108
工会主席…………… 4841228
副总工程师………… 4840658
副总地质师………… 4841711
…………………… 4841401
…………………… 4841931
副总经济师………… 4841617
电力副总师………… 4841301
副总地质师………… 4841931
副总工程师………… 4844525
…………………… 4841307
对外关系办公室…… 4841629
厂长办公室
主任………………… 4841502
值班室……………… 4841404
政研室主任………… 4844644
政研室……………… 4841604
文书………………… 4841504
打字室……………… 4841704
复印室……………… 4842504
厂办招待所
所长………………… 4841420
副所长……………… 4841317
…………………… 4840102

总服务台…………… 4841010
党委办公室
主任………………… 4841213
副主任……………… 4841113
宣传………………… 4841703
文书（传真）……… 4841313
机关党委书记……… 4841903
机关党委…………… 4844821
组织科
科长………………… 4841403
干部管理…………… 4845593
党员管理…………… 4841503
纪检监察科
科长………………… 4840074
副科长……………… 4841803
干事………………… 4840113
群众工作办公室
办公室主任………… 4846345
女工主任…………… 4842634
团委书记…………… 4842614
工会干事…………… 4841104
团干事……………… 4841304
人力资源科
科长………………… 4841709
副科长……………… 4843233
干部管理…………… 4841809
人事调配…………… 4841009
工资管理…………… 4841909
统计（档案）……… 4841710
计划科
科长………………… 4841901
副科长……………… 4841109
生产计划…………… 4841723
预算………………… 4841014
统计………………… 4841309
经营管理科
科长………………… 4841115
副科长……………… 4841797
合同管理…………… 4841509
考核………………… 4841209
经济评价…………… 4841204
财务资产科
科长………………… 4844165
副科长……………… 4841409
…………………… 4841212
…………………… 4846030
老总………………… 4842670
成本………………… 4841214
副科长……………… 4842086
资金………………… 4842098
机房………………… 4842089
生产调度室
调度长……………… 4841002
副调度长…………… 4841004

……4841005
综合……4841003
车辆调度……4841515
电力运行……4841951
电力管理（节能）
……4841905
值班室……4841215
会议专线……4843644
作业科
科长……4843974
副科长……4841508
……4841302
油井……4841408
水井……4840374
装备科
科长……4845168
副科长……4841708
……4841608
设备管理……4841416
资料……4841406
化验室……4846149
安全环保科
科长……4841619
副科长……4841918
……4841609
安全监督……4841808
环保……4844476
安全管理……4841898
交通管理……4845513
监察室……4844508
技术管理科
科长……4842657
副科长……4843543
……4841207
……4841107
科技管理……4842497
集输管理……4843545
地面管理……4841377
注水科
科长……4841634
副科长……4841208
注水管理……4841452
地质研究所
所长……4841924
书记……4841928
副所长……4841932
……4844121
……4841911
……4841935
综合室主任……4841950
西区室主任……4843814
东区室主任……4843824
南区室主任……4844543
文 51 室主任……4843442
外围室主任……4843432
天然气室主任……4843354
综合开发室主任……4846563
管理室主任……4841962
静态室主任……4841953
化验室主任……4841960
计算机室主任……4841961
会议室……4842052
值班室……4844274
综合室（司机班）……4843562
工艺研究所
所长……4843813
书记……4841028
副所长……4841023
……4840374
……4844944
……4840619
综合室主任……4841052
材料……4841053
调度……4841040
财务人事……4843044
机采室……4841047
压裂室……4841413
堵水室（主任）……4841051
调堵队……4840142
化验室……4843815
油化室……4841046
电泵管理……4840557
采气室（主任）……4846564
注水室……4840624
大修室……4842677
综合室……4845719
采油一区
经理……4846821
书记……4846881
副经理……4846883
……4846785
……4846726
……4846722
……4846701
生产组长……4846746
地质组长……4846724
综合组长……4846757
调度室……4846842
生产组……4846772
工程组……4846814
综合组……4846740
维修班……4846760
司机班……4846761
治保组……4846756
治保组值班室……4846897
生产组长……4846723
工程组长……4846728
地质组长……4846754
综合组长……4846736
调度室……4846742
采油二区
经理……4847268
书记……4847298
副经理……4847061
……4847135
生产组长……4847161
综合组长……4847264
地质组长……4847210
工程组长……4847047
注水组长……4847271
资料班长……4847163
调度室……4847142
治保组长……4847508
中心一站……4847079
中心二站……4847040
采油三区
经理……4847124
书记……4847128
副经理……4847131
……4847608
……4847606
生产组长……4847146
工程组长……4847794
地质组长……4847154
综合组长……4847136
调度室……4847342
治保组……4847476
采油四区
经理……4843401
书记……4841810
副经理……4840578
……4840738
……4842225
……4845649
工程组长……4843455
地质组长……4843449
综合组长……4840638
调度室……4842042
治保组……4841256
采油五区
经理……4841237
书记……4842786
副经理……4842756
……4842636
生产组长……4840197
工程组长……4840294
地质组长……4840497
综合组长……4841163
调度室……4841242
治保组……4843709
采油六区
经理……4844156
书记……4842835
副经理……4840619
……4840791
……4841290
……4844194
生产组长……4840004
工程组长……4842114
地质组长……4846247
综合组长……4841212
调度室……4841542
治保组……4842874
采油七区
经理……4841616
书记……4844216
副经理……4841781
……4843741
……4840846
生产组长……4840547
工程组长……4841545
地质组长……4841064
综合组长……4841957
调度室……4841642
治保组……4840942
零散井开发部
经理……4841305
书记……4841807
副经理……4840184
生产组……4841324
卸油点……4840650
油气集输
大队长……4846286
书记……4840118
副大队长……4842145
……4846137
生产组长……4844564
政工组长……4841836
综合组长……4841857
机动……4844974
基建维修（安全）……4842297
工会团委……4841103
女工（打字室）……4840752
财务……4840717
人事……4841205
计划（盘库）……4846214
电工……4840036
材料员……4843230
调度室 1……4840214
调度室 2……4840203
司机班……4840147
治保组长……4842728
濮一联站长……4841173
濮一联书记……4841165
濮一联调度……4841843
濮二联站长……4847073

濮二联书记…………4847374
濮二联输油…………4847078
濮三联站长…………4841273
濮三联书记…………4841249
濮三联调度…………4841043
计量队队长…………4842164
计量队书记…………4841478
注水大队
大队长……………4841846
调度室……………4843233
濮一污站长…………4841174
濮一污书记…………4843714
濮二污站长…………4847375
濮二污书记…………4847376
濮二污副站长………4847381
濮三污站长…………4841230
濮三污书记…………4841245
测试队
队长………………4840370
队总支书记…………4840314
副队长……………4842162
…………………4846331
综合办主任…………4840304
财务经营……………4846614
生产组长……………4840747
机动员、安全………4841074
技术组长……………4840344
测试一队……………4841162
测试二队……………4841262
测试三队……………4841362
测试四队……………4841343
测试五队……………4841154
调度室……………4840324
库房………………4841065
维修大队
大队长……………4841724
书记………………4841907
副大队长……………4842427
…………………4840849
…………………4841854
生产组长……………4841746
调度室……………4841742
现场调度……………4841731
党群办……………4844174
人事………………4841736
财务………………4841753
培训………………4841757
安全………………4841056
机动………………4841747
维修五队……………4841760
安装队……………4841767
泵修队……………4841848
车队………………4841773
电气维修队…………4841029

仪表鉴定队…………4841511
综合队……………4841880
库房………………4841735
政工组……………4841751
综合治理……………4841732
供电大队
大队长……………4844315
书记………………4842716
副大队长……………4841481
副书记……………4842068
生产组长……………4843146
技术组组长…………4842709
政工组组长…………4842717
财务………………4842721
库房………………4843520
变电队队……………4844435
车队………………4841750
电气一队……………4841775
电气一队书记………4841855
电气二队……………4841756
电气三队……………4840154
调度………………4841740
调度………………4841805
濮一变电所…………4841178
濮二变电所…………4847087
濮三变电所…………4841278
濮四变电所…………4846717
派出所
所长………………4841513
内勤中队长…………4841713
户证办……………4841813
邢侦中队……………4841823
办公室……………4842172
副所长……………4843689
传真室……………4840414
110 值班室…………4841110
民警责任区…………4845374
安保办……………4840724
治保大队
大队长……………4841588
书记………………4842674
副大队长……………4840417
…………………4840734
后勤………………4846636
111 值班室…………4845110
办公室主任…………4841001
政工组长……………4841201
工程监督站
站长………………4846578
副站长……………4841221
…………………4840152
项目组……………4844397
…………………4845002
钻井监督……………4843674

培训考核站
站长………………4841821
副站长……………4844421
…………………4840272
培训………………4841977
考核………………4841101
对外关系办公室
主任………………4842193
副主任……………4841605
…………………4844634
…………………4841382
综合组……………4841164
协调组……………4841306
协调组……………4842047
征地管理……………4840124
财务………………4844694
生产服务大队
大队长……………4841798
书记………………4845665
副大队长……………4841720
…………………4840251
…………………4840317
综合组组长…………4841691
综合组……………4842463
调度………………4844290
生产组……………4840024
小车队……………4841657
服务队队长…………4840046
服务队指导员………4842767
维修班……………4841831
物资供应站
站长………………4841030
书记………………4841225
副站长……………4842108
…………………4841125
管理组组长…………4842270
生产组组长…………4841147
机电组组长…………4841180
配件组组长…………4841189
材料组组长…………4842352
保管组组长…………4841179
财务………………4841158
试采管理区
经理………………4844941
副经理……………4844942
政工、安全…………4844930
人力资源……………4844931
经营管理……………4844932
综合办……………4841878
沙一段项目部
经理………………4846801
副经理……………4846803
…………………4846802
…………………4846805

陕北项目部
经理………………4842826
特车调度……………4841840

采油三厂

领导
厂长………………4831459
书记………………4832820
副书记、工会主席
…………………4831128
副厂长……………4832108
财务总监……………4831591
副厂长、总地质师
…………………4831360
副厂长……………4831269
调研员……………4832808
副总师……………4831931
…………………4831035
厂长助理……………4831036
厂长办公室
厂办主任……………4832320
秘书………………4832775
传真………………4831707
值班室……………4831156
打字室……………4831680
党委办公室
党办主任……………4831207
秘书岗……………4831315
传真………………4831807
党委组织科
科长………………4832824
办公室……………4831425
纪检监察科
科长………………4831289
办公室……………4831366
群众工作办公室
主任………………4831585
副主任……………4832092
工会办公室…………4831240
团委办公室…………4831287
机关总支……………4831505
人力资源科
科长………………4831125
副科长……………4831136
管理………………4831072
工资………………4831418
计划科
科长………………4831646
副科长……………4831869
…………………4831628
办公室……………4831732
…………………4831073
经营管理科
科长………………4831129

副科长…… 4831787
经管办…… 4832584
合同办…… 4831959
财务资产科
科长…… 4831118
副科长…… 4831342
…… 4831161
资金组…… 4831933
资产组…… 4831341
成本组…… 4831230
综合组…… 4831563
稽核…… 4831067
装备科
科长…… 4831512
副科长…… 4831681
办公室…… 4831155
生产调度室
调度长…… 4831078
副调度长…… 4831137
…… 4831517
综合…… 4831349
值班室…… 4831121
安全环保监督科
科长…… 4831157
副科长…… 4831645
综合…… 4831608
环保…… 4831293
质监…… 4831522
压力容器…… 4831558
技术管理科
科长…… 4831007
副科长…… 4831399
科技…… 4831270
采油…… 4831930
集输…… 4831595
作业科
科长…… 4831026
副科长…… 4832170
运行…… 4831046
结算…… 4831971
注水科
科长…… 4831913
办公室…… 4831410
对外关系办公室
主任…… 4831932
书记…… 4832389
副主任…… 4832312
办公室…… 4831265
治保大队
大队长…… 4831566
书记…… 4831204
副大队长…… 4832747
值班室…… 4831448
交通…… 4831126
户籍…… 4831158
政工…… 4831130
明一采油区
经理…… 4832858
书记…… 4832465
副经理…… 4832419
…… 4831674
…… 4832073
调度室…… 4831392
生产组…… 4832497
技术组…… 4832440
地质组…… 4832417
政工组…… 4832426
综合组…… 4832437
明二采油区
经理…… 4832061
书记…… 4832063
副经理…… 4832062
…… 4832021
…… 4832024
调度室…… 4832412
生产组…… 4832432
技术组…… 4832502
地质组…… 4832455
政工组…… 4832494
综合组…… 4832087
卫一采油区
经理…… 4831611
书记…… 4831012
副经理…… 4831936
…… 4831610
…… 4831031
调度室…… 4831352
生产组…… 4831468
技术组…… 4831508
地质组…… 4831633
政工组…… 4831450
综合组…… 4832236
卫二采油区
经理…… 4831183
书记…… 4832720
副经理…… 4831330
…… 4831551
…… 4831055
调度室…… 4831492
生产组…… 4831408
技术组…… 4831045
地质组…… 4832142
综合组…… 4831402
卫三采油区
经理…… 4831797
书记…… 4831383
副经理…… 4832271
…… 4831428
…… 4831911
调度…… 4831801
生产组…… 4831503
技术组…… 4832273
地质组…… 4832573
政工组…… 4832207
综合组…… 4832794
卫东采油区
经理…… 4831616
书记…… 4831702
副经理…… 4831062
…… 4831015
…… 4831701
调度室…… 4832754
生产组…… 4831084
技术组…… 4831793
地质组…… 4831429
综合组…… 4831439
卫四采油区
经理…… 4831237
书记…… 4832725
副经理…… 4831483
…… 4832557
…… 4831025
生产组…… 4831872
技术组…… 4831022
政工组…… 4831743
综合组…… 4831461
马寨采油区
经理…… 4877402
书记…… 4876138
副经理…… 4876132
…… 4876130
…… 4740361
调度室…… 4876134
生产组…… 4876133
技术组…… 4879194
地质组…… 4876135
综合组…… 4876008
政工组…… 4876402
采气区
经理…… 4831263
书记…… 4831201
副经理…… 4831034
…… 4831682
调度室…… 4831205
生产组…… 4831527
政工组…… 4831305
经营组…… 4831427
资料室…… 4831203
油气集输大队
大队长…… 4831857
副大队长…… 4831032
…… 4831048
…… 4831149
生产组…… 4831367
政工组…… 4831582
经营组…… 4831744
明一联…… 4831037
明二联…… 4832014
马寨联…… 4876472
液化气站…… 4832792
维修大队
大队长…… 4831343
书记…… 4831907
副大队长…… 4831597
…… 4831340
调度室…… 4831292
生产组…… 4831238
政工组…… 4831251
人事组…… 4831364
经营组…… 4831206
维修队…… 4831223
安装队…… 4831584
机械队…… 4831852
供电大队
大队长…… 4831538
书记…… 4831213
副大队长…… 4832029
…… 4831175
调度室…… 4831441
生产组…… 4831134
政工组…… 4831904
劳资…… 4831194
电工一队…… 4831040
电工二队…… 4832374
电工三队…… 4831024
综合队…… 4831905
地质研究所
所长…… 4831381
书记…… 4831273
副所长…… 4831473
…… 4831655
…… 4831749
…… 4831005
大队办…… 4831623
生产室…… 4831472
明一项目组…… 4831622
明二项目组…… 4831654
卫一项目组…… 4831405
卫二项目组…… 4831300
卫三项目组…… 4831588
卫四项目组…… 4831384
卫东项目组…… 4831640
马寨项目组…… 4831840
低速项目组…… 4831588
油藏项目组…… 4832274
静态室…… 4831841

综合室……4831661
计算中心……4831653
工艺研究所
所长……4831673
书记……4831613
副所长……4831671
……4831914
……4831556
调度室……4831241
机采室……4831059
井况室……4831770
工艺室……4831672
油改室……4831523
经营室……4831635
注水大队
大队长……4832700
书记……4831775
副大队长……4831050
……4831019
……4832405
调度……4831973
生产组……4831160
技术组……4831051
经营组……4832771
泵修队……4831420
注水队……4832174
明一污……4832147
明二污……4832486
马寨污……4870541
工程监督站
站长……4832190
书记……4831651
副站长……4831843
……4831994
监督……4832148
综合……4831482
测试队
队长……4831548
书记……4832191
副队长……4831432
调度室……4831557
生产服务大队
大队长……4832798
书记……4831596
副大队长……4831122
……4831216
办公室……4831365
小车队……4831495
纯净水厂……4831871
机关门卫……4831058
物资供应站
站长……4832838
书记……4831550
副站长……4831076
管理组……4831421
统计组……4831261
保管组……4832361
计划 1 组……4831451
计划 2 组……4831870
财务组……4831581
职工培训站
站长……4831178
书记……4832033
副站长……4832023
培训管理……4831101
培训班……4831377
综合办……4831311
招待所
所长……4831135
书记……4831115
招待服务台……4831302
餐厅……4831327

采油四厂

领导
……4854456
……4854116
……4854155
……4854338
……4854246
……4854488
……4854302
……4854352
……4854266
……4854335
副总师
副总经济师……4854535
副总会计师……4854006
副总工程师……4854287
副总地质师……4854455
副总工程师……4854349
……4855020
……4854443
厂长办公室
主任……4854545
副主任……4854510
秘书室……4854331
文书室……4854564
值班室……4854445
职工热线……4854516
机要传真……4854614
人力资源科
科长……4854566
副科长……4854264
办公室……4854364
……4854464
计划科
科长……4855020
副科长……4854124
办公室……4854152
……4854324
财务资产科
科长……4854005
副科长……4855578
预算组……4854553
资金组……4855576
成本组……4855282
经营管理科
科长……4855244
办公室……4854357
经营承包……4855202
生产调度室
调度长……4854318
副调度长……4855603
……4854547
……4854214
综合组……4854188
节能……4855045
调度……4854229
调派……4854424
电话会议室……4854279
技术管理科
科长……4854379
副科长……4854366
……4855212
注水科
科长……4855124
副科长……4854503
作业科
科长……4856042
副科长……4854772
办公室……4854442
综合……4854354
调度……4854689
安全环保监督科
科长……4854192
副科长……4854436
交通管理……4854507
办公室……4854521
监控室……4854307
装备科
科长……4854118
副科长……4854425
办公室……4854308
党委办公室
主任……4854148
副主任……4854205
宣传……4854211
机关总支……4854162
党委组织科
科长……4854462
办公室……4854211
群众工作办公室
副主任……4854688
团委书记……4854361
工会办公室……4854101
团委办……4854452
计生办……4854014
维权服务热线……4854666
职工献计献策热线
……4857666
纪检监察科
科长……4854316
办公室……4854142
对外关系办公室
主任……4855389
书记……4854446
副主任……4856415
……4856432
调度……4854347
会计……4855193
协调一组……4854914
协调二组……4854306
工程技术监督站
站长……4854809
书记……4854348
副站长……4854220
……4854690
……4854021
综合……4855724
钻井工程监督……4854554
计量标准化……4854253
抄表……4854702
项目管理……4854373
作业监督……4854453
质量标准化……4854113
老点值班室……4854034
调度……4855247
地质研究所
所长……4854386
书记……4748183
副所长……4748182
……4854103
……4855533
经营……4854020
开发主任……4855564
开发一室……4854404
开发二室……4854279
生产调度……4854465
综合室……4854549
……4854353
滚动室……4855590
天然气室……4855524
……4854140
信息室……4854094
工艺研究所

所长……4854512
书记……4855727
副所长……4854213
……4748175
经营室……4854314
分层室……4854135
综合室……4854313
酸化室……4854437
挤堵室……4854350
机采室……4854392
科技图书……4857397
压裂室……4855140
注气站
站长……4854268
书记……4856574
办公室……4856547
注气站……4854141
培训考核站
站长……4854185
办公室……4854494
油藏管理一区
经理……4854741
书记……4854001
副经理……4854145
……4856734
……4854472
调度室……4854541
油藏管理二区
经理……4854368
书记……4854275
副经理……4856374
……4856614
调度室……4854529
油藏管理三区
经理……4854568
书记……4854007
副经理……4854687
……4857194
调度室……4854378
油藏管理四区
经理……4854175
书记……4854896
副经理……4856904
……4855574
……4854341
调度室……4854168
油藏管理五区
经理……4855558
书记……4854431
副经理……4854561
……4854680
……4854291
调度室……4854241
油藏管理六区
经理……4855585
书记……4855770
副经理……4856774
……4856934
调度室……4854129
油气集输大队
大队长……4855060
书记……4854265
副大队长……4854243
……4855194
……4854470
……4856874
安全工程师……4855143
文二联队部……4854106
污水站队部……4854763
维修队队部……4854417
调度室……4854362
生产组……4855027
经营组……4855094
技术组……4854104
政工组……4855086
总机……4854743
集气站……4856422
测试队
队长……4855573
书记……4854830
副队长……4854283
……4854773
值班室……4854321
资料室……4856974
4854320
维修大队
大队长……4854513
书记……4854312
副大队长……4854413
……4855623
……4856492
……4748181
经营组……4854459
政工组……4854057
材料组……4854508
工程机械监督……4854193
生产组长……4854345
泵修料房……4854667
材料组……4855577
回厂检查站……4854509
供电大队
大队长……4855906
书记……4854492
副大队长……4855107
……4854504
……4854540
……4854691
工程师……4854478
调度……4854159
政工组……4854166
人事劳资……4855575
经营……4855745
通信管理……4748067
治保大队
大队长……4854305
书记……4854244
副大队长……4855071
……4854530
值班室……4854475
一中队……4854215
二中队……4857879
三中队……4854203
刑侦中队……4854474
政工组……4748148
物资供应站
站长……4854727
书记……4854165
副站长……4854560
……4855540
……4854834
经管……4855434
经营组长……4854537
核算……4854565
综合组……4854303
门岗……4854322
计划组组长……4854428
计划一组……4854326
计划二组……4854479
计划三组……4854397
库房组……4854426
润滑油站……4855684
生产服务大队
大队长……4855066
书记……4854105
副大队长……4855013
……4854383
……4854705
……4854045
公共事业管理……4854506
经营材料政工组……4855571
小车队调度……4854226

采油五厂

领导
厂长、党委副书记 4812062
党委书记……4812785
副厂长……4812640
……4812152
副厂长、总工程师 4814596
工会主席……4812639
副总地质师……4812145
厂长助理……4812189
副总工程师……4812014
副总地质师……4812302
厂长办公室
主任……4812263
秘书办公室……4812262
文书办公室……4815952
值班室……4812260
生产调度室
调度长……4719168
调派……4719048
副调度长……4719118
……4719076
前线值班室……4719006
综合办公室……4812178
计划科
科长……4812482
投资预算……4812167
统计……4812166
土建施工……4813105
盘库……4812169
经营管理科
科长……4812378
副科长……4812339
经营管理……4812342
工商管理……4812341
合同管理……4814974
财务资产科
科长……4812381
副科长……4812172
……4813174
办公室……4812171
人力资源科
科长……4812330
薪酬管理……4812332
统筹定额……4812419
干部管理……4814557
培训考核……4812067
安全环保监督科
科长……4812665
副科长……4814456
环保监督……4812309
监控室……4812500
安全监督……4812086
技术管理科
科长……4812503
副科长……4812163
……4812164
油气集输……4812164
科技防腐……4812163
采油管理……4812303
注水科
科长……4813102
副科长……4813044
办公室……4812398

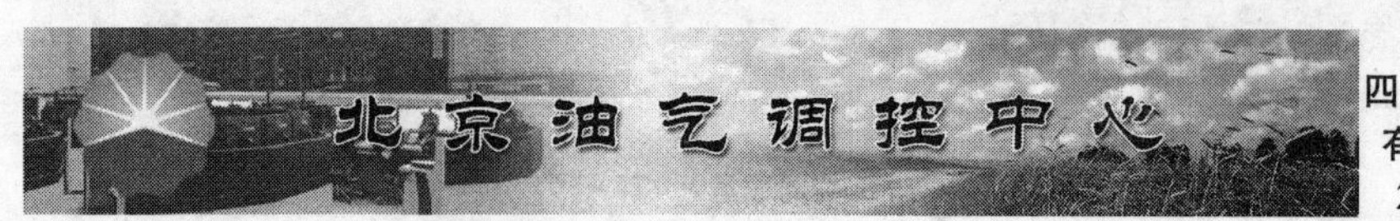

装备科
科长……………… 4812156
副科长…………… 4812184
泵、车辆………… 4812181
电气管理………… 4812184
综合……………… 4813408
作业科
科长……………… 4812660
副科长…………… 4812308
办公室…………… 4812124
党委办公室
主任……………… 4812712
副主任…………… 4812703
机要室…………… 4812634
办公室…………… 4811246
党委组织科
科长……………… 4812642
办公室…………… 4812282
纪检监察科
科长……………… 4812806
办公室…………… 4812353
群众工作办公室
主任……………… 4812360
副主任、团委副书记 4812272
女工主任………… 4812335
工会……………… 4812662
采油管理一区
经理、书记……… 4719002
副经理…………… 4719001
……………………… 4719069
副书记…………… 4719178
调度……………… 4719106
采油管理二区
经理……………… 4719188
书记……………… 4719116
副经理…………… 4719121
……………………… 4719049
调度……………… 4719105
采油管理三区
经理……………… 4719588
书记……………… 4719566
副经理…………… 4719569
……………………… 4719596
调度……………… 4719516
采油管理四区
经理……………… 4759086
书记……………… 4759088
副经理…………… 4759095
……………………… 4759076
……………………… 4759096
调度……………… 4719530
采油管理五区
经理……………… 4759068
书记……………… 4759066

副经理…………… 4759056
……………………… 4759058
调度……………… 4759060
采油管理六区
经理……………… 4719166
书记……………… 4719007
副经理…………… 4719206
……………………… 4719009
……………………… 4719208
调度……………… 4719145
油气集输大队
大队长…………… 4719126
书记、副大队长… 4719128
副大队长………… 4719013
……………………… 4719130
……………………… 4719012
调度……………… 4719015
维修大队
大队长…………… 4812366
书记……………… 4812996
副大队长………… 4812141
……………………… 4812486
……………………… 4815841
调度……………… 4812363
供电大队
大队长…………… 4719098
书记……………… 4719056
副大队长………… 4719136
……………………… 4719176
调度……………… 4719086
治保大队
大队长…………… 4719156
书记……………… 4812346
副大队长………… 4814011
……………………… 4719017
调度室…………… 4719110
生产服务大队
大队长…………… 4812689
书记……………… 4812340
副大队长………… 4812391
……………………… 4812759
综合办…………… 4812299
文印站…………… 4812265
测试队
队长……………… 4812132
书记……………… 4812133
副队长…………… 4811371
调度……………… 4812134
地质研究所
所长……………… 4898508
书记、副所长…… 4898533
副所长…………… 4898557
……………………… 4898239
……………………… 4898755

……………………… 4898583
所办……………… 4898272
工艺研究所
所长……………… 4812183
书记……………… 4812336
副所长…………… 4812162
……………………… 4813648
所办……………… 4812155
物资供应站
站长……………… 4812102
书记……………… 4812246
副站长…………… 4812399
……………………… 4814340
调度……………… 4812139
工程技术监督站
站长、副书记…… 4719158
副站长…………… 4719031
……………………… 4812157
钻井室…………… 4812343
调度室…………… 4719115
对外关系办公室
主任……………… 4812288
副主任…………… 4812326
……………………… 4719117
办公室…………… 4812325
新疆项目部
经理……………… 4812189
书记……………… 4812586
内蒙项目部
办公室…………… 4812717

采油六厂

领导
厂长……………… 4861718
书记……………… 4861231
副厂长…………… 4861101
……………………… 4861968
纪委书记………… 4861381
副厂长…………… 4861332
厂长办公室
主任……………… 4861495
副主任…………… 4861647
厂办秘书………… 4861166
传真……………… 4861171
文书……………… 4862077
党委办公室
主任……………… 4861503
副主任…………… 4861481
党委办…………… 4861723
党委组织科
科长……………… 4861273
办公室…………… 4861664
纪检监察科
纪委办…………… 4861904

群众工作办公室
主任……………… 4861412
副主任…………… 4861232
办公室…………… 4861740
生产调度室
调度长…………… 4861161
副调度长………… 4861233
……………………… 4863378
……………………… 4861461
值班调度………… 4861451
综合调度………… 4863376
计划科
科长……………… 4861369
副科长…………… 4861372
办公室…………… 4861341
……………………… 4861432
财务资产科
科长……………… 4861459
副科长…………… 4861303
办公室…………… 4861074
经营管理科
科长……………… 4863456
办公室…………… 4861570
技术管理科
科长……………… 4861561
副科长…………… 4861731
办公室…………… 4861242
作业科
科长……………… 4861541
办公室…………… 4863417
……………………… 4862417
装备科
科长……………… 4861512
办公室…………… 4861442
天然气管理科
科长……………… 4861928
办公室…………… 4862910
人力资源科
科长……………… 4861162
副科长…………… 4861272
办公室…………… 4861552
安全环保监督科
科长……………… 4861452
副科长…………… 4861963
办公室…………… 4861742
对外工作办公室
主任……………… 4861482
副主任…………… 4861891
办公室…………… 4861582
工程监督站
站长……………… 4861536
书记……………… 4861377
钻井监督………… 4861175
作业监督………… 4861082

职工培训部
办公室……4861340
桥口采油管理区
经理……4861216
书记……4861395
副经理……4861370
……4861004
……4861499
生产值班……4861336
生产办……4861506
资料室……4861140
经营……4861240
马厂采油管理区
经理……4860151
书记……4862150
副经理……4860286
……4860148
……4860153
综合组……4860138
工程组……4860152
生产值班……4860117
网络……4860186
徐集采油管理区
经理……4861483
书记……4861589
副经理……4861599
资料室……4861674
技术室……4861574
白庙采气管理区
经理……4861351
书记……4861363
副经理……4861563
……4861163
……4861342
技术组……4862250
生产值班……4861609
经营组……4863470
采气资料……4861316
输气资料……4861127
配气站……4861416
三春采油管理区
经理……4865754
书记……4865510
副经理……4866843
生产值班……4865611
办公室……4865757
人事……4865724
财务……4865684
机动……4867740
会议电话……4865498
材料……4867764
地质……4865511
桥口联合站
站长……4759018
书记……4759010
副站长……4759016
机动安全……4759011
外输……4759012
三相……4759017
马厂联合站
站长……4860127
书记……4860137
副站长……4860143
计量……4860042
注水……4860133
污水……4860055
分离……4860033
地质研究所
所长……4861136
书记……4861765
副所长……4861526
……4861236
网络室……4861767
静态室……4861293
天然气室……4861446
生产综合……4861533
开发室……4861546
试井队……4861146
工艺研究所
大队长……4861143
书记……4861227
副大队长……4861356
……4863460
综合室……4861430
机采室……4861514
资料室……4861556
油化室……4863401
维修大队
大队长……4861306
书记……4861206
副大队长……4861534
……4862456
油管门岗……4863147
大队调室……4861244
维修一队……4861144
润滑油站……4863464
运输队……4861544
经营、材料……4861671
人事政工……4861106
维修二队……4860154
马厂值班……4860141
机动安全……4861465
特车队……4861720
供电大队
大队长……4861105
书记……4863440
副大队长……4863442
调度室……4863441
经营材料……4863452
桥口供电队……4862414
马厂变电所……4860103
桥口变电所……4759013
马厂供电队……4860183
治保大队
办公室……4861142
……4861433
桥口前指……4759014
马厂前指……4860110
……4860210
物资管理站
站长……4861657
副站长……4861172
计划组……4861360
库房……4861655
配拨组……4863437
会计站
总会计师……4862169
办公室……4862840
生活服务大队
队长……4861266
书记……4861420
副队长……4863459
车派……4861141
安全机动……4861401
马厂办……4860013
招待所
宾馆餐厅……4861104
……4861170
服务台……4861487
马厂上产组
上产组……4860076
招待所……4860026
马厂会议……4860165
大桥收费站
站长办公室……4880615
副站长……4880492
办公室……4887085
中队……4887035

天然气处理厂

领导
厂长……4874808
党委书记……4874809
纪委书记、工会主席 4874899
副厂长……4874816
副厂长、总工程师 4878526
副厂长……4877666
……4874688
副总师（厂长助理）
副总工程师……4877958
……4877692
副总会计师……4874968
副总工程师……4874851
……4871866
副总经济师……4871588
……4878534
厂长助理……4878244
……4874698
……4874136
厂长办公室
主任……4878523
副主任……4874822
……4874881
秘书……4877910
文书……4874881
值班室……4874858
会务组……4878517
文印室……4874807
传真……4878414
网站管理……4877843
网络维护……4871567
生产调度室
副调度长……4877976
综合……4877979
值班室……4874819
计划财务科
副科长……4877053
生产计划……4871256
工程预算……4874890
生产成本……4877894
财务报销……4871559
基建成本……4871369
企业管理科
副科长……4877957
办公室……4871599
安全科
科长……4877977
副科长……4877842
……4877820
办公室……4874689
机动装备科
科长……4874859
副科长……4877938
办公室……4877887
技术质量管理科
科长……4874838
副科长……4877998
工艺……4874839
质量……4874437
人力资源科
副科长……4871598
干部管理……4877904
党委办公室
主任……4874692
总支书记……4874898
宣传……4874865

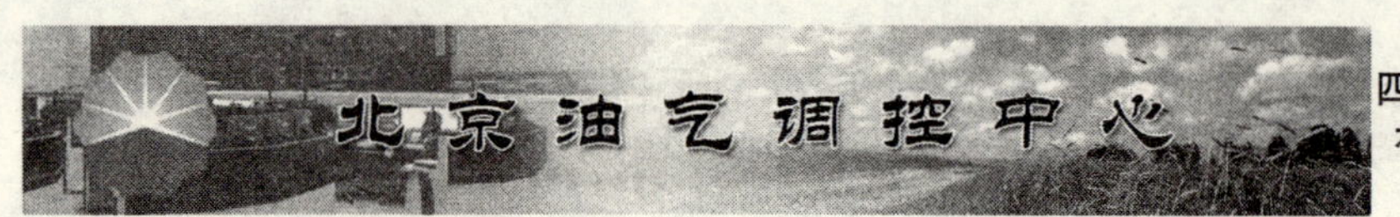

传真（秘书）……4877973
组织纪检科
科长……4874732
组织……4874896
纪检……4874828
工团办公室
主任……4874826
团委副书记……4874693
女工主任……4874827
计生……4874827
项目办公室
副主任……4877968
……4877981
办公室……4878174
油气经销部
部长……4878129
部长……4878528
书记……4874173
副部长……4874172
……4877892
……4878529
劳资政工……4878529
网络信息……4874506
统计结算……4878420
财务……4877898
铁路……4874172
传真……4877891
市场开发……4874174
发泡剂组……4874801
溶剂油组……4874171
单烃组……4874526
物资供应站
站长……4874628
书记……4878245
副站长……4874670
……4874886
计划……4874270
管理……4874673
保管……4877844
后勤服务大队
大队长……4871658
书记……4874837
副大队长……4874861
……4878132
调度……4874821
政工……4878459
劳资成本……4877717
机动安全……4874141
职工食堂……4878147
前线食堂……4874734
厂机关办公楼服务班
……4874443
维修班……4877840
机关餐厅……4874802

招待所总机……4877857
精细化工研究所
所长……4877792
书记……4874177
副所长……4878514
开发组……4874143
研究组……4878504
……4874413
实验室……4874563
项目室……4874337
综合组……4874504
计量化验中心
主任……4875507
书记……4875737
副主任……4875411
……4875465
技术……4875409
政工……4875627
机动……4875643
中心检定室……4874342
中心化验室……4874811
第一化验室……4852613
第二化验室……4875336
第三化验室……4874812
第四化验室……4875903
三气厂计量站……4874784
柳屯计量站……4876252
维修队
队长……4878340
书记……4878341
副队长……4874453
……4878342
……4874730
值班室……4877834
财务后勤……4878343
保管……4878344
冶保大队
大队长……4871899
书记……4877959
副大队长……4878419
……4878437
……4736841
外勤……4874043
交管……4874805
消防……4874245
工农……4874470
内勤……4874793
劳资……4878554
司机班……4874792
第一气体处理厂
厂长……4853848
书记……4850353
副厂长……4859176
安全……4853573

劳资……4850514
统计工会……4852415
消防泵房……4859946
装车……4851281
材料……4850563
生产一组……4852608
生产二组……4851496
生产三组……4852617
传真……4858069
第二气体处理厂
厂长……4870224
书记……4878743
副厂长……4878776
副书记……4875367
调度……4875359
工艺……4870174
项目……4875332
设备……4875244
安全……4875195
材料……4875366
销售……4876484
财务……4877224
劳资……4875606
成本……4875614
政工……4875198
保卫……4875388
运行一组……4875610
运行二组……4875467
运行三组……4875448
第三气体处理厂
书记……4871668
副厂长……4874743
……4877946
副书记……4878374
安全保卫……4874860
机动材料……4877714
劳资统计政工……4874853
运行组……4878124
中控室……4874856
储运组……4874874
储运……4874857
装车场……4878347
维修组……4874855
门岗……4871669
电梯……4874610
第四气体处理厂
厂长……4874852
书记……4877936
副厂长……4874240
……4877799
工艺电器……4874971
消防保卫……4874903
中控室……4874401
燃机组……4874530

经营组……4877600
丁烷厂
厂长……4874140
书记……4878214
副厂长……4874892
……4871870
工艺计量……4874134
安全材料……4874893
劳资统计……4871552
中控室……4874137
胶乳厂
厂长……4740145
书记……4740146
副厂长……4878023
生产组……4740144
劳资统计……4740143
轻烃站
站长……4875117
书记……4875267
副站长……4878789
技术……4875849
安全保卫……4875207
运销统计……4875300
劳资……4875169
电工……4875443
计量……4875301
传真……4875288
对外技术服务部
经理……4871926
书记……4871986
副经理……4871595
……4871078
办公室……4871683

天然气产销厂

领导
厂长……4874629
书记……4874696
副厂长……4874779
……4874659
工会主席、纪委书记 4874868
副厂长……4874678
……4877037
总工程师……4874665
副总师（厂长助理）
副总地质师……4877853
副总机械师……4878141
副总工程师……4874869
厂长助理……4874543
副总工程师……4874818
副总经济师……4877866
厂长助理……4874658
副总经济师……4874676
厂长办公室

主任……………… 4874616
副主任（传真）…… 4874433
秘书……………… 4874615
值班室…………… 4878247
传真……………… 4874577
打字室…………… 4874725
门卫值班室……… 4878524
生产调度室
调度长…………… 4877841
副调度长………… 4878162
综合……………… 4874191
值班室…………… 4874636
……………… 4874891
电、讯、车辆…… 4874639
防洪电话………… 4770307
安全环保监督科
科长……………… 4874658
副科长、科员…… 4874415
采气工程技术科
科长……………… 4874970
副科长、科员…… 4878314
集输气技术管理科
科长……………… 4874869
副科长、科员…… 4878434
计量管理科
科长……………… 4874818
副科长…………… 4878142
计量管理、质量标准化
办公室…………… 4874412
传真……………… 4874747
装备科
科长……………… 4878141
副科长…………… 4874253
科员……………… 4871529
人力资源科
科长……………… 4874676
副科长、工资、统计
……………… 4877797
培训考核………… 4874606
统计……………… 4874728
财务资产科
科长……………… 4878433
副科长、报销…… 4874909
成本、资金预算…… 4874936
维修队核算站…… 4874233
濮城核算站……… 4840091
文留核算站……… 4851812
治保大队核算站…… 4874073
计划科
科长……………… 4871290
副科长…………… 4877024
科长、概预算…… 4874385
经营管理科
科长……………… 4877866
副科长…………… 4874608
党委办公室
主任……………… 4874680
副主任、科员…… 4874685
机要室…………… 4874785
党委组织科
科长……………… 4874407
组织干事………… 4874931
纪检监察科
科长……………… 4874705
办公室…………… 4874960
群众工作办公室
主任……………… 4874956
副主任…………… 4877795
团委干事………… 4874703
工会干事………… 4874703
天然气大流量站
站长……………… 4874940
副站长…………… 4871172
……………… 4874943
色谱分析室……… 4874735
润滑油站………… 4874973
办公室…………… 4877017
检定室…………… 4878417
样品收发室……… 4878470
值班室…………… 4874840
工程技术监督站
站长……………… 4874975
副站长…………… 4874242
办公室…………… 4871227
局监督中心（聘）…… 4874975
对外关系办公室
主任……………… 4874619
副主任…………… 4877763
……………… 4877821
办公室…………… 4874712
物资供应站
站长……………… 4874906
书记……………… 4874908
副站长…………… 4874320
计划组…………… 4874661
保管组…………… 4874662
经营……………… 4874663
管理组…………… 4874695
传真……………… 4877734
资产监管………… 4877805
资产保管………… 4877817
值班室…………… 4874441
培训考核站
站长……………… 4874676
培训考核………… 4874606
天然气经销部
部长……………… 4874508
副部长…………… 4878241
……………… 4874047
办公室…………… 4878427
安全异体监督站
站长……………… 4874658
副站长…………… 4874130
办公室…………… 4878491
集输气技术研究所
所长……………… 4878117
副所长…………… 4878441
软件维护………… 4874040
网络维护………… 4874101
防腐工艺………… 4874260
计量自控………… 4874251
设备技术………… 4871589
维修大队
队长……………… 4874679
书记……………… 4874247
副队长…………… 4877082
……………… 4874417
……………… 4877855
……………… 4877967
安全员…………… 4874182
预算、成本……… 4871509
生产服务大队
队长……………… 4874862
书记……………… 4874322
副队长、调度…… 4874655
副队长…………… 4874322
劳资……………… 4878477
安全员…………… 4877741
维修班…………… 4874011
餐厅办公室……… 4878431
办公室…………… 4871137
治保大队
大队长、书记…… 4874878
综治办主任、副大队长
……………… 4877815
副大队长………… 4874717
……………… 4877727
交管站长………… 4874715
值班室…………… 4874879
气田地质工艺研究所
所长……………… 4877737
书记……………… 4874980
副所长…………… 4874690
人力资源………… 4874405
静态室…………… 4874403
微机室…………… 4877884
工艺室…………… 4874404
调度……………… 4877877
动态室…………… 4878549
机动安全………… 4877867
传真……………… 4878371
采气管理一区
经理……………… 4851782
书记……………… 4859686
副经理…………… 4851727
……………… 4852314
……………… 4852124
技术组…………… 4851302
计量……………… 4852224
劳资、统计……… 4851301
输油……………… 4851834
净化站…………… 4853355
化验室…………… 4850787
食堂……………… 4851714
成本……………… 4852152
值班室…………… 4859256
采气管理二区
经理……………… 4851828
书记……………… 4852525
副经理…………… 4851964
……………… 4858396
计量、信息……… 4852214
工程地质组……… 4851951
劳资、异体监督…… 4851220
技术、资料……… 4858386
值班室…………… 4858366
采气管理三区
经理……………… 4846279
书记……………… 4841968
副经理…………… 4841947
……………… 4841373
区部……………… 4841371
技术组…………… 4841964
普光采气区
办公室……… 0818－5608639
输气管理一区
经理……………… 4851071
书记……………… 4853524
经理……………… 4859441
……………… 4851153
劳资……………… 4852324
技术组…………… 4853542
文二联增压站…… 4854219
文二联增压站…… 4854394
文三联配气站
……………… 4851617－8018
东明增压站　0530－7260123
……………… 0530－7260043
输气管理二区
经理……………… 4859136
书记……………… 4852793
副经理…………… 4859038
安全、保卫……… 4852697
劳资……………… 4851658
技术组…………… 4852779
车辆调度………… 4851655

生产调度…………… 4853544
中开值班…………… 4852794
中开站……………… 4852234
文留增压站………… 4858446
东明站……… 0530－7260123
文一联……………… 4851047
LNG 配气站 ……… 4859748
维修班……………… 4852794
输气管理三区
经理………………… 4841929
书记………………… 4841265
副经理……………… 4841934
………………………… 4840143
………………………… 4842192
安全员……………… 4846465
濮三联增压站……… 4843505
调度室……………… 4841941
政工干事…………… 4845456
技术组……………… 4846416
人力资源…………… 4841937
材料库……………… 4841979
经营………………… 4841927
计量室……………… 4842256
装车班……………… 4841417
输气管理四区
经理………………… 4870183
书记………………… 4740102
副经理……………… 4875830
………………………… 4740103
技术组……………… 4740104
计量组……………… 4870307
材料………………… 4870194
柳屯配气站………… 4875401
柳屯增压站………… 4870173
三气配气站………… 4874297
三力配气站………… 4874573
1 号院配气站 ……… 4877774
区中继……………… 4740141
输气管理五区
经理………………… 4739171
书记………………… 4739172
副经理……………… 4839175
………………………… 4739173
调度室……………… 4739162
特修配气站………… 4821498
劳资、计量组……… 4739190
技术组……………… 4739163
市区配气站………… 4629348
甲醇………………… 4629349
水电配气站………… 4802072
五号 CNG 站 ……… 4694533
华龙配气站………… 4777161
输气管理六区
区号：0378

站长………………… 2923848
书记………………… 2925252
副站长……………… 2658452
………………………… 2658450
………………………… 2658321
生产办……………… 2658845
保卫………………… 2658451
劳资………………… 2658520
政工组……………… 2658610
计量………………… 2923847
输气工艺 1 ………… 2658477
输气工艺 2 ………… 2658747
财务………………… 2923844
车调………………… 2658162
输气一班…………… 2924863
输气二班…………… 2925251
维修班……………… 2658404
兰考站……………… 6990087
三春集站…………… 7841013
巡线一支队
大队长……………… 4859428
书记………………… 4859440
副支队长…………… 4859408
人事劳资…………… 4859527
安全、成本………… 4859461
应急班……………… 4859460
综合班……………… 4859470
文南班……………… 4851299
民警班……………… 4859463
值班室……………… 4859046
800 兆电话 ……… 8892353
巡线二支队
大队长……………… 4841970
书记………………… 4843654
副支队长…………… 4846340
劳资………………… 4840091
安全………………… 4842293
应急班……………… 4843774
资料………………… 4842294
巡线三班…………… 4878234
乡企供气管理一区
经理………………… 4851971
书记………………… 4852642
副经理……………… 4851645
………………………… 4872422
乡企供气管理二区
经理………………… 4845438
书记………………… 4845436
副经理……………… 4845435
………………………… 4845427
濮企 1 号站………… 4841476
濮企 2 号站………… 4847414
濮企 3 号站………… 4840042
濮企 4 号站………… 4844427

濮企 7 号站………… 4847748
监督………………… 4846442
值班室……………… 4843763
资料室……………… 4845429
人事………………… 4846442
乡企供气管理三区
经理………………… 4830965
书记………………… 4830920
副经理……………… 4830560
………………………… 4830630
调度………………… 4830012

石油化工总厂

领导
厂长………………… 4879696
书记………………… 4879223
纪委书记、工会主席
………………………… 4879011
副厂长……………… 4879039
………………………… 4879042
副厂长、总工程师
………………………… 4879945
副厂长……………… 4879392
………………………… 4879558
………………………… 4879196
副总师
副总工程师………… 4879051
副总经济师………… 4879004
副总会计师………… 4879994
副总机械师………… 4879052
副总工程师………… 4879060
副总经济师………… 4879001
厂长办公室
主任………………… 4879569
副主任……………… 4879986
办公室……………… 4879980
接待室……………… 4879888
人力资源科
科斗长……………… 4879020
副科长……………… 4879025
工资统计…………… 4879021
调度室
调度长……………… 4879049
副调度长…………… 4879743
………………………… 4879045
生产调度…………… 4879046
机动科
科长………………… 4879052
副科长……………… 4879847
设备管理…………… 4879053
安全科
科长………………… 4879056
副科长……………… 4879058
办公室……………… 4879057

技术科
科长………………… 4879993
副科长……………… 4879062
办公室……………… 4879953
质量管理科
科长………………… 4879068
办公室……………… 4879110
财务资产科
科长………………… 4879994
副科长……………… 4870934
………………………… 4870351
报销………………… 4879081
企业管理科
科长………………… 4879971
副科长……………… 4879812
合同工商…………… 4879002
计划科
科长………………… 4879006
计划统计…………… 4879005
党委办公室
主任………………… 4879074
副主任……………… 4879075
传真室……………… 4879076
组织纪检科
科长………………… 4879974
组织………………… 4879976
纪检………………… 4879784
工团办公室
主任………………… 4879067
女工委主任………… 4879012
团委副书记………… 4879015
办公室……………… 4879055
营销部
主任………………… 4879004
副主任……………… 4879889
办公室……………… 4879070
工程部
主任………………… 4879051
副主任……………… 4879903
任…………………… 4879054
办公室……………… 4879904
技术研究所
所长………………… 4879060
副所长……………… 4879946
副书记……………… 4879667
资料室……………… 4879978
治安保卫大队
大队长……………… 4879958
书记………………… 4879539
副站长……………… 4879411
常压车间
主任………………… 4879238
书记………………… 4879186
副主任……………… 4879227

……………………… 4879227
值班室……………… 4879247
特种油车间
主任………………… 4879956
书记………………… 4879148
副主任……………… 4879063
……………………… 4879879
……………………… 4879643
值班室……………… 4879647
催化车间
主任………………… 4879258
书记………………… 4879346
副主任……………… 4879317
……………………… 4879313
……………………… 4879317
值班室……………… 4879330
气聚车间
主任………………… 4879308
书记………………… 4879559
副主任……………… 4879245
……………………… 4879598
值班室……………… 4879758
二氧化碳车间
主任………………… 4879658
副主任……………… 4879171
……………………… 4879697
……………………… 4879030
值班室……………… 4879231
动力车间
主任………………… 4879343
书记………………… 4879366
副主任……………… 4879959
值班室……………… 4879371
油品一站
站长………………… 4879408
综合服务站
站长………………… 4879311
书记………………… 4879919
副站长……………… 4879722
……………………… 4879693
办公室……………… 4879804
副科长……………… 4879064
办公室……………… 4879065
油品二站
站长………………… 4759126
书记………………… 4759121
副站长……………… 4759127
……………………… 4759123
值班室……………… 4879496
污水处理站
站长………………… 4879529
副站长……………… 4879532
……………………… 4879967
……………………… 4879745

值班室……………… 4879540
化验监测站
站长………………… 4879546
书记………………… 4879918
副站长……………… 4879549
值班室……………… 4879578
机修车间
主任………………… 4879593
书记………………… 4879640
副主任……………… 4879957
……………………… 4879960
值班室……………… 4879634
仪表车间
主任………………… 4879656
书记………………… 4879676
副主任……………… 4879678
值班室……………… 4879645
电修车间
主任………………… 4879708
副主任……………… 4879738
……………………… 4879718
值班室……………… 4879742
运输大队
大队长……………… 4879429
书记………………… 4879859
副大队长…………… 4879398
……………………… 4879096
值班室……………… 4879878
物资供应站
站长………………… 4879072
书记………………… 4879990
副站长……………… 4879689
综合管理…………… 4879071
综合服务站
站长………………… 4879311
书记………………… 4879919
副站长……………… 4879722
……………………… 4879693
办公室……………… 4879804

物资供应处

领导
经理………………… 4883988
书记………………… 4886686
副经理……………… 4882163
……………………… 4885918
副处级调研员……… 4882278
经理助理…………… 4721656
经理办公室
主任………………… 4882263
副主任……………… 4882262
……………………… 4882868
秘书………………… 4886899
值班室……………… 4882127

传真………………… 4882440
打字室……………… 4882279
收发室……………… 4882260
机关政工支部
书记………………… 4885766
人力资源科
科长………………… 4882625
副科长……………… 4882254
劳动组织岗………… 4882226
薪筹保险管理岗…… 4882297
党委办公室
主任………………… 4882133
副主任……………… 4885766
……………………… 4883125
秘书………………… 4883645
宣传………………… 4883125
传真………………… 4882076
人事组织科（纪检）
科长………………… 4882133
副科长……………… 4882239
纪检办主任………… 4721719
办公室……………… 4882452
纪检办……………… 4882348
群众工作办公室
主任………………… 4882134
副主任……………… 4882146
办公室……………… 4882248
计生办……………… 4882240
财务科
科长………………… 4882996
副科长……………… 4722227
报销………………… 4882362
审核………………… 4882105
税价………………… 4882106
结算………………… 4882630
计算机室…………… 4882309
物资材料核算科
科长………………… 4722177
副科长……………… 4721718
综合………………… 4882627
综合组……………… 4721849
集中核算…………… 4721970
成本核算…………… 4882583
机关生产支部
书记………………… 4722076
企业管理科
科长………………… 4881308
副科长……………… 4882111
办公室……………… 4882113
合同岗（大厅）…… 4881547
物资供应管理科
科长………………… 4881549
副科长……………… 4722226
仓储管理…………… 4883012

资源市场管理……… 4882196
统计………………… 4886084
印刷品发放………… 4721681
物资计划管理科
科长………………… 4882676
副科长……………… 4721326
计划管理…………… 4886294
一大类……………… 4881564
专用仪表…………… 4721561
专用设备…………… 4722748
化工………………… 4722746
钻采配件…………… 4721383
29 大类 …………… 4721063
信息科
科长………………… 4882445
副科长……………… 4881206
系统管理…………… 4882451
系统维护（大厅） … 4722201
ERP 技术支持（大厅）
……………………… 4721946
控制室……………… 4722306
调度室
调度长……………… 4722736
副调度长…………… 4882148
值班室……………… 4882188
大班调度…………… 4881391
运费结算…………… 4881146
传真………………… 4882600
生产装备管理科
科长………………… 4882115
副科长……………… 4722076
……………………… 4882124
维修………………… 4882424
设备………………… 4882246
安全质量监督科
科长………………… 4882433
副科长……………… 4882219
交通………………… 4882219
质量管理…………… 4882343
机关供应支部
书记………………… 4721396
配件科
科长………………… 4721109
副科长……………… 4882116
工矿………………… 4721005
大马力……………… 4882117
汽配………………… 4721509
钻配………………… 4721017
专用工具（三吊一卡）
……………………… 4721031
专用工具（钻头） … 4882615
设备科
科长………………… 4883088
副科长……………… 4882107

动力…………………… 4882677
专用…………………… 4882109
通用…………………… 4882108
阀门…………………… 4882574
电工…………………… 4721293
化工科
科长…………………… 4882364
副科长………………… 4721113
……………………… 4722208
橡胶制品……………… 4886446
采油化工……………… 4884594
钻井化工……………… 4884593
火工…………………… 4882344
金属材料科
科长…………………… 4882075
副科长………………… 4722046
管材型材、有色金属
……………………… 4882345
线材、板材…………… 4883514
建材科
科长…………………… 4885768
副科长………………… 4882119
地方建材、建筑材料
……………………… 4882140
普通水泥……………… 4882255
油井水泥……………… 4882118
木材、包装物………… 4885107
机电科
科一长………………… 4721329
副科长………………… 4881362
通用工具……………… 4882295
小五金岗和日用电器 4721462
小五金………………… 4721217
劳保…………………… 4721285
杂品…………………… 4721202
机电门市（运输） 4728325
专用管材科
科长…………………… 4882242
副科长………………… 4721546
业务办………………… 4884699
电器仪表科
科长…………………… 4882233
副科长………………… 4721935
电工材料……………… 4882177
电器元件……………… 4721560
通信器材……………… 4882361
电子产品及元器件 4883333
专用仪器仪表………… 4722277
通用仪器仪表………… 4882359
油品燃料科
科长…………………… 4882143
副科长………………… 4882187
煤炭…………………… 4882298
油品…………………… 4882304

普光气田物资采购供应部
部长…………………… 4882110
副部长………………… 4722052
……………………… 4886987
业务办………………… 4721585
西部市场开发部
主任…………………… 4722718
书记…………………… 4722829
副部长………………… 4882696
业务办………………… 4722138
财务…………………… 4721985
物资交易厅
科长…………………… 4721713
副科长………………… 4721556
招标管理……………… 4881208
合同审核……………… 4881792
建材交易……………… 4881793
电器仪表交易………… 4721121
化工交易……………… 4882299
设备交易……………… 4721317
汽配交易……………… 4881506
钻配交易……………… 4881546
五金轻纺交易………… 4721361
中心库
主任…………………… 4882268
书记…………………… 4882325
副主任………………… 4884368
……………………… 4882320
……………………… 4882587
……………………… 4882174
……………………… 0372－6237496
机关支部……………… 4882173
政工组………………… 4882457
人事…………………… 4882172
女工…………………… 4882171
管理组………………… 4882323
生产组………………… 4882621
财务组………………… 4882321
材料组………………… 4882175
计算机室……………… 4882318
物资配送部
主任…………………… 4722499
书记…………………… 4722929
副主任………………… 4722916
综合办………………… 4722733
财务…………………… 4722939
夜班值班室…………… 4722386
配送夜班值班室……… 4722039
生产管理……………… 4722146
配送队………………… 4882472
……………………… 4882266
调运队………………… 4722330
配调…………………… 4882618
热线…………………… 4882619

传真…………………… 4882319
现场调度组…………… 4882149
套管配送大队
大队长………………… 4721536
书记…………………… 4721592
副大队长……………… 4721530
……………………… 4721538
……………………… 4721539
机关支部……………… 4721026
队力、………………… 4721534
财务组………………… 4721535
调度室………………… 4721543
传真…………………… 4722936
管材班………………… 4721542
内线总机……………… 4721537
厂区…………………… 4721029
小车队
队长…………………… 4886638
书记…………………… 4885294
副队长………………… 4882274
综合办………………… 4722784
安全…………………… 4722854
治安大队（保卫科）
科长…………………… 4882275
书记…………………… 4882158
副科长………………… 4881271
内勤…………………… 4882551
外勤…………………… 4882159
大楼门卫……………… 4882215
大厅门卫……………… 4721114
技术质量检测站
站长…………………… 4881769
书记…………………… 4722178
副站长………………… 4882449
……………………… 4882439
综合办公室…………… 4882199
管理组………………… 4882243
设备计量管理………… 4721646
阀门检测室…………… 4882245
化验室………………… 4882470
专用管材室…………… 4882461
值班室………………… 4883984
物资销售中心
主任…………………… 4889963
书记…………………… 4880229
副主任………………… 4888518
……………………… 4888922
综合组………………… 4888606
财务组………………… 4888070
物资管理组…………… 4888072
物资销售组…………… 4888690
物流项目组…………… 4887116
车队…………………… 4887540
仓储库………………… 4753915

勘探开发科学研究院

领导
院长…………………… 4810906
书记…………………… 4731016
副书记………………… 4823118
副院长………………… 4821294
……………………… 4826796
……………………… 4731091
……………………… 4823543
……………………… 4816924
副总地质师…………… 4821881
副总工程师…………… 4825324
副总地质师…………… 4828764
……………………… 4731081
院长助理……………… 4824789
副总工程师…………… 4823453
副总地质师…………… 4816300
……………………… 4816194
副总工程师…………… 4821609
院长办公室
主任…………………… 4892996
值班室………………… 4823441
行政…………………… 4819125
传真…………………… 4819744
党群工作部
主任…………………… 4816914
组织…………………… 4821281
工会纪检……………… 4823843
团委宣传……………… 4823043
计生办………………… 4817617
传真…………………… 4891933
科技管理科
科长…………………… 4732373
传真…………………… 4821581
科研…………………… 4823264
计划经营科
科长…………………… 4821343
合同…………………… 4822319
计划财务科
科长…………………… 4822982
财务…………………… 4824689
统资核………………… 4824809
人事劳资科
科长…………………… 4816244
劳资…………………… 4823853
培训…………………… 4893240
物资装备科
科长…………………… 4816304
材料…………………… 4816463
维修…………………… 4731273
会计核算站
科长…………………… 4816205
办公室………………… 4816203

东濮勘探支部
书记………………… 4824747
勘探规划室
主任………………… 4825639
办公室……………… 4810661
濮卫勘探项目
主任………………… 4821781
明马勘探项目
主任………………… 4816894
文留勘探项目
主任………………… 4829748
办公室……………… 4824309
刘庄勘探项目
主任………………… 4816197
胡状勘探项目
主任………………… 4819487
庆祖集勘探项目
主任………………… 4810377
桥口勘探项目
主任………………… 4810987
马厂勘探项目
主任………………… 4819791
东濮区域勘探项目
主任………………… 4816207
办公室……………… 4822957
新区勘探支部
书记………………… 4816449
白音查干南坡勘探项目
主任………………… 4816167
办公室……………… 4819011
白音查干北坡勘探项目
主任………………… 4816445
办公室……………… 4732375
陕北勘探项目
主任………………… 4816194
办公室……………… 4829295
查干凹陷勘探项目
主任………………… 4823314
永利区块勘探项目
主任………………… 4810867
海外勘探项目
主任………………… 4816832
办公室……………… 4816190
钻井工程设计室
主任………………… 4825324
办公室……………… 4825340
物探技术应用室
主任………………… 4821939
办公室……………… 4891996
开发支部
书记………………… 4816064
开发规划室
主任………………… 4823453
办公室……………… 4823769

三城油藏评价项目
主任………………… 4824451
办公室……………… 4823153
文留油藏评价项目
主任………………… 4816117
西斜坡油藏评价项目
主任………………… 4824057
黄河南油藏评价项目
主任………………… 4824106
白音查干油藏评价项目
主任………………… 4816164
办公室……………… 4816130
低渗油藏开发项目
主任………………… 4823869
办公室……………… 4893241
断块油藏开发项目
主任………………… 4816074
办公室……………… 4893243
非均质油藏开发项目
主任………………… 4824947
办公室……………… 4816104
濮城油田开发项目
主任………………… 4893247
办公室……………… 4816047
天然气支部
书记………………… 4893244
储量管理项目研究室
主任………………… 4816344
办公室……………… 4823267
普光气田开发研究项目
主任………………… 4821543
办公室……………… 4816348
北部天然气开发项目
主任………………… 4824206
办公室……………… 4732850
南部天然气开发项目
主任………………… 4823233
办公室……………… 4732851
测井技术研究室
主任………………… 4816478
办公室……………… 4820145
石油地质实验中心支部
书记………………… 4824406
地球化学实验室
主任………………… 4823643
办公室……………… 4820147
地层沉积实验室
主任………………… 4816843
办公室……………… 4816214
开发试验室
主任………………… 4816204
办公室……………… 4819012
地层流体实验室
主任………………… 4823132

办公室……………… 4732853
实验办公室
主任………………… 4824840
办公室……………… 4816842
办公室……………… 4816084
采收率研究室
主任………………… 4824940
办公室……………… 4732852
新技术应用所支部
书记………………… 4893242
勘探开发数据中心
主任………………… 4731061
办公室……………… 4816314
勘探开发图形室
主任………………… 4816240
办公室……………… 4816177
计算机管理室
主任………………… 4816224
办公室……………… 4824176
办公室……………… 4822037
决策评估中心支部
书记………………… 4823945
天然气情报室
主任………………… 4823456
办公室……………… 4824045
石油情报室
主任………………… 4823035
办公室……………… 4823356
断块油气田
主任………………… 4824857
办公室……………… 4820093
咨询评估室
主任………………… 4820135
办公室……………… 4820337
经济评价室
主任………………… 4893245
办公室……………… 4891245
综合支部
书记………………… 4816448
综合管理室
主任………………… 4829353
办公室……………… 4824047
稳定办……………… 4731825
纯净水……………… 4816148
综合服务部
经理………………… 4894396
副经理……………… 4825437
副经理……………… 4894216
办公室……………… 4825354
车队
队长………………… 4829543
办公室……………… 4821043
博士后流动站
勘探博士…………… 4821943

开发博士…………… 4823653

采油工程技术研究院

领导
院长………………… 4890991
书记………………… 4890172
副院长……………… 4898269
纪检书记…………… 4771179
副院长……………… 4890065
……………………… 4890897
……………………… 4890571
副总师……………… 4890057
……………………… 4890066
……………………… 4890503
……………………… 4890203
……………………… 4890206
……………………… 4771999
……………………… 4890535
院长助理…………… 4899793
院长办公室
主任………………… 4890068
秘书………………… 4897910
值班室……………… 4899338
传真………………… 4890648
党群工作部
主任………………… 4895693
纪检………………… 4890175
工会………………… 4890682
计生办……………… 4890682
团委………………… 4899508
人力资源科
科长………………… 4890795
人力资源科………… 4890279
财务资产科
科长………………… 4890066
财务资产科………… 4890872
计划经营科
科长………………… 4890170
计划经营科………… 4890002
科技生产管理科
科长………………… 4890057
科技生产管理科…… 4899055
物资管理科
科长………………… 4890111
物资管理科………… 4890126
技术安全科
科长………………… 4890092
生产技术安全科…… 4890073
核算站
科长………………… 4890379
核算站……………… 4890131
低渗油藏研究所
所长………………… 4890236
书记………………… 4890121

办公室……………… 4890105
中高渗油藏研究所
所长………………… 4890021
书记………………… 4890572
办公室……………… 4890277
天然气技术研究所
书记………………… 4895701
办公室……………… 4890261
井下工具研究中心
主任………………… 4890102
书记………………… 4895938
办公室……………… 4897715
井况防治技术研究中心
主任………………… 4890361
书记………………… 4771801
办公室……………… 4898531
防腐技术研究中心
主任………………… 4734029
书记………………… 4823977
办公室……………… 4824174
新技术推广中心
主任………………… 4890156
书记………………… 4890778
办公室……………… 4890605
油气层保护中心
主任………………… 4890788
书记………………… 4890478
办公室……………… 4890201
试井技术研究中心
主任………………… 4899331
书记………………… 4771558
办公室……………… 4771282
测井技术研究中心
主任………………… 4890097
书记………………… 4890974
办公室……………… 4896571
测试仪表技术研究中心
主任………………… 4890894
书记………………… 4897399
办公室……………… 4890679
情报信息中心
书记………………… 4890362
办公室……………… 4890472
生产服务中心
书记………………… 4899793
办公室……………… 4890016
综合汽车队
队长………………… 4890727
书记………………… 4896000
调度………………… 4890584

物探研究院

领导
院长………………… 4821983
书记………………… 4822510
副院长……………… 4824796
涉外总监…………… 4823211
副总师……………… 4819697
……………………… 4821626
……………………… 4826116
副总会计师………… 4891445
院长办公室
主任………………… 4818376
人事………………… 4829733
值班………………… 4824476
传真………………… 4892480
干部值班室………… 4823247
党群办公室
主任………………… 4824371
办公室……………… 4828923
计划财务科
科长………………… 4891445
办公室……………… 4819691
科技生产科
科长………………… 4824243
办公室……………… 4823639
综合服务室
主任………………… 4824896
办公室……………… 4823683
系统管理室
主任………………… 4824996
副主任……………… 4823483
办公室……………… 4823524
机房值班…………… 4823283
软件室
主任………………… 4822986
应用软件开发……… 4824445
物探数据管理……… 4823583
地震处理系统软件集成
……………………… 4818372
苏丹处理中心
项目长……………… 4824196
办公室……………… 4819435
处理项目管理办公室
项目长……………… 4893207
复杂断快地震成像项目
办公室 …… 4891441 转 8310
马厂高精度整体解释项目
项目长……………… 4893251
勘探新区地震资料处理项目
项目长……………… 4824396
储层地球物理研究项目
项目长……………… 4821725
办公室……………… 4893844
西部勘探研究项目
项目长……………… 4824455
东北勘探研究项目
项目长……………… 4824464

油气储运管理处

领导
经理………………… 4870184
书记………………… 4877470
副书记……………… 4740388
副经理……………… 4879972
……………………… 4870940
经理办公室
主任………………… 4870046
办公室……………… 4870184
党群办公室
主任………………… 4870943
副主任……………… 4877557
团委书记…………… 4870776
办公室……………… 4877470
生产调度室
调度长……………… 4875312
副调度长…………… 4870777
值班室……………… 4870203
办公室……………… 4876540
人力资源科
科长………………… 4876905
副科长……………… 4877109
办公室……………… 4875249
经营财务科
科长………………… 4870741
办公室……………… 4875287
技术安全科
科长………………… 4870740
副科长……………… 4877482
办公室……………… 4878874
市场开发部
主任………………… 4878034
办公室……………… 4875775
传真………………… 4877573
会计核算站
科长………………… 4875126
办公室……………… 4877659
柳屯油库
主任………………… 4875197
副主任……………… 4875279
值班室……………… 4877274
集输大队
大队长……………… 4870947
书记………………… 4875272
办公室……………… 4878842
计量技术研究所
所长………………… 4877320
副所长……………… 4875515
办公室……………… 4875101
运销办公室………… 4875412
网络值班室………… 4875522
治保大队
大队长……………… 4870904
书记………………… 4740666
副大队长…………… 4879930
值班室……………… 4870747
护线大队
大队长……………… 4870924
书记………………… 4878849
值班室……………… 4875497
综合大队
大队长……………… 4875375
书记………………… 4877323
车队………………… 4870477
办公室……………… 4875495
维修站
站长………………… 4875298
书记………………… 4875417
新疆油气集输项目部
主任………… 0997－7989318
书记………… 0997－7989328
山东天然气集输项目部
济南输气工区
书记 ……… 0531－81302616
副经理 …… 0531－81302618
调度值班室
…………… 0531－81302611
德州筹备组
书记………… 0534－2556626
办公室……… 0534－2556689
济宁筹备组
书记………… 0537－4911161
副经理……… 0537－4911102
办公室……… 0537－4911109
淄博输气工区
副经理……… 0533－7320410
办公室……… 0533－7320457
青岛输气工区
书记 ……… 0532－87966990
副经理 …… 0532－87966971
办公室 …… 0532－87966981
治保大队
书记………………… 4871271
值班室……………… 4877745

天然气管理中心

领导
经理………………… 4728168
书记………………… 4728167
副经理……………… 4728706
……………………… 4728578
副书记……………… 4728118
副经理……………… 4728169
……………………… 4728166
……………………… 4728198
经理办公室

主任…………………… 4728158
副主任………………… 4728176
……………………… 4728101
秘书…………………… 4728199
文书、传真…………… 4728102
信息管理站…………… 4728011
党群办公室
主任…………………… 4728106
副主任………………… 4728379
女工计生……………… 4728107
纪检…………………… 4728572
团委…………………… 4728010
生产技术科
科长…………………… 4728190
副科长………………… 4728189
……………………… 4728385
……………………… 4728375
技术…………………… 4728013
检定站………………… 4728023
调度室………………… 4728180
人力资源科
科长…………………… 4728181
副科长………………… 4728177
劳动管理……………… 4728182
计划经营科
科长…………………… 4728186
副科长………………… 4728061
计划经营……………… 4728187
财务资产科
科长…………………… 4728108
副科长………………… 4728409
结算…………………… 4728109
核算…………………… 4729610
收费管理站…………… 4729300
技术安全监督科
科长…………………… 4728156
副科长………………… 4728155
工程项目科
科长…………………… 4728071
副科长………………… 4728273
资料…………………… 4728007
物资供应站
站长…………………… 4728676
书记…………………… 4728677
采购…………………… 4728116
计划保管……………… 4728117
管输大队
大队长………………… 4821775
书记…………………… 4816575
副大队长……………… 4816257
值班室………………… 4821751
维修抢险队
队长…………………… 4823587
书记…………………… 4823719

副队长………………… 4823337
值班室………………… 4823255
维修班………………… 4823563
综合服务队
队长…………………… 4728036
书记…………………… 4728051
车队
队长…………………… 4728160
书记…………………… 4728161
调度…………………… 4728162
治安保卫大队
大队长………………… 4728196
书记…………………… 4728121
副大队长……………… 4728123
办公室………………… 4728111
门卫…………………… 4728110
供气一大队
大队长………………… 4850779
书记…………………… 4852486
副大队长……………… 4858187
调度…………………… 4852491
经营劳资……………… 4858190
气站…………………… 4852533
供气二大队
大队长………………… 4842519
书记…………………… 4843404
副大队长……………… 4843744
调度…………………… 4843450
财务组………………… 4846443
地方队………………… 4843763
二厂队………………… 4846447
一号站………………… 4841641
二号站………………… 4840654
供气三大队
大队长………………… 4832953
书记…………………… 4830745
副大队长……………… 4839456
调度…………………… 4831235
经营…………………… 4832517
收费室………………… 4830173
一号站………………… 4839572
输配气监督…………… 4831833
供气四大队
大队长………………… 4748069
书记…………………… 4856274
副大队长……………… 4855368
调度…………………… 4854715
经营…………………… 4748132
收费室………………… 4854698
输配气监督…………… 4748207
一号站………………… 4854698
二号站………………… 4748094
综合队………………… 4855146
供气五大队

大队长………………… 4815653
书记…………………… 4813446
副大队长……………… 4812847
经营…………………… 4812009
一号站………………… 4815327
综合队………………… 4811273
收费室………………… 4812345
供气六大队
大队长………………… 4871516
书记…………………… 4877871
副大队长……………… 4874795
调度室………………… 4874487
经营一………………… 4871371
长青站………………… 4876336
天然站………………… 4877971
向阳站………………… 4873895
一号站………………… 4877872
二号站………………… 4877114
三号站………………… 4877142
四号站………………… 4873914
综合队………………… 4877870
供气七大队
大队长………………… 4722369
书记…………………… 4722389
副大队长……………… 4722628
调度…………………… 4722946
办公室………………… 4722941
综合队………………… 4722619
建工南区……………… 4888030
盟东气站……………… 4888330
添运气站……………… 4729201
兴隆气站……………… 4824301
供气八大队
大队长………………… 4730942
书记…………………… 4730462
副大队长……………… 4730463
副大队长……………… 4730943
调度室………………… 4730945
财务组………………… 4730944
综合队………………… 4730947
师苑气站……………… 4898417
光明气站……………… 4821550
超越气站……………… 4898904
碧云气站……………… 4899547
康乐气站……………… 4890919
科技气站……………… 4730604
登峰气站……………… 4817545
世纪景苑……………… 4766129
绿景气站……………… 4817389
供气九大队
大队长………………… 4729511
书记…………………… 4729522
副大队长……………… 4729500
……………………… 4729866

调度室………………… 4729906
经营…………………… 4729886
综合队………………… 4729116
登月气站……………… 4739265
凌云气站……………… 4824719
液化气服务一大队
大队长………………… 4892292
书记…………………… 4822328
副大队长……………… 4824378
办公室………………… 4893655
财务…………………… 4826473
调度…………………… 4733396
胜利气站……………… 4721497
临河气站……………… 4881041
添运气站……………… 4888413
建安气站……………… 4753864
建业气站……………… 4752311
建设气站……………… 4753257
盟城气站……………… 4885804
液化气服务二大队
大队长………………… 4820199
书记…………………… 4827292
副大队长……………… 4828076
调度室………………… 4816409
办公室………………… 4732580
经营管理……………… 4892927
技术安全……………… 4829301
劳资…………………… 4820261
充装班………………… 4816075
康平气站……………… 4824114
庆西气站……………… 4819940
绿景气站……………… 4893982
干城气站……………… 4827546
超越气站……………… 4896923
液化气服务三大队
大队长………………… 4711266
书记…………………… 4711366
副大队长……………… 4711388
……………………… 4711916
调度室………………… 4710972
经营管理……………… 4710010
技术安全……………… 4710713
劳资…………………… 4710011
政工…………………… 4710712
管理站………………… 4710535
换气站………………… 4710383
气站…………………… 4710456
液化气经销部
经理…………………… 4828433
书记…………………… 4732097
副经理………………… 4733161
……………………… 4821433
综合办………………… 4823376
经营…………………… 4893937

安全…………………… 4733161
计财…………………… 4817109

供电管理处

领导
经理…………………… 4719306
书记…………………… 4823008
副经理………………… 4819298
财务总监……………… 4892760
副经理………………… 4822647
经理助理……………… 4732008
经理办公室
经理助理……………… 4828028
副主任………………… 4731906
接待室………………… 4823512
打字室………………… 4816644
传真…………………… 4821657
生产调度室
经理助理……………… 4823149
副主任………………… 4732405
副主任………………… 4732405
统计…………………… 4824533
生产调度……………… 4822419
企业管理办公室
科长…………………… 4823632
办公室………………… 4823375
计划项目办公室
科长…………………… 4828609
副科长………………… 4824849
办公室………………… 4734024
财务资产科
副总师………………… 4824685
副科长………………… 4819396
成本核算……………… 4823623
报销…………………… 4824331
会计核算科
科长…………………… 4823746
办公室………………… 4732165
人事劳资科
科长…………………… 4824028
干部统计……………… 4824473
工资…………………… 4823075
教育培训……………… 4822670
安全科
科长…………………… 4822021
副科长………………… 4824494
办公室………………… 4804322
技术科
科长…………………… 4893656
副科长………………… 4804005
办公室………………… 4822010
三电办公室
主任…………………… 4824667
办公室………………… 4824583

设备资产科
科长…………………… 4732826
办公室………………… 4820397
对外关系科
科长…………………… 4816294
副科长………………… 4816334
办公室………………… 4817452
党委办公室
副总师………………… 4823732
办公室………………… 4823115
组织科
科长…………………… 4824273
纪检办公室
主任…………………… 4731327
机关党总支
书记…………………… 4824253
工会办公室
主任…………………… 4731325
女工委员会
主任…………………… 4822072
电力调度中心
副总师………………… 4824562
书记…………………… 4828560
副主任………………… 4822219
办公室………………… 4822128
自动化班……………… 4731003
电力调度……………… 4822219
供电线路工区
主任…………………… 4848341
书记…………………… 4893150
副主任………………… 4893095
办公室………………… 4893115
调度室………………… 4821974
变电检修工区
主任…………………… 4848086
副书记………………… 4818014
副主任………………… 4893144
办公室………………… 4824928
材料组………………… 4893094
调度室………………… 4824447
变电运行工区
主任…………………… 4730037
书记…………………… 4730048
副主任………………… 4848734
……………………… 4730045
生产组………………… 4824337
政工组………………… 4823447
材料组………………… 4848743
运行车间
车间主任……………… 4731021
书记…………………… 4731020
柳屯变电站
站长…………………… 4875318
柳屯变………………… 4875582

三气变………………… 4871707
呼坨变电站
站长…………………… 4875895
呼坨变………………… 4875722
炼厂变………………… 4875075
马寨变………………… 4876204
黄庄变电站
站长…………………… 4831618
黄庄变………………… 4831413
钻四变………………… 4834335
李拐变电站
站长…………………… 4841054
李拐变………………… 4841989
金堤变电站
站长…………………… 4859337
值班室………………… 4853454
赵村变电站
站长…………………… 4828820
值班室………………… 4821456
郭村变电站
站长…………………… 4854581
值班室………………… 4854257
三厂变电队
队长…………………… 4831041
卫一变………………… 4831845
卫二变………………… 4831331
卫三变………………… 4831419
经营计量中心
主任…………………… 4823301
书记…………………… 4804683
副主任………………… 4804683
技术组………………… 4848243
营业室………………… 4816864
配电一工区
经理助理……………… 4721916
书记…………………… 4721917
副主任………………… 4721913
政工、材料组………… 4721913
生产技术组…………… 4721902
财务组………………… 4721921
调度室………………… 4721900
配电二工区
主任…………………… 4803041
书记…………………… 4803528
副主任………………… 4891141
财务组………………… 4802054
技术政工组…………… 4822075
劳资材料组…………… 4823293
居民补贴……………… 4822213
值班室………………… 4823446
水电供电队…………… 4732452
值班室………………… 4849414
配电三工区
主任…………………… 4893846

书记…………………… 4828026
副主任………………… 4810456
……………………… 4734146
……………………… 4734146
……………………… 4824596
政工/劳资 …………… 4816374
财务组………………… 4894353
材料组………………… 4823834
调度室………………… 4828048
配电四工区
主任…………………… 4800860
书记…………………… 4800456
政工…………………… 4809020
劳资…………………… 4808344
材料…………………… 4805610
财务…………………… 4800792
调度室………………… 4809121
配电五工区
主任…………………… 4833156
书记…………………… 4833028
副主任………………… 4833840
……………………… 4830906
……………………… 4748251
生产组………………… 4833845
调度室………………… 4830508
配电六工区
主任…………………… 4875419
副书记………………… 4879235
副主任………………… 4879240
……………………… 4870407
……………………… 4870407
……………………… 4870407
财务…………………… 4876672
治安保卫大队
队长…………………… 4801043
书记…………………… 4823642
副队长………………… 4893063
办公室………………… 4734114
值班室………………… 4891444
汽车队
队长…………………… 4730302
副书记………………… 4739149
办公室………………… 4827914
调度室………………… 4822231
供应站
经理助理……………… 4819919
副书记………………… 4823032
副站长………………… 4810712
计划组………………… 4821913
材料组………………… 4823071
保管组………………… 4821601
废旧物资组…………… 4892294
综合组………………… 4819167
再就业服务中心

主任……4731045
书记……4739107
副主任……4739107
办公室……4849744
教研室……4739105
基础工作办公室……4739145
文体服务站
站长……4739103
书记……4739104
收发室……4893065
活动室……4826731
阅览室……4739120
柳屯供电队
队长……4875803
书记……4876779
调度室……4878724
生产组……4875800

消防支队

支队总机……4818035
领导
党委书记、支队长 4893836
副支队长……4818253
纪委书记……4894482
副支队长……4824778
副总经济师……4822371
副总工程师……4822254
政治处
主任……－8239
纪委、文指办……－8226
工会……－8276
团委……－8227
活动室……－8245
办公室
主任……4828658
文秘……－8217
机要、打字……－8214
通信员……－8257
传真……4821735
车队队长……－8230
车队……－8231
指挥中心
值班室……4822220
通信室……－8222
防火监督科
副科长……－8252
内勤……－8251
战训科
科长……－8212
副科长……－8253
内勤……－8213
警卫班……－8224
建筑审核科
科长……－8207
内勤……－8237
经管财务科
副科长……－8215
财务……－8281
劳动工资科
科长……－8259
内勤……－8229
函授站……－8258
后勤装备科
科长……－8211
副科长……－8208
装备……－8267
食堂……－8244
机动安全科
科长……－8232
内勤……－8220
安全……－8242
维修……－8243
一中队
值班室……4851532
队部……4851193
二中队
值班室……4841119
队部……4841229
三中队
值班室……4831329
队部……4831359
四中队
值班室……4854119
队部……4854158
五中队
值班室……4719119
队部……4719089
六中队
值班室……4861321
队部……4861417
七中队
值班室……4800119
队部……4800386
八中队
值班室……4865331
队部……4865332
九中队
值班室……4875147
队部……4875836
十中队
值班室……4879119
队部……4875847
十一中队
值班室……0372－6237894
队部……0372－6215894
十二中队
值班室……4821298
队部……4821537
十三中队
值班室……4710041
火警电话……4710094
特勤队
值班室……－8234
队部……－8236
技术监测中心
中心领导
主任、书记……4898877
副书记……4897777
副主任……4898515
……4829702
副总工程师……4771091
主任办公室
主任……4771036
副主任……4828517
传真……4828520
接待……4819077
人力资源科
科长……4896121
办公室……4828522
党群办公室
党群办主任……4816743
党群办公室……4816578
党委宣传科……4828527
工会、团委、女工、计生办
……4890400
生产技术科
科长……4828477
办公室……4828535
计划财务科
科长……4897121
办公室……4823778
装备监测总站
书记……4892889
传真……4892230
设备检测站站长……4824834
技术开发站站长……4894237
设备修理站站长……4821061
设备润滑站站长……4823063
节能监测站
站长、书记……4816043
副站长……4771050
化工产品监测总站
站长……4890309
书记……4897100
办公室……4890001
水泥室……4771021
产品质量监测总站
站长、书记……4890856
副站长……4895057
办公室……4890242
计量监测站
站长……4822483
书记……4890787
综合室……4890268
监测一室……4890389
监测二室……4822102
监测三室……4822612
监测四室……4890191
环保监测总站
站长、书记……4828850
办公室……4828547
安全监测站
站长、书记……4895072
副站长……4895012
办公室……4895071
大流量监测站
站长……4875379
办公室……4875154
会计核算站
站长……4819390
办公室……4828525
综合服务站
站长……4828530
书记……4890530
办公室……4771530
调度……4824905
标准化所
所长……4828517
副所长……4828494
办公室……4824582
网络室……4890253

财务结算中心

领导
主任……4817158
党委书记……4810506
副主任……4820486
党政办公室
主任……4821467
副主任……4828404
群工办公室
主任……4821445
计生办主任……4819067
人力资源科
科长……4826278
财务科
科长……4828020
结算管理科
副科长……4821503
电算科
科长……4825159
副科长……4829531
综合科
科长……4829486
副科长……4732066
保卫科

科长……4821443
内控稽查科
科长……4810722
销售资金科
科长……4826330
副科长……4891950
销售税务科
科长……4893934
财产保险科
科长……4818519
副科长……4733115
会计档案科
科长……4817069
分公司机关会计核算科
科长……4893896
勘探局机关会计核算科
科长……4820398
副科长……4732392
分公司结算一科
科长……4817060
分公司结算二科
科一长……4826216
分公司结算三科
科长……4891935
副科长……4894344
胜利路结算科
科长……4882426
勘探局结算一科
科长……4817055
副科长……4817057
勘探局结算二科
科长……4826316
勘探局结算三科
科长……4817050
勘探局结算四科
科长……4817052
勘探局结算五科
科长……4817053
普光结算科
科长……4736619
陕北结算处
主任……0911－2112297
副主任……0911－2112197
新疆结算处
主任……0991－3664361
副主任……0991－3671622

中原总机厂石油设备有限公司

总机……4821259
领导
董事长、总经理……4892500
副总经理、总工程师 4892405
书记、副总经理……4828357
副总经理……4817676
……4731068
财务总监……4825158
副总工程师……4816594
总经理办公室
主任……4894119
副主任……4817654
文秘、团委办公室 4817654
保安部……4827894
纪检办公室……4821140
生产部
主任……4892404
副主任……4817988
调度室……4817094
人力资源部
主任……4819182
办公室……4828486
法律合同部
主任……4821839
办公室……4817636
计划财务部
主任……4732109
副主任……4820310
会计核算……4821424
成品库……4823343
装备安全环保部
主任……4821459
办公室……4821392
科技发展部
主任……4820651
办公室……4817637
工会办公室
副主任……4817652
技术开发中心
主任
副主任……4820375
设计室 1……4824270
设计室 2……4461908
质量检测中心
主任……4823966
副主任……4827864
计量室……4827874
销售部
经理……4828654
副经理……4817662
国内市场……4819417
国际市场……4826050
东北销售部
经理……4733043
石化机械车间
主任……4824324
副主任……4817347
钻采设备车间
主任……4829503
副主任……4817043
统计、技术组……4824404
工程技术车间
主任……4817640
副主任……4821859
调度室……4733023
油管抽油杆车间
主任……4827950
副主任……4816593
统计核算……4828740
技术组……4823472
通用机械车间
主任、副主任……4817337
统计、调度室……4733040
井下工具车间
主任……4829137
副主任……4821435
技术组……4817045
钻采配件车间
主任……4817650
副主任……4733021
数控加工车间
主任、副主任……4823864
技术、统计室……4817634
调度室……4820372
铸造车间
主任……4817534
副主任……4733020
抽油机车间
主任……4828741
副主任……4826924
汽车队
队长、副队长……4817716
物资供应站
主任……4732469
副主任……4733110
计划组……4829084
管理组……4824080

中油特种车辆有限公司

领导
总经理……4751723
书记……4752363
副总经理……4752366
……4752364
……4752093
……4751965
工会主席……4752365
经理办公室
主任……4752368
办公室……4751823
传真……4751423
人力资源部
主任……4752378
办公室……4753379
财务资产部
主任……4752377
办公室……4751377
企业发展部
主任……4752210
办公室……4752369
党群工作部
主任……4756384
办公室……4752383
传真……4751831
生产组织部
总经理助理、主任……4751822
副主任……4752370
副经理……4751963
财务……4752832
传真……4752431
配件……4751414
值班……4751273
办公室……4751711
固压特车厂
厂长……4752390
书记……4752391
副厂长……4755392
调度……4755392
采油特车厂
厂长……4752395
书记……4752395
副厂长……4752394
调度……4752394
经营组……4753393
钻修设备厂
厂长……4752437
书记……4752396
副厂长……4752723
经营组……4752397
测试车辆厂
厂长……4752399
书记……4752399
副厂长……4752399
调度……4755410
经营组……4753400
机械制造厂
厂长……4752621
副厂长……4752621
调度……4754694
经营组……4752704
技术部
主任……4752372
书记……4752237
办公室……4752373
质量部
主任……4752101
副主任……4751573

办公室……4752375
物资部
经理……4752403
书记……4752985
副经理……4752985
物调站副站长……4752402
调度……4752492
采购……4751851
招标……4752520
传真……4752623
后勤部
总经理助理、主任 4752380
书记……4754389
副经理……4751010
生活站……4752388
车队……4752405
治安队……4751462
调度……4751641
市场部
总经理助理、书记 4751955
副经理……4751963
副经理……4751963
电缆厂
厂长……4880618
书记……4780476
副厂长……4887873
调度……4880463
经营组……4751380
电缆车间……4880463
胶管车间……4753020
注采设备厂
厂长……4898952
副厂长……4899930
调度……4890843
经营组……4898061
技术组……4890843
加工车间……4890303
仪表车间……4890873
特车修理厂
厂长……4721325
书记……4881533
副厂长……4721120
调度……4881592
经营组……4721451
材料组……4721121
金属结构厂
厂长……4753342
书记……4752406
副厂长……4753342
调度……4752257
经营组……4752406

濮阳市油田教育中心

领导
主任……4818226
书记……4824865
纪委书记……4733788
副主任……4822457
机关科室
主任办主任……4821328
主任办……4823095
传真……4829234
中教科科长……4829243
小教科科长……4891404
招生办主任……4820666
督导室主任……4821570
人事科科长……4829245
退休办……4824013
财务科科长……4731838
安全环保科科长……4817135
行管科科长……4891396
武保科科长……4891431
计生办主任……4731407
校舍服务部副主任 4819411
经管科科长……4893687
党委办主任……4824113
组织科科长……4829042
团工委书记……4731437
纪监科科长……4824959
工会副主席……4822829
教研室主任……4819241
教科室主任……4731702
师训部主任……4731578
教学服务部主任……4824802
副主任……4819278
教学服务……4823616
值班室……4819278
车队队长……4733136
印刷厂厂长……4894347
服装厂厂长……4894024
第一中学
校长……4822023
书记……4893676
副校长……4821033
工会主席……4823686
校办……4822372
党群办……4816466
高中教导处……4825767
初中教导处……4893130
总务……4825415
团委……4823686
传真……4810261
第二高级中学
校长……4887373
书记……4880562
副校长……4880582
校办……4880283
教务处……4880583
总务……4880514
传真……4887796
第三高级中学
校长……4821892
书记……4821105
副校长……4828152
……4733828
办公室……4822525
教务……4894327
政教……4820049
总务……4891874
团委……4738295
第四高级中学
校长……4824810
书记……4731758
副校长……4821679
办公室……4824664
工、团……4828497
教务处……4825780
政教处……4822480
教辅……4823910
总务处……4849564
艺术中学
校长……4848526
副校长……4824134
副书记……4821909
副校长……4849884
办公室……4821909
教务……4822902
政教处……4824134
总务处……4822028
职业学校
校长……4893281
副校长……4893281
副书记……4820740
校办……4825749
教务……4820324
第三中学
校长……4800738
副校长……4800416
副校长……4809347
校办……4800304
教务处……4809347
第四中学
校长……4875560
书记……4875099
副校长……4875442
传真……4875560
第五中学
校长……4882566
副校长……4722276
副书记……4722279
副校长……4721987
校办……4885364
教务……4882350
政教……4721427
第六中学
校长……4817242
书记……4816678
副校长……4829173
校办……4894336
教务处……4825434
政教……4825742
第七中学
校长……4851798
副校长……4851570
办公室……4851570
教务处……4850272
政教处……4858040
第八中学
校长……4841321
书记……4841421
校办……4841421
教导处……4842310
第九中学
校长……4832887
书记……4832895
副校长……4831246
办公室……4831246
第十中学
校长……4828418
副校长……4823406
办公室……4827183
第十二中学
校长……4823956
书记……4818517
副校长……4825980
校办……4829631
中学教务……4732902
小学教务……4823349
总务……4732038
政教……4732601
第十三中学
校长……4824851
书记……4827143
副校长……4829014
校办……4825412
中学教务……4829074
政教……4829224
第十四中学
校长……4862847
书记……4861364
副校长……4861404
第十五中学
校长……4865119
副校长……4865113
校办……4865047
传真……4865047

第十七中学
校长…………………… 4897618
书记…………………… 4897057
副校长………………… 4898034
中学教务……………… 4898034
小学教务……………… 4898024
总务…………………… 4899447
第十八中学
校长…………………… 4888870
书记…………………… 4888871
副校长………………… 4720864
办公室………………… 4729945
教务…………………… 4888874
政教…………………… 4829742
传真…………………… 4887414
第十九中学
校长…………………… 4752451
书记…………………… 4752331
副校长………………… 4752452
校办…………………… 4752451
第二十中学
校长…………………… 4836986
副校长………………… 4834317
办公室………………… 4834327
教务处………………… 4834337
第二十一中学
校长…………………… 4854483
副校长………………… 4856946
教务处………………… 4857834
第二十六中学
校长…………………… 4812877
副校长………………… 4815676
校办…………………… 4812247
第一小学
校长…………………… 4821925
书记…………………… 4822272
副校长………………… 4816569
办公室………………… 4820173
教务…………………… 4731733
传真…………………… 4818605
第二小学
校长…………………… 4848140
书记…………………… 4848143
副校长………………… 4802104
值班室………………… 4804472
教务…………………… 4804457
第三小学
校长…………………… 4802141
书记…………………… 4804229
副校长………………… 4803406
……………………… 4804229
……………………… 4803406
教导处………………… 4803406
第四小学
校长…………………… 4880374
书记…………………… 4880510
副校长………………… 4880374
教务…………………… 4729754
校办…………………… 4729784
第五小学
校长…………………… 4882286
书记…………………… 4722578
副校长………………… 4882436
教导处………………… 4882436
第六小学
校长…………………… 4817625
书记…………………… 4820140
副校长………………… 4817543
第七小学
校长…………………… 4852091
书记…………………… 4851248
副校长………………… 4858685
校办…………………… 4858686
教导处………………… 4858685
值班室………………… 4852447
第八小学
校长…………………… 4841323
书记…………………… 4842132
副校长………………… 4841223
值班室………………… 4841223
第九小学
校长…………………… 4831198
书记…………………… 4831198
副校长………………… 4831052
第十小学
校长…………………… 4854375
副校长………………… 4854682
教导处………………… 4854486
第十一小学
校长…………………… 4800721
副校长………………… 4800481
办公室………………… 4809422
教导处………………… 4809344
分校…………………… 4800316
第十二小学
校长…………………… 4865620
副校长………………… 4865388
校办…………………… 4865237
第十三小学
校长…………………… 4875351
书记…………………… 4878896
副校长………………… 4875618
第十四小学
校长…………………… 4872343
书记…………………… 4873756
第十五小学
校长…………………… 4821596
书记…………………… 4849644
校办…………………… 4803474
教务…………………… 4803274

中原油田公安局

总机…………………… 4821510
局长…………………… 4818326
政委…………………… 4818346
纪委书记……………… 4893586
副局长………………… 4823241
……………………… 4821998
……………………… 4822750
政治部主任…………… 4822620
副局长………………… 4819068
政治部………………… 4821990
宣传…………………… 4829654
控申科………………… 4894335
人事劳资科………… －39017
办公室………………… 4821878
装财科……………… －39040
法制科……………… －39090
皇甫拘留所…………… 4710610
网络监察科………… －39170
国保支队…………… －39060
经侦支队…………… －39070
治安管理支队……… －39504
指挥中心……………… 4824754
刑事侦查支队………… 4822016
交通管理支队……… －39200
油区警察支队………… 4870050

中油物流有限公司

领导
董事长、总经理…… 4880626
副董事长、副总经理
……………………… 4880696
副董事长……………… 4889816
监事会主席…………… 4880651
副总经理……………… 4729368
……………………… 4729366
财务总监……………… 4880726
总经理办公室
主任…………………… 4889577
办公室………………… 4880672
传真…………………… 4880632
人力资源部
部长…………………… 4729556
办公室………………… 4888541
经营规划部
部长…………………… 4729305
办公室………………… 4880646
财务资产部
部长…………………… 4729306
副部长………………… 4880653
办公室………………… 4880623
生产协调部
部长…………………… 4889231
办公室………………… 4889110
技术安全部
部长…………………… 4729557
办公室………………… 4729304
党群工作部
部长…………………… 4880636
办公室………………… 4729303
国际项目部
部长…………………… 4729307
办公室………………… 4729307
一分处
经理…………………… 4887989
书记…………………… 4880401
综合…………………… 4880330
调度室………………… 4821321
技术安全……………… 4880444
财务…………………… 4880435
二分处
经理…………………… 4880503
书记…………………… 4880314
综合…………………… 4889950
调度室………………… 4880527
技术安全……………… 4880543
财务…………………… 4880554
三分处
经理…………………… 4834167
书记…………………… 4834120
综合…………………… 4834740
调度室………………… 4834137
技术安全……………… 4834147
财务…………………… 4834560
修理厂
厂长…………………… 4880517
副厂长………………… 4729559
综合…………………… 4729460
财务…………………… 4729428
生产办………………… 4729430
物流市场开发中心
副经理………………… 4888687
……………………… 4880520
综合…………………… 4880602
财务…………………… 4880653
多元市场开发中心
经理…………………… 4729302
书记…………………… 4889166
副经理………………… 4880292
综合…………………… 4887922
财务…………………… 4880653
汽配供销中心
经理…………………… 4729136
综合…………………… 4729258
新疆分公司

经理………0996－4685271
书记………0996－4685460
综合………………4880621
上海快可物流有限公司
………………021－65619529

濮阳中油工程管理有限公司

领导
经理………………4893108
副经理……………4819136
………………………4826516
总师办
副总师……………4733056
………………………4826459
综合办公室
主任………………4894016
办公室……………4823415
办公室（传真）……4826460
财务部
部长………………4822149
计划经营部
部长………………4893579
办公室……………4822350
预算站
站长………………4893610
办公室……………4894241
工程管理站
办公室……………4893470
项目一站
办公室……………4851226
项目二站
办公室……………4841712
项目三站
办公室……………4832564
项目四站
办公室……………4854518
项目五站
办公室……………4812316
项目六站
办公室……………4861532
项目七站
办公室……………4870254

中原油田总医院

总机………………4821116
领导
院长………………4893588
书记………………4732366
副院长……………4822059
纪委书记…………4821743
财务总监…………4817550
院长办公室
主任………………4821228
副主任……………4828755
值班室……………4821096
院总值班室………4822696
救护车班……………6786
人力资源部
副主任……………4821296
办公室……………4817754
职改办……………4817754
综合办……………4825331
财务资产部
主任………………4822796
副主任……………4819139
资金组……………4819139
成本组……………4892453
………………………4892453
经营管理部
主任………………4819297
……………………－6666
合同办……………－6669
全质办……………4816241
医院发展办公室
主任………………4733815
办公室……………－6158
党群工作部
主任………………4822496
副主任……………4816246
机要室……………4891154
计生宣传办………4816339
纪检组织办………4821029
工会团委办………4817764
医务部
副主任……………4822063
办公室……………4816473
护理部
主任………………4891432
办公室……………－6218
安全保卫部
主任………………4827489
书记………………4824636
值班室……………4822096
信息中心
副主任……………4826583
微机室……………4826583
统计室……………－6328
图书摄影室………－6256
物资供应中心
主任………………4824505
办公室……………4822896
保管办……………－6345
后勤服务中心
主任………………4820187
书记………………4821882
办公室……………－6321
住院处
主任………………4821848
书记………………－4821848
结算室……………－6290
登计室……………－6289
门诊部
主任………………4829564
书记………………4821953
办公室……………4824135
急诊科
急诊室………………120
观察室……………－6121
主任………………4824566
皮肤科
主任………………4828274
办公室……………－6814
放射科
主任………………482783
书记………………－6278
检验科
主任………………4823498
书记………………－6292
输血科
办公室……………4824114
超声科
主任………………－6299
书记………………－6300
办公室……………4824230
病理科
主任………………4816493
办公室……………4816493
功能科
主任………………4826601
书记………………－6866
康复医学中心
主任………………4826465
手术麻醉科
主任………………4816504
书记………………－6259
供应室
主任………………4823914
办公室……………－6281
一病区儿科
护理站……………4823615
监护室……………－6006
二病区血液内分泌科
护理站……………4823668
透析室……………4816495
三病区泌尿中医科
护理站……………4823727
四病区骨外科
护理站……………4821962
五病区消化科
护理站……………4828924
六病区普外科
护理站……………4822582
七病区神经内科
护理站……………4822342
八病区呼吸肿瘤科
九病区妇科
护理站……………4823107
十病区产科
护理站……………4822537
十一病区心血管内科
护理站……………4828994
十二病区烧伤整形科肛肠科
护理站……………4818544
十三病区耳鼻喉科口腔科
护理站……………4828044
十四病区胸心外科
护理站……………4824257
十五病区神经外科眼科
护理站……………4828054
十六十七病区干部病房科
十六病区护理站……4819044
十区病区护理站……4819344
十九病区传染一科
护理站……………4821496
十八病区传染二科
护理站……………4823806
药品管理处
门诊西药房………4732727
门诊中药房………4821826
急诊药房…………4810114
……………………－6311
住院药房…………4816472
第十四分院
院长………………4882251
副院长……………4882229
所办………………4882667
第十五分院
院长………………4828619
院办………………4891237
第十八分院
院长………………4816367
院办………………4820014
第十九分院
院长………………4828590
院办………………4828385
第二十分院
院长………………4880369
院财务……………4880405
第二十一分院
院长………………4897388
院财务……………4899187

河南中原绿能高科有限责任公司

领导

经理…… 4826576
副书记…… 4825571
副经理…… 4893835
副总师（经理助理）
副总工程师…… 4893834
副总会计师…… 4828446
副总工程师…… 4816354
机关部室
经理办…… 4893832
值班室…… 4826572
党群工作部…… 4826571
安全生产指挥部…… 4892937
企业管理部…… 4893823
人力资源部…… 4894814
金融财务部…… 4826570
综合治理办公室…… 4828864
基层单位
科研所…… 4828234
结算站…… 4731171
营销中心…… 4731459
物资站…… 4731707
工程技术部…… 4826883
工程维修大队…… 4891495
LNG 工厂
厂长…… 4853379
书记…… 4853280
副厂长…… 4851994
办公室…… 4859503
中控室…… 4859701
配电室…… 4853322
开封燃气中心
开封 1 号站 0378－2295866
开封 2 号站 0378－3921002
开封 3 号站 0378－3866237

中友劳务技术服务有限公司

总经理…… 4731501
经理助理、劳资科长 4731503
经理助理、财务科长 4731502
办公室…… 4732056
值班室…… 4819996
人事劳资科…… 4731503
计划财务科…… 4732033

濮阳中原劳务技术服务有限公司

公司领导
总经理…… 4896268
副总经理…… 4890298
经理办公室
主任…… 4890566
副主任…… 4890616
办公室…… 4890616
传真…… 4896202
人力资源部
主任…… 4896222
副主任…… 4890871
办公室…… 4890871
财务部
主任…… 4890178
办公室…… 4890928
党群部
主任…… 4896203

五大行业公司机关

领导
董事长…… 4777199
联合党委书记…… 4777189
总经理…… 4777066
财务总监…… 4777077
机关部室
办公室主任…… 4777258
办公室…… 4777068
党群部部长…… 4777117
工会、纪检办…… 4777181
人力资源部部长一
…… 4777326

化工行业

濮阳中原三力实业有限公司
总经理…… 4800100
书记…… 4800243
副经理…… 4800483
财务总监…… 4809388
办公室（传真）…… 4800609
财务科…… 4805713
信息部…… 4800266
化工一厂…… 4800620
化工二厂…… 4806626
化工三厂…… 4800101
化工四厂…… 4800096
化工五厂…… 4805675
化工六厂…… 4800866
合成化工厂…… 4800551
橡胶制品厂…… 4800105
创高机械…… 4804843
融发化工…… 8807155
成邦油气…… 4734520
圣雅化工…… 8807156
中新钻采…… 4898008
濮阳市信原实业有限公司
经理…… 4720078
副经理…… 4881923
…… 4734668
经理办…… 4880321
濮阳市恒美实业开发中心
董事长…… 8971196
总经理…… 8971176
副经理…… 8971171
办公室…… 8971170
人事企管部…… 4883136
财务部…… 4884084
润滑油厂…… 4819683
涂料厂…… 4886777
综合化工厂…… 4882103
精细化工厂…… 8971173
市场部…… 4721001
濮阳市濮油化工总厂
总经理…… 4851938
书记…… 4853625
副经理一…… 4853637
办公室主任…… 4851940
财务科…… 4853657
化学助剂厂…… 4851021
文中化工厂…… 4853101
综合化工厂…… 4851479
制氧厂…… 4851354
濮阳联力化工总厂
总经理…… 4841906
生产副总…… 4841913
财务副总…… 4841326
经营副总（传真）
…… 4841701
财务科…… 4841334
生产技术科…… 4841412
经营管理科…… 4841817
人事科…… 4842143
濮阳宏大化工总厂
总经理…… 4896218
书记…… 4899451
副经理…… 4899809
…… 4899706
经营科…… 4899811
财务科…… 4897623
值班室…… 4899762
新区办…… 4777126
濮阳中环橡胶总厂
总经理…… 4800278
副总经理…… 4800899
…… 4809881
…… 4800756
…… 4805766
…… 4807757
财务总监…… 4800951
办公室主任…… 4809398
人事劳资科…… 4809880
经营管理科…… 4809679
安全监督科…… 4809420
物资供应科…… 4800874
生产协调科…… 4809424
销售一科…… 4800756
销售二科…… 4808441
销售三科…… 4809423
技术监督科 4809882 转 8778
计划生育办公室…… 4809679
化工厂…… 4825948
濮阳市新发展石油化工总厂
经理…… 4753568
副经理…… 4754648
办公室主任…… 4753654
值班室…… 4754783
销售科…… 4754648
财务科…… 4754945
分厂…… 4754932
濮阳瑞邦化工有限公司
总经理…… 4829366
办公室…… 4893494
濮阳市金盾消防有限公司
经理…… 4894896
副经理…… 4822717
办公室主任…… 4825551
财务科…… 4825557
销售部…… 4752930
供应部…… 4825573
制造厂…… 4752931
工程部一处…… 4727137
工程部二处…… 4727138
贸易部…… 4727139
国际市场部…… 4727690
濮阳市东方贝尔实业有限公司
董事长…… 4895685
副总经理…… 4896096
总经理助理…… 4895525
总会计师…… 4895915
办公室（传真）…… 4890956
传真…… 4895568
财务部…… 4895195
销售部…… 4895525
技术安全部…… 4896096
濮阳天河化工总厂
总经理…… 4876166
书记…… 4870903
副经理…… 4875273
…… 4875489
办公室主任…… 4875500
值班室…… 4870671
濮阳龙泽化建总厂
经理…… 4819398
办公室主任…… 4829384
濮阳惠众化工总厂
经理…… 4854422
书记…… 4854620
副经理…… 4854746
办公室主任…… 4854489
财务…… 4854464

东明中原金丰化工厂
经理…………………… 4861730
办公室主任………… 4861450
兰考盛达化工总厂
总经理……………… 4865350
副经理……………… 4865153
…………………… 4865739
财务………………… 4865712
办公室……………… 4865942
值班室……………… 4869118
传真………………… 4869568
库房………………… 4869626
销售部……………… 4866696
濮阳市科润石油工程技术公司
总经理……………… 4894644
副经理……………… 4893587
办公室主任………… 4892911
财务科……………… 4822417
值班室……………… 4827758
新区办公室………… 4777055
新区财务办………… 4777062
濮阳瑞丰精细化工总厂
经理…………………… 4874697
濮阳市科力化工有限公司
办公室……………… 4841111
濮阳市银太源化工有限公司
经理…………………… 4895328
副经理……………… 4890256
办公室……………… 4898606
濮阳市万象化学工程有限公司
经理…………………… 4732195
书记………………… 4733387
副经理……………… 4732183
办公室……………… 4732182
濮阳市盛世龙都化工机械公司
办公室……………… 4710375
濮阳市铁马科技发展有限公司
办公室……………… 4891786
濮阳四源化工科技有限公司
董事长……………… 4777118
总经理……………… 4777168
副总经理…………… 4777368
传真………………… 4777218
值班室……………… 4777298
工程师……………… 4777366
财务部……………… 4777296
经营部……………… 4777268
综合化工厂………… 4777388
二分厂……………… 4468160
三分厂……………… 4777266
四分厂……………… 4777216
濮阳市新达化工科技有限公司
办公室……………… 4464608
濮阳市亚联实业有限公司
经理…………………… 4893603
濮阳合力化工厂
经理…………………… 4828443
厂办………………… 4827073
营销部……………… 4827153
濮阳市恒邦化工有限公司
办公室……………… 4834233
濮阳市宇飞化工有限公司
办公室……………… 4893390
濮阳市达威消防器材工程公司
办公室……………… 4825388
濮阳市油龙实业有限公司
经理（传真）……… 4881385
书记………………… 4887878
副经理……………… 4722688
值班室……………… 4887878
濮阳市民安消防器材有限公司
办公室……………… 4829718
濮阳鑫利特科技发展有限公司
办公室……………… 4895651
濮阳市瑞特隆消防器材有限公司
办公室……………… 4732953
濮阳市双峰油漆有限公司
办公室……………… 4895787
传真………………… 4771787
濮阳市利东石油工程技术公司
经理…………………… 4777318
副经理……………… 4777300
办公室……………… 4777418
濮阳市格瑞特石油科技有限公司
经理…………………… 4895100
书记………………… 8915908
副经理……………… 4895077
办公室主任………… 4233385
值班室……………… 4895885
濮阳市凯利实业有限公司
办公室……………… 4733339
濮阳市濮中化工有限公司
董事长……………… 6686666
总经理……………… 8977555
副经理……………… 6686777
值班室……………… 8961885
濮阳市融发化工有限公司
办公室……………… 8807155
濮阳市昌龙消防器材有限公司
经理…………………… 8966159

机电行业

濮阳中石集团有限公司
董事长……………… 4805609
副书记……………… 4805679
副董事长…………… 4805579
副总经理…………… 4800919
副总会计师………… 8973592
办公室主任………… 4805719
财务科……………… 4805729
安全科……………… 4805749
钻井分公司………… 4800919
采油分公司………… 4807996
彩钢分公司………… 4806919
电气分公司………… 4809664
钢结构分公司……… 4827006
抽油泵厂…………… 4809842
固井附件厂………… 4800109
濮阳濮中机电制造总厂
董事长……………… 4823937
总经理……………… 4824626
副经理……………… 4824683
…………………… 4816721
办公室……………… 4824781
财务科……………… 4891773
机械加工厂………… 4804042
枪身厂……………… 4849748
电线厂……………… 4896073
电瓶厂……………… 4890645
野营房厂…………… 4893431
建材助剂厂………… 4812584
濮阳市信字石油机械化工公司
董事长……………… 4818518
副董事长…………… 4887606
…………………… 4887768
监事会主席………… 4887956
副总经理…………… 4887976
总经理办公室……… 4880272
财经部……………… 4880290
技术监督部………… 4888751
科研所……………… 4729661
生产办……………… 4729542
营销部……………… 4888969
汽修一厂…………… 4887976
汽修二厂…………… 4728050
汽修五厂…………… 4729859
汽修六厂…………… 4880862
汽修八厂…………… 4729468
机械加工厂………… 4727237
仪表厂……………… 4729545
机械修理厂………… 4729569
发动机厂…………… 4888689
特车修理厂………… 4880693
滤芯厂……………… 4200697
抽油机厂…………… 4727252
抽油泵厂…………… 4880228
钻采设备厂………… 4729640
铸造厂……………… 4727395
起重机厂…………… 4728125
联钢机电设备厂…… 4887907
钻修设备厂………… 4889782
濮阳满江红电子电器厂
经理…………………… 4822108
副经理……………… 4894143
综合科……………… 4894100
财务科……………… 4892734
一分厂……………… 4890877
二分厂……………… 4899528
濮阳市三龙轿车修理有限公司
经理…………………… 4899412
副经理……………… 4897602
濮阳市皇甫电泵电缆有限公司
办公室……………… 4884477
濮阳市众兴机械设备有限公司
办公室……………… 4888361
濮阳市金宝石油机械修造公司
经理…………………… 4821089
书记………………… 4821063
副经理……………… 4821037
办公室主任………… 4824682
值班室……………… 4821097
开封中原众成综合加工总厂
总经理……………… 4865929
副经理……………… 4866106
办公室……………… 4866154
人事科……………… 4865921
财务科……………… 4866106
物资科……………… 4866116
销售科……………… 4866234
调度室……………… 4866720
新区办……………… 4777226
濮阳市通达石化设备有限公司
董事长……………… 4722378
财务总监…………… 4886728
销售部……………… 4886592
人力资源部………… 4884911
濮阳中油名辉实业开发中心
办公室……………… 4722145
濮阳市双发实业有限责任公司
经理…………………… 4710605
生产部主任………… 4710608
办公室主任………… 4710102
办公室……………… 4710604
传真………………… 4710603
销售部……………… 4884871
财务部……………… 4884872
人事部……………… 4710125
技术部……………… 4710601
濮阳市中原汇腾实业有限公司
董事长……………… 4898098
总经理……………… 4896698
财务总监…………… 4895736
管理部……………… 4890563
办公室主任………… 4897276

值班室………………… 4895731
濮阳市大力科技发展有限公司
经理…………………… 4777008
副经理………………… 4777186
财务部………………… 4777009
办公室………………… 4777186
濮阳市鑫益实业有限公司
总经理………………… 4777050
书记…………………… 4777036
生产技术科…………… 4777005
办公室………………… 8807985
濮阳市世纪腾飞机械制造公司
经理…………………… 4771538
副经理………………… 4771353
办公室主任…………… 4771473
濮阳市瑞璞设备有限公司
办公室………………… 4499888
濮阳市明乐石油设备修造公司
经理…………………… 4818854
办公室………………… 4409333
濮阳兴隆综合开发中心
办公室………………… 4728623
濮阳市誉邦机械安装工程公司
办公室………………… 4730965
濮阳市诚鑫机械加工有限公司
办公室………………… 4205827
濮阳市吉立石油机械配件公司
总经理………………… 4777369
副经理………………… 4777378
办公室………………… 4777379
财务…………………… 4777316
濮阳兴泰金属结构制品有限公司
办公室………………… 4822866
濮阳市历亚电器有限公司
办公室………………… 4822866
濮阳市丰华科技发展有限公司
经理…………………… 4822707
副经理………………… 4492950
财务办………………… 4890607
濮阳市运煌机械制造维修公司
办公室………………… 4732201
濮阳市中江电子机械有限公司
总经理………………… 4890300
值班室………………… 4893788
办公室………………… 4890048
濮阳市东昊机械电子有限公司
总经理………………… 8915986
营销部………………… 8915918
财务部………………… 8915958
办公室………………… 8915966
传真…………………… 4771366
值班室………………… 8915900
濮阳市海华石油机械有限公司
办公室………………… 4620956

濮阳市豫鑫机械修理有限公司
办公室………………… 4233685
濮阳市英轩汽车修理有限公司
办公室………………… 4233908
濮阳市大通机泵有限公司
经理…………………… 4801897
办公室………………… 8680312
传真…………………… 8680311
濮阳市德强石油机械制造公司
办公室………………… 4233993
濮阳市亚波石油设备修造公司
办公室………………… 4233799
北京市东辉永泰信息技术公司
经理…………………… 4895807
副经理………………… 4896297
办公室………………… 4897007
值班室………………… 8920107
濮阳市市区中义兴仪表厂
经理…………………… 4814021
濮阳市宝利通石油机械有限公司
办公室………………… 4804836
濮阳市宏盛石油配件有限公司
办公室………………… 4882182
濮阳县中石机械摩擦材料公司
办公室主任…………… 4875202
传真…………………… 4878696
濮阳市创业电线电缆有限公司
办公室………………… 4858388
濮阳市思源钻采设备修造公司
经理…………………… 4849864
办公室主任…………… 4233505
新区办………………… 4777178
濮阳市慧鑫化工机械有限公司
办公室………………… 4896050
濮阳市恒立科技发展有限公司
经理…………………… 4205449
副经理………………… 4205482
办公室主任…………… 4204428
濮阳市吉源机械电子有限公司
办公室………………… 4826306
濮阳市住友机械电子有限公司
值班室………………… 8806070
濮阳市康威石油机械制造公司
总经理………………… 8805997
濮阳市众鑫钻采设备修造公司
办公室………………… 4696728
濮阳市光华机械电器修造公司
经理…………………… 4848169
办公室主任…………… 4848598
值班室………………… 4848628
濮阳市齐力石油机械设备公司
办公室………………… 4732521
濮阳市浩德机械电子有限公司

值班室………………… 8817899
濮阳市东环路旭日石油机修厂
办公室………………… 4233939
濮阳市隆盛机械电子有限公司
办公室………………… 8806072
濮阳市四方装饰工程有限公司
经理…………………… 4887378
办公室………………… 4887376
濮阳市天地人环保工程技术公司
经理…………………… 4802699
书记…………………… 4892709
副经理………………… 4822279
办公室主任…………… 4802699
值班室………………… 4822279
濮阳市龙泉石油机械有限公司
经理…………………… 4890555
副经理………………… 4772588
值班室………………… 8915900
濮阳市中原锐实达石油设备公司
经理…………………… 4203538
财务部（传真）…… 4203536
销售部………………… 4203516
生产部………………… 4203506
技术部………………… 4203526
值班室………………… 4203826
濮阳市长安机械修造有限公司
值班室………………… 4816269
濮阳市中德电缆电器有限公司
办公室………………… 4887152
濮阳市大龙石油机械制造公司
办公室………………… 7832997
濮阳市九豫机械制造有限公司
办公室………………… 4828598
濮阳市勇攀石油机械化工公司
经理…………………… 4800151
书记…………………… 4806838
副经理………………… 4805918
值班室………………… 4800154
濮阳市巨源电工电器有限公司
办公室………………… 4729669
濮阳市星科机械设备修理公司
办公室………………… 4880590
河南省金正石油电器有限公司
值班室………………… 7223988
濮阳市嘉泰实业有限公司
办公室………………… 4490770
濮阳市瑞麟机械电子有限公司
办公室………………… 4898115
濮阳市中江科峰石油新技术公司
办公室………………… 4801676
濮阳市艺海石油机械有限公司

经理…………………… 4201851
书记…………………… 4205369
副经理………………… 4201396
濮阳市凯辰电器设备有限公司
办公室………………… 8800038
濮阳市中软科技发展有限公司
销售部经理…………… 4829211
办公室………………… 8855719
濮阳市亚太机械修造有限公司
办公室………………… 4823780
濮阳市宏力机械电子有限公司
经理…………………… 4887804
书记…………………… 4888996
副经理………………… 8805777
办公室主任…………… 4202550
值班室………………… 4777007
濮阳市鑫洲机械化工有限公司
办公室………………… 4734459
河南远博实业有限公司
办公室………………… 8853386
传真…………………… 8853389
值班室………………… 8853256
濮阳市珠峰石油机械有限公司
办公室………………… 4771855
濮阳市中瑞机械修造有限公司
经理…………………… 4804960
濮阳市通达汽车销售服务公司
办公室………………… 4777716
濮阳新集成实业开发中心
经理…………………… 4777089
副经理………………… 4777109
副经理………………… 4777108
财务…………………… 4777096
办公室………………… 4777095
山东省华东石油管材钻具公司
办公室………………… 7618888
濮阳市濮东石化机械制造公司
办公室………………… 4202361
濮阳市军胜实业有限公司
值班室………………… 4899000
濮阳市方都石油机械有限公司
经理…………………… 4777188
办公室………………… 4777282
濮阳市皇锦钻采配件加工公司
办公室………………… 4820546
濮阳市鑫川石化设备有限公司
办公室………………… 4734459
濮阳市源隆机械设备有限公司
办公室………………… 4822190
濮阳市益海物资有限公司
……………………………… 4885059
办公室………………… 4721866

建材行业

濮阳市中建实业中心

经理……………… 4826726
副经理……………… 4491258
……………… 4491257
……………… 4826746
办公室主任……………… 4826749
办公室……………… 4826741
财务科……………… 4826745
生产科……………… 4826744
乙炔气厂……………… 4751245
钢塑门窗厂……………… 4820967
电气开关厂……………… 4819408
施工大队……………… 4818117
机械运输处……………… 4820946
环宇工程处……………… 4826173
昱通办公室……………… 4810655
濮阳中油化工建材总厂
总经理……………… 4810568
副经理……………… 4800873
办公室主任……………… 4894477
办公室……………… 4826617
经营财务科……………… 4826908
PVC 塑钢厂 ……… 4800988
水泥制品厂……………… 4894504
化工厂……………… 4818029
开封运杰建材总厂
办公室……………… 4732808
塑钢厂……………… 4865461
油毡厂……………… 4865758
木器厂……………… 4825382
濮阳市秋实建材有限公司
办公室……………… 4825758
濮阳市精成彩钢工程有限公司
经理……………… 4808536
副经理……………… 4808138
办公室……………… 4805608
濮阳市中濮综合轻纺厂
办公室……………… 4881720
濮阳市华龙区宏祥建材厂
办公室……………… 4827166
濮阳市良坤散热制品有限公司
办公室……………… 4897946
濮阳市鑫朋金属结构有限公司
经理……………… 4887804
书记……………… 4888996
副经理……………… 8805777
办公室主任……………… 4233119
兰考兰丰木业有限公司
经理……………… 4866170
办公室……………… 4866710
濮阳市宏发原工贸有限公司
值班室……………… 4820531
濮阳市荣盛建材有限公司
经理……………… 4710088

劳保行业

濮阳中蕾劳保制品总厂
经理……………… 4897690
值班室……………… 4890672
濮阳市中原开宇服装鞋帽厂
经理……………… 4890672
办公室……………… 4820828
濮阳市锦绣服饰有限公司
办公室……………… 4885258
濮阳市东旭服饰有限公司
办公室……………… 4882518
濮阳市春晖服饰有限公司
办公室……………… 4823547
传真……………… 4491858
濮阳市源通劳保用品有限公司
办公室……………… 4824886
濮阳市方华实业有限公司
经理……………… 4731766
办公室……………… 4731389
濮阳市双新鞋帽服饰有限公司
办公室……………… 4885138
濮阳市蓝宝石服饰有限公司
办公室……………… 4882706
濮阳市宝利来服饰有限公司
经理……………… 4883573
书记……………… 8976958
濮阳市丰达劳动防护用品公司
经理……………… 4880408
副经理……………… 4463263
濮阳市利达服饰有限公司
办公室……………… 4426372

施工行业

濮阳市天正电器装配有限公司
总经理……………… 4899908
副经理……………… 4899083
财务科……………… 4899891
预算科……………… 4890739
办公室……………… 4895285
濮阳市华达石化机械设备公司
新区办……………… 4777518
河南中油建设工程有限公司
董事长……………… 4732088
经理……………… 4732099
副经理……………… 4894099
办公室主任……………… 4825176
值班室……………… 4825718
濮阳市能达建安防腐工程公司
总经理……………… 4460026
财务科……………… 4466812
濮阳市中拓管道清洗修复公司
总经理……………… 4887328
副经理……………… 4887680
营销部……………… 4887370
办公室……………… 4720146
财务部……………… 4729947
传真……………… 4887712
修复分公司办公室…… 4887370
试压分公司办公室…… 4729453
濮阳市奥依尔电器仪表有限公司
经理……………… 4890226
副经理……………… 4899588
办公室主任……………… 4896557
新区办……………… 4777083
濮阳市越华工程建设有限公司
经理……………… 4777016
办公室主任……………… 4777110
财务科长……………… 4777160
濮阳市非常工程技术有限公司
办公室……………… 4731115
值班室……………… 4817777
濮阳市鸿耀防腐工程有限公司
经理……………… 4897295
副经理……………… 4823532
值班室……………… 8705296
传真……………… 4820243
濮阳市锐达电气自动化有限公司
经理……………… 4896927
副经理……………… 4896915
濮阳市中艺文化服务有限公司
办公室……………… 4897808
濮阳市新振工程技术有限公司
经理……………… 4895061
副经理……………… 4890726
濮阳市科力恒石油机械有限公司
办公室……………… 4824828
濮阳市翔宇石油机械防腐公司
经理……………… 8116334
副经理……………… 4427381
办公室主任……………… 8116334
濮阳市洁士建安工程有限公司
经理（传真）……… 4823218
副经理……………… 4823811
办公室……………… 4821911
濮阳市科洋化工有限公司
总经理……………… 4828039
书记……………… 4825609
办公室……………… 4200369
濮阳市晨光建安工程有限公司
办公室……………… 8959616
濮阳市华瑞机修有限公司
办公室……………… 4733791
濮阳市海申勘探开发技术公司
办公室……………… 4771228
濮阳市卯达物资有限公司
办公室……………… 4828974
濮阳市惠普装饰有限公司
办公室……………… 4840960
濮阳中原石油助剂有限公司
办公室……………… 4731887
濮阳市中南科技服务有限公司
办公室……………… 4490449
濮阳市中建钢结构工程有限公司
办公室……………… 4659999
濮阳市中原锐驰清洗防腐公司
总经办……………… 4777198

中国石化中原石油化工有限责任公司

总机……………… 4471114
总经理办公室
主任……………… 4471306
副主任……………… 4471231
秘书科……………… 4471077
接待科……………… 4471075
党委办公室
主任……………… 4471084
秘书科……………… 4471067
组织科……………… 4471068
生产调度处
处长……………… 4471376
调度台……………… 4471336
机械动力处
处长……………… 4471234
副处长……………… 4471360
综合科……………… 4471526
检修科……………… 4471475
动力科……………… 4471390
安全环保处
处长……………… 4471288
安全科……………… 4471279
环保科……………… 4471283
技术监督处
处长……………… 4471463
技术科……………… 4471330
计量科……………… 4471002
综合计划处
处长……………… 4471307
副处长……………… 4471108
计划科……………… 4471356
信息科……………… 4471315
财务处
处长……………… 4471117
资产科……………… 4471441
会计科……………… 4471092
成本科……………… 4471090
资金科……………… 4471048

销售科…………… 4471093
人事教育处
处长…………… 4471078
干部科…………… 4471013
工资科…………… 4471181
教培科…………… 4471208
企业管理处
处长…………… 4471256
企管科…………… 4471350
合同科…………… 4471299
审计处
处长…………… 4471216
工程审计…………… 4471273
财务审计…………… 4471551
党委宣传部
部长…………… 4471237
宣传科…………… 4471069
电视台…………… 4472102
监察处
处长…………… 4471248
办公室…………… 4471204
监察室…………… 4471210
审理室…………… 4471172
工会
副主席…………… 4471070
女工部长…………… 4471071
生产劳保…………… 4471101
文体中心…………… 4472294
图书馆…………… 4472947
退管站…………… 4472494

青年工作部
部长…………… 4471219
经营部
主任…………… 4471042
原料科…………… 4471438
信息科…………… 4471431
物资供应处
处长…………… 4471010
书记…………… 4471023
管理科…………… 4471385
器材科…………… 4471380
化工科…………… 4471483
备件科…………… 4471205
库房…………… 4471341
保卫处
处长…………… 4471026
综治办…………… 4471316
治安科…………… 4471215
工农办…………… 4471083
消防队…………… 4471246
经警队…………… 4471130

华苑实业有限公司

公司领导
总经理…………… 4821700
副经理…………… 4732970
财务总监…………… 4732804
总经理助理…………… 4810455
综合办公室
主任…………… 4732843

副主任…………… 4821500
生产技术管理科
科长…………… 4733223
库房…………… 4728693
经营管理科
科长…………… 4733235
销售部
部长…………… 4810765
财务科
科长…………… 4733207
人事劳资科
科长…………… 4733150
化工项目办公室
主任…………… 4821700
针织一厂
厂长…………… 4729782
副厂长…………… 4729870
缝纫车间…………… 4720954
工艺车间…………… 4720974
整理车间…………… 4720994
职工食堂…………… 4729882
针织二厂
厂长…………… 4852998
标牌厂
厂长…………… 4880532
副厂长…………… 4728532
业务部…………… 4880432
保温材料厂
厂长…………… 4710685

公证处

主任…………… 4826122
办公室…………… 4828543

濮阳诚德会计师事务所

所长…………… 4894631
综合办公室…………… 4828416
审计一部…………… 4810350
审计二部…………… 4894630
代理记帐部…………… 4824925
代理记帐部…………… 4824925
综合业务部…………… 4810360
会计司法鉴定部…… 4810689
资产平估司法鉴定部
…………… 4810532
资产平估部…………… 4824463
工程预决算审计部…… 4828523
财务咨询…………… 4810922
险查培训部…………… 4810622

卓越彩印有限公司

经理…………… 4823256
办公室…………… 4821893
业务生产部…………… 4823312
时务部…………… 4825883
业务部…………… 4825882
安保值班室…………… 4823302
传真…………… 4821893

3. 河南油田分公司

地址：河南省南阳市宛城区官庄镇　邮政编码：473132　公网区号：0377

党政办公室

主任…………… 3857888
…………… 3830038
副主任…………… 3833269
秘书科…………… 3830810
…………… 3830243
值班室…………… 3830011
…………… 3856567
传真…………… 3830027
文书…………… 3830024
政研室…………… 3830042
…………… 3830594
督查科…………… 3830676
…………… 3830028
行政科…………… 3830033
机要科…………… 3830043
机要科传真…………… 3830044
接待科…………… 3030514
接待科传真…………… 3830513

武装部（综治办）

部长…………… 3830851
办公室…………… 3837011

组织部（干部处）

部长、处长…………… 3830049
副部长、副处长…… 3856989
综合科…………… 3830046
组织科…………… 3830055
…………… 3830048
干部科…………… 3830052
档案室…………… 3830056
技干科…………… 3830051
职改办…………… 3830166
机关干部科…………… 3830053
干部培训科…………… 3830050

宣传部

部长…………… 3830058
副部长…………… 3830400
宣传综合科…………… 3830543
政治教育科…………… 3830059
新闻统战科…………… 3830060
文化办公室
主任…………… 3830061
中国石油画报记者站
…………… 3830248
文化市场办…………… 3836352
中国石化报记者站
站长…………… 3830062
办公室…………… 3856291
电视台
总支书记…………… 3838859
总以…………… 3830515
副台长…………… 3830844

总编辑…………… 3852290
办公室…………… 3852394
总编室…………… 3852595
…………… 3830719

局纪委、监察处

副书记、处长…………… 3830064
副书记…………… 3830067
副处长…………… 3859757
办公室
主任…………… 3830632
…………… 3830066
案件一室
主任…………… 3830452
副主任…………… 3854842
综合办…………… 3830153
案件二室
主任…………… 3856410
副主任…………… 3854841

效能监察室
主任…………………… 3830697
副主任………………… 3830154
信访室
主任…………………… 3830694
……………………………… 3830817
……………………………… 3854840
审理室
主任…………………… 3830630
副主任………………… 3830065
调研室
主任…………………… 3854843
副主任………………… 3854845

局工会

副主席………………… 3838836
……………………………… 3830075
办公室主任…………… 3830548
办公室………………… 3830072
……………………………… 3830634

局团委

副书记………………… 3830635
……………………………… 3830636
办公室………………… 3830079
青年志愿者服务总站
……………………………… 3838000
……………………………… 3838111

局机关党委

书记…………………… 3839166
机关纪委书记……… 3830083
调研员………………… 3833455
机关党委办公室…… 3830084
机关纪委、团委…… 3836801
机关保卫科………… 3830086

总调度室

总调度长……………… 3830890
副总调度长…………… 3830520
总工程师……………… 3830408
总经济师……………… 3830654
调度台………………… 3830412
……………………………… 3830413
总公司联网…………… 3837630
电调联网……………… 3857337

安全处

处长…………………… 3830129
副处长………………… 3830116
总工程师……………… 3830347
环保办
主任…………………… 3830119
办公室………………… 3836907

环境监测中心站
站长…………………… 3853480
……………………………… 3852443

机动处

处长…………………… 3830095
副处长………………… 3830657
……………………………… 3830098
综合科科长…………… 3830678
办公室………………… 3830656
修理制造科…………… 3830097
现场管理科…………… 3830096

基建处

处长…………………… 3830105
总工程师……………… 3830107
综合科………………… 3830647

科技处

处长…………………… 3830662
……………………………… 3830607
副处长………………… 3830801
副处长………………… 3830673
综合管理科…………… 3830609
……………………………… 3838771
项目管理科…………… 3830608
……………………………… 3830802
技术市场办…………… 3830294
科协办………………… 3830660
情报室………………… 3830611
传真…………………… 3856983
计算机室……………… 3830337

规划计划处

处长…………………… 3830529
副处长………………… 3830433
……………………………… 3833400
规划科………………… 3830190
……………………………… 3833403
项目科………………… 3830127
……………………………… 3833402
设计管理科…………… 3830108
投资计划科…………… 3830123
……………………………… 3830124

财务处（国有资产处）

办公室………………… 3830649
……………………………… 3833233

不良资产管理办公室

主任…………………… 3855886
副主任、总会计师
……………………………… 3857679

人力资源处

处长…………………… 3830419
副处长………………… 3830134
总经济师……………… 3833108
总经济师……………… 3833153
总经济师……………… 3830753
社会保险中心
主任…………………… 3859755
副主任………………… 3835907

企管法规处

处长…………………… 3830482
副处长………………… 3830483
总经济师……………… 3830319
总工程师……………… 3830553

审计处

副处长………………… 3830449
……………………………… 3830669
南阳市中实会计师事务所
所长…………………… 3833949
综合室………………… 3830571

对外合作处

主任…………………… 3836626
副主任………………… 3830610

公共事业部

主任…………………… 3830016
副主任………………… 3836835

勘探事业部

主任…………………… 3830903
副主任………………… 3858043

开发事业部

主任…………………… 3830090
副主任………………… 3830087
……………………………… 3830638
副主任、总工程师
……………………………… 3830090
副主任………………… 3830185
总地质师……………… 3830090
总会计师……………… 3830637

炼化事业部

主任…………………… 3830236
副主任………………… 3830122

概预算中心

主任…………………… 3830653
总经济师……………… 3830652

信息中心

主任…………………… 3856969
支部书记、副主任…… 3839863

人才劳动力交流中心（再就业服务中心）

主任…………………… 3830054
副主任………………… 3830423
下岗职工管理科……… 3830756

文体中心

主任…………………… 3835310
副主任（体委）…… 3854366
副主任（中心）…… 3836880
文化宫
主任…………………… 3830532
副主任………………… 3830252
文体活动中心
副主任………………… 3836882
活动室………………… 3836880
电影公司
经理…………………… 3830140
办公室………………… 3830534
体育场
主任…………………… 3830880
办公室………………… 3830854
青少年宫
主任…………………… 3830576
副主任………………… 3830511

钻井工程公司

地址：河南吉南阳市宛城区河南油田
邮编：473132
公网区号：0377
办公室………………… 3850097

第一采油厂

地址：河南省桐柏县粟楼镇河南油田
邮编：474800
公网区号：0377
办公室………………… 3843115

第二采油厂

地址：河南省唐河县河南油田
邮编：473400
公网区号：0377
办公室………………… 3840476

地质调查处

地址：河南省南阳市宛城区河南油田
邮编：473132
公网区号：0377

办公室…………………3838657

油建公司

地址：河南省唐河县张店镇河南油田
邮编：4731 32
公网区号：0377
办公室…………………3839039

测井公司

地址：河南省南阳市宛城区河南油田
邮编：473132
公网区号：0377
办公室…………………3839367

录井公司

地址：河南省南阳市宛城区河南油田
邮编：473132
公网区号：0377
办公室…………………3837212

工程院

地址：河南省南阳市宛城区河南油田
邮编：473132
公网区号：0377
办公室…………………3837341

精蜡厂

地址：河南省南阳市宛城区河南油田
邮编：473132
公网区号：0377
办公室…………………3827826

水电厂

地址：河南省南阳市宛城区河南油田
邮编：473132
公网区号：0377
办公室…………………3836308

机修厂

地址：河南省唐河县张店镇河南油田
邮编：473132
公网区号：0377
办公室…………………3839581

南机厂

地址：河南省南阳市中州路河南油田
邮编：473065
公网区号：0377
办公室…………………3577210

物资供销处

地址：河南省南阳市宛城区河南油田
邮编：473132
公网区号：0377
办公室…………………3838387

运输处

地址：河南省南阳市宛城区河南油田
邮编：473132
公网区号：0377
办公室…………………3838084

研究院

地址：河南省南阳市宛城区河南油田
邮编：473132
公网区号：0377
办公室…………………3856461

设计院

地址：河南省南阳市宛城区河南油田
邮编：473132
公网区号：0377
办公室…………………3834173

华油集团

地址：河南省南阳市宛城区河南油田
邮编：473132
公网区号：0377
办公室…………………3830145

通信公司

地址：河南省南阳市宛城区河南油田
邮编：473132
公网区号：0377
办公室…………………3839821

职工医院

地址：河南省南阳市宛城区河南油田
邮编：473132
公网区号：0377
办公室…………………3852611

人力资源中心

地址：河南省南阳市宛城区河南油田
邮编：473132
公网区号：0377
办公室…………………3853709

天然碱公司

地址：河南省南阳市宛城区河南油田
邮编：473132
公网区号：0377
办公室…………………3845453

涧河社区

地址：河南省南阳市宛城区河南油田
邮编：473132
公网区号：0377
办公室…………………3820922

双河社区

地址：河南省桐柏县粟楼镇河南油田
邮编：473132
公网区号：0377
办公室…………………3843068

五一社区

地址：河南省南阳市宛城区河南油田
邮编：473132
公网区号：0377
办公室…………………3830457

教育中心

地址：河南省南阳市宛城区河南油田
邮编：473132
公网区号：0377
办公室…………………3830469

离退休管理中心

地址：河南省南阳市宛城区河南油田
邮编：473132
公网区号：0377
办公室…………………3830310

塔里木河南勘探公司

地址：新疆焉耆县
邮编：841000
公网区号：0996
办公室…………………6029730

4. 江汉油田分公司

地址：湖北省潜江市广华寺江汉路1号　邮政编码：433124　公网区号：0728

公司机关

经理办公室

主任…………………6586938
副主任…………………6586995
…………………6509487
值班室…………………6502051
…………………6502074
传真…………………6502784
秘书科…………………6502894
政研科…………………6502556
…………………6592369
督查科…………………6502963
文书科…………………6502086
…………………6507178
接待科…………………6502141
…………………6504743
综合科…………………6592093

总调度室

总调度长…………………6586916
副总调度长…………………6503917
…………………6586926
…………………6586704
…………………6503024
…………………6502554
生产调度科…………………6502011
…………………6502211
传真…………………6502795
综合科…………………6507927
能源科…………………6503611
运输科…………………6502521
防汛办…………………6503547
工农办…………………6502931
土地办…………………6502232

安全环保处

处长…………………6503801

副处长………………… 6502541
………………………… 6509292
………………………… 6503341
………………………… 6506035
综合科………………… 6502454
机关安全科…………… 6503803
劳保科………………… 6502198
监察科………………… 6503802
工业科………………… 6502632
交通科………………… 6502558
环保科………………… 6506703
………………………… 6502789

基建处

处长…………………… 6503282
副处长………………… 6500445
综合科………………… 6502195
工程科………………… 6502293
矿建科………………… 6507403
招标科………………… 6502135

资产装备处

处长…………………… 6507137
副处长………………… 6502127
………………………… 6502261
………………………… 6502852
综合科………………… 6500071
资产科………………… 6502737
设备科………………… 6502163
经营科………………… 6502083
产权科………………… 6506800

劳动工资处

处长…………………… 6586256
副处长………………… 6504517
………………………… 6500668
………………………… 6502191
主任经济师…………… 6586694
综合科………………… 6502909
管理科………………… 6502313
工资科………………… 6507938
组织科………………… 6502924
技能鉴定中心………… 6503833
监察科………………… 6504785
劳动仲裁办…………… 6504121
机关劳资科…………… 6504924

工程技术处

处长…………………… 6509681
副处长………………… 6504660
………………………… 6500548
………………………… 6504660
工程管理科…………… 6500459
市场管理科…………… 6503179

财务资产处

处长…………………… 6509576
副处长………………… 6509121
………………………… 6501573
资金科………………… 6509153
会计科………………… 6509256
资产科………………… 6509123
管理科………………… 6509105
机关财务科…………… 6507946
价税科………………… 6509226
设备科………………… 6509120
内控科………………… 6509113

计划处

处长…………………… 6586936
副处长………………… 6504968
………………………… 6504966
………………………… 6504866
主任经济师…………… 6505208
规划科………………… 6502706
经营科………………… 6502424
计划科………………… 6501964
………………………… 6586583
投资科………………… 6502323
………………………… 6504776
统计科………………… 6502707
传真…………………… 6503624

审计处

处长…………………… 6506887
副处长………………… 6500249
………………………… 6504976
………………………… 6503034
………………………… 6507046
………………………… 6505840
综合科………………… 6502537
………………………… 6502091
审理科………………… 6502090

企业经营管理处

处长…………………… 6505418
副处长………………… 6501575
………………………… 6500511
………………………… 6500248
………………………… 6586012
综合科………………… 6509070
………………………… 6502072
改制办………………… 6509779
经营科………………… 6501227
项目科………………… 6586705
市场科………………… 6503918
招投标科……………… 6502388

科技处

处长…………………… 6501844
副处长………………… 6503162
………………………… 6505794
综合科………………… 6501634
………………………… 6503423
科研…………………… 6509991
技术市场……………… 6503678
科协…………………… 6503509
石油学会……………… 6502880

勘探处

处长…………………… 6502965
副处长………………… 6503157
………………………… 6501499
………………………… 6502698
地质科………………… 6502698
工程科………………… 6502273
综合科………………… 6502732
传真…………………… 6503183

开发处

处长…………………… 6502881
副处长………………… 6505389
………………………… 6502250
………………………… 6503153
综合科………………… 6503153
生产科………………… 6502793
油藏科………………… 6501059
工程科………………… 6502320
传真…………………… 6504584

法律事务处

处长…………………… 6500910
副处长………………… 6505859
工商科………………… 6592160
合同科………………… 6502876
诉讼科………………… 6501936

机关直属单位

经济研究与信息中心
主任…………………… 6504921
副主任………………… 6502096
………………………… 6503352
综合科………………… 6505276
信息管理科…………… 6504222
………………………… 6501714
传真…………………… 6501977
网站编辑部…………… 6503114
ERP 管理科 ………… 6501450
项目咨询科…………… 6505475
经济研究科…………… 6504759
化工科………………… 6503717

地质工程设计监督中心
主任…………………… 6506054
副主任………………… 6500498
地质总监……………… 6502097
主任工程师…………… 6502786
设计科………………… 6502417
地质科………………… 6502953
………………………… 6502375
工程科………………… 6503016
试油科………………… 6509343
综合科………………… 6505048
………………………… 6504181

概预算与关联交易中心
主任…………………… 6504886
副主任………………… 6500468
………………………… 6504314
………………………… 6503116
主任经济师…………… 6502633
综合科………………… 6503478
建筑造价科…………… 6504314
安装造价科…………… 6503116
石油造价科…………… 6503932
关联交易科…………… 6506547
工程项目科…………… 6506724

劳动就业服务中心
主任…………………… 6501278
副主任………………… 6500476
………………………… 6500160
综合科………………… 6501284
………………………… 6504507
档案科………………… 6500060
职介科………………… 6502351
………………………… 6506677
信息科………………… 6503882
培训科………………… 6504838
广华管理站…………… 6500460
五七管理站…………… 6575655
劳务管理科…………… 6505449
………………………… 6502162
财务资产科…………… 6503728

财务结算中心
主任…………………… 6502376
审核科………………… 6503576
会计科………………… 6504214
出纳科………………… 6504234
广华办事处…………… 6504217
向阳办事处…………… 6571004
五七办事处…………… 6571024
红旗办事处…………… 6598941
周矶办事处…………… 6584014

档案馆
馆长…………………… 6503287
副馆长………………… 6505424
………………………… 6502479

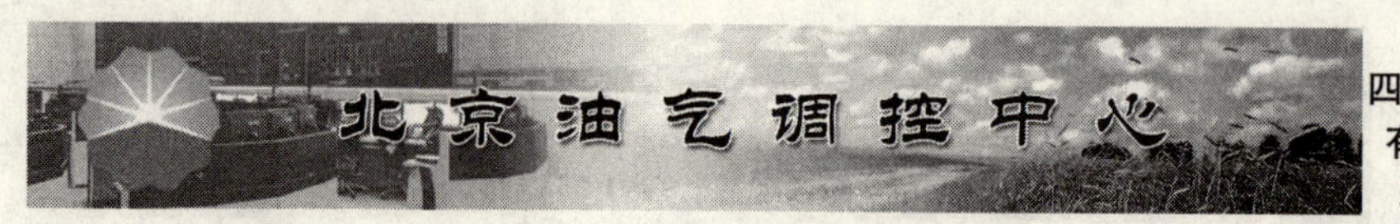

史志办……………… 6503880
综合档案…………… 6502134
编辑部……………… 6509331
北京联络处
办公室……… 010－84129988
武汉办事处
处办………… 027－84844832
武昌招待所 027－88871157
汉阳招待所 027－84844830

下属公司

钻井公司
办公室……………… 6574514
传真………………… 6571443
调度室……………… 6574161
…………………… 6574929
江汉采油厂
办公室……………… 6574327
调度室……………… 6574421
…………………… 6574629
清河采油厂
办公室……… 0546－8838325
传真………… 0546－8838627
调度室……… 0546－8838338
……………… 0546－8838571
松滋采油厂
办公室……… 0716－6812637
调度室……… 0716－6813329
坪北经理部
办公室……… 0911－6448218
传真………… 0911－6448052
调度室……… 0911－6448012
……………… 0911－6448022
井下作业公司
办公室……………… 6572654
传真………………… 6571949
调度室……………… 6572754
…………………… 6572549
石油天然气销售公司
办公室……………… 6503112
…………………… 6586933
油田建设工程公司
办公室……………… 6574318
…………………… 6574471
调度室……………… 6574001
…………………… 6574541
地球物理勘探公司
办公室……………… 6590589
…………………… 6242567
调度室……………… 6590345
…………………… 6242241
测录井工程公司
办公室……………… 6574172
…………………… 6573075
传真………………… 6573013
调度室……………… 6574019
…………………… 6574937
勘探开发研究院
办公室……………… 6502436
传真………………… 6503622
调度室……………… 6502892
…………………… 6502839
采油工艺研究院
办公室……………… 6575353
…………………… 6574992
调度室……………… 6574936
…………………… 6574036
物探研究院
办公室……………… 6590332
…………………… 6599449
调度室……………… 6590499
…………………… 6599448
运输公司
办公室……………… 6584480
…………………… 6584028
调度室……………… 6584569
…………………… 6584317
水电厂
办公室……………… 6588473
…………………… 6588475
调度室……………… 6588731
…………………… 6588757
通信公司
办公室……………… 6502325
…………………… 6501594
传真………………… 6505042
供应处
办公室……………… 6508869
…………………… 6508488
调度室……………… 6508883
勘察设计研究院
办公室……… 027－59722157
……………… 0728－6596020
盐化工总厂
办公室……………… 6581242
传真………………… 6581940
调度室……………… 6581361
江汉石油钻头股份有限公司
办公室……………… 6518147
…………………… 87925825
传真………………… 6518529
…………………… 87924884
农林处
办公室（传真）…… 6503632
职工培训中心
办公室……………… 6574723
传真………………… 6575142
离退休管理处
办公室……………… 6503567
…………………… 6502106
房地产管理处
办公室……………… 6502528
…………………… 6503924
公共事业处
办公室……………… 6500223
…………………… 6505101
调度室……………… 6505789
…………………… 6502143
甸阳实业总公司
办公室……………… 6580641
…………………… 6580445
调度室……………… 6580431
生会保险服务中心
办公室……………… 6507203
传真………………… 6502640
国际合作公司
办公室……………… 6505155
外事办公室………… 6519403
传真………………… 6505153
天然气勘探开发处
办公室……… 0718－7557155
……………… 023－58565355
传真………… 0718－7557160
……………… 023－58565360
调度室……… 0718－7557122
……………… 0718－7557101
……………… 023－58565310
……………… 023－58565309
技术监督处
办公室……………… 6505224
…………………… 6504849
川东北工作部
办公室……… 0818－2526322
调度室……… 0818－2526077
西部勘探公司
办公室……… 0991－3848008
……………… 0991－3845268
传真………… 0991－3844300
第三机械厂
办公室 …………… 83248789
…………………… 83248702
传真 ……………… 83248799
第四机械厂
办公室……… 0716－8429809
……………… 0716－8429150
传真………… 0716－8429152
调度室……… 0716－8429625
……………… 0716－8429213
钢管厂
办公室……… 0716－8302635
……………… 0716－8301888
传真………… 0716－8302564
调度室……… 0716－8301420
江汉油田教育实业集团
办公室……………… 6502610
…………………… 6586760
传真………………… 6501449
江汉石油仪器仪表有限公司
办公室 …………… 51012096
传真 ……………… 51012099
调度室 …………… 51012087

5. 江苏油田分公司

地址：江苏省扬州市文汇西路1号　　邮政编码：225009　　公网区号：0514

经理办公室

主任 ……………… 87760030
副主任 …………… 87760051
值班室 …………… 87762001
…………………… 87762004
接待科 …………… 87760170
秘书科 …………… 87762100
文书科 …………… 87762002
信访科 …………… 87762003
档案科 …………… 87762007
收发室 …………… 87762005

规划计划处

处长 ……………… 87761315
计划科 …………… 87761313
规划科 …………… 87761314
项目科 …………… 87760152
统计科 …………… 87761312

财务资产处

处长 ……………… 87761100
副处长 …………… 87762349
综合科 …………… 87760614

会计科 …………… 87762063
成本科 …………… 87762065
价税科 …………… 87760612
资产科 …………… 87760775
资金科 …………… 87762062
机关财务科 ……… 87762068
勘探处财务科 …… 87762195
开发处财务科 …… 87762138
开发财务科 ……… 87760799

勘探处

处长 ……………… 87760145
副处长 …………… 87760491
主任工程师（物探）87762732
主任工程师（试油）87762991
主任工程师（地质）87762196
处长办公室 ……… 87762872
项目部 …………… 87761413
财务科 …………… 87762195
项目部（高邮、金湖）
…………………… 87762191
项目部（外围）、监督部
…………………… 87760431
项目部（调度） … 87762193
监督部 …………… 87762192
计划经营部 ……… 87762194

开发处

处长 ……………… 87761597
副处长 …………… 87760128
主任地质师 ……… 87762597
主任工程师 ……… 87760964
副主任经济师（项目管理）
…………………… 87760834
副主任工程师（地面工程）
…………………… 87762135
副主任地质师（规划部署）
…………………… 87762417
油藏工程科 ……… 87762137
采油工程科 ……… 87762134
项目管理科 ……… 87762136
财务科 …………… 87762138

试采一厂

党委书记 ………… 86763536
厂长 ……………… 86763099
生产副厂长 ……… 86763516
经营副厂长 ……… 86763505
纪委书记、工会主席
…………………… 86763513
主任工程师 ……… 86763506
党办 ……………… 86763528
厂办 ……………… 86763098
计划科 …………… 86769443
预（结）算中心 … 86763594
劳资科 …………… 86763670
财务科 …………… 86763595
企业管理科 ……… 86763423
审计科 …………… 86764815
生产调度 ………… 86763562
对外项目办 ……… 86763512
安全科 …………… 86763590
注采工艺所 ……… 86763583
地面工程建设站 … 86763174
机动科 …………… 86763587
物资管理站 ……… 86764975
土地公关环保科 … 86763534
地质研究所 ……… 86763625
教育培训中心 …… 86763601
技术监督中心 …… 86763618
作业监督站 ……… 86763665

试采二厂

党委书记 ………… 86741203
厂长 ……………… 86741201
纪委书记 ………… 86741209
副厂长 …………… 86741205
…………………… 86741584
主任师 …………… 86741215
厂办 ……………… 86741222
企管科 …………… 86741206
审计科 …………… 86741424
组织人事科 ……… 86741291
财务资产科 ……… 86741076
计划经营科 ……… 86741214
安全科 …………… 86741247
生产调度室 ……… 86741003
公关科 …………… 86741672
装备科 …………… 86741147
物资管理科 ……… 86741013
基建办 …………… 86744254
作业大队 ………… 86744049
运输大队 ………… 86741271
综合大队 ………… 86741219
生活管理站 ……… 86744844
金东采油作业区 … 86741603
采油一队 0517－86821143
采油三队 ………… 86741606
采油五队 ………… 86741621
金西采油作用区 … 86744005
采油四队 ………… 86744017
采油六队 ………… 86744058
采油七队 0517－86408702
黄珏作业区 ……… 87769730
采油八队 ………… 87769012
采油二队 ………… 87769746
采油九队 ………… 87769967
采油十队 0514－83883420
油田工艺研究所 … 86741231
油田开发研究所 … 86741207
技术监督中心 …… 86741055

安徽采油厂

党委书记 ………… 86745555
厂长 ……………… 86745666
副厂长 …………… 86745688
主任工程师 ……… 86745588
党办 ……………… 86745558
工会 ……………… 86745556
保卫科 …………… 86745552
厂办 ……………… 86745678
经营计划科 ……… 86745516
劳动人事科 ……… 86745536
财务科 …………… 86745600
生产调度室 ……… 86745501
安全科 …………… 86745616
机动科 …………… 86745586
地质研究所 ……… 86745568
原油调运站 ……… 86745228
运输队 …………… 86745306
试井队 …………… 86745308
采油一队…… 0550－7651040
采油二队…… 0550－7651725
采油三队…… 0550－7538567
生活服务站
……………… 0550－7315081

物资供销处

党委书记 ………… 87763999
处长 ……………… 87763998
副处长、工会主席
…………………… 87763866
生产副处长 ……… 87763816
党办 ……………… 87763801
工会 ……………… 87763805
保卫科 …………… 87763809
处办 ……………… 87763818
人事教育科 ……… 87763828
审计科 …………… 87763899
财务科 …………… 87763988
调度安全科 ……… 87763838
企业管理科 ……… 87763808
技术监督科 ……… 87763852
材料科 …………… 87763868
机电科 …………… 87763878
配件科 …………… 87763886
油品科 …………… 87763881
邵伯物资总库 …… 87762660
真武供销科 ……… 87763351
真武成品油库 …… 87763821
金湖供销科 ……… 86741060
安徽汊涧供应站 … 86745253

地质科学研究院

书记 ……………… 87760430
院长 ……………… 87760949
副院长 …………… 87766186
…………………… 87761142
主任师 …………… 87762356
…………………… 87762357
…………………… 87762353
党办 ……………… 87760078
组干科 …………… 87762871
团委．宣传科 …… 87762391
工会 ……………… 87762360
院办 ……………… 87762390
劳资科 …………… 87762366
财务科 …………… 87762362
科办 ……………… 87761040
生产值班 ………… 87762358
企管科 …………… 87760941
勘探一室 ………… 87762368
勘探二室 ………… 87762380
勘探三室 ………… 87761240
开发一室 ………… 87762385
开发二室 ………… 87762386
开发三室 ………… 87761164
储量规划室 ……… 87762354
开发规划室 ……… 87762363
储量组 …………… 87762355
勘探规划 ………… 87761194
计算机室 ………… 87762400
制图室 …………… 87762382
实验中心 ………… 87762364
岩心库 …………… 86762367
管理组 …………… 87762398
信息档案室 ……… 87762381

石油工程技术研究院

书记 ……………… 87760296
院长 ……………… 87761014
副院长 …………… 87760409
副院长、工会主席
…………………… 87760361
主任师 …………… 87761132
主任师 …………… 87760406
党政办公室 ……… 87760701
档案资料室 ……… 87760408
计算机房 ………… 87760633
院财务 …………… 87760647
钻井工艺研究室 … 87762407
采油工艺研究一室
…………………… 87760907
实验室 …………… 87760410
江苏油田瑞达石油工程技术开发公司 …… 87762405

物探技术研究院

书记 ……………… 86743326
院长 ……………… 86743332
副院长 ……………… 86743292
……………… 86743396
主任工程师 ……… 86743316
……………… 86743396
党政、工会办公室
……………… 86743324
团委 ……………… 86743189
人力资源科（组干）
……………… 86743262
生产技术科 ……… 86743328
经营管理科 ……… 86743360
财务资产科 ……… 86743266
解释研究一部 …… 86743353
解释研究二部 …… 86743356
资料处理一部 …… 86743399
资料处理二部 …… 86743317
计算机服务部 …… 86743339
技术开发部 ……… 86743398

扬州石化有限责任公司

（区号：0514）
总经理 ……………… 86850188
书记（副总经理）
……………… 86850021
副书记（副总经理）
……………… 86850182
副总经理 ……………… 86850166
副总经理 ……………… 86850041
工会主席 ……………… 86850061
总工程师 ……………… 86850109
总会计师 ……………… 86850166
办公室 ……………… 86850055
党办 ……………… 86850006
企业管理部 ……… 86850458
生产运行部 ……… 86850090
安全环保部 ……… 86850032
机械动力部 ……… 86850139
财务资产部 ……… 86850035
分析检测中心 …… 86850070
催化车间 ……………… 86850089
化纤车间 ……………… 86850416
给排水车间 ……… 86850161
聚丙烯车间 ……… 86850171
油品车间 ……………… 86850085
电仪车间 ……………… 86850186
热电车间 ……………… 86850048
检修车间 ……………… 86850083
采购销售部 ……… 86850108
三益分公司 ……… 86850086
后勤服务中心 …… 86850014
消防经警队 ……… 86850120
物资管理站 ……… 86850496
小车队 ……………… 86850126

6. 勘探南方分公司

地址：四川省成都市高新区二环路南四段9号高新之心大厦　邮政编码：610041　公网区号：028

综合办公室

副主任 ……………… 85164707
人力资源处
处长 ……………… 85164697
副处长 ……………… 85164696
……………… 85164695
接待科 ……………… 85164680
综合科 ……………… 85164708
劳动组织科 ……… 85164698

党群工作部

党务科 ……………… 85164717
企业文化科 ……… 85164720
副主任 ……………… 85164713
工会综合科 ……… 85164719

安全环保处

处长 ……………… 85164690
副处长 ……………… 85164682
安全监管科 ……… 85164684
环保管理科 ……… 85164685

、　科技处

副处长 ……………… 85164671
……………… 85164667

物探处

副处长 ……………… 85164655
……………… 85164651
……………… 85164650

科技科

项目管理科 ……… 85164672
综合管理科 ……… 85164670

计划财务处

处长 ……………… 85164777
副处长 ……………… 85164638
主任经济师 ……… 85164637
计划统计科 ……… 85164636

勘探处

处长 ……………… 85164620
副处长 ……………… 85164621
……………… 85164622
……………… 85164623
……………… 85164628
综合管理科 ……… 85164631

监理中心

主任 ……………… 85164700
副主任 ……………… 85164678
……………… 85164674
综合管理科 ……… 85164675

生产管理处

处长 ……………… 85164688
副处长 ……………… 85164701
……………… 85164703
综合管理科 ……… 85164702

井筒技术处

副处长 ……………… 85164656
……………… 85164657
综合科 ……………… 85164664

信息中心

处长 ……………… 85164722
副处长 ……………… 85164723
……………… 85164725
综合科 ……………… 85164728

勘探研究院

副院长 ……………… 85164728
……………… 85164780
总质地师 ……………… 85164788
办公室 ……………… 85164758

物资供应中心

副主任 ……………… 85164756
综合办公司 ……… 85164751

外围工作部

副主任 ……………… 85164732
总工程师 ……………… 85164733
综合科 ……………… 85164736

青藏项目部

主任 ……………… 85164740
总支书记 ……………… 85164739
综合科 ……………… 85164741

7. 上海海洋油气分公司

地址：上海市浦东新区商城路1225号　邮政编码：200120　公网区号：021

办公室
……………… 68769671
法律事务处
……………… 68767241
科技处
……………… 68767622
勘探处
……………… 50589070
开发（工程）处
……………… 58304072
人力资源处
……………… 68752052

计财处
……………… 50810877

物资装备处
……………… 68766984

审计处
……………… 68766855

安环处
……………… 58310948

信息中心
……………… 68769416

研究院
……………… 68752171

8. 西南分公司

地址：四川省成都市提督街108号　邮政编码：610016　公网区号：028

公司机关

经理办公室

主任 ……………… 86747755

副主任 ……………… 86748877

……………… 86780743

传真 ……………… 86750066

川西采输处

地址：四川省德阳市泰山北路三段399号

邮编：618000

办公室……………… 2422382

川东北采气厂

地址：四川省阆中市七里镇

邮编：637402

办公室……………… 6305477

勘探开发研究院

地址：四川省成都市成华区青龙场

邮编：610081

办公室 ……………… 83505926

工程技术研究院

地址：四川德阳市龙泉山北路298号

邮编：618000

办公室……………… 2551501

工程监督中心

地址：四川省德阳市天元经济开发区青海路东段

邮编：618000

办公室……………… 2801033

物资供应处

地址：四川成都一环路北四段116号

邮编：610000

办公室 ……………… 83352649

德阳新场气田开发有限责任公司

地址：四川德阳泰山北路二段86号

邮编：618000

办公室……………… 2273132

德阳联益石油天然气勘探开发有限公司

地址：德阳市天元经济开发区青海路东段

邮编：61800

传真：(0838) 2800397

办公室……………… 2800397

成都龙星天然气开发有限责任公司

地址：四川省成都市龙泉驿区龙平路锦苑小区综合楼

邮编：610100

办公室 ……………… 84845515

川东北油气勘探开发项目部

地址：四川省巴中市江北大道农业发展银行9楼

邮编：636000

办公室……………… 2222807

9. 西北分公司

地址：新疆乌鲁木齐市北京北路91号　邮政编码：830011　公网区号：0991

经理办公室

主任……………… 6637586

副主任……………… 6637056

总值班……………… 3600161

……………… 3600163

传真……………… 6637597

党委办公室

主任……………… 6636007

……………… 3600646

副主任……………… 3600645

……………… 3600643

传真……………… 3600763

生产运行处

处长……………… 6637157

……………… 3600320

副处长……………… 3600635

……………… 3600212

办公室……………… 3600637

传真……………… 6636351

计划处

处长……………… 6636006

……………… 3600628

副处长……………… 3600180

办公室……………… 3600677

传真……………… 3600263

组织、人事处

处长……………… 6637623

……………… 3600638

副处长……………… 3600639

传真……………… 3600162

医保办……………… 3600282

勘探处

处长……………… 3600619

副处长……………… 3600273

……………… 3600613

办公室……………… 3600617

……………… 3600615

传真……………… 3600309

开发处

处长……………… 3600863

副处长……………… 3600182

综合组……………… 3600271

传真……………… 3600869

油田建设处

处长……………… 3600216

副处长……………… 3600875

综合组……………… 3600866

传真……………… 3600667

科技与外事处

副处长……………… 3600936

办公室……………… 3600612

工程技术处

处长……………… 6635832

……………… 3600829

副处长……………… 3600301

办公室……………… 3600932

传真……………… 3600934

安全环保处

处长……………… 6659258

……………… 3600663

副处长……………… 6659828

……………… 3600686

办公室……………… 3600665

传真……………… 3600322

物资装备处

处长……………… 3600629

办公室……………… 3600631

传真……………… 3600208

审计处

处长……………… 6636126

……………… 3600626

办公室……………… 3600671

市场管理办公室

处长……………… 6633955

……………… 3600633

办公室……………… 3600251

企业管理处

处长…………………… 3600268
办公室………………… 3600321

纪委（监察处）

处长…………………… 6637625
……………………… 3600219
综合办………………… 3600682

工会、团委

副主席………………… 6637598
……………………… 3600661
办公室………………… 3600659

机关党委

书记…………………… 3600262
办公室………………… 3600683

规划设计研究院

院长…………………… 6636753
……………………… 3600700
书记…………………… 6637576
……………………… 3600701
院办公室……………… 3600708
……………………… 3600709
传真…………………… 6636694

工程技术研究院

院长…………………… 3835326
……………………… 3600803
书记…………………… 3851162
办公室………………… 3850682
传真…………………… 3836807

采油一厂

公网区号：0996
厂长…………………… 4688068
书记…………………… 4688066
综合办………………… 4688085
传真…………………… 4688084

采油二厂

公网区号：0996
厂长…………………… 4687518
书记…………………… 4687528
综合办………………… 4687506
传真…………………… 4687507

雅克拉采气厂

公网区号：0997
厂长…………………… 7989232
书记…………………… 7989098
综合办………………… 7989061
传真…………………… 7980130

完井测试中心

主任…………………… 4689718
书记…………………… 4689703
综合办公室…………… 4689706
传真…………………… 4689752

器材供应中心

主任…………………… 4689558
书记…………………… 4689518
综合办公室…………… 4689538
传真…………………… 4689540

工程监督中心

主任…………………… 4689618
书记…………………… 4689638
综合办………………… 4689611
传真…………………… 4689613

油气销售公司

经理…………………… 6623485
……………………… 3600839
办公室………………… 3600760
……………………… 3600767
传真…………………… 6624816
油田维护中心
主任…………………… 4688258
书记…………………… 4688296
综合办………………… 4688186
传真…………………… 4688185

油田供电管理中心

主任…………………… 4687678
书记…………………… 4687677
综合办………………… 4687638
传真…………………… 4687676

信息中心

主任…………………… 6637156
……………………… 3600166
副主任………………… 3600256
……………………… 3600858
综合办………………… 3600855
传真…………………… 3600970

概预算中心

主任…………………… 6637911
……………………… 3600672
综合办………………… 3600685
传真…………………… 6636454

小车服务中心

主任…………………… 6637213
……………………… 3600698
综合办………………… 3600859
……………………… 3600185
传真…………………… 3600968

10. 华东分公司

地址：江苏省南京市热河南路37号　　邮政编码：210011　　公网区号：025

公司机关

经理办公室 ……… 58772021
劳动人事处 ………… －1312
……………………… －1313
对外合作处 ……… 58827476
……………………… －8903
物资装备处 ………… －1104
……………………… －8901
安全环保处 ………… －1314
……………………… －1315
审计处 ……………… －1015
信息中心 ………… 58772591
……………………… －1666
计划处 …………… 58817121
……………………… －1415
财务处 …………… 58768619
……………………… －1401
勘探处 ……………… －1207
……………………… －1209
开发处 ……………… －1212
……………………… －1205
工程建设处 ………… －1306
……………………… －1304
生产调度处 ……… 58835711
……………………… 58822000
……………………… －1309
原油销售处 ……… 58835332
……………………… －1005

采油厂

地址：江苏省泰州市五里桥
邮编：225300
公网区号：0523
办公室………………… 6662786
传真…………………… 6663677

规划设计院

地址：江苏省南京市江东北路191号春光大厦
邮编：210036
公网区号：025
办公室 …………… 86204015
传真 ……………… 86203147

资料处理中心

地址：江苏省南京市白下区天坛新村9号
邮编：210007
公网区号：025
办公室 …………… 84878965

资料信息中心

地址：江苏省南京市白下区天坛新村9号
邮编：210007
公网区号：025
办公室 …………… 86234686
传真 ……………… 86234518

物资采供中心

地址：江苏省泰州市五里桥
邮编：225300
公网区号：0523
办公室………………… 6662750
传真…………………… 6663232

吉林项目经理部

地址：吉林省长春市绿园区锦西路1151号
邮编：130062
公网区号：0431
办公室………………… 7984970
传真…………………… 7984970

11. 华北分公司

地址：河南省郑州市伏牛路南段197号　邮政编码：450006　公网区号：0371

经理办公室

主任 …… 68629220
办公室 …… 68629519
传真 …… 68621514

勘探处

处长 …… 68619087
办公室 …… 68629216
…… 68612215
传真 …… 68631215

开发处

处长 …… 68629130
…… 68619101
办公室 …… 68619102
…… 68629583
传真 …… 68612795

工程处

处长 …… 68610780
办公室 …… 68619115
…… 68629309

调度处

处长 …… 68617391
办公室 …… 68617930
…… 68617931
传真 …… 68619212

计划处

办公室 …… 68629230
…… 68629070

财务处

处长 …… 68629297
办公室 …… 68629254
…… 68629505
机关财务 …… 68629239
内控办 …… 68629302

科技处

处长 …… 68619095
办公室 …… 68619708

审计处

办公室 …… 68329237

国际合作处

处长 …… 68629253
办公室 …… 68628594
…… 68617932

企业管理处

处长 …… 68629219
办公室 …… 68629687

物装处

处长 …… 68629266
办公室 …… 68619716

档案室

主任 …… 68619082
办公室 …… 68619081
…… 68619083
…… 68619084
…… 68619704

销售处

处长 …… 68629619
办公室 …… 68629882

油气田建设处

办公室 …… 68629807
…… 68629030
…… 68619015

油气田维护保障中心

办公室 …… 68629225

监督中心

办公室 …… 68619106

信息网络中心

主任 …… 68629296
…… 68629378
办公室 …… 68619701
…… 68619623
机房 …… 68629768

协调处

办公室 …… 68617630

物资供应中心

处长 …… 68627171
办公室 …… 68619077
…… 68629787
…… 68619124
…… 68629787
…… 68619757
财务 …… 68619094
物控中心 …… 68629214

规划设计研究院

院长 …… 68619318
…… 68624760
副院长 …… 68619308
工会主席 …… 68629307
总工 …… 68619338
…… 68619804
总会计师 …… 68629327
…… 68614681
院办公室 …… 68619358
…… 68612927
传真 …… 68624782
劳资 …… 68619738
文秘 …… 68624792
计财 …… 68629306
科技办 …… 68629312
石油所 …… 68629359
…… 68619360
储量所 …… 68619321
开发所 …… 68629315
…… 68629035
…… 68619305
地球物理所 …… 68619351
天然气所 …… 68619375
…… 68629326
钻采所 …… 68629023
…… 68629037
实验室 …… 67816301
…… 67816253
…… 67816323
…… 67817699
离退办 …… 68629380
胶印厂 …… 68619734

大牛地气田基地

地址：陕西省榆林市榆阳区小壕兔乡
邮编：719012
公网区号：0912
办公室 …… 3629161
传真 …… 3629308
工程处 …… 3629165
…… 3629313
传真 …… 3629328
开发处 …… 3629169
协调处 …… 3629170
…… 3629298
传真 …… 3629316
计划财务 …… 3629290
…… 3629286
传真 …… 3629163
预结算中心 …… 3629312
油建处 …… 3629171
…… 3629288
传真 …… 3629314
调度处 …… 3629168
…… 3629166
…… 3629167
传真 …… 3629309
勘探处 …… 3629177
安全环保处 …… 3629178
物装处 …… 3629180
销售处 …… 3629175
…… 3629278
物供中心 …… 3629179
油田维护 …… 3629176
党办 …… 3629173
销售处 …… 3629175
岩心库 …… 3629279
分公司工程监督中心
主任 …… 3629189
综合办 …… 3629188
传真 …… 3629310
监督办 …… 3629181
…… 3629182
…… 3629183
…… 3629184
…… 3629185
…… 3629186
…… 3629190
分公司第一采气厂（前线）
厂领导 …… 3629191
…… 3629193
…… 3629192
…… 3629320
…… 3629321
…… 3629270
办公室 …… 3629194
传真 …… 3629195
生产技术 …… 3629196
传真 …… 3629311
物质装备 …… 3629174
采气工艺 …… 3629198
安全环保 …… 3629197
计划财务 …… 3629269
人力审计 …… 3629268

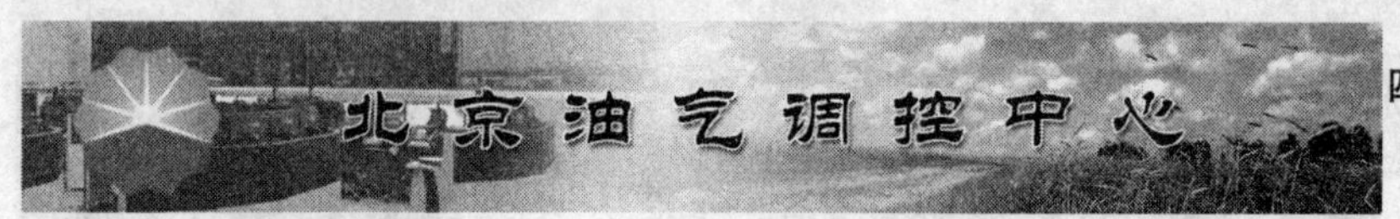

第一采气厂

地址：河南省郑州市须水河大酒店
邮编：450065
公网区号：0371
办公室……………67811134
传真……………67811134

盐池采油厂

地址：宁夏回族自治区盐池县广河大酒店
邮编：751500
公网区号：0953
办公室……………6010053
传真……………6010055

陕北采油厂（定边）

地址：陕西省定边县引黄局转
邮编：718600
公网区号：0912
办公室……………4228494
传真……………4227000

镇泾采油厂

地址：甘肃庆阳市西峰区隆兴机诚厂
邮编：745000
公网区号：0934
办公室……………8217113
传真……………8215552

油气田维护保障中心

地址：山西晋中榆次中都北路53号
邮编：30600
公网区号：0354
办公室……………3038208
传真……………3027481

12. 东北分公司

地址：吉林省长春市绿园区西安大路4936号　邮政编码：130062　公网区号：0431

经理办公室
主任……………87987825
副主任……………87987825
收发室……………87958811
信息中心
办公室……………87999123
主任……………87958818
小车队
队长……………87958825
勘探处
处长……………87984430
……………87958827
副处长……………87958828
办公室……………87958829
……………87958830
开发处
处长……………87984460
……………87958832
副处长……………87958833
办公室……………87958835
……………87958836
工程处
处长……………87984428
……………87958838
副处长……………87958839
办公室……………87958840
……………87958841
调度处
处长……………87983610
……………87958842
副处长……………87958891
办公室……………87958843
……………87958844
安卫处
处长……………87984455
……………87958845
副处长……………87958846
办公室……………87958847
财务处
处长……………87994568
副处长……………87958850
……………87999850
办公室……………87958852
……………87958855
计划处
处长……………87999820
……………87958858
副处长……………87958859
办公室……………87958860
……………87958861
审计处
处长……………87958862
人事处
处长……………87993951
……………87958863
副处长……………87958865
办公室……………87958866
物资装备处
处长……………87984450
……………87958896
副处长……………87958877
办公室……………87958878
销售处
处长……………87992958
……………87958868
副处长……………87958869
办公室……………87958870
科技处
处长……………87958872
副处长……………87958873
党委工作部
部长……………87958906
副部长……………87958909
办公室……………87958907
……………87958908
监察处
处长……………87999578
……………87958910
工会
办公室……………87958911
勘探开发研究院
院长……………87999848
……………86805630
书记……………86805631
办公室……………86805635
油田工程公司
经理……………87999658
……………86805685
书记……………87992533
……………86805686
办公室……………87972882
……………86805689
物资公司
经理……………87997525
……………86805678
书记……………86805679
办公室……………86805682
油田服务公司
经理……………87960359
……………86805606
书记……………87997870
……………86805607
办公室……………87998301
……………86805609
基地服务中心
经理……………87990096
……………86805612
书记……………87996108
……………86805613
离退办
处长……………86805625
副处长……………86805626
液碳公司
经理……………87993608
办公室……………87976823
……………87986654
采输一厂
经理……………0434－6451394
采输二厂
经理……………0434－5807321
采输三厂
经理……………0434－6411770
采输四厂
经理……………0438－8721500

13. 管道储运分公司

地址：江苏省徐州市泉山区翟山新村　邮政编码：221008　公网区号：0516

机关处室

经理办公室
主任（外事办）…922－5494
83455495
外事办副主任……922－6512
83456512
外事办……………922－2483
83452483
秘书科……………922－4204
83454204
文书科……………922－3144

83453144
档案馆………… 922－3195
83453195
运销处
处长 ………… 922－3235
83453235
副处长………… 922－3092
83453092
调度科………… 922－3230
83453230
调度室………… 922－3137
83453137
运销科………… 922－3209
83453209
技术科………… 922－3233
83453233
设备科………… 922－3207
83453207
三电办………… 922－3234
83453234
运销处值班室…… 922－5787
83455787
管道管理处
处长………… 922－4775
83454775
管道科………… 922－3218
83453218
综合办………… 922－3333
83453333
安全环保监察处
处长………… 922－3140
83453140
副处长………… 922－4740
83454740
综合科………… 922－3141
83453141
安监科………… 922－4117
83454117
消防交通环保科 … 922－3142
83453142
计划处
处长………… 922－2952
83452952
副处长………… 922－6570
83456570
规划科………… 922－3184
83453184
计划科………… 922－4722
83454722
财务处
处长………… 922－3188
83453188
副处长………… 922－2894
83452894

预算科………… 922－3193
83453193
会计科………… 922－3191
83453191
资产科………… 922－2503
83452503
销售科………… 922－3194
83453194
人力资源处
副处长………… 922－5657
83455657
管理科………… 922－3130
83453130
工资科………… 922－3395
83453395
科技处
处长………… 922－3216
83453216
副处长………… 922－3128
83453128
能源科………… 922－3127
83453127
质管科………… 922－3222
83453222
科技办………… 922－3132
83453132
审计处
副处长………… 922－5875
83455875
办公室………… 922－3149
83453149
监察处（纪委）
处长………… 922－3213
83453213
案审室主任……… 922－2891
83452891
案审室………… 922－2378
83452378
检查室………… 922－2083
83452083
概预算管理中心
主任………… 922－5640
83455640
副主任………… 922－3389
83453389
综合科………… 922－2140
83452140
基建科………… 922－5424
83455424
工程管理科……… 922－2194
83452194
通信处
处办………… 922－3044
83453044

人教科………… 922－2100
83452100
管理科………… 922－3003
83453003
财务科………… 922－3093
83453093
技术室………… 922－3000
83453000
机线班………… 922－2355
83452355
市话班………… 922－2111
83452111
供应处
处办………… 922－2718
83452718
党群………… 922－2237
83452237
综合管理科……… 922－2940
83452940
财务中心……… 922－2647
83452647
安保科………… 922－2450
83452450
材料科………… 922－3057
83453057
机配科………… 922－2087
83452087
仓库………… 922－2837
83452837
管道科学研究院
院办………… 922－3382
83453382
生产经营部……… 922－3210
83453210
财务经营部……… 922－2344
83452344
计算机室……… 922－3090
83453090
工艺室………… 922－3157
83453157
线路规划室……… 922－5146
83455146
设备室………… 922－3036
83453036
土建室………… 922－7217
83457217
水暖室………… 922－4959
83454959
电气室………… 922－4955
83454955
仪表室………… 922－3159
83453159
防腐室………… 922－4958
83454958

检测中心……… 922－3200
83453200
技术经济室……… 922－4952
83454952
出版档案室……… 922－3082
83453082

襄樊输油处

地址：湖北省襄樊市长虹路 41 号
邮编：441002
公网区号：0710
办公室 ………… 9354－6312
3216312
生产科 ………… 9354－6512
3216512
安全科 ………… 9354－6315
3216315
财务科 ………… 9354－6232
3216232
计划科 ………… 9354－6541
3216541
人教科 ………… 9354－6515
3216515
通信站 ………… 9354－6287
3216287
供应站 ………… 9354－6580
3216580
抢险队 ………… 9354－7738
3217738
魏岗输油站
站长 ………… 9354－5001
3215001
书记 ………… 9354－5002
3215002
襄樊输油站
站长 ………… 9354－7740
3217740
书记 ………… 9354－7741
3217741
荆门输油站
站长 ………… 9354－5601
3215601
书记 ………… 9354－5602
3215602

南京输油处

地址：江苏南京市尧化门 4603 信箱
邮编：210046
总机：（025）5561904
办公室 ………… 9351－6350
生产科 ………… 9351－6368
运销科 ………… 9351－6365
管道科 ………… 9351－6373
安全科 ………… 9351－6374

计划科 ………… 9351－6377
人教科 ………… 9351－6380
财务科 ………… 9351－6383
通信站 ………… 9351－6451
供应站 ………… 9351－6401
仪征输油站
站长 ………（0514）2667701
副站长 ……（0514）2667710
扬子输油站
站长 ………（025）86837600
副站长 ……（025）86837601
扬子计量站
站长 ………（025）86837620
副站长 ……（025）86837621
石埠桥站
站长 ………（025）86837630
书记 ………（025）86837631
长兴输油站
站长 ………（025）86837640
高桥计量站
站长 ………（021）58647153
白沙湾输油站
站长 ………（0573）5264780
副站长 ……（0573）5264781
抢修中心 …（0573）5264790
岚山输油站
站长………（0574）86442001
副站长……（0574）86442002
…………………（0574）86442051
大榭岛油库
书记………（0574）86772500
主任………（0574）86772501
副主任……（0574）86772502
码头调度 …（0574）86772550

新乡输油处

地址：河南省新乡市平原路 506 号
邮编：453003
总机：037 3－3763114
办公室 ………… 9314－2326
生产技术部
…………………… 9314－2419
管道运销科
…………………… 9314－2442
安全科 ………… 9314－2364
财务科 ………… 9314－2306
综合计划科
…………………… 9314－2324
人教科 ………… 9314－2368
纪监审 ………… 9314－2084
抢修队 ………… 9314－2290
通信站 ………… 9314－2260
供应站 ………… 9314－2361
濮阳输油站
站长 ……………… 9314－2122
书记 ……………… 9314－2128
滑县输油站
站长 ……………… 9314－2422
书记 ……………… 9314－2964
卫辉输油站
站长 ……………… 9314－2432
书记 ……………… 9314－2438
新乡输油站
站长 ……………… 9314－2391
书记 ……………… 9314－2393
武陟输油站
站长 ……………… 9314－2452
书记 ……………… 9314－2455
温县输油站
站长 ……………… 9314－2462
书记 ……………… 9314－2468
洛阳输油站
站长 ……………… 9314－2472
书记 ……………… 9314－2479

鲁宁输油处

地址：山东省邹城市天平路
邮编：273500
公网区号：0537
处办 …………… 9350－3053
5273053
生产科 ………… 9350－3028
5273028
安全科 ………… 9350－3109
5273109
计划科 ………… 9350－3107
5273107
会计核算中心 … 9350－3126
5273126
人教科 ………… 9350－3160
5273160
通信站 ………… 9350－3015
5273015
维修队 ………… 9350－3219
5273219
供应站 ………… 9350－3117
5273117
临邑输油站
站长 …………… 9350－5108
5275108
书记 …………… 9350－5100
5275100
齐河输油站
站长 …………… 9350－3418
5273418
书记 …………… 9350－5124
5275124
长清输油站
站长 …………… 9350－3428
5273428
书记 …………… 9350－3423
5273423
宁阳输油站
站长 …………… 9350－3438
5273438
书记 …………… 9350－3430
5273430
邹城输油站
站长 …………… 9350－3448
5273448
书记 …………… 9350－3440
5273440
滕州输油站
站长 …………… 9350－3468
5273468
书记 …………… 9350－3463
5273463
贾汪站
站长 …………… 9350－3401
5273401
睢宁站
站长 …………… 9350－7101
5277101
泗县站
站长 …………… 9350－7201
5277201
泗洪站
站长 …………… 9350－7301
5277301
盱眙站
站长 …………… 9350－7401
5277401
六合站
站长 …………… 9350－7501
5277501
盱眙维修队 …… 9350－7461
5277461

聊城输油处

地址：山东省聊城市东昌西路 188 号
邮编：252000
总机：0635－8423427
处办 …………… 9352－8026
人教科 ………… 9352－8051
计划科 ………… 9352－8090
审计科 ………… 9352－8197
安全科 ………… 9352－8046
财务科 ………… 9352－8049
生产科 ………… 9352－8030
莘县输油站
站长 …………… 9352－8131
调度 …………… 9352－8542
高唐输油站
站长 …………… 9352－8473
教导员 ………… 9352－8446
聊城输油站
站长 …………… 9352－8396
范县输油站
站长 …………… 9352－8438
候营输油站
站长 …………… 9352－8420
教导员 ………… 9352－8421
赵寨子输油站
站长 …………… 9352－8413
段庄输油站
站长 …………… 9352－8415
濮阳输油站
站长 …………… 9352－2016
副站长 ………… 9352－2018
潍坊输油处
地址：山东省潍坊市北宫北街 3 号
邮编：261021
公网区号：0536
处办 …………… 9312－2252
8182252
调度科 ………… 9312－2217
8182217
生产科 ………… 9312－2206
8182206
抢修队 ………… 9312－3116
8183116
运销科 ………… 9312－2613
8182613
管道科 ………… 9312－2685
8182685
安全科 ………… 9312－2259
8182259
计划科 ………… 9312－2261
8182261
财务科 ………… 9312－2287
8182287
审计科 ………… 9312－2723
8182723
人教科 ………… 9312－2265
8182265
通信站 ………… 9312－2317
8182317
东营输油站
站长 …………… 9312－3603
8183603
书记 …………… 9312－3619
8183619
昌邑输油站
站长 …………… 9312－2550
8182550
书记 …………… 9312－2552
8182552

寿光输油站
站长 ………… 9312－2521
8182521
书记 ………… 9312－2520
8182520
广饶输油站
站长 ………… 9312－3652
8183652
书记 ………… 9312－3651
8183651
滨州输油站
站长 ………… 9312－4336
8184336
书记 ………… 9312－4354
8184354
惠民输油站
站长 ………… 9312－4380
8184380
书记 ………… 9312－4370
8184370
商河输油站
站长 ………… 9312－4383
8184383
副站长 ………… 9312－4387
8184387
乔庄输油站
站长 ………… 9312－4568
8184568
副站长 ………… 9312－4566
8184566
淄胶输油站
站长 ………… 9312－4560
8184560
副站长 ………… 9312－4557
8184557
青岛胶州站
站长 ………… 9312－2575
8182575
副站长 ………… 9312－2032
8182032
齐鲁输油站
站长 ……… (0533) 7573935

沧州输油处

地址：河北省沧州市吴官屯
邮编：061000
总机：(0317) 3062712
处办 ………… 9353－6239
安全科 ………… 9353－6143
生产科 ………… 9353－6240
管道科 ………… 9353－6244
财务科 ………… 9353－6236
计划科 ………… 9353－6267
人事科 ………… 9353－6264
审计科 ………… 9353－6471
沧州输油站
站长 ………… 9353－6354
书记 ………… 9353－6276
东光输油站
站长 ………… 9353－4805
书记 ………… 9353－4816
德州输油站
站长 ………… 9353－3188
书记 ………… 9353－3839
河间输油站
站长 ………… 9353－6761
书记 ………… 9353－6760
天津输油站
站长 ………… 9353－6076
副站长 ………… 9353－6079
饶阳输油站
站长 ………… 9353－6848
副站长 ………… 9353－6849
何庄西站
站长 ………… 9353－6769
副站长 ………… 9353－6770
石家庄站
站长 ………… 9353－6858
副站长 ………… 9353－6859

黄岛油库

地址：青岛市黄岛区油岗一路8号
邮编：266550
总机：0532－86852810
办公室 ………… 9318－2021
党办 ………… 9318－2022
计划科 ………… 9318－2027
生产科 ………… 9318－2031
安全科 ………… 9318－2033
财务科 ………… 9318－2043
综合管理站 ………… 9318－2171
输油一队 ………… 9318－2121
输油二队 ………… 9318－2141
维修队 ………… 9318－2161
消警队 ………… 9318－2181

14. 天然气分公司

地址：北京市西城区安德路甲67号　邮政编码：100011　公网区号：010

办公室 ………… 51586648
主任 ………… 51586616
副主任 ………… 51586677
党群工作部

15. 北京燕山分公司

地址：北京市房山区燕山岗南路1号　邮政编码：102500　公网区号：010

公司机关

总经理办公室 …… 69342295
党委办公室 ……… 69343151
组织干部部 ……… 69342083
人力资源部 ……… 69342082
党委宣传部 ……… 69343944
纪委监察部 ……… 69342292
公司工会 ………… 69346726
公司团委 ………… 69344116
机关党委 ………… 69343108
企业管理部 ……… 69342415
财务资产部 ……… 69342339
分公司财务部 …… 69347268
生产管理部 ……… 69344930
经营计划部 ……… 69348102
发展计划部 ……… 69344062
科技部 ………… 69342092
机械动力部 ……… 69342949
安全监察部 ……… 69345945
环境保护部 ……… 69342987
工程管理部 ……… 69346069
市场营销部 ……… 69343093
审计部 ………… 69343614
保卫武装部 ……… 69346866
行政管理部 ……… 69343463
法律事务室 ……… 69347209
信息部 ………… 69341378
对外合作部 ……… 69349900

二级单位

发展研究中心 …… 69346402
炼油一厂 ………… 69343516
炼油二厂 ………… 69334844
炼油三厂 ………… 69346312
合成橡胶厂 ……… 69347472
化工一厂 ………… 69342613
化工二厂 ………… 69342581
化工三厂 ………… 69345272
化工六厂 ………… 80344919
化工七厂 ………… 69343798
化工八厂 ………… 69342120
储运一厂 ………… 69334562
储运二厂 ………… 69343681
动力事业部 ……… 69342642
生产运行保障中心 … 69341138
气体产品事业部 … 69345253
水务管理中心 …… 69341067
研究院 ………… 69346146
物资装备中心 …… 69344182
营销中心 ………… 69344308
铁路运输部 ……… 69345275
树脂所 ………… 69341124
塑料分公司 ……… 69341503
消防支队 ………… 69345019
电信事业部 ……… 69342010
生产厂区服务中心 … 69340241
生活社区服务中心 … 69347642
质量检验中心 …… 69344227
教育培训中心 …… 69343328
离退休管理中心 … 69343878
公务车服务管理中心
………… 69347817
统计调查中心 …… 81344863
档案信息管理中心 … 69342175
传媒中心 ………… 69342889
会计中心 ………… 80345030
职防所 ………… 69345258

飞燕环保 …… 69342700
经警大队 …… 69344305
锅炉压力容器检验所 …… 80344885
工程质量监督站 …… 69339701

16. 齐鲁分公司

地址：山东省淄博市临淄区桓公路15号　邮政编码：255408　公网区号：0533
电话与第878页齐鲁石油化工公司相同

17. 上海高桥分公司

地址：上海市浦东大道3000号　邮政编码：200129　公网区号：021

公司机关

公司经理室
经理…… 22208
经理办 …… 58712902
总值班室 …… 58712902
经理办公室
主任…… －22302
秘书…… －22301
接待…… －22106
外事办公室
主任…… －21110
小车班…… －20105
电话间…… －22225
党委书记室
主任…… －22102
办公室…… －22104
秘书…… －22101
宣传部
部长…… －21605
办公室…… －21663
…… －21659
纪委
纪委书记…… －22013
办公室…… －22041
…… －22042
组织人事处
处长…… －21910
组织…… －21950
任免…… －21949
科技干部…… －21927
老干部…… －21930
公司工会
主席…… 22107
…… －22009
生活女工 …… 22036
生产部…… －22027
文体部…… －22008
退管会…… －22046
办公室…… －22044
公司团委
书记…… －21612
办公室…… －21637
机关党委工会
书记…… －21906
办公室…… －21905
工会…… －21922
发展计划处
处长…… －21709
规划…… －21723
…… －21726
系统…… －21708
投资…… －21707
…… －21744
综合计划部
处长…… －21809
计划…… －21824
…… －21827
统计…… －21828
…… －21855
财务部
处长…… －21810
会计…… －21821
…… －21840
财务报销…… －20516
出纳室…… －20522
审计处
处长…… －21309
经济效益…… －21348
工程审计…… －21346
…… －21308
人力资源处
处长…… －21510
生产调度处
处长…… －20542
生产调度…… －20523
…… －20525
生产计划…… －20532
动力调度…… －20531
调度机房…… －29999
设备处
处长…… －20609
工程…… －20611
…… －20633
设备…… －20631
…… －20628
动力…… －20669
备品…… －20626
…… －20635
计量…… －20630
…… －20636
技术质量处
处长…… －20810
工艺炼油…… －20846
工艺化工…… －20855
质量…… －20849
安全环保处
处长…… －20664
安全管理…… －20663
安全监督…… －20665
安全教育…… －20662
事务管理中心处
主任…… －32150
办公室…… －32656
治安…… －32659
生产保卫…… －32557
公司门卫…… －28601
收发室…… －20141
多经处
处长…… －21310
…… －21315
企管…… －21320
资产经营…… －21331
…… －21313
调研策划…… －21325
…… －21324

炼油事业部

总机 …… 58611060
经理…… －32201
书记…… －32891
综合管理办…… －32288
…… －32694
党群工作部…… －32291
生产运行部…… －32228
设备动力部…… －32006
技术与开发部…… －32247
驻事业部核算部…… －32080
市场部…… －33005

化工事业部

总机 …… 58610099
经理…… －42111
书记…… －42000
综合管理办…… －42123
…… －42124
党群工作部…… －42301
生产运行部…… －43101
设备动力部…… －44101
技术与开发部…… －43201
驻事业部核算部…… －42601
市场部…… －42901

精细化工厂

总机 …… 58611682
经理…… －55001
书记…… －55002
综合管理办…… －55006
党群工作部…… －55003
生产运行部…… －55057
设备动力部…… －55034
技术与开发部…… －55077
驻事业部核算部…… －55019
市场部…… －55199

聚氨酯事业部

总机 …… 58613697
经理…… －62201
书记…… －62203
综合管理办…… －62205
党群工作部…… －62223
生产运行部…… －62288
设备动力部…… －62208
技术与开发部…… －62368
驻事业部核算部…… －62219
市场部…… －62279

热电事业部

总机……58610076
经理……－77300
书记……－77331
综合管理办……－77305
党群工作部……－77357
生产运行部……－77137
设备动力部……－77188
技术与开发部……－77108
驻事业部核算部……－77366
市场部……－77018

供应销售部

总机……58612861
经理……－82308
主任……－82304
……－82309
办公室……－82307
市场部……－82316
采购部……－82341
计划部……－82295
燃化部……－82241
储运部……－82351

职工培训中心

主任……－34280
办公室……－34284
培训部……－34087
教务部……－34281

高化宾馆

经理室……－28880
办公室……－28881

18. 金陵分公司

地址：江苏省南京市栖霞区甘家巷　邮政编码：210033　公网区号：025

公司机关

经理（外事）办公室
主任……58981999
副主任……58980594
副主任……58977761
秘书科……58977751
综合科……58986908
接待科……58977132
总值班室……58989318
党委办公室
主任……58977671
人力资源处
处长……58982999
财务处
处长……58987569
企业管理处
处长……58977357
法律事务室
副主任……58977397
技术质量处
处长……58987909
生产计划处
处长……58981340
总调度室……58980354
机动处
处长……58988066
安环处
处长……58980158
发展项目处
处长……58989204
审计处
处长……58980489
保卫处
处长……58977377

直属单位

物资装备中心
主任……58986880
销售中心
主任……58980460
信息中心
主任……58987958
消防支队
队长……58977385
行政管理中心
主任……58977416
教育培训中心
主任……58979321
项目管理中心
副主任……58981752
离退休管理中心
主任……58977665
炼油厂
厂长……58989472
烷基苯厂
厂长……58975203
化工一厂
厂长……58976505
化肥联合车间
主任……58971771
热电联合车间
主任……58970543
油品分厂
主任……58989654
二联合车间
主任……58989302
二联合车间
主任……58983350
公用工程联合车间
主任……58980147
催化裂化车间
主任……58989351
重油催化车间
主任……58984935
二套常减压车间
主任……58989205
连续重整车间
主任……58989934
焦化车间
主任……58982684
气体分离车间
主任……58989343
铂重整车间
主任……58985326
管网车间
主任……58980965
净水车间
主任……58989341
硫磺车间
主任……58985726
综合利用车间
主任……58989262
质检中心
主任……58989453
研究中心
主任……58989231
计量管理所
所长……58980954
计量中心
主任……58980920
情报档案室
主任……58980244

19. 茂名分公司

地址：广东省茂名市红旗北路2号　邮政编码：525011　公网区号：0668

经理办公室
主任……2233966
综合科……2246009
计划管理部
生产计划科……2244080
企业管理部
综合科……2244063
财务部
综合科……2248501
生产管理部
生产管理科……2243625
技术质量部
技术科……2232291
机动部
设备科……2249368
安全环保部
安全科……2242381
人事部
综合科……2242586
审计部
综合审计科……2242438
销售中心
综合室……2247080
供应中心
综合科……2248397
信息中心
综合科……2248513
生产设备监测中心
综合科……2248369
消防支队
综合科……2243686
炼油分部

办公室……………… 2243818
化工分部

办公室……………… 2238288

新中美公司

办公室……… 0759－2356881

20. 天津分公司

地址：天津市大港区北围堤路（西）160 号　邮政编码：300271　公网区号：022

公司机关

经理办公室
主任 ……………… 63807262
秘书科 …………… 63804611
调研科 …………… 63804585
接待科 …………… 63804789
传真 ……………… 25990747
信访办
信访办 …………… 63804622
法律事务部
部长 ……………… 63804613
合同管理 ………… 63804215
诉讼事务 ………… 63804606
法律事务 ………… 63804303
发展规划部
部长 ……………… 63804664
总图 ……………… 63804990
投资 ……………… 63804662
规划 ……………… 63804663
生产部
部长 ……………… 63804640
综合管理 ………… 63804642
生产管理 ………… 63804545
动力管理 ………… 63804641
调度主任室 ……… 63804639
总调度室 ………… 63804636
电力管理 ………… 63804359
MES 管理 ………… 63805850
技术质量部
部长 ……………… 63804650
综合管理 ………… 63804652
技术创新 ………… 63804603
质量 ……………… 63804656
工艺 ……………… 63804655
计量 ……………… 63804677
计量中心
主任 ……………… 63804422
综合办 …………… 63804124
技术 ……………… 63804137
生产 ……………… 63804178
安全环保部
部长 ……………… 63805209
综合管理 ………… 63804647
劳保 ……………… 63804696
监督管理 ………… 63804699
环保管理 ………… 63804682
安全技术管理 …… 63804694
危化管理 ………… 63804697
职业卫生管理 …… 63803810
环保监测中心
主任 ……………… 63803665
设备管理部
部长 ……………… 63807533
综合管理 ………… 63804559
管理 ……………… 63804583
资产 ……………… 63804558
备件 ……………… 63804531
工程 ……………… 63804680
预算 ……………… 63804674
电仪 ……………… 63804672
财务部
部长 ……………… 63804726
综合管理 ………… 63804792
资金 ……………… 63804875
资产 ……………… 63804883
会计 ……………… 63804788
成本 ……………… 63804718
机关经费 ………… 63804722
价税 ……………… 63804497
人事 ……………… 63803639
内控 ……………… 63804885
计划部
部长 ……………… 63804625
综合计划 ………… 63804681
生产计划 ………… 63804629
经营结算 ………… 63802395
原油采购 ………… 63804624
原油营运 ………… 63804645
综合统计 ………… 63804634
市场部
部长 ……………… 63804869
综合管理 ………… 63804318
统配管理 ………… 63804306
统销管理 ………… 63804210
物流管理 ………… 63804326
物资管理 ………… 63804211
销售中心
综合办 …………… 63807270
企业管理部
部长 ……………… 63805819
综合管理 ………… 63804892
企划 ……………… 63804890
绩效考核 ………… 63805973
三基工作 ………… 63805974
体系管理 ………… 63803681
工程部
部长 ……………… 63804477
综合管理 ………… 63804487
工程计划 ………… 63804340
招标管理 ………… 63804335
设计管理 ………… 63804336
消防管理 ………… 63804339
质量监督站
站长 ……………… 63804280
信息管理部
部长 ……………… 63804627
综合管理 ………… 63803188
档案 ……………… 63804351
编辑 ……………… 63804996
计算机管理 ……… 63804960
网络管理 ………… 63804129
计算机维护 ……… 63804182
软件开发 IT 培训
…………………… 63805228
通信 ……………… 63803225
ERP 支持中心
主任 ……………… 63804107
ERP 业务支持 …… 63803200
ERP 管理办 ……… 63804961
人力资源部
部长 ……………… 63804301
综合管理 ………… 63805988
劳动组织 ………… 63804688
培训开发 ………… 63804828
技术干部管理 …… 63804687
薪酬管理 ………… 63804094
社会保险 ………… 63804605
社保中心
主任 ……………… 62080787
工程造价中心
部长 ……………… 63805818
综合管理 ………… 63805829
合同管理 ………… 63805869
建筑科 …………… 63805876
安装科 …………… 63805896
审计部
部长 ……………… 63804880
综合 ……………… 63804343
工程审计 ………… 63804748
财务收支 ………… 63804290
经营审计 ………… 63804599
经营责任审计 …… 63804887
多经审计 ………… 63804748
综合管理部
部长 ……………… 63804668
综合管理 ………… 63803675
计划生育 ………… 63803105
人民武装 ………… 63804830
交通安全 ………… 63803847
治安保卫 ………… 63804800
综合治理 ………… 63804851
外事部
部长 ……………… 63804770
综合管理 ………… 63804771
外联 ……………… 63804773
翻译 ……………… 63804774
项目合同 ………… 63804797
党委办公室
主任 ……………… 63804802
保密专项 ………… 63804839
秘书 ……………… 63801003
综合 ……………… 63804855
调研 ……………… 63803716
组织部（干部部）
部长 ……………… 63804098
综合管理 ………… 63804003
组织管理 ………… 63804857
统战管理 ………… 63804006
干部管理 ………… 63804009
纪委（监察部）
部长 ……………… 63804860
综合办 …………… 63804861
效能监察室 ……… 63804862
案件室 …………… 63804863
党委宣传部
部长 ……………… 63804760
综合办 …………… 63804744
新闻中心
主任 ……………… 63803251
记者站 …………… 63804761
报社 ……………… 63804745
工会
副主席 …………… 63804840
综合办 …………… 63804841
团委
书记 ……………… 63804867
综合办 …………… 63804859

综合管理处
副部长 ………… 63804476
综合管理 ………… 63803659
多经管理 ………… 63804891
集体资产管理 …… 63804897
改革改制 ………… 63803040
预留费用管理 …… 63804689
生产经营管理处
副部长 ………… 63804348
销售管理 ………… 63804394
计划管理 ………… 63804368
物资管理 ………… 63804394
设备管理 ………… 63804549
统计管理 ………… 63803046
财务资产处
副部长 ………… 63804511
综合管理 ………… 63804886
资产管理 ………… 63803148
成本管理 ………… 63804791
资金管理 ………… 63803641
会计管理 ………… 63804719
结算管理 ………… 63803633
内控管理 ………… 63804729
报表管理 ………… 63803625

二级单位

炼油部
经理 ………… 63807271
书记 ………… 63807275
办公室 ………… 63807663
传真 ………… 25990065
烯烃部
经理 ………… 63822006
书记 ………… 63822345
办公室 ………… 63822035
传真 ………… 25994230
芳烃部
经理 ………… 63805326
书记 ………… 63805202
办公室 ………… 63805310
传真 ………… 25990844
聚酯部
经理 ………… 63805800
书记 ………… 63805500
办公室 ………… 63805810
传真 ………… 25990097
热电部
经理 ………… 63805081
书记 ………… 63805003
办公室 ………… 63805038
传真 ………… 63805010
动力部
经理 ………… 63805400
书记 ………… 63805401
办公室 ………… 63805376
传真 ………… 63805406
运销部
经理 ………… 63805016
书记 ………… 63803869
办公室 ………… 63804411
传真 ………… 63804400
物资装备部
经理 ………… 63802886
书记 ………… 63802800
办公室 ………… 63805681
传真 ………… 63802277
研究院
院长 ………… 63804001
书记 ………… 63804002
办公室 ………… 63804041
传真 ………… 63804015
机研所
所长 ………… 63804025
书记 ………… 63802675
办公室 ………… 63804027
传真 ………… 25990700
消防支队
队长 ………… 63804912
综合办 ………… 63804969
传真 ………… 25991201
培训中心
主任 ………… 62086300
办公室 ………… 62082442
传真 ………… 25990224

21. 巴陵分公司

地址：湖南省岳阳市云溪区　　邮政编码：414007　　公网区号：0730

总值班室
………… 8492348（昼）
………… 8492127（夜）
总调度室
………… 8493273
………… 8493899
总经理办公室
………… 8499976
………… 8492255
综合计划部
………… 8493345
………… 8493350
………… 8498901
企业管理部
………… 8492585
………… 8493084
生产管理部
………… 8492271
………… 8493787
………… 8495971
设备能源部
………… 8492030
………… 8491822
………… 8492217
安全环保部
………… 8492557
………… 8492391
………… 8495171
市场营销部
………… 8493827
………… 8496562
………… 8492262
科技发展部
………… 8493873
………… 8471215
工程建设部
………… 8492691
………… 8492635
财务资产部
………… 8492926
………… 8492758
审计部
………… 8493277
………… 8493089
干部部（党委组织部）
………… 8493636
………… 8493585
人事教育部
………… 8492276
………… 8496885
信息管理部
………… 8492601
………… 8492609
社区管理部
………… 8493164
………… 8491067
保卫部（综治办、610 办）
………… 8493396
………… 8494749
烯烃事业部
………… 8493622
………… 8493620
环已酮事业部
………… 8493613
………… 8491932
合成橡胶事业部
………… 8493681
………… 8499294
环氧树脂事业部
………… 8492008
………… 8492344
已内酰胺事业部
………… 8503417
………… 8503421
化肥事业部
………… 8537298
………… 8536767
供排水事业部
………… 8493851
………… 8470197
热电事业部
………… 8497426
………… 8492824
动力事业部
………… 8537168
………… 8537180
供销部
………… 8492968
………… 8493807
物资装备部
………… 8491112
………… 8497300
技术中心
………… 8493675
………… 8493609
金石集团
………… 8822381
………… 8822375
隆兴实业公司
………… 8495855
………… 8495306

22. 长岭分公司

地址：湖南省岳阳市云溪区　邮政编码：414012　公网区号：0730

经理办
办公室主任………… 8451923
计划处
处长………………… 8452049
生产质量处
处长………………… 8451070
副处长……………… 8452052
机动工程处
处长………………… 8451102
副处长……………… 8450872
技术开发处
处长………………… 8451071
副处长……………… 8450489
安全环保处
处长………………… 8452153
人力资源处
处长………………… 8451050
副处长……………… 8452112
财务处
处长………………… 8451061
副处长……………… 8451777
销售公司
经理………………… 8451343
书记………………… 8450443
审计处
处长………………… 8451948
副处长……………… 8451701
工程处
处长………………… 8451173
长盛公司
总经理……………… 8453811
党委书记…………… 8450039
物资供应处
处长………………… 8451803
书记………………… 8451079
中心化验室
主任………………… 8452191
书记………………… 8478722
计量中心
主任………………… 8452193
消防支队
支队长……………… 8452213
政委………………… 8452591
环保监测站
主任………………… 8452192
档案馆
馆长………………… 8452211
油品管理处
处长………………… 8450332
书记………………… 8451914
计算机应用研究所
所长………………… 8451849
书记………………… 8450413
信息中心
主任………………… 8451080

23. 镇海炼化分公司

地址：浙江省宁波市镇海区　邮政编码：315207　公网区号：0574

公司办公室（经理办公室、党委办公室）
主任 ……………… 86445988
机要科 …………… 86444000
调研室 …………… 86444666
接待科 …………… 86445513
公司外事办公室 … 86444925
小车队 …………… 86444088
东海宾馆 ………… 86444806
党委组织部（机关党委）
……………………… 86444439
组织一科 ………… 86444216
组织二科 ………… 86445705
党委宣传部（党委统战部）
……………………… 86444431
宣传科 …………… 86444803
纪委、监察处 …… 86445639
办公室 …………… 86444407
检查室（效能监察室）
……………………… 86445454
公司工会 ………… 86444659
办公室 …………… 86446681
生产保护部 ……… 86444248
保障部 …………… 86445717
宣传教育部 ……… 86445016
文化站 …………… 86444720
公司团委 ………… 86445460
办公室 …………… 86445671
法律顾问室 ……… 86445223
人事教育处 ……… 86444528
人事一科 ………… 86445019
人事二科 ………… 86445002
工资科 …………… 86444911
教培科 …………… 86445101
综合管理处 ……… 86445158
计划一科 ………… 86445443
计划二科 ………… 86445440
技术开发科 ……… 86444789
企管科 …………… 86440145
生产处（总调度室）
……………………… 86444264
生产调度科 ……… 86444269
技术科 …………… 86444286
机械动力处 ……… 86444227
管理科 …………… 86445957
设备科 …………… 86444656
动力科 …………… 86445379
公司计量室 ……… 86444713
安全环保处 ……… 86445001
管理科 …………… 86444317
安全科 …………… 86445224
环保科 …………… 86444175
消防大队 ………… 86444364
公司环保监测站 … 86444977
工程处 …………… 86442814
计划科 …………… 86444824
项目管理科 ……… 86444748
合同预算科 ……… 86445847
公司质监站 ……… 86445064
经济贸易处 ……… 86445568
市场信息科 ……… 86444028
业务科 …………… 86441666
调运科 …………… 86445347
市场开发科 ……… 86445765
财务处 …………… 86445236
会计科 …………… 86445436
成本科 …………… 86444702
财务科 …………… 86445435
资产科 …………… 86444582
工程科 …………… 86444938
审计处 …………… 86446178
审计一科 ………… 86444406
审计二科 ………… 86444726
乙烯项目经理部 … 86446368
综合管理部（党群工作部）
……………………… 86446400
设计管理部 ……… 86446410
生产准备部 ……… 86446563
物资装备部 ……… 86444792
重大设备国产化部
……………………… 86444517
工程管理部 ……… 86446568
质量控制部 ……… 86446570
HSE 管理部 ……… 86446426
新闻中心 ………… 86444431
公司电视台 ……… 86445312
镇海炼化报社 …… 86446195
行政事务管理中心（人武部、保卫处） ……… 86442228
综合管理科 ……… 86445404
保卫科 …………… 86440440
交管科 …………… 86444633
职业卫生科 ……… 86444940
厂容绿化队 ……… 86444612
经济护卫大队 …… 86444636
镇海炼化医院 …… 86444031
教育培训中心 …… 86445898
离退休职工管理中心
……………………… 86446158
办公室 …………… 86441417
管理一科 ………… 86442140
管理二科 ………… 86449578
技术中心 ………… 86445028
综合管理科 ……… 86445919
研究室 …………… 86442574
信息中心 ………… 86444447
档案馆 …………… 86444426
电信站 …………… 86442345
商情部 …………… 86445105
物资装备中心 …… 86440443
管理科 …………… 86444057
设备科 …………… 86444652
材料科 …………… 86440447
配件科 …………… 86444808
仓库 ……………… 86445268
公司驻上海联络处
……………… 021－58213207
质量管理中心 …… 86444236
质管科 …………… 86444743
质检科 …………… 86444164
炼油一部 ………… 86445954
炼油二部 ………… 86445328
炼油三部 ………… 86445074
炼油四部 ………… 86444838

炼油五部 ………… 86444168
化工部 ………… 86445245
公用工程部 ……… 86445956
储运部 ………… 86445955
港务储运部 ……… 86448220
综合管理部 ……… 86448279
机械动力部 ……… 86448278
安全环保部 ……… 86448348
生产营运部 ……… 86448234
电气部 ………… 86444537
仪控部 ………… 86444645
检修安装公司 …… 86445890

党办 …………… 86445164
纪委、监察科 …… 86445891
办公室 ………… 86445892
组织科、人教科、保卫科
………… 86445897
财务科 ………… 86444735
生技科 ………… 86443557
安全科 ………… 86445917
质检科 ………… 86445010
镇海炼化压检站 … 86449549
供应科 ………… 86444073
经营科 ………… 86444831

机一车间 ……… 86444640
机二车间 ……… 86443746
机三车间 ……… 86448354
检一车间 ……… 86444931
检二车间 ……… 86444313
检三车间 ……… 86445659
检四车间 ……… 86445561
综维车间 ……… 86445370
设备制造车间 …… 86444551
电修车间 ……… 86445887
海达发展公司 …… 86445227
党办、办公室 …… 86444003

纪委、监察科 …… 86444170
组织科、人教科、保卫科
………… 86443548
财务科 ………… 86444802
生产经营科 ……… 86445739
幼儿园 ………… 86445546
充装造粒分公司 … 86445468
综合实业分公司 … 86444020
房产维修分公司 … 86444600
饮食服务分公司
………… 86445247

24. 广州分公司

地址：广东省广州市黄埔石化路239号　　邮政编码：510726　　公网区号：020

办公室
主任 ………… 82121088
党办
主任 ………… 82121181
文秘室 ………… 82121632
接待室 ………… 82121096
企业管理部 ……… 82121663
组织劳人部 ……… 82121652
发展规划部 ……… 82121601
计划部 ………… 82121133
财务部 ………… 82121681

生产调度部 ……… 82128636
机械动力部 ……… 82128198
安全环保部 ……… 82128093
工程管理部 ……… 82120363
审计部 ………… 82121060
技术开发部 ……… 82120028
纪委监察部 ……… 82121069
宣传部 ………… 82121148
工会 ………… 82121043
团委 ………… 82121046
行政保卫部 ……… 82120018

明珠宾馆 ……… 82121125
离退养工作部 …… 82120272
物供中心 ……… 82124816
运销中心 ……… 82121818
仪控中心 ……… 82120809
检验中心 ……… 82122078
消防支队 ……… 82120061
质量监督站 ……… 82120366
煤油一部 ……… 82124055
煤油二部 ……… 82124213
煤油三部 ……… 82124486

煤油四部 ……… 82122683
化工一部 ……… 82128838
化工二部 ……… 82128278
储运部 ………… 82122868
公用工程部 ……… 82128839
动力事业部 ……… 82124913
中冠安泰公司 …… 82398818
南沙项目部 ……… 82121098
………… 82121016
华德石化公司
………… 0752－5599568

25. 安庆分公司

地址：安徽省安庆市石化四路20号　　邮政编码：246002　　公网区号：0556

科技发展部
主任………… 5379369
副主任……… 5374232
………… 5371034
质管部
副主任……… 5377625
财务部
主任………… 5379252
副主任……… 5379883
审计部
主任………… 5376629
副主任……… 5376676
企管部
主任………… 5375233
副主任……… 5375041
………… 5378362
工程部
主任………… 5374565
副主任……… 5371726
………… 5371736
人教部

主任………… 5374115
副主任……… 5375257
………… 5375519
宣传部
主任………… 5376411
副主任……… 5374135
纪委监察部
主任………… 5376821
副主任……… 5374125
保卫部
主任………… 5380699
工会
主任………… 5375286
副主任……… 5374188
团委
书记………… 5375324
机关党委
书记………… 5375129
东油一部
主任………… 5374276
书记………… 5377723

练油二部
主任………… 5377785
书记………… 5377765
比肥一部
主任………… 5375356
书记………… 5373994
比肥二部
主任………… 5375186
书记………… 5377924
丙烯腈部
主任………… 5375029
书记………… 5376704
晴纶部
主任………… 5379201
书记………… 5373586
热电厂
主任………… 5374166
书记………… 5375466
港贮部
主任………… 5375251
书记………… 5375551

储运部
主任………… 5371238
书记………… 5375477
公用工程部
主任………… 5377346
书记………… 5375991
质监站
主任………… 5371726
铁路工业站
主任………… 5377992
书记………… 5370084
电仪部
主任………… 5375576
书记………… 5378047
销售中心
主任………… 5375163
副主任……… 5374163
物供中心
主任………… 5374246
副主任……… 5374519
………… 5375046

检验中心
主任…………………… 5374021
书记…………………… 5376656
副主任………………… 5374320
信息中心
主任…………………… 5378052
副主任………………… 5379003
计量中心
主任…………………… 5375248

副主任………………… 5374148
社区服务中心
主任…………………… 5375198
副主任………………… 5375398
……………………… 5375598
……………………… 5374398
华成公司
主任…………………… 5375376

副主任………………… 5375026
……………………… 5374226
劳动服务公司
主任…………………… 5379820
副主任………………… 5374326
社管部
主任…………………… 5381181
副主任………………… 5381281

……………………… 5372925
书记…………………… 5374287
预决算
主任…………………… 5375345
联合党总支
书记…………………… 5376068
乙苯、乙烯
主任…………………… 5377803

26. 洛阳分公司

地址：河南省洛阳市吉利区　　邮政编码：471012　　公网区号：0379

公司机关

党委办公室
主任 ……………… 66992301
办公室 …………… 66992200
组织部
部长 ……………… 66992715
组织科 …………… 66992340
纪委监察处
处长 ……………… 66992733
综合室 …………… 66994123
宣传部
部长 ……………… 66992717
办公室 …………… 66994064
工会
副主席 …………… 66992237
办公室 …………… 66994369
团委
书记 ……………… 66992720
干事 ……………… 66993550
经理办公室
主任 ……………… 66992211
办公室 …………… 66992688
生产调度处
处长 ……………… 66994885
办公室 …………… 66994979
机动处
处长 ……………… 66992725
办公室 …………… 66994097
安全环保处
处长 ……………… 66994673
安环科 …………… 66992731
财务处
处长 ……………… 66992392
综合科 …………… 66992087
资产管理处
处长 ……………… 66996087
综合科 …………… 66992499
处长 ……………… 66992945
综合统计 ………… 66991758
企业管理处
处长 ……………… 66992099
办公室 …………… 66992435
发展规划处
处长 ……………… 66991895
办公室 …………… 66992052
技术质量处
处长 ……………… 66992157
质检科 …………… 66994414
审计处
处长 ……………… 66992729
经营科 …………… 66991246
法律事务处
处长 ……………… 66993811
法律顾问 ………… 66992085
人力资源处
处长 ……………… 66992736
人事科 …………… 66992399
离退休职工管理办
主任 ……………… 66992730
管理科 …………… 66992240
原油采购部
主任 ……………… 66993983
综合科 …………… 66996154
保卫处
处长 ……………… 66992735
综合办 …………… 66992257
信息中心
主任 ……………… 66992748
办公室 …………… 66992886
物资装备部
主任 ……………… 66992337
办公室 …………… 66994173
铁路运输部
主任 ……………… 66992760
综合办 …………… 66994970
营销部
主任 ……………… 66992038
综合办 …………… 66992819
聚丙烯有限责任公司
经理 ……………… 66992727
销售 ……………… 66992848

下属公司以及三产单位

洛阳石化宏达实业总公司
总经理 …………… 66992098
办公室 …………… 66991632
洛阳石化惠康物业管理公司
总经理 …………… 66992421
办公室 …………… 66992617
洛阳石油化工总厂工程公司
经理 ……………… 66992169
办公室 …………… 66994384
洛阳金达石化有限责任公司
经理 ……………… 66992633
办公室 …………… 66994313
洛阳吉利自来水有限责任公司
经理 ……………… 66991680
综合办公室 ……… 66994457
洛阳石化宏业劳务有限公司
董事长 …………… 66992596
综合管理 ………… 66995141
洛阳石化工程设计有限公司
院长 ……………… 66994836
办公室 …………… 66992436
洛阳石化医院
院长 ……………… 66994548
院办公室 ………… 66992321
洛阳隆惠石化工程有限公司
经理 ……………… 66992107
办公室 …………… 66992108
洛阳石化通达运输工程有限责任公司
董事长、总经理 … 66992661
办公室 …………… 66992065
洛阳三隆安装检修有限公司
经理 ……………… 66992126
办公室 …………… 66992159
洛阳石化工程建设有限责任公司
总经理 …………… 66992368
办公室 …………… 66991900

27. 荆门分公司

地址：湖北省荆门市白庙路　　邮政编码：448039　　公网区号：0724

办公室 ………… 512－71440
2271440
总调度室 ……… 512－76838
2276838
计划处 ………… 512－73666
2273666
机动处 ………… 512－72594
2272594
安全环保处 …… 512－77073
2277073
技术处 ………… 512－71397
2271397
人力资源处 …… 512－77085
2277085
企业管理处 …… 512－70668
2270668

财务处 ………… 512－71750 2271750
审计处 ………… 512－76905 2276905
纪律检查委员会、监察处 ………… 512－71022 2271022
运销处 ………… 512－71391 2271391
供应处 ………… 512－77179 2277179
质量管理中心 … 512－74747 2274747
计量中心 ……… 512－71394 2271394
信息通信中心 … 512－70066 2270066
石油化工研究院 … 512－70737 2270737
消防大队 ……… 512－71084 2271084
洪湖输油处 …… 512－23191 2205039
蒸馏车间 ……… 512－73741 2273741
催化裂化一车间 … 512－70995 2270995
焦化车间 ……… 512－76380 2276380
加氢重整车间 … 512－76982 2276982
气体分馏车间 … 512－76056 2276056
酮苯车间 ……… 512－72558 2272558
润滑油精制车间 … 512－74951 2274951
丙烷沥青车间 … 512－72180 2272180
分子筛脱蜡车间 … 512－72176 2272176
石蜡车间 ……… 512－72992 2272992
环保车间 ……… 512－75646 2275646
空分车间 ……… 512－70099 2270099
成品车间 ……… 512－75203 2275203
油品车间 ……… 512－72663 2272663
中转车间 ……… 512－73212 2273212
化工厂 ………… 512－76937 2276937

28. 九江分公司

地址：江西省九江市滨江东路228号　　邮政编码：332004　　公网区号：0792

总经理办公室

主任………………… 8495155
综合科科长………… 8492205
秘书科科长………… 8492966
政工科科长………… 8495699
信访办……………… 8495633
值班室……………… 8492326

组织部

部长………………… 8492534
组织科……………… 8492872
干部科……………… 8492572

纪委监察处

书记………………… 8492344
副处长……………… 8493306
办公室……………… 8492555
检查室……………… 8492705
审理室……………… 8493121
效能监察室………… 8493121

宣传部

部长………………… 8493014
宣传科……………… 8492314
文明办……………… 8494059
电视台台长………… 8492515
电视台总编室……… 8492037
江西记者站………… 8492945
报社总编室………… 8492380

工会

主席………………… 8492236
副主席……………… 8493506
办公室……………… 8492325
生产部部长………… 8492793
组织宣传部………… 8492195
劳保部部长………… 8495339

团委

书记………………… 8493207
办公室……………… 8492207

武装部

部长办……………… 8494718
办公室……………… 8492418

计划处

处长………………… 8492545
副处长……………… 8495261
统计科……………… 8492073
计划科……………… 8492419
投资管理科………… 8492842
预决算中心………… 8492061

企管处

处长………………… 8492985
管理科……………… 8492642
基础管理科………… 8492373
体系管理办公室…… 8494698
法律事务室………… 8492632
企咨办……………… 8494776
……………………… 8492428

人力资源处

处长………………… 8493042
劳动科……………… 8492978
工资科……………… 8492967
社保科……………… 8492783
培训科……………… 8492407
科协………………… 8492567

财务处

处长………………… 8493016
副处长……………… 8495011
财务管理科………… 8492524
成本科长…………… 8492541
资产科长…………… 8492542
会计科长…………… 8494527
销售财务科………… 8492575

审计处

处长………………… 8492445
副处长……………… 8495062
工程审计…………… 8492481
财务审计…………… 8492745
价格审计…………… 8494062

生产调度处

处长………………… 8493041
副处长……………… 8492786
……………………… 8492224
调度科长…………… 8492225
能源办主任………… 8493056
节能办……………… 8492213
生产科科长………… 8494536
生产技术科………… 8493046

科技开发处

处长………………… 8492647
副处长……………… 8493500
开发科……………… 8492678
技改科……………… 8494045
规划科……………… 8495391
科协秘书长………… 8492724
办公室……………… 8492989
省石油学会………… 8492430

机动处

处长………………… 8492697
副处长……………… 8492827
副总工程师………… 8492033
……………………… 8493496
综合科科长………… 8492099
设备科科长………… 8492958
动力科科长………… 8492698
电气仪表管理科科长
……………………… 8493496

安全环保处

处长………………… 8492318
副处长（安全）…… 8492917
副处长（环保）…… 8494080
安技科科长………… 8492657
HSE办公室 ………… 8494571
安全教育科科长…… 8492548
抗震………………… 8493471
工业卫生科科长…… 8492519
环保管理科长……… 8492469
监测站站长………… 8492017

质管中心

主任………………… 8492180
书记………………… 8494276
生产主任…………… 8494277
设备主任…………… 8494278
质量主任…………… 8494288
工会主席…………… 8494298
综合科主任………… 8492931

技术科科长………… 8492933
质检科科长………… 8492673
质管科科长………… 8494686

计量中心

主任………………… 8492027
副主任……………… 8492219
…………………… 8495183
综合管理科长……… 8492072
计量统计科科长…… 8493081
检定站站长………… 8492219
计量站站长………… 8493091

技术中心

主任………………… 8492603
综合部主任………… 8492601
炼油部……………… 8493163
化工技术部………… 8494720
分析检测部主任…… 8494101

物资中心

处长………………… 8492824
书记、工会主席…… 8492654
副处长……………… 8492680
副处长……………… 8492823
综合办主任………… 8492621
综合办……………… 8493375
计调科科长………… 8492693
设备科科长………… 8492902
配件科科长………… 8492815
材料科科长………… 8492626
燃料科科长………… 8495337
保管科科长………… 8492695

销售中心

经理………………… 8492450
副经理……………… 8493161
纪检特派员………… 8493171
调运部经理………… 8492178
原油部经理………… 8493170
油品部经理………… 8492275
化肥部经理………… 8495041
化工部经理………… 8493230
市场部经理………… 8493199
石化产品销售热线
…………………… 8493000

信息中心

主任、书记………… 8495429
副书记……………… 8492866
副主任……………… 8492266
…………………… 8492147
计算机管理科科长
…………………… 8492220

综合科……………… 8495677
档案情报…………… 8492309
通信站……………… 8492868
石油化工编辑部…… 8492707

消防支队

队长………………… 8492444
书记………………… 8492527
副队长……………… 8494822
防火监督科………… 8493324
战训科……………… 8493325
办公室……………… 8493346
气防站……………… 8494333
气防站值班室……… 8497917

工程管理中心

主任………………… 8494759
副主任……………… 8495395
总工程师…………… 8493008
工程调度科………… 8495435
项目一部…………… 8495428
项目二部…………… 8494447

常减压车间

主任………………… 8492371
书记………………… 8492294
工艺副主任………… 8492951
设备副主任………… 8492292
…………………… 8494763
值班室……………… 8493457

催化车间

主任、书记………… 8492493
副主任……………… 8493493
值班室……………… 8493493
工会………………… 8492492

焦化车间

主任………………… 8495600
书记………………… 8495601
副主任……………… 8495602
…………………… 8495603
值班室……………… 8495608

二联合车间

主任………………… 8492666
书记………………… 8493183
新加氢主任………… 8493181
生产副主任………… 8494146
设备副主任………… 8494147
工会………………… 8492837

聚丙烯车间

主任………………… 8493495

书记………………… 8493106
副主任……………… 8494795
综合管理办………… 8494165

化肥作业部

部长………………… 8494458
书记………………… 8494460
副部长……………… 8494700
…………………… 8494461
工会主席…………… 8493084
办公室……………… 8494459
值班室……………… 8494462
工艺组组长………… 8494290
设备组组长………… 8494406

动力作业部

部长………………… 8493512
书记………………… 8495141
副部长……………… 8492335
…………………… 8492332
…………………… 8493415
总工程师…………… 8493052
工会主席…………… 8493137
电力调度中心……… 8492051
生产组组长………… 8492051
值班室……………… 8495140
技术组组长………… 8492336
设备组组长………… 8492840

码头作业部

部长………………… 8493082
书记………………… 8493087
副部长……………… 8494326
工会主席…………… 8493241
值班室……………… 8492377
生产组组长………… 8493242
技术组组长………… 8495342
设备组组长………… 8495345

油品车间

主任………………… 8492375
书记………………… 8492495
副主任……………… 8492295
技术组组长………… 8495034
设备组组长………… 8494475
生产组组长………… 8495344
综合组组长………… 8494675
值班室……………… 8494477

成品车间

主任………………… 8494726
书记………………… 8494656
工程师……………… 8494061
生产副主任………… 8494292

设备副主任………… 8494256
…………………… 8494653
工会主席…………… 8494728
值班室……………… 8494777

热电作业部

部长………………… 8494250
书记………………… 8494052
燃运副部长………… 8494260
生产副部长………… 8494560
设备副部长………… 8494549
总工程师…………… 8494466
工会主席…………… 8494566
综合部……………… 8492566
值班室……………… 8494384
设备组组长………… 8494550
技术组组长………… 8494559

机运车间

主任………………… 8492206
书记………………… 8493200
行政副主任………… 8493201
工会主席…………… 8493201
生产副主任………… 8493202
设备副主任………… 8493203
值班室……………… 8494254

溶脱联合车间

主任………………… 8495455
书记………………… 8492577
副主任……………… 8492507
…………………… 8495458
气分装置主任……… 8494140
值班室……………… 8495454

其他单位

铁路工业站长……… 8492700
铁路工业车号……… 8492701
铁路工业调度……… 8492702
铁路工业货运……… 8492703
铁路工业运联……… 8492209
铁路治安联防……… 8493125
仪长原油九江末站 … 8495615
公安消防队………… 8492268
驻厂军代表室……… 8492223
九江税务驻厂……… 8492727
南京油轮公司……… 8492725
驻厂九江调度……… 8492280
港监………………… 8492726
粮站………………… 8492338
建设银行…………… 8492470
工商行储蓄所……… 8492468
邮电支局…………… 8492368
化三建东区………… 8492861

湖北保得………… 8495179
省政府液化气……… 8493408
浔阳区搬运队……… 8494493
浔阳装卸公司……… 8495658
华东销售公司……… 8494127
波涛科技公司……… 8495423
天鑫公司…………… 8492785
力生公司…………… 8492772
华庐美食…………… 8492708
武汉办事处
……………… 027－88077021
上海办事处
……………… 021－56639741
南昌办事处
……………… 0791－8510245
九江办事处………… 8577532
61 局营业厅 ……… 8611288
61 局维修点 ……… 8613488

29. 湖北化肥分公司

地址：湖北省枝江市迎宾大道 15 号　　邮政编码：443200　　公网区号：0717

公司机关

经理办
主任…………………… 4232261
机要室………………… 4232264
计划处
处长…………………… 4232321
财务处
处长…………………… 4232325
人力资源处
处长…………………… 4232335
干部处
处长…………………… 4232333
企业管理处
处长…………………… 4232315
生产调度处
处长…………………… 4232610
机械动力处
处长…………………… 4232291
安全与环保处
处长…………………… 4232311
工程建设管理处
处长…………………… 4232681
监察处
处长…………………… 4232274
审计处
处长…………………… 4232355
物资供应处
处长…………………… 4232791
产品销售部
主任…………………… 4232346
煤炭采购部
主任…………………… 4232742
产品开发部
主任…………………… 4232701
技术信息中心
主任…………………… 4232371
消防队
队长…………………… 4232407

合成车间

主任…………………… 4232511
党支部………………… 4232512
副主任………………… 4232510
工艺组………………… 4232513
技术组………………… 4232515
办公室………………… 4232516
总控室………………… 4232611
合成值班室…………… 4232224
调度台………………… 4232612
一段炉………………… 4232613
压缩…………………… 4232614
普利森………………… 4232615
液氢库………………… 4232616
预脱硫………………… 4232618
钳工班………………… 4232619
综合班………………… 4232600

尿素车间

主任…………………… 4232521
党支部………………… 4232522
办公室………………… 4232526
工艺组………………… 4232523
技术组………………… 4232525
材料组………………… 4232520
调度台………………… 4232621
总控台………………… 4232622
大颗粒尿素…………… 4232804
压缩…………………… 4232623
现场…………………… 4232625
电梯间………………… 4232626
检修班………………… 4232627

油品车间

主任…………………… 4232531
党支部………………… 4232532
副主任………………… 4232534
技术组………………… 4232533
办公室………………… 4232535
老油罐区……………… 4232631
新油罐区……………… 4232632
5 号趸船……………… 4232634
4 号趸船……………… 4232635
综合班………………… 4232654
电工班………………… 4232636

成品车间

主任…………………… 4232541
办公室………………… 4232542
技术组………………… 4232543
总控室………………… 4232641
1 号趸船……………… 4232642
2 号趸船……………… 4232643
3 号趸船……………… 4232645
4 号趸船……………… 4232644
扒料机………………… 4232647
综合班………………… 4232648
成品班………………… 4232649
运行班………………… 4232640
质保班………………… 4232650

电气车间

主任…………………… 4232581
副主任………………… 4232582
办公室………………… 4232584
技术组………………… 4232583
器材组………………… 4232588
变电站………………… 4232585
发电班………………… 4232487
动力班………………… 4232481
合成班………………… 4232517
尿素班………………… 4232528
水厂班………………… 4232507
油品班………………… 4232636
电试班………………… 4232587
标准班………………… 4232590
电机班………………… 4232589

仪表车间

主任…………………… 4232591
党支部………………… 4232592
副主任………………… 4232595
办公室………………… 4232594
技术组………………… 4232593
合成班………………… 4232519
尿素班………………… 4232529
锅炉仪表班…………… 4232482
质量班………………… 4232596
金工班………………… 4232597
水汽班………………… 4232509
DCS 室 ……………… 4232984

质检中心

主任、书记…………… 4232561
副主任………………… 4232391
办公室………………… 4232563
统计室………………… 4232569
地磅室………………… 4232392
分析组………………… 4232568
油分析………………… 4232566
生控组………………… 4232564
煤液制配……………… 4232562
煤分析室……………… 4232474
水质分析……………… 4232565
环保分析……………… 4232567
油计量班……………… 4232392
质检组………………… 4232396

动力分厂（水汽）

主任…………………… 4232501
党支部………………… 4232502
副主任………………… 4232638
办公室………………… 4232506
设备组………………… 4232505
工艺组………………… 4232503
值班室………………… 4232508
小煤锅炉……………… 4232724
检修班………………… 4232504
快锅…………………… 4232601
水处理………………… 4232602
冰水塔………………… 4232603
低锅…………………… 4232604
水厂泵房……………… 4232606
排污泵房……………… 4232606
水厂控制室…………… 4232607
煤锅炉控制室………… 4232480
调度室………………… 4232484
煤储运控制室………… 4232489
煤储运班……………… 4232491
煤储运………………… 4232490
循环水………………… 4232492
灰渣…………………… 4232493
轨道街………………… 4232497
动力 4.2 米办 ……… 4232476

消防队

办公室……………… 4232407
值班室……………… 4232408

生产准备处

老总办……………… 4232836
办公室……………… 4232847
综合组……………… 4232738
设备组……………… 4232774
工艺组……………… 4232780
会议室……………… 4232809
材料组……………… 4232853

煤代油改造项目部

主任……………… 4232767
书记……………… 4232681
副主任……………… 4232684
计财物资组……………… 4232874
综合办……………… 4232719
电气组……………… 4232924
值班室……………… 4232749
工艺组……………… 4232486
工艺组……………… 4232734
机械组……………… 4232713
工程组……………… 4232427
仪表组……………… 4232904
设备验收组……………… 4232864
设备组……………… 4232703

30. 济南分公司

地址：山东省济南市工业南路26号　邮政编码：250101　公网区号：0531

经理办公室 ……… 88832202
党委办公室 ……… 88832301
组织部统战部 …… 88832306
宣传部 ……… 88832310
计划处 ……… 88832408
生产调度处 ……… 88832432
技术处 ……… 88832429
机动处 ……… 88832443
安全环保处 ……… 88832456
财务处 ……… 88832417
人力资源处 ……… 88832476
企业管理处 ……… 88832231
供应部 ……… 88832518
运销部 ……… 88832552

31. 武汉分公司

地址：湖北省武汉市青山区长青路特1号　邮政编码：430082　公网区号：027

机关处室

党办 ……………… 86595202
经理办 ……………… 86595153
工会 ……………… 86595231
团委 ……………… 86595860
组缌部 ……………… 86595213
宣传部 ……………… 86595302
纪委（行政监察室） ………
……………… 86595221
离退休工作处 …… 86595680
生产调度处 ……… 86595500
安全环保处 ……… 86595430
机动处 ……………… 86595460
工程处 ……………… 86595700
物资处 ……………… 86595600
技术处 ……………… 86595560
计划处 ……………… 86595350
运销处 ……………… 86595660
财务处 ……………… 86595340
审计处 ……………… 86595370
劳动人事处 ……………… 86595400
综合管理处 ……………… 86595380
武装保卫处 ……………… 86595250
教培中心（党校） … 86595580
信息中心 ……………… 86595800
计量办 ……………… 86595770

汉新公司

办公室 ……………… 83516509

三昌公司

办公室 ……………… 86599650

改制单位

武汉检安石化工程有限公司
办公室 ……………… 86596710
石化交通运输公司
办公室 ……………… 86599604
武汉炼化工程设计有限公司
办公室 ……………… 86599404
武汉石化液化气公司
办公室 ……………… 86599254
隆达石化有限公司
办公室 ……………… 86599108
武汉博达石化有限公司
办公室 ……………… 86599303
武汉市石化医院
办公室 ……………… 86599505

32. 中原石油化工有限责任公司

地址：河南省濮阳市胜利西路　邮政编码：457000　公网区号：0393

总经理办公室
主任……………… 4471306
副主任……………… 4471231
秘书科……………… 4471077
接待科……………… 4471075
党委办公室
主任……………… 4471084
秘书科……………… 4471067
组织科……………… 4471068
生产调度处
处长……………… 4471376
调度台……………… 4471336
机械动力处
处长……………… 4471234
副处长……………… 4471360
综合科……………… 4471526
检修科……………… 4471475
动力科……………… 4471390
安全环保处
处长……………… 4471288
安全科……………… 4471279
环保科……………… 4471283
技术监督处
处长……………… 4471463
技术科……………… 4471330
计量科……………… 4471002
综合计划处
处长……………… 4471307
副处长……………… 4471108
计划科……………… 4471356
信息科……………… 4471315
财务处
处长……………… 4471117
资产科……………… 4471441
会计科……………… 4471092
成本科……………… 4471090
资金科……………… 4471048
销售科……………… 4471093
人事教育处
处长……………… 4471078
干部科……………… 4471013
工资科……………… 4471181
教培科……………… 4471208
企业管理处
处长……………… 4471256
企管科……………… 4471350
合同科……………… 4471299
审计处
处长……………… 4471216
工程审计……………… 4471273
财务审计……………… 4471551
党委宣传部

部长…………………… 4471237
宣传科…………………… 4471069
电视台…………………… 4472102
监察处
处长…………………… 4471248
办公室…………………… 4471204
监察室…………………… 4471210
审理室…………………… 4471172
工会
副主席…………………… 4471070
女工部长…………………… 4471071
生产劳保…………………… 4471101
青年工作部
部长…………………… 4471219
经营部
主任…………………… 4471042
原料科…………………… 4471438
信息科…………………… 4471431
物资供应处
处长…………………… 4471010
书记…………………… 4471023
管理科…………………… 4471385
器材科…………………… 4471380
化工科…………………… 4471483
备件科…………………… 4471205
保卫处
处长…………………… 4471026
综治办…………………… 4471316
治安科…………………… 4471215
工农办…………………… 4471083

33. 青岛炼油化工有限责任公司

地址：山东省青岛市经济技术开发区千山南路 827 号　　邮政编码：266500　　公网区号：0532

综合管理部…………………… 86915266
企业资源部…………………… 86915969
市场管理部…………………… 86915810
财务计划部…………………… 86915788
科技发展部…………………… 86915839
机动工程部…………………… 86915860
生产管理部…………………… 86915882

34. 沧州分公司

地址：河北省沧州市北郊　　邮政编码：061000　　公网区号：0317

经理办公室
主任…………………… 3552345
秘书…………………… 3552247
党委办公室
主任…………………… 3552076
秘书…………………… 3552095
组织部
部长…………………… 3552318
副部长…………………… 3552449
宣传部
部长…………………… 3552885
办公室…………………… 3552549
人力部
主任…………………… 3552596
办公室…………………… 3552077
纪委办
主任…………………… 3552261
办公室…………………… 3552208
工会
副主席…………………… 3551987
办公室…………………… 3552575
团委
书记…………………… 3552915
综合处
处长…………………… 3551797
办公室…………………… 3552463
保卫处
处长…………………… 3552393
办公室…………………… 3552325
生产部
主任…………………… 3552266
副主任…………………… 3551908
…………………… 3551909
机动部
主任…………………… 3552132
副主任…………………… 3552038
…………………… 3552288
安环部
主任…………………… 3552625
副主任…………………… 3552882
审计部
主任…………………… 3552481
副主任…………………… 3551897
财务部
主任…………………… 3552032
副主任…………………… 3551916
技术开发部
主任…………………… 3551579
副主任…………………… 3552780
…………………… 3552772
销售公司
经理…………………… 3552237
副经理…………………… 3552434
供应公司
经理…………………… 3552227
副经理…………………… 3552532
信息中心
主任…………………… 3552595
副主任…………………… 3552591
质检中心
主任…………………… 3552717
副主任…………………… 3551556
消防队
队长…………………… 3552219
值班室…………………… 3552335
炼油一部
主任…………………… 3552122
书记…………………… 3551883
值班室…………………… 3552390
炼油二部
主任…………………… 3552616
书记…………………… 3552140
值班室…………………… 3552293
炼油三部
主任…………………… 3552961
书记…………………… 3552602
值班室…………………… 3551605
精制车间
主任…………………… 3552876
书记…………………… 3552283
值班室…………………… 3552276
油品车间
主任…………………… 3552205
书记…………………… 3552287
值班室…………………… 3551446
硫磺车间
主任…………………… 3552323
书记…………………… 3552175
值班室…………………… 3552134
动力车间
厂长…………………… 3552471
值班室…………………… 3552472
车液车间
主任…………………… 3551748

35. 润滑油分公司

地址：北京市海淀区清河安宁庄西路 6 号　　邮政编码：100085　　公网区号：010

公司机关

经理办公室
主任…………………… 62949876
办公室…………………… 62949873
传真…………………… 62917732
综合计划部
主任…………………… 62949830
办公室…………………… 62949864
传真…………………… 62928148
科技开发部
主任…………………… 62949808

办公室 …………… 62941011
传真 ……………… 62949815
财务资产部
主任 ……………… 62949877
办公室 …………… 62949859
传真 ……………… 62928149
市场营销部
主任 ……………… 62949841
办公室 …………… 62941616
传真 ……………… 82713833
物资供应部
主任 ……………… 62949768
办公室 …………… 62941476
传真 ……………… 62916012
人力资源部
主任 ……………… 62949634
办公室 …………… 62941672
传真 ……………… 82713826
审计纪检监察部
主任 ……………… 62949795
办公室 …………… 62949829
党群工作部
主任 ……………… 62949801
办公室 …………… 62949803
传真 ……………… 62914862
工会 ……………… 62949792
团委 ……………… 62949789
报社 ……………… 62941096
安全环保部
主任 ……………… 62949867
调度 ……………… 62949851
传真 ……………… 62949853
生产 ……………… 62949852
应用研究中心
主任 ……………… 62949882

办公室 …………… 62949746
传真 ……………… 62949751
销售分公司
经理 ……………… 62949733
办公室 …………… 62949730
传真 ……………… 82414470

一坪分公司

区号：023
经理 ……………… 68799309
书记 ……………… 68799372
办公室 …………… 68799311
传真 ……………… 68799333
财务 ……………… 68799337
生产 ……………… 68799301
销售 ……………… 68799451

上海分公司

区号：021
经理 ……………… 58613366
书记 ……………… 58613399
办公室 …………… 58617912
传真 ……………… 58616124
财务 ……………… 58610872
生产 ……………… 58672994
销售 ……………… 50407145
海润 ……………… 50407933

茂名分公司

区号：0668
经理……………… 2269784
书记……………… 2260137
办公室…………… 2260095
传真……………… 2262640

财务……………… 2247278
生产……………… 2267851
销售……………… 2260120

武汉分公司

区号：027
经理 ……………… 82302581
办公室 …………… 82311533
传真 ……………… 82311533
财务 ……………… 82313925
生产 ……………… 82316626
销售 ……………… 82313923

燕化分公司

区号：010
经理 ……………… 69347388
办公室 …………… 69334965
传真 ……………… 69346889
财务 ……………… 80342976
生产 ……………… 69346849

荆门分公司

区号：0724
经理……………… 2221869
书记……………… 2222910
办公室…………… 2271727
传真……………… 2213278
财务……………… 2211799
生产……………… 2274632
销售……………… 2219788

济南分公司

区号：0531
经理……………… 8834070

书记……………… 8832566
办公室…………… 8834054
传真……………… 8834054
财务……………… 8834071
生产……………… 8833303
销售……………… 8982694

天津储运分公司

区号：022
经理 ……………… 66581118
办公室 …………… 66581128
传真 ……………… 66581106
财务 ……………… 66581116
生产 ……………… 66581121
销售 ……………… 66581117

上商所

区号：021
所长 ……………… 65355799
办公室 …………… 65458125
传真 ……………… 65458125
财务 ……………… 65463187
技术 ……………… 65415798

天津分公司

区号：022
总机 ……………… 25668000
经理 ……………… 8692
书记 ……………… 8671
办公室 …………… 8149
传真 ……………… 61761092
财务 ……………… 8145
生产 ……………… 8370
销售 ……………… 8133

36. 北海分公司

地址：广西壮族自治区北海市北海大道西路　邮政编码：536000　公网区号：0779

经理办…………… 3915026
生产管理部……… 3915069
生产调度值班…… 3915071
安全环保部……… 3915015
技术开发部……… 3915031
物资供应部……… 3915086
油气销售部……… 3915068
财务资产部……… 3915080
计划经营部……… 3915014
人力资源部……… 3915048
审计监察部……… 3915082
群众工作部……… 3915038

37. 西安石化分公司

地址：陕西省西安市未央区建章路北段6号　邮政编码：710086　公网区号：029

经理办公室 ……… 84312985
政工处 …………… 84320085
技术处 …………… 84320111
生产计划处 ……… 84320026
安全处 …………… 84320052
运销处 …………… 84320155
供应处 …………… 84320152
人事资源处 ……… 84320065
财务处 …………… 84320055
调度室 …………… 84320255

38. 塔河分公司

地址：新疆库车县天山东路 573 号　邮政编码：842000　公网区号：0997

综合办公室
主任……………… 7979009
副主任…………… 7979188
总值班…………… 7979023
传真……………… 7979016
人力资源处
处长……………… 7979084
副处长…………… 7979017
财务处
处长……………… 7979166
副处长…………… 7979018
传真……………… 7979019
机械动力处
处长……………… 7979007
副处长…………… 7979090
传真……………… 7979044
技术质量处
处长……………… 7979005
副处长…………… 7979070
传真……………… 7979027
安全环保处
处长……………… 7979089
副处长…………… 7979041
传真……………… 7979087
生产计划处
处长……………… 7979011
副处长…………… 7979024
传真……………… 7979023
企业管理处
处长……………… 7979022
副处长…………… 7979079
运销中心
主任……………… 7979052
物资供应中心
主任……………… 7979010
副主任…………… 7979072
传真……………… 7979037
治安消防中心
主任……………… 7979196
副主任…………… 7979198
常压焦化车间
主任……………… 7979828
副主任…………… 7979828
加氢制氢车间
主任……………… 7979817
副主任…………… 7979817
硫磺回收车间
主任……………… 7979820
副主任…………… 7979820
催化重整车间
主任……………… 7979853
副主任…………… 7979186
沥青车间
主任……………… 7978002
副主任…………… 7978002
储运车间
主任……………… 7979889
副主任…………… 7978028
功力车间
主任……………… 7979839
副主任…………… 7978008
化验室
主任……………… 7979831
副主任…………… 7979859

39. 上海沥青销售分公司

地址：上海市长宁区延安西路 728 号 22 层　邮政编码：200050　公网区号：021

综合管理部
办公室 …………… 62253007
传真 ……… 62268000－8115
计划财务部
办公室 …………… 62251228
传真 ……………… 52381681
市场一部
办公室 …………… 62252698
传真 ……………… 62109032
市场二部
办公室 …………… 62252882
传真 ……………… 52375076
市场业务部
办公室 …………… 52375073
传真 ……………… 52375103
资源开发部
办公室 …………… 52375071
传真 ……………… 52375075
技术生产部（含信息中心）
办公室 …………… 62252225
传真 ……………… 52381682
镇海驻厂办
办公室 …… 0574－86446043
传真 ……… 0574－86446038
塔河驻厂办
办公室……… 0997－7979055
传真………… 0997－7979151
广州驻厂办
办公室……… 020－82120651
传真………… 020－82120653
齐鲁驻厂办
办公室……… 0533－7557898
传真………… 0533－7557878
金山驻厂办
办公室……… 021－57930880
传真………… 021－57934114
济南驻厂办
办公室 …… 0531－88832364
传真 ……… 0531－88832363
西安驻厂办
办公室……… 029－84311470
传真………… 029－84311470

40. 催化剂分公司

地址：北京市东城区安外大街 58 号　邮政编码：100011　公网区号：010

公司机关

经理办公室
办公室 …………… 84274557
………………… 84271833
………………… 84277234
传真 ……………… 84287023
企业策划部
办公室 …………… 84277257
………………… 84277251
传真 ……………… 84277247
财务计划部
办公室 …………… 84286040
………………… 84277628
………………… 84277628
传真 ……………… 84277247
人力资源部
办公室 …………… 84277235
………………… 84271844
传真 ……………… 84277240
审计部
办公室 …………… 84279633
………………… 84273936
传真 ……………… 84275323
党群工作部
办公室 …………… 84277258
………………… 84273200
………………… 84273229
传真 ……………… 84273229
纪检监察室
办公室 …………… 84277621
………………… 84276872
传真 ……………… 84276872
生产技术部
办公室 …………… 84271843
………………… 84272316
………………… 84287105
传真 ……………… 84287105
发展计划部
办公室 …………… 84277249
………………… 84277635
传真 ……………… 84287105
市场营销部
办公室 …………… 84285793
………………… 84277231
………………… 84272340
质量服务电话 …… 84272350
传真 ……………… 84272340

物资装备部
办公室 …………… 84271820
…………………… 84277625
传真 …………… 84271820

下属公司

催化剂长岭分公司
办公室……… 0730－8450231
传真………… 0730－8451700

催化剂齐鲁分公司
办公室……… 0533－6860019
传真………… 0533－6861888

催化剂北京奥达分公司
办公室……… 010－81501264
传真………… 010－81501420

催化剂北京燕山分公司
办公室……… 010－69342737
传真一……… 010－69345895

催化剂上海分公司
办公室021－57941941－24255
传真………… 021－57944734

催化剂南京分公司
办公室……… 025－85092424
传真………… 025－85092424

湖南建长石化股份公司
办公室……… 0730－8455048
传真………… 0730－8439961

上海立得催化剂有限公司
办公室……… 021－57294218
传真………… 021－57294218

中国石化科技开发公司
办公室……… 010－84275265
传真………… 010－84271847

41. 化工销售分公司

地址：北京市朝阳区朝阳门北大街22号　　邮政编码：100728　　公网区号：010

公司机关

综合处
…………………… 59966916
…………………… 59966920
传真 …………… 59760728

党群办
…………………… 59966925
…………………… 59966940
传真 …………… 59760711

人力资源处
…………………… 59966929
…………………… 59966928
传真 …………… 59760710

财务处
…………………… 59966945
…………………… 59966955
传真 …………… 59960713

计划信息处
…………………… 59966972
…………………… 59966965
传真 …………… 59760715

调度运输处
…………………… 59966957
…………………… 59966973
传真 …………… 59760714

自备车项目组
…………………… 59966981
…………………… 59966982

合成树脂处
…………………… 59966909
…………………… 59966908
传真 …………… 59760727

合成橡胶处
…………………… 59966899
…………………… 59966902
传真 …………… 59760726

合纤原料处
…………………… 59966895
…………………… 59966896
传真 …………… 59760725

合成纤维处
…………………… 59966890
…………………… 59966892
传真 …………… 59760704

有机化工处
…………………… 59966881
…………………… 59966889
传真 …………… 59760703

审计处
…………………… 59966937
…………………… 59966923
传真 …………… 59760709

纪检监察处
…………………… 59966942
…………………… 59966934
传真 …………… 59760712

法律事务处
…………………… 59966989
…………………… 59966939
传真 …………… 59760716

北京分公司

（区号：010）

分公司领导
…………………… 51586766
…………………… 51586800

综合管理部
…………………… 51586717
…………………… 51586858
传真 …………… 51586876

党群部
…………………… 51586868
…………………… 51586812

财务部
…………………… 51586998
…………………… 51586988
传真 …………… 51585988

计划信息部
…………………… 51586736
…………………… 51586866
传真 …………… 51586851

合成树脂部
…………………… 51586726
…………………… 51586888
传真 …………… 51586833

合成橡胶部
…………………… 51586816
…………………… 51586886
传真 …………… 51586841

有机化工部
…………………… 51586898
…………………… 51586896
传真 …………… 51586824

合成纤维部
…………………… 51586836
…………………… 51586891
传真 …………… 51586884

合纤原料部
…………………… 51586806
…………………… 51586754
传真 …………… 51586840

物流部
…………………… 51586818
…………………… 51586935
传真 …………… 51586751

天津经营部（分公司）
……………（022）23195756
……………（022）23195755

上海分公司

（区号：021）

分公司领导
…………………… 52380058
…………………… 52381318

综合管理部
…………………… 52381300
…………………… 52381616
传真 …………… 52385083

党群部
…………………… 52385155
…………………… 52385156
传真 …………… 52376719

财务部
…………………… 52385090
…………………… 52385092
传真 …………… 52385091

计划信息部
…………………… 52385069
…………………… 52385089
传真 …………… 52385061

物流部
…………………… 52385051
…………………… 52385052
传真 …………… 52385053

合成橡胶部
…………………… 52385030
…………………… 52385031
传真 …………… 52385112

腈纶部
…………………… 52385021
…………………… 52385025
传真 …………… 52385110

合成树脂部
…………………… 52385130
…………………… 52385132
传真 …………… 52385113

有机化工部
…………………… 52385120
…………………… 52385121
传真 …………… 52376717

合成纤维部
…………………… 52385101
…………………… 52385102
传真 …………… 52397137

合纤原料部
…………………… 52385070
…………………… 52385073
传真 …………… 52385071

广州分公司

（区号：020）

分公司领导
…………………… 22389668
…………………… 22389666
传真 ………………… 22389600
综合部
…………………… 22389698
…………………… 22389588
传真 ………………… 22389600
党群办
…………………… 22389658
…………………… 22389661
传真 ………………… 22389710
财务部
…………………… 22389608
…………………… 22389622
传真 ………………… 22389739
计划信息部
…………………… 22389788
…………………… 22389676
传真 ………………… 22389710
合成橡胶部
…………………… 22389508
…………………… 22389578
传真 ………………… 22389516
合成树脂部
…………………… 22389518
…………………… 22389536
传真 ………………… 22389553
有机化工部
…………………… 22389558
…………………… 22389603
传真 ………………… 22389581
合纤原料部
…………………… 22389528
…………………… 22389506
传真 ………………… 22389570
物流部
…………………… 22389568
…………………… 37857268
传真 ………………… 22389745

武汉分公司

（区号：027）

武汉分公司领导
…………………… 50866789
…………………… 51812888
传真 ………………… 51812988
综合管理部
…………………… 51812808
…………………… 51812802
传真 ………………… 51812988
党群办公室
…………………… 51812980
…………………… 51812982
传真 ………………… 51812983
财务部
…………………… 51812900
…………………… 51812827
传真 ………………… 51812899
计划信息部
…………………… 51812818
…………………… 51812817
传真 ………………… 51812819
物流部
…………………… 51812877
…………………… 51812838
传真 ………………… 51812837
树脂橡胶部
…………………… 51812918
…………………… 51812908
传真 ………………… 51812912
有机化工部
…………………… 51812998
…………………… 51812958
传真 ………………… 51812969
合纤合原部
…………………… 51812938
…………………… 51812937
传真 ………………… 51812934

42. 北京石油分公司

地址：北京市朝阳区静安里 12 号楼　　邮政编码：100028　　公网区号：010

公司机关

经理办公室
主任 ………………… 84469506
…………………… 208
副主任 ……………… 64634674
…………………… －201
思想政治工作处
处长 ………………… 64678615
…………………… －231
副处长 ……………… 64678615
…………………… －212
经营管理处
处长 ………………… 84484187
…………………… 340
副处长 ……………… 64675143
零售中心
经理 ………………… 64668182
…………………… －338
党委书记 …………… 64668183
…………………… －391
副经理 ……………… 84514036
…………………… －252
…………………… 64678616
…………………… －294
商业客户中心
经理 ………………… 84484186
…………………… －388
物流中心
经理 ………………… 64670786
…………………… －307
党委书记 …………… 84484678
…………………… －287
副经理 ……………… 84484581
…………………… －239
财务资产处
处长 ………………… 84486680
副处长 ……………… －297
发展规划处
处长 ………………… 84483898
…………………… －323
副处长 ……………… 64629576
…………………… －328
人力资源处
处长 ………………… 64608088
…………………… －311
副处长 ……………… 64678619
…………………… －273
安全保卫处
处长 ………………… 64678617
…………………… －234
副处长 ……………… 64678617
…………………… －256
审计处
处长 ………………… 64614382
…………………… －255
监察处
处长 ………………… 84512495
…………………… －230
信息网络管理处
处长 ………………… 64621233
…………………… －352
润滑油中心
经理 ………………… 67378354
副经理 ……………… 68189016
燃料油中心
副经理 ……………… 67371667
结算中心
主任 ………………… －279
副主任 ……………… －269

零售中心派出执行机构

零售中心区域
地址：北京朝阳区十八里店乡小武基
电话 ………………… 67372990
零售东南区域
地址：北京朝阳区十八里店乡小武基
电话 ………………… 67374301
零售西北区域
地址：北京昌平县沙河镇巩华城大街 67 号
电话 ………………… 69731855
零售东北区域
地址：北京顺义区火车站南侧
电话 ………………… 81481485
零售西南区域
地址：北京丰台区南岗洼 88 号
电话 ………………… 83311755

商业客户中心派出执行机构

朝阳营业部
地址：北京朝阳区十八里店乡小武基
电话 ………………… 67362089
丰台营业部
地址：北京丰台区花乡高立庄 403 号
电话 ………………… 83794067
燕山营业部
地址：北京房山区燕山东路 5 号
电话 ………………… 69339114
昌平营业部
地址：北京昌平县沙河镇巩华城大街 67 号
电话 ………………… 69735747
通州营业部
地址：北京通州西果园 79 号
电话 ………………… 60536135
长辛店营业部
地址：北京丰台区南岗洼 88 号
电话 ………………… 83311657

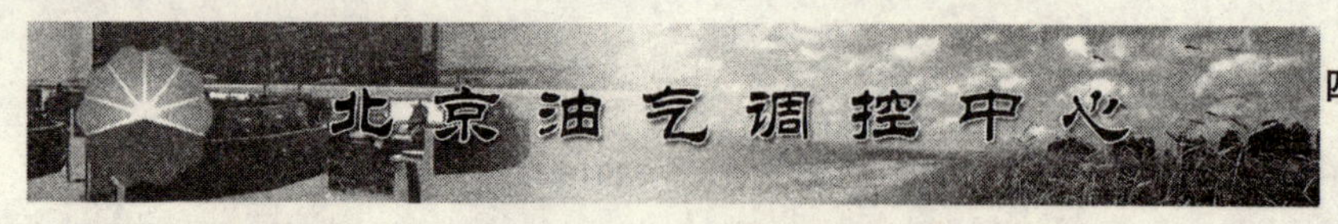

黄村营业部
地址：北京大兴县黄村镇矿林路6号
电话 ……………… 69245307
顺义营业部
地址：北京顺义区火车站南侧
电话 ……………… 69431154
密云营业部
地址：北京密云县沙河火车站北
电话 ……………… 69091356
怀柔营业部
地址：北京怀柔区怀庙路西合下村328号
电话 ……………… 69644102
门头沟营业部
地址：北京门头沟区东龙门178号
电话 ……………… 69842221
中心区营业部
地址：北京市宣武区南线阁21号
电话 ……………… 63582377
中关村营业部
地址：北京海淀中关村海淀路78号
电话 ……………… 62532684
延庆营业部
地址：北京市延庆县康庄镇东货场
电话 ……………… 69131535
平谷营业部
地址：北京平谷区大兴庄乡周村村北
电话 ……………… 89932439

物流中心派出执行机构

黄村石油库
地址：北京大兴县黄村镇矿林路6号
电话 ……………… 69245307
长辛店石油库
地址：北京丰台区南岗洼88号
电话 ……………… 83316252
沙河石油库
地址：北京昌平县沙河镇巩华城大街67号
电话 ……………… 69732831
顺义石油库
地址：北京顺义区火车站南侧
电话 ……………… 69440483
通县西石油库
地址：北京通州西果园79号
电话 ……………… 60531589
密云石油库
地址：北京密云县沙河火车站北
电话 ……………… 69091963
庙城石油库
地址：北京怀柔区怀庙路西合下村328号
电话 ……………… 60697813
康庄石油库
地址：北京市延庆县康庄镇东货场
电话 ……………… 69131430
北庄石油库
地址：北京房山区燕山东路5号
电话 ……………… 69346238
闫村石油库
地址：北京市房山区闫村汽车站北
电话 ……………… 89317116
高立庄石油库
地址：北京丰台区花乡高立庄403号
电话 ……………… 63735543
小武基石油库
地址：北京朝阳区十八里店乡小武基
电话 ……………… 67364289

实业公司

综合办公室
主任 ……………… 64626877
…………………… －217
副主任 ……………… －305
…………………… －235
《北京石油报》副主编
…………………… 84515453
…………………… －232
财务部
副经理 ……………… －246
实业公司所属企业
北京云岫山庄
…………… 010－69662338
北京汇力达劳务有限责任公司
…………… 010－84512849

43. 天津石油分公司

地址：天津市南开区南京路338号　　邮政编码：300100　　公网区号：022

经理办公室

主任 ……………… 27201566
副主任 ……………… 27201599
法律顾问 ……………… 27201533
总值班 ……………… 27201588
档案 ……………… 27201511
文书 ……………… 27201522
传真 ……………… 27201555
档案室 ……………… 27201300

财务资产处

处长 ……………… 27201666
副处长 ……………… 27201606
副主任 ……………… 27201608
副处长 ……………… 27201859
资金、税务 ……………… 27201605
核算、报销 ……………… 27201625
传真 ……………… 27201601
预算 ……………… 27201602
报表 ……………… 27201603

经营管理处

处长 ……………… 27201628
副处长 ……………… 27201609
…………………… 27201614
综合 ……………… 27201617
…………………… 27201614
调运 ……………… 27201688
…………………… 27201624

发展规划处

处长 ……………… 27201716
副处长 ……………… 27201706
传真 ……………… 27201704
…………………… 27201705

政工办公室

主任 ……………… 27201709
副主任 ……………… 27201712
…………………… 27201712
副主任 ……………… 27201708
传真 ……………… 27201711
工会 ……………… 27201905
健身房 ……………… 27201109
阅览室 ……………… 27201107

人力资源处

处长 ……………… 27201766
副处长 ……………… 27201713
…………………… 27201837
…………………… 27201714
传真 ……………… 27201739

安全质量处

处长 ……………… 27201700
副处长 ……………… 27201701
…………………… 27201728
传真 ……………… 27021703

审计处

处长 ……………… 27201768
副处长 ……………… 27201717

监察处

处长 ……………… 27201721
…………………… 27201726

信息管理处

副处长 ……………… 27201990
…………………… 27201992

临时机构

调研员室 ……………… 27201613
清欠办 ……………… 27201308
…………………… 27201306
体改办 ……………… 27201655
网建办 ……………… 27201855
…………………… 27201922
…………………… 27201856
大厦指挥部 ……………… 27201920

物业公司

管理部 ……………… 27201916
…………………… 27201915
保洁、工程、保安部
…………………… 27201111
总服务台 ……………… 27201105
文印室 ……………… 27201746
车队 ……………… 27222900
咖啡厅 ……………… 27201108

商业客户中心

经理 ……………… 27201821
书记 ……………… 27201822
副经理 ……………… 27201825
…………………… 27201823
销售 ……………… 27201615
…………………… 27201620
市区客户经理部 … 29343206

东丽客户经理部 … 24390828
西青客户经理部 … 27396367
津南客户经理部 … 28393924
北辰客户经理部 … 26392068
滨海客户经理部 … 66310357
宁汉客户经理部 … 67111290
大港客户经理部 … 63222364
武清客户经理部 … 29333567
静海客户经理部 … 68698677
宝坻客户经理部 … 29242377
蓟县客户经理部 … 29129375

零售中心

常务经理 ………… 27201619
书记 ………… 27201838
副经理 ………… 27201756
………… 27201833
………… 27201832
传真 ………… 27201751

零管中心区 ………… 23120666
零管东区 ………… 66312426
零管西区 ………… 29343201
零管北区 ………… 29158286

燃料油分公司

经理 ………… 23308801
书记 ………… 23308812
办公室 ………… 23308965
财务科 ………… 23308920

润滑油分公司

经理 ………… 23374273
书记 ………… 23374303
办公室 ………… 23374303
业务科 ………… 23374332
滑油配送 ………… 27391537
销售中心 ………… 23340369
长城公司 ………… 27370462

海牌润滑油中心 … 27307216

西青油库

办公室 ………… 27390977
………… 27391521

西郊油库

办公室 ………… 87986875
………… 87989191

物流中心

常务经理 ………… 27201801
书记 ………… 27201805
副经理 ………… 27201803
………… 27201806
调度室 ………… 27201810
车队 ………… 24374536
东郊油库 ………… 84763037
大港油库 ………… 25993724

塘沽油库 ………… 66580091
蓟县油库 ………… 29158025

商羽公司

办公室 ………… 24555329

天泰公司

办公室 ………… 63223169
财务科 ………… 63223169
业务科 ………… 63222723

天昊公司

办公室 ………… 68696846
财务科 ………… 68696850
业务科 ………… 68688479

东方石油公司

办公室 ………… 25706972

44. 河北石油分公司

地址：河北省石家庄市桥东区槐安东路6号　　邮政编码：050021　　公网区号：0311

公司机关

办公室
主任 ………… 87182011
副主任 ………… 87182501
值班 ………… 87182014

邯郸石油公司

（区号：0310）
办公室………… 3012166
政工处………… 3016235
人劳处………… 3015062
财务处………… 3065361
审计处………… 3014333
安储处………… 3018034
监察处………… 3015122
零售管理处………… 3102925
业务处………… 3015202
润滑油公司………… 3015063
企业发展处………… 3013684

邢台石油分公司

（区号：0319）
经理办公室………… 8313018
传真………… 8313017
政工办公室………… 8313022
人事劳资科………… 8313032
安全基建科………… 8313072
零售管理部………… 8313193
财务核算部………… 8313053
商业客户部………… 8313213
物流配送部………… 8313176
润滑油销售部………… 8313223

石家庄石油公司

（区号：0311）
办公室 ………… 85967934
政工办 ………… 85967944
销售管理处 ………… 85964841
资源管理处 ………… 85964845
零售管理处 ………… 85967954
财资处 ………… 85382170
审计处 ………… 85967249
安储处 ………… 85967951
人力资源处 ………… 85963256
企管处 ………… 85382171
监察处 ………… 85382172
信息处 ………… 85383170

保定石油公司

（区号：0312）
办公室………… 2025550
业务处………… 2023116
财资处………… 2023534
安规处………… 2021911
零售处………… 2026836

张家口石油公司

（区号：0313）
办公室………… 2014200
政工办………… 2015485
纪委、工会………… 2011460
人事处………… 2017451
零管处………… 2031213
基建处………… 2031422
财会处………… 2012370
审计处………… 2018138
企管处………… 2014068
业务处………… 2012704

承德石油公司

（区号：0314）
办公室………… 2187751
政工办………… 2183478
审计监察处………… 2193257
清欠办………… 2187750
财资处………… 2187697
人劳处………… 2184752
安规处………… 2182409
基建办………… 2181542
业务处………… 2182194
零管处………… 2180357

秦皇岛石油公司

（区号：0335）
办公室………… 3036635
党办室………… 3036644
人劳处………… 3036789
财务处………… 3036646
审计监察处………… 3039940
安基处………… 3225543
企管处………… 3226641
业务处………… 3032030

唐山石油公司

（区号：0315）
办公室………… 2221734
政工办………… 2218547
业务处………… 2223964
调运处………… 2228272
财务处………… 2219194
安保处………… 2223924
审计处………… 2218827
工会………… 2214285
人劳处………… 2223874

廊坊石油公司

（区号：0316）
办公室………… 2113107
党办室………… 2112930
财务处………… 2113108
审监处………… 2112154
人劳处………… 2114593
仓基处………… 2137745
企管处………… 2114286
零管处………… 2137782
业务处………… 2113523

沧州石油公司

（区号：0317）

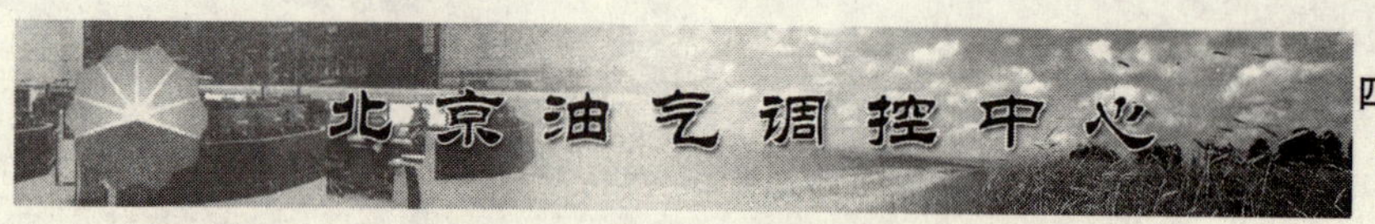

办公室……………… 3042971
政工办……………… 3587375
工会、纪检………… 3040920
人力处……………… 3042084
财务处……………… 3041908
审计处……………… 3045220
安基处……………… 3042508
业务处……………… 3042504
零管处……………… 3041905
整顿办……………… 3023333

衡水石油公司

（区号：0310）

办公室……………… 2020152
财务处……………… 2025149
零管处……………… 2053935
人事处……………… 2020495
业务处……………… 2025249
基发处……………… 2024497
润滑油公司………… 2025138

冀高石油公司

（区号：0311）

业务科……………… 5803144

45. 山西石油分公司

地址：山西省太原市万柏林区大王路8号　邮政编码：030024　公网区号：0351

公司机关
经理办公室
主任……………… 6197556
办公室…………… 6197557
人事教育处
处长……………… 6197569
办公室…………… 6197570
业务处
处长……………… 6197575
办公室…………… 6197579
安全储运处
处长……………… 6197600
办公室…………… 6197690
企业管理处
处长……………… 6197603
办公室…………… 6197605
财务资产处
处长……………… 6197600
办公室…………… 6197586
零售管理处
处长……………… 6197582
办公室…………… 6197853
直销处
处长……………… 6197610
审计处
处长……………… 6197596
办公室…………… 6197597
科技信息处
处长……………… 6197606
办公室…………… 6197696
纪检监察处
处长……………… 6197613
办公室…………… 6197615
政工办
处长……………… 6197610
办公室…………… 6197612
下属单位
太原公司…… 0351－6040524
忻州公司…… 0350－3032416
阳泉公司…… 0353－2160072
大同公司…… 0352－2056691
朔州公司…… 0349－2030972
吕梁公司…… 0358－8222757
晋中公司…… 0354－2401821
长治公司
…………… 0355－2065231
晋城公司
…………… 0356－2022899
临汾公司
…………… 0357－2081028
运城公司…… 0359－2123002
介休公司…… 0354－7353343

46. 上海石油分公司

地址：上海市中山东一路24号甲　邮政编码：200002　公网区号：021

公司机关
经理办公室 ……… 63290095
政工办公室 ……… 63390250
经营管理处 ……… 63290178
财务资产处 ……… 63211929
发展规划处 ……… 63213965
人力资源处（组织部）
……………………… 63390251
安全数质量处 …… 63294970
审计处 …………… 63216255
监察处（纪检办）… 63232741
信息管理处 ……… 33130185
企业管理处 ……… 63234692
下属单位
零售中心 ………… 33130095
零售中区 ………… 62124889
零售北区 ………… 59913892
零售西区 ………… 57747300
零售东区 ………… 50890378
零售南区 ………… 57102920
物流中心 ………… 65741853
商业客户中心 …… 63601682
润滑油经营管理部
……………………… 65697416
燃料油经营管理部
……………………… 65064999

47. 江苏石油分公司

地址：江苏省南京市中山北路395号　邮政编码：210003　公网区号：025

经理办 …………… 58767764
零售中心 ………… 58813471
商业客户中心 …… 58801417
物流配送中心 …… 58817626
经营管理处 ……… 58821483
发展规划处 ……… 58802701
财务资产处 ……… 58802914
企业管理处（法律事务处）
……………………… 58820729
人力资源处 ……… 58807607
信息技术处 ……… 58757944
审计处 …………… 58833134
安全数质量处 …… 58836569
纪检监察处 ……… 58802602
政工处、机关党委、工会
……………………… 58830831
润滑油分公司 …… 58828506
燃料油分公司 …… 58774912
零售公司 ………… 58802233

南京分公司

地址：江苏省南京市中山东路416号
邮编：210002
公网区号：025
经理 ……………… 84409011
办公室 …………… 84400854

无锡分公司

地址：江苏省无锡市健康路210号
邮编：214031
公网区号：0510
经理……………… 2706367
办公室…………… 2709927

徐州分公司

地址：江苏省徐州市建国西路永安街堤南9号
邮编：221006
公网区号：0516
经理……………… 5601198
办公室…………… 5795412

常州分公司

地址：江苏常州市小东门桥76－1

号
邮编：213003
公网区号：0519
经理………………… 8152130
办公室……………… 8170017

苏州分公司

地址：江苏省苏州市竹辉路 358 号
邮编：215007
公网区号：0512
经理 ……………… 65205311
办公室 …………… 65205308

南通分公司

地址：江苏省南通市青年中路 91 号
邮编：226006
公网区号：0513
经理………………… 5594371
办公室……………… 5594410

连云港分公司

地址：江苏省连云港市新浦盐河北路
邮编：222003
公网区号：0518
经理………………… 5682805
办公室……………… 5682800

淮安分公司

地址：江苏省淮安市健康东路 26 号
邮编：223001
公网区号：0517
经理………………… 3758282
办公室……………… 3754052

宿迁分公司

地址：江苏省宿迁市幸福南路 138 号
邮编：223800
公网区号：0527
经理………………… 4217963
办公室……………… 4238217

盐城分公司

地址：江苏省盐城市青年中路 55 号
邮编：224005
公网区号：0515
经理………………… 8401776
办公室……………… 8401711

扬州分公司

地址：江苏省扬州市运河西路 160 号
邮编：225003
公网区号：0514
经理………………… 7232695
办公室……………… 7232695

泰州分公司

地址：江苏省泰州市青年路 10 号
邮编：225300
公网区号：0523
经理………………… 6611216
办公室……………… 6611201

镇江分公司

地址：江苏省江桃花坞新村一区 11 号
邮编：212003
公网区号：0511
经理………………… 4429928
办公室……………… 4423622

江阴分公司

地址：江苏省江阴市滨江中路 213 号
邮编：214431
公网区号：0510
经理………………… 6858001
办公室……………… 6852008

48. 浙江石油分公司

地址：浙江省杭州市河坊街 58 号　　邮政编码：310009　　公网区号：0571

办公室
主任 ……………… 87809625
人教处
处长 ……………… 87812407
副处长 …………… 87819526
财务处
处长 ……………… 87817103
副处长 …………… 87805198
政工处
处长 ……………… 87803512
纪检处
处长 ……………… 87815479
审计处
处长 ……………… 87809658
业务处
处长 ……………… 87809673
副处长 …………… 87815718
……………………… 87800627
物流中心
处长 ……………… 87805060
副处长 …………… 87813597
……………………… 87815096
零管处
处长 ……………… 87805197
企管处
处长 ……………… 87832128
副处长 …………… 87818852
安全处
处长 ……………… 87811437
基建处
处长 ……………… 87817726
润滑油公司
经理 ……………… 87805196
燃料油公司
经理 ……………… 87805059
杭州分公司
办公室 …… 0571－85114743
传真 ……… 0571－85113869
温州分公司
办公室 …… 0577－88056101
传真 ……… 0577－88056166
嘉兴分公司
办公室 …… 0573－82224610
传真 ……… 0573－82224630
湖州分公司
办公室……… 0572－2022320
传真………… 0572－2022299
金华分公司
办公室 …… 0579－82323417
传真 ……… 0579－82324566
台州分公司
办公室 …… 0576－88225274
传真 ……… 0576－88881162
舟山分公司
办公室……… 0580－2023517
传真………… 0580－2027753
绍兴分公司
办公室 …… 0575－85225922
传真 ……… 0575－85115669
衢州分公司
传真………… 0570－3081426
丽水分公司
办公室……… 0578－2133056
传真………… 0578－2156169

49. 安徽石油分公司

地址：安徽省合肥市屯溪路 188 号　　邮政编码：230009　　公网区号：0551

总机………………… 2212800
传真………………… 2212900
经理办公室
主任………………… 2212611
副主任……………… 2212612
值班………………… 2212800
上海办事处
副主任……… 021－58467409

合肥石油分公司

地址：合肥市芜湖路 391 号
邮编：230061
经理………………… 2860228
党委书记、纪委书记
……………………… 2861641
副经理……………… 2863336

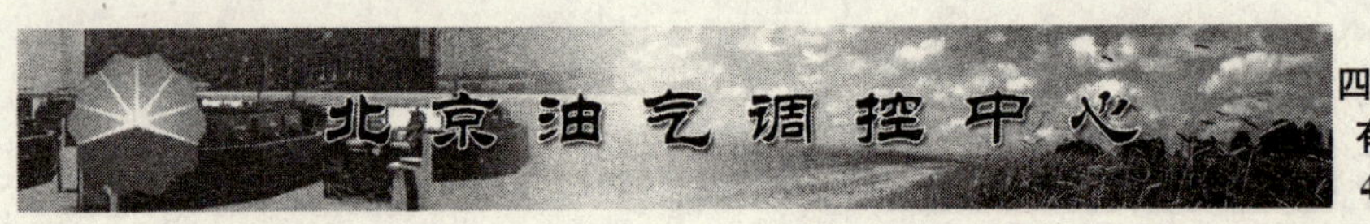

……………………… 2861441
……………………… 2860499
党委副书记、纪委副书记 …
……………………… 2861392
工会主席………… 2861302
经理办
主任……………… 2861374
财务科
科长……………… 2861187
副科长…………… 2861187
人力资源科
科长……………… 2872883
政工办
主任……………… 2863315
专职纪检监察员…… 2863315
基建科
科长……………… 2861485
安保科
科长……………… 2861816
零售公司
经理……………… 2861691
书记……………… 2861691
副经理…………… 2861691
轻油公司
经理……………… 2861044
副经理…………… 2861044
润滑油公司
经理……………… 2862199
副经理…………… 2862199
油库
主任……………… 3521035
书记……………… 3521035
副主任…………… 3521035
六安经营部
经理………… 0564－3338876
书记………… 0564－3338876
长丰经营部
经理……………… 6683672
书记……………… 6683672
肥西经营部
经理……………… 8841507
书记……………… 8841507
肥东经营部
经理……………… 7711733
书记……………… 7711733
叶集经营部
经理………… 0564－6496474
书记………… 0564－6496474
霍山经营部
经理………… 0564－5020549
书记………… 0564－5020549
金寨经营部
经理………… 0564－7162426
书记………… 0564－7162426
舒城经营部
经理………… 0564－8621322
书记………… 0564－8621322

安庆石油分公司

地址：安庆市长青路 3 号
邮编：246003
经理……………… 5200479
党委书记、纪委书记 5204018
副经理…………… 5204019
……………………… 5204016
……………………… 5204022
工会主席………… 5204035
办公室
主任……………… 5204058
信息中心
主任……………… 5204047
人事科
科长……………… 5204046
财务科
科长……………… 5204025
副科长…………… 5204025
安基科
科长……………… 5204004
业务科
科长……………… 5204024
副科长…………… 5204024
配送部
副经理…………… 5204062
石化产品公司
经理……………… 5204008
润滑油公司
经理……………… 5201143
副经理…………… 5201143
油库
主任……………… 5201643
书记……………… 5204033
副主任…………… 5204056
零售公司
经理……………… 5204007
副经理…………… 5204007
政工科
科长……………… 5204001
纪检员…………… 5204001
枞阳经营部
经理……………… 2811881
书记……………… 2811881
桐城经营部
经理……………… 6121433
望江经营部
经理……………… 7171327
怀宁经营部
经理……………… 4821263
书记……………… 4821263
岳西经营部
经理……………… 2176068
……………………… 8921872

蚌埠石油分公司

地址：蚌埠市石油路 21 号
邮编：233000
经理……………… 3015138
党委书记、纪委书记
……………………… 3017895
副经理…………… 3032997
……………………… 3035197
……………………… 3035197
工会主席………… 3015043
经理助理………… 3015043
经理办
主任……………… 3014770
政工办
主任……………… 3015130
人力资源科
科长……………… 3016677
安保科
科长……………… 3019052
财务科
副科长…………… 3021330
……………………… 3021330
审计科
科长……………… 3014775
基建科
科长……………… 3014002
营配中心
经理……………… 3015844
副经理…………… 3015844
润润油部
经理……………… 3035193
零售部
经理……………… 3019052
书记……………… 3019052
副经理…………… 3019052
油库
主任……………… 3010884
书记、副主任……… 3010884
油库
副主任…………… 3010884
……………………… 3010884
怀远经营部
经理……………… 8014881
书记……………… 8011687
副经理…………… 8011687
固镇经营部
副经理…………… 6056388
副书记…………… 6056326
五河经营部
经理……………… 5021561
副书记…………… 5020814
副经理…………… 5020814
凤阳经营部
经理……………… 6737061
书记……………… 6737062

芜湖石油分公司

地址：芜湖市天门山西路 119 号
邮编：241000
经理……………… 5862016
党委书记、纪委书记 5860169
副经理…………… 5852445
……………………… 5852462
……………………… 5855814
副书记…………… 5862905
经理助理………… 5865032
经理办
主任……………… 5852462
政工办
主任……………… 5852362
人力资源科
科长……………… 5852360
财务资产科
科长……………… 5850446
副科长…………… 5862319
安全保卫科
科长……………… 5863279
发展基建科
科长……………… 5862835
审计中心
主任……………… 5853918
零管部
主任……………… 5861652
副主任…………… 5861652
油库
主任……………… 5863852
书记……………… 5873337
副主任…………… 5863852
润滑油公司
经理……………… 5852853
副经理…………… 4811591
轻油批发部
经理……………… 5850811
副经理…………… 5850811
轻油配送部
主任……………… 5850811
综合管理科
科长……………… 5851175
车队
队长……………… 5883732
芜湖经营部
经理……………… 8814288
南陵经营部
经理……………… 6823921

书记………………… 6823921
繁昌经营部
经理………………… 7872865
书记………………… 7872865

淮南石油分公司

地址：淮南市田家庵区朝阳中路47号
邮编：232007
经理………………… 2676251
党委书记、纪委书记 2683457
副经理……………… 2674362
……………………… 2676252
工会副主席………… 2685034
经理助理…………… 2676261
……………………… 2685034
……………………… 5812014
经理办
主任………………… 2683771
人力资源科
科长………………… 2685024
政工科
科长………………… 2676255
团委
书记………………… 2676255
专职纪检员………… 2676255
股份财务科
科长………………… 2685044
结算中心
主任………………… 2676236
基建科
副科长……………… 2683548
安全储运科
科长………………… 2676263
零管中心
主任………………… 6662855
书记………………… 6644124
客户中心
主任………………… 5812014
书记………………… 5813889
物流中心
主任………………… 5818449
书记………………… 5815450
润滑油公司
经理………………… 2516492
书记………………… 2516491
风台经营部
经理………………… 8613536
副书记……………… 8613536
寿县经营部
经理………… 0564－4225579
副书记……… 0564－4225579
霍邱经营部
经理………… 0564－6022826

宿州石油分公司

地址：宿州市汴河西路04号
邮编：234000
经理………………… 3039911
党委书记、纪委书记
……………………… 3027139
党委副书记………… 3026602
副经理……………… 3032232
……………………… 3050701
副经理、经理办主任
……………………… 3023950
党委办公室
主任………………… 3030537
人力资源科
科长………………… 3026362
副科长……………… 3026362
财务资产科
科长………………… 3023517
副科长……………… 3023517
综合业务科
科长………………… 3032290
副科长……………… 3032210
轻油公司
经理………………… 3322375
润滑油公司
经理………………… 3024524
零售公司
经理………………… 3026382
副经理……………… 3026382
安基科
科长………………… 3062110
副科长……………… 3050237
油库
主任………………… 3311531
副主任……………… 3311531
泗县经营部
经理………………… 7010930
书记………………… 7010930
埇桥区经营部
经理………………… 3620148
灵璧经营部
经理………………… 6022280
萧县经营部
经理………………… 5063476
书记………………… 5063981
砀山经营部
书记………………… 8866003

阜阳石油分公司

地址：阜阳市颍州中路237号
邮编：236010
副经理（主持工作）
……………………… 2589431
……………………… 2587359
……………………… 2588573
……………………… 2588859
党委副书记………… 2587260
工会主席…………… 2588462
调研员……………… 2588570
经理办
主任………………… 2588654
副主任……………… 2587459
微机室
主任………………… 2580021
组织人事科
科长………………… 2587264
副科长……………… 2587264
政工办
主任………………… 2588462
专职纪检员………… 2589112
财务科
科长………………… 2588498
副科长……………… 2587275
基建科
科长………………… 2587281
安全保卫科
科长………………… 2589424
副科长……………… 2589424
综合业务科
科长………………… 2588639
副科长……………… 2588639
城西加油中心
副主任……………… 2588639
配送直销中心
主任………………… 2366118
书记………………… 2366118
副主任……………… 2366116
零售管理部
主任………………… 2588459
副主任……………… 2588459
维修部
主任………………… 2587500
润滑油经营管理部
主任………………… 2366098
油库
主任………………… 2365082
副书记……………… 2365082
油库副主任………… 2365082
界首经营部
经理………………… 4881132
副书记……………… 4881132
太和经营部
经理………………… 8623897
书记………………… 8623897
颍上经营部
经理………………… 4412594
书记………………… 4412594
阜南经营部
经理………………… 6727388
书记………………… 6712663
临泉经营部
经理………………… 6512773
副书记……………… 6512773
利辛经营部
经理………………… 8818622

宣城石油分公司

地址：宣城市梅溪路55号
邮编：242000
经理………………… 3010698
党委副书记………… 3015458
副经理……………… 3015458
……………………… 3922545
……………………… 3022546
政工办
副主任……………… 3025095
财务科
副科长……………… 3010816
……………………… 3010816
安基科
副科长……………… 3015949
……………………… 3015949
零售管理部
主任………………… 3029244
副主任……………… 3029244
业务科
科长………………… 3029246
副科长……………… 3023527
润滑油公司
副经理……………… 3021579
……………………… 3021579
油库
主任………………… 2060337
副主任……………… 2060337
郎溪经营部
副经理……………… 7025278
书记………………… 7025278
广德经营部
经理………………… 6022073
副经理……………… 6022031
宁国经营部
经理………………… 4023442
泾县经营部
经理………………… 5022916
旌德经营部
经理………………… 8021396
绩溪经营部
经理………………… 8162559

巢湖石油分公司

地址：巢湖市育才路4号
邮编：238000
经理………………… 2382198

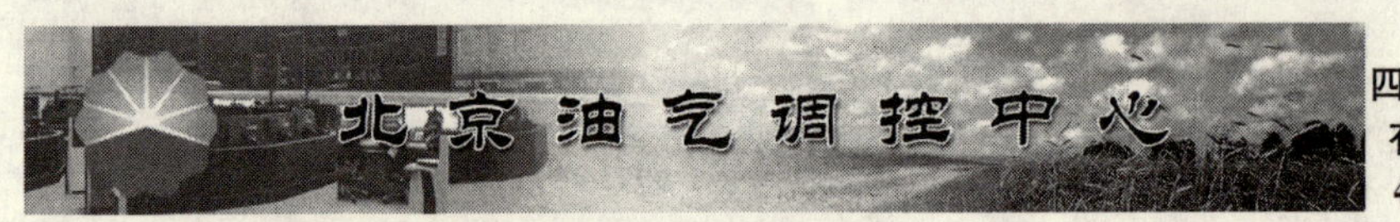

党委书记、纪委书记 2383138
副经理…………………… 2383308
……………………………… 2383030
……………………………… 2382711
调研员…………………… 2382140
工会主席………………… 2383138
办公室
主任……………………… 2382137
人事科
科长……………………… 2883839
政工办
主任……………………… 2383628
资产财务科
科长……………………… 2382720
副科长…………………… 2383604
安全基建科
科长……………………… 2383645
副科长…………………… 2383645
综合业务科
科长……………………… 2382323
副科长…………………… 2382323
零售管理科
科长……………………… 2382732
副科长…………………… 2382732
润滑油公司
经理……………………… 2383614
巢湖库
主任……………………… 2383398
副主任…………………… 2382724
筑巢库
主任……………………… 2601754
副主任…………………… 2601754
居巢区经营部
经理……………………… 2321368
书记……………………… 2321368
副经理…………………… 2312363
无为经营部
经理……………………… 6322896
书记……………………… 6322896
副经理…………………… 6322896
和县经营部
经理……………………… 5312932
副经理…………………… 5312932

淮北石油分公司

地址：淮北市古城路 88 号
邮编：235000
经理……………………… 3033431
党委书记、纪委书记 3021836
副经理……… 3026544－8580
……………………………… 3022250
……………………………… 3022250
工会主席…… 3026544－8568
经理办
主任……………………… 3022609
副主任…………………… 3022609
财务
科长……………………… 3023705
副科长…………………… 3027810
业务
科长……………………… 3022179
批发部
主任……………………… 3026544
安全基建科
副科长…………………… 3026544
人事科
副科长…………………… 3026544
政工科
副科长…………………… 3026544
……………………………… 3026544
综合管理科
科长……………………… 3024468
零管部
书记……………………… 3195019
副主任…………………… 3191696
……………………………… 3191696
车队
队长……………………… 3222085
副队长…………………… 3222085
润滑油公司
经理……………………… 3029989
书记……………………… 3029989
副经理…………………… 3029989
配送中心
主任……………………… 7021046
百善油库
主任……………………… 7021383
书记………… 0558－7211948
涡阳油库
主任………… 0558－7213776
书记………… 0558－5537009
亳州经营部
经理………… 0558－5536101
蒙城经营部
经理………… 0558－7668062
书记………… 0558－7665198
涡阳经营部
经理………… 0558－7210588
书记………… 0558－7210116
濉溪经营部
经理……………………… 6887636
书记……………………… 6887636

滁州石油分公司

地址：滁州市环城西路 194 号
邮编：239000
经理……………………… 3043871
党委书记、纪委书记 3043870
副经理…………………… 3037168
……………………………… 3043888
……………………………… 3043865
工会主席………………… 3043850
办公室
主任……………………… 3043986
电算中心………………… 3044937
财务科
科长……………………… 3043873
劳动人事科
科长……………………… 3043874
基建科
科长……………………… 3043849
政工办
主任……………………… 3043846
安保科
科长……………………… 3043923
经营管理科
科长……………………… 3043855
物流中心
科长……………………… 3043906
副科长…………………… 3043906
丰乐油库
主任……………………… 3043904
清流油库
主任……………………… 3169346
珀岗油库
主任……………………… 8095069
润滑油公司
经理……………………… 3043900
客户服务部
主任……………………… 3043918
零管部
科长……………………… 3043854
书记……………………… 3043854
天长经营部
经理……………………… 7022400
书记……………………… 7022800
副经理…………………… 7022800
定远经营部
经理……………………… 4021369
书记……………………… 4300237
副经理…………………… 4021342
全椒经营部
经理……………………… 5031393
书记……………………… 5031144
来安经营部
经理……………………… 5612134
副经理…………………… 5612134
明光经营部
经理……………………… 8022331
副经理…………………… 8022347

黄山石油分公司

地址：黄山市屯溪区雀山路 10 号
邮编：245000
传真：0559－2345897
经理……………………… 2345937
党委书记、纪委书记 2345199
副经理…………………… 2345676
……………………………… 2345199
……………………………… 2345676
办公室
主任……………………… 2345897
政工办
副主任…………………… 2344711
人力资源科
科长……………………… 2345994
财务资产科
科长……………………… 2345620
油品批发部
副科长…………………… 2353736
储运安全科
科长……………………… 2345537
油品配送部
副科长…………………… 2353548
零管部
科长……………………… 2345643
书记……………………… 2345543
副科长…………………… 2345537
润滑油经营部
副科长…………………… 2353643
油库
主任……………………… 2345242
副主任…………………… 2345242
休宁经营部
经理……………………… 7533581
副书记…………………… 7533581
黄山区经营部
经理……………………… 8532971
书记……………………… 8532971
黟县经营部
经理……………………… 5522370
书记……………………… 5522370
徽州区经营部
经理……………………… 3511307
书记……………………… 3511307
歙县经营部
经理……………………… 6512336
副经理…………………… 6512336
祁门经营部
经理……………………… 4512391
书记……………………… 4512391

池州石油分公司

地址：池州市杏花村西路 329 号
邮编：247000
经理……………………… 2220558
党委书记、纪委书记 2220568
副经理…………………… 2220559

……………… 2220559
……………… 2220047
办公室
主任……………… 2220557
副主任……………… 2220553
政工办
主任……………… 2220554
人教科
副科长……………… 2220555
财务科
副科长……………… 2220047
……………… 2220551
业务一科
科长……………… 2124052
副科长……………… 2221823
业务二科
科长……………… 2220818
副科长……………… 2220818
零管部
主任……………… 2220566
副主任……………… 2220566
安保科
科长……………… 2220564
基建科
科长……………… 2220556
油库
主任……………… 2123765
副主任……………… 2123661
……………… 2123765
东至经营部
经理……………… 7011205
副书记……………… 7011205
青阳经营部
经理……………… 5021553
书记……………… 5021553
石台经营部
经理……………… 6022479
副经理……………… 6027443

马鞍山石油分公司

地址：马鞍山市湖东中路2号
邮编：243000
党委书记、纪委书记 2343420
副经理……………… 2343416
……………… 2349155
经理助理……………… 2343417
……………… 2343426
经理办
主任……………… 2346956
副主任……………… 2343423
财务科
科长……………… 2343424
副科长……………… 2341981
基建科
科长……………… 2343424
安储科
科长……………… 2341992
人事科
科长……………… 2343414
副科长……………… 2343414
政工科
科长……………… 2341947
纪检员……………… 2341947
工会副主席……………… 2341949
零管部
主任……………… 2345742
书记……………… 2345742
综合业务科
科长……………… 2343426
副科长……………… 2341993
营业部
副主任……………… 2341976
润滑油公司
经理……………… 2343425
副经理……………… 2341972
石化产品经销公司
经理……………… 2363493
客户经理……………… 2345742
油库
主任……………… 3550861
书记……………… 3550804
当涂经营部
经理……………… 6713479
车队
队长……………… 2349247

铜陵石油分公司

地址：铜陵市义安南路11号石化大厦
邮编：244100
经理、党委书记…… 3814800
副经理……………… 3814806
……………… 3814805
工会主席……………… 3814803
省纪检专员……………… 3814807
经理办
主任……………… 3814804
副主任……………… 3814809
政工办
副主任……………… 3814620
人事科
科长……………… 3814815
副科长……………… 3814817
财务科
科长……………… 3814823
副科长（审计）…… 3814820
安基科
科长……………… 3814855
副科长……………… 3814855
轻油公司
经理……………… 3814842
书记……………… 3814842
综合业务科
副科长……………… 3814848
油库
主任……………… 3814865
副主任……………… 3814867
零管部
主任……………… 5816713
书记……………… 5816713
润滑油
经理……………… 5810400
综合管理科
科长……………… 2830883
副科长……………… 2833813
财务科
科长……………… 2812602
车队
队长……………… 3814862

50. 福建石油分公司

地址：福建省福州市中山路18号　　邮政编码：350003　　公网区号：0591

公司机关

总经理办公室
主任 ……………… 87275399
传真 ……………… 87837153
政工处（纪检监察）
处长 ……………… 87850328
人力资源处
处长 ……………… 87878436
财务核算处
处长 ……………… 87809857
安全质量处
处长 ……………… 87803253
资产管理处
处长 ……………… 87272127
经营管理处
处长 ……………… 87801531
燃料油中心
经理 ……………… 87853625
润滑油中心
经理 ……………… 87875708
管道项目管理部
经理 ……………… 87662172

福州石油分公司

地址：福州市鼓屏路47号
邮编：350003
传真……… 0591－87843700
办公室……………… 87843700

厦门石油分公司

地址：厦门市思明区湖滨北路10号新港广场160
邮编：361000
传真……… 0592－5054799
办公室……………… 5064977

宁德石油分公司

地址：宁德市西岭路5号
邮编：352100
传真……… 0593－2810019
办公室……………… 2825141

莆田石油分公司

地址：莆田市荔城区拱辰街道东圳路邮政大厦16层
邮编：351100
传真……… 0594－3589126
办公室……………… 2756129

泉州石油分公司

地址：泉州市鲤城区义全街151号石油大楼
邮编：362000
传真 ……… 0595－22201039
办公室 ……………… 22205078

漳州石油分公司

地址：漳州市大通北路1 32号
邮编：363000
传真……… 0596－2038602
办公室……………… 2038602

龙岩石油分公司

地址：龙岩市南环西路1号

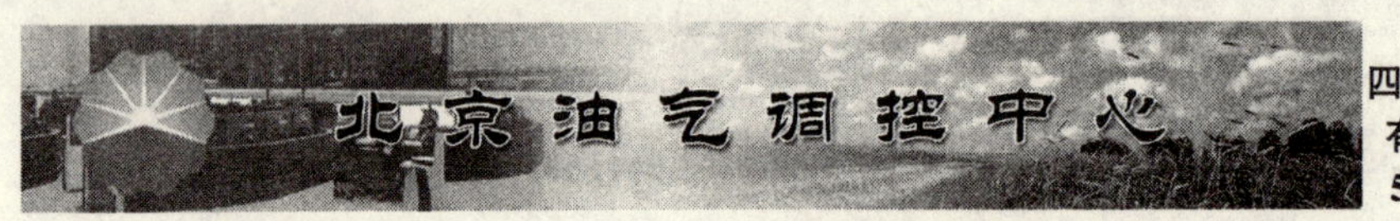

邮编：364000
传真………… 0597－2216001
办公室……………… 2292398

三明石油分公司

地址：三明市梅列区崇桂新村 48 幢 2 层
邮编：365001
传真………… 0598－8249531
办公室……………… 8288161

南平石油分公司

地址：南平市东岭路 11 号
邮编：353000
传真………… 0599－8617870
办公室……………… 8600316

鹭甬石油化工有限公司

地址：厦门市湖滨南路 57 号金湖大厦 13 层
邮编：361004
传真………… 0592－2298756
办公室……………… 2298751

51. 江西石油分公司

地址：江西省南昌市洪都北大道 102 号　邮政编码：330046　公网区号：0791

经理办公室………… 6304993
………………………… 8512247
综合管理处………… 6304853
………………………… 8514831
纪检监察…………… 6304853
………………………… 8514831
机关工会…………… 6304817
………………………… 8514514
人力资源…………… 6304791
………………………… 8517423
营销管理处………… 6304957
………………………… 8512419
财务资产处………… 6304985
………………………… 8510468
零售管理处………… 6304895
………………………… 8516274
企业管理处………… 6304820
………………………… 8514910
安全基建处………… 6304897
………………………… 8511097
物流中心…………… 6304862
………………………… 8160312
信息管理处………… 6304831
………………………… 8510503
审计处……………… 6304785
………………………… 8518304
综合办公室………… 6304795
………………………… 8512992
高速分公司………… 6304795
经营公司…………… 8650904
物资公司…………… 6304977
………………………… 8505394
省公司驻京办 …… 84648835
省公司住沪办 …… 58704768

赣州石油分公司

地址：江西省赣州市青年路 2 号
邮编：341000
传真………… 0797－8222502
经理………………… 8226626
书记………………… 8223181
副经理……………… 8222832
办公室……………… 8212241
营销管理科………… 8223509
零售管理科………… 8228500
财务资产科………… 8222128
人力资源科………… 8222159
综合管理科………… 8215844
安全基建科………… 8222389
赣县经营部………… 4441826
信丰经营部………… 3302878
崇义经营部………… 7615526
寻乌经营部………… 2843171
瑞金经营部………… 2523427
定南经营部………… 4291518
兴国经营部………… 5329475
南康经营部………… 6636312
安远经营部………… 3736026
宁都经营部………… 6832649
上犹经营部………… 8542338
会昌经营部………… 5638098
龙南经营部………… 3511393
石城经营部………… 5712730
大余经营部………… 8722377
全南经营部………… 2606687
于都经营部………… 6238262
水东油库…………… 8467135
合乐油库…………… 8333412
龙南油库…………… 3501168

吉安石油分公司

地址：江西省吉安市吉州区井冈山大道 215 号
邮编：343000
传真………… 0796－8224272
经理………………… 8224646
书记………………… 8233589
副经理……………… 8227234
办公室主任………… 8222188
营销管理部………… 8224188
零售管理部………… 8225772
财务资产部………… 8254887
人力资源部………… 8223967
安全基建部………… 8224406
综合管理部………… 8224408
吉安经营部………… 8435807
峡江经营部………… 3675986
万安经营部………… 5715339
遂川经营部………… 6326095
吉水经营部………… 3534282
永新经营部………… 7722165
泰和经营部………… 5332230
井冈山经营部……… 6552446
新干经营部………… 2602109
永丰经营部………… 2511787
安福经营部………… 7698316
河东铁路油库……… 8188988
永新袍田油库……… 7735426
峡江油库…………… 3683420
白塔山油库………… 8284335

上饶石油分公司

地址：江西省上饶市上玉路 36 号
邮编：341000
传真………… 0793－8266235
经理………………… 8266235
书记………………… 8266500
副经理……………… 8266035
经理助理…………… 8265641
办公室……………… 8259202
营销管理部………… 8259995
零售管理部………… 8269001
财务管理部………… 8301051
人力资源部………… 8259960
安全基建部………… 8259130
润滑油公司………… 8268571
综合经营部………… 8268920
三江运输公司……… 8259329
铅山经营部………… 5332621
上饶经营部………… 8467010
玉山经营部………… 2462128
广丰经营部………… 2813688
弋阳经营部………… 5887103
万年经营部………… 3834164
横峰经营部………… 5789290
德兴经营部………… 7522451
灵溪油库…………… 8065810
玉山分销库………… 2466488
万年分销库………… 3933240
弋阳分销库………… 5875713

抚州石油分公司

地址：江西省抚州市赣东大道 676 号
邮编：344000
传真………… 0794－8263478
经理………………… 8233727
书记………………… 8222926
副经理……………… 8222473
办公室……………… 8263478
营销管理部………… 8221462
零售管理部………… 8222804
财务资产部………… 8234880
人力资源部………… 8222516
安全基建部………… 8222445
综合办公室………… 8263478
润滑油公司………… 8221462
崇仁经营部………… 6322305
资溪经营部………… 5789015
东乡经营部………… 4232818
南城经营部………… 7253991
广昌经营部………… 3622148
南丰经营部………… 3208911
乐安经营部………… 6592274
黎川经营部………… 7523298
宜黄经营部………… 7602775
白露油库…………… 8352546
资溪油库…………… 5783547

宜春石油分公司

地址：江西省宜春市昌黎路 149 号
邮编：336000
传真………… 0795－3994587
经理………………… 3994566
书记………………… 3994578
副经理……………… 3994565
办公室……………… 3994586
营销管理部………… 3994502

零售管理部………… 3994569
财务资产部………… 3994558
人力资源部………… 3994506
安全基建部………… 3994572
综合管理部………… 3994580
润滑油公司………… 3994571
宜春经营部………… 3273819
丰城经营部………… 6427247
宜丰经营部………… 2787625
铜鼓经营部………… 8722628
高安经营部………… 5252983
上高经营部………… 2517637
靖安经营部………… 4662498
奉新经营部………… 4622303
万载经营部………… 8903792
枯桐岭油库………… 3246205
余上油库…………… 6211242
七宝山油库………… 2499498
协塘油库…………… 5453550
质检站……………… 3244550

九江石油分公司

地址：江西省九江市浔阳东路157号
邮编：0792
传真……………………… 8582343
经理……………………… 8581340
书记……………………… 8578520
副经理…………………… 8571110
经理助理………………… 8567189
办公室…………………… 8583719
营销管理部……………… 8587719
零售管理部……………… 8563312
财务资产部……………… 8577288
人力资源部……………… 8585938
安全基建部……………… 8583458
综合管理部……………… 8584179
润滑油经营部…………… 8631191
劳动服务公司…………… 8632066
德安经营部……………… 4332446
永修经营部……………… 3223428
星子经营部……………… 2665396
都昌经营部……………… 5234563
彭泽经营部……………… 5671799
湖口经营部……………… 6332551
庐山经营部……………… 8282059
九江县经营部…………… 6812313
武宁经营部……………… 2785288
修水经营部……………… 7263134
金鸡坡油库……………… 8632208
永修分销库……………… 3223427
湖口分销库……………… 6332749

南昌石油分公司

地址：江西省南昌市孺子路267号
邮编：330009
传真：0791－8582343
经理……………………… 6769826
书记……………………… 6786980
副经理…………………… 6776159
经理助理………………… 6782986
办公室…………………… 6777894
工会……………………… 6771756
营销管理部……………… 6221669
零售管理部……………… 6772991
财务资产部……………… 6776004
人力资源部……………… 6776094
安全监督部……………… 6784284
综合管理部……………… 6772990
网建办…………………… 6772608
零售东北片区…………… 8510635
零售西南片区…………… 6301375
加油站督察大队………… 6772990
润滑油经营公司………… 8450608
化工燃料油经营公司…… 6262891
水上营销中心…………… 6593304
新建县经营部…………… 3750565
进贤县经营部…………… 5655786
南昌县经营部…………… 5712996
安义县经营部…………… 3422311
鱼目山油库……………… 3882071
联民油库………………… 8671061

景德镇石油分公司

地址：江西省景德镇市江信大厦
邮编：330046
传真 ………（0798）8213401
经理……………………… 8212678
书记……………………… 8200752
副经理…………………… 8212045
办公室…………………… 8213401
营销管理部……………… 8212878
润滑油管理部…………… 8211097
零售管理部……………… 8210913
财务资产部……………… 8212724
人力资源部……………… 8211263
安全基建部……………… 8212679
浮梁经营部……………… 8211592
婺源经营部……………… 8226973

鹰潭石油分公司

地址：江西省鹰潭市南站路63号
邮编：335000
传真………… 0701－6316000
经理……………………… 6316088
书记……………………… 6316068
副经理…………………… 6316016
经理助理………………… 6316066
办公室…………………… 6316000
营销管理部……………… 6316018
零售管理部……………… 6316028
财务资产部……………… 6316048
人力资源部……………… 6316099
安全基建部……………… 6316096
润滑油经营部…………… 6316026
贵溪经营部……………… 3771327
余江经营部……………… 5881356
白马油库………………… 6316098
……………………………… 6316011

萍乡石油分公司

地址：江西省萍乡市跃进北路138号
邮编：337000
传真………… 0799－6322433
经理……………………… 6235886
书记……………………… 6233866
副经理…………………… 6237858
办公室…………………… 6334168
业务科…………………… 6332293
零售科…………………… 6332938
财务科…………………… 6331497
人力资源科……………… 6232776
基建科…………………… 6332318
安全科…………………… 6332237
莲花经营部……………… 7221050
上栗经营部……………… 3861210
芦溪经营部……………… 7551562
安源经营部……………… 6220376
湘东经营部……………… 3441233
润滑油经营部…………… 6322866
湘东油库………………… 3441351

新余石油分公司

地址：江西省新余市劳动南路12号
邮编：338025
经理……………………… 6218236
书记……………………… 6249155
副经理…………………… 6249286
办公室…………………… 6249288
纪检监察………………… 6216521
营销管理部……………… 6225651
零售管理部……………… 6212498
财务资产部……………… 6212851
人力资源部……………… 6216521
安全基建部……………… 6212823
润滑油经营部…………… 6217127
樟树经营部……………… 7851002
分宜经营部……………… 5881736
樟树支公司……………… 7333450
章家山油库……………… 6246880
张家山油库……………… 7851374

瑞昌石油分公司

地址：江西瑞昌市码头镇金城路8号
邮编：332207
传真………… 0792－4886418
副经理…………………… 4886427
实业公司………………… 4886418
办公室…………………… 4886418
政工办…………………… 4889197
综合业务科……………… 4886429
零售管理科……………… 4886555
财务资产科……………… 4886420
发展基建科……………… 4886422
安全储运科……………… 4886438
瑞昌经营部……………… 4215448
油库……………………… 4886424

石油技工学校

地址：江西省南昌市（昌北）双港路
邮编：330013
传真………… 0791－3888386
校长……………………… 3878728
副校长…………………… 3888386
副书记…………………… 3887642
办公室主任……………… 3888386
培训科长………………… 3878513
学保科长………………… 3888452
鉴定站副主任…………… 3887854
团委书记………………… 3878513
财务主办………………… 3887934

江西省石油航运公司

地址：江西省南昌市桃苑西路36号七楼
邮编：330009
传真………… 0791－6500401
经理、书记……………… 6500401
副经理…………………… 6500401

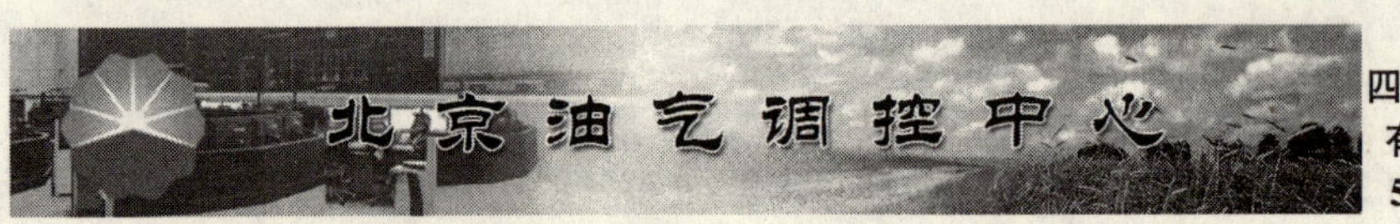

52. 山东石油分公司

地址：山东省济南市历山路73号　邮政编码：250013　公网区号：0531

公司机关

经理办公室
主任 ················ 85870189
发展基建处
处长 ················ 85870407
财务会计处
处长 ················ 85870507
政工处
处长 ················ 85870610
经营管理处
处长 ················ 85870503
信息系统管理部
主任 ················ 85870287
企业管理处
处长 ················ 85870403
人力资源处
处长 ················ 85870603
安全储运处
处长 ················ 85870666
审计处
处长 ················ 85870638
纪检监察处
处长 ················ 85870307
零售管理中心
经理 ················ 85870697
商业客户中心
经理 ················ 85870179
物流中心
主任 ················ 85870318
润滑油中心
经理 ················ 85870136
燃料油中心
经理 ················ 85870401
物资采购中心
主任 ················ 85870303
数质量管理中心
主任 ················ 85870107
非油品业务中心
主任 ················ 85870408
信访办公室
主任 ················ 85870105
清欠办公室
主任 ················ 85870270

济南分公司

公网区号：0531
经理 ················ 87031196
经理办公室主任 ··· 87037008
财务结算中心主任
················ 87936379

青岛分公司

公网区号：0532
经理 ················ 82023776
经理办公室主任 ··· 82023778
财务结算中心主任
················ 82023773

淄博分公司

公网区号：0533
经理 ················ 2686788
经理办公室主任 ······ 2686722
财务结算中心主任
················ 2686718

枣庄分公司

公网区号：0632
经理 ················ 8636886
经理办公室主任 ······ 3258780
财务结算中心主任
················ 3158317

烟台分公司

公网区号：0535
经理 ················ 6875626
经理办公室主任 ······ 6871801
财务结算中心主任
················ 6847303

潍坊分公司

公网区号：0536
经理 ················ 8915299
经理办公室主任 ······ 8911329
财务结算中心主任
················ 8907090

济宁分公司

公网区号：0537
经理 ················ 2167337
经理办公室主任 ······ 2167336
财务结算中心主任
················ 2167386

泰山石油

公网区号：0538
经理 ················ 6269699
经理办公室主任 ······ 6269600
财务结算中心主任
················ 6269696

威海分公司

公网区号：0631
经理 ················ 5323118
经理办公室主任 ······ 5969309
财务结算中心主任
················ 5965669

日照分公司

公网区号：0633
经理 ················ 3688001
经理办公室主任 ······ 3688108
财务结算中心主任
················ 3688392

莱芜分公司

公网区号：0634
经理 ················ 8805290
经理办公室主任 ······ 8809369
财务结算中心主任
················ 8818266

滨州东营分公司

公网区号：0543
经理 ················ 3380808
经理办公室主任 ······ 3380788
财务结算中心主任
················ 3380798

德州分公司

公网区号：0534
经理 ················ 2417199
经理办公室主任 ······ 2417091
财务结算中心主任
················ 2418509

聊城分公司

公网区号：0635
经理 ················ 8261888
经理办公室主任 ······ 8262688
财务结算中心主任
················ 8263638

临沂分公司

公网区号：0539
经理 ················ 8099069
经理办公室主任 ······ 8098500
财务结算中心主任
················ 8091077

菏泽分公司

公网区号：0530
经理 ················ 5505688
经理办公室主任 ······ 5635558
财务结算中心主任
················ 5635599

53. 河南石油分公司

地址：河南省郑州市卫生路10号　邮政编码：450053　公网区号：0371

公司机关

经理办公室 ········ 63823397
经营管理处 ········ 63815662
物流中心 ·········· 63935920
零售中心 ·········· 63815956
商业客户中心 ······ 63921975
润滑油中心 ········ 63612833
财务资产处 ········ 63949934
企业管理处 ········ 63944267
人力资源处 ········ 63816782
发展基建处 ········ 63612660
非油品业务处 ······ 63917356
审计处 ············ 63935526
信息处 ············ 63825439
纪检监察处 ········ 63935732
政工处 ············ 63936019
安全与质量处 ······ 63912529
输油处 ············ 63337633

郑州石油分公司

地址：河南省郑州市石化路2号
邮编：450003
传真 ……… 0371－66897045
办公室 …………… 66897617

开封石油分公司

地址：河南省开封市卧龙街218号
邮编：475053
传真………… 0378－5652273
办公室……………… 5652010

洛阳石油分公司

地址：河南省许昌市仓库路9号
邮编：461000
传真………… 0374－5122914
办公室……………… 5122914

漯河石油分公司

地址：河南省漯河市金山路74号
邮编：462003
传真………… 0395－2693016
办公室……………… 2622008

三门峡石油分公司

地址：河南省三门峡市崤山中路13号
邮编：472000
传真………… 0398－2882325
办公室……………… 2881060

南阳石油分公司

地址：河南省南阳市工业路191号
邮编：473057
传真 ……… 0377－63137814
办公室 …………… 63132927

信阳石油分公司

地址：河南省信阳市西工区玻璃厂南路15号
邮编：471000
传真 ……… 0379－63291011
办公室 …………… 63291010

平顶山石油分公司

地址：河南省平顶山市矿工路38号
邮编：467000
传真………… 0375－3831547
办公室……………… 3831547

新乡石油分公司

地址：河南省新乡市解放大道286号
邮编：453000
传真………… 0373－5032251
办公室……………… 5060558

焦作石油分公司

地址：河南省焦作市工业路东段
邮编：454003
传真………… 0391－3935126
办公室……………… 3934886

安阳石油分公司

地址：河南省安阳市人民大道12号
邮编：455000
传真………… 0372－2925159
办公室……………… 2286948

许昌石油分公司

地址：河南省许昌市南闸口132号
邮编：464000
传真………… 0376－6554977
办公室……………… 6553767

驻马店石油分公司

地址：河南省驻马店市白桥路789号
邮编：463000
传真………… 0396－2975239
办公室……………… 2975475

商丘石油分公司

地址：河南省商丘市新建南路124号
邮编：476000
传真………… 0370－2212996
办公室……………… 2213800

周口石油分公司

地址：河南周口市七一路东段80号
邮编：466000
传真………… 0394－8222473
办公室……………… 8224588

濮阳、中原石油分公司

（濮阳）地址：河南省濮阳市中原路中段586号
邮编：457000
传真………… 0393－4667018
办公室……………… 4667017
（中原）地址：河南省濮阳市中原路26号
邮编：457001
传真………… 0393－4491167
办公室……………… 4821187

济源石油分公司

地址：河南省济源市荆梁北街28号
邮编：454650
传真………… 0391－6692079
办公室……………… 6692079

鹤壁石油分公司

地址：河南省鹤壁市淇滨大道中段
邮编：458030
传真………… 0392－3338528
办公室……………… 3338731

54. 湖北石油分公司

地址：湖北省武汉市解放大道606号　邮政编码：430030　公网区号：027

公司机关

经理办公室
主任 …………… 68837018
副主任 …………… 68837019
政工办
主任 …………… 68837026
副主任 …………… 68837027
经营管理处
处长 …………… 68837058
副处长 …………… 68837036
财务资产处
处长 …………… 68837068
副处长 …………… 68837066
人力资源处
处长 …………… 68837078
副处长 …………… 68837079
发展规划处
处长 …………… 68837088
副处长 …………… 68837089
安全数质量处
处长 …………… 68837108
副处长 …………… 68837109
审计处
处长 …………… 68837118
副处长 …………… 68837119
纪检监察处
处长 …………… 68837136
副处长 …………… 68837166
企业管理处
处长 …………… 68837168
副处长 …………… 68837158
物流中心
经理 …………… 68837039
副经理 …………… 68837280
零售中心
经理 …………… 68837098
副经理 …………… 68837097
非油品业务处
书记 …………… 68837099
商业客户中心
经理 …………… 68837170
书记 …………… 68837171

武汉石油分公司

（区号：027）
经理 …………… 85790421
书记、副经理 …… 85551355
副书记 …………… 85797021
副经理 …………… 85759807
…………… 85766152
…………… 85718289
…………… 85789713
…………… 83606696
…………… 85772855
…………… 83605755
经理办公室 …… 85781439
政治工作部 …… 85756709
经营管理部 …… 85771597
企业管理部 …… 85757897
人力资源部 …… 85771362
发展规划部 …… 85756713
安全与质量部 …… 85802239
零售管理部 …… 85716959

商业客户部 …… 85806061
润滑油经营部 …… 83609870
非油品业务部 …… 83615573
燃料油经营部 …… 83609892
财务核算部 …… 85797020
物流管理部 …… 82323337
审计分部（内控办）……
…… 85710091
信息分部 …… 85797018
综合办公室 …… 83609850
金狮公司 …… 88117422

宜昌石油分公司

（区号：0717）
经理 …… 6446832
书记 …… 6443018
物流配送部经理 …… 6913419
副书记 …… 6443157
副经理 …… 6446978
…… 6444063
经理办公室 …… 6446586
政工人事科 …… 6442801
安全与质量科 …… 6451358
财务核算部 …… 6446535
网点建设办公室 …… 6442630
内部控制办公室 …… 6443058
零售管理部 …… 6456965
商业客户部 …… 6451616
润滑油经营部 …… 6442130
物流配送部 …… 6913416

恩施石油分公司

（区号：0718）
经理、书记 …… 8413999
副经理 …… 8411428
…… 8413428
副书记 …… 8412688
物流配送部经理 …… 8412428
经理办公室 …… 8413777
政工人事科 …… 8412974
安全数质量科 …… 8412670
财务核算部 …… 8412618
零售管理部 …… 8413715
商业客户部 …… 8410447
物流配送部 …… 8410837
基建办公室 …… 8410089

黄冈石油分公司

（区号：0713）
总机 …… 8663838
经理 …… 8382668
书记 …… 8889
物流配送部经理 …… 8858
副书记 …… 8866
副经理 …… 8868
…… 8838
办公室 …… 8877
政工人事科 …… 8865
安全与质量科 …… 8805
财务核算部 …… 8853
网点建设办公室 …… 8875
内部控制办公室 …… 8843
零售管理部 …… 8832
商业客户部 …… 8826
物流配送部 …… 8821

黄石石油分公司

（区号：0714）
经理 …… 6368626
书记 …… 6368628
副经理 …… 6358477
黄石配送部经理 …… 6368616
经理助理 …… 6368606
经理办 …… 6368559
政工科 …… 6368630
安全与质量科 …… 6368601
基建科 …… 6368603
财务核算部 …… 6368586
内部控制办公室 …… 6368591
零售管理部 …… 6368580
商业客户部 …… 6368610
润滑油经营部 …… 6360928
物流配送部 …… 6411039

荆门石油分公司

（区号：0724）
经理 …… 2333326
书记 …… 2355062
物流配送部经理 …… 2334902
副书记、副经理 …… 2377202
副经理 …… 2334668
经理助理 …… 2350662
办公室 …… 2336056
政治工作部 …… 2350575
安全基建部 …… 2332371
财务核算部 …… 2336037
零售管理部 …… 2336718
商业客户部 …… 2332372
润滑油经营部 …… 2337333
燃料油经营部 …… 2335409
物流配送部 …… 2332668

荆州石油分公司

（区号：0716）
经理 …… 8278060
书记 …… 8278098
副经理 …… 8278068
经理助理 …… 8278083
经理办 …… 8270626
政工人事科 …… 8278065
安全与质量科 …… 8278046
财务核算部 …… 8278019
零售管理部 …… 8278038
非油品业务部 …… 8270628
商业客户部 …… 8278053
润滑油经营部 …… 8311616
燃料油经营部 …… 8278092
物流配送部 …… 8328228

燃料油中心

（区号：027）
经理 …… 83601216
副经理 …… 83601219
…… 83602117
…… 83602026
…… 83623950
…… 83614606
办公室 …… 83601206
财务核算部 …… 83610026
重油部 …… 83632977
轻质燃料油部 …… 83632977
进口加工部 …… 83632977
资源采购岗 …… 83617376

润滑油公司

（区号：027）
经理 …… 83601180
书记 …… 83601082
副经理 …… 83605526
…… 83608283
…… 83605033
办公室 …… 83605707
核算部 …… 83605201
采购储运科 …… 83605383
营销管理科 …… 83601205
网络发展科 …… 83601205
车用油经营部 …… 83605501
工业油经营部 …… 83605325
散装油经营部 …… 83605501
特种油经营部 …… 83605501
丹水池油库 …… 82317009

十堰石油分公司

（区号：0719）
经理 …… 8890303
书记 …… 8890330
副经理 …… 8890305
物流配送部经理 …… 8890302
办公室 …… 8890311
…… 8890310
政工人事科 …… 8890332
安全基建科 …… 8890307
财务核算部 …… 8890325
内控办公室 …… 8890315
零售管理部 …… 8890323
非油品办公室 …… 8102175
商业客户部 …… 8664047
润滑油经营部 …… 8680830
物流配送部 …… 8883368

咸宁石油分公司

（区号：0715）
经理 …… 8272136
书记 …… 8272809
物流配送部经理 …… 8256239
副书记 …… 8272126
副经理 …… 8272128
…… 8252706
…… 8255808
办公室 …… 8272138
政工人事科 …… 8271806
安全与质量科 …… 8271836
财务核算部 …… 8271856
零售管理部 …… 8251176
商业客户部 …… 8271976
润滑油经营部 …… 8271936
物流配送部 …… 8369029
小站公司 …… 8271826

襄樊石油分公司

（区号：0710）
经理 …… 3232358
书记 …… 3235758
物流配送部经理 …… 3230076
副经理 …… 3230058
…… 3232068
…… 3238166
办公室 …… 3230181
政工人事科 …… 3230390
企业管理科 …… 3231206
财务核算部 …… 3235118
网点建设办公室 …… 3230488
零售管理部 …… 3230106
商业客户部 …… 3230646
润滑油经营部 …… 3400357
物流配送部 …… 3544606

孝感石油分公司

（区号：0712）
经理、书记 …… 2325018
物流配送部经理 …… 2327598
副书记 …… 2322678
副经理 …… 2321878
…… 2316208
办公室 …… 2328328
政工人事科 …… 2322926
安全与质量科 …… 2329281
财务核算部 …… 2321800
网点建设办公室 …… 2323528
企管办 …… 2325968

零售管理部………… 2322393　商业客户部………… 2322150　润滑油经营部……… 2862299　物流配送部………… 2880958

55. 湖南石油分公司

地址：湖南省长沙市湘春路111号　邮政编码：410008　公网区号：0731

公司机关

经理办公室………… 4840848
政工办……………… 4840812
人力资源处………… 4840014
信息管理处………… 4840696
财务资产处………… 4841837
企业管理处………… 4840007
经营管理处………… 4840337
安全与质量处……… 4840243
发展规划处………… 4840281
审计处……………… 4840663
监察处……………… 4840568
管道输油处………… 8485533
非油品业务处……… 4841860
零售中心…………… 4840070
物流中心…………… 4840008
燃料油销售中心…… 4320621
润滑油销售中心…… 4320620

长沙石油分公司

地址：长沙市伍家岭路114号
邮编：4482709
公网区号：0731
办公室………………… 4482709

株洲石油分公司

地址：株洲市建设中路117号
邮编：412000
公网区号：0733
办公室………………… 8352294

岳阳石油分公司

地址：岳阳市洞庭北路8号
邮编：414000
公网区号：0730
办公室………………… 8316127

湘潭石油分公司

地址：湘潭市车站路杨家湾43号
邮编：411100
公网区号：0732
办公室………………… 8393110

常德石油分公司

地址：常德市武陵区朗洲中路
邮编：415000 地址
公网区号：0736
办公室………………… 7224495

益阳石油分公司

地址：益阳市桥南白鹿路22号
邮编：413000
公网区号：0737
办公室………………… 4383098

邵阳石油分公司

地址：邵阳市东大路113号
邮编：422000
公网区号：0739
办公室………………… 5224206

娄底石油分公司

地址：娄底市清泉街9号
邮编：417000
公网区号：0738
办公室………………… 8313064

衡阳石油分公司

地址：衡阳市蒸湘南路29号
邮编：421001
公网区号：0734
办公室………………… 8224902

永州石油分公司

地址：永州市冷水滩区潇湘东路77号
邮编：425000
公网区号：0746
办公室………………… 8323098

郴州石油分公司

地址：郴州市潘家湾109号
邮编：423000
公网区号：0735
办公室………………… 2875408

怀化石油分公司

地址：怀化市迎丰路58号
邮编：418000
公网区号：0745
办公室………………… 2714389

湘西自治州石油分公司

地址：吉首市团结西路13号
邮编：416000
公网区号：0743
办公室………………… 8222753

张家界石油分公司

地址：张家界市大桥路24号
邮编：427000
公网区号：0744
办公室………………… 8222190

56. 广东石油分公司

地址：广东省广州市中山七路81号广东石油大厦　邮政编码：510145　公网区号：020

公司机关

经理办公室
………………… 81297098
………………… 81298013
政工办
………………… 81298019
人力资源处
………………… 81298131
综合管理处
………………… 81298968
………………… 81298132
财务资产处
………………… 81298084
………………… 81298087
企业管理处
………………… 81298151
信息管理处
………………… 81298383
………………… 81298297
业务处
………………… 81298031
………………… 81298032
调运处
………………… 81297298
………………… 81298063
零配中心
………………… 81297400
发展处
………………… 81298284
………………… 81298399
零售管理处
………………… 81298170
………………… 81297090
非油品中心
………………… 81298199
安全储运基建处
………………… 81298140
………………… 81298141
审计督查处
………………… 81298988
………………… 81298160
监察处
………………… 81298025
………………… 81298261
计量质量管理处
………………… 81298038
………………… 81298062
燃料油中心
………………… 81298003
………………… 81298061
珠三角管道项目部
………………… 81298126
………………… 81298305
仓储分公司
………………… 82050666
………………… 82050681
润滑油中心
………………… 83283299
………………… 83284479

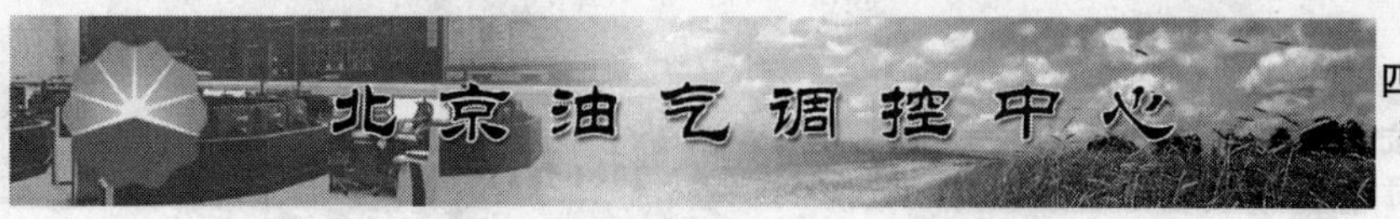

综合管理部
………………………… 83283686

深圳分公司

公网区号：0755
经理办公室 ……… 83546199

广州分公司

公网区号：020
经理办公室 ……… 83295381

珠海分公司

公网区号：0756
经理办公室………… 2629183

粤东分公司

公网区号：0754
经理办公室 ……… 88996098

韶关分公司

公网区号：0751
经理办公室……… 8252828

梅州分公司

公网区号：0753
经理办公室………… 2253528

惠州分公司

公网区号：0752
经理办公室………… 2117158

东莞分公司

公网区号：0769
经理办公室 ……… 22762623

中山分公司

公网区号：0760
经理办公室 ……… 88821307

江门分公司

公网区号：0750
经理办公室………… 3279328

佛山分公司

公网区号：0757
经理办公室 ……… 83360118

阳江分公司

公网区号：0662
经理办公室………… 3188999

湛江分公司

公网区号：0759
经理办公室………… 3389320

茂名分公司

公网区号：0668
经理办公室………… 2735288

肇庆分公司

公网区号：0758
经理办公室………… 2900168

清远分公司

公网区号：0763
经理办公室………… 3371282

57. 广西石油分公司

地址：广西南宁市桃源路 67 号石油大厦　　邮政编码：530021　　公网区号：0771

公司机关

办公室
主任………………… 5306308
副主任……………… 5323116
办公室……………… 5322886
传真………………… 5323338
企业管理处、法律事务处
处长………………… 5322785
办公室……………… 5334316
传真………………… 5334316
政工处
处长、机关工会主席、石化报记者站站长………… 5307874
副处长、石化报记者站副站长
………………………… 5335154
传真………………… 5333754
纪检监察处
处长、纪委副书记　5330774
传真………………… 5310381
审计处
副处长……………… 5335292
传真………………… 5327768
人力资源处
处长………………… 5323857
传真………………… 5335152
………………………… 5323203
财务资产处
处长………………… 5312108
副处长……………… 5323032
办公室……………… 5330772
传真………………… 5331424
经营管理处
处长………………… 5331185
办公室……………… 5332420
传真………………… 5322791
发展基建处
处长………………… 5335823
副处长……………… 5323098
办公室……………… 5323010
传真………………… 5300658
安全与质量处
处长………………… 5311528
副处长……………… 5327799
传真………………… 5332872
信息管理处
处长………………… 5327288
副处长……………… 5333595
传真………………… 5305276
物流配送中心
处长………………… 5318089
副处长……………… 5319122
办公室……………… 5319661
传真………………… 5332873
商业客户中心
经理………………… 5327588
办公室……………… 5313588
传真………………… 5319311
零售管理中心
经理………………… 5307002
副经理……………… 5307977
办公室……………… 5310551
传真………………… 5332409
非油品经营管理中心
经理………………… 5327088
副经理……………… 5330258
办公室……………… 5307269
传真………………… 5332409
润滑油中心
经理………………… 5319919
副经理……………… 5339955
办公室……………… 5300222
传真………………… 5333647
高速公路建设办
主任………………… 5300808
副主任……………… 5322977
办公室……………… 5307577
传真………………… 5307577

广西钦州中石化石油液化气有限责任公司

地址：钦州市钦州港果鹰大道
邮编：535000
传真………… 0777－3888819
经理………………… 3888818
副经理……………… 3888808
………………………… 3888809
行政部长…………… 3888806
办公室……………… 3888806

广西钦州市钦州港鹰岭铁路有限责任公司

地址：钦州市钦州港果鹰大道
邮编：535000
传真………… 0777－3887409
经理………………… 3887408
办公室……………… 3887408
………………………… 3887409

广西辉煌交通石化有限公司

地址：南宁市桃源路 59 号
邮编：530021
传真………… 0771－5318559
总经理……………… 5328802
副总经理…………… 5318553
………………………… 5318552
行政部经理………… 5318931
财务部副经理……… 5318592
业务部经理………… 5318535
加管部经理………… 5318525
安全基建部经理…… 5311116

南宁石油分公司

地址：南宁市新阳路北二里四号
邮编：530003
传真………… 0771－3157669
办公室主任………… 3150779
政工办主任………… 3174434
工会副主席………… 3150769
人力资源科科长…… 3181905
安全基建数质量科科长
………………………… 3150024
信息管理部科长…… 3179922
财务核算部经理…… 3151997
商业客户部副经理
………………………… 3153216
润滑油销售部经理
………………………… 3170615
物流配送中心副经理

………………………… 3170799
新阳油库主任……… 3154028
屯里油库主任……… 5662378
黎塘油库主任……… 8203963
崇左油库主任……… 7822676
零售管理部副经理
………………………… 3176351
西片区经理………… 3252122
北片区经理………… 3334828
中心片区经理……… 5555270
南片区经理………… 4805489
崇左片区经理……… 7836868
宾阳片区经理……… 8283625
武鸣片区经理……… 6222516
邕宁片区经理……… 4719734
上林片区经理……… 5222946
马山片区经理……… 6822343
隆安片区经理……… 6522502
天等片区经理……… 3521059
大新片区经理……… 3622206
龙州片区副经理…… 8811178
宁明片区经理……… 8621015
扶绥片区经理……… 7522520
凭祥片区副经理…… 8538598
横县片区经理……… 7204808

柳州石油分公司

地址：柳州市航银路29号
邮编：545005
传真………… 0772－3219791
办公室主任………… 3219695
政工办主任………… 3219563
人力资源科科长…… 3219539
基建安全数质量科科长
………………………… 3219650
信息管理部科长…… 3223155
财务核算部经理…… 3219671
商业客户部副经理 3219762
润滑油销售部经理 3219651
物流配送中心副经理 3219750
鹧鸪江油库主任…… 2752595
城站油库主任……… 3630573
零售管理部副经理 3219730
柳东片区经理……… 3350378
柳南片区经理……… 3719804
来宾片区经理……… 4212119
柳江片区经理……… 7212551
鹿寨片区经理……… 6813169
柳城片区经理……… 7620285
象州片区经理……… 4362272
金秀片区经理……… 6212440
忻城片区助理……… 5511472
合山片区主办……… 8912348
融水、融安片区经理 5122529
武宣片区经理……… 5212021
助理………………… 5212021
三江片区经理……… 8612274

桂林石油分公司

地址：桂林市九华路8号
邮编：541001
传真 ………… 0773－269899
办公室主任………… 2691279
政工办主任………… 2695158
人力资源科科长…… 2696612
安全基建数质量科科长
………………………… 2692941
信息管理部科长…… 2697137
财务核算部经理…… 2692323
商业客户部经理…… 2696850
润滑油销售部经理 2691551
物流配送中心副经理 2691768
九华山油库主任…… 2696211
羊角山油库主任…… 3603634
全州油库主任……… 4913342
零售管理部经理…… 2692853
市区经营部经理…… 2692768
恭城片区经理……… 8212222
灌阳片区经理……… 4212290
临桂片区经理……… 5565561
阳朔片区经理……… 8820593
荔浦片区经理……… 7213583
灵川片区经理……… 6812248
资源片区经理……… 4318611
永福片区经理……… 8551268
龙胜片区经理……… 7519899
全州片区经理……… 4915715
平乐片区经理……… 7882190
兴安片区经理……… 6214223

梧州石油分公司

地址：梧州市新兴二路193－1号
邮编：543002
传真………… 0774－3826550
办公室副主任……… 3828477
政工办主任、工会副主席
………………………… 3828776
人力资源科科长…… 3828778
安全基建数质量科科长
………………………… 3828713
信息管理部科长…… 3829204
财务核算部经理…… 3827857
商业客户部经理…… 3828924
润滑油销售部经理 3827394
物流配送中心副经理 3827765
火山油库主任……… 2061120
机场油库副主任…… 3891645
零售管理部副经理 3828551
本部、苍梧片区经理 2678568
岑溪片区经理……… 8223031
藤县片区经理……… 7298038
贺州片区经理……… 3302108
富川片区经理……… 7717321
昭平片区助理……… 6690219
蒙山片区经理……… 6285698
钟山片区经理……… 8982518

玉林石油分公司

地址：玉林市大南路115号
邮编：537005
传真………… 0775－3837328
办公室主任………… 3829001
副主任……………… 3829001
政工办副主任……… 3829021
人力资源科科长…… 3829896
安全基建与质量科科长
………………………… 3815076
信息管理部科长…… 3829030
财务核算部经理…… 3833588
商业客户部经理、润滑油销售部经理……………… 3829008
物流配送中心副经理 3829182
玉林油库主任……… 3836398
零售管理部副经理 3829076
本部片区经理……… 3829009
北流片区经理……… 6215578
容县片区经理……… 5323888
博白片区经理……… 8329025
陆川片区经理……… 7310528
兴业片区经理……… 3765255

贵港石油分公司

地址：贵港市金港大道
邮编：537100
传真………… 0775－4566831
办公室主任………… 4554885
政工办主任………… 4568968
人力资源科科长…… 4569075
安全基建数质量科科长
………………………… 4569642
信息管理部科长…… 4568479
财务核算部副经理 4553329
商业客户部经理…… 4567956
润滑油销售部经理 4565909
物流配送中心副经理
………………………… 4281262
贵港油库主任……… 4280256
零售管理部经理…… 4555379
一片区经理………… 4322148
二片区经理………… 4573785
桂平片区经理……… 3370388
平南片区经理……… 7823396
灵山片区经理 0777－6511993
浦北片区经理 0777－8213767

百色石油分公司

地址：百色市右江区城东大道中段
邮编：533000
传真………… 0776－2930018
办公室副主任……… 2931518
政工办主任………… 2933011
人力资源科科长…… 2931698
安全基建数质量科科长
………………………… 2932598
信息管理部科长…… 2933122
财务核算部经理…… 2933108
商业客户部经理…… 2939511
润滑油销售部经理 2931158
物流配送中心副经理 2930058
三雷油库主任……… 3235265
零售管理部副经理 2931918
百色片区经理……… 2931319
田阳片区经理……… 3218670
田东片区经理……… 5222659
平果片区经理……… 5821192
靖西片区经理……… 6223735
德保片区经理……… 3828185
那坡片区经理……… 6822208
田林片区经理……… 7212016
隆林片区经理……… 8218889
西林片区经理……… 8682168
凌云片区助理……… 7612148
乐业片区经理……… 7922308

河池石油分公司

地址：河池市中山路93号
邮编：547000
传真………… 0778－2235787
办公室主任………… 2235787
政工办主任、工会副主席
………………………… 2235253
人力资源科科长…… 2233991
安全基建数质量科科长
………………………… 2283126
信息管理部科长…… 2233385
财务核算部经理…… 2282782
商业客户部经理…… 2284700
润滑油销售部经理 2235085
物流配送中心副经理 2235122
金城江油库主任…… 2237282
零售管理部副经理 2283922
本部片区经理……… 2212722
宜州片区经理……… 3183080
罗城片区经理……… 8214385
环江片区经理……… 8870328
南丹片区经理……… 7214555
天峨片区经理……… 7824995
都安片区经理……… 5216018

大化片区经理……… 5812538
东兰片区经理……… 6322337
凤山片区经理……… 6212275
巴马片区经理……… 6812295

北海石油分公司

地址：北海市北部湾西路20号
邮编：536000
传真………… 0779－3054803

办公室主任………… 3038603
政工办主任………… 3062209
人力资源科科长…… 3034471
安全基建与质量科科长
………………………… 3035473
信息管理部科长…… 3061656
财务核算部经理…… 3054690
商业客户部经理…… 3035482
润滑油销售部经理
………………………… 3069221
物流配送中心副经理
………………………… 3073183
冠头岭油库主任…… 3903047
销售部油库主任…… 3909516
零售管理部副经理 3061449
海上零售中心经理 3903476
本部片区经理……… 3061449
合浦片区经理……… 7270423
钦州片区经理 0777－2810720
防城片区经理 0770－3253415
上思片区经理 0770－8520043

58. 海南石油分公司

地址：海南省海口市滨海大道163号　邮政编码：570311　公网区号：0898

经理办公室
主任 ……………… 65351710
副主任 …………… 65358713
政工办公室
主任 ……………… 65351713
副主任 …………… 65351713
经营管理处
处长 ……………… 65380282
副处长 …………… 65380282
财务资产处
处长 ……………… 65351810
副处长 …………… 65351810
副处长 …………… 65351810
发展规划处
处长 ……………… 65353291
副处长 …………… 65353291
企业管理处（法律事务处）
处长 ……………… 65361446
人力资源处
处长 ……………… 65350007
副处长 …………… 65353685
安全数质量处（保卫处）
处长 ……………… 65351376
副处长 …………… 65376924
审计处
处长 ……………… 65351354
监察处
处长 ……………… 65393347
信息网络管理处
处长 ……………… 65352684

59. 贵州石油分公司

地址：贵州省贵阳市解放路21号贵州石化大厦　邮政编码：550002　公网区号：0851

公司机关

经理办公室
副主任、信息技术处副处长
………………………… 5986622
副主任………………… 5980144
办公室………………… 5986622
政工办
主任………………… 5987625
纪检监察处
处长………………… 5986647
人力资源处
处长………………… 5986341
办公室………………… 5988669
经营管理处
处长………………… 5987663
办公室………………… 5947564
商业客户中心
副经理………………… 5989240
物流中心
经理………………… 5986642
处长助理……………… 5666463
零售中心
副经理………………… 5986229
………………………… 5660774
办公室………………… 5660774
润滑油中心
办公室………………… 5951131
………………………… 5951027
财务资产处
副处长………………… 5986665
处长助理……………… 5956948
办公室………………… 5952015
………………………… 5988664
………………………… 5987667
安全与质量管理处
副处长………………… 5986670
办公室………………… 5986231
基建发展处
处长………………… 5986659
办公室………………… 5987651
企业管理处
处长………………… 5986644
审计处
副处长………………… 5986643
办公室………………… 5985902
信息技术处
副处长………………… 5986622
处长助理……………… 5986633
非油品业务处
副处长………………… 5980630
办公室………………… 5802141

贵阳分公司

地址：贵阳市瑞金南路134号
邮编：550001
公网区号：0851
经理………………… 5802126
书记………………… 5802141
副经理………………… 5802015
………………………… 5802026
经理办公室…………… 5802161
政工办公室…………… 5802144
人事科………………… 5802139
业务科………………… 6519840
财务科………………… 5802052
………………………… 5802276
审计科………………… 5802341
安全监督科…………… 5802230
加油站管理科………… 5802136
基建发展科…………… 5802329
质量科………………… 6509172
销售部………………… 5802379
营业部………………… 5802079
白云公司……………… 4831171
花溪公司……………… 3851652
………………………… 3852024
乌当公司……………… 6846780
大华公司……………… 3832652
清镇公司……………… 2522351
修文公司……………… 2324058
开阳公司……………… 7221171
………………………… 7225847
息烽公司……………… 7721307
长顺公司……… 0854－6824731
……………… 0854－6821499
黔西公司…… 0857－4222932
大方公司…… 0857－5221151
罗甸公司…… 0854－7611211
惠水公司…… 0854－6221016
……………… 0854－6225617

遵义分公司

地址：遵义市延安路171号
邮编：563000
公网区号：0852
经理………………… 8823045
书记………………… 8829141
副经理………………… 8822031
………………………… 8824366
纪委书记……………… 8825277
经理办公室…………… 8829142
………………………… 8850357
政工办公室…………… 8824155
人事科………………… 8824335
业务科………………… 8823003

财务科……8824144
……8850353
基建发展科……8868731
审计科……8829143
安全监督科……8822089
质量科……8850359
加油站管理科……8822031
董公寺油库
主任……8631063
办公室……8631187
……8631187
绥阳支公司……6222289
正安支公司……6421365
湄潭支公司……4221338
风冈县公司……5221566
仁怀市公司……2223496
习水支公司……2521958
赤水市公司……2821818
务川支公司……5621339
金沙支公司
……0852－7221410
遵义县公司……7220165
桐梓支公司……6622818
道真支公司……5821990

安顺分公司

地址：安顺市外环西南路22号
邮编：561000
公网区号：0853
经理……3225191
书记……3225758
副经理……3225503
……3222532
纪委书记室……3225884
经理办公室……3225602
政工办公室……3225884
人事科……3223384
业务科……3225996
财务科……3223685
基建发展科……3225811
审计科……3225981
安全监督科……3225469
质量科……3354142
加油站管理科……3349470
轻油经营部……3355441
润滑油公司……3227783
实业公司……3225961
石油库……3222135
茂源公司……3222338
平坝支公司……4224438
紫云支公司……5233906
织金支公司
……0857－7622322
关领支公司……7223443
镇宁支公司……6222390
普定支公司……8222025

黔南分公司

地址：都匀市民族路48号
邮编：558000
公网区号：0854
经理……8223693
书记……8224253
副经理……8223272
纪委书记……8223524
经理办公室……8222745
……8222727
政工办公室……8223966
人事科……8223411
业务科……8222249
财务科……8224754
……8226138
……8249651
审计科……8226238
安全基建科……8223516
油站、质量科……8221571
……8222727
石油营业部……8258880
……8233617
润滑油公司……8224911
……8234017
配送中心……8229353
都匀油库
主任……8313157
副主任……8317147
……8312302
福泉支公司……2323032
……2423055
龙里支公司……5632048
……5634139
独山支公司……3231320
平塘支公司……7223899
荔波支公司……3611133
三都支公司……3924393
……3924375
贵定支公司……5220110
……5227525
瓮安支公司……2621156

黔东南分公司

地址：凯里市营盘东路44号
邮编：556000
公网区号：0855
经理……8222426
书记……8223197
副经理……8223418
……8222437
……8222659
纪委书记……8222658
纪理办公室……8223591
……8231474
政工办公室……8221029
人事科……8223455
业务科……8223310
财务科……8222404
……8259670
审计科……8231414
安全基建科……8222716
监察室……8222658
数质量科……8269381
加油站管理科……8222219
润滑油经营部……8236394
液化气经营部……8222624
配送中心……8223310
湾溪油库……8570051
……8570113
黄平支公司……2432815
……2435838
镇远支公司……5722266
施秉支公司……4221094
台江支公司……5327051
……5323504
雷山支公司……3331225
榕江支公司……6622796
……6626456
黎平支公司……6221646
从江支公司……6412547
丹寨支公司……3611220
麻江支公司……2622235
剑河支公司……5221243
余庆县公司……0852－4624250

铜仁分公司

地址：铜仁市大庆北路32号
邮编：554300
公网区号：0856
经理……5222581
书记……5223575
副经理……5223672
副经理……5237491
纪委书记……5222961
经理办公室……5237487
……5223226
政工办公室……5223577
人事科……5223584
审计科……5224834
加油站管理科……5230691
安全基建科……5222834
财务科……5234032
……5223582
数质量科……5232503
业务科……5223580
……5223585
城区经营部……5215095
润滑油经营部……5236533
玉屏支公司……3221023
万山支公司……3521028
松桃支公司……2830159
沿河支公司……8220541
德江支公司……8521183
思南支公司……7221086
……7225944
印江支公司……6222312
……6225649
石阡支公司……7622066
……7622433
江口支公司……6624162
……6623272
岑巩支公司……0855－3571526
……3571344
三穗支公司……0855－4522248
……4522388
锦屏支公司……0855－7221151
天柱支公司……0855－7523726
……7522316
大龙油库
主任……3321618
业务……3321190
……3321169

毕节公司

地址：毕节市成西路124号
邮编：551700
公网区号：0857
经理……8222696
副书记……8223109
副经理……8223158
……8223726
行政办公室……8223294
政工办公室……8222821
人事科……8222314
财务科……8222964
基建科……8222991
业务科……8223038
润滑油公司……8221143
配送中心……8241487
五里坪油库……8287115
毕节驻筑办事处……6814876

六盘水分公司

地址：六盘水市向阳南路15号
邮编：553001
公网区号：0858
经理……8200295
书记……8200367
副经理……8201817
副经理……8202083
纪委书记室……8201817
经理办公室……8201561
政工办公室……8202087

人事科………………… 8200621
业务科………………… 8201863
……………………… 8202123
财务科………………… 8200569
……………………… 8200455
安全基建科………… 8200632
加油站管理科……… 8200244
审计科………………… 8200323
多经公司…………… 8202083
润滑油公司………… 8967906
……………………… 8960056
劳动服务公司……… 8227079
丰源油库…………… 8745780
滥坝油库
书记………………… 6210220
主任………………… 6210270
副主任……………… 6210223
……………………… 6210227
劳司………………… 6210221
储运股……………… 6210227
场坝供应站………… 8964309
盘县支公司………… 3221278
……………………… 3221422
六枝支公司………… 5322429
……………………… 5322303
威宁支公司………… 6222637
……………………… 6222596
赫章支公司………… 3222840
纳雍支公司………… 3521515
……………………… 3530238

黔西南分公司

地址：兴义市湖南街 67 号
邮编：562400
公网区号：0859

经理………………… 3223395
书记………………… 3226237
副经理……………… 3222976
副经理……………… 3239146
纪委书记…………… 3223383
经理办公室………… 3223722
……………………… 3231150
政工办公室………… 3223383
人事科……………… 3222865
业务科……………… 3223294
财务科……………… 3223769
……………………… 3223316
审计科……………… 3222865
质量科……………… 3223294
安全基建科………… 3230748
加油站管理科……… 3230748
工会………………… 3223383
普安支公司………… 7232164
安龙支公司………… 5210362
……………………… 5215694
兴仁支公司………… 6212237
……………………… 6216294
贞丰支公司………… 6610289
晴隆支公司………… 7610158
册亨支公司………… 4211793
……………………… 4213263
望漠支公司………… 4610047
……………………… 4611896
润滑油支公司……… 3224125
郑屯石油库………… 3540089

贵阳石油库

地址：贵阳市富源南路 475 号
邮编：550005
公网区号：0851

主任………………… 3929056
书记………………… 3929056
副主任……………… 3929056
组教科……………… 3925383
公安科……………… 3929067
财务科……………… 3921615
业务科……………… 3929063
工务科……………… 3928908
行政科……………… 3929062
化验室……………… 3929064
警消队……………… 3929064
恒源公司…………… 3929822
龙洞堡加油站……… 5400428
沙坡加油站………… 4606169

润滑油分公司

地址：贵州省贵阳市解放路 21 号
邮编：550002
公网区号：0851

经理………………… 5951131
书记………………… 5958003
副经理室…………… 5951027
办公室……………… 5946364
财会科……………… 5961475
销售部……………… 5940295
延安西路开票点…… 5954332
……………………… 5951192
贵阳油库开票点…… 3929419
解放路超市………… 5985804

麻芝铺油库

地址：龙里县麻芝乡
邮编：551203
公网区号：0854

主任………………… 5669019
书记………………… 5669032
副主任……………… 5669035
工会主席…………… 5669013
办公室……………… 5669026
综合办公室………… 5669029
业务科……………… 5669116
财务科……………… 5669025
值班室……………… 5669031
警消队……………… 5669001
微机室……………… 5669039

物资公司

地址：贵阳市解放路 21 号
邮编：550002
公网区号：0851

经理………………… 5985949
书记………………… 5985949
办公室……………… 5987950
财务科……………… 5989264
业务科……………… 5989394

贵阳油脂厂

地址：贵阳市三桥圣泉路 80 号
邮编：550008
公网区号：0851

书记………………… 4853768
厂长………………… 4842543
副厂长……………… 4831854
……………………… 4854478
工会主席…………… 4842527
办公室……………… 4853768

筑阳公司

地址：贵阳市解放路 21 号
邮编：550002
公网区号：0851

经理………………… 5985860
副经理……………… 4862977
……………………… 5985829
……………………… 5986599
……………………… 5986101
……………………… 4862976
财务室……………… 5985829
业务室……………… 5986599
综合室……………… 5986101
油库………………… 4862976

筑城公司

地址：贵阳市解放路 21 号
邮编：550002
公网区号：0851

经理………………… 5986080
……………………… 5986081
书记………………… 5986080
业务科……………… 5986615
财务科……………… 5986077
综治办……………… 5986640
行政办……………… 5986082

60. 云南石油分公司

地址：云南省昆明市拓东路 45 号世博大厦　　邮政编码：650011　　公网区号：0871

机关处室
经理办公室………… 3115169
人力资源处………… 3115252
财务资产处………… 3115284
经营管理处………… 3115243
零售管理处………… 3115292
基建发展处………… 3115236
信息管理处………… 3115320
企业管理处………… 3115257
审计督察处………… 3115274
非油品业务处……… 3115705
离退休办公室……… 3115321
新能源办公室……… 3115239
省商业客户中心…… 3115295
安全与质量管理处… 3115263
纪检检查处………… 3115272
政工办公室………… 3115236
工会………………… 3115230
下属公司
昆明分公司
综合办……… 0871－6113680
玉溪分公司
综合办……… 0871－2061418
曲靖分公司
综合办……… 0874－3383120
大理分公司
综合办……… 0872－2170647
楚雄分公司
综合办……… 0878－3014649
昭通分公司
综合办……… 0870－2158687
红河分公司

综合办……… 0873－7123426
之川分公司

综合办……… 028－87019272

润滑油分公司

综合办……… 0871－3579102

61. 石油勘探开发研究院

地址：北京市海淀区学院路31号　邮政编码：100083　公网区号：010

机关

办公室 …………… 82312980
财务部 …………… 82312230
发展计划部 ……… 82312038
人力资源部 ……… 82312941
党委办公室 ……… 82312949
科研生产部 ……… 82312330

西北分院

地址：新疆乌鲁木齐高新区昆明路2号
邮编：830011
传真………… 0991－3662538
办公室 ……………… 3662153

无锡石油地质研究所

地址：江苏省无锡市惠钱路210号
邮编：214151
传真 ……… 0510－83202742
办公室 ………………… 83201044

南京石油物探研究所

地址：南京市卫岗21号
邮编：210014
传真………… 025－84287822
办公室 ……………… 84287811

德州石油钻井研究所

地址：德州市东风东路35号
邮编：253005
传真………… 0534－2622468
办公室…………………… 2670129

荆州基地

地址：湖北省荆州市荆南路20号
邮编：434100
传真………… 0716－8467438
办公室………………… 8457485

合肥基地

地址：安徽合肥市九华山路15号
邮编：230022
传真………… 0551－4652500
办公室………………… 4652500

62. 石油化工科学研究院

地址：北京市海淀区学院路18号　邮政编码：100083　公网区号：010

院办公室 ………… 82310806
党群工作处 ……… 62311559
科研处 …………… 62310723
技术开发部 ……… 62311535
国际合作处 ……… 62310759
人力资源处 ……… 62311514

63. 北京化工研究院

地址：北京市朝阳区北三环东路14号　邮政编码：100013　公网区号：010

院办公室 ………… 59202342
财务部 …………… 59202380
人力资源部 ……… 59202661
科技术开发部 …… 59202670
审计监察室 ……… 59202365
安全保卫部 ……… 59202307
基建条件部 ……… 59202386
国际合作部 ……… 59202340
法律事务部 ……… 59202650
党委办公室 ……… 59202419
工会 ……………… 59202353
有机原料研究所 … 59202249
精细化工研究所 … 59202557
塑料加工研究中心
……………………… 59202738
环境保护研究所 … 59202588
基础研究部 ……… 59202702
乙烯裂解研究室 … 59202775
聚乙烯研究室 …… 59202798
聚丙烯研究室 …… 59202600
新产品开发研究室
……………………… 59202618
标准研究室 ……… 59202427
生产技术研究室 … 59202214
分析研究室 ……… 59202520
信息中心 ………… 59202536
器材部 …………… 59202440

64. 抚顺石油化工研究院

地址：辽宁省抚顺市望花区丹东路东段31号　邮政编码：113001　公网区号：0413

院办公室………… 6429626
党委办公室……… 6429543
人力资源部……… 6428490
纪委……………… 6429974
财务部…………… 6429583
党委组织部……… 6389432
科研管理部……… 6429563
党委宣传部……… 6389263
科技经营部……… 6389397
工会……………… 6389416
法律事务部……… 6429834
团委……………… 6389275
国际合作部……… 6429913

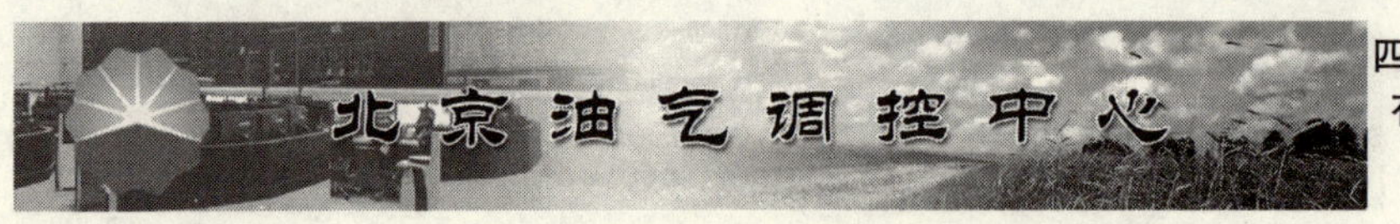

65. 上海石油化工研究院

地址：上海市浦东北路 1658 号　　邮政编码：201208　　公网区号：021

院办公室
主任 …… 68463662
办公室 …… 68463371
科技管理部
主任 …… 68462925
973 项目 …… 68462947
外事办 …… 68462824
人力资源部
主任 …… 68464779
财务部
主任 …… 68467146
法律与知识产权部
主任 …… 68467426
技术市场部
主任 …… 68462343
办公室 …… 68462737
审计室、监察室
主任 …… 68462186
条件部
主任 …… 68463378
安全保卫部
主任 …… 68466090
主任（保卫） …… 68463380
基建项目部
主任 …… 68462534
物资供应部
主任 …… 68462445
党委工作部
主任 …… 68463266
工会办公室
主任 …… 68468655
情报部
主任 …… 68462433
图书馆 …… 68462820
编辑部 …… 68468623
物化室
主任 …… 68466285
标准化室
主任 …… 68462281
业务接待 …… 转 6201
全国石化分标会 …… 68462281
研究一部
主任 …… 68461376
研究二部
主任 …… 68462542
研究三部
主任 …… 68464034
研究四部
主任 …… 68466268
研究五部
主任 …… 68466018
研究六部
主任 …… 57942346
研究七部
主任 …… 68467713
基础部
主任 …… 68466277
化学工程部
主任 …… 68465187
开发设计部
主任 …… 68466280
高分子部
主任 …… 68462546
评价中心
主任 …… 68468220
装备仪表室
主任 …… 68461754
动力保障部
主任 …… 68461274
金山分部（综合管理部）
主任 …… 57942922
漕泾工程化基地
项目经理部 …… 67121391

66. 青岛安全工程研究院

地址：山东省青岛市延安三路 218 号　　邮政编码：266071　　公网区号：0532

院办公室 …… 83786201
党委办公室 …… 83786278
技术开发处 …… 83786212
科研管理处 …… 83786718
人力资源处 …… 83786220
财务处 …… 83786228
综合处 …… 83786286
化学品安全研究室 …… 83786581
设备安全研究室 …… 83786207
储运与安控技术研究室 …… 83786702
安全工程研究室 …… 83786728
监测检验研究室 …… 83786518
事故应急救援研究室 83786571
职业卫生研究室 …… 83786358
环境保护技术研究室 83786658
安全评价研究室 …… 83786318
HSE 研究室 …… 83786678
中化阳光认证中心 …… 83786668
安全生产培训中心 83786631
安全卫生信息中心 83786267
健康监护中心 …… 83786368
化学品登记中心 …… 83786551
国家化学品事故应急咨询专线 …… 83889090

67. 上海石油化工股份有限公司

地址：上海市金山卫金一路 48 号　　邮政编码：200540　　公网区号：021

公司机关

党委 …… 21500
…… 57940431
工会 …… 20706
…… 57931272
董事会秘书室 …… 21401
…… 57943143
纪委监察室 …… 21261
…… －21272
…… 57942455
总经理办 …… －21771
…… 57952397
总值班室 …… 21671
…… 57943337
生产部 …… 20501
…… －20591
…… －20504
…… 57940550
财务部 …… －20901
…… 57952834
干部部 …… －21301
…… 57957878
…… 57942588
人力资源部 …… －21302
…… 57932380
…… 57945153
国际部 …… －20802
…… 57941068
投资计划部 …… －21006
…… 57945605
技术中心 …… －21101
…… 57943413
经营计划部 …… －20881
…… 57941821
设备动力部 …… －22761
…… －22762
…… 57941510
安全环保监督部 …… －20601
…… －20602
…… 57951943
…… 57940589
审计部 …… －21106
…… 57943675
工程部 …… －24026
…… 57955088
…… －24068
…… 57933204
信息管理部 …… －22601
总务部 …… －86602
…… －86603
保卫部、综治办 …… －222501

……－222502
……－222503
科协……－24082
……57933815
企管协会……－85828
……－85829
……57946107
党委办公室……－21542
……－21562
……57940800
……57939473
组织部……－21301
……57957878
……57942588
宣传部……－21232
……－21241
……57933675
人民武装部……－222501
……－222508
……－222509
工会……－20706
……57931272
团委……－20790
……－20791
……57943786
机关党委、工会……－20772
……57955573

炼油化工部

总机……57943800
查询……－30114
传真……57940797
经理……－32001
……57941760
生产副经理……－32002
……57945573
设备副经理……－32003
……57942077
基建副经理……－32004
……57940416
人事副经理……－32005
……57940839
技术副经理……－32006
……57940323
经理助理……－32011
……57941354
副总工程师……－32015
……57942958
副总工程师……－32016
……57945324
经理办主任……－32051
……57932342
总值班室……－32055
……－32056
党委书记……－32101
……57940154
党委副书记……－32102
……57932098
党委副书记……－32171
……57943170
党办主任……－32111
……57931849
干部处……－32121
……57949240
宣传部……－32131
……57940917
武装部……－32141
纪委……－32161
……57933987
工会……－32171
……57943170
团委……－32151
财务处……－32551
……57942074
人力资源处……－32601
……57933273
经营处……－32501
……57953014
生产处……－32201
……57941677
安保处……－32301
……57942321
保卫处……－34601
……57932570
技术处……－32401
……57931298
设备动力处……－32331
……57941757
技改办……－34161
……57931346
1 号乙烯装置……－35001
……57942628
综合办……－35021
……57945287
2 号乙烯装置……－35201
……57942742
综合办……－35221
……57942458
1 号炼油装置……－35801
……57946360
综合办……－35821
……57942590
2 号炼油装置……－36001
……57943887
综合办……－36021
……57943989
1 号芳烃装置……－35401
……57932657
综合办……－35421
……57932760
2 号芳烃装置……－35601
……57943474
综合办……－35621
……57943097
丁二烯装置……－36801
……57942982
综合办……－36821
……57942983

储运分公司

经理……－39001
……57943489
党委书记……－39011
……57933523
综合办主任……39021
……57946539
党办主任……39013
……57940565

化工事业部

总机……57942323
查询……－40114
传真……57943782
经理……－42011
副经理……－42015
……－42016
……－42018
经理办……－42031
……－42032
书记……－42201
副书记……－42202
党办……－42200
……57940957
纪委监察……－42203
……－57942162
宣传部……－42221
……57940751
工会……57937741
财务处……－42151
……57931687
人力资源……－42490
……57941060
组织干部……－42231
……57940671
生产处……－42601
……57933309
调度科长……－42282
安全环保……－42310
……57946122
保卫处……－42321
……57931503
经营处……57941896
聚乙烯醇装置……57940836
……57944189
乙醛装置……－44301
……57933315
丙烯腈装置……－44401
……57943384
301 车间主任……－44430
302 车间主任……－44431
303 车间主任……－44441
304 车间主任……－44461
305 车间主任……－44481
乙二醇装置……－44601
……5794585
401 车间主任……－44681
402 车间主任……－44643
403 车间主任……－44651
动力装置……－44901

腈纶事业部

总机……57941699
查询……－50114
传真……57942450
经理办……－53031
……－53034
党委办……－53203
……57933287
组织部（干部处）……
……－53235
宣传部……－53221
武装部（保卫处）
……－53321
纪委（监察室）……－53111
纪委……－53211
监察……－53115
工会……－53251
科技开发处……－53731
安全环保处……－53311
生产处……－53171
调度总机……－53178
设备处……－53501
人事处……－52101
财务处……－53161
金阳腈纶装置……－52701
化工车间……－54201
毛条车间……－52801
动力车间……－54901
成品车间……－54501
中试车间……－54751
南腈纶装置……－54401
北腈纶装置……－54301

涤纶事业部

总机……57943210
查询……－70114

传真 …… 57941295
经理 …… －72101
副经理 …… －72133
总工程师 …… －72158
副经理 …… －72106
副总工程师 …… －72156
…… －72105
党委 …… －72201
…… －72202
经理办 …… －72120
…… －72107
…… 57944093
…… 57944075
党办 …… －72210
…… 57944464
组织部 …… －72230
…… 57931528
宣传部 …… －72240
…… 72245
工会 …… －722250
…… －722251
…… 57944073
团委 …… －72270
人武部 …… －72280
…… 57932042
人事处 …… －72290
…… －72291
…… 57933669
财务处 …… －72190
…… 57933284
生产处 …… －72160
…… 57932898
总调 …… －72165
…… 57944076
技术处 …… －72108
…… 57944075
安全环保处 …… －72180
…… 57933472
保卫处 …… －72770
西区 …… 57931279
东区 …… 57932298
经营处 …… －72580
…… 57940362
监察合同 …… －72200
销售处 …… －86543
设动处 …… －72531
…… 57941450
行政总务 …… －72790
…… 57932220
2号氧化装置
主任 …… －73110
技术科 …… －73116
2号聚酯装置
主任 …… －73210
综合办 …… －73215
技术科 …… －73216
短丝联合装置
主任 …… －73312
综合办 …… －73315
2号长丝装置
厂长室 …… －73510
综合办 …… －73515

塑料事业部

总机 …… 57943160
查询 …… －80114
传真 …… 57943716
经理 …… －82011
副经理 …… －82012
…… －82013
…… －82014
…… －82016
总工 …… －82054
副总工 …… －82051
…… －82052
…… －82055
…… －82056
…… －82057
经理办 …… －82031
…… －82032
…… －82030
…… 57933835
财务处 …… －82151
…… 57948257
保卫处 …… －82241
…… －82242
安保处 …… －82331
设备动力处 …… －82561
…… －82563
生产处 …… －82061
…… 57931204
科技开发处 …… －84801
党委 …… －82201
…… －82202
党办 …… －82203
宣传部 …… －82221
纪委监察 …… －82023
人事处长 …… －82231
…… 57931579
工会 …… －822251
…… －57946149
团委 …… －82271
经营处 …… －86548
研究所 …… －84521
…… －84530
PP联合装置 …… －82631
综合办 …… －82633
1PE联合装置 …… －84031
综合办 …… －84033
2PE联合装置 …… －82602
综合办 …… －82606
2PE车间 …… －82620
…… 57940786
…… －84852
综合办 …… －84853
动力车间 …… －82761
…… －82767
包装车间 …… －82831
…… －82833

热电总厂

总机 …… 57933123
查询 …… －23114
传真 …… 57935483
厂长 …… －23000
党委书记 …… －23001
总工程师 …… －23003
厂办主任 …… －23118
党办主任 …… －23117
纪委监察室 …… －23015
宣传部 …… －23008
工会 …… －23020
团委 …… －23012
安全环保处 …… －23031
生产处 …… －23030
设备处 …… －23080
人力资源处 …… －23040
财务处 …… －23050
自控中心 …… －23730
热电一站 …… －23304
热电二站 …… －23404
燃料输运站 …… －23905

销售供应公司

传真 …… 57942614
总经理办 …… －86649
…… －86666
…… 57941351
书记 …… －86821
…… 57932423
设备处 …… －86751
…… 57957222
备件处 …… －86221
…… 57942676
材料处 …… －86424
…… 57942424
化工处 …… －86727
…… 57942448
供应调度处 …… －86324
…… 57940850
储运管理处 …… －86345
…… 57940228
安全环保处 …… －86626
…… 57943613
财务处 …… －86522
…… 57941449
供应管理处 …… －86924
…… 57939844

投资发展有限公司

传真 …… 57933508
总经理 …… －86848
书记 …… －86842

企业发展有限公司

董事长、总经理 …… －24201
副总经理 …… －24106
…… －24113
…… －24125
…… －24105
书记 …… －24146
副书记 …… －24120
总经理办 …… －24111
…… 57953255
党办 …… －242225
…… 57970532
纪委监察室 …… －24129
资产管理处 …… －24134
副总工 …… －24123
人力资源处 …… 24115
宣传部 …… －24118
安全环保处 …… －24122
财务处 …… －24149
组织部 …… －24115
市场经营处 …… －24204
工会、团委 …… －24132
武装部 …… －24133

公用事业公司

传真 …… 57942303
经理 …… －26300
副经理 …… －26302
书记 …… －26380
副书记（工会主席） …… －26381
副总工程师 …… －26304－
经理办 …… －26307－
党委办 …… －26385
设备科 …… －26320
安环科 …… －26332
财务科 …… －26333
工程科 …… －26339
经营计划科 …… －26343
保卫科 …… －26347
人事科 …… －26350
物供站 …… －26480
供热物网所 …… －26420

供电所…………………… －26500

化工研究所

传真 ……………… 57943690
办公室 …………… 57942685
……………………… －33206

环境保护中心

传真 ……………… 57931950
经理……………………… －26001
副经理…………………… －26002
……………………… －26004
书记……………………… －26021
副书记…………………… －26022
经理办…………………… －26008
……………………… 57941133
党委办…………………… －26023
……………………… 57931254

新闻中心

传真 ……………… 57940934
主任 ……………… 57940934
书记 ……………… 57937694

员工交流安置中心

办公室 …………… 57941766

物业公司

经理……………………… －86602
办公室…………………… －86606

计量所

传真 ……………… 57944006
所长……………………… －22102
党支部…………………… －22101
综合办…………………… －22103
……………………… 57944006

中国金山联合贸易有限责任公司

传真 ……………… 57942248

总经理…………………… －22040
……………………… 57950766
总经理办………………… －22094
……………………… 57940433

金甬腈纶有限公司

总经理办
…………… 0574－86318013
市场部 …… 0574－86318101
供应部 …… 0574－86318085

海堤工程建设公司

传真 ……………… 57945276
所长、书记……………… －85301
副所长…………………… －85304
综合办…………………… －85303
……………………… 57941628

中国石化集团资产经营管理有限公司上海会议中心

总机 ……………… 59262960
总服务台 ………… 59262980
办公室 …………… 59262150

中国石化上海培训中心、上海石化培训中心（党校）

主任……………………… －25500
……………………… 57932986
书记……………………… －25501
……………………… －37990052
主任办公室……………… －25511
……………………… 57941508
传真 ……………… 57941806
党群办公室……………… －25521
……………………… 57972491
传真 ……………… 57972903

68. 扬子石油化工股份有限公司

地址：江苏省南京市六合区大厂新华路777号　　邮政编码：210048　　公网区号：025

公司机关

党委办公室
主任 ……………… 57784413
秘书 ……………… 57782285
宣传部
部长 ……………… 57784590
宣传教育科长 …… 57783190
统战办公室 ……… 57782435
石化报记者站（外宣科）
……………………… 57782007
扬子电视台台长 … 57786545
扬子报总编 ……… 57785437
纪律检查委员会（监察）
副书记 …………… 57771598
办公室 …………… 57771130
工会
副主席 …………… 58560966
办公室主任 ……… 57782015
传真 ……………… 57784193
生产部长 ………… 57787249
女工部长 ………… 57783685
宣教部长 ………… 57784371
组织民管部长 …… 57783691
文体部长 ………… 57771123
生活部长 ………… 57784487
团委
书记 ……………… 57784057
办公室 …………… 57783256
机关党委
书记 ……………… 58560688
办公室 …………… 57784061
人民武装部
部长 ……………… 57784059
办公室 …………… 57783281
组织部、干部部
部长 ……………… 58560688
组织科 …………… 57786165
干部科 …………… 57785751
总经理办公室
主任 ……………… 57782200
副主任 …………… 58561088
……………………… 58560515
传真 ……………… 57784389
公司总值班室 …… 57783502
发展计划部
部长 ……………… 57783342
副部长 …………… 57784451
办公室 …………… 57782320
生产经营管理部
副部长 …………… 57784053
市场信息科 ……… 57782783
财务部
部长 ……………… 57785298
副部长 …………… 58561169
办公室 …………… 57782158
科技信息部
部长 ……………… 57782942
科技管理科长 …… 57782755
人力资源部
部长 ……………… 57784051
副部长 …………… 57787312
……………………… 57784738
绩效考核和现代化管理科长
……………………… 57784550
审计部
主任 ……………… 57786951
办公室 …………… 57782744
保安部
部长 ……………… 57784537
政委 ……………… 57782344
综合管理科 ……… 57783703
消防支队
支队长 …………… 58561660
政委 ……………… 57784355
办公室 …………… 57782040
支队值班室 ……… 57782515
科技档案资料馆
处长 ……………… 57787083
综合翻译科长 …… 57784063
合资外事部
部长 ……………… 57784678
副部长 …………… 57771052
……………………… 57787795
办公室 …………… 57783297
董秘法律部
部长 ……………… 57787751
秘书 ……………… 57787735
……………………… 57787739
传真 ……………… 57787755
生产技术运行部
部长 ……………… 57785317
副部长 …………… 57771395
……………………… 57786569
办公室 …………… 57785909
HSE部
部长 ……………… 57782483
副部）长 ………… 57771945
管理科长 ………… 57787495
机械动力部
部长 ……………… 57783974
副部长 …………… 57785583
……………………… 57784027
办公室 …………… 57786035

烯烃厂

党委书记 ………… 57785501
党委办公室 ……… 57782490
纪委监察科 ……… 57783590
组织科 …………… 57787069
宣传科长 ………… 57786405
工会主席 ………… 57782990

厂长 …… 57784721
副厂长 …… 57782091
…… 57787489
厂办主任 …… 57784799
厂办办公室 …… 57783491
人教科科长 …… 57785791
财务计划科长 …… 57782060
调度台 …… 57772008
调度总值班室 …… 57783912
HSE 科长 …… 57786491
机动科长 …… 57784095
技术科长 …… 57783917

芳烃厂

党委书记 …… 57783479
党办主任 …… 57782165
纪委办公室 …… 57786939
组织科 …… 57783415
宣传科 …… 57782358
工会 …… 57786881
团委 …… 57786873
厂长 …… 57783817
副厂长 …… 57782665
…… 57782984
…… 57783811
副总工 …… 57783442
…… 57784099
厂办主任 …… 57784558
办公室 …… 57783778
总值班室 …… 57787473
人力资源科长 …… 57782683
计划财务科长 …… 57783863
行政保卫科长 …… 57783313
生产技术运行科长 57786615
机动科长 …… 57783527
技术改造办公室主任57784819
HSE 科长 …… 57783911

炼油厂

党委书记 …… 57783993
党办主任 …… 57782405
纪委办公室 …… 57782779
工会主席 …… 57782601
工会办公室 …… 57782869
团委 …… 57782337
厂长 …… 57787849
副厂长 …… 57782600
…… 57777957
…… 57785961
…… 57787833
副总工 …… 57783620
…… 57783603
厂办主任 …… 57783860
人力资源科长 …… 57787031
计划财务科长 …… 57782763
生产科长 …… 57783080
生产科总值班室 …… 57783738
HSE 科长 …… 57783424
机动科长 …… 57784237
技术改造办主任 …… 57782982

化工厂

党委书记 …… 57782960
党办主任 …… 57783734
纪委办公室 …… 57786137
党委办公室 …… 57783551
组织科 …… 57783522
宣传科长 …… 57783054
工会主席 …… 57782961
团委书记 …… 57783551
厂长 …… 57783984
副厂长 …… 57782889
…… 57785953
副总工 …… 57781896
…… 57786529
厂办主任 …… 57782828
人教科长 …… 57783612
计划财务科长 …… 57783737
行政保卫科长 …… 57783723
调度科长 …… 57783895
HSE 科长 …… 57783221
机动科长 …… 57784103
技术科长 …… 57782981
技术改造办公室主任
…… 57783373

塑料厂

党委书记 …… 57783131
党办主任 …… 57782951
党委办公室 …… 57785655
纪委办公室 …… 57787097
纪委副书记 …… 57785219
工会副主席 …… 57771136
工会 …… 57786003
厂长 …… 57784658
副厂长 …… 57782137
…… 57783188
副总工 …… 57782402
…… 57783635
厂办主任 …… 57783356
人事科长 …… 57783936
计划财务科长 …… 57787717
行政保卫科长 …… 57785887
调度科长 …… 57782149
调度 …… 57786935
安监科长 …… 57782138
机动科长 …… 57784313
技术科长 …… 57783617

储运厂

党办主任 …… 57783632
组织科长 …… 57782290
厂长 …… 57783204
副厂长 …… 57782160
…… 57785149
副总工 …… 57783048
厂办主任 …… 57782971
人事科长 …… 57785509
计划财务科长 …… 57785211
安保科长 …… 57782704
调度科长 …… 57782878
调度科销售联合办 57782153
机动科长 …… 57784121
技监科长 …… 57771069

检维修公司

党群工作科长 …… 57786985
经理 …… 57788128
副经理 …… 57777558
经理办主任 …… 57785830
办公室 …… 57784806
生产科长 …… 57785129
财计经营科长 …… 57785986
财计经营副科长 …… 57782239
人力资源科长 …… 57785610

电仪分公司

党群工作科长 …… 58560482
经理 …… 57787229
副经理 …… 58560597
经理办主任 …… 58561363
办公室 …… 58560391
生产经营科长 …… 58561036
财务计划科长 …… 58560393
计量科长 …… 57783037
计量中心主任 …… 57784081

质检中心

党群工作科长 …… 57782261
主任 …… 57783325
副主任 …… 58561228
人事行政科长 …… 57784615
副科长 …… 58561312
办公室 …… 57782262
财计经营科长 …… 58561315
质量管理科长 …… 57782257
质量检查科长 …… 58561320

营销部

党群工作科长 …… 57786715
经理 …… 57786563
副经理 …… 57786907
人事行政科长 …… 57786537
人事行政科办公 …… 57784357
营销管理科长 …… 57785249
营销服务科长 …… 57784434
销售一科科长 …… 58561386
销售二科科长 …… 57788971
销售三科科长 …… 57787582
供应一科科长 …… 57784363
供应二科科长 …… 57786279
供应三科科长 …… 57784365
HSE 科长 …… 57782416
成品车间主任 …… 57783794
仓储车间主任 …… 57787033
南方经营部 …… 57789391
浦东经销公司 021－64337917
浙江销售分公司
…… 0571－85808919

物资装备部

党委书记 …… 57784801
经理 …… 57786963
副经理 …… 57784801
…… 57788534
副总工 …… 57784271
…… 57771226
办公室 …… 57788079
财务部主任 …… 57771209
物资管理科长 …… 57771210
质量检验科长 …… 57785029
动设备部科长 …… 57784085
静设备部科长 …… 57784045
通用部科长 …… 57784361
仓储部科长 …… 57784455

培训中心

主任 …… 57782023
副主任 …… 57786649
办公室主任 …… 57785835
办公室 …… 57783608
技能鉴定科长 …… 57780870
培训管理科长 …… 57786619
培训开发科长 …… 57782508
信息技术科 …… 57782383
继续教育科 …… 57785375
化工仪表科长 …… 57771525
机械电子科长 …… 57780285
党校管理科长 …… 57782750
工会 …… 57785055

研究院

党委书记 …… 57783665
党办主任 …… 57782066
党委办公室 …… 57782105
纪委办公室 …… 57785597

工会 …… 57782167
团委 …… 57782065
院长 …… 57771083
副院长 …… 57771204
副总工 …… 57771361
人事行政科长 …… 57786607
财务科长 …… 57787087
供销科长 …… 57786611
塑料加工应用中心主任 …… 57771054
物化主任 …… 57782935
信息主任 …… 57783420
有机所所长 …… 57784753
蒸汽裂解办公室 …… 57787787
维修部主任 …… 57771084
科研开发管理科长 …… 57786613

69. 仪征化纤股份有限公司

地址：江苏省仪征市　　邮政编码：211900　　公网区号：0514

公司办公室
主任 …… 83234569
秘书室 …… 83236238
机要文档 …… 83231693
总值班室 …… 83232235
董事会秘书室 …… 83231888
外事办公室
办公室 …… 83233246
法律事务部
办公室 …… 83233415
人力资源部（组织部）
主任 …… 83234798
评价任用与党务管理 …… 83232481
经营计划部
主任 …… 83235689
投资管理 …… 83233961
资产财务部
主任 …… 83236826
财务稽核 …… 83235918
生产技术部
主任 …… 83236878
工艺质量 …… 83232015
规划建设部
主任 …… 83231743
计划合同 …… 83235079
安全环保监督部
主任 …… 83237688
环保监测站 …… 83231591
设备管理部
主任 …… 83233175
综合室 …… 83232517
企业管理部
主任 …… 83232271
改革改制 …… 83237915
监察部（纪委）
主任 …… 83231173
办公室 …… 83232826
审计部
主任 …… 83234169
专项审计 …… 83235233
企业文化部
主任 …… 83231173
青年工作与机关党务 83232280
工会
副主席 …… 83234643
综合事务 …… 83233231
PTA 生产中心
主任 …… 83234454
综合办 …… 83235068
党群工作室 …… 83234207
聚酯生产中心
主任 …… 83234586
综合办 …… 83231507
党群工作室 …… 83235307
短纤生产中心
主任 …… 83232443
综合办 …… 83231794
党群工作室 …… 83232678
瓶片生产中心
主任 …… 83233709
综合办 …… 83238066
党群工作室 …… 83233967
长丝生产中心
主任 …… 83232566
综合办 …… 83232763
党群工作室 …… 83237630
高纤事业部
主任 …… 83235038
综合办 …… 83235378
化工项目部
主任 …… 83239128
办公室 …… 83239158
热电生产中心
主任 …… 83231001
综合办 …… 83233003
党群工作室 …… 83231986
动力生产中心
主任 …… 83234868
综合办 …… 83236898
党群工作室 …… 83235008
水务中心
主任 …… 83235588
综合办 …… 83235540
销售服务部
主任 …… 83237188
综合办 …… 83237668
技术中心
主任 …… 83232893
综合办 …… 83233906
党群工作室 …… 83231570
采购中心
主任 …… 83233318
综合办 …… 83231736
消防气防中心
主任 …… 83232199
综合办 …… 83232967
物流公司
经理 …… 83232229
综合办 …… 83232031
党群工作室 …… 83233602
仪化宇辉化纤有限公司
主任 …… 83231435
综合办 …… 83232999
扬州市公安局仪化公安分局
局长 …… 83232830
办公室 …… 83233430

70. 中国国际石油化工联合有限责任公司

地址：北京市朝阳区朝阳门北大街22号　　邮政编码：100728　　公网区号：010

办公室 …… 59966528
…… 59966522
党委办公室 …… 59966530
财务部 …… 59966561
审计部 …… 59966491
原油部 …… 59966533
成品油部 …… 59966644
天然气部 …… 59966880
运输部 …… 59966536
计划信息部 …… 59966863
风险控制部 …… 59966489

联合石化（英国）有限公司

地址：UNIPEC U. K. CO. LIMITED 20th Floor, Marble Arch Tower, 55 Bryanston Street, London WIH 7AA U. K.
电话 …… 0044－2076169888

联合石化亚洲有限公司

地址：中国香港湾仔港湾道一号会展广场办公大楼1202室
电话 …… 00852－2879 6688

联合石化纳敏岛有限责任公司

地址：马来西亚纳敏联邦直辖区惹兰哈沙80148信箱骏马大厦1楼
邮编：87011
电话 …… 0060－87419818

联合石化纳敏岛有限责任公司新加坡办事处

地址：7500A Beach Road, The Plaza Hex 14－308－312, Singapore 199591
邮编：新加坡邮区 199591
电话 …… 0065－295 5990

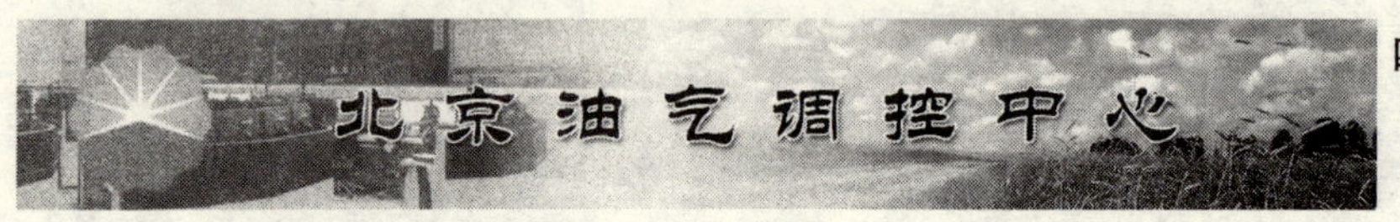

71. 石家庄炼油化工股份有限公司

地址:河北省石家庄市长安区石炼路1号　　邮政编码:050032　　公网区号:0311

职能处室

厂办室(党办)
主任 ……………… 85161126
秘书室 ……………… 85162245
文书室 ……………… 85162314
档案室
主任 ……………… 85163171
办公室 ……………… 85163201
审计处
处长 ……………… 85161353
办公室 ……………… 85162387
企管处
处长 ……………… 85162327
办公室 ……………… 85161510
组织部
部长 ……………… 85162291
办公室 ……………… 85162232
宣传部
部长 ……………… 85162292
办公室 ……………… 85163084
纪委(监察处)
处长 ……………… 85162486
办公室 ……………… 85162329
工会
主席 ……………… 85162283
办公室 ……………… 85162345
团委
书记 ……………… 85162885
办公室 ……………… 85162549

石炼化

生产调度处
处长 ……………… 85162835
管理科 ……………… 85161738
调度室 ……………… 85162380
……………… 85162381
技术处
处长 ……………… 85162357
办公室 ……………… 85161057
计划处
处长 ……………… 85161121
办公室 ……………… 85162985
安全环保处
处长 ……………… 85162363
环保科 ……………… 85162347
办公室 ……………… 85162424
财务处
处长 ……………… 85161103
办公室 ……………… 85162487
人力资源处
处长 ……………… 85162050
办公室 ……………… 85162480
机动处
处长 ……………… 85161643
办公室 ……………… 85162504
供销公司
经理 ……………… 85161360
办公室 ……………… 85162442
物装公司
经理 ……………… 85162521
办公室 ……………… 85162384
消防支队
队长 ……………… 85162325
办公室 ……………… 85160191
技术中心
所长 ……………… 85161349
办公室 ……………… 85162052
电仪公司
经理 ……………… 85163385
办公室 ……………… 85163103
仪表车间
主任 ……………… 85161087
办公室 ……………… 85161481
电工车间
主任 ……………… 85162710
办公室 ……………… 85162769
计量站
站长 ……………… 85162401
办公室 ……………… 85161221
信息中心
主任 ……………… 85160602
办公室 ……………… 85162516
中心化验室
主任 ……………… 85162429
办公室 ……………… 85162525
一联合车间
主任 ……………… 85162475
办公室 ……………… 85162617
二催化车间
主任 ……………… 85163434
办公室 ……………… 85161576
焦化车间
主任 ……………… 85161019
办公室 ……………… 85162709
重整车间
主任 ……………… 85162443
办公室 ……………… 85161184
加氢车间
主任 ……………… 85161578
办公室 ……………… 85161187
聚丙烯车间
主任 ……………… 85162621
办公室 ……………… 85162485
制氢车间
主任 ……………… 85161048
办公室 ……………… 85161049
动力站
主任 ……………… 85162741
办公室 ……………… 85162404
给排水车间
主任 ……………… 85162771
办公室 ……………… 85162773
水净化车间
主任 ……………… 85162541
办公室 ……………… 85163114
空分车间
主任 ……………… 85162605
办公室 ……………… 85162796
储运厂
厂长 ……………… 85161438
办公室 ……………… 85161525
油品车间
主任 ……………… 85162607
办公室 ……………… 85162570
装卸油车间
主任 ……………… 85162608
办公室 ……………… 85162707
烷基化车间
主任 ……………… 85162505
办公室 ……………… 85162501
铁路编组站
主任 ……………… 85163235
办公室 ……………… 85163211
化纤公司
经理办公室
主任 ……………… 85163387
办公室 ……………… 85162440
生产调度处
处长 ……………… 85160061
调度 ……………… 85160121
调度 ……………… 85160122
调度 ……………… 85160363
技术处
处长 ……………… 85160261
办公室 ……………… 85160210
计划处
处长 ……………… 85160262
办公室 ……………… 85160104
安全环保处
处长 ……………… 85160100
办公室 ……………… 85160323
财务处
处长 ……………… 85160073
办公室 ……………… 85161060
人力资源处
处长 ……………… 85163466
办公室 ……………… 85160141
机动处
处长 ……………… 85161675
办公室 ……………… 85160307
供销公司
经理 ……………… 85161702
办公室 ……………… 85160134
氧化车间
主任 ……………… 85160007
加氢车间
主任 ……………… 85160221
酰胺化车间
主任 ……………… 85160351
精制车间
主任 ……………… 85160354
聚合车间
主任 ……………… 85160321
氨肟化车间
主任 ……………… 85160386
硫酸硫胺车间
主任 ……………… 85160106
包装车间
主任 ……………… 85160346
空分车间
主任 ……………… 85160132
排水车间
主任 ……………… 85160101
储运车间
主任 ……………… 85160192
电工车间
主任 ……………… 85160093
仪表车间
主任 ……………… 85160083
中心化验室
主任 ……………… 85160196
环保车间
主任 ……………… 85160213

72. 中国石化销售有限公司

地址：北京市朝阳区朝阳门北大街22号　　邮政编码：100728　　公网区号：010

办公室 …………………… 59966901
业务处 …………………… 59969030
运行处 …………………… 59969040
零售管理处 …………………… 59969057
润滑油经营管理处 …………………… 59969070
燃料油经营管理处 …………………… 59969078
进出口处 …………………… 59969086
非油品业务处 …………………… 59969091
财务处 …………………… 59969098
发展规划处 …………………… 59969112
信息管理处 …………………… 59969120
安全与质量处 …………………… 59969130
人事处 …………………… 59969138
劳资处 …………………… 59969148
企业改革管理处 …………………… 59969155
政工处 …………………… 59969165
审计处 …………………… 59969161
监察处 …………………… 59969161
管道处 …………………… 59969173
合资企业管理处 …………………… 59969171

华北分公司

地址：天津市南开区华苑产业园1区榕宛路11号
邮编：300384

经理办公室
副主任 …………… 23059512
…………………… 23059513
政工处
处长 …………… 23059511
经营管理处
处长 …………… 23059530
副处长 …………… 23059532
管道通信处
处长 …………… 23059570
副处长 …………… 23059571
安全与质量处
处长 …………… 23059585
副处长 …………… 23059586
人力资源处
处长 …………… 23059595
副处长 …………… 23059596
财务资产处
副处长 …………… 23059606
审计监察处
处长 …………… 23059630
副处长 …………… 23059631
企业管理处
处长 …………… 23059635
副处长 …………… 23059636
反打办
主任 …………… 23059645
调控中心
主任 …………… 23059769
副主任 …………… 23059768
…………………… 23059767

华东分公司

地址：上海市长宁区愚园路819号
邮编：200050

办公室
主任 …………… 62119326
副主任 …………… 62119291
值班 …………… 62119325
传真 …………… 62119327
业务处
处长 …………… 62118739
副处长 …………… 62118767
…………………… 62118925
财务处
处长 …………… 62119212
副处长 …………… 62119205
…………………… 62119215
调运处
处长 …………… 62119081
副处长 …………… 62119225
…………………… 62119075
…………………… 62119085
综合管理处
处长 …………… 62119329
副处长 …………… 62119330
人事处
处长 …………… 62119053
副处长 …………… 62119052
监察审计处
处长 …………… 62118948
副处长 …………… 62118930

华中分公司

地址：湖北省武汉市汉口精武路39号
邮编：430022

办公室
主任 …………… 65798008
副主任 …………… 65798018
人力资源处
处长 …………… 65798021
副处长 …………… 65798035
经营管理处
处长 …………… 65798051
党支部 …………… 65798052
副处长 …………… 65798086
财务资产处
处长 …………… 65798061
副处长 …………… 65798052
管道油库处
处长 …………… 65798053
党支部 …………… 65798049
安全与质量处
副处长 …………… 65798076
企业管理处
处长 …………… 65798041
审计监察处
处长 …………… 65798078
正处纪检监察员 … 65798022
武汉成品油管道项目部
经理 …………… 82344688
副经理 …………… 82344788

华南分公司

地址：广州市越秀区沿江中路299银海大厦22楼
邮编：510110

传真 ………… 020－62347209
办公室
主任 …………… 62347256
政工办
主任 …………… 62347213
人力资源处
处长 …………… 62347203
财务处
处长 …………… 62347230
审计监察处
处长 …………… 62347242
业务处
处长 …………… 62347268
管道通信管理处
处长 …………… 62347253
安全与质量处
处长 …………… 62347286
发展基建处（物资供应中心）
处长 …………… 62347239
调度控制中心
主任 …………… 39916088
抢维修中心
主任 …………… 39916098

东北分公司

地址：辽宁省沈阳市于洪区崇山东路51号
邮编：110032

总机 ………… 024－86625855
传真 ………… 024－86860772
办公室
主任 …………… 86860285
副主任 …………… 86621037
业务处
处长 …………… 86863840
发展处
处长 …………… 86621035
副处长 …………… 86621030
财务审计处
处长 …………… 86859759
副处长 …………… 86857689
…………………… 86859759
综合管理处
副处长 …………… 86621037

西北分公司

地址：陕西省西安市北大街29号中天国际大厦10层
邮编：710003

传真 ………… 029－87257202
办公室
主任 …………… 87258678
发展规划处
处长 …………… 87257557
零售中心
主任 …………… 87255201
物流中心

主任 ················ 87255799
经营管理处
处长 ················ 87255639
财务资产处
处长 ················ 87255071
人力资源处
处长 ················ 87255706
审计监察处
处长 ················ 87257253
安全与质量处
处长 ················ 87255919

川渝分公司

地址:四川省成都市人民南路一段86号城市之心7楼
邮编:610016
办公室
主任 ················ 86203105
副主任 ················ 86203125
业务处
处长 ················ 86203036
财务审计处
处长 ················ 86203108
副处长 ················ 840
企业发展处
副处长 ················ 801
················ 829
人事劳资处
副处长 ················ 86203106

73. 中国石化国际事业有限公司

地址:北京市朝阳区朝阳门北大街22号　邮政编码:100728　公网区号:010

办公室
················ 59966049
人事处
················ 59966041
财务处
················ 59966059
法律事务处
················ 59966085
财务处
················ 59966059
审计处
················ 59966159
监察处
················ 59966093
企业管理处
················ 59966110
物资管理处
················ 59966129
计划处
················ 59966101
信息处
················ 59966134
物流处
················ 59966149
招标处
················ 59966223
技术与条件处
················ 59966176
化工原料处
················ 59966187
化工辅料处
················ 59966206
煤炭处
················ 59966165
材料处
················ 59966235
动设备处
················ 59966251
静设备处
················ 59966262
电气设备处
················ 59966272
石化产品出口处
················ 59966282
设备材料出口处
················ 59966310

74. 福建炼油化工有限公司

地址:福建省泉州市泉港区　邮政编码:362800　公网区号:0595

人事行政处
副处长 ················ 87976080
················ 87976128
办公室 ················ 87976106
党委工作处
副处长 ················ 87976033
机要室办公室 ······ 87976109
经营管理处
副处长 ················ 87976027
················ 87976029
计划财务处
副处长 ················ 87976025
················ 87976050
项目筹备办
主任 ················ 87976226
办公室 ················ 87976134
公司工会
副主席 ················ 87976023
综合部主任 ········ 87798251
纪委监察处
处长 ················ 87976022
副处长 ················ 87976072
退管中心
主任 ················ 87798976
福建联合石油化工有限公司
总机 ················ 87799000
传真 ················ 87023000
总裁办
主任 ················ 87799263
人力资源与行政部
总经理 ················ 87789155
副总经理 ················ 87799001
行政助理 ················ 87023081
生产部
总经理 ················ 87799216
行政助理 ················ 87023055
技术规划部
副总经理 ················ 87789191
行政助理 ················ 87023088
机械设备部
总经理 ················ 87799256
行政助理 ················ 87023520
HSE部
副总经理 ················ 87789172
行政助理 ················ 87799103
市场部
总经理 ················ 87976300
行政助理 ················ 87976339
供应流通部
副总经理 ················ 87789173
行政助理 ················ 87023317
财务部
副总经理 ················ 87799050
行政助理 ················ 87799052
党群工作部
主任 ················ 87789133
党务办公室 ········ 87789190

75. 扬子石化一巴斯夫有限责任公司

地址:江苏省南京市六合区新华东路8号　邮政编码:210048　公网区号:025

总裁办公室
办公室 ················ 58569702
传真 ················ 58569701
财务、会计、电子数据处理和材料管理部
办公室 ················ 58569722
传真 ················ 58569721
人力资源和行政部
办公室 ················ 58569792
传真 ················ 58569791
工程、维修、安全、健康、环保和公用工程部

办公室 …………… 58569081
传真 ……………… 58569278
基础化学部
办公室 …………… 58569912
传真 ……………… 58569911
乙二醇、低密度聚乙烯、醋酸乙烯共聚物部
办公室 …………… 58569852
传真 ……………… 58569851
丙烯酸/丙烯酸酯部
办公室 …………… 58569872
传真 ……………… 58569871
丁辛醇、碳一化学品部
办公室 …………… 58569892
传真 ……………… 58569891

76. 上海赛科石油化工有限责任公司

地址：上海市长宁区仙霞路299号远东国际大厦A幢30层　邮政编码：200051　公网区号：021

项目副主任 ……… 67250068
党委副书记 ……… 67250428
行政部主任 ……… 67250428
行政经理 ……………… 2200

77. 石化盈科信息技术有限责任公司

地址：北京市东城区东四十条甲22号南新仓国际大厦A座12层　邮政编码：100007　公网区号：010

办公室 …………… 84191188
传真 ……………… 64096213
上海分公司
办公室……… 021－50943218
……………… 021－50942258
……………… 021－50942268
陕西赛威监理公司
……………… 029－87459190
办公室……… 029－87459100
……………… 029－97459337

中 国 海 洋 石 油 总 公 司
中海石油（中国）有限公司

一、中国海洋石油总公司

地址：北京市东城区东朝阳门北大街25号　　邮政编码：100027　　公网区号：010

办公厅

总值班室 ………… 84521999
………………… 84521010
传真 ……………… 64602600
综合办 …………… 84521786
传真 ……………… 84521799
秘书处（传真）… 84521013
信息公关处 ……… 84521041
文书档案处 ……… 84521266
行政处 …………… 84521280
传真 ……………… 84521289

财务部

值班室 …………… 84521218
文秘 ……………… 84521246
传真 ……………… 64602484
机关财务处 ……… 84521250
………………… 84521251
资金处 …………… 84521248
………………… 84521246
会计处 …………… 84521219
………………… 84521241
税务处 …………… 84521220
………………… 84521229
保险处 …………… 84521242
………………… 84521239
信息处 …………… 84521228
………………… 84521230
资产处 …………… 84521232
………………… 84521236

计划部

值班室 …………… 84521302
………………… 84521291
计划处 …………… 84521300
统计处 …………… 84521297
………………… 84521298
物资办 …………… 84521292
………………… 84521293

人力资源部

值班室 …………… 84521366
文秘 ……………… 84521387
传真 ……………… 64602518
人事培训处 ……… 84521357
劳动组织处 ……… 84521355
工资分配处 ……… 84521369
………………… 84521371
劳动保险处 ……… 84521636
………………… 84521373
离退休处 ………… 84521351
………………… 84521352

法律部

值班室 …………… 84521178
传真 ……………… 64602834
合同处 …………… 84521171
………………… 84521170
法规处 …………… 84521173
………………… 84521172
咨询处 …………… 84521183
………………… 84521182
对外联络部 ……… 84521057
文秘 ……………… 84521071
传真 ……………… 84521080
出国管理处 ……… 84521072
………………… 84521074
对外联系处 ……… 84521066
………………… 84521064
外事管理处 ……… 84521070
………………… 84521079

企改办

值班室 …………… 84521101
文秘 ……………… 84521108
传真 ……………… 64602830
政策研究处 ……… 84521102
………………… 84521107
体制改革处 ……… 84521115
………………… 84521114
基地管理处 ……… 84521106
………………… 84521105

监察部

值班室 …………… 84521376
………………… 84521377
案件检查处 ……… 84521382
………………… 84521383
效能监察处 ……… 84521379
………………… 84521380
党风党纪处 ……… 84521385
………………… 84521388

思想政治工作部

值班室 …………… 84521138
文秘 ……………… 84521144
传真 ……………… 64602875
宣传教育处 ……… 84521683
………………… 84521141
党建工作处 ……… 84521139
………………… 84521149
群众工作处 ……… 84521639
………………… 84521637

审计部

值班室 …………… 84521116
………………… 84521117
传真 ……………… 64602846
审计一处 ………… 84521118
………………… 84521126
审计二处 ………… 84521125
………………… 84521121
审计三处 ………… 84521143
………………… 84521145
项目处 …………… 84521130
………………… 84521131

信息技术管理部

值班室 …………… 84521333
文秘 ……………… 84521338
传真 ……………… 64602531
应用管理处 ……… 84521343
………………… 84521339
技术管理处 ……… 84521335
………………… 84521341
网络运行处 ……… 84521581
………………… 84521585

作业部

值班室 …………… 84521150
………………… 84521152
传真 ……………… 64602847
技术装备处 ……… 84521168
………………… 84521161
信息管理处 ……… 84521158
………………… 84521159
经营管理处 ……… 84521166
………………… 84521157
市场协调处 ……… 84521153
………………… 84521154

石化管理部

值班室 …………… 84521658
文秘 ……………… 84521655
传真 ……………… 64602541
项目开发处 ……… 84521400
………………… 84521397
经营管理处 ……… 84521661
………………… 84521659

安全环保办公室

值班室 …………… 84521698
………………… 84521099
传真 ……………… 64602710
安全办公室 ……… 84521094
安全环保管理处 … 84521097
………………… 84521093

天然气项目办公室

值班室 …………… 84521208
………………… 84521207
市场处 …………… 84521209
………………… 84521204

化肥项目办公室

值班室 …………… 84521098
………………… 84521100
传真 ……………… 64602832
工程管理处 ……… 84521084
………………… 84521087
技术经济处 ……… 84521091
………………… 84521088

油气开发利用公司

值班室 …………… 84521788
………………… 84521188
传真 ……………… 64602565
沥青开发经营部 … 84521195
………………… 84521194
油品开发经营部 … 84521191
计财部 …………… 84521672
………………… 84521675
三鼎公司 ………… 84521190

1. 渤海公司

地址：天津市塘沽区河口街2－37号501信箱　　邮政编码：3004452　　公网区号：022

办公室 ………… 25801700
………… 25807332
秘书 ………… 25807322
经营管理部 ………… 25809913
传真 ………… 25807369
财务部 ………… 25809497
传真 ………… 25809643
人事劳资部 ………… 25801765
传真 ………… 25807427
综合协调部 ………… 25801465
传真 ………… 25801356
安全环保部 ………… 25807410
传真 ………… 25800064
审计部 ………… 25807424
传真 ………… 25807424
行政部 ………… 25807755
传真 ………… 25801471
党委工作部 ………… 25807276
传真 ………… 25807241
工会 ………… 25807260
传真 ………… 25807265
纪委监察部 ………… 25807286
传真 ………… 25807287
团委 ………… 25807295
传真 ………… 25807242
职工交流中心 ………… 25807380
传真 ………… 25809444
小车队长 ………… 25807350
调度 ………… 25807352
招待所总服务台 ………… 25807339
传真 ………… 25807340
工程部 ………… 25809745
办公室 ………… 25807460
传真 ………… 25807461
采油公司 ………… 66916201
办公室 ………… 66916205
传真 ………… 66916252
水电服务公司 ………… 66916495
办公室传真 ………… 66916492
装备技术服务公司 66917331
传真 ………… 66917338
社区服务中心 ………… 25808945
传真 ………… 25808907
教育处 ………… 25808392
办公室传真 ………… 25808303
工贸公司 ………… 25808856
传真 ………… 25808850
物业管理公司 ………… 25808626
传真 ………… 25808580
职工医院 ………… 25808733
传真 ………… 25808730
航务建筑工程公司 25808139
办公室传真 ………… 25808125
物资供应公司 ………… 25808190
传真 ………… 25808186
公安处 ………… 25808311
办公室 ………… 25808314
传真 ………… 25809492
实业有限公司 ………… 25807490
传真 ………… 25801273
油气销售公司 ………… 25807648
传真 ………… 25807445
运输公司 ………… 66916301
传真 ………… 66916328
科技开发公司 ………… 25800443
传真 ………… 25807536

2. 南海西部公司

地址：广东省湛江市坡头区11号信箱　　邮政编码：524057　　公网区号：0759

机关

办公室………… 3900388
值班室………… 3900392
传真………… 3900151
财务部………… 3901831
传真………… 3901832
计划部………… 3900407
审计部………… 3900458
安全环保部………… 3900376
企管部………… 3900468
人劳部………… 3900440
………… 3901886
三委办………… 3901910
组织部、机关党委………… 3900482
宣传部………… 3901270
纪委、监察室………… 3900487
工会………… 3900493
团委………… 3900500

二级单位

采油公司………… 3902041
………… 3902042
总机械厂………… 3900909
奥盛公司………… 0775－6892157
………… 0775－6865998
特普公司………… 3901012
………… 3901013
特力公司………… 3909998
………… 3900826
物资公司………… 3900247
………… 3900788
化建公司………… 3901111
………… 3901208
设计公司………… 3901630
………… 3901631
振海公司………… 3901271
………… 3901128
物业公司………… 3900171
………… 3900172
信安公司………… 3901460
………… 3901462
房地产公司………… 3901421
销售公司………… 3900130
教培中心………… 3901231
………… 3901219
职工医院………… 3901338
………… 3901337
保卫处………… 3901389
………… 3901384
离退休………… 3901445
………… 3901444
华海公司………… 0757－6667210
………… 0757－6662398
广州办事处
总机………… 020－87750421
北海办事处
总机………… 0779－3032292
海口办事处
总机………… 0878－6779458
三亚办事处
总机………… 0898－8710171

3. 南海东部公司

地址：广东省广州市江南大道中168号　　邮政编码：510240　　公网区号：020

传真 ………… 84420984
总机 ………… 84429072
办公室 ………… 2463
值班室 ………… 84418847
传真 ………… 84420984
党委工作部 ………… 84232599
工会 ………… 84418849
审计部 ………… 2451
人事劳资部 ………… 2233
财务部 ………… 84418841
经营管理部 ………… 2106
安全保卫部 ………… 2483

4. 蛇口地区机关

地址：深圳市蛇口　　邮政编码：518067　　公网区号：0755

总机……………… 6692880
公司领导 ……………… 3358
……………………………… 3332
协调办公室 …………… 3168
……………………………… 3228

5. 华东能源公司

地址：上海市徐汇区零陵路583号海洋石油大厦24层　　邮政编码：200030　　公网区号：021

传真 ……………… 64876800
总机 ……………… 64395300
办公室 …………… 64876797
……………………… 64876285
联络……… 64395300－32410
传真 ……………… 64876800
人事部 …………… 64811808
计划部 …………… 64876669
企业策划部 ……… 64814873
经营销售部 ……… 64876671
作业服务部 ……… 64695962
技术安全部 64395300－32824
大楼管理处 ……… 64814828
物业管理部 ……… 64813138
浦东公司 ………… 64876672
申兴公司 ………… 64876412
通信公司 ………… 64874112
LNG项目组……… 64876156

6. 测井公司

地址：北京255信箱　　邮政编码：101149　　公网区号：010

传真 ……………… 61593636
总机 ……………… 84522288
办公室 …………… 84522310
秘书 ……………… 84522309
传真 ……………… 84523636
党委办公室 ……… 84522311
纪检监察室 ……… 84522313
国际事务部 ……… 84522314
行政事务部 ……… 84522321
调度 ……………… 84522322
质量保证部 ……… 84522315
人事部 …………… 84522316
计划财务部 ……… 23188452
作业部 …………… 84522306
传真 ……………… 64522300
市场部 …………… 84522327
采办部 …………… 84522329
装备供应中心 …… 84522330
培训学校 ………… 84522331
资料解释中心 …… 84522333
技术发展中心 …… 84522337
科技办 …………… 84522332
射孔器材厂 ……… 84522326
塘沽分公司
……………… 022－66913740
新疆分公司
……………… 0996－2060069
湛江分公司
……………… 0759－3901738
LCC合资公司
……………… 0755－66991525

7. 物探公司

地址：天津市塘沽区502信箱　　邮政编码：300451　　公网区号：022

办公室 …………… 25822162
传真 ……………… 25822156
总调度室 ………… 25822062
传真 ……………… 62013502
计划财务部 ……… 25822160
科技质量部 ……… 25822164
人事劳资部 ……… 25822157
国际市场部 ……… 25824424
物资装备部 ……… 25822155
安全作业部 ……… 25822167
党群办公室 ……… 25822418

8. 中海油田服务有限公司

地址：北京232信箱　　邮政编码：101149　　公网区号：010

总机 ……………… 84522288
市场营销部 ……… 84523345
办公室 …………… 84522100
传真 ……………… 84522133
党委工作部 ……… 84522101
人事劳资部 ……… 84522135
计财部 …………… 84522102
作业部 …………… 84522134
审计部 …………… 84522120
科技部 …………… 84522124
行管部 …………… 84522106
质保部 …………… 84522121
销售公司 ………… 84522129
油藏公司 ………… 84522126
定向井公司 ……… 84522125
固井公司 ………… 84522127
泥浆公司 ………… 84522128
井下作业公司 …… 84522249
技术发展中心 …… 84522112
塘沽分公司
……………… 022－66916154
塔里木分公司
……………… 0996－2175309
中法地质服务有限公司
……………… 022－66916447
麦克巴泥浆有限公司
……………… 0755－6692412
奥帝斯完井服务有限公司
……………… 022－66916153

9. 南方钻井公司

地址：广东省湛江市坡头区11号信箱　　邮政编码：524057　　公网区号：0759

部门	电话	部门	电话	部门	电话	部门	电话
办公室	3900658	经营部	3900653	南海五号	3900677	深圳分公司	6691053－630
党委办公室	3900629	作业部	3900646	南海六号	3900678	钻井技术所	3900614
工会	3900630	装备部	3900649	劳务公司	3900679	综合管理站	3900682
人事劳资部	3900639	南海一号	3900674	海上工程服务公司		平台服务站	3900681
计划财务部	3900642	南海二号	3900675		3900679	汽车队	3900687
质量安全部	3900645	南海三号	3900676	物资供应部	3900665	调度	3900648

10. 北方钻井公司

地址：天津市塘沽区521信箱　　邮政编码：300452　　公网区号：022

部门	电话	部门	电话	部门	电话	部门	电话
办公室	66916059	中日合营公司	66916090	人力资源部	66916092	钻具维修中心	66916111
传真	66913040	装备部	66916078	财务部	66916056	设备维修中心	66916084
经营部	66916091	健安环保部	66916085	党群办公室	66916086	物资供应站	66916099

11. 南方船舶公司

地址：广东省湛江市坡头区11号信箱　　邮政编码：524057　　公网区号：0759

部门	电话	部门	电话	部门	电话	部门	电话
办公室	3900698	采办部	3900709	装备部	3900246	综合公司	3900244
传真	3900572	作业部	3900245	计财部	3900704	车队	3900241
党委办公室	3900690	安全环保部	3900720	修理公司		蛇口区	0755－6861538
企管部	3901922	经营部	3900700	值班	3900714	三亚办	0899－8251849
人事部	3900256						

12. 北方船舶公司

地址：天津市塘沽区602信箱　　邮政编码：300452　　公网区号：022

部门	电话	部门	电话	部门	电话	部门	电话
办公室	25808068	市场经营部	25808634	作业部	25808072		25809277
传真	25808054		25808075		25809289	物资装备部	
党委办公室	25808104	人事劳资部	25808076		25808307	办公室	25808067
	25808064		25801456	技安环保部	25808095	传真	25801459
工会	25809285	财务部	25808069				

13. 海洋工程公司

地址：天津市塘沽区闸北路3号536信箱　　邮政编码：300452　　公网区号：022

部门	电话	部门	电话	部门	电话	部门	电话
办公室	25807809	党委办公室	25808492	装备部	25807654	维修公司	25807818
传真	25808480	工会	25808001	技安环保部	25808006	机械设备公司	25809457
财务部	25807814	采办部	25807825	设计公司	25808513	检验公司	25807817
人事劳资部	25807801	经营市场部	25808018	建造公司	25807803	供应公司	25807853
企业管理部	25808484	生产部	25801402	安装公司	25807994	服务公司	66918419

14. 中海信托投资公司

地址：上海市淮海路238号　邮政编码：200021　公网区号：021

部门	电话	部门	电话	部门	电话	部门	电话
办公室	53066213	计财部	53066642	营业部	53068525	工会	53066641
传真	53066638	证券部	53067182	投资部	53067183	房产公司	64389447
党委办公室	53066213	信贷部	53067181				

15. 中海实业公司

地址：北京市朝阳区九仙桥路乙21号　邮政编码：100016　公网区号：010

部门	电话	部门	电话	部门	电话	部门	电话
办公室	64386531	人劳部	64380137	北京基地公司	64388305	汇海实业公司	64386529
安全保卫	64381639	经营部	64381643	燕郊基地公司	84522268	物业管理公司	84521839
财务部	64380152						

16. 海洋石油报社

地址：北京市4705信箱海洋石油大厦　邮政编码：100027　公网区号：010

部门	电话	部门	电话	部门	电话	部门	电话
总编室	84522147	专刊部	84522149	出版室	84522152	蓝办	84522157
新闻部	84522142	广告发行部	84522151	办公室	84522153		

二、中海石油（中国）有限公司

地址：北京市东城区朝阳门外大街25号　邮政编码：100027　公网区号：010

部门	电话	部门	电话	部门	电话	部门	电话
公司机关		合作矿管	84521591		64602796	经济评价	84521508
		勘探	84521641	工程协调	84521457	健康安全环保部	84521958
行政管理部	84521606	作业	84521496	项目管理	84521461		64602557
	84521910	综合	64671493	技术管理	84521446	原油销售	84521436
人力资源	84521620	开发生产部	84521596	调财部	84521528	新加坡公司	84521435
	84521924		84521488		84521537	天然气岗销售	84521430
行政岗	84521626	钻完井办	84521483	计划	84521526	海外部	84521419
	64602503	项目管理	84521949	资金	84521519	综合处	84521648
外事	84521628	综合技术	84521946	会计	84521523	马六甲处	84521427
	84521923	油藏储委	84521948	税务保险	84521520	中东处	84521422
合同管理	84521615	生产管理	84521478	机关财务	84521509	亚太处	84521423
	84521614	工程建设部	84521432				

1. 天津分公司

地址：天津市塘沽区河口街2－37号　邮政编码：300452　公网区号：022

部门	电话	部门	电话	部门	电话	部门	电话
行政管理部	25807231	生产部	25801955	财务部	25801936	工程部	25809745
勘探开发部	25807470	协调部	25807501	人力资源部	25807365	秦皇岛32－6作业分公司	
钻井部	25807651	安全环保部	25807520	对外合作处	25808845		25801212

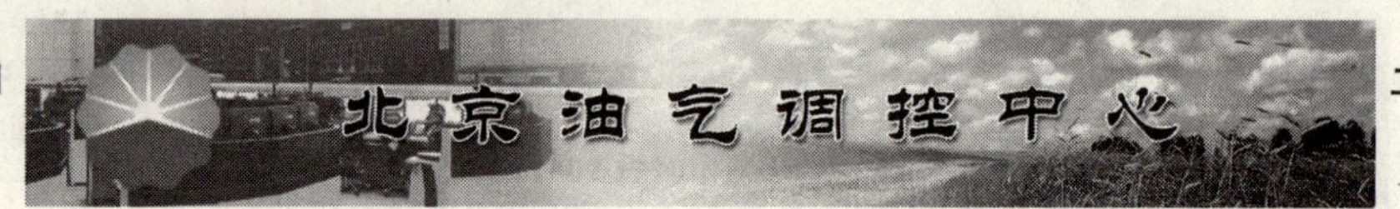

2. 湛江分公司

地址：广东省湛江市坡头区11号信箱　邮政编码：524057　公网区号：0759

行政部……………… 3900384　生产部……………… 3900073　工程部……………… 3900330　人力资源部………… 3900432
钻井部……………… 3900590　协调部……………… 3900348　安全环保部………… 3900365　阿科合作…… 0755－6671212

3. 深圳分公司

地址：广东省深圳市蛇口工业区二路一号海洋石油大厦　邮政编码：518067　公网区号：0755

总机…………………… 6692880　作业部 …………………… 3248　计财部 …………………… 3305　公共关系部 …………… 3359
勘探部 ……………………… 3806　行政管理部 ……………… 3257　安全环保部 ……………… 3378　人力资源部 ……………… 3383

4. 上海分公司

地址：上海市徐汇区陵零路583号　邮编：200030　公网区号：021

勘探部 …………… 64814874　作业部 …………… 64876542　人力资源部 ……… 64877179　平湖完井项目组 … 64876336
开发生产部 ……… 64814806　总经理办公室 …… 64877052　平湖生产项目组 … 64814090　虹桥小楼 ………… 62082200
安全环保部 ……… 64873361　计划财务部 ……… 64877051

立信会计师事务所有限公司

立信会计师事务所由中国会计泰斗潘序论博士于1927年在上海创办，是中国最早建立、最有影响的会计师事务所之一，于1986年复办（以下简称“立信”）。注册资本500万元，经国家有关部门批准，依法独立承办注册会计师业务，具有从事证券期货相关业务的资格。

立信现有从业人员近2000多名，其中执业注册会计师600多名，拥有一批经验丰富、在会计界有影响的资深专家。总部设在上海，同时在北京设有北京总部及在杭州、江苏、新疆、山西、吉林、深圳、云南、山东等地设有分所，由此使立信成为国内颇具影响力的、跨地区的会计师事务所之一。2006年10月，立信发起组建立信会计师事务所管理有限公司。

立信现有客户遍及全国各地，并与众多上市公司、国有大型企业集团公司、银行、证券期货公司、民营公司保持良好的业务关系。自2002年以来，立信连续五年在中注协全国百家会计师事务所排名中均名列内资所第一。立信的执业质量和风险控制能力在行业始终处于领先地位，曾多次受到国家有关主管部门的表扬。

立信现正秉承“信以立志、信以守身、信以处事、信以待人”的所训，朝着国内、国际一流的会计师事务所方向而努力。

○ 信以立志

○ 信以守身

○ 信以处事

○ 信以待人

地址：上海市南京东路61号4楼　电话总机：021-63311166　移动总机：13788966111

传真：021-63392558　邮编：200002　网址：http://www.pcpa.com.cn

常州市中油华东石油有限责任公司
暨天宁大饭店效果图

常州市中油华东石油有限责任公司
Changzhou zhongyou EastChina Ltd

常州市中油华东石油有限责任公司位于光华路75-1号（中油华东大楼）。

公司是由国家经贸委批准认可，具有批发、零售双重资质的成品油销售企业；是隶属于中国石油江苏销售有限公司管辖的子公司。

公司目前下辖：

1.常州市中油华东石油有限责任公司。主营：成品油、润滑油、各类化工产品的批发与零售。管辖：常州市中油华东润滑油销售分公司、花园加油站、华山加油站、戚东加油站、水上加油站、双鹰加油站（改扩建中）、万都加油站（筹建中）、九龙加油站（筹建中），以及20多个松散型零售网点。

2.常州市中油华东危险品运输有限公司。主营：危险品运输、货物运输。

3.常州市清凉加油站有限公司。主营：成品油、润滑油的零售。

4.常州市元润仓储有限公司。主营：成品油、化工产品的仓储。

5.常州市蓓娜副食品商店。主营：超市、食品、副食品、日用品销售。

6.常州天宁大饭店有限公司。 主营：餐饮、住宿、娱乐、休闲。

7.常州元硕国际贸易有限公司。主营：进出口业务、其他各类商贸流通业务。

8.江阴市月城石油化工有限公司。主营：成品油、化工类产品的仓储、加工、批发与零售。

9.江阴市浩远石油销售有限公司。主营：成品油、化工类产品的批发与零售。

从业员工200余人。

公司资产总额1.2亿元，年销售成品油达10余万吨，是常州市石油流通行业发展潜力强、规模大、实力雄厚的石油企业之一。公司暨下属各加油站是江苏省常州质量技术监督局授予的“常州市质量计量信得过企业”荣誉的保持者；是具有常州市石油流通协会副会长资格的成品油销售龙头企业；是经中国人民银行专家委员会审定命名的AAA级资信企业；是中国人民解放军常州军分区等驻常部队油料保障社会化定点供应单位。

公司自1993年12月1日创立至今，经过短短的十年时间，依靠自我积累，采取滚动发展的模式，形成了如今的规模，固定资产翻了30番，企业效益连续上台阶，为国家创造了良好的社会效益。今年，公司下属天宁大饭店项目的投资建设，是公司多元化经营的开端，是公司整体实力和社会形象的一次飞跃。截至目前，我公司在地区销售市场中，企业的知名度达到了70%以上，市场占有率达到了40%，年销售额逾5亿元。

公司秉承“尽心求力，尽责求成”的企业宗旨，对外文明经营，服务社会；对内严格管理，表本兼治，在广大客户中，在社会上树立起了“中油华东”的企业形象，也由此形成了“中油华东”企业品牌的连锁效益链。公司坚持投入与产出同步，巩固与开拓并举的企业经营方针，在巩固中增效益，在增效中抓发展，在发展中促提高，走科学发展的“又好又快”之路。

我们的目标是：石油制品的批发、零售、仓储、物流（运输）、宾馆、餐饮、娱乐、商贸流通、百货、服务、建筑装饰、进出口贸易一体化，企业集团化，产业多元化，经营规模化，力争在不久的将来，让“中油华东”成为长三角经济区中一颗璀璨的明珠。

地　　址：江苏常州光华路75-1号　　邮政编码：213004

联系电话：公司总机0519-88806999转各部　　市 场 部：0519-88802999

传　　真：0519-88807999　　邮　　箱：cz_zyhd@163.com

网　　址：www.hdpc.cc　　江阴月城/浩远公司总机：0510-86581127

24小时服务热线：0519-88840999

SINOPEC

力福汀钢绳（上海）有限公司

LTI Steel Wire Rope (Shanghai) Co., Ltd.

您可信赖的欧洲一流钢丝绳的供应服务伙伴

力福汀钢绳（上海）有限公司是由欧洲钢丝绳专家投资、建立、管理、运营的外商独资钢丝绳企业，成立于 2003 年 9 月，专业经营优质欧洲特种钢丝绳和相关配件，注册地和仓库均位于上海外高桥保税区。公司于 2006 年通过 ISO9001：2000 质量体系认证。

我们的产品范围涉及到特种钢丝绳的各大应用领域，包括各种起重吊车、旋挖钻机、架桥机、港口机械、煤矿机械、油田、海上石油平台、载客和物料运输索道等领域的应用，是麦基嘉（MacGREGOR）、振华港机等知名企业的全球合作伙伴。

力福汀是欧洲特种钢丝绳领域后起之秀—瑞士威路配（Verope AG）在中国的姐妹公司，是其在中国内地、香港和澳门地区的独家代表和技术服务中心。威路配（Verope AG）是世界著名的钢丝绳供应商，以满足世界各地客户的需要为荣，秉承一贯的信念，开发生产值得信赖的高性能优质产品。威路配精心生产的产品受到世界行业制造商和最终用户的好评，诸如特雷格斯德玛格（Terex Demag）、利勃海尔（Liebherr）、德瑞斯海达（TTS Marine）、国民油井（National Oilwell）、振华港机、郑州大方和上海港机等。

力福汀公司致力于为我们的客户提供：

1、高可靠性、高抗冲击性、高抗挤压性、特长寿命、并适用于多层缠绕的优质特种钢丝绳
2、周到的钢丝绳和索节及其他配件技术咨询服务
3、完善的国内库存服务
4、专业的钢丝绳和相关配件的加工服务
5、迅捷的欧洲钢丝绳专家提供的安装技术指导以及互动的售后服务
6、频繁和欧洲钢丝绳专家进行项目技术探讨的机会。

请点击我们的网站 **www.gangsisheng.com** 了解更多详情。

专业海工
锚泊钢丝绳

集装箱起重机

麦基嘉克林吊

特种钢丝绳

Verotop

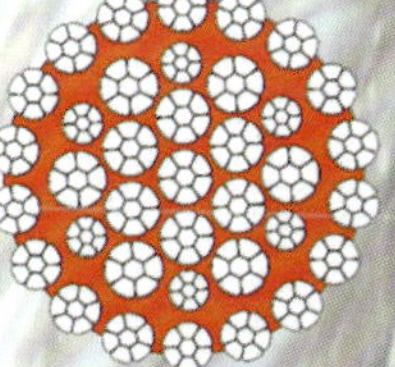

Verotop P

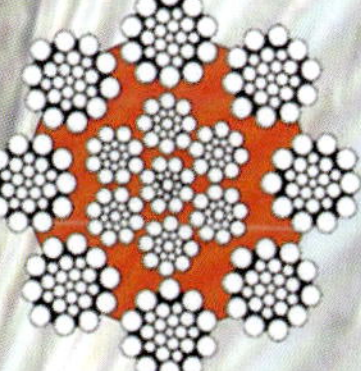

Verostar 8

Veropro 8

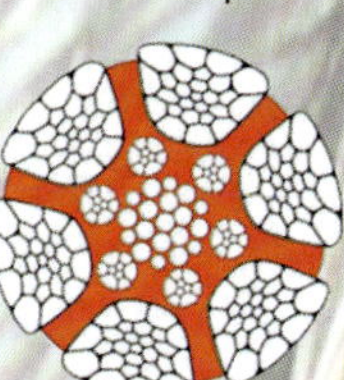

Veropower 6

800 吨龙门吊

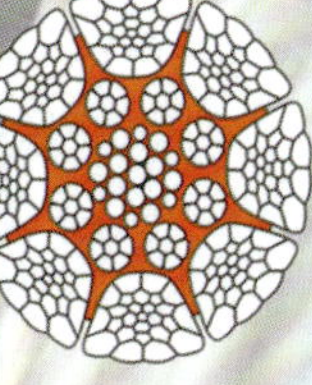

Veropower 8

7500 吨蓝鲸号起重船

力福汀钢绳（上海）有限公司

地址：上海外高桥保税区富特东一路 112 号　邮编：200131
电话：021-58666268　传真：021-58666090
网址：www.gangsisheng.com　EMAIL：info@gangsisheng.com

西北大学

学校简介

西北大学坐落于蜚声中外的十三朝古都西安，是一所办学历史悠久、文化底蕴深厚的高等学府。学校创办于1902年，是我国最早建立的高等学府之一，现已成为一所文、史、哲、经、管、法、教、理、工、医多学科协调发展的全国重点综合性大学，是国家“211 工程”重点建设院校、陕西省与教育部共同建设的省部共建大学和国家“一省一校”计划重点支持建设院校。

学校建有三个校区，占地面积 2360 余亩。现设 25 个院（系），71 个本科专业。现有 10 个博士学位授权一级学科，85 个博士学位授权点，153 个硕士学位授权点，4 个专业硕士学位授权点及高校教师在职攻读硕士学位授予权，13 个博士后科研流动站，7 个国家人才培养基地，并设有国家大学生文化素质教育基地。现有 2 个一级学科国家重点学科（其中 1 个为重点培育学科）和 4 个二级学科国家重点学科， 1 个国家重点实验室，1 个国家工程技术研究中心，3 个国家级实验教学示范中心，25 个省部级重点实验室、工程技术研究中心和人文社会科学重点研究基地。现有教职工 2400 余人，其中中科院院士 2 人，双聘院士 6 人，国家级和省级有突出贡献专家 38 人，国家级教学名师 3 人，国家级教学团队 3 个，教育部创新团 队 3 个。在校学生 22000 余人，其中研究生 6000 余人，各类留学生 700 余人。

建国以来，学校共培养各类专业人才 10 余万名，被誉为 " 中华石油英才之母 "、" 经济学家的摇篮 "。

学校每年承担国家 "973 计划 "、" 攀登计划 "、"863 计划 "、重点科技攻关计划、国家自然科学基金及国家社会科学基金等国家级项目百余项。

公誠勤樸

中国地质大学（武汉）

遵循“艰苦朴素、求真务实”的校训，为“建设地球科学领域世界一流大学”而努力奋斗

辛勤耕耘在中国地质大学的中国科学院院士：
前排左起：於崇文　王鸿祯　杨遵仪　杨起　赵鹏大
后排左起：金振民　翟裕生　张本仁　殷鸿福

学校大三学生袁复栋（持五星红旗者）参与北京奥运火炬接力珠峰传递中国登山队，顺利登顶珠峰

中国地质大学（武汉）是教育部直属的全国重点大学，是国家“211 工程”建设项目、教育部优势学科创新平台建设项目资助的大学；是国家批准设立研究生院的大学；是拥有地质学和地质资源与地质工程两个国家一级重点学科、以地球科学为主要特色，理、工、文、管、经、法、教、哲协调发展的多科性大学；2005 年学校获“全国文明单位”称号。全校师生把“建设地球科学一流、多学科协调发展的高水平大学”确立为办学的阶段性目标，把“建设地球科学领域世界一流大学”确立为办学的长远目标。

学校现有各类科研机构、实验室、各类研究院（所、中心）90 个，其中国家级重点实验室 1 个，省部级重点（开放）实验室、工程中心、人文社科研究基地 19 个。学校在周口店、北戴河、三峡等地建立了 6 个教学实习基地，其中周口店野外实习基地被誉为“地质工程师的摇篮”。学校拥有一支实力雄厚的教师队伍，现有中国科学院院士 9 人。学校现有教育部“长江学者奖励计划”特聘教授 7 人、国家杰出青年科学基金获得者 7 人、湖北省“楚天学者计划”特聘教授 15 人、享受国务院政府特殊津贴的专家 102 人、国家自然科学基金委员会创新研究群体 2 个，教育部创新团队 3 个，国家级教学团队 2 个，湖北省教学名师 3 人。学校拥有 17 个学院（课部）、59 个本科专业；拥有国家地质学理科人才培养基地和国土资源部地质工科人才培养基地；具有“学士－硕士－博士”完整的人才培养体系，拥有硕士学位授予点 120 个，博士学位授予点 39 个，博士后科研流动站 6 个；有 15 个工程硕士专业和 20 个高校教师专业；拥有 MBA、MPA 学位授予权。学校“地球系统过程与矿产资源”和“长江三峡库区地质灾害研究”优势学科创新平台获得国家专项资助。目前学校培养的毕业生中，已有 24 人成长为中国科学院院士和中国工程院院士。

继往开来，遵循“艰苦朴素、求真务实”的校训，中国地质大学（武汉）为“建设地球科学领域世界一流大学”而努力奋斗。

为求执取
人道事法
信永中和

信永中和

ShineWing Certified Public Accountant

信永中和会计师事务所的发展历史可以追溯到上个世纪八十年代初期。近 30 年来，伴随着中国改革开放的历程，由小到大、有大到强，以其逾千名的专业人员、数亿元的收入、可信赖的质量、高品质的专业能力，成为当今国内最具声望、最具规模的综合性会计师事务所之一。

北京是注册会计师行业风云际会的大都市，汇聚了全国半数以上的大型事务所，而在北京注册会计师协会发布的 2003——2007 年历年北京地区会计师事务所业务收入排名中，信永中和连续五年位居本土事务所前两名。在中国注册会计师协会发布的 2004——2007 年历年全国会计师事务所综合评价中，信永中和连续四年位居本土事务所前三。

信永中和总部设在北京，已建立的分支机构及形成的专业服务能力已辐射到华北、华东、华南、西北和西南以及香港、新加坡、日本和澳大利亚等地区和国家。

成立至今，信永中和的专业服务领域不断向纵深发展，并逐步扩大，目前，已形成审计业务、管理咨询业务、工程造价咨询业务、会计服务与税务业务四大板块和五类专业服务。

经过长期的积蓄和扩展，信永中和而今不但能够为国内企业提供符合中国会计准则的高品质服务，而且也具备了为在香港联交所上市的 H 股公司以及走向国外资本市场的中国企业提供符合国际标准的专业服务能力。

信永中和具有强大的合并整合能力，在连年成功完成数次联合兼并后，规模得以不断扩大，依托优秀的内部治理系统，真正做到了大而不乱、大而不散、大而有序，我们正在朝着又大又强的目标稳步前行。

北京思乾益利贸易有限公司成立于2008年3月，是北京润发集团全资子公司，注册资金1000万元。下设财务部、管理部、市场拓展部、中原项目部、江南项目部、西北项目部，并在河南及新疆等地成立了办事处。

公司拥有丰富的物资供应资源，拥有全国10余家供应商的物资供应资源网络，目前已于中石油、中石化及宝钢等达成了长期贸易合作伙伴关系，为供应厂商与用户之间搭建了交易平台。目前公司经营的产品有油管、套管、钻杆、抽油杆，并采取丰富多样的营销模式，为客户提供优质的服务，并逐步与多家公司合作，为油田系统网电设备，避雷装置、气田采出水回注设备等方面提供服务。公司积极响应国家节能减排的号召，与相关专业的研究机构合作，进行节能减排方面的研究与开发，为各油田提供了“一条龙”式的优质的服务。

发展中的北京思乾益利贸易有限公司，将本着“优质的服务，优化的模式，优惠的价格，优良的品牌”的服务宗旨，发扬优良传统，打造一流品牌，前进中的思乾益利，愿与广大客户精诚合作，共谋发展，共同创造思乾益利美好的明天！

北京思乾益利贸易有限公司

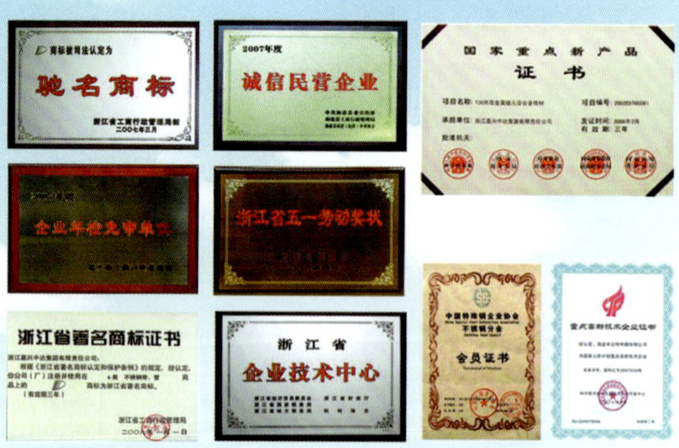

香港中华煤气有限公司建基于1862年，是香港首家公用事业机构，现为香港交易所上市公司。目前其管网已拓展至逾3,200公里，覆盖全港85%以上的家庭，为160多万住宅及工商客户供应燃气，销售燃具，并提供全面的售后服务。

中华煤气自1994年开始发展国内城市燃气业务，并于2002年成立全资子公司港华投资有限公司（港华燃气集团），负责管理内地之投资项目，遍布广东、华东、山东、华中、华北、东北及西部地区，包括北京、南京、武汉、济南、深圳、西安等大型城市的燃气合资公司。2007年总售气量达47亿立方米（天然气单位），管网逾1万公里。更于2006年低与实力雄厚的百江燃气签订联盟协议，成为百江燃气最大单一股东。令集团在内地业务据点将遍及内地12个省份、55个城市，总计77个管道燃气项目，为966万用户提供服务。为广大居民和工商客户供应安全可靠的燃气，提供亲切、专业和高效率的服务，并致力于保护及改善环境。

除下游业务外，港华燃气集团也积极投资内地中游项目，如广东液化天然气接收站及输气干线工程、安徽省天然气支线项目、浙江省杭州市天然气高压管网系统和河北省天然气管网等项目。此外，集团亦积极拓展其他天然气应用业务，包括汽车用天然气加气站、煤层气液化项目及为客户推出品质品位均属优良之“港华紫荆”系列燃具产品。

随着国家日益重视对水资源的管理，港华燃气集团积极推动水务项目的发展，并建立在中国内地之水务品牌——华衍水务。华衍水务集团寻求与管道燃气业务协同发展，于2005年落实江苏省吴江市、安徽省芜湖市和江苏省苏州工业园区三个项目，从此开启内地之水务市场。水务与燃气同属公用事业，港华燃气集团在燃气方面之专业经验有助华衍水务集团之业务顺利发展。华衍水务集团更与德国柏林水务公司缔结战略伙伴关系，在技术与投资上紧密合作，共同参与开发中国内地的洁净水资源。

港华燃气安全及环保使命

港华燃气集团使命表明了我们对安全及环境的承诺：「为客户供应安全可靠的燃气，并提供亲切、专业和高效率的服务，同时致力保护及改善环境。」

港华燃气集团致力提高雇员之安全意识和技术，务求维持及提高安全水平。我们确认了12项重点关注项目，例如燃气厂房运作及消防安全管理，而每家合资公司之总经理，均须于年内每月就其中一个项目进行安全检查。此外，年内集团内有超过30名内地雇员取得国家注册安全工程师资格。于2006年公司首次为内地合资公司举办「燃气安全及职业安全知识竞赛」，旨在建立和培养安全文化。年内也在港华燃气各合资公司推出完善之安全及风险管理审核制度，至2007已完成一周期审核工作。此外，由华衍水务（供水及排水合资项目）负责管理之23家饮用水处理厂，也于年内推行一项风险评估工作，大大提升它们于氯气处理方面的安全水平。

为了提升雇员对防火、火警侦测及应变处理之能力，香港特区消防处于2006年5月第二度为集团之内地合资公司举办为期五天之燃气安全及灭火导师培训课程，两次课程合共培训超过50名内地安全及风险管理人员。此外，公司亦与香港特区消防处、消防工程师学会（香港分会），广东省消防协会，以及江苏省消防协会，于2006年10月在南京合办一场研讨会，逾120名内地政府高级消防人员及合资公司雇员出席。

集团不但致力提升安全水平，亦支持中央政府于改善环境及能源市场方面之政策。集团于06年在山西省投资以煤层气制造液化天然气之设施，将有助减少温室气体排放量和空气污染物，进一步体现集团对环保之承担。2006年低在香港引进洁净之天然气作为煤气生产原料，令公司于2006年10至12月期间之二氧化碳、氧化硫及氮氧化物排放量均见下降。由于生产原料组合之改变，预期二氧化碳、氧化硫及氮氧化物排放量最终可于未来数年间分别减少26%、40%及42%，令集团在香港屡获殊荣。

总 结

港华燃气深明政府和市民大众对燃气安全和环境保护等问题非常关注，集团决心在安全及环保方面立下榜样，并在营运过程中致力减少甚至杜绝意外事故及资源浪费。公司在为客户供应安全可靠的燃气，高效率服务，以及保护环境方面所作的努力，已经远远超出法律法规对集团的要求。集团将竭尽所能让大众能在安全第一和尽量减少损害环境的大前提下，享受舒适而高效率的现代化生活方式。

重庆科技学院

重庆科技学院是由两所具有50多年办学历史，在社会各界享有良好办学声誉的原中央部委属学校——重庆工业高等专科学校和重庆石油高等专科学校（全国示范性高工专重点建设学校）合并组建，并于2004年5月经国家教育部批准成立的。

学校占地2000余亩，建筑总面积50余万平方米，教学仪器设备总值近亿元，图书馆藏书80万余册。现有教职工1390余人，普通全日制在校学生16000余人，近年来毕业生一次性就业率一直保持在90%以上。现设有15个二级院系，29个本科，29个专科专业，其中，石油工程专业为国家级特色专业建设点，冶金工程专业为市级特色专业建设点。

学校积极开展国内外合作办学和科学研究，与中石油、中石化、中海油和一批冶金企业签订了产学研合作办学协议，与韩国昌原大学、加拿大劳里埃大学、美国卡万塔能源公司、美国国际钻井承包商协会（IADC）等国外高校和国际行业组织建立了友好合作关系。学校先后承担了国家863重大专项、国家自然科学基金和人文社科基金项目研究，获得国家技术发明奖一项，省部级科技进步奖27项，省（部）级以上教学成果奖8项，国家专利21项。

学生在全国的大学生数学建模、电子设计与制作和体育竞技舞蹈等相关竞赛中获得了120余项国家、省市级奖励。2007年，我校女子足球队获得全国大学生女足锦标赛亚军。

学校坚持以“培养人才，发展科学，服务社会”为办学宗旨和“立足重庆、背靠行业、面向世界、服务全国”的办学思路，深入实施“特色立校、文化兴校、人才强校”发展战略，确立了尽早把学校办成一所特色鲜明、国内知名、走向国际的高水平特色科技大学的奋斗目标，是重庆市“文明单位”、“园林式单位”和依法治校示范性学校。

重庆市庆祝建国59周年红歌会在校举行

学校召开第一次党代会

垃圾焚烧发电技术研发合作签字仪式

校内石油钻采实习基地

3.25航天模型赠送仪式

重庆安全工程学院协议签字仪式

Dräger

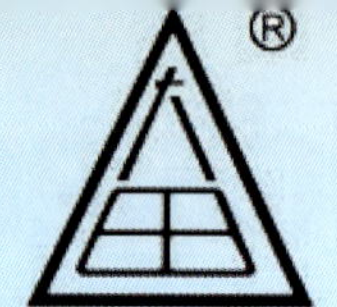

浙江大田机器有限公司

公司简介

浙江大田机器有限公司是一家在加油机、流量计、组合泵、电磁阀、潜油泵、油桶泵、以及其他一些油站设备方面有20多年生产历史的专业制造公司。我公司的产品在质量和售后服务上享有很高的声誉，并且我们是贝纳特、吉尔巴克、托肯、正星等公司的供应商。另外，我们的零售商遍布世界各地。公司的电磁阀已取得了UL、ATEx、IECEx认证证书， 传感器取得了ATEx认证证书，油枪取得了UL认证证书，组合泵取得了CE认证证书。防爆产品均取得了中国防爆合格证。流量计有中国计量器具制造生产许可证，目前公司工厂面积5200m²，新建成的工厂面积22437m²，公司资产总值6700万元人民币，有加工设备130多台套，能满足各种精度产品的加工。 公司贯彻实施ISO9001质量管理体系。并以合理的价格，准时的交货，及时的服务吸引顾客。

防爆合格证

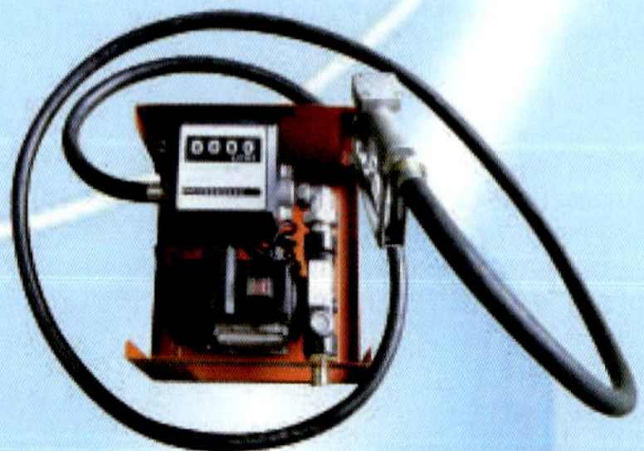

公信认证

中华人民共和国制造计量器具许可证

浙江大田机器有限公司

公司联系方式

浙江大田机器有限公司

浙江省温州市永嘉县欧北镇浦一工业区

电话：0577-67356709　67353517

传真：0577-67355517

邮编：325105

邮箱：xsb@datianmachine.com

致力于成为智能电气领域
优秀的电源系统解决方案的服务商

北京索科曼正卓公司介绍

北京索科曼正卓智能电气有限公司是主要致力于智能电气领域提供优秀的电源系统解决方案的专业化公司。

作为法国索克曼集团（SOCOMEC S.A.）在中国地区战略合作伙伴，我们凭借雄厚的公司实力以及强大的工程项目实施能力，不仅致力于从事关键业务、重要系统及主要行业的用户开拓，更注重于先进技术引进、产品组合和一体化解决方案的项目实施。

我公司的中长期发展目标是面向从事关键业务、重要系统及主要行业应用的客户，提供专业化的优秀的电源系统解决方案及工程服务。

我们在中国已拥有广大用户，上至国家政府机关、国防、交通、金融、电信等系统，下至重要工业领域石油化工、煤炭、电力、钢铁冶金、电子制造等各个关键行业。我公司以提供精密电源设备及配套工程服务为主，产品有法国索克曼SOCOMEC UPS电源及开关产品（军用级），意大利RC GROUP及HIROSS海洛斯机房专用空调、美国爱普瑞斯ABLEREX有源滤波器及相关配套产品。

此外，公司积极参与国内外的大型项目的投标，已经中标的国家重点工程有中石油西气东输管道项目、中石油西部输油管线、中石油陕京输气管线；中石化普光净化厂、中石化天津100万吨乙烯项目、中石化海南实华大炼油项目、上海赛科SECCO一体化项目、中石化青岛大炼油项目；中国人民银行清算总中心、中国银联银行卡交换总中心、国家民航总局信息中心、北京电视台新台以及总装921载人宇宙飞船项目、总装嫦娥探月卫星指控中心工程等。同时还参与一些国外的重点工程如中哈输油管线项目、伊朗德黑兰地铁项目、哈萨克斯坦让那若尔油气处理厂、商务部援建-朝鲜玻璃厂、中石油苏丹三七区油田建设等项目，公司的营业额每年以高于40-50%的速度向上增长，已成为同行业中的佼佼者。

BEIJING ZHENGZHUO ENGINEERING TECHNOLOGYS CO.,LTD

江苏液化天然气项目

JIANGSU YEHUATIANRANQI

江苏液化天然气项目由LNG人工岛工程、接收站工程、码头工程、海底管道工程及输气干线工程五部分组成。接收站位于江苏如东县黄海海滨辐射沙洲的西太阳沙人工岛，占地面积0.3平方公里，建设液化天然气专用码头一座，可以停靠26、7万立方米的大型液化天然气运输船。接收站分两期建设，一期规模为LNG 350万吨/年，年平均提供天然气48亿立方米，工程投资约60亿元，计划2011年4月投产运行；二期规模LNG增至650万吨/年，年平均供天然气87亿立方米。主要接收来自卡塔尔等国家的LNG资源，通过输气干线与西气东输管线、冀宁联络线联网，形成多气源互补互备安全供气。 江苏LNG项目的建设主要是为了满足江苏省清洁能源的市场需求，同时与西气东输管线、冀宁联络管线联网，提供多气源供气，保证供气安全。

承担该项目建设管理任务的中国石油天然气股份有限公司江苏液化天然气项目经理部正在紧张、有序、高效的开展工作，决心秉承“诚信、创新、业绩、和谐、安全”的企业理念，以“奉献能源、创造和谐”为宗旨，发扬“爱国、创业、求实、奉献”的企业精神，精心组织，科学管理，将江苏LNG项目建设成为绿色、阳光、优质、高效的国际一流工程。2009年3月12日中国石油天然气股份有限公司、新加坡金鹰国际集团旗下太平洋油气有限公司和江苏省国信资产管理集团有限公司在北京钓鱼台国宾馆共同签署了江苏LNG接收站项目合资经营合同,三家结成战略合作伙伴关系，共同发展LNG产业，建设江苏液化天然气项目。中石油持有合资公司55%的股权，这是中石油首个与外商合资建设的LNG接收站，也是继广东大鹏LNG项目之后，中国第二个拥有外资股权的LNG项目。